年中行

4月　賀茂祭

年中行事絵巻

5月　端午の節

年中行事絵巻

6月　六月祓

年中行事絵巻

略語表

I 品詞等

略語	
代	代名詞
自	自動詞
他	他動詞
形	形容詞
形動	形容動詞
副	副詞
連体	連体詞
接続	接続詞
感	感動詞
助動	助動詞
格助	格助詞
接助	接続助詞
係助	係助詞
副助	副助詞
終助	終助詞
間助	間投助詞
複助	複合助詞
接頭	接頭語
接尾	接尾語
補動	補助動詞
補形	補助形容詞

II 活用形式

略語	
四	四段活用
上一	上一段活用
上二	上二段活用
下一	下一段活用
下二	下二段活用
カ変	カ行変格活用
サ変	サ行変格活用
ナ変	ナ行変格活用
ラ変	ラ行変格活用
ク	ク活用
シク	シク活用
ナリ	ナリ活用
タリ	タリ活用
ヂャ	口語活用
ダ	口語活用

III 位相

略語	
仏	仏教語
芸	芸道用語
枕	枕詞

IV 外来語

略語	
梵	梵語
巴	巴利語

記号表

記号	
【 】	見出し語に当たる漢字
〈 〉	㋑あて字 ㋺オ列長音
〖 〗	品詞・活用形式
〔 〕	㋑位相 ㋺助動詞の種類
( )	㋑外来語の原語 ㋺語源・語形・語法上の説明 ㋩引用文の出典
( )	㋑語釈・用例中の漢字のルビ ㋺語釈中の語句の解釈・説明 ㋩引用文中の補説
(=)	引用文中の語句の解釈
A・(B)　・A(B)	AまたはBと叙述が入れかわる
A(B)	AまたはABと叙述が続く
｜	省略符号(中見出し語)
｜	省略符号(用例)
'	省略符号(現代かなづかい)
'	接頭語・接尾語の接続部分
+	名詞とほかの品詞とがある
↓	…を見よ
㊉対	対照語
㊉略	…の省略形
㊉参	…を参照せよ

小西甚一［著］

新装版

基本古語辞典

大修館書店

著者のことば

はじめに

古文の勉強にほんとうの意味で役だつ辞書がほしい——ということを、高校の先生がたから、ずいぶん承った。古語辞典としてすぐれたものは、いくつも刊行されている。しかし、高校生の学習にかならずしも最適とはいえないのだそうである。その理由は、第一に、不要な古語が多すぎることだという。つまり、専門の国文学者だってことによれば生涯ぶつからないかもしれない語の満載された辞書を高校生に推奨するのは、ほしくない品まで抱き合わせで押しつけるようなもので、不当な浪費をしいる結果になるのではないか——という苦情は、もっともだと思われる。

第二の理由は、もっと重要である。それは、現在おこなわれている古語辞典では、質的に不足だというのである。つまり、古文教科書には、くわしい語釈が付けられており、ひとわたり通釈するためなら、わざわざ古語辞典なんか引く必要はない。しかも、引いてみたら、辞典の説明は教科書の脚注と同じだった――というのでは、何のために辞書を持たせるのか、わけがわからない。脚注に示されている意味が、どこから出てくるのか、あるいは、よみかたや解釈に異説があるとき、ある説がなぜ正しいのか等を考えるため、積極的に拠り所を与えてくれるような辞書こそ、学習者にとって必要なのではないか。

辞書というものは、一般に、語義と用例をできるだけ正確に示せばよいのであり、なぜこうよみ、こう解釈するかという議論まで持ちこむにはおよばない。しかし、学習辞典としては、必要な知識をなるべく親切に提供するのが、むしろ義務なのであって、「なるほど、そうなのか」という理解への協力こそ、辞書のいちばん眼目となるべきだろう。こんなふうに考えてくると、量的には適切な規模を、質的には豊富な解説を――というのが、学習辞典としてどうしても無くてはいけないはずである。そんなことを考えたり話したりしているうち、自分がそれを実行しなくてはならない事態となり、この辞典が生まれた。着手したのは昭和三七年五月だから、あしかけ四年になる。

その間、悪戦苦闘の連続であった。なぜそんなに苦労したかというと、すべてを根本からやり直したからである。参考のため、いくつかの古語辞典を調べてみたが、驚いたことに、語釈・用例ともに大部分は先行辞書のまる写しというのが多い。前の辞書が誤っていると、あとは右へならえ、同じ誤りがいつまでも写し継がれてゆく。「多くの辞書にこうなっているから……」ということは、残念ながら、拠り所にはなりえないようである。そのなかで、さすがに良心的だなと感心させられた古語辞典が、ひとつだけ存在する。わたくしは、その辞典に高い敬意をはらい、用例はすべてそれと違ったものをあげ（他に用例のない語は別として）、語釈も新しい言いまわしで押しとおした。

これは、容易なことでなかったけれど、結果において、わたくしの辞典をかなり独創的なものにしてくれたらしい。従来のあらゆる古語辞典に見られない解釈が、そういったプロセスから生まれた。だから、学習辞典であるけれど、学術的には最高レベルから半ミリもさがっていないことを、あえて断言する。

昭和四〇年一二月

著者しるす

改訂版について

この辞書の初版が出るとすぐ、わたくしは改訂版の編集に着手した。なぜそれほど改訂を急がなくてはならなかったかというと、もともとこの辞書がある期間の後には改訂を必要とするような性質の出来かたになっているからである。

あてずっぽうに三万語とか五万語とかを集めた辞書ならば、当分は部分的な手入れですむであろう。しかし、この辞書は、高校生諸君の学習用という明確な目的をもち、そのため必要な基本古語を厳密な操作によって選定するのが、重要なねらいのひとつになっている。ところが、その選定に使う基礎資料が教科書と大学の入試問題なので、資料に動きがあれば、選定の結果も変わってくるはずである。初版の資料に使った教科書は、国語甲・国語乙というわけかたの古い指導要領に準拠したものであったが、その後、指導要領が新しくなり、教科書も現代国語・古典という現行のものに変わった。入試問題の傾向にしても、数年間ずっと同様というわけではない。したがって、この辞書も根本的な改訂が当然必要であり、しかもそれには少なくとも四年を要することが初版の経験からわかっていた。改訂を急いだゆえんである。

第一着手は、代表的な古文教科書一九種および最近五年間の入試問題に現れた古語すべてに傍線を引くことであり、次にはそれをカードに写し取ることであった。数万のカードを単語ごとにまとめ、それぞれの語の頻度数を調べ、五十音順の一覧表をしあげるまでに、およそ一年半を要した。さらに「この辞書のきまり」末尾に述べたような操作で各語のグレイドを決定し、総計六〇四九語の基本古語を選びなおしたのである。旧版の五八三八語よりも二一一語の増加であるが、単に二一一語が増えたというのでなく、旧版に採用されていた語でこのたび消えたのが約六分の一あり、新しく採用した語との差が二一一語なのである。そのほか、旧版から残っている語についても、いっそう適切な用例に替えたり、用法を整理しなおしたり、言いまわしを新しくしたりする作業を、かなり徹底的に試みたので、結局はおよそ三六〇〇語ほどが新稿となった。また枕詞・季語・襲（かさね）の色目要覧を新しく加えるなど、付録についても充実を期した。

四年間は、過ぎてみると、早かった。ことに最後の一年間は、激烈な学園紛争の渦中で悪戦苦闘しながらの執筆であったから、自分ながら、いつ、どんなふうに仕事を進めてきたのか、よく思い出せないほどである。しかも、この一年間は、協力者諸氏の分担が終わり、わたし一人の作業段階となっていたので、最悪の条件であったといえる。よくまあ、潰れないで校了まで来たものだと、むしろ、あきれるほどの一年であった。いま、ふり返って感ずるのは、どんなに苦しい状況のなかでも、筋のとおらない妥協をきびしく排除し、良心の命ずるとおり責任を果たしてゆくことの貴重さである。悪罵と暴力のなかに埋没していながらも、わたくしの精神はむしろ平静あるいは爽快であって、それが健康にもプラスとなったらしい。わたくしの体重は、紛争の間に六キロ増加した。

この辞書から、たんなる知識だけでなく、真実を追求しぬく徹底的なきびしさを学び取っていただけるなら、著者として本望である。

著者再びしるす

昭和四四年八月

三訂版について

この辞書の初版が出てから、八年になる。中学校の一年生が大学二年生に成長する時間の流れである。わが基本古語辞典だけが成長しないでよいはずはない。三訂版を世に送るゆえんである。

この小さい辞典は、幸いにも望外の好評を得たが、副産物として、模倣品がつぎつぎと現れた。デザイン盗用をもって世界に悪名の高い日本企業の商魂は、学者にまで乗り移ったらしく、わたくしのアイディアは、さまざまなカムフラージュを伴って再生産された。

この辞書の特色は、学習のため必要にして十分な基本語彙をグレイド付きで選定したことに在るが、初版における選定方法は、頻度数を主要な根拠とするものであった。ところが、欧米の基本語彙学は、この八年間に著しい発達をとげ、頻度数は基本語彙を選定するための要素八種のうちの一種になってしまった。しかし、模倣品である幾つかの辞典は、依然としてこの辞書の初版どおり、頻度数以外の選定方法を示したものがない。

たまたま、昭和四八年度から高校の古文教科書が大幅の改訂をすることになったので、新しい材料に基づき、新しい方法を加味して、語彙を選び直してみた。量的には改訂版の六〇四九語が六二四一語になったのみだが、質的にかなり大きい差があることは、申し添える価値があるかと思う。

昭和四八年一二月

著者しるす

はじめに

この辞典の初版が刊行されてから十八年になる。ところが、現在になって考えると、当初にめざした点の正しかったことが、きわめて明らかにわかる。多種多様の学科に精力を分散しなくてはならない高校生諸君が古文にばかり時間をかけることは、とうてい不可能なのが現状である。しかし、古文を的確に理解するため、古語の必要にして十分な知識をもつことは、ぜったい欠かせない。

この矛盾した要求を両方とも満足させるため、わたくしは、グレイド別の基本古語という考えかたをうち建てた。その選定は、推計学を利用したもので、現在のようにコンピューターが普及していない時期だったから、作業は困難をきわめたけれど、結果は、いま見ても十分に満足できるものとなった。まことに幸いだったと感じている。

この辞典は、わたくし自身が書いたものであり、解釈も、用例も、他の辞典から借用したのは、ひとつも無い。そうした点が好評を得たものか、永年にわたり版をかさねてきた。もちろん、その間に幾度かの改訂を加えたが、それらの改訂も、すべてわたくしの執筆による。

このたびの新版は、増大する要求にこたえるため、判型を大きくし、二色刷りにして、見やすくすると共に、価格の点でも低廉な普及版としてもらった。いつもながら、矛盾する要求を持ち出すわたくしに対し、両方とも満足させるように努力してくれる大修館書店の良心に対しては、心からの敬意を表する。

昭和五十八年八月

ワシントンにて

著　者

本書は、『基本古語辞典　三訂版』（昭和五一年刊）の二色刷大型版『学習基本古語辞典』（昭和五九年刊）に初版以降のまえがき四編を収め一色刷りで製作した。記述内容は原則として底本通りとした。

（編集部）

この辞書のきまり

採った語の範囲

1 この辞書で「基本古語」というのは、高等学校課程の国語科古典に現れる教材を理解するのに必要な、古代語・中古語・中世語・近世語である。

2 「基本」と認める範囲は、「語彙グレイドの決定」に示したような操作によって決定した。

3 形式・意味・用法ともに現代語と同じものは、古典教材にしばしば現れる語でも、採ってない。

4 形式・意味・用法ともに現代語とだいたい同じでも、そのいずれかに違いのあるもの、または現代語と部分的に意味の差異があるものは、採ってある。

5 助動詞・助詞・接頭語・接尾語および古典常識として必要な事項は、いわゆる古語でなくても、採ってある。

見出し語

1 古典（歴史的）かなづかいによる。

注　意

母音-uiの漢字音は「-い」の形で表記する。「-ゐ」は歴史的に根拠がない。

すい（水）　ずい（随）　つい（追）
ゆい（唯）　るい（類）

2 ひらがな・ゴシック体で示す。

グレイド（20頁参照）によって、三種類の大きさで示す。

〔例〕　**いみ・じ** Ⓐ
いま めか・し Ⓑ
あや なし Ⓒ　**そぼ・つ** Ⓓ　**あを かき** Ⓔ

3 拗音・促音は小字右寄せで示す。

4 語を構成する要素に区切って示す。

〔例〕　**あさ ぢ**〔浅茅〕　**つき の みやこ**〔月の都〕
おもひ くた・す〔思ひ腐す〕　**さら で**〔然らで〕

注　意

語源的には二つ以上の語に分けられても、(イ)もはや一語として意識されるもの、(ロ)連音変化が起こったものは区切りを示さない。

〔例〕(イ)　**あと**〔跡〕（本文*14*頁参照）
(ロ)　**ありそ**〔荒磯〕　**わぎも**〔吾妹・我妹〕

5 活用語は終止形を示し、語幹と語尾の区別のできる語は、その間を「・」で区切る。ただし、形容動詞は語幹を示す。

〔例〕　**あか・る**〔別る〕　**はづか・し**〔恥づかし〕
あえか〔形動ナリ〕

6 接頭語・接尾語には接続の位置に「-」をつける。

〔例〕**いささ-**【接頭】　**-ち**【接尾】

7 見出し語と見出し漢字のみで、語釈を省いたものがある。その語は現代語と同義であるが、それを含む複合語・連語が現代語と意味を異にし、かつ二つ以上あるとき、または句を見出し語にするときに掲げる。

〔例〕**くさ**【草】**――のいほ**……**――のまくら**
　　ころび【転び】**――を打・つ**

8 語の配列は五十音順にする。

注意

(イ) 拗音をあらわす「ゃ」「ゅ」「ょ」、促音をあらわす「っ」は、直音をあらわす「や」「ゆ」「よ」、「つ」の前に置く。

(ロ) 清濁の違いは、清音・濁音・半濁音の順に並べる。

(ハ) 品詞等による違いは、接頭語・接尾語・名詞・代名詞・動詞・形容詞・形容動詞・副詞・連体詞・接続詞・感動詞・助動詞・助詞・連語・句の順に並べる。

中見出し語

1 見出し語に対し、これと同語源の同じ音節を含む複合語・連語・句はこれを中見出し語として、見出し語の項目中に掲げる。そのさい、見出し語と同音の部分を「――」で示す。

〔例〕**あかつき**【暁】……**――おき**

見出し語が活用語で、語尾変化がなされた形に続く中見出し語は、語幹を「――」で示し、「・」で区切りその下に続ける。

〔例〕**や・る**【遣る】……**――・らむかたな・し**

注意

(イ) 複合語は、見出し語のかな表記が三字以上の場合に、中見出し語の扱いをする。拗音・促音をあらわす文字をも一字として数える。ただし、見出し漢字が一字で、音読したかな表記が三字となる見出し語には、中見出し語を置かない。

〔例〕**しゅら**【〈修羅〉】……**――だう**

(ロ) 連語・句は見出し語の字数に関係なく、中見出し語とする。

〔例〕**そで**【袖】……**――のわかれ**
　　はな【花】……**――を折・る**

(ハ) 動詞・形容詞は、中見出し語の扱いをしない。形容動詞は、中見出し語とする。

〔例〕**おほき**【大き】……**――やか**【形動ナリ】

(ニ) 見出し語の上に他の語句が加わった形で掲げる中見出し語もある。

〔例〕**そま**【杣】……**わがたつ――**

2 中見出し語の表記・配列は、見出し語に準ずる。

注意

(イ) 語の構成を示す区切りは行わない。

(ロ) グレイドによる文字の大きさの区別は行わない。

(ハ) 句は漢字を交えた形で示す。必要に応じて、ふりがなをつける。

〔例〕 **い**【寝】……**――を寝ぬ**

見出し漢字

1 見出し語に当たる漢字は【 】内に示す。

2 (イ) 常用漢字は「常用漢字表」(昭和五六年一〇月内閣告示)による字体を用いる。いわゆる旧字体は示さない。

(ロ) 「人名用漢字別表」(昭和五六年一〇月内閣告示)の字は、人名・仏の名に限りその字体を用いる。

(ハ) 送りがなは「送りがなのつけ方」(昭和四八年六月一八日内閣告示)に従ってつける。

3 あて字として用いられた漢字には〈 〉をつけて示す。

〔例〕 **あだ め・く**【徒めく・〈阿娜〉めく】

4 漢字表記が二種以上あるものは「・」で区切り示す。

〔例〕 **たま**【魂・霊・魄】 **うれ・ふ**【憂ふ・愁ふ】

注 意

(イ) 同じ語源であるが、漢字表記によって語義に大きい違いがあるときは、漢字欄を㊀、㊁……に分けて示す。

〔例〕 **あや・し** ㊀【怪し】……㊁【賤し】

(ロ) 前項において、語義の差異がそれほど大きくないときは、語釈番号❶❷……の下に示す。

〔例〕 **あか・し**〔形ク〕 ❶【明かし】……❷【潔し】……❸【赤し】

たな ばた ❶【棚機】……❷【織女】……❸【七夕】

(ハ) 語義がいくつかに分かれ、そのうちのある語義にのみ当たる漢字は、その語釈番号の下に示す。

〔例〕 **かさね**【重ね】……❷【襲】

5 中見出し語の漢字欄は、

(イ) 【 】に囲まないで、前後をあけて示す。

(ロ) 見出し語と同じ部分の漢字表記は省略する。

〔例〕 **いざり**【漁り】……**――び** 火

ただし、(a)見出し語にかなで続く中見出し語のとき、(b)見出し語の漢字欄が二つ以上あって、その一部だけが中見出し語に当たるときは、見出し語の漢字を重ねて掲げる。

〔例〕(a) **よ**【世】……**――のすゑ** 世の末

(b) **あらまし** ❶【予まし】……❷【粗まし】……**――ごと** 予まし事

見出し語の現代かなづかい

1 見出し語のかなが現代かなづかいと異なるとき、現代かなづかいをかたかなで、漢字欄の次に( )に囲んで示す。古典かなづかいと一致する部分は「-」で略して示す。

〔例〕 **かげろ・ふ** (-ウ) **にほ・ふ**【匂ふ】(-オウ)

注 意

(イ) 漢字を音読する語は漢字単位で示す。

〔例〕 **ほふ**【法】(ホウ) **きゃう がい**【境界】(キョウ-)

(ロ) ハ行四段活用の動詞に現れるオ列長音は、〈 〉に囲んで示す。

〔例〕 **あ・ふ**【合ふ・会ふ】(ア〈オ〉ウ)

まが・ふ【紛ふ】(ーガ〈ゴ〉ウ)

2 中見出し語のかなづかいに違いのあるときは、見出し語に準じて示す。見出し語にもかなづかいの違いのあるときは、その部分を「‥」で示す。

〔例〕 **ここち**【心〈地〉】……**━まど・ふ** 惑ふ（ーウ）

あづま【東・〈吾妻〉】(ーズー)……**━ぢ** 路（‥ジ）

グレイド

1 基本古語としての重要度に従い、採録した語をⒶⒷⒸⒹⒺの五段階に分けて、その記号を品詞欄の前に示す。

2 語釈を示さない見出し語および句には示さない。

3 グレイド決定の方法については、「語彙グレイドの決定」で説明する。

品詞

1 見出し語の品詞は〖 〗内に略語で示す。(略語表I参照)ただし、名詞は示さない。

2 接尾語のうち、活用するものはその活用型を略語で示す。(略語表II参照)

〔例〕 **‐さ・ぶ**〖接尾・上二型〗

3 用言のうち、動詞は自動詞・他動詞の区別、他の語は品詞とそれに続けて活用形式を略語で示す。(略語表II参照)

〔例〕 **た・ゆ**【絶ゆ】〖自下二〗

う・し【憂し】〖形ク〗

はつか【僅か】〖形動ナリ〗

(イ) 注意

動詞で、

(a) 見出し語がある活用形、またはその短縮形であるときは、活用形式に続けて活用形を示す。

〔例〕 **たてまつれ**【奉れ】〖他下二連用〗

ゑ【飢】〖自下二連用〗

(b) 見出し語が活用形であるが、活用形式も推定の域を出ないときは、次のように示す。

〔例〕 **け**【消】〖動詞活用形〗

(ロ) 形容動詞のうち、中世以後の口語で形容動詞として用いられるようになったものには、「ヂャ」「ダ」と示す。

〔例〕 **ごしゃう**【後生】……㊁〖+形動ヂャ〗

いたづら【徒ら】……㊁〖+形動ダ〗

4 助動詞は、各語についてその活用表を示す。ただし、活用しない部分(基形)を省略する。

〔例〕 **さ・す**〖助動〗

未然	連用	終止	連体	已然	命令
せ	せ	す する	する	すれ	せよ せい

(イ) 注意

中古語に基づく古典語法として用いられないものは(　)

に囲んで示す。

〔例〕 **け・む**〔助動〕

未然	連用	終止	連体	已然	命令
(ま)		む	む	め	

(ロ) それだけが基形と区別できない活用のものは、これを（ ）に囲んで示す。

〔例〕 **な・り**〔助動〕

未然	連用	終止	連体	已然	命令
ら	り (に)	り	る	れ	れ

5 動詞で活用形式の二種類あるものは「・」で区切り示す。

い・く〔生く〕㊀〔自四・上二〕

6 名詞で他の品詞をあわせもつものは、「十」を用いて示す。その品詞が二種類以上あるときは、「・」で区切り示す。

〔例〕 **あへ**〔饗〕〔十自サ変〕(＝名詞・自サ変)
ふ　ぢやう〔不定〕〔十形動ナリ〕(＝名詞・形動ナリ)
せん　ばん〔千万〕〔十形動ナリ・副〕(＝名詞・形動ナリ・副詞)

7 品詞が二つ以上あって、その区別が語義に関係するもの、動詞で自動詞・他動詞の両方あるものは、品詞欄を㊀、㊁……に分けて示す。

〔例〕 **あはれ**〔憐れ〕㊀〔感〕……㊁〔形動ナリ〕……㊂……
おぼ・ゆ〔覚ゆ〕㊀〔自下二〕……㊁〔他下二〕

8 語義が二つ以上あり、その一つに別の品詞が加わるもの、または別の品詞になるものは、その語釈番号の下に示す。

〔例〕 **ね　の　ひ**〔子の日〕……❷〔十自サ変〕
すき〔好き〕……❸〔形動ナリ〕

9 次のような語が動詞・助動詞（使役・受身・尊敬など）に続く場合は助動詞と認め、補助動詞としては扱わない。

さうらふ　さぶらふ　たてまつる　たまふ　はべり

本辞書においては、補助動詞は動詞の用法の一つと認め、品詞としては扱わない。

位　相

略語により〔 〕内に位相を示す。（略語表Ⅲ参照）

外来語

梵語・巴利語はその原語を〔 〕に囲んで示す。

〔例〕 **あか**〔〈閼伽〉〕〔梵 argha〕
びく〔〈比丘〉〕〔巴 bhikkhu〕

語　釈

1 語釈の表記は、
(イ) 現代かなづかいによる。
(ロ) 漢字は「常用漢字表」（前記）の字体を用いる。
(ハ) 送りがなは「送りがなのつけ方」（前記）による。

2 語義が二つ以上にわたるものは、分類して示す。語源から発展のあとをたどり、または中心となる語義から派生した語義・

転義におよび、❶❷❸……、その下の区分として㋑㋺㋩……、さらにⓐⓑⓒ……に分けて示す。

3 見出し語に対照語があるときは、語釈のはじめに(対)と記し、「　」に囲んで示す。

〔例〕**ご せ**【後世】❶〔仏〕(対)「現世・前世」

4 見出し語について、語形・語源・語法や語釈を補う説明等を（　）内に示す。

〔例〕**おぼ・す**【思す】……（「おもほす」の転）

あと【跡】（「足(あ)処(と)」という原義から）

え【副】（下に否定・反語を伴う）

5 語釈をさらにくわしくしたり、補ったりする説明を（　）内に示す。

〔例〕**おもひ わ・ぶ**【思ひ侘ぶ】……（心の中で）なげく。

6 語釈中の語句について、解釈や説明を（　）内に記す。

〔例〕**さん ぼう**【三宝】……❶仏（悟りを開いた指導者）と法（仏の教えの内容）と僧（仏の教えを信じ修行する者の集団）。

7 一部の語句を入れかえて読ませるとき、置きかえられる部分を「・」で区切り、それと置きかわる部分を（　）内に記す。

〔例〕**おの が**【己が】……わたくし・の（が）。＝｛わたくしの。わたくしが。｝

あるじ【主】……一家・（一族・一国）の長。＝｛一家の長。一族の長。一国の長。｝

8 語釈を他の同義語にゆずるときは、↓の下にその見出し語の形を示す。

〔例〕**しふはう しゃ**【襲芳舎】↓かんなりのつぼ。

ずらう【受領】↓ずりゃう。

9 語釈をさらに適確に理解するために関連のある語を参照してもらうとき、(参)の下にその見出し語の形を示す。

〔例〕**かう**【更】……(参)とき㊀①。

10 見出し語がある語を略したものであるときは、(略)の下にもとの形を示す。

〔例〕**しゅら**【〈修羅〉】❶(略)阿修羅。❷(略)修羅道。

用例

1 見出し語の用いられた例文を「　」に囲んで引用し、その出典を（　）内に示す。原則として、一つの語義に一つ以上あげる。ただし、有職・官職関係の事項で省いたものもある。用例を示しても語義の理解に役立たないからである。

2 引用文の表記は原典の形にかかわらず、漢字・ひらがな交じりに統一する。

(イ) 古典かなづかいによる。

(ロ) 漢字は「常用漢字表」（前記）の字体を用いる。

(ハ) 送りがなは「送りがなのつけ方」（前記）による。

3 見出し語に当たる部分は「―」で示す。活用語のときは、語幹を「―」で示し、「・」に続けて語尾を示す。語幹と語尾の区別のできないもの・語幹のみを用いたもの、または見出し語の表記と部分的に相違するものはそのままの形で示し、傍線を引く。

〔例〕**ゐる**【居る】〘自上一〙……「いやしげなるもの、ゐたるあたりに…」

ありがた・し【有り難し】〘形ク〙「あらありがたの御とむらひやな」

ともかくも〘副〙……「ともかうも御返事をば申さで」

4 会話や思惟の文および連句は『　』に囲んで示す。

5 用例の理解を助けるために、前後の文脈をわかりやすくするよう主語・目的語その他の説明を(　)内に補い、難解な語句には(＝　)内にかたかな交じりで注釈を加える。

〔例〕**こころ**【心】……**―を尽く・す**……「(ヒドイ歌ダガ)―・して(＝苦心サンタンデ)よみいでたまへらむ(末摘花ノ)ほどを(源氏ガ)おぼすに…」

6 動詞で活用形式の二種あるとき(品詞**5**参照)は引用文中のその語の下に活用形式を〘　〙に囲んで示す。

〔例〕**い・く**【生く】〘自四・上二〙……「いくばくも―・け〘四段〙らじ命…」……「多く討たれて、―・くる〘上二〙者は…」

7 中世以後の口語で用いられた用言の口語活用の例もあげる。

〔例〕**は・ぬ**【撥ぬ】〘自下二〙……「泣き女なれば楠(正成ハ)まだ―・ねる」(柳樽・九)

8 (イ) 短歌は、一首全体を引く。

(ロ) 歌謡・長歌は、前・後または前後を省略し、前略のときは前に、後略・前後略のときは後に「…」をつける。

(ハ) 散文その他は中略のとき「…」を用いる。

(ニ) 漢文体のものは、わかりやすくするため多く書き下し文で引くが、このことは特に明示しない。

9 引用文の出典は、作品の性質および構成により、次のように略称で示す。(巻末「出典略語一覧」参照)

(イ) 書名・巻序(＋項順)

〔記・上〕　〔今昔・巻一ノ二〕

(ロ) 書名・帖名(章名・段順・部立)

〔源氏・葵〕　〔平家・祇王〕

〔枕・一段〕　〔古今・春上〕

(ハ) ジャンル・作品名(＋巻序(＋項順)・段順・幕順)

〔催・竹河〕　〔謡・安宅〕

〔咄・醒睡笑・巻二〕　〔浮・艶行脚・巻二ノ二〕

〔浄・浪花鑑・一〕　〔伎・十六夜清心・一ノ五〕

(ニ) 作者名・作品名・回数(段順・幕順・巻序＋項順)

〔馬琴・弓張月・一回〕　〔近松・反魂香・上〕

〔近松・大念仏・中〕　〔西鶴・永代蔵・巻一ノ二〕

(ホ) 俳句＝作者名(採録書名)

〔去来(猿蓑)〕

(ヘ) 連句＝作者名・作者名(採録書名)

〔芭蕉・羽笠(冬の日)〕

語彙グレイドの決定

頻度数調査

高等学校用国語教科書と大学入学試験問題から、全部の古語を抜き出す。用法のうちに現代語と違うものが含まれるならば、すべて古語と認める。そうして、各何回現れるかを調査する。上記資料に現れた古語は、助動詞・助詞を別にして総数一三一四九語である。助動詞・助詞を別扱いにしたのは、その現れかたが一般語彙と段違いであり、重要度の判定に対して規準となりにくいからである。次に、一三一四九語のうち、一回しか現れないものが五五二九語であり、重要性がきわめて低いと考えられるので、これらを除いた七六二〇語がいちおう古文の学習に有用な語彙と認められよう。

頻度数とグレイド区分

頻度数の最高は副詞「いと」の三〇四一回であるが、その重要性はかならずしも七〇回の「あたる」に比べて約四〇倍だと決めるわけにゆかない。重要性をグレイドに分けるとき、それぞれの群をどのような規準で区切るかは、特別な観点を必要とする。いま頻度二回から七〇回までの一般語がそれぞれ何種あるかを調べてみる。

70—五	69—七	68—二	67—八	66—二	65—八	64—四	63—九	62—八	61—二	60—五	59—八	58—七	57—六
56—七	55—五	54—九	53—一三	52—一一	51—五	50—六	49—六	48—九	47—一〇	46—一五	45—一二	44—九	43—一六
42—一六	41—一九	40—一一	39—一〇	38—一九	37—一四	36—一七	35—一四	34—二〇	33—二四	32—一九	31—三〇	30—二三	29—二二
28—二〇	27—二四	26—四四	25—三八	24—四七	23—五〇	22—四四	21—四九	20—三七	19—五一	18—五二	17—六一	16—八一	15—七八
14—八九	13—一一四	12—一〇九	11—一一七	10—一六四	9—一八三	8—二二九	7—二八二	6—三六五	5—五二六	4—七七二	3—一一一六	2—二〇七九	

アラビア数字は回数、漢数字はその回数をもつ語の合計を示す。たとえば、**70**—五とあるのは頻度七〇回の語が五種あること、**2**—二〇七九とあるのは頻度二回の語が二〇七九種あることを示す。

このなかで、頻度二回の二〇七九語と頻度三回の一一一六語との間に明らかな段階があることは、否定できない。前者は後者の約二倍だからである。そこで、まず頻度二回の二〇七九語を**E**グレイドとする。次に、頻度三回の一一一六語は頻度一一回の一一七語に対し約一〇倍なので、別の段階と認めるのが当然であるけれども、頻度一〇回の一六四語と頻度一一回の一一七語とは、かならずしも境界が明確ではない。また、頻度九回の一八三語から頻度四回の七七二語までも、やはり区分しにくい分布状態である。そこで、頻度三回から頻度一〇回までの半分に当たるもの、すなわち頻度三回から頻度六回までをDグレイドとし、頻度七回から頻度一〇回までをCDグレイドとする。CDグレイドの語は、後述するような別の規準に当てはめ、CグレイドあるいはDグレイドのいずれかに帰属させる。次に、頻度二六回の四四語は頻度三二回の一九語に対し約二倍なので、頻度三二回以上がCグレイドと区別されることは適当であろう。しかし、頻度三二回の隣が頻度三一回の三〇語、頻度二六回の隣が頻度二七回の二四語であることは、やはり境界のつけにくさを示す。そこで、頻度一一回から頻度二六回までをCグレイド、頻度二七回から頻度三一回までをBCグレイドとする。BCグレイドの語は、後述の規準に照らし、Bグレイド・Cグレイドのどちらかに編入する。次に、頻度五四回以上は、すべて一桁の種類数であるから、一桁の最後である頻度四四回の九語までは、Aグレイドの可能性が認められる。しかし、頻度五三回の一三語が二桁であり、頻度四四回までは一桁と二桁が混在しているので、頻度五四回以上をAグレイド、頻度四三回から頻度三二回までをBグレイドとし、その中間をABグレイドとする。ABグレイドの語を後述の規準によってAグレイドまたはBグレイドに所属させることは、BCグレイド等の場合と同様である。頻度三〇四一回は頻度五四回の約五六倍だが、これだけの幅をひっくるめてAグレイドとするのは、頻度数に対する語の種類数がこの辺ではいちじるしく不整であるのと、語そのものを比べても内容的に重要度があまり違わないと認められるからである。すなわち、頻度数だけによる重要度の判定は、AグレイドないしABグレイドの辺では有効性が減少するわけである。

助動詞・助詞のグレイド

頻度数だけで重要度を判定できないのは、助動詞・助詞についても同様である。そこで、次のような特別規準を設ける。

(一)基本的にはいちおうAとする。

(二)時代を古代・中古・中世・近世とし、そのうちで

㋑中古にしか用いられないもの——Bに下げる。

㋺中世・近世にわたるもの——Bに下げる。

㋩古代・中世・近世のどれか一時代にしか用いられないもの——Cに下げる。

(三)どれか一時代にしか用いられず、しかも用例がまれなもの——Dに下げる。

(四)用法の数が三以下のもの——Bに下げる。

「用法の数」というのは、ある語に含まれる意味が幾とおりあるかを示す数で、この辞書では❶❷❸などがそれに当たる。それらの下位区分である㋑㋺㋩やⓐⓑⓒは問題にしない。

特殊語彙の修正グレイド

以上のグレイド判定は量的な規準にもとづくものだが、それだ

けでは偶然性が伴うので、決定的なグレイドとはなりにくい。さらに、質的な規準による修正が加えられるのでなければ、グレイドとしての信頼性にある程度の不安定さが残るであろう。たとえば、頻度数だけでいうと「僧都」が一八回なのに対し、同類語の「大僧正」は〇回、「僧正」は一五回、「律師」は一回である。しかし、事項としての重要度からいって、かならずしも僧都が僧正より上だとは限らない。このような場合、一八とか〇とか一五とか一とかの指数は、そうとう偶然性に支配されていると認めなくてはなるまい。つまり、僧都という語の頻度数が高いのは、多くの教科書が『平家物語』の「有王」を採っていることの影響なのであり、もし俊寛が律師であったならば、おそらく律師という語の頻度数が一八回に近いものとなったであろう。

このような偶然性にもとづく不確かさを修正するためには、同類の語について平均値を求めるのがよい。しかし、狭い範囲での平均値は、実はたいして意味がない。たとえば、「大臣」七回、「太政大臣」一九回、「左大臣」一一回、「右大臣」八回、「内大臣」八回の平均値を算出すると、一〇・六回である。これに対し「納言」「大納言」「中納言」「少納言」(権官を含む)の頻度数平均値は三三・二五回である。この数字から、大臣類の重要度は納言類よりもずっと低いという判定をくだすわけにはゆかない。つまり、同類語の頻度数平均値は、できるだけ広い範囲について求められなくてはならないのであり、右の例でいえば、大臣類とか納言類とかでなく、公家官職ぜんたいについての指数を求めることになる。その指数は五回強であるから、公家官職名はDグレイドに相当し、したがって太政大臣も少納言もすべてDグレイドとして扱う。同様にして、十二支はDグレイド、音律名はDグレイド、色彩名はEグレイドなど、特殊な種類の語についての修正グレイドが得られる。

一般語彙の修正グレイド

質的な要素を加味した修正グレイドは、一般語彙についても必要である。修正の規準として、次の諸項を設ける。

(一)グレイドを上げる場合

㋑反対語の原グレイドが違うとき、高いほうに一致させる。

㋺「用法の数」が多い語は、一ないし二グレイド上げる。

(a)三ないし四のとき――一グレイド

(b)五以上のとき――二グレイド

㋩現代語とまぎらわしく、解釈に注意を要する語は、一グレイド上げる。

〔例〕「いそぎ」「くちをし」「こころ」等。

㊁解釈の立場では重要度が低くても、歴史的あるいは社会的な意味で注目を要する語は、一ないし二グレイド上げる。

〔例〕「あがた(県)」「かな(仮名)」「さうか(早歌)」等。

㋭教科書・入試問題以外における使用の頻度数がいちじるしく高い語は、一ないし二グレイド上げる。

〔例〕「かりそめ」「さか(賢)し」「にほふ」等。

(二)グレイドを下げる場合

㋑発音の差があるだけで、意味・用法が現代語と同じものは、すべてEグレイドとする。

〔例〕「いを(魚)」「こつじき(乞食)」「みづがね(水銀)」等。

㋺活用の差があるだけで、意味・用法が現代語と同じものは、すべてEグレイドとする。

〔例〕「思ひ当つ」「かしまし」「ここちよし」等。

㋩「用法の数」によってグレイドを修正する際、現代語と同じ用法はマイナスとして扱う。

㋥現代語から推して容易に意味の理解できるものは、一ないし二グレイド下げる。

〔例〕「いはほ(巌)」「うひまな(初学)び」「うららか」等。

㋭教科書・入試問題以外における使用の頻度数がいちじるしく低い語は、一ないし二グレイド下げる。

〔例〕「かみつよぼろ(上つ丁)」「儀同三司」等。

グレイドを修正するとき、これらの規準は重複して適用される。その結果、いちじるしくグレイドの昇降することがある。とくに(二)の㋩㋥㋭が重複適用された結果、マイナス指数が頻度数二回を上回る場合は、その語をEグレイドから切り捨てた。頻度二回のが実数二〇七九語あったにもかかわらず、結果的にEグレイドが一七四三語となったのは、そのためである。

基本古語の語数

以上の修正でいちおう基本古語とそのグレイドが決まるけれども、なお補充採用を必要とするものがある。たとえば月名・時刻名・十二支名などは、かならずしもその全部が教科書や入試問題に現れるとは限らない。しかし、辞書としては、たとえば「寅(とら)」「午(うま)」を採って「辰(たつ)」「申(さる)」を採らないというわけにはゆかないから、原頻度数が〇回であっても、同類の語が採られている場合には補充採用し、グレイドはその類と同じものを与える。また、ある採用語に関連し、その派生語や応用的な語で、とくに必要を認めたものは、原頻度数が〇回でも補充採用したが、グレイドは連語をすべてEとし、句についてはグレイド外の扱いにする。

このようなグレイドの修正および同類語・関連語の補充採用によって、最初の頻度調査によるいちおうの基本語数はかなり変動するのであり、その最終結果は、Aグレイド三一一語、Bグレイド六一八語、Cグレイド九四七語、Dグレイド二五一四語、Eグレイド一八五一語、総計六二四一語となる。

分担責任者

本辞書は、小西甚一個人の執筆であるが、作業の過程においては、安達ヒロミ・犬井善壽・奥野純一・木越隆・小松登美・斎藤慎一・佐々木徹・信太周・中尾嘉代子・根津義・野村たみ子・萩原昌好・山口恒諸氏の助力があった。その内容は、次のとおりである。

企画	小西
頻度数調査	斎藤
採録語・グレイド決定	小西
用例調査・解釈	小西・水上・小松・木越 萩原・奥野・犬井・信太
原稿執筆	小西
原稿整理	中尾
原稿浄書	中尾・根津
校閲・形式統一	小松・佐々木・中尾
校正	中尾・小西・安達・野村
図版	山口・小西
付録	小西・奥野・山口・安達・野村

あ

あ【吾・我】Ⓑ〘代〙第一人称。わたし。ぼく。（古代に多く用いられ、中古には「あこ(吾子)」「あが」等の限られた形で現れる。中世以後は擬古的にしか使われない）「吾夫君、これをば―がなせといふ」〔紀・神代上・訓注〕「吾妹子(わぎもこ)や―を忘らすな(=忘レナイデクダサイ)いそのかみ(=枕詞)袖ふる川の(水ノ絶エナイヨウニワレワレノ仲ガ)絶えむと思へや(=思イマセン)」〔万葉・巻一二〕㊟わ。

あ【彼】Ⓑ〘代〙第三人称。（「か」と同義だが、中古から多く用いられるようになった）❶話主からみて、自分にわりあい遠い事物・場所などをさしていう。「浜千鳥飛びゆく限りありければ雲立つ山を―はとこそ見れ」〔大和・一四五段〕（「あれは」の意と「阿波」を掛ける。「あれは阿波の国だ」の意）❷話題になっている事物・人などをさしていう。「―の(=彼女ガ)書きおきし文(ふみ)をよみ聞かせけれど」〔竹取〕㊟か・こ・そ。

あ Ⓒ〘感〙❶強い感情をあらわす。「―慶(よろこ)ばしきかな」〔霊異記・上・三五〕（訓注に「阿」と表記）❷返事の声。（不満の気持ちを含むことが多い）はい…。「シテ『あちへ失せう(=出テ行ケ)』太郎冠者『―』シテ『―とは、おのれ憎いやつの』」〔狂・末広がり〕「凡兆『―』と答へて(ハミタガ)、いまだ落ちつかず(=納得ガユカナイ)」〔去来抄・先師評〕❸呼びかけの声。「―、こりゃこりゃ(=オイオイ)。燗(かん)せいでも大事ない」〔近松・油地獄・下〕

ああ Ⓑ〘感〙❶感動を直接にあらわす声。「―降ったる雪かな」〔謡・鉢木〕❷呼びかけの声。あの。おい。「―留めてくだされい」〔狂・鎌腹〕❸相手の語に対し、同意を示す声。はい。うん。「『死ぬると覚悟しや』『―さうぢゃ生きらるるだけこの世で添はう』」〔近松・冥途飛脚・中〕❹いぶかりの気持ちをあらわす声。え?「耳もおぼおぼしかりければ(=ハッキリ聞コエナイノデ)、『―』とかたぶきて(=首ヲカシゲテ)ゐたり」〔源氏・若菜上〕 **――まうし** 申し(―モウー)Ⓔ〘連語〙呼びかけの語。あの。おい。ねえ。「―、お前は病気でひきこもって世間(=流行)を御存じござらぬ」〔近松・重井筒・中〕

あいきゃう【愛敬】(―キョウ)Ⓔ〘近世語〙相手への好意が表情にあらわれたもの。現代語では多く「愛嬌」とあてる。「―こぼれて愛らしく」〔一茶・おらが春〕

あいぎゃう【愛敬】(―ギョウ)Ⓑ❶人をひきつけるようなかわいらしさ。「女君…うつくしう、らうたげなり。―こぼるるやうにて」〔源氏・紅葉賀〕❷㋑やさしい思いやり。「(アナタミタイナ浮気者ハ)見れば憎し。(声ヲ)聞けば―なし」〔源氏・夕霧〕㋺愛しあうこと。情愛。「父を流されて子あはれむ。―の道は、中心(=マゴコロ)より出でたれば、父子の情けぞあはれなる」〔盛衰・巻八ノ三〕❸結婚。「―輦(=結婚式用ノ手車)にうち乗せて」〔梁塵〕

あいぎゃうづ・く【愛敬づく】(―ギョウ―)Ⓑ〘自四〙かわいらしく魅力的だ。「(ホトトギスガ)夜深くうち出でたる(=ナキ出シタ)声のらうらうしう―・きたる(=上品ニ愛ラシイノハ)、いみじう心あくがれ(=タマラナク心ガヒカレ)せむかたなし(=ドウショウモナイ)」〔枕・四一段〕「いと若やかに―・き、やさしき所添ひたり(=加ワッテイル)」〔源氏・蜻蛉〕

あい・す【愛す】Ⓑ〘他サ変〙❶好感をいだく。愛好する。「さびしきすまひ、一間(ま)の庵、みづからこれを―・す」〔方丈〕❷大事にする。たいせつに思う。「一門の公卿、卿相雲客どもまで(惟仁親王ヲ)―・したてまつる」〔曾我・巻一ノ二〕❸自慢にする。得意に思う。「八郎返すがへす見て、わが弓勢(ゆんぜい)のほどぞ―・しける」〔保元・中・二〕❹(幼児の)きげんをとる。かわいがる。「(母親ハ)すでにかぎり(=臨終)の時までも、(子ノ)名をよびなどして―・せしが、七日といふにはかなくなりて(=絶命シテ)あるぞとよ」〔平家・副将被斬〕（「これ程の大勢の中へただ二人入ったらば、何程の事をかしいだすべき。よしよし、しばし―・せよ」〔平家・二度之駈〕により「手心を加える」の意を認める説もあるが、これは「子どものようにあやす」意で(山田孝雄説)、④の用法）

あいな・し Ⓑ〘形ク〙❶気にくわない。感心できない。「(婿ヲトリソコナッテ)はづかしと思ひゐたるも、いと―・し」〔枕・二五段〕❷おもしろみがない。つまらない。「何事も―・くなりゆく世の末に」〔無名草子〕❸（「あいなく」の形で連用修飾のとき）むやみに。やたらに。ひどく。「上達部・上人なども―・く目をそばめつつ(=敵視シテ)」〔源氏・桐壺〕

あいなだのみ【あいな頼み】Ⓔ あてにならないのぞみ。そらだのみ。「(アナタノ浮気ガナオルノヲ待ツ)―はいとくるしくなむあるべければ」〔源氏・帚木〕（「法外な期待」と解する説もあるが、当たらない）

あえか Ⓓ〘形動ナリ〙（もろさを感じさせる優美さをいう）繊細である。「いとらうたげに(=カワイラシク)―・なるここちして」〔源氏・夕顔〕「いとどなよなよと―・にて臥(ふ)したまへるを」〔源氏・総角〕

あか【〈閼伽〉】Ⓓ〘仏〙（梵 argha）仏前・(墓前)に供える水。「清げなる(=キレイナ)童(わらは)などあまた出できて―奉り」〔源氏・若紫〕

あが【吾が・我が】Ⓑ〘連体〙〘連体詞としての用法は中古以後〙わたしの。「三宮『―大将をや』とて、ひかへたまへり(=オヒッパリニナッテイル)」〔源氏・横笛〕

――ほとけ 仏 Ⓔ〘連語〙❶〘名詞的用法〙(自分の本尊様のように)あがめてたいせつにする人。「今日明日(=ニモ)帝の君の、御心通ひて(=オ好キニナラレ)見たまふべき(=后ノ一人ニナサルダロウ)―を(=ワタシノ大事ナ姫ヲ)、いかなるしれ者の(=ロクデナシガ)いかにしつるぞや(=ドウシタノダ)」〔狭衣・巻三〕 ❷〘代名詞的用法(第二人称)〙あなた。「祈りせし大徳(=坊サンノ)宗慶(ヲ)召して、『―たちの御徳に(=オカゲデ)…よろこび申しはべり』」〔宇津保・藤原君〕

あかかがち【赤かがち】Ⓔ 赤いほおずき。「ここに―といへるは、今の酸醤なり」〔記・上・訓注〕〘原文「赤加賀智」と表記〙

あかぎ【赤木】Ⓓ ❶(対)「黒木」 皮をけずり取った木。「よしある(=趣ノアル)黒木(=皮ヲツケタママノ木)・―のませ(=マセ垣(がき))を結ひまぜつつ(=アッチコッチニ組ミ立テテ)」〔源氏・野分〕 ❷赤い木肌(はだ)の木材。梅・蘇芳(すおう)・かりん・紫檀(したん)などの類をいう。「―の数珠(じゅず)の」〔狂・くさびら〕

あかし Ⓓ ㊀【明かし・灯】ともしび。「二条の大路をしもわたりて行くに、先に御(み)―持たせ」〔更級〕 ㊁【証】事実を証明するるし。証拠。「ただ(=手ブラ)にて帰り参りてはべらむは、―候ふまじきによりて、高御座(たかみくら)の南面の柱のもとを削りてさぶらふなり」〔大鏡・道長〕

あか・し Ⓑ〘形ク〙〘視覚的にあざやかな印象をあたえるという基本意味から〙❶【明かし】光がゆたかだ。あかるい。「月の―・き夜ひとよ物語などして」〔更級〕 ❷【潔し】精神的にきよらかだ。うしろ暗い点がない。潔白だ。「隠さはぬ(=カクス所ノナイ)―・き心を皇辺(すめらべ)に(=天皇ノオ側ニ)きはめ尽くして仕へ来る…」〔万葉・巻二〇〕 ❸【赤し】あか色だ。「―・き色紙のいと清らなる(=トテモステキナノダ)」〔源氏・浮舟〕

あか・す【明かす】Ⓐ〘他四〙❶明るくする。「海原(うなはら)の沖辺(おきへ)にともし漁(いざ)る火は―・して(=明ルク)ともせ(ソレデナツカシイ)大和島見む」〔万葉・巻一五〕〘この用法はまれ〙 ❷あきらかにする。はっきりさせる。「老いの学問にも、うけたまはり(=ウカガッテ)―・さまほしうこそはべれ(=ハッキリサセテオキトウゴザイマス)」〔大鏡・昔物語〕 ❸うちあける。「この人にも『さなむありし(=コウコウデシタ)』など―・したまはむことは、なほ口重きここちして」〔源氏・手習〕 ❹夜を明かす。朝をむかえる。「―・さでだに出でたまへ(=セメテ夜ガ明ケナイウチニ帰ッテ下サイ)」〔源氏・夕霧〕

あかず【飽かず】Ⓒ〘連語〙❶みちたりない。もっと…であってほしい。心残りだ。「―惜しと思はば、千年を過ぐすとも、一夜の夢のここちこそせめ」〔徒然・七段〕 ❷(残り惜しいような)魅力がある。すてきだ。「この水の―おぼゆるかな」〔更級〕(参)あく。

あがた【県】Ⓓ ❶古代の諸国にあった朝廷直属の領地、または国の造(みやつこ)が治める国の下部組織。「倭(やまと)の国の六つの御―の山の口にます皇神(すめかみ)」〔祝詞・広瀬大忌祭〕 ❷朝廷の統制下にある地方豪族を首長とする地域。「いにしへは、相模の国足柄(あしがら)の岳坂(やまさか)より東のもろもろの―は、すべて『あづまの国』といひき」〔常陸風土記〕 ❸国司など地方官の任国。「―の四年五年はてて」〔土佐〕 ❹いなか。地方。「『―見(=イナカ見物)』には、え出で立たじや(=オデカケニナリマセンカ)』といひやれりける返り事によめる」〔古今・雑下・詞〕

――ありき 歩き Ⓔ 地方官をすること。またはその人。「今はひとりを頼むたのもし人は、この十余年のほど―にのみあり」〔蜻蛉・上〕

――ぬし 主 Ⓓ ❶「あがた①」の首長。世襲であった。「春日(かすが)の―大日諸(おほひもろ)がむすめ糸織媛(いとおりひめ)なり」〔紀・綏靖・訓(北野本)〕〘「あがたぬし」は「県主」の訓〙 ❷〘大化の改新より後〙姓(かばね)の一つ。「(賀茂)重保の―の月詣(まうで)の(=月詣和歌集ニ収メラレタ)歌こそ」〔春海・琴後集・巻一二〕〘賀茂神社の長官家は県主姓〙

あかだな【〈閼伽〉棚】Ⓓ〔仏〕仏に供える水などをのせておくたな。(参)あか。「南に竹のすのこをしき、その西に―を作り」〔方丈〕

あかぢ【赤地】(ージ) Ⓔ 模様以外の部分が赤色である織物。「―の錦の鎧直垂(よろひひたたれ)に、緋縅(ひをどし)の鎧着て」〔増鏡・さし櫛〕

あか・つ【頒つ】Ⓓ〘他四〙分配する。割り当てる。「山々寺々に手を―・ちて(=手分ケシテ)求めたてまつるに」〔栄花・花山〕

あかつき【暁】Ⓑ 未明。夜明け前のまだうすぐらい時刻。「―に舟をいだして室津を追ふ(=室津へ向ケテ進ム)。…海のありやうも見えず。…かかるあひだに(=ソウコウスルウチニ)みな夜明けて」〔土佐〕 **――起き** Ⓓ 夜明け前におきること。「八声なく鶏(とり)よりさき(ニ起キヨウ)と思へども―をねぞすぎにける」〔夫木・巻一九〕

あかとき【暁】Ⓑ〘古代語〙中古以後の「あかつき」に同じ。「わが背子を大和へやるとさ夜ふけて―露にわが立ちぬれし」〔万葉・巻二〕

あからさま Ⓒ〘形動ナリ〙❶にわか。急。「―・にその不意(おもひのほか)に出でば、破れむこと必(しか)なり」〔紀・神武・

訓〕《「あからさまに」は「倏忽之間」の訓》 ❷ちょっと。一時的。「をかしげなる乳児(ちご)の、―・に抱きて遊ばしうつくしむほどに(＝カワイガルウチニ)、かいつきて寝入りたるもらうたし(＝愛ラシイ)」〔枕・一五一段〕「次ざまの(＝アマリ上等デナイ)人は、―・にたちいでても、今日(けふ)ありつることとて、息もつぎあへず語り興ずるぞかし」〔徒然・五六段〕

あから め【あから目】Ⓒ《＋自サ変》 ❶ふと、目をそらすこと。わきめ。よそめ。「大井川岩波たかし筏士(いかだし)よ岸のもみぢに―なせそ」〔金葉・秋〕 ❷他の女がすきになること。うわきをすること。「もとのごとく、―もせで添ひ居にける(＝夫婦仲ヨク暮ラシタトサ)」〔大和・一五七段〕 ❸急に姿が見えなくなること。「わが宝の君は、いづこに―・せさせたまへるぞや」〔栄花・花山〕

あかり しゃうじ【明かり障子】(―ショウ―) Ⓔ 白い薄紙をはったふすま。今のしょうじ。「持仏堂の―護摩(ごま)の煙にふすぼりて」〔愚管抄・第四〕

あか・る【明かる】Ⓓ《自四》あかるくなる。「やうやう(＝ダンダン)しろくなりゆく山ぎは、すこし―・りて」〔枕・一段〕

あか・る【別る】Ⓔ《自下二》はなれる。別れる。ちりぢりになる。「碁打ち果てつるにやあらむ、うちそよめきて(＝ザワザワシテ)人々―・るるけはひなどもすなり」〔源氏・空蟬〕

あが・る【上がる・挙がる・揚がる】Ⓐ《自四》 ❶㋑高い位置へ移る。「高櫓(やぐら)に―・り、はるかに見送りたてまつりて」〔太平・巻七ノ一〕㋺(空中へ)高くのぼる。「その後、御神は―・らせたまひにけり」〔太平・巻三三ノ二〕㋩跳躍する。「踊躍と―・り、歓喜とよろこびよろこぶること」〔三蔵法師伝・永久訓点(興福寺本)〕㊁(馬が)はねる。あばれる。「手綱を強く控へたりけるに(＝ヒッパッタトコロガ、馬ハ)やがて―・りて(乗リ手ヲ)投げけるに」〔著聞・興言利口〕㋭(水上から陸へ)行く。上陸する。「大船(だいせん)三百余艘にて、尼崎より―・って下京に着く」〔大平・巻六ノ五〕 ❷(水・湯の中から)出る。「海川へすたれる(＝落チテイタ)金銀(ガ地引キ網デ)魚にまじりておびただしく―・りし故」〔黄・金生木・中〕 ❸㋑(外から建物の中に)入る。「本堂へ―・りてみれば、これぞ皇居とおぼえて」〔太平・巻三ノ二〕㋺(遊郭などで客が店に)はいる。遊興する。「知らねえ楼(ちう)へ―・りやした」〔三馬・床・二ノ上〕 ❹(さがっているものが)上へ引かれる。「(風ノタメ)すだれ静まりやらずぞ―・りける」〔平家・巻二末ノ二(延慶本)〕 ❺㋑(物理的な位置が比較して)高くなる。「蓮華(れんげ)の座の、土を―・りたる(＝地面ヨリ高クナッテイル)高さ三四尺」〔更級〕㋺(官位などが)上になる。昇進する。「太政大臣に―・りたまはむに、何のとどこほり(＝サシツカエ)かおはせむ」〔徒然・八三段〕㋩(技芸の程度が)高まる。上達する。「(能ガ)―・るは三十四、五までのころ、下るは四十以来なり」〔花伝・一〕㊁(物価が)高くなる。騰貴する。「上(かみ)の(＝上方カラノ)たよりに―・る米の値」〔芭蕉(炭俵)〕㋭(時代が)さかのぼる。昔になる。「孝徳天皇と申す帝…これはあまり―・りたる事なり」〔大鏡・後一条院〕 ❻(とくに必要な事がらが)さし示される。「歌枕などに名―・りたる所々などを書き」〔大鏡・伊尹〕 ❼(よい評判が)たつ。(名声が)広まる。「かばかりの詩(からうた)を作りたらましかば、名―・らむこともまさりなまし(＝イッソウダッタニチガイナイ)」〔大鏡・頼忠〕 ❽㋑(尊い場所へ)行く。参上する。「室町様へ―・ると、何やら御用も繁く(＝セワシク)、お見舞ひも申しませぬ」〔種彦・田舎源氏・発端〕㋺(京都で南北の通りを御所のほうへ、大阪で城のほうへ)行く。「(京ノ)堀川を上(かみ)へ―・れば」〔西鶴・伝来記・巻五ノ四〕「(大阪ノ)阿波座を上(かみ)へ―・り新町を西へさがる所に」〔浮・万金丹・巻四ノ四〕 ❾のぼせる。上気する。「気(け)の―・る病ありて(＝持病ヲ持ッテイテ)」〔徒然・四二段〕「湯気に―・ったさうだ」〔三馬・風呂・前ノ上〕 ❿㋑(物事が)終わる。完了する。「まだ―・らぬか―・らぬかと草稿を急ぐ」〔三馬・風呂・二ノ上(序)〕㋺(雨などが)降りやむ。「春雨の―・るや軒になく雀」〔羽紅(猿蓑)〕㋩(脈や呼吸が)とまる。「六十(歳)ぢゃあ、脈が―・ったよなう」〔三馬・風呂・二ノ上〕㊁(課業が)終わりになる。終業になる。「手習ひ子どもも―・りて、人なき時分を考へ(＝見ハカライ)」〔浮・役者色仕組・巻四ノ一〕 ⓫「食ふ」「飲む」の尊敬語。めしあがる。「あんまり御酒を―・りますと、あなたのおためになりますまい」〔人・娘節用・五〕 ⓬〔補動〕《他の動詞の連用形に付いて》㋑だんだん程度が高まる意を添える。「ものを言ひ―・りて(＝ダンダン口論ガヒドクナッテ)、大つぶてにて打ちける(＝大キナ物ヲブッツケタ)」〔十訓・第八ノ二〕㋺「完全に」の意を添える。「今日か明日は出来―・らう」〔三馬・床・初ノ上〕

あき かぜ【秋風】Ⓔ ❶秋の風。「夕されば(＝夕方ニナルト)―寒し吾妹子(わぎもこ)が解き洗ひ(仕立テ直シタ)衣(ころも)行きてはや着む」〔万葉・巻一五〕 ❷《「秋」と「厭き」の同音を使った技巧で》男女間の愛情のさめることにいう。「昨日(きのふ)には夕べにも変はる色目(＝ソブリ)はなかりしが、にはかに―立ちけるか(＝急ニ飽キガキタノカ)」〔近松・職人鑑・二〕

あきづ しま【秋津島・秋津洲】(―ズ―) Ⓔ ❶《大和(やまと)の地名「秋津島」が拡大されて》大和の国。「…そらみつ(＝枕詞)倭(やまと)の国を―とふ(＝トイウ)」〔記・下〕《原文「阿岐豆志麻」と表記。「豆」は濁音》 ❷日本の別名。「わが朝(＝ワガ国スナワチ)―の内よりいでて」〔太平・

巻一〇ノ二〕《鎌倉時代以後は「あきつしま」。平安時代の発音は明らかでない。「—根や天離(さ)がる鄙(ひな=イナカ)の境に」〔謡・養老〕》

あき びと【商人】Ⓔ しょうばいをする人。「これは東国方の—にてさうらふ」〔謡・隅田川(車屋本)〕

あき ま【空間】Ⓔ 鎧(よろい)の札(さね)と札とのすきま。「(矢ヲ)雨の降るやうに射けれども、鎧よければ裏かかず(=裏マデ通ラナイ)、—を射ねば手も負はず(=負傷モシナイ)」〔平家・木曾最期〕

あき み・つ【飽き満つ】Ⓓ ㊀《自四》(じゅうぶんに)満ちたりる。(すっかり)満足する。「よく食ふに、皆—・ちぬ」〔今昔・巻一七ノ四六〕 ㊁《他下二》(じゅうぶんに)満ちたらせる。(すっかり)満足させる。「あざやかにきよらなる装束を(イロイロ)換へて着せむ、ゆたかに—・てむとて」〔宇津保・吹上上〕

あきら け・し【明らけし】Ⓓ《形ク》❶はっきりとしてきれいだ。「—・き鏡(ノヨウナ話)にあへば過ぎにし(昔ノコト)もいまゆく末の(=将来ノ)ことも見えけり」〔大鏡・後一条院〕 ❷疑問の余地がない。明白だ。「原(とも)の歌の『真白にぞ』といひしは、雪の色をいへること—・し」〔在満・国歌八論〕 ❸よく通じている。知りぬいている。「(後鳥羽院ハ)よろづの道々に—・くおはしませば、国に才(ざえ)ある人多く」〔増鏡・おどろ〕

あきら・む【明らむ】Ⓒ《他下二》❶あかるくする。「黄金ありと申したまへれ(=奏上シタノデ)御心を—・めたまひ…」〔万葉・巻一八〕 ❷はっきりと見きわめる。「秋の時花種(さく)にありと(=タクサンアルナアト)色ごとに見(め)し(=御覧ニナリ)—・むる今日の貴さ」〔万葉・巻一九〕 ❸事情・わけをはっきりさせる。「『御耳とどめてよろしう—・め申させたまへ』などのたまふ」〔源氏・柏木〕

あき・る【呆る】Ⓒ《自下二》❶《自分にとり予想外の事がおこって》ぼんやりする。気が落ち着かず、どうしてよいかわからない。「(アマリ急ナ出発準備ナノデ)ここちは—・れて、我(あれ)か人か(=気ガヌケタヨウ)にてあれば」〔蜻蛉・中〕 ❷《第三者の立場として意外さに》どう言ってよいかわからない。「心(=事情)も知らぬ人は…御さき(=サキバライ)の音もおどろおどろしう(=威勢ヨク)参らせたまへるを『いかなる事ぞ』と—・るるに」〔大鏡・師尹〕《現代語のような非難めいた気持ちは含まない》

あ・く【飽く】Ⓑ《自四》❶満足する。それ以上は望まない。「むすぶ手のしづくに濁る山の井の—・かでも(=マダ気ガスマナイウチニ)人に別れぬるかな」〔古今・離別〕 ❷いやになる。それ以上したくない。「くれなゐに染めし心も頼まれず人を—・くには移るてふなり(=色ガワリスルソウダ)」〔古今・雑体〕

あ・ぐ【上ぐ・挙ぐ・揚ぐ】Ⓐ《他下二》❶㋑高い位置へ移す。「(日本武尊ハ)み力よく鼎(かなへ)を—・げたまふ」〔紀・景行・訓〕《「あげたまふ」は「扛」の訓》 ㋺(空中へ)高くのぼらせる。「かの山に煙を両度—・げなば、後ろ巻き(=援軍ガ)無しと知りたまふべし」〔常山・紀談・巻四ノ一〇〕 ㋩高い場所に造る。「屋敷の隅に井楼(せいろう=偵察用ノヤグラ)を—・げ、柵の木(ヲ)結(ゆ)ひ、敵に向かへるごとし」〔常山・紀談・巻一五ノ六〕 ㋥(馬を)はねさせる。あばれさせる。「あがり馬を引かれにける。中道(=途中デ)、口(=クツワ)をはづさせて—・げけり」〔著聞・馬芸〕 ㋭(水上から陸へ)行かせる。上陸さす。「これ船頭殿、こちら二人は—・げてもらはう」〔近松・鑓権三・下〕 ❷㋑(水・湯の中から)出す。「お早くお衣(べ)を脱がせ申して、初(=下女ノ名)が(子ドモヲフロカラ)お—・げ申しますのさ」〔三馬・風呂・四ノ下〕 ㋺(他人の物を)取る。「今(ノ世ハ人々ガ)鋭(すすど)う(=敏感ニ)なって、油断せぬ故、たいてい(ノ事)では—・げられぬぞい(=セシメラレナイゾ)」〔伎・幼稚子敵討・五〕 ㋩(まとめてこっちへ)引く。しりぞかせる。「寄せ手多く討たれ、危ふかりければ、引き返さむと…詞をかけらるれば、勘兵衛(ガ言ウニハ)『ただ今—・げむとせば、(味方ハ)いよいよ乱れ足になるべし』」〔常山・紀談・巻四ノ三二〕 ㋥見切る。放棄する。「弟子の方から(逆ニ)師匠を—・げ(=コトワリ)、向後(きやうこう=コレカラ)頼むは時平公」〔浄・手習鑑・一〕 ❸㋑(遊郭などで客を店に)入れる。遊興させる。「もし(情夫ヲ)せいて(=会ワセナイヨウニシテ)—・げねえ(=登楼ヲコトワル)時は、ふてて(=フクレテ)鞍替へ(=勤メ先ヲカエル)」〔洒・四十八手〕 ㋺(遊女や芸妓(ぎ)を)相手に呼ぶ。「三浦屋の怪野(あやしの)といふ女郎を—・げて遊びけるが」〔黄・心学早染草・中〕 ❹㋑(さがっているものを)上へ引く。「簾(すだれ)は—・げず」〔枕・二七八段〕 ㋺(髪を)ゆう。「女は裳(も)着、髪—・げ」〔宇津保・藤原君〕 ❺㋑(物理的な位置を比較して)高くする。「城を構へたる時、門脇の狭間(さま=ノゾキ窓)を、垣見和泉守家純『(普通ヨリモ)—・げて切れ(=作レ)』と下知しけるを」〔常山・紀談・巻一〇ノ一七〕 ㋺(官位などを)上にする。昇進させる。「いと不便(ふびん)なる(=グアイガ悪イ)御事とて、神の御位(ヲ)申し—・げさせたまへるなり」〔大鏡・忠平〕 ㋩(技芸の程度を)高める。「もうよほど(腕前ヲ)お—・げなさいましたらう」〔三馬・風呂・二ノ上〕 ❻㋑(事がらを)はっきりさせる。明示する。「(皇子デアルトイウ)名を顕(あらは)し(=名ノリ)、貴き(素姓デアル)ことを—・ぐる(ノハ)、まさに今宵(こよひ)にあたれり」〔紀・顕宗・訓(熱田神宮本)〕《「あぐる」は「著」の訓》 ㋺(いくさを)公示する。宣戦する。「義兵を—・げ、軍勢を卒し(=ヒキ連レ)」〔太平・巻六ノ四〕 ㋩(とくに必要な事がらを)さし示す。「十二条の悪事を―・げて忠次に問はれしに」〔常山・紀談・巻四ノ三一〕 ❼ ㋑(ことばに)出す。発言する。「(ヘンナ子ガ生マレタノハ)婦人(たをやめ)の辞(こと)それすでに先づ―・げたればか(=サキニ出シタ故ダロウカ)」〔紀・神代上・訓〕【「あげたればか」は「揚乎」の訓】 ㋺(大声を)たてる。「『常在霊鷲山』の句を―・ぐ(=高ラカニイウ)。その声、雲を響かして」〔著聞・釈教〕 ㋩(よい評判を)たてる。(名声を)広める。「晴れの軍(いくさ)しおほせて、後代に名を―・げむずる家忠ぞ」〔保元・中・二〕 ㋥ほめそやす。「(帝王ハ)密々の(=ヒソカニ)徳を修して、(人民ガ自分ヲ)―・ぐるを待つ(ベキダ)」〔正法眼蔵随聞記・第三〕「―・げたり下ろしたりして口説(くど)く」〔黄・雁取帳〕 ❽ ㋑(尊い場所へ)行かせる。参上させる。「明日は早々お屋敷へ―・げます」〔三馬・風呂・二ノ上〕 ㋺(都へ)行かせる。上京させる。「京にとく―・げたまひて、物語の多くさぶらふなる、ある限り見せたまへ」〔更級〕 ❾のぼせさせる。上気させる。「あないみじ、気―・げさせたまふな」〔栄花・若ばえ〕 ❿(物事を)しおえる。完了させる。「狭(せば)きつぼに(=小庭ノ内デ馬ヲ)をりまはし(=自在ニ乗リマワシ)、おもしろく―・げたまへば(=乗リオサメナサッタノデ)御気色(=ゴ機嫌ガ)なほりて」〔大鏡・伊尹〕「膳を―・げ(=食事ヲ終エ)座敷を立ちざまに」〔咄・醒睡笑・巻一〕 ⓫(その費用で)間に合わせる。すませる。「一分(いちぶ)? え? それで―・げるつもりかえ」〔三馬・床・初ノ中〕 ⓬ ㋑(高いと意識する相手に)さし出す。「出入り(=訴訟)あらむこと、疑ひなし。これを(役所へ)―・げて(=提出シテ)申せ」〔咄・醒睡笑・巻四〕 ㋺(神仏などに供養や供え物を)ささげる。「八幡(はちまん)様へ護摩経を―・げやす」〔洒・古契三娼〕「神楽銭のほかに―・ぐべき初穂(はつほ=供物)をわすれて」〔西鶴・織留・巻六ノ一〕 ㋩「やる」の丁寧語。「これ旦那どの。(杯ヲ)―・げましょ」〔浮・禁短気・巻一ノ二〕 ⓭〔補動〕【他の動詞の連用形に付いて】 ㋑「大規模に」「さかんに」「完全に」等の意を添える。「三毬杖(さぎちやう)は、正月に打ちたる毬杖(=球ヲ打ツ棒)を…焼き―・ぐるなり」〔徒然・一八〇段〕「磨き―・げたる色男」〔三馬・床・初ノ上〕 ㋺謙譲の意を添える。「お師匠さま、今から(指導ヲ)頼み―・げます(=オ願イ申シマス)」〔浄・手習鑑・四〕 ㋩【助詞「て」を伴い】(他人のため)「(とくに)…する」の謙譲態。「檀方ぢゅうを廻って(寺ノタメ)勧化(くわんげ=募金)して―・げた」〔三馬・床・初ノ上〕

あく えん【悪縁】Ⓓ ❶〔仏〕前世でおかした悪い行為がひきおこす連鎖反応。「いかなる悪業(あくごふ)―が胎内にやどって(=母体ニハイッテ)あの通り(ノ悪イ子ガ生マレタカ)と思へば、ふびんさ(=アワレサ)かはいさ」〔近松・油地獄・下〕 ❷悪い結果に終わる男女関係。「心にも巧まぬ(=自分デ意図シタワケデナイ)不慮の(=予期シナカッタ)―の身」〔近松・堀川波鼓・中〕 ❸ろくでもない縁。「『ここで逢ふも他生の縁だ』『―ぢゃあござえませんか』」〔三馬・風呂・四ノ中〕㊜えん。

あくが・る【憧る】Ⓑ〘自下二〙 ❶そわそわする。「野辺の色を見るに、はた春の山も忘られて涼しう面白く、心も―・るるやうなり」〔源氏・野分〕 ❷どこともなく出て行く。ふらふら出かける。「かう心憂ければこそ今宵の風にも―・れなまほしくはべりつれ」〔源氏・野分〕 ❸ぼんやりする。放心する。「いかさまにしてかは、人目見苦しからで、思ふ心のゆくべき、など(薫ノ)心も―・れてながめ臥(ふ)したまへり」〔源氏・宿木〕 ❹離れる。「おぼろけのよすがならで(=リッパナ相手デナクテハ)人の言にうちなびき、この山里を―・れたまふな」〔源氏・椎本〕

あく ごふ【悪業】(‐ゴウ) Ⓓ〔仏〕 ❶悪い行為。「僧法師を殺し、仏閣社壇を焼きこぼち、修善(しゆぜん)の心は露ばかりもなく―をなす」〔太平・巻二二ノ二〕 ❷(自分の行為のため)来世に残された悪い影響。「―の衆生の苦患(くげん)を助け」〔謡・嵐山〕㊜ごふ。

あく しょ【悪所】Ⓔ ❶けわしい場所。「(関東ノ武士ハ)―を馳(は)すれど(=走ラセテモ)馬を倒さず」〔平家・富士川〕 ❷遊興する場所。(とくに)遊郭。「四橋(よつばし)に(舟ヲ)つけて、『あがれ』といふ。『また―へ(行クノ)か』『ざっと見て帰らう』」〔西鶴・一代男・巻五ノ七〕

あく だう【悪道】(‐ドウ) Ⓓ ㊀ ❶〔仏〕前に生きていたときおかした罪悪のため、死後に行く世界。すなわち地獄・餓鬼・畜生・修羅(しゆら)の四道。「悪趣」とも。「後生でさへ―へ赴かむずること」〔平家・祇王〕 ❷よくない道。「―には方人(かたうど=味方ガ)多く、直(すぐ)なる道には入る者少なし」〔近松・嫗山姥・三〕 ㊁〘形動ナリ〙実直でない。不届き。「―・なる新発意(しんぼち=小僧)…言ひつけられたれば、(ソノ急用ヲセズ)道にて碁を見てゐた」〔咄・昨日は今日・上〕

あぐら【胡床】Ⓓ ❶【「脚(あ)座(くら)」の意で】四本の脚をもつ腰掛け。ベンチ。多くは、戸外用。大型のものは、ベッドの代用にもなる。「門に出でて、―に坐りて待つ」〔紀・舒明・訓〕【「あぐら」は「胡床」の訓】「御桟敷の前に―立ててゐたるなど、げにぞめでたき」〔枕・二七八段〕 ❷材木を組みあげた足場。「―を結(ゆ)ひ上げて(=人ヲ上ラセテ)うかがはせむに」〔竹取〕

あけ Ⓓ ❶【赤】赤い・こと(色)。【red】「旅にしてもの恋しきに山下の―のそほ船(=赤ク塗ッタ船=官船ガ)沖へこぐ見ゆ」〔万葉・巻三〕「玉の御冠に、―の緒をつく」〔中務日記〕 ❷【朱】朱色。【vermilion】「『紫の―奪ふ(=マギラワシイ色デアル)ことをにくむ』といふ文(もん)を御覧ぜられたきことあり」〔徒然・二三八段〕「朝日—の玉垣をかかやかす」〔芭蕉・奥の細道〕 ❸【緋】緋(ひ)色。〖scarlet〗五位の官人の着る袍(うは)に用いる。「藤原秀能、五位の尉にて、東寺の舎利(=仏ノ骨)の盗人めしとりて、その賞に出羽守兼じはべりける朝によみてつかはしける。—ながらかさねてけりなから衣たつ白波(=盗人)のあとをたづねて」〔新千載・雑上〕 ❹【赤毛】馬の毛色の名。赤みを帯びた褐(かつ)色。〖reddish brown〗「山の端の—(=掛ケ詞「明ケ」「赤毛」)て朝日の出づるにはまづ木の下のかげ(=掛ケ詞「陰」「鹿毛」)ぞさきだつ」〔下総守順馬毛名歌合〕

あけ‐くれ【明け暮れ】Ⓓ ㊀ ❶朝と夕方と。「よそながらも、—につけて、よろづにおぼしやり」〔源氏・澪標〕 ❷ふだん。日常。「—の慰みにも見ばや」〔源氏・若紫〕 ㊁〖副〗〖一日の全部という感じで〗いつも。しじゅう。「—御前にさぶらはせたまひて」〔大鏡・道長〕

あけ‐ぐれ【明け昏れ】Ⓔ 夜の明けきらないほの暗い時。未明。「さやかならぬ(=物ガハッキリハ見エナイ)—のほど、(若イ女性タチノ)いろいろなる(クツロイダ)姿は、いづれともなく(=ドレガドウトイウコトナク)をかし(=趣ガアル)」〔源氏・野分〕

あけ‐た・つ【明け立つ】Ⓓ〖自四〗夜が明けて朝になる。「—・てば、さし出づる(愛人カラノ)文の見えぬこそ、さうざうしけれ(=モノ足リナイ)」〔枕・二九三段〕

あげつら・ふ【論ふ】(‐ラ〈ロ〉ウ) Ⓓ〖他四〗すじみちを立ててものごとを述べる。議論する。「よろづの事のよさ・あしさを—・ひ、物の理(ことわり)をさだめいふ」〔宣長・玉勝間・巻一ノ二五〕

あ‐こ【吾子】Ⓓ ㊀ わが子。自分の子。「里に住めども、—よりほかに見え通ふ(=来テクレル)人あらばこそ」〔宇津保・俊蔭〕 ㊁〖代〗目下の者に使う親密な感じの第二人称。「今だにも(=今ダケデモ、敵ヲ滅シタ)—よ(=ワガ部下タチヨ)」〔紀・神武〕〖原文「阿誤」と表記。古代は「あご」と濁音〗「さりとも(=姉サンハ薄情ダガ)、—はわが子にてをあれよ(=坊ヤハワタシノ子デイテオクレ)」〔源氏・帚木〕

あこめ【衵】Ⓓ ❶平安時代、少女が表着の下に着る衣服。今のブラウスにあたる。衵だけでいることもある。「(少女ガ)ほどなき(=小サナ)—、人よりは黒く染めて」〔源氏・葵〕「十四五ばかりなる女の童の、紺村濃(こむらご)のかたびら着て、髪は—だけ(=衵ノスソマデ)なるが」〔平家・千手前〕 ❷男子が束帯をつけるとき下襲(したがさね)の下、単衣(ひとへ)の上に着る小袖(こそで)。地質は多く綾。色は表裏ともに紅。老人は白。長いチョッキと思えばよい。「(顕信ガ)出でさせたまひけるには、緋(ひ)の御—のあまたさぶらひけるを」〔大鏡・道長〕

あさ‐い【朝寝】Ⓓ 朝になってからも寝ていること。『したり顔なる(=大イバリノ)—かな』ととがめたまふ」〔源氏・藤裏葉〕

あさ‐かげ Ⓓ ㊉「夕かげ」 ❶【朝光・朝景】早朝の光線。「年も経ず(ワタシガ)帰り来なむと—に待つらむ妹(いも)しおもかげに見ゆ」〔万葉・巻一二〕 ❷【朝影】㋑朝の光線で見える形や姿。「青柳(あをやぎ)の細き眉(まよ)根を笑(ゑ)みまがり(=ニッコリシナワセ)—見つつ少女(をとめ)らが手に取り持たる真澄(まそ)鏡…」〔万葉・巻一九〕 ㋺朝の光線が作る影。細く長いので、恋歌では多くやせた姿の形容に用いる。「夕月夜(ゆふづくよ)暁闇(あかときやみ)の—にわが身はなりぬ汝(な)を思ひかねに(=アナタヲ慕ウノニタエカネテ)」〔万葉・巻一一〕

あさ‐がほ【朝顔】(‐ガオ) Ⓓ ❶朝起きたばかりの(化粧していない)顔。「中ごろ(=平安中期)のさしもなき(=タイシタコトモナイ)歌を、このごろの歌にならべて見れば、化粧したる人の中に—にてまじれるに異ならず」〔無名抄・六八〕 ❷㋑〖中世以前〗早朝に花の咲く植物。桔梗(ききやう)・槿(むくげ)・牽牛子(けにごし)など、いろいろの説があり、決定的ではない。「とりわき植ゑたまふ竜胆(りんだう)・—のはひまじれるませ(=マセ垣(がき))も、みな散り乱るるを」〔源氏・野分〕 ㋺〖近世以後〗牽牛子、すなわち今のアサガオ。「—に釣瓶(つるべ)とられてもらひ水」〔千代女(千代尼句集)〕

あさ‐がれひ【朝餉】(‐イ) Ⓓ ❶天皇の召し上がる食事。朝食だけとはかぎらない。「ものなどもきこし召さず、朝餉のけしきばかりふれさせたまひて」〔源氏・桐壺〕 ❷㊇朝餉の間。「—のおまへに上おはしますに」〔枕・九段〕

—のま 朝餉の間 Ⓓ 清涼殿の西廂(ひさし)にあるへやで、天皇が食事をおあがりになる所。その南に接して台盤所(女房の控え室)がある。

朝餉間	夜御殿
台盤所	清涼殿母屋
鬼間	
殿上間	

N

〔あさがれひのま〕

あさ‐ぎ【浅黄】Ⓒ ❶うすい黄色。レモンイエロー。無品親王の袍(うは)の色などに用いた。「—綾一匹(=要スル染料トシテ)苅安草大三八斤両・灰一斗二升」〔延喜式・巻一四(縫殿寮)〕 ❷【浅葱】うすい藍(あゐ)色。プルシアンブルー。水色。六位官人の袍の色などに用いた。「(六位ニ任ジラレテ)—にて殿上に帰りたまふを」〔源氏・少女〕「—の織物の狩衣きて」〔太平・巻四〇ノ二〕〖「あさぎ」は「白青」の訓〗「元日や上々吉の—空」〔一茶(浅黄空)〕

〖「浅黄とは、今の世には青色の薄きをいへども、昔は黄色の薄きをいひ、また緑色をもいへりき。…黄色の薄きをいへるが本なり。緑色をいふは、浅葱の意にて、異なるを、唱へ(=発音)の同じきままに、混(まが)ひつるなり。また、後に薄青色をいふは、緑色より移れるなるべし」〔宣長・玉勝間・巻六ノ四三二〕〗 ❸(略)浅黄裏。〖多く着物の裏に「①」の木綿(もめん)を用いたところから〗江戸在勤のいなか武士を軽べつしていう。「(自分ノ事ヲタナニ上ゲ)いやな男も来ようなと(遊女ニ)—言ひ」〔柳樽・二〇〕

あさぎぬ【麻衣】Ⓔ ❶麻布で作った着物。「真間(まま)の手児奈(てこな)が—に青えりつけ…」〔万葉・巻九〕 ❷〖特に〗喪の時に着る衣。「…たへの穂の—着(け)るは夢(いめ)か現(うつつ)かもと」〔万葉・巻一三〕「あさごろも」「あさのころも」とも。

あさぎよめ【朝浄め】Ⓓ 朝おこなう掃除(さうじ)。「主殿司(とのもりづかさ)の下部(しもべ)—つかうまつることなければ、庭の草も茂りまさり」〔大鏡・師尹〕

あさげ【朝食・朝餉】Ⓔ (対)「ゆふげ」 朝の食事。中古語では「あさがれひ」ということが多い。「—もる賤(しづ)が椎(しひ)の葉たくを見て」〔新筑波・旅上〕

あざけ・る【嘲る】Ⓒ ㊀〘他四〙ばかにする。〖悪口を言うことだけでなく、表面はほめた言いかたの皮肉をも含む〗「〖四ツ子ヲオ産シタ妻ニ対シ〗天孫その子等(みこたち)を見そなはして(=御覧ニナッテ)—りてのたまはく『あなに(=オヤマア)えや(=ミゴトダネ)。あが皇子(みこ)たち、聞きよくも生(あ)れませるかな(=コンナニオ生マレデ外聞ノヨイコトダ)』」〔紀・神代下・訓(丹鶴本)〕〖「あざけりて」は「嘲」の訓〗 ㊁〘自四〙(詩歌を)吟ずる。「風人墨客(=芸術家タチ)のありさまは、月をめで風に—・りて、秀逸(=スグレタ作品)を求めはべるよりほかは、余念もあるまじきことなり」〔筑波問答〕

あさごろも【麻衣】Ⓔ →あさぎぬ。「(アナタガ僧ニナル日ヲ)今日とし思ひやはせし—(=アナタニオクル麻ノ僧衣ニ)涙の玉のかかるべしとは」〔後拾遺・雑三〕

あさ・し【浅し】Ⓑ 〘形ク〙 ❶(水などの)深さがあまりない。「深き水は涼しげなし、—・くて流れたる、はるかに涼し」〔徒然・五五段〕 ❷色や香気がうすい。「限りあれば(=一定ノキマリガアルノデ)薄墨衣—・けれど(=コノ喪服ノ色ハウスイガ)涙ぞ袖を淵となしける」〔源氏・葵〕 ❸奥深くない。「ことごとしからぬ旅の御しつらひ(=仮ズマイノ簡素ナ飾リツケ)、—・きやうなる御座(ま)しのほどにて(=姫宮ノオラレル所モハシ近ナ感ジデ)」〔源氏・夕霧〕 ❹(愛情や人間関係などが)あまり深くない。「あさか山影さへ見ゆる山の井の(=序詞)—・くは人を思ふものかは」〔大和・一五五段〕 ❺風情(ふぜい)があまりない。趣が劣る。「これ(=コノケシキ)はいと—・くはべる」〔源氏・若紫〕 ❻(地位・家がらが)いやしい。低い。「(頼忠ハ)まだ御位いと—・し」〔栄花・月宴〕 ❼学識を必要としない。やさしい。「(ムズカシイ事ダッテ自分ハヨク知ッテイル)ましてここもとの(=ソウイッタ類ノ)—・き事は、何事なりとも明らめ申さむ(=説明イタシマショウ)」〔徒然・一三五段〕

あさじのはら【浅篠原】Ⓔ ごく細い竹がところどころにはえている原。「—腰なづむ(=腰ガメリメリイウ)…」〔記・中〕〖原文「阿佐士怒波良」。「士」は濁音に用いる〗

あさぢ【浅茅】(—ジ) Ⓓ ❶たけの低いちがや。「—のみ茂る宿には白露のいとどおきな(=掛ケ詞「置キ」「翁」)ぞ住みうかりける」〔宇津保・藤原君〕 ❷〖単に〗ちがや。「瀬を見れば—流るるみそぎ川」〔新筑波・夏〕〖ちがや製のなわを輪にしてくぐり、身を清め、それを川に流すのである〗

—がはら 浅茅が原 Ⓓ 浅茅のしげる野原。荒れ果てた草原。「(末摘花ガ)変はらせたまふ(=心変ワリナサル)御有様ならば、かかる—をうつろひたまはではべりなむや」〔源氏・蓬生〕

—ふ 生(…ウ) Ⓓ 浅茅のはえている所。「—の小野のしの原しのぶれどあまりてなどか人の恋しき」〔後撰・恋一〕「いとどしく(=タイソウ)虫の音しげき—に露置き添ふる雲の上人」〔源氏・桐壺〕

あさと【朝戸】Ⓓ 朝あけることになっている戸。「我妹子(わぎもこ)に恋ひすべなかり(=恋シクテシカタガナイ)胸をあつみ(=胸ガアツイノデ)—あくれば見ゆる霧かも」〔万葉・巻一二〕

あさのころも【麻の衣】Ⓔ 〘連語〙→あさぎぬ。「紙の衾(ふすま)、—、一鉢(いちはつ)のまうけ(=食物)、藜(あかざ)の羹(あつもの)(=スイモノ)、いくばくか人の費えをなさむ(=他人ノ負担ニナロウカ)」〔徒然・五八段〕

あさはか【浅はか】Ⓒ 〘形動ナリ〙 ❶奥が深くない。奥行きが浅い。「家(や)のさまも…端近に—・なれどをかしきに」〔枕・九九段〕 ❷深刻ではない。「—・なる事に(=軽イ罪ニ)かかづらひてだに(=カカワリヲ持ッタダケデモ)、朝廷(おほやけ)に(=対シテ)かしこまりなる(=謹慎シナクテハナラナイ)人の」〔源氏・須磨〕 ❸(思慮が)深くない。「うちつけに(=突然コノヨウニ申シアゲタコトハ)—・なり(=軽率ダ)と御覧ぜられぬべき」〔源氏・若紫〕

あさはふ・る【朝羽振る】Ⓔ 〘連語〙朝、鳥が羽をばたつかせる。「浜辺を近み(=浜ガ近イノデ)—・る(ヨウニ)波の音(と)騒き…」〔万葉・巻六〕〖風や波が烈しい音をたてることの形容に用いる〗

あさぼらけ【朝朗け】Ⓓ 空のしらじらと明けはじめるころ。夜明け。「—人の涙も落ちぬべし時しも(=チョウド同ジ時)帰る雁(かりがね)の空」〔月清集・巻一〕

あさま・し【〈浅〉まし】Ⓐ《形シク》❶意外だ。思いがけない。「―・しう、犬などにも、かかる心あるものなりけり」〔枕・九段〕❷あきれたものだ。「さをしかのつめだにひぢぬ山川の(=序詞)―・しきまで(=アキレカエルホド久シク)訪はぬ君かな」〔源順集〕❸なさけない。なげかわしい。「―・しかりつる夏も暮れ秋にもすでになりにけり」〔平家・月見〕❹(考えかたが)あさはかだ。センスがない。「わがもてつけたる(=ワザトソウシタ用語)をつつみなくいひたるは―・しきわざなり」〔枕・一九五段〕❺(身分・容姿・性質などが)いやしい。みすぼらしい。「かほどの(高級ナ)事をば、―・しき下﨟(げらふ=下級吏員)に誰(た)が教へけむ」〔盛衰・巻二五ノ五〕❻(見下げた感じで)なってない。「(オ前ハ)まだ浮かまぬか(=成仏シナイノカ)。ええ、―・しやなあ(=ショウガナイヤツダナア)」〔咄・無事志有為・高尾〕

あさ みどり【浅緑】Ⓔ❶うすい藍(あゐ)色。水色。「紅(くれなゐ)の涙に深き(ワタシノ)袖の色を(六位ノ色デアル)―にや言ひ責(しを)るべき(=言イ立テテイジメテヨイモノデショウカ)」〔源氏・少女〕「―空ものどけき春の日は暮るる久しきものとこそ聞け」〔栄花・浅緑〕❷若々しいグリーン。「おしなべて木の芽も春の―松にぞ千代の色はこもれる」〔新古今・賀〕「―草の若葉と見し野べのはや夏深く茂るころかな」〔続千載・夏〕

あさ・む Ⓓ ㊀【〈浅〉む】《自四》びっくりする。あきれかえる。「『中納言は…幸ひ人にてこそありけれ』と(皆ガ)言ひ―・む」〔落窪・巻二〕㊁【嘲む】《他四》けいべつする。ばかにする。「いとぞあさましきや。世のなかの人の、―・みきこゆることよ」〔和泉日記〕《「あさまし」はこの語が形容詞になったもの》

あざむ・く【欺く】Ⓒ ㊀《自四》興じて吟ずる。「月にあざけり(=詩歌ヲヨミ)風に―・くこと絶えず、花をもてあそび鳥をあはれまずといふことなし」〔後拾遺・序〕㊁《他四》❶だます。「あなむつかし(=イヤダナ)。女こそものうるさがらず(=性コリモナク)、人に―・かれむと生まれたるものなれ」〔源氏・蛍〕❷見せかける。「はちす葉の濁りにしまぬ心もて何かは露を玉と―・く」〔古今・夏〕❸さそう。「誰神(なにぞかみ)の徒(いたづ)らに朕(われ)を―・くや(=連レテ行クノカ)」〔紀・仲哀・訓〕《「あざむく」は「誘」の訓》❹問題にしない。…よりずっと上だ。「(頼政)入道は(中国ノ弓聖)養由をも―・けるほどの弓の上手なりければ」〔盛衰・巻一五ノ四〕❺実質よりも下に見る。見くびる。「幼き者に左右なく(=ムヤミニ)恥辱をあたへられける(=恥ヲオカカセニナッタノ)こそ遺恨の次第なれ(=腹ノ立ツコトダ)。かかる事よりして、人には―・かるるぞ」〔平家・殿下乗合〕❻悪口を言う。毒舌をふるう。「『無念ならば近づきたまへ。真向うをただ一打ちの勝負なり』と、わざと憎さげに(=ニクニクシク)―・きける」〔浄・頼光跡目論・五〕

あざ やか【鮮やか】Ⓒ《形動ナリ》《印象が強いという基本意味から》❶はっきりと目だつ。鮮明だ。「(喪中ナノデ)人々も―・ならぬ色の…(着物ニ)着かへさせ」〔源氏・夕霧〕❷ぱっと目だって美しい。はっきりした印象を与える美しさがある。「なほ人にすぐれて―・に清らなるものから」〔源氏・藤裏葉〕❸(言語・動作・性質などが)はっきりしている。てきぱきしている。「―・に(=ハキハキト帝ニ)奏しなしたまへる用意、ことにめでたし」〔源氏・少女〕「奥のかたなる几帳のうしろに寄りたまへるけはひを聞きたまひて、―・に(=サット)居なほりたまひて」〔源氏・総角〕❹まあたらしい。「(病人ハ)日ごろのおまし(=敷物)・御衣(おんぞ=オ召シ物)みな取りやらせたまひて、―・なる御衣・おましなどに臥(ふ)させたまひて」〔栄花・玉飾〕

あさ ゆふ【朝夕】(-ウ)Ⓓ❶朝と夕方。「(夫ガ)―の出で入り(=朝出テユキ夕方ニ来ルノ)につけても」〔源氏・帚木〕❷平素。ふだん。しじゅう。「かやうの事は、ただ―の心づかひ(=心ガケ)によるべし」〔徒然・三二段〕❸(毎日の)暮らし。生計。「―さへなりかねぬる(=ロクナ生活モデキナイ)なりで、かやうに(連歌ヲ)心がくること、天神も御納受ないことはあるまい」〔狂・連歌盗人(虎明本)〕❹《副》一日たらず。「足下の命も―にせまる」〔秋成・雨月・吉備津〕

あざら か【鮮らか】Ⓔ《形動ナリ》(魚類などが)新しい。ぴんぴんしている。「ある人、―・なるもの持て来たり」〔土佐〕

あざら け・し【鮮らけし】Ⓔ《形ク》(魚などが)新鮮である。「―・き鯔(なよし=ボラ)八隻を買ひて、小櫃に納(い)れて帰りのぼる」〔霊異記・下・六(前田本)〕《真福寺本の訓注に「鮮、アザラケキ」》

あざり【〈阿闍梨〉】Ⓓ →あじゃり。「『―ものせよ(=オイデクダサイ)』と言ひつるは」〔源氏・夕顔〕

あさ・る【漁る】Ⓓ《他四》❶食物をさがし求める。「草壁の入り江に―・る葦鶴(あしたづ)のあなたづたづし友なしにして」〔続後撰・羇旅〕「俄かにも飢ゑてものほしげなるに、をちこち―・り得ずして狂ひゆくほどに」〔秋成・雨月・夢応〕❷海産物をとり集める。「伊勢島や潮干の潟に―・りてもいふかひなきはわが身なりけり」〔源氏・須磨〕❸さがし求める。「この野に火をとぼし、焼き狩りのごとく(逃ゲタ業平タチヲ)―・りゆけば」〔謡・雲林院(古本)〕

あざ・る【戯る】Ⓓ《自下二》❶たわむれる。ふざける。「いとあやしく、しほ海のほとりにて―・れあへり」〔土佐〕「―・れて、いとかしこまらず」〔宇津保・国譲上〕❷とり乱す。「いと―・れかたくなる身にて」〔源氏・少女〕❸

形式ばらない。「―・れたる袿(うちき)姿にて、笛をなつかしう吹きすさびつつ」〔源氏・紅葉賀〕

あざ わら・ふ【嘲笑ふ】(―ラ〈ロ〉ウ) Ⓓ 〘自四〙 ❶高らかに笑う。「西光もとよりすぐれたる大剛(だいかう)の者なれば…居なほり―・って申しけるは」〔平家・西光被斬〕 ❷軽べつして笑う。冷笑する。「上(かみ)一人(=天皇)より下(しも)万民に至るまで、(霊験ヲ)ありがたき事にこそ感嘆しけるに、太政大臣は―・ひて…興なくぞ申されける」〔盛衰・巻三ノ一五〕

あし【足】Ⓑ ❶(人や動物の)あし。「この児(みこ)、年三歳になりぬれども、―なほ立たず」〔紀・神代上・訓〕〘「あし」は「脚」の訓〙 ❷歩くこと。「…空(カラ)は行かず―よ(=徒歩デ)行くな(=行クコトダ)」〔記・中〕 ❸物を下からささえる固定柱。「東の門は四つ―になして(=改造シテ)、それより御輿(こし)は入らせたまふ」〔枕・八段〕 ❹㋑(船の)水につかる部分。「潮干なれども、小舟なり、―は浅し」〔義経・巻四ノ六〕㋺(船の)速度。「三千七百石(こく)積みても―かろく(=早ク)」〔西鶴・永代蔵・巻一ノ三〕 ❺(降る雨の)すじ。「内裏(うち)よりの御使ひ、雨の―よりもけに(=イッソウ)繁し」〔源氏・夕顔〕 ❻㋑銭。「多くの―を(旅費ニ)使うて、兵庫の津にも参りたり」〔狂・茶壺〕㋺代金。「かれこれ三万疋(ひき)(=三〇万文)を芋頭(いもがしら)(=サトイモノ親イモ)の―と定めて、京なる人にあづけおきて」〔徒然・六〇段〕

あ・し【悪し】Ⓐ 〘形シク〙 ❶よくない。「ゆるされもなかなか―・しうさうらひなむず」〔平家・足摺〕 ❷みにくい。いやしい。「ある人の子の、見ざまなど―・しからぬが」〔徒然・二三一段〕 ❸へただ。「細道にて馬に乗りたる女の行きあひたりけるが口ひきける男、―・しくひきて聖(ひじり)の馬を堀へおとしてけり」〔徒然・一〇六段〕 ❹あらあらしく恐ろしい。「もとよりその神(=素戔嗚尊)あらく―・しきことを知ろしめして」〔紀・神代上・訓〕〘「あらくあしき」は「暴悪」の訓〙 ❺はげしい。「二十五日かぢ取りらの『北風―・し』といへば」〔土佐〕

あし がなへ【足鼎】(―エ) Ⓔ 「かなへ」に同じ。「かたはらなる―を取りて、頭にかづきたれば」〔徒然・五三段〕

あし げ【葦毛】Ⓔ 馬の毛色の一。白毛に黒・濃褐(かつ)色などの毛が混じったもの。差し毛によって「白葦毛」「黒葦毛」「赤葦毛」「連銭(れんぜん)葦毛」などに区別される。「御供の人は青き白橡(しらつるばみ)(ノ狩衣ヲ着テ)、―馬に乗りて御鷹(たか)据ゑたり(=手ニシテイル)」〔宇津保・吹上上〕

あし こ【彼処】Ⓓ 〘代〙あそこ。「きぬかづき並びゐたるを見て、『ここのほどはしろしろ』また束帯の人々見やりて、『―のほどはくろくろ』とはいひし」〔弁日記〕「―に移れよと言ふに」〔一茶・我春集〕

あし ざま【悪し様】Ⓔ 〘形動ナリ〙㊉「よざま」わるいぐあい(だ)。よくない様子。「―・に(=ツゴウノ悪イヨウナフウニ)聞こしめさする(=オ受ケ取リニナル)人やはべらむ」〔源氏・浮舟〕

あした【朝】Ⓑ ❶あさ。「あさ」よりもいくらかあらたまった感じの語。「―の露に異ならぬ世を」〔源氏・夕顔〕「夕べにいねて、―に起く」〔徒然・七四段〕 ❷〘多く「また」をともない〙あくる朝。「消えぬともまた―には置く露の世ならば人をたのみてまし」〔和泉日記〕「野分きの―こそをかしけれ」〔徒然・一九段〕

あし だか【足高】Ⓔ 〘形動ナリ〙あしが長いさま。「白き鳥ども―・にて(池ニ)立てまつるも、葦手(あしで)(=水辺風景ノ中ニ図案化サレタ仮名文字)の(ヨウナ)心地して、をかし」〔栄花・根合〕

あし なが【足長・脚長】Ⓓ ➔あらうみのさうじ。

あしはら の なかつくに【葦原の中つ国】Ⓔ 日本の異名。「―の言の葉として、稲田姫、すがの里よりぞ伝はれりける」〔新古今・序〕

あし べ【葦辺】Ⓔ 葦が茂っているあたり。おもに水辺。「山辺の赤人は―の鶴(たづ)を(歌ニ)ながめたまふ(=オヨミニナッタ)」〔平家・卒都婆流〕

あじゃり【〈阿闍梨〉】Ⓓ 〘仏〙〘梵ācārya師・先生の意〙 ❶学生を教導できる学徳のある僧。❷ある寺院の管理職。「真言院の―になされぬ」〔宇津保・吹上下〕「ここに乗円坊の―慶秀が召し使ひける一来法師」〔平家・橋合戦〕 ❸(天台・真言宗デ)僧の学位。密教の奥義である大日如来法を正式に伝授された位。「あざり」とも。

あしゅら【〈阿修羅〉】Ⓓ 〘仏〙〘梵asura「呼吸する者」の意から転じ〙古代インドではいろいろな神をひっくるめてよぶ語であったが、後には悪神の意となり、いつも帝釈(たいしゃく)(ノ神)と争う者とされた。「あすら」「しゅら」とも。「はや修羅(ノ苦ヲ受ケル)時にや。―ども、御迎へに来ると聞こえはべる」〔秋成・雨月・仏法僧〕

あしら・ふ(―ラ〈ロ〉ウ) Ⓔ 〘他四〙〘中古語「あへしらふ」の転〙 ❶(相手により適切に)受け答えする。応対する。「もとより(=以前カラ)商ひの得意、ことさらに(=トクニ)―・ひ(=大事ニモテナシ)」〔西鶴・一代男・巻二ノ二〕 ❷適当に扱う。さばく。「切ってかかる。これを鉄扇にて―・ふ」〔伎・実録先代萩・二〕 ❸(適当に)とりあわせる。配する。「(鼓ヲ)二つづつ打ち、舞を―・ふべきなり」〔八帖花伝書・一〕

あ じろ【網代】Ⓒ 〘網の代(しろ)(=代わり)となる物の意で〙 ❶冬、川の瀬に竹・木を編みならべ、簀(す)を置いた、魚を取るためのしかけ。「田上(たなかみ)や黒津の里のやせ男―守

(も)るとて色の黒さよ」〔近江輿地志略〕「霰(あられ)せば―の氷魚(ひを)を煮て出さむ」〔芭蕉(花摘)〕 ❷ひのき・竹・葦(あし)などを薄く細くけずり、なためまたは縦横に編んだもの。かきね・屏風(びやうぶ)・天井・車などに使う。「まだいと荒々しきに―屏風など、御覧じも知らぬしつらひにて」〔源氏・浮舟〕 ❸㊙あじろぐるま。「―のすこしなれたるが(＝アマリパリットシテイナイノデ)下簾などよしばめるに(＝趣ガアルノニ)」〔源氏・葵〕 **―き** 木 Ⓔ「あじろ①」をささえるために打ちこんであるくい。「もののふの八十(やそ)宇治川の―にいさよふ波の行くへ知らずも」〔万葉・巻三〕 **―ぐるま** 車 Ⓓ「あじろ②」で、車体の屋根・両わきを張った牛車(ぎつしや)。大臣・納言・大将などでは略式用、四位・五位・中将・少将・侍従などでは常用。「まづ鳥羽殿へ、―のあやしげなる(＝ソマツナノ)にて」〔増鏡・新島守〕

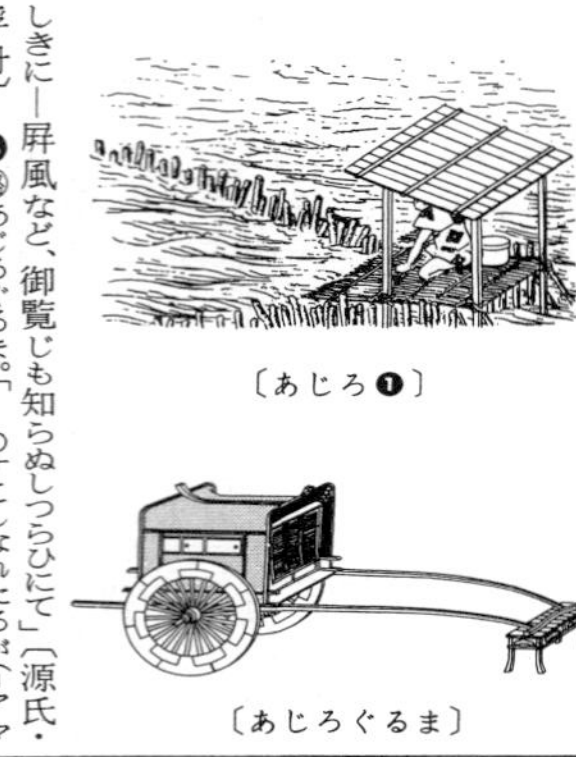

〔あじろ❶〕

〔あじろぐるま〕

あすら【〈阿修羅〉】Ⓓ →あしゅら。「山のほとりにかけり来る獣は―の食(じき)とせよとあてられたり(＝サシズヲイタダイテイル)」〔宇津保・俊蔭〕

あぜち【按察使】Ⓓ 奈良時代に、地方官の勤務評定または民情視察にまわる役。陸奥(むつ)と出羽(でわ)の両国だけは平安時代まで残り、大・中納言の兼職であったが、有名無実の官となった。

あせ を【吾兄を】Ⓔ〘連語〙(「わたしの兄さんよ」の意から「この場にいる皆さんよ」の意に転じた、歌謡のはやしことば)おーい皆さんよ。「尾張に直(ただ)に向かへる尾津の崎なる一つ松―…」〔記・中〕

あそば・す【遊ばす】Ⓑ〘他四〙 ❶㋑「す」の尊敬語。なさる。(する内容に応じて訳語はいろいろになる)「『なほ(＝デモ)―・さむや(＝オヒキニナリマセンカ)』とて、秋風楽にかきあはせて(＝合奏シテ)」〔源氏・少女〕「南殿にて人々集めて弓―・ししに(＝競射ヲナサッタトコロニ)」〔大鏡・道長〕「何とておん当座(＝即席ノオ歌)などをも―・されさうらはぬぞ(＝オヨミニナラナイノデスカ)」〔謡・熊野〕㋺(近世語)「す」の尊大語。「何を―・さう(＝ナサルモノカ)。今の(＝サキホドカラノ)事を(オレガ)―・すのぢゃ」〔伎・韓人漢文・二〕 ❷遊んでやる。「こなたに入りたまひて、姫君―・し、おこつりきこえたまひ(＝オスカシ申シアゲニナリ)」〔浜松・巻二下〕 ❸〔補動〕(近世語)「お」「ご」を伴う動詞連用形または名詞に付いて、尊敬態にする。「先生などのお耳に入ったら、おしかり―・すでござりませうよ」〔三馬・風呂・三ノ下〕「惟喬親王、今日御即位―・され」〔伎・三舛玉垣・一ノ三〕

あそび【遊び】Ⓐ ❶戸外での気ばらし。(具体的には狩りであることが多い。英語のsportも古くはこの意味であった)「いつはりて猟(かり)せむとちぎりて(＝約束シテ)、の―せむと勧めて」〔紀・雄略・訓〕(「のあそびせむ」は「遊郊野」の訓) ❷なぐさみ。遊戯。「夜昼、学問をも―をも諸共にして、をさをさ立ちおくれず」〔源氏・帚木〕 ❸まじめでないこと。ふざけていること。「うたて(＝イヤデスナ)。―のやうに(＝ジョウダンミタイニ)申さるるかな」〔宇津保・国譲下〕 ❹音楽をかなでること。演奏。「かうやうの折は御―などせさせたまひしに、心ことなる(＝特別スグレタ)ものの音(ね)をかき鳴らし」〔源氏・桐壺〕 ❺㊙あそびめ。「―三人、いづくよりともなくいで来たり」〔更級〕 **―め** 女 Ⓓ ❶歌をうたったり舞をまったりして、宴席をとりもつ女性。「(神楽(かぐら)ノ余興ニ)―ども二十人ばかり、いと二なくさうずきて(＝ミゴトナ衣装ヲ着テ)、琴ひきあそぶ」〔宇津保・嵯峨院・絵詞〕 ❷(狭義に)平安中期から鎌倉時代にかけて港や河辺にいて小舟に乗り流行歌謡をうたい、売色をした女性。「鳥飼院におはしましたるに、例の―どもあまた参りたるなかに」〔大鏡・昔物語〕(原文「遊女」と表記。「あそび」または「いうぢょ」とよむのかもしれないが、他に確実な用例がないので、しばらく挙げておく) **―もの** Ⓔ ㊀者 →あそびめ①。「―の慣らひ(ダカラ)、何かくるしかるべき(＝カマウマイ)。推参してみむ(＝カッテニ押シカケテミヨウ)」〔平家・祇王〕 ㊁物 ❶おもちゃ。「帝(みかど)をさなくおはしまして、人々に『―ども参らせよ』と仰せられければ」〔大鏡・伊尹〕 ❷楽器。「この物(＝和琴)よ、さながら(＝スッカリ)多くの―の音(ね)・拍子(はうし)を調へ取りたるなむ(＝合奏デキルヨウニ調和サセテアルノガ)、いとかしこき(＝スグレテイル)」〔源氏・常夏〕

あそ・ぶ【遊ぶ】Ⓐ ㊀〘自四〙 ❶目的なしにあちこち動く。ぶらつく。「洲壌(くにつち)の浮かれ漂へること、譬へば―・ぶ(＝泳ギマワル)魚(いを)の水の上に浮けるがごとし」〔紀・神代上・訓〕(「あそぶ」は「游」の訓。魚なので「泳ぎまわる」と訳したが、鳥獣ならば「うろつく」のような訳語となる) ❷㋑戸外で楽しむ。「寒風かすかなるときに、まさに野に―・びて、いささかに娯(たの)しんではせ射むとす」〔紀・雄略・訓〕(「あそびて」は「逍遙」の訓)㋺(とくに)狩りをする。「やすみしし(＝枕詞)わが大君の―・ばし猪(い)(＝狩リデォ射ニナッタイノシシ)の…」〔記・下〕 ❸㋑遊戯する。「―・ぶ子どもの声聞けばわが身さへこそゆるがるれ」〔梁塵〕 ㋺なぐさむ。「この程(＝最近)徒然草を再々(＝シバシバ)見て―・ぶが、おもしろうさうらふよ」〔咄・醒睡笑・巻三〕 ❹音楽を奏する。「われ(＝自分ハ)琵琶ひき、筑前の守(ハ)和琴(わごん)…をかしきほどに―・びて」〔浜松・巻三上〕 ❺(職業女性を相手に)おもしろく時をすごす。「女郎にひかれて―・ぶを色男なりとし」〔黄・孔子縞・上〕 ❻㋑何もしないでいる。ぶらぶらしている。「お金はたくさんあり、御苦労な事はなし、年中―・んでお暮らしなさる」〔黄・見徳一炊夢・上〕 ㋺用途がない。あいている。「(寺ヲ建テルタメ)王、然れば、一の―・ぶ所(＝アキ地)のしづかなる(ノヲ)見しめたまへば、童子(ハ適当ナ候補地ト)そこを定めつ」〔今昔・巻一一ノ一五〕 ❼《近世語》遊び人として生活する。やくざ渡世をする。「いはば見世物同然ゆゑ、近所に―・ぶおらたちに、なんで渡りをつけねえのだ」〔伎・河内山・二〕 ㊁《他四》❶節づけしてよみあげる。「君達(きんだち)、もろ声に(＝声ヲ合ワセテ)文(ふみ)―・びたまふ」〔宇津保・国譲下〕 ❷なぶる。からかう。「うそつきに自慢いはせて―・ぶらむ」〔野水(猿蓑)〕「おのれが―・ばれることは知らず、杯をとりあぐると」〔一九・膝栗毛・八中〕

あそみ【朝臣】Ⓐ →あそん。

あそん【朝臣】Ⓐ ㊀(「あそみ」の転) ❶天武天皇が定められた八色の姓(かばね)の第二位。❷三位以上の人の姓につける敬称。名を示さない。「菅原―(＝道真)」〔古今・秋下・詞〕 ❸四位の人の姓名または名の下につける敬称。「在原行平―」〔古今・春上・詞〕「業平―」〔古今・春上・詞〕 ❹五位以上の人に対する敬称。「惟光の―の出で来たるして奉らす」〔源氏・夕顔〕 ㊁《代》中古、貴族から目下の男子への軽い敬意をもつ第二人称。貴殿。「(光源氏カラ紀伊守ニ対シ)その姉君は―の弟やもちたる」〔源氏・帚木〕

あた【仇・敵】Ⓓ ❶害をなすもの。「―の風、大いなる波にあひて」〔宇津保・俊蔭〕 ❷仇敵。敵。「いみじき―を、鬼に作りたりとも」〔源氏・浮舟〕 ❸しかえし。「『よし、―は徳をもちてとぞ言ふなる』とて取らせつ」〔宇津保・藤原君〕(近世後期は「あだ」と濁音)

あだ【徒・虚】Ⓐ《十形動ナリ》(「空虚」という意味が根底にある) ❶はかない。たよりない。「人間の―・なる習ひ、今更驚くべきにはあらねども」〔平家・六道之沙汰〕「これは―・なる玉の緒の長き別れとなりやせむ」〔謡・熊野〕 ❷存在しない。死の状態。「花よりも人こそ―・になりにけれいづれを先に恋ひむとか見し」〔古今・哀傷〕 ❸まごころがないこと。「永き世の(＝永久ニ尽キナイ)恨みを(ワタシトイウ)人に残しても(ソノ原因ハ)かつは(＝一方デハアナタノ)心を―と(＝浮気ノタメダト)知らなむ」〔源氏・賢木〕 ❹かいのない。「―・なる契りをかこち」〔徒然・一三七段〕 ❺役に立たない。「―・にただ涙はかけじ(＝役ニモ立タナイ涙ハ流スマイ)旅ごろも心のゆきて(＝目的ヲトゲテ)たち帰るほど」〔十六夜〕 ❻ちょっとした。「ただ釈阿(＝藤原俊成)・西行のことばのみ、かりそめに言ひちらされし―・なる戯れごとも、哀れなるところ多し」〔芭蕉・柴門の辞〕 ❼くだらない。つまらない。「これを思ふに(カネヲ)―・に使ふべき物にはあらず」〔西鶴・永代蔵・巻三ノ一〕

あだ ごと Ⓓ ㊀【徒言】まともでないことば。じょうだん。「例の―も、まことしきも、さまざまをかしきやうに言ひて」〔建礼〕 ㊁【徒事】❶(対)「まめごと」たいした意義をもたないこと。実際的でないこと。(多くは風流な趣味ごとを、政治・学問などに対していう)「をりふしに(＝ソノ時節ニ応ジテ)しいでむわざの―にもまめごとにも、わが心と(＝自分デ)思ひ得ることなく(＝体得デキズ)、深きいたり(＝思慮ガ)なからむは、いとくちをしく」〔源氏・帚木〕 ❷いろごと。情事。浮気(うわき)。「世の常の―の、ひきつくろひ(＝表面ダケ体裁ヲヨクシ)飾れる(＝軽薄ナ物語)におされて、業平(なりひら)が名をやくたすべき(＝伊勢物語ヲ見下ゲサセテヨイモノカ)」〔源氏・絵合〕 ❸何にもならないこと。徒労。むだ骨。「(オ前ノ)命にささはる(＝カカワルヨウナ)事あらば、この兄といひかはした(＝約束シタ)十八年の願ひ(＝敵討チノ願イモ)―(ダ)」〔伎・助六由縁江戸桜〕

あだし- Ⓓ《接頭》㊀【他し】他の。べつの。「臣が疾(や)む所(＝心配スルノ)は、―事にあらず」〔紀・欽明・訓〕(「あだし」は「余」の訓)「―木の散るにもさらに似ぬ(常緑ノ)松は千年(ちとせ)こひふるしるべなりけり」〔民部卿行平朝臣歌合〕 ㊁【徒し・空し】はかない。あてにならない。かわりやすい。「君をおきて(＝アナタ以外ニ)―心を(＝不実ナ心ヲ)わがもたば末の松山波もこえなむ」〔古今・東歌〕(連体格の用例しかないので、形容詞とは認められない。従来、形容詞の用例として引かれたものは、いずれも誤り)

あだ なみ【徒波】Ⓓ とりとめなく立つ波。(誠実さがなく、浮気(うわき)っぽいのにたとえることが多い)「音にだにたてじと思ひし―のあだなる名(＝浮気ッポイヤツトイウツマラナイ評判)をも流しつるかな」〔新葉・恋二〕

あだ びと【徒人】Ⓔ (対)「まめびと」(愛情関係で)堅くない人。うわき者。「それ(＝アノオ方)はさる―にて(＝ソウイウウワキ者デ)、女ありと聞く所にては、さぞ宣(のたま)ふなる(＝ソンナフウニ恋文ヲオヤリニナルヨウダ)」〔宇津保・国

譲下〕

あた・ふ【能ふ】（－タ〈ト〉ウ）Ⓑ《自四》❶可能である。できる。「泣き嘆く、－・はぬ（＝ドウショウモナイ）事なり」〔竹取〕❷適当である。かなう。「十徳ならむ人は判者には－・はず（＝審判ニハ向カナイ）」〔十訓・第一ノ二二〕❸わかる。納得がゆく。「北の方、いと－・はず思ひて」〔落窪・巻四〕

あだ・め・く【徒めく・〈阿娜〉めく】Ⓔ《自四》〘堅実の反対で〙うわきだ。ふわふわしている。「おほかたの人がら、まめやかに（＝堅実デ）、－・きたる所（＝ウワツイタ点ガ）なくおはすれば、いとよく念じて（＝シンボウシテ）」〔源氏・少女〕「人がら、いといたう－・いて（＝ウワキッポク）、通ひたまふ所（＝女性ガ）あまた聞こえ」〔源氏・胡蝶〕

あたら【惜ら】Ⓓ ㊀《連体》もったいない。おしい。「－御さまを（＝オシイゴ様子デスノニネエ）」〔堤・掃墨〕㊁《副》もったいないことに。おしくも。「思ひ知る心とならばいたづらに－この世を過ぐさざらなむ」〔風雅・雑下〕

あたら・し【惜し】Ⓓ《形シク》もったいない。残念だ。「ただ人には（＝臣下デオクノハ）いと－・しけれど」〔源氏・桐壺〕「この人…若くて失せにし、いといとほしく－・しくなむ」〔増鏡・おどろ〕

あたり【辺り】Ⓑ❶（すぐ）そば。「源氏の君は（帝ノ）御－さりたまはぬを」〔源氏・桐壺〕❷人・家などを間接的にさす。「この御光を見たてまつる－」〔源氏・夕顔〕「よからぬなかとなりぬる－は」〔源氏・浮舟〕

あた・る【当たる・充たる】Ⓐ ㊀《自四》❶さわる。ふれる。「探りたまへば…腕（かひな）なども冷やかに－・る」〔浜松・巻四上〕❷受ける。こうむる。出会う。「罪に－・る（＝罰ヲ受ケル）こと…必ずあることなり」〔源氏・須磨〕❸せりあう。対抗する。「烏毛虫（かはむし）にまぎるる眉の毛の末に－・るばかりの人はなきかな」〔堤・虫めづる〕❹その方角・順位・時期にある（なる）。「あまたが中に、五に－・るむすめ（＝第五女）」〔浜松・巻一上〕❺もてなす。待遇する。「その人のために、太子、ねんごろに－・りたまふことあれども」〔今昔・巻三ノ一三〕❻ためしにさぐりをいれる。「あれへ（来タノハ）田舎者と見えて、何やらわっぱ（＝ワイワイ）と申す。ちと－・って見ようと存ずる」〔狂・粟田口〕❼（任務を）わりあてられる。「いとくるしき判者（＝アンパイア）にも－・りてはべるかな」〔源氏・梅枝〕❽あてはまる。「とやかういへば命を惜しむに－・る」〔狂・武悪〕❾㋑適中する。命中する。「（自分ガ）摂政・関白すべきものならば、この矢－・れ」〔大鏡・道長〕㋺（くじで）よい結果にありつく。「思ひもよらず百両の富（＝トミクジ）に－・り」〔一九・膝栗毛・八中〕❿（道理に）かなう。当然である。「今は（＝今トナッテハ）理－・りたることにてこそは（＝妥当ナ事デ）」〔栄花・楚王〕㊁《他四》❶ぶつける。「けだものに身を施しつべく（＝クワレソウニ）おぼえ、もしは伴（とも）のつはもの（＝軍隊ノサワギ）に身を－・りぬべく（＝サラシソウニ）」〔宇津保・俊蔭〕❷はりつける。「額に三角な紙が－・ってあり、ややそんならおりゃ死んだか」〔新内・道中膝栗毛・赤坂ノ段〕

あぢき な・し【味気無し】（アジー）Ⓑ《形ク》❶（古代語）乱暴だ。失礼千万だ。「素戔嗚尊（すさのをのみこと）のしわざ－・し。故（か）…つひに逐（や）らふ」〔紀・神代上・訓〕（「あぢきなし」は「無状」の訓）❷無益だ。かいがない。「宝を費やし、心を悩ますことは、すぐれて－・くぞはべる」〔方丈〕❸㋑つまらない。おもしろくない。「やうやう天の下にも－・う（＝ニガニガシイコトニ）人のもて悩みぐさ（＝心痛ノ種）になりて」〔源氏・桐壺〕「例（＝イツモハ）よく書く人も、（コンナ晴レガマシイ場デハ）－・う（＝ナッテナイコトニ）皆つつまれて（＝遠慮サレテ）、書きけがしなどしたる（者モ）あり」〔枕・二三段〕「－・きすさみ（＝大シタコトモナイナグサミ）にてかつ破（や）り捨つべきものなれば」〔徒然・一九段〕㋺なさけない。失望のいたりだ。「世は－・きものなり。尼になりね（＝ナッチマイナサイ）」〔今昔・巻一ノ一四〕

あ・つ【当つ・充つ・宛つ】Ⓐ《他下二》❶（「接触させる」という基本意味から）㋑触れさせる。「鹿茸（ろくじょう）を鼻に－・てかぐべからず。小さき虫ありて、鼻より入りて脳を食（は）むといへり」〔徒然・一四九段〕㋺（はげしく）ぶつける。ぶちあてる。「（罰トシテ）御車に頭をうち－・てられけり」〔徒然・一一四段〕㋩（光・熱・雨などに）直面させる。さらす。「（手紙ヲ）おぼろなる月に－・てて、久しう見て（家ノ内ニ）入りぬ」〔蜻蛉・下〕「時雨にも露にも－・てで寝たる夜をあやしくぬるる手枕の袖」〔和泉日記〕❷（あるものごとを他に「ぴたりと合わせる」という基本意味から）㋑あてはめる。「このころ（＝少年期）の稽古、易き（＝演ジヨイ）ところを花に－・てて（＝見セ場ニシテ）、わざを大事にすべし」〔花伝・一〕㋺分配する。割り当てる。配当する。「夏・冬の法服を賜（た）び、供料（くれう）（＝オ布施（ふせ））を－・て賜びて…息災を祈りたまふ」〔大鏡・実頼〕❸（ある方向へ「ぴたりと向ける」という基本意味から）㋑（とくに視線を）まともに向ける。「目も－・てられぬ事多かり」〔方丈〕㋺命中させる。「『それか』『かれか』など問ふなかに、言ひ－・つるもあり」〔源氏・帚木〕「顔の中をねらひすまして銭なげつけけるに、一度も－・てたる人なし」〔西鶴・織留・巻四ノ三〕

あつ かは・し【暑かはし】（－ワシ）Ⓔ《形シク》❶（皮膚感覚として）あつくるしい。「（火ガ）け近くて－・しや」〔源氏・常夏〕❷（精神的に）うっとうしい。おもくるし

い。「（アナタノ態度ハ）いとあまり―・しき御もてなしなり」〔源氏・蛍〕

あつか・ふ【扱ふ】（―カ〈コ〉ウ）Ⓒ《他四》（事物に手を出すという基本意味から）❶とりあつかう。事がらにかかわりあう。「これ（＝女ガ歌ヲヨミカケルノ）を―・ふほどに（＝相手ニナッテヤッテイル中ニ）」〔無名抄・三六〕❷めんどうを見る。世話をやく。「（紫上ハ）前の斎宮のおとなびものしたまふをだにこそ（＝成人シテイラレル方ノ事デサエ）、あながちに―・ひきこゆめれば（＝ヒドク親身ニオ世話シテアゲル様子ダカラ）」〔源氏・薄雲〕「死にたる妻の家に人をつかはして…後のわざ（＝葬儀関係ノ事）までなむ―・はせける」〔今昔・巻二四ノ五〇〕❸もてあます。…しなやむ。「天魔―・ひて」〔今昔・巻四ノ八〕❹話しあう。気にしてうわさする。「人々も『思ひの外なる事かな』と―・ふめるを」〔源氏・紅葉賀〕「『御気あがらせたまはむ（＝オノボセニナルト）、いとほしう（＝オ気ノ毒デ）』など、うちささめき（＝ヒソヒソ言イ）―・ふ」〔源氏・賢木〕❺仲裁する。調停する。「どうぞ―・うてたもれ（＝クダサイ）」〔狂・禁野〕

あづかり【預かり】（アズ―）Ⓒ❶託されていること。世話をまかされていること。「中将のめのとの―の若君」〔浜松・巻三下〕❷㋑そのしごとの責任者。管理人。「この近き御荘の―」〔源氏・東屋〕㋺るす番。るすい役。「なにがしの院におはしましつきて―召しいづるほど」〔源氏・夕顔〕❸役所などの長官。「御書の所の―紀貫之」〔古今・序〕

あづか・る（アズ―）Ⓑ㊀【与る】《自四》❶（そのことに）関係をもつ。参与する。「もしまた生死の相（＝現象面）に―・らずといはば（＝相手ニナラナイトイウナラソレハ）、まこと理（ことわり）を得たりといふべし」〔徒然・九三段〕❷荷担する。仲間になる。「（天皇ノ）お前などにても、やくと（＝モッパラ）―・りて（＝アナタニ肩入レシテ）ほめきこゆるに（＝アナタヲオホメイタシマシタガ）」〔枕・一三五段〕❸（分配を）受ける。（恩恵などを）頂戴（ちやうだい）する。「ひとへに弥陀（みだ）の御もよほし（＝トリハカライ）に―・りて、念仏申しさうらふ人を、わが弟子と申すこと、きはめたる荒涼の（＝トンデモナイ）ことなり」〔歎異抄〕㊁【預る】《他四》託される。引き受ける。責任をもつ。「この宮を―・りて、はぐくまむ（＝メンドウヲ見テクレルヨウナ）人もがな」〔源氏・若菜上〕

あづさ【梓】（―ズ―）Ⓔ❶木の名。（カバノキ科の落葉高木であるヨグソミネバリだとする説が有力だけれど、確定的ではない。万葉時代から「梓」という漢字をあてるが、中国でいう梓とは別のもの）❷「梓弓」の弦を鳴らし霊魂を現世に呼び寄せ、巫女（みこ）にのりうつらせて、ものを言わせる呪術。「照日の巫女とて、隠れなき（＝有名ナ）―の上手のさうらふを請じ（＝ヨビ）」〔謡・葵上〕 **――ゆみ** 弓 Ⓓ「あづさ①」で作った弓。「―弦緒（つらを）取りはけ引く人は後の心を知る人そ引く」〔万葉・巻二〕

あつ・し【厚し】Ⓒ《形ク》❶反対側までの距離が大きい。「庭に雪の―・く降り敷きたる」〔枕・八八段〕❷㋑心がこもり行きとどいている。「政事（まつりごと）これ―・し」〔尚書・訓（岩崎文庫本平安中期点）〕《「あつし」は「醇」の訓》㋺（恩恵・賞与などが）じゅうぶんだ。たっぷりだ。「人の奴（やっこ）（＝使用人）なる者は…恩顧―・きを先（＝第一条件）とす」〔方丈〕❸がっちりしている。薄弱でない。「いたって―・き（＝裕福ナ）御身上（しんしゃう）の御方」〔了意・東海道名所記・巻六〕❹《近世語》あつかましい。ずうずうしい。「―・い人がある（モノダ）。大事の娘に疵（きず）をつけ…知らぬとは言はせぬ」〔浮・新色五巻書・巻五ノ四〕《「―・く折檻（せっかん）なされまする」〔狂・萩大名〕を挙げ、「はなはだしい」の意を認める説もあるが、狂言各流のテクストにこの句が見当たらないので保留する》

あつ・し【篤し】Ⓔ《形シク》❶病気がちだ。病弱だ。「例ならず（＝イツモヨリヒドク）病（なや）みわたらせたまふ（＝病気が続イテイラレル）。もとより―・しくおはしますうちに、（トクニ）このたびは、もの心細くおぼしめされて」〔源氏・若菜上〕❷（病気が）重い。「（病気ガ）いと―・しくて（＝重態トナリ）、（ソノタメ）大将をも辞したまひてき」〔大鏡・兼家〕

あつそん

【朝臣】Ⓐ→あそん。「六波羅の入道前の太政大臣平の―清盛公」〔平家・祇園精舎〕

あったら【惜ら】Ⓓ㊀《連体》→あたら㊀。「これこそ一人当千の兵（つはもの）ともいふべけれ。―者どもを助けて見で（残念ジャ）」〔平家・妹尾最期〕㊁《副》→あたら㊁。「（顔ハキレイナノニ）髪の結ひやうばっかりで、―この身が埋もれ木ぢゃ（＝相手ニシテモラエナイ）」〔近松・鑓権三・上〕

あっぱれ【〈天晴〉れ】Ⓒ《感》（中古語の「あはれ」を破裂音化させたもの）❶つよく感動する気持ちをあらわす。ああ。「―、その人のほろびたらば（＝死ンダラ）、その国はあきなむ（＝国守ハ欠員ニナルハズダ）」〔平家・殿下乗合〕「―（＝イヤモウ）、これより（静御前ヲ）都へ御返しあれかしと存じさうらふ」〔謡・船弁慶〕《"Oh, well, it cannot be helped."（いやもう、どうしようもない）の oh, well に当たる用法》❷ほめたたえる気持ちをあらわす。うーん。「―大将軍や」〔平家・敦盛最期〕「―（＝ハハア）、支度や（＝ウマイ考案ダ）」〔平家・猫間〕

あづま【東・〈吾妻〉】（―ズ―）Ⓑ❶京都からいって東方の諸国。いまの静岡県あたりを含み、関東地方一帯をさす。「末も―の旅衣、日もはるばるの心かな

（＝日数ヲ多ク要スル旅ナノデ、心モ遠ク飛ブコトダ）」〔謡・隅田川〕 ❷㋑《中世に》鎌倉。「（実朝ハ）右大臣にあがりて、大饗（たいきやう＝披露（ひろう）宴）など、めづらしく—にておこなふ」〔増鏡・新島守〕㋺《近世に》《特に》江戸。「都では芸子（げいこ）と名づけ、—では踊らぬ時も踊り子（トヨバレル）」〔浄・矢口渡・一〕 ❸㊥東琴。→わごん。「いで（＝サア）、主殿（とのもり）のくそ（＝トノモリサン）。—取りて（＝持ッテラッシャイ）」〔源氏・手習〕 **—あそび** 遊び Ⓓ 東国地方の民俗舞踊を雅楽ふうにしたもの。多くは神事に奏した。舞い手が六名、楽人が五名である。「東舞」とも。「—の駿河舞、この時やはじめなるらむ」〔謡・羽衣〕 **—うた** 歌 Ⓓ ❶万葉集（巻一四）、古今集（巻二〇）の東国の和歌。❷東遊びでうたう歌。賀茂（かも）・石清水（いわしみず）・春日（かすが）・日吉（ひえ）などの諸社で祭りのとき奏される東国地方原産の歌謡。「聞くもたへなり—」〔謡・羽衣〕 **—ぢ** 路（…ジ）Ⓓ 京都から関東への道。「—の道のはてよりもなほ奥つ方に」〔更級〕 **—びと** 人 Ⓓ ❶東国人。「—こそ言ひつることは頼まるれ（＝信用デキル）」〔徒然・一四一段〕 ❷いなか者。「世にありわぶる（＝生活シカネル）女の、似げなき老い法師・あやしの—なりとも、にぎははしき（＝フトコロガ暖カイノ）につきて」〔徒然・二四〇段〕

あて【貴】Ⓑ《形動ナリ》❶身分が高い。高貴だ。「世界（＝ヨノナカ）の男、—・なるもいやしきも」〔竹取〕 ❷品がよい。「ただ文字一つにあやしう—にもいやしうもなるは」〔枕・一九五段〕「（源氏ハ紫上ヲ）人のほども—・にをかしう（＝上品ニ教養高ク）…心のままに教へおほし立て（＝成人サセ）て見ばや、とおぼす」〔源氏・若紫〕

あてがひ【宛行】（—イ）Ⓓ ❶㋑予期。予測。「一定（＝カナラズ）往生（ガデキル）とうち堅むる（＝確信スル）人のみ多し、あぶなき—なり」〔沙石・巻一〇ノ一〕㋺（予定した）計画。ねらい。「貴人の御意によりて仕まつる能は、次第（＝順序）不同なれば、かねての—変はるなり」〔花鏡〕㋩配慮。はからい。「（貴人ノ観客ニ対シ）もし（下賤ナ者ノ姿ヲ写実的ニ）見えば（＝オ目ニカケルト）、あまりに賤しくて、おもしろき所あるべからず、この—をよくよく心得べし」〔花伝・二〕㊁方法。工夫。「『似たることは似たれども、是（ぜ）なることは是ならず（＝ヨイトハイエナイ）』といへり。この是に似する—あるべしや」〔花鏡〕 ❷支給。交付。「月に十五匁づつの—受けて裏屋ずまひ」〔浮・新色五巻書・巻五ノ三〕

あてはか【貴はか】Ⓓ《形動ナリ》「あてやか」に同じ。「いとけはひ—・にて、十二三なる（＝一二、三歳ノ子供）もあり」〔源氏・帚木〕「ありさまはいと—・に児めかしくて」〔源氏・夕顔〕

あてびと【貴人】Ⓓ 高貴な人。「宮内卿の君といひしは、村上の帝の御のちに（＝子孫デ）俊房の左の大臣ときこえし（＝申シアゲタ）人の御末なれば、はやうは—なれど、官浅くて」〔増鏡・おどろ〕

あてやか【貴やか】Ⓓ《形動ナリ》❶身分がよい。「今までその人ともきこえず（＝ドコノダレダカワカラズ）さやうに（源氏ノ君ヲ）まつはしたはぶれなどすらむは（＝シテイルトイウ女ハ）—・に心にくき人にはあらじ」〔源氏・紅葉賀〕 ❷優雅。上品。「心ばへなど—・にうつくしかりつることを見ならひて」〔竹取〕「ひたぶるにものづつみしたるけはひの（＝タダモウ遠慮バカリシテイル姫ノ様子ガ）さすがに—・なるも」〔源氏・蓬生〕

あと Ⓐ ㊀【跡】《「足（あ）処（と）」という原義から》 ❶踏んだ所についた足の形。あしあと。「ますらをの踏みおける—は石（はい）の上に今も残れり見つつしのへと長くしのへと」〔仏足石歌〕「ふみおきし浦も心も荒れたれば—をとどめぬ千鳥なりけり」〔蜻蛉・上〕 ❷㋑かつて物のあった所。遺跡。「見ぬいにしへのやむごとなかりけむ—のみぞ、いとはかなき」〔徒然・二五段〕㋺形見。「過ぎにし人の—と見るはいとあはれなるを」〔源氏・幻〕 ❸㋑残るしるし。痕跡（こんせき）。「庭の紅葉こそ、ふみ分けたる—もなけれ」〔源氏・帚木〕㋺（筆で書かれた）結果。筆跡。「筆の—の言の葉ども…いはむかたなし」〔建礼〕㋩（たしかな）しるし。（ちゃんとした）よりどころ。「—なき事（＝デタラメ）にはあらざめり（＝ナサソウダ）」〔徒然・五〇段〕 ❹行くさき。行くえ。「お前さんがたのやうに—を追って来た人は一人（ひっとり）もござりません」〔一九・膝栗毛・発端〕 ❺のちの手本。しきたり。「永く—となして」〔紀・安閑・訓〕《「あと」は「鑒戒」の訓》「この院の御事をだに、例の—あるさまの畏まりを尽くしてもえ見せたてまつらぬを」〔源氏・若菜上〕 ❻㋑（観察の対象となる）行動。在りかた。「二十余日—を絶ちたり（＝行動不明ダ）」〔蜻蛉・中〕「黒谷とかいふ方よりありく法師の—のみ（＝イツモノ様子ダケガ）、まれまれは見ゆるを」〔源氏・手習〕「日野の山の奥に—を隠して」〔方丈〕㋺（観察できる状態にある）事がら。行跡。「天皇（すべらぎ）の—（＝御事跡）もつぎつぎ隠れなく（＝ハッキリト）あらたに見ゆる古鏡（＝史書）かも」〔大鏡・後一条院〕 ❼家督。あとめ。「（未亡人ガ）うきながら（＝ツライ思イヲシナガラ）—立つるも（＝家ヲ存続サセテユクノモ）、身（＝自分ノ将来）を思ふゆゑぞかし」〔西鶴・一代男・巻二ノ二〕 ㊁【後】❶《時間的に》㋑以後。「（妻ガ）親里へ逗留に参ったを幸ひ、—から暇の状（＝離縁状）をつかはしてござる」〔狂・因幡堂〕「—は好いやうに頼みます」〔一九・膝栗毛・発端〕㋺以前。さきほど。「（泊メナイト）存じたならば、—の宿（しゅく）でやどを取らうものを（＝泊マルノダッタノニ）」

〔狂・地蔵舞〕「子どもでござい。しかも(=モットモ)三十年―は」〔三馬・風呂・三ノ下〕 ❷㋑死後。「―とふ(=トムラウ)法(のり)の灯火も」〔東関紀行〕「『(遺産ヲ)我こそ得め(=モラウノダ)』など言ふ者どもありて、―に争ひたる、さまあし」〔徒然・一四〇段〕㋺死者の今後。「しかじかの事は、あなかしこ(=マッタクノトコロ)、―のため忌(い)むなる(=シテハイケナイヨシノ)事ぞ」〔徒然・三〇段〕 ❸【空間的に】㋑後方。うしろ。「はや(=モウ)―へも先へも行かれぬ(=動キガトレナイ)ことぢゃ」〔狂・目近〕㋺(対)「まくら(枕)」足のほう。「―を(極楽ノアル)西にせず、枕(=頭ノ方)を東にせざりけり」〔今昔・巻一五ノ四〇〕 **跡を垂(た)・る** 〔仏〕仏・菩薩(ぼさつ)が人々を救うために、かりに神となってこの世に現れる。(参)ほんぢすいじゃく。「まことに―・れたまふ神ならば助けたまへ」〔源氏・明石〕「これも先の世にこの国に―・るべき(=下向シテ住ムハズノ)宿世(=前世カラノ因縁)こそありけめ」〔更級〕

あど Ⓓ ❶(相手に調子を合わせた)応答。あいづち。「めづらしう興ありげにおぼして、―をよう打たせたまふに」〔大鏡・昔物語〕 ❷狂言または初期歌舞伎で、シテ(主演者)に対する助演者。能でいうワキにあたる。アドが何人か登場するとき、シテに対立する重要な役の者を「主(おも)アド」とよび、他を「小アド」とよぶ。流儀によっては「主アド」「次アド」ともよぶ。「狂言は、独りわざならねば、―の心持ち肝要なり」〔わらんべ草・巻四ノ六五〕「(坂田)藤十郎に向かひ、『貴殿…道化(だうけ=オドケ役)の―、名人なりし』とほむる」〔役者論語・耳塵集・上〕

あども・ふ【率ふ】(―ウ) Ⓔ〖他四〗ひきいる。ひきつれる。「朝凪(なぎ)に水手(かこ=船頭)整へ夕潮に楫(かぢ)引き撓(を)り(=タワムホドニ引イテ、軍勢ヲ)―・ひて漕ぎゆく君は…」〔万葉・巻二〇〕

あな【穴・孔】Ⓒ ❶物の面にできたくぼみ、または向こうまで突き抜けたところ。「昔の人はもの言はまほしくなれば、―を掘りては言ひ入れはべりけめ」〔大鏡・序〕「中の二間に立て隔てたる障子の―よりのぞきたまふ」〔源氏・宿木〕 ❷人体・仏像などの目・鼻・口・耳・肛門などの開口部分。「香盤の蓋(ふた)に竹の筒をねぢ入れて、片端をば仏の鼻の―にねぢ入れて」〔沙石・巻七ノ一六〕 ❸窓。「閑院殿の櫛(くし)形の―は、(上部ガ)まろく縁(ふち)もなくてぞありし」〔徒然・三三段〕 ❹墓穴。「夫婦の縁(えに)しすでに絶えたるに似たれば、再び合ふといへども再び離れ、老いを偕(とも)にし―を同じくすることを得じ(=仲ヨク添イトゲルコトハデキマイ)」〔馬琴・弓張月・二七回〕「―掘りが―を掘るのは当たり前ぢゃあねえか」〔伎・十六夜清心・二ノ二〕 ❺落とし穴。「これがほん(=ホントウ)の―へはまったといふのだ」〔黄・文武二道・上〕 ❻(人の)過失・欠点・癖・内情・世間の裏面など。「浅草の地内において、おどけ咄(ばなし)に人を集め、浮き世の―を言ひ尽くして、随分人を戒しむべし」〔風来・志道軒伝・巻五〕「狂訓亭(てい)といふ作者は野暮な人ださうだけれど、娘と唄妓(げいしゃ)のことは、ひどく―を知って書くとさ」〔春水・辰巳園・初編・巻三〕 ❼急所。要点。「そこが秘密魂胆、惚(ほ)れさそうと思へば女の好きへ持って行く(=好キナコトニ調子ヲ合ワセテイクノ)が色事の―」〔浄・名歌島台・三〕 ❽女性の陰部。「『おやおや、それぢゃ穴といふのは』『娘の―さ』」〔伎・十六夜清心・二ノ二〕

あな Ⓑ〖感〗感情が高まったとき思わず出る語。ああ。あら。下には多く形容詞がくる。「―おそろしと驚きて」〔枕・八段〕「―いとほし、この暁、城の内にて管弦したまひつるはこの人々にておはしけり」〔平家・敦盛最期〕 **―かま** Ⓒ〖連語〗(物音・人声をしずめる目的で)ああ、やかましい。しいっ、しずかに。(「かま」は「かまし」「かまびすし」(やかましい)の語幹)「前にゐたる(=スワッテイル)人は心得て笑ふを(=感ヅイテクスクス笑ウノヲ)、『―』と招き制すれど(=手マネデトメルガ)」〔枕・三段〕

あない【案内】Ⓑ (「あんない」の撥(はつ)音を表記しない形) ㊀ ❶官庁での、前例内規(をしるした文書)。「右、―を検するに」〔類聚三代格・巻一〕 ❷内々の事情。内情。「(オ前タチハ)その―問ひ聞きたらむ」〔源氏・浮舟〕 ㊁〖十他サ変〗❶取りつぎを頼むこと。申しいれ。「人々いみじく参らまほしう(=タイヘンオ仕エ申シアゲタク)、―申すべし」〔栄花・蒼花〕 ❷聞いてみる。たずねる。「いかならむ(=ドウシタンダロウ)と安からず(=不安ニ)思ほして―・したまへば、『この夕つかた、内裏(うち)よりいでたまひて、二条院になむおはしますなる』と人申す」〔源氏・宿木〕

あな かしこ Ⓒ ㊀〖連語〗(「かしこ」は「かしこし」の語幹で)ああ、おそれ多い。うわあ、もったいない。「―(=イヤア、オソレ入リマスナ)。よしよし(=マア、ヨウゴザイマス)、聞こえさせじ(=モウ申シアゲマスマイ)」〔落窪・巻四〕 ㊁〖副〗(下に禁止表現をともない、相手に念をおす感じで)くれぐれも。よく言っておくが絶対に。「―、おろか(=粗末)にすべからず」〔今昔・巻二〇ノ三六〕「但し、―、たふとしとおぼすな」〔十訓・第一ノ七〕「はだか身の寝姿を、―、人に語ることなかれ」〔也有・鶉衣・奈良団賛〕 ㊂〖感〗❶(呼びかけに用い)もしもし。あの、ちょっと。「―、このわたりに若紫やさぶらふ」〔紫日記〕 ❷女性の書簡で末尾に使うしめくくりのあいさつ。男性の「敬具」「頓首」などに当たる。(室町時代には「か」を濁音にいうことがあった。「ある人、我に向かって、あながしこ、これを知らするなり」〔こんてむつすむんぢ・巻三ノ二七〕)

あながち【強ち】Ⓐ ㊀《形動ナリ》❶適切でない。「恩赦をかうむるべきよし、―に申すといへども(＝ムリヤリニオ願イシタガ)、あへて御許容なき間」〔保元・下・八〕❷度を越している。「二条の院よりぞ、―にあやしき(＝ムヤミニミスボラシイ)姿にてそぼち参れる」〔源氏・明石〕「(紫上ガ)たはぶれにても、心の隔てありけると思ひうとまれたてまつらむは、(源氏ニハ)心苦しう恥づかしうおぼさるるも、―なる御志のほど(＝アマリニモ深イ紫上ニ対スル御愛情)なりかし」〔源氏・明石〕㊁《副》❶《否定文のなかで》けっして。ぜったい。「範頼・義経が申し条(＝願イ出ハ)―御許容あるべからず」〔平家・首渡〕❷《反語文のなかで》かならずしも。「兵粮(ひやうらう)米もなければ…入り取り(＝民家カラ徴発)せむは、何か―僻事(ひがごと)(＝悪事)ならむ」〔平家・鼓判官〕

あなぐ・る Ⓓ《他四》❶さがす。「(ソレマデ隠レテイタ)寺を囲みて捕らへむとす。すなはち出でて畝傍(うねび)山に入る。(軍勢ハ)因(よ)りて山を―・る」〔紀・舒明・訓〕《「あなぐる」は「探」の訓》❷(詳細に)しらべる。「それも(＝時頼入道ノ諸国修行ノ旅モ)国々のありさま、人のうれへ(＝人々ノ愁訴)など、くはしく―・り見聞かむのはかりごとにてありける」〔増鏡・草枕〕

あなた【彼方】Ⓑ《代》❶㋑あちら。あっち。「ながめやりてゐたれば、―にもまだ起きゐて、琴ひきなどして」〔蜻蛉・上〕㋺向こう側。「みよし野の山の―にやどもがな世の憂き時のかくれがにせむ」〔古今・雑下〕❷(ある時点を中心に)話主から遠くのほうの時。前後の場面により、未来にも過去にもなる。「(母ニ)おくれし(＝死ニ別レタ)程のあはれさばかりを忘れぬ事にて、ものの―(＝来世ノ事ヲ)思ひたまへやらざりけるが、ものはかなさを(＝至ラナイコトデスワネ)」〔源氏・鈴虫〕《↑未来の例》「二三十年―(＝以前)までは、歌学びする人もただ近き世の歌ぶみをのみ学びて、万葉を学ぶことなく」〔宣長・玉勝間・巻二ノ四〇〕《↑過去の例》❸《第三人称》あのかた。あの人。「―は常々いひ聞かせし源頼光様」〔近松・嫗山姥・四〕

――こなた 此方 Ⓒ《代》❶あちらこちら。「あしひき(＝山)の―に道はあれど都へいざ(帰リマショウ)といふ人ぞなき」〔新古今・雑下〕❷以前。以後。「君(＝紫上)の御身(ニトッテ)は、かのひとふし(＝例ノ須磨へ退去シタ一件)より(ホカニ)、―(＝ソレヨリ前ニモ後ニモ)もの思ひとて(＝心配トイッテ)心乱りたまふばかり(＝煩悶(はんもん)ナサルホド)の事あらじ」〔源氏・若菜下〕

あなづらは・し【侮らはし】(-ズラワシ) Ⓓ《形シク》ばかにしてよい。けいべつすべきである。「人をも(＝人ノ場合ダッテ)、人げなう(＝一人前デモナク)世のおぼえ―・しうなりそめにたるをば(＝世評モパットシナクナッタヨウナ者ヲ)そしりやはする(＝ダレガワザワザ非難ナドスルモノデスカ)」〔枕・四一段〕

あなづ・る【侮る】(-ズル) Ⓒ《他四》人を実質よりも低く見る。みさげる。あなどる。「―・りやすき人ならば後に(＝アトデマタ)とてもやりつべけれど」〔枕・二八段〕「なんでふ事のあるべき(＝大シタ事ハナカロウ)と思ひ―・って」〔平家・競〕

あななひ (-イ) Ⓓ 足をかけるところ。足場。「―に…二十人の人の上りてはべれば」〔竹取〕

あなや Ⓒ《感》「あな」と「や」の複合感動詞。「鬼(ハ女ヲ)はや一口に食ひてけり。(女ハ)『―(＝アレェ)』と言ひけれど、雷(かみ)鳴るさわぎにえ聞かざりけり」〔伊勢・六段〕

あな・り【有なり】Ⓐ《連語》《「あんなり」のn音不表記》❶《伝聞》あるそうだ。…だそうだ。…ということだ。「駿河の国に―・る(＝アルト聞イテイル)山の頂にもてつくべき(＝持参セヨトイウ)よし、仰せたまふ」〔竹取〕「つて(＝話)にうけたまはれば、法華経一部を説きたてまつらむとてこそ、まづ余教をば説きたまひけれ。それを名づけて五時教とはいふにこそは―・れ」〔大鏡・序〕❷《推定》㋑声や音だけが聞こえるが、それは…のようだ。「妻戸口に立ちて『とく開け。はや』など―・り(＝言ッテイルヨウダ)」〔蜻蛉・下〕㋺あるようだ。…であるようだ。「足音すれば、『さにぞ―・る(＝アノ人ミタイダワ)。あはれ(＝マア)、をかしく来たるは(＝ヨク来タコト)』と…うち言へば」〔蜻蛉・中〕❸《婉曲》推定めいた言いかたにより、断定を柔らげる。…といったふうだ。…みたいだ。「(カグヤ姫ノ注文ハミナ)かたき事どもにこそ―・れ(＝難題ノヨウデスネ)。この国にある物にもあらず。かくかたき事をば、いかに(＝ドウシテ)申さむ」〔竹取〕《↑難題であるのは明瞭なのだが、すこし遠慮した言いかた》「あはれ(＝ナルホド)、旅人にこそ―・れ(＝旅人トイウワケダナ)。しばし宿さむかし」〔宇津保・俊蔭〕《↑俊蔭の身の上話を聞いた返事だから、旅人であることは明瞭なのだが、お前の話によれば旅人と判断できるという気持ちの言いかたにしたもの》《断定の用例は未見》㊂あんなり・なり。

あは・す【合はす・会はす】(-ワー) Ⓐ《他下二》❶㋑(二つの物を)ぴたりと付ける。「間者(かんじゃ)(＝スパイ)を入れて聞き置きたるに、割り符を―・す(ヨウナ)夢の告げ」〔種彦・田舎源氏・一九〕㋺一致させる。「端(つ)々(ま)―・せてかたる虚言(そらごと)は、おそろしきことなり」〔徒然・七三段〕❷㋑いっしょにする。「力を―・せ心を一つにして天の下をつくる」〔紀・神代上・訓〕《「あはせ」は「戮」の訓》㋺【併す】《多く「あはせて」の形で》加える。用例→あはせて。㋩合計する。合算する。「法師ばら、大・中童子など、―・せて七八十人ばかり」〔大鏡・道隆〕❸

㋑適合させる。「家のほど、身のほどに(=自宅ノ程度ヲワタシノ身分ニ)—・せてはべるなり」〔枕・九段〕㋺調和させる。「(音楽ノ)上手はいづれ(ノ音階)をも吹き—・す」〔徒然・二一九段〕㋩合奏する。「上手に吹かせたまふ高麗笛を、これ(=琴)に—・せて吹かせたまふに」〔宇津保・楼上下〕 ❹(夢の吉凶を)判定する。「夢を見て、恐ろしと胸つぶるるに、ことにもあらず(=何デモナイト)—・せなしたる、いとうれし」〔枕・二七六段〕 ❺対立させ、優劣をきそわせる。「伊勢物語に正三位(トイウ物語)を—・せて」〔源氏・絵合〕 ❻㋑(鷹を)獲物の鳥に向けて放つ。「雉を立てて(=飛バシテ)これを(=目標トシテ鷹ヲ)—・す」〔嵯峨野物語〕㋺(鷹で)狩る。「鷹飼ひ敦友が野鳥—・せしこそ見まほしき」〔梁塵〕 ❼夫婦にする。めあわす。「よりて女豊玉姫を以ちて—・せまつる」〔紀・神代下・訓〕《「あはせまつる」は「妻之」の訓》 ❽〔補動〕㋑《比較する意を添える》…くらべる。「本草(=中国薬学書)に御覧じ—・せられはべれかし」〔徒然・一三六段〕㋺《偶然そのようになった意を添える》たまたま…(する)。ちょうど…(ている)。「さてさて、おもしろい人を(舟ニ)乗せ—・せた」〔狂・薩摩守〕

あはせ【合はせ】(-ワ-) Ⓓ ❶とり合わせる食物。おかず。「御台(=食物)—(=副食)いと清げにて(=キレイニトトノエテ)、御かゆまゐりたり」〔落窪・巻一〕 ❷【袷】裏地をつけた衣類。「赤色に二藍がさねの唐衣に—の袴添へて奉りたまふ」〔宇津保・吹上上〕

あはせ て【併せて】(アワ-) Ⓔ 《連語》《上に「に」を伴い》 ❶《時間的に》といっしょに。と同時に。「『虫だに時節を知りたるよ』とひとりごつ(=独語スルノ)に—、しかしかと(=ジイジイト)蟬ガ鳴き満ちたる」〔蜻蛉・下〕「事しげきに—も(=多忙ナ事ニカチアッテモ)まづこの院に参り」〔源氏・野分〕 ❷そのうえ、さらに。…ばかりでなく。「いみじうさわがしきに—・せて」〔枕・八七段〕

あはひ【間】(-ワイ) Ⓓ ❶《空間的な意味で》あいだ。「中と六との—に神仙調(=西洋音階ノCニ近イ音)あり」〔徒然・二一九段〕 ❷(人と人との)あいだがら。「言少なに(=オシャベリモセズ)世の人に似ぬ(=世間ナミデナイ)御—にて(=兄妹ノ仲デ)」〔源氏・蓬生〕 ❸《事物についても人についても》とりあわせ。「(若イ貴公子トオバアチャンデハ)似つかはしからぬ—かな」〔源氏・紅葉賀〕「香染めの御狩衣、薄色の御指貫、いとはなやかならぬ—にて」〔大鏡・伊尹〕 ❹(相手との)ぐあい。相対関係。「戦には、ひと退きも退かじと思ふだに、—あしければ退くは常の習ひなり」〔平家・逆櫓〕

あは・む【淡む】(-ワ-) Ⓔ 《他下二》軽んじる。ばかにする。「いみじう—・め恨み申したまへば」〔源氏・夕霧〕

あは や (-ワ-) Ⓔ 《感》 ❶ほっとした気持ちや期待どおりになったという気持ちを表す。ああ。あれあれ。「(女院ハ)こころよく笑ませたまひて、『—(道長ヲ関白ニ任ズル)宣旨(ガ)下りぬ』とこそ申させたまひけれ」〔大鏡・道長〕 ❷緊急事態が起こりそうになったという気持ちを表す。あーっ。あら。「—、事こそ出できぬ(=タイヘンナ事ニナルゾ)と見るほどに」〔曾我・巻一ノ一〇〕

あばら【荒ら】 Ⓓ 《形動ナリ》 ❶荒れ乱れているさま。「—・なる蔵に、女をば奥におし入れて」〔伊勢・六段〕「かこはねどよもぎのまがき夏来れば—の宿も面かくしつつ」〔曾丹集〕 ❷すきまの多いさま。「…月のかたぶくまで—・なる板じきにふせりてよめる」〔古今・恋五・詞〕

あば・る【荒る】 Ⓓ 《自下二》(建物などが古くなったり手入れがとどかないために)いたむ。荒れる。「この家…いたう—・れぬさきに、つくろひはべりつる(=修繕シマシタ)」〔落窪・巻三〕

あはれ【憐れ】(-ワ-) Ⓐ ㊀《感》物事に感動して思わず出すことば。ああ。「まつち山待つらむ人を行きてはや—行きてはや見む」〔催・我駒〕「—、走りいでて舞はばやと」〔宇治・巻一ノ三〕「—ことしの暮れにその銀のかたまりほしや」〔西鶴・胸算用・巻三ノ三〕 ㊁《形動ナリ》 ❶しみじみと感ずる。心を動かされる。「梁塵秘抄の郢曲(=流行歌謡)のことばこそまた—なる事は多かめれ」〔徒然・一四段〕「はなやかにうれしげなるこそまた—・なれ」〔徒然・一九段〕 ❷かなしい。さびしい。「心のうちに恋しく—・なりと思ひつつ、しのび音をのみ泣きて」〔更級〕 ❸㋑《他人から見て》みじめだ。かわいそうだ。「よろしき(=タイテイノ)事にだに、かかる別れの悲しからぬはなきわざなるを、まして—・にいふかひなし」〔源氏・桐壺〕㋺《自分の気持ちとして》やりきれない。つらい。「都遠くなるままに、—・に心ぼそくおぼされて」〔大鏡・時平〕 ❹ありがたい。とうとい。「(僧都ノ)読みあげつづけたる言の葉の、—・にたふとく」〔紫日記〕 ❺かわいい。心をひかれる。「まだいと下﨟にはべりし時、—と思ふ人はべりき」〔源氏・帚木〕「この人の何心なく若やかなるけはひも—・なれば」〔源氏・空蟬〕 ❻《人の心について》情が深い。情がこまやかである。「君の御心は—・なりけるものを」〔源氏・帚木〕 ❼《自然の事がらについて》趣が深い。情趣的だ。「ひとふし—ともをかしとも聞きおきつるものは、草・木・鳥・虫も、おろそかにこそおぼえね」〔枕・四〇段〕「蚊やり火ふすぶるも—・なり」〔徒然・一九段〕 ❽りっぱだ。みごとだ。「皇子もいと—・なる句を作りたまへるを」〔源氏・桐壺〕 ❾感心だ。「この男、いと—・なる男なり。若君の召す(=ホシイトオッシャル)物を、やすく(=ハイハイト)参らせたること(=サシアゲタモノダ)」〔宇治・巻七ノ五〕

[三] ❶しみじみとした情趣。「若葉の梢すずしげに茂りゆくほどこそ、世の—も人の恋しさもまされ」〔徒然・一九段〕 ❷悲しみ。悲哀。「(匂宮ハモノワカリノヨイ方ナノデ)嘆かしき(薫ノ)心のうちもあきらむばかり(=ハレバレスルホド)かつは慰め、また—をもさまし」〔源氏・早蕨〕 ❸愛情。好意。「(藤壺ガ昔源氏ニ)かやうにあひおぼし、—をも見せたまはましかば、とうち思ひ出でたまふに」〔源氏・須磨〕「六畜は、主といふことをわきまへねども、—を知りてむつる(=ナレシタシム)」〔十訓・第一ノ四〕 ❹人の感じかた。人情。「子ゆゑにこそよろづの—は思ひ知らるれ」〔徒然・一四二段〕

あはれ・ぶ【憐れぶ】(アワ—) Ⓒ〘他四〙 ❶しみじみ感じ、めでる。「冬は雪を—・ぶ」〔方丈〕 ❷愛する。いつくしむ。かわいがる。「遠きを—・び近きをなでたまふ御恵み」〔増鏡・新島守〕 ❸ふびんがる。かわいそうに思う。「もし(=ヒョットスルト)年ごろ老法師(=ワタシ)の祈り申しはべる神仏の、(自分ヲ)—・びおはしまして」〔源氏・明石〕

あはれ・む【憐れむ】(アワ—) Ⓒ〘他四〙→あはれぶ。「『女は春を—・む』と、古き人の言ひおきはべりける」〔源氏・若菜下〕

あひ-【相】(—イ) Ⓑ〘接頭〙 ❶〘名詞・動詞・形容動詞に付き〙㋑「二人(または数人)でいっしょに」の意を表す。「—生ひ」「—懸かり」「—駕籠(かご)」「—傘(がさ)」「—客」「—住む」「—乗る」「—居る」等。㋺「お互いに」の意を表す。「—惚れ」「—婿」「—嫁」「—思ふ」「—知る」「—許す」「—互ひなり」等。 ❷動詞に付き、語勢を添えたり、語調を整えたりする。「—なる」「—果つ」「—催す」等。

あひ【間】(—イ) Ⓓ ❶㋑(物と物との)中間。「岩の—より蔵(くら)見ゆる里」〔野水(春の日)〕㋺(略)間の宿(しゅく)。宿場と宿場の間にある小部落。旅人が中休みできるよう、茶屋などがあった。「坂は照る照る鈴鹿は曇る、土山—の、—の土山雨が降る」〔近松・小室節・上〕 ❷㋑(時の)間隔。「右と左へ引きのくる。—もあらせず突きかくる」〔浄・忠臣蔵・七〕㋺(略)間狂言。〘能で〙前シテが中入りしたあと、後シテが登場するまで、狂言方が事の由来を語りなどしてつないでいる部分。「この時の太夫(=シテ)の目つきを狂言師よく見おきて、後の—を語るとき…教ふるなり」〔舞正語磨・上〕㋩(略)間の手。〘近世音曲で〙文句の切れめをつなぐ楽器だけの演奏。「(タバコノ)吹きがら(=スイガラ)を消してくんなと—を弾き」〔柳樽・九〕 ❸酒席で、客どうしの取り持ちをすること。「(ソレデハ)あまり(ニモ)すげない(=愛想ノナイ)。ひとつ飲みや(=オアガリ)。母(かか)が—をしませう」〔近松・堀川波鼓・上〕 ❹平日。「(新年ノ)年玉に酒一升おくれ。—は頼まぬ」〔咄・一口咄・巻八〕

あび【〈阿鼻〉】 Ⓔ〘梵avīci〙(略)阿鼻地獄。→むげん。「下は—を際(=限界)として、出づる期(ご)は無きが故に」〔曾我・巻一二ノ九〕

あひかま・ふ【相構ふ】(アイカマ〈モ〉ウ) Ⓔ〘自下二〙(「あひ」は接頭語。多く「—・へて」の形で)よく気をつける。注意する。「—・へて念仏怠りたまふな」〔平家・祇王〕「—・へて、池殿の侍に向かって弓引くな」〔平家・一門都落〕

あひぐ・す【相具す】(アイ—) Ⓓ [一]〘自サ変〙(「あひ」は接頭語)夫婦関係をもつ。いっしょになる。「(平頼盛ハ)女院の御めのとご、宰相殿と申す女房に—・したまへるによってなり」〔平家・一門都落〕 [二]〘他サ変〙(「あひ」は接頭語)連れてゆく。ひき連れる。「景綱、三十騎ばかりを—・して、門近く進み寄りて」〔保元・中・一〕

あひしら・ふ (アイシラ〈ロ〉ウ) Ⓒ〘他四〙→あへしらふ。「文をだにとり入るることもなく、まして使ひを—・ふ(=相手ニスル)までもなかりけり」〔平家・祇王〕「おほかたはまことしく—・ひて(=ホントウラシク応答シテ)ひとへに信ぜず」〔徒然・七三段〕

あひだ【間】(—イ—) Ⓐ ❶〘「両者の中間のあいた所」という基本意味から〙㋑(空間的な)へだたり。中間。「潮の干さうらふ時は、陸(くが)と島との—は、馬の腹もつかりさうらはず」〔平家・勝浦〕㋺(時間的な)間隔。絶え間。「飛鳥川みなぎらひつつ(=水量モ豊カニ)行く水の(ヨウニ)—もなくも(=タエマナク)思ほゆるかも」〔紀・斉明〕 ❷〘「限定された時間または空間内」という基本意味から〙㋑〘空間のばあい〙途中。「かくしてやなほやまからむ近からぬ道の—をなづみ(=困難ヲオカシテ歩キ)参来(まゐき)て」〔万葉・巻四〕㋺〘時間のばあい〙…の期間中。…のうち。…の際。「秋、やみなる夜、かれこれ物語しはべる—、雁の鳴きわたりはべりければ」〔後撰・秋下・詞〕 ❸(人と人との)間がら。つづきあい。なか。「親子の—なれば、助け申さむとしたまふ」〔保元・中・一一(古活字本)〕 ❹〘原因・理由・関係などを表し〙…ので。…から。〘中古にも萌芽的な用法はあるが、主として中世以降用いる〙「信頼卿に同心の—」〔平家・鹿谷〕 **——に** Ⓓ [一]〘連語〙 ❶…のうちに。…の際に。「いたく(=ヒドク)つなびきて見せし—(=強情ヲハッテ見セテイタウチニ)」〔源氏・帚木〕 ❷二つ以上のもののうち、どれか。〘either〙「入道父子が—一人刺し殺して腹切らむずるものを」〔太平・巻二ノ五〕 [二]〘副〙まれに。たまには。「(狐ハ)—は白いものもある」〔狂・佐渡狐〕

あひ・みる【逢ひ見る】(アイ—) Ⓒ〘自上一〙 ❶顔をあわせる。あう。「(親子ワカレテ)—・みですぐさむいぶせさ(=気分ノモヤモヤ)のたへがたう悲しければ」〔源氏・松風〕

❷夫婦関係をもつ。「手を折りて—・みし事(=ツレ添ッテ来タ年月ノ間ノ事)を数ふればこれ一つやは君がうきふし(=アナタノ欠点ハコレヒトツダケデハナカッタノダヨ)」〔源氏・帚木〕

あびらうんけん【〈阿毘羅吽欠〉】Ⓔ《梵 a・vi・ra・hūṃ・khaṃ の音訳》上から順に地・水・火・風・空すなわち宇宙の生成要素の表徴。大日如来に祈るときの呪文(じゅもん)。「唵(おん)—と、数珠(じゅず)さらさらとおしもめば」〔謡・安宅〕《「唵」は梵語 oṃ の音訳で、密教における神聖性をあらわす呪文》

あ・ふ【合ふ・会ふ】(ア〈オ〉ウ) Ⓐ ㊀《自四》❶㋑(二つの物が)ぴたりと付く。(すきまが)ふさがる。「夜、目も—・はぬままに、嘆き明かしつつ」〔蜻蛉・上〕㋺一致する。「帷子(かたびら)の模様も—・ひし」〔種彦・田舎源氏・五〕❷いっしょになる。「吹きたてたる物の音どもに—・ひたる松風」〔源氏・紅葉賀〕❸㋑適合する。「心に—・ひておぼえし(=ナルホドト感ジタ)事ども」〔徒然・九八段〕㋺調和する。似合う。「薄色なる薄物の裳…こがれたる(=コゲ茶色ノ)朽ち葉(=枯レ葉)に—・ひたるここちも、いとをかしうおぼゆ」〔蜻蛉・上〕「(萌黄(もえぎ)ハ)紅(くれなゐ)には—・はぬか」〔枕・一〇四段〕❹(収支が)つりあう。ひきあう。「この節季、越すに越されぬ河内屋与兵衛、手はずの—・はぬ」〔近松・油地獄・下〕❺面会する。対面する。「さまざまにして(=イロイロ工作シテ)山本に—・ひ、その時の事を問ふ」〔常山・紀談・巻一七ノ二〕❻対する。「かたへ(=ソバ)の人に—・ひて(=向カッテ)『…』とぞ言ひける」〔徒然・五二段〕❼㋑【逢ふ】(人に)出あう。「常にもの言ひ伝へさする(=取リ次ガセル)人にたまさかに—・ひにけり」〔平中・二四段〕㋺【遇ふ】(時節に)うまく出くわす。「御民(みたみ)われ生けるしるしあり天地のさかゆる時に—・へらく思へば」〔万葉・巻六〕「まことに世に—・ひて、はなやぎたまへり」〔大鏡・道隆〕㋩【遭ふ】(現象や事件に)ぶつかる。経験する。「風に—・ひて、日向(ノ国)に流れ来たり」〔紀・孝徳・訓〕《「あひて」は「被」の訓》「かき目に—・ひたらむ人、ねたく口をしと思はざらむや」〔徒然・一七五段〕❽㋑立ち向かう。対抗する。「槻弓(つくゆみ)にまり矢をたぐへ…いざ—・はな我は…」〔紀・神功〕「打ち物(=武器ヲ)持っては、鬼にも神にも—・はうど(=張リアオウト)いふ、一人当千の兵(つはもの)なり」〔平家・大衆揃〕㋺争う。「香具山と耳梨山と—・ひし時立ちて見に来し印南(いなみ)国原」〔万葉・巻一〕❾㋑夫婦関係を結ぶ。「むかし、男、大和にある女を見て、よばひて(=求婚シテ)—・ひにけり」〔伊勢・二〇段〕㋺《近世語》(恋仲の男と女が)こっそり会う。《今のランデブー(フランス語 rendez-vous の古い用法に類似の意味があるのから出た)にあたる》「今まで—・ひしその家は遠慮してくれ」〔春水・辰巳園・巻一〇〕❿〔補動〕㋑《二人の者が互いに対して行動する意を表す》両方で…する。たがいに…する。「心ゆくばかりに(=思ウ存分ニ)つらぬき—・ひて、共に死ににけり」〔徒然・一一五段〕㋺《複数の者が同じ行為をする意を表す》一同が…する。いっしょに…する。「(ソノ席ニイタ人タチガ)笑ひ—・はれければ、(笑ワレタ当人ハ)腹立ちて、まかり出でにけり」〔徒然・一〇三段〕㋩《複数の者が同じ状態である意を表す》一同が…である。みな…だ。「御子息…あまたおはしけるも、みな優にやさしく花やかなる人にておはし—・ひける(=バカリデオイデダッタ)」〔平家・巻一(長門本)〕㊁《他下二》❶交差させる。「大宮人は鶉鳥(うづらとり)(ノ首ニ白イマダラガアルヨウニ)領巾(ひれ)とり掛けて鶺鴒(まなばしら)(ガ尾ヲマジエルヨウニ)尾行き—・へ(=衣ノスソヲ後ロニ引イテ行キ違イ)…」〔記・下〕❷㋑いっしょにする。「郭公(ほととぎす)いたくな鳴きそ汝(な)が声を五月(さつき)の玉(=タチバナノ実)に—・へ(=マジエテ)貫(ぬ)くまでに」〔万葉・巻八〕㋺【和ふ・韲ふ】《おもに食物の場合》まぜ合わす。「(魚ヲ)すぱすぱすっぱりと作りすまいて(=サッサト刺シ身ニシアゲテ)、生姜酢(しやうがず)をもってきっきっと—・へ」〔狂・鱸庖丁〕❸㋑《事件に関して》まぜっかえす。横から邪魔をする。「おのいら(=キサマタチメ)、待ちをれ。行(い)て—・へてこまさうか(=ヒッカキマワシテヤロウカ)」〔伎・韓人漢文・一〕㋺ごたごたさせる。混雑させる。「狐やら狸やら狼やらで—・へかへす(=ゴッタガエス)」〔浄・先代萩・三〕

あ・ふ【敢ふ】(ア〈オ〉ウ) Ⓒ ㊀《自下二》❶持ちこたえる。がまんする。「秋されば置く露霜に—・へず(=ソノママデオレズ)してみやこの山はいろづきぬらむ」〔万葉・巻一五〕❷それでよい。「赤からむは—・へなむ(=赤イノハサシツカエナイ)」〔源氏・末摘花〕㊁《他下二》〔補動〕《多く他の動詞連用形に付き、下に否定を伴って》❶…しきる。完全に…する。「心のうちに思ふ事をも、隠し—・へずなむ睦れ聞こえたまひける」〔源氏・帚木〕「『これこそそよ(=私コソソノ俊寛ダ)』といひも—・へず(=コトバガ終ワラナイウチ)、手に持てる物を投げ捨て」〔平家・有王〕❷…しとげる。「几帳(きちやう)などいつのほどにかし—・へられけむ(=完成ナサッタ)と見えて」〔栄花・若水〕

あ・ふ【饗ふ】(ア〈オ〉ウ) Ⓔ《他下二》もてなす。ごちそうする。「葉盤八枚(ひらでやつ)を作(な)して、食(くらひもの)を盛りて—・ふ」〔紀・神武・訓〕《「あふ」は「饗」の訓》

あふ・る【煽る】(—オ—) Ⓔ《他四》❶馬の腹をけって、いそがせる。「(馬ヲ)—・れども—・れども、打てども打てども、はたらかず」〔平家・木曾最期〕❷《近世語》おだてる。そそのかす。「呑公(のんこう)なんとその一件は面白えぜ。思

ひいれ(=ウント)—・りつけて、おごらせてやらうではねえか」〔鯉丈・八笑人・二ノ下〕

あへ【饗】(-エ) [E] 【十自サ変】もてなし。饗応。「その兄弟子孫を以ちて膳夫(かしはで)として、み—つかまつる」〔紀・応神・訓〕【「みあへ」は「饗」の訓】

あへしら・ふ (アエシラ〈ロ〉ウ) [C] 【他四】 ❶受け答えする。「中将は、この道理(ことわり)聞きはてむと心入れて(=乗リ気デ)—・ひ居たまへり」〔源氏・帚木〕「つくろふべきやうなどいひつつ、—・ひやりけるに(=返事シテヤッタトコロ)」〔今鏡・賢き道々〕 ❷適当に扱う。とりなす。「おしなべたるやうに(=ナミタイテイノ人ノヨウニ)人々の—・ひきこえむはかたじけなきさまのしたまへれば」〔源氏・柏木〕 ❸つけ合わせる。「(蕺(しぶき)ヲ)—・ひて柚(ゆ)おし切りてうちかざしたるぞいとをかしうおぼえたる」〔蜻蛉・中〕

あへ・ず【敢へず】(-エ-) [C] 【連語】 ❶保ちとおせない。たえかねる。こらえきれない。「ちはやぶる(=枕詞)神の斎垣(いがき)(=神社ノ神聖ナ垣)にはふ葛(くず)も秋には—・ずうつろひにけり(=紅葉シテシマッタ)」〔古今・秋下〕 ❷【多く他の動詞連用形に付き】…しきれない。じゅうぶんに…できない。…するのにまにあわない。「心得ねば(=ナンダカワケガワカラナイカラ)、御返り事もきこえ—・ずなりぬ(=シソビレテシマッタ)」〔狭衣・巻二〕[参]あ(敢)ふ。

あへ・て【敢へて】(-エ-) [C] 【副】 ❶しいて。進んで。「なごのあまの釣りする舟は今こそば船棚(ふなだな)うちて—漕ぎ出め」〔万葉・巻一七〕 ❷【下に否定を伴って】とりたてて。おしきっては。進んでは。「かへって叡感(えいかん)にあづかっし上は—罪科の沙汰(=刑罰的ナ処置)はなかりけり」〔平家・殿上闇討〕 ❸【下に否定を伴って】ぜんぜん。てんで。「(役人タチガ、流罪ニナル父ノモトニ子ドモヲ)—寄せつけたてまつらず」〔栄花・月宴〕

あへな・し【敢へ無し】(アエ-) [C] 【形ク】 ❶(うまく決着がつかなくて)どうにもならない。お手あげだ。「これを聞きてぞ、遂(と)げなき(=決着ノツカナイ)ものをば、—・しといひける」〔竹取〕 ❷拍子ぬけの感じだ。あっけない。「—・きまで(=何ダカハリアイノナイホド簡単ニ)御前(=宮サマノオ側近ク仕エルノヲ)許されたるは、さおぼしめすやうこそあらめ(=ソレダケオ気ニ召スワケガアルノデショウ)」〔枕・一八四段〕 ❸死ぬことを遠まわしにいう。「そのお子は、その夜に—・くなりたまふ(=オナクナリニナッタ)」〔浄・盛衰記・三〕

あま【天】 [D] ❶そら。 ❷天井。「(御殿ノ)—にはも五百つ綱はふ(=ハッテアル)万代(よろづよ)に国しらさむと(=オ治メニナルヨウニト)五百つ綱はふ」〔万葉・巻一九〕

あま 【海人・海士・蜑】 [B] 漁をしたり、海べで塩を造ったりする人。「—少女(をとめ)珠もとむらし沖つ波かしこき(=オソロシイ)海に船出せり見ゆ」〔万葉・巻六〕「志賀の—の塩焼く煙風をいたみ(=風ガ強クテ)立ちはのぼらず山にたなびく」〔万葉・巻七〕 **——のつりぶね** 海人の釣り舟 [D] 【連語】漁師が乗ってつりをする舟。「わたの原八十島かけて漕ぎ出でぬと人には告げよ—」〔古今・離別〕

あまくも【天雲】 [E] 空の雲。雲。「思はぬにしぐれの雨は降りたれど—晴れて月夜さやけし」〔万葉・巻一〇〕

あまさへ【剰へ】(-エ) [D] 【副】→あまっさへ。「—ことば(=文句)より進みて(=サキニ)風情(=シグサ)の見ゆることあり」〔花鏡〕

あま・し【甘し】 [D] 【形ク】 ❶[イ](味が)うまい。おいしい。「食(みもの)たてまつること(=オ食事ナサッテモ)味はひに—・からず」〔紀・景行・訓〕【「あまからず」は「不甘」の訓】[ロ]糖分の味がする。「酸(す)いが酢(す)の味ぢゃ。(ソレナノニ)釈迦の(酢ヲ)—・いと言はるるは、嘘なり」〔洒・聖遊廓〕[ハ](味が)うすい。「流れあふ湊(みなと)の水のうまければ片方(かた)も塩は—・きなりけり」〔柿本集・下〕「—・い酢(す)で食はれぬやつは初鰹(がつを)」〔柳樽・二四〕 ❷(ことばが)たくみだ。口じょうずだ。「先程から—・い口の酸(す)うなるほど…わびごといたせど」〔浮・禁短気・巻一ノ三〕 ❸[イ]【物理的に】にぶい。「わが恋はなまし(=ナマクラ)刀の鉄(かね)あまみ思ひ切れども切られざりけり」〔東北院職人歌合・三番〕[ロ]【精神的に】にぶい。「そんな根性の定まらぬ女と思はるる親方殿の心底—・し(=ボンヤリデス)」〔浮・艶行脚・巻三ノ三〕 ❹[イ]【物理的に】ゆるい。「—・い(=厳重デナイ)錠さへ開けかぬる」〔浄・千本桜・三〕[ロ]【精神的に】ゆるい。「限りないほど—・い親」〔浄・千本桜・三〕

あま・す【余す】 [C] 【他四】 ❶とり残す。手をつけないでおく。「ただ今名のるは大将軍ぞ。—・すな(=全滅サセロ)者ども、もらすな若党、うてや」〔平家・木曾最期〕 ❷余分なものとする。やっかい者あつかいにする。「『【逆説的ニ】近ごろ(=ミゴト)恩を報じられたり、報じられたり(=恩知ラズメ)』と、—・さるる(=オケナシニナル)あたりのよさ…あっぱれ御名人」〔近松・大念仏・序〕 ❸【「ある場所から」はみ出させる」という共通意味から】[イ]ほうり出す。「馬は屏風を倒すごとく、がはと倒るれば、主は前へぞ—・されける」〔保元・中・二(古活字本)〕[ロ]あふれさせる。「憐れみ(=何トナク昔ガナツカシクテ)取る蒲公(たんぽぽ)茎短うして乳を—・せり」〔蕪村・春風馬堤曲〕

あまそぎ【尼削ぎ】 [E] すこし長めのおかっぱ髪。尼と同様に髪を肩の高さで切りそろえた、少女の髪型。「かしらは—なる児(ちご)の、目に髪

〔あまそぎ〕

のおほへるをかきはやらで(=払イノケモシナイデ)、うちかぶきて(=首ヲカシゲテ)物など見たる」〔枕・一五一段〕

あまた【数多】Ⓐ《副》❶㋑いくつか。《英語の a few または several に当たる》「飛鳥川せく(=泊マッテクルノダッタノニ)せくと知りせば」〔万葉・巻一四〕㋺たくさん。多数。《英語の many や much に当たる》「遙かに兵仗の囲み繞(めぐ)りて、衆(いくさ)—あるを見る」〔紀・継体・訓〕《「あまた」は「数千人」の訓》「やむごとなき人のかくれたまへるも—聞こゆ」〔方丈〕❷ずいぶん。相当に。「…別れの—惜しきものかも」〔万葉・巻一三〕

あまつ【天つ】《連体》 **—かぜ** 風 Ⓓ《連語》空を吹きわたる風。「—雲吹きはらふ高嶺(たかね)にて入るまで見つる秋の夜の月」〔詞花・秋〕 **—みかど** 御門 Ⓔ 皇居。「明日香の真神の原にひさかたの(=枕詞)—をかしこく(=トウトク)も定めたまひて…」〔万葉・巻二〕

あまっさへ【剰へ】(-エ) Ⓓ《副》そのうえ。そればかりでなく。「あまさへ」とも。「中納言、大納言に経上がって(=出世シテ)、—丞相(=大臣)の位にいたる」〔平家・鱸〕《日葡辞書に amassaye》

あまの【天の】《連体》 **—かはら** 河原(-カワ-) Ⓔ 天の川のかわら。「久方の—の渡し守君わたりなばかぢ隠してよ」〔古今・秋上〕「思ひきやたなばたつめに身をなして—を眺むべしとは」〔和泉日記〕 **—はら** 原 Ⓓ ㊀《連語》大空。「—ふりさけ(=遠ク仰イデ)見れば春日(かすが)なる三笠の山に出でし月(ト同ジ月)かも」〔古今・羇旅〕㊁ 神がいられる天上の世界。「わが隠(こも)りますによりて、—おのづから闇(くら)く、また葦原の中つ国(=日本)も皆闇けむ」〔記・上〕《原文「天原」と表記》

あまのと【海の門】Ⓔ《連語》海峡。瀬戸。「沖の白洲に鳴く千鳥、—渡る舵の音、折からあはれやまさりけむ」〔平家・小宰相身投〕

あま・ゆ【甘ゆ】Ⓓ《自下二》❶あまい・味(感じ)がする。「いと—・えたる薫(た)き物の香を返すがへすたきしめゐたまへり」〔源氏・常夏〕❷(相手の好意に)遠慮なくおぶさる。つけあがる。「(返歌ガ)わざとめかしければ、—・えてはずかしがる。「—・えて、爪くふべき(=カンデイテヨイ)事にもあらぬを」〔源氏・竹河〕「—・えて(返事ヲ)書かざらむも、あやしければ(=変ダカラ)」〔源氏・宿木〕❹なれしたしむ。「その時に、舎脂夫人—・えて帝釈とたはぶる」〔今昔・巻五ノ三〇〕

あまり【余り】Ⓐ ㊀ ❶超過した部分。「なすべき事多し。その—のいとま、いくばくならず」〔徒然・一二三段〕❷《接尾語的に》…をすこしこえた。「二十日—の空こそ、心ぼそきものなれ」〔徒然・一九段〕❸《接続助詞的に》…しすぎた結果。「わりなく(=ムヤミニ)まつはさせたまふ(=ヒキツケテオカレル)—に…あながちに(=シイテ)お前去らずもてなさせたまひしほどに」〔源氏・桐壺〕㊁《副》❶度をすぎて。《英語の excessively または too に当たる》「—はしたなくや(=愛想ガナイナア)」〔源氏・紅葉賀〕❷いかにも。めっぽう。《英語の tremendously または extremely に当たる》「—憎きに、その法師をばまづ斬れ」〔平家・倶梨迦羅落〕㊂《形動ナリ》《悪い意味で》水準をこえている。ひどすぎる。「ふりはへ(=ワザワザ)急ぎわたらせたまへる御心ばへ(=オ志)をおぼしわかぬ(=感ジナイ)やうならむも、—・にはべりぬべし」〔源氏・夕霧〕「悪左府(=頼長)の死骸を掘り起こいて実検せられし事なんどは、—・なる御政とこそおぼえさうらひしか」〔平家・小教訓〕 **—のこころ** 余りの心 Ⓓ《連語》《歌論などで》叙述されていることの奥に、さらに深くこもる感情や思想。「ことばたへにして(=用語ガスグレテイテ)、—さへあるなり」〔和歌九品〕

あみだ【〈阿弥陀〉】Ⓒ〔仏〕《梵 Amitābha 無限の光明、梵 Amitāyus 無限の生命の意》西方極楽世界の主である仏。あらゆる人たちを救い取るため四八の願を立てられた。その願の力で、どんな悪人でも極楽へ行けると説くのが、浄土宗および浄土真宗である。しかし、阿弥陀信仰は、天台宗のなかにすでに存在し、とくに平安中期、源信のころから顕著になっていた。阿弥陀仏は、観音菩薩(ぼさつ)と勢至菩薩を左右にともなうのが例である。「北に寄せて障子を隔てて—の絵像を安置し、そばに普賢(ふげん)をかけ、前に法華経をおけり」〔方丈〕《普賢像および法華経と共に阿弥陀像をおいたのは、浄土宗でなく、天台宗の立場》

あ・む【浴む】Ⓓ《他上二》(湯や水を身に)かぶる。「湯たびたび—・み、いみじく潔斎して」〔大鏡・実頼〕

あめ【天】Ⓓ (対)「地(つち)」そら。 **—がした** 天が下 Ⓒ《連語》この世の中。現実社会。「—に住まむには、ともかうも(=ドンナ事デモ)入道殿(=清盛)の仰せをばそむくまじきことにてあるぞ」〔平家・祇王〕 **—のした** 天の下 Ⓑ《連語》❶(地理的な意味で)世界。「もろこし(=中国)も—にぞありと聞く照る日の本を忘れざらなむ(=忘レナイデチョウダイ)」〔新古今・離別〕❷《社会的な意味で》人の世。この世。「経(ふ)れば(=生存シテイルト)憂(う)し経(へ)じとてもまたいかがせむ(=ドウショウモアルマイ)—よりほかのなければ」〔玉葉・雑四〕❸政治。「おほやけ(=朝廷)のかため(=大黒柱)となりて、—を輔(たす)くる方にて見れば」〔源氏・桐壺〕 **—ののりごと** 天の

詔琴 Ⓔ《連語》「天の」は美称。「のりごと」は和琴だという。古代において、神がかりになるとき琴を用いた関係から、琴は神のお告げの象徴と考えられる。「(大国主命ハ)大神の生(い)大刀・生弓矢と、またその—を取り持ちて逃げ出でます時、その—木にふれて、地(つち)動(とよ)み鳴りき」〔記・上〕《原文「天詔琴」と表記》

あめ つち【天地】Ⓑ ❶天と地。「—の分かれし時ゆ(=トキカラ)神さびて高く貴き駿河なる富士の高嶺(たかね)を…」〔万葉・巻三〕 ❷天地の神。「—を嘆き乞ひ祈(の)み(=ペコペコトイノリ)幸(さき)くあらば(=モシ無事ダッタラ)また帰り見む志賀の韓崎(からさき)」〔万葉・巻一三〕 ❸いろは歌の以前におこなわれた手習い歌の一つ。「あめ・つち・ほし」で始まり、ア行のeとヤ行のyeを区別するので、四八音から成る。「はじめには男手(=漢字)にもあらず、女手(=ヒラガナ)にもあらず、—ぞ」〔宇津保・国譲上〕

あ め・り【有めり】Ⓑ《連語》《「あんめり」の n 音の不表記》→あんめり。「心ざしおろかならぬ人々にこそ—・れ」〔竹取〕

あも・る【天降る】Ⓔ《自四》❶天から地上に降下する。「葦原の瑞穂(みづほ)の国に(=日本ノ国ニ)手向けすと(=供エ物ヲシヨウト)—・りましけむ(=神々ガ天上カラ天クダリナサッタトイウ)五百万(いほよろづ)千万(ちよろづ)神の神代よりいひつぎ来たる(=ズット代々言イ受ケツイデ来タ)神名火の三諸(みもろ)の山は…」〔万葉・巻一三〕 ❷(天皇が)行幸なさる。「やすみしし(=枕詞)わご大君(=ワガ天武天皇)のきこしめす(=オ治メナサル)背面(そとも)の国の真木立つ不破山越えて高麗(こま)つるぎ(=枕詞)わざみが原の行宮(かりみや)に—・りいまして(=天皇ガオデマシニナッテ)天の下治めたまひ…」〔万葉・巻二〕

あや Ⓒ ㊀【文・綾】❶模様。「雲鳥の—の種(いろ)をも思ほえず人を逢ひ見で年の経ぬれば」〔大和・一五九段〕 ❷しくみ。くふう。「歌はこころをあらはす言葉の—なり」〔野守鏡〕 ❸技巧。あつかい。「詞書き、その書きやう、和に習ひなし。漢にはその—もある事なり」〔土芳・三冊子・白〕 ㊁【綾】模様を織り出した高級な絹地。「—(ヲ着ルコトヲ)ゆるされぬは例のおとなおとなしきは、無紋の青色、もしは、蘇枋(すはう)など、みな五重にて、襲(かさね)どもは皆—なり」〔紫日記〕

あや・し Ⓐ《形シク》㊀【怪し】❶変だ。おかしい。「こよひ人待つらむ宿なむ—・しく(=妙ニ)心ぐるしき」〔源氏・帚木〕「—・しうこそものぐるほしけれ」〔徒然・序段〕 ❷疑わしい。信頼できない。「女も、かかる有様を思ひの外に—・しきここちはしながら」〔源氏・夕顔〕 ❸常識では考えられない。ふしぎだ。「ありつる魚は魚と見つれど、百味を備へたる飲食になりぬ。—・しう妙なること多かり」〔宇津保・俊蔭〕「いと—・しきもののさとし(=前兆)なりとて」〔源氏・明石〕 ❹珍しい。ありふれていない。「みちのくにに行きたりけるに—・しくおもしろきところどころ多かりけり」〔伊勢・八一段〕 ❺たちがわるい。不都合だ。「蝦夷(えみし)はこれもとより—・しき心ありて、中(ちう)つ国に住ましめがたし」〔紀・景行・訓〕《「あやしき」は「獣」の訓》「うち橋、わた殿、ここかしこの道に—・しき(=ケシカラヌ)わざをしつつ」〔源氏・桐壺〕 ㊁【賤し】❶身分が低い。下っぱだ。「—・しき海士(あま)どもなどの、貴き人おはする所とて集まり参りて」〔源氏・明石〕「供には—・しの小童だになし」〔今昔・巻二六ノ一七〕 ❷みすぼらしい。そまつだ。「花の名は、人めきて、かう—・しき垣根になむ咲きはべりける」〔源氏・夕顔〕「—・しの衣(きぬ)着て、つづりといふもの帽子にしてはべりけるこそ、いとあはれなれ」〔無名草子〕「—・しの竹のあみ戸のうちより」〔徒然・四四段〕 **——げ** 怪しげ Ⓓ《形動ナリ》ふつうとちがった感じである。へんだ。みっともない。「うちゐみたまへる(先方ノ)けしき、若ううつくしげにて、—・なるわが(=自分ノ)顔にもうつりやすらむとおぼゆる御にほひ」〔狭衣・巻二〕

あやし・ぶ【怪しぶ】Ⓒ《他四》→あやしむ①。「(釈迦ガ)この相を現じたまふを見て(一同ハ)—・びて菩薩(ぼさつ)(=釈迦)に申していはく」〔今昔・巻一ノ一〕

あやし・む【怪しむ】Ⓒ《他四・下二》❶へんだと感じる。不審がる。「誤りもこそあれと、—・む(四段)人あり」〔徒然・一九四段〕 ❷見とがめる。「秦舞陽わなわなと(=ブルブル)ふるひければ、臣下—・み(四段)て『舞陽、謀反(むほん)の心あり…』といへり」〔平家・咸陽宮〕「すは、わが君を—・むる(下二)は、一期の浮沈きはまりぬと(=生死ノ境ニ追イツメラレタト)、みな一同にたち返る」〔謡・安宅〕 ❸(近世語)いじめる。「(幼児ノ)仙六むづかる時は、わざとなむ—・め(四段)るごとく父母に疑はれ」〔一茶・みとり日記〕

あや な・し【理無し】Ⓒ《形ク》❶(類聚名義抄の「理」の訓に「アヤ」とあり、理が無いの意)㋑理屈に合わない。すじが立たない。「春の夜のやみは—・し(=ワケノワカランヤツダ)梅の花色こそ見えね香やはかくるる」〔古今・春上〕㋺理性的でない。むやみだ。「仙人も岩木(ノヨウナ非情物)にあらざれば、—・く(=ヤミクモニ)后(きさき)に思ひしみて(=ホレコンデ)」〔太平・巻三七ノ七〕 ❷あってもしかたがない。無意味だ。「思へども—・しとのみいはるれば夜の錦(にしき)のここちこそすれ」〔後撰・恋二〕 ❸(近世の誤用で)まっくらだ。「—・き闇(やみ)にうらぶれて」〔秋成・雨月・白峰〕

あや に Ⓔ《副》言い表せないほどに。不思議なほどに。

むやみに。「夕されば(=夕方ニナルト)—悲しび(=イヤニ悲シクナリ)明くればうらさび(=サビシイ思イデ)暮らし…」〔万葉・巻二〕

あやにく Ⓓ〘+形動ナリ〙 ❶意地がわるいこと。「(源氏ハ)世の中にはあまねき御心なれど(=情深イ御心ヲ持ッテオラレタガ)このわたりをば—になさけなく…うれはしき事のみ多かるに」〔源氏・少女〕「(天皇ガ)『阿波(ノ局)よ。歌だによみたらば、(食欲ガナイノダケレド)供御(ぐご)は—にまゐりなむ(=食事ヲシヨウ)』と御—あり(=無理ヲオッシャッタ)」〔盛衰・巻一七ノ七〕 ❷都合がわるいこと。おりがわるいこと。今の「あいにく」。「にはかに立ちいづる叢雲の気色、いと—にて」〔源氏・幻〕

あやにくだ・つ Ⓔ〘自四〙意地わるをしたがる。「—・ちて、もの取り散らしそこなふを」〔枕・一五二段〕

あやふ・し【危ふし】(ーウシ) Ⓓ〘形ク〙 ❶安全でない。危険だ。「枝(ノグアイガ)—・きほどは、おのれが(=自分ガ)恐れはべれば、(注意ヲ)申さず」〔徒然・一〇九段〕 ❷安心できない。気になる。「(絵ノ具ガ源氏ノ鼻ニ)さもや(=ソノママ)染みつかむと(紫上ハ)—・く思ひたまへり」〔源氏・末摘花〕 **火—** 夜番が見回りをする時のよび声。今の「火の用心」。「『—』といふいふ」〔源氏・夕顔〕

あやぶ・む【危ぶむ】 Ⓔ ㊀〘他四〙あぶないと思う。危険だと思う。「(雪ノ上ニ)跡(ヲツケルノ)は惜し(カト言ッテ)訪はでは(=オタズネシナイノハ)いかが(=ドンナモノカ)庭の雪よ(アノ方ノ身ガ)—・まれたるきのふけふかな」〔拾玉・巻五〕 ㊁〘他下二〙あやうくする。危険にさらす。「帝猷(ていう=帝王ノ道)をかたぶけ(=滅ボシ)国家を—・めむとする者、皆もって敗北せずといふことなし」〔平家・福原院宣〕「身を—・めて(=危険ヲオカシテ)砕けやすき(=身ヲ誤マリヤスイ)こと珠(また)を走らしむる(=コロガス)に似たり」〔徒然・一七二段〕

あやまち【過ち】 Ⓑ〘+自サ変〙 ❶㋑しくじり。失敗。「競(きほふ)は弓の上手なり。小勢にて(戦ッテ)—・すなよ」〔盛衰・巻一四ノ四〕 ㋺(慎重な考えの欠けた)男女関係。「なびきやすなるなどは(=浮気ッポイ女ナドハ)、—もしつべく(源氏ヲ)めで聞こゆれど(=オホメスルケレド)」〔源氏・朝顔〕 ❷(失敗や罪の結果としての)とがめ。責任追及。「何の—のあれば、かく翁(ノコト)をば歌に作りてはうたふべきぞ」〔今昔・巻二八ノ四〕 ❸(誤りや失敗によって受ける)負傷。けが。「(相手ハ為朝ダカラ、主君重盛ノ)馬の前に下りふさがって、—さすな」〔保元・中・一〕

あやま・つ【過つ】 Ⓑ〘他四〙 ❶誤りをする。しくじる。「『—・っては則ち改むるに憚(はばか)ることなかれ』と申すこと候へば」〔太平・巻二五ノ四〕 ❷罪を犯す。してはいけない事をする。「(私ハ)若うより十戒の中に、妄語(ノ戒)をば保ちてはべる身なればこそ、かく命をば保たれてさうらへ。今日この御寺のむねと(=オモニ)それ(=妄語戒)を授けたまふ講の庭にしも参りて、—・ち申すべきならず(=ソノ戒ヲ破ルハズハアリマセン)」〔大鏡・昔物語〕 ❸そこなう。㋑(人を)傷つけたり殺したりする。「(盗人ガ)執念(しふね)く走りかかりて来ければ、『このたびは、われは—・たれなむず(=殺サレルダロウ)。神仏助けたまへ』と念じて」〔宇治・巻一一ノ八〕 ㋺(物を)こわす。破損する。「(硯(すずり)ヲ)児(ちご)はさらに(=ケッシテ)—・たすことなかりけり(=オコワシニナラナカッタ)」〔今昔・巻一九ノ九〕

あやま・る【誤る】 Ⓑ ㊀〘自四〙 ❶㋑正常な状態でなくなる。「陰陽(ふゆなつ)—・り錯(たが)ひて(=不順デ)、寒く暑きこと序(つい)でを失ふ(=メチャメチャダ)」〔紀・崇神・訓〕〘「あやまり」は「謬」の訓〙 ㋺(健康が)ふだんどおりでなくなる。「今朝の雪に心地—・りて(=加減ガ悪クナッテ)、いとなやましくはべれば(=気分ガ悪ウゴザイマスノデ)」〔源氏・若菜上〕 ❷㋑一致しない。「その(予言ノ)ことばの—・らざる事を(=正確ナコトヲ)、人みな感ず」〔徒然・二三八段〕 ㋺まちがう。「『これは(メデタイ)君の門出なるに、(子ヲ斬ルナド)—・りたるか(=考エチガイヲシテイルノカ)実平』『いづくまでも(=マッタク)それがし(=ワタシ)が—・りてさうらふ』」〔謡・七騎落〕 ㋩正当でない。「ああ(オレガ)—・った、—・った(=悪カッタ)。悪人とも業人(ごふにん=罪深イ生マレノヤツ)とも騙(かた)りとも、我ながら重罪人」〔近松・重井筒・上〕 ❸(過失で)けがをする。負傷する。「打つ太刀に、半之丞、右の肩さきを—・り」〔西鶴・伝来記・巻三ノ四〕 ㊁〘他四〙 ❶正常な状態でなくする。「(兵ガイルノヲ見タ王ハ)懼(お)そりて色を—・りぬ(=マッサオニナッタ)」〔紀・継体・訓〕〘「あやまりぬ」は「失」の訓〙「清輔朝臣は…人の傾(かたぶ)く(=賛成シナイ)ことなどあれば、気色を—・りて(=顔色ヲカエテ)争(あらが)ひ論ぜられしかば」〔無名抄・六〇〕 ❷㋑ちがわせる。たがえる。「男、契れる(=約束シタ)事(ヲ)—・れる人に『…』と言ひやれど、答(いら)へもせず」〔伊勢・一二二段〕 ㋺まちがえる。「(イクラ似テイルカラトイッテモ)如何にぞ(=何ダッテ)死(う)せたる人を我に—・るや(=トリチガエタリナンカスルノダ)」〔紀・神代下・訓(龍門文庫本)〕〘「あやまる」は「誤」の訓〙 ㋩正当でないことをする。「大分(=タクサン)人の金(かね)を—・り(=ゴマカシ)、あげくに所を走って(=ドロンヲ決メコミ)」〔近松・冥途飛脚・下〕 ❸(過失で)だめにする。「色にふけり(=官能ニオボレ)情けにめで(=感情ニ支配サレ)、行ひをいさぎよくして(=思イ切リヨクフルマイ)、百年の身を—・り(=一生ヲ台ナシニシ)、命を失へる例(ため)」〔徒然・一七二段〕

あや め【文目】Ⓓ ❶模様。「常の(＝イツモドオリ)色もかへぬ―(＝装束ノ模様)も今日はめづらかに」〔源氏・蛍〕❷区別。差異。「何事と―はわかで(＝物ノケジメモツカナイデ)今日もなほ袂にあまる(＝ツツミキレズ)音(ね)こそ絶えせね(＝泣ク声ガ絶エナイ)」〔新古今・夏〕❸道理。すじみち。「はかばかしからぬ(＝タヨリナイ)田舎法師なれば、何の―知るべきにもあらねど(＝ワキマエティルハズモナイガ)」〔とはずがたり・巻四〕

あ・ゆ Ⓓ〖自下二〗❶(液体が)流れ落ちる。だらだら出る。「虎の左の前足、ひざより下切れてなし。血―・ゆ」〔今昔・巻二九ノ三二〕❷(固体が)ぽとりと落ちる。「―・ゆる実(み)は玉にぬきつつ手にまきて(＝玉トシテ糸ニツラヌイテ手ニ巻キツケテ)見れどもあかず…」〔万葉・巻一八〕

あ・ゆ【肖ゆ】Ⓔ〖自下二〗共通点をもつ。似かよう。「千代も―・えまほしく(＝鶴(つる)ノ千年ニアヤカリタク)、御行く末の、数ならぬここちだに(＝ツマラナイワタシノ気持チデサエ)、思ひつづけらる」〔紫日記〕

あら Ⓒ〖感〗感動をあらわす声 。まあ。わあ。おや。「―笑止や(＝コマッタナ)。行き暮れて前後を忘じてさうらふ(＝方向ガワカラナクナリマシタ)」〔謡・松風〕

あら あら・し Ⓓ〖形シク〗㊀【荒荒し】荒くれている。乱暴きわまる。「舟子(ふなこ)どもの―・しき声にて」〔源氏・玉鬘〕㊁【粗粗し】❶洗練されていない。こまやかでない。「(コノ男ハ)いみじく―・しく、うたてあれば(＝イヤナノデ)」〔枕・二四五段〕❷【疎疎し】お粗末だ。「御酒(みき)など、所(＝場所ガラ)につけてことそぎ(＝簡略デ)―・しけれど、さる方にしなして(＝ソレナリニホドヨク調エ)」〔増鏡・久米〕

あらうみ の さうじ【荒海の障子】(-ソウ-) Ⓓ清涼殿の東がわの孫廂(まごびさし)の北端にある布張りのふすま(ついたてではない)。その南がわの面には、手長・脚長の絵がある。中国古代の地理書である山海経(せんがいきょう)に出ている長臂・長股を画いたもの。北がわの面には宇治川の網代(あじろ)の絵がある。〖「清涼殿の北東(うしとら)の隅の北の隔てなる御障子は、荒海の絵(かた)、生きたるものどものおそろしげなる、手長・脚長などをぞかきたる。(弘徽殿ノ)上の御局(みつぼね)の戸をおしあけたれば、常に目に見ゆるを、憎みなどして笑ふ」〔枕・二三段〕〗

〔あらうみのさうじ〕

あらが・ふ【諍ふ】(-ガ〜ゴ〜ウ) Ⓒ〖他四〗反対意見を述べる。言い争う。「西光もとより―・ひ申さざりけるうへ」〔平家・西光被斬〕「人いたく―・はず」〔徒然・一三段〕

あらけ な・し【荒けなし】Ⓓ〖形ク〗あらっぽい。デリケイトでない。「情け(＝感受性ガ)浅く―・く、胸のうち落ちしづまらぬ(＝平静デナイ)人には、おぼろけにも(＝チョットデモ)交はるべからず」〔ささめごと・下〕「錫杖(しゃくぢゃう)(＝修験者ノ持ツツエ)にて仏壇を―・く(＝手荒ニ)打てば」〔西鶴・胸算用・巻一ノ四〕

あら こ【粗籠】Ⓔ 編み目のあらいかご。「―に人をのぼせて(＝乗ラセテ)、つりあげさせて」〔竹取〕

あらし【嵐】Ⓑ 強い風。〖いまいう「あらし」すなわち暴風ほどでない風をさすことが多い〗「逢坂や梢の花を吹くからに(＝吹クノデ)―ぞ霞む関の杉むら」〔新古今・春下〕「二月、三月のほどは、―はげしく、余寒も未だ尽きせず」〔平家・大原御幸〕

あらた【新た】Ⓔ〖形動ナリ〗あたらしい。新鮮だ。あざやかだ。「極楽浄土の―・に(＝コノ世ニ)現はれ出でたまふべきために(＝御堂造営ノ人夫ヲ)召すなり」〔大鏡・藤氏物語〕

あらた【顕た・灼た】Ⓓ〖形動ナリ〗(神仏等の、常識ではかれない力が)はっきりあらわれるさま。「仏の御中には、泊瀬(はつせ)(＝長谷寺ノ観音)なむ、日の本の中には―・なる験(しるし)あらはしたまふ」〔源氏・玉鬘〕

あらなく に【有らなくに】Ⓒ〖連語〗〖「あらず」に接尾語「く」と接続助詞「に」の付いた形。「な」は助動詞「ず」の古代未然形〗㋑ないことだのに。「朝がすみ(＝枕詞)八重(やへ)山こえて呼子鳥鳴きや汝(な)が来る(＝鳴キナガラオ前ハ来ルノカ)宿も―(＝イル場所モアリハシナイノニ)」〔万葉・巻一〇〕㋺…ことだから。…でない以上は。「海原(うなはら)に浮き寝せむ夜は沖(おき)つ風いたくな吹きそ(＝ヒドク吹カナイデクレ)妹(いも)も―(＝イトシイ彼女モイナイコトダカラ)」〔万葉・巻一五〕㋩…ないことだなあ。「あをによし(＝枕詞)奈良の都は古(ふ)りぬれどもと(＝ムカシノ)ほととぎす鳴かず―(＝鳴カナイワケデハナイナア)」〔万葉・巻一七〕㊇-く・なく。

あら ぬ【有らぬ】Ⓒ〖連体〗❶ちがう。そうではない。とんでもない。「(アノ人ダロウト)見やりたれば―顔なり」〔枕・四九段〕❷あってはならない。不つごうな。ぐあいがわるい。「弓箭を帯し、―さまなる装ひにまかりなりてさうらへば、

(オ目ニカカルノモ)はばかり存じさうらふ」〔平家・経正都落〕《英語のwrongにあたる。"He visited me on the wrong day." は①の用法、また"It's the fruit of his wrong behavior." は②の用法》

あらは 【顕】(-ワ) Ⓐ 《形動ナリ》 ❶㋑見えすぎるさま。露骨。「知らぬ所に、闇(やみ)なるに行きたるに、―・にもぞある(=マル見エニナリハシナイカ)とて、火もともさで」〔枕・七〇段〕㋺無遠慮。ぶしつけ。「(コノ男ハ)いみじく粗々(あらあら)しく、うたてあれば(=イヤナノデ)、殿上人・女房、『―こそ(=ガサツサン)』と(アダ名ヲ)つけたるを」〔枕・二四五段〕《「こそ」は人名につける接尾語》 ❷表だつさま。公然。「―しのびに往還(かよ)ふに、かつて憚(はばか)るところなし」〔紀・欽明・訓〕《「あらはしのびに」は「公私」の訓》「我は人に見知られたる身なれば、―・にはあらじ、谷の方のやぶに隠れてゐたらむ」〔今昔・巻二〇ノ二〕 ❸明瞭(めいりょう)。明白。確実。「よく見れば、―・に(=マサニ)それなり」〔今昔・巻三〇ノ五〕《この例文のすこし前に「正しくそれなり」とあるのと同意》 ❹おおうものがない。むき出し。「僧都一人(ガ小屋ニ)入りたまひぬれば…内にはまた(イルベキ)所もなし。有王は―・にぞ(=露天ニ)ゐたりける」〔盛衰・巻一一ノ二〕

あらは・す 【現す・顕す】(-ワス) Ⓑ 《他四》 ❶隠れていたもの、または無かったものをあらわれさせる。「絹ども取り出ださせたまひて、(絵師ニ)等身の仏たちを…―・させたまふ」〔栄花・衣珠〕 ❷わかるようにする。知らせる。「ふかく案じ、才学を―・さむ(=学問ノホドヲ世ニ知ラセヨウ)としたるやうに聞こゆる(名ガ多イノハ)、いとむつかし(=イヤダ)」〔徒然・一一六段〕 ❸神仏が霊験をあらわす。僧が験力を示す。「かうやうなる人の(=コレホドノ高僧ガ)しるし―・さぬ時」〔源氏・若紫〕

あらは・る 【現る・顕る】(-ワル) Ⓑ 《自下二》 ❶隠れていたもの、または無かったものが感覚できるような状態になる。「かかる(ドサクサノ)をりにぞ、人の心も―・れぬべき」〔徒然・二七段〕 ❷知れる。表向きになる。発覚する。「盗みして―・れ、首切らるるが不思議か」〔近松・小室節・中〕 ❸神仏、あるいはその霊験が人間にわかるような形となる。「その木の上に、仏―・れておはします」〔宇治・巻二ノ一四〕

あら・ぶ Ⓒ 《自上二》 ━ 【荒ぶ】 ❶㋑荒れる。「かの葦原(あしはら)の中つ国は、もとより―・びたり」〔紀・神代上・訓〕《「あらびたり」は「荒芒」の訓》㋺乱暴する。「海外(わたのほか)の―・ぶるひとども、騒(とよ)ぐことやまず」〔紀・崇神・訓〕《「あらぶるひとども」は「荒俗」の訓》㋩(性質が)荒っぽい。「かの東(あづま)の夷(ひな=地方)は、たましひ―・びこはくて、凌(しの)ぎ犯すを宗(むね)となす」〔紀・景行・訓〕《「たましひあらびこはくて」は「識性暴強」の訓》 ❷愛情がうすくなる。「たくひれの(=枕詞)白浜波のよりもあへず―・ぶる妹に恋ひつつそをる」〔万葉・巻一一〕 ━ 【粗ぶ】《近世語》簡素にする。手をかけない。「桐の器を柿合はせに塗りたらむがごとく、ざんぐりと(=ザット)―・びて作すべし」〔去来・不玉宛書簡〕

あらまし Ⓒ ━ ❶【予まし】予想。予定。期待。「―のなからましかば何をかは数ならぬ身のなぐさめにせむ」〔新後拾遺・雑下〕 ❷【粗まし】事の大要。あらすじ。概略。「ちかぢか訪(た)ずねて無事の―をも聞かせ申すべし」〔西鶴・一代男・巻一ノ五〕《「一部始終」「委細」の意を示す説もあるが、確かな用例がない》 ━ 《副》だいたい。およそ。「なり恰好(かっこう)も―教へてやらう」〔狂・佐渡狐〕 **―ごと** 予まし事 Ⓓ 計画・予期すること。「(スバラシイ愛人ヲ)時々待ち見などこそせめとばかり思ひつづけ、―(=アリソウナ事)にもおぼえけり」〔更級〕

あらま・し 【荒まし】 Ⓒ 《形シク》 ❶(心理的に)あらあらしい。あらっぽい。「―・しう聞こえさわぐべきならねば(=荒ダテサワイデヨイ場合デナイカラ)」〔源氏・若紫〕 ❷(動きが)はげしい。はやい。「このいと―・しと思ふ川に」〔源氏・浮舟〕 ❸(地勢が)けわしい。「―・しき山道」〔源氏・東屋〕

あらま・す 【予ます】 Ⓒ 《他四》まだ起こっていないことを思う。予期する。「能をもつき(=才能モミガキ)学問もせむと、行く末久しく―・す事ども、心にはかけながら」〔徒然・一八八段〕

あらまほ・し 【有らまほし】 Ⓑ 《形シク》 ❶そうでありたい。「人はかたちありさまのすぐれたらむこそ、―・しかるべけれ」〔徒然・一段〕 ❷理想的である。「御さまかたちとも、いよいよ―・しくをかしく」〔源氏・椎本〕

あらゆる 【所有】 Ⓔ 《連体》《「ゆる」は古代助動詞「ゆ」の連体形で、可能の用法》 ❶あるはずの。いるはずの。「瞻部洲(せんぶしゅう=人類ノ住ム土地)に―睡眠せる者(ひと)を、みな悉(ことごと)く覚悟せしむ(=目ヲサマサセル)」〔最勝王経(西大寺本)〕 ❷そこにある限りの。ありったけの。「洛中(らくちゅう)に―所の手の者(=部下)どもはせ加はりけるあひだ…五百余騎になりにける」〔太平・巻六ノ二〕

あらら・か Ⓒ 《形動ナリ》 ━ 【荒らか】あらあらしい。あらっぽい。「内侍を―・につきおどろかして」〔紫日記〕 ━ 【粗らか】 ❶まばらだ。略式だ。「(水鏡ハ)神武天皇の御代より…いと―・に(=オオザッパニ)しるせり」〔増鏡・序〕 ❷そまつだ。粗悪だ。「ただ―・なる東絹(あづまぎぬ)どもを、おしまろがして投げいでつ」〔源氏・東屋〕 ❸(髪の毛などが)太い。「牛飼ひは大きにて、髪―・なるが」〔枕・五

五段〕

あ・り 【有り・在り】 Ⓐ〘自ラ変〙 ❶㋑存在する。いる。(“There is a book.” などいうときの be 動詞に当たる)「高き—・り、いやしき—・り、老いたる—・り、若き—・り」〔徒然・七四段〕「太郎冠者、—・るかやい(＝オイ、イルカ)」〔狂・末広がり〕㋺(顕著な状態で)存在する。「石造の皇子(みこ)は、心の支度(したく＝用意)—・る人にて」〔竹取〕「人の口に—・る歌多し」〔徒然・六七段〕(この用法のとき、上の語にはいつも積極的な意味が加わる。「支度ある」→「よき支度ある」(抜け目がない)・「口にある」→「さかんに口にある」(評判だ)・「心あり」→「すぐれたる心あり」(情味が深い)・「おぼえあり」→「ことなるおぼえあり」(気受けがよい)など) ❷生存する。「親は—・りや。いざ、わが子に(ナリナサイ)」〔宇津保・俊蔭〕「小督が—・らむ(＝生キテイル)限りは、世のなかよかるまじ。召し出だして失はむ(＝殺ソウ)」〔平家・小督〕 ❸㋑暮らす。生活する。「飢ゑを助け(＝シノギ)、あらしを防ぐよすが(＝手段)なくては、—・られぬわざなれば」〔徒然・五八段〕「都にいかが—・らむと思ひやるよりもなほ悲し」〔太平・巻二ノ五〕㋺(りっぱに)暮らす。(ひとかどの者として)生活する。「いかに世に—・る(＝時メイテイル)人の、おもしろうさうらふらむ」〔謡・鉢木〕 ❹㋑その状態でいる。…の状態だ。「かく—・りし(＝コンナフウダッタ)時すぎて」〔蜻蛉・上〕「やや—・って(＝シバラクタッテ)入道のたまひけるは」〔平家・教訓状〕「しやせまし(＝ショウカナ)、せでや—・らましとおぼゆるほどの事は、たいていせぬがよきなり」〔一言芳談・上〕「人の言ふ事なれば、さも—・らむ(＝ソノトオリダロウ)とて、やみぬる人もあり」〔徒然・一九四段〕㋺(顕著な)状態でいる。(普通でない)ありさまだ。「東国のそむくだに—・るに(＝タイヘンナ事ナノニ)、こはいかに」〔平家・飛脚到来〕 ❺㋑「言ふ」「うたふ」「しるす」「行ふ」などの動詞の代用をする。「『夜なれば、異様(ことやう＝変ナカッコウ)なりとも、とく(＝早ク来タマエ)』と—・りしかば」〔徒然・二一五段〕「今様ひとつ—・らばや(＝ウタッテホシイナ)」〔平家・嗄声〕「返りごと『…』と—・るを見たまふ」〔堤・花桜〕「型のやうにても(＝形式ダケデモ)御斎会(ごさいゑ)は—・るべきにて(＝行ワレナクテハナラズ)…型のごとく行はる」〔平家・新院崩御〕㋺「すぐれる」「すぐれた…をする」の意。「ははあ、天神ぞ—・るまい(＝菅原道真公デモコレホドノ名句ハヨメマイ)」〔狂・箕被〕 ❻〔補動〕㋑(助詞「て」を伴い)上の動詞が示す動作や状態の存続していることをあらわす。(“He is married.” などいうときの be 動詞に当たる)「流され人の行く方や知りて—・る」〔謡・景清〕「何のために(都へ)上りて—・るぞ」〔謡・正尊〕「や(＝オヤ)、表の戸がさいて(＝シメテ)—・る」〔狂・鈍太郎〕「これはいかなこと。わなが、せせりさがして—・る」〔狂・釣狐〕㋺形容詞・形容動詞の示す状態であることをあらわす。(“It is fine.” などいうときの be 動詞に当たる)「よくも—・らぬかたちを(＝無器量ナノニ、相手ノ)深き心も知らで、あだ心つきなば(＝フラフラトナッタラ)」〔竹取〕「子といふもの、無くて—・りなむ」〔徒然・六段〕㋩(助詞「に」を伴い)…である。(断定助動詞「なり」の原形)「針目などの、いと思ふやうに—・り(＝注文ドオリダ)」〔落窪・巻二〕「人、木石に—・らねば(＝デナイカラ)、時にとりて、ものに感ずることなきに—・らず」〔徒然・四一段〕㋥(助詞「と」を伴い)…である。(断定助動詞「たり」の原形。㋩㋥ともに “It is a book.” というときの be 動詞に当たる)「得意と—・りし(＝親シカッタ)ともがら、この事を聞きて」〔今昔・巻一三ノ二九〕「人の友と—・る者は、富めるを尊み、ねむごろなるを先とす」〔方丈〕「一部と—・る冊子などの、同じやうにもあらぬを、みにくしといへど」〔徒然・八二段〕㋭(動詞連用形または動詞に用いられた漢語に付いて)尊敬をあらわす。「都遷りをば、君も臣も御嘆き—・り(＝ナサル)」〔平家・都帰〕「他所へ行幸—・りけり(＝ナサッタヨシダ)」〔徒然・一五六段〕「主上、席を近づけて仰せ—・りけるは」〔太平・巻一ノ八〕

—とある Ⓓ〘連語〙あるたけの。すべての。「女房よりあまたの物かづく(＝引キ出物ニスル)。男がたも(居アワセタ者ハ)—かぎり(引キ出物ニスルタメ上着ヲ)ぬぐ」〔蜻蛉・中〕

—・るかぎり 有る限り Ⓓ〘連語〙全部。ありったけ。「京にとく(＝早ク)あげたまひて(＝上京サセテクダサッテ)、物語の多くさぶらふなる、—見せたまへ」〔更級〕(「生きている間」という意をあげる説もあるが、これは連語とは認めがたい)

—・るかなきか 有るか無きか Ⓓ〘連語〙 ❶存在するのかしないのか不明だ。「あるかと見れば、また見えもせで、—にかげろふの(ヨウナ)まぼろしの(ヨウナ)常なき身」〔謡・経正〕 ❷生きているのか死んだのかわからない。「いたう弱り、そこなはれて(＝ヤツレテ)、—の気色にて(葵ノ上ガ)臥したまへるさま、いとらうたげに(＝カワイラシイガ、見ル者ノ感ジデハ)心苦しげなり」〔源氏・葵〕 ❸落ちぶれて見るかげもない。「沈み(＝オチブレ)そめはべりにけるのち、何事も、—になむ」〔源氏・玉鬘〕

—・るべき Ⓓ〘連語〙当然そうあるはずの。もっともな。「(中級ノナカデノ中級ノ歌ハ)すぐれたる事もなく、わろき所もなく、—さま(＝イチオウ格ニハマッタ詠ミブリ)を知れるなり」〔和歌九品〕

—・るまじ Ⓒ〘連語〙 ❶あることができない。ありえないだろう。「思うたまへ忍びつれど(＝シンボウハイタシマシタガ)、さても(＝ソウバカリモ)え—・じかりければなむ」〔落窪・巻一〕 ❷あるはずがない。あってはならない。とんでもない。「かかるをり(＝コンナ際)にも、—・じき恥もこそ(＝トンデモナイ恥ヲ見ヤシナイカ)と心づかひして、御子をばとどめたてまつりて(＝オ連レシナイデ)」〔源氏・桐壺〕　**——・るやう** 有る様(—ヨウ) Ⓒ《連語》❶様子。ありさま。態度。「この女の—、もとより思ひ至らざりける(＝気ガツカズ行キ届カナイデイタ)ことにも『いかで(＝何トカシテ)この人のためには』と無き手を出だし(＝無イ知恵ヲシボッテ)」〔源氏・帚木〕❷事の次第。わけ。「物の恐ろしかりければ、『—あらむ。今宵は入らじ』とて帰りにけり」〔宇治・巻三ノ一〕

ありあけ【有明け】Ⓒ ❶(陰暦の二〇日ごろ以後)月が空に残っているまま、夜の明けはなれること。またはそのころの夜明け。「八月二十余日の—なれば、空も気色もあはれ少なからぬに」〔源氏・葵〕❷「①」の時の月。「月は、—の、東の山ぎはに細くて出づるほど、いとあはれなり」〔枕・二五三段〕❸(略)有明け行灯(あんどん)。天井などからつるし、終夜つけておくあんどん。「今のは何ぢゃ。女子(をなご)ども、—の火も消えた」〔近松・曾根崎〕

ありありて Ⓓ《副》(「存在することをかさねて」の意から)❶生きつづけて。生きつづけたはてに。「—(＝何トカシテ長ク生キテ)後も逢はむと言(こと)のみをかため言ひつつ(＝コトバデハカタイ約束ヲクリカエスガ)逢ふとはなしに」〔万葉・巻一二〕❷さんざん…したはてに。あげくのはてに。「—(＝今マデ独身ヲオシトオシタアゲクノハテニ)かく(ウワ気ナ男ノ方ト)逢ひたてまつりたまひて(＝結婚ナサッテ)」〔大和・一〇三段〕「—をこがましき(＝バカゲタ)名(＝評判)を取るべきかな」〔源氏・夕顔〕

ありがた・し【有り難し】Ⓐ《形ク》(「存在しにくい」という原義から)❶めったにない。まれだ。「—・きもの。舅(しうと)にほめらるる婿」〔枕・七五段〕「若きにもよらず、強きにもよらず、思ひかけぬは死期なり。けふまでのがれ来にけるは、—・き不思議なり」〔徒然・一三七段〕❷期待できない。実現しそうもない。「道にも敵待つなれば、心やすう通らむ事も—・し」〔平家・維盛都落〕「男の生き残らむことは、千万が一も—・し」〔平家・六道之沙汰〕❸生存しにくい。「いかにして思ひ捨てまし朝顔の昨日の花の(ヨウニ)—・き世を」〔新後拾遺・雑下〕❹㋑とうとい。「げに—・き(仏ノ)誓ひかな」〔謡・鵜飼〕㋺(自分にとって)分に過ぎている。もったいないほどだ。かたじけない。「あらありがたの御とむらひやな」〔謡・海人〕

あり・く【歩く】Ⓑ《自四》❶行動する。《すべて身体的移動をいう。車や船・で(が)行くこと、泳ぐことなどをも含む》「菰(こも)積みたる船の—・くこそ、いみじうをかしかりしか」〔枕・一一四段〕「河を渡るに、鮎(あゆ)の多く—・くを見て」〔咄・醒睡笑・巻三〕❷《中世・近世語》(足で)あるく。「百重(ももへ)の山をものぼり越えて、いづこまでも—・きゆきつ」〔宣長・玉勝間・巻五ノ一二〕❸㋑してまわる。あちこちで…する。「あけくれひざまづき—・く」〔蜻蛉・中〕「つれづれなる時は、これ(＝小童)を友として遊び—・く」〔方丈〕㋺出歩く。あちこち顔出しする。「あまたの人々の下臈(げらふ)(＝下ノ地位)になりて、かたがた(＝何カニツケテ)すさましく(＝不愉快ニ)おぼされながら—・かせたまふに」〔大鏡・道隆(八巻本)〕❹《補動》《動詞の連用形に付き》しきりに…する。ずっと…する。「した(＝内心)には思ひ砕くべかめれど、ほこりかに(＝元気ナフウニ)もてなし(＝見セカケ)て、つれなきさまにし—・く(＝ズット知ラン顔ヲシテイル)」〔源氏・須磨〕

ありさま【有様・在様】Ⓐ ❶《事物について》状況。状態。ようす。《英語の state にあたる》「その家の—、世の常に似ず」〔方丈〕❷《人について》㋑見かけ。《英語の looking にあたる》「心ばせ(＝気ダテモ)—(＝器量モ)、なべてならずもありけるかな(＝人並ミスグレテイルワイ)」〔源氏・明石〕「腰かがまり、眉白く、ことに徳たけたる(＝徳ノ高ソウナ)—にて、内裏へ参られたりける」〔徒然・一五二段〕㋺境遇。身分。社会的なありかた。《英語の condition にあたる》「さりとて、その—のたちまちにきらきらしき勢ひ(＝人目ヲヒク羽ブリノヨサ)などあんべいやうもなく(＝アロウハズモナク)」〔更級〕

ありし【有りし】Ⓒ《連体》❶さきの。前に言った。「—(＝前回ノ)色あひを、わろしとや見たまひけむ」〔源氏・末摘花〕❷以前の。「—ころ思ひ出でられて」〔蜻蛉・上〕

ありそ【荒磯】Ⓓ(「あらいそ」の連音変化)波の荒い、岩石などの多い浜べ。「いくり(＝暗礁)にそ深海松(みる)生ふる—にそ玉藻は生ふる…」〔万葉・巻二〕

ありつ・く【在り付く】Ⓒ ㊀《自四》❶そういう状態におちつく。その状態に慣れる。「常に世にも—・かず(＝コノ世ニモ落チ着イテ住メズ)、浮きただよひて(＝フラフラシタ態度デ)のみ過ぐすを思ふに、いみじく口をしく」〔寝覚・巻五〕❷ある場所におちつく。住みつく。安住する。「(コンナイイ所ナラコノママ)—・きぬべく(＝住ミツイテモヨサソウニ)おぼしつづけられて」〔浜松・巻三上〕❸似あう。適合する。「かかる古代の(＝時代オクレノ)心どもには、—・かず今めきつつ(＝若ヤイデ)」〔源氏・手習〕❹もともとそういう状態である。そんなふうに生まれついている。「もとより—・きたるさやうのなみなみの人は、なかなか(＝カエッテ)よき人(＝高貴ナ人)のまねに心をつくろひ(＝心クバリヲシ)思ひあがるも(＝誇リヲ高クモツノモ)多かるを」〔源氏・蓬生〕❺㋑生活のつてを得る。たよりどころを得る。「拙者、浪人者でござる。このたび—・いて国方へ参るにつき、路用(＝旅費)のこしらへに手詰まり(＝融通ガツカズ)」〔浄・歌祭文・油屋〕㋺結婚生活にはいる。結婚する。「御子四人持ちたまふ。三人はみなみな―・きたまふ」〔伽・鉢かづき〕 ㊁《他下二》ある状態におちつかせる。生活のよりどころを得させる。「これからは、いやでもおうでもよい所へ―・くるほどに」〔狂・猿座頭〕

ありつる【有りつる】Ⓒ〔連体〕❶いま話をした。さっきの。「御前に参りて、―やう啓すれば」〔枕・八段〕「―扇、ごらんずれば」〔源氏・夕顔〕 ❷さきに何かをした。「―(＝サキホド用意シテオイタ)苔のむしろに並みゐて」〔徒然・五四段〕 ❸むかしの。以前の。「―(＝以前ノヨウナ)世にはあらずとも」〔秋成・雨月・浅茅〕

ありはつ【在り果つ】Ⓓ《自下二》❶生きぬく。ずっと生き通す。「心細き事をのたまはせて『(ワタシハ)なほ(＝ヤハリ)世の中に―・つまじきにや』とあれば」〔和泉日記〕 ❷ずっとし通す。「まめまめしく(＝マジメ一方ニ)すぐすとならば(ソレデヨイノダガ)、さても(＝ソンナフウニハ)―・てず」〔更級〕

あり・ふ【在り経】Ⓓ《自下二》ずっと生きる。「何となく(アキラメテイテモ)さすがにをしきいのちかな―・へば(ツレナイアノ)人や(ワタシノ心ヲ)思ひ知るとて」〔新古今・恋二〕

ありやう【有り様】(-ヨウ)Ⓓ ❶状態。ようす。「仮のいほりの―、かくのごとし」〔方丈〕 ❷実際のようす。実情。「―に(＝アリノママニ)申せど、これをさらに(＝イッコウ)合点せず(＝認メナイ)」〔西鶴・五人女・巻二ノ五〕「―は(＝実ノトコロハ)、さっきにからさうしたかった」〔浄・盛衰記・三〕

あ・る【生る】Ⓔ《自下二》《古代語》生まれる。「藤原の大宮(ニ)仕へ(ルタメ)―・れつぐや(＝ツギツギ生マレテクル)少女(をとめ)がともは羨(とも)しきろかも(＝ウラヤマシイコトダ)」〔万葉・巻一〕

あ・る【荒る】Ⓓ《自下二》❶㋑平静な状態でない。「海は―・るれど、心はすこしなぎぬ」〔土佐〕㋺激しく行動する。あばれる。「鼠の―・るるを追ひまはしけるが」〔西鶴・織留・巻三ノ二〕 ❷㋑(見捨てられ)荒廃する。「都なる―・れたる家にひとり寝ば旅にまさりて苦しかるべし」〔万葉・巻三〕㋺だめになる。ぶちこわしになる。「(乱暴者ガ押シ入ッタノデ)こはいかにこはいかにと騒がれければ、(セッカクノ)御遊(ぎょいう)(＝管弦)もはや―・れにけり(＝台ナシニナッテシマッタ)」〔平家・文覚被流〕

あるじ Ⓑ ㊀【主】一家・(一族・一国)の長。主人。主君。「この―のまたあるじのよきを見るに」〔土佐〕 ㊁【饗】《＋自サ変》人をもてなして、ごちそうすること。「このあるじのまた―のよきを見るに」〔土佐〕「すさましきもの。…方たがへに行きたるに―・せぬところ」〔枕・二五段〕

あるは【或は】Ⓑ《接続》あるいは。「―年ごとに鏡のかげに見ゆる雪と波とをなげき」〔古今・序〕「―宮守の翁里のをのこども入り来たりて」〔芭蕉・幻住庵記〕

あれ【彼】Ⓒ《代》㊀《第三人称》あなた。「『―は誰ぞ』と問ひければ、『おのれ(＝私)は…』」〔宇治・巻一ノ一〕 ㊁《第三人称》❶あの人。「男も女も、くるくると安らかに読みたるこそ―がやうにいつの世にあらむとおぼゆれ」〔枕・一五八段〕 ❷《遠称》あそこ。あちら。「おことばをかけう(＝カケテヤロウ)と仰せらるる。―へお出やれ(＝出ナサイ)」〔狂・今参〕 ❸《近称》これ。それ。「法皇『―はいかに(＝コレハドウシタコトカ)』と仰せければ」〔平家・鹿谷〕

あれ【吾・我】Ⓓ《代》《第一人称。古代語ではいくらかあらたまった感じで、第二人称の「いまし」に対応する》わたくし。「―はこれ男子(ますらを)なり」〔紀・神代上・訓〕《「あれ」は「吾」の訓》「《天皇→百済使臣》―みづから、え決(さだ)むまじ」〔紀・欽明・訓〕《「あれ」は「朕」の訓》「霜の上にあられたばしりいやましに―はまゐこむ年のを長く」〔万葉・巻二〇〕「―か人か(＝夢ゴコチ)に思(おぼ)ゆる」〔蜻蛉・中〕

―かにもあら・ず Ⓓ《連語》ぼんやりしてしまい、自分か他人かわからない。茫然(ぼうぜん)自失だ。「御色真青(まさを)にならせたまひて、―・ぬ御気色なり(＝ゴ様子デアル)」〔大鏡・道兼〕

あわたた・し【慌し】Ⓓ《形シク》《近世以後は「あわただし」》せかせかとしている。落ち着きがない。「花も…雨風うちつづきて、心―・しく(＝セッカチニ)散りすぎぬ」〔徒然・一九段〕

あを【襖】(-オ)Ⓓ《「あう(襖)」の転》❶武官の正装。位階によって色に規定がある。「闕腋(けってき)の袍(はう)」とも。「武官礼服位―」〔令義解・衣服〕 ❷狩衣(かりぎぬ)に裏をつけたもの。「狩襖(かりあを)」とも。「青色の―、紅の衣」〔枕・一一九段〕 ❸袷(あわせ)・綿入れのふだん着。上流は絹、下層は麻布。「襖子(あをじ)」とも。「布の―、綿あつく入れて、いと多う持たせ」〔宇津保・国譲下〕「白き布の―といふ物着て、中帯して若やかにきたなげなき下衆(げす)ども」〔今昔・巻二六ノ一七〕

〔あを❶〕

あをいろ【青色】(アオ-)Ⓔ ❶いまの緑色。「講師―の織物の直垂(ひたたれ)を着て」〔今昔・巻二八ノ一五〕 ❷「①」の衣服。「今日は、―(ノ袍(はう))に蘇芳襲(すはうがさね)」

〔源氏・若菜上〕《古い時代の色彩感覚は、「あか」「あを」「しろ」「くろ」の四系統になっていたらしく、この四色だけが形容詞に活用された。「あを」は、ブルーを基調とする色の総称で、しばしばグリーンの意に用いられた。とくに「あをいろ」の形で織物について用いられるときは、緑の意だったようである》

あを かき【青垣】(アオー) Ⓔ ❶青々と茂った木がずっとめぐっている山。「吉野の宮は畳(たた)なづく(=幾重ニモカサナル)—ごもり(=青イ山々ニ囲マレテ)…」〔万葉・巻六〕 ❷樹木でできた垣(かき)。「西は葛城(かつらき)や高間(たかま)の山・生駒・二上(ふたかみ)の峰々、—なせり」〔秋成・春雨・血帷子〕

あを ざし【青挿し】(アオー) Ⓔ 青麦を刈ってすぐ煎(い)り、臼(うす)でひくと、まだ水分があり、ねばりが出るので、それを紐(ひも)状にこしらえた菓子。俳諧の季語では夏。「—といふものを持て来たるを、青き薄様(ノ紙)を艶(えん)なる硯の蓋(ふた)に敷きて…参らせたれば」〔枕・二三九段〕「—や草餅の穂に出でつらむ」〔芭蕉(虚栗)〕

あを にび【青鈍】(アオー) Ⓔ ❶青みの強い紺色。「それも織物の—色の指貫・狩衣着て、廊のほどにて馬に乗りぬ」〔更級〕 ❷襲(かさね)の色目。→巻末「襲の色目要覧」。

あを ひとくさ【蒼生】(アオー) Ⓔ (労働階級を主とする)人民。「(五穀ハ)—の食らって活(い)くべきものなり」〔紀・神代上・訓〕《「あをひとくさ」は「蒼生」の訓》

あを やぎ【青柳】(アオー) Ⓒ ❶若芽をふいた柳。「—を片糸(=材料ノ糸)に(使イ)よりて鶯(うぐひす)の縫ふてふ笠は梅の花笠」〔古今・神楽歌〕 ❷襲(かさね)の色目。→巻末「襲の色目要覧」。

あん ぎゃ【行脚】 Ⓓ 《十自サ変》《「アン」「ギャ」いずれも宋音》 ❶(仏)修行または教化のため僧が諸国を巡ること。またはその僧。《禅宗では「雲水(うんすい)」ともいう》「これ(=ワタシ)は諸国一見の僧にてさうらふ。…陸奥(みちのく)の果てまで—せばやと思ひさうらふ」〔謡・善知鳥(車屋本)〕 ❷(修行の意味を含み)各地を歩きまわること。「奥羽長途の—ただかりそめに思ひたちて」〔芭蕉・奥の細道〕

あん じつ【庵室】 Ⓔ 僧尼や世捨て人の小さなすまい。《謡曲ではいつも「あんじつ」と濁音。日葡辞書は anjit と表記》「寂光院のかたはらに、方丈なる(=一丈四方ノ)御—を結んで(=コシラエ)、一間(ひとま)を御寝所にしつらひ(=設備シ)、一間をば仏所に定め」〔平家・大原入〕「(流人ノ景清ハ)暗々たる—にいたづらに眠り」〔謡・景清〕

あん じん【安心】 Ⓔ 《十自サ変》(仏) ❶心をひとつの境に集中し、動かさないこと。「『(自分ハ)無相(=認識ヲ超越シタ絶対ノ真理)に即す(=帰一スル)』と—・し決定(けつぢやう)して…浮かばず(=成仏シナイ)といふことなし」〔法住・秘密安心又略〕 ❷《特に浄土門で》ひたすら阿弥陀仏の救いを信じて動かない心。「—といふは南無なり」〔一遍上人語録〕

あん ど【安堵】 Ⓓ ━ 《十自サ変》安心すること。「波の上に漂はせたまふ御事の心うくおぼえて(=悲シク思ワレテ)、いまだ—しても存じさうらはねば」〔平家・三日平氏〕「もし罪なくして罰を行はば、諸卒あに—の思ひをなさむや」〔太平・巻一二ノ一〕 ━ ㋑《十他サ変》武家や寺社などの土地の所有権を公式に許可し認めること。「二心なき所を表し、所領の一所(いつしよ)をも—せばやと思ひければ」〔太平・巻一一ノ一〕 ㋺領有公認証書。「三箇の荘(ノ領有ガ)子々孫々に至るまで、相違あらざる(旨ノ)自筆の状(=証書ヲ)、—にとり添へ賜(た)びければ」〔謡・鉢木〕

あん どん【行灯】 Ⓓ 框(わく)の外がわに紙をはり、内に油ざらを置き、火をともすようにした照明具。型はいろいろ。「(俳人ハ)花に狂ひ月にうかれて、ふけゆく—の影をしたひ(=薄暗イ所デ句作ニ専念シ)」〔也有・鶉衣・百虫譜〕

〔あんどん〕

あん なり【有んなり】 Ⓐ 《連語》《動詞「あり」の連体形に助動詞「なり」が付いた複合助動詞「あるなり」の撥(はつ)音便形。伝聞・推定の場合は終止形に付くとする説もある。奈良時代はそうだが、平安時代より後は「東の海に蓬萊(ほうらい)といふ山あるなり」〔竹取(武藤本)〕など伝聞と認められる例があるので、確定的ではない。活用→なり》 ❶〔伝聞〕あるそうだ。…だそうだ。「大納言(=資賢)、拍子とって、『信濃に—・る木曾路河』といふ今様を、これは(信濃ニ流サレテ実際ニ)見たまひたりしあひだ、『信濃にありし木曾路河』とうたはれけるぞ、時にとっての高名なる」〔平家・嗄声〕 ❷〔推定〕…のようだ。…らしい。「(オ前ノ話ニヨルト)心恥づかしき(=気ノオケル)人(=オ方ガ)住む所にこそ—・れ(=ノヨウダナ)」〔源氏・若紫〕《断定の用例は未見》㊂あなり・なり。

あんふく でん【安福殿】 Ⓓ 内裏の殿舎の一。校書殿の南がわにあり、なかに薬殿があって、侍医が詰める。

あん めり【有んめり】 Ⓑ 《連語》《動詞「あり」の連体形に推量の「めり」が付いた複合助動詞「あるめり」の撥(はつ)音便形。終止形に付いたとする説もあるが、確かでない。活用→めり》あるようだ。…であるらしい。「ただいま、ののしる(=大評判ノ)人にこそ—・れ」〔宇津保・祭使〕㊂あめり・めり。

い

い‐ Ⓑ《接頭》《古代語》動詞に付いて意味を強める。「山のまに—隠るまで道のくま—積もるまでに…」〔万葉・巻一〕

い【糸】 Ⓔ（くもの巣の）すじ。「風吹けば絶えぬ（＝切レテシマウ）と見ゆるくもの—もまた（＝再ビ）かき継がでやむ（＝ソレキリニスル）とやは聞く」〔後撰・雑四〕

い【寝】 Ⓒ ねむること。睡眠。「いつしかもこの夜の明けむとさもらふに（＝見ツメテオリ）—のねかてねば（＝眠レナイデイルト）…」〔万葉・巻三〕「刈り藻かき臥(ふ)す猪(ゐ)の床の（＝序詞）—を安み（＝グッスリト）さこそ寝ざらめ（＝ソンナニ熟睡デキナイノハシカタナイケレドセメテ）かからずもがな」〔後拾遺・恋四〕 **——を寝ぬ** ねむる。「夜はいもねず（＝マンジリトモシナイ）」〔土佐〕「皆人のいをぬるなべに（＝トタンニ）むばたまの（＝枕詞）夜てふ時ぞ世は静かなる」〔風雅・雑中〕

い Ⓑ ㊀《格助》《体言・体言あつかいの語に付き》主格を明示する。「言(こ)と）きよく（＝口先ダケリッパニ）いたも（＝ムヤミニ）な言ひそ一日(ひと)だに君—し（＝アナタガネエ）なくはたへがたきかも」〔万葉・巻四〕《古代助詞だが、中古の法相宗関係仏典の訓点には用いられた。現代も「あるいは」（或(あ)る—は）という語のなかに化石的な形で残る》 ㊁《間助》❶《古代、動詞・助動詞の連体形と体言の間にはさみ》語調を整え、または意味を強める。「向かつ岡の若楓(かつら)の木下枝(しづえ)取り花（ノ咲クノヲ）待つ—間に嘆きつるかも」〔万葉・巻七〕「青柳の糸の細(くは)しさ春風に乱れぬ—間に見せむ子もがも」〔万葉・巻一〇〕 ❷㋑《格助詞「と」または語尾「と」の副詞を受け、下に感動の終助詞を伴って》その事態を強調する。「あれ、父(とと)さんがわたしを斬ると—なあ」〔浄・先代萩・四〕「さあ、この間にちゃっと—の」〔浄・歌祭文・座摩社〕㋺《呼びかけの語に付き、下に感動の終助詞を伴って》語調を強める。「脈取って見つ、耳に口（ヲ当テ）『これこれ、まうし、山吹様—なう』といふ声さへ人をはばかり」〔浄・盛衰記・三〕「これ—なあ父(とと)さん、なぜになあ朝敵になってくださんした」〔伎・三舛玉垣・一ノ五〕 ㊂《終助》《文を言い切る語に付き》叙述を強調する。「いかに引っ添うて（＝ピタリト付イテ）来いと言へばとて、（ソンナニ近寄ッテハ）馬が歩かぬ—やい」〔狂・止動方角〕「隅から隅に、塵ひとつ無い—やい」〔狂・萩大名〕「知れた事—のう」〔伎・三舛玉垣・一ノ五〕

いう【優】（ユウ） Ⓑ《形動ナリ》❶（古典的な感じで）上品な美しさがある。優美だ。優雅だ。「和琴(わごん)ひきたまふ。年ごろ添ひたまへる御耳の聞きなしにや、いと—・にあはれにおぼさるれば」〔源氏・若菜上〕「ただ今の女房（＝婦人）は—・なりつる者かな。名をば何といふやらむ」〔平家・千手前〕「歌によみつれば、—・に聞きなさるる（＝感ジラレル）たぐひぞ（＝類ノ素材ガ）はべる」〔毎月抄〕 ❷（ある方面の道に）すぐれている。りっぱだ。「常よりも—・にも（＝ズットウマク）書いたまへるかな」〔源氏・葵〕「紫式部、上東門院に（オ仕エシテオリ）、歌よみ—の者にてさうらふ」〔古本説話集・上〕

いうげん【幽玄】（ユウ—） Ⓑ《＋形動ナリ》《赤みをおびた黒色という原義》❶神秘的な感じ（がする）。「或事関二神異一或興二入—一（＝ソノ事件ハフシギナコトダシ、歌ノヤリトリモ神秘的ダ）」〔古今・漢文序〕 ❷わかりにくいこと。難解。「承平天慶之例—之間（＝不明ダカラ）、今度就二嘉例一所レ被レ行也（＝ヨイ先例ニ従ッテ実行サレタ）」〔百錬抄〕 ❸奥深い。かすかだ。「（後三条天皇ノトキ政権ガ臣下ニアリ）内は—のさかひにて（＝天皇ハ奥深イ所ニ）おはしまさむ事、末代に人の心はおだしからず（＝安定シテイナイ）」〔愚管抄・第四〕 ❹《一三世紀ごろより後》上品な美しさ。奥ゆかしくやさしい。優雅。「糸竹（＝音楽）に妙なるは—の（＝優雅ナ）道、君臣これをおもくすといへども」〔徒然・一二二段〕「青蛾行黛之容貌—也（＝ミゴトニ化粧シタ顔ガ優美ダ）」〔管見記〕「（信実ガ勅撰集ノ巻頭ニ自分ノ歌ヲ入レヨウト言ワレタノニ辞退ナサッテ）卑下の心も—・なりき（＝ケンソンシタ心ガケモ奥ユカシカッタ）」〔井蛙抄・第六〕 **——てい**【体】 Ⓑ 和歌・連歌における表現様式のひとつ。意味内容は人によってそれぞれ異なるが、だいたいは深みのある表現、深遠微妙なとらえかたなどをいう。

いうしょく【有識・有〈職〉】（ユウ—） Ⓑ →いうそく。

いうそく【有識・有〈職〉】（ユウ—） Ⓑ ㊀❶学問または芸道などにすぐれている人。エクスパート。「（コノ舞ニ出ル人ハ）殿上人・地下（＝殿上ヲ許サレテイナイ人）も、心ことなり（＝ズヌケテイル）と世の人に思はれたる—の限り（＝腕ニオボエノ人タチダケヲ）整へさせたまへり」（＝エリヌイテオソロエニナッタ）」〔源氏・紅葉賀〕 ❷朝廷の儀式や先例をよく知っている人。「その時の—の人人、（幼帝即位ノ例ヲ）申しあはれけるは」〔平家・額打論〕 ❸おおやけの儀式や先例。「これ（＝先代旧事本紀トイウ史書）を相伝して、—の（＝儀例専門ノ）家を立てさうらふ」〔太平・巻六ノ三〕「まことしき（＝実用的ナ）文の道、作文（＝詩ヤ韻文ヲ作ルコト）・和歌・管弦の道、また—に公事(くじ)の方」〔徒然・一段〕 ❹（人がらの）りっ

い

ぱなこと。「この大納言は…この方(=女性関係)にもしづめて(=慎重デ)、天(あめ)の下、世のもどき(=非難)なかるべく、思ひしづまり(=冷静デ)をさめたまへる(=オ行儀ノヨロシイ)—と(=模範的人物ダト)うしろやすく思ひたまへるに」〔寝覚・巻二〕 ❺僧職の一。天台・真言宗で、已講(いこう)・内供(ないぐ)・阿闍梨(あじゃり)の総称。「若き僧綱・—など…あそびけるに」〔宇治・巻一四ノ八〕「三井寺の覚讃僧正、年高くなりて(=老齢ニナッテモ)—を許されざりけるが」〔十訓・第一〇ノ三四〕 ㊁《形動ナリ》❶物事によく通じている。「かの女御は—・にて(=ワケ知リデ)、さやうの事(=女性ニ対スル男性ノ心理)をおぼして、いたはられたるにこそはあらめ(=オ取リナシニナッタノデショウ)」〔宇津保・国譲下〕 ❷すぐれている。すてきだ。「その中納言、文盲(=無学)にこそおはせしかど、御心だましひいとかしこく、(人ガラガ)—・におはしまして」〔大鏡・伊尹〕

いうひつ【右筆・祐筆】(ユウ—) Ⓓ ❶文字を書くこと。筆記。「大内(=宮中)より召しあり、参勤すべしとはべり。よりて—に暇あらず(=書イテイルヒマガナイ)。追って(=アトカラ)注(しる)し申すべくはべり。ゆめゆめ懈怠(けだい)するところなかれ」〔雲州消息・中末〕 ❷文筆にすぐれた人。文学に従事する人。「われ—の身にあらず、武勇の家に生まれて」〔平家・殿上闇討〕 ❸記録係。書記。書き役。「—方、飯尾美濃守」〔細川家書札抄〕

いか【如何】Ⓐ《形動ナリ》どのようだ。どういうわけだ。何というすじあいだ。「—・なる所ぞと問へば」〔更級〕「—・ならむ世(=タトエドンナ時代)にも、かばかりあせはてむ(=コレホド荒廃シテシマオウ)とはおぼしてむや(=予想ナサラナカッタロウ)」〔徒然・二五段〕「『仏は—・なるものにかさうらふらむ』と言ふ」〔徒然・二四三段〕「こは—・なりつることぞ(=ドウシタッテイウンデスカ)」〔宇治・巻一ノ三〕「—・なれば(=何ダッテ)赦免の時、二人は召しかへされて、一人ここに残るべき」〔平家・足摺〕

いか・い【厳い】Ⓒ《形ク》(「いかし」の口語形) ❶大きい。「—・い人音の」〔狂・猿座頭〕 ❷多い。「身どもはつひに竹生島へ参らぬが、—・い参りか」〔狂・竹生島詣〕 ❸はなはだしい。たいそうだ。「—・いお世話でござんしょ」〔近松・油地獄・下〕

いかう【厳う】(—コウ) Ⓓ《副》(「いかく」のウ音便で)たいへん。ひどく。「烏帽子(えぼし)髪といふものは、—窮屈なものぢゃなあ」〔狂・麻生〕「—苦しうござんす」〔伎・幼稚子敵討・三〕

いかが【如何】Ⓐ(「いかにか」→「いかんが」→「いかが」と変化したもの) ㊀《副》❶㋑(状態がよくわからないという気持ちで)どのように。どんなぐあいに。「—人笑へならむ(=ドンナニ嘲笑サレルコトデショウ)」〔蜻蛉・中〕 ㋺(あとに「したりけむ」といった語を省略した気持ちで)どうしたのか。どういうわけか。「屋根にあがりしが、—踏みはづして落ちたり」〔咄・醒睡笑・巻四〕 ❷(結果に対し疑問をいだくとき)どんなものか。どうか。「持て来たる物よりは(=オミヤゲニ比ベテ)歌(ノデキ)は—あらむ」〔土佐〕「それも、—はべらむ(=確カデナサソウデス)」〔蜻蛉・下〕 ❸(反語)どうして(…か)。「—さは聞こえむ(=トテモ申シアゲラレマセン)」〔蜻蛉・中〕「人を悩ますは、また罪業なり。—他の力を借るべき(=借リルノハヨクナイ)」〔方丈〕 ㊁《形動ナリ》❶(様子をたずねるとき)どのよう。どんな。「あらたまの(=枕詞)年もこえぬる松山の波の心は—・なるらむ」〔後撰・恋二〕 ❷賛成しにくい。考えものだ。「在りかを知られむこと—・なれども、これまではるばる来たりたる(アナタニ対シ)志を見せではいかで帰すべき」〔謡・西行桜〕 **—せむ** ❶どうしようか。「別れて(再ビ)会ひがたきは、悲しみの親(=第一)なり。(別レナイタメニハ)—」〔盛衰・巻一二ノ三〕 ❷(反語)どうしよう(しかたがない)。やむをえない。「限りありてつくる命は(=寿命トイウモノハ)—(シカシ)むかしの夢(ノヨウナ死別)ぞなほたぐひなき(=コノ上ナク悲シイ)」〔建礼〕 **—は** Ⓑ《連語》❶(「いかがはせむ」はこれの強調形)いったいどう。どんなにまあ。「—すべき(=イッタイドウシタラヨイカ)など、よろづに思ふ事のみしげき」〔蜻蛉・上〕 ❷(反語)どうしてまあ。何だってまあ。「『おぼえさせたまふや』と問へば『—(=モチロン)』」〔蜻蛉・中〕《「いかがはおぼえざらむ」の省略形》 ❸(強調)何ともまあ。「この家にて生まれし女子のもろともに帰らねば、—悲しき」〔土佐〕

いかけぢ【沃懸地・〈鋳〉懸地】(—ジ) Ⓓ うるしを塗った上に金・銀の粉をかけて、みがき出したもの。硯(すずり)箱・馬の鞍(くら)・厨子(ずし)などの調度品に用いた。「梨地(なしじ)」とも。「—に蒔(ま)きたる硯」〔今昔・巻一九ノ九〕「黒馬の太くたくましきに、—の黄覆輪(きんぷくりん)の鞍おいて」〔保元・上・一三〕

いかさま【如何様】Ⓑ ㊀《形動ナリ》どんなふう。どのよう。「我—・なるわざをせむ(=ドンナ事ヲシタラヨカロウ)」〔浜松・巻一上〕 ㊁《副》❶(下に推量表現を伴い)おそらく。どうやら。「—、事(=政変)の出で来たるべきにこそ」〔保元・上・四(古活字本)〕「—これは公達(きんだち)の御なかにこそあるらめ」〔謡・忠度〕 ❷(事実をある程度まで知ったうえで推測的に)さては。それでは。きっと。「御身は—花の精か」〔謡・西行桜〕「—ゆゑある御身やらむ」〔謡・井筒〕 ㊂《感》❶なんにしても。ともあれ。「—今日はこの所に逗留つかまつりさうらひて」〔謡・隅田川〕 ❷(相手のことばを受け)同意を表す。はい。なるほど。「『(狐ニハ)をりをりは白いもある』『—、うす赤うて、をりをりは白いもある』」〔狂・佐渡狐〕[四] [略]いかさまもの。ごまかし。ぺてん。「そんならおれが思ひ付いた、烏賊(いか)の墨で書いた文(ふみ)であったか。おおお、これがほんの、―にかかったのだ」〔伎・吾嬬鑑・二ノ序〕

いか・し【厳し】Ⓒ〖形ク〗❶りっぱだ。みごとだ。「厳矛、此云ニ伊箇之保虚ニ」〔紀・舒明・訓注〕「八束穂(やつかほ)の(=長イ穂デアリ)―・し穂(=ヨクミノッタ穂)に」〔祝詞・祈年祭〕〖原文「伊加志穂」と表記〗❷荒っぽい。恐ろしい。「うつつにも似ず(=正常ノ時トマルキリ違イ、魂ガ迷イ出タ時ハ)、猛く―・きひたぶる(=思イツメタ)心出で来て」〔源氏・葵〕

いかづち【雷】(―ズチ)Ⓓ かみなり。「―のしづまらぬことはべらざりき」〔源氏・明石〕

いかで【如何で・争で】Ⓐ〖副〗❶〖疑問文で〗どうして。何だって。「―さる事は知りしぞ」〔枕・一六一段〕❷〖反語〗どうして(…か、…ない)。「海(わたつみ)をみなかたぶけて洗ふともわが身のうちを―清めむ」〔風雅・釈教〕❸〖意思をあらわす文で〗何とかして。どうかして。「いかなる人ならむ、―知らむと問ひたづねたまひけるを」〔枕・三五段〕 **――か** Ⓐ〖連語〗「いかで」と同意。❶〖疑問〗どうして。何だって。「によふによふ(=ウメキウメキ)になはれ(=カツガレ)たまひて家に入りたまひぬるを、―聞きけむ、つかはしし男ども参りて」〔竹取〕❷〖反語〗どうして…か(…ない)。「あとまで見る人ありとは―知らむ(=知ルハズガナイ)」〔徒然・三二段〕❸なんとかして。どうかして。「詮(せん)なき(=ドウショウモナイ)ことをのみ思ふ心、―かからずもがな(=コンナ思イハシナイデイタイ)と思へど」〔建礼〕 **――かは** Ⓐ〖連語〗「いかで」と同意。❶〖疑問〗どうして。何だって。「―尋ね来つらむ蓬生(よもぎふ)の人も通はぬわが宿の道(ナノニ)」〔拾遺・雑賀〕

❷〖反語〗どうして…か(…ない)。「伊勢の国までは(遠スギテ)思ひかくべきもあらざなり(=考慮ノ余地ガナサソウダ)。内侍所にも、―参り拝みたてまつらむ(=参拝デキルハズモナイ)」〔更級〕❸なんとかして。どうかして。「いと興ありけることかな。―聞くべき(=聞キタイモノダ)」〔源氏・明石〕 **――も** Ⓔ〖連語〗なんとでもして。「おのが(=ワタシガ)さかしからむ(=健在ノ)時こそ、(アナタハ)――ものしたまはめ(=ドウニカオ過ゴシナサルダロウ)」〔蜻蛉・上〕

いかな【如何な】Ⓒ [一]〖連体〗どんな。どれほどの。「―天照大神も、ちとうらやましうござらう」〔狂・素襖落〕[二]〖副〗てんで。いやもう。どうしても。「―側へも参りますまい」〔狂・八幡前〕 **――いかな** 如何な Ⓒ〖副〗(「いかな」の強められた言いかた)どうしてどうして。「―万日回向(=一日ノ参詣ガ万日ノ参詣ニ相当スル法会)の果てたる場(には)にも」〔西鶴・胸算用・巻三ノ三〕「神仏の願ひ―思ひ出しもせざる(=考エタコトモナイ)男」〔西鶴・永代蔵・巻三ノ三〕「銭を一文―目に角立てても拾ひ難し」〔西鶴・永代蔵・巻三ノ一〕 **――こと** 事 Ⓓ〖連語〗どうしたことか。意外なことだ。驚いたことには。こりゃどうじゃ。「これは―。人間でさへ立てまするものを、お雷の立てさせられぬと申すことがあるものでござるか」〔狂・雷〕

いかに【如何に】Ⓐ [一]〖副〗❶どう。どんなふうに。「かぐや姫をやりては―思ふべき」〔竹取〕❷なぜ。何だって。「―かくは申したまひけるぞ」〔徒然・二二二段〕❸〖推しはかって〗どんなにか。「轟(とどろき)の滝は―かしがましく(=ヤカマシク)恐ろしからむ」〔枕・六一段〕❹〖感動をあらわす〗なんとまあ。「―、夢かやうつつか」〔平家・月見〕❺〖下に仮想を伴って〗どんなに。いくら。「―女なればとておくれたり。最後を急がせ」〔西鶴・諸国咄・巻四ノ二〕[二]〖感〗〖呼びかけの声〗おい。もしもし。ねえ。「―殿ばら」〔徒然・二三六段〕「―朝顔に申しさうらふ。はや花の本の御酒宴の始まりてさうらふ」〔謡・熊野〕 **――況(いは)んや** (―イワン―) ましてもう。もちろん。「―、常に歩き、常に働くは養性(=養生)なるべし」〔方丈〕 **――か** Ⓓ〖連語〗❶〖状態・程度の疑問〗どんなに…か。「秋来てはいとど―しぐるらむ(=モノ思イノ涙ガコボレルデショウ)色深げなる(=憂イノ深ソウナ)人(=アナタ)のことのは(ヲ聞イテソウ思イマス)」〔建礼〕❷〖態度・手段についての疑問〗どのように…か。どんなふうに。「(都ニ)とどまらむことは心にかなへども(=希望スルトコロダガ)―せまし秋の(イッショニ陸奥へ行キマセンカト)さそふを」〔新古今・離別〕❸〖原因・理由の疑問〗どうして…か。なぜ…か。「玉かづら(=枕詞)かけぬ(=心ニ思ワナイ)時なく恋ふれども―妹が逢ふ時もなき」〔風雅・恋五〕 **――かは** Ⓓ〖連語〗〖反語〗そのような原因・理由がない意を示す。どうして…しようか。どうして…できようか。「かく(=コンナニ)せむを(=ミゴトニダマサレテハ)―すべき(=ドウニモナラナイ)」〔今昔・巻二九ノ二一〕 **――して** Ⓓ〖連語〗❶〖原因・手段などについての疑問〗どうして。なぜ。「こは―死したる者にかあらむ。傷もなきは」〔今昔・巻二九ノ一九〕❷「何かの手段によって」という余情で願望をあらわす。どうかして(…たい)。「―朽ちだに果てむ(=何トカシテ世ヲ去リタイ)名取川せぜの埋もれ木(ノヨウニ)あらはれぬまに(=ワガ恋ガ世ニ知ラレナイ先ニ)」〔続千載・恋二〕 **――せむ** 途方にくれた気持ちをいう。いったい、どうしたらよかろうか。「―(アナタニオ別レシタアト)ながめかねぬる(=ボンヤリシテナドイラレナイ)なごりかなさらぬだにこそ(=ソウデナクテサエ)雨の夕ぐれ(ハワビシイノニ)」〔建礼〕 **――ぞ** Ⓒ〖連語〗❶様子をたずねる意。どうしているか。「―。月は見たまふや」〔和泉日記〕❷〖原因・理由の疑問》どうしてなのか。どうしてだったのか。「(再会デキテ)かかる(ウレシイ)世もありけるものを(=アルモノナノニ)限りとて(=コレガ最後ダト)君に別れし秋(ノ悲シサ)は—」〔更級〕 **—ぞや** Ⓒ〘連語〙❶《不満な感じで》どんなものかしら。どうだかね。「ことごとしうもてなさむも—(賛成デキナイ)」〔源氏・花宴〕 ❷《感心できない性質の理由・原因を不審がる意で》どんなわけだか。どうしてか。「(源氏ハ)心の中に、—、(六条御息所ニ)疵(きず)ありて(=欠点ガアルト)思ひきこえたまひにし後…御仲も隔たりぬる」〔源氏・賢木〕 ❸《単にわからない事を疑い》どうなのか。どんなふうか。「—(=ドウダッタカネ)。宮は(アノ時)夜やふかしたまひし」〔源氏・螢〕 **—も** Ⓑ〘副〙❶《可能性を示し》どんなふうにでも。「——なりなば、知るべくやはありける」〔蜻蛉・中〕 ❷なんとかして。ぜひ。「この子文才あり。—師をえらびて学ばしめらるべし」〔白石・折たく柴の記・上〕 ❸㋑何といっても。とにかく。「徒歩路(かちぢ)もまたおそろしかなれど、それは——土に着きたれば、いとたのもし」〔枕・三〇六段〕㋺なるべく。できるだけ。「高名不覚もまぎれぬやうに、ただ一人—強(こは)からむ方へさしむけたまへ」〔保元・上・一一(古活字本)〕 ❹《否定文のとき》ぜったい。けっして。「都の御使ひ—かなひさうらふまじき」〔平家・足摺〕 ❺なるほど。まったく。「—山の中にただひとりゐたるに」〔宇治・巻一ノ三〕 ❻たいそう。「祐善と申す傘(かさ)はりのさぶらひしが—下手にて」〔狂・祐善〕 **—もな・る** 死ぬことを遠まわしにいう。「我—・りなば、(供養ダトイッテ)堂塔をも造るべからず」〔盛衰・巻二六ノ八〕 **—や** Ⓓ〘連語〙状態をたずねる語。どんなぐあいか。「二人また来たりて『—(=ドウシテイタカ)』とて木の中よりいだき出だしつ」〔沙石・巻二ノ四〕

いかばかり【如何ばかり】Ⓒ〘副〙❶《単に程度を推量し》どれくらい。「—の事にてとだに聞かば安かるべし」〔蜻蛉・中〕 ❷《いちじるしさを前提として》どれほど。どんなにまあ。「—心のうち涼しかりけむ」〔徒然・一八段〕「露—袖にふかかりけむ」〔秋成・雨月・白峰〕

いかほど【如何程】Ⓓ〘副〙分量・程度・価格などについて、不定・疑問の意をあらわす。どれだけ。どれぐらい。「(酒ナラ)—も(好キナダケ)参って(=召シアガッテ)早う出て行って下されい」〔狂・伯母が酒〕

いかめ・し【厳めし】Ⓑ〘形シク〙❶人の心を緊張させるようなふうだ。おごそかでりっぱだ。「この国の守(かみ)の北の方もまうであひたりけり。(ソノ奥方ノ)—・しういきほひたる(=モノモノシク豪勢ナノ)をうらやみて」〔源氏・玉鬘〕 ❷堂々としてみごとだ。りっぱだ。「菓子(くだもの)・食物(じきもつ)など—・しくととのへたてて」〔今昔・巻三〇ノ四〕 ❸程度がはなはだしい。はげしい。すごい。「—・しき雨風、雷(いかづち)のおどろかしはべりつれば」〔源氏・明石〕

いかものづくり【怒物作り・厳物作り】Ⓔ 付属の金具を見るからがんじょうにこしらえること。戦場むきの太刀(たち)についていう。「—の大太刀をはき」〔平家・競〕

いか・る【怒る・嗔る・忿る】Ⓑ〘自四〙❶腹をたてる。おこる。「喜び、—・り、悲しび、楽しむも、みな虚妄(こまう)なれども(=真実ノコトデナイガ)」〔徒然・一二九段〕 ❷(ふるまいが)荒々しい。激烈だ。「荒海の—・れる魚(いを)の姿」〔源氏・帚木〕「(鬼ヤ猛獣ナド)—・れること(=荒ッポイ役)ならば、心に力を持ちて身をも強々と構へて」〔花鏡〕 ❸(姿・形が)硬い感じにかどばる。「—・れる手の(=カドバッタ筆跡デ)、その筋(=タレソレノ書風)とも見えず」〔源氏・常夏〕

いかん【如何】Ⓒ〘副〙《「いかに」の変化した形》どう。どんなに。「故(ゆゑ)—となれば(=ナゼカトイウト)、今の世のならひ、この身のありさま、伴ふべき人もなく」〔方丈〕 **—が** Ⓒ〘連語〙❶「いかん」の強調形。「これ(=法華経ノ真理)を申さずは、仏誓に違するうへ、一切衆生の怨敵なり。大阿鼻地獄(ニ落チル事ハ)疑ひなし。—せむと思ひしかども、思ひ切って申しいでぬ」〔日蓮・(高橋入道殿御返事)書簡〕「早稲(わせ)はすでに近づきぬ。(働イテモラウ)子はなし。—せむ」〔日蓮・(千日尼御前御返事)書簡〕 ❷反語を表す。どうして…か(…でない)。「ここに利益の地を頼まずんば、—歩みを険難の道にはこばむ」〔平家・康頼祝言〕

いきい・づ【生き出づ】(ーズ)Ⓓ〘自下二〙❶(対)「死に入る」(人事不省の状態から)息をふき返す。生きかえる。「『あなや(=キャッ)』と叫んでたふれ死す(=気絶スル)。時うつりて—・づ(=シバラクタッテ息ヲフキカエシタ)。目を細くひらき見るに」〔秋成・雨月・吉備津〕 ❷(うわのそらだった状態から)正気にかえる。人ごこちがつく。「人のけはひのしければ、少し—・づるここちして見いだしければ」〔宇治・巻一ノ三〕

いきすだま【生き霊】Ⓔ 生きている人の魂が身体から出てゆき、他人にとりついてたたるもの。「いかでか(=ドウカシテ)—にも(=ニデモナッテ)入りにしかな」〔落窪・巻二〕「(妻ガ苦シムノハ)—とかいふもの(ノセイ)にや、古郷(ふるさと)に捨てし人(=先妻)のもしや(タタルノデハナイカ)と、(夫ハ)ひとり胸くるし」〔秋成・雨月・吉備津〕《転じて死霊にもいうとする説があるけれど、明証がない。なお、類聚名義抄によれば「いきずたま」だが、ほかに確証がないので、従来どおりよむ》

いぎたな・し【寝汚なし・寝穢なし】Ⓔ〘形ク〙❶《性質として》寝ぼうだ。「わがもとにある者、起こしに寄り来て、—・しと思ひ顔に、ひきゆるがしたる」〔枕・二八段〕 ❷

《ある場合に》眠くてたまらない。眠らずにいられない。「いと━・かりける(=目ノサメナカッタ)夜かな」〔源氏・帚木〕

いき・つ・く【行き着く】Ⓔ《自四》❶到着する。「五日に━・きぬ」〔源氏・澪標〕「七日七夜といふに、武蔵の国に━・きにけり」〔更級〕 ❷《近世語》尽きてしまう。「治兵衛身代━・いて(=スッカラカンニナッテ)の金につまってなんどと」〔近松・天網島・中〕

いきどほ・る【憤る】(-オル) Ⓓ《自四》❶むしゃくしゃする。胸がつかえる。(心が)すっきりしない。「日夜に━・りて、え申すまじ」〔紀・垂仁・訓〕(「いきどほりて」は「懐悒」の訓)「(鷹ガ小鳥ヲ取ルノヲ)ふりさけ見つつ(=見ヤリナガラ)━・る心の中を思ひのべ(=ノビノビサセ)うれしびながら…」〔万葉・巻一九〕 ❷腹を立てる。「(政権カラ遠ザケラレタノデ)関白殿━・り申させたまひけるは」〔保元・上・四〕

いきのした【息の下】Ⓓ《連語》たえだえの声でいうさま。「『人に見せで、夜この川に落とし入れたまひてよ』と、━にいふ」〔源氏・手習〕「三郎兵衛、━にて申しけるは『今はかうに覚えさうらふ(=モウイケマセン)』」〔平家・八島軍〕

いきほひ【勢ひ】(-オイ) Ⓒ ❶(肉眼で見える)動的なはげしさ。「波間に出づる蛇体(じゃたい)の━(=スゴイ様子トイッタラ)、紅(くれなゐ)の舌を振り立て振りたて」〔謡・張良〕 ❷(精神的な)迫力。人を感動させるエネルギー。「(平凡ナ風景ヲエガイテモ)上手はいと━ことに(=筆勢ガマコトニ格別デ)」〔源氏・帚木〕 ❸権力。財力。勢力。「あるじの君、かくおもしろき所に、━ある住まひはしたまへど」〔宇津保・吹上上〕「世をいとはむ人、たとひ望みありとも、━ある人の貪欲(とんよく)多きに似るべからず」〔徒然・五八段〕

━まう 猛(…モウ) Ⓔ《連語》❶たいそうな威勢だ。「(法師トイウモノハ世間デ)━にののしりたるにつけて(=サカンニ評判シテイルニシテモ)、いみじ(=エライ)とは見えず」〔徒然・一段〕 ❷景気がよい。「翁(ハ金ノハイッテイル竹ヲタビタビ手ニ入レテ)…━の者に(=非常ニユタカニ)なりにけり」〔竹取〕

いきほ・ふ【勢ふ】(-オウ) Ⓓ《自四》❶強烈な動きを示す。「さしも━・へる鬼神を押しつけ、怒れる首を打ち落とし」〔謡・大江山〕 ❷活気づく。気おう。「(トニモカクニモ国守ニ任官ダトイウワケデ)そのほどのありさまは、ものさわがしきまで、人多く━・ひたり(=ハリキッテイル)」〔更級〕 ❸威勢がある。羽ぶりがよい。「この国の守(かみ)の北の方(=奥方)もまうであひたりけり。(ソノ奥方ノ)いかめしう━・ひたる(=モノモノシク豪勢ナノ)をうらやみて」〔源氏・玉鬘〕

いきま・く【息巻く】Ⓔ《自四》❶いばりかえる。「(敵ガ退却シタノヲ聞イテ)『さればこそ、我に手向かひはしてむや(=抵抗デキルモノカ)』など━・きて(=気焔(きえん)ヲアゲテ)日ごろありけるほどに」〔今昔・巻二五ノ五〕 ❷鼻息が荒い。「故院の御時に、(弘徽殿ノ)大后(おほきさき)の、(朱雀院ガ)坊のはじめの(=東宮ニナラレタ当初ノ)女御にて、━・きたまひしかど」〔源氏・若菜上〕 ❸勢いこむ。きおいたつ。「『かの猿を追ひとらへて、うち殺せよ』と━・き(=タイヘンナ権幕デ)あらく仰すれば」〔馬琴・弓張月・四回〕

いく━【生く】Ⓑ《接頭》生き生きとして生命の長いことを表す。「その大神の━大刀・━弓矢と、またその天の詔琴(のりごと)(=神ノコトバヲ仲介スル琴)を取り持ちて」〔記・上〕《原文「生」と表記》

い・く【生く・活く】Ⓑ ㊀《自四・上二》❶生命が続く。生きる。生活する。《英語のliveにあたる》「いくばくも━・け(四段)らじ命を恋ひつつぞわれは息づく(=タメ息ヲツク)人に知らえず(=知ラレナイデ)」〔万葉・巻一二〕「ます鏡手に取り持ちて見れどあかぬ(ヨウニアキナイ)君におくれて(=先立タレテ)━・け(四段)りともなし」〔風雅・雑下〕「多く討たれて、━・くる(上二)者はすくなく…ひき退く」〔盛衰・巻二三ノ一〕 ❷(上に「命」を伴い)助かる。死なずにすむ。(「命生く」で英語のbe aliveにあたる)「返り忠して命━・か(四段)うど(=助カロウト)思ふ心ぞつきにける」〔平家・西光被斬〕「たとひ耳・鼻こそ切れ失すとも、命ばかりはなどか━・き(上二)ざらむ」〔徒然・五三段〕(上二段活用は平安末期から生じたといわれるが、鎌倉時代以後でも四段の例はあり、発生・衰退の時期はかならずしも明確ではない) ㊁《他下二》❶生命を続けさせる。生かす。生活させる。「しばし━・けておいたらむものを(=生カシテオケバヨカッタノニ)」〔落窪・巻四〕「━・けみ殺しみ(=活殺自在ニアツカイ)警(いま)めおはする御さま、尽きせず(=コノ上ナク)若くきよげに(=キレイニ)見えたまふ」〔源氏・螢〕 ❷(命を)助ける。「人━・けむは、きはめて功徳(くどく)ぞかし」〔今昔・巻二六ノ五〕

いくか【幾日】Ⓓ ❶(わりあい少ない日数について)なん日。「春日野の飛ぶ火の野守いでて見よ今━ありて若菜摘みてむ」〔古今・春上〕 ❷(わりあい多くの日数について)なん日も。「━見ぬ遠山どりのむさしのは露かり衣われぞなきゆく」〔夫木・巻二二〕

いくさ【軍】Ⓑ ❶軍隊。「━を帰して、徳をしくにはしかざりき(=カナワナカッタ)」〔徒然・一七一段〕 ❷戦い。「その日の━に」〔平家・木曾最期〕「━に出づるは、死に近きことを知りて、家をも忘れ、身をも忘る」〔徒然・一三七段〕 ❸戦いのようす。戦況。「中納言殿、さて━はいかにやいかに」〔平家・先帝身投〕 **━びと** 人

Ⓔ 兵士。「若きは―にもよほされ(=カリ出サレ)」〔秋成・雨月・浅茅〕

いくそ【幾そ】Ⓔ どれくらいの多さ。《「そ」は「十」で、原義は幾十の意だが、中古語では単に分量の多さを意味したようである》「行きかへる旅に年ふる雁(かり)は―の春をよそに見るらむ」〔後拾遺・春上〕 **――ばく** 許 Ⓒ《副》どれだけ。どれほど。《「ばく」は「ばかり」の意の接尾語》「たびたびの炎上に滅びたる家、また―ぞ」〔方丈〕

いくだも【幾許も】Ⓔ《連語》なにほども。いかほども。「さ寝し夜の―あらねば…」〔万葉・巻五〕

いくばく【幾許】Ⓒ《副》《「ばく」は「ばかり」の意の接尾語》❶《肯定文のとき》どのくらい。どれほど。「わが背子と二人見ませば―かこの降る雪のうれしからまし」〔万葉・巻八〕「『ここにもひとり月の客』とおのれと(=自分ノ方カラ)名のりいでたらむこそ、―の風流ならめ(=ドンナニ風流ナコトカ)」〔去来抄・先師評〕 ❷《否定文のとき》それほど。たいして。「―も生けらじ命を恋ひつつぞわれは息づく(=タメ息ヲツク)人に知らえず(=知ラレナイデ)」〔万葉・巻一二〕

いくら【幾ら】Ⓓ《副》❶どのくらい。「四の君は―大きさ(=何歳ホド)になりたまひぬる」〔落窪・巻一〕 ❷たくさん。「おそろしき(=荒々シイ)武士(もののふ)ども、―もくだる」〔建礼〕

いくゎん【衣冠】(―カン) Ⓓ ❶ころもとかぶりもの。「―より馬車にいたるまで、あるにしたがひて用ゐよ」〔徒然・二段〕 ❷略式の宮中礼装。冠(かんむり)をかぶり、袍(うは)を着て袴(普通は指貫(さしぬき))と腰帯をつけ、沓(くつ)をはき、扇を持つ。「―正しき人を見るここちするにてはべるべし」〔毎月抄〕「諸卿みな―を脱いで折り烏帽子(えぼし)に直垂(ひたたれ)を着し」〔太平・巻二一ノ七〕

〔いくゎん❷〕

いげ【以下・已下】Ⓔ それより下。現代語の「いか」。「右大将宗盛卿・三位中将知盛・頭の中将重衡・左馬の頭行盛―の人々」〔平家・西光被斬〕

いこ・ふ【息ふ・憩ふ】(―ウ) Ⓓ ㊀《自四》休憩する。「(牛ハ)―・ふことなくおひつかはれ、車をひきて寺に入る」〔霊異記・上・二〇〕《原文「憩」に対して、訓注に「伊已不已止」》 ㊁《他下二》 ❶休憩させる。「今より以後(ゆくさき)三載(みとせ)に至るまで、悉くに課(おほ)せ役(つか)ふことをやめて、百姓の苦を―・へよ」〔紀・仁徳・訓(前田本)〕《「いこへよ」は「息」の訓》 ❷安定させる。「(衰微シテイタノヲ苦労シテ)よき国に―・へ立ててまつるが(=シッカリ建テ直シテサシアゲタノガ)あしきか」〔今昔・巻二八ノ四〕

いさ Ⓑ ㊀《感》❶《答えにくい事をぼかす》さあ。「『何の名ぞ、落窪とは』と言へば、女、いみじく恥づかしく『―』といらふ(=答エル)」〔落窪・巻一〕 ❷《自信のない返事をする前の声》えーと。「―。殿上などにやおはしますらむ」〔大和・一七一段〕 ㊁《副》 ❶《否定文のとき》よくは。「人は―心も知らずふるさとは花ぞ昔の香ににほひける」〔古今・春上〕 ❷㊂いさしらず。「人は―我はなき名の惜しければ(=事実無根ノウワサガイヤダカラ)昔も今も知らずとをいはむ」〔古今・恋三〕 **――しらず** 知らず Ⓒ《連語》さあ、よくわからない。「―(タトエ)この世を憂しといひても(来世ハ)また何の身にならむとすらむ」〔玉葉・釈教〕 **――とよ** Ⓓ《連語》はっきりした返事ができないときいうことば。さあねえ。そうさねえ。「(モウイチド父ニ会イタイトイウ成経ノ切望ニ対シ)―、御辺(=アナタ)の事をこそ、とかう(=アレコレ)申しつれ、それ(=父大納言ノコト)までは思ひもよらねども」〔平家・少将乞請〕「『さらば山伏の御姿にて御下りさうらへ』と申しければ、『―、それもいかがあらむずらむ(=ドンナモノカナ)』」〔義経・巻七ノ一〕

いざ Ⓑ《感》❶《自分自身に対し》ある事がらをしようとするときに出す声。どりゃ。「名にし負はば―こと問はむ都鳥わが思ふ人はありやなしやと」〔伊勢・九段〕「―類(たぐひ)なき物語にして、世に伝へさせむ」〔源氏・螢〕「―出でむ雪見にころぶ所まで」〔芭蕉(真蹟)〕 ❷《他人に対し》さそいかける・(事を始める)ときに出す声。さあ。「―、もろともに帰りなむ」〔蜻蛉・上〕《清音の「いさ」と混同しないように注意》 **――させたまへ** (―エ) 「いざたまへ」と同意で、さらに敬意の高い言いかた。→させたまへ。 **たまへ** (―エ) 人をうながしたり、さしずしたりする尊敬語。訳語は、場面に応じていろいろ変えなくてはならない。「―(=コチラヘオ寄リナサイ)、昔物語して…聞かせたてまつらむ」〔大鏡・序〕「―(=行カレマセンカ)、出雲拝みに」〔徒然・二三六段〕

いざうれ Ⓓ《感》相手をうながす語。さあ、おい。㋑《味方の者に》「やろうじゃないか」という気持ちでよびかける。《英語の"Let's go!"》「―、これより…一の谷のまっさき駆けう」〔平家・一二之駈〕 ㋺《敵に対し》「さあ来い」。《英語でも、けんかのとき"Come on!"という》「―、おのれら。能登が最期の供せよ」〔近松・女護嶋・五〕《「うれ」は中世東国方言で「おまえ」「きさま」の意だが、「いざうれ」でひとつの感動詞のように熟合するにいたった》

いさご【砂・砂子】Ⓔ すな。「酒田の港より東北のかた、

山を越え、磯を伝ひ、—を踏みて」〔芭蕉・奥の細道〕

いささ- Ⓔ《接頭》ささやかな。ちょっとした。《「ささ」(細い竹)に接頭語「い」がついたものと解する説もある》「わが宅(やど)の—むらたけ吹く風の音のかそけきこの夕べかも」〔万葉・巻一九〕

いささか【聊か・些か】Ⓑ ㊀《形動ナリ》ほんのちょっと。わずか(ばかり)。「これはただ—・なるものの報いなり」〔源氏・明石〕 ㊁《副》❶すこし。ちょっと。「ここちも—悪しければ」〔更級〕 ❷(否定文のとき)すこしも。全然。「琵琶(ノ曲)は、—滞らず」〔寝覚・巻一〕「年ごろ道につきて公に仕へけるに、—に心もとなきことなくして、遂に宰相にまでなりて」〔今昔・巻二四ノ二七〕

いささけ・し【聊けし】Ⓓ《形ク》わずかだ。ほんのすこしだ。「天皇…みづから—・き(＝軽装備ノ)兵(いくさ)をひきゐて、巡(めぐ)り幸(いでま)す」〔紀・神武・訓〕(「いささけき」は「軽」の訓)

いざな・ふ【誘ふ】(—ナヘノンウ) Ⓒ《他四》❶すすめる。さそう。「わご大君の(＝我々ノ天皇ガ)もろ人を—・ひたまひよき事を始めたまひて…」〔万葉・巻一八〕 ❷(ことばをかけて)ともなう。つれてゆく。「(光源氏ハ)御簾(みす)まき上げて(紫上ヲ)端の方に—・ひきこえたまへば(＝オサソイ申シアゲナサルト)」〔源氏・須磨〕 ❸誘惑する。「宮木がかたちのめでたきを(＝美人ナノヲ)見ては、さまざまにすかし(＝ウマイ事ヲ言イ)—・へども」〔秋成・雨月・浅茅〕

いさ・む Ⓒ ㊀【勇む】《自四》❶(人がらが)戦闘的な傾向をもつ。「—・み悍(はこ)い(＝勇猛ナ)士(ひと)あり。(名ヲ)当麻(たいま)の蹶速(くゑはや)といふ」〔紀・垂仁・訓〕(「いさみ」は「勇」の訓) ❷(心が)勢いづく。意気があがる。「若き時は…(ムヤミト)—・める心さかりにして(＝情熱的デ)、ものと争ひ、心に恥ぢ、羨やみ、好むところ日々に定まらず」〔徒然・一七二段〕 ㊁【勇む】《他下二》気を引き立てる。力をつけてやる。「主(しゅ)の淋しうないやうにして、—・めてお供して連れまして去(い)んで下され」〔浮・禁短気・巻五ノ四〕 ㊂【慰む】《他下二》㋑(積極的に)快適さを与える。陽気にする。「町の衆を舟あそびにさそひ、琴引く女を呼びよせ、女房一門(＝妻ノ一族)を—・め(＝接待シ)」〔西鶴・永代蔵・巻六ノ四〕㋺(消極的な状態を)まぎらす。なぐさめる。「おつれづれを—・めのため、嫁菜のひたしに豆腐の煮しめ」〔近松・反魂香・上〕

いさ・む Ⓒ《他下二》㊀【禁む】禁ずる。「この山をうしはく(＝領有スル)神の昔より—・めぬわざぞ…」〔万葉・巻九〕 ㊁【諫む】❶しかる。叱責(しっせき)する。「国王逆鱗(げきりん)あって(＝オ怒リニナッテ)いそほ(＝人名)を—・めたまふ」〔伊會保・中・四(古活字本)〕 ❷(しないように)言い聞かせる。忠告する。「時に—・めていはく、『王(みき)たる者(ひと)、刑人(つみびと)を近づけず』」〔紀・用明・訓〕(「いさめて」は「諫」の訓)

いさや Ⓓ ㊀《感》《返事をためらったりぼかしたりするとき》さあねえ。まあねえ。「呉竹(くれたけ)植ゑむとてとひしを、このころ『奉らむ(＝アゲマショウ)』といへば、『—、在りもとぐまじう(＝長生キデキソウモナイト)思ひにたる世のなかに、心なげなる(＝竹ニ対シカエッテ思イヤリノナイヨウナ)わざをやしおかむ』」〔蜻蛉・中〕 ㊁《副》どうもわからないが。はっきりしないが。「—、それも…まことに(＝ホントニ)さや(＝ソウハ)おはしまし果てざらむ(＝シマイマデウマク行カナクテイラッシャルカモシレナイ)」〔栄花・見果てぬ夢〕

いざや Ⓔ《感》《人をさそったり自分で思い立ったりしたとき》さあさあ。さて。「はるかに三保の松原に立ちつれ—通はむ」〔謡・羽衣〕

いさよひ (—イ) Ⓓ《中世以後は「いざよひ」》㊀ためらうこと。「青嶺(あをね)ろにたなびく雲の—に(＝動カズニイルヨウニグズグズト)ものをぞ思ふ年のこのごろ(＝最近ハ)」〔万葉・巻一四〕 ㊁【十六夜】❶陰暦の月の一六日。またはその夜。「今はとて雲居を出でし—の正月(むつき)の月の影ぞ忘れぬ」〔続千載・雑上〕 ❷《とくに》陰暦八月一六日の月。「—はわづかに闇のはじめかな」〔芭蕉(続猿蓑)〕(室町中期の写しと認められる正宗文庫本節用集に「十六夜」を挙げ「イザヨイ」と振り仮名がある) **—のつき** 十六夜の月 Ⓔ《連語》陰暦一六日の月。「(アナタト)もろともに大内山(＝宮中)は出でつれど入るかた見せぬ(＝行クエヲ知ラセナイ)—(ミタイナアナタデスネ)」〔源氏・末摘花〕

いさよ・ふ (—ウ) Ⓓ《自四》《中世以後は「いざよふ」》行くでもなくもどるでもない。ためらう。「もののふの八十氏河(やそうぢがは)の網代木(あじろき)に—・ふ波のゆくへ知らずも」〔万葉・巻三〕 **—つき** 月 Ⓔ《連語》陰暦一六日の月。「ゆくりもなく(＝思イガケナク)—にさそはれ出でなむとぞ思ひなりぬる」〔十六夜〕

いざり【漁り】Ⓔ《十他サ変》海産物を取ること。《平安時代以後は「いさり」》「しろたへの藤江の浦に—・するあま(＝漁師)とやみらむ旅ゆくわれを」〔万葉・巻一五〕「げにや—のあまごろも(＝漁師ノ着物)藻塩の煙松の風いづれも寂しからずといふことなし」〔謡・忠度〕 **—び** 火 Ⓔ 夜、漁船で魚を寄せ集めるための照明の火。「能登の海に釣りする海女(あま)の—の光にいゆく月待ちがてら」〔万葉・巻一二〕「堅田の—によるぞうつつなき」〔秋成・雨月・浅茅〕 **—ぶね** 船 Ⓔ 漁船。「沖に小さき—の、影かすかなる月の顔」〔謡・松風〕

いし【倚子】Ⓔ 貴人の用いた四角形四脚で、左右と

後部にてすり、背部によりかかりのあるこしかけ。「ひんがしの間に御―を立てたる」〔紫日記〕

いしうち【石打ち】Ⓔ ❶(略)石打ちの羽。鷲(わし)・鷹(たか)などの尾羽の両端の二枚または四枚の羽根をいう。「しんせい作りの(=当世フウノ)太刀帯(はき)き、―の征矢(そや)の二十四差したるを頭高に(=頭ヨリ高クツキ出ルヨウニ)負ひなして」〔義経・巻五ノ五〕 ❷《江戸時代》婚礼の夜、近所の者がその家へ小石を投げこんだ風習。「石の祝ひ」とも。「―の先達(せんだつ)に来る(=手引キシテクル)またいとこ」〔柳樽・拾遺初〕

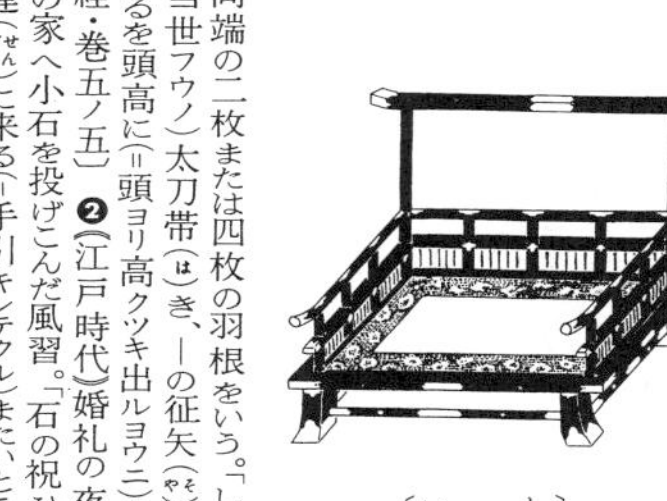
〔い　し〕

いしつつ【石椎・石槌】Ⓔ《古代語》柄(つか)のさきが槌(つち)状の石で作られている刀。《「つつ」は「つち」の古語》「―いもち撃ちてしやまむ(=ヤッツケチマオウ)…」〔記・中〕《「い」は古代の間投助詞。(参)くぶつつ》

いしびや【石火矢】Ⓔ 大砲の前身で、城攻めの時などに用いられた。古くは弾(たま)には石が用いられたが、一六世紀末に西洋式を採り入れ、鉄・鉛などの弾が用いられるようになった。「韃靼(だったん)勢もあまさじと(=一人モ討チモラスマイト)鉄砲―すきまなく、矢玉(しぎょく)を飛ばせて(=矢ヤ弾丸ヲ打チ出シテ)戦ひける」〔近松・国性爺・二〕

いそがはし【忙はし】(-ワシ) Ⓔ《形シク》忙しそうである。「さも―・しかりし身の、心の花か蘭菊の、狐(きつね)川より引き返し」〔謡・忠度〕

いそぎ【急ぎ】Ⓒ《十自サ変》❶㋑せわしく行動すること。「水鳥の(=飛ビ立ツヨウニアワタダシイ)発(た)ちの―に父母にもの言(は)ず(=アイサツセズニ)来(け)にて(=来テシマッテ)今ぞくやしき」〔万葉・巻二〇〕㋺急用。「今日はその事をなさむと思へど、あらぬ(=予定外ノ)―まづいできて」〔徒然・一八九段〕 ❷したく。用意。「我も物見の―などしつるほどに、晦日(つごもり)にまた―などすめり」〔蜻蛉・上〕

いそぐ【急ぐ】Ⓑ《自四》❶せわしく行動する。「蟻のごとくに集まりて、東西に―・ぎ、南北に走る」〔徒然・七四段〕 ❷したくする。用意する。「みな人の花や蝶やと―・ぐ(=出カケヨウトシテイル)日もわが心をば君ぞ知りける」〔枕・二三九段〕

いそぢ【五十】(-ジ) Ⓓ《「ぢ」は接尾語》→ち。「天皇、年―あまり七歳」〔紀・継体・訓〕《「いそぢあまり」は「五十」の訓》

いたいけ【幼気】Ⓔ《形動ナリ》小さく愛らしい。いじらしい。「―・なお子ぢゃ」〔狂・縄綯〕

いたいけす【幼気す】Ⓔ《自サ変》かわいらしいさまをしている。「かしらけづらずといふ木の、小さくて―・したるを」〔弁日記〕

いたく【甚く】Ⓑ《副》❶《肯定文のなかで》ひどく。たいそう。「もの怨じを―しはべりしかば」〔源氏・帚木〕「さし寄せたる車の轅(ながえ)も、霜―きらめきて」〔徒然・一〇五段〕 ❷《否定文または反語文のなかで》あまり。たいして。《反語↓》「春雨に衣は―とほらめや(=ヌレテ裏ニマデシミトオルデショウカ)七日し降らば七日来じとや」〔万葉・巻一〇〕《否定↓》「いといたう遠きほどならず」〔更級〕「わがため面目あるやうに言はれぬる虚言(そらごと)は、人―あらがはず(=異議ヲ言ワナイ)」〔徒然・七三段〕

いだく【抱く・懐く】Ⓑ《他四》《「だく」の古形》❶腕でかかえる。「火桶(ひをけ)などを―・きても」〔更級〕「川の中より―・きおこしたれば」〔徒然・八五段〕 ❷かばう。「将士(いくさ)を遣はして、任那(みまな)を―・き守ること、懈怠(けだい)することなかれ」〔紀・欽明・訓〕《「いだき」は「擁」の訓》 ❸《心の中に》もつ。感じる。「天孫の垣間見(かいまみ)したまふことを知りて、深く慙(は)ぢ恨みまつることを―・く」〔紀・神代下・訓〕《「いだく」は「懐」の訓》

いたし【甚し・痛し】Ⓑ《形ク》《「程度がなみたいていでない」という基本意味から》❶ひどい。はげしい。はなはだしい。「わが岡の秋萩(はぎ)の花風をいたみ(=風ガハゲシイノデ)散るべくなりぬ(ダカラ今ノウチニ)見む人もがも」〔万葉・巻八〕 ❷㋑《精神的に》かわいそうだ。こまったものだ。「天皇この泣(さい)ち吟(よ)ぶ声を聞きて、心に―・きわざなりとおぼす」〔紀・垂仁・訓〕《「いたきわざなりと」は「悲傷」の訓》㋺《肉体的に》痛みを感じる。苦痛だ。「いとのきて(=トリワケ)―・き疵(きず)には…」〔万葉・巻五〕 ❸すぐれている。すてきだ。「造れるさま、木深く、―・き所まさりて見どころある(=ズット見バエスル)住まひなり」〔源氏・明石〕「(少年ト少女ハ)かたみに―・し(=タガイニ相手ヲステキダナ)など思ふべかめり」〔堤・ほどほど〕

いだしぎぬ【出だし衣】Ⓓ ❶直衣(のうし)の下、指貫(さしぬき)の上に着た衣(袿(うちき))のすその端を少し見せて着ること。しゃれた(場合によってはきざな)着かたである。「いだし袿(うちき)」とも。 ❷すだれの下から、女の衣のそで口、

〔いだしぎぬ❶〕

裳(も)のつまを外に出すこと。〔江戸時代の有職研究家が言い出した名称らしく、中古・中世の用例は未見〕

いだしたつ【出だし立つ】Ⓒ《他下二》❶出発させる。出かけさせる。「俊蔭十六歳になる年、唐土(もろこし)船—・てらる」〔宇津保・俊蔭〕 ❷したくして出してやる。「(姫宮ガ参内シタガラナイノヲ、マワリデ)ただ—・てに—・てて参らせたまへば」〔狭衣・巻四〕 ❸宮仕えさせる。つとめに出す。「かの遺言をたがへじとばかりに(娘ヲ)—・てはべりしを」〔源氏・桐壺〕

いた・す【致す】Ⓑ《他四》〔終点・極点まで持ってゆくという基本意味から〕 ❶㋑(そこに)行きつかせる。とどける。「すなはち疾風(はやち)をやりて、(天稚彦ノ)尸(かばね=死体)を挙げ、天(あめ)に—・さしむ」〔紀・神代下・訓〕〔「いたさしむ」は「致」の訓〕㋺(結果として)そうならせる。「年来(としごろ)たしなみ習ひたりし劫(こふ)の(=多年ノ修練ガ)—・すところか(=ソウサセタノカ)」〔梁塵・口伝集〕 ❷㋑(全部を)出し切る。しつくす。「深く信を—・しぬれば(=信仰シヌイタノデ)、かかる徳(=利益)もありけるにこそ」〔徒然・六八段〕㋺(すっかり)投げだす。「危きを見て(主君ノタメ)命(いのち)を—・すは、士卒(じそつ)の守るところにさうらふ」〔太平・巻五ノ六〕 ❸㋑「す」「行ふ」をあらたまった感じでいう表現。「入道泣く泣くその遺骸(ゆいがい)を煙となし、さまざまの作善(さぜん=供養)を—・してぞ菩提(ぼだい)を祈りたてまつりける」〔太平・巻四ノ一〕㋺〔自分について〕「す」「行ふ」の謙譲表現。「それならば—・しませうが、(ホウビニ)私のほしい物を下さるか」〔狂・二人袴〕㋩〔相手について〕「す」「行ふ」を見くだした表現。「こりゃこりゃ、随分(=ヨク)無礼のないやうに—・せ」〔伎・毛抜〕 ❹〔補動〕〔体言または体言あつかいの語に付いて〕謙譲の意を表す。「穿鑿(せんさく)—・いて求めて参りませう」〔狂・末広がり〕

いだ・す【出だす】Ⓑ《他四》〔「だす」の古形〕❶㋑外にあらわす。「御簾のうちより、女装束、宮の御衣など添へて—・す」〔紫日記〕㋺持ち出す。提供する。「酒を—・したれば、さし受けさし受け、よよと(=ゴクゴク)飲みぬ」〔徒然・八七段〕㋩外へ行かせる。「さぶらふ女房を作り立てて—・したまひて」〔徒然・二三八段〕 ❷うたう。『今様あらばや。ただ今おもしろかりなむかし』とすすむれば、(資賢ハ)かたまりて(=カタクナッテ)ゐたる。ずちなくて(=シカタナク)みづから—・す」〔梁塵・口伝集〕 ❸〔補動〕〔動詞の連用形に付き、その動詞の示す事がらが〕㋑外方に対してなされる意をあらわす。「例の妻戸(=ドア)のもとに立ち寄りたまひて、やがて(=ソノママ)ながめ—・して(=外ノホウヲボンヤリ見テ)立ちたまへり」〔源氏・夕霧〕㋺はじめて行われる意をあらわす。「木の道の工匠(たくみ)の、万(よろづ)の物を心に任せて造り—・すも」〔源氏・帚木〕

いたつき【労】Ⓔ〔中世以後は「いたづき」〕❶ほねおり。苦労。「あるは遠き所より(求婚ノタメ)いまする人あり。あるはここながら(=コノ土地ノ人デハイラッシャルガ)その—かぎりなし」〔大和・一四七段〕 ❷病気。「つひに—にかかりてければ、言ひ当てし医師(くすし)に」〔定信・花月草紙〕

いたつき【平題箭】Ⓔ さきのあまりとがっていない小型の矢じり。またはそれを付けた矢。「咲く花に思ひつくみのあぢきなさ身に—の入るも知らずて」〔拾遺・物名〕〔「つくみ」は「付く身」と鳥の「つぐみ」、また「いたつき」には病の意を掛け詞にする〕

いたづら【徒ら】(—ズラ)Ⓐ ━《形動ナリ》❶むだである。役に立たない。「はしきやし会はぬ君ゆゑ—・にこの川の瀬に玉裳ぬらしつ」〔万葉・巻一一〕「文・武・医の道、まことに欠けてはあるべからず。これを学ばむをば—・なる(=ヨケイナ事ヲスル)人といふべからず」〔徒然・一二二段〕「上人の感涙—・に(=流シ損ニ)なりにけり」〔徒然・二三六段〕 ❷むなしい。「采女(うねめ)の袖吹きかへす明日香(あすか)風都を遠み—・に吹く」〔万葉・巻一〕 ❸何もすることがない。「舟も出ださで—・なれば」〔土佐〕 ❹目的をとげずつまらない。「かくぬれぬれ参りて—・に帰らむうれへを」〔源氏・橋姫〕 ❺〔連用修飾の形で用い〕…だけのことだ。…だが、どうしようもない。英語の in vain と同様の言いかた。「(水車ヲ造ッタガ)つひにまはらで、—・に立てりけり」〔徒然・五一段〕 ━〔+形動ダ〕〔中世以後の口語で〕❶わるいたわむれ。わるふざけ。「きゃつがいろいろ—を致しまする」〔狂・真奪〕「そなたは—・な人ぢゃ」〔狂・比丘貞〕 ❷男女関係にしまりがないこと。「そのやうな—・な事があるものかいやい」〔狂・金岡〕「—かたぎの女を持ちあはす」〔西鶴・五人女・巻三ノ五〕 ——・になる つまらなく死ぬ。はかなく死ぬ。「そこに—・りにけり」〔伊勢・二四段〕「すべて—・る人多かる水にはべり」〔源氏・浮舟〕

いたで【痛手】Ⓔ (対)「薄手」〔「手」は傷の意〕重傷。「あるいは—負うて、腹かき切り、川へ飛び入る者もあり」〔平家・橋合戦〕

いたは・し【労はし】(—ワシ)Ⓒ《形シク》❶ほねがおれる。「臣(やつかれ)—・しといへども、ひたぶるに(=サッソク)その乱れをことむけむ」〔紀・景行・訓〕〔「いたはし」は「労」の訓〕 ❷たいせつだ。「父母のかなしがる(=カワイガル)人にて、限りなく—・しうまたなきものに思ふと聞きて」〔宇津保・楼上下〕「わが身は次にして人を—・しく思ふ間に」〔方丈〕 ❸かわいそうだ。きのどくだ。「(母ニ死ナレタ少女ニ対シ)—・しと思ふべき人、よりきて、『親はひとりやはある(=オ父サンハ健在ダ）。などかくはあるぞ』とて」〔蜻蛉・上〕❹病気で苦しい。「おのが身し—・しければ…うち臥(こ)い伏して…」〔万葉・巻五〕

いたはり【労り】（—ワリ）Ⓒ ❶ほねおり。苦心。「何の—もなく(=スコシモ凝ラズ)建てたる寝殿の事そぎたる(=アッサリシタ)さまも」〔源氏・松風〕❷【功】功労。てがら。「これ皆、汝の—なり」〔紀・推古・訓〕（「いたはり」は「功」の訓）❸たいせつにすること。「この—なき白妙の衣は七重にもなどか重ねたまはざらむ」〔源氏・初音〕❹相手の立場に共感・同情すること。「何の—なき僧都の御ここちにも、ことわりに悲しくおぼされて」〔狭衣・巻二〕❺病気。「今はかくばかりにて、—やめたてまつりたまへ(=ナオシテ上ゲテ下サイ)」〔源氏・手習〕「老母の—とてたびたび暇を乞ひさうらへども」〔謡・熊野〕

いたは・る【労る】（—ワル）Ⓒ ㊀《自四》❶ほねをおる。努力する。「日本武尊、まうしたまはく『臣(やつがれ)は、さきに西を討ちしに—・りき』」〔紀・景行・訓〕（「いたはりき」は「労」の訓）❷病気をする。わずらう。「—・るところはべりてなむえ参らざめる」〔宇津保・蔵開下〕㊁《他四》❶慰労する。「そのほどは—・りてさぶらはせむ」〔宇津保・俊蔭〕❷たいせつにする。ねんごろに扱う。「婿どりて限りなく—・りて住ませたてまつりたまふ」〔宇津保・藤原君〕❸介抱(かいほう)する。「(手負イヲ)—・る手先にしたふ(=ツタワル)血(のり)」〔浄・朝顔話・浜松〕

いた・む【痛む・傷む】Ⓒ ㊀《自四》❶からだにいたみを感ずる。「何事を—・んで(=痛ガッテ、ソンナニ)呻(によ)ふぞ(=ウナルノカ)」〔盛衰・巻三三ノ一〕❷苦にする。なげく。「有間皇子、みづから—・みて松が枝を結ぶ歌」〔万葉・巻二・詞〕「他の事の破るるをも—・むべからず」〔徒然・一八八段〕❸迷惑がる。「いたう—・む人のしひられて少し飲みたるもいとよし」〔徒然・一七五段〕㊁《他下二》ひどい目にあわせる。いためつける。「あまり—・めさせらるるな」〔狂・棒縛〕

いた や【板家・板屋】Ⓓ ❶屋根を板でふいた家。「住みなれぬ—の軒のひまもりて霜夜の月のかげぞ寒けき」〔新葉・雑上〕❷板ぶきの屋根。「時雨(しぐれ)・霰(あられ)は—。霜も—」〔枕・二五一段〕「かほど漏らざる—の上を、何しに苫(とま)にてふきてあるぞ」〔謡・玄象〕

いたり-【至り】Ⓔ《接頭》《近世語》「とびきり」とか「すてき」とかいった意味をそえる。——**せんさく** 穿鑿 Ⓔ 細かい点まで最上のぜいたくをすること。「人知らぬ(=目ニツカナイ)もののいり(=費用ガイリ)、次第に—の世なり」〔西鶴・一代女・巻四ノ一〕——**ものがたり** 物語 Ⓔ 教養の深さを示すような話。「(能ヤ歌道ノ事ニ関シ)—ふたつみつ、かしらに(=最初ニ)そそらずして(=落チ着キハラッテ)、万事落としつけたる(=ドッシリ構エタ)客には、太夫、気をのまれて」〔西鶴・一代女・巻一ノ四〕

いたり【至り】Ⓓ ❶極点。きわみ。「短慮の—(=浅ハカコノウエナイ考エデ)、きはめて荒涼の(=アテニナラナイ)事なれども」〔徒然・二一九段〕❷㋑(心の注意ぶかいはたらき。思慮。「あやしと思はざりけむ心の—のなさよ」〔大鏡・道長〕㋺(学問や技芸などにおけるすぐれた)知識と経験。造詣(ぞうけい)。「をりふしに(=ソノ時ソノ時ニ)しいでむ(=処理スルヨウナ)わざの、あだ事(=趣味的ナ事ガラ)にもまめ事(=実用的ナ方面)にも、わが心と(=自発的ニ)思ひ得ることなく、深き—なからむは、いとくちをしく」〔源氏・帚木〕——**ふか・し** 深し Ⓔ《連語》❶㋑思慮が深い。考えが行き届いている。「見る人ただにはえ思ふまじき(=スグニハ気ヅキソウモナイ)御ありさまを、—・き御心にて『もし、かかることもや(=アリハシナイカ)』とおぼすなりけり」〔源氏・野分〕㋺(ある道に)知識と経験がゆたかだ。「言のは・筆づかひなどは、人よりことになまめかしく(=優美デ)—・う(=教養ガ高ク)見えたり」〔源氏・須磨〕❷趣がある。よい風情(ふぜい)だ。「(明石ノ浦ハ)何の—・きくま(=コレトイッテ興趣ノアル場所)はなけれど」〔源氏・若紫〕

いた・る【至る】Ⓐ《自四》《終点・極点まで行くという基本意味から》❶㋑(そこに)行きつく。とどく。「常世(とこよ)の郷(くに)に—・りましき(=オ着キニナッタ)」〔紀・神代上・訓〕（「いたりましき」は「至」の訓）㋺(結果として)そうなる。「然るに、かくのごとき(ツマラナイ身ノ上)に—・る」〔僊叟・孔雀楼・巻一〕㋩(範囲・限度が)そこになる。そこに及ぶ。「末々の船に—・るまで、平らかに(=無事デ)のぼりたまひにき(=上京ナサッタ)」〔大鏡・実頼〕❷(行ける所まで)向上する。(すっかり)完成する。「我—・りにたり(=名人ニナッタ)とて…やや心づきなき(=感心シナイ)詞(ことば)うちまぜたれば、何によりてかは秀歌も出でらむ」〔無名抄・五一〕❸(ここまで)やって来る。「(連敗ノ相手ガ乗ルカ反(そ)ルカデ洗イザライ賭(か)ケテキタ際ハ、コンドハ彼ガ)つづけて勝つべき時の—・れると知るべし」〔徒然・一二六段〕

いた ゐ【板井】（—イ）Ⓔ 周囲を板でかこんだ井戸。「わが門(かど)の—のしみづ里遠み人しくまねばみくさ生ひにけり」〔古今・大歌所御歌〕

いち【市】Ⓓ ❶公衆の集まる場所。古代は、会議・公宴・歌垣・物品交換などがおこなわれた。「大和のこの高市(たけち)に小高る(=スコシ高クナッテイル)—のつかさ(=高イ場所ニアル)新嘗屋(にひなへや=天皇ガ新穀ヲ召シアガル儀式ノタメノ建物)に…」〔記・下〕❷㋑物品の交換または売買をする特定の場所。「(モラッタ着物ヲ)弟子一人(ガ交換ノタメ)—へ持て出でぬる間に」〔宇津保・忠こそ〕㋺

特定の場所でする物品の取り引き。「今日は寺町の—でござるによって、あれへ参り、何ぞ土産物を調へて(郷里へ)下らうと存ずる」〔狂・長光〕 ❸にぎやかな区域。繁華街。「(エビス神ハ)西の宮の—の最中(もなか)に住んで」〔狂・夷毘沙門(鷺流)〕 **—を為(な)・す** 多人数が特定の場所に集まる。「(官人タチハ)門辺(かどべ)にむらがりて—・し」〔謡・西王母〕

いち ご【一期】 Ⓓ 人が生まれてから死ぬまで。一生。「皆このあらましにてぞ(=コウイッタ期待ヲシナガラ)—は過ぐめる」〔徒然・五九段〕

いち こつ【壱越】 Ⓓ 日本式十二律の第一。(参)じふにりつ。 **—てう** 調 (—チョウ) Ⓓ 壱越を宮(基音)とする呂旋音階。(参)りつりょ。

いち だん【一段】 Ⓒ ㊀❶一つの段階。「わが身は桟敷に—高く、村濃(むらご)の大幕うたせ」〔近松・出世景清・一〕 ❷ひとくぎり。「開口人(=最初ニウタウ役)出でて、指し声より次第・一謡まで(ガ)—」〔能作書〕 ㊁〘副〙ひときわ。いっそう。「これは—とようおりゃらう」〔狂・武悪〕「—おもしろい事ぢゃ」〔狂・禁野〕 ㊂〘形動ナリ〙たいへん結構だ。何より。「『お陰で万事かたじけない』と言へば、源十郎『—、—(=ソリャヨカッタ)』」〔近松・歌念仏・中〕 **—の** Ⓔ〘連体〙特にすぐれた。とびきりの。「これへ—者が参る」〔狂・蚊相撲〕「—馬に乗り、かけさせて通る」〔咄・醒睡笑・巻七〕

いち ぢゃう【一定】(—ジョウ) Ⓓ ㊀【〔+形動ナリ〕】(対)「不定」 確実なこと。かならずそうなること。「『それは、まことか』『まことぢゃ』『真実か』『—・ぢゃ』」〔狂・宗論〕「それがし(=ワタシガ)むなしくなるならば(=死ンダラ)、義兵をおこす(ノハ)—・なり(=決定的ダ)」〔浄・綱公時最期・二〕 ㊁〘副〙きっと。まちがいなく。「欣求(ごんぐ)(=浄土ヘノ熱望)だにも深くは、—往生はしてむ」〔一言芳談・下〕

いちにち ぎゃう【一日経】(—ギョウ) Ⓔ 供養のため、ある経の全巻をおおぜいで一日のうちに写すこと。多くは法華経だが、他経の場合もある。「頓写(とんしゃ)」とも。「—を書き供養して、この苦患(くげん)を救ひさうらへ」〔太平・巻二〇ノ一三〕

いち にん【一人】 Ⓓ ❶㋑自分ひとり。「良峯も…遁世(とんせい)と聞き、—に限らぬ思ひの色(=悲シミニ沈ムノハ自分ダケデハナイ)」〔謡・墨染桜〕 ㋺ひとりの人。「大勢ござさうらふ間、—も通し申すまじくさうらふ」〔謡・安宅〕 ❷天子。「必ずしも(天皇ガ)みづから思(おぼ)し寄るにはあらざりけめど、『責め—に(アル)』と言ふらむことにや」〔増鏡・新島守〕 **—たうぜん** 当千 (—トウ—) Ⓔ 一人で一〇〇〇騎に相当するほど剛勇であること。「いっきたうぜん」とも。「あっぱれ剛(かう)の者かな。これをこそ—の兵(つはもの)ともいふべけれ」〔平家・二度之駈〕

いち ねん【一念】 Ⓓ ㊀❶〔仏〕㋑〘「念」はきわめて短い時間の単位〙一瞬間。「なんぞただ今の—において直ちにする事の、はなはだ難き」〔徒然・九二段〕 ㋺現在の瞬間の心。「生死本源の形は、男女和合の—(カラ生ジタモノダ)」〔一遍上人語録〕 ❷〔仏〕(対)「十念・多念」 一声、仏の名をとなえること。「—申せば、八十億劫(こふ)の罪を滅し、十念申せば、十八十(とはちじふ)億劫の重罪を滅して往生す」〔歎異抄〕「行(ぎゃう)(=実践)をば多念(=念仏ヲタクサン唱エルコト)に取り、信をば—に取るべきなり」〔著聞・釈教〕 ❸ひたすら思いつめた心。「景清が—の剣(つるぎ)は岩を通さむものを」〔近松・出世景清・二〕 ㊁〘副〙ただ一すじに。ひたすら。「(阿弥陀仏ノ)名号を不思議(=知識デハトラエラレナイ絶対ノモノ)と—信じ唱へつるうへは、なんでふ(=ドウシテ)わがはからひをいたすべき(=個人的解釈ヲ加エテヨイモノデショウカ)」〔末燈鈔〕〘一仏・一経に専心修行するという意を認めるのは誤り。そのような用法はない〙

いち の【一の】 Ⓓ〘連体〙❶第一番めの。「ただ(=普通)の連歌にも、—懐紙の表のほどは、しとやかの連歌をすべし」〔筑波問答〕 ❷最高度の。最高級の。「—廐(まや)にたてて(=入レテ)…なでかはれける(=大事ニナサッタ)馬」〔平家・物怪沙汰〕 **—かみ** 上 Ⓓ その時の大臣のうちの最上席の者。ふつうは左大臣をいうが、太政大臣のいる時は、それをさす。(参)さだいじん。「—にては、そこ(=忠雅)にこそものしたまへ(=オイデナンデス)」〔宇津保・国譲下〕〘↑忠雅は太政大臣〙「(師長ノ家ハ)—こそ先達なれども(=左大臣ドマリガ先例ダケレドモ)、父宇治の悪左府の御例、そのはばかりあり(ソノタメ特ニ太政大臣トナッタ)」〔平家・俊寛沙汰〕 **—ひと** 人 Ⓓ ❶摂政(せっしょう)・関白(かんぱく)。「—の貞信公」〔大鏡・道長〕 ❷「いちのかみ」に同じ。「左の大臣の—と言ひながら、美麗ことのほかにてまゐれる」〔大鏡・時平〕 **—みや** 宮 Ⓔ ❶第一皇子。「ただいまは(=サシアタッテ)、—のおはしますを頼もしきものにおぼし」〔大鏡・道隆〕 ❷㋑その国で第一の社格をもつ神社。「信濃の国の—をば諏訪の上の宮と申す」〔神道集・巻四ノ一七(東洋文庫本)〕 ㋺「㋑」のある土地。「—(ヲ出テカラ)日数つもりて清洲の宿」〔仮名・竹斎・下〕

いち はや・し【〈逸〉早し】 Ⓓ〘形ク〙❶㋑(威勢が)はげしい。猛烈だ。「浦の神—・し。人あへて近づかず」〔紀・欽明・訓〕〘「いちはやし」は「厳忌」の訓〙「熱田の神、—・くおはしまして…無礼をいたす者をば、やがてたちどころに罰せさせおはしましければ」〔宇治・巻三ノ一四〕 ㋺(性格が)きつい。「后の御心—・くて、(気ガネスルオ方ガナクナラレタ以上）かたがた（＝アレコレト）おぼしつめたる（＝ガマンデキナイ）事どものむくい（＝シカエシヲ）せむとおぼすべかめり」〔源氏・賢木〕㋩（状態が）きびしい。「（本妻ガ）―・く（＝ビシビシト）言ひければ、（夫ハ）近くだにえ寄らで」〔大和・六四段〕 ❷㋑せかせかしている。せわしい。「時すぎたる（＝老イタ）鶯、鳴き鳴きて、木のたち枯らし（＝枯レ木）に（トマッテ）『ひとく、ひとく』とのみ―・くいふ」〔蜻蛉・中〕㋺（とくに）早い。「かく、にはかに（ムスコヲ大将ニ昇任サセテイタダキマシタ、ソノ身ニ）あまる喜びをなむ、（ワタクシハ）―・き（＝早スギル）ここちしはべる」〔源氏・若菜上〕㋩（効果が）すぐだ。てきめんだ。「こはき（＝頑強(がんきょう)ナ）ものの怪(け)（ノ調伏）にあづかりたる（＝ツカマッタ）験者(げんざ)（＝祈禱師）、験だに―・からばよかるべきを、さしもあらず」〔枕・一五七段〕《「御威(いつ)」の「いつ」と「いち」は同じ語源と思われる。「威勢の発現が急激だ」というのが原義であろう。枕詞「ちはやぶる」は「いちはやし」と同じ語源の動詞「いちはやぶる」の省略形で「威勢が強烈な」の意により「神」にかかる》

いち‐み【一味】Ⓓ ㊀〔仏〕同質であること。仏の説き方はさまざまでも、結局は同じ理に帰するということを示すのに使う語。「延暦（寺ト）園城（寺トハ）―の仏法なり」〔盛衰・巻一〇ノ七〕 ㊁《十自サ変》同じなかま（になること）。「さては、おのれは、不奉公者の武悪とは―・せうず」〔狂・武悪〕「沖つ潮風のほかは―（バカリ）の船の中、聞く人もなし、見る人なし」〔近松・博多小女郎・上〕

いち‐もつ【逸物】Ⓓ 特にすぐれたもの。とびきり。「―なる牛の据ゑ飼うたるを」〔平家・猫間〕

いち‐もん【一門】Ⓑ ❶（そうとうの家がらについて）同じ家系に属すること。同族。「当家傾けうずる謀反(むほん)のともがら、京中に充ちたんなり。―の人々にも触れ申せ」〔平家・西光被斬〕 ❷同じ流派。同じ宗派。「―の同学（デアル）五眼房故葉上僧正の弟子」〔正法眼蔵随聞記・第一〕 ❸この宗旨。《「一」は the very にあたる意》「幸ひに有縁の知識に依らずは（＝御縁ノ深イ先生ニ導カレルノデナカッタラ）、いかでか（＝ドウシテ）易行(いぎやう)の―（＝浄土仏教トイウコノ宗門）に入ることを得むや」〔歎異抄〕

いち‐ゑん【一円】（‐エン）Ⓓ《副》❶（肯定文の中で）全部。すっかり。「河口の庄をば、―に家中の料所（＝領分）にぞなしたりける」〔太平・巻三九ノ五〕 ❷（否定文の中で）少しも。全然。「これ（＝コノ商売）も（季節ハズレノ）春にまかりなり、―埒(らち)あき申さず（＝テンデ物ニナリマセン）」〔西鶴・文反古・巻一ノ三〕

いつ‐【厳・威】Ⓔ《接頭》名詞に付き「神聖な」「尊く清浄な」等の意を添える。「―橿(かし)」「―柴(しば)」「―幣(ぬさ)」「―媛(ひめ)」等。《「いつ」が「の」を伴わず「烈しい」の意を添えることもあってよさそうだが、その用例は未見》 **―の** Ⓔ《連語》❶神聖な。尊く清浄な。「―真屋(まや)（＝家）に粗草(あらくさ)を―席(むしろ)と苅(か)り敷きて」〔祝詞・出雲国造神賀詞〕 ❷烈しい。「―男建(をたけ)び踏み建(た)びて（＝大地ヲ猛烈ニ踏ミツケテ）」〔記・上〕《原文「伊都之」と表記》

いつ【何時】 **―か** Ⓓ《連語》❶（過去の）いつの時かに。いつの間に。「ぬれてほす山路の菊の露のまに―千年を我は経にけむ」〔古今・秋下〕 ❷（未来の）いつの時かに。いつでもよいから（なるべく早く）。「わがやどの池の藤なみさきにけり山ほととぎす―来鳴かむ」〔古今・夏〕 **―かは** Ⓓ《連語》《反語》いつ…だろうか（けっして…でない）。「かく憂き（＝コンナナサケナイ）ことは―ありける（＝ソンナハズハナイ）とのみ思ふも」〔建礼〕「ほととぎす世にかくれたるしのびねを―聞かむ（＝聞ケナクナルハズダ）今日（＝四月末日）もすぎなば」〔和泉日記〕《「花の梢(こずゑ)また―と心細し」〔芭蕉・奥の細道〕によって「いつになったら」の意を認める説もあるが、これは「かしこまる幣(ぬさ)に涙のかかるかなまた―と思ふあはれに」〔山家・下〕によった表現で、「再び見ることができようか（見られそうもない）」の意に解するべきである。そのほうが「心細し」の感じも生きる》 **―となし** Ⓓ《連語》❶いつと判明しない。きまった限度がない。「法皇の―・う（＝無期限ニ）鳥羽殿におしこめられてわたらせたまふ」〔平家・厳島御幸〕 ❷常時だ。いつもである。「―・く（＝休ミナシニ）塩焼く海人(あま)の苫庇(とまびさし)久しくなりぬ逢はぬ思ひは」〔新古今・恋二〕

い・づ【出づ】（‐ズ）Ⓑ ㊀《自下二》でる。「この客いまや―・づると絶えずさしのぞきて」〔枕・一七九段〕「行く末は空もひとつのむさし野に草の原より―・づる月影」〔新古今・秋上〕 ㊁《他下二》❶だす。「いとあはれと物を思ひしみながら言(こと)に―・でても聞こえやらず」〔源氏・桐壺〕 ❷《補動》《動詞の連用形に付き、その動詞の示す事がらが》これまで無かった意を示す。「文章(もんざう)博士召して、願文作らせたまふ。…あはれげに書き―・でたまへれば」〔源氏・夕顔〕

いっ‐かう【一向】（‐コウ）Ⓑ ㊀《副》❶もっぱら。ひたすら。「―に、さるべきこと（＝当然ソウスベキ御用ハ）、今に（＝現在モ）うけたまはるところなれど（＝オヒキウケシテイルノデスガ）、いと益(やく)なし」〔源氏・夕霧〕 ❷㋑すべて。ことごとく。全部。「そのころの叙位（＝位階昇進）除目(ぢもく)（＝定期異動）と申すは…ただ―平家のままにてありしかば」〔平家・鹿谷〕㋺全く。まるまる。まるっきり。一〇〇パーセント（…だ）。「（連歌ニトッテ）才学はあながちにいるべからず（＝学識ハソウソウ必要デハナイ）。ただしまた、―に無沙汰にては(＝マルッキリソノ方面ニ暗イノデハ)上手の名とりがたし」〔連理秘抄〕「これら(＝コノ連中)は―食をむさぼる犬猫の如し」〔風来・根南志具佐・巻三〕 ❸《下に否定の語を伴って》全然…(ない)。全く…(ない)。少しも…(ない)。「(本歌取リノシカタハ)さながら(＝マルッキリ)古物(ふるもの＝古歌ドオリ)のやうなるもわろし、また―本歌と聞こえぬも(＝ワカラナイヨウナノモ)詮なし(＝ダメダ)」〔連理秘抄〕 ❹かえって反対に。いっそのこと。「運強き重忠にて、我らが知略あらはれ(＝計略ガ露見シテ)、本意なくも(＝残念ニモ)うち損じ(＝重忠ヲウチニガシ)、―に重忠とさしちがへ死なむとは思ひしが」〔近松・出世景清・二〕 [二]《形動ダ》《近世語》まるっきりだめだ。てんで問題にならない。話にならない。「こいつぁ(＝コノ茶入レハ)…金一枚くらゐかの(＝大判一枚グライノ値カネ)。こっちらは(＝ワタシノ方ハ)―・なものだ。とんだ(＝トンデモナイ)ねきものだ(＝売レ残リダ)」〔洒・総籬〕 [三] [略] 一向宗。浄土真宗の別名。 **――せんじゅ** 専修 Ⓔ《十形動ナリ》ただひたすらに阿弥陀如来の本願を信じて念仏修行をすること。「―の人においては回心(えしん)といふこと(＝心ヲヒルガエシテ阿弥陀如来ニ帰依スルトイウコト)ただひとたびあるべし」〔歎異抄〕

いづかた〔何方〕(イズ―) Ⓒ《代》❶どの方向。どの場所。「―にも、うつろひ行かむ日をいつとも知らじ」〔源氏・夕顔〕「知らず、生まれ死ぬる人、―より来たりて―へか去る」〔方丈〕「―へ行かうぞな」〔狂・武悪〕 ❷《比較した場合に》どちら。「―につけても、人悪くはしたなかりける御物語かな」〔源氏・帚木〕「―ざまにも後ろめたき方なく」〔紫日記〕 ❸《近世語》どなた。「いやいや―もこよひのこと」〔近松・油地獄・下〕

いつき〔斎〕 Ⓓ [略] いつきのみこ・いつきのみや③④。「これすなはち日本にて、いにしへ内親王を―として宗廟(そうべう＝皇室ノ祖先ノミタマヤ)へ奉らしたまふがごとし(＝奉仕サセナサッタヨウナモノデアル)」〔馬琴・弓張月・三三回〕 **――のみや** 斎の宮 Ⓒ ❶神をまつるところ。「渡会(わたらひ)の(＝ニアル)―ゆ(＝カラ)神風にい吹き惑はし…」〔万葉・巻二〕 ❷㋑天皇がみずから神をまつるために籠られる所。「天神地祇をまつらむとして、天下ことごとくに祓禊(おほみはらへ)す。―を倉梯の河上に竪(た)つ」〔紀・天武・訓〕《「いつきのみや」は「斎宮」の訓》㋺大嘗(だいじょう)祭の時の悠紀(ゆき)・主基(すき)の神殿。「己卯(つちのとう)大嘗す。備前の国を由機(ゆき)となし、播磨の国を須機(すき)となす。…内の物部を率ゐて神楯を―の南北二門に立つ」〔続紀・神亀元年一一月〕《「いつきのみや」は「斎宮」の訓》 ❸→さいぐう①・さいゐん①。「いつかまた(伊勢ノ)―の斎(つい)かれて(＝神ニ奉仕ナサッテ)注連(しめ＝シメナワ)の御内(＝境内)に塵を払はむ」〔山家・下〕 ❹→さいぐう②・さいゐん②。「大来皇女伊勢の―より京に上る時の御作歌」〔万葉・巻二一・詞〕《原文「斎宮」と表記》「ちはやぶる(＝枕詞)―(＝加茂ノ斎院)の庭の松幾らの千代をもとめかぞへむ」〔元輔集〕 ❺[略]斎宮寮(いつきのみやのつかさ)。「③」に関するいっさいの事務をつかさどる役所。「国の守(かみ)(＝国司デ)、―の頭(かみ＝長官ヲ)かけたる(人)」〔伊勢・六九段〕

いつ・く Ⓓ [一]〔斎く〕《自四》(けがれのないように心身を清め神に)仕える。「これ(＝コノ鏡ガ)すなはち伊勢に―・きまつる大神なり」〔紀・神代上・訓〕《「いつきまつる」は「崇秘」の訓》 [二]〔傅く〕たいせつに世話する。だいじにする。「故大納言(ガムスメヲ)内裏(うち)に奉らむなど、かしこう(＝タイソウ)―・きはべりしを」〔源氏・若紫〕

いづく〔何処〕(―ズ―) Ⓒ《代》《不定称》どこ。「―にか舟はて(＝停泊)すらむ安礼の崎こぎたみ(＝コギ回ッテ)ゆきし棚なし小舟」〔万葉・巻一〕「その後は在所を―とも知らざりしに」〔平家・祇王〕

いつく・し〔厳し〕 Ⓒ《形シク》❶おごそかである。神聖である。「そらみつやまとの国は皇神(すめかみ)の―・しき国…」〔万葉・巻五〕 ❷りっぱである。端正である。「(母君ハ)いかにさびしげにて、―・しき(源氏ノ)御さまを待ち受けきこえたまふらむ」〔源氏・行幸〕 ❸うつくしい。かわいらしい。「主上ことしは八歳にならせたまへども…御形―・しう、あたりも照り輝くばかりなり」〔平家・先帝身投〕

いっけん〔一見〕 Ⓓ《十他サ変》ちょっと見ること。ひとわたり見ること。「我このほど都にさうらひつるが、なほなほ諸国―の望みさうらふ」〔謡・江口〕

いづこ〔何処〕(―ズ―) Ⓒ《代》《不定称》どこ。「春霞立てるや―みよしのの吉野の山に雪は降りつつ」〔古今・春上〕 **――とも無・し** 落ち着きどころがない。「―・くて(＝身ノ振リカタガツカズニ)おはする仏かな」〔更級〕

いつしか〔何時しか〕 Ⓑ [一]《形動ナリ》あまりにも早い。取り急いだ。「春宮位につかせたまふ。安徳天皇と申す。わづかに三歳にぞならせたまふ。―・なり」〔盛衰・巻一二ノ九〕 [二]《副》❶《すでにおこった事態について》いつのまにか。早くも。もう。「うぐひすばかりぞ、―音したるを、あはれと聞く」〔蜻蛉・下〕「官(つかさ)待ち出でて後(＝適当ナ官ヲ得テカラ)―(＝手マワシヨク)よき所たづね取りて住みたるこそよけれ」〔枕・一七七段〕「―、人の口なれば(＝世人ノ評判ノコトダカラ)、新摂政殿をば『かるの大臣』とぞ申しける」〔平家・法住寺合戦〕 ❷《これからおこるはずの事がらに対し待ちこがれる気持ちで》早く。できるだけ早い時機に。「―この事、典薬(てんやく)の助に語らむと思ひて」〔落窪・巻二〕「けしきども(＝様子ヲ)―聞かまほしく、おくゆかしき(＝知リタイ)ここちするに」〔大鏡・序〕 **—と** Ⓐ〘連語〙❶早くも。さっそく。「夕つかた、—霞みたる空を…ほのかに見て」〔紫日記〕 ❷㋑まだかまだかと。早く…ないかなあと。「夜の遅く明くるを(＝ナカナカ明ケナイノヲ)、—待つほどに」〔今昔・巻二六ノ三〕㋺(待ちかねて)さっそく。はやばやと。「(ソノ女性ガ)参りぬと聞きたまひて、—御前に召す」〔寝覚・巻二〕

いっしょ【一所】Ⓓ ❶㋑一つの場所。「などか荒郷(くわうきやう)(＝ヨクナイ土地ヲ)—賜ひて、貧道破壊の伽藍(がらん)(＝スカンピンノ破レ寺ノ再建)を助けたまはざらむ」〔盛衰・巻一八ノ三〕㋺同じ所。「二人ともに—にて討たれぬ」〔太平・巻三八ノ四〕 ❷ひとり。〘敬意を含む。多くは尊敬語をともなう〙「小松殿の君達(きんだち)—向かはせたまひて(＝オ出カケナサッテ)」〔平家・太宰府落〕 **—けんめい** 懸命 Ⓔ 賜った領地だけを生活の本拠とし、たいせつにすること。「忠(＝恩賞)には、—の地を安堵(あんど)つかまつる(＝確保イタシマス)やうに御推挙にあづかりさうらはむ」〔太平・巻一一ノ一〕〘明応五年版節用集に「一所懸命」を挙げ、それに「地」と注する〙

いったん【一旦】Ⓔ ㊀一時的であること。しばらくの間。「わが君(＝義経)も人の申しなし(＝告ゲロ)にて—の御恨みことにてこそさうらふらめ(＝アナタ方ヲオ恨ミナサッタノハ一時的デ、スグニナオルコトデショウ)」〔謡・錦戸〕 ㊁〘副〙臨時に。一時的に。しばらくの間。「かのみづうみは往古(わうご)の(＝昔カラノ)淵(ふち)にあらず。—山河(＝谷川)をせきあげてさうらふ(＝セキトメテ作ッタモノデス)」〔平家・火打合戦〕

いづち【何方・何処】(ーズー) Ⓒ〘代〙〘不定称〙❶どの方角。どちら。「霞ゐる富士の山辺にわが来なば—向きてか妹が嘆かむ」〔万葉・巻一四〕「さみだれに物思ひをればほととぎす夜ふかく鳴きて—行くらむ」〔古今・夏〕 ❷どこ。「かなし妹を—行かめと山菅(やますげ)のそがひに寝しく今しくやしも」〔万葉・巻一四〕「ただ—も—も行きもしなばや、と思ふに」〔枕・二七七段〕

いつつ【五つ】Ⓓ (略)五つ時。近世では、江戸において春分の時で、朝五つが中央標準時の午前七時二二分から九時三五分まで、夜五つが午後八時一六分から一〇時二分まで(橋本万平氏計算)。(参)とき㊀①。

いってい【一体】Ⓓ 歌論・能楽論などでいう風体(様式)の一つ。ある一つのスタイル。「その—に入りふして(＝専念シテ)、余体を捨てよとにはさうらはず」〔毎月抄〕「一方の花(＝表現効果)をとりきはめたらむ(＝マスターシタ)為手(して)(＝役者)は、—(ダケ)の名望(＝好評)は久しかるべし」〔花伝・三〕

いっぱ【言っぱ】Ⓔ〘連語〙(「言ふは」の促音化)…というのは。「そもそも相(＝人相鑑定)と—」〔盛衰・巻一五ノ八〕「それ山と—、塵泥(ちりひぢ)よりおこって天雲かかる千畳の峰」〔謡・山姥〕

いっぽん【一品】Ⓓ 親王の位の最高。(参)ほん。

いつま【暇】Ⓔ〘古代東国方言〙いとま。ひま。「わが妻も絵にかきとらむ—もが旅ゆくあれは見つつしのはむ」〔万葉・巻二〇〕

いづら【何ら】(ーズー) Ⓒ ㊀〘代〙どこ。どこに。「—と見まはしたまふに」〔源氏・初音〕「—、猫はこちゐてこ(＝コチラヘツレテ来ナサイ)」〔更級〕 ㊁〘感〙〘中古語。人を促すときにいう〙さあ。何をしてるんだ。「『—』と宣ふに、しかじかと申す」〔源氏・帚木〕〘眼前にいる小君に対し、「さあ」と返事をうながす場面〙

いづれ【何れ】(ーズー) Ⓑ ㊀〘代〙❶〘不定の範囲の事物の中から一つをとりだすのにいう〙どの。「—の御時にか(＝ドノ帝ノ御代ノ事デアッタカ)、女御・更衣、あまたさぶらひたまひけるなかに」〔源氏・桐壺〕「あれは(＝コレハ)—の宮と申すぞ(＝何宮トオ呼ビスルノカ)。いかなる神をあがめたてまつるぞ(＝オ祭リ申シアゲテイルノカ)」〔平家・願書〕 ❷〘きまっている二つのうちの一つをえらぶにいう〙どちら。どれ。「こなた(＝アナタ)は幼い娘御達(むすめごだち)の世話、われらは成人の与兵衛に世話をやく。—の道にも(＝幼児ト大人ノドチラニシテモ)子に世話やむは(＝世話ニ骨ヲ折ルノハ)親の役」〔近松・油地獄・下〕 ❸どこ。「—か幻の栖(すみか)ならずや(＝仮ノ宿リバカリダ)」〔芭蕉・幻住庵記〕 ㊁〘副〙どうせ。どっちみち。「『(アノ男ヲ)側近う使ふには、ちとむさい(＝キタナイ)なあ』『—、きれいにはございませぬ』」〔狂・粟田口〕 **—も** Ⓔ〘代〙軽い敬意をもつ第二人称。あなたがた。皆さん。「—も—ぢゃ。…なぜに誘うてはくれられぬぞ」〔狂・千切木〕

いで Ⓒ ㊀〘感〙❶〘他人に対しうながす気持ちで〙さあ。「—あそばさむや。御琴参れ」〔源氏・紅梅〕「—、聞きたまへや。歌一首作りてはべる」〔大鏡・後一条院〕 ❷〘自分の意思が決まったという感じで〙どれ。どりゃ。〘英語のwellにこの用法がある〙「—、見む。誰(た)が子ぞ」〔蜻蛉・下〕 ❸〘感動の意で〙ほんとに。まあ。いやどうも。実に。「—いかに吾がかく恋ふるわぎもこがあはじといへることもあらなくに」〔万葉・巻一二〕「—(＝マア)、いとわろくこそおはしけれ(＝人ガワルクテイラッシャルワネ)」〔枕・八段〕「—、興ありのわざや」〔大鏡・後一条院〕「—(＝アラ)、憎や(＝イヤダワ)。わが夢にたしかに見つるぞかし」〔今昔・巻三一ノ一〇〕 ❹〘軽い否定の気持ちで〙さあね。「—、およずけたる(＝コマッチャクレタ)事は言はぬぞよき」〔源氏・帚木〕「—、さもはべらず」〔大鏡・序〕 ㊁〘接続〙〘あらたまって語り出すとき、これからがその話だという気持ちを示し〙さて。「—、また、いみじくはべりし事は」〔大鏡・昔物語〕

いで Ⓑ《接助》《中世以後の口語で、活用語の未然形に付く》否定しながら下に続ける。中古語の「で」にあたる。…ないで。「その心(=女好キ)を離れさせられ—は(=オ離レニナラナクテハ)、御出家とは申されますまい」〔狂・水汲新発意(鷺流)〕「どこまでもその一通(ノ密書ヲ)取りもどさ—おくべきか」〔伎・三升玉垣・一ノ三〕

いで あ・ふ【出で会ふ・出で逢ふ】(—ア〈オ〉ウ) Ⓔ《自四》❶(相手のいる所に)出てあう。面会する。「入道(仏御前ニ)—・ひ対面したまひて」〔平家・祇王〕❷たがいに出て戦う。立ち向かう。「二人河原へ—・ひて、心ゆくばかりに(=存分ニ)つらぬきあひて」〔徒然・一一五段〕

いで いで Ⓓ《感》「いで」の強調形。「—(=ウーン)、いといみじうめでたしや」〔大鏡・後一条院〕「—(=ドレドレ)、わごぜ(=オマエ)があまりに言ふ事なれば、見参(げんざん)して(=イチオウ会ッテカラ)帰さむ」〔平家・祇王〕

いで いり【出で入り】Ⓓ❶㋑出ることとはいること。「—の月を(盲目ノタメ)見ざれば明け暮れの夜の境をえぞ知らぬ」〔謡・弱法師〕㋺(ある家に)いつも交渉をもつこと。「—の者も、みな悪所(=遊郭)にして…金子(きんす)十両、無理借りにするやら」〔西鶴・置土産・巻一ノ三〕❷㋑もめごと。「ちと女房ごと(=女性関係)の—で御座ある」〔咄・醒睡笑・巻一〕㋺訴訟。「相定めし事さへ、その約束を延ばし、—になる」〔西鶴・永代蔵・巻一ノ三〕《(1)原文「出入」に「いでいり」と振りがな。他の用例は「でいり」か振りがな無しかである。(2)他に「身のこなし」「ふるまい」の意を認める説もあるが、その用例を調べると、①㋑の意に解すべきものである》

いで い・る【出で入る】Ⓓ《自四》❶(同じ人や物が)出たりはいったりする。「かうのみ(=コンナニ)しれがましうて(=バカゲタグアイデ宮邸ヲ)—・らむも、あやしければ(=変ナモノダカラ)、今日はとまりて、心のどかにおはす」〔源氏・夕霧〕❷(別人が)一方は出るし、他方ははいる。「今の主(あるじ)も、前(さき)のも、手とりかはして、酔(ゑ)ひ言にこころよげなる言(こと)して、—・りにけり(=前ノ守(かみ)ハ外ニ出ルシ現主人ハ内ニハイッタソウダ)」〔土佐〕

いてき【夷狄】Ⓔ 野蛮人。未開民族。「像(かたち)花にあらざる時は—にひとし」〔芭蕉・笈の小文〕

いで ぎえ【出で消え】Ⓔ《十自サ変》㊉「いでばえ」出してはみるが、はえないこと。「かかるをりふしの(=神前ナンカデノ)歌は、例の上手めきたまふ男たちも、なかなか—・して」〔源氏・若菜下〕

いで・く【出で来】Ⓑ《自カ変》❶出てくる。「別当とおぼしき人—・きて」〔更級〕❷発生する。おこる。「地獄に乱こそ—・きたれ」〔伽・一寸法師〕「わが後にまたよき考への—・きたらむには、必ずわが説になななづみそ(=トラワレルナ)」〔宣長・玉勝間・巻二ノ四五〕❸あらわれる。「風も吹かず、よき日—・きて(=上天気ニナッテ)漕ぎゆく」〔土佐〕

いで たち【出で立ち】Ⓒ❶《十自サ変》出かけること。出発。旅立ち。またはその用意。「—・する(=コレカラ旅ニ出ル)所には、馬要する(=ゼヒ必要ナ)ものぞかし」〔今昔・巻一六ノ二八〕❷家から出た所にあること。「忍坂(おさか)の山は走り出の(=家カラカケ出タ所ニアル)よろしき山—のくはしき(=デリケイトナ)山ぞ…」〔万葉・巻一三〕❸《十自サ変》出世。立身。「大臣の後(=子孫)にて、—もすべかりける(=当然出世モスルハズダッタ)人の、世のひがものにて(=非常ナヘンクツ屋デ)、交じらひもせず」〔源氏・若紫〕❹よそおい。みなり。扮装(ふんそう)。「若衆—にさまを変へ」〔近松・国性爺・四〕 **—いそぎ** 急ぎ Ⓔ❶出発のしたく。「このごろの—を見れど何事も言はず」〔土佐〕❷死にじたくを婉曲(えんきょく)にいう。「世に心とどめたまはねば—をのみおぼせば」〔源氏・椎本〕

いで た・つ【出で立つ】Ⓒ《自四》❶㋑出て行く。出かける。「ただ院の御物詣でにて—・ちたまふ」〔源氏・若菜下〕㋺旅立つ。「けふよりはかへりみなくて大君のしこのみたてと—・つ我は」〔万葉・巻二〇〕❷ある場所へ行き、立ちどまる。「天(あめ)の川原に—・ちてみそぎてましを…」〔万葉・巻三〕❸㋑身じたくする。用意をする。「(住居ヲ移スノデ)いとうれしと思ほして、人知れず—・つ」〔源氏・東屋〕「この茶椀・茶入れ一つの価をもっては、よき侍五人は—・つべし(=武装ガデキル)」〔仮名・浮世物語・巻三ノ四〕㋺扮装(ふんそう)する。「およそ、物狂ひの出で立ち(=扮装)、似合ひたるやうに—・つべきこと、是非なし(=モチロンダ)」〔花伝・二〕❹出世する。「いかでさるべきふみども疾く読み果てて、まじらひもし、世にも—・たむと思ひて」〔源氏・少女〕

いで ばえ【出で映え】Ⓔ《十自サ変》㊉「いできえ」その場に・出て(出して)いっそうりっぱに見えること。「常は(=イツモハ)少しそばそばしく(=ツンケンシテイテ)心づきなき人の(=気ニクワナイ女ガ)、をりふしにつけて(=何カノ時ニ)—・するやうもありかし(=スルコトガ適切デ、ハット感心スルヨウナ事モアルモノデスネ)」〔源氏・帚木〕

いで ま・す【出でます】Ⓒ《自四》❶「出づ」の尊敬語。「君とをりをり—・して遊びたまひし…」〔万葉・巻二〕❷「行く」「来」「居り」の尊敬語。「毛ごろもを春冬まけて—・しし宇陀の大野は思ほえむかも」〔万葉・巻二〕

いで や Ⓒ《感》《「いで」を強めた言い方》❶(否定・反発・嘆息の気持ちを表す。中古では原則としてこの用法)いやもう。いやどうも。「—、さりとも(=アンナ事ヲ言ッテドウセ)なにばかりのことか(=ドレホドノ事モ話セルモノ

い

カ)」〔大鏡・序〕 ❷㋑《肯定的な感動・詠嘆を表す》ほんとうに。まことに。「—、唐土(もろこし)の廬山(ろさん)といはむも、またむべならずや」〔芭蕉・野ざらし〕㋺《意思・命令を表す文の中で》決定的な気分を示す。「—(=サア)月のあるじに酒ふるまはむ」〔芭蕉・更科〕

いで ゐ【出で居】(—イ) Ⓓ ❶(へやなどの)外に出てすわること。「例は(=イツモハ)ことに端近なる—などもせぬを、水際(みぎは)の氷など見やりて」〔源氏・薄雲〕 ❷《寝殿造りの家で》南庇(ひさし)の間に設けたへや。明るいので、客間に使った。「夜に入りて帰りたりけるに、—に火をだにもともさず、装束はぬぎたれども畳む人もなかりけり」〔著聞・好色〕 ❸《宮中で》競射や相撲(すまふ)等のとき、庭上に設ける臨時の席。「内裏(うち)の賭弓(のりゆみ)の事ありて…(道綱ハ)—につきて、賭け物(=賞品ヲ)取りて退(まか)でたり」〔蜻蛉・中〕

いで・ゐる【出で居る】(—イル) Ⓓ《自上一》(へやなどの)外に出てすわる。「みな人の寝たる夜中ばかりに、縁に—・ゐて」〔更級〕

いと Ⓐ《副》❶《肯定文のとき》非常に。たいそう。実に。「その里に—なまめいたる女はらから住みけり」〔伊勢・一段〕「—せめて(=痛切ニ)思ふ心を年の内に春来る事も知らせてしかな」〔蜻蛉・下〕 ❷《否定文のとき》たいして。あまり。「—やむごとなき(=高貴ナ)きは(=身分)にはあらぬ(オ方)が」〔源氏・桐壺〕 **——しも** Ⓓ《連語》《否定文の中で》それほどは(…でない)。そんなにまでは(…でない)。「故左兵衛の督(かみ)は、人がらこそ—思はれたまはざりしかど…世を響かす御孫の出でおはしましたる、なきあとにも(世間カラノ受ケガ)いとよし」〔大鏡・道長〕 **——も** Ⓒ《連語》❶ほんとうに。たいそうまあ。「帝(みかど)の御位は—かしこし(=申スモオソレ多イ)」〔徒然・一段〕 ❷《否定の語を伴って》否定がある程度である意をあらわす。そうまでは。たいしては。「われも僻事(ひがごと)す(=誤ルコトガアル)と思へる気色(けしき)にて、—あらがはず(=アマリ反論モシナイ)」〔無名抄・六〇〕

いとき な・し【幼きなし・稚きなし】Ⓓ《形ク》❶(年齢的に)小さい。おさない。「—・きよりなづさひし(=ナレシタシンダ)者」〔源氏・夕顔〕 ❷(感じが)子どもっぽい。幼児めいている。「—・き手して(=筆跡デ)薄鈍(うすにび)の紙にて(書イテアル)」〔蜻蛉・中〕

いとけ な・し【幼けなし・稚けなし】Ⓓ《形ク》→いときなし。「をさなき子どもは—・し、三つの車を(遊ビノタメ)請ふなれば、長者はわが子のかなしさに(=カワイク思ウアマリ)、白牛(びゃくご)の車ぞあたふなる」〔梁塵〕

いと・し【愛し】Ⓒ《形シク》❶気の毒だ。かわいそうだ。「あんな気の短い男に添はしゃるお内儀(=奥サン)が、縁とは申しながら、—・しい事ぢゃ」〔西鶴・胸算用・巻二ノ四〕 ❷かわいい。「これ清十郎殿、お夏様が—・しくは、先づ往んだがよいわいの」〔近松・歌念仏・中〕

いと たけ【糸竹】Ⓒ ❶弦楽器と管楽器。「すべて—の妙なる声治世にかなひ、仏事をなす」〔十訓・第一〇ノ六七〕 ❷音楽。「—の手向けの舞楽はありがたや」〔謡・天鼓〕 ❸(七夕(たなばた)祭りのため)五色の糸をかけた竹。「七夕の手向けの数も色々のあるいは—にかけてめぐらす杯の」〔謡・関寺小町〕

いとど Ⓓ 虫の名。えびこおろぎ・かまどこおろぎ等の異称がある。昔は鳴くものと考えられ、秋季のものとされていた。「ぎぼうしの傍(そば)に経よむ—かな」〔可南(続猿蓑)〕

いと ど Ⓐ《副》(「いといと」の転) ❶ますます。いっそう。「吹く風の絶えぬ限りし立ち来れば波路は—はるけかりけり」〔土佐〕「えさらぬ事のみ—重なりて」〔徒然・五九段〕 ❷そうでなくてさえ。「ここに寝ようか、さて菜の中に。いやいやいや、—名の立つ菜の中に」〔狂・靫猿〕

いとど・し Ⓒ《形シク》❶ひとしお…だ。いちだんと…である。「上は…また—・しき御涙さくりもよよなり(=イッソウハゲシクシャクリアゲテオ泣キニナル)」〔栄花・浦々〕 ❷そうでなくてさえ…である。いうまでもない。「—・しき(=言ウノモイマサラナ)御にほひ」〔源氏・螢〕

いとな・ぶ【営ぶ】Ⓔ《他四》「いとなむ」に同じ。「かの海棠(かいだう)に巣を—・び(=作リ)主簿峰に庵を結べる王翁・徐佺が徒(=同類)にはあらず」〔芭蕉・幻住庵記〕

いとなみ【営み】Ⓒ ❶せっせとすること。「人の—みな愚かなる中に」〔方丈〕 ❷(予定の事の)遂行。「まめやかには(=堅イコトヲ言エバ)すきずきしき(=モノズキノ)やうなれど、(何分ニモ)またもなかめる人(=ヒトリ娘)のうへにて、(コノ香合ワセノ催シモ)これこそはことわりの(=適切ナ)—なめれと思ひたまへなしてなむ」〔源氏・梅枝〕 ❸用意。したく。「軍兵をかたらひおき(=仲間ニ引キ入レ)、その—(=クーデター準備)のほかは他事なし」〔平家・鹿谷〕 ❹生計を立てること。かせぎ。「夫は田打ちて、婦は機(はた)織りて、朝暮その—すべし」〔西鶴・永代蔵・巻一ノ一〕

いとな・む【営む】Ⓒ《他四》❶(「いと(暇)無む」すなわち余暇をなくする意から)せっせと…をする。「あけくれ(絵ヲ)かき(文章ヲ)よみ、—・みおはします(=勉強シテオイデニナル)」〔源氏・螢〕 ❷(予定された事を)とりおこなう。つとめる。「御果て(=一周忌)にも…とりもちて(=世話シテ)ねんごろに(法事ヲ)—・みたまふ」〔源氏・横笛〕 ❸用意する。したくする。「郡司夫婦、とく(=早朝カラ)起きて、食ひ物いろいろに—・むに」〔宇治・巻一五ノ九〕 ❹作る。「老いたる蚕の繭を—・むがごとし」〔方丈〕 ❺職業を

する。経営する。「陣屋―・む縄(はな)張りといふことあり」〔一茶・我春集〕

いと のきて Ⓔ〖副〗〖古代語〗特に。とりわけて。「―痛き傷にはから塩をそそくちふがごとく…」〔万葉・巻五〕「―短き物を端きるといへるがごとく…」〔万葉・巻五〕

いと・ふ 【厭ふ】(―ウ) Ⓑ〖他四〗❶いやがる。きらう。「か行けば人に―・はえ(=アチラニ行ケバ人ニキラワレ)かく行けば人に憎まえ(=コチラニユケバ人ニ憎マレ)…」〔万葉・巻五〕❷関係しないようにする。〖おもに「世をいとふ」の形で、出家を遠まわしに言う〗「思ふよりたがふ節ありて(=思イドオリニユカナイ点ガアッテ)、世を―・ふついで(=機会)になるとか」〔源氏・幻〕❸いとおしむ。たいせつにする。「人を一人―・はせらるるによって、妾(はら)にもみやげものを持たせ」〔狂・鞍馬婿〕

いとほ・し (―オシ) Ⓐ〖形シク〗❶㋑かわいそうである。身につまされる。同情に価する。「大臣こえられたる(=サキニ大臣ニナラレタ)ことだにいと―・しくはべりしに」〔大鏡・道長〕「熊谷あまりに―・しくて」〔平家・敦盛最期〕㋺(気の毒だという感じで)こまったものだ。見ちゃいられない。「(妹ニ対スル)世の聞き耳(=ウワサ)を―・し(=始末ガ悪イ)と思へど…(自分ハ)くるしくもあらぬに」〔寝覚・巻二〕❷かわいい。いとしい。「(夫ニ対シテ)なう、いとうしの人(=my darling)、こちへござれ」〔狂・庖丁婿(虎寛本)〕

いとま 【暇】Ⓑ❶用のない間。手すきの時間。「大かたよろづのしわざはやめて―あるこそ、めやすく(=感ジガヨク)あらまほしけれ(=理想的ダ)」〔徒然・一五一段〕❷㋑休暇。休み。「(更衣ハ宮中カラ)退(まか)でなむとしたまふを、(帝ハ)―さらに許させたまはず」〔源氏・桐壺〕㋺休憩。「重衡も(監視ノ)武士に―を乞ひたまひ(=チョット休ンデモラッテ)、しばらく(仏ニ)念珠(ねんじゅ)せられけり(=オ祈リニナッタ)」〔盛衰・巻三九ノ三〕❸勤めをやめること。辞職。「(帰国シタトイウノデ)帝…―を許しつかはす」〔宇津保・俊蔭〕❹人と別れること。「制したまひけれども、(重衡ノ妻ハ)しひて(印西上人ニ)―を乞ひ(=別レサセテモライ)、奈良へぞ参りたまひける」〔盛衰・巻四七ノ二〕❺離縁。夫婦わかれ。「世帯やぶる時分、―の状は取って置く」〔西鶴・五人女・巻一ノ二〕❻喪(も)にこもること。忌引(きびき)。「(太政大臣季明ガナクナリ、右大臣正頼ハ)一つ御腹の弟におはすれば、殿の君たち、おとども御―になりたまひぬれば」〔宇津保・国譲上〕❼すこしの間隔。「おとどは御涙の―なし」〔源氏・葵〕 **――ぶみ** 文 Ⓔ 辞表。「―出だしたまへれど」〔宇津保・国譲下〕 **――まう・す** 申す (―モウ―) Ⓓ〖連語〗❶別れのあいさつをする。辞去する。「『またこそ参りさうらはめ』とて、亡者に―・しつつ、泣く泣くそこをぞ立たれける」〔平家・少将都帰〕❷休暇・欠勤・辞職などをねがい出る。「彼めも身の蜂(=切迫スル危急ヲ)はらひかね、お―・し捨て(=辞表ノ出シッ放シデ)、かけおちいたす」〔近松・鑓権三・下〕

いど・む 【挑む】Ⓒ〖自四〗❶きそう。相手になる。「女御たちは、みな(帝ノ愛情ヲ我ガモノニシヨウト)―・ませたまふ」〔堤・はなだ〕❷(進んで戦い・争いなどを)しかける。挑戦する。「かの二つの狼(おほかみ)は…ふたび―・み闘はむともせず」〔馬琴・弓張月・二回〕❸(むりにさそって恋を)持ちかける。(異性を)挑発する。「この男、音聞きに聞きならしつつ(=ウワサニヨク聞イテ)思ひ―・む(=恋心ヲイダク)人ぞありける。さりけれど、えいひつかざりける(=プロポーズデキナカッタ)ほどに、かの女、はた、この男を聞き―・みて(=評判デフラフラトナッテ)」〔平中・九段〕❹(相手に対し)威勢を示す。いきまく。「『よしよし(モウ来ナイヨ)。かう夜昼参り来ては、(カエッテ)いとど遙かになりなむ(=延期サレテシマイソウダカラ)』と―・み…去(い)ぬ」〔蜻蛉・下〕

いな 【否】Ⓓ〖感〗反対であるという考えを表現することば。そうはゆかない。同意できない。「『わづらはしき(=ウルサイ)随身は―(=モウ結構)』と帰したまふ」〔源氏・藤裏葉〕「―(=イヤダワ)。(氷ナンカ)持たらじ。しづく、むつかし(=ウルサイノヨ)」〔源氏・蜻蛉〕「ひとへにすくよかなる(=強直一方ノ)者なれば、初めより『―(=ダメデス)』と言ひてやみぬ」〔徒然・一四一段〕〖問いに対し、否定的な答えをする前の「いえ」「いや」、すなわち"Did you give him some money?"に対する"No, I didn't."の no と同じ用法は、まれだが、ないわけではない。「『いかが御覧ぜし。(赤ン坊ハ)憎げにやはべりし(=ミットモナカッタデショウカ)』『―、いとうつくしかりき(=カワイラシカッタ)』」〔宇津保・蔵開下〕〗

いな がら 【稲茎】Ⓔ 稲のくき。「なづき(=カタワラ)の田の―に―にはひもとほろふ(=低クマトイツク)ところづら(=トコロイモノツル)」〔記・中〕

いなご まろ 【稲子麿】Ⓔ いなご。「いたちが笛吹き、猿奏(かな)で、―賞(め)で拍子つく」〔梁塵〕

いな・ぶ 【辞ぶ・否ぶ】Ⓓ〖他上二〗〖感動詞の「いな」を活用させたもの〗ことわる。拒否する。「頼りあるべからむ(=安心デキルヨウナ)事をのたまはせむには、よも―・びられじ(=マサカイヤダトハオッシャルマイ)」〔宇津保・国譲下〕「人の言ふことは強うも―・びぬ御心(=性格)にて」〔源氏・末摘花〕「父大臣のあながちに(=シイテ)しはべりしことなれば、―・びさせたまはずなりにしにこそはべれ」〔大鏡・道長〕

いな ふね 【稲舟】Ⓔ 稲を積んで運ぶ船。最上川のが歌で有名。「最上川瀬々にせかるる(=セキトメラレル)―の(ヨウニ)しばし(ノシンボウ)ぞとだに思はましかば(安心デ

キルダロウガ)」〔長秋詠藻・上〕

いな・む【辞む・否む】Ⓓ《他四》「いなぶ」に同じ。「あしともよしともあらむを(=ドンナ行動ヲショウトモ)—・むまじき(=自由ニサセテクレル)人(=父親)は、このごろ京にものしたまはず(=オイデニナラナイ)」〔蜻蛉・中〕

いな　やⒹ [一]《感》《意外な事態に接したとき相手のことばや行動を否定する気持ちで》何だって。あらまあ(とんでもない)。「《突然侵入シテ無理ニ連レテ行コウトスル相手ニ対シ》—(=アラ何スルノ)。こは(=オ前ハ)たそ(=ダレナノ)」〔堤・花桜〕「《阿難尊者ガ訪レタノヲ自分ノ妻ヲクドキニ来タト誤解シ追ッ払エトイウ夫ノ命令ニ対シ》妻のいはく『—(=何デスッテ)。汝きはめて愚かなり(=オバカサンネ)』」〔今昔・巻一ノ一三〕「《着物ヲ脱ゲトイウ盗人ノオドシニ対シ》僧都『—(=オヤマア)、かくは思はざりつ(=思イガケナイ事ダ)』」〔今昔・巻二三ノ一九〕 [二]《副》❶《下に否定表現「じ」を伴い》けっして。ぜったい。「(ワタシハ相手ヲ)思へども(相手ハワタシヲ)思はずとのみ言ふなれば—思はじ思ふかひなし」〔古今・雑体〕「蓬萊(ほうらい)を見ずは—帰らじ」〔平家・竹生島詣〕 ❷《上に「と」「や」を伴って》すぐさま。とたん。「やっと手合はせをする(=立チアガル)と—」〔狂・蚊相撲〕 [三]《連語》(それとも)どうか。どんなものか。「思ふべしや(=カワイガッテアゲタモノデショウカ)、—(=ドウデショウカ)。人、第一ならずは(=最高ニカワイガルノデナケレバ)いかに」〔枕・一〇一段〕

いにし　へ【古へ】(ーエ) Ⓑ ❶遠い昔。「酒の名を聖(ひじり)とおほせし—の大き聖の言のよろしさ」〔万葉・巻三〕 ❷一時代前。「母北の方なむ—の(=古風ナ)人の由あるにて」〔源氏・桐壺〕 ❸《単に》以前。「—に妹とわが見しぬばたまの黒牛潟(たが)を見ればさぶしも」〔万葉・巻九〕 **—びと** 人 Ⓓ むかし特別の関係があった人。夫婦・愛人・親友などをいう。「ただいまの葦売りつる人は、わらはが—(=前ノ夫)にてさうらふ」〔謡・葦刈〕 **—まなび** 学び Ⓔ 古代学。文献の研究を通じて古代の正しい精神を窮める学問。賀茂真淵や本居宣長の国学は、そのひとつ。「—とは、すべて後世の説にかかはらず、何事も古書によりてその本を考へ」〔宣長・初山踏〕

いぬ Ⓒ [一]【犬】❶動物の犬。「献物、馬二匹(ふたつ)—三頭(つみ)」〔紀・天武〕 ❷探索の手先。「こなた(=アナタ)の事でこの在所は大阪から—が入り、代官殿から詮議ある(=捜査中ダ)」〔近松・冥途飛脚・下〕 [二]【戌】❶十二支の第一一。[参]じふにし。「寛和二年丙(ひのえ)—六月二十二日の夜、あさましくさうらひしことは」〔大鏡・花山院〕 ❷方角の名。西北西。《単独の用例未見。いつも戌亥という形で現れる》 ❸時刻の名。《定時法で》午後七時から午後九時まで。[参]とき[一]①。「十二月(しはす)の二十一日(はつかあまりひとひ)の—の時に門出す」〔土佐〕

い・ぬ【寝ぬ】Ⓓ《自下二》ねる。「予は口をとぢて眠らむとして—・ねられず」〔芭蕉・奥の細道〕

い・ぬ【往ぬ】Ⓑ《自ナ変》❶どこかへ行く。去る。「春されば(=ガ来ルト)こぬれがくりて(=梢ノ見エナイ所デ)うぐひすぞ鳴きて—・ぬなる梅が下枝(しづえ)に」〔万葉・巻五〕「あづかりが曹司の方に—・ぬなり」〔源氏・夕顔〕「…さあさあ先へ—・なしゃれと」〔近松・油地獄・下〕 ❷過ぎてゆく。「—・ぬる七月より、修行にまかりありく」〔宇津保・忠こそ〕

いぬ　おふもの【犬追物】(ーオウー) Ⓓ《中世は慣用で多く「イヌオモノ」と発音した》馬弓(うまゆみ)の儀式の名。四方の馬場を竹がきで囲い、馬上から蟇目(ひきめ)の矢で犬を射る。平安末期から鎌倉時代に、合戦・騎射の練習のために行われ、江戸時代に再興した。「犬は狐(きつね)の相なれば、犬にて稽古あるべしとて、百日犬をぞ射たりける、それより—といふこと始まりたり」〔狂・釣狐〕

いぬ　ふせぎ【犬防ぎ】Ⓔ 寺院で、仏壇の前に立てる低い格子のついたて。僧はそれより内(内陣)に、一般人はそれより外(外陣)にいて、仏を拝む。「御帳の方の—の内に…別当とおぼしき(僧)がより来て」〔更級〕

いぬ　ゐ【戌亥・乾】(ーイ) Ⓓ 方角の名。戌と亥の間、すなわち西北。「夜半に雷ひとたび—の角に鳴る」〔紀・皇極・訓〕(「いぬゐ」は「西北」の訓)「極楽浄土の—のいかにも暗き所へ、やうやう逃げにけり」〔伽・一寸法師〕 **—のすみ** 戌亥の隈 Ⓔ《連語》艮(うしとら)(=北東)の鬼門(きもん)に対する神門とされ、乾神すなわち屋敷の西北にいられる神は、その家に幸運をもたらすと信じられた。江戸時代には、大黒天などの福神を祭ることが多かった。「東三条の—におはする神の木のもとにゐて(=連レテ)行きぬ」〔今昔・巻一九ノ三三〕「この家の宝物とて、—に納めおかれし」〔西鶴・永代蔵・巻一ノ三〕「柚(ゆ)の花やゆかしき母屋(もや)の乾隈」〔蕪村(新花摘)〕(「ここは乾の隈か、おつき納めておめでたい」〔木曾地搗唄〕「や、乾の隈の三つ肢(また)榎(えのき)」、や、もとしろがね、いや、末には銭がなりさがる」〔播磨奥谷村ザンザカ踊り〕など、現代の民謡にもその伝統が残っている》

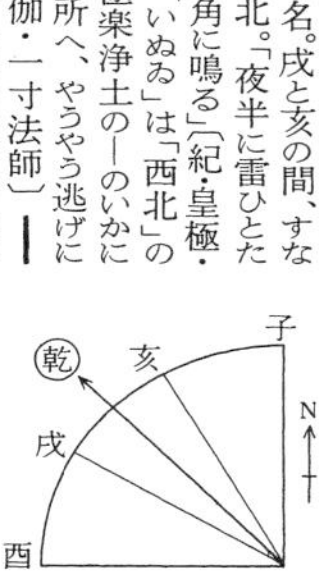

〔いぬゐ〕

いのち【命】Ⓑ ❶生きるエネルギー。生命。「かかる御消息にて見たてまつる、かへすがへすつれなき(=知ラン顔デ消エテクレナイ)—にもはべるかな」〔源氏・桐壺〕 ❷生物が生きている間。寿命。「いま十・二十年の—は、今日のびぬるここちしはべり」〔大鏡・後一条院〕 ❸生命の終わり。死ぬこと。「ありはてぬ—待つまのほどばかりうき事繁く思はずもがな」〔古今・雑下〕「—の後（＝ワタシノ死後）、女子のために、け近き（＝イツモシタシム）宝とならむ物を（＝形見トシテ）奉らむ」〔宇津保・俊蔭〕 ❹天命。運命。「年たけてまた越ゆべしと思ひきや—なりけり小夜の中山」〔新古今・羇旅〕 ❺いちばん重要なこと。ぎりぎりの線。「契りおきしさせもが（＝モグサノ上ニオイタ）露（ノヨウナ御好意）を—にて（シカシ）あはれ（約束ハ実現サレナイデ）ことしの秋もいぬめり」〔千載・雑上〕

いはがく・る【岩隠る・磐隠る】（イワ—）Ⓔ ㊀〔自四〕《上代語。「石城（いはき＝石で築いた、棺（かん）を納める室）に隠れる」意》貴人の死ぬことを荘重にいう。おなくなりになる。「神さぶと（＝神トシテ行動ショウト）—りますやすみしし（＝枕詞）わご（＝ワガ）大君の…」〔万葉・巻二〕 ㊁〔自下二〕岩の陰に隠れる。《「人もまだふみ見ぬ山の岩がくれ流るる水を袖にせくかな」〔新古今・恋二〕の例から下二段動詞の存在も推定される》

いはき【石木・岩木】（イワ—）Ⓔ 石と木。多く感情を持たないもの・非情なもののたとえにいう。「なにの—の身ならねば（＝血ノ通ッタ人間ダカラ）思ふ心も諫（さい）めぬに（＝トドメルコトモデキナイガ）」〔蜻蛉・上〕「いかならむ（＝ドノヨウナ）—のはざま（＝アイダ）にても過ごさむ（＝暮ラス）事やすかるべし（＝ヤサシイダロウ）」〔平家・祇王〕

いはく【曰く】（—ワ—）Ⓒ ㊀《連語》《動詞「いふ」の未然形に、接尾語「く」の付いた形》言うこと(には)。㊇—く。「かぐや姫の—『…』と言ひて」〔竹取〕 ㊁《近世語》特別な事情。《「複雑な」という余情をもち》わけ。「同じ長屋ずみになったが、ちと—があって…移り申した」〔秋成・胆大小心録・六九〕

いはけな・し【幼けなし・稚けなし】（イワ—）Ⓒ《形ク》❶（年齢的に）小さい。おさない。「童舞（わらはまひ）などいとうつくしくて、まだ—き御齢（よはひ）どもに」〔今鏡・すべらぎ〕 ❷（感じが）子どもっぽい。幼児めいている。「（アノ娘ハ）まだむげに（＝テンデ）—きほどにはべるめれば（＝赤チャンノ様子デスカラ）」〔源氏・若紫〕

いはばし・る【石走る】（イワ—）Ⓔ《自四》水が石の上を流れていく。「—りたぎち流るるはつせ川絶ゆることなくまたも来てみむ」〔万葉・巻六〕

いはひご【斎ひ児】（—ワイ—）Ⓔ たいせつにしている子供。「錦綾の中につつめる—も妹にしかめや…」〔万葉・巻九〕

いは・ふ【い這ふ】（—ハ〈ホ〉ウ）Ⓓ《自四》《「い」は接頭語》はう。「猪鹿（しし）じもの（＝シシノヨウニ）—ひ拝（をろが）み…」〔万葉・巻三〕

いは・ふ（—ワ〈オ〉ウ）Ⓒ《他四》㊀【斎ふ】❶けがれのないようにして、つつしむ。もの忌みして祈る。「たれそ（＝ダレデスカ）この屋の戸押そぶる（＝ガタガタ押スノハ）新嘗（にふなみ）に（＝新穀ノ祭リデ）わが夫（せ）をやりて—ふこの戸を」〔万葉・巻一四〕 ❷つつしみまもる。たいせつにする。「（天皇ノ御代ヲ神ガ）堅磐（かきは）に常磐（ときは）に—ひまつり（＝岩石ノヨウニカタク永遠ニオ守リ申シアゲ）」〔祝詞・祈年祭〕 ❸㋑（神に対し）幸いをもたらすようなことばを言ひかける。「帝みづから土の人形に向かひ、—ひ申させたまひけるは、『…』と宣命を含められ（＝オ告ゲニナリ）」〔盛衰・巻一六ノ九〕㋺（神として）祭る。「（アノ森ハ）建部（たけべ）の宮とて、八幡を（祭神トシテ）—ひまゐらせてさうらふ」〔平治・下・七〕 ❹尊いものとしてあつかう。あがめる。「汝がむすめ（ヲ）朕（ちん）が后に—ふべし（＝取リ立テヨウ）」〔盛衰・巻一四ノ八〕 ㊁【祝ふ】祝福する。祝いのことばを述べる。「餅をくひつつ—ふ君が代」〔旦藁（春の日）〕

いはほ【巌】（—ワオ）Ⓔ 岩の大きなもの。「—険（がさ）しく…馬なづみて（＝歩キ悩ミ）進（ゆ）かず」〔紀・景行・訓〕《「いはほ」は「巌」の訓》

いはま【岩間】（—ワ—）Ⓔ 岩と岩とのあいだ。岩と岩とのすきま。「—もる清水を宿にせきとめてほかより夏をすぐしつるかな」〔千載・夏〕

いはまく【言はまく】（イワ—）Ⓔ《連語》《「言ふ」の未然形に、「まく」の付いた形》ことばに出して言うこと。㊇まく。「かけまくも（＝口ニ出シテ言ウノモ）ゆゆしきかも（＝オソレ多ク）—もあやにかしこき（＝マコトニオソレ多イ）…」〔万葉・巻二〕

いば・ゆ【嘶ゆ】Ⓔ《自下二》（馬が）声を出す。いななく。「…何しかも（＝イッタイナンダッテ）葦毛（あしげ）の馬の—え立ちつる」〔万葉・巻一三〕

いはんや【況や】（イワ—）Ⓒ《副》《「いふ」の未然形に推量助動詞「む」と係助詞「や」がついたもの。ある事がらよりも次に述べる事のほうが程度が上だという意で》まして。「（住宅地域デサエヒドイノダカラ）—川原などには、馬車の行きかふ道だになし」〔方丈〕「病にもまつはれ（＝病気ニトリツカレタ人）、—世をものがれたらむ人、またこれに同じかるべし（＝同様ノシキデハイラレマイ）」〔徒然・一一二段〕

いひ【飯】（—イ）Ⓔ 米を蒸し、または煮たもの。「—炊（かし）く事も忘れて…」〔万葉・巻五〕「おほひづかさの—炊く屋の」〔竹取〕

いひあは・す【言ひ合はす】（イイアワ—）Ⓒ《他下二》❶（二人以上で）話しあう。「いとわりなき（＝筋ノ立タナイ）わざかなと、—せつつ嘆く」〔源氏・桐壺〕 ❷意見を出しあう。相談する。「はかなき（＝チョットシタ）あだごと（＝趣味的ナ事）をもまことの大事をも—せたるに、かひなからず（＝タヨリニナル）」〔源氏・帚木〕 ❸申しあわせをする。

約束する。「『あすまた来て見むに、おどして走らせて笑はむ』と—・せて」〔宇治・巻二ノ一二〕

いひ あらは・す【言ひ表す】（イイ—ワス）Ⓔ《他四》❶ことばに出していう。ことばで表現してはっきりさせる。「いかにして—・さむ法(のり)の道とにもかくにも(＝ドウ試ミテモ)たがふことのは(＝言語デハソノ深遠サヲアラワシキレナイ)」〔新千載・釈教〕❷(秘密の事などを)うちあける。白状する。「今はかく—・しつれば、同じごと勝ちたるなり(＝オ前ノ勝チモ同然ダ)」〔枕・八七段〕

いひ い・づ【言ひ出づ】（イイイズ）Ⓓ《他下二》口に出してものをいう。ことばで表す。「むつきなれば、京の子の日のこと—・でて」〔土佐〕「おのが身をひきかけて(＝自分ヲ引キ合イニ出シテ)—・でたる、いとわびし」〔徒然・五六段〕

いひ い・る【言ひ入る】（イイ—）Ⓓ《他下二》❶(こっそり)告げる。ささやく。「夜言ひつることのなごり、女の耳に—・れて」〔枕・六三段〕❷(訪問のおもむきを)告げる。「『山より僧都の御消息にて参りたる人なむある』と—・れたり」〔源氏・夢浮橋〕

いひ おこ・す【言ひ遣す】（イイ—）Ⓔ《他下二》手紙や使いで言ってよこす。「文も『久しく聞こえさせねば』などばかり—・せたる、いとうれし」〔徒然・一七〇段〕

いひ おと・す【言ひ落とす】（イイ—）Ⓔ《他四》(実質よりも)悪くいう。けなす。「つれなく(＝シラン顔デ)—・したまふめりかし」〔源氏・若菜上〕

いひ おも・ふ【言ひ思ふ】（イイ—ウ）Ⓓ《他四》ことばに出したり、また心の中で思ったりする。「(ミナオ嬢サンラシイ人デ)まことに『宮仕へ人』など—・へる(＝ウワサシタリ思ッタリシテイル)さまにこそは見えざりしか」〔健寿〕

いひ かか・る【言ひ〈掛〉かる】（イイ—）Ⓓ《自四》❶言いながら近よる。《近よるのが態度のうえであるばあい、求愛の意味が含まれる》「いとねむごろに—・るを、いとむくつけく思ひて」〔源氏・玉鬘〕❷話をしはじめてまだその目的を達していない。途中まで話を進めている。「みども(＝ワタシ)も—・った事ぢゃによって、ぜひとも借らねばならぬ」〔狂・真奪〕❸からむ。無理を持ちかける。「後は乱れて杯に、すこしは無理など—・り」〔西鶴・一代男・巻二ノ一〕

いひ かけ【言ひ掛け】（イイ—）Ⓓ《＋他サ変》❶ひとつの語が同時に両様の意味で用いられること。修辞法の一つで、歌などに用いられる。❷なぞの問題。「『心(＝解答)は薩摩守』『それは—で合点ぢゃ(＝ワカッテイル)』」〔狂・薩摩守〕❸理由・根拠がないのに、口実を作り、相手につっかかること。言いがかり。「まったくこの徳兵衛が—・したるでさらになし」〔近松・曾根崎〕「さまざまわびられしに、心強く(＝強情ニ)隠しすまし(＝ドコマデモ金ヲ出サズ)、かへって—のやうに(＝相手ガ難癖ヲツケテイルカノヨウニ)申しなしさうらへば」〔西鶴・文反古・巻三ノ三〕

いひ かたら・ふ【言ひ語らふ】（イイ—ラ〈ロ〉ウ）Ⓔ《他四》(たがいに)話しあう。「世の中の憂きもつらきも、をかしきも、かたみに—・ふ人」〔更級〕

いひ かは・す【言ひ交はす】（イイカワ—）Ⓒ《他四》❶話しあう。双方でものを言う。「弁もいと才かしこき(＝学識ノスグレタ)博士にて、—・したることどもなむ、いと興ありける」〔源氏・桐壺〕❷(歌や詩を)作ってやりとりする。「はかなき事も(＝チョットシタ歌ニ対シテモ)、本末をとりて(＝姉妹デ上ノ句ト下ノ句トヲ引キ受ケテ)—・し」〔源氏・早蕨〕❸口頭で約束する。「姉につどつど(＝コマゴマト)—・し、思ひをのべて立ちいづる」〔近松・宵庚申・中〕

いひ がひ【飯匙】（イイガイ）Ⓔ 飯を器に移し盛るための用具。しゃもじ。「手づから—とりて、笥子(けこ)(＝食器)のうつは物に盛りける」〔伊勢・二三段〕

いひがひ な・し【言ひ〈甲斐〉無し】（イイガイ—）Ⓔ《形ク》《中世以後の語》→いふかひなし。「やあ—・き味方の奴ばら」〔浄・太功記・一〇〕

いひ け・つ【言ひ消つ】（イイ—）Ⓒ《他四》❶(他人の話を)打ち消していう。「『何にかかれる』と、いと忍びて言(こと)も続かず、つつましげに—・ちたまへるほど」〔源氏・宿木〕❷㋑(自分の話を)省略する。言うべきことをぬかす。「ところどころ—・ちて(＝トギレサセテ)、いみじくものあはれ(＝シミジミサビシイ)と思ひたまへる」〔源氏・早蕨〕㋺言いさす。中途で言うのをやめる。「『はつるる糸は』と、末は—・ちて」〔源氏・椎本〕❸悪くいう。非難する。とがめる。「光源氏、名のみことごとしう—・たれたまふ咎(とが)多かなるに」〔源氏・帚木〕「人にも—・たれ、わざはひをまねく」〔徒然・一六七段〕

いひ ごと【言ひ事】（イイ—）Ⓒ ❶言い出すこと。「何を賭物(のりもの)(＝景品)にせむ。いと切(せち)(＝大事)ならむ物もかけじ。—をかけむ(＝勝ッタホウノ申シ出ドオリニスルトイウ事ニショウ)」〔宇津保・初秋〕❷詞章。文句。「一切のものまね風体(＝演劇的ナ動作)は、—のしな(＝種類)によりての見聞なり(＝見セタリ聞カセタリスルモノダ)」〔花鏡〕❸話の種。トピック。「興じたてまつりて、そのころの—にこそはべりしか」〔大鏡・伊尹〕❹言うことの内容。言いぐさ。「あの酒を所望して飲うだによって、会はれぬとの—でおぢゃる」〔狂・船頭婿〕❺ことば争い。口論。「朝夕—をして、すこしの事にも腹を立て」〔甲陽軍鑑・巻一〕

いひ しら・ふ【言ひしらふ】（イイ—ラ〈ロ〉ウ）Ⓒ《他四》→いひしろふ。

いひ し・る【言ひ知る】（イイ—）Ⓔ《他四》言いかたをわきまえる。「(彼ハ)すき者なれば(＝通人ダカラ)—・りためり(＝恋文モ心得タモノダ)。はや御返り事をかしくしたまへ(＝

ウマク書キナサイ)」(落窪・巻二)

いひ しろ・ふ[言ひしろふ](イイ―ウ) Ⓒ 《他四》 ❶(わいわい)話しあう。(くちぐちに)言いあう。「『御格子参りなばや(=上ゲテシマオウ)』『女官はいまださぶらはじ』『蔵人、参れ(=上ゲナサイ)』など―・ふ」(紫日記)(群書類従本は「いひしらふ」)」「『いたうこそこうじにたれ(=ヘタバッタ)。あはれ紅葉をたかむ人もがな。験あらむ僧たちいのり試みられよ』など―・ひて」(徒然・五四段) ❷論じあう。議論する。「『いで、さりとも(=イイヤ、イクラ何ダッテ)…』など―・ふをきこしめして」(源氏・若菜上)

いひ つ・く[言ひ付く](イイ―) Ⓒ ㊀《自四》 ❶㋑言いよる。求婚する。「心かけてはべりけれど、―・かむ方(=手段)もなく、(相手ノ女ハ)つれなきさま(=問題ニシテクレナイ態度)の見えければ」(後撰・恋二・詞) ㋺(男が女と)関係をもつ。「道に(=道中デ)女の家に宿りて、―・きて(=特別ナ仲ニナッテ)去りがたくおぼえければ」(後撰・羇旅・詞) ❷言ってその結果がうまく行く。「たよりの人(=縁者)に―・きて(=頼ミコンデ)、女は京に来にけり」(大和・一四八段) ㊁《他下二》 ❶たのむ。依託する。「おのづから(=何カノグアイデ)人の京にのぼらむに(=上京スル人ガアッタラソノ人ニ)―・けて我を京へ送れ」(今昔・巻二四ノ五〇) ❷告げ口をする。「(他ノ)人に(向カッテ)恥ぢがましき事―・けたりと(ワタシヲ)恨みて」(枕・一六二段) ❸名を与える。称する。「大宰相の君などいふ人(=女房ヲ)、『おばおとど(=オバアチャマ)』など―・けたまひ、指(および)をさし言ひつれど(=バカニシテイタガ)」(栄花・日蔭蔓) ❹㋑命令する。「むく起きに(=目ヲサマスヤイナヤ)もの―・けてまた眠り」(野水(曠野)) ㋺しかる。とがめる。「身ども(=ワシ)が留守に(オ前ガ)外へなど出たらば、きっと(=厳重ニ)―・ける。随分(=デキルダケ)大事にせい」(狂・杭か人か) ❺ある言い方をしなれる。「いまさらの(=新シク来タ)人などのある時、ここもとに(=コッチノホウデ)―・けたる言種(ことぐさ=話題)・物の名など、心得たるどち(=ヨク通ジタ者ドウシガ)かたはし(=チラリト)言ひかはし」(徒然・七八段)

いひ なし[言ひ做し](イイ―) Ⓓ ❶とりなし。弁護。「とんと(=スッカリ)桶な物うちあけたやうな(=ワダカマリノナイ)お心、(コウナッタノモ)みな、こなさま(=アナタ様)の―ゆゑ」(近松・宵庚申・下) ❷口さきでごまかすこと。こしらえごと。「それは汝が―であらう」(狂・武悪(虎明本))「女(=妻)の―(=告ゲ口)にて、外になき(=タッタ一人ノ)弟を都にさへ置かずして」(西鶴・文反古・巻三ノ三)

いひ な・す[言ひ做す](イイ―) Ⓒ 《他四》 ❶…な言い方をする。「あらはには―・さで、かすめうれへたまふ(=遠マワシニオ訴エニナル)」(源氏・東屋) ❷ことさらに言う。「殿上人などの来るをも安からずぞ人々―・すなる」(枕・八四段)「御為なむいとびんなく(=不ツゴウナグアイニ)世の人も―・しはべらむ」(大鏡・道長) ❸つくろって言う。とりなして言う。言いくるめる。「なかうど、いづかたも心にくきさまに―・して」(徒然・二四〇段)

いひ な・る[言ひ成る](イイ―) Ⓓ 《自四》 ❶(そう)言うことになる。(そんなふうに)言う結果となる。「はかなき(=チョットシタ)事(ヲ)言ひ言ひの果てに、われ(=自分)も人(=相手)もあしう―・りて(=ヒドイ事ヲ言イアウ始末デ)、うち怨じて(=腹ヲ立テ)出づるになりぬ(=家ヲトビ出スコトニナッタ)」(蜻蛉・上) ❷(双方が)言うことになる。合意に達する。「『(タブン)それなり(=ソノ子ナンデショウ)。させむかし(=ソウショウヨ=養女ニショウヨ)』など―・りて(=相談ガ決マッテ)」(蜻蛉・下)

いひ ののし・る[言ひ罵る](イイ―) Ⓓ 《他四》 声高にいう。やかましくいう。「(アノオ方ハ)天(あめ)の下の(=トビキリヒドイ)散楽言(さるがうごと=冗談)を―・らるめれど、(ワタシハ)夢に(=全然)物もいはれず」(蜻蛉・中)

いひ はや・す[言ひ囃す](イイ―) Ⓔ 《他四》 ❶そばから相づちを打ってあおる。声援する。「『さあるにより(=ダカラ)、かたき世ぞとは(=理想的ナ女性ナンカイソウモナイトイウワケデ)、定めかねたるぞや(=妻ヲ決メカネテイルワケサ)』と、―・したまふ」(源氏・帚木) ❷しきりと言う。言いたてる。「ふるさとのほとりは干戈(かんくわ)みちみちて(=激戦状態デ)、涿鹿(たくろく)のちまたとなりしよしを(=全クノ戦場トナッテシマッタ旨ヲ)―・す」(秋成・雨月・浅茅)

いひ や・る[言ひ遣る](イイ―) Ⓔ 《他四》 ❶言い送る。伝言する。「むかし、男、つれなかりける女に―・りける」(伊勢・五四段)「さてもその人の事のあさましさなどばかり―・りたれば」(徒然・二三四段) ❷すっかりいう。「一巻に言の葉をつくして、えも―・らず」(源氏・絵合)

いひ わた・る[言ひ渡る](イイ―) Ⓓ 《自四》 ❶(かなり長い期間)文通・交際などがつづく。「たえず―・るが(=シジュウ文通シテイル女友ダチガ)」(更級) ❷(かなり長い期間)求婚しつづける。「通ひ所なども絶えて(=今マデノ奥サント別レテ)、いとねんごろに(浮舟ニ少将ガ)―・りけり」(源氏・東屋) ❸(広い範囲に)言いふらす。言いあるく。「『仏を造り、供養したてまつらばや』と―・りければ」(宇治・巻九ノ四) ❹言い伝える。言いふるす。「天に信天翁(あはうどり)あり、地には翌檜(あすならう)といふ木あれば、人にもこの男(をの)ありて、かの世に昔より―・れる」(也有・鶉衣・蔵人伝)

い・ふ[言ふ・云ふ・曰ふ](―ウ) Ⓐ 《自四》 ❶口をきく。話す。「『旅の心をよめ』と―・ひければ」(伊勢・九段) ❷(手紙を)やる。「消息(せうそこ)も―・はで師走(しはす)の晦日(つごもり)になりにければ」〔大和・三段〕 ❸称する。名づける。よぶ。「それを隅田川と―・ふ」〔伊勢・九段〕 ❹評判する。うわさする。「とかく世のなかに―・ふ事あり」〔大和・四二段〕 ❺《詩歌を》㋑声に出してうたう。吟ずる。「男どちは、心やりにやあらむ(＝気晴ラシノタメナノダロウカ)、詩(からうた)など―・ふべし」〔土佐〕㋺よむ。「削り屑に書きつけける、『籬(まがき)する飛驒の工匠(たくみ)のたつき(＝斧(をの))音のあなかしがましなぞや(＝ドウシテコンナ)世のなか』など―・ひて」〔大和・四三段〕 ❻《愛情関係を》㋑(求めて)手紙や歌をやる。求婚する。「よばふ」に同じ。「九に当たる(＝第九ノムスメガ)あんなり(＝イルソウダ)。それを、さしはへて(＝指名シテ)―・はむ」〔宇津保・藤原君〕㋺(持つ相手と)交際する。情を交わす。「若き男、若き女をあひ―・へりけり。おのおの親ありければ、つつみて(＝気兼ネシテ)―・ひさしてやみにけり(＝途中デ交際ヲヤメテシマッタ)」〔伊勢・八六段〕《上に「を」が伴われるのを原則とする》 ❼(動物が)鳴く。「あやしき声するを、『こは何ぞ』と問ひたれば、『鹿の―・ふなり』といふ」〔蜻蛉・中〕 ❽《「といへば」の形で》実質的な意味がなく、単に条件句「…と」の気持ちを強める。現代語で「待っているというと、はたして現れた」などという時の用法に同じ。「(長イトイワレル)秋の夜も名のみなりけり逢ふと―・へば(＝愛人ト会ッテイルトイウト)事ぞともなく(＝アッケナク)明けぬるものを」〔古今・恋三〕

―かたな・し 方無し Ⓒ《連語》何とも言いようがない。表現しようがない。とびきりだ。「(女院ハ)―・く(＝最高ニ)若くおはします」〔建礼〕

―はかりな・し 計り無し Ⓓ《連語》いくら言っても言い尽くせない。「(ナクナッタ愛人ノ思イ出ハ)かずかず悲しとも(何トモ)―・し」〔建礼〕《「はかり」は清音。↓はかり③》

―・ひいひて 言ひ言ひて(…イイー) Ⓔ《連語》あれこれと言って。言い合って。くり返し言って。「むげに(＝ムヤミヤタラニ)かく―(＝言イ張ッテ)、果て(＝ソノ結果ハ)いかならむ。人笑へに(＝人ノモノ笑イニナッテ)はしたなうもややてなされむ(＝体裁ノ悪イ扱イヲモサレヨウカ)」〔源氏・竹河〕

―・ひしら・ず 言ひ知らず Ⓒ《連語》❶《「すばらしい」という余情で》言い表しようがない。格別…だ。「―・ず(＝何トモ言エヌホド)をかしげに(＝趣深ク)めでたく(＝ミゴトニ)書きたまへる」〔更級〕 ❷《「わるい」という余情で》言いようがないほどだ。ひどい。「ただ―・ず(＝トビキリ)恐ろしげにて、角(つの)など生ひたりとも(＝ハエテイテモ)、うとましう思ひ(＝イヤガッテ)のがるべきにもあらぬに(＝逃ゲテヨイハズノコトデモナイノニ)」〔浜松・巻四上〕 ❸《「複雑だ」という余情で》言い尽くせない。この上なく…だ。「―・ぬ(＝限リナク深イ)なごりを人にしたはれて今は(＝サヨナラ)と帰る春の雁(かりがね)」〔新続古今・春上〕

いぶか・し【不審し・訝し】Ⓓ《形シク》❶(様子がよくわからないで)気にかかる。おぼつかなく思われる。「(源氏ハ)つつましう(＝気ハズカシク)おぼせど、(紫上ノ)あはれなりつる有様も(＝可憐(かれん)デアッタ様子モ)―・しくて、おはしましぬ(＝タズネテイラッシャッタ)」〔源氏・若紫〕 ❷(様子がわからない状態で)心ひかれてゆかしく思う。もっと…たいと思われる。「さきのたび(＝前回ニ)…いとめづらしき物の音(＝音曲ヲ)一声うけたまはりし。残りなむ(＝ソノ残リガ)なかなかに(＝カエッテ今ハ)いと―・しう(＝モット聞キタク)、あかず思うたまへらるる(＝モノタリナイ感ジデス)」〔源氏・橋姫〕 ❸(事情不明で)不審に思われる。疑わしく思われる。「この薄(すすき)を―・しく思ひけるやうに(＝登蓮法師ガ不審ヲイダイタヨウニ)、一大事の因縁をぞ思ふべかりける(＝悟リヲ開クキッカケニツイテモ考エルベキデアル)」〔徒然・一八八段〕《古代には「いふかし」と清音》

いふかひ な・し【言ふ〈甲斐〉無し】(イウカイー) Ⓑ《形ク》❶言ってもはじまらない。どうしようもない。「よろしき(＝フツウノ)ことにだにかかる別れの悲しからぬはなきわざなるを、まして(死別ハ)あはれに―・し」〔源氏・桐壺〕「入道殿も、―・く(＝ヤムヲエズ)その方に(＝出家シタ者ノヨウニ)もてないたまひて(＝オ取リ扱イニナリ)」〔寝覚・巻五〕 ❷ふがいない。「もろともに(＝女トイッショニ)―・くてあらむやは」〔伊勢・二三段〕 ❸㋑身分が低い。「―・きを召し寄せて、箱の虫ども取らせ」〔堤・虫めづる〕㋺低級だ。上品でない。「田守り(＝稲ノ番人)のもの追ひたる声、―・く(＝ゲスッポク)情けなげにうち呼ばひたり」〔蜻蛉・中〕

いふ・く【息吹く】Ⓔ《自四》《後世は「いぶく」》❶息を吹く。「(気吹戸(いふきど)(＝息ヲ吹ク所)ニイル気吹戸主ガ)かく―・き放ちて(＝吹キ飛バシテ)は、根の国・底の国(＝地下ニアルトサレタ国)に坐(ま)す速佐須良姫(はやさすらひめ)といふ神(八罪ヲ)持ちさすらひ(＝流シ去リ)失ひてむ」〔祝詞・六月晦大祓〕 ❷風が吹く。「渡会(わたらひ)の斎(いつき)の宮(＝神ヲマツル宮)ゆ(＝カラ)神風に―・き(＝神風ヲ吹カセテ敵ヲ)惑はし…」〔万葉・巻二〕

いぶせ・し Ⓑ《形ク》❶心がはればれとしない。気がふさぐ。「久方の雨の降る日をただひとり山べにをれば―・かりけり」〔万葉・巻四〕 ❷気になる。「水鳥のかものすむ池のしたひなみ(＝下水管ガナクテ)(＝序)―・き君を今日見つるかも」〔万葉・巻一一〕「頼朝も『(義経ハ)後―・く(＝将来反逆スルカモシレナイト心配ニ)思ふなり』とて、(義経ヲ)追討の心をさしはさみたまへり(＝オ持チニナッタ)」〔盛衰・巻四六ノ三〕 ❸㋑気味がわるい。「かかる乱れの世なるうへ、―・き夜半のことなれば、(門ヲ)たたけども、たたけども開かざりけり」〔盛衰・巻三二ノ一〕㋺感じがわるい。きたない。「われだに―・き所に何とてお宿を参らすべき」〔謡・松風〕❹窮屈だ。「御帯も御襪(したうづ)も―・くのみおぼえさせたまひけるに」〔今鏡・唐歌〕❺いやだ。まっぴらごめんだ。相手にしたくない。「平山一人をば安く討つべかりけるを、後に(強敵ノ)熊谷ありけるを―・く(=マズイナト)思ひて、つひに(平山ヲ)漏らして出だしにけり」〔盛衰・巻三七ノ二〕

いへ【家】(―エ) Ⓐ ❶住む家。家屋。「(河原ノ)細(さざ)れ石に(モカカワラズ)駒を馳(は)させて心痛み(=セツナク思ウヨウニ)吾(あ)が(セツナク)思(も)ふ妹が―のあたりかも」〔万葉・巻一四〕❷㋑(自分の)家庭。「朝夕君に仕へ、―をかへりみる営み(=行為)」〔徒然・五八段〕㋺妻のことを遠まわしにいう。「不便(ふびん)なる(=言イニクイ)事なれど、左大臣の―、昔よりよろしからず心聞こゆる(=腹ガ黒イトイウ評判ノ)人なり」〔宇津保・忠こそ〕❸家族。一族。一門。「たから豊かに、―ひろき人にぞおはしける」〔竹取〕❹その一族の社会的地位。家がら。「さはいへど、―高くおはします故(け)に(=名門デイラッシャルタメニ)、いみじかりしこと(=ナントミゴトニマア)、たひらげたまへる(=外敵ヲ平定ナサッタ)殿ぞかし」〔大鏡・道隆〕❺ある専門を世間から認められている家系。「保昌の朝臣は―をつぎたる(=重代ノ)兵(つはもの)にもあらず(=武門ノ出身デモナイ)」〔今昔・巻二五ノ七〕❻家督。「忠相―を知って(=家督相続以来)三十年あまり」〔西鶴・永代蔵・巻三ノ五〕 **――のかぜ** 家の風 Ⓔ《連語》《漢語の「家風」を和文ふうによみ下した語》代々家に伝えてきた伝統・風習。「―(=家門ノ歌風ヲ)吹き伝へけるかひありて散る(=世ニ散リ広マル)言の葉のめづらしきかな」〔山家・中〕

いへあるじ【家主】(イエ―) Ⓓ 家の主人。「この―ぞ、西の京の乳母のむすめなりける」〔源氏・夕顔〕「―なれば、案内を知りて(障子ヲ)あけてけり」〔枕・八段〕

いへづと【家苞】(イエ―) Ⓔ 自宅へ持ちかえるみやげ。「つと」は包んだ物。「木の実を拾ひてかつは(=ヒトツニハ)仏に奉り、かつは―にす」〔方丈〕

いへぬし【家主】(イエ―) Ⓓ ❶家の主人。「いへあるじ」とも。「あやしの(=ミスボラシイ)宿りに立ち寄りては、その―が有様を問ひ聞き」〔増鏡・草枕〕❷《近世語》㋑《関西は》貸家の持ち主。㋺《関東は》貸家の管理人。「京阪の家守(やもり)(=管理人)と同じきものを(江戸デハ)―といひ、東西、名実を異にす」〔守貞・漫稿・人事〕

いへのこ【家の子】(イエ―) Ⓒ ❶一門の人。「実方の兵衛の佐(すけ)、長命侍従(じじゅう)など―にて(=一門ノ者トシテ)いますこし出で入りなれたり(=他ノ人ヨリイクラカモノナレテフルマッテイル)」〔枕・三五段〕❷上流家庭の子。「―のなかには、なほ(=ヤハリ)人にぬけぬる人の(=オガ図抜ケタ人デ)、何事をも好み(=諸道何デモタシナミ)得つる(=会得シテイル者ガアル)とぞ見えたる」〔源氏・絵合〕❸武家時代、その主人と血縁関係にある家来。「院宣の御使ひ泰定は、―二人、郎等(らうどう)十人具したり」〔平家・征夷将軍院宣〕

いへゐ【家居】(―エイ) Ⓓ ❶《＋自サ変》家にいること。すまい。居住。「雪をおきて(=サシオイテ)梅をな恋ひそあしひきの山かたつきて(=山ノスグ近クニ)―・せる君」〔万葉・巻一〇〕「野辺近く―しせればうぐひすの鳴くなる声は朝な朝な聞く」〔古今・春上〕❷家。「往来筋には富饒(ふぜう)に(=金持チラシク)見ゆる―もなく」〔東遊雑記〕

いほ【庵・廬】(―オ) Ⓒ ❶ありあわせの材料でつくった簡易建物。「おしてるや(=枕詞)難波の小江(をえ)に―つくり……」〔万葉・巻一七〕❷僧・隠者などのすまい。「―むすぶ(=ヲ建テテ生活シテイル)山路の雪も年ふりて埋(うづ)もるる身は訪(と)ふ人もなし」〔風雅・雑上〕

いほ【五百】(―オ) Ⓓ ❶《古代語》五〇〇。「吾(あ)が生める児、すべて一千(ちはしらあまり)―座(はしら)あり」〔紀・神代上・訓〕《「いほ」は「五百」の訓》❷多数。「白雲の―重(へ)隠りて(=幾重トナク向コウデ)遠けども夜去らず(=夜ハイツデモ)見む妹が辺(あた)りは」〔万葉・巻一〇〕

いほつ―【五百つ】(―オ―) Ⓔ《連体》《古代語。「つ」は「の」の意の格助詞》多くの。たくさんの。㊇ゆつ。「天(あま)にはも(=天井ニハ)―綱はふ(=ハッテアル)万代に国しらさむと(=オ治メニナルヨウニト)―綱はふ」〔万葉・巻一九〕

いほり(―オ―) Ⓒ《＋自サ変》❶【庵・廬】「いほ」に同じ。また「いほ」に宿ること。「梅の花散らす春雨いたく降る旅にや君が―・せるらむ」〔万葉・巻一〇〕「さびしきすまひ、一間(ひとま)の―、みづからこれを愛す」〔方丈〕❷【営】(集団で)臨時的に宿る・こと(所)。キャンプ。「蝦(えびす)一千余、……河に向かひて―・す」〔紀・斉明・訓〕《「いほりす」は「営」の訓》

いほ・る【庵る・廬る】(―オ―) Ⓔ《自四》「いほ」に住む。いおりを造ってそこにいる。「大君は神にしませば天雲の雷(いかづち)の上に―・らせるかも」〔万葉・巻三〕

いま【今】 Ⓐ ㊀ ❶現在。自分が直面している時。「はかなくも―をうつつと(=現在ハ目ガサメテイルノダト)頼むかな過ぎにしかたの夢にならはで(=コレマデハ夢ト同ジ生活ダッタガ)」〔続後拾遺・雑下〕❷新しいこと。「信濃路は―のはりみちかりばねに(=切リ株ニ)足踏ましなむくつはけわがせ」〔万葉・巻一四〕㊁《副》❶すぐに。じき。「―秋風吹かむをりぞ来むとする」〔枕・四三段〕「いなばの山の峰にまつ(=掛ケ詞「松」「待ツ」)とし聞かば―帰り来む」〔謡・松風〕❷あともう。今後。「春日野の飛ぶ火の野守出でて見よ―幾日ありて若菜摘みてむ」〔古今・春上〕 ❸新規に。今度。「小家などいふものの多かりける所を―造らせたまへれば」〔枕・二七八段〕

いま いま・し【忌忌し】Ⓒ〘形シク〙❶いむべきだ。いまわしい。「あな、―・しや。(コノ犬ノ戦イハ)ひとへに郊原にかばねを争ふに似たり(＝マルデ人間ガ野原デ殺シ合ウアリサマニソックリダ)」〔太平・巻五ノ四〕 ❷不吉だ。えんぎでもない。「かく(＝ムスメヲナクシテ)―・しき身の(皇子ニ)添ひたてまつらむも、いと人聞き憂かるべし(＝世間体ガ悪イデショウ)」〔源氏・桐壺〕 ❸くやまれる。残念に思われる。「女涙の浮かびたる目を見合はせたる、霜・露にぬれたるかと思ふにも、(今マデ女ニジャケンニシタノガ)―・しくて」〔今昔・巻三一ノ七〕 ❹いやらしい。にくらしい。「(オ前ガ歌ヲヨムナンテ)さまにも似ず(＝ガラニモナクテ)―・し」〔宇治・巻一二ノ一二〕

いま さら【今更】Ⓒ ㊀〘副〙❶今となってまた。事新しく。「(ナキ人ノ)昔の枕さへさながら変はらぬを見るにも、―悲しくて」〔十六夜〕 ❷はじめて。あらたまって。「―の人などのある時」〔徒然・七八段〕 ❸今となってはもう。すでに。「(桃夭ノ父ガ俳諧修行ヲシタ事跡モ)―昔がたりとはなりぬ」〔芭蕉・奥の細道〕 ㊁〘形動ナリ〙今となっては事新しく不要である。いまさらないほうがましだ。「―・なる身の恥になむ」〔源氏・紅葉賀〕

いまし【汝】Ⓒ〘代〙(古代語。第二人称。いくらかあらたまった感じで、第一人称の「あれ」に対応する)あなた。「(天照大神→月夜見尊)―はこれあしき神なり」〔紀・神代上・訓〕(「いまし」は「汝」の訓)「(天皇→大連)みな言ふこと―が言ふところのごとし」〔紀・雄略・訓〕(「いまし」は「卿」の訓)「(天皇→群臣)―たち議(かは)れ」〔紀・用明・訓〕(「いましたち」は「卿等」の訓)

いまし・む【戒む・警む】Ⓑ〘他下二〙(つよく注意させるという基本意味から) ❶(現在または一般的な事がらについて)しないようにと意思表示する。制止する。禁止する。「『おろかに(＝ソマツニ)もてなし思ふまじ(＝扱ッタリ思ッタリシテハイケナイ)』と、かへすがへす―・めたまへり」〔源氏・明石〕 ❷こうせよと指示する。「すぐれたる上手どもを召し取りて(＝寄セテ)、いみじく―・めて(＝コマゴマ注文ヲ出シテ)、またなきさまなる(＝最高級ノ)絵どもを、二なき(＝極上ノ)紙どもに画き集めさせたまふ」〔源氏・絵合〕 ❸(過去の事がらについて)なすべきでなかったと示す。しかる。「(幼稚ナ遊ビニ熱中スル少女ヲ不快ニ感ジダガ)『さこそは(＝アンナフウニ)あらまほしから―・め(＝シタイノダロウ)』と御覧じ許しつつ(＝オオメニ見テ)―・め(＝シカッテ)調(ととの)へさせたまはず(＝オ改メサセニモナラナイ)」〔源氏・若菜上〕 ❹(将来の事がらについて)そうならないよう気をつける。用心する。「みづから―・めて、恐るべく慎むべきは、この(好色ノ)まどひなり」〔徒然・九段〕 ❺㋑自由をうばう。とらえる。しばる。「盗人を―・め(＝トラエ)、僻事(ひがごと)をのみ罪せむよりは(＝悪事ヲ罰シテバカリイルノデナク)、世の人の飢ゑず寒からぬやうに、世をばおこなはまほしきなり(＝政治ヲシテホシイモノダ)」〔徒然・一四二段〕「根元与力の者(＝仲間ノ中心人物)なりければ、ことに強う―・めて(＝シバリアゲテ)」〔平家・西光被斬〕㋺罰する。おもに、牢(ろう)に入れる。「のたまひきこえねば(＝何モオッシャラナイカラ)、―・むるぞ(＝ヒドイ目ニアワスノデスヨ)」〔宇津保・蔵開下〕「罪にまかせて(＝罪ノ程度ニ従イ)、重く(アルイハ)軽く―・むることありければ」〔宇治・巻九ノ六〕

いましめ【戒め・警め】Ⓒ ❶しないようにと意思表示すること。制止。禁止。「宮のうちに召さむことは、宇多の帝の御―あれば」〔源氏・桐壺〕 ❷こうせよと指示すること。「この―の日(＝夢ノ中デ指示サレタ当日)を過ぐさず、このよしを告げ申しはべらむ」〔源氏・明石〕 ❸ある事がおこらないよう、気をつけること。警戒。「これ(＝雪山)がうしろめたければ(＝心配ナノデ)、おほやけ人(＝女官)・すまし(＝下女)・をさめ(＝下女ノカシラ)などして、たえず―(＝見マワリ)にやる」〔枕・八七段〕 ❹動きがとれないような処置をとること。具体的には、人をしばったり、牢(ろう)に入れたりすること。「勾践(こうせん)は呉王の―をゆりて(＝釈放サレテ)、会稽の恥をすすがむがために」〔十訓・第七ノ二七〕

いま・す【在す・坐す・座す】Ⓑ ㊀〘自四・サ変〙(古代は四段、中古以後、サ変(四段の例も)) ❶「在(あ)り」「居(を)り」の尊敬語。おありになる。いらっしゃる。「わが来るまでに平らけく親は―・さ(四段)ね…」〔万葉・巻二〇〕「まうれん小院や―・する(サ変)」〔宇治・巻八ノ三〕 ❷「行く」「来(く)」の尊敬語。お出かけになる。おいでになる。「うち羽ぶき鶏は鳴くともかくばかり降りしく雪に君―・さ(四段)めや」〔万葉・巻一九〕「我が子の―・せ(サ変)むかたには、いづちもいづちも行かざらむ」〔宇津保・俊蔭〕「立ちてこなたへ―・して『ここにやおはします』とて」〔源氏・手習〕 ❸(補動)(活用語の連用形に付く場合と助詞を介する場合とがある)「あり⑥」の尊敬態。お…になる。…ていらっしゃる。…でおいでになる。「されば帰り―・しにけり」〔竹取〕「かく心くちをしく―・しける君なれば、あたら御様をも見知らざらまし」〔源氏・東屋〕 ㊁〘他下二〙(「在(あ)らしむ」「居(を)らしむ」「行かしむ」などの謙譲語)いていただく。いらっしゃっていただく。「他国(ひとくに)に君を―・せていつまでか我が恋ひをらむ時の知らなく(＝期限モワカラズニ)」〔万葉・巻一五〕

いますがり【在すがり】Ⓓ〘自ラ変〙「在(あ)り」「居

(を)り」の尊敬語。いらっしゃる。おいでになる。(「いますかり」と清音によむ説もある。決定的な根拠は清濁ともにない。「いまそがり」とも)「させることなく(=タイシタ待遇モ受ケズ)、おほやけ(=天皇)に捨てられたるやうにて—・りけるが」〔大鏡・昔物語〕

いまそ が・り【在そがり】Ⓓ《自ラ変》「いますがり」に同じ。「むかし左の大臣—・りけり」〔伊勢・八一段〕

いまだ・し【未だし】Ⓔ《形シク》まだ十分でない。まだそこまで行っていない。「おほかた—・しき学者の心はやりていひ出づることは」〔宣長・玉勝間・巻一ノ三三〕

いま は【今は】Ⓒ《連語》(今はもう限りだ、の意から)❶これっきり。「—と(=モウコレデ、サヨウナラト)行くをいとあはれと思ひけれど」〔伊勢・一六段〕 ❷㋑こうなった以上は。「女君の—とうち解けて頼みたまへるを」〔源氏・若菜上〕㋺これ以上はもう。「(帝ガ)『—(待テナイ)』と(オッシャッテ自分ヲ)召されむ程…思ひやるに…いかがはせむ」〔寝覚・巻五〕 ❸臨終。「故大納言、—となるまで、ただ、『この人の宮仕への本意、必ず遂げさせたてまつれ。われ亡くなりぬとて、口惜しう思ひくづほるな』と」〔源氏・桐壺〕「いかにぞ。—と見果てつや」〔源氏・夕顔〕 ❹もうじき。もうすぐに。「さりとも『—』と待ちたまふにやあらむ」〔浜松・巻一下〕 **——斯く** もうこれきりだ。もう、どうしようもない。(「今はかう」の形で多く用いられる)「—と聞こしめして、御顔にひとへの御衣の袖をあてて」〔栄花・本雫〕「新中納言知盛卿、世の中はいまはかうとや思はれけむ」〔平家・先帝身投〕 **——むかし** 昔 Ⓒ《連語》物語や説話を語り出すときの常型。「今からいえばむかしの事だが」の意。むかしむかし。(「この話の時はむかしだ」という意に解する説もあるが、定説とはなっていない)「—、竹取の翁といふ者ありけり」〔竹取〕「—、中納言なる人の御むすめあまた持ちたまへるおはしき」〔落窪・巻一〕「—、釈迦如来いまだ仏になりたまはざりける時は」〔今昔・巻一ノ一〕

いま ほど【今程】Ⓔ《副》近ごろ。最近。「身にあはぬ能をつかまつりさうらはむには、—の(貴人ガタノ)御意に合ひさうらふまじくさうらふ」〔申楽談儀・二一〕

いま まゐり【今参り】(-イリ)Ⓓ あたらしくつとめに出た人。新参者。「(清少納言ガ久シブリニウカガッテキマリワルガッテイルノデ中宮ハ)『あれは—か』など、笑はせたまひて」〔枕・一四三段〕

いま めか・し【今めかし】Ⓑ《形シク》❶㋑(はでな感じをともない)当世ふうだ。「女房、花の色なる山吹どもに、唐衣(からぎぬ)いとはなやかに—・しう見ゆ」〔栄花・紫野〕「—・しくきららかならねど」〔徒然・一〇段〕㋺(デリケイトだという感じをともない)清新だ。「(六条院ノ建物ハ)御しつらひより始めて(万事ニワタリ)—・しう気高くて…目もあやにおぼゆるに」〔源氏・玉鬘〕㋩(浮わついているという感じをともない)新しがりだ。浮華だ。「いたう奥深なる事をば、いと悪しき事におぼして、—・しう気近(けぢか)き御ありさまなり」〔栄花・様々〕 ❷にぎわしい。陽気だ。「大御遊びはじまりて、いと—・し」〔源氏・松風〕「年号かはりて、治安元年といふ。元・三日の程、公私—・しうて過ぎもてゆく」〔栄花・本雫〕 ❸愛情関係の事などをそれとなく言う。「—・しくもなりかへる(=ツヤッポク、若ガエル)御ありさまかな」〔源氏・若菜上〕 ❹当然すぎる。いまさら言うまでもない。「(主人ガ今カラ言ウコトニ従ウカドウカト念ヲ押シタノニ対シ、従者ガ)これは—・しき御諚にてさうらふ」〔謡・夜討曾我〕

いま め・く【今めく】Ⓓ《自四》❶㋑(はでな感じをともない)当世風である。「(古風ナ)琴(きん)を、そそのかされて、ほのかにかき鳴らしたまふ程、けしうは(=ワルクハ)あらず。(シカシ)すこし—・きたる気(け)をつけばやとぞ、乱れたる(=質実デナイ)心には、心もとなく(=ジレッタク)思ひゐたる」〔源氏・末摘花〕㋺(デリケイトだという感じをともない)清新である。「(六条御息所ハ)心にくく(=教養ガ深ク)よしある(=風流ダトイウ)聞こえありて、(ソノ点デ)昔より名高くものしたまへば、野宮の御移ろひのほどにも、をかしう(=気ガキイテ)—・きたる事、多くしなして」〔源氏・葵〕㋩(浮わついているという感じをともない)新しがる。モダンぶる。「(花山院ガ)かかる(鶏合ワセナドイウ)—・く事どもを(オ好ミニナルト)殿(=道長ハ)聞こしめして、『かいひそめて(=オトナシクシテ)おはしますこそよけれ。いでや(=ドウモネエ)』とおぼし聞きたてまつらせたまふ」〔栄花・初花〕 ❷陽気にふるまう。「五節・臨時の祭りなどうちしきれば(=引キ続クノデ)…若き人々、なほ心ことに(=気モソゾロニ)—・くめり(=ハシャグヨウダ)」〔栄花・蒼花〕

いま やう【今様】(-ヨウ)Ⓒ ❶当世。現代。「—の事どものめづらしきをいひひろめてなすこそまたうけられね」〔徒然・七八段〕 ❷現代ふう。「—の葵(あふひ)八つ花型の鏡…に向かひたるここちしたまふや」〔大鏡・後一条院〕 ❸(略)今様歌。 **——うた** 歌 Ⓓ ❶《広義》平安後期に流行した新様式旋律の歌謡を総称する。法文歌・四句神歌・二句神歌・足柄(あしがら)・狭義今様など。「このほかに習ひ伝へたる歌あり。今様といふ。神歌・物様・田歌にいたるまで、習ひ多くしてその部ひろし」〔梁塵・口伝集〕 ❷《狭義》八五調あるいは七五調四句で独自の旋律をもつ平安末期の流行歌謡。「古き都の荒れゆくを今様にこそうたはれけれ」〔平家・月見〕 ❸流行歌謡。「若やかなる君達(きんだち)—うたふも…をかしう聞こゆるに」〔紫日記〕 ❹七五調四句形式の詩。「—、『柳桜をこきまぜて、花の都ぞ錦なる、大宮人は暇あれや、今日もかざして暮れにけり』」

〔唯心房集〕

いみ・じ Ⓐ《形シク》❶すばらしい。りっぱだ。「もろこしの人はこれを―・じと思へばこそしるしとどめて世にも伝へけめ」〔徒然・一八段〕「御室(おむろ)に―・じき児(ちご)のありけるを」〔徒然・五四段〕❷ひどい。とんでもない。「これが顔を見るにその人と言ふべくもあらず(=ダレカワカラナイホド)―・じきさまなれど、わが男に似たり」〔大和・一四八段〕❸《連用修飾の場合、単に意味をつよめて》たいそう。さんざん。「『何事ぞ生昌が―・じうおぢつる』と問はせたまふ」〔枕・八段〕「―・じく泣きくらして見いだしたれば」〔更級〕

い・む〔忌む・斎む〕Ⓒ《他四》❶（宗教的な意味で）けがれをさけ、身心を清く保つ。「万事神慮を仰ぎたてまつる事にてはべり。今夜かかる示現を蒙りぬる上は、私に(=カッテニ)―・みまゐらするに及ばずとて」〔沙石・巻一ノ四〕❷（わるい結果をひきおこさないため）さける。しないようにする。「しかじかのことは、あなかしこ、あとのため―・むなることぞ」〔徒然・三〇段〕❸きらう。「飛鳥壮士(あすかをとこ)が長雨―・み縫ひし黒沓(くろくつ)…」〔万葉・巻一六〕

―こと 事 Ⓔ《連語》❶仏教における戒(かい)。㊟かい。「山に入りて、すなはち頭おろし、―受けて、いとかなしげなる行ひ人にて」〔宇津保・忠こそ〕❷病気平癒を祈るためなどの目的で、形式的に出家するとき授けてもらう戒。「―のしるしによみがへりてなむ」〔源氏・夕顔〕

いめ〔夢〕Ⓓ（古代語）ゆめ。「朝髪の思ひ乱れてかくばかりなね(=アンタ)が恋ふれぞ―に見えける」〔万葉・巻四〕

いも Ⓓ ㊀〔芋〕❶〔薯・藷〕里芋・山芋などの総称。「雪高う降る日、―、野老(ところ)のあり所も、木の実のあり所も見えぬときに」〔宇津保・俊蔭〕❷㊎芋助。物事を・知らない(わきまえない)ことの意。江戸時代、擬人化して言いなしたもの。「（道楽者ノ持ツ）銀煙管(きせる)拾った信濃(カラ出カセギノイナカ者ハ)―で(=身ノホド知ラズニ)持ち」〔柳樽・五〕㊁〔痘・疱〕❶㊎いもがさ。ほうそう。天然痘。「赤蝦(がへる)・八目鱓(うなぎ)色々与へて養性(=養生)いたしければ、思ひの外に―・疹(はしか)軽々といたしけり」〔仮名・浮世物語・巻一ノ二〕❷天然痘がなおった跡。あばた。「―のある客が月見を仕廻ふなり」〔柳樽・一五〕

いも〔妹〕Ⓒ したしい関係にある女性をよぶことば。多くは男からだが、女どうしのこともある。「初秋風涼しき夕べ(ニコソ)解かむとぞ(ワタシノ下着ノ)紐は結びし―に逢はむため」〔万葉・巻二〇〕(↑男から女に)「山吹の花取り持ちてつれもなく離(か)れにし―をしのひつるかも」〔万葉・巻一九〕(↑女から女に。原文「妹」と表記)

いもがしら〔芋頭〕Ⓔ さといもの球根。「―も例(=フツウ)のよりも殊のほかに大きなむありける」〔今昔・巻三一ノ一六〕

いもがゆ〔芋粥〕Ⓔ うすく切った山の芋に甘味料(あまずら・あめ・みつなど)をまぜて煮たかゆ。貴人のたべものであり、正式の宴会でもデザートにあたるものとして出された。「早う(=ナルホド)―を煮るなりけりと見るに」〔今昔・巻二六ノ一七〕

いもせ〔妹背〕Ⓔ ❶夫婦。「父(かぞ)子―、相恤(あはれ)むこと能(あた)はず」〔紀・欽明・訓〕(「いもせ」は「夫婦」の訓)「いとむつましく(ソレデイテ)ありがたからむ(=メズラシイヨウナ、泊マルコトモシナイ)―の契りばかり聞こえ交はしたまふ」〔源氏・初音〕❷妹と兄。または姉と弟。「右の大将の(=ト)同じ腹にもあらず(=同腹デモナク)、仲もよろしかるまじきが、―(=兄妹)哀れに思ひためれば(=タガイニ思イ合ッテイルノデ)、誰々にも(=ダレノ目ニモ)心見えてあらまほしくこそ(=望マシイ間ガラダ)」〔宇津保・国譲上〕

いや―〔彌〕Ⓑ《接頭》（古代語）❶いよいよ。ますます。「妹が門―遠そきぬ筑波山かくれぬほどに袖は振りてな」〔万葉・巻一四〕❷最も。「（七人ノ娘ノウチ）かつがつも(=マア、トリアエズ)―さきだてる(=イチバン先頭ノ)兄(え)(=年長ノ)をし纏(ま)かむ(=妻ニショウ)」〔記・中〕

いや Ⓒ《感》❶これまで意識していなかったことに、ふと気づいたときいうことば。ははあ。おや。あら。「―参るほどにすなはちこれが身ども(=ワタシ)の畑でござる」〔狂・瓜盗人〕❷よびかけるときのことば。おい。よう。「―、太郎冠者どの。はてさて珍しや」〔狂・墨塗〕❸感じたことを強調することば。ねえ。「いかに金岡どの。お心持ちは何とござるぞ。ちと(=スコシ)これへも出させられませ、―」〔狂・金岡〕

いや・し〔卑し・賤し〕Ⓑ《形シク》❶身分・(地位)が低い。「世界の男、貴(あて)なるも―・しきも」〔竹取〕❷貧弱だ。「むぐらはふ―・しき宅(やど)も大君のまさむと知らば玉しかましを」〔万葉・巻一九〕❸下品だ。洗練されていない。「ことばの文字―・しうつかひたるこそ」〔枕・一九五段〕「今様はむげに―・しくこそなりゆくめれ」〔徒然・二二段〕❹けちである。心がきたない。「いかに―・しく物惜しみせさせたまふ宮とて」〔枕・二七八段〕

いゆ・く〔い行く〕Ⓓ《自四》（古代語。「い」は古代接頭語）行く。「白雲も―・きはばかり(=山ニブツカッテ行ケズ)時じくそ(=イツデモ)雪はふりける…」〔万葉・巻三〕

いよいよ〔愈愈〕Ⓒ《副》❶ますます。「―みめでたてまつらせたまひて」〔大鏡・基経〕❷きっと。確かに。「して、あの娘は―巳の年ではないか」〔伎・三舛玉垣・一ノ五〕❸とうとう。「今日は最上吉日で、―と申して舅(しうと)殿から人が参りましたによって、追っつけ参りませう」〔狂・二人袴〕

いよよ〔愈〕Ⓒ《副》→いよいよ①。「剣太刀(つるぎたち)―

研ぐべし古(いにし)へゆ(＝ムカシカラ)さやけく負ひてきにし(＝汚レナク受ケツイデキタ)その名ぞ」〔万葉・巻二〇〕

いらか【甍】Ⓔ かわらぶきの屋根。「たましきの都のうちに、棟(むね)を並べ、―(＝カワラ屋根ノリッパサ)を争へる、高きいやしき人の住まひ」〔方丈〕

いらつめ【郎女・郎姫】Ⓓ《古代語》女性を親しくよぶことば。「鯽魚磯別王(ふなしわけおほきみ)のむすめ太姫(ふとひめ)の―・高鶴の―をめし、きさきの宮にめしいれて、ならびに嬪(みめ)たり」〔紀・履中・訓〕《「いらつめ」はともに「郎姫」の訓》

いらふ【答ふ・応ふ】(―ラ〈ロ〉ウ) Ⓒ《自下二》返事をする。答える。「かかるほどの事は―・へぬもびんなし(＝グアイガ悪イ)」〔更級〕

いりあひ【入相】(―イ) Ⓒ ❶日ぐれ時。「正月二十一日、―ばかりの事なるに、薄氷は張ったりけり」〔平家・木曾最期〕 ❷(略)入相の鐘。日ぐれを知らせるためつく鐘の音。「人げ遠く、山寺の―の声々に添へても、ね泣きがちにてぞ過ぐしたまふ」〔源氏・澪標〕

いりあや【入り綾】Ⓔ 舞楽で、いちど終わった舞の一部分を、さらにひき返して舞いながら退場するそのくり返し。「陵王の―をいみじう尽くしてまかづるを召し返して」〔増鏡・村時雨〕

いりたつ【入り立つ】Ⓒ《自四》❶たちいる。はいりこむ。「京に―・ちてうれし」〔土佐〕「やうやう―・つ麓(ふもと)のほどだに」〔更級〕 ❷親しく出入りする。「常に―・ちてみる人もなし」〔紫日記〕 ❸奥義に達する。すっかりものにする。「何事も―・たぬさましたるぞよき」〔徒然・七九段〕

いりめく【炒りめく】Ⓔ《自四》(豆などが炒られるように)騒動する。「横なはりたる(＝ナマリノアル)声どもをもて―・きあひて(＝皆ワイワイト騒イデ)ののしる(＝大声デシャベル)ことかぎりなし」〔今昔・巻二五ノ四〕《「言い争う」の意を立てる説もあるが、前後の関係でそう解釈できるだけで、語義そのものとしては「大さわぎする」でよい》

いりもむ【煎り揉む】Ⓒ ㊀《自四》❶焦がしたり揉み砕いたりするような状態である。「片時(ダッテ)思ひ延ぶべくもあらず(＝辛抱デキズ)、―・むやうに…思へども」〔今昔・巻一六ノ五〕 ❷㋑(心が)焦げたり揉み砕かれたりするようなぐあいである。ひどくいらだつ。「『ただ少しの便り(＝ホンノ少シデヨイカラタヨリニナル物ヲ)賜りさうらはむ』と―・み(＝焦慮シ)申して(＝訴エテ、観音ノ)御前にうつぶし臥したりける」〔宇治・巻一二ノ七〕㋺激しく思う。思いつめる。「この句の姿、入りほがなり(＝ウガチスギダ)。いささか―・みて(＝エクサイトシテ)見えはべり」〔ささめごと・上〕 ❸㋑激しく荒れる。「ひねもすに(＝終日)―・みつる雷(みか)のさわぎに」〔源氏・明石〕㋺激しく乱れる。「今を限りの軍(いくさ)なれば…一日一夜―・み(＝ワキカエリ)とよみ(＝騒ギ)明かすに」〔増鏡・月草〕 ㊁《他四》焦がしたり揉み砕いたりするように責める。いためつける。「僧たち・御堂童子にいたるまで…人知れぬ額(ぬか)をつき(＝コッソリ祈願シ)、仏を―・みたてまつる(＝強請モウシアゲル)」〔栄花・鶴林〕

いる【入る】Ⓑ ㊀《自四》❶(中へ)はいる。「この思ひ置きつる(＝予期シテイタ)宿世(すくせ)たがはば、海に―・りね(＝投身シチマエ)」〔源氏・若紫〕 ❷(月・日などが)沈む。「月も―・りぬ」〔源氏・桐壺〕 ❸《「心」と共に用いて》熱中する。気にいる。「心―・る方ならませば(＝モシホントウニワタシガオ気ニイッタノナラ)弓張りの(＝枕詞)月なき空に迷はましやは(＝ワタシノアリカガワカラズマゴマゴナサルワケハアリマセンワ)」〔源氏・花宴〕 ❹至る。達する。「いかにも(歌ノ)さかひに―・らずしてよみいでがたきさまなり」〔無名抄・七二(蓬左文庫本)〕 ❺【要る】必要だ。「歌二つなむ、―・るべき」〔後拾遺・雑四・詞〕 ❻《「御入り」の形で》来る。行く。「いかに、春日の局の御―・りさうらふか」〔謡・小袖曾我〕 ❼(割れ目・くぼみが)生ずる。できる。「なう、しほらしや、天目ほどのゑくぼが、七八十も―・った」〔狂・枕物狂〕 ❽(ある時刻・状況などに)なる。「夜に―・りてまかでたまふに」〔源氏・末摘花〕 ❾〔補動〕《動詞連用形に付き》㋑精神集中の意を表す。ただもう…になる。いちずに…になる。「仏の御前を去らずして、昼夜に念じ―・りてゐたるに」〔今昔・巻一六ノ二八〕㋺ある状態への接近を表す。ほとんど…になる。…しそうになる。「死に―・る(＝死ンデシマイソウナ)魂」〔源氏・御法〕 ㊁《他下二》❶中に入れる。「雪などを水に―・れたらむやうに」〔浜松・巻五〕 ❷沈める。沈没させる。「(高潮ニ追ワレ)高山に逃げのぼる。すなはち(＝ソウスルト)潮また山を―・る」〔紀・神代下・訓〕《「いる」は「没」の訓》 ❸《「心」と共に用いて》うちこむ。「立ち聞き・垣間見(かいまみ)(＝ノゾキ見)には心を―・れたまへれども」〔浜松・巻四下〕 ❹(仲間に)入れる。参加させる。「心とけたる御婿の中にも―・れたまはず」〔源氏・賢木〕 ❺〔補動〕《動詞連用形に付き》㋑「受け入れる」意を表す。「(自分ノツマラヌ手向ケナド)神も見―・れかずまへたまふべきにもあらず」〔源氏・澪標〕㋺「ある状態に立ちいたらせる」意を表す。「御もののけの(＝御息所ノ生キ霊ガ葵上ヲ)たびたび取り―・れたてまつりし(＝気絶サセタ)」〔源氏・葵〕

いるさ【入るさ】Ⓔ《「さ」は接尾語》入る・方角(時)。「夕づく日(＝夕日)―(＝掛ケ詞「入佐」)の山の高ねよりはるかにめぐる初時雨かな」〔新勅撰・冬〕

いろ【色】Ⓐ ㊀ ❶視神経が、波長のちがいにより、明るさとともに受ける光の質的な区別。色彩。「雪の

—を奪ひて咲ける梅の花今盛りなり見む人もがも」〔万葉・巻五〕「扇の骨は朴(ほほ)。—は赤き、紫、緑」〔枕・二八五段〕 ❷㋑階級を表す、決まりの色。大宝令では一位濃紫、二・三位淡紫、四位濃緋、五位淡緋、六位濃緑、七位淡緑、八位濃縹(はなだ)、初位淡縹。平安中期より後はかならずしも厳密には守られなかった。「このごろこそ、すこしものものしく、御衣の—も、深く(=上位ノ二)なりたまへれ」〔源氏・若菜下〕㋺天皇および皇族以外は、原則として身につけることを禁じられた色彩。青・赤・黄丹(きあか)・梔(くちなし)・深紫・深緋(ふかひ)・深蘇芳(ふかすおう)の七種。「御簾のなかを見わたせば、—ゆるされたる人々は、例の青いろ赤いろの唐衣に」〔紫日記〕㋩鈍色(にびいろ)すなわち薄墨色。僧衣または喪服に用いた。「鈍色は(尼ガ)手馴れしことなれば、小袿(こうちき)・袈裟(けさ)など(ソノ色デ)したり。ある(=イアワス)人々も、かかる—を(浮舟ニ)縫ひ着せたてまつるにつけても…僧都を恨みそしりけり」〔源氏・手習〕「去年大臣薨(こう)ぜられにしかば、—にて籠居せられけり」〔平家・還御〕 ❸江戸時代、葬礼などのとき、着物の上に着る白衣。「惣左衛門が葬礼に—を着て供して」〔近松・博多小女郎・中〕 ❹㋑(生理的な)顔色。「ゆくりかに(=突然)寄り来たるけはひに、大臣おびえて—もなくなりぬ」〔源氏・玉鬘〕㋺きりょう。容貌(の美しいこと)。「お夏といへるありける。その歳十六まで、男の—このみて、今に定まる縁(=結婚ノ相手)もなし」〔西鶴・五人女・巻一ノ二〕㋩(顔つきなどに現れた)ようす。そぶり。「—に出でて恋ひば人見て知りぬべし心のうちの隠(こも)り妻はも」〔万葉・巻一一〕 ❺模様。様子。「味方…まばらなり。戦ふべき—(=形勢)にあらず」〔常山・紀談・巻一三ノ八〕 ❻㋑情趣。ふぜい。「風に散る紅葉は軽し(=薄ッペラダ)春の—を岩根の松にかけてこそ見め」〔源氏・少女〕「不束(ふつつか)な(=ヤボッタイ)お方ぢゃ。酒参るにも—もなう、つっつっと飲まっしゃる」〔近松・大念仏・上〕㋺《とくに》はでな情趣。表面的なはなやかさ。「今の世のなか—につき(=ヲ重視シ)、人の心花になりにけるにより(=ウワツイテキタノデ)、あだなる歌・はかなき言(こと)のみ出でくれば」〔古今・序〕「誠の外に俳諧なしと思ひまうけしより、その飾りたる—・品も、かの一同の巧みも、ことごとく失せて」〔鬼貫・ひとり言〕㋩(心の)デリケイトさ。情味。「忠盛『…』と詠みて参らせければ、事に触れて(=ソノ場ニ適合シテ)心に—ありけりとて、人々ののしりもてなされけり(=大評判ニナッタ)」〔平家・巻一(長門本)〕㊁興味。感興。「その日も暮れ深く、諸木の嵐はげしく、(蹴(け)アゲタ鞠(まり)ガ)心ならず横切れして(=横ニ流サレテ)—を失ひけるに」〔西鶴・一代女・巻三ノ二〕 ❼㋑恋愛。《とくに》正式な婚姻によって結ばれていない愛情関係。「内緒にては源四郎と—にて、金々先生の目をしのびてたのしみける」〔黄・金々先生・下〕㋺恋人。情事の相手。「御心に染む(=オ気ニ入ッタ)—もなかりけるにや、これを(結婚ノ相手ニト)おぼしめされたる御気色もなく、ただひとりのみ(=独身デ)年月を送らせたまひける」〔太平・巻一八ノ七〕「—で逢ひしは早むかし、今日はしんみの(=ホントウノ)夫妻(めおと)あひ(=ノ間ガラ)」〔近松・冥途飛脚・下〕㋩遊女。「先生たつみの里(=深川)のおまづといふ—にはまり、毎日あゆみをはこび」〔黄・金々先生・下〕 ❽【種】種類。たぐい。「目に見ゆる鳥・獣の—をもきらはず(=オカマイナク)殺し食へば」〔宇津保・俊蔭〕 ㊁《形動ナリ》 ❶美しい。「—・なる娘どもゐなみて(=ズラリトイテ)」〔宇津保・藤原君・絵詞〕「小舎人童(こどねりわらは)、小さくて髪いとうるはしきが、筋さはらかにすこし—・なる」〔枕・五四段〕 ❷好色である。「越前守—・なる人にて、(美人ガタクサンイルノヲ)いと興あり、嬉しと思ひて、目をくばりて見渡す」〔落窪・巻三〕「この宮の、いと騒がしきまで—・におはすれば」〔源氏・浮舟〕

—に出(い)・づ (—ズ) (人に知られたくない心のうちが)顔つきやふるまいにあらわれる。用例→「いろ④㋩」。

いろこ【鱗】Ⓔ うろこ。「—のごとくに造りかさねたる大殿(おとど)に」〔宇津保・藤原君〕

いろ ごのみ【色好み】Ⓒ ❶恋愛のエクスパート。《平安時代には、かならずしも非難の意でなく、恋愛情趣にふさわしい教養と才気をもつことへの感嘆がこめられている場合が多い。しかし、単に多情なことをいう例もある》「—なりける(=多情者ノ)女、出でて去(い)にければ」〔伊勢・二八段〕「忠こそ、十三四になりぬ。かたちきよらに(=ハンサムデ)心なまめきたる(=優雅ナ)こと限りなし。よき程なる童(わらは)にて、遊び(=音楽モ)いとかしこく(=ジョウズデ)、こともなき(=無類ノ)—にて生(お)ひ出で」〔宇津保・忠こそ〕 ❷風雅の道に熱心な人。「世に二人三人の賢き—出でて、さかりに(連歌ヲ)もてはやしはべるより、道ひろき(=流布スル)ことになれるとなむ」〔ささめごと・上〕《「色ごのみ」は善阿・順覚・信昭・救済などの連歌師たちをさす》

いろ せ【兄・弟】Ⓓ《古代語》《「いろ」は親愛の意を表す語であったのが、接頭語に用いられ、きょうだい関係を表す語に付いて「同母の」という意を添える》同母の兄または弟。「—のみことのあしき心あらむと疑ひたまひて」〔紀・神代上・訓〕《「いろせのみこと」は「弟」の訓》「うつそみの人なるわれや明日よりは二上山を—とわが見む」〔万葉・巻二〕

いろ ど【弟・妹】Ⓓ ㊀「いろね」《古代語》同母の弟または妹。㊂いろせ。「たやすく—の王(みこ)の願ひに従はむや」〔紀・仁徳・訓〕《「いろど」は「弟」の訓》「(推古天皇ハ)橘の豊日の天皇(=用明天皇)の同じ母の—なり」〔紀・

推古・訓」(「いろど」は「妹」の訓)

いろね【兄・姉】Ⓓ [対]「いろど」〖古代語〗同母の兄または姉。[参]いろせ。「その―神櫛(かむくし)の皇子、これ讃岐(さぬき)の国の造(みやつこ)の始めの祖(おや)なり」〔紀・景行・訓〕(「いろね」は「兄」の訓)「天皇、皇后の―高城入姫(たかきいりひめ)をもちて妃となし」〔紀・応神・訓〕(「いろね」は「姉」の訓)

いろは【母】Ⓓ〖古代語〗母。「(神武天皇ノ)―を玉依(たまより)姫と曰(まう)す」〔紀・神武・訓〕(「いろは」は「母」の訓)

いろびと【色人】Ⓔ ❶美しい人。(ただし、謡曲のなかに一例しかない語で、作者の造語か。「宮人」の誤写かとも疑われている)「その名も月の、―は、三五夜中の、空にまた」〔謡・羽衣〕 ❷〖近世語〗遊里に関係の深い人。遊女遊びのエクスパート。あるいは遊女をもいう。「いま当世の客なんど、嘘(そう)でこかした(=マルメコンダ)ためしなし。実(=誠意)は今様の手本(=現代ノ第一目標デ)、いづれの―もこれをそむかず」〔浮・御前義経・巻五ノ二〕

いろ・ふ(-ウ) Ⓔ 〖自四〗(語源は不明だが、「手を出す」という基本意味で) ❶㋑とりあつかう。「惟光の朝臣、例の、忍ぶる道(=内密ノ事)はいつとなく(=常ニ)―・ひつかうまつる(=オ世話申シアゲル)人なれば、つかはして」〔源氏・松風〕㋺かかわりあう。「―・ふべきにはあらぬ(=口出シスルハズデナイ)人の、よく案内知りて、人にも語り聞かせ、問ひ聞きたるこそ、うけられね(=納得デキナイ)」〔徒然・七七段〕 ❷(手で)さわる。ふれる。「きゃつ(=アイツ)が寝たあとを―・うてみましたれば、まだ人肌(ノアタタカサ)でござる」〔狂・磁石〕「掃き拭ひ、下女・中間(ちゅうげん)にも―・はせず、箒(ははき)離さぬ綺麗ずき」〔近松・鑓権三・上〕(関西方言にはいずれの用法も生きている)

いろ・ふ【彩ふ・綺ふ】(-ウ) Ⓓ [一]〖他下二〗❶きれいに飾る。「うるはしき瑠璃(るり)を―・へて作れり」〔竹取〕「社殿黄金(こがね)をちりばめて、馬場に砂(いさご)を―・へたり(=美シク敷イテアル)」〔盛衰・巻二三ノ一二〕 ❷色どりを加える。「易きところを少な少なと(=ヤサシイワザヲ控エメニ)―・へて(=色ドリニアシラッテ)せしかども」〔花伝・一〕 [二]〖自四〗色つやを生じる。いきいきした色をおびる。「いかばかり(=タイシテ)思ひおく(=将来ヲ考エテオク)とも見えざりし(シカシ)露(ホドノオ見舞イ)に―・へる(=元気ニナッタ)なでしこの花(ノヨウナアノ子デス)」〔和泉集〕(他に「色が美しくて目移りする」の意をあげ、「何事にも、目のみまがひ―・ふ」〔源氏・若菜下〕を示す説もあるが、確かなテクストはいずれも「いろふ」はないので、この用法は認めない)

いを【魚】(-オ) Ⓔ さかな。「白き鳥の嘴(はし)と脚と赤き、鴫(しぎ)の大きさなる水の上に遊びつつ―を食ふ」〔伊勢・九段〕

いん【因】Ⓒ〔仏〕❶[対]「くゎ①㋑」(事物の生起する)原因。「善悪の果は、かならず善悪の―より生ずるものなり」〔妻鏡〕 ❷[対]「くゎ②㋑」(さとりを得るまでの修行のプロセス。「―なる時をば東方の阿閦(あしゅく)仏と名づけ…(ソノ仏ガ)証する(=悟リヲ開ク)位をば西方の無量寿仏と名づけ」〔真言内証義〕 ❸[対]「えん(縁)①㋑」内的な直接原因。「―はこれ法界(ほっかい=真理ノ世界)、縁もこれ法界」〔道範消息〕

いんえん【因縁】Ⓒ ❶〔仏〕因(「いん③」)と縁(「えん①㋑」)。「―(=因ト縁トデ)所生(=作リ出シタ)法(=事物)、またこれ法界(ほっかい=真理ノ世界)の理に安住しさうらふなり(=落チ着クノデス)」〔道範消息〕 ❷㋑手がかり。よすが。「読経・念仏は、おのづから(=何カノグアイデハ)悟りの―となりぬべし」〔正法眼蔵・弁道話〕(原文「イムエム」とふりがなあり)㋺すじあい。わけ。いわれ。「一大事(=生死トイウ大問題)の―をぞ思ふべかりける」〔徒然・一八八段〕(この例を「きっかけ」と解する説は誤り)㋩(もとになる)きっかけ。契機。「人に(連歌ノ付ケ句ヲ)ふと(=ヒョイト)越されて(=先ニ出サレ)ちぢけだちぬれば(=萎縮シテシマウト)、あがることなし(=上達シナイ)。また、ものぐさくなる(=オックウニナル)―なり」〔連理秘抄〕

いんぐゎ【因果】(-ガ) Ⓒ ❶〔仏〕(梵 hetu-phala の意訳で)原因と結果。「移りゆくなる六つの道の(=六種ノ世界ヲ転生スルウチニ生起スル)―の小車(をぐるま)の(因ト果ガクリカエサレテユク)火宅の門(かど)を出でざれば(=迷イノ世界カラ解放サレナイカラ)」〔謡・砧〕 ❷すべての事物は存在しなくてはならぬため存在するのだという理法。その存在させるものが因で、存在するのが果である。「一人の女ありけり。愚痴不信にして(=正シイ理性モ信仰心モナク)、―をさとることなし」〔今昔・巻六ノ二九〕 ❸ある因から必然的に生まれた果。どうしようもないめぐりあわせ。むくい。「生まるるも育ちもしらぬ人の子を、いとほしいは、何の―ぞの」〔隆達小歌〕 ❹不運。「『ほんに何たる―ぞ』と、正体もなくどうど伏し、涙にむせぶ」〔浄・盛衰記・三〕

いんじ【往んじ】Ⓔ [一]〖連体〗(「いにし」の撥(はつ)音便形で)過ぎ去った。さきの。去る…。「―康保四年十一月一日、冷泉院の御即位紫宸殿にてありしは」〔平家・還御〕「―慶長のころ、六字南無右衛門といふ女太夫」〔以貫・難波土産・発端〕 [二]〖転じて〗むかしの事。「『―をとがめず』と申すことさうらへば」〔太平・巻三八ノ六〕

いんぜふ【引接・引摂】(-ジョウ) Ⓔ〖+他サ変〗〔仏〕浄土すなわち仏の世界へ迎え取ること。おもに阿弥陀(あみだ)仏の極楽浄土についていう。「南無西方極楽世界教主弥陀如来、必ず―・したまへ」〔平家・女院死去〕

いんねん【因縁】Ⓒ →いんえん。

いんやう【陰陽】(-ヨウ) Ⓓ →おんやう。

う

う【卯】Ⓓ ❶十二支の第四。[参]じふにし。「子(ね)の日の若菜、—の日の御杖」〔太平・巻二四ノ一〕 ❷方角の名。東。《用例未見。四方の隈(すみ)をさすときは、丑寅(東北)とか未申(西南)とかいうが、四方をさすときは、ふつう十二支名を用いない》 ❸時刻の名。《定時法で》午前五時から午前七時まで。[参]とき[一]①。「—の時にいでたまうて」〔源氏・行幸〕

う【得】Ⓐ《他下二》 ❶自分のものにする。「天(あま)飛ぶや雁(かり)を使ひにえてしかも(=使者トシテ手ニ入レタイナア)奈良の都に言(こと)告げやらむ」〔万葉・巻一五〕「この両牛の声をえて(=聞キ取ッテ)、朗詠にも作られたり」〔狂・牛馬(大蔵流)〕《和泉流では「えて」が「聞いて」》 ❷《ある事を自分の長所として持つ意で》得意とする。「そなたは川魚を取ることをえてゐるによって」〔狂・武悪〕 ❸《多くは「心」を伴い》知る。理解する。「ものの心(=筋アイヲ)えぬ田舎(ゐなか)人ども」〔源氏・浮舟〕《英語のgetにもこの用法がある》 ❹〔補動〕《動詞の連用形に付き》…できる。「朝霧のたなびく田居(=タンボ)に鳴く雁(かり)を留みえむかもわが宅(やど)の萩」〔万葉・巻一九〕

うかが・ふ【窺ふ・覗ふ・伺ふ】(-ガ〈ゴ〉ウ)Ⓐ《他四》 ❶(物のすきまなどから)のぞきこむ。(こっそりと)のぞき見する。「『あなかしこ(=オソレイリマスガ)このわたりに(=コチラニ)若紫やさぶらふ(=源氏物語ノ若紫サンハイラッシャイマスカ)』と(女房ノヘヤヲ)—・ひたまふ」〔紫日記〕 ❷㋑(人にわからないようにして)様子を見る。「ただならで(=様子ヲ不審ニ思ッテ)われ(=自分)も行く方あれど、あとにつきて(=尾行シテ)—・ひけり(=スパイシテイタノダッタ)」〔源氏・末摘花〕㋺(こっそり)求める。「魚を—・ひて(=密漁ヲシテ)、小さきいろくづ(=魚)を一つ二つ取りて持ちたりけり」〔十訓・第六ノ一九〕 ❸(ひそかに機会の来るのを)待つ。(チャンスを)ねらう。「(宮中デハ)御修法(みずほふ=オ祈リ)のはじめにて、(帝ガ)つつしみおはしますひまを(=オヒキコモリデアルソノスキヲ)—・ひて、例の(=イツモノトオリ)夢のやうに(=ロマンティックニ)聞こえたまふ(=内侍ニ愛ノコトバヲオ申シアゲニナル)」〔源氏・賢木〕 ❹よくさがす。しらべてみる。「(連歌ニ適当ナ)時を—・ひ折をえて(=時季ニ合ワセテ)好士(こうし=場ナレタ作者)ばかり会合して…秀逸をいだすべし(=スグレタ作品ヲマトメルヨウニセヨ)」〔連理秘抄〕 ❺ひととおり学ぶ。ひとわたり知る。「得たるすがた(=得意トスル風体)にまづもとづきて(歌ヲマナビ)、後、余のかかり(=他ノ風体)をも—・ふべし(=ヒトワタリ手ヲツケルガヨイ)」〔師説自見集〕 ❻㋑「聞く」の謙譲語。「おふくろさま(=母上)に—・ひたい事があって、来たのぢゃわいな」〔伎・河内山・一〕㋺相手の意見や気持ちを受け取る意の謙譲語。「御機嫌も—・ひたし」〔伎・実録先代萩・四〕《㋑も㋺も訳語は「うけたまわる」がたいてい当たる》 ❼《近世》㋑「行く」の謙譲語。《現代語で「近日—・います」というのと同じ用法》「摩利支天様へ朝参りと出かけたから、ちょっと—・ひやす」〔人・三人娘・四〕㋺《転じて》「す」の謙譲語。《「将棋を一番いこう」という類の用法》「祈禱連歌の席にて、宗匠たる人、末座の者に向かひ『思ひ寄りたる事あらば、—・はれさうらへ(=オ出シナサイ)』」〔咄・醒睡笑・巻七〕

うか・ぶ【浮かぶ】Ⓑ [一]《自四》 ❶沈まずに水などの表面に出る。物の表面にかたちがあらわれる。「逢ふこともなみだに—・ぶわが身には(=アウコトモナイノデ、ボンヤリシテ涙ニヒタッテイルワタシニトッテハ)死なぬ薬も何にかはせむ(=不死ノ薬モ何ノ役ニ立トウカ)」〔竹取〕「影も—・ばぬ(=姿モソノ表面ニウツラナイ)鏡とぞみる」〔蜻蛉・下〕 ❷㋑うわついていて、安定しない。「—・びたる心のすさびに(=自分ノ軽薄ナ浮気ノタメニ)、人をいたづらになしつる(=一人ノ人ヲ死ナシテシマッタ)」〔源氏・夕顔〕㋺よりどころがはっきりしない。たのみにならない。「御気色の(=宮ノ御様子ガ)例(=イツモ)よりも—・びたる(=タヨリニナラナイ)事どものたまはせて明けぬれば(=夜ガ明ケテシマッタノデ)、おはしましぬ」〔和泉日記〕 ❸思い出す。心に浮かんでくる。「よく付きたる句にてあらば…やさしくもげにも(=ナルホド)とおぼゆる感情(かんせい)の—・ぶべきなり」〔連理秘抄〕 ❹(逆境にある者が)のがれ、救われる。再び世に出る。「思へただ(ワタシノ身ハ)水になげける石(=ミタイナモノ)なれば—・ぶ世もなく(=再ビ世ニ立ツコトモナク)沈みぬるかな」〔大木・巻二二〕 ❺成仏(じょうぶつ)する。「討つも討たるるも(共ニ)夢の中(=ハカナイモノデアリ)、即身即仏これなるゆゑ(=現世ノ肉体ガスナワチ仏デアルカラ)、食ふに二つの味はひなし(=人ヲ食ウノモ、食ワレルノモ、同ジク空ナノデアル)。われらも共に(=コウシテ食ベル自分モ食ワレタ人トイッショニ)—・ぶなり(=即身成仏スルワケデアル)」〔伽・酒呑童子〕 [二]《他下二》 ❶浮かばせる。「梅の花夢(いめ)に語らく(=夢デ語ルコトニハ)みやびたる花とあれもふ(=自分ハ風雅ナ花ダト思ウ)酒に—・べこそ(=浮カベテホシイ)」〔万葉・巻五〕 ❷(逆境にある者を)救いあげる。世に出してやる。「君をだに(=セメテアナタダケデモ)—・べてしかな(=立身出世サセタイモノダ)涙川しづむなかにも(=逆境ニ泣ク涙ノ涙川ニモ)淵瀬(ふちせ)ありやと(=深イ淵ニナッテイルトコロモアレバ、浅イ瀬モアロウカト)」〔後拾遺・雑三〕 ❸㋑暗記する。暗唱する。「(宣耀殿ノ女御ガ)古今(=古今集ヲ)―・べたまへりと聞かせたまひて、帝、試みに本をかくして、女御には見せたまはで…問はせたまひけるに、ことばにても歌にても(知ラナイノハ)なかりけり」〔大鏡・師尹〕㋺よく知っている。熟知する。「(土佐判官代通清ハ)歌をよみ、源氏・狭衣などを―・べ、花の下、月の前とすきありきけり(=風流ナコトニ没頭シテイタ)」〔宇治・巻一五ノ五〕

うがら【親族】Ⓓ 〘中古以後は「うから」〙古代は、結婚の相手とすることができない同族。後には、一般に血縁関係や姻戚(いんせき)関係のある人(たち)。「己が―都須流金流(つするこむる=人名)を以ちて大臣(おむ)となす」〔紀・皇極・訓〕〘「うがら」は「同姓」の訓〙「―多くにもうとんじられけるを(=ヨク付キ合ッテモラエナカッタガ)」〔秋成・雨月・浅茅〕

うか・る【浮かる】Ⓒ〘自下二〙❶〘古代語〙浮いてただよう。「洲壌(くにつち)の―・れただよへること」〔紀・神代上・訓〕〘「うかれただよへる」は「浮漂」の訓〙❷㋑ふらふら出歩く。さすらう。「(若君ガ殺サレタノデ)髪をおろし(=尼トナリ)、尊き所(=寺ナド)をも拝み、かの後世(ごせ)をも弔はむとて、―・れありくなり」〔盛衰・巻四七ノ三〕㋺(ふらりと)出かける。(あてなしに)出てゆく。「そもそも、かの昌俊、南都を―・れけることは」〔平家・巻一(長門本)〕❸心が安定しない。「さらぬだに―・れてものを思ふ身の心をさそふ秋の夜の月」〔山家・上〕❹〘近世語〙陽気になる。気が浮き浮きする。「裾をかしうからげて、道の枝折(しを)りと―・れたつ」〔芭蕉・奥の細道〕

うかれめ【浮かれ女】Ⓓ ❶諸国を流浪し、歌曲・雑芸などを業とした女性。「橘の歌一首、―」〔万葉・巻八・詞〕〘原文「遊行女婦」と表記〙「遊行女児、宇加礼女」〔倭名抄・男女類〕「御前に―二十ばかり、琴ひき歌うたひて(ホウビトシテ)御衣たまはれり」〔宇津保・藤原君・絵詞〕❷歌曲などを表芸とする娼婦(しょうふ)。おもに港あたりにいた。(参)あそび⑤・あそびめ②。「はた(=アルイハ)船泊まりの―となるべし」〔秋成・雨月・吉備津〕❸うわき女。「ある人の、扇をとりて(=和泉式部ノ扇ヲトリアゲテ)持ちたまへりけるを御覧じて、大殿『たがぞ』と問はせたまひければ、『それが(=和泉式部ノデス)』ととりて『―の扇』と書きつけさせたまへるかたはらに」〔和泉集・詞〕

うきた・つ【浮き立つ】Ⓓ〘自四〙❶(雲や霧などが)わきあがる。「―・つ雲の(風ニ流レルソノ)行方を(タズネルヨウニ)や、風の心地をたづねむ(=オカゼノ見舞イヲイタシマショウ)」〔謡・土蜘蛛〕❷㋑(心が)うきうきする。はずむ。「(秋ヨリモ)いまひときは(=イッソウ)心―・つものは、春の気色にこそあれ」〔徒然・一九段〕㋺(心が)落ち着かない。そわそわする。「(愛人ノヒク琴ノ音ニ)わが身も―・つここちするに、忍びわび(=隠レテイラレナクナリ)、あゆみ入りたまふに」〔寝覚・巻四〕㋩(事態が)平静でなくなる。ざわつく。「日をへつつ(=日ガタツニツレテ)世の中―・ちて、人の心も治まらず」〔方丈〕

うきな Ⓓ ㊀【憂き名】〘かならずしも悪評でなくても、結果として自分がつらい〙❶自分にとってつらい評判。「人知れず(アナタヲ)思ひしことを(ハッキリト)契りおかで(ワタシガ病死シマシタラ)―をとめむ(=イヤニ堅イ女ダトイウ評判ヲ残ス)あとの悲しさ」〔新拾遺・哀傷〕❷世間ていのよくない評判。汚名。「その時の(平家敗戦ノ)ありさま、語るにつけて―のみ(=ナサケナイ悪評ダケデス)」〔謡・知章〕㊁【浮き名】色恋についての評判。「恋をするにはあらねども、―を流す(=艶聞ガ広マルノハ)腹立ちや」〔狂・名取川(鷺流)〕

うきはし【浮き橋】Ⓓ ❶〘神話で〙天界から下界へかけられたという橋。「天(あま)の―の上に立たして、共に計らひてのたまはく」〔紀・神代上・訓〕〘「うきはし」は「浮橋」の訓〙❷水面に船やいかだを並べ、その上に板などを置いた仮設の橋。「舟(ヲ池ニ)なべすゑて(=ナラベテ置キ)渡りたまひぬ。うなゐ(=子ドモ)下仕へらは(後ロニ)さしつづき(ソノ)―より渡る」〔宇津保・祭使〕

うきもん【浮き文・浮き紋】Ⓔ (対)「かたもん」 模様が上に浮くよう織った織物。またはその模様。「よく艶すぐれぬる歌は―の織物を見るがごとし」〔無名抄・六九〕

うきやう【右京】(ーキョウ)Ⓓ (対)「左京」 平城京(奈良)・平安京(京都)で、朱雀大路(すざくおおじ)を境にした西半分の地域。平安京の右京は、建設が計画どおり進まず、人家が少なく、さびしい地区であった。 **―しき**【職】Ⓓ →きゃうしき。 **―のだいぶ**【右京の大夫】Ⓓ〘連語〙右京職の長官。従四位の相当官。

うきよ Ⓐ ㊀【憂き世】〘おもに歌語として用いられ〙❶つらい事の多いこの世。「―には門させり(=シメテアル)とも見えなくに(=見エナイコトダノニ)などか(=ドウシテ)わが身の出でがてにする(=出家ヲ渋ルノカ)」〔古今・雑下〕❷〘単に〙この世。俗世間。「むそぢあまりよせ(=六四年)の冬の長き夜に―の夢も見果てつるかな(=ドウヤラコノ世トモオ別レダ)」〔風雅・雑下〕㊁【浮き世】〘漢語の「浮生」が混同されて〙❶㋑現実の人生。世間。「夢の(ヨウナ)―の露の命のわざくれ(=ママヨ)なり次第よの」〔隆達小歌〕㋺現世での生存。「(化ケ物ト戦ッテフラフラニナリ)目もくらみ、気勢(=精力)も尽きはて、―の限り(=イヨイヨコレデ死ンデシマウノカ)と思ふに」〔西鶴・一代男・巻四ノ三〕㋩生活。生計。暮らし。「算用に(=勘定ズクデ)―を立つる(=世渡リヲスル)京ずまひ」〔芭蕉(炭俵)」 ❷㋑色ごのみ。情事。「悋気(りんき)する(=ヤキモチヲヤク)ではなけれども、(大宮司ノ娘ナンカトノ)─ぐるひも(アナタノ)歳による」〔近松・出世景清・二〕㋺《とくに》遊郭でのあそび。「傾城(けいせい)とても憎からぬものぞかし。また、この男の身にしては、─ぐるひせし(=遊女相手ニ熱ヲアゲタ)かひこそあれ」〔西鶴・五人女・巻一ノ二〕

─ざうし 浮世草子 (─ゾウ─) Ⓓ 現実社会のできごとを素材とする江戸時代の小説。ストーリーは虚構でも、なかに織りこまれている事実が現世を反映する点、西洋一八世紀のリアリズムと似ている。西鶴の『好色一代男』(一六八二)を最初とし、以後およそ一〇〇年ほどおこなわれた。

─ゑ 浮世絵 (─エ) Ⓓ 江戸時代の初期に現れた風俗画。木版技術の進歩で、ひろく世におこなわれた。墨だけのものから、多色刷りまで、さまざまだが、題材は一般市民生活を主とし、芝居や遊郭を写したものが多い。菱川師宣・鈴木春信・鳥居清長・喜多川歌麿・勝川春章・葛飾北斎・安藤広重などが代表的。

う・く【浮く】 Ⓐ ㊀《自四》 ❶水や液体の表面に出る。浮かぶ。「庵なども─・きぬばかりに雨降りなどすれば」〔更級〕 ❷空中にある。地面を離れてある。「風雲ともに─・きたるものなれば、久しく吹き閉づべきものにあらず」〔宣長・玉勝間・巻九ノ三五〕 ❸外へ出る。表面に現れる。「涙─・きにけり」〔蜻蛉・上〕「紅梅の、いと、いたく文(もん)(=模様)─・きたるに」〔源氏・玉鬘〕 ❹(心が)安定しない。よりどころがなく落ちつかない。ふらつく。「いとあやしう、いかにしなすべき身にかあらむと、─・きたるここちのみすれば」〔源氏・浮舟〕 ❺あてにならない。いいかげんだ。「かう─・きたる事を頼みて、捨てにし世に帰るも、思へばはかなしや」〔源氏・松風〕 ❻《中古語》正当でない愛情関係にある。「この─・きたる御名(=スキャンダル)をぞ、聞こしめしたるべき」〔源氏・夕霧〕 ❼心が陽気になる。うかれる。「身ども(=ワタシ)は『でんでんむしむし、でんでんむしむし』と言うて、─・きに─・いて行かう」〔狂・蝸牛〕 ㊁《他下二》 ❶(水面や空中に)うかべる。「この栲縄(たくなは)を海に─・けてありく」〔枕・三〇六段〕 ❷外へ出す。「涙を─・けてのたまへば」〔源氏・梅枝〕

う・く【受く】 Ⓐ 《他下二》 ❶㋑保持する。ささえる。「夢に、御もろ手に月と日を─・けたまひ」〔蜻蛉・下〕 ㋺自分のものにする。もらう。ちょうだいする。「この御寺に戒壇たてられて、御受戒あるべかんなれば、世の中の尼ども参りて(戒ヲ)─・くべかんなり」〔大鏡・昔物語〕「大きなる利を得むがため、すこしきの利を─・けず」〔徒然・八五段〕 ㋩【享く】(天などから)さずかる。「─・けがたくして人身を─・け、会ひがたくして仏法に会ひたてまつる」〔日蓮・千日尼宛(弘安元年)書簡〕 ㋥【承く】あとをつぐ。「宗廟社稷(くにいへ)を─・くるは、重き事なり」〔紀・允恭・訓〕(「うくる」は「奉」の訓) ❷㋑信用する。「汝ら、みだりに─・けて、人のはかりごとに堕(お)ちき」〔紀・欽明・訓〕(「うけて」は「信」の訓) ㋺受け付ける。「恋せじとみたらし川にせしみそぎ(ダケレド)神は─・けずぞなりにけらしも」〔古今・恋一〕 ㋩受け入れる。「熊野の権現と申すは、いまひとしほ(=トクベツニ)尊き御事なれば、行者(=ソコノ山伏)たちもさこそおはすらむ(=法力ガアラタカダロウ)。─・けたてまつりて(=オ呼ビシテ)、験者一座(=ヒト祈リ)せさせたてまつりてみばや」〔義経・巻七ノ七〕 ㋥【請く】ひきうける。ひきとる。《とくに》未済代金を清算してひきとる。「質におきけるが、その後、─・くることなりがたく」〔西鶴・胸算用・巻一ノ二〕 ❸㋑聞き入れる。同意する。承諾する。「『よき事なり(=ＯＫデス)』と─・けつ」〔竹取〕「ねんごろに語らふ時に…力を加ふべき(=協力ショウトイウ)よしを─・く」〔今昔・巻二五ノ一三〕 ㋺なっとくする。もっともだと認める。「人は─・け申さざりしかど、いみじう興ぜさせたまふ」〔大鏡・兼家〕「先帝、若年にして崩じぬ。これすでに天の─・けざる(=先帝ノ在位ヲ天ガ承認シナイ)ところ、あきらけし」〔保元・上・四〕 ㋩好意を寄せる。よい感じを示す。「身に敵もなく、よろづの人に─・けられて(=好感ヲモタレテ)なむありける」〔今昔・巻二五ノ五〕「たとひ心に─・けずとも(=気ガ進マナクテモ)、いやといふ事さらになし」〔伽・酒呑童子〕 ❹㋑《物理的な意味で》…に対して身をおく。「落日を─・けて」〔方丈〕 ㋺《精神的な意味で》ある状況に身をおく。「寮試(=大学寮ノ試験ヲ)─・けさせむとて、まづわが御前にて試みさせたまふ」〔源氏・少女〕 ㋩(好ましくない事態を)身にこうむる。「誅を─・くること、すみやかなり」〔徒然・二一一段〕 ❺《近世語》しんぼうして話を聞いてやる。「おとなしく─・けててやりゃあ、何だな、おもしろくもねえ」〔春水・辰巳園・巻一〕

うけが・ふ【肯ふ】(─ガ〈ゴ〉ウ) Ⓔ 《他四》承諾する。聞き入れる。「門戸(=家ガラガ)敵すべからねば(=ツリアイソウモナイカラ)、おそらくは(コノ縁談ハ)─・ひたまはじ」〔秋成・雨月・吉備津〕

うけたまは・る【承る】(─ワル) Ⓑ 《他四》 ❶「受く」の謙譲語。「宣旨─・らせたまひにけり」〔大鏡・兼通〕 ❷「聞く」の謙譲語。「天神の子(みこ)いでますと─・りて、ことに(=ワザワザ)迎へたてまつる」〔紀・神武・訓〕(「うけたまはりて」は「聞」の訓)「伝はりぬる事は、いでいで(=サアサア)─・らばや(=聞カセテイタダキタイモノダ)」〔大鏡・師尹〕「しばらく。─・りおよびたる天人の舞楽、ただいまここにて奏したまはば」〔謡・羽衣〕 ❸《命令形で》「聞け」の尊大語。相手を見下げた気分でいう。「このほとりの下人─・れ」〔今昔・巻二六ノ一七〕「『これ―・れ、侍ども』とぞ下知しける」〔平家・壇浦合戦〕 ❹「ひき受ける」意の謙譲語。「北陸道(デノ募金)をば、この客僧―・ってまかり通りさうらふ」〔謡・安宅〕

うけ ば・る【受け張る】Ⓔ《他四》《自分が引き受けるはずの事だという意識で》❶㋑かってにふるまう。のさばる。「(以前軽率ナハカライヲシタガ)今さへ(=コンドモマタ)―・りて(=出シャバッテ)さのみ(姫君ノ愛人ヲ)待ちつけ(=待チ受ケテ)、心やすからむ(=気楽ニオ入レスルヨウナ)ことは、あさましきこと(=トンデモナイワネ)」〔寝覚・巻二〕㋺気がねせず行動する。思いどおりにする。「かの人も、(マサカ)―・り(=平気デ)あらはれて(=露骨ニ)頼むべきもの(=ワタシヲ亭主アツカイスル)とも、思ひかけはべらず」〔寝覚・巻五〕 ❷積極的に行動する。がんばる。「百度あてつべき舎人どもの―・り(=馬力ヲカケ)て射とる」〔源氏・若菜下〕

うけ ひ・く【承け引く】Ⓓ《他四》承知する。承認する。「(アノ方ナラウワキモヤムヲエナイト)人の―・かぬほど(ノ男)にてだに、なほ、さりぬべきあたり(=相当ナ女性)の事は、このましうおぼゆるものを」〔源氏・夕顔〕

うけ・ふ【祈ふ・誓ふ】(ーケ〈キョ〉ウ) Ⓓ《自四》❶(神に)祈念する。「さねかづら(=枕詞)のちも逢ふやと夢のみに―・ひわたりて(=ズット祈リナガラ)年はへにつつ」〔万葉・巻一一〕 ❷のろう。「『さる藪原(=荒レハテタ所)に年経たまふ(=ズット住ンデイラレル)人を、大将殿も(マサカ)やむごとなくしも(=タイセツダナンテ)思ひきこえたまはじ』など怨じ―・ひけり」〔源氏・蓬生〕 ❸(神に)誓う。「相対ひて立たして(=オ立チニナッテ)―・ひて曰はく、『もし汝が心浄うして(国ヲ)陵ぎ奪はむ(=横領ショウ)といふ意あらぬものならば、汝が生さむ児、必ずまさに男ならむ』」〔紀・神代上・訓〕《「うけひて」は「誓」の訓》

う こん【右近】Ⓓ (対)「左近」(略)右近衛府。(参)このゑ。 **―のつかさ** 右近の司 Ⓓ《連語》❶右近衛府。❷右近衛府の将曹より下の役人。(参)このゑ。 **―のむまば** 右近の馬場 Ⓓ《連語》右近衛府の管理する馬場。一条北大宮(北野神社の東)にあった。

うし【丑】Ⓓ ❶十二支の第二。(参)じふにし。「同じき(=貞観)十一年二月一日己―、御年二つにて東宮に立たせたまひて」〔大鏡・陽成院〕 ❷方角の名。北北東。《単独の用例は未見。いつも丑寅という形で現れる》 ❸時刻の名。《定時法で》午前一時から午前三時まで。(参)とき㊀①。「右近の司の宿直奏しの声聞こゆるは、―になりぬるなるべし」〔源氏・桐壺〕

うし【大人】Ⓒ ㊀❶領主、または身分の高い人に対する尊敬語。「大人、此云二于志一」〔紀・神代下・訓注〕「またの名は武三熊の―」〔紀・神代下・訓〕《「うし」は「大人」の訓》 ❷学者あるいは文化人に対する尊敬語。「万葉ぶりの歌をもよみいで、いにしへぶり(=古代スタイル)の文をさへ書きうる事となれるは、もはら(=マッタク)この―(=賀茂真淵)の教への功にぞありける」〔宣長・玉勝間・巻一ノ四〕 ㊁《代》あなた。「ひそかに大連に語りていはく『いま群臣―を図る(=ヤッツケヨウト相談シテイマス)。また、まさに路を断ちてむ』」〔紀・用明・訓〕《「うし」は「卿」の訓》

う・し【憂し】Ⓐ《形ク》❶思うようにならない。つらい。「うすさ濃さそれにもよらぬ花ゆゑに―・き身のほどを見るぞわびしき」〔枕・一八四段〕「世は―・きものなりけりとおぼし知らる」〔源氏・須磨〕 ❷気にくわない。いやだ。「うぐひすのかよふ垣根の卯の花の―・き事あれや君が来まさぬ」〔万葉・巻一〇〕 ❸にくらしい。しゃくだ。「かくばかりをしと思ふ夜をいたづらに寝で明かすらむ人さへぞ―・き」〔古今・秋上〕 ❹無情だ。知らん顔をしている。「―・かりける人を初瀬の山おろし激しかれとは祈らぬものを」〔千載・恋二〕 ❺〔補形〕《動詞の連用形に付いて》…する気になれない。「風いと涼しくて、帰り―・く若き人々は思ひたり」〔源氏・常夏〕

うし かひ【牛飼ひ】(ーイ) Ⓓ ❶牛を・飼う(使う)人。うしかた。「すさましきもの…牛死にたる―」〔枕・二五段〕 ❷(略)うしかひわらは。中古ふうの牛車を操作する召使。年齢はかならずしも少年とはかぎらない。「―ども、手鼓うちて、草かり笛ふく」〔宇津保・藤原君〕「―・下部などの知れるもあり」〔徒然・一三七段〕

うし とら【丑寅・艮】Ⓓ 方角の名。丑と寅の間、すなわち北東。「―の方より(風ガ)吹きはべれば、この御前はのどけきなり(=何トモナイノデス)」〔源氏・野分〕 **―のすみ** 丑寅の隈 Ⓔ《連語》屋敷の北東の隈は、鬼門すなわち鬼の出入りする所といわれ、陰陽道でいろいろの禁忌があった。「御太刀をひき抜きて、かれ(=鬼)が手をとらへさせたまへりければ、(鬼ハ)まどひて(=アワテテ)うち放ちてこそ(=振リ切ッテ)、―ざまに(=ノ方へ)まかりにけれ」〔大鏡・忠平〕「汝を殺害せむとする者(=妖術使イ)は、家の―なる所に隠れゐたるなり」〔今昔・巻二四ノ一四〕

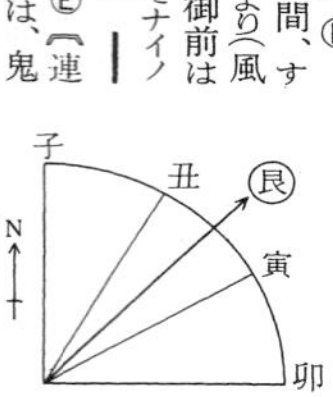

子 丑 艮 寅 卯 N

〔うしとら〕

うしな・ふ【失ふ】(ーナ〈ノ〉ウ) Ⓑ《他四》❶㋑(もっているものを)なくす。「万金を得て一銭を―・はむ人、損ありといふべからず」〔徒然・九三段〕㋺(よい時機や運などを)のがす。「時を―・ひ世に余されて(=トリ残サレテ）、期（ご）する所なき（＝希望ノナイ）者」〔方丈〕 ㈧《「色を」を受けて》ふつうの状態でなくする。「法華経の行者にあひぬれば、色を―・ひ（＝マッサオニナリ）、魂を消す（＝何ガ何ダカワカラナクナル）なり」〔日蓮・千日尼宛（弘安元年）書簡〕 ❷さきに死なせる。《現代語ではふつう「死なれる」と受け身にいう》「むかし男、友だちの人（＝愛人）を―・へるがもとにやりける」〔伊勢・一〇九段〕 ❸殺す。命をとる。「路次（ろし）（＝途中）にて―・はるるか、鎌倉にて斬（き）らるるか、ふたつの間をば離れじ（＝ドチラカニチガイナイ）」〔太平・巻二ノ四〕

うしろ【後ろ】Ⓑ ❶《空間的に》（基準となるものが向いている）㋑逆の方向。「『はづかし』とおぼして、―向きたまへり」〔源氏・玉鬘〕 ㋺逆の方向に位置する場所。背後。「（光源氏ガ）おはします（建物ノ）―の山に柴（しば）といふものふすぶる（＝イブシテイル）なりけり」〔源氏・須磨〕「近くさぶらふ人（＝女房）も、少し退きつつ、御几帳（きちやう）の―などに、そばみあへり（＝オ互イニ横ヲ向キ合ッテイル）」〔源氏・藤袴〕 ❷基準となるものより起点に遠いこと。「（演者ノ）声は正面（ノ見物席）へよく聞こゆるものなり。（舞台ノ）右寄りに（イテ）は、声―へは聞こえず」〔中楽談儀・一七〕 ❸《時間的に》基準となる時よりも未来であること。将来。のち。「去りなむ（＝死ンデシマッタ）―のこと知るべきことにはあらねど（＝ドノヨウニナロウトイイケレド）」〔源氏・椎本〕 ❹㋑（人の）背中。「九条殿なむ御―を抱きたてまつりて御輿（こし）の内にさぶらはせたまひけるとぞ」〔大鏡・師輔〕 ㋺（物の）後部。「院の御所に参りついて、車かけはづさせ、―より降りむとしければ」〔平家・猫間〕 ㈧（衣服の）すそ。「あやしき（＝イヤシイ）下﨟（げらふ）どもの、（下襲（したがさね）ノ）―をうちまかせつつ（＝長ク引イテ）居並みたりしこそねたかりしか（＝シャクダッタ）」〔枕・二八段（一本）〕 ❺後ろ姿。「奥のかたより見出だされたらむ―こそ（＝私ノ後ロ姿ヲ見タトシタラ）、外（と）にさる人や（＝ガイヨウナド）とおぼゆまじけれ（＝思イモシナイダロウ）」〔枕・八三段〕 ❻背景。バック。「何かあはれな草笛（＝横笛）入りの―で読まうといふ文だっけ」〔洒・総籬〕「―うたふとは呼び出しのことかいな。わしやろわい。口三絃（くちさみせん）ぢゃ」〔一九・膝栗毛・六上〕

―ざま 様 Ⓔ ❶うしろの方。「何事するとも見えで―に行く、いかなる（ワケ）にかあらむ」〔枕・二二六段〕 ❷うしろを向いた形。「御前なる獅子・狛犬（こまいぬ）、そむきて（＝裏ムキニナッテ）―に立ちたりければ」〔徒然・二三六段〕

―で 手 Ⓔ うしろから見た様子。うしろ姿。「かしらつき（＝髪ノグアイ）―など、『限りなき（＝最高階級ノ）人と聞こゆとも（＝デイラッシャッテモ）、かうこそはおはすらめ（＝コノ程度ニチガイナイ）』と」〔源氏・薄雲〕

うしろ・みる【後ろ見る】Ⓒ《自上一》付き添ってめんどうをみる。うしろだてとなる。《公私いずれの場合にもいう》「何事も聞こえかよひて（＝ヨク連絡ヲトッテ）、宮をも―・みたてまつりたまふ」〔源氏・澪標〕「年来（としごろ）の契りたがへず（＝夫婦約束ドオリ）、かたみに（＝カワルガワル）―・みむ」〔源氏・真木柱〕

うしろ めた・し【後ろめたし】Ⓒ《形ク》❶(対)「うしろやすし」 ㋑《中古語》気にかかる。不安だ。「女親（めおや）なき子を置きたらむここちして、見ぬほど―・く」〔源氏・葵〕 ㋺《良い意味で》気がおける。遠慮される。「かやうの（歌ヲ発表スル）事、わがため（＝自分ニトッテ）―・からむ（＝頭ノ上ガラナイヨウナ）人などに、かならず言ひ合はすべし（＝相談スルガヨイ）」〔十訓・第七ノ一九〕 ❷《中世・近世語》うしろぐらい。やましい。「東（あづま）を立ちし時も、―・く二心あるまじきよし、おろかならず（＝厳重ニ）誓文書きおきてけれど」〔増鏡・月草〕

うしろめた な・し【後ろめたなし】Ⓔ《形ク》→うしろめたし。「わがなからむ後（＝死後）に（末娘ガ）かくてのみあるを（＝独身デイルノヲ）、―・し（＝気ガカリダ）、ただ受領（ずりやう）のよからむをがな（＝国司デ適当ナ人ヲ婿ニホシイモノダ）とこそ思ひつるに」〔落窪・巻四〕「心ざしありつる（＝好意ヲ見セテクレタ）郡司の妻を、（コンナ）―・き（＝気ノトガメル）心（ヲ）つかはむ（＝イダクヨウナ）こと、いとほしけれど（＝郡司ニハ気ノ毒ダケレド）」〔宇治・巻九ノ一〕

うしろ やす・し【後ろ安し】Ⓒ《形ク》(対)「うしろめたし」あとの心配がない。気楽だ。「―・く思ひたまへて、ひたみちなるおこなひに（＝ヒトスジノ仏道修行ニ）思ひなりなむ（＝腹ガキマリマショウ）」〔宇津保・俊蔭〕

う しん【有心】Ⓓ《十形動ナリ》(対)「無心」 ❶㋑分別があること。「おとなびて―・にものしたまふ人」〔栄花・根合〕 ㋺判断が適切だ。頭がよい。「偏執（へんしふ）（＝マチガッタ執念）をさしおいて（＝捨テテ）、すみやかに―・に（＝賢明ニモ）放火をとどめぬ（＝ヤメニシタ）」〔盛衰・巻一六ノ四〕 ❷気がきいていること。「あまり―過ぎて、しそこなふな」〔枕・三五段〕 ❸風流気があること。情趣を解すること。「―者なり。語らひおきて（＝仲ヨクナッテ）時々は紅葉みる所にしたまへ」〔宇津保・菊宴〕 ❹《鎌倉時代の歌・連歌で》本格的なよみ方。「後鳥羽院御時、柿本・栗本とて（両グループヲ）置かる。柿本は世の常の歌、これを―と名づく。栗本は狂歌（＝フザケタ歌）、これを無心といふ」〔井蛙抄・第六〕 ❺〔仏〕迷いの心があること。「―は生死の（対立ヲ離レラレナイ）道、無心は涅槃（ねはん）（＝サトリ）の城なり」〔一遍上人語録〕

―てい 体 Ⓓ《藤原定家の歌論で》十体の一つであると同時に、他の九体を生かす力としてすべてに共通する表現のしかた。その意味合いについては、学者の間に議論があり、定説はないけれど、作者が対象に深まってゆく真実さと、対象にひそむ本質的なものとが、正しく行き合った表現と解してよいようである。(参)じってい。

う・す【失す】Ⓑ《自下二》❶有るものが無くなる。消える。「肝心(きもこころ)も—・せて、船こぐそらもなくてなむ鎮西には帰りきたりける」〔今昔・巻二九ノ三二〕「金焼き(=焼キ印)もまだ—・せざりけり」〔平家・競〕❷居る人が居なくなる。逃げる。「御子—・せたまひぬと思ひまどひ、求めたまふ」〔更級〕❸死ぬ。「高倉宮の御謀反(むほん)起こさせたまひて—・せさせたまひぬ」〔平家・競〕

うず【髻華】Ⓔ《古代語》冠・髪につけるアクセサリー。草木の花・枝葉や造花、のちには金・銀・鳥獣の尾などを用いた。中古語の「かざし」。「…平群(へぐり)の山のくまがしが葉を—にさせその子」〔記・中〕「島山に照れる橘—にさしつかへまつるは卿大夫(まへつきみ)たち」〔万葉・巻一九〕

うすいろ【薄色】Ⓓ❶うす紫。「—の衣(きぬ)・濃き(=濃紅色ノ)衣、上に着て」〔大和・一七三段〕❷織物の名。縦糸が紫、横糸が白。「—の裳・黄朽ち葉の唐衣ひとかさね」〔宇津保・俊蔭〕❸襲(かさね)の色目。→巻末「襲の色目要覧」。

うす・し【薄し】Ⓑ《形ク》❶厚くない。「ここかしこの砂(すなご)—・き(=ウスク敷イテアル)物のかくれ(=物カゲ)のかたに、蓬も所得がほなり」〔源氏・柏木〕❷(密度が)低い。「わたしの在所は(人家ノ数ガ)—・う(ソノクセ地域ハ)広い所でござるが」〔狂・伯母が酒〕「おもやせて葵(あふひ)つけたる髪—・し」〔荷兮(曠野)〕❸(色や光が)あわくぼんやりしている。「かげ—・き行灯(あんどん)消しに起きわびて」〔重五(冬の日)〕❹(味が)あっさりしている。「朝ごみや月雪—・き酒の味」〔其角(続猿蓑)〕❺(数が)少ない。「鼠—・くなり、物もひかず」〔伽・猫の草子〕❻思慮に欠けている。「かくれなき(=ドウセバレル)物と知る知る(=ワカッテイナガラ)夏衣(=枕詞)きたるを(=ヤッテ来タノハ)—・き(=アサハカナ)心とぞ見る」〔源氏・紅葉賀〕❼貧しい。「お前は、でも—・い(=ミスボラシイ)お姿で、そして御自身で門掃くとは」〔浄・歌祭文・油屋〕

うすやう【薄様】(-ヨウ)Ⓒ(対)「厚様」うす手の鳥の子紙。多くは、ものを書くのに使った。「こちたう(=イヤニ)赤き—(=書イタ手紙)を、唐(から)なでしこ(=石竹)のいみじう咲きたるに結びつけて」〔枕・一九二段〕

うせうしやう【右少将】(-ショウショウ)Ⓓ(対)「左少将」(略)右近衛(うこんゑ)少将。→せうしやう。

うせうべん【右少弁】(-ショウー)Ⓓ(対)「左少弁」→べん。

うそぶ・く【嘯く】Ⓒ㊀《自四》❶ふうっと息を吹く。「暑けくに(=アツイ時ニ)汗かきなげ(=ハライ落トシ)木の根とり(=ツカミ)—・き(=フウフウ息ヲツキナガラ)登り峰(を)の上を君に見すれば…」〔万葉・巻九〕❷口笛を吹く。「この蛍(ほたる)をさし寄せて、(ウスモノニ)包みながら—・きたまへば」〔宇津保・初秋〕❸(動物が)ほえる。「虎は千里の足早く、風に—・く身も軽く」〔近松・反魂香・上〕❹(知っていながら)知らないふりで何か声を出す。「さをにおしかかりて、とみに舟も寄せず—・いて見まはし」〔更級〕㊁《他四》(詩歌あるいは謡いものを)吟ずる。口ずさむ。「時につけたる(=時節ニ適合シタ)題いだして、—・き誦(ず)しあへり」〔源氏・総角〕

うたあはせ【歌合はせ・歌合】(-ワセ)Ⓒ 歌人が左右二組に分かれ、それぞれの歌の優劣を判定する催し。優劣を決める責任者すなわち判者は、一人を原則とするが、二人(両判)または数人(衆議判)のときもあった。「亭子院の—の歌」〔古今・春下・詞〕「是貞のみこの家の—によめる」〔古今・秋上・詞〕

うだいしやう【右大将】(-ショウ)Ⓓ(対)「左大将」(略)右近衛(うこんゑ)大将。→だいしやう①。

うだいじん【右大臣】Ⓓ 太政(だいじやう)官の長官で左大臣の次に位する。左大臣が関白である時、または事故で出勤しない時、その任を代行した。そうでない時は、無任所相のような形である。やまとことばで「みぎのおほいまうちぎみ」「みぎのおとど」等、漢語で「右府」という。

うだいべん【右大弁】Ⓓ(対)「左大弁」→べん。

うたかた【泡沫】Ⓓ 水のあわ。「山川の水曲(みわた)によどむ—の(ヨウニ)泡(あわ)に結べる薄氷かな」〔玉葉・冬〕

うたぐち【歌口】Ⓔ 歌のよみぶり。「稽古(けいこ)も—も同じほどの人の、後々にことのほか(=ヒドク)勝劣(=マサリオトリガ)見ゆる輩(ともがら)多くはべるをや」〔さゝめごと・下〕

うたげ【宴】Ⓓ 宴会。酒宴。「日本武尊(やまとたけるのみこと)、髪を解きて童女(をとめ)の姿となり、もちてひそかに川上の梟帥(たける)の—の時を伺ひたまふ」〔紀・景行・訓〕《「うたげ」は「宴」の訓》「林園に遊び山水に—し」〔蕪村・春泥句集序〕

うたて Ⓑ《副》❶(どういうわけだか知らないが)ますます。いっそう。「秋といへば心そ痛き—異(け)に(=マスマスヒドク)花になそへて(=見立テテアナタヲ)見まくほりかも(=見タイト思ウカラダロウカ)」〔万葉・巻二〇〕❷(何だか)普通でなく。格別に。「—もの言ふ王子(こ)ぞ。かれ(=ダカラ)慎みたまふべし。また御身を堅めたまふべし(=武装ナサイマセ)」〔記・下〕《原文「宇多弖」と表記》❸(わざとそうするわけではないが)しきりに。「三日月のさやにも見えず雲がくれ(=雲ニカクレテハッキリ見エナイヨウニ、見ルコトノデキナイアナタヲ)見まくぞほしき—このころ」〔万葉・巻一二〕❹《中古以後は悪いほうの意味で》はなはだしく。「鷺はいとみめも見苦し。まなこゐ(=目ツキ)

など も、―(=マッタクノトコロ)よろづになつかしからねど(=アラユル点デ気ニクワナイガ)」〔枕・四一段〕 ❺いやに。いやなことに。不快に。「すべて言ひ続けば、ことごとしう、―ぞなりぬべき(=大ゲサデイヤニナルニチガイナイホドスバラシイ)人の御様なりける」〔源氏・桐壺〕 ❻気味わるく。「(光源氏ハ怪シイ夢ヲ)―(=ブキミニ)思さるれば、(魔ヨケノタメ)太刀を引き抜きて」〔源氏・夕顔〕 **―あ・り** 有り Ⓒ 《連語》いやだ。不愉快だ。気にくわない。「情けなく―・る(=イヤミナ)ことをなむ、さるたより(=ソウイウ機会ガ)ありて、かすめ言はせたりける(=アテコスラセタ)」〔源氏・帚木〕「―・る(=イヤラシイ)御心なりけり」〔源氏・蛍〕

うたて・し Ⓑ 《形ク》 ❶㋑いやだ。気にくわない。「あなうたて(=アア、イヤダ)。この人の(手紙ガ)たをやかならましかば(=女性ラシカッタラヨイノダガナア)」〔源氏・帚木〕「農作(なりはひ)を―・きものにいとひけるままに」〔秋成・雨月・浅茅〕㋺同感できない。賛成できない。「浦山国を隔てて住むといふは、いかなることやらむ。うたての(=バカナ)仰せさうらふや」〔謡・高砂〕 ❷気の毒だ。同情される。「心ならず尼になされて、年二十三、濃き墨染めにやつれはてて(=スッカリミスボラシイ僧衣姿ニナッテ)、嵯峨の辺にぞ住まれける。―・かりし事どもなり」〔平家・小督〕《(1)中古の文献では、ふつう語幹「うたて」だけが現れ、活用語尾は中世以後に見られる。例外として「心憂き事どもの多かんなれば、常に思ひ嘆くと聞きはべるは、いとうたてくなむ」〔宇津保・蔵開上〕「さばかりにては、世の常び、うたてければ」〔浜松・巻三下〕の二例がある。(源氏に一例あると報告されている「うたてく」は「うたても」の誤り) (2)シク活用も行われた。「ああ、―・しき事かな」〔太平・巻二ノ五〕》

うた まくら 〔歌枕〕 Ⓒ ❶㋑歌によく用いられる素材。「いにしへの人、多く本(=上ノ句)に―を置きて、末(=下ノ句)に思ふ事をあらはす」〔新撰髄脳〕㋺〈とくに〉名所。「わしは―修行して国々をめぐり、名所旧跡…知らぬ所はない」〔咄・鹿の子餅・名所知〕 ❷歌人ハンドブック。《平安時代中期には、歌語・枕詞・名所にわたる総合的参考書であったが、後期よりあとは、名所の説明が主となった》「よろづの冊子(さうし)―、よう案内(ヲ)知り、見尽くして、その中のことばを取り」〔源氏・玉鬘〕

うち― 〔〈打〉ち〕 Ⓑ 《接頭》動詞に付き、ちょっとあらたまった感じにする。《意味には変わりがないから、訳するときは、接頭語を除いた形で考えてよい。動作の軽いことを示すという説は疑問》「―曇りて」〔枕・一九七段〕「―おこたりつつ」〔徒然・一八八段〕。その他「―言ふ」「―うなづく」「―驚く」「―傾く」「―語らふ」「―具す」「―しぐる」「―すすろふ」「―捨つ」「―注く」「―頼む」「―絶ゆ」「―散る」「―続く」「―つぶやく」「―連る」「―嘆く」「―涙ぐむ」「―悩む」「―ぬらす」「―降る」「―まもる」「―見る」「―よむ」「―笑ふ」等。

うち 〔内〕 Ⓐ ❶㋑外に出ていないこと。またはその部分。「若き時は、血気(ガ身体ノ)―に余り」〔徒然・一七二段〕㋺〈とくに〉心のなか。「―に思慮なく、外に世事なくして」〔徒然・一〇八段〕 ❷㋑ある区画のなか。「町に桜を植ゑならべ、その―に家(や)を建てて住みたまひし」〔平家・吾身栄花〕㋺《全体に対し》一部分。「主(むね)とあらまほしからむ事の―に、いづれかまさると、よく思ひくらべて」〔徒然・一八八段〕㋩《時間的に》あいだ。「一夜の―に、さまで(=ソレホド)変はるさまも見えぬにやあらむ」〔徒然・二四一段〕㊁《数量的に》ある限界をこえないこと。以内。「広さはわづかに方丈、高さは七尺が―なり」〔方丈〕 ❸㋑宮中。「人の御乳母して、―わたりにあり」〔更級〕㋺天皇。「木曾(義仲)は(イナカ者デ)、国王を―と申しまゐらすることをば知らざりければ、内とはおのれらが妻(め)をいふぞと心得て(=カンチガイシテ)」〔盛衰・巻三四ノ三〕 ❹㋑家。「果たしてこねば(=ヤッツケテコナケレバ)、―へは寄せぬぞ」〔狂・千切木〕㋺妻。「一門(=親類)中の状文にも『伊左衛門―より』と書いても、人のとがめぬこと」〔近松・阿波鳴渡・上〕㋩夫。「(ワタシノ)―が(芝居小屋デ)茶を売りやすと乳母幅(はば)で(=変ナイバリ方ヲシテ芝居ニ)行き」〔柳樽・六〕 ❺《儒教に対し》仏教。《仏教関係の書物を内典(ないてん)、儒教のを外典(げでん)という》「さすが子ながらも(重盛ハ)、―には五戒を保って慈悲を先とし、外には五常を乱さず」〔平家・教訓状〕

うち あ・ぐ 〔打ち上ぐ・打ち揚ぐ〕 Ⓑ 《他下二》 ❶(弓を射るため)持ちあげて構える。「弓をさしかざして、しばしありて、―・げたれば」〔宇治・巻一五ノ四〕 ❷㋑(声を)大きく出す。はりあげる。「『祝ひの和歌一つつかうまつるべし』と仰せらるるままに、『よひの間に』と―・げ申したれば」〔栄花・様々〕㋺(音を)大きく鳴らす。「巫女(みこ)の打つ鼓、―・げ打ちおろし、おもしろや」〔梁塵〕「―・げたる拍子の、よげに聞こえければ」〔宇治・巻一ノ三〕 ❸(宴会をもよおして)わいわいさわぐ。「七日七夜、饗宴(とよのあかり)して、―・げ遊ぶ」〔宇津保・藤原君〕 ❹(金・財産を)使いはたす。磨(す)る。「えい(=カナリノ)銭をまうけるけれど、うち入れ(=ツマラナイ事ニツカイ)―・げる(=スッカラカンニナル)。けがな(=マチガッテモ)身につけた例(ためし)がない」〔浄・歌祭文・油屋〕 ❺㋑《能で鼓や太鼓の手に》ひと区切りつける。「常には舞ひ留めて―・げさうらふ」〔八帖花伝書・第七〕㋺《歌舞伎の下座音楽で》太鼓入りのはやしを、いちだん高めて打ち、ひと区切りをつける。「『ふるまひぢゃよなあ』と(言ウノヲキッカケニ)どろどろ

（トヨバレルハヤシヲ）—・げる」〔伎・三舛玉垣・一ノ四〕

うち あ・ふ【〈打〉ち合ふ】（—ア〈オ〉ウ）Ⓒ《自四》❶間に合う。そろう。「御かゆなど急ぎ参らせたれど、（手不足ナノデ）取りつぐ御まかなひ（＝給仕人ガ）—・はず」〔源氏・夕顔〕❷思いどおりになる。希望が実現する。かなう。「年ごろ心もとなく見たてまつりたまひける（＝心配シテオイデニナッタ）事の—・ひて」〔紫日記〕❸敵対する。張りあう。「いかなる事にかあらむ。—・ひ、いさかふ（＝争ウ）べき事にもあらず」〔落窪・巻三〕

うち ある【〈打〉ち有る】Ⓔ《連体》ちょっとした。何でもない。ざらにある。「—調度も昔覚えて安らかなるこそ、心にくしと見ゆれ」〔徒然・一〇段〕

うち いだ・す Ⓑ《他四》㊀【打ち出だす】打撃によって何かを出す。「—・す火打ちの石のほくそ（＝火口ガ）なみ（＝ナイモノダカラ）何にもつかぬ（ソノヨウナ）わが身なりけり」〔夫木・巻一九〕㊁【〈打〉ち出だす】《「うち」は接頭語》❶（意識的に）出す。「めでたき（＝リッパナ）袖口ども・衣(きぬ)の褄(つま)などの—・しわたしたる」〔栄花・音楽〕《この用法を自動詞と見る説もあるが、他動詞と認めるのがよい。自動詞なら「うちいでわたりたる」となる》❷声に出していう。「大納言殿の『声(こゑ)明王の眠りをおどろかす（＝サマス）』といふことを、高う—・したまへる、めでたうをかしきに」〔枕・三一三段〕

うち い・づ【〈打〉ち出づ】（—ズ）Ⓑ㊀《自下二》❶（外のほうへ）出る。「田児の浦ゆ（＝ヲ通リヒロビロシタ所ニ）—・でて見れば真白にそ富士の高嶺に雪は降りける」〔万葉・巻三〕❷《中世以後》自分の居所から敵のいるほうへ出向く。「さればこそとて、やがてこれも—・でけり」〔平家・一一之駈〕㊁《他下二》❶出す。「箱の蓋(ふた)に葦手に—・でたる（＝乱レ書キニ字ヲ出シタノ）は、日陰の（＝ヒカゲ草ヲヨンダ歌ノ）返り事なめり」〔紫日記〕❷口に出して言う。「—・でむこと難くやありけむ、物病みになり（＝健康ヲ害シ）て」〔伊勢・四九段〕「おぼすことどもも—・でたまはず」〔源氏・賢木〕「たやすく（＝軽々シク）—・でむもいかがとためらひけるを」〔徒然・二三一段〕「思ひよれるままに（＝思イツクトスグ）—・づるゆゑに」〔宣長・玉勝間・巻一ノ三三〕

うち い・る【〈打〉ち入る】Ⓑ《「うち」は接頭語》㊀《自四》（中へ）はいる。「兄弟五騎、（馬ニ）乗りながら門のうちへ—・り」〔平家・維盛都落〕「海、北にかまへて波—・る所を、しほごしといふ」〔芭蕉・奥の細道〕㊁《他下二》❶（中に）入れる。「硯(すずり)に、文をおしまきて—・れて」〔蜻蛉・上〕❷㋑投入する。すっかり入れる。「『（川ヲ）わたせやわたせ』と下知せられければ、二万八千余騎、みな—・れてわたす」〔平家・宮御最期〕㋺（賭(か)け事や遊びなどに）金をつぎこむ。「この—・れたる侍…捕らへられて獄(ひとや)に禁せられけり」〔今昔・巻一六ノ三七〕「ばくちの負けきはまりて、残りなく（＝スッカリ）—・れむとせむにあひては、打つべからず」〔徒然・一二六段〕

うち か・く Ⓒ㊀【〈打〉ち掛く】《自下二》《「うち」は接頭語》おおいかかる。「住吉の岸ともいはじ沖つ浪なほ—・けよ浦はなくとも」〔後撰・雑一〕㊁【〈打〉ち掛く】《他下二》《「うち」は接頭語》❶（物を上に）かけておおう。「かたびらを—・けて、手をひき杖をつかせて」〔徒然・五三段〕❷その上にのせる。腰かける。「日隠(ひがくし)の間(ま)に尻—・けて、（イマイマシゲニ）手をはたはたと打ちゐたまへりける」〔大鏡・道隆〕㊂【打ち掛く】《他下二》❶切りかかる。「さあ、—・けよ切りかけよ」〔近松・会稽山・三〕❷鉄砲で攻撃をしかける。「鉄砲を—・け、不意に切ってかかり」〔常山・紀談・巻六ノ一〕

うち かけ Ⓔ㊀【裲襠】(略)うちかけよろひ。武官が公式装束の上につけた袖(そで)なしの上着。㊁【打掛】江戸時代の女子の礼服。帯をしめた上にひっかけて着る長い小袖(こそで)。「金水引の初元結ひ、まだ十歳の—もすらりとしたる生まれつき」〔近松・小室節・上〕

〔うちかけ㊀〕

うち がたな【打ち刀】Ⓔ (対)「腰刀」戦闘用の刀。鍔(つば)があるので、鍔刀ともいう。「山伏は—を抜きて（ヘビニ）向かふ」〔著聞・魚虫禽獣〕

うち かぶと【内兜】Ⓓ かぶとの内側。額に当たる部分。射て致命傷を与えるのによいねらい所とされる。「—、夜の明くるにしたがって、しらしらと見ゆれば」〔保元・中・二〕

うち かへし【〈打〉ち返し】（—エシ）Ⓒ《副》❶何回も。「（源氏ハ）—見たまひつつ、あはれ（＝フーン）とながやかにひとりごちたまふを（＝ヒトリゴトヲオッシャルノヲ）」〔源氏・澪標〕❷その反対に。「（死ハ）さはり所あるまじう（＝何ノサシツカエモナサソウニ）さはやかに（＝サッパリト）よろづ思ひなさるれど、—（＝マタ逆ニ）いと悲し」〔源氏・浮舟〕

うち かへ・す【打ち返す】（—エス）Ⓒ《他四》❶（鼓や太鼓の）同じ手をもう一度打つ。「門出の謡、大・小・笛・太鼓・謡ともに、—・し、吹きかへし、うたひかへしさうらふこと、習ひなり」〔八帖花伝書・第四〕❷とりもどす。「壱岐・対馬の国の人をいと多く刀夷(とい)の国に取りて行きたりければ、新羅(しらぎ)の帝、軍(いくさ)をおこしたまひて、みな—・したまてけり（＝奪還ナサッタ）」〔大鏡・道隆〕❸くりかえす。「(帝ハ)『さきの世ゆかしうなむ(=ドンナノダッタカ知リタイ)』と—・しつつ、御しほたれがちにのみおはします(=涙モロイ一方デイラッシャイマス)」〔源氏・桐壺〕 ❹ひっくりかえす。逆にする。「(隠レテイハシナイカト)米櫃(こめびつ)灰俵、—・してぞ捜しける」〔近松・冥途飛脚・下〕 ❺たがやす。「鴫(しぎ)のゐる野沢の小田を—・し種まきてけり標(しめ)はへて(=標識ノナワガ張ラレテ)見ゆ」〔金葉・春〕

うちき【袿】Ⓒ《表着の内に着る物の意》❶男性が狩衣(かりぎぬ)や直衣(のうし)の下に着る衣類。背広ならワイシャツに当たる。❷女性が唐衣(からぎぬ)の下に着る衣類。スーツならブラウスに当たる。《もともとは、その下に何枚か重ねる同型の衣類をもいったが、平安時代の中期からは、そのいちばん上のものだけをいうようになった》《従来は「天子の髪をあげる人の着る服、転じてその人」という意を示し、例に「山の井の大納言召し入れて、御—参らせたまひて、かへらせたまふ」〔枕・一〇四段〕と「(源内侍ガ)上の御けづりぐしにさぶらひけるを、(御理髪ハ)果てにければ、上は御—の人召して」〔源氏・紅葉賀〕を引くが、いずれも解釈違いなので、この用法は認めない。前者は「袿をお着あそばされて」、後者は「袿などをお着せする役の女房」の意》

〔うちきすがた〕

—すがた 姿 Ⓓ 男性なら狩衣か直衣、女性なら唐衣の上だけぬいだ姿。くつろいだスタイルだが、うちうちの客なら、この姿でも会うことができた。いまのワイシャツにネクタイあるいはブラウスの感じ。

うちぎき【〈打〉ち聞き】Ⓔ ❶ちょっと聞いた事。ふと耳にしたところ。「深き筋(=内容)思ひ得ぬ(=味ワウコトガデキナイ)ほどの—には、をかしかなり(=ウマイモノダ)と耳もとまるかし」〔源氏・常夏〕 ❷㋑聞いたとおりに書きとめること。またはその記録。ノート。「うれしきもの…人と言ひかはしたる歌の聞こえて(=広マッテ)、—などに書き入れらるる」〔枕・二七六段〕㋺公的な責任をもたない寄せあつめ。「現葉集(トイウ歌集)は、—にてはべるか。家々にみな—とて、そのころの歌をあつめて、集を作りしなり」〔正徹物語・上〕

うちくら【内蔵・内庫】Ⓓ ❶朝廷に奉った品物をしまうくら。❷(対)「庭蔵」《近世語》母屋(おもや)につづけて建てられたくら。「この商人、—には常燈のひかり、その名は綱屋とて武蔵にかくれなし」〔西鶴・永代蔵・巻一ノ一〕「家有るからは京の歴々(=大金持チ)の—の塵埃(ちりほこり)ぞかし」〔西鶴・永代蔵・巻二ノ一〕

うちこ・む【打ち込む】Ⓒ ㊀《他四》❶(その中へ)なげ入れる。ぶちこむ。「瀧つぼに命—・む小鮎(あゆ)かな」〔為有(炭俵)〕 ❷㋑(中へ)一撃する。「内冑(うちかぶと)へ切っ先あがりに—・みければ…首は前にぞ落ちたりける」〔保元・中・二(古活字本)〕㋺(急所を)つく。「てきめんに(=面ト向カッテハ)それを—・まず(=ヤリコメナイデ)、かへって調子に乗って請け返答して」〔浮・禁短気・巻五ノ一〕 ❸(鼓・太鼓を)適切な時にうつ。「鼓(ヲ)やがて越して太鼓(ヲ)—・むなり」〔八帖花伝書・第七〕 ❹(金品を)ことごとく投入する。つぎこむ。「(バクチニ負ケテ)金銀は申すに及ばず、太郎冠者までを(カネノカワリニ)—・うでござる」〔狂・縄綯〕 ㊁《自四》❶入りまじっている。「後ろに三百余騎は—・みてあり(=乱雑ニイル)」〔愚管抄・第六〕 ❷夢中になる。ほれこむ。「玄宗は楊貴妃の百(もも)の媚(こび)に(=ユタカナ魅力ニ)—・まれ(=スッカリ参ッテシマワレ)、世の政(まつりごと)もよそになり」〔仮名・竹斎・上〕

うち・す【〈打〉ちす】Ⓓ《「うち」は接頭語》㊀《自サ変》「す(為)㊀」に同じ。「暗き闇の夜の、時雨(しぐれ)—・せむは、また心にしみはべりなむかし」〔更級〕 ㊁《他サ変》「す(為)㊁」に同じ。「生きとまりてのどやかに行ひ(=仏道ノツトメ)をも—・してすぐしける」〔源氏・朝顔〕

うちたえ【〈打〉ち絶え】Ⓔ《副》ひたすら。ただもう。いちずに。「判官(はうぐわん)は…女房なんどの—嘆く(=嘆願スル)事をば、いかなる大事をも、もて離れぬ(=拒絶シナイ)と承りさうらふ」〔平家・文之沙汰〕

うちつけ【打ち付け】Ⓑ《形動ナリ》❶だしぬけ。不意。突然。「(源融ガナクナッテ)—・にさびしくもあるかもみぢ葉も主なきやどは色なかりけり」〔古今・哀傷〕 ❷むき出し。露骨。ぶしつけ。「さしもあだめき目なれたる(=浮気ッポクダレモナレッコノ)、—のすきずきしさなどは、好ましからぬ御本性にて(=困ッタ御性質デ)」〔源氏・帚木〕 ❸軽率。「げに—の心浅さにはものしたまはざりけりと、いとど今ぞあはれも深く思ひ知らるる」〔源氏・早蕨〕 ❹《近世語》あてつけがましい。「わが物なりと—・に言はぬばかりのしこなし」〔春水・梅暦・巻四〕 ❺《近世語》直接。じか。「思ひあまって—・に言うても、親子の道を立て、つれない返事」〔浄・合邦・下〕

うちと・く【〈打〉ち解く】Ⓒ《「うち」は接頭語》㊀《他四》とく。「(表着ノ)紐—・き、ないがしろなる気色に(=クツロイダヨウスデ)」〔枕・一四六段〕 ㊁《自下二》❶とける。「峰の白雪きえやらで、谷のつららも—・けず」〔平家・大原御幸〕 ❷へだてなく親しむ。「—・けぬほどにて」〔紫日記〕 ❸のんびりする。くつろぐ。「いとをかしう—・けぬ(=シカシ気ノオケル)遊び種(ぐさ)(=遊ビ相手)に、たれもたれも思ひ聞こえたまへり」〔源氏・桐壺〕「げに―・けたまへるさま世になく、所から、まいてゆゆしきまで（＝オソロシイホド美シク）見えたまふ」〔源氏・夕顔〕 ❹気がゆるむ。油断する。「―・くまじきもの、えせ者（＝イイカゲンナ人）」〔枕・三〇五段〕

うち なげ・く【〈打〉ち嘆く】Ⓓ《自四》（「うち」は接頭語）→なげく①②。「はしきよし（＝イトオシイ）その妻の児と朝夕（あさよひ）に笑みみ笑まずも（＝笑ッタリ笑ワナカッタリシテ）―・き語りけまくは（＝語ッタデアロウコトハ）…」〔万葉・巻一八〕

うち な・す【討ちなす】Ⓔ《他四》（敵勢を）殺傷して数をへらす。「わづかに五十騎ばかりに―・されし」〔平家・木曾最期〕

うち な・す【打ち鳴す】Ⓔ《他四》たたいて、ならす。「時守（ときもり＝時刻管理人）の―・す鼓数（よ）みみれば（ワレワレノ逢ウ）時にはなりぬ（ソレナノニ）逢はなくもあやし（＝アワナイコトハ変ダ）」〔万葉・巻一一〕

うち の おとど【内大臣】Ⓓ→ないだいじん。「侍従宰相立ちて、―のおはすれば、下より出でたるを」〔紫日記〕

うち の おほいどの【内大臣】（―オオ―）Ⓓ→ないだいじん。「―の御随身」〔紫日記〕

うち はし【打ち橋】Ⓔ ❶(対)「石橋・舟橋」 材木を両岸にかけ渡した橋。「上つ瀬に石橋わたし下つ瀬に―わたす…」〔万葉・巻二〕 ❷（寝殿造りで）わたり廊下のある部分を切り、板をわたしてある所。中庭に出入りするとき、その板をはずして通路にする。「―だつ（＝メイタ）ものを道にて（＝通路トシテ）なむ、かよひはべる」〔源氏・夕顔〕

うち はな・す【討ち放す】Ⓔ《他四》ぶった切る。「ほうど（＝ズバリト）大袈裟に（＝大キク斜メニ）―・しましてござる」〔狂・武悪〕

うち は・む【〈打〉ち塡む】Ⓓ《他下二》（「うち」は接頭語）❶ぶちこむ。突っこむ。「ゆくりなく（＝急ニ）風吹きて、漕げども漕げども（船ハ）後（しり）へしぞきにしぞきて、（海中ニ）ほとほとしく（＝アブナク）―・めつべし（＝ズブリトヤルトコロダ）」〔土佐〕 ❷低い位置におく。「（アノ姫君ハ）中の（＝姉妹ジュウデモ）劣りにて（＝地位ガ低クテ）―・められ（＝冷遇サレ）てありけるものを、かくたぐひなくおぼしかしづく（＝タイセツニナサルノ）こそあやしけれ」〔落窪・巻二〕 ❸だます。「さ言ひて―・めてのみはべらむやは（＝イッパイクワセテバカリモイラレマセン）」〔宇津保・菊宴〕

うち まか・す【〈打〉ち任す】Ⓔ《他下二》（「うち」は接頭語）❶任せきる。「ふと（＝偶然）しいださむかかり（＝ヤリ出ス行キカタ）を、―・せて、心のままにさすべし」〔花伝・一〕 ❷原状どおりにしておく。ほうっておく。「この病のありさま、―・せたることにあらず」〔宇治・巻四ノ八〕

うちまかせ て Ⓔ《連語》何ということなしに。これというふうもなく。普通に。「『あながちに』といふことば、―（＝簡単ニ）歌によむべしともおぼえぬことぞかし」〔無名抄・二〕「―の（＝無造作ナ）京上りの体にてはかなふまじ（＝ダメダロウ）」〔義経・巻四ノ四〕「―は（＝オイソレトハ）梅の発句と聞こえず（＝受ケトレナイ）」〔芭蕉・貝おほひ・二〕

うち まき【打ち撒き】Ⓔ《＋他サ変》❶魔よけのため、米をまくこと。またはその米。陰陽道のまじない。「祓（はら）へすとも、―に米いるべし」〔宇津保・藤原君〕「頂には、―の雪のやうに降りかかり」〔紫日記〕《いまアメリカで新婚夫婦に米をなげつける風習と似ている》 ❷米。《中流以上の婦人がいくらか上品めかしていった語》「―取り、茶袋に入れ」〔伽・一寸法師〕

うち もの【打ち物】Ⓓ ❶㋑武器となる刃物。刀・槍（やり）・薙刀（なぎなた）など。「弓矢―取って、九州二島に並ぶ者あるまじきぞ」〔平家・緒環〕「そのとき義経少しも騒がず、―抜き持ち」〔謡・船弁慶〕㋺《＋自サ変》刃物で戦うこと。「はなやかなる―・して、見物の衆の眠りさまさむ」〔太平・巻二九ノ二〕 ❷砧（きぬた）で打って、しあげた衣類。「ここかしこのうち殿より参らせたる―ども御覧じくらべて、濃き、赤きなど、さまざまを選（え）らせたまひつつ」〔源氏・玉鬘〕「（水ニヌレテモ）同じやうにてなむ、打ち目ありける。これを見る人、―をぞほめ感じける」〔今昔・巻二四ノ三〕 ❸物を交換するとりひき。「『何と（＝ドウダイ）、―にはせぬか』『物によって、いたしませうか』」〔狂・富士松〕 ❹(対)「吹き物・ひき物」 打楽器。「この僧正は篳篥（ひちりき）憎みたまふ人なり。しかあれば…用光『―をもこそつかまつらめ』とて」〔著聞・管絃歌舞〕

うち や・る【〈打〉ち遣る】Ⓔ《他四》（「うち」は接頭語）❶投げ出す。「髪は…迷ふ（＝乱レタ）筋なく―・られて」〔源氏・総角〕 ❷気ままにさせる。自由にさせる。「なにとなく、見聞くことに心―・りてすぐしつつ」〔建礼〕

うちゅうじゃう【右中将】（―ジョウ）Ⓓ (対)「左中将」 (略)右近衛（うこんゑ）中将。→ちゅうじゃう。

うちゅうべん【右中弁】Ⓓ (対)「左中弁」→べん。

うち わた・す【〈打〉ち渡す】Ⓓ《他四》❶（「うち」は接頭語）（ある点からある点へと）移動させる。「―・す駒なづむなり白妙にこほるまつちの山川の水」〔続古今・冬〕 ❷（幕の類を）設営する。ずっと造る。「錦の平張り（＝テント）―・し」〔浜松・巻一上〕 ❸ずっと見る。「―・す（＝ズット向コウヲナガメタ所ニイラレル）遠方人（をちかたびと）にもの申すわれそのそこに白く咲けるは何の花ぞも」〔古今・雑体〕

うち わたり【内辺り】Ⓓ《「うち③」をいくらか間接的な感じでいう》 ❶宮中。「殿上も許されざりければ、―の事を伝へても聞かず」〔今昔・巻二八ノ四〕 ❷天皇。「―

にも聞こし召して(＝オ耳ニハイッテハ)いとあしかるべきに(＝具合ガ悪カロウト)思(おぼ)しわびて(＝心配ナサッテ)今日は帰らせたまひぬ」〔源氏・総角〕

う・つ【打つ】Ⓐ《他四》❶《物と物をつよく当てる意から》たたく。なぐる。「阿古丸、腹だちて、小大進が背中をつよく—・ちて」〔梁塵・口伝集〕❷(音の出る道具をたたいて)鳴らす。「巫女(みこ)の—・つ鼓、打ちあげ打ちおろし、おもしろや」〔梁塵〕❸(衝撃をあたえて)発火させる。「(ワタシガ進呈シタ火打チ石デ)をりをりに—・ちてたく火の煙あらば(ソレニツケテ)心ざす香(か)をしのべ(＝ワタシノアナタニ対スル心ノホドヲハルカニ思イヤッテホシイ)とぞ思ふ」〔後撰・離別〕❹(衣類を砧(きぬた)でたたき)ぴんとさせる。いまのアイロンがけにあたる。「ものの折(＝何カノ時)に衣—・たせにやりて」〔枕・二六一段〕❺(金属をたたき)加工する。きたえる。「宗近を召し、御剣を—・たせらるべきとの勅諚(＝天皇ノオコトバ)なり」〔謡・小鍛冶〕❻㋑(地面に)たたきこむ。「あづかり地の外、十分の棒杭—・たせ」〔浄・先代萩・七〕㋺(身体に鍼(はり)を)さす。「さりながら、痛まぬやうに—・ってくれい」〔狂・雷〕❼(田畑を)たがやす。「畑—・つや鳥さへなかぬ山かげに」〔蕪村(蕪村句集)〕❽㋑(切り離すため)打撃をあたえる。「佐野山に—・つや斧音(をのと)の遠かども(＝遠ク聞コエルヨウニワタシハ遠クニイルガ)寝もとか(＝寝ヨウトイウノカ)子ろ(＝アナタ)が面(おも)に見えつる」〔万葉・巻一四〕㋺(武器で)斬(き)る。「父の首を—・ち落として」〔太平・巻一〇ノ一〇〕❾殺す。「相伝の(＝代々仕エタ)主と現在の婿を—・ち」〔平治・下・二〕❿(敵を)攻める。征伐する。「この種材が族(ぞう)は、純友—・ちたりし者の筋(＝家系)なり」〔大鏡・道隆〕⓫なげつける。命中させる。「かしこく—・たれはべりつるかな(＝ヒドクブチツケラレマシタゼ)。かかるつぶてどもして、かたがたにぞ—・たせたまへるに、こうじてなむはべる(＝閉口シマシタ)」〔宇津保・蔵開中〕⓬射撃する。「山中の鹿、猿を—・ってあきなふ種が島(＝銃)」〔浄・忠臣蔵・五〕⓭(ひろがるような形に)なげだす。「表の掃除を言ひつけうず(＝命ジテオクガヨイ)。水などをも—・たするやうにと言ひわたせ」〔狂・岡太夫(鷺流)〕⓮㋑固定させる。とりつける。「八竜といふ鎧(よろひ)を着る。胸板に竜を八つ—・って付けられたりければ、八竜とは名づけたり」〔平治・上・一四〕㋺こしらえる。製造する。「大きなる木をもって、水槽(みづふね)を二三百—・たせて」〔太平・巻七ノ二〕⓯(額(がく)や立て札の類を人目につきやすいよう)高くあげる。かかげる。「御墓所のめぐりに、わが寺の額を—・つことあり」〔平家・額打論〕「花盛り尾張の国に札—・ちて(＝願カケノ札ヲアゲルタメ巡礼スル)」〔業言(千鳥掛)〕⓰㋑(幕の類を)張る。「ひらばり(＝テント)—・つなどは、常のことなり」〔徒然・一六〇段〕㋺設備する。設置する。「見物の桟敷(さじき)—・つも、よからぬにや」〔徒然・一六〇段〕「四方に四面の蔵を—・ち」〔狂・三人長者〕⓱(物を当てて)はかる。測量する。「『とてもの事に(＝ドウセナラ)間(けん)を—・たむ』と言へば…竹を間竿(けんざを)に切り、一間づつ—・つ」〔常山・紀談・巻一四ノ八〕⓲(門などを)しっかり閉める。「門を—・て。人を一人も出すな」〔狂・居杭〕⓳(荷物を)のせる。つみこむ。「ますますも重き馬荷に上荷—・つと…」〔万葉・巻五〕⓴(縄(なわ)や紐(ひも)を)かける。しばる。「縄—・って引く。覚悟なせ」〔伎・十六夜清心・一ノ六〕㉑(裏いちめんに紙を)はる。「料紙にすかせて、経書き、またさながら(＝ソックリ)—・たせて」〔建礼〕㉒(碁や双六(すごろく)などの)勝負事をする。「殿上人ども、黒戸(トイウ室)にて碁を—・ちけるに」〔徒然・二三〇段〕㉓(文字や符号の点を)つける。しるす。「太衝の(＝トイウ語ニ使ワレル)太の字、点を—・つ、—・たずといふこと」〔徒然・一六三段〕㉔(馬で)行く。「二日路(ふつかぢ)を一日に—・ちしかば、馬皆疲れぬ」〔太平・巻三九ノ四〕㉕(手段や計画を)実行する。「敵の上手(うはて)を—・たむ(＝ハカリゴトノモウヒトツ上ヲヤロウ)と申しさうらひつるは、ここさうらふぞ」〔保元・中・一〕㉖(回転的な動作を)する。「夜、瓜を取るには、ころびを—・って取るがよいと申す」〔狂・瓜盗人〕㉗(刀の反(そ)ったほうを)外がわに向ける。《抜くときの構えにする》「蔵宿で(必要金額ヲ融通サセルタメ)よんどころなく(＝ヤムヲエズ)反(そ)りを—・ち」〔柳樽・四〕㉘(現金を)わたす。「櫛(くし)を下にやって(＝下取リニ出シテ、ソノ上)三両いくらとか—・てと言ったっけが」〔三馬・風呂・三ノ上〕

う・つ【棄つ】Ⓓ《他下二》❶すてる。「黒き御衣(みけし)を…背(そ)に脱き—・て…」〔記・上〕「もの思ふ心の隈(くま)を拭(のご)ひ—・てて曇らぬ月を見るよしもがな」〔山家・中〕❷《補助動詞ふうに》上の動詞の意味を強調する。強く…する。「ふき—・つる(＝吹キハナツ)気噴(いぶき)の中(みなか)に生(な)る神」〔紀・神代上・訓〕《「ふきうつる」は「吹出」の訓》

うづき【卯月】Ⓓ 旧暦四月の別名。(参)むつき。「夏—の丙申朔甲辰、皇師(みいくさ)兵(つはもの)をととのへて歩(かち)より竜田におもむく」〔紀・神武・訓〕《「うづき」は「四月」の訓》「今日は—一日(ひとひ)、衣更(ころもが)へといふ事のあるぞかし」〔平家・還御〕

うつく・し【愛し・美し】Ⓐ《形シク》❶《中古語。「愛したくなるようなようす」の意で、英語の lovely にあたる。beautiful とはちがう》かわいらしい。愛らしい。「—・しきもの。瓜にかきたるちごの顔」〔枕・一五一段〕「いとよくつきむつびきこえたまへれば(＝オナツキニナルノデ)、いみじう—・しきもの得たりとおぼしけり」〔源氏・薄雲〕 ❷〔おもに中世以後、'beautiful の意で〕きれいだ。「これなる松に—・しき衣かかれり」〔謡・羽衣〕 ❸㋑結構だ。〔英語の good に当たる〕「(犬宮ノ琴ガ上達シタトイウ報告ニ対シ院ハ)いとよう笑ませたまひて、『—・しき事かな(=結構ナ話ジャナ)』」〔宇津保・楼上下〕 ㋺みごとだ。〔英語の fine に当たる〕「大学の君その日の文(=試験ノ答案ヲ)—・しう作りたまひて進士になりたまひぬ」〔源氏・少女〕 ❹角(かど)が立たない。円満だ。「『一夜の無礼はありもやしけむ(=イツゾヤハ失礼シタカモシレマセンガ)、さらに覚えはべらぬは、仲澄(=ワタシ)が酔ひこそ進みてはべりけめ(=飲ミスギタンデショウ)』などのたまひて、—・しく(=シタシク)ものがたりなどしたまふ」〔宇津保・嵯峨院〕「(気ニ入ラナイ奉公人デモ契約ガ)半年の事と思へば、大方の事は堪忍して、—・しう出替はり(=契約更新期)まで使うて暇出だせる」〔西鶴・織留・巻五ノ二〕 ❺〔近世語〕心や行動がさっぱりしている。しつこくない。「これまでお頭(かしら)や平(ひら)殿が—・しう(=アッサリト)口説いてゐらるるによって」〔伎・韓人漢文・二〕

うつくし・ぶ【愛しぶ・慈しぶ】Ⓓ〔他四〕→うつくしむ。「兄(ガ弟ヲ)—・び弟(ガ兄ヲ)恭(ゐや)ふは、つねの典(のり)(=倫理)なり」〔紀・顕宗・訓〕(「うつくしび」は「友」の訓)

うつくし・む【愛しむ・慈しむ】Ⓓ〔他四〕かわいがる。「(大宮ガ夕霧ヲ)夜昼—・みて、なほ児(ちご)のやうにのみもてなしきこえたまへば」〔源氏・少女〕

うつ・し【現し・顕し】Ⓑ〔形シク〕〔古代語。「うつつ」の「うつ」と同じ語源。感覚できるような状態で存在するという基本意味から〕❶確かに存在している感じだ。目に見えている。「—・しきあをひとくさ(=実在ノ人民タチ)」〔紀・神代上・訓〕(「うつしき」は「顕見」の訓)「高山と海こそは山ながら(=山ノ本性トシテ)かくも—・しく(=コレホド現実ニ)海ながらしかまことならめ(=コンナニ確カナノダガ)…」〔万葉・巻一三〕 ❷現実的だ。実際に…だ。「偽りも似つきてぞする(=モウスコシホントウラシクイウモノダヨ)—・しくも(=現実ニ)まこと(=本気デ)我妹子(わぎもこ)われに恋ひめや(=恋ナンカシテイルモノカネ)」〔万葉・巻四〕 ❸意識がはっきりしている。気が確かだ。「あしひきの(=枕詞)片山きぎし(=序詞)立ちゆかむ(=旅ニ出ル)君におくれて(=トリ残サレテ)—・しけめやも(=落チ着イテナドイラレルモノデスカ)」〔万葉・巻一二〕 **—ごころ** 心 Ⓓ 意識がはっきりしている状態の心。正気。「その(=大火災ノ)中の人、—あらむやも(=無我夢中ダ)」〔方丈〕

うつ・す Ⓐ〔他四〕㊀【移す】❶㋑(位置を)変える。移動させる。「もし、心にかなはぬ事あらば、やすく(=手数ヲカケズニ)ほかへ—・さむがためなり(=引ッ越シサセルタメダ)」〔方丈〕㋺(遠くへ)行かせる。(身分のある人を流罪にする場面で使うことが多い)「院の上(=上皇)、都のほかに—・したてまつるべし」〔増鏡・新島守〕 ❷㋑(状態を)変化させる。「しなかたち(=家ガラヤ容貌)こそ生まれつきたらめ、心はなどか賢きより賢きにも—・さばうつらざらむ」〔徒然・一段〕㋺(条件を)置きかえる。「花といはば、かくこそ(=コノ梅ホド)匂はまほしけれな。(カリニ梅ノニオイヲ)桜(ノ場合)に—・してば(=持ッテ行ケバ)、また塵ばかりも心わく方なくやあらまし(=他ニ目モクレル気ニハナルマイ)」〔源氏・若菜上〕 ❸(時を)つぶす。経過させる。「時を—・す(ノハ)、たがひのため益(やく)なし」〔徒然・一七〇段〕 ❹(色・香を)しみつかせる。「梅(むめ)が香を袖に—・してとどめてば春はすぐとも(ソノ香ガ春ノ)形見ならまし」〔古今・春上〕「分け来つる野原の萩を枝ながら—・して摺(す)れる袖の月かげ」〔新葉・秋下〕 ❺(霊などを)のりうつらせる。「夜一夜(よひとよ)加持したまへる暁に、(霊ヲ)人に駆り—・して」〔源氏・手習〕 ❻(愛情を)向ける。そそぐ。「横笛といふ女に心を—・して(=ホレコンデ)通ひしを」〔盛衰・巻四〇ノ五〕(↑ある女性から他の女性に心変わりしたのでなく、横笛と最初の愛情関係を持ったのである) ㊁【映す】(水面や鏡などに形・姿を)現れさせる。「大空の星の光をたらひの水に—・したる心地して」〔源氏・蓬生〕 ㊂【写す】❶もとのように書きとる。「書(ふみ)どもはこの国(=ワガ国)に多くひろまりぬれば、書きても—・してむ」〔徒然・一二〇段〕 ❷そっくりまねる。模する。「丹波に出雲といふところあり、(出雲ノ)大社(おほやしろ)を—・して、めでたく造れり」〔徒然・二三六段〕

うつせみ Ⓓ ㊀【現人】(「うつし(現)おみ(人)」の意から) ❶この世の人。現実の人。「ともしびのかげにかがよふ(=チラチラ光ル)—の妹(いも)が笑(ゑ)まひしおもかげに見ゆ」〔万葉・巻一一〕 ❷この世。人間社会。「…いにしへもしかにあれこそ—もつまを争ふらしき」〔万葉・巻一〕「—の常の(=世間普通ノ)ことばと思へどもつぎてし(=何度モ)きけば心はまどふ」〔万葉・巻一二〕 ㊁【空蟬・虚蟬】〔中古以後〕 ❶せみのぬけがら。「—のからは木ごとにとどむれど魂(たま)のゆくへを見ぬぞかなしき」〔古今・物名〕 ❷「せみ」そのもの。「—の羽におく露のこがくれてしのびしのびに濡るる袖かな」〔伊勢集〕

うづたか・し【堆し】(ウズー) Ⓓ〔形ク〕 ❶㋑(層をなした感じで)高い。「そもそも高雄は山—・くして鷲峰山(じゅせん)の梢を表し(=頂上ヲ思ワセ)」〔平家・勧進帳〕 ㋺(感じのうえで)たいそうだ。莫大だ。「(王ハ)粧(よそ)ひを—・く(=モノモノシク)して、衰竜(こんりょう)の(=竜ノ模様ヲ縫イ取リニシタ)御衣に薫香を散ぜしかば」〔太平・巻三二ノ六〕 ❷気位がある。気品がある。「宮殿楼閣錦の戸張りのそのうちに、さも(＝イカニモ)ー・き女性(にょしゃう)ましまし(＝イラッシャッテ)」〔浄・布引滝・三〕

うった・つ【〈打〉っ立つ】Ⓔ《自四》《「うちたつ」の促音便。「うっ」は接頭語》 ❶つっ立つ。「門の前にー・って」〔平家・奈良炎上〕 ❷出発する。「『軍(いくさ)ようせよ(＝ガンバレ)、者ども』とて(義仲ハ)ー・ちけり」〔平家・鼓判官〕

うったへに（ーエニ）Ⓔ《副》《下に否定の語を伴って》 ❶けっして。「神木(かむき)にも(＝ウカツニ手ヲフレルト神罰ガアタルトイウ神木ニダッテ)手は触るといふを(＝手ヲフレルトイウノニ)ー人妻と言へば触れぬものかも(＝絶対ニ手ヲフレルコトモデキナイトイウ法ガアロウカ)」〔万葉・巻四〕 ❷かならずしも。とくに。《英語の necessarily にあたる》「かぢとりはーわれ(＝何モ自分デハ)歌のやうなること言ふとにもあらず」〔土佐〕

うづち【卯槌】Ⓔ 正月上旬の卯(う)の日、糸所および衛府から宮中にさしあげた槌。わるいスピリットを追い払う力をもつという。桃の木で作り、五色の飾り糸をたれたもの。御帳台の柱などにマスコットふうに結びつけた。「薬玉・ーなど持てありく者などにも、なほかならず取らすべし」〔枕・二五段〕

〔うづち〕

うつつ【現】Ⓑ ❶この世に生きていること。「義経すこしも騒がず、打ち物(＝刀ヲ)抜き持ち、ーの人に向かふがごとく(幽霊ト)ことばを交して戦ひたまへば」〔謡・船弁慶〕 ❷(対)「夢」 眠っていない状態。現実。「ーにはあふよしもなしぬばたまの夜の夢にをつぎて見えこそ」〔万葉・巻五〕「夢かと思ひなさむとすればーなり」〔平家・足摺〕 ❸ちゃんと意識のある状態。正気。「宮に参りあひ(＝顔ヲ合ワセ)てーにありしやうにてあり(＝チャント昔ト同様ナ状態デイル)と(夢ヲ)見て」〔更級〕 ❹《誤用されて》心がぼんやりとなった状態。夢ごこち。「そろばんーにも忘れず」〔西鶴・永代蔵・巻四ノ五〕 **―な・し** 無し Ⓔ《連語》理性を失っている。たわいない。夢ごこちである。「ー・き(＝人間トシテノ意識ガナクナッタ)心に、あびて遊びなむ(＝水アビシテタノシモウ)」とて」〔秋成・雨月・夢応〕

うって【討っ手】Ⓔ ❶敵を征伐するため派遣される軍隊。「坂東(ばんどう)へーは向かうたりといへども、させる(＝ソレホドノ)しいだしたる事(＝成果)もさうらはず」〔平家・入道死去〕 ❷命令によってある人物を殺しに行く者。「もはや堪忍袋が切れた。すなはちーには汝を申しつくるほどに、急いで武悪を討って来い」〔狂・武悪〕

うつはもの【器物】（ーワー）Ⓒ ❶容器。「大きなるーに水をいれて」〔徒然・一三七段〕 ❷道具類。器具類。「人のとがなり(＝ソレハ人間ノシカタニ欠点ガアルノダ)、ーの失にあらず(＝楽器ニ悪イ所ガアルワケデハナイ)」〔徒然・二二〇段〕 ❸才能。手腕。「(アノコロ自分ハマダ)齢(よはひ)のほども身のーも及ばず(＝年モ若ク手腕モイタリマセンデ)」〔源氏・若菜上〕 ❹能力のある人。人材。「まことのーとなるべきを取り出ださむには(＝エラビ出ソウトスルト)」〔源氏・帚木〕 ❺人がら。人物。「そのー(＝許六ノ人ガラハ)、画をこのむ。(マタ)風雅(＝俳諧)を愛す」〔芭蕉・柴門の辞〕

うつほ【空】（ーオ）Ⓓ ㊀中がうつろである・こと(もの)。岩や木のうろ。空洞(くうどう)。「ーのある杉の木」〔宇津保・俊蔭〕 ㊁《形動ナリ》中身なしだ。からっぽだ。うえだけだ。「山吹の袿(うちき)の袖口いたう煤(すす)けたるを、ー・にて(＝下ガサネ抜キデ)かづけたまへり(＝使者ニ与エラレタ)」〔源氏・玉鬘〕《源氏の用例を「下に着物を着ないこと」と解する説は誤り》

うつぼ【靫】Ⓓ《「うつほ(空)」から転じ》矢を携帯するためのケース。箙(えびら)に長いおおいをつけたようなもの。高級品は毛皮製。「あの着けさせられたーを内々(＝以前カラ)猿皮ーになされたうおぼしめせども」〔狂・靫猿〕

〔うつぼ〕

うづみび【埋み火】（ウズー）Ⓔ 灰の中にうめてある炭火。「ーをかきおこして」〔方丈〕

うづ・む【埋む】（ーズー）Ⓒ《他四》 ❶うめる。「ー・みけるを(＝ゴチソウヲウメタトコロヲ)人の見おきて(＝アル人ガ見テオイテ、ウメタ人ガ仁和寺ノ)御所へまゐりたる間にぬすめるなりけり」〔徒然・五四段〕 ❷(気分を)沈ませる。めいらせる。「思ひやるながめも今は絶えぬとや心をー・む夕暮れの空」〔夫木・巻三六〕

うづも・る【埋もる】（ウズー）Ⓒ《自四・下二》 ❶㋑《集積した物質の下になって》形が見えなくなる。「冬の夜のいみじう寒きに、(夜具ニ)ー・れ(下二)(＝スッポリ入リ)臥して聞くに鐘の音のただ物のそこなるやうに聞こゆる」〔枕・七三段〕 ㋺《多量のものに》おおわれる。「しげれる秋の野らは、置きあまる露にー・れ(下二)て」〔徒然・四四段〕 ❷人に知られなくなる。「わが深く苔(こけ)の下まで思ひおくー・れ(下二)ぬ名は君や残さむ」〔新勅撰・雑二〕

うづら【鶉】（ーズー）Ⓔ ❶鳥の名。人けのない草むらに住み、地上を歩きまわる。「ししこそばい匍(は)ひ拝(をろ)め(＝ハッテ礼拝シテオリ)ーこそい匍ひもとほれ(＝ハイマワッテイル)…」〔万葉・巻三〕「夕されば(=夕方ニナルト)野辺の秋風身にしみて―鳴くなり深草の里」〔千載・秋上〕 ❷芝居の見物席で、階下の桟敷(さじき)。《上から見ると、枡(ます)の形が鶉籠(かご)に似ているところから》「東(側)の上(桟敷)はてらてら輝き、西の―は興を催す」〔風来・根南志具佐後編・巻四〕

うつら うつら Ⓔ《副》㊀［現ら現ら］はっきりと。「なでしこが花取りもちて―見まくのほしき(=ナガメテミタイ)君にもあるかも」〔万葉・巻二〇〕《「うつせみ(現人)」「うつ(顕)し」「うつつ(現)」等の「うつ」と同じ語源》㊁［虚ら虚ら］❶(意識が)ぼんやり。「博打(ばくち)にほうけて(=夢中ニナッテ)物も食はず、―と寝もせず起きもせず」〔仮名・浮世物語・巻一ノ四〕 ❷(態度が)うかうかと。「悪しき友をのみまねきて、―暮らすほどに、在所より持参の金もみなうちこみ」〔咄・鹿の巻筆・第三ノ四〕

うつり Ⓐ ㊀［移り］❶別な場所にゆくこと。「その後―ありて(=遷都ガアッテ)その所、人の家になりて住むといへども、その霊その所を去らず」〔今昔・巻二七ノ一〕 ❷(状態が)かわること。「をりからや(=季節ノセイデ)あはれも知らむ(=ソノ時ソノ時ノ情趣モ感ズルデアロウカ)梅の花ただ香ばかりに(=香ダケニソレホド)―しもせじ(=心移リモシマスマイ)」〔源氏・竹河〕 ❸つづきがら。関係。縁。「桐火桶(きりひをけ)のもとにより、くぬぎ炭の古歌をうちずしつる(=クヌギ炭ヲ題材トスル古人ノ歌ヲヨミアゲタ)―に(=ソノ縁デ)炭俵といへるは、俳なりけり(=コレガ俳諧デアル)」〔炭俵・序〕 ❹前後の筋あい。前からの事情。前後のつりあい。「公家(くげ)武家より以下(いげ)、みなそれぞれの格式をわかち(=身分ヲ区別シ)、威儀(=身ナリ)の別よりして、ことばづかひまで、その―を専一とす(=モッパラ均衡ヲ第一ニシテキタ)」〔以貫・難波土産・発端〕 ❺《蕉風俳諧の術語》前句の余情が付け句へおのずから流れるようにする付け方。「前句の様体(やうだい)の―をもって付けたるなり」〔土芳・三冊子・赤〕 ㊁［映り］過比較した上でのぐあい。対照。「(一七、八歳ニナルト)過ぎしころの(=少年期ノ)声もさかりに(=キレイデ)はなやかに(=美シク)やすかりし(=楽ニ演ジタ)時分の―に(=ト対照的ニ)、手段(てだて)はたと(=ガラリト)変はりぬれば、気を失ふ(=意気消沈スル)」〔花伝・二〕

うつ・る Ⓐ《自四》㊀［移る］❶別な場所にゆく。移動する。「門出(かどで)していまたちといふ所に―・る」〔更級〕 ❷㋑(状態が)かわる。「かくばかり―・り行く世の花なれど咲く宿からは色も変はらず」〔風雅・雑下〕㋺(ある地位に)かわる。「同じ大臣の位にて、三年、左大臣に―・りたまふ」〔大鏡・師尹〕 ❸㋑(時が)過ぎる。経過する。「―・りゆく月日ばかりは変はれどもわが身をさらぬうき世なりけり」〔続後撰・雑〕㋺(色が)あせる。「花の色は―・りにけりないたづらにわが身よにふるながめせしまに」〔古今・春下〕㋩(花が)散る。「―・り行く花に恨みや残らまし誘ふ嵐のなき世なりせば」〔続後拾遺・春〕 ❹(色・香が)しみつく。「裳・唐衣に白いもの―・りて、まだらにならむかし」〔枕・一八四段〕 ❺(霊などが)のりうつる。「ものの怪(け)生き霊(すだま)などいふもの、多く出できて、さまざまの名のりする中に、人(=ヨリマシ)にさらに―・らず」〔源氏・葵〕 ㊁［映る］❶㋑(光などが)投影する。「濃き御衣(みぞ)に(月光ガ)―・りて、げに(=ナルホド、古歌ニ言ウトオリ月マデガ涙ニ)濡るる顔なれば」〔源氏・須磨〕㋺(水面や鏡などに、形・姿が)現れる。「雁(かり)がゐし苗代水の絶えしより―・りし花の影をだに見ず」〔源氏・幻〕 ❷対照がよい。マッチする。《「うつり㊂」から、この用法を推定しうるが、動詞の用例未見》 ❸よく似合う。よく当てはまる。「今程は上方に坂田藤十郎と申しまして、やつし芸(=二枚目ノ芸)の名人あれども、それは―・らぬ(=シックリシナイ)ところもござります」〔西鶴・俗徒然・巻一ノ三〕 ㊂［写る］よく似る。そっくりだ。《「うつり舞(=モデルドオリノ舞)を舞ふべし」〔謡・山姥〕などから、この用法を認めうるが、単独の用例未見》

うつろ・ふ (―ウ) Ⓐ《「うつる」の未然形に助動詞「ふ」が付き、「ら」が「ろ」となった形。(参)ふ》㊀［移ろふ］❶別な場所に行く。「中陰のほど山里などに―・ひて」〔徒然・三〇段〕 ❷色づく。紅葉する。「かみな月しぐれもいまだ降らなくにかねて―・ふ神なびの森」〔古今・秋下〕 ❸㋑色があせる。「咲きそめし宿しかはれば菊の花色さへにこそ―・ひにけれ」〔古今・秋下〕「ことのはのうすき色にや―・ふと…」〔蜻蛉・上〕㋺(花が)散る。「たれこめて春のゆくへも知らぬ間に待ちし桜も―・ひにけり」〔古今・春下〕 ❹(心が)変わる。「あだなりと花の名だてにいひなして―・ふ人の心をぞみる」〔新後撰・恋〕 ㊁［映ろふ］(光などが)投影する。「木のまより―・ふ月の影をしみたちもとほる(=グズグズシテイルウチ)にさ夜ふけにけり」〔万葉・巻一一〕

うづゑ［卯杖］(―エ) Ⓓ 正月上旬の卯(う)の日、奈良時代は大学寮、仁寿二年(八五二)以後は大舎人寮および衛府から宮中にさしあげた飾り杖。わるいスピリットを追い払う力をもつという。桃・ひいらぎ・かしわ・つばき・梅などの木で作り、五色の糸を巻いた、長さ一六〇センチほどのもの。「ここちよげなるもの、―(ヲサシアゲル際)のことぶき(=寿詞ヲトナエルコト)」〔枕・八〇段〕

〔うづゑ〕

うてな【台】Ⓓ ❶物をのせておく台。すわるための台。「菩提(ぼだい)もと樹(うゑき)にあらず(＝菩提トハ仏果ノコトデ菩提樹デハナク)明鏡(みやうきやう)またーになし(＝明鏡ニタトエラレル悟リモ鏡台ナドノ上ニアリハシナイ)」〔謡・卒都婆小町〕 ❷高層建築物。高いながめのよい建物。「見入れの(＝外カラ見タトコロガ)ほどなく(＝セマク)ものはかなきすまひを、あはれに、いづこかさして(＝ドコデモ住ムト決メタ所ガ自分ノ家ナノダ)とおもほしなせば(＝オ思イニナルト)、玉のー(＝リッパナ楼閣)も(コノ家モ仮ノ世デハ)同じことなり」〔源氏・夕顔〕

うとうと・し【疎疎し】Ⓔ《形シク》❶(感情的に)親密でない。他人行儀だ。「いとこよなう(＝極度ニ)けどほく(＝ヨソヨソシク)ー・しうはあらぬほどに、もてなしきこえてぞ(＝オアツカイシテ)おはしける」〔源氏・横笛〕 ❷(状態について客観的に)遠ざかっている。「中ごろは都のすまひもー・しく(＝ゴブサタデ)、地下(げぢ)にのみふるまひなって(＝地下ノ身分デバカリ行動スルヨウニナリ)、伊勢の国に住国深かりしかば(＝住ミツイテイタカラ)」〔平家・殿上闇討〕

うとく【有得・有徳】Ⓔ《＋形動ナリ》裕福なこと。豊かであること。「国中にー・なる者のあるが、娘を一人もつ」〔狂・夷毘沙門〕「金銀にー・なる人できぬ」〔西鶴・永代蔵・巻一ノ三〕《徳行のすぐれている意を認める説もあるが、ウトクとよんでその意味に用いた確かな用例は未見》

うと・し【疎し】Ⓒ《形ク》❶親密でない。「ー・きも親しきも」〔源氏・胡蝶〕 ❷関係がうすい。縁遠い。「悪にはー・く、善には近づくことのみぞ多き」〔徒然・五八段〕 ❸そっけない。知らん顔だ。「花園の胡蝶をさへや下草に秋まつ虫はー・く見るらむ」〔源氏・胡蝶〕「去る者は日々にー・しと言へることなれば」〔徒然・三〇段〕 ❹知識が十分でない。「世の中のことにはいとー・くはべり」〔定信・花月草紙〕

うとま・し【疎まし】Ⓒ《形シク》❶いやである。感じがわるい。「ー・しの身のほどやとおぼゆ」〔紫日記〕「食ふべきここちせず。かへりてはー・しくなりぬ」〔今昔・巻二六ノ一七〕 ❷気味がわるい。「木立いとー・しくもの古りたり」〔源氏・夕顔〕「手をたたきたまへば、山彦の答ふる(＝反響スル)声、いとー・し」〔源氏・夕顔〕

うと・む【疎む】Ⓒ ㊀《他四》いやな感じをもつ。好感を示さない。「われを頼めて(＝アテニサセテオイテ)来ぬ男、角三つ生ひたる鬼になれ、さて人にー・まれよ」〔梁塵〕 ㊁《他下二》遠ざける。相手にしないようにする。「(匂宮ノ態度ヲ)かつは(＝一方デハ)言ひもー・め(＝口ニ出シテ排斥モシ)、また(中君ニ対スル)慰めも…聞こえたまひつつおはす」〔源氏・宿木〕

うぬ【己】Ⓔ ㊀自分。「暗い晩ーが声々通るなり」〔柳樽・一六〕 ㊁《代》《相手をいやしめる第二人称》きさま。おめえ。「やい治兵衛。この孫右衛門をぬくぬくと(＝ヌケヌケト)だまし…ええーはなあ(＝キサマトイウヤツハ！)」〔近松・天網島・中〕

うねめ【采女】Ⓓ 天皇の食事のお世話をおもな職務とする女官。諸国の郡の次官以上の娘で美しい少女を採用した。中古の標準服装が、次の文章でわかる。「御てうづは、番(＝当番)のーの青裾濃(すそご)の裳(も)・唐衣(からぎぬ)・裙帯(くたい)・領巾(ひれ)などして、おもていと白くて(＝マッシロニオ化粧シテ)」〔枕・一〇四段〕

うのはな【卯の花】Ⓓ ❶「うつぎ」の花。夏に白い花が咲く。「(ホトトギスガ)ー、花橘などに宿りをして、はた隠れたるも、ねたげなる(＝コニクイ)心ばへなり」〔枕・四一段〕 ❷襲(かさね)の色目。↓巻末「襲の色目要覧」。

うば Ⓒ ❶【姥】(対)「じょう(尉)」 年とった女性。老女。ばあさん。「津の国難波の里に、おほぢ(＝ジイサン)とーとはんべり(＝住ンデイマシタ)」〔伽・一寸法師〕 ❷【姥】能面の一。ふつうの老女の顔をあらわす。 ❸【祖母】親の母。「(涼ノ母ハ死ンダガ)おほぢとーさぶらひをり」〔宇津保・吹上上〕 ❹【乳母】乳を飲ませて子どもを育てるやといの女性。「三十四五のー、四歳ばかりの…子を…だまし(＝ナダメスカシ)ながら」〔三馬・風呂・二ノ下〕

〔うば❷〕

うばい【〈優婆夷〉】Ⓓ 〔仏〕《梵 upāsikā》僧にならずに仏法をおさめる女性。「優婆塞よりーは劣れり」〔徒然・一〇六段〕

うはおそひ【上襲】(ウワーイ) Ⓔ 表着の上にかさねる小型の衣類。うわっぱり。「裲、宇波於曾比」〔新撰字鏡〕「この衵(あこめ)のーは何の色にかつかうまつらすべき」〔枕・八段〕《あとの例は、宮中用語で「かざみ」というのを知らない文章生出身の下級公務員がまわりくどく表現したものだから、上流のことばではない》

うはぐ・む(ウワー) Ⓔ《自四》興奮する。エクサイトする。「今の民部卿の殿は、ー・みて、人々の御顔をとかく見たまひつつ『事いできなむず(＝キット一騒動ハジマルダロウ)。いみじきわざかな(＝エライコトダ)』とおぼしたり」〔大鏡・道隆〕

うばそく【〈優婆塞〉】Ⓓ 〔仏〕《梵 upāsaka》僧にならずに仏法をおさめる男性。「(本職ノ坊サンデナイ)ーがおこなふ(＝修行スル)山の椎(しひ)がもと(ノヨウニ)あなそばそばし(＝気ニクワナイネエ)常(こと)にしあらねば(＝ズット愛シテクレルワケデナイカラ)」〔宇津保・嵯峨院〕

うはに【上荷】(ーワー) Ⓔ ❶馬・車・船に載せた荷物の

上にさらに積む荷物。「ますますも重き馬荷に―うつといふことのごと…」〔万葉・巻五〕 ❷[略]上荷船。本船と荷あげ場の間を通い、本船の上荷を運ぶ小舟。「在所嫁御の里帰り―で送る葬礼や、世の有様のさまざまを」〔近松・今宮心中・上〕

うは の そら【上の空】(ウワ―) Ⓓ 《＋形動ナリ》 ❶上空。「山の端(は)の心も知らでゆく月は―にて絶えしあとの、またいつか逢ふべき」〔謡・半蔀〕 ❷心がある事にひかれておちつかないさま。「冬になり行くままに、川づらの住まひいとど心細さまさりて、―・なるここちのみしつつ明かし暮らすを」〔源氏・薄雲〕 ❸信用できないこと。「御書を給らで申さむには、―とや思しめされさうらはむずらむ」〔平家・小督〕 ❹冷淡。知らん顔。「聞くやいかに、―・なる風だにも」〔謡・隅田川〕「涙川の瀬枕、雲早ければ月運ぶ、―の心や」〔狂・水汲新発意〕

うひ うひ・し【初初し】(ウイウイ―) Ⓒ 《形シク》 ❶経験が浅い。「参り慣れにたるここちして―・しからぬに」〔源氏・夕霧〕「されどもこの野は縦横にわかれて―・しき旅人の道ふみたがへむ」〔芭蕉・奥の細道〕 ❷何だか気持ちが落ちつかない。感じがぴたりとしない。「かくてものしたまふは(＝コンナ生活ヲシテイラレルノハ)、つきなく(＝肌(だは)ガ合ワズ)―・しくなどやある(＝ソグワナイ気持チガナサイマセンカ)」〔源氏・常夏〕 ❸(すこしけなした感じで)うぶだ。青くさい。「いと―・しきほどすぐして」〔源氏・松風〕 ❹(ほめた感じで)わかわかしく清純だ。「おごう(＝アナタ)のわせました(＝オイデニナッタ)当座は、―・しい体(てい)でござったが」〔狂・二人袴〕

うひ かうぶり【初冠】(ウイコウ―) Ⓓ ❶成年式をあげ、はじめて冠を着けること。「むかし、をとこ―して、奈良の京春日の里に、しるよしして、狩りにいにけり」〔伊勢・一段〕 ❷いちばん下の位階。八位の下。「公卿・大夫および百寮の諸人、―以上、西門の庭に射くふ(＝競射シタ)」〔紀・天武・訓〕(「うひかうぶり」は「初位」の訓) ❸(能で)業平(なりひら)の役をするときつける冠。

うひ かぶり【初冠】(ウイ―) Ⓓ →うひかうぶり。「(例外ダガ)三歳にて―着せて(＝元服サセテ)、義宗とぞ名のらせける」〔平家・副将被斬〕

うひ まなび【初学び】(ウイ―) Ⓔ 初歩の研究。勉強しはじめ。「―のやから(＝連中)のまなびやうは」〔宣長・初山踏〕

う ひやうゑ【右兵衛】(―ヒョウエ) Ⓓ [対]「左兵衛」 ↓ひやうゑ。

う ふ【右府】 Ⓓ →うだいじん。「土御門―(＝師房)を相伴はせたまひけるに」〔十訓・第一ノ二一〕

うぶ や【産屋】 Ⓓ ❶子を産むために別にたてた家。「妙法寺の別当大徳の―にはべりける」〔源氏・常夏〕 ❷産室。「―のまうけ、白き綾、御調度ども」〔宇津保・蔵開上〕 ❸「うぶやしなひ」のこと。「いとをかしくしたりける(＝ミゴトニ作ッタ)物どもかな。ことわりぞや(＝ソレモソノハズ)、尚侍(ないしのかん)の君の(孫ノタメオトトノエニナッタ)御―の物、いかでかは(＝ドウシテ)かからざらむ(＝コレホドデナイハズガアロウカ)」〔宇津保・蔵開上〕

うぶ やしなひ【産養ひ】(―イ) Ⓔ 生まれた子の成長をいのるため、三・五・七・九日めの晩、親族をまねいておこなう祝宴。親類からはそれぞれ贈り物がある。「御―つかうまつる」〔紫日記〕

-うへ【上】(―エ) Ⓔ 《接尾》 ❶目上の婦人を呼ぶときに付ける敬称。「かの尼―、いたう弱りたまひにたれば」〔源氏・若紫〕 ❷(男性女性ともに)目上の人を呼ぶときに付ける敬称。「父―の御事も」〔白石・折たく柴の記・上〕

うへ【上】(―エ) Ⓐ ❶[対]「下」 位置が高い・ところ(こと)。「なでしこの種を築地(ついぢ)の―にまかせたまへりければ」〔大鏡・伊尹〕 ❷(物体の)表面。「直衣のうら―ひとしくこまやかなる」〔源氏・末摘花〕 ❸(精神的な意味で)うわべ。見たところ。「―はつれなく(＝知ラン顔デ)みさをづくり(＝シンボウシ)」〔源氏・帚木〕 ❹(古代語)近い所。「父母も―はなさがり(＝ボクノソバヲ離レナイデネ)三枝(さきくさ)の(＝枕詞)中にを寝む(＝父サン母サンノ間ニ寝ルンダ)と…」〔万葉・巻五〕 ❺宮中の殿上の間。「―にありける左中弁藤原良近」〔伊勢・一〇一段〕 ❻[略]上局(うへつぼね)①。「―にか。さらば、かくなむと聞こえよ」〔枕・八三段〕 ❼[対]「下(しも)」 身分の高い人のいる場所。「昼なども―(＝敦道親王ノオソバ)にさぶらひて」〔和泉日記〕 ❽座敷。「―にものぼらで、下になむ立てる」〔大鏡・伊尹〕 ❾屋根。「むかひたる廊の―もなくあばれたれば」〔源氏・末摘花〕 ❿天皇。「―(＝一条天皇)のこなたにおはしませば」〔枕・二三段〕 ⓫(幕府の)将軍、または執権。「汝以って―(＝北条高時)の御用に立ちがたき者なりと思って、常に不孝を加へし(＝カワイガラナカッタ)こと、大きなる誤りなり」〔太平・巻一〇ノ三〕 ⓬貴族の夫人。前夫人および未亡人もこれに準ずる。「離れたまひしもとの―(＝離縁ナサッタ前ノ奥方)は」〔竹取〕「―(＝奥サマ)などいひてかしづきすゑたらむに(＝タイセツニスルヨウナトキ)」〔枕・二四段〕 ⓭女性の固有名詞に添える尊敬語。「(スバラシイ女性トシテハ)葵の―のわれから心もちゐ(＝自分デ心ヅカイヲスル様)、紫の―、さらなり(＝言ウマデモナイ)」〔無名草子〕 ⓮そのもの・人・事に関すること。「鳶・烏などの―は見入れ聞き入れなどする人、世になしかし」〔枕・四一段〕「みづからの―にはまだ知らぬことなれど」（枕・二七七段）「おもしろき浦々磯（いそ）の―を言ひ続くるもありて」（源氏・若紫）⑮ものごとのおこってしまった段階。あることがおこると仮定し、そのおこった段階にもいう。…から（には）。…以上（は）。「御病根御平癒の―は、御譲位は惟仁親王」（伎・三舛玉垣・一ノ五）「渡さぬ―は上（かみ）の囚人（めしうど）、縄打って引く」（伎・十六夜清心・一ノ大詰）⑯ものごとのおこった後の段階。…て、そのあと。「とっくり様子きいた―」（伎・お染の七役・中）「帰参した―尋ね会はう」（伎・韓人漢文・四）⑰さらにものごとがおこる状態。…に加えて。…て、さらに。「その―地紙ようとはこの紙のこと」（狂・末広がり）

うべ【宜】Ⓓ《形動ナリ》→むべ。

うべ うべ・し【宜宜し】Ⓓ《形シク》しかつめらしい。四角ばっている。「物まめやか（＝マジメ）に―しき御物語は少しばかりにて、花の興ども（＝花見ノ宴ナンカ）に移りたまひぬ」（源氏・藤裏葉）

うへ つぼね【上局】（ウエー）Ⓓ ❶→うへのみつぼね。「後涼殿にもとよりさぶらひたまふ更衣の曹司（ざうし）をほかに移させたまひて、（桐壺更衣ニ）―に賜はす（＝控エ室トシテオ与エニナル）」（源氏・桐壺）❷高貴な人（多くは皇族）の邸で、女房が本来の控え室のほか、主人の用をする便宜のため臨時に設ける休息所。「この渡殿（わたどの）は、かくいふ宰相の君（トイウ女房）など、かりそめに几帳（きちやう）などばかり立てて、うち休む―にしたり」（源氏・蜻蛉）

うへ の きぬ【上の衣・表の衣】（ウエー）Ⓓ「袍（はう）」のこと。正式礼装のとき、いちばん上に着るうわぎ。「いときよらなる緑衫（らうさう）の―を見出でてやるとて」（伊勢・四一段）「―など着たるは、さて狩衣にてぞある」（枕・八七段）

うへ の はかま【上の袴・表の袴】（ウエー）Ⓓ ❶束帯の時つける礼装のはかま。その下に、ふくらませるため、大口（おほくち）とよぶすこし小型のはかまをはく。「うへのきぬ、―は、さもいふべし（＝ソウヨンデモヨカロウ）」（枕・一三四段）「下襲（したがさね）の色、―の紋、馬鞍（うまくら）までみな整へたり」（源氏・葵）❷（少女の服装で）上につける袴。スカートに当たる。「（女ノ）童（わらは）は、青色に蘇芳（すはう）の汗衫（かざみ）、唐綾（からあや）の―」（源氏・若菜下）

うへ の みつぼね【上の御局】（ウエー）Ⓓ 清涼殿の北廂（ひさし）にあり、后や女御などが使われる個室。弘徽殿（こきでん）の上の御局と藤壺の上の御局とがあった。「うへつぼね」ともいう。これに対し、女房のいるのが「下局」である。「殿上人（ヲ中宮ガ）―に召して、御遊びあり」（枕・八一段）

うへ びと【上人】（ウエー）Ⓓ ❶「殿上人（てんじやうびと）」に同じ。「このごろの御気色（みけしき）を見たてまつる―・女房などは、かたはらいたし（＝オ気ノ毒ダ）と聞きけり」（源氏・桐壺）❷㋑天皇付きの女房。「『北の陣に車あまたあり』と言ふは、―どもなりける。藤三位をはじめにて、侍従の命婦（みやうぶ）・藤少将の命婦・馬の命婦・筑前の命婦・近江の命婦などぞ聞こえはべりし」（紫日記）㋺殿上童。行儀見習いかたがた、清涼殿や紫宸殿で召しつかわれた少年。「この小さき―（＝小君トイウ名ノ少年）などにつたへ（＝伝言シ）聞こえむ」（源氏・空蟬）❸貴族。具体的には公家（くげ）。「またことば優しくて、貴人（きにん）、―の御ならはしのことばづかひをよくよく習ひうかがひて」（花鏡）

うへ わらは【上童】（ウエーワ）Ⓔ ❶→てんじゃうわらは。「国母・皇后・女院・北の政所（まんどころ）・内侍・―・上臈（じやうらふ）女房たちにいたるまで」（太平・巻九ノ七）❷貴族の家で奥向きの用をする未成年の召使。「その家の―をかたらひて（＝ダマシテ）問ひ聞けば」（宇治・巻三ノ九）

うま Ⓒ [一]【馬】❶動物のうま。「その神の頂（いただき）に牛―なれるあり（＝発生シタ）」（紀・神代上・訓）〔「馬」の訓。「ムマ」と表記〕❷㋑すごろくの駒。(参)すごろく。「つれづれなるもの、所さりたる（＝自宅以外デスル）物忌み、―おりぬ（＝進マナイ）双六」（枕・一三九段）㋺将棋の駒のうちで、桂馬または竜馬のこと。「向かふの浄閑様のこの―は助かる」（近松・寿門松・中）❸芝居の馬の足の役をする者。「立身をした―（ガヤット）申しあげまする（トセリフヲイウ役ニナッタ）」（柳樽・九）[二]【午】❶十二支の第七。(参)じふにし。「嘉祥三年庚（かのえ）―三月二十一日、位につきたまふ」（大鏡・文徳天皇）❷方角の名。南。〔用例未見。四方の隈（くま）をさすときは、ふつう十二支名を用いない〕❸時刻の名。〔定時法で〕午前一一時から午後一時まで。(参)とき㊁①。「庚子の―のときに、数百の鶴（おほとり）大宮に当たりて高く空に翔（かけ）る」（紀・天武・訓）〔「むまのとき」は「日中」の訓〕

うま ご【孫】Ⓓ 子の子。まご。「むすめにや、―にや、はしたなる（＝ドッチツカズノ）大きさの女の」（源氏・末摘花）

うま・し【美し・旨し・甘し】Ⓒ [一]《形シク》申し分がない。この上なしだ。「…―し国そ蜻蛉島（あきつしま）大和の国は」（万葉・巻一ノ二）[二]《形ク》❶十分だ。完全だ。「道の長手（＝長途）に疲れ、―・く（＝グッスリ）寝ねたり」（秋成・雨月・浅茅）❷上等の味だ。おいしい。「小芹（こぜり）こそ、ゆでても―・し」（催・大芹）❸（自分だけにとって）都合がよい。もうけになる。「人目せはしき（＝多イ）宿なれば、―・い事はなりがたく（＝首尾ヨクユカズ）」（西鶴・五人女・巻一ノ二）❹どこか抜けた所がある。お人よしだ。「縦から見ても横から見ても―・いお人ぢゃわいなう」（伎・幼稚子敵討・六）

うま ぞひ【馬副ひ】（―イ）Ⓔ 乗馬の貴人につきそう従者。「随身四人、いみじう装束（さうぞ）きたる（者ト）―の細

く(=ホッソリト)白うしたてたる(=白装束シタ者)ばかり(オ伴ニ)して」〔枕・一二八段〕

うま の かみ【右馬の頭】Ⓓ ㊐「左馬の頭」「右馬寮(うまれう)」の長官。従五位相当官。㊂うまれう。

うま の つかさ【馬の寮】Ⓓ 衛府に属し、宮廷および諸国の牧場におく馬の管理をする役所。左の馬寮(うまづかさ)と右の馬寮(うまづかさ)とがあった。東宮坊すなわち皇太子御所に属するものは主馬署(うまづかさ)という《倭名抄》。「馬寮(めれう)」とも。「—に至りて、すなはち廐戸に当たりて、なやみたまはず忽ちに産(あ)れませり」〔紀・推古・訓〕《「うまのつかさ」は「馬官」の訓》

うま の はなむけ【餞】Ⓓ 《旅立つ人の無事を祈り、馬の鼻を行く先のほうに向けたことからいう》旅に出る人への精神的・物質的なプレゼント。中古は、ある地点まで見送りに行ったり、小宴をもうけたり、品物(衣類や扇など)あるいは歌を贈ったりした。せんべつ。「講師—しにいでませり」〔土佐〕

うまや Ⓓ 《「むまや」とも表記》❶【廐】馬小屋。「—なる縄絶つ駒の(ヨウニ)後(おく)るがへ(=アトニ残サレルモノデスカト)妹(いも)が言ひしを(郷里ニ)置きて(ワタシハ)悲しも」〔万葉・巻二〇〕 ❷【駅】主要道路の要所に、馬や人夫などを常備し、旅人にサービスしたところ。江戸時代は「宿(しゅく)」「宿場」といった。「播磨(はりま)の国におはしまし着きて、明石の—といふ所に御宿りせしめたまひて」〔大鏡・時平〕

う まれう【右馬寮】(—リョウ) Ⓓ ㊐「左馬寮」 ↓うまのつかさ。

うみ が【海処】Ⓔ 海べ。《「が」は「所」の意。「ありか」「をか(岡)」などの「か」に同じ》「—行けば腰なづむ(=腰ガメリメリイウ)…」〔記・中〕

うみ づら【海面・湖面】Ⓔ ❶海または湖のすぐ近く。「すこし奥まりたる山住みもせで、さる—(=海べ)に出でゐたる」〔源氏・若紫〕「—(=湖畔)にならびて集まりたる家(や)どもの前に」〔蜻蛉・中〕 ❷海または湖の表面。「月澄みわたる—(=湖上)に、波風しきりに鳴動して、下界の竜神現れたり」〔謡・竹生島〕《中古の用例は①だけのようである。②は中世の用法らしい》

うみ へた【海辺】Ⓔ 海のあたり。海岸。「憂へ苦しびますこと深し。行(ゆ)いつつ—に吟(さまよ)ふ」〔紀・神代上・訓〕《「うみへた」は「海畔」の訓》

う・む【績む】Ⓓ 《他四》(麻や苧(お)を)ほそく裂いて糸または緒による。「何とも思ひたらで、なほ苧を—・みゐたり」〔今昔・巻四ノ三五〕

うめ【梅】Ⓓ↓むめ。

うめき すめ・く【呻きすめく】Ⓔ 《連語》↓すめく。

うめ・く【呻く】Ⓓ 《自四》 ❶(苦痛のあまり)声をたてる。うなる。「人来たりて問ふことありといへども、—・きても の言はず」〔今昔・巻一一ノ一二〕 ❷うんうん言いながら…する。(詩歌などを)苦吟する。「をかしう(=スバラシイ歌ヲ)よみ出でて、人にも語り伝へさせむ(=評判ヲ取ロウ)と(ハリキッテ)—・き誦(ず)じつる歌も」〔枕・八七段〕 ❸嘆息する。嘆き声をたてる。「—・きたる(=長大息シテイル)気色もはづかしげなれば(=コチラガ気恥ズカシクナルホドリッパナノデ)」〔源氏・帚木〕

うめ つぼ【梅壺】Ⓓ 内裏の後宮の殿舎の一。中庭に梅が植えてあるので(西は白梅、東は紅梅)、こうよぶ。正式の名は凝花舎(ぎょうけしゃ)。藤壺の北がわ、雷(かんなり)の壺の南がわにある。女御(にょうご)などの居所。

うも・る【埋もる】Ⓒ 《自下二》 ❶うずまる。表面にあらわれない。「池も(=池ノ水モ)水草(みくさ)に—・れたれば」〔源氏・夕顔〕「ことわりあるうれへ(=モットモナ訴エ)などの—・れたるを(=朝廷ニシラレズニイルノヲ)聞きひらきては」〔増鏡・草枕〕 ❷ひかえめだ。ひっこみ思案だ。「(侍女ガ、オ客サマナノデ)はづかしくてゐたるを、—・れたりと(=ウジウジシテイルトイウノデ、光源氏ガ)ひきつみたまへば(=オツネリニナルト)」〔源氏・蛍〕 ❸陰気である。「(アノヘヤハ)少し—・れたれど、丑寅(=北東)の町の西の対、文殿(=書庫)にてあるを」〔源氏・玉鬘〕

うもれ いた・し【埋もれいたし】Ⓓ 《形ク》 ❶(気がはればれとしない。くさくさする。「常にひきたまひし琵琶・和琴などの緒も、とり放ち(=オハズシニナリ)やつされて(=目立タナイヨウニナサッテ)音(ね)は立てぬも、いと—・きわざなりや」〔源氏・柏木〕 ❷ひどく内気だ。ひっこみ思案だ。「わかき人の(光源氏ノコンナ手紙ヲ)めでざらむも、いとあまり—・からむ」〔源氏・明石〕

う もん【有文】Ⓓ 《+形動ナリ》㊐「むもん(無文)」 ❶模様があること。「公卿、—玉帯・餝(かざり)剣・平緒(ひらを)など」〔江家次第・第一(元日節会)〕 ❷(歌・連歌・能などで)美しさやみごとさが目立つような表現。「連歌の—と申しさうらふは、常になき風情(ふぜい)、めづらしき様、また花やかにおもしろき体(てい)の現れて、(ナルホド)上手のしわざ(ダナア)と見えたるを、—と申すべきなり」〔九州問答〕「手をなす(=動作デ表現スルノ)は—風、舞をなす(=姿ノオモムキダケデ表現スルノ)は無文風なり」〔花鏡〕

うら-《接頭》Ⓑ 本来は「心」の意の名詞だったと考えられるが、用例としては単独の場合がなく、いつも他の語に伴われているので、接頭語にあつかう。「心のなかで」という意味を示すが、これを除いても単語としての意味は変わらないことが多い。「—ぐはし」「—こひし」「—こふ」「—さぶ」「—めづらし」等。

うら【占・卜】Ⓓ 将来のなりゆきを何かの方法から予測し、その吉凶を判断すること。方法は亀(かめ)の甲を焼き、その割れ目のぐあいによるもの、中国伝来の易(えき)によるものなどが主だったけれど、民間では多種多様の方法がおこなわれた。「神祇官にして(＝亀卜(きぼく)ニヨル)御―あり」〔平家・鹿谷〕「はじめよりつばらに(＝クワシク)かたりて、この(釜(かま)鳴リニヨル)―をもとむ」〔秋成・雨月・吉備津〕

うら【裏】Ⓑ ㊉「おもて㊀」❶㋑裏面。「むつかしげなる(＝感ジノ悪イ)もの、縫ひ物(＝シシュウ)の―」〔枕・一五五段〕「鏡の―に鶴の形を鋳つけてはべりければ」〔伊勢集・詞〕㋺(連歌・俳諧の懐紙の)偶数ページ。「懐紙の事は百韻本式なり。…連歌の古式は、表十句、名残(＝最終ノ懐紙)の―六句」〔土芳・三冊子・白〕❷衣服の内側に付ける布。「桜(＝桜襲(さくらがさね))の直衣(なほし)のいみじくはなばなと(＝キラビヤカデ)、―のつやなど、えもいはず(＝何トモ言エズ)きよらなるに」〔枕・八三段〕❸《連歌・俳諧で》間接的に理解されること。「趣向に表(＝直接的ニ理解サレルコト)と―の事あり。句にもよるべしとは言ひながら、大様(＝ダイタイ)のがして等類になさず取るべし」〔土芳・三冊子・白〕❹正式でない・こと(もの)。「これが表(＝本手デ)、又―(＝逆手)をとれば、すぐにかういたす」〔咄・無事志有意・柔術〕❺《遊里で》二度め。「(遊女屋へ)二度目に行くを―返すとなむ言へるは」〔風来・志道軒伝・巻三〕❻内側。なか。「天地の底ひの―に吾がごとく君に恋ふらむ人は実(さね)あらじ」〔万葉・巻一五〕 **―を懸(か)・く** ❶貫通する。「鎧(よろひ)の草摺(ず)りに―・かせてぞ立ったりける」〔太平・巻一六ノ一二〕❷相手の計画をだしぬく。用例未見。

うら うへ【裏表】(-エ) Ⓓ ❶《面について》裏と表。「(手紙ヲアケテ見ルト)くだりせばに(＝行間ガ狭ク)―書き乱りたるを、うちかへし(＝ヒックリカエシ)ひさしう見る」〔枕・二九四段〕❷《側について》両方。両がわ。「二人も―(＝右ト左)に置きてこそ慰みつるに、(今ハ)一人はあれども一人はなし」〔平家・六代〕「―(＝両方)の膝をつきて、ついゐて(＝カシコマッテ)」〔十訓・第一ノ四三〕❸反対。逆。「祭りの日は(御禊(みそぎ)ノ日トハ)―の色なり。濃き二人、うすき二人」〔栄花・殿上花見〕

うら うら Ⓓ《副》《古代語は「うらうらに」、中古以後は「うらうらと」の形であらわれる》のどかに。うららかに。「―に照れる春日に雲雀(ひばり)あがり心かなしもひとりし思へば」〔万葉・巻一九〕「『おし』といふ声聞こゆるも―とのどかなる日のけしきなど」〔枕・二三段〕「―と照りて漕ぎゆく」〔土佐〕

うら か・く【裏懸く】Ⓓ《他四》↓うらをかく。「後ろへつっと射抜きて…射向けの袖(＝ヨロイノ左ソデ)―・きてこそ(矢ジリガ)出でたりけれ」〔保元・中・一〕

うら がな・し【うら悲し】Ⓔ《形シク》《「うら」は接頭語》(心の中に)しみじみ感じる。「春の野にかすみたなびき―・しこの夕かげ(＝夕暮レノ光)にうぐひす鳴くも」〔万葉・巻一九〕

うら さび・し【うら寂し・うら淋し】Ⓔ《形シク》《「うら」は接頭語》(心の中がなんとなく)さびしい。「初風涼しく吹き出でて、せこが衣も―・しきここちしたまふに」〔源氏・篝火〕「ほそきともしびの光、窓の紙をもりて―・し」〔秋成・雨月・吉備津〕

うら な・し【うら無し】Ⓒ《形ク》❶心おきがない。心からうちとけている。「かばかり―・く頼み聞こゆる心に」〔源氏・総角〕❷隠しだてしない。率直だ。「―・く(＝アケスケデ)気色(＝ソレラシイ様子)もなければ、けうとく(＝気味ワルク)おぼゆ」〔蜻蛉・中〕❸うっかりしている。思慮深くない。「―・くも(＝何気ナク)思ひけるかな(再会ヲ)契りしを松より波はこえじものぞと(＝待ッテサエイレバアナタハ浮気ヲナサルマイト)」〔源氏・明石〕

うら なみ【浦波】Ⓔ 海岸にうち寄せる波。「朝風に―騒き夕波に玉藻は来寄る…」〔万葉・巻六〕

うら ぶ・る Ⓓ《自下二》心が元気をなくす。しょんぼりする。「―・れてものな思ほし(＝クヨクヨナサイマスナ)天雲の(ヨウニ)たゆたふ心(＝フラツイタ気持チヲ)わが思はなくに(＝ワタシハ持ッテオリマセンカラ)」〔万葉・巻一一〕

うら み【浦回・浦廻】Ⓓ 曲がりくねった海岸。「石見の海角の―を浦なしと…」〔万葉・巻二〕「葛飾の真間の―をこぐ船の船人騒く波立つらしも」〔万葉・巻一四〕「沖へには白波高み―よりこぎて渡れば…」〔万葉・巻一五〕

うら・む【恨む・怨む】Ⓑ《他上二》《江戸時代から四段》❶(生じた結果に対し)㋑不平・不満の感じをいだく。「世の道理を思ひとりて(＝諒解シテ)、―・みざりけり」〔源氏・帚木〕㋺不平・不満を言う。「まことに、わごぜ(＝アナタ)の―・むるも、ことわりなり」〔平家・祇王〕❷㋑不平・不満のあまり憎む。「おろかなる人は、深くものを頼むゆゑに、(ソノトオリニナラナイト)―・み怒ることあり」〔徒然・二一一段〕㋺しかえしをする。「この事(＝孫ガ恥辱ヲ与エラレタコト)、思ひ知らせたてまつらでは、えこそあるまじけれ(＝承知デキナイ)。殿下を―・みたてまつらばや」〔平家・殿下乗合〕❸【憾む】残念がる。心残りでなげく。「幾秋をなれても月のあかなくに残り少なき身を―・みつつ」〔新勅撰・雑一〕❹《自動詞的に》虫があわれっぽく鳴く。「(旧都ノ家ハ)虫の声々―・みつつ、黄菊紫蘭の野べとぞなりにける」〔平家・月見〕

うらら か【麗らか】Ⓔ《形動ナリ》《快適な光明の感じ

が基本で》❶(視覚的に)あかるい。《英語のbrightに当たる》「年ごろ闇に向かひたるに、朝日の—・にさし出でたるに会へらむここちもするかな」〔大鏡・後一条院〕❷(感じのうえで)明快だ。明朗だ。《英語のclearに当たる》「—・に(=ハッキリト)言ひ聞かせたらむは、おとなしく(=円熟シテ)聞こえなまし(=受ケ取ラレルニチガイナイ)」〔徒然・二三四段〕

うらら に【麗らに】Ⓔ《副》《快適な感じで》あかるく。うららかに。「花よいかに春日—世はなりて山のかすみに鳥の声々」〔玉葉・春上〕

うら わ【浦回・浦廻】Ⓓ 屈曲した海岸のあたり。《「わ」は「輪」と同じ源のことばで、曲線に関係した意味をあらわす》「三保の—をこぐ舟の、浦人騒ぐ波路かな」〔謡・羽衣〕「この—の波に身を投げし」〔秋成・雨月・浅茅〕

うるさ・し Ⓑ《形ク》❶めんどうくさい。複雑でやりきれない。「—・ければえこそ聞きもとどめね(=記憶ニナイ)」〔源氏・蛍〕❷手がこんでいる。《英語のcomplicated》「梅こそただいまは盛りなれと見ゆるは、造りたるなりけり。すべて、花のにほひ(=色アイ)など、つゆ(=スコシモ)まことにおとらず。いかに—・かりけむ」〔枕・二七八段〕❸こまごまと気がつく。細心だ。「その御社の禰宜(ねぎ)の大夫(=五位デアル神職)が後ろ見つかうまつりて、いと—・くてさうらひし宿りにまかりて」〔大鏡・昔物語〕❹《「うるせし」との混同から》りっぱだ。たいしたものだ。「織女(たなばた)の手にも劣るまじくその方も具して(=裁縫ノ方面モ身ニツケ)—・くなむはべりし」〔源氏・帚木〕「和御許(わおもと)は(=アナタハ)—・き兵(つはもの)の妻(め)とこそ思ひつるに(=リュウトシタ武士ノ妻ダトバカリ信ジテイタノニ)」〔今昔・巻二八ノ四二〕

うるせ・し Ⓓ《形ク》❶機転がきく。機敏だ。「九条殿は—・く(=見通シガキイテ)、その時(摂政ニ)とり出だされずして(=エラバレナイデ)松殿に(ソノ地位ガ)なりける(=回ッテイッタコト)をば…仏神の助けと喜ばれけり」〔愚管抄・第五〕❷(技術的に)たくみだ。巧妙だ。「広時は、声色あしからず、うたひ誤ちせず、節は(師ニ)—・く似する所あり」〔梁塵・口伝集〕

うるは・し【麗し・美し】(—ワシ) Ⓐ《形シク》❶みごとだ。「…たたなづく(=カサナリアッタ)青垣山ごもれる(=山ニカコマレテイル)大和し—・し」〔記・中〕「この子(みこ)光—・しくして、国の内に照りとほる」〔紀・神代上・訓〕(「うるはしくして」は「明彩」の訓)「次に月神を生みまつります。その光—・しきこと、日に次げり」〔紀・神代上・訓〕(「うるはしき」は「彩」の訓)❷《愛情をもなった感じで》いとしい。《英語のdarlingに当たる》「ただこの一つ児を以ちて、わが—・しき汝妹命(なにものみこと)に替へつるかな」〔紀・神代上・訓〕「くやしきかな、今日わが—・しき夫(をとこ)を失ひつる」〔紀・武烈・訓〕(「うるはしき」は共に「愛」の訓)「山吹は日に咲きぬ—・しと吾(あ)が思(も)ふ君はしくしく思ほゆ」〔万葉・巻一七〕❸仲がよい。「天稚彦(あめわかひこ)、葦原の中つ国に在りしとき、味耜高彦根(あぢすきたかひこね)の神と—・し」〔紀・神代下・訓〕(「うるはし」は「友善」の訓)「共に—・しき友たり」〔紀・神功・訓〕(「うるはしき」は「善」の訓)「あに距(ふせ)き戦ふことあらむや。願はくは共に弦(ゆづる)を絶ち、つはもの(=武器)を捨てて—・しからむ」〔紀・神功・訓〕(「うるはしからむ」は「与連和」の訓)❹きちんとしている。端正だ。きちょうめんだ。「御なか—・しくて過ぐしたまへ」〔源氏・若菜上〕「左の大臣(おとど)は、宮・大いどの(ノ両方ノ妻ノ所へ)いと—・しくこそ(=正確ニ)十五夜づつおはしつつ」〔宇津保・楼上上〕「日の装束—・しうして(=リュウト着テ)」〔枕・二二二段〕「青き草多くいと—・しく(=キチントソロエテ)切りて」〔枕・二二五段〕❺行儀がよい。「すずろに飲ませつれば、—・しき人もたちまち狂人となりて」〔徒然・一七五段〕「若くかたちよき人のこと—・しきは忘れがたく」〔徒然・二三三段〕❻まともだ。「まことに—・しき、人の調度の飾りとする、定まれる様あるもの」〔源氏・帚木〕「仏の、いと—・しき心にて(=マジメナ筋アイデ)、説き置きたまへる御法も」〔源氏・蛍〕❼きれいだ。「この泊まりの浜には、くさぐさの(=イロンナ)—・しき貝・石など多かり」〔土佐〕「姿を見ればなほさらにかはゆらしくも—・しき、つぼみの花の」〔春水・梅暦・巻四〕

うれ【末】Ⓓ 草木の先のほう。木なら、こずえ。「妹が名は千代にながれむ姫島の小松が—に苔むすまでに」〔万葉・巻二〕

うれ た・し Ⓓ《形ク》《してほしくない事をされたときの感じで》憎たらしい。気にくわない。しゃくだ。「—・きやしこほととぎす(=ホトトギスノヤツメ)今こそは声のかるがに(=カスレルホド)来鳴き響(とよ)まめ」〔万葉・巻一〇〕「これは千蔭の大臣(おとど)の帯にこそあめれ。(ワタシニ譲ラズ他人ノ手ニ渡ストハ)—・き人かな」〔宇津保・忠こそ〕

うれ は・し【憂はし】(—ワシ) Ⓔ《形シク》❶気になる様子だ。心残りだ。「したり顔に(=得意ソウニ)もとの事(=以前ノ関係)を思ひ放ちたらむ(=気ニナンカシテイナイヨウナ)気色こそ(ワタシニハ)—・しかるべけれ(=残念ダ)」〔源氏・末摘花〕❷いやだ。気にくわない。「あしひきの(=枕詞)山田のそほづ(=カガシミタイナ)おのれさへ(=オ前マデガ)我を(妻ニ)ほしといふ(ノハ何トマア)—・しきこと(デスワネ)」〔古今・雑体〕

うれ・ふ【憂ふ・愁ふ】(—レ〈リョ〉ウ) Ⓑ ㊀《他下二》❶(わるい結果になりそうなのを)心配する。気づかう。「これ(＝遷都)を世の人、安からず(＝不安ガッテ)—・へあへるさま、まことに理(ことわり)にもすぎたり(＝モットモ千万ダ)」〔方丈〕 ❷(自分にとって困った状態を他人に)申し出る。訴える。「なほしのびがたき(＝シンボウシカネル)事を、誰にかは—・へはべらむ」〔源氏・柏木〕「夜、かちより(＝徒歩デ)御堂に参りて、—・へ申したまひし」〔大鏡・師尹〕「大自在天といふは魔の首(かしら)なり。その所にのぼりて、この事を—・へて『これ、とりのけよ』と乞ふ」〔今昔・巻四ノ八〕 ❸悲しむ。つらがる。「人間の望みを絶(た)ちて、貧を—・ふべからず」〔徒然・二一七段〕 ❹病む。わずらう。「傷寒(＝急性ノ熱病)を—・へて、事切れ(＝息ヲ引キ取リ)たまひなむとするに」〔白石・折たく柴の記・序〕 ㊁〖他上二〗意味は「㊀」に同じ。平安末期から上二段活用がおこなわれたようであるが、古典文法にならった文章、たとえば方丈記や徒然草などはすべて下二段活用である。

うれへ【憂へ・愁へ】(ーエ) Ⓒ ❶㋑心配。気づかい。「人民みなさすらへぬ(＝住ム所ヲ失ッタ)。—にえしのびず(＝タエガタイ)」〔紀・神功・訓(北野神社本)〕〖「うれへ」は「憂思」の訓〗 ㋺わずらい。めんどうなこと。「ただしづかなるをのぞみとし(＝閑寂デアルノガ望ミトスルトコロデアリ)—なきをたのしみとす」〔方丈〕 ❷(つらいことに対する)訴え。「禅師の君に心細き—を聞こえしを(＝申シアゲタトコロ)、伝へきこえたまひける」〔蜻蛉・下〕 ❸㋑つらいこと。難儀。「(高貴ナ人ハ)人の—ある(＝迷惑ニナル)事などもおのづから(＝ナントカスルト)うちまじるを」〔源氏・薄雲〕 ㋺苦痛。「病に犯されぬれば、その—忍び難し」〔徒然・一二三段〕 ❹喪(も)。「真の病およびおやの—にあらず、すなはち小故(いささかごと＝チョットシタ故障)によりて辞(さ)れる(＝欠勤シタ)者は、階を進むる例に在らず(＝昇進サセナイ)」〔紀・天武・訓〕〖「おやのうれへ」は「重服」の訓〗

うろ【有漏】Ⓔ ㊇「無漏」〖「漏」は梵 āsrava(流れるの意訳で、人から流れ出る迷いのこと)迷いに関係し、それを増大させること。俗人の行為と存在は、すべて有漏である。「なほ—の身(＝悟レナイ人間トシテノ存在)を変へざる事を嘆きて、求聞持(ぐもんぢ)の法を七座まで行ふ」〔太平・巻一八ノ二〕

うゑもん【右衛門】(ーエー) Ⓓ ㊇「左衛門」↓ゑもん。実際には「エモン」と発音された。 **—のかみ** 右衛門の督 Ⓓ〖連語〗右衛門府の長官。従四位下相当官。

うんかく【雲客】Ⓔ 殿上人。〖中国ふうにいくらか気どった言いかた〗「殿上人、中宮の御方へ推参ありしが、ある—の『竹湘浦(しゃうほ)にまだらなり』といふ朗詠をせられたりければ」〔平家・州俣合戦〕

うんじゃう【運上】(ージョウ) Ⓔ ❶公用物を政府に納めるため運ぶこと。「公物を併貪(へいたん)し、長く—の心なし」〔雑筆往来〕 ❷営業税。「値段の半金は—になるとの物語にて」〔東遊雑記〕 ❸〖高い税を納めさせられた意から〗こりること。ひどい目にあって悟ること。「—をしたふりをして母に見せ」〔柳樽・一五〕

うん・ず【鬱ず・倦ず】Ⓓ〖自サ変〗 ❶うんざりする。いやけがさす。「(本妻ニ)ふすべられたるほど(＝ヤキモチデイジメラレタ様子ガ)あらはに(＝ヨク見エテ)、人(＝愛人)も—・じたまひぬべければ(＝キットイヤニオナリダロウカラ)脱ぎかへて」〔源氏・真木柱〕 ❷しょんぼりしている。元気がない。「かかる者(＝コジキノ類)は、うち—・じたるこそあはれなれ(＝同情サレルノダガ)、うたても(＝イヤニ)はなやぎたるかな(＝ハシャイデイルナ)」〔枕・八七段〕〖ふつう「倦(う)みす」の音便化といわれるが、「鬱(うつ)す」の入声韻尾を「ん」と表記したものと考えるほうが適当らしい。類例「屈(くつ)す」↓「くんず」。中古文では多く「うず」と表記される〗

うんすい【雲水】Ⓔ ❶行雲と流水。「身は—の(ヨウナ)便りなき浪人ひがみとぞおぼえける」〔許六・瓢辞(風俗文選)〕 ❷㋑諸国をめぐって修行すること。「快庵禅師…常に身を—にまかせたまふ(＝修行ノ旅バカリシテイラレタ)」〔秋成・雨月・青頭巾〕 ㋺修行僧。「(世間ヲ)木の端と思ひ捨てたる—の生涯ならむ」〔也有・鶉衣・奈良団賛〕

うんめいでん【温明殿】Ⓓ 内裏の殿舎の一。綾綺殿(りょうきでん)の東がわにある。別棟に賢所(かしこどころ)があり、天皇が神鏡を拝礼される所。

え

え【枝】Ⓓ (木の)枝。「梅が—に来ゐるうぐひす春かけてなけどもいまだ雪はふりつつ」〔古今・春上〕

え【縁】Ⓔ 〖「えん」のnを表記しない形。実際にn音が耳立たないような発音だったのかもしれない〗↓えん③。「夕露に紐(ひも)とく花は玉鉾(たまほこ)のたより(＝道スガラ)に(顔ヲ)見えし—にこそありけれ」〔源氏・夕顔〕

え ❶Ⓐ〖副〗〖関西語の〗よう…。…ことができ(ない)。〖下に否定・反語を伴う〗 [え…ず] [え…で] 「あしよしも—知らず」〔蜻蛉・中〕「木曾、牛飼ひとは—いはで」〔平家・猫間〕 ❷(その気はあるのだが)どうしても(…ない)。「—ゐもさだまらず(＝ジットシテオレナイデ)、ここかしこに立ちさまよひたるも」〔枕・三五段〕〖反語の例↓〗「人をこそ恨みはつとも(実ノトコロハ)おもかげの忘れぬ月を—やはいとはむ」〔新拾遺・恋五〕 ❸…というわけには(ゆかない)。「(母方ノ貧シイ子ドモハ)人も思ひおとし、親(＝父)の御もてなしも(裕福ナ母ノ子ニハ)—ひとしからぬものなり」

〔源氏・薄雲〕《「え」だけで否定をあらわす用法もある。↓》「『今も昔のやうにはべりぬべけれど(＝昔ト同ジクアナタヲ忘レテハイマセンガ)、―(＝オ訪ネシカネティマス)』など聞こえたまへば」〔宇津保・蔵開下〕 **―さら・ず** 避らず Ⓓ《連語》❶さけえない。よんどころない。「わざと(＝トクニ)召して『若い人参らせよ(＝宮仕エニ出セ)』と仰せらるれば、―・ずいだしたつる(＝ヤムヲエズ出仕サセル)」〔更級〕 ❷どうしてもほうっておけずたいせつだ。「―・ず思ふべき(＝ドウシタッテ気ニナル)産屋(うぶや)の事もあるを(＝親類ノオメデタモ近イノデ)」〔蜻蛉・中〕 ❸ぜひ必要だ。手離せない。「かの山里の御すみかの具は、―・ず取り使ひたまふべきものども、ことさらよそひもなく(＝コレトイウ装飾モナク)事そぎて(＝簡素ニシテ)」〔源氏・須磨〕 **―しも** Ⓓ《連語》《「え」＋複合助詞「しも」》「え」の強調形。「女官などたづぬるも、はるかに(＝遠クニイテ)―ふと(＝オイソレト)まゐらず」〔建礼〕 **―せ・ず** Ⓓ《連語》(しようとしても)できない。「人かたらひ(＝相談)なども―・ず」〔更級〕 **―なら・ず** Ⓒ《連語》何ともいえぬほどだ。ひととおりでなくよい。「めづらしく―・ぬ調度ども」〔徒然・一〇段〕「笛を―・ず吹きすさびたる」〔徒然・四四段〕

え Ⓑ《間助》❶《古代東国方言》呼びかけをあらわす。…よ。「父(ちち)母―いはひて待たね(＝待ッティテクダサイ)筑紫なるみづく(＝海ニアル)白玉とりて来までに」〔万葉・巻二〇〕《東国とくに駿河(するが)では母音 ö の ë になることが多かった》 ❷《多く近世の遊女または下町娘が》文末に用い、うちとけた感じをあらわす。「おお、しんど(＝クタビレタ)。皆さん、許さんせ―(＝御免ナサイネ)」〔伎・幼稚子敵討・一〕 [参]よ[三]②③。

えい Ⓑ《感》❶《呼びかけるとき》おい。やあ。もしもし。「―太郎冠者」〔狂・蚊相撲〕「―頼うだお方(＝ダンナ様)」〔狂・隠狸〕 ❷《念をおすとき文末に用いて》おい。「この恨みは、そちに止まったぞ(＝キサマニツキマトウゾ)―」〔狂・武悪〕 ❸《驚いたとき》あ。あら。やあ。「『やい、これはみども(＝オレ)ぢゃ』『―、頼うだ人』」〔狂・真奪〕 ❹《腹の立つとき》えーい。えーえ。「―、腹立ちや、腹立ちや」〔狂・因幡堂〕 ❺《しかりつけるとき》こら。「『あの、やくたいもないやつ(＝ガラクタメ)、しさりをれ(＝アッチヘ行ケ)』『はあ』『―』『はあ』」〔狂・柑子〕 ❻《考えたあげく》えーと。うーん。「―、三千ばかりも(召使ヲ)置かうか」〔狂・今参〕 ❼《急な動作をしたり力を入れたりするときのかけ声に》よいしょ。「いま打つぞ、―」〔狂・靫猿〕 ❽《返事をするとき》はい。《現在の狂言では「えーい」と発音することが少なくない》「無期(むご)の後に(＝ヒドク時間ガタッテカラ)『―』と答(いら)へたりければ、僧たち笑ふこと限りなし」〔宇治・巻一ノ一二〕

えい〔詠〕Ⓓ ❶作歌。「御―の中には、いづれをかすぐれたりとおぼす」〔無名抄・五九〕 ❷詩歌の朗詠。「虫の音を聞きて―を吟じ、かくのごとく遊戯(ゆげ)す」〔今昔・巻三ノ一五〕 ❸舞楽で、舞に合わせてうたう詩句。漢字音どおりに発声する。その間は奏楽を止めている。「―果てて、(舞ノ間ニ乱レタ)袖うち直したまへるに、(詠ガ終ワルノヲ)待ち取りたる(＝待ッテ再ビ始メタ)楽のにぎはしきに」〔源氏・紅葉賀〕

えい らん〔叡覧〕Ⓓ 天皇または上皇が御覧になること。「法皇これを―あって、かうぞおぼしめしつづけける(＝オヨミニナッタ)」〔平家・大原御幸〕

えい りょ〔叡慮〕Ⓓ 天皇または上皇のお考え。「奈良の帝の御時いかなる―にあづかりてか(＝オボシメシノオカゲデ)この地の名産とはなれりけむ」〔也有・鶉衣・奈良団賛〕

えう・ず〔要ず〕(ヨウ―) Ⓓ《他サ変》ほしがる。望む。「(八宮ノヨウナ)めでたからむ(＝高貴ナオ方ノ)御むすめをば(妻ニ)―・ぜさせたまふ君達(きんだち)あらじ」〔源氏・東屋〕「竹を取りて籠(こ)を造りて、―・ずる人に与へて、その功(く)を取りて(＝代金ヲモラッテ)」〔今昔・巻三一ノ三三〕

えう な・し〔要無し〕(ヨウ―) Ⓓ《形ク》役にたたない。くだらない。「身を―・き(＝ロクデモナイ)ものに思ひなして」〔伊勢・九段〕

えき〔奕〕Ⓔ 囲碁(ご)。「桃の実の大なるを食ひつつ、―の手段(＝打チカタ)を見る」〔秋成・雨月・夢応〕

えせ もの〔似非者〕Ⓓ ❶本来そうでないのに、その時だけそう見える者。「―の(＝ソンナハズノナイ物ガ)所を得る(＝幅ヲキカセル)をり、正月の(歯固メ行事ニ使ワレル)おほね(＝ダイコン)」〔枕・一五六段〕 ❷身分のいやしい者。「よき(＝高貴ナ)人はさらなり(＝モチロン)、―(ヤ)下衆(げす)の際(きは)だに」〔枕・一五五段〕 ❸人を見下げていう語。やつ。野郎。「日本より和藤内といふ―、小乏(せうぼく)(＝スカンピン)下劣の身を以って…この土(ど)に渡る」〔近松・国性爺・三〕

えぞ〔蝦夷〕Ⓔ 古く関東地方より北にいた先住民族。今のアイヌ。えみし。「たとひ―が(住ンデイル)千島なりとも、かひなき(＝将来ニ希望ノナイ)命だにあらば(参リマショウ)」〔平家・腰越〕

えだ〔枝〕Ⓓ ❶木の幹から分かれて出た部分。「榛(はり)の木の―」〔記・下〕《原文「延陀」と表記》 ❷本(もと)から分かれ出たもの。子孫・兄弟・一族・分家・分派など。「(藤原氏ハ四家ニ分カレタガ)、いまに―ひろごりたまへり(＝繁栄シテイラッシャル)」〔大鏡・道長〕 ❸〔肢〕(人の)手足。(けだものの)足。「夫婦の四つの―を木に張りて…火を以ちて焼きころしつ」〔紀・雄略・訓〕《「えだ」は「支」の訓》「猪(ゐのしし)に行き

あひ、すなはち(＝スグ)これを殺す。その四つの—を分けて取らむとす」〔伊曾保・中・一四(古活字本)〕

え と【干支】Ⓓ ➜じっかん・じふにし。

えびぞめ【葡萄染め】Ⓔ ❶染め色の名。うすい紫。「過ぎにし方恋しきもの…二藍(ふたあゐ)—などのさいで(＝布キレ)の、おしへされて(＝押シツブサレテ)冊子(さうし)の中などにありける(ヲ)見つけたる」〔枕・三〇段〕 ❷織り色の名。縦糸を赤、横糸をうす紫で織った。「えもいはぬ(＝スバラシイ)—の織物の唐衣などを着て」〔栄花・日蔭蔓〕 ❸襲(かさね)の色目。➜巻末「襲の色目要覧」。

えびら【箙】Ⓓ 矢を入れて背負う道具。中に、紙や小硯(すずり)など、ちょっとした文房具を入れることもあった。「—に(矢ガ)一つぞ残ったる」〔平家・橋合戦〕「—より小硯・畳紙(たたうがみ)とり出だし」〔平家・木曾願書〕

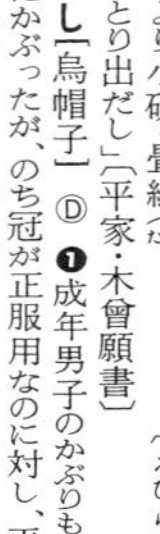
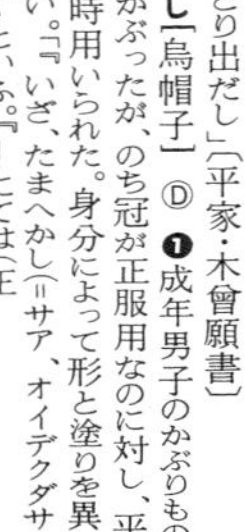
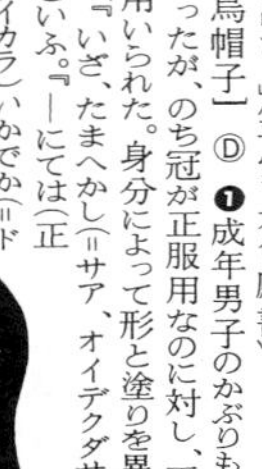
〔えびら〕(革えびら)

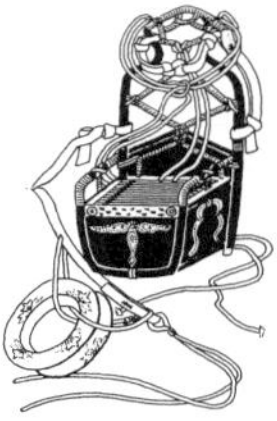

えぼし【烏帽子】Ⓓ ❶成年男子のかぶりもの。もと冠の下にかぶったが、のち冠が正服用なのに対し、平服用として常時用いられた。身分によって形と塗りを異にし、種類が多い。「『いざ、たまへかし(＝サア、オイデクダサイ)』、内裏(うち)へ』といふ。『—にては(正装デハナイカラ)いかでか(＝ドウシテ参内デキルモノカ)』『とりにやりたまへかし』などいふ」〔枕・九九段〕 ❷紋の名称。➜巻末「紋章要覧」。

〔えぼし❶〕(梨打ちえぼし)

—を着る 成年式をあげる。元服する。「烏帽子を着さうらはむ事こそ本意にてさうらへ」〔曾我・巻四ノ四(大山寺本)〕

えみし【蝦夷】Ⓔ ➜えぞ。「横に玉の浦を渡りて—の境に至る」〔紀・景行・訓〕(「えみし」は「蝦夷」の訓)

え も Ⓑ〘連語〙 ❶よくまあ。「恋ふといふは—名づけたり言ふすべのたづきもなきは(＝気持チヲ表現スル方法ガ何モナイノハ)吾(あ)が身なりけり」〔万葉・巻一八〕 ❷(下に否定を伴い)どうも…でき(ない)。「霜氷とぢたるころの水茎(＝筆)は—書きやらぬここちのみして」〔玉葉・雑二〕

—いは‐ず 言はず(-イワー) Ⓑ〘連語〙(「言おうとしても言えない」という基本意味から) ❶(多くは連用修飾の形で)非常に…。「—・ず(＝タイソウ)思ひこがれて過ぐすほどに」〔今昔・巻三〇ノ一〕 ❷すてきだ。「(食器ニ)盛り立てたる物ども、みなめでたくして(＝大ゴチソウデ)、その味—・ず」〔今昔・巻二六ノ一八〕「笛をも—・ず吹きけり」〔今昔・巻二四ノ二三〕 ❸ひどい。とんでもない。言語道断だ。「(酔ッパラッテ)大路をよろぼひ(＝フラフラデ)行きて、築泥(ついひぢ)(＝土ベイ)・門(かど)の下などに向きて、—・ぬ事ども(＝ヘド)しちらし」〔徒然・一七五段〕 ❹言うにたりない。つまらない。あさはかだ。「腰離れぬばかり折れかかりたる(＝一首ガ二分シテシマウホド続キノ悪イ)歌をよみいで、—・ぬよしばみごと(＝オ話ニナラナイ程度ノ風流ゴトヲ)しても、我かしこに(＝自分ガエライト)思ひたる」〔紫日記〕

えもの【得物】Ⓓ ❶自分のいちばん熟練していること。得意。「はやし物は、わたくしの—でござる」〔狂・蝸牛〕「逃げることは—でござります」〔近松・大念仏・中〕 ❷(使いなれた)武器。「大太刀・まさかり・大薙刀(なぎなた)・大薙鎌(ながま)に九尺の棒(ナド)——をひっさげ」〔近松・職人鑑・五〕

えん【縁】Ⓒ ❶〔仏〕(梵 pratyaya の意訳) ㋑ ㊜「いん②」 間接原因。内的な直接原因である「因」に対し、それの要件となる外的な事象。「心は—に引かれて移るものなれば、静かならでは道は行じがたし」〔徒然・五八段〕 ㋺心が外的な事物を認識するはたらき。(単独の用例は未見だが、「能縁」「所縁」「縁ず」などの用法から、この意味を認める。㊜えんず) ❷㋑つながり。ゆかり。「返す刃(やいば)に(ノドノ)笛かき切り、この世の—切る(＝コノ世ヲ去ル)息ひき切る」〔近松・宵庚申・下〕 ㋺縁故。身より。「その後—かけて(＝親戚モナクナリ)、身おとろへ(＝自分モ没落シ)」〔方丈〕 ❸㋑人と人とのむすびつき。夫妻・親子などの関係。「私(わし)も十九の厄年とて、思ひあうたる厄だたり(＝好キニナッタノモ厄ニヒカレタノダガソレモ)—の深さのしるしかや」〔近松・曾根崎〕 ㋺仏とのつながり。「額に阿字を書きて、—を結ばしむるわざをなむせられける」〔方丈〕

えん【艶】Ⓑ〘十形動ナリ〙 ❶優美なこと。エレガント。「雪ただいささかうち散りて、道の空さへ—・なるに」〔源氏・行幸〕「おほかたの空(＝空イッタイ)も—・なるにもてはやされて(＝ヒキタテラレテ)」〔紫日記〕 ❷(よい意味で)心をひきつけるような感じ。「(風流ナ青年ガ愛人ヲ訪レ、帰ッテ行クノヲ女ガ)いまは往(い)ぬらむと遠く見送るほど、えもいはず—・なり(＝魅力的ダ)」〔枕・一八〇段〕 ❸(いくらかわるい意味で)気になるようす。思わせぶり。「浅緑なる薄様(ノ紙)に—・なる文(＝意味アリゲナ手紙)を」〔枕・一八四段〕「—・に物恥ぢして、恨みいふべきことをも見知らぬさまに忍びて」〔源氏・帚木〕「ひとへに—・にのみ(＝体裁ヲ作ッテバカリ)あるべき御仲にもあらぬを」〔源氏・葵〕 ❹なまめいていること。色っぽいこと。「右近、—・なる(＝ナマメカシク浮キ浮キシタ)ここちして、来しかたの事など人しれず思ひ出でけり」〔源氏・夕顔〕「私の人にや—・なる文はさし取らする」〔源氏・浮舟〕❺《歌の批評用語として》内にこもった古典的な美しさ。「詠歌といひて、ただ詠み上げたるにも、打ち詠じたるにも、何となく—・にも幽玄にも聞こゆることのあるべし」〔慈鎮和尚自歌合(十禅師十五番の俊成判詞)〕

えん しゃう【炎上】(—ショウ) Ⓔ 火事。火災。「たびたびの—に滅びたる家、またいくそばくぞ」〔方丈〕「南都—のことは、故入道(=清盛)の成敗(=命令)にもあらず」〔平家・千手前〕《平家正節は「上」に清音符があり、日葡辞書にもyenxŏとある。「エンジョオ」と発音するようになったのは、近世以後か》

えん・ず【縁ず】Ⓔ《他サ変》外的な事物を認識する。[参]えん①㋺。「無念の作用は、真に法界を—・ず(=アラユル存在ノホントウノ姿ヲ対象トスル)」〔一遍上人語録〕

えん だう【筵道】(—ドウ) Ⓔ 地面に長くのべる敷物。そこを歩く貴人の裾がよごれないためである。《VIP(重要人物)が飛行機からおりるとき、貴賓室までずっとカーペットを敷く特別サービスは、筵道の一種といえよう》「院司の公卿参り向かって幔門を開き、掃部寮—を敷き、正しかりし儀式」〔平家・厳島御幸〕

えん だ・つ【艶〈立〉つ】Ⓓ《自四》「艶」ぶる。「—・ち(=風流ガッタリ)気色ばまむ(=気ドッタリスルヨウナ)人は(アマリムサクルシクテ)、消え入りぬべき(=息ガトマッテシマイソウナ)住まひのさまなめりかし」〔源氏・夕顔〕

えんぶ【〈閻浮〉】Ⓔ〔仏〕[略]閻浮提。《「えぶ」と表記されることもある》「なほ執心の—の涙、再び袖をぬらしさむらふ」〔謡・松風〕 **—だい**〈提〉Ⓔ〔仏〕《梵 Jambu-dvīpa の音訳で》須彌山の南方にある四大州の一。もともとインドの地をいったのだが、転じて人間世界をさすようになった。「—にしては、我を地蔵菩薩と称す」〔宇治・巻六ノ一〕 **—だごん**〈提〉金・〈檀〉金 Ⓔ〔仏〕《梵 jambunada-suvarṇa の訳語》雪山(ヒマラヤ)と香酔山の間にある閻浮樹林を流れる川から採れる最上質の砂金。「(四天王寺ハ)塔婆の金宝にいたるまで、—なるとかや」〔謡・弱法師〕

えん わう【〈閻〉王】(—オウ) Ⓔ 閻魔王《梵 Yamarāja》のこと。インドの古代宗教で死後世界の長官とされていたのが、仏教にはいった。六朝時代、中国にはいってからは、地獄における裁判官の一人と考えられた。「法蔵僧都といひし人—の請に赴いて(=呼バレテ行キ)」〔平家・入道死去〕

お

おい Ⓓ《感》❶呼びかけの声。もしもし。「『阿弥陀仏よや。—、—』と呼び歩くを」〔今昔・巻一九ノ一四〕❷同感・肯定を表す。ああ(そうか)。「—(=ウン)。然るにては(=ソレナラ)その力を投げよ(=捨テロ)」〔今昔・巻二五ノ一一〕❸急に気づいた感じを表す。おやまあ。「—、この君にこそ(=竹殿デシタカ)」〔枕・一三七段〕

おいへ りう【御家流】(—エリュウ) Ⓔ 青蓮院の宮(尊円法親王)が始めた和様の書体。穏和でやわらかく流麗。江戸時代の公文書は、この書体に限られた。「これは民弥様の手でない。兄様は—でやはらかな手ぢゃ」〔近松・大念仏・上〕

おいら か Ⓒ《形動ナリ》❶おだやかだ。「『いさ(=サア)、人の(=皆サンガワタシヲ)憎しと思ひたりしかば、(ソレガワタシニ)また憎くはべりしかば』といらへ聞こゆ。『—・にも(=モット寛大ナ気持チデ)』とて笑ひたまふ」〔枕・一四三段〕「—・に(=ジット)鬼とこそ向かひ居たらめ(=サシ向カイノホウガマシダ)」〔源氏・帚木〕❷(性格が)こせつかない。「御心ばへいとなつかしう—・におはしまして」〔大鏡・三条院〕❸まともだ。まっすぐだ。「—・に『あたりよりだに(=近所ヲ通ッテサエ)な歩きそ』とやは宣はぬ」〔竹取〕

おい らく【老いらく】Ⓔ《「おゆらく」の転》年をとること。老年。[参]—らく。「—の来むと知りせば門さしてなしと答へて逢はざらましを」〔古今・雑上〕

おうな【老女・嫗】Ⓓ [対]「おきな」 年とった女。ばあさん。「うたてげなる(=異様ナ感ジノスル)おきな二人、—といきあひて(=来合ワセテ)」〔大鏡・序〕《古い時代は「お」(o)と「を」(wo)が発音しわけられていたので、「お」で「大・老」を、「を」で「小・幼」を表した。「をうな」は若い(またはそれに近い)女性を意味した》

おき・つ【掟つ】Ⓒ《他下二》❶あらかじめきめておく。計画する。「(山吹ハ)品高く(=優雅ニ咲コウ)などは、—・てざりける(=モクロマナカッタ)花にやあらむ」〔源氏・幻〕❷㋑決めて命ずる。さしずする。「始むべき事など—・てさせ」〔源氏・夕顔〕「『(モシ思イドオリニナラナイトキハ)海の中にもまじり失せね(=投身自殺デモシテシマエ)』となむ—・てはべる」〔源氏・明石〕㋺(ふるまいや心がまえなどを)あれこれと指示する。訓育する。「太政大臣の、后がねの(=后ニナサルツモリノ)姫君ならはしたまふなる教へは『…』と、ゆるるかにこそ(=オウヨウニ)—・てたまふなれ(=指導ナサルソウダ)」〔源氏・常夏〕❸とりはからう。「六十僧(=六〇人ノ僧ニ与エル布施)など、おほきに(=盛大ニ)—・てられたり」〔源氏・蜻蛉〕

おき つ【沖つ】Ⓔ《連体》沖にある。沖の。

り 島守 Ⓔ 沖の離れ島の管理人。[参]しまもり。「わが髪の雪と磯べの白波といづれまされり(＝ドチラノ白サガ上ダロウカ、教エテクレヨ)—」〔土佐〕《「八百日(やほか)行く浜の真砂(まさご)とわが恋と(ハ尽キナイ点デ)いづれまされる(教エテクダサイナ)—」の歌について、藤原清輔は「島守とは、島を守る神なり」〔奥儀抄・中〕と釈する。中古の歌に現れる用例は、いずれも問いかけの形式で、番人と解するよりも、その土地を守護する精霊的な存在と見るほうが適切かもしれない》 **—しらなみ** 白波 Ⓔ 《連語》沖に立つ白波。「なごの海の霞のまよりながむれば入る日をあらふ—」〔新古今・春上〕 **—す** 州 Ⓔ 《連語》沖にある砂州。おきす。「鷗(かもめ)ゐる藤江の浦の—に夜舟いさよふ月のさやけさ」〔新古今・雑上〕 **—も** 藻 Ⓔ 《連語》海の底にある海藻。「神風の(＝枕詞)伊勢の国は—も靡(なび)きし波に…」〔万葉・巻二〕

おきて【掟】Ⓒ ❶とりはからい決めておくこと。(計画された)処置。「貧じくて、わが子の行く先の(＝将来ノ)—せずなりぬ(＝身ノフリ方ヲキメズジマイニナッタ)」〔宇津保・俊蔭〕 ❷㋑決めて命令すること。さしず。「もとの御—のままに(＝以前カラノゴ指示ドオリ)」〔源氏・薄雲〕㋺心がまえ。心くばり。「この人も…十三ばかりにこそなるらめ。(カラダノ)大きさ、—こそ賢くとも(＝イクラ利口ニシテモ)」〔宇津保・俊蔭〕 ❸きまり。規則。「昔、さかしき帝の御政のをりには…(老人ヲ)召し尋ねて古への—の有様を問はせたまひてこそ」〔大鏡・序〕 ❹ありかた。形態。「もとありける池・山をも…水のおもむき、山の—を改めて」〔源氏・少女〕

おきな【翁】Ⓑ ❶[対]「おうな」 年とった男。じいさん。「右の顔に大きなるこぶある—ありけり」〔宇治・巻一ノ三〕 ❷老人を敬愛していう。「蟬丸の—が(＝ノ)あと(＝遺跡)をとぶらひ」〔方丈〕「父の—(＝オトウサンガ)送りたまひし里なりけるが」〔一茶・みとり日記〕 ❸老人が自分をけんそんしていう。「(カグヤ姫ニ向カッテ)—、年七十(ななそぢ)に余りぬ」〔竹取〕「—の申さむことを聞きたまひてむや」〔竹取〕 ❹《長寿を祈って逆説的に》男の赤ん坊のこと。「『そもそも何ぞ(＝男カ女カ)』と問ひたまへば『—』といとここちよげに典侍(ないしのすけ)申す」〔宇津保・国譲下〕 ❺能の成立以前からおこなわれた天下泰平・五穀豊稔の祈禱(きとう)歌舞。はじめ呪師(じゅし)の役であったが、のち猿楽(さるがく)すなわち能楽師の芸となった。式典ものとして最初に演ずる。「—の装束、真実の晴れの姿(なり)は、さだめて別に口伝あるべし」〔申楽談儀・一七〕 ❻「⑤」に用いる特殊な老人面。《一般の能に用いる各種の老人面は「翁」とはいわない》[参]じょう(尉)③。「—面の箱持つこと、賞翫の職(＝モテル役)なり」〔申楽談儀・一七〕

おきまどは・す【置き惑はす】(-ワス) Ⓔ 《他四》 ❶見分けにくいようなぐあいに置く。「白菅(しらすげ)の(＝枕詞)真野の萩原朝な(白イ萩ノ花ト霜ト)—・せる秋の初霜」〔壬二集・中〕 ❷置き忘れる。「鍵(かぎ)を—・しはべりて(サガシテオリマシタ)。いと不便(ふびん)なる(＝不都合千万ナ)わざなりや」〔源氏・夕顔〕

おく【奥】Ⓐ ❶(空間的に)そこよりも内のほう(の所)。「しづかなる山の—(ニモ)、無常の敵(かたき)、競(きほ)ひ来たらざらむや」〔徒然・一三七段〕 ❷(時間的に)ずっと後のほう。将来。行く末。「あらかじめ(＝今ゴロカラ)人言(ひとごと)(＝ウワサガ)しげし(＝ウルサイ)かくしあらば(＝コレデハ)しゑや(＝エイ！・)わが背子—もいかにあらめ(＝ドンナデショウ)」〔万葉・巻四〕 ❸(精神的に)深い所。しんそこ。「なほざりに人(＝愛人)は見るらむ(ワタシノ)玉章(たまづさ)(＝手紙)に思ふ心の—は残さぬ(＝何モカモ書キ尽クシテアル)」〔風雅・恋二〕 ❹奥州。奥羽地方。「(義経ハ)北国にかかって(＝落チノビ)、つひに—へぞ下られける」〔平家・判官都落〕 ❺㋑家の内部(のへや)。「その立て蔀(じとみ)のつら(＝ソバ)に、いとはづかしげなる人(＝リッパナ方ガ)はべるなるを(＝イルヨウデスノニ)、—にて御覧ぜよ」〔堤・虫めづる〕㋺(身分の高い)夫人の住む棟(むね)。「(絹物シカ見テイナイ)—の狆(ちん)木綿ものさへ見ると(イツモ)ほえ」〔柳樽・四〕㋩身分の高い人が、自分の妻を呼ぶときにいう。「—をはじめ、そなたが意見、いくたびか胸にとっくと(＝ヨク)合点なれども(＝承知シテハイルガ)」〔浄・忠臣蔵・二〕 ❻終わり。「(赦免状ノ)—より端へ読み、端より—へ読みけれども、二人とばかり書かれて、三人とは書かれず」〔平家・足摺〕 ❼《右を「辺(へ)」というに対して》左。「吾妹子(わぎもこ)は釧(くしろ)(＝腕カザリ)にあらなむ(＝アッテクレルトイイナア)左手のわが—の手にまきて(＝付ケテ)いなましを(＝ツレテ行コウノニ)」〔万葉・巻九〕

おくじゃうるり【奥浄瑠璃】(-ジョウ-) Ⓔ 東北地方でめくら芸人が語った古い浄瑠璃で、主として頼光四天王・金平(きんぴら)手がら・義経記などを語った。「盲法師の琵琶をならして—といふものを語る」〔芭蕉・奥の細道〕

おくつき【奥つ城】Ⓔ 墓(所)。「葦屋のうなひ処女(をとめ)の—をわが立ち見れば…」〔万葉・巻九〕「波の音の騒くみなとの—に妹が臥(こ)やせる…」〔万葉・巻九〕

おくま・る【奥まる】Ⓔ 《自四》 ❶奥にひっこんでいる。「清らの人(＝ハンサムナ男ガ)ありとて、—・りたる女らの、裳などうちとけ姿にて出でて見るに」〔蜻蛉・下〕 ❷内気である。ひっこみ思案である。「古めかしう(＝時代オクレデ)—・りたる身なれば、かかる所に居ならはぬを、いとはしたなきここちするに」〔和泉日記〕 ❸奥深くて心がひかれる。「かのわたり(＝藤壺ノ女御)のありさまの、こよなう(＝マッタ

ク)」—・りたるはや(＝奥ユカシイコトダナア)」〔源氏・花宴〕

おく ゆか・し【奥〈床〉し】Ⓓ〘形シク〙❶(未知の事物に対して)見たい、聞きたい、知りたいと心ひかれる。「霧の絶え間より秋山をながむれば、(イマ)見ゆる所はほのかなれど(＝ホンノリ紅葉シテイルニスギナイガ)—・しく、いかばかりもみぢわたりておもしろからむと、限りなく推しはからるる」〔無名抄・六八〕❷奥深い感じで何とはなしに心ひかれる。「何ばかり(＝コレトイッテ)あらはなる(＝表面的ナ)ゆゑゆゑしさ(＝モッタイブッタトコロ)も見えたまはぬ人の、—・しく、(ソノ前デハダレモ)心づかひせられたまふ(オ方)ぞかし」〔源氏・野分〕

おく・る【後る】Ⓑ〘自下二〙❶あとまで残りとどまる。「人々は舟に乗りてさしわたりけり(＝出カケタ)。それには—・れて(＝ソノ人々ヨリアトニ残ッテカラ)ようさりまゐる(＝自分ハ夜ニナッテカラ参上シタ)」〔紫日記〕❷(人に死なれてあとに)生き残る。「人に—・れて、四十九日の仏事に、ある聖(ひじり)(＝坊サン)を請じはべりしに(＝オ呼ビシマシタトコロ)」〔徒然・一二五段〕❸劣っている。及ばない。「東国(あづま)人は…情け—・れ(＝人情味ガ都ノ人ニクラベテ劣ッテオリ)、ひとへにすくよかなるものなれば(＝ムヤミニ一本調子デアルカラ)」〔徒然・一四一段〕❹(あとからはえた髪が)他より劣って短い。「いと長き人も、額髪は(＝ヒタイギワノ髪ハ)、すこし短うあんめるを(＝短イモノナノニ)、むげに—・れたるすぢのなきや(＝紫上ノ髪ハ少シモオクレ毛ガナイノハ)あまりなさけなからむ(＝アマリソロイスギテ風情(ふぜい)ガナイダロウ)」〔源氏・葵〕❺気おくれする。おじ気づく。「足弱(あしよわ)(＝女性)を連れ、気の—・れたる迷ひ者(＝心ノ迷ッテイル者ダカラ)、深くかくるる心もつくまい」〔近松・鑓権三・下〕

おく・る Ⓒ〘他四〙㊀【送る】❶目的の場所にとどかせる。「骨をば高野へ—・り、墓をば日野にぞせられける」〔平家・重衡被斬〕❷㋑ある地点まで付き添ってゆく。「『昭慶門まで—・れ』と仰せごとたべ(＝御命令クダサイ)」〔大鏡・道長〕㋺なごりを惜しむため、ある地点までいっしょにゆく。「むつまじき限りは(＝親シイ者ハミナ)、宵よりつどひて、舟に乗りて—・る」〔芭蕉・奥の細道〕㋩死者に付き添って葬所へゆく。「鳥部野・舟岡(ナドノ墓地ハモトヨリ)、さらぬ野山にも、(死人ヲ)—・る数多かる日はあれど、—・らぬ日はなし」〔徒然・一三七段〕❸(時を)すごす。「日を消し(＝無意味ニスゴシ)、月をわたりて(＝ブラブラ生活シテ)、一生を—・る、もっともおろかなり」〔徒然・一〇八段〕㊁【贈る】❶(人に)与える。進呈する。「(オ寺へ)布施をこそは—・らせたまふめれ」〔大鏡・師輔〕❷(死後に官位や称号などを)追贈する。「故左馬の頭義朝の墓へ、内大臣正二位を—・らる」〔平家・紺掻沙汰〕

おこ・す【遣す・致す】Ⓑ〘他四・下二〙❶よこす。とどけて来る。「硯の箱のふたに入れて—・せ(下二)たり」〔更級〕❷手わたす。「『お杯でござる』『これへ—・せ(四段)』」〔狂・二人袴〕❸さしむけてくる。「馬などむかへに—・せ(下二)たらむに」〔徒然・一八八段〕「最前、太郎冠者を—・す(四段)のみならず」〔狂・清水〕

おこたり【怠り】Ⓒ❶なまけること。油断。「百姓を間者(かんじゃ)(＝スパイ)にして(敵ノ)—をうかがはれたり」〔常山・紀談・巻一六ノ七〕❷㋑手ぬかり。過失。「かやうの事、わが—にて流されたまふにしもあらず」〔大鏡・道隆〕㋺(過失に対する)わびごと。謝罪。「これも神の御咎(とが)めと存じさうらふほどに、当年中に帰国すべき(ハズデスカラオ許シクダサイ)と—を申してさうらふ」〔謡・歌占〕

おこた・る【怠る】Ⓑ㊀〘自四〙❶ついそのままになる。「事ぞともはべらぬほど(＝コレトイウ用モナイ時ハ)、おのづから—・りはべるを」〔源氏・紅葉賀〕❷中断する。休止する。「したたること少なしといへども、—・る間なく(水ガ)もりゆかば、やがて(＝スグ)尽きぬべし」〔徒然・一三七段〕❸(病気が)なおる。よくなる。「衛門の督(かみ)の君、かくのみなやみわたりたまふこと(＝ズットヒキ続キゴ病気ナノガ)なほ—・らで」〔源氏・柏木〕❹〘補助動詞ふうに〙…しない。…ない。「夜とても人の見え—・る(＝愛人ガスッポカス)時は、人少なに心細う」〔蜻蛉・上〕「君は思し—・る(＝オ考エニナラナイ)時の間もなく」〔源氏・帚木〕㊁〘他四〙❶なまける。手を抜く。「なにがし(＝テマエドモ)は…宿直(とのゐ)つかうまつることは、月ごろ—・りてはべれば」〔源氏・浮舟〕❷あやまちを犯す。「(流罪ニナルノモ)みづから—・ると思ひたまふる事はべらねど」〔栄花・浦々〕

おこつ・る【誘る】Ⓓ〘他四〙→をこつる。

お こと【御事】Ⓔ〘代〙いくらか親しみのある感じの第二人称。あんた。「我らが身の上はさておきぬ(＝トモカクトシテ)、ただ—の苦しさをこそ存じさうらへ」〔保元・中・一二〕

おこなひ【行ひ】(—イ)Ⓑ❶(あるきまりをもった)動作。行為。「わが背子が来べき宵なりささがねの(＝枕詞)くもの—今宵しるしも」〔紀・允恭〕(この動作をすればこういう事がおこるという定まりのある動作で、すなわち前兆としての動作を意味する。この用法は、允恭紀の一例しか知られていない)❷命令。さしず。「白井の法橋(ほっけう)幸明…事の—しければ(＝指揮ヲシタノデ)、三塔九院の大衆、老若も甲冑(かっちう)(＝ヨロイカブト)を着し、弓箭を帯して」〔盛衰・巻三一ノ一〕❸(あるきまりのもとに)神や仏につかえること。神事や仏道修行をすること。「このごろの世の人は、十七八より経よみ、—もすれ」〔更級〕「(堀河天皇ノ)あしたの御—、夕べの御笛の音」〔讃岐・

上」（このほか「社寺の事務所」の意をあげる説もあるが、その用例は一つしかなく、しかも本文に疑義のある個所なので、採らない）

おこな・ふ【行ふ】（ーナ〈ノ〉ウ）Ⓐ ㊀《他四》❶（ある方式のもとに）とりはからう。「諸のあしきを、なせそ（=シテハイケナイ）。諸のよきわざを一・へ」〔紀・舒明・訓〕（「おこなへ」は「奉行」の訓）❷処置・処理をする。「わが知る人（=自分ノ夫）、大方の事を一・ひためれば」〔蜻蛉・上〕❸おさめる。支配する。「（国守ニナリ）尾張に下りて、国一・ひけるに」〔宇治・巻三ノ一四〕❹命ずる。さしずする。「『行きて彼からめよ（=トラエヨ）』と一・へば」〔今昔・巻一九ノ三五〕❺㋑（仏道を）修行する。「釈教（ほとけのみのり）を一・ふこと、すみやかに法の如くせしむ」〔紀・孝徳・訓〕（「おこなふ」は「修行」の訓）㋺祈禱（きとう）する。修法する。「鎮護国家の大徳神（ヲ）、融禅師（ガ）一・ひ出だしたまひて…効験いまにあらたなり」〔盛衰・巻四ノ二〕㊁《自四》❶（「…に行ふ」の形で）…に付する。…に処する。「ことに重科に一・はるべしと聞こえけり」〔平家・座主流〕❷仏道修行をする。「年ごろその寺に一・ひて、寺を出づることもなくして」〔今昔・巻二〇ノ六〕（単に何かをするのでなく、方式や先例に従ってするのが原義。そこに「す」「なす」との差がある）

おごめ・く Ⓓ《自四》→をごめく。

おさまさ Ⓓ《感》歌謡のはやしことば。特別の意はない。「（コオロギガ）木の根を掘り食（は）んで一角（つの）折れぬ」〔神楽・蟋蟀〕

おし━【押し】《接頭》Ⓑ下の動詞に積極性をもたせ、強調するはたらきがある。「一あつ」「一つつむ」「一へだつ」「一みがく」「一よす」等。

おし いだ・す【押し出だす】Ⓔ《他四》❶（押すようにして）出す。「五つ六つばかりなる（子ドモ）を、すだれの内より一・して、『わが親と思ひたてまつらむ所へ参れ』とのたまひければ」〔百座法談・天仁三年三月七日〕❷「いだす」の強調形。「障子に几帳そへて、むすめを（ソノ席ニ）一・したり」〔浜松・巻二上〕

おし うつ・る【推し移る】Ⓔ《自四》（社会情勢・流行などが時とともに）移り変わって行く。「一・らずといふは、いったんの流行に口質（くち）時を得たるばかりにて（=一時的ナ流行ノ俳風ヲマクロマネスルダケデ）、そのまことをせめざるゆゑなり（=芸術性ヲ真実ナ態度デ追求シナイカラダ）」〔土芳・三冊子・赤〕

おし かか・る【押し掛かる】Ⓓ《自四》❶（物に）よりかかる。もたれる。「高欄（かうらん）に一・りて、とばかり（=シバラク）ながめたまふ」〔源氏・須磨〕❷（軍勢が）おし寄せる。「敵五人を討ち取り、一・る敵を追ひ払ふ」〔常山・紀談・巻三ノ三〇〕

おし か・く【押し〈掛〉く】Ⓓ㊀《自下二》（こちらから積極的に）出向く。（強引に）行く。「そいつはおもしろいわえ。もし、旦那、この群（=ナカマ）でぐっと一・けませう」〔伎・お染の七役・序〕㊁《他下二》❶襲いかかる。追いつめる。「きつねを一・くればきつね身を捨てて（=命カラガラ）逃ぐといへども」〔今昔・巻二六ノ一七〕❷（「押す」の強調形）しっかり押す。「貴様は鮨（す）商売ゆゑ、念押すうへに一・ける（=モヒトツ念ヲ押ス）」〔浄・千本桜・三〕

おし かへ・す【押し返す】（ーエス）Ⓓ《他四》❶（やって来るものを）もとの方向にもどす。「わびしけれど（=老女房ガ顔ヲ出スノハ困ルノダガ）、えはた一・さで（=ヘヤノ内ヘカエラセルコトモデキズ）、渡殿（わたどの）の口にかいそひて（=入リ口ノトコロニヨリソッテ）、かくれ立ちたまへれば」〔源氏・空蟬〕❷（人の意向やことばを）受け入れずにおしのける。しりぞける。「また一・して（=薫ノ求愛ヲコトワッテ）隠れたまへらむ（=身ヲオ引キニナッタロウ大君ノ）つらさの（=情ノナイノガ）まめやかに心うく（=ホントウニツラク）」〔源氏・総角〕❸くりかえす。「一・し一・し三返うたひすましたりければ（=ミゴトニウタッタノデ）、見聞の人々、みな耳目をおどろかす（=驚嘆シタ）」〔平家・祇王〕❹逆にする。裏返しにする。「『しるしばかり（=ホンノスコシデヨイカラ）もの書きつけたまへ』と申したまへば…鏡のしき（=鏡箱ノ中ノ敷キ板ヲ）一・して書きたまふ（=落窪ノ君ハ歌ヲオ書キナサル）」〔落窪・巻三〕

おし け・つ【押し消つ】Ⓓ《他四》段ちがいに相手の上を越す。相手の影を薄くする。「この中将は『さらに（=スコシダッテ）一・たれきこえじ（=光源氏ニ圧倒サレマイ）』と、はかなき（=チョットシタ）ことにつけても、思ひいどみきこえたまふ（=向コウヲオ張リニナル）」〔源氏・紅葉賀〕

おし た・つ【押し立つ】Ⓒ㊀《自四》（「おし」は接頭語）❶立つ。「不動、火炎の前に一・ち、地蔵手をひき帰らせたまふ」〔沙石・巻二ノ五〕❷無理に…する。「今の人の親などは、一・ちて（=強引ニ）言ふやう」〔堤・掃墨〕㊁《他下二》❶㋑おしつけて立たせる。「細殿の小蔀（こじとみ）に一・てられたまひて、『やや』とおほせられけれど」〔大鏡・道隆〕㋺（おすように）力を入れて立てる。「御旗まっ先に一・て一・て攻めよせ」〔浄・三代記・二〕❷（戸などを）閉じる。「やをら抱きおろして、戸は一・てつ」〔源氏・花宴〕❸（舟の櫓（ろ）を）こぐ。「船にて沖へ…早く櫓を一・て」〔浄・三代記・五〕❹（現在いるところから）移動させる。「鉄砲を一の木戸口に立て固め（=集中サセ）打ち立てさせけれども…つひに一・てられぬ（=退却サセラレタ）」〔常山・紀談・巻二〇ノ一五〕

おし て【押して】Ⓓ《副》しいて。無理やりに。「寺などにては(=寺ニツイテカラハ)、—(=強制的ニ)人などや(=ダレカガ)なしたてまつるとて(=出家サセ申シハシナイカト)、一尺ばかりの刀どもを抜きかけてぞ、守り申しけるとぞ」〔大鏡・花山院〕

おし と・る【押し取る】Ⓓ〘他四〙無理に取る。「(酔ッタ)はては(=アゲクニハ)許さぬ(=取ッテハナラナイ)物ども—・りて、縁より落ち、馬・車より落ちて、あやまちしつ(=失敗ヲスルコトダ)」〔徒然・一七五段〕

おし な・ぶ Ⓒ〘他下二〙㊀【押し靡ぶ】一方へ横たおしにする。「印南野(いなみの)の浅茅—・べさ寝る夜の日(け)長くあれば(=日数ガツモッタノデ)家ししのはゆ」〔万葉・巻六〕 ㊁【押し並ぶ】❶同じ状態にする。共通の状態にする。「さわぐを聞けば、さきに焼けし憎どころ(=アノ憎タラシイ人ノ家ガ)こたみは—・ぶるなりけり(=コンドハ全焼シタンダッタ)」〔蜻蛉・下〕 ❷平均の状態にする。「(世間ノ)人に—・べ道(=倫理)ぞただしき」〔宗長(水無瀬三吟)〕

おしなべ て【押し並べて】Ⓓ〘副〙《中古以後》❶同じように。あまねく。概して。「—花の盛りになりにけり山の端ごとにかかる白雲」〔千載・春上〕 ❷普通程度に。なみに。「はじめより、—の(=人並ミノ)上宮仕へしたまふべき際(きは)(=身分)にはあらざりき」〔源氏・桐壺〕「—にはおぼしたらざりし人々を」〔源氏・幻〕

おし なら・ぶ【押し並ぶ】Ⓔ〘自下二〙(馬に乗った者どうしが)ぐいと接近する。「御田の八郎に—・べ、むずと取って(馬カラ)引き落とし」〔平家・木曾最期〕

おし のご・ふ【押し拭ふ】(-ウ) Ⓓ〘他四〙《「おし」は接頭語》→のごふ。「ひくとはなけれど(=ヒクトイウ気持チヲハッキリ持ッテイルノデハナイガ)、琴—・ひて、かきならしなどするに」〔蜻蛉・上〕

おし は・る【押し張る】Ⓓ〘他四〙❶押してつっぱらせる。「簾を—・りて」〔堤・虫めづる〕 ❷「張る」を強めていう。「昼のやうなる御殿油を—・りて(=燈台ノ油ヲナミナミトヒタシ、昼ノヨウニ明ルクシテ)」〔宇津保・楼上下〕 ❸自分の立場をつっぱる。意地を張る。「(男君ガ)—・りて宣はむ事を言ひかへすべき(=口答エデキルヨウナ)上達部もおはせず」〔落窪・巻四〕

おしゃ・る Ⓔ〘他四〙「言ふ」の尊敬語。おっしゃる。「後を—・らずは、後へも先へもやることではござらぬ」〔狂・萩大名〕《従来は下二段をも挙げるが、その用例はすべて「ひょんな事をおしゃれます」〔狂言記・抜殻〕だけであり、誤りでないかと思われるので、省く》

お・す【押す】Ⓒ〘他四〙❶㋑(物に対し)ある方向へ力を加える。「(車ガ)めぐれど、めぐらず、—・せど—・されず」〔謡・車僧〕 ㋺(舟を)進める。漕ぐ。「舟子ども『唐泊(からどまり)より河尻(かはじり)—・すほどは(=漕イデクル間ハ)』とうたふ」〔源氏・玉鬘〕 ㋩(集団を)前進させる。「名越式部大輔を大将として、東海・東山両道を—・して攻めのぼる」〔太平・巻一三ノ六〕 ㋥おしかける。「とかく夢山様の御望み、島原へ—・せ」〔西鶴・一代男・巻四ノ六〕 ㋭むりに…する。しいて…する。「世を—・し行ひける(=強引ナ政治ヲシタ)入鹿(いるか)が首を…斬らせたまひしにより」〔愚管抄・第五〕 ❷㋑【圧す】(特に上から)力を加える。「(鉱山ノ落盤事故デ)—・されて死ぬと思ふが故に、惆(れう)へ恨(なか)しぶ」〔霊異記・下・一三(前田本)〕《「おされ」は「所圧」の訓》 ㋺【捺す】(印章に印肉をつけて紙などに)形をうつす。「官(つかさ)の印(おして)を—・して」〔続日本紀・天平宝字八年九月〕 ㋩はりつける。「壁のすこし黒かりければ…陸奥(みちのく)紙をつぶと(=ベタリト)—・させたまへりける」〔大鏡・伊尹〕 ㋥圧力を加える。圧迫する。「かかる(道長ノ)運に—・されて(=幸運ニ圧倒サレテ)、御兄たちは、とりもあへず(=タチドコロニ)亡びたまひにしにこそおはすめれ」〔大鏡・道長〕 ❸【推す】推量する。「推古(天皇)の御気色(けしき)(=オボシメシ)もや交りたりけむとまで、道理(=筋道)の—・さるるなり」〔愚管抄・第三〕

おすひ【襲】(-イ) Ⓔ 奈良・平安時代に婦人が神を祭るときに着た表着で、頭から全身をつつむ長い布。「…手弱女(たわやめ)の(=女デアルワタシガ)—とりかけ(=頭カラスッポリカブッテ)かくだにも(=セメテコウシテダケデモ)われは祈(こ)ひなむ(=神ニ祈ロウヨ)君にあはじかも(=恋シイ君ニアワナイコトガアロウカ)」〔万葉・巻三〕

お そう【御僧】Ⓔ〘代〙僧に使う尊敬の第二人称。おしょうさん。「あまりにおろかなる(=軽率ナ)—の御諚かなやな(=オコトバデスナア)」〔謡・忠度〕

おそ・ふ【襲ふ】(-ウ) Ⓔ〘他四〙❶不意に攻めかかる。「提婆達多(だいばだった)よく睡(ね)ぶりたるほどに、舎利弗(しゃりほつ)これを—・ひ寄る」〔今昔・巻一ノ一〇〕 ❷【魘ふ】おじけづかせる。恐怖を与える。「これを見て、(家ノ)内外(うちと)なる人の心ども、ものに—・はるる(=オビエサセラレタ)やうにて、あひ戦はむ心もなかりけり」〔竹取〕《(1)「衣を重ねて着る」の意を示す説もあるが、用例未見。(2)「官位などをつぐ」の意を示す説もあるが、「故襲二天祿一、子孫頼レ之」〔左伝・昭二八〕などの「襲(つ)ぐ」のよみ誤りか。用例未見》

おそぶ・る【押そぶる】Ⓔ〘他四〙《古代語》ゆさぶる。はげしくゆする。「板戸を—・らひわが立たせれば(=自分ガ立ッテイルト)…」〔記・上〕

おそり【恐り】Ⓔ 恐怖。《「恐る」はもと四段または上二段活用。平安初期以後下二段化》「春日野の山辺の道を—なく(ワタシノ所ヘ)通ひし君が見えぬころかも」〔万葉・巻四〕

おだ・し【穏し】Ⓓ〘形シク〙平穏だ。のんびり落ち着いている。「平家ほろびて、いつしか国々しづまり(=平和トナリ)、人のかよふも(=往来ニモ)煩ひなし(=心配ハナク)、都もー・しかりければ」〔平家・文之沙汰〕

おち【御乳】Ⓓ 略御乳の人。「涙はーが胸の内、子ゆゑの闇ぞやるせなき」〔浄・先代萩・六〕

おち あ・ふ【落ち合ふ・落ち会ふ】(ーア〈オ〉ウ) Ⓓ〔自四〕❶会うように出向いて来る。同じ場所に出会う。「我と思はむ平家のさぶらひどもは、直実にー・へや、ー・へ(=出テ来テ勝負シロ)」〔平家・一二之駈〕❷加勢する。「組んで下になれども(=組ミ敷カレテモ)ー・って助くる者なし」〔太平・巻一六ノ一五〕❸(人が)混み合う。「出番は始まる(=自分ノ出ル番ハ来ルシ)、土間はー・ふ(=土間ハ混雑スルシ)もうもういそがしうていそがしうて」〔伎・三舛玉垣・一ノ三〕❹意見の一致を見る。仲よくする。協力する。「兄弟の仲不快なりける間、今こそー・ふところ(=仲ナオリスル好機ダ)と思ひければ」〔保元・中・二〕

おち い・る【落ち入る・陥る】Ⓒ〔自四〕❶㋑(中に)落ちこむ。落ちて中に入る。「飛びはづして谷へー・りぬ」〔十訓・第七ノ一〕㋺(水に)落ちて沈む。「ー・ると見れば浮かみて樫(かし)の実の数も知られず寄る汀(みぎは)かな」〔草径集・上〕㋩流れこむ。合流する。「衣川は和泉が城をめぐりて高館のもとにて大河にー・る」〔芭蕉・奥の細道〕❷㋑絶命する。死ぬ。「手負ひのだいまー・るに、一日経(いちにちぎやう)書いてとぶらへ」〔平家・嗣信最期〕㋺気絶する。「ー・るを押しつくれば(=オサエツケルト)よみがへりして(=息ヲフキカエシテ)、金をたづぬること三十四五度に及べり」〔西鶴・永代蔵・巻四ノ四〕❸㋑(計略に)ひっかかる。「すはこそ甲州勢(ガ仕掛ケニ)ー・りたりと、一声の鉄砲を合図に地雷火の口に火を移しければ」〔常山・紀談・巻二ノ一八〕㋺(刑に)処せられる。「身、極刑にー・り、族門(=一族一門)誅(ちゅ)に及び」〔白石・折たく柴の記・中〕❹(城が)攻め取られる。「和田の城も一時(=同時)にー・りけり」〔常山・紀談・巻二ノ八〕

おち うど【落人】(ーチュウー)Ⓔ《「おちびと」のウ音便》つかまらないように逃げる人。とくに戦いにやぶれて逃げる人。「『忠度』と名のりたまへば、『ー帰り来たり』とて、その内さわぎあへり」〔平家・忠度都落〕

おち くぼ【落ち窪】Ⓔ 普通より一段と低くなっている座敷。《京都の旧家では、いまもそのようなへやがあり、やはり「おちくぼ」とよぶ》「この御方の(=コノ姫君ノ御ヘヤノ)つづきなる廂(ひさし)二間(ふたま)曹司(さうし)に得たりければ(=自分ノヘヤトシテイタダイテアルノデ)、同じやうなる所はかたじけなしとて(=姫君ト同ジョウナヘヤハ恐レオオイト)、ー一間(=姫君ノヘヤヨリ一段床ノ低イ一間ヲ)しつらひてなむ(=居間ニコシラエテ)おはしける」〔落窪・巻一〕

おち の ひと【御乳の人】Ⓓ ❶(上流社会で)母がわりに子どもに乳を与える女性。「紀の御(ご)とてーと聞こえしが夫(をと)にてかの少納言(=通憲)の子などあまた生みて」〔今鏡・内宴〕❷(上流の子どもの)養育係の女性。本乳母(ほんば)。乳をのませる役の「おさし」や、おもりだけする「抱き乳母」とは区別された。「ーの滋野井殿いろいろ申されても」〔近松・小室節・上〕

おぢゃ・る(ージャー)Ⓓ〔自四〕《「おいである」の連音変化》❶「行く」「来(く)」の尊敬語。いらっしゃる。おいでになる。「勾当の(=座頭ガ)地主(=鎮守様)の花のもとへ遊山にー・るほどにささえ(=酒ツボ)をさきへいそいでもてけ」〔狂・猿座頭(虎清本)〕《語幹を命令形のように使うことがある。→》「孫右衛門、おぢゃ(=オイデ)。早う帰っておやぢに安堵(=安心)させたい」〔近松・天網島・中〕❷「有る」「居る」の丁寧語。ございます。おります。「いくさが夜昼ー・ったの」〔おあん物語〕❸〔補動〕…であります。…でございます。「何事でー・る」〔狂・薬水〕

おち・ゐる【落ち居る】(ーイル)Ⓓ〔自上一〕❶気持ちが静まる。おちつく。「『おはします(=殿ガ火事見舞イニイラッシャイマシタ)』と言ふにぞ、すこし心ー・ゐておぼゆる」〔蜻蛉・下〕❷納得がゆく。じゅうぶんに理解する。「その(=作者自身ノ)心にはー・ゐずして(=納得デキナイクセニ)、うはべばかりをまねびて(=表面ダケヲマネテ)、わざと先達(=昔ノ歌人タチ)のよまぬ詞をよみ、同じ事をよまむは(=一首ノ中に同ジ事ヲ反復スルナドハ)、かへすがへすその詮(せん)なし(=意味ノナイコトダ)」〔為兼抄〕

お・つ【落つ】Ⓐ〔自上二〕❶上から下へ、高い所から低い所へ、物が位置をかえる。「八島の鼎(かな)への上に(=大炊寮(おほいりよう)ノ八ツノ鼎ノ上ニ)のけざまに(=アオノケニ)ー・ちたまへり(=墜落ナサッタ)」〔竹取〕❷(光・露・花・葉などが)こぼれ散る。「鳴きわたる雁(かり)の涙やー・ちつらむもの思ふ宅(やど)の萩(はぎ)の上の露」〔古今・秋上〕「秋の月山辺さやかに(=明ルク)照らせるはー・つるもみぢの数をみよとか」〔古今・秋下〕❸(滝や川が)はげしく下へ流れる。「思ひせく(=思イヲセキトメラレテイル)心のうちの滝なれやー・つとは見れど(水ノ)音の聞こえぬ」〔古今・雑上〕❹(月・日が西に)入る。「月ー・ち烏(からす)ないて、霜天に満ちてすさましく」〔謡・三井寺〕❺失われる。脱落する。「箱のふたに葦手(あし)にうちいでたるは(=装飾文字デ浮キ出スヨウニ歌ガ書イテアルノハ)…文字一つー・ちて、あやふし(=意味ガハッキリシナイ)」〔紫日記〕「螺鈿(らでん)の軸は(=青貝ヲチリバメタ軸ハ)貝ー・ちて(=ハズレテ)後こそいみじけれ(=趣ガアルモノダ)」〔徒然・八二段〕❻(戦場から)のがれる。退却する。「平家の君達(きんだち)、助け船に乗らむと、みぎは方(かた)へぞー・ちたまふらむ」〔平家・敦盛最期〕 ❼欠ける。もれる。「吾妹子(わぎもこ)がいかに思へか(=私ノコトヲドンナニ思ッテイルカラナノダロウカ)ぬばたまの(=枕詞)一夜も—・ちず(=一晩ダッテ例外ナク)夢(いめ)にし見ゆる」〔万葉・巻一五〕 ❽降りる。「この雁(かり)に乗りぬ。さればこの雁、遠く飛びて去りぬ。はるかに飛びていづくとも知らぬ所に—・ちぬ」〔今昔・巻三ノ一一〕 ❾白状する。「いかに責め問ひけれども、この者、元来(=モトモト)咎(とが)なければ、—・ちざりける間、『さらば許せ』とて許されぬ」〔太平・巻三三ノ四〕 ❿堕落する。「この女を見るに、深く愛欲をおこして、ひそかに語らひをなして(=ソット恋仲ニナリ)たがひに契りて、つひに初めて(=トウトウ)—・ちぬ(=邪淫戒ヲ破ッタ)」〔今昔・巻三一ノ三〕 ⓫(最後に)ゆきつく。「人をはぐの欺(だま)すのと、—・つる所は廓(くるわ)の難、ここの意気を立てるが色里のたしなみ」〔近松・反魂香・中〕 ⓬精進がおわる。ふつうの食事にもどる。「『人なみに脇差さして花(=花見)に行く』『(身分相応ニ)ついたづくり(=ゴマメ)に—・つる精進』」〔釣雪・野水(曠野)〕 ⓭(重病が)ころりとなおる。「仏の御前にて、心を一つにして法華経を読みつ。そのしるしにや(熱病ガ)なごりもなく(=スッカリ)—・ちたる」〔十六夜〕 ⓮おちぶれる。「(末摘花ノ叔母君ハ)やむごとなきすぢながら(=高貴ナ家柄ノ出デハアルガ)、かうまで—・つべき(=受領ノ妻ニマデナリサガルハズノ)宿世(すくせ)ありければにや、心すこしなほなほしき(=ツマラナイ)御叔母にぞありける」〔源氏・蓬生〕 ⓯(城が)守り切れなくなる。「すはや、城は—・ちけるぞ」〔太平・巻三ノ四〕 ⓰(口の端に)かかる。(悪評の種に)なる。「(楠)正行にうち負けて、天下の人口に—・ちぬる(=天下ノ人々カラ悪口ヲ言ワレテシマッタ)事生涯の恥辱と思はれければ」〔太平・巻二五ノ五〕 ⓱(食物が)いたむ。腐る。「献立は三汁九菜、—・ちた肴(さかな)を吟味の役人」〔近松・宵庚申・上〕

おと【乙・弟】 Ⓓ《英語のyoungerにあたる基本意味から》 ❶(対)「兄(え)」 弟・妹のこと。「—宮のうぶやしなひを(=妹ノ妍子ノオ産ノ宴ヲ)あね宮(=上東門院)のしたまふ見るぞうれしかりける」〔大鏡・道長〕 ❷むすめによく付けられた名。「やや(=幼児ノ通称)が妹に—というてあるは」〔狂・枕物狂〕 ❸末の子のこと。「—のおでんめは二つ子(=二歳デ)、乳がなうては不便に存じ(=母乳ガナクテハカワイソウト思イ)、死んだあくる日(=妻ガ死ンダ翌日)、金付けてよそへもらかします(=他家ニモラッテモライマシタ)」〔近松・油地獄・下〕

おと【音】 Ⓐ《十自サ変》 ❶㋑音響。「風の—、虫のねなど、はた(=マタ)言ふべきにあらず(=モチロンダ)」〔枕・一段〕㋺(人や動物の)声。「風の如き—あたりて、大虚(おほぞら)に呼ばひていはく」〔紀・履中・訓〕《「おと」は「声」の訓》「十年ばかり(宮中ニ)さぶらひて聞きしに、(ウグイスハ)まことに(=ホントニ)さらに(=全然)—・せざりき(=鳴カナカッタ)」〔枕・四一段〕 ❷㋑(人からの)連絡。たより。「三四日になりぬれど、—なくて」〔蜻蛉・中〕㋺(前もっての)通知。予告。「にはかに—もせで(他ノ所へ)わたりぬるかな(=移転シタモノダナア)」〔寝覚・巻四〕 ❸㋑(聞こえてくる)ようす。「日々に参りたまふ—すれど(=ヨウスガ耳ニ入ルケレド)、こなたには、さしのぞきたまはず」〔寝覚・巻二〕㋺《下に「聞く」を伴い》うわさ。世評。「—に聞くと(自分ノ目デ)見る時とは、何事もかはるものなり」〔徒然・七三段〕

おとがひ【頤】(ーイ) Ⓔ ❶あご。「寒きこといとわりなく(=ドウショウモナク)—など落ちぬべきを」〔枕・二九八段〕「この内供(ないぐ)は鼻の長かりける、五六寸ばかりなりければ、—よりもさがりてなむ見えける」〔今昔・巻二八ノ二〇〕 ❷へらず口。「ひぢを張ってたち帰れば、踏まれてさへ(=サンザンナ目ニアッテサエ)あの—」〔近松・寿門松・上〕 **—を放・つ** (笑うとき)大口をあける。「その座にありとある人、—・ちてぞ笑ひける」〔今昔・巻一二ノ三六〕

おとし・む【貶む】 Ⓒ《他下二》見下げる。軽視する。「(皇女デアル藤壺ハ)人のきはまりて(=生マレガ上ナノデ)、思ひなしめでたく(=気受ケモヨク)、人も(=ホカノオ妃タチモ)え—・めきこえたまはねば(=藤壺ヲオ見下ゲスルヨウナコトハデキナイノデ)」〔源氏・桐壺〕

おとづ・る【訪る】(ーズル) Ⓒ《自下二》 ❶㋑人のところに行って会う。「さわがしき御有様にて、いとやむごとなくおぼされぬところどころには(=ドウシテモトマデハオ思イニナラナイ方々ノトコロニハ)わざともえ—・れたまはず(=無理シテマデハ御訪問ナサラナイ)」〔源氏・蓬生〕㋺あいさつの意味で声をかける。「雲居に郭公(くわくこう)二声三声—・れてぞとほりける(=アイサツシテ飛ビ過ギタ)」〔平家・鵼〕 ❷手紙をやって様子をたずねる。「久しく—・れぬころ(=長ラク手紙ヲヤラナイデイル時分ニ)…女の方より『仕丁(しちやう)やある(=下男ガイタラ)ひとり(カシテ下サイ)』など言ひおこせたるこそ、ありがたくうれしけれ」〔徒然・三六段〕

おとと【弟・妹】 Ⓓ 親を同じくする年下の者。男女ともにいう。「この后の宮(=安子)の御—の中の君(=登子)は、重明式部卿の宮の北の方にて」〔大鏡・師輔〕

おとど【大殿】 Ⓑ ❶貴人のやしきの尊敬語。「六条院の東の—を磨きしつらひて(=キレイニ整エテ)」〔源氏・宿木〕 ❷《転じて》㋑【大臣】大臣の尊敬語。「この—(=藤原時平)は、(太政大臣)基経の—の太郎(=長男)なり」〔大鏡・時平〕㋺公卿(くぎやう)の尊敬語。「—ただいまは納言になむはべるめる」〔宇津保・梅花笠〕 ❸身分の高い婦人の尊敬語。「—おびえて」〔源氏・玉鬘〕

おとな【大人】Ⓑ ❶成年式をすました人。成人としてあつかわれる人。「今はまいて—になりにたるを（＝スッカリ成人シテシマッテイル者ヲ）ゐて下りて（＝連レテ赴任シテ）…ゐなか人になりて迷はむ、いみじかるべし」〔更級〕 ❷家事担当者。「そもそも女は、人にもてなされて（＝他人カラ世話シテモラッテ）—になりたまふ（＝一家ノ主婦ニナリナサル）ものなれば」〔源氏・若紫〕 ❸主任格の女房。先輩の女房。「さやうの事（＝代筆）は、所（＝ソウシタ家）の—などになりぬれば…事に従ひて（＝事ガラシダイデ）書くを」〔枕・一五八段〕 ❹家臣中の上席者。家老。家来たちのかしら。「六郎左衛門と申す人は、よき人物なれば、これを—になし申すべし（＝家老ニ見セカケマショウ）」〔伽・猿源氏〕「丈羽が家の—なるもの（＝召使ノカシラ）来たりていふ」〔蕪村・新花摘〕

おとな　おとな・し【大人大人し】Ⓔ〘形シク〙実際の年齢よりも上に見える。おとなびている。「御年よりはこよなう（＝ズット）—・しうねびさせたまひて（＝御成人ナサッテイラレ）」〔源氏・薄雲〕

おとな・し【大人し】Ⓒ〘形シク〙 ❶おとなである。年長だ。「平家の嫡々（ちやくちやく）なる（＝正統ノ男子デアル）うへ、年も—・しかんなり（＝年長ノヨウダ）」〔平家・六代〕 ❷子供っぽくない。おとなのような感じだ。「『今日よりは、—・しくなりたまへりや』とて、うちゑみたまへる」〔源氏・紅葉賀〕 ❸おだやかだ。「うららかに言ひきかせたらむは—・しく聞こえなまし」〔徒然・二三四段〕 ❹かしらだっている。おもだっている。「—・しく物しりぬべき顔したる神官」〔徒然・二三六段〕

おとな　だ・つ【大人〈立〉つ】Ⓔ〘自四〙 ❶年配者らしい様子に見える。「若き人、児（ちご）などは、肥えたる良し。受領（ずりやう）など—・ちぬるも、ふくらかなるぞ良き」〔枕・五八段〕《これを「頭だつ」の意に解する説もあるが、上文との対照から考えると、誤り》 ❷（多くの中で）リーダー格の地位をもつ。「（従者タチノ中デ）—・ちたる御目代（＝長官代理）、心のうちにはいみじくにくしと思へども」〔今昔・巻二八ノ三八〕《これを「分別ありげな」と解する説は誤り》

おと　な・ふ【音なふ・訪ふ】（—ナ〈ノ〉ウ）Ⓒ〘自四〙 ❶音がする。ひびく。「鶏も、いづかたにかあらむ、ほのかに—・ふに、京思ひいでらる」〔源氏・総角〕 ❷㋑声をかける。「ここにこそ（成親ガイルハズダ）と、あはれに悲しく思（ぼお）して、（ソノヘヤニ）立ち寄り、いそぎ—・ひたまへば」〔盛衰・巻五ノ七〕㋺おとずれる。訪問する。たずねる。「さりとて、かき絶え（＝スッカリ）—・ひ聞こえざらむ（＝遠ノクノ）もいとほしく」〔源氏・葵〕 ❸ことばをかわす。（話を）やりとりする。「宰相も、いとくるしく思へる（＝困リキッタ）気色（けしき）にて、うち—・ひゐたまへるを（＝口ヲ入レテオイデニナルノデ）」〔寝覚・巻二〕

おとま・し Ⓔ〘形シク〙気にくわない。困りものだ。いやだ。「あれ、お師匠様の御意（ぎよい＝オコトバ）がある。（アンタハマア）—・しの気違ひや」〔近松・反魂香・上〕

おと・る【劣る・損る】Ⓔ〘自四〙 ❶㋑（能力やねうちが他のものに）及ばない。（比較して）下がる。「愚かなる人といふとも、賢き犬の心に—・らむや」〔徒然・一七四段〕㋺（身分・序列などが他より）低い。「のちより言ひける（＝求愛シタ）男は…官（つかさ）は—・りけり」〔平中・一段〕 ❷㋑（量的に比較して）少ない。「勢（＝味方ノ人数）もこよなう（＝ヒドク）—・りたる間（＝劣勢ナノデ）、将軍の軍（いくさ）大いに敗れて」〔十訓・第六ノ一七〕㋺減少する。へる。「減、オトル」〔名義抄〕 ❸（程度が）低下する。減退する。「（女御芳子ハ）かぎりなく時めきたまふに、（競争相手デアル）冷泉院の御母后うせたまひてこそ、なかなか（＝カエッテ）こよなく（天皇ノ）おぼえ（＝寵愛（ちようあい）ガ）—・りたまへりとは聞こえしか」〔大鏡・師尹〕

おどろ　おどろ・し Ⓒ〘形シク〙 ❶恐ろしい。気味がわるい。「夜の声は—・し」〔源氏・夕顔〕「—・しう様ことなる夢を見たまひて」〔源氏・若紫〕 ❷おおぎょうである。「藤の折り枝—・しく織り乱りて」〔枕・八三段〕「—・しからむも事のさまにあはざるべし」〔紫日記〕 ❸たいへんである。ひどい。「（病状ハ）さまで（＝ソレホド）—・しかべきにもあらず（＝重態トイウホドデモナイ）。いましばし、試みてぞ（＝様子ヲ見テカラ）」〔寝覚・巻五〕

おどろか・す【驚かす】Ⓑ〘他四〙 ❶びっくりさせる。「船子どもは腹鼓をうちて、海をさへ—・して、波立てつべし」〔土佐〕 ❷目をさまさせる。おこす。「もの狂ほしの御さまや。寝たる人を、心なく—・すものか」〔紫日記〕「人寄りて—・して」〔今昔・巻一六ノ二八〕 ❸気を引く。注意させる。「御心ばへありて—・させたまふ」〔源氏・桐壺〕

おどろ・く【驚く】Ⓑ〘自四〙 ❶びっくりする。「下ざまの人の物がたりは耳—・く事のみあり」〔徒然・七三段〕 ❷目がさめる。めざめる。「夢（いめ）の相（あひ）は苦しかりけり—・きてかきさぐれども手にも触れねば」〔万葉・巻四〕「うち—・きたれば十四日なり」〔更級〕 ❸急に動く。ぱっと動く。「虞公（トイウ歌ノ名人ガ）歌を発せしかば、梁塵動き—・く」〔平家・熱田法楽（四部合戦状本）〕《原文「揺」の右に「オドロク」と訓をつける》

おに【鬼】Ⓐ ❶死者の霊魂がこの世に現れたもの。「恨みの—となって人（＝アノ男）に思ひ知らせむ。うき人に（＝自分ニツレナクアタッタ男ニ）思ひ知らせむ」〔謡・鉄輪〕 ❷㋑想像上の動物で、仏教画に見られる羅刹（らせつ）・阿防（あぼう）や地獄の獄卒など。だいたいは人に似ているが、角がはえており、口は裂けて大きい牙(きば)があり、爪(つめ)がするどく、人間に危害を与えるものと考えられた。「むねとあると見ゆる(＝カシラデアルト思ワレル)—、横座(＝正面)にゐたり。うらうへに(＝左右両側ニ)ふたならびにゐなみたる—、数を知らず。その姿、おのおの言ひ尽くしがたし」〔宇治・巻一ノ三〕㋺仏道を妨げる悪魔。「無道心の(＝仏教ニ関心ノナイ)智者の死すれば、必ず天魔と申す—になりさうらふなり。その形、頭は天狗(てんぐ)、身は人にて、左右の羽おひたり」〔盛衰・巻八ノ九〕❸強いだけで情の薄い人をたとえていう。「おや、弥次さん、おめへ泣くか。はははは、こいつは—の目に涙だ」〔一九・膝栗毛・三上〕

おに がみ【鬼神】Ⓓ「きじん」の日本よみ。↓きじん。「いかばかり目に見えぬ—をも動かしなましに(＝感動サセタハズナノニ)」〔増鏡・おどろ〕

おに やらひ【鬼遣らひ】(—イ)Ⓔ 中古の宮中年中行事の一つで、一二月三〇日に、舎人(とねり)が疫病鬼を追い払う方相氏に扮し、災難を除く儀式。後世この方相氏が鬼と誤られ、公卿が方相氏に扮した舎人を追うようになった。節分の夜に炒(い)り豆をまいて厄(やく)払いをする民間行事はこれの変化したもの。「追儺(ついな)」「儺(な)遣らひ」とも。「鬼のくればこそ年越しの豆まきを—とはいふなれ」〔牧之・北越雪譜・下〕

お ぬし【御主】Ⓔ《代》少し敬意をもつ第二人称。あんた。「《夫カラ妻ニ対シ》—は何を言うても挨拶もめされぬ(＝ナサラヌ)」〔狂・猿座頭〕《↑同じ狂言の中で、やはり夫から妻に対し「和御寮(わごりょ)」「そなた」を使っている》「《夫カラ妻ニ対シ》女の文一通、兄貴の手へ渡りしは、—から行た文な」〔近松・天網島・中〕

おの おの【各・各各】Ⓑ ❶ それぞれ。ひとりびとり。一つ一つ。「—の心に入りて」〔紫日記〕❷《代》《多人数の人に対して用いる第二人称》みなさん。きみたち。「これ御覧ぜよ、—」〔平家・維盛都落〕

おの が【己が】Ⓑ《連語》❶わたくし・の(が)。「三島江の玉江のこもを標(し)めしより—とぞ思ふいまだ刈らねど」〔万葉・巻七〕❷自分・の(が)。それ自身・の(が)。「—ものせむには(＝出カケタラマズカロウ)と思へば、えものせず」〔蜻蛉・中〕「—身にひきかけ(＝関係ヅケ)て言ひいでたる、いとわびし(＝イヤダ)」〔徒然・五六段〕「この『習へ』といふところを—ままにとり(＝自分カッテニ解シ)て」〔土芳・三冊子・赤〕 **—じし** 自 Ⓒ《副》思い思いに。めいめいに。「池のわたりの梢ども、遣り水のほとりの草むら—色づきわたりつつ」〔紫日記〕「若き人々、—心憂がり(＝残念ガリ)あへり」〔堤・虫めづる〕 **—どち** Ⓒ 自分たちどうし。なかまどうし。「(乳母タチハ)—嘆く」〔源氏・少女〕

おの づ から【自づから】(—ズ—)Ⓐ《副》❶ 自然に。「まことならばこそあらめ(＝ホントウナラトモカク、事実無根ナノダカラ)—聞きなほしたまひてむ(＝真実ヲ耳ニナサルニチガイナカロウ)」〔枕・八二段〕「御前去らずもてなさせたまひしほどに(＝オソバニ引キツケテバカリオカレタノデ)—軽き方(＝身分ガ低イヨウ)にも見えしを」〔源氏・桐壺〕「人よりまさるうれしさの—色に出づるぞ」〔紫日記〕❷自分で。自力で。「—こはごはしき(＝ゴツゴツシタ)声に読みなされなどしつつ」〔源氏・帚木〕❸《仮定・推測を伴って》もし(も)。「—ほど経て、さるべきにおはしまさば(＝縁ガアルナラバ)」〔源氏・若紫〕❹偶然に。何かのぐあいで。どうかすると。「世にふりぬる事をも、—聞きもらすあたりもあれば」〔徒然・一二三四段〕❺(期待しないのに)ふと。「吹く風の涼しくもあるか—山の蟬鳴きて秋は来にけり」〔金槐・秋〕

おのれ【己】Ⓐ ❶ その・人(物)自身。自分。「銭ももて来ず—だに(＝本人サエ)来ず」〔土佐〕「—柑子(かうじ)三つを持たり」〔今昔・巻一六ノ二八〕❷《代》❶《第一人称》わたくし。「—は侍従の大納言殿の御女(むすめ)のかくなりたるなり」〔更級〕「—が師なにがしと申し人」〔徒然・一一五段〕「—はこのほとりに住まば」〔今昔・巻一六ノ二八〕❷《同輩以下に、または見くだし、ののしる時用いる第二人称》おまえ。きさま。「されば—が思はむやうに(梅ノ花ヲ)つけて参らせよ」〔徒然・六六段〕「—憎いやつ」〔狂・雷〕❸《副》自然に。おのずから。ひとりでに。「松の木の—起きかへりて」〔源氏・末摘花〕

おはさう・ず【御座さうず】(オワソウ—)Ⓒ《自サ変》《「おはしあひす」の連音変化》❶「居(を)り」「在(あ)り」「行く」「来(く)」の尊敬語。いらっしゃる。おいでになる。「(姫君タチガ)碁打ちさして、恥ぢらひて—・ずる(＝メイメイ恥ズカシソウニシテイラレルノハ)、いとをかしげなり」〔源氏・竹河〕「いまふたところ(＝他ノ御両人モ)、にがむにがむ(＝シブシブ)おのおの—・じぬ(＝オ出カケニナッタ)」〔大鏡・道長〕❷《補動》《動詞・助動詞の連用形に付き、敬意を強める》お…なさる。…ていらっしゃる。「主たち(＝皆サン)、調度とり—・ぜよや(＝武器ヲ持ッテオイデナサイヨ)」〔更級〕「若人たちは、何事いひ—・ずるぞ(＝ミナ何ヲ言ッテラッシャルノ)」〔堤・虫めづる〕《「おはさむとす」の約という説もある。㊜おはさふ》

おはさ・ふ【御座さふ】(オワサ〈ソ〉ウ)Ⓒ《自四》《「居あはす」の尊敬語》(ちょうど)いらっしゃる。「昔の物語して、この—・ふ人々に、『さは(＝ナルホド)昔は世はかくこそはべりけれ』と聞かせたてまつらむ」〔大鏡・序〕《「おはす」＋「あふ」の転じた語だが、普通の説では「いらっしゃる」の複数形といわれている。しかし、もとの形である「おはしあふ」には「あるじの侍従、殿上などもまだせねば、(年賀ニ)所どころもありかで、(自宅ニ)おはしあひたり」〔源氏・竹河〕などの例がある。これは薫が藤侍従を訪問したら、ちょうど在宅だったという意で、主語は一人である。「おはさふ」の用例は大鏡(序)のものがひとつだけで、確言はできないが、これも「この席にちょうどいあわす」の意と解するのがよいらしい。一般に、日本語の動詞に複数形を認めるのは疑問である》

おはしま・す【御座します】(オワー) Ⓐ《自四》《「おはす」の連用形に「ます」のついたもの。「おはす」よりも敬意が強い》 ❶《「居(を)り」の尊敬語。言おうとする動作、または状態の主(ぬし)であるものを、話主から高めて言う》おいでになる。いらっしゃる。「かぐや姫と申す人ぞ―・すらむ」〔竹取〕「具したてまつらせたまひたなる(=オツレ申シアゲタトイウ)人とは、この―・す殿(=ココニイラッシャルオ方)の御ことか」〔今昔・巻二六ノ一七〕 ❷《「在(あ)り」の尊敬語》おありになる。「さるべき契り(=前世カラノ運命)こそは―・しけめ」〔源氏・桐壺〕 ❸《「行く」の尊敬語》お出かけになる。お通りになる。「例の狩りしに―・す供に」〔伊勢・八三段〕「河原過ぎ、法性寺のわたり―・すに、夜は明け果てぬ」〔源氏・東屋〕 ❹《「来(く)」の尊敬語》いらっしゃる。おいでになる。「『講師(こうじ)―・しにたり』と」〔大鏡・昔物語〕 ❺〔補動〕《活用語の連用形に付く場合と助詞を介する場合とがある》「あり⑥」の尊敬態。お…になる。…ていらっしゃる。…でおいでになる。「賀茂の明神のあらはれ―・して」〔大鏡・昔物語〕「いといとさうざうしげにて―・す」〔大鏡・昔物語〕

おは・す【御座す】(ーワー) Ⓐ《自四・下二》《活用をサ変とする説もある》 ❶《「居(を)り」の尊敬語。言おうとする動作、または状態の主(ぬし)であるものを、話主から高めて言う》おいでになる。いらっしゃる。「たかき人―・する(下二)所とて、集まり参りて」〔源氏・明石〕「しめじめと暮るるまで―・す」〔源氏・薄雲〕 ❷《「在(あ)り」の尊敬語》おありになる。「かかる御心―・すらむとは」〔源氏・葵〕 ❸《「行く」の尊敬語》お出かけになる。お通りになる。「中川のほど―・する(下二)に」〔源氏・花散里〕「近きほどにやと思へば、宇治へ―・する(下二)なりけり」〔源氏・東屋〕「今出川のおほい殿、嵯峨(さが)へ―・し(四段)けるに」〔徒然・一一四段〕 ❹《「来(く)」の尊敬語》いらっしゃる。おいでになる。「かかるほどに、門をたたきて、『車持の御子―・し(四段)たり』とつぐ」〔竹取〕「やむごとなき客人(まらうど)の―・する(下二)と聞きて」〔源氏・夕霧〕 ❺〔補動〕《活用語の連用形に付く場合と助詞を介する場合とがある》「あり⑥」の尊敬態。お…になる。…ていらっしゃる。…でおいでになる。「(女性ガ寺籠(こも)リスルナンカ)いみじく(=テンデ)けうとくても―・し(四段)けるかな(=寄リツケナイ感ジデイラッシャルネ)」〔蜻蛉・中〕「かかる人も世にいで―・する(下二)(=オ生マレニナル)ものなりけり」〔源氏・桐壺〕「罪に当たり(=有罪トサレ)て流され―・し(四段)たらむ人」〔源氏・須磨〕

おひ【笈】(ーイ) Ⓓ 旅行者や僧・山伏などが、旅行用品および仏具を入れて背負う箱。つづらに似て、四本の足があり、とびらで開閉する。「一挺(ちょう)の―には鈴・独鈷(とっこ)・花皿・火舎(=香炉)・閼伽坏(あかつき)(=水入レ)・金剛童子の本尊を入れたりけり」〔義経・巻七ノ一〕

〔おひ〕

おひ い・づ【生ひ出づ】(オイイズ) Ⓒ《自下二》 ❶生まれ出る。はえ出る。「みな底に生ふる玉藻の―・でずよしこのごろはかくて通はむ」〔万葉・巻一一〕 ❷大きくなる。成長する。「只いと鄙(ひな)びあやしき下人のなかに―・でたまへれば物言ふさまも知らず」〔源氏・常夏〕

おひ かぜ【追ひ風】(オイー) Ⓔ ❶船の進行方向へ吹く風。順風。「そなたざまに(=目的ノ方向ニ)―吹きて、飛ぶがごとくまうでつきたまひぬ」〔大鏡・実頼〕 ❷香(こう)をかおらせてくる風。「戸おしあくるより(=オシ開クトスグニ)御簾(みす)のうちの(=内カラカオリヲ送ッテクル)―なまめかしく(=優雅ニ)吹きにほはして」〔源氏・初音〕 **―ようい**用意 Ⓔ 人と行き違ったり、風が吹いて来たりした時に、香(こう)のかおりがするように衣に香をあらかじめたきこめておくこと。「かよふ女房の―など、人目なき山里ともいはず(=山里ノ住マイナドトモ思ワレナイホドニ)心づかひしたり(=ユキトドイテイル)」〔徒然・四四段〕

おひ さき【生ひ先】(オイー) Ⓔ 成人してゆく将来。今後の見こみ。「―見えて(=オトナニナッタ将来ノ美シサマデモワカルホドデ)うつくしげなるかたちなり(=カワイラシイ顔カタチダ)」〔源氏・若紫〕

おびたた・し【夥し】 Ⓒ《形シク》 ❶程度がとびきりである。たいへんなものだ。ものすごい。「大声をもって侍どもよびののしりたまふ。聞くも―・し(=ソレハ聞イテイテモタイヘンデアル)」〔平家・西光被斬〕「加持したまひければ、七日といふ夜なかばかり、空くもり、震動する事―・し(=ヒドク大キナ音ヲ立テフルエ動イタ)」〔宇治・巻二ノ三〕 ❷数・量がなみなみではない。ものすごく大きい。たいへん多い。ひどく広大だ。「あまりに内裏の―・しきを(=広大デアルノヲ)見て、秦舞陽わななわなとふるひければ(=ガクガクト身ブルイシタノデ)」〔平家・咸陽宮〕「さてもさても―・しい市場かな」〔狂・鍋八撥〕《「おびただし」と濁ってよむのは中近世口語でのつかい方。謡曲では例外なく「おびたたし」だが、狂言では「おびだたし」》

お・ふ【負ふ】(-ウ) Ⓑ ㊀《自四》よく合う。相応する。「(仲平ハ)あまり御心うるはしくすなほにて(=端正順直スギテ)へつらひかざりたる小国には―・はぬ御相なり」〔大鏡・昔物語〕㊁《他四》❶(背中や肩に)のせる。「(ナクナッタワガ子ハ)稚(わか)ければ道行き(=案内モ)知らじ幣(まひ=オ礼)はせむ黄泉(したへ=アノ世)の使ひ―・ひて通らせ」〔万葉・巻五〕❷㋑(うらみ・非難・報いなどを)うける。「恨みを―・ふつもりにやありけむ、いとあつしく(=病身ニ)なり行き」〔源氏・桐壺〕㋺(手傷を身に)こうむる。「汝(おのれ)は手(=傷)を―・うたるか」〔義経・巻四ノ四〕❸(金などを)借りる。「その人は、わが金(かね)千両―・ひたる人なり」〔宇治・巻一ノ八〕❹(名として)もつ。「かくの如(ごと)名に―・はむとそらみつ(=枕詞)大和の国を蜻蛉(あきづ)島とふ(=ト称スル)」〔記・下〕《「名」が「よく知られた名」の意であるときは、「名におふ」で「有名だ」の意となる。「花橘は名にこそ―・へれ(=名ダケハ有名デアルガ)、なほ、梅のにほひにぞ、いにしへの事もたちかへり恋しう思ひでらるる」〔徒然・一九段〕》

お・ふ【追ふ】(-ウ) Ⓑ《他四》❶前のものに到達するため行く。「わが背子(せこ=夫)が行きのまにまに(=行クノニシタガッテ)―・はむとは千重(ちへ)に(=カサネガサネ)思へど…」〔万葉・巻四〕❷ある地点・方向をめざす。「昨夜(よべ)の泊まり(=港)より、異(こと)泊まり(=他ノ港)を―・ひて行く」〔土佐〕❸〔逐ふ〕追いはらう。立ちのかせる。「犬は、狩りいでて、滝口などして―・ひつかはす(=追放スル)」〔枕・九段〕❹牛・馬などを進ませる。「(馬ノ荷鞍(にぐら)おしなほして(=シメナオシテ)―・ひもて行く」〔秋成・雨月・菊花〕❺(貴人の外出のとき)行列の先ばらいをする。「雑色二三十人ばかりに前(さき)いとたかく(=大声デ)―・はせて」〔大鏡・頼忠〕

おふ・す【生ふす】(-ウー) Ⓔ《他四》はやす。のばす。「『古きひさくの柄ありや』など言ふを見ればつめを―・したり」〔徒然・二三二段〕

おほい-【大】(オオー)《接頭》 **――ぎみ** 君 Ⓔ 長女の尊敬語。貴族のむすめにいう。「―は(母ノ)御兄(せうと)の今のみかどにつかうまつらせたまひけり(=女御トシテオ仕エナサッテイタ)」〔宇津保・藤原君〕 **――どの** 大臣・大殿 Ⓓ❶→だいじん。「左・右・内の―、東宮の傅(ふ)、中宮大夫、四条大納言、それより下(しも)は見えはべらざりき」〔紫日記〕❷大臣の邸宅。「(光源氏ハ)内裏にのみさぶらひようしたまひて(=宮中ノ勤務バカリ忠実ニナサッテ)、大―には(=妻ノ住ム左大臣ノ家ニハ)たえだえまかでたまふ(=タマニ行カレタ)」〔源氏・帚木〕 **――まうちぎみ** 大臣(…モウー) Ⓓ →だいじん。「むかし、左の―いまそがりけり(=イラッシャッタ)」〔伊勢・八一段〕

おほい【大い】(オオー) Ⓓ《形動ナリ》《「おほき」の音便》→おほき。「(着物ヲ)―・なる籠(こ)にうちかけて」〔源氏・帚木〕

おほ うち【大内】(オオー) Ⓓ 皇居。宮中。「群臣に―に宴(あ)へたまふ」〔紀・天智・訓〕《「おほうち」は、「内裏」の訓》「数年―に住みながら、玉津島へ参らぬといふは、愚かな事ではないか」〔狂・業平餅(鷺流)〕「その殿の美しさ、今の―にも誰かは及びがたし(=ダレモカナワナイ)」〔西鶴・一代女・巻一ノ二〕 **――しゅご** 守護 Ⓔ 皇居を護衛する役。武士が勤めた。源頼光がはじめて任じられた。「(源頼政ハ)―にて年久しうありしかども、昇殿をば許されず」〔平家・鵼〕 **――やま** 山 Ⓔ ❶京都の嵯峨にある山。その辺に仁和寺がある。「堤の中納言、内裏(うち)の御使ひにて、―に院の帝(=上皇)おはしますに参りたまへり」〔大和・三五段〕❷《宇多法皇が仁和寺にいられたことから、上皇の御所をいうようになり、さらに転じて》皇居。「―の影高き雲の上なる玉殿の月も光や磨くらむ」〔謡・金札〕

おほ うちき【大袿】(オオー) Ⓔ 特に大きく仕立てた「うちき」。(参)うちき。褒美(ほうび)などに賜るのが例で、いただいた者は仕立てなおして用いた。「御祿(ろく=引キ出物)の物…白き―に、御衣ひとくだり(=一ソロイ)、例のことなり」〔源氏・桐壺〕

おぼえ【覚え】Ⓑ❶印象ぶかく感ずること。感銘。「次に舞ひて、(ソノ舞ノ)―によりてにや、御衣(おんぞ)たまはりたり」〔蜻蛉・中〕❷㋑特別に目をかけられること。寵(ちょう)愛。「亡(な)きあとまで人の胸あくまじかりける(=気持チヲスッキリサセナイ)人の(帝カラノ)御―かな」〔源氏・桐壺〕㋺(上の者からの)信任。「この大臣(おとど)の(帝カラノ)御―、いとやむごとなきに(=最高デアル上)」〔源氏・桐壺〕❸㋑(世人の)気受け。声望。「世の―花やかなるあたりに…人多く行きとぶらふ」〔徒然・七六段〕㋺(芸能・武術などの)世間的評価。ほまれ。「その相撲(すまひ)、等輩に(=ナカマノ間デ)すぐれて殊に―ある者なり」〔今昔・巻二三ノ二一〕❹評判。とりざた。「いとくちをしく(=ドウニモナラヌホド)ねぢけがましき(=ヒネクレタ)―だに無くは…つひの頼み所(=本妻)には思ひおくべかりける」〔源氏・帚木〕

おほ かた【大方】(オオー) Ⓐ ㊀夫人の尊敬語。奥様。《「御方」のなまりであろう》「―殿よりの御諚(ごぢやう)には『助成の御参りならば申せ。時宗の御参りならばな申しそ』と仰せ出だされてさうらふ」〔謡・小袖會我」㊁ ❶大部分。一般。「—の露には何のなりぬらむたもとに置くは涙なりけり」〔御裳濯河歌合・一八番〕❷普通程度。「悲しびは—のことにて、御よろこびといふことのみ聞こゆ」〔蜻蛉・上〕「おしなべたる(=アリフレタ)—のほどにつけて(=身分相応ニ)書き交はしつつ(=文通シナガラ)も見はべりなむ」〔源氏・帚木〕㊂〘副〙❶(割合からいって)多くは。たいてい。「—御腹ことなれど(=別ノ母ダガ)、男君だち五人は太政大臣、三人は摂政したまへり」〔大鏡・師輔〕❷(程度からいって)まずまず。ひととおり。「このごろは気色(=病状)も—取り直し(=回復シ)ましてござるほどに」〔狂・武悪〕❸(数量について)ざっといって。だいたいのところ。「このおとどは—男子十一人おはしたるなり」〔大鏡・冬嗣〕❹まったくのところ。「(罰ヲ受ケルト思ッテイタラ逆ニ)『弁になしかへしたてまつる(=復職オサセシマス)』とありければ、—うれしなどは言ふはかりなし」〔盛衰・巻一二ノ五〕❺(否定表現を伴い)てんで。さっぱり。「—さる事なければ、不思議におぼしめして」〔著聞・興言利口〕「抜かむとするに—抜かれず」〔徒然・五三段〕㊃〘形動ナリ〙ふつう程度だ。たいした事がない。「この男、—・なるものから(=タイシテウマクハナイガ)ときどきをかしき(=気ノキイタ)ことは言ひけり」〔平中・八段〕㊄〘接続〙いったい。そもそも。「—、この所に住みはじめし時は、あからさま(=一時的)と思ひしかども、今すでに五年を経たり」〔方丈〕「—、ふるまひて興あるよりも(=趣向ヲコラシテオモシロクシタノヨリモ)、興なくてやすらかなる(=アッサリシテスナオナノ)がまさりたることなり」〔徒然・二三一段〕

おほき-【大】(オオ-)〘接頭〙 **—おとど** 太政大臣 Ⓓ →だいじゃうだいじん。「—(=太政大臣藤原良房)の栄花の盛りにみまそがりて(=イラッシャッテ)」〔伊勢・一〇一段〕 **—おほいどの** 太政大臣 (…オオ-) Ⓓ →だいじゃうだいじん。「—の君達(きんだち)、頭の弁・兵衛の佐(すけ)・大夫の君など…人よりまさりてのみものしたまふ(=スグレテイラッシャル)」〔源氏・若菜上〕 **—おほいまうちぎみ** 太政大臣 (…オオイモウ-) Ⓓ →だいじゃうだいじん。「さきの—」〔古今・春上・詞〕

おほき【大き】(オオ-) Ⓑ〘形動ナリ〙❶大きい。「もとのよりも—・にて返したまへり」〔蜻蛉・上〕「—・なる池のなかに」〔源氏・胡蝶〕❷程度が普通でない。「いと—・なる事なくてはべらむには(=ヨホドヒドイ事デモナイ限リ)、御気色(みけしき)など見せたまふな(=御キゲンヲ悪クナサラナイデクダサイ)」〔蜻蛉・中〕「—・なる(=ナミタイテイデナイ)職をも辞し、利をも捨つるは、ただ学問の力なり」〔徒然・一三〇段〕 **—やか** Ⓓ〘形動ナリ〙大きいという感じだ。「この(=後鳥羽院ガ)おはします所は…海づらよりは(=海べカラハ)すこしひき入りて(=ヒッコンデオリ)、—・なる(=ズッシリトシタ)いはほのそばだてるをたよりにて(=ソビエテイルノニ寄セテ作リ)、松の柱に葦ふける廊など、けしきばかり(=ホンノ形バカリデ)ことそぎたり(=粗末ナモノダ)」〔増鏡・新島守〕

おほきさいのみや【大后の宮】(オオ-) Ⓔ ❶皇太后の御殿。❷皇太后。

おほきみ【大君・大王・王】(オオ-) Ⓓ ❶天皇の尊敬語。「—は神にしませば天雲の(=枕詞)雷(いかづち)の上にいほりせるかも」〔万葉・巻三〕❷親王・諸王の尊敬語。「高坂の—」〔紀・天武・訓〕(「おほきみ」は「王」の訓)

おほくら【大蔵】(オオ-) Ⓓ ❶雄略天皇の時に創設されたという公用倉庫。政府の官物をおさめ、秦(はた)氏がその長官であった。❷(略)大蔵省。❸大蔵省の役人。 **—きゃう** 卿 (…キョウ) Ⓓ 大蔵省の長官。正四位の相当官。 **—しゃう** 省 (…ショウ) Ⓓ 通貨・税・宝物・度量衡などに関する事務をつかさどる役所。大宝令では五司が属していたけれど、平安時代初期には織部(おりべ)司だけになった。長官を卿(きょう)、次官を大輔(たゆう)・少輔(しょう)、三等官を大丞(だいじょう)・少丞、四等官を大録(だいさかん)・少録とよび、ほかに史生(ししょう)・蔵部(くらべ)・価長・省掌・使部などの役人がいた。

おほけな・し (オオ-) Ⓓ〘形ク〙身分にふさわしくない。「むかしも心のゆるぶ(=安心シテイラレル)やうにもなかりしかば、(モシヤ夫ガ来テクレルカナド当テニシタノハ)わが心の—・きにこそありけれ(=過大ノ期待ダッタノダ)」〔蜻蛉・中〕「(暗殺ショウト)太郎の介が宿りしたる所に行きて、—・く(=図太クモ)うかがひけるに」〔今昔・巻二五ノ四〕「龍門滝にのぼらむとする魚(=鯉)ありて、—・くも大聖(=孔子)の御子にもこの名(=鯉(こい)トイウ名)を借らせたまへる」〔也有・鶉衣・百魚譜〕(「あるべき限度を過ごす」というのが基本意味。場面によって「身のほど知らずだ」「とんでもない」「過分だ」「大胆だ」「さし出がましい」など意訳するけれど、いつでもそれらの訳語が当てはまるとは限らない。訳しにくい語である)

おぼ・し【思し・覚し】 Ⓒ〘形シク〙(「おぼゆ」と同じ語源の形容詞で)❶…と思われる。…と考えられる。…と推量される。「大炊殿(おほひどの)(=炊事場)と—・しき屋に移したてまつりて」〔源氏・明石〕❷こうしたい、そうありたいと願っている。「—・しき(=話シタイト思ウ)こと言はぬは、腹ふくるるわざなれば(=食物ガ消化シナイヨウナ感ジダカラ)筆にまかせつつ」〔徒然・一九段〕

おぼしめ・す【思し召す】 Ⓒ〘他四〙(「おもほしめす」の転)「思ふ」のやや重い尊敬語。お思いになる。お考えになる。

「若宮は…心もとなくー・す」〔紫日記〕

おほ・す【生ほす】(オオー) Ⓔ 《他四》 ❶ ↓おふす。「(六条院ヲ)みな(=スッカリ)荒らしはて、忘れ草ー・して(=ヲハヤシテ)後なむ、このおとども渡り住み」〔源氏・宿木〕 ❷ 成長させる。「生まれさせたまひしより、片時もはなれまゐらせず、あやしのきぬ(=ムツキ)の中よりー・しまゐらせて(=オ育テ申シアゲテ)」〔讃岐・上〕

おほ・す【仰す】(オオー) Ⓑ 《他下二》 ❶ 「言ふ」の尊敬語。おっしゃる。「酒の名を聖(ひじり)とー・せし古への大き聖の言(こと)のよろしさ」〔万葉・巻三〕 ❷ 「言ひ付く」の尊敬語。お言いつけになる。お命じになる。「大井の土民にー・せて、水車を造らせられけり」〔徒然・五一段〕

おほ・す【負ほす】(オオー) Ⓓ 《他下二》 ❶ ㋑ 背に載せさせる。しょわせる。「ますらたけを(=勇敢ナ男タチ)を先に立て(彼ラニ)靫(ゆき)(=矢入レヲ)取りー・せ…」〔万葉・巻二〇〕 ㋺ 持たせる。「(シタクガアマリ多イノハ)おどろおどろしかりぬべければ(=ギョウサンダロウカラ)、ただこの人にー・せたる程(ノ簡略サ)なり」〔源氏・蜻蛉〕 ❷ ㋑ (手傷などを)おわせる。受けさせる。「あまたして(=多勢デ)手ー・せ、打ち伏せてしばりけり」〔徒然・八七段〕 ㋺ (責任を)ひき受けさせる。「『少納言は、(花ガナクナッタノヲ)春の風にー・せける(=春風ノセイニスルノネ)』と宮の御前のうち笑ませたまへる」〔枕・二七八段〕 ㋩ (税などを)課す。「悉にー・せつかふことをやめて、百姓の苦しみを息(いこ)へよ(=休マセヨ)」〔紀・仁徳・訓〕 (「おほせつかふこと」は「課役」の訓) ❸ (名を)与える。名づける。「名をー・せて稲田の宮主(みやぬし)須賀の八耳(やつみみ)の神となづく」〔記・上〕 (「おほせて」は推定の訓。かな書きの例未見)

おぼ・す【思す】 Ⓑ 《他四・下二》 (「おもほす」の転) 「思ふ」の尊敬語。お思いになる。「女御とだにいはせずなりぬるが、飽かず(=不満デ)口惜しう(=ツマラナク)ー・さ《四段》るれば」〔源氏・桐壺〕「いみじ(=スバラシイ)とー・する《下二》昔物語などのここちして」〔寝覚・巻五〕

おほせ がき【仰せ書き】(オオー) Ⓔ 身分の高い人の口述を筆記すること。またはその書類や手紙。「人づてのーにはあらぬなめりと、胸つぶれて(=ドキリトシテ)、とく開けたれば…『言はで思ふぞ』と(中宮ガ自筆デ)書かせたまへる」〔枕・一四三段〕

おほせ ごと【仰せ言】(オオー) Ⓓ ❶ おっしゃること。おことば。「『このごろはーもなきこと』と聞こえられたれば」〔蜻蛉・上〕 ❷ 御命令。「国王のーを、まさに世に住みたまはむ人の承りたまはではありなむや(=オ受ケシナイデヨイモノデスカ)」〔竹取〕「かくーありて召すなり」〔大和・一四八段〕

おほせ つ・く【仰せ付く】(オオー) Ⓓ 《他下二》 「言ひ付く」の尊敬語。お言いつけになる。命令なさる。「さいぜんー・けられたる御座船のことを武蔵殿まで伺ひ申さばやと存ずる」〔謡・船弁慶(間狂言)〕

おほ ぞら【大空】(オオー) Ⓔ ㊀ 天空。「ーの月の光し清ければ影見し(=月ヲ映シテイタ)水ぞまづこほりける」〔古今・冬〕 ㊁ 《形動ナリ》 (空遠くにある物のように)とらえ所がない。あやふやだ。「(アキレテ)夢見るここちして、ー・なる気色(けしき)にて(=ポカントシタ様子デ)おはしけるが」〔伽・物臭太郎〕

おほ ち【大路】(オオー) Ⓒ ㊞「小路」 都市の大きな街路。大通り。「隣より火いできて、おしおほひければ(=延焼シテキタノデ)、ーへいでにけり」〔十訓・第六ノ三五〕 《室町時代までは清音だったらしい。日葡辞書は vôchi であり、平家正節も清音》

おほ ぢ (オオジ) Ⓒ ❶【爺】年とった男性。じいさん。「姥(ばう)はもとより月にめでて(=ガ好キデ)、板間も惜しと軒を葺(ふ)かず、(ソレニ対シ)ーは秋のむらしぐれ(ガ好キダ)」〔謡・雨月〕 ❷【祖父】親の父。「御母(=円融院ノ御生母ノ方ノ)ーは、出雲守従五位下藤原経邦といひし人なり」〔大鏡・円融院〕「翁(=ワタシ)がーのそのーすらも生まれぬはるかの往昔(いにしへ)の事よ」〔秋成・雨月・浅茅〕

おぼつか な・し【〈覚束〉無し】 Ⓐ 《形ク》 ❶ はっきりしない。ぼうっとしている。「こよひのー・き(=暗クテアタリガヨク見エナイ時)にほととぎす鳴くなる声の音のはろけさ」〔万葉・巻一〇〕「夕闇過ぎて、ー・き空の気色(けしき)の曇らはしきに」〔源氏・螢〕「藤のー・きさましたる」〔徒然・一九段〕 ❷ ㋑ 確かでない。「峰のあらしか松風か、たづぬる人の琴の音か、ー・くは思へども」〔平家・小督〕 ㋺ 不審だ。よくわからない。「何となきそぞろ事(=タイシタコトデモナイ事ガラ)の中に、ー・き事を問ひたてまつらめ」〔徒然・一三五段〕 ❸ 心細い。気がかりだ。不安だ。「京のかたもいとどー・く、かくながら身をはふらかしつるにや(=コンナグアイデ落チブレタキリカ)と」〔源氏・明石〕「なきほどにやあらむとー・く思ひしもしるく」〔宣長・鈴屋集〕 ❹ 待ちどおしい。「何につけても故郷の便りのみー・くて」〔鬼貫・ひとり言〕

おほ て【大手】(オオー) Ⓔ ㊞「搦(から)め手」 ❶ (城の)正面。「城のーに三本傘(からかさ)の紋描いたる旗と、同じき紋の幕とを引いて」〔太平・巻七ノ二〕 ❷ 敵の正面(に向かう部隊)。「ー搦め手、尾張の国熱田より相分かれて、宇治・勢多(せた)へ向かひけり」〔盛衰・巻三五ノ一〕

おほどか (オオー) Ⓓ 《形動ナリ》 おっとりしているさま。こせつかないさま。「(姫君ガ)ただー・にものしたまふをぞ、(第三者トシテハ)うしろやすう、『(アノ姫君ナラ)さしすぎたる(=サシデガマシイ)事は(客ニ対シ)見えたてまつりたまはじ』

と思ひける」〔源氏・末摘花〕

おほど・く （オオ―） Ⓔ 《自四》おっとりしている。おうようである。《下二段の用法を認める説もあるが、複合動詞以外の例が見つからないので、四段だけとする》「（今マデ御自分ノ生マレタ時ノ事情ヲ）知りたまはざりけり。いとあまり―・きたまへるけ（＝タメ）にこそは」〔源氏・若菜上〕

おほ とし【大年】（オオ―） Ⓔ 一年の最後の日。おおみそか。「（奈良ハ）―の夜のありさまも、京・大阪よりは格別しづかにして」〔西鶴・胸算用・巻四ノ二〕

おほとなぶら【大殿油】（オオ―） Ⓓ 《「おほとのあぶら」の連音変化》油でともす燈火の尊敬語。具体的には高燈台・切り燈台・結び燈台など。《(1)かならずしも寝殿でともすとは限らない。(2)中世以後はあまり用例がない》[参]とうだい。「（西ノ対デ）格子（かうし）とくおろしたまひて、―参らせて」〔源氏・夕顔〕

おほ との【大殿】（オオ―） Ⓒ ❶建物の尊敬語。御殿。「これによりて―朽ちやぶれて、府庫（みくら）すでにむなし」〔紀・仁徳・訓（前田本）〕《「おほとの」は「宮殿」の訓》「時雨の秋は―の砌（みぎり）しみみに（＝イッパイニ）露おひてなびける萩を…」〔万葉・巻一三〕 ❷中古様式建築の中心となる建物。寝殿。「七八日、―にて、念じてなむ（＝オ祈リシテモラッテイタ）」〔蜻蛉・中〕 ❸大臣の尊敬語。おとど。「式部卿宮（＝時康親王）、みかど（＝帝位）にゐさせたまふ（＝オツキニナル）とて、―（＝太政大臣基経）を始めたてまつりて、皆人参りたまふなり」〔大鏡・昔物語〕 ❹身分の高い人に対する尊敬語。「―様、江戸表にて…お留守のうちに紛失いたしたる国光の刀」〔伎・幼稚子敵討・二〕 ❺身分の高い人の父親に対する尊敬語。「《為朝ニ対シ》―の仰せごと（＝オ父上ノオ言イツケ）ありて参れり」〔馬琴・弓張月・五回〕「《為朝ノ妻白縫ニ対シ》いったん―（＝白縫ノ父）の御心を安めて…ともかくもならせたまへかし」〔馬琴・弓張月・九回〕 **―あぶら** 油 Ⓓ →おほとなぶら。「内は―のほのかに物よりとほりて見ゆるを」〔源氏・澪標〕

おほとの ごも・る【大殿籠る】（オオ―） Ⓒ 《自四》「寝（い）ぬ」の尊敬語。おやすみになる。「（親王ガ）―・らであかしたまうてけり」〔伊勢・八三段〕「宮は―・りにけり」〔源氏・桐壺〕「姫君は東おもてに引き入りて―・りにけるを」〔源氏・蛍〕

おほど・る （オオ―） Ⓓ [一]《自四》しまりなく広がる。乱れひろがる。「かはらふぢ（＝マメ科ノ落葉低木）にはひ―・れるくそかづら（＝アカネ科ノ多年生ノツル草）（＝序詞）絶ゆることなく宮仕へせむ」〔万葉・巻一四〕 [二]《自下二》❶「[一]」に同じ。「（髪ヲ切ッタノデ）すその、にはかに―・れたるやうに、しどけなくさへそがれたるを」〔源氏・手習〕 ❷しまりがない。「疲れし昼のなごり、夜一夜―・れたる声して」〔雅望・都の手ぶり〕《万葉時代の用例は「おぼとる」とよむ説もある》

おほ なほび【大直毘・大直日】（オオナオ―） Ⓔ 神の名。伊邪那岐命（いざなぎのみこと）の子で、神直日（かんなおび）の神とともに悪事を正し、凶事を吉事に転ずる力をもつといわれる。「ことほぎ（＝祝詞ヲ申シアゲ）しづめまつる（＝神ノ心ヲオ慰メ申シアゲル）事のもれ落ちむ事をば（＝不足シテイルトコロガアッタラ）、神直日の命（みこと）・―の命、聞き直し見直して（＝ソノ欠点ヲオオメニ見テ）平らけく安らけく（＝平安ニ）しろしめせ（＝シテ下サイ）とまをす（＝申シアゲマス）」〔祝詞・大殿祭〕 **―のうた** 大直毘の歌 Ⓔ 大直毘の神を祭る時の歌。琴歌譜および古今集巻二〇に各一首をのせる。

おほ のか （オオ―） Ⓔ 《形動ナリ》規模が大きい。でかい。「（車ノヨウナ）―・なるものは所せくやあらむ（＝ドッシリシテイルダロウ）と思ひしに（ヒックリカエルトハ案外ナモノダ）」〔枕・九七段〕

おほ ばん【大判】（オオ―） Ⓓ [対]「小判」 室町時代から江戸時代にかけて発行された大型の金銀貨。とくに金のをいうことが多い。大判金は小判一〇両・銀六〇〇匁・銭四〇貫文に相当する。「黄金何枚」というときは大判金をさす。「―三枚、小袖代として賜りし」〔西鶴・一代女・巻二ノ一〕

おほ ばん【大番】（オオ―） Ⓔ ❶殿上人が殿上の間に宿直すること。「―侍者四人」〔御堂関白記・長和元年二月一四日（裏書）〕 ❷平安・鎌倉時代に、皇居の護衛として、諸国から交替で京都に出仕した武士。大番役。「世間その後ひしめき、―の武士ひしめく」〔中務日記〕

おほ ひ【大炊】（オオイ） **―づかさ** 寮 Ⓓ →おほひれう。「―の飯かしく屋の」〔竹取〕 **―れう** 寮（：リョウ） Ⓓ 宮内省に属し、食糧米の管理、親王その他への俸給米送付、祭り・節会（せちえ）などにおける米・燃料の準備などをした。頭（かみ）・助（すけ）・允（じょう）・属（さかん）がおかれた。「おほひのつかさ」「おほひづかさ」とも。

おぼほ・し【鬱ほし】（―オシ） Ⓔ 《形シク》《「おぼろ」の「おぼ」と同じ語源で》❶（物の形が）ぼんやりしている。はっきり見えない。「ぬばたまの（＝枕詞）夜霧の立ちて―・しく照れる月夜の見れば悲しさ」〔万葉・巻六〕 ❷心が晴れ晴れとしない。ふさいでいる。ゆううつである。「夢にだに見ざりしものを―・しく宮出（＝宮へ出仕）もするか佐日（さひ）の隈廻（くまみ）を」〔万葉・巻二〕《古くは「おほほし」だったと思われるが、万葉時代の第三期ごろから「おぼほし」に移っていったらしい》

おぼほ・る （―オル） Ⓒ 《自下二》 [一] 【溺ほる】 ❶お

よげず水に沈む。「はげしき波風に—・れ」〔源氏・絵合〕 ❷《補助動詞ふうに》すっかり…する。もっぱら…する。「尼君、しはぶき—・れて(=セキコンデ)起きたり」〔源氏・手習〕 ㊁【鬱ほる】❶㋑(物の形が)ぼんやりする。はっきり見えなくなる。「火取り(=香炉)を取り寄せて、殿の後ろに寄りて、さと(=パット)いかけ(=ブチマケ)たまふほど…こまかなる灰の目鼻にも入りて、—・れて、ものもおぼえず」〔源氏・真木柱〕㋺(涙で)目が見えなくなる。かきくれる。「むせぶ涙に—・れて、言(こと)も続けられず」〔建礼〕 ❷㋑はっきり意識しなくなる。「うちとけて(=気ヲ許シテ)寝たる時などは、何心も(=何ノ心ヅカイモ)なく、—・れて(=ウトウトシテイテ)、おどろく(=ハットスルノ)も、いとをかしく見ゆ」〔紫日記〕㋺意識しないふりをする。とぼける。「(アナタガ)むげに(=マルキリ)世を思ひ知らぬ(=愛情問題ニ経験ガナイ)やうに—・れたまふなむ、(ワタシニハ)いとつらき」〔源氏・帚木〕 ❸《感情的に》ぼうっとなる。ぼんやり思い沈む。「例の(=イツモノヨウニ)尽きせぬ事に—・れてぞ、(今年モ)果てにける」〔蜻蛉・下〕

おほ み-【大御】(オオー) Ⓓ《接頭》きわめて高い敬意をあらわす。《現代語の「おみき」(酒)や「おみ足」はこのなごり》 **—き** 酒 Ⓔ 神・天皇・皇族などの召し上がる、またはそれ以外の者がおつきあいとして飲む酒。「人々—など参るほどに、親王(みこ)たちの御座の末に源氏つきたまへり」〔源氏・桐壺〕 **—け** 食 Ⓔ 天皇のお食事。「なにしかも汝の兄朝夕の—に参出来ざる」〔記・中〕《原文「大御食」》

おほ みや【大宮】(オオー) Ⓒ ❶皇居・神宮の尊敬語。「父の天皇、めで、—の上殿(かむつみや)にはむべらしむ」〔紀・推古・訓〕《「おほみや」は「宮南」の訓》「神のみことの—はことときけども…」〔万葉・巻一〕 ❷太皇太后・皇太后の尊敬語。「院(=斎院=選子)より—(=皇太后=上東門院)に聞こえさせたまひける」〔大鏡・師輔〕 ❸家族のなかでいちばん年長の皇室出身者。「—聞こしめして」〔源氏・葵〕

某帝
├ 桐壺帝 — 光源氏
│　　　　　 ＝
└ 大宮 ＝ 左大臣
　　├ 葵上
　　└ 頭中将

〔おほみや❸〕

—どころ 所 Ⓔ 御所。御所の・ある(あった)所。「…霞(かすみ)立ち春日の霧れる(=カスンデイル)ももしきの(=枕詞)—見れば悲しも」〔万葉・巻一〕 **—びと** 人 Ⓓ 宮中での地位をもつ人。高級公務員。「ささなみの(=枕詞)志賀の辛崎さきくあれど(=昔ドオリダガ)—の船待ちかねつ(=イクラ待ッテモ、モハヤ見ラレナイ)」〔万葉・巻一〕

おぼ めか・し【鬱めかし】Ⓒ《形シク》❶(形状などが)はっきりしない。おぼろげだ。「いみじう暑きころ、夕涼みといふほど(=時刻)、もののさま(=カタチ)なども—・しきに」〔枕・二二四段〕 ❷(事情が)よくわからない。合点がゆかない。「今しも…思ひいでたる(=ヒョイト気ガツイタ)やうに—・しうもてなして(=合点ガユカナイヨウナフリヲシテ)」〔源氏・横笛〕 ❸たどたどしい。未熟だ。「(女二ノ宮ハ)かやうの方(=音楽ノ方面)は—・しからずものしたまふとなむ(父帝ガ)定めきこえたまふめりしを」〔源氏・横笛〕 ❹知らぬふりだ。そらとぼけている。「そのほどの事、あらはし宣ふべきならねば(=事情ヲハッキリハ言エナイノデ)しばし(=シバラク)—・しくて(=ソ知ラヌフリヲヨソオッテ)」〔源氏・横笛〕 ❺よくわからなくて不安だ。「(源氏ノ愛情ハワカルノデ、ソノ身分ニツイテハ)—・しながら、たのみ(=信頼ヲ)かけきこえたり」〔源氏・夕顔〕

おぼ め・く【鬱めく】Ⓒ《自四》❶明瞭にはそれとわからない。「待ちあかしつる(=一晩ジュウ待ッテイタ)ほととぎすは、それか(=ホトトギスノ声カドウカ)と—・く(=ヨクワカラナイ)ほどの一声に」〔中務日記〕 ❷(わからないで)いぶかりあやしむ。「世々をへだてたる古事(ふること)にて、御名などだに—・く(=ハテナト思ウ)人も多からむかし」〔建寿〕 ❸(わかっていながら)わからないふりをする。「(ワタシガ恋シク)思ふ人(デワタシヲ)見しも聞きし(人タチ)もあまたありて(=タクサンイナガラ)—・く声は(=トボケタコトヲオッシャルノハ、ワタシガ)あり(=ココニイル)と知らぬ(タメ)か」〔堤・はなだ〕

おほ やう【大様】(オオヨウ) Ⓒ ㊀《形動ナリ》❶おおまかでこれという特色がない。「連歌に三の時節あるべし。上古・中興・近来なり。上古はあまりに—・にて何事とも聞こえはべらず(=コレトイッテ学ブベキ所ハナイ)」〔初心求詠集〕 ❷おっとりしていてあわてない。落ち着いていてものに動じない。「さやうの荒儀(あらぎ=急進的行動)は端武者のわざ(=下ッパザムライノスルコトデス)。ただ—・に事を遂げられ、天下の権威を取らせたまひてこそ、真実の御本意(=本望)たるべけれ」〔浄・頼光跡目論・三〕 ❸おおざっぱだ。「これほどの大勢の中に、数千匹、逸物(いちもつ=名馬)ども多くはべり。(今イナナイタノハ)いづれの馬にてかはべらむ(=不明デス)。(ソレナノニ生唳ノ声ダトオッシャルノハ)—の(=アテズッポウノ)御事とおぼえさうらふ」〔盛衰・巻三四ノ一〇〕 ❹細かいところに気づかない。のんびりしていてこせこせしない。「大名・高家は—・にて、一度お目にふれられては、たくさんあるものとおぼしめし」〔近松・宵庚申・上〕 ❺ゆっくりしている。動作がおそい。「手綱しづかに歩ませて(=馬ノ手綱ヲ静カニトッテアユマセ)—・にぞ通りける」〔浄・頼光跡目論・三〕 ㊁《副》だいたい。おおよそ。「—は文句の長短をそろへて書くべき事なれども、浄瑠璃はもと音曲なれば、語るところの長短は節にあり」〔以貫・

難波土産・発端〕

おほ やけ【公】(オオー) Ⓐ《「大宅」(大きな屋敷)の意から》❶皇居。宮中。「―に相撲(すまひ)のころなり」〔蜻蛉・中〕❷天皇または皇后。「いみじく静かに―に御文奉りたまふ」〔竹取〕「―も許させたまひしぞかし」〔大鏡・時平〕❸朝廷。中央政府。「男の―に仕うまつり」〔源氏・帚木〕「―より使ひ下りて追ふに」〔更級〕❹自分関係でないこと。おもて向き。「―わたくしの大事をかきてわづらひ(=迷惑)となる」〔徒然・一七五段〕 **―ごと** 事 Ⓒ ❶朝廷に仕えること。公務。「昼は―にいとまなくなどしつつ」〔源氏・橋姫〕❷宮中の儀式。「―さしあはせたる(=カチアッタ)日なれば、急ぎ出でたまふ」〔大鏡・師尹〕❸おもて向きのこと。ないしょ事の反対。「(愛人六条御息所ノ侍女ニ光源氏ガ恋歌ヲヨミカケタノデ、侍女ハ)―にぞ聞こえなす(=オモテ向キノ愛人ノ所ヘノ恋歌ダトイウアツカイニシテ返歌ヲスル)」〔源氏・夕顔〕❹(悪い意味での)お役所しごと。形式だけは完備しているが、実質的に行き届かないこと。「―に仕うまつれる、疎(おろそ)かなる事もぞ(=行キ届カナイ点ガアリハシナイカ)と」〔源氏・桐壺〕 **―づかひ** 使ひ(…イ) Ⓔ 朝廷からの使い。「この御子、―を召して、『我さるべきにやありけむ、このをのこの家ゆかしくて、ゐて行けと言ひしかばゐてきたり。…』」〔更級〕 **―ばら** 腹 Ⓔ ひとごとながら腹を立てること。《平安時代は俗語めいた感じだったらしい》「すずろに心やましう(=何ダカ不愉快デ)、―とか、よからぬ(=下賤ノ)人のいふやうに、にくくこそ思うたまへられしか」〔紫日記〕 **―びと** 人 Ⓔ 朝廷に仕える人。平安時代の公務員。「さしもあるまじき(=ソレホド関係ノナサソウナ)―、女房などの年ふるめきたるどもさへ、恋ひ、悲しび聞こゆる」〔源氏・柏木〕

おほやけばら だた・し【公腹立たし】(オオー) Ⓔ《形シク》義憤を感じる。「もしはあやなき(=ワケモナク)―・しく、心一つに思ひあまる事など多かるを」〔源氏・帚木〕

おぼ・ゆ【覚ゆ】Ⓐ《「おもほゆ」の転》㊀《自下二》❶感じる。思える。「ほど経るときは恋しう―・えたまふ」〔源氏・橋姫〕「そのきはばかりは(=当時ホド切実ニハ)―・えぬにや」〔徒然・三〇段〕❷思い出される。頭にうかぶ。「昔―・ゆる人形(ひとかた)をも作り、絵にも書きとめて」〔源氏・宿木〕❸身にしみる。こたえる。「この金剛杖で甲を打ちわってくれうぞ。―・えたか、―・えたか」〔狂・蟹山伏〕❹似る。「見上げたるに、少し―・えたるところあれば、子なめりと見たまふ」〔源氏・若紫〕㊁《他下二》❶思い出す。「これ(=コノ紙)にただ今―・えむ古き言(こと)一つづつ書け」〔枕・二三段〕❷記憶する。「また、養和のころとか、久しくなりて―・えず」〔方丈〕❸記憶によって語る。「いと興ある事なり。いで―・えたまへ」〔大鏡・序〕

おほよそ【大凡】(オオー) Ⓑ ㊀❶ひととおり。ふつう。「さしもあるまじき(=コレトイウ縁故モナイ)―の人(=フツウノ人)」〔源氏・御法〕❷ふだん。「(アノ家ハ神サマガイラレルカラ、ケガレガアル時ハ転居シナケレバナラナイ)また―にも(=フダンノ時ダッテ)、たゆみなく(=シジュウ神様ニ失礼ニナラヌヨウ)おそろし(=ビクビクモノダ)」〔大鏡・忠平〕㊁《副》だいたいからいって。そもそも。「(道長ハ)―、世の親にておはします」〔大鏡・道長〕㊂《形動ナリ》なみひととおり。「―・に(=普通程度ニ)我し思はば(=ワタシガオ前ヲ好キナラ)下に着てなれし衣を取りて着めやは(=古クナッタ下着ノヨウニナレ親シムワケハナイヨ)」〔六帖・巻四〕

おぼ・る Ⓓ《自下二》㊀【溺る】およげず水に沈む。「いかばかり物を思ひたちて(=ドレホド思イコンデ)さる水に(=ソンナ宇治川ナンカニ)―・れけむ(=身ヲ投ゲテ死ンダノダロウ)」〔源氏・蜻蛉〕㊁【鬱る】❶(涙で)目が見えなくなる。かきくれる。「(安徳天皇ハ)御涙に―・れ、小さくうつくしき御手をあはせ」〔平家・先帝身投〕❷はっきり意識しなくなる。「名利に―・れて(=名誉利益ヲ求メルコトニ夢中デ)先途の近き事を(=行キツク死ガ身近ニ迫ッテイルコトヲ)かへりみねば」〔徒然・七四段〕

おぼろ け【朧ろけ】Ⓒ《形動ナリ》❶なみたいてい。「いみじき験者(げんざ)どもにも従はず、執念(しふね)き気色(けしき)―の霊(もの)にあらずと見えたり」〔源氏・葵〕「―・ならむ人をば見じ(=妻ニスルマイ)」〔源氏・東屋〕❷かりそめだ。「定家卿、歌を案じたまへるには、鬢(びん)をかかげ(=キチントカキアゲ)、直衣を着し、―・に(=一時的ニ)も威儀を乱したまはずとなむ」〔ささめごと・上〕❸《「おぼろけならず」の意》かくべつだ。ひとかたでない。「―の願(ぐわん)によりてにやあらむ、風も吹かず、よき日出で来て漕ぎゆく」〔土佐〕「―の定かなるあやまち見えぬほどは」〔源氏・若菜下〕《平家正節は「け」に清音のしるし、日葡辞書にvoborogeとある。近世以後は「おぼろげ」》

おほ わだ【大曲】(オオー) Ⓔ 海や湖や川が陸地を大きくうがって入りこんでいる所。「わだ」は曲がった所。「―の浦廻(うらわ)にこよひ船とめて清き浜べの月をいざ見む」〔夫木・巻二五〕「志賀の―の汀(みぎは)に遊べば」〔秋成・雨月・夢応〕

おほ んー【御】(オオー) Ⓑ《接頭》《「おほみ(大御)」の撥(はつ)音便》高い程度の敬意を表す。さらに簡略化されて「おん」となる。「故惟喬の親王の―ともに故在原業平の中将」〔土佐〕 **―とき** 時 Ⓑ《「天皇がお治めになっている」という意識のもとに》御代。「かの―よりこのかた、年は百年(ももとせ)余り、世は十代(とつぎ)にな

むなりにける」〔古今・序〕「村上の―に、宣耀殿の女御と聞こえけるは」〔枕・二三段〕

おほん【御】（オオ―）Ⓓ ㊀《接頭語から転じて》「御…」の「…」が前後関係で明らかな場合に「…」を略した形。訳するときは「…」を補うとよい。「ふみ(＝詩)など講ずる(＝ヨミアゲル)にも、源氏の君の―をば(＝御作品ヲ)、講師(＝ヨミ役)も(感嘆ノアマリ)えよみやらず」〔源氏・花宴〕 ㊁《代》親しい間の会話に使う尊敬の第二人称。「『―(＝アナタ)のは、いかがしたまへる(＝ドウナサイマシタ)』『まろが(＝アタシノ)物の思ふさまならぬ(＝思イドオリデナイ)』」〔栄花・若ばえ〕

おまし【御座し】Ⓓ ❶天皇や高貴な人のいらっしゃる場所。おへや。お席。「上達部(かんだちめ)の―は、西の対なれば(＝西ノ対ノ屋ガアテラレテイタノデ)」〔紫日記〕 ❷天皇や高貴の人のための敷物や寝床。「―ひとつ敷かせたまひて、うちよりさして(＝錠ヲオロシテ)おほとのごもりにけり(＝オヤスミナサッタ)」〔源氏・夕霧〕 **―どころ** 所 Ⓓ「おまし①」に同じ。「奥深うもあらず(＝ソレホドニ奥行キモナク)、みな(＝奥ノ方ハミナ)仏にゆづりたまへる(＝仏間ニナサッテイラッシャル)―なれば、すこしけ近きここちして(＝源氏ノ君ハ藤壺中宮トノ間ガ少シハ身近イ感ジデ)」〔源氏・賢木〕

おまへ【御前】（―エ）Ⓐ ㊀《「まへ」の尊敬語》❶(貴人や神仏の)前。ごぜん。「―にまた人もなく、いとさびしく」〔源氏・橋姫〕「仏の―を去らずして昼夜に念じ入りてゐたるに」〔今昔・巻一六ノ二八〕 ❷《「…の―」の形で》貴人を間接的に指す語。「宮の―(＝宮サマ)、聞こしめすや」〔紫日記〕 ㊁《代》❶第二人称の尊敬語。あなた(さま)。「―はかくおはすれば御さいはすくなきなり」〔紫日記〕 ❷第三人称の尊敬語。あのかた。「―には啓しはべりぬ」〔源氏・須磨〕

おみ【臣】Ⓓ ❶けらい。臣下。「―の子(＝天皇ノ臣下デアルアノ方)は栲(たへ)の袴を七重をし(＝幾カサネモツケ)庭に立たして足結(あよひ)(＝アシゴシラエ)撫(な)だすも(＝オナデニナルコトダ)」〔紀・雄略〕 ❷古代の姓(かばね)の一。古くから有名な一族に属する者に与えられた称号で、天武天皇一三年に八色(やくさ)の姓が定められたとき、その第六等であった。「筑前守山上―憶良の挽歌一首」〔万葉・巻五・目録〕《書紀では「オム」とよんだ例が多い》

おめがはり【面変はり】（―ワリ）Ⓔ《＋自サ変》《「おもがはり」の古代東国方言》顔つきのかわること。人相のかわること。「真木柱ほめてつくれる殿のごといませ母刀自―せず」〔万葉・巻二〇〕

おも【母】Ⓔ ❶はは。「―父に妻に子どもに…」〔万葉・巻三〕「韓衣(からころも)すそに取りつき泣く子らを置きてそ来ぬや―なしにして」〔万葉・巻二〇〕 ❷乳母。「みどり児のためこそ―は求むといへ乳飲めや君が―求むらむ」〔万葉・巻一二〕

おも【面】Ⓒ ❶人の顔。顔のようす。「去年の秋相見しまにま(＝顔ヲ合ワセタキリデ)今日見れば(＝ソレ以来ハジメテ会ッテミルト)―やめづらし(＝アナタノオ顔ハマスマスメズラシイ)都方人(みやこかたびと)(＝スッカリ都会人ニナッタネ)」〔万葉・巻一八〕 ❷表面。「水の―に生ふる五月の浮き草の(＝序詞)うき事あれや(＝何カイヤナ事ガアルノダロウカ)ねをたえて来ぬ(＝サッパリイラッシャイマセンネ)」〔古今・雑下〕「錦を敷きたる渡殿の上見えまがふ庭の―に」〔源氏・藤裏葉〕

おもかげ【面影・俤】Ⓐ ❶頭に描かれる(知っている人の)面ざし。「ともしびの光(かげ)にかがよふ(＝チラチラト光ッテイル)うつせみの(＝現実ノ)妹が笑まひし(＝私ノ妻ガ笑ッタソノ笑顔ガ)―に(＝面影ニナッテ)見ゆ」〔万葉・巻一一〕 ❷思い出され、回想される物事のありさま。「大内の花の盛り(＝紫宸(ししん)殿ノ左近ノ桜ノ花盛リノ時)、昔の春の―思ひいでられて、しのびて(＝ソット公ニデハナク)かの木の下に男ども(＝殿上人タチ)の歌つかうまつりしに」〔後鳥羽院口伝〕 ❸はっきりではないが、それとわかる特色。「道行きなどのつづけがら(＝行文)も、伊勢・源氏の―を写して」〔以貫・難波土産・発端〕 ❹《歌論・連歌論などで》作品からほのかに感じられる情景・風情(ふぜい)・情趣。「(理想的ナ歌ハ)まづ心ふかく(＝情趣ガ深クコモッテオリ)たけ高く(＝品位ガアリ)たくみに(＝趣向モスグレテオリ)…かすかなる景趣たちそひて、―ただならず(＝ソノ歌カラ感ジラレル情趣モナミナミデハナク)気色はさるから(＝歌ノ様子ハモチロン)心もそぞろかぬ歌にてはべり(＝筋アイモシッカリシテイル歌デアル)」〔毎月抄〕

おもし【重し】Ⓑ《形ク》❶重量がある。目方がある。「つけ物(＝賀茂祭リノ行列ノ警護役ノ者ノ身ニツケル飾リガ)年を送りて(＝年ゴトニ)過差ことのほかになりて(＝ムヤミト華美ニナッテ)よろづの―・き物を多くつけて…息つきくるしむ(＝フウフウイッテイル)」〔徒然・二二一段〕 ❷尊い。価値がある。大事である。「この僧都…寺中にも―・く(＝偉イト)思はれたりけれども、世をかろく思ひたる曲者(くせもの)にて(＝変ワリ者デ)」〔徒然・六〇段〕 ❸度合いがはなはだしい。程度が普通ではない。「かぐや姫は、―・き病をしたまへば、え出でおはしますまじ(＝外出ハゴ無理デショウ)」〔竹取〕 ❹慎重である。軽々しくない。落ち着いている。「よくわきまへたる道には(＝自分ガヨク通ジテイル方面ノ事ニツイテハ)、必ず口―・く(＝慎重ニ話ヲシテ)、問はぬかぎりは(＝人ガ質問シナイウチハ)言はぬこそいみじけれ(=結構ダ)」〔徒然・七九段〕 ❺人物に重量感がある。貫禄がある。「そしり申す人のなきも、君の—・くおはしまし(=天子ガドッシリシテオイデニナリ)、また躬恒が和歌の道に許されたるとこそ(=名人ト世間カラ認メラレテイタカラダト)思ひたまへしか(=存ジマシタ)」〔大鏡・道長〕 **—・く・す** Ⓔ《連語》尊重する。大事にする。「才学(=学問)といふもの、世にいと—・するものなれば」〔源氏・絵合〕

おも しろ・し 【〈面白〉し】Ⓐ《形ク》❶(けしきや品物などが)みごとだ。すばらしい。「十日あまりなれば、月—・し」〔土佐〕 ❷趣が深い。「その院、昔を思ひやりてみれば—・かりける所なり」〔土佐〕 ❸愉快だ。興味がある。「学問をしはべりし時に、ここち常に—・く、頼もしく、思ふこと(=心配ゴトハ)なくはべりし」〔宇津保・国譲下〕「もてはやし興じ申したまふやうにもてなしつつ、みづから下襲(したがさね)の後(しり)はさみて(馬ニ)乗りたまひぬ。さばかり(=アンナニ)狭き壺(=内庭)に折り回し(=グルグル方向ヲカエ)—・くあげたまへば(=乗リ終エラレタノデ)」〔大鏡・伊尹〕

おも だた・し 【面立たし】Ⓔ《形シク》名誉である。光栄である。面目に思う。晴れがましい。「をりをり内へ参り、祭りの使ひなどに出でたるも、—・しからずやはある」〔枕・六三段〕「年ごろうれしく—・しきついでにのみ、立ち寄りたまひしものを」〔源氏・桐壺〕

おもて Ⓐ ㊀【表】❶㋑【面】表面。「うちつけに(=急ニ)海は鏡の—のごとくなりぬれば」〔土佐〕 ㋺(連歌・俳諧の懐紙の)奇数ページ。「初折の裏より名残(ノ折)の—半ばまでに、物数奇(ものずき)(=趣向)も曲(きょく)(=技巧)もあるべし」〔去来抄・修行〕 ❷㋑物の表面をおおうもの。カバー。「紫檀(したん)の机に綾の—まゐれり」〔宇津保・俊蔭〕 ㋺畳表。「高瀬(舟カラ荷)をあぐる—一こり(=ヒト包ミ)」〔曲翠(続猿蓑)〕 ❸㋑見える・部分(場所)。現れているところ。「船の—に立ち出で、大音声をあげて申しけるは」〔平家・嗣信最期〕 ㋺(手紙や掲示などの)文面。「高札(たかふだ)の—につき、婿殿の見えられたならば、こなたへ申せ」〔狂・八幡前〕 ㋩外見。うわべ。「—つれなき(=何気ナクシテイル)心とは、われだに知れば(=自分ダケハ知ッテイルカラ)恥づかしや」〔謡・祇王〕 ❹㋑【面】面している方向。前面。「秘術をつくし、五郎(=曾我時致)が—に斬ってかかる」〔謡・夜討曾我〕 ㋺(家などの)正面。「—(=玄関サキ)に『ものまう(=ゴメンクダサイ)』とある」〔狂・塗師〕 ㋩(劇場で、舞台に直接関係する人たちに対し)経理・渉外・接客などの事務を担当する者。「(次回興行ノ出シ物ニ)何をがなと、楽屋(がくや)—とも、かれこれ申しあはれけれども」〔役者論語・佐渡島日記〕 ❺《連歌・俳諧で》直接的に理解されること。「趣向に—と裏(=間接的ニ理解サレルコト)の事あり」〔土芳・三冊子・白〕 ❻㋑正式な・こと(もの)。「これが—(=本手デ)、又裏(=逆手)を取れば」〔咄・無事志有意・柔術〕 ㋺第一次的な・こと(もの)。「(芝居ノ)中入り(=中幕)に出る役人(=登場人物)の事、前(=第一幕)に言はでかなはずは、その役人の事(ヲ)—に言ひたて(=優先的ニ述べ)、今の(=第一幕トシテノ)せりふは、次に(=副次的ニ)言ふべし」〔役者論語・耳塵集・下〕 ㋩基本。根本。「侍(さぶらひ)のつきあひは…正直をもって—とし」〔仮名・浮世物語・巻一ノ九〕 ❼(男色に対して)女色。「—の嫌ひはなきものと、しどけなく帯解きかけて」〔西鶴・一代女・巻三ノ一〕 ❽《接尾語ふうに用い》あらたまった感じで「…地方」「…地区」の意を表す。「(コノ香ハ)今は長崎—などにて僉議(せんぎ)しても(=タズネテミテモ)、少しも渡らぬ(=輸入サレナイ)とかや」〔淇園・独寝・下・九五〕 《「表家老」「表小姓」等の語から「公務関係」の意が、また「表沙汰」「表向き」等の語から「公式」の意が認められるけれども、「表」だけでそれらの意に用いた例は未見》 ㊁【面】❶人の顔つき。面相。「—うちあかめて(=顔面ヲ紅潮サセテ)涙ぐみてさぶらひけるけしき」〔増鏡・おどろ〕 ❷面(めん)。仮面。「ここに風流の(=見セ物ニ使ウ)—がござるほどに、これをかけて(=カブッテ)おどいて(=オドカシテ)酒をたまふ(=チョウダイショウ)と存ずる」〔狂・伯母が酒〕 ❸面目。世間への顔むけ。「いざや平家に矢ひとつ射かけて、それを—にして参らむ(=源氏ニ申シ出ヨウ)」〔平家・六箇度軍〕 **—うた** 歌 Ⓓ (その歌人の)代表的な歌。「これをなむ—と思ひたまふるは、いかがはべらむ」〔無名抄・四九〕 **—お・く** 面置く Ⓔ《連語》顔向けする。正面から顔を見合わす。「(道長ガ隆家ヲ車ニノセテ、ネンゴロニ話シタノデ、道長ヲウランデイタ隆家ハ)なかなか—・かむかたなく(=カエッテ顔向ケデキズ)術なく(=ツラク)おぼえし」〔大鏡・道隆〕 **—おこ・す** 面起こす Ⓓ《連語》面目を立てる。名誉になる。「この殿(=済時)の御—・したまふは(=肩身ヲ広クナサッタ御子ハ)皇后宮(=娍子)におはしましき」〔大鏡・師尹〕 **—に立・つ** 正面から立ち向かう。「—・たむ兵を、五十騎ばかり切り伏すならば、やはか(=キット)退(ひ)かぬ事はさうらふまじ」〔謡・烏帽子折〕 **—はっく** 表八句 Ⓔ 連歌・俳諧で、百韻・五十韻のとき、制式用紙の第一折の表に書かれる八句。「草の戸も住みかはる代ぞひなの家(トイウ発句デ始マル)—を庵の柱に懸け置く」〔芭蕉・奥の細道〕 **—ぶせ** 面伏せ Ⓓ はずかしくて顔があげられないこと。恥。「やがて(=イマスグ)母よと名のること、わが子(ニトッテ)の—なれど」〔謡・三井寺〕 **面も振らず** 顔を横にそらさないでまっしぐらに。「いまはのがるべき方もなかりければ、たばかられぬと思ひて(=計略ニハメラレタト思ッテ)、―命も惜しまず、ここを最後とせめたたかふ」〔平家・室山〕 **―を合ぁは・す**〔―ワス〕 正面から立ち向かう。面と向かう。「為義の(勇猛ナ)ふるまひ(ニハ)、凡夫(ぼんぷ)―・すべしとも見えざりしかども」〔保元・中・四〕 **面を伏ょ・す** 顔をつぶす。面目をうしなう。「みかど・きさきの御―・する事(=両親デアル帝ヤ后ノ体面ヲ台ナシニシタ事ダ)」〔宇津保・蔵開下〕

おもと【御〈許〉】 Ⓒ ㊀ ❶(貴人の)いられる所。おそば。「『入道の君の―より(来タ歌デス)』と言はせよとてなりけり」〔蜻蛉・中〕 ❷女性の名の下につける敬称。《身分には関係なく用いる》「菊の綿を兵部の―もてきて」〔紫日記〕《↑高貴な家の女房》「日向(ひうが)の国塩田といふ所に、大太夫といふ徳人(とくじん=富豪)あり。一人のむすめあり。その名を花の―といふ」〔盛衰・巻三三ノ一〕《↑地方豪族の娘》 ❸《転じて》宮仕えの女房。「ものなど言ふ若き―のはべるを」〔源氏・夕顔〕 ❹お母さん。「いな。《子ガ他人トノ話ノ中デ母親ヲサシテ》―おはす」〔宇津保・俊蔭〕「《上下同ジ子ガ母ニ向カッテ》氷いと堅くて、魚もなし。―いかがしたまはむずるぞ」〔宇津保・俊蔭〕 ㊁《代》 ❶親しい間でいう第二人称。あなた。「―たちも、みな勘当にあたりたまふなり(=オシカリヲオ受ケナサルノジャロ)」〔蜻蛉・中〕 ❷第三人称。あのかた。「『あの―』『君』などいへば」〔枕・二六二段〕

おもな・る【面馴る】 Ⓓ《自下二》 ❶顔なじみになる。「あまた年(=幾年モ)こゆる山べに(=コノ峠(とうげ)アタリニ)家居して綱ひく(=引カレテ通ル)駒も―・れにけり」〔蜻蛉・中〕 ❷なれる。「時わかぬ(=時ノ見サカイモナク流レル)涙に袖は―・れて(イツノ間ニカ)かすむも知らず春の夜の月」〔金葉・雑上〕

おもの【御物】 Ⓓ ❶(貴人の)召し上がりもの。お食事。「つぎの―は采女(うねめ)どもまゐる(=サシアゲル)」〔紫日記〕 ❷飯(めし)のことを上品にいう語。「冬は湯づけ、夏は水づけにて、―を食ふべきなり」〔今昔・巻二八ノ二三〕 **―やどり** 宿り Ⓔ 紫宸(しい)殿の西廂(ひさし)にあって、「おもの①」をしまっておく所。「―の刀自(とうじ=女事務官)を呼びいでたるに」〔紫日記〕

おもはく【思はく】(―ワク) Ⓓ ㊀《連語》《「思ふ」の未然形に「く」の付いた形》 ❶思うこと。「あしひきの山は百重にかくせども君を―(=アナタヲ思ウコトハ)やむ時もなし」〔万葉・巻一二〕 ❷思うことには。思うには。《基本的には「思はく…と思ふ」の形をとる》「優婆離…自ら―(=自分デ考エルニハ)」〔今昔・巻一ノ一二〕参―く。 ㊁ ❶考え。思慮。「(人ヲ打トウトシタリ打タレマイトスル)居ずまひ―どももおのおのをかしく見ゆるを」〔狭衣・巻四〕 ❷気受け。評判。「(情婦ヲ連レテ帰国スルノハ)下々(しもじも)の―もあり、また山の神の前(=女房ノ手前)もあるによって、まづこのたびは同道せぬ」〔狂・墨塗(鷺流)〕 ❸㋑(男女関係の)おぼしめし。すきであること。「誰に―もなく(=コノ女ヲ相手ニショウト決メモセズニ)、酒になして(=モッパラ飲ムホウニ身ヲ入レ)」〔西鶴・一代男・巻五ノ三〕 ㋺好きな人。「かの―(=イトシイアノ人)の三味線に」〔松の葉・春駒〕

おもはず【思はず】(―ワズ) Ⓒ《形動ナリ》 ❶㋑意外だ。案外だ。「(子ドモガミゴトナ歌ヲヨンダノハ)いと―・なり」〔土佐〕「(ワザト珍シクナイ曲ヲヒイタノデ)皆人―・に思へりけり」〔盛衰・巻一二ノ二〕 ㋺(予想外で)へんだ。「『こは何事ぞ…心得がたけれ』と、上下(ノ者ハミナ)―・に(=オヤ、オカシイト)思へり」〔盛衰・巻四六ノ一〕 ❷《悪い意味で》予想はずれだ。期待どおりでない。満足できない。「―・なる御もてなしなりとうらみ聞こゆるも」〔源氏・真木柱〕「―・になげかしきことのまさるぞ」〔紫日記〕

おもひ-【思ひ】《接頭》(―イ) Ⓑ 思考または感情をあらわす動詞・形容詞に付いて、意味を強める。《多くの場合、下の用言だけ訳しておけば通じる》「―あなどる」「―疑ふ」「―悲し」「―恋ふ」「―頼む」「―嘆く」等。

おもひ【思ひ】(―イ) Ⓐ ❶思うこと。思考。思慮。「よしあしの―をやめて悟り入る心の奥も心なりけり」〔新拾遺・釈教〕 ❷推察。予想。想像。「わが宅(やど)の梅の立ち枝や見えつらむ―のほかに君が来ませる」〔拾遺・春〕 ❸望むこと。願望。「『こよひよき宿からむ。草鞋(わらぢ)のわが足によろしきを求めむ』とばかりは(=ト思ウコトダケハ)、いささかの―なり」〔芭蕉・笈の小文〕 ❹もの思い。心配。心痛。「かく患ひたまふほどのおぼつかなさに(=気ガカリナノデ)―のままに(=心配ノアマリ)参り来て」〔源氏・総角〕 ❺恋しい気持ち。恋慕。「世の中に―はあれど子を恋ふる―にまさる―なきかな」〔土佐〕「まだ知らぬ(=経験シタコトノナイ)―に燃ゆるわが身かなさるは(=ダケレド)涙の川の中にて」〔拾遺・恋五〕 ❻恨めしく思うこと。恨み心。「因果の妄執の―の涙、砧(きぬた)にかかれば」〔謡・砧〕 ❼喪にあること。服喪。「―にはべりける人を弔ひにまかりて(=出カケテ)詠める」〔古今・哀傷・詞〕 **―がほ** 顔 (―ガオ) Ⓓ …と思いこんでいる顔つき。「ただいまは(マサカ)見る人もあらじと―にうちとけて(=気ヲユルシテ)」〔堤・はなだ〕 **―ご** 子 Ⓓ いとしいわが子。愛児。「―(ト)の別れをしたふ(=悲シムノハ)世のならひ(=世間ノ人情デス)」〔謡・大蛇〕 **―どち** Ⓔ 気心の合ったなかま。たがいに意気投合したどうし。「おもふどち」とも。「上の限りなき御―にて」〔源氏・桐壺〕 **―ね**

寝Ⓓ 恋などの物思いに沈みながら寝ること。「—の夜な夜な(=毎夜)夢に(恋人ト)あふことをただかた時の(=ワズカノ間ノ)現(うつ)ともがな」〔後撰・恋三〕 **—やり** 遣りⒸ ❶おしはかること。想像。「盗人などいふひたぶる心ある者(=相手カマワズノ連中)も、—のさびしければにや(=推量シタトコロガ貧弱ソウダカラカ)…寄り来ざりければ」〔源氏・蓬生〕 ❷思慮・分別。「(アナタハ)大人びたまひためれど、まだいと—もなく、人の心も見知らぬさまにものしたまふこそ、らうたけれ」〔源氏・朝顔〕 ❸同情。「『—少なう、御心のままならむも(=ワガママ一方デイラッシャルノモ)ことわり』と思ふ」〔源氏・末摘花〕

おもひあ・つ【思ひ当つ】(-イ-)Ⓔ《他下二》❶思いあたる。「いとしるく—・てられたまへる(源氏ノ君ノ)御そばめ(=横顔)を見すぐさで」〔源氏・夕顔〕 ❷考えて分担させる。考えてわりあてる。「子もちの御まへの物(=産婦用ノ品)、女房の中にもしなじなに(=ソレゾレノ分ニ応ジテ)—・てたる(贈リ物ノ)きはぎは、おほやけごとに(=表向キニ)いかめしう(=リッパニ)せさせたまへり」〔源氏・柏木〕

おもひあつか・ふ【思ひ扱ふ】(オモイ—カ〈コ〉ウ)Ⓓ《他四》❶親身になってめんどうを見る。「(ドウカコノ子ヲシアワセニシタイト)あけくれ、この母君は—・ひける」〔源氏・東屋〕 ❷思いなやむ。心配する。「のどかにてすずしかりけり夏の日も—・ふ事もなき身は」〔曾丹集〕

おもひあは・す【思ひ合はす】(オモイアワ—)Ⓓ《他下二》(ある事を手がかりに他の事を)考えて納得する。ふたつの事がらを結びつけて理解する。「ここにものしたまふ(=オイデニナルノ)は誰にか。尋ねきこえまほしき夢を見たまへしかな。今日なむ(本人ヲ見テコレダナト)—・せつる」〔源氏・若紫〕

おもひあま・る【思ひ余る】Ⓓ(-イ-)《自四》❶たえきれないほど思う。感情がおさえきれない。「—・り(ワタシノカラダカラ)いでにし魂(たま)のあるならむ夜ふかく見えば(=アナタノ所へ魂ガ行ッタラ)魂結び(=魂ガ再ビ出テユカナイマジナイ)せよ」〔伊勢・一〇一段〕 ❷考えがつかず、途方にくれる。「—・りいたも(=テンデ)すべ無み(=シカタガナクナリ)玉だすき(=枕詞)畝傍(うねび)の山に我は標(しめ)ゆふ」〔万葉・巻七〕

おもひい・る【思ひ入る】(-イ-)Ⓑ[一]《自四》❶深く気にする。思いつめる。考えこむ。「『心うき宿世(すくせ)かな』と—・りて」〔源氏・浮舟〕 ❷深く思って…の中にはいる。「何心ありて(=ドンナ気デ)海の底まで深う—・るらむ(=ハイロウトマデ思イツメテイルノダロウ)」〔源氏・若紫〕 [二]《他下二》深く心にとめる。[参]いる[一]⑨㋑。「—・れぬさまにてをものしたまへ(=アマリ気ニシナイ態度デイラッシャイ)」〔源氏・少女〕

おもひ・う【思ひ得】(-イ-)Ⓓ《他下二》考えてわかる。考えつく。「東山に用ありて、すでに行きつきたりとも、西山に行きてその益まさるべき(=モットヨイダロウトイウ)ことを—・えたらば、門より帰りて(=ヒキカエシテ)西山へ行くべきなり」〔徒然・一八八段〕

おもひうか・る【思ひ浮かる】(-イ-)Ⓔ《自下二》〖中古語〗誠実さがない。浮気だ。「年ごろ—・れたまふさま聞きわたりても」〔源氏・真木柱〕

おもひおき・つ【思ひ掟つ】(-イ-)Ⓓ《他下二》考えて計らう。計画しておく。「(ソウナサッタノハ)入道殿(=道長公ガ)—・てさせたまふやう(=将来ヲオ見込ミニナッタ事情ガ)ありけむぞかしな」〔大鏡・道長〕

おもひお・く【思ひ置く】(-イ-)Ⓒ《他四》❶(ある事がらに)心をとめる。思ひこむ。「『いかで(=何トカシテ)人にも(=アノ方ニモ)ことわらせたてまつらむ(=反省シテイタダコウ)』と—・きし」〔源氏・蛍〕 ❷心を残す。あとまで思いつづける。「人は『心づきなし(=気ニクワナイ)』と—・きたまふこともあらむ(=根ニオ持チニナルカモシレナイ)」〔源氏・賢木〕

おもひおこ・す【思ひ起こす】(-イ-)Ⓓ《他四》❶わざわざ思い立つ。しいてその気になる。「稲荷に—・してまうでたるに」〔枕・一五八段〕「かくばかり分け入りたまへるが浅からぬに、—・してぞ(=元気ヲ出シテ)」〔源氏・蓬生〕 ❷(前にあった事・忘れていた事などを)思い出す。「年ごろ里居したる人々の(=自宅ニ退出シテイタ女房タチガ)、中絶えを—・しつつ」〔紫日記〕

おもひおと・す【思ひ貶す】(-イ-)Ⓔ《他四》❶軽く考える。見くびる。「なほ(=ヤハリ)さし向かひたる(=サシアタッテ)劣りのところ(=妾腹ノ子)には、人も—・し」〔源氏・薄雲〕 ❷あまりかわいがらない。「(オ子サマガ)あまたあるがなかに、この君をば—・したまひてや(=アマリオカワイガリニナラナイノカ)、憎まれたまふよ」〔枕・三〇六段(能因本)〕

おもひか・く【思ひ掛く・思ひ懸く】(-イ-)Ⓑ《他下二》❶予想する。「ゐなかの通ひも—・けねば」〔源氏・夕顔〕「かうまで立ち出でむとは—・けきやは」〔紫日記〕 ❷考慮する。念頭におく。「『法華経五の巻をとく習へ』といふと見れど、人にも語らず習はむとも—・けず」〔更級〕 ❸恋しく思う。慕う。「(浮舟ハ)かすかにてゐたる(=サビシイ生活ヲシテイタ)人なれば、道定も—・くらむかし」〔源氏・浮舟〕

おもひき・ゆ【思ひ消ゆ】(-イ-)Ⓓ《自下二》身も消えるほど深く思う。死ぬほど思いこむ。「(ワタシハ)雪ふりて人もかよはぬ道(ノヨウナモノ)なれや(ソウデモナイノニナゼ)あと(=形ガ)はかなくも(=スッカリ見エナクナルヨウニ)—・

ゆらむ(＝消エルホドノ思イナノダロウ)」〔古今・冬〕

おもひ くた・す【思ひ腐す】(―イー) Ⓔ《他四》❶(心の中で)さげすむ。(内心)見くだす。「かくこよなきさまに(＝最低ニ)皆―・すべかめるも安からず(＝イイ気ガシナイ)」〔源氏・葵〕❷(「身」を伴い)くだらないものと考える。「(女トイウモノハ)わが心をつつしみて、身を―・さねば(＝自暴自棄ニナラナケレバ)、おのづから、身にすぐる(＝自分ニ不相応ナ)幸ひもあるものぞ」〔健寿〕

おもひ くづほ・る【思ひ頽ほる】(オモイクズオー) Ⓓ《自下二》気がくじける。がっかりする。「山がつ(ノヨウナ身ノ上)になりて、いたう―・れはべりし(＝気落チシテオリマシタ)年ごろの後、こよなく(＝ヒドク)衰へにてはべる」〔源氏・朝顔〕

おもひ け・つ【思ひ消つ】(―イー) Ⓓ《他四》❶(何とかして)忘れる。思うのをやめる。「『よろづの事、すさびにこそあれ(＝一時的ナ慰ミゴトナノダ)』と―・たれたまふ」〔源氏・澪標〕❷(内心)ばかにする。無視する。ないがしろに思う。「はかなき(＝チョットシタ)事(＝イザコザ)のをりに、人の(＝アノ方ガワタシヲ)―・ち、なきにもてなすさまなりし」〔源氏・葵〕

おもひ しづ・む【思ひ沈む】(オモイシズー) Ⓔ《自四》考えてふさぎこむ。意気消沈する。「月ごろ、ものをみ―・みて(＝クヨクヨ考エコンデバカリイテ)」〔源氏・澪標〕

おもひ しづ・む【思ひ鎮む】(オモイシズー) Ⓔ《他下二》気をおちつかせる。心を平静にする。「五日(＝五月五日)の節に急ぎ参る朝、何のあやめも―・められぬに(＝五日ノアヤメモ何モオチツイテ考エテナンカイラレナイ時ニ)」〔源氏・帚木〕

おもひ しな・ゆ【思ひ萎ゆ】(―イー) Ⓓ《自下二》元気がなくなる。がっかりする。「夏草の―・えてしのふらむ妹が門見む…」〔万葉・巻二〕

おもひ し・む【思ひ染む】(―イー) Ⓒ ㊀《自四》身にしみて思う。しみじみ思う。「花どもの萎るるを、いとさしも(＝ソレホド)―・まぬ人だに『あな、わりな(＝ドウショウモナイワネ)』と思ひさわがる」〔源氏・野分〕㊁《他下二》心に深くきざみつける。思いこむ。「蔵人―・めたる(＝蔵人ニゼヒナリタイト思イツメテイル)人の、ふとしも(＝オイソレトモ)えならぬが」〔枕・三段〕

おもひ しめ・る【思ひ湿める】(―イー) Ⓔ《自四》悲しみに沈んでいる。憂えてふさぎこむ。「衛門の督(かみ)はいといたく(＝タイソウヒドク)―・りて、ややもすれば花の木に目を付けてながめやる(＝ボンヤリ見ヤッテイル)」〔源氏・若菜上〕

おもひ し・る【思ひ知る】(―イー) Ⓒ《他四》じゅうぶんに知る。よく自覚する。「故姫君は、十二にて殿(＝父君)におくれたまひしほど、いみじうものは―・りたまへりぞかし(＝物事ノ道理ハワキマエテオイデダッタヨ)」〔源氏・若紫〕

おもひ す・つ【思ひ捨つ】(―イー) Ⓒ《他下二》(考えた上で)見捨てる。相手にしない。「第一の事(＝最高ノ大事ヲ)案じ定めて(＝ヨク考エコレトキメテ)その他は―・てて、一事をはげむべし」〔徒然・一八八段〕

おもひ すま・す【思ひ澄ます】(―イー) Ⓓ《自四》❶専心する。熱中する。「(源氏ノヨウナ)いみじきものの上手の(＝スバラシイ名人ガ)心のかぎり―・して(＝一心ニナッテ)しづかに描(か)きたまへるは」〔源氏・絵合〕❷(宗教的な世界に)没頭する。「いとよく―・しつべかりける世を(＝悟リキッテイラレタハズノ世ナノニ)、はかなくも(＝ツマラナクマア)かかづらひけるかな(＝世事ニ引ッカカッテイタコトダ)」〔源氏・幻〕(参)すます㊂②。

おもひ た・ゆ【思ひ絶ゆ】(―イー) Ⓓ《他下二》(全く念頭におかない。断念する。「(興味深クテ)夜の明けなむも惜しう、京のことも―・えぬばかりおぼえはべりし」〔更級〕

おもひ つ・く【思ひ付く】(―イー) Ⓓ《他四》❶㋑(一般的に)好感をもつ。好きになる。「咲く花に―・く身のあぢきなさ身にいたつき(＝掛ケ詞(参)「いたつき」)の入るも知らずて」〔拾遺・物名〕㋺(男女の間がらに用い)恋仲になる。「―・きて(＝主人ト恋仲ニナッテツイニ)妻になりにけり」〔大和・一四八段〕㋩味方になる。荷担する。「信濃へ越えける(＝オモムイタ)時、また木曾(義仲)に―・きにけり」〔盛衰・巻二九ノ六〕❷ふとよい考えを得る。「―・いたる延べ鏡(＝鏡デノウツシヨミ)、出してうつしてよみとる文章」〔浄・忠臣蔵・七〕

おもひ つづ・く【思ひ続く】(―イー) Ⓒ《他下二》❶ずっと思っている。「人ひとりの御有様を(＝藤壺中宮ノコトバカリズット)心のうちに―・けたまふ」〔源氏・帚木〕❷あれやこれやと考える。いろいろと思いめぐらす。「―・くれば、やまとうたの道は、ただまことすくなく(＝実意ガ乏シク)あだなるすさびばかりと(＝軽薄ナナグサミ事ニスギナイト)思ふ人もやあらむ」〔十六夜〕「うかりし昔を―・け(＝ツラカッタ昔ノ事ヲアレコレト思イメグラシテ)、宝物集といふ物語を書きける」〔平家・少将都帰〕❸自分の感慨を作品にする。「わが山荘のありければ(＝自分ノ別荘ガアッタノデ)それに落ち着いて、まづ―・けけり(＝感慨ヲ詠ジタ)。『ふる里の軒の板間に苔むして(＝コノ山荘ノ軒ノ板ノスキ間ニハコケガハエテイテ)思ひしほどは(＝予想ホドニハ)もらぬ月かな(＝月光モモレ入ッテクルコトハナイ)』」〔平家・少将都帰〕

おもひ つつ・む【思ひ包む】(―イー) Ⓔ《他四》気がねする。気がねしてためらう。「『(宮仕エニ出テ)見ぐるしき有様にや』と―・みたまふを」〔源氏・行幸〕

おもひ と・る【思ひ取る】(―イー) Ⓒ《他四》❶はっき

りと悟る。考えてじゅうぶんに理解する。「―・る方なき(＝道理ガワカラナイガンコナ)心あるは、いとあしきわざなり」〔源氏・夕霧〕 ❷決心する。覚悟をきめる。「ここに(＝コノ所デ)世を尽くしてむ(＝一生ヲ送ロウ)と―・りたまへ」〔源氏・椎本〕

おもひ なが・す【思ひ流す】(―イ―) Ⓔ 《他四》 ❶つぎからつぎへと思いつづける。「冬の夜の澄める月に雪の光りあひたる空こそ…身にしみて、この世のほかの事まで―・され」〔源氏・朝顔〕 ❷くよくよ考えない。あっさりと考える。「今かかる身のうきつらさ、父母の御ためと―・せば、くやみもなし、恋しきは故郷ぞや」〔近松・大磯虎・三〕

おもひ なぐさ・む【思ひ慰む】(―イ―) Ⓓ ㊀《自四》心が楽になる。気がまぎれる。「この世には(＝現世デハ)いささか―・むかた(＝気ガ休マルコトモ)なくてすぎぬべき(＝一生ガ終ワッテシマイソウナ)身どもなりけり」〔源氏・総角〕 ㊁《他下二》心を楽にさせる。気持ちをまぎらわす。「はかなき(＝トリトメモナイ)古歌(ヤ)物語などやうのすさびごと(＝ナグサミ事)にてこそ、つれづれをもまぎらはし、かかるすまひ(＝コンナ貧乏生活)をも―・むる(＝気分転換サセル)わざなめれ」〔源氏・蓬生〕【下二段の自動詞を認める説は誤り】

おもひ な・す【思ひ做す】(―イ―) Ⓒ 《他四》考えてそれと認める。…だと考える。「人数なる世もやと待つ方は、いとのどかに―・されて」〔源氏・帚木〕「みづからのあやまちに―・せど」〔源氏・夕霧〕

おもひ な・る【思ひ成る】(―イ―) Ⓒ 《自四》…の気になる。(自然に)気持ちがきまる。「ゆくりもなく(＝フット)『いさよふ月にさそはれ出でなむ』とぞ―・りぬる」〔十六夜〕

おもひ は・つ【思ひ果つ】(―イ―) Ⓓ 《他下二》 ❶㋑すっかり思いこむ。思いつめる。「いと深う憎みたまふべかめれば、身もうく―・てぬ」〔源氏・空蟬〕 ㋺あきらめる。「今は世になき人と―・てにしを」〔源氏・夢浮橋〕 ❷最後まで思いつづける。「あこ(＝坊ヤ)は、らうたけれど(＝カワイイケレド)、つらきゆかりにこそ(＝姉サンガアマリ意地悪ダカラ)え―・つまじけれ(＝ズット仲ヨクツキアエソウモナイネ)」〔源氏・空蟬〕 ❸最後にわかる。最後に思いあたる。「(大将ダトバカリ思ッテイタトコロ)『宮なりけり(＝アッ、宮様ダッタノダ)』と―・つるに」〔源氏・東屋〕

おもひ はな・つ【思ひ放つ】(―イ―) Ⓓ 《他四》思い切る。断念する。「なぞ(＝ナゼ)この大臣(おとど)のをりをり―・たず(＝アキラメテシマワナイデ)恨み言はしたまふ」〔源氏・真木柱〕

おもひ はな・る【思ひ離る】(―イ―) Ⓓ 《他下二》心が離れる。あいそうをつかす。気がなくなる。「かれ、はた(＝一方アノ女ハ)えしも―・れず(＝ドウニモアキラメキレズ)」〔源氏・帚木〕

おもひ へだ・つ【思ひ隔つ】(―イ―) Ⓔ 《他下二》敬遠する。相手にしない。「時々は(京ニ)参りて(ワタシヲ)見たてまつれ(＝訪問ナサイ)。(宇治ニ)おぼつかなく(＝気ガカリナホド)たえこもりはてぬるは(＝ヒッコモリキリナノハ)、こよなう(＝マッタク)―・てけるなめり(＝オ見限リノヨウダワネ)」〔源氏・宿木〕

おもひ まは・す【思ひ回す】(オモイマワ―) Ⓓ 《他四》あれこれ思案する。思慮をはたらかせる。「『ただ―・さで(＝アレコレ考エナイデ)…ふとおぼえむ(＝ヒョイト思イツク)ことを』と責めさせたまふに」〔枕・二三段〕

おもひ や・る【思ひ遣る】(―イ―) Ⓒ 《他四》 ❶(身近でないことを)思う。「雪の日をへて降るころ、吉野山に住む尼君を―・る」〔更級〕 ❷推しはかる。想像する。「立ちさまよふらむ下つ方(＝ウロウロシテイル足モトノ方ヲ)―・るに、あながちに(＝ムヤミニ)たけ高きここちぞする」〔源氏・夕顔〕

おもひ ゆる・す【思ひ許す】(―イ―) Ⓓ 《他四》 ❶心中で許す。承知する。「もし(御息所ガ結婚ヲ)たまさかに(＝ヒョットシテ)―・したまはば」〔源氏・夕霧〕 ❷まあよいと思う。あきらめる。「(スコシミットモナイガ)いかがはせむ(＝ドウショウモナイ)…と―・して」〔源氏・総角〕

おもひ よそ・ふ【思ひ準ふ】(オモイ―ウ) Ⓓ 《他下二》くらべて考える。ならべて思う。「身はいと苦しかんなりと、―・へらる」〔紫日記〕

おもひ よ・る【思ひ寄る】(―イ―) Ⓒ 《他四》 ❶(考えた結果として)気がつく。結論がそこへ行く。思いあたる。「(惟光ハ)心とき者にて(＝敏感ナ男デ)、ふと(＝スグニ)―・りぬ(＝アレダナト見当ガツイタ)」〔源氏・葵〕 ❷心がひかれる。魅力を感じる。「(薫ノ人ガラニ)―・れる人は、いざなはれつつ、三条の宮(＝薫ノ母ノ家)に参り集まる(＝奉公ニ集マッテ来ルノ)はあまたあり」〔源氏・匂宮〕

おもひ よわ・る【思ひ弱る】(―イ―) Ⓔ 《自四》気が弱くなる。がんばりきれなくなる。「もの問はせなどするにも(＝吉凶ヲウラナワセテミテモ)、なほ『渡りたまひては(＝オ移リニナッタホウガ)まさるべし(＝ヨイデショウ)』とのみ言へば、―・りにたり」〔源氏・薄雲〕

おもひ わ・く【思ひ分く】(―イ―) Ⓑ ㊀《他四》 ❶区別して思う。「かの(＝大君ガ)『(中ノ君ヲ)こと人と(シテ自分ト)な―・きそ(＝別アツカイナサイマスナ)』と、譲りたまひし心おきてをもすこしは語りきこえたまへど」〔源氏・早蕨〕 ❷ちがいを認める。判別する。「いつとても(＝四季ノ別ナク)月はかくこそあれ(＝コンナモノサ)とて(秋ノ月ノ美ヲ)―・かざらむ人は、むげに(＝マッタク)心憂かるべき事なり」〔徒然・二一二段〕 ㊁《他下二》「㊀①」に同じ。「これ(＝コノ子)を、他人(ことひと)と(シテ実ノムスメト)—・けたること(=差別待遇スルワネ)」〔源氏・東屋〕「(少女タチハ少年タチヲ)とりどり(=各自)に—・けつつ(=選ンデ交際相手トシテハ)もの言ひたはぶるるも」〔堤・ほどほど〕

おもひ わ・ぶ【思ひ侘ぶ】(—イ—) Ⓒ 《他上二》(心のなかで)なげく。つらがる。「(アマリサビシイスマイハ)若き妻子の—・びぬべきにより」〔源氏・若紫〕

おも・ふ【思ふ】(—ウ) Ⓐ 《他四》 ❶《名詞「面(おも)」を八行四段に活用させ》…な顔をする。…といった表情を示す。「もの悲しらに—・へりし(=悲シソウナ顔ツキダッタ)わが児の刀自(とじ)を(=ワタシノムスメヲ)ぬばたまの(=枕詞)夜昼(よるひる)といはず思ふにし…」〔万葉・巻四〕「色許されなどしたる人は、したり顔に—・ひて(=得意ゲナ表情ヲシテ)、おしのけたる(=ダンゼン問題デナイトイッタ)さまなり」〔栄花・若ばえ〕《その名詞形(顔つき)は「おもへり」であった。「礼(ゐや)無き(=失礼ナ)おもへり無く」〔続日本紀・神護景雲三年〕》 ❷《顔つきの内がわにあることの意で》心をある事がらについてはたらかせる。「きはまりなき(=ヒドイ)放言しつ(=悪口ヲイッタ)と—・ひける気色(けしき)にて、馬ひきかへして、にげられにけり」〔徒然・一〇六段〕 ❸過去の事を思いおこす。思い出す。「つゆまどろまず(=スコシモ眠ラナイデ月ヲ)眺めあかいしものを(ト)、こひしく—・ひつつ寝いりにけり」〔更級〕 ❹望む。願う。「うたて(=イヤニ)—・ふさまならず、もどかしう(=ジレッタク)、心づきなき(=気ニクワナイ)ことなどあり」〔枕・一二四段〕 ❺㋑恋しがる。慕わしく感ずる。愛する。「—・ひつつ寝(ぬ)ればや人の見えつらむ夢と知りせばさめざらましを」〔古今・恋二〕㋺愛情関係または夫婦関係をもつ。「工藤の介(すけ)茂光がむすめを—・ひて儲(もう)けたりし子なり」〔盛衰・巻二六ノ九〕㋩たいせつにする。秘蔵する。「身に代へて(=自分ノ身ト同ジグライ)—・ふ馬なれども、権威について(=圧力ニマケテ)取らるるだにあるに(=シャクナノニ)」〔平家・競〕 ❻憂える。悲しむ。「かの都の人は、いとけうらに(=美シクテ)、老いもせずなむ。—・ふ事(=心配事)もなくはべるなり」〔竹取〕 ❼おしはかる。想像する。「また時の間の烟(けぶり)ともなりなむとぞ、うち見るより—・はるる」〔徒然・一〇段〕 ❽㋑予期する。「日々に過ぎゆくさま、かねて(=以前カラ)—・ひつるには似ず」〔徒然・一八九段〕㋺予定する。「この所に住みはじめし時は、あからさま(=ホンノ一時的)と—・ひしかど、いますでに五年を経たり」〔方丈〕

——さま 様 Ⓓ ㊀《形動ナリ》思いどおり。「かの高砂うたひし君も、冠(こうぶり)せさせて(=元服サセテ)、いと—・なり(=思イノママニ栄エテイル)」〔源氏・澪標〕 ㊁《連語》考えるところ。思うところ。「(オ前ヲイナカニヤルノハ)あやしう思ひやりなきやうなれど、—殊なる事(=特別ノ考エ)によりてなむ(ヤルノデアル)」〔源氏・澪標〕 **——どち** Ⓔ「おもひどち」に同じ。「ある人のもとに—さし集まりて」〔無名抄・一六〕 **——・へらく** Ⓔ 《連語》《「おもふ」の命令形＋完了助動詞「り」の未然形＋接尾語「く」。㊇—らく》思っていること(には)。考えていること(には)。「—義において闕(か)けたること有りとおもへり」〔古文孝経・建久六年訓点(猿投神社本)〕《「おもへらく」は「以為」の訓》《漢文よみくだし調の文章に使われた。和文脈の作品には現れない》

おもふる【徐る】 Ⓔ 《形動ナリ》《古代語》落ち着いているさま。ゆったり。《後の「おもむろ」に同じ》「よりて(=ソコデ)—・に問うていはく」〔紀・神代下・訓(兼方本)〕《「おもふるに」は「従容」の訓》《「舒オモフル」〔名義抄〕により清音としておく》

おもほ・し【思ほし】(—オシ) Ⓓ 《形シク》(こうありたいと)思っている。望んでいる。「(家族ノ人タチニ)—・しき言伝てむやと(=アナタノ言イタイト思ッテイルコトバヲ伝エマショウカト)家問へば家をも告(の)らず…」〔万葉・巻一三〕

おもほし め・す【思ほし召す】(オモオ—) Ⓒ 《他四》《「思ふ」の高度な尊敬語》お思いあそばす。「をす(=オ治メニナル)国は栄えむものと神ながら(=天皇ハ神デオイデニナルママニ)—・して…」〔万葉・巻一八〕

おもほ・す【思ほす】(—オス) Ⓒ 《他四》《「思ふ」の尊敬語》お思いになる。《「す」は尊敬の助動詞であった。未然形に付き「思はす」となるはずのところ、語幹にomoとオがかさなった影響で「思ほす」となったもの》「みあらか(=御殿)は高知らさむ(=リッパニオ造リニナロウ)と神ながら—・すなへに(=ニツレ)…」〔万葉・巻一〕

おもほ・ゆ【思ほゆ】(—オユ) Ⓑ 《自下二》《本来「ゆ」は自発の古代助動詞》自然と思う。思われる。「葦辺ゆく鴨(かも)の羽交ひに霜ふりて寒き夕べは大和し—・ゆ」〔万葉・巻一〕「君をのみ頼む(=アナタダケガタヨリノ)旅なる(ワタシノ)心には行く末遠く—・ゆるかな」〔蜻蛉・上〕

おも むき【趣】 Ⓑ ❶事がらのすじあい。意味する内容。「ゆかしく(=知リタイト)おぼえむ事は、まなび聞くとも、その—を知りなば、おぼつかなからずして(=イチオウ不審ガナクナッタトコロデ)やむべし」〔徒然・一五一段〕 ❷ようす。ぐあい。模様。「人(=道長)の御さまの(=態度ガ)、言ひいでたまふ(=語調カラシテ)、かたへは(=イクラカハ)臆せられ(=気オクレサレ)たまふなめり」〔大鏡・道長〕 ❸心をひかれるような事物の状態。あじわい。「ただ走り書きたる—のざえざえしく(=学識ノ深サヲ思ワセ)、はかばかしく(=シッカリシテイテ)」〔源氏・若菜下〕

おも　む・く【趣く・赴く】Ⓑ〔「面(おも)向く」という原義から〕㊀《自四》❶(ある方向に)むく。「悪しき方の風にはあらず、よき方に―・きて(＝向カッテ)吹くなり」〔竹取〕❷(ある方向へ)行く。「月の都を振り捨てて(＝京都ヲ出テ)、西海の波濤に―・き」〔謡・船弁慶〕❸言うことをきく。同意する。「なでふ(＝ドンナ)事のたばかり(＝計略)をしてか、女の(結婚ニツイテ)―・くべき」〔宇津保・藤原君〕「人の身を受けたる(＝人間ト生マレタ)者なれば、おのづから善き事をいはむに、―・く(＝ソノ気ニナル)こともありなむ」〔今昔・巻一〇ノ一五〕㊁《他下二》❶㋑(ある方向に)むける。「心をいかに―・きて、境(＝スグレタ境地)に入りはべらむ」〔ささめごと・上〕《この例は他動詞四段活用だが、広く用いられたとは認められないので、別項とせず、誤用と考えておく》㋺しむける。「人にあまねく知らせじと―・けたまへる気色(＝オシムケニナッタ処置ハ)、いと労あり(＝モノナレテイル)」〔源氏・藤袴〕㋩(とくに話を)むける。話題とする。「もて離れて(＝ヒドク)似げなき(＝適切デナイ)御事ども、―・けはべらず(＝話題ニイタシマセン)」〔源氏・末摘花〕❷(ある方向へ)行かせる。「わが大事の聖(ひじり)の君(＝アリガタイ大和尚サマ)、この事―・けしめたまへ(＝ウマク進行サセテクダサイ)」〔宇津保・藤原君〕「『(コノ世ヲ)いとひ離れよ』と、ことさらに仏などのすすめ―・けたまふやうなるありさまにて」〔源氏・橋姫〕❸従わせる。承知させる。「かの御方(＝中君)を、さやうに(＝結婚ノ方向へ)―・けて(＝同意サセルヨウニアナタガ)聞こえたまはば(ヨカロウ)」〔源氏・総角〕

おも　むけ【趣け・赴け】Ⓔ　ある事をさせるようにする態度。しうち。「いとむげに(＝ヒドク)ちごならぬ(＝子ドモッポクハナイ)よはひの(＝年齢ダガ)、またはかばかしう人の―をも見知りたまはず」〔源氏・若紫〕

おも・る【重る】Ⓓ《自四》❶重量がふえる。「露―・る小萩が末はなびき伏して吹きかへす風に花ぞ色そふ」〔玉葉・秋上〕❷病気が悪化する。重態になる。「この御ここちのさまを何事にて―・りたまふとだに」〔源氏・柏木〕「帥殿(そちどの)は、今年となりては、いとど御ここち―・りて」〔栄花・初花〕

おも　わ【面輪】Ⓔ　顔。「桃の花紅色ににほひたる(＝色ツヤノヨイ)―のうちに青柳の細きまよね(＝マユ毛)を…」〔万葉・巻一九〕

おや【親・祖】Ⓑ❶父母。父親。母親。「『翁の申さむ事は(＝申シマス事ヲ)聞きたまひてむや(＝オ聞キ下サイマスカ)』と(竹取ノ翁ガカグヤ姫ニ)いへば、かぐや姫『何事をか、のたまはむ事はうけたまはらざらむ(＝承知シナイコトガアリマショウカ)。変化(へんげ)のものにてはべりけむ身とも知らず(＝人間デナカッタ身トハ知ラズニ)―(＝父親)とこそ思ひたてまつれ』といふ」〔竹取〕「いつつの子どもの(＝五人ノ子タチノ)歌、残りなく書きつづけぬるも、かつは(＝アル点デハ)いとをこがましけれど(＝バカゲテイルガ)―の心には(＝母親トシテノ自分ノ心ニハ)あはれにおぼゆるままに(＝ソレラガシミジミト思ワレルノデ)書き集めたり」〔十六夜〕❷先祖。「武士(もののふ)といはゆる人は皇祖(すめろき)の神の御門に(＝天皇ノ御殿ニ)外(と)のへに立ちさもらひ(＝外ニ立ッテ警備ニアタリ)内のへに仕へまつり(＝内ニオ仕エ申シアゲテ)たまかづら(＝枕詞)いや遠長く―の名も(＝イヨイヨ長ク父祖ノ名ヲモ)つぎゆくものと…」〔万葉・巻二〕❸元祖。起源。もと。はじまり。「『あぢきなや戸にはさまるる衣(きぬ)のつま』『恋の―とも逢ふ夜たのまむ(＝ソノ衣ノ端ガハサマレタノヲ恋ノキッカケトシテアウ夜ノアルノヲタノミニ待トウ)』」〔其角・越人(曠野)〕❹第一に重んずるもの。首長。かしら。「国の―となりて、帝王の上なき位にのぼるべき相おはします人の、そなたにて見れば(＝ソノ帝王トイウ方面カラミルト)乱れうれふることやあらむ(＝心配事ガアロウカ)」〔源氏・桐壺〕「御遊びにも(＝帝ノ御前デノ奏楽ナドニモ)まづ書(ふみ)の司(つかさ)(カラノ和琴)を召すは、人の国は知らず、ここには(＝日本デハ)これを(＝和琴ヲ)ものの―(＝楽器ノ第一ノモノ)としたるにこそあめれ(＝トシタモノデアルヨウニ思ウ)」〔源氏・常夏〕

おや　ざと【親里】Ⓔ❶(妻の)実家。「(アナタノ夫ハ)そなたに飽きはてたと言ふほどに、わごりょ(＝アナタ)も―へ去(い)んだならばよからう」〔狂・吃り〕❷親のいる土地。生まれ故郷。「―の新口村に着きけるが」〔近松・冥途飛脚・下〕

お・ゆ【老ゆ】Ⓔ《自上二》❶㋑年長になる。おとなになる。「この時、素戔嗚尊(すさのをのみこと)、年すでに―・いたり」〔紀・神代上・訓〕《「おいたり」は「長矣」の訓。この条は素戔嗚尊が生まれてすぐ後の所に見える。天の石戸の話や八岐大蛇の退治の話などは、ずっと後に出てくる》㋺老齢になる。「年経れば齢(よはひ)は―・いぬ然(しか)はあれど花をし見ればもの思ひもなし」〔古今・春上〕❷㋑盛りをすぎる。「鶯の―・いたる声して、かれ(＝ホトトギス)に似せむとををしう(声ヲ)うち添へたるこそ、憎けれどまたをかしけれ」〔枕・二二一段〕㋺衰える。「おほあらきの森の下草―・いぬれば駒もすさめず(＝オイシガラナイシ)刈る人もなし」〔古今・雑上〕㋩ぼける。「あはれ(＝オヤオヤ)、女とじ(＝オバサン)は―・いて、雀飼はるる」〔宇治・巻三ノ一六〕

お　ゆどの【御湯殿】Ⓓ❶清涼殿の西廂(にしひさし)の北はずれにあるへやの一つ。湯を沸かし、天皇の食事などを準備する所。「殿上よりはえ出でさせたまはで、―の馬道(めだう)の戸口に御前を召して」〔大鏡・道兼〕❷「①」に奉仕する女性。「―は東宮の御迎へ湯にまゐりたまひし内侍のすけ」〔宇津保・蔵開上〕 ❸入浴の尊敬語。「妻戸(=ドア)のわたりも—のけはひにぬれ」〔紫日記〕 ❹貴族の子が生まれたあと、祝いの意をこめて湯に入れる儀式。〘産湯(うぶ)ではない〙「—すべき時もなりぬれば、その儀式、みな白がさね白き綾をつかはれたり」〔宇津保・蔵開上〕

およず・く Ⓓ 〘自下二〙 ❶成人する。成長する。「(生後間モナイ)ほどよりは大きに—けたまひて、やうやう、起きかへり(=自力デ寝ガエリヲウチ)などしたまふ」〔源氏・紅葉賀〕 ❷おとならしくなる。ませる。「いと—けても(=コマッチャクレテ私ヲ)恨みはべるなりな。いとはかなしや(=ホントウニタヨリナイコトヲ申シマスヨ)。この人のほどよ」〔源氏・少女〕 ❸円熟する。老成する。「『院にならせたまひて都離れたる所なれば』といふにこそあまりに—けたれ(=老大家ブッテイル)」〔大鏡・昔物語〕 ❹地味である。「昼はことそぎ(=簡素ニシテ)、—けたる姿にてもありなむ」〔徒然・一九一段〕

およそ 〔凡そ〕 Ⓑ ㊀ だいたい。一般。「—は(=普通ナラバ)九国の惣追捕使にもなされ…一方の固めともなされむずるとこそ思ひつるに」〔平家・腰越〕 ㊁〘副〙まったくのところ。「腰のまはりには荒布(あらめ)を取りまとひつけて、裂けひきて(=チギレチギレデ)、—力なげなり」〔盛衰・巻一〇ノ一〇〕〘この用法は、現代語では俗語あつかいにされるが、その源流は古いようである〙 ㊂〘形動ナリ〙いいかげんだ。なおざりだ。粗末である。「そなた(=オ前)は先妻の子、私とはなさぬ仲ぢゃゆゑ(=継母継子の間ダカラ)—にしたかと思はれては、どうも生きてはゐられぬ義理」〔浄・忠臣蔵・九〕 ㊃〘接続〙いったい。そもそも。「—今度の(事件ニ関係シタ)輩(ともがら)(=連中)あるいは深山にかくれ入り、あるいは遠国におもむき、行き方も知らざりければ」〔保元・中・一二〕

および〔指〕 Ⓓ ゆび。「秋の野に咲きたる花を—折りかきかぞふれば七種(ななくさ)の花」〔万葉・巻八〕「数ふれば—もそこなはれぬべし」〔土佐〕

および な・し〔及び無し〕 Ⓓ 〘形ク〙 ❶自分の力ではどうにもならない。「かく—き心(=身分ニ過ギタ望ミ)を思へる親たちも」〔源氏・明石〕 ❷いやしい。「(ワタシハ)—く(=トテモソンナ身分デナクテ)影も見ざりし(=オ目ニカカッタコトモナイ)月(=中宮サマ)なれど雲がくるるは(=オナクナリニナルノハ)悲しかりけり」〔栄花・紫野〕

およ・ぶ 〔及ぶ〕 Ⓑ 〘自四〙 ❶(そこまで)いたる。とどく。達する。「(火災ノ被害ヲウケタトコロハ)すべて(=総計シテ)都のうち三分が一に—べりとぞ(=三分ノ一ニマデイタッタトイウ)」〔方丈〕「心よく数献に—びて(=杯ヲ数回カサネルニイタッテ)、興に入られはべりき」〔徒然・二一五段〕 ❷とうとう…となる。しまいには…となる。「いやいや(=イヤイヤソウデハナイ)、ただ今(=モウスグ)天下の大事に—びなむず(=キット天下ノ大事件ニナルダロウ)」〔平家・早馬〕 ❸追いつく。追ってそこにまで行く。「遠からむ者をばさし—びて(=遠イ所ノ者ハソノ者ヲメザシテ追イツイテ)手打ちに切っては落とし」〔保元・上・一二〕 ❹対比する。くらべる。「住吉の浦…絵にかきても—ぶべき方なうおもしろし(=実際ノ景ニハクラベヨウモナク興味深イ)」〔更級〕 ❺…することができる。用例→「およばず」。 ❻…する必要がある。「(新中納言ガ)『いかに約束はたがふまじきか』とのたまへば、(伊賀家長ハ)『子細にや—びさうらふ(=申ス必要ガアリマショウカ=モチロン)』と、中納言に鎧二領着せたてまつり、わが身も鎧二領着て、手をとりくんで海へぞ入りにける」〔平家・内侍所都入〕 ❼前かがみに、かぶさるような姿勢になる。「〔賀茂祭リノ行列ヲ見ルノニモ〕様あしくも(=見苦シクハ)—・びかからず(=後方カラ乗リ出シテカブサルコトハセズ)、わりなく見むとする人なし(=ムヤミニ見物ショウトスル人ハイナイ)」〔徒然・一三七段〕

—・ば・ず Ⓑ 〘連語〙 ❶〘上にくる助詞「に」をうけて〙…する段まではゆかない。…までもない。「そのころの叙位除目(ぢもく)と申すは、院・内の御ばからひにもあらず、摂政・関白の御成敗(=裁定)にも—・ず(=手ガトドカナイ)」〔平家・鹿谷〕 ❷能力がない。可能の限界以上だ。「東国の大名・小名おほしといへども、大将軍の下知にしたがふ事なれば(=命令ニ従ウコトニナッテイルノデ)力—・ず(=範頼ヲドウショウモナイ)」〔平家・藤戸〕 ❸〘連体形「ぬ」の形で〙いたらない。つまらない。「—・ぬ身に、かやうの事さへ(=コノヨウナ事マデモ)申すは、いとかたじけなき事なれど」〔大鏡・陽成院〕

おり た・つ〔下り立つ〕 Ⓓ 〘自四〙 ❶(高い所から)下におりて立つ。「(イナカ者ハ)雪には—・ちて(足ノ)跡つけなど(シテ)、よろづの物、よそながら(=離レヲ持ッテ)見ることなし」〔徒然・一三七段〕 ❷自分自身で…する。率先して…する。「道のほどの御送り迎へも、(ワタシガ)—・ちてつかうまつらむに、何のはばかり(=遠慮)かはべらむ」〔源氏・宿木〕

おり な・い Ⓓ 〘連語〙〘「お入りない」の約。「ない」「ゐない」の丁寧語〙ありません。ございません。いらっしゃいません。「面目も—・い」〔狂・武悪〕「お礼までも—・い」〔狂・武悪〕「飲うでも苦しう—・いか」〔狂・木六駄〕

おり もの〔織物〕 Ⓓ 模様が浮き出るように織った絹の布。紋織りの絹布。「紫苑(しをん)(=薄紫色)の—の指貫着て、太刀はきて」〔更級〕

おりゃ・る Ⓓ 〘自四〙〘「お入りある」の連音変化〙 ❶〘「在(あ)る」「居る」の尊敬語〙いらっしゃる。おられる。「細細に上書して諫めたぞ、おごったなりで—・ったほどに」〔蒙求抄)「物まう武悪、宿に━・るか」〔狂・武悪〕❷《「来(く)」の尊敬語》おいでになる。来なさる。いらっしゃる。「さあざあ、━・れ━・れ」〔狂・相合烏帽子〕❸《「行く」の尊敬語》お出かけになる。行かれる。「いづかたへ━・る」〔狂・宗論〕❹〔補動〕《「…である」「…だ」の丁寧語》…であります。…でございます。「心得て━・る」〔狂・餅酒〕

おり・ゐる【下り居る】(‐イル) Ⓒ《自上一》❶(乗っていたものから)下りてすわる。「桜ことにおもしろし。その木のもとに━・ゐて…みな歌よみけり」〔伊勢・八二段〕❷㋑(天子が)退位する。「白河院、━・ゐさせたまひて後、金葉集かさねて俊頼朝臣に仰せてえらばせたまひしこそ」〔増鏡・おどろ〕㋺退位して住む。「故京(ふるさと)となりし平城(なら)に━・ゐさせたまはむ」〔秋成・春雨・血帷子〕

お・る【下る・降る】Ⓑ《自上二》❶(上から下に)くだる。さがる。「━・り上らせたまふ儀式、見ものなり」〔紫日記〕❷(車から)外へ出る。「賀茂のくらべ馬を見はべりしに、車の前に雑人立ちへだてて見えざりしかばおのおの━・りて」〔徒然・四一段〕❸(貴人の前から)退出する。さがる。「━・るるか。いで(=サア)送らむ」〔枕・二一三段〕「ことはてて(=スンデ)━・りさせたまひぬ」〔紫日記〕❹㋑退位する。「三条院━・りさせたまへば、この式部卿東宮にたたせたまひにき」〔大鏡・師尹〕㋺(官職を)去る。「蔵人なりし人は、━・りてのち、昔は御前(=行列ノ先オイ)などいふわざもせず」〔枕・三一段(堺本)〕

おれ【己・乃公】Ⓒ《代》❶《第一人称。男女共用で》自分と同程度または下の者に対して用いる。わた(く)し。おいら。「《女性ノ回顧談中ニ》━が兄様は、をりをり山へ鉄砲撃ちに参られた」〔おあん物語〕「《エンマ大王ガイウコトバ》━は若衆を見るは嫌ひなれば」〔風来・根南志具佐・巻一〕❷《第二人称》自分と同程度または下の者に対して用いる。おまえ。きさま。「━は何事いふぞ。舎人(とねり)をだつる(=ブッタヤツダ)。━ばかりのおほやけ人(=役人)をわがうちたらむに」〔宇治・巻一〇ノ一〕

おろ おろ Ⓓ《副》❶おおざっぱに。だいたい。いいかげんに。「━奏でたりければ」〔宇治・巻一ノ三〕❷すこしばかり。いくらか。「翁の、髪も禿げて、白き(=白髪)とても━ある頭」〔宇治・巻一一ノ一二〕❸(涙などで)ぼうっとうるむさま。「『こな様は…よう嘘をつかしゃんす』と、にらむ目のうち━と、女は涙もろかりし」〔近松・鑓権三・上〕

おろか【疎か】Ⓐ《形動ナリ》❶まあまあだ。いちおう普通だ。ひととおりだ。「神のたすけ━・ならざりけり(=ヒトカタデナカッタ)」〔源氏・明石〕「かからぬ(=コンナ特別デナイ)年だに、(天皇ガ)御覧の日の童(わらは)のここちども(=心ヅカイ)は、━・ならざるものを(=ナミタイテイデナイモノダノニ)」〔紫日記〕❷おろそかだ。いいかげんだ。疎略だ。「公事を━・にし狩りをのみせばこそは、罪はあらめ」〔大鏡・昔物語〕「わづかに二つの矢、師の前にてひとつを━・にせむと思はむや」〔徒然・九二段〕❸じゅうぶんでない。行き届かない。「いと心細しといへば━・なり」〔源氏・明石〕「心憂しなども━・なり(=「心憂シ」以上ダ)」〔平家・有王〕❹親密でない。よそよそしい。積極的に近づこうとしない。「━・なる(=アマリ熱ヲアゲナイ)人は、やうなき歩き(=ムダナ求婚行動)はよしなかりけり(=無意味ダナ)とて、来ずなりにけり」〔竹取〕❺不得意だ。未熟だ。まずい。「されど、━・なるおのが道(=本業)よりは、なほ人に思ひあなづられぬべし(=バカニサレルハズダ)」〔徒然・八〇段〕❻いうまでもない。もとよりだ。「紫色は━(=モチロンノコト)身うちが(ツネラレテ)樺茶(かばちゃ)色になるとても、君ゆゑならばいとはぬ(=カマワナイ)」〔近松・大経師・上〕

おろし【下ろし】Ⓓ ㊀❶神仏に供えたのをとりさげたもの。「(三月三日ノ節供ノアト)━出だし、酒のみなどして暮らしつ」〔蜻蛉・中〕❷㋑貴人の食べ残したもの。「とく聞こし召して(=早ク召シ上ガッテ)、翁(おきな)嫗(おうな)に御━をだにたまへ」〔枕・一〇四段〕「大饗の━をば、その殿の侍どもなむ食ひける」〔今昔・巻二六ノ一七〕㋺貴人の着古して人に与える衣類。「まだ━の御衣一つたまはらず」〔枕・二七八段〕㊁【颪】山から吹きおろす風。「はげしき武庫山━につれて降りくる雨・雷(いかづち)」〔浄・千本桜・二〕

おろ・す【下ろす・降ろす】Ⓐ ㊀《他四》❶低くする。「格子とく━・したまひて」〔源氏・夕顔〕❷水に入れる。「大船の(=枕詞)香取の海に碇(いかり)━・し(=序詞)いかなる人かもの思はざらむ」〔万葉・巻一一〕❸(枝などを)切り落とす。「『卯槌(うづち)の木のよからむ、切りて━・せ』など言ひて━・したれば」〔枕・一四四段〕❹(髪を)そる。「御髪━・させたまひて(=出家ナサッテ)」〔大鏡・花山院〕❺㋑(自分でわざわざ)する。「(自分デ)手を━・し(=事ニ当タリ)、身を砕いて」〔平家・法印問答〕㋺料理する。「(神ノイケニエニ)猪(ゐ)を生けながら━・しけるを見て」〔宇治・巻四ノ七〕❻すりくだく。すって粉状にする。「(鉱石ヲ)━・して見ければ、きらきらとして」〔宇治・巻二ノ四〕❼取り出す。取り出して使う。「みづからの料(=自分ノ食事用)には、三合の米━・して食ひつつ」〔宇津保・藤原君〕❽新品を使いはじめる。「禅門の革足袋━・す十夜かな」〔許六(炭俵)〕❾(乗り物などから)おりさせる。「若君をばいと軽らかにかきいだきて━・したまふ」〔源氏・若紫〕❿(ある場所から)さがらせる。しりぞかせる。「みな、下屋に—・しはべりぬるを」〔源氏・帚木〕 ⓫㋑退位させる。「粟田殿(ガ)花山院(ヲ)すかし(=ダマシテ)—・したてまつり」〔大鏡・道兼〕㋺(官職を)去らせる。「(関白ハ)斎院—・したてまつらせたまひて」〔栄花・煙後〕 ⓬(神の霊を地上に)招く。呼びおろす。「大明神を—・しまゐらせて、御託宣を仰ぎたてまつるべし」〔沙石・巻一ノ四〕 ⓭(神仏の供え物・貴人の持ち物などの)おさがりをいただく。「御前のを—・したるとて」〔更級〕 ⓮非難する。けなす。「あさましく咎め出でつつ—・す」〔源氏・少女〕「夜迎ひは旦那を—・し—・し来る」〔柳樽・拾遺・初〕 ⓯(錠を)かける。「朝顔や昼は錠—・す門の垣」〔芭蕉(炭俵)〕 ⓰人工流産させる。「はらめば、苦もなく—・す」〔西鶴・一代男・巻三ノ三〕 ㊁〘自四〙(上方から)はげしい風が吹く。「みむろ山—・す嵐のさびしさにつまとふ鹿の声たぐふなり(=イッショニ聞コエル)」〔千載・秋下〕

おろそか【疎か】Ⓒ〘形動ナリ〙❶手をぬいてあって、いいかげんだ。形式的で、心がこもっていない。ぞんざいだ。「公事に仕うまつれる(=オ役所仕事トシテ奉仕シタノデハ)—・なる事もぞ(=疎略ナコトモアルカラ)と、とりわき仰せごとありて(=帝カラ特別ノ御命令ガ下サレテ)」〔源氏・桐壺〕 ❷質素だ。簡素だ。粗末だ。「若菜を—・なる籠(こ)に入れて人のもてきたりける」〔源氏・手習〕 ❸豊富でない。質・量が貧弱だ。「糧ともしければ(=食糧モ乏シイノデ)—・なる報いを(=少ナイ与エラレタ食物ヲ)あまくす(=オイシイト思ッテ楽シム)」〔方丈〕

おんいり さうら・ふ【御入り候】(-ソウロウ) Ⓓ〘連語〙「居り」「在(あ)り」「来(く)」「行く」の尊敬語を丁寧態でいった形。謡曲では各流とも「オンニリソオロオ」と発音する。「言語道断(=オヤマア)。さてはその人の母にて—・ふ(=イラッシャイマス)か」〔謡・隅田川〕「こなたへ—・へ(=オイデナサイマセ)」〔謡・松風〕「さても、熊野(ゆや)久しく都に—・ふ(=御在京デス)が」〔謡・熊野〕

おん こと【御事】Ⓒ ❶高貴な人に関する「事」の尊敬語。「いかで(=ドウシテ)さる(=ソンナ)—(ガ)候ふべき(=アリマショウ)」〔平家・烽火沙汰〕 ❷一般に人の尊敬語。お方。「まことに尊き—でわたりさうらはば(=デシタラ)、昔の江口の長、舟遊びにてお見えさうらふべきぞ」〔謡・江口〕「御免あれ(=スミマセン)少人の—(=若イオ方)」〔謡・橋弁慶〕 ❸高貴の人の死を遠まわしにいう語。「后に立たせたまふ(メデタイ)日は、前坊(=前ノ東宮)の—を宮の内にゆゆしがりて(=不吉ダトシテ)申し出づる人もなかりけるに」〔大鏡・村上天皇〕

おん ざうし【御曹司・御曹子】(-ゾウ-) Ⓓ〘邸内で曹司すなわち個室を与えられているお方の意から〙❶貴族または上流武家の子どもで、まだへや住みの者の尊敬語。「聞こえさせたまひさうらふ(=評判デオイデノ)筑紫の—(=鎮西八郎為朝)の御姿、ただ一目みまゐらせばや」〔保元・中・一〕 ❷(とくに)源義経の異称。「さるほどに—、秀衡を召されて、都へ上るべきやうを問はせたまへば」〔伽・御曹子島渡〕(これが書き出し。前に義経であることを示す文章はない)㊂さうし。

おん ぞ【御衣】Ⓒ「衣服」の尊敬語。お召しになる物。㊂みぞ。「紅の—どものいふもよのつねなる(=トテモ形容デキナイホドナノ)」〔枕・九四段〕「やつれたる(=目立タナイ)狩りの—を奉り(=オ召シニナリ)」〔源氏・夕顔〕「上達部(かんだちめ)には女の装束に—御むつきやそひたらむ」〔紫日記〕

おんでも な・い Ⓔ〘連語〙〘中世の口語〙言うまでもない。もちろんだ。〘語源は不明〙「『ていと(=タシカニ)さうか』『—・いこと』」〔狂・靫猿〕「『さては真実底からの事でござるか』『—・いこと』」〔狂・入間川〕

おん とのごも・る【御殿籠る】Ⓒ〘自四〙「おほとのごもる」に同じ。「まだ—・りたり」〔落窪・巻一〕

おん み【御身】Ⓒ ㊀からだの尊敬語。おからだ。「おまめ(=健康)なー を御病気と世間をいつはり」〔浄・先代萩・六〕 ㊁〘代〙すこし敬意のある第二人称。あなた。「—の故郷と承る筑紫をも見てさうらふなり」〔謡・大江山〕

おん みやう【陰陽】(-ミョウ) Ⓓ〘「おんやう」のよみくせ〙 ↓おんやう。

おん やう【陰陽】(-ヨウ) Ⓓ ❶易(えき)学の用語。あらゆる存在は積極性(陽)と消極性(陰)との相反するあらわれかたをもち、両者の対立と融合とにより、すべての作用がおこると考えられる。❷㊕陰陽道。「身に重き病を受けたり。医療を以ちて治するにもいゆることなし、—を以ちて祈るといへども験なし」〔今昔・巻四ノ二二〕〘よみくせで「おんみやう」とも〙 **—じ** 師 Ⓓ 陰陽寮に所属してうらないをする役人。「(牛ガ検非違使ノ別当ノ座ニスワリコムノハ)おもき怪異(けい)なりとて(=重大ナ怪事件デアルト)牛を—のもとへつかはすべきよし、おのおの申しけるを(=役所ノ者タチハ申シマシタガ)」〔徒然・二〇六段〕 **—だう** 道 (…ドウ) Ⓓ 陰陽の原理に基づき、自然界の現象が人事に対応すると考え、うらないや観相などによって吉凶を判断する学問。後には呪術(じゅじゅつ)的な要素も加わり、本来の易学とは違うものになった。「御才かしこうおはしますあまりに、—も医師の方も…足らはせたまへり」〔栄花・初花〕 **—れう** 寮 (…リョウ) Ⓓ 中務(なかつかさ)省に属し、天文・暦・気象などを管理し、とくに変わった自然現象があれば、その吉凶を天皇に密奏した。頭(かみ)・助(すけ)・允(じょう)・属(さかん)のほか、陰陽博士(陰陽道の教授)一人・陰陽師六人・暦博士(暦学の教授と暦作成の主任）一人・天文博士（天文・気象学の教授）一人・漏刻博士（標準時の管理官）二人などが置かれた。

か

か- Ⓑ《接頭》《動詞・形容詞などに付いて》語気を強め語調をととのえる。「―黒き」「―やすし」。「―青なる玉藻沖つ藻…」〔万葉・巻二〕「秋の田の穂田の刈りばか―寄り合はばそこもか人の吾を言(こと)なさむ（＝トヤカク言ウデショウ）」〔万葉・巻四〕

か 【彼】Ⓑ《代》第三人称。《奈良時代から用いられ、同じ意味の「あ」よりも古い》❶話主からみて、自分にかかわりあい遠い事物・場所などをさしていう。「思へども人目つつみ（＝掛ケ詞「慎ミ」「堤」）の高ければ―はと見ながらえこそ渡らね（＝思イ切リガツカナイ）」〔古今・恋三〕《「かれは」の意と「川」を掛ける。「あれは川だ」の意》 ❷話題になっている事物や人などをさしていう。「―の（＝弘徽殿女御ガ）すすめたまふにつけて、（長女ヲ冷泉院ニサシアゲルノヲ）いかが（＝ドウショウカ）などだに、思ひたまへ寄るになむ（＝思案イタシテオリマス）」〔源氏・竹河〕[参]あ・こ・そ。

か Ⓒ《副》こう。こんなふうに。《「かく」と対照的に使われることが多い》「―（＝アッチヘ）ゆけば人に厭(いと)はえ（＝キラワレルシ）かく（＝マタコッチヘ）ゆけば人に憎まえ（＝ニクマレルシ）老男(およしを)（＝老人）はかくのみならし（＝ミンナコンナフウラシイ）…」〔万葉・巻五〕

か Ⓐ [一]《係助》《体言・活用語・副詞・他の助詞に付く》 ❶《文中にあって疑問語を伴い》㋑疑問の気持ちに確かさを添える。…（だろう）か。「いかなる人―かくてはものしたまへる（＝オイデナノデスカ）」〔源氏・手習〕㋺反語を表す。…だろうか（いや…ではない）。「世のなかは何―常なる（＝ドウシテ不変ダロウカ、ソンナワケハナイ）飛鳥(あすか)川きのふの淵ぞけふは瀬になる」〔古今・雑下〕《文中にある場合、文末の活用語は原則として連体形で結ぶ》

[か↓（連体形）]

❷《文末にあって結びの活用語が省略され》疑問の気持ちを残す。…（だろう）か。「『いかなる御ここちに―（アラム）』と、いとほしうおぼしおこして」〔源氏・若紫〕 ❸《文末にあって多くは体言または活用語の連体形に付き》㋑疑問の意で言い切る。「かく悲しきめをさへ見、命尽きなむとするは、前(さき)の世の報い―、この世のをかし（＝現世デノ罪ノタメ）―」〔源氏・明石〕㋺反語の意で言い切る。「かくけしからぬ心ばへはつかふもの―（＝ソレハヨクナイ）」〔源氏・帚木〕《助動詞「む」の時は已然形に付く。「古(いに)へを仰ぎて今を恋ひざらめ―も（＝慕ウニキマッテイル）」〔古今・序〕》 ❹《接続助詞「ば」を間にはさまず活用語の已然形に付き》疑問の意を表す。「我妹子(わぎもこ)がいかに思へ―ぬばたまの（＝枕詞）一夜もおちず（＝毎晩ノヨウニ）夢(いめ)にし見ゆる」〔万葉・巻一五〕 [二]《副助》❶両方のうち、ひとつを選ぶ意を表す。「連れて飛ぶ（＝ニゲル）なら梅田―北野―、ええ、知らせたい」〔近松・天網島・上〕 ❷《疑問語に付き》不定の意を表す。「御用に立てばわたくしも、なんぼう―（＝ドンナニカ）うれしいもの」〔近松・冥途飛脚・下〕 [三]《終助》❶感動を表す。…（ことだ）なあ。…（だ）わい。「静けくも岸には波の寄せける―（＝寄セテイルノダナア）この家通(ほと)し聞きつつをれば」〔万葉・巻七〕 ❷㋑《「しか」の形で》実現が非常にむずかしいか不可能の事に対し、話主の願望を表す。…たいものだなあ。「甲斐(かひ)が嶺(ね)をさやにも（＝ハッキリト）見し―（＝見タイナア、ソレナノニ）心(けけれ)なく（＝無情ニモ）横ほり（＝横タワリ）伏せる佐夜の中山」〔古今・東歌〕[参]しか・てしか。㋺《「ぬか」の形で》相手への希望・依頼・勧誘を表す。…てほしいなあ。…てくれないか。…しないか。「二上の山にこもれる郭公(ほととぎす)今も鳴かぬ―（＝鳴イテクレナイカ）君に聞かせむ」〔万葉・巻一八〕[参]ぬか・ぬかも。 ❸㋑質問の意を表す。「身（＝オレ）が道具のうちに、末広がりがある―」〔狂・末広がり〕㋺念を押し、確かめる気持ちを表す。「『これは、朝臣在原業平にてあるぞとよ』『はあ、すれば、承り及うだ業平さまでござる―』」〔狂・業平餅〕

が 【賀】Ⓓ 長生きの祝い事。満四〇歳からはじまり、一〇年ごとにおこなう。「賀の祝ひ」とも。「ことしは満六十におはしませば…御―あるべし」〔大鏡・道長〕

が Ⓐ [一]《格助》《体言または体言あつかいの語に付く》 ❶〔連体格〕下の体言を修飾させる。意味は現代語の「の」に同じ。㋑体言＋が＋体言。ⓐ所有格。「右近―局(つぼね)は、仏の右の方に近き間にしたり」〔源氏・玉鬘〕ⓑ所属格。「上―（＝上級ノナカデノ）上は、うちおきはべりぬ（＝問題外ニイタシマス）」〔源氏・帚木〕ⓒ同格。「三日―（＝トイウ）程は、夜がれなく（＝毎晩キット）渡りたまふ」〔源氏・若菜上〕㋺活用語連体形＋が＋体言。この用法は「の」に本来ない。[参]の[一]①㊁。「ぬる―（＝寝ルソノ）中に見るをのみやは夢といはむはかなき世をも現(うつつ)とは見ず」〔古今・哀傷〕「高麗人(こまうど)の参れる―（＝来テイルソノ）中に、かしこき相人（＝スグレタ人相見）ありけるを聞こしめして」〔源氏・桐壺〕 ❷〔準体格〕体言＋が。下に適当な体言を補って考える。「この歌は、ある人、在原時春―（作）ともいふ」〔古今・賀・左注〕 ❸〔連用格（対象格）〕好ききらい・可能・願望などの対象をさし示す。「こなた（＝アナタ）は船―お好きならば、何時なりともおいでなされい」〔狂・船渡婿〕「亭主が歌を所望いたしまするが、こなたには、その歌―なりまするか(=オヨミニナレマスカ)」〔狂・萩大名〕「おれも、あのやうに早う飯(まま)―たべたい」〔浄・先代萩・六〕 ❹〔主格〕主語を示す。現代語の「が」と同じ意。㋑体言＋が＋〔述語〕。「兼行―書ける扉、あざやかに見ゆるぞあはれなる」〔徒然・二五段〕《人名や代名詞に付くとき、その人を見くだした感じになるといわれる。宇治拾遺(巻七ノ二)に、「さた」という名の男が女に縫い物を頼んだら、女は「さたが衣をぬぎかくるかな」という歌をよんだので、男は「さたの」といわないのは失礼だと怒った話がある。確かにその感じはあったのだろうけれど、用例から見ると、すべての時代、すべての階級を通じてそうだったとはいえない》㋺活用語連体形＋が＋〔述語〕。現代語の「のが」「ことが」等に当たる。この用法は「の」にない。「水鳥のひまなく(=イッパイ)ゐて立ちさわぎし―、いとをかしう見えしなり」〔枕・三八段〕《この「が」は、接続助詞ではない。接続助詞のは院政時代ごろ以後とされている》 ❺〔補格〕「ごとし」「やうなり」「まにまに」「むた」「からに」等の語に対する補語を示す。「絵にかける女を見ていたづらに心を動かす―ごとし」〔古今・序〕「まろ(=ボク)―やうに実法(じほふ)(=マジメ)なる痴者(しれもの)の物語はありや」〔源氏・蛍〕「住吉の岸に(忘レ草ガ)おふとは知りにけり摘まむ摘まじは君―まにまに(=御随意ニドウゾ)」〔蜻蛉・下〕 ㊁《接助》《院政時代(一二世紀)以後の用法で、活用語の連体形に付く》 ❶〔逆接〕確定条件を受け、予想と反する結果を示す。「昔より多くの白拍子ありし―、かかる(スバラシイ)舞はいまだ見ず」〔平家・祇王〕 ❷〔順接〕かくべつ因果関係のない上下の文をつなぐ。「富士の神酒(みき)がござる―、いただかせられぬか」〔狂・富士松〕 ㊂《終助》 ❶《係助詞「も」に付いた形で》願望を表す。→もが・もがな・もがも。 ❷ののしる意を強調する。「いや、こいつ―、こいつ―。もう堪忍がならぬ」〔伎・幼稚子敵討・二〕 ❸相手に注意したり、同意を求めたりする気持ちで念を押す。「なんと清都(きよいち)、証文の文言(もんごん)はあれでよからう―」〔黄・高漫斎・中〕

かい-〔〈掻〉い〕 Ⓑ《接頭》→かき-。

かい【戒】 Ⓓ〔仏〕本来は、きまりを守ろうとする自発的な意思で、律(他から与えられたきまり)に対するが、普通には両方をひっくるめた概念として用いられる。僧と俗人とでは戒の種類に大差があり、僧は二五〇戒、尼は三四八戒をもっとも厳重なものとする(具足戒)。しかし、俗人は、殺生・偸盗(ちゅうとう)・邪淫・妄語・飲酒(おんじゅ)の五戒を守ればよい。戒は、きまった儀式のもとに授けられ、それによって仏道にはいったことになる。平安時代には、病気が重くなると、形式的に受戒し、それによって回復を願ったり、あるいは浄土への往生を期待することが多かった。「(重態ノ紫上ノ)御いただき(ノ髪ヲ)しるしばかり(=形式的ニ)はさみて(=切ッテ)、五―ばかり受けさせたてまつりたまふ。御―の師(=授戒ノ導師ガ)忌む事(=戒)のすぐれたるよし、仏に申す」〔源氏・若菜下〕《「出家之途、以戒為本」〔紀・崇峻〕「戒」に「いむこと」と訓がある》

かいしゃう【海上】(-ショウ) Ⓔ 海の表面。「月―に浮かんでは、兎(うさぎ)も波を走るか」〔謡・竹生島〕「したたかに(=猛烈ニ)雲を押し出し、風が変はり、―の体(てい)が荒うなった」〔謡・船弁慶(間狂言)〕《謡曲では各流ともカイショオと発音する。日葡辞書にも caixŏ とある》

かいしゃく【介錯】 Ⓔ《十自サ変》 ❶㋑つきそって世話すること。めんどうをみること。「和泉と申す法師の御―しけるが(=牛若丸ノオ世話ヲシテイル者ガ)この御ありさまただ事にはあらじと思ひて目を離さず」〔義経・巻一ノ五〕㋺世話をする人。後見人。「『あれは―(=オモリ)が申しさうらふ』『あれはめのとが申す』なんどいふ間(=告ゲロヲスル者ガアルノデ)…おし殺し、さし殺す」〔平家・六代〕 ❷切腹のとき側にいて首を切り落とす・こと(人)。「やい武悪、尋常に(=リッパニ)腹を切れ、―はみども(=オレ)がしてやらう」〔狂・武悪〕

かいしろ【垣代】 Ⓔ《「かきしろ」のイ音便で、垣(かき)の代わりの意から》舞楽の時、楽屋の外、舞台の下手に円陣を作り、笛を吹く者たち。左右近衛府の官人や、院の北面や滝口の武士などがふつう使われた。「三位の中将知盛、頭の中将重衡以下(げ)一門の人々、今日を晴れと時めきたまひて、―に立ちたまひしなかより、この三位の中将、桜の花をかざして青海波を舞うていでられしかば…地をてらし天も輝くばかりなり」〔平家・熊野参詣〕

かいだて【垣楯・〈掻〉楯】 Ⓔ 楯、または板類をずらっと並べて、垣(かき)のようにしたバリケード。「かたき(=厳重ナ)物忌み(ノ必要ガ)出で来にけり。御門のはさま(=スキマ)に―などして…童子なども入れずして」〔宇治・巻五ノ二〕《「かいたて」とする資料もあるが、日葡辞書その他、連濁によむ資料が優勢》

かいとる【〈掻〉い取る】 Ⓔ《他四》(着物の褄(つま)・裾(すそ)などを手で持って)たくしあげる。「藤袴しほるる裾を―・って」〔謡・雲林院〕《「かいどる」とよむ説もあるが、謡曲では各流とも清音》

かいま・みる【垣間見る】 Ⓔ《他上一》物のすきまから、そっとのぞく。のぞき見する。「この男、―・みてけり」〔伊勢・一段〕

かいま・む【垣間む】 Ⓔ《他四》→かいまみる。「立ち聞き―・む人のけはひして、いといみじくものつつまし(=タイソウ気

ヲ使ウコトダッタ)」〔更級〕

かいもちひ【〈掻〉い餅】(ーイ) [D] ぼたもち。一説に、そばがき。《次の例などは「そばがき」のほうがよさそうに見える》「一献(いっこん)に(=一パイメノ酒ニソエテ)うちあはび、二献に海老(えび)、三献に—にてやみぬ」〔徒然・二一六段〕

かいや・る [D] 《他四》 [一] 【掻い遣る】(手で)はらいのける。押しやる。「いはけなく(=子供ッポク)—・りたる額(ひたひ)つき髪ざし(=髪ノグアイハ)、いみじう美し」〔源氏・若紫〕「銚子(てうし)杯(ヲワキヘ)—・り」〔浮・御前義経・巻二ノ三〕 [二] 【〈掻〉い遣る】《「かい」は接頭語》 ❶ 行かせる。「猿を抱き上げ…『もはや(山へ)帰られ』と—・りぬ」〔浮・御前義経・巻二ノ五〕 ❷ 与える。「筒麻(つつそ)や綜麻(へそ)や麻桛(をがせ)を酒手の質に—・り、織ること更になければ着ることまして候はず」〔狂言記・吃り〕

かう【更】(コウ) [D] 中国・朝鮮で古くから使われた夜の時刻区分。その分け方は理解しにくい。日本でも、中世以前の詩文に現れる用例は、おそらく実際の時法を知らず、漠然と使われたものであろう。江戸時代には実用されたが、異なった解釈があったようで、確定的なことはいえない。「暮れ六つから明け六つまでの間を五分したもの」と考えておけば、まず安全である。日没・日出が季節により異なるので、各更の長さは不定である。[参]とき[一]①。「—たけ(=時刻モオソクナリ)夜暗うして月照らさざりければ」〔盛衰・巻一四ノ八〕

かう【斯う】(コウ) [A] 《副》《「かく」の音便》 ❶ このように。「ぬしの(=アナタガ)のたぶ(=オッシャル)事も、天の川をかき流すやうにはべれど(=雄弁デスガ)、をりをり(=トキドキ)かかるひがごとのまじりたる(=コノヨウナマチガイガマジッテイル)。されども、たれかまた、—は(ウマク)語らむな(=話セマショウカ)」〔大鏡・道長〕 ❷ 相手のいうところのように。そのように。あんなふうに。「然るべうさうらふ(=同感デス)。直家(なほいへ=ワタシ)も—こそ申したうさうらひつれ(=ソノトオリ父上ニ申シアゲタイト思ッテイマシタ)」〔平家・一二之駈〕 ❸ (どうぞ)こちらへ。人を案内するときにいう。《"This way, please." の this way に当たる》「まづ、—御来臨なされて下されい(=オイデナサッテクダサイマセ)」〔狂・夷毘沙門〕 ❹ (いまは)これまで。(もう)これが最期。「たとへいかなる鬼神もこれにては(=コウセメタテレバマイッテ白状ショウ)と、二三度四五度責めければ(=景清ノ行クエニツイテ責メタテルト)今は—よと見えけるが」〔近松・出世景清・三〕 ❺ 《叙述の内容にかえて》どうこうというぐあいに。これこれというふうに。「かたちとても人に似ず(=人並ミデハナク)、心たましひもあるにもあらで(=思慮才覚ガアルトイウノデモナク)、—(=コレトイッテ)ものの要にもあらで(=役ダツノデモナク)あるも(=夫カラ相手ニサレズ過ゴシテイルノモ)」〔蜻蛉・上〕

がう【郷】(ゴウ) [E] ❶ ↓さと(里)②。「(出雲ノ国ハ)九郡、—六十二」〔出雲風土記〕《「郷」を「ごう」とよんだか「さと」とよんだかは明らかでないが、おそらく「ごう」は後世のよみかたであろう》 ❷ ↓さと(里)③。「鉅鹿(きよろく)といふ—に、周(まは)り三十里の倉を作りて」〔太平・巻三〇ノ二〕

かうい【更衣】(コウー) [C] ❶ 《もと天皇のお着がえに奉仕する女官のことであったのが、平安時代初期、嵯峨天皇のころから》后(きさき)に類するもの。女御(にようご)の下の位。初め五位であったが、平安時代中期には地位が向上し納言の娘から出る者もあり、四位を賜る者もあった。「(大納言家出身ノ桐壺更衣ト)同じほど、それより下臈(げらふ)の(=中納言家以下ノ出身デアル)—たちは、まして安からず」〔源氏・桐壺〕 ❷ 季節により着物をかえること。「夏冬の—も力(=スル元気ガ)なく」〔盛衰・巻一二ノ五〕

かうが・ふ【勘ふ・考ふ】(コウガ〈ゴ〉ウ) [D] 《他下二》 ❶ 前例・習慣・暦などに照合して判断する。「かやうの事は、例問はせてなむ物すなるを(=前例ヲシラベサセテカラヤル事デスカラ)、—・へさせたまへらむに、さる(=ソウシタ)例あらば何かは(=何モ問題ハアリマセン)」〔宇津保・国譲下〕 ❷ 責める。処罰する。「にくからぬさまに(=ヤンワリト)こそ—・へたてまつりたまはめ」〔源氏・総角〕

かうけ【高家】(コウー) [D] ❶ 格式の高い家。「ある—のしもべ(=下男)をやとひて」〔今昔・巻二四ノ五〕 ❷ 武家の名族。江戸幕府の職制で、室町時代以来の名門二六家が指定された。禄高は少ないが位は高く、幕府の儀式関係をつかさどった。「この度は—の人々をしてその御使ひとなされたり」〔白石・折たく柴の記・中〕《「かうけのあたり(ヲ)恐ろしく煩はしきものに(思ッテ)はばかり」〔源氏・東屋〕等により「権門」「権勢」の意を、また「この御ものの怪(け)をかうけにて、さまざまあるにこそありけれ」〔栄花・玉村菊〕等により「頼み所」「口実」の意を認める説もあるが、これらは「豪家」と解する説も有力で、決定的ではない》

かうし【好士】(コウー) [D] ↓くし。《「くし」とよむべきを、校訂者もしくは注釈者が誤って「かうし」としたものらしい。信頼できる文献は漢字がきの「好士」または「くし」》

かうし【格子】(コウー) [B] ❶ 細い木を縦横に細かく組み合わせ、裏側に板を張ったもの。しとみに使うことが多いので、用例としては格子づくりのしとみをさすのがほ

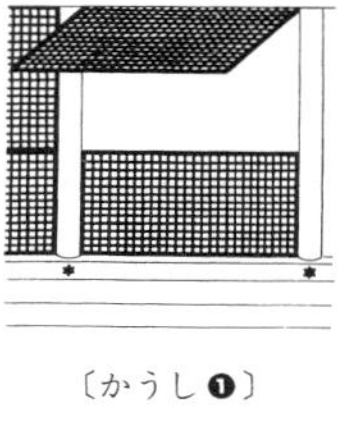

〔かうし❶〕

とんどである。㊇しとみ。「南面(みなみおもて)の—みなおろしてさびしげなるに、東に向きて妻戸のよきほどにあきたる」〔徒然・四三段〕 ❷織物・染め物の細かに縦横に線を織り出したり染め出したりした縞目模様。「東宮の女房、うへ紫—(＝表衣ガ紫ノ格子)・柳など、さまざまに目もあやなるきよら(＝善美)を尽くされたり」〔増鏡・老波〕 ❸遊女の格で、上から二番目の位。「太夫(たいふ)・—・散茶より、河岸(かし)女郎にいたるまで」〔風来・根南志具佐・巻二〕

かう じ【柑子】(コウー) Ⓓ ❶みかん。「(花山院ノ数珠トイウノハ)小さき—を大方(＝フツウ)の珠(たま)につらぬかせたまひて、だつまには(＝親珠ニハ)大—をしたる御数珠」〔大鏡・伊尹〕 ❷襲(かさね)の色目。↓巻末「襲の色目要覧」。

かう じ【講師】(コウー) Ⓔ 詩会・歌会などで、講ずる人。〔仏教関係のばあいは呉音「こうじ」。㊇こうじ〕「根合はせはてて(＝終ワッテ)歌のをり(＝歌ヲ合ワセル時)になりぬ。左の—左中弁、右の(講師)は四位少将」〔堤・逢坂〕

かう しゃう【高声】(コウショウ) Ⓔ 声をはりあげること。大声。「—に十念(＝一〇回ノ念仏)となへつつ」〔平家・重衡被斬〕「さいぜん—に言うたは、何事ぢゃ」〔狂・連歌盗人〕〔すくなくとも一七世紀ごろまではコウショオと清音だったように思われる。狂言ではいつも清音にいう〕

かう しん【庚申】(コウー) Ⓓ ❶干支(えと)の一。かのえさる。↓じっかん・じふにし。「正月の—(ノ日)に(一番ノ)鶏(とり)鳴くまでおはしまして(＝生キテイラレテ)」〔栄花・楚王〕 ❷㊥庚申待ち。庚申の日が過ぎるまで眠らずに待っていること。この日眠ると、体内にいる三匹の尸虫(しちゅう)が昇天し、天帝にその人の悪事を告げ、罪によっては命がなくなるという道教の信仰がある。そのため、当夜は眠らずにいる風習が奈良時代に中国から伝来した。平安時代には歌をよみ管弦の遊びなどをしたが、室町時代からは、青面金剛(しょうめんこんごう)童子や山王権現などを祭り、いちじるしく厳粛になった。「(左大臣ノ娘ハタイヘンナ強情者デ)—したまはず」〔宇津保・貴宮〕

かう・ず【講ず】(コウー) Ⓔ 〔他サ変〕詩会・歌会などで詩や歌を一種の節まわしでよみあげる。㊇かうじ・こうじ。「明けはてて(詩ヲ)—・ずる左中弁、講師(ノ役ヲ)つかうまつる(＝ツトメタ)」〔源氏・少女〕

かうて さぶらふ【斯うて候ふ】(コウーラ〈ロ〉ウ) Ⓔ 〔連語〕顔を出すときのあいさつ。ごめんください。「黒戸に主殿司(とのもづかさ)来て、『—』と言へば」〔枕・一〇六段〕

かう の との【長官の殿】(コウー) Ⓓ 〔「かう」は「かみ」の音便〕長官である人への尊敬語。どの役所の長官であるかによって、「かう」にあてる漢字は異なる。「かうのきみ」「かんのきみ」とも。「備前の—、今夜闇討ちにせられたまふべきよし承りさうらふ」〔平家・殿上闇討〕〔↑「守」(国司)に対する例〕「故—(＝義朝)の君達(きんだち)にわたらせたまひさうらふこそ、ことに喜び入りさうらへ」〔義経・巻一ノ三〕〔↑「頭」(馬寮長官)に対する例〕

かう の もの【剛の者】(コウー) Ⓔ 武勇すぐれた者。猛者(もさ)。「日本一の—の自害する手本」〔平家・木曾最期〕「おのれ(＝貴様)は日本一の—と組んでうずよ(＝相手ニナリオッタナ)」〔謡・実盛〕〔平家の例は原本「甲の者」であり、謡曲では各流ともコオノモノと発音する。日葡辞書にもcŏnomonoとある〕

かうば・し【香ばし・芳し】(コウー) Ⓔ 〔形シク〕 ❶かおりがよい。よいにおいがする。「かしら洗ひ、化粧じて、—・しうしみたる(＝香ノニオイヲ含ンダ)衣など着たる」〔枕・二九段〕「いと—・しき物を首にひきかけて、飛ぶやうに逃げける」〔更級〕 ❷よい。結構だ。「この官(＝左馬権ノ頭)は、先祖多田満仲法師はじめてなりたりしかば、そのあと(＝ヲ継グノハ)—しくは存じさうらへども」〔保元・下・一〕〔古活字本〕

かうぶり【冠】(コウー) Ⓒ ❶かんむり。「—衣(きぬ)の領(えり)など、手もやまずつくろひて」〔枕・一四二段〕 ❷位階。「皆人、御服ぬぎて(＝喪ガアケテ)、あるは—賜りなど、よろこびける」〔古今・哀傷・詞〕 ❸㋑五位を授けられること。「かくいふは播磨守の子の、蔵人より今年—得たるなりけり」〔源氏・若紫〕㋺一年の期限で、名目だけ従五位を授け、それに相当する田(八町)からの収入を取得させる優遇措置。年爵(ねんしゃく)。「もとよりの(所有シテイラレル)御宝物、得たまふべきつかさ—、御封(みふ)の物(＝本来ノ収入)の、さるべき限りして(＝適当ナ範囲内デ)」〔源氏・薄雲〕 ❹成年式をあげ、はじめて冠をつけること。「うひかうぶり」とも。「十二歳にて—しつ」〔宇津保・俊蔭〕

かう やう【斯う様】(コウヨウ) Ⓒ 〔形動ナリ〕こうした。こういうふうである。〔副詞とする説もあるが、「かうやう」だけで副詞に用いた例は未見〕「—・なる人の、しるしあらはさぬ時」〔源氏・若紫〕

かう らん【高欄】(コウー) Ⓒ ❶中古の邸宅で、簀の子(㊇「すのこ②㋺」)や渡り廊などの両側に作りつけた手すり。「—におしかかりて、とばかり(＝シバラク)まもり(＝見ツメテ)居たれば」〔蜻蛉・中〕「—のもとに青き瓶(かめ)の大きなるをすゑて」〔枕・二三段〕 ❷倚子(いし)の両横にわたした棒状のひじかけ。「相撲(すまひ)取らせたまひけるほどに、御倚子に打ちかけられて、—折れにけり」〔大鏡・宇多天皇(八巻本)〕〔「勾欄」と当てるテクストも多いが、古写本のかな書きはすべて「かうらん」なので、「高欄」が正しい。「勾」の字音はコウ〕

かか Ⓓ ❶【母】〔くだけた場面の話しことばで〕母親。「二人ともに参ったらば、父(と)さまや—さまは言ふに及ばず、内の者どもまで喜ぶでござらう」〔狂・折紙婿〕 ㊁【嬶】❶《中流以下の階層で》女房。「うちの—めが」〔伎・お染の七役・大切〕 ❷年輩の女性。「《客ガ遣(や)リ手婆ニ対シ》いや、これはこれは—さま。どうぢゃ」〔洒・遊子方言〕

か かい【加階】Ⓓ《+自サ変》❶位がのぼること。昇進。「みなおのおの—・し、のぼりつつ」〔源氏・少女〕「官—・したる者の直垂(ひたたれ)で出仕せむこと、あるべうもなかりけり(=イケナインダッタ)」〔平家・猫間〕 ❷《転じて、単に》位。「御たうばりの(=特旨ニヨル)—などをさへ…いそぎ加へて、おとなびさせたまふ(=貫禄ヲオツケニナル)」〔源氏・匂宮〕

かか・ぐ【掲ぐ】Ⓓ《他下二》❶㋑(高く)さしあげる。持ちあげる。「(ワタシハ)いかでか、やむごとなき(=尊イ)修学者(ヤ)知恵ふかき大徳(だいとこ=高僧)たちには(輿ヲ)—・げられて、わが山(=比叡山)へは返り上るべき」〔平家・巻二(長門本)〕㋺(手で)たくしあげる。「(ハカマノスソヲ)はぎ高く—・げて」〔徒然・一七五段〕 ❷灯心をかきたてて明るくする。「(ダイブン暗クナッタガ)仏の御灯火(ともしび)も—・ぐる人もなし」〔源氏・総角〕《「巻きあげる」の意を挙げる説もあるが、その明らかな用例は未見》

かがし Ⓔ《代》人の名がわからない時やわざとぼかしていう時用いる。だれそれ。「くらべむまある日、『一番には、なにがし(=ダレソレ)、二番には—』など言ひしかど、その名こそ覚えね(=思イ出セマセン)」〔大鏡・伊尹〕

かかづら・ふ【拘らふ】(-ズラ〈ロ〉ウ) Ⓑ《自四》❶つかまって歩く。とりつきながら歩く。「雪の山にのぼり、—・ひありきていぬる後に」〔枕・八七段〕 ❷かかわりあいをもつ。関係する。「かの(=妻ノ)親の心をはばかりて、さすがに—・ひ(=女ト縁ヲ切ラナイデ)はべりしほどに」〔源氏・帚木〕 ❸従事する。あれこれとやる。「受領(ずりやう)といひて、人の国の事(=地方政治)に—・ひいとなみて」〔源氏・帚木〕 ❹こだわる。未練をもつ。「人わろう(=外聞ワルク)—・ひ(=女ノコトニヒッカカリ)心いられせで(=アセッタリモセズ)過ぐされたるなむ」〔源氏・藤裏葉〕 ❺持続する。「命といふもの、今しばし—・ふとも、対面はえあらじかし」〔源氏・幻〕

かか な・く【かか鳴く】Ⓓ《自四》《「かか」は擬声語》ぎゃあぎゃあ鳴く。「筑波嶺に—・く鷲の(ヨウニ)音(ね)のみをか(コレカラズット)泣きわたりなむ会ふとはなしに」〔万葉・巻一四〕《水をゴクゴク飲むのを「かか飲む」という例があり〔祝詞・六月晦大祓〕、猿がキャッキャッと鳴くのを「かかめく」という例もある〔今昔・巻二六ノ八〕》

かか・ふ【抱ふ】(-カ〈コ〉ウ) Ⓒ《他下二》❶(両腕・両手で)かこうようにして持つ。だく。「(娘ヲ)泣く泣く—・へたてまつらせたまへり」〔栄花・楚王〕 ❷ある範囲内にもつ。かこむ。「浦山を—・へまして、上下の舟などをながめ、ことのほか景の多い(=トテモナガメノヨイ)所でござる」〔狂・舟船〕 ❸香気をふくむ。かおりがする。「汗の香すこし—・へたる綿衣の薄きを」〔枕・四四段〕 ❹㋑かばう。「山門の大衆あげて『流罪せよ』と公家に申ししかども、君—・へおほせられしを」〔平治・下・一〇(古活字本)〕㋺保護する。「今にいたるまで、あにま(anima=精神)・色体(=肉体)ともに—・へ育(すだ)てたまふ」〔どちりな・第一〇〕㋩やとう。「思ふままに、かたは者を—・へてござる」〔狂・三人片輪〕 ❺持つ。「抜き開いたものを見たれば一銘—・へた(=作者ノ銘ガハイッタ)物と見ゆる」〔狂・磁石〕

かがふ【襤褸】(-ガ〈ゴ〉ウ) Ⓔ いたみのひどい布。ぼろ。「綿もなき布肩布(ぬのかたぎぬ)の海松(みる)のごとわわけ(=ボロボロニナリ)さがれる—のみ肩にうちかけ…」〔万葉・巻五〕

かがふ・る【被る】Ⓔ《他四》❶かぶる。「寒くしあれば麻ぶすま引き—・り…」〔万葉・巻五〕 ❷承る。こうむる。「かしこきや命(みこと)—・りあすゆり(=明日カラ)や草(かえ)がむた(=草ト共ニ)寝む妹(いむ)なしにして」〔万葉・巻二〇〕

かかや・く【赫く・輝く】Ⓒ ㊀《自四》《江戸後期から「かがやく」。平曲・謡曲いずれも清音、日葡辞書や江戸前期の節用集も同様。古代もおそらく清音であろう》❶きらきら光る。「雷(いかづち)光を放ち明(て)り—・けり」〔霊異記・上・一〕《訓注に「可々夜介利」と表記》 ❷かがやくように美しい。まぶしいほどりっぱである。「(コノオ方ノ美貌トイッタラ)光り—・くなどは、かかるを言ふなりけり」〔寝覚・巻四〕 ❸まぶしいような気がする。はずかしがる。「見苦しげなる人々(=ミットモナイバアサンタチモ薫ヲ)—・き隠れぬる程に」〔源氏・総角〕 ㊁《他四》はずかしがらせる。きまり悪い思いをさせる。「来る人を、何しにかは(=ナンダッテ)『なし(=不在デス)』とも(言ッテ)—・き返さむ」〔枕・八四段〕《この一例だけである。他動詞「返す」をともなったので、偶発的に現れた用法か》

かかり【懸かり・掛かり】Ⓑ ㊀❶(髪の)さがりぐあい。「うちうつぶしたまへる髪の—・髪ざし(=髪ノ形)など、なほ、いとありがたげなり(=メッタニナイ美シサダ)」〔源氏・宿木〕 ❷㋑おもむき。ふぜい。「連歌は—・姿を第一とすべし」〔連歌十様〕「その風体、いづれも幽玄の(=優美ナ)—を得たり」〔能作書〕㋺(歌・連歌などの)表現様式。スタイル。「歌・連歌はあながち(=ソウソウハ)その師に(=デシハソノ師匠ニ)—の似る事もなきにや(=似ルトイウ事ハナイノカ)、定家は俊成の—に似ず、為家は定家の—に似ず」〔十問最秘抄〕 ❸㋑できかた。構え。「この大門の—などは…格別なものでござる」〔狂・鐘の音〕「造り物(=芝居ノ舞台ノ装置ハ)…長崎廓(くるわ)の—の模様よろしく(=長崎ノ遊郭町ノ構エノヨウスガウマク作ッテアッテ)」〔伎・韓人漢文・一〕㋺構築したもの。とりでの類。「城もなし、—もなし。すべて立ち合ふべき(=抵抗スルコトノデキル)方もなし」〔十訓・第一ノ六〕 ❹㋑最初の部分。とっつき。「(ズットツイテ来タガ)頭の—(=交渉ノキッカケ)がどうもなく、思はず慮外(=失礼)いたせしなり」〔近松・反魂香・中〕㋺入り口。「お座敷まではばかりなり(=恐縮デス)とて、—の際にぞ立ったりける」〔狂・鶏婿〕 ❺関係。「ゆかり・—は無けれども、これ、このおやぢがお尻持ち(=ウシロダテダ)」〔浄・浪花鑑・三〕 ㊁㋑蹴鞠(けまり)の場所。北東の隅(すみ)に桜、南東の隅に柳、南西の隅にかえで、北西の隅に松をそれぞれ目じるしに植えた。これらの木を「切り立て」という。広さはきまってないが、多くは約一〇メートル四方。「よしある(=趣ノアル)—のほどをたづねて、立ちいづ」〔源氏・若菜上〕「お若い衆の鞠をなされうとあったほどに、—の掃除を言ひつけうず」〔狂・秀句傘〕㋺《狭義に》鞠場の四隅に植えてある木。「上人(=志賀寺ノ上人ハ)狐裘(こきう)に(=キツネノ皮衣ヲ着テ)鳩の杖をつき、泣く泣く京極の御息所(みやすどころ)の御所へまゐりて、鞠(まり)のつぼの—のもとに、一日一夜ぞ立ったりける」〔太平・巻三七ノ七〕

〔かかり㊁㋑〕

—うど 掛人 (カカリュウド) Ⓔ《「かかりびと」のウ音便》生活のめんどうを見てもらっている人。いそうろう。㊫か(掛)かる①㋩。「しうとの所へ戻りがけ、—二人連れて往(い)んだら気に入るまい」〔浄・浪花鑑・三〕 **—どころ** 所 Ⓔ たよりどころ。「(アノ薄情ナ父親デハオ子サマノコトヲ)—ありても(=コチラカラタヨッテユケルヨウナグアイニハ)もてないたまはじ(=アツカッテクダサラナイデショウ)」〔源氏・真木柱〕

かか・り 【斯かり】Ⓑ《自ラ変》㊇「とあり」《「かくあり」の連音変化》こうだ。このようである。「—・りしほどに(=コンナグアイダッタガ、ソノウチ) 文治二年の春のころ、法皇…夜をこめて(=夜ノウチニ出発シ)大原の奥へぞ御幸なる」〔平家・大原御幸〕

かがり【篝】Ⓔ ❶かがり火をたく鉄製のかご。「余の(=ホカノ)歌は鵜舟(うぶね)して—に入れて持たせたり」〔亭子院歌合〕 ❷㊖かがり火。「婦負(めひ)川の早き瀬ごとに—さし(=カガリ火ヲトモシ)八十(やそ)伴(とも)の男は(=タクサンノ役人タチガ)鵜川立ちけり(=鵜飼イヲシテイル)」〔万葉・巻一七〕 **—び** 火 Ⓔ 照明用にたく移動式の火。「—の影となる身のわびしきは(=ツライノハ)流れて下に(=心ノ中ダケデ)燃ゆるなりけり」〔古今・恋一〕「遣(や)り水に—ともし、燈籠などにも参りたり」〔源氏・若紫〕

〔かがりび〕

かか・る 【掛かる】Ⓐ《自四》 ❶㋑(何かを支点としからだを)安定させる。もたれる。「(老齢デ)歩くに便ならず。縄を張りて引きわたして、それに—・りて、まゐりまかりいづべし」〔紀・顕宗・訓〕《「それにかかりて」は「扶而」の訓》㋺とりつく。すがる。寄り添う。「姫君は、いはけなく(=子ドモッポク)御指貫(さしぬき)のすそに—・りて慕ひきこえたまふ」〔源氏・薄雲〕㋩たよる。世話になる。「(母ハ生活能力ガナクテ)ただこの(子ノ)食はする物に—・りてあり」〔宇津保・俊蔭〕㊁(リズムに)合うようにする。乗る。「三つ拍子を打って、言ふべい(=言オウトスル)事を音曲に—・って後を吟ずる」〔狂・音曲婿〕 ❷【懸かる】㋑(一端が固定されて下に)たれる。ぶらさがる。「雉(きじ)松茸(まつたけ)などは(内裏ノ)御湯殿の上(ノヘヤ)に—・りたるも、くるしからず」〔徒然・一一八段〕㋺(かぶさるように)さがる。「髪いと長く額(ノトコロニ)いとよく—・りて」〔更級〕 ❸《一端が他の物につながる意から》㋑ひっかかる。「思ひがけなくこの網に、おぬしが—・って上がったは」〔伎・十六夜清心・一ノ四〕㋺(船が)停泊する。「おどろきて見るに、(船ハコレマデ)—・りたる方にもなき(=停泊シテイタ場所デモナイ)沖にいでにければ、泣きまどへども」〔今昔・巻二六ノ一〇〕㋩(現象が)いつもそこにある。離れない。「…まなかひ(=眼前)に(子ドモノ顔ガ)もとな(=ムヤミト)—・りて安眠(やすい)し寝(な)さぬ」〔万葉・巻五〕㊁(心に)とまる。とくに意識される。「わが心に—・るままに…心さわぎしあへりける」〔大鏡・伊尹〕「世の中の物語…これかれに—・りて(=イロンナ事ニ関シテ)公・私おぼつかなからず(=アイマイデナク)聞きよきほどに語りたる」〔枕・三一段〕㋺(事件の)連帯責任をおう。連座する。かかわりあう。「静範法師、八幡(やはた)の宮の事に—・りて、伊豆の国に流されて」〔後拾遺・雑三・詞〕㋩関心を向ける。とくにその事をする。「狩りはねむごろにも(=アマリ熱心ニ)せで、酒をのみ飲みつつ、和歌(やまとうた)に—・

れりけり」〔伊勢・八二段〕 ❺ ㋑作用を受ける。何かをされる。「お手に—・らば(=アナタニ殺サレルト)母(かか)さんがお前をお恨みなされましょ」〔浄・忠臣蔵・七〕「そのうち、お目に—・りませう」〔伎・お染の七役・序〕㋺あつかわれる。とくに採りあげられる。「いみじき(=ヒドイ)非道(=筋チガイ)の事も、山階(やましな)寺に—・りぬれば、また、ともかくも人もの言はず」〔大鏡・藤氏物語〕 ❻ ㋑(水などが)他のものに飛ぶ。落ちて付着する。「梅の木に雪いたうつもりたる…御上にはらはらと—・りたりしが」〔大鏡・伊尹〕㋺(雨・雪などが)ふる。「雲足が早いから、もう一降り—・るだらう」〔伎・十六夜清心・一ノ四〕 ❼《他から来て着く意で》㋑(火が)つく。「上京に火—・る(=延焼スル)と見て…四条の橋のもとまでにげ来たり」〔咄・醒睡笑・巻二〕㋺(霊などが)のり移る。つく。「月の神、人に—・りて謂(かた)りていはく」〔紀・顕宗・訓〕《「かかりて」は「著」の訓》 ❽ ㋑(ある場所の最初の部分に)来る。さしかかる。「遠江(とほたふみ)に—・る」〔更級〕㋺(ある事にはじめて)たずさわる。着手する。とりかかる。「どりゃ、また帳合ひ(=帳簿整理)に—・りませうか」〔伎・お染の七役・中〕 ❾ ㋑行き向かう。「験者などの方は、いとくるしげなり。御岳(みたけ)・熊野(ソノ他)、—・らぬ山なくありくほどに」〔枕・五段(能因本)〕㋺(敵対するため)相手に向かう。(行動を)しかける。「彼(=アノムカデガ)来たりて島に—・らむ(=押シ寄セル)ほどに…矢のあらむ限り射るべきなり」〔今昔・巻二六ノ九〕 ❿かぶさる。向こうが見えないほどたちこめる。「月の顔に叢(むら)雲の—・りて、すこし暗がりゆきければ」〔大鏡・花山院〕 ⓫(高い場所に)㋑ある。とどまっている。「山の端に日の—・るほど、住吉の浦を過ぐ」〔更級〕㋺(見えるよう)あがっている。示されている。「万(よろづ)の社に額(がく)の—・りたるに、おのれ(=ワタシ)がもとにしも無きがあしければ、かけむと思ふに」〔大鏡・実頼〕 ⓬〔補動〕《動詞の連用形に付き、上の動詞の示す動作・作用が》㋑「途中まで…する」意を表す。…しかける。「多三郎、茶屋かげより出—・り、お糸が文を懐より見る」〔伎・お染の七役・序〕㋺何かの対象に向かってなされる意を表す。「庵(いほ)の上に柿の落ち—・りたるを、人々拾ひなどす」〔更級〕㋩はじまったところだという意を表す。「暮れ—・るほどに参(まう)で着きて」〔更級〕

かかる【斯かる】Ⓐ《連体》《もと、自ラ変「かかり」の連体形》こういう。こんな。「こよひ『—こと』と声高にものもいはせず」〔土佐〕「夢にこそ—事はあれ」〔平家・足摺〕「—異様(ことやう)の者(=コンナ異常ノムスメハ)、人に見ゆべきにあらず(=結婚シテハイケナイ)」〔徒然・四〇段〕

かき-【〈掻〉き】Ⓑ《接頭》動詞・形容動詞に付いて、意味を強める。《場面によっては「すっかり…」「たいそう…」等、副詞にかえて訳することもできる。中古文では音便で「かい」となることが多い》「—曇る」「—消つ」「—しのびやかなり」「—絶ゆ」「—放つ」「—払ふ」「—ひそむ」「—細る」等。

がき【餓鬼】Ⓓ ❶〔仏〕㋑餓鬼道に住む者。「—界に行きて、ひとりの—を見る。その形きはめて恐ろしくして」〔今昔・巻二ノ三七〕㋺(何か特別の事情で)現世に来ている「㋑」。「得尸羅(とくしら)城の—は五百生(しやう)の間つひに水を得ることなく、師子国の—は洹伽(ごうが=ガンジス)河の七度山となり海となるまで飲食(おんじき)の名を聞かず」〔盛衰・巻四八ノ三〕 ❷〔仏〕(略)餓鬼道。「一心の中に地獄・—・畜生・修羅・人天(にんでん=人界ト天界)あり」〔正三・盲安杖・七〕 ❸《いやしめたり、ののしったりする際に用い》子ども。「おのれ一人よい(=ウマイ)事せうとは、さりとは下心(=根性)の悪い—(=小僧ダ)」〔浄・歌祭文・油屋〕

かき あ・ぐ【〈掻〉き上ぐ】Ⓓ《他下二》❶《「かき」は接頭語》㋑あげる。「香(かう)盛り据ゑ数珠(ずず)—・げ、経うち置きなどしたるを見て」〔蜻蛉・中(契沖本)〕㋺(手で)たくし上げる。「まことに寒げなる気色(=ヨウス)をして、(着物ノ)膝(ひざ)をももまで—・げて、細脛(はぎ=スネ)を出だして」〔宇治・巻五ノ五〕㋩(さがっているものを)上へ引く。「男『いとくも疎(うと)みたまふかな(=タイヘン早クオキライニナルコトダ)』とて、簾(すだれ)を—・げて入りぬれば」〔堤・掃墨〕 ❷燈心をかきたてて明るくする。「その日のようさり(=夜)、火をほのかに—・げて泣き臥せり」〔篁物語〕

かきあげ の き【掻き上げの木】Ⓔ 灯火の油皿(ざら)にひたした灯心をかきたてるのに使う棒。「灯炉(とうろ)の火の—の(黒クナッタ)端にて『や』文字を消ちて、そばに『ぞ』文字ばかりを書きて」〔十訓・第一ノ二六〕

かき あは・す【掻き合はす】(—ワス) Ⓓ《他下二》❶(弦楽器を)合奏する。「琵琶を(ヒケト)わりなく(=ムヤミニ)責めたまへば、(源氏ノ箏ニ明石上ガ)すこし—・せたる」〔源氏・薄雲〕 ❷よせ合わせる。「問はれて、袖—・せて」〔徒然・九〇段〕

かき くら・す【〈掻〉き暗す】Ⓒ《自四》《「かき」は接頭語》❶いちめんに暗くなる。「くちをしきもの五節(ごせち)・御仏名に雪降らで雨の—・し降りたる」〔枕・九八段〕 ❷悲しみ・心配で心が暗くなる。「水まさる遠(をち)の里人いかならむ晴れぬながめに—・すころ」〔源氏・浮舟〕

がき だう【餓鬼道】(—ドウ) Ⓓ〔仏〕《「道」は「界」の意》生前に貪欲(どんよく)だった者が、そのむくいとして行く世界。いつも飢えと渇(かわ)きに悩まされる。(参)ろくだう。「大海に浮かむといへども、潮なれば飲むことなし。これまた—の苦しみとこそおぼえさぶらひしか」〔平家・六道〕

かき つ・く【〈掻〉き付く】Ⓓ ㊀【自四】〔「かき」は接頭語〕❶ぴったりとつく。おどりつく。だきつく。「やがて―・くままに首のほどを食はむとす」〔徒然・八九段〕❷すがる。たよる。「冬になりゆくままに(末摘花ハ)いとど―・かむ方なく、悲しげにながめ過ごしたまふ」〔源氏・蓬生〕㊁【他下二】❶〔「かき」は接頭語〕とりつける。つける。「弓矢―・けて出でて見はべりしに」〔著聞・偸盗〕❷(髪などを)なでつける。「草枕(=枕詞)寝くたれ髪を―・けしその朝顔の忘られぬかな」〔続詞花・恋〕

かき ほ【垣〈穂〉】Ⓓ かき。「荒れにける庭の―の苔の上に蔦(つた)はひかかる故郷の秋」〔風雅・雑上〕

かぎり【限り】Ⓐ ❶可能な範囲。「川水まさり(=増水シ)て、人流るといふ。それも、よろづをながめおもふ(=ツクヅク思イメグラス)に、いと言ふ―にもあらねど(=言ウニ言ワレナイ気持チダガ)」〔蜻蛉・中〕❷うち。ある条件をそなえるなか。「この―にはあらざるべし」〔徒然・一七〇段〕❸あいだ(ずっと)。「二年の―、帳のうちより頭(かしら)もさし出でず(=ヒキコモッタキリデ)臥し沈み(=病床ニ寝ツイテ)」〔寝覚・巻五〕❹時。おり。チャンス。「めぐりあはむ―はいつと知らねども月な隔てそよその浮き雲」〔新古今・恋四〕❺結末。終わり。「(ワタシタチノ仲モ)―(=モウコレキリ)と思はば、かくわりなき(=ムヤミナ)物疑ひはせよ」〔源氏・帚木〕❻㋑きまり。格式。「煙の乏しきを見たまふ時は―ある貢ぎ物をさへ許されき(=免除ナサッタ)」〔方丈〕㋺(きまった)順序。「(次女ヘノ)御心ざし(=愛情)は(長女ニ対スルヨリモ)こよなく(=ズット)たちまさりたれど、―(=長幼ノ序トイウモノガ)あれば、まづ大姫君の御事(=結婚)を、八月一日と取りて(=決メテ)、いそぎたまふ(=準備ヲナサル)」〔寝覚・巻一〕㋩(きまった)義務。(のがれられない)責任。「男(デアルワタシ)は―ある事しげき程に(=セワシクテ)…御琴なども教へたてまつらず」〔寝覚・巻四〕❼限度。「高きまじらひ(=高貴ナオ方ノ前ニ出ルノモ下賤ノ者ニトッテ)身のほど―あるに、いとやすげなしかし(=気ヅマリダワネ)」〔紫日記〕❽危篤状態。臨終。「―の御病(=オナクナリニナッタトキノ御病状)とても、いたう苦しがりたまふこともなかりけり」〔大鏡・道隆〕❾ありたけ。「鈴虫の声の―をつくしても長き夜飽かずふる涙かな」〔源氏・桐壺〕「さぶらふ―みな寝たり」〔源氏・夕顔〕❿最上。最高。「いつはとは時はわかねど秋の夜ぞもの思ふことの―なりける」〔古今・秋上〕⓫だけ。ばかり。「牛の―引き出でいぬる」〔枕・二二五段〕

―な・し 無し Ⓐ【連語】❶際限がない。「―・き思ひのままに夜も来む夢路をさへに人はとがめじ」〔古今・恋三〕❷(程度が)非常なものだ。はなはだしい。「―・く心をつくし聞こゆる(=オ慕イスル)人にいとよう似たてまつれるが」〔源氏・若紫〕❸最高である。至上である。「―・き御位(=帝位)なれど、親子の仲のもの愛(かな)しさ(=情愛)を思ほし知らぬやうにあらばこそあらめ(=オワカリニナラヌヨウナ方ナラトニカク)」〔栄花・鳥辺野〕

かぎろひ【陽炎】(―イ) Ⓔ【ちらちら光る意の動詞「かぎる」に「火」の結合した「かぎる火」の転】❶(あけがたの)微光。曙光(しょこう)。「東の野に―の立つ見えて(西ニ)かへりみすれば(=フリムイテ見ルト)月傾きぬ」〔万葉・巻一〕【原文「炎」と表記。「かぎろひ」は推定の訓】❷(春の日などに)地面からゆらめきのぼる水蒸気が光線を受けてちらちら見える現象。「今さらに雪(ナンカ)降らめやも(=降ルニハ及ブマイ)―の燃ゆる(=炎ノヨウニチラチラスル)春べとなりにしものを」〔万葉・巻一〇〕

かく【格】Ⓓ ❶㋑法式。きめ。きまり。「記(トイウ文体)はその物を記すの心なり。(書キ方ノ)―は、序・跋に同じ。心のちがひのみ」〔土芳・三冊子・白〕㋺(きまった)やり方。「(遊ビノ道デ)かうした―な(=流儀ノ)ものなれた大尽(だいじん)に逢うては…顔が上げられぬものぞ」〔浮・禁短気・巻五ノ一〕㋩型。規格。「(役者ハ)当たりたる(=ヒットシタ)―をはづすまいとする故、しうち(=演技)に古びがつく」〔役者論語・あやめぐさ〕❷㋑形。かっこう。「(紙ニ)黒星を書きつけて鉄砲(ノ)的の―(ニシテ)見せけるに」〔西鶴織留・巻二ノ一〕㋺(見た)ぐあい。あり方。「冬は穴住みといふ―にて、上古の風俗にしてもみぐるしく」〔淇園・独寝・上・二〇〕❸(詩文・俳句などの)組み立て。構造。「本書(=三体詩)ただ、前虚後実・前実後虚等の法を立つるため、その―に合ひたる詩をのせたり」〔南海・詩学逢原・詩有境趣〕❹(比較的な)地位。資格。「(貧乏武士トチガイ)千石以上の高取り(=俸禄ヲ取ルコト)は同じ―でも…身を慎み」〔伎・河内山・五〕

か・く【掛く】Ⓐ ㊀【他四】❶両端を固定させる。とりつける。「こしき(=蒸シ器)には蜘蛛(くも)の巣―・きて…」〔万葉・巻五〕❷動かないように一端をおく。「御車は、しぢ(=ナガエヲノセル台)に―・くな」〔大鏡・師輔〕❸高くあげる。「天ざかるひな(=遠イイナカ)に名―・かす(=有名デオイデノ)…」〔万葉・巻一七〕❹数える。「暁のしぎの羽がきももはがき君が来ぬ夜は我ぞ数―・く」〔古今・恋五〕❺(必要なものとしてそのために)使う。「心やすいは各別(=別問題デ)、高駄賃―・くからは、大事の家職(=商売ダ)」〔近松・冥途飛脚・上〕❻(表から裏にかけ)つき通す。つらぬく。用例→「うらをかく」。㊁【他下二】❶端を固定させる。㋑【架く】端を固定させ間にわたす。「山川に風の―・けたるしがらみは流れもあへぬ紅葉なりけり」〔古今・秋下〕「島より陸地へ反(そ)り橋を―・け」〔伽・物臭太郎〕㋺(両方を動かせないように何かを)とりつける。「うちおほひ(=簡単ナ屋根)を葺(ふ)きて、継ぎ目ごとにかけがねを━・けたり」〔方丈〕 ❷(きまった二点の間に線を)引く。「経書きたてまつるべき紙、経師にうち継がせ、罫(け)━・けさせて」〔宇治・巻八ノ四〕 ❸兼任する。「宰相になり、左近中将━・けていませしが」〔大鏡・昔物語〕 ❹㋑両方をこめる。ある時からある時までずっと含める。「ついたち━・けて長雨いたうす(=ヒドク長雨ガフル)」〔蜻蛉・上〕「こしかた行く末━・けてまめやかなる(=誠実ナ)御物語に」〔徒然・一〇四段〕㋺みなを含める。合計する。合算する。「手金(=自分ノ資産)とては、家・屋敷・家財━・けて十五貫目、二十貫目に足らぬ身代」〔近松・冥途飛脚・中〕 ❺㋑くらべて定める。「筒(つつ)井つの井筒に━・けしまろが(=ボクノ)長(たけ)過ぎにけらしな(=ズット高クナッタヨウダヨ)妹(いも)見ざるまに」〔伊勢・二三段〕㋺(比較して)たとえる。「筑波山に━・けて君(ノオヒキタテ)をねがひ」〔古今・序〕 ❻㋑(ひもなどで)固定させる。くくりつける。つなぐ。「御車、牛━・けて」〔大鏡・道隆〕㋺【懸く】(一端を固定させ)ぶらさげる。「小さき燈籠(とうろ)を御帳のうちに━・けたれば」〔紫日記〕 ❼㋑高くあげる。「(額ヲ)━・けむと思ふに、なべての手(=アリフレタ書家)して書かせむがわろくはべれば(=感心デキマセンカラ)」〔大鏡・実頼〕「白い帆━・けたる小舟」〔平家・卒都婆流〕㋺(目につく場所に)さらす。「頼朝が首を刎(は)ねて(=キッテ)、わが墓の前に━・くべし」〔平家・入道死去〕 ❽㋑(上から)かぶせる。おおう。「かたびらをうち━・けて、手をひき、杖をつかせて」〔徒然・五三段〕㋺(かぶせるような形に)おく。「多くの馬どもに荷を━・け」〔今昔・巻二八ノ三八〕 ❾(ある物を他の物の上に)おく。「なげしにしり━・けて物語するさま」〔徒然・一〇五段〕 ❿㋑接触させる。「簾(すだれ)に手を━・くれば」〔蜻蛉・下〕㋺〔「目に」を受け〕入れる。見せる。「忠兵衛がもどした小判、お目に━・けうか」〔近松・冥途飛脚・中〕 ⓫(いくらか大規模に火を)つける。「小野原の在家(=民家)にぞ火を━・けたりける」〔平家・三草合戦〕 ⓬㋑(心理的な作用を他人に)およぼす。「(風鈴ナドナラ風デ音ガスルハズダガ情ケハ物体デナイカラ)そなたより吹きくる風のつてにだに情けを━・くる(=掛ケ詞⑥㋺)おとづれぞなき」〔風雅・恋五〕「夕霧といふ太夫に馴染(なじ)みを━・け」〔近松・阿波鳴渡・中〕㋺(悪いなりゆきの結果を他人に)おしつける。しょわせる。「五十両(ノ)損(ヲ)━・けうかと気づかひさに(=心配ノアマリ)」〔近松・冥途飛脚・中〕 ⓭あつかう。「まれなものぢゃ。大事に━・けう(=タイセツニショウ)と存じて」〔狂・柑子〕 ⓮【懸く】㋑(ことばを)出す。口にする。「在るをば、よしとも悪(あ)しとも━・けたまはず(=オッシャラナイ)」〔源氏・蛍〕㋺(神仏に対して)心中の事を言う。「大願━・けて山上し(=山ニ登リ)、行者様を拝む」〔近松・油地獄・中〕「━・けし誓ひも嘘(そう)となり」〔近松・冥途飛脚・中〕 ⓯(あてにならない事に)託する。「なほこの月のうちには、頼みを━・けて(=アテニシテ)責む(=ヤイヤイ言ウ)」〔蜻蛉・下〕「磯の苔に露の命を━・けてこそ、今日までながらへたれ」〔平家・有王〕 ⓰(人の能力・世話に)まかせる。「はは、(ソノ病人ヲ)誰に(=ドノ医師ニ)お━・けなすった」〔三馬・風呂・前ノ上〕 ⓱期待する。「あら磯の岩にくだくる波なれやつれなき人に(訪レテクダサルカト)━・くる心は」〔千載・恋二〕 ⓲㋑意識する。心に思いうかべる。「山こしの風を時じみ(=風ガイツデモ吹クノデ)寝る夜おちず(=毎夜毎夜)家なる妹(いも)を━・けてしのひつ」〔万葉・巻一〕「おぼしも━・けぬ事なれば、おどろきたまひて」〔大鏡・師尹〕㋺めざす。「わたの原(=海原ノ)八十島(=多クノ島)━・けて漕ぎ出でぬと人(=親シイ人)には告げよ海人(あま)の釣り舟」〔古今・羇旅〕 ⓳(支払いを)しばらくしないでおく。あと払いにする。「━・くるとは、(セイゼイ)二文や五文の事ざうらふよ」〔咄・醒睡笑・巻四〕 ⓴〔補動〕【動詞の連用形に付き】㋑「途中まで…する」の意を表す。…さす。「さて、どれにいたさうぞ。これに蓋(ふた)の取り━・けたの(=半分アケタツボ)がある。これにいたさう」〔狂・伯母が酒(虎清本)〕㋺積極的に何かする意を表す。「約束のとほり、晩には廓(くるわ)で飲み━・け、我らは太鼓(ノ役ヲショウ)」〔近松・冥途飛脚・上〕

か・く【搔く】 Ⓒ【他四】 ❶爪(つめ)のさきで強くこする。「『西日のどかによき天気なり』『旅人のしらみ━・き行く春(ノ日モ)暮れて』」〔珍碩・曲水(ひさご)〕 ❷(水や草などを)おしわける(ような動作をする)。「そこへ━・き行きて見ければ(=草ヤ木ヲ押シ分ケテ行ッテミタトコロ)、小さき柴の庵あり」〔今昔・巻三一ノ一五〕「『あなかま、あなかま(=アア、静カニ静カニ)』とただ手を━・き(=手デ払イノケルヨウニ合図シ)面(おもて)を振り(=顔ヲ左右ニ振ッテ合図シテ)」〔蜻蛉・中〕 ❸(琴などを)かなでる。奏する。「さまよくもてなして、をさをさ心とけても(和琴ヲ)━・きわたさず」〔源氏・篝火〕 ❹(毛髪などを)くしですく。「鬢(びん)━・かせたまふべき(=ビンノ毛ヲオスキニナレルヨウニ)けしきしたり(=用意ガ整エテアッタ)」〔紫日記〕 ❺(羽根を)つくろう。「ももはがき(=幾度モ)羽(はね)━・く鴫(しぎ)もわがごとく(愛人ヲ待ッテ)あしたわびしき数はまさらじ」〔拾遺・恋二〕 ❻けずる。「たくみども(=大工タチガ)裏板どもを、いとうるはしく(=キレイニ)かな━・きて(=カンナヲカケテ)まかり出でつつ(=退出シテ)、またのあした(=翌朝)に参りて見るに」〔大鏡・時平〕 ❼(首を)切り取る。「まさなや(=ケシカランナア)、降人(かうにん)の頸(くび)━・くやうやさうらふ(=切ルトイウ法ガアリマスカ)」〔平家・越中前司最期〕 ❽築く。「塀(へい)をぬり、櫓(やぐら)を―・いて射手をあげて、小路小路に兵を千騎二千騎ひかへさせて」〔太平・巻八ノ七〕 ❾とりすがる。「…倉椅山を嶮(さが)しみと(＝ガケワシイノデ、ワタシハ)岩―・きかねて(＝岩ニトリツケナイノデ、アナタハ)わが手取らすも」〔記・下〕 ❿食べる。「猫殿は少食(せうじき)にておはしけり。さるにても、たまたまおはしたるに、いま少し―・きたまへかし」〔盛衰・巻三三ノ一二〕《木曾義仲のことばなので、他に用例はないが、信濃方言と思われる》

がく【楽】Ⓒ ❶楽曲。「―は何ぞと聞きければ」〔平家・小督〕 ❷雅楽。「雅楽寮(うたづかさ)の人召して舟の―せらる」〔源氏・胡蝶〕 ❸(能で)中国ふうの人物がまう舞。「邯鄲(かんたん)の―十二段」〔八帖花伝書・第五〕

かく　ご【覚悟】Ⓒ 《十自サ変》 ❶〔仏〕仏教の根本真理を体得すること。「それより生死の眠り(＝生死相対ノ相ニ迷ウ心ガ)さめ、―の月をぞもてあそぶ(＝月ノヨウニ清ラカナ悟リノ世界ヲタノシム)」〔梁塵〕 ❷㋑記憶すること。「才学(＝学問)はあながちにいるべからず(＝ドウシテモ必要トイウモノデナイ)。ただし、一向に(＝全ク)無沙汰にては(＝勉強シナイデイテハ)上手の名を取りがたし。古歌をよくよく―・すべし」〔連理秘抄〕 ㋺(かねてから)知っていること。「(幼君ヲ)毒殺に及び、家をうばはむと一味徒党をもよほせしなんど(＝同志ヲ集メタナドトイウコト)ゆめゆめ―つかまつらぬ」〔浄・先代萩・八〕 ❸㋑心のそなえがあること。用意。「敷き銀(ぎん)を心当てに(＝持参金ヲツクル心ヅモリデ)、利貸し商ひ事、外にいたし置き(＝本業トハ別ニシテオイテ)縁付きの時分(＝縁談ノ時ニ)、さのみ大儀になきやうに(＝ソレホド出費ガオックウデナイヨウニシテオクノハ)―よろしき仕方なり(＝心ガケノヨイヤリ方デアル)」〔西鶴・胸算用・巻三ノ四〕 ㋺意図。つもり。「人に喜ばして、あとで何とぞ(無理ヲ)言ふ―でないか」〔浮・艶行脚・巻二ノ二〕 ❹決心。あきらめること。「『…最期を清う死んでくれ』と聞こゆれば、玉が声『それは気遣ひさしやんすな、とうから(＝前々カラ)―極めてゐる(＝決心ガキマッテイマス)』」〔近松・大経師・中〕

かく　ごん【恪勤】Ⓔ 《任務に熱心で忠実な意の漢語から》 ❶《平安時代》院・宮家・大臣家の家来。「その時の一の人(＝関白)の御もとに―になむさぶらひける」〔今昔・巻二六ノ一七〕 ❷《鎌倉・室町時代》宿直などの雑務を勤めた警備員。「武士どもいつしか諸庭(＝諸方ノ公卿ノ邸)の奉公人となり…青侍(＝若イ下級従者)―の前にひざまづく」〔太平・巻一二ノ一〕《「かくご」と表記することが多い》

がく　しやう(―ショウ) Ⓓ ㊀【学生】 ❶大学寮で勉強している者。またはその身分。「父がなま―(＝若イ学生)に使はれたいまつりて」〔大鏡・序〕 ❷㋟「堂衆(だうじゅ)」《中古・中世の寺院で》もっぱら研究に従事する僧。おもに貴族出身。「学侶(がくりょ)」とも。「山上には、堂衆―不快の事いできて(＝仲タガイガ起コッテ)」〔平家・堂衆合戦〕 ㊁【学匠】 ❶学者。仏教方面だけとは限らない。「史大夫朝親といふ者ありけり。―なりければ、ここかしこに文の師にてありきけり。若くては(＝若イコロニハ)文章(もんじゃう)の生(しゃう)にてありけり」〔十訓・第一ノ四四〕「ゆゆしき(＝エライ)―たち多くおはせられてさうらふなれば」〔歎異抄〕 ❷学識があること。学者としてえらいこと。「年ごろ山(＝叡山)にある間に、―のおぼえ(＝評判ガ)高く聞こえぬれば」〔今昔・巻一二ノ三二〕「陽信といふ僧ありけり。―の方も賢く、真言もよく知りたりけり」〔今昔・巻一四ノ四四〕《㊂の用法も古写本では「学生」と書いてある。㊀の用法と区別するため、後に「学匠」とあてたのであろう》

がく・す【学す】Ⓔ 《他サ変》まなび、はげむ。《近代的な意味での学問を勉強することに限らず、人間としての修養をも含む》「ただしひて(＝ヒタスラ)道を好み―・せば、終(つひ)には実(まこと)の道心も起こるべきなり」〔正法眼蔵随聞記・第一〕

かく　て【斯くて】Ⓑ ㊀《副》このようにして。こんなぐあいで。「君は来ず吾はゆゑなみ立つ波のしくしくわびし―来じとや」〔万葉・巻一二〕「東ふけば西になびくを見で、―あるよ」〔更級〕「つとめても『今日は―おはすれば…』」〔更級〕 ㊁《接続》さて。それから。《作り物語では、段落が新しくなることを示すばあいに多く使われる》「見送らむとてぞ此の人どもは追ひ来ける。―漕ぎゆくまにまに」〔土佐〕「―公(おほやけ)にもかなはず(＝天皇ノ受ケモワルク)、官位(つかさくらゐ)も辞して」〔宇津保・俊蔭〕

かく　ながら【斯くながら】Ⓔ 《連語》このままで。このとおりで。「(源氏ガ作ッタ願文ニ対シ文章博士ハ)『ただ、―(＝コレデ結構)。加ふべき事(＝加筆ヲ要スル点ハ)はべらざめり』と申す」〔源氏・夕顔〕

か　ぐは・し【馨はし・香はし・芳はし】(―ワシ) Ⓓ 《形シク》 ❶よいにおいだ。「ちはやぶる(＝枕詞)賀茂の社の神遊び榊(さかき)の風(＝追イ風)もことに―・し」〔夫木・巻一八〕 ❷心がひかれる。なつかしい。「見まく欲(ほ)り(＝会イタイナアト)思ひしなへに(＝チョウドソノ時)かづら(ヲ)掛け(テイル)―・し(＝チャーミングナ)君を会ひ見つるかも」〔万葉・巻一八〕《この例を「美しい」と解するのは疑問》

がく　もん【学文・学〈問〉】Ⓔ ❶㋑《文献についてまなぶ意から》知識・技芸を身につけること。「歌の―よりほかの事もなきに」〔大鏡・伊尹〕 ㋺《とくに》漢学の勉強。「かつは(＝一方デハ)書(ふみ)(＝漢籍)どもを見つつ、夜昼―をしたまふ」〔宇津保・蔵開下〕 ❷よい体験をすること。「(妻ニシメ出サレタ)おとど、帰りたまふとて御消息(せうそこ)あり(=手紙ヲオヨコシニナル)『…老いの―をなどなむ(=年トッテカラ、トンダ勉強ヲ致シマシタ)』」〔宇津保・国譲下〕

かぐら【神楽】Ⓒ ❶《広義に》神前で奏する歌舞。「日の本の国に天の岩戸開けし時、よもの神たちの―の詞を始めて」〔十六夜〕 ❷㋑《狭義に》平安初期に制定され、宮中の内侍所および賀茂神社などで奏される公式の神前歌舞。和琴(わごん)・横笛・笏拍子(しやくびやうし)・篳篥(ひちりき)を用い、夜、かがり火をたいておこなう。「ある所の侍ども、内侍所の御―を見て」〔徒然・一七八段〕㋺「㋑」で歌われる歌謡。「中将守通と聞こえし(=トイウ)人、―をうたひたりければ」〔十訓・第一〇ノ二四〕 ❸《近世以後》里かぐら。諸社でおこなわれる非公式の神前歌舞で、民俗芸能の性格がつよい。 ❹芝居のはやしの一種。 ❺能楽の舞の一種。

かくら・ふ【隠らふ】(―ラ〈ロ〉ウ) Ⓓ《自四》(「かくる」の未然形に助動詞「ふ」の付いた形。[参]ふ)ずっと隠れている。「五月(さつき)山花橘にほととぎす―・ふ(=ホトトギスガ隠レテイルヨウニ、ワタシガ隠レテイル)時に逢へる君かも」〔万葉・巻一〇〕(いつからか時代はわからないが、単に「かくれる」の意にも使われるようになった)

かく・る【隠る】Ⓑ [一]《自四》下二段の場合と意味は同じであるが、四段の方が古い活用。「秋山の木(こ)の下―・り行く(=見エナイ所ヲ流レル)水の(=水カサガマスヨウニ)我こそまさめ(=私ノ物思イノホウガ多イデショウ)御思ひよりは」〔万葉・巻二〕 [二]《自下二》❶かくれる。(姿がかくれて)それとわからない。「春の夜の闇はあやなし(=見分ケガツカナイコトダ)梅の花色こそ見えね香やは―・るる」〔古今・春上〕 ❷「死ぬ」の尊敬語。おなくなりになる。「かの按察(あぜち)―・れて後、(ソノ北ノ方ハ)世をそむきてはべる(=出家シテイマス)」〔源氏・若紫〕

かくれ な・し【隠れ無し】Ⓒ《形ク》❶隠れている点がない。「(乗ッテ行ク)駒の足音もなほ忍びてと用意したまへるに、―・き(=スグソノ人トワカル)御匂ひぞ風に従ひて」〔源氏・橋姫〕 ❷まるみえだ。「小さき御几帳(きちやう)より御衣(ぞみ)の袖口、裾などは―・し」〔狭衣・巻三〕 ❸知れわたっている。周知だ。「人の仲らひは、忍ぶる(=ナイショノ)事と思へど、―・きものなれば」〔源氏・真木柱〕

かくろ・ふ【隠ろふ】(―ウ) Ⓓ《自四・下二》(「かくらふ」の変化した形)→かくらふ。「さを鹿の朝ふす小野の草若み―・ひ《四段》かねて人に知らゆ(=見ラレル)な」〔万葉・巻一〇〕「夜目にこそ、しるきながらも(=見エハスルケレド)、よろづ―・へ《下二》たる(=ボロノ目立タナイ)こと多かりけれ」〔源氏・末摘花〕「わづらはしと思ひて―・ひ《四段》ゐたるに」〔紫日記〕

かげ Ⓐ [一]【光・景】ひかり。「天の原ふりさけ見ればわたる日の―も隠らひ(=見エナクナリ)照る月のひかりも見えず…」〔万葉・巻三〕「さやけき―をまばゆくおぼしめしつるほどに、月の顔に叢(むら)雲のかかりて」〔大鏡・花山院〕「秋の雨の窓うつ音に聞きわびて寝ざむる壁にともしびの―」〔風雅・秋下〕 [二]【影】❶(光が不透明な物体によってさえぎられたとき生ずる)暗い部分。「わが子どもの(公任サンノ)―だにふむべくもあらぬこそ(=影法師サエ踏メソウニモナイノハ)くちをしけれ」〔大鏡・道長〕 ❷㋑姿。容姿。「わが身は、向かひゐたらむも(=相手ト対座シテイテモ)―はづかしくおぼえなむ(=自分ノ姿ノミニクサガ恥ズカシク感ジラレルダロウ)」〔徒然・一二四段〕㋺(鏡・水面などにうつる)映像。「池水に―さへ見えて咲きにほふ馬酔木(あしび)の花を袖にこきれな(=取リコミタイナア)」〔万葉・巻二〇〕「むばたまの(=枕詞)わが黒髪やかはるらむ鏡の―に降れる白雪」〔古今・物名〕 ❸似たもの。似せたもの。「総じて剣を打つ(=作ル)には、まづ―と申して、焼刃・寸尺、微塵(みぢん)も違はず打ち立つる」〔近松・唐船噺・中〕(「影武者」の「影」もこの用法) ❹㋑直接には感覚できない、ある人またはある事物の姿。おもかげ。「惜しまるる涙に(=別レガ惜シクテコボレル涙ノ中ニ)―はとまらなむ(=アナタノ面影ハトドマッテホシイモノダ)心も知らず(=ワタシノ気持チモ知ラナイデ)秋はゆくとも(=去リ行ク秋トトモニワタシニ飽キガ来テモ)」〔和泉日記〕「作者(=一流歌人)の歌は、詞(ことば)の外に、―そひて、何となくうち詠ずるに(=声ニ出シテ吟ジテミルトキ)あはれにおぼゆるなり(=シミジミト心ヲウタレルモノダ)」〔正徹物語・下〕㋺なくなった人の人格的残像。「なき親の面(おもて)をふせ(=名誉ヲキズツケ)、―をはづかしむる類、多く聞こゆる」〔源氏・若菜上〕「故おとどの事を、なき―にもいかがと、いとほしかりしかば(=気ノ毒ニ思ッタノデ)、さもせざりし(=ソウマデハシナカッタ)」〔大鏡・兼家〕㋩実体のない姿。まぼろし。「『なほ率(ゐ)ておはしまさむ』とて、御輿(こし)を寄せたまふに、このかぐや姫、きと(=フイト)―になりぬ」〔竹取〕 ❺《近世語》大阪新町における下等遊女の階級。月(ちが)と潮(おし)の中間にあたる。「(新町遊郭ハイツモ)三五以上の(=満月ヨリモ明ルイ)月(=掛ケ詞「月女郎」)の顔、さす潮(=掛ケ詞「潮女郎」)、―のわけもよき(=客アツカイガヨイノデ)、局(つぼね)々の手拭ひは、ぬれぬ隙(ひま)こそなかりけり」〔近松・寿門松・下〕《(1)「つきまとって離れないもの」「やせて弱々しいもの」等の意をあげる説もあるが、これは暗喩(メタファ)として用いたにすぎず、前後の筋あいからそう解されるのであって、語そのものにこういった意味があるわけではない。(2)「肖像」の意をあげる説もあるが、その用例「伊豆の国にかの大納言の影をとどむ」〔十訓・第一ノ二〕は「えい」とよむべきものなので、省く〕 ㊂【陰・蔭】 ❶物の裏になって人目につかないところ。隠れているところ。「貝をおほふ人の(=貝オオイヲシテ遊ブ人ガ)わが前なるをばおきて(=ソッチノケニシテ)、よそを見わたして、人の袖の―、膝の下まで目をくばる」〔徒然・一七一段〕 ❷㋑精神的なよりどころ。「父の老い衰へて、我を子ともしもたのもしからむ―のやうに思ひ頼み」〔更級〕 ㋺かばったり、ひきたてたりすること。「世のなかに頼む寄るべもはべらぬ身にて、一所(=アノ宮様オヒトリ)の御―にかくれて(=御庇護(ごひ)ニスガッテ)三十余年を過ぐしはべりにければ」〔源氏・椎本〕

かけ こひ【掛け乞ひ】(―イ) Ⓓ あと払いで売った代金を集めること。またはその集金人。かけとり。「―の夜明けに重き皮財布かつぎし肩もはる(=掛ケ詞「張ル」「春」)は来にけり」〔後万載・巻二〕

かけ こも・る【掛け籠る】 Ⓔ 《自四》《「掛け金(かぎ)をかけて内に入る」という意から》戸をしめる。「(女ハ)妻戸を今少し押しあけて、月見るけしき(=様子)なり。(モシアノ時)やがて(=スグ)―・らましかば(=戸ヲシメテ奥ヘハイッタナラ)、くちをしからまし(=自分ハサゾ興ザメナ思イガシタロウ)」〔徒然・三二段〕《鎌倉時代の建物でいま残っているものは、内から掛け金をかけるように作ってある。しかし、上の例は、かならずしもかぎをかけたのでなく、単に戸をしめた意であろう》

かけ すずり【懸け硯・掛け硯】 Ⓔ 《近世語》二重構造の手さげ用すずり箱。水さし・墨・すずりを上部に入れ、下部のひきだしに書類や小物を入れる。「―に仕合(しあはせ)丸と書き付け、水間寺の銭を入れ置き」〔西鶴・永代蔵・巻一ノ一〕「つづら、―肩にかけて逃ぐるもあり」〔西鶴・五人女・巻四ノ二〕

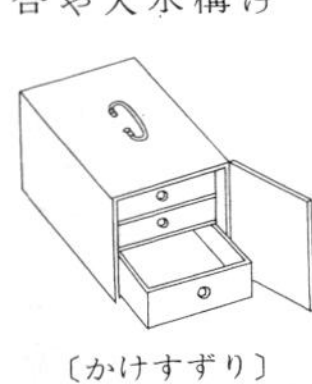
〔かけすずり〕

かけ ぢ【嶮路】(―ジ) Ⓓ けわしい山道。「おそろしや木曾の―の丸木橋ふみみるたびに落ちぬべきかな」〔千載・俳諧〕「越え暮れてひとりや寝なむ里遠き山の―の苔のさむしろ」〔新続古今・羇旅〕《⑴「がけに木材で棚(たな)のように作った道」という意を挙げる説もあるが、その用例(上記・千載集)は「けわしい道にかけた丸木橋」と解すべきである。⑵原義は「布でもかけたように切りたった場所の道」ということであろう。後世の「がけみち」という語の前身と思われる》

かけ て Ⓒ 《副》 ❶いつでも思って。つねにそのことを考えて。「まそ鏡(=枕詞)―偲(しの)へと(=思イ出シテクダサイト)まつり出す(=サシアゲル)形見の物を人に示すな(=他人ニハ見セナイデクダサイ)」〔万葉・巻一五〕 ❷《下に否定または反語を伴い》けっして。全然。少しも。いささかも。「御息所(みやすどころ)は―知りたまはず」〔源氏・夕霧〕「ものも言はで(=何モ言ワナイデ)やみなましかば(=コノママデイタナラ)―だに思ひ出でましや(=少シモ思イ出スコトハナカッタデショウニ)手枕の袖」〔和泉日記〕 ❸少しでも。ちょっとでも。「この人の御事をだに―聞きたまふは、いとど(=イッソウ)つらく」〔源氏・夕霧〕

かけ はし【懸け橋】 Ⓓ ❶【梯】はしご。「梯 加介波之、木堦所ニ以登ル高也」〔倭名抄・道路具〕「十二子(=一二段)の―に、胴中(=胴ノ中ホド)をしばりつけ」〔近松・出世景清・三〕 ❷【梯・桟】けわしいがけなどに沿って、板などをかけ渡した橋。桟道(さんどう)。「雲もなほ下に立ちける―のはるかに高き木曾の山路」〔新後拾遺・羇旅〕 ❸【桟】(一時的に)板をかけ渡した橋。桟橋。「御調物(みつぎもの)はこぶ船瀬(=船ノ停泊所)の―に駒の蹄(ひづめ)の音ぞ絶えせぬ」〔風雅・賀〕

かけ ひ【懸け樋・筧】(―イ) Ⓓ 竹や木で作り、地上に架設して水を導き流す樋(とい)。「―の水のおとづれ、鹿の声」〔建礼〕

〔かけひ〕

かけ まく【懸けまく】 Ⓔ 《連語》《「懸く」の未然形に「まく」の付いた形》口に出して言うこと。㊥まく。「この人々は―も忝(かたじけな)く(=モッタイナクモ)、柏原天皇(=桓武天皇)の御末(=御子孫)とは申しながら」〔平家・殿上闇討〕

かけ もの【懸け物・賭け物】 Ⓔ 勝者または優秀なできの者に与えるための品物。「後鳥羽院、ことにこの道(=連歌)を好ましめたまひて(=オ好ミニナッテ)…―百種を句(ノ出来バエ)にしたがひて給はせける」〔連理秘抄〕

かげゆ し【勘解由使】 Ⓓ 「解由(げゆ)」をさらに監査する役人。㊥げゆ。 **―ちゃう** 庁(―チョウ) Ⓓ 勘解由使の勤務する役所。桓武天皇の時はじめておかれた。長官(かみ)・次官(すけ)・判官(じょう)・主典(さかん)のほか、史生(ししょう)・使部(しぶ)などがあった。

かけ・る【翔る】 Ⓒ 《自四》 ❶㋑《翼をもつものが》空高く飛ぶ。「つゆの物も空に―・らば」〔竹取〕 ㋺《物質的でないものが》空を飛ぶ。「かなしみをきはめ(=コノ上ナイ悲シミヲ経験シ)命つきなむとしつるを(=父ノ天皇ノ魂ガ)たすけに—・りたまへる」〔源氏・明石〕 ❷（飛ぶように）走る。「鵯(ひよどり)越えの巖石（ダッテ）、この馬の—・らざるべき所にしもあらじ」〔盛衰・巻三六ノ一一〕 ❸《連歌・俳諧で》とらわれない表現をする。積極的な言いかたをする。「和歌優美の上にさへかくまで—・り作したるを」〔去来抄・先師評〕

かげろ・ふ（—ウ）Ⓓ《自四》《「かげる」の未然形に助動詞「ふ」が付き、「ら」が「ろ」となった形。㊀ふ》 ❶陰ができる。「夕づく日雲ひとむらに—・ひてしぐれにかすむ岡の松原」〔風雅・雑〕 ❷光がさす。きらめく。「風なびく尾花が末に—・ひて月遠くなる有明けの庭」〔風雅・秋〕 ❸見えかくれする。「黄昏(たそかれ)に—・ふ人はいかならむ」〔謡・江口〕

かご【影】Ⓔ《古代東国方言》かげ。「わが妻は（私ヲ）いたく恋ひらし（＝トテモ恋イ慕ッテイルラシイ）飲む水に（ソノ）—（＝姿）さへ見えて（私モ）世に忘られず（＝ドウニモ忘レラレナイ）」〔万葉・巻二〇〕

かこ・つ【託つ】Ⓒ《他四》 ❶言いたてる。理由づける。「—・つべきゆゑ（＝アナタノ歌デワタシヲ草ノ親類ダト言イタテラレタ理由）を知らねばおぼつかな（＝不安デス）いかなる草のゆかりなるらむ」〔源氏・若紫〕「たちまちに三途(さんづ)の闇に向かはむ（＝ワルイ世界ニ行コウ）とす。何のわざをか—・たむ（＝ドンナ善行ヲ言イ立テ、ソレヲノガレヨウ）とする」〔方丈〕 ❷なげく。恨み・（不平）を言う。「老いをば—・つらむと言ひたるを」〔紫日記〕「あだなる契りを—・ち」〔徒然・一三八段〕

かごと【託言】Ⓓ ❶言いわけの材料。口実。「ただ涙におぼほれたるばかりを—にて、はかばかしうもいらへずなりぬ」〔源氏・蜻蛉〕 ❷恨みごと。ぐち。不平。「—も聞こえつべくなむ（＝キット申シアゲルニチガイアリマセン）」〔源氏・桐壺〕「古代の歌よみは『唐ころも』『袂(たもと)ぬるる』（ナドイウ）—こそ（歌カラ）離れねな」〔源氏・玉鬘〕

かごとがま・し【託言がまし】Ⓔ《形シク》恨みごとでもいっているような感じだ。ぐちっぽい。「水の音なひ、—・しう聞こゆ」〔源氏・松風〕

かざし【挿頭】Ⓓ 髪や冠にさした草木の花や枝。後に造花も使用。「をとめらが—のためにみやびをがかづらのためと……」〔万葉・巻八〕「枝を折りて—にさして」〔伊勢・八二段〕

かざ・す【挿頭す】Ⓓ《他四》 ❶草木の枝や花などを髪や冠に飾る。「菊の色々うつろひ（＝色変ワリシ）えならぬ（＝スバラシイノ）を—・して、今日はまたなき（＝フタツトナイ）手を尽くしたる（＝舞ノワザヲアリッタケ出ス）」〔源氏・紅葉賀〕 ❷上に飾りつける。「作りたる桜（＝桜ノ造花）をまぜくだものの上に—・してつかはしたりけるを」〔頼政集・詞〕

-かさね【重ね】Ⓓ《接尾》かさねた物をひとまとめに数える語。「御袿(うちき)一—、袴たまふ」〔大和・一四六段〕

かさね【重ね】Ⓓ ❶かさねた物。「硯の箱は—（＝二段ニナッタモノ）の、蒔絵(まきゑ)に雲鳥の文(もん)」〔枕・一三段（一本）〕「（消息ノ用紙ハ）緑の薄様の、好ましき（＝趣味ノヨイ）—なるに」〔源氏・少女〕 ❷【襲】㋑表着(うはぎ)の内に着るもの。女性の唐衣(からぎぬ)姿であれば、袿(うちき)がそれに当たる。男性の袍(うはう)の場合は、そのすそがずっと長く尾をひくようにたれる。「表衣(うはぎ)は織物・無紋の唐衣すくよかにして（＝パリットシタノヲ着テ）、—には綾・薄物をしたる人もあり」〔紫日記〕㋺同型の衣類を二枚以上着ること。またはその衣類。「御達(ごたち)（＝女房タチ）・うなゐ（＝童女）ども、（女房ハ）—の裳(も)・唐衣、（童女ハ）汗衫(かざみ)ども着て、居なみたり」〔宇津保・俊蔭〕 **—のいろめ**　襲の色目 Ⓓ《連語》平安時代の上流階級におこなわれた服色の配合。「かさね②」は、色のとりあわせが季節や場合によりさまざまで、それに固有の名が与えられていた。およそ二〇〇種ほどあり、平安人が色彩の多様と調和に対して、きわめてデリケートな感覚をもっていたことがわかる。→巻末「襲の色目要覧」。

かざみ【汗衫】Ⓓ《「かんさむ」の転》 ❶男女共用の夏向きはだ着。「年四十余ばかりなる男の…紺の洗ひざらしの襖(あを)着、山吹の絹の—よくさらされたる着たるが」〔宇治・巻一一ノ八〕 ❷すその長い、少女用の表着。「—の袖にほたるをとらへて、つつみて御覧ぜさすとて」〔大和・四〇段〕「童女の…ほころびがちなる—ばかりきて」〔枕・八九段〕

かざみ

〔かざみ❷〕

かし【戕牁】Ⓔ 船をつなぐための杭(くい)。船に積んでいて、停泊するとき打ちこむ。「堅め立てし（＝シッカリト立テタ）—は（今ノ）石見の国と出雲の国との境なる（＝国境ニアル）、名は佐比売(さひめ)山、これなり」〔出雲風土記〕《原文「加志」と表記》

かし Ⓑ《終助》《文を言い切る所に用い》念をおし、あるいは強調する。…ね。…よ。「（歌ヲ）よみつべくは、はや言へ—（＝ヨミナサイネ）」〔土佐〕「（ソノ女性ハ）いはゆる貴宮ぞ—（＝ソ

ウダネ）。例も（＝イツモ）忌みたまふ方なり」〔源氏・帚木〕《平安時代に現れ、中世の文語にも用いられた》

かしがま・し【喧し・嚣し】Ⓒ《形シク》がやがやとうるさい。やかましい。「あなかまたまへ（＝オダマリ）。夜声はささめく（＝小声デイウ）しもぞ―・しき」〔源氏・浮舟〕「（ヒョウタンガ）風に吹かれて鳴りけるを―・しとて捨てつ」〔徒然・一八段〕

かし・く【炊く】Ⓓ《他四》《近世は「かしぐ」》（めしを）たく。「その邯鄲（かんたん）の仮枕、一炊（いっすい）の夢のさめしも、粟飯（あはいひ）―・くほどぞかし」〔謡・鉢木〕《謡曲では各流とも「カシク」と発音する》「谷の清水を汲みて自ら―・ぐ」〔芭蕉・幻住庵記〕

かし こ【彼処】Ⓑ《代》❶《遠称》あそこ。あちら。「―にわづらひはべる人もおぼつかなし（＝心配ダ）」〔源氏・浮舟〕「ここや―に親と子の四鳥の別れこれなれや」〔謡・隅田川〕 ❷《「日本でない」という意で》あちら。「別れ惜しみて―の詩（からうた）つくりなどしける」〔土佐〕 ❸《第三人称》あそこにいる人。あのかた。「『―にも嬉しとのたまふ時多かめり』とのたまふ」〔落窪・巻四〕

かしこ・し Ⓐ《形ク》[一]【畏し】❶恐ろしい。「天雲をほろにふみあだし（＝バラバラニ踏ミチラシ）鳴る雷（かみ）も今日にまさりて―・けめやも」〔万葉・巻一九〕 ❷おそれおおい。「言はまくもあやに―・き明日香の真神の原に…」〔万葉・巻二〕「帝（みかど）の御位はいとも―・し」〔徒然・一段〕 ❸恐縮である。相すまない。「さらば、今はおほせごとなからむには聞こえさせじ（＝何モ申シアゲマセン）。―・し」〔蜻蛉・下〕「―・きおほせごとをたびたび承りながら、みづからはえなむ思ひたまへたつまじき」〔源氏・桐壺〕 ❹とうとい。ありがたい。「天つ御門を―・くも定めたまひて…」〔万葉・巻二〕 ❺身分が高い。「世の―・き人なりとも、深き志を知らでは、あひがたし（＝結婚シカネル）」〔竹取〕 [二]【賢し】❶りこうである。頭がよい。知恵がある。「はかなき親に―・き子のまさるためしは」〔源氏・少女〕 ❷㋑すぐれている。「おのが身の―・きよしなど、心ひとつをやりて（＝タダモウイッショケンメイ）説き聞かするを」〔枕・二三段〕「いにしへの―・き御世」〔方丈〕㋺すばらしい。「中納言殿に、いと―・き（＝トビキリノ）馬二つ、世に名高き箏（さう）二つ、奉りたまふ」〔落窪・巻三〕 ❸㋑つごうがよい。ぐあいがよい。「風吹かず（蹴鞠（けまり）ノ遊ビニハ）―・き日なりと興じて、弁の君もえしづめず（＝ジットシテイラレナイ）」〔源氏・若菜上〕「―・うぞ（子ガ）無かりける」〔平家・海道下〕㋺幸いだ。運がよい。「―・く頭をうちわられずなりぬる」〔宇治・巻九ノ四〕 ❹《連用修飾の形で》たいへん。ひどく。《形容詞を連用修飾に用いるとき、原義がうすれ、単に程度をつよめるだけになる例は、他にも少なくない》「いと―・う喜びて」〔蜻蛉・下〕

かしこ どころ【賢所】Ⓓ ❶《「かしこみたてまつる所」の意で》宮中の温明殿（うんめいでん）の別棟で、神鏡をお祭りしてある所。 ❷《転じて》神鏡。「内裏焼亡の時、―焼失せしめおはしぬ」〔古事談・第一〕[参]ないしどころ。

かしこまり【畏まり】Ⓓ ❶つつしむこと。遠慮。「人々はこまやかなる御物語に―おきて」〔源氏・胡蝶〕 ❷わびごと。謝罪。「久しくさぶらはぬ―聞こえむ」〔宇津保・蔵開下〕 ❸感謝。お礼。「よべおはしましたりし―に」〔源氏・帚木〕 ❹おしかり。とがめ。「さて、―ゆるされて、もとのようになりにき」〔枕・九段〕

かしこま・る【畏まる】Ⓐ《自四》❶恐縮する。「竹とりの家に―・りて請じ入れてあへり」〔竹取〕「やむごとなき人の、よろづの人に―・られ（＝気ヲオカレ）、かしづかれたまふ」〔枕・一五八段〕 ❷謝罪する。わびる。「心まどはしたまひし世のむくいなどを、仏に―・り聞こゆるこそくるしけれ」〔源氏・初音〕 ❸お礼をいう。「（源氏ガ）かくおはしましたる喜びを（家人ハ）またなき事に（＝コノ上ナイシアワセト）―・る」〔源氏・夕顔〕 ❹きちんとすわる。「君の下りたまふところに、五位六位ひざまづき―・る」〔宇津保・祭使〕 ❺畏敬のようすを示す。「（光源氏ノ）御供の人々、（葵上ノ車ニ対シ）うち―・り（＝敬意ヲ表シ）心ばへありつつ（＝心ヅカイシナガラ）渡るを」〔源氏・葵〕 ❻お受けする。「『それがし（＝ワタシ）が参りたる由、申しさうらへ』『―・ってさうらふ（＝承知イタシマシタ）』」〔謡・小袖曾我〕

かしこ・む【畏む・恐む・惶む】Ⓒ《自四》《古代語》❶こわがる。「猪（しし）の怒声（うたき）―・みわが逃げのぼりし…」〔紀・雄略〕 ❷恐れ多いと感ずる。「寿詞（よごと）を聞こしめせと、―・み―・みも申したまはく」〔中臣寿詞〕 ❸つつしんで承知する。「昼見れど飽かぬ田子の浦大君の命（みこと）―・み夜見つるかも」〔万葉・巻三〕《中古以後は「かしこまる」》

か じち【家質】Ⓔ 家を抵当に借金すること。「烏丸通りに三十八貫目の―を取りしが、利銀つもりておのづから流れ」〔西鶴・永代蔵・巻二ノ一〕

かしづ・く【傅く】（―ズク）Ⓒ《他四》❶（身のまわりの）世話をする。「胸あくばかり（＝満足デキルホド）―・きたてて」〔更級〕 ❷（生活上の）めんどうを見る。後見をする。「おとどの、外腹（ほかばら）のむすめ尋ねいでて、―・きたまふ」〔源氏・常夏〕

かしは で【膳部・膳夫】（―ワデ）Ⓔ 料理人。「―なる男が言ふやう…とて、とりおろして、鯛（たひ）をば皆切り参りて」〔宇治・巻二ノ五〕《「料理」の意があるとして、従来「供膳」の訓「カシハデ」〔紀・継体〕を引くが、これは誤解で、書紀の原文は白髪部という部に舎人・供膳・靫負の三職があるという意。やはり料理人のことである〕 **——のつかさ** 内膳の司 Ⓔ 〘連語〙宮中における食事を管理した役所。「——の卿(かみ)膳臣大麻呂、勅を奉りて」〔紀・安閑・訓〕《「かしはでのつかさ」は「内膳」の訓》

かしは びと【膳人】(—ワ—) Ⓔ 料理人。コック。「—したり顔(=得意顔)に魚を取り出でて」〔秋成・雨月・夢応〕

かしま・し【喧し・囂し】 Ⓔ 〘形シク〙やかましい。さわがしい。「『なうなう(=モシモシ)、景清のわたりさうらふか(=イマスカ)。悪七兵衛景清のわたりさうらふか』『—・し—・し』」〔謡・景清〕

か しょく【家職】 Ⓔ 自分の家の職業。家業。「それぞれの—をはげむべし」〔西鶴・永代蔵・巻一ノ一〕

かしら【頭】 **——だか** 高 Ⓔ 〘形動ナリ〙(矢を背負うとき)頭より上に高く見えるさま。「怒物(いかもの)作りの太刀帯(は)き、鷹護田鳥尾(たかうすべう)の矢廿四插したるを—・に負ひなして」〔義経・巻四ノ六〕 **——つき** 付き Ⓔ 髪のようす。「—わろき人も、いたうも(=アマリ)つくろはず(=カマワナイ)」〔枕・八段〕 **——(を)下ろ・す** 髪を・そる(短く切る)。出家する。「不幸に愁へに沈める人の、かしらおろしなど、ふつつかに思ひとりたるにはあらで」〔徒然・五段〕

かず【数】 Ⓒ ❶物事の数量。「鶏飼(かう)ひ—をつくして」〔蜻蛉・中〕 ❷数をかぞえるときのめじるしとなるもの。「冬の御扇を—に取りて、一百遍づつぞ念じ申させたまひける」〔大鏡・昔物語〕 ❸計算。「二三人ばかり召し出でて、碁石して—おかせたまふ」〔枕・一三三段〕 ❹取り出してかぞえあげる価値のある・こと(もの)。用例↓「かずならず」。 ❺多いこと。「このたび、せがれが—の宝を持って渡り」〔狂・唐人子宝〕 ❻多数の収穫。「今日は何とぞ—をしたいものぢゃが」〔狂・靫猿〕 **——なら・ず** Ⓓ 〘連語〙 ❶相手に・する(される)価値がない。取るにたりない。「(ワタシミタイナ)かく—・ぬ身を(彼女ハ)見も放たで(=愛想ヲツカサズ)」〔源氏・帚木〕 ❷身分が低い。「わが身の尊(やむごと)なからむにも、まして—・ざらむにも、子といふもの無くてありなむ」〔徒然・六段〕

かすか【幽か】 Ⓒ 〘形動ナリ〙 ❶(音や形が)はっきりしない。「山深く里遠くして、鳥の声だにも—・なるに」〔太平・巻三〇ノ八〕 ❷㋑にぎやかでない。ひっそりしている。「—・なる谷の洞(ほら)をぞ思ひやる秋風のみや吹きて(アナタヲ)訪(と)ふらむ」〔新拾遺・雑上〕 ㋺ものさびしい。しんみりしている。「十月(かむなづき)のすずしき月に、寒風—・なるときに」〔紀・雄略・訓〕《「かすかなる」は「粛殺」の訓》 ㋩ほのかだ。しっとりした感じだ。「(ヨイ歌ハ)—・なる景趣(=情趣ガ)たちそひて…心もそぞろかぬ(=ウワツカナイ)歌にてはべり」〔毎月抄〕

かず ま・ふ【数まふ】(—マ〈モ〉ウ) Ⓓ 〘他下二〙人なみに認める。一人前にあつかう。「そのころいと—・へられたまはぬ(=世間カラ相手ニサレナイ)古宮(=高齢ノ親王ガ)おはしけり」〔増鏡・藤衣〕

かすみ の ほら【霞の洞】 Ⓔ 〘仙人が住むという所の意から〙上皇の御所の美称。「(後鳥羽院ノ)—の御住まひ、幾春を経ても」〔増鏡・新島守〕

かす・む【掠む】 Ⓒ ㊀〘他四〙〘古代語〙うばう。ぬすみ取る。「久しからずして、言ふがごとくに(=予言ドオリ)それ(=粛慎人)に—・み—・まる」〔紀・欽明・訓〕《「かすみかすまる」は「抄掠」の訓》 ㊁〘他下二〙 ❶ほのめかす。あてこする。「さるたより(=キッカケガ)ありて、—・めいはせたりける」〔源氏・帚木〕 ❷うばう。ぬすみ取る。「山賊あまたに取りこめられ、衣服金銀残りなく—・められ」〔秋成・雨月・浅茅〕 ❸だます。ごまかす。「主の身代(しんだい)空(から)になし、天道を—・めをる(=神様ノ目ヲゴマカシャガル)」〔近松・女腹切・上〕

かすゆ ざけ【糟湯酒】 Ⓔ 〘古代語〙酒のしぼりかすを湯でといたもの。貧乏人が酒のかわりに飲んだ。「—うちすすろひてしはぶかひ…」〔万葉・巻五〕

かぜ【風】 Ⓒ ❶自然現象の風。「—のまにまに放ち棄(す)つ」〔紀・神代上・訓〕《「かぜのまにまに」は「順風」の訓》 ❷ならわし。伝統。「敷島や(=枕詞)大和島根の—として吹き伝へたる(=伝承サレタ)言の葉(=和歌)は…」〔新勅撰・雑歌〕 ❸(家・文芸などの)流派。「歌詠むと思へるかぎり、この大納言の—を伝へたるは」〔増鏡・秋のみ山〕 ❹㋑病名。感冒から神経系疾患、中風に至るまでを含む。「阿難…まさに—を病みて臥したまへり」〔今昔・巻三ノ六〕 ㋺感冒。「これ、洟(はな)が出るが、—だらう」〔咄・無事志有意・妙薬〕

か せん【歌仙】 Ⓓ ❶和歌を作ることのすぐれた人。じょうずな歌よみ。「むかしの—に、ある人の『歌をばいかやうによむべきものぞ』とたづねはべれば」〔ささめごと・下〕 ❷連歌の形式の一。和歌の三十六歌仙にちなんで、三六句からできているものをいう。「美濃大垣・岐阜のすきもの(=風流人)とぶらひ来たりて、—あるは一折(=一八句ノ連句)など度々に及ぶ」〔芭蕉・笈の小文〕

かそ【父】 Ⓓ 〘中古以後「かぞ」〙父。「—をば大物主の神といふ」〔紀・崇神・訓〕《「かそ」は「父」の訓》「俗呼レ父為ニ柯曾一」〔紀・仁賢・訓注〕《「曾」は記紀において清音「ソ」を表す。類聚名義抄は「カゾ」と下を濁音によむ》

かそ いろ【父母】 Ⓓ ㊗かそいろは。父母。↓かそ・いろは。「—すでに諸(もろもろ)のみ子たちに任(ことよ)せたまひて(=任命ナサッテ)、各(おのおの)その境(=領地)を有(たも)たしむ(=与エラレタ)」〔紀・神代上・訓〕《「かそいろ」は「父母」の訓》

〘江戸時代は「かぞいろ」と濁音。↓〙「―は、いかに悲しと思ふらむ」〔浮・万金丹・巻四ノ二〕

かそけ・し【幽けし】Ⓔ〘形ク〙(光や音がしずかにうすれてゆくような感じで)かすかだ。ほのかだ。「わが宅(やど)のいささ(=スコシバカリノ)むら竹ふく風の音の―・きこの夕べかも」〔万葉・巻一九〕

かぞ・ふ【数ふ】(―ウ)Ⓒ〘他下二〙❶計算する。勘定する。「いたづらに他の宝を―・ふるに似たり」〔沙石・巻三ノ三〕 ❷(特定の)拍子に合わせて歌う。〘白拍子あるいは曲舞(くせまい)についていう。いずれもユニークな拍子をもつ芸であった〙「(曲舞ヲ)舞うては―・へ、山々峰々里々を巡り巡りて」〔謡・花月〕

かた-【片】Ⓑ〘接頭〙㋑半分・㋺完全でないこと・㋩わずか・㊁一方などの意をあらわす。㋑「―名」(二字名のうち一字。「清盛」の「盛」をもらって「重盛」と名のるのが「片名を取る」)「―供へ(=半分ノ食事)」㋺「―生ひ」「―飼ひ」㋩「―かど」㊁「―枝」「―陰」

かた【方】Ⓐ❶方角。向いているほう。「秋の田の穂の上(へ)に霧らふ(=タチコメル)朝霞いづへの―にわが恋ひやまむ」〔万葉・巻二〕 ❷場所。所。「この―に我は立ちて…」〔万葉・巻一三〕「あの御―(=オヤシキ)に持て参れ」〔蜻蛉・上〕「おなじ家のうちなれど、―ことに住みはなれてあり」〔更級〕 ❸方面。部面。点。「おくれたる―(=不得意ナ方面)をばいひかくし」〔源氏・帚木〕「さてもらうたき―(=カレンナ点)に罪許し見るべきを」〔源氏・帚木〕「なかなかあらまほしき―もありなむ」〔徒然・一段〕 ❹片方。一方。「人数(ひとかず)なる世もやと待つ―は(=人並ミニ出世スル時モアロウカト待ッテイルホウハ)」〔源氏・帚木〕 ❺仲間。グループ。「東人(あづまうど)は我が―なれども」〔徒然・一四一段〕 ❻人の尊敬語。「女御の御―の花の賀に」〔伊勢・二九段〕 ❼手段。「御祖母北の方、慰む―なく思ししづみ(=悲嘆ニクレ)て」〔源氏・桐壺〕「すべき―のなければ知らぬに似たりとぞいはまし」〔徒然・一三四段〕 ❽時期。ころ。「過ぎにし―さへくやしうおぼさるるも、あながちなり(=身ガッテダ)」〔和泉日記〕

かた【形】Ⓐ❶㋑かたち。「車の横さまの縁(ふち)を弓の―にし、縦縁を矢の―にせられたりしさまの興ありしなり」〔大鏡・道兼〕㋺様子。ありさま。「その地(くに)―広大にしてまたうるはし」〔紀・景行・訓(熱田本)〕〘「かた」は「形」の訓〙「世の常の山のたたずまひ、水の流れ、目に近き人の家居有様げにと見え、なつかしくやはらびたる―などを静かにかきまぜて」〔源氏・帚木〕 ❷㋑【像】原物に似せたもの。彫刻や絵。「大寺の南の庭(おほば)に仏菩薩のみ―と四天王のみ―とをよそうて(=飾リタテ)」〔紀・皇極・訓〕〘「みかた」は「像」の訓〙「御屛風…網代の―ある所あり」〔蜻蛉・中〕㋺【図】図面。「三野王等、信濃国の―(=地図)を進(たてまつ)る」〔紀・天武・訓〕〘「かた」は「図」の訓〙 ❸残されたあと。痕跡。「古墳(ふるつか)は犂(す)かれて田となりぬ。その―だに無くなりぬるぞ悲しき」〔徒然・三〇段〕 ❹【型】きまったやりかた。慣例。きまり。「女の装束、御手にとりて、―のやうにかづけさせたまひしなむ、いとあはれなりし」〔大鏡・道隆〕 ❺【象】(うらないで現れた)しるし。表徴。「生(お)ふ楉(しもと)(=若イ雑木)この本山の真柴(ましば)にも(=ホンノスコシダッテ)告(の)らぬ妹(いも)が名―にいでむかも」〔万葉・巻一四〕 **―のごと・し** 形の如し Ⓓ〘連語〙いちおうの形式だけだ。ほんの間に合わせだ。「南都の火災によって朝拝(=元日拝賀ノ儀式)なし。節会(せちゑ)(=賜宴)ばかり行はれけれども…みなみな―・くにぞありける」〔盛衰・巻二五ノ二〕「(法蓮上人ハ念仏ニ没頭ノアマリ)―・くの朝食(あさげ)し…飯(いひ)にもあらず粥(かゆ)にもあらぬ体(てい)なり」〔一言芳談・上〕

-がた【方】Ⓑ〘接尾〙❶…のほう。…のがわ。「(天皇ガ重病デ、天皇ガワノ人々ハ悲嘆ニクレテイルガ)春宮―の殿上人など思ふ事なげなる(=意気揚々トシテイルノ)も」〔栄花・岩蔭〕 ❷人を表す語に添えて、尊敬の気持ちを示す。「まづ奥―へ御対面」〔浄・忠臣蔵・二〕 ❸…ごろ。…じぶん。「日も暮れ―になりぬめり」〔更級〕

かたうた【片歌】Ⓔ 和歌の一体。五・七・七の一九音節から成る。旋頭歌(せどうか)の半分にあたる所から「片」といった。「『はしけやし(=ナツカシイ)我家(わぎへ)のかたよ(=ホウカラ)雲居立ち来(く)も(=雲ガワキオコッテクルナア)』とうたひたまひき。こは(=コノ曲調ハ)―なり」〔記・中〕〘原文「片歌」と表記〙

かたうど【方人】(―トウ―)Ⓓ❶㋑(両組に分かれる遊戯で)その一方に属する人。「なぞなぞ合はせしける、―にはあらで、さやうの事にりゃうりゃうじかりけるが(=気ノキイテイル人ガ)『左の―(=左方ノ第一ノナゾ)はおのれ言はむ』(ト買ッテ出タノデ)」〔枕・一四三段〕㋺(歌合わせなどのコンクールで)一方の味方をする人。「右…歌よみ、是則・貫之、―兼覧王(かねみのおほきみ)」〔亭子院歌合〕 ❷㋑支援する者。「俊寛僧都ばかりは、罪深く、―も無ければ、非常(=特別)の大赦にも漏れて」〔平家・巻六(長門本)〕㋺ひいき。ファン。「仲忠が―ども、ところを得て(=元気ヅイテ)」〔枕・八三段〕

かたか・く【片掛く】Ⓓ〘他下二〙❶(物の)一方を(他の物に)かける。「軒端より籬(まがき)の草に―・けて風を限りのささがに(=クモ)の糸」〔月清集・巻一〕 ❷頼みにする。あてにする。「かの殿(=光源氏)の御蔭(=恵ミ)に―・けて(=頼ミヲカケテ住モウ)」〔源氏・松風〕

かた かた【片方】Ⓓ ❶かたすみ。「—によりて、寝たるよし(＝フリ)にて…待ちけるに」〔宇治・巻一ノ一二〕 ❷もうひとつのほう。かたほう。「うばたまの(＝枕詞)やみ目(＝目ガ悪イコト)は空に知られねど(＝見タダケデハワカラナイガ)—は星—は雲(＝一方ハ見エルシ、一方ハ雲ガカカッタヨウニ見エナイノダ)」〔後万載・雑中〕

かた がた【方方】Ⓑ ━ ❶あちらこちら。「朝寝(あさい)などもせず—見つつ」〔更級〕 ❷あれこれ。「ことにいとしも(＝十分ニ)物の—得たる(＝物事ノアレコレヲ心得タ)人はかたし(＝メッタニナイ)」〔紫日記〕「しのぶ—繁かりしかど」〔方丈〕 ❸《「人たち」の尊敬語》皆さま。「—のひとだまひ(＝従者ノ乗ル車)、上の御方の五つ」〔源氏・若菜下〕 ━《代》《中世以後》あなたたち。「—の名は何と申しさうらふぞ」〔謡・放下僧〕 ━《副》 ❶あれやこれや。いろいろと。「なかなか見苦しきをと、—思ひたまへなむわづらふ(＝心配シテオリマス)」〔源氏・竹河〕「—にいと悲しくおぼしめして」〔大鏡・時平〕 ❷何にしても。いずれにもせよ。「あまたの人々の下臈(げらふ)になり(＝ヨリモ昇進ガオクレ)て、—すさましう(＝不愉快ニ)おぼされながら」〔大鏡・道隆〕

かた かど【片才】Ⓔ すこしばかりの才能。ほんのわずかなとりえ。ちょっとした才気。「芸にあそべる人…劣(おく)れたる筋(＝ムキ)を隠し、学び得たる—をのみ、さかしがり(＝得意ニナッテ)言ふめる中に」〔松の葉・跋〕

かたき【敵】Ⓑ ❶《広義に》相手。「御碁の—に召し寄す」〔源氏・宿木〕 ❷闘争の相手。「続く勢(＝兵士)はさうらはず。—に(主従ガ)押し隔てられ、言ふかひなき(＝ツマラナイ)人の郎等に(馬カラ)組み落とされさせたまひて」〔平家・木曾最期〕 ❸恨みをもつ相手。あだ。「わざと(＝トクニ)深き御—と聞こゆるもなし」〔源氏・葵〕 ❹結婚の相手。配偶者。「—を得むずるやう(＝奥サンヲ手ニ入レヨウトイウ方法)は」〔宇津保・藤原君〕

かた きし【片崖】Ⓓ ❶一方のがけ。「—の梅など、いと盛りにおもしろし」〔栄花・衣珠〕 ❷となりあわせ。となり。「われ(＝自分ノ家)は左近の馬場を—にしたれば(＝トナリアワセダカラ、父ノ家トハ)いとはるかなり」〔蜻蛉・上〕

かた ぎぬ【肩衣】Ⓔ ❶古代から中世にかけて、庶民の服装のひとつ。肩・背だけをおおうたけの短い着物。「そでなし」の類。「這ふ子が身には木綿(ゆふ)—純裏(ひたうら)に縫ひ着(＝総裏ニ縫ッテ着セ)…」〔万葉・巻一六〕 ❷室町時代以後の武家の礼服。紋をつけて袖がなく、肩のところがぴんと張っており、小袖の上に着る肩と背をおおう衣服。下に袴(はかま)を着用する。「—はねのけ座を組んで(＝キチントスワッテ)」〔浄・先代萩・九〕

〔かたぎぬ❶〕

〔かたぎぬ❷〕

かたくな【頑】Ⓒ《形動ナリ》 ❶片意地だ。がんこでものわかりが悪い。「虞舜(ぐしゅん＝中国ノ聖天子)は—・なる母をうやまふ」〔平家・城南離宮〕 ❷低級で教養にかけている。「ことに—・なる人ぞ…今は見所なしなどはいふめる」〔徒然・一三七段〕 ❸いちずだ。ひたむきだ。「総じて親の子を思ふほど—・なるものはさうらはじ」〔謡・丹後物狂〕 ❹ぶこつでみっともない。「袖のかかり(＝グアイ)指貫の輪にいたるまで—・なること限りなし」〔平家・猫間〕

かたくな・し【頑し】Ⓓ《形シク》 ❶がんこだ。わからずやだ。へんくつだ。「さる(＝ソンナ)—・しきもの(＝変人)にまもられたまふは(＝タイセツニサレナサルノハ)」〔源氏・夕霧〕 ❷ばかだ。ばかげている。「(空蟬ハ)いづこにはひまぎれて(＝ウマク隠レテワタシヲ)『—・し』と思ひゐたらむ」〔源氏・空蟬〕 ❸ぶこつでみっともない。「—・しき姿などをも恥なく(＝平然トシテ)」〔源氏・少女〕

かた さま【方様】Ⓒ ━ ❶方向。「民部卿、『あなたの—見む』と宣へば、姫君『(父君ハ)かしこに立ちたまへり』」〔宇津保・国譲中〕 ❷方面(の事)。「(出家ナサッタ)今は、かかる—の御調度どもをこそは(必要トサレルダロウ)とおぼせば、年の内に(ソロエヨウ)と急がせたまふ」〔源氏・賢木〕 ❸親しい間がら。親類縁者。「(南朝ガワノ人々ガ捕ラエラレテ)京都へ入りたまひければ、その—かとおぼえたる(＝思ワレル)男女…泣き悲しむ」〔太平・巻三ノ三〕 ━《代》《第二人称》敬意を含む。あなたさま。「—はおぼえてか(＝覚エテオイデカ)」〔西鶴・一代男・巻六ノ一〕

かた し【片し】Ⓔ 片一方。片方。「(トリ乱シタアマリ)靴—、草鞋(さうがい＝ワラジ)—、きびす(＝カカト)をば鼻(＝前方)にはきて」〔宇津保・貴宮〕

かた・し【難し】Ⓒ《形ク》むずかしい。らくでない。「天下の許されを得む(＝世間カラ名人・上手ダト認メラレルヨウナ)こと、かへすがへす—・かるべし(＝何トシタッテ困難ダロウ)」〔花伝・一〕

-がた・し【難し】Ⓑ《接尾・形ク型》《動詞の連用形に付き》「…しにくい」「…かねる」「…するのがむずかしい」の意を添える。「いとあはれに(＝カワイソウデ)見捨て—・く思へど」〔更級〕

かた し・く【片敷く】Ⓓ《他四》自分の片袖(そで)ばかりを敷く。ひとり寝のさま。「わが恋ふる妹(いも)はあはさず(＝アウコトモナクテ)玉の浦に衣(ころも)—・きひとりかも寝む」

〔万葉・巻九〕「きりぎりす鳴くや霜夜のさむしろに衣—・きひとりかも寝む」〔新古今・秋下〕「袖を—・く草まくら」〔謡・忠度〕

かたじけ な・し【辱し・忝し】Ⓑ《形ク》❶はずかしい。面目ない。「天の下の百姓(おほみたから)の思へらまくも恥づかし、—・し」〔続日本紀・宝亀三〕「まづ追ひ払ひつべき賤(しづ)の男の(都カラトイウノデ)睦ましうあはれに思さるるも、われながら—・く屈(く)しにける(=イクジナクナッタ)心のほど思ひ知らる」〔源氏・明石〕❷おそれおおい。もったいない。「思ふ心あれば(若君ヲ郊外ズマイサセテオクノハ)—・し」〔源氏・薄雲〕「地摺(ず)りの御裳(も)、うるはしくさうぞきたまへるも—・くもあはれに見ゆ」〔紫日記〕「この人々はかけまくも—・く、柏原天皇(=桓武帝)の御末(=御子孫)とは申しながら」〔平家・殿上闇討〕❸ありがたい。「げにいかが御心動かずしもおはしまさむ(=ドウシテ感動アソバサレナイコトガアロウカ)と、その世の事—・くなむ」〔増鏡・おどろ〕

かた しほ【堅塩】(—オ)Ⓔ かたまりになっている塩。「きたし」とも。「寒くしあれば—を取りつづしろひ(=少シズツナメ)…」〔万葉・巻五〕

かた そば【片側】Ⓓ❶(具体的な物の)㋑かたすみ。「御扇の—のかたに大きなる山画きたるを」〔栄花・蕾花〕㋺かたはし。「(手紙ヲ)ひき隠したまはむも、(前ニイル紫上ガ)心おきたまふべければ(=気ニナサルダロウカラ)、—ひろげたまへるを」〔源氏・若菜上〕❷(抽象的な事の)一端。一部分。「(物語ハ)神代より世にある事を(=社会ノ事象ヲ)しるしおきけるななり(=書キトメテオイタモノダソウダ)。日本紀など(ノ史書ニ出テイル事)は、(物語ニ比ベルト人間生活ノ)ただ—(ヲ伝エタモノ)ぞかし」〔源氏・螢〕

かた そ・ふ【片添ふ】(—ウ)Ⓔ《他下二》一方に寄りそわせる。一方によりかからせる。「この(後鳥羽院ガ)おはします所は…海づら(=海岸)よりは少しひき入りて(=ヒッコンデ)山かげに—・へて…事そぎたり(=簡略ニシテアル)」〔増鏡・新島守〕

かた たがへ【方違へ】(—エ)Ⓓ 平安時代、行こうとする方角に陰陽(おんよう)道でいう天一神(なかがみ)や太白神あるいはその年の金神(こんじん)がいるのを避けて、前夜別の所で泊まり、方角を変えてから目的地に行くこと。方違えの客を迎えた家では、もてなしをするのが通例であった。「すさましきもの…—に行きたるにあるじ(=モテナシ)せぬ所」〔枕・二五段〕

かたち【形・貌】Ⓐ❶目や手で感じられる物体の・すがた(ありさま)。「木魂(こだま)などいふけしからぬ—もあらはるるものなり」〔徒然・二三五段〕❷状態。ぐあい。「変はりゆく—ありさま目もあてられぬ事おほかり」〔方丈〕❸容貌(ようぼう)。きりょう。「あまた見えつる子どもに似るべくもあらずいみじう生ひさき見え(=キット美シク成長スルハズト思ワレ)て、うつくしげなる—なり」〔源氏・若紫〕「能ある人—よき人も常よりはをかしとこそ見ゆれ」〔徒然・一五段〕「—ふつつかなれば、二十三より後家となりしに、後夫となるべき人もなく」〔西鶴・永代蔵・巻一ノ三〕❹よいきりょう。美貌(びぼう)。「やまひづきてしもこそ(=病中ダッテ)—(=ハンサムナノ)は要(い)るべかりけれ」〔大鏡・道隆〕❺普通人としてのようす。「—をかへ(=出家シ)て、世を思ひ離るとや試みむ」〔蜻蛉・中〕「世の中いとはかなければ、いまは—をも異(こと)になしてむ(=出家シチマオウ)とてなむ」〔蜻蛉・下〕

かた つ かた【片つ方】Ⓓ❶㋑二つあるうちの、どちらか一つ。片一方。《英語の one of them にあたる》「門の関の木をはづして、扉—を、人ひとり入るほどあけたり」〔宇治・巻五ノ九〕㋺(二つあるうち、一つ一つをあげて)その一つ。他方。《英語の each of them にあたる》「(桃ノ木ガ)—はいと青く、いま—は濃くつややかにて」〔枕・一四四段〕❷ある限られた場所。片がわ。「—に文(=手紙)どもわざと置き重ねし」〔紫日記〕

かた づ・く【片付く・片就く】Ⓔ《自四》一方につく。一方に面する。「…然れども谷—・きて(=谷ニ面シテ)家居せる(=暮ラシテイル)君が(ホトトギスヲ)聞きつつ(ワタシニ)告げなくも(=告ゲテクレナイノモ)憂し」〔万葉・巻一九〕《原文「可多頭伎」と表記。「頭」は古代文献で清濁両用だが、万葉集では濁音と認められているので、いちおう濁音に扱う》

かた とき【片時】Ⓓ《一時(いっとき)の半分の意から》ちょっとの間。短い時間。「一日(ひとひ)—も忘れねば」〔土佐〕「—にさばかりなごかりつる(=オダヤカダッタ)海とも見えずかし」〔枕・三〇六段〕

かた な【刀】Ⓒ❶《「な」は刃の意で》片方だけ刃がついている切れ物。平安時代には、多く日常用品。ナイフの類。「唐衣(=枕詞)我は—の触れなくにまづたつ(=掛ケ詞「裁ツ」「立ツ」)ものは無き名なりけり」〔拾遺・恋二〕❷武器としての小刀。短刀。「太刀をみがき、—をとぎ、剣を設け(=用意シ)」〔宇治・巻一〇ノ六〕《太刀は大型、「つるぎ」は両刃のもの》「赤銅造りの太刀帯(は)いて、一尺三寸ありける—に…大薙刀(なぎなた)の鞘(さや)をはづし」〔義経・巻二ノ七〕❸《江戸時代から》武士がふだん身につける、いくらか大型の刀。「—も二尺四寸と定め、電光石火と譬へし剣術」〔伎・幼稚子敵討・六〕

かた なり【片生り・片成り】Ⓓ《形動ナリ》❶㋑《肉体的に》じゅうぶん発育していない。「いはけなきほどならねば(=幼イトイウ年ゴロデモナイノデ)、—・に飽かぬ(=モノタリナイ)所なくあざやかに、盛りの花と見えたまへり」〔源氏・宿木〕㋺《精神的に》じゅうぶん成長していない。子どもっぽい。「—・なる御心にまかせて、言ひ出でたまへるも(=歌ヲオヨミ出シナサレタニツケテモ)、らうたければ(=カワイイカラ)」〔源氏・若菜下〕 ❷ものごとが完成の状態に至っていないさま。「同じ御門(=天皇)と申しながらも、いかにぞや—・に飽かぬ所(=ジュウブン整ワズ、イマ少シト思ワレル点)もおはしますものを、この上(=一条天皇)はいみじう御形よりはじめ、清らにあさましきまでぞ(=アキレルホドデ)おはします」〔栄花・輝藤壺〕

かた‐は【片羽・片〈端〉】(‐ワ) Ⓓ 〘十形動ナリ〙《鳥のつばさが片方しかない意から》❶欠点があること。不完全なこと。「この大臣は、色めきたまへるなむ、すこし—・に見えたまひける」〔今昔・巻二二ノ八〕 ❷㋑(肉体的な)不具。「(赤チャンヲ)見にものしたりしかど(=見ニイッタガ)さらに見せたまはず。…—や(=不具ノ所デモ)つきたる(=アルノカシラ)」〔宇津保・蔵開下〕㋺(精神的な)偏向。片よっていること。「この士、いと—・なる事あり。富貴を願ふ心、常の武扁(ぶへん)(=サムライ)に等しからず」〔秋成・雨月・貧福論〕 ❸みっともない。見ぐるしい。「さりぬべき(=マシナ恋文ヲ)、すこしは見せむ。(中ニハ)—・なるべきもこそ(=アルカモシレナイ)」〔源氏・帚木〕 ❹ぐあいがわるい。きまりが悪い。「『(人ニ見ラレテハ)いと—・なるほど(=キマリガワルイ時間)になりぬ』とて急げば…昼になりぬ」〔蜻蛉・上〕

かた‐はし【片端】Ⓓ ❶物の一方のはし。「—は水にのぞき(=面シ)、—は島に掛けて、いかめしき(=リッパナ)釣殿作られて」〔宇津保・祭使〕 ❷一部分。「(ヒッパリ出シタ手紙ヲ)—づつ見るに」〔源氏・帚木〕 ❸ほんのわずか。「女のまねぶべき(=オ話スル)事にしあらねば、この—だに(=ヲ述ベルノサエ)、かたはらいたし(=気ガヒケル)」〔源氏・賢木〕《「片すみ。一隅」という意をあげる説もあるが、その例「駒込のかたはしで、高の知れた大番同心」〔伎・河内山・大切〕は「駒込でわづかな扶持(ちふ)の大番同心」なので、採らない》

かた‐はら【傍・側】(‐ワラ) Ⓑ ❶横がわ。わき。「かの大蛇、(八ツノ)頭ごとにおのおの石松あり、両(ふた)つの—に山あり」〔紀・神代上・訓〕《「かたはら」は「脇」の訓》「流れ矢来たって、宮の御—に立ちたりければ」〔盛衰・巻一五ノ五〕 ❷㋑そば。「頼義も—に寄りて寄りふしけり(=添イ伏シタ)」〔今昔・巻二五ノ一二〕㋺近所。遠くない場所。「定憲、もとどり(=髪)を切り、法師になりて、—に忍ばれける(=ヒソンデイラレタノ)を」〔平治・上・四〕 ❸近い交際範囲。なかま。「人がら癖なく、—のため(=同輩ニトッテ)見えにくき(=ツキアイニクイ)させずだになりぬれば、憎うははべるまじ」〔紫日記〕 **—に** Ⓔ 〘副〙それとは別に。「ただ—舌根(=舌トイウ器官)をやとひ(=ハタラカセ)て」〔方丈〕 **—め** 目 Ⓔ 横から見たところ。プロフィル。「扇にはづれたる(=扇ノカゲニチラチラスル)—など、いときよげ(=キレイ)にはべりしかな」〔紫日記〕

かたはら‐いた・し【傍痛し】(‐ワラ‐) Ⓑ 〘形ク〙❶(そばで見たり聞いたりしていられないほど)気の毒だ。つらい。「日ごろ乱れがはしかりつる(=乱雑ニシテアッタ)所どころをさへ、ごほごほと作る(=ゴトゴト修繕スル)を見るに、いと—・く思ひくらすに」〔蜻蛉・中〕 ❷(はたで見聞きして)おかしくてたまらない。お笑いぐさだ。「わが身いみじき(=リッパナ)事ども—・く言ひ聞かせ」〔徒然・一七五段〕 ❸㋑(ひと事ながら)にがにがしい。「聞きゐたりけるを知らで、人の上いひたる。それは、何ばかりの人ならねど(=タイシタ人デモナイガ)使ふ人などだに(=召使ナンカノコトデモ)—・し」〔枕・九六段〕㋺(自分の気持ちとして)周囲にはばかりがある。恐縮だ。「—・き申し事なれども(=申シアゲニクイ事デスガ)、はじめこれに参りてさうらひし時、あやしき(=フシギナ)事のさうらひしは、いかなる事にか」〔宇治・巻九ノ一〕

かたはら‐さび・し【傍寂し】(‐ワラ‐) Ⓔ 〘形シク〙そばに人がいなくてさびしい。「思ふこと語らふべくはあらねど、—・しき慰めにも、(ネコヲ)なつけむ(=手ナズケヨウ)」〔源氏・若菜下〕

かたびら【帷・帷子】Ⓓ ❶几帳(きちやう)や帳(とばり)などの垂(た)れ衣(ぎぬ)として用いる布。「御几帳の—を、ひとへうちかけたまふ」〔源氏・蛍〕 ❷裏をつけない衣服。ひとえの着物。「目結ひ(=シボリ染メ)の—に染め付け(=アイ色模様)の湯巻きして(=防火着ヲツケ)」〔平家・千手前〕

かた‐ぶ・く【傾く】Ⓐ ㊀〘自四〙❶傾斜する。「(地震ノタメ)海は—・きて陸地をひたせり」〔方丈〕 ❷(日や月が山ぎわや地平線・水平線に)入ろうとする。「日だに—・けば、山寺へと急ぐ」〔蜻蛉・中〕 ❸㋑安定性を失う。地位が危うくなる。もとの状態を守れなくなる。「その時、都—・いて(=攻メ落トサレテ)、幽王つひにほろびにき」〔平家・烽火沙汰〕㋺(精神的に)くずれる。がたがたになる。「大勢の—・きたちぬるは(=浮キ足立ッタノハ)、左右なう(=簡単ニ)とって返すことかたければ」〔平家・倶梨迦羅落〕 ❹㋑不審がる。変だと思う。「世の人の心の中も、—・きぬべき(=キットフシギガル)ことなり」〔源氏・竹河〕㋺文句をいう。反対する。「(清盛ガ祇王ヲ冷遇シタ事ニ対シ)重盛・宗盛以下の人々、目も当てられずして、さばかり(=ソウトウ)—・き申されけれども(=抗議ナサッタガ)、力及ばず」〔平家・第一本ノ六(延慶本)〕 ㊁〘他下二〙❶傾斜させる。ななめにする。

「常に錣(しころ)を—・けよ。いたう(＝過度ニ)—・けて天辺(てへん＝カブトノ頂上)射さすな」〔平家・橋合戦〕 ❷《底を傾斜させて液体を移動させる意から》㋑(さかずきを)あける。ぐいと飲む。「月の前にも友待つや。また—・くる杯の影をたたへて待ちゐたり」〔謡・猩々〕㋺そそぎ尽くす。すっかり流す。「海(わたつみ)をみな—・けて洗ふともわが(不浄ナ)身のうちをいかで清めむ(＝キレイニスルコトガデキヨウカ＝不可能ダ)」〔風雅・釈教〕 ❸安定性を失わせる。失脚させる。「帝(みかど)かしこしと申せど、臣下のあまたして(＝多勢デ)—・けたてまつる時は、かたぶきたまふものなり」〔大鏡・後一条院〕 ❹非難する。批判する。「(ドンナ名君ノ政治デモ)世に余されたる(＝世間デ相手ニサレナイ)いたづら者(＝ロクデナシ)などの、人のきかぬところにて、なにとなう(＝ナニカニツケテ)そしり—・け申すことは、常のならひなれども」〔平家・禿髪〕

かたへ【片方】(—エ) Ⓑ ❶ふたつある中のひとつ。片一方。半分。「狛錦(こまにしき)紐(ひも)の—ぞ床に落ちにける…」〔万葉・巻一一〕「五年六年のうちに千年や過ぎにけむ、—はなくなりにけり」〔土佐〕 ❷たくさんある中のすこし。一部。「男ども—は(舟ニ)乗り移りて」〔蜻蛉・中〕 ❸身近。そば。「これを聞きて—なる者のいはく」〔徒然・九三段〕「つとに(＝朝早ク)起き、おそく臥(ふ)して常に舅姑(おやおや)の—を去らず」〔秋成・雨月・吉備津〕 ❹同じグループ。なかま。「さて—の人にあひて」〔徒然・五二段〕

かたほ【偏・片秀】Ⓓ《形動ナリ》[対]「まほ」 不完全なさま。できあがっていない。「—・なるをだに(＝不デキナ子ノコトデサエ)乳母などやうの思ふべき(＝夢中ニナッテカワイガルニキマッテイル)人は、あさましう(＝ハタデアキレルホド)まほに見なす(＝上デキダト思ウ)ものを」〔源氏・夕顔〕

かたみに【互に】Ⓓ《副》たがいに。かわるがわる。「(鴛鴦(をし)ガ)—居かはりて、羽の上の霜はらふらむほどなど」〔枕・四一段〕「おなじところに住む人の、—恥ぢかはし」〔枕・七五段〕

かた・む【固む】Ⓒ《他下二》❶がっちり作る。しっかり成立させる。「いざ子どもたはわざ(＝バカゲタコト)なせそ天地(あめつち＝天地ノ神々)の—・めし国そ大和島根(＝コノ日本ノ国)は」〔万葉・巻二〇〕 ❷固く約束する。「このくしげ(＝クシ箱)開くなゆめ(＝ケッシテアケルナ)とそこらく(＝念入リ)に—・めし言(こと)を…」〔万葉・巻九〕 ❸㋑しっかり守る。すきを見せない。「(若イ女性ガ)いとさかしく(＝利口ブッテ)身—・めて(＝自分ノ身ヲ守ッテ)…ゐたらむも、にくし(＝同感デキナイ)」〔源氏・常夏〕㋺守備する。「(教経ハ)山の手をぞ—・めたまふ」〔平家・老馬〕 ❹(ひもを)しっかりとしめる。(門を)しっかりととじる。「筑紫におはします所の御門—・めておはします」〔大鏡・時平〕 ❺(矢などをつがえたまま)ねらい定める。手もとを定める。「とがり矢うちつがひ、きりきりと引きしぼりしばし—・めて」〔浄・盛衰記・二〕

かたもん【固文・固紋】Ⓔ [対]「うきもん」 模様を浮かせないで織った織物。またはその模様。「上に同じ色の—の五重(いつへ)」〔紫日記〕

かたら・ふ【語らふ】(—ラ〈ロ〉ウ) Ⓑ《他四》《「語る」の未然形に助動詞「ふ」が付いた形。[参]ふ》 ❶語りつづける。いろいろ話す。「父母(ちちはは)も上はなさがり(＝ソバヲ離レナイデ)三枝(さきくさ)の(＝枕詞)中にを寝む(＝ボクハ二人ノマン中デ寝ヨウ)と愛(うつく)しくし(＝ソノ子ガ)—・へば…」〔万葉・巻五〕 ❷(相手と)語りあう。話しあう。「—・はば(＝イッショニオ話スレバワタシモ)劣らじものを何事を言ふとも言ふと言ひ交はすらむ」〔和泉集〕 ❸親しくつきあう。「(義孝ノ生前ニ実資ハ)—・ひたまひし御仲にて」〔大鏡・伊尹〕 ❹㋑夫(または妻)にする。「姉君は致仕の(＝退官シタ)大納言の御子の則理(のりまさ)を—・ひたりけるほどに」〔栄花・若ばえ〕㋺夫婦としての生活をする。「正太郎もその志にめでて、むつまじく—・ひけり」〔秋成・雨月・吉備津〕 ❺相談する。説得する。仲間にひきこむ。「能ある(＝芸達者ナ)遊び法師どもなど—・ひて」〔徒然・五四段〕

かたわ・く【方分く】Ⓓ [一]《他四》❶区別する。「かく御心少しづつ—・かせたまへれど(＝異ニサレタケレド)、上(＝天皇)も宮(＝中宮)も劣らずいづれ(ノ姫君)をもいとかなしう(＝タイソウ愛情深ク)したてまつらせたまふ」〔栄花・殿上花見〕 ❷所属を別にする。「中の十日のほどに、この人々—・きて、小弓のこと(＝遊戯)せむとす」〔蜻蛉・中〕 [二]《他下二》所属を別にする。「(帝ハ)二十(はたち)限り(＝マデ)の后たちニ二百人(ヲ)、梅と桜の造り枝(ニヨッテ)百人づつ—・けて、(ソノ枝ヲ)ふりかたげ(＝肩ニノセテイルノヲ)左右に召し具し(＝ヒキツレテ、宮殿ニ)入りたまひ」〔近松・国性爺・一〕

かたゐ【乞丐】(—イ) Ⓓ ❶こじき。「蘆(あし)になひたる男の—のやうなる姿なる、この車の前よりいきけり」〔大和・一四八段〕 ❷㋑人をののしっていう語。「このかぢとりは、日もえはからぬ(＝天気予報ヒトツデキナイ)—なりけり」〔土佐〕㋺自分を低めてへりくだっていう語。「かかる—(＝イヤシイ坊主)の身にてさうらへば、いかでかまかりのぼるべき(＝御前ニドウシテ出ラレマショウ)」〔宇治・巻一五ノ八〕

かたをりど【片折り戸】(—オリ—) Ⓓ [対]「もろをりど」 片側にだけあくようになった折り戸。簡素なすまいに多く用いられる。「—したる家(や)を見つけては」〔平家・小督〕

かち Ⓒ [一]【歩・徒歩】歩いて行くこと。「車にても、―にても、馬にても見えず」〔枕・二〇二段(能因本)〕「たちこみたる物見車どもも―の人もこちたき多かり」〔狭衣・巻四(蓮空本)〕《「かち」だけで単独に用いられた例は、中古の作品ではきわめて少なく、たいていの場合は「かちより」「かちから」の形で現れる》 [二]【徒士】[略]かちざむらひ。「『そりゃこそ』とお―衆、やにはに(=スグサマ)二人をすがり止め、ひき分くる」〔近松・小室節・下〕

―より 歩より Ⓒ《連語》徒歩で。《「より」は「…によって」の意の格助詞》「しのびて、侍など具して、―長谷へ参るあり」〔今昔・巻一六ノ二八〕「ある時思ひ立ちて、ただひとり、―まうでけり」〔徒然・五二段〕

かち【褐】Ⓔ 黒みがかった深い藍(あゐ)色。「勝」と同音のため、縁起をかついで武具などの色に用いられた。「為朝は…―に色々の糸をもって獅子の丸縫うたる直垂に」〔保元・上・一一(古活字本)〕

かぢ【楫・舵・梶】(―ジ) Ⓔ 水をかいて船を動かす道具。今の舵・艪(ろ)・櫂(かい)など。「朝凪(なぎ)に―の音(と)聞こゆ御食(みけ)つ国(=天皇ノ召シ上ガリ物ヲ献上スル国デアル淡路ノ国ノ)野島の海人の船にしあるらし」〔万葉・巻六〕

かぢ【加持】(―ジ) Ⓓ《+他サ変》密教で行う呪法(じゅほう)。手で印(いん)を結び(身密)、陀羅尼(だらに=古代インド語の呪文)をとなえながら(口密)、心を清浄にし(意密)、仏を感応させて、成仏する作法。世俗的には病気・災難などを除くために行われた。「喜びながら―・せさするに、このごろのもののけ(=病魔退散ノ祈リ)にあづかりて(=ヒッパラレテ)困(こう)じにけるにや(=疲レタノデアロウカ)」〔枕・二一八段〕「よろづに(=イロイロ)まじなひ、―などせさせたまへど、験(しるし=キキメ)なくて」〔源氏・若紫〕「二十人の伴僧をひきゐて御―まゐりたまふ足音」〔紫日記〕

かちざむらひ【徒士侍】(―イ) Ⓔ 徒歩で行列の供をする身分の武士。「かち」とも。「瑠璃姫は乗り物に召し、―お供申せば」〔近松・大念仏・上〕

かちだち【歩立ち】Ⓔ ❶歩くこと。徒歩。「騎馬の兵二万余騎、馬回りに―の射手五百余人」〔太平・巻二六ノ二〕 ❷徒歩による戦い。歩兵戦。「鎮西(ちんぜい)の育ちなれば、―はよかるらむ。馬の上にておし並べて組むところは、武蔵・相模の若者どもにはいかでかまさるべき」〔保元・中・二〕

かぢとり【舵取り・楫取り】(カジ―) Ⓒ 船を動かす責任者。一種の航海長。その下ではたらくのが船子(ふなこ)である。《「船頭」と訳するのは誤解をおこすおそれがある》「船に乗りては、―の申すことをこそ、高き山と(=ノヨウニ)頼め(=タヨリニスルノダ)」〔竹取〕

かちびと【歩人】Ⓔ (車や馬に乗らず)歩いて行く人。歩行者。「桟敷(さじき=見物スル場所)どもにうつるとて、行きちがふ馬も車も(=馬ヤ牛車(ぎっしゃ)ニ乗ッタ人モ)―も」〔更級〕「―の裳の裾(すそ)ぬらすゆきかひに驚かされて」〔秋成・雨月・夢応〕

かちゆみ【歩弓・歩射】Ⓔ [対]「馬弓」 徒歩で弓を射ること。歩射(ぶしゃ)。「弓は先づ―と号して、歩立ちを本(=基本)と稽古するなり」〔今川大双紙〕

かつ

かつ【且】Ⓐ [一]《副》❶《二つの事がらが同時的に行われる意》一方では。かたがた。「経を片手に持(も)たまひて―読みつつ唱歌(しゃうが)をしたまふ」〔源氏・橋姫〕 ❷《二つの事がらがすぐ連続的に行われる意》すぐまた。「よどみに浮かぶうたかたは、―消え―結びて」〔方丈〕 ❸すぐに。じきに。「渚(なぎさ)に寄る波の―返るを見たまひて」〔源氏・須磨〕 ❹《「見る」「知る」「聞く」などの動詞の上に付いて》(もう)すでに。ちゃんと。「月草の(色ガ変ワリヤスイヨウニ)うつろひやすき心をも―知りながらなほ(ドウシテ)恨むらむ」〔続拾遺・恋五〕 ❺ちょっと。「春雨に芽ぐむ柳の浅みどり―見るうちも色ぞ添ひ(=アザヤカニナッテ)行く」〔風雅・春中〕 [二]《接続》その上。なお。「世の有様も知らず―さぶらふ人に心おきたまふ(=気ガネヲナサル)こともなくて」〔源氏・若菜下〕

かつうは【且うは】Ⓓ《副》《「かつは」の転》↓かつは。「(アンナ奴ヲ味方ニオクノハ)―(源氏)一門の不合(=不和)、―平家のあざけりなり」〔盛衰・巻二八ノ五〕「すみやかにその輩(ともがら)を誅罰して宸襟(しんきん=天皇ノ御心)をやすめたてまつらば、―抜群の忠をいたし、莫大の軍功に誇るべし」〔保元・上・一三〕

かつがつ【且且】Ⓒ《副》❶満足はできないがまあまあ。ともかくも。どうにか。「玉もりに玉は授け(=最愛ノ娘ヲアタエ)て―も枕と吾はいざふたり寝む」〔万葉・巻四〕「思ふ事―かなひぬるここちして」〔源氏・明石〕「舟にて―物など渡す」〔更級〕 ❷十分ではないにしてもできるだけ早く。とりあえず。「―参りてとどめきこえよ(=オヒキトメシナサイ)。ただ今わたらせたまふ」〔蜻蛉・中〕「―式神一人内裏へ参れ」〔大鏡・花山院〕 ❸まだその時期ではないのに早くも。もう。「君が経む八百万代(やほよろづよ)を数ふれば―今日ぞ七日なりける」〔拾遺・賀〕《この語に対する従来の解釈は適切でない》

がっきめ【餓鬼奴】Ⓔ《連語》《中世の口語で》相手をののしっていう語。やろうめ。ちくしょう。《「がっき」だけで用いた例はない》「―。のがすまいぞ」〔狂・武悪〕

かづく【潜く】(―ズ―) Ⓓ [一]《自四》水中にもぐる。「わたつみ(=大海)の底のありかは知りながら―・きて入らむ波の間ぞなき」〔後撰・恋二〕 [二]《他下二》水中にもぐらせる。「平瀬(=タイラカナ浅瀬)には小網(さで)さし渡し早き瀬に鵜(ぅ)を—・けつつ…」〔万葉・巻一九〕〔平安時代末期には「かつぐ」とよませた資料もあるが、全般的にそう決めてよいかどうかは確かでない。「潜、カツグ」〔名義抄〕〕

かづ・く【被く】(ーズー) Ⓑ ■〘他四〙 ❶自分の頭にのせる。「これ(=箕(み))を—・いて戻りませう」〔狂・箕被〕 ❷自分の頭からかぶる。「—・いたる衣をうちのけたるを見れば、尼になってぞ出で来たる」〔平家・祇王〕「ふすま—・かむと探る手に」〔秋成・雨月・浅茅〕 ❸ちょうだい物にあずかる。「舞の師、多好茂、女房よりあまたの物—・く」〔蜻蛉・中〕 ❹ひきうける。しょいこむ。「番匠童(=大工ノ小僧)に鉋屑(かんなくず)木屑(こっぱ)を—・かせけるに」〔西鶴・永代蔵・巻三ノ一〕 ■〘他下二〙 ❶他人の頭からかぶせる。「まとゐする(=宴会ヲシテイル)身に散りかかるもみぢ葉は風の—・くる錦なりけり」〔伊勢集〕 ❷引き出物を与える。心づけをやる。「郎等までに物—・けたり」〔土佐〕「黄なる単衣(ひとへ)ぬぎて—・けたる人あり」〔蜻蛉・中〕 ❸ひきうけさせる。しょわせる。「自分あきなひをしかけ、利徳はだまりて、損は親方に—・け」〔西鶴・永代蔵・巻一ノ三〕

かつ て【曾て・嘗て】Ⓒ〘副〙 ❶以前。(英語のonceあるいはbeforeに当たる)「をみなへし咲く沢に生ふる花かつみ(=序詞)—も知らぬ(=今マデ経験シタコトモナイ)恋もするかも」〔万葉・巻四〕 ❷(下に否定表現を伴って)ぜんぜん。てんで。(英語のat allに当たる)「かれ(=先方ハ)—聞かず顔にもてなして(=テンデ知ラン顔デ)」〔秋成・雨月・夢応〕

がっ てん【合点】Ⓒ〘+自サ変〙 ❶㋑(和歌・連歌・俳諧などで)好句を示すためつけた符号。またはそれをつけること。「—・して褒美の詞など書き付けはべる」〔著聞・和歌〕㋺(見たるしとして、回状の名前などの肩に)符号をつけること。「ことごとくその理かなへりと、すなはち—・せられ畢(をはん)ぬ」〔定家仮名遣〕「—のこと、長く引くべからず。三分(=一センチ弱)ばかり、然るべくさうらふ」〔細川家書札抄〕 ❷㋑同意。承知。「もっとも然るべき(=大賛成ノ)よし、—申されけるうへは、子細に及ばず(=問題ハナイ)」〔保元・上・四〕㋺なっとく。理解。「さてさて—の行かぬ」〔狂・煎じ物〕

かつ は【且は】Ⓓ〘副〙㋑(「かつは…かつは…」の形で)ひとつには。一方においては。ひとつの意味としては。「木の実を拾ひて、—仏に奉り、—家づとにす」〔方丈〕㋺(単独で)他方では。一面ではまた。もうひとつには。「『よし、これも(=夕顔ガ名ノッテクレナイノモ)、我からなり(=ワタシガ名ヲ隠シテイタセイダ)』と、うらみ、—語らひ暮らしたまふ(=終日仲ヨク話シ合ッテイラレル)」〔源氏・夕顔〕

かつみ Ⓔ 略かつみ草。まこも。「このあたり沼多し、—刈るころも、やや近うなれば」〔芭蕉・奥の細道〕(歌ではしばしば「且つ見」の掛け詞に使われる。「野べはいまだ安積(あさか)の沼にかる草のかつみるままに(=カツミ草ヲチョット見テイルウチニ)茂るころかな」〔新古今・夏〕)

かづら(ーズー) Ⓒ ■【鬘】 ❶【蘰・縵】㋑草木の枝・つる・花・実などで作った髪のかざり。「菖蒲草(あやめぐさ)花橘を玉に貫き(=玉ノヨウニ緒ニトオシ)—にせむと…」〔万葉・巻三〕㋺〘+自サ変〙「㋑」で飾ること。「五節に御—申されたるついでに」〔栄花・初花〕(「—申す」は、「—・す」の謙譲表現) ❷抜け髪などを利用して作り、髪が短いとか少ないとかのとき、添えて使うもの。かもじ。「わが御髪の落ちたりけるを取り集めて—にしたまへるが」〔源氏・蓬生〕「むとくなるもの(=テンデ話ニナラナイモノ)…髪短き人の—取り下ろして、髪けづりたる(=クシヲ入レテイル)後ろ手(=後ロ姿)」〔枕・一二九段(能因本)〕 ❸(能や歌舞伎(かぶき)などで)扮装(ふんさう)用にかぶる頭髪。かつら。「彦六、ぜひなく女の—をかづき(=カブリ)小袖を着かへ、面を着て」〔近松・大念仏・上〕 ■【葛】植物のカズラ。「玉—はふ木あまたに(=ナルヨウニアナタノ通ウ先モ多ク)なりぬれば絶えぬ心のうれしげもなし」〔古今・恋四〕(「玉」は美称の接頭語)

かて に Ⓓ〘連語〙 ❶(堪える意の動詞「かつ」(下二段)の未然形に否定助動詞「ぬ」の連用形が付いたもの)もちこたえられないで。たえきれず。「淡雪(あはゆき)のたまれば—(=自身ノ重ミニタマラズ)砕けつつ(ソノヨウニ)わがもの思ひのしげきころかな」〔古今・恋一〕 ❷(奈良時代ごろから、むずかしい意の「かた」と混同され、発音もだんだん「がてに」となってゆき)…しがたく。「われはもや(=ボクハ、ナント)やすみ児(トイウスバラシイ女性ヲ)得たり皆人の得—すとふ(=承知サセニクイトイウ)やすみ児得たり」〔万葉・巻二〕「七人、紅(くれなゐ)の涙を流して(別レヲ)惜しむ。俊蔭、いき—して(=後ロ髪ヲヒカレル思イデ日本ヘ)帰る」〔宇津保・俊蔭〕「行き—(=通リスギニククテ)むべしも人はすだきけり(=人ガ集マルノモ当然ダナ)花は花なる(=花ガスバラシイ)やどにぞありける」〔平中・一九段〕

が てん【合点】Ⓒ〘+自サ変〙「がってん②」に同じ。「世のならひにて買ひ掛かり(=カケ買イ)すること、たがひに—づくなり(=了解ノウエダ)」〔西鶴・永代蔵・巻五ノ二〕「これ、どうも—(=納得)が行かぬ」〔一九・膝栗毛・三下〕

かど Ⓒ ■【角・稜】 ❶㋑ものの突き出た所。「なだらかなる石、—ある岩など」〔宇津保・祭使〕㋺(刀のみねにそって)小高くなっている部分。しのぎ。「焼き(=ヨクキタエタ)太刀の—打ち放ち(=強ク打ッテ)ますらをの禱(ほ)く豊御酒(とよみき)にわれ酔ひにけり」〔万葉・巻六〕 ❷道の曲がり角。「『その誓願寺へは、どう参りまする』『これをまっすぐに行て、左へ肘(ひぢ)折る(=曲ガル)―ぢゃ』」〔狂・仏師(鷺流)〕「『そこまでいっしょに行きやせう』『―からぢきに別れるのだ』『それでも気は心さ』」〔三馬・床・二ノ下〕 ❸㋑性質や言うことに含まれるとげ。「おそろしやつげの枕のあら作り―ある人は友に頼まじ」〔新撰六帖・五〕「それではことばに―があって気の毒(=私ガ困ル)」〔浄・歌祭文・油屋〕 ㋺洗練されていないこと。やぼさ。ぎこちなさ。「これ、河与さん。―がとれぬの(=ヒラケテナイネ)」〔近松・油地獄・上〕 ㊁【才】❶才能。「先の帝、我を立て太子としたまへることは、よき―有らむとなれや」〔紀・仁徳・訓〕《「よきかど」は「能才」の訓》 ❷才気。「(先方ノヤリ方ニ)―なきにはあらねど、まばゆきここちなむ(=コチラハテレクサイ気ガ)しはべりし」〔源氏・帚木〕 ㊂【廉】条。点。すじあい。「おもしろき―をすくなすくなと(=簡略ニ)見せて」〔花鏡〕《「あそこの―へ行てはくどくど、ここの―へ行てはくどくどと」〔狂・宗論〕によって「もののすみ」という意を認める説もあるが、これは「角」の誤読らしく、現行狂言各流とも「すみ」と発音する。よって省く》

かど【門】Ⓐ ❶㋑もん。「あるかなきかに(=イルノカイナイノカワカラナイヨウナフウニ)―さしこめて(=シメキッテ)」〔徒然・五段〕 ㋺門のすぐそば。門前。「下恋ひ(=外ニハ出サナイ恋シサ)に思ひうらぶれ(=モノ思イデ力ナク)―に立ち夕占(ゆふけ)問ひつつ(=夕方ニ通行人ノコトバデ吉凶ヲウラナイナガラ)吾(あ)を待つと…」〔万葉・巻一七〕 ㋩《近世語》家の前。「お前は、てもうすい(=ミスボラシイ)お姿で、そして御自身で―掃くとは」〔浄・歌祭文・油屋〕 ❷㋑一族。親類。「男は女にあふこと(=結婚)をす、女は男にあふことをす。その後なむ、―ひろく(=一家ガ多勢ニ)もなりはべる」〔竹取〕 ㋺家の社会的地位。家格。「―高く家富んで、妻子みな備はり、眷属(けんぞく)ことごとく豊かなり」〔妻鏡〕

かどかど・し Ⓒ《形シク》㊀【角角し】❶(形状に)かどがある。とがっている。「岩の上の―・しきもあるものを人の越ゆるをいたみだにせぬ(=平気ナモノダ)」〔夫木・巻二二〕 ❷(性質に)けんがある。とげがある。「(弘徽殿ハ)いとおし立ち―・しき所ものしたまふ御方にて」〔源氏・桐壺〕 ❸印象が鮮明だ。「顔も―・しう(=クッキリシテ)あなをかしの人や(=ステキナ美人ダワ)とぞ見えてはべる」〔紫日記〕 ㊁【才才し】てきぱきしている。才気がある。「(玉鬘ハオイタチハ不幸ダガ気ダテハ)―・しく、労ありて(=深イ配慮ガアッテ)」〔源氏・若菜下〕

かどだ【門田】Ⓔ 家のすぐ前にある田。「―の稲刈るとて、所(=ソノ土地)につけたる(農家ノ)ものまねびしつつ、若き女どもは歌うたひ興じあへり」〔源氏・手習〕《「田」の清濁は不明》

かどで【門出】Ⓒ 旅行や戦いのため、家を出て行くこと。《平安時代の旅行の場合は、方角などのつごうで、一時的に別の所に移り、あらためて出発することが多かった。その仮の宿所へ出かけるのを門出といった》「戌(いぬ)の時に―す」〔土佐〕

かな【仮名】Ⓓ ❶《漢字に対し》漢字を変化させて作った日本の表音文字。「消息文(=手紙)にも―といふもの書きまぜず」〔源氏・帚木〕 ❷《草(さう)がな・片かなに対し》ひらがな。女手(をんなで)。「草の手(=草ガナ)に―の所々に書きまぜて」〔源氏・絵合〕「―はまだ書きたまはざりければ、片仮名に」〔堤・虫めづる〕

かな Ⓑ《終助》《文末に付く》❶感動・詠嘆をあらわす。…だなあ。…だわ。「いと胸いたきわざ―」〔蜻蛉・上〕「言ひ寄りがたき事にもある―」〔源氏・若紫〕 ❷連歌・俳諧の発句で切れ字に用い、言い切りながら余情を残す。意味は「なり」に近い。「ながき日をさへづりたらぬひばり―」〔芭蕉(笈日記)〕《願望の終助詞「かな」を認める説もあるが、いつも「しかな」の形であらわれ、単独の用例がないこと、願望の「しか」がもともと回想助動詞「き」の連体形から転成したらしいことなどから考え、願望の「かな」は認めない》

がな Ⓐ㊀《終助》❶話主の願望を表す。ふつう係助詞「も」に付いて用いられ、単独で現れることは少ない。「あっぱれ、よからう敵―。最期の戦(いくさ)して見せたてまつらむ」〔平家・木曾最期〕(参)もが・もがな。 ❷《近世語》《文末に付いて》㋑念を押すのに用いる。「その侍といふは、大島佐賀右衛門といふわろ(=ヤツ)であらう―」〔浄・浪花鑑・六〕 ㋺不確かな感じの詠嘆を表す。…がねえ。「有る所には(金ガ)有らう―(=アルハズダガナア)。世界は広し、二百匁などは、誰ぞ落としさうなものぢゃ」〔近松・油地獄・下〕 ㋩《疑問文・命令文以外の文末に付いて》相手に説きあかす気持ちを表す。「(上方女ノコトバ)もう、やんがて昼ぢゃ―(=昼ダヨネ)」〔三馬・風呂・二ノ上〕《現在の関西方言にも用いられる》 ㊁《副助》❶不確定の意を表す。…でも。「ふとお目にかかって同道いたすも、ひとへに他生(たしやう)の縁で―おりゃらう(=縁デモゴザイマショウ)」〔狂・筑紫奥(鷺流)〕「いや、それは私(ガ)寝言―(=ネゴトナンカデモ)申したか」〔近松・重井筒・中〕 ❷《疑問語に付き》すぐには決定しかねる意を表す。「はて」「さあて」など訳しかえるとよい。「何を―(=エート何ヲ)火に焚(た)いてあてまゐらせさうらふべき」〔謡・鉢木〕「急にも(座ヲ)立たれねば、何―潮に(=ハテ何カヨイキッカケハナイカ)と見まはし」〔近松・油地獄・下〕《「『かの君達(きんだち)をがなつれづれなる遊びがたきに』などうちおぼしけり」〔源氏・橋姫〕は「つれづれなる遊びがたきに、かの君達をがな」の倒置と見られるので、終助詞にあつかうべきだが、このような用法から副助詞「がな」が生まれたのであろう〕

かなぐ・る Ⓔ 《他四》荒っぽくあつかう。「たけく(=猛烈ナ)いかき(=オソロシイ)ひたぶる(=ムコウミズノ)心出でて、うち―・る(=ブチノメス)など(夢ニ)見えたまふこと」〔源氏・葵〕「瓜蔓も引き―・ってあり」〔狂・瓜盗人〕

かな・し Ⓐ 《形シク》 ❶ 【愛し】 ❶しみじみとかわいい。いとしい。「多摩川に晒(さら)す手作りさらさらに何そこの児のここだ(=ヒドク)―・しき」〔万葉・巻一四〕「―・しき妻子(めこ)の顔をも見で」〔源氏・明石〕 ❷感動的だ。興味ぶかい。「みちのくはいづくはあれど(=奥州ハドコモミナスバラシイケシキダガ中デモ)塩釜の浦こぐ船の綱手(=綱デヒッパル情景ガ)―・しも」〔古今・東歌〕 ❸みごとだ。あっぱれだ。「きゃつ(=アイツ)に、―・しう(=ウマウマト)謀(はか)られぬるこそ(=ダマサレタワイ)」〔宇治・巻五ノ五〕 ❷ 【悲し・哀し】 ❶ ㋑なげかわしい。心がいたむ。「人の亡きあとばかり―・しきはなし」〔徒然・三〇段〕 ㋺心配だ。気づかいだ。「主の行く末(=身ノ上)の―・しさに、谷に下りて尋ぬれば」〔盛衰・巻一〇ノ一〇〕 ❷《連用修飾の形で》手いたく。こっぴどく。「安からぬ事こそあれ(=イマイマシイ事ダナア)。ものもおぼえぬくさり女(=ワケモワカランガラクタ女メ)に―・しう言はれたる(=ヒドク言ワレタ)」〔宇治・巻七ノ二〕 ❸ ㋑つらい。やりきれない。「猛火(みやうくわ)御堂にかかりければ、(階上ノ僧タチハ)あまりの―・しさに(=苦シクテタマラズ)、思ひ切りとび落つる者もありけれども、砕けて塵とぞ(=粉ミジンニ)なりにける」〔盛衰・巻二四ノ七〕 ㋺《近世語》貧乏だ。やりくりがつかない。「諸方の入れ札、すこしの利潤を見掛けて(=ネラッテ)、位詰めになりて(=ジリジリ損ヲシテ)、内証(=経営ガ)―・しく」〔西鶴・永代蔵・巻一ノ四〕

かなし・ぶ Ⓑ 《他四・上二》 ❶ 【愛しぶ】 ❶しみじみとかわいく思う。いつくしむ。「一人の娘…ありさまめでたければ(=美人ダッタノデ)、父母これを―・び愛して」〔今昔・巻三〇ノ三〕 ❷めでる。賞する。「かくてぞ花をめで鳥をうらやみ霞をあはれび露を―・ぶ《四段》心ことば多く、さまざまになりにける」〔古今・序〕 ❷ 【悲しぶ・哀しぶ】悲哀の情をもつ。現代語の「悲しむ」。「京へかへるに、女子のなきのみぞ―・び恋ふる」〔土佐〕

かなし・む Ⓑ 《他四・上二》 ❶ 【愛しむ】しみじみとかわいく思う。いつくしむ。「我、むすめ、ただ一人あり。容貌(かたち)天女のごとし。―・ま《四段》るること限りなし」〔打聞集・八話〕 ❷ 【悲しむ・哀しむ】 ❶現代語の「悲しむ」。「女房の若きにつけて(ナクナッタ人ヲ)恋ひ―・み申し」〔栄花・楚王〕 ❷哀願する。哀訴する。「舜…天に仰いでぞ―・みける」〔太平・巻三二ノ六〕

かな・づ 【奏づ】(―ズ) Ⓓ 《他下二》(歌や舞を)演じる。《歌と舞の両方をひっくるめた意味である点は英語のperformに当たる》「『こち参れ。とく舞へ』といへば…おろおろ―・でたりければ」〔宇治・巻一ノ三〕

かな・ふ 【適ふ・叶ふ】(―ナ〈ノ〉ウ) Ⓐ ❶《自四》 ❶ちょうどよい。ぐあいがよい。「たとひ弓を持ったりとも、矢をはげずは(=ツガエナクテハ)―・ひがたし(=ドウニモナラナイ)」〔平家・老馬〕「―・はで(=ウマク行カナイデ)すべきやうなく(=万策ツキ)て」〔徒然・五三段〕 ❷思いどおり・(願いどおり)になる。「広学博覧は―・ふべからざる(=願ッテモダメナ)ことなり」〔正法眼蔵随聞記・第一〕「心に―・ふ命ならばと相思ふほどこそわりなけれ(=ドウショウモナイ)」〔鬼貫・ひとり言〕 ❸同じぐらいだ。つりあう。「福こたへ、まことにあつまりて、祥慶(よろこび)は往昔(むかし)に―・へり」〔紀・安閑・訓〕《「かなへり」は「符合」の訓》 ❹相手になる。対抗する。「平家の侍ども、手いたう駆けられ(=サンザン馬デアバレラレ)て、―・はじ(=抵抗デキナイ)とや思ひけむ、城のうちへざっと退(ひ)き」〔平家・一二之駈〕 ❷《他下二》 ❶ぐあいよくさせる。「万事の用(=イロイロナ必要事項)を―・ふべからず(=充足サセテハイケナイ)」〔徒然・二一七段〕 ❷思いどおり・(願いどおり)にさせる。「銭を財(たから)とすることは、(ソレガ人ノ)願ひを―・ふるがゆゑなり」〔徒然・二一七段〕

かなへ 【鼎】(―エ) Ⓔ 食物を煮るための三本足の器。古代中国ではふつう青銅製であったが、鉄製あるいは瓦(かはら)製もあった。「あしがなへ」とも。「御堂の南面に―を立て(=スエ)て、湯をたぎらかしつつ」〔大鏡・昔物語〕

〔かなへ〕

―どの 殿 Ⓔ ❶宮中や将軍など貴人の家にあるふろ。「宗茂―よりして『何事をか事長く申さるるぞ。とくとく(=早ク)御垢に参れよ(=体ヲ流セ)』といへば」〔平家・巻一七(長門本)〕 ❷「①」に仕える人。「内侍・女官ども、―まで禄たまはる」〔増鏡・さし櫛〕

かなまり 【金鋺】 Ⓓ 金属製のわん。「あてなるもの…削り氷(ひ)にあまづら(=甘味料)入れて、新しき―に入れたる」〔枕・四二段〕

かなやき 【鉄焼き】 Ⓔ 鉄を火で熱し、焼き印を押すこと。「(馬ニ)『仲綱』といふ―をして厩(うまや)にこそ立てられけれ(=ツナガレタ)」〔平家・競〕

かならず 【必ず】 Ⓒ 《副》 ❶《肯定文の中で》きっと。

「えならぬ(=結構ナ)匂ひには、—心ときめきするものなり」〔徒然・八段〕 ❷《否定文の中で》かならずしも。「心ばせ—重からぬ(者モ)うちまじりて」〔源氏・若菜下〕「秋来ぬと松吹く風も知らせけり—荻(をぎ)の上葉ならねど」〔新古今・秋上〕 ❸《禁止文の中で》決して。「何でもかでも取り込んで、お話申します。—軽口話のやうなと、お笑ひくだされな」〔鳩翁・道話・一ノ上〕

がに Ⓒ《接助》 ❶《自動詞・助動詞の終止形に付き》…かのように。…するほど。…しそうに。「道にあひて咲(ゑ)ましましからに降る雪の消なば消ぬ—恋ふとふ吾妹(わぎも)」〔万葉・巻四〕 ❷《古代東国方言で「がね」のなまり。動詞の連体形に付き》目的を表す。…であるように(願う)。(参)がね㊂。「おもしろき野をばな焼きそ古草に新草(にひくさ)まじり生ひは生ふる—(=伸ビルヨウニ)」〔万葉・巻一四〕《古代語であるが、平安時代より後も、擬古的な言いかたとしていくらか現れる。接続は連体形となる。↓》「山里に知る人もがなほととぎす鳴きぬと聞かば告げに来る—」〔拾遺・夏〕

かに かくに Ⓔ《副》いろいろと。あれこれ。「—物は思はじ飛騨人(ひだひと)の(=飛騨ノ国ノ大工ガ)うつ墨縄(すみなは)の(ヨウニ)ただひとみちに」〔万葉・巻一一〕

かにも かくにも Ⓔ《副》ともかくも。要するに。「—道を明らかにせむぞ、われ(=宣長)を用ふる(=尊重スル)にはありける」〔宣長・玉勝間・巻二ノ四五〕

か・ぬ Ⓓ《他下二》㊀【兼ぬ】二つ以上の事や役目を同時にする。あわせる。「ま玉つく(=枕詞)彼此(をちこち)—・ねて(=未来ト現在ト両方ヲ考エテ)言(こと)は言へど逢ひてのちこそ悔いにはありと言へ」〔万葉・巻四〕 ㊁【予ぬ】 ❶あらかじめ…する。「春近くなりぬる冬の大空は花を—・ねてぞ(=花ノ前ブレニ)雪は降りける」〔貫之集・巻二〕 ❷予想する。予見する。「貫之…(古今集ノ序文ヲ)古へを引き今を思ひ、行く末を—・ねておもしろく作りたるに」〔栄花・月宴〕

かね Ⓑ ㊀【金】 ❶金属。「火をかけたれば…二丈五尺の—の鳥居…金剛蔵王の社壇まで、一時に灰燼(くわいじん)と成りはて煙蒼天に立ち登る」〔太平・巻二六ノ四〕 ❷《とくに》黄金。きん。「地より涌(わ)きつる菩薩(ぼさつ)たち、みなこれ—の色なりき」〔梁塵〕 ❸金属製の貨幣。金銭。「—(ノアツカイヲ)見習ふためとてつかはし置けるに」〔西鶴・一代男・巻一ノ三〕 ㊁【鉦】 ❶仏事の儀式に用いる金属製の打楽器。「不断の経読む時(じ)かはりて(=交替ノ時ガキテ)、—うちならすに…いと尊く聞こゆ」〔源氏・夕霧〕 ❷銅拍子(どびょうし)ともいう、小型シンバルのような打楽器。中央に穴があり、それにひもを通して指を入れ、うち合わせてならす。「『なんぼう(=ドレグライ)の梶原は銅拍子(ノ腕前)ぞ』と左衛門に御尋ねあり。『長沼については、梶原こそ(ジョウズデス)』と申したりければ、『さては苦しかるまじ』とて、—の役(ヲ命ゼラレタ)とぞ聞こえける」〔義経・巻六ノ七〕 ㊂【鐘】つりがね(の音)。「あかつきの—ぞあはれをうち添ふる憂き世の夢のさむる枕に」〔新勅撰・雑〕「三井の古寺—はあれど、昔にかへる声は聞こえず」〔謡・三井寺〕 ㊃【矩】まっすぐであること。直線。直角。「『いたう傾けて(カブトノ)天辺(てへん=頂上ヲ)射さすな。(川ヲ)—に渡いて、おし落とさるな。水(ノ勢イ)にしなうて(=従ッテ)渡せや渡せ』とおきてて(=命令シテ)」〔平家・橋合戦〕 ㊄【鉄漿】↓はぐろめ②。「内兜(かぶと)より(忠度ノ顔ヲ)見入れたれば、—黒なり」〔平家・忠度最期〕「はや入相の—(=掛ケ詞「鐘」)つける間も有るにこそ」〔近松・職人鑑・三〕

-がね Ⓓ《接尾》「…のためのもの」「…になるはずのもの」等の意を添える。「幸ひ人(=運ノヨイアノオ方)の腹のきさき—(=中宮候補ディラレル姫君)こそ、また、おひすがひぬれ(=有力ニ迫ッテ来タ)」〔源氏・少女〕

がね Ⓒ ㊀《終助》《古代語。動詞の連体形に付き》《願望・注文をあらわす》…したい。…してもらいたい。「佐保川の岸のつかさ(=高イ所)の柴な刈りそね(=カルナ)ありつつも春し来たらば立ち隠る—(=立チ隠レタイ)」〔万葉・巻四〕 ㊁《接助》《動詞の連体形に付き、理由・目的をあらわす》…するために。…するように。「秋つ葉(ノヨウ)ににほへる(=美シイ)衣われは着じ君にまつらば(=サシアゲタラ)夜も着る—(=着テクダサルダロウカラ)」〔万葉・巻一〇〕「いまだ見ぬ人にも告げむ音(=評判)のみも名のみも聞きて羨(とも)しぶる—(=ウラヤマシガルダロウカラ)」〔万葉・巻一七〕

かね こと【予言】Ⓔ ❶(未来のことを)予測して言うこと。またはそのことば。「中将(=柏木)などの、いと二なく(=類ナクスグレテイルト)思ひはべりけむ—に足らず(=合致シナイ=ソレホドデハナカッタ)」〔源氏・常夏〕 ❷約束のことば。「思ひ出でよたが—の末ならむ(=ダレノ約束ノナゴリナノダロウカ)きのふの雲のあとの(=雲ヲ吹キ払ッタ)山風」〔新古今・恋四〕「暮ればと契りし—の、はや宵の間もうち過ぎぬ」〔伽・鉢かづき〕《平曲正節・日仏辞書では「かねこと」と清音になっている》

かね て【予ねて】Ⓑ《副》 ❶前から。前もって。さきに。「この女ひとりぞ子孫もひき具して(=ヒキ連レテ)…—逃げのきて、しづかにゐたりける」〔宇治・巻二ノ一二〕 ❷いつも。ふだんから。「過去・未来の因果を—悟らせたまひなば、つやつや(=全然)御嘆きあるべからず」〔平家・大原御幸〕 ❸《副助詞ふうに》…以前。…まえ。「いみじき大風ふき長雨ふれども、まづ二三日—、空は

れ土かわくめり」〔大鏡・藤氏物語〕

かの【彼の】Ⓑ ㊀〔連語〕❶あの。「その物語、―物語、光源氏のあるやうなど」〔更級〕 ❷話題にのぼった。さきにいった。例の。「これぞ―宮ぞかし」〔蜻蛉・上〕 ㊁〔代〕《近世語。事情を知りあったどうしの間で用いる第三人称》㋑あれ。「(医者ニ見セカケタ)脇差をもどせば茶屋(ノ番頭)は(坊主ノ)―(=コロモ)を出し」〔柳樽・初〕㋺あの人。「あれあれ、―(=彼氏)が、それそこへ(オイデ)」〔浄・腰越状・一〕 ――**くにびと** 国人 Ⓔ〔連語〕《自国に対し》向こうの国の人。先方の国の人。「―(ハ和歌ヲ)聞き知るまじく(=トテモ理解デキマイト)思ほえたれども」〔土佐〕

かのえ【庚】Ⓓ 十干(じっかん)の第七番目。(参)じっかん。「願人坊主が『―庚申(かうしん)、―庚申と呼びありく」〔也有・鶉衣・続・贈或人書〕

かのと【辛】Ⓓ 十干(じっかん)の第八番目。(参)じっかん。「其の年、十月(かむなづき)丁巳の朔―の酉(とり)の日」〔紀・神武・訓〕《「かのとの」は「辛」の訓》

かは Ⓑ ㊀《終助》《終助詞「か」「は」が複合したもの》反語の意を表す。…であろうか(…ではない)。…ていようか(…ていない)。「花は盛りに月はくまなきをのみ見るもの―」〔徒然・一三七段〕 ㊁《係助》❶感動を含みながら疑問の意を表す。…だろうか。「いかで―(=何ダッテマア)鳥のなくらむ人知れず思ふ心はまだ夜深きに」〔伊勢・五三段〕 ❷反語の意を表す。「何事―人に劣りたまへる(=劣ッテナンカイルモノデスカ)」〔源氏・夕霧〕

かばかり【斯ばかり】Ⓒ《副》このくらい。これほどに。こんなに。「(セッカク建テタ寺ガ)いかならむ世にも―あせはてむ(=サビレキロウ)とはおぼしてむや」〔徒然・二五段〕「―の(=コノ程度ノ)事も、また、いと、かくおぼゆる(=コンナニ感ズル)時あるものなりけり」〔蜻蛉・中〕

かはご【皮籠】(―ワ―) Ⓔ 皮で表面を張った箱。また、皮のような感じの紙張り・竹編みのもある。「また綾・絹・綿など、―あまたに入れて取らせたりけり」〔今昔・巻二六ノ一七〕「黒き―三合(=三ツ)をおけり」〔方丈〕

かはごろも【皮衣・裘】(カワ―) Ⓔ 毛皮製の衣服。「なごりなく(=スッカリ)燃ゆと知りせば(=ワカッテイタナラ)―思ひ(=掛ケ詞「火」)のほかにおきて見ましを(=ハジメカラ問題ニセズ、火ニクベタリシナカッタノニ)」〔竹取〕

かはす【交はす】(―ワ―) Ⓒ《他四》❶交差させる。「枝―・す梢に雪は漏りかねて木の下うすき槇の下道」〔玉葉・冬〕 ❷(たがいに)やりとりする。「幽霊、形は消え、声は残ってなほも言葉を―・しけるぞや」〔謡・経正〕 ❸まじえあう。「かかるならひ(=間ガラ)は情けを―・すべきもの」〔源氏・葵〕 ❹《補助動詞ふうに》「たがいに…しあう」の意をあらわす。「男も女も恥ぢ―・して(=両方デ顔ヲ合ワセナイヨウニシテ)ありけれど」〔伊勢・二三段〕「すきずきしき歌がたり(=好色メイタ恋歌ノコト)なども、かたみに(=オ互イニ)聞こえ―・させたまふ(=贈答ナサル)」〔源氏・賢木〕

かはづ【蛙】(―ワズ) Ⓒ ❶河鹿(かじか)。形の小さいかえるで、谷川などの清流に住み、夏にすみとおった声で鳴くのが喜ばれている。「瀬を早み(=谷川ノ瀬ガ早イノデ)落ちたぎちたる(=ハゲシク流レ落チ波立ッテイル)白波に―鳴くなり(=鳴イテイルノガ聞コエテ来ル)朝夕(あさよひ)ごとに」〔万葉・巻一〇〕 ❷かえる。「古池や―とびこむ水の音」〔芭蕉(蛙合)〕

かはづら【川面】(カワ―) Ⓓ ❶川の近く。「冬になりゆくままに(=ツレテ)、―の住まひ、(明石上ハ)いとど心ぼそさまさりて」〔源氏・薄雲〕 ❷川の水面。「両国の―に漕ぎ出づれば、風はかたびらの袖さむきまで吹きかへす」〔也有・鶉衣・隅田川涼賦〕

かはと【川門】(―ワ―) Ⓔ 川の両岸が急にせまっている所。「青柳(あをやぎ)のはらろ(=芽ブイタ)―に汝(な)を待つと清水(せみど)は汲まず立ち処(ど)ならすも(=立ッタ所ノ土ヲ足デ平ラニシテイルヨ)」〔万葉・巻一四〕

かばね【姓】Ⓓ ❶古代、家がらや職業の種類を表すため朝廷から与えられた称号。臣(おみ)・連(むらじ)・国の造(みやつこ)・県主(あがたぬし)など。「天皇、野見宿禰の功(いさをしき)を厚く賞(ほ)め…本(もと)の―を改めて土部臣(はしのおむ)といふ」〔紀・垂仁・訓〕《「かばね」は「姓」の訓》 ❷天武天皇の一三年に、各氏族の家がらによって、その高下を表すため定められた八階級の称号。「諸氏の族姓を改めて八色(やくさ)の―を作りて、以ちて天の下の万(よろづ)の―を混(まろ)がす。一つを真人(まひと)と曰ひ、二つを朝臣(あそみ)と曰ひ、三つを宿禰(すくね)と曰ひ、四つを忌寸(いみき)と曰ひ、五つを道師(みちのし)と曰ひ、六つを臣(おむのこ)と曰ひ、七つを連(むらじ)と曰ひ、八つを稲置(いなき)と曰へ」〔紀・天武・訓〕《「かばね」は「姓」の訓》

かはほり【蝙蝠】(カワ―) Ⓔ ❶こうもり。夕方に飛びまわって虫をとり、昼は屋根裏などにかくれ巣ごもっている。「―のふためき飛ぶや(=ハタハタト飛ビマワルコトダヨ)梅の月」〔蕪村(遺稿)〕 ❷骨の片側にだけ紙をはった扇。開くとこうもりが翼をひろげたのに似ているので、名づけられた。もともとは夏扇として用いられた。「すぎにしかた恋しきもの…去年(こぞ)の―」〔枕・三〇段〕

かはむし【皮虫】(カワ―) Ⓓ 毛虫。「―の蝶となるなり」〔堤・虫めづる〕

かはゆし (カワ―) Ⓓ《形ク》《「映(は)ゆし」(まともに見

にくい)という形容詞に接頭語「か」の付いたもの》 ❶きまりがわるい。きはずかしい。「あまりにくはしき(=微ニ入リ細ニワタッタ)施主分(=施主自身ノ功徳紹介)―・くこそ(=聞イテイルホウデキハズカシクナル)」〔沙石・巻六ノ二〕 ❷かわいそうだ。ふびんだ。「我この人を助けずは、唯今のほどに(=モウスグ)―・き目を見るべし」〔太平・巻二ノ五〕 ❸かわいい。いとしい。「わが身の子(=自分ノ子)よりは―・うて」〔伎・三十石・三〕

かはら　け【土器】(カワ―) Ⓓ ❶うわ薬をかけない素焼きの陶器。「黒き―の大きなるを杯にして」〔宇治・巻三ノ一〕 ❷(素焼きの)さかずき。酒杯。「聖(ひじり)御―たまはりて(=オ杯ヲチョウダイシテ)」〔源氏・若紫〕 ❸酒宴。「たびたび―始まりて」〔宇治・巻一ノ三〕

かはり【代はり】(―ワ―) Ⓒ ❶後任。あとがま。「左大臣に移りたまふこと、(前左大臣ノ)西宮殿(ガ左遷サレ)筑紫へ下りたまふ御―なり」〔大鏡・師尹〕 ❷㋑身がわり。代理。「(菩薩ノ慈悲ガ)衆生の信心に加(=プラス)して、―の苦を受け」〔沙石・巻二ノ九〕 ㋺なじみの遊女にさしつかえがある時、代理に出る妹分の遊女。「こなさまの望みの女郎は私がいやでごさんす。しからば―(ヲ出ス事モ)なりませぬ」〔浮・禁短気・巻五ノ四〕 ❸㋑うめあわせ。ひきかえ。「母君の、いふかひなく(=情ケナイコトニ)さすらへたまひて(=ドコカヘ行カレ)、行くへをだに知らぬ―に、(ソノムスメヲ)人なみなみ(=一人前)にて見たてまつらむ(=結婚オサセシタイ)」〔源氏・玉鬘〕 ㋺そのほか。それにくわえて。《アイロニカルに使う》「この汁は、もむない―(=味ガナイトコロへモッテ来テ)根から(=テンデ)ぬるうていかんわい」〔一九・膝栗毛・六上〕 ❹代金。「身を売りて―を母に与へて」〔沙石・巻九ノ九〕

かひ【匙】(―イ) Ⓔ さじ。「大きなる銀(しろがね)のひさげ(=湯ワカシ)に大きなる銀の―を立てて」〔宇治・巻七ノ三〕

かひ【効・〈甲斐〉】(―イ) Ⓑ ❶よい結果。成果。「申しうけたまへる―ありて(=ワザワザ自分ガサセテオモライニナッタダケノコトガアッテ)あそばしたりな(=ミゴトニオヤリダナア)」〔大鏡・頼忠〕「その時くゆとも(=後悔シタッテ)―あらむや(=何ニモナラナイ)」〔徒然・四九段〕 ❷ねうち。価値。「かたちなどをかしき若人の限り(=若イ美人ゾロイ)にて、さし向かひつつゐわたりし(=ズラリトイタノ)は、いと見る―こそはべりしか」〔紫日記〕 ❸はりあい。「それよりしてうれしき事をば、―ありと言ひける」〔竹取〕 ―

無くな・る 死ぬ。「もし―・りはてはべりなば(=ワタシガ死ンデシマイマシタラ)、このかしこまりをだに(=オ見舞イノオ礼ダケデモ)聞こえさせでや(=申シアゲズジマイニナルカ)と思ひたまふるをなむ」〔源氏・夕霧〕

かひ　あはせ【貝合はせ】(カイアワ―) Ⓔ ❶平安時代の物合わせの一つ。左右両方にわかれ、双方から貝を出して、種類の珍しさや形の大きさ、姿のよしあしで優劣を定める。「同じくは―をして、珍しからむ(貝ノ)ひとつにても持て参りたらむを、勝つにせむ」〔斎宮内親王貝合〕 ❷《近世以後の混同で》貝おおいのこと。→かひおほひ。「家中の娘・腰元…心々の慰み、―・歌がるた」〔浮・新色五巻書・巻三ノ二〕

かひ　おほひ【貝覆ひ】(カイオオイ) Ⓔ 遊戯の一つ。三六〇個のハマグリの貝がらを両片に分け、一方を全部自席の前に伏せて置く。これを地貝という。他の一方は一個ずつ、上向きに出す。これを出し貝という。地貝を押し出して、出し貝に合わせる。合ったのを取り去る。多く取ったほうを勝ちとする。「天福元年の春のころ…絵づくの(=絵ヲ賞品ニスル)―ありけり」〔著聞・画図〕

かひ　がかり【買ひ掛かり】(カイ―) Ⓔ 現金を支払わないで品物を買うこと。またはその未払い代金。「世のならひにて―すること、たがひに合点づくなり(=了解ノウエダ)」〔西鶴・永代蔵・巻五ノ二〕

かひ　がひ・し【効効し・〈甲斐甲斐〉し】(カイガイ―) Ⓓ 《形シク》 ❶かい(効果)がじゅうぶん期待される。たのもしい。「(故国ヘノ通信ヲ)雁(かり)のつばさに結びつけてぞ放ちける。―・しくもたのむの雁…結びつけたる玉章(たまづさ)(=手紙)を、食ひ切ってぞ落としける」〔平家・蘇武〕 ❷㋑効果的に行動するさま。きびきびしている。「案内者仕りたる男、―・しく湊(みなと)の中を走り廻って」〔太平・巻七ノ六〕 ㋺(気性が)てきぱきしている。機敏だ。「(死ンダ子ハ)心ざまも―・しくさうらひつれば」〔沙石・巻三ノ二〕 ❸強い。勇ましい。日葡辞書に caigaixij を「強壮だ」「勇敢だ」等に当たるポルトガル語で釈している。

かひな【腕・肱】(―イ―) Ⓔ ❶肩からひじまでの間。二のうで。「ゆふだすき―にかけて…」〔万葉・巻三〕 ❷うで。「馬にのりて落ちて右の―をつき折りてけり(=骨折シタ)」〔著聞・魚虫禽獣〕

かひ　な・し【効無し・〈甲斐〉無し】(カイ―) Ⓑ 《形ク》 ❶よい結果が得られない。むだである。「荒磯はあされど(=探スケレド)何の―・くて汐(うしほ)にぬるるあま(=漁師)の袖かな」〔更級〕 ❷つまらない。価値がない。「うち見たまひて、―・く(=クダラナイ女ダト)はおぼされねど」〔和泉日記〕 ❸がっかりだ。「『あな、かひなのわざや』とのたまひけるよりぞ、思ふにたがふことをば、―・しとは言ひはじめける」〔竹取〕

か・ふ【交ふ】(カ〈コ〉ウ) Ⓒ ㊀《自四》 ❶まじわる。交差する。「韓衣(からころも)裾のうち―・ひ逢はなへば(=逢ワナイノデ)寝なへの故(から)に(=共寝ヲスルコトモナイノニ)言痛(こちた)かりつも(=ウワサガ高イナア)」〔万葉・巻一四〕 ❷

《補助動詞ふうに》交差するように…する。両方から…あっている。「蝶(てふ)の花に飛び—・ひたる、やさしきもののかぎり(＝最高)なるべし」〔也有・鶉衣・百虫譜〕 ㊁《他下二》 ❶(両方から)まじえる。交差させる。「敷き栲(たへ)の(＝枕詞)衣手(ころもで＝ソデ)—・へて(＝カワシテ寝ル)おのの(＝自分ノ)妻と(シテアナタヲ)頼める今夜(こよひ)…」〔万葉・巻四〕 ❷【替ふ】とりかえる。交換する。「万事に—・へずしては、一つの大事、成るべからず」〔徒然・一八八段〕 ❸《補助動詞ふうに》㋑交差するように…する。両方から…しあう。「(男ト女ガ)倭文幡(しつはた)の帯解き—・へて(＝タガイニ解キ合ッテ)…」〔万葉・巻三〕㋺【替ふ】(…て)交換する。替えるため…する。「行く人は二藍(ふたゐ)の小袿(こうちき)なり、留まる(人)はただ薄物の赤朽ち葉(色ノヲ)着たるを、脱ぎ—・へて別れぬ」〔蜻蛉・上〕㋩【替ふ】(…して)別の…にする。…かえる。「明日はこれが(＝コノ子ノ)衣(きぬ)着—・へさせて、出でむ」〔蜻蛉・中〕

か・ふ【飼ふ】(カ〈コ〉ウ) Ⓓ《他四》(動物に)食物あるいは水を与える。「稲取り出でて(馬ニ)—・ふなど、珍しう見たまふ」〔源氏・須磨〕

かぶき【歌舞伎】Ⓔ ❶《「異様な服装や行動をする」意のカ行四段動詞「かぶく」の連用形が体言化したもの》㋑歌と踊りの要素が多い劇。一七世紀前半におこなわれた。「—する若衆の座(＝一座)にありて…はるかなる田舎に住みけり」〔仮名・仁勢物語・下〕㋺(いまのような)歌舞伎劇。「芝居のとほり舞台をこしらへ、しきりに—をもよほして楽しむ」〔黄・見徳一炊夢・中〕 ❷《写実芸に対し》虚構性を生かした芸。「理屈ばかりにては—にあらず。とかく実と—と半分半分にするがよからむ」〔役者論語・あやめぐさ〕《「歌舞を演奏すること」という意をあげる説もあるが、誤り。その用法は無い》

がふし【合子】(ゴウ—) Ⓓ ふた付きの椀(わん)。《御器と同じで、身とふたとが合わさる物の意》「いみじう(＝ヒドク)きたなきもの。なめくぢ…殿上の—」〔枕・二六三段〕

かふち【河内】(コウ—) Ⓔ 曲がって流れる川にかこまれた土地。谷川の流れ付近。「年のはにかくも見てしかみ吉野の清き—のたぎつ(＝激シク流レル)白波」〔万葉・巻六〕

かぶらや【鏑矢】Ⓔ →なりかぶら。

かふりょく【合力】(コウ—) Ⓔ《＋他サ変》 ❶力を合わせ支持すること。協力。「江戸太郎に—・す」〔義経・巻三ノ七〕 ❷金銭・物品をめぐみ、こまった人を助けること。扶助。「その残りはみな(アナタニ)—。年々つもりし借銭をすまし申さるべし」〔西鶴・永代蔵・巻一ノ二〕

かへさ【帰さ】(—エ—) Ⓓ 帰途。帰りがけ。「かへるさ」とも。「(安祥寺ニ)まうでたまひて、その—に」〔伊勢・七八段〕

かへさま【返様】(カエ—) Ⓔ《形動ナリ》 ❶裏がえしだ。「冠をしりへざまに(＝前ウシロニ)し、表(うへ)の袴を—・に着、片し(＝ハカマノ片足ニ)脚二つをさしいれて」〔宇津保・貴宮〕 ❷あべこべだ。逆だ。「然るを、今は—・になりて、なべて(＝普通)のことばも、みくにことば(＝本来ノ日本語)よりは、字音なる(＝漢語)をうるはしき(＝本格的ナ)ことにし」〔宣長・玉勝間・巻一ノ三九〕

かへし【返し・反し】(—エ—) Ⓑ ❶㋑もどすこと。「春雨にぬれて尋ねむ山桜雲の—の(＝雲ヲ押シモドスヨウナ激シイ)あらしもぞ吹く」〔金葉・春〕㋺(風・波・地震が)一度やんで再び起こること。「吹きかへすこち(＝掛ケ詞「此方」「東風」)の—は身にしみき都の花のしるべと思ふに」〔後拾遺・雑五〕㋩謡曲で、七五の句をくり返してうたうこと。あるいは、そのくり返すほうの句。たとえば「高砂や、この浦舟に帆をあげて、この浦舟に帆をあげて、月もろともにいで潮の」〔高砂〕における後の「この浦舟に帆をあげて」。 ❷㋑返事。「すさましき(＝興ザメナ)もの…(乳母ヲ呼ブト)『こよひはえ参るまじ(＝ウカガエマセン)』とて—おこせたる」〔枕・二五段〕㋺よみかけられた歌に対する返答の歌。「—えしたまはず」〔伊勢・八二段〕㋩返報。返礼(の品)。「それなら、今の—に舞はうか」〔狂・棒縛〕 ❸漢字の音を、他の同子音字および同母音字の分解結合により示す方法。たとえば「皆は見排の—」というとき、「見」の子音kと「排」の母音aiを合わせたのが「皆」の音である。反切(はんせつ)。

かへ・す

【返す・反す・帰す・還す】(—エ—) Ⓐ ㊀《他四》 ❶㋑(もとの位置・状態などに)もどらせる。「この箱は—・したまへ」〔浜松・巻一下〕「夕月夜染むる岡べの松の葉を緑に—・すむら時雨かな」〔夫木・巻一六〕㋺(前の段階へ)逆行させる。「三段目を二段目に—・して吹く」〔八帖花伝書・第七〕㋩反復させる。くりかえす。「くりかへしなほ(＝ソノ上マタ)—・しても思ひ出でよかく変はれとは契らざりしを」〔浜松・巻三上〕 ❷㋑ひっくりかえす。くつがえす。「(仏ニ祈リ)『はやうち—・したまへ』とさけぶ時に、この渡し舟に二十余人の渡る者、づぶりと投げ—・しぬ(＝転覆サセタ)」〔宇治・巻三ノ四〕㋺裏がえしにする。「いとせめて恋しき時は烏羽玉(うばたま)の(＝枕詞)夜の衣を—・してぞ寝(ぬ)る」〔古今・恋二〕 ❸ひるがえす。ひらひらさせる。「袖—・す天つ少女も(＝五節ノ舞姫モ)思ひ出でよ吉野の宮の昔語り(＝古伝統)を」〔新拾遺・冬〕 ❹(田を)すきかえす。たがやす。「春の荒田をうち—・し」〔狭衣・巻三〕 ❺(別の色に)する。(変わった色に)染める。「麹塵(きぢん)の直垂(ひたたれ)に、小桜(ノ模様)を黄に—・いたる鎧(よろひ)着て」〔平家・御輿振〕 ❻(食物を)吐く。もどす。「御湯参らせたまへば、—・して聞こし召さず(=召シ上ガラナイ)」〔栄花・楚王〕 ㊁ 〔自四〕もどる。「父をのばさむ(=逃ガソウ)と、―・し合はせ(=モドッテハ戦イ)―・し合はせ」〔平家・宮御最期〕

‐かへり【返り】(‐エー) Ⓔ 〔接尾〕回数・年数などをあらわす。「恨みつつ春三―を漕がむまに命たへずはさてや止みなむ」〔平中・四段〕

かへり【返り・帰り・還り】(‐エー) Ⓑ ❶㋑もどること。「道中八日のおひま入り、お―もそれほど(=八日グライ)延びる」〔浄・浪花鑑・一〕㋺行ってすぐ帰ること。日帰り。「近くあらば―にだにもうち行きて妹が手枕さしかへて…」〔万葉・巻一七〕 ❷㋑(手紙の)返事。「〔小君ハ姉ニ〕御―乞ふ。『かかる御文見るべき人もなしと聞こえよ』と宣へば」〔源氏・帚木〕㋺返歌。「御歌も、これ(=当方)よりのは、理(ことわり)聞こえて(=意味ガ明確デ)したたかにこそあれ(=ガッチリシタヨミブリダワ)。御―は、ただ、をかしき方にこそ(=情趣的ナ方面ダケネ)」〔源氏・末摘花〕

――ごと Ⓒ ㊀ 返り言 (ことばでの)返答。「小少将の君の文おこせたまへる(=手紙ヲクダサッタ)―書くに」〔紫日記〕 ㊁ 返り事 (品物での)返礼。「(モテナシテクレタ家ノ人ニ)いろいろに―す」〔土佐〕

かへり・みる【顧みる・省みる】(カエー) Ⓑ 〔他上一〕 ❶うしろをふりむいて見る。「都のみ―・みられて東路(あづまぢ)を駒の心にまかせてぞ行く」〔後拾遺・羇旅〕 ❷反省する。自省する。「日に三度愚かなる身を―・みて仕ふる道もわが君のため」〔新葉・雑下〕 ❸気にかける。かまう。「身命を―・みずしてたづね来たらしめたまふ御志」〔歎異抄〕 ❹世話する。めんどうを見る。『すべて、かれにわびしきめな見せそ(=生活上ノ不自由ヲサセルナ)』と仰せたまひければ、常になむ訪(と)ひ―・みける」〔大和・一四六段〕

かへ・る【返る・反る・帰る・還る】(‐エー) Ⓐ 〔自四〕 ❶(もとの位置・状態に)もどる。「かご山の松風早く春立てば波にぞ―・る池の氷は」〔夫木・巻二三〕 ❷㋑ひっくりかえる。くつがえる。「あさましきもの…車のうち―・りたる」〔枕・九七段〕㋺裏返しになる。「難波江に心とまりて葦の葉の裏―・る(=掛ケ詞「①」)べき心地こそせね」〔栄花・松下枝〕㋩にえたぎる。わきかえる。「―・りたる湯を、穴の口に汲みいれたるほどに」〔著聞・魚虫禽獣〕 ❸ひるがえる。ひらひらする。「さざなみや(=枕詞)比良山風の海吹けば釣りするあまの袖―・る見ゆ」〔新古今・雑下〕 ❹(「年」を伴って)(年が)改まる。新年になる。「その年も―・りぬ」〔更級〕 ❺(色が)変わる。「いかにして同じみどりの(草木ガ)―・るらむ松には露のおかぬものかは(=色ノ変ワラヌ松ニダッテ同ジヨウニ露ハオクノニ)」〔拾玉・巻四〕 ❻〔補動〕(動詞の連用形に付き)「はなはだしく…だ」「ひどく…する」の意をあらわす。「まして…若き人は、死に―・り笑ふ(=アマリ笑ウノデ苦シクテ死ニソウダ)」〔落窪・巻二〕

かまびす・し【喧し・囂し】 Ⓓ 〔形シク〕やかましい。うるさい。「林に鳥集まりて―・しかりけり」〔沙石・巻八ノ二三〕〔近世はク活用めいた例もある。「やぐら太鼓の音かまびすく」〔一九・膝栗毛・八中〕ただし全活用形がそろっていたかどうか不明〕

かま・ふ【構ふ】(‐マ〈モ〉ウ) Ⓐ ㊀〔他下二〕 ❶組み立ててこしらえる。建造する。「たまほこの(=枕詞)道の辺近く岩―・へ作れる(菟原処女(うないおとめ)ノ)塚を…」〔万葉・巻九〕 ❷したくする。準備する。「まことに御馬の(飼料ノ)草なんどをも―・へさせよ」〔平家・妹尾最期〕 ❸計画する。たくらむ。「王を害したてまつらむ(=オ殺シ申シアゲヨウ)と―・ふ」〔今昔・巻二ノ三〇〕 ㊁〔他四〕 ❶心にかける。「夜泊まり日泊まりをめされ(=イツモ外泊バカリナサッテ)、内には水の絶えをも(=生活ガ苦シイノモ)―・はせられぬか」〔狂・箕被〕 ❷〔近世語〕(刑罰として)ある地域に立ち入ることを禁ずる。追放する。「死罪を御赦免なされ、和泉堺をお―・ひなさる」〔浄・浪花鑑・三〕 ㊂〔自下二〕 ❶身がまえする。「これはいかにもいんぎんに―・へて」〔狂・鱸庖丁〕 ❷ふるまう。「主とおぼしき人はいとゆかしけれど(=ゼヒ見タイガ、向コウハ)見ゆべくも―・へず」〔源氏・玉鬘〕 ㊃〔自四〕〔近世語〕(刑務所に)はいる。禁固される。「喧嘩(けんくわ)しいだし、和泉の牢(むし)へ―・って(=ツカマッテ)」〔浄・浪花鑑・七〕(「むし」は刑務所の俗語)

かまへ・て【構へて】(‐エテ) Ⓒ 〔副〕 ❶㋑無理に。しいて。「重き病つきたりけれど、さりとて道に留まるべきにあらねば、―(=ガムシャラニ)下り着きにけり」〔今昔・巻三一ノ二八〕㋺(下に意思・命令などの表現を伴い)ぜひ。なんとかして。「―朕が面(おもて)起こすばかり(=得意ニナルホドノ)よき歌仕うまつれ」〔増鏡・おどろ〕 ❷(下に否定表現を伴い)けっして。「―人にさとられたまふな、せいて事をし損ずな」〔近松・出世景清・一〕

かまめ【鷗】 Ⓔ 〔古代語〕かもめ。「海原は―立ち立つ…」〔万葉・巻一〕

かみ【上】 Ⓐ 対「しも」 ❶㋑うえ、または高いところ。「いとど驚かれて、『焼亡(=火事)か』と思ひて、―を見あぐれば、煙も立たず」〔大鏡・昔物語〕㋺中・近世のツーピース式礼服の上の部分。肩衣(かたぎぬ)。「見れば裃(かみしも)の―ばかりで下(しも)がないが、何とするぞ」〔狂・引敷婿〕 ❷㋑前の部分。先行の部分。「(明子ノ子ドモノ事ハ)―の巻にしるしたれば、新しくも申したてず」〔栄花・殿上花見〕(「初めの部分」とする説は誤り。明子の子どもの事が見えるのは「後悔大将」の巻で、栄花物語の中ほどすぎ》㋺(短歌の)前半。「—の三句をば本といひ、下(しも)の二句をば末といふ」〔新撰髄脳〕㋩(川の)上流。「大井川といふが—の瀬、松里の渡りの津に泊まりて」〔更級〕❸㋑都の方向。「それ(=浜名ノ橋)より—は、ゐのはなといふ坂の、えもいはず(=ヒドク)わびしき(=ツライノ)をのぼりぬれば、三河の国の高師の浜といふ」〔更級〕㋺上方(かみがた)。京・大阪のこと。「その後は—へものぼらぬか」〔西鶴・一代男・巻五ノ七〕 ❹㋑《京都の町で》北の方向。「(コノ勤メ先ハ)こなたが(=オ前サンガ)いやなれば、京町の—にも(別ノ人ヲ)見立てて置きました」〔西鶴・胸算用・巻三ノ三〕㋺上賀茂神社。「また—のに、『いつしかもいつしかも(=マダカマダカ)とぞ待ちわたる(賀茂神社ノ)森の木間(こま)より光見むまを』」〔蜻蛉・上〕 ❺㋑上座。「西の廂(ひさし)は、上達部(かんだちめ)の座、北を—にて二列(ふたつら)に、南の廂に(モウケラレタ)殿上人の座は、西を—なり」〔紫日記〕㋺(歌舞伎などの舞台で)観客席から見て右の方。「お袖—の方、直助下(しも)の方より、及び腰に櫛(くし)を受け取る」〔伎・四谷怪談・四〕㋩《近世語》料亭・遊郭などで、客を迎える座敷。またはその座敷でサービスすること。「時に揚げ屋の—する女子(をなご)、下男・門番おこいて」〔近松・淀鯉・上〕 ❻㋑《一般的に序列が》上であること。またはその人。「君だちの—なき(=最高級ノ)御えらびには、まして、いかばかりの人かはたぐひたまはむ(=該当ナサルデショウ)」〔源氏・帚木〕㋺《地位などが》上級であること。またはその人。「ありとある—下(しも)、童(わらは)まで酔ひしれて」〔土佐〕㋩《生まれた階級が》高いこと。またはその人。「この(=光源氏ノ)御ためには、—が—(=最高階級ノ女性ヲ)えりいでても、なほ(妻トシテ)あくまじく(=十分デハナサソウニ)見えたまふ」〔源氏・帚木〕㋥為政者。政権担当者。政府当局。「—のおごり費やす所をやめ、民をなで(=タイセツニシ)農をすすめば(=振興サセレバ)、下(しも)に利あらむ事、疑ひあるべからず」〔徒然・一四二段〕㋭天子の尊敬語。主上。「ただ—一人(いちじん)を仰ぎたてまつって、忠貞に私なく、下は百姓(はくせい)をなでて」〔太平・巻二ノ五〕㋬主人。殿様。「仰せの通り、御—の御大事、この時なり」〔風来・根南志具佐・巻三〕 ❼㋑《時間的に》前。以前。むかし。「—正暦のころほひより、下(しも)文治の今にいたるまでのやまと歌」〔千載・序〕㋺前半。または、はじめ三分の一。「十月といふ—の十日(=上旬)すぎぬ。(イツオ生マレカト)人々心もとながりたまふに、中の十日もすぐれば」〔宇津保・国譲下〕㋩ある年齢以上であること。「七つより—の(=七歳以上ノ子)は、みな殿上せさせたまふ」〔源氏・若菜下〕

—つよ 上つ世 Ⓔ 〔連語〕ずっと昔。上代。〔「あゆひ抄」は天地創造から光仁天皇までとするが、もともと相対的な区分だから、国学者の間でも定説はない〕「—には人の心ひたぶるに直(なほ)くなむありける」〔真淵・歌意考〕

かみ【神】 Ⓒ ❶現代語の神。「—など、空にめでつべき(光源氏ノ美シイ)かたちかな」〔源氏・紅葉賀〕 ❷㋑かみなり。雷神。「北野(=菅原道真)の—(=雷神)にならせたまひて、いとおそろしく—(=雷ガ)鳴りひらめき」〔大鏡・時平〕㋺雷光。いなずま。「輝く—遙かになりゆきて、月のめぐりに星集まるめり」〔宇津保・楼上下〕 ❸《江戸の遊里語で》たいこもち。とりまき。《大阪では「弁慶」といった》「わる井志庵・北里喜之介なぞ—に連れ、いっぱいに(=思ウ存分)しゃれる」〔黄・艶気樺焼・上〕

かみ【髪】 **—を下ろ・す** 髪を・そる(短く切る)。出家する。中古語では多く「かしらをおろす」という。「今宵すぐに—・し、尼になりたうございますわいな」〔伎・十六夜清心・一ノ五(返し)〕

かみ【長官】 Ⓓ 大宝令の官制で、四等官のうち最高の職階。官庁によって字が異なる。大臣(太政官)・伯(神祇官)・卿(省)・頭(寮)・大夫(坊・職)・尹(弾正台)・大将(近衛府)・督(兵衛府・衛門府)・別当(検非違使庁)・帥(大宰府)・守(国司庁)など。(参)すけ・じょう・さくゎん。

かみ あげ【髪上げ】 Ⓔ ❶女性の成人式。それまで垂らしていた髪を結いあげる。「よきほどなる(=適当ナ)人になりぬれば、—など左右(さう=サシズ)して、髪あげさせ、裳(も)着す」〔竹取〕 ❷宮中の女官が正装などの時、髪を結いあげること。「内侍二人出づ。—うるはしき姿ども…天人の天下りたるかと見えたり」〔栄花・初花〕

かみ がき【神垣】 Ⓔ ❶神社の境内をかこむかきね。「みづがき」「たまがき」とも。「—の杉の木末(こずゑ)にあらねども紅葉の色もしるく見えけり」〔狭衣・巻四〕 ❷神社そのものをさす。「おきゐつつ君を祈れば—に心かよはぬ暁もなし」〔新葉・神祇〕

かみ げいし【上家司】 Ⓔ (対)「下家司」 →けいし。

かみ こ【紙子】 Ⓓ じょうぶな紙に柿渋を塗り、よく干した後、一夜露に当ててから、もみやわらげたもので作った着物。本来は僧侶の用具だが、江戸時代にはいってからは、一般人もレインコートめいたものとして使うようになった。「(奥州白石の(名産デアル)—(=用ノ生地ヲ)二反(たん)さし出して」〔西鶴・胸算用・巻二ノ一〕

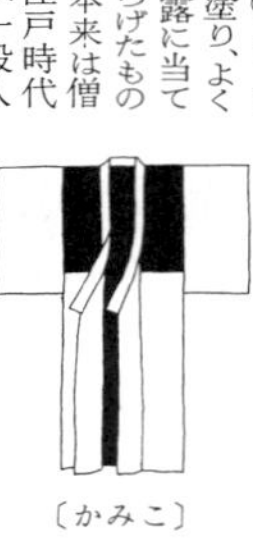
〔かみこ〕

かみ さ・ぶ【神さぶ】 Ⓒ 〔自上二〕 〔「さぶ」は接尾語。

(参)-さぶ》 ❶神らしい行為をする。「わご大君(=天皇サマハ)神ながら(=神デイラレルカラ)―・びせすと(=神ラシクフルマワレルトイウワケデ)…」〔万葉・巻一〕 ❷古びてこうごうしい。「いつの間も(=ニマア)―・びけるか香具山(かぐやま)の鉾杉(ほこすぎ)がもとに苔(こけ)むす(=ハエル)までに」〔万葉・巻三〕「日ごろは人の詣でざりければ、いとど―・びもの静かなるかたはらに」〔芭蕉・幻住庵記〕 ❸すこし化け物じみた感じの古さになる。「石(いそ)の上(=枕詞)古りにし恋の―・びて祟(たた)るに我は寝(い)ぞねかねつる」〔古今・雑体〕 ❹凡人離れがしている。とくにすぐれている。「宗家大納言とて、神楽(かぐら)・催馬楽(さいばら)うたひて、やさしく(=芸術的感覚ガコマヤカデ)―・びたる(=奥義ヲキワメタ)人おはしき」〔十訓・第一〇ノ四六〕

かみ ざま【上様】Ⓓ (対)「しもざま」 ❶上のほう。「『あな、いと験なしや』とうちいひて額より―にさくりあげ」〔枕・二五段〕 ❷上層社会。上流階級。「上達部(かんだちめ)・殿上人―までおしなべて武を好む人おほかり」〔徒然・八〇段〕 ❸《京都で》御所に近いほう。「四条より―の人みな北をさして走る」〔徒然・三九段〕 ❹《時間的に》前のほう。《「しもざま」の例から考えてこの用法もあるはずだが、用例未見》

かみ つ よぼろ【上つ丁】Ⓔ 政府に徴用された労務者のうちで、上の地位にある者。「右の一首は橘樹郡の―物部真根」〔万葉・巻二〇・左注〕

かみな づき【神無月】Ⓓ 旧暦一〇月の別名。(参)むつき。「冬―癸巳朔…兵をととのへて出でたまふ」〔紀・神武・訓〕《「かみなづき」は「十月」の訓》「―降りみ降らずみ(=降ッタリ降ラナカッタリ)定めなき時雨(しぐれ)ぞ冬のはじめなりける」〔後撰・冬〕

かみ む【上無】Ⓓ 日本式十二律の第一二。(参)じふにりつ。

か・む【醸む】Ⓓ 《他四》《古代語。古代は米を噛(か)んで酒を作った事から》醸造する。「この御酒(みき)は…大物主(=神ノ名)の―・みし御酒…」〔紀・崇神〕

かむ あが・る【神上がる】Ⓔ 《自四》《「かむ」は神の行動であることを示す接頭語》 ❶(神が)天に上られる。昇天なさる。「天の原岩戸を開き―・りあがりいましぬ…」〔万葉・巻二〕 ❷(天皇または皇族が)おなくなりになる。おかくれになる。「天皇みやまひしたまふ。癸酉(みづのととり)の日かみあがりましぬ」〔紀・綏靖・訓〕《「かみあがりましぬ」は「崩」の訓》《古代日本では、死ぬことを二とおりに考えた。一つは「かむあがる」(天上界へゆく)、一つは「かむざる」(地下の黄泉(よみ)の国へゆく)であった》

かむ さ・ぶ【神さぶ】Ⓒ 《自上二》《「かみさぶ」の音便》↓かみさぶ。「―・ぶる(=コウゴウシイ)荒津の崎に寄する波(=序詞)間(ま)なくや(=ヒッキリナシニ)妹(いも)に恋ひわたりなむ」〔万葉・巻一五〕《原文「可牟佐夫流」と表記》

かむ ながら【神ながら・随神】Ⓓ 《副》神がお定めになったとおり。「瑞穂(みづほ)の国(=日本国)を―太敷きまして(=リッパニオ治メニナッテ)…」〔万葉・巻二〕「立山に降りおける雪の常夏に(=毎夏)消ずてわたるは(=消エナイデイルノハ)―とぞ(=トイウコトデアル)」〔万葉・巻一七〕

かむな づき【神無月】Ⓓ ↓かみなづき。「冬―丁巳の朔辛酉、天皇…東を征(う)ちたまふ」〔紀・神武・訓〕《「かむなづき」は「十月」の訓》

かむ はぶ・る【神葬る】Ⓔ 《他四》神としてほうむる。「言(こと)さへく(=枕詞)百済の原ゆ(=ヲ通ッテ)―・り葬りいまして…」〔万葉・巻二〕

かむり【冠】Ⓒ ❶正装のとき頭にかぶるもの。位階や時代により、形はさまざまであった。「かんむり」とも。「狩衣のたもとを―の巾子(こじ)(=後部)にうちかづき(=掛ケ)」〔謡・雲林院〕 ❷発句など五七五形式の句において、最初の五音の部分。『下京や雪積む上の夜の雨』凡兆。この句、はじめに―なし。先師をはじめ、いろいろと置きはべりて、この―に決めたまふ」〔去来抄・先師評〕 **―づけ** 付け Ⓔ 雑俳の一つ。「笠(かさ)付け」とも。「かむり②」だけ示し、それに七五の部分を加えさせ、一句とする遊戯的文芸。

〔かむり❶〕

かも【賀茂・加茂】Ⓓ 京都にある賀茂神社のこと。上賀茂神社は北区上賀茂本山町にあり別雷命(わけいかづちのみこと)を祭り、下賀茂神社は左京区下鴨泉川町にあって玉依姫命(たまよりひめのみこと)・賀茂健角身命(かもたけつのみのみこと)を祭る。昔から皇居の守り神として宮廷の信仰があつく未婚の皇女が斎院として奉仕された時代もある。 **―のまつり** 賀茂の祭り Ⓓ 《連語》賀茂神社の祭り。旧暦四月、中旬または下旬の酉(とり)の日におこなわれた。欽明天皇のとき始まったといわれ、天智天皇六年(六六七)官祭となった。平安時代以後は盛大となり、単に「祭り」といえば賀茂祭りを意味するほどであった。当日は葵(あおい)をアクセサリーに付けたので、葵祭りともいった。神輿(みこし)は一条大路を経て内裏に入り、天皇は紫宸殿でこれを迎え拝された。神輿の帰社はたいてい夜にはいった。その行列は豪勢なもので、見物人で混雑した。宇多天皇のときから、さらに臨時の祭りもおこなわれた。(参)かものりんじのまつり。「冬の―の歌」〔古今・東歌・詞〕《臨時の祭りをさす》 **―のりんじのまつり** 賀茂の臨時の祭り Ⓓ 《連語》四月の葵(あおい)祭りに対して、一一月下旬の酉(とり)の日におこなわれた祭り。㊂かものまつり。「寛平元年己酉の日、─はじまる事、この御時よりなり」〔大鏡・宇多天皇〕

かも Ⓑ ㊀《終助》《体言および活用語の連体形(原則的)に付く》感動・詠嘆を表す。「わが宅(やど)のいささ群竹(むらたけ)吹く風の音のかそけきこの夕べ─」〔万葉・巻二〇〕「山吹の花取り持ちてつれもなく離(か)れにし妹をしのひつる─」〔万葉・巻一九〕《古代語にだけ現れる。中古以後は原則的に「かな」》 ㊁《複助》《係助詞「か」+感動の終助詞「も」》 ❶感動的な疑問を表す。「畝傍(うねび)山木立うすけど(=マバラダガ)頼み─(=タヨリニシタノダロウカ)毛津の若子(わくご)(=若サマ)のこもらせりけむ」〔紀・舒明〕「石見(いはみ)なる高角山の木の間ゆも(=カラ)わが袖振るを妹見けむ─(=見タロウカナア)」〔万葉・巻二〕 ❷《まれには助動詞「む」の已然形に付き》反語の強調。…ものか(ではない)。→か㊀③㋺。「たちばなの下吹く風の香ぐはしき筑波の山を恋ひずあらめ─(=恋シク思ワズニイラレルモノカ)」〔万葉・巻二〇〕《願望の終助詞「かも」を認める説もあるが、いつも「ぬかも」の形で現れ、単独の用例がないことから、願望の用法は「ぬかも」でひとつの助詞にあつかう》㊂ぬか・ぬかも。

がも Ⓑ《終助》《古代語。「がな」の古形。希望の終助詞「が」+感動の終助詞「も」》多くは助詞「も」を受けて自分の希望を表す。…たいものだ。…たいなあ。…あってほしい。「我が宅(やど)のなでしこの花盛りなり手折りて一目見せむ児も─」〔万葉・巻八〕さらに感動の終助詞「な」「や」「よ」が加わって「がもな」「がもや」「がもよ」となることがある。「河の辺(へ)のゆつ(=成長ノ霊力ヲモツ)岩むらに草生(む)さず(=ハエナイゴトク)常にも─な(=イツマデモイテホシイ)常処女(とこをとめ)にて(=永遠ノ若イムスメデ)」〔万葉・巻一〕「甲斐が嶺(ね)を嶺越し山越し吹く風を人にも─や(=人デアッテホシイナア)言(こと)づてやらむ」〔古今・東歌〕「妹が寝る床のあたりに岩ぐくる(=岩ノアイダヲ通リヌケル)水にも─よ入りて寝まくも」〔万葉・巻一四〕

かもりのつかさ【掃部寮】Ⓓ →かもんれう。

かもんれう【掃部寮】(─リョウ) Ⓓ 宮内省に属し、施設課といったような性質の役所。頭(かみ)・助(すけ)・允(じょう)・属(さかん)等をおく。「かむもりのつかさ」「かむもりづかさ」「かもりのつかさ」「かもりづかさ」等とも。

かや Ⓑ《複助》 ❶《係助詞「か」+間投助詞「や」》疑問を強調する。「『林間に酒を煖(あたた)めて紅葉(こうえふ)をたく』と─」〔謡・紅葉狩〕《下に「いふ」を省略した気持ち》 ❷《終助詞「か」+間投助詞「や」》㋑感動・詠嘆を表す。…(だ)なあ。「うれたき─(=シャクダナア)」〔紀・神武・訓〕《「うれたきかや」は「慨哉」の訓》「堅い行儀の爪(つま)はづれ(=身ノコナシハ)、在所(=イナカ)に惜しき育ち─」〔浄・歌祭文・野崎〕㋺疑問を強調する。…かね。…かなあ。「さては、お前は、今の事、お耳に入ったる─」〔近松・堀川波鼓・上〕㋩反語を強調する。…ものかね。「殿様は私を(下手ダト)さんざんに仰せさうらふが、下手がこれやうに(=ワタシノヨウニ)大きな家を持つものでござる─」〔咄・醒睡笑・巻一〕

かやうにさうらふもの【斯様に候ふ者】(─ヨウ─ソウラ〈ロ〉ウ─) Ⓓ《連語》《能で》第一人称の代名詞として使う。謙譲の感じを含む。わたくし。「─は、貴船の宮に仕へ申す者にてさうらふ」〔謡・鉄輪〕《第一人称は、ふつう「これは」を用い、とくに格式の高い者は「そもそもこれは」と名のる》

かやつ【彼奴】Ⓔ《代》《見下げていう第三人称》あいつ。野郎。《中世以後「きゃつ」ともいわれた》「ほととぎす、おれ(=キサマ)、─よ(=ヤツメ)。おれ鳴きてこそ、我は田植うれ」〔枕・二二六段〕

かやや【茅屋】Ⓓ《かやでふいた屋根の意から》かやぶきの家。「住みたまふ家は三間の─」〔宇津保・藤原君〕「─の板庇(いたびさし)、年へにけりと見ゆるにも」〔東関紀行〕

かゆ【粥】Ⓓ ボイルド ライス。堅粥(かたかゆ)と汁粥(しるかゆ)の二種あり、前者が今の米飯、後者が今の「かゆ」にあたる。「ひさくして(=ヒシャクヲソエテ)白き御─一桶(ひとをけ)赤き御─(=アズキガユ)一桶…『まづこの─すすりてむ』とて…参る(=召シアガル)」〔宇津保・蔵開上〕《↑今の「かゆ」》

かゆのき【粥の木】Ⓔ 陰暦正月一五日の粥をたいた木で作った小さな杖(つえ)。これで女性の腰を打つと男児を生むという俗信があった。「(正月)十五日、節供(せく)参りすゑ、─ひき隠して、家の御達(ごたち)(=婦人ガタ)・女房などの(オ尻ヲタタイテヤロウト)うかがふを、打たれじと用意して」〔枕・三段〕《ふつう「かゆづゑ」といった。「かゆの木」は、上の例一つのようである。単に「杖」といった例は「とはずがたり」に見える》

かよはす【通はす】(─ワス) Ⓒ《他四》 ❶とおらせる。往来させる。「海陸をして(自由ニ)あひ─・し(=タガイニ交通サセ)」〔神皇正統記・上〕 ❷平安時代、まだ同居していない夫または夫になるはずの男性が泊まりに来ることを認める。「常陸殿といふ人や、ここに─・したまふ」〔源氏・東屋〕 ❸よく知らせる。通暁させる。「などか(=ドウシテ)なのめにて(=普通ノ程度デ)なほ、この道(=コノ琴ノ道)を─・し知るばかりの(=通達スルニイタルダケノ)はしをば(=糸口ヲ)知りおかざらむ(=理解シテオカナイコトガアロウカ)」〔源氏・若菜下〕 ❹共通させる。兼ねさせる。「もとの序を(コンドノ集ニ)─・しもちゐるべきにあらず(=流用ス

ルワケニハユカナイ)」〔新古今・序(隠岐本)〕

かよひ【通ひ】(-イ) Ⓒ 〘+自サ変〙 ❶ ㋑ゆきき。往来。「今年こそなりはひ(=商売)にも頼む所少なく、ゐなかの―(=出カセギ)も思ひかけねば」〔源氏・夕顔〕「ただ二人のなかになむ、たまさかの御消息(=手紙)の―もはべりし」〔源氏・橋姫〕 ㋺〘現代語の「往来」にもあるように〙通路。「急ぐらむ夏の―に関すゑて暮れ行く春をとどめてしがな」〔重之集〕 ㋩(心の)交流。「深からず上(=表面)は見ゆれど関河の下(=内心)の―は絶ゆるものかは(=絶エルモノデショウカ=絶エナイ)」〔源氏・宿木〕 ❷(男性が)女性の家に泊まりに行くこと。[参]かよふ②。「二所―・せむほどに、物しく(=ワズラワシク)」〔落窪・巻四〕 ❸(食事の)給仕をすること(人)。「きたなきもの…瘡腕(かきうで=デキモノノアトノアル腕)の―」〔仮名・犬枕〕 ❹[略]通ひ帳。掛け買いの時、品名・金額・購入月日などを記入しておく帳面。「―の高締め(=金額ノ計算)が違うた」〔浮・禁短気・巻二ノ二〕

―ぢ 路 (…ジ) Ⓓ 行き来する道。とおりみち。「夏と秋と行きかふ(=スレチガウ)空の―はかたへ(=片ガワダケ)涼しき風や吹くらむ」〔古今・夏〕「人知れぬ(=コッソリカヨウ)わが―の関守は宵々ごとに(=毎晩)うちも寝ななむ(=寝テホシイナ)」〔古今・恋三〕

かよ・ふ【通ふ】(-ウ) Ⓐ 〘自四〙 ❶とおる。往来する。「鶯の―・ふ垣根の卯の花のうきことあれや君が来まさぬ」〔万葉・巻一〇〕「風―・ふ寝覚めの袖の花の香にかをる枕の春の夜の夢」〔新古今・春下〕 ❷平安時代、夫がまだ同居していない妻または妻になるはずの女性の家に泊まりにゆく。「時々―・ひたまひけるわかうどほり腹の(=皇族出身ノ女性ニ生マレタ)君とて」〔落窪・巻一〕 ❸よく知っている。「仏の道にさへ―・ひたまひける御心のほど」〔源氏・御法〕 ❹似る。「もてなしけはひなどさへ更に―・はずさまざまになむある」〔紫日記〕「中にも三上山は士峰(=富士山)のおもかげに―・ひて」〔芭蕉・幻住庵記〕 ❺交差する。入りちがう。「松が枝の―・へる枝をとぐらにてすだてらるべき鶴の雛かな」〔拾遺・雑賀〕 ❻連絡する。「あなたに―・ふべかめる透垣(すいがい)の戸を」〔源氏・橋姫〕

か よ・る【か寄る】 Ⓔ 〘自四〙〘「か」は接頭語〙寄り添う。近づく。「物おもしろくなりゆくに、求子(もとめご=東遊ビノ一節ヲ)舞ひて、―・れる袖どもの、うち返す端風(はかぜ)に」〔源氏・匂宮〕〘舞のしぐさの一種という説もあるが、そういった術語であることを示す確かな用例はない〙

から-【韓・唐・漢】 Ⓓ 〘接頭〙 ❶「中国ふうの」という意を添える。「―綾(あや)」「―紙」「―車」「―琴」「―錦」等。 ❷「外国ふうの」「大陸スタイルの」という意を添える。「―獅子(=ライオン)」〘「しし」は獣〙 ❸「りっぱな」「ふつうでない」という意を添える。「―櫛笥(くしげ)」

-から【〈柄〉】 Ⓓ 〘接尾〙〘古代語〙体言について「属性」「性質」「状態」「様子」「もよう」などの意を添える。「川―」「神―」「国―」「人―」「家(や)―」「山―」等。

から Ⓓ [一]【殻】 ❶中身を保護する外皮。「火のいけてある形が、海老(えび)の―の赤い所さ」〔三馬・風呂・三ノ上〕 ❷(動物の)ぬけがら。「かくながら(=コノママデ)虫の―のやうにても(=イツマデモ)見るわざならましかば」〔源氏・総角〕 [二]【骸】死骸(しがい)。なきがら。遺体。「―はけうとき(=気味ノワルイ)山のなかにをさめて」〔徒然・三一段〕

から【韓・唐・漢】 Ⓓ ❶「からくに」に同じ。 ❷中国ふう。中国スタイル。「桜の―の綺(き)の御直衣」〔源氏・行幸〕 ❸外国渡来。舶来(はくらい)。「―の色紙の画は、一巻といへども、四十枚ばかりなり」〔宇津保・楼上下〕

から Ⓐ [一]〘格助〙〘体言および体言あつかいの語に付く〙 ❶〘時間について〙㋑起点を示す。「ただ今―けだかく、きよらなる御さま」〔源氏・玉鬘〕 ㋺同時を表す。「惜しむ―(=ナゴリヲ惜シンデイルウチカラ)恋しきものを(=コンドイツ会エルカト恋シイノニ)白雲の(=枕詞)立ちなむのちは何ごこちせむ」〔古今・離別〕「会ふ―もものはなほこそ悲しけれ別れむことをかねて(=前モッテ)思へば」〔古今・物名〕 ㋩経過を示す。「波の音のけさ―殊に聞こゆるは春の調べや改まるらむ」〔古今・物名〕 ❷〘場所について〙㋑起点を示す。「波の花沖―咲きて散り来めり水の春とは風やなるらむ」〔古今・物名〕 ㋺経由を示す。「月夜よみ(=月ガキレイナノデ)妹(いも)に逢はむと直路(ただち)―(=近道ヲ通ッテ)我は来つれど夜そふけにける」〔万葉・巻一一〕 ❸順序の起点を示す。「女ども(=妻)を二人もってござるが、これはまづ、いづれ―(先ニ)参らうぞ」〔狂・鈍太郎〕 ❹原因・理由・根拠・動機などを示す。…によって。「何心なき空の気色(けしき)も、ただ見る人―、艶(えん)にもすごくも、見ゆるなりけり」〔源氏・帚木〕 ❺方法・手段を示す。…で。「訪ふべき人(ノ中ニハ)徒歩(かち)―あるまじき(=歩イテハ行ケナイ所ニイル者)もあり」〔蜻蛉・下〕〘比較の基準を示さない点が「より」と違う〙 [二]〘接助〙〘活用語の連体形に直接または助詞を介して付く〙 ❶原因・理由・根拠・動機などを示す。「鶴(うつ)は利根者(りこうもの)だ―、泣きませぬ」〔三馬・風呂・前ノ上〕 ❷〘否定文の中に用い〙そうなるはずのない事態を仮想する。(どうせ)…たところで。…といったって。「(遊女高橋ハ)顔に愛嬌…さうなうて―(=ソウデナクッタッテ)髪のゆひぶり・ものごし・利発(=頭ノヨサナドノ点デ)、この太夫(ノ)風儀を、よろづにつけて今に女郎の鑑(かがみ)にする事ぞかし」〔西鶴・一代男・

巻七ノ一」「もしその車(=千里ヲ飛ブ車)があるにして―(=アルトシタトコロデ)、飛びすぎて、淀・鳥羽のあたりに落ちなば、今夜(こよひ)の役には立つまじ」〔西鶴・二代男・巻一ノ三〕「二十一と三十一、二人(ノ歳ヲ)合はせて五十二歳、これで―(=コレダトテ)長生きといふほどの歳(とし)でもなし」〔近松・小室節・下〕 ❸〔逆接〕…のだけれど。…はするのだが。「暇をもらひ(=店ヲヤメサセ、久松トオ染ヲ)、分けて置くのが上分別(=ヨイ考エ)と思ふ―、引き負ひの(=弁償シナクテハナラナイ)銀(かね)の工面(くめん)、どのやうに気ばっても、高のしれた水呑(のみ)百姓(デハ重荷ダ)」〔浄・歌祭文・野崎〕 ❹(どうせ)…以上は。「貧者の質取る―、こんな事やなど(=眼前デ老婆ガ嘆キ死ニスルコトグライハ)不便(ふびん)(=カワイソウダ)とも思はず」〔西鶴・織留・巻五ノ四〕

からあや をどし【唐綾縅】(―オ―) Ⓔ 鎧(よろい)の縅の一種。唐綾(中国から伝わった、模様を浮き織りにした絹織物)で作られたもの。㊜をどし。「その日の装束には赤地の錦の直垂(ひたたれ)に、―の鎧着て」〔平家・木曾最期〕

から う【家老】(―ロウ) Ⓓ 大・小名の家臣の最上席で、家務・政務を総括する人。「御―衆(ガ)評定(シ)、父も母も御成敗(=死刑)と極まりしを」〔近松・小室節・上〕

から うす【唐臼・碓】 Ⓓ 臼の一種。地面に埋め、前に横木を渡し、それにきねの柄を取りつける。足で踏んでつく。「おどろおどろしく(=ヤカマシク)踏みとどろかす―の音も」〔源氏・夕顔〕《語源は「唐(から=外国)ふうの臼」とも「柄(から)のある臼」ともいわれるが、前説のほうが穏当なようである》

から うた【唐歌・漢歌】 Ⓓ ㊚「やまとうた」 古典中国語で作られた詩。「別れ惜しみて、かしこの―作りなどしける」〔土佐〕

から おり【唐織り】 Ⓔ 唐より渡来した織物。金襴(きんらん)・緞子(どんす)・錦(にしき)・繻子(しゅす)・綾(あや)など。またはこれに似せて織った布。「この上は、よろづ(=各種)の―を常住着(=フダン着)となすべし」〔西鶴・永代蔵・巻一ノ四〕

から ぎぬ【唐衣】 Ⓓ 上流社会に生活した女性の礼装用表着。錦(にしき)・綾(あや)あるいは平絹で作り、身丈(みたけ)・袖(そで)幅は短く、身の前は袖丈と同じで、後ろはそれよりも短い。袷(あわせ)で、五つ衣(ぎぬ)の上に着る。「女は、髪あげて(=キチント結ビ)―着では、御前に出でず」〔宇津保・吹上上〕

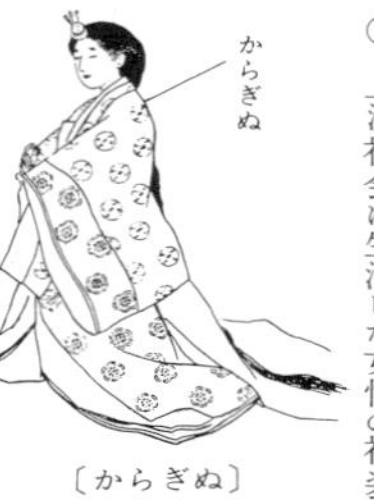

〔からぎぬ〕

からく【辛く】 Ⓓ 〘副〙 ❶(程度が)並みたいていでなく。ひどく。「―(=イッショケンメイ)神仏を祈りて、この水門(みと)を渡りぬ」〔土佐〕「(曾禰好忠ハ)けしうはあらぬ(=ヘタトハイエナイ)歌よみなれど、(凡河内躬恒ニ比ベルト)からう劣りにしことぞかし」〔大鏡・昔物語〕 ❷やっと(のことで)。「船君の―ひねりいだして(本人ハ)よしと思へることを(=得意ニナッテイル歌ナノニ)。(批判ナンカスルト)怨じもこそしたべ(=御立腹デナイカシラ)」〔土佐〕㊜からし③。

――**して** Ⓓ 〘副〙やっとのことで。(四苦八苦した)あげくのはてに。《漢文よみくだし調の混じった中古文に用いられ、女流作品には見られない》「―あやしき歌ひねりいだせり」〔土佐〕「―夜あけぬれば」〔今昔・巻一六ノ二五〕

から くに【韓国・唐国・漢国】 Ⓓ ❶㋑加羅国すなわち任那(みまな)。後の慶尚南道全海郡のあたり。「問ひていはく『いづれの国の人ぞ』答へていはく『大―の王の子』…故(かれ)、その国を号(な)けて彌摩那(=任那)国といふ」〔紀・垂仁・訓〕《「から」は「加羅」と表記》㋺《転じて全体的に》朝鮮。「足日女(たらしひめ)神のみこと(=神功皇后ハ)―を向け平らげて(=談判ニヨリ従エテ)…」〔万葉・巻五〕 ❷㋑《大陸の主要国家というところから》唐。「入唐大使藤原朝臣清河に賜ふ『大船に真楫(まかぢ)繁貫(しじぬ)き(=櫓ヲ多クソナエテ)この吾子を―へやる斎(いは)へ(=守ッテクダサイ)神たち』」〔万葉・巻一九〕㋺《広義に》中国。「―に名を残しける人よりもゆくへ知られぬ家居をやせむ(=当テドモナイ漂泊生活ヲスルダロウカ)」〔源氏・須磨〕「―の書(ふみ)をも、いとまのひまには随分に(=自分ノ程度ニ応ジテ)見るぞよき」〔宣長・玉勝間・巻一ノ一八〕 ❸《一般に》外国。もっとも、具体的には朝鮮および中国の総称。「常夏(とこなつ)(=ナデシコ)のにほへる庭は―に織れる錦もしかじ(=カナウマイ)とぞ見る」〔後拾遺・夏〕

から くれなゐ【韓紅】(―イ) Ⓔ 《朝鮮から渡来した紅染めがことに美しかったことから》紅色のあざやかさを強調していう。「白玉と見えし涙も年ふれば―に移ろひにけり(=血ノ涙ト変ワッタコトダ)」〔古今・恋二〕

から ころも【唐衣】 Ⓓ ❶中国ふうの衣服。広袖(そで)で裾(すそ)長、上前と下前が合わない。「―裾のうち交(か)へ(=裾ノ重ナル所ガ)あはねどもけしき心(=別ナ人ヲ愛スル心)を吾(あ)が思はなくに(=持ッテイナイコトデス)」〔万葉・巻一四〕 ❷衣服の美しさを強調していう。「君恋ふる涙し無くは―胸のあたりは色燃えなまし(=アナタヲ思ウ心ノ火デ燃エルヨウナ色ニナルデショウガ)」〔古今・恋二〕

から・し【辛し】 Ⓑ 〘形ク〙 ❶㋑はげしい。きびしい。むごい。「(新羅軍ハ任那ノ人民ヲ虐殺シ)骨をさらし、屍(しかばね)を焚(た)きて、その―・きを謂(も)はず」〔紀・欽明・訓〕〘「からき」は「酷」の訓〙㊁ひどい。「さても、少将(ノヤリカタハ)、―・くなむ(=アンマリダナア)。『(彼女ガ)渡りぬる(=引ッ越シタ)』とばかりは告げよかし」〔寝覚・巻二〕 ❷つらい。やりきれない。「幾たびか―・きめを忍びぬる」〔秋成・雨月・浅茅〕 ❸㋑はなはだしい。非常に…だ。「石川の高麗人(こまうど)に帯を取られて―・き悔いする」〔催・石川〕㋺やっとのことだ。…すれすれだ。「とある物の陰に隠れて、―・い命を生きて(=命カラガラ)その難をのがれた」〔イソポ・第一〇話〕 ❹なさけない。みっともない。「いみじきさまに驚きおぢてをる(使者ノ)顔のいと―・きにも(源氏ハ)心ぼそさまさりける」〔源氏・明石〕 ❺㋑甘みがない。「世間には、あまいを好いて参るお方もあり、また―・いを好く衆もござる」〔狂・伯母が酒〕㋺ぴりぴりする味だ。「身にしみて大根―・し秋の風」〔芭蕉(更級)〕㋩しょっぱい。「痛き瘡(きず)にはから塩を灌(そそ)くちふがごとく…」〔万葉・巻五〕〘原文「鹹塩」〙「大事の大事の太夫様に、塩の―・い梅干し婆(ばば)がすいこ(=掛ケ詞「酸イ」「酔狂」)な奴と思し召そ(=オ思イナサイマショウ)」〔近松・寿門松・上〕

からと【唐櫃】Ⓔ ❶「からびつ」に同じ。「からうど」とも。「筵(むしろ)をまくり簀(す)の子を破り、―米櫃(こめびつ)灰俵、うち返して(=ヒックリ返シテ)ぞ捜しける」〔近松・冥途飛脚・下〕 ❷(近世、京都で)米びつ。「東国にて米びつ、京にて―といふ」〔物類称呼・巻四〕

からに Ⓑ〘接助〙 ❶ただ…だけ(の理由)で。…ばかりで。「語り継ぐ―もここだ(=ヒドク)恋しきを直目(ただめ)(=直接)に見けむいにしへ男」〔万葉・巻九〕 ❷…とともに。…やいなや。「住の江の松を秋風吹く―声うちそふる沖つ白波」〔古今・賀〕 ❸(いくら)…だからといって。「いかに大宮司ならむ―、国にはらまれては(=国民デアル以上)、見参にもまゐらぬぞ(=オ目ドオリニモ出ナイノカ)」〔宇治・巻三ノ一四〕

からびつ【唐櫃】Ⓓ 外がわに足のついた、長持に似た中国ふうの・ひつ(物入れ)。「からと」「からうど」とも。「―のふたに入れられたまひて」〔竹取〕「この―は上古より伝はりてその始めを知らず」〔徒然・九九段〕

からぶみ【漢文】Ⓓ 中国の文献。漢籍。「まづ―などは…世の人の事にふれて思ふ心の有様を書ける事は、ただ一わたりのみこそあれ(=ホンノ通リ一ペンダ)」〔宣長・玉の小櫛〕

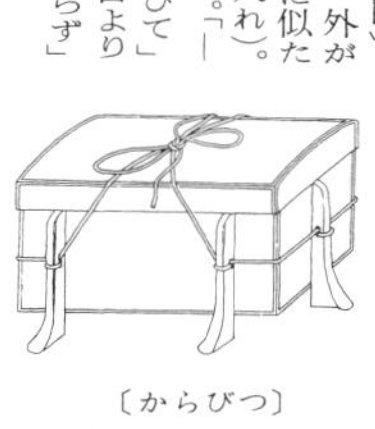

〔からびつ〕

からめ・く【唐めく】Ⓓ〘自四〙 ❶中国ふうだ。「―・きたる名の聞きにくく(=聞キニクイ名前ノ草デ)花も見なれぬなど、いとなつかしからず」〔徒然・一三九段〕 ❷外国ふうだ。日本人ばなれしている。ハイカラである。「手づかひ(=手サバキ)いといたう―・き、ゆの音(=琴ノ弦ヲ左手デオサエ右手デヒク音)ふかう澄ましたり(=キレイニヒイタ)」〔源氏・明石〕

からめて【搦め手】Ⓔ ❶からめ取る役の人。とりて。「この野にかならず敵伏したるべし(=隠レテイルハズダ)。―をまはすべき由、下知せらるれば」〔著聞・武勇〕 ❷㊀「大手」㋑(城の)背面。「高名は(城ノ)大手(デアゲルノト)―(デアゲルノト)に依るまじ(=関係スルワケデナカロウ)」〔盛衰・巻三七ノ一〕㋺(敵の)後方(に向かう部隊)。「勢(ぜい)二万余騎、御影(みかげ)の浜に押し寄せ、大手(ト)―(ノ)二手に分けらる」〔太平・巻二九ノ六〕

からもの【乾物・干物】Ⓔ 魚など干した食品。かんぶつ。ひもの。「おもと(=アナタ)たちはこの―を一きり(=一キレ)づつ打ち割りたまへ」〔宇津保・蔵開上〕

からゑ【唐絵】(―エ) Ⓔ ❶中国の風景・風俗などを題材にした絵。「(フツウナラ下ゲテイルノニ)髪あげ、うるはしき(=正装シタ女性ノ)姿、―か、もしは(=アルイハ)天人のあまくだりたるかと見えたり」〔栄花・初花〕 ❷中国スタイルの絵。「屛風には…上に―をかき、下にやまと絵をかきたり」〔著聞・画図〕

か・り Ⓓ〘助動〙〘古代東国方言〙助動詞「けり」に同じ。「旅と言へど真旅(またび)(=本格的ナ旅行)になりぬ家の母(も)が着(け)せし衣に垢つきに―・り」〔万葉・巻二〇〕

未然	連用	終止	連体	已然	命令
ら		り	る	れ	

か・り Ⓑ 形容詞・形容詞型の助動詞の語尾(の一部分)。「く」に「あり」が付いてつまった形。例、「多かり」「べかり」。終止形はあまり使われないが、中古文にあらわれる「多」だけは、逆に「多し」の例が少なく「多かり」が普通。

-がり【許】Ⓒ〘接尾〙〘格助詞のような感じで〙…のところへ。…のもとへ。下には「行く」「来」「やる」「通ふ」など、ある方向へむいて行動する意の動詞が用いられる。「筑波嶺のすそみ(=フモトアタリ)の田井(=田)に秋田刈る妹―やらむ黄葉(もみち)手折らむ」〔万葉・巻九〕「むかし、紀の有常―いきたるに」〔伊勢・三八段〕

がり【許】Ⓒ ところ。もと。「けふ人々の―ものせむ(=訪問シヨウ)とするを」〔蜻蛉・下〕「僧の―踊りいぬる(=トンデイッタノ)を」〔大鏡・伊尹〕

かりがね【雁が音・雁〈金〉・雁】Ⓒ ❶雁(がん)の鳴き声。「さよなかと夜はふけぬらし―の聞こゆる空に月渡る見ゆ」〔万葉・巻九〕 ❷雁。「秋風にやまとへ越ゆる―はいや遠ざかる雲がくりつつ」〔万葉・巻一〇〕「大江山かたぶく月の影さえて鳥羽田の面に落つる—」〔新古今・秋下〕 ❸紋の名称。→巻末「紋章要覧」。

かり ぎぬ【狩衣】Ⓓ もともと狩りのとき着た衣服で、平安時代中期には貴族のふだん着となった。上流貴族は、旅行またはこっそり外出するときにだけ着た。表むきの服装ではないが、色や模様は意匠をこらした。鎌倉・室町時代には公家(くげ)はあらたまった感じの平服、武家は式服として用いた。江戸時代も同様だが、模様なし平絹のを布衣(ほい)、織物のを狩衣とよび、区別した。平安時代にいう布衣は、狩衣と同義であった。狩衣を着るときは指貫(さしぬき)または狩袴をはき、立て烏帽子(えぼし)をつけるのがふつうであった。「聴(ゆる)し色の黄がちなるに、青鈍(あをにび)の—指貫うちやつれて」〔源氏・須磨〕(↑須磨にいる光源氏の服装)「御前ことごとしからで、親しき限り五六人ばかり、—にてさぶらふ」〔源氏・夕霧〕(↑夕霧が小野の里に出かける服装)「御前にさうらひける瓶子(へいじ)を—の袖にかけて引き倒されたりけるを」〔平家・鹿谷〕(↑大納言成親がしのんで外出したときの例)「—の男、二三人出できて、『ここにおはしましけり』とて、この人を具し(=連レ)ていにけり」〔徒然・一九五段〕(大臣家のマネージャー〈五位か六位〉の着た例)

〔かりぎぬ〕

かり さうぞく【狩り装束】(—ソウ—) Ⓓ ❶狩りをするための身なり。平安時代の貴族は狩衣(かりぎぬ)・指貫(さしぬき)だったが、平安後期から中世にかけての武家では、水干や直垂に袴(はかま)および行縢(むかばき)をはき、綾藺笠(あやゐがさ)をかぶった。「静といふ白拍子を—せさせてぞ召し具せられける」〔義経・巻四ノ五〕 ❷(ふだん着としての)狩衣。「(法会ノ席デ)殿上人、若君達、—・直衣などもいとをかしうて」〔枕・三五段〕

かり そめ【仮〈初〉め】Ⓑ 【形動ナリ】 ❶一時的だ。本格的でない。「山づらに—・なるきりかけといふものしたる上より」〔更級〕 ❷ちゃんとした理由・原因がない。偶然的だ。「—ながら(=フトシタコトデオ会イシタガ)、これとても他生の種の縁(=前世カラノ因縁デス)」〔謡・頼政〕 ❸かるはずみだ。いいかげんだ。「あっあ、—・なことは致すまいことでござる」〔狂・瓜盗人〕

かり ばね【刈りばね】Ⓔ 新しく開いた道に残っている竹や木の刈り株。「信濃道は今の墾道(はりみち)—に足踏(ふ)ましなむ履(くつ)はけ我がせ」〔万葉・巻一四〕「薄刈萱のたえまに—多き墾道なり」〔太神宮参詣記〕

かり ほ【仮庵・仮廬】(—オ) Ⓔ (「かりいほ」の約)旅行や農作業など一時の用途のため仮につくった粗末な家。「秋田刈る—の宿のにほふまで咲ける秋萩見れど飽かぬかも(=アキナイコトダ)」〔万葉・巻一〇〕

かり また【雁股】Ⓔ ❶鏃(やじり)の名。V型に開き、その内側に刃がある。本来は獣の足などを射切るのに用いたらしい。「『(怪鳥ヲ)射ける時、にはかに—を抜いて捨てつる(理由)は何ぞ』とお尋ねありければ、広有かしこまって、『この鳥(ヲ射タ)…矢の落ちさうらはむ時、宮殿の上に立ちさうらはむずるがいまいましさに(=不吉ナノデ)、—をば抜いて捨てつるにてさうらふ』と申しければ」〔太平・巻一二ノ五〕 ❷「①」をつけた矢。「忠信が大—を(弓ニ)さしはげて(=ツガエテ)、余すまじ(=逃ガサナイゾ)とて…さし当てたる(=ネライヲツケタ)」〔義経・巻四ノ四〕

〔かりまた❶〕

かり みや【仮宮・行宮】Ⓔ 天皇が旅先でお泊まりになるために設けられる宮殿。行宮(あんぐう)。「やすみしし(=枕詞)わご大君(=ワガ天武天皇)のきこしめす(=オ治メナサル)背面(そとも)の国の真木立つ不破山越えて高麗(こま)つるぎ(=枕詞)わざみが原の—に天降(あも)りいまして(=オデマシニナッテ)天の下治めたまひ…」〔万葉・巻二〕

かり や【仮屋】Ⓔ (一時の用途のため)簡単に作った家。バラック。「火元(ほもと)は樋口(ひぐち)富小路(とみのこうぢ)とかや。舞人を宿せる—よりいで来たりけるとなむ」〔方丈〕

かりょうびんが【〈迦陵頻伽〉】Ⓔ 【梵 kalavinka の音訳】ヒマラヤ山中にいるという声の美しい鳥。阿弥陀経には、この鳥が極楽浄土にいて、仏法をさえずるとある。仏教絵画では、人面鳥身にえがかれる。「—のなれなれし…天路(あまぢ)を聞けばなつかしや」〔謡・羽衣〕

か・る【離る】Ⓓ 【自下二】 ❶㋑(空間的に)間が隔たる。離れる。「年ごろの(=年来住ミナレタ)蓬生(よもぎふ=アバラヤ)を—・れなむも(=立チ退イテシマウノモ)さすがに心細く」〔源氏・若紫〕㋺(時間的に)間があく。「(ソノツボミヲ)珠(たま)に貫く楝(あふち=センダンノ木)を宅(いへ)に植ゑたらば山ほととぎす—・れず来むかも」〔万葉・巻一七〕 ❷(精神的に)間がらが親密でなくなる。うとくなる。「隣の君はかねてより(=以前カラ)おの妻—・れて…」〔万葉・巻九〕(歌では「枯る」と掛け詞に用いられる例が多い。→)「風さゆる霜の籬(まがき)の花すすき—・れし人めにたれ招くらむ」〔新拾遺・雑中〕

か・る【狩る】Ⓓ 【他四】 ❶鳥や獣を追い捕らえる。「若き侍ども三十騎ばかり召し具して…鶉(うづら)雲雀(ひばり)を追ったて追ったて(=追イ出シ追イ出シテ)ひねもすに(=

終日)―・り暮らし」〔平家・殿下乗合〕❷花や紅葉の美しい所へ行き、めで楽しむ。「桜を―・り紅葉を求め」〔方丈〕「『さくらがり』とは桜をたづね求むるなり。何をも求むるをば『―・る』といふなり」〔奥儀抄・中〕

か・る【借る】Ⓓ《他四》❶返す約束で他人の物をある期間使う。「女院の御所などを―・り申す故実(=シキタリ)なりとぞ」〔徒然・一五六段〕❷仮に他者の状態となる。「松島や鶴に身を―・れほととぎす」〔芭蕉(奥の細道)〕❸やとう。「駕(ご)を―・るに、価を人のいふごとくに、いつもなしはべるなり」〔土芳・三冊子・黒〕

かるがる・し【軽軽し】Ⓓ《形シク》❶(精神的態度に)重みがない。かるはずみだ。「(簡単ニ家出ヲスルナド)いと―・しく、ことさらびたる(=アテツケガマシイ)事なり」〔源氏・帚木〕❷㋑(身分的に)重みがない。軽輩だ。貫祿がない。「中納言などは、年若く―・しきやうなれど…おほやけの御後ろ見(=ヤガテハ政府ノ実力者)ともなりぬべき生ひ先なめれば(=成長株ト見ウケラレルカラ)」〔源氏・若菜上〕㋺実際の身分にふさわしくない。「(御身分カライッテ)見苦しく―・しき(=ミットモナイ)公卿の御座なり」〔源氏・横笛〕

かるみ【軽み】Ⓓ 芭蕉の俳論における表現理念の一。元祿六年ごろより後、晩年にとなえられ、重要な理念のはずだが、その意味内容は明らかでない。貞享期から元祿四年ごろにかけてうち建てた杜甫ふうの緊張した調べを、もうひとつ脱け出て、人生のしみじみとした味を微妙に表現することでないかと思われるが、学界の一致した意見はない。「当時の(=最近ノ蕉門ノ)教へ、―をもっぱらにするは、往時の重みを破らむがためなり」〔去来・不玉宛書簡〕

かれ【彼】Ⓑ《代》《第三人称》❶(事物について)㋑あれ。「よめる歌多く聞こえねば(=伝ワッテイナイカラ)―これをかよはして(=アレトコレトヲ比較検討シテモ)よく知らず」〔古今・序〕㋺それ。「ただ迷ひを主(あるじ)とし、―に従ふとき、やさしくもおもしろくもおぼゆべきことなり」〔徒然・一〇八段〕❷(人について)㋑あの人。あいつ。「牛若―をなぶってみむと」〔謡・橋弁慶〕㋺(いま話題になっている)その人。「御太刀をひきぬきて―が手をとらへさせたまへりければ」〔大鏡・忠平〕「まれまれ得たる食物を、まづ―にゆづるによりてなり」〔方丈〕❸(動物を人あつかいにするとき)あのもの。「―(=水鳥)もさこそ心をやりて(=快適ニ)遊ぶと見ゆれども」〔紫日記〕《第二人称に用いる場合もあるとする説があるけれども、用例を検討すると、疑わしい》

かれ【故】Ⓓ《接続》《古代語》❶(上に述べた理由を受けて)ゆえに。だから。「たがひにその幸(さち)を易(か)へむとおもほす。―、兄、弟の幸弓を持ちて山に入り、獣(しし)をまく(=捜シ求メタ)」〔紀・神代下・訓〕《「かれ」は「故」の訓》❷(上に述べた事情を受け、あらためて)さて。ところで。「その蛇(をろち)を斬る。尾に至りて剣(つるぎ)の刃少しく欠けぬ。―、その尾を割(さ)きてみそなはすれば(=御覧ニナルト)中に一つの剣あり」〔紀・神代上・訓〕《「かれ」は「故」の訓》

かれいひ【乾飯・餉】(ーイ)Ⓓ❶飯を干したもの。水にひたし、やわらかくして食べる。旅行などにたずさえた。「みな人、―の上に涙落としてほとびにけり」〔伊勢・九段〕❷《転じて》携帯食糧。「あすの飢ゑを助けむと、粟豆(ぞくとう)の―を、袋に入れて持ちたるよ」〔謡・卒都婆小町〕

かれがれ【離れ離れ】Ⓓ《形動ナリ》はなればなれなさま。とだえがちなさま。うとうとしいさま。「―・にとだえ置かむ(=コチラガトモスレバ遠ザカリガチデ、メッタニ訪レナイヨウナ)をりこそは(女モ)さやうに思ひ変はることこそあらめ」〔源氏・夕顔〕《歌では「枯れ枯れ」と掛け詞に用いられる例が多い。↓》「おのづから訪ひ来し人も―・に跡たえはつる宿の道芝」〔続拾遺・雑上〕

かれひ【餉】(ーイ)Ⓓ《「かれいひ」の短縮形から》❶携帯食糧。「常知らぬ道の長手をくれくれといかにかゆかむ―はなしに」〔万葉・巻五(或本)〕❷《さらに転じて》食事。「―参らするほどとて、輿(こし)を庭前にかきとどむ」〔太平・巻二ノ四〕

かろがろ・し【軽軽し】Ⓓ《形シク》↓かるがるし。「(気ノセイデソウナノダカラ)―・しきやうに(=軽率ニ)おぼしおどろくまじきこと(=ビックリナサッテハイケマセン)」〔源氏・明石〕「などてか(父ノ遺品ヲ)―・しき(=身分ノ低イ)人の家の飾りとはなさむ」〔源氏・蓬生〕

かろ・し【軽し】Ⓒ《形ク》❶目方がかるい。軽量だ。「『そは(=ソリャ)「引け」とあんなるは』と言ひて繰りあぐるに、いみじく―・くてあがれば」〔今昔・巻二八ノ三八〕❷軽薄だ。うわついている。「(匂宮ハ)いと―・くうきものにのみ世に知られたまひぬめれば(=世評ヲ受ケテシマッテオラレル様子ダカラ)」〔源氏・手習〕❸重大でない。尊ぶ必要がない。威厳がない。「(オトナシイ妻ハカワイイガ)おのづから―・き方にぞおぼえはべるかし(=ツイ気楽ナ相手ダト感ジテシマイマス)」〔源氏・帚木〕❹きびしくない。あまり…でない。「(罪ガアル場合ハ)罪にまかせて(=応ジテ)重く―・くいましむる(=処罰スル)事ありければ」〔宇治・巻九ノ六〕

かろ・ぶ【軽ぶ】Ⓓ《自四》❶かるそうだ。身がるな様子である。「(他ノ方々ガ)さばかり―・び(=夏ラシイ軽イ装イデ)すずしげなる御中に」〔枕・三五段〕❷かるはずみである。おもおもしさがない。「―・びたる名をや流さむ」〔源氏・帚木〕❸身分が低い。「(ウチノ息子ハオ宅ノ婿ニハ)いと―・びたるほどにはべれど」〔源氏・竹河〕《下二段

の他動詞を認める説もあるが、用例未見）

かろ・む【軽む】 [D] [一]《自四》軽くなる。「後の世の罪もすこし―みなむや」〔源氏・柏木〕 [二]《他下二》❶軽くする。「(浮舟ハ出家シテ)罪―・めてものすなれば、いとよし」〔源氏・夢浮橋〕 ❷ばかにする。軽く思う。「大臣―・むる人のよきやうなし」〔大鏡・道長〕

かを・る【香る・薫る・馨る】（―オ―） [D]《自四》❶（煙・火・霧などの類が）ほのかに立ちのぼる。「伊勢の国は沖つ藻もなびきし波に潮気のみ―・れる国（＝タチコメル国デアッテ）…」〔万葉・巻二〕 ❷よいにおいがする。芳香がたちこめる。「橘の―・るあたりはほととぎす心してこそ鳴くべかりけれ」〔源氏・蜻蛉〕 ❸美しく目にうつる。「御髪（みぐし）尼そぎのほどにて、ゆらゆらとめでたく、つらつきまみ（＝目ツキ）の―・れるほど（＝チャーミングナトコロ）など、いへばさらなり（＝トテモ言イアラワセナイ）」〔源氏・薄雲〕

かん【長官】 [D]《「かみ」の撥音便》→かみ。「(内侍所ノ)―の君（＝長官デイラッシャル方）も…御目とまりけり（＝注目ナサッタ）」〔源氏・真木柱〕

かんが・ふ【勘ふ・考ふ】（―ガ〈ゴ〉ウ） [C]《他下二》❶調べて判断する。究明する。「法家（＝法務官）に―・へ申さく」〔沙石・巻三ノ二〕 ❷取り調べて罰する。究問する。「(地獄デ)―・へられつる事ども…明らかなる鏡に向かひたらむやうに覚えければ（＝思イ出シタノデ）」〔宇治・巻八ノ四〕 ❸見はからう。「(親ニケマリヲ禁ジラレテ)おやぢの留守ばかり―・へて蹴る」〔咄・聞上手・まり箱〕

かん・さ・ぶ【神さぶ】 [C]《自上二》→かむさぶ・かみさぶ。

かん・じゃう【勘状】（―ジョウ） [E] 判定した事がらを書いた文書。認定書または鑑定書。「この占形（うらかた＝ウラナイニ現レタ形）持って、泰親がもとへ行け。きっと勘がへさせて（＝ヨク判断サセテ）―とってまゐれ」〔平家・馳之沙汰〕

かん・ず【感ず】 [C]《自サ変》❶心が反応する。感覚する。「人、木石にあらねば、時にとりて（＝場合ニヨッテハ）ものに―・ずることなきにあらず」〔徒然・四一段〕 ❷すばらしいと思う。感嘆する。「ありとある（＝スベテノ）人、目を見かはして、めで、―・じ、もてはやしたまひ」〔大鏡・師輔〕 ❸（前世での行為がこの世における結果として）現れる。（原因が定まった結果に）対応する。「(兄上ニ会ッテモラエナイノハ)先世の業因（ごふいん）の―・ずるか」〔平家・腰越〕

かん・せい【感情】 [E] しみじみとした感動。しみじみ感じられる趣。「よく付きたる句にてあらば…やさしくも（＝優艶デモアリ）げにも（＝ナルホド）とおぼゆる―の浮かぶべきなり」〔連理秘抄〕

かん・だう【勘当】（―ドウ） [C]《＋他サ変》❶（目上の人が）責任を追及すること。叱責（しっせき）。「(宮中カラ)退出の後、(扇ニキズヲツケタ)守長を召して、深く―・したまへり」〔盛衰・巻三七ノ六〕 ❷親子・師弟の縁を切ること。[参]きうり。「あのやうな無法者を―・すれば」〔近松・油地獄・下〕

かんだち・べ【上達部】 [C] →かんだちめ。

かんだち・め【上達部】 [C] →くぎゃう①。「かんだちべ」とも。「直人（なほびと＝フツウ程度ノ人）の―などまでなりのぼりたる（者ハ）われは顔（＝得意顔）にて家の内を飾り人に劣らじと思へる」〔源氏・帚木〕

かん・どり【楫取り】 [E]《「かぢとり」の音韻変化》→かぢとり。「大波立って、すでにこの船をうち覆（かへ）さむとす。水手（すいしゅ＝下級船員）―ども、いかにもして助からむとしけれども」〔平家・文覚被流〕

かん・な【仮名】 [D] →かな。「直（すぐ）なるものは…篦竹（のだけ）―のし文字」〔梁塵〕

かん・なぎ【巫・覡】 [D] 神に仕えて、神と人との間の橋渡しをする者。祈り・歌舞などをする。「なほ幸ひを神に祈るとて、―祝部（はふり＝神職）を召し集めて」〔秋成・雨月・吉備津〕

かんな・づき【神無月】 [D] →かみなづき。《「かんなづき」と表記した確かな例は未見》

かんなり・の・つぼ【雷の壺】 [D] 内裏の後宮の殿舎の一。雷鳴のとき天皇が避難される所という俗説があるけれど、古く中庭に霹靂（かんなり）の木があったゆえの名だという説が穏当であろう。正式の名は襲芳舎（しゅうほうしゃ）。内裏のいちばん西北隅にある。

かん・にん【堪忍】 [D]《＋自サ変》❶自分の感情をおさえること。じっとこらえること。「その座にもの言ひ―・せぬ（＝ダマッテオレナイ性分ノ）男のありけるが」〔西鶴・織留・巻三ノ四〕 ❷わざと見のがすこと。許容。「どうで（＝ドウセ）もとが素人衆ぢゃによって正直気ののかぬのは―・したがよいわいな」〔浄・三代記・五〕 ❸経済上の負担。扶養。生計。「『―といふは彼らが（＝召使タチノ）食（は）み物のことか』『さやうでござる』」〔狂・今参〕

かん・のう【堪能】 [C]《＋形動ナリ》芸能・学問などの専門において熟達していること。またはその人。「(連歌ハ)いかにすれども（＝ドンナニ稽古シテモ）―に交はらざれば（＝上手ト一座シテ稽古スルノデナケレバ）、あがる事なし（＝上達シナイ）」〔連理秘抄〕「一文不通の者なりとも（＝学識ハ全然ナイ者デモ）、連歌―・ならば（＝連歌ヲ作ルコトサエジョウズデアレバ）、我と（＝自分デ）宝を得たるがごとくなるべし」〔十問最秘抄〕

かん・の・きみ【長官の君】 [D]《「かん」は「かみ」の音便》→かうのとの。「大将も―も、みな（中庭ニ）下りたまひて」〔源氏・若菜上〕《↑「督」（衛門府長官）に対する例》「―の方より、よく（＝ウワサヲ）聞くたより（＝ツテ）のあるなり」〔源

氏・東屋」〔↑「守」(国司)に対する例〕

かんむり【冠】Ⓒ ↓かむり①。

き

き【気】Ⓑ ❶空気に関する自然現象。「梅の花雪にみゆれど春の―(=空模様)はけぶりをこめて寒からなくに」〔夫木・巻一〕 ❷㋑考え。思考。「(女ヲ)根引きに(=身受ケシテ)こっちへ取ったれば、―がかはって達者になる」〔近松・淀鯉・下〕㋺意識。「《気絶シタ夫ニ対シ》―をはっきと持たせられい」〔狂・右近左近〕 ❸㋑これから何かしようとするエネルギー。はりきった気持ち。「(芸ガ)易かりし時分の移りに(=ヤスヤストヤレタ時分ニクラベテ)手立てはたと変はりぬれば(少年ノ能役者ハ)―を失ふ(=クジケル)」〔花伝・一〕㋺《芭蕉の俳論で》表現直前の充実しきった気迫。表現へのひらめき。㊜きさき(気先)。「気先を殺せば、句、―にのらず(=心中ニコモル表現ヘノ気迫ドオリニ句ガデキナイ)。先師(=芭蕉)も『俳諧は―にのせてすべし』とあり」〔土芳・三冊子・赤〕㋩(他から影響された)心の状態。気持ち。「下戸も上戸も酒なしに、あそび事にも始末第一、―の詰まる(=ウットウシイ)穿鑿(せんさく)なり」〔西鶴・胸算用・巻二ノ一〕「待ちぼけて―が尽きた(=ウンザリシタ)」〔近松・孕常盤・二〕 ❹精神的な態度。はら。神経。「はてさて、太夫は―の細い者ぢゃ。四貫匁(グライノ金)が何ぢゃ」〔近松・大念仏・中〕 ❺心のはたらき。推察力。「なんとこの雪が(=ワタシノ)やうな悋気(りんき)せぬ(=ヤキモチヲヤカナイ)―の通った(=モノワカリノヨイ)女房はござんすまいが」〔近松・阿波鳴渡・中〕

―が減・る ❶元気がなくなる。がっかりする。「飽かれぬ仲を秋(=掛ケ詞「飽キ」)の霜、今宵ぎりぞと気も減りて、窪田に浮き名埋むかや」〔近松・小室節・下〕 ❷いたたまれないような感じになる。どうしようもなくなる。「こりゃどうもならぬ。ああ、ああ、―・る」〔西鶴・一代男・巻四ノ四〕

―を尽く・す ❶熱中する。「入り江なる白黒の玉を拾ひて、子供相手に六つむさし(ニ)―・す(=遊ビホウケル)事にもなりぬ」〔西鶴・一代女・巻三ノ一〕《「六つむさし」は、親のコマと子のコマ六個を用いて、早く相手を囲みあう遊戯》 ❷神経を消耗する。「大つごもりまで書きくらして、同じ事に―・し(=精根ヲスリヘラシテ)、年中に二百文取る日は一日もなし」〔西鶴・胸算用・巻一ノ三〕

―を張・る ❶注意を集中する。「貝は(鴫(しぎ)ヲ)放さじ(トシ)鴫は(ハサマレタ貝カラ)離れむと、(双方トモ)前に―・って後ろをかへりみるに隙(ひま)なし」〔近松・国性爺・二〕 ❷思い切って何かをする。現代語の「きばる」。「婿の二の宮―・って、金物づくめの乗り物に、鎌倉やろの八人肩」〔近松・五人兄弟・二〕

き Ⓐ《助動》《活用語の連用形に付き、回想を表す》〔回想〕

未然	連用	終止	連体	已然	命令
(せ)		き	し	しか	

❶《主として古代から中古末期にかけて》自分が直接に見たり経験したりした、またはそれに準ずる確かな事実の回想。…た。㊜けり③。「ある時には、来し方行く末も知らず、海にまぎれむとしき(=難破スルトコロダッタ)」〔竹取〕 ❷存続を表す。…ている。「わが園の咲きし桜を見渡せばさながら春の錦はへけり(=敷イタヨウダナア)」〔為忠集〕 ❸未然形「せ」は、下に接続助詞「ば」を伴って、事実に反することを仮定する。《多くは「まし」と呼応する》もし…なら。…であったら。「いつはりのなき世なりせばいかばかり人の言(こと)の葉うれしからまし」〔古今・恋四〕 ❹係助詞をうけないで、連体形「し」が文末にくるときは、余情を含めた詠嘆的な表現となる。「荒れたる家の露しげきを眺めて、虫の音にきほへる気色、昔物語めきておぼえはべりし」〔源氏・帚木〕 ❺《中世以後》単に過去を表す。「謝霊運(=五世紀ノ文人)は法華(経ヲ漢訳スルトキ)の筆受(=記載係)なりしかども、心つねに風雲の思ひ(=俗世デ活躍シタイ希望)を観ぜしかば、恵遠、白蓮(社トイウ念仏結社)の交はりを許さざりき」〔徒然・一〇八段〕 ❻《近世》㋑語調を強める。「もし筑紫に下らば、また見る(=再会スル)ことも不定なりき」〔浮・女大名丹前能・巻七ノ二〕㋺連体形「し」は単に文を結ぶのに用いられる。「とりあへぬ一句を柱に残しはべりし」〔芭蕉・奥の細道〕《(1)カ変・サ変の動詞には、変則的な付きかたをする。(2)未然形「せ」を認めず、それはサ変動詞「す」の未然形における特殊な用法とする説もある》

カ変 ｛こ／き｝し(しか)

サ変 ｛せ／し―き｝｛し／しか｝

ぎ【儀】Ⓒ ❶前に述べてある内容をさしていう。こと。筋あい。事情。「(相人ハ貞信公ノコトヲ)『あはれ(=ウーン)、日本国のかためや(=中心人物デスナア)。長く世をつぎ(=子孫ガ続キ)門をひらくこと(=一族繁栄ノ初メニオナリナノハ)、ただこの殿(ディラッシャル)』と申したれば…その―にたがはせたまはず、門をひらき栄花をひらかせたまへば」〔大鏡・昔物語〕 ❷儀式。行事。「この両日の―(=昨日ノ将軍ノ供養ト今日ノ両上皇結縁ノ御幸トノ儀式)を見る者、ことごとく…法に帰し、偏執の(=カタヨッタ)心をぞ失ひける」〔太平・巻二四ノ四〕

きうり【久離・〈旧〉離】(キューー) Ⓓ 非常に身持ちの

悪い者に対して、親権者がその連帯責任を負わないよう、五人組や名主を通じて町奉行に届け出て、戸籍から抜いて、親類関係をいっさいしないようにすること。勘当(かんどう)と同じにも用いられるが、勘当は親や師がこらしめるために子や門下を追放すること。いまの退学処分も勘当の一種と考えられる。「配所の月(＝流罪ニサレテ流サレテイル所デミル月ヲ)—きられずして(＝親ニ縁ヲ切ラレナイデ)二人みるものかは(＝好イタドウシ二人デ見タイモノダナア)」〔西鶴・一代男・巻二ノ七〕 **——を切・る** 久離の処分をする。「孫右衛門様のまま子忠兵衛殿と申すが、大阪へ養子に行て傾城(けいせい)買うて(＝遊女アソビヲシテ)人の金をぬすみ、その傾城つれて走らせた(＝ニゲラレタ)というて、代官殿より御詮議、孫右衛門様はとうに(＝ズット前ニ)親子の—・り、かまはぬとはいひながらも(＝何ノ関係モナイトハイウモノノ)真実の親子なれば」〔近松・冥途飛脚・下〕

きえ い・る【消え入る】Ⓒ〘自四〙❶消えてなくなる。「泡(わあ)の—・るやうにて亡(う)せたまひぬ」〔源氏・柏木〕❷人事不省になる。意識不明になる。「(夏ノ)暑さにさへ、いとど—・りたまひぬべきをりをり多かり」〔源氏・御法〕「持病さへおこりて—・るばかりになむ」〔芭蕉・奥の細道〕❸息をひきとる。死去する。「(故姫君ヲシノンデ)—・りたまひにし事など語る」〔源氏・浮舟〕❹ひどくはずかしがる。「伝へさすれば、(聞イタ相手ハ)—・りつつ、えも言ひやらねば(＝返事モデキナイカラ)」〔枕・九〇段〕❺ひどくとりみだす。我を忘れる。「(親トシテ)『…憎いやつとは思へども、かはゆうござる』と…わっと—・り泣き沈む、分けたる血筋ぞあはれなる」〔近松・冥途飛脚・下〕《アメリカの話しことばでpass outというのが、気絶と死亡の両意に使われるのに似ている》

きき【聞き】Ⓓ❶㋑聞こえる・こと(もの)。「取り持てる弓弭(ゆはず)の騒きみ雪降る冬の林につむじ(＝ツムジ風)かもい巻きわたると思ふまで—のかしこく(＝オソロシク)…」〔万葉・巻二〕㋺聞いた感じ。聞いたところの・よさ(わるさ)。「この(＝連歌ノ)道をまなばむとすれば…ことば短く、—高く、心を深う、ものあはれに」〔咄・醒睡笑・巻四〕❷聞こえ。風聞。うわさ。「(牛若ガ出家シタガラナイノデ、母タチハ)ただ平家の—をのみぞなげかれける」〔平治・下・一一(古活字本二)〕❸(酒・茶などを)味わって鑑定すること。「『私の—では、(コノ酒ハ)泉川か滝水(たきすい)だらうと存じます』『しからば、身ども(＝オレ)も鑑定にとりかからう』」〔金鷲・七偏人・初ノ上〕

きぎす【雉子】Ⓔ「きじ」の古いよびかた。さらに古くは「きぎし」。「焼け野の—子を思ふがごとく、妻をあはれみ、老母をかなしみ(＝イタワリ)」〔西鶴・五人女・巻四ノ一〕

きき な・す【聞き做す】Ⓓ〘他四〙それと聞いて知る。これこれであると聞いて思う。「『うらやましくも(＝コノ波ハウラヤマシイコトダナア)』とうち誦じたまへるさま(＝源氏ノ君ガ古歌ヲオ口ズサミニナッテイル様子ハ)、さる(＝ソンナ)世の古言なれど(＝古歌デハアルガ)めづらしく—・され(＝自然ト場所ガラ新シク感ジラレテ)、悲しうのみ御供の人々も思へり」〔源氏・須磨〕

きき ひら・く【聞き開く】Ⓔ〘他四〙(その意味を)聞いて理解する。(事情を)聞いて察する。「ことわりある(＝正当ナ)うれへ(＝訴訟)などの埋もれたる(＝放置サレテイタノ)を—・きては…ながくうれへなきやうには計らひつ(＝処置シタ)」〔増鏡・草枕〕

きき わ・く【聞き分く】Ⓒ〘他四・下二〙❶聞いてその内容を理解する。「かかる事ども申すも(＝コンナ話ヲ申シ上ゲマスノモ)、わどのの(＝アナタガ)—・か《四段》せたまへば(＝ワタシノ話ヲヨク理解シテ下サルノデ)いとど(＝イッソウ)いま少し申さまほしきなり(＝モウ少シ申シ上ゲタクナルノデス)」〔大鏡・道長〕❷㋑聞いて事情・理由を知る。「この御ここち(＝病気)のさまを、何事にて重りたまふとだに、え—・き《四段》はべらず」〔源氏・柏木〕「何と—・け《下二》たる事はなけれども(＝真相ハ何ダカ不明ダガ)、道関々しづかならず(＝人心ガ不安ダ)」〔保元・上・四〕㋺聞いてものごとを判断する。「今お前が死んだらば誰(た)が侍(さむらひ)ぢゃとほめまする。ここを、とっくりと—・け《下二》て、わたしが親里へひとまづ来て下さんせ」〔浄・忠臣蔵・三〕❸聞いて区別する。識別する。「松風すごく吹き合はせて、そのこと(＝何ノ曲)とも—・か《四段》れぬほどに、ものの音ども絶え絶え聞こえたる、いと艶なり」〔源氏・賢木〕❹納得する。承知する。承諾する。「小身者の悲しさは、人にすぐれた心底を見せねば、数には入られぬ(＝同志ノ中ニ入レラレナイ)。—・け《下二》て、命をくれ、死んでくれ、妹」〔浄・忠臣蔵・七〕「祖父(ぢい)の願ひを—・け《下二》たまひ助けおかるる(＝助ケテオイテクダサル)かたじけなさ」〔浄・盛衰記・三〕

き・く【聞く・聴く】Ⓑ〘他四〙❶音を耳に感じる。「ほととぎす(ノ声)や—・きたまへる」〔徒然・一〇七段〕❷(音・声・評判などによって)知る。「音(＝ウワサ)に—・きし猫また…頸(くび)のほどを嚙(く)はむとす」〔徒然・八九段〕❸《相手の意見や申し出を》㋑受け取る。聴取する。「公事(くじ＝裁判ニオケル申シ立テ)の—・きやうこそあらうずれ(＝適切ナ受ケ取リカタガアルハズダ)。理非をも聞き分けいで『縛れ、くくれ』と言ふことがあるものか」〔狂・右近左近〕㋺承知する。受け入れる。「それ(＝子ドモガ雪山ニ上ルコト)を制して、—・かざらむ者をば申せ」〔枕・八七段〕❹【訊く】たずねる。質問する。「帰るべからむ日(ヲ)—・きて、迎へにだに(行コウ)」〔蜻蛉・上〕❺(味を)ためす。ためしに味わう。「『すれば、(コノ酒ヲ)—・いてみるには及びませぬか』『いやいや、—・いてみるには及ばぬ』」〔狂・千鳥〕❻(においを)かぐ。「酒の匂ひを—・き、飲みたさ、やるせなし(=ドウニモナラナイ)」〔咄・醒睡笑・巻三〕

きくわい【奇怪】(-カイ) Ⓓ《形動ナリ》ふとどき。ふらち。けしからぬ。「きっくわい」とも。「(イナカ武士ノ分際デ)大納言に情けなう当たりけること(=無情ナシウチヲシタノハ)、かへすがへすも(=ドウ考エテモ)—・なり」〔平家・小教訓〕

きげん【譏嫌・機嫌】Ⓓ ㊀❶きらうこと。いやがること。「今の法皇の御験者に(=法皇ガ験者トシテオ祈リナサルコトノタメニ)御もののけの—の事(=ソノ祈禱(きとう)ヲキラッテ退散スルコトハ)かへすがへすめでたくぞ覚えし」〔平家・中宮御産有事(延慶本)〕❷時機。事をするのにふさわしいしお時。チャンス。「この犬、城中にしのび入って—をはかりける間(=攻メルシオ時ヲシラベタノデ)…毎夜ひとつふたつ(ノ城ガ)うち落とされ」〔太平・巻二二ノ二〕❸様子。「山科に知る人ありける所にわたらせたまひて(=義経ハオイデナサッテ)、京の—をぞうかがひける(=京都ノ様子ヲソット見テイタ)」〔義経・巻二ノ六〕❹感情。気分。「それがし(=ワタシ)は未明よりお縁に詰め、冷え板を暖めてゐたれば(=ツメタイ縁側ニ座リキリナノデ)、なかなか笑ふ—は無いよ」〔狂・筑紫奥(鷺流)〕「主といふものは、—のよい時もあり、また—のあしい時もあるものぢゃ」〔狂・末広がり〕「律義なる(=キマジメナ)親仁腹立(ふくりふ)せられしを(=腹ヲオ立テニナッタノヲ)いろいろわびても—なほらず」〔西鶴・永代蔵・巻二ノ三〕㊁《十形動ナリ》気分がよいこと。「これをお目にかけたらば、御—・であらう」〔狂言記・目近大名〕

きこえ【聞こえ】Ⓓ 評判。外聞。うわさ。「天下の物の上手(じゃうず)といへども、はじめは不堪(ふかん)の(=ヘタデアルトノ)—もあり、無下の瑕瑾(かきん)もありき(=ヒドイ欠点モアッタ)」〔徒然・一五〇段〕

きこえ かよ・ふ【聞こえ通ふ】(-ウ) Ⓔ《自四》申しあげつたえる。「近どなりの御心よせに(=近ク住ンデイルゴヒイキデ)、なにごとも(=何ニツケテモ源氏ハ)—・ひ、宮をも後ろ見たてまつりたまふ(=東宮ヲモ後見申シアゲナサル)」〔源氏・澪標〕

きこえ き・る【聞こえ切る】Ⓔ《他四》途中で打ちきり申しあげる。「一の宮のことも(=一ノ宮ヘノ宮仕エノコトモ)—・りてあるを(=ソノママオ打チキリシテアルノダガ)」〔和泉日記〕

きこえ ご・つ【聞こえ言つ】Ⓓ《他四》(「きこえごと」を動詞に活用させたもの)❶聞こえるように言う。それとなく言って聞かせる。「(求婚相手ノ親ガ古詩ヲ吟ジテ、ウチノヨウナ貧乏娘ノホウガ妻トシテヨイモノダト)—・ちはべりしかど」〔源氏・帚木〕❷申しあげる。「(側近ノ人タチハ再婚ヲ)つきづきしく(=調子ヨサソウニ)—・つ(=オススメ申シアゲル)事も、類にふれて(=縁故関係ニツケテ)多かれど」〔源氏・橋姫〕

きこしめ・す【聞こし召す】Ⓑ《他四》❶「聞く」の尊敬語。㋑お聞きになる。「上は、夢のやうに、いみじき事を—・して、いろいろにおぼし乱れさせたまふ」〔源氏・薄雲〕㋺お聞きになって、おわかりになる。了解なさる。「こまかに問へど、そのままにもいはず。『おのづから—・してむ』とのみいへど」〔源氏・手習〕㋩お聞き入れになる。お許しになる。「(宮ノ大夫ガ)上達部(かんだちめ)御前に召さむと啓したまふ。—・しつとあれば…皆参りたまふ」〔紫日記〕❷「飲む」「食ふ」の尊敬語。「物なども—・さず、朝餉(あさがれひ)の気色(けしき)ばかり触れさせたまひて(=形ダケホンノスコシオアガリニナリ)」〔源氏・桐壺〕❸「行ふ」「治む」の尊敬語。「ちはやぶるわが大君の—・す天の下なる草の葉も…」〔拾遺・雑下〕

きこ・ゆ【聞こゆ】Ⓐ ㊀《自下二》❶(声や物音が)耳にはいる。「ものを言ふも、くぐもり声に響きて、—・えず」〔徒然・五三段〕❷判明する。わかる。「かつ(=言ウソバカラ)顕(あらは)るるをも顧みず、口にまかせて言ひちらすは、やがて(=スグ)浮きたることと(=デタラメダト)—・ゆ」〔徒然・七三段〕❸理解される。なっとくできる。「それは親ぢゃ人には(=オ父サントシテハ)—・えぬ(=理解デキナイ話ダ)」〔狂・武悪〕❹㋑よく知られる。評判になる。「(鬼ガ)手に持てる物は、—・ゆる(=名高イ)打ち出の小槌なるべし」〔平家・祇園女御〕「惟方卿は、二条院の御乳母子(めのとご)にて、世に重く—・えけるが」〔十訓・第一〇ノ三五〕㋺(うわさが)伝わる。(情報が)流れる。「この大将(=重盛)をば、君も臣も御感ありけるとぞ—・えし」〔平家・殿下乗合〕「去年信濃を出でしには五万余騎と—・えしに…主従七騎になりにけり」〔平家・河原合戦〕❺「言ふ」「あり」の謙譲語で、話題となっている対象を高める言いかた。㋑(名を…と)おっしゃる。「中山の大臣と—・えける人」〔十訓・第五ノ六〕㋺「…である」の意を間接に表す。…でいらっしゃる。「むかし太政大臣(おほきおほいまうちぎみ)と—・ゆる(オ方ガ)おはしけり」〔伊勢・九八段〕「いまだ従五位下にて、備後介と—・えける」〔大鏡・冷泉院〕❻かおる。においがする。「菩薩(ぼさつ)は、色にも現ぜず、心にも離れ(=思考ヲモ超越シ)目にも見えず、香にも—・えたまはず」〔今昔・巻一六ノ一二〕「火取り(=香炉)にそらだきするにや(=別室カラニオワセルノカ)、かうばしく—・ゆ」〔今昔・巻一七ノ三三〕《原文「聞エ」》

「聞ユ」。「かがえ」「かがゆ」ともよむべきであったろうが、後には字面にひかれ、「きこゆ」とよむようになったと思われる。「香炉に厚割りの一木をたきてきかせけるに」〔西鶴・一代男・巻五ノ三〕「酒の香きけば前後を忘るる」〔近松・浦島・一二〕等の用例から推して、自動詞「きこゆ」にも「におう」の用法があってよいはずである。しかし、いつごろからこの用法が生じたかは、明らかでない》 ㊁《他下二》 ❶「言ふ」の謙譲語。言いかける相手を高める表現。㋑申しあげる。「息も絶えつつ、―・えまほしげなる事はありげなれど」〔源氏・桐壺〕 ㋺(名を…と)お呼びする。「中姫君よりも大きに見えたまひて、うへ(＝奥サマ)など―・えむにぞよかめる(＝フサワシイヨウダ)」〔枕・二七八段〕 ❷《近世の誤用で》「言ふ」の尊敬語。おっしゃる。「いとやすくうけがひ(＝何デモナク承知シ)て『いつのころはまかるべし(＝イツイツ出カケマショウ)』と―・えける」〔秋成・雨月・浅茅〕 ❸〔補動〕その行為の主体を低めることにより、行為のおよぶ対象を高める。お…申しあげる。お…する。㋑《動詞・助動詞の連用形に付く》「かかるをりに、すこしおどし―・えて」〔源氏・紅葉賀〕 ㋺《連用形に動詞が付いた形でいう》「たびたびそそのかしきこえたまへど(＝琴ヲカナデルヨウニオススメナサルガ)、とかく―・えすまひて(＝アレコレト辞退申シアゲテ)、やみたまひぬれば(＝ソレキリヒカズジマイニナッタヨウナノデ)、いと口惜しうおぼゆ」〔源氏・橋姫〕

きさい【后】Ⓑ《「きさき」のイ音便》天皇の妃。皇后または中宮。「帝(みかど)―、御帳のうちに二所(ふたところ)ながら(＝オフタリオソロイデ)おはします」〔紫日記〕《皇太后や準中宮の女御もいう。(参)きさいのみや②》 ―**のみや** 后の宮 Ⓓ ❶「きさい」の尊敬語。「―も一所(＝同ジ所)におはするころなれば」〔源氏・賢木〕《「后の宮」は弘徽殿女御、父は右大臣》 ❷「きさい」である宮。「―・東宮などの御使ひ、さらぬ(＝ソノ他ノ)所の(使者)も参りちがひて」〔源氏・葵〕《「后の宮」は皇族出身である女御の藤壺。「藤壺の宮」と称した例もある〔若紫〕》 ―**まち** 町 Ⓓ →じゃうねいでん。

きさき【后】Ⓑ →きさい。「当時(＝現在)の帝(みかど)―」〔源氏・蜻蛉〕

き さき【気先】Ⓔ ㋑意気ごんだやさき。はりきった出ばな。「御機嫌にて御帰りありしに、御―を折られさうらふこと」〔鳩巣・駿台雑話・巻三〕 ㋺《芭蕉の俳論で》「き③㋺」が表現となる瞬間。心中のひらめきが表現されるとたん。(参)き。「先師(＝芭蕉)いはく、『今の俳諧は、日ごろに工夫(くふう)を経て、(句作ノ)席にのぞんでは、―を以って(＝表現ヘノ衝動ガヒラメクニマカセテ句ヲ)吐くべし(＝表出セヨ)』」〔去来抄・修行〕

きざ・す【萌す】Ⓔ《自四》 ❶(新芽が)もえ出る。めぐむ。「あかねさす(＝枕詞)朝日に消ゆる雪間より(モウ)―・しやすらむ(＝モエ出テクルノカシラ)野辺の若草」〔曾丹集〕 ❷【兆す】(希望・計画・病気などが)兆候を見せる。出そうになる。「持病でも―・しましたか」〔伎・お染の七役・中〕

き さま【貴様】Ⓔ《代》軽い尊敬の意をもつ第二人称。あなた。「女郎の心中に(＝客ヘノ誠意ノ示シ方ニ)、髪を切り爪をはなち(＝切リハナシ)、先へやらせらるるに(＝相手デアル客ニ贈ルトキニ)、本のは(＝本物ノ自分ノ髪ヤツメハ)手くだの男につかはし(＝情夫ニヤリ)、外の大尽へ(＝情夫以外ノ金持チノ客ニ)五人も七人も『―ゆゑに切る』と文などに包みこみて(＝封ジコンデ)送れば…ふかくかたじけながる事のをかしや(＝ハタカラ見テイテコッケイデアル)」〔西鶴・一代男・巻四ノ二〕

きざみ【刻み】Ⓓ ❶段階。等級。位階。身分。「いま一―をだにと(＝セメテモウ一階級上ノ位ヲダケデモト)贈らせたまふなりけり」〔源氏・桐壺〕 ❷時。際。おり。「年老い、やまひして、死ぬる―になりて、念仏して消え入らむとす(＝息ヲ引キ取ロウトスル)」〔宇治・巻四ノ三〕 ❸こまかく切ること。「手ごと(＝各自手ニ手ニ)うす刃(ノ庖丁ヲ)一枚づつ布切れに包みて、なますの賃―に回りけるが」〔西鶴・織留・巻四ノ三〕

きさらぎ【如月】Ⓓ 旧暦二月の別名。(参)むつき。「春―の丁酉朔丁未、皇師(みいくさ)遂(つひ)に東にゆく」〔紀・神武・訓〕《「きさらぎ」は「二月」の訓》「頃は―時正(じしやう)(＝春分ノ日)」〔謡・弱法師〕

きし かた【来し方】Ⓒ ❶(対)「行く末」《時間的に》以前。これまで。「うれしげなりけむ影(＝相当スル幸運ナ事実)は、―もなかりき。いま行く末は、あべいやう(＝アロウハズ)もなし」〔更級〕 ❷《空間的に》過ぎて来たほう。通過したところ。「霧は―立ちわたりて(＝イチメンニ立チコメテ)、いとおぼつかなし(＝心ボソイ)」〔蜻蛉・上〕《「こしかた」とも》

き しゃう【起請】(ーショウ) Ⓔ《＋他サ変》 ❶事の行われるよう上官に請願する・こと(文書)。「大宰大弐藤原朝臣冬緒、―四事を進む」〔三代実録・貞観一二年二月二三日〕 ❷神仏に対しうそいつわりの行為を絶対しない誓いを立てること。またはその誓詞。「梶原、甘縄(あまなは)の宿所に帰りて、いつはり申さぬよし―を書きて(頼朝ニ)参らせければ」〔義経・巻四ノ二〕 ―**もん** 文 Ⓓ 起請の旨をしるした証書。「いにしへの聖代(＝リッパナ帝ノ御治世ニハ)、すべて―につきて行はるる政(まつりごと)はなきを(＝起請文ノヨウナ形ヲトッテ行ワレル政治ハナカッタノニ)、近代、この事流布したるなり(＝ハヤルヨウニナッタノダ)」〔徒然・二〇五段〕

きしょく【気色】Ⓐ ❶ようす。そぶり。「沙彌法師(＝カケ出シノ坊主)だにも及ぶまじき(ツマラナイ)身にて、師の—する(＝先生キドリニフルマウノハ)、あさましき事なり」〔明恵上人遺訓〕❷(表情から感じられる)きげん。「父の禅門(＝平清盛)の—に恐れをなして、参られず」〔平家・法皇被流〕❸意図。気持ち。意中。「小松殿の御—いかがさうらはむずらむ(＝重盛様ノ御意向ハドンナモノデショウ)」〔平家・小教訓〕「これ見たまへや人々、はじめ笑ひし輩(ともがら)も、これほどのご—(＝コンナアリガタイ時頼様ノオボシメシ)さぞうらやましかるらむ」〔謡・鉢木〕❹(生理的なほうでの)気分。気持ち。「—もだんだんこころようござるによって(＝病気ノカゲンモシダイニヨロシュウゴザイマスノデ)、近々には出勤も致さうと(＝マモナク勤メニモアガロウト)申しこしましてござる(＝申シテヤリマシタ)」〔狂・武悪〕《中古語の「けしき」「きそく」も同じ「気色」に基づく語だが、意味にはそれぞれ出入りがあり、かならずしも一致はしない。④の用法は「きしょく」のときにだけある》

きしょく・す【気色す】Ⓔ《自サ変》気どる。あらたまった顔つきをする。「武正・兼行、殿下御覧ずと(＝忠通殿下ガ見テイラッシャルト)知りてことにひきつくろひてわたりたり。武正ことに—・してわたる」〔宇治・巻一五ノ三〕

きしょく ば・む【気色ばむ】Ⓔ《自四》意気盛んなようすをする。意気ごむ。(参)けしきばむ。「『御敵をばはや追ひ落としてさうらふ』とて、—・うでぞ帰洛しける(＝京ニモドッテ来タ)」〔太平・巻三八ノ二〕

きじん【鬼神】Ⓓ ❶肉体をもたない精霊。神の類。「この所の神なり…何のたたりをかなすべき。—はよこしまなし。とがむべからず」〔徒然・二〇七段〕❷おに。人に近い形の怪物。「その長(たけ)一丈の—の、角はかぼく、眼(まなこ)は日月」〔謡・紅葉狩〕《謡曲で「キジン」と発音する》(参)おにがみ。

きせい【祈誓】Ⓓ《＋自サ変》❶(神や仏に対し)願(がん)を立て祈ること。「京を出でける日よりして、心の中に—・する事ありけり。『我、都に帰って、高雄の神護寺(ヲ)造立供養すべくんば、死ぬべからず。この願むなしかるべくんば、道にて死ぬべし』」〔平家・文覚被流〕❷《単に》祈りねがうこと。「宇佐八幡に参籠し、さまざま—怠らず、数の(＝タクサンナ)頼みをかけまくも」〔謡・清経〕《①を「祈誓」、②を「祈請」とし、別語に扱う説もあるが、誤り。「祈請」の例に引く「額に香炉を当てて—・したまふ」〔宇治・巻一二ノ二〕は、原文が仮名がきであり、そのすぐ後に出てくる漢字がきの例は「祈精」と当て字が使ってある。中世文献に出てくる「請」はふつう「しょう」とよまれる》

きせなが【着〈背〉長・著長】Ⓓ 大鎧(おおよろい)の別名。指揮官の用いるものとされるが、そうでない例もある。「何によってか一領の御—を重うはおぼしめしさうらふべき」〔平家・木曾最期〕

〔きせなが〕

きそく【気色】Ⓐ ❶ようす。そぶり。「(僧ニ愛情ヲ打チアケラレナイ女性ガ)ちと(僧ノ)足をつみて(＝ツネッテ)、その—を見せて、何となく立ちあがりて」〔著聞・興言利口〕❷(表情から感じられる)きげん。「(文覚ハ、斬ラレルハズダッタ)若君(ヲ)請ひ受けたり(＝助ケテモラッタ)とて、—まことにゆゆしげなり(＝上キゲンダ)」〔平家・泊瀬六代〕❸意図。気持ち。意中。「御前に参りたまひて、御—賜りたまひければ(＝内意ヲオウカガイシタノデ)」〔大鏡・道隆〕

きそ・ふ【着襲ふ・着装ふ】(-ウ) Ⓔ《他四》重ね着する。(何枚も)着こむ。「杜若(かきつはた)衣(きぬ)に(模様ヲ)摺(す)りつけ大夫(ますらを)の—・ひ狩りする月は来にけり」〔万葉・巻一七〕

-きだ【段】Ⓓ《接尾》❶分割された部分をかぞえる単位。「帯(は)かせる十握(とつか)の剣を抜いて、軻遇突智(かぐつち)(＝火ノ神)を斬って三—になす」〔紀・神代上・訓〕《「きだ」は「段」の訓》❷田地の広さをはかる単位。「およそ田は長(たて)三十歩・広(よこ)十二歩を—となし、十—を町となす」〔紀・孝徳・訓〕《「きだ」は「段」の訓。後世は「反」を当てる》❸【常】布地をはかる単位。「庸布(ちからぬの)四百—」〔紀・天武・訓〕《「きだ」は「常」の訓》「布一丈三尺、是為二一常一」〔令義解・賦役〕

きたい【希代・稀代】Ⓔ《＋形動ナリ》❶世に例のないこと。世にたぐい少ないこと。「両条(＝刀ヲ帯シテ公宴ニ列シタコトト、家来ヲ殿上ノ小庭ニ召シツレテ来タトイウ二点ハ)—、いまだ聞かざる狼藉(らうぜき)なり(＝乱暴ナフルマイデアル)」〔平家・殿上闇討〕❷不思議なこと。「これにて候(さう)ずは(＝コレデナイナラ)さてはどこの里やらむ(＝ドコノ里ノコトダロウカ)、神変や奇特や(＝神秘的ダ)、不思議なれや—や」〔狂・伊文字〕

きた おもて【北面】Ⓓ ❶北に向いている方。「—の人しげきかたなる御門は(＝北ノ裏門ノ人ノ出入リノ多イ御門ハ)入りたまはむも(＝ソコカラオハイリナサルノモ)かろがろしければ」〔源氏・朝顔〕❷(寝殿造りの正殿で)北に面したへや。静かな奥まった感じだったらしい。「姉のなやむことあるに(＝病気ナドシテ)ものさわがしくて(＝何トナシニイソガシクテ)、この猫を—にのみあらせて(＝オラセテ)呼ばねば(＝自分タチノイル方ニ呼バナイノデ)、かしがましく(＝ヤカマシク)なきののしれども」〔更級〕 ❸↓ほくめん②。「大髭(おほひげ)の御車副(ぞ)ひの—」〔筑波・雑体〕

きたなげな・し【汚げ無し・穢げ無し】Ⓓ《形ク》わるくない感じだ。ちょっときれいだ。「—・くてよろしき下﨟(げらふ)なりと許し(＝タイシタ身分デナイニシテハマアマアダト認メ)て、人もそしらず」〔源氏・蜻蛉〕

きたな・し【汚し・穢し】Ⓓ《形ク》❶不潔だ。よごれている。「いざ、かぐや姫。—・き所(＝人間世界)にいかでか久しくおはせむ」〔竹取〕 ❷見た目がわるい。「年老いたる法師、召し出だされて、くろく—・き身を肩ぬぎて」〔徒然・一七五段〕 ❸みっともない。情けないザマだ。「—・い殿ばら(＝アナタ)のふるまひやう(＝行動)かな」〔平家・一二之駈〕 ❹邪心がある。わるいたくらみをもつ。「やつがれ(＝ワタクシ)は、はじめより—・き心なし」〔紀・神代上・訓〕《「きたなき心」は「黒心」の訓》

きたのかた【北の方】Ⓒ《寝殿造りの北の対に住むところから》身分の高い人の妻の尊敬語。奥さま。令夫人。「母—なむいにしへの人の由あるにて」〔源氏・桐壺〕

きたのたい【北の対】Ⓓ 寝殿の北がわにある対の屋。多くはここにその家の正夫人がいた。

きた・る【来たる】Ⓑ《自四》《「来(き)到(いた)る」の約》❶やってくる。「引き放つ矢の繁けく(＝ヒッキリナシニ)大雪の(ヨウニ)乱れて—・れ…」〔万葉・巻二〕 ❷(季節や時間が)めぐってくる。「年のはに(＝毎年)春の—・らばかくしこそ梅をかざして楽しく飲まめ」〔万葉・巻五〕 ❸(しわが)生じる。「(美シイ)紅の面(おもて＝顔)の上に何処(いづく)ゆ(＝カラ)か皺(しわ)が—・りし…」〔万葉・巻五〕 ❹㋑古くさくなる。ありきたりである。「上戸(じやうご＝大酒飲ミ)は酒を飲むものだ、下戸(げこ＝酒ノ飲メナイ者)は餅を食ふに限ると思ふのは、ちと—・った代物(しろもの＝人間)だね」〔三馬・風呂・四ノ上〕 ㋺古くなって弱る。いたむ。「黒ちり(＝チリメン)の東もやう(＝江戸褄(づま)模様)の、こいつも少し—・った小袖をうち掛け」〔洒・錦之裏〕 ❺〔補動〕《動詞に付き》その動作・作用が継続しつつ現在に至ったことを表す。ずっと…てくる。「天地の遠き始めよ(＝カラ)世の中は常無き(＝無常ナ)ものと語り継ぎながらへ—・れ(＝ズット時ガ経過シテキタノデ)…」〔万葉・巻一九〕

きちじゃう【吉上】(—ジョウ) Ⓓ 六衛府(ゑふ)に所属する下級役人で、宮中の警護や罪人の逮捕にあたった。「この陣の(＝コノ近衛ノ陣ニツメテイル)—にまれ(＝デモヨシ)、滝口にまれ(＝滝口警備ノ武士デモヨイカラ)一人、昭慶門まで送れ」〔大鏡・道長〕

きちゃう【几帳】(—チョウ) Ⓑ 室内用の移動式カーテン。Π型の支柱を台にとりつけ、布をたらしたもの。三尺(約九一センチ)がふつうの高さ。「夜参りて三尺の御—のうしろにさぶらふに」〔枕・一八四段〕「二人の局(つぼね)を一つに合はせて…—ばかりを隔ててあり」〔紫日記〕《四尺(約一二一センチ)のもあり、おもに他室とのへだてに用いられた》

〔きちゃう〕

ぎぢゃう【議定】(—ジョウ) Ⓔ《十自サ変》❶事がらを決するため議論すること。審議。「いづれ(＝ドチラガ)上﨟(＝上位)たるぞやの由、—ありければ」〔著聞・管絃歌舞〕 ❷話し合って約束すること。約定。「おれは…(ソノ女ヲ)急に尋ね出してさる侍に渡さねばならぬ—がしてあれば」〔伎・韓人漢文・四〕

きづき【忌月】Ⓔ ゆかりの人(親など)が没した月。祥月。「きげつ」とも。「霜月(＝一一月)は(桐壺帝ノ祥月デアルカラ)みづから(＝ワタシ＝光源氏)の—なり」〔源氏・若菜下〕

きっと【〈屹度・急度〉】Ⓒ《副》❶動作・行動が瞬間的に行われるさま。とっさに。はっと。「『あっぱれ(＝アアソウダ)、この仁も(＝コノ人モ)ないない(＝ヒソカニ)所望すると聞きしものを(＝ホシガッテイタト聞イテイタノニ)』と—思ひいだして」〔平家・生唼沙汰〕 ❷動作・行動の確実・正確に行われるさま。㋑たしかに。かならず。「—院の御所へ参れ(＝オ前ハ院ノ御所ヘカナラズ参上セヨ)」〔平家・西光被斬〕 ㋺きちんと。きっぱりと。正確に。「目代殿でござらば(＝アナタガ代官様デイラッシャルナラ)—仰せ付けられて下されい(＝アノ者ニキチントケジメヲツケテオ言イツケニナッテ下サイマセ)」〔狂・鍋八撥〕 ㋩厳重に。きびしく。「『汝をやるは(＝派遣スルノハ)検使同然(＝源太景季ノ行動ヲ検視スル役ト同ジダ)。必ず手ぬるくいたすな(＝アマクスルナ)』と—仰せつけられた」〔浄・盛衰記・二二〕《中古文・擬古文では促音を表記せず「きと」と書くことが多い》

きと《副》Ⓒ ↓きっと。「(寂蓮ハ)折につけて(＝ソノ時節ニ合ワセテ)—(＝スグサマニ)歌よみ、連歌し(＝連歌ヲモ作リ)」〔後鳥羽院口伝〕

きど【城戸・木戸】Ⓒ ❶(城の)門。「城(じやう)の—の櫓(やぐら)にて大音声をあげて」〔盛衰・巻四二ノ四〕 ❷柵(さく)で囲んだ簡単なとりで。「あたりの郡に—を立て、行方(ゆきかた)の原に馳せ向かひて、源氏(ノ軍勢)をまつ」〔義経・巻一ノ六〕 ❸関所などの出入り口。「関守(せきもり)どもこれを見て、難なく(＝問題ナク)—をあけて通しけり」〔義経・

巻七ノ七〕 ❹江戸時代、隣町とのさかいの通路に設けられた門。「(客ガ)―ぎはに(＝ワキニ)はぢきしまふを(＝小便ヲシテシマウノヲ)四つ手(＝カゴ屋ハ)待ち」〔柳樽・一二〕 ❺興行場の見物人の出入り口。「かんざしを(スラレナイヨウ)ふところにして―を出る」〔柳樽・一二〕

ぎどうさんし【儀同三司】Ⓓ 准(じゅん)大臣。大臣に昇進すべき人で、大臣に欠員がないため任命できないとき、大臣待遇で出仕させる。もと中国の位階の名称で、一位のことであるが藤原伊周(これちか)が准大臣になったとき自称したことからはじまる。「―の母」〔新古今・恋三・詞〕

きどく【奇特】Ⓒ《＋形動ナリ》❶普通ではないこと。非凡だ。「歌は、題をめぐらしぬれば(＝ヨク考慮シテヨンデアルト)、いかばかりの(＝ドンナ)地歌も(＝表現ヲ飾ラナイ歌デモ)―・になり(＝トビキリノ作品ニナリ)」〔ささめごと・下(天理本)〕 ❷感心なこと。殊勝だ。「毎年毎年、―・に歩みをはこぶによって(＝参詣(けい)シテ来ルノデ)、楽しうなりてとらせう(＝金持チニシテヤロウ)」〔狂・福の神〕 ❸同感できないこと。心外だ。「『さらにおぼえぬ(＝イッコウ知ラナイ)事どもなり』と言へば、弟の子、はなはだ―・なり(＝ケシカラン)と思ひて、心のうちに瞋恚(しんい)をおこす(＝フンガイシタ)」〔今昔・巻二ノ三三〕 ❹(神仏の)霊験。「かかる―を見聞くこと、さながら(＝マッタク)出家の功徳なり(＝出家シタコトノオカゲデス)」〔謡・江口〕 **――づきん** 頭巾(―ズ―)Ⓔ 黒い絹の布で作り、風よけのため顔を包み目だけ出しておく頭巾。「黒繻子(じゅす)の―(ヲカブリ)、まづは首すぢの白き事(ガ目立ツ)」〔西鶴・一代男・巻四ノ六〕

〔きどくづきん〕

きぬ【衣】Ⓑ 着物。衣服。「着たりける―脱ぎて」〔大和・一四八段〕「舎人(とねり)の顔の(化粧ガ)―に洗はれ(＝コスラレ)、まことに黒きに、白きもの(＝オシロイ)いきつかぬところは、雪のむらむら消え残りたるここちして」〔枕・三段〕《後の用例で、「きぬ」を地肌(はだ)と解する説は誤り》

きぬかづき【衣被き】(―ズキ)Ⓔ ❶平安時代以降、上流女性が外出のとき、ひとえの小袖(こそで)をヴェールがわりに頭からかぶったこと。「―の女房をかたらひて(＝頼ミコンデ)、かの宣命を持たせて、しのびやかに(＝コッソリ)奉らせけり」〔徒然・一〇一段〕 ❷「①」の姿をした女性。「もの見ける―の、寄りて放ち(＝ソバニ来テトリハズシ)て、もとのやうに置きたりけるとぞ」〔徒然・七〇段〕

きぬた【砧】Ⓓ ❶織りあげた布地をつやだし、または柔らかくするために打つ道具(木づちおよび台)。「―打ちて我にきかせよ坊がつま(＝コノ宿坊ノ女主人ヨ)」〔芭蕉(曠野)〕 ❷「①」を打つ音。「万里のほかなる(＝遠イ異国ニイル)蘇武(そぶ)の旅寝に、故郷の―聞こえけり」〔謡・砧〕《冬着の準備として秋の夜長に打たれた。古典では、遠い所にいる夫を思う妻に結びつけ、秋の景物としてあつかわれてきた》

〔きぬた❶〕

きのえ【甲】Ⓓ 十干(じっかん)の第一番目。(参)じっかん。「二月の三日、(同ジク)初午(はつうま)といへど(コノ日ハ)―午(ノ日デ)最吉日」〔大鏡・昔物語〕 **――ね** 子 Ⓓ ❶甲子の・年(日)。かっし。《十干と十二支とをくみあわせた最初にあたり、六〇回の第一番目で、物事のはじまりとして昔は重んじられた》「過ぎつる夜(＝ソノ前ノ晩)、―をもかまはず(＝慎マナケレバナラナイ甲子ノ日デアルノヲ無視シテ)何事をかしはべる」〔西鶴・五人女・巻二ノ二〕 ❷(略)甲子待ち。甲子の夜に、子(ね)の刻まで起きていて、大豆・黒豆・二また大根などを供え、大黒天を祭る習俗。「―の夜、(大黒天ノ使者デアル)白鼠一疋来たり」〔咄・無事志有意・福鼠〕

きのと【乙】Ⓓ 十干(じっかん)の第二番目。(参)じっかん。「ゆるりくゎん(＝ノンビリ)と―の梢に酉(とり)の年のよろづの鳥が羽を休めるごとく」〔近松・職人鑑・四〕《「きのと」は「乙」と表記》

きのどく【気の毒】Ⓓ《形動ナリ》《自分の気にとって毒になる、すなわち気がふさぐようになる意が基本である》❶申しわけない。すまない。「(背負ッタ人ヲ水中ニ落トシ)さてもさても―・なことをいたいてござる」〔狂・どぶかっちり〕 ❷《自分にとって》こまる。まずい状態だ。「(ヤルハズノ米ヲ忘レテ)はてさて、それは―・なことぢゃ」〔狂・米市〕「ほかに料簡(＝ヨイ考エ)もない。ちかごろ(＝マコトニ)―ながら、暇をおまさう(＝アゲヨウ)」〔狂・箕被〕「はっ。会うては―、隠れたい。卒爾(そつじ)ながら(＝恐縮デスガ)御免なされ」〔近松・油地獄・下〕 ❸《他人に対して同情する気持ちで》かわいそうだ。「《妻ガ無断デ家ヲトビ出シタコトニツイテ、仲人ガ夫ニ対シ》さてさてそれは―・なことぢゃ」〔狂・石神〕「《猛妻ニナグラレ、逃ゲマワル男ニ対シ、第三者ガ》さてさて―・なことぢゃ」〔狂・鎌腹〕

きのまるどの【木の丸殿】Ⓔ あまり加工してない木材で造った御殿。「きのまろどの」とも。《斉明天皇が新羅征伐の時、朝倉(筑前の古名)に造られたものが有名》「朝倉や(＝序詞)―に入りながら(オタズネシテキタ)君に知られで帰る悲しさ」〔保元・下・八〕

きは【際】(ーワ) Ⓑ ❶ものごとの終わるところ。果て。「—もなく(=コノ上ナク)あてなる(=優美ナ)さましたまへり」〔紫日記〕「それしもや(=下ニイウコトニツイテ)憂き(=情ケナイ)身は人(=愛人)に厭(とい)はれむ深き思ひの—を見ず(=ドコマデ深ク思ッテクレルノカ限度ガワカラナイ)とて」〔風雅・恋三〕 ❷端。「この後ろの—に立てたる几帳の外に」〔紫日記〕 ❸すぐそば。「埒(ちら)の—に寄りたれど(=低イ垣(きか)ギリギリノ所マデ接近シタガ)、ことに人多くたちこみて(=大混雑デ)、分け入りぬべきやうもなし」〔徒然・四一段〕 ❹さかいめ。仕切り。「母屋の—にかけたる簾(すだれ)をばおろして」〔宇治・巻三ノ一〕 ❺とき。場合。「その—に会ひて見たてまつりけるが、語りはべりしなり」〔大鏡・道長〕 ❻程度。「人を無きになし(=無視シ)世をそしるほどに、心の(低イ)—のみこそ見え顕(あら)はるめれ(=見エスクヨウダ)」〔紫日記〕「思ふに『ぬるくこそあらめ』と憎ち思ひて、ざぶざぶと(湯ヅケ飯ヲ)参りたるに(=食ベタトコロガ)、はしたなき—に(=途方モナイホド)熱かりければ」〔大鏡・昔物語〕 ❼㋑身分。身のほど。「ただ人(=摂政・関白デナイ人デ)も、舎人(とねり)など給る—はゆゆし(=リッパダ)と見ゆ」〔徒然・一段〕㋺(精神的な)階層。「心ある—の人、悲しまずといふことなし」〔盛衰・巻九ノ二〕 ❽【近世語】支払い日の前。江戸時代は節供および大晦日(おおみそか)に支払いをする慣習であった。「今日は二日(=五月二日)、—というて明日・明後日(シカ余裕ガナイ)」〔近松・油地獄・中〕「—(=歳末)の日よりに(集金人ニトッテ)雪の気づかひ(=心配)」〔惟然(続猿蓑)〕

きは な・し【際無し】(キワー) Ⓔ 〖形ク〗 ❶無限だ。きわまりがない。「仮名のみなむ、今の世は、いと—・く(=際限ナク)かしこく(=優秀ニ)なりにたる」〔源氏・梅枝〕 ❷たいへんすぐれている。最優秀だ。「中宮の大夫殿こそ、かぎりなく—・く(=トビキリデ)おはしませ」〔大鏡・道長〕

きはま・る【極まる・窮まる】(キワー) Ⓑ 〖自四〗 ❶それ以上どうしようもなくなる。ぎりぎりまで行きつく。「ばくちの負け—・りて(=トコトンマデ負ケガコミ)、残りなくうち入れむとせむにあひては(=アリッタケカケヨウトスル相手ニアッタ時ハ)、打つべからず」〔徒然・一二六段〕 ❷尽きる。終わりになる。「世の人みな病み死にければ、日をへつつ(=一日ゴトニ)—・りゆくさま(=世ガ終末ノ相ヲ示ス様子ハ)少水の魚のたとへにかなへり(=ワズカナ水ノ中ノ魚ノタトエドオリダッタ)」〔方丈〕 ❸動きがとれない。「不孝の罪をのがれむと思へば、君のためにすでに不忠の逆臣となりぬべし。進退—・れり(=ドウショウモナイ)」〔平家・烽火沙汰〕 ❹決まる。「申しわけ立ちがたく、切腹に—・りしを(=決定シテイタトコロ)、佐々木の四郎が情けによって、君の御前を言ひなほし(=モウイチド弁解シ)、父の命を助けたり」〔浄・盛衰記・二〕

きは・む【極む・窮む・究む】(ーワー) Ⓑ ㊀〖他下二〗 ❶頂上に達する。物事を極限にまで行きつかせる。「この入道殿(=道長)の御さいはひの上を—・めたまふ(=絶頂ニ達シテイラッシャル)」〔大鏡・道長〕「吾が身の栄花(=自身ノ繁栄)を—・むるのみならず、一門ともに繁昌して」〔平家・吾身栄花〕 ❷ありとあらゆる事をしつくす。し終わらせる。「かく命を—・め(=生ガイノ終点マデ来テ)、世にまたなき目のかぎりを見つくし(=コノ世ニ例ノナイヨウナツライ目ノアリッタケヲ経験シ)」〔源氏・明石〕「愚かに(=バカデ)つたなき(=クダラナイ)人も、家に(=ヨイ家ガラニ)生まれ時にあへば(=時勢ニ恵マレレバ)、高き位にのぼり、おごりを—・むるもあり(=ゼイタクノ限リヲツクス者モアル)」〔徒然・三八段〕 ❸㋑判決する。さばく。「片言をもって(=一方ノ言ウトコロダケデ)訟へを—・むること、卒爾(そつじ)に出でて(=ウッカリヤルト)制すともとどむべからず(=トリカエシガツカナイ)」〔太平・巻一四ノ一〕㋺決める。定める。決心する。「『銀(かね)まうけせずばあるべからず』と心中—・めて(=腹ヲ決メテ)長崎にくだり」〔西鶴・胸算用・巻四ノ四〕 ❹契約をする。「一年の手形を(=一年間ノ契約証書ヲ)—・め(=約定シ)、残らずかね(=契約金ヲ)わたして」〔西鶴・胸算用・巻三ノ三〕 ㊁〖自下二〗この上ないところまで到達する。「(永平親王ハ)御顔などはきよげ(=ハンサム)におはしけれど、御心、—・めたるしれもの(=白痴ダ)とぞ聞きたてまつりし」〔大鏡・師尹〕

きはめ【極め】(ーワー) Ⓒ ❶頂上。絶頂。のぼりつめたところ。限界。おしまい。「武家(=鎌倉ノ北条方ハ)ほろぶべき運の—(=運ノツキ)にやありけむ、日ごろ名をあらはせし剛(かう)の者といへども勇まず」〔太平・巻九ノ六〕「このころ(=三四、五歳)の能、盛りの—なり(=一生ノ中デノ盛リノ絶頂デアル)」〔花伝・一〕 ❷きめ。決定。約定。「十七八里夜通しの早追ひ(=早追イカゴ)、—の駕籠賃(かごちん)(=約束ノカゴ代金)、お心付け(=チップ)はお心次第」〔浄・廿四孝・二〕 ❸極意。「因果の花を知る事(=花ヲ咲カセルタメノ因ト果トノ理法ヲ知ルコト)—なるべし(=能楽ノ極意デアロウ)」〔花伝・七〕 **—て** Ⓒ 〖副〗 ❶このうえもなく。たいそう。はなはだ。「みかどの御おきて(=天皇ノ御処置ハ)—あやにくに(=過酷デ)おはしませば、この御子どもを(=道真公ノオ子サンタチヲ)同じ方にだに(=父君ト同ジ方向ニサエモ)つかはさざりけり」〔大鏡・時平〕 ❷すべて。まったく。さっぱりと。「希有(けう)の事ものたまひける人かな(=アナタハ変ワッタ事ヲオッシャル)。—穀をたち(=全然穀物ヲ食ベズ)、世を捨てたる聖人なりといふとも(=オ坊サンダト言ッタッテ)、かかる事いふ人やある」〔今昔・

巻二〇ノ四四〕

きび・し【厳し・緊し】Ⓒ〘形シク〙❶厳重だ。厳格だ。「夜昼―・しうおほせられて(=命令サレテ)」〔栄花・玉村菊〕❷(ものの姿が)かどだっている。(山などが)けわしい。「荒き海―・しき山の中なれど妙(たへ)なる法(のり)は(=妙法蓮華経ノ真理ハスベテノ人ヲ)へだてざりけり」〔新続古今・釈教〕❸はなはだしい。ひどく…だ。「この尼公、事にふれて限りがましく(=自分ノモノハ人ニ手モフレサセズ)―・しく慳貪(けんどん)なりける(=ケチダッタ)」〔沙石・巻七ノ一七〕❹かくべつだ。けっこうだ。すばらしい。「金銀を枡(ます)に入れ、節分の祝儀を祝ひける。…『これは―・しい』」〔黄・金々先生・下〕

きびは(―ワ)Ⓓ〘形動ナリ〙幼少だ。「(中将ハ)わかく―・なるほどにてはあり(=年少当時ノコトダシ)、ものおぼえたまはず(=ドウシテヨイカオワカリニナラナイ)」〔宇治・巻一二ノ二一〕〘この例によると、十幾歳ぐらいまで「きびは」にはいるようである〙

きふ【急】(キュウ)Ⓒ〘十形動ナリ〙❶さし迫っていること。「人みな死あることを知りて、待つことしかも(=ソレホド)―・ならざるに、覚えずして(=不意ニ)来たる」〔徒然・一五五段〕❷気短なこと。性急。「いとよき人なれど、いと―・に剛(こは)き(=手ゴワイ)人になむはべる」〔宇津保・国譲下〕❸雅楽の楽曲の構成を序破急の三段としたその終曲の部分。拍子が細かく早くなる。「弾くものは琵琶、調べは風香(ふかう)調、黄鐘(わうしき)調、蘇合(そがふ)(=蘇合香=雅楽ノ一)の―」〔枕・二一七段〕❹〘連歌で〙百韻の展開を三部とするとき、その結末をなす部分。あまり技巧をこらさず軽く付け進めて、祝言の意をこめて収める。「序破―の連歌とは…一の紙の表までは序なり。二の裏、三の紙までは破なり。四紙は―なり」〔当風連歌秘事〕❺〘能で〙㋑一番を原則的に五段(序一段・破三段・急一段)と定めた最後の一段。「これより―。その後、舞にても働きにてもあるいは早曲・切り拍子などにて一段」〔能作書〕㋺一回の曲目を五番と定めた最後の一番。「昔は能数、四、五番には過ぎず。さるほどに五番目は必ず―なりしかども」〔花鏡〕

きほ・ふ【競ふ】(―オウ)Ⓓ㊀〘自四〙❶負けまいとしてせりあう。「今日降りし雪に―・ひて(=負ケマイトシテ)わがやどの冬木の梅は花咲きにけり」〔万葉・巻八〕❷(しぐれや風のために木の葉どうしが)㋑(紅葉するのを)いそぐ。「夕されば雁(かり)の越えゆく(=夕方ニナッタノデ雁ガソノ上ヲ越エテ飛ンデユク)竜田山時雨に―・ひ色づきにけり」〔万葉・巻一〇〕㋺(散るのを)いそぐ。「嵐に―・ふ木の葉さへ(=アラシノタメニワレ先ニト散ッテユク木ノ葉マデモガ)涙とともに散り乱れつつ(=自分ノ涙トトモニ乱レ散ッテ)事にふれて(=何カニツケテ)悲しけれど」〔十六夜〕㊁〘他四〙(そうならないよう)おさえる。制止する。「(自邸ガ焼ケタノハ)天の授くる災(わざはひ)なり。人の力にてこれを―・はば(=抑制スルナラ)、これより大きなる身の大事も出でくべし」〔十訓・第六ノ三四〕

きみ【君】Ⓐ㊀❶国の元首。天皇。天子。帝王。「―が代は限りもあらじ長浜のまさごの数はよみつくす(=数エキル)とも」〔古今・大歌所御歌〕❷主君。主人。「―の使ひといはむ者は、命を捨てても、おのが―の仰せごとをばかなへむとこそ思ふべけれ」〔竹取〕「柿本人麿なむ歌のひじりなりける。これは―も臣(ひと)も身を合はせたり(=歌ニ協力シタ)といふなるべし」〔古今・序〕❸「人」の尊敬語。「近く居寄れば、―も目さましたまふ」〔源氏・帚木〕「よき公達(きんだち)を婿にして、思ひ扱ひけるを(=タイセツニ待遇シタトコロ)、そのむすめの―の亡くなりにければ」〔源氏・手習〕❹女性から男性をさす尊敬語。「土佐の国に出でますやわが背の―を…」〔万葉・巻六〕❺遊女。女郎。傾城(けいせい)。あそびめ。「腰につけたるはした銭を投ぐれば、―たち声をあげて」〔西鶴・一代男・巻五ノ六〕㊁〘代〙親しみをもつ第二人称。あなた。〘万葉時代は原則的に女が男をよぶ時に限るが、中古以後は男女の区別なく使われるようになった〙「帰りける人来たれりといひしかばほとほと死にき(=ウレシサデ死ニソウニナッタワ)―かと思ひて」〔万葉・巻一五〕「(源氏ガ紫上ニ)『いで、―も書いたまへ』とあれば、(紫上ハ)『まだ、ようは書かず』とて見あげたまへる」〔源氏・若紫〕

きむぢ(―ジ)Ⓓ〘代〙かなりの敬意をもつ第二人称。あなた。「『―が姓は何ぞ』とおほせられしかば『夏山となむ申す』と申ししを」〔大鏡・序〕

きも【肝】Ⓓ❶肝臓。または内臓のこと。「腹に病あるによりて、『猿の―なむその薬なる』と聞きて、汝が―を取らむがために、たばかりて(=ダマシテ)ゐて来たれるなり(=ツレテ来タノダ)」〔今昔・巻五ノ二五〕❷㋑気持ち。心。「『そこな男よ。…見ればこの寒きに、綿入れ着ずに何を申すぞ』と推量(=アテズッポウ)にいひけるに、自然とこの男が―にこたへ、返すことばもなくて、大勢の中へ隠れて、一度にどっと笑はれける」〔西鶴・胸算用・巻四ノ一〕㋺考慮。思案。「かうしも(=コンナニマア)とりあつめて(=イロイロノ事ガイッショニナッテ)―を砕く(=苦慮スル)こと多からむと思ふに、はてはあきれてぞゐたる」〔蜻蛉・中〕

―い・る 煎る Ⓔ〘連語〙❶周旋する。仲立ちする。「彼を―・ってくだされたお方がござるによって」〔狂・石神〕❷心がいたむ。気がもめる。「あへば人知る、あはねばきもがいらるる、ああ笑止やの(=コマッタナア)」〔隆達小歌〕

―き・ゆ 消ゆ Ⓔ〘連語〙生きたここちもしない。「(地獄デ）牛頭(ごづ)・馬頭(めづ)の呵責(かしやく)に逢ふらむもかくこそと覚えて、見るに肝は消えぬべし」〔太平・巻二ノ二〕

きやう【境】（キョウ） Ⓓ ❶地域。「わが国の大聖(だいしやう)（=高僧タチ）も和歌をもてあそびたまへり（=タシナマレタ）。これ則ち—（=ソノ土地）の風（=ナラワシ）たる故にや」〔沙石・巻五末ノ一〇〕 ❷（心・身などの）状態。境地。「（ワレワレノ生存ハ）みなこれ無道の（=悟リノ世界ヲ求メヨウトシナイ）—、有為(ゐう)の（=仮ニ作ラレタ）姿なれば、旅人の一夜の宿のごとし」〔妻鏡〕 ❸㋑〔仏〕認識される対象。「—は心に従って転変する故に」〔沙石・巻一〇末ノ一〕 ㋺《詩論・歌論で》作者によってとらえられる対象。[参]さかひ④。「（詩ニオイテ）まづ—とは境界なり。景色なり。およそ人の目に触れ、耳に聞き、身に覚ゆるたぐひ…みなこれを約(つづ)めて—とす」〔南海・詩学逢原・詩有境趣〕

きやう【卿】（キョウ） Ⓓ ❶大宝令による省（中務・式部・治部・民部・兵部・刑部・大蔵・宮内）の長官。原則として正四位。「治部—かけたる（=兼任ノ）宰相になされぬ」〔宇津保・俊蔭〕 ❷大・中納言、三位以上および参議の官人。「諸—みな左右に候(こう)す」〔太平・巻一三ノ一〕 ❸上記の官人に対する尊敬語。「閣下」といった感じ。「新大納言成親—も（=大将ノ地位ヲ）ひらに申されけり（=切望ナサッタ）」〔平家・鹿谷〕「かの—（=中納言定家）道の稽古（=歌道研究）の事さまざまにしるしたまへるに」〔ささめごと・上〕

きやう【饗】（キョウ） Ⓔ ❶宴会。「所どころの—なども、内蔵寮(くらづかさ)・穀倉院よりつかうまつらせたまへり」〔源氏・若菜上〕 ❷もてなしの酒やたべもの。「侍の料として（=コレハ侍タチノ分トシテ）、あしくもあらぬ—一二膳(ぜん)ばかりすゑつ」〔宇治・巻九ノ五〕

ぎやう【行】（ギョウ） Ⓒ ❶おこない。行動。「知と—とは異なり」〔沙石・巻三ノ三〕 ❷〔仏〕㋑存在するすべてのものごと。「諸—無常の響きあり」〔平家・祇園精舎〕 ㋺《十二因縁の第二》人間存在の根本である無知による迷いから生じ、現在における感覚や判断をひきおこすはたらき。《仏典にはいくらも現れるが、和文では用例未見》 ❸仏の教えに従い実践すること。修行。「志賀寺の聖人は三密の—に功を運びしかども（=功徳ヲ積ンダガ）」〔妻鏡〕 ❹官と位の両方を記す時、位が官相当位より高い事を示すために置く語。位名の下、官名の上に記す。「大納言正三位兼—左近衛大将…源朝臣正頼」〔宇津保・初秋〕

きやう おう【饗応】（キョウ—） Ⓓ 《+自サ変》→きやうよう。

きやう か【狂歌】（キョウ—） Ⓓ ❶平安末期から鎌倉時代にかけて、歌合わせのあとなどに余興に詠作された遊戯的な歌。また社会を風刺した落首(らくしゅ)をもいう。「（寂蓮ハ）折につけて（=ソノ時節ニ合ワセテ）きと（=スグサマニ）歌よみ、連歌し（=連歌ヲモ作リ）、ないし—までも、にはかの事に（=急ナ場合デモ）ゆゑあるやうに（=趣深ク）よみし」〔後鳥羽院口伝〕 ❷江戸時代に盛んに行われたこっけいな短歌。趣向および語のもじりにこっけい味を出した。「むかし、—の才士、この国（=コノ尾張ノ国）にたどりし事を（=旅シテ来タコトヲ）ふと思ひ出でて申しはべる」〔芭蕉・冬の日〕《「才士」は狂歌師竹斎》

きやう がい【境界】（キョウ—） Ⓓ ❶〔仏〕前の世からの運命によって自分にあたえられた境遇。「（釈迦ガ）六根をきよめて（=スベテノ迷イノミナモトヲ清メテ）、仏の—に入り、もろもろのさはりを離れて、菩薩の位に入らむと思ひ」〔三宝絵・下〕 ❷㋑環境。「必ず禁戒を守るとしもなくとも（=仏道修行ノタメノ戒メヲ守ロウトシナクテモ）、—（=話ヲスル環境ガ）なければ何につけてか（=何ニヨッテ無言ノ行ヲ）破らむ」〔方丈〕 ㋺対象。「おのれが—にあらざるものをば争ふべからず、是非すべからず」〔徒然・一九三段〕《日葡辞書にquiõgaiとして、対象・目標という意の訳語があげてある》《「三界広しといへども、五尺の—置き所なし」〔平家（天草本）〕によって「からだ」という意をあげる説もあるが、これは「形骸」のよみちがいと思われるので、採らない》

ぎやう がう【行幸】（ギョウゴウ） Ⓓ 天皇の御外出。みゆき。[参]ごかう（御幸）。「十月に朱雀院の—あるべし」〔源氏・若紫〕《(1)底本（大島本）は「行かう」と表記。(2)日葡辞書・天草本平家物語にguiõgõとある》

きやう かく【狂客】（キョウ—） Ⓔ 風雅の道に夢中になっている人。風流人。「酔翁—月（ノ美シサ）に浮かれて（=興ジテ）来たれり」〔芭蕉・堅田十六夜之弁〕

ぎやう ぎ【行儀】（ギョウ—） Ⓓ ❶行為・行動の方式。やりかた。「（権力者ニ近ヅカナイコトハ）まことに仏道を学習せむ人、忘れざるべき—なり」〔正法眼蔵・渓声山色〕 ❷日常生活の作法。マナー。「成長に従ひ、利発にて—よく」〔黄・心学早染草・上〕 ❸《+形動ナリ》《倫理的な意味で》行動する態度（がよいこと）。「栴檀(せんだん)皇女と申せしは…—正しき御身もち」〔近松・国性爺・一〕「この—・なる心意気を聞いて…殊のほかの褒美なりしが」〔浮・禁短気・巻六ノ二〕《「山伏といっぱ役(えん)の優婆塞(うばそく)の—を受け」〔謡・安宅〕により、「僧・修験者の苦行の精神」という意を認める説もあるが、誤り。この例は「①」の用法と考えてよい》

きやう きやう【軽軽】（キョウキョウ） Ⓔ 《形動ナリ》かるがるしい。かるはずみ。軽率。「下人どものやらむかたなく（=ドウニモショウガナイホド）多かりければ、車よりおりて入らむが(太政大臣ノ身分デハ)すこぶる―・におぼえたまひければ」〔今昔・巻一二ノ二四〕「金葉(集)はまたわざとをかしからむとして、―・なる歌多かり」〔無名抄・六八〕

きゃうく【狂句】(キョウ―) Ⓔ ❶〔連歌で〕砕けた感じの付け句。「―、これは定まれる法なし。ただ心ききて(=才気ガアッテ)興あるやうにとりなすべし(=作ルガヨイ)」〔連理秘抄〕 ❷俳諧。俳句。「風羅坊(=芭蕉ノ別号)…かれ―を好むこと久し」〔芭蕉・笈の小文〕

きゃうげん【狂言】(キョウ―) Ⓓ ❶〖+自サ変〗㋑正当でないことば。筋のとおらないことば。「(七〇万ノ軍勢ヲモチナガラ、三〇万ノ敵ニ勝テナイナンテ、ウチノ大将ハ)勢を聞き怖(お)ぢして、かかる―をばいふ人なり」〔太平・巻二〇ノ七〕㋺たわむれごと。じょうだん。「『正直にては良き馬はまうくまじかりけり(=手ニハイラナイナア)』と―・して」〔盛衰・巻三四ノ一〇〕 ❷㋑能に伴って演じられる中世笑劇。能狂言、またはその役者。「―すべき者は、常住に(=フダン)それになるべし(=狂言役者ラシクフルマエ)」〔中楽談儀・二〇〕「脇の為手(て)も―も、能の本(=テクスト)のまま何事をも言ふべし」〔中楽談儀・一八〕㋺〖+自サ変〗〔歌や語りを伴う芸能を〕演ずること。「この(曲舞ノ)一曲を―・すれば(=ウタウト)、神気(かみげ)が添うて(=神掛カリニナッテ)現(うつ)なくなりさうらへども(=正気デナクナリマスガ)」〔謡・歌占〕〔天文三年奥書の鴻山文庫本では「この謡ひをうたひさうらへば、すこし神気になりさうつふ」とある〕㋩〔歌舞伎の〕戯曲。「―の筋も、曾我(兄弟)の貧乏をとりくみ(=題材トシ)」〔黄・孔子縞・下〕 ❸はかりごと。計略。「この―が当たったら(=成功シタラ)、よきに取り立て得させむ(=ウント出世サセテヤロウ)」〔黄・御存商売物・中〕 ――きぎょ 綺語 Ⓔ〔「きゃうげん①㋑」および飾り立てたことばの意から転じ〕詩歌文章。白楽天の「願以二今生世世俗文字之業狂言綺語之誤一、翻為二当来世世讃仏乗之因転法輪之縁一」〔倭漢朗詠集・下〕という句で有名。〔「この世で仏道に関係のない詩歌や文章にふけっていた罪を、来世において仏を讃嘆しそのありがたさを説き述べる機縁としたい」の意〕「―の誤ちは、仏を讃(ほ)むる種として、あらきことばもいかなるも、第一義(=無上ノ真理)とかにぞ帰るなる」〔梁塵〕

きゃうこう【向後・嚮後】(キョウ―) Ⓓ これから後。以後。「きゃうご」とも。「(私モ)―からは、小野の家来」〔伎・三舛玉垣・一ノ五〕

きゃうざく【警策】(キョウ―) Ⓔ〖形動ナリ〗❶(性質が)はきはきしている。頭のはたらきがよい。「若けれどいと―・に生ひ先たのもしげなる(=将来有望ナ)人にぞあめるを」〔源氏・若菜上〕「ちごより、小松の帝をばしたしく見たてまつらせたまひて、事にふれて―・におはしますを」〔大鏡・基経〕 ❷(事がらにつき)才気が感じられる。「禄(ろく)などいと―・に(=気ガキイタサマニ)設けられたりけり」〔源氏・若菜上〕〔中古文では拗音を避けて「かうざく」と表記することもある〕

ぎゃうじ【行事】(ギョウ―) Ⓓ〖+自サ変〗❶もよおし事(を行うこと)。「年中―の(絵ガカイテアル)御障子(=フスマ)のもとにて」〔大鏡・頼忠〕 ❷事を行う時の管理(責任者)。〔公事にも私事にもいう〕「あさましく、いかがすべきと(天皇御即位式ノ)―思ひあつかひて(=途方ニクレテ)」〔大鏡・昔物語〕〔↑公事〕「(法会ニ出カケル乗車ノ順番ガメチャクチャニナッタノハ)―・する者のいとあしきなり」〔枕・二七八段〕〔↑私事〕 ❸〔江戸時代〕商人の組合や町の自治組織などで、代表者として事務をとり行う人。「組合(ノ)―が牡丹餅(ぼたもち)ほどの判を据(す)ゑて、しか(=コウ)言ふ」〔三馬・風呂・前ノ上〕

きゃうしき【京職】(キョウ―) Ⓓ 平安京の民政(戸籍・租税・土木など)と司法・警察を担当した役所。朱雀大路(すざくおおじ)より東を左京職が、西を右京職が受け持った。左右それぞれ長官の大夫(だいぶ)一名、次官の亮(すけ)一名、三等官の大進(だいじん)一名・少進一名、四等官の大属(だいさかん)一名・少属二名があり、そのほかに、史生(ししょう)・使部・条令・坊長などがあった。検非違使(けびいし)庁ができて後、権限は多くそちらに移っていった。

きゃうしゃ【狂者】(キョウ―) Ⓔ ❶ざれごとをして、座をとりもつ芸人。「(北条高時ノ舞ハ)―の言(ことば)を巧みにする(=ウマイ事ヲイウ)たはむれ(=芸)にもあらず」〔太平・巻五ノ四〕 ❷(風雅の道に)ふける人。音楽狂や文芸狂など。「(コノ句ヲ)自称の(=話主ガ自分カラ名ノリ出タ)句となして見れば―のさまも浮かみて(=自然ト目ニ浮カンデ来テ)、初めの句の趣向にまさされること十倍せり」〔去来抄・先師評〕

ぎゃう・ず【行ず】(ギョウ―) Ⓓ〖自サ変〗❶実行する。「物なきとて善事を―・ぜぬは…志の(=ヤル気ガ)なきなり」〔沙石・巻四ノ一〕 ❷(きまったプロセスに従い)つとめおこなう。修行する。(参)ぎゃう③。「(仏道ヲ修行スル者ハ)三品(=素質ノ上・中・下)の次第を心得て、根(こん)(=素質)に随って―・ずべきなり」〔真言内証義〕

きゃうぢょ【狂女】(キョウジョ) Ⓓ ❶気の狂った女性。女のきちがい。「向かふより半四郎(=役者ノ名)、お光(ノ役)にて、―の姿(なり)」〔伎・お染の七役・大切〕 ❷とり乱して、たしなみの限度をこえて行動する女性。精神病ではない。「いかに(=オイオイ)―。(天皇ノ)宣旨にてあるぞ。御車近う参りて、いかにも(=デキルダケ)おもしろう狂うて(=サワイデ)舞ひ遊びさうらへ」〔謡・花筐〕

ぎゃうでん【宜陽殿】(―ヨウ―) Ⓓ 内裏の殿舎の一。

紫宸殿の東がわにあり、宝物が納めてある。

ぎやう ぶ【刑部】(ギョウー) Ⓓ ❶㊥刑部省。❷刑部省の役人。 **――きやう** 卿 (…キョウ) Ⓓ 刑部省の長官。正四位の相当官。 **――しやう** 省 (…ショウ) Ⓓ 裁判および刑罰をつかさどる役所。大同三年(八〇八)以後、所属官庁は囚獄(しゆう)司だけであった。長官を卿(きよう)、次官を大輔(たゆう)・少輔(しよう)、三等官を大丞(じよう)・少丞、四等官を大録(だいさかん)・少録とよび、そのほか裁判官として大判事(正五位)・中判事(正六位)各一名、少判事(従六位)二名があり、また補助検察官として大解部(ときべ)・中解部各二〇名、少解部三〇名がいたけれど、平安時代に入ってだんだん縮小し、検非違使庁ができた後は、権限が多くそちらに移り、有名無実の存在となった。

きやう よう【饗応】(キョウー) Ⓓ ㊀《十自サ変》❶【響応】(響きに応ずるように)その場をとりつくろうこと。相手に調子を合わせること。「(激賞シタガ、実ハ)よも(=マサカ)然らじ(=ソウデハアルマイ)。これは―の言(こと)なり(=当座ノオベッカダ)。なほ確かに(真実ノ批評ヲ)申すべし」(今昔・巻二四ノ二六)「(砂金ヲバラマイテ取ラセルトハ)ふさはしからず(=不似合イデ)にくし(=気ニクワナイ)とは思はれけれど、その座にては―し申して、(皆トイッショニ)取り争ひけり」(大鏡・道隆) ❷(酒食を用意して)もてなすこと。ふるまうこと。(和語の「あるじ」に当たる)「見つけて、いみじく―して…酒わかして」(宇治・巻三ノ一) ㊁《十他サ変》贈り与えること。贈呈すること。「禄(ろく)など―せむ料に(=祝儀ヲフルマウタメニ)、にはかに親しきゆかり(=縁故ノ者)ども呼びて」(今鏡・葦鶴)

きやう わらんべ【京童〈部〉】(キョウー) Ⓓ 京都の青少年グループ。「京わらはべ」「京わらべ」とも。「若かりける時…―どもと、いさかひ(=ケンカ)をしけり」(宇治・巻七ノ四)《不良化した者が多かったらしく、ふだん印地(いんじ)(=投石)を練習していて、暴力に訴えることもしばしばであった》「熊手を切られて、八町二郎、のけに(=アオムケニ)倒れて、三ころびばかりころびける。(戦見物ノ)―、これを見て『…』とぞ笑ひける」(平治・中・一)《ゴシップを流したり人をこきおろしたりする野次馬根性も顕著だったらしい》

ぎやく えん【逆縁】Ⓓ 〔仏〕㊐「順縁」 ❶反仏法の行為が、かえって仏道に入るきっかけとなること。「願はくは(東大寺ヲ焼キ打チシタワタシノ)―をもって順縁とし、ただいまの最後の念仏によって九品(くほん)托生(たくしよう)をとぐべし(=極楽ニ生マレルコトガデキマスヨウニ)」(平家・重衡被斬) ❷当然すべき理由がないこと。「(何ノユカリモナイ拙僧トシテハ)―ながら、弔ひてこそ通りさうらひつれ」(謡・松風) ❸(逆縁結縁の意で)あらかじめ死後のため仏に縁を結んでおくこと。「かの西天(さいてん)(=インド)の貧女が一衣を僧に供(く)ぜしは(=タダ一枚ノ着物ヲ僧ニサシアゲタノハ)後の世の―」(謡・自然居士)

きやく そう【客僧】Ⓓ ❶そこの住人でなく滞在中の僧や山伏。「かやうにさうらふ者は、鞍馬の奥、僧正が谷に住まひする―(=外来ノ山伏)にてさうらふ」(謡・鞍馬天狗) ❷旅の僧や山伏。「なうなう(=モシモシ)お―。あの高い木の空からお飛びやって、腰を打ちはめされぬか」(狂・柿山伏〈鷺流〉)

き・ゆ【消ゆ】Ⓑ《自下二》❶(氷・雪・露などが)消失する。「氷を取りてその上に置く。既に夏月を経て―えず」(紀・仁徳・訓)《「きえ」は「泮」の訓》 ❷(火や光が)なくなる。「燈し火の―えて…暗ければ」(蜻蛉・下) ❸(姿・形などが)見えなくなる。「数ならぬ伏せ屋に生ふる身の憂さにあるにもあらず(=イタタマレズ)―ゆる帚木(=帚木ノヨウニ姿ヲ隠シタワタクシデス)」(源氏・帚木) ❹(罪・恨み・悲しみなどが)解消する。「御気色の心深きに、よろづの辛きも―えぬべし」(浜松・巻二下) ❺㋑意識がなくなる。気絶する。「いとどかきくらし(=頭ガボウットシ)魂―ゆる心地して」(浜松・巻五)㋺死ぬ。「(孫ニ先立タレ)憂きながら―えせぬものは(=ワタシノ)身なりけりうらやましきは水の泡かな」(拾遺・哀傷)

ぎょ い【御衣】Ⓔ 天皇またはそれに準ずる方のお召しになる(なった)着物。「『恩賜の―は今ここに在り』と誦(ず)じつつ入りたまひぬ」(源氏・須磨)

ぎょ い【御意】Ⓓ ❶他人の気持ち・心の中を尊敬していう語。お気持ち。御心。「左大臣殿(=頼長)院方に伺候のあひだ(=崇徳院ノ味方トシテオ仕エナサッテイルノデ)、―の通ずること(=忠実ト頼長ノ御心ガ通ジテイルコトハ)世に隠れなし」(保元・中・五) ❷御命令。お言いつけ。「何事にてもさうらへ(=ドンナコトデアリマショウトモ)―をそむく事はあるまじくさうらふ」(謡・夜討曾我) ❸他人のことばの尊敬語。おっしゃること。おことば。「関東へ行く事は、いやぢゃいやぢゃと、やんちゃばかり―なされ(=オッシャッテ)、お袋様も(=御母君モ)殿様もたらしつ(=ダマシタリ)叱っつあそばせども(=ナサッテモ)、どうでもいやぢゃとおむつかり(=スネテイラッシャル)」(近松・小室節・上)

ぎょ いう【御遊】(-ユウ) Ⓔ 天皇またはそれに準ずる方の主催される歌舞の会。「元応の清暑堂の―に、玄上(トイウ琵琶)は失せにしころ、菊亭大臣(=藤原兼季)牧馬(トイウ琵琶)を弾じたまひけるに」(徒然・七〇段)

きょう【興】Ⓒ ❶おもしろみ。楽しさ。興趣。「悲しければ、月の―もおぼえず、くんじ(=クサクサシテ)臥(ふ)しぬ」(更級) ❷一時のたわむれ。その場をおもしろくするための本気でない行為。「人をはかりあざむきて、己(おのれ)が智の勝りたる事を—とす(=座興トスルノハ)、これまた礼にあらず」〔徒然・一三〇段〕 ❸詩・和歌・連歌などでいう比喩方法の一つ。たとえる内容を暗示する。「『五月雨(さみだれ)は峰の松風谷の水(=雨音ガ峰ニ吹ク松風ヤ谷川ノ水音トモ聞コエルコトダ) 救済』これは、そのものにゆゑづきたるを(=ソノ事物ニ関係シテイルモノヲモッテ)見なし聞きなしたとへたる(=五月雨ヲ松風・谷ノ水音ニ聞キタトエタ)—の句なるべし」〔ささめごと・上〕 **—あ・り** 有り Ⓒ《連語》おもしろみがある。趣が深い。「をかしき事にもあるかな。もっともえ知らざりつる(=少シモ知リ得ナカッタ)。—・ること申したり」〔竹取〕 **—な・し** 無し Ⓒ《連語》おもしろみがない。興趣がない。「をかしき事を言ひてもいたく興ぜぬと、—・き事を言ひてもよく笑ふにぞ、品のほど(=ソノ人ノ人品ノ程度ガ)はかられぬべき」〔徒然・五六段〕 **—に入・る** 上きげんになる。愉快な気分になる。「『事足りなむ(=ソレデ結構ダロウ)』とて、ここよく数献に及びて(=何バイモ酒ヲアガッテ)—・られはべりき」〔徒然・二一五段〕「どっと興にぞ入りたまふ」〔近松・小室節・上〕

きよう【器用】Ⓓ《+形動ナリ》❶能力があること。またはその・人(能力)。「誰をか追ひ手にくだすべき(=ヤッタラヨカロウ)とて、その—(=適任者)をぞえらまれける」〔太平・巻二一ノ七〕 ❷じょうずであること。巧みなこと。「鞠(まり)を好いて、天然と—ありければ」〔咄・醒睡笑・巻一〕 ❸容姿・態度・言動などのすぐれているさま。りっぱ。「よい殿かな。あはれ(=アアマッタク)お—や」〔謡・烏帽子折〕 ❹賢明だ。頭がよくまわる。「(オ前ニヤル金ヲ)十五両にして進ぜるから、それで—・に(=気ヲキカシテ)帰るがよい」〔伎・河内山・五〕

ぎょう【御宇】Ⓔ ある天皇がお治めになっている時代。御代(みよ)。《謡曲ではいつも「ギョオ」(gyo-o)と発音される》「後白河の院の—に、千載集を撰ばる」〔謡・忠度〕

ぎょうけしゃ【凝華舎】Ⓓ →うめつぼ。

ぎょかん【御感】Ⓔ「感心すること」の意の尊敬語。特に天皇あるいはそれに準ずるお方の御感心。「上皇なほ—の余りに」〔平家・殿上闇討〕

きよきよ Ⓔ《副》おそれのために胸がさわぐさま。ぎょっと。「入道殿(=道長)に世の(政権ガ)移りしほどは、さも胸つぶれて(=ホンニ胸ガイッパイニナッテ)—とおぼえはべりしわざかな(=ドキドキイタシマシタコトデ)」〔大鏡・道長〕《悸悸(きき)の字音が転じたものであろうといわれる》

きょくほ【極浦】Ⓔ はるか遠い所の海岸。「夜—の波に宿すれば、青嵐(せいらん)吹いて皓月(かうげつ)(=白イ月ガ)冷(すさ)まし」〔倭漢朗詠集・下〕

きよげ【清げ】Ⓑ《形動ナリ》❶きれいだ。美しい。「かたちいと—・におはします宮なり」〔源氏・橋姫〕「月残りなく(=月光ガ家ジュウニ)さし入りたるに、紅の衣上に着て、うち悩みて(=病気デ)臥したる月かげ(=月光ニ照ラサレタ姿ハ)…いと白く、—・にて」〔更級〕《中古語の「うつくし」はlovelyで「きよげなり」がbeautifulにあたる。[参]うつくし①》 ❷きちんとしている。整っている。「人のもと(=トコロ)にわざと—・に書きてやりつる文の」〔枕・二五段〕「(書風ハ)づしやかに(=ドッシリト)書いたまへれど、殊にをかしき所もなし。手(=筆跡)はいと—・なり」〔源氏・真木柱〕 ❸《食物について》見た感じがよい。見るからおいしそうだ。「わざとの設けにはあらで(=ギョウサンナ接待デハナクテ)牛飼ひまでに、いと—・にあるじしたまふ(=リッパニモテナシヲナサル)」〔落窪・巻三〕「ほどなく、いと—・なる食物を持て来たり」〔今昔・巻三一ノ一四〕

きよ・し【清し】Ⓑ《形ク》❶(光・水・音色などが)澄みとおっている。「藤なみの影なす湖(うみ)の底きよみ沈(しづ)く石をも玉とぞ吾(あ)が見る」〔万葉・巻一九〕 ❷㋑けがれがない。清浄だ。「神南備(かんなび)の—・き(=神聖ナ)御田屋の…」〔万葉・巻一三〕 ㋺(気持ちが)きれいである。潔白である。「わが心の底—・くはこそ」〔浜松・巻四上〕 ❸(風景・容姿などが)美しい。「小中将の君とて…若う、かたち(=顔ダチ)—・きがもとになむ」〔浜松・巻五〕 ❹《連用修飾のとき》すっかり。ぜんぜん。「内裏(うち)には、宿直(とのゐ)物持て来なむと待つに(供ノ者ハ)—・う見え聞こえず(=影モ形モミエナイ)」〔枕・二七八段〕

ぎょしゅつ【御出】Ⓓ 高貴な人の外出の尊敬語。おでまし。おでかけ。「何者ぞ(=ダレダ)。狼藉(らうぜき)なり(=無礼デアル)。—のなるに(=摂政殿下基房公ガオデマシダカラ)、乗り物よりおりさうらへ」〔平家・殿下乗合〕

きよら【清ら】Ⓑ [一]《形動ナリ》❶《事物について》美麗だ。みごとだ。「立てる(月世界ノ)人どもは、装束の—・なること、物にも似ず(=タトエヨウモナイ)」〔竹取〕 ❷《人について》美しい。「いと細やかにそびえて(=スラリトシテ)髪のすぢ細やかに—・にて」〔紫日記〕 [二] ❶高度の華美。「御調度どもも、そこら(=タイソウ)—を尽くしたまへる(=ゼイタクヲナサッタ)なかにも」〔源氏・梅枝〕 ❷㋑人目に立つようにすること。飾ること。「何の(=ナンカノ)心にくく(=ワケノアル)—あるべき(=晴レノ)御ありきならばこそ(=御外出ナラ話ハ別デスガ)」〔寝覚・巻四〕 ㋺身だしなみ。お化粧。「(産後ナノデ)何の—あるべくもあらず(=別ニオメカシモナサラズ)、御髪(みぐし)は白き御衣(みぞ)どもの厚肥えたる(=フックラシタノ)にうづもれて」〔寝覚・巻五〕

きら【綺羅】Ⓓ《綺(あやぎぬ)および羅(うすぎぬ)の意から》❶

美しい絹布で作った衣服のこと。「なるほど、花売り婆あにしては―がよし」〔伎・助六由縁江戸桜〕 ❷外から見た美しさ。きらびやかな外観。「『夜に入りて物のはえなし(=見バエガシナイ)』といふ人(ガアルガ)、いと口惜し(=ナッチャナイ)。よろづの物の―・飾り・色ふし(=色アイ)も、夜のみこそめでたけれ(=ホントウハ夜ノウチガヨイモノダ)」〔徒然・一九一段〕 ❸盛んな権勢。「そのころの内府(=平重盛)の―にては、いかなる車なりとも(=ドンナ人ノ乗ッテイル物見車デアッテモ)争ひがたくこそありけめど(=ヨイ場所ヲ取リ合ウコトハデキナカッタロウガ)」〔十訓・第一ノ二七〕

きら きら・し [C]〔形シク〕 ❶(容姿が)はなやかに美しい。輝くように美しい。「(玉鬘ノ君ハ)いとはなやかに、こぞくもれる(=陰気ダ)と見ゆるところなく、くまなく(=ドコカラドコマデ)にほひ―・しく、見まほしき(=イツマデモ見テイタイ)さまぞしたまへる」〔源氏・初音〕 ❷(富貴だったり幸運だったりして)まばゆいばかりに栄えている。「(若宮ノマワリニハ)やむごとなき(=高貴ナ)人まゐり集(どつ)ひて(=寄リ集マリ御キゲン取リヲシテイルノデ)、日ごろたちて、こなたなどにも渡りたまはず(=オ見エニナラナイ)。いと―・しくておはす」〔宇津保・国譲中〕「はじめより(常陸介ガ)ただ―・しう(=富裕デアッテ)、人の後ろ見(=後援者)と頼みきこえむにたへたまへる(=十分ニ力ガオアリデアルトイウ)御おぼえ(=定評)をえらび申して(=選択ノ根拠トシテ)聞こえはじめ申ししなり(=婿ニナロウト申シアゲタノデアル)」〔源氏・東屋〕 ❸はでに威勢をはっている。「(兼家ハ)わざと―・しくて(=行列ヲリッパニ整エ威勢ヲハッテ)、日まぜなどに(=一日オキグライニ)うち通ひたれば、はかなごこちには(=自分ノアサハカナ感ジデハ)、なほかくてぞあるべかりける(=ヤッパリ縁ヲキラナイノガヨイト思ウノダッタ)」〔蜻蛉・中〕 ❹(態度・様子などが)きちんとしていて、りっぱだ。みごとである。「山伏の礼儀などを問ふ(=同志トシテノアイサツナドスル)時は、誰か―・しく(=テキパキト)答へて通ふべき(=通過デキヨウカ)」〔義経・巻七ノ一〕

き らく【帰洛】[E]〖十自サ変〗(「洛」は「洛陽」、すなわち首都の意で)京に帰ること。帰京。「けふ思ひ立つ旅衣―をいつと定めむ」〔謡・船弁慶〕

きら・ふ【霧らふ】(-ラ〈ロ〉ウ) [D]〖自四〗(「きる」の未然形に助動詞「ふ」が付いたもの。[参]ふ)(霧やかすみが)あたりいちめんに立ちこめる。「天の川八十瀬(やそせ)―・へり彦星の(織女ノ所ニ行ク)時待つ船は今し漕ぐらし」〔万葉・巻一〇〕

きら め・く【煌めく】[D]〖自四〗 ❶きらきら輝く。「眼―・きて、甚だ恐ろし」〔今昔・巻一〇ノ二八〕 ❷はなやかによそおう。盛装する。「御まじらひ(=公的ナ出仕)のほどなど、殊の外に―・きたまひき。胡籙(やなぐひ)の水晶の筈(はず)もこの殿の思ひ寄り(=着想シ)しいでたまへるなり」〔大鏡・兼通〕 ❸積極的にふるまう。目立つように行動する。「源宰相は…ある時は遊び―・きつつ」〔宇津保・嵯峨院〕

ぎ り【義理】[C] ❶㋑(ものごとの)すじみち。道理。「世法・仏法の無尽の―を含めり」〔沙石・巻三ノ一〕㋺意味。わけ。「(コノ道具ハ屋根ノ)漏りをとむるといふ―で、名を太子の手鉾と名づけておいた」〔狂・太子の手鉾〕(聖徳太子が守屋を討ったことに掛けた洒落)㋩理由。「わけもあらうし、―もあらう。けれども、そりゃあ、聞く耳ゃ持たねえ」〔人・娘節用・二〕 ❷(事の)なりゆき。「ふと深川へ通ひ、(アトヘ)ひかれぬ―(トナッテ、ソコノ舞妓ニ)なじみをかけ(=ナジミノ仲トナリ)」〔伎・姉妹達大礎・口明〕 ❸㋑(作品に含まれる)思想的な筋あい。思想性。「今の世、我はと誇れる人の歌を見るに、おほかた趣向と―とを宗(むね=主眼)として…自然の姿を失ひたれば」〔真弓・歌学提要〕㋺(劇の)筋立て。構成。「それがし(=ワタシ)が憂ひ(=悲劇性)は、みな―(カラ生マレルモノ)をもっぱらとす」〔以貫・難波土産・発端〕〖従来の通説は「⑤」に解するが、誤り〗 ❹〖親類関係で〗血縁でないこと。「(オ前トオレトハ)胤(たね)腹分けぬ(=血ノツヅキノナイ)―の兄弟」〔伎・姉妹達大礎・口明〕 ❺㋑人間としておこなうべき筋あい。道義。「ここな鬼婆(ばば)―も法もわきまへぬ畜生」〔伎・伊賀越・五〕㋺〖交際の上で〗やむをえない関係。「今日まで―で遊びに来たのよ」〔人・娘節用・三〕 ❻あいさつ。「―をのべ(=アイサツヲ交ワシ)別れる」〔一九・膝栗毛・初〕

きり かけ【切り掛け・切り懸け】[E] ❶板べいで、柱と柱の間に横に板を渡し、その板が重なり合うようにして作ってあるもの。「山づらに、かりそめなる(=一時的ナ)―といふものしたる(=作ッテアル)上より、丈六の仏のいまだあらづくりにおはするが(=仕上ゲヲシテナイ仏像ガ)顔ばかり見やられたり(=コチラカラ見エタ)」〔更級〕 ❷柱に横板を切り重ね、板と板の間を斜めに透かし通風をよくしたついたて。「水干のあやしげなりけるが(=ヒドク痛ンデイル狩衣ガ)ほころびたえたるを(=縫イ目ノ糸ガキレテホコロビテイルノヲ)―の上よりなげこして(=投ゲテヤッテ)『これがほころびぬひておこせよ』といひければ」〔宇治・

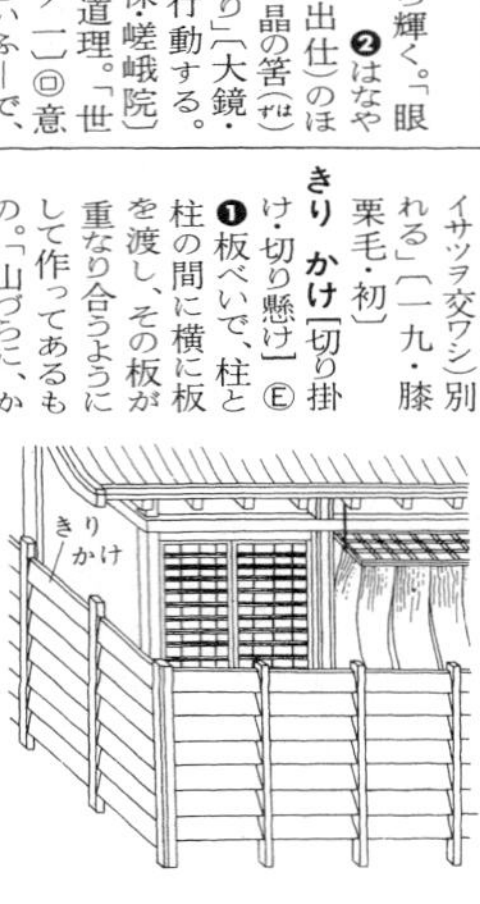

〔きりかけ❶〕

巻七ノ二〕 ❸武具の一つ。御幣(ごへい)に似たさしもの。

きりぎりす【蟋蟀】 Ⓒ 今の「こおろぎ」の古名。「—いたくななきそ(=ソウヒドク鳴クナ)秋の夜の(=枕詞)ながき思ひは(=イツマデモツキナイ物思イハ)われぞまされる(=ワタシノ方ガ多インダ)」〔古今・秋上〕《今のキリギリスは「はたをり」といった》

きりくひ【切り杭】(―イ) Ⓔ ❶木の切り株。「その根のありければ—の僧正といひけり」〔徒然・四五段〕 ❷正月の叙位のとき、女官が母と自分の勤続成績を合算し、叙位の申請をしたこと。

きりつぼ【桐壺】 Ⓓ 内裏の後宮の殿舎の一。中庭に桐が植えてあるので、こうよぶ。正式の名は淑景舎(しげいしゃ)。女御(にょうご)や更衣(こうい)などの住む所。内裏のいちばん東北隅にあるので、清涼殿に行くためには、たくさんの渡殿(わたどの)を通らなくてはならない。

きりとうだい【切り灯台】 Ⓔ 三本脚の灯台を切りちぢめ、たけを低くしたもの。油皿(らざ)をのせる所は、多くは細長い木片を✕型に打ちつけてある。「(歌ヲヨム時ニハ)—に火近近とともしつつ…案じける(=考エヌイタ)」〔無名抄・六八〕

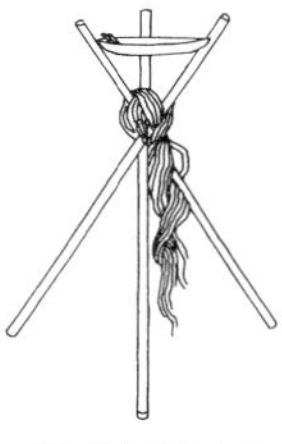

〔きりとうだい〕

きりふ【切り斑・切り〈生〉】(―リュウ) Ⓔ 鷹(たか)・鷲(わし)の白羽に数条の黒い斑紋(はんもん)があるもの。矢羽に用いる。斑紋の大小・濃淡によって、「大切り斑」「小切り斑」「薄切り斑」などがある。「—の矢おひ、滋籐(しげどう)の弓持って」〔平治・中・一〕

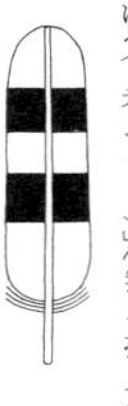

〔きりふ〕

きりめ【切り〈目〉】 Ⓔ ❶ものごとの区切り。「(アアイウ事ハ)をりふし(=チャンス)—(=区切リノヨイ所)を(=慎重ニ)見てつかうまつるべきなり」〔大鏡・昔物語〕 ❷切り口。「御意見の事ども—に塩の沁むやうに(=痛切ニ)存じ出だし」〔西鶴・文反古・巻一ノ三〕

きりやう【器量】(―リョウ) Ⓓ ❶㋑才能。「—あらむ者は、形(かた)のごとく(=イチオウ)往生要集…時々は繰り見るべきなり」〔一言芳談・上〕㋺(その人の)能力の程度。「—ほどに遊べば…苦しみは受けず」〔浮・禁短気・巻一ノ四〕 ❷たくみである・こと(人)。「笛の御—たるによって(=オジョウズナノデ)この宮、相伝ありけり」〔平家・大衆揃〕 ❸顔だち。「下女のおすけは、女房にも劣らぬ—ゆゑ」〔黄・見徳一炊夢・上〕《「—の徳人」〔今昔・巻二八ノ三二〕により、程度の大きいことを表すという意を認める説もあるが、他に用例がなく、また「いかめしの」とよませたのかもしれないので、疑問としておく。この「器量」を「裕福」と解する説は誤り》

きりょ【羇旅・羈旅】 Ⓔ ❶たび。「高市連(たけちのむらじ)黒人の—の歌」〔万葉・巻三・詞〕「存命の(=無事ダッタ)よろこび、—の労を忘れて、涙も落つるばかりなり」〔芭蕉・奥の細道〕 ❷(歌集や句集で)旅に関する部類(の作品)。「古今和歌集巻第九—歌」〔古今・羇旅〕

き・る【霧る】 Ⓒ〔自四〕❶霧がたつ。「ほのうち—りたる朝の露もまだ落ちぬに」〔紫日記〕 ❷(目がくもって)ぼんやりとしか見えない。「(母君ガ自分ノ)御髪かきなでつくろひ、(病中ナノニ自分ヲ車カラ)おろしたてまつりたまひしをおぼし出づるに、(涙デ)目も—りて(=ボウットナッテ)いみじ(=ナミナミノ思イデナイ)」〔源氏・夕霧〕

き・る【切る】 Ⓑ ━〔他四〕❶㋑(刃物で)分割する。切断する。「柳こそ—れば生えすれ(シカシ)世の人の恋に死なむをいかにせよとぞ」〔万葉・巻一四〕㋺【斬る】(刃物で)殺傷する。「六条河原へ引き出だいてぞ—りてんげる」〔平家・土佐房被斬〕㋩(木材を切って)作る。「庵(いほ)を二つ—っておいたと仰せられたが、わごりょ(=アンタ)は知らぬか」〔狂・狐塚〕 ❷㋑連続させなくする。裂く。「不思議なる(=珍妙ナ)文章なりかし。(ソレヲ見タ)僧正、腸(はらわた)を—りて(=チギレサセルホド大笑イシテ)」〔著聞・興言利口〕㋺関係をなくす。「(遊里ノ)客も粋(すい)になって…のく(=ダンダン遠ノクトカ)—る(=スッパリ別レルトカ)の気味あひ事(=タイミングノムズカシイ事)まで、さしてかはれる事もなし」〔風来・志道軒伝・巻五〕 ❸㋑(そこまでで)先がないようにする。絶つ。「敵に跡(=退路)を—られじ(=遮断サレマイ)と、四条を東へ引きわたして」〔太平・巻一七ノ五〕㋺(そこまでを)限界とする。限る。「(期限ヲ)五年ほど(ニ)—って、五十匁(め)ばかり銀子(ぎんす)貸し申すべくさうらふ」〔西鶴・文反古・巻五ノ四〕㋩(そこで)終わりにする。決着をつける。「さらば、貫之が(躬恒ヨリモ)劣りはべるか。事を—りたまふべきなり(=結論ヲオ出シニナルガヨロシイ)」〔無名抄・一七〕㋥(途中を)さえぎる。よこぎる。「東西東西(=オイオイ)、話の道を—るめえ」〔三馬・床・初ノ上〕 ❹急にはげしい動きを与える。「(弓ヲ)引きつめて(=ジュウブンニ引イテ)弦音高く—って放つ」〔太平・巻一七ノ一〕 ❺(動詞の連用形に付いて)上の動詞の意味を強める。じゅうぶんに…する。完全に…してしまう。「(訴訟ヲ)守(かみ)、え定め—らずして(=判決デキズニ)あるほどに」〔今昔・巻二五ノ五〕 ━〔自下二〕❶㋑連続していなくなる。裂ける。「腹の皮の—るるばかり(=チギレソウナホド)笑ひてぞ酒(ヲ)盛りける(＝飲ンダソウダ)」〔沙石・巻八ノ一四〕㊂関係がなくなる。「それほど愛想(あいそ)がつかしたくは、どうも気の毒だから、いっそ思ひきって—れようわな」〔春水・辰巳園・三編・巻七ノ二〕 ❷㋑(そこまでで)先がなくなる。絶える。「(踊リガ自分ノ受ケ持チデナイ場面デ)住まひ(＝スワッテ)ゐても、心の内にて舞うてゐるなり。然らねば(＝ソウデナイト)、後ろ姿あしく、所作(しょさ)(＝踊リガ)—るるなり」〔役者論語・耳塵集・下〕㋺(あったものが)なくなる。「小づかひ銭の—れた程に(ダッテ)不自由にも思はねば」〔風来・六部集・下〕㋩(そこで)終わりになる。決着がつく。「さまざま薬与へけるかひなく、万事のこと—れて(＝一巻ノ終ワリトナリ)うたてし(＝ナサケナイ)」〔西鶴・五人女・巻五ノ一〕 ❸(横のほうへ)それる。「脇道へ—れると、ぬかるみへ踏んごむのさ」〔三馬・床・初ノ上〕 ❹《近世語》(金離れが)よい。けちけちしない。「これでも、はづむ所では、随分—れて見せるよ」〔三馬・床・初ノ上〕 ㊁《他下二》《近世語》(関係を)絶つ。相手にしない。「どうしてもあの客を—れる事はならねえな」〔洒・総籬〕

きる もの【着物】Ⓔ 《近世語》きもの。《西鶴の作品などでは「着物」と書いてあっても「きるもの」とよむ。いまの伊勢方言で「きりもん」という》「都染めの(＝京都へ注文シテ染メサセタ)定紋付きに道中—(＝旅装束)を脱ぎかへ」〔西鶴・永代蔵・巻二ノ五〕

ぎをん しゃうじゃ【祇園精舎】(ーオンショウー) Ⓓ 《仏》インドの古寺。須達(Sudatta)という富豪が祇陀(Jetr)太子の庭園を買って寺を建て、釈迦に献じた。《「精舎」は、知と徳を精練する者の居所の意で、寺を指す》「天竺(てんぢく)(＝インド)の—を唐の西明寺にうつし(＝ナラッテ)造り」〔大鏡・藤氏物語〕

きん【琴】Ⓓ (対)「箏(さう)」。「こと」の一種で、中国式のもの。「きんのこと」とも。七弦、小型で、音が弱く、複雑なメロディをひくのに適しないので、一〇世紀ごろから流行しなくなった。「(宇津保物語ノ仲忠ハ)—なども天人の下るばかりひきいでいとわろき人なり」〔枕・八三段〕

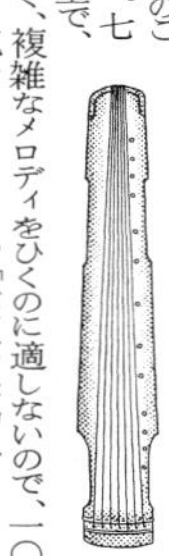
〔きん〕

ぎん【銀】Ⓓ ❶銀貨。「何事しても(＝商売ノ上デ何ヲヤッテモ)頭(つ)にのって(＝トントン拍子ニウマクイッテ)、今は金(＝金貨)—うめきて(＝ウナルホドデ)、使へどもあと(＝残高)はへらず」〔西鶴・永代蔵・巻二ノ四〕 ❷㊕丁銀。→ちゃうぎん。「帯とても(＝帯ヲ用イルニアタッテモ)むかしわたりの(＝古ク中国カラ輸入シタ)本繻子(じゅす)、一幅(ひとはば)に一丈二尺、一筋につき(＝帯一本ニツキ)—二枚が物を腰にまとひ」〔西鶴・胸算用・巻一ノ一〕

きん す【金子】Ⓓ おかね。とくに小判をいうことが多い。「機嫌(きげん)を見あはせ(＝ウマク見ハカライ)なげきしに(＝頼ミコンダトコロ)、—五百両貸しくださるる」〔西鶴・胸算用・巻四ノ二〕

ぎん す【銀子】Ⓓ ❶(おもに関西で)おかね。「せんさくいたしまして(＝ナクナッタ白小袖ヲサガシマシテ)出ませずば、—たてまして(＝弁償イタシマシテ)御そんはかけますまい」〔西鶴・胸算用・巻五ノ三〕 ❷丁銀のこと。→ちゃうぎん。「涙のひまに巾着より—一枚取り出し」〔近松・冥途飛脚・下〕

きん だい【近代】Ⓔ ちかごろ。最近。《modernではなくrecentの意》「—、泉州に唐金屋とて金銀に有徳(うとく)なる(＝裕福ナ)人できぬ」〔西鶴・永代蔵・巻一ノ三〕

きんだち【公達】Ⓒ 《「きみたち」の撥(はつ)音便》❶親王・摂家・清華(せいが)など上流貴族の若い子女。「—いとあまた引きつれて参りたまふさま」〔源氏・行幸〕 ❷《単に》上流の青少年。「あら、うつくしの御児(おちご)や。いかなる人の—やらむ」〔義経・巻一ノ六〕「おさなけれども、源家の—。この六郎が申すこと、よくお聞きなされや」〔浄・矢口渡・三〕

きんぢ(ージ) Ⓓ 《代》→きむぢ。

きん の こと【琴の琴】Ⓓ →きん。「木立をかしき(＝ステキナ)家に、—の声ほのかに聞こゆるに」〔堤・貝合〕

きん ぷくりん【黄覆輪・〈金〉覆輪】Ⓔ 《「きぶくりん(黄覆輪)」のb音にひかれ、その前にm音が加わったもの。それが「金覆輪」と意識されたものらしい。黄覆輪↕白覆輪、金覆輪↕銀覆輪》「逆沢瀉(さかおもだか)の鎧、蝶の丸の裾金物(＝端ニツケル金具)しげう(＝イッパイ)打ったるが白覆輪なるに、白星(＝銀色ノイボ)の甲(かぶと)、紅の母衣(ほろ)まっさうに(＝フックラト風ニ)吹かせて、鴾毛(つきげ)なる馬に鋳懸け地(＝金銀粉チラシノ漆塗リ)に—の鞍にぞ乗ったりける」〔保元・中・一〕

く

-く Ⓑ 《接尾》❶《四段・ラ変動詞また助動詞「り」「けり」「ず」「む」「けむ」の未然形および助動詞「き」の連体形に付く》㋑上の活用語を体言化する。《英語のgerundにおける-ingのようなはたらき》「言(こ)とはぬ(＝モノヲ言ワナイ)木すら春さき秋づけば(＝秋ニナルト)もみち散ら—(＝散ルコト)は常をなみこそ(＝無常ノ世ダカラナノダ)」〔万葉・巻一九〕㊂《「言ふ」「思ふ」またはその同類語を受け》会話文・思惟文を導く。「かぐや姫の言は—『なんでふ(=ドウシテ)さる事か(=ソンナ事ヲ)しはべらむ』と言へば」〔竹取〕㋩《下に助詞「に」を伴い》「…なことだのに」「…なのに」の意を表す。「かくばかり雨の降ら—に(=降ルトイウノニ)ほととぎす卯(う)の花山に(イマゴロ)なほか鳴くらむ(=ナオモ鳴イテイルダロウカ)」〔万葉・巻一〇〕 ❷《文末にあって》強調的余情を残す言い切りとなる。…こと(だなあ)。「相思はずあるらむ児ゆゑ(=片思イダロウ子ナノニ)玉の緒の(=枕詞)長き春日を(ソノ子ヲ)思ひ暮らさ—(=暮ラシタイ、暮ラスコトダナア)」〔万葉・巻一〇〕《⑴形容詞の場合は、その古代未然形「け」「しけ」に付く。「わたつみの恐(かし)こき道を安け—もなく悩み来て…」〔万葉・巻一五〕「吾妹子(わぎもこ)に恋ふるに吾(あれ)はたまきはる(=枕詞)短き命も惜しけ—もなし」〔万葉・巻一五〕⑵助動詞「ず」「む」「けむ」の場合は、それぞれの古代未然形「な」「ま」「けま」に付く。↓なく・まく・けまく》(参)あらなくに・けまく・なく・まく・らく。

く

【来】Ⓐ《自カ変》❶《空間的》㋑(自分が)他所から現在いる所へ移動する。「神風の(=枕詞)伊勢の国にもあらましを(=イレバヨカッタモノヲ)なにしか(=ドウシテココヘ)きけむ(=来タノダロウカ)君もあらなくに(=生キテハイナイノニ)」〔万葉・巻二〕㋺(他の物が)自分の方に移動する。「竜の馬(ま)を吾(あれ)は求めむあをによし(=枕詞)奈良の都にこむ人の為(た=タメ)に」〔万葉・巻五〕㋩とおる。通行する。「山路きてなにやらゆかし(=ナツカシイ)すみれ草」〔芭蕉(野ざらし)〕 ❷(季節や時間が現在の方向へ)移動する。「春暮れて後夏になり、夏果てて秋のくるにはあらず」〔徒然・一五五段〕 ❸《そこに自分がいる気持ちで》行く。「(アナタガワタシニ)今(=スグニ)こむ(=行コウ)と言ひしばかりに(ワタシハ)長月の有明けの月を待ち出でつるかな(=アナタヲ待ッテイテ月ガ出テシマッタコトダ)」〔古今・恋四〕《英語でも「今夜うかがいます」と言うのは"I will come to your house."という》 ❹《近世》ある結果に行きつく。《男女間においては、「ほれる」「まいる」の意になる》「さては我らにきてゐるかと身に嗜(たしな)み(=心クバリ)出来て」〔浮・禁短気・巻三ノ四〕 ❺〔補動〕《動詞に付き》その動詞の示す意味が現在まで継続的に進行する意を表す。ずっと…する。「(幼イコロカラ長サヲ)比べこし(=ズット比べ合ッテキタ)振り分け髪も肩過ぎぬ(髪上ゲヲスル時ガ近ヅイタガ)君(ノタメ)ならずして誰(ノタメニ)か上ぐべき」〔伊勢・二三段〕《命令形は平安時代の末ごろまで「こ」が用いられた。「せうと、こちこ。これ聞け」〔枕・八二段〕》

-ぐ【具】Ⓓ《接尾》(道具・器具など)一そろいの物を数えるのに用いる語。「物をかならず一—(=一ソロイ)に整へむとするは、つたなき(=クダラナイ)者のすることなり」〔徒然・八二段〕「これと知ったならば、いま一—袴(はかま)を用意いたさうものを」〔狂・二人袴〕

ぐ【具】Ⓓ ❶つれあい。夫に対して妻、妻に対して夫。「わがためにも、男よりは(=普通ノ人ヨリハ)なかなかこのやうなる人(=僧)の—になりてあらむはきたなかるまじ」〔今昔・巻一七ノ三三〕 ❷なかま(の人)。「(妹ハ)君だちの御—(=遊ビ相手)になりて、(呼ビ名ヲ)対の君と聞こえて(=申シアゲテ)ものしたまふ(=オイデニナル)」〔寝覚・巻二〕 ❸付属品。そえて用いる品。「蓬萊(ほうらい)の—に(=正月ノ蓬萊カザリノアシライニ)使ひたし螺(にし)の貝」〔圃苗(続猿蓑)〕 ❹道具。器具。「何かの(=ナニヤカヤノ調度デ)あらあらしき(=粗末ナモノ)などは、かの御堂の僧坊の(=坊サンタチノヘヤノ)—に、ことさらに(=特ニ)なさせたまへり」〔源氏・東屋〕《「ひとそろいの物」「対(つい)になった物」という意を挙げる説もあるが、いずれも誤り》

くが【陸】Ⓓ《水中や海上に対し》土地の上。陸地。「ただ水鳥の—に惑(まど)へる(=ウロウロシテイル)ここちして」〔源氏・玉鬘〕

くがね【黄金】Ⓔ (対)「しろがね(銀)」《古代語》きん。「銀(しろがね)も—も珠(たま)も何せむにまされる宝子にしかめやも」〔万葉・巻五〕

くぎぬき【釘貫き】Ⓓ ❶柱を立て並べて横木をわたしたもの。簡易な門または柵(さく)として用いた。「—に車(ノナガエヲ)をひきかけて(アタリノ様子ヲ)見れば」〔蜻蛉・中〕 ❷《中世以後》町の入り口に、検問などのため作った木戸。「人のすきまを見合はせ(=絶エ間ヲ見スマシテ)—木がくれ(=木戸ノ木陰デ)…ささやきければ」〔西鶴・一代女・巻四ノ三〕

くぎゃう【公卿】(-ギョウ)Ⓓ ❶公(摂政・関白・大臣)と卿(大・中納言、三位以上および参議の官人)をいう。「かんだちめ」とも。「そのたび—の家十六焼けたり」〔方丈〕《九条兼実の日記『玉葉』と対照して①の意であることがわかる》 ❷(「大臣・公卿」と並称するとき)「卿」に同じ。「帝よりはじめたてまつりて、大臣—みなことごとく(新都へ)移ろひたまひぬ」〔方丈〕

くぐつ【傀儡(子)】Ⓔ ❶あやつり人形。「傀儡子…和名久々豆、楽人の弄(あや)つる所なり」〔倭名抄・雑芸具〕 ❷放浪の芸人部族。テント暮らしをし、男はおもにあやつり人形などの芸で、女は流行歌謡や舞で生活した。西洋のジプシーに似ている。陸路をかせぎ場とする傀儡女性に対し、中古・中世では、港や水辺にいて同様のわざをする女性を「遊び女(め)」と称した。「(僧ガ)遊女—等の歌女(うため)を招きて歌ひ遊ぶを常に業(わざ)とす」〔今昔・巻一三ノ四四〕

くく・む【銜む・含む】Ⓓ ㊀〘他四〙❶つつみおおう。くるむ。「ひとへばかりを(=単衣ダケヲ紫上ニカブセ)おしー・みて」〔源氏・若紫〕 ❷口中にふくむ。「もの言ひかけたれば、氷(ひ)ー・みたる声にて『まろをのたまふか(=ワタシヲオ呼ビデスカ)』といふ」〔蜻蛉・下〕 ❸飾りのために金銀などでつつむ。「鮫(さめ)かける白太刀、柄(つか)鞘(さや)みな金(こがね)にて打ちー・みたる刀に、虎の皮の火打ち袋をさげ、一様にこれを引く(=引出物ニシタ)」〔太平・巻三三ノ五〕 ㊁〘他下二〙 ❶口の中に入れてやる。口にふくませてやる。「御薬、父の中納言の懐にて(=ニ抱キナガラ)ー・めたてまつり」〔宇津保・蔵開上〕 ❷(親切ていねいに)頭に入れてやる。「『これに、その白からむ所、ひともの(=イッパイ)入れて持てこ(=持ッテラッシャイ)。きたなげならむ所は、かき捨てて』など言ひー・めて(=ヨク言イ聞カセテ)やりたれば」〔枕・九一段(能因本)〕

くく・る【括る】Ⓔ〘他四〙❶(紐(ひも)や糸の類を)結びあわせる。「緒の絶えぬればー・りつつまたも合ふといへ…」〔万葉・巻一三〕 ❷一つにまとめてしばる。「大臣(おとど)ー・りあげて(=袴(はかま)ノスソヲヒモデシメテ)榑(くれ)の足駄はきて」〔宇津保・藤原君〕 ❸くくり染め(しぼり染め)にする。「ちはやぶる(=枕詞)神代も聞かず竜田川から紅(=深紅色)に水ー・るとは」〔伊勢・一〇六段〕

くげ【公家】Ⓓ ❶天皇。「なかんづく(=中デモ特ニ)ー(=天皇ハ)もっぱら日吉山王に御祈誓ありけるとかや」〔保元・中・四〕 ❷朝廷。「ーにもかやうの事(=頼朝ガ亡父ノ供養ヲ行ッタコト)をあはれとおぼしめして、故左馬の頭(かみ)義朝の墓へ内大臣正二位を贈せらる」〔平家・紺掻之沙汰〕「賞罰・法令ことごとくー一統のまつりごとにいでしかば(=朝廷ダケカラ公布スル政治ニナッタカラ)、群俗風に帰するごとく」〔太平・巻一二ノ一〕 ❸㊍「武家」 朝廷につかえる貴族。「(コノ男ハ)ーの落とし子かと思はれて(=自然ト思エルヨウナ品ガアッテ)、いやしきかたちにあらず」〔西鶴・永代蔵・巻三ノ一〕

くげ ざぶらひ【公家侍】(ーイ) Ⓔ「くげ③」に仕える武士。「いふにかひなきー、ふせぐ方なく見えたる所に」〔近松・嫗山姥・二〕

く げん【苦患】Ⓔ〘仏〙死後、四悪趣すなわち地獄・餓鬼・畜生・修羅(しゅら)などの世界で受ける苦しみ。「無量劫(ごう)の間(=永遠ノ時間ニワタリ)、四悪趣に落ちて、そこばくの(=多クノ)ーを受けむ」〔今昔・巻一ノ二六〕「修羅のーはのがれさせられぬかいやい」〔狂・武悪〕

くさ【草】 **ーのいほ** 草の庵(ーイオ) Ⓒ〘連語〙❶(「草で屋根をふいた小屋」という意味から)そまつな仮のすまい。草庵(そうあん)。隠者のすみかとして考えられることが多い。「ーをいとひても(=世ヲイトッテ住ムコノ隠レ家ガイヤニナッテモ)またいかがせむ(=ドウシタラヨカロウ、ホカニ移ルトコロガアロウカ)露の命のかかる限りは(=ハカナイコノ命ガアルウチハドウニモナラナイ)」〔新古今・雑中〕 ❷自分の家をけんそんしていう。「芭蕉翁をわが茅屋(ぼうおく)に招きて、『もらぬほど今日は時雨れよー』」〔斜嶺(炭俵)〕「くさのいほり」とも。 **ーのいほり** 草の庵(ーイオー) Ⓒ〘連語〙「くさのいほ」に同じ。「五月雨に思ひこそやれいにしへのーの夜半のさびしさ」〔千載・夏〕 **ーのと** 草の戸 Ⓓ〘連語〙「くさのいほ」に同じ。「いとど神さびもの静かなるかたはらに住み捨てしーあり」〔芭蕉・幻住庵記〕 **ーのまくら** 草の枕 Ⓓ〘連語〙㋑草を枕として寝ること。「所の名さへ小野なれば、ーは理(ことわり)や(=草ヲ枕ニ寝ルノハ道理ダナ)」〔謡・浮舟〕㋺旅さきで寝ること。「一夜のーもうちとけて休みたまへ」〔芭蕉・奥の細道〕「くさまくら」とも。

くさ【種】Ⓔ ❶種類。たぐい。「七ーの宝も我(ニトッテ)は何せむ(=ドウショウモナイ)…」〔万葉・巻五〕「唐(もろこし)・高麗(こま)と尽くしたる、舞どもー多かり」〔源氏・紅葉賀〕 ❷(さまざまの連体修飾語と結びつき)…に・する(なる)材料。「あそびぐさ」(いつも遊びにするしろもの)・「なげきぐさ」(嘆くもとになる事がら)・「ものおもひぐさ」(心労のたねになる事がら)・「わらひぐさ」(笑いものになる材料)など。「ざるべきをり(=何カ適当ナチャンス)のおどしーにせむ」〔源氏・紅葉賀〕

くさ がくれ【草隠れ】Ⓓ ❶草の中に隠れること。またはその場所。「ー見えぬ男鹿(をしか)も妻恋ふる声をばえこそ(=ドウニモ)しのばざりけれ(=オサエキレナイコトダ)」〔玉葉・秋上〕 ❷庭の手入れもできず、荒れはてた家。わびずまい。「(アナタガ私ヲ待ッテ)かかるーに過ぐしたまひける(長イ)年月のあはれ(=イトシサ)も、おろかならず(=ナミナミデハナイ)」〔源氏・蓬生〕〘「草深いいなかのかくれ家」という解釈を与える説もあるが、上の例は京の中である〙

くさ ぐさ【種種】Ⓔ〘+形動ナリ〙種類が多いこと。「昔思(おぼ)ゆる(=自然ト思イ出サレル)花たちばな・撫子(なでしこ)・薔薇(さうび)・くたに(=リンドウ)などやうの花、ーを植ゑて、春秋の木草、その中にうちまぜたり」〔源氏・少女〕

くさ ずり【草摺り】Ⓔ 鎧(よろい)の胴の部分から下にたれ、腰から下をおおっている部分。「倉光(くらみつ)をとっておさへ、鎧のーひきあげ、柄(つか)も拳(こぶし)も(=刀ヲ

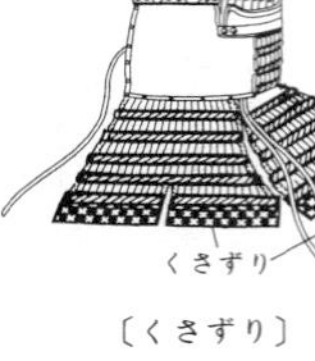

〔くさずり〕

ニギッテイル手マデモ)とほれとほれと三刀さいて(=ツキサシテ)頸(びく)を取る」〔平家・妹尾最期〕

くさ はひ【種】(-ワイ) Ⓔ ❶物事の材料。物事の原因となるもの。「さまざまのよき限りを取り具し(=イロンナヨイ所ダケヲ備エテ)難ずべき―まぜぬ人(=非難ノ種ニナル点ヲ何一ツモッテイナイ女性)は、いづくにかはあらむ」〔源氏・帚木〕「御台(=食膳(ぜん))、秘色(ひそく)(=青磁ノ食器)やうの、もろこしの物なれど(古ビテ)人わろきに(=体裁ガヨクナイウエ)、何の―もなく(=コレトイウ食物ノ種類モナク)あはれげなる、まかでて人々(=女房タチハ)食ふ」〔源氏・末摘花〕《末摘花の例は、従来「趣もない」と解されているが誤りであろう》 ❷いくつかあるうちの一つ。一種。「残ることなく(=何カラ何マデスベテ)おぼしみだるる(=オナヤミナサル)世のあはれの―には(=一種トシテハ花散里ノコトヲ源氏ハ)思ひ出でたまふ」〔源氏・花散里〕

くさ まくら【草枕】 Ⓓ ㋑草を枕として寝ること。「―苔(こけ)のむしろに片しきて都恋しみ(=都ガ恋シクテ)明かす夜半かな」〔玉葉・旅〕 ㋺旅さきで寝ること。「あさなけに(=朝ニ昼ニイツモ)見べき君としたのまねば(=会エルアナタダトハ期待シテイナイカラ)思ひ立ちぬる―なり」〔古今・離別〕「くさのまくら」とも。

くし【好士】 Ⓓ 風流・風雅を好みたしなむ人。とくに歌人・連歌師。「この旨(=道理ヲ)わきまへぬ―は…結構の(=技巧ヲコラシタ)句をのみ宗(むね)(=重要ダ)と思へり」〔ささめごと・末〕《「かうじ」とも。「好士」に「カウジ」と傍記〔庭訓往来・上〕》

くじ【公事】 Ⓒ ❶朝廷の公式な事務や儀礼。「かの又五郎は、老いたる衛士(ゑじ)の、よく―になれたる者にてぞありける」〔徒然・一〇二段〕 ❷武家時代、領主におさめる各種の税および労働奉仕の総称。「荘(しゃう)」には、預かり所(=荘園ノ事務所)に使はれ、―雑事にかりたてられて」〔平家・源氏揃〕 ❸裁判。「地頭(ぢとう)殿へいて、―にしてなりとも、取ってみせう」〔狂・内沙汰〕

くし げ【櫛笥】 Ⓓ 櫛(くし)などの化粧用具を入れる箱。櫛箱。「常世へに(=コノトコヨノ国ニ)また帰り来て今のごとあはむとならば(=会ウツモリナラ)この―開くなゆめ(=決シテオアケナサルナ)と…」〔万葉・巻九〕

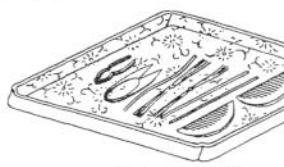
〔くしげ〕

く・す【屈す】 Ⓓ《自サ変》《「くっす」の促音を表記しない形》→くっす。「姫君、例の心細くて―・したまへり(=沈ミコマレタ)」〔源氏・紅葉賀〕 [参]くんず。

ぐ・す【具す】 Ⓐ [一]《自サ変》 ❶つれだつ。従って行く。「帰り入りて、やがて(=スグ)―・して出でぬ」〔徒然・二三八段〕 ❷㋑生活を共にする。「母―・したる(=母ガツイテイル)者は『まごこれに(=コノ子ニ)』と(ソノ母ガ)言ふままに、まげられて(=ヒカサレテ)、げにいとほしきこともはべりけむ(=ナルホド気ノ毒ナコトモゴザイマシタロウ)」〔落窪・巻三〕 ㋺夫婦関係をもつ。連れ添う。「その女御殿…(女御ヲ辞シテ後)かの大臣(おとど)に―・したまひにければ(=結婚ナサッタノデ)」〔大鏡・師輔〕 ❸ととのう。完備する。「高御座(たかみくら)(=天皇ノ御席)の事は―・したるか」〔中務日記〕 [二]《他サ変》 ❶ひきつれる。供にする。「侍など―・して、歩(かち)より(=徒歩デ)長谷へ参るあり」〔今昔・巻一六ノ二八〕 ❷㋑添える。プラスする。「『はやはや(=早クオ書キナサイ)』と、硯(すずり)紙―・して(=トリソロエテ)せめたまふ」〔落窪・巻四〕 ㋺そなえる。そろえる。「かどゆゑ(=才能)も、よし(=教養)も、うしろやすさ(=信頼性)も、みな―・することはかたし」〔紫日記〕

くす し【薬師・医師】 Ⓒ ❶医者。「手をひき、杖(つゑ)をつかせて、京なる―のがり(=ノ所ヘ)ゐてゆきける」〔徒然・五三段〕 ❷職員令によって諸国に朝廷から一名ずつ任命された医官。「―、ふりはへて(=ワザワザ)、屠蘇(とうそ)・白散(びやくさん)、酒加へて持て来たり」〔土佐〕

くす・し【奇し】 Ⓓ《形シク》 ❶《神秘的な感じで》ふしぎだ。「―・しくもいます神かも…」〔万葉・巻三〕 ❷《人間ばなれがしている感じで》何かふつうでない。とっつきにくい。「(ウグイスニ)『むしくひ』など、ようもあらぬ(=教養ノ低イ)者は、名をつけかへていふぞ、くちをしく―・しきここちする」〔枕・四一段〕《類聚名義抄にクスシと訓のある字は「神」だけで、アヤシという訓は多くの字に見られる。ゆえに「くすし」は神秘的な感じのある語だと思われる》

くす だま【薬玉】 Ⓔ もと中国の習俗で、五月五日の端午の節供に、不浄や邪気をはらうため、からだに着けたり柱に掛けたりしたもの。いろいろの香料を入れた錦(にしき)の袋に造花を飾り、五色の糸を長くたらしたもの。柱に掛けたのは、九月九日の節供まで残しておくはずのものであった。「五月五日に―を佩(お)びて酒を飲む人は、命長く、福ありとなも、聞こしめす」〔続後紀・嘉祥二年五月宣命〕「―など長く着けて、高欄(かうらん)のもとなどに、扇さしかくし(=扇デ顔ヲカクシ)てゐたる」〔枕・八九段〕

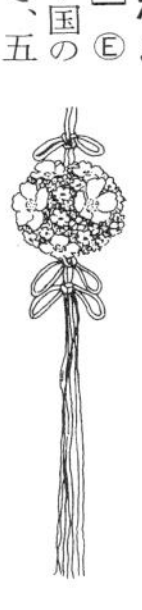
〔くすだま〕

くすり の こと【薬の事】 Ⓔ《連語》《薬を用いる事の意から》病気。「内裏(うち)の御―ありて、ののしる(=大サワギダ)。ほどもなくて、廿余日のほどに、かくれさせたまひぬ」〔蜻蛉・上〕

くせ もの【曲者】Ⓓ ❶ひとくせある者。いっぷう変わった人物。「世をはばからぬ—なれど、やさしき志に友ありて」〔浮・万金丹・巻四ノ四〕 ❷へんな者。奇怪な者。「光盛こそ奇異の(=ナントモ言エナイ)—(=フシギナ相手)と組んで(=組ミ合ッテ)首取ってさうらへ」〔謡・実盛〕 ❸あやしい者。「—めを拷問して(奥州ノ)五十四郡を呑(の)まむとする工(たく)み(=謀略)の底を白状させ」〔浄・先代萩・六〕 ❹したたか者。「ああ斬ったり斬ったり。しゃつ(=アイツ)は—かな(=ドウモスゴイヤツダ)」〔謡・烏帽子折〕

ぐ そう【愚僧】Ⓔ《代》僧が自分のことをけんそんしていう第一人称。「とてものことに(=ドウセ捨テルナライッソノコト)—の目の前で捨ててくれさしめ(=捨テテ下サイ)」〔狂・釣狐〕

ぐ そく【具足】Ⓒ ㊀《+自サ変》事物が十分にそなわっていること。いっぱいあること。「煩悩(ぼんなう)—のわれらは、いづれの行(ぎやう)にても、生死を離るることあるべからざるを(阿弥陀様ガ)あはれみたまひて」〔歎異抄〕「法華経読誦(どくじゆ)する人は、天諸童子(ガソノ人ヲ守ルタメ)—・せり(=スッカリ取リ巻イテイル)」〔梁塵〕 ㊁《+他サ変》❶事物を十分にととのえること。「南山和尚に参じて(=参禅シテ)、案内申しければ(=取リ次ギヲ申シ入レタトコロ)、長老(=南山ハ)威儀を—・して(=身ナリヲキチントシテ)いで会ひたまへり」〔太平・巻一〇ノ一四〕 ❷同伴すること。道づれにすること。「地蔵堂といふ御堂に(二人ノ女性ヲ)—・し、入れたてまつりて」〔盛衰・巻四七ノ一〕 ㊂❶道具。身のまわりの調度品。器具。「袈裟(けさ)法衣(ころも)裁ち着せ、僧の—ども調へ賜(た)びて」〔盛衰・巻二三ノ一二〕「その日の軍奉行上木平九郎、人夫六千余人に、幕・掻楯(かいだて)・埋め草・屏柱(へいばしら)・櫓(やぐら)の—どもを持ち運ばせて参りければ」〔太平・巻二〇ノ八〕「(連歌ノ付ケ句ヲスルトキハ)初心の人、ことにやさしく、おだやかに、—(=使用ノ素材ヲ)すくなく、するするとしたる句を、思ふところなく(=アマリ思案シスギナイデ)口軽く付くべし」〔連理秘抄〕 ❷同伴者。家来。部下。「かくのごとくあふ狐どもをみな—になして、左右(さう)の口を張り、千万の狐をしりに従へて行くに、犬にあひぬ」〔今昔・巻五ノ二〇〕 ❸㋑鎧(よろい)。あるいは鎧と兜(かぶと)。「その諸軍勢の中に、いかにもちぎれたる(=ヒドク痛ンダ)—を着、さびたる長刀(なぎなた)を持ち、やせたる馬を自身にひかへたる(=自分デ馬ノ口ヲトッタ)武者一騎あるべし」〔謡・鉢木〕 ㋺近世になって槍(やり)や鉄砲のような武器に対するために作られた鎧で、昔のそれとちがって、飾りはないが、堅固になったもの。

—かい 戒 Ⓔ〔仏〕僧尼が守らなければならない完全な戒律。一般に僧は二五〇種、尼は三四八種とされる。「東大寺の戒壇にして—を受く。それより名を空海と申す」〔今昔・巻一一ノ九〕

くだ【管】Ⓒ ㊀❶筒型のもの。「強盗をすべらかさむ料(=タメノモノ)に、日暮るれば家に—といふ小竹の節(よ)を多く散らし置きて、つとめて(=翌朝)は取りひそめけり(=隠シタ)」〔著聞・興言利口〕 ❷【筟】機(はた)を織る時、横糸を巻き付け梭(ひ)に入れ、横糸を送り出すもの。「かりがねは風を寒みや機織り女(め)—巻く音のきりきりとする」〔寛平歌合・秋〕 ❸【小角】(略)管の笛。筒型に作った笛。「大角(はら)・—・鼓・吹(ふえ)・幡旗(はた)、及び弩(おほゆみ)・抛(いしはじき)の類は私(=個人)の家におくべからず」〔紀・天武・訓〕《「くだ」は「小角」の訓》 ㊁《+形動ナリ》❶くどくどしいこと。「言ふも—(=掛ケ詞「㊀①」)鑓(=柄ニ管ヲハメタヤリ)人は武士(=言ウノモクドクドシイガ、人ノ頭ニ立ツノハ武士)」〔近松・堀川波鼓・中〕 ❷《転じて》やぼなこと。「『それは仰せが(=言ウダケ今更メイテ)—・なり』と、片目に涙、片目には思はぬ恋の目づかひして」〔浮・御前義経・巻一ノ二〕

くだ・く【砕く・摧く】Ⓑ ㊀《他四》❶㋑こなごなにする。「はなれたる白良の浜の沖の石を—・かで洗ふ月の白波」〔山家・下〕 ㋺こわす。「赤き丹(に)つき箔(はく)など所々に見ゆる木、相まじはりけるを尋ぬれば…仏を盗み堂の物の具を破り取りて、(タキギニ)割り—・けるなりけり」〔方丈〕 ㋩(敵勢を)うちやぶる。「(反対勢力ハ)吾(あれ)すでに—・き伏せて、まつろはず(=服従シナイ)といふことなし」〔紀・神代上・訓〕《「くだき」は「摧」の訓》 ❷細分する。「相撲の手は四十八手とはいへども、—・けば百やうにも二百やうにも取る」〔狂・文相撲〕 ❸(身や心を)労する。苦しめる。「身を—・きて(=苦シイ修行ヲシテ)山林にまじり(=生活シ)」〔宇津保・忠こそ〕「わびしうもあるかな(=情ケナイナア)と心を—・きしに(=気ヲモンダガ)」〔更級〕 ㊁《自下二》❶㋑こなごなになる。「(アマリ琴ノ音色ガ美シイタメニ)瓦(かはら)—・けて雪降るとなむ言ひたる」〔宇津保・俊蔭〕 ㋺こわれる。「(ムリニ)狭き(所ヲ通ソウトスル)時は、ひしげ—・く」〔徒然・二一一段〕 ❷苦労する。思いなやむ。「年ごろ(=コノ数年来)よろづに思ひ残す事なく過ぐしつれど(=アリトアラユル心労ヲシテ来タガ)、かうしも(=コレホド)—・けぬを(=思イ乱レハシナカッタノニ)」〔源氏・葵〕 ❸乱れている。ととのわない。「(未熟ナ連歌師ノ句ハ)—・け、ちぢみ(=ユトリガナク)、太みたれども(=ブザマナノダガ)、結構の(=趣向ヲコラシタ)句をのみ宗(むね)(=第一ダ)と思へり」〔ささめごと・下〕《四段活用の自動詞を認める説もあるが、誤り》

くた・す【腐す】Ⓓ《他四》❶㋑(物質を)くさらせる。「重ねたりつる衣手(ころもで)(=ソデ)は、上下わかず(=区別ナク)—・してき」〔蜻蛉・中〕 ㋺(気を)くさらせる。意気沮喪

(そう)させる。「『あやまち引き出づな』などのたまふに(女房タチハ)―・されてなむ(=意気ゴミヲクジカレテ、恋文ノ処置ヲ)わづらはしがりける(=モテアマシタ)」〔源氏・竹河〕 ❷㋑けなす。悪口をいう。「(遊戯的ナクダラナイ歌ガ)寛平より盛りになれり。これを―・して『寛平以往(=寛平以前ノ歌ヲマナベ)』とはいふなり」〔為兼抄〕㋺いやしめる。見くだす。「『劣れるをも卑しむな』との本文、上(かみ)にこそ(=人ノ上ニ立ツアナタコソ)知ろしめさるべきに、下人(しもびと)なればとて、さのみな―・したまひそ」〔謡・阿古屋松〕

くだ・す【下す・降す】Ⓑ《他四》㊀「のぼす」❶㋑高い所から低い所へ移動させる。「大空にあまねくおほふ雲の心国土うるほふ雨―・すなり」〔風雅・雑中〕㋺(上のほうから下の物に)着ける。「おもなく(=平然トシテ)―・す筆のほど(=オ手ナミハ)、さりとも(=マアマアダロウ)となむ思うたまふる」〔源氏・梅枝〕 ❷(音を)さげる。低める。「琴の緒もいと緩(ゆる)に張りて(調子モ)いと―・して調べ…かきならしたまふ」〔源氏・若菜上〕 ❸下流へやる。「日々に毀(こぼ)ち、川も狭(せ)に(=川イッパイニ)運び―・す家、いづくに造れるにかあるらむ」〔方丈〕 ❹(都から地方へ)行かせる。下向させる。「これ(=京ノ光源氏)より(明石へ)―・したまふ人ばかりにつけてなむ…かよひける(=文通シタ)」〔源氏・若菜上〕 ❺(上位と意識される場所から)さがらせる。つかわす。「その咎(とが)軽からぬ事なりとて、雑色所へ―・して、木馬にのせむ(=拷問ニカケヨウ)とする間」〔十訓・第七ノ二五〕 ❻(下位と意識される相手に)㋑与える。下賜する。「(天皇ハ)御感のあまり、獅子王といふ御剣を(頼政ニ)―・されけり」〔平家・鵼〕㋺伝達する。言いつける。「世の政おこなふべきよし、宣旨―・さしめたまへりしに」〔大鏡・時平〕 ❼〔補動〕《動詞の連用形に付いて》㋑「下方に」の意を表す。「参り集(つど)ふ人のありさまども見―・さるる方なり」〔源氏・玉鬘〕《複合動詞のようにも見えるが、「くだす」単独ではこの用法が見られないので、補助動詞と認める》㋺ずっと続ける意を表す。「七八句言ひ―・して、さて、一声(いっせい)にかかるべし」〔能作書〕《このほか「非難する」の意をあげる説もあるが、その例「我が身の非を知らず、持戒の人をくだし」〔沙石・巻六ノ一八〕は「腐(くた)し」とよむべきものである》

くだもの【果物・菓子】Ⓓ ❶食用になる草木の実。平安時代には、なし・こうじ・くり・ざくろ・もも・りんご・うめ・かき・たちばな・びわ・いちごなど。その干したものは酒のさかなにも用いた。「その蓋(ふた)に酒・―と入れて出だす」〔蜻蛉・下〕 ❷現代語でいう菓子。中国の製法を伝えたものが多く、いまのギョウザ・肉まんじゅう・揚げせんべい・ドーナッツに類するものが倭名抄に出ている。

-くだり【領・襲】Ⓓ《接尾》衣類や鎧(よろい)など、セットになっているものを数えるのに使う。現代語の「…そろい」。「装束一―ばかり、はかなきものなど硯(すずり)箱一よろひにいれて」〔蜻蛉・上〕「一月ばかりありてのぼりけるに、けをさめ(=フダン着ヤ晴レ着ヤ)の装束どもあまた―、またただの八丈、綿、絹など皮籠(かはご)どもに入れてとらせ」〔宇治・巻一ノ一八〕

くだり Ⓒ ㊀【下り】《「くだる」の連用形の体言化》❶河口への方向。「河を―に泳ぎける」〔伊曾保・下・六(古活字本)〕 ❷㋑都から地方へ行くこと。「姫君様は関東へ養子嫁御に御―」〔近松・小室節・上〕㋺京の町筋を、御所のある北から南へ行くこと。「堀河(ノ通リ)を―に行きければ」〔義経・巻三ノ五〕㋩都市で町筋を南へ行くこと。「(大阪ノ)桜橋から中町―ぞめいたら」〔近松・天網島・上〕《この用例を「場末」または「遠隔の地方」と解する説は誤り。中町は堂島新地にあり、桜橋を渡り南へ行く町筋》 ❸刻限すぎであること。「『ただ今は何時だ』といふ。伴なる僧ども『申(さる)の―になりさぶらひたり』といふ」〔宇治・巻一一ノ九〕 ❹《江戸で》上方から来た物や人。「―(=京カラ来タ)の(役者ノ)乗り込み、一座のさわぎ」〔風来・根南志具佐後編・巻四〕 ❺下痢。「今朝の―は何とあるぞ(=ドンナ容態カ)」〔咄・露がはなし・巻三ノ一四〕 ㊁【件】❶文中や話の中で前に出てわかっているところ。前述のところ。「上(かむ)の―の事を誤るを聞きて、僧、随喜す(=心カラ喜ンダ)」〔百座法談・三月一日〕《後には「くだん」となる》 ❷箇条。事項。「それならば、今度は次の―を教へよう」〔狂・伊呂波(鷺流)〕 ㊂【行】縦のならび。「その―ともなく(=別ニキチント行モソロエズ)書きすさみたる(=書キ散ラシタ)文字ざまなど」〔狭衣・巻一〕

――せば 行狭 Ⓔ《形動ナリ》行間がせまいさま。「(送ラレテキタ手紙ノ)墨(色)のいと黒う薄く(=濃淡サマザマニ)、―・に(=行間ヲツメテ)裏表(うらうへ)書きみだりたるを(=ビッシリ書キコンデアルノヲ)うちかへし久しう見るこそ…をかしけれ」〔枕・二九四段〕

くだ・る【下る・降る】Ⓐ《自四》㊀「のぼる」❶㋑高い所から低い所へ移動する。「走りて坂を―・る輪のごとくに衰へゆく」〔徒然・一八八段〕㋺下流へ行く。「女がたに『なほ(=ヤッパリ)舟にてを(=舟デネ)』『さらば(=ソレナラ)』とて、みな乗りて、はるばると(泉川ヲ舟デ)―・る」〔蜻蛉・中〕 ❷㋑雨などがふる。「雨、昨日のゆふべより―・り、風、残りの花をはらふ」〔蜻蛉・下〕㋺(涙が)こぼれ落ちる。「『猿を聞きて実(まこと)に―・る三声の涙』といへるも、『実』の字、老杜(=杜甫)の心なるをや」〔曠野〕 ❸(ある時間よりも)後になる。(刻限が)過ぎる。「日やうやう―・りて、楽の舟ども(池ヲ)漕ぎ廻(ま)ひて、調子ども奏する」〔源氏・少女〕 ❹

(時代が)移り変わって下等になる。「―・れる世の飾りたる眼よりは、秀逸(=スグレタ作品)をも別きがたくやはべらむ」〔ささめごと・下〕 ❺㋑都から地方に行く。「『玉の枝とりになむまかる(=参リマス)』と言はせて(都カラ)―・りたまふに、仕うまつるべき人々みな難波まで御送りしける」〔竹取〕㋺(都の市街で)皇居のある方向と反対(具体的には南方)へ行く。「西の大路より―・らせたまひて、二条より東さまなどに過ぎさせたまひつつ、内裏を御覧じ」〔大鏡・昔物語〕 ❻(敵に)降伏する。「兵(=武器ガ)尽き、矢きはまり(=ナクナリ)て、(シカモ)つひに敵に―・らず」〔徒然・八〇段〕 ❼㋑(比較して序列が)下である。「―・りたる座にかへりつきたまへる御心、くるしきまでぞ見えける」〔源氏・宿木〕㋺(…よりも階級が)下である。「なほなほしき際に―・らむ、はたいと人わろく、あかぬここちすべし」〔源氏・宿木〕㋩(品性・才能・教養などが)劣る。「かたち・心ざまよき人も、才なくなりぬれば、しな―・り、顔憎さげなる人(=ミニクイ様子ノ人)にも立ちまじりて、かけずけおさるる(=歯ガ立タズ圧倒サレル)こそ、本意なきわざなれ」〔徒然・一段〕 ❽(物が傾斜して)低くなる。(土地などが)さがる。「富の来たること、火の乾けるにつき、水の―・れるに従ふがごとくなるべし」〔徒然・二一七段〕 ❾(命令が)通達される。「宣旨―・りにければ、この家を内裏のごとく作りて住ませたてまつりける」〔更級〕 ❿実際の身分以下にふるまう。「いと―・りて上達部の(コノヨウナ下ザマノ所ニ)ゐたまはむも、所といひながら(=イクラ私ノ場所ダカラトイッテモ)かたはらいたし(=見グルシイ)」〔紫日記〕 ⓫とどこおりなく、すらすらと事がはこぶ。「歌は、うちながむるに(=詠吟シテミルトキニ)何となく詞つづきも歌めき(=イカニモ歌ラシクテ)吟の―・りて(=吟ズルノニスラスラトシテイテ)、理をつめず(=理屈バラズ)、優にもやさしくもあるが、よき歌なり」〔正徹物語・下〕 ⓬下痢する。「食ふとひとしく腹中いたみ、夜中に二十五たび―・りける」〔咄・露がはなし・巻三ノ一四〕

くだん‐の【件の】Ⓓ《連体》(「くだりの」の撥音便で) ❶前述の。あの。話題になった。「『あれこそ、すは(=ソリャ)―人よ(=話ノ人デスヨ)』と教へければ…生け捕りたてまつる」〔太平・巻一一ノ一〕 ❷例の。いつもの。「得たり(=シメタ)と喜びて、―大矢をうちくはせ(=ツガエ)、ただ一矢に射落とさむとうちあげける(=構エタ)」〔保元・中・二(古活字本)〕《金刀比羅本では「例の」となっている》

くち【口】Ⓐ ❶㋑ものを食べる器官。「(鯛ヲ)しひて召し(=無理ニ呼ビ出シ)その―を探れば、はたして失せたる鈎(=ツリ針)を得」〔紀・神代下・訓〕《「くち」は「口」の訓》㋺食べてゆくこと。生活。「弁舌にまかせ―を過ごしける」〔咄・露がはなし・巻五ノ一二〕 ❷㋑(馬の口につける)操縦具。くつわや手綱。「車匿舎人に(=馬ノ)―取らせ檀特山にぞ入りたまふ」〔梁塵〕㋺(乗り手の操縦に対する馬の)順応性。「―の強い(=乗り手ノ思ウヨウニナラナイ)御馬でござって、小家の一軒や二軒は引き倒しまする」〔狂・富士松〕 ❸㋑ものを言うこと。「(清盛ハ)西光が面を蹴たり踏みたりしたまひけれども、西光が―はすこしも減らず」〔盛衰・巻五ノ七〕㋺ことばづかい。「ええ、置いてもおくれ(=ヤメテクレヨ)。いい(=ヒドイ)―だなう」〔三馬・風呂・二ノ上〕㋩(歌などの)よみぶり。「(オ前ノ付ケ句ハ)聞いた(=評判)よりは一段と―がよい(=ジョウズダ)」〔狂・富士松〕㊁国語。「ラチン(Latin)を和して(=翻訳シテ)日本の―となすものなり」〔イソポ・序〕㋭(生霊・死霊の)ことば。「巫女が―を寄せてるぜ(=霊媒シテイルヨ)」〔三馬・床・初ノ下〕㋬人のもの言い。評判。「(今出川院近衛トイウ作者ハ)まことにやむごとなき(=リッパナ)ほまれありて(=名声ガアッテ)、人の―にある(=流布シタ)歌多し」〔徒然・六七段〕 ❹㋑(物の)外へ開いた箇所。「四人が涙(ハ、チョウド)洪水に樋(=水路)の―開けしごとくなり」〔浄・艶容・下〕㋺(傷の)開口部。「疵の―を温めたてまつる」〔保元・中・三〕㋩(開口部の)さしわたし。口径。「―二丈深さ二丈に堀をほり」〔平家・妹尾最期〕 ❺㋑入り口。「ここかしこ見たうびければ(=アチラコチラ見歩カレタガ)、さるべき方はみなたてられて(=出入リデキソウナ所ハミナシメテアリ)細殿の―のみ開きたるに」〔大鏡・師輔〕㋺入り口に近い所。「御行水時には湯殿の―を離れず」〔浮・新色五巻書・巻三ノ一〕 ❻㋑ものの先端。さき。「甲香は、ほら貝のやうなるが、小さくて、―のほどの、ほそ長にして出でたる(=トビデテイル)貝のふたなり」〔徒然・三四段〕㋺(事がらの)最初の部分。「あしひきの(=枕詞)山の木の葉の落ち―は色の惜しきぞあはれなりける」〔拾遺・物名〕㋩《浄瑠璃で》一段のうちの第一部分。「先代萩役割、第一―竹本斧太夫」〔浄・先代萩・巻頭(天明五年正本)〕 ❼㋑(勤めたり縁づいたりする)さき。「御縁がなくて、どうも御奉公の―がはづれます」〔三馬・風呂・二ノ上〕㋺(しごとの)依頼。「―のかかる芸者、階段の下にしゃがんで(三味線)音締めを合はせ」〔洒・辰巳婦言・宵立〕 ❽(その)類。たぐい。「『五月闇名をあらはせる今夜かな』と連歌をしかけられたりければ…頼政、このむ―なれば(=好キナホウナノデ)、『たそかれ時も過ぎぬと思ふに』とぞ付けたりける」〔平家・巻二(長門本)〕

―かた・む 固む Ⓔ《連語》他の人に言わないように口止めする。「『さらに心よりほかにもらすな(=ゼッタイオ前ノ胸カラモラスナ)』と―・めさせたまふ」〔源氏・

夕顔〕

くち あけ【口明け】Ⓔ ❶《関西で》歌舞伎のつづき狂言の序幕。「金毘羅利生幼稚子敵討―」〔伎・幼稚子敵討・標題〕 ❷物事のはじまり。物事のしはじめ。「これこれお八重、―だから百(=一〇〇文)よこせと、前銭(まへせん)(=先バライ)に取っておいて」〔伎・十六夜清心・一ノ四〕

くち あひ【口合ひ】(‐イ) Ⓔ ❶だじゃれ。『大事の大事の太夫様に、塩の辛い梅干し婆(ばばあ)がすいこ(=掛ケ詞「酸」「酔狂」)な奴と思しめそ(=オ思イナサイマショウ)、おはづかしや』と言ひければ、『おおいや―をやらるる(=ナカナカシャレヲ言イナサル)』」〔近松・寿門松・上〕 ❷中に立って口をきき保証する人。「惣七殿には―家請(うけ)(=家ヲ借リルトキノ請ケ人)もある仁」〔近松・博多小女郎・中〕

くち がため【口固め】Ⓓ 口約束。口止め。「かたがた(=イロイロ)―をせられたほどに、なぶらうが(=カラカオウガ)、何としてよからうぞ」〔狂・六人僧〕

くち かろ・し【口軽し】Ⓔ《形ク》❶軽率な口のきき方をする。ぺらぺらと大事をしゃべる。「―・き者になりぬれば…人に心おかれ(=警戒サレ)隔てらるる(=相手ニサレナクナル)、くちをしかるべし」〔十訓・第四ノ序〕 ❷とらわれることなく気軽に詠作する。「所詮(しよせん)(=要スルニ)―・くしなして(=気楽ニ句ヲ付ケ)、心地(しんち)を沈むべからず(=気持チヲ沈マセテハイケナイ)」〔連理秘抄〕

くち きき【口利き】Ⓔ ❶話がたくみである・こと(人)。「(工藤左衛門ハ)京童にて(=京育チノ若者デ)―にてさうらふ」〔義経・巻六ノ七〕 ❷人の間に立って仲介の口をきく者。仲介人。「あの左近殿は、村での―にはござり(=顔ノトオッタ人デスシ)、地頭殿をば手一ぱいに(=思ウトオリニ)せられまする」〔狂・右近左近〕

くち ごは・し【口強し】(‐ワシ) Ⓔ《形ク》❶馬の性質が荒くて、手綱で自由にできない状態。「白葦毛(しらあしげ)なる馬の、きはめて―・きにぞ乗ったりける」〔平家・法住寺合戦〕 ❷主張が強い。言い張ってあとへひかない。『これは、さらに(=ケッシテ)さやうにさしのけ(=ヒッコマセル)などすべき御車にもあらず』と(供ノ者ガ)―・くて、手ふれさせず」〔源氏・葵〕

くち さがな・し【口祥無し】Ⓔ《形ク》とやかく非難したがる。口がうるさい。「(隠シテオイタガ)―・きものは世の人なりけり」〔源氏・行幸〕

くち すぎ【口過ぎ】Ⓔ 単に生活するための仕事。「(歌ガ)一ふしあそばしたれば(=イチオウオデキナサルカラ)―と思はれて(=オ考エニナッテ)、舞台つとめたまへ」〔西鶴・一代男・巻三ノ三〕

くち ずさび【口遊び】Ⓔ ❶(何気なく)吟ずること。詠吟。「『いふともなき―を恨みたまひて』」〔源氏・明石〕 ❷多くの人がしばしば口にすること。世間ばなし。「人の思ひ言はむこと(=世人ノ批判アルイハ)よからぬ童(わらは)べの―(=悪童ドモノウワサノ種)になるべきなめり」〔源氏・夕顔〕

くち ずさ・ぶ【口遊ぶ】Ⓔ《他四》(詩・歌などをなにげなく)声に出して言う。吟ずる。『あす帰りこむ』と―・びていでたまふに」〔源氏・薄雲〕

くち ずさみ【口遊み】Ⓔ →くちずさび。「琵琶の撥音(ばちおと)、―(=吟ズル声)、夜もすがら(=一晩ジュウ)たちきいてさうらふに」〔平家・千手前〕「ここをもて、人―に(=口ヲソロエテ)あだ名して『八町つぶての紀平治太夫』とよびてさうらふ」〔馬琴・弓張月・二回〕

くち ずさ・む【口遊む】Ⓔ《他四》→くちずさぶ。「今の歌をば、何と思ひよりて(=ドウイウツモリデ)―・みたまひさうらふぞ(=オウタイナサッタノデスカ)」〔謡・江口〕

くち つき【口付き】Ⓒ ❶口もとのようす。(口もとを中心とした)顔だち。「(宰相ノ君ハ)見もてゆくに(=何回モアッテイルウチニ)こよなくうちまさりて(=イヨイヨリッパニ感ジラレテ)、らうらうしくて(=気品ガアッテ美シク)、―にはづかしげさも(=気オクレスルホドノ優雅サモ)にほひやかなることもそひたり(=ハナヤカサモ備ワッテイタ)」〔紫日記〕 ❷①口ぶり。いつもの言いかた。「(コウイウ物語ナドハ)虚言(そらごと)(=実際ニハアリモシナイコト)をよくしなれたる(=ジョウズニ話シナレテイル)―よりぞ言ひいだすらむ」〔源氏・蛍〕 ②(詩・歌などの)よみぶり。「変化に移らざれば風あらたまらず(=俳諧ニ新シサハ出テコナイ)。これにおし移らずといふは(=変化流行ニズットツイテ行ケナイトイウノハ)一端の流行(=一時的ナ変化)に―時を得たるばかりにて(=ソノ人ノ詠作ノシカタガ合ッテ時ノ波ニノッタダケデ)、その誠をせめざるゆゑなり(=誠心ヲツクシテ、求メナイカラダ)」〔土芳・三冊子・赤〕 ❸馬の手綱をとってつきそう者。「『馬にて送らる。この―のをのこ、『短冊得させよ(=一句短冊ニ書イテ下サイ)』とこふ」〔芭蕉・奥の細道〕

くち と・し【口疾し】Ⓔ《形ク》返事や返歌をてっとり早くする。「消息など(女ノトコロヘ)つかはしたりき。(女ハ)書きなれたる手して(=コナレタ筆ヅカイデ)、―・く返り事などしはべりき」〔源氏・夕顔〕

くち なは【蛇】(‐ワ) Ⓔ《朽ちた縄(なわ)に似ているところから》へび。「二尺ばかりなる―の、ただ(=マッタク)同じ長さなるを(合計二匹)『これが男女(=オストメスヲ判別シテ下サイ)』と(唐ノ帝ガワガ帝ニ)奉れり」〔枕・二四四段〕

くち ば【朽ち葉】Ⓓ ❶落ちて変質した葉。「仮の(=一時的ダッタハズノ)庵もやや故里(ふるさと)となりて(=カナリ住ミナレタ所トナッテ)、軒に―ふかく(=フカブカトツモリ)、つちゐ(=地面)に苔(こけ)むせり」〔方丈〕 ❷㊥朽ち葉色。

茶色。青みがかったのを「青朽ち葉」、黄が強いのを「黄朽ち葉」、赤茶色を「赤朽ち葉」という。「いときよらなる(=キレイナ)ーのうすもの(=地ノ薄イ織物ガ)、今様色の(=流行色ノクレナイデ)二なくうちたるなど(=ミゴトニ打チ目ヲツケタノヲ)、ひきちらしたまへり」〔源氏・野分〕 ❸襲(かさね)の色目。→巻末「襲の色目要覧」。

くち ひき【口引き・口曳き】[E] 牛馬などのくつわを取って引くこと(人)。「口取り」「口付き」とも。「ーの男」〔徒然・一〇六段〕

くち ひそ・む【嚬む】[E]《自四》《口をすぼめて言う意から》かげで非難する。「御前なる人『おいおいしきさましつつ(=年ヨリジミタアリサマデ)何するものを(=ドウショウトイウノカネ)』(ト)ー・むも(=コッソリ非難スルガ)、聞き知らず」〔宇津保・忠こそ〕

くち を・し【口惜し】(ーオシ) [A]《形シク》《口に出して言うのがもったいないの意から》 ❶つまらない。くだらない。「すべて、きむぢ(=オ前ガ)いとー・し(=ダメナンダ)、かばかりの事をば言ひなさぬは(=コレクライノ事ヲウマクトリナセナイトハ)」〔蜻蛉・中〕 ❷《身分について》いやしい。「いとー・しき際の田舎人こそ、(都カラ)仮に下りたる人のうちとけごとにつきて(=親密ナロブリニ乗ッテ)、さやうに軽らかに語らふ(=夫婦仲トナル)わざをもすなれ」〔源氏・明石〕 ❸《ものたりない気持ちで》残念だ。「呼びにやりたる人の来(こ)ぬ、いとー・し」〔枕・九八段〕「女御(にょうご)とだにいはせずなりぬるが、飽かずー・しうおぼさるれば」〔源氏・桐壺〕 ❹《どうにもならないという気持ちで》情けない。「あはれ、弓矢とる身ほどー・しかりけることはなし」〔平家・敦盛最期〕《「くちをし」「くやし」は、現代語ではともに「残念だ」の意になることが多いけれど、中古語の「くちをし」は不満・不本意の感じで残念なのを、「くやし」は後悔する気持ちで残念なのをさした》

くつ【沓・靴・履】[D] 皮・木・布・錦(にしき)などで作ったはき物。衣冠・束帯の時には浅沓(あさぐつ)・深沓(ふかぐつ)・靴沓(かのくつ)を使った。「(時方ハ侍従ニ)わがーをはかせて、みづからは供の人のあやしきもの(=粗末ナノ)をはきたり」〔源氏・浮舟〕

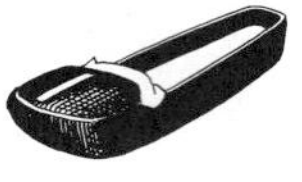

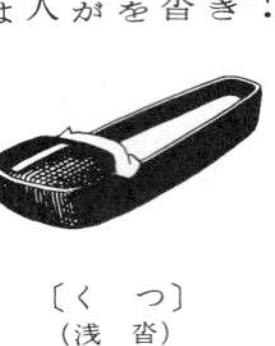

〔く　つ〕
(浅　沓)

くつ かうぶり【沓冠】(ーコウー) [E] 和歌の遊戯的技巧の一種で、あらかじめ用意した一〇音を短歌五句の各句の始めと終わりとにそれぞれ一音ずつよみこむ方法。「折り句」とも。「あふさかもはてはゆきき(往き来)のせき(関)もゐずたづねてとひこ(来)き(来)なばかへさじ」の中に「合はせたきもの少し」を隠すような類。「折り句・ーなどまでも、人の能にしてよむ姿の(=人ガ得意ワザトシテヨムヨウニナッタ行キ方ガ)寛平(=九世紀末)より盛りになれり」〔為兼抄〕

くっ きゃう【究竟・〈屈強〉】(ーキョウ) [D]《+形動ナリ》《「くきゃう」の促音化したもの。英語のbestに当たる基本意味から》 ❶能力がきわめてすぐれていること。「主従三騎、ーの逸物どもにて(=トビキリノ乗馬デ)、堀河をつと越す(=ヒョイトコエル)」〔平治・中・一〕 ❷もってこいだ。注文にぴったりだ。「人にも見せず詠みおきたれば(=他人ニ見セナイデ練習シタ歌ヲトッテオクト)、卒爾(そつじ)の用(=突然ノ必要)にもかなひて(=間ニ合ッテ)、ーの(=オアツラエムキノ)事にてあるなり」〔後鳥羽院口伝〕

くづし い・づ【崩し出づ】(クズーズ) [D]《他下二》(ひとまとまりの話を)少しずつ語りだす。ぼつぼつと語りはじめる。「(ココ数年間ノ事ヲ)ー・でつつ、(ダンダン調子ヅイテ)問はず語りもしつべきが(=タズネモシナイ事マデシャベリカネナイ様子ナノガ)」〔源氏・蓬生〕

くっ・す【屈す】[D]《自サ変》心がおさえつけられた感じだ。はればれしない。《促音の表記を省略し「くす」と書くこともある。[参]くんず》「不定なる事どもはべめれば(=イツ何事ガ起コルカワカリマセンカラ)、ー・しはてて(=ウンザリシテ)」〔蜻蛉・下〕「長々在京いたせば、心がー・し(=クサクサシテ)あしうござるによって」〔狂・靫猿〕

くつ まき【沓巻き】[E] 矢の篦(の)の口を巻き締めた糸。矢じりを固定させるためのもの。「新中納言これ(=ソノ矢)をめしよせて見たまへば…十三束ふたつぶせ(=一三握リト指二本ノ幅)あるに、ーより一束ばかりおいて『和田小太郎平義盛』と漆にてぞ書きつけたる」〔平家・遠矢〕

くつろ・ぐ【寛ぐ】[D] [一]《自四》 ❶㋑(間が)あく。「乱れて冠の額すこしー・ぎたり」〔源氏・若菜上〕㋺(構造が)ゆるむ。「費(つひ)え重なりて、身代ー・ぎそめて(=ガタツキダシテ)」〔浮・新永代蔵・巻六ノ三〕 ❷あきができる。余地がある。「若う細やかなる(貴族ガ)三四人ばかり…入れば、初めゐたる人々もすこしうち身じろき(=身動キシ)、ー・い(=アイタ場所ガデキテ)、高座のもと近き柱もとに(貴公子タチヲ)すゑつれば(=スワラセルト)」〔枕・三三段〕 ❸㋑(緊張や警戒が)とける。「今より後は疑ひの心をやめ、親しむべしとおぼしめし、ちっとー・ぐ(=安心スル)風情(ふぜい=様子ガ)あり」〔幸若・入鹿〕㋺(気が)楽になる。ゆったりする。「この館(やかた)に身を寄せつつ(=ヤッカイニナリ)、すこし心もー・ぐやうにおぼえし」〔仮名・浮世物語・巻三ノ二〕㋩(ゆっくり)やすむ。休息する。「常宿にて湯あみー・ぎけるに」〔浮・色道懺悔男・巻二ノ一〕《「心を許して愛する」という意を挙げる説もあるが、それは❸㋑の用法で解釈すべき例を誤ったもの》 [二]《他下二》 ❶㋑(間を)

あける。「(貝ガ口ヲ)すこし―・げたれば」〔今昔・巻二九ノ四五〕㋺ゆるめる。「(切腹ノタメ)肌を―・げ、刀の柄(かつ)に手をかけ」〔伎・忠臣蔵年中行事・四〕❷あきを作る。余地をこしらえる。「一の大納言を内大臣になしあげ(=昇任サセ)、―・げて(=空席ヲ作ッテ)」〔寝覚・巻五〕

くでん【口伝】 Ⓔ ❶(芸能・学問上のたいせつな教えでみだりに人に知らせてはならない事項を)師から弟子(てし)に口で伝授すること。口授(くじゅ)。「歌の道は秘事―もあらむ。連歌はもとより古(いにしへ)への模様さだまれる事なければ(=昔カラノキマリハナイカラ)、ただ当座の感をもよほさむぞ(=ソノ場デオモシロサヲ感ジサセルコトガ)興はあるべき」〔筑波問答〕 ❷「①」の内容を記述したもの。「もし(=コトニヨルト)別紙の―にあるべきか(=ソノ事ハ別ノ口伝筆記ニ出ルカモシレナイ)」〔花伝・三〕

くどく【功徳】 Ⓓ ❶〔仏〕《梵 guṇa の意訳》よい行為のむくいとして得られるよい結果。「この経を受持・読誦(どくじゅ)・解説(げせつ)・書写せらむ人の―(ノスバラシサハ)思ひやるべし」〔今昔・巻六ノ三一〕 ❷《誤用されて逆に》よい結果をもたらすはずのよい行為。「いささかなる―を、翁、作りけるによりて、汝が助けにとて片時のほど(=ホンノスコシノ間カグヤ姫ヲ下界ニ)くだししを」〔竹取〕「仏(=仏像)をいと多く造りたてまつりし―によりて、ありし素姓まさりて(=前世デノ身分ガ今生デハヨクナリ)人と生まれたるなり」〔更級〕

くど・く【口説く】 Ⓓ《他四》 ❶(第三者に「長い」という感じをあたえるようなふうに)ものを言う。《悲嘆の場合が多い》「若き鬼…横座の鬼の前にねり出でて(=上席ノ鬼ノ前ニノリ出シテ)―・くめり(=何カブツブツトイッテイル様子デアル)」〔宇治・巻一ノ三〕「むなしき(=死者ノ)顔を一目見て、涙を流して―・かれけるは(=悲シミナガラクドクドトオッシャルニハ)」〔太平・巻三二ノ八〕 ❷《能・浄瑠璃・歌舞伎などで》悲嘆の思いを吟詠する。《その部分をクドキという》「経盛の能に、この女思ひ入れてすべきを(=コノ女役ハヨク考エテスベキナノニ)、みな浅くするなり。人のうたふまでうつぶき入りて、そのうちより(=ソノウツムイタ姿ノママデ)―・きいだすべし(=クドキヲウタイハジメルガヨイ)」〔中楽談儀・三〕 ❸相手を自分の気持ちにひきこもうとして話す。「これ見たか(=ドンナモノダ)。この方より(=自分ノ方カラ)―・きてもらちのあかざる(=ウマクイカナイ)事もあるに、あなたからのおぼしめしいれ(=アチラノ方カラノオ呼ビ出シダ)」〔西鶴・一代男・巻七ノ三〕

くない【宮内】 Ⓓ ❶[略]宮内省。❷宮内省の役人。

―きゃう 卿(―キョウ) Ⓓ 宮内省の長官。正四位の相当官。

―しゃう 省(―ショウ) Ⓓ 皇室の用度・料地および庶務をつかさどる役所。所属官庁は、平安時代の中ごろに、大膳職(だいぜんしき)と木工(もく)・大炊(おおい)・主殿(とのも)・典薬・掃部(かもん)の五寮および正親(おおぎみ)・内膳・造酒(みき)・采女(うねめ)・主水(もんど)の五司に整理された。長官を卿(きょう)、次官を大輔(たゆう)・少輔(しょう)、三等官を大丞(だいじょう)・少丞(しょうじょう)、四等官を大録(だいさかん)・少録(しょうさかん)といった。

くに【国】 Ⓐ ❶㋑(古代人が経験した範囲での)宇宙。《まだ地球の存在を知らない時代なので、せいぜい東洋の一部分およびその近海とそれをおおう空ぐらい》「(天照大神が岩戸ニ隠レラレタノデ)―のうち常闇(とこやみ)にして、昼夜の相代はる別(わ)きも知らず」〔紀・神代上・訓〕《「くに」は「六合」の訓。六合は天・地と四方》㋺(古代的宇宙のなかの)土地。地上世界。「高産霊尊(たかむすびのみこと)、皇孫(すめみまご)を(天界カラ)降(くだ)したてまつりて、この―の君としたまはむとおぼす」〔紀・神代上・訓〕《「くに」は「地」の訓》「皇神(すめかみ)の見はるかします(=眺望ナサル)四方(よも)の―は、天(あめ)の壁(かき)立つ限り(=空ガ地ニ接スルトコロマデ)―の退(そ)き立つ限り(=地ノ果テマデ)」〔祝詞・祈年祭〕 ❷一つの秩序下の世界。「(ワタシハ)ひたぶるに(=永久ニ)根(=地下)の―にまかりなむとす」〔紀・神代上・訓〕《「くに」は「国」の訓》「仏のみ―よりは東なかなる所にくだりて」〔宇津保・俊蔭〕 ❸国土。「大いなる波にただよはされて(=暴風ノタメ漂流シテ)知らぬ―にうち寄せらる」〔宇津保・俊蔭〕 ❹国家。「天竺(てんぢく)(=インド)に二つの―あり。一をば舎衛国といふ、一をば摩竭提(まかだ)国といふ」〔今昔・巻一ノ二九〕 ❺《江戸時代以前》㋑地方行政の基本区画。「紀の守(かみ)(=長官ハ)―(=任国)へくだりて」〔宇津保・吹上下〕㋺地方行政の下位区画。さと。むら。「伊美の郷…天皇、この村にいまして(=行幸サレ)勅(の)りたまひしく(=オッシャッタニハ)『この―は…』」〔豊後風土記〕 ❻(都に対する)地方。「御前(=前駆)の人、―なるのみこそ残れ、京なるは、五位四位、なきなし」〔宇津保・蔵開下〕 ❼ふるさと。「筑紫へに舳(へ)向かる(=向イテイル)船のいつしかも(=早ク)仕へまつりて(=満期除隊シテ)―に舳向かも(=船首ヲ向ケテホシイナア)」〔万葉・巻二〇〕 ❽皇位。「十一日に御―ゆづりたまひて、帝(みかど)は(宮中カラ)朱雀院に出でたまふ」〔宇津保・国譲下〕 ❾「⑤㋑」の政庁。国府。「この人、―にかならずしも言ひ使ふ者(=吏員)にもあらざなり」〔土佐〕《「尾張に下りて、―おこなひけるに」〔宇治・巻三ノ一四〕によって「国務」という意を認める説もあるが、これは「おこなふ」に「おさめる」という意を認めるのが正しい。「国しる」という時の「国」も、国務の意でなく、「しる」に「おさめる」の意があるのと同様》

くにつかみ【国つ神・地祇】 Ⓓ ❶国土を守り、支配する神。「―空にことわる(＝天上カラヨシアシヲ判断シテクダサル)仲なら(＝ワタシトアナタトノ間ガラナラ)ばなほざりごとを(＝アナタノ実意ノナイデマカセヲ)まづやたださむ(＝第一ニ神ハォサバキナサルデショウ)」〔源氏・賢木〕 ❷ (対)「天つ神」《高天原(たかまがはら)から降りてきた天つ神に対し》もとから地上にいて国土を管理していた神。「この矢は、昔(いんさき)わが天稚彦(あめわかひこ)に賜ひし矢なり。血その矢に染(ぬ)れたり。けだし―と相戦ひて然るか(＝コウナッタノカシラ)」〔紀・神代下・訓〕《「くにつかみ」は「国神」の訓》

くに の つかさ【国の司】 Ⓓ →こくし。「これ(＝大納言ノ様子)を見たてまつりて、その―もほほゑみたる」〔竹取〕

くに の みやつこ【国の造】 Ⓓ 大化改新以前、朝廷から任命された地方官。多くは当地の豪族が任ぜられ、世襲であった。「紀伊国牟婁(むろ)郡に、神南備(かみなび)の種松といふ長者、限りなき財(たから)の王にて、ただ今、国のまつりごと人にて」〔宇津保・吹上上〕とある「まつりごと人」などは、そのなごりであろう。

くに はら【国原】 Ⓔ (対)「海原(うなはら)」 国のひろびろとした所。平野。「天の香久山のぼり立ち国見をすれば―(＝大和平野)は煙立ち立つ…」〔万葉・巻一〕

くに ひと【国人】 Ⓒ ❶国民。人民。「(日本ガ平和ナノデ)あだし―も(＝外国人モ)訳(をさ)を重ねて(＝イクツモ違ッタコトバノ国ヲ通リ)、海外(わたのほか)既に帰化(まうおもむ)きぬ」〔紀・崇神・訓〕《「あだしくにひと」は「異俗」の訓》 ❷ ㋑(その)土地の人。(その)地方の人。「越中には…国の成敗(＝行政ガ)みだりなる(＝デタラメナノ)によって、―こぞって(＝スッカリ)これを背きける」〔太平・巻三八ノ二〕 ㋺いなか者。「(アレホド栄エタ北条氏ガ)わづかなる(＝チッポケナ)新田などいふ―にたやすくいかでかは亡ぼさるべき」〔増鏡・月草〕

くに み【国見】 Ⓔ 地勢や住民の状態などを、高い所から視察すること。元来は、耕作に適した土地を見つけるための行事だといわれる。「天の香久山のぼり立ち―をすれば国原は煙立ち立つ…」〔万葉・巻一〕

くに もと【国〈許〉】 Ⓔ ❶大名などの所領とする本国。領地。「東国にかくれもない大名です。ながなが在京いたすところに、訴訟ことごとくかなひ…そのうへ(将軍カラ)―へのお暇(いとま)までを下されてござる」〔狂・入間川〕 ❷出身地。生まれ故郷。「わが―の事を忘れて、毎日の遊興に気を乱しける(＝ウツツヲヌカシテイタ)」〔西鶴・永代蔵・巻三ノ二〕

くね Ⓓ 蔓(つる)をからませるため竹などを組んだ柵(き)。「畑主(はたぬし)が見まはらぬと見えて、(昨夜ヒキ抜イタ)―がそのままある」〔狂・瓜盗人(虎寛本)〕《「垣(かき)・垣根」の意とする説もあるが、このシテは畑にはいる時、まず垣をとびこえ、この後で「くね」を抜いている。しかも、この曲のなかで垣は「かき」と言われており、明らかに「くね」とは別あつかいである》

くは がた【鍬形】(クワ―) Ⓔ 兜(かぶと)の前立ての一種で、左右につき出た金属製の角のようになっている板。「斎藤別当実盛…赤地の錦の直垂(ひたたれ)に、萌葱縅(もよぎをどし)の鎧きて、―うったる(＝トリツケタ)甲の緒をしめ」〔平家・実盛〕

〔くはがた〕

くは・し(―ワ―) Ⓓ 《形シク》 [一] 【細し・妙し】繊細で美しい。デリケイトだ。「八島国(＝諸国ニ)妻(トスベキ女性ヲ)まきかねて(＝求メアグンダアゲク)…賢(さか)し女(め)を有りと聞かして(＝ォ聞キニナッテ)―・し女を有りと聞こして…」〔記・上〕 [二] 【詳し・精し】 ❶詳細だ。「この事どもー・しく申させたまへば」〔栄花・楚王〕 ❷こまかく知っている。精通している。「その道(＝専門)の芸―・しからば、多能は無くてもあらまし」〔也有・鶉衣・奈良団賛〕

くひぜ【株・杭】(―イ―) Ⓓ ❶木や草の切りかぶ。「株、クヒゼ」〔名義抄〕「時移り風(ふう＝スタイル)変はりはべれば、何事も(昔ノ愚人ノヨウニ)―を守るべきにあらず」〔僻連秘抄〕 ❷「①」に似た形状のもの。「巖の上に大きなる―をうち立てて、その―に百余尋(ひろ)の縄(なは)を結び付けて」〔今昔・巻一六ノ六〕

くひな【水鶏・水雞】(―イ―) Ⓔ 水鳥の一種で、水べにすみ、小魚をとって食う。旧暦の五月ごろ鳴く。その声が戸をたたく音に似ているため、鳴くのを「たたく」という。「―のたたくなど、心ぼそからぬかは」〔徒然・一九段〕

く・ふ【食ふ】(―ウ) Ⓒ [一] 《自四》 ❶しっくりかみ合う。「(毛抜キヲ)髭(ひげ)に当ててみて、『こりゃ一向に―・はぬ』」〔咄・聞上手・毛抜〕 ❷(つい)信じてしまう。だまされる。「不便(ふびん)や(＝気ノ毒ニ)、今まで奈良ぢゅうの者が、いっぱい―・うたであらう」〔西鶴・胸算用・巻四ノ二〕 ❸生活する。暮らす。「金貸して―・うてゆく(＝暮ラシヲ立テテユク)権九郎ぢゃ」〔伎・三十石・二〕 [二] 《他四》 ❶くわえる。「(作リ物ノ)鶴ふたつ立てり。…ひとつは匙(かひ＝スプーン)―・ひたり」〔宇津保・蔵開上〕《「はむ」が単に「たべる」の意であるのに対し、「くふ」は歯でかむことが原義》 ❷かみつく。「(コノ馬ハ)馬をも人をも、あたりを払って(＝ソノ辺ノモノハ何デモカデモ)―・ひければ」〔平家・宇治川先陣〕 ❸《転じて》たべる。「胸ふたがる(＝イッパイニナル)心地して、物をだに―・はずなりにけり」〔栄花・月宴〕 ❹(薬などを)飲む。服用する。「金液丹(きんえきたん)といふ薬を召したりけるを(=召シアガッタガ)、その薬―・ひたる人は」〔大鏡・三条院〕 ❺受ける。こうむる。「側杖(そばづゑ)(=マキゾエヲ)―・ひさうな」〔近松・酒呑童子・三〕 ❻きずつける。「和泉式部…わらうづ(=ワラジ)に足を―・はれて(=痛メテ)」〔金葉・雑下・詞〕

ぐぶ【供奉】Ⓓ ㊀〘十自サ変〙行幸・行啓・勅使などの行列にお供すること。「しのびの(=私的ナ)御幸なりけれども、―の人々…さうらひけり」〔平家・大原御幸〕「この宮(=六条式部卿ノ宮)―・せしめたまへりけれど(=醍醐天皇ノ行幸ニオ供ナサッタケレド)、京のほど(=行列ガ京ノ中ニアルウチハ)遅参せさせたまひて」〔大鏡・昔物語〕 ㊁ (略)内供奉。宮中の内道場に奉仕する僧侶。「その人(=源心座主)、―といひける時より、書写の聖人(=性空)と得意なりけり(=仲ガヨカッタ)」〔今昔・巻一二ノ三四〕

くぶつつ【頭椎・頭槌】Ⓔ〘古代語〙(略)くぶつつのたち。「―い石椎(いしつつ)いもち今撃たばよらし」〔記・中〕⦅「い」は古代の間投助詞。(参)いしつつ⦆ **―のたち** 大刀 Ⓔ〘連語〙柄(つか)のさきが槌(つち)状にふくれた大刀。「天(あめ)の石靫(いはゆぎ)をとり負ひ(=リッパナ矢ツボヲセオイ)、―をとり佩(は)き」〔記・上〕⦅原文「頭椎之大刀」と表記⦆

ぐほふ【求法】(―ホウ) Ⓓ〘十自サ変〙〔仏〕仏の教えを得ようと願い求めること。「かの玄奘(げんじやう)三蔵の流沙(=砂バク)・葱嶺(そうれい)(=高イ山)をしのがれけむ(=踏破サレタ)苦しみも、これにはいかでかまさるべき。されどもそれは―のためなれば自他の利益もありけむ」〔平家・太宰府落〕

くほん【九品】Ⓓ〔仏〕❶極楽関係の階級。上・中・下品(ぼん)の三段階が、さらにおのおの上・中・下生(しやう)に分けられるので、上品上生を最高とし、最低の下品下生まで九品にわかれる。浄土・往生・阿弥陀仏・蓮台などに、みな九品が区別される。「この善光寺の如来堂の内陣こそは、極楽の―上生の台(うてな)なるに」〔謡・柏崎〕 ❷極楽のことを間接的にいう。「ただ今の最後の念仏によって―託生をとぐべし(=極楽ニキット生マレカワレヨウ)」〔平家・重衡被斬〕「善光寺に参る。堂額ことし修造ありて、仏も寂光の月あらたにかがやきをそへ、蓮(はちす)は花の盛りをまちて(=マッ盛リノ時期ノヨウデ)―の露あらそふ(=極楽浄土ノ露ガビッシリ置イタヨウニリッパダ)」〔一茶・帰郷日記〕 **―じゃうど** 浄土(―ジョウ―) Ⓔ 極楽浄土、すなわち阿弥陀仏のいられる世界。「末の露と先だち(=自分ヨリ先ニ死ニ)本のしづくとおくるるとも(=自分ハ生キ残ッテモ)、再会はかならず―の台にあるべし(=極楽デ再会ショウ)」〔太平・巻三二ノ八〕 **―のねんぶつ** 九品の念仏 Ⓔ〘連語〙極楽浄土に往生するためとなえる念仏。「宿河原といふところにて、ぼろぼろ(=虚無僧)多く集まりて、―を申しけるに」〔徒然・一一五段〕 **―れんだい** 蓮台 Ⓔ 極楽浄土での座席。はすの花の形をしている。「筆・紙などたまはせたれば(=クダサッタノデ)『―の間には(=極楽ノ席ニハ九種ノ差ガアルソウデスガ)下品といふとも(結構ダ)』など書きて」〔枕・一〇一段〕 **―わうじゃう** 往生(―オウジョウ) Ⓔ 極楽浄土に生まれかわること。「『―疑ひなし』とも書かれたり」〔平家・少将都帰〕

くま【隈】Ⓑ ❶曲がってひっこんだ所。曲がり角。「…―も落ちず(=ドノ隈モ漏レルコトナシニ=曲ガリ角ゴトニ)思ひつつぞ来しその山道を」〔万葉・巻一〕 ❷奥まって目につきにくい所。「いかなる物の―に隠れありきて、かく人にも恨みらるらむ」〔源氏・紅葉賀〕 ❸中心地から離れた所。かたすみ。「さる田舎の―にて」〔源氏・常夏〕「領所をも失ひ、今はこの野の―にわびしくて住ませたまふ」〔秋成・雨月・吉備津〕 ❹(届きにくいという感じのある)場所や事がら。「思ひ至らぬ―(=気ノツカナイ点トイッテハ)なき良清・惟光をつけて、うかがはせたまひければ」〔源氏・花宴〕 ❺光のあたらない部分。「おのづから人の心の―もあらばさやかに照らせ秋の夜の月」〔新後拾遺・雑下〕 ❻〔芸〕(略)くまどり。→くまどり。

くまぐま・し【隈隈し】Ⓔ〘形シク〙物かげや暗がりになるものが多く見通しがきかない状態である。隠していてよくわからない状態である。「『いたく―・しき谷なり(=ヒドク物カゲガ多イ谷ダ)』とのりたまひき(=オッシャッタ)。かれ(=ソレユエニ)熊谷(くまたに)といふ」〔出雲風土記〕「(蛍宮ハ)『何事のかくろへあるにか(=心ノ内ニ隠シテイルノカ)、深くかくしたまふ』と(光源氏ヲ)うらみて、いとゆかし(=知リタイ)とおぼしたり。(源氏ハ)『何事かははべらむ(=何ヲ隠ス事ガアリマショウカ)。―・しくおぼしなすこそ(=私ガ隠シ立テシテイテワカラナイトオ思イナサルノガ)苦しけれ(=ツライ)』」〔源氏・梅枝〕

くまどり【隈取り】Ⓔ〔芸〕⦅時代物の歌舞伎で⦆特定の役がら(勇士・悪人・道化など)になる俳優が、その性格を強調するため、顔にほどこす特殊な彩色。筋隈・一本隈・青隈・猿隈など。「『わたしらが若い時分は、敵役の面(つら)が藍隈とやらいってね、かの、それ、隈ゐどりが』『へん。―と言ひなせえ。隈ゐどり(トイウ)だけ古風で素(しろ)っぽい(=シロウトクサイ)』」〔三馬・風呂・四ノ下〕

〔くまどり〕
(筋隈)

くまな・し【隈無し】Ⓒ〘形ク〙❶光線のとどかない部分がない。陰・曇りがない。全体的に明るい。「八月十五夜、―・き月影、ひま多かる板屋、のこりなく漏り来て」〔源氏・夕顔〕 ❷ぬかりがない。よく通じている。「(惟光ハ)おのれ(=自分)も―・きすき心(=ベテランノ好色心)にて、いみじくたばかり(=タイヘンウマク計画シ)まどひありきつつ(=アレコレ奔走シナガラ)、しひて(=強引ニ、光源氏ヲ)おはしまさせそめてけり(=女ノ所へオ通イ始メニナルヨウニシタ)」〔源氏・夕顔〕

く・む【組む】 Ⓒ ㊀〘自四〙 ❶二つ以上の物が結合する。または結合したような形になる。「い組み竹(=茂ッテカラミ合ッタ竹ノヨウニ)い―・み(=抱キ合ッテ)は寝ず…その思ひ妻あはれ」〔記・下〕 ❷取り組みする。組み討ちする。「あはれ、よからう(=リッパナ)大将軍に―・まばや(=組ミ討チシタイモノダ)」〔平家・敦盛最期〕 ㊁〘他四〙 ❶二つ以上の物を結合する。「川にのぞみて、多くの木をとりて筏(いかだ)を―・みて、その筏に乗りて下ろす間に…筏を―・める綱切れて、すでに筏解けぬ」〔今昔・巻一二ノ一四〕 ❷たがいちがいになるように交差させる。「人に似て猿も手を―・む秋の風」〔珍碩(猿蓑)〕 ❸いろいろな物を結合して作る。構築する。構成する。「土居(つちゐ)を―・み(=土台ヲ築キ)、うちおほひ(=シート)を(屋根ニ)ふきて(材木ノ)つぎ目ごとに掛け金を掛けたり」〔方丈〕 ❹婚姻関係を結ぶ。縁者となる。「我こそ浪人(=自分自身ハ浪人シテイルガ)主人持った一家(=親類)も有る。物知らず(=ワカラズ屋)と縁を―・み一門の名をよごす」〔近松・寿門松・中〕

くも【雲】 Ⓓ ❶自然現象の雲。「狭井(さゐ)河よ―立ち渡り畝火山木の葉さやぎぬ(=ザワメイテイル)風吹かむとす(=イマニ大風ガ吹クダロウ)」〔記・中〕 ❷「①」のような形をしているもの。「観音(堂)の甍(いらか)(=屋根)見遣りつ花の―」〔芭蕉(末若葉)〕 ❸(火葬の)煙。「亡き人の形見の―やしほるらむ(=雨ヲ降ラスノダロウカ)夕べの雨に(空ガ曇ッテソレラシイ)色(=ヨウス)は見えねど」〔新古今・哀傷〕 ❹㊕雲助。諸国の逃亡者や無籍者。宿駅・渡し場などでかごかきや雑役をした。〘「蜘蛛」とも。雲のように一所にとどまらないからとも、蜘蛛のように網をはって客を捕らえるからともいう〙「東海道にちりぼひたる(=散ラバッテイル)宿無し者をば―とはいかで(=ナゼ)かいふやらむ」〔也有・鶉衣・百虫譜〕〘「はるかに遠い世界」「心がはればれしないこと」の意になることもあるが、文脈の中で比喩的に使われるのであって、ことばにその意味があるわけではない〙

―のうへ 雲の上(-エ) Ⓓ〘連語〙 ❶㋑雲よりもさらに上。「わがやどに鳴きし雁(かりがね)―に今夜(こよひ)なくなり(=姿ハ見エナイガ聞コエテ来ル)国へかも行く(=春ニナッタノデ遠イ国へ帰ッテユクノカナア)」〔万葉・巻一〇〕 ㋺天空。そら。「―に光さしそふ(=イッソウ光ヲマシタ)秋の月やどれる池も(=姿ヲウツシテイルコノ池モ)千代やすむべき(=月光トトモニイツマデモ澄ムハズダヨ)」〔玉葉・賀〕 ❷(天上にたとえて)宮中。「雲居(くもゐ)」「雲上(うんしやう)」とも。「さきの蔵人にてはべりける時(=蔵人ヲヤメマシタコロニ)『月にむかひて、いにしへを懐ふ』といふこころ(=トイウ筋アイヲ)人々よみはべりけるに『常よりもさやけき(=明ルイ)秋の月を見てあはれ恋しき―かな(=宮中蔵人所ニオツカエシタコロガ恋シイコトダナア)』」〔後拾遺・雑一〕

―のうへびと 雲の上人(-エ-) Ⓓ〘連語〙殿上(てんじやう)の間に出仕することを許された人。殿上人。「―これをそねみ…忠盛を闇討ちにせむとぞ議せられける(=相談ナサッタ)」〔平家・殿上闇討〕

くもがく・る【雲隠る】 Ⓒ〘自四・下二〙 ❶(雲にかくれて)㋑見えなくなる。「なぐさむる心はなしに―・り(四段)鳴きゆく鳥の(ヨウニ)音のみし泣かゆ」〔万葉・巻五〕「めぐりあひて(=久シブリデ会ッテ)見しやそれとも分かぬまに(=イマ見タノガソノ人カソウデナイカ見分ケガツカナイウチニ)―・れ(下二)にし夜半の月かな(=夜半ノ月ト共ニスグ姿ヲカクシタコトダ)」〔新古今・雑上〕 ㋺聞こえなくなる。「秋霧につままどはせる(=連レアイトハグレタ)初雁の―・れ(下二)行く声の聞こゆる」〔家持集〕 ❷この世から消える。死ぬ。「百(もも)伝ふ(=枕詞)磐余(いはれ)の池に鳴く鴨(かも)を今日のみ見てや(=今日見ルノヲ最後トシテワタシハ)―・り(四段)なむ」〔万葉・巻三〕

くもぢ【雲路】(-ジ) Ⓓ 雲の中のみち。鳥などが空を飛んで行くみち。「ひと声はさやかに(=ハッキリト)鳴きてほととぎす―はるかに遠ざかるなり」〔千載・夏〕

くもで【蜘蛛手】 Ⓒ ❶くもの巣を他の物体にとりつけているいくつかの支点。「―さへかき絶えにけるささがにの(=クモト同様ナワタシノ)命を今は何にかけまし(=モウ長クハ生キラレソウニモナイ)」〔後拾遺・恋三〕 ❷〘くもの巣の支点があらゆる方角に向いてとりつけられているように〙あちらこちら。さまざまの方向。「水ゆく川の―なれば(=イロイロニ屈折シテイルカラ)橋を八つわたせるによりてなむ、八橋といひける」〔伊勢・九段〕「―(=✳型)・かくなは(=∞型)・十文字・とんばうがへり・水車、八方すかさず(=八方ニスキマナク)斬ったりけり」〔平家・橋合戦〕 ❸(方向が一定せず)複雑なこと。入りくんでいること。「うちわたし(=ズット)ながき心は八橋の(ヨウニ)―に(=アレコレト)思ふことは絶えせじ」〔後撰・恋一〕 ❹さまざまな方向に交差させて張りわたした木。「ある障子の上に(罪人ヲニガサヌヨウ)―結(ゆ)うたる所あり」〔平家・小教訓〕〘この用法は日葡辞書にも出ている〙

くもゐ【雲居】(-イ) Ⓑ ❶雲のある所。空のこと。「鶴は、いとこちたきさまなれど(=イカニモギョウギョウシイ形ダガ)、鳴く声—まで聞こゆる、いとめでたし」〔枕・四一段〕 ❷雲。「香具山に—たなびき(=雲ガ横ニナビイテ)おぼぼしく(=ボンヤリシテイルヨウニ、ハッキリトデハナク)あひ見し子らを(=アノ子ノコトヲ)のち恋ひむかも(=アトニナッテ恋シク思ウダロウカ)」〔万葉・巻一一〕 ❸はるかに遠いところ。「(男女ノ仲モ)遠き—を思ひやり、浅茅(あさぢ)が宿に昔をしのぶこそ(=荒レ果テタ家ニイテ、楽シカッタ昔ノコトヲナツカシク思ウノコソ)、色好むとはいはめ(=ホントウニ恋ヲヨク知ッテイルモノトイエヨウ)」〔徒然・一三七段〕 ❹㋑禁中。宮中。皇居のうち。「思ひきや(=コンナコトガアロウトハ思ッタコトモナイ)み山の奥にすまひして—の月(=昔、宮中デ賞美シタ月)をよそに見むとは」〔平家・大原御幸〕㋺皇居のある地。みやこ。「たづかなき(=タヨル人モナイ)—にひとりねをぞなく(=一人サミシク泣イテイマス)つばさならべし友を恋ひつつ(=雁(かり)ガ翼ヲナラベテ飛ブヨウナ間ガラダッタアナタヲ恋シク思ッテ)」〔源氏・須磨〕 **—のよそ** [E]《連語》❶《空間的に》はるかに離れた遠い所。「かぎりなき—に(=遠イアチラニ)別るとも人(=アナタ)を心におくらさむやは(=心ハキットツイテ行キマス)」〔古今・離別〕 ❷《心理的に》かけはなれていること。ひどく関係がうすいこと。「旅のならひの思はずも(=旅トイウモノハ思イモオヨバナイモノデ)—に見し人も(=今マデハ全ク自分ト無関係ダト思ッテイタ人モ)同じ舟になれ衣(=同ジ船ニ乗リ合ワセ親シクシテ)」〔謡・竹生島〕

くやう【供養】(—ヨウ) [D] ❶《十自サ変》〔仏〕三宝(仏・法・僧)・死者の霊などに、物(写経や奏楽や勤労奉仕なども含む)を供与する宗教儀礼。「(観音様ヲ堂ニスエテ)—・したてまつりなどして…父失せにけり」〔宇治・巻九ノ三〕 ❷(修行者等に与えられる)飲食物。「いときなきともがら(ハ)花の露を—と受け」〔宇津保・俊蔭〕

くや・し【悔し】[C]《形シク》(自分のしたことについて)後悔される。残念だ。《現代語の「くやしい」のような、他人に対し腹が立つという感じではない》「わがやどの花橘は散りにけり(散ラナイサキナラヨカッタノニ)—・しき時にあへる君かも(=コンナ時ニオ目ニカカルノガ後悔サレル)」〔万葉・巻一〇〕「(六条御息所ハ)またなう(=コノ上モナク)人わろく(=体裁ガ悪ク)—・しう(=見物ニ来タコトガ後悔サレテ)、何に来つらむ(=何ダッテコンナ所へ来タノダロウ)と思ふに、かひなし(=ショウガナイ)」〔源氏・葵〕「など(=何ダッテ)しひても(=無理ニデモ)聞きならさざりつらむ(=聞イテオカナカッタノダロウカ)、—・しうおぼさる」〔源氏・明石〕

くら [D] [一]【座】いちだん高く設けた所。座席のばあいにも、物をのせる台のばあいにもいう。《複合語の例しかない》「高御—の南面の柱の下(もと)を削りてさぶらふなり」〔大鏡・道長〕《↑席》「千座(ちくら=タクサン)の置き—(=物ヲ置ク台)に(神木ヲ)置きたらはして(=ドッサリ載セ)」〔祝詞・六月晦大祓〕《↑台》 [二]【鞍】人が乗ったり物を載せたりするため、馬や牛の背に固定する用具。「—置ける馬に遇ふ」〔紀・天武・訓〕《「くらおけるうま」は「鞍馬」の訓》《「馬具の総称」という意をあげる説もあるが、その用例「—の具足ななにあるぞ」〔著聞・興言利口〕は「鞍の付属品」の意と解されるので、この意は認めない》

くらうど【蔵人】(—ロウ—) [D] ❶蔵人所勤務の事務官。天皇のそば近く仕えて、重要な書類や天皇の衣類・調度の出し入れ・詔勅の伝達・除目(じもく)・節会(せちえ)の儀式など、殿上の雑務いっさいを処理した。五位蔵人と六位蔵人がある。六位であっても昇殿を許され、古参で上席の者は、天皇専用の色である青色、また五位以上に許された綾(あや)の袍(はう)を着てもよい習わしであった。「—にてありける人の、加賀の守にて(国へ)くだりけるに」〔大和・七五段〕 ❷[略]女蔵人(にょくらうど)。後宮で裁縫・掃除・配膳(はいぜん)その他の雑用をする下級女官。「『御格子参りなばや(=上ゲテシマオウ)』『女官はいまださぶらはじ』『—、参れ(=上ゲナサイ)』など言ひしろふ(=ワイワイ言ウ)」〔紫日記〕 **—どころ** 所 [D] 蔵人の勤務する役所。弘仁元年(八一〇)に創設された。いまの宮内庁と内閣官房とにわたる事務を管理した。別当(ふつう左大臣が兼任)・頭・蔵人(五位・六位)・非蔵人(蔵人補佐)・雑色(ぞうしき=下級職員)その他の職員がいた。宮中だけでなく、院にもおかれた。「(光源氏ノ六条院ノ)—のかたにも、明日の御遊びのうちならし(=予習)に、御琴どもの装束(=シタク)などして」〔源氏・梅枝〕 **—のごゐ** 蔵人の五位 (…—イ) [D]《連語》六位蔵人の上席の者は、ある年限が来ると五位下に叙せられるが、そのとき五位蔵人が定員いっぱいであると、やむをえず蔵人所を去った。その人をいう。「蔵人の大夫」とも。「大膳の亮(すけ)の大夫、橘以長(これなが)といふ—ありけり」〔宇治・巻五ノ三〕 **—のたいふ** 蔵人の大夫 (…—ユウ) [D]《連語》↓くらうどのごゐ。「藤—隆教がもとどりを切るとて」〔平家・殿下乗合〕 **—のとう** 蔵人の頭 [E]《連語》別当の下にいて、蔵人所の事務を指揮・監督する責任者。定員二名。四位の殿上人から選任したが、ふつう弁官から中弁、近衛から中将が兼任した。前者を「頭の弁」、後者を「頭の中将」という。略して「頭」。位階の高下にかかわらず、殿上人の最上席にすわる慣習であった。「貫首(くわんじゆ)」とも。「この侍従大納言殿(=行成)こそ、備後介とてまだ地下(ぢげ)におはせし時、—になりたまへる、例いとめづらしきことよな」〔大鏡・伊尹〕

くらぐら【暗暗】[E] [一]《副》薄暗くてはっきりしないさ

ま。「白雲に跡(とあ)—と行く影も訪ひもやすると思ひけるかな」〔公任集〕 ㊁ (早朝や夕方など)薄暗い時分。「急ぎ立ちて行くほどに、—(=夕方)にぞ家に行き着きたる」〔今昔・巻二六ノ一七〕

くら・し【暗し】Ⓑ〘形ク〙❶光度が低い。明るくない。「火ともしつけよ(=明カリヲツケナサイ)。いと—・し」〔蜻蛉・上〕 ❷不明瞭だ。はっきりしない。「そのちこの男は跡(=行クエ)を—・くして(=クラマシテ)失せにけり」〔今昔・巻一九ノ九〕 ❸㋑(精神的に)進んでいない。「時は—・き(=未開ノ時代)にあたれり」〔紀・神武・訓〕(「くらき」は「草昧」の訓)㋺(真理を)まだ悟らない。迷いに満ちている。「(仏ノ教エハ)日の光月の光(げか)とぞ照らしける—・き心の闇(みや)晴れよとて」〔千載・釈教〕 ❹(心が)はればれしない。(気が)めいる。「(流罪ニナッテもの思ふ心の闇(みや)し—・ければ(明ルイトイウ意味ヲモツ)明石の浦もかひなかりけり(=明ルサヲ感ジサセナイ)」〔栄花・浦々〕 ❺不足だ。たりない。「世帯の費(つひ)え…次第に足もとから—・くなり(=ツマッテキテ)」〔浮・禁短気・巻一ノ四〕

くら づかさ Ⓓ ㊀【内蔵寮】中務(なかつかさ)省の所管で、貴重な道具類や外国から献納されためずらしい物などを管理し、公式パーティーのしたくや祭儀での奉幣などをつかさどった役所。「くらのつかさ」「くられう」とも。「(成年式ノパーティーガ)『—、穀倉院など、公(おほやけ)ごとにつかうまつれる(=オ役所シゴトデハ)おろそかなる事もぞ(=行キ届カヌ点ガアリハシナイカ)』と、とりわき(=帝カラ特別ニ)おほせごとありて、きよらをつくして(=最高級ニ)つかうまつれり」〔源氏・桐壺〕 ㊁【蔵司・蔵職】後宮十二司の一つで、神璽(しんし)・御装束などのことをつかさどる役所。職員には、尚蔵(みか)・典蔵(けす)・掌蔵(うじょ)および女孺(にょうじゅ)があった。

くら つぼ【鞍坪】Ⓔ くらの中央のたいらな部分。「あたひ(=乗馬賃)を—に結ひつけて馬を返しぬ」〔芭蕉・奥の細道〕

くら・ぶ【比ぶ・競ぶ・較ぶ】Ⓒ ㊀〘他下二〙❶複数の事物の異同・優劣を対照してしらべる。「同じ所にありし時(アノ方ノ髪ト私ノ髪ト)常に—・べて見しかば」〔宇津保・蔵開上〕 ❷優劣・勝敗をきそう。「(ドチラガイイカ)—・べむに、まづものかけたまへ(=カケヲヤリマショウ)」〔宇津保・内侍のかみ〕 ㊁〘自下二〙行動をともにする。親しくつきあう。「年ごろ(=数年来)よく—・べつる人々なむ、別れがたく思ひて」〔土佐〕

くらべ むま【競べ馬】Ⓔ 左右に分かれて、馬を走らせ、勝負をあらそう催し。「こまくらべ」とも。「—せさせむとて」〔栄花・初花〕

くらゐ【位】(ーイ) Ⓑ ❶(地位という基本意味から)㋑天皇の地位。帝位。皇位。「(冷泉天皇ハ)康保四年五月二十五日、御年十八にて、—につかせたまふ」〔大鏡・冷泉院〕㋺公務員としての職階。ポスト。「(ワタシハ)病によりて(=病気ノタメニ)—をかへしたてまつりしを(=以前スデニ左大臣ノ地位ヲ辞退申シアゲテアルノニ)」〔源氏・澪標〕㋩位階。家がらや功績にもとづいて与えられた等級で、宮中での席順ともなった。大宝令によると、親王四階・諸王一四階・臣下三〇階に分かれている。「ひとへに(=ヤタラニ)高き官(つかさ)・—をのぞむも(=願ウノモ)、次におろかなり(=金持チニナリタガルノニツイデバカゲテイル)」〔徒然・三八段〕 ❷(ものごとや学芸・技能などの)段階。等級。グレイド。「(稽古(けいこ)ヲヨクツメバ)つひに上手の—にいたり」〔徒然・一五〇段〕「問ふ。能に(=能楽ニオイテ)—の差別(しゃべち)と知る事は如何(=芸ノ段階ヲ判定スルニハドウシタラヨイデショウカ)」〔花伝・三〕 ❸人にそなわるけだかさ。品格。「万事おとしつけてゐたる(=オットリ構エテイル)客には、太夫、気をのまれて…—とる事は(=自分ノ太夫職トシテノ品格ヲ保ツコトハ)脇(きわ)になりて(=第二三ナッテ)、機嫌をとる事に(=客ノ気ニ入ルヨウニスルノガ第一ニ)なりぬ」〔西鶴・一代女・巻一ノ四〕 ❹蕉風の俳諧で、句の素材や境地のもつ品格。連句の場合、前句と付け句とは品格のつりあうことを要求される。「(付ケ句ノ位トイウノハ)前句の—を知りてつくる事なり。たとへば、よき句ありとても(=個別的ニハヨイ付ケ句ガアッテモ)—応ぜざれば(=前句ノ位ニツリアワナイト)乗らず(=調和シナイ)」〔去来抄・修行〕

くら んど【蔵人】Ⓓ →くらうど。「十郎義盛を召して—になさる」〔平家・源氏揃〕

くり たた・ぬ【繰り畳ぬ】Ⓔ〘他下二〙たぐり寄せて、ひとまとめにする。「君が行く道の長手を(=長イ道ヲ)—・ね焼きほろぼさむ天の火もがも(=天カラフッテクル火ガホシイナア)」〔万葉・巻一五〕

く・る【昏る・眩る】Ⓓ〘自下二〙(目の前が暗くなるという基本意味から)❶よく見ることができない状態になる。(目が)くらむ。「(ムスメノ不始末ヲ発見シタ右大臣ハ)目も—・るるここちすれば(=目ノサキガマックラニナッタ気持チガスルノデ)、この(証拠トナル)たたう紙を取りて、寝殿にわたりたまひぬ」〔源氏・賢木〕 ❷心がくらくふさがって、正しい判断ができなくなる。とまどう。「尽きもせぬ心の闇に(=果テモナイ恋ノ暗黒ニ)—・るるかな(=心ガ迷ッテイルコトダ)雲居に人を見るにつけても(=手ノ届カナイ所ニ恋人ガイルノヲ見ルニツケテモ)」〔源氏・紅葉賀〕

くる・し【苦し】Ⓐ〘形シク〙❶㋑〘肉体的に〙苦痛でたまらない。「(世間ノ交際ヲマトモニヤッテイコウトスレバ)願ひも多く、身も―・しく(=カラダモヤリキレナイシ)、心のいとまもなく、一生は雑事の小節(=ツマラナイゴタゴタ)にさへられて(=ジャマサレテ)空しく暮れなむ」〔徒然・一一二段〕㋺《精神的に》たえがたい。苦悩のためつらい。「(失礼ナ事バカリサレテ)いとわびしくも(=ヤリキレナク)―・しうも、いみじう(=タイソウ)もの悲しう思ふこと、たぐひなし(=コノ上ナシダ)」〔蜻蛉・中〕 ❷気にかかる。心配になる。「かき絶えて(=通信不能ノタメ)、思ふらむことのいとほしく、御心にかかりて―・しく(=心配デ)、おぼしわびて(=タマラナクナッテ)、紀伊守(かみ)を召したり」〔源氏・帚木〕 ❸いやらしい。不快だ。見ぐるしい。見ていられない気持ちだ。「えならぬ(=トビキリノ)調度どもならべおき、前栽(せんざい)の草木まで心のままならず(=人工的ニ)作りなせるは、見る目も―・しく、いとわびし」〔徒然・一〇段〕 ❹ぐあいが悪い。さしつかえがある。「鳶(とび)のゐたらむは、何かは―・しかるべき(=スコシモカマワナイハズダ)」〔徒然・一〇段〕 ❺…することができない。…しにくい。…するのは困難だ。《この用法のときは、多く『動詞連体形+「も」(または「の」)+くるし』の形をとる》「(中ノ君ハ)いと多かる御髪なれば(=髪ノ毛ガ多クオアリダカラ)、とみにも干しやられず(=ソウスグニハカワカシキレズ)、起き居たまへるも―・し(=髪ノカワクマデ起キテイラッシャルコトハデキカネル)」〔源氏・東屋〕

-ぐる・し Ⓑ〘接尾・形シク型〙《動詞の連用形に付き》…するのが困難だ。…することができない。…しかねる。《現代語の「…にくい」にもっとも近い》「(相手ガ美男ナノデ、スダレ越シデハアルケレド)すずろに見え―・しう(=何トナク対面シカネル感ジデ)はづかしうて、額髪などもひきつくろはれて(=チョット直シナドセズニイラレナクテ)」〔源氏・東屋〕「高すなご(=砂ガ高ク積モッテ)あゆみ―・しき(=歩キニクイ)北海の荒磯(あらいそ)に、きびすを破りて」〔芭蕉・幻住庵記〕

くる・ふ【狂ふ】(―ウ) Ⓒ〘自四〙 ❶(心が)激しく乱れる。「あひ見では幾日(いくか)も経(へ)ぬをいかばかり―・ひに―・ひおもほゆるかも」〔六帖・巻四〕 ❷とり乱して、たしなみの限度をこえた行動をする。「(彼女ハ)桜川に花の散ると申しさうらへば、―・ひさうらふほどに、―・はせて御目にかけうずるにてさうらふ」〔謡・桜川〕 ❸精神異常になる。「これはものに―・ひたるにやあらむ」〔宇津保・嵯峨院〕 ❹㋑はげしく動く。「我から―・ふ秋の葉の」〔近松・寿門松・下〕㋺(芸を演じて)はげしく動きまわる。「(コノ少年ハ)異形(いぎやう)の御姿にておもしろくおん―・ひさうらふ」〔謡・花月〕㋩ふざけまわる。じゃれまわる。「―・ひあひたる唐猫の」〔浄・紅葉狩〕 ❺乱れる。「『悲しや』と気は散乱、―・ふ太刀筋、しどろ足(=乱レタ足ドリ)」〔浄・三代記・四〕

くるま【車】 **―あらそひ** 争ひ (―イ) Ⓔ 物見車の立て場をとりあって争うこと。《源氏物語の葵上と六条御息所との「車争ひ」が有名》「『いかなる車』と問はせたまへば、思ひ出でたり。その昔賀茂の祭りの―主はたれとも白露の(=車ノ主ハダレカモ知ラナイ…)」〔謡・野宮〕 **―ぎり** 切り Ⓔ 胴を横に切ること。「向かふ者をば拝みうち(=マッコウカラ切リ)、まためぐりあへば(=横カラカカッテ来ルト)―」〔謡・箙〕 **―ざき** 裂き Ⓔ 刑の一種。二つの車の輪に罪人の片足ずつを結びつけて、別の方向に車を走らせてからだをさく刑。「この史官を召し出だし則ち―にぞせられける」〔太平・巻三五ノ四〕 **―ぞひ** 副ひ (―イ) Ⓔ 牛車の左右にお供する従者。「(保忠ノ大将ハ身ニツケテイタモチガサメルト)小さきをば一つづつ、おほきなるをば(=大キナモチハ)なかより割りて御―に投げ取らせたまひける」〔大鏡・時平〕 **―やどり** 宿り Ⓓ ❶㋟「輿(こ)宿り」 寝殿造りの建物に付属した、牛車の車庫。中門のそばにあった。「清仲といふ者、常にさぶらひけるが(=二条ノ大宮ニオ仕エシテイタガ)、宮おはしまさねど、なほ御―の妻戸にゐて」〔宇治・巻五ノ六〕 ❷牛車を一時止めておく所。「春のひまゆく駒(こま)の道、はやほどもなくこれぞこの―馬留(とどめ)」〔謡・熊野〕 ❸外出のとき、途中でちょっと休息するため用意してある家。「よき方(=陰陽道デイウ吉方)とて、中川になにがし阿闍梨(あざり)といふ人の―にわたらせたまひて、生まれたまひにたり」〔栄花・鳥辺野〕 **―よせ** 寄せ Ⓔ 貴人の家の入り口の東西の妻戸の前にあって、来客が車をよせて、そこから乗り降りできるようにしてある所。「ある夜の夢に檳榔(びらう)の車をゐて来て(=引イテ来テ)わが家の―に立つといふ夢を見て」〔平家・祇園女御〕

くるめ・く【転めく】 Ⓔ〘自四〙 ❶くるくるとまわる。回転する。「清盛の頭(かうべ)の上(ヲ鬼火ガ)車輪のごとく舞ひ―・く」〔近松・女護嶋・四〕 ❷めまいを感じる。(目が)まわる。「さしもの清盛目―・き縁より下へづでんだう」〔浄・布引滝・序〕 ❸あわてふためいて騒ぎまわる。ばたつく。「この男さぐりて、あやしみ―・くに、女、すこしほほゑみてありければ、いよいよ心得ずおぼえて」〔宇治・巻九ノ一〕

くるる【枢】 Ⓓ ❶開き戸を開閉させる装置の軸となる部分。「くろろ」「くるり」とも。「何いはるると(=家ノ中デハ何ヲ言ッテイラッシャルカト)―の穴、耳を付けてぞ聞きゐたる」〔近松・油地獄・下〕 ❷戸のさるかぎ。戸のさんに、上下するようにとりつけた木片を敷居にうがってある穴におとして、戸があかないようにする。「花散るや伽藍(がらん)の―おとしゆく(=花ノ盛リノウチハ寺ノ堂ノ扉ヲアケテオイタガ、散ッテシマウト僧ハソノ扉ヲシメテ、サルカギヲ次々トカケテユクコトダ）」〔凡兆（猿蓑）〕 ❸「②」の付いた開き戸。「—の節穴、蔀(しとみ)の隙間(すきま)のぞけど」〔近松・小室節・中〕

くれたけ【呉竹】Ⓓ 竹の一種で「はちく」とも。中国から伝来した品種で、葉が細く節が多い。「（夕顔ノ家ノ）ほどなき（＝広クモナイ）庭に、ざれたる（＝風流ナ姿ヲシタ）—、前栽(せんざい)の露はなほ（＝ヤッパリ）かかる所も（＝コノヨウナ小サイ家ノ庭ノデモ）同じごときらめきたり（＝光源氏邸ト同ジヨウニ光ッテイル）」〔源氏・夕顔〕

くれなゐ【紅】（—イ）Ⓓ《「呉(くれ)の藍(あゐ)」がつまってできた語で、中国製の紅(あか)い染料の意》 ❶㋑べに花のこと。「（モシモアナタガ）—の花にしあらば衣手に染めつけ持ちて行くべく思ほゆ（＝ソデニ染メツケテ持ッテ行キタク思ワレルコトダ）」〔万葉・巻一一〕㋺べに花で作った染料。「我妹子(わぎもこ)が—染めの色と見てなづさはれぬる岩つつじかな」〔後拾遺・夏〕 ❷べに花の染料でそめた色。あざやかな赤色。「立ちて思ひ（＝立ッテハ思イ）居てもぞ思ふ（＝スワッテモ思ウコトダ）—の赤裳(あかも)裾(すそ)ひきいにし姿を（＝紅色ノ裳ノ裾ヲヒイテ立チ去ッタワガ恋人ノ姿ヲ）」〔万葉・巻一一〕 **—のなみだ** 紅の涙 Ⓔ〘連語〙悲しみ深いときに流す涙を誇張していう。血の涙。「いやまさりぬる思ひの色（＝イヨイヨ嘆キガマサッテ）、—に身をこがす（＝身ヲモダエル）」〔謡・檜垣〕

くれまど・ふ【昏れ惑ふ】（—ウ）Ⓔ〘自四〙「く（昏）る」のひどい状態をいう。どうしてよいかわからない。途方にくれる。「（父ガ遠国へ）出でぬるを（＝出発シテユクノヲ）見送るここち、目も—・ひて、やがてふされぬるに（＝見送ルトソノママニ自然ニ床ニウチフシテシマワレルノダガ）」〔更級〕

くろき【黒木】Ⓓ ❶[対]「赤木」 まだ皮をむいてない丸木。「板葺(いたぶ)きの—の屋根（＝屋根用材）は山近し（＝山ガ近イノデ）明日(あすのひ)とりて持ちまゐりこむ（＝持ッテマイリマショウ）」〔万葉・巻四〕 ❷生木をむし焼きにした三〇センチほどのたきぎ。京都の八瀬・大原などで作り、女たちが売り歩いた。「立ち止まりてこれを見る人、次第に押しもわけられず（＝押シ分ケルコトモデキナイホド立テ混ンデキテ）、—売りくる女の難儀」〔西鶴・織留・巻一ノ四〕 ❸黒檀(こくたん)の別名。「—の数珠(ずず)の小さううつくしいをとり出だして」〔平家・六代〕

くろど【黒戸】Ⓓ 清涼殿の北部から弘徽(こき)殿のほうへ細長くつき出たへや。「黒戸の御所」とも。現在の京都御所にはない。「—は、小松のみかど（＝光孝天皇）、位につかせたまひて、昔、ただ人（＝普通ノ皇子）におはしましし時、まさなごと（＝タワムレゴト）せさせたまひしを忘れたまはで、常にいとなませたまひける間なり（＝昔ノヨウニ料理ヲナサッタヘヤデアル）」〔徒然・一七六段〕

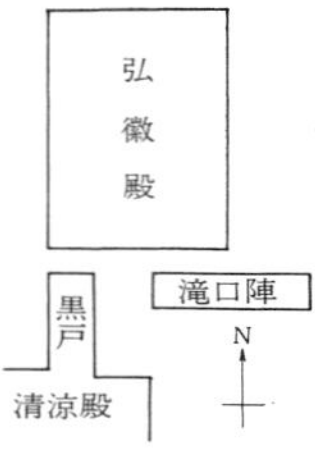

〔くろど〕

くろ・む【黒む】Ⓒ [一]〘自四〙 ❶㋑黒くなる。くろずむ。「船路のしわざとて（＝船旅ノセイデ）すこし—・みやつれたる旅姿」〔源氏・夕顔〕㋺（樹木などで）薄暗くなる。鬱蒼(うっそう)とする。「今この木どもを接（っ）ぎておきなば、後住（＝後任住職）の代に至りて…林も茂り、寺も—・みなむ（＝コンモリスルニチガイナイ）」〔鳩巣・駿台雑話・巻一〕㋩（多数の物が集合して）黒い感じに見える。「その時まで宇治の辺は、人も居—・みたる（＝人家モ密集シテイル）さまにもなくて、木幡(こはた)・岡屋(をかのや)までもはるばると見やられてありけるに」〔愚管抄・第四〕 ❷喪服姿になるのを遠まわしにいう。「殿上人など、なべて（＝スベテ）ひとつ色に（＝黒一色ニ）—・みわたりて」〔源氏・薄雲〕 ❸（いちおう）暮らしてゆく。（何とか）身すぎする。「夫婦の人の心さへ変はらずは、（一時的ニハ別レテモ）たがひに身の—・みて（＝振り方ガツイテ）後、またひとつの寄りあひ成る（＝同居デキルこと」〔西鶴・織留・巻六ノ三〕 [二]〘他下二〙 ❶黒くする。「髪に油をつけ歯を—・め、いでたちければ」〔咄・昨日は今日・下〕 ❷㋑わからなくする。ごまかす。「（ネズミハ）穴を—・めし古綿、鳶(とび)に（ネラワレタトキ）隠るる紙ぶすま、猫の見つけぬ守り袋（ナドノ道具ヲ運ンデヒッコシタソウデ）」〔西鶴・胸算用・巻一ノ四〕㋺（わからないよう）とりつくろう。糊塗(こと)する。「その間のさびしさを—・めむ（＝マギラス）ために、お近づきの女郎をあれこれ借り」〔浮・禁短気・巻一ノ三〕 ❸（いちおう）暮らせるようにする。（何とか）生活させてやる。「辛苦するのも、あの人の身をも—・めて（＝ドウニカ立ツヨウニシテ）やりたい」〔近松・小室節・中〕

くわ【果】（カ）Ⓒ ❶〔仏〕㋑[対]「いん①」（ある原因に対応する）結果。[参]いんぐゎ①。「もろもろの罪として作らずといふ事なきに（＝アラユル罪ヲ犯シタノデ）、彼の—を受くる時、苦として受けずといふことなし」〔沙石・巻四ノ九〕㋺仏教の真理をきわめた結果として到達する境地。「（舎利弗ハ）釈迦の御弟子となりて初—（＝果ノ最初ノ段階）を得たり」〔今昔・巻一ノ九〕《「㋺」は単独での用例はほとんどなく、「仏果」「阿羅漢果」のように熟語としてあらわれる》 ❷㋑〔仏〕[対]「いん②」 さとり。「真言行者は、発心(ほっしん)（＝悟リニ至リタイトイウ志ヲ立テルコト）を以って因とし、因より—に至るまで本有薩埵(ほんぬさった)（＝永遠ナル生命ノ象徴者）の心なり」〔真言内証義〕㋺（徹底的な）理解。「勤めの—に至る（＝茶屋勤メヲシテ男女ノ道ヲ知リ

ヌイテイル)者は…いかな粋にも口を開かせぬ(=文句ヲ言ワセナイ)」〔浮・禁短気・巻三目録〕 ❸果実。みのり。「種子を蒔(ま)き…つくろひて(=手入レヲシテ)後…必ずその―を得るがごとし」〔沙石・巻二ノ七〕

くわい せん【回船・廻船】(カイ―) Ⓔ 海上運送用の大型船。「―往来の御朱印を預かるこの屋敷」〔伎・三十石・二〕

くゎう ごふ【曠劫】(コウゴウ) Ⓔ 〔仏〕《劫は無限に近いほど長い時間、曠は「はるか」の意の修飾語》永久的な時間。「久遠劫(くをんごふ)」に同じ。「妻子といふものが、無始―よりこのかた(=限リモナイ遠イ昔カラ)生死に流転するきづな(=人ガ生死ノ対立世界ニサマヨウ束縛トナル)」〔平家・維盛入水〕

くゎう じん【荒神】(コウ―) Ⓔ ❶㊕三宝(さんぼう)荒神。→さんぼうくゎうじん①。「さては、わが財宝に飢ゑたること、―の所為ごさんなれ(=シワザニチガイナイ)」〔平家・巻一(長門本)〕 ❷《三宝荒神がその家を守ることから》かくれた支持者。「そりゃあ、こっちにも(=オレノ方ニモ)―さまがあるから(=カゲノ味方ガアルカラ)、さううまくはいかねえのさ」〔三馬・風呂・三ノ下〕

くゎうだいこう くう【皇太后宮】(コウ―) Ⓓ ㋑天皇の母でいられる后(きさき)のおすまい。㋺㊕皇太后宮職(しき)。皇太后関係の事務をあつかう役所。《平家物語語り本などによると、「后」「宮」の清濁は確かでないが、「太」だけは濁音と認められる》 **―のだいぶ** 皇太后宮の大夫 Ⓓ 《連語》皇太后宮職の長官。

くゎう りゃう【広量】(コウリョウ) Ⓔ 《+形動ナリ・自サ変》 ❶度量の広いこと。太っ腹であること。気にかけないさま。「女、さやうに人離れたらむ所にて、知らざらむ男の呼ばはらむをば(=呼ビカケタノヲ)、―・して(=ノンキナ気分ニナッテ)行くまじきなり」〔今昔・巻二七ノ八〕 ❷ばく然としていて、とりとめのないこと。あてにならないこと。「『汝(なん)狐、ただ試みよ。狐は変化(へんげ)あるものなれば、必ず今日のうちに(宅ニ)行き着きて、(迎エニ出ルヨウニ)言へ』とて(狐ヲ)はなてば、五位『―の御使ひかな』と言へば」〔今昔・巻二六ノ一七〕

くゎう りゃう【荒涼】(コウリョウ) Ⓓ 《形動ナリ》 ❶根拠がない。出まかせだ。あてにならない。信頼できない。「ひとへに弥陀(みだ)の御催し(=オマネキ)にあづかりて、念仏申しさうらふ人を、わが弟子と申すこと、きはめたる―のことなり」〔歎異抄〕 ❷ぼんやりとしてつかみどころがない。ピンボケだ。「(「海路ヲ隔ツル恋」トイウ題ニ、筑紫ニイル人ガ恋シイトヨンダ歌ハ)題の本意もなく(=中心モトラエテオラズ)すこぶる―・なる(=スコシボヤケタ)方もあり」〔無名抄・三〕 ❸いばっている。えらそうなふりだ。「《キット宇治川ノ先陣ヲシマスト断言シタ佐々木高綱ニ対シ》参会したる(=居アワセタ)大名・小名みな『―の申しやうかな(=大キナ口ヲキクヤツダナ)』とささやきあへり」〔平家・生唼の沙汰〕「(ワタシハ)短慮のいたり(=タイヘン考エガ浅ク)、きはめて―の事なれども(=バカニエラソウナ事ヲ言ウヨウデスガ)」〔徒然・二一九段〕

くゎ かく【過客】(カ―) Ⓓ 旅人(たびびと)。「されば、天地は万物の逆旅(げきりよ)(=天地ハスベテノモノヲ宿ス旅館デアリ)光陰は百代の―(=時ハ永遠ノ旅人デアリ)、浮世(ふせい)は夢まぼろしといふ」〔西鶴・永代蔵・巻一ノ一〕

くゎ さ【過差】(カ―) Ⓓ 常識はずれのぜいたく。華美。「(醍醐帝ノ御代ニ)―をば(ドウシテモ)えしづめさせたまはざりしに(=押サエキレズニイラッシャッタ時ニ)」〔大鏡・時平〕

くゎ ざ【冠者】(カ―) Ⓓ →くゎじゃ。「―の君の御さま」〔源氏・少女〕《底本かながき》

くゎ じゃ【冠者】(カ―) Ⓓ ❶成年式のすんだ青年。「婿の―の君、何色の何ずりか好うだう(=オスキダロウカ)」〔梁塵〕 ❷㋑若い召使・家来。「郎等(らうどう)・―ばら、主(しゅう)の心を知りて、恐れてこれを解かず」〔沙石・巻八〕 ㋺《接尾語ふうに》(冠者である)…君。…さん。「えい、太郎―殿。そなたならば、案内に及ばうか(=ダマッテハイレバヨイノニ)」〔狂・萩大名〕《この「太郎冠者殿」は「…先生様」と似た言いかた》

くゎ しゃう【和尚】(カショウ) Ⓓ 天台宗・華厳(けごん)宗で、すでに戒を受けた人の師となる僧。「(天台宗ノ)叡山無動寺に相応―といふ人おはしけり」〔宇治・巻一五ノ八〕

くゎ ちゃう【火長】(カチョウ) Ⓔ ❶大宝令の軍隊編成で、兵士一〇人を一火として、その一火ごとに長をおいた。その長をいう。「右の(歌)一首は―今奉部(いまつりべ)与曾布(よそふ)のなり」〔万葉・巻二〇・左注〕 ❷検非違使(けびいし)の配下で衛門府の衛士から選ばれたもの。延喜式によると火長九人のうち、二人は看督長(かどのおさ)、一人は案主(あんじゅ)であり、罪人の逮捕や案文作成の仕事に当たったものと思われる。

くゎ はう【果報】(カホウ) Ⓓ 《+形動ナリ》《梵 vipāka の意訳で》 ❶過去の行為によってひき起こされる結果。(よい意味でもわるい意味でも)むくい。「一業所感の者どもが(=同ジ前世ノ行為ニ支配サレルオオゼイノ者タチガ)、この所にてみな死すべき―にてこそあるらめ(=皆ガ死ヌハズノナリユキナノダロウ)」〔太平・巻一六ノ八〕 ❷㋑よいむくい。幸運なこと。「御一期のほどは(=アナタ様ノ御一生ハ)御―・なれば(=幸運ニ恵マレテイラッシャルノデ)、さりともと存じさうらふ(=マアマアト思イマスガ)、御子孫の世にはいかがさうらはむずらむ(＝ドウナルコトデショウ)」〔義経・巻四ノ二〕㋺《特に》物質的な幸運。「このあたりに隠れもない(＝有名ナ)大―の者(＝大金持チ)でござる」〔狂・末広がり〕

―つたな・し 拙し Ⓔ《連語》不運である。「げにやわれらほど―・き者はよもあらじ(＝他ニハナイデショウ)」〔謡・元服曾我〕

くわ ぶん【過分】(カー) Ⓓ《十自サ変・形動ナリ》❶現在の自分にすぎて、ふさわしくないこと。「入道(＝ワタシ)が身には、出羽奥州は―のところにてあるぞ(＝不相応ナ領地ダ)」〔義経・巻八ノ二〕❷分にすぎておごりたかぶること。「汝は―の振舞かな。何とて総領月若をは追ひいだし(＝家カラ追放シテ)、いやしき海人(あま)の奴となす」〔謡・藤栄〕❸感謝し、敬意を表すべきこと。「いやなう、今は撥(ちば)を貸しておくりやって(＝クダサッテ)、―・におりやる(＝アリガトウゴザイマス)」〔狂・鍋八撥〕

ぐわらり (ガー) Ⓓ《副》❶物を落としたり、物がくずれ落ちたりしてこわれる音にいう。「『えいえい、やっとな』『―』『ちん』(＝茶ワンノ割レタ音)」〔狂・附子〕❷戸などをあけるときの音にいう。「兄弟も不思議と見とるる後ろより、障子―と母の老女」〔浄・廿四孝・三〕❸全部。すっかり。ことごとく。「まことにいやならば(＝顔世ガ自分ヲホントウニキラッテイレバ)夫塩冶に子細(＝イキサツ)を―と打ちあける」〔浄・忠臣蔵・三〕❹急に様子や態度などが変化するさまにいう。「親の前に足ふみのばし、そろばん枕の胸算用、―と違うて(＝今マデノ態度トハスッカリ変ワッテ)見えにけり」〔近松・油地獄・中〕

くわん【貫】(カン) Ⓑ ❶銭を勘定する単位。一貫は一文銭一〇〇〇枚。江戸時代には九六〇文を一貫としていた。「価(あたひ)問はれば(＝値段ヲキカレタラバ)千五百―と答(いら)へよ」〔宇津保・忠こそ〕❷鎌倉時代以後、武家の知行高をはかる単位。一貫は一〇石(こく)の米がとれる土地をいう。時によって変動があったようで、二反あるいは三反、五反の田地を一貫とした例もある。「武蔵の国、池の荘一万―の所を、土屋にとてこそくだされける」〔伽・唐糸草子〕❸㋑目方をはかる単位。一貫は三七五〇グラム。一貫の一〇〇〇分の一が一匁(もんめ)。㋺銀貨の貨幣単位。《重量が金額を表す》「元利あはせて二十九―九百五十匁八分四厘一毛になりぬ」〔西鶴・織留・巻二ノ一〕

ぐゎん【願】(ガン) Ⓒ 神や仏に、条件づきで、ある事を実現させてくださいと願うこと。またはその願い事。「ものを思ひ(＝恋ニナヤミ)祈りをして、―を立つ。思ひやむべくもあらず」〔竹取〕《「願」は、単なる祈りでなく、「これが実現したら、これこれの事をします」という条件がつく。その約束を履行するのが「願を果たす」である》

くゎん ぎょ【還御】(カンー) Ⓔ 天皇・太皇太后・皇太后・皇后などがおでましになった先からお帰りになること。将軍や公卿(くぎやう)にもいう。「伯耆(はうき)より―とて(＝後醍醐天皇ガオ帰リトイウノデ)、世の中ひしめく(＝世間ハ騒ギ立ッテイル)」〔増鏡・月草〕

くわん くわつ【寛濶】(カンカツ) Ⓓ《十形動ナリ》(積極的に)はで好みなこと。「下々への遣はし物(＝与エル品モ)、おごり第一の(＝最高ニゼイタクナ)世之介が肝煎(い)るほどに(＝指示スルノデ)、よろづ―・に(＝万事ハデニ)申しつけて…よろこばしける」〔西鶴・一代男・巻八ノ三〕

くゎん げん【管弦・管絃】(カンー) Ⓓ ㊀《管楽器と弦楽器の意から》楽器の総称。「梵天王の池のみぎはに遊ぶ鴛鴦(ゑんあう)や、迦陵頻(かりようびん)・孔雀(くじやく)・鸚鵡(あうむ)といふ鳥は、みな―の声をまなぶなり(＝楽器ノ音ヲマネルト聞イテイル)」〔伽・梵天国〕㊁《十自サ変》(宮廷ふうの)音楽。またはそれを奏楽すること。「ありたき事は、まことしき文の道(＝本格的ナ学問)、作文(＝作詩)、和歌、―の道」〔徒然・一段〕

くゎん じゃ【冠者】(カンー) Ⓓ →くゎじゃ。「後鳥羽院の御時…天竺(てんぢく)の―といふ者ありけり」〔著聞・博奕〕

くゎん じゅ【貫首・貫主】(カンー) Ⓔ ❶蔵人(くろうど)の頭のこと。「両―(＝頭ノ弁ト頭ノ中将ノ二人ガ)同じやうに藤の下襲(したがさね)、山吹の表(うへ)の袴(はかま)なりしをば、いと念なきことに世の人もいひはべりし」〔増鏡・老波〕❷㋑(比叡山延暦寺の)天台座主のこと。「―(＝天台座主明雲)これをあはれみたまひて(＝平家一門ノ奉ッタ願文ニ同情ナサッテ)、さうなく披露せられず(＝簡単ニハ公開ナサラズ)」〔平家・平家山門連署〕㋺《転じて》格式ある大寺の最高責任者。「山門(＝比叡山延暦寺)寺門(＝三井寺)の―、宗をあらためて(＝改宗シテ)衣鉢(えはつ)を持ち(＝デシ入リシ)」〔太平・巻二六ノ八〕

ぐゎん しゅ【願主】(ガンー) Ⓓ ❶願(がん)を立てた当人。(参)ぐゎん。「この―の聖(ひじり)(＝僧)のいふやう」〔百座法談・三月四日〕❷「ほんぐゎん②」を立てた主体。(参)ほんぐゎん。「弥陀の六八の―たる(様子ハ)、十万億の国を隔てて、花池宝閣の間にましませば」〔沙石・巻二ノ五〕

くゎん じん【勧進】(カンー) Ⓓ《十自サ変》❶㋑寺院や神社を建てるとき、それに必要なものを寄付するように人々にすすめること。「南都大仏建立(こんりふ)のためとて龍松院たち(ガ)いでたまひ、―修行にめぐらせられ」〔西鶴・胸算用・巻五ノ二〕㋺募金をすすめてまわる者。多くは僧の形をしていた。「師走のはてに、かくのごとく諸―、諸商人(ガ多クイルガ)、春とてもないこと(＝正月デモコンナハズハナイ)。あれ、あそこにも立ってゐる」〔近松・冥途飛脚・下〕❷㋑神仏のための募金という形だけをして、実は乞食(こじき)をしてまわること。「息の根の続くほど(=限リ)流行歌(はやりうた)をうたひ、―をすれども、腰にさしたる一升柄杓(ひしゃく)に一杯(ノ米)はもらひかねける」〔西鶴・胸算用・巻五ノ二〕㋺施し。《受ける側からいって》もらい。「(乞食坊主ガ)衣を着たる朝は米五合ももらはれ、衣なしには二合も―なし」〔西鶴・胸算用・巻一ノ二〕 **―ちゃう**帳(―チョウ) Ⓓ 勧進のため、その寺社の由来や募金の趣旨などを書いた文書。「―をひきひろげ、たからかにこそ(=大声デ)ようだりけれ」〔平家・勧進帳〕

くゎん・ず【観ず】(カン―) Ⓓ《他サ変》❶〔仏〕ある対象に精神を集中して存在の根本理法を思索する。「心をかけ(=仏ノ教エニ心ヲヨセテ)しづかに―・ずる人は、功徳いよいよすぐれたり(=仏様カラ受ケルオ恵ミガマスマス多イ)」〔三宝絵・下〕 ❷心の中に思いえがく。「謝霊運は、法華の筆受なりしかども(=法華経漢訳ノ筆録者デアッタガ)、心、常に風雲の思ひを―・ぜしかば(=立身出世バカリ思イツメテイタノデ)、慧遠(ゑをん)、白蓮のまじはり(=白蓮社トイウ念仏グループトノ交際)を許さざりき」〔徒然・一〇八段〕 ❸(理解のうえで)あきらめる。「鏡見るたびに我ながら横手うって(=自認シテ)『これでは人も合点せぬはず(=コノ面相デハ男モ相手ニシナイハズダ)』と、身のほどを―・じける」〔西鶴・胸算用・巻一ノ二〕

くゎん にん【官人】(カン―) Ⓔ ❶《広義に》役人。「(地獄デ)―有りて、孫宝を引きて(=ツレテ)冥官(=地獄ノ役人)に見(まみ)えしむ(=会ワセタ)」〔今昔・巻九ノ一四〕「(中国後漢ノ時)―をもって捜し出だし、天鼓(トイウ少年)をば呂水の江に沈め」〔謡・天鼓〕 ❷《狭義に》太政官(だいじょうかん)・各省・寮・司などに勤務する、初位(八位の下)から六位までの役人。「六衛府の―の禄ども」〔源氏・若菜上〕

くゎん ねん【観念】(カン―) Ⓒ《十自サ変》❶〔仏〕《梵 vipaśyanāの意訳》心を静かにして一定の対象に集中すること。具象的な事物(仏の姿とか浄土のありさまとか)のビジョンをえがくことから、仏教のいちばん深い哲理を思索することまで、いろいろの内容を含む。「その所のさま…―のたより(=便宜ガ)なきにしもあらず」〔方丈〕 ❷心をこめて祈ること。「『願はくは、生身の弥陀来迎あって(=肉眼デ見エル阿弥陀如来ガオ現レニナッテ)われに拝まれおはしませ』と一心不乱に―・したまふ」〔謡・当麻〕 ❸㋑(はっきり)考えること。心がまえ。「(物ガ立ッタトイウノハ)竹の折れかや、魚の骨かや。その物により(処置スル例ハ)―かはれり」〔咄・醒睡笑・巻三〕㋺あきらめること。覚悟すること。「(タバコヲ一服ノマセテクレタラソレヲ)末期の水と(=水ガワリダトシテ)―・せむ」〔近松・歌念仏・下〕 ❹決心。「この上は身命をなげうち(主君ノ)御用にまかり立つべしと―あるべくさうらふ」〔常朝・葉隠・聞書一〕

くゎん ばく【関白】(カン―) Ⓓ 平安時代、光孝天皇の時、藤原基経が太政大臣からなったのに始まり、以後天皇を補佐する大臣の最高位となった。通例は天皇が幼少のうち摂政がおかれ、成人のあとで関白をおくことになった。「(基経ハ)陽成院位につかせたまひて、摂政の宣旨かぶりたまふ、御年四十一、寛平の御時、仁和三年十一月二十一日、―にならせたまふ」〔大鏡・基経〕

ぐゎん もん【願文】(ガン―) Ⓔ 願を立てる時に、その趣旨を書いて神仏にたてまつる文。(参)ぐゎん。「(光源氏ト女三ノ宮ガ)かたみにみちびきかはしたまふべき心を(=浄土マデ連レダッテユカレルハズノ趣旨ヲ)―に作らせたまへり」〔源氏・鈴虫〕

ぐん【郡】 Ⓓ →こほり。

くん・ず【屈ず】 Ⓓ《自サ変》→くっす。《平安時代は促音の表記が定まっていなかったので、「ん」で促音を書きあらわし、後にはその表記にひかれてn音によむようになったと説明されているが、いまの謡曲でツに終わる漢字をtとnの合わさったようなぐあいに発音するところから考えると、平安時代の「屈」は「くん」と表記したいような音だったのかもしれない》(参)うんず。「月の興もおぼえず―・じ伏しぬ」〔更級〕

ぐんだり やしゃ【〈軍荼利夜叉〉】Ⓔ〔仏〕《梵 Kuṇḍalī-yakṣa》五大明王の一。南方を守るために配せられる。怒りの形相をして三つ目で八本腕の像が多い。「弘法大師を調伏したてまつらむと思ひて(=祈リ殺ソウト思ッテ)、西寺にひきこもり、三角の壇を構へ本尊を北向きに立てて、―の法(=軍荼利明王ヲ本尊トスル修法)をぞ行はれける」〔太平・巻一二ノ六〕

ぐん ない【郡内】 Ⓓ いまの山梨県南・北都留郡にわたる地方をいう。甲府盆地を国中(くになか)というのに対する。この地方は絹織りが盛んで、ここで産する絹をも郡内とよぶ。「一人一色の役目。たとへば、金襴(きんらん)類一人、日野・―絹類一人…このごとく(手代ガ)手わけをして」〔西鶴・永代蔵・巻一ノ四〕 **―じま** 縞 Ⓔ 郡内地方で産する縞織りの絹布。「さまざま口がため(=黙ッテイロト頼ミ)、―の表(=小袖ノ表ギレ)を約束するこそ、気の毒なれ(=迷惑ダ)」〔西鶴・一代男・巻七ノ六〕

け

け―【気】Ⓑ《接頭》❶《動詞・形容動詞に付き》「…の様子だ」「…というぐあいだ」の意を添える。「―おさる」「―ざやか」等。❷《動詞・形容詞に付き》「なんだか」「どことなく」の意を添える。「―劣る」「―すさまし」「―遠し」「―むつかし」等。

け【日】 Ⓓ《古代語》日(ひ)の複数。ひび。《「け」は「ふつか」「みか」などの「か」と同じ語源で、日の複数を表す》「ひと日こそ人も待ちよき(=待ツノモ結構ダケレド)長き―をかくのみ待たば(=コンナニ待ッテバカリデハ)ありかつましじ(=トテモ保タナイデショウ)」〔万葉・巻四〕

け【木】 Ⓔ《古代東国方言》「き(木)」に同じ。「松の―の並みたる見れば家人(いはびと)の我を見送ると立たりしもころ(=立ッテイタノト同ジニ見エル)」〔万葉・巻二〇〕

け【気】 Ⓒ ❶(観察される)様子。模様。感じ。「関白殿の女御…御はらみ(=御妊娠)の―なし」〔栄花・花山〕❷気分。気持ち。「(ウチノムスコハ)さがなう心こはく(=ヤンチャデ強情デ)なまめかしき(=シットリシタ)―もはべらず」〔宇津保・楼上上〕❸《「あしのけ」「ときのけ」「かみのけ」などの形で》病気。「(病因ヲウラナワセルト)神の(タタリデオキル)―や、人の呪詛(ずそ)(=ノロイ)など、さまざまに申せば」〔栄花・玉村菊〕❹気温。「見渡せばまきの炭焼く(タメニ)―をぬるみ(=気温ガアガッテ)大原山の雪のむら消え」〔和泉集〕

け【故】 Ⓓ《原因・理由をあらわし》ため。せい。「起き臥(ふ)し(=明ケテモ暮レテモ)おぼしわづらふ(=御心配ニナル)―にや、御ここちも浮きたるやうにおぼされて」〔源氏・葵〕「いと若くてうせおはしましたる(=オナクナリニナッタ)ことは、九条殿(=師輔)の御遺言をたがへさせおはしましつる―(=オ守リニナラナカッタセイ)にこそ」〔大鏡・伊尹〕

け Ⓔ ㊀【笥】❶食事用の器。「翁の食(た)べむ物の、まづ―ごとにとりよそひし(=モリツケ)、初めをくはしめてこそは、かしづきたいまつらめ(=タイセツニイタシマショウ)」〔宇津保・藤原君〕❷入れ物。容器。「銀(しろかね)の―に碁代(ごて)(=碁ノ懸賞金)の銭入れて積む」〔宇津保・貴宮〕㊁【膳・食・饌】これだけの用法はなく、「みけ」の形であらわれる。→みけ。

け【褻】 Ⓔ 対「はれ」あらたまった場面でないこと。日常。ふだん。「万葉のころは、心の起こる所のままに(=感ジタトオリ)、同じ事再び言はるるをもはばからず、―・晴れ(=日常的トヨソユキノ区別)もなく…ほしきままに言ひいだせり」〔為兼抄〕「―にも晴れにも一人の(=マタトカケガエノナイ)男(ノ子)だけに、あまやかして奉公にも出しません」〔三馬・風呂・二ノ上〕

け【来】 Ⓔ《自カ変連用》《古代東国方言》「く(来)」の連用形「き」の転。「水鳥の(飛ビ立ツヨウニアワタダシイ)発(た)ち(=出発)の急ぎ(=セワシサ)に父母に物言(は)ず(=アイサツセズニ)―にて(=来テシマッテ)今ぞ悔しき」〔万葉・巻二〇〕

け【消】 Ⓓ《動詞活用形》《古代は「消ゆ」という活用はなく、終止形「く」の下二段活用だったと推定される》消える。「富士の嶺(ね)に降り置く雪は六月(みなづき)の十五日(もち)に消(け)ぬればその夜降りけり」〔万葉・巻三〕

未然	連用	終止	連体	已然	命令
け	け	(く)	(くる)	(くれ)	け

-げ【気】 Ⓑ《接尾》❶《形容詞の語幹に付き》「はたから見て…のように見える」「いかにも…らしい様子だ」の意味をあらわす。「もの心細―に、おぼしなるめりし御末のころほひ(=御晩年ノ時期ニ)」〔源氏・総角〕❷《動詞の連用形に付き》「…そうな様子だ」の意味をあらわす。「いたづらに(=用モナクテ)いとまあり―なる博士ども召し集めて、文作り(=作詩)韻塞(いんふたぎ)などやうのすさびわざ(=ナグサミゴト)どもをもし」〔源氏・賢木〕❸《名詞に付き》「…模様である」「…らしい」の意味をあらわす。「(春ナノニ)空はなほかすみやらで風さえて(=ツメタク吹イテ)雪―にくもる(=雪模様ニクモッテイル)春の夜の月」〔新古今・春上〕❹《助動詞にも動詞・形容詞に準じて付き》「…のようである」の意をあらわす。「いかがとおぼしめすほどにぞ(=帝ガ道長ハドウシテイルダロウトオ思イノトコロヘ)、いとさりげなく、事にもあらず―にて(=何ノ事モナイトイウヨウデ)参らせたまへる」〔大鏡・道長〕

けい【卿】 Ⓓ →きゃう①②。

けいき【景気】 Ⓒ ❶㋑景色(けしき)。風景。「岸にあがってこの島の―を見たまふに、心もことばも及ばれず」〔平家・竹生島詣〕㋺(その場の)おもむき。「(コノ席ノ)―の(=場面ニフサワシイ)今様をば、いしくも(=実ニウマク)うたうたるものかな」〔盛衰・巻一七ノ二〕❷㋑(人の)すがた。容貌(ようぼう)。「入道まづ(祇王ト祇女ノ)―を見れば、紅顔色鮮やかにして、白粉媚(び)をつくれり(=オ化粧モ魅力的ダ)」〔盛衰・巻一七ノ二〕㋺(人の)ようす。ぐあい。「大臣(おとど)の御―は、いかにも人を恋ひたまふと見えたり」〔盛衰・巻二ノ一〕❸㋑(場面の)ようす。模様。「端者(はしたもの)を土佐(=正尊)が宿所へつかはして―を見する(=動静ヲウカガワセル)」〔義経・巻四ノ四〕㋺(勢いのよい)ようす。活動状況。《現代語で「景気(がよい)」という用法のもと》「今日の合戦、兵(つはもの)の―(=士気ガ)勇みありて(=盛リアガッテ)見えさうらふ」〔盛衰・巻四二ノ三〕❹《歌論・連歌論で》頭のなかに描かれた景色。《英語のvisionに当たる》「(歌ノ)詮(=急所)は、ただ、ことばに現れぬ余情(よせい)、姿に見えぬ―なるべし」〔無名抄・七二〕「よき歌になりぬれば、その(表現サレテイル)ことば・姿の外(ほか)に、―のそひたるやうなることにや」〔慈鎮和尚自歌合

〔俊成判詞〕」

けい こ【稽古】Ⓒ《十自サ変》❶㋑研究・くふうすること。「都良香、この公は、いつとなく学窓に螢(ほたる)を集めて—に暇なき人なれば」〔太平・巻一二ノ二〕㋺研究・学問の深いこと。「信濃の前司行長、—の(＝ナカナカ学者ダトイウ)誉れありけるが」〔徒然・二二六段〕❷組織的な練習。「(ゴクムズカシイ表現モ)—だにも入りさうらへば(＝ヨクオ積ミニナレバ)、自然(じねん)に詠み出ださるることにてさうらふ」〔毎月抄〕「これ(＝中国人ヲ主役トスル能)は、およそ各別の事なれば、定めて(＝コレトイッテ)—・すべき形木(＝規準)もなし」〔花伝・二〕

けい し【家司】Ⓓ《「けし」の転》親王家・摂関家、三位以上の家で、その家の事務を処理する役。またはその人。「いへづかさ」とも。「宰相中将・大納言の御かたがた(ノ日常用品ナド)をも、みな—(オヨビ)政所(まんどころ)など(ガ)しわけて(＝調達シテ)」〔寝覚・巻五〕《四位・五位の国守などが任じられたのを「上(かみ)の家司」「上家司」、それ以下の者で下役的なのを「下(しも)の家司」「下家司」という》「関白殿のかみの—(ニハ)因幡(いなば)前司(＝前国守)親忠…しもの—(ニハ)左衛門尉為賢」〔栄花・鶴林〕

けい・す【啓す】Ⓓ《他サ変》(皇后・中宮・東宮・上皇などに)申しあげる。言上する。《天皇に対しては「奏す」を用いる》「よきに奏したまへ、—・したまへ」〔枕・二三段〕「童に教へられしことなどを(中宮ニ)—・すれば、いみじう笑はせたまひて」〔枕・一四三段〕

けい せい【傾城】Ⓓ❶美女。「—を御覧ぜば、手だれ(＝名人)にねらうて射落とせとの謀(はかりごと)とおぼえさうらふ」〔平家・那須与一〕《この「傾城」は上文に「十八九ばかりなる女房のまことに優に美しき」とある》❷遊女。太夫(たゆう)。女郎。「一条桟敷屋に、ある男とまりて、—と臥(よ)したりけるに」〔宇治・巻一二ノ二四〕「—と地女(ぢをんな)(＝シロウト女)に別(べち)に変はった事もなけれども」〔西鶴・胸算用・巻二ノ三〕《「傾国」というのも同じで、漢書・外戚伝上・李延年の歌に「北方に佳人有り、絶世にして独立す、一顧すれば人の城を傾け、再顧すれば人の国を傾く」とあるところから出た》

けい せん【傾城】Ⓓ《「けいせい」の音の転じたもの》→けいせい②。「その—連れて走られた(＝逃ゲダシタ)と言うて代官殿より御詮議」〔近松・冥途飛脚・下〕

げい のう【芸能】Ⓓ❶(練習によって得られる)技術的なわざ。「芸は、礼・楽・射・御(＝ドライビング)・書・数のたぐひなり。一切の—をさす」〔わらんべ草・巻二・二七〕❷芸道におけるわざ。「このころ(＝二四、五歳ハ)、一期の—の定まる初めなり」〔花伝・一〕

けい ぶつ【景物】Ⓒ❶(四季折々の)自然の風物。「—はかまへて(＝キット)上手に与へ(＝用イ)て、さうなく(＝無造作ニ)出だすべからず(＝ヨミ出シテハナラナイ)」〔連理秘抄〕❷(季節に応じた)風情を添えるもの。興をそそる珍しいもの。「宗茂宿所に帰りて、時の—尋ねて(＝サガシテ)酒勧めたてまつらむと支度したり」〔盛衰・巻三九ノ五〕❸景品。「たまたま—が出たと思へば、他人の鼻紙を使ひ、あまりに無体な(＝ムチャナ)倹約でござりますな」〔鯉丈・八笑人・三ノ上〕

けい めい【経営】Ⓓ《十自サ変》《「けいえい」のなまり》精を出すこと。いっしょけんめいつとめること。「あづかり(＝管理人ガ)いみじく—・しありく(＝世話ヲ焼イテマワル)気色に、この御有様(＝男ノ御様子ヲ)知りはてぬ(＝ハハアトサトッタ)」〔源氏・夕顔〕

けう【孝】(キョウ)Ⓔ❶親に対して忠実であること。親思い。「まことにわれ—の子ならば、氷解けて魚出で来」〔宇津保・俊蔭〕❷近親者の死後、きまった期間、きまった方式で悲しみの意をあらわすこと。喪(も)。「やせ衰へて、御髪なども、とりつくろひたまはねば(＝手入レナサラナイカラ)、しげりて(＝ノビホウダイデ)、親の—よりも、けに(＝イッソウ)やつれたまへり」〔源氏・柏木〕

け う【希有・稀有】Ⓒ《形動ナリ》❶たまにしかなく、めずらしい。「大臣・公卿(くぎやう)七八人、二三月の中にかきはらひたまふ(＝スッカリ死去サレル)事、—・なりしわざなり(＝メッタニナカッタコトダ)」〔大鏡・道長〕❷ありえないはずだ。不思議だ。「いと怪しく、—の(＝アリソウモナイ)事をなむ、(ワタシハ)見たまへし」〔源氏・手習〕❸㋑(よい意味で)無類だ。とびきりだ。「ものを繰りいだすやうに言ひ続くるほどぞ、まことに—・なるや(＝タイシタモノダヨ)」〔大鏡・時平〕㋺(わるい意味で)なみはずれている。特別だ。「—の(＝トンデモナイ)狼藉かな」〔徒然・一〇六段〕

—にして Ⓔ《連語》やっとのことで。かろうじて。「—助かりたるさまにて」〔徒然・八九段〕

けう しゅ【教主】(キョウ—)Ⓔ宗教・(宗派)の創始者。または教化に当たる最高指導者。教祖。《特に釈迦をいう》「南無西方極楽世界—、弥陀如来、本願(＝衆生ヲ救オウト誓ッテ立テタ願ヲ)あやまたず浄土へ導きたまひつつ」〔平家・小宰相身投〕

けうしょ でん【校書殿】(キョウ—)Ⓓ内裏の殿舎の一。紫宸殿の西がわ、清涼殿の南がわにあり、母屋(もや)は書庫、西の廂(ひさし)には蔵人所があった。「ふどの」とも。

け うと・し【気疎し】Ⓒ《中世以後「キョオトシ」と発音》《形ク》《「いつもなじんではいない」という基本意味から》❶よそよそしい。なじめない。「しひて(＝ワザト)おぼめかしう—・う(＝ソラトボケテ)もてなさせたまふめれば」〔源氏・夕霧〕❷気味が悪い。恐ろしい。「(コノ女ハ)顔をかしげながら（＝キレイダガ）、寝入るたびに（実ハ鬼ナノデ）すこし—・く見ゆ」〔宇治・巻六ノ九〕 ❸《近世上方語で》よく理解できない。へんだ。「紀伊国屋の杉（トイウ下女）が、—・い顔つきにて」〔近松・天網島・上〕 ❹《よい意味で》驚いたものだ。たいしたものだ。「いや、—・いもんぢゃ。でけた、でけた（＝上方語ガウマイ）」〔一九・膝栗毛・五・追加〕

けうやう【孝養】（キョウヨウ）Ⓓ《＋他サ変》❶親孝行。「—の心なき者も、子持ちてこそ、親の志（＝真情）は思ひ知るなれ」〔徒然・一四二段〕 ❷なくなった親への法事。「親鸞は父母の—のためとて一ぺんにても念仏申したることいまださうらはず」〔歎異抄〕 ❸《転じて、一般に》死者の供養。「この（実盛ノ）首、よく—・せよ」〔盛衰・巻三〇ノ一〕

けうら【清ら】（キョウー）Ⓔ《形動ナリ》《「きよら」の変化らしい》人目をひく美しさだ。「かの都の人（＝月世界ノ人タチ）は、いと—・に、老いをせず」〔竹取〕「（髪ハ）いたうも乱れず、とき果てたれば、つやつやと—・なり」〔源氏・手習〕

げかう（—コウ）Ⓓ《＋自サ変》❶【還向・〈下〉向】出先から帰ること。「幼きほどにて、坂のこはき（＝急ナ坂）を登りはべりしかば、困(こう)じて（＝クタビレテ）、えその日の中に—つかうまつらざりしかば（＝ソノ日ノウチニハ家ニ帰レマセンデシタノデ）」〔大鏡・昔物語〕 ❷【下向】都から地方へ向かって行くこと。「勅諚(ちょくぢゃう)をかうむり、ただ今伏見に—つかまつりさうらふ」〔謡・金札〕

けかつ【飢渇】Ⓔ《＋自サ変》飢えとかわき。飲食物に欠乏すること。「天下に大旱魃(かんばつ)（＝ヒデリ）をやりて（＝与エテ）四海の民を一人もなく（＝一人残ラズ）—に合はせむ」〔太平・巻一二ノ六〕

げき【外記】Ⓓ ❶㊖「内記」 太政(だいじょう)官（内閣）に直属する四等官で、少納言の下にあり、中務省の内記から来る文書を検案し、天皇へ奏上する文書を作り、定例・臨時の儀式をとりおこなう主任となった。大外記（正六位相当）と少外記（正七位相当）があり、定員は各三名。少納言はふつう侍従などを兼任して多忙なので、実質的には少納言の事務をも代行した。 ❷㊖外記の庁。建春門の東がわにあったので、建春門を外記門ともいった。 ❸㊖外記節。

外記庁　釜所　酒殿　内豎所　西雅院　建春門　（内裏）　N

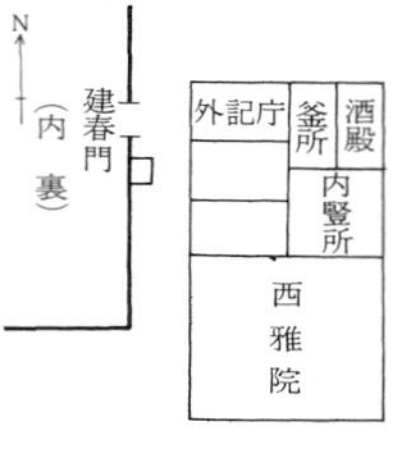

〔げき❷〕

げきぶし【外記節】Ⓔ 古い江戸浄瑠璃(じょうるり)の一種。延宝のころ（一六七三—八一）薩摩(さつま)外記直政が語り出したという。荘重なスタイルだったらしく、長唄の「外記猿」「外記節石橋」などにそのおもかげを残している。

けぎよう Ⓓ《副》きれいさっぱり。てんで。「（伊周公ガ）『こと時は知らず（＝他ノ時ハカマワナイガ）今夜(こよひ)は（歌ヲ）よめ』など責めたまへど（＝セッツキナサルガ）—聞き入れでさぶらふに」〔枕・九九段〕《この一例しかない語。他の活用形もあったと思われ、本来は形容詞だったのであろう。しかし、用例がこの形しか現存しないので、いちおう副詞とする》

げきりよ【逆旅】Ⓓ ❶《旅人を逆(むか)え宿す所の意で》宿屋。旅館。「茶の湯を好む者…道中（デモ）茶具を持して、—にても釜(かま)をかけ炭をおきて楽しみとしける」〔鳩巣・駿台雑話・巻五ノ一七〕 ❷旅行。「（従者モ逃ゲテシマッタノデ）さてはことさら長途の—かなふまじ（＝トテモデキマイ）」〔太平・巻九ノ七〕

けけれ【心】Ⓔ《古代東国方言》こころ。「…甲斐(かひ)が嶺(ね)をさやにも見しか（＝ハッキリ見タイナア、ソレナノニ）、—なく—なく（＝気ガキカナイネ）横ほり立てる（＝ヒロガリソビエル）さやの中山」〔風俗・甲斐〕「たまくしげ（＝枕詞）箱根の湖(みう)は—あれや（＝感情的ナノカ）二山にかけて何かたゆたふ（＝タメラッテイルヨウダ）」〔金槐・雑〕

けこ【笥子・笥籠】Ⓔ 飯を盛る器。「け」とも。「手づから飯匙(いひがひ)とりて、—のうつはものに盛りけるを見て」〔伊勢・二三段〕《「こ」は接尾語とも籠の意ともいうが、定説はない》

けさ【袈裟】Ⓔ ❶〔仏〕《梵 kaṣāya の音訳。雑色、また壊色と意訳する》僧が法衣の上にかける長方形の布。さまざまな種類（五条・輪袈裟・七条・九条など）があり、多くは美しい織物を用いる。「素絹(そけん)の衣に—かけて、机に法華経一部おいて」〔義経・巻二ノ七〕 ❷㊖けさがけ。「受けはづして（＝受ケソコナッテ）弓手（＝左）の肩さき—にずっぱと切り下げられ」〔浄・盛衰記・三〕

けさう【厳粧・仮粧・化粧】（—ソウ）Ⓓ《＋自サ変》❶きれいに飾ること。「いみじう人多かる殿にて、—・じたる事限りなし」〔落窪・巻三〕「—狩り場の小屋ならび」〔梁塵〕 ❷顔を紅・おしろいなどで飾りよそおうこと。現在の「けしょう」。「（浮舟ハ）うつくしきおもやうの（＝美シイ面持チノ人デ）、—をいみじく（＝ジョウズニ）したらむやうにあかくにほひたり」〔源氏・手習〕「（綏子トイウ方ハ）いみじう—・じたまへれば（＝エラクオメカシナサッテオラレタノデ）つねよりもうつくしく見えたまふ」〔大鏡・兼家〕

けさう【気装・〈懸想〉】Ⓔ（—ソウ）《＋他サ変》❶《平安時代》当時の慣習に従って求婚すること。「よばひ」に同じ。「この（浮舟ニ対シ）—の君達(きんだち)…心を尽くしあへる(=タガイニ気ヲモンデイル)うちに」〔源氏・東屋〕「その時のもろもろの上達部(かんだちべ)・殿上人、消息をやりて—・しけるに、女さらに聞かざりければ」〔今昔・巻三一ノ三三〕 ❷異性に思いをかけること。恋いしたうこと。「かの蛇(をろち)が—・せしことも、おろおろ(=ボツボツ)思ひいづるなるべし」〔秋成・雨月・蛇性〕 **—びと** 人 Ⓔ「けさう」をしている人。「不覚(ふかう)なりける(=ダラシナイ)御—かな」〔落窪・巻二〕

げさう【外相】(—ソウ) Ⓒ ❶㋑〔仏〕(対)「内証」 外にあらわれた形。「内心の得失を見ず、ひとへに—をあがむ」〔沙石・巻六ノ一八〕㋺外見。見かけ。「清輔朝臣は、—はいみじく清廉なるやうにて」〔無名抄・六〇〕 ❷体裁。姿。「本朝鼎臣(ていしん)(=大臣)の—をもって異朝浮遊の(=外国カラ訪レタ)来客にまみえむこと、かつは国の恥」〔平家・医師問答〕

けさがけ【袈裟懸け】Ⓔ《袈裟は肩から脇(わき)へななめにかけるところから》肩から脇へななめに切ること。「長刀(なぎなた)とりのべ(=長メニ持チ)、法師の切るとて—なり」〔謡・禅師曾我〕

けざやか Ⓓ《形動ナリ》《「け」は接頭語》はっきりしたさま。きわだったさま。「—・にも(=交際ノ限度ヲハッキリト)、もてなしたまふかな」〔源氏・紅葉賀〕「日移りつつ、劣りまさり、—・にも見えわかず」〔紫日記〕

け・し【怪し・異し】Ⓑ《形シク》❶普通とはちがっている。へんだ。合点がゆかない。「この女かく書きおきたるを、(男ハ)—・しう、心おく(=警戒スル・隔意ヲイダク)べきこともおぼえぬを」〔伊勢・二一段〕 ❷ふつうとちがってよくない。わるい。潔白でない。「潔白は—・しきことをせなんだ(トイウ意味)ぞ」〔蒙求抄〕 ❸つめたい。薄情だ。「はろばろに思ほゆるかもしかれども—・しき心をあが思はなくに」〔万葉・巻一五〕 ❹普通とちがって、おもしろみがある。わるくない。「『これも—・しかるわざかな』とて御衣かづかせたまふ」〔増鏡・おどろ〕 ❺普通とちがって、みすぼらしい。うすぎたない。「かすかに燈(ひ)の見えけるを、うち寄りて見れば、—・しかる萱屋(かやや)あり」〔盛衰・巻三六ノ一二〕 ❻《否定表現を伴い》 ㋑わるく(はない)。《英訳すればbad, ill》「さいつころよりかく(=ゴ病中ダト)承れど、—・しうおはせず(=重態デハナイ)とありしを」〔宇津保・国譲中〕㋺へんだ。とてつもなくふしぎだ。《英訳すればstrange》「正月の望の日生まれてはべれば、十三代にあひたてまつりてはべるなり。—・しうはさぶらはぬ年なりき」〔大鏡・序〕 **—・しから・ず** Ⓑ《連語》❶《悪い意味で》㋑普通と変わっている。異様だ。常態でない。「されど和泉(式部)は—・ぬかた(=常軌ヲ逸シタ一面)こそあれ」〔紫日記〕「木魂(こだま)などいふ—・ぬ(=怪シゲナ)形も」〔徒然・二三五段〕㋺あまりよくない。たいした事はない。「—・ぬわらはべ(=不デキナ娘タチ)の行く先思ひやられて」〔宇津保・梅花笠〕㋩ふつごうだ。よろしくない。「わびては(=情ケナクナッタアマリ)、すきずきしき下衆(げす)の(=風流気ノアル召使デ)人などに語りつべからむをがな(=他人ニ言イフラセソウナノガイレバヨイ)と思ふも、いと—・ず」〔枕・九八段〕「—・ぬ(=トンデモナイ女性ノ)所にかよひきて、悲しきことを見ること(=サンザンナ目ニアッタモノダ)」〔宇津保・忠こそ〕㊁意外だ。「あな—・ず(=コリヤ、マア)、六条の東の上の御文なり」〔源氏・夕霧〕 ❷不当だ。道理にはずれている。承知できない。「いや、もし、これは—・ぬ」〔春水・梅暦・巻五〕《この用法は明和初年(一七六四ごろ)から江戸ではやりだしたといわれる》 ❸《連用修飾の形で》たいそう。ひどく。「『—・ず放俗なり(=テンデグラシガナイ)』とて、いと眉黒にてなむにらみたまひけるに」〔堤・虫めづる〕「—・ず血の流れてさうらふ」〔謡・土蜘蛛〕《連体形を連用修飾に用いた例もある。↓》「当年は疱瘡で—・ぬ(=タイソウ)子どもが死にまする」〔伎・幼稚子敵討・六〕 ❹《よい意味で》たいへんなものだ。特別だ。とびきりだ。「かやうに天下安全(=平和)の御代なれば、あなたこなたのおつきあひは、—・ぬことではないか」〔狂・止動方角〕

げしう(—シュウ) Ⓔ《副》《近世語》変なふうに。妙に。「—(=変ナ細工ヲシテ)逢はせまいなれば、ここで腹を切らうか」〔近松・反魂香・中〕

けしき【気色】Ⓐ ❶《人について》様子。そぶり。けはい。「このごろの御—を見たてまつる殿上人・女房などは、かたはらいたし(=オ気ノ毒ダ)と聞きけり」〔源氏・桐壺〕「見物衆も(=観客ノ方デモ)をかしげなる(=変ダナト感ジテイル)—見えぬれば」〔花伝・一〕 ❷《天然現象や風景について》ありさま。ながめ。「すくよかならぬ(=ケワシクナイ)山の—木深く、世離れて(=俗ッポクナク)たたみなし(=幾重ニモエガキ)」〔源氏・帚木〕「冬枯れの—こそ、秋にはをさをさ(=ドウシテドウシテ)劣るまじけれ」〔徒然・一九段〕 ❸㋑(何かありそうな)様子。きざし。前兆。「月・日・天星(あまほし)の—、雲のたたずまひ(=動キグアイ)も静かならず」〔狭衣・巻四〕㋺それらしい様子だけ。形ばかり。「秋風は—吹くだに悲しきにかき曇る(=イチメンニ曇ル)日はいふかたぞなき(=ドウショウモナク悲シイ)」〔和泉日記〕 ❹わけ。すじあい。「—知らまほしくて、男の門(かど)へ(手紙ヲ)つかはす」〔建礼〕 ❺変な感じ。「—のある(=何ダカ変ナ)もの(ガ食物ノ)中にあり。食ふやうにして、ふところに入れて、のちに捨てつ」〔宇治・巻一三ノ一〇〕 ❻㋑意思。心中。「この女、—を取り(=相手ノ気持チヲ察シ)て」〔伊勢・四三段〕「『いかにしていかに知らましいつはりを空にただすの神なかりせば』となむ(中宮サマノ)御―(＝オボシメシ)は」〔枕・一八四段〕㋺意思の伝達。命令。さしず。用例↓「けしきあり③㋺」。❼㋑《単に》きげん。感情のぐあい。「この女、―いとよし」〔伊勢・六三段〕「御―いとあしくならせたまひて」〔大鏡・時平〕㋺《とくに》ふきげん。「(前斎宮ト道雅トノ情事ガ)世にかく漏り聞こえたるに、院(＝三条院)の御―の、いといみじきなり(＝ハゲシイノダ)」〔栄花・玉村菊〕❽叱責(しつせき)。処分。「蒲の冠者(＝源範頼)御―を蒙(かうむ)りし事、免じ許さる(＝処分ガ解除サレタ)」〔東鑑・寿永三年三月六日〕[参]きしょく。

――あ・り 有り Ⓒ《連語》❶《よい意味で》味わいが深い。情趣がある。「いかに昔はなかなかに―・る(＝味ナ)事もをかしき(＝興趣ノフカイ)事もありける」〔大鏡・陽成院〕❷《わるい意味で》不審だ。気になる点がある。あやしい。「ここは―・る所なめり。ゆめ寝(い)ぬな」〔更級〕「これは盗人の家なり。あるじの女、―・る(＝変ナ)事をしてなむある」〔更級〕❸㋑意向がある。…のつもりだ。「上(＝天皇)なむ、しかじか御―・りて(＝コレコレノオボシメシガアリ、ワタシニソノ事ヲ)聞こえたまひしを」〔源氏・若菜上〕㋺意向を伝える。意思表示をする。「今日は(オ供ヲ)つかうまつりたまふべく(＝ナサルヨウニト)かねて御―・りけれど」〔源氏・行幸〕❹きげんがよい。「(ムスメノ恋愛結婚ヲ許可スル気ノ内大臣ハ)うちほほゑみたまへる(様子ガ)、―・りて(＝上キゲンデ)にほひきよげなり(＝男前モミゴトダ)」〔源氏・藤裏葉〕

――おぼ・ゆ 覚ゆ Ⓓ《連語》❶《よい意味で》情趣が感じられる。「(コノゴロノ歌ハ)古き歌どものやうに、いかにぞや(＝ドウシタワケダロウカ)、言葉の外にあはれに(＝シミジミト)―・ゆるはなし」〔徒然・一四段〕❷《わるい意味で》変な感じがする。あやしく感じる。「今夜(こよひ)こそいとむつかしげなる夜なめれ(＝気味ノ悪イ夜ミタイダ)。かく人がちなるにだに(＝人ガ多クイテサエ)、―・ゆ」〔大鏡・道長〕「藪(やぶ)より異様なる法師の歩み出でて、おくれじと歩み寄りければ、―・えて片方へ立ち寄りて過ごさむとしける時」〔十訓・第一ノ七〕

――たまは・る 給る(―ワル) Ⓓ《連語》意向を聞く。さしずをあおぐ。「内裏にも御―・らせたまへりければ」〔源氏・桐壺〕「また御―・れど、うち眠らせたまひて、なほ御答(らい)へなし」〔大鏡・昔物語〕

――と・る 取る Ⓒ《連語》❶様子をうかがう。ぐあいを見はからう。「(家ノ内カラモレルノハ)さきざきも聞きし(女房タチノ)声なれば、(惟光ハ)こわづくり(＝エヘント咳バライヲシ)―・りて(＝反応ヲ打診シテカラ)御消息きこゆ」〔源氏・花散里〕❷(事態に)感づく。(隠されていたことを)察知する。「人のけはひ・ありさまをも―・りたまふ(＝オ探リニナル)」〔源氏・匂宮〕❸気持ちを察する。相手の意向をくむ。「(兵部卿宮ハ光源氏ノ)御―・りたまひて、琴はお前にゆづりきこえさせたまふ」〔源氏・若菜上〕❹相手の気持ちをよくするようにつとめる。きげんをとる。「心のままなる(＝思イドオリノ)官爵にのぼりぬれば、時に従ふ世の人の、下には鼻まじろきをしつつ(＝内心ハ鼻ノサキデフント笑イナガラ、表面的ニハ)追従し(＝オベッカヲ言イ)―・りつつ従ふ」〔源氏・少女〕

――ばかり Ⓓ《連語》ほんの形ばかり。ごくわずか。「多く書きつづけたれど、(ソノウチ)―(＝一端ダケ)をしるす(＝抄出シテオク)」〔栄花・疑〕

けしき だ・つ【気色立つ】Ⓒ《自四》❶…の状態が現れる。…しはじめる。「雪間の草、いつしかと(＝マダ春ニナラナイノカナアト待チカネ)―・つ(＝タナビキ始メル)霞に、木の芽もうちけぶり(＝ボンヤリト見エ)」〔源氏・初音〕❷あらたまった様子を示す。きどる。「恥づかしげにて、いみじう―・つ色好みどもになずらふ(＝ト同ジョウニアツカウ)べくもあらず」〔源氏・宿木〕「『老いの波に(＝老人ノ癖トシテ)言ひ過ぐしもぞしはべる(＝口ヲスベラシハシナイカシラ)』と、―・ちて(＝モッタイブッテ)このほどはうちささめく(＝コノ辺ハ小声デ話ス)」〔大鏡・道隆〕

けしき ば・む【気色ばむ】Ⓑ《自四》❶様子をあらわす。…の状態を示す。「梅の花の、わづかに―・みはじめて(＝ヤット咲キソウニナリカケテ)雪にもてはやされたるほど(＝雪ニヒキタテラレタグアイガ)をかしきを」〔源氏・幻〕❷㋑様子で何かを示す。心をそぶりにあらわす。「ありつる(＝サキホドノ)使ひ、うち―・めば(＝チョイト合図スルノデ)、ふと(経ヲ)読みさし(＝読ムノヲヤメ)て、返りごとに心移すこそ、罪得らむと、をかしけれ」〔枕・一九一段〕「障子たてられたる(＝シメテアル)所なり。それに、人ふたりばかり歩みよりて―・めば(＝セキバライカ何カシテ来タコトヲ知ラセルト)」〔今昔・巻一九ノ一七〕㋺意思表示をする。気持ちを相手に伝える。「我が仲(＝ワタシタチノ間ノ愛情)はそばみぬる(＝コジレチャッタ)かと思ふまで(＝感ジラレルホド冷淡ニ)見きとばかりも(＝ワタシノ手紙ニ対シ、タダ『見タ』トダケ)―・むかな(＝ゴアイサツナノネ)」〔蜻蛉・下〕「(ムスメヲ)東宮にや(サシアゲヨウカ)などおぼし、我にも―・ませたまひきかし」〔源氏・蜻蛉〕❸ていさいを作る。きどる。「このごろの人は、ただ(昔ノ名人タチノ)かたそば(＝アル一面)を―・む(＝気ドッテマネルノ)にこそありけれ」〔源氏・梅枝〕❹きげんを悪くする。ふくれる。「人の(＝アナタガ)―・み(＝ゴキゲンナナメデ)、くせぐせしき(＝ヒガンデイルノ)をなむ、あやしと思ふ」〔蜻蛉・中〕《「きしょくばむ」に「意気ごむ」の意があるので、「けしきばむ」にもその用法がありそうだけれど、用例未見。[参]きしょくばむ》

け しょう【顕証】Ⓓ《十形動ナリ》↓けそう。「(女房タチモ)住み満ちたまへれば、―・に(＝万事ハレガマシク)、人

しげく(=出入リガ頻繁デ)もあるべし」〔源氏・玉鬘〕

け・す【着す・著す】Ⓔ〘他四〙〘古代語。「着る」の尊敬語〙お召しになる。「わがせこが—・せる(=着テオイデニナル)衣の針目おちず(=縫イ目ゴトニ)入りにけらしも(=縫イ目ダケデナク)我が心さへ」〔万葉・巻四〕

げ す【下種・下衆】Ⓒ 対「上種(うじゃ)」❶下層階級の者。「よき人(=貴族)の御事はさらなり(=モチロン)、—などのほども」〔枕・二六七段〕 ❷下人。使用人。「畠を作りて、一人二人—を使ひてあらむ」〔宇津保・藤原君〕

げす・し【下種し・下衆し】Ⓔ〘形シク〙民衆的だ。通俗的だ。「信昭法師は(=連歌ヲ)—・しくしたて、強く作るを詮(=第一)とせしなり」〔十問最秘抄〕

け そう【顕証】Ⓓ〘+形動ナリ〙〘「けしょう」に同じ。「そう」は「しょう」の直音的表記〙はっきりしていること。あらわなこと。人にまる見えなさま。「皆そなたざまに見やりたまへり。げにぞ、—の人(=車ニ乗ラズマル見エデイル身分ノ連中)まで見やりしも、をかしかりし」〔枕・三五段〕「あなたはいと—なれば(=ハレガマシイノデ)、この奥にやをら(=ソット)すべり(=ハイリコミ)とどまりてゐたり(=ジットシテイタ)」〔紫日記〕

け だい【懈怠】Ⓒ〘+自サ変〙〘梵 kausidy つまり「悪と絶縁し善行に努めようとしないおこたり」の意の仏教語から〙なまけること。気のゆるみ。怠慢。「この山に入りて、仏・菩薩を驚かし、—邪見(=真理ヲ無視スル)の輩に忍辱の(=苦労ニタエテ修行ショウトイウ)心を起こさしむるゆゑに」〔宇津保・俊蔭〕「眼より下にて鈴振れば—なりとてゆゆし(=アラコワイ)神腹だちたまふ」〔梁塵〕〘日葡辞書・平家正節・易林本節用集などによれば「けだい」だったと思われる〙

け だか・し【気高し】Ⓓ〘形ク〙❶上品だ。気品がある。〘「高貴だ」の意を示す説は誤り。その用例はない〙「げにうとましかるべきさまなれど、いと清げに、—・う、煩はしきけしきぞ異なるべき」〔堤・虫めづる〕 ❷(評価が)高い。すぐれている。「義経が乗りたる大鹿毛は、陸奥(むつ)の国にて名を得たる(=有名ナ)—・き(=最高級ノ)逸物(いちもつ=リッパナノ)なり」〔盛衰・巻三六ノ一一〕

け だし【蓋し】Ⓔ〘副〙❶(推量をあらわし)たぶん。おそらく。「『風の力、—少なし(=タブン強クハナカロウ)』とうち誦したまひて」〔源氏・少女〕 ❷(仮定をあらわし)もしも。万一。「わが背子し—(=モシヤ)まからば(=オイデニナルナラ)白たへの袖を振らさね(=オ振リナサイ)見つつしのはむ(=オ慕イシマショウ)」〔万葉・巻一五〕〘漢文訓読系の語らしく、女性の会話や手紙には現れない〙

げ ぢ【下知】(—ジ) Ⓓ〘+自サ変〙❶さしずすること。指揮すること。命令。「『渡せや渡せ』と—・せられければ、二万八千余騎、みなうち入れて渡しけり」〔平家・宮御最期〕「日本流の軍の—(=指揮法ハ)、攻めつけひしぐ(=積極的攻撃)は義経流、ゆるめて打つ(=油断サセテヤッツケルモノ)は楠流」〔近松・国性爺・四〕 ❷〘鎌倉・室町時代〙裁判の判決。またはその判決文。「探題(=特別地区長官)の意見につき(=モトヅキ)、—を加ふるところなり(=判決ヲクダスノデアル)」〔庭訓往来〕

け ちえん【掲焉】Ⓓ〘形動ナリ〙はっきりときわだっているさま。「白き、赤きなど—なる枚(ひら)は(=白ヤ赤ナドパット目立ツ色ノ紙ハ)」〔源氏・少女〕「(螢ガ)にはかにかく—に光れるに」〔源氏・蛍〕

け ぢか・し【気近し】Ⓒ〘形ク〙対「けどほし」〘「け」は接頭語〙❶(物理的に)近い。「—き草木などは、ことに見どころなく、みな秋の野らにて」〔源氏・夕顔〕 ❷㋑〘精神的に〙近い。近い感じだ。「むかしは…いと—・く(=直接的ニ)人づてならで物をも聞こえたまひしを」〔源氏・紅葉賀〕㋺親しみが感じられる。うちとけやすい。「(姉君ハ親シミニクイ性格ナノデ)うちとけがたきものに女房なども皆つつみきこえて(=敬遠申シアゲルノニ対シテ)この君は—・くもらうたげにも(=カワイラシクモ)おはすれば」〔寝覚・巻一〕

げ ぢき【下直】(—ジキ) Ⓔ 対「高直(かうぢき)」 値段の低いこと。安値。「唐船(=中国ノ貿易船ガ)かずかず入りて、糸綿—になりて」〔西鶴・永代蔵・巻六ノ三〕

げ ちゃく【下着】Ⓔ〘+自サ変〙都から地方のある場所に行きつくこと。「家の子(=ケライ)若党引きつれて、那須野の原に—・して」〔狂・釣狐〕

け・つ【消つ】Ⓓ〘他四〙消す。〘タ行に活用するだけの差で、意味・用法は「消す」に同じ〙「形よき(=ハンサムナ)人は、人を—・つこそ(=他人ノ影ヲ薄クスルノガ)憎けれ」〔源氏・東屋〕

け っ く【結句】Ⓓ ㊀(漢詩文や説経などの文句の)最終の句。「恒例の仏経讃嘆はてて、—に『生きて別れを天外に尋ぬれば…上界の望みはなほ深し、我がためにも人のためにも』、ただこの句ばかりを言ひて、鐘を打ちたりける」〔著聞・哀傷〕 ㊁〘副〙❶とどのつまり。おしまいには。けっきょく。「大手の合戦は…さてやみぬ(=ソノママデ終ワッテシマウ)。—、名越殿討たれたまひぬと聞こえぬれば」〔太平・巻九ノ三〕 ❷かえって。反対に。「姿をゑがくにも、また木に刻むにも、正身(しやうじん)の形を似する(=ホントウノ姿ヲ写シトル)うちに、また大まかなる所あるが(=一方デハ事実トハ必ズシモ一致シナイ点ノアルノガ)、—人の愛する種とはなるなり」〔以貫・難波土産・発端〕

け つ ぢゃう【決定】(—ジョウ) Ⓓ ㊀〘+自サ変・形動ナリ〙はっきり決まっていること。疑問をいだく余地のないこと。「—・して(=ゼッタイ)二世(=現世ト未来ニワタル)大願(ハ)相かなはじ」〔栄花・本雫〕「往生におきては—・なり(=マチガイナイ)」〔一言芳談・下〕 ㊁《副》かならず。きっと。「罪消えて—往生しつらむ」〔沙石・巻一ノ一〇〕

けづ・る【梳る】(ーズー) Ⓔ《他四》櫛(くし)で髪をとかす。髪の手入れをする。「今日は乱れたる髪すこし—・らせて」〔源氏・浮舟〕

けとば【言〈葉〉】Ⓔ《古代方言》ことば。〔駿河・遠江・信濃あたりで用いられた〕「父母が頭(かしら)かきなで幸くあれて(=無事デイロヨト)いひし—ぜ(=ゾ)忘れかねつる」〔万葉・巻二〇〕

けどほ・し【気遠し】(ーオシ) Ⓒ《形ク》㊀「けぢかし」〔「け」は接頭語〕 ❶かなり離れている。人気(ひとけ)遠い。「〔出産直後ノ中宮ノソバニハ年輩デコウシタ事ニ経験アル人ガ〕みなさぶらひて(=ツキソッテ)、もの若き人々(=未経験ナ若イ侍女タチ)は—・くて所々に休み臥したり」〔栄花・初花〕 ❷他人行儀だ。親しみにくい。「御几帳引き寄せて、いと—・くもてなしきこえたまへる(=ヨソヨソシイシウチヲナサル)」〔栄花・浦々〕 ❸情緒的でない。感情のこまやかさがない。「〔古イ物語ニ出テクル〕いみじう—・き(=ツントシタ)ものの姫君も、〔アナタノ〕御心のやうにつれなく(=ソッケナク)、そらおぼめきしたる(=トボケテミセルノ)は、世にあらじな」〔源氏・蛍〕

げ・な Ⓑ《助動》〔推定〕〔中世以後の口語〕 ❶伝聞の意を表す。…そうだ。「夜、瓜を取るには、ころびを打って取るものぢゃ—・な」〔狂・瓜盗人〕 ❷推定の意を表す。…ようだ。「鬼がゐると存じたれば(=思ッテイマシタラ)、それがし(=ワタシ)が鬼になった—・な」〔狂・抜殻〕

未然	連用	終止	連体	已然	命令
	に	な	な		

けなが・し【日長し】Ⓔ《形ク》日数が相当多い。幾日にもなる。㊂け(日)。「印南野の浅茅おしなべ(=オシツケ敷イテ)さ寝る夜の—・くあれば家しのはゆ(=恋シク感ジラレル)」〔万葉・巻六〕

けに【異に】Ⓒ《副》〔「より」を伴って〕(…より)いっそう。(…より)以上に。「ひまひまより見ゆる燈(ひ)の光、蛍より—ほのかにあはれなり」〔源氏・夕顔〕〔「常とちがって」の意を示す説もあるが、確かな用例はない〕

げに【実に】Ⓐ《副》 ❶ほんとうに。現実として。「鬼を—見ぬだに(=話デ聞クノサエ)いたく恐ろしき(ソレニツケテモ)後の世をこそ思ひ知りぬれ」〔建礼〕 ❷〔前からの文意や人の意見に同意して〕そのとおりだ。「もの思ひたまへ知らぬ(私ノ)ここちにも、—こそ(=アナタノオッシャルトオリ)いと忍び難うはべりけれ」〔源氏・桐壺〕 ❸〔ただ感動をあらわして〕ほんとうにまあ。「—思へば、おしなべたらぬ(=フツウデナイ)御宿世(すくせ)ぞかし」〔源氏・夕顔〕「—をかしき所かな」〔更級〕

けにく・し【気憎し】Ⓔ《形ク》 ❶にくらしい。感じがよくない。「—・く心づきなき山伏どもなども、いと多く参る」〔源氏・柏木〕 ❷ぶあいそうだ。そっけない。「延喜の帝は常に笑みてぞおはしける。そのゆゑは、…—・き顔には、もの言ひふれにくきものなり」〔大鏡・昔物語〕

げにげに・し【実に実にし】Ⓓ《形シク》 ❶(なるほど)そのとおりだ。(まさしく)そうだ。「〔人違イデ呼ビ出サレタガ〕いと—・しくもおぼえずして(=サッパリ事情ガノミコメズ)、この庁官(=院庁ノ役人ハ)、うしろざまへ(=後ロノ方へ)すべりゆく(=シザッテ退出スル)」〔宇治・巻一四ノ七〕 ❷もっともらしい。ほんとうらしい。「次の夜の夢に、虎毛の猫来たり、—・しく語り申すやう」〔伽・猫の草子〕 ❸それにふさわしい。似合わしい。「和歌の会のありさま—・しく優に(=優雅ニ)おぼえしことは」〔無名抄・五四〕 ❹実直だ。まじめだ。「朝夕へだてなくなれたる(=親シンデイル)人の、ともある(=ドウカシタ)時、我に心おき(=気ガネシ)ひきつくろへる(=ヨソ行キノフルマイヲスル)様に見ゆるこそ…なほ—・しくよき人かなとぞおぼゆる」〔徒然・三七段〕

げには【実には】Ⓓ《副》ほんとうは。まじめな話としては。「—ただえ見すごしてあるまじき(=知ラン顔デハイラレナイダケノ魅力ヲタガイニ感ジル)人のなか(=間柄)にこそはありけれ」〔宇津保・内侍のかみ〕

けにん【家人】Ⓔ その家に仕える者。けらい。「さばかりの(=ソンナスバラシイ)—もたせたまへる帝も、ありがたき(=メッタニナイ)ことぞかし」〔大鏡・宇多天皇〕

げにん【下人】Ⓔ ❶身分の低い者。「この辺(ほとり)の—承れ(=ヨク聞ケ)」〔今昔・巻二六ノ一七〕 ❷召使。「汝を主にすべし、義平をば—にせよ」〔平治・下・五〕

けは・し【険し・嶮し】(ーワー) Ⓓ《形シク》 ❶はげしい。荒々しい。「冬深くなりたれば、川風—・しく吹き上げつつ、たへがたくおぼえけり」〔更級〕 ❷(坂などが)急だ。急角度で歩きにくい。「このたとへは(=コノタトエノ文句ハ)虎の子の—・しき山の峰を渡るがごとしと申すなり」〔大鏡・道長〕 ❸きびしい。しつこい。「(オ前ガ八尾ノ地蔵カラノ手紙ヲ)あまり—・しう差し出すほどに(=シツコク差シ出スカラ)見てとらせう(=見テヤロウ)」〔狂・八尾〕 ❹あわただしい。せかせかしている。忙しい。「とりあげばば(=産婆ヲ)呼んで来てやる—・しき時も(=ソンナ火急ノ時ニデモ)、茶づけめし食はずには行かぬものなり」〔西鶴・胸算用・巻四ノ二〕

けはひ【気〈配〉】(ーワイ) Ⓐ〔聴覚(まれには視覚・嗅覚・触覚)によって知られる人や物の状態という基本意味から〕 ❶日常動作の物音や声な

ど。「心にくきもの(＝奥ユカシイモノハ)、物へだてて聞くに、女房とはおぼえぬ手の(＝手ヲ打ツ音デ)しのびやかに(＝ヒッソリト)をかしげに聞こえたるに(＝意味アリソウニ聞コエタカト思ウト)、答へやはらかにして、うちそよめきて参る―(＝衣(きぬ)ズレノ音ヲタテテ参上スル音)」〔枕・二〇一段〕 ❷ふんい気。「(車ヲ)かど(＝門内ニ)ひき入るるより(＝引キ入レルトモウ)―(＝更衣ノナキコノ家ノ感ジハ)あはれなり(＝心ニセマル)」〔源氏・桐壺〕 ❸ ㋑(品位や容貌(ようぼう)を含め)ありさま。様子。ものごし。「(大殿ノ邸内ノ)大かたの気色、人の―(＝葵ノ上ノ御様子ハ)けざやかに気高く(＝キチント端麗デ気品アリ)みだれたるところまじらず(＝クズレタトコロハ少シモナイ)」〔源氏・帚木〕 ㋺あと。なごり。おもかげ。「さいつごろ(＝先日)来たりしこそ(＝タズネテ来タソノ人ハ)、あやしきまで昔の人(＝ナクナッタ大君)の御―に通ひたりしかば(＝似通ッテイタノデ)あはれにおぼえなりはべりしか(＝シミジミトナツカシクナリマシタ)」〔源氏・宿木〕 ❹血縁。血族的なゆかり。「昔の(＝ナキ大君ノ)御―に、かけても(＝スコシデモ)触れたらむ人は(＝関連シテイルヨウナ人ハ)、知らぬ国までも(＝知ラナイヨソノ国ニマデモ)尋ね知らまほしきここちのあるを(＝ワタシハタズネテイッテ知リタイ気ガスルガ)」〔源氏・宿木〕 ❺化粧。よそおい。「宮仕へは繁いもの(＝イソガシイモノ)あかり障子のかげで、髪けづり―する」〔田植草紙・朝歌三番〕

けびゐ し【検非違使】(―イ―) Ⓓ 大宝令にはなく、平安時代の初期に設けられた役所。京および諸国の犯罪人を検挙する。いまの警視庁と検察庁を合わせたような職務と思えばよい。長官を別当とよび、中納言・衛門の督を兼任する者が多かった。次官は佐(すけ)、三等官は尉(じょう)、四等官は志(さかん)で、その下に府生(ふしょう)・看督長(かどのおさ)・案主長(あんじゅのおさ)・火長(かちょう)などがあり、最下級の警吏に放免がいた。

けふ さん【夾竿】(キョウ―) Ⓔ よみかけの本にはさむ竹製のしおり。またはそれをはさむこと。「御冊子に―さして、おほとのごもりぬる(＝オヤスミニナッタ)」〔枕・二三三段〕「やがて(＝ソノママ)みな(＝下ノ句マデ)よみつづけて―せさせたまふ」〔枕・二三三段〕

けふ そく【脇息】(キョウ―) Ⓔ ひじをかけたり、もたれたりする台。「―におしかかりて(＝モタレテ)書きけることは」〔蜻蛉・中〕「―におしかかりておはす」〔宇津保・蔵開上〕《中古は「おしまづき」ともいった》

〔けふそく〕

けぶり【煙・烟】Ⓑ ❶燃焼のとき出る可視性の気体。「(富士山ノ)頂(いただき)のすこし平らぎたる(トコロ)より―は立ちのぼる」〔更級〕 ❷煙のような形に立ちのぼる自然現象。たとえば霞(かすみ)・塵(ちり)・水蒸気・水しぶきなど。「朝日さす雪げの―うちなびき吉野の山も見えずかすめる」〔夫木・巻一九〕「遣(や)り水より―の立つこそをかしけれ(＝興趣ガアル)」〔徒然・一九段〕 ❸草木の芽が出て、煙のような感じに見える状態。「下もえの古木の柳末みえて―ものうき春の色かな」〔夫木・巻三〕 ❹火葬。転じて、死。「生きて添はれぬ(＝結婚デキナイ)浮き世なら、いっそ―になりたやな」〔近松・生玉心中・上〕 ❺《経済的な意味での》生活。暮らし。「三つ四つの重ね着を、一重は脱いで朝夕の―の代(＝生活費)にとおっしゃっても」〔浄・太平記忠臣講釈・七〕

けぶ・る【煙る・烟る】Ⓒ《自四》❶煙が出る。「蚊遣(かや)り火さへ―・りて」〔狭衣・巻一〕 ❷輪郭が鮮明でない。ほのかに見える。《ソフト フォーカスの感じで、多くは美しいばあいに使う》「お前の木の芽のうち―・りたるを見たまひて」〔宇津保・菊宴〕「つらつき(＝顔ダチガ)いとらうたげにて、眉(まゆ)のわたりうち―・り…いみじううつくし(＝トテモカワイラシイ)」〔源氏・若紫〕

げ ぼん【下品】Ⓓ〔仏〕(対)「上品・中品」 浄土関係の事物のうち、下の等級。さらに下品上・下品中・下品下と三分する。(参)くほん。「十方仏土のなかには、西方をこそは望むなれ、九品蓮台の間には、―なりともたんぬべし(＝十分ダ)」〔梁塵〕

けまく Ⓔ《連語》《回想推量の「けむ」の古代未然形「けま」に接尾語「く」の付いた形》…だったろうこと。…たであろうこと。(参)―く。「朝夕(あさよひ)に笑(ゑ)みみ笑まずもうち嘆き語り―は(＝語ッタロウコトハ)…」〔万葉・巻一八〕

け・む Ⓐ《助動》(対)「らむ」《活用語の連用形に付く。「けん」とも表記》〔推量〕

未然	連用	終止	連体	已然	命令
(ま)		む	む	め	

❶過去の事がらを回想的に推量する。…ただろう。「昔こそ難波(なには)田舎(ゐなか)と言はれ―・め(＝言ワレタロウガ)今は京(みやこ)引き(＝遷都シテ)都びにけり」〔万葉・巻三〕 ❷過去の事実の原因・理由・当事者・時・所・方法・程度を推量する。…たというわけなのだろう。…たのだろう。㋑疑問語をともなう場合。「煙立ち燃ゆとも見えぬ草の葉を誰かわらびと名づけそめ―・む」〔古今・物名〕 ㋺疑問語をともなわない場合。「あふまでの形見とてこそ(裳(も)ヲ)とどめ―・め(＝置イテイッタノダロウガ)涙に浮かぶもくづ(＝藻屑ノヨウニハカナイ裳)なりけり」〔古今・恋四〕 ❸《「はっきりとは知らないが」という余情をもって》過去の事を伝聞した意を表す。…たという。…たとかいうことだ。「増賀ひじりの言ひ―・むやうに」〔徒然・一段〕 ❹《連体修飾の時》過去

の事を柔らげて回想する。…とかの。「山路分けいで—・むほど(=出タトカノ時ハ)、うつつとも覚えずくやしく悲しければ」〔源氏・宿木〕

けやけ・し【尤けし】Ⓓ〘形ク〙❶ふつうと違う。異様だ。感じがわるい。「皇(みき)の位は既に定まりぬ。誰人か—・き言(こと)せむ」〔紀・舒明・訓〕《「けやけき」は「異」の訓》「『—・きやつかな(=ベラボウメ)』と言ひて、走りかかりて来る」〔宇治・巻一一ノ八〕❷㋑とくにきわだつ。目だつ。「それ(=古今集ノ撰者タチニ歌ヲオ奉ラセニナッタコト)をだに—・き(=メザマシイ)事に思ひたまへしに、同じ御時(=醍醐天皇ノ御代ニ)御遊び(=管弦ノ催シガ)ありしよ」〔大鏡・昔物語〕「勇兵のふるまひ、—・くぞおぼえける」〔盛衰・巻四三ノ四〕㋺とくにすぐれている。出色だ。「その僧は—・からず(=タイシタ事モナイ)。何事かあるべき(=問題ジャナイ)」〔盛衰・巻四六ノ四〕❸はっきりしている。きっぱりしている。「人の言ふほどの事、—・く(=ピシャリト)いなび(=コトワリ)がたく」〔徒然・一四一段〕「下文字やはらかなれば、下を—・く(=キッパリト)『親の顔』と置かば(=リッパナ)句となるべし」〔去来抄・先師評〕❹おそろしい。すごい。「勅定(=天皇ノ命令)と号して(=イウワケデ)、—・き獅子を取る(=ツカマエル)大臣もあり」〔平家・巻一(長門本)〕

げ ゆ【解由】Ⓔ (略)解由状。国司交替のとき、前任者が事務をひきついだ後任者から、役目上におちどのなかったことを確認してもらった書類。これによって帰京後に任を果たしたことを申告する。「—などとりて、住む館(たち)より出でて、船に乗るべき所へわたる」〔土佐〕

けらく Ⓑ〘連語〙《回想の「けり」の古代未然形「けら」に接尾語「く」の付いた形》…たこと(だ)。…こと(には)。(参)—く。「世間(よのなか)の苦しきものにあり—(=苦シイモノダト感ジルコトダ)恋にたへずて死ぬべく思へば」〔万葉・巻四〕

けら・し Ⓑ〘助動〙《回想の「けり」の連体形に推量の「らし」の付いた「けるらし」が連音変化した複合助動詞。活用→らし》❶たしかな根拠に基づいて事実またはその原因・理由などを回想的に推量する。たしか…たらしい。「清き浜べは見れども飽かずうべしこそ(=ナルホドソレダカラ)見る人ごとに語りつぎ偲(しの)ひ—・しき…」〔万葉・巻六〕「夕されば(=夕方ニナルトイツモ)小倉の山に鳴く鹿は今夜(こよひ)は鳴かず(ソノ理由ハキット妻ヲ得テ)いねに—・しも(=寝タニチガイナイ)」〔万葉・巻八〕「(気ガツクト)春過ぎて夏来に—・し(=マサニ来タラシイ、ナゼナラ)白たへの衣ほすてふ天の香具山」〔新古今・夏〕❷《近世の用法で》「けり」と断定するところを、感動の気持ちをこめながらやわらげて言う。「その里の長(をさ)なりける人、朝夕問ひ来たりて、旅の愁ひを慰め—・し」〔芭蕉・竹の奥(真蹟)〕

げらふ【下臈】(—ロウ) Ⓒ (対)「上臈」❶「臈」は一夏九〇日間、僧が修行を積むことで、その劫(こふ)のよく積んでいない者。「後世(ごせ)(=来世)を思ふ者は、上臈は—になり…能ある者は無能にこそなりしか」〔一言芳談・下〕❷《転じて》下級者。「同じほど、それより—の更衣たちはまして安からず」〔源氏・桐壺〕❸下賤(げせん)の者。無教養の者。人に使われる者。「父、—なれども、さかさかしき者にて」〔沙石・巻七ノ三〕

け・り Ⓐ〘助動〙《活用語の連用形に付き、回想を表す》〔回想〕《主として古代から中古末期にかけて》❶過去・現在にかかわらず、話主が意識しないでいた事がらに、はっと気づいた意を表す。たいていの場合、感動の気持ちを伴う。(気がついてみると)…なんだなあ。…だったなあ。…だったっけ。「(イザナギ・イザナミ両神ガ矛(ほこ)デ探ッタラ国土ニ当タッタノデ)すなはち矛を抜きあげて、喜んでのたまはく『善いかな(=シメタ)。国の在り—・る』」〔紀・神代上・訓〕《「ありける」は「在矣」の訓。漢語の「矣」は確認を表す》「梅の花さきたる園の青柳は(気ガツイテミルト)かづらにすべくなりに—・らずや(=ナッテシマッタデハナイカ)」〔万葉・巻五〕「今は(気ガツイテミルト)昔のよしなし心(=ウワツイタ心)もくやしかり—・り(=バカゲテイタワネ)とのみ思ひ知り果て」〔更級〕「(雨音ダト思ッテイタラ)いや、雨にてはなかり—・り(実ハ琵琶ノ音ダッタ)」〔謡・経正〕❷過去におこって現在まで続いている事を回想する。…た。…だった。「天喜三年十月十三日の夜の夢に、ゐたる所の家(や)のつまの庭に阿弥陀仏立ちたまへり。…うちおどろきたれば(=目ヲサマスト)、十四日なり。この夢ばかりぞ、後の頼みとし—・る」〔更級〕《自分の経験を述べているのだから、伝聞の用法ではない。その時から現在まで頼みにしていることを回想的に述べたものと認められる》❸自分では直接に経験せず、他から伝聞した事実を回想的に述べる。…だそうだ。…たという。(参)き①。「今は昔、竹取りの翁といふ者あり—・り(=アッタトサ)」〔竹取〕「(安元三年ノ大火ハ)舞人を宿せる仮屋より出で来たり—・る(=出火シタソウダ)となむ(言ワレル)」〔方丈〕❹《中世以後》単に過去を表す。「葭(よし)垣に自然と朝顔のはえかかりしを、同じながめには、はかなき(=ツマラナイ)ものとて、刀豆(なたまめ)に植ゑかへ—・る」〔西鶴・永代蔵・巻二ノ二〕「大分利を得て年をとり—・るに、同じ思ひつきにて、油土器(かはらけ)と油樽と、人の知恵ほど違うたるものはなかりし」〔西鶴・胸算用・

未然	連用	終止	連体	已然	命令
(ら)		り	る	れ	

巻五ノ二〕(「ける」と「し」が併用してある) ❺(連歌・俳諧の切れ字に用い)単に詠嘆を表す。「枯れ枝に烏のとまりーり(＝トマッテイルコトダナア)秋の暮れ」〔芭蕉〔真蹟〕〕

けりゃう【仮令】(ーリョウ) Ⓓ《副》❶いったい。おおよそ。たいがい。「所存の七日をいかでか一言申さでさうらふべき、ー案じさうらふに、内裏に参り集まる兵(つはもの)ども、その数さうらふとも(＝タクサンイマシテモ)、思ふに、さこそさうらふらめ(＝多イダケノコトデゴザイマショウ)」〔保元・中・一〕❷例をあげれば。例によっていえば。「細かなる所を捨て、心をのかぬ(＝意味ヲ離レナイ)様に付くべし。ー、山の霞、花などあらむ句をば」〔九州問答〕❸いっとき。かりそめ。「月・雪・花はーの(＝一時的ナ)たのしみ」〔浮・親仁形気〕「病人とは不粋な、薬呑むはーのみせかけ、鼻(＝ハナカゼ)もひかぬ達者な平次」〔浄・盛衰記・二〕❹偶然。たまたま。さいわいにも。運よく。「人の盛りを捨て置いてー道を守ればこそ」〔近松・薩摩歌・上〕「何をよい口な。ーわしがここに居たればこそ」〔伎・韓人漢文・一〕

け をさめ【褻納め】(ーオー) Ⓔ 「け」(日常用)と「をさめ」(特別保存)のと。「ーの装束(＝フダン着ト晴レ着)あまたくだり(＝タクサン)調へてわたしけり」〔今昔・巻二六ノ一七〕

けん【拳】 Ⓔ 互いに指でいろいろな形をこしらえ、身ぶりをし、かけ声をしながら勝負をあらそう遊戯。「本拳」「藤八拳」「狐(きつ)拳」そのほかいろいろある。「『りゃん、ごうさい、ごうさい』と片手でーをうちながら」〔一九・膝栗毛・三下〕(一をイイ・タニ、二をリャン・ルウ、三をサン・サンナ、四をスウ・スムイ、五をゴウ・ゴウサイ・ムメデ・ムメ・ウシ、六をロマ・ロマセ・リュウ、七をチェマ・チマ、八をパマ、九をキュウ、十をトウライといった。中国の近世音がなまったもの。もともと中国伝来の遊びだからで、いまのマージャンも中国語を使うのと同様)

けん【間】 Ⓒ ❶(建物の)柱と柱のあいだを数える語。ま。「五ーばかりなる檜皮屋(ひはだや＝ヒノキノ皮デフイタ家)の下に土屋倉(つちやぐら＝土蔵)などあれど」〔大和・一七三段〕「四十八ーの精舎(しやうじや＝寺)を建て、一ーに二つづつ、四十八ーに四十八の灯籠をかけられたり」〔平家・灯炉之沙汰〕❷長さの単位。六尺(約一・八メートル)。(家や畳の場合、田舎間(ま)・京間・江戸間でそれぞれ長さが少しずつ異なる。→)「一切たてよこ間(ま)を定むるに、田舎のは、一ーを六尺にとる法なり。都のは、間尺(けんじやく)を六尺三寸にとって一ーとする法なり」〔咄・醒睡笑・巻一〕❸将棋盤・碁盤の面に引いた縦・横の線によって囲まれている部分。目(め)。「そこで何を打ってやらうな。や、もう一ー角(かく)を突っ込め」〔三馬・風呂・前ノ下〕

け・ん Ⓐ《助動》→けむ。

げん【監】 Ⓓ ❶太政官(だいじやうかん)の直轄領。「芳野のー・讃岐・淡路等の国、去年登(のぼ)らず」〔続日本紀・天平五年〕❷大宰府の三等官。大少の別がある。「(作リ物語中ノ人物ニ)かのーがゆゆしさ(＝オソロシサ)を、思(おぼ)しなずらへたまふ(＝思イクラベテゴランニナル)」〔源氏・蛍〕

げん【験】 Ⓔ ㊀❶仏道の修行を積んで得た法力。「ーも級(しな)によることなれば(＝法力モ身分ニヨリ差ガアルモノダカラ)」〔大鏡・伊尹〕「ーあらむ僧たち、祈り試みられよ」〔徒然・五四段〕❷祈願・薬などのききめ。「仲景さまを二回り(＝二週間)でーが見えませぬから」〔三馬・風呂・前ノ上〕❸反応。「はや揚げ屋にはーを見せて(＝反応ヲ示シテ)、手たたいても返事せず」〔西鶴・五人女・巻一ノ一〕㊁《形動ナリ》祈禱(きとう)の力がすぐれている。「いとも一・なる法師にて」〔秋成・雨月・蛇性〕

けん げう【検校】(ーギョウ) Ⓓ ❶物事について検査すること。またはそれをする職。「かかるほどに、殿(＝正頼)、左の馬寮(うまづかさ)のーしたまふ」〔宇津保・祭使〕❷平安時代、荘園におかれた事務職員。「信濃の国ひちの郡に屋敷田園などをぞ申し受けける(＝チョウダイシタ)。ひちのー豊平とは、これが事なり」〔著聞・魚虫禽獣〕❸寺社の事務を監督する職で、熊野・八幡・春日・金峰山・東大寺などにおかれていた。「(法勝寺ヘノ)行幸などのほども、いとめでたし。別当・ーよりはじめて寺主・供僧なにかなどなり(＝ドウシテナカナカ大シタモノデアル)」〔栄花・布引〕❹盲人の最高の官名。権利金をおさめることによってなれた。「これ(＝コノ金)をもってーになり山と出かけよう(＝ナルコトニショウ)」〔黄・金々先生・下〕

けん ご【堅固】 Ⓒ ㊀《十形動ナリ》❶堅くてたやすく動かないこと。「寂心といふ人ありけり。道心ーの人なり」〔宇治・巻一二ノ四〕❷完全であること。動かせないこと。「ーの(＝マッタクノ)田舎人にて、子細を知らず、無礼を現じさうらひつらむ」〔宇治・巻一一ノ一〕❸健康であること。「福徳は(＝金持チニナルコトハ)その身のーにあり(＝健康ニヨルコトデアル)」〔西鶴・永代蔵・巻一ノ一〕「人間、ー・なるが、身をすぐる(＝世ヲ渡ル)もと(＝資本)なり」〔西鶴・永代蔵・巻二ノ一〕㊁《副》❶いっこうに。まるで。全く。まるっきり。「中宮権大夫殿(＝能信)のみぞ、ー(＝ヒタムキニ)御物忌みにて、(供養ニ)参らせたまはざりし」〔大鏡・藤氏物語〕「いまだー若き者、十七八かとおぼえさうらふ」〔義経・巻二ノ七〕❷必ず。きっと。「日本をたぶとも(＝イタダイテモ)、判官殿の御志を忘れまゐらせて、君(＝頼朝)にー使はれさうらふまじきものをや(＝キット仕エ申シアゲルハズガアリマショウカ＝ナ

イ)」〔義経・巻六ノ三〕

けん こん【乾坤】Ⓓ ❶天地。書物の上巻と下巻をいうのにも用いる。「父子の義絶え、―ともに捨つ(=見放シタ)。何の愁へかこれにしかむや」〔太平・巻一二ノ七〕 ❷自然。「師のいはく『―の変(=天地自然ノ変化)は風雅のたねなり(=俳諧ノモトデアル)』といへり」〔土芳・三冊子・赤〕 **―むぢゅうどうぎゃうににん** 無住同行二人(-ジュウ-ギョウ-) Ⓔ〘連語〙天地の間にとどまる所はもたず、常に仏と二人いっしょであるの意。「いでや(=サア)門出のたはぶれ事せむと(=旅立チノ俳諧ヲシヨウト)笠のうちに落書きす。―」〔芭蕉・笈の小文〕

げん ざ【験者】Ⓓ →げんじゃ。「いみじき―どもに従はず」〔源氏・葵〕

げん ざい【現在】Ⓓ ㊀❶㋑いま(の時間)。「―、大宋には(禅ノナカデモ)臨済宗のみ天下にあまねし」〔正法眼蔵・弁道話〕㋺〔仏〕いま生存している時。この世。「―の甘露(ノヨウナ楽シミ)は、未来(=来世)の鉄丸(ヲ飲マサレルヨウナ苦痛ノ原因)なり」〔霊異記・上・三〇〕〘同じことが「現世の甘露は後世の鉄丸となるといへり」〔妻鏡〕ともいわれている〙 ❷㋑現実。実際。「(イクラ)世にあらむ(=出世シタイ)と思へばとて、相伝(=先祖代々)の主と―の(=正真正銘ノ)婿を討ち」〔平治・下・二〕㋺〘連体詞ふうに〙現実の。実際の。「知らぬ事とはいひながら、―母御を手にかけて殺すといふは何事ぞいの」〔浄・太功記・一〇〕 ㊁〘+自サ変〙いま存在すること。「それがし老母―・せり」〔正法眼蔵随聞記・巻四〕

げん ざん【見参】Ⓒ〘+自サ変〙❶(相手を見くだした感じで)会ってやること。引見。「入道出であひ対面して、『けふの―はあるまじかりつるものを(=会ッテヤラナイハズダッタガ)』」〔平家・祇王〕「我と思はむ人々は寄り合へや(=カカッテコイ)。―・せむ(=相手シテヤロウ)」〔平家・橋合戦〕 ❷(相手に敬意を表した感じで)お目にかかること。拝顔。「祇王こそ入道殿よりいとま給って出でたんなれ。いざ―・して遊ばむ」〔平家・祇王〕 ❸いまそこにいること。「御覧ぜよ。昨日の狐の―・するを」〔今昔・巻二六ノ一七〕 ❹(敬意をもつ相手が)見ること。「そと(=チョット)―に入れ(=オ目ニカケ)さうらふべし」〔謡・熊野〕〘日葡辞書・天正本節用集・平家正節などによれば「げんざん」だが、易林本節用集は「けんさん」、枳園本節用集は「げんさん」。標準的には「げんざん」だったらしい〙

げん じゃ【験者】Ⓓ 役小角の流れをくみ、山野に修行し、密教的呪法により、ふしぎな力を示した行者。中古は多く病気平癒の祈禱に従事した。「げんざ」とも。「まいて―などは、いとくるしげなめり」〔枕・五段(弥富本)〕〘能因本は「げんざ」〙

けん じゃう【勧賞】(-ジョウ) Ⓔ〘+他サ変〙功績に対して、官位や物品をさずけること。「一天を鎮め(=天下ヲ統一シ)四海を澄ます(=国中ヲ平和ニシタ)―行はるべきところに(=ホウビノコトガ当然アッテヨイハズナノニ)」〔謡・正尊〕

けん しょ【見所】Ⓓ ❶㋑ものを見物するところ。観覧席。「かねて(=前カラ)―をとりて、人を煩はさじのために(=人ニ迷惑ヲカケナイヨウニ)むな車(=空車)五両立ておかれたりけるなり」〔十訓・第一ノ二七〕「これをのみ―の人も賞翫(=愛好)すれど」〔花鏡〕㋺観客。「年よりたる為手(=役者)の…若殿上人などになること、―の思ひなし(=感ジガ)、さらにそれにならず」〔能作書〕 ❷〘+自サ変〙(そばで見ていて)批判すること(人)。岡目。「ある人と双六を打ちけるを…僧来たりて、―・すとて、さまざまのさかしら(=サシ出口)をしけるを」〔著聞・興言利口〕 ❸見た目。見たところ。「(舞ハ)―おもしろくは、これ幽玄にてあるべし」〔花鏡〕〘①②は「けんじょ」と発音したかもしれないが、確かでない〙

けん しょう【顕証】Ⓓ〘+形動ナリ〙→けそう。「有明けの月のいみじく明かかりければ『―・にこそありけれ(=明ルスギテ気ガヒケル)。いかがすべからむ』とおほせられけるを」〔大鏡・花山院〕

けん そう【顕証】Ⓓ〘+形動ナリ〙→けそう。「道―・ならぬ(=ジロジロ見ラレルヨウニナラナイ)さきにと、夜深う出でしかば」〔更級〕

けん ぞく【眷属】Ⓓ ❶家長がめんどうを見るべき者たち。一族や生活を共にする従者。「夢に見たまひし事などを妻子・―につぶさに語る」〔今昔・巻六ノ一三〕 ❷けらい。部下。「項羽は―千乗(=戦車一〇〇〇台分)・万騎をひきゐて来たれり。その中に、項伯は項羽の一の(=第一ノ)―として」〔今昔・巻一〇ノ三〕「郎等・―百余人、取る物も取りあへず、みなこの舟にとり乗って」〔太平・巻一八ノ七〕〘中古は「くゑんぞく」「けぞう」とも表記した〙

けん どん【慳貪・〈倹飩〉】Ⓓ〘+形動ナリ〙❶けち。欲ばり。「ある山寺の坊主、―・なりけるが飴を…ただ一人食ひけり」〔沙石・巻八ノ一一〕 ❷そっけない・こと(さま)。ぶあいそう。ぶっきらぼう。「『きりきり(=サッサト)去んでもらひませうぞ』と―・に言ふ」〔伎・伊勢音頭・三〕 ❸一杯盛り切りで売る飲食物。〘うどん・そば・飯・酒など〙「酒五升と―十人前と、くだらぬ文言なあやまり証文一通で」〔風来・根南志具佐・巻三〕

けんびゐ し【検非違使】(-イ-) Ⓓ →けびゐし。

げん ぶく【元服】Ⓓ〘+自サ変〙成年式をあげること。時代および身分により、様式はいろいろであった。「九日御―・せさせたまふ」〔大鏡・花山院〕

けんもつ【監物】 Ⓓ 中務省直属の役人で、内蔵(くら)・大蔵の収支を監査し、鍵を管理した。大監物(従五位)二名・中監物(従六位)四名・少監物(正七位)四名がおかれ、下に主典(さかん)・史生(ししょう)がいた。延喜ごろから中監物は廃止された。「おろしもののつかさ」とも。

こ

こ【籠】 Ⓒ ❶竹などで編んだ器物の総称。かご。「―もよみ―持ち掘串(ふくし)もよみ掘串(ぶくし)持ち(＝籠モ良イ籠ヲ持チ、土掘リ道具モ良イノヲ持ッテ)この丘に菜摘ます児…」〔万葉・巻一〕「飛ぶ鳥はつばさを切り、―に入れられて」〔徒然・一二一段〕 ❷(略)伏せ籠。「銀(しろかね)の火取り(＝香炉)に銀の―作りおほひて」〔宇津保・藤原君〕

こ【此・是】 Ⓑ《代》第三人称。❶話主から、自分にわりあい近い事物・場所などをさしていう。「たらちね(＝父ノ定季)ははかなくてこそやみにしか―はいづことてちどまるらむ」〔後拾遺・雑五〕《「ここは」の意と「子は」を掛ける。「子の国房はここはどこだと思って」の意》 ❷話題になっている事物・人などをさしていう。「『―はいかに』と聞こゆ」〔源氏・若紫〕(参)あ・か・そ。

-ご【御】 Ⓓ《接尾》人を表す語に添えて、尊敬の気持ちを示す。「姉は父(てて)―の孫(そん)をつぎ(＝姉ハ父親ノ血ヲウケツイデ)」〔近松・堀川波鼓・中〕

ご【御】 Ⓓ 女性に対する尊敬語。「かくてまた師(そち)の主(ぬし)、とのもりの―を家に迎へて」〔宇津保・祭使〕《古代においてはかなり敬意の高い語であったが、一〇世紀ごろからは軽い気持ちでも使う。上の例はそれ》

ご【期】 Ⓒ ❶何かの事があるはずの時。時期。「あふべき―なくなりぬとや」〔蜻蛉・中〕「その―にのぞんで、千葉は三浦が相手にならむことを嫌ひ」〔太平・巻一二ノ三〕 ❷㋑限度。際限。きり。「―もなく(＝底ナシニ)たべ酔ひにける(＝痛飲シタ)なごり(＝二日酔イ)にやはべらむ」〔宇津保・嵯峨院〕㋺それまでと決められた日。期限。期日。「ことば巧みに―を延ばす」〔伎・三舛玉垣・一ノ五〕 ❸死ぬ時。「昨日より心も弱り身もくるしみて、今は―を待つばかりなり」〔謡・土蜘蛛〕

こう【公】 Ⓓ ㊀最高地位の国家公務員。太政大臣・左大臣・右大臣。《その下が「卿」。「公」だけで用いられた例は見当たらない》「山門(＝延暦寺)より供奉(ぐぶ)して出でられたる三―・九卿…解官停任せられて」〔太平・巻一七ノ一〇〕 ㊁《代》尊敬の意の第二人称。「―のお迎ひに出たのぢゃ」〔洒・遊子方言・発端〕

こう【功】 Ⓓ ❶㋑てがら。「まことの人は、智もなく徳もなく―もなく名もなし」〔徒然・三八段〕㋺とりえ。いばってよい点。「さだ過ぎぬる(＝年配ガイッタノ)を―にてぞ(＝ヨイコトニシテ)、かくろふる(＝応対ニ出ナイ)」〔紫日記〕 ❷㋑おかげ。「もはら(＝マッタク)この大人(＝賀茂真淵)の、この古学の教への―にぞありける」〔宣長・初山踏〕㋺ききめ。しるし。成果。「怠らず努めだにすれば、それだけの―はあるものなり」〔宣長・初山踏〕《年季の意のコウは→こふ(劫)③》

こうあん【公案】 Ⓓ ㊀(仏)《「公府案牘(あんとく)」すなわち政府の布告の意から転じて》禅宗で、すぐれた先覚の行為や言論をしるし、座禅しようとする者への課題としたもの。総体で約一七〇〇条ぐらいある。「さて座禅の―、なにと(＝ドウ)心得さうらふべき」〔謡・放下僧〕 ㊁《十自サ変》くふう。思案。「物狂ひのしなじな…くりかへしくりかへし―のいるべきたしなみ(＝研究課題)なり」〔花伝・二〕「よくよく―して思へ。上手は下手の手本、下手は上手の手本」〔花伝・三〕

こういん【後胤】 Ⓓ (何代かあとの)子孫。「新田小太郎義貞と申すは、八幡太郎義家十七代の―」〔太平・巻七ノ三〕

こうがく【後学】 Ⓔ ❶後進の学者。「これらは末世の―になれば、用にたつ争ひなり」〔貞徳・戴恩記・下〕 ❷後日役にたつ学問。「初心な女郎衆を初め、この新艘子(しんぞう＝新造)の―に聞かせおきたき」〔浮・禁短気・巻五ノ二〕

こうきゅう【後宮】 Ⓓ →ごぐう。

こうじ【講師】 Ⓓ ❶国分寺におかれた僧官で、国ごとに一人。はじめ国師といったが、桓武天皇の御代から講師と呼んだ。僧尼関係の事務をつかさどり、仏教学の講義もした。「(コノ歌ハ)―僧(ほふし)恵行の(作)なり」〔万葉・巻一九・詞〕 ❷仏教儀式の時、高座にのぼって講義をする僧。「堂かざりはてて(＝持仏堂ノ装飾ガスッカリスンデ)―まうのぼり(＝参上シ)、行道(ぎやうだう)の人々(＝経ヲトナエナガラ仏前ヲマワル人々モ)参り集ひたまへば、院もあなたにいでたまふ」〔源氏・鈴虫〕《漢音は「かうじ」だが、仏教関係のばあいは呉音「こうじ」》(参)かうじ。

こうしん【後心】 Ⓓ (対)「初心」 ある道に熟達していること。またはその境地における心がまえ。「初心を忘るるは、―をも忘るるにてあらずや」〔花鏡〕

こう・ず【困ず】 Ⓒ《自サ変》 ❶(肉体的に)くたびれる。へたばる。「その人歩び―・じてただ疲れに疲れゐたる」〔今昔・巻一六ノ二八〕「夜も大殿ごもらぬ(＝オヤスミニナラナイ)日かず経て、さすが、いたう―・じたまひにけり」〔増鏡・月草〕 ❷(精神的に)よわる。まいる。《この用例はあまり多くない。精神的の場合はふつう「わぶ」を用いる》「日々に責められ、—・じて(=閉口シテ)、さるべきをりうかがひつけて(=都合ノヨイチャンスヲ見ツケテ)消息しおこせたり(=手紙ヲヨコシタ)」〔源氏・若菜下〕

こう・ず【講ず】Ⓓ《他サ変》仏書や漢籍の意味・道理などを説明して聞かせる。㊂かうじ・こうじ。「仁王経を—・じたてまつる」〔栄花・玉台〕

こ うた【小歌】Ⓓ ❶平安時代の「大歌」に対するもので、民間に行われた歌謡。正月の節会(せちえ)や一一月の五節の時などに大歌とともに宮中でもうたわれた。「自余(じよ)の(=ホカノ)—は、十一月の節に(=五節ノ時ノ小歌ト)同じ」〔琴歌譜〕 ❷㋑鎌倉時代から室町時代にかけて民間に流行した歌謡。謡曲の基本メロディーはこれを編曲したもの。「曲舞(くせまひ)・—の差別(しやべつ)あることを心得べし」〔申楽談儀・六〕「もはや日も暮るるによって、—をうたうて(鳥ヲ)追はう」〔狂・狐塚〕㋺江戸時代におこなわれた各種の民謡系歌曲。「横手節といへる—の出所をたづねけるに、紀の路大湊(おほみなと)、泰地といふ里の妻子(=女ヤ子ドモ)のうたへり」〔西鶴・永代蔵・巻二ノ四〕 ❸江戸時代末期に流行するようになった端唄(はうた)の一種。《現代は「小唄」と書く》

こ うちき【小袿】Ⓓ 女性の略式礼服。表は浮き織物、裏は平絹、広袖(ひろそで)でたけが打衣よりもずっと短い。その下には打衣・単(ひとえ)を着る。「大宮は、葡萄染めの五重の御衣(おんぞ)、蘇芳(すはう)の御—たてまつれり(=オ召シニナッテイラレル)」〔紫日記〕《正装用の唐衣(からぎぬ)とはいっしょに着ない。しかし、中世は例外もある。→》「姫宮、紅の十、紅梅の御—、萌葱(もえぎ)の御単、赤色の御唐衣、生絹(すずし)の御袴たてまつる」〔増鏡・老波〕

〔こうちき〕

こう ばい【紅梅】Ⓒ ❶紅色に咲く梅。「階隠(はしがくし)のもとの—、いと疾く(=タイヘン早ク)咲く花にて、色づきにけり」〔源氏・末摘花〕 ❷染色の名。古くは薄紅色、後には赤に紫の混じった色。紅梅色。「御返し(=返事)、—の薄様(ノ紙)に書かせたまふが、御衣の同じ色ににほひかよひたる(=ヨク調和シテイル)」〔枕・二七八段〕 ❸襲(かさね)の色目。→巻末「襲の色目要覧」。 ❹織物の色。経(たて)糸が紫、緯(よこ)糸が紅色のもの。年少者の着用するもの。「(中宮ハ)—の織物の御衣に、たたなはりたる(=カサナッタ)御髪の」〔堤・このついで〕 ❺馬の毛の色。淡紅色の毛色。栗毛(くりげ)。「—・さび月毛・川原毛、思ひめぐらして(=イロイロ考エテモ)首尾せず(=句ニ適合シナイ)」〔去来抄・同門評〕 ❻㊈紅梅殿。菅原道真の家とも、道真の子孫の家ともいう。道真の流される時、「こち吹かば」の歌を詠じた屋敷。京都五条坊門の北にあったという。「家は…朱雀院、小野の宮、—」〔枕・二一二段〕

こうらう でん【後涼殿】(—ロウ—) Ⓓ →こうりゃうでん。

こうりゃう でん【後涼殿】(—リョウ—) Ⓓ 内裏の殿舎の一。清涼殿の西がわにあり、天皇の日常生活に必要な物を用意する所。母屋(もや)の南と北は納め殿、西廂が御厨子所(みずしどころ)、南廂が御膳(おもの)宿りになっている。

こうろ くゎん【鴻臚館】(—カン) Ⓔ 治部省の玄蕃寮(げんばりょう)に属し、外国からの公式客を接待し、宿泊させたところ。京都にも大宰府にも難波(なにわ)にもあった。『纓(えい=冠ヒモ)を鴻臚の暁の涙にうるほす(=別レノ涙デヌラス)』と長篇の序に書きたりしは、羅城(らしやう)門の南なる—の名残なり」〔太平・巻一二ノ二〕

ご かう【五更】(—コウ) Ⓓ ❶一夜を五分した、その第五に当たる時刻。季節・地方(経度・緯度)によってずれはあるが、夜明け前のおよそ二時間あまり。「—の鐘の音ごとに、今夜(こよひ)も明けぬとてうち響く」〔盛衰・巻三一ノ二〕 ❷夜間ぜんたい。一晩じゅう。「夜はただまことの雨と聞きつれば、—すでに尽きて(=夜ガ終ワッテ)朝に、門を開きてみれば、雨にはあらず、落ち葉ふかく砌(みぎり=軒下)に散りたり」〔正徹物語・上〕㊂かう・とき㊀①。

ご かう【御幸】(—コウ) Ⓓ 法皇・上皇・院・女院のおでましになること。みゆき。㊂ぎゃうがう。「院をも内(うち=天皇)をも取りたてまつりて(=オツレ申シアゲテ)、西国の方へ—行幸をもなしまゐらせてみばや」〔平家・主上都落〕

ご き【〈御〉器】Ⓔ《「合器」のなまりで》ふたのついている食器。「うるはしくかね(=金属)の—ども打たせたまへりしかば(=御鋳造ナサイマシタノデ)、かくてはあまり見ぐるしとて、(恵心)僧都は乞食(こつじき)とどめたまひてき(=托鉢(たくはつ)ヲオヤメニナッテシマイマシタ)」〔大鏡・頼忠〕

こき た・る【扱き垂る】Ⓔ《自下二》《多く連用形で用いられる。語源的には「こきとって垂らす」意》さかんに落ちる。「(モウ夜ガ)明けぬとて(恋人ノ所カラ)帰る道には—・れて雨も涙も降りそぼちつつ(=シトシト降リ続ク)」〔古今・恋三〕《「しなだれる」の意を認める説もあるが、「刈りて乾す山田の稲の—・れて」〔古今・雑上〕を誤解したもの。下句は「泣きこそわたれ秋の憂ければ」で、涙が落ちる意でなければ通じない。「…山田の稲の」は「こ(扱)き」を導き出すための序で、稲がこきたれるのではない》

こき ちら・す【扱き散らす】Ⓔ ㊀《自四》(しごかれたよ

うに)さかんに散る。散乱する。「玉の緒(=玉ヲツナイデアルヒモガ)解けて—・し(=散乱スルヨウニ)霰(あら)れ乱れて(=烈シク降ッテ)霜こほり…」〔古今・雑体〕(この例を他動詞とする説もあるが、上の「解け」は自動詞なので、「こき散らし」も自動詞と認めるべきである) ㊁〔他四〕(しごいて)散らす。(枝から)離れさせ散らす。「花紅葉を—・したると見ゆる袍衣(うへのきぬ)の濃き薄き(=濃淡サマザマナ色合イノガ)数知らず(見エル)」〔源氏・澪標〕

こきでん【弘徽殿】Ⓓ 内裏の後宮の殿舎の一。清涼殿の北がわにある。皇后または有力な女御(にょうご)の住む所。

ごぎゃくざい【五逆罪】Ⓔ〔仏〕犯すと無間(げん)地獄におちるという最も重い五種の罪。父・母・阿羅漢を殺すこと、僧の集団を破壊すること、仏の身をきずつけることの五つの罪である。「我、—を作れり。道行かむ間に、大地さけて地獄にもぞおちいる」〔今昔・巻三ノ二七〕

こきりこ【小切り子】Ⓔ 竹の筒の中に小豆(あず)を入れた打楽器。打ち合わせて鳴らす。指先でまわしたり、二本持って手玉に取るなどの芸にも使った。中世の放下僧(ほうかぞう)とよばれる僧形の芸人が多く用いた。「げにまことに(=アア、ソウダ)忘れたりとよ(=ツイ忘レテイタ)—は放下(僧)にもまるる」〔謡・放下僧〕

こく【石】Ⓓ ❶㋑容積の単位。斗の一〇倍・升の一〇〇倍。「長門(ながと)に銭五貫、嫗(おう)に米(よね)二—取らせたまふ(=オ与エニナル)」〔宇津保・藤原君〕㋺武士などの年俸の単位。「吉田の神主に知行(ちぎょう=禄)一万—賜うたるよし」〔咄・醒睡笑・巻八〕❷和船の積載量の単位。一〇立方尺。「三百—の船着きたり」〔宇津保・藤原君・絵詞〕

こく【刻】Ⓓ →とき㊀①。

こくう【虚空】Ⓓ ㊀❶そら。天。「その後—にのぼり」〔今昔・巻一ノ二五〕❷〔仏〕実質としては存在しないこと。「男児何を以(も)てか貴ならむ。—は—なり」〔正法眼蔵・礼拝得髄〕㊁〔形動ナリ〕❶無考えなさま。むこうみずだ。「(中国人ハ)日本人と見ると、—・に(=相手カマワズ)相撲を取りたがる」〔咄・鹿の子餅・唐相撲〕❷限度なしだ。「何が目に見えたか、—・に(=ムヤミト)おやぢが煮えかへる(=ガミガミ言ウ)」〔浮・禁短気・巻三ノ四〕

ごぐう【後宮】Ⓓ 宮中の正殿より後ろにある殿舎群。

〔ごぐう〕

后(きさき)たちのいられた所。〔図の点線より上の部分〕承香(そぎょう)・常寧・貞観(じょうがん)・弘徽(こき)・登花・麗景・宣耀(せんよう)の七殿および昭陽・淑景(しげい)・飛香(ひぎょう)・凝華(ぎょうけ)・襲芳(しゅうほう)の五舎があった。職員は内侍(ないし)の司に尚侍(ないしのかみ)二名・典侍(ないしのすけ)四名・掌侍(ないしのじょう)四名、ほかに女孺(にょじゅ)・女蔵人(にょくろうど)などがいた。ほかに蔵(くら)・書(ふんや)・薬・兵(つわもの)・闈(みかど)・掃(かもり)・殿(とのもり)・水(もいとり)・膳(かしわで)・酒(みき)・縫(ぬい)の諸司があり、あわせて後宮十二司と称したが、平安時代後期までに内侍の司のほかはみな男子職員が代行するようになった。

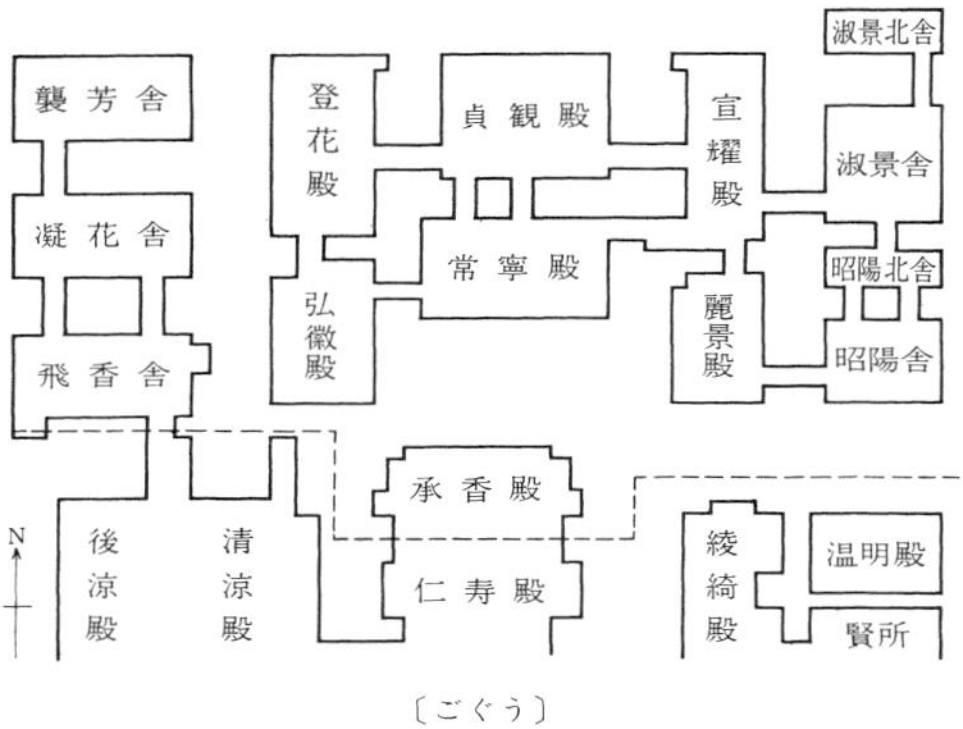

ごくげつ【極月】Ⓓ 陰暦十二月の別名。「毎年煤(すす)払ひ(=大ソウジ)は、—十三日に定めて」〔西鶴・胸算用・巻一ノ四〕

こくさうゐん【穀倉院・穀蔵院】(-ソウイン)Ⓔ 京都に近い地方から納める税金(銭)、および国庫の直接管理におかれた土地から納める穀物を保管する事務所兼倉庫。そこに収められた銭および米は、災害対策その他臨時の支出に用いるのが例であった。「饗(きょう=宴会)など、内蔵寮(くらづかさ)・—など、公事に仕うまつれる(=オ役所仕事デヤッタノデハ)、疎(おろ)かなる事もぞと(=手落チガアリハシナイカト心配デ)」〔源氏・桐壺〕

こくし【国司】Ⓓ 大化改新の後、諸国の行政をつかさどった地方長官。守(かみ)。その役所は国府(こくふ)の庁または国司の庁とよばれ、次官以下として介(すけ)・掾(じょう)・目(さかん)がおかれた。「くにのつかさ」「受領(ずりょう)」とも。「当国の—堀川中納言、二千余騎にて馳(は)せ加はる」〔太平・巻一四ノ二〕

ごくらく【極楽】Ⓓ ❶〔仏〕㋑㊥極楽浄土。阿弥陀仏がいる世界で、西方へ十万億の仏土を過ぎた所にあり、何の苦しみもなく満ちたりた世界という。「この姫君たちの琴ひき合はせて遊びたまへる、いとおもしろく、―(ノアリサマガ)思ひやられはべるや」〔源氏・橋姫〕回(略)極楽往生。来世で極楽浄土に生まれること。❷㋑最高の歓楽。「ほしきは金銀ぞかし。算用なし(=無制限)に使ひ捨てば、この遊興のおもしろさ、限りあらじ。目前の―とはこの事」〔西鶴・織留・巻一ノ一〕回歓楽境。ことに、吉原。「―(=吉原)とこの世の(=一般社会デアル日本堤トノ)間(あひ)が五十間(けん)」〔柳樽・拾遺六〕

こけ【虚仮】Ⓓ〘+形動ナリ〙❶〔仏〕外に現れた姿と内実とが一致しないこと。「いかでか有名無実の―の相(=マヤカシノ姿)をば現じさうらふべき(=見セテヨイモノデスカ)」〔平家・巻一(長門本)〕❷㋑うそ。いつわり。「(善人ブル連中ハ)ひとへに賢善精進の相(=様子)を外に示して、内には―を抱けるものか」〔歎異抄〕回真実味がなくあさはかなこと。「名利の力にほだされて(=誘惑サレテ)―の法門をさへづり(=生煮エノ仏教学ヲシャベリ)無道心の数珠を繰り」〔平家・第二本ノ二(延慶本)〕❸《近世語》ばかなこと。「手前(てめへ)(=キサマ)、あんまりおいらを―にするが」〔洒・卯地臭意〕

ごけい【御禊】Ⓓ❶天皇の即位後、大嘗会(だいじょうえ)に先だって行われるみそぎの儀式。一〇月下旬、賀茂川で行う。「大嘗会の―とののしるに」〔更級〕❷斎院がきまったあとや、賀茂祭りの前に賀茂川で行われるみそぎの儀式。「賀茂の祭りのほどにもなりぬれば、―の御前使など定めさせたまふにも」〔狭衣・巻四〕

こけうた【虚仮歌】Ⓓ ばかげた歌。考えのないあさはかな歌。「なんでふ(=ナンダッテ)御房の(=アナタハ)かかる―よまむぞとよ(=ヨモウトイウノカ)。『泣かれぬる』とは何事ぞ」〔無名抄・四八〕

こけのたもと【苔の袂】Ⓓ〘連語〙山住みの僧や隠者の着物。「いつか我(出家ノ身トナリ)―に露おきて知らぬ山路の月を見るべき」〔新古今・雑上〕

ここ【此処・此所・茲・爰】Ⓑ〘代〙❶比較的近い場所をさし示す。「―まで来着きぬれば、この事をばまづ言ひてむ(=言ッチマオウ)」〔徒然・一八八段〕❷この国。こちら(の国)。「―(=日本)のことば伝へたる(=習ッタ)人に言ひ知らせければ」〔土佐〕「船の楽(がく)どもの舞ひ出でたるなど、大方―(=日本)の事とはおぼしめされず」〔栄花・莟花〕❸(とくに取り立てて)この点。この所。この事態。「―をよう合点(=理解)せい」〔近松・大経師・中〕❹《「この所にいる人」の意から転じ》㋑第一人称。わたし。「―にも(=ワタシトシテモ)、心にもあらでかくまかるに(=不本意ナガラコウシテ月ノ世界ヘモドリマスノニ)のぼらむをだに(=セメテ昇天スルノダケデモ)見送りたまへ」〔竹取〕「それは、―に(=ワタシノホウデ)こそ、ともかくも言はれめ(=トヤカク言ワレルデショウ)」〔和泉日記〕回第二人称。あなた。「―に(=アナタカラ)御消息やありし(=オ手紙ヲサシアゲナサイマシタカ)。さも見えざりしを(=ソンナフウニモ見受ケラレマセンデシタガ)」〔源氏・紅梅〕㊇第三人称。こちらのお方。「『何しにかは(=ドウシテデキマショウ)』と―にのたまふめればなむ(=コチラサマガオッシャルヨウデスカラ)、北の方知りたまふべし」〔落窪・巻四〕

―をもて 此処を以て Ⓓ〘連語〙こういう理由によって。そのために。「―、火酢芹(ほのすそり)命の後(のち)の諸の隼人(はいとん)ら、今に至るまでに天皇(すめらみこと)の宮墻(みかき)のもとを離れず」〔紀・神代下・訓〕《(1)「ここをもて」は「是以」の訓。(2)「もちて」または「もって」の省略表記かもしれない》

ここ・し【子子し】Ⓔ〘形シク〙❶子どもらしい。子どもっぽい。「―・しければ、らうたし(=カワイイ)と思ひて」〔落窪・巻一〕❷【巨巨し】大様だ。おっとりして上品だ。「(小弓ニ)少し―・しき手つきども(=手ブリノ人タチ)をこそいどませめ(=競争サセタイモノダ)」〔源氏・若菜下〕「(若宮ハ)―・しきさまうちしたり。(乳母ガ)宮(ヲ)いだきたてまつれり」〔紫日記〕

ここだ【幾許】Ⓓ〘副〙《古代語。「こんなにも」「これほどまで」の余情をもって》❶《分量や数について》たくさん。多く。「み吉野の象山(きさやま)の際(ま)の木末(こぬれ)には―も騒く鳥の声かも」〔万葉・巻六〕❷《程度について》はなはだ。たいへん。「多摩川にさらす手づくり(=手織リ布ノ)さらさらに(=サラサラシテイルノト同ジク、サラニ)何ぞ(=ドウシテ)この児の―かなしき(=ヒドクイトシイノダロウカ)」〔万葉・巻一四〕《中古・中世語では「ここら」が用いられる》

ここち【心〈地〉】Ⓐ❶気持ち。気分。「よろづに(=何カニツケテ)もののみわりなくおぼえて(=モウ胸ガイッパイデ)御いらへ(=返事)すべき―もせねば」〔和泉日記〕❷内心。思うところ。「(本人ノ)―には、さしも思はざらめど…ことさらびたり(=ワザトラシイ)」〔源氏・帚木〕❸感じ。印象。「卯の花の白たへに、茨(いばら)の花の咲きそひて、雪にも越ゆる(=以上ニ白イ)―ぞする」〔芭蕉・奥の細道〕❹気分の悪いこと。病気。「さばかり(=アンナニ)久しかりつる御―に(=モカカワラズ)、さらに衰へたまはぬかな」〔寝覚・巻二〕

―たが・ふ 違ふ(―ガ〈ゴ〉ウ)Ⓔ〘連語〙気分が悪くなる。「御前にて、御襪(したうづ)(=タビ)のいたう責めさせたまひけるに(=ヒドクキツカッタノデ)ここちもたがひて、いとたへがたうおはしましければ」〔大鏡・兼家〕

―な・し 無し Ⓔ〘連語〙考えが浅い。思慮がたらない。「(アナタニ対シ)あるまじき心(=ケシカラヌ恋心)の、つきそめけむも、―・く(=不心得デ)、くやしうおぼえはべれど」〔源氏・夕霧〕

―まど・ふ 惑ふ(―ウ)

Ⓓ《連語》何だかわけがわからなくなる。「人々この事を聞きて、あるはあやしみ、あるは―・ひて、かくつばらなる言のよし(=コンナニ詳細ナ話ニスルワケ)をしきりに尋ぬるに」〔秋成・雨月・夢応〕　**―よ・し** 良し Ⓔ《連語》気持ちがよい。快適だ。「姫君は…何につけてかは―・くもおぼされむ」〔浜松・巻三上〕

ここ な Ⓓ ㊀《連体》❶ここにいる。この。「ああ―人は最前船にお乗りやる時から、なにやら一言いひたさうな口元であったと思うたに」〔謡・船弁慶(間狂言)〕　❷相手を非難の気持ちで言うときに用いる。こいつ。「―者は(=コイツメガ)。大切な柑子(かうじ)を食ふといふことがあるものか」〔狂・柑子〕　㊁《感》こりゃまあ。あれまあ。「えい―、泣かうずる時は泣かいで(=泣ケバヨイ時ニハ泣カナイデ)今となって(=今ゴロニナッテ)ほゆるは(=泣クコトダ)」〔狂・泣尼(鷺流)〕「さてもさても、にがにがしいやつぢや。どのあたりにゐることぢや知らぬ(=イルノダロウカ)。やい、―、うろたへ者」〔狂・武悪〕

ここ に【茲に・爰に】Ⓑ ㊀《副》この場合に。「命を終ふる大事、いま―来たれり」〔徒然・一三四段〕　㊁《接続》さて。そこで。ところで。《話を別の事に移そうとするとき》「生死長夜の長き夢、驚かすべき人もなし。―中ごろ(=ダイブン昔)帝おはします。御名をば聖武皇帝と名づけたてまつり」〔謡・安宅〕

ここのそ ぢ【九十】(ージ) Ⓓ《「ぢ」は接尾語》→ぢ。「(垂仁天皇ハ御在位ノ)―あまりここのとせの春二月に…かむさりましぬ」〔紀・景行・訓〕《「ここのそぢあまりここのとせ」は「九十九年」の訓》

ここの つ【九つ】Ⓓ ㊇九つ時。近世では、江戸において春分の時で、昼九つが中央標準時の午前一一時四九分から午後一二時一二分まで、暁九つが午後一一時四九分から午前一時三五分まで(橋本万平氏計算)。㊂とき㊀①。

ここの へ【九重】(ーエ) Ⓒ ❶物が九つかさなること。またはそのかさなったもの。「朝まだき(=朝早ク)八重咲く菊の―に見ゆるは霜の置けるなりけり」〔後拾遺・秋下〕　❷《昔、中国では「九」が最高の数とされたところから最高の人がいる場所として》「皇居」の別称。宮中。禁中。「(ウグイスハ)―のうちに鳴かぬぞいとわろき」〔枕・四一段〕「いにしへの奈良の都の八重桜けふ―ににほひぬるかな」〔詞花・春〕《①の意をかける》　❸皇居のある地。都(みやこ)。「―の帝都をば、今を限りと顧みて」〔太平・巻二ノ二〕「八重の潮路の浦波―にいざや帰らむ」〔謡・清経〕《①の意をかける》

ここ もと【此処〈許〉】Ⓑ《代》❶㋑《ごく接近した場所の意で》自分のそば。このあたり。「(毛虫ガ多スギテ)取り分かつべくもあらず(=区別シテ取ルコトガデキマセン)。ただ―にて御覧ぜよ」〔堤・虫めづる〕「さらば、―に(ワナヲ)掛けておいてかの伯蔵主狐をつらうと存ずる」〔狂・釣狐〕㋺《いくらか距離のある近さをさし》そこら。そのあたり。「《「ドコヘ行クノカ」トイウ問イニ対シ》あらず(=何デモナイ)。―(=チョットソノ辺)へ出づるぞ」〔源氏・空蟬〕　❷㋑自分自身。わたし。「―に(=ワタシノ方デ)ただひとこと聞こえさすべき(=申シアゲナクテハナラナイ)事なむはべる」〔源氏・総角〕㋺自分たち。自分たちのグループ。「今さらの人(=新シク来タ人)などのある時、―に言ひつけたる(=言イ慣レテイル)ことぐさ、物の名など、心得たるどち、片端(=一部ノ人ダケデ)言ひ交はし」〔徒然・七八段〕　❸文章・ことばなどで、特定の箇所をさし示す場合に用いる。「―に『はべり』などいふ文字(=コトバ)をあらせばやと聞くこそ多かれ」〔枕・二六二段〕

ここら Ⓒ《副》❶《分量や数について》たくさん。多く。「―(=長年ノアイダ)船に乗りてまかりありくに(=出カケマスガ)、またかくわびしき目を見ず(=コンナニヒドイ目ニハアイマセン)」〔竹取〕「桟敷(さじき)の前を―行きかふ人の」〔徒然・一三七段〕　❷《程度について》はなはだ。たいへん。「秋の夜の月かも(=ミタイナオ方デスネ)君は雲がくれ(=姿ヲ見セテクダサラナイガ)しばしも見ねば―恋しき」〔拾遺・恋三〕《「そこら」も同じ意味。古代語では「ここだ」》

こころ【心】Ⓐ ❶精神。《理性・情緒・意思のすべてをひっくるめていう》「(唐ハ)人の―かうかしこきやうにあれど」〔浜松・巻一上〕　❷㋑きもち。感情。「山沢にあそびて魚鳥を見れば―たのしむ」〔徒然・二一段〕㋺希望。このみ。「命だに―にかなふものならば何か別れの悲しからまし」〔古今・離別〕　❸㋑思慮・分別。理性。判断作用。「さしも頼まれたりつる多田蔵人行綱、この事(=クーデター)無益なりと思ふ―ぞつきにける」〔平家・西光被斬〕㋺気転。とっさの判断。「かやうのことは…大なる難句と見えたれども、よくよく案ずれば…ただ―ききてさも(=ナルホドソウダ)とおぼゆるばかりにてこそあれ」〔連理秘抄〕㋩用意。心くばり。「さる―もなきに、よろづに吹き散らし、またなき風なり」〔源氏・須磨〕　❹考えたとおり実行する心がまえ。意志。「御―強からず、いかにぞやおはします(=ハタカラ見テ不安ナ点ガオアリニナル)」〔栄花・花山〕　❺㋑意味。「まづかたき(=ムズカシイ)詩の―を思ひめぐらし」〔源氏・帚木〕㋺事情。内情。ゆきがかり。筋あい。「門(かど)うちたたかせたまへば、―知らぬ者の(何ノ気ナシニ)あけたるに、御車をやをら(=ユウユウト)引き入れさせて」〔源氏・若紫〕「あきれまどひたまへるを、げに―も知らざりけると見ゆれば、いと、いとほしく(=カワイソウデ)もあり」〔源氏・総角〕㋩謎(なぞ)の解答。「『破れ的(=トイウ謎)

こ

の―はいかに』『いどころがさうらはぬ』」〔狂・今参〕 ❻㋑中心的な筋あい。本質的なありかた。「(当時ハ)古への事をも歌の―をも知れる人、わづかに一二人(ひとりふたり)なりき」〔古今・序〕㋺ものの中心。「池の―にまかせて(=池ノ中心ノトコロヲ、気マカセニ)棹さして参るを見れば」〔栄花・歌合〕 ❼情趣。「あたら夜の月と花とを同じくは―知れらむ人に見せばや」〔後撰・春下〕「おぼえぬ山がつになりて、四方の海の深き―を見しに」〔源氏・絵合〕 ❽仮にそのつもりになること。想定。「幸ひこれに竹杖がござる。これを鉄(なか)棒の―に致いて」〔狂・瓜盗人(鷺流)〕 ❾《歌論・連歌論で》㋑作品の内容となる思想・感情。㋺内容を言いあらわすときの知的技巧。㋩対象のいちばんそれらしい点。本質的なところ。(参)こころあり⑤。 **―あて** 当て Ⓓ 当てずっぽう。推測。「―に『それか』『かれか』など問ふ中に、言ひ当つるもあり」〔源氏・帚木〕 **―あ・り** 有り Ⓑ 《連語》(対)「心無し」 ❶こまやかな感情をもっている。相手の立場によく気がつく。「(鳥獣ヲ自由ニサセズ飼ウノハ)その思ひわが身に当たりて(=鳥獣ノ悲シミガ自分ノ事ノヨウニ感ジラレ)忍びがたくは、―・らむ(=同情ブカイ)人、これを楽しまむや」〔徒然・一二一段〕 ❷思慮・分別がある。「大きなる車・肥えたる馬・金玉の飾りも、―・らむ人は、うたておろかなり(=実ニクダラナイ)とぞ見るべき」〔徒然・三八段〕 ❸㋑趣味や情趣を解する。「年々の春の草のみぞ、―・らむ人はあはれと見るべきを」〔徒然・三〇段〕㋺趣が深い。「(タチバナノ花ハ)雨うち降りたるつとめて(=翌早朝)などは、世になう―・るさまにをかし」〔枕・三七段〕 ❹誠意がある。「今は(モウコレキリ)とて(見送リナンカニ)見えざなるを(=来ナイノガフツウラシイガ)―・る(=誠実ナ)者は恥ぢずぞなむ来ける」〔土佐〕 ❺《歌や連歌の批評用語で》㋑作者の感情がよく表現されている。「(定家ハ)―・るやうなるをば庶幾(きそ)せず(=ヨモウトセズ)、ただ詞・姿の艶(えん)にやさしきを本体とする間(=基本トスルノデ)、その骨(こつ)すぐれざらむ(=カンノヨクナイ)初心の者まねば、正体なき(=手ガツケラレナイ)ことになりぬべし」〔後鳥羽院口伝〕㋺言いあらわしが巧みだ。気がきいている。「(『卯(う)の花の咲ける盛りは白波の龍田の川の堰(ゐぜき)とぞ見る』ニ対シテ)末(=下ノ句ハ)今めかしく(=フレッシュデ)―・り」〔麗景殿女御歌合〕《ふつう紅葉にとりあわせる龍田川を卯の花に使った着想の巧みさをほめたもの》㋩対象の本質をよくつかんでいる。いかにもそれらしい点がとらえられている。「(『夕づく夜(=夕ガタニナリ)いなさの山の高嶺(たかね)よりはるかにめぐる初時雨(しぐれ)かな』ニ対シテ)『はるかにめぐる初時雨』(ハ相手ノ歌ヨリモ)いますこし―・りてやはべらむ」〔元永元年内大臣家歌合・時雨(基俊判詞)〕《いかにも時雨らしい姿が『はるかにめぐる』という表現にとらえられているの意》 **―い・る** 入る Ⓓ 《連語》 [一] (「入る」が四段の時)夢中になる。「かの紫のゆかり(=紫上)尋ね取りたまひてはそのうつくしみに―・りたまひて」〔源氏・末摘花〕 [二] (「入る」が下二段の時)心をうちこむ。熱をあげる。「書(ふみ)に―・れたる親は」〔紫日記〕 **―おきて** 掟 Ⓒ ❶心に思いきめること。意向。「親のもてかしづきたまひし(=オ育テニナッタ)御―のままに(=御方針ドオリ)世の中を慎ましき(=気ガオケル)ものにおぼして」〔源氏・蓬生〕 ❷心の持ちかた。心得。「わたくしさまの(=私的ナ)世に住まふ(=生活ヲシテユク)べき―を思ひめぐらさむ」〔源氏・帚木〕 ❸性質。「もてひがめたる(=ヘンクツナ)頭(かしら)つき(=坊主アタマヤ)―こそ、たのもしげなけれど」〔源氏・松風〕 **―おとり** 劣り Ⓒ 《十自サ変》(対)「心まさり」 期待以下であること。「ふと―とかするものは、男も女も、ことばの文字(=用語)いやしう使ひたる」〔枕・一九五段〕 **―かは・す** 交はす(―ワス) Ⓔ 《連語》 たがいに心を通わせる。「(ソノ女性ニハ)忍びて―・せる人ぞありけらし(=内々デ愛シ合ウ相手ガイタラシイ)」〔源氏・帚木〕「(夕霧ト柏木トハ)―・してねんごろなれば(=仲ガヨイノデ)」〔源氏・若菜下〕 **―ぎも** 肝 Ⓓ 《「心」を強めた語》 ❶気持ち。「―栄えし(=何トモイエズイイ気持チダッタ)ことは」〔宇津保・国譲中〕 ❷思慮・分別。「―なく(=軽率ニモ)あひ思ひたてまつらざりし(=アナタニ好意的デナカッタ)者を(ワタシノ忠告ヲ無視シテ)しひて使ひたまひて(トンダ失敗ヲナサッタ)」〔落窪・巻二〕《「いと心きももつぶれぬ」〔源氏・浮舟〕によって「心と肝臓」の意を認める説もあるが、これは「心もきもも」となっているテクストがあり、一単語にあつかうべきである》 **―げさう** 化粧(―ソウ) Ⓔ (きまり悪いようなりっぱな相手に対し)気どること。気をくばること。(参)けさう。「(ハタノ女房タチハヤキモキシテ姫ニ)よろしき御衣(おんぞ)奉りかへ(=オ召シカエサセ)つくろひきこゆれば(=何カト飾リタテルノニ対シ)、さうじみ(=御本人)は、何の―もなくて(=別ニソワソワモセズ)おはす」〔源氏・末摘花〕 **―こと** 異 Ⓒ 《形動ナリ》特にめだっている。様子・おもむきが違う。「左衛門尉源行遠、―・にいでたちて(=特別ニメカシテ)」〔宇治・巻一一ノ五〕 **―ざま** 様・状 Ⓒ ❶きだて。性格。「かたち―よき人も、才(ざえ)なくなりぬれば…けおさるるこそ本意(ほい)なきわざなれ」〔徒然・一段〕 ❷心のはたらき方。「おほかたの(=ダイタイノ)―さとくて(=ノミコミガ早クテ)」〔落窪・巻一〕 **―しり** 知り Ⓓ 《十形動ナリ》 ❶互いに心を知っていること(人)。「花すすき(=ガ揺レテ人ヲ手マネキスルヨウニ見エルヨウニ)招くたより(=手紙)のかひもなし―・なる人し見えねば」〔和泉集〕 ❷

事情をよく知っている・こと〔人〕。わけ知り。「例の—の人来て、けしきばみ立ちかくし（＝様子ブッテソノ男ヲ隠シ）」〔枕・一九三段〕「（フタリの関係ハ）御息所(みやすどころ)の（生前ヨリ）—・なりけり（＝御承知ノコトデアッタノダ）」〔源氏・夕霧〕

—だましひ 魂 （-イ）Ⓓ ❶人の行動を支配する精神活動。「人わろく（＝ミットモナイホド）恋しう悲しきに、—（＝自制心）も失せにけるにや」〔源氏・賢木〕 ❷根性。気性。性根(しょうね)。「さるべき人は—のたけく（＝シッカリシテイテ）」〔大鏡・道長〕

—づき 付き Ⓓ 《十形動ナリ》好もしいこと。心をひかれる状態。「ここ（＝ワタシノ所）には（夫ガ）例の程にぞ（＝マアマア程度ニ）通ふめれば、ともすれば—なう（＝気ニクワズ）のみ思ふほどに」〔蜻蛉・上〕「（今ノ妻ハ落第点シカヤレナイノデ）—・に見えむ人（＝女性）に見会はば（＝オ目ニカカッタラ）、それにひき移りなむ」〔今昔・巻二八ノ一〕

—づくし 尽くし Ⓒ 《十形動ナリ》 ❶もの思いのかぎりを尽くす・こと〔さま〕。気をもむこと。気がもめるさま。「須磨にはいとど—の秋風に」〔源氏・須磨〕「まだ、かやうなる事もならはざりつるを、—・なる事にもありけるかな」〔源氏・夕顔〕 ❷心をこめてすること。「これらの事を聞くにつけ、三年このかたの—を推しはかり」〔春水・辰巳園・巻一二〕

—ときめき Ⓓ 胸が期待ではずむこと。「ひと夜（＝先日ノ夜）のことやいはむ（＝言ウダロウカ）と—しつれど」〔枕・八段〕「（期待デ）—しつるさまにもあらざりけり」〔枕・八二段〕

—と・く 解く Ⓓ 《連語》 ❶うちとける。わだかまりがなくなる。「（源氏トノ関係ヲ）いとど（＝マスマス）憂きふし（＝ツライ事ガラ）におぼしおきて、—・けぬ御けしきも恥づかしう（＝キマリガ悪ク）」〔源氏・紅葉賀〕 ❷安心する。気をゆるす。「人離れたる所に（＝コンナ人気ノナイ場所デ）—・けて寝ぬるものか（＝グッスリ眠ルヤツガアルカ）」〔源氏・夕顔〕

—に入・る ㊀ 《「入る」が四段の時》気にいる。のぼせあがる。「さしあたりて（＝現在ノトコロ）をかし（＝キレイダ）とも、あはれ（＝カワイイ）とも、—・らむ人の、頼もしげなきうたがひ（＝浮気ノ心配ガ）あらむこそ、大事なるべけれ」〔源氏・帚木〕 ㊁ 《「入る」が下二段の時》心にきざみこむ。しみじみと心にとめる。「むかひ腹の（＝本妻ニ生マレタ）三郎君（＝三男ガ）、十ばかりなるに、箏(こと)—・れたり（＝ウチコンデイル）とて…ときどき教ふ」〔落窪・巻一〕

—に染(し)・む ㊀ 《「染む」が四段の時》心に深く思う。しみじみと思う。「別れてふ（＝別離トイウ）事は色にもあらなくに（＝ナイノニドウシテ）—・みて（＝マルデ色ガアッテソレガ心ニシミツクカノヨウニシミジミト）わびしかるらむ」〔古今・離別〕 ㊁ 《「染む」が下二段の時》心にしみこませる。心にきざみこむ。「このむねを忘れず—・めて」〔宣長・玉勝間・巻二ノ四二〕

—に付・く ❶印象にのこる。「この女なむ、耳につき（＝ウワサヲ聞イテ、自分ノ記憶ニノコリ）—・く」〔宇津保・藤原君〕 ❷気にいる。心にかなう。「（オレノ買ッタ馬ヲ明日ノ）朝に見て—・かば、速(すみ)やかに取れ（＝サッソクオ前ノモノニシロ）」〔今昔・巻二五ノ一二〕

—のうら 心の占 Ⓔ 《連語》カンによる判断。「かく恋ひむ（＝ドウセコンナニ恋デナヤムコトニナルダロウ）ものとは我も思ひにき—ぞまさしかりける（＝カンガ当タッテイタ）」〔古今・恋四〕

—ばせ Ⓒ ❶気だて。性質。「（人間ハ）ただ—のみこそ、言ひもてゆかむには（＝結局ノトコロ）やむごとなかるべけれ（＝イチバン貴重ナハズダ）」〔源氏・柏木〕 ❷（教養・思慮のある）気ばたらき。「あまりのゆゑよし（＝ソレ以上ノ教養トカ）—うち添へたらむをば、よろこびに（＝アリガタク）思ひ」〔源氏・帚木〕

—ばへ （-エ）Ⓑ ❶心のぐあい。《前後の関係で「思いやり」「配慮」「心づかい」「気のつき方」などの意味になる》「そのほどの—（＝心クバリ）はしも、ねんごろなるやうなりけり（＝親切ナヨウデアッタ）」〔蜻蛉・上〕「豊後介(ぶんごのすけ)の—（＝配慮）をありがたきものに君もおぼし知り」〔源氏・玉鬘〕 ❷㋑意味。わけ。趣旨。「けふのみわざ（＝今日オヤリニナッタコト）を題にて（＝トシテ）春の—ある（＝スジアイヲ含ム）歌奉らせたまふ」〔伊勢・七七段〕 ㋺事のようす。事情。「近き隣に、—知れる人、出づるにあはせてかく言へり」〔蜻蛉・上〕 ❸おもむき。風情(ふぜい)。「（月ヲ）水にうつしたる—、目慣れたれど（＝イツモノヨウデ珍シクナイガ）」〔源氏・花宴〕

—ふか・し 深し Ⓑ 《連語》 ❶(対)「心浅し」 考慮が行き届いている。心づかいが周到だ。「—・く（＝深イ思慮ノアル）もの思ひ知る（＝同情心ニ富ム）人にもあれば、まことにあはれとも思ひ行くらむ」〔蜻蛉・中〕 ❷趣がある。おもしろい感じだ。「望月(もちづき)のくまなきを千里の外までながめたるよりも、暁近くなりて、待ち出でたるが（＝待ッテイルウチヤット出タ月ガ）、いと—・う（＝情趣ガ深ク）青みたるやうにて…またなくあはれなり」〔徒然・一三七段〕 ❸(対)「心をかし」 中古の歌評で、歌の題材となっている感情が切実に表現されている点を、ほめていうことば。「『ほととぎす雲居はるかに名のればや朝倉山のよそに聞くらむ』…右歌は—・き歌とこそ見たまふれ」〔高陽院七首歌合・郭公二番〕《↑もっと近く鳴いてくれたらよいのにという余情で、郭公の声にあこがれる情感のゆたかさを「心深き」と評している》「『おほかたの（＝一般ノ）露には何のなるならむ（ワタシノ）袂におくは涙なりけり』…左の歌は『何の』といへる、詞浅きに似て、心ことに深し」〔御裳濯河歌合・一八番〕《↑「こんなにも悲しみに満ちた世なのだろうか」と、人の世に対する痛切な嘆きを表明した点が「心深し」なのであろう》

—まさり 優り Ⓒ 《十自サ変》 ❶(対)「心劣り」 予想よりもよいこと。期待以上であること。「(天皇ガオッシャルノハ)何事にかはべらむ。(ホノメカサレタノハ)━・しぬべき(＝想像シテイタノヨリハ興味ノアリソウナ)事にもはべるなるかな」〔宇津保・初秋〕 ❷気性がしっかりしていること。勝ち気なこと。「継信は━の剛(うか)の者にて、(義経ノ)お馬の前に駆けふさがって」〔謡・摂待〕 **━みえ** 見え Ⓓ〘＋形動ナリ〙(人に)心中を見せること。「世の常に(＝世間ナミニ)思ふ別れの旅ならば(アナタニ対シテ)━・なる(＝気持チヲマザマザト見セツケルヨウナ)たむけ(＝センベツヲ)せましや(＝スルモノカ)」〔後拾遺・別〕 **━やり** 遣り Ⓔ 気晴らし。心のなぐさめ。「ある人の…船の━に(＝クルシイ船旅ノ気晴ラシニ)よめる」〔土佐〕 **━ゆるび** 弛び Ⓔ〘＋自サ変〙❶気がゆるむこと。油断すること。「今より後も━・すべくもあらぬ(＝油断モスキモナラナイ)世にこそ」〔源氏・総角〕 ❷のどかな気持ち。くつろいだ気持ちになること。「左の大殿も、女御の御方に、つと(＝ノベツ)東宮おはしませば、若き御ここちに━なく、くるしくおぼしめしたり」〔栄花・松下枝〕 **━よ・す** 寄す Ⓓ〘連語〙❶好意をよせる。「国の守(みか)も親しき殿人なれば、(光源氏ニ対シ)しのびて(＝私的ニ)━・せ、仕うまつる」〔源氏・須磨〕 ❷ひいきする。「(姉君ノホウニ)大宮など━・せきこえさせたまふ」〔栄花・浅緑〕 **━よせ** 寄せ Ⓓ ❶好意的であること。「(斎宮ノ御祓(らは)イガニギヤカダッタノハ)院の御━もあればなるべし」〔源氏・賢木〕 ❷ひいき。〘こちらが相手をひいきにするばあいにも、こちらを相手がひいきにするばあいにも使う〙「(紫上ノ養女デアル)中宮(ガ)おはしませば、(紫上ニトッテ)おろかならぬ(＝タヨリニナル)御━なり」〔源氏・藤裏葉〕〘「『いざ、かいもちひせむ』と言ひけるを、この稚児(ごち)━に聞きけり」〔宇治・巻一ノ一二〕により「心頼みにすること」「期待すること」の意を認める説もあるが、「かやうに、さまざま興がる(＝意表ニ出タ)答へどもしはべりければ、━に思ひて」〔伊曾保・上・一(古活字本)〕等の例から考えると、宇治拾遺のも「自分のため好意的に作ってくれるものと理解した」、すなわち①の用法と考えるべきであろう〙 **━を入・る** 精神をうちこむ。熱心になる。「(ワタシハ)いはけなきほど(＝幼少ノ時分)より学問に━・れてはべりしに(＝夢中ニナッテイマシタガ)」〔源氏・絵合〕 **━を起こ・す** ❶心をふるいたてる。勇を鼓す。「(ケライタチハ主人ノタメ)━・して…もろ声に(＝声ヲ合ワセテ)仏神を念じたてまつる」〔源氏・明石〕 ❷仏に仕える覚悟をきめる。発心(ほっしん)する。「思ひ立ちて━・したまふほどほどは、強くおぼせど、年月経れば、女の御身といふもの、いとたいだいしき(＝フンギリノ悪イ)ものになむ」〔源氏・手習〕 **━をか・し** (-オ-) Ⓑ〘連語〙(対)「心ふかし③」 中古の歌評で、題材のあつかいや趣向が巧みである点をほめていうことば。「『散りつもる庭をぞ見まし桜花風より先に尋ねざりせば』…いと心ばへをかしうはべめり」〔高陽院七首歌合・桜七番〕〘↑事実は風より先に訪れてしまったので、散りつもる花の景は見られなかった。普通なら花の散らないうちに見たいといったふうに詠ずるのだが、わざと散った所を見たいと願った趣向の新しさをほめている〙「『榊葉(さかきば)も雪のしたにて巫(ねき)はやす音にぞ神の住みかをば知る』…左歌は『榊葉も雪のしたにて』といひ『音にぞ神の』などいへる、━・しくはべるを、中の五文字(＝「巫はやす」)やすこし俗に近くはべらむ」〔広田社歌合・社頭雪一六番〕〘↑降る雪で何も見えないけれど、神楽の声で社のあり場所がわかるという知巧的な趣向を評したもの〙 **━をさ・む** 治む (-オ-) Ⓔ〘連語〙感情を制御する。冷静さを保つ。「心もけしうはあらずはべりしかど(＝気ダテモ悪クハゴザイマセンデシタガ)、ただこの憎きかた(＝イヤナ点)ひとつなむ、━・めずはべりし(＝シンボウデキマセンデシタ)」〔源氏・帚木〕 **━を染(し)・む** 深く心をうちこむ。強い関心をもつ。「花の枝にいとど━・むるかな人のとがめむ(＝見トガメルカモシレナイ)香をばつつめど(＝慎ミ隠シテイルケレドモ)」〔源氏・梅枝〕 **━を付・く** ❶ある気持ちを起こさせる。「世の中を思ひも入らぬ人にさへ━・くる秋の山里」〔拾玉・巻一〕 ❷心をくばる。注意する。「その方(ガ)付き添ひ、何か(＝ナニクレトナク)━・きやれ」〔伎・伊勢音頭・二〕 ❸好意をいだく。「『奇特な(＝感心ナ)事よ』と村の者ども…━・け」〔浮・新色五巻書・巻一ノ二〕 ❹〘連歌・俳諧で〙前句の意味を焦点として付け句をする。「おほかた和漢連句をば『━・けて詞をまはす』とぞ、古き人は申しはべりし」〔筑波問答〕 **━を尽く・す** ❶精神を集中する。ありったけの知恵をしぼる。「(ヒドイ歌ダガ)━・して(＝苦心サンタンデ)よみいでたまへらむ(末摘花ノ)ほどを(源氏ガ)おぼすに…ほほゑみて見たまふ」〔源氏・末摘花〕 ❷あれこれと気をもむ。切実なもの思いをする。「限りなう━・しきこゆる(＝恋イコガレ申シアゲル)人に、いとよう似たてまつれるが、まもらるるなりけり(＝目ヲヒカレルワケナノダ)」〔源氏・若紫〕 **━を取・る** きげんをとる。「藤太も言を巧みて(＝ウマイ事ヲ言ッテ)━・る」〔秋成・春雨・宮木〕 **━を遣(や)・る** ❶気を晴らす。気持ちを快適にする。「花紅葉、水の流れにも、━・るたよりに寄せて」〔源氏・橋姫〕 ❷得意になる。いい気になる。「わが心得たる事ばかりを、おのがじし━・りて(＝メイメイ大得意ニナッテ)、人をばおとしめ」〔源氏・帚木〕

こころ・う【心得】Ⓐ〘自下二〙❶わけがわかる。理解する。「世には━・えぬ(＝理解ニクルシム)事の多きなり」〔徒然・一七五段〕 ❷判断する。「わが妹どものよろしき(＝ワルクナイ)聞こえあるを思ひてのたまふにやと(=藤式部ハ)—・うらむ(=受ケ取ッタノカ)、ものも言はず」〔源氏・帚木〕 ❸承諾する。「『早うもどれ』『—・えました(=カシコマリマシタ)』」〔狂・末広がり〕 ❹気をつける。「ころび落ちぬやうに—・えて炭を(=カワラケニ)積むべきなり」〔徒然・二一三段〕 ❺経験が深い。たしなみがある。「汝は—・えた者ぢゃ。ちと謡うて聞かせい」〔狂・寝音曲〕

こころう・し【心憂し】Ⓐ〘形ク〙 ❶つらい。気がめいる。「なほいと—・き身なりけり」〔源氏・若紫〕「わが貌(かたち)の醜くあさましき(=ヒドイ)ことをあまりに—・くおぼえて」〔徒然・一三四段〕 ❷いやだ。気にくわない。「ほととぎすをいとなめう(=ケイベツシテ)うたふ、聞くにぞ—・き」〔枕・二二六段〕「(弘徽殿ガイジワルイ事ヲイウノヲ)若き女房などは『—・し』と耳とどめけり」〔源氏・紅葉賀〕 ❸慨嘆にたえない。なげかわしい。「不慮の恥にあはむこと、家のため身のため、—・かるべし」〔平家・殿上闇討〕「かかる(=仏ヲ盗ムナドトイウ)—・きわざなむ見はべりし」〔方丈〕 ❹感心しない。賛成できない。「雉(きじ)松茸などは、(内裏ノ)御湯殿の上にかかりたるも、くるしからず(=カマワナイ)。そのほかは—・きことなり」〔徒然・一一八段〕

こころお・く【心置く】Ⓒ〘自四〙 ❶その事物に心ひかれる。執着する。「移ろはぬ(=変ワラナイ=消エナイ)ものとぞ誰もしら(=掛ケ詞「知ラ」「白」)露の(アナタガオッシャル)言(こと)の葉ごとに—・かれし(=夢中ニナリマシタヨ)」〔新葉・恋四〕 ❷気づかいする。気をくばる。「さらぬだに(=ソウデナクテモ)—・かるる(=落チハシマイカトヒヤヒヤノ)萩が枝(え)に露もあだなる(=セッカクノ露モダイナシノ)秋の夕風」〔続拾遺・秋上〕 ❸気がねして遠慮する。心にへだてをおく。「朝夕へだてなくなれたる人の、ともある時(=何カノ時ニ)我に—・き、ひきつくろへる(=アラタマッタ様子ヲスル)さまに見ゆるこそ」〔徒然・三七段〕

こころおそ・し【心遅し】Ⓓ〘形ク〙 ❶㊀「心とし」反応がおそい。のっそりとしている。「—・く(=ノソノソ)よみいだす人は、すみやかによまむとするも、かなはず」〔俊頼髄脳〕 ❷血のめぐりが悪い。気がきかない。おろかだ。「(末摘花ハ)さやうの(趣味的ナ)事も—・くてものしたまふ(=敏感ディラッシャラナイ)」〔源氏・蓬生〕 ❸あまり気をいれない。いいかげんだ。「山代の石田の森に—・く(=タイシテ熱ヲイレナイデ)手向けしたれや妹にあひがたき」〔万葉・巻一二〕《「おそし」だけで「にぶい」「おろかだ」の意をあげる説もあるが、誤り。「心おそし」ではじめて愚鈍の意になる》

こころぎたな・し【心汚し】Ⓔ〘形ク〙㊀「心ぎよし」気持ちがきたない。卑劣だ。みれんがましい。「(螢宮ガダレノ香ヲモホメルノデ)『—・き(=フェアデナイ)判者なめり』と(源氏ハ)きらひたまふ」〔源氏・梅枝〕

こころぎよ・し【心清し】Ⓔ〘形ク〙㊀「心ぎたなし」やましい所がない。後ろめたくない。さっぱりした気持ちだ。「今なむ、阿弥陀仏の御光も、—・く待たれはべるべき(=サッパリシタ気持チデ待テマショウ)」〔源氏・夕顔〕「いかで(=何トカシテ)かく—・きさまを知らせたてまつらむ」〔源氏・藤袴〕

こころぐる・し【心苦し】Ⓑ〘形シク〙 ❶心に苦痛を感じる。つらい。「(ワガ子)小次郎がうす手(=カスリ傷ヲ)負ひたるをだに、直実は—・しうこそ思ふに」〔平家・敦盛最期〕 ❷気の毒だ。ふびんだ。「いにし年、京を別れし時、—・しかりし人々の御様などいと恋しく」〔源氏・須磨〕

こころざし【志】Ⓐ ❶(前からの)考え。(かねて)思うところ。「年ごろ経て、女のもとになほ—果たさむとや思ひけむ」〔伊勢・八六段〕「顔回は—(トシテ)人に労を施さじ(=他人ニヤッカイヲカケマイ)となり」〔徒然・一二九段〕 ❷心にきめたこと。思いこんだこと。熱意。「物見て(=一時的ニ目ヲ楽シマセテモ)何かはせむ(=ショウガナイ)。かかるをり(=世人ガ見物ニ熱中シテイル際)に(寺ヘ)詣でむ—を(仏サマハ)さりとも(=イクラ何ダッテ)おぼしなむ(=心ニカケテクダサルダロウ)」〔更級〕 ❸人が寄せてくれる親切な心持ち。厚意。「この人人ぞ—ある人なりける」〔土佐〕「(源氏ハ藤壺ニ対シ)はかなき花・紅葉につけても—を見えたてまつり」〔源氏・桐壺〕「かやうに—深き面々(=人タチ)の、行く末までもいかがと思へば」〔義経・巻七ノ六〕 ❹(相手への心持ちを表す)贈り物。「いとはつらく(=実ニヒドイ態度ダト)見ゆれど、—はせむとす(=オ礼ハアゲルツモリダ)」〔土佐〕「御使ひにも、二なきさまの(=トビキリノ)—をつくす」〔源氏・澪標〕 ❺性質。「(天皇ハ)すぐれおほいなる御—います(=太ッ腹デイラレタ)」〔紀・垂仁・訓〕《「おほいなるみこころざし」は「大度」の訓》 ❻仏事の供養。追善。「今日は太夫さんの—の日に当たり、ほどこしの一銭」〔近松・博多小女郎・上〕

こころざ・す【志す】Ⓐ〘他四〙 ❶(品物を)贈る。《中古にこの用法が多い》「物—・しなどしたまひしかど」〔宇津保・国譲上〕「志二馬一疋一」〔御堂関白記・長和四年一二月二一日〕 ❷㋑(心の中で)目標・目的を立てる。「このほど思ひ立ち、西国行脚(あんぎゃ)と—・しさうらふ」〔謡・屋島〕㋺考えをきめる。決意する。「敵寄せ来たらば、一戦(ひといくさ)して、雌雄(=勝敗)を一時に決せむと—・して」〔太平・巻六ノ二〕 ❸ねらう。「内甲(うちかぶと)を—・して、ひゃうど(=ビュント)射る」〔保元・中・二〕 ❹(死者のため)供養をする。「—・

す日に当たり、近所の婆(ばば)嚊(かか)たち、『お茶参れ』と招かれて…どやどや内に入りければ」〔浄・盛衰記・三〕

こころ しら・ふ【心しらふ】(-ラ〈ロ〉ウ) Ⓔ《自四》心づかいをする。注意する。「すこし―・ひて立ち去り(=離レテ)たまへり」〔源氏・東屋〕

こころ すご・し【心凄し】Ⓓ《形ク》しみじみとした感じだ。しんみりとさびしい。「深き里は人離れ、―・く、(ソンナ所ニヒッコムト)若き妻子の思ひわびぬべきにより(=イヤガルニチガイナイタメト)、かつは(=マタ一方ニハ)、心をやれる(=気晴ラシニモナルノトデ選ンダ)住まひになむはべる」〔源氏・若紫〕「沖に小さき漁(いさ)り舟の、影かすかなる月の顔、雁(かり)の姿や友千鳥、野分き潮風いづれもげに、かかる所の秋なりけり。あら心すごの夜すがらやな」〔謡・松風〕

こころ だか・し【心高し】Ⓓ《形ク》❶理想が高い。望みがなみたいていでない。「世の中の人、これをためしにて(=前例トシテ)、―・くなりぬべき(=キット希望ガ大キクナル)ころなめり」〔源氏・若菜下〕 ❷気位が高い。自尊心が強い。「(明石入道ハ)世に知らず(=チョット例ノ見当タラナイホド)―・く思へるに」〔源氏・須磨〕《「女は心たかく使ふものなり」〔源氏・須磨〕などの用法は「心・高し」という連語で、形容詞ではない》

こころづき な・し【心付き無し】Ⓒ《形ク》気にくわない。不満足・不愉快である。「―・き事あらむをりは、なかなか(=ムシロ)そのよしをも言ひてむ(=イッタホウガヨイ)」〔徒然・一七〇段〕

こころ づ・く【心付く】Ⓒ《自四》❶判断力をもつようになる。もの心つく。「(三歳ノ子ヲ置イテキタガ)かの者―・きて『父はいづくにやらむ(=ドコニイルノカ)』と尋ねさうらふべきなれば」〔義経・巻五ノ四〕 ❷気がつく。「ある人人は、―・きたるもあるべし」〔堤・虫めづる〕 ❸㋑道理がわかる。筋あいが自覚される。「(一二、三歳カラハ)能も―・く(=理解ガデキテクル)ころなれば、次第次第に物数(=イロイロナ技術ヤ曲目)も教ふべし」〔花伝・一〕 ㋺情趣・人情などを解する。男女の仲を解する。「男は妻(め)を具して―・く(=人間味ガワカッテクルノダシ)、女房は夫に添ひて―・くなり」〔伽・物臭太郎〕《「なほこの大将にのみ心つけたまへるを」〔源氏・葵〕など下二段の例は「心・つく」という連語で、動詞ではない》

こころ づよ・し【心強し】Ⓔ《形ク》❶意志が堅い。決心が堅い。「―・う(=ケナゲニモ)、おぼし立つさま(=御決心ノホド)をのたまひて、果つるほどに(=法華八講ガ完了スルトトモニ)山の座主(ざす)召して忌む事うけたまふべき(=受戒シタイ)よし(座主ニ)のたまはす(=オッシャル)」〔源氏・賢木〕 ❷情がない。つれない。そっけない。「(ワタシガ)ただならずなりたる(=妊娠シタ)事をも、日ごろは隠して言はざりしかども、―・う(=アンマリダト)思はれじとて、言ひいだしたりしかば」〔平家・小宰相身投〕

こころ な・し【心無し】Ⓑ ㊀《形ク》(対)「心有り」❶相手の立場を考えない。思いやりがない。「ま遠くの(=人目ノナイ)野にも逢はなむ(=アナタニオ会イシタイノニ)―・く(=ワタシノ身ニモナッテクレナイデ)里のまなかに(=公然ト)逢へる背な(=アナタ=愛人)かも」〔万葉・巻一四〕「―・き鳥にぞありけるほととぎすもの思ふ(=恋ニナヤンデイル)時に鳴くべきものか(=ソンナ声デ悲シミヲソソルトハ何事ダ)」〔万葉・巻一五〕 ❷分別がない。「格子をあげたりければ、守『―・し(=ナンテバカダ)』とむつかりて」〔源氏・帚木〕「澄む水を―・しとは誰かいふ氷ぞ冬の初めをも知る」〔千載・冬〕 ❸(風流・風雅を解する)たしなみがない。教養が低い。「名所には住めども―・くて、都鳥とは答へ申さで」〔謡・隅田川〕 ㊁《連語》(対)「心有り」《中古・中世における歌・連歌の批評用語》❶作者の感情が深くこもっていない。「『散らさで』とあるは、花をむげに(=テンデ)惜しむ―・し(=感慨ガ見ラレナイ)」〔承暦二年内裏歌合・桜〕 ❷技巧的に気がきいていない。「いづれも、をかしき心はなけれど(=ウマイ趣向ハナイガ)、雲居の月(トイウ歌ノホウ)は、いますこしよろしくやはべらむ」〔元永元年内大臣家歌合・恋(基俊判詞)〕 ❸中心となる題材の本質をよくつかんでいない。「左(ノ歌)は時雨の―・くて、ひとへに紅葉の(中心ニナッタ)歌にてはべれば」〔元永元年内大臣家歌合・時雨(基俊判詞)〕 ㊂ 思慮・分別のない者。「例の―の(=ウッカリ屋サンガ)、かかるわざをして(=コンナ不始末ヲシテ)さいなまるるこそ(=姫君ニシカラレルナンテ)、いと心づきなけれ(=イヤナ子ネ)」〔源氏・若紫〕

こころ にく・し【心憎し】Ⓑ《形ク》❶心ひかれる。情趣があって慕わしい。奥ゆかしい。「女房ここかしこに群れゐつつ、物語うちし、おりのぼる(=御主人ノ所ヘ行キ来スル)衣(きぬ)のおとなひ(=キヌズレ)など、おどろおどろしからねど(=オオゲサデハナイガ)、『さななり(=アレハアノ人ダナ)』と聞こえたる、いと―・し」〔枕・二〇一段〕 ❷教養が感じられて上品である。深さを感じる。「さやうにたはぶれなどすらむ(者)は、あてやかに(=上品デ)―・き(=タシナミノ深イ)人にはあらじ」〔源氏・紅葉賀〕 ❸尊敬すべきである。恐れ入るべきである。「まことに、弓矢とる者はかうこそあらまほしけれ。平氏が郎等、今さら―・うこそ(=タイシタモノダト)おぼゆれ」〔保元・中・二〕

こころ はづか・し【心恥づかし・心羞づかし】(-ハズ-) Ⓓ《形シク》❶(相手があまりりっぱなので)こちらが気がひける。きまりがわるい。「―・しければ、いと(=アマリ)いたくも(=ヒドク)乱れたまはず(=フザケモナサラナイ)」〔源氏・螢〕

❷(こちらが気がひけるほど)りっぱだ。すぐれている。「—・しき人住むなる所にこそあなれ。(ソレナノニワレワレハ)あやしうもあまりにやつしけるかな(=略式ノ服装デ来タモノダ)」〔源氏・若紫〕

こころ ぼそ・し【心細し】Ⓑ《形ク》❶(たよりなくて)不安だ。「『—・し(=ナンダカ心配デ)』とて、もの恐ろしうすごげに(女ハ)思ひたれば」〔源氏・夕顔〕 ❷(趣がさびしい感じで)しっとりしている。「水鶏(くひな)のたたくなど—・からぬかは」〔徒然・一九段〕

こころ・みる【試みる】Ⓓ《他上一》❶ためす。テストする。「(中納言ノ実力ヲ)題を出だして文を作り、遊び(=音楽)をして—・みるも」〔浜松・巻一上〕 ❷ためしにやってみる。「(転居ショウ)ここにていみじき目を見るは(=トンダ目ニアウノハ)、ここのあしきか(=ココノ場所ガ悪イノカ)と—・みむ」〔落窪・巻三〕 ❸様子を見る。「(行クエガワカルカドウカ)今しばし—・みて(=モウ少シ様子ヲ見トドケテ)、さても、まことに行く方なく聞きなしたてまつりなば、身を捨てむ」〔浜松・巻五〕

こころもと な・し【心〈許〉無し】Ⓐ《形ク》❶気持ちがおちつかない。待ち遠しくて心がいらだつ。「急ぎてものへ行くべきをりに…『ただ今(=スグ)おこせむ(=行カセマス)』とて出でぬる車(ガナカナカ来ナイノヲ)待つほどこそ、いと—・けれ」〔枕・一六〇段〕 ❷はっきりとわからない。ほのかである。「梨の花…せめて見れば、花びらのはしに、をかしきにほひ(=色)こそ、—・う(=ホンノリ)つきためれ」〔枕・三七段〕 ❸はっきりしなくて不安だ。気がかりだ。「(親類ノ所へ)みな渡られにたり。—・きことはあらじかし」〔蜻蛉・下〕 ❹不案内だ。「(源高明ノ流罪ハ)いみじう悲しく、—・き身だに(=事情ノオボツカナイワタシニトッテサエ)かく(大キナショックダ)。思ひ知りたる(=道理ヲワキマエタ)人は、袖をぬらさぬといふたぐひなし」〔蜻蛉・中〕

こころ やす・し【心安し】Ⓒ《形ク》❶なにも心配がない。気楽だ。「よろづ(=万事)—・くおぼしものせさせたまへ(=安心シテイラッシャイ)」〔浜松・巻三上〕 ❷親しい。親しみやすい。「鈴虫は—・く今めいたるこそ、らうたけれ(=カワイラシイ)」〔源氏・鈴虫〕 ❸たやすい。簡単だ。「—・きかけがねにや(=簡単ニハズセル錠ナノカ)、放ちおきたまひける」〔狭衣・巻三〕

こころ やま・し【心疾まし】Ⓓ《形シク》《「心が病むような感じだ」の意から》❶気がむしゃくしゃする。不快だ。「(車争イニ負ケテ)—・しきをばさるものにて(=ソレハソレトシテ)、かかるやつれ(=シノビ姿)をそれと知られぬるが、いみじうねたき(=シャクナ)こと限りなし」〔源氏・葵〕 ❷ものたりなく、じれったい。「(アナタノ出世ヲ待ツノハ)いとのどかに思ひなされて(=万事持久戦ダトオットリシタ気ニナッテ)—・しくもあらず(=イライラモシナイ)」〔源氏・帚木〕

こころ ゆ・く【心行く】Ⓒ ㊀《連語》気がはれる。満足する。「二人河原へ出であひて、—・くばかり貫き合ひて(=刺シ違エテ)共に死ににけり」〔徒然・一一五段〕 ㊁《自四》気持ちがよい。快適だ。「いとよく払はれたる(=掃除ノ行キ届イタ)遣(や)り水の—・きたるけしきして」〔紫日記〕

こころ よ・し【快し】Ⓓ《形ク》❶㋑気分がよい。「いと—・う許したり(=快諾シタ)」〔蜻蛉・下〕 ㋺愉快だ。「(稲ヲ植エタトコロ)その秋の垂穎(たりほ)、八握(やつか)に(=フサフサト)しなひて、はなはだ—・し」〔紀・神代上・訓〕《「こころよし」は「快也」の訓》 ❷(病気が)回復する。なおる。「それがし(=ワタシ)が一加持したならば、そのまま—・うなるであらう」〔狂・梟〕《「お人よしだ」の意を認める説もあるが、「いみじく—・からむ人そら(=トビキリノ好人物ダッテ)、さる事聞きつけて、ただに思ふべきやうはなきを(=ナントモ感ジナイハズハナイノニ)」〔寝覚・巻二〕などの用法は、「心・良し」の二語として扱うべきで、「快し」とは区別するのが適当だと思われる》

こころ をさな・し【心幼し】(-オサ-)Ⓔ《形ク》考えが幼稚だ。思慮がたりない。「(コンナ事ヲ)聞こえさするにつけても(=申シアゲルノモカエッテ)—・きやうにはべれど(=浅慮ノヨウデゴザイマスガ)」〔栄花・楚王〕

ご ざ【御座】Ⓔ 貴人用の席。「南へ向きたる上座に—の畳を高く敷き、いまだ座したる人はなし」〔太平・巻三ノ一〕

ござ あ・り【御座有り】Ⓓ《自ラ変》→ござる。「主上、隠岐の国より還幸なって、船上に—・り(=イラッシャル)と聞こえしかば」〔太平・巻七ノ七〕

ござ な・し【御座無し】Ⓓ《形ク》❶《「居ず」「居らず」「有らず」の尊敬語》いらっしゃらない。おいででない。おありなさらない。「まづ内裏へ参じて見たてまつるに、主上は—・くて」〔太平・巻二ノ八〕「当地(=コノ江戸ノ)ある人、付け句あり(=連句ノ付ケ句ヲシタノガアリマス)。この句、江戸中、聞く人(=理解スル人ガ)—・くさうらふ(=イラッシャイマセン)」〔芭蕉・木因宛(天和二年三月)書簡〕 ❷《「なし」の丁寧語》ございません。ありません。「拙者(=ワタシハ)相替はりさうらふ事(=今マデト変ワリマシタ点ハ)—・くさうらふ(=ゴザイマセン)」〔芭蕉・猿雖宛(元禄四年五月)書簡〕

ごさ めれ Ⓓ《連語》→ごさんめれ。「入り相—(=モウ日ガ暮レルヨウデス)。急がたまへ」〔謡・通盛〕《「急がたまへ」は「急がせたまへ」の略》

ござ・る【御座る】Ⓒ《自四》《「ござある」の短縮形》❶

《「居り」の尊敬語》いらっしゃる。おられる。「こち(=私)の頼うだ人(=主人)のやうに、ものを急に仰せ付けらるるお方は―・らぬ」〔狂・末広がり〕 ❷《「有り」の丁寧語》あります。「ここに傘(からかさ)が―・るによって、これを末広がりぢゃと申し」〔狂・末広がり〕 ❸《「行く」「来」の尊敬語》おいでになる。いらっしゃる。「いや、誰ぞと存じたれば、やれやれようこそ―・ったれ」〔狂・禁野〕「さ、お前一所に―・りませ。さやうなら旦那、行ってまゐります」〔伎・お染の七役・序〕 ❹まいる。だめになる。「―・ったと見ゆる目もとの(=クサッタト見エル目ツキヲシテイル)お魚は、さてはむすめがやきくさったか(=娘ノヤツガヤイテダマシヤガッタカ)」〔一九・膝栗毛・初〕 ❺〔補動〕「…である」の意の丁寧語。「(コノ刀ハ)こなたのでは―・るまい(=アナタ様ノ物デハアリマセンデショウ)。毘沙門堂で拾うて―・るほどに(=私ガ拾ッタノデスカラ)、これほどの福はござるまい。宝物にいたす」〔狂・鈍根草〕

ござん なれ Ⓓ《連語》㊀《「にこそあるなれ」の約で》…であるようだ。…であろう。「おのれらは(=オ前タチハ)内府(だいふ)が命をば(=内大臣重盛ノ命令ヲ)重うして、入道が仰せをば軽うしける―」〔平家・小教訓〕 ㊁《「ござんなれ」と発音し》❶…である。「究竟(くっきゃう)の時節―(=ウッテツケノ時ダ)。かまへて(=気ヲツケテ)人にさとられたまふな」〔近松・出世景清・一〕 ❷さあ来い。「のぞむかたきぞ(=オアツラエ向キノ相手ダ)―、漏らしはせじ(=逃ガサナイゾ)」〔馬琴・八犬伝・五ノ二〕

ござん めれ Ⓓ《連語》《「にこそあるめれ」の約で》…であるもようだ。きっと…だろう。「これにひかへたるは(=イルノハ)曽我五郎が乗りたる馬―」〔曽我・巻五ノ八〕《謡曲では「ござめれ」と発音する。(参)ござめれ》

こし【越】 Ⓔ 越前・越中・越後の国を中心とする北陸地方。越路。「たえぎりし思ひも今はたえにけり―のわたり(=アタリ)の雪の深さに」〔更級〕

こし【輿】 Ⓓ ❶乗り物の一つ。台に前後数本の棒がつき出ており、肩にかつぎ、あるいは手でさげて運ぶ。平安時代には正式行幸用の鳳輦(ほうれん)・通常外出用の葱花輦(そうかれん)・略儀に用いる腰輿(ようよ)の三種があり、いずれも天皇だけの乗用であった。鎌倉時代以後、ずっと簡略な形のものが、一般にも用いられた。「八幡の行幸の帰らせたまふに、女院の御桟敷(さじき)のあなたに御―とどめて、御消息(=アイサツ)申させたまふ」〔枕・一二八段〕「―・車はもたぬ身の、導師に請ぜられむ時、馬など迎へにおこせたらむに」〔徒然・一八八段〕 ❷棺(くわん)を運ぶためのつり台。「むなしき死骸を取り、御―にかき入れて宿所へ帰り」〔平治・下・六〕

〔こ し❶〕
(葱花輦)

こ・し【濃し】 Ⓑ《形ク》❶(色・味・香気など)濃厚だ。「松の緑も色―・く」〔栄花・月宴〕 ❷《中古語》(紫または紅の)色が強調されている。「掻い練りは、―・きを(上二)着る日は紅(くれなゐ)は中に、紅を(上二)着る日は―・きを中になど、例のごとなり」〔紫日記〕 ❸(液体に含まれる成分の)濃度・純度が高い。「(オ茶ヲ)―・うようたてよ」〔咄・昨日は今日・上〕 ❹(愛情が)深い。こまやかだ。「(恋ハ)つのれば身も捨つるほどに―・うなる」〔浮・禁短気・巻五ノ一〕

こ じ【居士】 Ⓓ〔仏〕❶《梵 grhapati=家主の意訳》商工業を主とする富豪。長者。「浄名―のあとをけがせり」〔方丈〕「大臣・公卿・刹利(=武人)・―、みな宮中に逃げこもる」〔太平・巻三二ノ六〕 ❷出家せず、仏教の道をおさめる人。「自然(じねん)―と申す喝食(かっしき=有髪ノ寺童)のござうらふが、一七日説法をおん述べさうらふ」〔謡・自然居士〕 ❸(対)「大姉(だいし)」《真言宗以外で》出家でない男の戒名につける称号。「前武州大守(=武蔵ノ前国守)柱岩大―」〔卯余集・中〕「お前の親御は剣樹院等覚―、その心では、命日も忘れてがなゐさしゃらう(=オイデジャナイカシラ)」〔浄・歌祭文・油屋〕

こし かた【来し方】 Ⓒ《連語》❶(対)「行く末」《時間的に》これまで過ぎてきたほう。過去。「いかなりし人の情けか思ひいづる―語れ秋の夜の月」〔玉葉・秋下〕 ❷《空間的に》通ってきた方向。「うちかへり見たまへるに、―の山は霞はるかにて」〔源氏・須磨〕《「きしかた」とも》

こし がたな【腰刀】 Ⓔ いつも腰にさしておく刀。比較的小さい。「頼むところは―、ひとへに死なむ(=モウ命ハ捨テタ)とのみぞ狂ひける(=アバレマワッタ)」〔平家・橋合戦〕

こし ぢ【越路】 (―ジ) Ⓔ 北陸地方。(参)こし(越)。「消えはつる時しなければ―なる白山の名は雪にぞありける」〔古今・羇旅〕

こ しつ【故実】 Ⓓ ❶古来の正しい先例。「大臣の大饗(だいきゃう)は…女院の御所など借り申す―なりとぞ」〔徒然・一五六段〕 ❷㋑心得。くふう。「学道の用心―もまたかくのごとし。わづかも己見(=自分ノ考エ)を存せば、師のことば耳に入らざるなり」〔正法眼蔵随聞記・第六〕㋺検討すること。吟味。「宇治・勢多(ノ川)を渡さむ―(=テスト)のためにも、まづこの河をこそ渡してみるべけれ」〔盛衰・巻三四ノ一〇〕《日葡辞書にcoxitとある。江戸時代か

らはコジツとなったらしい〕

ごじっしゅ うた【五十首歌】Ⓒ 五〇という定数のなかで、きまった種類の歌をよむこと。筋あいは百首歌と同じだが、いくらか略式の感じがある。「―奉りしうちに『湖上の花』(トイウ題)を(次ノヨウニ詠ジタ)」〔新古今・春上・詞〕

こしのく【腰の句】Ⓓ 短歌の第三の句。この句と第四句との連関が確かでないのを「腰折れ」という。「かの歌(=「夕されば野べの秋風身にしみて鶉(うづら)鳴くなり深草の里」)は、『身にしみて』といふ―のいみじう無念(=ヒドク軽率)におぼゆるなり」〔無名抄・五九〕

こしば【小柴】Ⓔ ❶ほそい木の枝。「庭なかの阿須波の袖に―さし(=サシテ祈リ)吾は斎(は)はむ(アナタガ)帰り来までに」〔万葉・巻二〇〕 ❷㊔小柴垣。「同じ―なれど、うるはしう(=キチンと)しわたして(=作ッテアリ)」〔源氏・若紫〕 **―がき**垣 Ⓔ ほそい枝をたばねて作った簡素な垣。「(嵯峨ノ奥ノ)この森に来て見れば、黒木の鳥居―」〔謡・野宮〕

〔こしばがき〕

ごしゃう【後生】(-ショウ) Ⓒ ㊀ ❶〔仏〕㊉「前生(ぜんしやう)・今生(こんじやう)」 この世を終わった次の生存。来世。「―に三悪道(=地獄・餓鬼・畜生)に落ちて苦を受けむこと、疑ひなし(=必ズ苦ヲ受ケルダロウ)」〔今昔・巻一ノ三八〕「よく仁義礼智信を知りたりけれども、―の事をさとらずして、かかる苦しみを得けるにや」〔著聞・哀傷〕 ❷死後の世界における安楽。冥福。「出家遁世(とんせい)の身ともなって、わが―をもとぶらひ(=ワタシノ死後ノシアワセヲモ祈リ)、心安く一身の生涯をもくらせかし」〔太平・巻一〇ノ一二〕「親父(おやぢ)殿が年寄って(自分ノ)―の事は思はず、婿のために娘を売り」〔浄・忠臣蔵・六〕 ㊁〔十形動ヂャ〕 ❶後世安楽の因になる行為であること。善根(だ)。功徳(だ)。「『(捨テ子ヲ)から突き付けられた(=オシツケラレタ)ことぢゃもの。養うてやらざなりますまい』『ああ、それは、いかい(=タイヘン)―・ぢゃ』」〔浄・艶容・下〕 ❷㋑ぜひにと他人に頼むときにいう語。お願い。「『武士は情けを知る、自らはともかく(=自分ハドウデモカマワナイガ)この子の命を助けたい、慈悲ぢゃ、功徳ぢゃ。―・ぢゃ』と涙とともにわびたまふ」〔浄・盛衰記・三〕㋺願いさげ。ごめん。「おや、もう―・だよ」〔三馬・風呂・二ノ下〕 **―ぼだい**菩提 Ⓔ 死後の世で極楽の幸福を得ること。「皆髪にかみそりあて、戒を受けさせ(=受戒サセ)ひとへに―の経営(=ハカリイトナムコト)を涙の中にぞいたされける」〔太平・巻一一ノ七〕

ごじゃう【御状】(-ジョウ) Ⓔ お手紙。「徳妙寺(カラの)―持参いたし」〔西鶴・文反古・巻二ノ二〕

こじゃうらふ【小上臈】(-ジョウロウ) Ⓔ ❶大臣・納言などのむすめや孫で、宮中に勤務する高級女官の階級。大上臈に次ぐ地位。織物の唐衣(からぎぬ)・表着(うはぎ)を許されていた。 ❷〔江戸時代〕大名につかえる身分の高い女性の階級。「さて大上臈・―・おさし・抱き乳母・お乳の人・中臈・下臈の供乗り物」〔近松・小室節・上〕

ごしょ【御所】Ⓒ ❶天皇のいられる所。内裏。宮中。「この―(=内裏ノ高松殿)は分内(=敷地ガ)せまくして」〔保元・上・一三〕 ❷天皇の尊敬語。「新中納言知盛卿、小舟に乗って―の御船に参り」〔平家・先帝身投〕 ❸㋑上皇または三后(後には親王をも含む)などの御住所。「頭の中将などさぶらひけるも院の―へ参りにければ」〔弁日記〕「小松の帝の親王にておはしましし時の―は、皆人知りてはべり」〔大鏡・道長〕㋺〔とくに〕「御室(おむろ)の御所」すなわち仁和(にんな)寺のこと。「―へ参りて、児(ちご)をそそのかし出でにけり」〔徒然・五四段〕 ❹将軍家・大臣以上の者、またはその妻子に対する尊敬語。「鎌倉の―成氏朝臣管領の上杉と御仲さけて(=仲タガイシテ)」〔秋成・雨月・浅茅〕

こしら・ふ(-ラ〈ロ〉ウ) Ⓒ 〔他下二〕〔中・近世はヤ行下二段にも〕 ㊀【誘ふ】 ❶㋑きげんをとる。なだめすかす。「(子ハ)はひ入りて、おどろおどろしく(=ヒドク)泣く。『こは何ぞ、何ぞ』と…問ひさして、とかう(=アレコレ)―・へてあるに」〔蜻蛉・上〕㋺とりなす。「わが(動揺シタ)心をも、あながちに(=シイテ)―・へて(=落チ着カセテ)…御答へなども言ひ出でたる」〔寝覚・巻三〕 ❷相手に説明して同意させる。説得する。「資盛卿、五百余騎で豊後国にうちこえて(=出向イテ)、やうやうに(=イロイロト)―・へたまへども、維義したがひたてまつらず」〔平家・太宰府落〕 ❸(うまく言って)だます。(いい加減のことを言って)おだてる。「祐経おほきに―・へられ」〔近松・加増曾我・三〕 ㊁【拵ふ】 ❶㋑計画する。「かねて―・へたる事なれば、走りまはりて(館ニ)火をかけたり」〔義経・巻八ノ七〕㋺(思いどおりにゆくよう)くふうする。(ある意図のもとに)整備する。「かく際(きは)につけて(和琴ヲ)―・へ(=思イドオリノ音色ガ出ルヨウニシ)なびかしたる(=整エテアル)音(ね)など、心にまかせてかきたてたまへるは(=存分ニ演奏ナサルノハ)、いと殊にものしたまへ」〔源氏・若菜下〕㋩用意する。準備する。したくする。「末のたづき(=今後ノ生計)の心ぼそきにも(カカワラズ)、かひがひしく(=マメマシク)―・へて(=旅ジタクヲシテ）、その夜はさりがたき別れを語り」〔秋成・雨月・浅茅〕 ❷㋑身じたくする。よそおう。「伊勢へ参る供をせいと申されて、何をこしらゆる間もなう、この体(てい)で参宮いたしまする」〔狂・素襖落〕㋺（役者が）扮装(ふんそう)する。「『（オ前ハ）その出家の役をみごとせうか（＝タシカニヤルカ）』『なるほど（＝ハイ）、いたしませう』『そんなら、―・へよ（＝扮装ヲシロ）』」〔近松・大念仏・上〕 ❸（計画的に）作る。「正成は、金剛山千早といふ所に、いかめしき城を―・へて、えもいはず（＝タイソウ）たけき者ども多くこもりたり」〔増鏡・久米〕

こし ゐ【腰居】（―イ） Ⓔ 腰がぬけた人。いざり。「小さき釜のうせたりけるを、隣なりける―が盗みたりけりと、いひつぎ（＝通報ガ）ありて、贓物（＝盗品）をさがし出だしたりけるに」〔著聞・偸盗〕

こし をれ【腰折れ】（―オレ） Ⓔ ❶老人の腰の曲がった・状態（人）。「奈良坂の嶮(がけ)しき道をいかにして―どもの越えて来つらむ」〔著聞・興言利口〕 ❷㊥腰折れ歌。「あやしの―一つよみて、集に入ることだに、女はいと難かめり」〔無名草子〕 **―うた** 歌 Ⓔ 〘第三句（腰の句）に表現の欠点がある短歌の意から転じて〙まずい歌。自分の歌をけんそんしていう時にも使う。「（老人ナガラ）今めきつつ、―このましげに若やぐ気色(けしき)どもは、（コチラデ）いとうしろめたうおぼゆ（＝気ガヒケル）」〔源氏・手習〕〘この場合の「折れ」は「故障がある」の意。曲がる意ではない。「すべりて、まろびにけり。腰をうち折りて（＝痛メテ）」〔著聞・興言利口〕〙

こ じん【故人】 Ⓓ ❶昔の知り合い。「家(いへ)貧にしては親知(しんち)（＝仲ノヨイ者ガ）少なく、いやしき身には―うとしとかや」〔謡・葦刈〕 ❷なくなった人。「そののち余は東都（＝江戸）を去り、渭北(ゐほく)は―となれり（＝ナクナッタ）」〔蕪村・新花摘〕

こ・す【越す】 Ⓒ ㊀〘他四〙 ❶（障害や間隔を）のりこえる。「天の川岩―・す波の（ヨウニ織女星ガ）立ちゐつつ（＝立ッタリスワッタリシナガラ）秋の七日の（牽牛星ガ訪レル）今日をしぞ待つ」〔後撰・秋上〕 ❷（順序を）とばす。「（御自分ノ）み兄弟(はらから)を―・してこそは（アノ人ヲ）ものせらるなりしか（＝引キ立テナサッタノダソウダ）」〔宇津保・国譲下〕 ❸（何かを越えて）向こうへ行かせる。「象(きさ)出で来て、その山を―・しつ（＝コエサセテクレタ）」〔宇津保・俊蔭〕 ❹行かせる。来させる。「そち（＝オマエ）なればこそ、この節に人を―・して（＝ヨコシテ）ひと通りの言ひわけ」〔浮・禁短気・巻一ノ二〕 ㊁〘自四〙行く。来る。「毎度ながら（＝イツモ）お―・し下されまする段（＝オイデクダサイマシテ）ありがたう存じまする」〔伎・五大力・序〕〘英語の come が“I will come to your house.”と“He will come to my house.”との両様に使われるのと似ている〙

ご・す【期す】 Ⓓ 〘他サ変〙 ❶予定する。前もって考えておく。「遊山（＝ピクニック）といふものは、かねて―・したよりも、かやうにふと思ひ立って出(で)るが、ひとしほの慰みではないか」〔狂・真奪〕 ❷予期する。心の中で待ちうける。「―・するところ、ただ老いと死とにあり」〔徒然・七四段〕

ご せ【後世】 Ⓒ ❶〔仏〕㊨「現世・前世」 死後における未来。来世。「釈迦の御弟子は多かれど、すぐれて授記（＝成仏デキルトイウ証明）にあづかるは、迦葉(かせふ)・須菩提(しゅぼだい)や迦旃延(かせんえん)・目蓮(もくれん)よ、これらは―の仏なり」〔梁塵〕 ❷死後に極楽へ往生すること。「最期に心乱れては、人のそしり（モアルシ）、―のため、みなその人（＝当人ニトッテ）の仇」〔近松・歌念仏・下〕 **―を取り外(は)づ・す** （―ズス） 「ごせ②」をそっちのけにする。「（坊主ノクセニ）さても世にはかかる美童もあるものぞ…と、―・し、暮れがたまでながめつくし（＝ボンヤリ見トレテイテ）」〔西鶴・五人女・巻五ノ二〕「今の（ヨウナ）悲しさ（＝貧シサ）ならば、たとへ後世は取りはづし、奈落（＝地獄）へ沈むともまづこの世を助かりたし」〔西鶴・胸算用・巻三ノ三〕

ごせ じゃ【後世者】 Ⓔ 「ごせ②」を願う念に徹した者。「蛇(じゃ)の心をば蛇が知るやうに、後世の事をば―が知るなり」〔一言芳談・上〕〘『一言芳談』には「ごせじゃ」「ごせもの」両様のよみがある〙

ご せち【五節】 Ⓓ ❶新嘗(にひなめ)祭りの前後、四人（大嘗(おほなめ)祭りは五人）の舞姫が演じた舞楽。十一月の中の丑(うし)から辰(たつ)の四日間にわたって行われた。第三日にあたる卯(う)の日に新嘗の祭儀を行う。「―過ぎぬと思ふ内裏(うち)わたりのけはひ、うちつけに（＝急ニ）さうざうしき（＝サビシイ）」〔紫日記〕 ❷「①」に奉仕する舞姫。「受領(ずらう)の（＝地方長官ガ、ソノムスメヲ）―（トシテ朝廷ニ）いだすをりなど」〔枕・二四段〕 **―とよのあかりのせちゑ** 豊の明かりの節会（―エ） Ⓓ 〘連語〙五節の最終日、天皇が新穀を召しあがり、臣下にも賜る宴儀。大歌・小歌などとよばれる宮廷歌謡がうたわれ、常楽殿で舞姫が五節の舞（本番）をまう。「同じき年の十一月二十三日―の夜、忠盛を闇討ちにせむとぞ議せられける」〔平家・殿上闇討〕 **―のこころみ** 五節の試み Ⓓ 〘連語〙 ❶㊥五節の帳台の試み。五節の初日、大師局で舞姫の舞を見ること。一種のリハーサルである。 ❷㊥五節の御前の試み。第二日（寅の日）に清涼殿で舞姫の舞を見ること。その後、殿上の淵酔(えんずい)とよばれる、くだけた気分の酒宴があった。 ❸「①」「②」の総称。「その年の―の夜、后の宮より始めたてまつりて、多くの女御・更衣まうのぼりたまへる（＝参上ナサッタ）」〔宇津保・俊蔭〕 **—のつぼね** 五節の局 Ⓔ《連語》舞姫のための仮設控え室。常楽殿の四すみにあった。「—を日も暮れぬほどに、皆こぼちすかして(=ガランドウニ取リ払ッテ)」〔枕・九〇段〕

ごせっく【五節供・五節〈句〉】 Ⓓ ↓せく。「—の取りやり(=贈答)、先から(オクッテ)来た物をよくよく値うち(=ネブミ)して」〔西鶴・胸算用・巻一ノ三〕

-ごぜん【御前】 Ⓓ 《接尾》《多くは固有名詞に付き》尊敬や親しみの気持ちを添える。「《父カラ子ニ対シ》やや(=ネエ)副将—(=副将チャン)」〔平家・副将被斬〕「これこそわが伯母—のもと」〔沙石・巻二ノ四〕「信夫(しのぶ)の庄司為村の後室(=未亡人)沖の井—」〔浄・先代萩・六〕

ごぜん【御前】 Ⓑ ［一］ ❶高貴な人の前。おんまえ。おまえ。「光頼の卿、院(=後鳥羽院)の最勝講奉行して(=役ヲシテ)さぶらひけるを(=オソバニオラレタトコロ)、—へ召されて、供御(くご=院ノ御膳部)をいだされて、食はせられけり」〔徒然・四八段〕 ❷(略)御前駆(ごぜんく)。「たが(=ドナタガ)おはするにかあらむ、—などいと多くこそ見ゆれ」〔源氏・夢浮橋〕 ❸㋑高貴な人をうやまっていう。「為時が申し文を御覧ぜしめむとせし(=オ目ニカケヨウトシタ)時、—御寝なりて(=帝ハオヤスミナサッテイテ)、御覧ぜずなりにき」〔今昔・巻二四ノ三〇〕㋺江戸時代に、大名や旗本の、その家来からの尊敬語。「おのれらが分際で(=オ前タチノ身分デ)御評議の事なんど、—近う無礼千万」〔浄・三代記・六〕㋩高貴な婦人や大名などの奥方。「ある大名の—死去の後、家中は若殿のなき事をかなしみ(=世ツギノ若様ガイナイノヲ残念ガッテ)」〔西鶴・一代女・巻一ノ三〕㊁一般に女性の尊敬語。「(タトエ)近江・播磨の守(かみ)の子なりとも、前(さき)追はざらむ(=サキバライヲ連レナイヨウナ)人をば、わが—たち(=ムスメタチ)の御あたりにはいかで寄せむ(=ドウシテ寄セツケヨウカ)」〔今昔・巻三一ノ五〕 ［二］《代》敬意をもった第二人称。あなたさま。「これは、はしたない。—のお出でなさるる儀ではござりませぬ」〔伎・毛抜〕

-こそ Ⓓ 《接尾》《間投助詞「こそ」から転じ》人名に付いて愛称となる。…さん。…ちゃん。「名をば忠—といふ」〔宇津保・忠こそ〕《同じ巻で、天皇からは「忠は、などか(=ドウシテ)なかなるぞ(=イナイノカ)」、小舎人からは「忠君は、さぶらひたまはで、久しくなりぬ」と言われている》

こそ Ⓐ ［一］《係助》《体言・体言あつかいの語・副詞・他の助詞などに付く》ひとつの事物を、とくに採りあげて示す。他を排除する気持ちが「ぞ」「なむ」よりも強い。

こそ ↓ (已然形)

❶《文中にあって》述べようとする事がらを強調する。「山の井のしづくに濁る水よりも(トクニ)こはなほあかぬここち—すれ」〔更級〕《その文を言い切る活用語は已然形で結ぶ。しかし古代は、形容詞および形容詞型活用の助動詞のとき連体形で結ばれた。「…古(いにし)へも然(しか)にあれ—(=ソウダッタカラコソ)現世(うつせみ)も妻を争ふらしき」〔万葉・巻一〕》 ❷《文末にあって結びの活用語が省略され》強調の気持ちを残す。「(天皇ガ急ニオ召シト聞イテ)下(しも)にある人々の(=控エ室ニイタ女房タチガ)まどひのぼる—(イミジケレ)。人の従者(ずさ)・殿上人など見るも知らず、(腰ニツケルハズノ)裳(も)を頭にうちかづきて(=カブッテ)のぼるを、笑ふもをかし」〔枕・一四二段〕「『思ふにかなひがたき世に—(アレ)』とおぼしつづけて」〔源氏・末摘花〕 ❸《古代の用法》「ば」を伴わず直接に已然形を受けて、確定条件を表す。「夕さらば(=夕方ニナレバ)君にあはむと思へ—(=思ウカラコソ)日の暮るらく(=暮レルコト)もうれしかりけれ」〔万葉・巻一二〕 ❹《未然形を受ける「ば」に付いて》㋑ありそうもない条件を仮定し、下に述べる内容を否定する。(もし)…ならば(たしかに)…だろうけれど(しかし…)。「我(あ)が思ふ妹(いも)もありといはば—国にも家にも行かめ…」〔万葉・巻一三〕《実際にはないから、行かない》㋺条件文だけを示し、その内容を否定する。…はずがない。てんで…ない。「かすがひ(=カケガネ)も戸ざし(=戸ジマリ)もあらば—」〔催・東屋〕 ❺結びになる活用語(已然形)が逆接の気持ちで条件を示す。(たしかに)…だ(しかし)。「中垣—あれ(=アリハスルケレド)、ひとつ家のやうなれば、望みてあづかれるなり」〔土佐〕「なにがし(=ワタシタチハ)、かう、田舎びたりといふ名—はべれ(=評判デハアリマスケレド)、くちをしき民(=教養ノナイ下層人種)にはははべらず」〔源氏・玉鬘〕 ［二］《終助》《動詞の連用形に付いて》他に対する希望・依頼を表す。…てくれ。「梅の花(ガ)夢に語らく(=言ウコトニハ)いたづらに我(あれ)を散らすな(ドウセナラ)酒に浮かべ—(=浮カセテオクレ)」〔万葉・巻五〕 ［三］《間助》《中古文で、体言に付いて》呼びかけを表す。「右近の君—、まづ物見たまへ」〔源氏・夕顔〕《⑴終助詞の「こそ」は奈良時代以前に用いられ、平安時代には使われない。係助詞「こそ」は、奈良時代までは終助詞「こそ」との混同を避けるためか、動詞の連用形に付くことはなかった。平安時代に入り、終助詞「こそ」がなくなってから、係助詞「こそ」が動詞の連用形に付く例もすこし見られる。⑵終助詞「こそ」は動詞「こす」(してくれる)の命令形とも、「く(来)」の命令形に「す」の古い命令形の付いたものともいわれるが、定説はない》

こぞ【去年】 Ⓒ ことしの前の年。「あるいは—焼けて今年造れり」〔方丈〕《なお、「下泣きにわが泣く妻を(=人目ヲ忍ンデ泣クワタシノ妻ニ)—こそは安く肌触れ」〔記・下〕

の例を「昨夜」と解する説もあるが、「今夜」と解する説もあり、確かでない》

こぞう【小僧】Ⓔ ❶少年の僧。「—等に法問させて（＝仏教ノ問答ヲサセテソレヲ聞イテ）年忘れ（＝歳末ノ年忘レニスル）」〔蕪村（新五子稿）〕 ❷幼少の者・若い者を見下していう語。「—、もう台詞(せりふ)はそれぎりか」〔伎・三人吉三・四ノ三〕 ❸町家に使われる少年の召使。「下女・下男・—を入れて、夫婦とも五人」〔三馬・風呂・四ノ中〕

こそで【小袖】Ⓓ ❶㊇「広袖」平安中期以後、上流社会で、袿(うちき)の下に着た袖口の狭い着物。「—に大口（＝下バキノ袴）着たる人（＝久我内大臣通基）」〔徒然・一九五段〕 ❷㊇「布子(ぬのこ)」 中流以下の社会で晴れ着にした絹の綿入れ。この場合は下着でない。いまキモノと普通いうのとだいたい同型。「一人の猟(りか)の人に会ひぬ。その形、面赤くして、長(たけ)八尺ばかりなり。青き色の—を着せり」〔今昔・巻一一ノ二五〕「召しかへられぬ（＝着ガエナサラナイ）以前の（＝サッキノ）—」〔近松・油地獄・上〕

〔こそで❷〕

こぞ・る【挙る】Ⓔ《自四》❶ぜんぶそろう。残りなしだ。「その日になりて、国—・りて上中下の人、見ること限りなし」〔今昔・巻六ノ二〕 ❷残らず集まる。「薄く濃く色はかはれど柞(ははそ)原梢に—・る秋の色かな」〔六百番歌合・秋〕

こだい【古代】Ⓓ ㊀むかし。古い時代。「この寺の御開帳、七日を—より判金（＝大判）一枚づつにきはめ（＝制定シテ）おかれしを」〔西鶴・永代蔵・巻三ノ三〕 ㊁《＋形動ナリ》古めかしいこと。昔ふう。「御調度（＝手マワリ品）どもも、いと—・になれたる（＝使イ古シタノ）が、昔やうにてうるはしき（＝キチントシタモノ）を」〔源氏・蓬生〕「—の親は『宮仕へ人はいと憂き（＝イヤナ）ことなり』と思ひて過ぐさする（＝見送ラセル）を」〔更級〕「そのころまでは人の心も—・なりけるに」〔今昔・巻二九ノ一二〕《「古体なり」だとする説もある。それに従うなら、「こたいなり」と清音によむべきであろう》

こだか・し【木高し】Ⓔ《形ク》木が高い。こずえが高い。「—・き森のやうなる木ども」〔源氏・少女〕

こだち【詐刀】Ⓔ にせものの刀。「赤檮(いちひ)もちて（＝デ）—に作り」〔記・中〕《原文「詐刀」と表記。「詐刀」を「こだち」とよむ説が教科書に多く採られているので採録したが、このよみ方には何も根拠がない。むしろ「いつはれるたち」とよむのが穏当であろう》

ごたち【御達】Ⓓ ❶身分ある女性の尊敬語。「（自分ハタトエ皇女ヲ妻トシテモ）そのおとうと（＝妹）の—（ヲハジメトシ）、そのあたりの（＝手近ニイル）人の妻(め)は、女御まで残してましや（＝コトゴトク手ヲ出スツモリダ）」〔宇津保・蔵開中〕《従来「婦人（複数）の尊敬語」という意で説明されてきたが、その用例はいずれも②と解すべきもので、中古文献において一般的に女性の尊敬語に用いられたのは、いまのところ上の一例しか見つけていない。しかも、これはテクストによっては「みこたち」となっており、確定的な用例とはいえないようである》 ❷相当な地位の侍女。「—、東の廂(ひさし)にいとあまた寝たるべし」〔源氏・空蟬〕

こた・ふ【答ふ・応ふ】（—タ〈ト〉ウ）Ⓑ《自下二》❶（問いかけ・話しかけ等に）返事する。「『殿は出でさせたまひぬるか』と問へば『さもあらず（＝イイエ）。外(と)にこそ（イラッシャイマス）』と—・ふ」〔寝覚・巻二〕 ❷反響する。「山彦もおなじ声に—・ふれば」〔栄花・玉台〕 ❸通報する。告げる。「金は今日受け取る。ただし（金ヲ渡サナイナラ、コノ使イ込ミヲ）仲間へ—・へうか（＝ブチマケヨウカ）」〔近松・冥途飛脚・上〕 ❹報いる。「天皇はなはだほめましまして、天より下れる神剣を授け、『その大勲に—・ふ』とぞ宣はせける」〔神皇正統記・上〕 ❺感応する。報いる。「その善根、今生に—・へて当国を知行する事を得たり」〔太平・巻三六ノ一〕 ❻しみ通る。ずきんと来る。「声々に尋ねけるこそ身に—・へて悲しく」〔西鶴・一代男・巻六ノ一〕

こだま【木魂】Ⓓ《江戸時代以後は「こだま」》❶樹木の精霊。「（アキ家ニハ）—などいふけしからぬ（＝奇怪ナ）かたちも現るるものなり」〔徒然・二三五段〕 ❷反響。「『南に（声ガ）聞こえた』と、（実ハソレガ）—の響き（デアルト）は気がつかず、みな生玉（ノ方へ）と走りける」〔近松・重井筒・下〕

こたみ【此度】Ⓓ《副》こんど。「—はみな世にゆりたる（＝世間デ定評ノアル）ふるき道の者（＝専門家）どもなり」〔増鏡・おどろ〕

こだ・る【傾る】Ⓔ《自下二》❶傾く。しなだれる。「蓮華(れんげ)の花よ、咲いて—・れ撓(たを)うだ」〔田植草紙・晩歌四番〕 ❷《補助動詞ふうに、他の動詞に付いて》動作のはなはだしい意を表す。むやみと（…する）。さかんに（…する）。「浜千鳥舞ひ—・れて遊ぶなり」〔梁塵〕

こち【東風】Ⓔ 東から吹いてくる風。多くは春風にいう。「かくばかり—てふ（＝トイウ）風の吹くを見て塵の（＝ホンノ

スコシダッテ)疑ひを残さずもがな」〔金葉・雑下〕

こ ち【此方】Ⓑ《代》❶こちら。「内裏(うち)にさぶらひつれど、—ものせむ(=オウカガイショウ)とてなむ、急ぎ出でぬる」〔蜻蛉・下〕「いづら(=ドコ?)猫は。—ゐてこ(=連レテオイデ)」〔更級〕❷わたし。「—党づれ(=ワレワレフゼイ)もこの時の春」〔芭蕉(江戸両吟集)〕

こち ごち・し【骨骨し】Ⓓ《形シク》❶(態度などが)無骨だ。ごつごつしている。ぎこちない。「(玉鬘ハ)容姿(かたち)は、かくめでたく(=リッパデ)きよげながら(=美シイケレド、モシ態度ガ)田舎び—・しくおはせましかば、いかに玉の疵(きず)ならまし」〔源氏・玉鬘〕❷(性質が)うるおいに乏しい。殺風景だ。「(宇治ノ姫君タチハ)いと世づかぬ(=愛情ニ冷淡ナ)聖(ひじり)ざまにて(=堅人フウデ)、—・しうぞあらむ(=カサカサシテイルダロウ)」〔源氏・橋姫〕〔(1)「—・しき人にて、かうやうの事(=歌ノ道ヲ)さらに知らざりけり」〔土佐〕によって「無風流だ」の意を認める説もあるが、これは前後関係から出てくる臨時的意味にすぎない。用法としては②である。(2)「古物語にかかづらひて、夜を明かしはてむも—・しかるべければ」〔源氏・橋姫〕によって「無作法だ」の意を認める説もあるが、「ことごとしかるべければ」「ちごちごしかるべければ」となっているテクストもあるので、保留する〕

こちた・し【事痛し】Ⓑ《形ク》(「こといたし」の連音変化で)❶人の口が多くて、うるさい。わずらわしい。「おぼろかの心は(=オザナリノ気持チデハ)思はじわがゆゑに(=アナタハ)人に—・く言はえしものを(=ウワサヲ立テラレタノデスモノ)」〔万葉・巻一一〕❷ことごとしい。おおげさだ。ぎょうぎょうしい。「行く先の御頼め(=将来キットコウシテヤルヨトイウオ約束ガ)いと—・し」〔源氏・夕顔〕❸多い。おびただしい。「髪は、五重(いつへ)の扇をひろげたるやうに—・き末つきなり(=ウルサイホド多イ端ノグアイダ)」〔源氏・手習〕

こち な・し【骨無し】Ⓓ《形ク》❶無作法だ。ぶしつけだ。「—・くも聞こえおとしてけるかな(=ウッカリ物語ノ悪口ヲ言ッテ失礼シマシタ)」〔源氏・螢〕「関白殿わたらせたまひ、上達部(かんだちめ)・殿上人など、さるべき(=高位ノ)人々参り集ひて後に、日(ガ)高く(ナルマデ)待たれたてまつりて(=オ待タセシテオイテカラ当人ガ)参りたまひければ、すこし—・くおぼしめさるれど」〔大鏡・実頼〕❷無趣味だ。気がきかない。やぼだ。「男など(ノオ世話)は(ソチラサマデ)—・うもぞおぼしめす(=無粋ダトオ感ジニナルカモシレナイ)」〔平家・千手前〕

こち の ひと【此方の人】Ⓓ㊀妻が夫をさしていう語。主人。「—の(ワタシヲ)呼ばせらるるさうな(=オ呼ビラシイ)」〔狂・法師が母〕㊁《代》妻が夫にいう第二人称。あなた。「『—、—』と(夫ヲ)呼び起こしければ、『何ぞ』といふ」〔西鶴・胸算用・巻三ノ三〕

ご ぢん【後陣】(—ジン)Ⓔ㊣「先陣」本陣の後ろに控えている隊。あと備え。「—に落とす(=先陣ノスグ後ロカラ馬デカケオリル)人々の鐙(あぶみ)のはな(=先端)は、先陣の鎧(よろひ)甲(かぶと)にあたるほどなり」〔平家・坂落〕

こつ【骨】Ⓔ❶火葬にしたあとの遺骨。「(清盛ノ遺骸ヲ)愛宕(おたぎ)にて煙になしたてまつり、—をば円実法眼(ほふげん)頸にかけ、摂津国へくだり、経の島にぞおさめける」〔平家・入道死去〕❷(学芸・技能にひいでる)天分。「北面(ノ武士ノ中)に平衛門の尉泰頼—ある(=ウマレツキ勘ノヨイ)者にて、上皇の御まなび(=ロマネ)をたがひまゐらせず(=ソックリニ)申しければ」〔平治・上・一二〕「(定家ノ歌ハ)その—すぐれざらむ初心の者まねばば、正体なき(=トリトメノナイ)事になりぬべし」〔後鳥羽院口伝〕

こつ がい【乞丐】Ⓔこじきをすること。またはその人。「父母ありしかども、みな死にて、相知れる人なし。されば、寄りつく方なくて、かかる—をばするなり」〔今昔・巻二ノ二四〕

こつ じき【乞食】Ⓔ❶僧が修行のため、お経や念仏をとなえながら歩きまわり、食物などを施してもらうこと。「かくて(=コレデハ)あまりみぐるしとて、僧都(そうづ)(=源信)は—とどめたまひてき(=オヤメニナッタ)」〔大鏡・頼忠〕❷おちぶれて、ものもらいに歩くこと(者)。「—に筋なし(=ドンナ生マレノ者デモナリカネナイ)」〔西鶴・織留・巻一ノ二〕

こっ ぱふ【骨法】(—ポウ)Ⓔ❶作法。「(競ハ)滝口(ノ武士)の—忘れじとや、鷹の羽にてはいだりける的矢一手ぞ(=的ヲ射ルタメノ矢ヲ二本)差しそへたる(=余分ニ差シテオイタ)」〔平家・競〕❷芸能などの根本的技法。骨髄。「そなたは(=オ前ハ)必ず書を習ふべからず、かたちよく似たりとも(=字ノ形ハウマクマネテモ)—は得べからず」〔秋成・胆大小心録・八九〕

こ て【籠手・小手】Ⓔ❶ひじと手首との間。「うち倒し、高手—にいましめて(=シバリアゲテ)侍所へ渡せば」〔太平・巻二四ノ五〕【(高手(ひじから肩までの部分)に小手がつくような形にの意】❷鎧(よろひ)の付属品。腕全体をおおう。布製で、鎖・鉄の金具をつける。「臑(すね)当てのはづれ、—の余り(=当タッテイナイ所)、切られぬ所ぞなかりける」〔太平・巻二二ノ一〕

こ でい【健児】Ⓓ「こんでい」の撥(はつ)音が弱まって生まれた形。→こんでい。「あっぱれ支度や(=ウマイ工夫ダ)。これは牛—がはからひか(=牛飼イノ考エナノカ)、殿(=宗盛サマ)

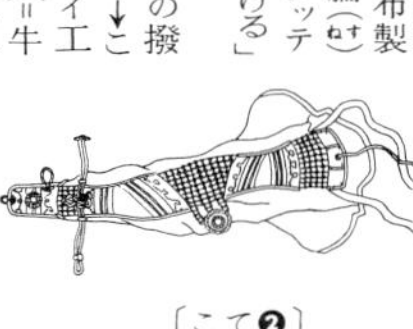

〔こて❷〕

こ

のやうか(=シカタナノカ)」〔平家・猫間〕

ごてい【御亭】 Ⓔ [略]御亭主。ご主人。「—さま(=御主人サン)さらば(=ゴキゲンヨロシク)」〔西鶴・胸算用・巻三ノ三〕

こと-【異】 Ⓑ〘接頭〙「他の」「別の」「ちがった」などの意をあらわす。「—木」「—国」「—人」「—物」等。

こと【異】 Ⓑ [一]〘形動ナリ〙特別だ。普通でない。なみはずれている。「いさや(=サアネ)、—・なることもなかりきや」〔源氏・帚木〕 [二] 違う物。別の物。「明日にならば、—(=別ノ本)をぞ見たまひ合はする(=参照ナサリハシマイカ)」〔枕・二三段〕

こと【言】 Ⓑ ❶〘一般的に〙ことば。「いやしき—もわろき—も、さと知りながら(=ソレト自覚シタ上デ)ことさら(=意識的)に言ひたるは、あしうもあらず」〔枕・一九五段〕 ❷〘特に音声の面をとりあげ〙口に出すこと。「—に出でて言はぬばかりぞ水無瀬(みなせ)川下にかよひて(=心ノ底デハズット)恋しきものを」〔古今・恋二〕「—にあらはしても宣はず」〔源氏・蛍〕 ❸(好意的でない)うわさ。評判。「逢はむ夜は何時もあらむを(=イツダッテ機会ハアッタロウニ)何すとか(=何ダッテワタシハアノ人ニ)かの夕(よひ)あひて—の繁きも(=人ノウワサニナルヨウナコトヲシチマッタノカシラ)」〔万葉・巻四〕 ❹歌のこと。「あだなる(=ウワツイタ)歌、はかなき—(=ツマラナイ歌)のみ出でくれば」〔古今・序〕

こと【事】 Ⓐ ❶行為・動作をいう。しわざ。しごと。事務。処置。「いでや(=サア)、さりとも(=ソウハイッタッテ)何ばかりの—をか(=シデカソウ)と思ふに」〔大鏡・序〕 ❷行事。儀式。法要。「その日は後宴の—ありて(=花ノ宴ノ後ノ遊ビノ行事ガ行ワレ)、まぎれ暮らしたまひつ。箏(さう)の琴、つかうまつりたまふ(=オヒキナサル)昨日の—よりも(=昨日ノ花ノ宴ノ行事ヨリモ)なまめかしうおもしろし」〔源氏・花宴〕 ❸世間におこるでき事。「—にふれて数知らずくるしきことのみまされば、いといたう思ひわびたるを(=ツライト思ッテイルノヲ)」〔源氏・桐壺〕 ❹㋑重大なでき事。大事。「はかばかしき(=シッカリシタ)後ろ見しなければ(=後ロ立テニナル人モナカッタノデ)—あるときはなほ(=ヤハリ)より所なく(=タヨリ所ガナクテ)心細げなり」〔源氏・桐壺〕㋺(個人にとっての)重大な事態。ピンチ。「この事一定(いちぢやう)(=キット)披露すべし(=広マルハズダ)。さらば、汝—にあひなむ(=ヒドイ目ニアウニキマッテイル)」〔盛衰・巻一七ノ八〕 ❺事情。わけ。理由。意味あい。内容。「思ひしにあらぬ(=カネテ思ッテモイナカッタ)—どもなどありて、世の中うらめしげにて(=夫婦仲モウマクナイ様子デ)」〔更級〕 ❻観念的にあるものをさしていう。「その後は何となくまぎらはしきに(=アレコレト気ノマギレル事ガ多クテ)物語の—もうちたえ(=スッカリ)忘られて(=自然ト忘レテイテ)」〔更級〕 ❼はでな事。華美さ。「九条の院は—を好ませたまひければ、洛中より容顔美麗なる女を千人召されて」〔義経・巻一ノ二〕 ❽もっぱらにすること。とくにそれをする役。「昼は日ぐらし、夜は目のさめたるかぎり、火を近くともして、これ(=源氏物語)を見るよりほかの—なければ」〔更級〕 ❾動詞・形容詞の下に付いて、それらを体言化する。「いとはしたなき—多かれど(=不都合ナ事ガ多カッタガ)、かたじけなき(=アリガタイ)御心ばへの(=帝ノ御気持チガ)たぐひなきを頼みにて(=比類ナイノヲタヨリニシテ)まじらひたまふ(=宮中勤メヲナサル)」〔源氏・桐壺〕 ❿句末に用い「…であることよ」「…だなあ」という感嘆の意を表す。「このごろ下衆(げす)の中にありて(=召使タチノ中デ暮ラシテイテ)、いみじうわびしき—」〔更級〕 [参]ことがら。 **——にもあら・ず** 問題にならない。「(子ドモヲカラカウノハ)おとなしき人は(=オトナノホウデハ)、まこと(=本気)ならねば、—・ず(=ナンデモナイサト)思へど」〔徒然・一二九段〕 **——のこころ** 事の心Ⓓ〘連語〙 ❶事がらの中心。事の筋あい。「—を男文字(=漢字)にさまを(=アウトラインダケヲ)書きいだして」〔土佐〕 ❷事のわけ。趣旨。内情。「源少納言さぶらひたまはば、対面(たいめ)して—(=事情ヲ)とり申さむ(=ヨロシク申シアゲマショウ)」〔源氏・明石〕

こと【琴】 Ⓒ ❶中がからの胴の上に弦を張った楽器。一弦の箏(さう)・七弦の琴(きん)・四弦の琵琶(びは)など種類が多い。「御—どもうるはしき紺地の袋どもに入れたる、取り出でて、明石の御方には琵琶、紫上には和琴、女御の君に箏の御—」〔源氏・若菜下〕「今の世にあまねくもてあそぶなる三味線といふ—をかきたる画」〔宣長・玉勝間・巻七ノ三七〕 ❷琴をひく技術。琴の道。「やうやう(=ダンダン)およずけたまへば(=ゴ成長ナノデ)、—習はし」〔源氏・橋姫〕

ごと【如】 Ⓑ〘助動〙〘助動詞「ごとし」の語幹〙…ように。「ごとく」とほぼ同様の用法である。[参]ごとし。「虫の—声に立ててはなかねども涙のみこそ下にながるれ」〔古今・恋二〕「身をかへたるが—(=生マレ変ワッタヨウニ)なりにたり」〔竹取〕「前栽(せんざい)(=植エコミ)の露は、なほ、かかる(下賤ナ)所も同じ—きらめきたり」〔源氏・夕顔〕

こと あげ【言挙げ】 Ⓔ〘十他サ変〙自分の考えをことばにはっきり言いあらわすこと。「すなはち—・してのたまはく、『まさや(=タシカニ)吾(あれ)勝ちぬ』」〔紀・神代上・訓〕(「ことあげして」は「称」の訓)

こと いみ Ⓓ〘十他サ変〙 [一]【言忌み】悪い結果をもたらしそうなことばを口に出したり書いたりしないようつつしむこと。「あはれと見けるままに(=カワイイト思ッタ一心デ)

—もせずうちつづけたることば」〔寝覚・巻三〕 [二] 【事忌み】えんぎでもない行動をせぬようつつしむこと。「涙とどまらねど(＝ポロポロコボレルガ)我はなほ(＝自分デハヤハリ)—・せまほしうて、忍ぶる(＝涙ヲコラエルノ)も苦し」〔栄花・鳥辺野〕

こと うけ【言承け】Ⓓ 本心からでなく、いちおう承諾すること。「よしなき(＝クダラナイ)—をしてけると思へども…いなびがたくて(＝コトワリキレズ)、箱を受け取りて」〔今昔・巻二七ノ二一〕

こと がら【事〈柄〉・〈骨柄〉】Ⓒ ❶㋑見たところの様子。ありさま。「十万余騎にて都を立ちし(平家部隊ノ)—は、なに面(おもて)を向かふべしとも見えざりしに」〔平家・実盛〕㋺(きまった)かたち。型。「よしなき(＝ツマラナイ)事なれど、さりとてやまば(＝ソウカトイッテ止メニスレバ)安からず(＝腹ガ立ツ)。(アイツヲ)—ばかり(＝ホンノ形ダケデモ)おどさむ」〔著聞・興言利口〕㋩《歌などの》表現のおもむき。表現された様子。表現のすがた。「先達どもも、かならず(シモ)歌の善悪にはよらず、—やさしく、おもしろくもあるやうなる歌をば、かならず(＝キット)自讃歌(＝代表作)とす」〔後鳥羽院口伝〕 ❷㋑風采(ふうさい)。「(為朝ハ)器量・—・面魂(つらだましひ)、まことにいかめしげなる者なり」〔保元・上・一一〕㋺容姿。「あてやかなる—、ものいとほしき顔だち」〔盛衰・巻三ノ一一〕 ❸㋑事の様子。筋あい。「人をさして難じたるにはあらねども、—同前なり」〔十訓・第四ノ一二〕㋺事態。なりゆき。「悪七兵衛も—には(＝事情ヤムナク)出でたりけれども、いかがして(＝ナントカシテ)留まらむと思ふ所に」〔盛衰・巻三七ノ二〕《(1)「こと」に「ことがら」①②③の意がみな含まれる。「車を馳する賓客は、門前こと騒がしく」〔盛衰・巻七ノ六〕は①、「ことよろしき女のいたうやつれたりけるが」〔著聞・和歌〕は②、「しばらくことをうかがへば」〔浮・棠大門屋敷・巻五ノ一〕は③に対応する。それに接尾語「から」の付いたもの。(2)中世以前の「つ」はtsuでなくtuだったと思われる。そのため、「つ」「と」の相通現象があった。「あかとき(暁)」対「あかつき」、「あつら(誂)ふ」対「あとらふ」、「まづ(貧)し」対「まどし」、「いづこ(何処)」対「いどこ」等。そのため「こつがら」という語も生じた》

こと き・る【事切る】Ⓔ [一]《他四》決着をつける。「ただ今とりつきて、—・りてむと思ひて」〔著聞・興言利口〕 [二]《自下二》 ❶決着がつく。(なりゆきが)はっきりする。「(アノ秘曲ヲ吹クノハ)一の笛(＝第一位ノ笛吹キ)に依るべからざる(＝限ラナイ)ことは、先々—・れさうらふぞ」〔著聞・宿執〕 ❷息を引き取る。絶命する。「傷寒(＝急性ノ熱病)をうれへて(＝病ンデ)、—・れたまひなむとするに」〔白石・折たく柴の記・序〕

こと ぐさ【言種】Ⓓ ❶よく口にする事がら。話題。「こもとに言ひつけたる—、ものの名など、心得たるどち」〔徒然・七八段〕 ❷《中世歌論で》きまった連想をもつことば。「『浅くは思はぬぞ』といふに寄り来たる『山の井』なれば、—に取り寄せたるにてこそ」〔為兼抄〕

ごとく な・り【如くなり】Ⓑ《助動》《「ごとし」の連用形に断定の「なり」が付いた複合助動詞。活用→なり》〔比況〕 ❶《たとえ》まるで…のようだ。…に似ている。「車の輪の—・る雨ふり、雷(いかづち)鳴りひらめきて」〔宇津保・俊蔭〕「富の来たる事、火の乾けるにつき、水のくだれるにしたがふが—・るべし」〔徒然・二一七段〕 ❷《一致》…とおなじだ。…のとおりだ。「またもとのごとくに帰りたまふべきさまになど」〔源氏・須磨〕[参]ごとし。

こと くは・ふ【言加ふ】(—ワ〈オ〉ウ) Ⓔ《自下二》口出しをする。よけいなことを言う。「とう(＝早ク)書きて参らせたまへ(＝サシアゲナサイ)。男は—・へさぶらふべきにもあらず」〔枕・二三段〕

こと ごころ【異心】Ⓔ ❶裏切りの心。けしからぬ心。「もしなきま(＝不在ノ間)に—もやあると疑ひて」〔古今・雑下・詞〕 ❷他の方にも好意的な心。他の人への特別な気持ち。「年ごろ(正夫人ノホカニ)—なくて過ぐしたまへるなどは、ありがたう(＝メズラシイコトダト)おぼし許す」〔源氏・藤裏葉〕

こと ごと Ⓓ [一]【事事】《「事」の複数》あれやこれや。さまざまなこと。「—は(＝アレコレト)さしもあらず(＝ソンナ強情ナ態度ハトルマイ)など思へば、参りなむと思ひたつ」〔和泉日記〕「—に悲しき秋と知りながらさてしも誰か恨み果てたる」〔千五百番歌合・巻一一・秋四〕 [二]【悉・尽】《副》 ❶すべて。全部。「はたこ(＝農夫)らが夜昼と言はず(＝イツモ)行く道をわれは—(＝毎日)宮道(みやぢ)(＝宮へ行ク道)にぞする」〔万葉・巻二〕 ❷まったく。完璧(かんぺき)に。完全に。「二葉より(＝幼イ時カラ)—疑ひなく后がね(＝必ズ皇后ニナル方)とかしづききこえたまへる(＝オ世話モウシ上ゲテイル)に」〔栄花・根合〕 **——に** 悉に Ⓓ《副》すっかり。全部。「—は、みづからさぶらひて(＝参上シテ)申しはべらむ」〔源氏・夢浮橋〕「させる事なきほど(＝タイシタ身分デモナイ間)は、—もえ申しはべらでなむ過ぎまかりつる」〔大鏡・道兼〕

こと ざま【事様】Ⓔ《中世語》 ❶(見たところの)ようす。有様。「鵺鳥(ぬえどり)も呼子鳥の—にかよひて(＝類似シテ)聞こゆ」〔徒然・二一〇段〕 ❷(推測された)模様。ぐあい。「大かたは家居(＝住宅)にこそ—(＝生活態度)はおしはからるれ」〔徒然・一〇段〕

こと ざま【異様】Ⓓ [一] ❶他の方面。他の人。「—にて

(=ホカノ方面デ)、ほの(=ソレトナク)御気色見る人の、語りたるにこそは」〔源氏・浮舟〕「軽々しく、—になびきたまふこと、はた、世にあらじ」〔源氏・総角〕 ❷別の状態。「かく—になりたまへるは、いとくちをしく」〔源氏・若菜上〕 ㊁《形動ナリ》 ❶(他のものとちがって)特別だ。念入りだ。「何か(=何ダッテ)人の(=北ノ方ガ)—・に(=トクニ身ノフリカタヲ)思ひかまへられける人をしも」〔源氏・東屋〕 ❷(実際とは)ちがっている。ほんとうでない。「乳母などにも—・に(=イイカゲンニ)ものせよかし(=口実ヲ作ッテオケヨ)」〔源氏・夕顔〕「(事実ト)—・に(=チガッタヨウニ)つきづきしくは(=モットモラシク)え言ひなしたまはねば」〔源氏・浮舟〕

ことさ・む【事醒む】Ⓔ《自下二》おもしろくなくなる。つまらなくなる。座がしらける。「(行成ガアマリニモヤサシイ歌ヲ知ラナカッタノデ)人々笑ひて—・めはべりにけり」〔大鏡・伊尹〕「(楽シイ酒宴ニ珍事ガ起コッタノデ)酒宴—・めて、いかがはせむ(=ドウショウ)とまどひけり」〔徒然・五三段〕

ことさら【殊〈更〉】Ⓒ ㊀《形動ナリ》意識的。故意。「—・にやつれたる(=目立タナイヨウニシテイル)けはひ(=様子)しるく(=ハッキリ)見ゆる車、二つあり」〔源氏・葵〕 ㊁《副》 ❶わざと。意識的に。「物(=食べ物)参れるなど、—所につけ(=場所ニ応ジテ)興ありてしなしたり(=風流ニ作ッテアル)」〔源氏・須磨〕 ❷とくべつ。とくに。とりわけ。「今は—のどかにて、心にかかる風もなし」〔謡・竹生島〕

ことさら・ぶ【殊〈更〉ぶ】Ⓓ《自上二》わざとらしい様子をする。わざとらしく見える。「えせ(=シガナイ)受領(ずりやう)の女(むすめ)などさへ…様—・び、心懸想したる(=源氏ニオカボレシテイル)なむ、をかしき様々の見物(みもの)なりける」〔源氏・葵〕

ごと・し【如し】Ⓐ《助動》《活用語の連体形(または「連体形＋が」)あるいは「体言＋の」の形に付き、他のものと比較して類似点・共通点を示す》

未然	連用	終止	連体	已然	命令
	く	し	き		

〔比況〕 ❶《たとえ》…のようだ。…みたいだ。…と似ている。「涙、雨の脚の—・くこぼる」〔宇津保・忠こそ〕「おごれる人も久しからずただ春の夜の夢の—・し」〔平家・祇園精舎〕 ❷《一致》…のとおりだ。…とちがわない。「(ワタシノ)思ひの—・くも(=思イドオリニ)のたまふものかな」〔竹取〕「六日、きのふの—・し」〔土佐〕 ❸《例示》たとえば…などだ。…の類だ。「さの—・き(=ソウイッタ類ノ)非常の事さぶらはむをば、いかでか(=ドウシテ)承らぬやうははべらむ(=ワタシガオ聞キシナイワケガゴザイマショウ)」〔源氏・浮舟〕《(1)語幹の「ごと」だけが連用形「ごとく」と同様に使われる場合も少なくない。→ごと。(2)推定をあらわす用法「わがいだく思想はすべて金なきに因する—・し秋の風吹く」〔啄木・一握の砂〕の類は、古文には見られない》(参)ごと・ごとくなり。

ことそ・ぐ【事削ぐ】Ⓓ《自四》手数をはぶいて物事を簡略にする。簡素化する。「—・がせたまふべきを、例ある事よりほかに(=前例以上ニ)、さま殊に加へて(=特別ニゴチソウノ品ヲ加エ)、いみじくもてはやさせたまふ(=オモテナシニナル)」〔源氏・初音〕「ことば少なに—・ぎて、おし包みたまへるを」〔源氏・総角〕《「言削ぐ」と解すべき用例は見当たらない》

こと・と・ふ【言問ふ】(-ウ)Ⓒ《自四》 ❶言う。語る。「—・はぬ木すら妹(いも)と夫(せ)ありとふ(=トイウ)をただひとり子にあるが苦しき」〔万葉・巻六〕 ❷(仲よく)言いかわす。親密なことばをかける。「人妻に吾もまじらむわが妻に他(ひと)も—・へ…」〔万葉・巻九〕 ❸尋ねる。きく。「年へたる(=年老イタ)宇治の橋守(=ニ対シ)—・はむ(=次ノコトヲ質問シタイ)幾代になりぬ水のみなかみ」〔新古今・賀〕 ❹㋑《手紙または使いによって》近ごろの様子をきいてやる。「都のかたよりとて、—・ひおこする人もなし」〔源氏・明石〕「俊寛僧都のもとへは—・ふ文(=手紙)一つもなし」〔平家・足摺〕㋺《自分でだれかを》訪問する。「—・ふ人もなき跡の、世に潮じみて(=ナジンデ)こりずまの(=コリモセズ)恨めしかりける契りかな」〔謡・松風〕

ことなし・ぶ【事無しぶ】Ⓓ《自上二》なんでもないようにふるまう。さりげなく扱う。「(アノ人ガワタシヲ)忘れじと立てし誓ひを今さらに—・ぶとも(=知ラン顔デゴマカソウトシテモ)神も許すな」〔壬二集・上〕

こどねり【小舎人】Ⓓ ❶蔵人(くろうど)所に所属して天皇身辺の雑用をつとめる者。みくらこどねり。「内裏(うち)より、忠君めしに、蔵人所の—来たり」〔宇津保・忠こそ〕 ❷(略)こどねりわらは。「—は、小さくて髪うるはしきが…声をかしうて、かしこまりて、ものなど言ひたるぞ、りやうりやうしき(=愛ラシイ)」〔枕・三七段(能因本)〕《三巻本・前田本は「小舎人童」とある》 ❸武家の侍所の下人。「すくやかならむ(=ガッチリシタ)—めらに仰せつけて、糾問を以って(=拷問ニカケテ)尋ねむとき」〔義経・巻六ノ五〕

—わらは 童(-ワ)Ⓓ 近衛(このえ)の中将・少将などにつき従う童形の召使。「随身(ずいじん)・—、つぎつぎの舎人などまで整へ飾りたる見もの、またなきさまなり(=最高級ノ見モノダ)」〔源氏・若菜下〕「—、小さくて…かしこまりて、ものなど言ひたるぞ、らうらうしき(=愛ラシイ)」〔枕・五四段〕

ことのは【言の〈葉〉】Ⓓ ❶ことば。「いかで(=ドウカ)はかなき(=チョットシタ)—をも聞こえじ」〔紫日記〕 ❷

《とくに》詩または歌。『待つとし聞かば帰り来む』と連ねたまひし(=オヨミニナッタ)―いかに」〔謡・松風〕《「は」を草木の葉と掛け詞にする技巧がよく使われる。「古への家の風(=旧家ノ伝統)こそうれしけれかかる(リッパナ)―ちりく(=タクサン出ル)と思へば」〔俊頼髄脳〕》

こと む・く【言向く】Ⓓ《他下二》《古代語》❶《説き聞かせ、こちらを向かせる意から》説得する。説き伏せる。「ちはやぶる(=枕詞)神を―・けまつろへぬ(=言ウコトヲ聞カナイ)人をも和(やは)し(=ナツケテ)…」〔万葉・巻二〇〕 ❷《転じて》服従させる。平定する。「ねがはくは小碓王(をうすのみこ)(=日本武尊)の―・けし国をめぐりみむと欲(おも)ふ」〔紀・景行・訓〕《「ことむけし」は「所平之」の訓》

こと もの【異物】Ⓔ ほかの物。「さても(=ソレデモ)足らざりければ(=不足ダッタノデ)、下には―入れさせぬ」〔宇津保・蔵開上〕《「異者」(ほかの者)という意を認める説もあるが、その用例は無いようである。ほかの者という意は、中古語では「ことひと」という》

こと やう【異様】(-ヨウ) Ⓒ《十形動ナリ》ふつうとちがっている。いっぷう変わっている。《多くは悪い場合に使う》「八重桜は―のものなり」〔徒然・一三九段〕「夜なれば、―・なりとも(=変ナカッコウデモカマワナイカラ)、疾く(=早ク来テクレ)」〔徒然・二一五段〕

こと わざ【事業】Ⓓ ❶すること。しわざ。しごと。「(ナキ藤壺ハ)思ふさまに(=理想的ニ)はかなき―をもしなしたまひしはや(=ナサッタナア)」〔源氏・朝顔〕 ❷こと。事件。「(歌トイウモノハ)世の中にある人、―しげきものなれば(ソレニツケテ)心に思ふ事を、見るもの聞くものにつけて言ひいだせるなり」〔古今・序〕

ことわり【理】Ⓐ ㊀ ❶人間の願いや力などではどうにもできない、世界を支配している道理。ロゴス。「愚かなる人は、これ(=死ガヤッテ来ルコト)を悲しぶ。(ソレハ)常住ならむ(=ズット同ジダロウトイウ)ことを思ひて、変化(へんげ)の―を知らねばなり(=万物ハ変ワラズニイナイトイウ道理ヲ知ラナイカラデアル)」〔徒然・七四段〕 ❷当然そうあるはずの筋あい。理屈。「太政大臣うせたまひぬ。―の御よはひなれど(=無理ハナイ御高齢ダガ)」〔源氏・明石〕「眷属(けんぞく)の(=神様ノ一族デアル)悪鬼・悪神をおそるるゆゑに(=サケルタメニ)、神社にて、ことにさきをおふ(=行列ノ先バライヲスル)べき―あり」〔徒然・一九六段〕 ❸《歌・連歌などで》内容となる事がらの意味。「一句の上に―知られて(=何ヲ言オウトスルノカヨクワカッテ)うるはしきを、秀逸(=スグレタ句)とのみ心得、前句のよりざま(=前句ヘノツケヨウ)をば忘れはべるやらむ」〔ささめごと・下〕 ❹判定すること。批判。判断。「左には(=左方カラ右方ニ対シテ)その―なし(=批判ガナカッタ)」〔源氏・絵合〕 ❺㋑条理を述べて相手の承諾を得ること。またはそのことば。「さきに―立ておいて(=承知サセテオイテカラ)使へば、借るも同然、あと(=事後)ではいかが(=ドンナモノダロウカ)と思ふうち」〔近松・冥途飛脚・上〕㋺事情を述べて、わびること。謝罪。「船頭どもへ―を言ひ、(乱暴シタ者ヲ)申しなだめ連れ帰り」〔常朝・葉隠・聞書一〕㋩事情を述べて、それをしないこと。辞退。遠慮。「お―ぢゃほどに、それがし(=ワタシ)から参らう」〔狂・相合烏帽子〕「嫁子の所は内(=自宅)同然(ダカラ)、―に及ぶことか(=ドウシテ気兼ネガイロウカ)。用があらば遠慮なくおっしゃったがよいわいの」〔浄・手習鑑・二〕㊁【断り】《転じて》不承知。拒絶。「先約の方へ―を言うて、後から参らうと言ふに、(アナタハ)聞きわけもない」〔狂・胸突〕 ❻江戸時代に告訴の前提として、被告人の住む町の年寄役や五人組に役所から出された通告。「最前(=サキホド)引き合はしたる太鼓持ちは、盗人の請けに立ちけるとて、町へきびしき―、茶屋はとりつくしまもなく」〔西鶴・胸算用・巻三ノ一〕 ㊁《形動ナリ》当然だ。もっともだ。もちろんだ。「『翁の命、今日明日とも知らぬを(=イツマデ生キラレルカワカラナイカラ)、かくのたまふ(=求婚ナサル)君達(きんだち)にも、よく思ひ定めて(=考エヲキメテ)つかうまつれ(=結婚ナサイ)』と(翁ガ)申すも―・なり」〔竹取〕「(貫之ガコノ歌ヲ)集に書き入れたる、―・なりかし」〔大鏡・師輔〕

ことわ・る【理る・断る・判る】Ⓑ《他四》❶㋑道理を通して正しいかどうかを判断する。道理に合うように判定する。「国つ神空に―・る(=理非ヲ正シテキメテクレル)仲ならばなほざりごと(=アナタノ誠意ノナイコトバ)をまづやたださむ(=オサバキデショウ)」〔源氏・賢木〕㋺(訴訟の件を)判決する。「これ、この獄(=裁判)を―・るべき例(=判例)とも見えず」〔白石・折たく柴の記・下〕 ❷事のわけを事情・理由によって説明する。「『あづま人は…はじめより否(いな)と言ひてやみぬ。(ナゼナラ)にぎはひ豊かなれば、人には頼まるるぞかし』と、―・られはべりし(=説明サレマシタ)」〔徒然・一四一段〕「『さのみは惜しまざりしに』と―・りたまふ御身(=アナタ)は、さていかなる人にてましますぞ」〔謡・江口〕 ❸(事情をはっきりさせて)届け出る。「(踏ミ倒シヲ)馬借問屋(=馬子ノ管理所)へ―・られ悪名が立っては(仕事ニ差シツカエル)」〔近松・小室節・中〕「さもないと(=借金ヲ返シテクレナイト)今日はこの御地面のお屋敷(ノ管理者)へ―・って出ねばなりませぬ」〔伎・四谷怪談・二〕 ❹だめを押す。たしかに了解を得ておく。「かならず後で恨まっしゃるな。伊右衛門どの、―・りました、―・りました(=念ヲ押シテオキマスヨ)」〔伎・四谷怪談・三〕 ❺辞退する。遠慮する。《「りっぱな医者どのに見せたが、『所詮(=ドウシテモ)かなはぬ(=助カラナイ)』と、いくたり呼んでもおことわりさ」〔伎・お染の七役・中〕によれば、この用法があったはず〕

ご なう【御悩】(—ノウ) Ⓔ 高貴な人の病気。御病気。おんわずらい。「百日に満ずる日(=満一〇〇日ニナル当日)大きなる狐矢さきに当たって死すれば(=死ンダノデ)、君の—も治(なほ)らせたまふ」〔狂・釣狐〕

こな さま【此方様】 Ⓔ 〔代〕↓こなさん。(「こなさん」よりいくらかていねいな言いかた)「—の(=アナタガ、アノドラムスコニ)やってくださるその深い志に(対シテ、ワタシガ)盗んだ銭が(アノ子ニ)なんと(=ドウシテ)やらりょ(=ヤレマショウ)」〔近松・油地獄・下〕

こな さん【此方さん】 Ⓔ 〔代〕(近世の町人語)親しい間で使う第二人称。おまえさん。(「こなたさま」↓「こなさま」↓「こなさん」と転じた)「—早う行て(=早ク小春ノトコロヘ行ッテ)どうぞ殺して下さるな(=死ナセナイデ下サイ)」〔近松・天網島・中〕

こなた【此方】 Ⓑ 〔代〕 身近な方角・場所。こちら。こっち。「さるべきにやありけむ(=ソウイウ運ガアッタノダロウ)、作りたる田のよくて、—に作りたるにも、ことのほか(=ズット)まさりたりければ」〔宇治・巻四ノ四〕 ❶(話し手を中心にして) ❷(ある所より)こちらがわ。そこよりてまえ。「例の奈良坂の—に、小家などに、この度はいと類ひろければ(=ナカマガ大ゼイナノデ)え宿るまじうて」〔更級〕 ❸(ある時点を中心に)話主に近いほうの時。前後の場面により、未来にも過去にもなる。「大臣も長からずのみおぼさるる御世の—にと(=長クハナイトオ考エニナル御寿命ノアルウチニト)おぼしつる御参り」〔源氏・藤裏葉〕(↑未来の例)「(柏木ホドノ人物ガ)この二三年(ふたとせみとせ)の—なむ、いたう湿りて(=フサギコンデ)、もの心細げに見えたまひしかば」〔源氏・柏木〕(↑過去の例) ❹(第一人称)わたし。「けふも山伏の御通りあらば、—へ申しさうらへ(=ワタシニ報告シナサイ)」〔謡・安宅〕 ❺(第二人称)あなた。「二三日あと(=以前)におば様の昼寝をなされた時、—の糸巻きをあるとも知らずふみわりました」〔西鶴・一代男・巻一ノ二〕 ❻話題の中心になっている人をさす。「(源氏ノ君ヲ)待ちきこえ顔なる片つ方の人(=軒端ノ荻)を、あはれとおぼさぬにしもあらねど…まづ—の心(=空蝉ノ気持チ)を見はてて(=見キワメテカラ)とおぼすほどに」〔源氏・夕顔〕

こ には【小庭】(—ワ) Ⓔ ❶寝殿造りの建物のあちこちにある狭い庭。「侍(=家来ノ詰メ所)の立て蔀(じとみ)の内の—に立ちけるを」〔宇治・巻一ノ五〕 ❷(とくに)清涼殿の小庭。「殿上の(=清涼殿ノ殿上ノ間ノ前ノ)—にかしこまってぞさうらひける」〔平家・殿上闇討〕 ❸対「大庭」狭い場所。「(演能ガ)—などならば、御前を遠くすべし」〔花鏡〕

こぬれ【木末】 Ⓓ (「このうれ」の短縮形)こずえ。「山の—も春去れば花咲きにほひ…」〔万葉・巻一九〕

この【此の】 Ⓑ 〔連語〕 ❶㋑話主に近い事物をさす。「その」よりも近い感じでいう。「いで(=サテ)、—たびは負けにけり」〔源氏・空蝉〕㋺いやしめたり非難したりする意を添える。「—くたばりめが(=コン畜生メ)」〔洒・道中粋語録〕「—また小桶をならべた事わい、通り道がねえ」〔三馬・風呂・前ノ上〕 ❷㋑前に述べた人・事・物をさしていう。「帯刀(たちはき)とて、いとされたる(=スマートナ)者、—(=上ニ紹介シタ)あこぎ(トイウ女性)に文(ふみ)かよはして(=ラブレターヲヤッテ)」〔落窪・巻一〕「いま—(=コンナ)御身にてかやうの事(ヲナサルノ)は、御運も尽きたると存じさうらふ」〔謡・船弁慶〕㋺定冠詞 theのような感じで用いる。(訳する時は省いてもよい)「几帳(きちやう)の面(つら)に添ひ臥(ふ)して、—ゐたる法師(ヲ)近く呼びて、もの言ふ」〔堤・このついで〕「—聞く男ども、をこがり(=バカバカシガリ)あざけりて」〔宇治・巻二ノ一二〕 ❸現在まで継続していることを表す。ずっと今までの。「寛弘九年…入道したまひて、—十余年は仏のごとくして行はせたまふ」〔大鏡・道長〕 ❹わたしが。わたしの。「—持ちたる銭にかへて来にしなり」〔大鏡・序〕

この あひだ【此の間】(—イダ) Ⓓ ❶せんだって。最近。「—お種様(ガ)人に隠して…買うてくれとおしゃりまして」〔近松・堀川波鼓・中〕 ❷近ごろ(いつも)。このごろ。「—はもっぱら友弥殿に御鼻毛を延ばしたまふ(=ノボセテイラッシャル)」〔役者論語・芸鑑〕 ❸近いうちに。近日中。「—にお出でなんしえ(=オイデナサイヨ)」〔洒・総籬〕

この かみ【兄】 Ⓒ ❶兄。まれには姉のこともいう。「この男の—も衛府の督(かみ)なりけり」〔伊勢・八七段〕 ❷年がうえであること。または年長の人。「(陽成院ハ)八十一にて天暦二年九月二十九日にかくれたまふ。御法事の願文に『釈迦如来の一年の—』とは作られたるなり」〔大鏡・陽成院〕 ❸数あるなかで最もすぐれているもの。「すぐれたるは(=ホントウニスグレタ者ハ)数少なくなりためるを、その(=ソノ方面ノ)—と思へる上手ども(ダッテコノ音楽ノ道ハ)いくばく(=何ホドモ)えまねび取らぬにやあらむ(=学ビトルコトガデキナイデアロウ)」〔源氏・若菜下〕 ——**ごころ** 心 Ⓔ 兄・(姉)らしい心。「こよなく(=スッカリ)—に(=兄サンブッテ)ところさりきこえたまふ(=弟宮ニオ譲リ申シナサル)」〔源氏・横笛〕

このま・し【好まし】 Ⓓ 〔形シク〕 ❶共感できる。心がひかれる。(英語のagreeableに当たる)「目なれたる(=世間ニヨク見受ケル)うちつけの(=デキ心ノ)すきずきしさ(=色恋沙汰(ざた)などは、—・しからぬ御本性(ほんじやう=性格)にて」〔源氏・帚木〕 ❷感じがよい。すてきだ。〘英語のattractiveに当たる〙「(手紙ハ)緑の薄様の—・しきかさね(=紙ヲ重ネ合ワセタモノ)なるに」〔源氏・少女〕 ❸風流だ。〘多くは色好みなのを遠まわしに言うとき用い、フランス語のamoureuxをもうすこしぼんやりさせた感じ〙「(ソノ女性ハ)艶に—・しき事は」〔源氏・帚木〕

この・む【好む】Ⓐ〘他四〙❶(他と比較してとくにそれを)すく。(他のものよりも)愛する。「素戔嗚尊は、これ性(ひととなり)残(そこな)ひ害(やぶ)ることを—・む」〔紀・神代上・訓〕〘「このむ」は「好」の訓〙 ❷(自分の好みで)㋑趣向をこらす。「(アンマリ重ネ着シテ唐衣ガホコロビタノデ)—・むとはなけれど(=ワザトシャレテシタワケデハナイガ)村濃(むら)の糸してぞ掛けためる(=掛ケトジニシタヨウダ)」〔栄花・若ばえ〕 ㋺選ぶ。それと決める。「もとより—・む(=以前カラ愛用ノ)大長刀(なぎなた)、真中とってうちかつぎ」〔謡・橋弁慶〕 ㋩自分の気に入るように造る。「大納言はことさら(=トクニ)家居を結構し(=工夫シ)、山荘をすごく(=シンミリト)おもしろくこそ—・まれしに」〔平家・巻三(長門本)〕 ㊁注文する。「『はばかりながら(=恐縮デスガ)文章を—・まむ(=一筆カイテクダサイ)』と申せば…(先方ガ)『いかが書くべし(=ドウ書イタライイノダ)』とあれば」〔西鶴・一代男・巻一ノ二〕

この よ【此の世】Ⓒ ❶(過去世・未来世に対する)現世。「はかなき—を過ぐすとて、海山(デ殺生ヲシ)稼ぐとせしほどに、よろづの仏にうとまれて、後生(ごしやう=来世ハ)わが身をいかにせむ」〔梁塵〕 ❷人の生きているあいだ。一生。「(セメテ)—の末(=晩年)になりてだに、うれしきふしや見ゆる(=ヨイ事ガアルカ)とて」〔栄花・岩蔭〕 ❸世間。現実社会。「『大将殿とは、この(=アノ)女二の宮の御夫(をんと)にやおはしつらむ(=ダンナ様ナノカシラ)』などいふも、いと—遠く(=浮キ世バナレガシテ)田舎びたるや」〔源氏・夢浮橋〕 ❹今の世のなか。現代。「—をふさはしからず(=不満足ニ)思ひたまへるなり」〔栄花・日蔭蔓〕 ❺わが国。「中納言は(久シブリニ見ル)—の事ども(=日本ノ事物ヲ)めづらしう思(おぼ)されて、見し世(=以前イタ中国)の春に似たりしほどなど…思さるれば」〔浜松・巻二下〕

この ゑ【近衛】(-エ) Ⓓ 〘「こんゑ」のなまり〙(略)近衛府。 **—づかさ** 府 Ⓓ 「このゑふ」に同じ。 **—ふ** 府 Ⓓ 宮中で紫宸殿にいちばん近い門内の警備を主要任務とする役所。左近衛府(東方日華門がわ担当)と右近衛府(西方月華門がわ担当)に分かれる。長官は大将、次官は中将・少将、三等官に将監(しやうげん)、四等官に将曹(しやうそう)があり、その下に府生(ふしやう)・番長(ばんちやう)・近衛舎人(とねり)等がいた。(参)ゑふ。

左近陣
紫宸殿
右近陣
N
月華門
日華門
(右近橘)
(左近桜)
承明門

〔このゑふ〕

こ は【是は・此は】Ⓒ〘連語〙〘代名詞「こ」に助詞「は」の付いたもの〙事の意外なのに感動して「これはまあ」という意に使う。「夜中に、—、なぞ(=ナンダッテ)ありかせたまふ」〔源氏・空蟬〕 **—いかに** 如何に Ⓒ〘連語〙驚きあきれたときの感動のことば。これはまあどうしたことか。「—、たまたま(=ヤット)かかる(アリガタイ仏ノ)法(のり)にあへば(=出会ッテ成仏デキルカト思ウト)、なほその苦患(げん)を見せむとや(=ヤッパリ地獄ノ責メ苦ニアワセヨウトイウノカ)」〔謡・通小町〕

ご ばう【御坊・御房】(-ボウ) Ⓓ ❶僧の居所をうやまっていう語。「(道雅ノ子ハ)法師にて、明尊僧都の—にこそおはすめれ」〔大鏡・道隆〕 ❷僧をうやまっていう語。おしょうさん。敬意をもつ呼びかけにも使う。〘現代語の「先生」にも同様の用法がある〙「—は、希有(けう)の事(=珍シイ事ヲ)いふ—かな」〔宇治・巻一一ノ三〕

こ はぎ【小萩】Ⓔ 小さな萩。または単に萩。〘「こ」は愛称の接頭語〙「宮木野のもとあらの(=葉ハ茂ッテモ幹ノ方ハマバラナ)—露をおもみ(=露ガ重イノデ)風を待つごと(=ソノ露ヲ吹キ落トス風ノ吹クノヲ待ツヨウニ)君をこそ待て(=ワタシモアナタヲ待ッテイル)」〔古今・恋四〕

こ はぎ【小脛】Ⓔ〘十形動ナリ〙袴(はかま)をまくり、すねをすこし出すこと。またはその状態。「殿は—・にて、足駄はきて…歩かせたまひて」〔栄花・木綿四手〕

こは ごは・し【強強し】(コワゴワー) Ⓔ〘形シク〙❶(手ざわりなどが)柔かみにとぼしい。ごわごわしている。「(手紙ガ)白き色紙の—・しきにてあり」〔源氏・宿木〕 ❷(声・動作・形状などが)感じがかたい。「(漢語ノ多イ文章ハ本人ノ)ここちには、さしも思はざらめど、おのづから—・しき声によみなされ」〔源氏・帚木〕 ❸(性質・歌風などが)ごつごつしている。「万葉は、世あがりて(=昔ノ時代デ)、(表現ガ)—・しき(=ギコチナイ)など申す人」〔吾妻問答〕

こは・し【強し】(-ワー) Ⓓ〘形ク〙❶強力だ。手ごわい。「城の軍(いくさ=将兵)—・くして、身方の兵、三たび退きかへる」〔著聞・釈教〕 ❷執拗(しつよう)だ。手におえない。頑強(がんきやう)である。「御もののけ(=ツキモノ)—・くて、いかが(=不安ダナ)とおぼしめししに」〔大鏡・師輔〕 ❸手ざわ

こ

りがかたい。「いと―・くすくよかなる(＝パリットシタ)紙に書きたまふ」〔堤・虫めづる〕 ❹しっかりしている。手づよい。「御心・魂のたけく(＝精神・才知ガスグレ、神仏ノ)御守りも―・きなめり」〔大鏡・道長〕 ❺程度がなみたいていでない。「幼きほどにて、こうじて(＝ヘタバッテ)」〔大鏡・昔物語〕はべりしかば、坂の―・き(＝ケワシイ坂)をのぼり

こはじとみ【小半蔀】[D] 小さい半蔀。[参]はじとみ。「黒戸の―の前に植ゑおかせたまひし前栽(せんざい)、心のままにゆくゆくと(＝ノビノビト)生ひて」〔讃岐・下〕

こはる【小春】[E] 陰暦一〇月ごろの春のように暖かい日。小春日和(びより)。「―に首のうごく蓑虫　この脇(句)、あたたかなる日の蓑虫なり。主のもてなしに客悦びの色を見せたるはたらきを付けたる心なり」〔土芳・三冊子・赤〕

こばん【小判】[D] [対]「大判」 室町時代の末から江戸時代を通じて発行された、長円形の金貨。一枚が一両にあたる。「わづかの銀子(ぎんす)をとり広げ(＝モトデノ金ヲ広ク運用シ)て、丁銀こまがね(＝大型銀貨ヲ小粒ノ貨幣ニ替へ、―を豆板(＝豆粒型ノ銀貨)に替へ」〔西鶴・永代蔵・巻一ノ三〕

こひぢ【小泥】(―ジ) [E] どろ。「そこひ(＝底)知らぬ―にもおりたちたまひなむ(＝オハイリニナルデショウ)」〔堤・逢坂〕

こひめ【小姫】[E] 少女。「小さきものふたり馬の跡したひて走る。一人は―にて名をかさねといふ」〔芭蕉・奥の細道〕

こふ【劫】(コウ) [C] ❶〔仏〕[対]「刹那(せつな)」《梵kalpaの音訳である「劫波」の略》無限に近いほど長い時間の単位。「宝光なぎさに寄る龜は、―を経てこそ遊ぶなれ」〔梁塵〕「―を経た蚊は、人ほどもあると聞いた」〔狂・蚊相撲〕 ❷碁で、一目の石を交互に取り合うような形になること。そのままでは永久に決着がつかないので、劫とよぶ。これを避けるため、一手ほかの所を打ってからでないと、劫の一目を取ってはならないという規則がある。「そこは持(ぢ)(＝セキ)にこそあらめ。このわたりの―をこそ」〔源氏・空蟬〕 ❸㋑長い年数にわたる経験。経験の蓄積。年季。「(老人ノ役ハ)稽古の―入りて、位上らでは、似あふべからず」〔花伝・二〕㋺《転じて、単に》経験。「(手ヲ縛ラレテモ)もはや(酒ノ)汲みやうに―が行(い)って、ころぶことではおりない(＝コロビナンカシマセンヨ)」〔狂・棒縛〕《③は誤って「功」とあてるようになった》

こ・ふ【乞ふ・請ふ】(―ウ) [C] 《他四》 ❶たのむ。要求する。「寺に入りて茶を―・へば」〔芭蕉・奥の細道〕 ❷(神仏に)願望する。祈願する。「…かくだにもわれは―・ひなむ君に逢はぬかも」〔万葉・巻三〕

こぶ【戸部】[D] 民部省のことを唐の制度にあててよぶ呼び名。「こほう」とも。「嘉禄二年四月九日―尚書(＝藤原定家ノ官職)」〔古今・奥書(嘉禄本)〕

ごふ【業】(ゴウ) [D] 《梵karmanの意訳》 ❶〔仏〕㋑行為。行動。わざ。動作を身業、音声によるものを口業(くごう)、精神のはたらきを意業という。また、個人的行為を不共(ふぐう)業、社会・集団としての行動を共(ぐう)業という。「心に妄念(＝迷イ)あらばこそ『この念を止めて』とこそ嘆ずべけれども、思はず。いはんや身・口の二―をや」〔覚海法橋法語〕㋺《とくに》悪い行為。「―をつくりては、さだめて(＝キット)悪道に落つべし」〔妻鏡〕 ❷ある行為はそれだけで終結するものでなく、あとにかならず何かの影響を残す。業は行為と影響とをひっくるめた概念だが、後にはその影響のほうが重視され、影響あるいは影響力だけをとくに業ということもある。「僧に対して腹立(ふくりふ)したらば、地獄の(＝地獄ニ落チルトイウ)―(＝影響力ヲモツ行為)なり」〔明恵上人遺訓〕 ❸さらに因果法則や宿命説と結びつき、前世→今世→来世とひき続いて絶えることのない不可抗の支配力。多くは悪い場合にいう。「汝らは…あさましかりし瞋恚(しんね)の報いに、国土(＝人間世界)の衆生になりにたり。(シカシ今ヤ)その―やうやう尽きにたり」〔宇津保・俊蔭〕《業を報いと解するのは誤り。報いをひきおこす原因が業である》

―のかぜ 業の風 [E] 《連語》 前世でなした悪い行為がひきおこす暴風。やむ時がないとされる。「かの地獄の―なりとも、かばかりにこそはとぞおぼえし」〔方丈〕

ごへん【御辺】[C] 《代》対等の相手に用いる第二人称。あなた。「―の心をみむとて(＝心中ヲタメソウトシテ)申すなんど思ひたまふか。―に心ざし深い色を(＝アナタニ深ク心ヲヨセテイルトコロヲ)見たまへかし」〔平家・福原院宣〕

こほう【戸部】[D] →こぶ。

こほ・し【恋ほし】(―オー) [E] 《形シク》《古代語》恋しい。「旅にして物―・しきに山下の朱(あけ)のそほ船(＝赤ク塗ッタ船)沖へこぐ見ゆ」〔万葉・巻三〕

こぼ・つ【毀つ】[C] 《他四》 ❶こわす。破壊する。「たのむかたなき人は、みづからが家を―・ちて、市にいでて売る」〔方丈〕 ❷今まであった状態をなくする。取る。「道にて頭(＝髪)をそり―・ち(＝ソリ落トシ)」〔浄・千本桜・三〕

ごほふ【護法】(―ホウ) [D] 《中世はゴオォと発音した》〔仏〕 ❶仏法を保護すること。「一乗の経(＝法華経)を写すに、―の神(ガソノ人ヲ)衛(まも)りて」〔霊異記・下・一〇〕 ❷仏法を守護する妖精。護法童子。修行を積んだ僧や陰陽師は、法力によって護法を自由に使い、さまざまなしごとをさせた。「いささか(ツキモノガ)去りげもなく―も(ヨリマシニ)つかねば」〔枕・二五段〕《「法力」の意を認める説もあるが、誤り》

こぼふし【小法師】(―ボウー) [E] ❶㋑若い僧。「(花山

院ハ)そこに、目もつづらかなる(=パッチリトシタ)—にて、ついゐさせたまへるものか(=カシコマッテイラレタコトダ)」〔栄花・花山〕㊀少年の僧。「ひとり使ふ—に手紙したため渡して…本堂へ泊まりにやりぬ」〔一茶・おらが春〕 ❷僧形をした下級の寺びと。「修行者僻事(ひがごと=ワルイ行為ガ)あらば、—ばらに放ちあはせよ(=追ッパラワセヨ)」〔義経・巻三ノ四〕

こほり【氷】(—オ—) Ⓔ ❶こおり。「年かはりぬれば(=新年ニナルト)、空の気色うららかなるに、汀(みぎは=水ギワ)の—解けわたるを」〔源氏・椎本〕 ❷襲(かさね)の色目。→巻末「襲の色目要覧」。「御文は、(衣装ノ襲ノヨウニ)—の重ねたる薄様(=薄イ鳥ノ子紙)にて、雪いたう積もりてしみ凍りたる呉竹の枝につけさせたまへり」〔狭衣・巻二〕

こほり【郡】(—オ—) Ⓓ ❶国を小区分した行政区画の一。郷・里・村を含む。「(出雲ノ国ハ)九—、郷六十二」〔出雲風土記〕「国ぞ富みせむ—ぞ栄えむ」〔風俗・我門〕 ❷郡の行政実務を担当する役所。「郡家」とも。「自—以東五十里、在二笠間村一(=郡カラ東五〇里ニ笠間ノ村ガアル)」〔常陸風土記〕

こぼ・る【毀る】 Ⓒ 《自下二》破れる。こわれる。「かいたる蜘蛛(くも)の巣の—・れ残りたるに雨のかかりたるが」〔枕・一三〇段〕

こほろぎ【蟋蟀】(コオ—) Ⓔ 秋鳴く虫のあるもの。〔諸説があって、確定的ではない。古代の「こほろぎ」は今のキリギリスで、古代の「きりぎりす」が今のコオロギだとする説も有力だけれど、明証はない。中古・中世の歌文には「きりぎりす」だけが現れるので、いつごろから「こほろぎ」が今のコオロギになったかは明らかでないが、たぶん江戸時代後期あるいはそれ以後でないかと思われる。正体不明のため、「秋鳴く虫の総称」という解もあるが、総称ではない。今のコオロギ・キリギリス・鈴虫の類だけである〕「夕月夜心もしのに(=シットリト)白露のおくこの庭に—鳴くも」〔万葉・巻八〕

こま【駒】 Ⓒ ❶小さな馬。子馬。「いづれの馬にか—なき」〔今昔・巻一〇ノ九〕 ❷《文章語。いくらかきれいな語感で》馬。「—とめて袖うちはらふかげもなし佐野のわたりの雪の夕ぐれ」〔新古今・冬〕 ❸《中古式の双六(すごろく)や将棋で》盤上にならべ、相手の陣地へ進める木などの小片。「盤中の—かき寄せ引っつかみ、浄閑が眉間(みけん)にぐわらりと投げつけたり」〔近松・寿門松・中〕 ❹紋の名称。→巻末「紋章要覧」。

こま【高麗】 Ⓔ ❶古代朝鮮の国の一つで、半島の北部にあった。高句麗(こうくり)。こうらい。「—の(=カラ渡来シタ)青地の錦」〔源氏・若菜下〕 ❷㊥高麗楽。高麗から渡来した、またはそのスタイルで新作した音楽および舞踊。「—の乱声(らざう=前奏)おそしや」〔源氏・竹河〕

こまう【虚妄】(—モウ) Ⓔ ❶〔仏〕概念だけがあって実体のないこと。「喜び、いかり、悲しび、たのしむも、みな—なれども、たれか実有の相(=実体トシテ存在スルカノヨウナアリサマ)に着(ぢゃく)せざる(=トラワレナイ者ガアロウカ)」〔徒然・二二九段〕 ❷《転じて》うそいつわり。「諸仏・菩薩(ぼさつ)の誓願は、もとより—なし」〔今昔・巻一七ノ一七〕

こまか【細か】 Ⓑ 《形動ナリ》 ❶㋑小さい。こまかい。「さる—・なる灰の、目鼻にも入りて、おぼほれて(=マゴマゴシテ)、ものもおぼえず」〔源氏・真木柱〕㋺詳細だ。くわしい。「さて、—・なる有様は、今みづから申しはべるべし」〔浜松・巻二上〕 ❷丹念だ。念を入れてある。「かの宮(=女三ノ宮ノ邸)をも、いと—・に清らに作らせたまふ」〔源氏・鈴虫〕 ❸懇切だ。親切だ。「『内のおとどは(ワタシニ対シ)—・にしもあるまじう』とこそ(大宮ガ)うれへたまひしか(=グチヲオコボシニナッタ)」〔源氏・野分〕 ❹親しい。むつまじい。「異腹にて(=腹チガイノ兄デ)—・になどしもあらぬ人の」〔蜻蛉・下〕 ❺《膚・紙などの》きめがこまかい。「高麗(こま)の紙の、はだ—・に、なごう(=ヤワラカク)なつかしきが」〔源氏・梅枝〕 ❻《美の一様式として》こまかくととのっている。デリケートだ。「御手(=筆跡)も、—・にをかしげならねど、書きざまゆゑゆゑしく(=趣深ク)見ゆ」〔源氏・浮舟〕

こまどり【小間取り・駒取り】 Ⓔ 《勝負事などをするため》人数を左右二組に分けるとき、一番めは左、二番めは右、三番めは左というように互い違いにふり分けること。「殿上人どもも(小弓ノ競技ノ射手トシテ)つきづきしきかぎりは(=似ツカワシイ者ハスベテ)みな前・後(しりへ)への心(=順序ヲ)—に方分きて(=組ヲ分ケテ)」〔源氏・若菜下〕

こまやか【細やか・濃やか】 Ⓑ 《形動ナリ》 ❶㋑間が緻密(ちみつ)だ。こまかい。「筵(むしろ)青う(編ミ目ノ)—・に厚きが」〔枕・二七七段〕㋺くわしい。詳細だ。「(手紙ニハ)すべて、さし向かひたらむやうに—・に書きたり」〔蜻蛉・中〕 ❷手ぬきをしない。ていねいだ。「なほ、まことの筋(=本格的ナ筆法)を—・に(=丹念ニ)書き得たるは」〔源氏・帚木〕「—・に(=懇切ニ)…教へ慰めきこえたまふ」〔源氏・宿木〕 ❸《色が》濃い。濃厚だ。「鈍色(にびいろ=ネズミ色)の—・なるが、うちなえたる(=ノリ気ガ無クナッタノ)どもを着て」〔源氏・若紫〕 ❹優雅だ。品がよい。「裾つき(=スソノアツカイ)・髪ざし(=髪ノグアイ)などぞ、すべて似るものなく—・にうつくしき」〔紫日記〕 ❺情愛が深い。しみじみとしている。「むつましくおぼえたまひて、—・に(=シンミリト)御物語など聞こえたまふ」〔源氏・紅葉賀〕 ❻親密だ。したしい。「—・にものを言ひかよふ(=ツキアッテクレル人)、さしあたりておのづからむつび語らふ(=

仲ヨク話シアエル）人ばかり、すこしなつかしく思ふ」〔紫日記〕 ❼（笑うとき）感情の表現がゆたかだ。「『衣かづけられたり（＝衣類ヲチョウダイシタ）しも、からく（＝ツラク）なりにき』とて―・に（＝ニッコリト）笑ふ」〔大鏡・昔物語〕 ❽精密だ。コントロールがよい。「弓の手―・にして、養由（トイウ古代中国ノ名人）が百歩の芸（＝百歩モ離レタ所カラ柳ノ葉ヲ射アテタトイウ技術）にあひ同じ」〔保元・上・一二〕

こ　みかど【小御門】Ⓔ 正門以外の門の尊敬語。「『―より出でむ』とおほせごと（＝御命令ガ）さぶらひつれば」〔宇治・巻三ノ五〕「『待ち人入れし―の鍵』『立ちかかり屏風を倒すをなごども』」〔去来・凡兆（猿蓑）〕

こ・む【籠む・込む】Ⓑ ㊀《自四》 ❶集まる。群がる。いっぱいになる。「あしたのほど（＝元旦ノ朝）は人参り―・みて、ものさわがしかりけるを」〔源氏・初音〕「女房もさし―・みて臥したる」〔源氏・横笛〕 ❷複雑になっている。「さてもさても、枝葉の―・うだ見事な松ぢゃ」〔狂・富士松〕 ❸多く要する。「川々に水が出ますれば、道中に日（＝日数）が―・み、金の届かぬのみならず」〔近松・冥途飛脚・上〕 ❹わかる。納得する。〔「のみこむ」の省略形〕「（今マデノイキサツヲ）（承知シテ）」〔近松・寿門松・上〕 ㊁《自下二》いちめんに満ちる。「故里は春めきにけりみ吉野のみかきが原は霞―・めたり」〔詞花・春〕 ㊂《他下二》 ❶中に入れる。とじこめる。「走る獣は檻（をり）に―・め、鎖にさされ（＝ツナガレ）」〔徒然・一二一段〕 ❷（宗教的な意味で特定の場所に）ずっといさせる。参籠（さんろう）させる。「賀茂の上の社にある聖（ひじり）を―・めて」〔平家・鹿谷〕 ❸内密にする。かくす。「心に―・め難くて、いひおき始めたるなり」〔源氏・蛍〕

こ　めか・し【子めかし】Ⓔ《形シク》 ❶（容姿・動作など）がこどもっぽくかわいい。「十四になむおはしける。…いと―・しう（＝ウイウイシク）しめやかに（＝シットリシテ）うつくしきさましたまへり」〔源氏・少女〕 ❷（性質が）人ずれせず、かわいい。「（アノ人ハ）らうらうしう（＝ハキハキシテ）かどめきたる（＝オバシッタ）心はなきなめり。いと―・しう（＝ウブデ）おほどかならむこそ（＝オットリトシテイルヨウナノガ）らうたくはあるべけれ（＝カワユク思ウハズダ）」〔源氏・末摘花〕

こ　もの【小者】Ⓔ ❶武家で雑用をする召使。「梶原がとりなしにて、少々勲功にあづかり（＝恩賞ヲウケ）若党（わかたう）（＝若イ家来）・―あまたつれ」〔近松・出世景清・四〕 ❷町家で雑用をする元服前の召使。でっち。「あれは何屋の誰殿の婿ぞ…紋付き小袖に金ごしらへの小脇差し、あとより―、若い者、はさみ箱持ちつれ」〔西鶴・永代蔵・巻一ノ五〕

こ　もり【木守】Ⓔ ❶植木などの管理人。庭番。「―といふ者の、築地（ついぢ）のほど（＝アタリ）に、廂（ひさし）さしてゐたる」〔枕・八七段〕 ❷《転じて》るす番。「わが居たりし所には―に雑色ひとりをなむ置きたる」〔今昔・巻二七ノ三二〕

こもり　ぬ【隠り沼】Ⓔ ❶堤に囲まれて水の流れ出る口のない沼。序詞に用いられて、やりばのない気持ちを表す。「あぢの住む須沙の入り江の―の（＝序詞）あな（＝アア）息づかし（＝タメ息ガ出ルホド苦シイ）見ず久にして（＝長イコト会ワナイデ）」〔万葉・巻一四〕 ❷水草などに隠れて人目につかない沼。「―に沈む蛙（かはづ）（ノヨウニワタシ）は山吹の花の折にぞ鳴かれける（＝泣カズニイラレナイ）」〔清輔集〕

こも・る【籠る】Ⓑ《自四》 ❶その範囲に含まれている。その中にはいっている。「おひさき―・れる（＝将来ガアル＝有望ナ）窓のうちなるほどは（＝マダ家ニイルウチハ）ただかど（＝才能）を聞きつたへて心を動かすこともあり」〔源氏・帚木〕 ❷人目をさけてかくれる。「もろこしの吉野の山に―・るとも（＝アナタガドンナ遠イ所ニ身ヲカクシタトシテモ）おくれむと思ふわれならなくに（＝キットツイテ行キマスヨ）」〔古今・雑体〕 ❸家・へやの中にとじこもって外に出ない。「内裏へも参らで、二三日―・りおはすれば（＝家ニヒッコンデイラレルノデ）、またいかなることにかと、（帝ハ）御心動かせたまふべかめる」〔源氏・若紫〕 ❹㋑寺社などに祈願などのため、一定の期間そこにいる。「寺・社などに、しのびて―・りたるもをかし」〔徒然・一五段〕㋺もの忌みのためにとじこもる。「左の馬の頭（かみ）、藤式部の丞（じょう）御もの忌みに―・らむとて参れる」〔源氏・帚木〕

ご　や【後夜】Ⓓ ㊉「初夜」 ❶夜の後半。用例→「しょや①」。 ❷㋑〔仏〕一日を晨朝（じんじょう）・日中・日没・初夜・中夜・後夜と六時に分けた一つ。寅（とら）の時。季節により不定だが、およそ午前三時すぎから午前五時ごろまで。「暁に、わがいまだ―起きせざらむほどに…戸をたたけ」〔今昔・巻一五ノ二三〕㋺「㋑」におこなう仏へのお勤め。「さて―おこなひつれば（御堂カラ）下りぬ」〔蜻蛉・中〕㋩《近世》子（ね）の時の真中（午前〇時）およびそれ以後の夜間。「九つの半鐘打つ。数へて、『はや―の鐘』」〔伎・倭荘子・大序〕㊇とき㊀①。

こや・す【臥やす】Ⓓ《自四》《古代語。「こ（臥）ゆ」の尊敬語》横におなりになる。「わご王（おほきみ）の立たせば（＝オ立チニナルト）玉藻（たまも）のもころ（＝藻ノヨウデアル）―・せば川藻のごとく…」〔万葉・巻二〕「家にあらば妹が手まかむ草枕旅に―・せるこの旅人あはれ」〔万葉・巻三〕

こやす　がひ【子安貝】（―イ）Ⓔ タカラガイ科の巻き貝。産婦が持っていれば安産するという俗説があった。「―、

(安産ノマジナイニ産婦ノ)左の手に握るといふ海馬(かいば)(=タツノオトシゴ)を才覚する(=探シ求メテクル)やら」(西鶴・胸算用・巻二ノ二)

こ・ゆ【臥ゆ】Ⓓ《自上二》《古代語》横になる。「床(とこ)に—・い伏し(病気ノタメ)痛けくし(=苦痛ハ)日に異(け)に(=日ゴトニ)まさる…」(万葉・巻一七)

こ・ゆ【越ゆ・超ゆ】Ⓑ《自下二》❶㋑通りすぎる。「まだ暁より足柄を—・ゆ」(更級)㋺おもむく。「急ぎ坂本に—・えて…首をも取りて来たまへ」(盛衰・巻九ノ一)❷㋑(時がある境界を)すぎる。「年また—・えて春にもなりぬ」(蜻蛉・上)㋺(ある基準より)上になる。「『思ふこと布つき歌に笑はれて(=ウタイハヤサレテ)』『うきは(=ツラク思ウコトハ)はたちを—・ゆる(=二〇歳ヲ過ギルマデ嫁ニモイカナイデイル)丸顔』」(野水・杜国(冬の日))❸㋑(障害物を)とびこす。「広らかなる溝あり。宮やすやすと—・えさせたまひたり」(盛衰・巻一三ノ八)㋺順序によらないで先に出る。「御兄(このかみ)長良の中納言、ことのほかに(=ヒドク)—・えられたまひけむをり(=弟ノ良房公ニ官位ヲ追イコサレナサッタ際ニハ)、いかばかり(=ドンナニ)からう(=ツラク)おぼされけむ」(大鏡・良房)❹まさる。それ以上である。「手にかくる(=自分ノ手ニカケテ思ウヨウニナル)物にしあらば(=モシモアッタナラ)藤の花(=アノ美シイ大君ヲ)松よりも—・ゆる色を見ましや(=松ヨリモマサッテイルアノ美シサヲタダ見テイルダロウカ)」(源氏・竹河)「(宗良親王ハ)高祖大師(=伝教大師)の旧業にもはぢず(=昔ノ修行ニモマサルホドノ修行ヲツミ)、慈鎮和尚の風雅(=慈円ノ和歌)にも—・えたり(=マサッテイタ)」(大平・巻一ノ四)❺(越してはいけない規則・きまりを)無視する。「変はらぬ色をしるべにてこそ(=変ワラナイ私ノ思慕ノ心カラ)斎垣(いがき)をも—・えはべりにけれ(=慎マナケレバイケナイ神ノ垣根ヲモノリ越エテシマッタ)」(源氏・賢木)

こゆみ【小弓】Ⓓ遊戯用の小型の弓。またはそれを用いて行われる遊戯。「帳(=帳台)の柱に結ひつけたりし—の矢とりて」(蜻蛉・上)「花の朝月の夜、詩歌・管絃・鞠(=ケマリ)・—・扇合はせ…さまざま興ありし(=オモシロカッタ)事ども思ひ出で」(平家・生唼沙汰)

ごゆるされ Ⓔ《連語》《中世の口語》❶許可。認可。「青山のおん琵琶、娑婆にての—を蒙り」(謡・経正)❷御かんにん(ください)。「ああ—ませ」(狂・附子)

ごよう【御用】Ⓓ❶「用件」「入用」等の尊敬語。「道に違った(=不正ナ)金は、お安い—ぢゃが、受けられませぬ(=イタダケマセン)」(黄・孔子縞・二)❷公務・公用。「大方ならぬ(=タイセツナ)—を調へ(=処理シ)、近日(帰国ノタメ)出船」(浮・新色五巻書・巻四ノ一)❸㋐略御用聞き。商店の小僧。「雪隠(せっちん)(=便所)で(人目ヲシノブ)ぶどう一房—食ひ」(柳樽・九)❹《感動詞ふうに》「御用はありませんか」の意を切り詰めていう。「(御用聞キノ)丁稚(でっち)出で来たり『三ツ大(=酒屋ノ名)。—、—』」(伎・四谷怪談・序)❺犯人を逮捕する時の掛け声。「—の声の掛かるのは、覚悟の前でかうしてゐる」(伎・島鵆・五)

こよな・し Ⓑ《形ク》❶他にくらべて、ひじょうに違う。「(源氏ガ)人よりは—・う(=段チガイニ)忍びおぼす(=ヒソカニ思ッテオラレル)中納言の君(=女房ノ名)」(源氏・須磨)❷この上ない。格別である。「空のさま—・うめづらしく」(一茶・みとり日記)

こよひ【今夜・今宵】(ーイ) Ⓒ❶㋑今晩。「明日はまかづとも(=退出スルコトニナルニシテモ)—参らせむ」(宇津保・貴宮)㋺今夜の早い部分。「全体—(ノ客)は、おれ一人ぢゃによって、この座敷がよいではないか」(洒・遊子方言・宵の程)❷(翌朝からいって)直前の夜。昨夜。「つとめて(=翌朝)…宮より御文あり。『…(アナタト別レタ)—(ノ気持チ)は』」(宇津保・蔵開下)《一九六七年の夏にハワイを訪れた人が一九六八年の一月に「この夏ハワイで…」と語るような感じ》(参)よひ。

ごらん・ず【御覧ず】Ⓒ《他サ変》(「見る」の尊敬語)❶ごらんになる。「(扇ヲ)うちかへしうちかへし—・じて、御手箱に入れさせたまうて」(大鏡・伊尹)❷(「見る」が「世話をする」という意のあるところから)お世話なさる。面倒を見られる。「年ごろも(=長イ間)—・じて久しくなりぬ。情けある御心とは聞きわたりはべれば」(堤・よしなし)

こりずま【懲りずま】Ⓔ(前の失敗を反省せず)もうするまいという気を起こさないこと。何度でもくりかえすこと。「—に(=ショウコリモナク)立ちかへる(=ヨリヲモドソウトイウ)御心ばへもあれど」(源氏・澪標)「言問ふ(=タズネテ来ル)人もなき跡の、世に潮じみて—の恨めしかりける契りかな」(謡・松風)

こ・る【懲る】Ⓔ《自上二》❶後悔する。反省する。こりる。「面(=恋人ノ顔ヲ)忘れだにもえすやと(=忘レルコトダケデモデキルダロウカト)手(た)にぎりて打てども—・りず恋といふ奴(やっこ)(=恋トイウヤツハ)」(万葉・巻一一)❷こまる。「雨つつみ常する(=雨ガ降ルトイツモ家ニトジコモル)君はひさかたの(=枕詞)昨夜(きぞのよ)の雨に—・りにけむかも」(万葉・巻四)

これ【此・是・之】Ⓑ ━《代》❶自分に最も近い事物をさし示す。「ますらをの高円(たかまと)山にせめたれば里に下りけるむささびぞ—」(万葉・巻六)❷すぐ前に話題となった・事(物・人)をさす。「兄の三河守範頼も同日に都を立って、—(=範頼)も摂津の国神崎に兵船そろへて」(平家・逆櫓)❸この時。今。「献帝位を去りて魏の文帝に譲らる。―より天下三に分かれて、魏・蜀・呉となる」〔神皇正統記・上〕「―までたびたび暇を取って下されいと申してござれども」〔狂・石神〕 ❹この場所。「―より八島へは如何ほどあるぞ」〔平家・大阪越〕「何かと申すうちに―でござる(=ココニ来タ)」〔狂・石神〕 ❺自分。わたし。「すべて入るまじと戸をおさへて、おもにくきまで(=ツラニクイホド)いへば、殿上人なども『なほ―一人は(=ソレデモ私一人グライハ)』などのたまふを」〔枕・九二段〕「―は日ごろ白山にはべりつるが」〔宇治・巻一ノ五〕「―は都方よりいでたる僧にてさうらふ」〔謡・屋島〕(謡曲の名のりで「これは」というとき、その役の位は普通である。位が高ければ「そもそもこれは」、低ければ「かやうにさうらふ者は」と名のる) ❻あなた。君。「―は都より流されたまひし法勝寺執行御房と申す人の御行くへや知りたる」〔平家・有王〕 ㊁〘副〙(漢文調で)語勢を強める。「わが国は―神国なり」〔保元・上・一二〕 ㊂〘感〙人に呼びかけるときなどに用いる。こら。おい。「『―、承れ。侍ども』とぞ下知しける」〔平家・遠矢〕 **――は** Ⓒ〘連語〙 ❶(意外な時に)おやおや。あら。「―、都人のおことばとも覚えませぬ」〔狂・末広がり〕 ❷(呼びかけの時に)さあ。まあちょっと。「―、おのおの(=皆サン)聞きたまへ」〔平家・副将〕 **――は如何(いか)な事(こと)** (意外さと困惑のまじった感じをあらわす)これはどうだ。こりゃいかん。「―(=シマッタ!)。みどもは無念(ぶねん)(=マヌケ)なことを致いた」〔狂・末広がり〕「―(=アラアラ)、ああ(自分ノカラダガ水ニ)流るるは、流るるは」〔狂・入間川〕

これ の【此の】 Ⓔ ㊀(「わたしの人」の意から)配偶者をしたしい感じでよぶ語。「(妻→夫)―は、戻られたと見ゆる」〔狂・箕被〕 ㊁〘代〙配偶者をさしていう第二人称。「(夫→妻)まづ山の神(=女房)を呼びいだし、この事を申し渡さうと存ずる。なうなう、―(=オ前)は、内に居さしますか(=オイデスカネ)」〔狂・花子〕

これ ら【此等】 Ⓒ〘代〙 ❶「これ」の複数。「―は金(こがね)の銭なり」〔宇津保・蔵開下〕「(キット)―が(=コノ人タチノ)食ひ物どもなるべし」〔栄花・御裳着〕 ❷このへん。このあたり。こっち。「他(ひと)の国にかかる習ひあなり(=アルトイウ)と、―(=ワガ国)になき人(ひと)事にて(=ヨソノ事トシテ)聞きたらむは、あやしく不思議に覚えぬべし」〔徒然・一七五段〕

ころび【転び】 **――を打・つ** ころがる。「夜、瓜を取るには、―って取るがよいと申す」〔狂・瓜盗人〕「―・ちて笑ひける人もあり」〔了意・東海道名所記・巻一〕

ころ ほひ【頃ほひ】(―オイ) Ⓒ ❶時分。時期。時節。「その―過ぎてぞ、例の(=イツモノヨウニ)宮にわたりたまへるに、参りたれば、昨年(こぞ)も見しに、花おもしろかりき」〔蜻蛉・上〕 ❷そういう今の時勢。当節。「つぎつぎの人も、心の中には(不満ニ)思ふこともやあらむ。(シカシ)うはべはほこりかに(=満足ゲニ)見ゆる―なりかし」〔源氏・薄雲〕

ころも【衣】 Ⓒ ❶きもの。衣類。「吾妹子(わぎもこ)が下にも着よと(ワタシニ)贈りたる―のひもを(コンド会ウマデハ)われ解かめやも(=解キハシナイ)」〔万葉・巻一五〕 ❷僧用のきまったデザインの衣服。法衣(ほうえ)。「(清盛ハ)素絹(そけん)の―を腹巻(=ヨロイ)の上にあわて着に着たまひけるが」〔平家・教訓状〕 **――がへ** 更へ(―エ) Ⓓ〘＋自サ変〙季節にともなって、着物を着かえること。昔は陰暦四月一日(夏の最初の日)と一〇月一日(冬の最初の日)とに行い、中古はその日に几帳などもかえた。「四月になりぬ。―の御装束、御帳のかたびら(=カーテン)など、よしある(=趣深イ)さまにしいでつつ」〔源氏・明石〕「―野路の人(=野道ヲ行ク人)はつかに(=ホンノリト)白し(夏衣ガウイテ見エル)」〔蕪村(蕪村句集)〕(催馬楽の「―・せむや、さきんだちや」によって、単に別の衣服に着かえる意を認める説もあるが、歌ぜんたいを味わうと、やはり季節的なものと見てよい。もっとも、熊谷直好の注では、親しい者どうしでたがいに衣服を交換する意と説くが、確かでない) **――で** 手 Ⓔ 袖(そで)。「さむしろの(=寒イシトネニ寝タ)夜半の―さえさえて(=ソデノアタリガ冷タクテ)初雪白し岡のべの松」〔新古今・冬〕 **――を返(かへ)・す**(―カエ―) 着物を裏がえしに着る。そうして寝ると、恋人を夢に見るという俗信があった。「いとせめて(=ヒドク)恋しきときはぬばたまの(=枕詞)夜の―・してぞ着る」〔古今・恋二〕

こわ づく・る【声作る】 Ⓓ〘自四〙 ❶よそ行きの声でものをいう。「うち―・りて…『御なやみ(=ゴ病気)の由承りてなむ参りつる』と申したまふ」〔栄花・月宴〕 ❷それとない声や咳(せき)払いなどで自分がいることを知らせる。「(中ノ君ヲ訪レタ中納言ハ)うち―・りて、ついゐたまへれば(=キチントオスワリニナルト)、御簾(みす)の中(デハ人ガ)心にくく(=奥ユカシク)うちそよめきて(=キヌズレノ音ナドシテ)」〔寝覚・巻一〕

こ わらは【小童】(―ワ) Ⓔ 成年式をしていない姿の、おさない者。「年老い、袈裟(けさ)かけたる法師の、―の肩をおさへて」〔徒然・一七五段〕

ごゐ【五位】(―イ) Ⓓ 宮中の位階の第五番め。またはその人(「大夫(たいふ)」という)。殿上人に任ぜられる資格のいちおうの下限で、これ以上がいわば高等官のような感じであった。(参)―ゐ。「青色の袍衣(うへのきぬ)、葡萄染(えびぞめ)の下襲(したがさね)を、殿上人、―、六位まで着たり」〔源氏・行幸〕

こゑ【声】(―エ) Ⓓ ❶音響。「楽の―めづらしうおもしろきに」〔浜松・巻一下〕 ❷(動物の)鳴き声。「この関は、鶏(とり)の―を聞きてなむ開くる」〔浜松・巻一上〕 ❸(人の)音声。「老いしらへたる(=オイボレタ)―したる人出で来て」〔浜松・巻三下〕 ❹発音。〔主としてアクセント〕「―うちゆがみたる(=ヘンナ発音ノ)者『…』と申すに」〔源氏・宿木〕 ❺〔「訓」に対して〕漢字の字音。「すこし高く(文集ヲ)読む。所々は―にも読む」〔宇津保・蔵開中〕

ごん【権】Ⓓ〔連体〕❶大宝令の官制において、定員外であることを表す。「権」のつかない者よりは席次が下になる。「大納言」対「権大納言」など。❷一般に、地位が正式の者に準ずることを表す。「禰宜(ねぎ)」対「権禰宜」など。[参]ごんの。

ごん ざ【権者】Ⓔ 神・仏などが世人を救い導く目的で、かりに人の姿となって現れた者。「(道長公ハ)なほ(=ヤハリ)―におはしましけりと見えさせたまふ」〔栄花・鶴林〕〔仮名がきの例は未見。「ごんざ」か「ごんじゃ」かは確かでない〕

ごん じゃ【権者】Ⓔ →ごんざ。

こん じゃう【今生】(-ジョウ) Ⓓ〔仏〕[対]「前生(ぜんしゃう)」・「後生(ごしゃう)[一]①」 この世における生存。「(臨終ニナッテ)『われ―の思ひばらしに、茶を一口』と涙をこぼす」〔西鶴・永代蔵・巻四ノ四〕

ごん そうじゃう【権僧正】(-ジョウ) Ⓓ →そうじゃう。

こん だう【金堂】(-ドウ) Ⓔ 寺の本尊を安置してある建物。本堂。「大門(=外構エノ第一ノ正門)・―など近く(=最近)までありしかど」〔徒然・二五段〕

こん でい【健児】Ⓓ ❶兵部省に属し、諸国に配置された衛士。❷〔武家時代の〕召使。下男よりは上だが、侍よりは下。後世の足軽(あしがる)に類する。 **―どころ** 所 Ⓓ ❶「こんでい①」の詰め所。「守護威を失ひ、国司権を重くす。これによって…在庁官人(=国司庁ノ公務員)・検非違使(けびゐし)・―等、過分の勢を高くせり」〔太平・巻一三ノ一〕〔従来は「こんでい②」の詰め所と解したが、誤り〕 ❷「こんでい②」の詰め所。「―、中間(ちゅうげん)の居る所なり」〔下学集・上〕

ごん の【権の】Ⓓ〔連体〕→ごん。「この殿(=兼家)は、上(=正妻)もおはせねば、この女御(にょうご)殿の御方にさぶらひつる大輔(たいふ)といふ人(=女房)を使ひつけさせたまひて、いみじうおぼし時めかし(=寵愛ナサッテ)使はせたまひければ、―北の方にてめでたし」〔栄花・花山〕 **―かみ** Ⓓ [一]頭 諸寮における定員の準長官(次官ではない)。[二]守 ❶正式の国司のほか、定員外にもうけられた地方長官。❷〔中世語〕芸能などの座で、大夫(たゆう)すなわち座長の任務を代行する長老格の人物。「金春―・金剛―、つひに出世なし(=トウトウ人気ガ出ナカッタ)」〔申楽談儀・二二〕〔「権」は、すもう番付けの「張り出し」にあたる〕 **―そち** 帥 Ⓓ 大宰府(だざいふ)の準長官。納言以上の人が任じられ、府の政務を総括した。ただし大臣などから懲戒的に転任させられた場合は、形式的任命で官邸だけを賜り、実際の政務にはつかない例であった。「ごんのそつ」とも。「右大臣の御ために(=菅原道真ニトッテ)よからぬ事いできて、昌泰四年正月二十五日、大宰―になしたてまつりて流されたまふ」〔大鏡・時平〕

こんめいち の しゃうじ【昆明池の障子】(-ショウ-) Ⓓ 中国長安城の西南にある池を極彩色で表にかき、裏は嵯峨(さが)野小鷹(こたか)狩りの図をかいた高さ二・八メートル、横二・七メートルの衝立(ついたて)障子で、清涼殿の廂(ひさし)の間に置かれていた。「台盤所・―、今見れば、見し人にあひたるここちす」〔讃岐・下〕

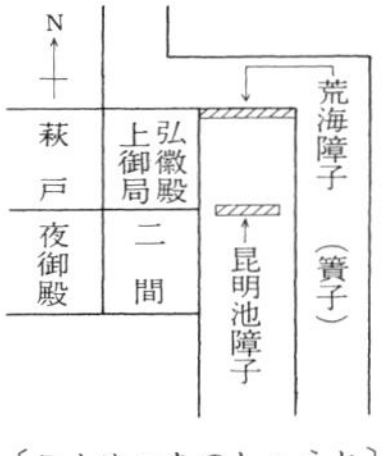
N
荒海障子
(簀子)
弘徽殿上御局
萩戸
夜御殿
二間
昆明池障子
〔こんめいちのしゃうじ〕

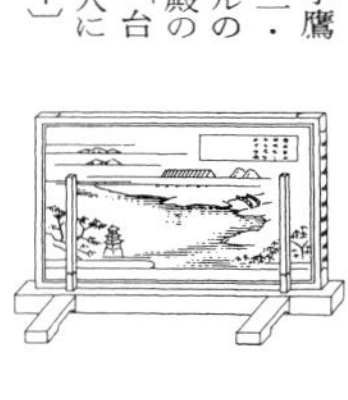

さ

さ- Ⓑ〔接頭〕名詞・動詞・形容詞に付き、語調をととのえる。〔ほとんど実質的には意味がないから、訳する時は省いてよい〕「―衣(ごろも)の」〔万葉・巻一二〕「―走る」〔万葉・巻五〕「―遠み」〔万葉・巻一四〕。その他「―枝」「―霧」「―野つ鳥」「―山田」「―嚙む」「―寝」「―残る」「―迷ふ」「―渡る」「―躍る」「―まねし」等。

-さ Ⓑ〔接尾〕❶〔形容詞・形容動詞の語幹に付いて名詞を作り〕程度・状態を表す。「白―」「はづかし―」「あはれ―」「静か―」等。❷〔形容詞の語幹に付いて、それを体言化し〕「…であること」の意を表す。多く歌の末に用いられて感動を表す。…ことよ。「松浦川玉島の浦に若鮎(わかゆ)釣る妹らを見らむ(=見ルトイウ)人の羨(とも)し―(=何トウラヤマシイコトヨ)」〔万葉・巻五〕 ❸〔名詞に付いて〕方向の意を表す。「山河を隔(かさ)ひて国県を分かち、縦(たた)―の道横―の道に随ひて、邑里(むら)を定む」〔紀・成務・訓〕〔「たたさのみち」は「阡」、「よこさのみち」は「陌」の訓〕 ❹〔移動を表す動詞に付いて〕「(…する)とき」の意を表す。「あふ―きる―(=会ウトキト離レルトキ)」「かへる―」「行く―来―」等。

さ【其】Ⓔ《代》第三人称。「そ」「し(其)」と同系の語であろう。(参)し。「―が(=ソイツノ)髪を取りてかなぐり落とさむ。―が尻をかきいでて」〔竹取〕

さ

さ【然】Ⓐ《副》そんなぐあいに。「しかしか(=ソウダ、ソウダ)、―はべりし事なり。さても(=トコロデ)ぬし(=アナタ)の御名はいかにぞや」〔大鏡・序〕 **―あらば** Ⓓ《連語》それでは。じゃあ。「それはともかくもにてさうらふ(=ゴ随意デス)。―やがて(=スグ)御参りさうらへ」〔謡・船弁慶〕 **―こそ** Ⓒ《連語》❶《強めた気持ちで》そのように。そんなふうに。「たれとは知らねど、思ふに―あらむ(=ソノ辺ダロウ)とて、御返しはあの御所へ」〔弁日記〕「(兄デアッタ)小松大臣(=平重盛)は、かうこそゆゆしう(=アンナニリッパデ)おはせしに、宗盛の卿は、―なからめ(=ソレホドリッパデナイノハヤムヲエナイトシテ)、あまっさへ(=ソノウエ)人の惜しむ馬乞ひ取って」〔平家・競〕 ❷さぞかし。さだめし。「嵯峨(さが)のあたりの秋のころ、―はあはれに(=趣深ク)もおぼえけめ」〔平家・小督〕 ❸《条件法の句で副詞的に》たとえ、どれほど。いくら。《英語の no matter how にあたる》「―世を捨つる御身といひながら、御いたはしうこそ」〔平家・大原御幸〕

ざ

ざ【座】Ⓑ ❶㋑すわる場所におく敷き物。「その大饗(いたうきやう)(=公式披露宴)のをりの事どもも、大納言の―(ヲ)敷き添へられし程など、語り申ししかど」〔大鏡・道長〕㋺(人の)すわるべき場所。「菊亭の大臣(おとど)、牧馬(トイウ琵琶)を弾じたまひけるに、―につきて」〔徒然・七〇段〕 ❷㋑人々がそれぞれの席にいる集まり。「この道の好士(こうし)ばかり会合して、心をすまし、―を鎮めて、しみじみと詠吟して秀逸(=スグレタ作品)を出だすべし」〔連理秘抄〕㋺《とくに》仏法を講義するための席。「(怪シイ点ガアルナラ)今日の―の戒和尚(かいわじやう)(=戒ヲ授ケル坊様)に請(しやう)ぜられたまふ仏・菩薩(ぼさつ)を証としたてまつらむ」〔大鏡・昔物語〕 ❸㋑中世において、貴族・寺社などの保護のもとで、ある種の品物の製造や販売などの営業権を占有していた同業組合。「それがし(=ワタシハ)祇園(ぎをん)の会(ゑ)の茶屋の―を持って、煎(せん)じ物を商売いたす」〔狂・煎じ物〕㋺《とくに》能楽など芸能の同業組合。「近江は敏満(みま)寺の―、久しき―なり」〔申楽談儀・二三〕 ❹近世において、幕府の設けた通貨や計量器具や朱などの製造・発行所。「上(かみ)(=将軍家)に参らする所の金・銀ともに、おのおのその―といふもののもとにして…選びて参らするなり」〔白石・折たく柴の記・中〕 ❺㋑歌舞伎や人形浄瑠璃の劇場。「真野屋勘左衛門(ガ)座元にてありし故、その―へ藤十郎来たり」〔役者論語・耳塵集・下〕㋺(ある劇場における役者の)構成。「―が過ぎると(=メンバーガ良スギルト)、ほか(ノ座)を直下に見る(=見クダス)故、あやうき事あり」〔役者論語・あやめぐさ〕

さいかく【才覚】Ⓒ ㊀【才学】《中世語》学才。知識。「(顕季ガ参議ニナラナカッタノハ)和漢の―の足らぬにぞありけむ」〔神皇正統記・下〕 ㊁《十形動ナリ》知恵のはたらくこと。機転。「うぬが―で敵を討たさうと思ふか」〔伎・幼稚子敵討・六〕「資本(もとで)持たぬ商人は、随分―に取り回しても(=利口ニヤリクリシテモ)利銀にかきあげ(=利息ニ吸イ取ラレ)」〔西鶴・織留・巻一ノ二〕「中にも―なる男、案じていはく」〔黄・孔子縞・中〕《この用法の否定形が「不才覚」である。「親・後ろだてなくては、なかなか分限(=金持チ)にはなられずさうらふ。その覚悟ない(=ソレニ気ガツカナイ)こと、不才覚に存じさうらふ」〔西鶴・文反古・巻五ノ一〕》 ㊂《十他サ変》くめんすること。やりくり。「さし詰まりて、一夜を越すべき―なく」〔西鶴・胸算用・巻一ノ二〕「金子(きんす)残りは四五日に―・して」〔西鶴・俗徒然・巻二ノ一〕「子安貝、(安産ノマジナイニ)左の手に握るといふ海馬(かいば)(=タツノオトシゴ)を―・するやら」〔西鶴・胸算用・巻二ノ二〕

さいく【細工】Ⓓ《十他サ変》❶㋑《家などを作る「大工」に対し》細かい手先の技術によって物を作ること。「職人はそれぞれの―をとり急げども、必ず日数のびて、当てど(=予定)のちがふものぞかし」〔西鶴・永代蔵・巻五ノ二〕㋺技術を主とすること。「一句―に(=技巧的ニ)仕立てさうらふ事、不用にさうらふ(=オヤメナサイ)」〔芭蕉・麋塒宛(天和二年五月一五日)書簡〕 ❷細かく考案する人。「高陽親王(かやのみこ)と申す人…きはめたる物の上手の―になむありける」〔今昔・巻二四ノ二〕《「たくらみ」「策略」の意を認める説もあるが、誤り》

さいぐう【斎宮】Ⓓ ❶天皇の即位ごとに交替する、伊勢(いせ)神宮に天皇の名代として奉仕された未婚の皇女または女王。斎王。「女一宮は―にておはしましき」〔栄花・玉村菊〕 ❷「①」のいらっしゃる場所。いつきのみや。「長田王を伊勢の―に遣はす時」〔万葉・巻一・詞〕《いまも三重県多気郡に斎宮(さいくう)という地名がある。古くも「さいくう」と清音だったかもしれない》(参)さいゐん。

ざいけ【在家】Ⓔ ❶〔仏〕(対)「出家」僧以外のふつうの社会人。「(政治家トシテ)万民を引導して、同じく仏法に入らしめたまふは、すなはちこれ―の菩薩(ぼさつ)なり」〔夢中問答・上〕 ❷郊外または田舎(いなか)の家。「白河の―に火をかけて」〔平家・永僉議〕

さいこく【西国】Ⓓ ❶(対)「東国」西の方の国。「畿内(きない)・―の乱を静むべし」〔太平・巻一〇ノ二〕 ❷九州地方のこと。「西海」「九国」とも。「―の合戦にきずをかうぶり(=負傷シ)…ながら、熊野参詣に苦しからぬか(=差シツカエナイノカ)」〔義経・巻四ノ四〕 ❸西国三十三か所の札所を巡礼すること。「寒あいたら、本復せう(=全快スルダロウ)。これといふが、この夏の―の御利生や(=昨年ノ夏ノ西国巡礼ノ御利益ダ)」〔近松・重井筒・中〕

ざい ごふ【罪業】(-ゴウ) Ⓔ 〔仏〕仏教倫理からいって罪となるようなおこない。またはその行為の結果として残される影響。「日ごろ作り置かれし―ばかりや、獄卒となって迎へに来たりけむ」〔平家・入道死去〕

さい さう【宰相】(-ソウ) Ⓓ ↓さいしゃう。「―ばかりの人のむすめにて、心ばせなどくちをしからぬ(=悪クハナイ女性)が、世に衰へ残りたるを、たづね取りたまへるぞ、今は(女房名ヲ)―の君とて」〔源氏・蛍〕

さい しゃう【宰相】(-ショウ) Ⓓ ❶古代から中世にかけての中国における政府の最高責任者。「丞相(じようしやう)・相国(しやうこく)」とも。「丞相(デアルアナタガ)百歳の後は(=モシナクナッタラ)、誰か―として朕(ち)(=ワタシ)を輔(たす)けしめむ」〔軍談・漢楚・巻一五ノ五〕 ❷参議の中国ふうな呼びかた。↓さんぎ。「殿上人(ヤ)―などを、ただ名のる名を(=ソノ官名ダケヲ)いささか慎ましげならず(=スコシモ遠慮セズ)言ふは」〔枕・二六二段〕

ざい しゃう【罪障】(-ショウ) Ⓔ 〔仏〕正しいさとりの世界にはいることをさまたげる悪いおこない(およびそのあとに残る影響)。《中古は「ざいさう」とも》「―の山高く、生活の海深し」〔謡・柏崎〕

ざい しょ【在所】 Ⓒ ❶郊外・田舎(いなか)の家。「『さらばやがて寄せよや(=スグ押シ寄セロ)』とて、高松の―に火をかけ、八島の城へ寄せたまふ」〔平家・勝浦〕 ❷生まれ故郷。郷里。「―の親仁(おやぢ)姉御にも悲しい事を聞かすと思へば、この胸にやすりをかけ、肝を猛火(みやうくわ)でいるやうな」〔近松・宵庚申・下〕 ❸都からはなれた地方。いなか。「節季師走にこの―は傾城(けいせい)ごとでにえかへる(=遊女ニツイテノ事件デ大騒ギデアル)」〔近松・冥途飛脚・下〕 ❹場所。箇所。「名歌・名句のことばを取る事、能の破三段の中詰め(=重要部分)とおぼしからむ―に書くべし」〔能作書〕

さい たん【歳旦】 Ⓓ ❶元旦。「ことばに(ハッキリシタ季(ヲ示ス語ガ)なしといへども、一句(ゼンタイ)に季と見ゆる所ありて、あるいは―とも名月とも定まるあり」〔去来抄・故実〕 ❷新年に詠じてくばる俳諧の句。発句だけのことも、三つ物(発句・脇・第三)のこともある。「―ども、さてさて珍重(ちんちよう)(=結構)に存じたてまつりさうらふ」〔芭蕉・式之槐市宛(元禄三年一月五日)書簡〕

さい つ ころ【先つ頃】 Ⓓ 《「さきつころ」のイ音便》しばらく以前。「―賀茂へ詣づとて見しが」〔枕・二七段〕

さいな・む【苛む】 Ⓔ 《他四》《「さきなむ」のイ音便》❶責めたてる。やいやい言う。「馬の命婦をも―・みて『乳母(めのと)かへてむ、いとうしろめたし』と仰せらるれば」〔枕・九段〕 ❷いじめる。つらくあたる。「(アイツハ)力量の(=腕ッ節ノ強イ)者なり。逢はば、必ず―・まれむ」〔秋成・春雨・捨石丸〕

さい はう【西方】(-ホウ) Ⓓ ❶西の方角。「―に大威徳明王」〔謡・安達原〕 ❷〔仏〕㊙西方浄土。極楽国すなわち阿弥陀仏のいられる世界。「それ―は十万億土、遠く生まるる道ながら」〔謡・実盛〕

さいはひ びと【幸ひ人】(-ワイ-) Ⓔ ❶運のよい者。「それにぞ(=思イガケナク鳥ノ命ヲ助ケタノニツイテ)我は―なりけりとおぼえしか」〔大鏡・兼通〕 ❷貴人の寵愛(ちようあい)を受けている女性。お気に入り。「祇園女御と聞こえし―おはしける」〔平家・祇園女御〕

さい りゃう【宰領】(-リョウ) Ⓔ 運送のしごとを監督する役の者。「『かしこまった(=OKダ)』と―ども」〔近松・小室節・上〕

さい ゐん【斎院】(-イン) Ⓓ ❶賀茂(かも)神社に奉仕された未婚の皇女。原則として天皇の代がかわるごとに占いで選ばれた。嵯峨天皇の弘仁元年(八一〇)、はじめて置かれた。斎王。「そのころ、―も下りゐたまひて(=辞任ナサッテ)、后腹の女三の宮、ゐたまひぬ(=新任サレタ)」〔源氏・葵〕 ❷「①」のいらっしゃる所。京都の紫野にあった。いつきのみや。「―に、中将の君といふ人(=女房)はべるなり」〔紫日記〕㊇さいぐう。

さう【相】(ソウ) Ⓒ ❶ありさま。ようす。すがた。「喜び、怒り、悲しび、楽しむも、みな虚妄(こまう)(=非実在)なれども、たれかは実有(うじつ)(=ホントウニ存在スルコト)の―に着せざる(=執着シナイ者ガアロウカ)」〔徒然・一二九段〕 ❷㋑これから起こるはずの事の前ぶれ。「一年の―はこの修中(=真言院デ修法行事ノ間)のありさまにこそ見ゆなれ(=予見サレル)」〔徒然・六三段〕㋺将来をうらなうよりどころとなる人体・土地・家屋などの特徴。「天下をたすくるかた(=政治ノ協力者トイウ方面)にて見れば、またその―たがふべし」〔源氏・桐壺〕㋩《十他サ変》(人相や地相などによる)運勢の予言。うらない。「『獄に入るべき相のましますぞ。然らずは流罪せられたまふべき人なり』と―・したりける」〔平家・巻三(長門本)〕

さう【草】(ソウ) Ⓒ ❶㊉「真・行」 漢字の草書体。「同じ手跡(=書体)にても、(人ニヨリ)―に妙なるあり、真(=楷書)に妙なるあり」〔淇園・独寝・上・六〇〕 ❷仮名の字体の一。いわゆる万葉仮名を男手、いまの平仮名と同様のを女手と称したが、その中間ぐらい、男手をすこし崩した形で、仮名と仮名とがあまり連続しない書きかた。「(俊蔭ノ詩歌集ハ)一つには例の女の手、二行(ふたくだり)にひと歌書き、一つには—、行(くだり)同じごと、一つには片仮名」〔宇津保・蔵開上〕 ❸〘十自サ変〙㋑下書き。草案。「御願文、みづから御—ありて、(ソレヲ)殿下(ガ)清(きよ)書きさせたまひける」〔著聞・神祇〕㋺著述。著作。「その後、再び—を起こす(=執筆ヲ始メル)こともなくうち過ぎしほどに」〔鳩巣・駿台雑話・巻三〕

さう【荘・庄】(ソウ) Ⓒ →しゃう。「ところどころの—より持(も)て来し(年貢)も」〔宇津保・俊蔭〕

さう【笙】(ソウ) Ⓓ →しゃう。

さう【証】(ソウ) Ⓔ 証拠。証明。「ただにて(=手ブラデ)帰りまゐりてはべらむは、—さぶらふまじきにより、高御座(たかみくら)の南面の柱のもとを削りてさぶらふなり」〔大鏡・道長〕

さう【箏】(ソウ) Ⓓ [対]「きん」。「こと」の一種。「さうのこと」とも。一三弦、今いう琴(こと)。「昔より—は女なむ(奏法ヲ)弾きとる(=ヒキコナス)ものなりける」〔源氏・明石〕

さう【左右】(ソウ) Ⓒ ❶左と右と。「(能登守教経ガ)大太刀ぬき、白柄の大長刀(なぎなた)のさやをはづし、—に持ってなぎまはりたまふに(=切リ払ッテマワラレルト)、面(おもて)を合はする(=敵対スル)者ぞなき」〔平家・能登殿最期〕 ❷あれかこれかと論ずること。どうこう言うこと。「刀の実否(じっぷ)について(=本物デアルカナイカヲ確カメテ)咎(とが)の—あるべきか(=罪ノ裁決ヲスルガヨイデハアリマセンカ)」〔平家・殿上闇討〕 ❸㋑〘十他サ変〙(あれこれと)さしずする。「髪上げなど—・して」〔竹取〕㋺(あれこれの)消息。たより。「さまざまの酒肴(さかな)なんど送り、『御—遅し』とぞ責めたりける」〔太平・巻二二ノ七〕

さう【候】(ソウ) Ⓒ 〘自四・助動〙〘「さうらふ」のくだけた言いかた〙→さぶらふ・さうらふ。「(馬ノ)腹帯(はるび)の延びて見えさうぞ。締めたまへ」〔平家・宇治川先陣〕「いかほどなりともお責めそえ」〔狂・朝比奈〕「しうと殿、お聞きそい」〔狂・夷毘沙門〕〘名詞・代名詞を直接に受けるときは濁音となる〙「笈(おひ)に目をかけたまふは、盗人ざうな(=盗人デスネ)」〔謡・安宅〕「おう、それざうよ(=ソレデシタワイ)」〔狂・名取川(鷺流)〕

未然	連用	終止	連体	已然	命令
さう	さう	さう	さう		そえ そい

さうあん【草庵】(ソウー) Ⓓ 〘「草で屋根をふいた小屋」という意味から〙そまつな仮のすまい。[参]くさのいほ。「いま—を愛するも咎(とが)とす(=ヨクナイコトダ)」〔方丈〕

さうか【早歌】(ソウー) Ⓓ ❶神楽歌で、小前張(こさいばり)のあと歌われる短い歌詞のやりとり。一二段ある。「(乱拍子トイウ今様歌ハ)—の『鷺の頸(くび)取ろと』の拍子に合ひて、(雅)楽の常拍子なり」〔梁塵・口伝集〕 ❷平安時代後期に流行した今様歌の一種。「われひとり雑芸集をひろげて、四季の今様・法文(歌)・—にいたるまで、書きたる次第をうたひつくすをりもありき」〔梁塵・口伝集〕 ❸鎌倉・室町時代に流行した歌謡の一種。宴曲ともいう。今様歌の早歌から出たものでないかとも思われるが、その関係は未確認。歌詞が一七二編残っている。一四世紀の初めごろ、名手明空が現れたころから、リズムが躍動的なものになったが、それ以前はわりあい静かなリズムだったらしい。「紅葉の枝、手ごとに折りかざし、—まじりの雑談して」〔太平・巻二三ノ三〕

さうかく【騒客】(ソウー) Ⓔ 〘「騒」は古代中国の江南地方で行われた詩の一種〙詩・歌・俳諧・雅文などをたしなむ人。「その国に名だたる(=著名ナ)—(デアル)島庵主のなにがしとや」〔也有・鶉衣・贈奥州株人辞〕

ざうくわ【造化】(ゾウカ) Ⓓ 〘老荘系統の思想で〙万物が生まれ、変化するはたらきの根源にある力。宇宙を創造し支配する神(造物主)の意味に用いるのは明治以後。「—に順(したが)ひ—に帰れ」〔芭蕉・笈の小文〕

さうざうし(ソウゾウー) Ⓒ 〘形シク〙〘「さびさびし」のウ音便〙心が満ち足りない。何か足りない感じでさびしい。「など(=ドウシテ)か音もせぬ(=ダマッテイルノ)。ものいへ、—・しきに」〔枕・一〇〇段〕「ひとところ(=オヒトリデ)おはしますを、—・しく見たてまつりしに」〔紫日記〕「ただ(=何モセズニ)帰らむは、いと—・し」〔堤・虫めづる〕

さうし【冊子・〈草〉子・〈草紙・双紙〉】(ソウー) Ⓒ 〘「さくし」のウ音便で〙 ❶紙をかさねてとじた本。「古今(=古今和歌集)の—を御前におかせたまひて、歌の本(もと)(=上ノ句)をおほせられて、『これが末いかに(=下ノ句ハドウカ)』と問はせたまふに」〔枕・二三段〕「亡父は一切の事を聞き書きと号して、ふるほんご(=使用ズミノ紙)の裏を大—にして書き集めしなり。その—の中の説をわづかに伝へてはべりしを」〔落書露顕〕 ❷㋑物語・日記・随筆などの書物。「それがし(=近松)若き時、大内(おほうち)の—(=宮中ノ事ヲ書イタ物語)を見はんべるなかに」〔以貫・難波土産・発端〕㋺「浮世草子」「草双紙」など、江戸時代中期以後におこなわれた通俗よみもの。「すべて西鶴がつくれる—には小大の誤りあらずといふ事なく」〔浮・元禄太平記・巻一ノ三〕〘従来は「草稿」「原稿」の意を示すが、確かな用例が見当たらない〙

さうし【曹司】(ソウー) Ⓒ ❶宮中におかれた高級公務員・女房のためのへや。つぼね。「職(=中宮職)の御—の西面に住みしころ」〔枕・二七五段〕「あやしう黒みすすけたる—に」〔紫日記〕 ❷〘単に〙へや。「あづかり(=ルス番)が—の方に往(い)ぬなり」〔源氏・夕顔〕 ❸勉強室。教室。〘宮中の大学寮に東西の曹司があったが、貴族の邸内に設けられることもあった。↓〙「入学といふことせさせたまひて、やがてこの院の内に御—作りて…学問せさせたてまつりたまひける」〔源氏・少女〕《中国音はcāo-sīで、清音なので、「さうし」が本来の発音を示すと思われる。「ざうし」または「さうじ」とよむのは、中世以来のよみくせらしい》[参]おんざうし。

さう じ【障子】(ソウ―) Ⓒ ↓しゃうじ。「いとしのびて―はらすべきことなど…のたまひつけたり(=オ命ジニナッタ)」〔源氏・浮舟〕

さう じ【精進】(ソウ―) Ⓓ 《+自サ変》《「さうじん」の撥音が表記されない形》↓しゃうじん。「いといたう(=ヒドク)面(おも)やせにけり。―にて日を経るけにや(=何日モ過ゴシタセイダロウカ)」〔源氏・葵〕

さう じみ【正身】(ソウ―) Ⓓ その人自身。当人。「やむごとなき(=身分ノ高イ宮サマトノ)御仲らひ(=ツキアイ)は、―こそ何ごともおいらかに(=気楽ニ)おぼさめ(=オ考エダロウガ)…わづらはしき事もありぬべし」〔源氏・浮舟〕

さう じゃ【相者】(ソウ―) Ⓔ 「相人(さうにん)」に同じ。「明雲座主、―に会ひたまひて、『おのれ(=ワタシハ)もし兵仗(ひやうぢやう)の難(=戦闘デ死ヌオソレ)やある』と尋ねたまひければ、相人、『まことにその相おはします』と申す」〔徒然・一四六段〕

さう じん【精進】(ソウ―) Ⓓ 《+自サ変》《「しゃうじん」の拗音を避けた形》↓しゃうじん。「さうじ」とも。「それは義仲が―合子(がふし)ぞ」〔平家・猫間〕

さう・ず【候ず】(ソウ―) Ⓓ 《連語》 ❶《「さうらはず」の短縮形=丁寧+否定》…ではありません。…ません。「さも―・ず(=トンデモナイ)。入道殿(=アナタ)こそ過分の事をばのたまへ」〔平家・西光被斬〕 ❷《「さうらはむず」の短縮形=丁寧+推量》…でしょう。…ましょう。「おう、さも―・ず(=ナルホド)、さもあらむ」〔近松・出世景清・一〕

ざう す【蔵主】(ゾウ―) Ⓔ ❶禅寺の図書館長。「(狩野重光ハ)円覚寺の―寮(=蔵主ノ居室)にぞかくれ居たりける」〔太平・巻一〇ノ一〇〕 ❷《転じて、一般に》僧のこと。「かれが伯父坊主に白(はく)―と申してござるが」〔狂・釣狐〕「これは婆婆に隠れもない輪(りん)―と申す悟りの僧でござる」〔狂・半銭〕

さう ぞく【装束】(ソウ―) Ⓑ 《+自サ変》《「しゃうぞく」とも》 ❶㋑衣類。着物。「御―をもやつれたる(=目立タナイ)狩りの御衣をたてまつり(=狩衣ヲオ召シニナリ)」〔源氏・夕顔〕㋺衣類を身につけること。身じたく。「男君おきたまひて、御―・したまひて」〔落窪・巻一〕 ❷㋑公式の衣類。衣冠・束帯・直衣(なほし)等の総称。表むきの服装(をすること)。「御―・したまふに、名高き御帯(=石帯)御手づから持たせて、わたりたまひて」〔源氏・紅葉賀〕㋺(芸を演ずるための)服装。(その役のための)扮装(ふんそう)。「八人の童(わらは)、四人は孔雀(くざく)の―・す」〔宇津保・楼上・下〕 ❸(車・室内・庭園・楽器などの)装備。付属品を整備すること。「ただ今なむ、御車の―解きて、御随身ばらもみな乱れはべりぬ(=解散シマシタ)」〔蜻蛉・中〕

さうぞ・く【装束く】(ソウ―) Ⓓ 《自四》《名詞「装束」を活用させたもの。「しゃうぞく」とも》 ❶装束を着る。「大きにはあらぬ殿上童の、―・きたてられて(=キチント着物ヲ着セラレテ)ありくも、うつくし(=カワイラシイ)」〔枕・一五一段〕 ❷装備する。使える状態にする。「―・きおかれたる琴どもを取うでさせて、あてあてに(=ソレゾレノ人ニ適当ニ)奉りたまへれば」〔宇津保・俊蔭〕

さう でう【双調】(ソウジョウ) Ⓓ ❶日本式十二律の第六。[参]じふにりつ。 ❷「①」を宮(基音)とする呂旋音階。[参]りつりょ。

さう でん【相伝】(ソウ―) Ⓔ 《+他サ変》 ❶親から子孫へ、あるいは師匠から弟子(でし)へとうけ伝えること。「(青葉ノ笛ハ)経盛―・せられたりしを、敦盛器量たるによって(=ソレニフサワシイ名手ダッタノデ)持たれけるとかや」〔平家・敦盛最期〕 ❷家代々ずっとそのとおり受け継ぐこと。「―の主、備前守の殿、今夜(こよひ)闇討ちにせられたまふべきよし承りさうらふ間」〔平家・殿上闇討〕

さう・な(ソウ―) Ⓑ 《助動》 [一]《動詞の連用形、形容詞・形容動詞の語幹、体言に付く》 ❶《予想》わりあい可能性の多いことを前もって考える。…の見こみだ。

未然	連用	終止	連体	已然	命令
	に	な	な	なら	

(だいたい)…ということになる模様だ。「聞けば聞くほど胸痛み、わしから先へ死に―・な」〔近松・曾根崎〕「もう山川は見え―・なもの」〔黄・高漫斎・中〕 ❷《推定》ある状態に対する観察がなお確実でないという感じを表す。(どうやら)…のようだ。(何だか)…らしい。「(病気モ)だんだん快(くわい)さ―・なによって、すこしも早う出勤をしたならばよからう」〔狂・武悪〕「いかにも、そんな事―・なが(=ミタイダケレド)」〔浄・八百屋お七・上〕 [二]《活用語の終止形に付く》 ❶《推定》「[一]②」に同じ。「『申し。頼うだお方(=ゴ主人サマ)、ござりまするか』『太郎冠者がもどった―・な(=帰ッタラシイ)』」〔狂・宝の槌〕「鐘鳴る。ゴンゴン。客『(ドウヤラ)明ける―・な(=夜明ケノヨウダ)。帰らう、帰らう』」〔洒・辰巳之園〕 ❷《伝聞》人から聞いたことを表す。…ということだ。…という話だ。…そうだ。「手活(い)けにして見る御心はない―・にござります」〔洒・聖遊廓〕

さう な・し【双無し】(ソウ―) Ⓓ 《形ク》ならぶ者がない。第一人者だ。「定家は、―・き者なり」〔後鳥羽院口伝〕「園の別当入道は、―・き庖丁者(=料理ノ名手)なり」〔徒然・二三一段〕《かな書きの場合、「双なし」か「左右

なし」かは、前後の関係で判定するよりほかない〕

さうな・し【左右無し】(ソウー) Ⓒ〘形ク〙❶決着がつかない。結論が得られない。「なほこの事(=古今集ノ暗唱テストガ)―・くてやまむ(=シリ切レトンボニナルノハ)、いとわろかるべし。(ゼヒ)…今夜(こよひ)定めてむ」〔枕・二〇段(能因本)〕〔三巻本は「さうなく」が「かちまけなく」〕❷㋑簡単だ。無造作だ。「幽玄なる(=優美ナ)為手(して=役者)―・く(=オイソレトハ)なし」〔花鏡〕㋺考えているひまがない。「これを『其(そ)ぞ(=アイツダ)』と思ひて、―・く(=アワテテ)家へ行きけるに」〔今昔・巻二六ノ二二〕〔「一条殿―・く道理の人にて」〔大鏡・伊尹〕により「当然だ」の意をあげる説もあるが、この所は信用できるテキストのすべてが「さらなり」である。「さうなく」は誤写と認められるのでこの用法は除く〕

さうにん【相人】(ソウー) Ⓔ 人相を見るのを業とする人。人相見。「相者」とも。「―ならねどもよき人(=チャントシタ方)は、ものを見たまふなり(=物事ヲ見抜ク力ガオアリナノダ)」〔大鏡・道長〕

さうぶ【菖蒲】(ソウー) Ⓔ ❶しょうぶ。「草は―。菰(こ)。葵(あふひ)、いとをかし」〔枕・六六段〕 ❷襲(かさね)の色目。→巻末「襲の色目要覧」。 ❸染め色の一。紫のやや青みがかったもの。「―の紙あまた引き重ねて」〔堤・逢坂〕 **―がたな** 刀 Ⓔ 端午の節供に、男の子がさすおもちゃの刀。柳の木で作り、銀箔(ぎんぱく)をおいたもの。「おっつけ五月の節供(ダカラ)、幟(のぼり)出して―をさせ」〔西鶴・一代女・巻五ノ四〕 **―のかづら** 菖蒲の鬘(…ズラ) Ⓔ〘連語〙端午の節供の日、冠または髻につけたアクセサリーの菖蒲。「なまめかしきもの…五月の節(せち)のあやめの蔵人。―赤紐の色にはあらぬを」〔枕・八九段〕 **―のこし** 菖蒲の輿 Ⓔ〘連語〙軒さきにさしたり薬玉(くすだま)に使ったりする菖蒲を積む輿型の車。「五日の―など持てまゐり、薬玉まゐらせなどす」〔枕・二三九段〕 **―のさしぐし** 菖蒲の挿し櫛 Ⓔ〘連語〙端午の節供の日、飾り櫛のかわりにアクセサリーとした菖蒲。「若き人々は―さし、物忌み(ノフダヲ)付けなどして…いとをかし」〔枕・四六段(能因本)〕

さうもん【桑門】(ソウー) Ⓔ〘梵 śramaṇa のなまりから〙❶僧。「―の蓮胤(れんいん)、外山の庵にしてこれ(=方丈記)をしるす」〔方丈〕 ❷僧の姿をした俗人。隠者に多かった。「みちのく一見の―同行二人(=芭蕉ト曾良)、那須の篠原をたづねて」〔芭蕉・真蹟〕〔連歌では「桑門」と書き「よすてびと」とよませる約束がある〕

さうら・ふ【候ふ】(ソウロウ) Ⓐ ㊀〘自四〙❶「ある」という意の丁寧語。聞き手に対してあらたまった気持ちを表す。あります。ございます。「行綱こそ申すべき事―・ふ間(=申シ上ゲネバナラナイ事ガアリマスノデ)、参ってさうらへ(=参上シマシタ)」〔平家・西光被斬〕 ❷「居る」という意の丁寧語。おります。「備前守の殿、こよひ闇討ちにせられたまふべきよし承りさうらふ間、そのならむやう(=最期)を見むとて(=見トドケヨウト)、かくて―・ふ(=コウシテココニオリマス)」〔平家・殿上闇討〕 ❸〘補動〙〘丁寧語〙…です。…でございます。「(オタズネナサルノハ)こなたの事にて―・ふか(=ワタシデゴザイマスカ)。何事にて―・ふぞ(=用件ハ何デスカ)」〔謡・高砂〕〔(1)「さぶらふ」から転じたもので、鎌倉時代以後に多く使われるようになった。平曲の会話文では、男は「さうらふ」、女は「さぶらふ」と言った。(2)「有り」の意が消えた用法は助動詞としてあつかう。(3)漢字がきのとき、言い切りは多く「候」と表記し、かなを送らない。(4)謡曲では、言い切りのときソオロ、連体修飾のときソオロオと発音する〕㊁〘近世語〙(略)居候。食客。「身を落とせば―の権八さん(=架空ノ人名)となる」〔洒・辰巳婦言・発語〕

さうら・ふ【候ふ】(ソウロウ) Ⓐ〘助動〙〘動詞・助動詞の連用形に付く〙丁寧の意を添える。…ます。「これは歌人にてゐられ―・ひけるが」〔謡・江口〕

未然	連用	終止	連体	已然	命令
は	ひ	ふ	ふ	へ	へ

〔(1)謡曲では、名詞・助詞「と」「や」を直接に受けるとき、および撥(はつ)音便を受けるときは、ゾオロォ(ゾオロ)と濁る。(2)漢字がきのとき、言い切りは多く「候」と表記し、かなを送らない〕(参)さぶらふ・さう。

ざえ【才】Ⓑ ❶(特に漢学を中心とする)学問・教養。「雅房大納言は―かしこく、よき人にて、大将にもなさばやと(天皇ガ)おぼしける」〔徒然・一二八段〕 ❷技芸。特技。「『行政の朝臣(あそん)、何の―かはべる』『筆ゆひ(=筆作リ)の―なむはべる』」〔宇津保・菊宴〕 ❸(略)才の男(をのこ)。「日暮れて、―ども数を尽くして参り、御巫子(みかうのこ)四人さぶらふ」〔宇津保・嵯峨院〕

ざえのをのこ【才の男】(―オー) Ⓔ 神楽(かぐら)の際に、余興として滑稽な芸を演ずる者。〔「さえのを」ともいった。後になまって「せいのう」となる〕「―召して、声ひきたる(神楽ノ)人長(=楽長)のここちよげさこそ、いみじけれ」〔枕・一四二段〕

さが【相・性】Ⓑ ❶(いつも付属している)すがた。(つきものである)ようす。ありさま。「人はとにかくに(=アレコレト)変はるも、ことわりの世の―(=世間ノ実相ダ)と思ひなしたまふ」〔源氏・花散里〕「人にあなづらるる(=バカニサレル)御ありさまは、かやうに(=孤児ニ)なりぬる人の―にこそ(=例デスワネ)」〔源氏・東屋〕 ❷㋑(人の固有な)性質。性格。たち。「いとくまなき(=抜ケ目ノナイ)御心の―

さ

にて(=アノ方ラシイ頭ノ回転デ)おしはかりたまふにやはべらむ(=推量ナサルノデショウ)」〔源氏・椎本〕「人となりて(=生マレナガラ)ものにかかはらぬ(=ムトンジャクナ)―より(=性格カラ)」〔秋成・雨月・浅茅〕㋺(人に固有な)運。生まれつきの人生コース。「ただこれ天(=天命)にして、汝が―のつたなき(=不運ナノ)を泣け」〔芭蕉・野ざらし〕 ❸【祥】(なりゆきを暗示する)すがた。しるし。前兆。「朕(われ)今日夢見らく(=見タコトニハ)…。これ何の―ならむ」〔紀・垂仁・訓〕《「さが」は「祥」の訓》 ❹《前兆が多く不吉な事に結びついたところから転じて》悪い事。「嵯峨帝の御時『無悪善』と書きたる落とし文ありけり。野相公(やしやうこう)(=小野篁)によませらるるに『―なくはよし』とよめり。『悪』は『―』といふよみのゆゑ、帝の御気色あしく」〔十訓・第七ノ六〕 ❺(人がらの)欠点。悪いくせ。「男の―をあらはすまい(=世間ニ見セマイ)と、随分わしが身をつめ(=倹約シ)」〔近松・阿波鳴渡・中〕《「相模(さがみ)」・「相良(さがら)」等の「さが」と同じく、もと「相」の漢字音 siang から出たものであろう》

さか・し【賢し】Ⓑ《形シク》❶かしこい。知能・人がらがすぐれている。「皆、もの識(し)れる臣―・しき佐(たすけ)による」〔紀・継体・訓〕《「さかしき」は「明哲」の訓》「いにしへの―・しき人の遊びけむ吉野の川原みれどあかぬかも」〔万葉・巻九〕 ❷じょうずだ。うまい。「―・しう(=ウマク)ものも聞こえ(=申シアゲ)ざりつるを」〔堤・このついで〕 ❸しっかりしている。じょうぶだ。「心―・しき(=気ノ強イ)者、念じて(=ガマンシテ)射むとすれども」〔竹取〕「おのが―・しからむ(=健康ナ)時こそ、いかでもいかでも、ものしたまはめ(=ドウニカオ過ゴシニナレヨウ)」〔蜻蛉・上〕 ❹りこうぶっている。表面だけはかしこそうだ。「―・しみと(=賢人ブッテ)ものいふよりは酒のみて酔ひ泣きするしまさりたるらし」〔万葉・巻三〕「まさに(=本気デ)―・しき事せむや(=ナマイキナ事ヲスルツモリカネ)」〔落窪・巻一〕

さが・し【険し・嶮し】Ⓔ《形シク》けわしい。「あられふり(=枕詞)吉志美(きしみ)が岳(たけ)を―・しみと(=ケワシイノデ)草とりはなち(=草ヲ取ル手ヲハナシ)妹が手を取る」〔万葉・巻三〕《平家正節に「さがし」、日葡辞書にも saga-xij とある》

さかし・だ・つ【賢し〈立〉つ】Ⓓ《自四》利口ぶる。かしこそうなふりをする。「―・ち奨(すす)めたてまつる人々多かれば、我にもあらず(=ツイフラフラト)時々(女デアリナガラ男ノ所へ)おはする(=通ッテイラッシャル)折もありけり」〔堤・思はぬ方〕

さかし・ら【賢しら】Ⓒ《十形動ナリ》《「ら」は接尾語》❶りこうぶること。えらそうにふるまうこと。「―・に夏は人まね小竹(ささ)の葉のさやぐ(=ザワザワスル)霜夜をわがひとり寝る」〔古今・雑体〕 ❷よけいな行動。しなくてもよいのに、出しゃばること。おせっかい。「―・に(=ヨセバヨイノニ)柳の眉(まゆ)のひろごりて(=不細工ニ太クナッテ)春のおもてを伏する(=面目ヲマルツブシニスル)宿かな」〔枕・三〇一段〕 ❸人をおとしいれるための告げ口。密告。「人の―にあひて、領所をも失ひ、今はこの野のくまにわびしく住ませたまふ」〔秋成・雨月・吉備津〕

さかな【肴】Ⓓ《「さか(酒)」＋「な(菜)＝副食物」》❶㋑酒を飲むとき添える食物。「み―に何よけむ(=何ガヨイカナ)。鮑(あはび)栄螺(さだを)(=サザエ)か(ソレトモ)石陰(かせ)(=ウニ)よけむ」〔催・我家〕㋺(酒席の)余興。「みども(=ワタシ)が一つ(=イッパイ)受け持ったほどに(=引キ受ケタカラ、君ハ)何ぞ―をさしめ(=ナサイ)」〔狂・棒縛〕 ❷魚。「婆娑(しゃば)にゐた時(=生前ハ)精進がきらひで、―は骨まで食やったむくい(=タタリ)」〔一九・膝栗毛・三ノ上〕

さが・な・し【祥無し】Ⓒ《形ク》❶たちがよくない。じゃけんだ。「さる―・きえびす心を見ては」〔伊勢・一五段〕「あな恐ろしや。東宮の女御のいと―・くて」〔源氏・桐壺〕 ❷手におえない。「(社前ノ獅子像ヲ裏向キニシタノハ)―・しき童(わらはべ)ども(=イタズラッ子タチ)の仕まつりける、奇怪にさうらふことなり(=ケシカランコトデス)」〔徒然・二三六段〕 ❸口が悪い。「着たまへるものどもをさへ言ひたつる(=アレコレ批判スルノ)も、物いひ―・きやうなれど」〔源氏・末摘花〕 ❹ぐあいがわるい。始末にこまる。「(下痢シソウニナッテ)あな、―・し。冷えこそ過ぎにけれ」〔落窪・巻二〕

さがな・もの【祥無者】Ⓔ《気が強くてポンポン人をやりこめたりするタイプに用いて》しようのない人間。うるさ型。「―(=ロクデナシメ)、ねたう答へたなり(=憎ラシイ返事ヲシタヨウダ)」〔落窪・巻二〕「かの―、(アトデ考エルト、アアロウルサカッタノモ)思ひ出である方に忘れがたけれど、さしあたりて見むには(=イッショニ暮ラスヨウナ時ニハ)わづらはしく(=閉口ダシ)」〔源氏・帚木〕

さかひ【境】(―イ) Ⓑ ❶境界。くぎり。《空間的なばあいにも時間的なばあいにも用いる》「山賤(やまがつ)の片岡かけて占(し)むる野の―に立てる玉のを柳」〔新古今・雑中〕《↑空間》「急ぐらむ(=早ク来ヨウトスル)夏の―に関すゑて(=関所ヲ作ッテ)暮れゆく春をとどめてしかな」〔重之集〕《↑時間》 ❷㋑(観念的な)世界。世間。「有為(うゐ)無常の―といひながら…他門に帰伏(=降参)したまひぬること、げにも生けるかひなし」〔盛衰・巻三一ノ九〕㋺地域。場所。「父母(かぞいろ)すでに諸(もろもろ)のみ子たちに任(ことよ)せたまひて(=任命ナサッテ)、各(おのおの)その―(=領地)を有(たも)たしむ(=与エラレタ)」〔紀・神代上・訓〕《「さかひ」は「境」の訓》 ❸㋑佳境。あぶらののった域。

「左の歌『ものさびしかる』と置き、『都恋しも』などいへる姿、既に幽玄の—に入る」〔住吉社歌合(俊成判詞)〕「二つのわざ、やうやう—に入りければ(＝上手ノ域ニ達シタノデ)」〔徒然・一八八段〕㋺たいせつな時期。「さるほどに(＝二四、五歳ノコロハ)稽古の—なり」〔花伝・一〕❹《中世歌論で》作者によってとらえられる対象。㊟きゃう(境)③㋺。「近代、あまりに—に入りすぎて(＝対象ヲ深クトラエヨウトシスギテ)…すこぶる(＝アマリ)いはれなし(＝感心デキナイ)」〔後鳥羽院口伝〕

さか びん【逆鬢】Ⓔ 油けがなくて鬢の毛がそそけ立っていること。労働者や病人で、よく髪の手入れができない場合この状態になる。「笹六美男をにはかに—にして身を見苦しうなし」〔西鶴・二十不孝・巻一ノ二〕

さか・ふ【逆ふ】(—カ〈コ〉ウ)Ⓓ ㊀《自四》❶さからう。反する。「心を用ゐること少しきにして、きびしきときは、ものに—・ひ、争ひて破る」〔徒然・二一一段〕❷はむかう。敵対行動に出る。「『これはあやまちなり。いま一度—・ふべし』とて歩み寄るに」〔著聞・相撲強力〕㊁《自下二》「㊀①」に同じ。「片言耳に—・ふれば(＝チョット言イ分ガ気ニイラナケレバ相手ガタトエ)公卿といへどこれをからむ(＝逮捕スル)」〔平家・南都牒状〕

さか やき【月代・月額】Ⓔ ❶男子が額ぎわの髪を半円形にそりあげること。またはその部分。烏帽子(えぼし)などをかぶったとき、はえぎわを出さないためである。「その夕方、—白き入道、この僧の坊へ来たりて」〔沙石・巻六ノ一〇〕❷男子が額ぎわから頭上にかけてずっと髪をそること。「—そって髪ゆうて、衣装着かへて」〔西鶴・胸算用・巻二ノ二〕

〔さかやき❷〕

さかり【盛り】Ⓑ ㊀❶いちばん勢いのよい状態。最高度の状態。「春の花の林、秋の野の—をとりどりに人あらそひはべりける」〔源氏・薄雲〕❷(人の)元気な時期。青壮年時代。「わが—またをちめやも(＝モドッテクルダロウカ＝コナイ)ほとほとに(＝タブンキット)奈良の都を(再ビ)見ずかなりなむ(＝見ズジマイニナルダロウ)」〔万葉・巻三〕㊁《形動ナリ》❶最高の状態だ。頂点にある。「雪の色を奪ひて咲ける梅の花いま—・なり見む人もがも(＝見テクレル人ガアレバヨイノニ)」〔万葉・巻五〕「いよいよわろき事のみ—・になりて、おのれ迷(まど)へるのみならず、世の人をさへに迷はすことぞかし」〔宣長・玉勝間・巻一二ノ五七〕❷わかい。「汝(＝アナタ)は、年—・にて、行くさき長ければ」〔宣長・玉勝間・巻二ノ四二〕

さがり【下がり】Ⓓ ❶下降。「寒暑にしたがひて(音律ノ)上がり・—あるべきゆゑに」〔徒然・二二〇段〕❷(物価の)下落。「買ひ置きすれば、—を受け…程なく(残ッタ物ハ)家ばかりになりぬ」〔西鶴・永代蔵・巻六ノ一〕❸目上からもらう使用ずみの物。「身はなまくら者と人にいはれ、—(＝オ古ヲ)喰ふ身」〔浮・新色五巻書・巻二ノ二〕❹時刻がすぎること。「日すでに西(とり)の—になりて」〔太平・巻三一ノ二〕❺(代金の)未払い。「味噌(みそ)(＝自慢)らしく—のあるを話してゐ」〔柳樽・六〕

さか・る【離る・放る】Ⓓ《自四》へだたる。遠くはなれる。「去年(こぞ)見てし秋の月夜は渡れども(＝秋ノ月ハ空ヲ横切ッテユクガ)相見し妹(＝イッショニ見タ妻)はいや年—・る(＝イヨイヨ年数ガヘダタッテユク)」〔万葉・巻二〕

さき【先・前】Ⓐ ❶事・物のいちばん前。先端。はし。「(経文ナドノヒモヲ結ブトキ)うるはしく(＝本格的ニ)は、ただくるくると巻きて、上より下へわなの—(＝輪ニシタヒモノ先)をさしはさむべし」〔徒然・二〇八段〕❷㊛さきおひ・さきばらひ。貴人の外出のとき、一般人の通行を制限して交通整理をする従者。「—なる男(をのこ)ども、『とう(＝早ク)うながせや(＝牛ヲ歩カセロ)』」〔蜻蛉・上〕❸時間的に、ある事よりも以前。現在よりも以前。「(仏ニ教エヲ受ケテ人ハ仏ニナルガ)それ(＝ソノ仏)もまた—の仏の教へによりて(仏ニ)なりたまふなり」〔徒然・二四三段〕❹現在よりも後。これからさき。将来。「よろづの事、—の(＝前途ガ)つまりたるは(＝行キ止マリナノハ)破れに近き道なり」〔徒然・八三段〕❺交戦のときまっさきに進むこと。「小冠者に—をうたせしは(＝先陣ヲヤラセタノハ)、生きがひ(＝年ヲトッタカイ)もなきしれもの(＝バカ野郎)なり」〔馬琴・弓張月・六四回〕❻物の順位の第一番め。大事にすることがら。すぐれたこと。「心(＝趣向)は新しきをもって—となし、詞は古きをもって用ふべし」〔詠歌大概〕「物に争はず、己をまげて人に従ひ、わが身をのちにして、人を—にするにしかず」〔徒然・一三〇段〕 **—のよ** 先の世・前の世 Ⓒ《連語》❶→ぜんぜ。「—の報いか、(ソレトモ)この世の犯し(＝現世デ悪イコトヲシタユエ)か」〔源氏・明石〕❷未来の世。「—は知られぬものと知りながら命の後をなほや契らむ」〔新葉・恋〕

さき お・ふ【先追ふ・前追ふ】(—ウ)Ⓓ《自四》高貴な人の行列などの先導をする。「(内大臣ハ)御供の人の—・ふをも手かき(＝手ヲフッテ)制したまうて(＝オトメナサッテ)」〔源氏・常夏〕

さきく【幸く】Ⓓ《副》❶かわった事がなく。そのままで。「ささなみの(＝枕詞)志賀の辛崎—あれど(＝昔ドオリダガ)大宮人の船待ちかねつ」〔万葉・巻一〕❷しあわせに。無事に。「命を—よけむと石(いは)ばしる垂水(たるみ)の水をむす

びて飲みつ」〔万葉・巻七〕

さき くさ【三枝・先草】 Ⓔ ❶植物の名。葉または枝が三つ以上並んで出るものらしいが、今の何かは不明。福寿草・みつまた・山ゆり・三つ葉ぜりなどの説がある。「（市辺王ノ）御歯は、—の如き押し歯(=ムシ歯)にましましき」〔記・下〕《原文は「三枝」と表記》 ❷催馬楽(さいばら)「此殿は」の歌章をさす。「声いとおもしろうて(=トテモキレイナ声デ)—歌ふ」〔源氏・竹河〕

さき もり【防人】 Ⓓ 古代から平安初期まで、遠い国境防備のため諸国から徴発された兵士。天平二年以後、担当地域は九州地方に限られ、多く東国から徴発された。三年交替であったが、規定はよく守られなかった。「—に行くはたがせ(=ダレノ旦那(だんな)サンナノ)と問ふ人を見るがともしさ(=ウラヤマシイワ)ものもひもせず(=アノ人ハ心配事モナクテ)」〔万葉・巻二〇〕

さ きやう【左京】(-キョウ) Ⓓ (対)「右京」 平城京(奈良)・平安京(京都)で、朱雀大路(すざくおおじ)を境にした東半分の地域。 **—しき** 職 Ⓓ →きゃうしき。 **—のだいぶ** 左京の大夫 Ⓓ 〔連語〕左京職の長官。従四位の相当官。

さ・く【放く・離く】 Ⓓ ㊀〔他四〕〔補動〕動詞連用形の下にそえて、上の動詞の意を強める。(参)㊂③。「往くさには二人わが見しこの崎をひとり過ぐれば見も—・かず(=ヨクナガメモセズ)来ぬ」〔万葉・巻三(一五〇)〕《この用法は上の一例以外未見。諸説は「はなす」の意に解するが、歌意から考えると、強勢用法とすべきであろう》 ㊁〔他下二〕 ❶はなす。ひきはなす。「（大宮ハ）この姫君をぞ…御かたはら—・けず(=オソバヲ離サズ)うつくしきものに思したりつるを(=カワイガッタノダガ)」〔源氏・少女〕 ❷遠ざける。仲をひきさく。「…やはらかに(=シンミリト)寝る夜はなくて親—・くるつま」〔催・貫河〕 ❸〔補動〕動詞連用形に付いて、上の動詞の意を強める。「はるかに…する」「じゅうぶんに…する」「気がすむまで…する」等の意をそえる。「語り—・け(=シミジミ語リ合イ)見—・くる(=シンミリ会ウ)人眼(ひとめ)(=相手)ともしみと(=少ナイトイウワケデ)思ひし繁し…」〔万葉・巻一九〕

さく もん【作文】 Ⓓ ❶《中古は》中国の古典語で詩または韻文を作ること。知識人として第一に必要な教養であった。「ひととせ入道殿の大堰川の逍遙(せうえう)(=ピクニック)せさせたまひしに、—の船、管弦の船、和歌の船とわかたせたまひしに」〔大鏡・頼忠〕 ❷《近世は》文章を書くこと。「それがし(=小生=近松)出でて加賀掾(かがのじょう)より筑後掾へ移りて—せしより、文句に心を用ゐること昔にかはりて」〔以貫・難波土産・発端〕

さくら【桜】 Ⓓ ❶植物のさくら。「世のなかにたえて(=全然)—のなかりせば春の心はのどけからまし」〔古今・春上〕 ❷襲(かさね)の色目。↓巻末「襲の色目要覧」。 ❸紋の名称。↓巻末「紋章要覧」。 **—がり** 狩り Ⓓ 桜の花をたのしむためのピクニック。「—雨は降りきぬ同じくは(=ドウセ同ジコトナラバ)濡るとも花の陰にかくれむ」〔拾遺・春〕《鷹(かた)狩りの異称という意を示す説があるけれど、いずれも尺素往来の文のよみ誤りに由来するものと認められるので、削る》

さくり【噦り・吃逆り】 Ⓔ ❶しゃっくり。「楊氏漢語抄云『噦噎』佐久利、逆気也」〔倭名抄・病類〕 ❷《多くは「さくりもよよと」の形で》しゃくりあげて泣くこと。「いみじう—もよよと泣きき」〔蜻蛉・中〕

さくり あ・ぐ【噦り上ぐ】 Ⓔ 〔自下二〕しゃっくりをするようなぐあいに泣く。「—・げて、よよ(=シクシク)と泣きければ、うたてしやな(=ガッカリダヨ)」〔宇治・巻一ノ一三〕

さくゎん【主典】(-カン) Ⓓ 大宝令の官制で、四等官のうち第四級の職階。官庁によって字が異なる。史(神祇官)・録(省)・属(寮・坊・職)・疏(弾正台)・将曹(近衛府)・志(衛門府・兵衛府・検非違使庁)・典(大宰府)・目(国司庁)など。(参)かみ・すけ・じょう。

さ こん【左近】 Ⓓ (略)左近衛府。(参)このゑ。 **—のつかさ** 左近の司 Ⓓ 〔連語〕 ❶左近衛府。 ❷左近衛府の将曹より下の役人。(参)このゑ。 **—のむまば** 左近の馬場 Ⓓ 〔連語〕左近衛府に属する馬場。一条西洞院(いま上京区)にあった。「われは—を片きしにしたれば(=ノソバニイルモノダカラ)」〔蜻蛉・上〕

ささ・ぐ【捧ぐ】 Ⓓ 〔他下二〕 ❶高くあげる。「燕、尾を—・げていたくめぐるに合はせて、手を—・げて探りたまふに」〔竹取〕 ❷(手で)高く持ち上げる。「とばかりあれば(=シバラクスルト)、文—・げて来る者あり」〔蜻蛉・上〕 ❸(声を)高くする。「おとど御声を—・げて泣きののしりたまへど」〔栄花・本雫〕 ❹さしあげる。進上する。「御贈り物を—・げたてまつりたまふ」〔源氏・若紫〕

ささ なみ【細波・小波・漣・〈篠〉波】 Ⓓ 《後世「さざなみ」》細かく立つ波。「月かげは消えぬ氷と見えながら—寄する志賀の唐崎」〔千載・秋上〕

ささ・ふ【支ふ】(-サ〈ソ〉ウ) Ⓓ 〔他下二〕 ❶物が落ちたり倒れたりしないようにする。「身の後(=死後)には、金(こがね)をして北斗を—・ふとも、人のためにぞわづらはるべき」〔徒然・三八段〕 ❷㋑通行のじゃまをする。通さないようにする。「盗人ども道を—・へて」〔秋成・雨月・浅茅〕㋺持ちこたえる。抵抗する。防戦する。「土肥の次郎実平、二千余騎で—・へたり」〔平家・木曾最期〕

ささ め・く Ⓓ 〔自四〕ひそひそ話す。ささやく。「—・くは、いかなる事にか」〔大鏡・師尹〕

さざ め・く Ⓓ《自四》声をたてて騒ぐ。がやがや騒ぎたてる。「一家一門すゑずゑの親類までも引き連れて―・きける」〔西鶴・胸算用・巻四ノ二〕

ざざ め・く Ⓓ《自四》ざわつく。がやがやいう。「兵(つはもの)どもの四五百騎、―・いてうち返りけるなかに」〔平家・宮御最期〕「中間(ちゆうげん)小者にいたるまで―・きわたるぞにぎはしき」〔近松・堀川波鼓・中〕

ささめ ごと【ささめ言】Ⓔ 他の人に聞こえないようにする話。ないしょ話。「『天にあらば、願はくは、比翼の鳥とならむ。地にあらば、願はくは連理の枝とならむ』と誓ひしことを、ひそかに伝へよや。(コレハ二人ノ間ダケデノ)―なれども、今(コノ事実ト共ニ)もれそむる涙かな」〔謡・楊貴妃〕《「男女間のむつごと」という意を設ける説もあるが、上の例で見るとおり、前後の関係からそのような意になるだけで、語そのものがもつ意味ではない》

ささ やか【細やか】Ⓓ《形動ナリ》《悪くない感じの》小さいようす。「(夕顔ノ遺体ハ)いと―・にて(＝小ガラデ)、うとましげもなく(＝イヤナ感ジモセズ)らうたげなり(＝カワイラシイ)」〔源氏・夕顔〕「つた・くず・朝顔、いづれもいと高からず、―・なる垣にしげからぬ(＝密生シテイナイノガ)よし」〔徒然・一三九段〕

さざれ-【細れ】Ⓓ《接頭》「小さい」「こまかい」の意を示す。　**―いし** 石 Ⓔ 小石。じゃり。「いまは飛鳥川の、瀬になるうらみもきこえず、―のいはほとなるよろこびのみぞあるべき」〔古今・序〕　**―し** 石 Ⓔ「さざれいし」に同じ。「信濃なる筑摩の川の―も君し踏みてば(＝アナタガオ踏ミニナッタナラ)玉と(シテ)拾はむ」〔万葉・巻一四〕

さざれ【細れ】Ⓔ ㊅さざれいし・さざれなみ。「いづくより駒うち入れむ佐保川の―にうつる白菊の花」〔景樹・桂園一枝〕

さし-【〈差〉し】Ⓑ《接頭》動作性の動詞に付いて、意味を強調したり語調を整えたりする。除いても、意味そのものは変わらない。「―あゆむ」「―かくす」「―くもる」「―なほす」「―ならぶ」「―よす」等。

さ・し【狭し】Ⓔ《形ク》《古代語》せまい。ちいさい。「その路―・く、嶮(さが)しくして、人並み行く(＝並ンデ行ク)ことを得ざりき」〔紀・神武・訓〕《「さく」は「狭」の訓》

さし あ・ぐ【〈差〉し上ぐ】Ⓓ《他下二》《「さし」は接頭語》❶㋑(手に持って)高く上げる。「(敵ノ首ヲ)太刀の先に貫き、高く―・げ」〔平家・木曾最期〕㋺(さがっているものを)上へ引く。「蔀(しとみ)など―・げて女どももあまた集まりをり」〔平中・三六段〕❷(声を)高くする。はりあげる。「女(サカズキヲ)取りて、細くらうたげなる(＝カワイラシイ)声を―・げて泣く泣く(湯ヲ)飲む」〔宇治・巻九ノ七〕❸(高いと意識する相手に)さし出す。献上する。「鱸(すずき)を一本―・げませうと存じて」〔鯉丈・八笑人・三ノ上〕

さし あ・ふ【〈差〉し会ふ・〈差〉し合ふ】(―ア〈オ〉ウ)Ⓓ《自四》❶㋑出会う。行きあう。「(人事選考ガ)今夜(こよひ)と聞きて参りたまへるに、いづこもとかに(＝ドコダカデ)―・ひたまへりけるを(＝出クワサレタガ)」〔大鏡・伊尹〕㋺ぴたりとあう。接する。「胡国と日本の東の奥の地とは、―・ひてぞあんなる(＝地続キニナッテイルラシイ)と申しける」〔宇治・巻一五ノ二〕❷支障が生じる。都合が悪くなる。「会はむとありしかば…その日を待つほどに、―・ふことありて(＝サシツカエガ起キテ)とどまりぬ(＝中止シタ)」〔建礼〕❸いっしょになる。集合する。「かたがたの大臣(おとど)たち、この大将の御勢ひさへ―・ひ…かしづきたまふさま、いとめでたし」〔源氏・真木柱〕

さし い・づ【〈差〉し出づ】(―ズ)Ⓑ ■《自下二》《「さし」は接頭語》❶㋑「いづ」の強調形。「すこし―・でて見入れたまへば」〔源氏・花散里〕㋺急に出る。「筑紫船(＝筑紫行キノ船ガ)まだともづなも解かなくに―・づる(＝急ニアフレ出ル)ものは涙なりけり」〔後拾遺・羇旅〕❷出すぎる。でしゃばる。「人づてならずふと(＝イキナリ直接ニ)―・で聞こえむことのなほつつましきを」〔源氏・早蕨〕■《他下二》さし出す。「扇を―・でて人を招き寄せて」〔源氏・葵〕

さし いらへ【〈差〉し答へ】(―エ)Ⓓ《＋自サ変》❶うけ答えすること。返事。「いまだ年ごろ(＝年来)、かばかりも(＝コンナニ適切ニ)―・したまふ人に対面たまはらぬ(＝オ会イシタコトガナイ)」〔大鏡・昔物語〕❷相手すること。「ひとりごと(＝独奏)はさうざうしきを(＝モノタリナイカラ)、―・したまへかし(＝合奏シテクダサイナ)」〔源氏・宿木〕

さし い・る【〈差〉し入る】Ⓒ ■《自四》《「さし」は接頭語》はいる。「医師(くすし)のもとに―・りて」〔徒然・五三段〕■《他下二》❶《「さし」は接頭語》入れる。「(雉子(きじ)ヲ)ふところに―・れて、冷泉院の山に放ちしかば、ほろほろと飛びてこそ去(い)にしか」〔大鏡・兼通〕❷さしこむ。はめこむ。「琴ひく人は、別の爪作りて指に―・れてぞ、ひくことにてはべりし」〔大鏡・昔物語〕

さし かく・す【〈差〉し隠す】Ⓓ《他四》(扇などを)かざして顔などをかくす。「赤色の御扇―・して(＝扇デ顔ヲカクシタガ)、御扇のほど(＝アタリ)などはすこし見えさせたまひけり」〔大鏡・道長〕

さし かた・む Ⓓ《他下二》■【閉し固む・鎖し固む】❶門や戸をしっかりしめる。「例は(＝イツモハ)殊に―・めなどもせぬを(今夜ニカギリ)つとさして(＝キチントシメテ)人の音もせず」〔源氏・少女〕❷防衛体制をとる。「衣が関を隔てて南部口を―・め、夷(えびす)を防ぐと見えたり」

〔芭蕉・奥の細道〕 [二]【〈差〉し固む】《「さし」は接頭語》しっかり身じたくする。「腹巻(=小ヨロイ)に小具足(=付属品)—・めて」〔平治・中・一(古活字本)〕

さ しき【座敷】Ⓓ ❶すわるはずの場所。「由比の汀(みぎは)に着きしかば、—を定め(ソコニ)敷き皮敷かせ」〔謡・盛久〕 ❷(室内での)人々の集まり。「笏拍子(しやくびやうし)を打ち—をしづめ」〔謡・草紙洗小町〕 ❸客用の部屋。「—ほどある(=フルサイズノ)蚊帳(かや)をつりけり」〔一井(曠野)〕 ❹宴席。またはその席での客あつかい。「うち〈帰ったら、—を大事につとめなよ」〔春水・梅暦・巻二〕

さし ぐし【挿し櫛】Ⓓ 装飾用のくし。「弁の乳母(めのと)の(陽明門院ノ)御供にさぶらふが、—を左にさされたりければ、『あゆよ、など櫛はあしく(=ヘンナグアイニ)さしたるぞ』とこそおほせられけれ」〔大鏡・三条院〕《平安時代の貴族女性は、ふつう右側にさした》

さし こ・む Ⓓ [一]【閉し籠む・鎖し籠む】《他下二》 ❶門や戸をとざす。「—・めて戦ふべきしたぐみ(=用意)をしたりとも」〔竹取〕 ❷しめきってとじこめる。「いとむつかしげに(=ウットウシソウニ)—・められて、(ソノウエ)人あまたはべるめれば、かしこげに(=コワクテ、手ガ出マセン)」〔源氏・帚木〕 [二]【〈差〉し籠む】《自四》(間に)入りこむ。入りまじる。「格子(かうし)上げさせたまひて、御簾まき上げなどしたまひて…女房も—・みて臥(ふ)したる、人気にぎははしきに」〔源氏・横笛〕《この用例を「戸を閉じて中にこもる」意とする説は誤り》

さし す・ぐ【〈差〉し過ぐ】Ⓓ《自上二》《「さし」は接頭語》程度をこえている。ほどよいところから出すぎている。「(藤壺ニハ)足らず(=不足シテイタリ)また—・ぎたることなく(=出スギタ所モナク)ものしたまひけるかな(=中庸ヲ得テイラッシャルコトダナア)」〔源氏・帚木〕

さし ちが・ふ【刺し違ふ】(—ガ〈ゴ〉ウ)Ⓔ《自下二》互いに向き合って相手を刺して死ぬ。「(茅野太郎光広ハ)敵(かたき)におしならべ(=馬ヲ並ベテ)、ひっ組んで、どうど落ち、—・へてぞ死にける」〔平家・樋口被討罰〕

さしつめ ひきつめ【〈差〉し詰め引き詰め】Ⓓ《連語》ひっきりなしに矢をつがえるさま。「射残したる八筋の矢を、—さんざんに射る」〔平家・木曾最期〕

さ して Ⓓ《副》 ❶《肯定文の中で》さし当たって。とり急ぎ。「鎌倉殿に—申すべき大事どもさうらふ」〔平家・泊瀬六代〕 ❷《否定文の中で》あまり。たいして。「—ことなる事なき夜、うちふけて参れる人」〔徒然・一九一段〕

さし なは【差し縄・緡縄】(—ワ)Ⓔ ❶馬の口につけるなわ。「馬の—を結びて(=ツナギアワセテ)投げやりたれば、それをとらへて、くりつきて(=タグッテ)上がり来たる」〔今昔・巻一六ノ二四〕 ❷銭(ぜに)の穴に通してつなぐためのひも。「さし」とも。「売り溜(だ)め見せよとて、(ソレヲ貫ク用意ノ)—出だし」〔浄・源氏十二段・二〕

さし なべ【鐺子】Ⓔ ↓てうし①。「銚子、佐之奈閇。俗云=佐須奈閇=」〔倭名抄・金器類〕「—に湯わかせ子ども櫟津(いちひつ)の檜橋(ひはし)より来む狐(きつ)に浴(あ)むさむ(=ブッカケテヤロウ)」〔万葉・巻一六〕

さし ぬき【指貫】Ⓓ 身分のある人がはくはかまの一種。衣冠・直衣(のうし)・狩衣(かりぎぬ)のときに用いる。すそをひもでさしぬき、くるぶしの上でくくるようにしたもの。「鈍色(にびいろ)の

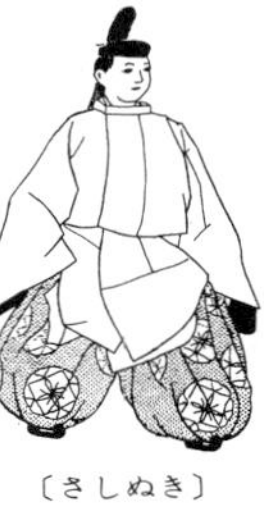

〔さしぬき〕

直衣—うすらかに衣がへして」〔源氏・葵〕

さし のぞ・く【〈差〉し覗く】Ⓓ《他四》《「さし」は接頭語》 ❶のぞく。「几帳(きちやう)のかみより—・かせたまへり」〔紫日記〕 ❷おとずれる。たち寄る。「ただ御せうとの禅師の君ばかりぞ、まれにも京に出でたまふ時は、—・きたまへど」〔源氏・蓬生〕

さし の・ぶ【〈差〉し伸ぶ】Ⓔ《自上二》《「さし」は接頭語》《歌論・連歌論で》表現がのびのびしている。「秀能法師(ノ歌ハ)、身のほどよりも長(たけ)ありて(=格調ガ高ク)、さまでなき(=チョットシタ)歌も殊のほかに(=タイソウ)いでばえ(=見バエガ)するやうにありき。まことに、詠み持ちたる(=ストックノ)歌どもの中にも、—・びたるものどもありき」〔後鳥羽院口伝〕「艶に—・びのどやかにして、面影・余情(よせい)に心をかけよ」〔ささめごと・下〕

さし はな・つ【〈差〉し放つ】Ⓔ《他四》《「さし」は接頭語》相手にしない。ほうっておく。「我は、時々の客人(まらうど)に(=タマニ来ル客ノ接待ニ)—・たれて(=マワリノ女房カラノケモノニサレテ)」〔更級〕

さし ま・す Ⓒ《助動》《一・二段動詞の未然形に付く》〔敬語〕中世の口語で、「尊敬＋丁寧」の意を表す。…なさいます。「まづ山の神(=女房)を呼びいだし、この事を申し渡さうと存ずる。なうなう、これの(=オ前サン)は、内に居—・すか(=オイデデスカネ)」〔狂・花子〕[参]します。

未然	連用	終止	連体	已然	命令
さ	し	す	す	せ	せ

さし むか・ふ【〈差〉し向かふ】(—カ〈コ〉ウ)Ⓓ《自四》 ❶向かいあう。向きあう。「二人—・ひて泣きけり」〔源氏・玉鬘〕 ❷さし当たっている。現在のところ…である。「なほ(=ヤハリ)—・ひたる劣りのところには(=サシアタッテ妾腹ノ子ドモトイウト)、人も思ひ落とし(=軽視シ)」〔源氏・

薄雲〕

さし・め Ⓒ〘助動〙〘一・二段動詞の未然形に付く〙〔敬語〕中世の口語で、ごく軽い尊敬の意を含んだ命令・願望を表す。…さい。…なさい。「〘同輩ニ対シ〙それならばあふいでくれ―・め(=オクレ)」〔狂・附子〕「〘伯父ガ甥(おい)ニ〙それならば、とてもの事に(=イッソノコト)、狐を釣る道具をも捨ててくれ―・め(=オクレ)」〔狂・釣狐〕〘(1)命令形だけがふつう用いられる。(2)助動詞「しも」の命令形とする説もあるが、確定的ではない。(3)同輩や目下の者に対して用いられることが多い〙[参]しめ。

さ しも Ⓐ〘副〙❶それほどまあ。そんなにまあ。「―あだめき(=浮気ッポク)目なれたる(=ヨク見受ケル)うちつけの(=露骨ナ)すきずきしさ(=好色)などは、このましからぬ御本性(ほんじゃう)にて(=気乗リノシナイオ生マレツキデ)」〔源氏・帚木〕 ❷そうは。そうも。「やすらはで(=グズグズシナイデ)ただにたてうき(=スグシメル気ニナレナイ)槙(まき)の戸を―思はぬ人もありけり」〔後拾遺・雑二〕 ❸㋑たいそう。ずいぶん。「―危ふき京中の家を作るとて、財(たから)を費やし、心を悩ます」〔方丈〕㋺たいして。あまり。「冬来ぬと今朝は伊吹の峰に生ふる(=序詞)―曇らぬ空ぞしぐるる」〔新葉・冬〕 **―な・し** 無し Ⓓ〘連語〙❶そうでもない。「したり顔なる(=得意ソウナ)者、正月一日(ついたち)に最初(さいそ)にはなひたる(=クシャミシタ)人。よろしき人は―・し」〔枕・一八五段〕 ❷(身分などが)それほどでもない。たいしたこともない。「―・き身を高く思ひ上げて、主をも軽しめ」〔十訓・第二ノ序〕 **―や は** Ⓔ〘連語〙まさかそうとは。「―とはおもひけむ急がぬほどに、地震(なゐ)おびたたしく振りて(=ヒドクユレテ)」〔今鏡・昔話〕

さ しゃん・す Ⓒ〘助動〙〘四段・ナ変・ラ変以外の動詞の未然形に付く〙〔敬語〕近世語で、尊敬の意を表す丁寧表現。…なさいます。「これ、守り袋を見―・せ」〔近松・小室節・上〕[参]しゃんす。

未然	連用	終止	連体	已然	命令
せ	し	す	す	すれ	せ

さし よ・す【〈差〉し寄す】Ⓓ〘他下二〙❶すぐそばまで寄せる。そばへつける。「もの憂ながら(=気乗リシナイガ)『車―・せよ』などのたまふを」〔堤・逢坂〕 ❷短縮する。「五段の内、序急を―・せて(=切リ詰メテ)破を体(=主要部分)として」〔能作書〕

さ・す Ⓐ [一]【〈差〉す】〘自四〙❶(潮が)陸の方へくる。「―・す潮に汀(みぎは)やかはるさ夜千鳥鳴きつる声の近く聞こゆる」〔新後拾遺・雑秋〕 ❷㋑(これまで無かった所に)現れる。生ずる。出てくる。「眠りが―・すと、いづれも(=皆サンガ)仰せらるる」〔狂・泣尼〕㋺(枝・葉が)生じる。「あしき木は本を切りつれば、枝葉は―・さず」〔今昔・巻三ノ二六〕 ❸【射す】(光が)当たる。照る。「入りがたの日かげ、さやかに―・したるに」〔源氏・紅葉賀〕 ❹㋑〘連歌・俳諧で〙ある句数を隔てなくてはいけない事項が近くに出る。「字が―・さば、直し徳にいたしませう」〔狂・八句連歌〕㋺さしさわりがある。「―・せども(=サシツカエガアッテモ特別ニ回シテ)貰ひ、もめれども(=イザコザガアッテモ)来る」〔風来・根南志具佐・後編・巻三〕 [二]【〈差〉す・指す】〘他四〙❶その方を目ざす。「人みな北を―・して走る」〔徒然・五〇段〕 ❷㋑指定する。「あの石をそれがし(=ワタシ)ひとりして直いて(=移動シテ)参らせうずる間(=アゲマスカラ)、所を御―・しさうらへ(=場所ヲ示シテクダサイ)」〔狂・膏薬煉〕㋺任命して行かせる。行かせるため任命する。「勅使(トシテ)少将高野の大国といふ人を―・して」〔竹取〕㋩(その人と名をあげて)あれこれ言う。評判する。「ほどなく(彼ノ財産ハ)二千貫目(アル)と一門(=親戚)のうちから―・すほどなるに」〔西鶴・胸算用・巻二ノ三〕 ❸[対]「ひく」(舞などで手を)前へ出す。「手を―・し足を動かすこと、師の教へのままに動かして」〔花鏡〕 ❹(杯を)相手に出す。「歌よみて杯は―・せ」〔伊勢・八二段〕 ❺追加する。入れる。「浄衣(=白イ着物)を着て、手にて炭を―・されければ」〔徒然・二一三段〕 ❻(火を)つける。「脂燭(しそく)―・させて人々は見る」〔紫日記〕 ❼(かさを)ひろげる。「人がかさを―・すなら、我もかさを―・さうよ」〔狂・末広がり〕 ❽(碁で、駄目すなわちどちらの領分でもない目を)埋める。詰める。「碁打ち果てて、闕(けち)(=駄目)―・すわたり、心とげに(=機敏ソウニ)見えて」〔源氏・空蟬〕 ❾(将棋を)する。「工夫(くふう)した相手と(将棋ヲ)―・すはこはもの(=コワイ事ダ)」〔近松・寿門松・中〕 ❿㋑(帯やひもを)巻きつける。しめる。「名高き帯(ヲ)内宴に―・したまへりける」〔宇津保・忠こそ〕㋺(よろいの付属品を身に)つける。「黒糸をどしの腹巻に、左右の籠手(こて)を―・し」〔平治・中・一〕 ⓫(板を組み合わせて家具や箱類を)作る。「倉の内をさがすほどに、旃檀(せんだん)にて―・したる升(ます)を一つ求め得たり」〔夢中問答・上〕「倭(やまと)の俗、板をもって器を造るを、総じて―・すといふ」〔雍州府志・巻七〕 ⓬(印を)押す。「印(おして)―・したり」〔宇津保・蔵開上〕

さ・す Ⓒ〘他四〙[一]【刺す】❶㋑(さきの鋭くとがった物で)つきとおす。「上なる敵を三刀―・して」〔太平・巻一一ノ五〕㋺(虫などが)くいつく。「くちばみ(=マムシ)に―・されたる人、かの草(=メナモミ草)をもみて付けぬれば、すなはち癒(い)ゆとなむ」〔徒然・九六段〕 ❷縫う。糸をとおす。「秋風にほころびぬらし藤袴つづり―・せてふ(=ツクロエトイウノデ)きりぎりす鳴く」〔古今・雑体〕 ❸(船をすすめるための道具を水中に入れ）操作する。「人の—・す櫓（ろ）をひき奪うて…みづから舟を押し返し」〔太平・巻一七ノ一五〕 ❹㋑（建造物またはその部分を）かまえる。造る。「三尺あまりの庇（ひさし）を—・して、柴折りくぶるよすがとす」〔方丈〕㋺設ける。すぐ使える状態におく。「橘のにほへる苑（その）にほととぎす鳴くと人告ぐ（ソレヲトルノニ）網—・さましを（=張ッテオケバヨカッタノニ）」〔万葉・巻一七〕 ❺（鳥を）とらえる。「明け暮れ殺生をのみ事とし、諸鳥をあまた—・いてござる」〔狂・餌差十王（鷺流）〕 ㊁〔插す〕 ❶はさむ。「白き水干（すいかん）に鞘巻（さうまき）を—・させ」〔徒然・二二五段〕 ❷（長い物を）他の器に入れる。「（モミジノ枝ヲ）瓶（かめ）に—・させて」〔源氏・賢木〕「二十四—・いたる大中黒の矢おひ」〔平家・競〕

さ・す【鎖す】 Ⓓ〔他四〕 ❶鍵（かぎ）をかける。「掛け金を試みに引きあけたまへれば、あなたよりは—・さざりけり」〔源氏・帚木〕 ❷閉（し）めきる。開かないようにする。「門—・しつ」〔大和・一〇一段〕 ❸つなぐ。しばる。「走る獣は檻（をり）にこめ、鎖（くさり）を—・され」〔徒然・一二一段〕

さ・す Ⓐ〔助動〕（一・二段・サ変・カ変動詞の未然形に付く）❶〔使役〕㋑他のものに何かをさせるという意味を表す。…せる。…させる。「御格子あげ—・せて、御簾（みす）を高く巻きあげたれば」〔枕・二九九段〕「母…僧をいだし立てて（=使イニ出シテ）、初瀬にまうで—・す（=参詣サセル）」〔更級〕㋺実質的には受け身なのを、使役の形で表す。「内兜（うちかぶと）を射—・せて（=射ラレテ）、敵におしへだてられ」〔平家・落足〕 ❷〔敬語〕㋑〔尊敬〕（平安時代から）動作主体を高める表現にする。「（手紙ヲ）封じて『忌みなど果てなむに（=喪ガアケルコロニ）御覧ぜ—・すべし（=見テクダサイマセ）』と書きて」〔蜻蛉・中〕（尊敬の意を含む動詞に付くか、下に尊敬助動詞「たまふ」等を伴うかのどちらかで、単独の用例はふつうない）参させたまふ。㋺〔謙譲〕「聞こゆ」等に付いて、謙譲の気持ちを強調する。「いかならむ世に（=イツニナッタラ）人づてならで（=直接ニ）聞こえ—・せむ（=申シアゲラレヨウ）」〔源氏・紅葉賀〕「あやし（=変ネ）。今夜（こよひ）のみこそ聞こえ—・する（=申シアゲルノダ）と思ひはべれ」〔和泉日記〕〔謙譲の用法は、主として一一・一二世紀のかな作品に見られる〕参す。

未然	連用	終止	連体	已然	命令
せ	せ	す する	する	すれ	せよ せい

ざ・す【座主】 Ⓓ 大寺の最高責任者。後に比叡山延暦寺のだけをいうようになった。「神輿（しんよ）入洛の時は、—におほせて赤山の社へ入れたてまつる」〔平家・内裏炎上〕

さすが【〈流石〉・遉】 Ⓑ ㊀〔形動ナリ〕 ❶どうかと思われる。いちがいに決めかねる。「さも（=ソンナニつつむべき（=用心スルノガ当然ノ）事ぞかし。（ソノ態度ハ）ことわりにもあれば（=無理モナイカラ）、—・なり（=トヤカク言ウノモドウカト思ワレル）」〔源氏・花散里〕 ❷そうでもない。「（表面ハ冷淡ナ態度ヲオ示シノ）宮も、—・なる（=実ハ光源氏ニ心ヒカレル）事どもを多くおぼしつづけけり」〔源氏・若紫〕 ㊁〔副〕 ❶そうはいうものの。そうではあるが。「玉章（たまづさ）の数のみ積もりて（=サカンニ手紙ハヤルケレド）、なびく気色（=言ウコトヲ聞ク様子）もなかりしが、—情けに弱る（=人情ニハ勝テナイ）心にや」〔平家・小督〕 ❷なるほどやはり。いかにも。「福原は、山へだたり江かさなって（=多クノ山川ガ間ニアルノデ）、程（ほど）（=道ノリ）も—遠ければ」〔平家・都帰〕 ㊂〔接続〕（文初に用い）でも。だけれど。「—、人（=妻）は、幼き者ども（=子ドモタチ）もあまたありき」〔盛衰・巻一〇ノ一〇〕 **——に** Ⓑ〔副〕 ❶そうはいうものの。「—、命は憂き（=ツライ事）にも絶えず、ながらふめれど」〔更級〕 ❷当然とはいえ、やはり。「なにとなく—惜しき命かなありへば（=生キナガラエタラ）人（=薄情ナアノ人）や思ひ知るとて（=ワタシノ心ヲ知ッテクレルカモシレナイト期待シテ）」〔新古今・恋二〕「暁がたより—音なくなりぬるこそ、年のなごり（=一年ノエピローグ）も心細けれ」〔徒然・一九段〕

さずき【仮庪】 Ⓔ 木などに結びつけて作った一時的のたな。「—八間（やま）を結ひ置き、酒ぶね（=酒オケ）に酒をたたへむ（=満タソウ）」〔謡・大蛇〕

さすら・ふ【流離ふ】（―ラ〈ロ〉ウ）Ⓓ〔自四・下二〕本拠をもたず生活する。どこという目的地もなく歩きまわる。「いかなるここちして（=ドンナ気持チデ）—・へ（下二）むずらむ」〔蜻蛉・中〕「ここかしこを—・ひ（四段）ありきさうらふほどに、はや日の暮れてさうらふ」〔謡・雨月〕（金春流・喜多流は「サズライ」と発音する。日葡辞書には sasurae, sazurae の両形を示す）「片雲の風にさそはれて、漂泊の思ひやまず、海浜に—・へ（下二）」〔芭蕉・奥の細道〕

さ せうしゃう【左少将】（―ショウショウ）Ⓓ 対「右少将」 略左近衛（さこんゑ）少将。→せうしゃう。

さ せうべん【左少弁】（―ショウベン）Ⓓ 対「右少弁」→べん。

させ たま・ふ【させ給ふ】（―タマ〈モ〉ウ）Ⓑ〔助動〕（一・二段・サ変・カ変動詞の未然形に付く複合助動詞。活用→たまふ）㋑（中古ふうかな文の地の文で）天皇・上皇・皇后・皇太子またはこれに準ずる方の行為を高め、最高の尊敬表現にする。「（一条天皇ハ）猫を御ふところに入れ—・ひて」〔枕・九段〕「（帝ハつゆ（=スコシモ）まどろまれず、（夜ヲ）明かしかね—・ふ（=オ明カシカネアソバス）」〔源氏・桐壺〕㋺（会話および書簡文のなかで）「たまふ」よりもいくらか高い尊敬を表す。「みな人は『など(=何ダッテ泣イタリナドナサルノデスカ)。念ぜ—・へ(=シンボウナサイマセ)。いみじう忌むなり(=不吉ダト言イマス)』などぞいふ」〔蜻蛉・上〕(参)せたまふ。

させ たまへ【させ給へ】(−エ) Ⓓ 【連語】《多くは「いざ」を伴い、つねに命令形で》人をうながしたり、さしずしたりする尊敬語。訳語は、場面に応じていろいろ変えなくてはならない。「すこしよしあらむ(=マシナ)御衣たてまつり(=オ召シニナリ)、見どころあらむ御かたち見いでて(=人目ヲヒクヨウナ姿ヲナサッテ)いざ—(=オ出カケナサイマセ)」〔宇津保・初秋〕「いざ—湯あみに(=フロニオイデニナリマセンカ)、大夫どの」〔宇治・巻一ノ一八〕「いざ—(=イラッシャイ)。うち連れ申さむ(=オ供シマショウ)」〔太平・巻八ノ七〕「いざ—(=ヤッテゴランナサイマセ)。鏡にうつして(王昭君ノ)影を見む」〔謡・昭君〕

させる Ⓓ 【連体】それほどの。そんな。これという。《下に否定の語が来る場合が多い》「詮(せん)なき多勢かな。—寄せ合はせの楯(たて)つき戦(=押シ寄セテ楯ヲツキアワセルヨウナ戦闘)はすまじい」〔義経・巻四ノ四〕「—勝劣(=優劣)なし」〔去来抄・先師評〕

さ ぜん【作善】 Ⓔ ❶寺などを建てたり、仏像を作ったり写経をしたりして仏教的な善事をすること。または追善・供養などの仏教儀式をすること。「明けければ僧を請じ(=招キ)—の功徳さながらに」〔平家・六代被斬〕「いやしげなるもの…願文(=スポンサーガソノ儀式ノ趣意ヲ述ベル文)に—おほく書きのせたる」〔徒然・七二段〕 ❷経をよみ、念仏をとなえるなど、成仏の因となるような行いをすること。「自力—の人は、ひとへに他力を頼む心欠けたる間、弥陀の本願にあらず」〔歎異抄〕

さ ぞ Ⓒ ㊀【然ぞ】【連語】そのように。そんなふうに。「それもあるかぎりは(=ソウイウ状態デアル以上ハ)しか、—あらむ(=ソウデアロウ)」〔枕・二四段〕「南宮(神社)の本山は信濃の国とぞうけたまはる(=聞キマス)—申す」〔梁塵〕 ㊁【〈嘸〉】【副】《想像される事態について》きっと。さだめし。確かに。「そむきても(=出家シテモ)なほいとはしき世のなかを捨てぬはまして—嘆くらむ」〔玉葉・雑五〕 **——な** Ⓔ 【連語】《「さぞ」の感動的表現》 ❶まったく。まことに。「深からぬ外山の庵の寝覚めだに—木の間の月はさびしき」〔月清集・巻三〕 ❷きっと。かならず。「—泉下にも雀躍(じゃくやく)して(=コオドリシテ)歓喜あらむ」〔六林・題鶉衣後(鶉衣前編中)〕

さそ・ふ【誘ふ】(−ウ) Ⓓ 【他四】 ❶勧誘して連れて行く。「風(ガ)—・ふ花の行くへは知らねども惜しむ心は身にとまりけり」〔山家・上〕 ❷促す。そそのかす。そうするよう勧める。「秋風に—・はれ来つる雁(かり)が音の雲居はるかにけふぞ聞こゆる」〔寛平歌合・秋〕

さ た【沙汰】 Ⓑ 【十他サ変】 ❶とりはからうこと。しかるべく処理すること。始末すること。「若狭の国に—・すべき(=処理ヲ要スル)事ありて、行くなりけり」〔今昔・巻一六ノ七〕 ❷議論して決めること。「当参の(=チョウドココニ来アワセテイル)人々も、訴訟あらば申すべし。理非によって、その—いたすべき所なり」〔謡・鉢木〕 ❸そうするようにと命令し、さしずすること。「旅のよそほひ(=シタクヲ)こまごまと—・し(=指示シ)送られたり」〔平家・大納言流罪〕 ❹ようすを知らせること。たより。「鎌倉に御のぼりあらばお尋ねあれ…御—捨てさせたまふな(=連絡ヲオ忘レナサイマスナ)」〔謡・鉢木〕 ❺評判すること。うわさ。「二間口の棚借りにて(=二間間口ノ小サイ店ヲ借家シテイナガラ)千貫目持ち(=銀一〇〇〇貫目ノ財産ヲモツ金持チ)、都の—になりしに」〔西鶴・永代蔵・巻二ノ一〕 ❻訴訟。うったえごと。「あら嬉しの御おとづれや(=夫カラノオタヨリダコト)—のことは(=鎌倉デノ訴訟ノ事ハ)喜びかいかに(=吉報ナノカ、ドウナノカ)」〔謡・柏崎〕 **——な・し** 無し Ⓓ 【連語】 ❶問題になっていない。問題にされない。「女房が儀は、倅(せがれ)そのままつけ置き、暇(いとま)の状を残し、—・し(=一件落着)につかまつりさうらひて苦しからずさうらふ」〔西鶴・文反古・巻一ノ三〕 ❷ないしょ。「人の内儀(=奥サン)娘に聞かす(=聞カセテヨイ)事にあらず。—・し、—・し」〔西鶴・一代男・巻四ノ五〕 **——のかぎり** 沙汰の限り Ⓓ 【連語】けしからぬこと。不つごう千万なこと。言語道断であること。「そのやうな—な事があるものでおりゃるか(=アルモンデショウカ)」〔狂・千鳥〕

さだ【時】 Ⓓ ❶とき。折。「沖つ波辺波の来寄る左太の浦の(=序詞)この—過ぎて後恋ひむかも」〔万葉・巻一一〕 ❷盛りの時期。若い時期。「年はやや—過ぎゆくにわかわかしきやうなるも」〔更級〕

さだいしゃう【左大将】(−ショウ) Ⓓ (対)「右大将」 (略)左近衛(さこんえ)大将。→だいしゃう①。

さだいじん【左大臣】 Ⓓ 太政(だいじょう)官の長官。実質的にはいまの首相に当たる。右大臣の上位で、行政を総括した。やまとことばで「ひだりのおほいまうちぎみ」「ひだりのおとど」等、漢語で「左府」という。「いちのかみ」とも。

さだいべん【左大弁】 Ⓓ (対)「右大弁」 →べん。

さだ か【定か】 Ⓒ 【形動ナリ】 ❶確か。確実。「小野小町がこと、きはめて—・ならず」〔徒然・一七三段〕 ❷はっきり。明瞭。「むばたまの(=枕詞)闇のうつつは—なる夢にいくらもまさらざりけり」〔古今・恋三〕

さだま・る【定まる】 Ⓐ 【自四】 ❶決まる。決着する。落ち着く。「この句…みづからも再吟ありて『丈六』のかた(=初句ガ「丈六」ノ句)に—・るなり」〔土芳・三冊子・赤〕 ❷いつも行われる例となる。慣行となる。前例がある。伝統的である。「人の調度の(=道具デ)飾りとする(=装飾ニスル)、—・れるやうあるものを、難なくし出づる(=落チ度ナク作ル)こと」〔源氏・帚木〕 ❸静かになる。「ひとかたに乱るともなきわが恋や風—・らぬ野辺のかるかや(ノヨウナモノダ)」〔山家・中〕

さだ・む【定む】Ⓐ《他下二》 ❶決める。決定する。「よしあし、いとたかやかに(=ハッキリシタ声デ)—・めたまふをりもありけり」〔大鏡・道隆〕 ❷合議する。議論する。「しばし舟をとどめて、とかく(=アレコレト)—・むる事あり」〔土佐〕「(両部神道ノ説ニ対シ)いま—・めていはく、これみないみじき(=ヒドイ)ひがことなり」〔宣長・玉勝間・巻四ノ五七〕《「さだめて」は原文「論めて」に「サダ」とふりがな》 ❸治める。しずめる。「天の下治めたまひをす(=自分ニ所属スル)国を—・めたまふと…」〔万葉・巻二〕

さだめ【定め】Ⓑ ❶《「きめる」ということを中心に》㋑きめるための議論。相談。「つひに后(=弘徽殿)の御いさめ(=反対)をも背きて(源氏ガ)ゆるされたまふべき—出で来ぬ」〔源氏・明石〕㋺きめた結果。判定。「おればかり無理だと—がつきもしめえ(=キメラレハシナイダロウ)」〔春水・梅暦・巻四〕 ❷評定。批評。「この絵の—をしたまふ」〔源氏・絵合〕 ❸(長い期間にわたり)きめられていること。きまり。「刑のうたがはしきは、軽きに就くべきよし、法令の—ありとかや」〔十訓・第一〇ノ七六〕「国々の名を某州といふことは、いづれの御代の御—にもあらざることなり」〔宣長・玉勝間・巻二ノ三〇〕 ❹常に同じ状態にあること。恒常性。用例↓「さだめなし」。 **—て** Ⓒ《副》きっと。かならず。「この社の獅子の立てられやう(=スエ方ニハ)—慣ひ(=先例ガ)ある事にはべらむ」〔徒然・二三六段〕

さだめ な・し【定め無し】Ⓓ《形ク》不定である。どうなるかわからない。かわりやすい。「神無月(=陰暦一〇月)ふりみふらずみ(=降ッタリ降ラナカッタリ)—・きしぐれぞ冬のはじめなりける」〔後撰・冬〕《「世」またはその類語に伴って用いられるとき、全体として「無常だ」の意となる。「世は—・きこそいみじけれ」〔徒然・七段〕》

さち【幸】Ⓓ ❶狩猟や漁で獲物が多いこと。またはその獲物。「兄(このかみ)は風ふき雨ふるごとにすなはちその—を失ふ、弟(をとのみこと)は風ふき雨ふるといへども、その—たがはず(=キット獲物ガアッタ)」〔紀・神代下・訓〕《「さち」は「利」および「幸」の訓》 ❷狩猟や漁で獲物をとるのに使う道具。「たがひにその—を易(か)へむとおもほす。故(かれ)、兄、弟の—弓を持ちて、山に入り、獣(しし)をまぐ(=捜シ求メタ)」〔紀・神代下・訓〕《「さち」は「幸」の訓》 ❸しあわせ。「—多き身は宝船大君のめぐみふか江につなぎとめてよ」〔しのぶぐさ・三・雑〕

さ ちゅうじゃう【左中将】(—ジョウ) Ⓓ (対)「右中将」 (略)左近衛(さこんゑ)中将。↓ちゅうじゃう。

さ ちゅうべん【左中弁】Ⓓ (対)「右中弁」↓べん。

さ つき【五月・皐月】Ⓓ 陰暦五月の別名。(参)むつき。「—の丙寅朔癸酉、軍(みいくさ)茅渟の山城のみなとに至る」〔紀・神武・訓〕《「さつき」は「五月」の訓》「人のいましむる—は去(い)ぬ。いまはかの事(=結婚ヲ)なしたまへ」〔宇津保・藤原君〕《五月は結婚を忌む風習があった》 **—あめ** 雨 Ⓓ 旧暦五月ごろ降る雨。梅雨。さみだれ。「縫ひ物や着もせでよごす—」〔羽紅(猿蓑)〕

ざっ と Ⓓ《副》 ❶行動の急速なさま。どっと。「五百余騎、かなはじとや思ひけむ、大宮面(おもて)へ—退(ひ)く」〔平治・中・一〕 ❷㋑だいたい。ほぼ。あらかた。「あらうれしや。—すんだ(=ケリガツイタ)」〔狂・入間川〕㋺簡略に。手軽に。「いづれをも(=皆サンヲ)—ふるまうて(=ゴチソウシテ)、その上で国もとへ下らうと思ふ」〔狂・雁盗人〕

さつ を【猟夫】(—オ) Ⓔ 狩りをする人。狩人(かりゅうど)。猟師。「牡鹿(をしか)待つ—の火串(ほぐし=タイマツ)ほの見えてよそにあけゆく端山繁山」〔風雅・夏〕

さ て Ⓐ ㊀《副》そのとおりで。そのままで。その状態で。「ゐよゐよ蜻蛉(とうばう)よ、插頭(かざし)を参らむ(=飾リヲ付ケテアゲヨウ)—ゐたれ(=ジットシテイラッシャイ)」〔梁塵〕 ㊁《接続》 ❶ところで。そして。「…とは言ひける。—かぐや姫かたち世に似ずめでたきことを帝聞こしめして」〔竹取〕 ❷その後。そうして後。「女を…よばひてあひにけり。—ほどへて、宮づかへする人なりければ」〔伊勢・二〇段〕 ❸そこで。そういうわけで。「女…切に思へる心なむありける。—かの女」〔伊勢・一四段〕 ㊂《間助》強調または感動を表す。「三十一字ある歌もあらうず(=アルダロウシ)、また五十字・百字ある歌もあらうわ—(=アルダロウテ)」〔狂・萩大名〕

さて こそ Ⓒ ㊀《連語》《「さて」を強めた語》それでこそ。それではじめて。「中ごろ(=カナリ以前)より、烏帽子(ゑぼし)、刀をのけられて、水干(すいかん)ばかりを用ゐたり。—白拍子とは名づけけれ」〔平家・祇王〕 ㊁《副》案の定(じょう)。やっぱり。「見れば千世が夫の半兵衛。—縁を切りに来たと思ふ」〔近松・宵庚申・中〕

さて の Ⓔ《連体》そのほかの。それ以外の。「—日を思ひたれば、また南ふたがりにけり(=凶方ニ当タッテイルノダッタ)」〔蜻蛉・下〕

さて は Ⓑ《接続》 ❶《単なる接続を表す》そして。また。「紀伊の国の造と申すは、この御神なり。—内侍所にすべら神となむおはします」〔更級〕 ❷《納得・

理解したうえで》それならば。それじゃ。「『与市兵衛と申しやす』『—与市兵衛様とはあなたか』」〔一九・膝栗毛・二上〕 ❸または。それ以外に。「(オ供ニハ)ただ北面の下臈(げらふ=下ッパ)—金行といふ御力者(=労役法師)ばかりぞ参りける」〔平家・法皇被流〕

さてまた Ⓔ《接続》そして。また。「それはちかごろ(=タイヘン)ありがたうござる。—こなた(=私)にまだ願ひがござる」〔狂・呂蓮〕

さても Ⓑ ㊀《連語》それはそれとして。そういう状態で。そのまま。「—(=ソノママ)さぶらひてしかな(=オ側ニイタイ)」〔伊勢・八三段〕 ㊁《接続》❶ところで。さて。「—俊成亡くならせたまひて後、元結ひ切りかやうの姿(=僧形)とまかりなりてさうらふ」〔謡・忠度〕 ❷それにしても。だといって。「—かばかりの家に車入らぬ門やはある」〔枕・八段〕 ㊂《感》まったくどうも。さてさて。「これをすべき手段(てだて)、—(=何トマア)すかぬ男(=抜ケ目ノナイヤツダロウ)」〔西鶴・永代蔵・巻三ノ三〕 **—やは** Ⓔ《連語》《「やは」が反語の意味をもち》そのままで…だろうか(いや…でない)。それで…だろうか(いや…でない)。「—ながらへ住むべき」〔徒然・一〇段〕

さと【里】Ⓐ ❶人家の小規模に集まった所。「わが門の板井の清水—遠み人し汲まねば水草(みくさ)生ひにけり」〔古今・大歌所御歌〕「(出雲ノ国ハ)九郡、—六十二」〔出雲風土記〕 ❷【郷】奈良時代から平安初期におこなわれた行政区画の一。人家五〇戸で構成される。「橘を(=「守ル」トイウ名ヲモツ)守部(もりべ)の—の門田(ノ)早稲(わせ)苅(か)る時過ぎぬ(シカシ愛人ハ)来じとすらしも(=来ル気ガナイラシイ)」〔万葉・巻一〇〕《「さと」は原文「五十戸」と表記》 ❸(都市の)近郊。(へんぴな)郊外。「浪人売れがたき(=就職シニクイ)世なれば、いづれも是非なく(=ヤムヲエズ)—の月日をかさねぬ」〔西鶴・永代蔵・巻五ノ四〕 ❹自分の家のある所。郷里。「春がすみたつを見すてて(北へ)行く雁は花なき—に住みやならへる(=花ノ咲カナイ郷里ニ住ミナレテイルノカ)」〔古今・春上〕 ❺㋑宮仕え人の(宮仕え先に対する)自宅。「—にまかでたるに」〔枕・八四段〕「をりふしわが—より御所へぞ参りたまひける」〔平家・小宰相身投〕 ㋺妻・婿・養子女・奉公人などの実家。親もと。「(好キナ相手ガイルナラ自分ガ)—になって添はして(=結婚サセテ)やらう」〔伎・十六夜清心・一ノ四〕「—のない女房は(帰レナイカラ)井戸で(自殺スルゾト夫ヲ)こはがらせ」〔柳樽・二〕 ❻こどもを他家にあずけ育ててもらうこと。またはそのあずけ先。「夫は人につかへ(=他家ニ奉公シ)、子はまた—にあづけ、その母すなはち乳母となる」〔箕山・色道大鏡・巻一四ノ一二〕 ❼生まれ。育ち。「江戸者の京談まじり…江戸ことばのお—の知れる事あり」〔三馬・風呂・三ノ下〕 ❽(寺に対して)俗界。俗世間。「児(ちご)を—へくだすこと、おぼろけならぬ(=容易デナイコト)にてさうらふ」〔義経・巻一ノ三〕「寺よりもお—の空は忘れめや」〔犬筑波〕 ❾遊郭。「国細工(くにざいく)にはまれ男(=地方出身トハ思ワレナイマレナ好男子デ)、色のわけ知り(=愛情ノカケヒキガ達者デ)、—知りて(=遊里ノヨウスニモ明ルクテ)」〔近松・冥途飛脚・上〕「—の金には、つまるならひ」〔黄・高漫斎・中〕

さと【颯と】Ⓒ《副》《現代語の「さっと」に当たる》❶動作あるいは現象の急激なさま。一時に。ぱっと。「嵐の—顔にしみたるこそ、いみじくをかしけれ」〔枕・一九八段〕「—光るもの、脂燭(しそく)をさし出でたるか、とあきれたり」〔源氏・螢〕「新大納言(=成親)気色変はりて、—立たれけるが」〔平家・鹿谷〕 ❷多くの人の声が一時にするさま。どっと。わっと。「みな何となく—笑ふ声、聞こえやすらむ」〔枕・三五段〕「四五十人ばかりの声なむ、—答へける」〔今昔・巻二七ノ三二〕

ざとう【座頭】Ⓓ ❶盲人の官名。検校・勾当(こうとう)の次にあたる。本来は琵琶(びわ)法師の位であった。「伯養と申す—でござる…今日は参って琵琶を借りて参らうと存ずる」〔狂・伯養〕 ❷盲人であんま・針うちなどしたり、芸事をしたりしている者。「この絵は—の坊の褌(ふんどし)を犬がくはへて引く所」〔浄・盛衰記・三〕

さとし【諭し】Ⓔ (神仏の)お告げ。前兆。「しばしば夢の—ありければ」〔蜻蛉・上〕

さと・し【聡し】Ⓒ《形ク》❶頭がよくはたらく。賢明だ。りこうだ。「大方したまふわざなど(=オヤリニナルコトハ何事モ)、いと—・く大人びたるさまに(=シッカリト)ものしたまへど(=ナサルケレド)」〔源氏・賢木〕 ❷判断力がある。見とおしがよい。「兄磯城(えしき)は—・き賊(あた)なり(=目サキノキク敵デスカラ)、よろしくまづ弟磯城(おとしき)をつかはして、をしへさとさしめたまへ」〔紀・神武・訓〕《「さとき」は「黠」の訓。「黠」はわるがしこい意》 ❸敏速だ。すばしっこい。「—・き御まなじりに見とどめさせたまひ」〔秋成・藤簍冊子・四〕

さとびと【里人】Ⓒ ❶民間人。「宮人の脚結(あゆひ)の小鈴落ちにきと(=袴ヲククリ上ゲテオクヒモニツイテイル鈴ガ落チルヨウニ宮廷人ガ民間女性ニコロリト参ッタト)宮人響(とよ)む(=サワイデイル)—もゆめ(=気ヲツケロ)」〔記・下〕《古事記では木梨軽太子の事件をうたったものとするが、それ以前の伝誦歌謡時代には宮人対里人のスキャンダルをうたったものであったろう》 ❷㋑宮中勤務を休み、しばらく自宅にさがっている者。「白馬(あをうま)見にとて、—は車きよげにしたてて見に行く」〔枕・三段〕 ㋺自宅における縁者。妻を遠まわしにさす場合もあれば、兄弟その他の身内をさす場合もある。「(男性ドモハ)おのがじし(=メイメイ)家路と急ぐも、なにばかりの(=ドレホド結構ナ)—ぞは(=奥サンガイルノカ)と思ひ送らる」〔紫日記〕「御かたがた(=女御・更衣ガタ)の—はべる中に、四位少将・右中弁など、急ぎいでて送りしはべりつるや」〔源氏・花宴〕❸自分がもといた土地の人。「山がつの庵(いほ)に焚(た)ける(柴(しば)ノヨウニ)しばしばも言問ひこなむ(ワタシガ)恋ふる(京ノ)—」〔源氏・須磨〕❹ある地区にずっと住んでいる人。「さて、宇治の—を召して(水車ヲ)こしらへさせられければ、やすらかに(=何デモナク)ゆひて(=組ミ立テテ)参らせたりけるが」〔徒然・五一段〕

さと・ぶ【里ぶ・俚ぶ】Ⓓ〘自上二〙❶いなかめいている。泥くさい。「みな見し(=カツテ逢ッタ)人は—・びたるにも(=イナカクサカッタニツケテモ)」〔源氏・玉鬘〕❷(宮廷などから離れて)家庭的になる。「(自分ノ)—・びたる(=家ニトジコモリガチナ)ここちには、(宮仕エハ)なかなか(=カエッテ)定まりたる里住みよりは、をかしき事をも見聞きて、心もなぐさみやせむと思ふ」〔更級〕

さとり【覚り・悟り】Ⓓ〔仏〕本能にもとづく心の迷いが無くなり、存在の根本理法を体得すること。「瞿夷(くい)太子の我が身に問ひける—をも得てしかな(=得タイモノダナア)」〔源氏・匂宮〕〘「知ること」「知識」の意を認める説もあるが、その例「内教の御才(ざえ)、—深くものしたまひけるかな」〔源氏・橋姫〕は、上に「内教(=仏教)の」とあるので、疑問〙

さと　ゐ【里居】(—イ)Ⓓ(宮仕えする人が)自宅にさがっていること。里さがり。「(アノ方ガ)御—(シテイラッシャルノハ)いと心うし(=イヤダ)」〔枕・一四三段〕〘「田舎(いなか)に住むこと」の意を示す説もあるが、確かな用例未見〙

さと　をさ【里長】(—オサ)Ⓔ「さと②」の長。村長。「檀越(だにをち)(=檀家サン)やしかもな言ひそ(=ソンナニオッシャルナ)—がえつきはたらば(=税ヤ労働奉仕ヲ強制シタラ)いまし(=アナタ)も泣かむ」〔万葉・巻一六〕

さ　ながらⒷ〘副〙❶そのままの状態で。「これに(=コノ事ニヨッテ)まして(=イッソウ)心やましきさまにて(=キゲンヲ悪クシタ様子デ)、たえて(=スッカリ)ことづてもなし(=音サタガナカッタ)。—六月になりぬ」〔蜻蛉・中〕❷ことごとく。すっかり。全部。「大事を思ひたたむ人は、去りがたく(=捨テニクク)心にかからむ事の本意をとげずして(=カネガネ考エテイタノヲ中止シ)—捨つべきなり」〔徒然・五九段〕❸まるで…(のようだ)。「万雑(まんざふ)公事(くじ)を(=スベテノ税金ヤ労務ナドヲ)御赦免なさるると聞いたれば、—心がくわっくわっとするやうな(=気分ガボウットスルヨウナグアイダ)」〔狂・餅酒(鶯流)〕

さ　なな・りⒷ〘連語〙〘「さなるなり」の音便形「さなんなり」における撥(はつ)音を表記しない形〙そのようである。そうらしい。「人のもとに車をやりて待つに、来る音すれば、—・りと人々出でて見るに」〔枕・二五段〕㊂ななり・なんなり。

ざ　な・りⒷ〘助動〙〘「ざんなり」の撥(はつ)音を表記しない形〙↓ざんなり。「ほかの人は、さぞはべら—・る(=ソウデナイミタイダ)」〔紫日記〕

さ　のみⒷ〘連語〙❶そんなに。そうとばかり。それほどに。「ねぎ言を—聞きけむ(=人ノ願イ事ヲヤタラニ聞キ入レタ)社こそはては嘆きの森となるらめ」〔古今・雑体〕❷㋑〘肯定文の中で〙どうも。いかにも。「(切ッタ)首ども—多しとて、少々は道に捨てけり」〔盛衰・巻二四ノ七〕㋺〘否定文の中で〙たいして。それほど。「—もえとどめさせたまはず(=ソンナニ引キトメテバカリモオイデニナレナイ)」〔源氏・桐壺〕「—(=イチガイニ)よき物をもつべしとにもあらず」〔徒然・八一段〕**—やは**Ⓒ〘連語〙〘「やは」が反語の意味をもち〙それほど…であろうか(いやそんなことはない)。「—佐野の舟橋同じ世に命をかけて恋ひわたるべき」〔続拾遺・恋二〕

さは【多】(—ワ)Ⓒ〘副〙多数。多く。おびただしく。「わが子—ありといへども」〔紀・神代上・訓〕〘「さはあり」は「多」の訓〙「鶏(とり)が鳴く(=枕詞)東の国に高山は—にあれども…」〔万葉・巻三〕

さ　はⒷ㊀〘副〙そうは。そうまでは。「人をもどく(=非難スル)かたはやすく、わが心を用ゐむ(=自分ノ心ガマエヲキメル)ことは難(かた)かべいわざを(=ムズカシイハズダガ)、—思はで」〔紫日記〕㊁〘接続〙それなら。では。じゃあ。「—、三条院の御すゐは絶えね(=絶エテシマエ)とおぼしめしおきてさせたまふか(=御決心ナサッタノデスカ)」〔大鏡・師尹〕

さ　ばかりⒷ〘副〙❶〘既知の事がらにつき〙それぐらい。その程度。「この殿の御心—にこそと、その後は参らざりける」〔徒然・一〇段〕❷〘強調の気持ちで〙あんなに。あれくらい。「くちをしう(=残念ナガラ)御前に聞こし召させず(=中宮サマニオ聞カセシナイガ)、—慕ひつる人々にも(聞カセタイ)など思ふ」〔枕・九九段〕❸さまざま。「夢の中に江に入りて—の魚とともに遊ぶ」〔秋成・雨月・夢応〕

さば・く【捌く】Ⓒ㊀〘他四〙〘混乱した状態を秩序づけるという基本意味から〙❶(整然と)とりあつかう。「篝火(かがりび)の早瀬にくだす鵜飼ひ舟—・く手縄の影ぞ乱るる」〔壬二集・上〕❷㋑(適切に)処理する。「五分もすかねえ(=スキノナイ)お前(めへ)たちが—・きなさるを、横合いから口を出すのもおせっけえだが」〔伎・河内山・二〕㋺

(きちんと)管理する。きりまわす。「あれは…さる御隠居の召使なりしが、同じ母屋(おもや)の内―・く人と申しかはして(＝夫婦約束ヲシテ)」〔西鶴・一代男・巻二ノ三〕 ❸(世慣れたふうに)はからう。「なに事にも(自分デ)―・きたがって(＝テキパキヤリタガッテ)、出すぎる故、二階中では憎まるるたちなり」〔洒・傾城買四十八手〕 ❹[裁く] ㋑(よしあしを)判断する。「作者の貧福にかまはず、(句ノ)まこと(ノ価値)を―・くを、まことの宗匠(トイウ)なり」〔西鶴・織留・巻三ノ二〕 ㋺判決する。「公事(くじ＝訴訟)…そこにて負に―・く」〔甲陽軍鑑・巻三〕 ❺分ける。「(コノ男ハ)立て髪―・き(＝バラバラニシ)長脇差し、眼の光はあかねさす(＝血走ッテイル)」〔浮・女大名丹前能・巻七ノ二〕 ㊁〘自下二〙 ❶整然となされる。「弁舌―・けし長口上」〔近松・井筒業平・二〕 ❷(適切に)処理される。「座敷つき(＝座ノ取リ持チ)もまだ昨日今日のしこなし(＝カケ出シノヤリカタ)にて―・けかねけるを」〔浮・色道懺悔男・巻一ノ四〕 ❸世慣れたふうにする。「―・けぬ人の長座敷(ニツキアッテイルト)あくびも思はず出で」〔西鶴・一代女・巻五ノ一〕 ❹分かれる。「腹帯とけば、臓腑(ざうふ＝ハラワタガ)さっと―・け出で(＝バラバラニ飛ビ出シ)、うんとばかりに息絶えたり」〔浮・蒔絵松・巻五ノ三〕

さは さは【爽爽】(サワサワ) Ⓓ〘副〙せいせいするように。すっきりと。すらっと。さっぱりと。「無文なる(＝平淡ナ)歌の―と詠みて」〔毎月抄〕「尼もあとは―と(障子紙ヲ)張り替へむと思へど」〔徒然・一八四段〕

さはり【障り】(―ワ―) Ⓒ ❶つごうのわるいこと。さしつかえ。障害。「閑寂に着するも(＝トラワレルノモ)―なるべし」〔方丈〕「いかがして(＝ドウシテ)この―をやめはべらむ」〔徒然・三九段〕 ❷女性の生理。月経。「―ある女は蔵に入れず」〔西鶴・織留・巻一ノ一〕

さは・る【障る】(―ワ―) Ⓒ〘自四〙つごうがわるい。さしつかえる。具合がわるい。「―・る事ありて、粟田口より帥殿(＝伊周)帰りたまふ」〔大鏡・道長〕「よろづの事―・りて(＝イロイロサシツカエガ生ジテ)時をうつす」〔徒然・一七〇段〕

さはれ (―ワ―) Ⓓ ㊀〘感〙(「処置なしだ」という感じで)まあ、いいや。ままよ。「下には(＝内心ハ『シマッタ』ト)思へど、『―、さまでなくとも、言ひそめてむ事は(＝イッタン口ニ出シタ事ハヒッコメラレナイ)』とて(＝ト思ッテ)、かたう(＝ガンキョウニ)あらがひつ(＝言イ争ッタ)」〔枕・八七段〕 ㊁〘接続〙それはそうとして。「(母親デアル以上、ソウ冷タイ事ハスルマイト思ッテイタ)―、世に母なき子は無くやはある」〔源氏・東屋〕(「さはあれ」の約と考えられるので、発音は「サワレ」でよいと思われる。「さもあらばあれ」の約とするのは誤り。「さばれ」とする説もあるが、濁音であることを示す資料が見つからない)

さび【寂び】Ⓓ 中世的な表現理念の一。ひとり澄みきった心で対する静かさ、およびそのような趣から生まれる味わい。室町時代までは「さびたる姿」「姿さびて」など、動詞の形で現れるが、蕉風の俳論にいたり「さび」という名詞の形が用いられ、表現理念として確立した。蕉風俳諧では、素材の閑寂さよりも句ぜんたいから感じられる、しみじみとした静澄さをさしていった。(参)さぶ㊀③。「―は句の色(＝表現カラニジミ出ル感触)なり。閑寂なる(素材ヲ詠ジタ)句をいふにあらず」〔去来抄・修行〕

さ ひゃうゑ【左兵衛】(―ヒョウエ) Ⓓ (対)「右兵衛」→ひゃうゑ。

さ ふ【左府】Ⓓ →さだいじん。「父宇治の悪―(＝頼長)の御例、そのはばかりあり」〔平家・俊寛沙汰〕

さ・ふ【障ふ】(サ〈ソ〉ウ) Ⓓ ㊀〘自下二〙ひっかかる。さわる。「あさましきもの、刺し櫛(＝飾リノクシ)すりてみがくほどに、ものにつき―・へて折りたるここち」〔枕・九七段〕 ㊁〘他下二〙妨害する。ふさぐ。「しばらく身を立てむ(＝立身出世スル)ことを願へども、これ(＝俳諧)がために―・へられ」〔芭蕉・笈の小文〕

-さ・ぶ Ⓑ〘接尾・上二型〙(名詞に付き)「…らしく見える」「…らしくふるまう」等の意を添える。「翁―・ぶ」「神―・ぶ」「人―・ぶ」「山―・ぶ」「男―・ぶ」「をとめ―・ぶ」等。

さ・ぶ Ⓒ〘自上二〙 ㊀[荒ぶ]〘「程度がひどくなる」という基本意味から〙 ❶(心が)荒れてゆく。うるおいがなくなる。「まそ鏡(＝枕詞)見飽かぬ君におくれてや(＝置イテ行カレ)朝(あした)夕べに―・びつつをらむ(＝惨澹(さんたん)タル心デ過ゴスコトダロウカ)」〔万葉・巻四〕 ❷(見たところが) ㋑殺風景になる。「何となく庭の蓬(よもぎ)も下折れて―・び行く秋の色ぞ悲しき」〔風雅・秋下〕 ㋺鮮やかでなくなる。さえなくなる。「薄霧の朝けの梢色―・びて虫の音残す森の下草」〔風雅・秋下〕 ❸[寂ぶ]〘歌論などで〙外見は殺風景なようで、内に孤独な静かさの趣がある意。俊成によって、はじめて美のひとつと認められた。(参)さび。「『在明けの月』(トイウ歌)の、ことに―・びて、勝(まさ)るとや申すべき」〔六百番歌合・恋一(判詞)〕 ❹㋑[渋ぶ]古くなって、よごれが生じる。垢(あか)づく。「わが門(かど)の板井の清水里遠み人し汲まねば水―・びにけり」〔神楽・杓〕 ㋺[錆ぶ](金属の表面が)酸化する。「鎌倉に御大事あらば、ちぎれたりともこの具足取って投げかけ(＝着コミ)―・びたりとも長刀(なぎなた)を持ち」〔謡・鉢木〕 ❺さびれる。衰える。「成仏得脱(＝極楽デノ生活)は、―・びた(＝活気ノナイ)不景気なものだあろ」〔秋成・胆大小心録・一三八〕 ㊁[窈窕ぶ]静かに美しい様子をする。しっとり優美にふるまう。「かの妻、紅(くれなゐ)の襴(すそ)染めの裳(も)を着て―・び、裳襴(もすそ)を引きて行く」〔霊異記・上・二〕《原文「窈窕」。訓注に「佐備」とある》

ざふ し【雑仕】(ゾウ―) Ⓓ 宮中に仕え、雑用を勤めた者で、行幸・行啓のお供をもした。院・女院・摂関・大臣家などにも同じようにつかえた。「白河院の御時、北おもての―にうるせき(=気ノキイタ)女ありけり」〔宇治・巻一四ノ七〕「九条の院の―常葉(ときは)が腹に一人(=娘ガアッテ)、これは花山院殿に上臈女房にて、廊の御方とぞ申しける」〔平家・吾身栄花〕

ざふ しき【雑色・雑〈式〉】(ゾウ―) Ⓓ ❶蔵人所に所属して雑用に使われた無位の下級役人。蔵人所・東宮の御所・院の御所・摂関家などに使われた。「―・随身(ずいじん)は、すこしやせてほそやかなるぞよき」〔枕・五三段〕 ❷武家などに仕えた下男。「―・供人(ともびと)相具し、旅いでたちにて(=旅装デ)参り合ひ(=来アワセ)」〔近松・女護嶋・二〕

ざふ にん【雑人】(ゾウ―) Ⓓ 身分の低い者。「賀茂の競(くら)べ馬を見はべりしに、車の前に―立ちへだてて見えざりしかば」〔徒然・四一段〕

さぶらひ【侍】(―イ) Ⓑ ❶高貴な人のそばにお仕えすること。またはその人。「―の人々もかしこにて(=二条院デ)待ちきこえむとなるべし(=源氏ノ君ヲオ待チ申シ上ゲヨウトイウノデアロウ)」〔源氏・葵〕「―めきたる者の(=一見従者フウノ者ガ)せちに(=ムヤミト)近くよりて」〔大鏡・序〕 ❷武将の家に仕える者。「さむらひ」とも。「中にも五大院の右衛門の尉(じょう)宗繁は、故相模入道殿の重恩を与へたる―なるうへ」〔太平・巻一一ノ一〕 ❸(略)さぶらひどころ。「―にて(=侍所デ)、をのこどもの酒たうべけるに(=殿上人タチガ酒ヲ飲ンダ時ニ)めして(=自分ヲヨンデ)『ほととぎす待つ歌よめ』とありければ」〔古今・夏・詞〕「御曹司差し入りて見たまへば、―の縁のきはに、十七八ばかりなる童一人たたずみてあり」〔義経・巻二ノ七〕 **―だいしゃう** 大将(…―ショウ) Ⓔ 侍の身分で一軍を指揮する者。総指揮官の下にある部隊長。「―には長崎四郎左衛門の尉(じょう)、相したがふ侍には、三浦介(すけ)入道」〔太平・巻三ノ二〕 **―どころ** 所 Ⓓ 《「さむらひどころ」とも》 ❶清涼殿の殿上の小板敷きから小庭をへだてた別棟(むね)の北側にあるへや。侍臣たちの集会所。「さいつごろ(=先般)―に衛府司(あふづかさ)どもや(=近衛ノ舎人タチガ)知らずはべりけむ(=知ラナカッタノデショウ)」〔宇津保・忠こそ〕 ❷平安時代、親王・摂関家などにおかれた従者の控え室で、その家の事務を処理した所。「(ワタシノ家ノ)―に、ものしたまひしかば(=実忠朝臣ガ出入リナサッテイラッシャッタノデ)、あはれにむつましきものに思ひきこえしかども(=朝臣ヲホントウニ親シイ気持チデツキアエル人トオ思イシテオリマシタガ)」〔宇津保・国譲上〕 ❸鎌倉幕府の職制における人事院兼裁判所。その長官を別当という。「(資朝・俊基ノ二人ハ)世の常の放ち(=身柄不拘束ノ)囚人(めしうど)のごとくにて―にぞ預け置かれける」〔太平・巻一ノ九〕 ❹室町幕府の職制における警視庁兼裁判所。長官を所司といった。「細河讃岐守頼春は、時の―なりければ」〔太平・巻三〇ノ六〕

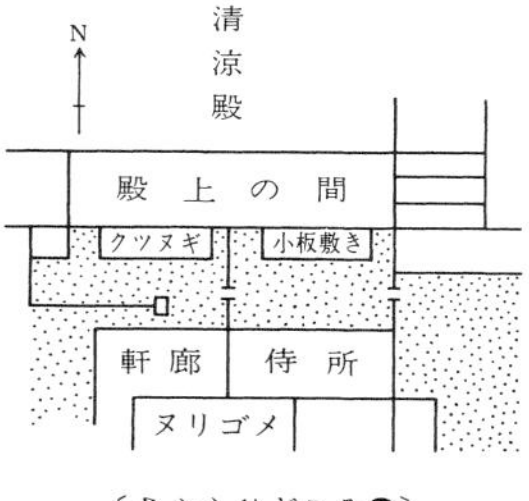

N
清涼殿
殿上の間
クツヌギ
小板敷き
軒廊
侍所
ヌリゴメ

〔さぶらひどころ❶〕

さぶら・ふ【侍ふ・候ふ】(―ラ〈ロ〉ウ) Ⓐ 《自四》 ❶目上の・(身分の高い)人のそばにお付きする。おそばにいる。出仕している。「院に内裏になど―・ひたまふらむ」〔蜻蛉・下〕「女官はいまだ―・はじ。蔵人参れ」〔紫日記〕 ❷「行く」「来(く)」の謙譲語。参上する。おうかがいする。「『ただ今―・ふ(=スグ参リマス)』といはせて、しばしあるほどに、雨いたうふりぬ」〔蜻蛉・下〕「―・はむはいかに(=ソコへ参ッテイケマセヌカナ)」〔枕・八段〕 ❸「あり」「をり」の丁寧語。あります。ございます。おります。「いかなる所にか、この木は―・ひけむ(=ゴザイマシタノデショウカ)」〔竹取〕「物語の多く―・ふなる(=タクサンゴザイマスソウデスガソレヲ)あるかぎり(=アリッタケ)見せたまへ」〔更級〕「たてさせたまふ尊勝寺にて、九壇の護摩(ごま)と懺法(せんぼふ)と―・ふべきなり」〔讃岐・上〕 ❹〔補動〕《丁寧語》…あります。…ございます。…おります。「かいねりがさねの御下襲(したがさね)に黒半臂(くろはんぴ)奉りたりしは(=オ召シニナッタノハ)、めづらしく―・ひしものかな(=メズラシュウゴザイマシタヨ)」〔大鏡・昔物語〕「《祇王ノコトバ》年もいまだ幼う―・ふなるが、たまたま思ひ立って参りて―・ふを」〔平家・祇王〕 **―・は・す** (―ワ―) Ⓔ 《連語》《「さぶらふ」に使役助動詞「す」の付いた形》目上の・(身分の高い)人に物をさしあげる。献上する。「御よそひ(=オ召シ物)はいふべくもあらず、御衣櫃(みぞびつ)あまたかけ―・す」〔源氏・明石〕

さぶら・ふ【候ふ】(―ラ〈ロ〉ウ) Ⓐ 《助動》《動詞・助動詞の連用形に付く》〔敬語〕丁寧

未然	連用	終止	連体	已然	命令
は	ひ	ふ	ふ	へ	へ

の言いかたにする。意味は中古語の「はべり」、現代語の「ます」にあたる。「桜は、はかなきものにて、かく程なくうつろひ—・ふなり(=散ルノデス)」〔宇治・巻一ノ一三〕「花に鳥付くる術(すべ)、知り—・はず(=知リマセン)」〔徒然・六六段〕《(1)「さぶらふ」が丁寧表現に用いられるのは、平安時代のごく末期からである。(2)鎌倉時代、男性用語は「さうらふ」となったようで、平曲では女性用語にだけ「さぶらふ」が現れる。(3)謡曲に現れる上流の女性は「さむらふ」の形を用いることがあるので(「草紙洗小町」等)、鎌倉時代のある時期に「さぶらふ」は「さむらふ」になったらしい。(4)鎌倉時代の末期には、男女とも「さうらふ」になったようで、謡曲は原則として女性も「さうらふ」である。(5)女性の文章語では室町時代まで「さぶらふ」が残った(ロドリゲス大文典)》(参)さうらふ。

さへ (—エ) Ⓐ《副助》《体言・体言あつかいの語・副詞および他の助詞に付く》 ❶そのうえさらに添え加わる意を表す。…まで(も)。「春雨に艶(にほ)へる色もあかなくに(ソノウエ)香—なつかし山吹の花」〔古今・春下〕 ❷《近世以後の混用で》程度の軽いほうをあげて、それより程度の重いほうを推測させる意を表す。…でも。「丈夫(ますらを)—許さざる関の鎖(とざ)しを、いかで女の越ゆべき道もあらじ」〔秋成・雨月・浅茅〕 ❸《仮定条件を示す近世語の文中で》それだけで下に述べることが満足される意を表す。…だけ。「はやく帰り—すれば、ようござります」〔洒・遊子方言・発端〕《中古語の「さへ」は近世語(現代語)の「さへ(さえ)」と同じでない。後者に当たる中古語は「だに」「すら」であるから、注意を要する》(参)すら・だに。

中古語	だに	すら	さへ
近世語	さへ		までも

さ べき [然べき] Ⓑ《連体》《「さんべき」のn音を表記しない形》→さるべき。「—(=ソノヨウナ場ニフサワシイ)人々、物語をしつつ月をながむるに」〔更級〕

さへづ・る [囀る] (—エズ—) Ⓔ《自四》 ❶(小鳥が)しきりに鳴く。「山の鳥どもも、そこはかとなく—・りあひたり」〔源氏・若紫〕 ❷人が(何を言っているのかわからないほど)ぺちゃくちゃとしゃべる。《外国人とか下人とかのわかりにくいことばに用いることが多い》「(下人タチガ)聞きも知りたまはぬ事どもを—・りあへるも、いと珍らかなれど」〔源氏・明石〕「この—・る唐人、走りいでて、やがてその男の袖をひかへて(=ヒッパッテ)」〔宇治・巻一四ノ六〕

さ ほふ [作法] (—ホウ) Ⓒ ❶おこない。行動。「近来の—を見、平家のふるまひを案ずるに、仏法の衰微、王法の牢籠(=天皇政治の権威縮小)、時至れり(=マサニ末世ノ到来ダ)」〔盛衰・巻一四ノ五〕 ❷㋑(きまった)やり方。方式。「お前(=宮中)の—を移して(=マネシテ)」〔源氏・藤裏葉〕 ㋺ならわし。常例。「末代(=退廃シタ時代)の—にや、悪者は強く善人は弱くなりて」〔盛衰・巻九ノ一〕 ㋩仏教におけるしきたり。とくに葬礼。「御墓所へわたしたてまつる時の—は」〔平家・額打論〕 ❸動静。ようす。「築地にのぼって世間の—(=外部ノ状況)を見ければ、武士六騎、門外に馳せ参ぜり」〔盛衰・巻三五ノ四〕

さま [様] Ⓐ 【一】 ❶様子。ありさま。姿。「所の—はいと世ばなれてさびたり(=俗塵(ぞくじん)ヲ離レテシンミリシタ趣ガアル)」〔紫日記〕 ❷おもむき。要領。「事の心を男文字に—を書き出だして」〔土佐〕 ❸(和歌の)表現様式。「歌とのみ思ひてその—知らぬなるべし」〔古今・序〕 ❹方法。やりかた。「下人(しもびと)のなかに生ひ出でたまへれば、もの言ふ—も知らず」〔源氏・常夏〕 【二】《代》 ❶《親密な相手に用い》尊敬の第二人称。あなた。「これこれ大事の物ながら、—には(=アナタニアゲルノナラ)なに惜しかるべし(=スコシモ惜シクナイ)」〔西鶴・一代男・巻一ノ三〕 ❷《第三人称に用い》あのかた。いとしいおかた。「これはととが手焼きの鉄鎚煎餅、—に進ぜて下さりませ」〔近松・氷朔日・上〕 **——あ・し** 悪し Ⓓ《連語》見ぐるしい。かっこうがよくない。体裁がわるい。「(酒ニヨッテ)よからぬ人(=教養ノナイ者)は、さかな取りて(他人ノ)口にさしあて(=オシツケ)みづからも食ひたる、—・し」〔徒然・一七五段〕 **——(を)変(か)・ふ** (—カ〈コ〉ウ) ❶様子を普通と違えている。風変わりにする。「さまかへたる春の夕暮れなり」〔源氏・玉鬘〕 ❷髪をそって出家する。「『まして世をいとはむに誰かは劣るべき』とて十九にてさまをかへ」〔平家・祇王〕

-ざま [様] Ⓑ《接尾》 ❶…のほう。…の方角。…むき。…へ向けて。「御帳の間(はさま)より南—にゐてたてまつる」〔紫日記〕 ❷…の際。…の時。…のとたん。「帰り—に立ち寄りたまひて」〔源氏・蓬生〕

さま・す [冷ます] Ⓔ《他四》(気持ちなどを)しずめる。冷静にする。「この近き夢(=最近ノ大君ノ死)こそ、—・すべき方なく(=アキラメラレズ)」〔源氏・宿木〕

さま・す [覚ます・醒ます] Ⓓ《他四》 ❶(意識的状態に)もどす。「ひとり目を—・して枕をそばだてて(=耳ヲコラシテ)四方(よも)の嵐を聞きたまふに」〔源氏・須磨〕 ❷(知らなかった事を)知らせる。(まちがった考えに)気づかせる。「(真理ヲ見失ッテイル人タチノタメニ)医師(くすし)(=治療シテヤル人ヲ)求む良き人求む(彼ラノ迷イヲ)—・さむがために」〔仏足石歌〕

さまの かみ [左馬の頭] Ⓓ (対)「右馬の頭」「左馬寮(さまれう)」の長官。従五位相当官。(参)さまれう。

さまよ・ふ (—ウ) Ⓓ《自四》 【一】[彷徨ふ] ❶きまった

目的なしに行き来する。うろつく。「童(わらは)・下仕へなど—・ふ」〔源氏・蛍〕 ❷どこということなしに移動する。ただよう。「遠つ川吉野の滝を分けくれば氷ぞ泡と浮きて—・ふ」〔曾丹集〕 ❸心が動き定まらない。迷う。「色めかしく—・ふ心」〔源氏・真木柱〕 ㊁【吟ふ】《古代語》力のない声でうめく。ため息をつく。「年長く病みしわたれば月かさね憂へ—・ひ…」〔万葉・巻五〕「呻、吟也、歎也。左万与不、奈介久」〔新撰字鏡〕

さまれう【左馬寮】(—リョウ) Ⓓ (対)「右馬寮」→うまのつかさ。

さ・む【冷む】Ⓒ《自下二》(感興や高ぶった気持ちが)うせる。減退する。「興も—・めて、事にがう(=アト味ガ悪ク)なりぬ」〔大鏡・道長〕「(幼帝ガ)『われ抱きて障子の絵見せよ』と仰せらるれば、(昔ノ幻想ガ)よろづ—・むるここちすれど」〔讃岐・下〕《「おもしろうめでたかりつる物の音(ね)みな—・めて」〔狭衣・巻三〕によって「あとかたもなく消え去る」の意を認める説もあるが、これは琴のすばらしさに神が感応し、奇瑞(ずい)が示されたので、列座の人たちが「頭の髪逆さまになるここちして、もの恐ろしきこと限りなし」とあるのを受けた文章なので、琴のおもしろさに対する感興がうせた意に解すべきである》

さ・む【覚む・醒む】Ⓒ《自下二》❶(眠りから)おきる。めざめる。「目の—・めたらむほど、念仏したまへ」〔徒然・三九段〕 ❷正気をとりもどす。本心に返る。「なほ迷ひ—・めがたきものは、この道(=親ガ子ヲ思ウ筋アイ)の闇(やみ)になむはべりければ」〔源氏・柏木〕 ❸酒の酔い・気分の悪さなどがなくなる。「心まどひして(=意識ガモウロウトシテ)酔へるがごとし。因りて山の下の泉のかたはらに居(ま)して、すなはちその水を飲(を)して—・めましぬ」〔紀・景行・訓〕《「さめましぬ」は「醒之」の訓》

さむ・し【寒し】Ⓒ《形ク》❶㋑気温の低さが感じられる。「秋の夜は暁(あかとき)—・し白栲(しろたへ)の妹(いも)が衣手(ころもで)着むよしもがも」〔万葉・巻一七〕 ㋺(水などが)つめたい。「—・きみもひを進(まゐ)らしむ」〔紀・景行・訓〕《「さむきみもひ」は「冷水」の訓》 ❷(状態が)豊かでない。貧弱だ。「(浪人ガ)晦日(みそか)を—・く(タイセツナ)刀売る年」〔重五(冬の日)〕

さむらひ【侍】(—イ) Ⓑ 武家に仕える者。武士。「さぶらひ②」に同じ。「大将かと見ればつづく勢もなし。また—かと思へば錦の直垂(ひたたれ)を着たり」〔謡・実盛〕「つづいて見えしは本田の二郎その外の—ども」〔近松・出世景清・二〕

ざ め・り Ⓑ《助動》《「ざんめり」の撥(はつ)音を表記しない形》→ざんめり。「ただ事にもはべら—・り」〔竹取〕

さ も Ⓐ《副》❶そのように。いかにも。そのとおり。「『これを焼きてこころみむ(=タメシマショウ)』といふ。翁『それ、—いはれたり(=オッシャルトオリデス)』といひて」〔竹取〕 ❷《感動を表す》よくもまあ。まことに。ほんとにまあ。「一人のみながむる(=ボンヤリスゴシテイル)宿の春の日は—(=何トモマア)暮れがたきものにぞありける」〔玉葉・春下〕 ❸《下に否定の語を伴って》そのようにも。そうも。そうでは。そうでも。「ひとり『—なかりしものを』といはむも、せむなくて(=ドウショウモナクテ)」〔徒然・七三段〕

—あ・り Ⓔ《連語》その通りだ。なるほどそうだ。「(源融ノ言イ分ハ)—・ることなれど(=モットモダガ)、この大臣(おとど)の定めによりて、小松の帝は位につかせたまへるなり」〔大鏡・基経〕《「相当だ」の意を醒睡笑によって挙げる説もあるが、角川文庫本醒睡笑には見えない》

—こそ Ⓓ《連語》(まったく)そのとおり。まさに(…だ)。「—は(=オッシャルトオリデ)ちがふる夢は(=悪イ夢ヲ実現サセナイ行法ノタメコモッテイルノハ)難からめ(=シカシ同時ニ)あはで程ふる身さへうきかな(=ソノ間オ会イシナイデイル私マデモガツライコトデスヨ)」〔蜻蛉・上〕

—や Ⓓ《連語》そうでも…か。「『(ソノ事ハ)はるか(昔)の世の物語に童(わらはべ)申しはべるめるは』と答ふれば、『(ナルホド)—はべりけむ(=ソンナ次第デシタロウカ)』」〔大鏡・昔物語〕

さもら・ふ【侍ふ・候ふ】(—ラ〈ロ〉ウ) Ⓓ《自四》《「さ」は接頭語。「もらふ」は「も(守)る」の未然形に助動詞「ふ」が付いた形。(参)ふ》❶機会をうかがう。様子を見ながら時機のくるのを待つ。「あらたまの(=枕詞)月を重ねて妹に逢ふ時—・ふと立ち待つに…」〔万葉・巻一〇〕 ❷身分の高い人のそばにお付きする。出仕している。「皇祖(すめろき)(=天皇)の神の御門(=御殿)をかしこみと(=オソレオオイト)—・ふ時に逢へる君かも(=オ目ニカカッタアナタデアルコトダ)」〔万葉・巻一一〕

さや【清・明・亮】Ⓒ《副》《形容動詞「さやか」と同系》はっきり。「鈴は—振る藤太(トイウ)巫女(みこ)」〔梁塵〕

さやか【清か・明か】Ⓒ《形動ナリ》❶㋑《視覚的に》はっきりしている。「うす霧の立ちまふ山のもみぢ葉は—・ならねどそれと見えけり」〔新古今・秋下〕 ㋺【亮か】《聴覚的に》はっきりしている。よく聞こえる。「さみだれの月のほのかに見ゆる夜はほととぎすだに—・にを鳴け」〔玉葉・夏〕 ❷明るい。「—・なる月も涙にくもりつつ昔見し夜のここちやはする」〔風雅・雑下〕

さや・ぐ Ⓓ《自四》❶ざわつく。「豊葦原の千秋の長五百秋の水穂の国(=日本)は、いたく—・ぎてありなり(=ヒドクサワガシイ様子ダ)」〔記・上〕《原文「佐夜芸弖」と表記》 ❷《誤用で》乱れ置く。「霜—・ぐ野べの草葉にあらねどもなどか(=ドウシテ)人目の離(か)れまさるらむ(=

マスマス会イニクイヨウニナルノカ)」〔新古今・恋四〕

さやけ・し【清けし・明けし】Ⓒ〘形ク〙❶㋑〘視覚的に〙はっきりしている。「今つくる(=コンド造営中ノ)久邇(くに)の都は山川の―・き見ればうべ知らすらし(=ココニ都ヲオツクリニナルノハモットモナコトダ)」〔万葉・巻六〕㋺【亮けし】〘聴覚的に〙はっきりしている。よく聞こえる。「初瀬川流るる澪(みを)(=水路)の瀬を早み堰(ゐで)(=セキ)こす波の音ぞ―・き」〔続後撰・雑上〕❷明るい。「星の光ばかり―・く」〔源氏・末摘花〕

さや に Ⓔ〘副〙〘動詞「さやぐ」と同系〙ざわざわと。「小竹(ささ)の葉はみ山も―うちそよぎこほれる霜を吹くあらしかな」〔新古今・冬〕

さや まき【鞘巻き】Ⓓ つばのない短刀でさやに斜めにきざみ目がつけてあるもの。下げ緒でさやを一巻き巻いてから腰に結ぶ。「さうまき」とも。「参内のはじめより大きなる―を用意し、束帯(=礼服)の下にしどけなげ(=無造作)にさしほらし(=ワザト見エルヨウニ差シ)」〔平家・殿上闇討〕

〔さやまき〕

さや・る【障る】Ⓓ〘自四〙❶〘古代語〙たちふさがる。さしつかえとなる。「…(帝ガ)さしまくる(=指名シテ任命ナサル)心―・らず(=ソノ帝ノ御心ニソムカズ)後の代(ノ人タチ)の語りつぐべく(=語リツグヨウニ)名を立つべしも(=名ヲアゲルベキダ)」〔万葉・巻一九〕❷(くぎなどに)ひっかかるように)ひっかかる。「しぎわな張るわが待つや(=ワタシガ待ッテイルガ)しぎは―・らずいすくはし(=枕詞)くぢら(=鷹(かた)ガ)―・る…」〔記・中〕

さ・ゆ【冴ゆ】Ⓓ〘自下二〙❶寒さが増す。冷えこむ。「霜―・ゆる汀(みぎは)の千鳥うちわびて(=寒サニタエカネテ)鳴くね悲しき朝ぼらけ(=夜明ケ方)かな」〔源氏・総角〕❷(光・音などが)澄む。「山かげや岩もる(=岩ノ間ヲシタタリ落チル)清水音―・えて夏のほかなる(=全然夏ノ暑サヲ感ジサセナイ)ひぐらしの声」〔千載・夏〕❸ひきたつ。みごとだ。あざやかだ。「なんと旦那、うちでばかりの騒ぎは、とんと(=サッパリ)―・えませぬ」〔黄・金々先生・上〕

さ よ【〈小〉夜】Ⓓ〘「さ」は接頭語〙夜。歌または叙情的な散文に用いられる。「わが背子(=弟)を大和(やまと)へやると(イウノデ見送リニ)―ふけて暁(あかとき)露にわが立ちぬれし」〔万葉・巻二〕「かの明石にて(賞翫(しょうがん)ノアマリ)―ふけたりし音(ね)も、例の(ゴトク)おぼしいでらるれば、琵琶を(ヒケト)わりなく(=ドウショウモナイホド)責めたまへば」〔源氏・薄雲〕

さら【更】Ⓑ〘形動ナリ〙❶㋑〘「言ふ」またはその同義語を伴い〙いまさら何だか変だ。「太政大臣まうであひたまへり。いといかめしうののしる(=タイシタ威勢デサワギタテル)など、言へば―・なり(=言ウノモオカシイホドダ)」〔蜻蛉・下〕㋺〘単独で用い〙いうまでもない。もちろんだ。「月花は―・なり、風のみこそ、人に心はつくめれ(=シミジミトシタ感情ヲオコサセルヨウダ)」〔徒然・二一段〕❷〘人のことばに答える時などに〙なるほど。もっともだ。「大君聞きて『―・なり。あらはに(=タシカニ)しか思ひたまふべし(=ソウオ思イデショウ)』」〔今昔・巻二五ノ五〕

さら さうじゅ【〈沙羅〉双樹】(-ソウ-)Ⓔ シャーラの木。梵語 sāla は hard の意で、材質がきわめて堅いところからいう。インド原産で、高さ三〇メートルに達するものもある。釈迦(しゃか)がクシナガラ郊外でこの世を去られたとき、その病床の四方に二本ずつあったので、「双樹」という。花は芳香を放ち、淡黄色をしているが、釈迦入滅の悲しみのため、鶴のように白くなったといわれ、そのためこの所の沙羅樹林を「鶴の林」ともいう。「しゃらさうじゅ」とも。「釈迦如来、生者必滅の理(ことわり)を示さむと、―のもとにして仮に滅を唱へたまひしかど(=ナクナルトイウ形ヲ現サレタガ)」〔保元・上・三〕

さら さら【更更】Ⓓ〘副〙❶今あらためて。今になって(新しく)。「石の上布留(ふる)の神杉(ノヨウニ)神(かむ)びにし(=年老イタ)我や―恋(トイウモノ)に逢ひにける(=出クワシタモノダ)」〔万葉・巻一〇〕❷㋑〘否定文の中で〙まったく(…ない)。「げに恋は曲者(くせもの)、曲者かな。身は―さら―さらに(オボエガナイノニ)恋(ノタメニ)こそ寝られね」〔謡・花月〕㋺〘反語で〙すこしだって(…だろうか=ない)。「―に寝(い)やはねらるる(=テンデ眠レナイ)山里の葦ふく宿に時雨ふる夜は」〔夫木・巻三〇〕

さら・ず Ⓓ〘連語〙㊀【去らず】離れることを許さない。放さない。「かの(=アノオ方ノ)御あたり―・ず(ワタシヲ)おほしたて(=育テ)たまひしを」〔源氏・夕顔〕㊁【避らず】避けられない。やむをえない。どうしようもない。「世の中に―・ぬ別れ(=死別)のなくもがな(=ナイトイイナア)千代もとなげく人の子のため」〔古今・雑上〕

さら・ず【然らず】Ⓓ〘連語〙〘「さあらず」の短縮形〙そうではない。そういうことはしない。㊎さり。「―・ずとて(=人ノ心ガワカラナイトイッテ)ただには過ぎじ花すすきまねかで(=イツモ人ヲ招クヨウニ揺レナイデ)人の心をも見よ」〔新勅撰・秋上〕「―・ずとも(=物語ニカカレナイトシテモ)かくめづらかなる事は、世語り(=世間話ノ種)にこそはなりぬべかめれ」〔源氏・螢〕

さら で【然らで】Ⓓ〘連語〙〘「さあらで」の短縮形〙そうではなくて。㊎さり。「いかにせむ―憂き世は慰まずたのみし月に涙落ちけり」〔千載・雑上〕「―だにうつろひやすき花の色に散るをさかりと山風ぞ吹く」〔続拾遺・雑春〕

――も Ⓓ〘連語〙そうではなくても。「霜のいと白きも、また―

いと寒き(日)に、火などいそぎおこして炭もてわたるも(冬ノ日ノ風景トシテ)いとつきづきし(=フサワシイ)」〔枕・一段〕「思ひやれ―ぬるる(=涙ノ落チル)苔の袖(=僧衣)暁おきの露のしげさを」〔新後撰・雑中〕

さら に【更に】Ⓑ〔副〕❶そのうえ。「―翁、いま十・二十年(ととせ・はたとせ)の命は、今日延びぬるここちしはべり」〔大鏡・後一条院〕❷もういちど。「三十(みそぢ)あまりにして、―わが心と(=自発的ニ)一つの庵を結ぶ」〔方丈〕❸㋑まったく。ただもう。「そこばく(=多ク)の捧げ物を木の枝につけて、堂の前にたてたれば、山も―堂の前に動き出でたるやうになむ見えける」〔伊勢・七七段〕「執念(しふね)げなる(=思イコンダヨウナ)声にて(コチラヲ)見おこせたる(老尼ノ姿ハ)―ただ今(自分ヲ)食ひてむとするとぞおぼゆる」〔源氏・手習〕㋺〔下に否定表現を伴い〕けっして。いっこう。「かやうの事、―知らざりけり」〔土佐〕

さら ぬ【然らぬ】Ⓓ〔連体〕❶そうでない。「皇后宮大夫殿・職事ども、―(=ソレ以外ノ)殿上人、六位など御供にてあり」〔中務日記〕❷〔「体(てい)」「さま」「顔」「ふり」の上について〕何事もないような。平気な。そしらぬ。「煙草ひき寄せ吹く煙管(きせる)の―体にてゐたりけり」〔近松・阿波鳴渡・上〕 **―がほ** 顔(―オ)Ⓔ〔十形動ナリ〕そ知らぬ様子。何くわぬ顔つき。「(柏木ハ)―・にもてなしたれど(=フルマッテハイタガ)、まさに(柏木ガ女三ノ宮ニ)目とどめじや(=目ヲツケナイコトガアルモノカ)と、大将(=夕霧)は(女三ノ宮ヲ)いとほしく(=気ノ毒ニ)思(おぼ)さる」〔源氏・若菜上〕

さら ば Ⓐ㊀〔接続〕❶それならば。それでは。「和歌一つづつかうまつれ。―ゆるさむ」〔紫日記〕❷〔下に否定表現を伴い〕さりとて。といって。「法師どもに具しておはしけるが、―急ぎもあゆみたまはで、あそこここに立ちとどまり」〔平家・鼓判官〕「されば、那智の滝の奥にて身を投げてましますごさんなれ。―引き具して一所にも沈みたまはで、所どころに臥(ふ)さむことこそ悲しけれ」〔平家・三日平氏〕㊁〔感〕❶人と別れる時のことば。さようなら。「『はや(=モウ)おりゃるか(=オ帰リデスカ)』『―、―』」〔狂・八句連歌〕「お亭様、―」〔西鶴・胸算用・巻三ノ三〕❷事を始めようとする時のことば。どりゃ。どれ。「―、奥へ連れまして参り、お乳をあげませうぞ」〔狂・子盗人〕〔狂言では接続詞にはふつう「それならば」を用いる〕

さらぼ・ふ（―ウ）Ⓓ〔自四〕(身体が)ほそる。「年は六十(むそぢ)ばかりになりたれど…行ひ―・ひて(=仏道修行ノタメスッカリヤセテ)」〔源氏・明石〕「たけ高き僧の、やせ―・ひて、見るに貴げなり」〔宇治・巻一二ノ五〕

さ・り【然り】Ⓓ〔自ラ変〕〔「さあり」の短縮形〕そうだ。「『殿は仰せられつる事やありつる』となむのたまひつれば、『―・りつ(=ソノトオリデス)』となむ申しつれば」〔蜻蛉・下〕

―ぬべ・し Ⓓ〔連語〕❶〔「そうあるべきだ」という意味から〕適当である。ちょうどよい。「かの巻き物のうちに―・き歌どもいくらもありけれど」〔平家・忠度都落〕❷身分がよい。そうとうなところだ。「かかるをりとて、―・き人をえらせたまへりしを(=オ選ビニナッタノダガ)」〔紫日記〕 **―や** Ⓓ〔連語〕❶事態が前に言われたとおりであることを強調する。そのとおりだなあ。まったくだよ。〔アメリカの話しことばの"It is!"に当たる〕「いみじう泣けば、『―、あなくるし』とおぼして」〔源氏・薄雲〕「『人も見ぬ所あり。心のどかに(アナタニ)ものなども聞こえむ』とて(宮ハ)車をさしよせて…人もなき廊に…下りぬ。『―(=言ッタトオリダヨネ)。人もなき所ぞかし』」〔和泉日記〕❷〔会話のなかで気持ちを新しくするとき感動詞ふうに用いる。英語の"Well,…"に当たる〕そうよね。ほんにね。まったくね。「(道長ハ)関白・左大臣・内大臣・大納言二人・中納言の親にておはします。―、(昔カラノ例ヲ)聞こしめし集めよ。日本国には唯一無二におはします」〔大鏡・藤氏物語〕

さり がた・し Ⓓ〔形ク〕㊀〔去り難し〕❶離れられない。別れられない。「そむきぬる(=出家シテ捨テタ)世の―・きやうに、みづからひそみ(=泣キ顔ヲシテ)御覧ぜられたまふ」〔源氏・夕顔〕❷捨てにくい。「人間の儀式、いづれの事か―・からぬ」〔徒然・一一二段〕㊁〔避り難し〕避けられない。どうしようもない。「おぼし捨てつとも、―・き(=ヤムヲエナイ)御回向のうちには」〔源氏・若菜下〕

さり じゃう【去り状】(―ジョウ)Ⓔ 離婚証書。江戸時代は夫が書き、三行半にしるす習わしであった。みくだり半。「この手間で(=ソノヒマニ)―書け」〔近松・天網島・中〕

さり とは【然りとは】Ⓓ㊀〔連語〕そうであるとは。そういうのは。「―(=ソウオッシャルノハ)むごい(=情ケ知ラズノ)御ことば。お身さま(=アナタ)も若い殿、我も若い女」〔近松・堀川波鼓・上〕㊁〔感〕これはこれは。なんとまあ。「―、死にかねて、是非もなき世に住み申しさうらふ」〔西鶴・文反古・巻三ノ三〕「―(=コリャマア)お気取りがよい(=結構ナスタイルデス)」〔黄・高漫斎・上〕

さり とも【然りとも】Ⓓ〔副〕〔自分にとってよくない条件や状態を認めたうえで希望的に〕そうであっても。それにしても。いくらなんでも。「―、鬼なども、我をば見許してむ(=ワタシニハ危害ヲ加エナイダロウ)」〔源氏・夕顔〕

さり ながら【然りながら】Ⓓ〔接続〕そうではあるが、しかし。「―主命なれば是非に及ばぬ(=ヤムヲエナイ)」〔狂・武悪〕

さる Ⓐ ❶【猿】 ❶動物のさる。比叡山王社の使者と考えられた。「春日野の神鹿・熊野山の霊鳥…比叡山の—、社々の使者」〔太平・巻三九ノ九〕 ❷ずるがしこい者。「客は小盗人で、おやま(=遊女)は—で、聞き合はせて(=相談シテ)会ふ事ぢゃげな(=会ウソウダヨ)」〔秋成・胆大小心録・五五〕 ❸㋑差しこみ用の短い棒状の木片。「船の底をくりぬいて(栓(せん)ヲシテオキ)、六蔵めに—(=ソノ栓)を引かせ(=抜カセ)一番ごっきりで(=一回キリデ)義興めを川中でぐゎんといはせた(=ヤッツケタ)」〔浄・矢口渡・四〕《↑この用例を戸締まり装置の意に解する説は誤り》㋺開き戸を回転させる軸の差しこみ部分。くるる。《「—戸の鍵(かぎ)を盗み出し」〔西鶴・伝来記・巻二ノ一〕によれば、この用法があったはずだが、単独の用例未見》 ❹「湯女(ゆな)」の別名。江戸時代、風呂(ふろ)屋でサービスした女性。トルコ嬢の類。「おぼつかなくて(=意味ガワカラナイノデ)たづねけるに、風呂屋者を—といふなるべし」〔西鶴・一代女・巻五ノ二〕 ❷【申】 ❶十二支の第九。㊂じふにし。「永観二年甲(きのえ)—八月二十八日、位につかせたまふ」〔大鏡・花山院〕 ❷方角の名。西南西。《単独の用例未見。いつも未(ひつじ)申という形で現れる》 ❸時刻の名。《定時法で》午後三時から五時まで。七つ。㊂とき㊀①。「—の時にぞ、源氏参りたまふ」〔源氏・桐壺〕

さ・る Ⓐ《「移動する」という基本意味から go にも come にも用い》 ❶【去る・来る】【自四】 ❶(時間的に)移動する。《その時が来る意にも過ぎる意にも》「冬ごもり春—・り来れば(=春ガヤッテクルト)鳴かざりし鳥も来鳴きぬ…」〔万葉・巻一〕「たとひ時移り事—・り(=遠ザカリ)、楽しび・悲しび行きかふとも、この歌の文字あるをや」〔古今・序〕 ❷㋑(ある場所から)いなくなる。別の所へ行く。「(ワタシノ)身はかくてさすらへぬとも(=遠クヘ流サレテ行ッテモ)君があたり—・らぬ(=動カナイ)鏡の影は離れじ」〔源氏・須磨〕「空より飛ぶ鳥も来たりて、食ひて—・りなむとす(=行クハズダ)」〔今昔・巻五ノ一四〕 ㋺(ある地位から)しりぞく。やめる。「御位を(形ノ上デ)—・らせたまふといふばかりにこそあれ、世の政をしづめさせたまへる(=オトリニナッテイラレル)事も、わが御世の(=御在位中ト)同じ事にておはしまいつるを」〔源氏・賢木〕 ❸なくなる。うせる。「雨ふれば色—・りやすき花桜うすき心をわが思はなくに(=チャント知ッテマスヨ)」〔貫之集・巻五〕「すくなすくなと(=スコシズツ)あしき事の—・るを、よき劫(こふ)(=修行ノ成果)とす。よき劫の別に積もるにはあらず」〔花鏡〕 ❹へだたる。距離がある。「もとの住みかの寺を語るに、その所(=現在地点)を—・れる間(=隔タッテイル距離)をかぞふれば、二千余里なり」〔今昔・巻七ノ一五〕 ❷【去る】【他四】 ❶しりぞける。遠ざける。「さきのやうに、くやしき事もこそあれ(=アルトイケナイカラ)、なほ(=ヤハリ)しばし身を—・りなむ(=ヒコウ)と思ひ立ちて」〔蜻蛉・中〕 ❷離縁する。「(女房ヲ)—・ったあす(亭主ハ)物をさがすにかかってゐる」〔柳樽・二〕 ❸除く。なくする。「俗なる心・俗なることば・俗なる風情(ふぜい)を—・れといへり」〔十問最秘抄〕 ❹へだてる。距離をおく。「旅・神祇・釈教・述懐等(ノ句ハ)、同じ物(ガ出ルノニ)五句—・る(=五句ノ間隔ヲオカナイトイケナイ)」〔連歌初心抄〕 ❸【避る】【他四】 ❶さける。「梓弓(あづさゆみ)(=枕詞)春の山辺をこえ来れば道も—・りあへず(=ヨケキレナイホド)花ぞちりける」〔古今・春下〕 ❷関係しないようにする。「え—・らぬ(=ノッピキナラヌ)事のみ、いとど重なりて、事の尽くる限りもなく、(ホントウノ大事ヲ)思ひ立つ日もあるべからず」〔徒然・五九段〕 ❸辞退する。「皇子(ハ帝位ニツクコトヲ)—・りていはく、『我がさいはひなないこと(=ワタシハ不運ニモ)久しく篤(おも)い疾(やまひ)にかかりて、歩くことあたはず』」〔紀・允恭・訓〕《「さりて」は「謝」の訓》「(中納言ニナルコトヲ)そこ(=アナタ)に—・られば(=辞退サレルト)、他人(ことひと)にこそはなるべけれ(=オ鉢(ちは)ガマワルハズデス)」〔大鏡・為光〕 ❹寄りつこうとしない。気をおく。「皇子(みこ)たちだに、(源氏ニ対スル)上(=天皇)の御もてなしのこよなきに(=格別ナタメ)、わづらはしがりて(=源氏ヲケムタガッテ)、いと、ことに—・りきこえたまへるを(=敬遠シテイラレルノダガ)」〔源氏・紅葉賀〕 ❺(罪・失礼などを)あやまる。わびる。「それは、後にも罪—・り申したまひてむ(=オワビナサルガヨロシイ)」〔源氏・東屋〕

さる【然る】 Ⓒ ❶《連体》《「さある」の短縮形》 ❶(前の事を受け)そういう。そんな。《英語の such に当たる》「—わざ(=コト)する舟もなし」〔竹取〕「世のはかなき事もうらなく(=隔テナク)言ひなぐさまむこそうれしかるべきに、—人あるまじければ」〔徒然・一二段〕 ❷ある。何かの。《英語の a certain あるいは some に当たる》「—子細(=ワケガ)あって、愚僧が手へ渡った」〔狂・宗論〕「夜前—方へ参り、その帰るさに」〔狂・寝音曲〕 ❸㋑りっぱな。相当な。ひとかどな。《英語の considerable あるいは splendid に当たる》「白く黒く—体(てい)なる(=ナカナカリッパナ様子ノ)馬二匹、鏡鞍おいて引ったてたり」〔平治・上・二(古活字本)〕「たけだち(=背タケ)ことがら(=体格)—体(てい)なる(=カナリノ男)が奉行(=指揮)してありける」〔著聞・興言利口〕 ㋺もっともな。筋の立った。《英語の fair あるいは reasonable に当たる》「月のかたぶくを(=月ガ沈ンデユクノヲ)慕ふ習ひは—ことなれど(=ナルホドソウイウモノダガ)」〔徒然・一三七段〕 **—事有り** 他から言われて「なるほど」と感じたときいう語。なるほど。そうですな。《英語の“That's right.” あるいは“That's it.” に当たる)「『あれこそ聞こえさうらふ竹生島にてさうらへ』と申す。『げに—。いざや参らむ』」〔平家・竹生島詣〕「『(我ガ軍ノ指揮官ハ)九郎大夫判官殿(=義経)ぞかし』盛嗣(ノ返事)『—』」〔平家・嗣信最期〕

——ほどに 程に Ⓒ 〔連語〕《接続詞ふうに》❶そういった次第で。そうこうしているうちに。「思ひかしづきたてまつらせたまふといへばさらなりや(=タイヘンナ愛妻ブリダ)。—、この太政大臣をはらみたてまつりたまうて」〔大鏡・公季〕「(コノ事件ノタメニ)世の中にがにがしうぞ見えし。—今年も暮れぬ」〔平家・鹿谷〕 ❷㋑話題を転ずる時や文段の書き出しに用いる語。さて。ところで。《英語の“Well,...”に当たる》「—、永万元年の春のころより、主上御不予(=御病気)の御事と聞こえさせたまひしかば」〔平家・額打論〕「—、寄せ手、長崎大夫すけをはじめとして、二万余騎一手になりておし寄せたり」〔義経・巻八ノ五〕㋺《転じて》作品ぜんたいの冒頭に用いる。語り物あるいはそのスタイルを採り入れた作品に見られる。「—、丹波の国能勢の山に年を経し猿あり」〔伽・能勢猿草子〕 ❸それにしても。それにつけても。「人の盗まぬ物は出ますぞ。—、憎いねずみめ」〔西鶴・胸算用・巻一ノ四〕

——もの Ⓒ 〔連語〕❶その類のもの。そんなもの。そういうもの。「—あり。さらば、親にてある人のもとへこのやう申してみむ」〔伽・鶴の草紙〕 ❷ちゃんとしたもの。重んずべきもの。力になるもの。「女君も今は(自分ヲ)—に、うちとけたまへるめるに(=信ジキッテイルノニ)」〔浜松・巻三下〕 ❸もっともであること。うなずけること。賛成できること。『…』と人の仰せられしこそ、げに—なれ」〔徒然・一九段〕

——ものにて Ⓒ 〔連語〕❶《ひとまず、他人の説を肯定しておいてから自分の説を言うときなどに用い》いちおうもっともなことであるが、しかし…。それはまあそうだが、しかし…。「もののあはれは秋こそまされと人ごとに言ふめれど、それも—今ひときは心もうきたつものは、春の気色にこそあめれ」〔徒然・一九段〕 ❷《当然だと考えられるものは、いまさら取り上げず、それ以外のものを取り上げるのに用い》いうまでもなく。もちろん。「心やましきをば—、かかるやつれをそれと知られぬるが」〔源氏・葵〕「(植エタ瓜(うり)ヤ豆ヲ)人の取らぬをば—、馬・牛だにぞ食(は)まぬ」〔大鏡・昔物語〕 ❸これはいちおう別として。いちおうのけておいて。「世の中の帝、神代七代をばー、神武天皇より始めたてまつりて」〔大鏡・藤氏物語〕

㊁〔自ラ変連体〕

——にても Ⓓ 〔連語〕それにしても。それはそうとして。「—、かかることなむと知らせたまひて、ことさらにもてなし」〔源氏・少女〕

——べきにやありけむ 《中古のかな作品に現れる慣用句》運命だったのだろうか。(前世から)そうなるはずの定めだったのか。「(皇女ヲ連レ出スナド)かしこく(=オソレ多ク)恐ろしと思ひけれど、—、(皇女ノ仰セドオリ)負ひたてまつりて(東国へ)くだるに…武蔵の国にいきつきにけり」〔更級〕

——べ・し Ⓑ 〔連語〕❶もっともである。「—・きゆゑ(=チャントシタ理由ガ)ありとも、法師は人にうとくてありなむ」〔徒然・七六段〕 ❷当然そうあってよい。しかるべきである。「から(=死体)は、けうとき(=サビシク気味ノ悪イ)山の中に納めて、—・き日ばかりまうでつつ見れば」〔徒然・三〇段〕 ❸ぐあいがよい。適当である。「—・きもののくま(=片スミ)に立ちかくれて見れば」〔浜松・巻一上〕 ❹文句がない。ちゃんとしている。「—・き(=スジメ正シイ)人の乳あゆる(=乳ガ出ル人)など(乳母ニ)求めて」〔浜松・巻二下〕 ❺(前世からの因縁で)そうなるはずである。そのような運命である。どうしようもない。《平安時代の人に共通な仏教的思想にもとづく》「(姫君ハ)さすがに、さのみは(=ソンナニ隠レテバカリハ)いかがおはせむ(=オイデニナレズ)、—・きにおぼしなぐさめて、やうやう(=次第ニ男君ニ)うちなびきたまへるさま、いとどらうたく(=カワイク)あはれなり」〔堤・思はぬ方〕

——ま・じ Ⓓ 〔連語〕❶そうでないだろう。「前(さき)なる車疾くやれといへ。—・じうは(=ソウデキナイヨウナラ)、傍(かたはら)にひきやらせよ」〔落窪・巻二〕 ❷適当でない。そうあってはならない。「真字(=漢字)を走り書きて、—・じきどち(=漢字ヲ書クノハ不適当ダトサレテイル女ドウシ)の女文に」〔源氏・帚木〕 ❸それほど重要視する必要のない。そうたいしたものでもない。「文ことば(=手紙ノ文章)…—・じき人のもとにあまりかしこまりたるも(=テイネイナノモ)げにわろきことなり」〔枕・二六二段〕

ざ・る【戯る】Ⓓ 〔自下二〕❶ふざける。はしゃぐ。「若君の言ひ知らず美しげにて走り—・れ歩きたまふを」〔浜松・巻四下〕 ❷しゃれている。風情(ふぜい)がある。「さすがに—・れたる遣り戸口」〔源氏・夕顔〕「(ソノ島ハ)大きやかなる岩のさまして、—・れたる(=シャレタ枝ブリノ)常磐木の陰茂れり」〔源氏・浮舟〕 ❸才気がある。気転がきく。「(冷泉帝ハ年齢ノ)ほどよりは、いみじう—・れ、おとなびたまへり」〔源氏・絵合〕 ❹《多く恋愛関係の婉曲(えんきょく)表現に用いて》わけ知りだ。「かかる童どちだに(=コンナ子ドモドウシデサエ)、いかに—・れたりけり」〔源氏・螢〕《現代語の「いたずら娘」、近世語の「不義いたづら」などに、この意味が継承されている》

さる がく【〈猿〉楽・〈申〉楽】Ⓓ ❶㋑平安時代におこなわれた滑稽な劇的しぐさの芸。貴族の催し事に余興として官人が演ずるのと、賤民が見せものとして興行するのとがあった。後者は、後の狂言の源流となる。「ただ笑はかさむとあるは、—をしたまふか」〔今昔・巻二四ノ二二〕㋺「㋑」をする者。「これは世になきほどの(スバラシイ)—なりけり」〔宇治・巻五ノ五〕 ❷㋑賤民系の猿楽役者は、鎌倉時代になってから能という歌舞劇を演ずるようになり、本来の滑稽な芸は狂言にひきつがれた。他方、農民系の田楽(でんがく)役者も能を演じたので、両者は「猿楽の能」「田楽の能」とよび分けられた。猿楽役者なかまでは、猿楽の能を単に「猿楽」とよぶことがあった。後に田楽の能が衰微したので、一般に能のことを「猿楽」というようになった。室町時代、諸国に猿楽の座(同業組合)があったけれど、江戸時代までにほとんど解散し、いま残っている五流はいずれも大和(やまと)猿楽の系統である。「その日の—(=猿楽能ハ)、ことに花やかにて、見物の上下、一同に褒美せしなり」〔花伝・一〕㋺猿楽の能の役者。㊂のう③。「数万貫の銭貨・新渡の唐物等、美を尽くして…傾城(けいせい)・田楽・—・遁世者までこれをひき与へける」〔太平・巻三九ノ一〕

さる かた【然る方】Ⓒ ㊀【連語】その点。その方面。「—の後ろ見にて育(はぐく)まむとおもほしとりて(=トイウ気ニナッテ)」〔源氏・末摘花〕「ただ—のらうたさ(=カワイラシサ)のみはあり」〔源氏・葵〕 ㊁【形動ナリ】そうとうなものだ。かなりだ。「水の心ばへ(=オモムキ)など、—・に(=ナカナカ結構ニ)をかしくなしたり」〔源氏・帚木〕「ときどきわたりたまふ(=オイデニナル)御住み所にして、—・なる(=イチオウ整ッタ)御しつらひ(=設備)ども、しおかせたまへり」〔源氏・松風〕「あるかなきかに門さしこめて、待つこともなく明かし暮らしたる、—・に(=カナリ結構ナ生活態度デ)あらまほし」〔徒然・五段〕

さる に【然るに】Ⓓ【接続】だけれど。そうであるが。「ひとつ子にさへありければ、いとかなしうしたまひけり(=オカワイガリニナッタ)。—、十二月(しはす)ばかりに、とみの事(=急用)とて(母上カラ)御文あり」〔伊勢・八四段〕

さる は【然るは】Ⓑ【接続】❶(逆接)だけれど。そうなのだが。そのくせ。とはいうものの。「宣ふもあはれなり。—幾ほどのこのかみ(=年長)にもおはせず」〔堤・思はぬ方〕(平安時代の用例は、原則的にこの意味で解ける) ❷(順接)そういうときは。そういうわけで。「聞き伝ふるばかりの末々(=子孫)は、あはれとや思ふ。—跡とふわざ(=先祖ノ供養)も絶えぬれば」〔徒然・三〇段〕

さる を【然るを】Ⓓ【接続】❶(逆接)であるが。けれども。「(親ハ早ク帰国セヨト)のたまひき。—、俊蔭…ひとり知らぬ世界に漂ひて、年久しくなりぬ」〔宇津保・俊蔭〕「いづこの歌にかは、花に風を待ち、月に雲を願ひたるはあらむ(=ソンナノハナイ)。—、かの法師(=兼好)がいへるごとくなるは(=徒然草一三七段)…まことのみやび心にはあらず」〔宣長・玉勝間・巻四ノ七三〕(中古文では逆接に用いた「さるを」はあまり見られない。逆接には「さるは」を用いたからであろうか。宣長は「さるは」を順接に用いている) ❷(話題転換)さて。ところで。「—、筑紫高良山の僧正は、加茂の甲斐なにがしが厳子(げんし=令息)にて」〔芭蕉・幻住庵記〕

ざれ こと Ⓔ ㊀【戯れ言】じょうだん。「はてさて、—を言ふ人ぢゃ」〔狂・餅酒〕 ㊁【戯れ事】ふざけてすること。たわむれ。「また—をすな」〔狂・武悪〕(狂言では「ざれこと」と発音する。中世語では「ざれこと」が普通だったらしく思われる)　**——うた** 戯れ言歌 Ⓔ まじめでないスタイルの歌。「述懐の歌どもあまたよみはべりし中に、—に」〔無名抄・五一〕

され ど【然れど】Ⓓ【接続】であるけれど。だけれど。「人の心すなほ(=正直)ならねば、いつはりなきにしもあらず。—おのづから(=タマニハ)正直の人、などかなからむ(=キットイルハズダ)」〔徒然・八五段〕

され ば【然れば】Ⓑ ㊀【接続】❶(順接の関係で下文へつづけ)だから。そういった次第で。「—、かの後白河法皇の、長講堂の過去帳にも、祇王・祇女・仏・刀自らが尊霊と、四人一所に入れられけり」〔平家・祇王〕 ❷(軽く話題を転じたり、文調をととのえ)さて。「一人の息女を持つ、それを昭君と名付く。—並びなき美人にてさうらふほどに」〔謡・昭君〕 ㊁【感】❶(答えの文中で)そうさ。まあね。「『さてさて堅い女房ぢゃな』『—年もまだ二十七。色はあれど(=キリョウハ相変ワラズダガ)…所帯じうで(=ジミテ)」〔近松・油地獄・上〕 ❷(意外な事におどろいたとき)いったい。こりゃまあ。そもそも。「こは、—、何事さうらふぞや(=ドウシタコトデショウ)」〔平家・祇王〕　**——こそ** Ⓒ【連語】そうだからこそ。思ったとおり。案の定(じょう)。「—風流のしれもの、ここに至りて其の実をあらはす」〔芭蕉・奥の細道〕　**——よ** Ⓓ【連語】❶案の定(じょう)。はたしてそうだ。やっぱりね。「—、思ふ事(=腹ニ一物)ありて(コンナ事ヲ)するにこそありけれ」〔落窪・巻二〕 ❷(間投的に)つまりね。そうだね。「『何事をか』と問ふ。—、臼にて米を搗(つ)くを見るに…と思案したりと言ひ果てぬに」〔咄・醒睡笑・巻二〕(英語で"Well…"という用法に当たる。「当然だ」の意を表すという説は誤り)

ざれ ば・む【戯ればむ】Ⓓ【自四】❶しゃれている。気がきいている。「臨時のもてあそび物の、その物と、あとも定まらぬは(=コレハコウトハッキリヤリ方ガキマッテイナイノハ)、そばつき—・みたるも、げにかうもしつべかりけりと」〔源氏・帚木〕 ❷(多く恋愛方面の婉曲(えんきょく)表現に用いて)すみにおけないふるまいをする。しゃれたまねをする。「(娘ハ)世の中をまだ思ひ知らぬほどよりは(=年ゴロニシテハ)、—・みたる方にて」〔源氏・空蝉〕

さ

さわが・し【騒がし】Ⓒ〘形シク〙❶(音・声が)やかましい。うるさい。「雨の足横さまに(=雨ガ横降リニ)—・しう吹きたるに」〔枕・一九八段〕❷いそがしい。用件が多い。「御返事など、—・しきにまぎれて、なし」〔栄花・御裳着〕❸(流行病などで)世間が穏やかでない。安心できない。「世の中—・しきころ、語らふ人(=恋仲ノ人)の久しう音せぬに」〔和泉集・詞〕

さわぎ【騒ぎ】Ⓒ〘古代は「さわき」〙❶音のやかましいこと。「ひねもすに(=終日)いりもみつる(=荒レ狂ッタ)雷(みかど)の—に、さこそいへ(=イクラ気強イトイッテモ)、いたう困(こう)じたまひにければ(=オ疲レニナッタノデ)」〔源氏・明石〕❷ごたごた。どさくさ。「風の—ばかり(=台風ノ被害ダケ)をとぶらひたまひて(=オ見舞イナサッテ)つれなく(=アッサリ)立ちかへりたまふ」〔源氏・野分〕❸(やかましい)評判。(うるさい)うわさ。「世に長くおはしますまじきにやと(=長生キナサラナイノデハナカロウカト)天(あめ)の下の人の—なり」〔源氏・夕顔〕❹騒乱。戦乱。「寿永・元暦などのころ、世の—は夢とも、まぼろしとも、あはれとも何ともすべてすべて言ふべき際にもなかりしかば」〔建礼〕❺(にぎやかな)遊興。「座敷のへだては障子(しやうじ)一重、あなたの—、ひしひしと小女郎が身にこたへ」〔近松・博多小女郎・上〕

さわ・ぐ【騒ぐ】Ⓑ〘自四〙〘古代は「さわく」〙❶動きながら音をたてる。「葦鶴(あしたづ)の—・く入り江の…」〔万葉・巻一一〕❷㋑動揺する。「(夢ヲ見テ)—・ぐ心に、やがて(=スグ)さめたるここち、言ふべきかたなし(=何トモ言イヨウガナイ)」〔建礼〕㋺あわてふためく。「心のまどひける(=考エル余裕モナカッタ)ままに、(土ヲ)よくも(踏ミ)堅めず、—・ぎて帰りぬ」〔今昔・巻二六ノ五〕❸うるさく言う。「女はた、—・がれたまひし(=ゴシップ種ニサレタ)事のみ恥づかしうて」〔源氏・少女〕❹騒乱・(戦乱)がおこる。「東の夷(ひな)(=土民ガ)多く叛(そむ)きて、辺境(ほとり)—・き動(とよ)む」〔紀・景行・訓〕〘「さわき」は「騒」の訓〙

さわらび Ⓔ [一]【さ蕨】〘「さ」は接頭語〙わらび。「さもあらぬ草葉も春は見なれけり—あさる山のたよりに(=ナノデ)」〔拾遺愚草・員外雑上〕[二]【早蕨】❶芽ばえてほどないわらび。若わらび。「—や下に萌(も)ゆらむ霜がれの野原のけぶり春めきにけり」〔拾遺・雑秋〕❷襲(かさね)の色目。↓巻末「襲の色目要覧」。〘用例未見〙

さゑもん【左衛門】(—エ—)Ⓓ [対]「右衛門」↓ゑもん。

—のかみ 左衛門の督 Ⓓ〘連語〙左衛門府の長官。従四位下相当官。

さをしか【〈小〉牡鹿・〈小〉男鹿】(—オ—)Ⓔ〘「さ」は接頭語〙雄鹿。「牡鹿、此云左鳴子加」〔紀・顕宗・訓注〕「草枕(=枕詞)旅をくるしみ恋ひをれば(=ワガ家ヲ恋シク思ッテイルト)かやの山辺に—鳴くも」〔万葉・巻一五〕

さんがい【三界】Ⓓ❶〔仏〕衆生が生まれ変わってゆく迷いの三世界。欲界・色界・無色界。「この人は—の惑ひを断じて(=悟リヲ開キ)永く愛欲の心を離れたる人なり」〔今昔・巻一ノ一三〕❷この世。現世。「しばし休らふ宿もなし、げに—は(安住デキル)所なし」〔謡・景清〕〘過去・現在・未来の三世という意を挙げる説は、誤り〙

さんかう【三更】(—コウ)Ⓓ 一夜を五分した、その第三に当たる時刻。季節・地方(経度・緯度)によってずれがある。[参]かう・とき[一]①。

さんかん【三竿】Ⓔ 竹ざお三本をつなぎ合わせたほどの高さ。「月—にして(=高ク上ッテ)黒雲の中にかくる」〔芭蕉・堅田十六夜之弁〕

さんぎ【参議】Ⓓ 大臣の諮問に応じて国政の重要事項を審議する官。大宝令にはなく、聖武天皇のころから設けられた。位は正四位下相当だが、大臣・納言に次ぐ要職で、公卿(くぎやう)の待遇を与えられた。定員八名。「参議」は公式のよびかたで、ふつう「宰相(さいしやう)」「相公(しやうこう)」などいった。

さんざう【三蔵】(—ゾウ)Ⓓ❶㋑〔仏〕〘蔵は梵 pitaka の訳で、容器の意〙三種の仏典コレクション。経(仏の教説)・律(仏の制定した行動軌範)・論(経の内容の分類と解説)から成る。「教門広しといへども経・律・論の—に過ぎず」〔沙石・巻二ノ一〇〕㋺経・律・論に精通した高僧の尊敬語。「善無畏(ぜんむゐ)—も来たりたまへりしが」〔神皇正統記・中〕❷朝廷で、公用物品を保管した所。斎蔵(いみくら=祭器庫)・内蔵(うちくら=貢物庫)・大蔵(おおくら=官物庫)の総称。「蘇我の麻智の宿禰(すくね)をして—を検校(かむがへ)しむ(=管理サセタ)」〔古語拾遺〕❸船頭・馬方・徒弟など下賤の者。「(一匁取リノ下級遊女ハ)鍛冶屋の—(=見習イ工)ぐらゐの頭勝ちなる(=向コウ見ズノ)者の食ふ(=相手ニスル)ものにきはまりぬ(=決マッテイル)」〔浮・万金丹・巻二ノ四〕

さんざうら・ふ【然ん候ふ】(—ゾウロウ)Ⓒ〘連語〙〘「さに候ふ」の音韻変化〙さようでございます。「『なにと、はや御酒宴の始まりたると申すか』『—・ふ』」〔謡・熊野〕「姫君聞こしめし『—・ふ。みづから(=ワタシ)は尾張の大宮司が娘なるが…』」〔近松・出世景清・三〕

さんざん【散散】Ⓓ〘形動ナリ〙❶ばらばら。「近く寄りて見たまひければ、(雷ニ打タレタ)経俊は—に裂け切れて、うつぶしにふして死にけり」〔盛衰・巻一一ノ七〕❷ひどい状態だ。どうしようもない。「(アノオ方ハ)もとはこの所にござさうらひしが、—の御無力にて(=ヒドイ落チブレ方デ)、今はこの所にはござなくさうらふ」〔謡・葦刈〕❸㋑おかまいなしだ。めったやたら。「衆徒は案内者なれば(=地理ニクワシイ者ナノデ)、ここかしこのつまりつまり(=要所要所)に落ちあうて—・に射る」〔太平・巻二ノ八〕㋺筋が立たない。むちゃだ。「神社仏寺、権門勢家の庄領を没倒(もったう)し(=取リ上ゲ)、—(=シタイホウダイ)の事どもにてぞありける」〔平家・俊寛沙汰〕

さん・す Ⓒ 〖助動〗(「さしゃんす」の短縮形。四段・ナ変・ラ変以外の動詞の未然形に付く)〔敬語〕近世語で、尊敬の意を表す丁寧表現。…なさいます。「水でなと(=ナリト)洗うてあげ—・せ」〔一九・膝栗毛・八中〕

未然	連用	終止	連体	已然	命令
せ	し	す	す	すれ	せ

さん だん【讃談・讃嘆・讃歎】Ⓓ〖十他サ変〗❶〔仏〕節づけした文句をとなえ、または法話をして仏をほめたたえること。「たとへば説法する人の、その仏に向かひて—・するがごとし」〔無名抄・一〕 ❷評判。うわさ。「おそばに寝たとて、みな人の—ちゃ。名は立って(=ゴシップガ流レテ)詮(せん)なやなう(=処置ナシダ)」〔閑吟集〕

さん づ【三途・三塗】(—ズ) Ⓓ ❶〔仏〕この世における悪い行為のため、来世にゆく三種の世界。猛火で焼かれる火途(地獄道)、刀剣などで責められる刀途(餓鬼道)、たがいに食い合う血途(畜生道)をいう。「余算、山の端に近し(=モウ死モ近イ)。たちまちに—の闇に向かはむとす」〔方丈〕 ❷(略)三途の川。「いたづらに(=ムナシク)—に沈みし身なれども、法(のり)の力か船橋の浮かむ(=成仏スル)身となるありがたさよ」〔謡・船橋〕 **——のかは** 三途の川 (…ワ) Ⓔ 〔仏〕あの世へ行く途中にある川。死後七日めに渡るという。生前の行為により、渡る場所(山水瀬・江深淵・有橋渡)が違う。インド仏教にはなかったが、中国で偽作された十王経に葬頭(そうず)川として見える。そのなまりらしい。「死出の山(ヤ)—をば越えむずるぞ」〔太平・巻二一ノ七〕

ざん な・り Ⓑ 〖助動〗(否定の「ず」の連体形に「なり」が付いた複合助動詞「ざるなり」の撥(はつ)音便形。終止形に付いたとする説もあるが、確かでない。活用→なり)…でないようだ。…ないそうだ。「物語をだにせ—・り(=シナイヨウデス)」〔宇津保・蔵開上〕〖断定の用例は未見〗(参)ざなり・なり。

さん べき【然んべき】Ⓓ 〖連体〗(「さるべき」の撥(はつ)音便形)→さるべき。「—をりふし(=時)参りて、つれづれなる(=ヒマナ)—人と物語して」〔更級〕

さん ぼう【三宝】Ⓓ〔仏〕❶仏(悟りを開いた指導者)と法(仏の教えの内容)と僧(仏の教えを信じ修行する者の集団)。尊さを宝にたとえていう。「—は、仏(ほとけ)・法(のり)・僧(ほふし)なり」〔紀・推古・訓〕(「さんぼう」は「三宝」のよみ)「一言にても虚(むな)しき事加はりてはべらば、この御寺の—、今日の座の戒和尚に請(しゃう)ぜられたまふ仏・菩薩を証としたてまつらむ」〔大鏡・昔物語〕 ❷〔転じて〕仏。「(出家ヲ)おぼし立ちてのたまふことを、—のいとかしこくほめたまふことなり、法師にて(=法師ノ立場トシテ)聞こえ返す(=反対申シアゲル)べきことにあらず」〔源氏・手習〕 ❸仏の教え。「仏法これよりまたひろまる。(聖徳)太子よろこびたまひて、大臣(=蘇我馬子)の手をとりてのたまはく、『—の妙なること、人いまだ知らざるに、大臣心をよせたり』」〔著聞・釈教〕 **——くゎうじん** 荒神 (—コウ—) Ⓔ ❶神仏習合の立場から、仏・法・僧を守る神。陰陽(おんやう)道で考え出した神らしく、平安時代の末にはすでに信仰されていた。特に不浄をきらうところから、火の神とされ家の内ではかまどの神とされた。「くゎうじん」とも。❷〖近世語〗鞍(くら)の両がわに席を張り出し、三人乗りにした駄賃馬。「足の痛むに、—に乗れとも言ひをらずに、先へ(行キヤガッタ)」〔西鶴・織留・巻四ノ三〕

さん まい【三昧】Ⓓ ❶〔仏〕(梵 samādhi の音訳。「ざんまい」と濁音にいうのは誤り)㋑心を一つの対象に集中し、乱さないこと。「肉身に(=生キタコノ身デ)—を証じて(=精神ヲ完全ニ静メキリ)、慈氏(じし=弥勒菩薩(みろくぼさつ))の下生(げしゃう=コノ世ニ現レルコト)を待つ」〔平家・高野巻〕㋺仏の前でひとつの行(ぎゃう)に身心を集中すること。具体的な内容はいろいろである。「殿の御前仏の御前にて、—の火を(火打チ石デ)打たせたまふ」〔栄花・疑〕❷(略)三昧場(ば)。墓場。「寒(かん)の中と、春秋の彼岸は昼夜を別たず、都の外、七所の—をめぐりぬ」〔去来・鉢扣辞(風俗文選)〕 ❸すきかってに行動すること。「紙衣(かみこ)着て川へはまらうが、油ぬって火にくばらうが、うぬが(=キサマノ)—(=カッテニシヤガレ)」〔近松・油地獄・下〕

さん み【三位】Ⓓ 宮中の位階の第三番め。正三位と従三位。またはその人。「さんゐ」とも。(参)—ゐ。 **——のちゅうじゃう** 三位の中将 (—ジョウ) Ⓓ 〖連語〗本来、近衛(このゑ)中将は四位の相当官だが、とくに三位をさずけられた中将。大臣の子や孫に限られた特別待遇。「上達部(かんだちめ)は…宰相の中将・—」〔枕・一七〇段〕〖普通なら中将は上達部にはいらない〗

ざん め・り Ⓑ 〖助動〗(否定の「ず」の連体形に推量の「めり」が付いた複合助動詞「ざるめり」の撥(はつ)音便形。終止形に付いたとする説もあるが、確かでない。活用→めり)…でないようだ。…ないらしい。「(コンナ例ハ)入道殿下(=道長)よりほかには聞こえさせたまは—・り」〔大鏡・藤氏物語〕(参)ざめり・めり。

さん よう【算用】Ⓒ 〖十他サ変〗❶勘定すること。計算。「銀(かね)見るか(=銀貨ノ良イ悪イガ見分ケラレルカ)、—か(=ソレトモ計算ガジョウズカ)」〔西鶴・永代蔵・巻六ノ二〕 ❷貸し借りをなくすこと。清算。「才覚して(=金

さ

融ヲツケテ)元利—仕立て(=元金ト利子トヲ計算シ支払ッテ質ヲ)受けられける」〔西鶴・織留・巻五ノ四〕 ❸見積もり。目算。「夫婦のむすびなすより(=結婚スレバハジメカラ)子にそれぞれの物入りあるは、—のうちなり」〔西鶴・織留・巻六ノ三〕 **—あひ** 合ひ(-イ) Ⓔ 計算して勘定を合わせること。「いかに親子の中でも、たがひの—はきっと(=確カニ)したがよい」〔西鶴・胸算用・巻一ノ三〕 **—なし** 無し Ⓔ 〘連語〙収支を考えないこと。でたらめなこと。「—(=メチャクチャニ)打ち込み置きて(=収入ノ中ニ入レテオイテ)、帳じめにて合はせる人は(=決算期ニ勘定ヲ合ワセヨウトスルノハ)、手前うすく(=経済ガタヨリナク)なるものぞかし」〔西鶴・永代蔵・巻四ノ五〕

さんゐ【三位】(-イ) Ⓓ →さんみ。

し

-し【子】 Ⓓ 〘接尾〙 ❶男性の名につける中国ふうの敬称。「橿木堂主人(ノ)荷兮(かけい)—、集を編みて、名を曠野(あらの)といふ」〔曠野・序〕 ❷自分の名につけて、相手と共に風流人である意を示す。「半残雅文。芭蕉—」〔芭蕉・半残宛(貞享二年正月)書簡〕〘②の用法を謙譲と解する説は誤り。親類とかあまり敬意を示すに及ばない門弟に対するほか、「子」は用いられていない。半残は芭蕉の甥(おい)〙

し【師】 Ⓒ ㊀❶教授者。師匠。先生。「わづかに二つの矢、—の前にて一つをおろそかにせむと思はむや」〔徒然・九二段〕 ❷僧侶(そうりょ)・神官のような宗教人。「上の社(やしろ)(=上賀茂神社)の—にてはべりける者に申しつけて、除目(ぢもく)の夜、祈請せさせける」〔著聞・神祇〕 ㊁〘代〙僧侶に対し用いる尊敬の第二人称。あなた。お坊さん。「王(=閻魔(えんま))法蔵を見て問ひてのたまはく『—、一生の間いかなる福業(=ヨイコト)をか造れる』」〔今昔・巻七ノ九〕

し【其】 Ⓔ 〘代〙第三人称。〘万葉時代によく使われたが、平安時代のかな作品には例が少ない〙「わが子古日は…手をたづさはり『父母も上はな下がり(=ソバヲ離レナイデ)三枝(さきくさ)の(=枕詞)中にを寝む(=間ニ寝ルンダ)』と愛(うつく)しく—が語らへば(=アノ子ガ言ウノデ)…」〔万葉・巻五〕「あな若々しの昼寝や。—が(=自分ノ)身のほど知らぬこそ、いと心憂けれ(=情ケナイ)」〔落窪・巻二〕〘第一人称・第二人称の用法を挙げる説もあるが、その確かな用例はない〙

し Ⓐ ㊀〘副助〙〘文中の種々の語に付き〙その語の意味をとくに採りあげて強める。これに当たる現代語はない。「うらうらに照れる春日にひばりあがり心悲しもひとり—思へば」〔万葉・巻一九〕〘↑下に「…ば」の伴われることが多い〙「賢(かさ)しみと(=賢者ブッテ)もの言ふよりは酒飲みて酔(ゑ)ひ泣きする—まさりたるらし」〔万葉・巻三〕「昨夜(ゆふべ)—はようぞやお運び(=オイデクダサイマシタ)」〔伎・三舛玉垣・一ノ三〕 ㊁〘接助〙〘活用語の終止形に付く〙 ❶事がらを並べ、中止的に言うのに用いる。「野宿もせう—、山坂で難儀もして、行脚(あんぎや)さしったらうが(=ナサッタロウケレド)」〔三馬・床・初ノ下〕 ❷付加的に事実・条件をあげて、それが次の句の原因・理由の一つになっている意を表す。「寒風膚(はだへ)を射るがごとく、そのうへ水にはひたる—、がたがたがたがたと震(ふる)ふばかり」〔三馬・床・二ノ下〕 ❸〘否定の推量を表す語に付き〙「でないのに」「でないから」の意を表す。「食傷ぢゃあるまい—、丸薬ぐらゐで生きるものか」〔伎・お染の七役・中〕

じ Ⓑ 〘助動〙〘用言および用言型活用の助動詞の未然形に付く。助動詞「む」の否定態〙〘否定推量〙

未然	連用	終止	連体	已然	命令
		じ	じ	じ	

❶否定の推量を表す。…ないだろう。…まい。「月ばかりおもしろきものはあら—」〔徒然・二一段〕 ❷〘主語が第一人称の時は多く〙ある事がらを実現させない意思・決意を示す。…ないつもりだ。…まい。「今夜(こよひ)こむ人にはあは—織女(たなばた)のひさしきほどに待ちもこそすれ(=待ッテイヤシナイカシラ)」〔古今・秋上〕〘已然形は、後世の擬古的用法で、本来のものとは認められないとする説もあるが、「すべて六人の童(わらは)あり…よしき、童の中にまじりてさわぐ。童、大きにて、かたはにこそあらじと思ひたるなるべし」〔天徳四年内裏歌合(伝宗尊親王筆歌合巻)〕等の例があるので、已然形をも認めた。ただし用例はまれ〙

しあはせ【〈仕〉合はせ】(-ワセ) Ⓓ ❶㋑めぐりあわせ。運。「よき武士は…あしき—の時も、さのみめらず(=アマリ意気消沈シナイ)」〔甲陽軍鑑・巻四〕 ㋺〘+形動ナリ〙さいわい。幸運。「さだめて、にぎやかでござらう。何ぞ—(=ヨイモウケ)のないと申すことはござるまい」〔狂・成上り〕「天気都合がよいので、盛り場は—・なことぢゃあないか」〔伎・三人吉三・一〕 ❷㋑(事の)なりゆき。次第。「(勘当サレテ)是非もなき(=ドウショウモナイ)—、はや当分の(=当座シノギノ)借家にもゐられぬ」〔西鶴・永代蔵・巻二ノ三〕 ㋺しうち。やり方。「さてさて是非に及ばざる(=オ話ニナラナイ)—にさうらふ」〔常朝・葉隠・聞書一〕

しあり・く【為歩く】 Ⓔ ㊀〘自四〙 ❶何かしながら歩きまわる。「庭に雀の—・きけるを」〔宇治・巻三ノ一六〕 ❷ずっと…する。「つれなきさまに—・く」〔源氏・須磨〕 ㊁〘他四〙ずっと…(を)する。「宮仕へ—・く(=ズット勤務シ

テイル）ほどに」〔大和・一四八段〕

しいだ・す【為出だす】Ⓓ《他四》❶（それまで無かったものを）作る。作り出す。「絹とて人々の着る（モノ）も、蚕のまだ羽（はね）つかぬに（＝サナギノトキニ）—・し（タモノデ）」〔堤・虫めづる〕 ❷なしとげる。うまくやる。「清盛がさしたる（＝タイシタ）—・したる（＝シデカシタ）事もなくて、心のままにふるまふ事こそ、然るべからね（＝ケシカラン）」〔平家・巻一〔長門本〕〕

しい・づ【為出づ】（—ズ）Ⓓ《他下二》❶㋑（それまでしなかった事を）する。やり出す。「わがためもよかるまじき事なれば、よも（＝マサカ）さる（＝ソンナ）思ひやりなき（＝無分別ナ）わざ（ハ）—・でられじ」〔源氏・賢木〕㋺（それまで無かったものを）作る。作り出す。「胡籙（やなぐひ）の水晶の筈も、この殿の思ひ寄り（＝考エツキ）—・でたまへるなり」〔大鏡・兼通〕 ❷㋑なしとげる。うまくやる。「（コノ歌ハ）姫君も、おぼろけならで（＝大骨ヲ折ッテ）—・でたまひつるわざなれば、（記念ノタメ）ものに書きつけて置きたまへりけり」〔源氏・末摘花〕㋺（きちんと）そろえる。調達する。「御皿どもなど、いつの間（ま）にか—・でけむ」〔源氏・葵〕 ❸（これまで無かった地位や財産を）築きあげる。「わが一代に—・づる大名は、天道の恵み深かるべし」〔甲陽軍鑑・巻四〕

しういつ【秀逸】（シュウー）Ⓒ《＋形動ナリ》❶すぐれている・こと（もの）。「俊恵は、ただ歌はをさなかれ（＝スナオニヨメ）と申して、やがて（＝ソノママニ）わが（＝自分ノ）歌にもその姿の歌を—とは思ひたり」〔毎月抄〕「心ひしと（＝意味ガ前句ニピッタリト）付きて、—になりぬれば、少々は詞（ことば）のあしさも、あながちに難（＝欠点）に聞こえず」〔連理秘抄〕 ❷ひいでた人。すぐれた人。「定家・家隆・有家・雅経、和歌の四天王など申されける上は申すに及ばず、後京極摂政・慈鎮和尚・西行・寂蓮などいふ—ども代々に伝はりたれば」〔九州問答〕

しうく【秀句】（シュウー）Ⓔ ❶すぐれた詩や歌。またはすぐれた詩歌の用語。「（古歌ヲ本歌ニシテ歌ヲ作ルトキ）ことなる—をば（＝特別スグレテオリ、ソレデソノ歌ノヨサガ成リ立ッテイルヨウナ語ハ）取るべからず」〔無名抄・七〇〕 ❷（和歌・連歌また文章・会話などで）掛詞や縁語などを用い、気のきいた言いまわし。「上木九郎家光といひけるは…畑（＝六郎左衛門時能）に内通すといふ聞こえありしかば、いかなる者かしたりけむ、大将尾張守高経の陣の前に『畑（＝掛ケ詞「姓」「畠」）をうたむ（＝掛ケ詞「討」「耕」）と思はば、まづ上木（＝掛ケ詞「姓」「植木」）をきれ（＝掛ケ詞「斬」「伐」）』といふ—を書いて、高札をぞ立てたりける」〔太平・巻二二ノ一〕 ❸巧妙なウィットに富んだしゃれ。軽口。「あの神崎の渡し守はことない（＝格別ノ）—好きで、—さへ言へば、喜うで、ただ舟に乗するによって、その—を教へておまさうか」〔狂・薩摩守〕（この秀句は、船頭が「船賃は」と言ったら「船賃は薩摩守」と答えるもの。つまり「忠度」（ただ乗り）である）

しか【然・爾】Ⓑ《副》そのとおりに。そういうように。「上も（＝天皇ノォ心モ）—なむ（＝ソノトオリデゴザイマス）」〔源氏・桐壺〕「（人ノ）一生の間もまた—（＝上ニ述ベタトオリ＝予想ドオリニユカナイモノ）なり」〔徒然・一九八段〕

—あれど Ⓓ《連語》それはそうだけれど。「この四家よりあまたのさまざまの国王・大臣・公卿おほく出でたまひて、さかえおはします。—北家の末（＝系統ガ）いまに枝ひろごりたまへり（＝子孫繁栄シテイラレル）」〔大鏡・藤氏物語〕

—ばかり Ⓔ《連語》それほどまでに。そんなにまで。「—ちぎりしものを（＝アンナニ約束シタノニ）わたりがは（＝三途ノ川カラ）帰るほどには（＝コノ世ヘ帰ルワズカノ間ニ）忘るべしやは」〔大鏡・伊尹〕 **—も** Ⓒ《連語》そんなにもまあ。こんなにまでもまあ。「（ナツカシイ）三輪山を—隠すか雲だにも（＝セメテ雲ダケデモ）心あらなも（＝思イヤリヲ持ッテクレ）隠さふべしや（＝隠シテバカリイルコトガアルモノカ）」〔万葉・巻一〕

しか Ⓑ《終助》（後世は「しが」となるけれど、濁音化の時期は明らかでない）実現がむずかしいか不可能の事に対し話主の願望を表す。…たいものだなあ。「まそ鏡（＝枕詞）見—と思ふ妹（いも）もあはぬかも玉の緒の（＝枕詞）絶えたる恋のしげきこのころ」〔万葉・巻一一〕（⑴「しか」が動詞に直接つくのは、この例と古今集東歌（参か㊂②㋑）の例だけで、普通は「て」（完了助動詞「つ」の連用形）を間に入れる。⑵「し」が本来何であるかは、学説がいろいろあり、確定されていない。回想助動詞「き」の連体形でないことだけは、だいたい認められそうである）参てしか。

じがい【自害】Ⓓ《＋自サ変》自殺。「あの松の中で御—さうらへ」〔平家・木曾最期〕

しかう【四更】（—コウ）Ⓓ 一夜を五分した、その第四に当たる時刻。季節・地方（経度・緯度）によってずれがある。参かう・とき㊀①。

しがき【真書】Ⓔ（「しんがき」の撥音を表記しない形）楷（かい）書体。「俊蔭の（詩歌ノ）集、その手（＝自筆）にて—に書けり」〔宇津保・蔵開中〕

しかしか【確確】Ⓔ《副》❶はっきり。てきぱきと。「—ものも言はぬつれなき」〔野水（曠野）〕 ❷快調に。どんどん。「わたしが身、気色（きしょく）（＝病気）も—はかどらねど（＝快方ニ向カイマセンガ）」〔近松・阿波鳴渡・中〕

しかしながら【然しながら】Ⓓ《副》❶全部。そっくり。すべて。「大中小のそこばくの材木、—南の山のほとりなる杣（そま）より空を飛びて、都を造らるる所に来たりにけり」〔今昔・巻一一ノ二四〕 ❷ほかでもなく。完全に。「（天皇ノ)位をつぎ国を治めたまふことは、―天照大神・正八幡宮の御はからひなり」〔保元・上・七〕「(伊豆マデ供ヲシテクレルトイウオ前ノ)志はさることなれど(=ソレトシテウレシイガ)、汝が母の嘆かむこと、―わが僻(ひが)事(=責任なるべし」〔平治・下・一〇(古活字本)〕によって接続詞の用法(「そうだけれど」)を認めるのが通説であるけれど、誤り。上の例は②の用法である。

しかすがに【然すがに】Ⓔ〘副〙そうとはいうものの。それはそうであるが。「風まぜに雪はふりつつ―霞たなびき春は来にけり」〔新古今・春上〕

しかた【〈仕〉方】Ⓓ ❶行動の方法。やり方。「これは、どうした―(=ドウイウ意味ノナサリカタデスカ)。神(しん)ぞ神ぞ(=決シテ)筋(=理由)なき金をもらふべき子細なし」〔西鶴・置土産・巻二ノ二〕 ❷身ぶり。ジェスチュア。「―で講釈(ヲ)やられたところ、ほん(=ホンモノ)の和田の新発意(しんぼち)を見るやうな(=ヨウダッタ)」〔近松・大経師・中〕

しかな Ⓑ〘複助〙(願望の終助詞「しか」+強意・詠嘆の終助詞「な」)→しか。「世心つける(=愛情ニメザメタ)女、いかで(=何トカシテ)心なさけあらむ男にあひ得て―と思へど」〔伊勢・六三段〕

しかも Ⓒ〘複助〙(願望の終助詞「しか」+強意・詠嘆の終助詞「も」)→しか。「なかなかに(=ナマジッカ)人とあらずは(=人デイズニ)酒壺になりにて―酒に染(し)みなむ」〔万葉・巻三〕

しからば【然らば】Ⓓ〘接続〙それなら。では。「『―二十七日は…』と約束して」〔西鶴・武家義理・巻二ノ二〕

しがらみ【笧・柵】Ⓓ 川の流れをせきとめるため、杭(くい)を流れを横断するようにうち並べ、それに竹や柴(しば)など結びつけたもの。「夜に入り足軽どもをつかはして、―を切り落とさせたまへ。水はほどなく落つべし」〔平家・火打合戦〕

しかり【然り】Ⓒ〘自ラ変〙(「しかあり」の短縮形)そうである。そのとおりである。そういうわけだ。「日月は明かしといへど吾(あ)がためは照りやたまはぬ人皆か(ソレトモ)吾(あれ)のみや―る(=ソウナノカ)…」〔万葉・巻五〕

しかるあひだ【然る間】(―アイ―) Ⓒ〘接続〙 ❶そうしている間に。「太郎の義家・二郎の義綱ならびに多くの兵(つはもの)相具して、頼良を討たむがために、既に陸奥(むつ)の国に下りぬ。―にはかに天下大赦ありて、頼良ゆるされぬれば」〔今昔・巻二五ノ一三〕 ❷それであるから。「鬼界が島の流人(るにん)少将成経・康頼法師赦免」〔平家・足摺〕(かたい感じの言い方なので、中古の女流作品には現れない)　**―に** Ⓒ〘接続〙 ❶(逆接)しかしながら。ところが。「(成親ハ)すでに(=以前ニ)誅せらるべかりしを(=死刑ニナルハズダッタノヲ)、小松殿(=重盛)やうやうに申して、首をつぎたまへり(=命ガ助カッタ)。―、その恩をわすれて」〔平家・鹿谷〕 ❷(順接)㋑ところで。〘謡曲のサシやクセの冒頭に使う慣用語〙「―、義経、弓馬の家にうまれ(=武門ニ生マレ)来て、命(めい)を頼朝に奉り」〔謡・安宅〕㋺そのような事態の時に。「(重盛ハ)熊野(神社)へよろこび(=オ礼)の奉幣(ノ使者)をぞ立てられける(=ツカワサレタ)。人、あやし(=変ダ)と思ひけれども、その心を得ず(=真意ガワカラナイ)。―、この公達(きんだち)、ほどなくまことの色(=ホントウノ喪服)を着たまひけるこそふしぎなれ」〔平家・医師問答〕　**―べし** Ⓒ〘連語〙 ❶その時・その場所にかなっているだろう。結構だろう。適当だろう。「主上・上皇の国争ひに、夜討ちなんど―からず(=不当ダ)」〔保元・上・一一〕 ❷ちゃんとしている。申し分ない。「しかる間、京より―き女車に乗りて参る」〔今昔・巻一六ノ二八〕 ❸当然そうなるはずだ。そうなるように前世からきまっている。「我―き宿世(すくせ)ありて(=前世カラノ運命デ)、君を得たり」〔今昔・巻一六ノ九〕　**―を** Ⓒ〘接続〙 ❶(逆接)ところが。それなのに。「世をのがれて山林にまじる(=住ムノ)は、心を修めて道を行はむと(=イウ目的)なり。―、すがた(=外見)は聖(ひじり)(=僧)にて、心は濁りにしめり」〔方丈〕 ❷(順接)そういう状態で。「勝つことを咫尺(しせき)のもとにえたり(=目ノ前デスグ勝テタ)。―(=ソンナグアイデ)、(敵ヲ)討てば必ず伏し(=降伏シ)、攻むれば必ず降る」〔平家・木曾山門牒状〕

しかれども【然れども】Ⓒ〘接続〙(逆接) ❶しかし。だけれども。「天穂日命(あまのほひのみこと)を以ちて往(ゆ)いてこれを平(む)けしむ(=下界ヲ平定サセタ)。―、この神、大己貴(おほあなむち)の神に佞(おも)り媚(こ)びて、三年になるまで、なほ報(かへりごと)申さず」〔紀・神代下・訓〕(「しかれども」は「然」の訓)(固い感じの語だったらしく、平安時代の女性はふつう用いなかった。蜻蛉日記や源氏物語には一例もない) ❷それにしても。「弥陀(みだ)如来の助けを蒙らむよりほかは、誰かこれを救はむ。―、我も人も共に心をいたして念仏三昧を修すべきなり」〔今昔・巻一五ノ一〇〕(この用法はまれ)

しき【職】Ⓓ ❶大宝令で決められた役所の一種。中宮職・大膳職・修理職など。長官を大夫(だいぶ)、次官を亮(すけ)、三等官を大進(だいじん)・少進(しょうじん)、四等官を大属(だいさかん)・少属(しょうさかん)といった。 ❷㊕中宮職。「宮の―へいでさせたまひし御供に参らで、梅壺に残りゐたりし」〔枕・八三段〕

しきし【色紙】Ⓓ ❶さまざまな色の紙。〘白色をも含む〙「『常よりも思ひやり聞こゆることまさりてなむ』と白き―に(書イテアル)」〔源氏・浮舟〕 ❷書画などを書くための方形の厚紙。多くは色・模様・金銀の切り箔(はく)などが

美しくついている。「―押し散らしたる(=アチコチニハリツケテアル)障子の内を見たまへば」〔太平・巻二〇ノ一二〕

しき じ【職事】 Ⓔ ❶「蔵人の頭」および五位・六位の蔵人。「そのころは、源民部卿殿(=俊賢)は―(=蔵人ノ頭)にておはしますに、(昇進シテ)上達部(かんだちめ)になりたまふべければ」〔大鏡・伊尹〕 ❷宮中行事の実務担当者。「上卿(しやうけい)(=総裁)は三条大納言実房、―は頭の弁(デアル)光雅とぞ聞こえし」〔平家・鼬之沙汰〕 ❸上流貴族の家で事務をとる者。「『いづこの人ぞ』と問へば、衛門の督(かみ)の殿の家司(けいし)・―どもなり」〔落窪・巻三〕

しき しま【磯城島・〈敷〉島】 Ⓓ ❶地名。奈良県桜井市三輪付近で、崇神・欽明天皇が都をおかれた。「―に(オイテ)大八島国しらしし(=オ治メニナッタ)すめみまのみこと(=崇神天皇)の」〔祝詞・竜田風神祭〕 ❷大和(やまと)の国。「―や布留(ふる)の都はうづもれてならしの岡にみ雪つもれり」〔新勅撰・冬〕 ❸日本の別名。「―や正しき道にかへる山ありてぞ世々のあともさかゆく(=栄エル)」〔新千載・雑中〕 ❹(略)敷島の道。「中にもこの―は、人敬って、神力(=神ノ威光ガ)増す」〔謡・三輪〕 **―のみち**〈敷〉島の道 Ⓓ 和歌の創作と研究。歌道。「思ひきや(=コレハ意外ダ)わが(専門ノ)―ならで(関係ノナイ)浮き世の事を問はるべしとは」〔太平・巻二一ノ二〕

じき だう【食堂】(-ドウ) Ⓔ 〔仏〕寺院の共同食事室。「(食事ノ合図ノ)鐘板鳴って、―に入る」〔芭蕉・奥の細道〕

しき ぶ【式部】 Ⓓ ❶(略)式部省。 ❷式部省の役人。 **―きやう** 卿(-キョウ) Ⓓ 式部省の長官。正四位の相当官だが、重要な地位とされ、四品以上の親王を任ずるのが例となった。親王の式部卿を「吏部王(りほうおう)」という。 **―しやう** 省(-ショウ) Ⓓ 朝廷の年中行事や六位以下の文官の採用試験・勤務評定をつかさどり、学務を管理した役所。大学寮・散位寮を含む。ただし後者は寛平八年(八九六)から本省に吸収された。長官を卿(きやう)、次官を大輔(たゆう)・少輔(しよう)、三等官を大丞(たいじよう)・少丞(しようじよう)、四等官を大録(だいさかん)・少録(しようさかん)といった。 **―のたいふ** 式部の大夫(-ユウ) Ⓓ 式部の丞は家がらがよく年功を積んだ者から選ばれ、かなりの栄職とされた。六位の相当官だが、五位になっても留任する者を式部の大夫とよぶ。儀式・学事関係だから、とくに作法は正しいのが当然だと意識されていたらしい。「少しよろしき(=カナリ身分ノヨイ)者の―などいひしが(無作法ナ事ヲ)せしなり」〔枕・二八段〕

しきみ【閾】 Ⓔ しきい。「(馬ガ)―に蹴当てぬれば、『これ(=コノ馬)は鈍くして誤ちあるべし』とて、乗らざりけり」〔徒然・一八五段〕

しきり【頻り】 Ⓓ 【形動ナリ】 ❶回数が多い。「今年こそは天変―・にし(=頻繁デ)」〔大鏡・道長〕 ❷満ちている。いっぱい。「吉野の山に日暮れて、梅のにほひ―・なりければ」〔猿蓑〕 ❸(度を越えて)はなはだしい。むやみやたら。「あの鬼瓦を見たれば、(連想デ)―・に女ども(=女房)がなつかしうなったいやい」〔狂・鬼瓦〕

しきり がね【〈仕〉切り銀・〈仕〉切り金】 Ⓔ 取引決算のとき、買い主が荷主に支払う金。「手金のあらうやうもなし(=オ前ノ手持チ金ガソレダケアルハズモナイ)。さだめてどこぞの―(=ニチガイナイ)」〔近松・冥途飛脚・中〕

しき・る【頻る】 Ⓓ 【自四】何回もかさなる。くりかえし起こる。「わが御心にいな(=イヤダ)と思(おぼ)す事も、この殿、二たび三たび―・りて(=カサネテ)申したまふことは、え聞きたまはではあらねば(=承知ナサラナイワケニハユカナイノデ)」〔落窪・巻四〕

し・く【如く・若く・及く】 Ⓒ 【自四】 ❶追いつく。そこにたどり着こうと追いかける。「その(女神ガ男神ニ)追ひ―・きしをもちて(女神ヲ)道敷大神(ちしきのおほかみ)となづく」〔記・上〕【原文「追斯伎斯」と表記】 ❷くらべてみて同じ程度だ。つりあう。匹敵する。「銀(しろがね)も金(くがね)も玉も何せむに(=問題ジャナイ)まされる宝子に―・かめやも(=子ホドノモノガアロウカ)」〔万葉・巻五〕

し・く【敷く】 Ⓒ ㊀【自四】㋑平面的にひろがる。「霞―・く松浦の沖にこぎいでて唐土までの春を見るかな」〔新勅撰・雑四〕 ㋺あまねく行きわたる。「聖王、妙(たへ)に天(あめ)の道(ち)の理(ことわり)を達(さと)りて、名、四表(よも)八方(やも)に(=アラユル所ニ)―・けり」〔紀・欽明・訓〕【「しけり」は「流」の訓】 ㊁【他四】 ❶㋑平面的にひろげる。「すなはち八重席(やへたたみ)を―・きて迎へ入る」〔紀・神代下・訓〕【「しきて」は「設」の訓。「たたみ」は、現在のような固いものでなく、たたむことのできる敷物】 ㋺いちめんに置く。「鋸(のこぎり)のくづを…一庭に(=庭イチメンニ)―・かれて(=バラマカレテ)、泥土の(タメノ)わづらひなかりけり」〔徒然・一七七段〕 ㋩あまねく行きわたらせる。「(古代ノ賢王ダッタ)禹(う)の行きて(蛮族ノ)三苗(さんべう)を征せしも、軍(いくさ)を返して徳を―・くには及(し)かざりき」〔徒然・一七一段〕 ❷(かぶせて)上からおさえる。「麦がらに―・かるる里の葵(あふひ)かな」〔鈍可(曠野)〕 ❸【領く】領有する。治める。「すめろき(=天皇)の―・きます国の天の下四方(よも)の道には…」〔万葉・巻一八〕

しく Ⓓ 【連語】【助動詞「き」の連体形に接尾語「く」の付いたもの】…したこと。(参)-く。「天つしるしの剣、鏡をささげ持ちたまひて、言寿(ことほ)き…宣(の)りたまひ―(=オッシャッタコトニハ)」〔祝詞・大殿祭〕

しぐ・る【時雨る】 Ⓓ 【自下二】 ❶しぐれになる。「名を聞けば昔ながらの山なれど—・るる秋は(紅葉ノ)色まさりけり」〔拾遺・秋〕 ❷涙にぬれる。「問へかしな—・るる袖の色にいでて人の心のあき(=掛ケ詞「秋」「飽キ」)になる身を」〔新勅撰・恋四〕

しくゎん【仕官】(-カン) Ⓔ 〘+自サ変〙公務員になること。「ある時は—(=公務員ノ地位ヤ)懸命の地(=領地)をうらやみ、ひとたびは仏籬(ぶつり)祖室のとぼそに入らむとせしも(=仏道ヲ修行ショウトモシタガ)」〔芭蕉・幻住庵記〕

しげいさ【淑景舎】 Ⓓ 「しげいしゃ」に同じ。

しげいしゃ【淑景舎】 Ⓓ 〘「しげいさ」とも〙→きりつぼ。

しげき【繁木・茂木】 Ⓔ おい茂る木。「—の中を分けたまふ」〔源氏・橋姫〕

しげけく【繁けく】 Ⓓ 〘連語〙〘「繁し」の古代未然形「しげけ」に接尾語「く」の付いた形。㊀-く〙 ❶数が多いこと。「引き放つ矢の—大雪の乱れて来たれ(=乱レ降ルヨウデ)…」〔万葉・巻二〕 ❷しきりであること。「里近く家や居るべき(=家居ヲスベキデハナイ)このわが目人目をしつつ(=人目ヲハバカリナガラ)恋の—(=恋心ガツノルコトデス)」〔万葉・巻一二〕 ❸多くてうるさいこと。「波のむた(=波トトモニ)なびく玉藻の(ヨウナ)片思(も)ひにわが思ふ人の言(こと)(=ウワサ)の—」〔万葉・巻一二〕

しげ・し【繁し】 Ⓑ 〘形ク〙 ❶(草木の枝葉が)重なり合っている。「御前の草のいと—・きを『などか、かきはらはせでこそ』」〔枕・一四三段〕 ❷いっぱいである。たくさんだ。「いともの思ひ顔にて、荒れたる家の露—・きをながめて」〔源氏・帚木〕 ❸ひんぱんである。しきりだ。「日に千度、御使ひの行き帰るさまなど、雨の足よりも—・く参りけるを」〔浜松・巻五〕 ❹多くてうるさい。わずらわしい。「この世には人言—・し来む世にもあはむわが背子今ならずとも」〔万葉・巻四〕

しげどう【重籐・滋籐・繁籐】 Ⓓ 弓身を、籐(とう)で幾重にも巻いてあること(もの)。巻き方、位置はいろいろである。「大中黒の矢負ひ、—の弓もちて」〔義経・巻四ノ二〕

じげん【示現】 Ⓔ 〘+自サ変〙 ❶本来は目に見えないはずの仏や菩薩(ぼさつ)が、この世の人たちを救うため、さまざまな姿となって現れること。「げにや安楽世界より、いまこの娑婆(しゃば)(=人間世界)に—・して、われらがための観世音」〔謡・田村〕「いかなる仏の、濁世(ぢょくせ)塵土に—・して、かかる桑門(さうもん)(=世捨テ人)の乞食・順礼ごとき人を助けたまふやと」〔芭蕉・奥の細道〕 ❷神仏が人に何かを表示すること。「もっとも、富貴にもないてとらせうが(=シテヤッテモヨイガ)、この福の神が—のとほりに身持ちをせうか(=サシズドオリ暮ラスカ)」〔狂・福の神(鷺流)〕〘謡曲でも狂言でも「ジゲン」と濁音〙

しこ【醜】 Ⓔ ❶みにくいこと。ごつごつしていること。「高浜の下風さやぐ(=下方ヲ吹ク風ガザワツクヨウニワタシノ心モ動揺スル)妹(いも)を恋ひ妻と言はばや(ワタシノコトヲ)—とめしつも(=ミニクイ男トオッシャッタガ)」〔常陸風土記〕 ❷相手をののしっていうため添える語。「忘れ草垣もしみみに(=カキネイッパイニ)植ゑたれど—の醜草(=コノガラクタ草メ何ノキキメモナク)なほ恋ひにけり」〔万葉・巻一二〕 ❸〘自分自身を卑下していう語〙がさつなこと。くだらないこと。「今日よりは顧みなくて(=アトノ事ヲ考エズ)大君の—の御楯と(=守リノ端クレトシテ)いでたつ(=出発スル)われは」〔万葉・巻二〇〕

しこう【祗候・伺候】 Ⓔ 〘+自サ変〙貴人のおそばに出ること。〘わが国では「祗候」と「伺候」を区別せず用いる〙「郎従(=家来ガ)小庭に—のよし、まったく覚悟つかまつらず(=存ジマセン)」〔平家・殿上闇討〕「堀川大納言殿(ガ東宮ノ御所ニ)—・したまひし御曹司(=控エ室)へ、用ありて参りたりしに」〔徒然・二三八段〕

しごく【至極】 Ⓓ ㊀〘+自サ変〙 ❶㋑最高であること。「発句は最も大事のものなり。…達者なほ—の大事とす」〔連理秘抄〕㋺行きつく所。結末。「相果つる(=自殺シタ)—段々語り聞かせ、男泣きに前後を忘れ」〔西鶴・伝来記・巻一ノ三〕 ❷同意する。「浮き名の立たざるやうにといさめしに、この理(ことわり)—・して(=納得シテ)自害思ひとどまり」〔西鶴・五人女・巻四ノ五〕 ㊁〘副〙この上もなく。「食後(じきご)の菓子まで—(=徹底的ニ)せめ食ひて(=タベテ)」〔沙石・巻三ノ八〕 ㊂〘形動ナリ〙 ❶この上もない。「弓矢成就せずして(=戦イノ結果ヲ見ナイデ)相果つること、無念—・なり」〔元親記・上〕 ❷もっともだ。「うなづく目もとにも、浮かぶ涙ぞ—・なる」〔近松・薩摩歌・中〕

しこな【醜名】 Ⓔ ❶異名。ニックネーム。「—を『彦根ばば』といひし」〔おあん物語〕 ❷〘「よくもない名」の意で〙自分の名をけんそんしていう。「明理の濫行(らんかう)に(=失敗ヲイウタメ)行成が—よぶべきにあらず(=ヒキアイニ呼ブトハケシカラン)」〔大鏡・伊尹〕

しこ・む【〈仕〉込む】 Ⓓ ㊀〘他四〙 ❶㋑教えこむ。「やつがれ(=ワタクシ)が及ばずながらお—・み申しあげませう」〔黄・高漫斎・上〕㋺(手を尽くして)なれさせる。なじみにする。「男女(なんにょ)ともに、あひそめて以後、懇志(こんし)なるやうに手だてをつくす(=努力スルノ)を、しこみといふ。もっとも、女郎より男を—・む道あれども、多くは男のかたより女郎を—・むといふことばなり」〔箕山・色道大鏡・巻一ノ五〕 ❷〘醸造食品の原料に加工するため桶(をけ)などに〙詰める。「くばり納豆を—・む広庭」〔孤屋(炭俵)〕 ❸㋑〘営業用の品物を〙買いそろえる。「その時どきの物を—・み、この二十年ばかりも江州(がうしう)に通ひあきなひ」

〔西鶴・織留・巻一ノ四〕㊁〔単に〕買いこむ。「お好きな一口物(=チョットシタ食品)を—・んで持ってめえった」〔人・娘節用・五〕 ❹㋑(中に)入れる。こめる。「小銃(すこつ)に鎖玉(くさりだま=連結弾)を—・み…目あてを定め撃ちけるに」〔西鶴・伝来記・巻一ノ二〕㋺(見えないように)入れる。「錫杖に—・みし刀、ひき抜き切り払ふ」〔浄・矢口渡・三〕 ㊂〔他下二〕まわりを囲むように設ける。中にとりこむように構える。「あなたの御前(ノ庭)は竹あめる透垣(すいがい)—・めて、みな隔てことなるを(=仕切リガ別ニナッテイルトコロヲ)」〔源氏・橋姫〕

じこん【自今・尓今・爾今】Ⓔ これから。いまから。「—以後も汝らよくよく心得べし」〔平家・殿下乗合〕「—は大分に貸すこと無用」〔西鶴・永代蔵・巻一ノ二〕

しさい【子細・仔細】Ⓑ ❶こまかい事がら。詳細。「(念仏ニツイテノイロンナ異説ガ)いはれなき(=正当デナイ)条々の—の事(ヲ以下ニ述ベヨウ)」〔歎異抄〕 ❷具体的な事情。(くわしい)実状。「何事にてやありけむ、—を知る人なし」〔保元・上・九〕 ❸理由。わけ。「別の—さうらはず。三位殿に申すべき事あって、忠度が参ってさうらふ」〔平家・忠度都落〕 ❹㋑とくに変わったこと。異状。別状。〔用例→「しさいなし①」〕㋺ぐあいの悪いこと。支障。さしつかえ。「かさねて都に攻めのぼり、平氏の一類を亡(ほろ)ぼさむこと、何の—かあるべき(=全然問題ジャナイ)」〔平治・上・一四(古活字本)〕 ❺反対意見。異議。「もっとも然るべき(=大賛成ノ)よし、合点申されける(=同意ナサッタ)うへは、—に及ばず(=文句ハ言エナイ)」〔保元・上・四〕

しざい【資財】Ⓔ 財産。とくに家具など。「隣より火(=火事ガ)出で来て…また—・雑具・妻子どもの事もしらず(=気ヅカズニ)ただ一人出でて」〔十訓・第六ノ三五(佐久間本)〕

しさいなし【子細無し】Ⓓ〔形ク〕 ❶別に変わったことはない。変わったわけはない。別状ない。さしつかえはない。「御命には—・し」〔伽・酒呑童子〕 ❷手数がかからない。わけもない。めんどうはない。「男しもなむ(=男性トイウモノハ女ニカカルト)、—・き者ははべるめる(=他愛モナイモノデスナ)」〔源氏・帚木〕 ❸㋑議論の余地がない。「(コノ徴候カラ察スルト)敵の近づける条—・し(=明白ダ)」〔盛衰・巻三六ノ一一〕㋺問題がない。ＯＫだ。『人な寄せそ。勝負は一人(デヤロウ)』と言ひければ、行近、『—・し(=ヨシキタ！)』とて、切りあひたり」〔盛衰・巻二九ノ七〕

じさん【自賛・自讃】Ⓔ〔＋自サ変〕自分で自分のことを高く評価すること。「昔の人は、いささかの事をも、いみじく—・したるなり」〔徒然・二三八段〕 **—か** 歌Ⓔ 自分で代表作だと認めている歌。かならずしも高慢からではなく、まじめに考えて自信のある作をいう。「わが(=当人ノ)歌なれども、—にあらざるを(他ノ者ガ)よしといへば、(本人自身ハ)腹立ちの気色あり」〔後鳥羽院口伝〕

ししいでん【紫宸殿】Ⓓ →ししんでん。

しじこらかす Ⓔ〔他四〕(病気を)こじらせる。「—・しつるときは、うたてはべるを(=イヤデスカラ)、とくこそ試みさせたまはめ(=早クヤッテゴランナサイマセ)」〔源氏・若紫〕

ししじもの【鹿じもの・猪じもの】Ⓔ〔連語〕(「じもの」は体言に付き「…のようなもの」の意を表す)鹿や猪のように。「馬じもの(=馬ノヨウニ)縄(な)取り附けて—弓矢囲(かく)みて大君の命かしこみ(=命令ヲツツシンデ承ッテ)…」〔万葉・巻六〕〔枕詞的に用いられて、「弓矢囲みて」の他に「い匍(は)ひ伏す」「い匍ひ拝(を)ろがむ」「膝(ひ)折り伏す」「水漬(づ)く辺(へ)ごもり」にかかる〕

ししゃう【四生】(—ショウ)Ⓓ〔仏〕生物をその生まれ方で四種に分類したもの。すなわち胎生(たいしょう=人間・獣類)・卵生(らんしょう=鳥類)・湿生(しっしょう=虫・かえる・かめ・魚類)・化生(けしょう=せみ・ちょう類)。「六道(ろくだう=人間ガ死後ニ行クトイウ六ツノ迷イノ世界ニオケル)—まちまちに別れて、いづれの道にか向かせたまはむずらむ」〔保元・下・二〕「再度三途(さんづ=地獄)の火坑(=火ノ燃エルタアナ)にかへって、長く—苦輪にめぐらむことを」〔平家・勧進帳〕

じじゅう【侍従】Ⓓ ❶中務(なかつかさ)省に属し、天皇のおそば近く仕えて、雑事を処理する役。従五位下相当の官。はじめ定員八名で、うち三名は少納言の兼任だったが、だんだん増加し、鎌倉時代には二〇名となった。このほか、次侍従といって、儀式のとき四・五位から選んで臨時的に任ずることのできる定員が九二名あった。 ❷練り香の名。沈(じん)・丁字(ちょうじ)・甘松(かんしょう)・鬱金(うこん)・貝香(かいこう)などを調合する。秋にふさわしいといわれる。「—は、大臣(おとど)のを『すぐれてなまめかしく、なつかしき香(か)なり』とさだめたまふ」〔源氏・梅枝〕

じじゅうでん【仁寿殿】Ⓓ 内裏の殿舎の一。紫宸殿の北がわにあり、もと天皇のいられる所であったが、清涼殿に移られたので、その後は皇妃や皇女の住まわれたこともあ

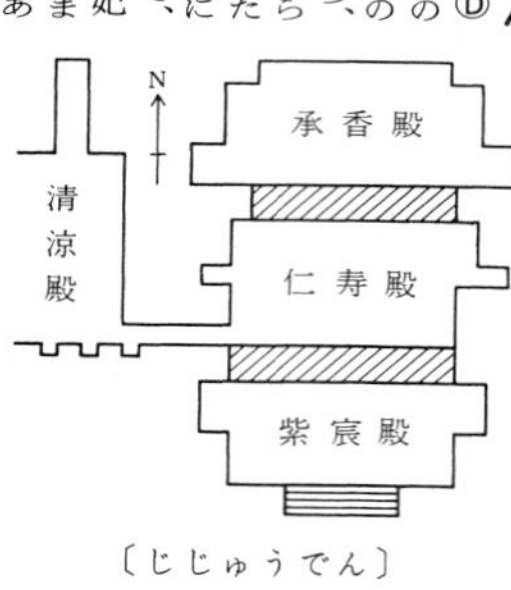

N
承香殿
清涼殿
仁寿殿
紫宸殿

〔じじゅうでん〕

るが、平安中期からは公式でない宴会などに用いられた。

ししん でん【紫宸殿】Ⓓ《「ししいでん」ともいうが「ししんでん」が正しいようである。「南殿(なでん)」とも》内裏の正殿。本来は天皇が政務をおとりになる所であったが、大極殿が焼失した後、宮中のもっとも重要な建物となり、朝賀・即位・節会およびおもな儀式がおこなわれた。寝殿造りで、母屋(もや)の中央に天皇の御座がある。母屋と北廂(きたびさし)との仕切りには、中国の名臣三二人を画いた賢聖(けんじょう)の障子がある。

(簀　子)
小庭　(北　廂)　小庭
(西廂)　(母　屋)　(東廂)
(南　廂)
(簀　子)　廊
N
(橘)　(桜)

〔ししんでん〕

し す・う【為据う】Ⓔ《他下二》❶きちんとととのえて、いさせる。「(葵上ハ)ただ絵に書きたるものの姫君のやうに—・ゑられて、うちみじろきたまふこともかたく」〔源氏・若紫〕 ❷ある状況に安定させる。ある状況に安置する。「(母ガ尼ニナッタノデ)父(てて)はただ我をおとなに—・ゑて(＝一家ノ女主人ノ地位ニツケテ)」〔更級〕

し ぜん【自然】Ⓓ《＋形動ナリ》偶然。万一。「この御所(＝高松殿)は、分内(ぶんない＝敷地)せばくして、—のこと(＝万一ノ事ガ)あらむ時あしかるべし」〔保元・上・一三〕「—(＝何カノツイデニ)鎌倉に御上りあらば、お訪ねあれ」〔謡・鉢木〕《英語の accidental に当たる意味のときは「しぜん」、natural のときは「じねん」と発音された。㊇じねん》

し そく【脂燭・〈紙〉燭】Ⓓ ❶昔、宮中・貴族の家などで用いた照明具の一種。松の木のやにのある部分を約五〇センチほどの長さに細く削り、その下の部分に紙を巻き、先端部に火をともしたもの。先端部に油をしみこませて用いたものが多い。「まづ—さしてこ(＝トモシテ来イ)。この貝かほ見む」〔竹取〕「—さして、くまぐまを求めしほどに(＝スミズミマデサガシタトコロ)、台所の棚に小かはらけに味噌(みそ)の少しつきたるを見出でて」〔徒然・二一五段〕 ❷襲(かさね)の色目。↓巻末「襲の色目要覧」。《用例未見》

〔しそく❶〕

し ぞく【親属・親族】Ⓔ《「しんぞく(親族)」の撥(はつ)音を表記しない形》血縁の者。しんるい。「かの女たちは、ここには—おほくして、かく一人づつ参りつつ」〔堤・はなだ〕

し ぞ・く【退く】Ⓓ《自四》しりぞく。「漕げども漕げども(船ハ)しりへ—・きに—・きて」〔土佐〕「—・くべき時をうしなひて」〔秋成・藤簍冊子・五〕

した【下】Ⓐ ㊀「上」❶位置が低い・ところ(こと)。「天鈿女(あまのうずめ)、すなはちその胸乳(むなち)をあらはにかき出で、裳(も)の帯(ひも)を臍(ほそ)の—におし垂れ」〔紀・神代下・訓〕《「した」は「下」の訓》 ❷㋑表面に位置しない・もの(こと)。内側。「—は紅薄物の御単衣(ひとへ)がさねにや。御表着(うはぎ)、よくもおぼえはべらず」〔大鏡・藤氏物語〕㋺(表面にあらわれない)内部。「木の葉の落つるも、まづ落ちてめぐむにはあらず。—より(芽ガ)きざしつはるに堪へずして落つるなり」〔徒然・一五五段〕 ❸㋑(表だたない)心の中。内心。「恋しくは—にを(＝心ノ中ダケデ)思へ紫の根摺(ずね)りの衣(ノヨウニ)色(＝ソブリ)に出づなゆめ」〔古今・恋三〕㋺表だたないこと。ないしょ。「『狭き所にはべれば、なめげなる(＝失礼ナ)ことや侍らむ』と—に(＝コッソリ)嘆くを聞きたまひて」〔源氏・帚木〕 ❹代金の一部に充当する品。「御新造(ごしんぞ)さん(＝奥サン)のふだんざし(＝日常用)になさる櫛(くし)を—にやって(＝下取リニ出シテ)、三両いくらとか打て(＝現金ヲ付ケヨ)と言ったっけが」〔三馬・風呂・三ノ上〕

しだ【際】Ⓔ《古代東国方言》とき。《いま「別れしな」とか「帰りしな」とかいう「しな」の古い形》「あが面(おも)の忘れむ—(＝思イ出セナクナッタ)—は国(＝故郷カラ)はふり(＝ワキ上ガリ)嶺(ね)に立つ雲を見つつしのはせ(＝ナツカシク思ッテクダサイ)」〔万葉・巻一四〕

し だい【次第】Ⓒ ❶(物・事の)順序。順番。「車の—もなく(＝乗車ノ順番ヲ無視シテ)『先づ、先づ』と乗りさわぐが憎ければ」〔枕・二七八段〕 ❷(きまった)手順。「大納言光忠入道、追儺(ついな)の上卿(しゃうけい＝総裁)を勤められけるに、洞院の右大臣殿に—を申し受けられければ(＝教エヲコワレタトコロ)、『又五郎男を師とするより外の才覚(＝工夫)候はじ』とぞのたまひける」〔徒然・一〇二段〕 ❸㋑しかた。「『そこのけ』と突きのけて、六波羅さして急ぎしは料簡(れうけん)もなき(＝考エノナイ)—なり」〔近松・出世景清・二〕㋺ありさま。ようす。「唐(から)の二十四孝の親孝行の—を、ひとつふたつ申さうと存ずる」〔狂・泣尼(虎清本)〕 ❹(そうなった)わけ。筋あい。「御沙汰(＝通達)の—をしるされし物…下したまはる」〔白石・折たく柴の記・中〕 ❺能・狂言・曲舞(くせまい)などに用いられる七五調一二句から成る歌謡。「まごこの歌の—とやらむに『よしあしびきの(=枕詞)山姥(やまんば)が山めぐりする(…)』と作られたり」〔謡・山姥〕

したうづ【下沓・襪】(シトウズ) Ⓓ【「したぐつ」の転】❶束帯用の履(くつ)の下にはくもの。多く白の平絹で作った。「片つかた(=一方)は御烏帽子、いま片つかたには—をひと唐櫃(からびつ)づつ、御手づから(=ゴ自身デ)つぶと(=イッパイ)ぬひ入れさせたまへり」〔大鏡・公季〕 ❷(現代のような)たび。「紙衣(かみこ)・綿子(わたこ)などいふ物、帽子(まうす)・—やう(=トイッタ類)の物」〔芭蕉・笈の小文〕

〔したうづ❶〕

したがさね【下襲】Ⓓ 昔、宮中の昼の装束として束帯といういでたちをした。その時、半臂(はんぴ)の下に着こんだ服で、袍(うへ)の下に、後ろの方へ裾(きょ)を長く出して引きずって歩いた。「みづから、—のしりはさみて(=下襲ノ長イ裾ヲ帯ニハサンデ)乗りたまひぬ」〔大鏡・伊尹〕

したが・ふ【従ふ・随ふ】(—ガ〈ゴ〉ウ) Ⓑ ㊀《自四》❶思いどおりになる。言うことを聞く。服従する。「かばかり我に—・ふ心とならば」〔源氏・帚木〕 ❷屈服する。負ける。「(物ノ怪(け)ガ)いみじき験者(げんざ)どもにも—・はず、しふねき(=執念深イ)気色、おぼろけ(=ナミタイテイ)のものにあらず」〔源氏・葵〕 ❸応ずる。つれる。「をりふしに—・ひては、御あそびなどを好ましう世の響くばかり(=世間ノ評判ニナルホド)せさせたまひつつ」〔源氏・葵〕 ㊁《他下二》❶言うことを聞かせる。服従させる。「我こそ人をば—・へしか、人に従ふ身となりにたるが悲しき」〔落窪・巻四〕「銭を…君のごとく神のごとく恐れ尊みて、—・へ用ゐることなかれ」〔徒然・二一七段〕 ❷征服する。退治する。「巖(いはほ)へ登るをひきおろし(刀デ鬼ヲ)刺し通し、たちまち鬼神を—・へたまふ、威勢のほどこそ恐ろしけれ」〔謡・紅葉狩〕

したく【支度・〈仕〉度】Ⓓ【+他サ変】❶㋑(前もっての)おしはかり。「石造の皇子(みこ)は心の—(=先見ノ明ガ)ある人にて、『天竺(てんぢく)(=インド)に二つとなき鉢を百千万里のほど行きたりとも、いかでかとるべき(=ドウシテ手ニ入レラレヨウカ)』と思ひて」〔竹取〕㋺(あらかじめの)準備。「よき馬どもを—・して、宇治・勢多(ノ川)を渡して、功名あるべし」〔盛衰・巻三四ノ一〇〕 ❷㋑工作。しかけ。「燕丹(太子)を河なかに落とし入れむとぞ(橋板ニ)—・したりける」〔盛衰・巻一七ノ一三〕㋺くわだて。謀略。「(上杉景勝ハワザト)道を廻りて(=迂回シテ)進まれしかば、(暗殺ショウトシタ)波多野が—、むなしくなりにけり」〔常山・紀談・巻二ノ一一〕 ❸食事をすること。腹ごしらえ。「『ああ、あんまり御短気。奥のお客は平(ひら)様ではござりませぬ』『いやいや、平(=平茶ワン)でも壺(つぼ)(=壺茶ワン)でも、この方(=ワタシハ)—ようござる(=腹ゴシラエハ十分デス)』」〔近松・阿波鳴渡・上〕

しだ・す【為出す】Ⓓ《他四》❶㋑(それまでしなかったことを)する。やり出す。「『よろしきしかたこそあれ』とて、新しく—・しぬれば、事多く、むづかしくなり」〔鳩巣・駿台雑話・巻四〕㋺(それまで無かったものを)作る。作り出す。「画き絵小袖(こそで)(=模様ヲ墨デカイタ着物)を—・し(=創案シ)、にはか分限(=成金)となりぬ」〔西鶴・織留・巻二ノ四〕 ❷(きちんと)そろえる。調達する。「小柴がきこぼち(=トリコワシ)大床(おほゆか)の束(つか)柱(ヲ薪ニ)割りなどして、水くみ入れ、かたのごとく(=体裁バカリ)御湯—・いて参らせたり(=用意申シアゲタ)」〔平家・法皇被流〕 ❸(これまでなかった地位や財産を)築きあげる。「二十五年がうちに、(自分)ひとりの利発にして(=敏腕デ)—・し…すでに限りの時(=臨終ニ際シ)八百五十貫目のありがね、一子に渡しける」〔西鶴・永代蔵・巻六ノ三〕

したすだれ【下簾】Ⓓ 牛車(ぎっしゃ)の前後のすだれの内がわに掛けて中が見えないようにする細長い布。女性および貴人が乗るばあい掛ける。「(伊周ガ)車の方にいささか見おこせたまへば、(自分=清少ハ)—引きふたぎて、透き影もや(=姿ガ透イテ見エヤシナイカ)と扇をさしかくすに」〔枕・一八四段〕

したたか Ⓒ ㊀《形動ナリ》❶しっかりしている。たしかである。「(財力ノアル)大弐(=大宰府次官ガ)いと—・なる御後ろ見にてありなどすれば…人あなづるべうもあらず(=軽視デキソウニモナイ)」〔寝覚・巻四〕 ❷がんじょうだ。「あの—・な棒をもって、…うち割らうと致しまする」〔狂・鍋八撥〕 ❸堂々としている。いかめしい。「—・にひきつくろひたまへる(=キチント身ヅクロイサレタ)御有様」〔源氏・行幸〕 ❹ぎょうぎょうしい。はなはだしい。「いと—・なるみづからの祝ひ事どもかな」〔源氏・初音〕 ㊁《副》たいへん。ひどく。「病者の言ふは『今朝(こんてう)より—ふるひついた(=身ブルイガスル)』」〔イソポ・第三五話〕

したた・む【認む】Ⓑ《他下二》❶事をきちんと始末する。とりしきる。「女なりとも、なほ寝所などは—・めて(=キチント締マリヲシテ)あるべきなり」〔今昔・巻二九ノ八〕 ❷支配する。さしずする。「天皇、世間(よのなか)を—・めおはしましける時」〔今昔・巻二二ノ八〕「大隅守なる人、国の政を—・め行ひたまふ」〔宇治・巻九ノ六〕 ❸用意する。したくする。「鎧の袖(ヤ)草摺りちぎり捨て、かるがると身を—・めて(=身ゴシラエシテ)」〔盛衰・巻四三ノ四〕「天屋何某といふ者、わりご・小竹筒(ささえ)

し

などこまやかに―・めさせ」〔芭蕉・奥の細道〕 ❹食事する。たべる。「忠信は酒も飯も―・めずして」〔義経・巻五ノ五〕 ❺書きしるす。「二十日ばかりにもなりければ、文どもみな書き―・めてけり」〔今昔・巻二九ノ二六〕「よみし経を、よく―・めてとらせむ(=アゲヨウ)」〔讃岐・下〕 ❻〔補動〕動詞の示す意味が確実におこなわれる意を表す。きちんと…する。すっかり…する。「血つきたりけるなど、よく洗ひ―・めて(=洗イアゲテ)」〔今昔・巻二三ノ一五〕

した・つ【〈仕〉立つ】Ⓓ ㊀《他四》しあげる。きちんと整える。「(五節ノ女房タチノ唐衣ナドヲ)いみじう隠して、(女房タチガ)みな装束―・ちて、暗うなりたるほどに(唐衣・汗衫(かざみ)ヲ)持て来て着す」〔枕・九〇段〕《この「装束したちて」は「すっかり装束をすませて」の意。裁縫する意ではない。四段で裁縫する意の用例は、ほかにもない》 ㊁《他下二》❶しあげる。きちんと整える。「あやしうをどりありく者どもの、装束(さうぞく)き―・てつれば」〔枕・五段〕 ❷教えて一人前にする。ものにする。「いかにして(=何トカシテ)人笑へならず―・てたてまつらむ」〔源氏・東屋〕「御君達(=オ子サマガタ)…まだともかくも(父君ハ)―・てたてまつりたまはず」〔栄花・様々〕 ❸(衣類などを)したてる。縫いあげる。作りあげる。「帳なども新しく―・てられためる方を」〔源氏・東屋〕 ❹しはじめる。創始する。「喜雲、剣術者にて、取り手(=柔術ノ類)一流(ヲ)―・て」〔常朝・葉隠・聞書二〕

した・ふ【慕ふ】(―タ〈ト〉ウ) Ⓑ ㊀《他四》❶あとを追う。ついてゆく。「―・はれて来にし(=イツノ間ニカココマデ来テシマッタ)心の身にしあれば(=心ガワガ身ノ中ニアルノデ)かへるさま(=際)には道も知られず」〔古今・離別〕 ❷いっしょに居たいという感情をもつ。(惜しく思って)恋しがる。「花の散り月のかたぶくを―・ふならひは、さる事なれど(=ソレハソレトシテモットモナノニ)」〔徒然・一三七段〕 ❸親近感をもつ。「(歌ヲヨムトキノ)ことばは古きを―・ひ(=古歌ノコトバヲコノンデ用イ)、心は新しきを求め(=新シイモノヲ追求シ)およばぬ高きすがたをねがひて(=及ビモツカヌホド高イ風体ノ歌ヲ理想トシテ)」〔近代秀歌〕 ㊁《自四》つたわる。ついて流れる。「(盲目ノ)深雪は、こはごは(手負イニ)探り寄り、いたはる手先に―・ふ血(のり)」〔浄・朝顔話・浜松〕

した もえ【下萌え】Ⓔ 早春に、草の若芽がめぐみはじめること。またはその芽。「―の青葉もみえず朝な朝な霜にこほれる小野の浅茅生(あさぢふ)」〔夫木・巻二〕《歌では「下燃え」(心の中で思いこがれること)の掛け詞に使われることが多い》

した もみぢ【下黄葉・下紅葉】(―ジ) Ⓔ ㋑《十自サ変》下葉が秋に黄や赤に変わること。「恋ひわたる人に見せばや松の葉も―・する天の橋立」〔金葉・恋下〕 ㋺黄葉・(紅葉)した下葉。「白露の織り出す萩の―衣にうつる秋は来にけり」〔新勅撰・秋上〕

じ だらく【自堕落】Ⓔ《十形動ナリ》しまりがないこと。だらしがないさま。「町人といふものは―・な」〔近松・大念仏・中〕「―・に(=テイサイカマワズ)寝れば涼しき夕べかな」〔宗次(去来抄)〕

し たり Ⓔ《感》(ほめる気持ちで)でかした。えらいぞ。「さてはそのかたりめをお前が殺(ば)らしてしまったか。―」〔浄・浪花鑑・五〕 **これは―** (物事が予期したとおりでないとき)しまった。あらまあ。「さては親仁(おやぢ)殿と連れ立って来はなされませぬか。―」〔浄・忠臣蔵・六〕

した わらび【下蕨】Ⓔ 冬枯れの草の下から出はじめたわらび。「日光(ひかげ)さす山の裾野の春草にかつがつ(=バラバラ)まじる―かな」〔風雅・春上〕

しぢ【榻】(―ジ) Ⓓ 牛車(ぎっしゃ)をとめるときなどに、車の轅(ながえ)をのせる╥形の台。乗り降りの際の踏み台にもした。「御車は―にかくな」〔大鏡・師輔〕

じち【実】Ⓒ《十形動ナリ》❶真実。実際の事。ほんとう。「乱りがはしくおはする人は、聞きにくく―・ならぬ(=無実ノ)事もくねり言ひ(=難クセヲツケ)」〔源氏・東屋〕 ❷まともなこと。本格。「まことの筋(=正シイ基本)をこまやかに(=手抜キセズ)書きえたる(文字)は、うはべの筆(ノオモシロサハ)消えて見ゆれど、いまひとたび(=器用ナダケノ字ト)とり並べて見れば、なほ(=ヤハリ)―になむ寄りける(=軍配ガ上ガル)」〔源氏・帚木〕

し ちく【糸竹】Ⓔ《弦楽器および管楽器の意から》音楽。「詩歌にたくみに、―に妙なるは、幽玄の道(=優雅ナ風流ノ道デアッテ)、君臣これをおもくす」〔徒然・一二二段〕

し ちゃう【仕丁】(―チョウ) Ⓔ (宮中・官庁・貴族の家などで)雑役をする男。召使。「―、御物持ち(=荷カツギ人)出で来て、人の物取り奪ふこと絶えにたり」〔大鏡・道長上〕「―大勢これを囲んで、早神楽(はやかぐら)にてにぎやかに幕明く」〔伎・三舛玉垣・一ノ三〕《元和版下学集ではシチャウ、日葡辞書ではjichôとなっている。清濁は決めがたいが一応清音にしておく》

しづ【賤】(―ズ) Ⓓ 社会的地位が低いこと。身分の低い者。「―の目に見えぬ鬼とや人のいふらむ」〔謡・山姥〕

―のを 賤の男 (…―オ) Ⓓ《連語》身分の低い男。「しづを」とも。「何のあやめ(=筋アイ)も知らぬ―も…笑(ゑ)み栄え(=ニコニコ顔デ)聞きけり」〔源氏・胡蝶〕

じつ【実】Ⓒ ㊀❶真実。本当のもの。実際。「尊氏が不義、叡聞(=天皇ノオ耳)に達すといへども、いまだその―をしらず」〔太平・巻一四ノ一〕「芸といふものは―と虚(うそ)

との皮膜(ひにく)の間にあるものなり」〔以貫・難波土産・発端〕 ❷本性。本体。ほんとうの内容。「さればこそ(＝コウシテミレバ)風流のしれもの(＝コノ人ガナミナミノ風流人デハナイコトガワカリ)、ここにいたりてその―を現す」〔芭蕉・奥の細道〕 ❸実意。まごころ。「―なる筆のあゆみ(＝実意ノコモッタ文章)には、自然と肝(きも)にこたへ(＝感銘ガアリ)、その人にまざまざと(＝目前デアリアリト)あへるここちせり」〔西鶴・一代女・巻二ノ四〕 ❹結果。「にはかに大魔障出で来て(仏事ヲ)妨ぐるは、(コレマデノ)功徳の―なれば、かくあるなり」〔今昔・巻二〇ノ三六〕 ❺〔芸〕→じつごと②。「(坂田)藤十郎ごとく(＝ホドニ)―(＝実事ノセリフ)をいひ、笑はす芸者(＝ソレデイテ観客ヲオモシロガラセル俳優)はあらじ」〔役者論語・耳塵集・上〕 ㊁〘副〙ほんとうに。「もしその仕ふるところ、君(ガ)君たる(＝主君ガ主君ラシイ)人を得ば、―に臣(モ)臣たる士とやいふべき」〔淇園・雲萍雑志・巻一〕

じっかい【十戒】Ⓓ 僧の守らなくてはならない一〇種のいましめ。小乗と大乗で違いがあり、大乗のなかでも宗派や経典によって違う。中古の用例では、十善戒すなわち十悪(殺生・偸盗(ちゅうとう)・邪淫・妄語・綺語・悪口(あっく)・両舌・貪欲(とんよく)・瞋恚(しんに)・愚痴)をおかさないことの意が多い。㊟じふあく・じふぜん。

じっかん【十干】Ⓓ 陰陽道(おんようどう)の術語。五行(ごぎょう)すなわち宇宙を形成する五種の要素である木・火・土・金・水をそれぞれ「え」(兄＝major)と「と」(弟＝minor)に分けたもの。甲(木兄＝きのえ)・乙(木弟＝きのと)・丙(火兄＝ひのえ)・丁(火弟＝ひのと)・戊(土兄＝つちのえ)・己(土弟＝つちのと)・庚(金兄＝かのえ)・辛(金弟＝かのと)・壬(水兄＝みずのえ)・癸(水弟＝みずのと)。これに十二支を組み合わせ、年や日を示すのに用いる。㊟じふにし。

しつ・く【為付く】Ⓒ ㊀〘他四〙しなれる。やりつける。「(人ニ)笑ひたてられたる程(＝時期)だに過ぎぬれば、宮仕へ(ハ)―・きぬるものなり」〔落窪・巻二〕 ㊁〘他下二〙❶→㊀。「幼いときより大阪に育ち、手痛い(＝荒ッポイ)事は―・けず、殊に病者な身を以って、在所(＝イナカ)の手業(てわざ)(＝仕事)がなんとして(デキヨウ)」〔近松・今宮心中・上〕 ❷し出す。「今日なむ例の(＝イツモノ)節会に似ずものの興思ほゆる(＝オモシロイ)日になむあるを(＝アルカラ)、今日(ハ)累代の(＝代々ノ)例になりぬべかめり。思ふやう(＝思ウニハ)、いま少し珍しからむこと―・けて同じくは(ソレヲ後々ノ)例にせむ」〔宇津保・初秋〕 ❸しかけをする。「帯の端のいとをかしげなる(＝美シイノ)に蛇(くちなは)の形をいみじく似せて動くべき(＝動クコトガデキル)さまなど―・けて」〔堤・虫めづる〕 ❹やっつける。負かす。「こなさん(＝アナタハ)拳(けん)の上手、(ワタシハ)宵から千代歳様に―・けられて無念な、敵(かたき)取ってくだんせ(＝クダサイナ)」〔近松・冥途飛脚・中〕 ❺婿入り・(嫁入り)させる。縁づける。「今時の縁組み…それぞれの分限(＝身分)より奢(おご)りて、衣類諸道具美を尽くして―・けける」〔西鶴・一代女・巻四ノ一〕「親御前が殿様の御秘蔵の鷹を外(そ)らし(＝逃ガシ)、お気に違うて浪人し、あの子ばかりを大阪へ、叔母をたよりに何方へも―・けてくれと上されしが」〔近松・氷朔日・上〕 ❻(奉公人を)独立させる。「いかに手前の勝手なればとて、一代使ひ果つべきにもあらずと、今年は古老六人まで一度に―・け、糸見世(みせ)・絹布見世あるいは小両替または米屋」〔浮・立身大福帳・巻四ノ一〕

しづごころ【静心】(シズ―) Ⓓ 落ちついた気持ち。ゆったりした気分。「『(コノ家ハ)いとめづらかなる(＝ヒドク粗末ナ)すまひなれば、―もなくてなむ』など語らひて」〔蜻蛉・中〕「―なく、このつぼね(＝ヘヤ)のあたり思ひやられたまへば」〔源氏・真木柱〕

じつごと【実事】Ⓓ ❶真実のこと。真剣なこと。「お夏涙をおしのごひ、そなたとわが身は―(＝真剣ナ恋仲)にて、口舌(くぜつ)などするあいさつか(＝口争イナドスルヨウナ仲カ)」〔近松・歌念仏・中〕 ❷〔芸〕〘歌舞伎で〙誠意ある人物の現実的行動を写実的に演ずる演技。またはその役。「羽織をうしろへひらりと投げ、―の格(＝ヤリカタ)は見覚えたり、女房のひざもとにむんずと居て(＝ドッカリトスワッテ)」〔近松・重井筒・上〕 **――し** 師 Ⓔ〔芸〕「じつごと②」の役をつとめる役者。菅原伝授手習鑑なら、松王丸のような役を専門とする役者。江戸時代は、役がらにより、それぞれ専門の役者がきまっていた。「敵役(かたきやく)も―も、出た所(＝舞台ニアラワレタ姿ダケ)ではわからぬわさ」〔三馬・風呂・四ノ下〕

しっちん【七珍】Ⓔ 仏教でいう七種類の宝。経文によって多少ちがうが、般若経によれば、金・銀・るり・はり・さんご・めのう・しゃこ。「心もしやすからずは(＝精神ニ不安ガアルノデハ)、象馬(ぞうめ)・―もよしなく(＝何ノネウチモナク)、宮殿・楼閣ものぞみなし」〔方丈〕〘象と馬は、古代インドでは貴重な財産〙 **――まんぼう** 万宝 Ⓔ あらゆる宝。すべての宝という宝。「四方に四万の蔵を立て、―の宝みちみちて、ひとつ欠けたることもなく、よろづ心にまかせて(＝ホシイダケ)いろいろあり」〔伽・文正草子〕

じってい【十体】Ⓓ ❶〘歌論で〙基本的な一〇種の表現様式。忠岑(ただみね)十体・定家十体などあるが、後者は特に連歌論・能楽論などに強い影響を残した。定家は幽玄様・長高様・有心体・事可然様・麗様・見様・面白様・濃様・有一節様・拉鬼体の十体とする。「さてもこの―の中に、いづれも(＝ドノ体ノ姿デモ)有心体(うしんてい)にすぎて(=以上ニ)歌の本意(=理想体)と存ずる姿はべらず」〔毎月抄〕 ❷《能楽論で》いろいろな種類の役がら。「―を知らむよりは、年々去来の花(=生涯ノアラユル時期ニオケル芸ノ魅力)を忘るべからず。年々去来の花とは、例へば―とは、ものまね(=劇的所作)の品々なり」〔花伝・七〕

じっ ぷ【実否】Ⓔ ほんとうか、そうでないか。真偽。「刀の―によって、咎(とが)の左右(さう)行はるべきか(=処分ヲ決メニナルベキデアリマセンカ)」〔平家・殿上闇討〕《天草本平家物語および日葡辞書にjippuとある》

しっ ぽう【七宝】Ⓔ 仏教でいう七種類のすぐれた宝。(参)しっちん。「―散りうせて、玉の扉風に破れ」〔芭蕉・奥の細道〕

しづ・む【沈む】(―ズ―) Ⓑ ㊀【自四】 ❶㋑(水の中に)はいってゆく。「つゆあしうもせば(=チョットマチガイデモシタラ海中ニ)―・みやせむと思ふを」〔枕・三〇六段〕㋺(日や月が)入る。「碇(いかり)おろす波間に―・む入り日こそ暮れ行く春の姿なりけれ」〔建礼〕 ❷㋑(気が)めいる。ふさぐ。「(女ハ)をかしき事をも見知らぬさまに引き入り、―・みなどすれば」〔源氏・夕霧〕㋺(雰囲気が)ぱっとしない。陰気になる。「何とやらむ座敷も湿りて寂しきやうならば、これ陰の時(=消極的ナメグリアワセ)と心得て、―・まぬやうに、心を入れて(=気合イヲカケテ)すべし」〔花伝・二〕㋩(あまりに深く)考えこむ。「連歌も、あまりにどこともなからむ(=出タトコロ勝負ノ)人には、案じたるが(=工夫ヲコラスノガ)よきと申すべし。―・みたらむ(=引ッコミ思案ノ)人には、案ぜぬがよきと教ふべきなり」〔筑波問答〕 ❸㋑(よくない境遇に)落ちこむ。おちぶれる。「さやうに―・みて生ひ出でたらむ人のありさま(ハ、洗練サレテイナイノデナイカト)うしろめたくて(=心配デ)」〔源氏・玉鬘〕㋺(官位が)昇進しない。不遇でいる。「年ごろ―・みて、昨日今日(=カケ出シ)の若人どもにも多く越えられて(=先ヲ越サレテ)」〔落窪・巻四〕㋩(高い地位から)転落する。失脚する。「中ごろ(=スコシ以前)、身の無きに(=見ル影モナク)―・みはべりしほど」〔源氏・薄雲〕㋥(死後において地獄などに)落ちる。「長く無間(むけん)(=苦痛ノ絶エ間ガナイ地獄)の底に―・みはべるべし」〔とはずがたり・巻四〕 ❹㋑(重病に)なる。わずらう。「病に―・み、いたく苦しからむ者も」〔宇津保・楼上下〕㋺(苦悩や悲しみなどに)陥る。「たぐひなき嘆きに―・む人ぞとてこの言のはを星やいとはむ」〔建礼〕 ❺㋑(ある状態が)悪化する。「(脚気デ)はかばかしく踏み立つることもはべらず、月来(つきごろ)に添へて(=月日ガタツニツレ)―・みはべりてなむ」〔源氏・若菜下〕㋺下落する。「凡夫心に、物に勝って(=環境ニ支配サレズ)浮かぶ(=向上スル)心あり。物に負けて―・む(=ダメニナル)心あり。浮かぶ心を用ゐるは仏界に入る門なり、―・む心を用ゐるは獄中に入る道なり」〔正三・万民徳用〕 ㊁【他下二】 ❶㋑(水の中に)はいらせる。「悲しくもかかる憂き目をみ熊野の浦わの波に身を―・めける」〔建礼〕㋺(質に)入れる。「(秋風ガ吹ケバ)初鰹の身代はりに(=代金ヲ払ウタメ)―・めておいた袷(あはせ)のことを思ひ出だすであらう」〔黄・造化夢〕 ❷不遇にする。おちぶれさせる。「かう身を―・めたる(=ヒイテイル)ほどは、行ひ(=仏道修行)よりほかのことは思はじ」〔源氏・明石〕

しつら・ふ(―ラ〈ロ〉ウ) Ⓓ【他四】設備する。用意する。飾りつけをする。「さきざき(=以前ニ)召されける所へは入れられず、はるかにさがりたる所に、座敷―・うておかれたり」〔平家・祇王〕

しづ を【賤男】(―ズオ) Ⓓ ↓しづのを。「まぶしさす(=隠レテ鳥獣ヲ射ル)―の身にもたへかねて鳩(はと)ふく(=鳴ク)秋の声たてつなり」〔千載・恋四〕

して【為手・〈仕〉手】Ⓒ ❶㋑《中世語》役者。「(老年ニナッタラ)たとひ(ヨイ)脇の―なからむにつけても、いよいよ細かに身を砕く(=手ノコンダ動作ヲスル)能をばすまじきなり」〔花伝・一〕《「脇のして」は助演者の意。現代の能でいうワキとツレの総称》㋺《近世語》能や狂言の主役。一曲一人に限る。「脇は声を主とする所多し、―は音(おん)を主とする所多し」〔音曲玉淵集・巻五〕 ❷《中・近世語》する人。「世話の―もねえが」〔春水・梅暦・巻一〕

して Ⓓ【接続】そうして。それから。それで。「これは一段とよからう。―その歌は、なんといふ歌ぢゃ」〔狂・萩大名〕「『私は…金うけとりに参りまするのでござりまする』『―、敵の子細は』」〔伎・幼稚子敵討・一〕

して Ⓐ ㊀【格助】《体言および体言あつかいの語に付く》 ❶行為の手段・方法を示す。…で。…を用いて。「水をも手―捧げて飲みけるを見て」〔徒然・一八段〕 ❷ある人の命令をうけて、その事をする人をさす。…に。…に命じて。「御使ひ―申させたまふ」〔源氏・明石〕 ❸その事をする人数や行為を共にする人を示す。…で。「もとより友とする人ひとりふたり―いきけり」〔伊勢・九段〕 ㊁【接助】 ❶(「に」に付き)「在(あ)りて」の意。「吉野なる夏実の河の川淀に鴨ぞ鳴くなる山陰に―」〔万葉・巻三〕 ❷《連用修飾語に付き》そのような状態で。「力をも入れず―天地を動かし」〔古今・序〕 ❸同格の語または文節を結ぶ。「ただ仮の庵のみ、のどけく―恐れなし」〔方丈〕 ❹《近世語》原因・理由を表す。…のために。「これはこれは太夫様、御気色(きしょく)もよいか―、聞いたほどやせもなされず」〔近松・阿波鳴渡・上〕《いまの関西方言にも使われる》 ㊂【副助】意味や語調を強める。「かならず送るべきにこそあれ。うれしく―（＝ウレシクモマア）おこせたるかな」〔竹取〕「よろづのふるまひより―（＝動作ハモチロン）かたちなども花やぎまさりけり（＝イチダント華美ダッタ）」〔秋成・雨月・蛇性〕

して【死出】Ⓓ 死が迫ること。死にぎわ。「娘は―の断末魔（＝苦シミダガ）、夫をしたふ執着心」〔浄・矢口渡・四〕

しでのたをさ【死出の田長】（―オサ）Ⓔ【冥土(めいど)から来る鳥だという俗説から】ほととぎす。「（浮気ダトイウ）名のみ立つ―はけさぞ鳴く庵あまたと（＝関係スル相手ガ多イト）うとまれぬれば」〔伊勢・四三段〕「急がぬ道をいつの間にこゆるわが身の死出の山、―の田刈りよし（＝暦デ刈リ取ルノニヨイトイウ）野べよりさきを見わたせば」〔近松・大経師・下〕【ほととぎすが冥土の鳥だということは、平安初期に偽作された地蔵十王経に見える】

しでのやま【死出の山】Ⓓ 死後世界に存在するという山。「―こえて来つらむほととぎす（今ハアノ世ニイル）恋しき人のうへ（＝様子ヲ）語らなむ（＝話シテオクレ）」〔拾遺・哀傷〕「それは、ここ（＝冥土）に―というて、大山(たいさん)がある」〔狂・政頼〕 **―ぢ** 路（―ジ）Ⓓ《連語》「死出の山」を通る道。「昨日まで千代と契りし君をわが―に尋ぬべきかな」〔後撰・哀傷〕

しと【尿】Ⓔ 小便。【わりあい卑しくない語感だったらしい】「あはれ、この宮の御―に濡るるは、うれしきわざかな」〔紫日記〕「蚤(のみ)虱(しらみ)馬の―する枕もと」〔芭蕉（奥の細道）〕

しどけな・し Ⓓ《形ク》❶しまりがない。だらしない。「（長官ガイナイト）かの所（＝役所）の政―・く…事乱るるやうになむありけるを」〔源氏・行幸〕 ❷ゆったりとして、やわらかみがある。【心をひかれる趣があるという余情で】固くるしくない。「（源氏ノ君ガ）直衣ばかりを―・く着なしたまひて、紐などもうち捨てて添ひ臥したまへる」〔源氏・帚木〕「寝たりける声の（＝眠ソウナ女ノ声ノ）―・き」〔源氏・帚木〕

しとど Ⓓ《形動ナリ》（ぬれて）ぐっしょりだ。ずぶぬれだ。「蓑(みの)も笠も取りあへで（＝用意スルヒマガナク）、―・に濡れて惑ひ来にけり」〔伊勢・一〇七段〕「汗も―・になりて、われかの（＝意識ガナイヨウナ）気色なり」〔源氏・夕顔〕

しとね【茵・褥】Ⓔ 薄いマット。寝具としても座ぶとんとしても使った。「うたた寝したまへりし御座(まお)しのあたりを立ちどまりて見たまふに、御―のすこしまよひたるつま（＝ユガンデイルフチ）より、浅緑の薄様なる文のおし巻きたる端見ゆる」〔源氏・若菜下〕【↑寝具の例】「御―・脇息(けふそく)など、すべてその御具ども、いときよらに（＝リッパニ）せさせたまへり」〔源氏・若菜上〕【↑座ぶとんの例】

しとみ【蔀】Ⓓ ❶建具。「この日、雨ふりて、潦水(いさらみづ)庭に溢(はい)めり。（ソコデ）席(むしろ)―を以ちて鞍作（＝蘇我入鹿）が屍(かばね)に覆ふ」〔紀・皇極・訓〕【「しとみ」は「障子」の訓】 ❷中古ふう建物の雨戸。ふつう上下二枚に分かれ、上のを外がわにあげて外光を入れる。釣(つ)りじとみ・上げじとみ・半(は)じとみなどの総称。「かりそめの萱屋(かや)の、―なども なし」〔更級〕 ❸移動式の、室内なうついたて、屋外なら垣(かき)の役目をするもの。立てじとみ。「浄衣着たる死人の首もないを、―のもとよりかき出(だ)いたる」〔平家・宮御最期〕

〔しとみ❷〕
（つきあげじとみ）

しな【品】Ⓑ ❶①つぎつぎに層をなしたもの。階段。「階陛、志奈、又波志」〔新撰字鏡〕 ⓡ等級。くらい。「物を贈ること、おのおの―あり」〔紀・欽明・訓〕【「しな」は「差」の訓】「いづれを三の―に置きてか分くべき」〔源氏・帚木〕 ❷身分。家がら。素姓。階級。「人の―、高く生まれぬれば、人にもてかしづかれて（＝タイセツニサレテ）」〔源氏・帚木〕 ❸たぐい。品種。「何の物まねに―をかへてなるとも（＝劇的演技デドンナ種類ノ役ニナッテモ）、幽玄（＝優美サ）をば離るべからず」〔花鏡〕 ❹品位。ひん。「手はあしげなるを（＝字ソノモノハマズイノヲ）、まぎらはし（＝ゴマカシ）、ざればみて（＝キドッテ）書いたるさま、―なし」〔源氏・夕顔〕 ❺かたちのよさ。「すこし物に―を付けて（＝体裁ヲ整エテ）、始めより約束の女房ありと申しなば」〔近松・反魂香・上〕 ❻しなやかなさま。あいきょうのあるさま。こびを含んださま。「ふだんも加賀染めの模様よく、色を作り―をやれば（＝アイソウヨクスルト）、誰いふともなく美人絹屋と」〔西鶴・二十不孝・巻一ノ三〕 ❼事情。ありさま。様子。事のなりゆき。「この上は徳様も死なねばならぬ―なるが」〔近松・曾根崎〕 ❽味わい。おもむき。「すこし残るは国なまり（＝方言）、それもことばの―ならし（＝ヒトツノ味トイウモノダロウ）」〔近松・職人鑑・二〕

しなじな【品品】Ⓒ ㊀❶いろいろな段階。さまざまの階級。幾つもの等級。「（左馬ノ頭・藤式部丞ハ）世のすき者にて（＝名高イ色好ミデ）ものよくいひ通れるを（＝物事ノ筋ガヨク通ッタ話ヲスルノデ）、中将（ハ二人ヲ）待ちとりて（＝待チカマエテイテ）、この―を（＝家ガラノ上・中・下ヲ）わきまへ定めあらそふ（＝判定論議スル）」〔源氏・帚木〕 ❷いろいろの物。さまざまな種類。「『その物によくなる（＝演ズル対象ニナリキル）』と申したるは、申楽(さるがく)のものまねの—なり(=イロイロナ劇的所作ニツイテノコトダ)」〔花鏡〕 ㊁〘副〙〘差別の存在を表し〙いろいろに。さまざまに。それぞれに。「人々ひきゐて(=召使ノ人々ヲツレテ)、禄(ろく)の唐櫃(からびつ)に寄りて、一つづつとりて、つぎつぎ賜ふ白き物どもを(=祝儀ノ白イ御衣ナドヲ)—かづきて(=身分ニ応ジテソレゾレニ頂戴シテ)」〔源氏・若菜上〕

しなじな・し【品品し】Ⓔ〘形シク〙上品だ。品が高い。「(浮舟ガ)田舎びたるざれ心(=シャレ気)もてつけて(=身ニツケテイテ)—・しからず(=品格ガナク)、はやりかならましかばしも(=落チ着キガナク出シャバリデアルトイウヨウデモシアルナラバ)形代(かたしろ)不用ならまし(=大君ノ身代ワリハデキナイデアロウガナア)」〔源氏・東屋〕

しな・す【為成す・為做す】Ⓒ〘他四〙(ある状態に)する。しこなす。そのように作る。「明石の御方は、さやうのこと(=絵物語ノ書写)をも由ありて(=趣深ク)—・したまひて」〔源氏・蛍〕

しにかへ・る【死に返る】(ーエル) Ⓔ〘自四〙❶死ぬことをくりかえす。何度も死ぬ。「恋するに死にするものにあらませば(=アッタナラバ)わが身は千度(ちたび)—・らまし」〔万葉・巻一一〕 ❷死ぬほど強い気持ちをいだく。「(アナタヲ)—・り(=必死ニ)思ふ心は知りたまへりや」〔源氏・夕顔〕「(コノ滑稽(こっけい)ナ事件ヲ)ほの聞く若き人は、—・り笑ふ」〔落窪・巻二〕 ❸死にそうな状態になる。「親の—・るをばさしおきて、(浮舟ヲ)もてあつかひ嘆きて(=介抱シ苦労シテ)なむはべりし」〔源氏・夢浮橋〕

じねん【自然】Ⓓ 現代語の「しぜん」に同じ。(参)しぜん。「わがはからはざる(=自分ノ意思デシナイノ)を—と申すなり。これすなはち、他力(トイウアリガタイ境地)にてましますⅠ」〔歎異抄〕 **—と** Ⓓ〘副〙おのずから。「このころの能の稽古、かならず、その者—し出だす事に、得たる風体(ふうてい)あるべし(=得意ナ芸ガアルハズダ)」〔花伝・一〕 **—に** Ⓓ〘副〙おのずから。「—そのけはひ(=様子ハ)こよなかるべし(=スバラシカロウ)」〔源氏・帚木〕「逆順の境に対する時も、道樹禅師のごとくならば、道行—成ずべし」〔夢中問答・上〕〘正保版本は「自然」に「ジネン」とふりがなする〙

しの・ぐ【凌ぐ】Ⓓ〘他四〙❶下におさえふせる。下方へおしつける。「をみなへし秋萩—・ぎさを鹿の露分け鳴かむ(ココハ)高円(たかまと)の野ぞ」〔万葉・巻二〇〕 ❷おおいかぶさる。かぶさってまげる。「子らが手を巻向山に春されば(=来タノデ)木の葉—・ぎて(=木ノ葉ノ上ヲオオッテ)霞たなびく」〔万葉・巻一〇〕 ❸㋑たえしのんで努力する。「心底乱りがはしきをりは、いかにも(=ドンナニヨイ歌ヲ)よまむと案ずれども、有心体出で来ず。それをよまむよまむと—・ぎはべれば(=無理ニヨモウトガンバリマスト)いよいよ性骨(しゃうこつ=集中力)も弱りて、正体なき事はべるなり(=トリトメモナイ事ガ出テ来ルモノデス)」〔毎月抄〕 ㋺がんばって行動する。「山川(さんせん)を—・ぐ(=苦労シテ通ル)をりは、身疲れ足なづみ(=言ウコトヲ聞カズ)、絶え入る(=気絶スル)こともしばしばなり」〔盛衰・巻一〇ノ一〇〕 ❹ばかにする。あなどる。「其の村の童女ら、みな心を同じくして、—・ぎあなづりていはく」〔霊異記・上・九〕〘原文「凌」、訓注に「之乃支」〙「侮、猶二軽慢一也。阿奈止留、又志乃久」〔新撰字鏡〕

しのに Ⓓ〘副〙❶しっとりとうちなびいて。(しっとりとうちなびくように)しみじみと。「夕月夜心も—(=シットリヒキツケラレルヨウニ)白露の置くこの庭にこほろぎ鳴くも」〔万葉・巻八〕 ❷しきりと。しげく。「風吹けば—乱るる苅萱(かるかや)も夕べはわきて露こぼれけり」〔新拾遺・秋上〕

しののめ【東雲】Ⓓ あけがた。あけぼの。夜明け。「山がつの垣ほに咲ける朝顔は(シオレヤスイノデ)—ならであふよしもなし」〔新古今・秋上〕「夜の—に攻め寄す」〔盛衰・巻四三ノ三〕

しのびね【忍び音】Ⓓ ❶人に知られないように泣いたり、話したりする声。「人には言はぬ(=他人ニハ聞カセナイ)—も袂(たもと)をうるほしはべりて」〔とはずがたり・巻四〕 ❷(ほととぎすの)陰暦四月以前に鳴く声。「—はくるしきものをほととぎすこ高き声を今日よりは(モウ四月ダカラ)なけ」〔和泉日記〕

しの・ふ【偲ふ・慕ふ】(ーウ) Ⓒ〘他四・上二〙〘平安時代以後「しのぶ」と濁音。本来は四段活用だが「忍ぶ」との混同で上二段活用をも生じた〙❶思い慕う。なつかしむ。「…あが思ふ妻ありといはばこそ家にも行かめ国をも—・は〘四段〙め」〔記・下〕「道のべの朽ち木の柳春くればあはれ昔と—・ば〘四段〙れぞする」〔新古今・雑上〕「愛子(めぐしみこ)を—・ふる〘上二〙こと、いづれの日にか止まむや」〔紀・景行・訓〕〘「しのふる」は「顧」の訓〙「なき人を—・ぶる〘上二〙よひの村雨にぬれてや来つる山ほととぎす」〔源氏・幻〕 ❷賞美する。めでる。「まきの葉のしなふ(=コンモリ茂ル)勢(せ)の山—・は〘四段〙ずてわが越えぬるは木の葉知りけむ」〔万葉・巻三〕

しのぶ【忍・荵】Ⓓ ❶(略)しのぶぐさ。シダ類に属する植物。いまいうシノブ。地下茎からヒノキに似た葉を出す。❷やはりシダ類だが、長さ一〇センチ前後の厚い葉を出す。いまいうノキシノブ。❸襲(かさね)の色目。↓巻末「襲の色目要覧」。 **—ずり** 摺り Ⓔ ↓しのぶもぢずり。「その男—の狩衣をなむ着たりける」〔伊勢・一段〕「早苗とる手もとや昔—(=掛ケ詞「偲ブ」)」〔芭蕉(奥の細道)〕 **—のみだれ** 忍の乱れ Ⓔ〘連語〙❶「しのぶもぢずり」の模様のように乱れること。「春日野の若紫のすり衣(ヲ着テイルガ)—(=ワタシノ心ハソノ乱レ模様ノヨウニ乱レテ）限り知られず」〔伊勢・一段〕 ❷《転じて》ひそかな恋のため心が乱れること。「『—や』と、疑ひ聞こゆる事もありしかど」〔源氏・帚木〕 **—もぢずり** 綟ぢ摺り（—モジー）Ⓔ 今の福島県信夫(しのぶ)地方から産したすり染め。シノブをすりつけて乱れ形の模様に染めたもの。《「もぢ」は不規則な形になる意》「陸奥(みちのく)の—(=序詞)たれゆゑに乱れむ(=心ヲ動カソウ)と思ふ我ならなくに(=ワタシデハナイモノヲ)」〔古今・恋四〕

しの・ぶ【忍ぶ】Ⓐ ㊀《他上二》❶…をがまんする。…をこらえる。「(恋シサヲ)—・ぶれど恋しき時はあしひきの(=枕詞)山より月の(出ルヨウニ、ソブリニ)出でてこそくれ」〔古今・恋三〕 ❷人目につかないようにはからう。隠す。「(内侍ガ頭ノ中将トノ情事ヲ)いたう—・ぶれば(=ゼッタイ秘密ニスルノデ)、源氏の君は、え知りたまはず」〔源氏・紅葉賀〕 ㊁《自上二・四》《本来は上二段、平安時代以後「偲ふ」との混同で四段の例も生じた》 ❶じっとたえる。「おぼろけに(=一方ナラズ)—・ぶる《上二》に、あまるほどを(=オサエキレナイ心中ヲ)なぐさむるぞや(=ナグサメニシテイルノダヨ)」〔源氏・胡蝶〕「目もあやなりし(=マバユイホドダッタ)御さまかたちに(=御姿デアル上ニ)、見たまひ(=源氏ノ手紙ヲ御覧ニナッテ)、—・ば《四段》れずやありけむ(=タマリカネタノダロウカ)」〔源氏・紅葉賀〕 ❷人目につかないように行動する。こっそり…する。「例の—・ぶる《上二》道は(=内緒ノ色事ハ)いつとなくいろひつかまつる(=オ世話スル)人なれば…用意などせさせたまひけり」〔源氏・松風〕「(アナタヲ)思ふとは色に出でじ(=ソブリニ出スマイ)と—・ぶ《四段》にぞくるしきことはなほまさりける」〔玉葉・恋一〕

しば【柴】 **—のいほり** 柴の庵（—イオー）Ⓓ《連語》❶山野に自生する、普通は建築用材などには使用しないで薪(まき)にするような雑木などで作ったそまつな小屋。そまつな仮の家。「財宝を貯ふる思ひもなかりけり。(ソレデ)都の北に居所をしめて—を結んで(=建テ)身を宿し」〔妻鏡〕 ❷自分の家をけんそんしていう語。「おなじ—なれど、少し涼しき水の流れも御覧ぜさせむ」〔源氏・若紫〕 **—のと** 柴の戸 Ⓓ《連語》❶柴などのようなそまつな材料で作った門。「なごり(=余波ガ)なほ寄せ返る波荒きを、—押しあけてながめおはします」〔源氏・明石〕 ❷そまつな家。「—や蕎麦(そば)ぬすまれて歌をよむ」〔史邦（猿蓑）〕

しば【屢】Ⓔ《副》《「—来(く)」「—立つ」「—鳴く」「—見る」のように多くは複合語となって》度数・回数などの多いことをあらわす。しばしば。たびたび。しきりに。ひっきりなしに。「宮木がもとへ—来て、言(こ)とよく(=ウマイコトヲ言ッテ)いひこしらふれど(=キゲンヲ取ルガ)、つゆ従ふ色めなし」〔秋成・春雨・宮木〕

しは・し【吝し】（—ワー）Ⓔ《形ク》けちだ。「『汝も何ぞやらぬか』『私は何もござりませぬ』『—・いことを言ふ』」〔狂・入間川〕

しばし【暫し】Ⓒ《副》❶ちょっとの間。しばらく。「—見ぬだに恋しきものを」〔源氏・須磨〕 ❷しばらくして。しばらくたって。「金(こがね)の札をおっ取って、かき消すやうにうせけるが、—虚空に声ありて」〔謡・金札〕

しはす【師走】（—ワー）Ⓓ 旧暦一二月の別名。㊂むつき。「—の癸巳朔丙申、皇師遂(つひ)に長髄彦(ながすねひこ)を撃つ」〔紀・神武・訓〕《「しはす」は「十有二月」の訓》「某(それ)の年の—のはつかあまりひとひ(=二一日)の日の戌(いぬ)の時に門出す」〔土佐〕《一二月は仏教儀式が多く、そのため師(法師)が走りまわるので師走というのだと説かれる》

しはぶ・く【咳く】（シワー）Ⓓ《自四》❶せきをする。「(見テイルト)築地(ついぢ)のくづれより、白き物の、いたう—・きつつ(=セキコミナガラ)出づめり(=出テクルヨウダ)」〔堤・花桜〕 ❷(わざと)せきばらいする。「見れば、法師、木柴垣(こしばがき)のあるほとりについゐて(=カシコマッテイテ)—・きておとなふめれば(=来意ヲ告ゲテイルヨウデアッテ)」〔今昔・巻二〇ノ九〕

しばぶね【柴舟】Ⓔ 柴を積んで運ぶ舟。しば積み舟。「—の花の中よりつっと出て」〔沾圃（続猿蓑）〕

しはぶ・る【咳る】（シワー）Ⓔ《自下二》せきをする。「二上(ふたかみ)の山とびこえて雲隠り翔(かけ)り去(い)にきと帰り来て—・れ告ぐれ(=セキコンデ話シタガ)…」〔万葉・巻一七〕《(1)この一例だけなので、断定はしにくいが、咳(せ)く意と推定される。(2)「(音楽ナド)何とも聞きわくまじきこのもかのも(=アチコチ)の—・る人ども、すずろはしくて(=ソワソワトシテ)浜風をひき歩く」〔源氏・明石〕という例もあるが、多くのテクストが「しはぶるひ人ども」となっており、資料としにくい。また、その意味も確かでない》

しばゐ【芝居】（—イ）Ⓓ ❶㋑《十自サ変》芝生など地面の上に席を設けてすわること。「—・する山松かげの夕涼み秋(ノ涼シサガ)おもほゆるひぐらしの声」〔夫木・巻九〕 ㋺芝のはえている地面。「(逃ゲル敵ニハ)追ひもかからず、もとの—に膝まづきて(=ヒザヲ組ンデ)心しづかに息をつく」〔常山・紀談・巻一五ノ一一〕 ❷㋑野外劇場。《歌舞伎や人形浄瑠璃には限らない》「日吉大夫、勧進能に隅田川をして、—中を泣かせた」〔咄・昨日は今日・上〕 ㋺芝居小屋。劇場。「(人形浄瑠璃ハ)ことに歌舞伎の生身の人の芸と(=歌舞伎ノ生キタ役者ノ芸ト)—の軒をならべて(=互イニ隣リアワセタ劇場デ)なすわざなるに(=スル芸デアルノニ)」〔以貫・難波土産・発端〕 ❸㋑演劇。「女舞(=女ノ幸若舞)の三勝、—興行の立て札」〔浮・新色五巻書・巻二ノ二〕 ㋺《とくに》歌舞伎。『あとで後家御(ごけ)を手に入れさへすりゃあ、すぐにわっちが旦那さま』(ナドイウト)どうか(=何ダカ)—の敵役が言ふやうなこったが、これぱかりは違へなし(=ソノトオリダ)」〔一九・膝栗毛・発端〕　——こ子 [E] 歌舞伎の年少の俳優。歌舞伎若衆(わかしゅ)。「—に気をとられ、遊女の買ひ論(=遊女ノ買イアラソイ)」〔西鶴・一代男・巻五ノ六〕

しひ ごと【誣ひ言】(シイー) [E] むりなこじつけ。作りごと。でっちあげ。「古風家の輩(=古典主義ノ連中ガ)ことにこの集(=新古今集)をわろく言ひくたす(=ケナスノ)は、みだりなる—なり」〔宣長・初山踏〕

しひ て【強ひて】(-イ-) [D] 〘副〙 ❶むりに。おして。「うけひきたまふまじき(=承知ナサリソウニモナイ)事なれば、—も聞こえたまはず」〔源氏・横笛〕 ❷ことさらに。いっそう進んで。〘英語の especially に当たる〙「はらから(=兄弟)の君たちよりも—悲しうおぼえたまひけり」〔源氏・柏木〕「男君も—思ひわびて、例の(=イツモノトオリ)しめやかなる夕つかた、おはしたり」〔源氏・宿木〕

しびら【褶】 [E] 男は袴(はかま)の上、女は唐裳(からも)の上につける服で、裳(も)より形も小さく、腰のあたりに巻いて、裳の代用として用いた。主人などの前に出るとき着るといわれている。「ひびら」とも。「いと寒げなる女房、白き衣の、いひしらず(=イヤニ)すすけたるに、きたなげなる—ひきゆひつけたる腰つき、かたくなしげなり(=見グルシイ)」〔源氏・末摘花〕

しふ【集】(シュウ) [D] 詩や歌を選び集めた文献。「さてもまた、—を選ぶ人はためし多かれど、ふたたび勅をうけて世々に聞こえあげたるは」〔十六夜〕

じふ あく【十悪】(ジュウ-) [D] 〔仏〕行動・言語・心意から生まれるさまざまな悪の基本的な分類。生物を殺す・盗む・正当でない情交を結ぶ(以上「身」)、だます・でたらめを言う・悪口を言う・約束をたがえる(以上「口」)、欲ばる・怒る・誤った考えにふける(以上「意」)の一〇種。第一と第一〇が最も重いとされる。[参]じふぜん・じっかい。「この道忠が平生のふるまひを聞けば、—・五逆、重障(=オモイ罪ガ)過極(=コノ上ナシ)の悪人なり」〔太平・巻二〇ノ一三〕

しふ しん【執心】(シュウ-) [E] しつこく思いこむこと。「なほ—の閻浮(えんぶ=コノ世)の涙」〔謡・松風〕「—の鬼となって迎ひに来る火の車を待て」〔西鶴・文反古・巻三ノ三〕

じふ ぜん【十善】(ジュウ-) [D] ❶〔仏〕十悪をすこしも犯さないこと。「輪王、—を説きて婢(ひ)に聞かしめ、婢—聞きて心に調伏しぬ(=ノミコンダ)」〔今昔・巻三ノ一九〕「われ—の戒功によって(=戒ヲヨク守ッタオカゲデ)万乗の宝位をたもつ(=天子ノ尊イ位ニツイテイル)」〔平家・二代后〕 ❷[イ]〘天子の位は前生に十善を完全に実行した報いとして授かるという思想から〙皇位に対する常用修飾語。「かたじけなくも—の天子、紅の御袴をぬがせたまひ、三寸づつ切って、所望の兵どもに下されける」〔太平・巻一七ノ三〕[ロ]〘転じて〙天皇。「—の御子種(こだね)を(母ノ)胎内にてやみやみとあわとなさむも(=消エサセテシマウノモ)いひかひなし(=情ケナイ)」〔近松・国性爺・一〕[参]じふあく・じっかい。

じふに し【十二支】(ジュウ-) [D] 陰陽道(おんようどう)でいう一二の指標。子(し)・丑(ちゅう)・寅(いん)・卯(ぼう)・辰(しん)・巳(し)・午(ご)・未(び)・申(しん)・酉(ゆう)・戌(じゅつ)・亥(がい)。それぞれ動物にあて、ね(鼠)・うし(牛)・とら(虎)・う(兎)・たつ(龍)・み(蛇)・うま(馬)・ひつじ(羊)・さる(猿)・とり(鶏)・いぬ(犬)・い(猪)ともいう。方角や時間を示すのに用い、十干(じっかん)と組み合わせて年や日を示すのに用いる。十干との組み合わせは、甲子に始まり、乙丑・丙寅・丁卯…という順に進み、一〇と一二の最小公倍数六〇でもとの甲子にもどる。この際、十干と十二支のすべてが組み合わされるわけでないから、甲丑・甲卯・乙午・乙寅・丙未・丙酉…などは存在しない。[参]じっかん。

じふに りつ【十二律】(ジュウ-) [D] ❶中国の雅楽に用いた一二種の音名〘音階ではない〙。低い音から順に、黄鍾(こうしょう)・大呂(だいりょ)・太簇(たいそう)・夾鍾(きょうしょう)・姑洗(こせん)・仲呂(ちゅうりょ)・蕤賓(すいひん)・林鍾(りんしょう)・夷則(いそく)・南呂(なんりょ)・無射(ぶえき)・応鍾(おうしょう)。これらを月の異名に用いることもあり、太簇を正月とする。↓六六三頁。 ❷日本の雅楽に用いる一二種の音名。低い音から順に、壱越(いちこつ)・断金(たんぎん)・平調(ひょうじょう)・勝絶(しょうせつ)・下無(しもむ)・双調(そうじょう)・鳧鍾(ふしょう)・黄鍾(おうしき)・鸞鏡(らんけい)・盤渉(ばんしき)・神仙(しんせん)・上無(かみむ)。〘(1)第八は中国式の第一と同字だが、よみかたは異なる。(2)対照表に示したのは、それぞれの音高がだいたい等しいという意味である。時代により、かならずしも一定でないが、西洋律のḊが振動数二九〇・三三であるのに対し日本律(現在の宮内庁雅楽)の壱越は二九二・七、C̈が五一七・三二であるのに対し神仙が五一七・三といった程度の差はある〙

西洋	日本	中国
C ♯	上無	応鍾
C	神仙	無射
B	盤渉	南呂
A ♯	鸞鏡	夷則
A	黄鍾	林鍾
G ♯	鳧鍾	蕤賓
G	双調	仲呂
F ♯	下無	姑洗
F	勝絶	夾鍾
E	平調	太簇
D ♯	断金	大呂
D	壱越	黄鍾

〔じふにりつ〕

しぶ の でし【四部の弟子】 [E] 〘連語〙仏の四種の弟子。すなわち比丘(びく=男の僧)・比丘尼(びくに=尼僧)・優婆塞(うばそく=出家しない男性の信者)・優婆夷(うばい=出家しない女性の信者)。四部衆。四衆。「—はよな、比丘よりは比丘尼は劣り、比丘尼より優婆塞は劣り、優婆塞より優婆夷は劣れり」〔徒然・一〇六段〕

しふはう しゃ【襲芳舎】(シュウホウ—) Ⓓ 《「しはうさ」とも》→かんなりのつぼ。

じふ もんじ【十文字】(ジュウ—) Ⓔ ❶交差した形。十形。「蜘蛛手(くもで=米型)—に、さんざんに(敵勢ヲ)かけ破りて、つっと通す」〔保元・上・五〕 ❷略十文字槍(やり)。「供道具、素槍(すやり)片鎌(かたがま)—」〔近松・堀川波鼓・中〕 ❸紋の名称。→巻末「紋章要覧」。 **—やり** 槍 Ⓔ 刃の部分が十型になった槍。

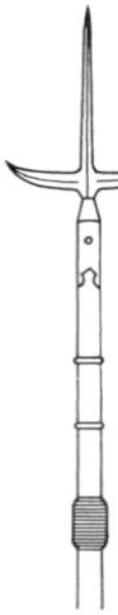

〔じふもんじやり〕

じふ や【十夜】(ジュウ—) Ⓔ ふつう旧暦一〇月六日から一五日まで行う念仏を主とした法会。お十夜。十夜会。「この中(ちゅう)の(=コノ間カラノ)おれがうき苦労、盆と正月、その上に、—・お祓(はら)ひ・煤掃(すすは)きを一度にするとも、かうは(=コレホドジャ)あるまい」〔近松・曾根崎〕

じ ぶん【時分】 Ⓓ ❶時機。「一座(ノ連歌)を張行せむ(=催ソウ)と思はば、まづ—を選び、眺望(ノヨイ場所)をたづぬべし」〔連理秘抄〕「一切の勝負に、さだめて(=カナラズ)一方色めきて(=調子ヅイテ)よき—になることあり」〔花伝・七〕 ❷《ちょうどその好機であることの意から》㋑結婚適齢期。「こなたにも—の娘(ナノデ)、早うお渡し申したさ、近ごろ押しつけがましいが」〔浄・忠臣蔵・九〕㋺食事どき。「『田楽(でんがく)でも焼かせませうかな』『善六も—であらう。いっしょに来やいの』」〔伎・お染の七役・序〕 **—のはな** 時分の花 Ⓓ 《連語》《世阿弥の能楽論で》一時的な芸の魅力。「(一二、三歳ノ愛ラシサカラ生マレル)この花は、まことの花にはあらず、ただ—なり」〔花伝・一〕

しほ (—オ) Ⓓ ㊀【塩】 ❶《食用の》塩。「おしてるや(=枕詞)難波の御津に焼く—の(ヨウニ)からくも(=ツライコトニ)我は老いにけるかな」〔古今・雑上〕 ❷つらい経験。痛切な人生教訓。「いかにも(=ナルホド)、この浦の(=当地デ)—を踏んで(=苦労ヲシテ)、老いての話(ノ種)にも(ショウ)と思ふぞ」〔西鶴・一代男・巻五ノ五〕 ㊁【潮】 ❶海水。「沖の干潟(ひがた)遙かなれども、磯より—の満つるがごとし」〔徒然・一五五段〕 ❷《ほどよい》時機。ころあい。チャンス。「この度、畠山の重忠、東大寺再興の奉行にのぼるをよき—と、まづ重忠をねらはむため」〔近松・出世景清・二〕 ❸あいきょう。「機嫌(きげん)笑顔の—の目細目」〔浄・盛衰記・三〕 ❹《近世語》大阪新町における下等遊女の階級。用例→「かげ㊂⑤」。

しほ ぎ【塩木】(—オ—) Ⓔ 海水を煮つめ塩をとるためにたく薪(たきぎ)。「(連歌デ)『いとまもあらず(=休ムヒマモナク)—とる浦』といふ句ありしに」〔伽・猿源氏〕

しほ た・る【潮垂る】(シオ—) Ⓒ 《自下二》 ❶水のためぬれる。「髪も袴(はかま)も—・れて(=グショヌレデ)、とりあげたれども(=海カラ引キアゲタガ)、かひぞなき(=ドウショウモナイ)」〔平家・小宰相身投〕「露霜に—・れて、所さだめずまどひありき、親のいさめ、世のそしりをつつむ(=ハバカル)に心のいとま(=余裕ガ)なく」〔徒然・三段〕 ❷涙のために着物の袖(そで)・袂(たもと)などがぬれる。「難波(なには)人あし火たく家(や)に宿かりてすずろに(=何トイウコトナク)袖の—・るるかな」〔新古今・羇旅〕 ❸涙が流れる。泣ける。「汝らが—・れて言ふところ、いたはしく思ふなり」〔伽・猫の草子〕

しほ ぢ【潮道・潮路】(—オジ) Ⓔ ❶潮の流れ。「荒潮の潮の八百道(やほぢ)の八—の潮の(=多クノ海水ノ流レガ)八百会(やほあひ)(=タクサン集マル所)にます速開都(はやあきつ)姫といふ神」〔祝詞・六月晦大祓〕 ❷海。海上。「磯辺(いそべ)の波枕、八重の—に日を暮らし」〔平家・一門都落〕

し ぼち【新発意】 Ⓔ →しんぼち。「かの国の前(さき)の守(かみ)—の、むすめかしづきたる(=タイセツニシテイル)家、いといたしかし(=リッパナモノデスヨ)」〔源氏・若紫〕「二位の—の御流れにて、この御族(ぞう)は女もみな才(ざえ)のおはしたるなり」〔大鏡・道隆〕

しほ や【塩屋】(—オ—) Ⓓ 海岸にある製塩の小屋。「これなる海人(あま)の—にたち寄り、一夜を明かさばやと思ひさうらふ」〔謡・松風〕《江戸時代後期、深川の流行語でうぬぼれのことを「しほや」といったが、これは塩商人という意からの転義で、製塩小屋の意とは別もの》

しほり【湿り】(—オ—) Ⓓ 《蕉風俳諧で》「さび」「ほそみ」「かるみ」とならび、重要な表現理念の一。その意味は、まだ明確にされていない。従来は「撓(しを)り」すなわち表現にしなやかな曲折のあることだとする説が有力だけれど、信頼できるテクストはみな「しほり」で、疑問がある。「湿(しほ)る」(「しっとりする」の意)と同源の語で、しんみりした趣のある意でないかとも考えられる。「去来いはく、—は憐(あは)れなる句にあらず」〔去来抄・修行〕《「憐れなる句にあらず」は「しほり」が憐れな情趣と混同されやすいための注意》

しほ・る【湿る】(—オ—) Ⓒ ㊀《自下二》 ❶ぐっしょりになる。ぬれる。「宮垣壊(こぼ)れて修むるを得ず、殿屋破れて衣被(よそ)つゆに—・る」〔紀・仁徳・訓(北野本)〕《「つゆにしほる」は「露」の訓》「こよひかく—・るる袖の露ながらあすもや越えむ宇津の山道」〔新後撰・羇旅〕 ❷(表現が)しっとりしている。「詞きの句は、いかにもしみじみと―・れたるやうにて、付けよくおもしろくおぼゆるなり」〔連理秘抄〕 ❸悲嘆にくれる。しょんぼりする。思い沈む。「女君、あやしう悩ましげにのみもてないたまひて、すくよかなるをりもなく―・れたまへるを、かく渡りたまへれば、すこし起きあがりて」〔源氏・真木柱〕 ㊁《他四》ぬらす。「涙に袖を―・るぞ恥づかしき」〔謡・大原御幸〕 ㊂《自四》《蕉風俳諧で》「しほり」とよばれる表現だ。(参)しほり。「老いの来たるに従ひ、さび―・りたる句、おのづから求めずしていづべし」〔去来・答許子問難弁(俳諧問答)〕《(1)従来は「しをる」とされているが、「しめる」意の語から出たものと認められる。(2)「しほたる」と同じ語源であろう。類聚名義抄に「潸、ナミダナガル・シホル」「泣々、シホタル」の訓がある》

しま【島】 Ⓓ ❶四方を水でかこまれている陸地。「いさやあらむ」〔源氏・澪標〕 ❷【山斎】庭園の中につくられた泉水や築(つ)き山。庭園の山水。「(日並皇子ガ)み立たしの(=オ立チニナッタ)―を見る時にはたづみ(=枕詞)流るる涙とどめかねつる」〔万葉・巻二〕「ある人のみ曹司(ざうし)の前の溝(ぞみ)にすゑたりしを、―このみたまふ君なり、この石たてまつらむ」〔伊勢・七八段〕 ❸ある特定の一地域で、他の所と限られている土地の内。遊里・遊所など。「久(うき)はひさといふ字。そこで、こちの―では、ひさ様といふわいの」〔浄・歌祭文・油屋〕

(=サアネ)、また―漕ぎはなれ中空(なかぞら)に心細きことやあらむ」

しまし【暫し】 Ⓓ《副》《古代語》ちょっとの間。しばらく。「ほととぎす間―置け(=休ミ休ミ鳴イテオクレ)汝(な)が鳴けば吾(あ)が思(も)ふ心いたも(=イヤハヤ)すべなし(=ドウショウモナイ)」〔万葉・巻一五〕

し・ま・す Ⓒ《助動》《四段・ナ変動詞の未然形に付く》

未然	連用	終止	連体	已然	命令
さ	し	す	す	せ	せ

〔敬語〕中世の口語で、軽い「尊敬＋丁寧」の意をあらわす。…なさいます。「《伯父ガ甥(おい)ニ》な隠さ―・しそ(=オ隠シナサンナ)」〔狂・釣狐〕(参)さします。

しまひ(ーイ) Ⓒ ㊀【〈仕舞〉ひ】 ❶しごとの終わり。最後のしごと。「その夜の(=ソノ晩ノ夜市ノ)―に、歳暮の礼扇の箱(=アイサツ回リニ使ウ扇ヲ入レル箱)二十五、たばこの入りし箱ひとつで、二匁七分に買うて帰りしに」〔西鶴・胸算用・巻五ノ一〕「次郎『今日はどこへ行く』長吉『九十九里の旅人の(=九十九里浜カラ来タ旅人ヲ送ル)―がある』」〔洒・辰巳之園〕 ❷処置のしかた。あとかたづけ。しめくくり勘定。精算。「総じて(=一体ニ)遊興もよいほどに(=適当ナトコロデ)やむべし。―の見事なるは、まれなり」〔西鶴・胸算用・巻二ノ三〕 ❸新年を迎える準備。「このやうなる(手マワシノヨイ)御―、江戸にはしらず、京にもあるまじ」〔西鶴・胸算用・巻五ノ二〕 ❹身じたく。《とくに化粧や結髪》「『おやおまへもうお―が出来たね』『あい。今朝、お櫛(くし)さんが一番に来てくれたからさ』」〔三馬・風呂・二ノ上〕 ㊁【〈仕〉舞】 ❶能や狂言におけるしぐさ。型をもった動き。《その記録(演出メモ)を「仕舞付け」と称した》「『たそ(=ダレダ)、からめむ(=ツカマエルゾ)』とて双方よりねり寄る。さまざまの―(=イロイロノ型ガ演ジラレテ)後、二人の耳をはさみて引き入る」〔狂・蟹化物(天正本)〕「鼓打ち切る間に―あらば(=シテノ動作ガアルナラ)、鼓その心得をなすべし」〔八帖花伝書・第四〕 ❷能の決まった部分を舞い、あるいは演ずること。装束をつけず、地謡だけではやし方の伴奏もない。《用例未見。ずっと新しい語らしく、江戸中期までの「仕舞」はみな①の意に用いてある》

しまひ つ・く【〈仕舞〉ひ付く】(ーイー) Ⓔ ㊀《自四》きまりがつく。きちんと処置がつく。「(トンデモナイ感チガイヲシタノデ)徳兵衛も―・かず(=進退ニ困リ)、ことばなければ」〔近松・重井筒・上〕 ㊁《他下二》しまつをつける。けりをつける。かたづける。「まづ、しゃつ(=アイツ)を―・けて、路銀をうばひ」〔馬琴・弓張月・二九回〕

しま もり【島守】 Ⓔ 島の管理人。(参)おきつしまもり。「俊寛僧都一人、うかりし島の―になりにけるこそうたてけれ(=目モ当テラレナイ)」〔平家・有王〕

し・む【染む】 Ⓑ ㊀《自四》 ❶色がつく。そまる。「(俗人トシテ世間ノ)濁りに―・めるほどよりも、なま浮かびにては(=中途ハンパナ浮カビカタデハ)、かへりてあしき道(=悪イ世界)にもただよひぬべくぞ(=落チコムニチガイナイト)おぼゆる」〔源氏・帚木〕 ❷しっとりとぬれる。ひたる。「なかなかに人とあらずは(=ナマナカ人間デアルヨリハ)酒壺(さかつぼ)になりにてしかも(=ナッテシマイタイ)酒に―・みなむ(=ソウスレバ酒ニヒタッテイラレヨウ)」〔万葉・巻三〕 ❸かおりがつく。「梅の花立ちよるばかりありしより人のとがむる(=ドウシタノカネトイワレルヨウナ)香にぞ―・みぬる」〔古今・春上〕 ❹深く興味をおぼえる。気に入る。関心をいだく。興味をひかれる。「世に(=夫婦仲ニツイテ)心の―・まぬにやあらむ、ひとり住みにてのみなむ」〔源氏・若紫〕「すべて女は、立てて(=特ニコレトイウワケデ)好めること設けて―・みぬるは(=ソレニ入リビタルノハ)、さまよからぬことなり」〔源氏・玉鬘〕「如何なる物の上手(じゃうず)も、時によりて、一座の―・まぬ(=興ガ乗ッテコナイ)時は思ふやうならぬ(=案外マズイ)事もはべるなり」〔筑波問答〕 ㊁《他下二》 ❶色をつける。そめる。「紅に衣―・めまくほしけども(=染メタイノダガ)着てにほはばか(=美シカッタラ)人の知るべき(=人ガ気ヅクダロウカ)」〔万葉・巻七〕 ❷においや香(かう)をしみこませる。「宿直(とのゐ)物とおぼしき衣、伏籠(こ)にかけて、薫(た)き物—・めたる匂ひ、なべてならず」〔宇治・巻三ノ一八〕 ❸深くうちこむ。執着する。興味をいだく。関心をもつ。「大方うち見たてまつる人だに、心—・めたてまつらぬ(＝源氏ニ心ヲウチコミ申シアゲナイ人)はなし」〔源氏・夕顔〕

し・む【占む】Ⓒ《他下二》❶しめ(境界標)をめぐらす。(しめをめぐらして)自分の所有のしるしとする。「三島江の玉江の葦を—・めしよりおのがとぞ思ふいまだ刈らねど」〔拾遺・雑恋〕 ❷領有する。所有する。「この国の奥の郡に、人もかよひがたく深き山あるを、年ごろも—・めおき」〔源氏・若菜上〕 ❸敷地とする。住居とする。「(タトエ、ヘビニモセヨ)古くよりこの地を—・めたるものならば」〔徒然・二〇七段〕 ❹食べる。「『番頭さん、もうお昼を—・めたか』『—・めた—・めた』」〔三馬・風呂・三ノ下〕

し・む【使む・令む】Ⓐ《助動》《用言の未然形に付く》❶〔使役〕他のものに何かさせるという意を表す。…せる。…させる。「今より後、議(は)り(か)て、しぬるにしたがはし—・むることを止めよ」〔紀・垂仁・訓〕《「しぬるにしたがはしむること」は「殉」の訓》「貫之(ヲ)召し出でて、歌つかうまつら—・めたまへり(＝オ作ラセニナッタ)」〔大鏡・昔物語〕「身をやぶる(＝傷ツケル)よりも、心をいたま—・むるは(＝苦シマセルコトハ)、人をそこなふこと、なほはなはだし」〔徒然・一二九段〕 ❷〔敬語〕㋑《尊敬》動作主体(他人)を高める表現にする。…なさる。お…になる。「天皇、吉野の地(ところ)をみそなは—・めむとおぼして…めぐりいでます」〔紀・神武・訓〕《「みそなはしめむとおぼして」は「欲省」の訓》「帝おほきに驚かせたまひて、感ぜ—・めきこしめすこと限りなし(＝最高ニ驚嘆アソバサレタ)」〔宇津保・俊蔭〕《この用例はかな作品ではめずらしい形で、多くは「たまふ」と結びついて「しめたまふ」となる》㊀しめたまふ。㋺《謙譲》自分の行為を低めることにより話し相手を高める気持ちの言いかたにする。…させていただく。「皇太后宮にいかで(＝ドウカシテ)啓せ—・めむ(＝言上イタシタイ)と思ひはべれど、その宮の辺の人にえ会ひはべらぬがくちをしさに…かく申しはべるぞ」〔大鏡・藤氏物語〕「(ワタシハ)もと越前の国の者でさうらひしかども、近年御領について(＝領地ヲ頂戴シテ)武蔵の長井に居住せ—・めさうらひき(＝イタシテオリマシタ)」〔平家・実盛〕「(ワタクシハ)平家の一族(ヲ)追討のために上洛せ—・むる手合はせ(＝上京イタシマシタ最初ノ合戦)に、木曾義仲を誅戮(ちゆうりく)の後…敵のために命を亡ぼさむことを顧みず」〔平家・腰越〕「(アナタ様ノ)毎月の御百首、よくよく拝見せ—・めさうらひぬ(＝拝見イタシマシタ)」〔毎月抄〕《⑴奈良時代には使役にだけ用いた。⑵平安時代には漢文をよみくだすとき多く用い、かな作品のなかでは、とくにあらたまった場面(祈願など)・漢学者や古風な人物のことば等にあらわれる。女性は用いなかった》

未然	連用	終止	連体	已然	命令
め	め	む むる	むる	むれ	め めよ めい

しめ【標】Ⓓ❶立ち入り禁止の目じるし。縄(なは)を張ったり、杙(くい)を立てたりした。「うつたへに(＝決シテ)鳥は食(は)まねど—延(は)へて(＝メグラシテ)守(も)らまくほしき梅の花かも」〔万葉・巻一〇〕 ❷自分の領有するもの。「天(あめ)にます豊岡姫(＝天照大神)の宮人(＝舞姫デアルアナタ)もわが心ざす(＝思イコンディル)—を(＝私ノ物ナノヲ)忘るな」〔源氏・少女〕 ❸しめなわ。「不浄をへだつる七重の—、四方に本尊をかけたてまつり」〔謡・小鍛冶〕

し・め Ⓒ《助動》《四段動詞の未然形に付く》〔敬語〕中世の口語で、ごく軽い尊敬の意を含んだ命令・願望を表す。…さい。…なさい。「《同輩ニ対シ》『まづ、わごりょ(＝君)から行か—・め』『いやいや、みども(＝ボク)は無案内ぢゃ。まづ、そなたから行か—・め(＝行キタマエ)』」〔狂・武悪〕「《夫↓妻》ちと用の事があるほどに、まづ、かう通ら—・め(＝コッチヘ来ナサイ)」〔狂・花子〕《⑴命令形だけがふつう用いられる。⑵助動詞「しも」の命令形とする説もあるが、確定的ではない。⑶同輩や目下の者に対して用いられることが多い》㊀さしめ。

しめ たま・ふ(—マ〈モ〉ウ)Ⓑ《助動》〔敬語〕《用言の未然形に付く複合助動詞。活用↓たまふ》㋑《地の文のなかで》天皇・上皇・皇后・皇太子あるいはそれに準ずる方の行為を高め、最高の尊敬表現にする。「帝、御歳いと若くおはします。左右の大臣に世の政をおこなふべきよし、宣旨くださ—・へりしに(＝勅命ヲオ出シアソバサレタトコロ)」〔大鏡・時平〕㋺《会話および書簡文のなかで》「たまふ」よりも高い尊敬をあらわす。「《老内舎人ノコトバ》『用意して(＝気ヲツケテ)さぶらへ(＝宿直イタセ)。便(びん)なき(＝不ツゴウナ)事もあらば、重く勘当せ—・ふ(＝厳重ニ処罰ナサル)べき』よし、(薫サマカラ)おほせごとはべりつれば」〔源氏・浮舟〕《儀式ばった場面とか、古めかしい感じの人物の用語とかに現れるだけで、中古の女流作品にはあまり見えない》

しめ の【標野】Ⓓ しめ(標識)で囲った立ち入り禁止区域。「旅人の道さまたげに摘む物は—の原の若菜なれ」〔狂・若菜〕

しめ・る【湿める】Ⓓ《自四》❶水気をふくむ。「狩衣姿のいとぬれ—・りたるほど」〔源氏・橋姫〕 ❷しずまる。おさまる。(勢いが)おとろえる。「火炎—・る時、ふみ(＝バタツキ)たけび(＝大声ヲアゲ)出づる(＝生マレタ)児、また名のりたまはく『吾はこれ天の神の子』」〔紀・神代下・訓〕

《「しめる」は「衰」の訓。「このところ打線がしめりがちだ」などいう時の用法は古い》「やうやう風なほり、雨の足—・り、星の光も見ゆるに」〔源氏・明石〕 ❸ふさぎこむ。沈んでいる。「(病人ハ)いみじう—・らせたまひて」〔栄花・花山〕「うち恥ぢしらひて(=ハズカシガッテ)、例のやうにものも言はで、—・りたるを」〔堤・掃墨〕「(幼イ皇子ハ)いといたう—・り(=思イニ沈ミ)、おとなしく(=オトナビテ)おはしますに」〔浜松・巻一上〕 ❹おちついている。ものしずかだ。「これは、人ざま(=性質)もいたう—・り恥づかしげに(=コチラガ気ガヒケルホドリッパデ)」〔源氏・絵合〕

しも【下】Ⓐ 対「かみ」 ❶㋑した。または低いこと。「上(かみ)は雲際(おほぞら)にいたり、—は泉中(したつくに)(=冥途)に及ぶ」〔紀・欽明・訓〕《「しも」は「下」の訓》「高欄の—のかたに、人けはひのすれば、あやしくて見下ろしたれば」〔和泉日記〕㋺中・近世のツーピース式礼服の下の部分。(肩衣(かたぎぬ)とそろいの)袴(はかま)。「やいやい、裃(かみしも)の—を出せ」〔狂・引敷婿〕 ❷㋑後の部分。後続の部分。「詳しくは—に記せり」〔愚管抄・第一〕㋺(短歌の)後半。「結び題(=両種ノ事ガラヲ含ム題)は、上(かみ)—にその心(=両者ノ筋アイ)を分けてよみ入れよ」〔為兼抄〕㋩(川の)下流。「あかずして(=十分ニ見ナイウチ)別るる涙(ガ)滝に添ふ(=流レ加ワル)水まさるとや—は見ゆらむ(=下流デハ増水シタヨウニ見エテイルダロウカ)」〔古今・離別〕 ❸㋑都と反対の方向。用例未見。《能で京都在住の観世流・宝生流を上懸かり、大和在住の金春流・金剛流を下懸かりと称した点から、この用法があったと思われる》㋺京阪よりも西の地方。「なんと、気休めに、いっそおれと連れだって—へ行きゃらぬか」〔浄・浪花鑑・八〕「ひとまづ—にくだり、上りにはまたかならず」〔浮・御前義経・巻七ノ三〕 ❹㋑《京都の町で》南の方向。「(四条ノ)堀川の—に、わづかの古道具店出しても、はかどらず(=商売ガ不振ダ)」〔浮・禁短気・巻六ノ三〕㋺下賀茂神社。「(賀茂参詣ノトキ)—のに(次ノ歌ヲヨンダ)『神(=掛ケ詞「上」)やせく—(=掛ケ詞「②㋩」)にや水屑(みくづ)つもるらむ思ふ心の行かぬみたらし(=御手洗川)』」〔蜻蛉・上〕 ❺㋑《比較して》下位の席。下座。「侍従宰相(ハ)立ちて、内の大臣(おとど)のおはすれば(遠慮シテ)—より出でたるを見て、大臣(ハ)酔(ゑ)ひ泣きしたまふ」〔紫日記〕㋺(歌舞伎などの舞台で)観客席からいって左の方。「—には生け垣・枝折り戸・手水鉢、よろしく飾りつけ」〔伎・四谷怪談・二〕㋩対「うへ」 比較的に下級の者のいるへや。下屋(しもや)。「(ワタシハ)腹を病みて、いとわりなければ(=ヒドク苦シイノデ)—にはべりつるを」〔源氏・空蟬〕 ❻㋑《一般的に序列が》下であること。またはその人。「兄(このかみ)は上にして弟は—に、聖(ひじり)は君にして愚かなるは臣(やっこ)らなるは、古今の典(のり)なり」〔紀・仁徳・訓〕《「しもに」は「下」の訓》㋺《地位などが》下級であること。またはその人。「大殿の作文に参りたるに、夏袍を着たりけるを見て、上(かみ)—笑ふこと限りなし」〔著聞・興言利口〕「わざと—にひきさげられ、小童(こわつば)なみの草履をつかみ」〔浮・御前義経・巻二ノ一〕㋩《生まれた階級が》低いこと。またはその人。「(女性モ)—のきざみといふきはになりぬれば(=下層階級ノ出身トイウトコロニナッテシマウト)、ことに(=コレトイッテ)耳立たずかし(=評判モ聞カナイネ)」〔源氏・帚木〕㊁《為政者に対し》人民。「上のおごりつひやす所をやめ、民をなで(=イツクシミ)農をすすめば(=振興スレバ)、—に利あらむこと(=利益ニナルコトハ)疑ひあるべからず」〔徒然・一四二段〕 ❼《時間的に》㋑それよりあと。以後。用例→「かみ(上)⑦㋑」。㋺後半。またはあと三分の一。「五月(さつき)—つ闇(やみ)に(=下旬ノヤミ夜ニ)…かきたれ(=シキリニ)雨の降る夜」〔大鏡・道長〕「念仏して上(かみ)十五日を過ぐしけり。…この定(ぢゃう)にして—十五日を過ぐしけり」〔著聞・博奕〕㋩ある年齢以下であること。用例未見。「かみ⑦㋩」から推してこの用法があると認められる。

—に居(ゐ)る(—イル) すわる。「やいやい太郎冠者、まづ下に居よ」〔狂・寝音曲〕

しも Ⓑ〔複助〕《副助詞「し」＋係助詞「も」》 ❶《副助詞的に》意味を強める。「遠き代に有りける事を昨日—見けむがごとも思ほゆるかも」〔万葉・巻九〕 ❷《否定文のなかで係助詞的に》「かならず…だとはかぎらない」の意を表す。「死は前より—来たらず、かねて後ろに迫れり」〔徒然・一五五段〕

しもうど【下人】Ⓓ 召使。したっぱ。参しもびと。「諸司の—どもの、したり顔に(=得意ソウニ)なれたる(=モノナレテフルマウノ)も、をかし」〔徒然・二三段〕《「しもびと」の例はあるが、「しもうど」の確実な例はまだ見当たらない。上の例は、従来「しもうど」とよまれているので、あげておいたが、実は確かな例ではない》

しもげいし【下家司】Ⓔ 対「上家司」 →けいし。

しもざま【下様】Ⓓ 対「かみざま」 ❶下のほう。「草はたかうおひたはぶれて(=ムヤミトハエ)—におひこりて(=ビッシリハエテ)人かげもせずありしを」〔宇津保・楼上上〕 ❷身分が低いこと。下層階級。「(酔ウト)—の人は、のりあひ(=ノノシリアッテ)いさかひて(=口論シテ)あさましく恐ろし」〔徒然・一七五段〕 ❸《京都で》御所に遠いほう。《「かみざま」の例から考えてこの用法もあるはずだが、用例未見》 ❹《時間的に》あとのほう。「聖徳太子の時、崇峻天皇も殺され、天武にはまた大友皇子もうたれたまひ、この例は—までも多かり」〔愚管抄・第二〕

しもつき【霜月】Ⓓ 旧暦一一月の別名。参むつき。「—

丙戌朔甲午、天皇筑紫の国の岡のみなとに至りたまふ」〔紀・神武・訓〕《「しもつき」は「十有一月」の訓》「―ばかりになりぬれば、雪・霰(あられ)がちにて」〔源氏・蓬生〕

しもつやみ【下つ闇】Ⓔ (陰暦)下旬の暗い夜。《月が明るくないから》「ともしする(=夜ノ猟ヲスル)ほぐしの松(=タイマツ)も燃えつきて帰るに迷ふ―かな」〔千載・夏〕

しもと【楉・細枝】Ⓓ ❶新しくはえた若木。新しくのびた若い枝。「生(お)ふ―この本山(もとやま)の真柴(ましば)にも(=スコシモ)告(の)らぬ妹が名象(かた)に出でむかも(=ウラナイデ示サレヨウカ)」〔万葉・巻一四〕 ❷薪(たきぎ)などにする細い枝。「これなる―を解き乱し(=ホグシ)、火にたきて、あて参らせさうらふべし」〔謡・葛城〕 ❸【笞】罪人を打つための細い枝で作ったむち。「犯人(ぼんにん)を―にてうつときは、拷器(がうき)によせてゆひつくるなり」〔徒然・二〇四段〕

しものや【下の屋】Ⓔ →しもや。「(台風デ)―どものはかなき(=タヨリナイ)板ぶきなりしなどは、骨のみわづかに残りて」〔源氏・蓬生〕

しもびと【下人】Ⓓ ❶召使。「御供にただ五六人ばかり、―もむつましき限り(=気心ノ知レタ者バカリ)して、御馬にてぞおはする」〔源氏・須磨〕 ❷身分の低い者。「くはしき事は、(管理人ナドノ)―の、え知りはべらぬにやあらむ」〔源氏・夕顔〕

しもべ【下部】Ⓓ 召使。「牛飼ひ・―などの見知れるもあり」〔徒然・一三七段〕《下層階級の者という意味を認める説もあるが、たしかな用例がない》

しもむ【下無】Ⓓ 日本式十二律の第五。[参]じふにりつ。

しもや【下屋】Ⓔ 《寝殿造りで》召使などのいる棟(むね)。「しものや」とも。「この年ごろ、領(うら)ずる人(=所有者)も、ものしたまはず(=手入レモナサラズ)、あやしきやうになりてはべれば(=見苦シイ状態デスノデ)、―にぞ、つくろひて(=ヤリクリシテ)宿りはべるを」〔源氏・松風〕

しやう-【正】(ショウ) Ⓓ 《接頭》[対]「従(じゅ)」 位階について、それぞれ上下を設け、その上級のほうをいう。《「じゃう」と濁音にいった時代もある。「次の年―三位に叙せられ」〔平家・鱸〕。平家正節では「正」「三」に濁音符がある》

しやう【正】(ショウ) Ⓓ [一] 正親・内膳・造酒・采女・主水・市司などの役所の長官。 [二] 【〈生〉】《+形動ダ》 ❶そっくりだ。よく似ている。「目つきや口もとが、お父(とっ)さんに―・だねえ」〔人・娘節用・七〕 ❷ほんとうだ。「なにさ、口ぢゃあ、ああ言ふが、―はといへば(=ホントウハトイウト)じゃまになるのさ」〔三馬・風呂・三ノ上〕

しやう【生】(ショウ) Ⓓ ❶生命。「―あるもの(ガ)死の近きことを知らざること」〔徒然・九三段〕 ❷生きていること。「人死をにくまば、―を愛すべし」〔徒然・九三段〕 ❸㋑〔仏〕(永久に生まれかわってゆくプロセスの中での)生存。「そこ(=アナタ)はさきの―に(=前世デ)、この御寺の僧にてなむありし」〔更級〕 ㋺人生。一生。「如幻(にょげん)の(=ハカナイ)―の中に、何事をかなさむ」〔徒然・二四一段〕 ❹命のあるもの。「多くの―を亡ぼし…数多の魚類(うろくづ)の命を断ちたまふ」〔平家・巻五(長門本)〕

しやう【姓】(ショウ) Ⓔ 家系を表す名称。「さう」とも。「一人はその国にすむ男、―は『むばら』になむありける」〔大和・一四七段〕

しやう【性】(ショウ) Ⓓ ❶生まれつき。天性。「下愚の―(=最低ニ愚劣ナ素質デ)、移るべからず(=直セナイ)」〔徒然・八五段〕 ❷《「しっかりした」という余情をもち》精神。心のもちかた。「歌は案ずべき事(=ヨク思案シナクテハイケナイ)とのみ思ひて、間断なく(=ヒマナシニ)案じさうらへば、―もほれ(=ボンヤリシテ)、かへりて(=逆ニ)退く心(=イヤ気)のいできさうらふ」〔毎月抄〕

しやう【荘・庄】(ショウ) Ⓒ ❶[略]荘園。私有の領地。「おのれ(=オマエ)が訴へ申す東国の―の事、今まで事切れぬ(=決着ガツカナイノ)は、口惜しとや思ふ」〔十訓・第九ノ二〕 ❷(荘園制度が行われなくなってから)昔の荘の名をもっている土地。「大塔の宮を討ちたてまつりたらむ者には…伊勢の車間(くるま)の―を恩賞にあて行はる(=クダサル)べきよし」〔太平・巻五ノ六〕

しやう【笙】(ショウ) Ⓓ 雅楽に使用する管楽器の一種。一七本の竹の管を輪形に立てならべてその下部に吹き口をつけた匏(つぼ)をとりつけてある。「しゃうの笛」「さう」とも。「―は、調べおほせて持ちたれば(=スッカリ音程ヲ整エテ持ッテイルモノダカラ)、ただ吹くばかりなり」〔徒然・二一九段〕

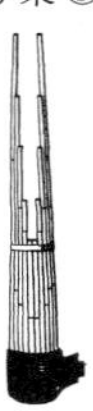
〔しゃう〕

じやう【状】(ジョウ) Ⓓ ❶ありさま。ようす。「清先生…抱憂の(=ツライ)―、愬窮の(=困ッテイル事ヲ訴エル)語、衒飾せず(=コトサラニ飾ラナイ)」〔儋叟・孔雀楼・序〕 ❷㋑書きつけ。文書。「子々孫々に至るまで、相違あらざる(=確認スル旨ノ)自筆の―(=証書)」〔謡・鉢木〕 ㋺手紙。書簡。「正長元年に…世子の方へ―あり」〔申楽談儀・二二〕 ㋩文面。「申し状(=陳情書)を奉行所にささぐ。その―にいはく」〔曾我・巻一ノ五〕

じやうえ【浄衣】(ジョウ―) Ⓓ ❶狩衣(かりぎぬ)に似た白い衣服。神事・葬式・修法などに着る。まれには黄色もある。「ともの人々―姿なるを」〔更級〕「白布をもってみな―をこしらへて」〔義経・巻四ノ四〕 ❷僧の衣服。いまいうコロモ。「僧の布施(ふせ)―などやうのこまかなる物をさへ奉れたまふ」〔源氏・夕霧〕

しやうかん【傷寒】(ショウ―) Ⓔ 伝染性熱病の総称。

「年七十五になりたまひし時に—をうれへて(=カカッテ)」〔白石・折たく柴の記・序〕

しやう く【上句】(ショウ—) Ⓔ ❶すぐれた(詩・歌の)句。『ひとり雨きく秋の夜すがら』が—にてあるなり」〔正徹物語・上〕 ❷㊊「下句」《連歌で》五七五の句。「—に『来る秋の心よりおく袖の露』」〔知連抄・上〕

じやう くわ【上果】(ジョウカ) Ⓓ すぐれた結果を得ていること。「—の為手(てし)にてあるべし(=高イ芸境ノ演者デアロウ)」〔至花道〕「諸道・諸事において幽玄(=優美)なるをもて—(=理想的ナ表現様式)とせり」〔花鏡〕《明証はないが仏教系統の語らしいので、「ジョオカ」と発音したであろうと思われる》

しやう くわう【上皇】(ショウコウ) Ⓓ 前天皇。「—なほ御感の余りに内の昇殿を許さる」〔平家・殿上闇討〕《平曲では清音だが、日葡辞書に xǒquǒ と jǒquǒ の両形を示す。一五世紀ごろから濁音の形がだんだん行われるようになったものか》

しやう くわん【賞翫】(ショウカン) Ⓓ《+他サ変》 ❶めずらしがり、もてはやすこと。珍重。愛好。「幽玄の(=エレガントナ)風体…をのみ見所の人も—すれども(=愛好スルケレドモ)、幽玄なる為手(てし)さうなく(=オイソレトハ)なし」〔花鏡〕「為家・為氏卿、みな相続して(=先人ノアトヲ受ケツイデ)—せられけるゆゑに(=愛好ナサッタノデ)、この(連歌ノ)道、いよいよ盛りにして」〔連理秘抄〕 ❷味わいをめでること。賞味。「それでは(=ソノヨウニ粉ニシテシマッタノデハ)、この栗の見事なが(=リッパナノガ)—にならぬよ(=味ワエナイヨ)」〔狂・栗焼〕 ❸尊び重んずること。尊敬。「何事も人にすぐれておはしましさうらふほどに、楠木殿も…同じ御一族ながらも、—御申しさうらひしが」〔伽・三人法師〕

しやう ぐん【将軍】(ショウ—) Ⓓ ❶一軍を指揮・統率する武官。「楚の項羽は、もとより代々—の家なりければ、相従ふ兵八千人あり」〔大平・巻二八ノ七〕 ❷鎮守府の長官。「あまっさへ望まざるに鎮守府—に補(ふ)せらる(=任命サレタ)」〔太平・巻二八ノ六〕 ❸㊕征夷大将軍。幕府の最高責任者に朝廷から与えられた称号。

しやう げう【聖教】(ショウギョウ) Ⓓ 仏や菩薩(ぼさつ)の教えをしるした書物。経・律・論の三種。「顕密(=顕教ヤ密教)の—、一向に(=全然)さしおくべきなり(=相手ニシテハイケナイ)」〔正法眼蔵随聞記・第一〕「あからさまに(=イイカゲンニ)—の一句を見れば、何となく前後の文(もん)も見ゆ」〔徒然・一五七段〕

じやうげ かう【上下向】(ジョウ—コウ) Ⓔ 地方から都への往復。または神社仏閣への参詣の行き帰り。「—ごとに(=オ参リノ旅ゴトニ)御幣とて申しくだしたまはりし」〔義経・巻七ノ六〕

しやう ご【鉦鼓】(ショウ—) Ⓓ ❶雅楽や念仏に用いる楽器で、形が皿(さら)に似た、からかね製の鉦(かね)。つるして、丁字形の撞木(しゅもく)でたたく。「稲子麿(いなごまろ)賞(め)で拍子つく、さてきりぎりすは—の—のよき上手(じゃうず)」〔梁塵〕 ❷軍陣で、合図のためにつかう鉦(かね)と太鼓。「後白河院の御宇、赤白(しゃくびゃく)の旗ひるがへり、—もひびく大内山」〔浄・布引滝・一〕

しやう こく【相国】(ショウ—) Ⓓ 政務の最高責任者である大臣の中国ふうな呼び方。いまの首相に当たる。多くは太政大臣。㊜だいじゃうだいじん。「姉の祇王を入道—最愛せられければ」〔平家・祇王〕

しやう し【尚侍】(ショウ—) Ⓓ →ないしのかみ。

しやう じ【生死】(ショウ—) Ⓓ ❶生きると死ぬと。「親にてさうらふ者、このほど所労つかまつりさうらふ間(=病気ヲシテオリマスノデ)、—の境を尋ね申しさうらふ(=助カルカ助カラナイカオタズネシマス)」〔謡・歌占〕「飛花落葉の風の前には有為の転変(てんぺん)を悟り(=花ヤ木ノ葉ヲ散ラス風ニツケテ、世ノ無常ヲ知リ)、電光石火のかげのうちには生き死ニノイカニ早イカガヨクワカル)」〔謡・柏崎〕 ❷(=イナズマヤ石ヲ打ツ火ノ光ニツケテ)—の去来を見る(=生キ死ニノイカニ早イカガヨクワカル)」〔謡・柏崎〕 ❷〔仏〕《梵 jati-marana の意訳で》生命の存続過程。人の一生は、瞬間的(七五分の一秒ごと)に生と死が交替しているという。交流電気のようなぐあいである。「われ汝が説く所の—の根本を知りぬ。また、いかなる方便をもってか(=ドンナ方法デ)これを断ずる(=生存ニツイテノ誤解ヲナクセヨウカ)」〔今昔・巻一ノ五〕「(戦場へ)進まむとすれば—のがれがたし(=死ヌニキマッテイル)。退かむとすれば不覚(=卑怯)の名(ヲ受ケルノガ)はばかりあり(=イヤダ)」〔盛衰・巻九ノ二〕 **—ぢやうや** 長夜 (…ヂョウ—) Ⓔ〔仏〕人が生死の実相を悟れずに生存しているのを長い夜の闇(やみ)にたとえたもの。「—の長き夢、おどろかすべき(=覚マシテクレル)人もなし」〔謡・安宅〕

しやう じ【掌侍】(ショウ—) Ⓓ →ないしのじょう。

しやう じ【障子】(ショウ—) Ⓓ《「さうじ」とも》 ❶へやとへやを隔てたり、室内をしきったりする建具。ふすま・ついたての類。《現代語の「しょうじ」はその一種である「あかりしょうじ」のこと》「一位殿は、中将(=重衡)の文を顔におしあてて、人々のなみゐたまへる後ろの—をひきあけて、大臣殿の御前に倒れふし」〔平家・請文〕 ❷よろいの肩の上の部分。頸部(けいぶ)を守るための半円形の鉄板。「為朝の鎧(よろひ)の—の板を縫ひざまに(=糸デ縫ッタヨウニ)したたかにぞ(=手ヒドク)射とどめたる」〔保元・中・一〕

じやうしや ひっすい【盛者必衰】(ジョウ—) Ⓓ 栄えている者も、かならず衰える時機が来るという仏教の考え方。「夜(＝一晩)の間に変はるありさま、―の理(ことわり)は目の前にこそ現れけれ」〔平家・小教訓〕《「盛」は濁音。ロドリゲス大文典に iŏxa fissui》

しやう じん【生身・正身】(ショウ―) [D] 生きているからだ。なま身。「(人形浄瑠璃ハ)ことに歌舞伎の―の人(＝生キタ役者)の芸と、芝居(＝劇場)の軒をならべてなすわざなるに」〔以貫・難波土産・発端〕 **―のほとけ** 生身の仏 [E] 《連語》彫像や絵姿でない、ほんものの仏。「法師…阿弥陀仏の像を造る。今その像、地獄の中に入りて、受苦の衆生を教化したまふこと、―にことならず」〔今昔・巻六ノ二〇〕

しやう じん【精進】(ショウ―) [D] 《+自サ変》 ❶〔仏〕心身を清浄にして、ひたすら仏道修行にはげむこと。「(後醍醐天皇ハ前世ノ)罪をも報いてむ(＝ゼヒ償イタイ)とおぼして、うちたえて(＝モッパラ)御―にて、朝夕勤め行はせたまふ」〔増鏡・久米〕 ❷㋑身をきよめ、もの忌みすること。「その日より―して、三日といひける日」〔宇治・巻六ノ四〕「(清盛ハ)『これ吉事なり』とて、さばかり(厳重ニ)十戒をたもち、―潔斎の道(＝道中)なれども、(コノ船ニトビコンダ魚ヲ)調味して家の子・侍どもにくはせられけり」〔平家・鱸〕㋺魚や肉類を食べないこと。「『人なみに脇(わき)差しさして花(＝花見)に行く』『つい(＝ウッカリ)田作り(ノ干物)に落つる(＝破ル)―』」〔釣雪・野水(曠野)〕《「さうじ(ん)」「じゃうじん」とも》 **―ばら** 腹 [E] 肉類ぬきの食事をすること。「―では酒も飲まれず」〔西鶴・一代男・巻五ノ四〕 **―や** 屋 [E] 神仏参詣の前に心身をきよめるための建物。「(後鳥羽上皇ガ)熊野御幸の御―、これをはじめらる」〔明月記・建仁元年一〇月一日〕

しやう・ず【請ず】(ショウ―) [D] 《他サ変》来てもらう。招待する。迎える。「導師に―・ぜられむ時、馬など迎へにおこせたらむに」〔徒然・一八八段〕「小法師を上座に―・じて」〔一茶・おらが春〕

じやう ず【上種・上衆】(ジョウ―) [C] [対]「下種(げす)」 上層階級の者。《ただし単独の用例は未見。いつも「じゃうずめかし」「じゃうずめく」の形で現れる》

じやうず めか・し【上種めかし・上衆めかし】(ジョウ―) [D] 《形シク》貴人めいている。上流人らしく見える。「あまり―・しとおぼしたり」〔源氏・松風〕

じやうず め・く【上種めく・上衆めく】(ジョウ―) [D] 《自四》《「めく」は接尾語》貴人らしくなる。上流人らしく見える。「上臈(じゃうらふ)・中臈のほどぞ(＝上級・中級ノ女房タチハ)あまり引き入り(＝ヒキコモッテ)―・きてのみはべるめる」〔紫日記〕

しやう せつ【勝絶】(ショウ―) [D] 日本式十二律の第四。[参]じふにりつ。

しやう ぞく【装束】(ショウ―) [B] 《+自サ変》《「さうぞく」とも》 ❶㋑衣類。着物。「これかれ―は心にまかせたり(＝随意デアル)。律師・童(わらは)四人・法師四人・童子六人、これもみなよう―整へたり」〔宇津保・国譲下〕㋺衣装を身につけること。身じたく。いでたち。「その日の―には、赤地の錦の直垂に、唐綾をどしの鎧着て」〔平家・木曾最期〕 ❷㋑公式の衣類。衣冠・束帯・直衣(のうし)等の総称。表むきの服装(をすること)。「御―をぬぎ置かせたまひて、(ソノ)御直衣の袖にかくなむ」〔伽・文正草子〕㋺(芸を演ずるための)服装。(その役のための)扮装(ふんさう)。「南都の―賜(た)りの(能ノ)ころより(喜阿ハ)声損じはじむると申すなり」〔申楽談儀・序(ハ)〕 ❸(車・室内・庭園などの)かざりつけや準備(をすること)。「参りて奏せむ。車に―・せよ」〔大鏡・花山院〕「御琴どもの―などして(＝演奏ノタメ整備シテ)…をかしき笛の音ども聞こゆ」〔源氏・梅枝〕 ❹《近世語》合羽(かっぱ)、すなわち江戸時代のレインコートの前と左右にあり、ボタンがけやひもで結ぶときに使う小布(をつけること)。「織色木綿の、黒羅紗(らしゃ)の―・した半合羽を着て」〔洒・道中粋語録〕

しやうぞ・く【装束く】(ショウ―) [D] 《自四》→さうぞく(自四)。

しやう だう【聖道】(ショウドウ) [E] 〔仏〕[対]「浄土門」 ❶自力による研究や修行で悟りをひらこうとする立場。法相・三論・天台・真言など古来の諸宗。聖道門。「慈悲に(＝仏ノォ救イニ)―浄土のかはりめあり(＝区別ガアル)」〔歎異抄〕 ❷聖道門の僧。「しからば、禅僧と―と召しあはせ(＝両方ヲヨビヨセテ)宗論さうらへかし(＝教法上ノ議論ヲ行イナサイヨ)」〔太平・巻二四ノ二〕《同じく自力修行の立場でも禅宗は聖道と認められなかったようである》

じやう ぢゆう【常住】(ジョウジュウ) [D] 《+形動ナリ》 ❶〔仏〕変化しないこと。いつもその状態であること。「(人ガアクセクスルノハ)―・ならむことを思ひて、変化(へんげ)の理(ことわり)を知らねばなり」〔徒然・七四段〕 ❷いつもの状態。ふだん。「死におもむかざるほどは、―平生(へいぜい)の念にならひて(＝ナレテ)」〔徒然・二四一段〕 ❸ずっと同じ場所に住むこと。「―の僧の侍りけるに具して(＝連レダッテ)参りけり」〔山家・中・詞〕

じやう ど【浄土】(ジョウ―) [D] ❶[対]「穢土(ゑど)」 仏または菩薩の住む世界。それぞれの仏および菩薩は、めいめいの浄土をもつ。たとえば阿弥陀仏の極楽浄土、観世音菩薩の普陀落山(ふだらくせん)など。総数二百十億あるという。「薬師医王の―をば瑠璃(るり)の―と名づけたり」〔梁塵〕 ❷

し

《とくに》極楽浄土。「汝、—(=往生スルタメ)の業(=修行ガ)すでに満てり。必ず西方(=アル極楽)に生まるべし」〔今昔・巻六ノ四〇〕 ❸浄土宗。「むね(=掛ケ詞「胸」「旨」)合はぬ法華—の法(のり)の月」〔未学(大坂独吟集)〕

じやう とうしやうがく【成等正覚】(ジョウ―ショウ―) Ⓔ 等正覚すなわち正しい悟りを成就すること。悟りをひらいて仏になること。「(悉達太子ハ)難行苦行の功によって、つひに—したまひき」〔平家・大原御幸〕

しやう とく【生得】(ショウ―) Ⓓ 生まれながらにもっていること。先天的な素質。生まれつき。「西行はおもしろくてしかもこころ殊にふかくあはれなる…—の(=天成ノ)歌人とおぼゆ」〔後鳥羽院口伝〕「連歌も、生まれつきより天性(=天分)を得たる上手もあるべし、また—のいたづらもの(=デクノボウ)もあり」〔筑波問答〕

しやう にん【上人・聖人】(ショウ―) Ⓒ 〔仏〕 ❶智徳(ちとく)ともに高い僧侶の尊敬語。「かかる有智高行の—、草創せられしみぎり(=創立ナサッタ場所)なれば…法燈光明らかなり」〔太平・巻八ノ八〕 ❷僧位の名。法橋(ほっきょう)上人位。「西大寺の静然—、腰かがまり、眉白く、まことに徳たけたるありさまにて内裏へまゐられたりけるを」〔徒然・一五二段〕 ❸僧の尊敬語。天台宗・時宗・浄土宗・日蓮宗などで一寺の住職を呼ぶのに用いる。「その夜まづ藤沢の道場(=時宗ノ寺)までぞ落ちたりける。—かひがひしく馬二疋、時衆(=時宗ノ僧)二人あひそへて」〔太平・巻三八ノ五〕

しやう ね【正念・〈性根〉】(ショウ―) Ⓓ ❶精神《とくに意識》。「(浄瑠璃ハ)—なき木偶(にんぎゃう)にさまざまの情をもたせて、見物の感をとらむ(=共感ヲ得ヨウ)とすることなれば」〔以貫・難波土産・発端〕 ❷中核。「音曲とは能の—なり」〔申楽談儀・六〕 ❸㋑(しっかりした)態度。「引ったてられて、わるびれぬ(=オロオロシナイ)—、正しく(ソレダケニ)あはれなり」〔近松・大経師・上〕㋺(しっかりした)根性。「胆玉の小さいくせに、なんで腹があらうぞい。悪態ばかり、ぼいぼい(=ポンポン)ぼやきくさって(=言イヤガッテ)、—が無いわの、肝腎の—が」〔三馬・床・初ノ中〕 ❹心の奥。心底。「(コノ恋文ガ手ニハイッテ)さてこそ(アナタノ)お—が知れてきた」〔浮・禁短気・巻一ノ一〕

じやうねい でん【常寧殿】(ジョウ―) Ⓓ 《「ぞうねいでん」「五節殿(ごせちでん)」または「后町(きさいまち)」とも》内裏の後宮の殿舎の一。承香殿の北、貞観殿の南にある。皇后や女御(にようご)の住む所。

しやう ねん【生年】(ショウ―) Ⓔ 年齢。「わが名は梅若丸、—十二歳になりさうらふ」〔謡・隅田川〕

しやう の こと【箏の琴】(ショウ―) Ⓓ →さう(箏)。「姉君には琵琶、中の君には—を教へたてまつりたまふ」〔寝覚・巻一〕

じやう ぼん【上品】(ジョウ―) Ⓓ 〔仏〕 ❶㊊「中品・下品」 浄土関係の事物のうち上の等級。さらに上品上・上品中・上品下と三分する。㊂くほん。「日ごとに四十八巻を誦せよ。然らば、一千日の後、まさに—の地(ぢ)に生まるべし」〔今昔・巻六ノ四四〕 ❷事・物を分けるときその最上位にあたるもの。上等。「発句のよきと申すは、深き心のこもり詞やさしく、気高く新しく、当座の儀(=ソノ場ノ様子)にかなひたるを、—と申すなり」〔筑波問答〕

しやう や【庄屋】(ショウ―) Ⓓ 領主大名の命令で、平民の中からえらばれて、納税などの事務を管理した、村長のような役。関西では「庄屋」、関東では「名主(なぬし)」といった。「—の三番子ぐらゐならめ、いまだ年ごろは十六七なるが」〔西鶴・一代女・巻六ノ三〕

しやう らく【上洛】(ショウ―) Ⓓ 《＋自サ変》《洛陽に上る意。洛陽は中国の昔の都》地方の国から都に行くこと。上京。《謡曲・平家正節では常に清音であり、日葡辞書にも xŏracu とあるので、中世はジョオラクと発音したようである。近世以後はジョオラク》「木曾義仲—の時、主にしまゐらせむとて具したてまりて都へのぼり」〔平家・通乗之沙汰〕

じやう らふ【上臈】(ジョウロウ) Ⓒ ㊊「下臈」 ❶劫を積んだ高僧。㊂げらふ①。「日蓮のもとに行きて『出家せむ』と言へども『—、皆汝が出家を許さず』」〔今昔・巻一ノ二七〕 ❷㋑上位の人。身分の高い人。「数輩(=何人カ)の—を超越して右(=右大将)に加はられける」〔平家・鹿谷〕「総じて、下臈なうて—もなく」〔イソポ・第六七話〕㋺身分の高い女性。「(アマリ女ガ漢字ヲ多ク用イルノハ)ことさらびたり。(コウシタ心クバリノナサハ)—の中にも多かる事ぞかし」〔源氏・帚木〕 ❸宮仕えする女性のうち、上格の者。「(主人ノ帰宅ニ)—ども、みなまうのぼりて」〔源氏・葵〕 ❹江戸時代、大奥の職階の一。御台所(みだいどころ)に仕えた上席の侍女。ふつう堂上の娘が任ぜられた。 ❺女性の尊敬語。「若い—のおやさしい、年寄りとおぼしめし、嫁子もならぬ介抱」〔近松・冥途飛脚・下〕 ❻遊女。「(私ハ)野上の宿の長者にてさうらふ。われ、あまた—を持ちてさうらふなかに」〔謡・班女〕

じやう るり【浄瑠璃】(ジョウ―) Ⓓ ❶〔仏〕すきとおった瑠璃(猫目(ねこめ)石の一種か)。「それ—世界の地は、すなはち瑠璃なり」〔伽・さざれ石〕 ❷㋑中世語り物の一種。語りかたの詳細は不明だが、浄瑠璃姫をヒロインとする十二段草子(一四四四〜八六ごろ成立)が代表的レパートリーであったところから、浄瑠璃とよばれた。「『—語れともしびのもと』『こよひはや時はうし若ふけはてて』」〔守武千句」[ロ]近世語り物の一種。三味線を伴奏とする。一七世紀の初めごろ成立したらしい。宇治加賀掾(かがのじょう)・竹本義太夫以前を古浄瑠璃という。「昔の―は、いま(=近松ノ時代)の祭文(さいもん)同然にて、花も実もなきものなりし」〔以貫・難波土産・発端〕[ハ]〘狭義に〙加賀掾・義太夫以後の浄瑠璃。京阪地方では義太夫節が代表的地位を占めるけれど、江戸では豊後(ぶんご)節から出た常磐津(ときわず)・富本・清元などがさかえた。「―太夫(=語り手ハ)清元…、三味線…」〔伎・十六夜清心・一ノ四〕[二]〘さらに狭義に〙義太夫節のこと。「しかしお前の―は、やっぱり住さん(=竹本住太夫)の性根(しゃうね=基本型)で押していきなされ」〔三馬・風呂・前ノ下〕

しゃう ろ【正路】(ショウ―) [E] 〘十形動ナリ〙正当な行為。正直。「『これでも私が盗みましたか』『なんのいの(=ドウイタシマシテ)、正直―・な丁稚(でっち)殿』」〔浄・歌祭文・油屋〕

しゃく し【釈氏】 [E] 釈迦の教えにしたがう人たち。僧侶(そうりょ)。「法師になしたてまつりて、―に定まらせたまひて」〔平家・若宮出家〕

しゃ しん【捨身】 [D] 〘十自サ変〙 ❶俗人であることをやめ、仏道に入ること。出家。「羇旅(きりょ)辺土の行脚(あんぎゃ)(=旅、ソレモ片イナカヲ歩キマワルコトダシ)、―無常の観念(=世間的ナ生キカタヲ放棄シ、無常ノ理ヲヒタスラ考エル自分ダカラ)、道路に死なむ(コト)、これ天の命なり」〔芭蕉・奥の細道〕 ❷命をなくすこと。死ぬこと。「とくに(=ズット以前ニ)―・し死したらば、この悲しみはあるまじき」〔近松・女護嶋・二〕「最期は同じ時ながら、―の品も(=死ヌ方法モ)所も変へて」〔近松・天網島・下〕

しゃつ【奴】 [E] 〘代〙ののしる感じの第三人称。あいつ。野郎。「―に目な見せそ(=会ウナ)」〔平家・法住寺合戦〕

「―め共にのがすな」〔近松・国性爺・三〕

しゃば【〈娑婆〉】 [D] 〔仏〕〘梵 sahā〙人間界。俗世間。現世。この世。「なごりをしく思へども、―の縁つきて、力なくして終はる(=死ヌ)ときに、かの土(ど)へは参るべきなり」〔歎異抄〕「―にまかりかへりて、妻のためによろづを捨て、仏経を書き供養して、とぶらひさうらはむ」〔宇治・巻六ノ一〕

しゃみ【〈沙彌〉】 [D] 〔仏〕〘梵 śrāmaṇera〙仏門にはいって初歩の戒を受けたばかりの修行未熟な男僧。「諸国の―らまで、ことごとくまゐり集まりて、受戒すべきよし思ひゐたるところに」〔宇治・巻一二ノ三〕

しゃら さうじゅ【〈娑羅〉双樹】(―ソウ―) [E] →さらさうじゅ。「釈迦如来、生者必滅のことわりを示さむと、―のもとにして仮に滅を唱へたまひしかば(=死ヌトイウ形ヲ現サレタカラ)」〔保元・上・三〕

しゃ・る [B] 〘助動〙〘四段・ナ変・ラ変動詞の未然形に付く〙〔敬語〕中世以後の口語で、尊敬の意を表す。…なさる。

未然	連用	終止	連体	已然	命令
れ	れ	るる	るる	れ	れ
ら	り	る	る		い

「さきへ去(い)なっ―・れ」〔狂・素襖落〕「きりきり(=サッサト)乗ら―・れ」〔近松・小室節・上〕〘促音化して接続することが多い〙

しゃん・す [C] 〘助動〙〘四段・ナ変・ラ変動詞の未然形に付く〙〔敬語〕近世語で、尊敬の意を表す丁寧表現。

未然	連用	終止	連体	已然	命令
せ	し	す	す	すれ	せ

…なさいます。「父様、今日は寒いに、よう歩か―・す」〔近松・天網島・中〕[参]さしゃんす。

しゅ【衆】 [D] ❶多くの人たち。「すべて人に愛楽(あいぎょう)(=親愛)せられずして―に交はるは恥なり」〔徒然・一三四段〕 ❷殿上の雑用に従事する下級武士。「文覚と申すは、もとは…上西門院の―なり」〔平家・文覚荒行〕 ❸〘比叡山で〙交替勤務で雑用をした下級僧。堂衆。「法華堂の―に至るまで…向かふ敵に走りかかり」〔太平・巻一七ノ一〕 ❹〘接尾語ふうに〙複数の人に対し親しみの感じをあらわす敬称。〘かならずしも多数でなくてもよい〙「奥座敷の女郎―に、ことづけをしてくれたか」〔洒・遊子方言・更の体〕

しゅ【銖・朱】 [E] ❶目方をはかる単位で、一両の二四分の一にあたる。「士いやしくも学びて志を成す、何ぞ必ずしも―を―とし、寸を寸とし(=小サイコトヲコセコセ守リ)、柱にかはし、舟に刻むがごとくならむや(=キマリニトラワレテ変化ヲ知ラナイデイヨウカ)」〔風来・志道軒伝・序〕 ❷江戸時代の貨幣の単位で、一両の一六分の一。「今度ははずんで(=奮発シテ)二―一つ」〔浄・歌祭文・座摩社〕 ❸利率の単位名で、一割の一〇分の一、つまり、一パーセントにあたる歩合のこと。

じゅ-【従】 [D] 〘接頭〙[対]「正(しゃう)」 位階についてそれぞれ上下を設け、その下級のほうをいう。

じゅ かい【受戒】 [D] 〘十自サ変〙〔仏〕決まった儀式のもとに戒をさずけてもらうこと。〘「ずかい」とも〙[参]かい。「田舎にて法師になりければ、まだ―もせで、いかで(=何トカシテ)京にのぼりて、東大寺といふ所にて―・せむと思ひて」〔宇治・巻八ノ三〕

しゅ ぎゃう【執行】(―ギョウ) [E] [一] 大寺院の事務総長。座主(ざす)・別当などの下で、こまごまとした経済的な事務などを処理した。「山(=比叡山)の横川(よかは)に賀能ち院といふ僧…横川の―にてありけり」〔宇治・巻五ノ一三〕 [二] 〘十他サ変〙事をとりおこなうこと。「師の心をよく―・し(=察シテ実践シ)、常につとめて、事にのぞみて(=

実際ノ句作ニアタッテ)案じ殺すことなかれ」〔土芳・三冊子・赤〕

しゅ ぎゃう【修行】(-ギョウ) Ⓒ〘十自サ変〙 ❶(仏道を)研究し実践すること。「人ありて法門を問ひ、あるいは—の法要を問ふ」〔正法眼蔵随聞記・第六〕「我らも、いやしくつたなしといふとも、発心—・せば、決定(けつぢやう)(=キットト)得道すべし」〔正法眼蔵随聞記・第四〕 ❷《転じて一般に》研究し実践すること。「徳をつかむ(=富豪ニナロウ)と思はば、すべからく、まづ、その心づかひを—・すべし」〔徒然・二一七段〕 ❸(仏道、または技芸などをきわめるため)諸国・諸所をめぐること。「鞍馬の山にこもりて、ことしは三十年になりはべりぬる山伏なり。去(い)ぬる七月より、—にまかりありく」〔宇津保・忠こそ〕 **—じゃ** 者 Ⓓ 仏道に至るため、特定のおこないをする者。多くは諸国をめぐり歩く。「すぎゃうざ」「すぎゃうじゃ」とも。「熊野へ参るには何かくるしき—よ」〔梁塵〕「(書写山ニハ)諸国の—充満して、余念もなく勤めける」〔義経・巻三ノ四〕

じゅ ぎょ【入御】 Ⓓ〘十自サ変〙(天皇・皇族または摂政・関白などが)おはいりになること。「(摂政ノ基房公ハ)待賢門より(宮中ニ)—あるべきにて(=オハイリニナルノデ)、中御門を西へ御出なる」〔平家・殿下乗合〕

しゅく【宿】 Ⓓ ❶街道筋にあって、旅人を泊めたり、運送用の人馬を提供したりする設備をもっている所。宿場。宿駅。「小勢なりといへども、あざむきがたし(=アナドリニクイ)と思ひければ、瀬河の—にひかへて進み得ず」〔太平・巻八ノ一〕 ❷星のあり場所。星宿。「八月十五日、九月十三日は婁(ろう)宿なり(=西方ノ七宿ノ第二星ニアタル)。この—(=コノ星宿ノ日ハ)清明なるゆゑに(=清ク明ラカデアルカラ)月をもてあそぶ(=賞美スルノ)に良夜とす」〔徒然・二三九段〕

しゅく ごふ【宿業】(-ゴウ) Ⓓ〔仏〕前世における行為の影響。《中古は多く「すくごふ」といった》[参]ごふ。「『これは、いかなる—の(タメニ受ケル)うたてさぞ(=ツラサナノカ)』とのたまひて、ただつきせぬものは涙なりけり」〔平家・海道下〕

しゅく しょ【宿所】 Ⓓ 住所。宅。自宅。「安倍泰親がもとへゆく。をりふし—にはなかりけり」〔平家・馳之沙汰〕「俊成卿の—におはして見たまへば、門戸をとぢて開かず」〔平家・忠度都落〕

しゅ ご【守護】 Ⓓ [一]〘十他サ変〙 ❶まもること。防衛。「三百余騎にて、宇治橋—のために、大和路を南へ向きてぞ歩ませける」〔保元・上・五〕 ❷《とくに》治安を保つこと。「平家、日ごろは朝家の御かためにて(=朝廷ノ御警衛デ)、天下を—・せしかども」〔平家・物怪之沙汰〕 [二] 鎌倉幕府開設の際もうけられた武家の職名。諸国警備という名目で、朝廷任命の国司とともに置いた。後には、政治的実権は守護がにぎった。「諸国に—を置き、荘園に地頭(ぢとう)をなすべき(=任命セヨトイウ)よし…奏し申す」〔盛衰・巻四六ノ七〕

じゅ こん【入魂】 Ⓓ ❶(したしい)つきあい。親交。「もしまた(オ互イニ)味方にてさうらはば、わりなく(=親密ニ)—いたしさうらふべし」〔鳩巣・駿台雑話・巻三〕 ❷(緊密な)意思の通じあい。相互理解。「両人(デ使者ノ役ヲ)承る上は、万端(=スベテ)相談—(=腹ヲ割ッテノ相談)もあるべきところ」〔近松・女護嶋・二〕

しゅ しゃう【主上】(-ショウ) Ⓓ 現在の天皇を尊んでいう。うえ。かみ。「—・上皇、父子の御間には、何事の御へだてかあるべき」〔平家・二代后〕「—を始めたてまつり、一門の月卿(=公卿)雲霞のごとく、波に浮かみて見えたるぞや」〔謡・船弁慶〕《謡曲では各流とも「シュショオ」と発音する。天草本平家物語にも xuxŏ と見える》「—にや参らむ法皇にやならむと、天下をほしいままにふるまふことこそ、奇怪(きっくわい)なれ(=不届キ千万ダ)」〔伽・唐糸草子〕

しゅ じゃう【衆生】(-ジョウ) Ⓓ〔仏〕この世に生をうけているすべてのもの。「なかにもこの界の(=欲界ニ住ンデイル)—の生死を離るることを惜しみ」〔平家・維盛入水〕

しゅ しょう【殊勝】 Ⓒ〘形動ナリ〙 ❶とくべつすぐれているさま。すばらしい。「福徳・長命—・にして(=人並ミハズレテ)」〔今昔・巻二ノ二五〕「奥浄瑠璃といふもの…枕近うかしましけれど辺土の遺風忘れざるものから、—・におぼえらる」〔芭蕉・奥の細道〕 ❷《特に宗教関係などで》心をうたれるさま。こうごうしい感じのさま。「いかに殿ばらずや(=オ目ニトマリマセンカ)、—の(=アリガタイ)事は御覧じとがめ(=モシモシ皆サン)」〔徒然・二三六段〕 ❸感心だ。ほめてよい。「二人は頭(かうべ)を地につけて、礼拝することそ—・なれ」〔狂・毘沙門〕

しゅ・す【修す】 Ⓓ〘他サ変〙研究し実践して身につける。「経をとらば、おこたるうちにも善業(ぜんごふ)(=ヨイ行為)おのづから—・せられ」〔徒然・一五七段〕

しゅっ くゎい【述懐】(-カイ) Ⓓ〘十自サ変〙 ❶不平をいうこと。愚痴をこぼすこと。「事新しき申し条、—に似たりといへども…いまだ一日片時(ダッテ)安堵(あんど)の思ひに任せず(=心ノ休マッタコトガアリマセン)」〔平家・腰越〕「(観世与五郎トイウ鼓打チハ)—にて(=不満ナ事件ガアリ)、金春方へ行く」〔四座役者目録〕 ❷《歌・連歌で》主観的に思想・感情をのべる行きかた。「恋・—などやうの題を取っては、ひとへにただ有心(うしん)の体をのみよむべし」〔毎月抄〕 ❸平素の所感を述べること。「常の仰せには、『…』と御—さうらひし」〔歎異抄〕《日葡辞書に xucquai とある。近世からは「じゅっくゎい」》

しゅつ　し【出仕】Ⓔ〘十自サ変〙❶宮中・院・幕府・役所に・行く(勤める)こと。「官加階したる者の直垂(ひたたれ)で―・せむこと、あるべうもなかりけり(=マサニヨクナイワイ)」〔平家・猫間〕 ❷公式の席に出ること。「(盛親僧都ハ)―・して饗膳(きやうぜん)などにつく時も、皆人の前にすゑわたす(=ゼンヲズット並ベルノ)を待たず、わが前にすゑぬれば、やがて(=スグ)ひとりうち食ひて」〔徒然・六〇段〕

しゅつ　せ【出世】Ⓓ〘十自サ変〙❶(神仏が)この世にあらわれること。「仏の―にはあひがたし、経法は聞きがたし、人身(にんじん)また得がたし」〔今昔・巻二ノ一三〕 ❷㋑(仏道にはいって)出家すること。「―の心多く(=仏道ニハイリタイトイウ志ハ深イガ)、浄土(へ往生スルタメ)の業因(ごふいん=原動力トナル勤メ)少なし」〔末燈鈔〕㋺出家した者。「ほかは供奉(ぐぶ)仕りたる―・坊官(ばうくわん)一人も候はず」〔太平・巻九ノ七〕㋩仏教世界。「―のみにあらず、世間の事においても」〔親鸞血脈文集〕 ❸㋑寺の管理職として後進を指導する地位にのぼること。「園頭(ゑんぢゆう=菜園主任)を勤むること、始終三年なり。のち―・せりし時」〔正法眼蔵・礼拝得髄〕㋺ある社会で高い地位にのぼること。「金春(こんぱる)権(ごん)の守・金剛(こんがう)権の守、(コノ二人ハイナカ芸デ)つひに―なし」〔申楽談儀・二二〕

しゅつ　たい【出来】Ⓓ〘十自サ変〙〔「しゅつらい」の転〕❶出てくること。出現すること。「舞歌(ぶが)といっぱ、根本(=モトモト)、如来蔵(=生命ノ根源)より―・せり」〔花鏡〕 ❷できあがること。「(アラカジメ句ヲ作ッテオクノハ)当座(=ソノ場)にて―・しさうらはむ(付ケ句)よりは無下に劣りたる事なり」〔九州問答〕

しゅつ　り【出離】Ⓔ〘十自サ変〙(わるい世界から)縁を切って去ること。「仏法を修行して、みな―のはかりごとを求む」〔今昔・巻七ノ一三〕〘謡曲では「しゅっり」と促音にいう〙

しゅら〈修羅〉Ⓓ ❶(略)阿修羅(あしゅら)。「帝釈(たいしゃく)宮の戦ひに―の眷属(けんぞく)ども天帝のために罰せられて」〔太平・巻一〇ノ七〕 ❷(略)修羅道。「(ナクナッタ父上ハ)―の苦患(くげん)は逃れさせられぬかいやい」〔狂・武悪〕 ❸嫉妬(しっと)によるはげしい怒り。「(女ヲ)この廓(くるわ)に置く故にこそ、かかる―も燃ゆることよ」〔浮・艶行脚・巻一ノ四〕　**―だう**　道(―ドウ)Ⓓ〔「道」は梵語 gati の意訳で、おもむく所の意〕阿修羅たちの住む世界。たえず反目・闘争がおこなわれているという。「六道」の一。「(通盛ト重章ハ)太刀にて刺しちがへ、共に―の苦を受くる」〔謡・通盛〕　**―ば**　場　Ⓔ〔阿修羅王が帝釈(インドラ Indra)と戦う場所の意から転じ〕戦場のこと。「干戈(かんくわ=ホコ)に貫かれて、―のもとに死したまひき」〔太平・巻二〇ノ九〕

しゅ　り【修理】Ⓓ〔「すり」とも〕㊀〘十他サ変〙❶工作を加えること。造作。「月宮殿のありさま、玉斧(ぎょくふ)の―とこしなへにして(=玉ノオノデ永久ニ破損シナイヨウ造ッテアリ)」〔謡・羽衣〕 ❷いたんだ所を直すこと。「世尊寺といふ所は…饗(あるじ)の料(=公式宴ノタメ)に―・し」〔宇治・巻六ノ二〕㊁〘十自サ変〙おさめること。修行。「愚老(=ワタシ)が年来の―の道(=歌道)、ただこの条々のほかは、またく他の用意(=見解)なくさうらふ」〔毎月抄〕㊂(略)修理職。　**―しき**　職　Ⓓ　大宝令にはない官。皇居の修理・造営をつかさどった役所。大夫(だいぶ)・権の大夫・亮(すけ)・権の亮・大進(だいじん)・少進・属(さかん)・史生(ししやう)などを置く。「すりしき」「をさめつくるつかさ」とも。

じゅ　りやう【受領】(―リョウ)Ⓒ　→ずりやう。〘平安時代の女流作品では原則的に「ずりやう」となっている〙「その後、伊豆の国たまはり、子息仲綱―になし」〔平家・鵺〕

しゅ　れう【衆寮】(―リョウ)Ⓔ 禅宗、特に曹洞(さうとう)宗の寺で、僧侶たちが読経したり、法話をきいたりして修行をし、また宿泊するようになっている建築物。「(曾良ガ秋風ヲ聞イテ句ヲ作ッタガ)吾も秋風を聞きて―にふせば(=秋風ニ聞キ入ッテ全昌寺ノ衆寮ニソノ夜ハ泊マルト)曙(あけぼの)の空近う(=明ケ方近クナッテ)」〔芭蕉・奥の細道〕

じゅん　えん【順縁】Ⓓ〔仏〕(対)「逆縁」❶仏法を尊重する行為が仏道にはいるきっかけとなること。「『とても(=ドウセ)伏したる(=倒レテイル)この卒都婆(そとば)、我も休む(=腰ヲオロス)は苦しいか(=サシツカエガアルカ)』『それは―にはづれたり』」〔謡・卒都婆小町〕 ❷当然そうなるはずの理由があること。「彼は(経文ヲトナエルトイウ善行ノ)―によって、今生に命を助かり」〔太平・巻二四ノ五〕

しゅんきょう　でん【春興殿】Ⓓ 内裏の殿舎の一。宜陽殿の南がわにあり、武具を納める。

じ　よ【自余・爾余】Ⓔ そのほか。それより以外。「―(=念仏以外)の行(ぎやう)もはげみて(=ツトメテ)仏になるべかりける身が」〔歎異抄〕

じょう【尉】Ⓓ ❶(対)「うば(姥)」(男性の)老人。老翁。「水を取り寄せて、みづからこれ(=斎藤実盛ノ首)を洗ひければ、(髪ヲ染メタ墨ガ落チテ)白髪の―になりにける」〔盛衰・巻三〇ノ一〕「―にならば、老じたる形なれば、腰を折り、足弱くて(=歩キブリモシッカリセズ)」〔花鏡〕 ❷〘老人の白髪にたとえて〙炭火が白い灰になったもの。「―がちになりたる火桶を」〔種彦・田舎源氏・一〇〕 ❸能で用いる老翁の面。小尉・朝倉尉・三光尉・皺(しわ)尉・笑尉・舞尉・石王尉・阿古父(ぶ)尉・木賊(とく)尉・悪尉など、いろいろの種類があ

〔じょう❸〕(小尉)

る。

じょう【判官】Ⓓ 大宝令の官制で、四等官のうち第三級の職階。官庁によって字が異なる。佑(神祇官)・丞(省)・允(寮)・進(坊・職)・忠(弾正台)・将監(近衛府)・尉(衛門府・兵衛府・検非違使庁)・監(大宰府)・掾(国司庁)など。[参]かみ・すけ・さくゎん。

しょう か【証歌】Ⓔ《歌学用語》雅語として認定するための証拠となる歌。「堀河院(ノ百首ノ)作者の歌の勅撰(集)に入らぬは、(イチオウ)—とはなるなり、(シカシ)本歌にてはあるまじきなり(=使ッテハイケナイ)」〔正徹物語・下〕

しょうぎゃう でん【承香殿】(-ギョウ-) Ⓓ ↓そぎゃうでん。

しょう し【勝事】Ⓔ ❶ぎょっとさせるようなこと。たいへんなこと。大事件。「(二代ニワタッテ皇后トナルノハ)天下において殊なる—なれば、公卿僉議(くぎやうせんぎ)あり(=閣議ガ開カレタ)」〔平家・二代后〕「今度の御産に—あまたあり。まづ法皇の御験者(=法皇御自身ガ祈禱師ヲオ勤メニナッタコトデアル)」〔平家・公卿揃〕 ❷けしからん事件。ふらちな事態。「(寝ボケテ天皇ノオ召シダト知ラセルナド)これは—にてさうらふ。(イクラ)寝ぼけさうらはむからに(=ソンナ寝ボケタカラトイッテ)、さる事やはつかまつるべき(=ソンナバカナ事ヲシテヨイモノカ)」〔著聞・興言利口〕《「しょう」と「せう」との区別がわからなくなった時代に「笑止」と表記され、だんだん違った意味を派生していった。[参]せうし》

しょう じゃう【丞相】(-ジョウ) Ⓓ ❶《中国で》政務の最高責任者。戦前の総理大臣と似たような地位。「西京の席門(=ムシロヲ扉ガワリニシタ門)はすなはちこれ陳—(=陳平)が旧宅なり」〔朗詠九十首抄〕 ❷大臣。「(平清盛ハ)次の年(=平治二年)正三位に叙せられ…

あまっさへ(=ソノウエ)—の位にいたる」〔平家・鱸〕「よくよく見れば、これは不思議や—(=菅原道真)にてましますぞや」〔謡・雷電〕《平曲・謡曲・義太夫節いずれも「ショオジョオ」と発音する》

じょう しゃう【縄床】(-ショウ) Ⓔ 縄(なわ)や木綿(もめん)の布を張ったいす。多くは禅寺で用いたが、そうでない場合もある。「文覚は—にあがり、結跏趺坐(けっかふざ)して(=特殊ナ脚ノ組ミ方ヲシテ)…睡(ねぶ)れるがごとくなり」〔盛衰・巻一九ノ三〕「(田楽ノ)舞台に曲彔(きょくろく)(=曲ゲ木製ノイス)—を立てならべ」〔太平・巻二七ノ二〕

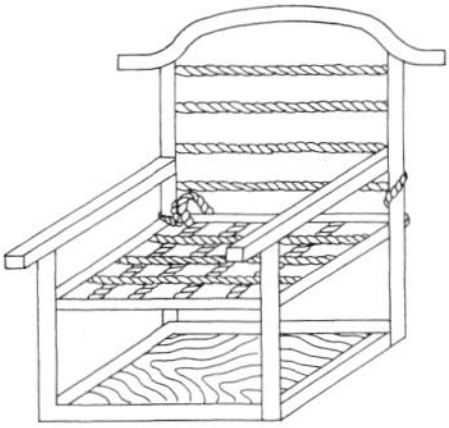
〔じょうしゃう〕

しょう でん【昇殿】Ⓓ《十自サ変》清涼殿の殿上(てんじょう)の間に出席するのを許されること。[参]てんじゃう。「(源頼政ハ)大内(おほうち)守護にて年久しうありしかども、—をば許されず」〔平家・鵼〕

しょう とく【所得】Ⓔ《十自サ変》もうけること。「年来(としごろ)、不動尊の火焰をあしく(=マチガッテ)画(か)きけるなり。今見れば、かうこそもえけれと、心得つるなり。これこそ—よ」〔宇治・巻三ノ六〕《諸本みな「せうとく」と表記。「所」を「せう」または「しょう」と仮名がきにした例が他にないので、いくらか疑問が残るけれども、同じ話が十訓抄(第六ノ三五)にあり、それには「所得」とあるので、しばらくそう解しておく》「玉の主(=持チ主)、『—・しつ』と思ひけるにや」〔今昔・巻二六ノ一六〕

しょう ばん【鐘板】Ⓔ 寺院などで合図に打ち鳴らす鉄・青銅などで雲形につくった板。打板(ちょうばん)。雲板(うんばん)。「曙(あけぼの)の空近う(=明ケ方近クナッテ)、読経(どきやう)声澄むままに、—(=食事ヲ告ゲル雲板ガ)鳴って、食堂(じきだう)に入る」〔芭蕉・奥の細道〕

しょう みゃう【称名】(-ミョウ) Ⓓ 〔仏〕仏(とくに阿弥陀仏)の名をとなえること。「厳島の社は—あまねく聞こゆる場(はに)」〔平家・富士川〕《「念仏」と訳するのは正確でない。念仏には、心に仏の姿を思い画く観想念仏など、四種があり、その一つに、仏の名をとなえる口称(くしょう)念仏がある。称名は口称念仏に当たる》

しょ かう【初更】(-コウ) Ⓓ 一夜を五分した、その第一に当たる時刻。季節・地方(経度・緯度)によってずれはあるが、暮れ六つの初めからおよそ二時間あまり。[参]かう・とき[一]①。

しょ ぎゃう【諸行】(-ギョウ) Ⓓ 〔仏〕存在する事物のすべて。「行」は梵語 saṃskāra の意訳で、行為と現象をひっくるめた概念。　**—むじゃう** 無常 (…-ジョウ) Ⓓ 「あらゆる存在は常に変化している」という仏教の根本原理。涅槃(ねはん)経に出ている。「昨日の楽しみ今日の悲しみ、—はただ目の前に現れたり」〔平治・上・五〕

しょく【俗】Ⓒ ↓ぞく。「耳(=人ノ言ウコト)を信じて目(=自分ノ見タコト)を疑ふは、—(=世人)の常の弊(=悪イ点)なり」〔平家・法印問答〕

しょ さ【所作】Ⓓ ❶歩く、言う、思うなど、身・口・意のはたらきから起こる動き。「万事を放下(はうげ)して(=ホウリ出シテ)道にむかふ時(=仏道ヲ修行スルト)、さはりなく(=支障モナクナリ)—なくて(=ヨケイナ行動ガナクナッテ)心身ながく静かなり」〔徒然・二四一段〕 ❷㋑しごと。しわざ。「かの国は…ただ、昼夜に常に猟(かり)漁捕(すなどり)をもって―とする国なり」〔今昔・巻三一ノ一六〕㋺〔実際の〕行動。実践。「俊寛は、ことば(=理屈)ばかりは言ひちらしたりけれども…いささかも―は無かりけり(=何モ実行シナカッタ)」〔盛衰・巻九ノ六〕 ❸公的なきまりによって行う音楽や舞踊。「その(=七夕祭リノ)夜は、例の(=イツモドオリ)玄象(げんじゃう)(トイウ琵琶(びは)ヲ)ひかせたまふ。人々の―(=管弦ハ)、ありし作文(さくもん)にかはらず(=先日ノ作詩ノ会ノ時ト変ワリナイ)」〔増鏡・秋のみ山〕 ❹〔歌舞伎劇にはさまれる〕踊り。「旅役者落馬で(腰ナドイタメテイルタメ)―の所(こと)をぬき(=省略スル)」〔柳樽・二〕

しょし【所司】 Ⓓ ❶寺務をつかさどる僧官。行事・勾当(こうとう)・公文(くもん)などをいう。その上に別当(長官)がいた。「筑紫のおはしましどころは、安楽寺といひて、おほやけ(=朝廷)より別当・―などなさせたまひて(=任命サレテ)いとやむごとなし」〔大鏡・時平〕 ❷院の御所の下北面のうち、家筋および人物才能のよい者からえらばれた武士。「この(=白河院ノ)御時、院中に上下の北面を置かれて、上は諸大夫、下は衛府・―允多くさぶらひて、下北面、御幸の御後には、箭(や)負ひてつかうまつりけり」〔愚管抄・第二〕 ❸鎌倉幕府の制度で、侍所(さむらいどころ)の次官。別当につぐ役。室町幕府では別当をおかなかったので、所司が長官となった。「侍所の別当左衛門の少尉平の朝臣(和田)義盛、―平の(梶原)景時」〔東鑑・建久二年正月十五日〕 **――だい 代** Ⓓ ❶室町幕府の侍所の長である所司の代官。所司から将軍に申しでて自分の家令の長たる者を任命した。「―(=都筑入道)の勢すでに未明(びめい)に四方より押しよせて、十重二十重(はたへ)にとりまきける時」〔太平・巻二四ノ五〕 ❷一六世紀末から京都におき、武家方からの朝廷に関する事務と、近畿地方の民政とを管理した。「板倉伊賀守、京都の―として訟(うった)へを聞き、理非を決断せらるるに」〔咄・醒睡笑・巻四〕

しょじゅう【所従】 Ⓓ 家来。部下。「(新大納言成親卿ハ)大国あまた賜って、子息―朝恩にほこれり(=朝廷ノ恩寵ニ思イアガッテイル)」〔平家・鹿谷〕

しょしん【初心】 Ⓒ 〔＋形動ナリ〕 ❶(対)「後心」 初歩の段階。または習いはじめの者。未熟者。「俊恵は(名人トナッタ)このごろも、ただ―のごとく歌を案じはべり」〔無名抄・五一〕「たれ(ダッテ)義理(ノタイセツサヲ)知らぬ者やある。…―なる事をいふ(ヤツダナ)」〔鳩巣・駿台雑話・巻五〕 ❷㋑〔世阿弥の能楽論で〕芸が未完成の時代に習得した境地。「―忘るべからず」〔花鏡〕㋺未熟なこと。幼稚。「(贈リ物ヲ)返したるとき…手形(=受領証)を取らせざうらふよし…―なる事にてさうらふ」〔常朝・葉隠・聞書一〕 ❸〔近世語で〕しろうとくさいこと。すれていないこと。「―なる女郎は、脇からも赤面してゐられしに」〔西鶴・一代男・巻七ノ一〕〔「はじめに思った心」という意味の用例は見当たらない〕

しょてん【諸天】 Ⓓ 〔仏〕 ❶もろもろの天上界。すなわち欲界の六天・色界の十八天・雑色界の四天および日天・月天・韋駄(いだ)天など。「―に仏法なくとも、都率(とそつ)(=弥勒菩薩(みろくぼさつ)ノイラレル天)には一生補処の(=今生ダケ仏ノ補充要員デアル)菩薩の浄土あり」〔明恵上人遺訓〕 ❷多くの天上界の神々。「正直の人には―の恵み深く、仏陀・神明の加護ありて」〔正三・万民徳用〕

しょとく【所得】 Ⓔ 〔＋自サ変〕→しょうとく。

しょや【初夜】 Ⓓ (対)「後夜」 〔「そや」とも〕 ❶夜の前半。〔従来「―自㆓亥一刻㆒至㆓子二刻㆒、後夜自㆓子三刻㆒至㆓丑四刻㆒」〔雲図抄裏書・御仏名〕によって、亥(い)の二刻(午後九時半)から子(ね)の二刻(午後一一時半)までとする説がおこなわれているけれど、雲図抄の原本を見ると、右の文章の上に「初夜、亥一刻、打㆑鐘仰㆓御導師等㆒」とあり、「導師たちが鐘を打つのは、初夜(第一夜)の場合は亥の二刻から子の二刻まで」という意であることが明らかである。なお、下文に「第二夜、打㆑鐘仰㆓御導師㆒。―自㆓亥二刻㆒至㆓子二刻半㆒、後夜自㆓子三刻㆒至㆓丑二刻半㆒」とあり、もし子の二刻までが初夜なら、翌晩は子の二刻半(午後一一時四五分)としているのが不可解となる。「初夜、亥一刻」とあるほうは第一夜、「―自㆓亥二刻㆒…」とあるほうのは①の意と解すべきである〕 ❷㋑〔仏〕一日を晨朝(じんでう)・日中・日没・初夜・中夜・後夜と六時に分けた一つ。季節により不定だが、およそ今の午後七時すぎから午後九時ごろまで。「―より後夜の一点(=約午前三時スギ)まで、蕭然として坐したりしに、六窓いまだ明けざるに」〔謡・盛久〕㋺「㋑」の時にする仏へのお勤め。(参)そや。㋩〔近世〕戌(いぬ)の時の真中(午後八時またはその前後)に打つ時報の太鼓または鐘。「太鼓を打って時を報ず。夜五つ(=戌ノ時)を―といふ」〔守貞・漫稿・家宅〕「早いが好きなら、この船、―が鳴ると(スグ)出します」〔近松・鑓権三・下〕(参)とき㊀①。 ❸第一夜。〔用例→①〕

しょりやう【所領】(―リョウ) Ⓓ 領有する土地。「あづまの方(=東国)に―のありけるを…争ふことありけり」〔十訓・第九ノ二〕

しょゐん【書院】(―イン) Ⓓ ❶勉強べや。書斎。「(仙薬ヲ服用シテ)今は定めて身も軽くなりぬらむ、飛んでみばやと思ひ、―の軒にあがりて、雨落ち(=軒下)へ飛び下りければ」〔仮名・浮世物語・巻五ノ七〕 ❷㋑表座敷。客を接待するへや。「門の外まで出むかへ、つつがなき帰国を祝して、もろともに―に至れば」〔馬琴・弓張月・七回〕 ㋺江戸城内の表座敷。黒書院と白書院があった。「当時の大儀(＝大キナ儀式)は、みなこれ大広間(＝諸侯ノ列席スル広間)・御―等において行はるる御事なれば」〔白石・折たく柴の記・中〕

じ らう【次郎】(―ロウ) Ⓔ ❶二男。「―をも僧になして、公暁(こうげう)といひき」〔盛衰・巻四六ノ六〕 ❷順序・大きさ・優劣などで第二位のもの。《単独で用いられた例はほとんどなく、たいてい接頭語ふう、接尾語ふうに使われる》「堀河院―百首」〔書名〕《堀河天皇主催の百首和歌のうち、一一一六年におこなわれた第二回のをいう》

しら え【白柄】 Ⓔ 何も塗ってない柄。「好む(＝愛用ノ)―の大長刀(なぎなた)取り添へて、橋の上にぞ進んだる」〔平家・橋合戦〕

しら がさね【白重ね・白襲】 Ⓔ 襲(かさね)の色目。↓巻末「襲の色目要覧」。

しらが・ふ (―ガ〈ゴ〉ウ) Ⓔ 《自四》〔補動〕《動詞の連用形に付き》 ❶わざと…する。「(コノ老尼ハ)つねに見え―・ひありく」〔枕・八七段〕 ❷争って…する。はげしく…する。「(木ノ枝ヲ)ばひ―・ひ(＝ウバイアイ)取りて(木ノ上ヲ)さし仰ぎて『われに多く』など言ひたるこそをかしけれ」〔枕・一四四段〕「羅刹(らせつ)(＝悪鬼ハ)ばひ―・ひて、これ(＝商人)を破り食ひけり」〔宇治・巻六ノ九〕

しらき をの【新羅斧】(―オノ) Ⓔ 新羅の国から渡来したのと同型の斧。「梯(はし)立ての(＝枕詞)熊来(くまき)のやら(＝沼)に―落とし入れわし(＝オッコトシテサ)かけかけて(＝決シテ決シテ)な泣かしそね(＝オ泣キナサルナ)浮き出づるやと(＝ソノ斧ガ浮カビ出シテクルカト)見むわし(＝見ヨウヨ)」〔万葉・巻一六〕《「き」は清音。「新羅奇」と表記した例がある〔万葉・巻一五〕。「奇」は清音の「キ」(乙類)を表す》

しら・く【白く】 Ⓓ [一]《自下二》 ❶白くなる。白色に変わる。「ぬば玉の(＝枕詞)黒髪変はり―・けても(＝老人ニナッテモ)いたき恋には(＝ヒトスジノ恋ニハ)あふ時ありけり(＝アルトワカリマシタ)」〔万葉・巻四〕 ❷しらじらしい気分になる。興味がさめる。「かね捨てながら(＝散財スルクセニ)―・けて」〔西鶴・一代男・巻七ノ二〕 ❸てれくさくなる。「(小坊主ヲダマシソコナイ)お七―・けて走り寄り『こなたを抱いて寝にきた』といひければ」〔西鶴・五人女・巻四ノ二〕 [二]《他下二》すっかりうちあける。あからさまに言う。「その夜は…ふけゆくまでさしわたし(＝夜フケマデ差シ向カイデ)かしらから(＝事ノハジマリカラ)物事―・けて(＝ザックバランニ)語りぬ」〔西鶴・一代男・巻二ノ四〕「月雪の見たてもあまりしらじらし(＝アンマリ技巧スギテ興ザメダ)―・けて(＝ズバリト)いはばあれは卯(う)の花」〔後万載・巻二〕

しらし め・す【知らし召す】 Ⓒ 《他四》お治めになる。しろしめす。「葦原の瑞穂(みづほ)の国とあま下り―・しける天皇(すめろき)の神の命(みこと)の御代重ね…」〔万葉・巻一八〕

しら す【白洲・白州・白砂】 Ⓓ ❶白い砂が盛り上がって、川・湖・海などの水面に低く現れ出た所。「沖の―にすだく(＝集マッテイル)浜千鳥のほかは、(俊寛ノ)跡とふもの(＝ユクエヲ聞キ出ス相手)もなかりけり」〔平家・有王〕 ❷(玄関先・庭の)白い砂や小石を敷いてある所。またはその玄関先・庭。「(ゴ主人ハ)折ふし(＝チョウド)御機嫌ようて、表(＝表ノ間)へ出させられた。―へ廻って目見えをせい(＝オ会イスルヨウニ)」〔狂・今参〕「春の―の雪掃(は)きを呼ぶ(＝雪ヲ掃カセヨウト召使ヲ呼ブ)」〔重五(冬の日)〕 ❸《室町・江戸時代》訴訟を裁判し、罪人を取り調べる所。白い砂が敷いてあった。「公儀の腰懸け(＝控エノ場所)に町衆を(待タセテ)退屈させ、―の上にて疝気(せんき)(＝病気ノ一種)おこして戻ること」〔浮・万金丹・巻三ノ二〕 ❹能の舞台と観覧席との間の白い小石を敷いてある所。

しら たま【白玉】 Ⓓ ❶白い美しい玉。しろだま。「さ男鹿の萩に貫(ぬ)き置ける露の―あふさわに(＝軽々シク)誰の人かも(＝イッタイダレガ)手にまかむちふ(＝手ニ巻キタイナドトイウダロウ)」〔万葉・巻八〕 ❷真珠。「吾妹子(わぎもこ)が心慰(なぐさ)にやらむため沖つ島なる―もがも」〔万葉・巻一八〕 ❸露・涙・愛児・愛人などのような美しいもの、かれんなものなどをたとえていう。「あかずして別るる袖の―(＝涙)を君がかたみとつつみてぞゆく」〔古今・離別〕「ただ独りありて―と思ひつる我が子を殺して」〔今昔・巻一九ノ二七〕

しら なみ【白波・白浪】 Ⓔ ❶(波頭がくだけて)白く見える波。「瀬を速み(＝川ノ浅瀬ノ流レガ早イノデ)落ちたぎちたる―にかはづ鳴くなり朝夕(あさよひ)ごとに」〔万葉・巻一〇〕 ❷《後漢書の霊帝紀に見える「白波(はくは)賊」から》盗賊の異称。「―(＝掛ケ詞「①」)の名をば立つとも吉(＝掛ケ詞「宜(よ)し」)野川花ゆゑ(罪ニ)沈む身をばうらみじ」〔沙石・五末ノ二〕

しら びやうし【白拍子】(―ビョウ―) Ⓓ ❶[対]「乱拍子」今様(一二世紀の流行歌謡)の一種で、特殊な拍子でうたうもの。舞をともなう。一三世紀にはいって、曲舞(くせまひ)がそれから生まれた。「静が舞ひたりけるに、新無常の曲といふ―を半らばかり舞ひたりしに」〔義経・巻六ノ七〕 ❷「①」の舞を演ずる遊女。男装で舞った。「通憲入道、舞の手の中に興ある事どもをえらびて、磯の禅師といひける女に教へて舞はせけり。白き水干(すいかん)に鞘(さう)巻き(＝小刀)を差させ、烏帽子(ゑぼし)をひき入れたりければ(＝カブッタノデ)、男舞とぞいひける。禅師がむすめ静といひける、この芸を継げり。これ―の根元なり」〔徒然・二二五段〕

しらべ【調べ】Ⓒ ❶旋律の構成様式。「律(りち)の―は(＝長音階的ナ旋法ハ)、女のものやはらかにかきならして、簾(す)のうちより聞こえたるも(＝スダレノ内カラ聞コエテ来ルガソノ旋法モ)、今めきたるものの声なれば(＝当世フウナ音ナノデ)清く澄める月にをりつきなからず(＝ソノ月ノ時ト不調和デナイ)」〔源氏・帚木〕 ❷㊥しらべの緒。鼓の両面の皮を胴に締めつけるひも。しめたりゆるめたりして音色を調節する。「紫檀(したん)の胴の皮にてはりたりける啄木の(＝色々ノ糸デマダラニアンダ啄木組ミノ)―の鼓をたまはりて」〔義経・巻五ノ一〕

-しり【尻】Ⓔ〖接尾〗矢羽につかう鳥の羽を数える語。主として鷲(わし)の羽で、大鷲の尾羽一四枚、小鷲の尾羽一二枚が一尻。「白皮百枚、鷲の羽(は)百―、よき馬三疋、白鞍置きて取らせける」〔義経・巻二ノ六〕

しり【後・尻】Ⓒ ❶身体の腰の下の肉づきのある部分。「なげしに―かけて、物語するさま」〔徒然・一〇五段〕 ❷器物などの末端。器物の後部。「小君、御車の―にて(＝源氏ノ御車ノ後ロニノセテ)、二条院におはしましぬ」〔源氏・空蟬〕「筆の―とる博士ぞ(＝軸端ヲモッテ添削ヲスル先生ガ)なかるべき」〔源氏・末摘花〕 ❸衣服のすそ。「桜の唐の綺(き)の御直衣えび染めの下襲(したがさね)、―いと長く引きて」〔源氏・花宴〕 ❹下流。末流。「楼の南なる山の井の―引きたるに、浜床(＝腰カケヲ)水の上(＝ホトリ)に立てて、尚侍(ないしのかみ)もろともにおはす」〔宇津保・楼上下〕 ❺㋑物事の終結。結末(の責任)。「水風呂の釜をぬきたる科(かと)ゆゑに宿屋の亭主(ガ)―を寄こした(＝弁償サセタ)」〔一九・膝栗毛・初〕㋺(秘密にしてある)結果。(ないしょの)始末。「その―が割れると、しくじるはあたりまへだが、ここでしくじっては理屈のわりいことがある」〔一九・膝栗毛・発端〕 ❻(事がらや状況について)背後。「そいつには僉議のある(＝調ベナクテハナラヌ)やつ、侍、その―を持つ(＝アト押シヲスル)か」〔伎・幼稚子敵討・三〕

しりう ご・つ【後言つ】(-リュウ-) Ⓔ〖自四〗当人のいない所でうわさする。かげ口をきく。「『めざましき(＝スバラシイ)女の宿世(すくせ)(＝運命)かな』とおのがじし(＝メイメイハ)―・ちけり」〔源氏・若菜下〕

しりう ごと【後言】(-リュウ-) Ⓔ ❶(当人のいない所や見えない所でいう)悪口。かげ口。「あな、むくつけや(＝気味ガ悪イワネ)。―や、ほの聞こしめしつらむ」〔源氏・少女〕 ❷(本人の前でいう)悪口。「(私ハアナタカラ)まだおろし(＝オサガリ)の御衣一つ賜らず。なにか、―には聞こえむ(＝根モ葉モナイ悪口ナド申シテハイマセンヨ、ミンナホントウナノダカラ)」〔枕・二一七八段〕

しり がい【尻繫・鞦】Ⓓ 馬・牛の鞍(らく)と尾とにかけわたす緒。多くは皮製。「(牛車ノ)簾(すだれ)かなぐり落とし、御牛の―・胸懸(むながい)切りはなち」〔平家・殿下乗合〕

じ りき【自力】Ⓓ ㊞「他力」 ❶自分自身の能力。「高雄の神護寺を―奉加にて(＝単独募金デ)造らむといふ願ひをおこし」〔平家・巻九(長門本)〕 ❷自分からの積極的なはたらきかけにより菩提(ぼだい)に達しようとすること。「―の心をひるがへして(＝アラタメテ)、他力を頼みたてまつれば、真実報土(＝マコトノ浄土)の往生をとぐるなり」〔歎異抄〕

しり へ【後方】(-エ) Ⓓ あとのほう。うしろ。「かま(＝カマド)の―に、かがまりてをりける」〔大和・一四八段〕「太刀はきて、―に立ちて歩みいづるを」〔更級〕

しり め【後目・尻目】Ⓔ 眼球だけ動かして、後方を見ること。ながし目。「(源氏ノ君ハ)さらぬ顔なれど(＝サリゲナイ様子ダガ)、ほほゑみつつ―にとどめたまふ」〔源氏・葵〕(中古の用例では、失礼なとか、相手を見くだすとかいった感じはなかったようである)

し・る【痴る】Ⓓ〖自下二〗 ❶知能が低い。おろか者である。ばかになる。ぼける。「人がらあやしく―・れたまへれど、やむごとなきみこの大事にしたまふことなれば」〔大鏡・師尹〕 ❷もの好きである。「亀山院の御時、―・れたる女房ども、若き男たちの参らるるごとに」〔徒然・一〇七段〕

し・る【知る】Ⓐ ㊀〖自四〗…がわかる。「をちこちのたづきも―・らぬ(＝アッチヘ行ケバコウ、コッチヘ行ケバコウトイウことノ見当モツカナイ)山中におぼつかなくもよぶこ鳥かな」〔古今・春上〕 ㊁〖他四〗 ❶認識する。「鶯(うぐひす)の谷よりいづる声なくは春くることを誰か―・らまし」〔古今・春上〕 ❷(見たり聞いたり自分でやってみたりして)経験する。体験をする。「ひたぶるに(＝ムヤミニ)若びたるものから(＝ウブデアルモノノ)、世を―・らぬ(＝異性ヲ経験シテイナイ)にもあらず」〔源氏・夕顔〕 ❸理解する。わきまえる。「物の情け―・らぬ山賤(やまがつ)も花の陰には、なほやすらはまほしきにや」〔源氏・夕顔〕 ❹親交をもつ。つきあいがある。「那須の黒羽といふ所に―・る人あれば」〔芭蕉・奥の細道〕 ❺世話をする。めんどうをみる。「初草の(ヨウナ少女ガ)生ひゆく末(＝成長スル将来マデ)も―・らぬまにいかでか(＝ドウシテアナタハ)露の(ヨウニハカナク)消えむとすらむ」〔源氏・若紫〕 ❻㋑(国や領地を)治める。「世の中を―・りたまふべき右の大臣の御勢ひは、物にもあらず(＝問題ニナラヌホド)おされたまへり」〔源氏・桐壺〕㋺(事務処理を)主宰する。さしずする。「その事どもは、みな殿ぞ―・りたまひける」〔寝覚・巻三〕㋩(家・財産を)管理する。「忠助、家を―・ってより三十年あまり、勘定なしの無帳・無分別」(西鶴・永代蔵・巻三ノ五) ㊂〘自下二〙(人から)知られる。「人―・れず思へばくるし(=イッソノコト)紅の末摘む花の(=ヨウニ)色にいでなむ(=オオッピラニシチマイタイ)」(古今・恋一)

しるし【標・徴・験・印】Ⓐ ❶㋑ある物を他から見分けるための目じるし。「人つく牛をば角(つの)を切り、人くふ馬をば耳を切りて、その―とす」(徒然・一二八段) ㋺ある人を他から見分けるためのより所。身分証明書の類。「この御経(=法華経)を―として、後生には御たづねあるべし」(日蓮・千日尼宛(弘安元年)書簡) ❷㋑それとはっきりわかる証拠。「頭の中将の随身、その小舎人童(こどねりわらは)をなむ、―に(=ソレガ頭ノ中将デアルト)いひはべりし」(源氏・夕顔) ㋺(討ちとった証拠としての)首。首級。「―をば取らずして、そのまま さし置き帰りけり」(大友興廃記) ㋩(婚約の)意思表示の品。結納(ゆいのう)。「すでに―を納めしうへ、かの赤縄(せきじょう)につなぎては(=結婚ノ手続キヲシタウエハ)」(秋成・雨月・吉備津) ❸旗じるし。紋所など。「―は皆白ければ、源氏の勢(せい)とぞ見えたりける」(平治・中・二) ❹合図。信号。「淡路島―の煙見せわびて(=示スノニグアイガワルク)霞をいとふ春の舟びと」(新勅撰・雑四) ❺さきぶれ。きざし。前兆。兆候。「剣太刀(つるぎたち)身に取りそふと夢に見る何の―ぞも君にあはむため」(万葉・巻四) ❻あとでわかる効験。「たゆたひしかど(=出家スルノヲタメラッテイタガ)忌むこと(=受戒シタコト)の―に、よみがへりてなむ」(源氏・夕顔)「いとどうれしう、夢の―あるべき(=夢デ告ゲラレタコトガ実現スルハズダ)と思ひて」(栄花・浦々) ❼ききめ。効果。かい。「『人知れぬ思ひの(=人ニ知ラレヌヨウニアナタヲ慕ッテイタコトノ)―あるここちして』とのたまふ」(源氏・帚木) ❽【璽】皇位のしるし。三種の神器の一つで、八尺瓊(やさかに)の曲玉(まがたま)。「しんし(神璽)」とも。「内侍所(=神鏡)―の御箱、鳥羽につかせたまふと聞こえしかば、内裏より御迎へに参らせたまふ」(平家・内侍所都入)

しる・し【著し】Ⓑ〘形ク〙❶明白だ。きわだって、はっきりしている。「みな静まれる夜の、御衣(おんぞ)のけはひ(=オ召シ物ノ衣ズレハ)、やはらかなるしも(=ヤワラカナ地ノ衣ガカエッテ)いと―・かりけり(=ハッキリ音ガスルノダッタ)」(源氏・空蟬) ❷(かねがね言っていた事、聞いていた事、思っていた事などが)はたしてそのとおりだ。まさにぴったりだ。ほんとうにそのままだ。てきめんだ。「(源氏ハ)のたまひしも―・く(=カネテオッシャッテイタトオリハタシテ)十六夜の月をかしきほどに(末摘花ノヤシキニ)おはしたり(=オイデニナッタ)」(源氏・末摘花)

しる・す【標す・記す】Ⓒ〘他四〙❶目に見える形で示す。「新しき年の初めに豊(とよ)の年(=豊作ヲ)―・すとならし(=標示スルトイウノデショウ)雪の降れるは」(万葉・巻一七) ❷㋑記録する。書きとめる。「喚子鳥(よぶこどり)は春のものなりとばかりいひて、いかなる鳥ともさだかに―・せる物なし」(徒然・二一〇段) ㋺心にとどめる。「(昔ノ事ヲ)―・すなる(=記憶シテイルトイウ)清き鏡に映(うつ)りなば昔にかはる影も嘆かじ」(新続古今・釈教) ❸印をつける。「積もれる年を―・せれば(=マークスルト)五つの六つ(=三〇年)になりにけり」(古今・雑体)〘「かぞえる」と解する説は適当でない〙

しるべ Ⓒ ㊀【導】〘+自サ変〙❶道案内。行く道を教えること。「違ふべくもあらぬ(=マチガエルハズモナイ)心の―を(=ワタシノ心ニヨル道案内ヲ)思はずも(=意外ニモ)おぼめかいたまふかな(=アナタハソラトボケナサイマスコトヨ)」(源氏・帚木) ❷ものごとの手はずをつけてやること。うまく行くようにしてやること。「(以前ニ明石上ノ事ヲ)―・して(=キッカケヲ作ッテ)聞こえ出でし(=申シアゲタ)初めの事など(ヲ人々ハ)ささめきあへる」(源氏・明石) ㊁❶【知る辺】知人。知りあい。「妻をあはれみ、老母をかなしみ(=老母ヲイタワッテ)、それぞれの―の方へ(=メイメイノ知リ合イノ所へ)立ちのきし(=一時ヲシノグタメニ立チノイタノハ)」(西鶴・五人女・巻四ノ一) ❷(具体的な手段。「古歌を見ること…さらに今歌よまむ―には用ふべきものにあらず」(真弓・歌学提要)〘原文「筌蹄」に「シルベ」と振りがな。筌蹄は器具の意〙

しれもの【痴れ者】Ⓓ ❶愚かな者。あほう。たわけ。「これを見る人あざけりあさみて、『世の―かな。かくあやふき枝の上にて安き心ありて(=安心シテ)ねぶるらむよ』といふ」(徒然・四一段) ❷風雅の道などにおぼれている人。数寄(すき)者。風流人。「去秋は越人といふ―木曾路を伴ひ」(芭蕉・猿雖宛(元祿二年二月)書簡)

しろ【代】Ⓔ ❶〘接尾語ふうに名詞と結合して〙㋑「それに相当するもの」「それを代表するもの」の意。「倭(やまと)の香(かご)山の土を取りて…『是れ倭の国の物―(=代表物質)』とまうして、すなはち返りぬ」(紀・崇神・訓)〘「しろ」は「実」の訓〙㋺「それを作る土地」の意。「苗(なは)―の子水葱(こなぎ)が花を衣(きぬ)に摺(す)り馴るるまにまに(=着ナレルニツレテ愛着ガ深マルヨウニ)何(あぜ)か愛(かな)しけ(=カワイイノダロウ)」(万葉・巻一四) ㋩「代わりになるもの」の意。「(科料トシテノ)塩―(=塩ノ代用)の田二十千代(はたちしろ)を奉りて(国ノ造ノ)名得つ(=称号ヲ取リモドシタ)」(播磨風土記) ❷代価。あたい。「烏帽子の―は定まりてさうらふほどに、(ソンナ貴重品ヲイタダクノハ)思ひも寄らずさうらふ」(謡・烏帽子折)

しろあしげ【白葦毛】Ⓔ(馬の毛色が)だいたい白で所

し

どころ黒その他がまじっていること。「しらあしげ」とも。「―なる馬の名をば、南鐐(なんれう)(=上質ノ銀)とつけて、さしも秘蔵せられたりける名馬」〔平家・競(八坂本)〕

しろしめ・す【知ろし召す】Ⓒ《他四》(「知る」の尊敬語) ❶お知りになる。御存知ある。「故按察(あぜち)の大納言は世になくて久しくなりはべりぬれば、え―・さじかし(=アナタハ御存ジアリマセンデショウネ)」〔源氏・若紫〕 ❷お治めになる。政務をおとりなさる。「その年の五月十一日より、世を―・ししかば、かの殿(=伊周)いとど無徳に(=ブザマニ)おはしまししほどに」〔大鏡・道隆〕

しろたへ【白栲・白〈妙〉】(―エ) Ⓓ ❶白い栲(たえ)の布。「春過ぎて夏来たるらし―の衣干したり天の香具山」〔万葉・巻一〕 ❷白い・こと(もの・さま)。「卯の花の―に、茨の花の咲きそひて、雪にも越ゆるここちぞする」〔芭蕉・奥の細道〕

しわた・す【為渡す】Ⓓ《他四》(ある地点からある地点へかけて)続けてする。続けて作る。「同じ小柴(=小柴ガキ)なれど、うるはしう(=キチント)―・して清げなる屋、廊など続けて」〔源氏・若紫〕

しをに【紫苑】(―オ―) Ⓓ 「しをん」の転化。《「せん(銭)」が「せに」(さらに転じて「ぜに」)となるのと同様の音韻変化による》→しをん。

しをり【枝折り・栞】(―オ―) Ⓓ 山中で木の枝を折りとって、あとから来る人の道しるべとしたもの。「鷲(わし)の山にましまさましかば、―を尋ねつつも登りたまひなまし」〔今昔・巻二八ノ一九〕「―してゆく人もがな秋萩に花の乱れて道も知られず」〔続古今・雑〕「霞こめたる稜(そば)の(=岩ナドノ角バッタ)道、―をしるし(=目標)に過ぎられけり」〔盛衰・巻九ノ六〕

しを・る【萎る】(―オ―) Ⓓ 《自下二》 ❶(草木が)しおれる。しぼむ。「事繁み相問はなくに梅の花雪に―・れてうつろはむかも」〔万葉・巻一九〕《「しをれ」は「之乎礼」と表記》 ❷(着物などが)くしゃくしゃになる。「あまりに御すがたの―・れてさぶらふに、たてまつりかへよ」〔平家・重衡被斬〕[参]しほる。

しを・る【撓る】(―オ―) Ⓔ 《他四》たわませる。「―・りつる風は籬(まがき)にしづまりて小萩が上に雨そそくなり」〔玉葉・秋上〕「―・りつる野分きはやみてしののめ(=夜明ケガタ)の雲にしたがふ秋のむら雨」〔風雅・秋下〕《「草木などを枯れしぼませる」という意をあげる説もあるが、確かな用例未見》

しを・る【枝折る・栞る】(―オ―) Ⓔ 《他四》枝を折って帰途の道しるべとする。「ふる雪に―・りし柴(しば)(=細イ枝)もうづもれて(帰ルワケニユカズ)思はぬ山に冬ごもりぬる」〔山家・上〕

しをん【紫苑】(―オ―) Ⓓ 《「しをに」とも》 ❶キク科の多年生草本。秋にうす紫の花が咲く。「―のはなやかなれば、皇后宮の御さまにもがな(=皇后サマソックリダト申シアゲタイ)」〔堤・はなだ〕 ❷[略]紫苑色。襲(かさね)の色目。→巻末「襲の色目要覧」。

しん-【新】Ⓔ 《接頭》「あとでなった」という意をあらわす。同じ地位の人が二人あるとき、あとでその地位についた人を区別してよぶ。「先帝を―院と申し、上皇をば一院とぞ申しける」〔保元・上・一〕「北の方と申すは、故中御門―大納言成親卿の御むすめなり」〔平家・維盛都落〕

しん【信】Ⓓ ❶言ったとおり行動すること。「友と交はりて―ありて、私の意趣をもって(=自分ダケノ考エデ)身を捨つることなかれ」〔謡・内外詣〕 ❷信じること。信用。信頼。「道々の物の上手のいみじき事(=スバラシサ)など、かたくななる(=教養ノナイ)人の、その道知らぬは、そぞろ(=ヤタラニ)神のごとくにいへども、道知れる人は、さらに―もおこさず」〔徒然・七三段〕 ❸信仰。「―をひとつにして(=同ジク信心シ)、心を当来の報土にかけし(=来世ハ浄土ニト志シタ)ともがら」〔歎異抄〕

じん【仁】Ⓓ ❶義・礼・智(ち)・信とともに、五常という徳目の一で、人の生来もっている愛の情にもとづく、儒教道徳の最高至善の極致をさす。「この殿は幼くおはするとも、狂言綺語(きぎよ)のたはぶれ(=風流ナ芸事)も、―義礼智信も正しくぞおはすらむ」〔義経・巻二ノ六〕 ❷情愛。あわれむ心。いつくしみ。「―ある君も用なき臣はやしなふ事あたはず」〔近松・国性爺・三〕 ❸しかるべき能力のある人物。「一定(いちぢやう)つかまつらむずる―(=確カニヤレソウナオ方)に仰せ付けらるべうやさうらふらむ」〔平家・那須与一〕

じんぎくゎん【神祇官】(―カン) Ⓓ 大宝令によって制定された官庁。太政(だいじやう)官の上に位して、天神地祇の祭祀(さいし)・卜占(ぼくせん)などをつかさどり、社領を管理した。またはその役人。

しんぎん【新銀】Ⓔ 新しく作った銀貨、特に享保四年(一七一九)発行の享保銀をいう。これは従来通用していた四宝銀に対して四倍のねうちがあって喜ばれた。「こちは(=ワタシハ)町人、刀差いたことはなけれど、おれが所にたくさんな―の光には、少々の刀もねぢゆがめう」〔近松・天網島・上〕

しんく【親句】Ⓓ [対]「疎句」《歌論・連歌論で》句と句、または上の句と下の句が、ひとつながりになっていること。それぞれの句のつなぎ目が同子音または同母音である場合を「響きの親句」と称し(「ほのぼのと・をちの外山に・き鳴くなり・しばし語らへ・ねぐら定めて」の類)、意味のうえで緊密な連想がある場合を「正(しやう)の親句」という(「吉野山・峰の桜の・散りしより・花はあだなる・ものとこそ知れ」の類で、「山」と「峰」、「桜」と「散り」、「散り」と「花」が結びつく》。「―、付けやう、常の事なり(=ヨク用イル)」〔ささめごと・上〕

じん ぐゎん【神官】(―ガン) Ⓔ 神社の職員。かんぬし。「住吉の―どもあはれんで、みな京へぞ送りける」〔平家・判官都落〕《平曲では「ジングヮン」と濁音》

じん こう【人口】Ⓔ 世人の批判。世評。「天下の―、ただこの一挙にあるべし(=イマノ行動ニ集中サレヨウ)」〔太平・巻一九ノ九〕

しん ごん【真言】Ⓓ ❶梵語による呪文(じゅもん)。仏や菩薩(ぼさつ)を梵語の字母で象徴したもの、その徳を讃美する句、教理を示すものなどがある。「法華(経)を誦(ず)し―を唱(とな)へて、往生の素懐(=ノゾミ)をとぐること」〔沙石・巻一ノ一〇〕 ❷「❶」をとなえる加持祈禱(きとう)。「日本の習ひ(トシテ)、国王(ヤ)大臣は、灌頂(くわんぢやう=密教儀式)をしたまひ、―を行じたまふ」〔沙石・巻二ノ八〕 ❸㋑真言宗。「我が朝には、華厳(けごん)等の六宗、天台―以前に渡りけり」〔開目抄〕㋺密教。「(慈覚大師ハ)仏法ならひたまひて、十年といふに、日本へ帰りたまひて、―をひろめたまひけりとなむ」〔宇治・巻一三ノ一〇〕《密教には、奈良時代に渡来した古密教や台密すなわち天台宗の密教もあった。慈覚大師は天台宗》

しん し【神璽】Ⓔ 三種の神器(じんぎ)の一つで、皇位の表徴。八尺瓊(やさかに)の曲玉(まがたま)。「―をわきにはさみ、宝剣を腰にさし…船ばたへ歩みいでられけり」〔平家・先帝身投〕《「しいし」と表記されることもある。日葡辞書にxin-xi》

しん じ【進士】Ⓓ ❶中国の唐時代の官吏登用試験に合格した人の称。秀才・明経・俊士・進士の四種があり、進士が最高。「今は何をかつつむべき(=今ハナニヲカクソウ)。われは鍾馗(しようき)といへる―なるが」〔謡・鍾馗〕 ❷大学寮の文章生(もんじやうせい)の登用試験に合格した人の称。秀才とも称した。「(天皇ガ)『何ものぞ』と御尋ねありければ、(邦綱ハ)『―の雑色(ざふしき)(=進士デ蔵人所ノ雑色ヲツトメテイル)藤原の邦綱』と名のり申す」〔平家・祇園女御〕《謡曲各流で「シンジ」と発音する》

じん じやう【尋常】(―ジョウ) Ⓒ《形動ナリ》 ❶あたりまえだ。普通だ。「この月を柴の戸に寄せて(=トリ合ワセテ)見はべれば、―の気色(けしき)なり(=平凡ナ趣ダ)」〔去来抄・先師評〕 ❷見苦しくない。結構だ。「よき馬に―の鞍(らく)置きて、水干(すいかん)装束なる雑色(ざふしき=下男)三人ばかり、舎人と具して(=イッショニ)もて来たり」〔今昔・巻二九ノ三二〕「夜べ(=昨夜)まで、よに(=タイソウ)―・なる旅人の二人止まってさぶらひつるが」〔平家・泊瀬六代〕「正成はや自害をしてけり。敵ながらも弓矢取って(=武士トシテ)―・に(=リッパニ)死にたるものかな」〔太平・巻三ノ四〕 ❸上品だ。「姿の幽玄ならむ(=優美ニ見エル)ためには、―・なる仕立ての風体をならひ」〔花鏡〕「薄化粧して黛(まゆずみ)濃く、髪はおのづから撫で下げて、そのありさま―・なるは」〔西鶴・一代男・巻三ノ七〕 ❹すなおだ。「とてものがれぬところぢゃ、―・に(=オトナシク)討たれい」〔狂・武悪〕

しん・ず【進ず】Ⓓ《他サ変》 ❶(「与ふ」の謙譲語)さしあげる。奉る。「これ(=源家重代ノ白旗)を今度のはなむけに―・じさうらふなり」〔太平・巻九ノ一一〕「金―・ぜたはあやまりなれど」〔近松・寿門松・上〕 ❷〔補動〕《多くは助詞「て」を介し》…してさしあげる。「あのお人の浪人(ナサッタノ)も、もとは私ゆゑ(=原因ハ私ニアル)。なにとぞして(=何トカシテ)もとの武士にして―・ぜたい」〔浄・忠臣蔵・五〕

しん せん【神仙】Ⓓ 日本式十二律の第一一。[参]じふにりつ。

しん ぞく【真俗】Ⓔ ❶〔仏〕真諦(しんたい=不変の真理)と俗諦(ぞくたい=俗世間の諸現象を支配する法則。世俗の真理)。出世間と世間。「仏法には―の二諦の法門(=仏ノ教エ)あり」〔沙石・巻五本ノ六〕 ❷僧と俗人。「よくよく―実に損取らぬ様にあてがふべきなり(=心シテイナケレバナラナイ)」〔明恵上人遺訓〕

しん だい【進退】Ⓓ《江戸時代以後「しんたい」》[一]《+自サ変》 ❶前に進むのと後ろにしりぞくのと。「敵は大勢にて越の兵(つはもの)疲れたり。―ここにきはまって(=動キガトレズ)敗亡(はいばう)すでにきはまれり(=決定的ニナッタ)」〔太平・巻四ノ七〕 ❷(身の)処し方。行動。「おのれが身、数ならずして、権門のかたはらに居る者は…(何カニツケテ)―やすからず、起ち居につけて、おそれをののく」〔方丈〕 [二]《+他サ変》 ❶(位置を)動かすこと。操作。「小法師ばらの、(トウテイ)持ち歩くべうもあらぬに、屛風(びやうぶ)の高きを、いとよく(=自由ニ)―・して…やすげなり」〔枕・一〇二段〕 ❷(思いどおりに)処置すること。「この国の徳行の(=修行ヲ積ンダ)僧どもは、われらが―にかからぬはなし(=ワタシノ思ウママニデキナイ者ハナイ)」〔今昔・巻二〇ノ二〕

じん たい【人体・仁体】Ⓓ《「じんてい」とよむのは誤り》 ❶(その人の)様子。人品。「白髪の老人現れて、西行が歌を詠ずる有様、さも不思議なる―なり」〔謡・西行桜〕 ❷《「りっぱな」という感じで》人がら。人物。「こなた(=アナタ)も御―でござるが、無体な(=メチャナ)ことを仰せらるる」〔狂・靫猿〕 ❸人の丁寧語。お人。「その里に、名をばイソポというて、異形(いぎやう=変ワッタ)不思議な―がおぢやった」〔イソポ・第一話〕

しん ぢゅう【心中】(—ジュウ) Ⓓ ❶心のうちで考えていること。「これは一大事のことにてさうらふ間、みなみな—の通り(＝率直ナトコロ)を御意見御申しあらうずるにてさうらふ(＝オッシャッテクダサイ)」〔謡・安宅〕 ❷㋑相手への義理を守ろうとする誠意。「(婚約シタトイウダケノ)それがし(＝ワタシ)に—を立てたまふ(＝誠意ヲオ尽クシニナル)心ざしを思ひやり」〔近松・大念仏・上〕㋺男女が愛のいつわりないことを見せるしるし。誓文を書いたり、指を切ったり、爪を抜いたりした。「—とは、男女のなか懇切入魂(じっこん)のむつび、二心なきところをあらはすしるしをいふなり」〔箕山・色道大鏡・巻六ノ序〕 ❸〘十自サ変〙相愛の男女が合意の上でいっしょに死ぬこと。「(小春ハ)紙治とやらと—する心と見た」〔近松・天網島・上〕

しん でん【寝殿】Ⓓ 中古様式の貴族住宅で、中央にあるおもな建物。主人の居間がある。「同じ—の西(ト)東(ひんがし)にぞ(女五ノ宮ト朝顔ノ宮ハ)住みたまひける」〔源氏・朝顔〕

しん ぱふ【心法】(—ポウ) Ⓓ ❶根本思想。中心理念。「程子、中庸をもって孔門(＝孔子学派)伝授の—とす」〔仁斎・童子問・中〕 ❷考え方。心の持ち方。「あい、おまへ様の—を見届けました」〔咄・聞上手・律儀〕

しん ぶ【親父】Ⓓ ちちおや。「あるいは—の命(めい)をそむき、あるいは兄弟の孝をわすれ」〔保元・上・四〕〘日葡辞書・ロドリゲス大文典にxinbu〙

しん べう【神妙】(—ビョウ) Ⓓ〘形動ナリ〙 ❶人間わざ以上であるさま。たいそうすぐれているさま。「時にとっては、—・に申したり(＝当座ノ興トシテハ実ニウマク申シタコトダ)」〔平家・祇王〕「その弟子成光なる者、興義が—を伝へて」〔秋成・雨月・夢応〕 ❷けなげである。感心すべきだ。「汝がこれまで(＝コノ鬼界ガ島マデ)たづね来たる心ざしのほどこそ—・なれ」〔平家・有王〕 ❸すなおである。おとなしい。「—・に意趣をのべ(＝率直ニ理由ヲイッテ)、もの見事に討たむずる(＝リッパニ敵討チヲショウ)」〔近松・堀川波鼓・下〕

しん ぼち【新発意】Ⓔ 出家したての者。なりたての僧。「しぼち」とも。「坊主となりと—となりと呼ばせられい」〔狂・腹不立〕

しん みゃう【身命】(—ミョウ) Ⓓ からだ、およびいのち。「おのおの(＝皆サンガ)十余か国の境を越えて—を顧みずしてたづね来たらしめたまふ御志」〔歎異抄〕

しん めい【神明】Ⓓ ❶神。「—(モ)三宝(＝仏様モ)、加護あるべし(＝オ守リクダサルダロウ)」〔平家・清水寺炎上〕 ❷天照大神を祭る社。神明宮。「(九月二八日ノ)目黒の(不動様ノ縁日デアル)餅花、(九月一四日カラ一六日ノ芝ノ)—の(祭リニ立ツ)生薑(しゃうが)市」〔風来・志道軒伝・巻二〕

す

す【為】Ⓒ ㊀〘自サ変〙 ❶(ある事態が)おこる。(…に)なる。「あかず惜しと思はば、千年を過ぐすとも、一夜の夢のここちこそせめ」〔徒然・七段〕 ❷行為・行動に関するいろいろな意味を抽象的・形式的に表し、上の語と連関して自動詞のはたらきをする。「志雄路(しをぢ)から直(ただ)(＝マッスグニ)越えくれば羽咋(はくひ)の海朝凪(な)ぎしたり船檝(かぢ)もがな(＝船トコグ道具ガホシイナア)」〔万葉・巻一七〕〘現象する意〙「一芸ある者をば、下部まで召しおきて、不便にせさせたまひければ(＝オカワイガリニナッタノデ)」〔徒然・二二六段〕〘待遇する意〙 ㊁〘他サ変〙 ❶(ある事を)おこなう。(…を)する。「本意のごとく(＝武士ラシク)清き死(＝リッパナ戦死)をすべし」〔増鏡・新島守〕 ❷「㊀②」と同じ用法で他動詞のはたらきをする。「あさましういみじけれども、声をだにせさせたまはず(＝オ立テニナラナイ)」〔源氏・浮舟〕〘立てる意〙「大きなる道をも成じ、能をもつき、学問をもせむ」〔徒然・一八八段〕〘勉強する意〙〘(1)接続助詞「て」を伴う場合は、「して」でひとつの助詞になることが多い。→「して㊂」。(2)上の語との結びつきが慣用化すると、サ変動詞の活用語尾として扱われる。その限界はつけにくい〙

す Ⓐ〘助動〙 ㊀〘古代語〙〘主として四段活用動詞の未然形に付く〙〔敬語〕動作主体(他人)を親愛の感じで高める。尊敬表現にする。あまり強い敬意ではない。お…になる。「この丘に菜つます児(＝ツンデラッシャルオ嬢サン)家聞かな(＝家ハドコ？)のらさね(＝オッシャイナ)…」〔万葉・巻一〕「わが形見みつつしのはせ(＝思イ出シテチョウダイナ)あらたまの年の緒長くわれもしのはむ」〔万葉・巻四〕〘(1)奈良時代より前には使役の用法もあったらしい。(2)四段以外の動詞に付くとき、その動詞は音が変化する(サ変だけは例外)。「入り来て寝(な)さね(＝オヤスミニナッテネ)」〔万葉・巻一四〕「着(け)せる(＝着テオイデノ)衣」〔万葉・巻四〕「わご大君の夕されば見(め)したまふらし」〔万葉・巻二〕等。(3)四段動詞でも「思ふ」「聞く」に付くときは、音が変化する。「神ながら思ほすなへに(＝ト共ニ)」〔万葉・巻一〕「かくし(＝コノヨウニ)聞こさば」〔万葉・巻二〇〕〙 ㊁〘四段・ナ変・ラ変動詞の未然形に付く〙 ❶〔使役〕㋑他のものに何かをさせるとい

未然	連用	終止	連体	已然	命令
さ	し	す	す	せ	せ

(㊀)

未然	連用	終止	連体	已然	命令
せ	せ	す する	する	すれ	せよ せい

（㊁）

う意を表す。…せる。…させる。「あけるひま(=スイテイル空間)もなく守らす」〔竹取〕「食はすれば食ひ、食はせねば食はであり」〔宇津保・俊蔭〕㋺実質的には受け身なのを、使役の形で表す。「武蔵守におくれさうらひぬ、監物(けんもつ)太郎(ハ)討たせさうらひぬ(=討タレマシタ)」〔平家・知章最期〕 ❷〔敬語〕㋑《尊敬》《平安時代から》動作主体を高める表現にする。「入道殿『かの大納言、いづれの船にか乗らるべき』とのたまはすれば」〔大鏡・頼忠〕「人びとに祿(ろく)(=引出物)など賜はするを」〔大鏡・師輔〕《尊敬の意を含む動詞に付くか、下に尊敬助動詞「たまふ」を伴うかのどちらかで、単独の用例未見。(参)せたまふ》㋺《謙譲》動詞「申す」に付いて、謙譲の気持ちを強調する。「むつましき下家司(しもげいし)…参り来て『さるべき人召すべきにや』など申さすれど」〔源氏・夕顔〕《謙譲の用法は、一一・一二世紀のかな作品に限られる》(参)さす。

ず Ⓐ《助動》《用言および用言型活用の助動詞の未然形に付く》〔否定〕あきらかな否定の意を表す。…ない。…ぬ。「妹(いも)が見し楝(あふち)の花は散りぬべしわが泣く涙いまだひなくに(=カワカナイノニ)」〔万葉・巻五〕「…草枕(=枕詞)旅にしあれば思ひやるたづき(=手段)を知らに(=ドウシテヨイカワカラズ)思ひそ焼くるわが下心」〔万葉・巻一〕「京には見えぬ鳥なれば、みな人見知らず」〔伊勢・九段〕「思ひつつ寝(ぬ)ればや人(=愛人)の見えつらむ夢と知りせばさめざらましを」〔古今・恋二〕「このやうなありがたい事はござらぬ」〔狂・入間川〕《(1)ナ行とザ行にわたって活用するのは異例だが、本来は参考活用表のようにa・b両種の否定助動詞があったのを、文法学者が合併した結果である。(2)室町時代まではb系未然形の「ず」がなかった。古典文法という立場からは未然形の「ず」を認めない説が有力である。しかし、江戸語までを古語と考えるなら、抹殺もできない。(3)a系未然形の「な」と連用形の「に」は奈良時代以前に用いられた。平安時代以後もまれにあらわれる。(4)終止形の「ぬ」は、室町時代以後の口語にあらわれる》(参)に。

未然	連用	終止	連体	已然	命令
ざら	ざり	ず	ざる	ざれ	(ざれ)
(ず)	ず	ぬ	ぬ	ね	

	未然	連用	終止	連体	已然	命令
(a)	な	に	ぬ	ぬ	ね	
(b)	ざら (ず)	ざり ず	ず	ざる	ざれ	(ざれ)

すいがい〔透垣〕Ⓓ（「すきがき」のイ音便）竹または板などを組みあわせ、間をすこしあけて作った垣根(かきね)。「近き―のもとに人のけはひすれば」〔和泉日記〕「すのこ―のたより(=配置)をかしく」〔徒然・一〇段〕

〔すいがい〕

すいかん〔水干〕Ⓓ ❶のりを用いずに水張りでぴんとさせた絹のこと。「大臣には(=大臣役ノ装束ニハ)まづは、上(かみ)下(しも)―なるべし(=上衣モ下ノハカマモ水干デ作ッタノガヨイ)」〔申楽談儀・一八〕 ❷(略)水干狩衣(かりぎぬ)。それぞれ菊とじを胸に一か所、背面のそでの縫い目に四か所、それぞれ二つずつ付け、丸組みの緒を前えりの上の角と後ろえりの中央に付けたもので、地は紗(しゃ)または水干の絹を用い、色は白が多い。古く庶民が常に用いたが、後に公家の私服となり、成年式前の少年の晴れ着ともなった。「着たりける―のあやしげなるが(=見グルシクナッタノガ)ほころびたえたるを(=縫イ目ガ切レテイルノヲ)」〔宇治・巻七ノ二〕 **―ばかま** 袴 Ⓔ 水干狩衣を上衣として着用するときにはく袴。「上北面は(=院ノ昇殿ヲユルサレタ北面ノ武士タチハ)―に腹巻を着す」〔保元・上・一二〕

〔すいかん❷〕

すいさん〔推参〕Ⓓ ㊀《+自サ変》招かれないのに、かってに訪問すること。「合戦評定あるべしとて、人々、下人どもを遠くのけたるところに、―の遁世(とんせい)者(=タイコモチ坊主)・田楽童(てんがくわらは)なんどあまた出で来けるほどに、諸人皆目くばせして、その日は酒宴にてやみけり」〔太平・巻三五ノ一〕 ㊁《+形動ナリ》出しゃばりであること。礼を失っていること。無礼。「―な。汝が分として(=オ前ノ分際デ)古歌だてを言ひをる(=古歌ノ知識ヲヒケラカスワイ)」〔狂・舟船〕

すいしゅ〔水手〕Ⓓ 船員。水夫。「判官(はうぐわん)、楫(かん)取り(=航海責任者)―に仰せられけるは」〔義経・巻四ノ五〕

ずいじん〔随身〕Ⓒ ㊀《+自サ変》❶特定の貴人に対し、朝廷から下さる護衛。近衛府の舎人などが勤める。太上天皇一四人、摂政・関白一〇人、大臣・大将八人、納言・参議六人、中将四人、少将二人、諸衛督(かみ)四人、同佐(すけ)二人などの定員がある。冠・褐衣・狩袴

(かりばかま)をつけ、弓矢を持ち、太刀をさすのが普通の姿。「いみじう美々しうて(=キラビヤカデ)をかしき(=リッパナ)君(きん)だちも、—なきは、いとしらじらし(=タイソウ興ザメダ)」〔枕・四八段〕 ❷従者。供人。「(鶏ガ言ウニハ)そのあたりに召しおいた私の—を起こさせられい(=呼ビオコシテクダサイ)」〔イソポ・第三八話〕 ❸㋑(精神的に)つき従うこと。「(二宮尊徳ハ)数年—修行の(=門下デ勉強シタ)大島某(それがし)なる者をして役夫(えきふ)(=人夫)数十人をひきゐ、常州谷田部・野州茂木両所に行かしめ…再興の道をおこなふ」〔高慶・報徳記・巻五ノ二〕 ㋺仕えること。「過半は忠義を思はれて、原田氏へ—なれど」〔伎・実録先代萩・五〕 ㊁〘+他サ変〙身につけること。携帯すること。「この太刀…頼朝卿、関が原にて捕らはれたまひし時—・せられたりしかば、清盛の手に渡って、院へ参りけり」〔平治・下・一二(古活字本)〕

すい そん【水損】Ⓔ 水害による損失。「百年が間、旱(かん)損(=ヒデリノ害)—の無いやうにしてとらせう」〔狂・雷〕

すい はん【水飯】Ⓔ 乾飯(ほしいい)を水につけたもの。「御前(ごぜん)(=先追イノ人タチ)に—食はすとて」〔枕・二三七段〕〘「すいは」と表記した例もある〙

すい ふろ【〈水〉風〈呂〉】Ⓓ おけに湯をわかしてはいるふろ。「(心配ナノデ)—に入りても首出だしてのぞき」〔西鶴・五人女・巻二ノ三〕〘蒸し風呂に対し水を熱くしてはいる意とする説と、据(す)ゑ風呂(おけを置いた風呂)の転訛とする説とがある。「(イタズラニ)—に水を十分にたたへて隠しおき、『湯風呂のさうらふ。入りたまはむや』と…言へば、何の心もなく風呂に行かれしに、寒水をたたへたり」〔常山・紀談・巻一六ノ五〕の例や、「飯くうて—に入りて」〔浮・艶行脚・巻二ノ五〕が原文「居風呂」に「すいふろ」と振りがなしてあるのによれば、後説がよいようである〙

ずい ぶん【随分】Ⓑ ㊀❶分相応。「—の貯へ」〔今昔・巻一三ノ四四〕 ❷程度がかなりであること。「かやうに—の勇士どもも、わろびれて進み得ず」〔保元・下・一〇(古活字本)〕 ㊁〘副〙〘「に」を伴うこともある〙 ❶分にしたがって。それ相応に。「をりふしの答へ、心得てうちしなどばかりは、—によろしきも多かりと見たまふれど」〔源氏・帚木〕 ❷自分としてできるだけ。せいぜい。「—二位殿の気色にあひかなひたてまつらむ(=オ心ニソウヨウ)とてこそ身をくだきてはふるまひしか(=タイヘンナ苦労ヲシテキタノダ)」〔義経・巻四ノ二〕 ❸たいへん。非常に。「—目恥づかしき(=気ガオケルホドリッパナ)者どもにてあるものを」〔保元・中・一二〕「(コノ栗(くり)ハ)数の定まったものぢや(=余分ガナイ)。—大切に焼け」〔狂・栗焼〕 ❹〘下に否定を伴って〙けっして。ぜったい。「さあさあ、これを前へ当てて、—後ろを見られぬやうにさしませ(=ナサイ)」〔狂・二人袴〕〘↑テクストによっては「随分」が「かならず」となっている〙「汝ら、この事を—他言することなかれ」〔咄・善悪報話・巻五ノ二〕

す・う【据う】Ⓐ〘他下二〙〘本来はワ行に活用したが、鎌倉時代からヤ行にも活用した〙 ❶ある場所に位置させる。おく。「饗膳(きやうぜん)などにつく時も、皆人の前—・ゑわたす(=ズット並ベルノ)を待たず、我が前に—・ゑぬれば、やがて(=スグ)ひとりうち食ひて」〔徒然・六〇段〕「『あたらしき不動尊(=モッタイナイガ不動サマヨ)、しばし雨だりにおはしませ(=軒下ニイテクダサイ)』といひて、かきいだきて、雨だりについ—・ゆと思ひしに」〔宇治・巻一ノ一七〕 ❷そばに呼んですわらせる。はべらせる。「きよげなる(=ハンサムナ)法師二三人ばかり—・ゑて、いみじくをかしげなりし人、几帳(きちやう)のつら(=ソバ)にそひふして(=クツロイデ)、このゐたる法師近くよびてものいふ」〔堤・このついで〕 ❸上にのせる。上におかせる。上に・すわらせる(とまらせる)。「塵をだに—・ゑじ(=オカセマイ)とぞ思ふさきしより妹(いも)とわがぬるとこ(=掛ケ詞「床」「常」)夏の花」〔古今・夏〕「御迎への人々、小鷹(たか)手に—・ゑつつ(=トマラセテ)参れり」〔宇津保・国譲下〕 ❹住まわせておく。番をさせておく。「人知れず(=コッソリ)—・ゑさせたまふべき所など、おきてならはである(=経験ノナイ)所なれば」〔和泉日記〕 ❺位につかせる。「女御の子を、聖武天皇の、女帝に—・ゑたてまつりたまひてけり」〔大鏡・道長〕 ❻構築する。設置する。「いかにせむ恋路の末に関—・ゑて(通レナクシテ)ゆけども遠き逢坂の山」〔新勅撰・恋三〕 ❼(印判を)おす。「紙屋治兵衛、名をしっかり血判を—・ゑてさし出す」〔近松・天網島・中〕 ❽(灸(きう)を)すえる。「(灸ヲ)—・ゑようとやうやく思ひ切りもぐさこれがきかいで(=キカナクテ)何としようもん(=タマルモノカ)」〔後万載・巻一一〕

すか・す【賺す】Ⓒ〘他四〙 ❶おだてる。「宮木がかたち(=器量)のめでたき(=ヨイノ)を見ては、さまざまに—・しいざなへども」〔秋成・雨月・浅茅〕 ❷うまくだます。「(皆ガダマサレテイルノヲ)心中にをかしく思へども、—・しふせむ(=ダマシヌイテヤロウ)とて、そら知らずして(=ソシラヌフリデ)過ぎゆくほどに」〔宇治・巻一一ノ六〕 ❸きげんをとる。なだめる。あやす。「(子ドモノ)きげんがそこねた。…それならば、ちと—・しませう」〔狂・子盗人〕

すが すが・し【清清し】Ⓓ〘形シク〙 ❶さっぱりと気持ちよいさま。「(スサノオノ命ハ)『あれ(=ワタシハ)ここに来て、あが御心—・し』とのりたまひて、そこに宮を作りて坐(ま)しき」〔記・上〕〘原文「須賀須賀斯」と表記〙 ❷未練やためらいを持たずに考えを進めるさま。「おぼし立ちぬること

(=決心シタコトニツイテハ)—・しうおはします御心にて」〔源氏・宿木〕 ❸㋑動作・行動がよどみなくはこぶさま。「—・しうし果てたまへれば」〔源氏・少女〕㋺あっさりしているさま。「こよひは(=今夜宮中ヲ出ラレルノハ)、あまり—・しうや」〔源氏・真木柱〕

すがすが と【清清と】Ⓔ【副】❶思いきりよく。未練やためらいをもたずに。「(姫君ヲ宮中ニサシアゲルコトヲ)兵部卿の宮、—もえ思ほしたたず(=御決心ナサレナイ)」〔源氏・絵合〕 ❷(動作が)すらすらと。とどこおりなく。「ぬまじりといふ所も—過ぎて…遠江にかかる」〔更級〕

すがた【姿】Ⓐ❶(人の)からだの様子。「住みはてぬ(=ドウセイツマデモ生キテイルワケデナイ)世に、(年老イテ)みにくき—を待ち得て、何かはせむ」〔徒然・七段〕 ❷(人の)身なり。服装。「童(わらはべ)、よべの—ながら(=昨夜ノカッコウノママデ)…騒ぐも、いとあはれなり」〔蜻蛉・中〕 ❸人目に見えるような状態でいること。「もしも敵が取って返さば公暁君の御大事。どうぞお—隠さむ」〔浄・三代記・五〕 ❹【一般的に】ありさま。「仏法にも、諸宗の心・—、はるかに別れたり(=大差ガアル)」〔ささめごと・下〕 ❺おもむき。味わい。「木の道の匠(たくみ)の作れる美しき器(うつはもの)も、古代の—こそ、をかしと見ゆれ」〔徒然・二二段〕 ❻【歌・連歌・俳諧で】㋑ある時代・流派・作者などに特有な表現のしかた。表現様式。「このともがら(=経信・俊頼・顕輔・基俊・顕季・清輔タチ)、末の世のいやしき—を離れて、常に古き歌(ノスタイル)をこひねがへり」〔近代秀歌〕「黒津の里はいとくらう茂りて、『網代守るにぞ』とよみけむ万葉集の—なりけり」〔芭蕉・幻住庵記〕㋺心(意味)・詞(用語)に対し、両者の結合から生まれる・歌中(句中)の情景・情趣。「—まちまちにして、一隅(=特定ノアリカタ)を守りがたし。あるいは、うるはしく(=端正デ)たけある(=荘重ナ)—あり、あるいは、やさしく艶なる(姿ノ歌モ)あり」〔後鳥羽院口伝〕「(連歌ニオケル)疎句の体(トハ)…前句の—・ことばを捨てて(=ヨリドコロニセズ)、ただひとへに心(=趣向)にて付けたるなり」〔ささめごと・上〕

すが だたみ【菅畳】Ⓔ 菅(すげ)製のうすべり。いまの畳とはちがう。「海に入りまさむとする時に、—八重、皮畳八重、絁(きぬ)畳八重を波の上に敷きて」〔記・中〕《原文「菅畳」と表記》

すが やか【清やか】Ⓔ《形動ナリ》❶未練・ためらいのないさま。すらすらと考えを進めるさま。「女宮のかく世をそむきたまへる有様、おどろおどろしき悩みにもあらで—・におぼし立ちけるほどよ」〔源氏・柏木〕 ❷㋑すらすらと事をはこぶさま。「国々の守もはかばかしく—・に(伊周ノ領地ヲ)奉らばこそあらめ、いといとほしげなり」〔栄花・初花〕㋺動作に渋滞がないさま。さっさと。すいすいと(している)。「ふとりたまへる人にて、—・にも(=スラリトモ)え歩みのきたまはで(=身ヲオヨケニナレズ)」〔大鏡・道隆〕

すき【好き】Ⓑ【+形動ナリ】❶色好みなきもち。「男の—は、さぞあるや(=ソンナモノサ)。女あると聞けば、天上の天女をも持てならさすめればにこそ(=ナジミニナラセルヨウナグアイデネ)」〔宇津保・国譲下〕「さはれ、なほざりの(=カリソメノ)御—にはありとも(=恋心デイラッシャルトシテモ)」〔源氏・宿木〕 ❷【〈数寄〉】㋑風流・風雅を解し追求するきもち。芸術至上の精神。「人の—と情けとは年月にそへておとろへ行くゆゑなり」〔無名抄・一七〕㋺風流・風雅なわざ。芸術。「管弦—の席ならでは、御出でもさうらはず」〔伽・秋夜長〕㋩ふつう程度では満足しない。趣味のうえでうるさい。注文がむずかしい。「馳走も常にかはりて—。合点(がてん)か(=ワカッテルナ)」〔西鶴・胸算用・巻二ノ二〕 ❸【形動ナリ】現代語の「すきだ」に同じ。「船が—・ならば、身どもが(=ボクノ)船に乗せて…船遊びをさせうぞ」〔狂・薩摩守〕

すき かげ【透き影】Ⓔ(物ごしに)すいて見える・形(姿)。「(女房タチノ衣装ノ)色々こぼれいでたる(=差シ出ティル)御簾(みす)のつまづま、—など」〔源氏・若菜上〕

すき ごと【好き事】Ⓔ❶恋愛に関する事。恋愛事件。「(若イコロノ)あはつけかりし(=トリトメモナイ)—どもの、それはそれとして」〔蜻蛉・上〕 ❷ものずきなこと。「(主人ガカグヤ姫ノタメ龍(りゅう)ノ首ノ玉ヲサガシ求メルノヲ)『かかる—をしたまふこと』とそしりあへり」〔竹取〕

すぎ すぎ【次次】Ⓔ【副】つぎつぎ。「(尼ナノデ)—(=ツギツギト重ナッテ)見ゆる鈍(にび)色(=薄黒色ノ下着)どもの、(ソノ上ニ)黄がちなる今様色(=当世フウノ色ノ上着)など着たまひて」〔源氏・柏木〕「紅梅(=紅梅襲(がさね))にやあらむ、(マタソノ下ニ)濃き薄き—にあまた重なりたるけぢめ(=色彩ノ相違ガ)はなやかに」〔源氏・若菜上〕

すき ずき・し【好き好きし】Ⓒ【形シク】❶好色めいている。「我は—・しき心などなき人ぞ」〔源氏・橋姫〕 ❷風流・風雅を解する。「わびては—・しき下衆などの、人などに語りつべからむをがな」〔枕・九九段〕 ❸ものずきだ。「月ごろ(=コノ幾月カ)いつしかと思ほえたりしにだに(=ヤリコメテヤリタイト思ッテイタノサエ)、わが心ながら—・しとおぼえしに」〔枕・一六一段〕

すき もの【好き者】Ⓓ❶好色な人。「この—どもはかかる(忍ビ)歩きをのみして、よくさるまじき人(=意外ナ美人)をも見つくるなりけり」〔源氏・若紫〕 ❷風流な人。もの好きな人。「この(=舞人ノ)選びに入らぬをば恥に(思ッテ)、憂へなげきたる—どもありけり」〔源氏・若菜下〕

す ぎやう【修行】(-ギョウ)Ⓒ【+自サ変】→しゅぎゃう

う。「入道して、—の御ともにも、これのみぞつかうまつりける」〔大鏡・宇多天皇〕 **—ざ** 者 Ⓓ ↓しゅぎゃうじゃ。「ある—、御岳(みたけ)より熊野へ、大峰どほりにこえける」〔蜻蛉・中〕

ずきゃう【誦経】(ーキョウ) Ⓓ 〘+自サ変〙 ❶経を音楽的によみあげること。「かかる頓(みと)の事(=変事)には、—などをこそはすなれ」〔源氏・夕顔〕 ❷(略)誦経物。「わが装束、上下(かみしも)(=上着トハカマ)・帯・太刀まで、みな—にしけり」〔大和・一六八段〕 **—もつ** 物 Ⓔ 僧に経をよませるための謝礼。「いろいろの御—・御剣・御衣を持ち続いて」〔平家・御産〕

す・く【好く】 Ⓑ ■一〘自四〙 ❶物事に愛着する。魅力を感ずる。「—・けるかたに心ひきて(=自分ノ好キコノム方面ニ心ガ走ッテ)ながき世がたりともなる(=世間ノ話ノ種ニモナル)」〔徒然・一七二段〕 ❷色好みである。「(兼雅ハ)ありさま・心もかしこけれど(=リッパダガ)、女に心入れて、—・いたる所なむついたる(=色好ミナ点ガアル)。さるべき人は、頼もしげなくなむある」〔宇津保・国譲下〕 ❸㋑風流なことに熱中する。芸術的なことに身を入れる。「歌をよみ、源氏・狭衣をうかべ(=熟知シ)、花のもと、月の前と—・きありきけり」〔宇治・巻一五ノ五〕「須磨や明石の月のかげは、その里人は知らざれども、—・きたる人こそ知る習ひなれ」〔盛衰・巻三六ノ一一〕 ㋺風流がる。風雅人らしい態度をする。「『(ムスメノ琵琶ニ心ガ)まぎるるをりをりもはべり』など—・きゐたれば、をかしとおぼして(=興味ヲオ感ジニナッテ)」〔源氏・明石〕「よき人は(=教養ノアル人ハ)ひとへに—・けるさまにも見えず(=ムヤミニ風流メカシタ様子ヲスルノデモナク)、興ずるさまもなほざりなり(=アッサリシテイル)」〔徒然・一三七段〕 ❹(このんで)努力する。はげむ。「功(てがら)を望み、(ソノタメ平常カラ武術ノ)一道に—・く男」〔甲陽軍鑑・巻六〕 ■二〘他四〙このむ。「甘いを—・いて参る(=オアガリニナル)衆もござり、また辛いを—・く衆もござる」〔狂・伯母が酒〕「客によって、したたるき(=濃厚ナノ)をこのむあり、しゃんとした(女性)を—・く人あり」〔浮・禁短気・巻五ノ一〕

す・ぐ【過ぐ】 Ⓐ 〘自上二〙 ❶とおって行く。越える。「初瀬川などうち—・ぎてその夜御寺に詣で着きぬ」〔更級〕 ❷(時が)たつ。「はかなく日ごろ—・ぎて(=ワケモナク数日ガタッテ)」〔源氏・桐壺〕 ❸(程度・時期などが)適度をこえる。「女も…(源氏ノ君ガ)『—・ぎたり(=デシャバリダ)』とおぼすばかりの事はしいでず」〔源氏・松風〕 ❹すぐれる。まさる。「桐壺に—・ぎたる(=以上ノ)巻やははべるべき」〔無名草子〕 ❺終わりになる。「京の花ざかりは、みな—・ぎにけり」〔源氏・若紫〕 ❻死ぬ。「—・ぎにし親の御けはひとまれる故郷ながら」〔源氏・帚木〕 ❼生活する。「人にまじるにおよばねば、たきぎを取りて世を—・ぐるほどに」〔宇治・巻一ノ三〕

すぐ【直】 Ⓓ 〘形動ナリ〙 ❶まっすぐ。曲がっていない。「わが手もとをよく見て、ここなる(=コチラ側カラ)聖目(ひじりめ)を—・に(=碁盤ノ星ニソッテ直線的ニ)弾(はじ)けば、立てたる石必ず当たる」〔徒然・一七一段〕 ❷不正がない。公明だ。「—・なる御代のためしなれ」〔謡・弓八幡〕 ❸正直だ。まじめだ。「神国の日月まことを照らしたまへば、世に万人の心—・なる道に入りて、正直の頭(かうべ)をさげ」〔西鶴・織留・巻一ノ二〕 ❹直接的だ。じかだ。ありのままだ。「これは—・には(=面ト向カッテハ)言ひにくい」〔狂・墨塗〕

すくごふ【宿業】(ーゴウ) Ⓓ ↓しゅくごふ。

すぐ・す【過ぐす】 Ⓐ 〘他四〙 ❶(月日を)送る。暮らす。「いかにして(=ドノヨウニシテ)過ぎにしかたを(=過ギ去ッタ長イ年月ヲ)—・しけむ暮らしわづらふ昨日今日かな(=昨日今日ハドウ暮ラシタラヨイカ大困リダ)」〔枕・三〇一段〕 ❷年をとる。ふける。「女君も、御年こそ—・したまひにたるほどなれ(=若イトハイエナクナッタ年配ダガ)、世の中(=愛情問題)を知りたまはぬ中にも」〔源氏・胡蝶〕 ❸㋑そのままにしておく。ほうっておく。放置する。採りあげないでおく。「『参れ』など、たびたびある仰せごとをも(=中宮カラタビタビノオコトバガアッテモ)—・して、げに(=マコトニ)ひさしくなりにけるを(=長イ間参上シナイノヲ)」〔枕・一四三段〕 ㋺(すべきことをしないで)経過させる。やりすごす。「この警(いまし)めの日(=夢ノ中デ指示サレタ当日)を—・さず(=ノガサナイデ)、このよしを告げ申しはべらむ」〔源氏・明石〕 ❹(程度を)こえる。「げに、(箏ヲ)いと—・して(=普通程度ヲズット越エテ)かい弾きたり」〔源氏・明石〕 ❺(事を)終わらせる。終わりまでする。「初夜(ノ勤行ヲ)いまだ勤めはべらず。—・して(=終ワッテカラ)さぶらはむ(=ココニ参リマショウ)」〔源氏・若紫〕 ❻(過失を)おかす。「左の大臣(おとど)は、—・したる事(=過失)もなきに、かかる横さまの罪にあたるを(=コンナ不当ナ罪ヲ受ケルコトヲ)おぼしなげきて」〔宇治・巻一〇ノ一〕

すくせ【宿世】 Ⓒ ❶人がいま生きている以前に生きていたときのこと。さきの世。前世。「この比丘尼(びくに)、—にいかなる福を殖(う)ゑて(=善イ行為ヲシタ結果トシテコノ世デハ)福貴の家に生まれ」〔今昔・巻二ノ一三〕 ❷前世から決まっている運命。宿命。「おぼろけ(=ナミタイテイ)の御—にもあらず」〔源氏・薄雲〕「これも先の世にこの国に跡を垂るべき(=下向シテ住ムハズノ)—こそありけめ」〔更級〕

すくね【宿禰】 Ⓓ ❶古くは臣下を天皇が親しんで呼ぶときの呼び名であったという。「出雲の国に勇士(いさみびと)はべり。野見の—といふ」〔紀・垂仁・訓〕(「すくね」は「宿禰」

の訓》 ❷天武天皇の時、八階の姓(かばね)を定めた、その第三位。(参)かばね。「前代旧事本紀(くじほんぎ)」とて、卜部(うらべ)の―これを相伝して、有職(いうしょく=礼式・官制・法令ナドノ専門家)の家を立てさうらふ」〔太平・巻六ノ三〕

すぐ みち【直道・直路】Ⓔ 目的としている方向へまっすぐに通っている道路。「山をこゆる―のありけるよりひき返して…白峰の麓へおし寄する」〔太平・巻三八ノ六〕

すく・む【竦む】Ⓓ ㊀《自四》❶(身体が)硬直し、かがまる。「鎧の胸板後ろへつっと射抜かれて、弓杖にすがり、―・むところを」〔平家・二度之駈〕 ❷縮む。「―・みたる衣(きぬ)ども押しやり、厚ごえたる(=厚ボッタイノヲ)着かさねて」〔紫日記〕 ❸固苦しい様子である。「けざやかに(=目立ッテ)いとも遠く(=近ヅキニクク)―・みたる(=窮屈ナ)さまには見えたまはねど」〔源氏・椎本〕 ㊁《他下二》❶硬直状態にする。動きがとれなくする。「向かふ敵を味方の射手に射―・めさせて」〔太平・巻三二ノ八〕 ❷縮ませる。「真名(まんな=漢字)を走り書きて、さるまじきどち(=ソンナ事ヲシテハイケナイ間ガラ)の女文(をんなぶみ=女ドウシノ手紙)に、半ば過ぎて(=半分以下ニ)書き―・めたる」〔源氏・帚木〕《↑漢字を交えると、字数が減る》《「唐の紙のいと―・みたるに」〔源氏・梅枝〕によって、「こわばる」「ごわごわする」の意をあげる説もあるが、中国の紙は柔かくもろいのが特色なので、誤り。経を書写させるのに、中国の紙はすぐ破れるという理由で、わざわざ和紙を特別に作らせた話もある》

すく よか【健よか】Ⓓ《形動ナリ》《「がっちりしている」という基本意味から》❶(からだつきが)がんじょうだ。しっかりしている。「(赤チャンハ)いと大きにて、首も―・なり」〔宇津保・蔵開上〕 ❷㋑健康だ。元気だ。「今日はかかる御喜びに、いささか―・にもやとこそ思ひはべりつれ」〔源氏・柏木〕㋺(見た所が)ぴんしゃんしている。勢いがよい。「昼は日一日(ひひとひ=終日)寝(い)をのみ寝(ね)暮らし、夜は―・に(=ピンピント)起きゐて」〔源氏・明石〕 ❸㋑(山などが)けわしい。ごつごつしている。「―・ならぬ山のけしき、木深く世離れて畳みなし(=カサナッタヨウニ画キ)」〔源氏・帚木〕㋺(紙などが)ごわごわしている。「いとこはく―・なる紙に(返事ヲ)書きたまふ」〔堤・虫めづる〕㋩(感じが)まっすぐだ。融通がきかない。「人がらも、いと―・に(=ソッケナク)、世の常ならぬ人にて、『その人は、かの人は』なども尋ね問はで過ぎぬ」〔更級〕「その大臣に会ひて、さやうに―・に(=ピシャリト)は言ひてむや」〔宇治・巻一二ノ一五〕

すぐ ろく【双六】Ⓔ →すごろく。「つれづれなぐさむもの、碁・―・物語」〔枕・一四〇段〕

すけ【次官】Ⓓ 大宝令の官制で、四等官のうち長官につぐ職階。官庁により字が異なる。副(神祇官)・輔(省)・助(寮)・亮(坊・職)・弼(弾正台)・中将および少将(近衛府)・佐(衛門府・兵衛府・検非違使庁)・弐(大宰府)・介(国司庁)など。(参)かみ・じょう・さくゎん。

す け【出家】Ⓔ《十自サ変》(対)「在家」 坊さん(になること)。「―・せしめたてまつりてし」〔源氏・夢浮橋〕《平安時代の上流語では「しゅ」「じゅ」の「す」「ず」になる例が多い。拗音(ようおん)は古来の和語にはなかったので、拗音の漢字はしばしば直音にかえられたのである》

すげ・む Ⓓ《自四》(歯がぬけなどして口の辺が)すぼまる。「いたう―・みにたる口つき(ガ)思ひやらるる(=想像デキルヨウナ)声(こわ)使ひの」〔源氏・朝顔〕

すこ・し【小し・少し】Ⓓ《形シク》❶小さい。「―・しきなる蛇(をろち)、朕(わ)が頸にまつはる」〔紀・垂仁・訓〕《「すこしきなる」は「小」の訓》 ❷少量だ。「心を用ゐること―・しきにして(=コセコセシテイテ)」〔徒然・二一一段〕《連用形と連体形の例しか見られない》

すご・し【凄し】Ⓒ《形ク》❶おそろしい。気味が悪い。「人げ(=人ノケハイ)の少しあるなどに慰めたれば、―・う、うたて(=イヤニ)いざとき(=目ザメガチナ)ここちする夜のさまなり」〔源氏・末摘花〕「―・き山伏の好むもの」〔梁塵〕 ❷㋑ものさびしいふぜいがある。「遣り水もいといたうむせびて、池の氷もえもいはず―・きに」〔源氏・朝顔〕㋺さびしい。ひっそりしている。「(大納言ガ)にはかに亡(う)せたまひぬ。使はれ人、みな出で散りて、北の方・若君ばかりなむ、―・くて住みたまひける」〔宇治・巻六ノ二〕 ❸はなはだしい。「秋風は―・く吹くとも葛(くず)の葉のうらみ顔には見えじとぞ思ふ」〔和泉集〕

すこ ぶる【頗る】Ⓓ《副》《「すこ」は「すこし」の語幹》❶ちょっと。すこしばかり。「寝たる顔、美麗ながら、―(=イクラカ)けうとき(=気味ノ悪イ)気(け)あり」〔今昔・巻五ノ二〕 ❷《転じて》ひどく。たいそう。「侍どもみな馬より取って引き落とし、―(=サンザン)恥辱に及びけり(=恥ヲカカセテヤッタ)」〔平家・殿下乗合〕

すご ろく【双六】Ⓔ 二人で行う遊戯で、盤面は中央境界線の両側が一二区分されており、二個のサイを竹や木で作られた筒(うと)にいれてふり、サイの目の数の和によって、相手の陣地に白または黒の駒を進めて、早く敵陣を埋め終わったほうが勝ちとなる。「警固の者ども大勢、遠侍(とほさぶらひ)になみゐて(=遠クハナレタ番所ニ詰メテイテ)夜もすがら眠らじと碁・―を打ってぞ遊びける」〔太平・巻二三ノ一〕《「双六」(shuang luk)のなまりである「すぐろく」から転じたもの》

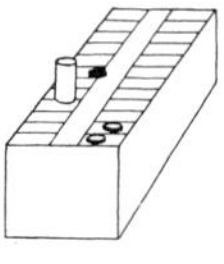

〔すごろく〕

ず さ【従者】Ⓓ《「じゅうしゃ」の拗音(ようおん)を避けた言い

かた)おつきの者。家来。「御—の中に、玉持ちたるものあり」〔宇治・巻一四ノ六〕

すざく もん【朱雀門】Ⓓ 宮中一二門の一。大内裏(だいだり)の南面にあった正門。朱雀大路から大内裏への出入り口に当たる。「(火ハ)はてには、—・大極殿・大学寮・民部省などまで移りて」〔方丈〕

すさ・ぶ【進ぶ】Ⓑ [一]〘自四・下二〙❶程度が進む。はなはだしくなる。「松にはふまさきのかづら散りにけり外山(とやま)の秋は風—・ぶらむ」〔新古今・秋下〕❷【荒ぶ】はげしかった勢いが衰えてやむ。「初雪の降り—・び〘四段〙たる雲間より拝むかひある三日月の空」〔夫木・巻一八〕❸【遊ぶ】㋑好きな事をする。ふける。「例の(=オ楽シミラシイッモノ)—・び〘四段〙ありきなめりかし」(=宇津保・俊蔭〕㋺気のむくままにする。気慰みに…する。「箏(さう)の御琴引きよせて、掻き合はせ—・び〘四段〙たまひて」〔源氏・澪標〕❹食べる。「もろともに物などまゐる。いとはかなげに—・び〘四段〙て」〔源氏・紅葉賀〕❺〘補助動詞ふうに〙動詞連用形の下にそえて、上の動詞の意を強める。「心にかなはぬ由をのみ聞こえ—・び〘四段〙はべれば」〔源氏・末摘花〕「珍しき様なる唐の綾などに、さまざまの絵どもかき—・び〘四段〙たまへる」〔源氏・須磨〕「『(ソレモアナタノ)心づからの(悲シサナノデスヨ)』と、のたまひ—・ぶる〘下二〙を」〔源氏・朝顔〕[二]【遊ぶ】〘他四〙もてあそぶ。「窓近き竹の葉—・ぶ風の音にいとど短きうたた寝の夢」〔新古今・夏〕[参]すさむ。〘(1)本来は「すさぶ」と「すさむ」は同じ語であるが、後に意味・用法にすこし差が生じた。(2)上二段と認める説もあるが、二段活用の例としては連体形しか見られないので、決定的ではない。しかし「すさむ」には明らかに下二段が存するので、「すさぶ」のも下二段と推定する〙

すさま・し Ⓑ〘形シク〙[一]【冷まし】❶さむざむとしている。冷たい感じだ。「冬になりて、枯れ野の荻(をぎ)に時雨(しぐれ)はしたなく(=サンザンニ降リ)過ぎて、濡れ色の—・しきに」〔建礼〕「衣装みなはぎとられ、まっぱだかで立たれたり。十一月十九日の朝(あした)なれば、河原の風さこそ—・しかりけめ」〔平家・鼓判官〕❷(けしきなどが)ものさびしい。殺風景だ。「かう—・しき荒磯(ありそ)を、何の見所ありて狩り暮らし(=終日見物シ)たまふ」〔秋成・雨月・蛇性〕❸(事がらが)おもしろくない。興ざめだ。つまらない。「夜更くるまで(管弦ノ)遊びをぞしたまふなる。(ソレヲ傷心ノ帝ハ)いと—・しう(=気ニクワズ)ものし(=不快ダ)と聞こしめす」〔源氏・桐壺〕❹あきれたものだ。驚いたはなしだ。とんでもない。「あれがお屋敷に奉公してゐたも—・じい」〔一九・膝栗毛・発端〕[二]【荒まし】❶(勢いが)激しい。猛烈だ。「空—・しく風おこり、砂をうがち(=マキアゲ)どうどうどう」〔近松・国性爺・三〕❷ものすごい。恐ろしいようすだ。「(為朝ガ門ヲ守ッテイルト聞キ)清盛、小声になりて、『—・しき(=タイヘンナ)者の固めたる門へ寄せ当たりぬるものかな』とて、もってのほか(=ヒドク)いぶせげにて(=気ガ重ソウデ)」〔保元・中・一〕〘謡曲ではかならず「すさまし」と清音であり、形容詞は「し」で終わるのが原則だから、基本的には「すさまし」であったろうと推定される。類聚名義抄および天正本・易林本などの節用集は「スサマジ」、日葡辞書は、susamaxiјとsusamajiјの両形なので、「すさまじ」の形も併行的に行われたものらしい。浄瑠璃本でも清濁両用。上田秋成だけは「すざまし」の形を用いた〙

すさ・む【進む】Ⓑ [一]〘自四〙❶程度がすすむ。はなはだしくなる。「今朝の朝け山の端ごとにかすみつつ風吹き—・む春は来にけり」〔新古今・雑中〕❷【荒む】㋑はげしかった勢いが衰えてやむ。「篝火(かがりび)次第に数消えて、所々にたき—・めり(=タイタノガ消エカケテイル)」〔太平・巻八ノ七〕㋺荒れる。荒廃する。放置される。「田畑は荒れたきままに—・みて」〔秋成・雨月・浅茅〕❸【遊む】気のむくままにする。気慰みにする。「優婆塞(うばそく)の宮の—・みたまひし(風流ノ)あとを追ひしかば」〔太平・巻一五ノ九〕[二]【遊む】〘他下二〙愛する。めでる。「大あらきの森の下草老いぬれば駒も—・めず刈る人もなし」〔古今・雑上〕[三]【冷む】〘他下二〙きらう。見捨てる。「内の御心いとをかしうなよびかにおはしまし、人を—・めさせたまはず、めでたくおはします」〔栄花・根合〕〘「すさまし」と同じ語源と思われる〙[参]すさぶ。

ず・す【誦す】Ⓓ〘他サ変〙→ずんず。「親王、歌をかへすがへす—・したまうて」〔伊勢・八二段〕

ずず【数珠】Ⓓ 仏をおがむ時、すりあわせたり、念仏の回数を数えたりするのに用いるネックレス状の物。じゅず。正式には一〇八個の珠(たま)から成り、菩提子(ぼだいし)・水晶・木槵子(もくろじ)などを使う。「あてなるもの…水晶の—」〔枕・四二段〕「—おしすり、印(=マジナイノ指型ヲ)ことごとしく(=ギョウサンニ)結びいでなどして」〔徒然・五四段〕

すず かけ【篠懸け】Ⓓ 山伏が着るうわっぱり。レインコートの類。「頭巾(ときん)・—・法螺(ほら)の貝、金剛杖をつきつれて(=連レダッテ)」〔浄・酒呑童子〕

すずし【生絹】Ⓔ やわらかくするための加工をしてない絹糸で織った、うすい絹布。「単衣(ひとへ)も袴も—なめり」〔源氏・蜻蛉〕

すず・し【涼し】Ⓒ〘形シク〙❶気持ちよくひややかだ。「池の—・しき汀(みぎは)には夏の影こそなかりけれ」〔梁塵〕❷澄んできよい。さわやかだ。「秋の夜の月かげ—・しきほど…虫の声に(和琴ヲ)かき鳴らし合はせたる」〔源氏・常夏〕 ❸心の中にやましいところがない。澄みきった心境だ。「今ぞ心の中—・しくなりはべりて」〔狭衣・巻三〕 ❹気分がさっぱりする。病気が快方だ。「熱き病をうれふ(=熱病ニカカッタガ)…ややここち—・しくなりぬれば」〔秋成・雨月・浅茅〕

すすばな【洟】Ⓔ 鼻汁(はなしる)のたれるのを、鼻息ですすり込むこと。またはその鼻汁。「鼻高なる者の、先は赤みて、穴のあたり濡ればみたるは(=ヌレテイルノハ)、—をのごはぬなめり(=フカナイノダロウ)と見ゆ」〔宇治・巻一ノ一八〕

すす・む Ⓑ ㊀【進む】《自四》 ❶前に出る。向かって行く。「源氏も—・まず、平家も—・まず」〔平家・倶梨迦羅落〕 ❷気のりする。積極的だ。心がはやる。はりきる。「ここかしこ(=アチコチ)に—・み(=自分ノ方カラ積極的ニ)気色ばみし(=モーションヲカケテキタノ)をあまた聞き過ぐしし(=ソシラヌ顔デ聞キナガシタ)」〔源氏・夕霧〕「御匣殿(みくしげどの)(トノ結婚)の御事をこそ、まことならば(=本気ノ話ナラ)、—・みきこえさせたまはめ(=ソチラニ乗リ気ニオナリナサイ)」〔大鏡・師尹〕 ❸今まで以上になる。はげしくなる。「いたう酔(ゑ)ひ—・みて(=ヨイガ回ッテ)、無礼なれば、まかりいでぬ(=帰ラセテイタダキマス)」〔源氏・藤裏葉〕 ❹上の段階になる。上達する。「文学のことも、すこしく—・むこともありなまし」〔白石・折たく柴の記・上〕 ❺じょうずである。たくみである。「琴の音の—・めりけむ」〔源氏・帚木〕 ❻程度がはなはだしい。…の傾向がつよい。「(アナタノ性格ハ)かどかどしさ(=ハキハキシタ気性)の—・みたまへるや、くるしからむ」〔源氏・朝顔〕 ❼(涙などが本人の意思ではなく)あふれ出る。出る。「名残も惜しく悲しくて、かひなき涙ぞ—・みける」〔平家・祇王〕 ㊁【勧む】《他下二》 ❶するようにはたらきかける。勧誘する。「さやうの方は、わざと—・むる人はべりとも、なびくべうも(=承知シソウニモ)あらぬ心強さになむ」〔源氏・橋姫〕 ❷(酒食を)取るようにいう。(飲食を)するように誘いかける。「—・めきこゆる杯などを、いとめやすくもてなしたまふめり」〔源氏・宿木〕 ❸催促する。「(子ドモガ食事ヲ待チカネテ)『おそし、おそし』と—・むるを聞くにつけても、先だつものとては、ただ涙ばかりなり」〔盛衰・巻七ノ六〕 ❹促進する。「防き矢射て、(ワタシガ)しづかに自害(スルノ)を—・めよ(=ウマク行カセヨ)」〔盛衰・巻一五ノ四〕

すずり【硯】 **—のふた** 硯の蓋 Ⓔ 《連語》すずり箱のふた。平安時代は、人に物をやるとき、いまの盆のように用いた。「紙ひと巻き御—に取り下ろして奉れば」〔源氏・野分〕《「めでたき冊子(さうし)ども、すずりの箱のふたに入れておこせたり」〔更級〕という例もある》 **—ぶた** 蓋 Ⓔ 《近世》宴席で口取りざかなを盛りつける器。またはそのさかな。「—の残りを荒らす(=食イチラス)べき箸(はし)のひまひま」〔後万載・序〕

すずろ【漫ろ】 Ⓑ 《形動ナリ》(「そぞろ」と語源が同じ) ❶㋑しかるべき関係がない。「榻(しぢ)なども皆おし折られて、—・なる(=本来ハカケテハイケナイ)車の筒(とう)に(ナガエヲ)うちかけたれば、またなう(=飛ビキリ)人わろくくやしう(=ミットモナク後悔サレテ)」〔源氏・葵〕㋺心づかいが足りない。不用意だ。「(オモシロイ石ヲ)ただに(=ソレダケ)奉らば—・なるべしとて、人々に歌よませたまふ」〔伊勢・七八段〕「しのびて貴宮(あてみや)に(意中ヲ)聞こえたまはむも—・なるべければ(=ハシタナカロウカラ)、おもほしわづらひて(=苦慮ナサッテ)」〔宇津保・藤原君〕「(飲メナイ人ヲ)ひきとどめて、—・に(=見サカイモナク酒ヲ)飲ませつれば…前後も知らず倒れふす」〔徒然・一七五段〕 ❷㋑無関心だ。「わが子ども、男・女あれど、男子(をのこご)は—・なるに(=ボヤボヤシテイルノニ)」〔落窪・巻四〕「すこしねぶたげなる読経のたえだえすごく聞こゆるなど、—・なる人も、所から、ものあはれなり(=場所ガ場所ダケニシミジミトシタ感ジガスル)」〔源氏・若紫〕㋺自然に心やものごとが…である。何とはなしに…だ。「—・に涙がちなり」〔源氏・夕顔〕 ❸(連体修飾のとき)(悪い意味で)思いがけない。とんでもない。「頭の中将の、—・なる虚言(そらごと)を聞きて、(ワタシヲ)いみじう言ひ落とし」〔枕・八二段〕「—・なる男の、うち入り来たるならばこそ、『こは、いかなる事ぞ(=アラ何デスノ?)』とも参り寄らめ(=オソバニ参上シマショウガ)」〔源氏・宿木〕㊇そぞろ。

すそ【裾】 Ⓓ ❶衣服の下端。「表(うへ)の御袴の—を荒らかに引かせたまふ」〔大鏡・道隆〕 ❷(物の)下部。「『何やら—の枯れたる(=下ノホウガサビシイ)鮹(こだ)』と、脚のたらぬ(=八本ナイノ)を吟味し出だし」〔西鶴・胸算用・巻四ノ二〕 ❸(山の)ふもと。「入りかかる遠(をち)の夕日は光(かげ)消えて—より暮るる薄霧の山」〔風雅・秋下〕 ❹(細長い物の)末端。「御簾の下より、箏(さう)の御琴の—、すこしさし出でて」〔源氏・若菜下〕 ❺㋑(馬の)足。「よい駒どもがあまたあらうほどに、—の悪うならぬやうに折々湯洗ひなどをさせうず(=サセヨウ)」〔狂・秀句傘〕㋺馬の足を洗うこと。「仲間(ちゅうげん)どもに、お馬の—(ヲ)疎略にすな(=怠ルナ)と言ひつけよ」〔近松・歌軍法・三〕

すそがち【裾勝ち】 Ⓔ 《形動ナリ》(「がち」は接尾語)(着物の)すそが目立つさま。「御衣の—・に、(体ツキハ)いと細くささやかにて(=小サクテ)」〔源氏・若菜上〕

すそみ【裾回・裾廻】 Ⓔ ふもとのカーブをえがく所。「すそわ」とも。「すめ神の(=コノ土地ノ神サマガイラッシャル)—の山の…」〔万葉・巻一七〕

すだ・く【集く】 Ⓓ 《自四》 ❶集まる。群がる。「—・きけむ昔の人はかげ絶えて宿もるものは有明けの月」〔新古今・雑上〕「虫の―・くなんどは、多く集まるをいふなり」〔庭訓往来注・上〕 ❷《平安中期以後誤用されて》(虫・かえるなどが)鳴く。「壁に―・く蟋蟀(きりぎりす)、尾の上(へ)の鹿、龍田の紅葉あはれなり」〔平家・巻八下ノ三(闘諍録本)〕《原文「吟」の右に「スダク」と訓をつける》

すぢ【筋・条】(ージ) Ⓐ ❶細くつづいている線。「他(こと)人々は、骨に蒔絵(まきゑ)をし、あるは金・銀・沉・紫檀の骨になむ―をいれ、ほり物をし」〔大鏡・伊尹〕 ❷織物のたてじま。「長崎次郎甲(ひよう)をば脱ぎすて、―のかたびら(=ヒトエ)の月日おしたる(=月日模様ヲ付ケタノ)に、精好(せいがう)の大口(トイウハカマ)の上に赤糸の腹巻着て」〔太平・巻一〇ノ一四〕 ❸代々つづいている血脈。血統。家がら。「この種材(たねき)がぞう(=一族)は、純友うちたりしものの―なり」〔大鏡・道隆〕 ❹芸能・学問などの流派。芸風。ゆきかた。「手(=筆跡)は、さすがに文字つよう、中さだの―にて(=中古フウノスタイルデ)上下ひとしく(=ソロエテ)書いたまへり」〔源氏・末摘花〕「初めに従ひそめたる方に、おのづから心はひかるるわざにて、その道の―わろけれど(=自分ノヤロウトスル専門ノユキカタガ誤ッテイテモ)、わろきことをえ悟らず」〔宣長・玉勝間・巻一二ノ五七〕 ❺物事のすじみち。道理。理屈。事情。「何くれとむつかしき―になりぬれば」〔源氏・若紫〕 ❻性質。気質。「腹だたしくなりて、憎げなる事どもを言ひはげましはべるに(=言イ散ラシマシタトコロ)、女もえをさめぬ―にて(=コラエ性ガナクテ)、指(および)ひとつを引き寄せてくひてはべりし(=カミツキマシタ)」〔源氏・帚木〕 ❼街道(かいどう)。道筋。「この―は銀(ぎん)も見知らず不自由さよ」〔芭蕉(猿蓑)〕 ❽物事のおもむき。趣向。「さばかり(=ソノ程度)の事に、和歌の―おぼしよらじかしな(=工夫ハツキマスマイナ)」〔大鏡・師尹〕「皆この御事をほめたる―(=ヨウナグアイ)にのみ、大和(やまと)のも唐(から)のも(=和歌モ詩モ)作りつづけたり」〔源氏・賢木〕 ❾その方向。その方面。「まめまめしき―をたてて(=実用的ナ方面ヲ第一ニシテ)、耳はさみがちに(=ロクニ髪モ手入レセズ)、美相(びさう)なき(=身ギレイデナイ)家刀自(いへとうじ)の(=主婦ガ)、ひとへにうちとけたる(=内ワノ)後ろ見ばかりをして(=世話ニバカリ身ヲ入レ)」〔源氏・帚木〕「親しく思ひむつぶる―は(=親密ニウチトケル方ハ)、またなくなむ思ほえし」〔源氏・夕顔〕

―な・し 無し Ⓔ《連語》 ❶㋑道理が通らない。理屈にあわない。「(鏡ヲ知ラナイ者ドウシガ映ル映ラナイノ議論ヲシテ)さればこそ(=思ッタトオリ)―・き事を申しさうらふ。何とて―・き事をば申すぞ」〔謡・松山鏡〕㋺でたらめだ。「まことを教へてはいかがでござるによって、―・いことを教へ、当座の笑ひ草に致させう」〔狂・鶏婿〕 ❷ちゃんとした家系でない。成り上がりである。「ひとたびは思ふままなりしが、元来―・き分限(=金持チ)、むかしよりあさましく(=ヒドク)ほろびて(=オチブレテ)」〔西鶴・永代蔵・巻三ノ三〕

ずちな・し【術無し】Ⓔ《形ク》《「じゅつなし」の転化》どうともしようがない。処置なしだ。困りきっている。「いみじくおそろしく、―・けれど」〔宇治・巻三ノ一五〕《いまの関西方言で、つらい・くるしい・たまらないなどの意に「ずつない」というのは、この語から出たもの》

ずて Ⓑ《連語》《否定助動詞「ず」の連用形に接続助詞「て」の付いたもの。中古以後「で」となる》…ないで。「剣太刀(つるぎたち)名の惜しけく(=惜シイコト)もわれはなし君に逢は―年の経ぬれば」〔万葉・巻四〕

すでに【已に・既に】Ⓑ《副》 ❶すっかり。まったく。「葦原(あしはら)の中つ国はもとより荒びたり。岩・草木にいたるまでことごとく暴(あ)しかる。しかれども、吾―くだき伏せて、まつろはず(=服従シナイ)といふことなし」〔紀・神代上・訓〕《「すでに」は「已」の訓》 ❷《起きた事がらについて》もう。とっくの昔に。「君によりわが名は―たつ(=掛ケ詞「立ツ」「龍」)た山絶えたる恋のしげきころかも(=オイデガ絶エテ、恋ニシキリト苦シムコノゴロデス)」〔万葉・巻一六〕 ❸㋑《起きていない事がらについて》もうすこしで。すんでのことに。「(成親ハ平治ノ乱ニ)―誅せらるべかりしを」〔平家・鹿谷〕「(次ニアゲルノハ資朝ガ)―斬られける(=マサニキラレヨウトシタ)時の頌(じゆ)とぞ聞きはべりし」〔増鏡・久米〕㋺ほんのちょっとで。ほとんど。「家吉は(一人デ)六十人が力あり、殿ばら(=アナタ方ハ)三十余人(合計スルト)―百人(分ノ力)にあまれり」〔盛衰・巻三五ノ六〕㋩さっそく。ただちに。「京より御使ひありとて、ひしめきけり。(サテハワタシヲ)―失へとにや(=スグ殺セトイウ命令カト)聞きたまへば、『備前の国へ(=流罪デス)』といひて船を出だすべきよし、ののしる(=サワイデイル)」〔平家・巻三(長門本)〕 ❹㋑現に。事実。まさしく。「この少将(=成経)は、―かの大納言が嫡子なり」〔平家・少将乞請〕㋺まことに。たしかに。「これ―養由(トイウ弓ノ名人)がごとし」〔宇治・巻七ノ七〕

すなご【砂子・沙子】Ⓔ ❶すな。「手に持てる物を投げ捨てて、―の上に倒れ伏す」〔平家・有王〕 ❷金箔(きんぱく)または銀箔の粉末。うるし塗りまたは色紙・短冊(たんざく)などにあしらう。「ふすまにも、―は光をきらひ(=ピカピカスルノデ避ケ)泥(でい)引きにして(=トカシテハケデ塗リ)墨絵のものずき」〔西鶴・胸算用・巻一ノ二〕

すなはち【即ち・則ち・便ち・乃ち・迺ち】(ーワチ) Ⓐ ━ ❶即時。同時。即座。その場。「静もともに慕ひけれども(=イッショニ行キタイト願ッタガ)、堀が妻女申しけるは『産の―なり(=アナタハオ産ヲスマセタ直後デアル)』とて、さまざまいさめ、とりとどめければ」〔義経・巻六ノ六〕 ❷事のあったその時。その当時。その当座。「いふかひなき(=親トシテ情ケナイ)事する君かな。まろが子は、―(=生マレタ当時)よりふところにこそ入れ居たれ」〔宇津保・蔵開下〕 [二]〘接続〙 ❶ただちに。そのまま。すぐに。その場で。〘英語の at once にあたる〙「めなもみといふ草あり。くちばみ(=マムシ)にさされたる人、かの草をもみて付けぬれば、―いゆとなむ」〔徒然・九六段〕 ❷そこで。それで。〘英語の then にあたる〙「夏よりすでに秋はかよひ(=潜在シテオリ)、秋は―寒くなり、十月は小春の天気、草も青くなり、梅もつぼみぬ」〔徒然・一五五段〕 ❸とりもなおさず。いいかえると。〘英語の just または namely にあたる〙「狂人のまねとて大路を走らば、―狂人なり」〔徒然・八五段〕 ❹〘漢文訓読の場合〙そのような時には。そうすれば。〘英語の and then にあたる〙「『敏(と)き時は―功あり』とぞ、論語といふ文にもはべるなる」〔徒然・一八八段〕

すのこ【簀の子】Ⓓ ❶竹を横に並べて編んで作った敷きもの。またはそれで作ったゆか。「南、竹の―を敷き、その西に閼伽棚(あかだな)を作り」〔方丈〕 ❷㋑竹や細い板を、間を少しあけて横に並べて雨・露などのたまらないように作った縁。「―の竹を一間(いっけん)はづし、下なる(池ニイル)魚をはさんでさしあげ…すっぱと切って」〔狂・鱸庖丁〕 ㋺〘寝殿造りで〙ひさしの間よりも外部に出ている縁。すっかり板張りでも「すのこ」という。「『こなたは(=私ハ)―ばかりの許されはべりや(=縁ニ上ルダケハオ許シクダサルカ)』とてのぼり居たまへり」〔源氏・賢木〕

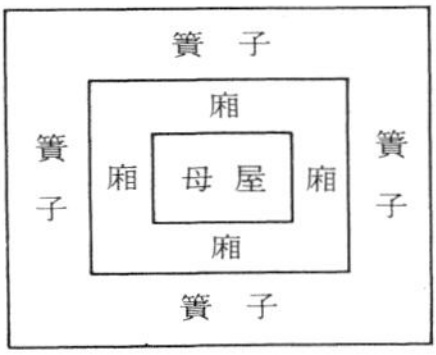
簀子
廂
簀子
廂
母屋
廂
簀子
廂
簀子

〔すのこ❷㋺〕

すは(―ワ) Ⓓ〘感〙 ❶〘相手の注意をよび起こすとき〙ほら。それ。「―、稲荷より賜る験(しるし)の杉よ」〔更級〕 ❷〘自分が何か起こるぞと急に感じたとき〙そりゃ。さあ。「(平家ニトッテ不吉ナ夢ノウワサヲ聞イテ)―(=サア)、平家の代はやうやう(=ソロソロ)末になりぬるは」〔平家・物怪沙汰〕「御機嫌が変はらせられてござるによって、―(=ソリャ)お手討ちにもなりませうかと存じて、ずいぶん身の毛をつめましてござる(=チヂミアガッテオリマシタ)」〔狂・富士松〕

ずは Ⓑ〘連語〙〘否定助動詞「ず」の連用形に係助詞「は」の付いたもの〙 ❶〘古代語〙…しないで。「しるしなきものを思はず―一杯(ひとつき)の濁れる酒を飲むべくあるらし」〔万葉・巻三〕 ❷〘順接の仮定。「ずば」に同じ〙…なければ。〘近世口語の〙…ざあ。「この生(しゃう)にこの身を浮かめ―(=成仏シナケレバ)、いつの時か…彼岸にいたるべき」〔謡・天鼓〕 ❸〘「ず」に単に「は」のついたもの〙…ないでは。「風のまに散ら―ありとも山桜いくかを花の盛りとは見む」〔続千載・春下〕〘現在の謡曲でも各流すべて「ズワ」と発音する〙

ずば Ⓑ〘連語〙〘「ずんば」の撥(はつ)音が脱落した形〙…なければ。…ねば。「なかなかに(=カエッテ)咸陽宮の釘隠しといは―めでたきものなるを、無念の事におぼゆ」〔蕪村・新花摘〕〘元禄前後から「ずば」があらわれるようである。江戸時代後期でも、文章語では「ずは」の形がときどき見られる〙[参]ずは②・ずんば。

すはう【蘇芳】(―オウ) Ⓔ ❶いちいの木。イチイ科の高木で、建築や器具の用材に用いられた。あららぎ・しゃくの木、峰すおう・山すおうなどともよばれる。「上達部(かんだちめ)・御子(みこ)たち(=親王タチ)の御前には、紫檀(したん)の机に綾のおもて(=テーブルクロース)まゐれり、中将少将には、―の机、官人には、みな程(=身分)につけてしたまふ」〔宇津保・俊蔭〕 ❷[略]蘇芳色。インド・マレー地方原産のマメ科の低木を煎(せん)じて赤色染料をとり、これによって染めた色。黒みのある赤色。「表着(うはぎ)は、おしわたして(=イズレモ)―の織物なり」〔紫日記〕 ❸襲(かさね)の色目。↓巻末「襲の色目要覧」。

すはえ【楚・楉】(―ワ―) Ⓔ〘「ずはえ」「すはい」「ずはい」とも〙 ❶細長くまっすぐにのびている若枝。「直(すぐ)なるものは…今年生えたる梅―」〔梁塵〕 ❷〘体刑用の〙むち。「百(もも)(=タクサンノ)―して、よく打たばや」〔宇津保・蔵開下〕

すはま【州浜・洲浜】Ⓓ ❶砂地のなぎさ。「あの山間に白う見ゆるは何ぢゃ。―」〔狂・萩大名〕 ❷海浜のミニチュアを台の上に作り、花鳥木石をとりあわせたもの。客席の飾りとした。「風流(ふりう)の―、沈(ぢん)(=香木)にて造れる上に、銀(しろがね)の舟二つに、いろいろの色紙をまき重ねて積まれたり」〔増鏡・北野〕 ❸洲と浜が出入りしているような曲線形。「小座敷に伴はれ、―にならぶ賓主(くあるじ)」〔馬琴・弓張月・三〇回〕 ❹紋の名称。↓巻末「紋章要覧」。

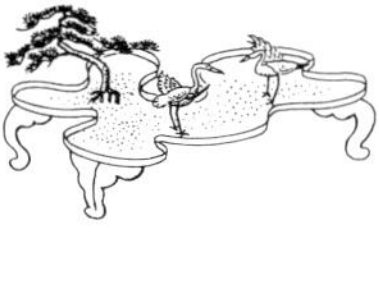

〔すはま❷〕

すびつ【炭櫃】Ⓓ いろり。〘角火鉢(かくひばち)のことという説もある。平安時代のは明らかでないが、文明本節用集に「炉」をスビツとよませているので、中世はいろりのことであったらしく思われる)「枕の方に―あり、これを柴(しば)折りくぶるよすがとす」〔方丈〕

すべ【術】Ⓓ 手段。方法。しかた。「法師は兵(つはもの)の道を立て(＝本職トシ)、夷(えびす)(＝イナカ武士)は弓引く―知らず」〔徒然・八〇段〕 **―な・し** 無し Ⓓ【連語】(「どうすることもできない」という気持ちで)こまりきる。つらい。「『さやかにも見てしがな(＝チャント会イタイ)』と、―・く(＝ドウショウモナイホド)待たせ」〔源氏・帚木〕

すべらぎ【皇】Ⓔ(「すめろき」の転音)天皇。皇室。「―のおほせかしこみ…」〔古今・雑体〕(平安初期からこの形が見える)

ずほふ【修法】(―ホウ)Ⓓ【十自サ変】(仏)(ある儀式によって)祈ること。祈禱(きとう)。「このほどは、御―どもに、局(つぼね)もみなふたがりてなければ」〔健寿〕

すま・す Ⓑ【他四】㊀【清ます・洗ます】洗ってきれいにする。「『まづ水(ヲ持ッテ来イ)』とて、御足―・さす」〔落窪・巻一〕㊁【澄ます】❶集中する。ひと所に向ける。「幾夜もいねず、心を―・して(＝精神ヲ統一シテ)うそぶきありき(＝詩歌ヲ吟ジテマワリ)」〔徒然・六〇段〕❷(補動)(動詞の連用形に付いて)㋑心をこめて…する。精神をひとすじにして…する。「笛をいとをかしく(＝ウマク)吹き―・して過ぎぬなり」〔更級〕「おしかへし(＝クリカエシ)おしかへし、三べんうたひ―・したりければ」〔平家・祇王〕㋺じゅうぶんに…する。完全に…する。みごとに…する。「夏ならば冷やし―・し(＝徹底的ニ冷ヤシ)、また冬ならば燗(かん)をし―・いて(＝ヨクツケテ)」〔狂・清水〕「まんまと、いろいろのお道具を借り―・いた(＝借リテノケタ)」〔狂・止動方角〕㊂【済ます】(借りを)かえす。清算する。「借銭の分は、初めから―・する心入れ(＝ツモリ)にあらず」〔西鶴・永代蔵・巻五ノ二〕(西鶴は四段をサ変に用いた例が多い)(英語の clear にも㊀㊁㊂の用法がみなある)

すま・ふ【争ふ】(―マ〈モ〉ウ)Ⓔ【自四】❶あらそう。抵抗する。「秋風に折れじと―・ふ女郎花いくたび野辺に起き伏しぬらむ」〔後拾遺・秋上〕❷(多くはけんそんの意で)辞退する。「いみじう書きにくう、―・ひ申す人々ありける」〔枕・二三段〕

すま・ふ【住まふ】(―マ〈モ〉ウ)Ⓓ【自四】❶暮らしてゆく。生活してゆく。「世の中に―・ひたまふ人の数にもあらぬ御ありさまにて」〔源氏・橋姫〕❷(役者が舞台の上で)着座する。「初音(ヲ演ズル役者ハ)、まん中の床几(しやうぎ)へ―・ふ」〔伎・三升玉垣・一ノ五〕

すみぞめ【墨染め】Ⓓ❶㋑黒く染めること。「―の色はいづれも変はらぬをぬれぬや君が衣なるらむ」〔千載・哀傷〕㋺黒く染めた色。僧衣または喪服の色。「(喪服ノ)―こそなほいとうたて目もくるる(＝ヤリキレナイ憂ウツナ)色なりけれ」〔源氏・柏木〕❷㊙墨染めの衣。黒色の着物。僧衣または喪服。「千手の前は…やがて様をかへ(＝スグ出家シ)―にやつれはて」〔平家・千手前〕

すみつき【墨付き】Ⓓ❶㋑(硯(すずり)に対する)墨のすれぐあい。「硯のさまもいつくしく(＝リッパデ)、―なども世に似ざりければ(＝無類ダッタノデ)、これをぞ御調度の中にはやむごとなき物(＝貴重品)にせられける」〔今昔・巻一九ノ九〕㋺(紙に対する)墨のつきぐあい。のりぐあい。「青鈍(あをにび)の紙の、なよびかなる(＝ソフトナ)―はしも、をかしく(＝優美ニ)見ゆめり」〔源氏・朝顔〕❷墨書きした紙。「―九十六丁、但し外題ともには九十七丁なり」〔更級・奥書(定家本)〕❸自分で墨書きすること。自筆。「型の如く(＝ホンノ形バカリダガ)―に五部の大乗経を三箇年間(ニワタリ)書きたてまつりて」〔平家・第一末ノ三六(延慶本)〕❹鎌倉時代より後、将軍や大名が墨印をおした公文書。「この書き物は、師直さまの御判のすわった―同然」〔伎・四谷怪談・三〕

すみつ・く【住み着く】Ⓓ【自四】❶㋑(住所を定め)落ち着いて住む。「命婦は継母のあたりはすみもつかず、姫君のあたりをむつびてここには来るなりけり」〔源氏・末摘花〕「さやうの人離れたる所は、よからぬものなむ必ず―・きはべるを」〔源氏・手習〕㋺身を処する。「世の中に―・く御心おきて(＝心構エ)はいかでかは知りたまはむ」〔源氏・橋姫〕❷結婚して落ち着く。㊇す(住)む②。「浮かれ女(め)の浮かれてありく(＝アチコチ移動シテマワル)旅館(たびやかた)(男ノ私ハ)―・きがたき恋もするかな」〔六百番歌合・恋〕

すみな・す【住み成す】Ⓔ【自四】(住みかたについて反省やくふうをしながら)生活する。住まう。「いと、のどかに、心にくく(＝オクユカシク)―・したまへり」〔源氏・夕顔〕「ことに心高く―・しはべり」〔芭蕉・幻住庵記〕

すみは・つ【住み果つ】Ⓔ【自下二】❶終わりまで住む。住み通す。「この山里に―・てなむとおぼいたり(＝オ考エニナッテイル)」〔源氏・夕霧〕❷終わりまでその生活を続ける。「おぼしたつほど(＝ハジメ出家ヲ志シタ時ニ)鈍きやうにはべらむや(＝決心ガツキカネルヨウデスノガカエッテ)、つひに―・てさせたまふかた(＝一生ヲ法師デ通ストイウ点ガ)深うはべらむ(＝強固カモシレマセン)」〔源氏・幻〕

すみはな・る【住み離る】Ⓔ【自下二】❶(住んでいた所を)去る。(世間から)遠ざかる。「思ひ捨てつる世も、『今は(＝デハ、イヨイヨ)』と―・れなむことをおぼすには、さすがに、いと捨てがたき事多かる」〔源氏・須磨〕❷別の所に住む。別居する。「母、尼になりて、同じ家のうちなれ

す

ど、かたことに(=別ノ方ニ)—・れてあり」〔更級〕

すみ まへがみ【角前髪】(—マエ—) Ⓔ 江戸時代の少年の髪型。元服以前にする。少年は、はじめ前髪をしているが、一五、六歳になると半元服して、額の両すみのはえぎわをそりこみ、髪型に角をつけるようにする。「今日のお客は四国のお侍、頭巾(づきん)で頭(つむり)は見えねども—のお小姓らしい」〔近松・阿波鳴渡・上〕

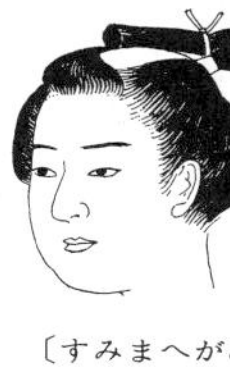

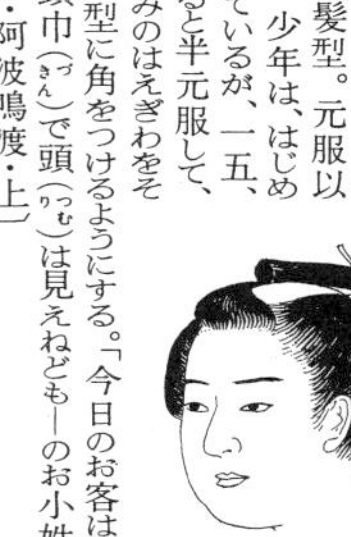

〔すみまへがみ〕

す・む【住む・棲む】 Ⓓ 《自四》 ❶居住する。「母后も(皇子ノ御殿ニ)もろともに—・みたまふ」〔浜松・巻一上〕 ❷(男が女性の家へ行く形で)結婚生活をいとなむ。「(ツイニコノ妻ノモトニハ)男—・まずなりにけり」〔伊勢・二三段〕《この時期が過ぎると、女は正式の妻として男の家に迎えられる。その後も、正妻でない女性に対しては、この「住む」という形がつづく》

す・む Ⓑ 《自四》 [一] 【澄む】 ❶(水や月などに)濁りや曇りがなく、清い。「月は入り方の空清う—・みわたれるに」〔源氏・桐壺〕 ❷(音響が)きれいだ。「ものの音(ね)—・みまさるここちして」〔源氏・椎本〕 ❸(濁音に対し)清音である。「行法も、法の字を—・みていふ、わろし」〔徒然・一六〇段〕 ❹人音がしない。人気がない。「夫(をとこ)つひに去りにけり。されば妻一人にて…家も—・みて人もなかりければ」〔今昔・巻三〇ノ四〕 ❺(精神に)迷いがない。気持ちにけがれがない。「思ひたつほどはいと心—・めるやうにて、世に顧みすべくも思へらず」〔源氏・帚木〕 ❻(人がら・容姿・書体・色調などが)おちついて品がある。「もの深うなりぬる人の—・みすぎて」〔源氏・柏木〕《↑人がらの例》「御顔は、ただ中納言のいま少し(=中納言ソックリダガ、ソレヨリモウ少シ)あてにかをり—・みたるけしきそひて」〔とりかへばや・二〕《↑容姿の例》「いといたう筆(=筆ヅカイ)—・みたるけしきありて書きなしたまへり」〔源氏・梅枝〕《↑書体の例》「うすにびの綾、中には萱草(くわんざう)など—・みたる色を着て」〔源氏・手習〕《↑色調の例》 [二] 【済む】(貸しが)かえる。清算される。「この銭、—・むべき(=返済サレヨウ)事とも思はれず。自今(じこん=コレカラ)は、大分(=多額)に貸すこと無用」〔西鶴・永代蔵・巻一ノ二〕

すめ・く Ⓔ 《自四》荒い息づかいをする。「時の(=代表的ナ)歌よみども集まり来て、今やうぐひす鳴くと(一同ハ)うめき—・きしあひたるに(=ウンウン、フウフウイイッテイタトコロ)」〔十訓・第七ノ三〇〕

すめ みま【皇孫】 Ⓔ 皇祖神(または天皇)の孫に対する尊敬語。「いまし—ゆいて治(し)らせ」〔紀・神代下・訓〕《「すめみま」は「皇孫」の訓》

すめら【皇】 **—ぎ** Ⓔ 天皇。皇室。「—の万代(よろづよ)いつと限らまし」〔謡・金札〕《観世流と金春流はスメラギだが、宝生流と喜多流はスベラギ。おそらくスベラギが前の形で、それがスメラギに転じたのであろう。スメロキからの直接変化ではあるまい》 **—みくさ** 御軍 Ⓔ 《「すめらみいくさ」の約》天皇の御軍隊。皇軍の兵士。「霰(あられ)降り(=枕詞)鹿島の神を祈りつつ—にわれは来にしを」〔万葉・巻二〇〕 **—みこと** 尊・天皇 Ⓔ 天皇に対する尊敬語。「—みづから諸の皇子(みこたち)舟師(ふないくさ)をひきゐて、東を征(う)ちたまふ」〔紀・神武・訓〕《「すめらみこと」は「天皇」の訓》

すめ ろ き【皇】 Ⓔ ❶天皇。「高御座(たかみくら)天の日嗣(ひつ)ぎと—の神のみことの聞こしをす(=オ治メニナル)国の…」〔万葉・巻一八〕 ❷皇室の祖先。皇祖。「ひさかたの(=枕詞)天の戸開き高千穂の岳(たけ)に天降(あも)りし—の神の御代より…」〔万葉・巻二〇〕《(1)原文「須売呂伎」の「伎」は清音「キ」を表す。後世は「すめろぎ」となった。(2)「すめ」はある区域を領有すること、「ろ」は「の」と同じ意の格助詞、「き」は男性を表す接尾語》

すら Ⓐ 《副助》《体言・体言あつかいの語・副詞および他の助詞に付く》 ❶程度の軽いほうをあげて、それよりも程度の重いほうを推測させる意を表す。仮定文には用いない。…でさえ。…でも。「越を治めに出でて来し丈夫(ますらを)われ—(=シッカリシタ男性ノワタシデサエ)世間(よのなか)の常しなければ…悲しけく…」〔万葉・巻一七〕「行くへ—もおぼえず」〔竹取〕 ❷《願望を表す語で受けて》譲歩できる限度を示す。(せめて)…だけなりと。「人の寝(ぬ)る熟睡(うまい)はねずて(セメテ)愛(は)しきやし(=イトシイ)君が目—を(=アナタノ目ダケデモ)ほりて(=見タクテ)嘆くも」〔万葉・巻一二〕《(1)中古以後は主として歌に現れるが、あまり多くはない。(2)漢文よみくだし調の影響を受けた文章では「そら」という形も用いられた。(3)用法「②」はまれである》[参]さへ・だに。

ずらう【受領】(—ロウ) Ⓒ →ずりゃう。「ただいまの—ども」〔栄花・本雫〕

すり【修理】 Ⓓ 《+他サ変》→しゅり。「もとの所、—・してつれば、(ソチラへ)わたる(=ヒッコス)」〔蜻蛉・中〕

すり ごろも【摺り衣】 Ⓔ やまあい・つゆくさなどの汁(しる)で模様をすりつけた衣。「すりぎぬ」とも。「(恋ノ前兆トイウ)—着(け)りと夢見つ現(うつ)には誰しの人の言か(=ダレトノウワサガ)しげけむ(=多ク立ツダロウカ)」〔万葉・巻一一〕

すり しき【修理職】 Ⓓ →しゅりしき。

ずりやう【受領】(ーリョウ) Ⓒ《平安中期以後、任地に行かない遙任(ようにん)の名目的な国守に対して》実際に任地に行って政務をとる地方長官。守(かみ)。「ーは、伊予の守(ノヨウニ大国ノガヨイ)」〔枕・一七二段〕

す・る Ⓒ《他四》㊀【刷る・摺る】❶模様を布にプリントする。「君がため手力(たぢから)疲れ織りたる衣(きぬ)ぞ春さらば(=春ニナッタラ)いかなる色にー・りてば(=染メツケタラ)よけむ(=ヨイダロウカ)」〔万葉・巻七〕❷版によって印刷する。「原版ことのほかー・りつぶしさうらふゆゑ、再版つかまつりさうらふにつき」〔一九・膝栗毛・八(奥付)〕㊁【磨る・摩る・擦る】❶物と物とをこすりあわせる。「『あが君、あが君(=オ助ケ！)』と、向かひて手をー・るに、ほほと笑ひぬべし(=モウスコシデ笑イソウニナル)」〔源氏・紅葉賀〕「数珠おしー・り、印(いん)ことごとしく結びいでなどして」〔徒然・五四段〕❷【擂る】つぶしたり、まぜあわせたりするため、鉢(はち)の中でかきまわす。「最前の擂り鉢の音は、大福帳の上紙に引く糊をー・らした」〔西鶴・永代蔵・巻二ノ一〕

するがまひ【駿河舞】(ーイ) Ⓔ 東遊(あずまあそ)びの中心となる歌舞。駿河国(静岡県)の古代民謡および舞踊を雅楽ふうに編曲したもの。「舞は、ー」〔枕・二一六段〕

するすみ【匹如身】Ⓔ 財産も親族もない無一物の身。すっからかん。「人の一物も持たず、手うち振れる(=手ブラナノ)をばーといふ」〔沙石・巻四ノ九〕

すゑ【末】(ーエ) Ⓑ ❶㋑おわり。「吉日を選びてなしたるわざの、ーとほらぬ(=結果ガウマクユカナイノ)を数へてみむも、また(凶日ニシタノト結果ハ)ひとしかるべし」〔徒然・九一段〕㋺晩年。「故常陸の親王(みこ)の、ーにまうけて、いみじくかしづきたまびし御むすめ」〔源氏・末摘花〕㋩《質が低下したという感じを伴って》末期。「かやうの物(=カツオノヨウナ低級ナ魚)も、世のーになれば、かみざま(=上流社会)までも入りたつわざにはべれ」〔徒然・一一九段〕❷《時間的に》㋑のち。ゆくさき。未来。「さかゆく(=栄エル)ーを見むまでの命をあらまし(=予期シ)、ひたすら世をむさぼる」〔徒然・七段〕㋺子孫。あとつぎ。「子孫おはせぬぞよくはべる。ーの(先祖ヨリモ)おくれたまへる(=ダメデイラッシャルノ)は、わろきことなり」〔徒然・六段〕❸《空間的に》㋑物のさき。はし。末端。「髪の筋こまやかに、きよらにて、おひ下がりのーより一尺ばかり余りたまへり」〔紫日記〕㋺(木の)上端。こずえ。「樹のーに巣をくふ」〔紀・継体・訓〕《「すゑ」は「巓」の訓》「雪いと白う木のーに降りたり」〔伊勢・六七段〕㋩(ずっと向こうの)はて。「をみなへしなびくを見れば秋風の吹きくるーもなつかしきかな」〔千載・秋上〕❹(短歌で)下の句。七七の句。「歌どもの本(=上ノ句)をおほせられて『これがー、いかに』と問はせたまふ」〔枕・二三段〕

ーのよ 末の世 Ⓓ《連語》❶将来の世間。「(モウロクオヤジハ)ーの人に、もてなやまれむ(=迷惑ガラレヨウ)」〔源氏・幻〕❷老後。晩年。「なほーに(ナッテ)…御むすめ(ヲ女御ニ)奉りたまひて」〔大鏡・師輔〕❸末法の世。(参)まっせ。「衰へたるーとはいへど、なほ九重(ここのへ=皇居)の神さびたる有様こそ、世づかずめでたけれ」〔徒然・二三段〕

すゑずゑ【末末】(ーエーエ) Ⓒ ❶将来。後年のようす。「かかる人々のー、いかなりけむ」〔源氏・末摘花〕❷(家系のなかで)血縁関係があまり近くない者。遠い子孫。「(先祖のコトヲ)聞き伝ふるばかりのーは、あはれとやは思ふ(=気ニモカケナイ)」〔徒然・三〇段〕❸末端《複数形》。「いづれをも陰とぞ頼む双葉(ふたば)より根ざし(=ノビテイル根ヲ)かはせる松のー(=掛ケ詞「①」)」〔源氏・藤裏葉〕❹㋑身分の低い者。「若くーなるは、宮仕へにたちゐ(=主人ニアレコレ奉仕シ)」〔徒然・一三七段〕㋺(席順の)低いこと。下座(しもざ)。「上座にござるお客へは、その栗を進じさせられうず。またーのお客へは、余(よ)のお菓子でも、くるしうござりますまい」〔狂・栗焼〕

すゑば【末葉】(ーエー) Ⓔ ❶先端部分の葉。「ーの露の(ヨウナ)消えやすき、本(もと)の(=根モトニシタタル)雫(しづく)の(ヨウナハカナイ)世語りを」〔謡・夕顔〕❷子孫。「代々経ぬるーなりとも呉竹(くれたけ)の園生の色(=皇室ノ一族ノ繁栄)は変はらずもがな」〔新続古今・雑下〕

ずん・ず【誦ず】Ⓓ《他サ変》(詩・歌または文章の一節を)ごく簡単な節でよみあげる。吟ずる。《メロディーまたはメロディーに近いものはあるが、拍子には合わない》「『種(う)ゑてこの君と称す』とー・じて」〔枕・一三七段〕《「ずず」「ずうず」などとも表記する》

ずんば Ⓑ《連語》《「ずは」に撥(はつ)音が加わり、その影響で「は」が濁音化した形》…なければ。「善に移る事は、勤めー成りがたし」〔風来・根南志具佐・巻二〕(参)ずは②。

せ

せ【兄・夫・〈背〉】Ⓒ (対)「妹(いも)」《古代語》❶女性から近しい関係にある男性を親しんで呼ぶ称。「山代の筒木の宮に物申すわがー(=私ノ兄上)を見れば涙ぐましも」〔紀・仁徳〕❷《とくに》夫をさす。「誰そこの家(や)の戸押そぶる(=ガタガタ押スノハ？)新嘗(ノ祭リ)にわがーをやりていはふ(=身ヲキヨメテイル)この戸を」〔万葉・巻一四〕《古代の発音では「せー」と長音だったらしい。「紀伊

兄山」〈紀・孝徳〉に「兄、此云レ制」と訓注があり、古訓でも「兄」に「セイ」と仮名づけしている》

せ【瀬】 Ⓒ ❶ 対「淵(ふち)」 流れの浅くなっている所。「世の中は何か常なる飛鳥(あすか)川昨日の淵ぞ今日は―になる」〈古今・雑下〉 ❷流れ。「なかつ―に濯(すす)ぎたまふ」〈紀・神代上・訓〉《「なかつせ」は「中瀬」の訓》 ❸機会。チャンス。「(成経ト康頼ダケ帰京シタ)その―に身をも投げむとせしを」〈平家・有王〉 ❹その点。そのふし。「(コウシタ悲シミノ中ニモ)うれしき―もまじりて」〈源氏・葵〉 ❺ ㋑その地点。その場所。「聞かずともここを―にせむ(＝ココヲ時鳥(ほととぎす)ヲ聞ク場所ト定メヨウ)時鳥山田の原の杉のむら立ち」〈新古今・夏〉 ㋺その場面。その状況。「(セメテ)今だに(＝今カラデモ)、とく(＝早ク)この憂き―を離れなむ」〈寝覚・巻三〉

せい【勢】 Ⓒ ❶いきおい。「その―にや驚きたりけむ、大鹿ふたつ、女鹿ひとつ、平家の城郭一の谷へぞ落ちたりける」〈平家・坂落〉 ❷ ㋑戦闘部隊。「『どの―の中へか入ると見つる』『川原坂の―の中へこそ駆け入らせたまひさうらひつるなれ』」〈平家・法住寺合戦〉 ㋺友軍部隊。味方の者たち。同勢。「義仲が―は敵におしへだてられ、山林にはせ散って、この辺にもあるらむぞ」〈平家・木曾最期〉「平家は室山・水島二か度の戦に勝ちてこそ、いよいよ―はつきにけれ(＝味方ニナル者ガ増加シタ)」〈平家・室山〉 ㋩兵力。「平家は三千余騎、味方の御―は一万余騎」〈平家・三草合戦〉 ❸かたち。「一の箱には、(伝教)大師修禅定の具足(＝道具)どもさうらふ。中に、―鞠(まり)ばかりにして、音(おと)ある物あり」〈平治・上・八〉

せい とく【勢徳】 Ⓔ 権勢と財産。権勢や財産をもっているもの。権門。「国々の司として、―もならびなき者になむありける」〈今昔・巻一九ノ四〉「美濃の国に―ありける者の一子にてありけるが、その親死にければ、もろもろの財(たから)をうけ伝へて」〈今昔・巻一六ノ七〉

せい ばい【成敗】 Ⓑ 《＋他サ変》 ❶ ㋑政務をとること。「そのころの叙位除目(ぢもく)と申すは、院(＝上皇)・内(＝天皇)の御はからひにもあらず、摂政・関白の御―にも及ばず」〈平家・鹿谷〉 ㋺総括的責任者。「両大将と仰がれて、しばらく八箇国の―に居(す)わられけり」〈太平・巻三一ノ三〉 ❷とりはからうこと。「今度の軍(いくさ)の―をば、三浦平六左衛門にぞ許されける」〈太平・巻一〇ノ三〉 ❸訴訟をさばくこと。「泰時、御代官として(＝将軍ノ代理トシテ)年久しくかくのごとく問答―つかまつるに(＝訴訟ノ裁決ヲイタシテオルガ)」〈沙石・巻三ノ二〉 ❹処断。処罰。《多くは当人を斬(き)ること》「そち(＝オ前)を―・せぬにおいては(＝斬ッテ来ナケレバ)、それがし(＝ワタシ)ともにお手討ちになされうとのおことぢや」〈狂・武悪〉 ❺ ㋑命令。下知。「委細に手段(てだて)を―・して、一処に勢(＝部隊)をぞかこみたる」〈太平・巻三一ノ二〉 ㋺《文法的に》命令の言い方。「『け』『な』『よ』、この三字にては(＝ガ含マレテイルト)『に』と留まりがたし(＝句ヲ結ビニクイ)。―のことばなればなり」〈連歌教訓〉《たとえば「行け」「なすな」「来よ」などを含む句は「に」留めにしてはいけない》

せい びゃう【精兵】(―ビョウ) Ⓔ ❶強弓をよく射ること。またはその射手。「もとよりすぐれたる強弓―」〈平家・競〉「―の射手十六人あり」〈太平・巻一四ノ四〉「わが弓は―ぢやぞ」〈蒙求抄〉《「強弓」は「精兵」の同義語》 ❷優秀な兵士。「さんざんに切り立てられ、―あまた討たせ」〈イソポ・第二四話〉《日葡辞書およびロドリゲス大文典にxeibiǒ》

せい りき【精力】 Ⓔ ほねおり。「講中(＝信徒グループ)の―(＝尽力)で建立した釣り鐘」〈伎・三舛玉垣・一ノ四〉「和蘭(おらんだ)人これ(＝同ジ本ヲ三部モ写シタノ)を見て、その―(＝努力)に感じ、その書をただちに西氏に与へし由」〈蘭東事始〉

せいりゃう でん【清涼殿】(―リョウ―) Ⓓ 《「せいらうでん」とも》内裏の殿舎の一。天皇の常の住居殿は、もと仁寿殿(じじゅうでん)であったが、平安中期以前に清涼殿に移った。この殿は、天皇が日常をすごされるほか、四方拝・叙位・除目(じもく)などの儀式もおこなわれた。室町時代からは、別に常の御殿ができたので、清涼殿は儀式専用となった。母屋(もや)は天皇が昼間いられる室で、中央に

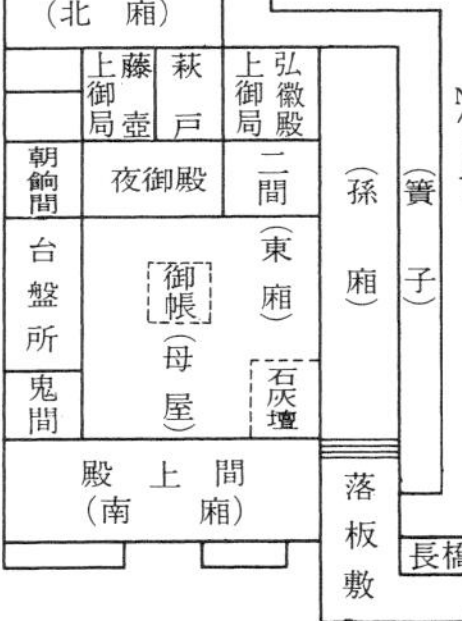

〔せいりゃうでん〕

御帳台がある。北がわに夜(よん)の御殿すなわち寝室があり、その東がわに二間(ふたま)すなわち仏間がある。その北がわに弘徽殿の上の御局(みつぼね)・萩の戸・藤壺の上の御局の三室が並ぶ。しかし、平安時代には萩の戸はなく、弘徽殿の上の御局と藤壺の上の御局の二室だけが隣りあわせていたようである。いずれも女御(にょうご)・更衣(こうい)の控え室である。東廂(ひがしびさし)の南隅に石灰(いしばい)の壇といって、土を床

の高さまで盛りあげ、上を石灰で塗り固めた所がある。ここで天皇が毎朝、伊勢神宮・賢所をはじめ、八幡宮・賀茂神社などを遙拝された。その東がわの孫廂の、二間と弘徽殿の上の御局の境あたりに昆明池(こんめいち)の障子というついたてが置かれ、さらにその北の行き止まりには荒海の障子というふすまがはめられ、手長・足長が画いてあった。南廂は殿上(てんじょう)の間で、公卿(くぎょう)・殿上人の詰め所。そこから落板敷という低くなった所へ出る戸口に、年中行事の障子といって、年間の定例行事の名目を書いたついたてが置いてあった。西廂には、南から順に鬼の間・台盤所・朝餉(あさがれい)の間・御手水の間・御湯殿の上がある。

せう えう【逍遙・消揺】(ショウヨウ) Ⓔ〖＋自サ変〗遊びのため野外などに出ること。ピクニック。「―・しに思ふどち(＝気ノアッタ連中ガ)かいつらねて(＝サソイアワセテ)、和泉の国へ二月(きさらぎ)ばかりいきけり」〔伊勢・六七段〕

せう げき【少外記】(ショウー) Ⓓ ↓げき。

せう し【〈笑止〉】(ショウー) Ⓓ〖＋形動ナリ〗《「勝事」から転じて》たいへんだ。えらいことになった。❶《予想外のわるい事態になったという気持ちで》たいへんだ。えらいことになった。(参)しょうし(勝事)。❷困ること。「ここにひとつの―(＝困ッタ問題)あり」〔伽・梵天国〕「あら―や(＝弱ッタナア)。行き暮れて、前後を忘じてさうらふ(＝ドウ行ッテヨイカワカラナクナリマシタ)」〔謡・松風〕 ❸気の毒だ。「わが恋は水にもえたつほたるほたるもの言はで―の(＝カワイソウナ)ほたる」〔閑吟集〕「おやぢ殿に非業の(＝出ス必要ノナイ)金を出さするが―さに」〔近松・油地獄・下〕 ❹《「笑止」の字面から誤用して》笑うべきだ。おかしい。「『御自分のお弱いのをとりおいて(＝タナニアゲテ)』『御病気のせゐになさるとは』『―・な事でござんすわいなあ』」〔伎・十六夜清心・一ノ三〕

せう しやう【少将】(ショウショウ) Ⓓ 近衛(このえ)府の次官で、中将の下位。定員は左・右各二名。正五位に相当する官であるが、とくに四位を与えられた者は四位少将と称し、名誉とした。

せう じん(ショウー) Ⓔ ㊀【小人】身分のいやしい者。「大人・―の違ひ格別、世界は広し」〔西鶴・永代蔵・巻一ノ三〕 ㊁【少人】少年。「稀代(きたい)なる(＝トンデモナイ)―かな」〔謡・橋弁慶〕「十五六なる―の…見るほど美しき風情(ふぜい)なり」〔西鶴・一代男・巻二ノ六〕

せう じん【少進】(ショウー) Ⓓ (対)「だいじん」 職(しき)および坊(ぼう)の次席三等官。大膳職と左右京職は正七位、他は従六位。

せう・す【抄す・鈔す】(ショウー) Ⓓ〖他サ変〗❶抜き書きする。「昔より集を―・することはその迹(あと)(＝前例)なきにしもあらざれば、すべからくこれを―・しいだすべし」〔新古今・跋(隠岐本)〕 ❷編さんする。「延喜(＝醍醐天皇)の御時に古今(集ヲ)―・せられしをり」〔大鏡・昔物語〕

せう せう【少少】(ショウショウ) Ⓔ〖副〗❶㋑少し。わずか。「石打ちの矢の、その日のいくさに射て―残ったるを」〔平家・木曾最期〕 ㋺多少。「『夜着を参らせむや』といふ。『いや、いかほどの野陣山陣に、―(＝少シグライナラ)寒き事をば知らず。無用』というて着のまま寝ねけるが」〔咄・醒睡笑・巻一〕 ❷並み並み。普通。「それ(＝高内侍)はまことしき(＝本格的ナ)文者(＝漢詩人)にて、御前の作文(さくもん)(＝詩作ノ宴)には文たてまつられしはとよ。―のをのこにはまさりてこそきこえはべりしか」〔大鏡・道隆〕

せう そうづ【少僧都】(ショウーズ) Ⓓ ↓そうづ。

せう そく【消息】(ショウー) Ⓑ〖＋自サ変〗↓せうそこ。

せう そこ【消息】(ショウー) Ⓑ〖＋自サ変〗❶手紙。たより。文通。「心には忘れずながら―なども せで久しくはべりしに」〔源氏・帚木〕 ❷口上。伝言。「―をつきづきしう(＝適切ニ)言ひつべからむ者ひとり(呼ンデクレ)」〔枕・三五段〕 ❸訪れること。とりつぎを頼むこと。「かかるついでに入りて―・せよ」〔源氏・蓬生〕

せ うと(ショウー) Ⓒ《「せひと(背人)」のウ音便で》❶女から見ての兄弟。《兄でも弟でもいう》「かの―(＝浮舟ノ弟)の童なる(＝少年ヲ)ゐて(＝連レテ)おはす」〔源氏・手習〕 ❷《平安末期以後は男からも女からも》兄。「公世(きんよ)の二位の―に良覚僧正と聞こえしは、きはめて腹あしき(＝怒リッポイ)人なりけり」〔徒然・四五段〕

せう ないき【少内記】(ショウー) Ⓓ ↓ないき。

せう なごん【少納言】(ショウー) Ⓓ 太政(だいじょう)官の判官(じょう)。左右弁官局に対立してある少納言局の長官。定員三名で、詔勅・天皇の御璽・太政官印を管理し、中務(なかつかさ)省の侍従を兼ねた。後、蔵人所の設置により、職権が縮小され、公印の管理がおもなしごとになった。

せう に【少弐】(ショウー) Ⓓ 大宰府(だざいふ)の次官で、大弐の下に属する。次官補佐。(参)だいに。

せう べん【少弁】(ショウー) Ⓓ ↓べん。

せう みやう【小名】(ショウミョウ) Ⓔ (対)「大名」 ❶《平安時代末期》名田(みょうでん)すなわち自分の名がついた特別領地をもっていた豪族のうち、所領の小さい者。「参会したる大名・―みな『荒涼の申しやうかな(＝大キナ口ヲキクヤツダナア)』とささやきあへり」〔平家・生唼沙汰〕 ❷《鎌倉・室町時代》将軍から領地を与えられている守護・地頭のうち、所領の小さい者。「かの地頭、世間も衰へ(＝財産モ減リ)、つひにみまかりぬ(＝亡クナッタ)。ただ一人ありける子息…一門もみな―なれば、憐みながら、(領地ヲ)思ひあつる(＝分ケテヤル)ことまではなかりけり」〔沙石・巻九ノ四〕《江戸時代「大名の中で祿高の少ない者」という

意味もあったと思われるが、用例未見〕

せう もつ【抄物】(ショウー) Ⓔ《「せうもち」とも》❶その道に関する必要事項を集めた書物。事典。「歌よまぬ時、―どもを見渡して、晴れの歌よまむとては、―どもさはと(=キレイニ)とりおきて(=カタヅケテオイテ)何もなくして案じたるがよきなり」〔正徹物語・上〕❷注釈書。解説書。「和歌の―の事、家々にさまざまあり。皆あるいは詞等の事を注したるなり」〔落書露顕〕

せうやう しゃ【昭陽舎】(ショウヨウー) Ⓓ →なしつぼ。

せ かい【世界】Ⓒ ❶〔仏〕《梵 loka-dhātu の意訳。loka は空間・宇宙などの意、dhātu は構成要素の意》存在する場所。「欲ある―を欲界と名づく。この欲を離れて身心が禅定と相応する―を色界と名づく」〔慈雲・短篇法語〕❷地球上の国土。「後は―の図(=世界地図)にある裸島とて…肌(はだ)の見ゆるを恥ぢける」〔西鶴・五人女・巻一ノ一〕❸ある地域ぜんたい。「持て来し人を―に求むれど(=ソコラジュウ捜シタガ)、なし」〔大和・一六八段〕「飢ゑ死ぬる者のたぐひ、数も知らず。とり捨つるわざ(=死体処理ノ方法)も知らねば、くさき香―にみちみちて」〔方丈〕❹㋑世間。世の中。「―の男、貴(あて)なるも賤(いや)しきも『いかで(=何トカシテ)かぐや姫をえてしかな(=妻ニシタイ)見てしかな』と、音(=ウワサ)に聞き、めでまどふ(=ヤタラト恋イシタウ)」〔竹取〕「ここは(=コノ口入レノ手数料ハ)―がこの通りの御定め」〔西鶴・胸算用・巻三ノ三〕㋺(遊ぶ)場所。「京町に何かお―がおできになったさうでござりますね。あんまりお浮気をなされますな」〔洒・総籬〕❺遠い所。地方。いなか。「―にものしたまふとも(=遠方ヘイラッシャッテモ)忘れで消息したまへ(=オタヨリヲ下サイ)」〔大和・六四段〕「知らぬ―に(船ガ)吹き寄せられて陸(くが)に寄りたるを(=陸地ニツイタノヲ)かしこきことにして(=コレ幸イト)、左右(さう)なく(=スグサマ)みなまどひおりぬ(=アワテテ船カラオリタ)」〔宇治・巻六ノ九〕

せき【関】Ⓑ ❶国ざかいや要路に設けて、平時は通行人を検査し、戦時には防備に用いた所。関所。特に逢坂(おうさか)の関をさす場合もある。「またの日(=翌日)、―(=逢坂ノ関)のあなたよりぞ御返し(=御返事)ある」〔源氏・賢木〕❷水の流れの調整をする水門。「これで金蔵(かねぐら)もちっと―ができよう(=金ノ流レ出ルノヲ防ゲヨウ)。うれしや、うれしや」〔黄・金生木・中〕❸防ぎとめて通さないこと。またはそうするもの。「(ツマラナイムスコノ将来ガ心配デ)冥途(よみぢ)も安くもまかるまじく(=安心シテ死ネマセンシ)、よろづの所の―と(=万事ニツケテ障害ニ)なるここちしはべる」〔宇津保・国譲上〕❹碁で、双方の石が死活のどちらでもなくなり、勝負の計算から除外される部分的状態。「攻め手、からめ手たちきって、手づめの(=ドウニモナラナイ)―を勝軍(かちいくさ)」〔近松・国性爺・四〕

せき あ・ふ【塞き敢ふ】(ーア〈オ〉ウ) Ⓒ《他下二》こらえてせき止める。おさえきる。「今は(=ソレデハ)とてみな出でたつ日になりて、行く人も(涙ヲ)―・へぬまであり」〔蜻蛉・上〕「つらさの御涙いとど―・へたまはず」〔義経・巻七ノ一〕

せき ぢ【関路】(ージ) Ⓒ 関所を通る道。「―の鳥も声々に、夢も跡なく夜も明けて」〔謡・松風〕

せき ふ【隻鳧】Ⓔ《「隻」は「独」の意で》一羽のカモ。《蘇武が李陵と別れる詩に、二羽のカモ(われわれ)が共に北方の僻地(へきち)へ来たのに、一羽(蘇武)だけ南(中国本土)へ帰る悲しみをうたっているのを典拠とし、仲のよいどうしが一方を置き去りにするたとえ》「行く者の悲しみ、残る者のうらみ、―の別れて雲に迷ふがごとし」〔芭蕉・奥の細道〕

せき もり【関守】Ⓓ 関所の番をする役人。「筑紫の門司の関、関の―老いにけり」〔梁塵〕

せき や【関屋】Ⓓ 関所を守る役人の番小屋。「―より、さとくづれ出でたる(=話ヲシナガラゾロゾロ出テ来タ人ノ)旅姿どもの」〔源氏・関屋〕「愛発(あらち)の山の―をこしらへて、夜三百人、昼三百人の関守をすゑて」〔義経・巻七ノ四〕

せ く【節供】Ⓓ《「せちく」の促音化した「せっく」の「っ」を表記しない形》節(せち)の日に供える食物。すなわち、正月七日の七草粥(ななくさがゆ)・正月一五日の餅粥(もちがゆ)・三月三日の草餅・五月五日の粽(ちまき)・七月七日の索餅(さくべい)など。「御―まゐり、わかき人々菖蒲(さうぶ)のさしぐし、物忌み(ノフダヲ)つけなどして」〔枕・三九段〕

せ・く【塞く・堰く】Ⓒ《他四》❶㋑せきとめる。「苗代(なはしろ)の春のかど田に―・く水の道ある方に身をやまかせむ」〔新後撰・雑上〕㋺通るのをさえぎる。「人げにこそ、さやうの(=キツネトカフクロウトカノ)ものも―・かれて、影かくしけれ」〔源氏・蓬生〕❷おさえる。こらえる。「年月をなかに隔てて逢坂のさも―・き(=掛ケ詞「関」)がたく落つる涙か」〔源氏・若菜上〕❸(恋仲などを)じゃまする。さまたげる。「お―・き候(そろ)とも(=イクラジャマナサッテモ)―・かれ候(そろ)まじや(=ソウハサセマセンヨ)」〔閑吟集〕

せ けん【世間】Ⓑ ❶〔仏〕㋑《梵 loka-dhātu の意訳》→せかい①。「生も(実ハ)生ならず、滅も(実ハ)滅ならず。『―(ノ)相(ノ)常住(ナコトハ)、これ法住(=存在ノ不変ナル理法)法位(=存在ノ本質)』と承る」〔慈雲・世間相常住法語〕㋺凡人の住む世。俗世。「五百の皇子たちまちに生死の無常を観じ、―の受楽(ノムナシサ)をいとひて出家したまふ」〔今昔・巻五ノ一二〕❷社会。世のなか。「延喜の(=醍醐天皇ガ)―の作法(=風儀ヲ)したためさせたまひしかど(=オ取リ締マリニナッタガ)、過差(=ゼイタク)をばえ鎮めさせたまはざりしに」〔大鏡・時平〕❸あたり(のようす)。「流れ行きて、河中の洲崎におしあげられ、はるかにありて(=時間ガタッテカラ)よみがへりて、―を見れば、思はずに(=意外ニモ)河中にあり」〔沙石・巻三ノ一〕❹㋑境地。境涯。「『せり売りの十銭』(トイウ句ハ)生涯軽(かろ)き程(=貧乏ナヨウスガ)わが―に似たれば、感慨少なからずさうらふ」〔芭蕉・小春宛(元禄三年六月)書簡〕㋺暮らしむき。身代。「万事の商ひなうて(=商売不振デ)―がつまったといふは毎年の事なり」〔西鶴・胸算用・巻五ノ一〕❺外聞。「『(カネヲ落トシタノハ)我一代のし損じ』と―かまはず涙をこぼす」〔西鶴・俗徒然・巻二ノ一〕

せ・こ【兄子・夫子・〈背〉子】Ⓒ《古代語》❶《女の側から》㋑夫や恋人を親しんで呼ぶ語。「《当麻麻呂ノ妻ガ夫ニ対シ》わが―(=アナタ)はいづく行くらむ沖つ藻の(=枕詞)名張の山を今日か越ゆらむ」〔万葉・巻一〕㋺兄・弟その他親しい男性を呼ぶ語。「《間人皇后ガ有間皇子ニ対シ》わが―は仮廬(かりほ)作らす(=小屋ヲオ作リニナル)草(かや)無くは小松が下の草を刈らさね(=オ刈リナサイ)」〔万葉・巻一〕❷《万葉時代の中期ごろから》男どうしの親しい仲で相手を呼ぶ時にもいう。「《大原今城カラ大伴家持ニ対シ》わが―(=アナタ)が宅(やど)のなでしこ日並べて(=毎日毎日)雨は降れども色もかはらず」〔万葉・巻二〇〕

せ・し【狭し】Ⓔ《形ク》せまい。場所もない。「野もせ｜山もせ｜(=野モ山モセマイホド)夏寒き風の吹くのみなりき」〔一茶・みとり日記〕《ほとんどすべて「ところせし」の形で現れるだけで、単独の「せし」は用例が見当たらない。一茶の例は、形容動詞「せなり」を仮定すれば、その語幹とも解されるが、実際には「せに」だけで、他の活用形がないから、形容詞「せし」の語幹ということになる》(参)ところせし・せに。

ぜ・じゃう【軟障】(―ジョウ)Ⓔ移動式のカーテン。表の生絹(すずし)に絵を描き、裏は練りの絹、紫綾でふち取りしてあり、屋内でも屋外でも使用した。「引きたる―なども放ち(=トリハライ)、立てりたる物ども(=調度類)みしみしと取り払ひ」〔蜻蛉・中〕

〔ぜじゃう〕

せ・たま・ふ【せ給ふ】(―マ〈モ〉ウ)Ⓑ《助動》《四段・ナ変・ラ変動詞の未然形に付く複合助動詞。活用→たまふ》〔敬語〕㋑《地の文のなかで》天皇・上皇・皇后・皇太子あるいはこれらに準ずる方の行為を高め、最高の尊敬表現にする。「上(=一条天皇ガ)おはしますに、御覧じて、いみじう驚か―・ふ」〔枕・九段〕「(帝ハ皇子ガ来ラレルノヲ)いつしか(=マダカマダカ)と心もとながら―・ひて(=待チ遠シクオボシメサレテ)」〔源氏・桐壺〕㋺《会話および書簡文のなかで》「たまふ」よりもいくらか高い尊敬を表す。「『夜ふけはべりぬらむ。とく帰ら―・へ』といふ」〔蜻蛉・中〕(参)させたまふ。

せち【節】Ⓓ❶季節の変わり目。季節。「三月(やよひ)の日かずのうちに、夏の―の来るをわきまへ、四月(うづき)のうちに春の―のあまれるを知り」〔経信卿母集・詞〕❷㋑季節の変わり目にする習俗的な祝いの行事。元旦(一月一日)・人日(一月七日)・上巳(三月三日)・端午(五月五日)・七夕(七月七日)・重陽(九月九日)等がおもなもの。(参)せく。「なまめかしきもの…五月の―のあやめの蔵人」〔枕・八九段〕㋺定期的な儀式にともなう公宴。(参)せちゑ。「―する時の(余興デアル)馬弓(まゆみ)(=騎射)・競(くら)べ馬も、さらに見どころ無しかし」〔宇津保・初秋〕

せち【切】Ⓑ《形動ナリ》❶心に深く感ずるさま。感銘深いさま。痛切。「―・なる思ひには」〔今昔・巻一三ノ四三〕「幼き心には、身にしみて恐ろしく、恥づかしく、あさましき思ひ、まことに―・なるべし」〔徒然・一二九段〕❷懇切なさま。ひたむきなさま。「よき人にあはせむと思ひけれども、―・に(=タッテ)否といふことなれば」〔竹取〕「汝が寮(つかさ)の頭(かみ)の、去年よりいと―・に(結婚問題ヲ)のたうぶ(=オッシャル)ことのあるを」〔蜻蛉・下〕❸たいせつなさま。重要だ。「しのびてものしたまへ、―・なること聞こえむ」〔宇津保・国譲下〕❹すばらしい。すてきだ。「夕影(=夕日ノ光ガ)―・なること限りなし」〔宇津保・祭使〕❺《「せちに」の形で》ひどく。ごく。「―・にもの思へるけしきなり」〔竹取〕「―・に別れ惜しみつつ過ぎぬ」〔蜻蛉・中〕

せち・く【節供】Ⓓ→せく。

せち・ぶん【節分】Ⓓ❶季節の変わり目、すなわち立春・立夏・立秋・立冬に移る日。《中古は「せちぶ」とも表記した》「九月は明日こそ―と聞きしか」〔源氏・東屋〕❷《中世以後は民間で、とくに》立春前夜。「明年よりは三年北塞がりなり(=北ガ凶方ダ)。―以前に洛中(=京都)の朝敵を攻め落とし」〔太平・巻三七ノ二〕**――たがへ**違へ(―エ)Ⓔ節分の日にする方違(かたたがへ)え。「―などして夜深く帰る」〔枕・二九八段〕

せち・ゑ【節会】(―エ)Ⓓ元来は節(せち)の日の集会のことだったが、後、朝廷で、節の日や公事のある時、天皇臨席のもとにおこなわれた宴会だけをさすようになった。即位・拝賀等の節会を大節会、白馬(あおうま)・豊(とよ)の明かりの節会を中節会、元日・踏歌(とうか)の節会を小節会といい、その他、立后・立坊・任大臣・端午・相撲(すまい)・重陽(ちょうよう)などの節会がある。「くちをしきもの…—などに、さるべき御物忌みの当たりたる」〔枕・九八段〕「—の日は、内の儀式をうつして、昔のためしよりも事添へて、いつかしき(=荘重ナ)御有様なり」〔源氏・少女〕

せつ【切】Ⓑ〘形動ナリ〙→せち。

せっかく【折角】Ⓓ〘副〙❶骨を折って。努力して。「大小の合戦、数を知らず。中にも—の合戦(=苦戦シタコト)、二十余箇度なり」〔保元・上・一〕(古活字本)「—(=イッショケンメイ)習へ。やがて十月十三日になるぞ…よく覚えてその時うたへ」〔咄・昨日は今日・上〕❷ことさら。わざわざ。「—骨折った短冊(ダカラ)、そのもと(=オマエ)には渡されむ」〔伎・毛抜〕

せっき【節季】Ⓒ❶陰暦一二月。歳末。「—師走(しはす)こなたのやうに暇ではない」〔近松・阿波鳴渡・上〕❷決算期。〘江戸時代、地方は盆・暮れの二回だったが、都市は三月二日・五月四日・七月一四日・九月八日・一二月二〇日であった。享保ごろから一〇月三〇日が加わり、六回となった〙「この—の身ぬけ(=勘定ヲ払ワズニスマスコト)何とも分別あたはず(=ドウ考エテモデキナイ)」〔西鶴・胸算用・巻五ノ三〕

せっきゃう【説経】(—キョウ)Ⓓ〘+自サ変〙❶経文に関してわかりやすく話すこと。「ここかしこの—とののしれど(=大サワギスルガ)、何かは(=ドウセタイシタコトモアルマイ)とて、参らずはべり」〔大鏡・序〕〘一二世紀末から説経の専門家が活動するようになり、語り方がいちじるしく技巧的になった。安居院(あぐい)流とよばれる一派がその代表的なもので、内容も話のおもしろさを主とする傾向が強くなった。中世の文芸は直接・間接に説経から影響された点が多い。たとえば、曾我物語などは、箱根の説経僧によって原形が作られたと推定できる〙❷略説経節。「—やうの合ひ方(=背景音楽)になり」〔伎・十六夜清心・一ノ四〕　**—さいもん**　祭文 Ⓔ 山伏姿の門づけが錫杖(しゃくじょう)を伴奏として演じた芸。現代でいえば新聞種のような素材が多かった。　**—じ**　師 Ⓔ 説経の専門家。ある点では芸能者のような傾向があり、自然居士などは高座で小歌をうたったり踊りを見せたりすることもあったといわれる。「—にならむために…早歌(さうか)といふことを習ひけり」〔徒然・一八八段〕〘明証はないが「セッキョウジ」であった可能性が多い〙　**—じゃ**　者 Ⓔ「せっきゃうじ」に同じ。「これは自然居士(じねんこじ)と申す—にてさうらふが」〔謡・自然居士〕　**—ぶし**　節 Ⓔ 一六世紀ごろ民間で流行した語り物。説経が興味本位になって生まれたもので、後には三味線を伴奏に用いた。一七世紀初頭に完成され、代表曲に「刈萱(かるかや)」「山荘(さんしょう)太夫」「小栗判官」「俊徳丸」「梵天国」がある。義太夫節の興隆に圧倒されたが、その哀調をおびた曲調は、江戸時代の各種音曲に採り入れられた。

せっく【節供】Ⓓ→せく。

せっしゃ【拙者】Ⓓ〘代〙あらたまった感じの第一人称。〘現代語の「小生」ぐらいに当たる〙「—も霜月末、南都祭礼見物して」〔芭蕉・万菊丸宛(元禄三年一月)書簡〕

せっしゃう【摂政】(—ショウ)Ⓓ 天皇が幼少または女性の時、天皇に代わって政治をすること。またはその官。古代は皇族があたり、平安時代からは大臣の兼任。関白と重複しておくことはできない。「水尾の帝は御孫におはしませば、即位の年(良房ニ)—の詔(みことのり)ありて」〔大鏡・良房〕

せっしゅ【摂取】Ⓔ〘+他サ変〙(仏)(阿弥陀仏がこの世の人たちを極楽浄土に)連れて行くこと。「一念称名の(=イチド南無阿弥陀仏ト唱エル)声のうちには—の光明を待ち」〔謡・柏崎〕　**—ふしゃ**　不捨 Ⓔ (阿弥陀仏が)どんな悪人でも極楽へ迎え取り、けっして見捨てないこと。「—の光もこの大臣(=重盛)を照らしたまふらむ」〔平家・燈炉之沙汰〕

せつどし【節度使】Ⓓ❶中国の唐および宋のはじめ、天子の特別命令によって国境地方の政治・軍事をつかさどった官。「宋国の—らが武略の体(てい)を聞くに、死を善道に守り(=正シイ道ヲ守ッテ死ニ)、義路に軽んずるにあらず(=正義ノタメ生命ヲ捨テルトイウノデハナイ)」〔太平・巻三八ノ八〕❷奈良時代、都から、東海・東山・山陰・山陽・西海などの諸道に派遣されて、地方の行政と防備に当たった官。「(ツボノ石ブミニハ)天平宝字六年、参議東海東山の—、同じく将軍恵美(えみ)の朝臣獦(あさかり)の修造にして十二月朔日(ついたち)とあり」〔芭蕉・奥の細道〕❸後世、天皇または幕府から命じられて地方に出征する使臣のこと。「京より—もくだりたまひて上杉にくみし、総州(=下総ノ国)の戦に向かはせたまふ」〔秋成・雨月・浅茅〕

せつな【〈刹那〉】Ⓓ(仏)対「劫(こふ)」〘梵kṣaṇaの音訳〙最も短い時間の単位。瞬間。「御説法長くして二時(みとき=約六時間)ばかりありけるを、法皇は—ほどとぞ思し召されける」〔平家・巻一ノ二〕(延慶本)

せっぽふ【説法】(—ポウ)Ⓔ〘+自サ変〙宗教の理論や実践について講義すること。「—しすましたり(=ウマク説法シテノケタ)と、をかしくぞ思はれける」〔盛衰・巻一一ノ一一〕「御—の趣をよく聴聞して、デウスの御光を蒙り、キリシタンになりたてまつるものなり」〔どちりな・第一〕

せ に【狭に】Ⓔ《連語》あたりがせまいほどに。いっぱいに。㊇せし。「吹く風をなこそ(=掛ケ詞「勿来」「ナ来ソ」)の関と思へども道も—散る山桜かな」〔千載・春下〕

せば・し【狭し】Ⓔ《形ク》せまい。「ほど—・しといへども…一身をやどすに不足なし」〔方丈〕

ぜ ひ【是非】Ⓒ ㊀❶事のよしあし。道理に合うのと合わないのと。「(病人ヲ生キ埋メニスルノハ)大法のことにてさうらふほどに(=山伏ノ間ノ重イキマリデスカラ)—をば申さずさうらふ」〔謡・谷行〕❷理由。わけ。すじあい。「『思ひよらずや(=意外ダナ)。王位には、そも(=イッタイ)何ゆゑにそなはるべき(=ツクノダロウ)』『—(=ソノワケ)をば(ワタシタチガ)いかで(=ドウシテ)はかるべき(=推察デキマショウカ)。御身(=アナタガ)代をもちたまふべき(=即位ナサルハズノ)その瑞相(ずいさう)こそましますらめ(=メデタイ人相ガオアリナンデショウ)』」〔謡・邯鄲〕❸《(+他サ変》よしあしの批評。あれこれと品定めすること。「山も川もおぼろおぼろとして(=カスミニカスンディテ)—をわかぬ(=何トモ品評デキナイ)気色かな」〔謡・頼政〕「(歌ノヨミカタハ)おのれおのれの得たらむさま(=各自ノ得意トスル様式)をこそまなびはべらめ。人を—・すべき事かは(=他人ヲアレコレ批評スベキデショウカ)」〔落書露顕〕㊁《副》よかれあしかれ、何としても。「『若君のなごり(=若君トノナゴリガ惜シマレテ)かへすがへす悲しけれども、—かなはぬ事なれば(=ドウニモコレ以上イラレナイカラ)』とて涙にむせびたまひけり」〔伽・木幡狐〕

ぜひ な・し【是非無し】Ⓒ《形ク》❶よいもわるいもなく、むちゃくちゃだ。「文太げにもと思ひ(=子宝ニマサルモノハナイトシミジミ思ッテ)家に帰りて、—・く女房をしかり(=ムヤミニ妻ヲシカリ)、すでに追ひいだす(=モウスコシデ家カラ追イ出ソウトシタ)」〔伽・文正草子〕❷もちろんだ。あたりまえだ。当然である。「およそ、物狂ひの出で立ち(=扮装)、似合ひたるやうに出で立つべきこと(=イカニモ似合ワシク扮装スベキデアル事ハ)—・し」〔花伝・二〕❸どうにもしようがない。やむをえない。「浪人うれがたき(=就職シニクイ)世なれば、いづれも—・く里の月日をかさねぬ(=イナカデ長イ年月ヲ暮ラシタ)」〔西鶴・永代蔵・巻五ノ四〕

せ ふ【少輔・少副】(ショウ)Ⓓ ㊉「たいふ(大輔・大副)」省および神祇官の次席次官。省では「少輔」と表記し従五位相当、神祇官では「少副」と表記し正六位相当。

せま・る【迫る・逼る】Ⓒ《自四》❶すぐ近くまで寄る。接近する。「無常の身に—・りぬることを心にひしとかけて(=シッカリ心得テ)、つかの間も忘るまじきなり」〔徒然・四九段〕❷窮屈になる。「八木(はちぼく)(=米)大分この浦に入り船(=入港シテ)、昼夜に上げかね、借り蔵—・りて(=イッパイデ)置くべき方もなく」〔西鶴・永代蔵・巻一ノ三〕❸(生活に)行きづまる。貧窮する。「—・り痴(し)れたる(=ドウショウモナク貧乏ナ)大学の衆(す)のいふやう」〔宇津保・藤原君〕

せみ ごゑ【蟬声】(—エ)Ⓔ きいきい声。「(姫君ガ)—に宣(のたま)ふ(=オッシャル)声の、いみじうをかしければ」〔堤・虫めづる〕《あるいは「責め声」の転か。㊇せ(責)む❻。「責め歌」という語もある。「声(=声量ハ)なけれど、責め歌などはあしくも聞こえず」〔梁塵・口伝集〕》

せ・む【迫む・逼む】Ⓔ ㊀《自下二》せまる。接近する。「俄かに(死期ニ)—・むる命とどめむとて」〔宇津保・初秋〕㊁《他下二》ぴったりとつける。「(清盛ハ)赤地の錦のひたたれに、黒糸縅(をどし)の腹巻(=ヨロイ)の白金物うったる胸板—・めて」〔平家・教訓状〕

せ・む【責む】Ⓑ《他下二》❶苦しめる。なやます。「身を—・めて、悲しきことといひつくすべきかたなし」〔建礼〕❷おちどをとがめる。なじる。「目代殿(=代官サマへ(申シ上ゲテ)—・め、かうじて(=トッチメテ)親子の縁断つべし」〔秋成・春雨・死首〕❸うながす。催促する。「詠(よ)め、詠めと—・めさせたまふ」〔紫日記〕❹無理に求める。せがむ。「琵琶を(ヒケト)わりなく(=無理ニ)—・めたまへば、すこしかきあはせたる(=シバラクノ間合奏シタ)」〔源氏・薄雲〕❺馬を乗りならす。「生食(いけずき)・摺墨(するすみ)といふ名馬を—・めさせられしに」〔狂・膏薬練〕❻高い声を出す。「この劫(こふ)(=長年ノ修行)の故には…女の—・めて(男ノ声デハ)及ばぬ(ホド高イ声)にも、やうやう(=イロイロ)—・めあひたるに(=高イ声ノ競争ヲシタトコロ)、いと(ワタシノ声ガ女ノニ)及ばず捨てらるる(=追イツケナクナル)ことはおぼえず」〔梁塵・口伝集〕❼(自分自身を)はげます。「—・めて(=努力シテ)りうからせざれば(=句風ヲ進展サセナケレバ)新しみなし」〔土芳・三冊子・赤〕

せむかた な・し【為む方無し】Ⓒ《連語》❶どうしようもない。手のつけようがない。「そこらの人(=オオゼイノ人ガ)、火をともしてののしるに(=大騒ギスルノデ)、—・し」〔宇津保・俊蔭〕「(薫ガ中君ノ袖(そで)ヲトラエテ)許すべき(=放シソウナ)気色にもあらぬに、(中君ハ)—・く、いみじとも(=困ルナドイウノモ)世の常なり」〔源氏・宿木〕❷㋑(感情的に)たえられない。やりきれない。「ここち(=気分ガ)いと—・く、くるしきに」〔蜻蛉・中〕「しづかに思へば、よろづに、過ぎにしかたの恋しさのみぞ、—・き」〔徒然・二九段〕㋺たえられないほど悲しい。「うち屈(く)したる(=ヘコタレタ)さまにて入り来るを見るに、—・く、いみじく思へど、何のかひかあらむ。身ひとつのみ切り砕くここちす」〔蜻蛉・中〕「身の衰へぬるほども思ひ知られて、いまさら―・うこそおぼえさぶらへ」〔平家・大原御幸〕【「せむかたもなし」の形で言われるときも、同じ意味。「(タッタ一枚ノ晴レ着ヲ破イテ)せむかたもなくて、ただ泣きに泣きけり」〔伊勢・四一段〕】

せめ【責め】 Ⓒ ❶㋑刑罰。「時忠こそ―重うして、今日すでに配所(=流罪ノ地)へおもむきさうらへ」〔平家・平大納言被流〕㋺(仏教上の)罪とが。罪障。「(陽成院ノ願文ニ)仏(=釈迦)の御年よりは御年高し(=年カサダ)といふ心の(=ト書イタ意味ガ)、後世の―となむなれるところ、人の夢に見えけれ」〔大鏡・陽成院〕 ❷責任。「『―一人に帰す』とかや申しさうらふなれば」〔平家・戒文〕 ❸(白拍子の舞などで)終わりに近く、急速な鼓の拍子にのるわざ。「静・祇王・祇女などは、人体(=役ガラガ)白拍子なれば…二重の声曲をなして(=高イ音階デウタッテ)―をふんで舞ひ入る(=舞イナガラ退場スル)風体なるべし」〔能作書〕 ❹笙(しょう)の笛・刀のさや・扇・からかさ等にはめて締める、たがのような輪のこと。バンド。「渡せ渡さじ二二の―、帯取り(=刀ノヒモ)芝引き(=サヤノ金具)ひしぐるばかり、ねぢあひ引きあひ引き取るはずみ」〔浄・彦山権現・七〕

せめて Ⓒ ㊀《副》❶㋑満足ではないが、これだけは。少なくとも。「―三十両ほしいが」〔春水・梅暦・巻二〕㋺よくはないが、まあまあ。「鹿をかり鷹を使ふことは、―世俗のわざなれば、言ふにたらず(=問題デナイ)」〔太平・巻二〇ノ一三〕 ❷無理にも。しいて。「(九千万里モノ遠サデスガ)―帰らむの心おはせば、おのれ(=ワタシ)こそ(アナタヲ本国ヘ)帰し申さめ」〔百座法談・三月二日〕 ❸非常に。はなはだしく。「色の―青かりければ、青つねの君とぞ…つけて笑ひける」〔宇治・巻一一ノ一〕 ❹しきりに。続けて。「―弾きたまふを聞こし召せば」〔大鏡・道長〕 ㊁《形動ナリ》あんまりだ。無理だ。「『かくあるべしと知るならば、なじかは(=何ダッテ)八幡へ参りけむ…』とのたまひけるこそ、―・なれ(=無理ナコトダ)」〔保元・下・二〕

せん【詮】 Ⓒ ❶効果。利益。かい。「汝が早わざを好むは、何の―かある(=ツマラナイ事ダゾ)」〔著聞・蹴鞠〕「宿に居られぬときは、参った―もない事でござる」〔狂・二人大名〕 ❷とるべき手段。方法。「御戸開きまゐらせむとするに、いかにも開かれさせたまはざりければ、社司ども―尽きて、眠りゐたりけるほどに」〔著聞・神祇〕 ❸審議。「我も我もと思ふ輩は、かず多くこそはべらめども、かやうのまことの―にあひたてまつらむ者は、類(たぐひ)少なうこそさうらふらめ」〔盛衰・巻一ノ三〕 ❹つまるところ。要点。「神代より承久までの事、―を取りつつ、心に浮かぶに従ひて書きつけはべりぬ」〔愚管抄・付録〕 ❺第一のもの。必須のもの。「この上は、お暇を取って下るが―でおりゃる」〔狂・餅酒(鷺流)〕 ❻ばあい。「まさかの時一方を打ち破らせ、敵(かたき)は―には身が馬の先に立てて討ち死にさせ」〔近松・大念仏・中〕

せん【銭】 Ⓔ 通貨の最低単位。文(もん)に同じ。一〇〇〇銭が一貫(かん)。「当年一―預かりて、来年二―にして返し、百文受け取り、二百文にて相済ましぬ(=清算スル)」〔西鶴・永代蔵・巻一ノ一〕

せんえうでん【宣耀殿】(―ヨウ―) Ⓓ 《「せんにょうでん」とも》内裏の後宮の殿舎の一。貞観殿の東、麗景殿の北にある。女御(にょうご)などの住む所。

せんぎ【僉議】 Ⓔ 《+他サ変》全員による討議。《「僉」は「みな」の意味で、その会議の構成員全部が出席する。「詮議」(単なる衆議)とは違う》「太政大臣・左右の大臣・内大臣以下(げい)、公卿・殿上人、参内して―あり」〔平治・上・四〕「南都の大衆、とやせまし、かうやせましと―・するところに」〔平家・額打論〕

せんぎ【詮議】 Ⓓ 《+他サ変》❶意見を述べあうこと。討論。評議。「判官(はうぐわん)の武勇におそれて『よし義経をば落とし申せ(=ニガシタホウガヨイ)』と―を加ふる(=主張スル)衆徒もありけり」〔謡・吉野静〕 ❷(犯罪などについて)取りしらべること。「検使(=現場検証)の人々、もてあつかひ(=モテアマシ)『よいわ、よいわ、もうだまれ。一時に―なりがたし』」〔近松・反魂香・中〕 ❸十分にしらべて考えること。「ただ師の心をわりなく(=ヒタスラ)探れば、その色香(=師ノ心ノ微妙ナ点ガ)わが心のにほひ(=微妙ナハタラキ)となり移るなり。―・せざれば(=ヨク考エワケナケレバ)、探るに私意あり(=私心ガ出テクルノダ)」〔土芳・三冊子・赤〕

せんげ【仙化・僊化】 Ⓓ 《+自サ変》❶仙人になること。「(今マデイタ四人ハ)知らず、いづれのところに―・し去るや」〔蕪村・春泥句集序〕 ❷(高徳の僧や隠者が)死ぬこと。「(コノ書ハ)師―の後、石平山(=恩真寺)にて反故(ほご)の中より拾ひ出だし、巻となすものなり」〔正三・反故集・上〕

せんざい【前栽】 Ⓒ ❶庭さきに植えた草や木。「―どもなど、小さき木どもなりしも、いと繁きかげとなり」〔源氏・藤裏葉〕「黒戸の小半蔀(こはじとみ)の前に植ゑおかせたまひし―、心のままに(=自由ニ)ゆくゆくと(=ズンズン)生ひて」〔讃岐・下〕 ❷草木を植えた庭。庭園。「人の―に菊うゑけるに」〔伊勢・五一段〕「―の花いろいろ咲き乱れおもしろき夕暮れに」〔源氏・須磨〕 ❸(略)前栽物。野菜。「身貧なる百姓ゆゑ、このごろ江戸へ―をわづか荷うて商ひの」〔伎・お染の七役・中〕《「せざい」とも》

せんさく【穿鑿】 Ⓓ 《+他サ変》❶調べあげること。「―に及びしに、盗人(デアルコトガ)あらはれて(=判明シテ)打ち殺されぬ」〔仮名・浮世物語・巻三ノ六〕 ❷(あれもこれもと)ならべたてること。申したてること。「(柱ヲ引キ抜クトカ、庭石ヲ手玉ニ取ルトカ、タチマチ井戸ヲ五ツ掘ルトカ)そのほか思ひ思ひの力―(=力自慢ヲ言イ立テル)」〔浮・万金丹・巻二ノ二〕 ❸事がら。次第。様子。「この大尽(だいじん)…なかなか(女アシライガ)おろかなる―、さもあるべしと、をかしさを胸にをさめて」〔浮・禁短気・巻五ノ二〕

せんし【先師】 Ⓓ ❶いまは生きていない大家。「当流の―観世(=清次)・日吉(ひえ)の犬王、これはみな…達人なり」〔能作書〕 ❷なくなった先生。「―の墓に詣でての句なり」〔去来抄・同門評〕〘「センシ」「センジ」の両方に発音された。日葡辞書に xenji と xenxi の両音を示す〙

せんじ【前司】 Ⓓ 前任の国司。「信濃の―行長…平家物語を作りて、生仏(しやうぶつ)といひける盲目に教へて語らせけり」〔徒然・二二六段〕〘平曲では「センジ」が標準音だったらしいが、「ゼンジ」という発音もおこなわれた〙

せんじ【宣旨】 Ⓓ ❶天皇の略式な意思表示。〘詔勅・宣命よりも手続きが簡単で、天皇→女官→蔵人の頭→外記→蔵人の頭→蔵人→当人と伝達されるが、時に右の段階のどれかを抜くこともあった〙「取りわきたる(=特別ナ)―にて、大将の君も仕うまつりたまふ(=オ供ナサル)」〔源氏・葵〕 ❷天皇の意向を伝えるための公文書。「蔵人になりぬれば、えもいはずぞあさましきや(=タイシタモノダ)。―などもて参り」〔枕・八八段〕 ❸勅旨を蔵人の頭にとりつぐ女官。後には中宮・東宮・斎宮・関白などの家の女房にもいう。「故院にさぶらひし(=オ仕エシテイタ)―のむすめ」〔源氏・澪標〕

ぜんじ【禅師】 Ⓓ ❶〔仏〕「ほふし①」に同じ。「御兄(せうと)の―の君…同じき法師といふなかにも、たづきなく(=生活力ガ貧弱デ)、この世を離れたるひじり(=坊サン)にものしたまひて」〔源氏・蓬生〕 ❷朝廷から学徳のすぐれた僧に与えられる称号。「別当実世の卿を勅使にて―号を下さる」〔太平・巻四ノ四〕

せんじふ【撰集】(-ジュウ) Ⓓ 〘+自サ変〙詩・歌・連歌などの集成。〘とくに勅撰集をいうことが多い〙「―のあるべきよし、うけたまはりさうらひしかば」〔平家・忠度都落〕〘日葡辞書に xenjŭ〙

ぜんしやう【前生】(-ショウ) Ⓒ 〔仏〕(対)「後生(ごしやう)」⊟①・今生(こんじやう)」 この世に生まれてくる前の生存。「生(しやう)ある者はみな―の父母(デアルカモシレナイ者)なり」〔今昔・巻一六ノ四〕

ぜんじやう【軟障】(-ジョウ) Ⓔ →ぜじやう。「おろそかに(=簡素ニ)―ばかりを引きめぐらして」〔源氏・須磨〕

せんずるところ【詮ずる所】 Ⓓ 〘副〙要するに。けっきょく。「―『身を全うして君に仕ふ』といふ本文あり」〔平家・殿上闇討〕

ぜんぜ【前世】 Ⓒ 〔仏〕(対)「現世・後世」いま生存するもう一つ前に生きていた時。〘仏教では、死ぬということは、人間界における他のものまたは他の世界(天上・地獄・修羅・餓鬼・畜生)に生まれかわることであるが、その死ぬ前の生存が前生、その時が前世である。転生の原動力となるのは業(ごふ)なので、前世という語は「業」「罪」などを伴うことが多い〙「なんぢが―の罪報をば知らずして、あながちに(=無理ニ)責め申す(=ヤイヤイト祈ル)こと、きはめて当たらず(=見当チガイジャ)」〔今昔・巻一六ノ二八〕〘(1)謡曲は各流とも「ゼンゼ」、日葡辞書に jenje。(2)「―下された事はなけれども、お流れを下さるる」〔狂・松楪〕により「かつて」の意の副詞を認める説もあるが、虎寛本では「前々」とあり、ゼンゼンの終わりのンが脱落した形と認められる。「前世」とは別の語〙

せんせき【仙籍】 Ⓔ 〘「日給の簡」を中国ふうに言ったもの〙→てんじやうのせんせき。(参)ひだまひのふだ。

せんだい【先帝】 Ⓔ さきの天皇。「せんてい」とも。「もしさらずは(=ソウデナケレバ)、―の皇子(みこ)たちがならむ」〔蜻蛉・中〕〘多くは「先帝」と漢字がきで、明らかにセンダイとよんだ例は少ない。平曲や謡曲ではセンテイのようである〙

せんだち【先達】 Ⓒ →せんだつ。

せんだつ【先達】 Ⓒ ❶㋑さきにその事でえらくなっている人。「(歌ノ)風体は堪能(かんのう)(=達者)―の秀歌にならふべし」〔詠歌大概〕「(家柄ハ)一の上(=大臣)こそ―なれども」〔平家・俊寛沙汰〕㋺指導者。手引きをする人。「すこしの事にも―はあらまほしきことなり」〔徒然・五二段〕 ❷修験者(しゆげんじや)で、修行を重ね、山あるきの時などにリーダーとなる者。「年長(ちやう)ぜるを―に作り立て、田舎山伏の熊野参詣する体にぞ見せたりける」〔太平・巻五ノ六〕〘中世には「せんだち」ともいった。日葡辞書に xendachi と xendat の両形をあげる。謡曲では、観世流が「せんだつ」で、「つ」を t-n の合成音のように発音し、宝生・金春・喜多の諸流は「せんだち」。狂言は各流とも「せんだち」〙

せんだん【梅檀】 Ⓓ ❶〘梵 candana の音訳〙㋑インド産の香木。赤・白・紫などの種類があり、薬用にもした。「春風香暖にして、おぼえず―の林に入るかとあやしまる」〔太平・巻三九ノ六〕㋺梅檀の香。「―・沈(ぢん)、瑞香(ずいかう)の上に立ちのぼる雲煙を立てて」〔謡・舎利〕 ❷(略)梅檀の板。鎧(よろひ)の右肩から胸をおおう板。左につけるのを鳩尾(きうび)の板という。「障子の板か、―、弦(つる)走りか、胸板の真中か…矢壺(やつぼ=目標)を確かに承って、二の矢つかまつらむ」〔保元・中・二(古活字本)〕

ぜんぢやう【禅定】(-ジョウ) Ⓓ 〘+自サ変〙〘梵語

dhyānaの音訳「禅」とその意訳「定」の合成で】❶感情をしずめ、心を明らかにして、正しい理法を体得すること。「しづかならむ所にゐて、—を修して、欲悪等の不善の法を遠離すべし」〔今昔・巻一ノ五〕 ❷㋑【顕教系統の修験道で】特定の高山(白山・立山・富士など)に登って修行すること。山伏だけでなく一般人が加わってもよい。「この秋思ひ立ち、白山—と志してさうらふ」〔謡・仏原〕「富士山と申すは…六月中旬ならでは—・しがたく」〔浮・色道懺悔男・巻三ノ一〕㋺【転じて】高山の頂上。「この山の西の方より、黒雲のにはかに—へ切れて…さだめて大風とおぼゆるぞ」〔義経・巻四ノ五〕

せん と【先途・前途】Ⓒ ❶行く先。落ちつく先。目的の場所。「ある(=アル者)は西海の波の上(=西国ノ果テニ流サレ)、あるは東関の雲のはて(=遠ク逢坂ノ関ノ東ニ流サレ)、—いづくを期せず(=ドコマデ行ッタラ落チツケルカワカラナイ)」〔平家・平大納言被流〕 ❷将来。「—後栄(=将来ノ出世や繁栄)を存じて(=考エテ)当家(=平氏)に奉公いたさむとや思ふ(=忠ヲツクスツモリカ)」〔平家・競〕 ❸目的。「風波巨動してたちまちに海底に沈まむとす。すなはち霊剣のたたりなりとして、罪を謝して(剣ヲ日本カラ盗ミ出ストイウ)—をとげず、もとのごとくに返しをさめたてまつる」〔平家・剣〕 ❹最後。結末。「主の—を見はてむと(=主人ノ死ヌ所ヲ見届ケヨウト)つき従ひたりける若党…みな一度に腹をぞ切ったりける」〔太平・巻二七ノ九〕 ❺事の成否をきめるぎりぎりの場合。死ぬか生きるかのせとぎわ。勝つか負けるかの別れみち。「いま一度京都に寄せて、—の(=乗ルカソルカノ)合戦あるべし」〔太平・巻一七ノ三〕 ❻平安時代の貴族社会で、家がらによってその人が至り得る最高の地位。「さしも(=ソレホドマデ)意趣深く思ひけむ(=切望シテイタロウ)—をも達せず」〔保元・中・一二〕

せん どう【船頭】Ⓔ ❶船のかしら。船管理者。「妙典といふ—を(都ニ)召しのぼせ、人をはるかにのけて御対面あり」〔平家・金渡〕 ❷小舟のこぎ手。「ほたる見や—酔うておぼつかな」〔芭蕉(猿蓑)〕

せん な・し【詮無し】Ⓒ【形ク】つまらない。益もない。何にもならない。しかたない。「花・月の句(=花ヤ月ヲ含ム句)を、とりもらさじと(=自分ガ必ズ付ケヨウト)あながちに(=無理ヤリニ)求むる人あり。愚意には(=私ノ考エルノニハ)かへすがへす—・し(=クダラナイ)」〔連理秘抄〕

ぜん に【禅尼】Ⓔ ㊉「禅門」 出家した女性。あま。【身分の高い人に対して使うことが多い】「池の—と申すは…清盛の御ためには継母なり」〔平治・下・七〕

せん ばん【千万】Ⓓ【十形動ナリ・副】❶分量・種類の非常に多いこと。「梶原が—の恨みは(=ドンナニ恨ンダトコロデ)、さもさうらはばさうらへ(=ソレハソレデゴザイマス)」〔平家・第五本ノ六(延慶本)〕 ❷程度がはなはだしいこと。「これはこれは御苦労—・に、ようこそおいで」〔浄・忠臣蔵・二〕 ❸万一に。「是は—(=万ガ一ニモ)懸け合ひのいくさ(=主戦力)にうち負くることあらば、たて籠(こも)らむための用意なり」〔太平・巻一八ノ三〕

せん みゃう【宣命】(—ミョウ)Ⓔ 天皇の公式なことばを国語でしるしたもの。古くは即位・改元・立后・立坊などの国家的重要儀式に用いたが、平安時代からは、主として神社・山陵に奉告するとき、および任大臣・贈位などに用いられた。「いま勅使尋ね来たりて—をよみけるに」〔平家・赦文〕

ぜん もん【禅門】Ⓔ ❶㊉「禅尼」 出家した男性。【身分の高い人に対して使うことが多い】「祖父(おほぢ)の相国—(=平清盛)にこのよし訴へ申されければ」〔平家・殿下乗合〕 ❷〔仏〕禅宗。「—は、迦葉(かせふ)正法眼蔵を伝へしより、単伝密印(=特定個人ニ対シ特殊ナ伝授ヲスルダケデ)不立文字の宗として、はじめより文字を立てず(=経ヤ論ニハ依存セズ)義理を存せず(=理論的研究ヲ排除スル)」〔沙石・巻五〕

そ

そ【衣】Ⓔ ころも。着物。【いつも「みぞ」「おんぞ」の形で現れる】「(日本武尊ノ)み—むなしく留まりて、みかばねはなし」〔紀・景行・訓〕【「みぞ」は「明衣」の訓】「舞ひて、おぼえによりてにや、御—賜りたり」〔蜻蛉・中〕

そ【夫・其】【代】Ⓑ【第三人称】❶話主側から相手の方に近い事物・場所などをさしていう。用例↓「その①」。 ❷話題になっている事物や人などをさしていう。「—(=ソノ点)が悪きぞかし。第一の人に、また一に思はれむとこそ思はめ」〔枕・一〇一段〕「(ナクナッタ人ヲ)思ひ出でてしのぶ人あらむほどこそあらめ(=ナツカシンデクレル人ノアルウチハマダイイガ)、—もまたほどなくうせて(=ナクナリ)、聞き伝ふるばかりの末々は、哀れとやは思ふ」〔徒然・三〇段〕 ❸はっきりしない事物・人、または、わかっていても明言したくない事物・人をさしていう。用例↓「その④」。㊇あ・か・こ。

そ Ⓐ【古代助詞。中古以後は「ぞ」となった。接続は「ぞ」に同じ】➊【係助】❶強調。「妹(いも)とありし時はあれども(=ヨカッタガ)別れては衣手(ころもで)寒きものに—ありける」〔万葉・巻一五〕【原文「母能尓曾安里家流」】。

そ ↓ (連体形)

「曾」は清音専用の字〕 ❷「ば」を伴わず直接に已然形を受けて、確定条件を表す。「朝髪の(=序詞)思ひ乱れてかくばかり(=コンナニモ)なね(=アナタ)が恋ふれ―(=ワタシヲ慕ウカラ)夢に見えける」〔万葉・巻四〕〔原文「恋曾」〕 ㊁〔終助〕 ❶指示強調。「石麿にわれもの申す夏痩せによしといふ物―(=デスヨ)鰻(むなぎ)とり食(め)せ」〔万葉・巻一六〕〔原文「吉跡云物曾」〕 ❷㋑質問。「…いづくより(子ドモハ)来たりしもの―眼交(まなか)ひ(=目ノ前)にもとな(=シキリニ)懸かりて(=チラツイテ)安眠(やすい)し寝(な)さぬ」〔万葉・巻五〕〔原文「枳多利斯物能曾」〕 ㋺疑問代名詞「た(誰)」に付く時だけは、中古以後も清音が化石的に保存された。「誰―よう(=ダレダ、オイ)花折るは」〔謡・雲林院〕〔古代にも濁音「ぞ」が併用された。「父君にわれは愛子(まなご)―母刀自(とじ)にわれは愛子―…」〔万葉・巻六〕原文「叙」。「叙」は濁音専用の字〕

そ Ⓐ〔終助〕中古以後、制止の「な…そ」における「な」が用いられない形。(参)な…そ。「今はかく馴(な)れぬれば、何事なりとも隠し―」〔今昔・巻二九ノ二八〕「少しもお気づかひあられ―(=心配ナサイマスナ)」〔イソポ・第一話〕

ぞ Ⓐ〔体言・体言あつかいの語・活用語・副詞・他の助詞などに付く〕 ㊀〔係助〕ひとつの事物を、とくに採りあげて示す。❶〔文中にあって〕㋑述べようとする事がらを強調する。「五月(さつき)待つ花たちばなの香をかげば(ホカナラヌ)昔の人の袖の香―する」〔古今・夏〕 ㋺単に強調する。「『来るをば見れども、帰るをば知らず』と―言ひける」〔平家・緒環〕〔その文を言い切る活用語は連体形で結ぶ〕 ❷〔文末にあって結びの活用語が省略され〕強調の気持ちを残す。「たびたび強盗にあひたるゆゑに、この(強盗法印トイウ)名をつけにけると―」〔徒然・四六段〕〔下に「言ふ」「聞く」「伝ふ」等を補って訳すとよい場合が多い〕 ❸結びになる活用語(連体形)が逆接の気持ちで条件を示す。(なるほど)…だ(しかし)。「緑なるひとつ草と―春は見し(ダケレド)秋はいろいろの花にぞありける」〔古今・秋上〕 ❹疑問語と共に用い、その疑問が不確かである意を表す。「あれへ参り、何―食ふ物をもらうて、食べうと存ずる」〔狂・節分〕 ㊁〔終助〕 ❶〔断定の言いかたに用いて〕念を押す気持ちまたは強調を表す。…だぞ。…のだぞ。「それは老いてはべれば、みにくき―」〔源氏・賢木〕「恩を知るを人とはいふ―」〔平家・小教訓〕 ❷自分の意中を相手に強調して表明する。…つもりだよ。(参)ぞかし・ぞや。「向後(きやうこう=以後ハ)兄分に頼んだ―」〔近松・宵庚申・上〕 ❸〔疑問の言いかたに用いて〕相手にたずね確かめる気持ちを表す。…のか。…なのか。「季光は、などか(=ナゼ)今まで起きぬ―」〔堤・花桜〕「今日は野遊山(のゆさん=ピクニック)に出うと思ふが、何とあらう―」〔狂・靫猿〕

ぞ↓(連体形)

ぞう【族】Ⓓ〔「ぞく」のウ音便〕同じ血統の身内。一族。「今の世に源氏の武者の―」〔大鏡・清和天皇〕

ぞう【判官】Ⓓ ↓じょう。「今日は右近の蔵人の―仕うまつれり」〔源氏・葵〕

そう じて【総じて・惣じて】Ⓒ〔副〕 ❶全体で。ひっくるめて。合計。「―四人、ひとつ車にとり乗って、西八条へぞ参りたる」〔平家・祇王〕 ❷寄ってたかって。こぞって。全部が出て。「―源平乱れあひ…馬のはせちがふ音は雷(いかづち)のごとし」〔平家・坂落〕 ❸一般的にいって。だいたいが。すべて。「―北浜の米市は、日本第一の津(=ミナト)なればこそ」〔西鶴・永代蔵・巻一ノ三〕

そう じやう【僧正】(-ジョウ) Ⓓ〔仏〕朝廷から任命される僧の最高管理職。推古天皇三二年(六二四)にはじめておかれた時は一人で、大宝令では従四位相当だったが、後には大・正・権(ごん)の三階級になり、相当位階も時代により変動した。さらに後には、諸宗において僧階を表す称号となった。(参)そうづ・りっし。

ぞう ぢやう【増長】(-ジョウ) Ⓔ〔+自サ変〕発達すること。「煩悩(ぼんなう)―・して」〔芭蕉・閉関之説〕

そう づ【僧都】(-ズ) Ⓓ〔仏〕朝廷から任命される僧の管理職。僧正に次ぐ。推古天皇三二年(六二四)にはじめておかれた時は一人で、大宝令では正五位相当だったが、後には大・権大・正・少・権少の五階級になり、相当位階も時代により変動した。さらに後には、諸宗において僧階を表す称号となった。(参)そうじやう・りっし。

そう ばう【僧坊】(-ボウ) Ⓔ〔寺院で、仏事をおこなう堂舎と区別し〕僧や尼が日常生活をする建物。「―棟(むね)をならべ、修験行法を励まし(=修行ヲハゲミアッテイテ)」〔芭蕉・奥の細道〕

そう もん【総門】Ⓔ 外がまえの正面の門。「―は錠(ぢやう)のさされてさぶらふぞ。東面の小門より入らせたまへ」〔平家・月見〕「しばらく(龍宮城ノ)―にたたずみて『大日本国の帝王の御使ひ(デス)』と申し入れはべりしかば」〔盛衰・巻四四ノ二〕

そう もん【奏聞】Ⓔ〔+他サ変〕天皇に申しあげること。「宮寺にかかる不思議なしとて、時の検校、匡清法印―・す」〔平家・鹿谷〕

ぞ かし Ⓐ〔複助〕〔指示強調の終助詞「ぞ」+終助詞「かし」〕文末に付いて、指示した上に念を押す。…なのだよね。「(フト見ツケタ手紙ガ)いかなるをり、いつの年なりけむと思ふは、あはれなる―」〔徒然・二九段〕(参)ぞ。

そ がひ【背向ひ】(-イ) Ⓔ もののうしろの方。背面。バック。〔厳密に後ろでなく斜めや横の場合にも用いる〕「縄の浦ゆ—に見ゆる沖つ島漕ぎみる(=島ヲメグッテ漕イデ行ク)舟は釣りしすらしも(=釣リヲシテイルラシイ)」〔万葉・巻三〕

そぎゃう でん【承香殿】(ーギョウー) Ⓓ 内裏の後宮の殿舎の一。仁寿殿の北がわに続く。公式でない宴会や御遊に用いられたが、女御(にょうご)の居所にされたこともある。「しょうぎゃうでん」とも。

そく【息】 Ⓔ むすこ。子息。「粟田の左大臣は、但馬の介(けす)有頼が—なり」〔十訓・第三ノ一六〕

そ く【疎句】 Ⓓ ㊊「親句(しんく)」〔歌論・連歌論で〕句と句、または上の句と下の句とが、表面上の意味では関係が薄いようでありながら、内面において深くつながりをもつこと。「『歌には—に秀歌おほし』と定家卿も申したまへるとなむ」〔ささめごと・上〕

そ・く【退く】 Ⓓ ■一〔自四〕離れる。のく。「高円の野の上の宮は荒れにけり(ソコニ)立たしし君(=聖武天皇)の御代遠—・けば(=ヘダタッタノデ)」〔万葉・巻二〇〕 ■二〔他下二〕離す。のける。「わが背子にわが恋ふらくは(=恋スルコトハ)夏草の刈り—・くれども(=刈リノケテモ)おひしくごとし(=ツギツギノビテクルヨウナモノデス)」〔万葉・巻一一〕〔本来は「背(そ)く」。「しり(後)」に結びついて「しりぞく」(後の方へ離れる)という語になった〕

ぞく【俗】 Ⓒ ❶世間一般のならわし。風俗。風習。「今(=当世)はいろいろの俗楽あるゆゑに、やむごとなき(=上流ノ)人々もこれを好みて、雅楽(=古典音楽)をならふ事なし。雅(=古典的ナモノ)は—に遠く、淫楽(いんがく=低級ナ音楽)は—に近きゆゑなり」〔春台・独語〕 ❷㊊「僧」 ㋑仏道に関係をもたないこと。またはその人。一般人。「—の方のふみ(=一般書)を見はべりしにも、また内教(ないけう=仏教)の心をたづぬるなかにも、夢を信ずべき事多くはべりしかば」〔源氏・若菜上〕 ㋺〔寺院や僧に属しながら〕一般人と同じ姿の者。「(花山院ノオ供ニハ)召次ぎばら(=下役人タチヤ)もとの(ママノ)—ども、仕うまつれり」〔栄花・初花〕 ㋩〔接尾語ふうに〕僧でない者に対し、代名詞の下に付ける。「そもそも、わ—(=貴様メ)は、平家伺候の家人(けにん)か(=直属ノ家来カ)、国々の駈り武者(=ヤトイ兵)か」〔盛衰・巻三六ノ一二〕 ❸〔神とか鬼に対して〕生きている人。現世人。〔英訳すればhuman being〕「直面(ひため)、これまた大事なり。もとより(役ガラガ)—の身なれば(=普通ノ人間ダカラ)、やすかりぬべき(=容易ナハズノ)事なれど、ふしぎに、能の位あがらねば、直面は見られぬ(=見ルニ値シナイ)ものなり」〔花伝・二〕 ❹㊊「雅」 ㋑〔十形動ナリ〕洗練されていないこと。どろくさいこと。「—なる詞(ことば)といふは、まづげすしく(=下品デ)あらく(=粗野デ)ふとふと聞こえ、むぞむざと聞こゆるなり」〔十問最秘抄〕 ㋺〔芭蕉の俳論で〕古典的なゆきかたの作品が相手にしなかった分野。芸術の未開拓境。「高く心をさとりて—に帰るべし」〔土芳・三冊子・赤〕〔平安時代は「そく」と清音だったかもしれないが、確証がないので、通説に従う。謡曲では各流とも「ゾク」である〕

ぞく しゃう【俗姓】(ーショウ) Ⓔ ❶出家する前の姓名。「祖師聖人(=親鸞)の—をいへば、藤氏(ふぢうぢ)として(=藤原氏デ)、後長岡の丞相(じょうしゃう=内麿)の末孫、皇太后宮の大進有範の子なり」〔蓮如・御俗姓〕 ❷氏素姓。家系。「本郷のほとりに、八百屋八兵衛とて売人(ばいにん=商人)、むかしは—いやしからず」〔西鶴・五人女・巻四ノ二〕

そく たい【束帯】 Ⓓ 朝廷における礼装。元来は通常礼装であったが、平安時代後期には正式礼装となった。下に大口袴(おほぐちばかま)を、その上に表(うへ)の袴をつけ、単衣(ひとえ)・衵(あこめ)・下襲(したがさね)・半臂(はんぴ)・袍(うへのきぬ)の順にかさね、石帯をしめ、魚袋(ぎょたい)をさげ、太刀をおび、襪(しとうづ)の上に沓(くつ)をはき、笏(しゃく)をもつ。袍には、文官用の縫腋(ほうえき)と武官用の闕腋(けってき)がある。色は、身分によって異なる。「鞘(さや)巻き(=短刀)を用意して、—の下にしどけなげに(=無造作ニ)差し」〔平家・殿上闇討〕

〔そくたい〕

そく ばく【許多】 Ⓓ 〔副〕→そこばく。「この箱の内の明珠(めいしゅ)、十貫目の南鐐(なんれう=銀貨)よりは、—まさるべし」〔伊曾保・上・一五(古活字本)〕

そ くゎい【素懐】(ーカイ) Ⓔ 〔「素」は「平素」の「素」で〕ふだんからの考え。いつもの願い。〔「往生の素懐」という形で用いられることが多い〕「みな往生の—を遂げけるとぞ聞こえし」〔平家・女院死去〕

そ こ【其処】 Ⓑ 〔代〕 ❶話主から見て、相手に近い場所をさす。「冬の池にすむ鳰(にほ)鳥のつれもなく(=鳰ハ寒サニモ平気デ水ニクグルガ、ソノヨウニアッサリ平気デ)—に(=アナタノトコロニ)かよふと人にしらすな」〔古今・恋三〕 ❷はっきりしていない場所をさす。どこそこ。「—にはありと聞けど(=ドコソコニイルトハ聞キ知ッテイルケレド)消息をだにいふべくもあらぬ女」〔伊勢・七三段〕「尋ね行くまぼろし(=仙道修行者)もがなつてにても魂(たま)のありかを—と知るべく」〔源氏・桐壺〕 ❸事物自体を

そ

さし示す。そのこと。そのもの。それ。「待ちたまへや。—(=ソノ部分)は、持(ぢ)にこそあらめ(=『セキ』デショウ)。このわたりの劫(こふ)をこそ」〔源氏・空蝉〕 ❹人をさし示す第二人称。親しい者や目下の者に対して使う。あなた。君。「—にその事どもは知らむ(=事情ハ知ッテルデショウ)」〔落窪・巻四〕「—たちは、さりとも(=ソレデモ)、『いと、かかれ(=ゼヒコウアッテホシイ)』とし も思はざりけむ」〔源氏・少女〕

そこ そこ【其処其処】Ⓒ ㊀〘代〙 ❶どこどこ。そのあるところを指していう。「(論語ノ)九の巻の—のほどに(ソノ文句ハ)はべる(=ゴザイマス)」〔徒然・二三八段〕 ❷どこもここも。どこもかしこも。すべてのところ。「女郎残さずよびて十六人、小判四両で花やりしが(=ハデニ遊ンダガ)、—(=イタル所)のさわぎは(=遊ビハ)をかし」〔西鶴・置土産・巻五ノ一〕 ㊁〘副〙いいかげんに。中途はんぱに。「銀(かね)集まれば、みなわがものと思ふから、—にさいそくせず(=借金ノサイソクヲモイイカゲンナ態度デハシナイ)」〔西鶴・胸算用・巻三ノ二〕

そこ な【其処な】Ⓔ〘連体〙そこにいる。そこにある。「やい、—者、起きよいやい(=起キロ、コラ)」〔狂・寝音曲〕

そこはか と Ⓒ〘副〙どこだここだと。どこそこと。「ただ雪深き山を月のあかきに見わたしたるここちしつつ、きらきらと、—見わたされず、鏡をかけたるやうなり」〔紫日記〕〘「何となく」という意をあげる説もあるが、確かな用例はないのでわからない〙 **——な・し** 無し Ⓒ〘連語〙 ❶どことということがない。それがどこであるかはっきりしない。「なにごこち(=何ノ病気)にかあらむ、—・く(=ドコトイウコトナシニ)いとくるしけれど、さはれ(=ママヨ)とのみ思ふ」〔蜻蛉・中〕 ❷はっきりしたより所がない。「(女ガ)—・く(=トリトメモナク)書きまぎらはしたるも(=ダレトモワカラナイヨウニ書イタノモ)、あてはかに(=上品デ)ゆゑづきたれば(=趣ガアルカラ)、いと思ひのほかにをかしうおぼえたまふ」〔源氏・夕顔〕 ❸それと正体がはっきりしない。「—・く(漁夫タチガ)さへづる(=ペチャクチャ言ウノ)も、心のゆくへは(貴族ト)同じ事なるかなと、あはれに見たまふ」〔源氏・須磨〕

そこ ばく【許多】Ⓓ〘副〙たいそう。多く。たくさん。〘「多少」「いくらか」の意に用いられた例は見つからない。現代語の「多少」「いくらか」に当たる中古語は「いくばく」だと思われる〙「奉り集めたる物、千捧げばかりあり。—の捧げ物を、木の枝に付けて堂の前に立てたれば、山もさらに堂の前に動きいでたるやうになむ見えける」〔伊勢・七七段〕「—(=ヒドク)いどみ尽くしたまへる(=オ化粧クラベニ熱ヲアゲテイラレル)人の御かたち・ありさまを見たまふに」〔源氏・行幸〕「—の多かる寺ども、なほ当たりたまふ(=対抗オデキニナルノハ)なし」〔大鏡・藤氏物語〕

そこ ひ【涯・底】(-イ) Ⓓ はて。かぎり。際限。「棹(さを)させど—も知らぬわたつみの(=大海ト同様ニ)深き心を君に見るかな」〔土佐〕「—もなく深き心ばへを、のち詠みしこそ」〔増鏡・おどろ〕

そこ もと【其処〈許〉】Ⓓ〘代〙 ❶そのあたり。「やがて(=ソレカラスグ)—に雨皮(あまかは)張りたる(=雨オオイヲカケタ)車さしよせ…はひ乗りぬめり(=乗リコンダヨウダ)」〔蜻蛉・下〕 ❷〘やや目下の者に対して用いるあらたまった感じの第二人称〙あなた。「今日の御用しまひ次第、—へ推参して(=アナタノトコロヘオ邪魔シテ)お目にかける物がある」〔浄・忠臣蔵・一〕

そこ ら Ⓒ〘副〙 ❶〘「の」を伴って〙数の多いこと。たくさん。多く。「—の君達立ちまじりたるに」〔紫日記〕 ❷たいそう。非常に。「—遙かに(=広大ニ)いかめしう(=ガッチリ)しめて(=土地ヲ占有シテ)造れる(邸宅ノ)さま」〔源氏・若紫〕

-そ・す【過す】Ⓓ〘接尾・四型〙〘動詞の連用形に付き「過度に…する」の意を表す。〙「(老人ノクセニ)よしめき—・して(=様子ブリスギテ)ふるまふとはおぼゆめれども」〔源氏・若菜上〕「(姫君タチヲ)かしづき—・したまふ(=ヒドク熱心ニオ育テナサル)」〔落窪・巻一〕

そそ・く【注く・灌く・灑く】Ⓒ ㊀〘自四〙〘原義は「液体・気体が、ある場所へ強く接触してゆく」意〙 ❶(ある場所へ水が)強く流れる。かかる。「…水(なみ)—・く(=枕詞)鮪(しび)の若子(ごわく)を漁り出(づ)な(=エサヲ探シテ、鮪ノ若様ノナキガラヲ掘リ出サナイデクレ)猪の子(ヨ)」〔紀・武烈〕 ❷(雨・雪が)降りかかる。「いづこにも長雨の—・くころなれば世にふる(=掛ケ詞「経ル」「降ル」)人はのどけからじを」〔蜻蛉・上〕「日ごろ(=コノ数日)も降り積もる雪今もうち—・きわたすに」〔浜松・巻二下〕 ❸(涙が)落ちて当たる。「もろともにめぐり合ひける旅枕涙ぞ—・く春のさかづき」〔拾遺愚草・中〕「御墓の竹に取り付きたまひて、紅の御涙(=血涙)をこぼしたまへば、その涙竹に—・きて染まりける」〔仮名・竹斎・上〕 ❹(風が)吹き当たる。「さらでだに身にしむ秋の夕暮れに松を払ひて風—・くなり」〔玉葉・秋〕 ㊁〘他四〙 ❶かける。まきかける。「仏、紫磨(しま)(=紫色ヲ帯ビタ)黄金の御手を以て、これ(=水ヲ入レタ宝瓶(ほうびょう))を受けて、右の手を以て—・き洗ひて左の手を以て身の瘡(かさ)をなでたまふ」〔今昔・巻二ノ三〕 ❷(涙を)流れかからせる。「前途三千里の思ひ胸にふさがりて、幻のちまたに離別の泪(なみだ)を—・く」〔芭蕉・奥の細道〕〘室町時代までは清音、近世初期にはソソク・ソソグと清濁両表記が行われていたが、正規の仮名表記としては、やはり清音が用いられた〙

そそのか・す【唆かす】Ⓔ〘他四〙 ❶うながす。催促する。「これかれ—・せば、返りごと書くほどに、日暮れぬ」〔蜻蛉・中〕 ❷(悪い方面へ)おだてる。「茶屋の勤めする者は人の小息子—・し、悪道に引き入れるの不孝者にしてのけるの」〔近松・生玉心中・上〕【「『日暮れぬ。とく、とく』と—・せたまふ」〔大鏡・道長〕という用例があり、下二段活用も存在しなかったとはいえないが、他の活用形の例が見当たらないので、しばらく四段だけを認める】

そそめ・く Ⓓ〘自四〙 ❶がたがたする。ざわつく。「果てぬなり(=終ワッタヨウダナ)と聞くほどに、滝口(ノ武士タチ)の弓ならし、沓(くつ)の音し、—・き出づると(=ガヤガヤシテ出テユクト)」〔枕・五六段〕 ❷㋑うきうきとする。「姿・詞の—・きたるが(=軽快ナ歌デ)…歌様(うたざま)のよろしく聞こゆるやうを詠むべきにてさうらふ」〔毎月抄〕㋺落ち着きがなくなる。そわそわする。「この牛は病のあるにや。水も草もくはで、—・く」〔沙石・巻七ノ一八〕

そぞろ【漫ろ】Ⓑ〘形動ナリ〙 ❶しかるべき理由がない。いいかげん。むやみやたらだ。「期(ご)もなく(=イツマデモイヨウト)おぼすにこそあなれ(=オ考エノヨウダ)。よろづの事よりも、この君の、かく—・なる(=チャントシタ筋アイノナイ)精進をしておはするよ」〔蜻蛉・中〕 ❷㋑何とはなしだ。これという当てがない。「ただざめざめと泣きゐたるばかりにて、—・に(=ホカニドウスルワケデモナク)時をぞ移されける(=長イ時間イラレタ)」〔太平・巻二七ノ九〕㋺理由・原因が不明だ。「身の毛いよたちて(=ゾクゾクト立ッテ)、—(=何ダカ)寒きやうにおぼゆ」〔今昔・巻一六ノ三二〕「障子の—・に(=何トイウコトナシニ)倒れかかりたるぞ」〔今昔・巻二八ノ四二〕【この用法は「どうしたわけか」と意訳すると当たることが多い】 ❸〘連体修飾のとき〙筋ちがいだ。何の関係もない。「山門の大衆、(本来文句ヲイウベキ筋アイノ)六波羅へは寄せずして、—・なる(=オカドチガイノ)清水寺におし寄せて」〔平家・清水寺炎上〕 ❹気がおちつかない。そわそわする。「富士・筑波の嶺々(みねみね)を心にしむるぞ(=思イ描クノモ)—・なるかな(=ジットシテイラレナイ感ジダ)」〔秋成・雨月・仏法僧〕㊂すずろ。

そち【帥】Ⓓ(「そつ」とも)㋑大宰府(だざいふ)の長官。正と権(ごん)とがあった。平安時代の初期から多くは親王が名目だけの帥に任命され、現地での実務は権の帥または大弐(だいに)が代行した。「—大伴卿の、遙かに吉野の離宮(とつみや)を思ひて作る歌」〔万葉・巻六・詞〕㋺帥の任務を代行する人。帥が現地にいなければ、権の帥や大弐でも帥とよぶ。「(伊周ハ)御官(つかさ)位とられたまひて、ただ大宰の権の帥になりて…この—殿の御供の人々」〔大鏡・道隆〕(↑権の帥を「帥」という例)「そのころ大弐は(都ニ)のぼりける。…(源氏ニ対シ)—御消息きこえたり」〔源氏・須磨〕(↑この「大弐」「帥」は同人)

そち【其方】Ⓒ〘代〙 ❶(自分からすこし離れた方向を示す)そっち。そちら。その方。「『西山に例の(=イツモ)ものする寺あり。—ものしなむ(=ソッチヘ行コウ)。かの物忌みはてぬさきに』とて、四日いでたつ」〔蜻蛉・中〕 ❷(目下の者に対して使う第二人称)そなた。おまえ。貴公。「いつも—がお供に行けば、みどもが留守をする」〔狂・附子〕「男気見えた。小七郎に誠の惚れ手は—一人」〔近松・宵庚申・上〕

そちん【訴陳】Ⓔ〘+自サ変〙訴訟の趣旨をたがいに申し立てること。原告は訴状を、被告は陳状を提出する。「沙汰出で来て(=訴訟事ガオコッテ)、地下(げち)の公文(くもん)と(=平民ノ文書ヲアツカウ役人ト)相模守と—に番(つが)ふ(=対決スル)ことありけり」〔太平・巻三五ノ四〕

そつ【帥】Ⓓ →そち。

そつじ【卒爾】Ⓓ〘+形動ナリ〙 ❶いきなり。にわか。突発的。「やがて(=スグ)明日御幸あるべきよし、おほせられければ、匡房申されけるは、『明日の御幸もあまり—・に存じさうらふ』」〔平家・高野御幸〕 ❷軽率。軽々しいこと。「奥深き宗清の心をはからず(=推察シナイデ)、—の雑言、許したべ」〔近松・女護嶋・三〕 ❸無礼。失礼。「待つほどもなく、戸をひらき、編み笠かづき立ち出づる(=編ミ笠ヲカブッテ出テ来タソノ男ヲ)すかさず、むんずと引ん抱かる。女郎も続いて『こりゃ誰ぞ。—せまい』と引き分くる。『苦しからず(=カマワナイ)。—・でない』」〔近松・油地獄・下〕 **—ながら** Ⓓ〘連語〙だしぬけで失礼ですが。「『逢うては気の毒(=コマル)。隠れたい。—御免なれ(=オユルシ下サイ)』と隠るる蚊帳(かや)の後ろ影」〔近松・油地獄・下〕

そで【袖】Ⓓ ❶衣服の両腕をとおす部分。「今はとて立つとし見れば唐衣—のうらまで潮の満つかな」〔宇津保・吹上下〕 ❷袂(たもと)のこと。「ふと—をとらへたまふ」〔源氏・花宴〕 ❸鎧(よろい)の頸(くび)から肩・ひじにかけておおう部分。「若君、姫君はしりいでて、父の鎧の—、草摺りに取りつき」〔平家・維盛都落〕 ❹牛車(ぎっしゃ)や輿(こし)などの出入り口の左右の部分。前方にあるのを前袖、後方にあるのを後袖(あとそで)という。「その車のありさま、言へばおろかなり(=トテモ表現デキナイホドダ)。…(車ノ)—には、置き口にて(=金属デ縁ヲ取リ)、蒔絵(まきえ)をしたり」〔栄花・日蔭蔓〕 **—に・す** 無視してかえりみない。「袖になす」とも。「この御心をこの年月知っていとしき我が夫(つま)を—・しての不義ではなし」〔近松・堀川波鼓・中〕 **—のわかれ** 袖の別れ Ⓔ〘連語〙男女が朝わかれること。きぬぎぬの別れ。「しろたへの(=枕詞)—に露おちて身にしむ色の秋風ぞ吹く」〔新古今・恋五〕 **—を拡(ひろ)・ぐ** 物ごひをする。乞食(こじき)する。「都の内には身を置くべき露の(=チョットシタ)ゆかりもなくて、道路に—・げむことも

さすがなれば」〔太平・巻三三ノ四〕

そと【外】Ⓒ (対)「うち」 ❶表面にあらわれた所。「その帝をば『内劣り(=精神薄弱)の—めでた(=見カケ倒シ)』とぞ世の人申しし」〔大鏡・伊尹〕 ❷ある区画の周辺寄り。「(霊鷲山ニアル卒塔婆デ)—なる(=山頂カラ見テフモト側ニアルノ)は下乗、内なる(=山頂ニ近イ側ノ)は退凡なり」〔徒然・二〇一段〕 ❸ある区画から出た所。「家に行きてわが家を見れば玉床の—に置きける妹(いも)が小枕」〔柿本集・上〕 ❹㋑家から出た所。「僧都一人、内へ入りたまへば、(ヒドク小サイ掘ッ立テ小屋ナノデ)腰より下(しも)は—にありければ」〔平家・第二本ノ一八(延慶本)〕 ㋺家から離れた所。戸外。「叔母が手前を恐れて、一寸(ダッテ)—へお竹を出ださず」〔浮・役者色仕組・巻四ノ四〕 ❺《仏教に対し》儒教。用例→「うち⑤」。

そと Ⓔ【副】ちょっと。「亭主は獅子舞が上手なる由を申しさうらふ。—一さし舞ひさうらへ」〔謡・望月〕

そとも【外面・背面】Ⓔ ❶《家の内部に対して》外。そとの方。「わらはは(=ワタシハ)—へ(夫ヲ)出でむかひ(=迎エニ行ッテ)、このよし申さばや(=話シタイ)と思ひさうらふ」〔謡・鉢木〕 ❷うしろ側。背後。「わご大君のきこしめす(=天皇ノオ治メニナル)—の国(=美濃(みの))のま木立つ不破山こえて…」〔万葉・巻二〕《↑帝にとって南が正面なので、背後は北で、この場合は美濃をさす》「雲鳥も帰るゆふべの山風に(=夕風ガ吹イテ雲ヤ鳥モ山ニ帰ルコロニハ)—の谷のかげぞ暮れぬる」〔玉葉・雑三〕

そなた【其方】Ⓑ《代》 ❶《話主側から、相手に近い方向を指示する》そちら。そっち。「『今—にも』と、宣(のたま)へり」〔源氏・若紫〕「思ひあまり—の(=アナタノ住ンデイル方ノ)空をながむればかすみを分けて春雨ぞふる」〔新古今・恋二〕「—の(=ソチラカラ吹ク)風もさすがなつかしうや思はれけむ」〔平家・阿古屋松〕 ❷話題になっていた、その方向。「いづち(=ドッチ)を西とはしらねども、月のいるさ(=掛ケ詞「入ルサ」「入佐(=地名)」)の山の端(は)を、—の空とや思はれけむ」〔平家・小宰相身投〕 ❸《方向を表す遠称》あっち。向こう。「しるべとは頼まじながら思ひやる—の風のつてぞ待たるる」〔新千載・恋二〕 ❹《目下の者に対しいくらか親しい感じで使う第二人称》おまえ。「男を立てる—と見て、せむ方なう渡す金」〔近松・冥土飛脚・上〕「—百まで(ワタシハ九十九マデ)といふ」〔西鶴・一代女・巻二ノ四〕

そな・はる【備はる】(-ワル) Ⓓ《自四・下二》 ❶(すっかり)充足している。具有されている。「智勇兼ね—・り《四段》て万夫不当の良将なれば」〔馬琴・弓張月・九回〕 ❷(その地位に)つく。「女御・更衣に—・る《四段》より百倍まさって」〔浄・忠臣蔵・九〕

そな・ふ【備ふ】(-ナヘノウ) Ⓓ《他下二》 ❶(すっかり)もつ。具有する。「国母の相を—・へたるなりけり」〔今昔・巻一〇ノ二〕 ❷そろえる。整備する。「食物(じきもつ)を—・へて(=トトノエテ)、この女に持たせて送りしに」〔今昔・巻一ノ二六〕 ❸(あらかじめ)用意する。準備する。「抜けがけして(=味方ヲ出シ抜イテ)独り功名に—・へむとや思ひけむ」〔太平・巻三ノ二〕 ❹【供ふ】さしあげる。献上する。「みづから新嘗(にひなへ)(=新穀感謝祭)の供物(たてまつりもの)を—・ふ」〔紀・顕宗・訓〕《「そなふ」は「弁」の訓》

そね【其ね】Ⓔ《代》《「ね」は接尾語》それ。「粟生(あはふ)には韮(かみら)(=ニラ)一本(ひともと)—が茎(もと)—芽つなぎてうちてしやまむ」〔記・中〕《「ね」を「根」と解する説もある》

そね Ⓒ《複助》《「な…そ」の「そ」+終助詞「ね」》↓な…そ。㊇ね。「奥山の菅の葉しのぎ(=押サエルヨウニ)降る雪の(モシ)消(け)なば惜しけむ(=惜シカロウ)雨な降り—(=降ラナイデクレ)」〔万葉・巻三〕

その【其の】Ⓑ《連語》 ❶話主から少し離れた事物をさす。「この」よりも遠く「かの」よりも近い。「うちわたす遠方人(をちかたびと)にもの申すわれ—そこに白く咲けるはなにの花ぞも」〔古今・雑体〕 ❷前に述べた人・事・物をさしていう。「大きなる川流れたり。—川の名を長河といふ」〔浜松・巻一下〕 ❸不定の人・事・物をさす。なんの。どういう。「女を、さして(=格別ニ)—人と(=ダレソレトイッテ)尋ねいでたまはねば」〔源氏・夕顔〕 ❹はっきりしない事物・人、または、わかっていても明言したくない事物・人をさしていう。「京に、—(=某トイウ)人の御もとにとて、ふみ(=手紙ヲ)書きて(人ニ)つく(=コトヅケル)」〔伊勢・九段〕 ❺お前が。あなたが。「—通ふらむ所は、いづくぞ」〔堤・ほどほど〕

—事と無・し ❶特に事件があるのでもない。何ということもない。「—・きに、人の来たりて、のどかにもの語りして帰りぬる、いとよし」〔徒然・一七〇段〕 ❷(当然の)事由がない。「(幽王ハ后ノ笑顔ヲ見タイアマリ)—・う(=ムヤミト)常に烽火(ほうくわ)(=ノロシ)を上げたまふ」〔平家・烽火沙汰〕

そのかみ【当時・往昔】Ⓓ ❶事があったその時。そのおり。当時。「一人は足をとらへ、いま一人は手をとらへて死にけり。—親いみじくさわぎて」〔大和・一四七段〕 ❷過ぎ去った時。そのむかし。「—この御山を二荒山と書きしを」〔芭蕉・奥の細道〕

そのはう【其の方】(-ホウ) Ⓔ《代》 ❶そちら。「—の広いお屋敷より、この方の狭い屋敷が、やはり勝手でござる(=都合ガヨロシュウゴザイマス)」〔狂・武悪〕 ❷《相手を見下した態度で》おまえ。「思はずも(=偶然ニ)—が舅(しうと)のかたき討ったるは、いまだ武運の尽きざるところ」〔浄・忠臣蔵・六〕

その ふ【園生】(―ウ) Ⓓ 植物をうえるための地面。「―に植うる桃の」〔謡・東方朔〕

そば【稜】Ⓓ ❶両平面の交わる線。かど。「谷には(=谷ニ落チタ男ノ方デハ)、すべきかたなくて(=ハイ出ソウニモ方法ガナクテ)、石の―の、折敷(をしき)の広さにて(=折敷グライノ広サデ)、さしいでたる(=突キ出タ)片―に尻をかけて、木の枝をとらへて(=ツカマエテ)すこしもみじろくべき(=身動キデキル)方なし」〔宇治・巻六ノ五〕 ❷線状になった端の部分。「御簾の―、いとあらはに引き上げられたるを、とみに(=スグニ)引き直す人もなし」〔源氏・若菜上〕 ❸袴(はかま)の、左右の腰の下の縫わずにあけてある「ももだち」の部分。「二位殿は…練り袴(=練リ絹ノハカマ)の―高くはさみ(=高クトッテ腰ニハサミ)、神璽(しんじ)をわきにはさみ、宝剣を腰にさし、主上(=安徳天皇)をいだきたてまつって」〔平家・先帝身投〕

そば さま【側様】Ⓔ【＋形動ナリ】(対)「たたさま・たてさま」 横のほう。横むき。「―・に臥(ふ)して、(鼻ノ)下に物を当てて、人にふますれば」〔宇治・巻二ノ七〕

そば そば・し【稜稜し】Ⓓ【形シク】❶(形状に)かどがある。かどばっている。「優婆塞(うばそく)が行ふ山の椎(ひし)が本あな―・しとこにしあらねば」〔宇津保・菊宴〕(「そばそばし」は椎の幹がごつごつしているのに④の意を掛ける。「とこ」は削りあげたゆかの意に常(こと)すなわち不変の意を掛ける) ❷とっつきにくい。つんけんしている。「常はすこし―・しく、心づきなき人の」〔源氏・帚木〕 ❸(仲が)悪い。「御仲も、もとより―・しうおはするに」〔源氏・賢木〕 ❹たのみがたい。(用例→①)

そば だ・つ ㊀【峙つ】Ⓒ【自四】❶㋑高く立ちのぼる。「霞(ハ)孤島に―・ちて、月(ハ)海上に浮かべり」〔盛衰・巻三二ノ六〕㋺(髪の毛などが恐れや怒りのため)上向きに立つ。「深き夜にはいとどすざましく、髪もうぶ毛もことごとく―・ちて、しばらくは死に入りたり(=気絶シテイタ)」〔秋成・雨月・吉備津〕 ❷㋑(長い形の物が)立つ。「その主死して、この琴、忘れ形見にとどまって、むなしき壁に―・ち」〔盛衰・巻三六ノ七〕㋺(山や岩などが)ごつごつした様子で高くそびえる。「島々の数をつくして(=種々ノ島ガ無数ニアッテ)―・つものは天をゆびさし、ふすものは波にはらばふ」〔芭蕉・奥の細道〕 ❸【稜だつ】穏やかでない。荒くなる。「『これまでの意趣(=恨ミ)を流して(=忘レテ)、仲吉野川と落ち合ふか』『まづそれまでは双方の領分』『お捌(さば)きを待ってをります』と(川ヲヘダテテ)ことば―・つ(=大声デ言イアウ)親と親」〔浄・妹背山・三〕 ㊁【欹つ・側つ】【他下二】❶ぴんと立たせる。高く持ちあげる。「池水に鴛鴦(をし)の剣羽(つるぎば)―・てつま争ひのけしき烈しき」〔夫木・巻一七〕 ❷側面を向ける。「範久阿闍梨(あじやり)といふ僧…行住座臥(ざぐわ)、西方を後ろにせず…西坂より山へのぼるときは、(背ヲ西ニ向ケナイヨウニト)身を―・てて(=横向ケニシテ)あゆむ」〔宇治・巻五ノ四〕「武蔵野に人馬ともに充ち満ちて、身を―・つる(=ヨジロウニモ)所なく」〔太平・巻一〇ノ二〕 ❸(注意を)そちらの方へ向ける。「人たち、耳を―・て(=気ヲツケテ)聞きゐたりしが」〔一茶・みとり日記〕 ❹あげる。「お前の舞ひ人は鶏婁(けいろう=鼓ノ一種)を打ち、踵(くびす)を―・て」〔曾我・巻四ノ三(大山寺本)〕 **枕(まくら)を―** 枕から頭を持ちあげる。(唐詩の用例では、寝つかれないときの表現に使われているが、具体的な動作はあきらかでない。枕の一方を高くすることでないかといわれる)「(柏木ハ)―・てて、ものなど聞こえたまふけはひ(=夕霧ニオ話シ申シアゲナサル様子ハ)、いと弱げに、息もたえだえ、あはれなり」〔源氏・柏木〕

そば つき【側付き】Ⓓ はたから見たようす。外観。「臨時(=ソノ時ダケ)の翫(もてあそ)び物の、その物とあとも定まらぬは(=様式ノ一定シナイモノハ)、―ざればみたるも(=シャレタフウヲシテイルモノモ)…今めかしきに目移りて、をかしきもあり」〔源氏・帚木〕

そば ひら【側〈平〉】Ⓔ かたわら。横のほう。「眼見(まみ)わづらはしく(=オックウソウナ目ツキヲシテ)―見返りつ」〔今昔・巻五ノ二〇〕

そば・む【側む】Ⓓ ㊀【自四】❶あっち向きになる。正面に向かない。横向きになる。「母屋の中柱に(=中ノ柱ノ所ニイテ)―・める(=横向キノ)人や、わが心かくる(=目アテノ女性カシラ)」〔源氏・空蟬〕「さしのきて(=スコシ離レテ)―・みて(=横ヲ向イテ)居ぬ」〔今昔・巻一四ノ四〕 ❷(感情的に)よそを向く。知らんふりをする。「わが仲は―・みぬるか(=他人行儀ニナッテシマッタカ)と思ふまで見きとばかりも(=『オ手紙ハ拝見』トダケ)けしきばむかな(=ゴアイサツデスナ)」〔蜻蛉・下〕「おほかた、何やかやとも―・みきこえたまはで(=ヨソヨソシクナサラナイデ)」〔源氏・螢〕 ❸正道からはずれる。わきにそれる。「申楽(さるがく)に―・みたる(=見当チガイノ)輪説(りんぜつ)とし(=カッテナ意見ヲ述べ)、至りたる風体をすること、あさましきことなり」〔花伝・一〕 ㊁【他下二】❶わきによせる。かたよせる。「太刀をひき―・めて、左の方より御後ろに立ちまはり、すでに斬りたてまつらむとしけるを」〔平家・副将被斬〕 ❷(目を)そらす。そっぽを向く。不快の感情を示す意。「この院に目を―・められたてまつらむことは、いとおそろしくはづかしくおぼゆ」〔源氏・若菜下〕 ❸じゃま物あつかいする。のけものにする。「上陽人は楊貴妃に―・められて、帝には見えたてまつらで」〔大鏡・道長(岩瀬本)〕 ❹(近世の誤用で)そばだてる。「耳を―・め、身内(=屋敷内)の体(てい=様子)を聞くに」〔仮名・恨之介〕

そばめ【側目】Ⓓ ❶横から姿・形を見ること。「左の袖をひろげ、月をすこし―にかけつつ(=横目ニ見ナガラ)」〔平家・鵺〕 ❷横から見た姿・形。「御―などは、おぼろけの(=ナミタイテイノ)人の見たてまつり許すべきにもあらずかし」〔源氏・蓬生〕

そひふ・す【添ひ臥す】(ソイ―) Ⓓ 〔自四〕(もの、または人に)よりそって横になる。からだをもたせかける。「―・したる人は、箏(さう)の上にかたぶきかかりて」〔源氏・橋姫〕

そびら【背】Ⓔ 背中。背後。「―に日の神の威(みいきほひ)を負ひたてまつりて」〔紀・神武・訓〕(「そびら」は「背」の訓)

そ・ふ【添ふ・副ふ】(―ウ) Ⓑ ㊀〔自四〕❶その上に加わる。それ以上にふえる。「明くる年は立ちなほるべきかと思ふほどに、あまりさへ(=ソノウエ)疫癘(えきれい)うちそひて(=流行病ガオマケデ)」〔方丈〕 ❷㋑あとについてゆく。ついて離れない。「恋すればわが身は影(=ヨウナタヨリナイ存在)となりにけりさりとて(=ダカラトイッテ)人にそはぬものゆゑ(=寄リソウデモナイクセニ)」〔古今・恋一〕 ㋺つき従う。つきそう。「身に―・へる下人もなし」〔盛衰・巻一〇ノ九〕 ㋩夫婦となる。「―・うてもこそ迷へ、たれもなう、たれになりとも―・うてみよ」〔閑吟集〕 ㊁〔自下二〕…が加わる。…が多くなる。…が増す。「明け暮るる日数に―・へて(=ツレテ)、京の方もいとどおぼつかなく(=心配デ)」〔源氏・明石〕 ㊂〔他下二〕❶有る上に加える。もっとつけ足す。「夕霧の晴るる気色もまだ見ぬにいぶせさ(=ウットウシサ)―・ふる宵(よひ)の雨かな」〔源氏・末摘花〕「盛りなる紅梅の枝に、鳥一双を―・へて」〔徒然・六六段〕 ❷つき従わせる。そばにいさせる。「いみじき源氏の武者たちをこそ、御送りに―・へられたりけれ(=オ付キサセタ)」〔大鏡・花山院〕 ❸たとえていう。なぞらえる。「大鷦鷯(おほさざき)の帝を―・へたてまつれる歌」〔古今・序〕

そぼ・つ【濡つ】Ⓓ〔自四・上二〕(確かな四段の用例は少ない) ❶ぬれる。うるおう。しっとりする。「からころも涙の川に―・つとも思ひしいでば…」〔蜻蛉・上〕「ひきとむるものとはなしに(=旅ユク人ヲ引キトメルスベモナク)逢坂の関のくちめ(=掛ケ詞「口目」「朽チ目」)のねにぞ―・つる〔上二〕(=タダ琴ヲヒイテ涙ニヌレテイルダケダ)」〔蜻蛉・上〕 ❷雨や涙がしきりに降る。じめじめと降りそそぐ。しょぼしょぼと降る。「明けぬとて帰る道にはこきたれて(=大降リニ)雨も涙もふり―・ちつつ」〔古今・恋三〕

そほぶね【赭舟】(ソオ―) Ⓔ 赤く塗ってある舟。「旅にして物恋(こほ)しきに山下の朱(あけ)の―沖にこぐ見ゆ」〔万葉・巻三〕

そぼ・る【戯る】Ⓔ〔自下二〕❶たわむれる。ふざける。「ここかしこに群れゐつつ、(長寿ニアヤカル)歯固めの祝ひして、餅鏡をさへ取り寄せて、千歳のかげにしるき(=長ク変ワラナイオ陰ヲ受ケテ、長寿ノ明白ナ)年のうちの祝ひ事どもして―・れ合へり」〔源氏・初音〕 ❷しゃれる。「(筆跡ハ)いとをかしうて(=趣ガアッテ)…書きざま今めかしう(=当世フウデハデ)―・れたり」〔源氏・胡蝶〕

そま【杣】Ⓔ ❶用材を切り出すため植林した山。杣山。「阿耨多羅(あのくたら)三藐(さみやく)三菩提(さぼだい)の(anuttara-samyak-sambodhi=コノウエナクスグレ正シク平等ナ)仏たちわが立つ(=入リ立ツ)―に冥加(めか)あらせたまへ(=御守護クダサイ)」〔新古今・釈教〕 ❷植林した山からとった材木。杣木。「山陰に茂き蓬(よもぎ)の―造り我が住む庵(いほ)の囲ひにぞ借る」〔夫木・巻二八〕 ❸杣木を切ることを職業とするきこり。杣人。「南の大門の天井のくみいれの料の材木を吉野の―に三百余物つくらしめて」〔今昔・巻一一ノ二〇〕 **わがたつ―** 我が立つ杣 Ⓔ〔連語〕〔伝教大師の「わが立つ杣に冥加あらせたまへ」の歌から〕比叡(えい)山の異称。「いく春も―に庵しめて(=仮ズマイヲシテ)山のかひある花をこそ見め」〔新後撰・雑上〕

そまいり【杣入り】Ⓔ 杣山にはいり材木を入手すること。「勘定方、大和大工(やまとだいく)に飛騨工(ひだたくみ)、―・木造り(=製材)事終はり今日吉日の柱立て」〔近松・出世景清・序〕

そむ・く【背く】Ⓑ ㊀〔自四〕❶うしろ向きになる。面と向きあわないようにする。「涙のこぼるれば、はしたなく(=キマリワルク)て―・きたまへる、らうたげさ限りなし(=カワイラシサトイッタラアリャシナイ)」〔源氏・梅枝〕 ❷あるべき状態でない。反する。「浜のさま、げに、いと心ことなり(=格別ヨイ)。人繁う見ゆるのみなむ、御願ひに―・きける(=源氏ノ希望ニ反シテイタ)」〔源氏・明石〕 ❸㋑さからう。敵対する。反逆する。「内をつつしまず(=自国ノ事ニ気ヲツケズ)、軽く(=軽率デ)ほしきままにして(=カッテデ)みだりなれば(=イイカゲンダト)、遠き国必ず―・く時、はじめて謀(はかりごと)をもとむ」〔徒然・一七一段〕 ㋺仲たがいする。夫婦別れする。「つらき心をしのびて(=強情ナアナタノ心ヲガマンシテ)思ひなほらむをりを見つけむと、年月をかさねむあいなだのみは(=アテノナイ期待ヲスルノハ)いと苦しかるべければ、(今ハモウ)かたみに(=オ互イニ)―・きぬべききざみになむある(=別レル段階ダ)」〔源氏・帚木〕 ㊁〔他四〕❶違背する。従わない。「鎌倉をたって西国へおもむかむ殿ばらは、義経が命を―・くべからず」〔平家・那須与一〕 ❷(世を)見限る。捨てる。「そのかみ(=アノ当時)世を―・きなましかば(=モシ出家シテイタナラバ)今は深き山に住み果てて、かく心乱らましやは(=コンナニ心ヲ乱スコトガアロウカ)」〔源氏・蜻蛉〕 ㊂〔他下二〕❶面と向かわないようにさせる。わきを向かせる。わきの方へ向ける。「宿はあれて壁のひまもる山風に―・けかねたる閨(ねや)

のともし火」〔玉葉・雑二〕 ❷(心を)そこから離す。離反させる。「督(みか)は日にそへて(=日ゴトニ)人にも―・けられゆくに、いといみじき病さへして…年二十二にて頭おろす(=出家スル)」〔増鏡・新島守〕

そも【抑】Ⓑ〘接続〙(「これから述べようとするのは」という気持ちで)事物を言い出す前おきのことば。いったい。「―、この衣のおんぬしとは(=持チ主ノォ方トイウノハ)、さては天人にてましますかや」〔謡・羽衣〕

そもそも【抑】Ⓑ ㊀〘接続〙(「そも」を強めた形) ❶章・段・節などの初めに用い、事の由来などを説きおこす。さて。「―一の谷の合戦敗れしかば、源平たがひに入り乱れ…」〔狂・どぶかっちり〕 ❷上の事がらを受け、下の事がらを言いおこす。いったい。「『―いかが詠んだる』と、いぶかしがりて(=興味ヲイダイテ)問ふ」〔土佐〕「―獣といへど、虎・狼(おほかみ)ならぬは(=以外ハコノ山ニ)住まざなり(=住ンデイナイヨウダ)」〔宇津保・俊蔭〕(「これを求めたるか、―これを与へたるか」〔論語抄〕などの例によって「それとも」「あるいは」の意を認める説もあるが、そのような意は前文との関連から出てくるのであって、語そのものは「②」の意) ㊁〘接続詞から転じて〙物事の最初。はじめ。おこり。「―(=本来ノ生マレ)はいやしからぬ人なりしが、思はざるしあはせ(=不運ガ)ありて、一族みな絶え」〔西鶴・俗徒然・巻三ノ三〕「島原太夫職―(=初代)の野秋(トイウ遊女)にかかり(=関係シ)」〔西鶴・俗徒然・巻五ノ一〕「太夫に会ひて、―(=初対面)より横を行けども(=無理ヲ言ッタガ)、はや合点して、すこしも気破らず(=逆ラワナイ)」〔西鶴・一代男・巻六ノ六〕

そや【初夜】Ⓓ ↓しょや。「清水(ノ観世音)へまうづる人に、また忍びて交じりたり。―(ノ勤メガ)果てて(自室へ)まかづれば、時は子(ね)ばかりなり」〔蜻蛉・下〕

ぞや Ⓐ〘複助〙❶(係助詞「ぞ」+疑問の係助詞「や」)疑問語と共に用い、その疑問が不確かである意を表す。…だか。…だったか。「かかることの、いつ―ありしか」〔徒然・七一段〕(↑文末の活用語は「ぞ」「や」から考えて連体形で結ぶはずだが、中世文では已然形の結びも用いられた) ❷(終助詞「ぞ」+強調の終助詞「や」)㋑(断定の言いかたに用いて)念を押す気持ちまたは強調を表す。…だぞ。…のだなあ。「男ども、酒買ひて、肴(さかな)乞ふ―」〔宇津保・藤原君〕「げにや、思ひ内にあれば、色外に現れさむらふ―」〔謡・松風〕㋺自分の意中を相手に強調して表明する。…つもりだよ。(参)ぞ。「人手へ渡れば、わしゃ生きてゐぬ―」〔近松・博多小女郎・上〕㋩(疑問の言いかたに用いて)相手にたずね確かめる。…のか。…なのか。「夜は、はるかにふけぬらむ(=モウ深夜ダロウ)。ただ今(来タノハ)いかに。何事―」〔平家・西光被斬〕

そよ Ⓓ ㊀〘連語〙(代名詞「そ」に終助詞「よ」がついたもので)それだよ。そうなんだ。「荻(をぎ)の葉に言問ふ(=質問スル)人もなきものを秋来るごとに―と答ふる」〔詞花・秋〕 ㊁〘感〙❶(ふっと思い出したり、人のことばにあいづちを打つ時用い)それそれ。そうそう。「―。など、かうは(=コンナフウニ?)」〔源氏・夕顔〕 ❷歌謡のはやしことば。「―、君が代は千代にひとたびゐる塵の白雲かかる山となるまで」〔梁塵〕

そよろ Ⓔ〘副〙(軽い摩擦音の擬声語)かさり。かさっ。「長烏帽子して、さすがに人に見えじとまどひ入るほどに(=ウロウロ入ッテクルウチ)、物につきさはりて―といはせたる」〔枕・二八段〕「御簾をもたげて―とさし入るる、呉竹(くれたけ)なりけり」〔枕・一三七段〕

そら-【空・虚】Ⓑ〘接頭〙❶本ものでない意をあらわす。「―いびき」「―疑ひ」「―おぼめく(=トボケル)」「―心」「―死に」等。 ❷結果が不確実な意をあらわす。「―頼み」「―頼め」等。 ❸そうした状態であることを漠然とあらわす。「―恐ろし」「―さびし」等。

そら【空・虚】Ⓑ ㊀❶天。「―飛ぶ雁(かり)の声」〔源氏・夕顔〕 ❷上の方。「峰すぐれて高し。その峰の―に、いかめしう(=ビッシリ)茂りて森のごと見ゆるなかに、この琴の声聞こゆ」〔宇津保・俊蔭〕 ❸(天のように)遠いこと。「道の―(=ハルカナ道ノリ)を、かかる夜なかに、ふりはへ(=ワザワザ)来つらむよ」〔寝覚・巻二〕 ❹空模様。天候。「雨など降り―乱れ」〔源氏・明石〕 ❺自然現象。風物。「おしなべて五月(さつき)の―を見わたせば草葉も水もみどりなりけり」〔寛平歌合・夏〕 ❻㋑方角。場所。「おきて行く―も知られぬ明けぐれ(=薄明)にいづこの露のかかる袖なり」〔源氏・若菜下〕㋺(人生における)方面。「(親ノ)我さへ見知らず(=世話ガデキナク)なりなば、(ムスメハ)いかなる―にか(=ドンナ境遇ニ)はふれうせむ(=落チブレハテルコトカ)」〔寝覚・巻二〕 ❼きもち。分別。方法。「肝心(きもこころ)も失せて、船こぐ―もなくてなむ、鎮西(=九州)には帰りきたりける」〔今昔・巻二九ノ三一〕 ㊁〘形動ナリ〙❶うわのそらだ。とりとめもない。おちつかない。「―・にのみおぼしほれたり」〔源氏・浮舟〕 ❷むなしい。かいがない。「春がすみ立ちつる方をながめつつ―・なる恋も我はするかな」〔兼輔集〕 ❸根拠がない。真実でない。「まことかと見れども見えぬ七夕(たなばた)は―・になき名のたてるなるべし」〔貫之集・巻三〕 ❹(「そらに」の形で)記憶で。暗記で。「(源氏物語ハ)さばかり多かるものを(=アレホド大部ナ小説ナノニ)―・には(アラスジヲ)いかが語り聞こえむ」〔無名草子〕

―しら・ず 知らず Ⓔ〘連語〙空にあるとは思われない。空から降るとは思われない。「―・ぬ雪かと人のいふと聞く桜の降るは風にざりける(=風ノタ

メダッタンダナ)」〔貫之集・巻九〕

そら Ⓑ〘副助〙→すら。〘漢文よみ系統の文章に多いが、和文にもときどき現れる〙「行く方―もおぼえず」〔竹取〕「紫苑(しをに)ことごとに匂ふ―も、香のかをりも、(秋好中宮ガ)ふればひたまへる(＝オ触レニナッタ)御けはひにや」〔源氏・野分〕〘↑話主夕霧は大学出身なので漢文よみ口調〙「逆罪を犯せる者―、仏を念じたてまつりて利益をかうぶる」〔今昔・巻一ノ三八〕

そら ごと【虚言・空言】Ⓒ うそ。でたらめ。「まさしく(鬼ヲ)見たりと言ふ人もなく、(アノウワサハ)―と言ふ人もなし」〔徒然・五〇段〕

そら しらず【空知らず】Ⓔ〘＋自サ変〙そしらぬふり。知らん顔。「また少々は知りたれども、―・して」〔平家・殿下乗合〕

そら・す【逸らす】Ⓔ〘他四〙❶よそへにがす。「手にすゑたる鷹(たか)を―・いたらむやうにて(＝マルデ手ニトメテイタ鷹ヲ逃ガシタヨウナモノデ)なげかせたまふ(＝伊周ノ殿ハオナゲキニナル)」〔大鏡・道隆〕❷よそへまぎらす。〘いつも否定の形で「ほんとうらしい」「まともらしい」の意となる〙「詞にびっくり、はっと思へど、―・さぬ(＝何クワヌ)顔」〔浄・嫩軍記・三〕

そら だき【空薫き・空炷き】Ⓔ 来客のため、どこからともなくにおってくるように香(こう)をたくこと。またはそのかおり。「そらだきもの」とも。「塩焼き(ノタメノ)衣(＝労働着トハ)色替へて(＝趣ヲ異ニシテ)かとりの衣(＝上等ノ絹ノ着物)の―なり」〔謡・松風〕〘この例は「追ひ風用意」と混同した点がある〙

そら ね【虚音・空音】Ⓔ ❶実際にはない音があるかのように聞こえること。幻聴。「忍びたるほととぎすの、遠く―かとおぼゆばかりたどたどしきを聞きつけたらむ」〔枕・五段〕❷うその・音(声)。似せた声。こわいろ。「夜をこめて鳥の―ははかるともよに逢坂の関はゆるさじ」〔後拾遺・雑二〕

そり さげ【剃り下げ】Ⓔ 江戸時代の男子の髪の結い方。糸びんともいって、頭の頂を広く、下までそりおろし、両びんの毛を残して結った。上品ではない。「みなみな―あたまの奴(やっこ)となし」〔黄・見徳一炊夢・中〕

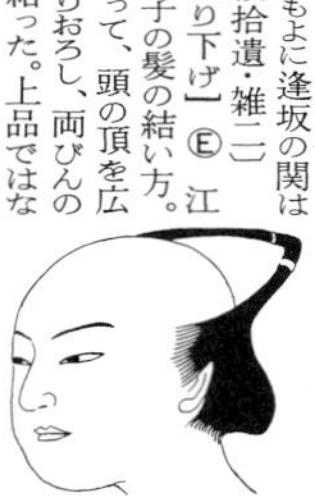

〔そりさげ〕

それ【其れ】Ⓑ ㊀〘代〙❶自分から少し離れたものをさす。「賜へ。―取りて、たがぞ(＝ダレノカ)と見はべらむ」〔源氏・賢木〕❷すぐ前に述べられた語や文を受けて、中に含まれていることがらをさす。〘文全体をさすばあいもある〙「(自分ガ出テ来ルマデ)久しうやありつる。―(＝待タセタワケ)は、大夫(だいぶ)の…異(こと)(＝別ノ)下がさね縫はせたまひけるほどに、おそきなりけり」〔枕・二七八段〕❸その時。「―より後」〔浜松・巻三下〕❹その場所。そこ。「―より、こほうたう(＝地名)に着きたまふ」〔浜松・巻一上〕❺その人。「高子と申す、みまそがりけり(＝オイデダッタ)。―うせたまひて」〔伊勢・七七段〕❻〘第二人称〙あなた。「―にも(＝アナタモ)、うちとけたまふまじ(＝気ヲオ許シニナッテハイケマセンヨ)」〔平家・清水寺炎上〕「『まづ―より(＝オ飲ミクダサイ)』『いや、そなたより』」〔近松・堀川波鼓・上〕❼〘ことがらをわざとぼかして述べる語〙なになに。なにがし。(人ならば)だれそれ。「四人づつ、書き立て(＝メモ)に従ひて『―、―』と呼びたてて乗せたまふ」〔枕・二七八段〕㊁〘接続〙〘文章の最初に用いて〙あらたまった感じで言い起こす語。いったい。そもそも。「―、青陽の春になれば、四季の節会(せちゑ)の事初め」〔謡・鶴亀〕「―、世の中に借り銀の利息ほどおそろしきものはなし」〔西鶴・永代蔵・巻一ノ一〕㊂〘感〙注意をさせたり、元気をつけたりするときいう。「―、生姜(しやうが)おろしや(＝オロシナサイ)」〔近松・重井筒・上〕

それ がし【某】Ⓒ〘代〙❶〘名まえがはっきりしなかったり、はっきりさせる必要のない人物・物事を示す〙なにがし。何某。何とかいうもの。「行啓には、入道殿(＝道長)―といふ御馬にたてまつりて(＝オ乗リナサッテ)」〔大鏡・道長〕「『二千度(モ清水寺ニ)参りつる事、―に(＝タレソレニ)双六(すごろく)に打ちいれつ(＝賭(か)ケトシテヒキワタシタ)』と書きてとらせたれば(＝与エタトコロ)、うけとりつつ、よろこびて、ふしをがみ(＝ソノ証文ヲ拝ンデ)、まかりいでにけり」〔宇治・巻六ノ四〕❷改まった気持ちをこめていう第一人称。「―(＝ワタシハ)多くの丈六(＝一丈六尺ノ仏像)を作りたてまつれり」〔宇治・巻四ノ二〕

それ それ Ⓒ ㊀〘代〙❶〘名のわかっている人(複数)を代表させて〙たれそれ。何某。「『舞人にはたれたれ―の君たち』など数へて」〔大鏡・昔物語〕❷〘わかっている事がらを代表させて〙しかじか。こうこう。「―禅師よきやうに申させたまへ」〔義経・巻六ノ七〕「朝顔が参りてさうらふ。―御申しさうらへ(＝オ取リ次ギクダサイ)」〔謡・熊野〕㊁〘感〙❶〘ふと気がついて〙そうそう。ああそうだ。「『曾禰好忠、いかにはべりけることぞ』と言へば、『―、いと興にはべりしことなり』」〔大鏡・昔物語〕「おお―、栗を焼くには、めをかいて(＝先端ヲ切ッテ)焼くがよいと申すことを、はったと(＝スッカリ)忘れた」〔狂・栗焼〕❷〘同感の意をあらわして〙そのとおり。そうとも。「『(酒ヲ)一つ飲むも二つ飲むも同じことぢゃ』『―』」〔狂・木六駄〕❸〘相手をうながす気持ちで〙さあ。そら。「『―、祝言(しうげん)(＝メデタイ歌)ひとつ(ウタエ)』とありしかば…三べんうたふ」〔狂・二千石(鷺流)」

それに Ⓒ〔接続〕❶〔順接〕そのうえ。さらに。「法師の着たる衣の袖口きと(=チラリト)見ゆ。—(ソノ衣ハ)わが夫の着て行きにし布衣(ほい)の袖に色革(いろかは)を縫ひ合はせたりけるに似たり」〔今昔・巻二九ノ九〕❷〔逆接〕ところが。それなのに。「懈怠(けだい)せさせたまふべきことかはな(=オナマケニナッテヨイデショウカ)。—、いとあやしく(=ヘンナグアイニ)ならせたまひにし御心あやまち(=御乱心)も、ただ御物の怪(け)のしたてまつりぬることにこそははべりしか」〔大鏡・伊尹〕

そん〔損〕 **—を取・る** 損をする。「いみじき(=ヒドイ)—・りつるここちこそすれ」〔今昔・巻二八ノ三八〕

ぞんじ〔存じ〕 **—つき** 付き Ⓔ「思いつき」の謙譲語。「わたくしの—も申しませうか」〔狂・鬮罪人〕 **—より** 寄り Ⓔ「ぞんじつき」に同じ。「太郎冠者、これへ出て、—もあらば言うてみよ」〔狂・鬮罪人〕〔この場合は尊大語に使ってある〕

そんじゃ〔尊者〕Ⓓ ❶㋑大臣に任ぜられた時などの祝宴に招く主賓。年長で地位の高い人がえらばれる。摂関・太政大臣の宴には左右大臣が、左右大臣のときは大臣・大中納言などがえらばれた。「西宮殿(=源高明)の大饗(たいきやう)に『小野宮殿(=藤原実頼)を—におはせよ(=主客トシテオイデ下サイ)』とありければ」〔宇治・巻七ノ六〕㋺〔転じて〕祝典などの主賓。「贈り物ども(=袴着(はかまぎ)ノ祝イノ列席者ヘノ引キ出物ナドヤ)人々の祿(=祝儀ノ品物)、—の大臣の御引き出物など、かの院(=光源氏)よりぞ、奉らせたまひける(=トトノエテ朱雀院ニオ届ケナサッタ)」〔源氏・若菜上〕❷修行をよくつんで知徳をそなえた人を尊んでいう。「『ねがはくは—慈悲の心を起こして哀愍(あいみん)したまへ(=オアワレミ下サイ)』とおのが罪をぞ謝し申しける」〔太平・巻二四ノ三〕

ぞん・ず〔存ず〕〔自サ変〕Ⓒ ❶存在する。生きている。〔英語の to be にあたる〕「(コノ世ハ)無常変易(へんえき)のさかひ(=常ニ動キ変化スル世界ダカラ)、有りと見るものも—・ぜず、初めあることも終はりなし」〔徒然・九一段〕❷思考する。〔英語の consider にあたる〕「先途(せんど)後栄を—・じて(=将来ノコト、後々ノ出世ヲ考エテ)当家(=平家)に奉公せむとや思ふ」〔平家・競〕❸知る。了承する。〔英語の know にあたる〕「『知ってお尋にゃるか。ただし知らいでのことか』『これは、都人のおことばとも覚えませぬ。—・じてをれば、つっかけて(=マッスグニ)参れども、—・ぜぬによって、かやうに呼ばはって歩きまする』」〔狂・粟田口〕

ぞんぢ〔存知〕(—ジ) Ⓓ〔+他サ変〕知っていること。「念仏よりほかに往生の道をも—・し、また法文等をも知りたるらむ」〔歎異抄〕「後日の訴訟を—・して木刀を帯しける」〔平家・殿上闇討〕〔平家正節では共に濁音、日葡辞書は zonji だが、易林本節用集は「ゾンチ」で、両方の発音がおこなわれていたらしい〕

そんばう〔損亡〕(—ボウ) Ⓔ〔+自サ変〕こわれたり、なくなったりすること。「家の—・せるのみにあらず」〔方丈〕〔「そんまう」とも。日葡辞書には、sŏbŏ と sonmŏ の両形をあげる〕

そんまう〔損亡〕(—モウ) Ⓔ〔+自サ変〕→そんばう。

た

た〔誰〕Ⓑ〔代〕だれ。〔格助詞「に」で受ける例もあるが、ふつう格助詞「が」を伴った形で用いられる〕「御諸(みもろ)に築(つ)くや(=神域ニコシラエタ)玉垣斎(つ)きあまし(=アマリ長ク神ニオ仕エシテ年老イ)—にかも寄らむ(=ダレニタヨッタラヨイノカ)神の宮人」〔記・下〕「—がためにか心を悩まし」〔方丈〕 **—そ** だれか。だれだ。「—、その童(わらは)は」〔宇治・巻二ノ九〕「案内とは(=ゴメンナサイト言ウノハ)—」〔狂・武悪〕〔「そ」はふつう「ぞ」と発音される係助詞だが、奈良時代以前は清音が標準だったようで、それがある種の熟語には継承されたものであろう。(参)そ。日葡辞書およびロドリゲス大文典には taso〕

た Ⓒ〔係助〕係助詞「は」の転。語尾がチ・ツで終わる漢語と結びつき、促音化して使われる。能・狂言・浄瑠璃などに多く現れる。「今日—(konnitta)右近の馬場の花をながめばやと存じさうらふ」〔謡・右近〕「今日—最上吉日でござるによって」〔狂・二人袴〕

たい〔体〕Ⓔ ❶からだ。「人の—に、まづ胸(むな)板とて板あり」〔咄・鹿の巻筆・巻五ノ六〕❷(対)「用(ゆう)」 ㋑〔仏〕作用をおこすもとになる存在。主体。「すべて万法(=イッサイノ存在)は、その用を論ずれば勢ひをことにすれども、その—を尋ぬれば源これ一なり」〔沙石・巻七ノ二五〕㋺〔能で〕基本となる技術。「能に—・用(=応用的ナ表現)の事を知るべし。—は花、用は匂ひのごとし」〔至花道〕㋩〔連歌で〕あるカテゴリーのうち、本来的な事物。たとえば「山類」では岡・峰・尾の上(え)・麓(ふもと)・坂・谷など。「『春』といふ(語ヲ含ム)句に『弓』と(イウ語ヲ含ム句ヲ)付けて、また『引く』『返す』『押す』などは(「春」ガ「張ル」ノ掛ケ詞ダカラ)付くべからず。これ用なる故なり。『本』『末』とは付くべし。これ—なる故なり」〔連歌新式〕〔「ありさま」「姿」の意をあげる説もあるが、その際は「てい」とよまれた。(参)てい〕

たい〔対〕Ⓓ ❶対等であること。二つのものが同等であること。「まことに御製と文時(=ワタシ)が詩と—におはします(=勝チマケハゴザイマセン)」〔今昔・巻二四ノ二六〕 ❷ ㊫対の屋。「階(はし)の上、—の簀(す)の子などに、みなうた寝をしつつ」〔紫日記〕

だい【台】 Ⓓ (「高くなっている・場所(物)」という原義から) ❶㋑露台。廊に似て、屋根がない。「—の前に植ゑられたりける牡丹などのをかしきこと」〔枕・一四三段〕 ㋺人がのる席。「番頭の飯(めし)がはり(=食事時間中ノ代理)に来て—(=番台)に坐す」〔三馬・風呂・前ノ上〕 ❷㋑物をのせる道具。「その桶(ヲ)据ゑたる—など、みな白きおほひしたり」〔紫日記〕 ㋺食膳(ぜん)。食卓。「餅参らせたまふ事ども果てて御—などまかでて」〔紫日記〕 ❸(❷㋺から転じて)食事。「御—なども、いかなる事にかとまで(=ドウナサッタノカト思ウホドタクサン)きこしめせども(=召シ上ガルガ)」〔栄花・初花〕 ❹役所。「常に—の使ひとして、四方の貴客あり」〔今昔・巻九ノ二九〕(「高い建物」という用法を設ける説が多い。しかしその用例とする「—傾きて苔むせり」〔平家・福原落〕は、信頼できるテクストでは「うてな」とよませており、字音の例はまだ見つけていない。造語成分としてならば「巫山の雲はたちまちに陽台のもとに消えやすく」〔謡・夕顔〕「蘭台霧深し」〔謡・項羽〕など、中国詩文の引用中にあらわれるが、謡曲ではいつもタイと清音である。ダイと濁る、国語としての用法とは違った意識だったと思われるので、単独の確かな例が見つかるまでは保留)

だいがく【大学】 Ⓓ ❶㊫大学寮。「迫り痴(し)れたる(=貧シテ鈍ナ)—の衆(す)の言ふやう」〔宇津保・藤原君〕 ❷藤原氏の私学である勧学院の俗称。「—(スナワチ)勧学院の別当(=総裁)したまふ」〔宇津保・祭使〕 **——れう** 寮(—リョウ) Ⓓ はじめ経・音・書・算、のち紀伝・明経・明法・算道を教え、その事務や釈奠(せきてん)をつかさどった所。式部省に属し、別当(総長)・頭(かみ)・助(すけ)・允(じょう)・属(さかん)のほか、文章(もんじょう)博士(文学・史学教授)・明経博士(政治学・倫理学教授)・明法博士(法学教授)などがおかれた。平安中期以後おとろえ、一二世紀中ごろには校舎が荒廃し、室町時代にまったく消滅した。「ふんやのつかさ」とも。

たいきゃう【大饗】(—キョウ) Ⓓ 定例、または臨時に行われた大規模な宴会。二宮(中宮・東宮)の大饗(正月二日玄輝門の西廊と東廊で)と大臣の大饗(任官の時および正月自邸で)がある。「—の又の日、夕つけて(=夕方ニナッテ)ここに参りたまへり」〔源氏・竹河〕「堀河の院は、地形のめでたければ、晴れの所にして、—おこなはれける時には」〔今昔・巻二二ノ六〕

だいぐうじ【大宮司】 Ⓔ 伊勢・熱田・宇佐・香椎・宗像・阿蘇・香取・鹿島・気比などの大きい神社の神官の長。「(熱田神宮ノ)—の威勢、国司にもまさりて、国の者ども怖ぢおそれたりけり」〔宇治・巻三ノ一四〕

たいくつ【退屈】 Ⓔ 《+自サ変》 ❶気力が尽きていやになること。「かやうに(=イロイロ忠告ヲ)申せば、また御—やさうらはむずらめなれども(=イヤ気ガオサシニナルカモシレマセンガ)」〔毎月抄〕 ❷する事がなくて困ること。「—のあまり荷物を締め直し」〔柳樽・一四〕

だいくゎん【代官】(—カン) Ⓓ ❶㋑ある公職の事務を代行する者。「わが君判官(はうぐわん)どの(=義経)は、頼朝の—として、鬼神よりも手強(てごは)かりし平家をほろぼし」〔謡・船弁慶〕 ㋺代わりの者。「いかに(=オイ)ありあふ(=ココニイアワス)鬼どもよ、客僧たちをよきになぐさめ申すべし(=ゴ接待シロ)。それがしが(=ワシノ)—には、二人の姫を残しおく。それに(=ソコデ)しばらくお休みあれ」〔伽・酒呑童子〕 ❷江戸時代、幕府直轄領の支配をし、税務・保安・戸籍など担当した役人。「心なき—殿やほととぎす」〔去来(猿蓑)〕 **——しょ** 所 Ⓓ 「だいくゎん❷」の役所。「—の役人、馬をとばしてかけ来たり、矢来の内にとんで入り」〔近松・歌念仏・下〕

だいげき【大外記】 Ⓓ →げき。

だいごくでん【大極殿】 Ⓓ 大内裏、八省院の正殿。中央に高御座(たかみくら)があった。天皇が政務をおとりになり、国家の儀礼をおこなわれた所。安元三年(一一七七)四月二八日の大火(下の引例にあるもの)で焼失して後、再建されなかった。「はてには、朱雀(すざく)門、—、大学寮、民部省などまで(火ガ)移りて、一夜のうちに塵灰となりにき」〔方丈〕(室町時代の辞書あるいは平曲のよみぐせではダイゴクデン・ダイコクデンの両方があり、どちらとも決しがたい)

だいさん【第三】 Ⓓ 連歌・俳諧の第三句。スタイルには規格がある。「—は、脇(=第二句)に親しからずして、しかも離れず似合ひたることを引き寄せて、のびらかに(=ノビノビト)せむこと、肝要なるべし」〔連歌比況集〕

だいし【大士】 Ⓔ 菩薩(ぼさつ)のこと。「地蔵菩薩…我を助け免(ゆる)したまへ。—の利益方便にあらずは(=オ助ケヲ得ナケレバ)、いかでかこの所を逃れて故郷に帰る事を得む」〔今昔・巻一七ノ二〇〕

だいし【大師】 Ⓔ ❶仏や菩薩(ぼさつ)・権現などの尊敬語。「山王—(=山王権現)も御照覧さうらへ」〔咄・昨日は今日・上〕 ❷㋑朝廷から高徳の僧に贈られる称号。多く死後に贈られる。「伝教—入唐帰朝の後」〔平家・平家山門連署〕 ㋺(とくに)弘法大師の略称。「(鳥羽法皇ガ)—の御宝物(ヲ)叡覧ありける中に」〔沙石・巻二ノ一〕 ❸(代名詞的に)僧を尊んでいう。「(千観内供ニ対シ)『—命終の後…生所を示したまへ』と契約し

けるに」〔著聞・釈教〕

だい じ【大事】Ⓑ《十形動ナリ》❶たいせつな事。重要な事。「―として(＝タイセツナ事ダトシテ)、まことにうるはしき(＝ホントウニキチント整ッタ)人の調度のかざりとする(＝身ノマワリノ道具デ装飾トスル物ハ)、定まれるやうあるものを(＝キマッタ様式ガアルモノダガ)」〔源氏・帚木〕「―を思ひ立たむ人は、さりがたく(＝ドウショウモナク)心にかからむことの本意(＝以前カラ実現シタク思ッテイル望ミ)をとげずして、さながら(＝キレイサッパリ)捨つべきなり」〔徒然・五九段〕❷〔仏〕宇宙の真理。存在の根本理法。「語録(＝エライ先覚ノ論集)等を見ることをやめて、一向に(＝ヒタスラ)打座(＝座禅)して―を明らめ得たり」〔正法眼蔵随聞記・第二〕❸(健康上の)危険状態。重症。「わ女は(＝アナタハ)、なにの心によりて、われらが涼みにくるだにあつく苦しく―なる道を…涼むこともなし。…このゆゑしらせたまへ」〔宇治・巻二ノ一二〕「さんざんに戦ひ―の手負ひ(＝重傷ヲウケ)、腹かき切ってぞ死ににける」〔平家・宮御最期〕「大慧禅師、ある時、尻に腫れ物いでぬれば、医師これを見て『―のものなり』といふ。慧のいはく『―のものならば、死ぬべきや、いなや』医師いはく『ほとんど(命ガ)危ふかるべし』」〔正法眼蔵随聞記・第五〕❹苦しいこと。つらいこと。「修行といふはいかほど―やらむ。ためいてみむ(＝ココロミテミヨウ)」〔平家・文覚荒行〕

だいじ な・い【大事無い】Ⓔ《形ク》さしつかえない。かまわない。「一つや二つ当たった分は(＝ナグッタグライハ)―・いほどに、機嫌をなほいて、今一度稽古せい」〔狂・鬮罪人(鷺流)〕

だい しゃう【大将】(‐ショウ)Ⓓ❶近衛(この)府の長官。定員は左・右それぞれ一名。従三位相当の官で、本来は中納言または上席参議の兼任だが、名誉的な地位なので、大納言あるいは大臣でも兼任を希望することが多かった。「(師長ハ)内大臣の左―にてましましけるが、―を辞し申させたまふことありけり。時に徳大寺の大納言実定卿、その仁(じん)に当たりたまふ(＝適任デイラッシャル)よし聞こゆ。また花山院の中納言兼雅卿も所望あり。そのほか…新大納言成親卿もひらに申されけり(＝切望ナサッタ)」〔平家・鹿谷〕❷一軍また全軍の指揮をとる武将。総指揮官。「汝親父・兄弟を捨て(＝父為義ヤ弟為朝ニオカマイナク)味方に参候の条(＝参上シタコトハ)、もっとも叡感はなはだし(＝天皇ハタイソウオ喜ビダ)。さらば(＝ソコデ)今度の―においては(＝総指揮官ハ)汝にたまる」〔保元・上・一三〕

だいじゃう くゎん【太政官】(‐ジョウカン)Ⓓ大宝令による中央官庁。行政・司法にわたり、いまの内閣に当たるしごとをした。長官は左大臣だが、太政大臣のいるときは太政大臣が長官。両者とも欠員の場合は右大臣が長官の任務をおこなった。ほかに内大臣があり、その下に大・中・少の納言や参議が属した。 **―のちゃう** 太政官の庁 (…チョウ)Ⓓ《連語》太政官の役所。「内侍所(＝神鏡)・しるし(＝神璽)の御箱、―へ入らせたまふ」〔平家・内侍所都入〕

たい しゃうぐん【大将軍】(‐ショウ‐)Ⓓ❶昔、戦乱の時に出征軍の長官として任命されたもの。その軍の目的によって征夷大将軍・征隼人大将軍などあった。「右の一首は、―贈右大臣大伴卿作れり」〔万葉・巻一九・左注〕❷軍の指揮をとる武将。「(義朝以外ニ)その外の子どもあまたさうらへども、一方の―をもおほせつけらるべき奴輩(やつばら)もさうらはず」〔保元・上・八〕❸集団のかしら。頭領。「(源為義ニ対シ)そもそも御辺ほどの(＝アナタグライノ)―の夢物語こそ(＝夢デ気オクレスルトイウ話ハ)おめたる儀にてさうらへ(＝イクジノナイ事デスネ)」〔保元・上・八〕「昔、袴垂(はかまだれ)とて、いみじき(＝スゴイ)盗人の―ありけり」〔宇治・巻二ノ一〇〕❹陰陽道でいう八将軍の一。この神のいる方向にむかって行くことは三年間忌む。「まづ天の時について勘(かん)へさうらへば、明年よりは―西にありて東よりは三年塞(ふさ)がりたり」〔太平・巻三四ノ三〕〔日葡辞書に taixōgun〕

だい しゃうこく【大相国】(‐ショウ‐)Ⓓ太政大臣の中国ふうな呼び方。「大宮の―、三条内大臣…中山中納言も失せられぬ」〔平家・城南離宮〕

だいじゃう だいじん【太政大臣】(‐ジョウ‐)Ⓓ大臣の最高位。名誉職的な意味もあり、適当な人物がないときは欠員にしておく定めなので、実質的には左大臣がいまの首相に当たる。やまとことばで「おほきおほいまうちぎみ」「おほきおとど」等、漢語で「相国(しょうこく)」という。「だじゃうだいじん」とも。

だいじゃう てんわう【太上天皇】(‐ジョウ‐ノウ)Ⓓ→だじゃうてんわう。

だいじゃう ゑ【大嘗会】(‐ジョウエ)Ⓓ新天皇の即位後、はじめての新穀感謝祭。旧暦一一月中旬の卯(う)の日におこなう。またはその後の宴。一世一度の重要行事である。「―と申すは、天武天皇の御宇に始まれり」〔盛衰・巻二七ノ一〇〕 **―のごけい** 大嘗会の御禊 Ⓓ《連語》大嘗会にさきだって、一〇月の下旬に天皇が賀茂川などに行幸して禊祓(みそぎばら)いをする儀式。はなやかで見物が多く出たものである。「その日は冷泉院の御時の―あり」〔大鏡・花山院〕

たい しゃく【帝釈】Ⓓ〔仏〕《梵 Śakra Devānām indra の意訳で》古代インド教の神であったのが、仏教にと

た

りこまれたもの。梵天と共に仏教の守護神。須彌山(しゅみせん)の頂上の忉利(とうり)天に住み、その都を喜見城という。いつも阿修羅(あしゅら)と戦って征服する。「天帝釈」「帝釈天」「天帝」とも。「人のいみじく惜しむ人をば—も返したまふなり」〔源氏・蜻蛉〕「上は梵天—、下は四大(=四大天王)の文言に、仏そろへ、神そろへ」〔近松・天網島・中〕

たい しゅ【太守】Ⓓ ❶親王が上総・常陸・上野の国守に任じられた時の称。後には陸奥の国にもおいた。「かくて親王(=義良親王ハ)元服したまひ、ただちに三品(さんぼん)に叙し、陸奥の—に任じまします」〔神皇正統記・中〕 ❷国主。地方の領主。「そのかみ元弘のはじめに、平(へい)—(=北条高時)の威猛を一時に砕かれ(=ワズカナ間ニ威勢ヲツブサレ)」〔太平・巻一六ノ一〇〕

だい しゅ【大衆】Ⓔ ❶一般の僧たち。「その時(=阿難ガ礼盤ニノボッタ時)に—わが大師釈迦如来の再びかへりましまして我等がために法を説きたまふかと疑ひて」〔今昔・巻四ノ一〕 ❷〘中古・中世で〙㋑寺院に属する僧の全体。「山門(=延暦寺)の—、狼藉(らうぜき)をいたさば(=乱暴ヲスレバ、興福寺ガワデモ)手むかへすべき所に(=当然抵抗シタデアロウガ)」〔平家・清水寺炎上〕㋺㊟「堂衆(だうじゅ)」 ある寺院で研究に従事する僧の全体。「学生(がくしやう)」「学侶(がくりょ)」とも。「畿内(きない)の兵(つはもの)二千余騎、—にさしそへて(=加勢サセテ)、堂衆を攻めらる」〔平家・山門滅亡〕

だい じん【大尽】Ⓔ ❶大金持ち。大富豪。「これ、都の—さま。この春中に(=コノ春ノ間ニ見カケタ人デ)あんな(美シイ)お姿は見ませせぬ」〔西鶴・織留・巻四ノ三〕 ❷費用かまわずに遊ぶ上等の客。「大阪屋の野風殿(トイウ遊女)に、西国(=九州)の—(ガ)菊の節供じまひとて(=九月九日ノ費用ニト)一歩三百(トイウハシタ金ヲ)おくられし」〔西鶴・永代蔵・巻一ノ二〕

だい じん【大臣】Ⓓ 太政(だいじやう)官の最高長官。行政を総括した。太政大臣・左大臣・右大臣・内大臣など。やまとことばで「おほいまうちぎみ」「おほいどの」「おとど」等という。

だい じん【大進】Ⓓ ㊟「せうじん」〘読み方が明確でなく「たいしん」「たいじん」「だいしん」など〙職(しき)および坊(ばう)の三等官で、従六位にあたる。「—生昌(なりまさ)が家に宮の出でさせたまふに」〔枕・八段〕

だい そうじゃう【大僧正】(—ジョウ) Ⓓ →そうじゃう。

だい そうづ【大僧都】(—ズ) Ⓓ →そうづ。

たい だい・し【怠怠し】Ⓓ〘形シク〙❶(人の行為が)横着だ。不都合だ。よくない。「(帝ノ鷹(たか)ヲニガシタ事ヲ申シアゲルト、帝ハモノモ言ワレナイノデ)『—・しとおぼしたるなりけり』と(ニガシタ人ハ)我にもあらぬここちして(=生キタ思イモナク)」〔大和・一五二段〕 ❷(事がらのなりゆきが)とんでもなく困ったことだ。実にぐあい悪いことだ。「二十歳(はたち)が内(=以前)に妊じたまはば(=妊娠ナサルト)、過ぐし通しがたう(=安産ナサリニクク)おはします人と見えたまふこそ、いと—・しけれ」〔浜松・巻四下〕〘「回(た)み回みし」の音便とし、「曲がっている」という原義だと解する説もあるが、まだ確定的ではない〙

だい ぢから【大力】Ⓔ すごく強い腕力。またはその力をもつ者。「土佐(坊昌俊)も—なれども、弁慶にひきたてられて、縁のきはまで出でにけり」〔義経・巻四ノ二〕〘日葡辞書にdaigicara〙

だい てんもく【台天目】Ⓔ 台にのせた天目茶わん。天目は、中国浙江省天目山で作った茶わん。日本で瀬戸とか九谷とかいう類。貴重な外国製品なので、畳の上にじかに置かず、台にのせるのがふつうであった。「大事の—までうち割りをった」〔狂・附子〕

〔だいてんもく〕

だい とく【大徳】Ⓓ →だいとこ。「比叡の山に総持院の十禅師(=宮中ノ内道場ニ奉仕スル十人ノ僧)なる—の言ふやう」〔宇津保・藤原君〕

だい とこ【大徳】Ⓓ ❶修行をよくつんだ徳の高い僧。「いにしへ鉄舟といへる—この寺(=金福寺)に住みたまひけるが」〔蕪村・洛東芭蕉庵再興記〕 ❷一般に僧を尊敬の感じでいう。おしょうさん。「極楽寺の僧、なにがしの—やこれにある(=コチラニイラッシャルカ)」〔宇治・巻一五ノ六〕

だい ないき【大内記】Ⓓ Ⓓ →ないき。

だい なごん【大納言】Ⓓ 太政(だいじやう)官の次官で、中納言の上席。行政の事務的な面を統括するが、大臣が不在の時はその任務を代行するので、亜相(あしやう)ともいった〘「亜」は「次ぐ」の意〙。正・従三位に相当する官で、定員四名。首席を「一の大納言」、新任者を「新大納言」とよび、他は「藤大納言」「源大納言」などいって区別した。

だい に【大弐】Ⓓ 大宰府の次官で少弐の上席。権(ごん)の帥(そち)をおかないときに任命された。帥はたいてい名目だけなので、実質上の長官である。そのため、帥と混同してよばれることが少なくなかった。㊇そち。「筑紫におはしまし着きたるに、そのをりの—は有国朝臣なり」〔栄花・浦々〕

だい ねんぶつ【大念仏】Ⓓ 多くの人が集まり、大声で念仏を唱えること。またはその法会。〘京都嵯峨の清涼寺釈迦堂で、陰暦三月六日から一五日まで営まれるのが有名〙「さあ、閻魔(えんま)堂へ行って—をやらかさう」〔伎・四谷怪談・序〕〘とくに清涼寺のをさすという説もあるが、その用例は見られない〙

たい　の　や【対の屋】Ⓓ 寝殿造りで、寝殿の東・西・北にある別棟の建物。寝殿とはそれぞれ渡殿(わたどの)で連絡している。夫人や家族の住む所とする。「たい」とも。

だい　ばん【台盤】Ⓓ 宮中や貴族の家で用いた食台。横長で四脚、ふちが高く、中のほうが低くなっている。「—などもかたへは塵(ちり)ばみて、畳ところどころひきかへし(=ヒックリカエシ)たり」〔源氏・須磨〕 **—どころ** 所 Ⓓ ❶宮中や貴人の家で台盤を置く室。女房の詰め所とされた。《宮中では、清涼殿内にある》「(源氏ハムスコニ)—の女房の中(=ハイルノ)は許したまはず」〔源氏・蛍〕 ❷《台盤所の管理は主婦の責任であるところから》身分の高い夫人をいう。「—の、胸をきりにきりて(=ヒドク胸ガ痛クナッテ)病ませたまひしかば」〔宇治・巻一ノ一八〕

だいはんにゃ　きやう【大般若経】(-キョウ) Ⓔ 《梵 Mahāprajñāpāramitā-sūtra の略訳》般若(真の知恵)をもってみれば、あらゆる存在は実体性を有しないという理を説いた諸経の集大成。六〇〇巻。唐の玄奘(げんじょう)訳。その全体をよみとおすのが真読、各巻の初めだけを略式によむのが転読である。

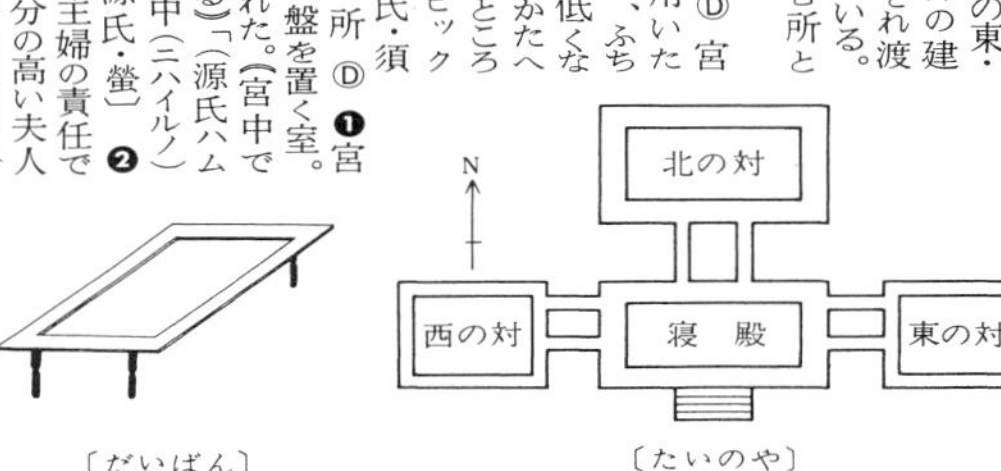

〔だいばん〕

〔たいのや〕

たい　ふ【大夫・〈太〉夫】(-ユウ) Ⓑ ❶位階の五位の者をいう。「平家一門の公卿・殿上人・諸—・侍に至るまで、みな感涙をぞ流されける」〔平家・祇王〕 ❷㋑(能や歌舞伎などの)座の統率者。「(本日ノ能デ)一番に出づべきものを(将軍カラ)御尋ねあるべきに、—にてなくてはとて…清次出仕し」〔申楽談儀・一七〕㋺(能で)シテの別称。「—の三段(ノ舞)と、ツレの三段とは、位(ガ)違うて」〔承応神事能評判〕㋩(浄瑠璃・歌舞伎などの芸能で)一本立ちの演者。レギュラー。「浄瑠璃—連名」〔浄・近江源氏・奥書〕㊁(歌舞伎で)一座の花形となる女方の俳優をいう。「嫁かつ姫—浅尾十次郎」〔近松・大念仏・番付〕 ❸(伊勢神宮の)神職。《権禰宜(ごんねぎ)の中から、功労のあるものを推薦し、朝廷に願って五位をもらう》「『在所は(=生マレタ土地ハドコカ)』『二見の浦』『父の名字は(=父ノ名ハ何トイウカ)』『二見の—渡会(わたらえ)の家次』」〔謡・歌占〕 ❹男芸者のこと。「今日もにぎはふ大一座、武家のお客をもてなしか(=武家ノ客ヲ招待シテモテナシタノダロウ)女中衆(ぢょちゅう)まじりの様子にて(=武家方ノ婦人タチモ同伴ノ様子デ)—唱妓(はおり)はいふもさらなり(=男芸者ヤ羽織芸者ハモチロン加ワッテイタ)」〔春水・辰巳園・巻四〕 ❺遊女の最高クラス。以下、天神(てんじん)・囲(かこい)・端(はし)の順位がある。「—、やり手(=女郎ノ後見役・監督係)のかたへ顔をうつし(=顔ヲムケ)て」〔西鶴・永代蔵・巻一ノ二〕

たい　ふ【大輔・大副】(-ユウ) Ⓓ ㊇「せう(少輔・少副)」 省および神祇官の上席次官。省では「大輔」と表記し正五位相当、神祇官では「大副」と表記し従五位相当。

だい　ふ【内府】Ⓓ 内大臣を中国ふうにいう語。「ないふ」とも。「おのれらは、—が命(いめ)をば重うして、入道が仰せをば軽うしけるごさんなれ」〔平家・小教訓〕

だい　ぶ【大夫】Ⓓ 職(しき)および坊(ぼう)の長官。中宮職・修理職・左右京職・東宮坊などは従四位、大膳職は正五位であった。《五位の人をいう「大夫(たいふ)」と混同しないよう注意》

だい　べん【大弁】Ⓓ →べん。

たい　まつ・る【奉る】Ⓓ 《他四》(「たてまつる」のいくらか砕けた言い方)→たてまつる㊀。「庄物(さうもち=庄園カラノ収入)ら、はた身々ひとつに(=アノ方一人ニ)—・り」〔宇津保・藤原君〕

たい　まつ・る【奉る】Ⓒ 《助動》→たてまつる。「そらごと(=ウソ)をのたまふぞ。試み—・らむ」〔大鏡・道長〕

だい　みやう【大名】(-ミョウ) Ⓓ ❶《平安時代末期》名田(みょうでん)すなわち自分の名がついた特別領地を多くもっていた豪族。「—はわれと(=自分デ)手をおろさねども、家人の高名をもって名誉す(=名誉ヲ得ル)」〔平家・一一度之駈〕 ❷《鎌倉・室町時代》将軍から多くの領地を与えられている守護・地頭。「僧都猷全は、御門徒のなかの(=延暦寺ノ信徒中デノ)—にて、八王子の一の木戸をかためたりしかば(=第一番メノ城門ヲ守ッテイタノデ)」〔太平・巻二ノ一〇〕 ❸《江戸時代》禄高が一万石(ごく)以上の武家。「東国詰め(=参勤交代デ江戸在住)の年、ある—の御前(=奥方)死去」〔西鶴・一代女・巻一ノ三〕

たい　め【対面】Ⓓ 《+自サ変》(「たいめん」の撥(はつ)音を表記しない形だが、実際に「タイメ」と発音されることもあったと思われる)→たいめん。「源少納言さぶらひたまはば、—・して、事の心(=事情ヲ)とり申さむ(=ヨロシク申シアゲマショウ)」〔源氏・明石〕

たい めん【対面】 Ⓓ《＋自サ変》面会すること。「入道やがて出であひ、―・したまひて」〔平家・祇王〕

だい もん【大門】 Ⓓ 外がまえの正門。「その寺の―に、失せにし(＝死ンダ)同法(＝相弟子(てし))の道明立てり」〔今昔・巻七ノ三二〕「三代の栄耀(えいえう)一睡の中にして、―の跡は一里こなたにあり」〔芭蕉・奥の細道〕

だい り【内裏】 Ⓓ ❶天子の住まい。皇居。かならずしも京都御所だけをさすわけでない。「讃岐(さぬき)の八島にかたのやうなる(＝ホンノ形バカリノ)板屋の―や御所をぞ造らせける」〔平家・太宰府落〕 ❷天皇。「かかるついでに、―に奏すべき事によりてなむ急ぎ上りぬる」〔源氏・明石〕「この舟遊び、京の山にはまさりしを、―さまにも見せたし」〔西鶴・一代男・巻五ノ七〕 ❸[略]内裏雛(びな)。天皇・皇后にかたどった人形。三月三日の節供にかざる。「内裏には似ず―をば小さがり」〔滑稽発句類題集・上〕

たう―【唐】(トウ) Ⓓ【接頭】 ❶「中国の」「中国ふうの」という意を添える。「茶出し(＝急須)に―茶(＝中国産ノ茶ヲ)つまみこむ」〔近松・博多小女郎・上〕「平家の船は千余艘(さう)、―船(＝中国スタイルノ船モ)少々あひまじれり」〔平家・壇浦合戦〕 ❷「外国の」「舶来(はくらい)の」という意を添える。「むかし唐(から)の―人(たうじん)に、何とかいふ―人の息子で何とかいふ人があっての」〔三馬・床・初ノ上〕「―桟(たうざん)はおやぢめく」〔一九・膝栗毛・八ノ中〕《唐桟はインド原産の布》 ❸「在来種とは違った」「ふつうとは変わった」の意を添える。「―黍(たうきび)にかげろふ軒や魂(たま)祭り」〔洒堂(炭俵)〕

たう【唐】(トウ) Ⓓ ❶中国の王朝の一つ。隋(ずい)の次に起こった。《六一八―九〇七》「―の高宗永隆二年辛巳(かのとみ)の三月十四日のことなるに」〔浄・善導記・五〕 ❷《転じて》中国。「―と日本の潮境(＝海上ノ国境線)」〔近松・国性爺・四〕

たう【党】(トウ) Ⓔ 同じ地域に住む同族の土着武士が結成している組織。「畠山が一族、河越・稲毛・小山田・江戸・葛西(かさい)そのほか七―の兵(つはもの)ども三千余騎をあひ具して、三浦衣笠(きぬがさ)の城に押し寄せて攻め戦ふ」〔平家・早馬〕

だう あう【堂奥】(ドウオウ) Ⓔ (ある道で)いちばん深い重要な点。奥義。「(仏法ヲ修行シテモ)―に入ると入らざると…あり」〔正法眼蔵・行持上〕

たう か【堂下】(トウー) Ⓔ [対]「堂上」 ❶《(公的な建物で)床がいちだん低い席。「(叡山ノ)円融坊には、あまりに人参り集ひて、堂上・―・門外・門内、(スベテ)隙(ひま)間(はざま)もなうぞ充ち満ちたる」〔平家・山門御幸〕 ❷殿上(てんじやう)を許されない者。「地下(ぢげ)」とも。「堂上―は言ふに及ばず、武家町人にいたるまで」〔浄・手習鑑・一〕 ❸堂の下。「けふは越前の国へと、心早卒にして(＝気ガセイテ)―に下るを」〔芭蕉・奥の細道〕

たう ざ【当座】(トウー) Ⓒ ❶㋑さしあたってのその場。直面しているその時。「―の恥辱をのがれむがために、刀を帯するよしあらはす(＝示シタ)」〔平家・殿上闇討〕 ㋺すぐにその場で。すぐその時。即座。「その―に母ぢゃ人にはいうたれど(＝オッカサンニハ話シテオイタガ)、それよりはったりとうち忘れ(＝ソノ後スッカリ忘レテイテ)」〔近松・油地獄・中〕 ❷一時。しばらくの間。さしあたっての間。「宝は身のさしあはせ(＝持チ主ヲ救ウノニ役立ツタメノモノダ)、これを売りて―の用にたつるよりほか(ノ方法ハ)なし」〔西鶴・胸算用・巻五ノ一〕 ❸(歌や俳諧などを)その場で詠作すること。即席。「兼日も(＝前カラ題ガ出テイル歌デモ)―も、歌をばよくよく詠吟して、こしらへ出だすべきなり(＝ヨミ出スガヨイ)」〔毎月抄〕 **―さばき** 捌き Ⓔ 一時のがれにその場を処理すること。「―に今日を暮らして」〔西鶴・織留・巻五ノ一〕

たう じ【当時】(トウー) Ⓒ [一] ❶㋑現在。「心を―に養ひ(＝豊カニ)、名を後代に留むること、管弦に過ぎたる(＝音楽以上ノモノ)はなし」〔著聞・管絃歌舞〕 ㋺ただ今。「例年の事とはいひながら、―ほど冷ゆる事はござらぬ」〔狂・船頭婿〕 ❷(現在からいくらか隔たった)その時。そのころ。「『(コノ犯人ハ)不敵なる者なりけり』と―の人は言ひけり」〔白石・折たく柴の記・上〕 [二]《副》すぐ。さっそく。「―参るべきよし、仰せごとあれば、さるここちせさせたまへ(＝ソノツモリデイテクダサイ)」〔讃岐・下〕《原文は「たうし」と表記。「登時」と当てる説は誤り。「登」の字音は「とう」》

だう し【導師】(ドウー) Ⓓ ❶仏法を説いて世人を教化する僧。「朱雀院の天皇の御代に、仁浄といふ御―ありけり。きはめたる教化の上手にてなむありける」〔今昔・巻二八ノ一四〕 ❷仏教儀式の主となる僧。「―のまかづるを(＝退出スルノヲ)お前に召して…ことに祿(ろく)などたまはす(＝オ下シナサル)」〔源氏・幻〕 ❸葬式の時、主宰して引導をわたす僧。「その母を葬るに、棺(ひつぎ)もなく、―もあらで、同胞(はらから)これ(＝棺オケ)をかく(＝カツイダ)」〔馬琴・弓張月・四三回〕

だう しゃ【道者】(ドウー) Ⓓ ❶仏道修行者。僧。「あるは無依(むえ)の(＝何モノニモトラワレナイ)―(ノ旧跡)をしたひ、風情(ふぜい)の人(＝風雅ヲ愛シタ詩人)のまことをうかがふ(＝真実ノ心ヲ探求スル)」〔芭蕉・笈の小文〕 ❷神社仏閣に参詣(さんけい)する人。「大納言殿よりして、百人―つけたてまつりて、三つの山(＝熊野三社)の御参詣を事ゆゑなくとげたまふ」〔義経・巻三ノ一〕

たう しゃう【堂上】(トウショウ) Ⓔ [対]「堂下」 ❶《(公的な建物で)㋑床がいちだん高い席。「綺羅充満して(＝

着飾ッタ人タチガイッパイデ）―花の如し」〔平家・吾身栄花〕㊂〘十自サ変〙床の上の席につくこと。「ある人、任大臣の節会（せちゑ）の内弁（＝儀式委員長）を勤められけるに、内記の持ちたる宣命を取らずして―・せられにけり」〔徒然・一〇一段〕 ❷公家（くげ）のこと。「（連歌ハ）―にも少々名誉の（＝有名ナ）人々はべれども、いかにも（＝ドウモ）当時は地下のなかに達者はあるなり」〔連理秘抄〕〘⑴このほか「昇殿を許された四位以上の公卿（くぎやう）」という意を挙げる説もあるが、その用例未見。⑵平曲では清音によむが、日葡辞書には tŏxŏ, dŏxŏ の両形を示す。いずれにしても「上」は清音〙

だう じゅ【堂衆】（ドウ―）Ⓔ 対「大衆（だいしゆ）②㊂」 寺院に所属して雑役をした身分の低い僧。鎌倉時代には武装して僧兵の性格をもつようになった。「―と申すは、学生（がくしやう）（＝貴族出身ノ学僧）の所従（＝オ付キ）なりける童（わらは）べが法師になったるや、もしは中間（ちゆうげん）法師ばらにてありけるが…夏衆（げしゆ）と号して、仏に花を参らせし者どもなり」〔平家・堂衆合戦〕〘平家正節では両字とも濁音〙

だう しん【道心】（ドウ―）Ⓒ ❶〔仏〕㋑仏道を修行したいと願う心。「この世の栄華（えいぐわ）の御さかえのみおぼえて、染着（ぜんぢやく）の心の（＝執着スル心ガ）いとどますますに起こりつつ、―つくべくもはべらぬに」〔大鏡・藤氏物語〕㋺菩提（ぼだい）、すなわち「さとり」を願い求める心。「―あらば、（菩提ヲ得ルノハ）住む所にしもあらじ」〔徒然・五八段〕 ❷慈悲心。あわれみ。「（盗人ガ見ツカリソウニナリ、フルエテイルノヲ）いかにわびしく（＝ツラク）おぼゆらむと思ふに、たちまちに―をおこして」〔今昔・巻二六ノ一八〕 ❸成人してから仏道にはいった者。ふつうは「僧」とあまり区別なく使われたようである。「この尾の上の松の下陰に一夏（げいち）を送る―なるが」〔近松・職人鑑・三〕

たう せい【当世】（トウ―）Ⓓ ❶現代。今の時代。「―は、いやみのないが通り者（＝通人）と申しまする」〔伎・お染の七役・序〕 ❷現代ふう。流行のトップ。「旗色のよい方へつくが―であらう」〔伎・三舛玉垣・一ノ五〕

だうそ じん【道祖神】（ドウ―）Ⓔ 道路のあたりにいる悪魔を追いはらい、通行人を守る神。「さへのかみ」「くなどのかみ」「たむけのかみ」「道陸（だうろく）神」とも。「一つをば菩提（ぼだい）の仏に奉る、一つをば―に奉る」〔義経・巻五ノ六〕

だう ぢゃう【道場】（ドウジョウ）Ⓓ ❶仏道を修行するところ。「あるいは―にはりぶみして（＝禁制ノ文書ヲハリツケテ）、なんなのこと（＝コレコレノコト）したらむ者をば―へ入るべからずなんどいふこと」〔歎異抄〕 ❷㋑寺院。「石巌（せきがん）のさがしきを（＝ケワシクソビエタッテイル岩ヲ）きりはらって、新たなる―をつくり、父の御ためと供養じて（＝供養ヲ行ナッテ）、勝長寺院と号せらる」〔平家・紺掻之沙汰〕「楽隠居して、寺・―へ参り下向して（＝オマイリシテ）」〔西鶴・胸算用・巻二ノ一〕㋺〘とくに〙時宗の寺。「鎌倉の近くに、藤沢の―と申して、遊行和尚の建てたまふ寺あり」〔伽・唐糸草子〕

だうちゅう すごろく【道中双六】（ドウ―）Ⓔ 江戸時代の絵双六。江戸にはじまって東海道五十三次の宿駅をうず巻き状にかき、中央に京都を位置させ、南・無・諸・仏・分・身の一字ずつを各面にほってある賽（さい）をふって、一駅一駅と進み、早く京都にはいった者を勝ちとする。「これこそ五十三次を、居ながら（＝スワッタママデ）歩む膝、膝栗毛馬はいしい―、南無諸仏分身と書いた六字の賽は桜木、花の都をまん中に」〔近松・小室節・上〕

たう・ぶ【賜ぶ・給ぶ】（トウ―）Ⓒ〘他四〙（「たまふ」のすこしくだけた言いかたで）「与ふ」「授く」の尊敬語。お与えになる。「それは隆円に―・べ」〔枕・九七段（能因本）〕

たう・ぶ【食ぶ】（トウ―）Ⓓ〘他下二〙 ❶たべる。「ありの実（＝梨（なし））を―・べきとむつかりたまへば」〔一茶・みとり日記〕 ❷（酒を）飲む。「この酒をひとり―・べむがさうざうしければ（＝モノタリナイカラ）」〔徒然・二一五段〕

たう・ぶ【給ぶ】（トウ―）Ⓑ〘助動〙（「たまふ」のすこしくだけた言いかた）〘敬語〙動詞の連用形に付いて、動作主体を尊敬する表現にする。…なさる。

未然	連用	終止	連体	已然	命令
ば	び	ぶ	ぶ	べ	べ

「『さここそありけれ』と言はれ―・ばむは、ただなるよりはあしからず」〔大鏡・昔物語〕「ここかしこ見―・びけれど」〔大鏡・師輔〕「船酔ひし―・べりしみ顔」〔土佐〕〘下二段型に活用する謙譲の用法を認める説もあるが、その用例はいずれも解釈ちがいのようである。したがって尊敬の用法だけとする〙

たう め【専女】（トウ―）Ⓔ ❶老女。おばあさん。「おきな人ひとり、―ひとり…（船酔イデ）ものものしたばで（＝食事モノドヲトオラズ）」〔土佐〕 ❷狐（きつね）。「いまさらに伊賀―にやと、慎ましくてなむ」〔源氏・東屋〕〘源氏物語の注釈である細流抄に「―とは狐の名なり」とある〙

たう らい【当来】（トウ―）Ⓓ きっと来るはずの世。未来。「一紙半銭の（＝タトエワズカデモ）奉財の輩（ともがら）は、この世にては無比の楽に誇り、―にては数千蓮華（れんげ）の上に座せむ（＝極楽デタノシメル）」〔謡・安宅〕 **―だうし**【―導師】（…ドウ―）Ⓔ〔仏〕未来（五六億七千万年後）において仏として出現するはずの指導者、すなわち弥勒菩薩（みろくぼさつ）。「『南無（なも）―』とぞ拝むなる」〔源氏・夕顔〕

たえ い・る【絶え入る】Ⓓ〘自四〙 ❶気絶する。意識不明になる。「（愛人ガ東宮妃トナッタノデ落胆ノアマリ）―・りて息もせず」〔宇津保・貴宮〕 ❷息が絶える。死

ぬ。「もし—・りなば、寺に穢(けが)れいできなむとす」〔今昔・巻一六ノ二八〕

たえこも・る【絶え籠る】Ⓔ《自四》断固としてひきこもる。完全にひきこもる。「かく—・りぬる野山の末にも」〔源氏・橋姫〕

たえて【絶えて】Ⓒ《副》❶(肯定文のなかで)ひどく。いちじるしく。「桜花夢かうつつかしら雲の—つれなき峰の春風」〔新古今・春下〕❷(否定文のなかで)まったく。さっぱり。てんで。いっこうに。《英語の at all に当たる》「田舎(ゐなか)をこそ頼めるに(=当テニシテイタノニ)、—(京へ)上る者なければ」〔方丈〕「この島には、人の食ひ物—なき所なれば」〔平家・有王〕

たか【高】Ⓓ❶(給与・借金・支払い等の)総計。総額。「(オ伊勢サマカラ二匁八分ノ品ヲ受ケ取リ、カワリニ)銀三匁、お初穂(=オサイセンヲ)あぐれば、—で(=合計ディッテ)二分あまりて(=アチラサマノ取リ分ガ二分多イコトニナッテ)」〔西鶴・胸算用・巻一ノ三〕❷限度。程度。ねうちの程度。「なにさ、—の知れたおぬし(=オマエ)が身受け」〔伎・十六夜清心・一ノ四〕❸あげくのはて。とどのつまり。結局のところ。「—は喜蝶を去らして(=縁ヲ切ラセテ)連れて去(い)ぬる約束しておいた所がこれぢゃ(=コノサワギダ)」〔伎・三十石・二〕

たか・し【高し】Ⓑ《形ク》❶基底の面よりもずっと上のほうにある。「天井の—・きは、冬寒く、燈(ともしび)暗し」〔徒然・五五段〕❷さしわたしが大きい。厚みがある。「雪のいと—・うはあらで、うすらかに降りたるなどは」〔枕・一八一段〕❸㋑(身分が)すぐれている。高貴だ。「—・き人と聞こゆるなかにも」〔源氏・橋姫〕㋺高価だ。「それはあまり—・うござる。もそっと(=モウスコシ)負けてくだされ」〔狂・栗田口〕❹㋑(程度が)上だ。りっぱなものだ。「(コノ女性ハ)あてに(=身分ガヨク)おぼえ—・くはありながら(=押シモ押サレモシナイ人望デアリナガラ)」〔源氏・紅葉賀〕㋺いちじるしい。はなはだしい。「源氏の宮の御かたち、かくすぐれたまへる名(=評判ガ)—・くて」〔狭衣・巻一〕❺自尊心がある。他よりも上に考える。「かく女は、心—・くつかふべきものなり」〔源氏・須磨〕❻(音声が)大きい。「(経ヲ)—・う読む時は」〔浜松・巻五〕《音響学でいう「高い」(振動数が多い)ことよりも大きさの意に用いる》❼(時間的に)遠い。(年が)長じている。老いている。「親の年—・くなりぬるを」〔狭衣・巻四〕

たかし・る【高知る】Ⓓ《他四》❶りっぱに建てる。「真弓の岡に宮柱(=御殿ノ柱ヲ)太敷きいまし(=シッカリオ打チコミニナリ)みあらか(=御殿)を—・りまして…」〔万葉・巻二〕❷りっぱに治める。「…この山の(ヨウニ)いや(=マスマス)—・らす(=オ治メニナル)水激(たぎ)つ滝の都は見れど飽かぬかも」〔万葉・巻一〕

たかつき【高坏】Ⓔ❶丸盆または角盆に足のついた小さな台。多くは木製、朱か黒の漆塗り。食器をのせる。「ちうせい(=小サイ)折敷(をしき)にちうせい—などこそよくはべらめ」〔枕・八段〕❷(略)高坏燈台。「①」をさかさにして、台底に明かり皿(さら)をおく。ふつうのあかり台よりも低い。「—に参らせたる大殿油(おほとなぶら)なれば、髪の筋なども、なかなか(=カエッテ)昼よりも顕証(けそう)に(=ハッキリ)見えて」〔枕・一八四段〕

〔たかつき❶〕

たが・ふ【違ふ】(—ガ〈ゴ〉ウ)Ⓑ㊀《自四》《「同じでない」という共通意味で》❶そむく。違背する。「世に従はむ人は(=世間ナミニ生キテイコウト思ウ人ハ)、まづ機嫌(きげん)(=シオ時)を知るべし。ついであしき(=メグリアワセガウマクイカナイ)事は人の耳にもさかひ(=世人ニ対スルキコエモ悪ク)、心にも—・ひて(=同意サレズ)、その事ならず」〔徒然・一五五段〕❷(予想していたところが)はずれる。「かぐや姫のたまふやうに—・はず(=オッシャッタトオリニ)作り出でつ」〔竹取〕❸違う。錯誤する。「浮ける事にははべらじなれど(=根拠ノナイコトデハアリマスマイガ)、四条大納言(=公任)えらばれたるものを、道風書かむこと、時代や—・ひはべらむ」〔徒然・八八段〕❹かわる。もとのようでなくなる。「さぶらふ人も面(おもて)の色—・ふここちして」〔大鏡・道隆〕❺あたりまえでない。普通でなくなる。「貝にもあらず(=サガシ求メテイタ子安貝デハナイ)と見たまひけるに(=オワカリニナルト)、御ここちも—・ひて(=御気分モ悪クナッテ)」〔竹取〕㊁《他下二》❶そむきはずす。違背するようにする。「『あまがけりても見む(=死ンデモ、魂ガ天ヲカケッテ来テモ様子ヲ見ヨウ)。よに(=ケッシテ)—・へたまはじ(=ワタシノ言ッタ所ヲソムキナサルコトハナイダロウ)』などのたまひけるが、まことにさていますぞかし(=ソノ予言ドオリニシテイラッシャルワイ)」〔大鏡・時平〕❷まちがえる。とりちがえる。「所—・へてけり(=手紙ノ届ケ先ヲマチガッテシマッタ)」〔蜻蛉・中〕❸変える。ちがうようにする。「まづ、すべらぎ(=天皇)の御事を申すさまに(=オ話スルトイウタテマエヲ)—・へはべらぬなり(=変エナイヨウニオ話シマス)」〔大鏡・後一条院〕

たかまきゑ【高蒔絵】(—エ)Ⓔ模様の部分を高めに盛りあげた蒔絵。(参)まきゑ。「当時の俳諧は梨子地(なしぢ)の器に—したるがごとし」〔去来・不玉宛書簡〕

たかみくら【高御座】Ⓓ《「くら」は人や物をのせる高い場所》❶天皇の御座所。「—(ニオスワリニナル)天の日つぎと天皇(すめろき)の神の命(みこと)の聞こし食(を)す…」〔万葉・巻一八」

❷〘中古以後〙即位などの重要な儀式のとき、大極殿または紫宸(しん)殿におかれた天皇の席。「大極殿の御装束(=飾リツケヲ)すとて、人々集まりたるに、―の内に髪つきたるものの頭の血うちつきたるを見つけたりける」〔大鏡・昔物語〕

〔たかみくら❷〕

たか むら【竹叢・篁】Ⓔ 竹のかたまってはえている所。竹やぶ。「一人の翁ありけり。竹を取りて…籠(こ)を造らむがためにー に行き竹を切りけるに」〔今昔・巻三一ノ三三〕

たから【宝・財】Ⓓ ❶貴重な物。「七宝充満の―を降らし、国土にこれを施したまふ」〔謡・羽衣〕 ❷財産。「家貧しくして、―なし」〔宇治・巻一二ノ一八〕

たか・る Ⓔ〘自四・下二〙集まる。「(女神ノカラダニハ)蛆(うじ)―・れ(下二)ころろきて」〔記・上〕(原文「多加礼」と表記)「船人もみな、子―・り(四段)て、ののしる(=ワイワイ言ウ)」〔土佐〕

たき ぐち【滝口】Ⓓ ❶滝の落ちる所。「みよし野にありときこし―がおちては名をもながしけるかな」〔吉野拾遺〕 ❷清涼殿をめぐる御溝水(みかはみづ)が東北隅で一段低く流れ落ちる所。「―に灯を呼ぶ声や春の雨」〔蕪村(蕪村句集)〕 ❸「❷」のあたりで勤務し、宮中の警護および雑役にあたった武士。蔵人所(くろうどどころ)に属した。「吉上(きちじやう)にまれ―にまれ(=ドチラデモ結構デスカラ)ひとり『昭慶門まで送れ』とおほせごとたべ」〔大鏡・道長〕

たぎ・つ【滾つ・激つ】Ⓔ〘自四〙❶(液体が)激しく流動する。「天の川冬は氷に閉ぢたれや石間に―・つ音だにもせぬ」〔後撰・冬〕 ❷(心が)強烈に動揺する。「言に出でて(=口ニ出シテ)言はばゆゆしみ(=言ウトヨクナイノデ)山川の(ヨウニ)―・つ心をせきあへてけり(=何トカセキトメテイルコトダ)」〔万葉・巻一一〕

たき もの【薫き物】Ⓓ 幾種かの香料を調合した練り香(こう)。合わせ香。そのうち、とくに衣類ににおいをしませるため用いるのを薫衣香(くぬえこう)という。「くさぐさの御―ども、薫衣香、またなきさま(=コノ上モナイヨウナグアイ)に、百歩(ぶ)のほかを多く過ぎ匂ふまで(=六〇〇尺ヲズット越シテ遠クマデニオウホド)」〔源氏・絵合〕「蘭の香(か)や蝶のつばさに―す」〔芭蕉(野ざらし)〕

た・く【長く】Ⓒ〘自下二〙(「高い所に達する」という基本意味から) ❶高くのぼる。高くなる。「日―・け行きて(=日ザカリニナッテ)」〔源氏・葵〕 ❷高い程度になる。盛りになる。円熟する。「つひに上手の位に至り、徳―・け人に許されてならびなき名をうるなり」〔徒然・一五〇段〕「(真ニスグレタ作品ハ)知恵にても稽古にても、至りがたかるべし。されども、修行・工夫―・けたるその人の目には明らかなるべし」〔ささめごと・下〕 ❸(夜が)ふける。「夜―・け人静まりぬるにつけて、うち傾き(=首ヲヒネリ)、よよと(=涙ヲハラハラト流シテ)泣きたまへる」〔ささめごと・上〕 ❹〔転じて〕盛りをすぎる。老いる。「春―・けて紀の川白く流るめり吉野の奥に花や散るらむ」〔夫木・巻四〕

―けたるくらゐ 長けたる位(―イ) Ⓔ〘連語〙世阿弥の能楽論で、幽玄の位(優美な高さ)に対し、荘重なたくましさの感じをもつ芸の高さ。歌道の「長高体」(たけたかきてい)に当たる。「幽玄の位は生得(=天性)のものか、―は劫(ごふ)入りたる(=修行ヲ積ンダ)所か」〔花伝・三〕

た・く【綰く】Ⓔ〘他四〙(「手く」すなわち腕さきでしごとをするという意から) ❶(髪などを)かきあげる。「人は皆(アナタノ髪ハ)今は長しと―・け(=カキアゲナサイ)と言へど君が見し髪(デスモノ)乱れたりとも(手入レシマセンワ)」〔万葉・巻二〕 ❷(縄(なは)などを)たぐる。操作する。「秋づけば萩(はぎ)咲きにほふ石瀬野に馬―・き行きて(=手綱ヲトッテ)…」〔万葉・巻一九〕「思ひきや鄙(ひな)の別れに(=イナカヘ流サレテ)衰へて漁夫(あま)の(ヨウニ)縄―・きいさりせむとは」〔古今・雑下〕 ❸(船を)こぐ。「大船を荒海(あるみ)に漕ぎ出彌(や)船―・け(=イヨイヨコイデユクケレド)わが見し児らが眼見(まみ)はしるしも(=目ツキハアザヤカニ浮カンデクル)」〔万葉・巻七〕

たく せん【託宣】Ⓔ 神が人にのり移ったり、夢に現れたりして、告げること。またはそのお告げ。「権現(ごんげん)の御―…ただ今のやうにおぼしめしいだされて」〔保元・上・三〕

たく なは【栲縄】(―ワ) Ⓔ コウゾ(植物の名)の繊維で作った白色のなわ。「海人(あま)の―を一舟(=舟イッパイ)くりおきて(=タグリコンデ)」〔宇津保・吹上(上)〕

たぐひ【類・比】(―イ) Ⓒ ❶㋑種類。るい。「ゆかた・雨具・墨筆の―…さすがにうち捨てがたくて」〔芭蕉・奥の細道〕「そもそもこの年忌といふわざも、月ごとの忌日と同じ―にしあれば…捨つべきにもあらず」〔宣長・玉勝間・巻二ノ三二〕㋺同様のことがら。同じ例。同じ性質の事物。「わが知を取りいで人に争ふは、角ある者の角を傾け(テ相手ヲ突コウトシ)、牙ある者の牙をかみいだす―なり」〔徒然・一六七段〕 ❷人々。なかま。連中。「よしともあしとも言はで、ただうけぬ(=納得デキナイ)顔して過ぐす―もあり」〔宣長・玉勝間・巻二ノ二九〕 ❸匹敵するもの。肩を並べるもの。「丈夫(ますらを)もかく恋ひけるを幼婦(たわやめ)の恋ふる心に―あらめやも」〔万葉・巻四〕 ❹連れ添う者。配偶者。「帝(みかど)の御母(ヤ)后にゐざらむ女(むすめ)は、この人の―にてあらむこそ(=奥方ニナルノガ)めでたからめ」〔寝覚・巻二〕

たぐひ な・し【類無し・比無し】(―イ―) © 〘形ク〙肩を並べるものがない。対等のものがない。「女一の宮を世に―・きさまにもてなしかしづききこえさせたまふに」〔源氏・宿木〕

たぐ・ふ【類ふ・比ふ】(―ウ) © ㊀〘自四〙 ❶かたわらにいる。おなじ所にいる。「…妹(いも)に言問ひわがために妹も事無く妹がためわれも事無く今も見るごと―・ひてもがも(=ツレソッテイタイモノダ)」〔万葉・巻四〕 ❷いっしょに行く。つれだって行く。「草枕(=枕詞)旅ゆく君をうつくしみ(=ナツカシク感ジテ)―・ひてぞ来し志可(しか)の浜辺を」〔万葉・巻四〕「冬は、雪・霰(あられ)などの、風に―・ひて(=乗ッテ)降り入りたるも、いとをかし」〔枕・七六段〕 ❸つりあう。くらべてみてあてはまる。似合う。匹敵する。「さても、(玉鬘ノ)人ざまは、(宮仕エト人妻ニナルノト)いづかたにつけてかは―・ひてものしたまふらむ(=ドッチノホウニピタリデイラッシャルダロウ)」〔源氏・藤袴〕 ㊁〘他下二〙 ❶並んでいさせる。つれそわせる。「よろづのこと、かひなき身に(=姫君ヲ私ノヨウナツマラナイ者ト)―・へきこえては(=イッショニイテイタダイテハ)、げにおひ先(=将来)もいとほしかるべく(=オ気ノ毒ニ)おぼえはべるを」〔源氏・薄雲〕 ❷つれだって行かせる。同伴させる。「(梅ノ)花の香(か)を風のたよりに―・へてぞ鶯さそふ(=呼ビ寄セル)しるべにはやる」〔古今・春上〕「童(わらは)一人(葬儀ヲ)いとなみつつ、(俊寛ノ遺骸ヲ)たく藻の煙に―・へてけり(=乗セテ空ヘヤッタ)」〔盛衰・巻一一ノ一〕 ❸まねる。つりあわせる。相当させる。「もし、余興あれば、しばしば松のひびきに秋風楽(しゅうふうらく)を―・へ(=松ノヒビキニ合ワセテ秋風楽ノ曲ヲ奏シ)、水の音に流泉の曲をあやつる」〔方丈〕「まことなき世のならひをも水にすむ月の光に―・へてぞみる」〔続後拾遺・釈教〕

たくみ【工・匠・巧み】© ㊀ ❶しわざ。技巧。「巨霊(=黄河ノ神)が力、女媧(=天地創造ノ女神)が―を尽くして、坊舎をきづき」〔芭蕉・天宥法印追悼(真蹟)〕 ❷㋑細工師。職人。「近き世に花降らせたる―(=彫刻師)もはべりけるを」〔源氏・宿木〕「これ(=ヒサゴ)を―につけて(=依頼シテ)花入るる器にせむとすれば、大にして矩(のり)に当たらず(=寸法ニ合ワナイ)」〔芭蕉・四山瓢〕㋺大工。「堂の上を見上ぐれば―ども二三百人登り居て…(大キナ木ヲ)引きあげさわぐ」〔栄花・疑〕㋩工作物。「匠(たくみ)の器、木の―、この山の奇物(=貴重品)となれるもの多し」〔芭蕉・天宥法印追悼(真蹟)〕 ❸(その道の)達人。「よろづの道の―、わが道を人の知らざるを見て、おのれが知に及ばずと定めて」〔徒然・一九三段〕 ❹くわだて。たくらみ。くふう。「とたんの拍子にこの石の上より落つるしかけの―」〔浄・矢口渡・二〕 ㊁〘形動ナリ〙手ぎわがよい。じょうずだ。「つたなき人の、碁うつ事ばかりにさとく―・なるは」〔徒然・一九三段〕

たく・む【工む・巧む】© 〘他四〙 ❶細工をこらす。趣向をつくす。「さても―・みし小袖に十二色の畳帯」〔西鶴・五人女・巻三ノ二〕 ❷計画する。もくろむ。「未明(=夜アケ前)から参らうと存じて、宵からじっと―・んでをりました」〔狂・布施無経〕

たけ【丈・長】© 〘「高し」の「たか」と同じ語源〙 ❶(物理的な)高さ。「(公季ガ)おものめす(=食事ヲナサル)御台の―をぞ(皇子ノヨリモ)一寸おとさせたまひける(=低クオサセニナッタトイウ)」〔大鏡・公季〕 ❷㋑(人の)身長。「大宮(ハ)御髪(みぐし)御衣の裾に余らせたまへり、中宮(ハ)―にすこし余らせたまへり」〔大鏡・昔物語〕㋺馬の足から肩までが四尺(約一二一センチ)あること。それ以上は寸(き)をプラスしていう。「黒栗毛なる馬の、―八寸(きや)あまり(=四尺八寸以上)ばかりなる」〔宇治・巻七ノ六〕 ❸㋑(精神的な)高さ。「先達(せんだち=エライ先輩)の心中の―、今の学人も思ふべし」〔正法眼蔵随聞記・巻二〕㋺(表現的な)高さ。荘重な感じ。格調の高い用語やおもおもしい題材の歌に対し、批評のとき多く「たけあり」「たけ高し」などという。「『神垣やお前の浜の松が梢(うれ)を吹雪に洗ふ雪の白波』…左(ノコノ歌ガ)『松が梢を吹雪に洗ふ』などいへる、―あらむと詠(よ)める歌なるべし」〔広田社歌合・社頭雪二六番〕〘↑松に雪という高雅な題材、降りしきるのを「吹雪に洗ふ」といった手強い表現などが「たけあり」と認められたゆえんであろう〙「『(暗キヨリ暗キ道ニゾ入リヌベキ)遙かに照らせ(山ノ端ノ月)』といふ歌は、詞も姿もことのほかに―高く」〔無名抄・六七〕〘↑優艶さを避けた用語、暗と山月だけの題材、宗教的な主題を命令形で強く言い切った調子などが「たけ高し」であろう〙 ❹長さ。「(花ニ鳥ヲ付ケルトキ)藤の先は(鷹ノ)火打ち羽の―に比べて切りて、牛の角のやうにたわむべし」〔徒然・六六段〕 ❺ほど。程度。「六十三になりけるままに、(年齢的ニ)よき―な(=相当ナ程度ノ)山伏にてぞありける」〔義経・巻七ノ一〕

たけ・し【健し・猛し】© 〘形ク〙 ❶〘もと背が高い意から巨大の意となり、転じて〙㋑強い。武勇にすぐれている。「東男(あづまをのこ)は出で向かひ顧みせずて勇みたる―・き軍卒(いくさ)と(天皇ハ)労(ね)ぎたまひ(=御慰労ニナリ)…」〔万葉・巻二〇〕㋺強暴だ。たけだけしい。「現(うつつ)にも似ず(=正気ノ時ト違イ)、―・く厳(いか)き(=荒クレタ恐ロシイ)ひたぶる心(=向コウ見ズノ心ガ)出できて」〔源氏・葵〕 ❷㋑はげしい。勢いが強い。「まことの大事は、―・き川の

(=激流ガ)みなぎり流るるがごとし」〔徒然・一五五段〕㋺元気がよい。てきぱきしている。「理(ことわり)ながら、あまり―・くも(=キッパリト)我を放たるるかな(=オ見限リデスナア)」〔寝覚・巻二〕㋩精いっぱいする。「いとど音(ね)をのみ―・きことにて(=泣クダケガセイゼイデキルコトデ)ものしたまふ(=オイデニナル)」〔源氏・蓬生〕 ❸はぶりがよい。境遇がよい。順境にある。「おぼし出づばかりのなごり(=思イ出シテイタダケルホドノ形見=姫君)とどめたる身(=生ンダ私)も、いと―・く(=シアワセナノダト)やうやう思ひなりけり(=ダンダン感ジルヨウニナッタ)」〔源氏・澪標〕 ❹頼みになる。「この世も―・う(=心強ク)、後の世もすこし頼もしく思ひなられて」〔寝覚・巻五〕 ❺好つごうだ。「今より後、―・くはあらずとも(=タイシテヨイコトハナイニシテモ)、たえて(=絶対)見えずだにあらむ(=会ウコトダケハヤメヨウ)」〔蜻蛉・上〕

だ・さい【大宰・太宰】Ⓓ (略)だざいふ。「―へ遣(つか)はす官符に請印す」〔御堂関白記・寛弘六年九月一九日〕〘近世以後は「だざい」。平曲は「だざい」であり、日葡辞書・ロドリゲス大文典にも dasai と表記する〙 **―ふ** 府 Ⓓ ❶西海道(現在の九州地方)を管理した役所。中国・朝鮮に対する外交および防衛がおもな役目であった。職員に、かみ(帥・権の帥)・すけ(大弐・少弐)・じょう(大監・少監)・さかん(大典・少典)があった。(参)そち・ごんのそち・だいに。「日本の府、二所にあり。筑紫と陸奥(むつ)の国とに鎮守府―とてあり」〔十訓・第七ノ二七〕 ❷「①」のある土地。「平家は、筑前国三笠の郡―にこそ着きたまへ」〔平家・名虎〕「取る物も取りあへず―をこそ落ちたまへ」〔平家・太宰府落〕

た・し【〈度〉し】Ⓑ〘助動〙〘動詞および動詞型活用の助動詞の連用形に付く〙〔希望〕 ❶話主の希望を表す。…たい。…てほしい。「敵(かたき)に逢うてこそ死にたけれ。悪所に落ちては死に―・からず」〔平家・老馬〕「それがし(=ワタシ)も、かねがね約束ぢやによって、行き―・いものなれども」〔狂・素襖落〕 ❷話主でない人物の希望を表す。「(盛親僧都ハ)わが前に(膳ヲ)すゑぬれば、やがて(=スグ)ひとりうち食ひて、帰り―・ければ、ひとりつい立ちて行きけり」〔徒然・六〇段〕〘鎌倉時代以後に使われた語だが、俗語めいた感じだったらしく、歌や雅文には原則的に出てこない〙

未然	連用	終止	連体	已然	命令
から	く かり	し	き かる	けれ	

たしなみ【嗜み】Ⓓ ❶(芸・教養などに)日ごろから励み、修得しておくこと。またはその修得したもの。「三味線は女子の―(=必要ナ教養ダ)」〔伎・三十石・三〕 ❷(ふだんからの)用意。「薬を残らず飲み切らし、にはかの難儀。子(ヲ)持った者は相身たがひ(デスカラ)―あらば(=オ持チ合ワセナラ)所望したし(=イタダケマセンカ)」〔浄・千本桜・三〕 ❸つつしみ、心をくばること。心くばり。「(ヤキモチヲヤカナイノガ)『女子の―、―』と(バカリ言ッテ)、なんにもあなたが(夫ニ苦情ヲ)おっしゃらぬ故」〔伎・十六夜清心・一ノ五〕

たしな・む Ⓒ ㊀【困む・厄む】〘自四〙くるしむ。苦労する。閉口する。「風雨ははなはだ吹き降るといへども、留まり休むことを得ず、―・みつつ(下界ヘト)くだりき」〔紀・神代上・訓〕〘「たしなみつつ」は「辛苦」の訓〙「川鴈(かはかり)ありて、わなにかかりて―・む」〔紀・神代下・訓〕〘「たしなむ」は「困厄」の訓〙 ㊁【困む・厄む】〘他・活用不明〙くるしめる。いじめる。「ああ、わが祖(みおや)は天の神、母(おも)は海(わた)の神なり。(ソレナノニ)いかんぞ我を陸(をか)に―・めてまた我を海に―・むや」〔紀・神武・訓(伊勢本)〕〘(1)「たしなめて」「たしなむや」は共に「厄」の訓。(2)前の例では下二段と考えられるが、後の例は四段らしい。あるいは両活用が共存したのであろうか〙 ㊂【嗜む】〘他四〙〘「くるしむ」意から転じ〙 ❶日ごろから苦心して励む。研究・くふうに努める。骨を折る。「この道(=歌道)を―・む人は、かりそめにも、執する心なくてなほざりに(=イイカゲンニ)詠み捨つることはべるべからず」〔毎月抄〕〘「たのしんでする」「すきでする」の意は含まないようである。「いよいよ(乗馬ト早歌ヲ)よくしたくおぼえて―・みけるほどに」〔徒然・一八八段〕にしても、「たしなむ」こと自身にはすきだという意味はない〙 ❷ふだんから用意しておく。いつも心がける。〘用例未見。しかし「あの伯父御さまのやうなおたしなみのよいお方はござるまい。いつ何を借りに参っても、つひに『ならぬ(=ダメダ)』と仰せられたことがない」〔狂・止動方角〕という名詞形から、この用法の存在が推定できる〙 ❸注意する。気をつける。「(婿入リノ行事ハ)ことのほか晴れがましいものでござるによって、こなたにも、(コノタビノ婿入リニツイテ)ちと―・ませられたがようござりまする」〔狂・庖丁婿(鷺流)〕 ❹しないように気をつける。さしひかえる。「さやうな事は嫌ふであらうと思ひ、わざと―・んで身を固う持ってゐるに」〔近松・大念仏・上〕「これ、―・ましゃれ、こちの人(=アナタ)」〔浄・盛衰記・四〕〘「たしなむ」は、中古においては男性用語だったのか、女流作品には現れない〙

だじゃう くゎん【太政官】(―ジョウカン) Ⓓ →だいじゃうくゎん。

だじゃう だいじん【太政大臣】(―ジョウ―) Ⓓ →だいじゃうだいじん。

だじゃう てんわう【太上天皇】(―ジョウ―ノウ) Ⓓ 退位された天皇の尊敬語。上皇。「いまだ御元服(=成年式)もなくして―の尊号あり」〔平家・東宮立〕

たすき【手繦・襷】Ⓔ ❶古代に、神を祭る時、肩に掛けたほそい布。「ひれ掛くる伴の男―掛くる伴の男」〔祝詞・六月晦大祓〕「白栲(しろたへ)の―を掛けまそ鏡手に取りもちて天つ神仰ぎ乞ひ祈(の)み…」〔万葉・巻五〕 ❷袖(そで)にかけ結ぶひも。「ただ姫君の―引き結ひたまへる胸つき」〔源氏・薄雲〕 ❸ひもまたは線をななめにうちちがえること。またはその模様。「金襴(きんらん)・鶴菱・―・花兎・窠(わく)に霰・大内桐、おほひかけたる挟み箱」〔近松・小室節・上〕

たそかれ【黄昏】Ⓔ《「誰(た)そ彼」すなわち「あの人がだれか見定めがたい」の意から》夕ぐれ。薄暮。「―も過ぎ、(先方ガ待チカネテ)心やましきほど(＝少シヤキモキスルコロ)にまうでたまへり(＝オウカガイニナッタ)」〔源氏・藤裏葉〕《日葡辞書に tasocare doqi とあり、謡曲も各流「か」は清音》

ただ Ⓐ ㊀【直】《形動ナリ》《「それだけだ」という基本意味から》 ❶㋑直接だ。じかである。「別れなば(＝ココデオ別レシテシマウト)うら悲しけむ(＝悲シクサビシイコトデショウ)吾(あ)が衣下にを着ませ(＝ワタシノ着物ヲセメテ下ニ着テオイデ下サイ)―・にあふまでに(＝直接オ目ニカカル時マデ)」〔万葉・巻一五〕㋺まっすぐだ。直線的だ。「布施(ふせ)置きてわれはこひ禱(の)む(＝仏様ニ祈願シマス)あざむかず(＝悪イ方向へ連レテイカナイデ)―・にゐゆきて(＝マッスグニ導イテイッテ)天路しらしめ(＝天ノ国へノ道ヲ知ラセテクダサイ)」〔万葉・巻五〕 ❷【徒】何もない。することがない。「人にほめられ、ゆくすゑにも『さこそありけれ(＝アノ時ハコウコウダッタ)』と言はれたうばむは(＝話ノ種ニナラレルノハ)、―・なるよりはあしからず(＝何ニモイワレナイデイルノヨリモマシデ)、よきことぞかし」〔大鏡・昔物語〕 ❸(事情・状態などが)変わったところなくあたりまえだ。普通だ。「繁樹が年かぞへさせたまへ。―・なるをりは(＝平常ノトキニハ)、年を知りはべらぬがくちをしきに(＝自分ノ年ヲ知ラナイノハバカゲテイマスカラ)」〔大鏡・昔物語〕 ㊁【唯・只】《副》 ❶(限定する気持ちで)…だけ。…ばかり。「花の色は―ひとさかり濃けれども(＝花ノ色ハホンノ一時ダケ濃ク盛リダケレド)かへすがへすぞ露はそめける(＝露ハ念ヲ入レテクリカエシクリカエシ染メルモノダ)」〔古今・物名〕 ❷(程度のはなはだしいことをあらわし、叙述を強めて)これだけでほかはなく。ひたすらに。「わがごとくものや悲しき(＝何カ悲シイコトガアルノカ)ほととぎす時ぞともなく(＝イツトイウキマリモナク)夜―なくらむ(＝夜ッピテ鳴クノダロウ)」〔古今・恋二〕 ❸(命令の意を強めて)とにかくぜひ。なんでもよいから。「―あの松原へいらせたまへ」〔平家・木曾最期〕 ❹まるで…のよう。そっくり…。そっくりそのまま。「ただ者にてはあらざれ、―化け物風情(ふぜい)にてこそさうらへ(＝マルデ化ケ物ノヨウナモノダ)」〔伽・一寸法師〕 ❺(話題の事物がすぐ身近であることを示し)すぐ。「たが里に(＝ダレノ所へ)夜がれをしてか(＝泊マリニ行カナイデ)ほととぎす―ここにしも寝たる声する(＝スグワタシノ所デ寝テイルヨウニ鳴クコトヨ)」〔古今・恋四〕 ❻(数量・程度のわずかであることをあらわし)ほんの。「―一人、いとささやかにてふしたり」〔源氏・帚木〕「雪―いささかうち散りて」〔源氏・行幸〕 ❼あれこれと飾らずに。そのままに。ずばりと。「寺院の号(な)、さらぬよろづの物にも、名をつくること、昔の人はすこしも求めず(＝アレコレト趣向ナドコラサズ)、―ありのままに、やすくつけけるなり」〔徒然・一一六段〕 ❽代金なしで。無料で。「あの神崎の渡し守は、殊ない(＝コトノホカノ)秀句好きで、秀句さへ言へば、喜うで、―舟に乗するによって」〔狂・薩摩守〕 **―なら・ず** Ⓒ《連語》 ❶ふつうとはちがう。わけありげだ。「実方の中将寄りて(女房ノ着物ヲ)つくろふに(＝世話ヲシテヤルガ、ソノ様子ガ)―・ず」〔枕・九〇段〕 ❷興味・不快感など特別の感情をいだくさま。ひとかたでない。「(夫ガ)いとどしく清らに見えたまふを、女君―・ず見たてまつり送りたまふ」〔源氏・薄雲〕 ❸すぐれている。すてきだ。「霧いたう降りて―・ぬ朝け(＝明ケ方)に」〔源氏・賢木〕 ❹妊娠している。「四十一と申すに、―・ずなりぬれば、おうぢ(＝オヤジハ)喜び限りなし」〔伽・一寸法師〕

たたうがみ【畳紙】(タトウ―) Ⓔ 折ってふところに入れておく紙。はな紙にも、メモや歌などを書くのにも用いられたが、前者には杉原紙が、後者には檀紙(みちのくがみ)が多く用いられた。「ふところより小硯(こすずり)―を取りいだし、一筆かいて大衆(＝僧タチ)の中へつかはす」〔平家・内裏炎上〕

ただうど【直人・徒人】(―ドウ―) Ⓒ《「ただびと」の転化》→ただびと。「(リッパナ殿上人ノホカ)次々の(＝順次)―も多くて」〔源氏・行幸〕

たた・く【敲く・叩く】Ⓒ ㊀《他四》 ❶打つ。「御扇を―・きて笑はせたまふに」〔大鏡・道長〕 ❷(来意をつげるために)戸をノックする。「(村上帝ガ女御ノ所ニ)夕さり(＝夕方)渡らせおはしましたりけるを、御格子―・かせたまひけれど、あけさせたまはざりければ、―・きわづらひたまひて」〔大鏡・師輔〕 ❸まばたきをする。「『参りて見てこ(＝行ッテ見テコイ)』とおほせさうらへば、目も―・かず、よく見てさうらふぞかし」〔宇治・巻一一ノ五〕 ❹大声でものを言う。声高にしゃべる。「ふだんの(淀川ノ)下り船には、世間の色ばなし・小歌・浄瑠璃・はやり物がたり(＝遊里遊女ノ世間話)・謡に役者のまね、ひとりも口―・かぬはなかりしに、今宵(こよひ)にかぎりてものしづかに」〔西鶴・胸算用・巻四ノ三〕 ㊁《自四》水鶏(くひな)のなくのをいう。「早苗とるころ、水鶏の―・くなど、心ぼそからぬかは(＝心細

ク身ニシミテ感ジルコトダ)」(徒然・一九段)

ただこと【直言】Ⓓ ❶たとえをひかない直接の表現。「これは—に言ひて、物にたとへなどもせぬものなり」(古今・序(古注)) ❷㋑特に技巧をこらさない、感じたとおりの言いあらわし。「聞く人の思へるやう『なぞ(=何ダッテ)—なる』と」(土佐)㋺古典語として認められていないことば。「連歌の—(デ表現サレテイルノ)を世に俳諧の連歌といふ」(土芳・三冊子・白) **—うた** 歌 Ⓓ ❶古今集仮名序に出ている六義(六種の歌体)のひとつ。倫理的・政治的な正しさを主題とする歌。たとえを用いない歌とするのは、仮名序に混入した古注の説を本文あつかいしたところからの誤解。「そもそも、歌のさま六つなり。…五つには、—。(タトエバ)『いつはりのなき世なりせばいかばかり人のことのはうれしからまし』」(古今・序)〔「こと」を「ごと」と濁らないのは、古今集定家本の声点による〕 ❷江戸中期(一七二三—一八〇一)の歌人、小沢(おざわ)蘆庵(ろあん)の歌論における中心的な表現理念。感じたとおりを純粋な気持ちでよみ出した歌。

たたさま【縦様】Ⓓ【+形動ナリ】㊟「そばさま・よこさま」たて。たての方向。「目は—につき、眉は額さまに生(お)ひあがり、鼻は横さまなりとも」(枕・四九段)

ただざま【直様】Ⓔ【+形動ナリ】まっすぐ。「山里に歩く、いとをかし。草葉も水もいと青く見えわたりたるに…ながながと—に行けば」(枕・二二三段)

ただし【但し】Ⓒ【接続】❶〔前文を受けて、さらに説明を加え、次の叙述を導き出す〕さて。それで。「(良房ハ)貞観八年丙戌(ひのえいぬ)、関白に移りたまふ。御年六十三。うせたまひて後の御いみな忠仁公と申す。また白川の大臣(おとど)、染殿(そめどの)の大臣とも申し伝へたり。—、この大臣は、文徳天皇の御をぢ、太皇太后宮明子(あきらけいこ)の御父、清和天皇の御祖父(おほぢ)にて」(大鏡・良房) ❷〔前文に対して、それとは違った事がらを述べようとする時用いる〕とはいうものの。しかしながら。でも。「(自分ノ年ガ)いくつといふことはさらに覚えはべらず。—、おのれは、故太政のおとど貞信公の蔵人の少将と申しをりの小舎人童(こどねりわらは)大犬丸ぞかし」(大鏡・序) ❸〔前文に対して、下に推量や疑問の意をつけ加えるのに用いる〕それは、あるいは。もしかしたら。「すべて(=ケッシテ)その儀あるまじ(=ソノヨウナ事ハ許サレナイ)。—、祇王があるを(=イルノヲ)はばかるか(=煙タク思ウタメカ)」(平家・祇王) ❹〔相反することをならべるのに用いる〕…か、それとも…か。…か、さもなければ…か。「して(=ソレデ)その末広がりを知ってお尋(だ)にやるか(=オサガシナサルノカ)。—、知らいでお尋にゃるか」(狂・末広がり)

ただして【糺し手】Ⓓ 正否を裁定する役。裁判する人。「(アナタハ)さすが(=ソウハイッテモ)知りはべりたる人なれば、(ワタシハ)—の御前にて(アナタノ)方人(かたうど)(=弁護人)とこそなりはべらめ」(伊曾保・下・三三(古活字本))

たたずまひ【佇まひ】(—イ) Ⓓ ❶動作。行動。「公家(くげ)の御—の、位高く、人望(=一般人カラノ尊敬ガ)余にかはれる(=他トハ違ッテイル)御ありさま」(花鏡) ❷見たところのぐあい。ようす。もよう。「雲の—もいみじくさえわたりて」(宣長・鈴屋集)

たたなづく【畳なづく】Ⓔ【自四】〔古代語〕❶幾重にも重なる。たたみ重なる。「吉野の宮は—く青垣ごもり(=青イ垣(かき)ノヨウニメグル山々ニカコマレ)…」(万葉・巻六) ❷重なりつく。「夫(つま)の命の—く柔肌(にきはだ)すらを…」(万葉・巻二)

ただに Ⓑ【副】㊀【直に】❶㋑直接。「をとめに—会はむと…」(記・中)㋺まっすぐに。「尾張に—向かへる尾津の崎なる一つ松…」(記・中) ❷【啻に】〔否定文または反語文のなかで〕単に。ただ…だけ。〔英語のnot only … but also という語法のonly に当たる〕「大保(=右大臣)をば—卿(まうちぎみ)とのみは思ほさずあが父と、また藤原郎女(いらつめ)をば母となも思ほす」(続日本紀・天平宝字三年) ❸そのまま。「これ(=コノ石)を—奉らば、すずろなるべし(=トリエガアルマイ)」とて、人々に歌よませたまふ」(伊勢・七八段) ㊁【唯に・只に】ただもう。ひたすら。「その事と(事情ヲ)いはぬ涙のわびしきは—たもとのぬるるなりけり」(玉葉・恋五)

たたぬ【畳ぬ】Ⓔ【他下二】たたむ。「(アナタヲ行カセナイヨウ)君が行く道の長手(=長イ道)を繰り(=タグリ寄セ)—ね焼きほろぼさむ天の火もがも」(万葉・巻一五)〔「たたなづく」の「たたな」と同じ語源であろう〕

ただびと【直人・徒人】Ⓒ ❶ふつうの人間。「(カグヤ姫ノ姿ガ急ニ消エタノデ、帝ハ)『げに—にはあらざりけり』とおぼして」(竹取) ❷〔天皇・皇后・皇族に対して〕臣下。「(コノ皇子ヲ)無品親王の外戚(げさく)の寄せなき(=位ヲモタナイ親王デ、母方ノ親類ノアト押シガナイ)にてはただよはさじ。—にて(=臣下ニナッテ)おほやけの御後ろ見をするなむ」(源氏・桐壺) ❸〔摂政関白に対して〕ふつうの貴族。「一の人(=摂政・関白)の御有様はさらなり(=イウマデモナイ)、—も舎人など(朝廷カラ)給るきはゆゆし(=ステキダ)と見ゆ」(徒然・一段) ❹身分の高くない人。「—の、上達部(かんだちめ)の北の方になり、上達部の御むすめ、后にゐたまふこそは、めでたき事なめれ」(枕・一八六段)

たたみ【畳】Ⓓ ❶〔一般に〕敷物。「—には紺絹をこもに、紫の裏付けて唐(から)の錦(にしき)の端さし、白き綾(あや)をむしろにしたり」(宇津保・蔵開中)〔「こも」と「むしろ」の総

た

称が「たたみ」》 ❷㋑《とくに》うすべり。「ことさらに(＝トクニ)御座といふ(＝貴人用ノ席トイウ上等ノ)―のさまにて、高麗(＝高麗ベリ)など、いときよらなり」〔枕・二七七段〕 ㋺《いまの》畳。「人の、けなげだて(＝強ガリ)を言ふも、ただ―の上の広言(くわうげん)(＝ホラ)なり」〔伊曾保・下・一九〔古活字本〕〕 ❸すわる場所。席。「(イワユル樹下デ)夏山の木陰だにこそ涼しきを(イワユル石上デ)岩の―の(修行ニヨル)悟りいかにぞ」〔夫木・巻三四〕

―ざん 算 Ⓔ おもに遊里で行われた占いの一種。かんざしなどを畳の上に投げ、その足の向き、または落ちた場所から畳のへりまでの編み目の数によって吉凶をうらなった。「『―おきて、二度までいたして同じ事、御男子(なんし)さまにきはまりました(＝生マレルノハキット坊チャンデス)』と、かか(＝茶屋ノ女房)が推量」〔西鶴・胸算用・巻二ノ二〕

たた・む【畳む】 Ⓒ ㊀《他四》❶折りかさねる。「屛風の一枚(ひとひら)―・まれたるより(＝トジテアルソノスキ間カラ)、心にもあらで(＝見ラレルトハ気ヅカナクテ)見ゆるなめり」〔源氏・東屋〕 ❷(家を)つぶす。倒産する。「『向かひの(家カラノ)小言たれも見まはず(＝無視シテイル)』『(向カイノ家ハ)買ひこんだ米(ノ相場ノ下落)で身代(しんだい)―・まるる(＝倒産ダ)』」〔野坡・利牛(炭俵)〕 ❸(心に)刻みこむ。しっかり入れる。銘記する。「心を―・み(＝掛ケ詞「①」)こむ古筆屛風(びやうぶ)」〔西鶴・永代蔵・巻四ノ目録〕 ❹やっつける。責め苦しめる。「『仕事のじゃましをった侍めは、それ、そいつぢゃ。―・め―・め』と三人が有無を言はさず引き立つる」〔浄・歌祭文・長町〕 ㊁《自四》つみかさなる。「島々の数をつくして(＝無数ニアッテ)、そば立つものは天をゆびさし、伏すものは波にはらばふ。あるは二重(ふたへ)にかさなり三重に―・みて」〔芭蕉・奥の細道〕

ただよ・ふ【漂ふ】(―ウ) Ⓓ《自四》❶浮流する。漂流する。「あめつちの開くる初め、州壌(くにつち)の浮かれ―・へること、たとへばなほ遊ぶ魚の水の上に浮けるが如し」〔紀・神代上・訓〕《「ただよへる」は「漂」の訓》 ❷(たしかなあてもなく)さまよう。「(ナキ魂モ)このほどまでは―・ふなるを、いづれの道(＝世界)に定まりておもむくらむ」〔源氏・夕顔〕 ❸不安定だ。おちつかない。「怒れる手の(＝カドバッタ筆跡デ)その筋とも見えず―・ひたる書き様も、し文字長に(＝「し」ノ字ヲ長ク書イテ)わりなくよしばめり(＝ムヤミト気取ッテイル)」〔源氏・常夏〕

たち-【〈立〉ち】Ⓑ《接頭》動詞について、その意味をつよめる。《(1)意味には変わりがないから、訳するときは、接頭語を除いた形で考えてよい。(2)動詞「立つ」の連用形と誤りやすいから、注意》「―隠る」「―代はる」「―直る」「―馴(な)る」「―優(まさ)る」「―やすらふ」等。

たち【館】 Ⓓ ❶貴人・官吏などの宿泊・居住する官舎。「(国司ノ任期ヲ終エタ)ある人…住む―よりいでて」〔土佐〕 ❷貴人の住む家。「(源氏ハ明石入道ノ)この浜の―に心やすくおはします」〔源氏・明石〕 ❸小規模な城。「風たちまちに異賊の方へ吹きおほひ、貞任が―、厨川の城やけぬ」〔平家・願書〕

たち【太刀・大刀】 Ⓓ ❶《古代は》刀剣の総称。「嬢女(をとめ)の床の辺にわが置きし剣(つるぎ)の―その―はや」〔記・中〕 ❷《平安時代以後》㋑儀礼用の長剣。「なよよかなる(＝ヤワラカナ)直衣、―ひきはき(＝身ニツケ)、例のことなれど赤色の扇」〔蜻蛉・下〕 ㋺戦闘用の大型の刀。ふつう一メートル前後だが、大太刀といえば一・八メートルぐらいのもあった。「唐綾縅(からあやをどし)の鎧(よろひ)着て、いかもの造りの(＝ガンジョウニ装備シタ)大―はき」〔平家・嗣信最期〕

〔たち❷㋺〕

たち あ・ふ【立ち合ふ・立ち会ふ】(―ア〈オ〉ウ) Ⓔ《自四》《「たち」は接頭語》❶互いに行き合う。出会う。いっしょになる。「山並みの(姿ノ)よろしき国と(マタ)川波の―・ふ(＝合流スル)郷(さと)と山城の鹿背山の際(ま)(＝アタリ)に宮柱太敷きまつり(＝リッパナ宮殿ヲオ立テニナリ)…」〔万葉・巻六〕 ❷勝負を争う。対戦する。「これより東に神国あり。日本といふなり。(アレハキット)その国の兵なるべし。我―・ふべからず(＝対戦スルワケニハユカナイ)」〔水鏡・神功皇后〕

たち い・づ【立ち出づ】(―ズ) Ⓒ《自下二》❶(立ちあがって)出て来る。または出て行く。「皇子(みこ)も少し―・でさせたまふに」〔浜松・巻一下〕 ❷たち去る。外出する。「めでたき御装束のにほひ(＝色アイ)をととのへて、めづらしう―・でたまふ」〔浜松・巻二下〕 ❸とくにぬきんでる。「白雲のみなひとむらに見えしかど―・でて(＝トリワケ)君を思ひそめてき」〔後撰・恋五〕 ❹対抗する。人なみになる。「さばかりかたはらに人―・づべくもあらずして参りたまへるに」〔浜松・巻五〕 ❺立ちはじめる。「(アノ人ハ)腹まだ―・でずや(＝マダオコリ出サナイカイ)」〔落窪・巻二〕

たち かへり【立ち返り】(―エリ) Ⓓ《副》❶(返事などの時に)おりかえし。すぐさま。「―、かへりごと」〔蜻蛉・上〕 ❷くりかえし。「―見るともあかじ三島江の葦間(あしま)を分くる水の白波」〔栄花・松下枝〕

たち かへ・る【立ち返る】(―エル) Ⓒ《自四》《「たち」は接頭語》❶帰る。もどる。「『あれはいかに』と仰せければ、大納言―・って『平氏たふれさうらひぬ』とぞ申されける」〔平家・鹿谷〕 ❷くりかえす。幾度も…する。「こりずまに(＝コリモシナイデ)―・る(＝マタヨリヲモドソウトイウ)御心もあれど」〔源氏・澪標〕

たちざけ【立ち酒】Ⓔ ❶立ったまま酒を飲むこと。またはその酒。「(立ッテイル父ニ子ハ)手もとどかねば(子ハ)立ちあがり、(酒ヲ)注ぐ(子)も受くる(父)も—を」〔近松・油地獄・下〕 ❷出発・出棺(しゅっかん)の時に飲む酒。「行く末は、今ぞ冥途の門出(かどい)でと、これを限りの—や」〔近松・重井筒・中〕

たちつけ【裁ち着け】Ⓔ 行動に便利なよう、ひざの所でくくるように仕立てたはかま。すねの部分にはさらに脚絆(きゃはん)を当てる。「たっつけ」とも。「袖なし羽織に—などをはきたるが」〔一九・膝栗毛・五追〕

たちど【立ち処・立ち所】Ⓔ ❶立っている所。「青柳の張らろ(=芽ヲフイタ)川門(かはと)に汝を待つと清水(せみど)は汲まず—ならすも(=平ラニナルホドブラツイテイマスヨ)」〔万葉・巻一四〕「二本(ふたもと)の杉の—を尋ねずは布留川のべに君を見ましや」〔源氏・玉鬘〕 ❷あり場所。所在。「日より(=天候)を見あはせ、雲の—をかんがへ、夜の中の思ひ入れにて(=前夜ノ予想デ)売る人あり、買ふ人あり」〔西鶴・永代蔵・巻一ノ三〕

たちならす【立ち均らす】Ⓓ【他四】(踏んでそこの地を平らにする意から)しばしば行く。いつも訪れる。「葛飾の真間の井見れば—・し水汲(く)ましけむ(=オ汲ミニナッタ)手古奈(てこな)しおもほゆ」〔万葉・巻九〕

たちならぶ【立ち並ぶ】Ⓓ ㊀【自四】❶並んで立つ。「—・ぶ(=ズラリト並ンデイル)峰の梢を吹く風にまつ(=掛ケ詞「待ツ」「松」)よりも散る山桜かな」〔玉葉・春下〕 ❷複数で存在する。(欠けないで)いくつもある。「おとど(ト)北の方の、さばかり(=アンナニ)—・びて(=ソロッテ)頼もしげなる(=将来ノ明ルイ)御なかに(=御境遇ナノニ)、など(=何ダッテ)かう(=コンナニ)すずろごと(=ツマラナイコト)を思ひ言ふらむ」〔源氏・竹河〕 ❸肩を並べる。まさり劣りがない。対等だ。「(女二ノ宮ハ美人ダガソレデモ源氏ノ宮ニハ)—・びたまはざらむ」〔狭衣・巻二〕 ㊁【他下二】同じように扱う。匹敵させる。「さりとも(=イカニソノ人ヲカワイガロウトモ)明石のなみ(=同列)には—・べたまはざらまし(=オ扱イニナラナカッタデショウ)」〔源氏・玉鬘〕

たちはしる【立ち走る】Ⓔ【自四】立ちあがって走る。走りまわる。「—・りて散りかひたる(=チラバッテイル)物ども、ただ(=ドンドン)取り包み」〔蜻蛉・中〕

たちまじる【立ち交じる】Ⓓ【自四】(「たち」は接頭語)なかまに加わる。その中にはいる。「—・りても、いかに人笑へにや(=ドンナニミットモナイデショウ)」〔源氏・薄雲〕

たちまふ【立ち舞ふ】(—マ(モ)ウ) Ⓓ【自四】❶㋑立ちあがって舞う。「(神楽デ)榊(さかき)葉や—・ふ袖の追ひ風になびかぬ(=言ウ事ヲキカナイ)神もあらじとぞ思ふ」〔金葉・冬〕 ㋺舞うように動く。「薄霧の—・ふ(=流レル)山の紅葉葉はさやかならねど(=ハッキリハシナイガ)それと見えけり」〔新古今・秋下〕 ❷たち交わる。世間づきあいをする。「今はいとどさまざまに(=アレコレニツケテ)—・ふべきこころちも(=世間ニ対シテ人ナミニヤッテユクヨウナ気モ)せさせたまはざりけり」〔狭衣・巻四〕

たちもとほる【立ちもとほる】(—オル) Ⓔ【自四】(「たち」は接頭語)行きつもどりつする。徘徊(はいかい)する。「木の間より映(うつ)ろふ(=投影スル)月の光(かげ)惜しみ—・るにさ夜ふけにけり」〔万葉・巻一一〕

たちやく【立ち役】Ⓓ【歌舞伎用語】❶男役。「女形にてゐながら、『—になったらば良からう』と言はるるは、恥の(ナカデノ)恥なり」〔役者論語・あやめぐさ〕 ❷(一六八〇年ごろ以後)正義派の男の役。「今の敵役(ノ演技)にめりはり(=強弱)の差別なく、突っこんで(=積極的ニ)狂言するのに拘はるゆゑ、—もまた敵役に誘はれて、鋭き(演技)を表(=第一)とす」〔役者論語・続耳塵集〕 ❸(本来は座って演奏する「はやし方」に対し、立って演技する役者の総称であったと思われるが、用例未見)

たちわかる【立ち別る】Ⓔ【自下二】(「たち」は接頭語)別れてゆく。「いと心あわたたしくて—・る」〔源氏・玉鬘〕「今はかく花の都をさへ—・れ、おのがちりぢりに(=メイメイバラバラニ)さすらへ(=流浪シ)」〔増鏡・おどろ〕

たちゐ【立ち居】(—イ) Ⓓ【十自サ変】❶㋑立つことすわること。「—もあさましうよろぼふ(=ヨタツク)」〔源氏・明石〕「四位五位(ノ者ドモガ)—・して(=立ッタリスワッタリシテ)」〔栄花・玉台〕 ㋺動作。身のこなし。「唐人(からひと)の袖ふることは遠けれど(=ナジミガアリマセンケレド)—につけて(アナタノ舞ハ)あはれ(=スバラシイ)とは見き」〔源氏・紅葉賀〕 ❷㋑(雲の)たたずまい。「この日や空晴れて、千里に(=見ワタスカギリ)雲の—もなく」〔秋成・雨月・菊花〕 ㋺(波の)うねり。「広沢のいけ(=掛ケ詞「池」「生ケ」)るかひなき身なれども波の—(=掛ケ詞「①㋺」)につけつつも」〔栄花・岩蔭〕

たつ【辰】Ⓓ ❶十二支の第五。㊟じふにし。「安和元年戊(つちのえ)—十月二十六日、母方の御祖父(おほぢ)の一条の御家にて生まれさせたまふ」〔大鏡・花山院〕 ❷方角の名。東南東。(単独の用例未見。いつも辰巳という形であらわれる) ❸時刻の名。(定時法で)午前七時から午前九時まで。㊟とき㊀①。「—の時とこそ催しはありしか(=予定シタノダカラ)、さがるといふぢゃう(=オクレルトイッテモ)午(うま)未(ひつじ)の時にはわたらむずらむものを(=行列ガ来ルハズダガ)」〔宇治・巻一一ノ五〕

た・つ【立つ】Ⓐ ㊀【自四】❶(「縦になっている」という基本意味から)㋑まっすぐにはえている。「さびしさはその色としもなかりけり(=ドコガドウトイウノデモナイノダ)まき—・つ山の秋の夕暮れ」〔新古今・秋上〕㋺[対]「ふす」 縦の姿勢でいる。「あやしき板敷きにしばし—・ちたまへるを」〔徒然・一〇四段〕㋩(車や馬が)おいてある。「後に来たる車の、隙(ひま)もなかりければ、池にひき寄せて—・ちたる」〔枕・三五段〕《いずれも英語の stand に当たる》 ❷《「表面に対し立った状態になる」という意で》㋑(とがった物が)差さる。「この岩を射るに、矢—・たずして、をどり返る」〔今昔・巻一〇ノ一七〕㋺《転じて》刃物が相手に傷を負わせる。「『弟がうつ(=切リツケル)太刀、兄に—・つや—・たざるや』と、太刀の柄(つか)に手をかくる」〔浄・頼光跡目論・一〕 ❸㋑位置をしめる。位置する。「太刀はきて(父ノ)しりに—・ちて(=後ロニツイテ)歩みいづるを」〔更級〕㋺(重要な)地位につく。「(コノ順子ハ)嘉祥三年四月に后に—・たせたまふ(=皇后ニナラレタ)」〔大鏡・文徳天皇〕 ❹【建つ】建築物ができる。「去年からの御普請で結構に—・った奥御殿」〔浄・廿四孝・四〕 ❺【起つ】《「上の方へ高くなる」(rise)という共通意味で》㋑(霞(かすみ)や雲が)高くのぼる。わきあがる。「霞—・ち木の芽も(フクランデ)春の雪ふれば花なき里も(雪ノ)花ぞ散りける」〔古今・春上〕㋺(風や波が)はげしく動く。「駿河なる田子の浦波—・たぬ日はあれども君を恋ひぬ日はなし」〔古今・恋一〕㋩《はげしくかき回される意から転じ》(湯の類が)ちょうどよくなる。使用できる状態になる。「なにと(=ドウダ)、風呂は—・つや(=カゲンハヨイカ)」〔咄・醒睡笑・巻三〕 ❻㋑(すわったり寝たりしていた者が)おきあがる。しゃんとする。「笏(さく)をおさへて(=ツエニシテ)—・ちければ、はたらと(=バチント)折れけるは、いかばかりの(怒リノ)心を起こされけるにか」〔大鏡・伊尹〕㋺(身をおこして)去る。「岩こゆる荒磯波に(追ワレテ)—・つ千鳥心ならずや浦づたふらむ」〔千載・冬〕「(女ガモタレテクルノデ)便(びん)あし(=グアイガ悪イ)と思ひて、すりのきたるに、なほゐよりて(=ソバヘ寄ッテ来テ)同じ様なれば、(ソノ席カラ)—・ちぬ」〔徒然・二三八段〕 ❼㋑出発する。出かける。「(二月ニハ)荷前(のさき)の(=初穂ヲ御陵ニ供エル)使ひ—・つなどぞ、あはれにやむごとなき(=シミジミト尊ク思ワレル)」〔徒然・一九段〕㋺季節が始まる。新しい季節になる。「春—・てば(雪ヲ)花とや見らむ白雪のかかれる枝にうぐひすのなく」〔古今・春上〕《いずれも英語の start の意》 ❽《「状態が顕著になる」という共通意味で》㋑(怒りが)高まる。「『夕鴉(ゆふがらす)宿の(間隔ノ)長さに腹の—・つ』『いくつの笠を荷ふ強力(がうりき)』」〔其角・越人(曠野)〕㋺(評判が)広く知られる。「恋ひ死なばたが名は—・たじ(=アナタ以外ノダレノ名モ出ナイデショウ)世の中の常なきもの(=人ノ命ハ当テニナラナイモノダ)と言ひはなすとも(=アナタガ言イワケシタトコロデ)」〔古今・恋二〕 ❾《「じゅうぶんな状態になる」という共通意味で》㋑間に合う。よくはたらく。「造作(=建物)は、用なき所を(念入リニ)作る(ノガ)、見るもおもしろく、万(よろづ)の用にも—・ちてよしとぞ」〔徒然・五五段〕㋺よく保たれる。「ああ、かたじけない。それで私(ノ面目)が—・ちます」〔近松・天網島・上〕㋩よく切れる。「よき細工は、すこし鈍き刀を使ふといふ。(名人ノ)妙観が刀はいたく—・たず」〔徒然・二二九段〕 ❿【経つ】(時間が)すぎる。「『この月は、さりとも(=イクラ何デモ御誕生ダロウ)』と宮人も待ちきこえ、内裏(うち)にもさる御心まうけどもあり。(ソレナノニ)つれなくて(=ソノ様子モナクテ)—・ちぬ」〔源氏・紅葉賀〕 ⓫〔補動〕《動詞の連用形に付いて》上の動詞の意味するところが顕著であることをあらわす。たいそう…する。さかんに…する。「このごろ、空の気色(けしき)直り—・ちて(=スッカリ回復シテ)、うらうらとのどかなり」〔蜻蛉・下〕 [二]《他四》 ❶(評判を)広くさせる。《現代語では「立てられる」と受け身に言う》「女郎花(をみなへし)多かる野べに宿りせばあやなく(=無理ヤリニ)あだの(=浮気ダトイウ)名をや—・ちなむ」〔古今・秋上〕 ❷(怒りを)高める。「(鼓ノ打チ方ガ悪イタメ)負けになりければ、その(負ケニサレタ)随身、やがて馬の上にて(=馬ニ乗ッタママデ)泣い腹を—・ちて」〔大鏡・伊尹〕 [三]《他下二》 ❶㋑物を縦に置く。「几帳を障子(さうじ)口(=フスマノ戸口)には—・てて、火はほのぐらきに」〔源氏・帚木〕㋺(馬・車などを)とめておく。「その初めより、やがて果つる日まで—・てたる車のありけるに」〔枕・三五段〕 ❷つき差す。「痛うないやうに(針ヲ)—・ててくれい」〔狂・雷〕 ❸地位につかせる。「三条院の御時に后に—・てたてまつらむとおぼしけるに」〔大鏡・師尹〕 ❹構え作る。建築する。「わが宅(やど)にみもろ(=神ヲマツル座)を—・てて枕辺にいはひべ(=神酒(みき)ヲ入レル器)をすゑ…」〔万葉・巻三〕 ❺㋑(煙などを)のぼらせる。「朝夕の煙を—・つる世帯持ち」〔西鶴・永代蔵・巻二ノ一〕㋺(風や波を)はげしく動かす。「海をさへ驚かして、波—・てつべし」〔土佐〕㋩《はげしくかき回す意から転じ》(湯の類を)ちょうどよくする。使用できる状態にする。「丁寧にあいさつして、心を配り、茶を—・てて、権兵衛が前にいだし」〔淇園・雲萍雑志・巻一〕《茶の場合は「点つ」と表記》 ❻追って去らせる。「三浦の方で(=三浦地方デハ)われら、鳥ひとつ—・てても(=鳥一羽ヲ追イタテルノニモ)朝夕かやうの所をこそはせありけ(=カケマワルノダ)」〔平家・坂落〕 ❼出むかせる。出発させる。「お使ひかさねて三度までこそ—・てられけれ」〔平家・祇王〕 ❽㋑(評判を)広く知らせる。「君が名もわが名も—・てじ難波なる(=枕詞)見つとも言ふな(=アナタハ私ニ会ッタトモオッシャイマスナ)逢ひきとも言はじ(=私モアナタニ会ッタトハ言イマスマイ)」

〔古今・恋二〕㋺(音や声を)ひびかせる。「虫のごと声に―・てはなかねども涙のみこそ下に流るれ」〔古今・恋二〕 ❾㋑公言する。言明する。「(内大臣ハ)―・てたる所(＝イッタン口ニ出シタ事ハ)、昔より、いと解けがたき(＝ナカナカ引ッコメナイ)人の本性(ほんじやう)(＝性格)にて」〔源氏・行幸〕㋺表むき持ち出す。「花もひとしほ盛りと聞き、義晴様に願ひを―・てて(＝トクニオ願イシテ)来たりしゆゑ」〔浄・廿四孝・一〕㋩提示する。示す。「旦那も『このお小袖の濡れは(＝ドウシタノダ)』とふしぎ(＝不審)を―・つる」〔西鶴・置土産・巻一ノ二〕 ❿㋑専一にする。ひとすじにする。「ただ力を―・てて(＝集中シテ)引きたまへ」〔徒然・五三段〕㋺それを専門とする。本職にする。それによって暮らす。「(白拍子ノ芸ハ)わが―・てし(＝モト自分ガ業トシテイタ)道なれば、人の上ともおぼえず(＝他人事トハ思ワレナイ)」〔平家・祇王〕 ⓫間に合わす。「わたしが親の未進米(＝未納ノ年貢(ねんぐ)米ヲ)この六日の吉書(＝令書)に―・てねば、(親ハ)もとの水牢」〔近松・小室節・中〕 ⓬(門や戸を)しめる。「細戸を―・て、ありあふ錠をしゃんとおろし」〔伎・お染の七役・序〕 ⓭【経つ】経過させる。やりすごす。「五月のころ言ひわたりける(＝求婚シテキタ)男に『(五月ハ結婚ニ不吉ダカラ)この月を―・てて』と言ひつかはすとて」〔万代・恋一・詞〕 ⓮〔補動〕《動詞の連用形に付いて》上の動詞の意味するところが顕著であることをあらわす。ひどく…する。しきりに…する。「天台の法文を教へ―・て、学生あまたいで来にければ」〔今昔・巻三一ノ二三〕「この歌に限りてかく言ひ―・てられたるも(＝コノヨウニヒドク問題ニサレタノモ)知りがたし(＝理由ガワカラナイ)」〔徒然・一四段〕

たづ【田鶴】(―ズ) Ⓓ 「つる」の雅語。万葉時代に「つる」という語はあったけれど、歌語としては用いられなかった。「桜田へ(＝桜トイウ所ノ田ノ方へ)―鳴きわたる年魚市潟(あゆちがた)潮干にけらし(＝引イタラシイ)―鳴きわたる」〔万葉・巻三〕

-だ・つ【〈立〉つ】Ⓑ 《接尾・四型》他の語に付いて「…めく」「…ぶる」「…らしい」「…のようだ」等の意を添える。「佐理(すけまさ)の宰相なども、みな若やぎ―・ちて(＝若クナッタヨウナグアイデ)」〔枕・三五段〕「きりかけ―・つ(＝移動塀(へい)メイタ)物にいと青やかなる葛(かづら)の、ここちよげにはひかかれる」〔源氏・夕顔〕「乳母(めのと)―・つ(＝乳母ノヨウナ形ニナッテイル)老い人などは、曹司(＝自室)に入り臥して」〔源氏・末摘花〕

たづき【方便】(―ズ―) Ⓒ 《手のつけ所の意から》❶㋑手がかり。(直接的な)手段。「わづかに(＝ヤット)築泥(ついぢ)(＝土ベイ)を築(つ)けりといへども、門(かど)を建つる―なし」〔方丈〕㋺《狭義に》生活の手段。生計。「末の―の(＝将来ノ生計ガ)心細きにも(カカワラズ)かひがひしくこしらへて(＝旅ジタクヲシテ)」〔秋成・雨月・浅茅〕 ❷ようす。ありさま。「梓弓(あづさゆみ)(＝枕詞)末の―(＝将来ドウナルカ)は知らねども(ワタシノ)心は君に寄りにしものを(＝ヒキツケラレテシマッタワ)」〔万葉・巻一二〕「彼此(をちこち)の―も知らぬ山中におぼつかなくも(＝相手ガイソウモナイノニ)呼ぶ子鳥かな」〔古今・春上〕《古代語は「たどき」》

たづき な・し【方便無し】(タズ―) Ⓒ 《形ク》《方法・手段がないの意から》自信がもてない。途方にくれる。「(自分ハ)みこたち(＝皇族)の中にて(育ッテ)世の案内(＝事情)も知らず―・かりしかば(＝ドウシタライイノカワカラナカッタカラ)」〔大鏡・道長〕《名詞「たづき」に形容詞「なし」が付いたもの(前項①㋑の例)とは同じでない》

たづさは・る【携はる】(タズサワル) Ⓓ ㊀《自四》❶連れだつ。「思ふどち(＝友人タチガ)馬うち群れて―・り出で立ち見れば…」〔万葉・巻一七〕 ❷(物に)さわる。ふれる。「難波潟みぎはの葦に―・る舟とはなしにある我が身かな」〔和泉集〕 ❸関係をもつ。従事する。「一道に―・る人、あらぬ(＝専門外ノ)道の席(むしろ)にのぞみて」〔徒然・一六七段〕 ㊁《他四》(たがいに手を)とる。「夕べになればいざ寝よと手を―・り…」〔万葉・巻五〕

たづさ・ふ【携ふ】(タズサ〈ソ〉ウ) Ⓓ ㊀《自四》❶㋑(手を取るようにして)連れだつ。「人もなき国もあらぬか吾妹子(わぎもこ)と―・ひ行きてたぐひて(＝イッショニ)をらむ」〔万葉・巻四〕《原文「携行而」と表記。音数の関係から「たづさはり行きて」とはよみにくい》㋺より添う。「(老人用ノ)鳩のゐる(＝ハトノ飾リガツイタ)杖に―・ふ身を持ちて(ソレデモナオ)越えまほしきは逢坂の関」〔夫木・巻三二〕 ❷かかわりあう。関係を持つ。「この道に―・ひて、あらたまの(＝枕詞)年つもれる(＝年長ダ)といふばかりに」〔建久六年民部卿家歌合・跋〕 ㊁《他下二》❶㋑(たがいに)手を取る。手を組む。「―・へて泣き、みづから禁(さお)ふること能(あた)はず」〔紀・顕宗・訓〕《「たづさへて」は「相抱」の訓》㋺連れて行く。伴う。「うつそみ(＝生キテイル身)と思ひし時(アナタヲ)―・へてわが二人見し…」〔万葉・巻二〕 ❷手に持つ。(身に)帯びる。「非人の身として刀を―・へ…徘徊(はいくわい)すれば」〔伎・三十石・四〕

たつ み【辰巳・巽】Ⓓ ❶方角の名。辰と巳の間、すなわち東南。「畝傍山の―のすみ橿原の地」〔紀・神武・訓〕《「たつみのすみ」は「東南」の訓》「―の方の廂(ひさし)にするたてまつりて(＝オスワリネガッテ)」〔源氏・若菜上〕 ❷

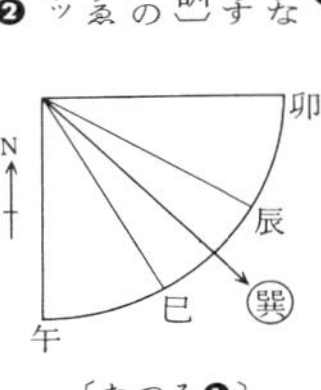

〔たつみ❶〕

《江戸人の隠語で》深川（の遊里）。深川は都心から東南に当たる。「北国（＝吉原）の遊びもし尽くしければ、これよりーの里と出かけ」〔黄・金金先生・下〕 **ーあがり** 上がり Ⓔ【十形動ナリ】（声の）適度以上に高いこと。「ーの夕雲雀（ゆふひばり）、調子ちがひに謡ひ舞ふ」〔咄・醒睡笑・巻五〕「大工・屋根ふき（ノ職人タチガ）、おのがひとつれに（＝メイメイガグループニナリ）、二百・三百人、ー・なる高ばなし」〔西鶴・永代蔵・巻三ノ一〕《⑴語源不明。辰の日と巳の日には米相場が上がるという俗説から出たともいわれるが、確かでない。⑵動作のあらあらしい意とする説もあるが、確かな用例は未見》

たてえぼし【立て烏帽子】Ⓓ ㊥「折り烏帽子」円筒形をすこしひらたくしたような、普通のえぼし。「都へ上りたまひしに、このほど（＝滞在中）の形見とて、御ー・狩衣を、残し置きたまへども」〔謡・松風〕

〔たてえぼし〕

たてさま【縦様】Ⓔ ㊥「よこさま」縦。縦向き。「ー・横様・蜘蛛手（くもで）・十文字に駆けわり、駆けまはり戦ひけるが」〔平家・法住寺合戦〕

たてじとみ【立て蔀・縦蔀】Ⓓ ついたて型に作られた板べいの一種。細い木を格子にし、板を張ったもの。ふつう庭に立てたが、屋内におくこともあった。「ーのもとに立てりけるを、知らで過ぎたまひけむこそいとほしけれ」〔源氏・賢木〕

〔たてじとみ〕

たてぶみ【立て文・竪文】Ⓔ ㊥「包み文」あらたまった気持ちをあらわす手紙の包装形式。包み紙で縦にくるむ。「ーすくよかに（＝パリットシタサマデ）藤の花につけたまへり」〔源氏・少女〕

〔たてぶみ〕

たてまつ・る【奉る】Ⓐ ㊀【他四】❶「贈る」の謙譲語。さしあげる。献上申しあげる。「（命婦ハ更衣ノ母君ニ帝ノ）御文ー・る」〔源氏・桐壺〕 ❷「行かせる」の意の謙譲語。参らせる。参上させる。「（薫ガ宇治ノ中君ノトコロへ）ー・りたまへる御前の人々、（京ニ）帰りまゐりて、（中君ノ）ありさまなど語りきこゆ（＝オ話シ申シアゲル）」〔源氏・早蕨〕 ❸「飲食する」の意の尊敬語。おめしあがりになる。「…ももながに（＝長イ間ユックリト）寝（い）をしなせ（＝オヤスミナサイマセ）豊御酒（とよみき）ー・らせ（＝御酒ヲオメシアガリナサイマセ）」〔記・上〕 ❹「（装束を）身につける」意の尊敬語。お召しになる。おつけなさる。「やつれたる（＝目立タナイ）狩りの御衣（おんぞ）をー・り」〔源氏・夕顔〕「（源氏ハ）わが御方にて（＝自分ノ御ヘヤデ）、御直衣などはー・る」〔源氏・若紫〕 ㊁【自四】「（車・馬・舟などに）乗る」意の尊敬語。お乗りになる。「（後醍醐帝ハ）御車にー・るとて、日ごろおはしましつるかたはらの障子に書きつけさせたまふ」〔増鏡・久米〕

たてまつ・る【奉る】Ⓑ【助動】（敬語）《動詞・助動詞の連用形に付く》謙譲をあらわす。…申しあげる。「『（車持ノ皇子ガ）旅の御姿ながらおはしたり』と言へば、（翁ガ）会ひー・る」〔竹取〕「この人の宮仕への本意（＝以前カラノ希望ヲ）、かならずとげさせー・れ（＝オ果タサセ申シナサイ）」〔源氏・桐壺〕《複合動詞の場合は「ーたてまつりー」のように、構成動詞の間にはいる。「陪膳にさぶらふ限りは（＝帝ノオ食事ニオツキスル者ハミナ）心ぐるしき（＝オ気ノ毒ナ）御気色（みけしき）を見たてまつり嘆く」〔源氏・桐壺〕》

未然	連用	終止	連体	已然	命令
ら	り	る	る	れ	れ

たてまつれ【奉れ】Ⓓ【他下二連用】《「奉り入れ」の短縮形》「…の内へ」という感じで「奉る」意をあらわす。現代の訳語としては「奉り」と同じになる。「さるべき公卿（まうちぎみ）たち（ヲ二条ノ宮ニ）ーたまふ」〔源氏・行幸〕

たとしへな・し【譬へ無し】（タトシエー）Ⓓ【形ク】たとえようがない。形容のしようもない。「ー・く静かなる夕べの空をながめたまひて」〔源氏・夕顔〕「ー・く、よろづ忘るるも、かつは怪しき」〔紫日記〕

たどたど・し【辿辿し】Ⓓ【形シク】❶おぼつかない。未熟だ。「かやうの方（＝コウシタ方面ノ知識）さへー・しからず（＝不案内デハナク）」〔源氏・紅葉賀〕 ❷はっきりしない。おぼろげだ。「福井は三里ばかりなれば、夕飯したためて（＝タベテカラ）いづるに、たそがれの道ー・し」〔芭蕉・奥の細道〕

たど・る【辿る】Ⓒ ㊀【他四】❶迷いながらさがして行く。「吉野川浅瀬白（＝掛ケ詞「知ラ」）波ー・りわび渡らぬ仲となりにしものを」〔狭衣・巻二〕 ❷さがしあてる。「御障子の外にゐざり出でさせたまふを、いとようー・りて、ひき留めたてまつりつ」〔源氏・夕霧〕 ❸（まだ起こっていない事を）考慮する。検討する。「人（＝世人）のもどき（＝非難ヤ）行く末（ノ事）を、あまりー・りて（＝頭ニ置キスギテ、アナタノ希望ヲ）聞き過ぐさむ（ノモ）、後の悔い、いと心ぐるしかるべきことなり」〔寝覚・巻五〕 ㊁【自四】❶よくわからなくてまごまごする。「（琵琶ノ曲ハ）ー・らるべき（＝マゴツカナクテハナラヌヨウナ）調べなく思ひつづけらる（＝頭ニ浮カンデクル)」〔寝覚・巻一〕 ❷思いなやむ。思いあぐむ。「しばしは夢かとのみ—・られしを、やうやう(=ダンダン)思ひしづまる(=オチツク)」〔源氏・桐壺〕

たな Ⓓ ㊀【棚】 ❶物品をならべて置くように作りつけた横板。「台所の—に小土器(こかはらけ)に味噌(みそ)少しつきたるを見いでて」〔徒然・二一五段〕 ❷【栅】ふなばたにとりつけてある横板。「せがい」とも。「船にことごとなる(=各種デザインノ)—といふもの、をかしく造りて」〔栄花・殿上花見〕 ㊁【店】 ❶(商家では「見せ棚」といってショウウインドーに当たる陳列棚を設けたところから、「見せ」「棚」がいずれもshopの意となって)商店。みせ。「中橋(=中央区京橋一丁目辺)に刀・脇(わき)差しの—出して」〔西鶴・永代蔵・巻四ノ三〕 ❷(さらに転じて)貸家。(反対の立場からは)借家。「芝居の近所に九尺間(=間口ガ約二・七五メートル)の—借りて、銭店(=両替店)を出し」〔西鶴・永代蔵・巻四ノ三〕

たななし をぶね【棚無し小舟】(—オ—) Ⓔ ふなばたにふみ板のつけてない小さな舟。「伊勢島やいそがぬさきの朝ぎりに—こぎはなれつつ」〔夫木・巻二六〕

たな ばた Ⓓ ❶【棚機】はた。織機。(用例なし。語の構成(棚のある機=本居宣長説)および古語拾遺・万葉集に「棚機」と表記する字面から推測される用法) ❷【織女】(略)たなばたつめ。「(裁縫ノ腕マエハ)—の手(=技術)にも劣るまじく」〔源氏・帚木〕 ❸【七夕】旧暦七月七日の夜、ふだんは天の川で隔てられている牽牛星(ひこぼし)と織女星が、鵲(かささぎ)の渡すつばさを橋にして、一年に一度だけ会うので、その夜、女性が二星を祭り、技芸の上達を祈る行事。もと中国の民間習俗だが、日本には七世紀の後半ごろ伝わったらしい。「—や秋を定むる(=ハッキリ秋ニナル)夜の初め」〔芭蕉(笈日記)〕 **—つめ** 織女・棚機つ女 Ⓔ 織女星(琴座の一等星Vega)を人格化したもの。七夕伝説のヒロイン。「天の川梶(かぢ)の音(と)聞こゆ彦星と—とこよひ会ふらしも」〔万葉・巻一〇〕(「機を織る女性」という用法をあげる説もあるが、誤り)

たな びく【棚引く】 Ⓓ ㊀《自四》(雲・かすみ・霧・煙などが)横に長くつづく。「秋風に—・く雲のたえまよりもれいづる月のかげのさやけさ」〔新古今・秋上〕 ㊁《他四》後ろに長くつらねる。たなびかせる。「(清盛ガ福原カラ)数千騎の軍兵を—・いて、都へ入りたまふよし聞こえしかば」〔平家・法印問答〕「箱根山の峠より黒雲を—・き電光を飛ばせ」〔幸若・富樫〕

た な・り Ⓑ《助動》(「たんなり」の撥(はつ)音を表記しない形) ❶(伝聞)…ているそうだ。…ているということだ。「俗聖とか、この若き人々のつけ—・る(=ヨンデイルヨシナノハ)、あはれなる事なり」〔源氏・橋姫〕 ❷(推定)…ているようだ。…たらしい。「守(かみ)の館(たち)より、よびに文もて来—・り(=来テイルラシイ)」〔土佐〕(せまい船中の事なので、人声などで推定する)(断定の用例は未見) (参)たんなり・なり。

だに Ⓐ《副助》(体言・体言あつかいの語・副詞および他の助詞に付く)程度の軽いほうをあげて、それより程度の重いほうを推測させる意をあらわす。 ❶㋑(否定語で受け)言外に、他については言うまでもない」という気持ちを示す。…さえも。「春や疾(と)き花や遅きと聞き分かむ(他ノ鳥ハモチロン)うぐひす—も鳴かずもあるかな」〔古今・春上〕㋺(命令・願望・仮定などの意をあらわす語で受け)譲歩できる限度を示す。(せめて)…だけでも。…だけなりと。「言(こと)繁み(=世間ノ評判ガウルサクテ)君は来まさず(他ノ者ハシカタナイトシテ)ほととぎす汝(なれ)—来鳴け朝戸開かむ」〔万葉・巻八〕「いのち—心にかなふものならばなにか別れの悲しからまし」〔古今・離別〕 ❷(中古以後、平叙の言いかたにも用い)…さえも。「夢に—会ふことかたくなり行くはわれや寝(い)をねぬ人や忘るる」〔古今・恋五〕 ❸(中世以後の混用で)添加をあらわす。…までも)。中古以前なら「さへ」を用いるところ。「今生(こんじゃう)でこそあらめ(=コノ世ハシカタナイガ)、後生(ごしやう)で—(=死後ノ世ニオイテマデモ)悪道へおもむかむずる事の悲しさよ」〔平家・祇王〕(参)すら・さへ。 **—あ・り** Ⓓ《連語》(逆接的な連文節の中で)「…でさえ、もうたくさんだ(それ以上はなくてもかまわない)」などの意をあらわす。「雪とのみ降る—・るを(=降ルノデモウタクサンナノヲ)桜花いかに散れとか(ソノウエ)風の吹くらむ」〔古今・春下〕

たのう だ【頼うだ】 Ⓔ《連体》(「頼みた」の音便)主人としている。 **—ひと** 人 Ⓔ 主人。「—、今晩にはかに客を得させらるるが」〔狂・武悪〕 **—もの** 者 Ⓔ(謙譲の気持ちで)主人。主人が召使に対し自分をさしていうとき、あるいは召使が第三者に対して自分の主人をいうときなどに使う。「何者とは(ケシカラン)、そちが—ぢやは(=主人ノオレダゾ)」〔狂・墨塗〕

たの・し【楽し】 Ⓓ《形シク》 ❶みちたりている。(みちたりて)愉快だ。「(コノ女ハ)人の手より物を得(=モライ)、よき男にも思はれて、—・しくてぞありける」〔宇治・巻一一ノ七〕 ❷豊かだ。裕福だ。「家もたらひ(=不自由ナク)—・しかりければ、ゆゆしく(=モノスゴク)きらめきけり(=モテナシタ)」〔沙石・巻二ノ四〕

たのし・ぶ【楽しぶ】 Ⓓ ㊀《自四》→たのしむ㊀。「(父王ハ太子ヲ)夜昼—・び遊ばしめたまふこと限りなし」〔今昔・巻一ノ三〕 ㊁《他四》→たのしむ㊁。「人事(=人間生活デスル事)多かる中に、道を—・ぶより気味(=味ワイ)

深きはなし」〔徒然・一七四段〕

たのし・む【楽しむ】Ⓓ ㊀《自四》❶（みちたりて）愉快に感じる。「権門（＝権勢ノアル人）のかたはら（＝ソバ）に居る者は、（心ノ中デ）深く喜ぶことあれども（気ガネシテ、ソレヲ表ニ現シテ）大きに—・むにあたはず（＝コトガデキナイ）」〔方丈〕 ❷豊かになる。裕福になる。「娑婆（しゃば）（＝コノ世）の栄花は夢の夢（ダ）。（タトエ）—・み栄えて（モ）何かせむ（＝ナニニナロウ）」〔平家・祇王〕 ㊁《他四》❶愉快に思う。「生ける間、生（＝生キテイルコト）を—・まずして、死に臨みて死を恐れば、この理（ことわり）あるべからず（＝道理ニ合ワナイ）」〔徒然・九三段〕 ❷（よいほうへ）期待する。あてにする。「道のほとりの徒言（あだごと）（＝チョットシタコトバ）の中に、わが一念（＝一瞬間）の発心を—・むばかりにや」〔発心・序〕

たのみ【頼み】Ⓒ ❶あてにすること。たよること。「（ワタクシハ）ことに行く末の—もなきこそ、なぐさめ思ふかただにはべらねど（＝心ノ慰メニナルモノサエゴザイマセンガ）」〔紫日記〕 ❷（お互いに信頼しあう意で）結婚の前に婿方から儀礼的に贈るしるしの物。結納（ゆいのう）。「—・いひ入れ（＝結納）の絹・巻き物・包み銀（がね）も当座借りにして」〔西鶴・織留・巻二ノ二〕「それゆゑ—も受納いたせし所、妹めは…添はない（＝結婚ハイヤダ）と申す」〔一九・膝栗毛・発端〕 **—だる** 樽 Ⓔ 結納の酒樽。「なかだち（＝ナコウド）を入れて、—をしかけて（＝トトノエテ先方ニ）贈られける」〔西鶴・一代女・巻五ノ四〕

たの・む【頼む】Ⓑ ㊀《他四》❶心の中で待ちもうける。実現を期待する。あてにする。「かへるさの蜘蛛手（くもで）はいづこ（＝御返事ハクモノ手ノ向ク方角ガワカラナイヨウニドコヘ行ッタノカ）八つ橋の文（ふみ）見てけむ（＝ワタシノ手紙ヲキット御覧ニナッタロウ）と—・むかひなく」〔蜻蛉・下〕 ❷たよりにする。「舟に乗りては、かぢとりの申すことをこそ高き山とも—・め」〔竹取〕 ❸信用する。「さしも（＝アレホド）—・まれたりつる多田蔵人行綱『この事無益なり（＝ヤッテモ見込ミガナイ）』と思ふ心付きにけり」〔平家・西光被斬〕 ❹主人とする。仕える。「君と—・みあふぎたてまつる。物すこし恵みたまはらむ（＝チョウダイイタシタイ）」〔大鏡・藤氏物語〕 ㊁《他下二》❶期待させる。「（会オウト言ッテワタシヲ）—・めつつ逢はで年経るいつはりに（ソレデモ）こりぬ（ワタシノ）心を人（＝アナタ）は知らなむ」〔古今・恋二〕 ❷（信頼させるの意から）約束する。「—・めても来ぬ夜むなしく明けゆくや憂きいつはりの限り（＝トビキリノウソ）なるらむ」〔新千載・恋三〕

たのも・し【頼もし】Ⓑ《形シク》❶頼みになる。力になる。「—・しく（＝タヨリニナッテ）『いかに（＝ドウシタライイカ）』と言ひふれたまふべき（＝相談ナサレル）人もなし」〔源氏・夕顔〕 ❷心強い。心丈夫だ。「（船ノ旅ハホントウニコワイシ）陸路（くがぢ）もまたおそろしかなれど、それはいかにもいかにも地に着きたれば、いと—・し」〔枕・三〇六段〕 ❸（期待できて）たのしみだ。有望だ。「諫むる者もなしとて、かやうにする（＝法皇ヲオシコメル）にこそ、（ワガ平家ノ）行く末とても—・しからず（＝楽観デキナイ）」〔平家・法皇被流〕「俳諧は三尺の童にさせよ。初心の句こそ—・しけれ」〔土芳・三冊子・赤〕 ❹（「たのし」の誤用で）ゆたかだ。裕福だ。「天竺に留志長者とてよに—・しき長者ありける」〔宇治・巻六ノ三〕 **—びと** 人 Ⓓ たよりにする人。「そこら所狭（せ）かりし（＝アレホドモノモノシカッタ）御勢ひの静まりて（＝衰エテ）、この君を—におぼしたる」〔源氏・野分〕

たばか・る【謀る】Ⓒ《他四》《「た」は接頭語》❶考えをめぐらす。くふうする。「とかう（＝アレコレ）—・るほど（＝思案スルウチ）に、三日も過ぎぬ」〔宇津保・国譲下〕 ❷手段を講ずる。何とかする方法を案出する。「雨いふかたなけれど（＝スゴク降ルガ）、とかう—・りて（＝何トカ雨具ヲ用意シテ）出でぬ」〔蜻蛉・下〕「事はなほ（＝デモ万事ハ）嫗（おうな）—・りきこえむ（＝ワタシガ何トカヤリクリイタシマショウ）」〔宇津保・藤原君〕 ❸相談する。《「議 ハカル」〔名義抄〕》「さるに（＝ソコデ）かの大将、出でて（＝御前ヲ退出シテ他ノ人ト）—・りたまふやう」〔伊勢・七八段〕 ❹欺く。だます。「いみじく（＝ウマク）—・りて出でぬ」〔源氏・夕顔〕

たは・く【戯く】（―ワ―）Ⓔ《自下二》❶【奸く】㋑不正な男女関係をもつ。密通する。「隼別（はやぶさわけ）の皇子、ひそかに（妃ト）—・けて、久しくかへりごと申さず」〔紀・仁徳・訓〕《「たはけて」は「親娶」の訓》㋺（男女関係が）だらしない。色好みだ。「おのがまま（＝生来）の—・けたる性（さが）はいかにせむ（＝ドウショウモナク）、いつのころより（カ）鞆（とも）の津の袖といふ（名ノ）妓女（あそびもの）に深くなじみ」〔秋成・雨月・吉備津〕 ❷ばかげた行為をする。《名詞「たはけ」から推して、この用法があるはずだけれど、確かな用例は未見》

たばさ・む【手挟む】Ⓔ《他四》手、あるいは脇（わき）にはさんで持つ。「もろ矢（＝二本ノ矢）を—・みて的に向かふ」〔徒然・九二段〕

たはやす・し【たは易し】（タワ―）Ⓔ《形ク》《「たは」は接頭語》❶何でもない。簡単だ。「仰せの事は、いともたふとし。ただし、この玉—・くえ取らじを（＝楽ニハ取レマセンデショウニ）、いはんや、龍（たつ）の頸（くび）の玉は、いかが（＝ドウシテ）取らむ」〔竹取〕 ❷軽々しい。安易な気持ちだ。「（光源氏ハ六条御息所ノイラレル野宮ヘハ）—・く（＝軽イ気持チデ）御心にまかせて（＝行キタイトキニ）まうでたまふべき

御すみかに、はた、あらねば」〔源氏・賢木〕

たび【旅】 Ⓒ ❶自宅でない所に、臨時的にいること。またはその途上。「《女三ノ宮ガ自宅ヲ離レ、夫ノ家ニイルノニ対シ》御はらからの宮たちよりも『かく―におはするなり』とて、とぶらひきこえたまへば」〔宇津保・蔵開下〕 ❷ある日数、よその土地へ行くこと。「ゆくへなき―の空にもおくれぬ(=ツイテクルノ)は都にて見しありあけの月」〔更級〕

たびごろも【旅衣】 Ⓒ 旅での着物。「―着ては袖のみ(涙デ)露けきに思ひ立たでぞあるべかりける(=旅ナンカニ出ルノデナカッタ)」〔玉葉・旅〕

たびたまへ【賜び給へ】(―エ) Ⓓ 《連語》《つねに命令形で》 ❶お与えください。「まこと(=ホントウニ)わらは(=ワタシ)を思ひなば、宝を我に―」〔狂・節分〕 ❷《補助動詞ふうに》懇望をあらわす。どうか…ください。「わが跡(=ワタシノナキアトヲ)弔(と)ひて―(=ドウカオトムライクダサイ)」〔謡・松風〕「末の世(=後世ヲ)助け―」〔謡・熊坂〕

たびと【旅人】 Ⓔ 《古代語》旅をしている人。「飯(いひ)に飢(ゑ)て臥(こ)やせるその―あはれ」〔紀・推古〕《原文「多比等」で、清音の「比」が用いてある》

たびね【旅寝】 Ⓒ ❶《中古語で》自宅以外の場所で寝ること。「思ふどち(=仲ノヨイドウシガ)春の山べにうち群れてそこともいはぬ(=別ニ予定モナイ)―してしか(=シタイモノダナ)」〔古今・春下〕 ❷旅さきで寝ること。「死にもせぬ―の果てよ秋の暮れ」〔芭蕉(野ざらし)〕

たひらか【平らか】(タイ―) Ⓒ 《形動ナリ》 ❶平坦だ。でこぼこでない。「―なる道を示して『これより、ゐて(=連レテ)行け』とおこなふ(=指示シタ)」〔今昔・巻一四ノ三〇〕 ❷無事だ。別状ない。「―におはします御ありさま奏せさせたまふ」〔紫日記〕 ❸おだやかだ。おっとりしている。「むかしは人の心―にて、世に許さるまじきほどの事をば、思ひおよばぬものとならひたりけむ」〔源氏・若菜上〕

たひら・ぐ【平らぐ】(タイ―) Ⓒ ㊀《自四》 ❶平坦になる。でこぼこがない。「(富士ノ)山の頂の少し―・ぎたる(トコロ)より煙は立ちのぼる」〔更級〕 ❷㋑治まる。静まる。「御簾の外(と)にも出でたまはず、人などの参るにも『勘当の重ければ(=重イオシカリデ恐レ多イカラ)』とてあはせたまはざりしにこそ(=オ会イニナラナカッタノデ)、世の過差(くゎさ=度ヲ越エタ華美ゼイタクモ)―・ぎたりしか」〔大鏡・時平〕 ㋺(病気が)なおる。平癒(へいゆ)する。「朱雀院の御薬の事(=ゴ病気)、なほ(=マダ)―・ぎはてたまはぬにより(=全快シテシマワレナイノデ)」〔源氏・若菜上〕 ㊁《他下二》 ❶平坦にする。でこぼこのあるものをならす。「萩の花にほへる屋戸(やど=家)を朝庭に出で立ちならし夕庭に踏み―・げず…」〔万葉・巻一七〕 ❷静める。治める。平定する。「この一門は朝敵を―・げて四海(=国内)の逆浪を鎮むることは、無双(ぶさう)の(=並ブモノノナイ)忠なれども」〔平家・教訓状〕 ❸飲食物を全部食う。「冷飯を―・げて行く下女が母」〔柳樽・拾遺九〕

たふ【答ふ】(トウ) Ⓔ 《+自サ変》 ❶応答。返事。「偈(げ)を作りて―・するに曰く」〔正法眼蔵・行持上〕 ❷しかえし。返報。「城の中静まりかへって、時の声をも合はせず―の矢をも射ざりけり」〔太平・巻三ノ二〕

た・ふ【遮ふ】(タ〈ト〉ウ) Ⓔ 《他下二》《古代語》さえぎる。「赤き絹一百疋(ひとももまき)をもたせて任那(みまな)の王(きみ)に賜(た)うびつかはす。然るに新羅人これを道に―・へて奪ひつ」〔紀・垂仁・訓〕《「たへて」は「遮」の訓》

た・ぶ【賜ぶ・給ぶ】 Ⓒ 《他四》㋑「与ふ」「授く」の尊敬語。お与えになる。「下衆(げす)どもの料にとて、布などいふ物をさへ、召して―・ぶ」〔源氏・宿木〕 ㋺自身の動作に用いて、目下の者に与える意をあらわす《尊大語》。「(ワタシガ)童(わらはべ)に物もえ―・ばで(=食物モクレテヤレナイノデ、召使ノ少年ハ)疲れ伏しはべれば」〔宇津保・忠こそ〕

た・ぶ【食ぶ】 Ⓓ 《他下二》 ❶たべる。「などか(=ドウシテ)他物(こともの)も―・べざらむ(=食ベナイワケニユキマショウカ)」〔枕・八七段〕 ❷飲む。「殊ない(=最上ノ)御酒を強(し)ひられ、正体もなう―・べ酔ひ」〔狂・茶壺〕「《独リゴト》いかう(=ヒドク)喉が乾く。湯なりとも茶なりとも飲みたいものぢゃが』『なうなう(=モシモシ)御坊、茶をひとつ参らぬか(=アガリマセンカ)』『ただ今も独りごとに申してござる。なるほど(=デハ)ひとつ―・べませう』」〔狂・薩摩守〕《中世の口語では、ふつう「飲む」と言い、あらたまった場面で「たぶ」と言った》

た・ぶ【給ぶ】 Ⓑ 《助動》《動詞の連用形に付く》《敬語》動作主体を尊敬する表現にする。…なさる。「物ものし―・ばで(=食事モナサラナイデ)ひそまりぬ(=オヤスミニナッタ)」〔土佐〕

未然	連用	終止	連体	已然	命令
ば	び	ぶ	ぶ	べ	べ

たぶさ【髻】 Ⓔ 頭髪をつかねた部分。もとどり。「(ムカシ)結(ゆ)ひそめて(カラズット)馴れし(アナタノ)―の(=元結イノ)濃紫(ノ色ノヨウニ深ク愛シタノダ)思はず今も(アノコロノワタシノ愛情ガ)浅かりきとは」〔金槐・雑〕

たへ【妙】(―エ) Ⓓ 《形動ナリ》 ❶人間の感覚をこえている。神秘的だ。「ありつる(=サキホドノ)魚は、魚と見つれど、百味を備へたる(=オイシク調理サレタ)飲食になりぬ。怪しう―・なる事多かり」〔宇津保・俊蔭〕 ❷水準をはるかにこえている。すばらしい。「色香―・にして常の衣にあらず」〔謡・羽衣〕 ❸巧妙だ。じょうずだ。「よろづの物の音(ね)調へられたるは、―・におもしろく」〔源氏・若菜上〕

たま―【玉】 Ⓓ 《接頭》「美しい」「みごとだ」の意を添える。

「—垣」「—柏(はがし)」「—琴」「—笹(ささ)」「—椿(つばき)」「—手」「—床」「—松」「—裳(も)」「—藻(も)」「—柳」等。

たま【玉・珠】Ⓑ ❶㋑美しい石。中国産の玉(ぎょく)をさすことが多かったようである。「延喜の帝の、古今和歌集を、唐(から)の浅縹(あさはなだ=ウスイ水色)の紙を継ぎて、同じ色の濃き小文(こもん=コマカイ模様)の綺(き)の表紙、同じき(色ノ)—の軸」〔源氏・梅枝〕㋺【とくに】真珠。「底清みしづける—を見まくほり(=沈ンデイル真珠ヲホシイト思ッテ)千度ぞ告(の)りし(=何度トナクマジナイノコトバヲ唱エタ事デアル)かづきする(=潜水スル)海人(あま)」〔万葉・巻七〕 ❷美しいものをたとえていう語。「松が根の枕(ヲスルヨウナ旅)も何かあだならむ(=取リ柄ガナイワケデハナイ)—の床(こと)とて常の床かは(=イツモソレニ寝ルトハ限ラナイ)」〔千載・羇旅〕 ❸球状の物の総称。「数珠のかずにまぎらはしてぞ、涙の—をば、もち消ちたまひける(=マギラワサレタ)」〔源氏・御法〕 ❹しろもの。「中は大方こんな—と、秤(はかり)の目よりおれが目で、ふんだら(=見積モッタラ)それが定値段(=定価)」〔伎・十六夜清心・二ノ二〕 ❺とくにすぐれたもの。「—というたら(=ピカ一トイエバ)、的等(てきら=アンナトコロ)ぢゃ」〔三馬・風呂・二ノ上〕 ❻芸者・遊女など客商売の女の称。「さる(=アル)方から(遊女ノ)高尾を身うけ、言うて来ても、肝心の—が(ドコへ行ッタカ)知れぬで、方々へたづねあるく」〔浄・先代萩・二〕 ❼ぺてんの種。「今日稲荷において、この贋金(にせがね)を—に使うて」〔伎・韓人漢文・一〕 ❽紋の名称。→巻末「紋章要覧」。 玉の台

Ⓓ〘連語〙美しくぜいたくな建物。「あやし(=マア、イヤダ)。などてか(=ナンダッテソンナ)人げなき(=ミットモナイ)ものは(ココニ)あらむ。〔「草ノ庵」ナドイワズニ〕『—』ともとめたまはましかば、いらへてまし(=返事シテモイイケレド)」〔枕・八二段〕

たま【魂・霊・魄】Ⓓ たましい。霊魂。肉体にやどって生命活動のもとになるもの。死後も肉体なしに存続するが、生前も肉体を離れてさまよい歩くことがあると信じられていた。後者の場合は、魂と肉体とを結びつける、目に見えない緒のようなものがあり、それが切れると肉体は命を失うことになると考えられた。[参]たまのを[三]。「亡き人の来る夜とて、—祭るわざは、このごろ都にはなきを」〔徒然・一九段〕

—を消・す ひどくびっくりする。肝をつぶす。「〔父ノ急病ニ〕こはいかにとひとり驚き、—・すといへども、せむすべなく(=ドウショウモナク)」〔一茶・みとり日記〕

たま かづら【玉鬘・玉葛】(—ズラ) Ⓒ「かづら」の美称。→かづら。

たま くしげ【玉櫛笥・玉匣】Ⓓ 櫛箱を美しく表現したことば。「をとめ、—を取りて嶼子(しまこ)にあたへて」〔丹後風土記佚文(釈日本紀・巻一二)〕〘原文「女娘取玉匣授嶼子」と表記〙

たま くしろ【玉釧】Ⓔ 玉をつけた美しい腕輪。「女鳥(めどり)の王の御手にまかせる(=手ニオツケニナッテイル)—をとりて、己が妻(め)に与へき」〔記・下〕〘原文「玉釧」と表記。「吾妹子(わぎもこ)は久志呂にあらなむ左手のわが奥の手に纒(ま)きて去(い)なましを」〔万葉・巻九〕などから推して「たまくしろ」とよむ〙

たま さか Ⓓ〘+形動ナリ〙 ❶「めったに会えないものに偶然まれな機会を得て」の気持ちを表す。「かく—・に逢へる親に、孝ぜむの(=親孝行ショウトイウ)心あらば」〔源氏・常夏〕 ❷「ちょっとないことだが、万一」の気持ちを表す。「—・にも(=モシ万一ニモ)おぼしめし変はらぬやうはべらば(=サキザキマデソノォ気持チガゴザイマシタラ)」〔源氏・若紫〕 ❸まれなさま。「かう—・なる人(=メッタニ来テクレナイ人ダ)とも思ひたらず」〔源氏・帚木〕

たましひ【魂】(—イ) Ⓒ ❶霊魂。「もの思ひにあくがるなる—は、(ナルホド)さもやあらむ(=ソンナ現象モアルダロウ)」〔源氏・葵〕 ❷㋑精神状態。「(化ケ物ガ現レタケレド)—変はらずして(=平然トシテ)刀を抜きて斬りつ」〔紀・雄略・訓〕〘「たましひ」は「神色」の訓〙㋺心のはたらき。思慮。「すこし至らぬ(=不備ナ)事にも、御—の深くおはして(=御配慮ガ行キ届イテイラレ)、らうらうしう(=手際ヨク)しなしたまひける(=オサバキニナッタ)」〔大鏡・伊尹〕㋩気力。根性。「(オ前ハ)—あれば(=気性ガシッカリシテイルカラ)、さりとも(=ソンナグアイデモ何トカヤッテユクダロウ)とは思へども」〔栄花・初花〕 ❸性格。性質。「性(ひととなり=生マレツキ)—いさぎよくて(=清潔デ)、時の務(まつりごと)に堪へたる(=行政事務ニ練達ノ者)」〔紀・孝徳・訓〕〘「たましひ」は「識」の訓〙 ❹〘武士の魂の意で〙刀。「否(いや)と言(い)や伝兵衛、この辰内が—の切れ味見せうか」〔伎・猿曳門出諷・上〕

たま だすき【玉襷】Ⓓ ❶たすきを美しく表現したことば。「袖ぬらす沢べの若菜さりとては—にやいれて摘ままし」〔夫木・巻一〕 ❷〘たすきがひっかけられるものであることから〙ひっかかること。「ことならば(=同ジコトナラ)思はずとやは言ひ果てぬ(=ドウシテ愛サナイト言イ切ッテクレナイノカ)なぞ(=何ダッテ)世の中の(=ワレワレノ仲ガ)—なる(=ヒッカカッテイルノダ)」〔古今・雑体〕

たま だれ【玉垂れ】Ⓔ〘玉を緒で貫いて下げる意から転じて〙すだれを美しく表現したことば。「雲の上(=宮中)はありし昔にかはらねど(アナタガ以前ニ)見し—の内(=女房タチノイル所)やゆかしき(=モウイチド顔ヲオ出シニナリタイノカ)」〔十訓・第一ノ二六〕

たま づさ【玉梓・玉章】(—ズサ) Ⓔ〘古代は手紙を梓

(あずさ)の木に結びつけたので）手紙を美しく表現したことば。「(求婚ノ)—の数のみつもりて、なびく(=承知スル)気色(けしき)もなかりしが」〔平家・小督〕

たまのを（—オ）Ⓓ ㊀【玉の緒】❶玉を貫いた緒。「—を片緒によりて(=一方カラヨルト)緒を弱み(=緒ガ弱クテ)乱るる時に(=切レテ玉ガバラバラニナルヨウニ私タチノ仲ガ離レタラ)恋ひずあらめやも(=私ハ恋ニ苦シマズニイラレマスマイ)」〔万葉・巻一二〕❷短いことのたとえ。「あふことは—ばかり(=ホンノ短イ間ナノニ)名のたつは吉野の川のたぎつ瀬のごと(=激流ミタイナ勢イダ)」〔古今・恋三〕㊁【魂の緒】（魂と肉体をつなぐ緒のようなものという意から）命。㊇たま(魂)。「これはあだなる(=アテニナラナイ)—の、長き別れとなりやせむ(=永久ノ死別ニナルカモシレナイ)」〔謡・熊野〕「いまだ—の余りも(=余命ガアルナラ)、このたびは、もとの人になりたまへ(=全快シテクダサイ)」〔一茶・みとり日記〕

たまは・る【賜る・給る】（—ワル）Ⓑ〘他四〙❶目上の人・高貴の人からもらう意の謙譲語。いただく。ちょうだいする。「禄(ろく)(=ゴホウビ)いまだ—・らず(=チョウダイシテイマセン)」〔竹取〕❷与える意の尊敬語。おくだしなさる。お与えになる。下さる。「文正とやらむ(=トカイウ)者、ならびなき娘をもちたるよし、うけたまはりてさうらふ。(ソノ娘ヲ)御はからひにて(=アナタノオトリナシデ)—・りさうらへ(=ワタシニオ与エクダサイマセ)」〔伽・文正草子〕

たまは・る【給る】（—ワル）Ⓑ〘助動〙〘動詞・助動詞の連用形に付く〙行為の当人を高め、尊敬の言いかたにする。お…なさる。「(コノ者ハ)うつし心なく(=正体モナク)酔ひたる者にさうらふ。まげて(=ドウカゼヒ)許し—・らむ(=オ許シクダサイ)」〔徒然・八七段〕

未然	連用	終止	連体	已然	命令
ら	り	る	る	れ	れ

たま・ふ【賜ふ・給ふ】（—マ〈モ〉ウ）Ⓑ ㊀〘他四〙❶「与ふ」「授く」の尊敬語。お与えになる。お授けになる。「大御酒(おほみき)—・ひ禄(=ゴホウビヲ)—・はむとて」〔伊勢・八三段〕❷（命令形で）人をうながしたり、さしずしたりする。訳語は、場面に応じていろいろ変えなくてはならない。「いざ(=サア)—・へよ(=イラッシャイナ)、をかしき(=キレイナ)絵など多く、雛(ひひな)遊びなどする所に」〔源氏・若紫〕「あなかま(=シーッ)、—・へ(=ダマッテラッシャイ)」〔源氏・玉鬘〕㊁〘他下二〙❶与えさす意の尊敬語。「殿の御達の(=アチラノ女房タチガ)帰らむには、何か(=ドンナ物ヲ)—・へたる」〔落窪・巻四〕（この一例しか無く、解釈も異説があるけれど、認めてよい用法だと思われる）❷「食ふ」「飲む」の謙譲語。「黒酒(くろき)・白酒(しろき)の御酒(みき)を、赤丹(あかに)の秀(ほ)に(=マッカニナルホド)—・へゑらぎ(=タノシミ)」〔宣命(称徳・天平神護元年)〕

たま・ふ【給ふ】（—マ〈モ〉ウ）Ⓐ〘助動〙〘敬語〙㊀（動詞または他の助動詞の連用形に付く）

未然	連用	終止	連体	已然	命令
は	ひ	ふ	ふ	へ	へ

（㊀）㋑動作主体(他人)を高める尊敬表現にする。…なさる。お…になる。「かぐや姫、いといたく泣き—・ふ」〔竹取〕「いづくまでも求め—・へ」〔徒然・二二五段〕（上に間投助詞が入ることもある。↓）「日月は明かしといへどわがためは照りや—・はぬ…」〔万葉・巻五〕㋺天皇またはそれに準ずる人が自分の行為に用い、特別な身分を相手に意識させる。「（天皇ガ上皇ニ対シ）白(まを)し—・ひ、受け賜はらくは」〔宣命(聖武・天平元年)〕（原文「白賜比受被賜久者」）「帝、仰せたまふ、『みやつこまろが家は、山もと近かなり(=近イヨシダ)。御狩り行幸(みゆき)し—・はむやうにて(カグヤ姫ヲ)見てむや』とのたまはす」〔竹取〕（ロドリゲス大文典によれば、室町時代までこの言いかたが残っていたようである）㋩恩恵を与えるがわの行為を示す動詞の連用形に付いて「…してやる」「…してつかわす」の気持ちをあらわす。「冠位一階上げ—・ふ事をはじめ」〔宣命(聖武・天平元年)〕㊁（動詞の連用形に付く）

未然	連用	終止	連体	已然	命令
へ	へ		ふる	ふれ	

（㊁）自分の行為を低めることにより話し相手を高める気持ちの謙譲表現にする。…させていただく。「(月光デハ)さらに(=イッコウ)え見—・へず(=拝見イタシカネマス)。昼さぶらひて見—・へむ」〔蜻蛉・下〕「(雪ガ)昨日の夕ぐれまではべりしは、いとかしこし(=タイシタ事ダ)となむ思う—・ふる(=存ジマス)」〔枕・八七段〕「おぼしはばからで(=遠慮ナサラズニ)思ひ—・へ寄るさま異なる(=考エツイテオリマスグアイガ他人ト同ジデナイ)心のほどを御覧ぜよ」〔源氏・若紫〕（(1)謙譲の用法は、平安時代の初期からおこなわれ、中期に栄え、末期に衰え、鎌倉時代にはいって消滅した。(2)ほとんどすべて「見る」「聞く」「思ふ」の三語に付く。(3)複合動詞に付くときは、上出「思ひたまへ寄る」のように、中間にはいる。(4)会話および書簡文にだけ現れ、地の文には用いられない。(5)話主または話主がわの行為をあらわす動詞にだけ付くので、丁寧の助動詞とする説もある。訳語は、文法学説にとらわれず、いつも「…ます」と丁寧に訳しておけばよい）（「たまふ」を補助動詞とする説があるけれど、「しめたまふ」「せたまふ」「させたまふ」のように、他の助動詞に付く例が多いので、助動詞と認める）

たまほこ【玉桙】Ⓔ（枕詞「たまほこの」から転じて）❶

道。「このほどは知るも知らぬも—の行きかよふ袖は花の香ぞする」〔新古今・春下〕「(晴天ナノデ)—や(=路上ニウツル)影ふむ森にやすらへばやがて雲そふ夕立の空」〔壬二集・中〕 ❷通りがかり。途上。「夕露に紐とく花は(=顔ヲオ見セスルノハ)—のたよりに見えし(=オ通リノ際ニ見ラレタ)縁(えに)こそありけれ」〔源氏・夕顔〕

たま みづ【玉水】(—ズ) Ⓔ ❶きれいな水。清流。「山城の井手の(=井手村ニアル)—手にむすび(=スクイアゲテ飲ミ)頼みし(=約束シタ)かひもなき世なりけり」〔伊勢・一二二段〕〖↑掛け詞「掬び」「結び」〗 ❷雨だれ。「月出づるころは雲出でてまた—の音するものぞかし」〔定信・花月草紙〕

たま も【玉藻】 Ⓔ 藻を美しく表現したことば。「葛飾(かつしか)の真間(まま)の入り江にうちなびく—刈りけむ手児名(てこな)し思ほゆ」〔万葉・巻三〕「池水に—沈むは鳰(にほ)鳥の思ひあまれる涙なりけり」〔宇津保・藤原君〕

たま もひ【玉盌・玉器】(—イ) Ⓔ 「もひ」(水入れ)を美しく表現したことば。「…玉笥(たまけ)には飯(いひ)さへ盛り—に水さへ盛り泣き(涙ニ)そぼち(=ヌレテ)行くも影姫あはれ」〔紀・武烈〕

たま ゆら【玉響】 Ⓓ 〖十副〗ちょっとの間。ほんのしばらく。「『—の露も涙もとどまらず亡(な)き人恋ふるやどの秋風』と詠みてつかはされし。…『—』は、しばしといふことなり」〔正徹物語・下〕「久方の天の香久山ほととぎす—来なけ雲のまにまに」〔堀河百首・郭公〕「猪南野(ゐなみの)や野中の清水むすぶ手の—すずし笹の上露」〔夫木・巻二六〕〖「ほのか」「かすか」という意をあげる説もあるが、疑わしい。「手玉(ただま)もゆらに織(はたお)る少女(をとめ)は、これ誰がむすめぞや」〔紀・神代下・訓〕の「ゆらに」は「玲瓏」の訓だが、他の所では「玲瓏」は「てりかかやく」とよまれており、手にかけた飾り玉がきらきらする意であろう。「手に巻ける玉もゆらに白栲(たへ)の袖振る見えつ…」〔万葉・巻一三〕も同様の意と思われる。従って「たまゆら」は「玉のようにきらめく」の意だったのが、平安後期にその原義がわからなくなり、正徹物語のような解釈が一般に行われたのではあるまいか。「ほのか」「かすか」の意を示す用例は無いようである〗

た・む【廻む・回む】 Ⓔ 〖自上二〗まわる。めぐる。「磯の崎(ヲ舟デ)こぎ—・み行けば近江の湖(み)八十(やそ=多ク)の湊(みなと)に鶴(たづ)多(さは)に鳴く」〔万葉・巻三〕

た・む・く【手向く】 Ⓒ 〖他下二〗 ❶神や仏に供え物をする。「龍田姫(=秋ノ女神ガ)—・くる神のあればこそ秋の木の葉の幣(ぬさ)と散るらめ」〔古今・秋下〕 ❷祭りをする。祈りをする。「わが国の大和島根の神たちを今日の御祓(みそぎ)に—・けつるかな」〔金槐・夏〕 ❸旅だつ人に贈り物をする。「餞別欲夜といふことを、旅衣たちおくれじと慕ふ間に—・けぬ(=餞別(せんべつ)ヲクレナイ)月もかげぞいさよふ(=出ルヨウナ出ナイヨウナグアイダ)」〔新続古今・離別〕 ❹死者をとむらうため供え物をする。「亡者の望むなる蓑笠(みのかさ)をこそ—・けけれ」〔謡・善知鳥〕

た むけ【手向け】 Ⓒ 〖十他サ変〗 ❶㋑神仏に物を供えること。「百足(ももた)らず(=枕詞)八十隈(やそくま)坂に(=多クノ屈曲シタ坂デ)—・せば過ぎにし人(=ナクナッタ人)にけだし(=モシヤ)逢はむかも(=アエヨウカ)」〔万葉・巻三〕㋺供え物。「秋深く旅ゆく人の—には(=手向ケノ品トシテハ)紅葉にまさる(=以上ノ)幣(ぬさ)はなかりき」〔後撰・離別〕 ❷㋑贈り物。プレゼント。「葦原の瑞穂(みづほ)の国に—・すと天降(あも)りましけむ(=天カラ神サマガタガ下リテオイデニナッタトイウ)五百万(いほよろづ)千万(ちよろづ)神の神代より言ひつぎ来たる…」〔万葉・巻一三〕㋺〖特に〗旅だつ人への贈り物。せんべつ。「『女房の(伊予国へ)下らむに』とて、—心ことに(=念入リニ)せさせたまふ」〔源氏・夕顔〕 ❸㋑〖旅の安全を祈ることから〗坂の頂上。音便で「とうげ(峠)」となる。「佐保すぎて奈良の—に置く幣は妹(いも)を目離(か)れず相見しめとぞ(=妻ニイツモ会ワセテクダサイトイウワケデス)」〔万葉・巻三〕㋺㊥手向けの神。「逢坂山にいたりて—を祈り」〔古今・序〕 ❹死者のため供え物をし、あの世での幸いを祈ること。「薪(たきぎ)に花を折り添へて、—をなして帰らむ」〔謡・忠度〕 ——**のかみ** 手向けの神 Ⓔ 〖連語〗道中の無事を祈るため、坂の頂上などによく祭られている神。「さへのかみ」「道祖神(だうそじん)」とも。「浅からぬ契り結べる(=旅ノ安全ヲ深ク神サマト約束シタ)心葉(=ソノ心ヲコメタ心葉ノ飾リ)は—ぞ知るべかりける」〔拾遺・雑上〕 ——**やま** 山 Ⓔ 「手向けの神」を祭ってある山。逢坂(おうさか)山をさす場合が多いけれど、それに限ったわけではない。〖普通名詞〗「このたびは幣も(モミジヨリ貧弱デ)取りあへず(=手ニスル気ニナレナイ)—紅葉の錦神のまにまに(=オ気ニ召スホドオ受ケクダサイ)」〔古今・羇旅〕

ため し【例し】 Ⓒ ❶手本。基準となるもの。「かの御教へこそ長き—にはありけれ」〔源氏・梅枝〕 ❷前例。実例。「東宮の女御のいとさがなくて(=意地悪クテ)、桐壺の更衣のあらはに(=露骨ニ)はかなくもてなされし(=ヒドイアツカイヲ受ケタ)—もゆゆしう(=縁起デモナイ)」〔源氏・桐壺〕 **よの—** 世の例し Ⓔ 〖連語〗世間話のひきあい。〖「ためし」だけでこの意味になる用例はない〗「かく—になりぬべきありさま(ヲ人ニ)もらしたまふなよ」〔源氏・朝顔〕

ためら・ふ【躊躇ふ】(—ラ〈ロ〉ウ) Ⓓ 〖自四〗 ❶心が決まらず、ぐずぐずする。「それがし(=ワタクシガ)太刀抜き持って(斬ロウトシタガ)すこし—・ひさうらふところに」〔謡・

仲光」❷(何かをしかねて)うろつく。「若い衆一人…みなみなの様子を―・ひ(=ウロウロシナガラ)見て」〔伎・伊勢音頭・二〕 ❸(積極的に行動できず)ぶらぶらしている。「乱りごこちあし(=気分ガ悪イ)とて、―・ひさぶらふ(=休養シテオリマス)」〔栄花・浦々〕 ❹(気持ちの上で)立ち直る。「など(=ナンダッテ)かくのみは(=コンナ状態デバカリイラッシャルノデスカ)。なほなほ(=ヤハリ)―・ひて(=シッカリシテ)起きさせたまへ」〔寝覚・巻二〕《伊呂波字類抄に「強健」の訓として「タメラフ」がある》

ため・り Ⓑ《助動》(「たんめり」の撥(はつ)音を表記しない形)→たんめり。「これは、いと様かはりたる(=風ガワリナ)かしづき種(ぐさ)なりと(源氏ハ紫上ノコトヲ)おぼい―・り」〔源氏・若紫〕

たもと【手本・袂】Ⓓ ❶㋑(「手(た)本」の意)手首。「少女(をとめ)らが少女さびす(=少女ラシクフルマオウ)と唐玉(からたま)を―にまかし…」〔万葉・巻五〕《飾り玉をまきつけるのだから、手首と解するのが自然である》㋺《転じて》腕(ぜんたい)。「遠つ人(=枕詞)松浦の川に若鮎(わかゆ)釣る妹(いも)が―を我こそまかめ(=ゼヒ妻ニショウ)」〔万葉・巻五〕《互いにからませあう場面だから、腕ぜんたいと解するのがよい》 ❷㋑着物の腕を覆う部分。袖(そで)。「亡き人を恋ふる―の(乾ク)隙(ひま)なきに(涙ノホカニ)荒れたる軒のしづくさへ添ふ」〔源氏・蓬生〕㋺袖の垂れさがった下方の部分。「洗ひ髪にぎって―見てもらひ」〔柳樽・四〕

たやす・し【た易し】Ⓓ《形ク》(「た」は接頭語) ❶容易だ。なんでもない。「(役ノ行者ハ)験力によりて―・く捕らへられざるが故に、(人質ニ)その母を捉(と)らふ」〔霊異記・上・二八〕《原文「輙」、訓注に「太ヤ須久」》 ❷㋑安直だ。かるがるしい。「(母ニ対シテハ)限りあれば(=親子ノ分トイウモノガアルノデ)―・く(=気楽ニ)馴れきこえさせずかし(=ナレナレシクハデキマセン)」〔源氏・総角〕㋺無関心だ。おかまいなしだ。「何ぞ―・く(=平気デ)衾(ふすま)を盗みて出づる」〔今昔・巻一四ノ三七〕

た・ゆ【絶ゆ】Ⓑ《自下二》❶切れる。とだえる。「緒の(=アノ綱ガ)―・えもしなば、いかにせむとならむ」〔枕・三〇六段〕 ❷おわる。やむ。なくなる。「惜しからぬ命をなどかあふ事の―・えばともにと契らざりけむ」〔続後拾遺・恋四〕 ❸息がとまる。死ぬ。「魂(たま)の緒よ(=ワガ命ヨ)―・えなば―・えねながらへばしのぶる事のよわりもぞする」〔新古今・恋一〕 ❹滅びる。「みな族(ぞう)(=家系ガ)―・えむ事を願ひたまへり」〔徒然・六段〕 ❺かけ離れる。「(明石入道ハ)かの―・えたる(=人里ハナレタ)峰に移ろひたまひにし」〔源氏・若菜上〕 ❻縁がきれる。夫婦別れする。「―・えにける夫(をとこ)の」〔詞花・雑上・詞〕

たゆ・し【懈し・弛し】Ⓓ《形ク》❶(つかれて)だるい。(弱って)力がない。「思ふとも恋ふとも逢はむものなれや(=クトテモ会エソウモナイ、ソレナノニ)結(ゆ)ふ手も―・く(=クタクタニナルホド)解くる下紐」〔古今・恋一〕「顔の色いと青ざめて―・き(=ドロントシタ)眼すざましく」〔秋成・雨月・吉備津〕 ❷はきはきしない。ぐずだ。「(ワタシハ)あやしく(=妙ニ)―・く(=ノロマデ)おろかなる本性(ほんじやう)(=性質)にて」〔源氏・若菜下〕 ❸ゆっくりしている。せかせかしない。「しばし(=チョット待ッテヨ)。格子(かうし)は、な参りそ(=上ゲナイデチョウダイ)。―・く(=ユックリ)構へてせむ(=落チツイテシマショウ)」〔蜻蛉・下〕

たゆた・ふ【揺蕩ふ・猶予ふ・躊躇ふ】(―タ〈ト〉ウ)Ⓓ《自四》❶《物理的に》ぐらぐらして落ちつかない。揺れて安定しない。「大船の―・ふ海に碇(いかり)おろし(=序詞)いかにせばかも(=ドウシタラマア)わが恋やまむ(=ワタシノ恋心ハシズマルダロウ)」〔万葉・巻一一〕 ❷《精神的に》㋑安定しない。よろめく。「うらぶれて(=憂イニシズンデ)ものな思ほし(=モノ思イヲナサイマスナ)天雲の(=枕詞)―・ふ心(=グラツイタ心ヲ)わが思はなくに(=ワタシハ持ッテイマセンカラ)」〔万葉・巻一一〕㋺(判断しかねて)ためらう。決心しかねる。「ことなる勢ひなき(=トクニ羽振リガヨイワケデナイ)人は(旅費ナドノ問題デ上京ヲ)―・ひつつ、すがすがしうも(=キッパリト)出でたたぬほどに」〔源氏・玉鬘〕㋩(積極的な気持ちになれず)ぐずぐずしている。「例の『さ言ふとも(=ソンナ事ヲイッタッテ)日たけなむ(=ドウセ昼ナカニナルダロウ)』と、たゆき(=気ノ進マナイ)心どもは―・ひて」〔紫日記〕(参)たゆし。

たゆ・む【弛む】Ⓒ ㊀《自四》❶気がゆるむ。気がぬける。「―・まるるもの…遠きいそぎ(=マダ期日ガタップリアル事ノ用意)」〔枕・二六段〕 ❷疲れる。だるくなる。「三日まで口中の食を断ちければ、足―・み身疲れて」〔太平・巻三ノ三〕 ❸よわまる。とだえる。とどこおる。「さ夜ふけてきぬたの音ぞ―・むなる月を見つつや衣うつらむ」〔千載・秋下〕「夜もすがら吹きつる風や―・むらむ叢雲(むらくも)かかる有明けの月」〔新葉・秋下〕 ㊁《他四》しないでおく。中止する。「急ぎつる(=帰ッタラスグニト思ッタ)文も―・みぬることそうしろめたけれ」〔枕・三六段〕 ㊂《他下二》ゆだんさせる。「(先方ガ自分ヲ)―・めてはひ隠れなば(=フットドコカニ身ヲカクシタラ)」〔源氏・夕顔〕

たより【便り】Ⓑ ❶㋑たよるもの。頼みとするところ。よるべ。「親なく(=ナクナッテ)、―なくなるままに」〔伊勢・二三段〕㋺生活のよりどころ。もとで。「(収穫米ノ)半ばをば取りて、それを―として世を過ごす」〔今昔・巻一六ノ二八〕 ❷㋑ゆかり。縁。関係あるもの。「え言ひよらぬに、さるべき―を尋ねて七月七日言ひやる」〔更級〕㋺手づる。関係をつける仲介。「衛門―を作り出でて、かの中納言殿に(=ノ邸デ)きよげなり(=キレイダ)と見し人人よばず」〔落窪・巻三〕 ❸便宜。「山里などにうつろひ(=移転シ)て、—あしく(=不便デ)せばき所にあまたあひゐて」〔徒然・三〇段〕「月を見る—よろしければ」〔芭蕉・芭蕉を移す詞(三日月日記真蹟)〕 ❹機会。チャンス。「おのづから(=何トカシタグアイデ)世をむさぼる(=俗世間ノ欲ニヒカレル)に似たることも、—に触れば(=機縁ニヨッテハ)、などか無からむ(=無イワケニモユクマイ)」〔徒然・五八段〕「かくやもめ(=未亡人)となりしを—よしとや(=好都合ダトイウワケカ)ことばを巧みて(=ウマイコトヲ言ッテ)いざなへども(=求婚スルガ)」〔秋成・雨月・浅茅〕 ❺おとずれ。手紙。消息。「久しく—も無かったによって、ことのほか気遣ひ(=タイヘン心配)をしたが」〔狂・土産の鏡〕「ほとときすしばしば過ぐるほど、宿かし鳥(=カケス)の—(=訪レルコト)さへあるを」〔芭蕉・幻住庵記〕 ❻できぐあい。「わざとならぬ庭の草も心ある(=趣深イ)さまに、簀(す)の子透垣(すいがい)の—をかしく」〔徒然・一〇段〕

たらう〔太郎〕(-ロウ) Ⓔ ❶長男。「冬嗣大臣の御—」〔大鏡・道長〕 ❷順序・大きさ・優劣などで、第一位のもの。《単独で用いられた例はほとんどなく、たいてい接頭語ふう・接尾語ふうに使われる》「—冠者(=先輩格ノ召使)、ゐるかやい」〔狂・千鳥〕《狂言の英訳で「太郎冠者」を Servant Number One と訳する》

たらち〔垂乳〕 ㊀《連体》 **—ね** 根 Ⓓ 《枕詞「たらちねの」から転じて》 ❶母。「(母七条院カラノ手紙ニ対シ)—の消えやらで(=死ニカネテ)待つ露の身を(=吹キチラス無常ノ)風よりさきにいかで(=何トカシテ)とはまし」〔増鏡・新島守〕 ❷《さらに転じて》両親。親。「忘るなと契りおきけむ(=遺言ナサッタ)—も笑(ゑ)みて見るらむ雲の上にて」〔宇津保・国譲中〕「—もまたたらちめも失せはてて頼むかげなき嘆きをぞする」〔拾玉・巻一〕《この拾玉集の例によって「たらちね」を父の意とする説もあるが、誤解である。「垂乳根」という語源が簡単に忘れられるとは考えられないし、他に「たらちを」という語もあるからである。「—を導かむとてたらちめに請ひしいとまの末ぞ嬉しき」〔拾玉・巻四〕は法華経厳王品の話を詠じたものだが、経文によれば、この「たらちね」が両親、その中の母だけを「たらちめ」といったことは明らかである。父の意に用いられたかのように見える例でも(後拾遺・巻一九・一一五七)、やはり親の意として解ける》 **—め** 女 Ⓓ ㊟「たらちを」 母。《「たらちね」が親の意に用いられるようになって後、区別するためできた語らしい》「—はかかれとてしも(=将来坊サンニナリナサイトイウワケデ)うばたまの(=枕詞)わが黒髪をなでずやありけむ」〔後撰・雑三〕 **—を** 男(-オ) Ⓓ ㊟「たらちめ」 父。「夢になりとも—のそのおもかげを見せたまへ」〔謡・生田敦盛〕 ㊁「たらちね」の略。「赤坂の谷の木(こ)の実をあさるとて、—の猿の、子をひき連れて」〔近松・今川了俊・四〕《本来は連体詞であるが、近世に至り名詞の用法が生じたものと思われる。韻文のなかの用例なので、音数の関係から臨時に省略したのかもしれない》

たら・ふ〔足らふ〕(-ラ〈ロ〉ウ) Ⓓ 《自四》《「たる」の未然形に助動詞「ふ」がついたもの》 ❶全部そろっている。完全だ。資格として不足な点がない。「(仏様ノヨウニ)三十二相—ひたる(=完全無欠ナ容貌ノ)いつくしき姫にてありける」〔伽・文正草子〕 ❷《精神的に》満ちたりる。満足だ。「(セッカクノ美シイ)月(ヲ)見ても(秋デナイモノダカラ)もの—・はずや(=ナンダカモノタリナイ気ガスル)須磨の夏」〔芭蕉(笈の小文)〕

たら・む Ⓑ 《助動》《完了の「たり」の未然形に推量の「む」が付いた複合助動詞。活用↓む》 ❶過去に始まった行為・状態が現在なお継続中であろうことを推量する。…ているだろう。「石(い)の上といふことは、知ろしめし—・むかし(=御存ジデショウネ)」〔蜻蛉・下〕《過去に知ったのが現在まで続いているだろうと推量する》「平中納言ばかりや(年ゴロノムスメヲ)持たまひ—・む(=持ッテイラレルデショウ)」〔宇津保・嵯峨院〕《持っている状態の推量》 ❷過去におこった行為の結果・影響だけが現在話点まで存続しているだろうこと、またはその理由を推量する。「忘れたまひに—・めど(=オ忘レニナッテオシマイデショウガ)、今夜(こよひ)はおぼしいづや」〔宇津保・沖白波〕《↑忘れるという行為が過去にあり、その結果として現在は念頭にないという状態だろうと推量する》「(宮ハ話題ノ女性ヲ)わざと(=トクニ)おぼせばこそ(=ゴ執心ダカラ)、忍びて(=コッソリ)ゐておはし—・め(=連レテコラレタノダロウ)」〔和泉日記〕《↑連れこむという行為が過去にあり、結果として話題の女性はずっと宮邸にいる、その理由を推量する》 ❸《連体修飾の時》ある程度まで継続的な行為・状態が・生じる(存在する)かもしれないと仮想する。(仮に)…ということになったような。(もし)…たとすればその。…ているような。「すべて、さし向かひ—・む(場合ノ)やうに、こまやかに書きたり」〔蜻蛉・中〕《現実には対座していないのだが、仮に対座したとすれば、このように語るだろうと推量する》㊇たり・む・らむ㊂。

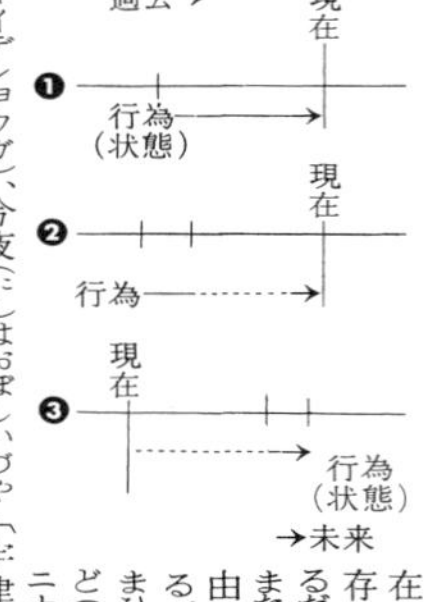

た・り Ⓐ〖助動〗㊀(「てあり」から生じたもので、動詞および動詞型活用の助動詞の連用形に付く)

未然	連用	終止	連体	已然	命令
ら	り	り	る	れ	れ

(㊀)

〔完了〕❶過去に始まった行為・状態が、現在なお継続中であることをあらわす。…ている。「紫だち―・る雲の細くたなびき―・る」〔枕・一段〕《英語なら "She has studied dance since she was a child." などの言いかたに当たる》❷過去におこった行為の結果または影響だけが現在話点まで存続していることをあらわす。…てある。…たことがある。…た。「田舎家(ゐなかや)だつ(=メイタ)柴垣して、前栽(せんざい)など、心とどめて(=念入リニ)植ゑ―・り」〔源氏・帚木〕《←「植える」という行為は過去のことだが、そのあと植わった状態が現在話点まで存続する。"I have been to France before." と同様の言いかた。現在は自国にいるのだが、フランスへ行った経験だけがずっと残っているのである》「昔物語に、塔こぼち―・る人もありけるを、おぼし合はするに」〔源氏・蓬生〕《←供養の塔をこわすという行為は過去におこったが、不孝なやつだという経歴が現在話点まで残っているのである》❸ある行為が現在話点の直前におこったことをあらわす。…た。…たところだ。「遊女(あそび)三人、いづくよりともなく出で来―・り」〔更級〕《英語ではたいてい just を伴い "They have just come out of nowhere." のごとく言う》㊇り。

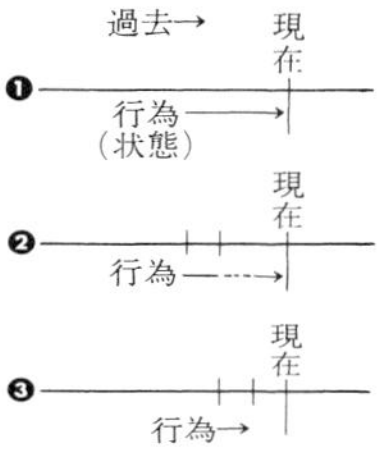

過去→ 現在
❶ 行為(状態)→
❷ 行為―→
❸ 行為→

㊁(「とあり」から生じたもので、体言に付く)〔断定〕《多くは資格に関して》その事実・事態をさし示す。…である。…だ。「(ドウセ)住みとげむ(=住ミトオスヨウナ)庵―・るべくも見えなくになど(=何ダッテ)程もなき(=寿命ノ短イ)身をこがすらむ(=ハンモンスルノダロウカ)」〔六帖・巻六〕「下(しも)として上(かみ)に逆(さか)ふること、あに(=ドウシテ)人臣の礼―・らむや(=デアリエマショウカ)」〔平家・法印問答〕

未然	連用	終止	連体	已然	命令
ら	(と)り	り	る	れ	れ

(㊁)

たりき【他力】 Ⓓ ㊟「自力」❶他人の力。助力。「―本大臣の(=日ゴロ他人ダノミデリッパナ大尽ノ)おかげを(=恩ヲコウムッテイルコトヲ)忘れ、自力に」〔浮・禁短気・巻四目録〕❷自分以外の仏・菩薩(ぼさつ)、とくに阿弥陀仏の力で菩提(ぼだい)に達すること。「念仏(=念仏宗)は、ひとへに―による」〔沙石・巻二ノ八〕

たり・き Ⓑ〖助動〗《完了の「たり」の連用形に回想の「き」が付いた複合助動詞。活用↓き》❶話題の事がらがもうひとつの事がらより前におこったことを経験回想的に言う。…ていた。「若苗の生(お)ひ―・しを取り集めさせて、家の軒にあてて植ゑさせしが」〔蜻蛉・中〕《はえていたのは、植える以前》❷過去のある期間、話題の事がらが継続していたことを経験回想的に言う。…ていた。「いつぞやも(=アナタノオ宅ニ)参り―・しかども、をりあしくてのみ帰れば」〔和泉日記(寛元本)〕《訪問して、しばらくそこにいた》

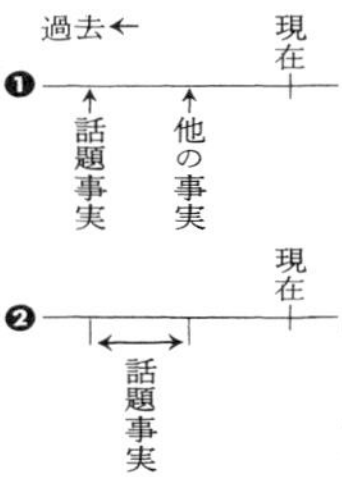

過去← 現在
❶ ↑話題事実 ↑他の事実
❷ ←→ 話題事実

❸単に回想表現を強調する。…だった。「つひに戸部(こほう=民部少輔土屋利直)の家にとどまり仕へたまひ―・き」〔白石・折たく柴の記・上〕㊇たりけり。

たり・けり Ⓑ〖助動〗《完了の「たり」の連用形に回想の「けり」が付いた複合助動詞。活用↓けり》❶話題の事がらがもうひとつの事がらより前に起こったことを表す。…ていた。…てあった。「鳶(とび)のゐさせじとて縄をはられ―・るを、西行が見て…その後は参らざりける」〔徒然・一〇段〕《縄をはったのは、西行が見る以前の事がら》❷過去のある期間、話題の事がらが継続していたことを表す。伝聞の意が加わることもある。…ていた(よしだ)。…てあった(そうだ)。「からき命まうけて(=アブナク命ハトリトメテ)、久しく病みゐ―・り(=長イ間ワズラッテイタソウダ)」〔徒然・五三段〕

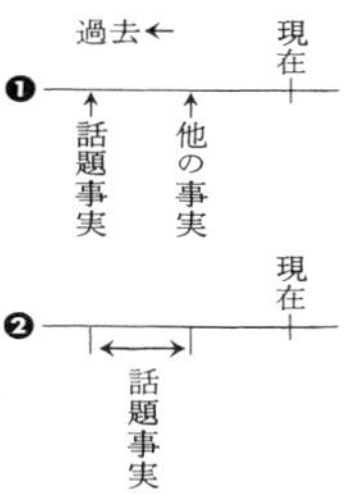

過去← 現在
❶ ↑話題事実 ↑他の事実
❷ ←→ 話題事実

❸《中世以後》単に過去の事がらを強調していう。「あっぱれ文武二道の達者かなとぞ見え―・る」〔平家・願書〕㊇たりき。

た・る【垂る】 Ⓒ ㊀〖自四〗❶(長く)さがる。「(鼻ガ)あさましう(=アキレルホド)高うのびらかに(=伸ビテイルヨウデ)、先の方少し―・りて色づきたること、ことの外にうたてあり(=イヤラシイ)」〔源氏・末摘花〕❷(液体などが)ぽたぽた流れ落ちる。したたる。「立ちざまに鼻血―・りて、目もくらくなりなどせしほどに」〔とはずがたり・巻二〕❸だらりとする。「徒歩(かち)より(=歩イテ)参る女房の、歩み困(こう)じ(=歩キ疲レ)てただ―・りに―・り(=グッタリシテ)ゐたるが」〔古本説話集・下〕 ㊁《他下二》❶(長く)さげる。「大君の御帯の倭文服(しつはた)結び—・れ(=序詞)誰やし人も(=ダレヲモ)相思はなくに」〔紀・武烈〕「袖(そで)—・れて(漫歩シナガラ)いざ見にゆかむ唐衣(=枕詞)すそ野の真萩ほころびぬらし」〔玉葉・秋上〕 ❷(液体などを)ぽたぽた落とす。したたらす。「人はみな急ぎ立つ(=掛ケ詞「裁ツ」)める(一方、私ハ)袖の浦(=掛ケ詞「裏」)にひとり藻塩を—・るる蜑(あま)(=掛ケ詞「尼」)かな」〔源氏・早蕨〕 ❸《「跡を垂る」の形で》示す。→あとをたる。 ❹《忌み詞で》剃(そ)る。「あんまりよい月影に、額—・れうと思うてと、紛らかせば、打ち笑ひ、おおよい所へ来て仕合はせや、幸ひ旦那殿髭(げひ)剃ってくれとある」〔近松・重井筒・中〕 ㊂《自下二》(刃物が)切れる。「はさみをくれるはずぢゃが、—・るるかしらぬ」〔西鶴・一代男・巻一ノ六〕《他動詞四段は明瞭な仮名書きの例がないので保留にする》

たる み【垂水】 Ⓓ 滝。はげしく落ちる水。「もえいづる時は来にけり岩そそく—の山の峰のさわらび」〔夫木・巻二〇〕

たれ こ・む【垂れ籠む】 Ⓔ 《自下二》カーテンの類をおろして、他人との交渉から遠ざかり、外出しない。「—・めて春のゆくへ(=春ガドウナッタカ)知らぬも、なほあはれに(=シミジミト)情け(=オモムキ)深し」〔徒然・一三七段〕

たわ【撓】 Ⓓ ㊀ ❶山の尾根のくぼみ。「見畏(かしこ)みて(=見テギョットシテ)山の—より御船を引きこして(=ヒッパッテイッテ)逃げのぼりいでましき」〔記・中〕《原文「多和」と表記》 ❷(枕などで押されて)髪についたくせ。「(洗イ髪ヲヨクカワカサナイデ)ただ(=ソノママ)大殿ごもりなば(=オヤスミニナッテシマイマスト)、御髪(ぐし)に—つきたまひなむ」〔宇津保・蔵開中〕 ㊁《形動ナリ》「たわわ」に同じ。「時わかず(=季節ハズレニ)降れる雪かと見るまでに垣根も—・に(=タワムホド)咲ける卯(う)の花」〔拾遺・夏〕

たわ・む【撓む】 Ⓓ ㊀《自四》❶弾力的な抵抗をもちながら曲がる。「初雪や水仙の葉の—・むまで」〔芭蕉(真蹟)〕 ❷(精神的に)ある方向へ曲がる。心がなびく。「なにがしが(=拙者ノ)いやしき諫(いさ)め(=トルニモ足ラナイ忠告)にて、すき(=浮気デ)—・めらむ(=男性ノ方ヘナビキガチノ)女に心おかせたまへ(=御用心ナサイ)」〔源氏・帚木〕 ❸いやけがさす。くたびれて飽きる。「すこし—・みたまへる御気色を」〔源氏・空蟬〕 ㊁《他下二》抵抗を感じながら曲げる。「藤の先は、ひうち羽のたけに比べて切りて、牛の角のやうに—・むべし」〔徒然・六六段〕 ㊂《自下二》「㊁」の近世における誤用。「松の緑こまやかに、枝葉潮風に吹き—・めて、屈曲おのづから矯(た)めたるがごとし」〔芭蕉・奥の細道〕

たわや め【〈手弱〉女】 Ⓔ (対)「ますらを」 《「たわむ」「たわわ」と同じ語源》 ❶やさしい女性。女らしい感じの女。「…秋の赤葉(もみちば)巻き持てる小鈴もゆらに(=チリチリト)—に我はあれども引きよぢて(=手ニ取ッテ)末もとををに(=枝先モタワムホド)ふさ(=タクサン)手折り吾(あ)は持ちて行く君が插頭(かざし)に」〔万葉・巻一三〕 ❷《男性に対して》女性。おんな。「我が生める子は—を得つ(=女ノ子ガ生マレタ)」〔記・上〕《原文は「手弱女」と表記》「(コレハ)会はむ日の形見にせよと—の(ワタシガ)思ひ乱れて縫へる衣ぞ」〔万葉・巻一五〕

たわ わ【撓わ】 Ⓓ 《形動ナリ》たわむようだ。「折りて見ば落ちぞしぬべき秋萩の枝も—・における白露」〔古今・秋上〕《万葉時代には「たわたわ」という副詞があった》

た ゐ【田居】(ーイ) Ⓓ ❶たんぼ。「あるはすそわ(=山ノフモト辺)の—にいたりて落ち穂を拾ひ」〔方丈〕 ❷郊外。いなか。「九条の—の田一町・米すこしに(馬ヲ)替へつ(=交換シタ)」〔今昔・巻一六ノ二八〕

たを やか【嫋やか】(タオー) Ⓓ 《形動ナリ》❶(姿・形が)しなやかだ。ものやわらかで優雅だ。「衣(きぬ)のこちたく厚ければ(=アンマリ着ブクレタノデ)—・なる気(け)もなし(=感ジモシナイ)」〔栄花・若ばえ〕 ❷(動きが)ものやわらかで趣がある。「ものうち宣へるけはひ(=チョット何カオッシャル時ノ感ジガ)……—・になつかしう、やはらかになまめきたまへる」〔浜松・巻一上〕 ❸(性質が)しっとりとやさしい。「心ばへも、—・なる方はなくものほこりか(=活発)になどやあらむ」〔源氏・宿木〕

たを や・ぐ【嫋やぐ】(タオー) Ⓓ 《自四》柔軟である。やわらかみを帯びる。「(紫上ハ)いとおほどかに(=オットリトシテ)うつくしう(=カワイラシク)—・ぎたまへるものから(=シットリシタ感ジノ反面)」〔源氏・澪標〕

たをや め【〈手弱〉女】(タオー) Ⓔ (対)「ますらを」 《「たわやめ」の転》→たわやめ。「—の袖にまがへる藤の花見る人からや(=ノオカゲデ)色もまさらむ」〔源氏・藤裏葉〕

たん【反・段】 Ⓓ ❶長さの単位。約一一メートル。「六尺を一間、六間を一—」〔近世事談〕 ❷田畑の面積の単位。昔は三六〇歩(ぶ)、後に三〇〇歩(約九九一・七平方メートル)を一反とした。「げんげすみれの畠六—」〔杜国(冬の日)〕 ❸布をはかる単位。鯨尺で幅一尺(約三三・三センチ)長さ二丈八尺を一反とした。「紺(こん)の布四五—にて馬をつくりて」〔徒然・一二一段〕

だん【壇】 Ⓔ 祭り・修法などのため、一段高く土を置き固めた所。「—塗るに土いるべし」〔宇津保・藤原君〕《「物を置くため、少し高く造った所」という意を認める説もあるが、その用例はすべて修法のための壇と解されるものである》

たん ぎん【断金】 Ⓓ 日本式十二律の第二。(参)じふにりつ。

だんじゃう【弾正】(ージョウ) Ⓓ 「弾正台」の役人。

―だい 台 Ⓓ 大宝令で設置された監察・警衛担当の役所。五位以上の公務員(太政大臣を除く)に不当行為があれば、天皇に直接奏上する権利があった。京都の治安も担当した。長官を尹(いん)、次官を大弼(だいひつ)・少弼(しょうひつ)、三等官を大忠(だいじょう)・少忠(しょうじょう)、四等官を大疏(だいさかん)・少疏(しょうさかん)といった。嵯峨天皇の時に検非違使(けびいし)庁ができてから、権限は多くそれに移り、有名無実のものとなってしまった。

だんな【〈檀那〉】 Ⓒ ❶〔仏〕《梵 dāna(施し)の音訳だが、檀越(dānapati)と混同されて》㋑僧に衣食・金銭などを寄付する人。施主(せしゅ)。「文覚これ(=神護寺)をいかにもして修造せむといふ大願をおこし、勧進帳(=募金趣意書)をささげて十方(=全国ノ)―をすすめありきける」〔平家・勧進帳〕「汝一人の―(ガ現レルノ)を待ち、大伽藍(がらん)を建立すべし(=大寺院ヲ建テルガヨイ)」〔謡・田村〕㋺ある寺に経済援助をする固定的信者。檀家。「今日は―衆を申し入れらるるによって(=招待申シアゲルノデ)それがし(=ワタシ)が(水ヲ)くみに参った」〔狂・水汲新発意〕「出家の役ぢゃによって、(アナタヲ)―に取っておまさう(=加エテアゲマショウ)」〔狂・左近三郎〕 ❷【〈旦那〉】芸人・商売人が、自分の後援者やひいき客などをいう。「(弥次郎)『こんりゃ、問屋ども…川ごし人足たのむぞ』…(問屋)『―はお駕籠(かご)か、お馬か』」〔一九・膝栗毛・三上〕 ❸【〈旦那〉】家族や使用人などが一家の主人をいう。「おれが―は、主(しゅ)ながら、現在の(=ホントウノ)叔父・甥(をひ)なれば、ねんごろにもあづかる(=特別ニ目ヲカケテモラッテイル)」〔近松・曾根崎〕

―でら 寺 Ⓓ 自分が「だんな①㋺」になっている寺。「親父の祥月とて(=ナクナッタ月ダカラト)―に参りて、下向に(=帰リ道デ)」〔西鶴・永代蔵・巻一ノ二〕

たんなり Ⓑ《助動》《完了の「たり」の連体形に「なり」が付いた複合助動詞「たるなり」の撥(は)つ音便形。伝聞・推定の場合は終止形に付くとする説もあるが、確かでない。活用→なり》 ❶〔伝聞〕…ているそうだ。…たということだ。「祇王こそ、入道より暇(いとま)給って(オ邸カラ)出で―・れ(=出タソウダ)」〔平家・祇王〕 ❷〔推定〕…ているようだ。…たらしい。「峰に起き伏す鹿だにも、仏になることいとやすし、おのれが上毛を整へ筆に結(ゆ)ひ、(ソノ筆デダレカガ)一乗妙法(=法華経ヲ)書い―・る(=書イタト思ワレルソノ)功徳(くどく)に(ヨッテ)」〔梁塵〕《断定の用例は未見》(参)たなり・なり。

たんめり Ⓑ《助動》《完了の「たり」の連体形に推量の「めり」が付いた複合助動詞「たるめり」の撥(は)つ音便形。終止形に付いたとする説もあるが、確かでない。活用→めり》…ているようだ。…ているらしい。「事どもはみな具しに―・るを(=用意万端デキテイルヨウダガ)、ただ、かづけ物・法服どもの事なむ、まだしき(=手配ガデキテイマセン)」〔宇津保・嵯峨院〕(参)ためり・めり。

だんをち【〈檀越〉】(ーオチ) Ⓔ〔仏〕《梵 dānapatiの転で、「施しをする人」の意》僧に生活の必需品を寄付する信者。(参)だんな①。「―や(=檀家サン)しかもな言ひそ(=ソンナニオッシャルナ)里長(さとをさ)が課役(えつき=税ヤ労働ヲ)はたらば(=強制シタラ)汝(いまし)も(=アナタダッテ)泣かむ」〔万葉・巻一六〕

ち

-ち Ⓓ《接尾》数をあらわす語であることを示す。「ひとつ」「ふたつ」「みつ」等の「つ」に同じ。現代語では「はたち(二十)」にだけ残っている。「三十(みそぢ)」「千々(ちぢ)」の「ぢ」もこれと同じである。(参)-ぢ。「衆(さいく)みち―をひきゐて」〔紀・継体・訓〕《「みちぢ」は「三千」の訓》

ち【千】 Ⓓ ❶一〇〇〇。「汝(いまし)が治(し)らする国の民(ひとくさ)ひと日に―かうべ(=一〇〇〇人)を縊(くび)り殺さむ」〔紀・神代上・訓〕《「ちかうべ」は「千頭」の訓》 ❷多数。「―びきの磐石(いは)を以ちてその坂路(さかぢ)をふさいで」〔紀・神代上・訓〕《「ちびきの」は「千人所引」の訓。多勢の意》

ち【乳】 Ⓓ ❶乳汁(ちしる)。「御内証(=奥方サマ)のよしみにて(=御好意デ)、母(ノワタシ)が―を(姫君ニ)上げまし」〔近松・小室節・上〕 ❷乳房。乳首。「二藍(ふたあゐ)の御衣(おんぞ)に透かせたまへる御胸のほど、御―のあたり」〔栄花・嶺月〕 ❸乳首に似たかたちの物。旗・幕・羽織・わらじ等のふちに綱やひもをとおすため付いている小さな輪など。「(蚊帳(かや)ノ)―ごとに五色の房をつけ裾にをし鳥のたはぶれをさまざまに縫はせ」〔西鶴・織留・巻一ノ四〕

-ぢ(ジ) Ⓓ《接尾》接尾語「ち」の濁音化したもの。後世は「路」を当て、年齢を表すように考えられたが、本来はそうと限らない。(参)-ち・よそぢ・ななそぢ・ここのそぢ・ちぢ。

ぢ【地】(ジ) Ⓒ ❶地面。「かく―の底(マデ)とほるばかりの氷(ひ)降り、雷(いかづち)のしづまらぬことは、(京ニハ)はべらざりき」〔源氏・明石〕 ❷(その)土地。当該地方。「北国衆は(遊女カラノ)文を…大事にかけ(=タイセツニシ)、紙の損ずるをうたてく(=イヤガリ)裏うちして巻き物にしたまふとや。また―(=コノ京都)の衆の文はみなまでもよみたまはず、小宿にかいやり捨てたまひ」〔西鶴・置土産・巻二ノ一〕 ❸(織物の)模様のないところ。またはその基本色。

「紅・紫・山吹(ナドノ色)の―のかぎり(＝模様ナシニ)織れる御小袿(こうちき)などを着たまへるさま、いみじう今めかしく、をかしげなり」〔源氏・紅葉賀〕 ❹素質。生まれつき。「(近ゴロノ人ハ)にぎははしきにつけても品なく、やさしがる(＝優雅メカシテフルマウ)につけてもわざとびたり(＝イカニモワザトソウシテイルヨウデアル)。―には(＝本心カラハ)人の心の底まで(道ヲ)好かず、ただ人まねに道をこのむがゆゑなんめり」〔無名抄・五四〕 ❺(扇の)地紙。「扇屋の女に今はやる―など持ってまゐれのよし、宿に呼びよせ」〔西鶴・一代男・巻四ノ六〕 ❻舞踊などのリズミカルな動きをリードする音曲。「それならば舞はうほどに、―を謡うておくりゃれ」〔狂・三人片輪(鷺流)〕「私どものお釜に―を弾(ひ)かせて、なんぞお踊りなさいましな」〔三馬・風呂・二ノ上〕 ❼実際。実地。「狂言と―との差別がかんじんだ」〔三馬・風呂・四ノ下〕 ❽《遊女などに対して》しろうと。「まして―女房は(＝カタギノ人妻ハ)一幅帯の腰をぬかしける(＝腰ヲヌカシテ見トレタノダッタ)」〔西鶴・置土産・巻三ノ一〕 ❾《馬術用語》普通の速度で馬を歩かせること。「さて―といふ事を、乗りまする轡(くつわ)手綱の加減を、ようお覚えなされ」〔狂・博労〕 ❿《歌・連歌の用語》人目をひかない表現。「文(もん)」すなわちきわだった秀作をいっそう引きたてるため、百首の歌や連歌では「地」すなわち平淡な歌をわざと近くに置くのである。「百首の歌にも―歌をよみて秀逸をば所々に交ずべきとぞ、古への人申しはべりし。ただし上手といはれむほどの人は、―連歌にも、放埒(はうらつ)の悪き句(＝カッテナマトモデナイ句)をばせぬなり」〔筑波問答〕 ⓫《浄瑠璃の節づけで》ある程度まで節づけのある叙事的部分。浄瑠璃は「詞」(せりふ)と「地」と「フシ」(もっとも音楽的な叙情的部分)に大別される。「地」は三味線に合わせ、間(ま)をきちんと語る。「―『空にまばゆき久方の、光はうつるわが影の、あれあれ走れば走る…』」〔近松・曾根崎〕

ぢ【持】(ジ) Ⓔ《勝負ごとで》双方に優劣のないこと。引き分け。「御覧じくらぶるにさらに(＝全然)劣り勝らず、いとひとしく(＝マッタク同等デ)…『―なり』と定められて」〔宇津保・初秋〕

ちうせ・い【小せい】(チュウ―) Ⓔ《形ク》「小さし」のなまった形。《学生あがりの者のなまりなのか、地方のなまりなのか、明らかでない》「―・い折敷(をしき)に―・い高坏(たかつき)などこそよくはべらめ」〔枕・八段〕

ちか ごろ【近頃】 Ⓓ ㊀《副》(「近ごろになく」の意で、つよめていう)これはどうも。たいへん。「―聊爾(れうじ)を申してさうらふ(＝失礼申シアゲマシタ)。急いで(＝ドウカモウ)御通りさうらへ」〔謡・安宅〕 ㊁《形動ナリ》ありがたい。「アイ『(桃ヲ食ベテモヨイガ、種ハ固イカラ)構へて(＝ドウカ)歯を強く御当てあるまじくさうらふ』シテ『―・にてさうらふ』」〔謡・東方朔〕

ちが・ふ【違ふ】(―ガ〈ゴ〉ウ) Ⓒ ㊀《自四》❶【交ふ】交差する。《「家々の幕の紋…亀甲(きつかふ)、輪ちがひ、花靫(はなうつぼ)」〔幸若・夜討曾我〕により、この意があったと認められるが、動詞の用例は未見》 ❷㋑出あわない。「(来ルナト言ッタ使イト)―・ひて(＝入レチガイニナッテ)、いと疾(と)く参りたまひにけり」〔大鏡・伊尹〕 ㋺はずれる。「(城ノ上カラ)大木(ヲ)十ばかり切って落としかけたりける間…これに―・はむ(＝ニゲヨウ)と、しどろになって騒ぐところを」〔太平・巻七ノ二〕 ㋩《補助動詞ふうに》交差しながら接しない。互いにぶつからない。「蝶・鳥、飛び―・ひ」〔源氏・玉鬘〕 ❸㋑ことなる。別だ。「こは梯子(はしご)は(フツウノ階段ト)勝手が―・うて、おお恐(こは)」〔浄・忠臣蔵・七〕 ㋺正常でない。正当でない。「お前は気でも―・うてはゐやしゃんせぬか」〔伎・三舛玉垣・一ノ五〕 ㊁《他下二》❶【交ふ】交差させる。「紐(ひも)を結(ゆ)ふに、上下(かみしも)よりたすきに―・へて」〔徒然・二〇八段〕 ❷出あわないようにする。はずす。「(アノ時ノ変ナ夢ヲ)―・へさせ(＝ヨケルタメ)、祈りなどすべかりけることを(＝シナケレバイケナカッタノニ)」〔大鏡・道長〕《↑吉夢でも悪夢でも、それの実現しないのが「たがふ㊀②」で、とくに悪夢を実現させないように祈りなどさせるのがこの用法》 ❸ことならせる。別にする。「(ムスメノ)一人は…成範の卿の北の方にておはすべかりしが…平治の乱れ以後、ひき―・へられて、花山院の左大臣殿の御台盤所(＝奥サマ)にならせたまひて」〔平家・吾身栄花〕

ちから な・し【力無し】 Ⓓ《連語》❶よわよわしい。「―・き蝦(かへる)、骨なきみみず」〔催・無力蝦〕 ❷がっかりする。元気が出ない。「殿のお前は―・くおぼしめされて…泣かせたまふ」〔栄花・玉飾〕 ❸力が及ばない。どうにもしかたがない。「制しきこえたまはむに(＝オ止メショウニモ)―・ければ(＝デキカネルノデ)、え申させたまはず」〔栄花・後悔〕

ぢき【直】(ジ―) Ⓓ ㊀《形動ナリ》❶間に何もないさま。直接。「わらは(＝ワタシガ義経様ノトコロヘ)参り―・におん返事申さばやと思ひさうらふ」〔謡・船弁慶〕「鼓の一番も打ち習はせ、御―の(＝殿様直属ノ)御奉公にいだしたきとの念願にて」〔近松・堀川波鼓・上〕 ❷曲がっていないさま。まっすぐ。「(ソノ馬ハ)両の耳は竹をそいで―・に天を指し、双の眼は鈴をかけて(＝カケタヨウニマルクテ)」〔太平・巻一三ノ一〕 ㊁《副》すぐに。まもなく。「あしたは―に参るよ」〔春水・梅暦・巻三〕

ち ぎゃう【知行】(―ギョウ) Ⓓ《＋他サ変》❶土地を領有して支配すること。またはその土地。「足利の一族どもの―の荘園をおさへて(＝没収シテ)家人(けにん)どもにぞ(＝自分ノ臣下タチニ)行はれける(＝与エラレタ)」〔太平・巻一四ノ一〕 ❷江戸時代、一万石以下の武士に与えられた土地。「聞けば、今年も御―へ水が出て(＝御領地ニ大水ガアッテ)、(田ノ)植ゑ付けが出来ねえさうだ」〔洒・卯地臭意〕 ❸俸禄(ほうろく)。サラリー。「御主人の御―を頂戴いたし居ながら(＝勤メノ身デアリナガラ)、私の宿意をもって(＝個人的ナ恨ミデ)討ち果たさむとは(＝果タシ合イヲショウトイウノハ)、殿へ対して第一不忠」〔一九・膝栗毛・発端〕 **――しょ** 所 Ⓔ 領地。「石浜と申す所は、江戸太郎が―なり」〔義経・巻三ノ六〕 **――とり** 取り Ⓔ ❶江戸時代、知行所を与えられて、その土地からの年貢を俸祿(ほうろく)として受ける武士。サラリーマンの武士よりも格が高い。「(アル大名ノトコロノ福引キニ)―は黄金にひきあて、茶道坊主は乾鮭(からざけ)一本のぬしになり」〔西鶴・織留・巻三ノ一〕 ❷主君から俸禄をうけること。「(彼女ガ大名ノ奥様ニナッタラ)われわれもおなじみがひ、―の太鼓持ちになりたい事ぢゃ」〔伎・韓人漢文・一〕

ちきゃうだい【乳兄弟・乳姉妹】(―キョウ―) Ⓔ 乳母(ばう)が育てる主人の子と乳母自身の子との関係。「姫君様と私とは、―のことなれば」〔近松・小室節・上〕

ちぎり【契り】 Ⓑ 《「結びつきが変わらない」という基本意味から》 ❶約束。とりきめ。「赤穴(あかな)は、まことある武士(もののべ)なれば、必ず―を誤らじ」〔秋成・雨月・菊花〕 ❷(仏)前世から定まっており、どうすることもできないなりゆき。宿命。「さきの世の―つたなくてこそ(＝ロクナモノデナカッタカラ)、かうくちをしき(＝ツマラナイ)山がつ(＝イナカ人)となりはべりけめ」〔源氏・明石〕「―はくちせぬものなれば(＝コノ世カラノ宿縁ハ変ワラナイモノダカラ)、後の世に必ず生まれ逢ひたてまつらむ(＝夫婦トシテ生マレマショウ)」〔平家・内裏女房〕 ❸ゆかり。因縁。結びつき。「深草の露のよすがを―にて(＝チョットシタ引ッカカリヲ御縁ニシテ)里をば離(か)れず(＝深草ノ里ヲ見捨テズニ)秋は来にけり」〔新古今・秋上〕 ❹㋑夫婦関係。男女の逢瀬(おうせ)。「我も我もと文(＝ラブレター)を通はし(＝届ケ)、縁に付きて(＝手ヅルヲ求メテ)―を結ぶべきよし申しけれども」〔平家・第一本ノ六(延慶本)〕 ㋺男女が会って情をかわすこと。「男女の情けも、ひとへに(＝単ニ)逢ひ見るをばいふものかは。逢はで止みにしうさを思ひ、あだなる(＝セッカクアッテモ何ニモナラナカッタ)―をかこち(＝ナゲキ)長き夜をひとり明かし」〔徒然・一三七段〕 ❺団結。まとまり。「これによりて(＝一族ノ戒律ニソムイタノデ)、この四人をば、釈種(＝釈迦族)の―を離れて(＝仲間カラ除籍シテ)、国の境を追ひ出だしつ」〔今昔・巻三ノ一一〕

ちぎ・る【契る】 Ⓑ 〔他四〕 ❶㋑約束する。「まさに天(あめ)の柱(みはしら)をめぐらむとして、―・りてのたまはく『妹(いも)は左よりめぐれ。吾はまさに右よりめぐらむ』」〔紀・神代上・訓〕《「ちぎりて」は「約束」の訓》「また(＝他ニ)―・りたまへる(＝先約ナサッタ)方やあらむ」〔源氏・末摘花〕 ㋺愛を誓う。「男女の縁・宿世、今にはじめぬ事ぞかし。千年万年とは―・れども、やがて離るる仲もあり」〔平家・祇王〕 ❷夫婦関係を結ぶ。「『君ここに紅絹(もみ)の二布(ふたの)の下紅葉』『―・りし秋は産婦(うぶめ)なりけり』」〔信章・桃青(奉納二百韻)〕《桃青＝芭蕉》

ぢきろ【直路】(ジキ―) Ⓓ 《まわり道せず》ただちに目的(地)に達する道。直通の路線。「歌道(ガトリモナオサズ)即身(＝生キタ身ナガラ成仏スル)―の(＝ヒトスジノ)修行なり」〔さざめごと・末〕

ちくさ【千草】 Ⓔ ❶さまざまの草。多種多様の草。「山おろし松の風、吹き払ひ吹き払ひ、花も―も散り散りに」〔謡・芭蕉〕《観世流・宝生流は「チグサ」と発音するが、古形を多く残す金春流・喜多流では「チクサ」なので、中世以前は清音が原則だったらしい》 ❷空色。「浅葱(あさぎ)の上を―に色あげて(＝染メ直シテ)袖下(＝ソデロノ下)に継ぎの当たりし布子」〔西鶴・永代蔵・巻五ノ二〕

ちぐさ【千種】 Ⓔ 《十形動ナリ》種類の多いこと。さまざま。いろいろ。「菊の花うつろひさかりなるに(＝色ガワリシテ美シク)、もみぢの―に見ゆるをり…この殿のおもしろき(＝趣深イ)をほむる歌よむ」〔伊勢・八一段〕「置くからに(＝ト同時ニ)―の色になるものを(ナゼ)白露とのみ人の言ふらむ」〔後撰・秋上〕

ぢくゎろ【地火炉】(ジカ―) Ⓔ 粘土で塗りかためた、火をおこす場所。あたたまる目的よりも、おもに炊事用だったらしい。「渡殿―始塗、聊儲小食(＝渡殿ニ地火炉ガヤットデキタノデ、スコシ料理シテミル)」〔小右記・寛和元年正月十九日〕

ぢげ【地下】(ジ―) Ⓒ ❶㋑(対)「殿上」 殿上の間における公式会議に出席資格のないこと(職員)。「この侍従大納言殿こそ、備後介(びんごのすけ)とてまだ―におはせしとき、蔵人(くらうど)の頭になりたまへる、例いとめづらしきことよな」〔大鏡・伊尹〕 ㋺地方人。「都のすまひもうとうとしく(＝中央在勤モマレニナリ)、―にのみふるまひなって(＝地方ニバカリ勤務スルヨウニナッテ)」〔平家・殿上闇討〕 ❷一般の民間人および民間。「為世・為相の卿・為道朝臣、みな(連歌ノ)達者にて、朝夕にもてあそばれけり。―にも花の下月の前の遊客上手(＝月ヤ花ニツケテ風流ヲ求メル文人ヤ名手ガ)多く聞こゆ」〔連理秘抄〕「(脚ヲイタメタ馬ハ)乗り馬には似合はぬと言うて、肥など負はするために―へつかはいた(＝ヤッタ)」〔イソポ・第二二話〕

ち

ぢげ にん【地下人】(ジー) Ⓔ その土地に居ついている者。住民。「国々の兵(つはもの)に、和仁(わに)・堅田の―どもをさし添へて五千余人」〔太平・巻一七ノ二〕「長崎の―ら、産業(＝職業)を失ひて飢餓に及ぶ」〔白石・折たく柴の記・下〕《(1)日葡辞書に gigue, giguenin として、「まち」に土着の者・町民・村人・平民などの意を示す。(2)「ぢげ①㋑」と同意の用法をあげる説もあるが、用例未見》

ち ご【児・稚児】Ⓒ ❶《「乳子」すなわち乳を飲んでいる年齢の子の意で》赤ん坊。「にくげもなき―を抱きたる女の」〔大鏡・序〕 ❷《転じて》幼児。児童。「さても、いとうつくしかりつる―かな。何人ならむ」〔源氏・若紫〕 ❸寺で召し使われる少年。雑用をさせるよりも、むしろ賞翫の目的が多かったらしく、美少年がこのまれ、祭りなどには美しい服装で出た。「これも今は昔、比叡の山に―ありけり」〔宇治・巻一ノ一二〕

ぢ ごく【地獄】(ジー) Ⓓ《梵 naraka の意訳》❶〔仏〕この世で悪い行為をした者が死後に行く最下層の世界。閻魔(えんま)大王がいて、罪を裁き、罪人は限りない苦痛を与える場所に送られるという。「―に落ちて苦を受くる衆生(しゅじゃう)に(アナタハ)代はるや(＝カワッテヤレルカ)」〔今昔・巻一ノ一五〕 ❷㋑現実の国土に存在すると考えられた「①」。地下から蒸気が絶えずたち、熱湯の吹き出ている所にあるとされている。「立山といふ所あり。昔よりかの山に―ありと言ひ伝へたり。その所の様は…谷に百千の出で湯あり…湯荒く湧(わ)きて…熱き気満ちて…きはめて恐ろし」〔今昔・巻一四ノ七〕㋺《単に》蒸気や熱湯の吹き出ている所。用例→「③」。 ❸《暗い所にいて人を引くので》街娼(がいしょう)の異称。夜の女。「箱根に―(＝掛ケ詞「②㋺」)ありと聞きて…たづね歩き」〔黄・文武二道・下〕

ぢ ざう【地蔵】(ジゾウ) Ⓓ《梵 Ksitigarbha の意訳》[略]地蔵菩薩。釈迦(しゃか)が没してから弥勒(みろく)仏が現れるまで五六億七千万年の無仏時代における衆生(しゅじょう)を救済する菩薩。「仏は…釈迦仏・弥勒(みろく)・―」〔枕・二一〇段〕

ち さと【千里】Ⓓ ❶たくさんの村里。「小夜衣(さよごろも)たが(＝ダレノ)寝覚めより(気ヲマギラスタメ)うちそめて―(＝アチコチノ村)の夢をおどろかすらむ」〔新拾遺・秋下〕 ❷はるかな距離。「月清み―の外に(＝ハルカ遠クマデ)雲つきて(＝雲ヒトツナク)都の方に(キヌタデ)衣うつなり(＝打ツ音バカリ聞コエル)」〔玉葉・秋下〕

ぢ ざん【地算】(ジー) Ⓔ 基本的な計算法。加法および減法をさすらしい。「小者(＝少年店員)は―置きならひ、家の調ふことばかりなり(＝家運ハ隆盛ニナルバカリダ)」〔西鶴・永代蔵・巻五ノ五〕「八算(＝除法)も知らずして―にて万事埓(らち)のあく(＝カタガツク)」〔浮・新永代蔵・巻六ノ二〕

ち しほ【千入・千〈汐〉】(ーオ) Ⓔ《「ち」は数の多さを示し》何度となく反覆すること。念入りにくりかえすこと。「あかねさす(＝枕詞)峰の入り日のかげ添へて―染めたる岩つつじかな」〔月清集・巻四〕

ち ぢ【千ぢ】(ージ) Ⓓ《十形動ナリ》《「千千」とあてるが、「ぢ」は接尾語》[参]-ぢ。 ❶《千の意から》きわめて数や分量が多いこと。たくさん。「(ハカリニ)かけつれば―のこがねも数しりぬ(＝計算デキタ)なぞ(＝ソレナノニナゼ)わが恋のあふはかりなき」〔六帖・巻五〕 ❷いろいろ。種々。さまざま。「月見れば―にものこそ悲しけれわが身ひとつの秋にはあらねど」〔古今・秋上〕

ち と【些と】Ⓓ《副》ほんのちょっと。しょうしょう。《鎌倉時代以後は「ちっと」と発音されることが多くなった》「三日といふ(＝三日メノ)昼つ方、―まどろませたまふともなきに(＝ウトウトナサッタトイウホドデモナカッタガ)」〔宇治・巻八ノ三〕

ぢ とう【地頭】(ジー) Ⓓ ❶鎌倉幕府によって荘園に置かれた管理職。軍務・犯罪人の検挙なども勤めた。「諸国に守護を置き、荘園に―を補せらる」〔平家・吉田大納言沙汰〕 ❷室町時代以後、大名の臣下などで、領地を与えられて、その領主になった者。「あの左近殿は、村での口きき(＝有力者)にはござり、―殿をば手いっぱいに(＝思イドオリニ)せられまする」〔狂・右近左近〕

ち どり【千鳥】Ⓓ ❶数多くの鳥。「朝猟(あさかり)に五百(い)つ(＝多クノ)鳥立て(＝追イ立テ)夕猟に―踏み立て(＝地面ヲ踏ミ鳴ラシテ追イ立テ)…」〔万葉・巻一七〕 ❷水辺に住む鳥の名。「―鳴く佐保の河門(かはと)の清き瀬を馬うち渡しいつか通はむ」〔万葉・巻四〕 ❸《歌舞伎で》立ちまわりの一。大勢を相手に左右に入れ違う。《飛び交う千鳥の趣向で絵模様にすることから》「皆々―に入れ替はり、立ち役(＝男役)を囲って思ひ入れ(＝無言デ感情ヲ表ス動作)」〔伎・暫〕「六人の者かかるを、―に投げのけ、この時よろしく入れ替はりて」〔伎・三舛玉垣・一ノ四〕

ちなみ【因】Ⓓ ❶縁故。ゆかり。関係。かかわりあい。「丸岡天竜寺の長老(＝松岡ノ天竜寺ノ住職ハ)古き―あれば(＝昔ニ交渉ガアッタノデ)尋ぬ」〔芭蕉・奥の細道〕 ❷(夫妻または恋人どうしの)間がら。つきあい。「これよりしてのち(＝今後ハ)わきに(＝ワタシ以外ニ)若衆の―は思ひもよらず(＝美少年トノ恋ナドハ問題外ダ)」〔西鶴・五人女・巻五ノ四〕

ちはや ぶる【〈千早振〉る】Ⓒ《連語》あらっぽい。すごい勢いである。「この沼の中に住める神、いたく―神なり」

〔記・中〕《原文「道速振」と表記》「慮(おもんみ)るに(下界ニハ)—あしき神どもあり。故(かれ)、汝まづ往(ゆ)いて平(む)けよ」〔紀・神代下・訓〕《「ちはやぶる」は「残賊強暴」の訓》

ち ひろ【千尋】Ⓓ《「尋」は長さの単位。[参]ひろ》❶きわめて長いこと。「君が代の長き例(ためし)に(＝トシテ)あやめ草(ノ)—にあまる(＝非常ニ長イ)根をぞ引きつる」〔堤・逢坂〕 ❷距離・深さなどの非常なこと。「梓弓(あづさゆみ)(＝枕詞)末(＝弓末)振り起こし投げ矢もち—(＝遠クマデ)射渡し…」〔万葉・巻一九〕「(身投ゲヲ)思し召し立つならば、—の(海ノ)底までも引きこそ具せさせたまはめ(＝オ連レクダサイ)」〔平家・小宰相身投〕

ち ふ(チュウ)Ⓔ《連語》《古代語》「てふ」の古い形。↓てふ。「ささなみの連庫(なみくら)山に雲居れば雨そ降る—帰り来(こ)わが背」〔万葉・巻七〕

ぢ ぶ【治部】(ジー)Ⓓ ❶[略]治部省。 ❷治部省の役人。

ぢぶ きゃう【治部卿】(ジーキョウ)Ⓓ 治部省の長官。四位以上を任じ、多くは大・中納言や参議の兼任であった。「ぢぶのかみ」とも。

ぢぶ しゃう【治部省】(ジーショウ)Ⓓ 五位以上の者の戸籍・雅楽・陵墓・僧尼関係の事務、および外交をつかさどる役所。平安時代には、雅楽(うた)・諸陵・玄蕃(げんば)の三寮を含む。長官を卿(きょう)、次官を大輔(たゆう)・少輔(しょう)、三等官を大丞(たいじょう)・少丞(しょうじょう)、四等官を大録(だいさかん)・少録(しょうさかん)といった。

ぢ ぶつ【持仏】(ジー)Ⓓ ❶いつも身近に置くか身につけるかしている仏像。「西おもてにしも—すゑたてまつりておこなふ(＝修法シテイルソノ人ハ)、尼なりけり」〔源氏・若紫〕 ❷[略]持仏堂。「①」または先祖の位牌(いはい)などをおく場所。「女、立って—へ来たれ」〔近松・堀川波鼓・中〕

ちぶり の かみ【道触りの神】Ⓔ《連語》道中の安全を守る神。「わたつみ(＝大海)の—に手向けする(＝捧ゲル)幣(ぬさ)の追ひ風やまず吹かなむ」〔土佐〕

ち また【巷・岐】Ⓓ《「道(ち)」が「股(また)」になっている意から》 ❶わかれ道。つじ。「紫は灰さすものぞ椿市(つばいち)の八十(やそ)の—にあへる児や誰」〔万葉・巻一二〕 ❷町のなかの道。街路。「京中貴賤男女(＝スベテノ人ガ)小路に立ちならびて…はばかるところなく言ふ声—に満ちて」〔太平・巻四ノ六〕

ぢ もく【除目】(ジー)Ⓒ 平安時代、大臣以外の諸官職を任命する儀式。春の「県(あがた)召しの除目」(地方官庁公務員)と、秋の「司(つかさ)召しの除目」(中央官庁の公務員)があり、そのほかに「臨時の除目」があった。「すさましきもの…—に司(つかさ)得ぬ人の家」〔枕・二五段〕「そのころの叙位・—と申すは…一向(＝モッパラ)平家のままにてありしかば」〔平家・鹿谷〕

ちゃ【茶】Ⓓ ❶飲み物の茶。「お—でも上がりませぬか」〔狂・布施無経〕 ❷抹茶(まっちゃ)を立てること。茶の湯。「今日は山一つあなたへ茶の湯に参るが、かねて旦那寺の御新発意(しんぼち＝新シク仏門ニハイッタ人)の、—に行くならば誘うてくれいと申されてござるに」〔狂・飛越〕 ❸茶色。「その土器(かはらけ)色も、—の袷(あはせ)も持ててちゃっと代へて来い」〔狂言記・富士松〕 ❹ちゃかすこと。ひやかし。「ため(＝利益)にもなりさう(ナ客)ゆゑ、相応に—(＝マゼッカエシ)を言うておきける」〔黄・御存商売物・中〕

ぢゃ(ジャ)Ⓑ《助動》《断定》《中世以後の口語で》

未然	連用	終止	連体	已然	命令
ぢゃら	で・ぢゃっ	ぢゃ	な・ぢゃ		

❶体言および体言あつかいの語に付き、断定をあらわす。…だ。…である。「ははあ、さすが都ぢゃ」〔狂・察化〕「田地売っても子のためぢゃ、出したがよい」〔近松・歌念仏・上〕《この用法の「ぢゃ」は、現在も関西方言その他に広くおこなわれる。近世においても、江戸では特殊な人物の用語以外には使われなかった》 ❷「て」「に」に付き、軽い尊敬をあらわす。…おいでだ。…ござる。「そなたもおれにほれてぢゃげな(＝イラッシャルソウダ)」〔近松・曾根崎〕「あれ(＝アレアノ通リ)奥にぢゃわいなあ(＝イラッシャルワヨ)」〔近松・反魂香・中〕 ❸《連体形》体言に付き、それを連体格にする。…であるところの…。「まうしまうし。おばぢゃ人(＝オバデアル人＝オバサン)、ござりまするか(＝イラッシャイマスカ)」〔狂・伯母が酒〕「あやまった、あやまった、兄ぢゃ人」〔近松・天網島・上〕 ❹疑問語を受けて反語をあらわす。…か(でない)。「風に当たってさへ滅却する(＝死ヌ)ものを、何として食はるるものぢゃ」〔狂・附子〕《江戸末期のテクストでは「ものぢゃ」が「ものか」》 ❺疑問語を受け、下に「知る」の否定形を伴い、現代語の「…かしら」にあたる表現となる。…だか。…か。「今日は何として両人ともにお留守に置かせらるることぢゃ知らぬ」〔狂・附子〕「あのささやき(＝ヒソヒソゴト)はなんぢゃ知らぬ(＝何カシラ)。聞きたいまで(＝聞キタイナア)」〔近松・反魂香・中〕《語源は「である」の「る」が脱落した「であ」から変化したもの。「凡人よりも重罪であ」〔イソポ・第三六話〕原文は dea と表記する。ロドリゲス大文典には、dea と gia の中間に発音するとある》

ぢゃ(ジャ)Ⓓ《連語》「では」の短縮された形で、意味も「では」に還元できる。「おう、あれ—何も話されぬ」〔近松・曾根崎〕「我ゆゑに一命をはたさう(＝死ンデモカマワナイ)といふ山三—ないか」〔近松・反魂香・中〕

ちゃう【庁】(チョウ)Ⓔ ❶役所。「さて入りて(閻魔(えんま)大王ノ)—の前に(罪人ヲ)引き据ゑつ」〔宇治・巻八ノ

四〕 ❷《特に》検非違使(けびいし)の役所。「放免(=下役の者)、—の前に(罪人ヲ)引き出だして」〔保元・中・八〕

ちゃう【帳】(チョウ) Ⓒ ❶カーテンの類。《「とばり」は間じきり用。「ちゃう」は鴨居(かもい)から下げない式のもの》「我家(わいへ)は帷(とばり)—も垂れたるを」〔催・我家〕 ❷→ちゃうだい①。「神無月十日あまりまでは御—より(中宮ハ)出でさせたまはず」〔栄花・初花〕「むすめの君は—のかたびらすこし巻きあげて」〔浜松・巻一上〕 ❸(木製の)小さいとびら。「(高野山奥ノ院ノ)御廟の御前にて祈誓をいたし、御—を開き…急ぎ出でにけり。その時、内より—を打ちつけられて、その後は開けられず」〔盛衰・巻四〇ノ二〕

ぢゃう【定】(ジョウ) Ⓑ ❶ほんとう。相違ないこと。「ああ地獄もござり、極楽もあるが—でござる(=真実デス)」〔狂・武悪〕「聞けば汝は富士より良い松を背おうて来たといふが、—か(=ソノトオリカネ)」〔狂・富士松〕 ❷㋑物事がそうである状態。「帥(そち)殿の御位もなき—にておはするを(=状態デイラッシャルノヲ)、いと、いとほしき事なりなど、殿(=道長ハ)おぼして」〔栄花・初花〕「百万の御祈りにまさるらむ。この御心の—にては(=オ心ガケノグアイナラ)、事の恐りさらにさぶらはじ(=心配ゴザイマセンデショウ)」〔宇治・巻一四ノ九〕「この—(=歌ノヨウス)では、舞もさだめてよかるらむ」〔平家・祇王〕㋺例の状態。そのとおりの様子。「(鬼ノ酒宴ダガ)酒参らせ、遊ぶありさま、この世の人のする—なり(=トオリノ様ダ)」〔宇治・巻一ノ三〕 ❸《「状態」の意が逆接確定条件の接続助詞のように用いられて》…という状態ではあるが。…だとはいえ。「小兵(こひやう)といふ—(=カラダガ小サイトハイエ)、十二束三つぶせ(トイウ長メノ矢ダシ)、弓は強し」〔平家・那須与一〕「大名と申すは、勢(せい)の少ない—(=部下ガ少ナイトイッタトコロデ)、五百騎におとる(=以下ナノ)はさうらはず」〔平家・富士川〕 ❹程度。範囲。「大矢と申す—の者の(=大矢ヲ引クトイウ程度ノ者トシテハ)、十五束におとって(=以下ノヲ)引くはさうらはず」〔平家・富士川〕「上下寄って、文覚がはたらくところの—を(=動クトコロヲスッカリ)拷(がう)してけり(=痛メツケタ)」〔平家・文覚被流〕 ❺約束。とりきめ。「二月ならば末代欠き申すまじき(=永久的ニ欠勤シナイ)—申しし間、この座(=ワレワレノ観世座)におきて、二月の神事ならば欠くべからず」〔申楽談儀・二七〕 ❻㊥禅定(ぜんぢやう)。「僧ありて、—に入りて、竜宮に行きて、その竜宮の造りの様を見て」〔今昔・巻一一ノ一七〕

ちゃうぎん【丁銀・挺銀】(チョウ—) Ⓔ 江戸時代の銀貨の名。長円形で「常世」(鋳造者の名)や「宝」の字、または大黒の像など刻んである。慶長丁銀・元禄丁銀などがある。一枚の重量は不定だが、四〇匁(一五〇グラム)程度である。重量によって、通用価格がちがう。「わづかの銀子(ぎんす)(=銀貨ヲ)とり広げて(=何倍ニモ運用シテ)、—、こまがね替へ(=小粒銀貨ヲ両替シ)」〔西鶴・永代蔵・巻一ノ三〕

〔ちゃうぎん〕

ぢゃうぐわんでん【貞観殿】(ジョウガン—) Ⓓ 内裏の殿舎の一。内裏の中央北端にあり、皇后の正殿および後宮管理の事務局がある。事務長を別当と呼び(女性を任命)、ほかに女蔵人(にょくろうど)たちがいた。「みくしげどの」とも。

ちゃうじゃ【長者】(チョウ—) Ⓒ ❶㋑氏族のかしら。氏(うじ)の上(かみ)。「その時に藤氏の—殿(ガ陰陽師ニ)うらなはしめたまふに」〔大鏡・道長〕㋺年長の人。「将軍を守護したてまつって、御内(みうち)の—(=家来ノ年長者)・国大名、しづかに馬をひかへたり」〔太平・巻三一ノ二〕 ❷村落、その他団体などの最高の地位の者。「亀山の皇帝の御前にて申楽(さるがく)をせし時、—になさる」〔申楽談儀・二四〕 ❸遊女をかかえていた宿駅の女主人。「かやうにさうらふ者は(=ワタクシハ)美濃の国野上の宿の—にてさうらふ。われあまた上臈(じやうらふ)を持ちてさうらふ中に(=遊女ヲ多クカカエテイマスソノ中ニ)」〔謡・班女〕 ❹金持ち。富豪。「銀五百貫目よりして(=以上)これを分限といへり。千貫目の上を—とはいふなり」〔西鶴・永代蔵・巻一ノ二〕 ❺京都の東寺の長官。「日野護持(ごぢ)院僧正頼意は、東寺の—、醍醐(だいご)の座主(ざす)に補せらる」〔太平・巻三〇ノ六〕

ちゃう・ず【長ず】(チョウ—) Ⓓ《自サ変》❶大きくなる。成長する。「(種子ヲ蒔(ま)イテノチ)この種子を—・ぜざれ(=大キクナルナ)と言ふとも」〔沙石・巻二ノ七(岩瀬文庫本)〕 ❷年かさである。年上である。「建部氏、翁(=ワタシ)には二十歳ばかりも—・じたる翁なるが」〔蘭東事始〕 ❸すぐれている。ぬきんでている。「城の構へ(=築城)は謀あるに似たれども、智は—・ぜるにあらず(=リコウナヤリ方デハナイ)」〔太平・巻九ノ四〕 ❹㋑さかんになる。「酒の—・じるに随うて(=酒宴ガ盛リ上ガッテクルニツレ)酒のしたみ(=残リ)を(カワラケニ)あけられたり」〔伎・猿曳門出諷・上〕㋺夢中になる。のぼせる。「(ツイ)興に—・じて(=乗ジテ)できごころ」〔浮・新色五巻書・巻五ノ一〕

ちゃう・ず【打ず】(チョウ—) Ⓓ《他サ変》打ちのめす。「犬を蔵人二人して打ちたまふ。…(犬ガ)帰りまゐりたるとて—・じたまふ」〔枕・九段〕《「ちょう(懲)ず」との混同かも

しれない。(参)てうず③

ちゃう だい【帳台】(チョウ―) Ⓒ ❶寝殿に設けられた台で、四方をカーテンでかこい、天井は明かり障子で採光するようになっていた。貴人の座所兼寝所。「朝長は―へ入りたまふ」(平治・中・七)《次の例により「町家の主人の居間」という意を認める説もあるが、これは「昔の貴族なら帳台ともいうべき寝室」の意で、上の「寝間」と同意。↓》「男は寝取られ、寝間・―は見探され、阿呆の数々読み尽くされ」(近松・重井筒・上) ❷(略)帳台の試み。五節のとき(一一月の中の丑の日)、天皇が常楽殿で御帳台から舞のリハーサルを御覧になること。「―の夜、行事(=幹事長)の蔵人のいときびしうもてなして(=管理シテ)、かいつくろひ(=五節舞姫ノ世話ヲスル女房)二人・童(わら)よりほかには、すべて入るまじと戸を押さへ」(枕・九二段)

〔ちゃうだい❶〕

ちゃう ちゃく【打擲】(チョウ―) Ⓔ《十他サ変》なぐること。「(山伏ノ)金剛杖をおっ取って(=ヒッタクッテ)さんざんに(義経ヲ)―・す」(謡・安宅)

ちゃう ど【〈丁〉ど】(チョウ―) Ⓓ《副》❶《はげしい物音を形容して》がんと。がちんと。ばんと。「あまりに(刀ヲ)強う打ち当てて、目貫(めぬき)のもとより―折れ」(平家・橋合戦)「留まれば杖で―打つ」(狂・瓜盗人)「(門ノ)貫の木(=カンヌキ)―おろす音」(近松・国性爺・三) ❷《勢いのはげしさを形容して》かっと。はったと。ぐいと。「大の目を見開いて、湯浅・本宮を―にらむ」(太平・巻二六ノ三)

ちゃう ぼん【張本】(チョウ―) Ⓓ 中心人物。親分。「我は卜部(うらべ)の熊竹と申す山賊の―(=親玉)」(近松・嫗山姥・四)

ぢゃう ろく【丈六】(ジョウ―) Ⓓ ❶㋑一丈六尺(約四・八メートル)のたけ。「―の仏のいまだあら作り(=デキカケ)におはするが」(更級) ㋺一丈六尺のたけの仏像。「―は、力車といふ(モノ)に…おはします(=乗ッテイラッシャル)」(栄花・玉飾) ❷あぐら(をかくこと)。「(コンナ事ガオキルノモオ前ガ)―ばかりかいてゐて、うかうかと(=ボンヤリト)したる故」(咄・鹿の巻筆・巻一ノ初)

ちゃく・す【着す・著す】Ⓔ《他サ変》着る。「少女(をとめ)衣(ころも)を―・しつつ」(謡・羽衣)《謡曲の各流とも清音。日葡辞書には chakuxi, suru, xita また日仏辞書には tchacouchi, sourou, chitaとし、「着る」という意味の訳がある》

ぢゃく・す【着す・著す】(ジャク―) Ⓔ《自サ変》深く思いこむ。とらわれる。執着する。「喜び、怒り、悲しび、楽しぶも、みな虚妄(こまう)なれども、たれか実有の相に―・せざる」(徒然・一二九段)「そのころ洛中(=京都)に田楽(でんがく)をもてあそぶこと盛んにして、貴賤こぞってこれに―・せり」(太平・巻五ノ四)《日葡辞書に giacusuru また日仏辞書に dgiacou sourou とあり、ともに「ある物事に深く愛着を感じる」という意味の訳がある》

ちゃ や【茶屋】Ⓓ ❶江戸時代も元祿ごろには遊郭の中に「揚げ屋」と「茶屋」があって、太夫・天神のような上位の遊女を相手にするのには「揚げ屋」でなければならず、「茶屋」はそれより格が下がって端女郎などで遊ぶのに用いられた。揚げ代も「揚げ屋」の方は高くつき、「茶屋」は安かった。「揚げ屋の町は(高クツイテ)思ひもよらず(=問題外トイウワケデ)―にとひより(=タズネテ行キ)」(西鶴・永代蔵・巻一ノ二) ❷江戸時代後期の遊郭の「引き手茶屋」のことで、客を遊女屋に案内する茶屋。吉原では中の町・揚屋町などに多くあり、元祿ころの揚げ屋に似ているが、遊女は客の送迎に来るだけで、宿泊して遊ばせることはしない。茶屋遊びは一般には高級であった。「(理太郎ハ)中の町の夕景色をみてより、いよいよ悪魂(わるだましひ)に気をうばはれ、とある―をたのみて、三浦屋のあやし野といふ女郎をあげて遊びけるが」(黄・心学早染草・中ノ八) ❸色茶屋。下級の遊女(私娼)をあげてあそぶ家。「その金持ちの百姓めを、何とぞ本色町(ほんいろまち)へはめたし(=ホントウノ色町ヘ連レコミタイモノダ)。われわれは(金ガ)なければこそ、おもしろからぬ―風呂屋(デ遊ブノダ)」(西鶴・置土産・巻二ノ三) ❹観劇などの案内をする芝居茶屋。「芝居の内より―の門々(かどかど)、それぞれのひいき(=ヒイキ役者)の定紋つけたる提燈は星のごとく」(風来・根南志具佐・巻二) ❺旅行者などに湯茶を代金をとってサービスする店。「道中の―では、床の間に、ひからびた花をいけておくの」(一九・膝栗毛・初) ❻(略)茶屋者。色茶屋にはたらく女。そこで酒色遊興の相手になった。「これより外の―役者、みなみな分あしく(=都合ワルイワケガアッテ)立ち寄ることは思ひもよらず」(西鶴・置土産・巻一ノ一)

ちゅう いん【中陰】Ⓓ 人の死後四九日の間。この間、死者は次の生存に入らず、その霊魂は行き所がないといわれる。七七日(なななぬか)。中有(ちゅうう)。「内府(だいふ)(=内大臣重盛)が―に、(法皇ハ)八幡の御幸あって御遊ありき(=管弦ノ御遊ビガアッタ)」(平家・法印問答)

ち

ちゅうう【中有】Ⓓ〔仏〕→ちゅういん。「(ケサ死ンダ父ハ今ゴロ)—の途(みち)に迷ふらむ」〔太平・巻六ノ六〕〘「宙に迷う」という現代語は「中有に迷う」の誤用〙

ちゅうぐう【中宮】Ⓓ ❶(平安初期まで)皇后・皇太后・太皇太后の総称。❷(醍醐天皇以後)皇后。❸(一条天皇以後)皇后に準ずるきさき。女御・更衣の上位。❹「①②③」の御所。 **—しき** 職 Ⓓ 中務(なかつかさ)省に属し、中宮に関する雑務を管理した役所。 **—だいぶ** 大夫 Ⓓ 中宮職の長官。

ちゅうげん【中間】Ⓓ [一]〘+形動ナリ〙❶二つの物のあいだ。「かの両国の—に舎衛(しゃゑ)国あり」〔今昔・巻五ノ二三〕 ❷どっちつかずだ。中途はんぱだ。「(コノ一件ガ)もし聞こえあらば(=耳ニハイルナラバ)、—・になりぬべき(=両方ニキラワレテドッチツカズニナルニチガイナイ)身なめり」〔源氏・真木柱〕 [二]【仲間】[略]仲間男。侍と小者との間の意で、武家に下回りとして仕えたもの。「時綱一騎、—二人に長刀(なぎなた)持たせて、しのびやかに土岐が宿所へ馳せ行きて」〔太平・巻一ノ八〕 **—ほふし** 法師 (—ホウ—) Ⓔ 雑用をする下級の僧。「堂衆と申すは、学生(がくしゃう)(=学問僧)の所従なりける(=家来デアッタ)童部(わらはべ)が法師になったるや、もしは—ばらにてありけるが」〔平家・堂衆合戦〕

ちゅうじゃう【中将】(—ジョウ) Ⓓ 近衛(このゑ)府の上席次官。左・右それぞれ一名の定員だったが、後、四名に増員された。従四位に相当する官であるが、とくに三位を与えられた者は三位中将と称し、名誉とした。

ちゅうしょわう【中書王】(—オウ) Ⓓ →なかつかさきゃう。

ちゅうぞん【中尊】Ⓔ〔仏〕つき従う仏・菩薩(ぼさつ)の像の中央に立つ仏像。本尊。「阿弥陀堂の—の御前についゐさせたまひて」〔大鏡・道長〕「—の御手には五色の糸をかけられたり」〔平家・大原御幸〕

ぢゅうだい【重代】(ジュウ—) Ⓓ〘+他サ変〙❶先祖から何代も伝わること。「—の著背長(きせなが)(=ヨロイ)、緋縅(ひをどし)の鎧に星白の甲の緒をしめ」〔平家・競〕 ❷先祖から伝わった貴重品。「さうあらうとも(=ナルホドソウダロウ)。あれは—ぢゃと言ひ伝へた」〔狂・武悪〕 ❸(後継者に)ゆずり渡すこと。「初心を忘れずして、初心を—・すべし」〔花鏡〕

ぢゅうぢ【住持】(ジュウジ) Ⓓ〘+他サ変〙❶(仏法を)保持すること。「寺門繁昌して、三宝(=仏法)の—も全かりつるに」〔太平・巻一五ノ一〕 ❷寺の管理責任をおう地位につくこと。またはその地位の僧。「山寺に賀縁法師の宿りてはべりけるに、—・しはべりける法師に『歌よめ』と言ひければ」〔拾遺・物名・詞〕

ぢゅうぢゅう【重重】(ジュウジュウ) Ⓓ〘+副〙❶かさねがさね(のこと)。再三再四。「地頭、領家(ノ)代官(ト)—問答して、領家の方に肝心の道理を申したてたる時」〔沙石・巻三ノ二〕 ❷重ねてある上にさらに重ねてあること。「かの赤坂の城と申すは、東一方こそ山田の畔(くろ)—に高くして、少し難所のやうなれ」〔太平・巻三ノ四〕 ❸事がらの段階が幾つもあること。幾重。「有漏(うろ)心・無漏心といへることも、—の段(しな)あり」〔夢中問答・上〕

ちゅうなごん【中納言】Ⓓ 太政(だいじょう)官の次官で、大納言の下。持統天皇のころはすでに存在したのを、大宝元年(七〇一)に停止したので、大宝令にはない官。慶雲二年(七〇五)に復活し、定員三名が置かれた。平安末期には一〇名まで増加した。従三位に相当する。任務は大納言と同じ。漢語で「黄門」という。

ちゅうべん【中弁】Ⓓ →べん。

ちゅうもん【中門】Ⓓ ❶寝殿造りの建物で、表門と寝殿との間にある門。東西の対(たい)の屋から釣殿に達する渡殿(わたどの)の途中を切りとおして作り、屋根はあるが、冠木(かぶき)も閾(しきみ)もない。車が通れるようにしたもの。目下の客はここで来意を通じ、主人側の返事を待ち、逆に身分ある客のばあいは、主人側の者がここまで出むかえる。「(夫ガ来ルラシイトイウノデ)男ども—おし開きて、ひざまづきてをるに、(夫ノ車ハ)むべもなく(=知ラン顔デ)引き過ぎぬ」〔蜻蛉・中〕 ❷寺院で、大門と本堂との間にある門。「(皇太后宮妍子ハ法成寺ノ)西面の大門より入らせたまふ。大宮(=彰子)おはしませば、御車は—の外より手引きにて入らせたまふ」〔栄花・音楽〕

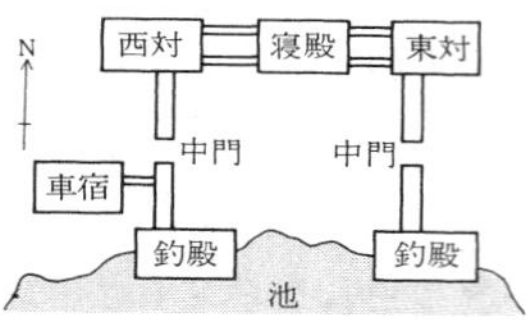

〔ちゅうもん❶〕

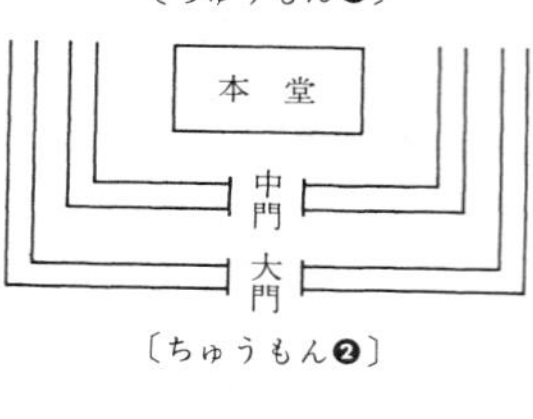

〔ちゅうもん❷〕

ちゅうや【中夜】Ⓓ〔仏〕一日を晨朝(じんじょう)・日中・日没・初夜・中夜・後夜と六時に分けた一つ。季節により不定だが、およそ今の午後九時すぎから午前三時ごろまで。夜なか。[参]しょや・ごや。「(釈尊ハ)—に至りて天眼(てんげん)を得たまふ(=アラユル世界ヲ見トオス神通力ガオデキニ

ナッタ)」〔今昔・巻一ノ七〕

ちょく【勅】Ⓔ (天皇の)御命令。みことのり。《漢語だけれど、和語に近く感じられたらしく、和歌や連歌にも用いられる》「—とかやくだす帝のおはせかしさらば恐れて花や散らぬと」〔山家・下〕「叡慮かしこき—を受けて、心も勇む駒の足なみ」〔謡・小督〕

ちり【塵】Ⓓ ❶ほこり。ごみ。「(出カケル時ニハ)御あたりの—を打ちはらひ」〔栄花・衣珠〕 ❷ほんのわずか。「この帯をあげむ(=持チ上ゲヨウ)とするに、—ばかりも動かず」〔今昔・巻二ノ五〕 ❸つまらないもの。取るに足りないもの。「憂き事の心にかかる—の(=ハカナイ私ノ)身は」〔謡・昭君〕 ❹けがれ。俗悪さ。「末の世の—に交はる(神ノ)光こそ人にしたがふ(神ノ)誓ひなりけれ」〔続拾遺・神祇〕

ちりぼ・ふ【散りぼふ】(—ウ) Ⓔ《自四》 ❶散らばる。散乱する。「庭の面(おも)になづなの花の—・へば春まで消えぬ雪かとぞ見る」〔曾丹集〕 ❷よるべもなくさまよう。おちぶれる。「くちをしからぬ(=教養ノアル)人々も、京より—・ひ来たるなどを、たよりにつけて(=手ヅルヲ求メテ)呼び集めなどしてさぶらはせし」〔源氏・玉鬘〕《↑「離散する」の意に解する説もあるが、零落の意にとるべきである》「東海道に—・ひたる宿なし者をば『くも』とは、いかで(=何ダッテ)いふやらむ」〔也有・鶉衣・百虫譜〕

ぢん【沈】(ジン) Ⓔ [略]沈香。熱帯産の香木。香料および高級調度品の用材。「—の懸け盤、銀(しろがね)の皿」〔紫日記〕

ぢん【陣】(ジン) Ⓒ ❶何かの秩序をもって集結すること。または集結した状態。《兵士ならば》隊。「しきりに戦士をいさむ(=激励スル)といへども、一—(=先頭部隊)に進まず」〔保元・中・二〕 ❷戦時に兵士が集結している所。陣地。「虎口(ここう)をのがれ(=アヤウク助カッテ)、味方の—に入りにけり」〔保元・中・二〕 ❸合戦。いくさ。勝負。「『勝つも負くるも風流—、かかれやかかれ』と宣旨ある」〔近松・国性爺・二〕 ❹宮中で、衛府の役人が出仕して警固の任にあたったり、その他の事務を処理していた詰め所。左右近衛府・左右衛門府・左右兵衛府の六つの陣があった。このほか、院・東宮の御所にも同じようなものがおかれた。「『いづかたの—よりか出だすべき』と申せば、『東の—より出だすべきなり』と宣ふを聞きて」〔宇治・巻一〇ノ八〕「殿上人・地下なるも、—に立ちそひて見るも(=立チナランデ自分タチヲ見テイルノモ)、いとねたし(=ヒドクシャクニサワル)」〔枕・八段〕 ❺[略]陣の座。「昔、晴明、—にまゐりたりけるに、前(さき)はなやかに(=勢イヨク)追はせて、殿上人の参りけるをみれば」〔宇治・巻二ノ八〕

—の ざ 陣の座 Ⓔ《連語》宮中において、議事があるとき、高級公務員たちが集まった会議室。左近の陣は紫宸(ししん)殿の東側の日華門の内側に、右近の陣は西側の月華門の内側にあった。「太政大臣以下(いげ)の公卿十三人参内して、—につきて、前の座主(ざす)罪科の事、議定あり」〔平家・座主流〕

ちんじゅ ふ【鎮守府】Ⓓ 陸前国(宮城県)多賀城に置かれた役所。のち陸中国(岩手県)の胆沢(いさわ)城・平泉などに移った。陸奥(むつ=青森・岩手県)・出羽(山形・秋田県)の蝦夷(えぞ)に備え、辺地を守る。その長官は将軍、次官は副将軍、三等官は軍監(ぐんげん)、四等官は軍曹(ぐんそう)といった。

ちん・ず【陳ず】Ⓓ《他サ変》 ❶言いわけする。弁明する。「忠盛を召して、御尋ねあり。(忠盛ガ)—・じ申されけるは」〔平家・殿上闇討〕「何と—・ずるとも許されじ」〔太平・巻二ノ四〕 ❷《転じて》いつわりの弁明をする。作りごとをいう。その場のがれをいう。「まっすぐに申せ。すこしも—・ぜば、拷問せむ」〔近松・出世景清・三〕「一旦(いったん=一時的ニハ)—・じ申すとて、隠しとげられ申すべきか」〔近松・出世景清・三〕

つ

つ【津】Ⓔ ❶船がとまる場所。「埼玉の—にをる船の風をいたみ(=風ガ烈シクテ)綱は絶ゆとも言な絶えそね(=私ヘノ手紙ハ絶ヤサナイデクダサイ)」〔万葉・巻一四〕 ❷水べで人の多く集まる場所。「何かと申すうちに、これははや、人の通る—でござる」〔狂・今参〕

つ Ⓐ《助動》《用言および用言型活用の助動詞の連用形に付く》〔完了〕

未然	連用	終止	連体	已然	命令
て	て	つ	つる	つれ	て てよ

❶行為や作用が存在することを、時に関係なく確認する。現代語では「…た」と言いかえるほかない場合が多いけれど、「たしかに」「きっと」「かならず」「まさしく」等の連用修飾語を補って訳すると、感じがよく現れる。「けさの朝け雁(かり)が音(ね)聞きつ(=マサニ聞イタ)春日(かすが)山もみちにけらし我が心いたし」〔万葉・巻八〕《↑過去》「恐ろしげなること、命限りつ(=テッキリオシマイダ)と思ひまどはる(=気モ転倒スル)」〔更級〕《↑現在》「この後も、讒奏(ざんそう)する者あらば、当家追討の院宣を下されつ(=キットオ下シナサルニチガイナイ)とおぼゆるぞ」〔平家・教訓状〕《↑未来》 ❷叙述を強調する。「…てしまう」と訳することが多いけれど、かならずしも動作が終わることを意味するわけではない。「えい、やってしまえ」の「しまえ」が「終わらせろ」の意でなく、「やれ」を強調するにすぎ

ないのと同様。「すっかり」「まったく」等の連用修飾語を補って訳すると、よく感じが出る。「旅なれば(スッカリ)思ひ絶えてもありつれど(=断念シテイタガ)家にある妹(いも)し思ひがなしも(=思ワレテツライ)」〔万葉・巻一五〕「螢(たはる)の飛びありきけるを、『かれ(ウマク)とらへて(=ツカマエテクレ)』とこの童(わらは)にのたまはせければ」〔大和・四〇段〕❸ある行為・状態が現在話点の直前にあったことを表す。(「たり㊀③」「り③」に同じ)「かぐや姫の、暮るるままに、思ひわびつる(=ツイサキホドマデユウウツダッタ)ここち、笑ひさかえて(=明朗ニナッテ)」〔竹取〕「今まゐりつる(=来マシタバカリノ)道に、もみぢのいとおもしろき所の(サッキ)ありつる(=アリマシタ)」〔更級〕⑴完了の助動詞とよぶことが一般化しているので、本辞書も便宜的にその名称を用いたが、むしろ確述の助動詞というのが適切であろう。英語には、①②に当たるTenseの言いかたはない。従来は、英語のPerfect Tenseにしいて当てはめた結果、完了という訳語の字面にひかれ、動作の終わる意を「つ」に認めようとする傾向が強かったけれど、無理だと思われる。「おもしろき所のありつる」を「あってしまった」と訳するのが、どんなに大きい誤りであるかを考えるがよい。⑵「つ」と「ぬ」は、たいへんよく似た意味をもつ。しかし、差がないわけではない。「つ」が意思的な行為を表す動詞に付くのに対して「ぬ」は自然的な作用を表す動詞に付くとする説、「つ」がその事の終わった感じを表すのに対して「ぬ」はその事が始まった意を表すとする説などあるが、まだ定説はない)㊎ぬ・て・てき・てけむ・てけり・てまし・てむ・てんげり・つべし・つらむ。

つ Ⓑ㊀〔格助〕上の体言を下の体言に結びつけて連体修飾語とする。「の㊀①㋑」に同じ。「風吹けば沖―白波たつた山夜半にや君がひとりこゆらむ」〔古今・雑下〕㊁〔接助〕〔動詞の連用形に付く〕❶(一方では)…ながら(他方では)。「苦しむ時は休め―、まめなれば使ふ」〔方丈〕 ❷(「…つ…つ」の形で)…たり、…たり。「追っ―返し―、同志戦(どしいくさ)をぞしたりける」〔太平・巻六ノ二〕

づ〔出〕(ズ)Ⓔ〔自下二〕出る。「恋しけは(=恋シケレバ)袖も振らむを武蔵野のうけらが花の(=序詞)色にづなゆめ」〔万葉・巻一四〕〔中世の口語では終止形が「づる」となった。↓〕「清水へ参れば、元興寺(=鬼)がづると申しまするによって」〔狂・清水〕

ついしゅつ〔追出〕Ⓔ〔+他サ変〕おい出すこと。「かの外法おこなひける聖(ひじり)を―・せむとしければ」〔平家・鹿谷〕

ついしょう〔追従〕Ⓔ〔+自サ変〕こびへつらうこと。「ついそう」とも。「(出世シタイ一心デ)もの覚えぬ(=ヤリツケナイ)―をなし(=オ世辞ヲ言イ)」〔栄花・初花〕〔「あとにつき従う」の意をあげる説もあるが、解釈ちがい。すべて「へつらう」の意と認められる〕

ついたう〔追討〕(―トウ)Ⓓ〔+他サ変〕人をさし向けて・(出かけて行って)相手を討ちとること。「宗盛卿を大将軍にて、東国北国の凶徒(けうど)等―・すべきよし仰せくださる」〔平家・入道死去〕

ついたつ〔〈突〉い立つ〕Ⓔ〔自四〕〔「つい」は接頭語〕身軽に立つ。さっと立つ。「―・って『六位やさぶらふ、六位やさぶらふ』と召されければ」〔平家・競〕

ついぢ〔築〈地〉〕(―ジ)Ⓓ〔「つきひぢ(築泥)」の連音変化〕❶どろで塗りかためた塀(へい)。後世は板をしんにしたり、瓦(かはら)の屋根をのせたりする。「―の上に千人、屋の上に千人」〔竹取〕 ❷〔単に〕塀。「岩・巌石をうがち、石をかさねて―となし」〔浄・公平誕生記・三〕〔上流貴族の邸宅の周囲には築地をめぐらした所から、公卿などの上流貴族という意を認める説があり、「えぼし子に成し下され御恩は上なき―の勤め、三人のその中に桜丸が身の幸ひ」〔浄・手習鑑・三〕を引くが、他に用例がなく、この場面での臨時的な暗喩と考えられるので、省く〕

〔ついぢ❶〕

ついで〔序〕Ⓒ❶ものごとの順序。「乞ひもとむる者、―を争へば(=我サキニト押シカケタガ)」〔秋成・雨月・夢応〕 ❷チャンス。おり。「新院、厳島より還御、その―をもって、太政入道(=清盛)のおはしける福原へ御幸ありて」〔盛衰・巻一三ノ一〕 ❸あることに付帯しての場合。現代語で、「…のついでに…する」というのとおなじ用法。「陸奥(みちのく)の方へ修行の―に(コノ歌ヲ)詠みたり」〔十訓・第一〇ノ一〇〕 **―に** Ⓔ〔副〕❶その際に。それに際して。「親、子に曰く『など久しくは見えざりつるぞ(=来ナカッタノダ)』など言ひければ(=言ッタガ)、―(=ソレニ対シテ)これは『この馬もて来たりぬ』と聞きて『これ乞はむ』と思ひて来たりたるなめりと思ひければ」〔今昔・巻二五ノ一二〕 ❷あることに付帯して。これを機会に。「尼も―かの山寺拝まむ」〔盛衰・巻四七ノ三〕「今日の日や―洗ふ仏たち」〔荷兮(曠野)〕

ついで〔尋いで・次いで〕Ⓔ〔接続〕それにひきつづいて(まもなく)。「天皇(八毒気ノタメ)よく寝(い)ねませり。たちまちにして寤(さ)めていはく『われ何ぞかく長眠(ながい)しつるや』。―毒(あしき)に中(あ)たりたる士卒(いくさのひとども)悉(ことごと)にまた起きぬ」〔紀・神武・訓〕〔「ついで」は「尋而」の訓〕

ついな〔追儺〕Ⓓ中国伝来の宮中恒例儀式。大晦日(おおみそか)に悪鬼を追い払い災難をよけるため行われる。社

寺・民間でも行った。「(十二月)つごもりになりぬれば(=宮中デハ)―とののしる(=大サワギスル)」〔栄花・様々〕

ついひぢ【築泥】(―ジ) [D] 《「つきひぢ」の音便》→ついぢ。「東三条の北面の―崩して」〔栄花・様々〕

ついぶ【追捕】 [E] 《十他サ変》《「ついほ」「ついぶく」とも》 ❶罪人を追って捕らえること。逮捕。「やがて(=スグソノアトヘ)―の官人まゐって御内(うち)の人々からめとり、御謀反(ほん)の次第をたづねて、うしなひはてさうらひぬ(=ミナ殺シテシマイマシタ)」〔平家・僧都死去〕 ❷ぶんどること。没収。「(京中ノ軍勢ハ)仏閣・神殿をうち破り、僧坊・民屋を―し、財宝をことごとく運びとり」〔太平・巻八ノ八〕 **――し** 使 [E] 国司・郡司の中から選ばれて、暴徒の鎮圧・逮捕・検問など担当した官人。

ついぶく【追捕】 [E] 《十他サ変》→ついぶ。「『さは(=デハ)、おほきなる―か(=大捕リ物カ)』など、かたがたに(=火事カ捕リ物カトアレコレ)心もなきまで(=気ガ気デナク)まどひしかば(=アワテタトコロ)」〔大鏡・昔物語〕

つい・ゐる【突い居る】(―イル) [C] 《自上一》 ❶(膝(ひざ)をついて座る意で)(イ)(人が)正座する。かしこまる。「(匂宮ハ)おどろきて(直衣ノ)御紐さしたまふ(=服装ヲ正サレル)。殿(=薫モ)―・ゐたまひて(=キチント座リ)、『…』と(言ッテ)、いそがしげにて(控エ室ヘト)立ちたまひぬ」〔源氏・浮舟〕「(保昌ガ)『こは何者ぞ』と問ふに、(盗人ノ袴垂ハ)心もうせて(=気ガ遠クナッテ)、我にもあらで(=無意識ノウチニ)―・ゐられぬ」〔宇治・巻二ノ一〇〕(ロ)(獣が)後ろ足を折って座る。(鳥が)両足をそろえてとまる。「狐、人のやうに―・ゐてさしのぞきたるを」〔徒然・二三〇段〕「烏(からす)の―・ゐたる像(かた)を瓶(かめ)に作らせたまひて」〔大鏡・道隆〕 ❷(「つい」は接頭語)ちょっと座る。「端のかたに―・ゐたまひて、風(=台風)の騒ぎばかりを訪(とぶら)ひたまひて(=見舞イノコトバヲ述ベニナリ)つれなく(=ソレキリデ)立ち帰りたまふ」〔源氏・野分〕

つうじ【通事・通辞】 [E] 《十自サ変》通訳すること。または通訳者。「高麗人(こまうど)などこそ、御―はありといふなれ。さるわたりとも思はぬに、あやしくもあるかな」〔宇津保・初秋〕「色音(いろね)は(ドコノ国デモ)同じうぐひすの、声にぞ―いらざりし」〔近松・国性爺・三〕「夫は(ドモリナノデ)なまなか(モノヲ言ワナイホウガヨイト)目礼ばかり。女房そばから―・して」〔近松・反魂香・上〕

つか【塚】 [D] ❶土を高くもりあげた場所。「この―の上、かしこの岡の上にうちあがりて、馬・人ともに辟易(へきえき)せり(=シリゴミシタ)」〔太平・巻三八ノ六〕 ❷土を高くもりあげた墓。「うちよりて見れば、(徐君ノ)―に松おひたり」〔平治・中・三〕

つかうまつ・る【仕うまつる】(ツコウー) [A] 《「つかへまつる」の変化》 [一]《自四》 ❶「つかふ」の謙譲語。お仕えもうしあげる。おつかえする。「近う―・る(=ソバ近クオツカエスル者)かぎりして(=ダケ全部ツレテ)いでたまひぬ」〔竹取〕 ❷妻になる。「五人の中に、ゆかしき(=ホシイト思ウ)物見せたまへらむに(=持参シテクダサッタ方ニ)、御心ざしまさりたりとて(=ソノ方ノ御心ガ他ノ方ヨリモ深イトシテ)―・らむ(=結婚イタシマショウ)」〔竹取〕 [二]《他四》 ❶する・行うの意の謙譲語。「その日の御前の折り櫃(びつ)物・籠(こ)物など、右大弁なむ、うけたまはりて(=勅命ヲオウケシテ)―・らせける(=取リオコナイモウシアゲラレタ)」〔源氏・桐壺〕 ❷他の動詞で表すはずの意味を代行する用法の謙譲語。「この鳥飼(とりかひ)といふ題をよく―・りたらむに従ひて(=ヨミコナスカドウカ次第デ)まことの子かとはおもほさむ(=有名ナ玉淵ノ実子ト認メモショウ)」〔大和・一四六段〕「(源氏ハ)箏(さう)の琴―・りたまふ(=演奏モウシアゲラレル)」〔源氏・花宴〕 ❸(補動)《動詞連用形に付き》謙譲の意をそえる。…もうしあげる。「(明石ノ入道ガ)月日の光を手に得たるここちして、いとなみ―・る事(=アレコレト源氏ノタメオ尽クシモウシアゲルノハ)ことわりなり」〔源氏・明石〕 [参]つかへまつる・つかまつる。

つかさ【司・官】 [D] ❶役所。「御―の将監(ぞう)よりかうぶり(=官位)得たる、むつましき(=仲ノヨイ)人ぞ参れる」〔源氏・夕霧〕 ❷公務員としての役職。「―も賜はむと仰せたまひき」〔竹取〕 ❸公務員。「近衛―いとつきづきしき姿して」〔紫日記〕 **――かうぶり** 冠 (―コウー) [D] ❶官と位と。「我をつらし(=ウラメシイ)と思ふことやありし。(ソレトモ)―の(=官位昇進ノオソイノガ)心もとなく(=ジレッタク)覚えしか」〔栄花・日蔭蔓〕 ❷年官年爵。平安時代、毎年ある者に名目上の官や従五位下の位を与え、その分の収入を、上皇・東宮・三宮などのものとしたこと。「(花山法皇ニ対シ)さるべき―御封(ふ)など奉らせたまへば」〔栄花・見果てぬ夢〕 **――めし** 召し [D] [略]司召しの除目(ぢもく)。京官を新たに任命する年中行事。(古くは毎年春行っていたが、後、不定期の場合が多くなった)「年に二たび三たびの―に成り上がりたまへども(=官位昇進ナサッタガ)」〔宇津保・田鶴群鳥〕「正月二十日あまりになれば、世には―とて、馬車の音もしげく」〔栄花・初花〕

づかづか (ズカズカ) [E] 《副》擬声語。のこぎりで切る音などに用いる。「何かは知らず(=様子ガワカラナイガ)この垣を破りませう。まづ結び目を切らう。―」〔狂・瓜盗人〕

つかひ【使ひ・遣ひ】(―イ) [C] ❶言いつけられて用をたしに行く人。使者。「―すでに還りて返り言申す」〔紀・神代下・訓〕〘「つかひ」は「使者」の訓〙「宣旨(=勅旨ヲ伝エルコト)の—にて斉信の宰相の中将の御桟敷(さじき)へ参りたまひしこそ、いとをかしう見えしか」〔枕・一二八段〕 ❷㋑召し使う者。「御—とおはしますべきかぐや姫の要じ(=求メ)たまふべきなりけり」〔竹取〕〘この例を「妻妾」の意とする説があるが、女房など使用者のことであって、結婚関係の意を含むものではない〙㋺神仏が使役するといわれる動物。「つかはしめ」とも。「日本武尊、主神(かむざね=神ノ正体)の蛇と化(な)れるを知らずしてのたまはく、『この大蛇はふつくに(=コトゴトク)荒ぶる神の—ならむ』」〔紀・景行・訓〕〘「つかひ」は「使」の訓〙 ❸言いつかって用をたすこと。「樋口次郎が(奉納ノ)—せしことども、まのあたり縁起に見えたり」〔芭蕉・奥の細道〕 ❹費用。「金子(きんす)百両ありしを、枕近きいざり盲目にささやきて、各々頼むなり。これを道の—(=路銀)にして、源介殿を国元へかへして」〔西鶴・男色大鑑・巻二ノ二〕

つが・ふ【番ふ】(—ガ〈ゴ〉ウ) Ⓒ ㊀〘自四〙(二つのものが)組み合う。「—・はねど(=一羽ダケレド)映れば(自分ノ)影を友として鴛鴦(をし)住みけりな山川の水」〔山家・中〕「述懐の歌に、二条中納言実綱卿左大弁のとき、宰相教長入道に—・ひて」〔著聞・和歌〕 ㊁〘他四〙❶(二つのものを)組み合わせる。「円位上人(=西行法師)、昔よりみづからがよみおきてはべる歌を抄出して、卅六番に—・ひて御裳濯歌合と名付けて」〔著聞・和歌〕 ❷〘弓と矢を組み合わせることから〙(矢を射る状態に)位置させる。「矢取って—・ひ、南無八幡大菩薩と心のうちに祈念して、よっぴいてひゃうど射る」〔平家・鵼〕 ❸(約束を)交わす。(了解を)とりつける。「若い時は小相撲の一番もひねったおれぢゃ。男に—・ふ詞がある。廻しかいたかかかぬか、来い見せうと裾(すそ)からげ胸を叩いて力みける」〔近松・歌念仏・上〕

つかへ まつ・る【仕へ奉る】(ツカエ—) Ⓒ ㊀〘自四〙「仕ふ」の謙譲語。お仕えもうしあげる。「楯(たた)なめて(=枕詞)泉の川の水脈(みを)たえず(=絶エナイヨウニ)—・らむ大宮処(=コノ大宮ニオ仕エモウシアゲヨウ)」〔万葉・巻一七〕 ㊁〘他四〙する・おこなう・造るなどの意の謙譲語。「天地と(トモニ)久しきまでに万代に(=万代マデモ久シク)—・らむ(=オ供エモウシアゲヨウ)黒酒(くろき)白酒(しろき)を」〔万葉・巻一九〕(参)つかうまつる・つかまつる。

つかまつ・る【仕まつる】Ⓑ 〘「つかうまつる」の短縮形〙 ㊀〘自四〙「仕ふ」の謙譲語。仕えもうしあげる。奉仕もうしあげる。「堀河の左大臣殿は、御社まで(中宮ニ)—・らせたまひて(=オ供申シアゲナサッテ)御引出物の馬あり」〔大鏡・昔物語〕 ㊁〘他四〙❶する・行うの意の謙譲語。「さがなきわらはべどもの(=イタズラッ子タチガ)—・りける、奇怪にさうらふことなり(=ケシカランイタズラデス)」〔徒然・二三六段〕 ❷〘他の動詞で表すはずの意味を代行する用法の〙㋑謙譲語。「なにとて御車をばかやうには(=コンナニ早ク)—・るぞ(=オ走ラセイタスノカ)」〔平家・猫間〕㋺荘重語。現代語には適切な訳語がない。「『変化(へんげ)のもの(=怪物ヲ)—・れ(=退治イタセ)』と仰せくださるる(=ゴ命令ヲイタダク)事、いまだ承り及ばず」〔平家・鵼〕 ❸〔補動〕〘おもに漢語の動詞に付き〙謙譲の意をそえる。お…もうしあげる。…いたす。「坂のこはき(=急ナノ)をのぼりはべりしかば、こうじて(=疲レテ)、えその日のうちに下向—・らざりしかば(=帰還イタセマセンデシタノデ)…一夜は宿して、またの日かへりはべりしに」〔大鏡・昔物語〕

-づから (ズ—) Ⓔ 〘接尾〙〘名詞に付いて〙❶「…から」「…で」「…のまま」等の意味を添える。「口—」「心—」「手—」等。 ❷…の間がらにある。「今日の亡者改名もなく、千塚氏の何がし十三年忌に相当たるなり。拙者ためには従弟—なるが、不慮に相果てける」〔西鶴・伝来記・巻二ノ三〕

つき【坏・杯】Ⓓ 飲食物を入れる器。さかずきや皿(さら)などにあたる。古代はもっぱら土器であったが、後には木製や金属製が普通となった。「御手水(てうず)の調度、銀(しろがね)の—御盥(たらひ)」〔宇津保・菊宴〕

つき かげ【月影】Ⓒ ❶月の光。「八月十五夜、くまなき—、ひま(=スキマ)多かる板屋(=板ブキノ家トテ)、残りなく(=ドコモカシコモ)漏り来て」〔源氏・夕顔〕 ❷月の姿。月そのもの。「わがごとく思ひは出づや山の端(は)の—を見て嘆く心を」〔和泉日記〕 ❸月光に照らされた人や物体の姿。「月残りなくさし入りたるに、紅(くれなゐ)の衣(きぬ)上に着て、うちなやみて臥(ふ)したる—、さやうの人にはこよなく過ぎて(=ソウイッタ身分ノ者ニハ不似合イナホド)いと白く清げにて(=色白デキレイデ)」〔更級〕

つき ごろ【月頃・月来】Ⓓ ㋑数か月の間。「妹が目を始見(そめみ)の崎の秋萩はこの—は散りこすなゆめ」〔万葉・巻八〕㋺幾月このかた。「この—は、ありし(=以前)にまさるもの思ひに、異(こと)事(ニカカワッテイル暇ガ)なくて過ぎ行く」〔源氏・若紫〕

つき・す【尽きす】Ⓓ 〘自サ変〙〘下に否定表現を伴い〙なくなる(ことがない)。「—・せず(=キリモナク)多かる紙を、書き尽くさむとせしに、いとものおぼえぬ事ぞ多かるや」〔枕・三一九段〕「—・すべくもあらねば、なかなか片端も、えまねばず(=語レナイ)」〔源氏・須磨〕

つき づき・し【付き付きし】Ⓒ 〘形シク〙似つかわしい。ふさわしい。いかにもそれらしい感じだ。「近衛司いと—・しき姿して」〔紫日記〕「家居の—・しく、あらまほしきこそ」〔徒

然・一〇段〕

つき・な・し【付き無し】Ⓒ〘形ク〙❶とりつきようがない。「逢ふことの今ははつか(=掛ケ詞「二十日」「ハツカ(=ワズカ)」)になりぬれば夜深からでは—・かり(=掛ケ詞「月ナシ」「ツキナシ(=ドウショウモナイ)」)けり」〔古今・雑体〕❷似つかわしくない。マッチしない。「(年ヲトッテ)暁起きは—・くなりにたるここちするを」〔寝覚・巻四〕

つきのみやこ【月の都】Ⓓ❶月の中にあると言われる宮殿。月宮殿。「天の原雲の通ひ路(=天上カラ地上ヘノ通路ガ)閉ぢてけり—の人も訪ひ来ず」〔寝覚・巻二〕❷都の美称。「二月の十日の夜、—を立ち出でて」〔謡・安宅〕

つきゆみ【槻弓】Ⓔ 槻の木で作った弓。「弓といへば品なきものを(=ドレデモ差別ハナイノダ)梓弓真弓—品も求めず(=ドレデモ結構ダ)…」〔神楽・弓〕

つ・く【尽く】Ⓓ〘自上二〙❶有る事物が無くなる。消えて無くなる。「今日の試楽は青海波に事みな—・きぬ(=他ノ舞ハスベテナイモ同様ニナッテシマッタ)」〔源氏・紅葉賀〕❷終わりになる。終点に達する。「鐘の音の絶ゆる響きに音を添へて(=ワタシノ泣ク声ヲ加エテ)わが世—・きぬ(=一生ハ終ワッタ)と君につたへよ」〔源氏・浮舟〕

つ・く【付く・附く・着く・即く】Ⓐ ㊀〘自四〙(一つのものと他のものとの間がなくなる意から)❶㋑接触する。接しそうに近づく。「舳艫相—・けり」〔紀・神武・訓〕(「つけり」は「接」の訓)「空に—・ける山に、獣は、ふすまを敷きたらむやうにある」〔宇津保・俊蔭〕㋺付着する。「馬は血—・きて、宇治大路の家に走り入りたり」〔徒然・八七段〕㋩(連歌や俳諧で)両句がうまく連関する。「付け句は付くるものなり。今の俳諧、—・かざる多し」〔去来抄・修行〕❷㋑属する。「いみじき物の音、響きまさりて聞こゆ。空にも—・かず、地にも—・かず聞こゆる時に」〔宇津保・俊蔭〕㋺結婚する。「(身分ノ)高き人に—・きたれど…わがほどに当たらむ(=身分相応ノ)夫をせめ」〔宇津保・藤原君〕「つたなき(=クダラナイ)人に—・きたまへりとて、親を勘じたてまつるなむ(=親ニ文句ヲオッシャルノハ)、ひがみたるやうなる」〔宇津保・国譲下〕㋩(精神的な意味で)つながる。つきしたがう。「師に—・きて僧となるこそ、尊きことなれ」〔宇津保・俊蔭〕❸㋑(ある場所に)寄る。「沖つ鳥鴨—・く島にわが率寝し妹は忘らじ世のことごとも(=生涯ズット)」〔紀・神代下〕㋺いっしょ・(そば)にいる。ともなう。「兄の禅師の君といふに—・きて、ものしたまふ(=オイデニナル)」〔蜻蛉・下〕❹㋑そば・(あと)を離れず行く。供する。「御前の男ども、あまた(車ノ)轅に—・きて」〔蜻蛉・下〕㋺(道標から)離れずに行く。そう。「声に—・いて、ほうい」〔狂・狐塚〕❺【憑く】(神仏・精霊などが)人にのりうつる。「一人の神主に神—・きて言ふやう」〔宇治・巻一〇ノ六〕❻㋑(どちらかに)したがう。(態度を)きめる。「いとものはかなく(=タヨリナク)、とにもかくにも—・かで(=ドウスルト決着ガツカズ)、世にふる(=暮ラシテイル)人ありけり」〔蜻蛉・上〕「大に—・き、小を捨つるは、理まことにしかなり(=当然ダ)」〔徒然・一七四段〕㋺くみする。味方する。「九国(=九州)の者どもが兵衛の佐殿(=足利直冬)に—・きたてまつること」〔太平・巻二八ノ四〕❼㋑(ある場所へ)行く。おもむく。「その木のもとに—・いて、よろぼひ(=フラツキ)たたずみたまふ」〔紀・神代下・訓〕(「ついて」は「就」の訓。東山御文庫本は「ゆいて」と訓ずる)㋺(ある場所まで)行く。到着する。「急ぎさうらふほどに、これははや讃岐の国屋島の浦に—・きてさうらふ」〔謡・屋島〕❽㋑(ある場所に)位置する。身をおく。「殿上人の座の上に—・きたまへり(=オスワリニナッテイラレル)」〔紫日記〕「座に—・きて」〔徒然・七〇段〕㋺(ある身分に)なる。(皇位の場合は「即く」、その他は「就く」)「小松の帝(=光孝天皇)位に—・かせたまひて」〔徒然・一七六段〕❾㋑(これまでなかったものが)あるようになる。加わる。「命生きたまふのみならず、徳(=財産ガ)—・いてぞ帰りのぼられける」〔平家・三日平氏〕㋺(自覚が)生まれる。(意識が)できる。「むかし、心—・きて(=モノゴトガワカルヨウニナッテ以来)色好みなる男、長岡といふ所に家造りてをりけり」〔伊勢・五八段〕「子はいかがなりたる。大きなりや。ここち—・きにたりや(=モノゴトガワカルヨウニナッタカネ)」〔蜻蛉・下〕㋩(…の心が)出てくる。おきる。「あららかに田舎びたる心ぞ—・きたりける」〔源氏・東屋〕「返り忠して、命生かうど(=助カロウト)思ふ心ぞ—・きにける」〔平家・西光被斬〕㋥(「心つく」の形で)すきになる。ひきつけられる。「この大臣に御心—・きておぼせど…おぼしもかけず(=大臣ハ相手ニナサラナイ)」〔宇津保・忠こそ〕❿発火する。もえている。「春さりくれば野ごとに—・きてある火の風のむた(=風ト共ニ)なびくがごとく…」〔万葉・巻二〕㊁〘他四〙❶付着させる。くっつける。「おのがじし(=メイメイ)は、塵も—・かじ(=付ケマイ)と身をもてなし(=フルマイ)」〔源氏・帚木〕❷(心をそちらに)向けさせる。注意させる。「月・花はさらなり(=モチロン)、風のみこそ人に心は—・くめれ」〔徒然・二一段〕❸名まえを与える。命名する。「或は祇一と—・き、祇二と—・き、或は祇福・祇徳などいふ者もありけり」〔平家・祇王〕「人の名も、目なれぬ文字を—・かむとする、益なきことなり」〔徒然・一一六段〕❹㋑(これまでなかったものを)あるようにする。もつ。「頭(=蔵人ノ頭ノ地位)争ひに、敵を—・きたまへば(=オコシラエニナッタカラ)、これ(=行成卿)も(蔵人ノ頭ニナルコトハ)いかがおはすべからむ」〔大鏡・伊尹〕㋺所有する。自分のものとする。「大きなる道をも成(じゃう)じ、能をも—・き(=技能ヲソナエ)、学問をもせむ」〔徒然・一八八段〕「徳を—・かむと思はば、すべからく、まづ、その心づかひを修行すべし」〔徒然・二一七段〕 [三]【他下二】❶㋑接触させる。接しそうなほど近づける。「天雲に翼(はね)うち—・けて飛ぶ鶴(たづ)の(=序詞)たづたづしかも(=心モトナイコトデスワ)君いまさねば」〔万葉・巻一一〕㋺付着させる。「花に鳥を—・くるすべ(=ヤリカタ)知りさうらはず」〔徒然・六六段〕㋩《歌・連歌・俳諧で》五七五の句または七七の句を作り添える。「めづらしき物(ガ前句ニ)出で来たらむに、名所(ノ句)ならで—・けがたきことのあるなり」〔連理秘抄〕㋥(衣類や鎧(よろい)を)着る。「単衣(ひとへ)を青くて—・けさせたまへれば」〔大鏡・道隆〕❷属させる。「良男良女どもの生めらむ子は、その父に—・けよ」〔紀・孝徳・訓〕《「つけよ」は「配」の訓》❸㋑つきしたがわせる。お供させる。「使ひを—・けて、たしかにこの島に送りたまへり」〔大鏡・道隆〕㋺尾行させる。「いづかたへか(=ドコヘ行クノカ)と、ゆかしうて(=知リタクテ)、人を—・けたてまつりて見せければ」〔大鏡・伊尹〕❹㋑委嘱する。まかせる。「世の政(まつりごと)をみな太子に—・けたてまつりたまふ(=オ任セアソバサレタ)」〔今昔・巻一一ノ一〕㋺【托く】持ってゆくように依頼する。「たより人(=ツイデノアル人)に文(=手紙)—・けてやりたり」〔大和・一四八段〕㋩【托く】伝言する。「兄弟にてはべる僧に—・けて言はしめてはべるなり」〔今昔・巻一九ノ五〕❺㋑わたす。交付する。「屍(しにかばね)を持て来たりて妻(め)に—・けつ(=ヒキワタシタ)」〔今昔・巻二ノ三一〕「御弟子に所々を—・く(=ユズリ与エタ)。東寺をば実恵僧都に—・く、神護寺をば真済僧正に—・く」〔今昔・巻一一ノ二五〕㋺名まえを与える。命名する。「公成と—・けたてまつらせたまへるなり」〔大鏡・公季〕㋩(銭を)はらう。《銭のときだけにいう》「『どりゃ、茶代はらふ』と一銭・二銭、銭—・く」〔浄・矢口渡・三〕❻【憑く】(神仏・精霊などを)のりうつらせる。「護法(トイウ使神ガ)つきたる法師…(祈リデソノ護法ヲ)—・けつる僧どものがり(=所ヘ)踊りいぬる」〔大鏡・伊尹〕❼(ある身分に)ならせる。[参][一]⑧㋺。「皇子御誕生あれかし。位に—・けたてまつり」〔平家・大塔建立〕❽㋑(これまでなかったものを)あるようにする。もたせる。「(アマリ古風ダカラ)すこしけぢかう(=卑近デ)今めきたる気(け)を—・けばや」〔源氏・末摘花〕㋺(目や心を)向ける。注意する。「多くの人の目を—・けたてまつりて」〔大鏡・道隆〕「何としも思はで、心を—・けぬ人もあり」〔徒然・一九四段〕㋩《「心をつく」の形で》愛情を向ける。もつ。「後宮の美人・楽府(がふ=雅楽寮)の妓女といへども、天子顧眄(こめん=寵愛)の御心を—・けられず」〔太平・巻一ノ三〕❾点火する。「すなはち火を—・けて室(むろ)をやく」〔紀・神代下・訓〕《「つけて」は「放」の訓》❿㋑(形を)残す。しるす。マークする。「石をつたひて(歩キ)、雪に(足ノ)あとを—・けず」〔徒然・六六段〕㋺書きとめる。記帳する。「軍勢の着到を—・くるに…十万余騎に及べり」〔太平・巻三ノ一〕⓫㋑《いつも連用形で》対応させる。「色ぞ(トクニ美シイ)とは思ほえずともこの花に時に—・けつつ(=オリニフレテハ)思ひいでなむ」〔大和・三四段〕「官人には、みな程々(=身分ノ程度)に—・けて(=応ジ接待ノ設備ヲ)したまふ」〔宇津保・俊蔭〕㋺(何かの事態と)いっしょにする。関連させる。「それに—・けて(考エルト)いとこそくちをしく」〔大鏡・昔物語〕⓬〔補動〕《動詞の連用形に付いて》㋑習慣化を表す。いつも…している。…しなれている。「言ひ—・けたる(=ヨクロニスル)言種(ことぐさ=話題)・物の名など、心得たるどち(=知ッテイルドウシデ)片端いひかはし」〔徒然・七八段〕㋺ちょうど・それ(その時機)という意を表す。「いと待ち遠に久しきに、からうじて(=ヤット)待ち—・けて(=待ッテイル所ヘ来テ)」〔枕・二八段〕《「見つく」の「つく」もこの用法》

つ・く【突く・衝く】[C]【他四】❶(とがった物で)さす。「たがにへ人(=魚鳥ナドヲトリ「ニエ」トシテ奉ル役ノ人)ぞたがにへ人ぞ鴫(しぎ)—・き上(のぼ)る…」〔神楽・鷹枕〕❷(長い物の先で打撃をあたえ)音をたてる。つき鳴らす。「いりあひ(ノ鐘ヲ)—・くほどにぞ、至りあひたる」〔蜻蛉・下〕❸(杖(つゑ)などを)ささえに使う。「手をひき杖を—・かせて」〔徒然・五三段〕「頬杖(つらづゑ)—・きて『いとも悲し』と思ひたるさまなり」〔源氏・澪標〕❹(頭を)他のものに当てる。他の物(地面など)に当たるほど下げる。「額(ぬか)を—・き祈り申すほどに」〔更級〕

つくし【筑紫】[D]❶筑前(ちくぜん)・筑後(ちくご)両国の総称(だいたい福岡県)。《筑前・筑後の近くならば、ひっくるめて筑紫といったようである》「(菅原道真ノ)—のおはしまし所は安楽寺といひて」〔大鏡・時平〕「—の門司の関、関の関守老いにけり」〔梁塵〕❷《転じて》九州。「—の探題にて将軍より置かれたりける一色左京大夫直氏・舎弟修理大夫範光は、菊池肥前守武光にうち負けて…みな宮方に順ひなびき、—九国の内には、ただ畠山治部大輔が日向(ひうが)の六笠の城にこもりたるばかりぞ、将軍方とては残りける」〔太平・巻三三ノ八〕

つく づく【熟】[C]【副】❶思い沈むさま。しみじみと。じいっと。「寝たるやうにて—と思ひ乱る」〔源氏・浮舟〕❷心をうちこむべき対象もなく、ものさびしいさま。ぼつねんと。「(落窪ノ君ハダレニモカマワレズ)—いとまのあるままに、もの縫ふ事をならひければ」〔落窪・巻一〕❸下の動詞の表す動作・状態が、他にまじるものなくおこなわれるさま。ただもう。じいっと。「―と泣きたまふ」〔源氏・蓬生〕「さやかならねど(=アマリハッキリシナイガ)―と見れば」〔源氏・竹河〕

つくよみ【月夜見・月〈読〉】Ⓔ 月の異名。「―の光に来ませ(=コノ月明カリノモトニオトズレテイラッシャイ)あしひきの(=枕詞)山を隔てて遠からなくに(=遠イワケデハナイノデスカラ)」〔万葉・巻四〕

つくり【作り・造り】 **―もの** 作り物 Ⓓ ㊀(田畑の)さくもつ。「この国は昨年の―ことに損じさうらひてあさましきことにて」〔恵信尼消息〕 ㊁造り物 ❶形をまねて造ったもの。「六波羅の門の前にをかしきことを―にして置けり。…思ひもよらず摂禄(せふろく=摂政・関白ノ家柄)の臣に向かひてかかるをこがましき事し出でたれば―にもせられけり」〔盛衰・巻三ノ九〕 ❷能の舞台に出す象徴的な移動式装置〘山・家・船など〙。「―舞台へ出でざる間は、(鼓ノ)頭(トイウ手ノ)数を打たず」〔八帖花伝書・第四〕 ❸歌舞伎の舞台に使われる簡単な大道具。「―、三間(さんげん)の間、正面まひら戸(=細イ桟(さん)ガ横ニ細カクハイッテイル戸)押入れ」〔伎・幼稚子敵討・二〕 **―やまぶし** 作り山伏 Ⓔ にせやまぶし。「判官殿(ノ一行)は十二人の―となって」〔謡・安宅〕

〔つくりもの㊁❷〕

つく・る【作る・造る】Ⓑ〘他四〙 ❶これまでなかった事物を生じさせる。㋑(罪・功徳など精神的な事がらを)しだす。「能登殿。(ソンナニ人ヲ殺シテ)いたう罪な―・りたまひそ(=罪作リナ事ヲナサルナ)」〔平家・能登殿最期〕 ㋺(文章・絵画などの芸術作品を)制作する。「(梨ノ花ハ)もろこしには限りなきものにて、詩(ふみ)にも―・る」〔枕・三七段〕 ㋩(器具・建物・酒などの物質的なものを)こしらえる。「(コノ建物ハ)故一条院の…(人ニ)―・らせたまへりし」〔栄花・本雫〕 ❷手を加えて、これまでと違った状態にする。㋑(田を)耕作する。「わくらばに(=マレナ機会ヲ得テ)人とはあるを人なみにあれも―・るを…」〔万葉・巻五〕 ㋺料理する。「いざ、この鳥の(=鳥ヲ)生けながら―・りて食はむ」〔今昔・巻一九ノ二〕 ❸とりつくろう。わざと…の様子をする。「(女ハ)初めこそ心憎く(=奥ユカシク)も―・りつれ(=見セカケテイタガ)、今はうちとけて(=気ヲ許シテ)」〔伊勢・二三段〕 ❹経営する。運営する。「大己貴命(おほあなむちのみこと)と少彦名命(すくなひこなのみこと)と力を戮(あは)せ、心をひとつにして天の下を―・る」〔紀・神代上・訓〕〘「つくる」は「経営」の訓〙

つくろ・ふ【繕ふ】(-ウ) Ⓒ〘他四〙 ❶こわれたものを修理する。手入れする。「これ(=笛ノ調子)がたがひたる所(=狂ッタノヲ)―・ひて」〔栄花・木綿四手〕 ❷きちんとさせる。ととのえる。「心ことに紙(=手紙ノ用紙)よりはじめて―・はせたまへる」〔枕・一五八段〕 ❸気どる。「少し言(こと)どもりする人の、いみじう―・ひ、めでたしと聞かせむと思ひければ」〔枕・九〇段〕 ❹表面をとりつくろう。ごまかす。「『今は(=モウ今トナッテハセメテ)世の聞こえをだに―・はむ』と語らひて、忍びてありしさまを聞こゆるに」〔源氏・蜻蛉〕 ❺病気の手あてをする。治療をする。「御身弱うてはおこなひ(=仏道修行)をもしたまひてむや(=ナサレマスマイ)。かつは(=マアトニカク)―・ひたまひてこそ(=病気ヲオナオシニナッテカラ)」〔源氏・柏木〕

つけく【付け句】Ⓒ 連歌・俳諧で、前の句につらねてゆく句。その一句だけでは独立できない。「―は付くるものなり。今の俳諧、付かざる(句ガ)多し」〔去来抄・修行〕

つごもり【晦・晦日】Ⓔ ❶月の末。〘下旬よりは範囲がせまい〙 (対)「ついたち」〘「つきごもり」の約〙(陰暦で)「宮路(みやぢ)の山といふ所越ゆるほど、十月―なるに、紅葉散らで盛りなり」〔更級〕 ❷月の最終日。みそか。「―の日になりて」〔蜻蛉・上〕

づし【廚子】(ズ-) Ⓓ ❶仏像や経巻をたいせつにしまう両開きの飾り箱。「件(=上ニ述ベタ)仏殿(トハ)―也。蒔絵如ニ螺鈿(らでん)ニ」〔左経記・万寿三年三月二十日〕 ❷両開きの作りつけの戸だな。「民の家には―といふ所あり、それに師高かくれて居たりけるを、求めいだしてからめむ(=逮捕ショウ)としければ、自害してけり」〔平家・巻二(長門本)〕 ❸置き戸だな。書画・調度品などを入れる二階廚子・三階廚子などがあった。「せちに(=真剣ニ)隠したまふべき(手紙)などは、かやうにおほざうなる(=無造作ナ)御―などにうちおき散らしたまふべくもあらず」〔源氏・帚木〕「嫁の手道具、御―・鏡台」〔近松・反魂香・中〕

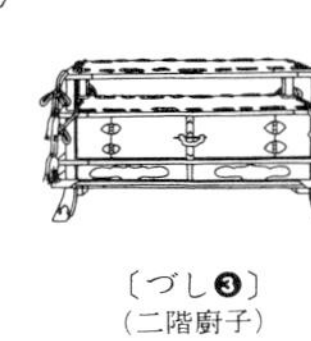

〔づし❸〕
(二階廚子)

つじかぜ【〈辻〉風】Ⓔ (強烈な)旋風。つむじ風。「(桟

敷(さじき)ノコワレルヨウスハ)よそよりは(=遠目ニハ)—の吹くとぞ見えける」〔太平・巻二七ノ二〕

つたな・し【拙し】Ⓒ〘形ク〙❶うまくない。未熟だ。「心の愚かなるをも知らず、芸の—・きをも知らず」〔徒然・一三四段〕❷愚かである。くだらない。「—・き下臈(げらふ)(=下ッ端)の、さる(=ソンナ)事もありけるは」〔大鏡・昔物語〕「よからぬ物たくはへ置きたるも—・く」〔徒然・一四〇段〕❸(運が)悪い。「さきの世のちぎり(=キマッタ運命ガ)—・くてこそ、かくくちをしき(=ツマラナイ)山賤(やまがつ)となりはべりけめ」〔源氏・明石〕

つち【土・地】Ⓒ❶(対)「あめ・そら」大地。「万民(おほむたから)を治むるは、蓋(うだきおほ)ふこと天(あめ)のごとく、容(うけい)るること—のごとし」〔紀・仁徳・訓〕《「つち」は「地」の訓》「(仏ハモトモト)空よりや降りけむ(ソレトモ)—よりやわきけむ」〔徒然・二四三段〕❷地面。「(地震ノタメ)—裂けて水わきいで、巖割れて谷にまろび入る」〔方丈〕❸《中古以後》物質としての土。《古代語では「はに」といった》「御前なる人(=女房タチ)は、まことに(オ化粧ガ)—などの(=土ノ粉デモ塗ッタヨウナ)ここちぞするを、思ひ鎮めて見れば」〔源氏・蜻蛉〕《「粉色如レ土」〔長恨歌伝〕によったものなので、このように解される》❹殿上人でないこと。「地下(ぢげ)」。「六位といへど、蔵人とにだにあらず、—の帯刀(たちはき)の、歳二十ばかり」〔落窪・巻二〕❺(略)つちぎみ。土公神(どくじん)のこと。陰陽道で祭る地神。春はかまどに、夏は門に、秋は井戸に、冬は庭にいて、そのいる場所を動かすと、よくない事がおこるといわれる。「二十七八日のほどに、—犯す(=土公神ニサシサワリガアル)とて、ほかなる夜しも、めづらしき事ありける」〔蜻蛉・下〕 **—に走・る** 徒歩で走る。「(火事騒ギデ)いかに土にや走らすらむと思ひつる人(=心配シタ養女)も(道綱ノハカライデ)車にのせ、門強うなどものしたりければ(=シッカリシメタリシタノデ)、らうがはしき(=不都合ナ)事もなかりけり」〔蜻蛉・下〕

つちいみ【土忌み】Ⓔ土公神(どくじん)のいる所を現状変更しないこと。しいて工事などする時は、家人は他所へ移る。「三月つごもりがた、—に人のもとに渡りたるに、桜さかりにおもしろく」〔更級〕

つちぐも【土蜘蛛】Ⓔ❶じぐも。木の幹やかきねの根もとの土の中に管のような巣を作るくもで、「はらきりぐも」などの別名がある。「汝知らずや、われ昔、葛城山に年をふる—の精魂なり」〔謡・土蜘蛛〕❷古代わが国に居住していた土着の種族。「—また夜都賀波岐(やつかはぎ)といふ。…あまねく土窟(つちむろ)を掘りおきて、常に穴に住み」〔常陸風土記〕「大和の県(あがた)にうつりまして、—田油津媛(たぶらつひめ)を誅(つみな)ふ」〔紀・神功〕《原文「土蜘蛛」。訓なし》

つちのえ【戊】Ⓓ十干(じっかん)の第五番目。(参)じっかん。「年明けぬれば、—子(ね)正月元日」〔白石・折たく柴の記・中〕

つちのと【己】Ⓓ十干(じっかん)の第六番目。(参)じっかん。「中一年(なかひととせ)ありて、—酉(とり)に改元(=年号ガ改メラレタ)」〔神皇正統記・中〕

つちゐ【土居】(—イ)Ⓔ❶(建物の)土台。「軒に朽ち葉(ガ)深く(ツモリ)、—に苔むせり」〔方丈〕《「—を組み、うち蔽ひをふきて」〔方丈〕により、土塀(どべい)の意とする説が多いけれど、疑問。建物全体の土台と解すべきである》❷《転じて》台になっている部分。「御帳のもとに寄りて…かたびら(=垂レ布)を引きかづきて、(赤ン坊ヲ)—のもとにて抱き取りたれば」〔宇津保・蔵開上〕《この場合は、御帳の土台に当たる部分》

つつ Ⓐ〘接助〙《動詞の連用形に付く》❶行為が反覆されることを表す。…ては。「野山に交じりて、竹を取り—、よろづの事に使ひけり」〔竹取〕❷二つの動作が同時におこなわれることを表す。…ながら。「落つる涙おし隠し—臥(ふ)して聞けば」〔蜻蛉・中〕❸行為の進行・継続を表す。「出で入りするを見—あるに」〔蜻蛉・上〕❹〔逆接〕二つの事がらが相応しないことを表す。…にもかかわらず。…のに。「あるものと忘れ—なほなき人をいづらと問ふぞ悲しかりける」〔土佐〕❺行為の主体が複数であることを表す。「人ごとに折りかざし—遊べどもいやめづらしき梅の花かも」〔万葉・巻五〕❻《文末に用いて》進行・継続・反覆の意に感動の意が加わる。「山里は秋こそことにわびしけれ鹿の鳴く音に目を覚まし—(=幾度モサマスコトダナア)」〔古今・秋上〕❼「て」と同じ意味。音調の関係で「て」に代用する。「『やがて(=スグ)参らむ』とて、にはかに精進始め—、厳島へぞ参られける」〔平家・徳大寺沙汰〕「よくよく思慮をめぐらし、本望を達し—、めでたく帰国おはしませ」〔浄・公平誕生記・五〕

づつ(ズー)Ⓑ〘副助〙《体言または体言あつかいの語に付く》❶同一の数量を割り当てる意をあらわす。「(一人ガ)和歌一つ—つかうまつれ、さらば許さむ」〔紫日記〕❷同一の量をくりかえす意をあらわす。「朝ごとにふたつ—焼きて食ひけること、年久しくなりぬ」〔徒然・六八段〕《接尾語とする説もある》

つつおごめ【筒落米】Ⓔさきを斜めにそいだ竹筒を俵にさしこみ、質を見るため米を抜き取る際、こぼれ落ちた米。「敦賀に売られ、—拾(ひら)ひしことを忘れたか」〔西鶴・懐硯・巻二ノ二〕

つづけがら【続け柄】Ⓔ(歌などのことばの)連関のぐあい。「歌はただ同じことばなれど(=同ジコトバヲ使ッテモ)—・言ひがら(=言イマワシ)にて、よくもあしくも聞こゆるなり」〔無名抄・二〕

つつし・む【慎む・謹む】Ⓒ《他四》❶まえまえから用心し、注意をする。気をつける。「平家の方ざま(=方面)をば(知レナイヨウニト)深く—・ませたまひけるに、入道何をしてか聞きつけたまひたりけむ」〈盛衰・巻二五ノ八〉❷《宗教的な意味で》心身をきよめる。「大殿、わが御車にて(源氏ヲ)むかへたてまつりたまひて、御物忌(もの)み、なにやかやとむつかしう(=ウルサイホドニ)—・ませたてまつりたまふ」〈源氏・夕顔〉❸敬意を示し、ひかえめに行動する。「『明神御覧ずらむに(=御覧ニナッテイルダロウノニ)いかでなめげにて出でむ(=ドウシテ無礼ナ姿デ出ラレヨウカ)』とのたまはせて、いみじく—・ませたまふに」〈大鏡・実頼〉

つつま・し【慎まし】Ⓒ《形シク》❶㋑してはいけないような気がしてくる。はばかられる。「(変ナ師匠ニツイタノデ)僻事(ひがごと)にもや(=マチガッテヒキハシナイカ)と—・しくて、(和琴ニ)手ふれたまはず」〈源氏・常夏〉㋺そうなってはこまると感じる。気になる。「人の口(=ウワサ)も—・しく、鎌倉源二位(=頼朝)の漏れ聞かむこと憚(はばか)りあり」〈盛衰・巻四八ノ三〉❷控えめだ。気がねだ。きまりが悪い。「(左大臣ガ縁談ヲホノメカスノデ源氏ハ)ものの—・しきほどにて(=マダナニカトキマリ悪ガル年ゴロデ)」〈源氏・桐壺〉

つつみ【堤】Ⓔ❶池や川などの水があふれ出ないように岸に土を高く築き上げたもの。土手。堤防。「いにしへの古き—は年深み(=年ヲ経タノデ)池のなぎさに水草生ひにけり」〈万葉・巻三〉❷《特に》加茂川の土手。「監(げん)の命婦—にありける家を人に売りて」〈大和・一〇段〉《「御前に—かきて、月日山などありけり」〈栄花・根合〉を「相撲(すもう)の土俵」と解する説があるが、これは相撲の節会の作り物として「土手をえがいて」の意。相撲の土俵は江戸時代以後のことであり、「土俵」説は誤り》

つつみ【慎み】Ⓓつつしみ。遠慮。「姫君おはすと見る方に—なく入りたまひて」〈浜松・巻四上〉《(1)「隠すこと」の意を認める説もあるが、その用例は「つつしみ」の意と解すべきものである。(2)「物忌み」の意を認める説もあるが、その用例(新撰字鏡)に疑問があるので、確例を得るまで保留》

つつみ な・し【恙み無し】Ⓓ《形ク》つつがない。無事だ。「わが来る(=モドル)までに平らけく(=達者デ)親はいまさね(=オイデクダサイ)—・く妻は(ワタシノ帰リヲ)待たせ(=オ待チナサイ)…」〈万葉・巻二〇〉

つつみ ぶみ【包み文】Ⓔ㊇「立て文」薄手の紙で包み、糊(のり)づけにした手紙の包装形式。「なまめかしきもの…紫の紙を—にて房(ふさ)長き藤につけたる」〈枕・八九段〉

つつ・む【恙む・障む】Ⓔ《自四》さしつかえる。障害がおこる。《その反対が「つつがなし」という語に残っている》「荊波(やぶなみ)の里に宿かり春雨に(=ノタメニ)こもり—・むと(=サシサワリガアッテ家ニトジコモッテ外ニ出ラレナイデイルト)妹に告げつや」〈万葉・巻一八〉

つつ・む【慎む】Ⓒ㊀《自四》《積極的になれないという感じで》気がひける。気がおける。「この古里(=私宅)の女(=召使)の前にてだに、—・みはべるものを(=気オクレガスルノニ、マシテ)さる所にて(=ソンナ公ノトコロデ)才(ざえ)さかしいではべらむよ(=学才ヲヒケラカシナドシマショウカ)」〈紫日記〉㊁《他四》❶気にする。しないように気をつける。「親のいさめ(=忠告)、世のそしりを—・むに(=気ニスルタメニ)、心のいとま(=心ノ休マル時ガ)なく」〈徒然・三段〉❷遠慮する。「例いとよく書く人も、あぢきなう(=ツマラナイコトニハ)みな—・まれて(=控エメニナッテ)書きけがし」〈枕・二三段〉「実の女の情にもとづきて(=ホントウノ女性心理ドオリ)—・みたる(=言イタイコトモ言ワナイデイル)ときは、女の底意なんどがあらはれずして」〈以貫・難波土産・発端〉

つつ・む【包む・裹む】Ⓔ《他四》❶(外がわから何かをかぶせて)中に入れる。「また—・みたる物添へてなどぞ聞きし」〈紫日記〉❷人に知られないようにする。カムフラージュする。「逢ひ見ても—・む思ひのわびしきは(=人目ニツカナイヨウニスルツラサトイッタラ)人ま(=他人ノイナイトコロ)にのみぞ音(ね)は泣かれける」〈後撰・恋三〉

つづ・る【綴る】Ⓓ《他四》❶結合する。つぎ合わす。「我ゆゑと知らずやあらむ賤(しづ)の女(め)が—・れる袖につける墨をば」〈頼政集〉❷(ざっと)手入れする。修理する。「住み荒らしたる笹葺(ささぶ)きを—・りて」〈西鶴・一代男・巻二ノ五〉❸文章・詩歌などを作る。「狂言綺語(=文学的フィクション)をもてこれを—・る」〈馬琴・弓張月・前編序〉❹とじる。ふさぐ。「両眼—・る間もなく、世界は闇となって」〈西鶴・文反古・巻三ノ三〉

つつ ゐ【筒井】(—イ)Ⓔ筒型に丸く掘り抜いた井戸。「賀茂河・桂川みな瀬切れて流れず、—の水も絶えて、国土の悩みにてさうらひける」〈義経・巻六ノ七〉

つと【苞・苴】Ⓓ❶包装品。「沖行くや赤ら(=赤塗リノ)小舟(をぶね)に—(=食料品カ何カノ包ミヲ)やらばけだし(=モシカスルト)人(=ウチノ人ガ)見てひらき見むかも」〈万葉・巻一六〉❷㋑(どこどこで産したという意味をもつ)みやげ物。「潮干なば玉藻刈り蔵(つ)め(モシソレガ無ケレバ)家の妹(いも)が浜—(=浜カラノミヤゲヲ)乞はば何を示さむ」〈万葉・巻三〉「あしひきの(=枕詞)山行きしかば山人の我に得しめし(=クレタ)山—(=山カラノミヤゲ)そこれ」〈万葉・巻二〇〉㋺(どこどこへ持って帰るという意味をもつ)みやげ物。「見てのみや人に語らむ(=見タ感想ヲ人ニ話スダケデヨイモノカ)桜花手ごとに(=メイメイ)折りて家—にせむ」〔古今・春上〕「都の—に何をせむ」〔宇津保・吹上上〕「田舎者何をやっても(自分ノモノニセズ)—にする」〔柳樽・四〕

つ と Ⓒ 《副》 ❶集中的なさま。じっと。「ただこの事のみ—おぼゆるぞ(=ツクヅク感ジラレルノハ)、けしからぬ心なるや」〔源氏・宿木〕 ❷密着しているさま。間に隔てのないさま。ぴたりと。ひしと。「(男ハ)ほかへも行かで(ソノ女ノ家ニ)—ゐにけり(=スッカリ居ツイタトイウコトダ)」〔大和・一四九段〕「督(かん)の君(ハ生マレタバカリノ孫ヲ)—抱き持ちて(=シッカリ抱キシメテ)うつくしみたまふ(=カワイガラレル)」〔源氏・竹河〕 ❸動作の急速かつ直線的な感じを表す。ずいと。ざっと。ぱっと。「車より下りたまふところに、貞能—参って」〔平家・小教訓〕「童子(どうじ)の、御車の前を—走り通るを御覧ずれば」〔平家・主上都落〕《「つっと」と促音に発音されたのかもしれないが、明らかではない。現在の狂言では大蔵流・和泉流いずれも促音に言っている》

つとめ【勤め】Ⓓ ❶仏前で読経(どきょう)・礼拝すること。勤行(ごんぎょう)。「後の世の(タメノ)—も心に任せて(=思ウママニヤッテ)こもり居なむ(=引退シテ気楽ニ暮ラソウ)と思ひはべるを」〔源氏・薄雲〕 ❷(遊女が)かせがされること。「これ(=コノ娘)とても—の身」〔伎・十六夜清心・一ノ三〕 ❸支払うべき金。ことに、遊里での遊女の揚げ代。「げんなま(=現金)でさきへお—を渡しておいたから」〔一九・膝栗毛・初〕

つとめ て Ⓒ ❶朝早く。「明けぬれば、—より事とく(=早ク)始めたまふ」〔落窪・巻三〕 ❷翌早朝。「恐ろしさに音もせで明かしたる—」〔紫日記〕《単に翌朝という意味の用例はないようである》

つな・ぐ【繫ぐ・踵ぐ】Ⓓ 《他四》《「綱」の動詞化したもの》 ❶綱・ひもなどで結んで離れないようにする。「崩岸(あず)(=クズレタ岸)の上に駒を—・ぎて危ほかと(=危ナイヨウニ)人妻(デアル)児ろ(=アナタ)を(慕ッテ)息に我がする(=嘆息シテイマス)」〔万葉・巻一四〕 ❷跡をたどってゆく。足跡から足跡へと追ってゆく。「射ゆ(=射ラレタ)鹿(しし)を—・ぐ(=追イ求メテユク)河べの若草の(ヨウニ)稚(わか)くありき(=幼イ子ダッタ)と吾(あ)が思はなくに(=思ッテイナカッタノニ=年ニ似ヌシッカリシタ子ダト、将来ヲ楽シミニシテイタノニ、ナクナッテシマッタコトダ)」〔紀・斉明〕 ❸続けるようにする。絶えないようにする。「(見コミノアル客ガイレバ)これを取り放さぬやうに—・ぎおきて」〔浮・禁短気・巻五ノ一〕

つな で【綱手】Ⓓ 川や海岸を引いてゆく時など、舟にかける綱。「御舟よりおほせたぶなり朝北(=朝ノ北風)の出で来ぬ先に—はやひけ」〔土佐〕

つね【常】 **—な・し** 無し Ⓓ 《連語》《多くは仏教的な意味に用い》たえず変化する。[参]むじゃう。「(モウ少シ平凡ナ人間ダッタラ)若やぎて(=気分的ニ若返ッテ)—・き世をも(気楽ニ)過ぐしてまし(=生キテユケタロウニ)」〔紫日記〕 **—のごしょ** 常の御所 Ⓔ 《連語》天皇が日常起居される御殿。はじめは仁寿殿内にあったが、後、清涼殿に、さらに別棟の建物となった。「三月九日夜、清涼殿に武者参りて、—へ参らむ道を、蔵人安世に問ひけるほどに」〔中務日記〕《「貴人が日常起居する御殿」という用法がありそうだけれどその用例は未見》

つの ぐ・む【角ぐむ】Ⓔ 《自四》草木の芽がつののように出はじめる。「三島江に—・みわたる蘆(あし)のねのひと夜のほどに春めきにけり」〔後拾遺・春上〕

つばい もちひ【椿餅】(—イ) Ⓔ 《「つばい」は「つばき」の音便》椿(つばき)の葉二枚でつつんだ餅(もち)菓子。「大殿の御方より檜(ひ)破り子(=ヒノキ材製ノ折リ箱ニ入レタ食物)・御酒・—など奉りたまへり」〔宇津保・国譲上〕

つは・く【唾く】(—ワ—) Ⓔ 《自四》《古代語》つばを吐く。「すなはち—・く神を号(な)づけて速玉の男(を)といふ」〔紀・神代上・訓(兼方本)〕《(1)「つはく」は「所唾」の訓。(2)寛文九年刊本の訓には「つわく」とある。(3)「唾、ツハキ」〔名義抄〕の「ハ」に清音符があり、「つわく」という形がある点から、清音だったらしく思われる》

つばくら め【燕】Ⓔ つばめ。「石上(いそのかみ)の中納言には、—の持たる子安の貝ひとつ取りて給へ」〔竹取〕

つは もの【兵】(ツワ—) Ⓒ ❶戦争に用いる道具。武器。「—尽き、矢きはまりて(=無クナッテモ)、つひに敵にくだらず(=降参シナイ)」〔徒然・八〇段〕 ❷㋑武士。兵士。「多くの猛(たけ)き—を集めて、伴(とも)として(=部下ニシテ)、合戦をもて業とす」〔今昔・巻二五ノ一〕㋺武将。「上総守平兼忠といふ者ありけり。これは平貞盛といひける—の弟の繁茂が子なり」〔今昔・巻二五ノ四〕 ❸武勇すぐれた人。豪傑。「(源頼光ハ)極(きは)めたる(=無類ノ)—なりければ、公(=天皇)もその道に使はせたまひ、世にも恐れられて」〔今昔・巻二五ノ六〕 ❹武人としての面目。「さやうの心ありてこそ、—は立ちつれ」〔今昔・巻二五ノ一一〕

つばら【委曲】Ⓓ 《形動ナリ》ものごとが細かく詳しいさま。つまびらか。「初めより—・に(=クワシク)語りて、この占(うら)をもとむ(=ウラナッテモラウ)」〔秋成・雨月・吉備津〕

つは・る (—ワ—) Ⓓ 《自四》 ❶㋑(草木が)芽ぐむ。「木の葉の落つるもまづ落ちて芽ぐむにはあらず。下よりきざし—・るに堪へずして(=コラエキレズニ)落つるなり」〔徒然・一五五段〕㋺(木の実が)成熟してゆく。「一雨ごとに枇杷(びは)—・るなり」〔北枝(山中三吟評語)〕 ❷(妊娠して)つわりが起こる。「宿世(すくせ=前世カラノ運命ガ)心憂かりけることは(=ツラカッタトワカッタコトニハ)、いつしかと(=イツノマニカ)—・りたまへば」〔落窪・巻二〕

つひ【終】(—イ) Ⓓ 《「おわり」という基本意味から》 ❶㋑最終(まで)。「さるまじき(=シテハナラナイ)事に心をつけて、人(=相手)の名をも立て、みづからも恨み負ふなむ、—のほだし(=生涯ノヒッカカリ)ともなりける」〔源氏・梅枝〕㋺ある時期の終わり(の結果)。「(帰京ハ)—の(=結局ハデキル)事と思ひしかど、世の常なきにつけても、いかになり果つべきにかと嘆きたまふ」〔源氏・明石〕「さしあたりて(=当座ノトコロ)は、心もとなき(=ジレッタイ)やうにはべりとも、—の(=結果的ニハ)、世のおもし(=重要人物)となるべき心おきて(=心ガマエ)を習ひなば…後ろやすかるべき(=安心デキル)によりてなむ(大学ニ入レタノデス)」〔源氏・少女〕 ❷人生の最終。死。「世の事として、—の別れをのがれぬわざなめれど」〔源氏・椎本〕

つひや・す【費やす・弊やす・潰やす】(ツイ—) Ⓔ 《他四》 ❶㋑(物を)使ってなくす。「権勢(いきほひ)のほしきままにして、官物(おほやけもの)を—・す」〔紀・清寧・訓〕《「つひやす」は「費用」の訓》「上(かみ)(=為政者)の奢(おご)り—・すところをやめ、民を撫(な)で(=イツクシミ)農を勧めば」〔徒然・一四二段〕㋺(心・力を)使う。むなしく使う。「今は程なき浮き世に心を—・しても(=気ヲ使ッテモ)何かはせむなれば(=何ノ役ニモ立タナイノデ)、いかでもありなむとこそ思ひなって候へ」〔平家・法印問答〕「誠にこころ(=多ク)の人の力を—・し、上人の(衆生済度ノ)貴願いたづらになりはべることもかなしく」〔芭蕉・伊賀新大仏之記〕 ❷疲れ弱らせる。だめにする。「その物につきて、その物を—・しそこなふ(=害スル)物数を知らずあり」〔徒然・九七段〕「(カラスハ)里にありては栗柿の梢を荒らし、田野にありては田畑(ノ作物)を—・す」〔芭蕉・烏之賦〕

つひ・ゆ【費ゆ・弊ゆ・潰ゆ】(—イ—) Ⓔ 《自下二》 ❶使って減る。「(財宝ハ)益(ま)すところなくして損(お)り—・ゆることきはめてはなはだし」〔紀・皇極・訓〕《「つひゆる」は「費」の訓》 ❷疲労する。弱る。「介冑(いくさ)の士(ひとども)—・ゆることなきにあらず」〔紀・神武・訓〕《「つひゆる」は「疲弊」の訓》「年ごろ(=数年コノカタ)いたう—・えたれど(=ヤツレテシマッタケレド)なほ(=ヤハリ)もの清げに(=コザッパリトシテ)よしある(=奥ユカシイ)さまして」〔源氏・蓬生〕

つぶさ【具さ・備さ】 Ⓔ 《形動ナリ》 ❶ととのっているさま。落ちのないさま。きちんと。完全に。「そに鳥(=カワセミ)の(ヨウニ)青き御衣(みけし)をま—・に取り装ひ(=キチント着コナシテ)…」〔記・上〕 ❷こまかくくわしいさま。こまごまと。「聖人、意趣(=事情ヲ)—・に語りたまふ」〔今昔・巻六ノ五〕《②の用法は、多く「語る」「申す」「もの語る」などについて見られる》

つぶつぶ と Ⓓ 《副》 ❶擬声語。水音、あるいは固くない物を切ったり刺したりする音に用いる。ざぶざぶ。ずぶずぶ。「水にてある所、いたくも(馬ヲ)走らせずして、水(ノ中)を—あゆばして(=歩カセテ)ゆきけるに」〔今昔・巻二五ノ一二〕「(ナマズヲ)—切りて、鍋(かなへ)に入れて、煮て、よく食ひつ」〔今昔・巻二〇ノ三四〕《「つふつふと」とよみ、「完全に」「すっかり」の意に解する説もあるが、なお確かでない》 ❷㋑水や涙などがあとからあとからこぼれ出るさま。たらたら。「女、答(いら)へもせで—泣きぬ」〔落窪・巻一〕㋺短い間隔で強く継起するさま。(胸ならば)どきどき。「胸—走る(=ドウキガスル)に」〔蜻蛉・中〕㋩間隔のあるさま。ぽつんぽつん。「陸奥(みちのく)紙五六枚に—、あやしき(=変ナ)鳥の跡のやうに書きて」〔源氏・橋姫〕《この例は「こまごま」の意にも取れる》 ❸こまごま。「けしき(=事情)を—心得たまへど」〔源氏・少女〕 ❹まるまる。ぷりぷり。「手つきの—肥えたまへる」〔源氏・胡蝶〕《このほか「ぶつぶつ」の意を認める説もあるが、その用例「帳をよませて算盤(そろばん)のつぶつぶ言やんな、やかましい」〔近松・歌念仏・中〕は、ソロバンの珠(粒)と掛け詞にして「ぶつぶつ」を逆に言ったもので、当時「つぶつぶ」という語があったとは思われない》

つぶ と Ⓓ 《副》《「完全」「じゅうぶん」の基本意味から文脈によってさまざまな訳語が考えられる》 ❶(事がらや状態の場合)㋑(肯定文のなかで)すっかり。まったく。「(蜂ハ)翼を—(クモノ糸ニ)巻きこめられて、え飛ばざりければ」〔今昔・巻二九ノ三七〕㋺(否定文のなかで)ぜんぜん。てんで。「顔を—見せぬが怪しきに」〔今昔・巻二七ノ三八〕《針で物を刺したり物が水に沈む音という意を挙げる説もあるが、それらの例は④の意で解するのが正しい》 ❷(動作が平面的な広がりを持つような場合)いちめんに。ぴっしりと。「(壁ニ)みちのくに紙を—押させたまへる(=オハラセニナッタ)」〔大鏡・伊尹〕 ❸(何かに接近・密着するような場合)ぺったりと。「(道因入道ハ講師ノ)脇許に(=スグソバニ)—添ひ居て」〔無名抄・六二〕 ❹(時間に関する場合)まさにその時。ぴったりと。「(月日ヲ)言ふを聞くに…鷲に取られし(=サラワレタ)年・月・日に—当たりたれば」〔今昔・巻二六ノ一〕

つぶね【奴】 Ⓔ ❶しもべ。召使。「奴、乃都反、和名豆不禰、人之下也」〔倭名抄・男女類〕《「乃都反」は「乃(だい)」の子音と「都(と)」の母音を合わせ「ド」の音であることを示す》 ❷奉仕すること。「朝夕の—もことに実(まめ)やかに…まことの限りを尽くしける」〔秋成・雨月・吉備津〕

つ・べ・し Ⓑ 《助動》《完了の「つ」に推量の「べし」が付いた複合助動詞。活用→べし》「べし」の意味を強調する。きっと…だろう。…にちがいない。かならず…できよう。ぜひ…しなくてはいけない。「この歌を、これかれ(＝ソコニイル連中ガ)あはれがれども(＝感心シタヨウナフウヲスルガ)、一人も返し(＝返歌)せず。(返歌ヲ)しー・き(＝モチロンデキルハズノ)人もまじれれど」〔土佐〕「三千年(みちとせ)をみー・き(＝キット三千歳モ長生キスルダロウ)身には年ごとに好くにもあらぬ(＝毎年メデル気ニモナレナイ桃ノ)花と知らせむ」〔蜻蛉・上〕「かの君は…裳(も)の摺(す)り目など今めかしければ、(マッタクノトコロ)取りもかへー・くぞ(＝トッカエルノガ当然ナホド)若やかなる」〔紫日記〕

つぼ【坪】 Ⓓ ❶大化改新後の土地制度で、一里の三十六分の一。一町(だいたい九九アール)。❷【壺】建物のあいだや、塀(へい)にかこまれた一くぎりの土地。中庭。《桐壺・梨壺などいうのはこの意味》「(恋文ヲ)やがて(＝スグ)上童(うへわらは)にとらせて、一の内へぞ投げ出だざる」〔平家・小督〕❸(格子(こうし)の)ますめ。「格子の一などに、木の葉を…こまごまと吹き入れたる」〔枕・二〇〇段〕

つぼ【壺】 Ⓓ ❶深くくぼんだ形の容器。「銀(しろがね)の一に金(こがね)入れて賜へり」〔源氏・蜻蛉〕❷物のくぼんだ部分。「鮎(あゆ)走る滝の岩一わきかへり見るも涼しき水の色かな」〔新撰六帖・第三〕❸物をはめこむためのくぼみがある金具。壺金。「板の端に掛け金と一とを打ちて」〔太平・巻一五ノ五〕❹弦楽器をひくとき、音程に合った音を出すため弦をおさえる所。ポジション。「三味線一もすまた(＝見当チガイ)のひき語り」〔浄・歌祭文・野崎〕

つぼさうぞく【壺装束】(ーソウー) Ⓓ 中古の婦人が旅行や外出をする時の服装。うすい単衣(「かづき」という)をかぶった上からさらに市女笠(いちめがさ)をかぶり、「かづき」の褄(つま)を前に折り腰帯にはさみこむ。「一などといふ姿にて、女ばらのいやしからぬや、尼などの…物見に出でたるも」〔源氏・葵〕

〔つぼさうぞく〕

つぼね【局】 Ⓑ ❶《十自サ変》大きな建物の中で臨時に簡単なしきりをつけて作ってあるへや。またはそのようなへやにいること。「后・東宮の御一、(天皇ノ御座所ノ)左右にして」〔源氏・花宴〕「今夜(こよひ)一・して念じあかす(＝一晩ジュウ念仏ヲトナエル)」〔秋成・春雨・天津処女〕❷宮中や貴族邸宅での個人用のへや。私室。「(官職ヲ求メル男ガ)女房の一などによりて、おのが身のかしこきよしなど…説き聞かするを」〔枕・三段〕❸個室をもらっている上級の女官・女房の尊敬語。「昔の御一の(＝オナクナリニナッタオ局サマノ)親におはせし越後守」〔今鏡・唐歌〕❹㋑《近世語》下級遊女の個室。間口二メートル半、奥行二ないし三メートルぐらい。「千歳といふ女郎…一の床に伏して涙つらぬく風情」〔浮・御前義経・巻六ノ一〕㋺(略)局女郎。「傾城(けいせい)町あり…そこに行きてみるに、格子(女郎アルイハ)一といふ事(＝区別)もなく」〔西鶴・一代男・巻三ノ五〕 **—ぢょらう女郎** (ージョロウ) Ⓔ 下級遊女の総称。自室で接客するところからいった。「端(はし)女郎は…替へ名(＝別名)をけちとも、火打とも、山家とも、一とも、端とも、小松ともいふ」〔浮・御前義経・前書〕

つぼ・む【窄む】 Ⓔ《自四》《「壺(つぼ)」を活用させたもの》せまい所にまとまる。ひきこもる。「老体の親、別住まひも異なもの(＝別居モ変ナモノ)と、一所に一・む談合で(＝相談ガキマリ)」〔近松・博多小女郎・中〕

つま Ⓓ ❶【夫】男性の配偶者。「大和へに(イル女性ノ所へ)行く(男)は誰(た)が一(ダロウカ)」〔記・下〕❷【妻】女性の配偶者。「三たび嘆きてのたまはく『吾嬬(あづま)はや』とのたまふ」〔紀・景行・訓〕《本文の訓注に「嬬、これをば菟摩と言ふ」とある》❸《単に》配偶者。「さらぬだに重きが上のさよ衣わが一(＝掛ケ詞「褄」)ならぬ一なかさねそ(＝不倫ノ関係ヲ持ッテハイケナイ)」〔新古今・釈教〕❹(動物の)雌・雄。「さ牡鹿(をしか)の一にすめる(＝配偶者ニスルヨシノ)萩の露」〔源氏・匂宮〕

つま【端】 Ⓒ ❶はし。「几帳の一を引き上げたまへれば」〔源氏・柏木〕❷軒のはし。軒ば。「梅の木の、一近くて、いと大きなるを」〔更級〕❸㋑手がかり。たね。「(ホタルノ)ほのかなる光、艶(えん)なる事の一にもしつべく見ゆ」〔源氏・蛍〕㋺きっかけ。転機。「(承知シテヤレバ病人ガ)心を起こして(＝元気ヲ出シテ)御湯などをも御覧じ入るる(＝オアガリニナル)一とやなる(＝ナルカモシレナイ)」〔寝覚・巻五〕

つまぎ【爪木】 Ⓓ 燃料用の枝。「わづかに言問ふものとては、峰に木(こ)づたふ猿の声、賤(しづ)が一(ヲ切ルタメ)の斧(をの)の音」〔平家・大原御幸〕

つまごみ【妻籠み】 Ⓓ《日本書紀では「つまごめ」とある》妻をはいらせること。「八雲立つ(＝枕詞)出雲八重垣(＝家の周囲ニイクエモ垣(かき)ヲメグラシテ)一に(＝妻ヲ入居サセルタメ)八重垣作るその八重垣を」〔記・上〕

つまど【〈妻〉戸】 Ⓓ ❶《一般に》ドア式の戸。「御車やどり(＝ガレージ)には、板敷きを奥には高く端はさがりて(作り)、大きなる一をせさせたまへる」〔大鏡・伊尹〕❷(対)「遣(や)り戸」(寝殿造りの建物で四すみにある)ドア式の戸。主人も客も出入りする。「南の廂(ひさし)の一隔ててゐたり」〔紫日記〕❸(略)妻戸の間。廂(ひさし)の間で「②」のすぐそばの部分。「右近をひき寄せたまひて、西の一にいでて、戸を押しあけたまへれば」〔源氏・夕顔〕

つ・む【詰む】Ⓒ ❶《他下二》❶いっぱいにする。「これ(=コノタル)はよそへやると言うて、念を入れて(酒ヲ)—・めておいたれども」〔狂・千鳥〕❷④(動かぬよう)ぴったりはめる。きっちり当てがう。「(戸ヲ)打ちたたき押し引けど、内外に(物ヲ)—・めてければ、ゆるぎだにせず」〔落窪・巻二〕⑪動けないようにする。動きがとれなくする。「何と致さう(=ドウヤッテアイツヲヤッツケヨウ)。いや謡で—・めう(=グウノ音モ出ナイヨウニシテヤロウ)と存ずる」〔狂・舟船〕④《将棋で王将を》動けなくする。「(コノ連中ハ)王を—・めようとはしねえで、飛車と角ばかり惜しがってゐるぜ」〔三馬・風呂・前ノ下〕❸④短くする。「(娘ガ年ゴロニナッタノデ)袖—・めた日」〔咄・鹿の子餅・馬鹿娘〕⑪きりつめて暮らす。倹約する。「たとへ身を—・めて十千貫目(金ヲ)溜めたればとて」〔浮・禁短気・巻四ノ二〕❹《補動》《他の動詞の連用形に付いて》極点までおこなう意を添える。ぎゅうぎゅうと(…する)。あくまで(…する)。「問ひ—・められて、え答へずなりはべりつ」〔徒然・二四三段〕❷《自下二》(貴人のそばや家・番所などに)出仕する。「昼夜—・めたる館の内」〔浄・忠臣蔵・四〕❸《自四》《将棋で王将が》動けなくなる。「(王将ガ)—・むところは、人間の知恵により(マタ)将棋の学(=勉強)によるべし」〔咄・鹿の巻筆・巻一ノ一〕

つ・む【摘む】Ⓓ《他四》❶④つまむ。「母の命(みこと)はみ裳(も)の裾—・みあげかき撫で…」〔万葉・巻二〇〕⑪(小さい事がらを)取り上げる。「この外伝といふ(書物ノ)やう(=ヤリ方ハ)、(源氏)物語の巻々の中の詞をつぎつぎに少しづつ—・み出でて(=摘出シテ)…心に任せて言へるものにて」〔宣長・玉の小櫛〕❷(植物を)指先でとる。「君がため春の野に出でて若菜—・むわが衣手(ころもで)(=ソデ)に雪は降りつつ」〔古今・春上〕❸【抓む】つねる。「(匂宮ガワタシノ)手をいとたく—・ませたまへる」〔源氏・東屋〕

つむじ Ⓓ ❶【辻】《「つじ」の古形。「つむじ↓つんじ」の撥音が省略されて「つじ」となった》道の交差したところ。十字路。四つ辻。「辻ツムシ」〔名義抄〕《ツムシ、ツムジの清濁両音が用いられた》❷【旋風】㊗つむじかぜ。はげしくうず巻き状に吹き起こる風。旋風(せんぷう)。「み雪降る冬の林に—かもい巻きわたると…」〔万葉・巻二〕❸【旋毛】毛がうずの形をしたところ。「廻毛、一云旋毛都无之、釈畜回毛在〻膺宜〻乗…」〔倭名抄・牛馬体〕

つめ【詰め】Ⓓ ❶はし。きわ。「竹河の橋の—なるや橋の—なるや花園に我をば放てや…」〔催・竹河〕❷重要部分。急所。要所。「名所・旧跡の曲所(=素材)ならば、その所の名歌・名句のことばを取る事、能の破三段の中—とおぼしからむ在所(=箇所)に書くべし」〔能作書〕❸主要メンバー。正客。「鞠(まり)をあそばしける。御—には、柏木の衛門の督(みかど)参りたまふ」〔伽・猿源氏〕❹㊗わきつめ。《腋(きわ)下(八つ口)を縫い合わせた着物を着る者の意で》成人した女。年増(とし)女。「枕のお伽(とぎ)が御用ならば、振り袖なりと—なりと、足さすって腰打って」〔近松・小室節・中〕

つもり【積もり】Ⓓ ❶累積した結果。「御おこなひを時の間もたゆませたまはずせさせたまふ—(=アマリ勤行(ごんぎょう)ヲナサリスギルオ疲レガタマッテ)」〔源氏・薄雲〕❷見つもり。推測。「(モウ出演シナイダロウトノ)世間のお—もかへり三升(みます)の定紋は(=カエリミズニ出テ来タ市川家ノ私ハ)」〔伎・三舛玉垣・一ノ二〕《三升は市川家の家紋。「三」に「見」を掛けた》❸限度。限界。最後。「それぢゃあこれでお—(=オシマイ)にしよう」〔伎・十六夜清心・二ノ二〕

つも・る【積もる】Ⓓ ❶《自四》つみ重なる。「御身に—・りし悲しみは、語るも…愚かなり」〔太平・巻一八ノ七〕❷《他四》❶推測する。「めでたくそろばん粒に(=珠算デ)万代(=将来ヲ)—・るぞ豊かなる」〔近松・反魂香・下〕❷だます。いっぱいくわす。「さりとは、憎いと言はうか、—・られたと申さうか」〔浮・万金丹・巻三ノ一〕❸見くびる。ばかにする。「さきほどから—・るやうな事をわざと申しましたが」〔浮・禁短気・巻五ノ一〕❹(酒を)終わりにする。「これでめでたう千秋楽、宿木(=人ノ名)が—・った」〔近松・名所盃・下〕

つや つや Ⓒ《副》❶《下に否定表現を伴い》全然。すこしも。てんで。「暗さは暗し、—入道(=清盛)の孫とも知らず…馬より取って引き落とし、すこぶる恥辱に及びけり」〔平家・殿下乗合〕「(埋メテアルハズダト)木の葉をかきのけたれど、—物も見えず」〔徒然・五四段〕❷熟視のさま。じっと。しげしげと。つくづく。「—見上げ見おろして、不覚の落涙せきあへず」〔浄・今川了俊・二〕❸④気を許したさま。のんびり。ゆうゆうと。「夫(をっと)に別れ今年まで幼い者を養育し、夫(つま)の在所に—(日ヲ)送りさうらひしが」〔浄・太田合戦・四〕⑪熟睡のさま。ぐっすり。「御身も疲れはて御枕を傾け、—まどろみたまひける」〔浄・釈迦八相記・三〕

つゆ

【露】Ⓐ ❶ ❶④自然現象の露。「—こそば朝(あした)に置きて夕べは消ゆといへ…」〔万葉・巻二〕⑪しずく。《多くは涙》「涙の—の玉鬘(たまかづら)、插頭(かざし)の花もしほしほと」〔謡・羽衣〕❷すこしであること。「—塵のこともゆかしがり(=知リタガリ)」〔枕・二一八段〕❸はかなく消えやすいことのたとえ。「命やは何ぞは(=命ナンテ何ダイ)—のあだものを(=露ミタイニ消エヤスイ不安定ナモノダノニ)あふにしかへば(=思ウ人ニ会ウコトヲ命ト交換デキルナラ)惜しからなくに(=惜シクナンカナイコトダ)」

〔古今・恋二〕 ❹装飾的に垂らす紐(ひも)。袖(そで)のくくり紐の結び余りや、太刀の柄頭(つかがしら)や平胡籙(ひらやなぐい)などに下げる緒の端なども含めるが、多くは直垂(ひたたれ)の袖に付けるものをいう。「白き直垂に、袖の―結び肩にかけて」〔盛衰・巻四六ノ三〕 ❺《近世語》㋑㊥露銀。豆板銀(まめいたぎん)のいちばん小粒なもの。「前巾着(まへきんちやく)に、こまかなる―を盗みためて」〔西鶴・一代男・巻一ノ七〕 ㋺祝儀(をやること)。心づけ。「金子(きんす)一両三分、銀(ぎん)が九匁(もんめ)、銭二百、昔は田町(ノ茶屋)の―にも(シタ程度ダガ)さて今大切な銀(かね)なれば」〔西鶴・二代男・巻二ノ一〕「通り衆さまがた、持ちあはせがござらば、すこしの―をうたしゃりましょ(=心付ケヲ下サイナ)」〔西鶴・俗徒然・巻五ノ三〕 ㊁《副》《下に否定の語を伴い》すこしも。いっこうに。てんで。「―恐るる(=アブナイ)ことなくて、末々の船にいたるまで、たひらかに(=無事ニ)のぼりたまふ」〔大鏡・実頼〕

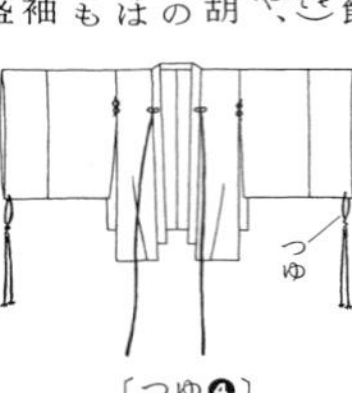

〔つゆ❹〕

―のよ 露の世 Ⓔ《連語》露のようにはかなく消えやすい世。かりそめの世。「見し人(=親シイ人タチ)も亡きが数添ふ(=故人ガダンダンニフエテ来タ)―に(アノ人ガ)あらましかばの(=生キテイテクレタラト思ウ)秋の夕暮れ」〔続後撰・雑下〕

つゆけ・し【露けし】Ⓓ《形ク》❶露がいっぱい置いている様子だ。「竜胆(りんだう)のわれひとりのみ心長う(=ノンビリト)はひ出でて―・く見ゆるなど」〔源氏・夕霧〕 ❷《多くは露が置いている意と掛け詞に用いて》涙っぽい。「さらでだに(=ソウデナクテモ)―・きさが(=掛ケ詞「嵯峨」「性」)の野べに来て昔の跡(=墓所)に(袖ガ)しほれぬるかな(=ヌレルコトダ)」〔新古今・哀傷〕

つゆしも【露霜】Ⓔ 露と霜、または露、または秋の末ごろ、露が凍って霜となったものなど、諸説があるけれど、よくわからない。作者たちがめいめいかってな解釈で用いていたのではないかと思われる。「ひさかたの(=枕詞)天(あま)の―おきにけり家なる人も待ち恋ひぬらむ」〔万葉・巻四〕「―にしほたれて(=シットリヌレテ)所定めずまどひ歩き」〔徒然・三段〕

つら【列】Ⓓ ❶一列にならぶこと。列。隊列。「いづかたの雲路と知らば(=モシドコノ空ダトワカルノナラバ)たづねまし(=ソコヘタズネテ行クダロウニ)―離れけむ雁の行くすゑ」〔千載・哀傷〕 ❷同じ類のもの。仲間。いっしょの連中。「(夕顔ハ)やむごとなき(=高貴ナ身分ノ方ノ)―にこそあらざらめ(=仲間デハナイダロウガ)、この御殿うつりのかずのうちには(=コノ御殿ニ移ラレタ方々ノ人数ノ中ニハ)交じらひなまし(=モシ生キテイタラオハイリニナッタデアロウ)」〔源氏・玉鬘〕

つら【面】Ⓓ ❶顔。「この入道殿(=道長)は、(当時マダ)いと若くおはします御身にて『影をば踏まで(=後ロ影ナンカフマナイデ)、―をやは踏まぬ(=ソイツノ顔ヲフミツケニシテヤラナイワケニユカナイ)』とこそおほせられけれ」〔大鏡・道長〕 ❷物の表面。「水の―に、不用にて捨てたる舟あり」〔小馬命婦集・詞〕 ❸近い所。ほとり。付近。「海の―にも、深き山隠れにも」〔源氏・明石〕「かしこまりて(=ツツシンデ)、高欄の―に参りたりければ」〔更級〕

つら・し【辛し】Ⓒ《形ク》❶(しうち・気持ちなどが)つめたい。薄情だ。そっけない。「(妻ハ)操(みさを)を守りて、(言イ寄ル男タチヲ)―・くもてなし(=ソッケナクアツカイ)」〔秋成・雨月・浅茅〕 ❷(相手の冷淡さに対し)苦痛を感じる。「(コンナ女ヲ)時めかしたまふこそ(=オカワイガリニナルノハ)、いとめざましく(=マコトニ心外デ)―・けれ(=タマリマセンワ)」〔源氏・夕顔〕 ❸(うらめしく感じるほど)心ぐるしい。「かへりては(=カエッテ)―・くなむ、かしこき(=アリガタイ)御志を思うたまへられはべる」〔源氏・桐壺〕

つらつき【面〈付〉き】Ⓔ 顔のありさま。「みづら(トイウ髪型ニ)ゆひたまへる―、顔のにほひ(=美シサハ)さまかへたまはむ(=成人ノ姿ニナラレル)こと、をしげなり(=モッタイナイヨウデアル)」〔源氏・桐壺〕

つらつら【熟熟】Ⓓ《副》❶つくづく。しみじみと。「巨勢(こせ)山のつらつら椿(=タクサン並ブツバキヲ)―に見つつ賞(しの)はな(=賞美シタイモノダ)巨勢の春野を」〔万葉・巻一〕「―思ふに(=ヨクヨク考エテミルト)…怪しき鬼(もの)の化して、ありし形(=生キテイタ時ノ姿)を見せつるにてぞあるべき」〔秋成・雨月・浅茅〕 ❷うつらうつら。「旅疲れにや、―居眠り」〔西鶴・伝来記・巻一ノ四〕

つらづゑ【頬杖】(―エ)Ⓓ ほおづえ。「木こり(ガ)山もり(=山ノ番人)に斧(よき)を取られて、わびし(=困ッタ)心うしと思ひて、―うちつきてをり」〔古本説話集・上〕

つら・ぬ【連ぬ・列ぬ】Ⓒ ㊀《自下二》❶列をつくる。ならぶ。「御階(みはし)のもとに皇子(みこ)たち・上達部(かんだちめ)―・ねて、禄(=引出物)どもしなじなに(=階級ニ応ジテ)賜りたまふ」〔源氏・桐壺〕 ❷いっしょに行く。「雁(かり)の―・ねて鳴く声、梶(かぢ)の音にまがへる(=感チガイスルヨウナノ)」〔源氏・須磨〕 ㊁《他下二》❶ならべる。「九重(ここのへ)や玉しく庭に(百官ガ)紫の袖を―・ぬる千代の初春」〔風雅・春上〕 ❷連れる。ともなう。「老い人『これ(=コノ人)を―・ねてありきける』と思ひて」〔源氏・空蝉〕 ❸連続させる。つなぐ。「いとどしく(=ソレカラソレヘト)咲きそふ花の梢(こずゑ)かな三笠の山に枝を―・ねて(=クッツケアッテ)」〔建礼〕 ❹(詩歌を)作る。詠(よ)む。「見む人のそしらむこともはばからず百(もも)の歌をも—・ねおくかな」〔新千載・雑下〕

つら・む [B] 〘助動〙(完了の「つ」に現在推量の「らむ」が付いた複合助動詞。活用→らむ)きっと(いまごろ)…ているだろう。「鳴きかへる(=サカンニ鳴ク)声ぞきほひて(=イッセイニ)聞こゆなる(キットワタシラ)待ちやし—・む(=待ッテイルノダロウ)関のひぐらし」〔蜻蛉・中〕「さぞ、あさましき様に(キット)おぼし—・む(=オ感ジテイラレヨウ)」〔和泉日記〕

つる ぶくろ【弦袋】 [E] 予備の弓弦を巻いておく道具。太刀につける。後には「つるまき」といった。「(コレマデ)出仕の時は、木鞘巻(さや)きの刀を差し、木太刀を持たせけるが、叙爵(じょしゃく)後は、この太刀に—をぞ付けたりける」〔太平・巻三五ノ四〕

つれ づれ【徒然】 [A] [一]〘+形動ナリ〙(「こうありたい」と思うものがありながら、それの実現されない心理。フランス語の ennui に近い) ❶ひとり、ものを思い続けて沈むこと。「—といとどもの悲しくておはしましければ」〔伊勢・八三段〕「明け暮れのもの思はしさ(=憂ウツ)—をも、うち語らひて慰めならひつるに(=イツモ心ヲナグサメタノダガ)」〔源氏・薄雲〕 ❷(どうしようもない感じの)たいくつ。手持ちぶさた。「山寺に集ひて—とあり」〔蜻蛉・上〕「—なるもの。所さりたる(=自宅ヲ避ケテ他所へ行ク)物忌み」〔枕・一三九段〕「薫(た)き物、今日の—に(=タイクツシノギニ)試みさせたまふ」〔堤・このついで〕 [二]〘副〙〔近世語〕つくづく。「顔を—ながむれば」〔近松・冥途飛脚・下〕

つれ な・し【〈強顔〉し】 [B] 〘形ク〙 ❶とっつきようもない。つめたい。冷淡だ。「昔、をとこ—かりける女にいひやりける」〔伊勢・五四段〕「ことさらに情けなく—・きさま見せて」〔源氏・帚木〕 ❷感情の動きをあらわさない。さりげない。「ようも(=ウマイグアイニマア)—・く(=恋文ノ趣ヲ示サズ)書きたまへる文かな。(薫君ハ)『まろあり(=ワタシガココニイル)』とぞ聞きつらむ(=聞イテ用心シタノダロウ)」〔源氏・宿木〕 ❸関心が深くない。「恥ある者は討ち死にし、—・き者は落ちぞゆく」〔平家・鼓判官〕 ❹変化を示さない。もとのままだ。「命—・くさうらはば、三年(みとせ)のうちに参るべし」〔謡・柏崎〕

つれなし づく・る【〈強顔〉し作る】 [D] 〘自四〙(しいて)さりげないふりをする。「ここ(=コノ家)の有様も、しか(=ソンナグアイニ)—・りたらむ(=サリゲナクゴマカシテイルノナラ、ソノ)けはひおのづから見えぬべきを(=自然トワカルハズダガ)」〔源氏・蜻蛉〕

て

て-【手】 [D] 〘接頭〙 ❶状態を表す形容詞に付いて、その意味を強める。「—あらし」「—ごはし」「—づよし」「—ぬるし」等。「—いたき奴がことばかな」〔保元・中・二〕 ❷名詞に付いて、それが手に・依存(由来)する事物であることを表す。「—車」「—相撲」「—楯(だて)」等。「(コノ火事ハ)昼でさうらへば、—誤ち(=過失)ではよも(=マサカ)さうらはじ」〔平家・大坂越〕

て【手】 [A] ❶からだの部分としての手。「—をはたとうちて」〔大鏡・伊尹〕 ❷(とくに)手の指。[参]手を折る。❸筆づかい。筆跡。「『これ手本にせよ』とて、この姫君の御—をとらせたりしを(=下サッタガ)」〔更級〕 ❹㋑わざ。技術。「—の限り(=知ッテイルダケノワザヲ)教へむ」〔今昔・巻二〇ノ一〇〕「—のない(=腕マエノ貧弱ナ)(=遊女)ども…たびたびこまる」〔黄・大悲千禄本〕 ㋺わざを身につけている人。「『いかがありつる(=ドンナスモウ取リダッタカ)』と問ひければ、ただ『—(=大力士ダ)』とばかり答へてける」〔今昔・巻二三ノ二五〕 ❺手段。しかた。方法。「いづれの—かとく(=早ク)負けぬべきと案じて、その—を使はずして」〔徒然・一一〇段〕 ❻舞の基本になる型。「舞をも—を定めて、大事にして稽古すべし」〔花伝・一〕 ❼㋑音楽のしらべ。楽曲。「『大和琴にもかかる—ありけり』と聞きおどろかる」〔源氏・若菜下〕「『(琵琶ノ蒼海波ナドイウ秘曲ハ)琴にも—さうらふか(=曲ガアリマスカ)』と問はれければ、『みなさうらふなり。琵琶とならび—(=協奏曲ガ)さうらひけれど、今は絶えてはべるなり』と聞こゆ」〔十訓・第四ノ八〕 ㋺奏法。「(ムスメノ琴ハ)自然(じねん)にかの前大王(=醍醐天皇)の御—にかよひて(=似テ)はべれ」〔源氏・明石〕 ❽㋑(本体から)分かれているもの。分岐部分。「薙刀(なぎ)一寸、—六寸、渡り六寸の大雁股」〔保元・上・一二〕 ㋺ⓐ本隊から分かれて出ている支隊。部隊。「さるほどに西七条の—(=西七条方面ノ支隊デアル)高倉の少将の子息左衛門の佐(すけ)、小寺・衣笠(きぬがさ)の兵ども、はや京中へせめ入ったりと見えて」〔太平・巻八ノ二〕 ⓑ部下。「この御中(おんうち)に、甲斐の一条次郎殿の御—の人やまします」〔平家・樋口被罰〕 ❾方向。方面。「通盛卿あひ具して(=合流シテ)山の—をぞ固めたまふ。山の—と申すは、鵯越(ひよどりごえ)のふもとなり」〔平家・老馬〕 ❿受け持ち。「みな—をわかちて求めたてまつれど、御死にもやしたまひけむ、え見つけたてまつらずなりぬ」〔竹取〕 ⓫きず。負傷。「さんざんにたたかひ、大事の—おひ(=重傷ヲウケ)腹かき切ってぞ死ににける」〔平家・宮御

て

最期〕 ⓬つきあい。対人関係。「人々に志をつげて(=自分ノ考エヲ話シテ)さみだれの晴れ間に—をわかちて(=人人ニ別レテ)十日あまりを経て、ふるさとに帰りつきぬ」〔秋成・雨月・浅茅〕 ⓭(質的な)種類。品質の類。〖現代語で「その—の茶わん」というときの用法〗「そのあとから—のよき(=人品ノ卑シクナイ)ひとつれ(=一行ガ来ルノデ)、『あれはどこ衆』といふ」〔西鶴・織留・巻四ノ三〕 **—あら・ふ** 洗ふ (-ラ〈ロ〉ウ) Ⓔ〖連語〗❶朝おきた時、身体の出ている部分を洗う。現代は「顔を洗う」というのを、手で代表させた言いかた。「かかるあひだに、みな夜あけて、—・ひ、例の事どもして、昼になりぬ」〔土佐〕 ❷神仏を拝むときの儀礼。本来は全身をきよめるべきだが、手を洗うことで代表させる。「等身に薬師仏を造りて、—・ひなどして、人ま(=他人ノイナイ時)にみそかに(=コッソリ仏間ニ)入りつつ」〔更級〕 **—か・く** 書く Ⓓ〖連語〗(りっぱな)文字を書く。「法隆寺の僧の中にも—・く者あまた出で来て」〔今昔・巻一四ノ一一〕 **—か・く** 掻く Ⓔ〖連語〗空中をなでるような動作をする。制止のしぐさ。「よろしきおとな(=カナリ年長ノ女房ガ)いできて『あなかま(=オダマリ)』と(イウ意味デ)—・くものから」〔源氏・夕顔〕 **—き・く** 利く Ⓔ〖連語〗敏腕だ。〖精神的な意味にも用いる〗「内裏を御覧じて、破れたる所あれば、修理せさせたまひけり。いと—・きたる御心ばへ(=頭ノハタラキ)なりな」〔大鏡・昔物語〕 **—を打・つ** ❶㋑慨嘆のしぐさ。「『きはめてくちをしき御事ぞや…』と、せめて(=ツトメテ)ささやくものから(=ヒソヒソ言イハスルガ)、—・ちて(空ヲ)あふぐ」〔大鏡・師輔〕㋺感嘆のしぐさ。「見る人、—・ち空をあふぎて、奇異なりと思ふこと限りなし」〔今昔・巻一七ノ九〕 ❷とりひきを成立させる。合意する。「もう一両で—・たう」〔浄・浪花鑑・四〕 **—を下ろ・す** みずから事を行う。直接手をくだす。「ことに—・して討ちまゐらせさうらひしは」〔平家・小宰相身投〕 **—を砕(くだ)・く** さまざまな方法を尽くす。いろいろ手段をめぐらす。「自身に—・き戦へば、数万の寄せ手駆けたてられ、右往左往逃げ散りけり」〔浄・頼光跡目論・五〕 **—を束(つか)・ぬ** ❶服従のしぐさ。「(鬼ハ)この行ひ人(=修行者)にあひて、—・ねて泣くこと限りなし」〔宇治・巻一一ノ一〇〕 ❷手出しをしない。「市之進も『これは』と—・ね」〔近松・鑓権三・下〕 **—を折(を)・る** (-オル) 指を折りまげる。数をかぞえるしぐさ。「—・りてあひ見しことを(=モウ何年カト)数ふればこれひとつやは(=コノヤキモチダケガ)君がうきふし(=イヤナシウチダッタカ)」〔源氏・帚木〕

て Ⓑ〖助動〗〖完了の「つ」の〗㋑未然形。「めのと(=オ守リ役ヲ)かへ—む(=ドウシテモ替エルツモリダ)」。(オ前デハ)いと、うしろめたし(=不安ダ)」〔枕・九段〕㋺連用形。「うたた寝に恋しき人を見—しより夢てふ(=トイウ)ものは頼みそめ—き」〔古今・恋二〕㋩命令形。「月夜に『梅の花を折り—』と人の言ひければ」〔古今・春上・詞〕〖ふつう命令形は「てよ」だが、古くは「て」だけが原形で、後に終助詞「よ」の加わるのが常形となったもの。助詞の「て」と見誤らないよう、注意しなくてはいけない〗

て Ⓐ ㊀〖接助〗〖活用語の連用形に付く〗❶〖順接〗㋑事実の継起を表す。「県(あがた)(=地方官在任)の四五年(よとせいつとせ)果て—、例の事ども皆し終へ—、解由(げゆ)など取り—、住む館(たち)よりいで—、船に乗るべき所へ渡る」〔土佐〕㋺並列を表す。「壁代(かべしろ)(=カーテン)は白く—新し」〔宇津保・蔵開下〕「猫は、上の限り(=上部ダケ)黒く—腹いと白き」〔枕・五二段〕㋩原因・理由などを表す。「さはる事(=サシツカエガ)あり—、なほ同じ所なり」〔土佐〕「雪にふりこめられ—、(ソノタメ)いとあはれに恋しき事多くなむ」〔蜻蛉・上〕㊁上の語を「…の状態で」「…といったふうで」の意で下の語に対し連用修飾とする。「三寸ばかりなる人、いとうつくしう—ゐたり」〔竹取〕「この一日より殿上(スルコトヲ)許され—ある」〔蜻蛉・上〕「このわたり近き所に心やすく—(=クツロイデ)明かさむ」〔源氏・夕顔〕 ❷〖逆接〗確定条件を表す。…てはいるが。…のに。「目には見—(=見テイルクセニ)手には取らえぬ(=取レナイ)月のうちの桂のごとき妹(いも)をいかにせむ」〔万葉・巻四〕「遠く—近きもの、極楽・船の道・人の仲」〔枕・一六七段〕〖「我によき木切り—、いで」〔枕・一四七段(能因本)〕などにより、願望・依頼の意を認める説もあるが、これは完了助動詞「つ」の命令形としてあつかう〗 ㊂〖間助〗〖近世語で、動詞・助動詞の終止形に付いて〗軽い詠嘆の感じを添える。「あれだから油断はならぬ—」〔三馬・風呂・前ノ上〕「通笑丈・可笑士の作にも、すごいのがある—」〔黄・御存商売物・上〕

で Ⓐ ㊀〖格助〗〖多くは中世以後の口語に使われ、中古語の「にて」と同じ用法〗❶〖連用格〗㋑行為・現象の存在する場面を示す。ⓐ〖空間的〗「右大臣の宣命は右手を以ちてすれどもこの院—は左を用ゐる」〔御堂関白記・寛仁元年正月七日(陽明文庫古写本)〕〖↑原文「此院ては用左」と表記〗「中将、一の谷—生けどりにせられぬ」〔平家・請文〕「上京へ行けば下京—恨み、下京へ行けば上京—恨む」〔狂・鈍太郎〕ⓑ〖時間的〗「母には七歳—(=ノトキ)おくれさうらひぬ」〔平家・維盛出家〕㋺手段・方法・道具・材料・範囲などを示す。「十郎蔵人行家、一万騎—志保の手(=志保山方面ノ軍勢)へぞ向かひける」〔平家・清水冠者〕「こなたと二人—精を出したならば、後々はいかやうにもなりませう」〔狂・因幡堂〕「返す刀—切って切って、手も足もない者にしてくれう」〔狂・千切木〕「御菜三種して、平茸(ひらたけ)の汁―参らせたり」〔平家・猫間〕㈧原因・理由・根拠・動機などを示す。「平家の侍どもと戦(いくさ)して死なむとこそ思ひつれども、この(＝ヨウナ頼朝公ノ)御気色(ごきそく＝オ気持チ)―は、それも詮なし(＝無意味ダ)」〔平家・生唼沙汰〕「不思議な縁―、こなたと夫婦になった」〔狂・二九十八〕「それは、なり恰好(かっかう)―合点ぢゃ(＝ワカッテイル)」〔狂・佐渡狐〕㊁事情・状態を表す。「盗人なる(＝ズルイ)心―、え主(ぬし＝アナタ)かく口きよく(＝口幅ッタク)な言ひそ」〔今昔・巻二八ノ三一〕「さらば、この機嫌―宿へもどらう」〔狂・月見座頭〕 ❷〔補格〕「あり」「さうらふ」「ござる」「なし」等に対して、その具体的な内容を示す。「今の后(きさき)は継母―ぞありける」〔今昔・巻四ノ四〕「声は坂東声(＝関東ナマリ)―さうらひつる」〔平家・実盛〕「このあたりに住まひいたす猿引き―ござる」〔狂・靱猿〕「この腰の物をやること―はないぞ」〔狂・佐渡狐〕《断定助動詞「ぢゃ」「だ」およびダ型形容動詞の連用形に当たるが、鎌倉時代以前は「で」以外の活用形がまだあらわれていないので、格助詞と認めておく》 【二】《接助》《活用語の未然形(形容詞は「から」「しから」)に付く》「ずて」と同じ意味。否定しながら下へ続ける。…ないで。…ずに。…でなくて。「なめし(＝失礼ダ)とおぼさ―、らうたうしたまへ(＝オカワイガリナサイ)」〔源氏・桐壺〕《↑動詞》「わが心のどけから―や果てぬべき」〔蜻蛉・上〕《↑形容詞》「おぼろけなら―は通ひあひ見たまふ事もかたきを」〔源氏・若菜上〕《↑形容動詞》「木の葉に埋(うづ)もるる筧(かけひ)のしづくなら―は、つゆ訪(おとな)ふ者なし」〔徒然・一一段〕《↑助動詞》

-てい【体】 Ⓓ《接尾》「…の類」の意をそえる。「信連―の(＝ミタイナ)者をこそ、御所中にも召し使はせたまふべけれ」〔盛衰・巻一三ノ九〕「この大雪でござれば、旅人も少なうござるによって、われら―の(茶屋ナドヲ業トスル)者は迷惑いたすことでござる」〔狂・木六駄(鷺流)〕《この例に見るごとく、自分に関して用いられるときは卑下の意となる。現代語の「みたいな」にも同様の性質がある》

てい【体】 Ⓑ ❶すがた。ようす。状態。「その―、冥途にて、娑婆世界の罪人を七日七日に(＝毎週)十王の手に渡さるらむもかくやとおぼえて」〔平家・千手前〕 ❷和歌・連歌などの表現様式。「鬼拉(きらつ)の―(＝荒ッポイ表現様式)こそ、たやすくまなびおほせがたうさうらふなる(＝容易ニ身ニツケニクイヨウデス)」〔毎月抄〕「流(＝二条・京極・冷泉ノ諸派)に別れざりし以前は、三代(＝俊成・定家・為家)ともに、何の―をも詠まれけるにや」〔正徹物語・下〕

てい【亭】 Ⓓ ❶やしき。「厳嶋(いつくしま)御幸の御門出とて、入道相国の西八条の―へ入らせたまふ」〔平家・厳嶋御幸〕 ❷庭の中に造られた小さい建物。「―あり、九花と名づく」〔汶村・九花亭記(風俗文選)〕 ❸㊔亭主。その家のあるじ。「信太(しのだ)の茶屋に、宗祇、一夜とまりたまひし事あり。茶屋の―『…』と申したれば」〔咄・醒睡笑・巻八〕

ていけ【天気】 Ⓔ 天候。《「てんけ」の「ん」を表記する方法が確立していなかったので、代わりに「い」で書き表したものといわれるが、実際に「ていけ」またはその近似音でいわれたのかもしれない。「めんぼく(面目)」→「めいぼく」、「しんでん(紫宸殿)」→「ししいでん」等》㊜てけ。「―の事につけて祈る」〔土佐〕

ていしゅ【亭主】 Ⓓ ❶家の主人。「あれへお腰をかけさせらるれば、―が歌を所望致しまするが、こなたには(＝アナタ様ハ)その歌がなりまするか(＝オヨメニナリマスカ)」〔狂・萩大名〕 ❷夫。あまり尊敬した言いかたではない。《江戸の下層社会では「テエシ」と発音。↓》「―の事(こ)たから、悪く言ひたくはねえが、あんまりしねえわな」〔三馬・風呂・二ノ下〕

ていど Ⓔ《副》きっと。たしかに。「―しそこなはう(＝失敗スルダロウ)と思うて、いろいろ案じてあるに」〔狂・武悪(虎明本)〕「『ていとさう言ふか』『おんでもないこと(＝モチロン)』『悔やまうぞよ』」〔狂・靱猿〕《現代の狂言では「ていと」と発音されるが、虎明本は「ていど」であり、日葡辞書も teido として英語の certainly に当たるポルトガル語を示している。一七世紀ごろまでは「ていど」だったらしい》

ていばう【亭坊】(-ボウ) Ⓔ 僧である亭主。寺の住持。「夜嵐をしのぎかねしに、―慈悲の心から、着替へのあるほど(＝アリッタケヲ)いだして貸されけるに」〔西鶴・五人女・巻四ノ一〕

でう【条】(ジョウ) Ⓓ ❶京都の町筋を南北に割った道筋。「坊」を縦に四つあわせたものにあたる。長さ一六町、横四町。「その地ほどせばくて―里(り)をわるにたらず」〔方丈〕 ❷すじ。箇条。件。…のこと。「あまっさへ義経、五位の尉に補任(ふにん)の―(＝任命サレタ件ハ)、当家の重職(ちょうじょく)(＝当源氏ニトッテハ、ホントウニ重イ役目デ)、何事かこれにしかむ(＝コレ以上ノモノハアリマセン)」〔平家・腰越〕「この―、いったん(＝イチオウ)そのいはれあるに似たれども(＝ソレダケノ理屈ガアルヨウデハアルガ)、本願他力の意趣にそむけり」〔歎異抄〕

てうおん【朝恩】(チョウ-) Ⓔ 天皇または朝廷から受ける恩恵。「帝王の御敵(かたき)を討ったる者は、七代まで―うせずと申す事は、きはめたる僻事(ひがごと)にてさうらひけり」〔平家・千手前〕

てうか【朝家】(チョウ-) Ⓔ ❶天皇の家。皇室。「(平家ハ)代々世々に至るまで―の聖運(＝御将来)を守りた

てまつる」〔平家・請文〕 ❷朝廷。宮中。「(源氏ノ白旗ヲ)―におくは心もとなし(＝不安心ダ)」〔浄・布引滝・一〕

てうし【銚子】(チョウ―) Ⓔ ❶液体をつぐ口のあるなべ。柄で持つようにしたのも、つるでさげるようにしたのもあった。「さしなべ」とも。㊎さしなべ。「せはしく―かへる事あり」〔西鶴・一代男・巻一ノ七〕【図❶はその挿絵】 ❷酒をつぐ器。長い柄がある。「―ども持って酒すすめむとするところに」〔平家・泊瀬六代〕

〔てうし❶〕　〔てうし❷〕

てう・ず【調ず】(チョウ―) Ⓒ 【他サ変】 ❶㋑(一般に)こしらえる。したてる。「(源氏ノ)よろづの御よそひ、何くれと、めづらしきさまに―・じいでたまひつつ」〔源氏・帚木〕㋺(とくに)食事をこしらえる。調理する。「鬼の心はあら麦の、食ふ物とは知ったれど、―・ずることのならざれば」〔狂・節分〕 ❷(つきものや妖怪などを)祈って痛めつける。調伏する。「(モノノケハ)さすがにいみじう―・ぜられて心苦しげに泣きわびて」〔源氏・葵〕 ❸痛めつける。ひどい目にあわす。【「懲ず」との混同かもしれない。中古の漢字音の表記法として、「ちょう」(懲)が「てう」となる可能性はある。「これが事につけて(＝コノ蔵人少将ニ関連シテ)、我が妻(め)を(＝継母ガ)ちょうぜしぞかし(＝イジメタノダゾ)と思ふに、(コノ縁談ヲ)いとすぐさせまほしきぞかし(＝オ流レニサセタイノダ)」〔落窪・巻二〕】「車持(くらもち)の皇子(みこ)、血の流るるまで―・ぜさせたまふ」〔竹取〕

てうち【手打ち】Ⓓ ㊀【十自サ変】約束あるいは和議の成立したしるしに、双方が手を打ち合わせること。または、約束・和議。【「両人手打ちて後は少しもこれに相違なかりき」〔西鶴・永代蔵・巻一ノ三〕からその名詞形も想定されるが、用例未見】 ㊁❶【手討ち】目下の者を切り殺すこと。「不義の科人(とがにん)ゆゑ、御―にあひ申しさうらふ」〔伎・幼稚子敵討・六〕 ❷そばやうどんを手で練りあげること。「新店の―蕎麦ができた」〔三馬・床・二ノ下〕

てうてき【朝敵】(チョウ―) Ⓔ 朝廷に反抗する相手。「当家は保元・平治よりこのかた、度々(どど)の―を平らげ、勧賞(けんじやう)身に余り」〔平家・千手前〕

てうど【調度】(チョウ―) Ⓒ ❶道具。「人の顔に…にくげなる―の中にも、一つよき所のまもらるるよ」〔枕・二七一段〕「いやしげなるもの。居たるあたりに―のおほき」〔徒然・七二段〕 ❷(武士の場合、特に)弓矢。「『虎狩リニ』―負ひて去(い)ぬ」〔宇治・巻一二ノ一九〕 ❸㊥てうどがけ❶。「利仁が供にも、―ひとり、舎人(とねり)の男ひとりぞありける」〔今昔・巻二六ノ一七〕 **――がけ**　懸け Ⓔ ❶武家時代、主君が外出のとき、弓矢を持っていく従者。「利仁が供には、―・舎人・雑色(ざふしき)ひとりぞありける」〔宇治・巻一ノ一八〕 ❷(近世の誤用で)弓矢を飾っておくのに立てかける台。

〔てうどがけ❷〕

でか・す【出来す】Ⓓ ㊀【他四】 ❶こしらえつくる。作りあげる。「夜そば売りいつの間にやら子を―・し」〔柳樽・四〕 ❷やってのける。実行する。「(コノ娘ハ)髪かしらもみづからすき…真綿も(＝衣類ニ入レルタメノ真綿ヲモ)着丈の縦横(たてよこ)を―・しぬ(＝着ルノニ適当ナ寸法ニノバスノヲヤッテノケタ)」〔西鶴・永代蔵・巻二ノ一〕 ㊁【自四】よくする。うまくする。「(姉娘ハ妹ノ)おでんをろくに寝させて(＝十分ニ寝カセツケテ)『かか様もちとおやすみ』といひければ、『おお―・しゃった』」〔近松・油地獄・下〕

てがた【手形】Ⓓ ❶馬の乗り鞍(くら)の前部の山形の部分の左右にあるくぼみで、乗るときの手がかりとする部分。または牛車の簾の左右などにつけられた、乗るときつかまえる部分。「鎌田が鞍のつらゐて(＝ツララガ凍リツイテイテ)乗りかねければ、悪源太見たまひて、『―をつけて乗れや』とのたまひければ、ふっふっと―をきざみつけて…平治の合戦よりして鞍の―はありとかや」〔平治・中・一〕 ❷文書に押して証拠とした手の形。サインに当たる。「人民に仇(あた)をなさじと―の誓ひをなしけるに」〔近松・振袖始・二〕 ❸㋑(❷を押した文書の意から)証文。「『―(＝借用証)もいらぬ』といふたれば、『念のためぢゃ。判をせう』と、身ども(＝ワタシ)に証文書かせ、おぬし(＝オ前サン)がおした判がある」〔近松・曾根崎〕㋺領収書。受領証。「(贈り物ヲ)返したるとき…時どきに(＝ソノタビゴトニ)―を取らせさうらふ」〔常朝・葉隠・聞書一〕 ❹やりかた。手法。「取り手(＝柔術ノ類)一流(ヲ)したて(＝創始シ)…指南いたし、今に―残りをり申しさうらふ」〔常朝・葉隠・聞書二〕

て・き Ⓑ 【助動】【完了の「つ」の連用形に経験回想の「き」が付いた複合助動詞。活用→き】「き」で回想される事実を強調する。たしか…だった。まさしく…た。「『少したまはらむ(＝クダサイ)』と(タシカニ)聞こえおき―・しを(＝約束シテオイタガ)」〔蜻蛉・上〕「(オ前ガ)亡(な)くなりにしかば、(仏像ニ)別人(ことひと)箔(はく)おしたてまつりて、別人(ガ)供養もし―・し(＝チャントシタ)」〔更級〕

てけ【天気】Ⓔ 天候。【「てんけ」の「ん」を表記しない形だが、実際に「テケ」と発音することもなかったとはいえない】㊎ていけ。「―のこと、楫(かぢ)取りのこころにまかせつ」〔土

佐〕

て け・む [B]〘助動〙《完了の「つ」の連用形に推量の「けむ」が付いた複合助動詞。活用→けむ》「て」で示される事態を回想的に推量する。たしかなところ…たろう。…てしまったろう。「帰るさの蜘蛛手(くもで)は(=迷イ子ニナッタラシイ御返事ハ)いづこ(=サッパリ届キマセン)八つ橋の(アナタハワタシノ)ふみ見—・む(=手紙ヲキット御覧ニナッタロウ)と頼むかひなく」〔蜻蛉・下〕

て け・り [B]〘助動〙《完了の「つ」の連用形に回想の「けり」が付いた複合助動詞。活用→けり》「けり」の意味を強調する。すっかり…だったよしだ。まるきり…だった(なあ)。「人の(天皇ニ)奏しければ、(スッカリ)聞こしめし—・り(=オ聞キアソバサレタヨシダ)」〔大和・一五〇段〕「(マルキリ)所たがへ—・り(=手紙ノ行ク先ヲマチガエタノダッタナア)」〔蜻蛉・中〕「聖(ひじり)の馬を堀へ落とし—・り(=落トシテシマッタ)」〔徒然・一〇六段〕[参]てんげり。

て しか [B]〘連語〙《完了助動詞「つ」の連用形＋願望の助詞「しか」。後世は「てしが」と濁音》実現が非常にむずかしいか不可能の事を願望する。きっと…たいものだなあ。ぜひ…したいものだなあ。「見えずともたれ恋ひざらめ山の端(は)にいさよふ月を外(よそ)に見—(=ヨソナガラニデモ見タイモノダ)」〔万葉・巻三〕《↑「月」は女のたとえ》「龍(たつ)の馬も今も(=今スグニ)得—(=ドウシテモホシイナア)あをによし(=枕詞)奈良の都に行きて来むため」〔万葉・巻五〕[参]か[三]②㋑・しか。

で じほ【出潮・出汐】(—オ) [E] 月が出るのといっしょに満ちてくる潮。「かくばかり、経(へ)がたく見ゆる世の中に、羨(うらや)ましくも澄む月の、—をいざや汲(く)まうよ」〔謡・松風〕《謡曲では常にデジオと濁音》

て だい【手代】[D] ❶江戸時代、代官・郡代・諸奉行の下に属して収税などの雑務を処理した身分の低い役人。「前代の御時(=宝永元年)、宿役人といふ者を初めて置かれ、御料(=公用)の宿々には、御代官所の—といふ者、その宿々の事をつかさどれり」〔白石・折たく柴の記・中〕❷江戸時代の商家で、丁稚(でっち)と番頭の間に位置する雇人。出納・記帳・売買・蔵や台所の管理・外回りなどの役目を分担した。「年寄りたる—はわがためになる事をしておく(=自分ガ独立スルトキ利益ニナルヨウ手ヲウッテオクシ)、若い—は悪所づかひ(=遊里デ浪費)・しすごし(=見コミ違イノ失敗ヲシ)、とかく親かたに徳をつけず(=損ヲサセル)」〔西鶴・永代蔵・巻二ノ五〕

て だり【手足り】[E] 熟練者。腕きき。エクスパート。「後徳大寺の大臣(おとど)は(歌道ニオケル)左右なき(=文句ナシノ)—にていませしかども」〔無名抄・五一〕

て だれ【手足れ】[E]「てだり」に同じ。「東国・西国の強弓—をそろへて」〔太平・巻一七ノ一〕

て つがひ【手番・手結】(—イ) [E] ❶近衛府の官人が騎射(きしゃ)・射礼(じゃらい)・賭弓(のりゆみ)の前日にするリハーサル。「この御馬ども、同じくは—にして競(くら)べばや」〔宇津保・祭使〕 ❷段取り。手配。「官兵衛にしめし合はせ、今日中に何かの—(ヲシヨウ)」〔伎・姉妹達大礎・口明〕

て つき【手付き】[C] ❶㋑手のかっこう。手の様子。「御—の細やかにか弱くあはれなる(=カワイイノ)を(ソデカラ)さし出でて」〔源氏・総角〕㋺(手を使ってするときの)手のかっこう・動かし方。手ぶり。「『舎人どものうけばりて(=得意ニナッテ)射取る、無心なりや(=オモシロミガナイ)』『少しここしき(=大様ナ)—(ノ人)どもをこそいどませめ(=競争サセタイモノダ)』」〔源氏・若菜下〕「夕日のさすがに何心もなうさし来たるに、まばゆげにわざとなく扇をさし隠したまへる—、女こそかうはあらまほしけれ」〔源氏・夕霧〕❷文字の書きぶり。筆跡。「かういと埋もれたる葎(むぐら)の下より(返事ヲ)さし出でたらむ—も、いかに(=ドンナニ)うひうひしく(=モノ慣レズ)古めきたらむ(=時代オクレデアロウ)」〔源氏・椎本〕❸《江戸時代》直属であることを表す語。「これは勝手用人(=会計ノ役人)の小使(=使用人)、—中間(ちゅうげん)なるべし」〔洒・辰巳之園〕

でっ ち【丁稚】[E] ❶職人・商人の家に年季奉公する少年で、雑用・使い走りなどをしながら職業的訓練を受ける。「六波羅の野道にて—もろとも(=小僧トイッショニ)苦参(たうやく)をひいて(=センブリヲツンデ)」〔西鶴・永代蔵・巻二ノ一〕 ❷年少の者をいやしんでいう。「(若イ頼光ヲイヤシメテ)—めが味をやるよ(=シャレタ事ヲイウゾ)」〔近松・嫗山姥・四〕

て づつ【手づつ】[D] (—ズー)《形動ナリ》❶ぶざまだ。みっともない。「何のしばしの摂政(=ホンノシバラク摂政ヲツトメテ何ニナロウ)。あな—(=体裁ガ悪イ)」〔栄花・見果てぬ夢〕 ❷無器用だ。「生け花も—ながら間に合はするも奉公」〔近松・宵庚申・上〕

てて【父】[D]《いくらか話しことば的に》ちち。「—は、ただ、われをおとなにしすゑて(=スッカリオトナアツカイニシテ)」〔更級〕

て なが【手長】[D] →あらうみのさうじ。

て ならひ【手習ひ】(—イ) [D]〘＋自サ変〙❶㋑習字。「なまめかしきもの…若き人のをかしげなる、夏の几帳の下うちかけて、白き綾・二藍ひきかさねて、—・したる」〔枕・九三段(能因本)〕㋺習字かたがたの書きすさび。《平安時代のは、ある程度まで文章や詩歌の練習という意味もあったから、その書いた物はいちおう鑑賞にたえるようなのが多かったらしい》「ただ、硯(すずり)に向かひて、思ひあまるをりには、―をのみ、たけき事とは(=精イッパイノ事トシテ)書きつけたまふ」〔源氏・手習〕「白き扇の、墨ぐろに真名の―・したるをさし出でて」〔堤・虫めづる〕 ❷書きすさびをしてある紙。「ひだり右に(=左カラモ右カラモ責メラレテ)苦しく思へど、かの御―取り出でたり」〔源氏・空蟬〕「この(歌ノ書イテアル)御―を冷泉少将隆房(ガ天皇カラ)賜り継いで、くだんの葵の前に賜はせたれば、顔うち赤め」〔平家・葵前〕《「朝な朝な―すすむきりぎりす」〔芭蕉(入日記)〕によって、学問・稽古・修行などの意を認める説もあるが、これは①㋑の用法として解され、しかも他に確かな用例がないので、省く》

てには【〈手爾葉・手爾波〉】Ⓓ ❶付属語や接尾語などの総称。「文句に―多ければ、何となくいやしきものなり。…五字七字等の字くばりを合はさむとするゆゑ、おのづと無用の―多くなるなり」〔以貫・難波土産・発端〕 ❷《連歌で》両句間における語の定型的な対応形態。「―につきて六の次第あり、一には歌―、二には心―、三にはうけ―、四にはかけ―…六にはとがめ―なり」〔知連抄・上〕 ❸話の前後関係。つじつま。「あんまり詮議がきびしさに(=取リ調ベガキビシイノデ)、是非なう『持って出ました』と、―も品もよい手な身がはり(=トモニヨイ手ガ身ガワリニナッタ事ダ)」〔浄・布引滝・三〕

てのべ【手延べ】Ⓔ 打つべき手を打たないこと。チャンスをのがすこと。「すは(=シマッタ!)、きゃつ(=アイツメ)を―にして(=放任シテオイテ)たばかられぬるは(=ダマサレタワイ)。追っかけて討て」〔平家・競〕

ては Ⓑ《複助》《接続助詞「て」+係助詞「は」》❶㋑ある条件のあとにいつも同様の結果がともなう意を表す。…れば(いつも)。「この亡くなりぬる人(ノマボロシ)の…近く寄れば消えうせぬなり(=消エテシマウソウダ)。遠う―見ゆなり」〔蜻蛉・上〕㋺ある事態のもとに同じ事がくりかえされる意を表す。…て(また)。「雨も降り雪も降るめるこのころを(来テクダサラナイアナタヲ待ッテ)朝霜とのみおきゐ―見る」〔和泉日記〕㋩ある状態のもとで、必然的にある事がおこる意を表す。「かく―、本意のままにもなりぬばかりぞかし」〔和泉日記〕 ❷条件を表す。㋑《仮定》…たなら。「かけ離れ―しかすがに(=何トイッテモ)恋しかるべき…」〔蜻蛉・上〕「万一、こなた様の身にあやまちがあっ―、九郎兵衛が男が立たぬ」〔浄・浪花鑑・五〕㋺《既定》…たからには。…た以上は。「(新婚当時ハキレイニ光ッテイタ)鏡(ガ今ヤ)曇り―我が身こそやつれける我が身やつれ―男(ガ)退(の)けひく(ノモ当然デスワネ)」〔梁塵〕 ❸望ましくない意を示しながら下に続ける。「かしこまっ―ござれども、このお使ひをば御許されくだされませい」〔狂・千鳥(鷺流)〕

てはん【手判】Ⓔ《江戸時代》関所の通行手形。通行日や家主・五人組などの署名・証印がある。「(スゴロクデ、サイコロノ)悪い目打てば(=アテルト)―を取りにもと(=振リ出シ)の京へ立ち帰る」〔近松・小室節・上〕

二月幾日
幾日渡
箱根　何町何丁目誰店
今切　押切印也　誰
同
幾日渡　何町家持
根府川　誰

〔てはん〕

て・ふ (チョウ) Ⓓ《連語》《「といふ」の変化した形》❶と言う。「月夜よし夜よしと人に告げやらばこ―・ふに似たり(=オイデナサイト言ッテヤルヨウナグアイダシ)待たずしもあらず」〔古今・恋四〕「ちはやぶる(霊験アラタカナ)神―・ふ(呼ビ名ヲモツ)神も知らるらむ風の音にもまだ知らず―・へ(=ト言ッテクダサイ)」〔平中・九段〕 ❷伝聞を表す。…よしの。…と聞く。「春過ぎて夏来にけらし白たへの衣ほす―・ふ天の香具山」〔新古今・夏〕 ❸同格を表す。…という。「あはれ―・ふ言(こと)こそうたて(=情ケナイコトニ)世のなかを思ひ離れぬほだし(=キズナ)なりけれ」〔古今・雑下〕《古代は「とふ」》

てぶり【手振り】Ⓓ ❶㋑何も手に持たないこと。「淀の里より―で行きて(=持ッテ行カズニ)、丹波・近江より都に運ぶ鯉・鮒(ふな)うけて(=オロシテモライ)、一日に限りもなく売りけるほどに」〔西鶴・永代蔵・巻五ノ二〕㋺元手が何もないこと。「心ははたらきながらも(=油断ナク心ガケテハイテモ)―でかかることは(=資本ナシデ始メルシゴトハ)、今の世の中に取り手の師匠か(=柔術ノ先生カ)とりあげ婆(=産婆)よりほかに、かねになるものなし」〔西鶴・永代蔵・巻三ノ一〕 ❷従者。しもべ。「(道ハ)儀式の車にてひきつづきたり。下仕へ、―などが具しいけば(=ツイテ行クノデ)、色ふしにいでたらむここちして(=キワダッテキラビヤカナ感ジデ)いまめかし」〔蜻蛉・上〕

てぶり【手風】Ⓔ 風俗習慣。ならわし。「都の―たちまちにあらたまりて、ただひなびたる武士(もののふ)にことならず(=イナカクサイ武士タチト同ジデアル)」〔方丈〕

て・まし Ⓑ《助動》《完了の「つ」の未然形に仮想の「まし」が付いた複合助動詞。活用→まし》「まし」で示される仮想がほとんど実現しそうな程度であること、あるいは確実性の強いことを表す。きっと…たろうに。たしかに…だろうに。「『ひと日(=先日)の風(ノ被害)はいかに』とも、例の(=アタリマエノ)人は(キット)問ひ―・し(=タズネタロウニ)」〔蜻蛉・上〕「(ドンナ遠国デモ)左府(=左大臣頼長ガ)ありと(モシ)聞こえなば、(カナラズ)船に棹(さを)をもさし―・し(=タズネテユクダロウニ)」〔保元・

中・七〕

てまへ【手前】（―エ）Ⓓ ㊀ ❶㋑他人の見ている所。人前。「忠様も世帯持ち、養子の母御の―といひ」〔近松・冥途飛脚・中〕㋺ていさい。みえ。「女郎の―（＝遊女ニ対スル体面）ばかり思うて、世帯の費え（ヲ念頭ニオカナイ）」〔浮・禁短気・巻一ノ四〕「どうも身ども（＝ワタシ）は世間の―で（＝外聞ノタメデキナイ）」〔伎・四谷怪談・二〕 ❷自分（の事）。「陰ながらお案じ申してゐるばかり、―にかまけまして、存じのほかのご無沙汰をいたしましてござります る」〔伎・三人吉三・四〕 ❸㋑つごう。事情。内幕。「勘七殿の情けばかりを思ひ、この法師が―は思はぬと見えたり」〔浮・御前義経・巻五ノ一〕㋺暮らしむき。家の経済状態。「総じて大阪の―よろしき人、代々続きしにはあらず」〔西鶴・永代蔵・巻一ノ二〕 ❹腕まえ。「（弓ノ）お―が見ましたうござる（＝拝見シトウゴザイマス）」〔狂・八幡前〕 ❺【〈点〉前】茶を立てること。点茶。「さいはひの釜のたぎり、そちが―で、薄茶一ぷく立ててくりゃれ」〔浄・先代萩・三〕 ㊁〘代〙 ❶〘第一人称〙自分（のほう）。「―よりもお尋ね申すところ、何かにとりまぎれまして、申し訳もなき儀でござりまする」〔伎・お染の七役・中〕 ❷〘第二人称〙あなた。おまえ。「ところで、今度はお―（＝アナタ様ノフトコロ）から（金ヲ）出させられずはなりますまい」〔狂・雁盗人〕〘江戸時代の下層社会では「テメエ」と発音された。↓〙「なに―が気がきかねえくせに、ざまあ見や」〔三馬・風呂・前ノ上〕

て・む Ⓑ〘助動〙〘完了の「つ」の未然形に推量の「む」が付いた複合助動詞。「てん」とも表記。活用↓む〙㋑「む」の意味を強調する。きっと…だろう。かならず…できよう。ぜひ…なさい。どうしても…なくてはならない。たしかに…するつもりだ。ぜひ…てほしい。「とまれかうまれ（＝何ニシテモ）、（ゼヒ）とく（＝早ク）やり―・む（＝破リ捨テヨウ）」〔土佐〕「はや、としみ（＝精進落トシ）をこそ、したまひ―・め（＝ゼヒナサイ）」〔蜻蛉・中〕「明日は遠き国におもむくべしと聞かむ人に、心しづかになすべからむわざをば、人（マサニ）言ひかけ―・むや（＝言イカケテヨイモノダロウカ）」〔徒然・一一二段〕㋺「つ」の意味に推量・仮想・柔らげ等の用法を添える。「（セッカク練習ヲカサネタ）舞を、（スッカリ）かひなくやなし―・む（＝台ナシニスルノデナイカシラ）」〔蜻蛉・中〕「（相手ノ頼通殿ハ）かならず御祿（＝引出物）は（肩ニカケズ）捨てさせたまひ―・むぞ（＝オ捨テニナルニキマッテイル）。同じさまにせさせたまはむ（ノハ）、目馴れたるべけれ（＝変ワリバエガシナイ）」〔大鏡・昔物語〕「心づきなき（＝気乗リノシナイ）事あらむをりは、なかなか（＝カエッテ）そのよしをも（ハッキリト）言ひ―・む（＝言ウガヨイ）」〔徒然・一七〇段〕

て・も Ⓑ〘複助〙〘接続助詞「て」＋係助詞「も」〙仮定条件をあげ、あとに述べる事がらがその条件に制約されない意を表す。…たところで。「枝よりもあだに（＝モロク）散りにし花なれば落ち―水の泡とこそなれ」〔古今・春下〕「仏になり―何かせむ、道をなし―何かせむ」〔明恵上人遺訓〕

てら【寺】 Ⓒ ❶仏を安置し、僧や尼がいて、仏道を修行したり法事を行ったりする所。「震旦（しんだん＝中国）の疑観寺といふ―あり。その―に法慶といふ僧住みけり」〔今昔・巻六ノ一二〕 ❷(対)「山（＝延暦寺）」〘中古・中世、とくに〙園城寺（おんじょうじ＝三井寺）をいう。「（高倉）宮は、宇治と―との間にて、六度まで御落馬ありけり」〔平家・橋合戦〕 ❸住職。「さる―のなづみたまひ（＝ホレコミナサッテ）、三年切りて（＝三年ノ契約デ）銀三貫にして、（ワタシハソノ住職ノ）お大黒さま（＝内妻）になりぬ」〔西鶴・一代女・巻二ノ三〕 ❹寺子屋のこと。寺屋ともいった。室町時代から明治の学制発布まで、庶民の児童に読書や習字を教えた所。「すこし手を書く（＝字ガウマイノ）を種として、所の手習ひ子どもをあづかり…商ひしたより（収入ガ）ましなりと思ひしに、（子ドモガ）ひとりひとり―をあぐれば（＝退学スルノデ）、また悲しく（＝貧乏ニ）なって」〔西鶴・織留・巻一ノ二〕

てん【点】 Ⓒ ❶あまり長くない線。漢字を構成する画（かく）など。〘英語の mark に当たる。point ではない〙「手（＝字）を書きたるにも、深き事（＝タイシタ教養）はなくて、ここかしこの―長に走り書き」〔源氏・帚木〕 ❷漢文を日本語よみにするとき加える各種の符号。訓点。「ひがよみ（＝誤読）を多くすべきを、―ひとつもよみ誤たぬを、あやしとおぼして」〔宇津保・蔵開中〕 ❸㋑目印のため行頭に引く短い斜線。「いづれも（＝皆サン）へ回状をまはいたれば、いづれもおりゃらう（＝オイデクダサル）とあって、―がかかって来た」〔狂・雁盗人（鷺流）〕㋺〘歌・連歌・俳諧・雑俳などで、よい作だという印に短い斜線を付けた事から転じ〙批評。批評的指導。「歌仙（＝三六句ノ俳諧）二、三巻、老翁（＝芭蕉）に―を乞ふ」〔土芳・三冊子・黒〕「このごろに（＝近日中ニ）お―を願ひますから、（コノ金ハ）朱料（＝指導料）にお納めくだされ」〔伎・十六夜清心・一ノ五（返し）〕 ❹〘批評のため採りあげ、問題にされる意から転じ〙様子。ぐあい。状態。「辻駕（つじかご）をかたげて（＝カツイデ）はいる引っこみは、これまであまりない―だね」〔伎・お染の七役・中〕 ❺㋑一時（とき）の四分の一。(参)とき㊀①。「上下挙ニ炬火ヘ、時酉四―」〔御堂関白記・寛弘八年八月一一日〕㋺〘転じて〙時刻。〘英語の time でなく hour〙「明日のお立ちは明け六つ。その―に合ふやうに月代（さかやき）ひとつ頼みたし」〔近松・嫗山姥・一〕 **―つ・く** 付く Ⓔ〘連語》(「てん③㋺」の意から転じて)非難する。「人に—・かるべき(=文句ヲツケラレルヨウナ)ふるまひはせじ」〔源氏・若菜下〕 **—を打・つ** 「てんつく」に同じ。「二種(ふたいろ)ともにそろひましたと申すに、誰が点の打つ者がござりませうぞ」〔伎・幼稚子敵討・一〕

てん【殿】Ⓓ 大きく荘重な建物。「—をば長生と名づけて長き住みかと定め」〔平家・先帝身投〕「さて内侍所(ないしどころ)は、第九代の帝(みかど)開化天皇の御時まではひとつ—におはしましけるを」〔平家・鏡〕《平家正節に清音符》

て・ん Ⓑ《助動》→てむ。

てん か【天下】Ⓑ ❶全世界。天地宇宙をひっくるめた世界。「有生(うじやう)・非生にいたるまで(=生物・無生物マデモ)、万物の出生をなす器は—なり(=ツカサドルノハ宇宙デアル)」〔遊楽習道風見〕 ❷日本全体。全国。「生田の森の合戦において名を—にあげ」〔謡・通盛〕「—治まり、めでたい御代でござれば、この間の(=最近ノ)あなたこなたの御参会(=御会合ハ)おびただしいことでござる(=タイヘンナモノデス)」〔狂・末広がり〕 ❸国家の政務。万機。「大王はこれ(=コノ女)を迎へ見たまふに、もとの三千人の寵愛の后はみなこれに劣れり。終日終夜見たまふといへどもたらざりけり(=見アキナカッタ)。—ゆゑにとどまりて、万事をそむきたまふ(=ホウリ出サレタ)」〔今昔・巻三ノ一六〕 ❹世間。世の人々。「ここにて(=三四、五歳ノ時ニ)この条々(=ココニ書イテアル事)をきはめさとりて、堪能(かんのう)になれば(=芸道ニ熟達スレバ)、さだめて—に許され(=世人ニ名人トシテ認メラレ)名望を得べし」〔花伝・一〕 ❺摂政・関白や、幕制における将軍のような行政の最高責任者。「御所様(=将軍様ノ)御諚…承り、—の宗匠へ案内申し(=将軍家直属ノ連歌師ニ通告シテ)、おのおの連衆まゐられけり(=連歌ナカマガ参集サレタ)」〔伽・猿源氏〕《平曲・謡曲・狂言では「てんが」と発音する。しかし日葡辞書・ロドリゲス大文典は tenca, tengue の両形をあげるので、室町時代には「てんが」「てんか」「てんげ」の三種がならびおこなわれたようである。鎌倉時代以前の清濁は不明》 **—に** Ⓔ《連語》《連用修飾で》無類に。この上なく。「これぱかりは、—のたまふともえ(=イクラ厳重ニオッシャッテモ)、行かではえあらじ(=行カヌワケニハ参リマスマイ)」〔宇津保・楼上下〕「京の人は(=風流デハナヤカダ)。—いみじき事(=自分ハ香道デハ匹敵スル者ナクスグレテイル)とおぼしたりしかど(=北ノ方ハ思ッテイラッシャッタガ)、東にてかかる薫(た)き物の香は、え合はせいでたまはざりしか(=今マデ配合ナサルコトハデキナカッタ)」〔源氏・宿木〕《形容動詞とする説もあるが、「天下に」以外の活用形がないし、「天下の」との対応から見ても、連語とすべきである》 **—の** Ⓔ《連語》《連体修飾で》たいへんな。重大な。緊急の。「めざまし(=気ニクワナイ)と思ひし(アノ女ノ)所は、いまは—わざをしさわぐ(=ヒックリカエルヨウナ騒動ダ)と聞けば、心やすし(=イイ気味ダ)」〔蜻蛉・上〕「悪七兵衛景清、行く方しれずなりたれば、もっとも—御大事と」〔近松・出世景清・三〕

てん が【殿下】Ⓓ 皇族・摂政・関白(中世以後は幕府の将軍も)などに対する尊敬語。《平曲はテンガと発音。日葡辞書も tenga と表記する。また西鶴も「天下」という当て字を用いているので、すくなとも一七世紀までは「でんか」でなかったらしい》「この入道(=関白道長)—の御一門(ひとつかど)よりこそ、太皇太后宮・皇太后宮・中宮三所いでおはしましたれば」〔大鏡・道長〕「その時の—(=関白デアッタ)法性寺殿(=忠通)へ仰せあはせられければ」〔平家・祇園女御〕「これらまで(=コレホドマデ)大様なること、(サスガニ江戸ハ)—の御城下なればこそと思はれ」〔西鶴・永代蔵・巻三ノ一〕

てん き【天気】Ⓔ →てんけ。「雪晴れ風やみて—少し長閑(のどか)なりければ」〔太平・巻一八ノ四〕

てん け【天気】Ⓔ ❶天候。かな書きの用例未見。《②および「ていけ」「てけ」から推して、天候の意の「てんけ」もあったのでないかと推定》 ❷天皇のおぼしめし。具体的には天皇のおことば。「いかなる咎(とが)まさりたりけむ、—の(=天皇ノオ怒リヲ受ケタ)人々ながるる(=流罪ニナル)とののしる(=大サワギスル)事いできて」〔蜻蛉・中〕《原文「てんけ」と表記》「ことに叡感ありて(=天皇ガオ喜ビニナッテ)、『楽をとどむべからず』と—ありけり(=オコトバガアッタ)」〔著聞・管絃歌舞〕

てん げ・り Ⓑ《助動》《複合助動詞「てけり」に撥(はつ)音の加わって連濁になった形》→てけり。「鮭(さけ)を二つ引き抜きて、ふところへ引き入れ—・り」〔宇治・巻一ノ一五〕「一来法師、(ツイニ)討ち死にし—・り(=戦死シタ)」〔平家・橋合戦〕《ロドリゲスの日本大文典に「umanizo noritengeru(馬にぞ乗りてんげる)」という用例が出ている》

てん こつ【天骨】Ⓔ 生まれつき。生まれつきそなえている才能。「すぐれたる姿(=風姿ノ歌)を—と(=天才的ニ)詠む人あらむに」〔毎月抄〕

てん じ【典侍】Ⓓ →ないしのすけ。

てん じゃ【点者】Ⓔ《連歌・俳諧などで》作品の優劣を判定・批評する人。「下品の(=フデキナ)句と思へども—の意巧(=考慮)によりて長点(=最優秀点)などある事、常の事なり」〔連理秘抄〕

てん じゃう【殿上】(—ジョウ) Ⓒ ❶清涼殿にある殿上

て

の間。「言ひつるものならば(＝ホントウヲ言ォウモノナラ)、—までもやがて(＝サッソク)切りのぼらむずる(＝ナグリコミヲカケヨウ)者にて」〔平家・殿上闇討〕 ❷《十自サ変》㋑(対)「地下(げぢ)」 宮中の殿上の間、院・女院・東宮の御所の昇殿が許されること。「この御あやまちにより、源宰相(＝頼定ハ)三条院の御時は、—もしたまはで、地下の上達部(かんだちめ)にておはせしに、この(＝後一条院ノ)御時にぞ—・し」〔大鏡・兼家〕 ㋺「殿上童(わらは)」として出仕すること。「童殿上」とも。「初めの男君(＝長男)は十二にて…東宮の—・せさせたまふ」〔落窪・巻四〕 ❸(略)殿上人。「また—の逍遙(せうえう)はべりし時…この殿はいたう(＝タイソウ)またれたまひて(＝期待サレテ)」〔大鏡・伊尹〕

—のせんせき 殿上の仙籍 Ⓔ《連語》殿上人として許されて名簿にのること。殿上人としての資格。(参)ひだまひのふだ。「—をばいまだゆるされず(＝殿上人ノ資格ヲ与エラレナカッタ)」〔平家・祇園精舎〕

—ののりゆみ 殿上の賭弓 Ⓓ《連語》天皇が殿上の間の侍臣に弓を射させて御覧になり、賞品を与える行事。臨時におこなわれる。「—二月とありしを(＝ニ予定サレテイタガ、中止ノママ)過ぎて三月、はた(＝マタ)御忌月(＝命日ノアル月)なれば(同ジク中止)」〔源氏・若菜下〕

—のふだ 殿上の簡 Ⓔ《連語》↓ひだまひのふだ。「平家の一門百六十余人が官職をとどめて殿上のみふだを削らる」〔平家・名虎〕

—びと 人 Ⓒ 天皇の命によって清涼殿の殿上の間に昇殿を許された者。普通は五位以上の者は許されたが、なかには公卿(くぎやう)になっても許されないことがあった。蔵人は六位でも職務の必要上、殿上人になった。「平家一門の公卿・—・諸大夫(しよだいぶ)・侍(さぶらひ)に至るまで、みな感涙をぞ流されける」〔平家・祇王〕

—わらは 童 (…ワ) Ⓔ 上級貴族の子弟で、将来の見習いのために、殿上の出仕を許されている少年。「をかしげなる(＝カワイゲナ)—(ヲ)のせたるもをかし」〔枕・二二二段〕

てん しゅ【天守】 Ⓔ 城の中心となる建物(本丸)の上に高くきずいた楼。「われわれ母人もそのほか、家中の内儀、娘たちもみなみな—にゐて、鉄砲玉を鋳(ゐ)ました」〔おあん物語〕

〔てんしゅ〕

てん しん【天心】 Ⓓ ❶天帝の心中。「(自分ノ)運命をはかるに(＝推測スルト)もって—にあり(＝スベテ天ノ意思シダイダ)」〔平家・医師問答〕 ❷天の中心。「地口(＝大地ガ口ヲ開イテ)—を呑(の)むといふ変(＝変事)あれば」〔太平・巻二七ノ三〕

てん・ず【点ず】 Ⓒ《他サ変》❶(漢文漢詩などに)訓点をつける。「(コノ詩ハ)昔から『雨ときく』と—・じたるを見て『この点わろし』とて、『雨をきく』と、ただ一字はじめて直したり」〔正徹物語・上〕 ❷(場所や日時などを)指定する。選定する。割り当てる。「新都の事始めあるべしとて…和田の松原の西の野を—・じて九条の地を割られけるに、一条より下五条まではその所ありて、五条より下はなかりけり」〔平家・都遷〕 ❸(範囲を)制限する。削減する。「(国司ハ)いやみ思ひて(＝感ジヲ悪クシテ)『(大宮司ノ)しらむ所ども(＝支配シテイル領地ヲ)—・ぜよ(＝削レ)』などいふ」〔宇治・巻三ノ一四〕 ❹準備・点検する。「宇多津(うた)において兵船を—・じ、備前の児島にあがって、すでに京都に攻めのぼらむとつかまつりさうらふ」〔太平・巻一四ノ六〕

てん たう【天道】(—トウ) Ⓒ ❶天地自然の法則・道理。天のおきて。「娘は—にまかせたてまつる。天の掟(おきて)あらば国母、女御ともなれ。掟なくば山賤・民の妻ともなれ」〔宇津保・俊蔭〕 ❷天地を支配する神。天帝。天の神。「これ—の給へる子なり」〔今昔・巻二ノ二六〕「—にも見放され、弓矢神にも捨てられし」〔近松・嫗山姥・二〕 ❸太陽。「—や屋根が吉野を十重二十重(とへはたへ)」〔柳樽・一八〕 ❹(略)天道船。二、三〇〇石(こく)積みから五、六〇〇石積みまでの荷船。「川の中にて敵討ち、—合三(あひさん)(＝三〇〇石積ミト四〇〇石積ミノ間ノ船)を行馬(やらい)(＝カコイ)となし、小舟をもって取り巻き、いかないかな(＝ドウシテドウシテ)動かしは仕らむぞ」〔伎・三十石・四〕《ロドリゲス日本大文典に tentŏ, tendŏ の両形があり、後世は清濁両用》

てん ぢく【天竺】(—ジク) Ⓓ ❶㋑インド。「妻(め)とすべき人を…高麗(こま)—まで尋ね求むれど、さらに無し」〔宇津保・藤原君〕 ㋺《誤用で》中国よりも西方の国。西域。「—より出でし(＝来タ)者ゆゑに」〔淇園・独寝・下・一三〇〕《原文「波斯」に「テンジク」と振りがな。波斯はペルシア》 ❷非常に高い所。空。「(オチタ雷ガ)—のうへ(ノ方へ)帰るべい事もできないから」〔一九・膝栗毛・二下〕 ❸《接頭語ふうにある語の上に付いて》「外国の」「とんでもない遠く」などの意を添える。「たとへこの身、—浪人(＝ドコマデモ流浪スル宿無シ)の身となるとも(アナタヲ)見捨てまい」〔浮・禁短気・巻一ノ二〕

てん とり【点取り】 Ⓔ ❶《連歌・俳諧などで》優秀点や最優秀点を点者から与えられた句の多さをきそうこと。(参)てんじゃ。「また—の巻(ヲ)して(ソレヲ点者ノモトニ)つかはしけるに、その頃の点者は…明白なり」〔西鶴・織留・巻三ノ二〕《賭(か)けを伴う事が多いけれど、それだけには限らない》 ❷機嫌(きげん)をとること。追従(ついしよう)。「(文ヲ)よんでみる。なにか(＝ナニヤラ)いろいろな—を書き」〔洒・総

籬〕

てん なが【点長】Ⓔ〘形動ナリ〙字画のある部分が長く延びているさま。「ここかしこの(=文字ノアッチコッチガ)―・に走り書き、そこはかとなく気色ばめるは(=ドコトナク気ドッテイルノハ)、うち見るに、かどかどしく気色だちたれど(=才気バシッテ気ガキイタフウダケレド)」〔源氏・帚木〕

てん びん【天秤】Ⓔ はかりの一種。中央を支点とするさおの両端にさらをつるし、片方に物を、他方に分銅をのせてはかる。支点からは針が出ていて、少差はその針の示す目盛りによってはかる。正確にはかるためには、小槌(づち)で中央支点部を軽く打って振動させ、調節をした。分銅は大小一九箇そろっていて、普通は五〇匁以上、五〇〇匁までの重さを量った。江戸時代には、銀貨のように、目方で通用するものがあったので、商家によっては天秤は最も重要な営業用具であった。「(商売ノ盛ンナ様子ハ)大帳、雲をひるがへし、そろばん、丸雪(あられ)をはしらせ、―二六時中の(=一昼夜ノ時ヲ知ラセル)鐘に響きまさって(=鐘ノ音ヨリモヤカマシイホドデ)、その家の風、のれん吹きかへしぬ」〔西鶴・永代蔵・巻一ノ三〕

〔てんびん〕

でん ぶ【田夫】Ⓓ ㊀ ❶百姓。農民。「この行幸(みゆき)とどめたまふべし。(ナゼナラ)いま農業の盛りなり。―のうれへ(=迷惑)多かるべし」〔今昔・巻二〇ノ四一〕 ❷いなか者。「香央(かさだ)はこの国の貴族にて、われは氏なき―なり」〔秋成・雨月・吉備津〕 ㊁〘+形動ナリ〙いなかくさいこと。やぼったいこと。「市川団十郎、実事(じつごと)・荒事(ハ)得ものなれども(=得意ダガ)、ぬれ事・やつし事(ハ)うつらず(=似合ワナイ)。拍子事よし。諸芸ぶり―・にして、口上いやし」〔浮・元禄太平記・巻八ノ四〕

てん ま【天魔】Ⓔ〔仏〕十魔または四魔などいわれる魔神の一。欲界六天のうち他化自在(たけじざい)天におり、人がよい事をしようとするとき、それをさまたげる。「何の不足にかかる(謀反(むほん)ナドイウ)心つかれけむ。これひとへに―の所為とぞ見えし」〔平家・鹿谷〕

てん もん【天文】Ⓓ ❶天体現象。「(信西ハ)寸の剣、首にかかる(=身ニ剣難ガ迫ル)といふ―(=星ノ動静)を見て都を落ち」〔馬琴・弓張月・一回〕 ❷㊥天文道。陰陽(おんよう)寮の学科の一。天体現象を見て判断をくだす学問。「されどもこの泰親は…―は淵源(えんげん)をきはめ(=奥底マデ研究シ)、推条(=天体現象カラコノ世ノ事ヲ推理スルノハ)掌(たなごころ)をさすがごとし」〔平家・法印問答〕

てん やく【典薬】Ⓓ 役所勤めの医師。いまなら「大学病院の先生」といった感じ。「気づかひしやんな。京の御―にかへてから、めっきりと薬も回り(=利キ目モ現レ)」〔近松・宵庚申・中〕「国府の―のおもだたしき(=権威者)まで迎へたまへども、その験(しるし)もなく」〔秋成・雨月・青頭巾〕 **―のかみ** 典薬の頭 Ⓓ〘連語〙❶典薬寮の長官。❷江戸幕府において、若年寄の管理を受けた医務官の最高地位。❸民間の医者がかってに名のった称号。「ただいま都には―のなんのと申して、医師の上手があまたでき」〔狂・雷〕 **―れう** 寮(―リョウ)Ⓓ 宮内省に属し、医事および薬園の管理に当たった。頭(かみ)・助(すけ)・允(じょう)・属(さかん)のほか、医博士(医学教授)一名・針博士(針術教授)一名・按摩博士(マッサージ教授)一名・呪禁(じゅこん)博士(まじない教授)一名・薬園師(薬草管理官)二名・侍医(天皇づき医師)四名などがいた。「くすりのつかさ」とも。

と

と

と【外】Ⓓ ㊟「内(うち)」 そと。「大宮の内にも―にも光るまで降れる白雪見れど飽かぬかも」〔万葉・巻一七〕「老いかがまりて、室(むろ=庵室)の―にもまかでず」〔源氏・若紫〕

と【門】Ⓓ ❶両岸が接近しており、水の流れの出入りするところ。瀬戸。「わが上に露ぞおくなる天の川―わたる舟の櫂(かい)のしづくか」〔古今・雑上〕 ❷両がわに山のせまった狭い地域。「奥もの深き谷の―に、連なる軒を」〔謡・玉鬘〕

と【音】Ⓓ おと。「風の―の(ヨウニ)遠き(故郷ニイル)我妹(わぎも)が(ワタシニ)着せし衣(きぬ)たもとのくだり(=縦糸ガ)まよひ(=弱ッテ)来にけり」〔万葉・巻一四〕

と Ⓑ〘副〙㊟「かく(かう)」 そんなに。「そゐにとて(=ソンナ次第ダトイウワケデ)―すればかかり(=ソウスレバ、コウナリ)かくすれば(マタクイチガイ)あな(=アア)いひ知らず(=何トイオウカ)あふさきるさに(=何モカモチグハグデ)」〔古今・雑体〕「俊寛が―ふるまうて、康頼がかう申して、西光が―申して」〔平家・西光被斬〕 **―あ・り** Ⓑ〘連語〙㊟「かかり」 ❶こうだ。「(イナカ者ハ物ヲ見テモ)―・りかかり(=コウダ、アアダ)と物ごとに言ひて」〔徒然・一三七段〕 ❷〘連体修飾に用い〙何かの(ちょっとした)。「あひ添ひて、―・らむをりも、かからむきざみをも(=アレコレトイロンナ事ノオコッタ際ニモ)、見過ぐしたらむ(夫妻ノ)仲こそ、契り深くあはれならめ」〔源氏・帚木〕「年うちねび(=年長デ)、世のなかの―・る事(=何カノ事ニツケテ)も、塩じみぬる(=経験ノ深イ)人こそ、もののをりふしは(=マサカノ際ニハ)頼もしかりけれ」〔源氏・夕顔〕　**—ざまかうざま**(—コウ—) Ⓓ《連語》あれこれ。あれやこれや。「—に(=アレヤコレヤニツケテ)わびしければ(=グアイガ悪イノデ)、すべりいでて、母屋(もや)の際(きは)なる御几帳(みきちやう)のもとにかたはら臥(ふ)したまへり(=横ニナラレタ)」〔源氏・螢〕　**—まれかくまれ** Ⓓ《連語》(「ともあれかくもあれ」の連音変化)→ともあれかくもあれ。《さらに音便で「とまれかうまれ」ともなる》「忘れがたく、くちをしき事多かれど、え尽くさず。とまれかうまれとく破(や)りてむ(=早クヤブイテシマオウ)」〔土佐〕「—、まづ、とくを(=ゼヒ早ク)聞こえむ」〔蜻蛉・中〕　**—もあれ** Ⓔ《連語》(略)ともあれかくもあれ。「かさねては—、まづこの度は急いで参って、仰せつけられたお肴(さかな)物を調へて来う」〔狂・しびり(鷺流)〕　**—もあれかくもあれ** Ⓔ《連語》なににもせよ。いずれにもせよ。「—、さあんなるに(=ソンナグアイノヨウデスノニ)、あやしく思ひのほか(=意外)なること」〔宇津保・蔵開下〕　**—やあらむかくやあらむ** Ⓔ《連語》(方針に迷って)こうしようか、ああしようか。「(天ニ)上らむとすれば衣なし、地にまた住めば下界なり。—と悲しめど」〔謡・羽衣〕

と

Ⓐ ㊀《格助》《体言および体言あつかいの語・副詞・引用および思惟の文に付く》 ❶〔連用格〕《行為・作用の関係する概念をとりあげ》㋑相手あるいは共同者を示す。「大将の(=ガ)、女御(にようご)の君—御碁あそばしなどするに」〔宇津保・田鶴群鳥〕㋺ものごとが転化した結果を示す。「(酒ヲ)すずろに(=ムヤミニ)飲ませつれば、うるはしき(=マジメナ)人もたちまちに狂人—なりて」〔徒然・一七五段〕㋩思考・叙述・引用などの内容を示す。「かく言はせむ—思ふ事ありけり」〔蜻蛉・上〕「『まろぞ(=ボクダヨ)』—答(いら)ふ」〔源氏・空蟬〕「枕冊子にも『…』—書けることそ」〔徒然・一三八段〕㋥比較の基準となる相手を示す。「わが皇女(をんなみこ)たち—同じ列(つら)に思ひきこえむ」〔源氏・桐壺〕㋭状態を示して連用修飾語にする。…のようなふうに。といったぐあいで。「ひぐらし、さかり—鳴きみちたり」〔蜻蛉・中〕「にくきもの…墨の中に石の(マジッテイテ)きしきし—きしみ鳴りたる」〔枕・二八段〕「蓮(はちす)の露も玉—磨きたまはむことかたし」〔源氏・匂宮〕「一部—ある冊子(さうし)などの同じやうにもあらぬを」〔徒然・八二段〕 ❷〔補格〕「あり」「はべり」「さうらふ」等に対する補語を示す。「あはれなる山寺に集(つど)ひて、つれづれ—あり」〔蜻蛉・上〕「世のくるしび(=迷惑)—あるべき事をとどめたまふ(=オヤメニナル)」〔源氏・薄雲〕「過去に、汝、国王—ありし時、多くの人民を悩ませりしによりて」〔今昔・巻六ノ六〕「夫(をつと)、人の友—あるものは、富めるをたふとみ、ねんごろなるを先とす」〔方丈〕《助動詞「たり」の原型となる用法。助動詞「たり」(と＋あり)の連用形に「あり」がもうひとつ加わるとは考えにくいので、これらの「と」は助詞とする》 ❸〔連体格〕複数の事物を対等にならべあげる。「乳母—この人ふたりなむ、とりわきておぼしたりし」〔源氏・蜻蛉〕「尊勝寺にて、九壇の護摩—懺法(せんぼふ)—さぶらふべきなり」〔讃岐・上〕「形見の髪—歌—を見て、よみては泣き」〔太平・巻四ノ一〕 ㊁《副助》《同じ動詞の間にはさみ》その動詞の示す意味を強調する。「知り—知りたる人(=知ッテイル人ハスッカリ)法師にいたるまで」〔蜻蛉・中〕「あり—ある人(=イアワセタ人ハミナ)目を見かはして」〔大鏡・師輔〕 ㊂《接助》《動詞・形容動詞およびこれと同型の助動詞は終止形(一二世紀ごろからは連体形にも)、形容詞・形容詞型助動詞および助動詞「ず」は連用形に付く》 ❶〔逆接〕ある仮定条件をあげ、それに関係なく事態が成り立つ意を表す。…ても。(仮に)…ところで。「立ちながら(=形式的ニ)来たり—(=タズネテ来タッテ)会はじ(ドウセ)藤衣(ヲ)脱ぎ(ステルヨウニ)捨てられむ身ぞと思へば」〔金葉・恋上〕「女の身としてなう、思ひは増す—、心変はるまい」〔狂・花子〕 ❷《中世以後の口語で》〔順接〕㋑仮定の条件を示し、それに伴ってある種の事がらがおこる意を表す。「殿へお目見えでもさす—、瀬平はきつい(=タイシタ)者ぢゃと言はるる」〔伎・幼稚子敵討・二〕㋺一定の条件のもとにいつもある種の事がらがおこる意を表す。「何ぞといふ—、おれを使ひ物にしをる」〔伎・韓人漢文・二〕 ㊃《形動》タリ活用の形容動詞の活用語尾(連用形)。「矢さきに当たれば落々磊々(らいらい)—(=ガタガタト)地に倒れて」〔謡・鵺〕　**—あ・り** ❶…である。《⑴多くは資格・身分・境遇を示す。⑵断定助動詞「たり」の原形と考えられる》「首(かしら)をそり衣を(墨色ニ)染めて、仏の御弟子—・り」〔今昔・巻五ノ一一〕「房の仁裕といふ人あり。秦州の刺史(=知事)—・り」〔今昔・巻七ノ二五〕 ❷㋑引用を示す。…といわれている。「金剛経にも『如夢幻泡影、如露亦如電』—・れば、夢ほどはかないものはなけれども」〔狂・花子〕㋺手紙などの内容を示す。…と述べてある。「宮より『…』—・る御返り(=ゴ返事ニ)『…』…と聞こえたり」〔和泉日記〕 ❸事態を紹介する。…という(ことが存在する)。「聞きなれた声で表に『ものまう(=ゴメンクダサイ)』—・る(=トイウ案内ガアル)」〔狂・比丘貞〕「異形(いぎやう)なものに会うて、ことばをかけなんだ—・っては(=トイウコトニナッテハ)、後難(=アトノ非難)もくちをしい」〔狂・蟹山伏〕

ど

Ⓑ《接助》《活用語の已然形に付く》〔逆接〕 ❶㋑確定条件を示す。…が。…けれど。「文(ふみ)を書きてやれ—、返りごとせず」〔竹取〕㋺まだおこっていない事実を確定のように見なした条件を示す。…も。…ても。「その子・孫(うまご)までは(仮ニ)はふれにたれ—(=落チブレテイテモ)、

なほなまめかし(=優雅ダ)」〔徒然・一段〕 ❷ある条件のもとに、いつも決まって否定的な結果が生じる意を表す。…たところで。…たって。「(毎年)秋来れ—色も変はらぬときは山(=常緑樹ダケノ山ニ対シテハ)よその紅葉を風ぞ貸しける」〔古今・賀〕

とう【頭】Ⓓ (略)蔵人(くらうど)の頭。「殿上人・蔵人、ある限り数を尽くして(=全員)方を分かちて(=右ト左ニ分カレテ)草合はせすることありけり。二人の—を左右の首(かしら)として」〔今昔・巻二八ノ三五〕 **—のちゅうじゃう** 頭の中将(—ジョウ) Ⓓ 【連語】近衛(このえ)の中将で、蔵人の頭を兼ねている者。(参)くらうど。 **—のべん** 頭の弁 Ⓓ 【連語】弁官(原則として中弁)で、蔵人の頭を兼ねている者。(参)くらうど。

とう【疾う】Ⓒ 【副】(「とく」のウ音便)→とく。「さるべき(=将来エラクナルハズノ)人は、—より御心魂のたけく(=シッカリシテオリ)、(神仏ノ)御守りも強(こは)きなめり」〔大鏡・道長〕

とう ぐう【東宮・春宮】Ⓔ ❶皇太子の宮殿。東宮御所。「—に参りたりつるに、しかじかおほせられつれば」〔大鏡・兼家〕 ❷皇太子。「八月四日—に立ちたまふ」〔大鏡・文徳天皇〕 **—ばう** 坊(—ボウ) Ⓔ 皇太子の御所に関する万端を管理する役所。皇太子の顧問・指導役である傅(ふ)は大臣または大納言の兼任だが、専任教官として学士(従五位)二名があり、事務方面には主膳監(食事)・主殿署(照明・燃料・掃除)・主馬署(乗馬)・蔵人所(雑務)などの部局がおかれた。職員には大夫(だいぶ)・亮(すけ)・大進(だいじん)・少進(しょうじん)・大属(だいさかん)・少属(しょうさかん)があり、警衛には帯刀舎人(たちはきとねり)が当たった。「みこのみやのつかさ」とも。

とうくゎ でん【登花殿・登華殿】(—カ—) Ⓓ 内裏の後宮の殿舎の一。弘徽殿の北、貞観殿の西にあり、女御(にょうご)の私室にあてられた。

とう ごく【東国】Ⓓ (対)「西国」 古くは逢坂(おうさか)の関以東の国、のちには箱根以東の国をいう。「これより—行脚と志しさうらふ。夕べ夕べの仮枕…同じうき寝の美濃・尾張・三河の国に着きにけり」〔謡・杜若〕

とう ざい【東西】Ⓒ ㊀ ❶東と西と。「一の谷の—の木戸口(=トリデノ出入リ口)にて源平矢合はせとこそ定めけれ」〔平家・三草勢揃〕 ❷方角。方向。「(主人ヲ失ッテ)兵ども—を失ひ(=途方ニクレテ)もだえこがれ悲しむ」〔保元・中・三〕 ❸別々の方角。「その音を尋ねて—に(=アチコチ)走り求むるに、経の音ばかりを聞きて主の躰(すがた)を見ることを得ず」〔今昔・巻一三ノ二〕 ❹あたり。周囲。「竹を求めて穴をあけ、吹きて見れども鳴らざれば、ただくゎんきょ(=冠者)が吹くほどおもしろき事よもあらじとて—をしづめて(=シントシテ)聞きけるが」〔伽・御曹子島渡〕 ㊁【十自サ変】あちこちへ動くこと。「袖を捕らへて—・せさせず(=ウムヲ言ワセズ、返事ヲ)乞ひ取りて持て来(こ=コイ)」〔枕・八二段〕 ㊂【感】芝居・相撲(すもう)や話などの初めに見物人の注意を要求することば。「さらば一はなし仕まつりませう(=イタシマショウ)。——」〔咄・軽口御前男・序〕

とうじ【刀自】Ⓓ →とじ。「年老いたる女官・—などに至るまで…祈りたてまつる」〔栄花・輝藤壺〕

とう じゃう【闘諍】(—ジョウ) Ⓔ ❶争い。「欲心あるいは我慢(=ウヌボレ)によって、同じ国所(ところ)の人、喧嘩—をし」〔イソポ・第七〇話〕 ❷いつも闘争を事としている者。「女物狂ひなどに、あるいは修羅(ニ落チテイル)—・鬼神などの憑(つ)くこと、これ何よりも悪きことなり」〔花伝・二〕

どう しん【同心】Ⓒ ㊀【十自サ変】❶同意。賛成。「夫妻—にして比丘(びく)の所に行きて、これを施して、願をおこして去りにき」〔今昔・巻二ノ八〕「さっそく—めされて、このやうな喜ばしいことはない」〔狂・蚊相撲〕「(連歌ノ会ハ)いかにも堪能(=上手)一人の批判をあふぎて、—の思ひをなすべし(=ソノ批評ニ同調スルガヨイ)」〔連理秘抄〕 ❷協力。味方。「そもそも朝敵頼政法師に—・せむとや思ふ」〔平家・競〕「天台衆徒(しゅと)、平家に—か、源氏に与力か」〔平家・木曾山門牒状〕 ㊁ ❶【室町時代】ある家に属する兵士。「さるほどに、山県三郎兵衛—北地と申し、伊勢浪人(デ)、身上(=俸給ヲ)十六貫取る者なり」〔甲陽軍鑑・巻八〕 ❷【江戸時代】幕府に設けられた職。奉行(ぶぎょう)・所司代・城代・番頭(ばんがしら)などに属し、与力の下にいて、雑務や警察事務を処理した。「短夜や—衆の川手水(てうづ)」〔蕪村(蕪村句集)〕 ㊂【歌論で】歌病のひとつ。同語が重出すること。「—とは、歌ひとつが中に同じことばを再び用ゐらるるなり。『水(ヲ引クノガ)かたき高田の前に籬(まがき)して水なき乾井(ゐひ)にほのぼのにゐぬ』。『水』と『水』なり」〔和歌色葉・上〕

とう だい【灯台】Ⓔ 照明器具のひとつ。灯火をともす台。「(グアイノ悪イ書キ物ハ)—の火に焼き、水に投げ入れさせなど、やうやう(=ダンダンニ)うしなふ(=処分スル)」〔源氏・浮舟〕 **—下暗(もとくら)し** 【ことわざ】「自分に近いことは、かえってよくわからない」という意。この灯台は lighthouse ではない。「総じてのこと、—」〔西鶴・胸算用・巻三ノ四〕

〔とうだい〕
(高燈台)

とう・づ【取出】(—ズ) Ⓓ 【他下二】(「とりいづ」の音便) 取りだす。「(衣服ヲ)みな—・でさせたまへり」〔源氏・玉

髪」)【未然形・連用形の用例しかない】

とう と Ⓔ【副】ちゃんと。ぴたりと。「(=ミカンハ)太郎冠者が六波羅(=掛ケ詞「腹」)へ―納めました」〔狂・柑子〕「(=タイセツナ謡ナノデ)石の唐櫃(からうど)を切り(=刻ンデ造リ)、一つ謡うては―入れ、二つ謡うては―入れ、蓋(ふた)のふつとするほど謡ひ入れ」〔狂・二千石(鷺流)〕

とが【咎・科】Ⓒ ❶㋑よくない点。非難されるような事。「『退きて―なし』とこそ、昔のさかしき人も言ひ置きけれ」〔源氏・明石〕「万(よろづ)の―あらじと思はば、何事にもまことありて、人を分かずうやうやしく、ことば少なからむにはしかじ」〔徒然・二三三段〕「つらつら年月の移りこし拙(つたな)き身の―を思ふに」〔芭蕉・幻住庵記〕㋺さしつかえ。不つごう。「しばしの御騒がれは、いとほしくとも(=オ気ノ毒ダガ)、女がたの御ためは(=ニトッテハ)―もあらじ」〔源氏・総角〕「これは、―あるばかりのことかは(=カマワナイジャアリマセンカ)」〔源氏・宿木〕 ❷法律をおかす行為。罪。「軽い―を成敗とは。古今のおきてにないこと」〔近松・小室節・中〕

と かう (―コウ) Ⓑ【副】(「とかく」のウ音便)→とかく。「祇王―の(=コレトイッタ)返事にも及ばず(=返事ドコロデナク)」〔平家・祇王〕

と かく Ⓑ【副】(音便で「とかう」ともなる) ❶㋑あれこれ(と)。ああだ、こうだと。「―つくろひたてて(=手入レヲシテ)めやすきほどにて(=ミグルシクナイ様子デ)すぐしたまへる」〔源氏・桐壺〕「『何しに来たりたるぞ』と問ひければ、―の事は言はず、ただ『御供つかまつるべしとばかりぞ』と言ひける」〔著聞・管絃歌舞〕「直垂(ひたたれ)のなくて、―せしほどに(=ドウショウカト迷ッテイルウチ)」〔徒然・二一五段〕㋺何とかして。「―銀(かね)ためて、(小紫トイウ太夫ヲ)ただひとつ(=イチドデヨイカラ)買うて、年月の思ひ晴らさむ」〔西鶴・置土産・巻三ノ二〕 ❷㋑ややもすれば。どうかすると(…の傾向がある)。「衣装は―赤きがひとしほ目立つものぞかし」〔西鶴・置土産・巻二ノ一〕「―安物は銭失ひ」〔西鶴・置土産・巻五ノ一〕㋺何かにつけて。「―生国なつかしく…かけつけ御用に立ち申したくさうらふ」〔西鶴・文反古・巻一ノ三〕「勝手を続けたまふに、―これもむつかしければ、毎日おのおの回り番にして銀二匁一分づつたまはれ」〔西鶴・置土産・巻五ノ三〕 ❸㋑いずれにしても。何にしても。「二十日かからうやら、ないし三十日かからうやらも知れませぬ。―先へ行てくだされ」〔狂・宗論〕「―年々つもりて恐ろしきものは、質屋の利銀ぞかし」〔西鶴・織留・巻二ノ二〕㋺要するに。結局のところ。「人がらも、―住み所による(=環境ニヨッテ形成サレルモノ)なり」〔西鶴・織留・巻六ノ四〕「合力(かふりよく)とも(=立テカエテアゲヨウトモ)いはれず、『―はこなた(=アナタ)の損』と(=イッテ)足の立たぬを無理に手を引き」〔西鶴・俗徒然・巻二ノ一〕 ❹【下に否定を伴って】どうにもこうにも。どうしても。「【何度モ海ニ身ヲ投ゲヨウトイロイロ努力シタガ、ウマク行カズ】さてもさても命は惜しいものかな。―(身ヲ)投げられぬ」〔謡・丹後物狂(間狂言)〕

とが・む【咎む】Ⓒ【他下二】【名詞「とが」を活用させたもの】 ❶(罪や欠点を)非難する。「村上の天皇(すべらぎ)も安からぬ(=ケシカラヌ)事におもほしおはしましけれど、色にいでて―・めおほせられず」〔大鏡・公季〕 ❷【転じて】あやしむ。「かの古里は…隣しげく(=近所ガタテコンデイテ)、―・むる里人多くはべらむに」〔源氏・夕顔〕 ❸(だれだかわからない訪問者が来たことに対して)確認しようとする。(「どなたですか」と)たずねる。「『開けさせたまへ』とて(門ヲ)たたけども、たたけども、―・むる(=ドナタ?トイウ)人もなかりけり」〔平家・小督〕「忍びてたづねておはしたるに、犬のことごとしく(=ヤカマシク)―・むれば(=ホエタテルノデ)、下衆(げす)女の出でて、『いづくよりぞ』といふ」〔徒然・一〇四段〕【犬がほえるのを人語に翻訳すれば「あんたはだれだい」だろう】 ❹問題にする。注意をはらう。「(船人ガ歌メイタ文句ヲ言ッタノハ)人のほど(=身分)に合はねば、―・むるなり(=トクニ取リアゲルノダ)」〔土佐〕「(ヘビノ巣ガアル土地ニ)皇居を建てられむに、何の祟(たた)りをかなすべき。鬼神は邪(よこしま)なし。(ヘビナンカ)―・むべからず(=相手ニスル必要ハナイ)。ただ、みな掘り捨つべし」〔徒然・二〇七段〕

と がり【鳥狩り】Ⓔ 鷹(たか)や隼(はやぶさ)を使って野鳥をとること。「垣(ヲトビ)越ゆる犬呼びこして(=呼ビ寄セテ)―する君(ヨ)青山のしげき山辺に馬息(やす)め(=休マセナサイ)君」〔万葉・巻七〕

とき【鬨・鯨波】Ⓔ 戦闘の前後に全軍であげる大声。勝利の後にあげるのは「かちどき」という。「『六波羅より平家よせたり』といひもあへず、大宮面(おほみやおもて)に三千余騎にて―をどっとつくりければ」〔平治・中・二〕

とき【時】Ⓐ ━ ❶一日を区分した時間。中古以来、定時法と不定時法があった。前者は天文・暦・宮中勤務・行幸などに、後者は時計による時報の便がない場合に用いられた。時計は、近世以前は漏刻(水時計)が公式のもので、陰陽寮所属の漏刻博士が管理したけれど、室町時代中期より後の戦乱で器具も操法もわからなくなった。ポルトガル宣教師の渡来以後は機械時計が作られた。定時法は、一日を一二等分し、それぞれを「辰刻(しんこく)」または「時(とき)」とよび、各時をさらに四等分して「刻(こく)」とよぶ。時には子(ね)・丑(うし)・寅(とら)・卯(う)・辰(たつ)・巳(み)・午(うま)・未(ひつじ)・申(さる)・酉(とり)・戌(いぬ)・亥(い)の十二支名が与えられ、その時報には、宮中では太鼓

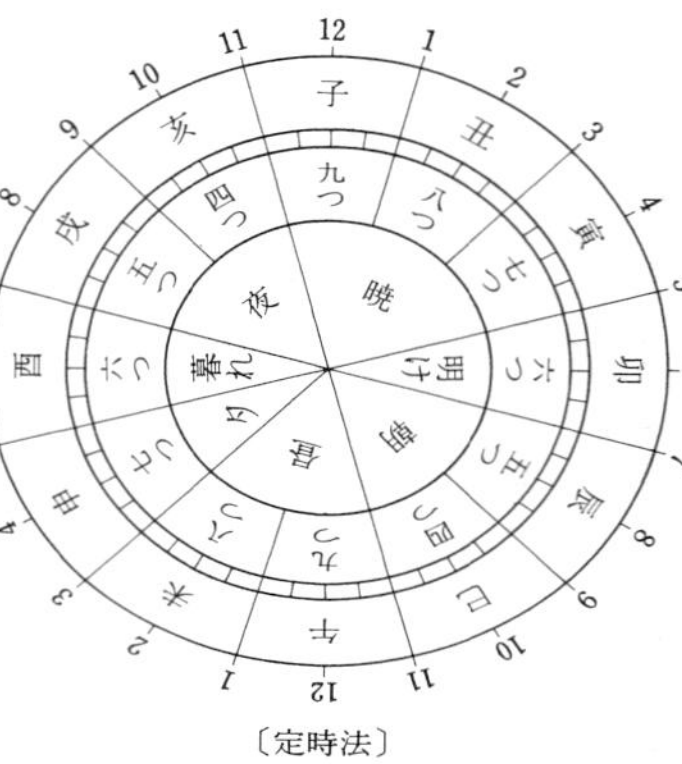

〔定時法〕

を打った。子・午の初めには九つ、丑・未には八つ、寅・申には七つ、卯・酉には六つ、辰・戌には五つ、巳・亥には四つ打ったので、それぞれの数が子・丑・寅…の時を示す名称ともなった。刻を示すには、「一刻」「一点」「ひとつ」のようによび、その数だけ鐘を打った。したがって、たとえば丑の三刻を示すには「丑三つ」のごとくよぶわけだが、太鼓の数を十二支名に結びつけ「子九つ」「丑八つ」などということも、民間では平安時代からあった。江戸時代からは、辰刻の中央で鐘を打った。たとえば子の刻なら、午前一二時に九つ打ったので、子の時が一二時から始まるとする誤解も生じた。現在の時法との対応は、

子＝後一一時～前一時　　午＝前一一時～後一時
丑＝前一時～前三時　　未＝後一時～後三時
寅＝前三時～前五時　　申＝後三時～後五時
卯＝前五時～前七時　　酉＝後五時～後七時
辰＝前七時～前九時　　戌＝後七時～後九時
巳＝前九時～前一一時　　亥＝後九時～後一一時

となる。これは太陽の子午線通過を午の三刻としての対応だが、三分以内の誤差はあるかもしれない。不定時法は、一日を昼と夜に両分し、その昼と夜とをそれぞれ六等分して、子（九つ）・丑（八つ）・寅（七つ）等の名でよぶ。名称は定時法と同じだが、季節によって昼夜の長さが違うので、一時(ひととき)あるいは一刻の長さは不定である。昼と夜の境をどう決めるかは、各種の方法があったけれど、元来民間の実用時法なので、多く自然光線で掌(てのひら)の大筋が見え始める時を明け六つ、見えなくなる時を暮れ六つとするような便宜的の区分が取られた。このほか、夜間だけの時法として「更(こう)」を用いることがあった。酉から寅までを五等分し、それぞれ初更（甲夜）・二更（乙夜）・三更（丙夜）・四更（丁夜）・五更（戊夜）とよぶ。さらに各更を五等分して一点・二点…五点とよぶが、この「点」は子・丑・寅・卯などを四等分した「点」（刻）とは別である。江戸時代においては不定時法で用いられたから、更・点の長さは季節により伸縮する。㊀かう。「『何の某(なにがし)』。一、丑三つ（＝午前二時）』『子四つ（＝午前零時半）』など、はるかなる声に言ひて、一の杭(くひ)さす（＝時ノ札ニ小札ヲサス）音など、いみじうをかし。『子九つ』『丑八つ』などぞ、里びたる人は言ふ。すべて、何も何も（＝ドノ時デモ）、ただ四つのみぞ（＝四回ダケ）杭にはさしける」〔枕・二九〇段〕《丑三つ」を午前三時、「子四つ」を午前一時半とする説は、江戸時代の不定時法と混同した誤解。「四つのみぞ」を第四刻にだけと解するのも誤り。刻は四刻までしか無いのだから、「子九つ」などいうのはおかしいの意である。古文に現れる時は、定時法か不定時法かをよく考えなくてはならない。枕冊子のは、宮中の時報だから、定時法》 ❷わずかな間。一時。用例→「ときのま」。❸（一年中での）時期。季節。「清く流るる水の気色こそ、一をも分かず（＝ドンナ季節デモ）めでたけれ」〔徒然・二一段〕 ❹時世のぐあい。時代の様子。「常ならぬ世にしあれば、一移り、事去り、楽しび・悲しび行きかひて」〔徒然・二五段〕 ❺㋑（「おほん」「み」を伴い）天皇の在位期間。治世。「文武天皇の御一に年号さだまりたり」〔大鏡・後一条院〕㋺何かの地位についている時期。「一の（＝在位中ノ）帝(みかど)の、かく、おどろおどろしき（＝オオゲサナ）まで、婿かしづきしたまふべき。また、あらじかし」〔源氏・宿木〕 ❻場合。おり。「いかなる折にか時々は御覧ずる一もありけり」〔大鏡・三条院〕

㊁〔＋形動ナリ〕 ❶よい時機。うまいチャンス。「愚かにつたなき人も、（ヨイ）家に生まれ、一にあへば、高き位にのぼり、おごりを極むるもあり」〔徒然・三八段〕 ❷よいめぐりあわせで栄えること。羽ぶりがよいこと。「一・なりける人の、にはかに一なくなりて嘆くを見て」〔古今・雑下・詞〕「女御いみじう一・におはせしほどに」〔大鏡・為光〕

―しら・ず 知らずⒹ〔連語〕時節をわきまえない。季節による変化がない。「一・ぬ恋は（チョウド）富士が嶺(ね)（ノヨウナモノダ）いつとなく絶えぬ思ひ（＝掛ケ詞「火」）に立つ煙（ノヨウニ気ガ晴レナイ）かな」〔続千載・恋一〕

―な・し 無しⒺ〔連語〕 ❶いつといって…する時がない。しじゅう…である。「袖乾(かわ)く一・かりける（＝シジュウ泣イテイル）わが身にはふる（＝掛ケ詞「降ル」「経ル」）を雨とも思はざりけり」〔後撰・哀傷〕 ❷（主人や夫に）愛されていない。「（村上帝ニハ多クノ后妃ガオラレタガ）時あるも一・きも、なのめに（＝イチオウ）情けありて（＝情趣アルアツカイヲナサリ）」〔栄花・花山〕

―に合・ふ（一ア〈オ〉

ウ）❶ちょうどその時期に合致する。「（祭リノ時期ナノニ）神山に引き残さるる（＝取リ残サレタヨウニ）葵草—はでも（＝祭リノ時期ニ人ニ引カレルコトナク、私モ時流ニ乗リ得ナイデ）過ごしぬるかな」〔続拾遺・雑春〕❷時流に乗り、栄える。「ある人のいみじう—・ひたる人の婿になりて」〔枕・二五〇段〕 **—のくひ** 時の杭（—イ）Ⓔ〔連語〕夜警の官人が巡回のとき、殿上の小庭で時刻を示すためさした木片。どんな形で、どんなふうにさしたかは不明。「時奏して、『尋ぬべし』『心得ねば』など言ひて、時の札に杭さす音す」〔讃岐・下〕とあるので、大形の板に小さい木片をさしたのでないかと思われる。 **—のてうし** 時の調子（—チョウ—）Ⓔ〔連語〕❶四季・月・時刻などにふさわしい音階の基調。中世の音楽論では、それぞれ決まりがあった。㋑〔四季〕春＝双調・夏＝黄鐘・秋＝平調・冬＝盤渉。㋺〔月・時刻〕正＝寅＝平調・二＝卯＝勝絶・三＝辰＝下無・四＝巳＝双調・五＝午＝鳧鐘・六＝未＝黄鐘・七＝申＝鸞鏡・八＝酉＝盤渉・九＝戌＝神仙・一〇＝亥＝上無・一一＝子＝壱越・一二＝丑＝断金。㊂じふにりつ②。❷演奏の場にふさわしい音階の基調。天候・観客・舞台などの条件により、臨時に演者が決める。「まさしくその座敷にての—はあるものなり」〔中楽談儀・七〕 **—のま** 時の間 Ⓓ〔連語〕わずかな時間のうち。ほんのしばらくの間。「財（たから）多しとて頼むべからず。—に失ひやすし」〔徒然・二二一段〕

とぎ〔伽〕Ⓓ❶㋑話し相手・遊び相手となって人の退屈を慰めること。またはその人。「側を離さず置かれた所で、それがし（＝自分）も随分お—を申したが」〔謡・夜討曾我（間狂言）〕㋺相手。「—にして待つ夜は側に置き炬燵（ごたつ）人もこねこの（＝待ツ人モ来ナイシ子猫ノヨウニ）丸寝（＝ヒトリ寝）せよとや」〔後万載・恋上〕❷看病すること。またはその人。「この頃は、親類どもに病人がござって家内の者が…夜—に参るの」〔三馬・風呂・前ノ上〕❸寝所の相手をすること。またはその人。「（女ガ）ひとりゐるならばさびしからうによって、この鬼が—をしてやらうか」〔狂・節分〕

とき・じ〔時じ〕Ⓔ〔形シク〕❶時節を定めない。いつもだ。「み吉野の耳我の山に—・じくそ雪は降るとふ…」〔万葉・巻一〕 ❷時機にはずれている。その時ではない。「川のへ（＝ホトリ）のいつ藻の花の（＝序詞）いつもいつも来ませわが背子（こせ）—・じけめやも（＝イツオイデニナッテモ時節ハズレトイウコトガアリマショウカ）」〔万葉・巻四〕

とき・めか・す〔時めかす〕Ⓓ〔他四〕目上の人・夫・世話をする人がとりわけある者だけをかわいがる。寵（ちょう）愛する。「（六条御息所ハ源氏ガ新シイ愛人夕顔ヲ手ニ入レタ事ニ対シ）かく殊なることなき（＝トリエモナイ）人を率（ゐ）ておはして（＝連レテオイデニナリ）、—・したまふこそ、いとめざましく（＝心外デ）つらけれ」〔源氏・夕顔〕

とき・め・く〔時めく〕Ⓓ〔自四〕❶（目上の人・夫・世話をしてくれる人などから）とりわけかわいがられる。目をかけてもらう。「（村上天皇ガ崩御サレ）御陵（みささぎ）や何やと（サワイディルノヲ）聞くに、—・きたまへる人々（＝御寵愛ヲ受ケタ女御ヤ更衣ガタハ）いかにと思ひやりきこゆるに、あはれなり」〔蜻蛉・上〕❷地位・権勢に恵まれる。羽振りがきく。「世の中に—・きたまふ雲客（＝公卿ガ）、桂より、遊びて帰りたまふ」〔著聞・和歌〕

と・きん〔兜巾・頭巾〕Ⓔ修験者用の小さい黒色のかぶりもの。十二因縁（じゅうにいんえん）をかたどり、一二のひだが付けてある。「柿（色）の衣（ころも）に、古りたる—、目の際までひっこうで（＝深クカブリ）」〔義経・巻七ノ一〕

〔ときん〕

とく Ⓑ ㊀〔徳〕（英語の virtue にあたる基本意味で）❶㋑恩沢。めぐみ。「禹（う）の行きて三苗（トイウ蛮族）を征せしも、軍（いくさ）を返して—を敷くにはしかざりき」〔徒然・一七一段〕（「徳、おほひのするにひとし」〔紀・成務・訓〕の「徳」の訓に「めぐみ」と見える用法）㋺おかげ。「（アナタノ）御—に（＝オカゲデ）年ごろ（＝長年ノ間）ねたき（＝シャクニサワッテイタ）者うち殺しはべりぬ」〔大和・一四段〕「帥（そち）はこの殿の御—に、大納言になりたまへり」〔落窪・巻四〕（この用法は英語の by virtue of …にあたる）❷神仏のもたらすめぐみ。功徳（くどく）。「金剛般若経は罪業を滅したまふ。然れば、罪を滅して—を得たることかくのごとし」〔今昔・巻一四ノ三四〕❸社会的に決まっている行きかた。道徳。「人に本意（ほい）なく（＝残念ダト）思はせ、わが心をなぐさまむこと（＝自分ノ心ヲ喜バセルコトハ）—にそむけり」〔徒然・一三〇段〕❹修行・修練などで得た人徳。人がら。「世の常ならぬ様なれど、人にいとはれず、よろづ許されけり（＝万事ニツケテ人々ハソレヲ認メテイタ）。—の至れりけるにや」〔徒然・六〇段〕❺長所。よい性質。「（歌ニオイテ）心にも理（ことわり）深く（＝一首ノ内容ガ道理ヲ深クコメ）、詞にも艶（えん）極まりぬれば（＝表現面デモ優美サガ十分ニ発揮サレレバ）、これらの—は（＝余情・景気トイウヨウナ美点ハ）自ら備はるにこそ（＝出テクルハズダ）」〔無名抄・六七〕❻力。ききめ。能力。「これ—をかくし愚を守るにはあらず（＝愚者ヲヨソオッテイルノデハナイ）」〔徒然・三八段〕㊁〔得・〈徳〉〕（英語の benefit にあたる基本意味で）❶物を得ること。利益。「自他のために失（しつ）多く—少なし」〔徒然・一六四段〕❷収入。サラリー。「まだ（今ハ少将デシカナイカラ）ころの（＝コロアイノ)御—なきやうなれど」〔源氏・東屋〕 ❸富。財産。「年ごろ、わたらひ(=暮ラシムキ)などもいとわろくなりて(=貧乏ニナッテ)、家もこぼれ(=コワレ)使ふ人なども—ある所にいきつつ(=ホカノ富裕ナ家ニ勤メガエヲシテ)」〔大和・一四八段〕

と・く【解く】Ⓒ ㊀〘自下二〙 ❶(結びめが)ほどける。「逢ふことはかた(=掛ケ詞「難」「固」)結びなる白糸の—・けぬ(=掛ケ詞「③」)恨みに年ぞ経にける」〔続後拾遺・恋二〕 ❷職を離れる。クビになる。「その弟の(=デ)右近将監(ぞう)—・けて(源氏ノ君ノ)御供に下りし(人)をぞ、とりわきてなし出でたまひければ(=オ引キ立テニナッタノデ)」〔源氏・関屋〕 ❸(気持ちが)うちとける。安心する。気楽にする。「…家のごと—・けてそ遊ぶ…今日の楽しさ」〔万葉・巻九〕〘「うちとける」の意と「安心する」の意とは、実際の用例では区別しにくいものが多いので、分けない〙 ❹【溶く】固体が液体になる。「雪のうちに春は来にけりうぐひすの氷れる涙いまや—・くらむ」〔古今・春上〕 ㊁〘他四〙 ❶(結びめを)ほどく。「よりて縄を—・きければ」〔宇治・巻一三ノ九〕 ❷【溶く】固体を液体にする。「袖ひぢてむすびし水の氷れるを春立つ今日の風や—・くらむ」〔古今・春上〕

と・く【疾く】Ⓒ〘副〙〘形容詞「とし」の連用形から〙 ❶早く。「つとめて(=翌早朝)いと—局(つぼね)に下りたれば」〔枕・八二段〕 ❷さっそく。急いで。「いと—逢はむと思ふに」〔伊勢・六九段〕 ❸さっさと。「横座の(=正面ニイル)鬼『こち参れ。—舞へ』といへば」〔宇治・巻一ノ三〕 ❹すでに。とっくに。「ただ、冷えに冷え入りて、息は—絶えはてにけり」〔源氏・夕顔〕

とく い【得意】Ⓓ ㊀ ❶㋑親しい知人。「入道はかの国の(=播磨(はりま)ノ国ニオケルワタシノ)—にて」〔源氏・明石〕㋺いつも取り引きのある相手。「今日は幸ひ京の—衆へ用事があって参る」〔狂・鞍馬婿〕 ❷ひいきにすること(人)。「御—なり(=御ヒイキノヨウネ)。さらに、よも語らひ取らじ(=マサカ横取リモシマセンヨ)」〔枕・八七段〕 ㊁〘十形動ナリ〙とくに自信があること。えて。「さる両替屋の亭主の—の話なりとて申されたるは」〔鳩翁・道話・二ノ上〕〘「現世の—この人にすぐべからず」〔平家・洲俣合戦〕〔盛衰・巻二六〕により、目的を達し満足しているの意をあげる説もあるが、これは「親しい人」の意に解するべきものである。この用法もあると思われるが、用例未見〙

どく ぎん【独吟】Ⓔ ❶連歌・俳諧などを発句(ほっく)から挙(あ)げ句まで一人で作ること。「正月一日—の連歌しはべりしに」〔萱草・第一〕 ❷〘長唄などを〙一人でうたうこと。「この所、忠五郎か伊三郎が—のめりやす(=三味線唄ノ一種)あってしかるべし(=ヨイダロウ)」〔黄・心学早染草・中〕

とく こ【独鈷】Ⓔ〔仏〕金剛杵(こんごうしょ)の一種。中間を握るようになっており、両端が分かれていない形のもの。古代インドの武器であったのを、密教儀式であらゆる迷いを打ち破る菩提(ぼだい)心の表徴として用いた。「一真如」(真実なる存在理法は一つだ)という意味を含むという。「年七十ばかり有る僧の、極めて貴げなる、—を握りて」〔今昔・巻二〇ノ三八〕

〔とくこ〕

とく ごふ【得業】(—ゴウ) Ⓔ 僧侶の学位の一。興福寺の維摩(ゆいま)会・法華会・および薬師寺の最勝会の三会で、出題された問いについて正解を述べ、合格した僧。「判官(はうぐわん)は…持仏堂に—を呼びたてまつりて、いとま申して(=別レノコトバヲ申シノベテ)」〔義経・巻六ノ四〕 —**のしゃう** 得業の生(…ショウ) Ⓔ〘連語〙大学寮の学生(がくしょう)で文章博士の下にあり、文章生のうちで作文(さくもん)の試験に合格した者。「見るにことなることなきものの(=特別カワッタ点ノナイモノデ)文字に書きてことごとしき(=大ゲサナ)もの…文章博士・—・皇太后宮権大夫・楊桃(やまもも)」〔枕・一五四段〕

とく しち【得失】Ⓔ 得ることと失うこと。〘ものごとの利害・成功失敗・長短・幸不幸など〙「—(=幸ト不幸ガ)地(=トコロ)を易(か)へて勇士厄(やく=災難)に遇(あ)ふ」〔馬琴・八犬伝・八ノ五〕

とく ほふ【得法】(—ホウ) Ⓔ〘十自サ変〙 ❶〘禅で〙悟りをひらくこと。「庫裏(くり)怱々(そうそう)にして(=台所ガゴタゴタシテイルト)座禅—なりがたし」〔狂・花子〕 ❷奥義をきわめること。「たとひ、天下に許され(=世間カラ達人トシテ認メラレ)能に—・したりとも、それにつきても、よき脇の為手(して)を持つべし(=優秀ナ助演俳優ヲ用意スルガヨイ)」〔花伝・二〕

と こ【独鈷】Ⓔ〔仏〕→とくこ。「聖(ひじり)(=坊サンガ)、御守りに—奉る」〔源氏・若紫〕

とこし なへ【常しなへ】(—エ) Ⓔ〘形動ナリ〙〘「常(とこ)し」という古代形容詞から出て〙いつまでも変わらない。恒常だ。「岩畳む山の片その苔むしろ—・にもの思ふかな」〔長秋詠藻・上〕

とこ なつ【常夏】Ⓔ〘夏じゅうずっと咲いている意から〙野生のなでしこ。「うちはらふ袖も露けき—にあらし吹きそふ秋も来にけり」〔源氏・帚木〕 —**に** Ⓔ〘副〙夏じゅう(ずっと)。「立山に降りおける雪の—消(け)ずてわたるは神ながら(=神様ノオボシメシ)とぞ」〔万葉・巻一七〕

とこ なめ【常滑】Ⓔ 川床の岩に水苔(みずごけ)などがついていて、いつもぬるぬるしていること。またはその場所。「こもりくの豊泊瀬道(とよはつせぢ)は—のかしこき道そ(=水ゴケデイツモ

ヌルヌルシタアブナイ道ダヨ)恋ふらくはゆめ(=恋ニ夢中デヒドイ目ニアウナヨ)」〔万葉・巻一二〕

とこ みや【常宮】Ⓔ 永遠に変わらない宮殿。「やすみし し(=枕詞)わご大君の―と仕へまつれる雑賀(さひか)野ゆ(=カラ)背向(がそ)ひ(=ウシロノ方角)に見ゆる沖つ島…」〔万葉・巻六〕

とこ やみ【常闇】Ⓔ 永遠に暗やみであること。「国のうち―になりて、昼夜のわきまへ(=区別)なかりき」〔神皇正統記・上〕

とこ よ【常世】Ⓒ ■一《+形動ナリ》永久不変であること。「あぐらゐの(=腰カケティラレル)神の御手もち(=御手ニヨリ)弾く琴に舞する女(をみな)―・にもかも」〔記・下〕 ■二 (略)とこよのくに。「―いでて旅の空なる雁(かりがね)も列におくれぬほどぞなぐさむ」〔源氏・須磨〕 **―のくに** 常世の国 Ⓔ ㋑古代人が海のかなたにあると考えた、永遠の齢の国。「その後、少彦名命、行いて熊野の御碕(みさき)に至りて、つひに―に適(いでま)しぬ」〔紀・神代上・訓〕《「とこよのくに」は「常世郷」の訓》「この御時(=垂仁天皇ノ御代ニ)―より菓物を奉る。今の橘(たちばな)これなり」〔愚管抄・第一〕㋺《中国の神仙思想の影響で》不老不死の仙界。「…浦島の子が天つ女に釣られ来たりて紫の雲たなびきて時のまに率(ゐ)て飛びゆきてこれぞこの―と語らひて」〔続後紀・嘉祥二〕「我妹子(わぎもこ)は―に住みけらし昔見しよりをちましにけり(=若返ラレマシタヨ)」〔万葉・巻四〕

-ところ【所・処】Ⓑ《接尾》敬意をもって人を数えるのに用いる。「紫上の、とりわき、このふた―をば、ならはしきこえたまひしかば(=オ気ニ入リニシテイラレタノデ)」〔源氏・総角〕

ところ【所・処】Ⓐ ❶㋑場所。「おのが行かまほしき―へ往(い)ぬ」〔竹取〕㋺土地。区域。「―の名さへ小野なれば、草の枕はことわりや(=野宿スルノハモットモダナア)」〔謡・浮舟〕 ❷㋑部分。全体の中のある箇所。「屋のうちは暗き―なく光りみちたり」〔竹取〕㋺問題点。「いささか(=スコシデモ自分ト)たがふ―もあらむ人こそ…うち語らはばつれづれなぐさまめと思へど」〔徒然・一二段〕 ❸㋑位置。地点。「(カクシタ箱ガ見ツカラズ)―のたがひたるにやとて(=埋メタ位置ガチガッタノカト)、掘らぬところなく山をあされども(=山ノ中ヲコトゴトク掘リサガシタガ)なかりけり」〔徒然・五四段〕㋺《精神的な意味で》位置。在(あ)る点。「風情(ふぜい=動作)を博士(はかせ)にて(=拠(よ)リドコロトシテ)音曲をする為手(して=能ノ役者)は、初心の―(=程度)なり」〔花伝・六〕㋩地位。職務上のポスト。「(明石入道ハ)京にてこそ―えぬやうなりけれ(=タイシタ地位ニモアリツカナカッタガ)」〔源氏・若紫〕 ❹㋑そのあたり。「夜深くいそぐべき―のさまならねば、少したゆみたまへるに」〔徒然・一〇四段〕㋺その家。「―のおとな(=古参女房)などになりぬれば」〔枕・一五八段〕 ❺役所。とくに蔵人所・武者所などをいう。「(試楽ノタメ)清涼殿の御前に、掃部司(かもんづかさ)の畳しきて、使ひは北向きに、舞人は御前のかたに向きて…―の衆どもの(=蔵人所ノ役人タチガ)ついがさね(=三方ヲ)とりて、前どもにすゑたる」〔枕・一四二段〕「あれ(=信連)は、先年―にありし(=武者所ニ出仕シテイタ)時も、大番衆(おほばんじゆ)がとどめかねたりし強盗六人(ニ対シ)ただ一人おっかかって(=タチ向カッテ)四人きりふせ、二人いけどりにして」〔平家・信連〕 ❻《下に「の」を伴い》連体修飾であることをはっきりさせる。「(ソノ法師ガ)殺す―の鳥を頸(くび)にかけさせて、禁獄せられにけり(=牢(ろう)ニ入レラレタトイウコトダ)」〔徒然・一六二段〕《この言いかたは、漢文の「所殺之鳥」という式の語法の直訳から生まれた。本来の日本語ではない》 **―あらはし** 露顕し(-ワシ) Ⓔ《平安時代》結婚の披露宴。結婚後、第四日または第五日におこなわれた。「忍びてもあらましを(=内々ニシテオケタラオキタイノニ)―をさへして、かくののしりて(=コンナニ大サワギシテ)」〔落窪・巻二〕 **―・う** 得 Ⓓ《連語》(自分にとって、つごうのよい状態になり)得意になる。「親の来たるに(イタズラ児ガ)―・えて(=ツケアガッテ)、『あれ見せよ、やや(=ネエ)、母(=オカアチャン)』など(言ッテ母ヲ)ひきゆるがすに」〔枕・一五二段〕「よろづのとが(=スベテノ欠点)は、慣れたるさまに上手めき、―・えたる気色して(=得意満面デ)人をないがしろにするにあり」〔徒然・二三三段〕 **―に付・く** ■一《「付く」が四段のとき》その場所に生活のルートをもつ。そこに生活の根を張る。「まことに、―・きて年ごろになりて許されたる者は、かかることなむおのづからありけるとなむ、語り伝へたるとや」〔今昔・巻二六ノ一七〕 ■二《「付く」が下二のとき》その場所がらに応じる。その所によ る。「藤、桜などにつけて、―・けたる(=場所ガラニフサワシイ)御贈り物ども捧げたてまつりたまふ」〔源氏・若紫〕 **―(を)置・く** 遠慮する。一歩ゆずる。「(千載集ハ)あまりに人(=作者タチノ社会的地位)にところおかるるにや、さしもおぼえぬ(=タイシタ事モナイ)歌どもこそあまた入りてはべるめれ」〔無名草子〕

ところ せ・し【所狭し】Ⓒ《形ク》❶場所がせまい。おき所に困るほどたくさんだ。「無用の物どものみとり積みて―・く渡し持て来る」〔徒然・一二〇段〕 ❷㋑気づまりだ。きゅうくつだ。つらい。「『親のかふ蚕(こ)』(トイウ古歌ノヨウニ、アマリ親ニタイセツニサレ自由ガキカナイノ)は―・きものにこそ」〔源氏・浮舟〕㋺いやになる。くさくさする。「雨降り出でて、―・くもあるに」〔源氏・末摘花〕 ❸㋑堂々としている。おもおもしい。「出でたまふ気色いと―・きを、人々はしに出でて見たてまつれば」〔源氏・紅葉賀〕㋺おおげさだ。ぎょうぎょうしい。「御車はあまたつづけむも—・く、かたへづつわけむもわづらはし」〔源氏・松風〕❹とりあつかいが、しにくい。「笙(しゃう)の笛は…—・くもてあつかひにくくぞ見ゆる」〔枕・二一八段〕

と ざし【鎖し・扃し】Ⓓ《「戸閉(さ)し」の意》❶㋑（門や戸を）しめること。「行きとまる人しなければ逢坂の関の—も名のみなりけり」〔新千載・羇旅〕㋺戸締まり用具。「扃…度佐之」〔倭名抄・門戸具〕❷《転じて》門。「門をば不老と号(かう)して、老いせぬ—と説きたれども」〔平家・先帝身投〕❸《さらに転じて》門をもつ建物。家。「たち宿るべき木陰もなく、人跡は雪にうづもれて、とふべき—もなかりけり」〔平治・下・八〕

とし【年・歳】Ⓒ❶（一二か月から成る）暦の単位。「多くの—経たる」〔源氏・玉鬘〕❷年齢。「（宇多天皇ガ）御位につかせたまふ。御—二十一」〔大鏡・宇多天皇〕❸季節。「今年はあやしく—（ノ変ワリ方ガ）急ぎて（＝急テンポデ）、おそき花とく咲き…心ことなる（＝ヘンナ）年になむ」〔宇津保・梅花笠〕❹稲を主とする穀物。特にその作がら。「—得たる（＝豊作ダッタ）玉田の稲をかけ積みて（天皇ノ）千代のためしに舂(つ)きぞ始むる」〔栄花・玉村菊〕

と・し【疾し】Ⓒ《形ク》早い。「—・き（＝サッサトオコナウ）時は、すなはち功（＝ヨイ結果ガ）あり」〔徒然・一八八段〕

とじ【刀自】Ⓓ❶主婦。老若にかかわらず、一家の女主人をいう。「常世(とこよ)にと（＝遠イ常世ノ国へ）わが行かなくに（＝行クワケデハナイノニ）小金門(をかなど)に（＝門ノ所ニ）もの悲しらに思へりし（＝悲シゲニシテイタ）わが児の—を（＝主婦デアルワガ子ノコトヲ）ぬばたまの夜昼といはず思ふにしわが身はやせぬ…」〔万葉・巻四〕❷若くない女性の尊敬語。「子ども孫など『あはれ（＝オヤオヤ）嫗(おうな)—は（＝オバアサンハ）老いて（＝モウロクシテ）雀かはるる』とて、にくみ笑ふ（＝悪口ヲイウ）」〔宇治・巻三ノ一六〕❸中古、宮中の御厨子所(みづしどころ)・台盤所・内侍所などで雑用をうけもった女官。「御膳(おもの)宿りの—呼びいでたるに、『殿上に（＝殿上ノ間へ行ッテ）、兵部の丞と蔵人呼べ呼べ』と恥もわすれて口づからいひたれば」〔紫日記〕「仰せごと、さぶらひの人々、あるは、—・樋洗(ひすまし)など、いちいちに言ひわたす」〔栄花・若ばえ〕

とし ごろ【年頃】Ⓒ㊀❶そうとうの年がすぎたこと。かなりの年月。「—よりも、こよなう（＝ヒドク）荒れまさり、広う、ものふりたる（＝古ビタ）所の」〔源氏・若紫〕「—は、いと、かくしもあらざりし御いどみ心（＝負ケヌ気）を…さまでも（＝アマリ）おぼし寄らざりけり」〔源氏・葵〕❷年齢の程度。「この方の座敷のおいらんは—十八九」〔春水・梅暦・巻一〕㊁《副》数年このかた。久しい以前から。「—幼くはべりしより片時（ダッテ）立ち離れたてまつらず、馴(な)れきこえつる人に、にはかに別れたてまつりて、いづこにか帰りはべらむ」〔源氏・夕顔〕

とし より【年寄】Ⓓ❶老人。「—といふものは、こたへ（＝シンボウ）のないものぢゃ」〔伎・三十石・三〕❷㋑武家制度での重臣。「お—衆ばかり召しつらねらる」〔信長公記〕㋺江戸幕府で大奥の女中の取り締まり役である女性。「絵島・宮路…二人ともに—をも勤めながら」〔有章院殿御実記・正徳四・二〕㋩町村の管理役。庄屋・名主などと並ぶ。「—・五人組の連判にて」〔西鶴・織留・巻二ノ二〕

-どち Ⓓ《接尾》体言またはこれに準ずるものに付き、「…どうし」「…のなかま」の意をそえる。「槻弓(つくゆみ)にまり矢（＝矢先ノ丸イ矢）をたぐへ貴人(うまひと)は貴人—や親友(いとこ)はも親友—いざあはな（＝サア、戦オウ）…」〔紀・神功〕

どち Ⓓ なかま。ともだち。「見渡せば松の梢(うれ)ごとにすむ鶴は千代の—（＝永久ノナカマ）とぞ思ふべらなる（＝思ッテイルヨウダ）」〔土佐〕

とぢ・む【綴ぢむ・閉ぢむ】（-ジ-）Ⓔ《他下二》❶（事を）し終える。「鐘つきて—・めむ（＝コトバヲ止メテシマウ＝拒絶スル）ことはさすがに（シタクナク）て（シカモ）こたへま憂きぞ（＝返答スルノガツライノハ）かつは（＝一方カラスルト）あやなき（＝ワケガワカラナイ）」〔源氏・末摘花〕「（日モ）暮れゆくままに、（春ガ）けふに（＝デ）—・むる（＝終ワリニナル）霞の気色もあわたたしく」〔源氏・若菜下〕❷（命を）終える。死ぬ。「重き病者のにはかに—・めつるさまなりつるを」〔源氏・若菜下〕

とつか の つるぎ【十拳の剣・十握の剣】Ⓔ《連語》刀身の長さが十にぎりの剣。「帯(は)かせる—を抜いて、その蛇(をろち)をづたづたに斬る」〔紀・神代上・訓〕（「とつかのつるぎ」は「十握剣」の訓）《「つるぎ」は古代音「つるき」とも》

とつみや どころ【外つ宮所】Ⓔ❶離宮のあるところ。「但しある本の歌に、古き都の—といへり」〔万葉・巻一三・左注〕《原文「跡津宮地」と表記》❷伊勢の外宮(げくう)。「もろ人を（＝ダレデモ）わたす（＝救済スル）誓ひのたえせぬは（伊勢ノ）みたらし川の—」〔殷富門院大輔集〕

とて も【〈迚〉も】Ⓒ《副》どうしたって。結局のところ。どうせ。「我は—（助カラナイ）手おうたれば（＝負傷ヲシタカラ）、ここにて討ち死にせむずるぞ」〔太平・巻五ノ六〕「人買ひ舟は沖をこぐ、—売らるる身を、ただ静かにこげよ船頭どの」〔閑吟集〕《肯定文・否定文の間で用法の差はない》

—のことに〈迚〉もの事に Ⓔ《連語》どうせ…するなら（ついでに）。同じ…なら、いっそのこと。「それならば—、上座にござるお宿老（＝長老格ノオ客）へ末広が

と

りを進上申さうと思ふが」〔狂・末広がり〕

とと【父】Ⓓ ❶「父」の小児語。「なんぢは—が秘蔵子ぢゃによって、つねづねかはいがる」〔狂・首引〕 ❷家の主人。亭主。「—は泣く子を抱いて隣へ四文八文の双六(すごろく)うちに行き」〔西鶴・一代女・巻六ノ一〕

ととの・ふ【整ふ・調ふ・齊ふ】(-ウ) Ⓑ ㊀《他下二》 ❶㋑きちんとさせる。乱れをなくす。「人々の装束なども、いみじう—・へたまふと聞こゆ」〔紫日記〕 ㋺出入りをなくす。そろえる。「御殿に萱(かや)をふきて、その檐(のき)をだに—・へず」〔方丈〕「(一日ニ千里ヲ行ク名馬ダガ)馬いかが思ひけむ、脚を—・へて(＝ソロエテ)はたらかず(＝動カナイ)」〔平家・千手前〕 ㋩(きちんと)行動させる。(規律に)従わせる。「言(こと)を巧みて(＝ウマク説イテ)暴(あら)ぶる神を—・へ(＝服従サセ)」〔紀・景行・訓〕《「ととのへ」は「調」の訓》 ❷㋑用意する。すっかり準備する。「六条院の東の大殿(おとど)、みがきしつらひて(＝念入リニ手入レヲシテ)、限りなくよろづを—・へて待ちきこえたまふ」〔源氏・宿木〕 ㋺(楽器の音程を)正しく合わせる。調律する。「(天王寺ノ楽ハ、黄鐘調トイウ)一調子をもちて(基準トシ)、いづれの声をも(ソレカラ割リ出シテ)—・へはべるなり」〔徒然・二二〇段〕 ㋩(味を)適当につける。「食は人の天(＝生命ノモト)なり。よく味はひを—・へ知れる人、大きなる徳とすべし」〔徒然・一二二段〕 ❸くめんする。調達する。「当月は返弁(＝オカエシスルハズ)の御約束なれば、方々—・へみますれども、—・へかねまする」〔狂・胸突〕 ❹結婚を遠まわしにいう。縁づける。めとる。「一人にあたる(＝長女)をば帝に奉りつ。そのつぎつぎ(ノムスメタチハ)、ことごとくに—・へたなり(＝縁ヅケタソウダ)」〔宇津保・藤原君〕「音に立てぬみ山林の小男鹿(さをしか)は妻—・へて恋ひや寝ぬらむ」〔夫木・巻二〇〕 ㊁《自四》 ❶㋑均整がとれている。きちんとした感じだ。「けだかう、はづかしげに(＝コチラガハズカシクナルホドリッパニ)—・ひたるに添ひて、はなやかに今めかしく…めでたき盛りに見えたまふ」〔源氏・若菜上〕 ㋺そろう。マッチしている。「たけ・姿—・ひ、うつくしげにて」〔源氏・澪標〕 ❷音程が正しい。「和琴(わごん)は…いとかしこく—・ひてこそはべりつれ」〔源氏・若菜下〕 ❸すっかりできあがる。成就する。「みな御方々(＝ソレゾレノ夫妻タチハ)—・ひて(＝住宅ノ設備ガ完成シテ)住みたまふ」〔宇津保・田鶴群鳥〕

ととのほ・る【整ほる・調ほる・齊ほる】(-オル) Ⓓ《自四》 ❶㋑きちんとそろう。「(髪ノ毛ハ手入レモシナイガ)—・りてなかなか(＝カエッテ)うつくしげなり」〔堤・虫めづる〕 ㋺おちつく。安定している。「近年、朝廷静かならずして人の心も—・らず」〔平家・法印問答〕 ❷音程が正しい。ぴたりと合う。「なつかしく(＝シミジミト)もの(＝音楽)の—・るこ とは、春の夕暮れこそ殊にはべりけれ」〔源氏・若菜下〕 ❸すっかりできあがる。「(女君ハ)四歳(よとせ)ばかりが年長(このかみ)におはすれば…さかりに(＝若ザカリデ)—・りて(＝成熟シテ)見えたまふ」〔源氏・紅葉賀〕

とど・む【止む・留む・停む】Ⓐ ㊀《他上二》《古代活用。連用形だけしか用例がない。しかし連用形「み」に乙類の「尾」が用いられているので、四段活用ではない》停止させる。ひきとめる。「常磐(ときは)なす(＝永久ニ変ワラナイ岩ノヨウニ)かくしもがも(＝不変デアリタイナア)と思へども世の事なれば(＝コノ無常ノ世ノコトナノデ)—・みかねつも(＝年ガユクノハヒキトメキレナイヨ)」〔万葉・巻五〕 ㊁《他下二》 ❶ひきとめる。おさえて行かせない。「須賀川の駅に等躬といふ者を尋ねて、四、五日—・めらる」〔芭蕉・奥の細道〕 ❷㋑おさえ、とめる。させないようにする。「(馬ヲ)—・むる所にて(＝トリオサエル所デ)、馬をひきたふして、乗る人泥土(でいど)の中にころび入る」〔徒然・二三八段〕 ㋺(病を)おさえつける。なおす。「去年(こぞ)の夏も、世におこりて(＝世間ニコノ病ガハヤッテ)、人々まじなひ煩ひしを(＝マジナイヲシテモキキメガナクテ困ッタガ)、やがて—・むる類(たぐひ)あまたはべりき(＝コノ人ハスグニ祈リデナオシタ例ガタクサンアリマシタ)」〔源氏・若紫〕 ❸㋑とりやめにする。「返し(＝返歌ヲ)奉らむとするほどに『あなたに還(かへ)りわたらせたまひぬ(＝アチラニオモドリニナリマシタ)』とあれば、ようなさに(＝シカタガナクテ)—・めつ」〔紫日記〕「この山中(＝コノ羽黒山ノ神社ノ)微細(＝詳細ノ事ハ)、行者の法式として(＝守ルベキキマリトシテ)他言を禁ず(＝人ニ話スコトヲ禁止シテイル)。よって、筆を—・めて(＝書クノヲ中止シテ)、記さず」〔芭蕉・奥の細道〕 ㋺(官職を)一時停止する。当分、任務をやめさせる。「この東三条殿(＝兼家)は、御官(おんつかさ)—・められさせたまひて(＝休職処分ヲ受ケニナッテ)、いとからくおはしまししとき(＝逆境ニ立ッテイラレタ時)」〔大鏡・兼家〕 ❹あとに残しておく。とどまらせる。「忍ばるべきかたみ—・めて」〔源氏・帚木〕「身に官禄(くわんろく)あらず(＝自分ニハ惜シイホドノ官位モ給与モナイノダカラ)、何につけてか執(しふ)を—・めむ(＝執着ヲアトマデ残シテオクコトハナイ)」〔方丈〕 ❺関心を寄せる。注意をはらう。「望月のまどかなる(＝マルイ)ことは、しばらくも住せず(＝ソノママノ状態デイルコトハナク)、やがてかけぬ(＝スグニ欠ケテシマウ)。心—・めぬ人は(＝気ヲツケナイ人ハ)、一夜の中に、さまでかはるさまも見えぬにやあらむ(＝ソレホドマデニ変化スルコトモワカラナイノダロウカ)」〔徒然・二四一段〕

とにかくに Ⓔ《副》 ❶あれやこれやと。「—人は言へども若狭路(わかさぢ)の後瀬の山の(＝序詞)後もあはむ君」〔新拾遺・恋四〕 ❷とにかく。まあなんとか。「わらはが物

を取らせたまひてさうらふほどに、—も(=ヨロシク)はからひさうらへ」〔伽・一寸法師〕

とにも かくにも Ⓓ〖副〗 ❶ああもこうも。「しぐれ降る側柏(このてがしは)のふたおもて(=両面ガ同ジナヨウニ)—ぬる る(=アレヤコレヤニツケテ表モ裏モ涙デヌレル)袖かな」〔新千載・雑上〕 ❷ともかくも。まあどうにか。「かくしつつ—ながらへて君が八千代にあふよしもがな」〔古今・賀〕

とねり【舎人】Ⓓ ❶天皇・皇族または特に認められた貴族の身辺で雑用をつとめる下級役人。「車ぞひ・—などまで祿たまはす(=引出物ヲォ与エニナル)」〔源氏・宿木〕 ❷㊥舎人男。牛車(ぎっしゃ)の牛を扱ったり乗り馬を引きまわしたりする下男。「—あまた付いたりけれども(馬ノ勢イガ強クテ)なほ引きもためず(=手綱ヲ引イテ制スルコトガデキズ)、躍らせて出で来たり」〔平家・生唼沙汰〕

との【殿】Ⓑ ❶高貴な人の邸宅。御殿(ごてん)。「里の—は修理職(すりしき)・内匠寮(たくみづかさ)に宣旨くだりて(=勅命ガアッテ)二なう改め造らせたまふ」〔源氏・桐壺〕「—におはして、とばかり(=シバラク)うち休みたまふ」〔源氏・松風〕 ❷㋑高貴な人の尊敬語。「—は今こそ出でさせたまひけれ」〔源氏・少女〕「この—(=敦盛)の父、(敦盛ガ)討たれたまひぬと聞いて、いかばかりか(=ドンナニカ)なげきたまはむずらむ(=オナゲキナサルコトダロウ)。あはれ、助けたてまつらばや」〔平家・敦盛最期〕㋺《とくに》摂政・関白をいう。「このおとど(=藤原良房)こそは、はじめて摂政もしたまへれ、やがてこの—よりしていまの閑院大臣まで、太政大臣十一人つづきたまへり」〔大鏡・後一条院〕 ❸主君の尊敬語。「『—は何(=何国ノ守)にかならせたまひたる』など問ふに、答へには、『なにの前司にこそは』などぞかならず答ふる」〔枕・二五段〕 ❹妻から夫をさしていう語。「あくる日、をさなき人(=坊ヤ=道綱ガ)—(=夫=兼家ノトコロ)へと出で立つ」〔蜻蛉・中〕「—はどちらへやったぞ」〔狂・花子〕

との ばら【殿輩】Ⓓ〖「ばら」は複数を示す接尾語〗 ❶貴人がた。殿がた。「—などは、いと(=ホントニ)さしもやあらざらむ(=ソンナコト=下級ノ者ニ顔ヲ合ワセルコトハナイトイウノダロウカ)」〔枕・二四段〕 ❷〖「幾人かの男子」という意で〗相手への尊敬語。あなたがた。皆さん。「これ見たまへ、東国の—、日本一の剛の者の自害する手本」〔平家・木曾最期〕

との びと【殿人】Ⓓ 身分の高い家に仕えている人。または身分の高い人の所にいつも出入りし世話になっている人。「御随身どもの中にあるむつましき—などをえりて」〔源氏・浮舟〕

との も【主殿】 **—づかさ** 司 Ⓓ ❶「とのもり②」の女性職員。「—の顔愛敬づきたらむ(ノヲ)、ひとり持たりて装束時に従ひ(=季節ニ応ジテ新調シ)、裳(も)・唐衣(からぎぬ)など今めかしくてありかせばや」〔枕・四七段〕 ❷主殿寮に属した下級女官。本来は後宮に属していたが、平安後期に主殿寮へ配置転換され、蔵人などの下ばたらきとして殿上の雑務を勤めた。「刀をば、紫宸殿の御後(ごご)にして、傍(かたへ)の殿上人の見られける所に—を召して預けおきてぞいでられける」〔平家・殿上闇討〕〖主殿寮のことを「とのもづかさ」というとする説があるけれど、確かな用例は未見。「刀の事、—に預けおきおはんぬ」〔平家・殿上闇討〕がよく引かれるけれど、これは上の引例に見られる「—を召して」を受けたもので、女性職員をさす〗 **—れう** 寮(—リョウ) Ⓓ 宮内省に属して、調度の整備・天皇の入浴・庭の清掃や節会の照明・燃料などを管理した役所。頭(かみ)・助(すけ)・允(じょう)・属(さかん)がおかれた。「とのものつかさ」「とのもりづかさ」「とのもり」とも。

との もり Ⓓ ❶【主殿】→とのもれう。「—の官人、長き松明(つま)を高くともして」〔枕・七七段〕 ❷【殿司】後宮の役所で、燃料・照明の事を管理した。職員は女性。「御髪(みぐし)あげ(=理髪係)ども、—・掃司(かむもり)の女官(ナド)、顔も知らぬ(連中ガ)をり」〔紫日記〕 **—づかさ** 司 Ⓓ →とのもづかさ。「庭火いたく迷ひて…煙(けぶり)の中より苦(がに)み出でたる—の顔ども」〔狭衣・巻三〕「『あやし。いづれの間に(=イツノマニ)何事のあるぞ』と問はすれば—なりけり」〔枕・七八段〕

との ゐ【宿直】(—イ) Ⓒ ❶職務のために、宮中や役所に泊まりこみ、用件を処理したり、警備にあたったりすること。「春すぎて、夏ごろ(兼家ガ)—がちになるここちするに(=宮中ノ宿直ガタビタビニナルヨウナノダガ)、つとめて(=翌早朝)一日(ワタシノ家ニ)ありて、暮るれば(宮中へ)参りなどする」〔蜻蛉・上〕 ❷(女性が)夜、天皇や貴人の寝所でお相手すること。「(アナタガ自宅ニ)心のどかに(=ユックリ)おはしますをりもはべらねば、—などに、その事と(特ニ理由ガ)なくては、さぶらはず」〔源氏・蜻蛉〕 ❸宿泊のとき世話をすること。「御文よりも(=手紙ヲオヤリニナルヨリモ)、ただ(=直接自身デ)御下りさうらへ。道のほど(=道中ハ)御—仕りさうらはむずる」〔義経・巻一ノ七〕 **—まうし** 申し(…モウ—) Ⓔ 昔、宮中で宿直の者がきめられた時刻にその姓名を声あげて名のること。〖殿上人(てんじょうびと)の場合は、とくに「名対面(なだいめん)」または「名謁(みやうえつ)」とも称して区別した〗「滝口の—今こそと推しはかりたまふは、まだいたうふけぬにこそは」〔源氏・夕顔〕 **—もの** 物 Ⓓ 宿直のときに必要とする衣類・寝具など。「生絹(すずし)のひとへのいみじうほころびたえ、はなもかへり(=ハナダ色モアセ)、ぬれなどしたる薄色の—を着て」〔枕・二〇〇段〕

とばかり Ⓒ ㊀《副》しばらく。しばらくの間。「つとめて(＝翌早朝)の御台(＝オ食事ハ)、ここにて参らせたまひて、―ありて、楼へ二所(＝オ二方ヲ)渡したてまつりたまへり」(宇津保・楼上下)「―ものも宣はで、いみじうおぼし案ずるさまにもてなして」(大鏡・伊尹) ㊁《連語》…とだけ。「『御前申しこそ(＝奏聞ナドデ)御暇(いとま)ひまなかるべかめれど(＝オ忙シイノデショウガ、ワタシハ)あいなけれ(＝ツマラナイ)』―ものしつ(＝書イテヤッタ)」(蜻蛉・下)

とひ まる【問丸】(トイ―) Ⓔ ❶室町時代から江戸時代にかけ、船商人と取り引きし、貨物用の伝馬船(てんません)を世話した問屋。「難波橋より西見渡しの百景、数千軒の―甍(いらか)をならべ」(西鶴・永代蔵・巻一ノ三) ❷(単に)問屋。おろし売り商。「『―の門より富士の美しく』『鰤(ぶり)よぶ(＝売リ声ヲアゲル)ころも都静けき』」(塵生・芭蕉(印の竿))

と・ふ【問ふ】(―ウ) Ⓑ《他四》㊀❶質問する。「このあたりの心知れらむ(＝内情ヲ知ッテイルヨウナ)者を召して―・へ」(源氏・夕顔) ❷詰問する。取り調べる。「(西光ノ)足手をはさみ、さまざまに痛め―・ふ(＝拷問スル)」(平家・西光被斬) ❸安否を問う。きづかう。「さねさし(＝枕詞)相模(さがむ)の小野にもゆる火の火中(ほなか)に立ちて(ワタシノ身ノ無事カドウカヲ)―・ひし君はも」(記・中) ❹【訪ふ】おとずれる。訪問する。「たらちね(＝母)の消えやらで(＝死ニキレズニ)待つ露の身を風よりさきにいかで―・はまし」(増鏡・新島守) ㊁【弔ふ】とむらう。(死者の霊を)慰める。「土となりぬる青野が原の、亡(な)きあと―・ひてたびたまへ」(謡・朝長)

とふ の すがごも【十編の菅薦・十〈符〉の菅菰】(トウ―) Ⓔ《連語》東北に産するという、編み目が一〇筋ある菅であんだこも。「みちのくの―ななふに(＝七筋分ノ場所ニ)は君を寝させてわれ三ふに寝む」(夫木・巻二八)

とぶ ひ【飛ぶ火】 Ⓔ 緊急事件を政府に伝えるため、ある距離をおいてあげ継いで行く火。のろし。「春日野の―の野守いでてみよ今いくかありて若菜摘みてむ」(古今・春上)

とぶら・ふ (―ラ〈ロ〉ウ) Ⓑ《他四》㊀【訪ふ】❶たずね問う。質問する。「秋の野に人松虫の声すなり(＝ダレカヲ待ツ松虫ガナイテイルヨウダ)我かと(＝ワタシヲ待ッテイルノカト)行きていざ―・はむ(＝キイテミヨウ)」(古今・秋上) ❷(調べて)まねる。まなぶ。「人人、これ(＝木刀ヲ利用シテ難ヲ避ケタ中国ノ大臣ノ機転)を仰ぎけり。すなはち(木刀デ闇討チヲマヌカレタ)忠盛(モ)かのあと(＝先例)を―・ひけるか」(平家・巻一(長門本)) ❸㋑見舞う。「女のはばかる事ある(＝社交的ナ場ニ出ルノヲ遠慮スル)ころにて、つれづれとこもり居たるを(＝何モスルコトナク家ニトジコモッテイルソノ女ヲ)、ある人、―・ひたまはむとて、夕月夜のおぼつかなきほどに(＝月ノ光ガマダホノ暗イ時分ニ)、しのびて尋ねおはしたるに」(徒然・一〇四段) ㋺(自分が出向かないで、品物を)見舞いとしてやる。「この篋(こ)を持て到れるを見て、これ王のもとより供具(ぐ)を―・へるなり(＝供エ物ヲ見舞イニ送ッテキタノダ)と思ひて、たちまちに開かむとするを」(今昔・巻二ノ三〇) ❹会うために行く。とくに見聞するために行く。「粟津(あはづ)の原をわけつつ蟬歌の翁があとを―・ひ、田上(たなかみ)河をわたりて、猿丸大夫が墓をたづぬ」(方丈) ㊁【弔ふ】❶不幸にあった人をたずねてくやみを言ったり慰めたりする。「宮(＝匂宮)よりも御誦経(みずきやう)などこちたきまで(＝大君ノタメノ法事ノオ布施(ふせ)ナドヲギョウサンナホドニオクッテ)―・ひきこえたまふ」(源氏・総角) ❷死者がよい世界に生まれるよう祈ったり、そのための儀式をおこなったりする。「(ワタシガ)ともかくもなりぬ(＝処刑サレタ)と聞こしめされば、跡を―・はせたまへ」(義経・巻六ノ五)

とぼそ Ⓓ ❶【枢】(「戸臍」の意から)ドアの回転軸をさしこむ穴。「枢…度保曾」(倭名抄・門戸具) ❷【扉】(転じて)戸。ドア式と引き戸の両方を含む。「―は風に倒れて落ち葉の下に朽ち」(盛衰・巻一八ノ二)「ひとたびは仏籬(ぶっ)・祖室の―に入らむとせしも(＝仏道禅門ニハイッテ僧ニモナロウトシタガ)」(芭蕉・幻住庵記)

とほ つ【遠つ】(―オ―) Ⓔ《連体》(形容詞「遠し」の語幹に、連体格助詞「つ」の付いたもの)遠くの。はるかな。「波の上にうつる夕日の影はあれど―小島は色くれにけり」(玉葉・雑二)

とほ・る【通る】(―オ―) Ⓑ《自四》❶一方から他方へ行きすぎる。「野道にて、丁稚(でっち)もろとも(＝トイッショニ)苦参(たうやく)をひいて(＝薬用ニ摘ミトッテ)…ただは(＝利益ナシニハ)―・らず」(西鶴・永代蔵・巻二ノ一) ❷【徹る】つらぬきとおる。つきぬける。「(誠信ハ)手を強くにぎりて『われは斉信(ただのぶ)・道長にはかられぬるぞ(＝ダマサレテシマッタ)』と言ひ入りて、物(＝食事)もつゆ参らず…病づきて、七日といふにうせたまひしに(＝オナクナリニナッタガ)、にぎりたまひたりけるおよび(＝指ガ)、あまり強くて、上にこそ(＝手ノ甲ノ上ニ)―・りていでたまへりけれ(＝ツキヌケテイラッシャッタ)」(大鏡・為光) ❸【透る】すきとおる。すける。「(道隆ハ車ノ中ニ酔イ倒レタガ、道長ガ後ロノ車中カラ)御覧ずるに、夜に入りぬれば、(道隆ノ車ノ)御前(＝前駆ノ者)の松(＝タイマツ)の光に(車中ガ)―・りて見ゆるに、(道隆ノ)御すき影(＝スケテ見エルハズノ姿)のおはしまさねば、(道長ハ)あやし(＝変ダナ)とおぼしめしけるに」(大鏡・道隆) ❹達する。かなう。「(世間ニハ)いつはりせむとは思はねど、ともしく(=貧乏デ)かなはぬ(=思ウヨウニユカナイ)人のみあれば、おのづから本意(ほい)—・らぬ事多かるべし(=志ヲハタサナイ事ガ多イダロウ)」〔徒然・一四一段〕 ❺㋑上達する。通達する。「その後、文を習ひよみたれば、ただ—・りに—・りて、才ある(=学識ヲ備エタ)人になりぬ」〔宇治・巻一三ノ五〕㋺悟る。自得する。「俳諧は、教へて(=イクラ教エテモ)ならざる所あり(=教エキレナイ点ガアル)。(肝要ナノハ)よく—・るにあり」〔土芳・三冊子・黒〕㈧(気が)きく。(頭が)よくはたらく。「(有名ナ)重井筒(かさねゐづつ)ともいはれる(ホドノ大店ノ主人デアル)身が(=ワタシトシテ)気の—・らぬ」〔近松・重井筒・中〕

とま【苫】 Ⓔ 菅(すげ)や茅(ちがや)などを材料とした編み物。小屋の屋根にふいたり、垣根(かきね)のようにある物のまわりをかこうのに用いた。「順風になりぬと見て(船出ショウト)帆柱を立て、(夜露ヲシノグタメ掛ケテアッタ)—をまく」〔太平・巻二ノ五〕

とまや【苫屋】 Ⓓ とまで屋根をふいた、そまつな小屋。「かく都をさへたち別れ(=都カラコノヨウニ離レテイルウエニ)、おのがちりぢりにさすらへ(=親子ソレゾレニ離レテ漂泊シ)、磯(いそ)の—に(=漁師タチノソマツナ小屋ト)軒をならべて(=スグ近クオ住ミニナッテ)」〔増鏡・新島守〕

とまり Ⓑ ㊀【止まり・留まり】 ❶㋑行きつく所。終点。「花は根に鳥は古巣に帰るなり春の—を知る人ぞなき」〔千載・春下〕㋺事の決着。しめくくり。「宿禰(すくね)も—つかざれば、『おお、身が勝手なら(=オレノ好キナヨウニセヨトイウノナラ)、首とらむ』と、飛んでかかる」〔近松・職人鑑・四〕 ❷㋑落ちつき所。より所。「また思ひます(=ホカニコレ以上思ウ)人なき心の—(=愛人)にてこそはあらめ」〔源氏・宿木〕㋺本妻。「若きほどのすきごこちには、この人を—に(=ショウ)とも思ひとどめはべらず(=腹ガキマリマセン)」〔源氏・帚木〕㊁【泊まり】 ❶㋑宿泊すること。「連歌に心を奪はれて、夜—日—をめされ(=マルキリ外泊バカリナサッテ)」〔狂・箕被〕㋺やどる場所。宿屋。「やい、禰宜(ねぎ)め。この肩箱を晩の—まで持って行け」〔狂・禰宜山伏〕 ❷㋑船をとめて夜をすごすこと。「船人の—は風の心にて(=風マカセデ)急ぐによらぬ(=急グ急ガナイトハ関係ガナイ)波の上かな」〔続古今・羇旅〕㋺船着き場。みなと。「和泉の灘(なだ)より小津の—をおふ(=メザス)」〔土佐〕

とま・る Ⓐ《自四》㊀【止まる・留まる】 ❶㋑そのままでいる。その場を動かずにいる。「行くも—・るも、みな泣きなどす」〔更級〕㋺他の人が死んだ後に生き残る。ながらえる。「(母上ハ)人のそねみ多くて(ソノタメ)失せたまひにしかど、この君の—・りたまへる、いとめでたし」〔源氏・須磨〕 ❷それきりになる。中止される。「石山(ノ寺ニ参詣スル事)も—・りたまひにきかし」〔源氏・浮舟〕 ❸到達する。決着する。「まして理(ことわり)も何も、いづこに—・るべきにか」〔源氏・若菜上〕 ❹㋑(感覚が)とくにそこへ行きつく。ひかれる。「昔の人もかくや(=コンナニ)をかしかりけむ(=巧ミダッタノカ)と、耳—・りて聞きたまふ」〔源氏・紅葉賀〕「(紫上ハ女三宮ノ手紙ニ)目—・れど、見ぬやうにまぎらはして、やみたまひぬ」〔源氏・若菜上〕㋺印象づけられる。「とりどりにをかしき(=魅力的ナ)なかに、あてに(=上品デ)すぐれて目に—・る(女性モ)あれど」〔源氏・総角〕㊁【泊まる】 ❶夜をある場所ですごす。「あからさまに(=ダシヌケニ)来て、—・りゐなどせむは、めづらしかりぬべし」〔徒然・一九〇段〕 ❷(船が)停泊する。「風波やまねば、なほ同じ所に—・れり」〔土佐〕 ❸宿直する。「宮は内裏(うち)に—・りたまひぬるを」〔源氏・東屋〕

とみ【頓】 Ⓒ《形動ナリ》急なさま。にわかなさま。《「頓」の字音 ton が toni となり、さらにその n が m になったもの。「とに」の形は土佐日記に見える》「明くるまでもこころみむとしつれど、—・なる召使の、来あひたりつればなむ」〔蜻蛉・上〕「『まだ知らぬ人のありける(=マダコンナ人ガイタトハ知ラナカッタ)』など珍しがりて、—・に立つべくもあらぬ(=オイソレト腰ヲアゲソウニモナイ)ほど」〔更級〕

と・む【尋む・求む】 Ⓓ《他下二》さがしもとめる。《全然あてなしにさがすのでなく、何かを手がかりにとらえようとする感じである。英訳すれば search よりも trace だろう》「香(ガスルノデソノ源)を—・めて来つるかひなく大方(=フツウ)の花のたより(=花見ツイデノ訪問)と言ひやなすべき」〔源氏・幻〕「夜あけて、血(ノアト)を—・めて行きて見ければ、一町ばかり行きて、谷の底に大なる狸(たぬき)、胸よりとがり矢を射とほされて、死して臥(ふ)せりけり」〔宇治・巻八ノ六〕

とむら・ふ【訪ふ・弔ふ】(—ラ〈ロ〉ウ) Ⓑ《他四》→とぶらふ。「近所のことにて候ふほどに立ち越え—・はばや(=見舞オウ)と思ひさうらふ」〔謡・昭君〕「冥路(=冥途)昏々(こんこん)たり(=マックラダ)、われを—・ふ(=冥福ヲ祈ッテクレル)人なし」〔謡・海人〕

とも Ⓐ ㊀【接助】《動詞・形容動詞およびこれと同型の助動詞は終止形(一二世紀ころからは連体形にも)、形容詞・形容詞型助動詞および助動詞「ず」は連用形に付く》〔逆接〕 ❶ある仮定条件をあげ、それに関係なく事態が成り立つ意を表す。「娑婆世界なり—、かならず(アナタヲ)とぶらはむ」〔宇津保・俊蔭〕 ❷確定した事がらを受け、それに拘束されない意を強調的に表す。「花の色は(現ニ)霞にこめて見せず—(=見セナイノダガソレニシテモ)香をだに(=セメテニオイダケデモ)盗め春の山風」〔古今・春下〕 [二]〔終助〕(文末に付く)中世以後の口語において、同意あるいは承知の気持ちを強く表す。「『あれを引き裂けば、申しわけになるか』『おう、なる—、なる—』」〔狂・附子〕 [三]〔複助〕❶(格助詞「と」+係助詞「も」)→と[一]①。「怠る—なくて日を経るに」〔蜻蛉・上〕「何事—え知らでやみぬ」〔蜻蛉・下〕 ❷(副助詞「と」+係助詞「も」)→と[三]。「あな、うれし—うれし」〔源氏・玉鬘〕

-ども Ⓑ〔接尾〕複数を表す。人だけでなく、広く事物全般に対して用いる。「酒・よき物—もてきて、船に入れたり」〔土佐〕「多うの侍—の付きまゐらせてまかり留まるが奇怪におぼえさうらふ」〔平家・一門都落〕「今様の事—の珍しきを言ひ広め、もてなすこそ、またうけられね(=同感デキナイ)」〔徒然・七八段〕

ども Ⓑ〔接助〕(活用語の已然形に付く)〔逆接〕意味・用法は「ど」に同じ。→ど。「言ひかかれ—、事ともせず(=相手ニモシナイ)」〔竹取〕「(仮ニ)心得たれ—(=知ッテイテモ)、知れりともいはず」〔徒然・一九四段〕「人の親の心は闇にあらね—子を思ふ道にまどひぬるかな」〔後撰・雑一〕

とも がき〔友垣〕Ⓔ 友人たち。「—のなごり(=友人タチト別レタクナイ気持チハ)なきにしもあらねど、ちぎりおく日数いくばくならねば、さき進まるるここちには、いたしとも思ほえず」〔真淵・岡部日記〕

とも かくも Ⓒ〔副〕(音便で「ともかうも」ともなる) ❶ああとも、こうとも。あれこれと。「さらば—そこに(=アナタノ方デ)思ひ定めてものしたまへ」〔蜻蛉・下〕「もし御心ざしあらば(=ソノオ気持チガアリマシタラ)、いま四五年をすぐしてこそは—(結婚ノ相談ヲイタシマショウ)」〔源氏・若紫〕 ❷(下に否定表現を伴って)ぜんぜん。まるで。「なんにも。「ともかうも御返事をば申さで」〔平家・祇王〕 — **な・る** ❶どうなるかしれないが、ある結果になる。「かくながら(=コノママ宮中ニ置イテ)—・らむを(=ナリユキ次第ニ任セテソノ結果ヲ)御覧じはてむ(=見届ケタイ)」〔源氏・桐壺〕 ❷死ぬことを遠まわしにいう。「—・りぬと聞こしめされば、跡を弔(とぶら)はせたまへ」〔義経・巻六ノ五〕

ともし Ⓔ ❶〔燈し〕照明のための火。燈火。「風吹きあれて、大殿油(おほとなぶら)消えにけるを(=寝殿デトモシテイル油火ガ消エタガ)、—つくる人もなし」〔源氏・末摘花〕「宮守の—をわくる火串(ほぐし)かな」〔亀洞(曠野)〕 ❷〔照射〕夏の夜、山中の木かげにかがり火をたき、またはたいまつをともして、鹿をおびきよせて射る狩猟法。「あけくれ(=イツモ)鹿(しし)を殺しけるに、—といふ事をしけるころ、いみじう暗かりける夜、—にいでにけり」〔宇治・巻一ノ七〕

とも・し〔乏し〕Ⓒ〔形シク〕(「まれだ」という基本意味から) ❶不足だ。欠乏している。〔現代語の「とぼしい」〕「たきぎさへ—・しくなりゆけば」〔方丈〕「芋頭(=里イモノ親イモ)を—・しからず(=タップリ)めしける(=オ食ベニナッタ)」〔徒然・六〇段〕 ❷貧乏だ。「—・しく、かなはぬ(=ドウショウモナイ)人のみあれば、おのづから本意(いほ)とほらぬ(=思イドオリニナラナイ)こと多かるべし」〔徒然・一四一段〕 ❸(まれなため)心がひきつけられる。(めったにないので)新鮮な感興がわく。「坂(ヲ飛ビ)越えて安倍(べあ)の田の面(も)にゐる鶴(たづ)の(ヨウニ)—・しき(=ヨクマアア来テクダサッタ)君は明日さへもがな(=アスモゼヒ来テチョウダイ)」〔万葉・巻一四〕 ❹〔羨し〕(自分には欠けているため、その所有者が)うらやましい。(自分も)そうありたい。「あさもよし(=枕詞)紀の人(=紀伊国ノ人ハ)—・しも亦打(まつち)山行き来(く)と見らむ(=往来ノタビニ見ルダロウ)紀の人—・しも」〔万葉・巻一〕

とも すぎ〔共過ぎ〕Ⓔ〔近世語〕❶(夫妻の)共かせぎ。「やうやう(=ヤットノコトデ)夫婦の—しかぬるもあれば、一人の働きにて大勢を過ごす(=養ウノ)は、町人にても大かたならぬ出世」〔西鶴・永代蔵・巻六ノ五〕 ❷共倒れにならず生活が成り立つこと。共存共栄。「これを思ふに、(町ノ戸数ガ)千軒あれば(イロイロナ商売ガ)—ぞかし」〔西鶴・織留・巻三ノ四〕

とも の みやつこ Ⓔ [一]〔伴の造〕「とものを」の長。[参]くにのみやつこ。「天皇(すべらみこと)の記(ふみ)および国記(くにつふみ)、臣(をむのこ)、連(むらじ)、—、国の造…等の本記(もとつふみ)を録(しる)す」〔紀・推古・訓〕(「とものみやつこ」は「伴造」の訓) [二]〔伴の御奴〕主殿寮(とのもりづかさ)の下役人で、宮中の庭の清掃などを勤める者。「紅葉をみな吹き散らし落葉すこぶる狼藉(らうぜき)なり(=ヒドクチラカッテイル)。主殿(とのもり)の—朝ぎよめ(=朝ノオソウジ)すとて」〔平家・紅葉〕

とも の を〔伴の緒〕(-オ) Ⓔ(「伴」は、一定の職業に従事する古代の部民。「緒」は、それをまとめる意)専門の業で朝廷に奉仕した部族。「靫(ゆき)かくる—広き(=オオゼイイル)大伴(おほとも)に国栄えむと(ソノシルシニ)月は照るらし」〔万葉・巻七〕

と やま〔外山〕Ⓓ [対]「奥山」 平野に近い山。「深からぬ—の庵(いほ)の寝さめだに(=目ガサメタトキ見ルノダッテ)さぞな木の間の月はさびしき」〔新古今・秋上〕

とよ の あかり〔豊の明かり・豊楽〕Ⓓ ❶(酒のため)顔が赤くなることの美称。「(オ食事ヲ)平らけく安らけく聞こしめして(=気持チヨクオ召シアガリニナリ)—に明かりまさむ(=スッカリ赤イ顔ニオナリノ)皇御孫命(すめみまのみこと)」〔祝詞・大嘗祭〕 ❷㋑公式宴会。「(帝ノ)—において儛者(まひと)舞ひ終はりて」〔紀・允恭・訓〕(「とよのあかり」は

「宴会」の訓》㋺私的な宴会。「(上野宮ノ邸デハ)七日七夜ーして、うちあげ(＝盛大ニ)遊ぶ(＝音楽ナドヲヤル)」〔宇津保・藤原君〕 ③[略]豊の明かりの節会。「宮人は一に急ぐけふ日影も知らで(＝月日ノ過ギテ行クノモ知ラズ)暮らしつるかな」〔源氏・幻〕 **――のせちゑ** 豊の明かりの節会 (ーエ) Ⓓ 新嘗祭(にいなめのまつり)の次の日に、天皇がその年の新しくとれた穀物を召しあがり、群臣にもたまわった儀式。[参]ごせち。「悠紀(ゆき)・主基(すき)の節会、ーことになごり多くおぼえて」〔中務日記〕

とよ はたくも【豊旗雲】 Ⓔ 旗がなびいているように横に長くひいた美しい雲。「わたつみのーに入り日さし今宵(こよひ)の月夜(＝月)まさやかにこそ(＝清ク明ルク照ッテホシイ)」〔万葉・巻一〕

とよ・む【響む】 Ⓒ [一]《自四》 ❶㋑ひびく。「(台風デ)おびたたしく(＝ヒドク)鳴りー・む音に、もの言ふ声も聞こえず」〔方丈〕㋺(鳥が)鳴く。「さ野つ鳥雉(きぎし)はー・む…」〔記・上〕《原文「登与牟」と表記。「登」は清音に用いる字》 ❷㋑声をあげて騒ぐ。「人のやうについゐて、さしのぞきたるを、『あれ狐よ』とー・まれて、まどひ逃げにけり」〔徒然・二三〇段〕㋺さかんに評判する。「人はー・むとも磨だにー・まずは」〔梁塵〕 [二]《他下二》ひびかせる。「筑波嶺(つくはね)にわが行けりせば(＝モシワタシガ行ッテイタラ)ほととぎす山びこー・め鳴かましや(＝鳴イタロウカ)それ(＝イッタイ)」〔万葉・巻八〕《後世は濁音になった。日葡辞書にはdoyomi, uとある》

とら【寅】 Ⓓ ❶十二支の第三。[参]じふにし。「(大宝)二年壬(みづのえ)ー、太上(＝持統)天皇の三河の国にみゆきましときの歌」〔万葉・巻一・詞〕 ❷方角の名。東北東。《単独の用例未見。いつも丑寅という形で現れる》 ❸時刻の名。《定時法で》午前三時から午前五時まで。[参]とき[一]①。「今はーの初めにもなるらむとおぼゆ」〔盛衰・巻三六ノ一三〕

とり-【〈取〉り】 Ⓑ 《接頭》《動詞に付き》 ❶「手で…する」意をそえる。「ーくびる」「ーしたたむ」「ーすがる」「ー並む」「ー放つ」「ーひしぐ」「ー装ふ」等。 ❷単に意味を強める。「ー誤る」「ー重ぬ」「ー飼ふ」「ーつくろふ」「ーはやす」「ーまかなふ」「ー乱す」等。

とり Ⓓ [一]【鳥・禽】 ❶鳥類の総称。「めづらしきー、あやしき獣、国に養はず」〔徒然・一二一段〕 ❷【鶏】にわとり。「明け方も、近うなりにけり。ーの声などは聞こえで」〔源氏・夕顔〕 ❸狩猟でとらえる鳥。野鳥。「さかりなる紅梅の枝にー一双(＝ヒトツガイ)を添へて、この枝に付けて参らすべきよし」〔徒然・六六段〕《キジをさすとする説は誤り。野鳥ならば何でもよい》 ❹雅楽の曲名。唐楽「迦陵頻(かりょうびん)」の異称。「曲(ごく)のもの(＝器楽ノ曲)はーの破・急(＝第二・第三楽章)をあそぶ(＝演奏スル)」〔紫日記〕 [二]【酉】 ❶十二支の第一〇。[参]じふにし。「貞観三年辛巳二月二十九日癸(みづのと)ー、御出家して、灌頂(くわんちやう)などせさせたまへり」〔大鏡・文徳天皇〕 ❷方角の名。西。《用例未見。四方の隈をさすときは、辰巳(南東)とか戌亥(北西)とかいうが、四方をさすときは、ふつう十二支名を用いない》 ❸時刻の名。《定時法で》午後五時から午後七時まで。[参]とき[一]①。「ーの時に星東方におつ」〔紀・天武・訓〕《「とりの」は「日没」の訓》 **――のあと** 鳥の跡 Ⓔ 《連語》 ❶《古代中国で蒼頡(そうき)という人が、鳥の足跡を見て文字を作りだしたという伝説から》筆跡。文字。「ー久しくとどまれらば…古へをあふぎて今を恋ひざらめかも」〔古今・序〕 ❷筆跡が拙劣または乱雑なことのたとえ。「もとよりあやしきーの、けさはいとど筆の先しみ氷りてはべれば」〔宣長・鈴屋集〕

とり あつ・む【取り集む】 Ⓓ [一]《自下二》いろいろな物事がいっしょになる。集中する。「やうやう夜寒になるほど、雁(かり)なきて来るころ、萩(はぎ)の下葉色づくほど、早稲田(わさだ)刈り干すなど、ー・めたる事は秋のみぞ多かる」〔徒然・一九段〕 [二]《他下二》寄せ集める。「いと多くも、えー・めたまはざりけるにやあらむ…御料(＝オ召シ物)とおぼしき(着物ヲ)ふたくだり(ダケサシアゲル)」〔源氏・総角〕「売り掛けをー・めて買ひ掛けを済ますほど、せはしきものはなし」〔西鶴・永代蔵・巻四ノ五〕

とり あ・ふ【取り敢ふ】(ーア〈オ〉ウ) Ⓓ 《他下二》 ❶じゅうぶん取る。ちゃんと取る。まともに取る。[参]あ(敢)ふ[三]。「このたびは(コンナ貧弱ナ)幣(ぬさ)もー・へず(＝差シ上ゲキレマセン)手向け山(ニハ)紅葉の錦(ガ幣ノカワリニスバラシイカラ)神のまにまに(＝オ好キナダケ受ケテクダサイ)」〔古今・羇旅〕 ❷(じっと)おさえきる。「憂き(＝ツライ思イノ)涙は、ー・へず(＝コラエキレズ)こぼれぬるにも」〔狭衣・巻二〕 ❸予想しておく。(予期して)用意する。「祿(＝ゴホウビヲ)取りつづきて童(わらはべ)に賜ぶ。鳥(ノヨソオイノ子)には桜の細長、蝶(ノヨソオイノ子)には山吹がさねたまはる。かねてしも(＝前々カラ)ー・へたるやうなり」〔源氏・胡蝶〕 ❹ぴったり調和させる。「心ありて(＝気ヲ配ッテ)風の避(よ)くめる(＝吹カナイヨウニシテイルラシイ)花の木に(ソノ風ト)ー・へぬまで(＝ツリ合ワナイホド笛ヲ)吹きや寄るべき」〔源氏・梅枝〕

とり い・づ【取り出づ】(ーズ) Ⓓ 《他下二》 ❶(品物を)取り出す。「納め殿にある御衣ー・でさせて」〔紫日記〕 ❷(事がらを)持ちだす。「ただその事となくて(＝特ニコレトイウ事由モナシニ)ー・でたる、いとよし」〔徒然・二三一段〕

とり い・る【取り入る】 Ⓓ [一]《他下二》 ❶㋑(こちらへ)受け取って入れる。受け入れる。「宮の御消息(＝オ手紙)—・れたり」〔浜松・巻一下〕㋺(こちらから)内へ入れる。おさめる。「車寄せさせて、(ナキガラノカワリニ)御座(ま)しども…御衾(ふすま=オフトン)などやうの物を(車ニ)—・れて」〔源氏・蜻蛉〕❷(もののけが人の心を自分のほうへ)引きこむ。正気を失わせる。「(女一宮ヲ)御もののけの—・れまゐらせたりければ」〔寝覚・巻四〕㊁〘自四〙(人の気に入るように)うまく交際する。きげんをとる。「大名方に—・り、所司代・奉行(ぶぎやう)・頭人(とうにん=長ノツク役)に目をかけられ」〔仮名・浮世物語・巻二ノ九〕

とり おき【取り置き】 Ⓔ やりくり。処置。始末。「『けふの日(=今日一日ハ)いかにたてがたし(=ドウシテ暮ラシヲタテヨウカ)』と身躰(しんだい)の—を案じ(=世帯ノヤリクリニ頭ヲナヤマシテ)」〔西鶴・胸算用・巻三ノ三〕

とり かへし【〈取〉り返し】(-エシ) Ⓔ〘副〙はじめに返ってもういちど。あらためて。〘既に起きたことに関し、「今さらながら…」といった感じで使う〙「忘れがたくその世(=アノ時)の夢を思(おぼ)しさます(=思イ忘レル)をりなき御心どもには、—悲しう思し出でらる」〔源氏・絵合〕

とり ぐ・す【取り具す】 Ⓒ〘他サ変〙❶具備する。すっかりそなえている。「この、さまざまのよき限り(=美点トイウ美点)を—・し、難ずべき種(くさはひ)まぜぬ人は、いづくにかはあらむ(=ドコヲ捜シタッテアリマセンヨ)」〔源氏・帚木〕❷いっしょにする。そろえる。「御刀に、削られたる物を—・して(証拠ノタメ)奉らせたまふに」〔大鏡・道長〕

とり こ・む【取り込む】 Ⓒ㊀〘他四〙❶取って中に入れる。取って自分のものとする。「歌詠むと思へる人の(=自分デ歌ヨミダト思イコンデイル女ガ)、やがて歌にまつはれ(=執着シテ)、をかしき(=オモシロイ)古事をも初めより—・みつつ(=自分ノ歌ニ持チコミ)、すさましき(=男ニトッテ感興ノワカナイ)をりをり詠みかけたるこそ、ものしきことなれ(=感心デキナイモノデアル)」〔源氏・帚木〕❷(女が男を)うまくまるめこむ。「『—・む』(トイウ語ハ)『しこむ』と同じ心(=意味)なり。もっとも、男より女郎を—・む手段(てだて)もさまざまあれど、これはまた女郎の利発にて、男によく思ひ入れさする所にいふことばなり」〔箕山・色道大鏡・巻一ノ五〕㊁〘他下二〙中にとりかこむ。逃げられないように、まわりをかこむ。「かの昔の督(かん)の君(=朧月夜ノ内侍)を、朱雀院の后(=弘徽殿)の、(源氏ニ会ワセナイヨウ)せちに—・めたまひしをりなど(=キビシクトジコメナサッタ時ナドノコトヲ)おぼしいづれど」〔源氏・真木柱〕「『もらすな若党、討てや』とて、大勢の中に(義仲タチヲ)—・めて、われ討っとらむとぞ進みける」〔平家・木曾最期〕

とり た・つ【取り立つ】 Ⓒ〘他下二〙❶手に取って立てる。「弓矢を—・てむ(=構エヨウ)とすれども、手に力もなくなりて萎(な)えかかりたり(=シビレテシマッタ)」〔竹取〕❷㋑作りあげる。「(火事デ焼ケタ)その夜に(=スグニ)小屋をぞ—・てたり(=新築シタ)」〔咄・鹿の巻筆・巻二ノ二〕㋺(はじめて)設ける。「過ぎにし春のころ、中村善五郎、新芝居—・て(=創設シテ)」〔咄・鹿の巻筆・巻三ノ一〕❸㋑格別に取りあげる。特に数えたてる。「その御筋にて(=ゴ系統デ)—・てて(技法ヲ)伝ふる人なし」〔源氏・明石〕㋺ぬきんでて用いる。出世させる。「(オ前ハヨク奉公シタカラ)くゎっと(=ワット)—・ててやらうぞ」〔狂・入間川〕

とり つ・く【取り付く】 Ⓒ㊀〘自四〙❶組みつく。抱きつく。「この老いたる僧に—・きて死なむ」〔今昔・巻二〇ノ九〕❷(手がかりに)たよる。つけこむ。「これに—・きて(=スガッテ)『…』と言ひけり」〔愚管抄・第六〕❸(精霊などが)のり移る。「(病人ハ)いたう日ごろ(=コノ数日来)弱らせたまへるに(=衰弱シキッテイタウエ)、御もののけの—・きたてまつりにければ…ものもはかばかしくのたまはず」〔栄花・楚王〕❹とりかかる。やりはじめる。「家普請(やぶしん)を春の手すき(=ヒマナ時)に—・いて」〔野坡(炭俵)〕㊁〘他下二〙❶離れないようにする。装置する。「矢形尾(やかたを=矢羽ノヨウナ模様ノ尾)の吾(あ)が大黒(トイウ名ノ鷹(たか))に白塗りの鈴—・けて…」〔万葉・巻一七〕❷付着させる。「(自分ノニオイガ人ニ知ラレルノヲ)うるさがりて、(香ヲ衣類ニ)をさをさ(=ナカナカ)とりもつけたまはねど」〔源氏・匂宮〕❸(精霊などを)のり移らせる。「おのれ命(みこと)の和魂(にぎたま=静カナ精神)を八咫(やた)の(=大キナ)鏡に—・けて」〔祝詞・出雲国造神賀詞〕〘原文「取託天」と表記〙

とり て【捕り手】 Ⓔ❶㋑罪人を捕らえる役の人。「—は(賞トシテ)所領を預かり(=土地ヲイタダキ)」〔太平・巻一一ノ二〕㋺〘江戸時代〙罪人を捕らえる下級警官。「とはいへ、あたりを—が囲めば」〔伎・十六夜清心・二ノ二〕❷㋑取り組みの技術。「相撲(すまひ)は…強力のいたす所といへども(=体力ニヨルモノダガ)、また—の相さへぎる(=体力ヲ制スル)ことあるにや」〔著聞・相撲強力〕㋺素手で人を取り押さえる武術。またはその心得のある人。「(相手ノ)八蔵は力ばかり、(ソレニ対シ)与作は—(デアリ)柔取り(=柔術モスル)」〔近松・小室節・中〕

とり な・す【取り〈成〉す・執り〈成〉す】 Ⓒ〘他四〙❶手に取って、ある状態にする。「素盞鳴尊、立ちどころに(霊術デ)奇稲田姫を五百(ゆ)つの爪櫛(つまぐし)に—・して(=形ヲ変ジ)、御髻(みづら)にさしたまふ」〔紀・神代上・訓〕〘「とりなし」は「為」の訓〙❷(自分の意思・くふうを加えて)整った状態にする。「(病気ノ兼家ハ)さし離れたる廊のかたに、(室内ノ模様ヲ)いとよう—・し(=整備シ)設(しつら)ひて(=用意シテ)、端に(ワタシヲ)待ちふしたりけり」

〔蜻蛉・上〕 ❸うまく処置してやる。ぐあいのよい状態にしてやる。「『さる(=ソンナ面目ヲ施スヨウナ)事やありし』と問はせたまへば、『知らず。何とも知らではべりしを、行成の朝臣の―・したるにやはべらむ(=ウマクヤッテクレタノデゴザイマショウ)』と申せば、『―・すとも(=ソレダケデハ成功スルモノデハアルマイ。オ前ガヤハリ頭ガ切レルノダヨ)』とて、うちゑませたまへり」〔枕・一三八段〕 ❹話題としてとりあげる。とり沙汰(ざた)する。「(コノ源氏物語ヲ)作り事めきて(=マルデ虚構ノヨウニ)―・す(=言イフラス)人、ものしたまひければなむ(=ホントウノ所ヲ遠慮ナク書イタ次第デス)」〔源氏・夕顔〕〖この例を従来「誤解する」の意に取っているのは疑問〗 ❺うまく持ちかける。さそいをかける。「(ヤサシゲデ女性ラシイ感ジノ女ハ)あまり情けにひきこめられて(=コダワリヤスクテ)、―・せば(=水ヲ向ケルト)あだめく(=浮気ニ傾ク)」〔源氏・帚木〕 ❻実際とは違った状態に見なす。わざと…にあつかう。「(ワタシヲ)心浅くも―・したまふかな(=薄情者アツカイニナサイマスナア)」〔源氏・葵〕

とり ばみ【取り食み・〈鳥〉食み】Ⓔ ❶宮中でおこなう大きな宴会で、その余り物を庭に投げて下人たちの拾って食べるにまかせたこと。「―といふもの、男などのせむだにいとうたてあるを(=普通ハ男ガスルノダッテイヤナノニ)、御前に(=天皇ノオ前ノ庭デ)は、女ぞ出でて取りける(ノハナオノコトイヤダ)」〔枕・一四二段〕 ❷料理の残りを拾って食べる下人。「大饗(たいきやう)はてて、―といふ者を、払ひて(=追ッパラッテ)入れずして」〔宇治・巻一ノ一八〕

とりべ の【鳥辺野・鳥部野】Ⓔ ❶京都の東山の下にあった火葬の場所。今の建仁寺久昌院のあたりか。「鳥辺山」とも。「(愛人ヲ葬リニユク)―の方など見やりたるほどなど、ものむつかしきも(=気味ガ悪イノモ)何ともおぼえたまはず」〔源氏・夕顔〕 ❷〔転じて〕墓地。「ここは蓮台野と申して、亡(な)き人を送る―なり」〔盛衰・巻四七ノ二〕

とり まはし【取り回し】(ーマワー) Ⓓ ❶とりはからい。処置。行動。「この男、生まれつきてしはき(=ケチ)にあらず。万事の―、人の鑑(かがみ)にもなりぬべきねがひ」〔西鶴・永代蔵・巻二ノ一〕 ❷日常の動作。ふるまい。「その夫婦の人(ハワタシヲ)かはゆがられ、―のいやしからずとて、国なるひとり子の嫁にしてもくるしからじ(=サシツカエナイダロウ)と、我もらはれて、行く末はめでたきことにきはまりぬ」〔西鶴・一代女・巻一ノ二〕

とり わき【取り分き】Ⓓ 〖副〗とくに。わざわざ。「―仰せ言ありて、きよらを尽くして(=最高ノリッパサデ)つかうまつれり」〔源氏・桐壺〕

とり わ・く【取り分く】Ⓓ ㊀〖自四〗とくべつである。とくに…である。「前(さき)の世も―・きたる契りや、ものしたまひけむ」〔源氏・早蕨〕 ㊁〖他四〗とくべつあつかいする。「女院は入道殿を―・きたてまつらせたまひて、いみじう思ひ申させたまへりしかば」〔大鏡・昔物語〕

と・る【取る】Ⓐ 〖他四〗 ❶㋑手に持つ。手にする。「ある時、鏡を―・りて顔をつくづくと見て」〔徒然・一三四段〕㋺(武器などを)手でつかう。操作する。「弓矢―・る者の、敵の矢に当たって死なむ事、もとより期(ご)するところでさうらふなり」〔平家・嗣信最期〕㋩とらえる。つかまえる。「本三位中将(=平重衡)のやうに、(敵ニ)生きながら―・られて御恥をさらし」〔盛衰・巻四一ノ四〕 ❷㋑自分のものにする。受け入れる。「牛を売る者あり。買ふ人、明日そのあたひをやりて(=代金ヲ支払ッテ)牛を―・らむといふ。夜のまに牛死ぬ」〔徒然・九三段〕㋺妻にする。めとる。「(天稚彦ハ下界ニ)いたりて、すなはち顕国玉(うつしくにたま)のむすめ下照姫を―・りて、よりて留まり…つひにかへりごと申さず」〔紀・神代下・訓〕〖「とりて」は「娶」の訓〗 ㋩収穫する。「人の田を論ずる者(=他人ノ田ヲ自分ノダトイッテ争ッタ者ガ)、訴へに負けて、ねたさに(=クヤシマギレニ)、『その田を刈りて―・れ』とて」〔徒然・二〇九段〕㊁(結果として)うける。もらう。「かうざくなる名を―・りて(=スグレテイルトイウ評判ヲ得テ)宮づかへにいだしたまへりしに」〔源氏・須磨〕㋭ひきうける。うけつぐ。「孫が跡―・る祖父(ぢぢ)の借銭」〔馬莧(続猿蓑)〕 ❸㋑ある場所から移動させる。「五月、あやめふくころ、早苗―・るころ、くひなのたたくなど、心ぼそからぬかは(=シミジミトシタ感ジデナイカ)」〔徒然・一九段〕㋺のぞく。除去する。切り取る。「二番草―・りも果たさず(=除草シキレナイウチ穂にいでて」〔去来(猿蓑)〕 ❹㋑召しあげる。没収する。「官(つかさ)も―・られて、はしたなければ」〔源氏・須磨〕㋺うばう。ぬすむ。「初瀬に(行クノ)は、あなおそろし。奈良坂にて人に―・られなば(=ドロボウニ強奪サレタラ)いかがせむ(=ドウショウ)」〔更級〕 ❺㋑自分のものに決める。「我も我もと婿に―・らまほしくする(=決メタガル)人の多かなるに」〔源氏・東屋〕㋺選定する。「などて(=何ダッテ)かくはかなき(=ツマラナイ)宿りは―・りつるぞ」〔源氏・夕顔〕 ❻(ある種のわざを)行う。する。「手(=筆跡)などつたなからず走り書き、声をかしくて拍子―・り」〔徒然・一段〕 ❼推察する。「これが序も(=コノ猿蓑集ノ序文モ)、その心(=題名ノ精神)を―・り魂を合はせて(=ソレニ心ヲ合ワセテ)、去来・凡兆のほしげなるにまかせて書く」〔猿蓑・序(其角)〕 ❽(「…にとりて」の形で)…の観点で。…という見地で。「ただわが身ひとつに―・りて、昔(ト)今とをなぞらふるばかりなり(=クラベテミルダケデアル)」〔方丈〕

とを だんご【十団子】(トオー) Ⓔ 静岡県宇津谷(うつのや)

峠のふもとの名物のだんご。黄・赤・白などの色で一〇ずつ竹ぐしや糸に通して売った。「宇津の山べの—、所どころの名物買うて」〔近松・小室節・上〕《俳諧などでは「とをだご」とよむ》

とんせい【遁世】Ⓓ《+自サ変》❶世俗の生活を捨て仏道修行の道にはいること。「面目もなき御使ひとは、もし(=コトニヨルト)御—にてあるか(=清経ガ出家ナサッタノカ)」〔謡・清経〕❷(僧が)僧位僧官を求めず修行に専念すること。《修行態度のひとつで、中世における用例はこのほうが多い》「(浄土房ハ)もとより道心ある僧にて…この老僧が生きたる時(=生キテイルアイダニ)—・して見せむと思ひて」〔沙石・巻一〇本ノ二〕《謡曲にあらわれるとき、上懸りは「とんせい」、下懸りは「とんぜい」である。両様に発音されていたと思われる》

とんよく【貪欲】Ⓓ《「貪」は清音》欲望にとらわれ、決して満足しないこと。仏教では、十悪の八番めに数える。「勢ひある者は—深く、ひとり身なる者は人に軽(かろ)めらる(=バカニサレル)」〔方丈〕

な

な【名】Ⓑ ❶よび名。「いづれの人と—をだに知らず」〔徒然・三〇段〕❷㋑世間に知られたよい評判。名誉。名声。「まことの人(=真ニエライ人ハ)、智もなく、徳もなく、功もなく、—もなし」〔徒然・三八段〕㋺よくない評判。悪名。「いと軽々しき(=軽薄ダトイウ)—をや流しはてむと(=世間ニ知ラレテシマウダロウト)おぼし乱る」〔源氏・明石〕❸実質がともなわない名。虚名。「(ヒキトメナガラ)かつ(=一方デハヤハリ)越えてわかれも行くか(=コノ山ヲ越エテ別レテ行クコトダナア)あふ坂は人だのめなる(=人ヲアテニサセル)—にこそありけれ」〔古今・離別〕

——に(し)おふ　名に(し)負ふ (-ウ) Ⓓ《連語》《強意の副助詞「し」が間にはいっても、意味そのものは同じ》❶そういう名を持っている。その名のとおりである。「名にし負はば(=都トイウ名ヲ持ッテイルナラ)いざ(=サア)こと問はむ(=質問シテミヨウ)都鳥わが思ふ人は(都デ)ありやなしや(=健在カドウカ)と」〔伊勢・九段〕❷評判の高い。高名である。「ここぞ名に負ふ隅田川、渡りに早く(=モウ)着きにけり」〔謡・隅田川〕

な【汝】Ⓑ《代》自分より目下の者にいう第二人称。お前。「ほととぎす間しまし置け(=少シ間ヲオイテ鳴ケ)—が鳴けば吾(あ)が思(も)ふ心いたもすべなし(=ドウシタラヨイカワカラナクナルノダ)」〔万葉・巻一五〕

な Ⓔ ㊀【菜】❶副食物。おかず。「—にあはす(=味ヲソエル)ばかりの食味(じきみ)(=ソース類)なし」〔今昔・巻一ノ三一〕《とくに酒の相手となる副食物を「さかな(肴=酒菜)」という》❷(食用の)葉菜。「—の花の座敷にうつる日影かな」〔傘下(曠野)〕㊁【魚】(食用の)魚。「帯日売(たらしひめ)神のみこと(=神功皇后)の—釣らすとみ立たしせりし(=オ立チアソバシタ)石を誰見き」〔万葉・巻五〕

な Ⓒ《終助》❶《活用語の終止形に付く》禁止をあらわす。「さらに(=ケッシテ)心よりほかに漏らす—」〔源氏・夕顔〕❷《動詞および動詞型活用助動詞の未然形に付く》㋑自分の願望をあらわす。「秋風は涼しくなりぬ馬並(な)めていざ野に行か—萩の花見に」〔万葉・巻一〇〕㋺他人の行動についての希望をあらわす。「(仏様ヨ)もろもろ(ノ人タチヲ)救ひ済(わた)したまは—」〔仏足石歌〕❸《文末に付く》㋑感動をあらわす。「月出でにけり—」〔源氏・須磨〕㋺念を押す。「すりゃ、御承引ござらぬと—」〔伎・河内山・三〕㋩《近世語》命令・勧誘をあらわす。「茶代ぐるみに、これを取っておき—」〔伎・切られ与三・二〕《古代語には格助詞の用法があった。しかし、奈良時代においてすでに固定化し、「手(た)—末」「田—上(かみ)」「水(み)—門(と)」「百(もも)—人」「眼(ま)—交(かひ)」など、熟語のなかで用いられたにすぎない》

ないき【内記】Ⓓ 対「げき(外記)」中務(なかつかさ)省に属して詔勅・宣命を作ったり、位記を書いたりする役。文章に巧みな儒者を任じた。大内記(正六位相当)と少内記(正八位相当)がある。もと中内記もあったが、大同四年(八〇六)に廃止された。

ないぎ Ⓒ ㊀【内議】内密の相談。「諸侍(しょざむらひ)を召し集め、—評定とりどりなり」〔浄・頼光跡目論・四〕㊁【内儀】❶内々のこと。内密のこと。内証。「誰が婿に取らうにや、きゃうん坊主も—はこれの(=ワタシノ)婿の定(ぢゃう)(=婿ニナルハズ)」〔田植草紙・昼歌三番〕❷㋑他人の妻女をよぶことば。奥さん。「お—とも一門中(=親類)とも相談めされ。その上で剃(そ)ってやらう」〔狂・呂蓮〕「お亭様(=ダンナサン)はいとしや。お—様は果報(=シアワセダ)」〔西鶴・胸算用・巻三ノ三〕㋺町人の妻のこと。「(奉公人ヲ)うつくしう(=円満ニ)出替はり(=契約更新期)まで使うて暇出さるるは、その家の—の利発なり(=賢イカラデアル)」〔西鶴・織留・巻五ノ二〕

ないぐ【内供】Ⓓ 略内供奉(ないぐぶ)。宮中の内道場に奉仕し修法する僧職で、高徳の僧一〇人が任命され、天皇の健康のための祈禱(きとう)などにあたった。「さて、この—(=善珍)は、鼻長かりけり」〔宇治・巻二ノ七〕

ないし【内侍】Ⓓ ❶内侍の司の女官。後宮の雑事、天皇への取り次ぎ、天皇のおことばの伝達などの事にあたった。管理職は尚侍(ないしのかみ)・典侍(ないしのすけ)・掌侍(ないしのじょう)の三等に分かれていた。❷《とくに》掌侍のこと。「『(アナタヲ)なほ(=ヤハリ)—に奏して(=天皇ニ申シアゲテ)なさむ』となむさだめたまひし(=オ決メニナリマシタ)」〔枕・一〇六段〕 ❸伊勢の斎宮・賀茂の斎院の女官。「(コノ伊勢ノ斎宮ノ)女別当・—などいふ人々…にて心ばせある(=オ能ノ豊カナ)人々多かるべし」〔源氏・澪標〕 ❹厳島神社に奉仕するみこ。舞を奉仕した。「かの社(=厳島神社)には—とて優なる女ども多かりけり」〔平家・徳大寺之沙汰〕 **——どころ** 所 Ⓓ ❶賢所(かしこどころ)のある温明殿(うんめいでん)の別称。平安時代には内侍がこの殿に奉仕したからである。 ❷賢所にお祭りしてある神鏡。「火は左衛門の陣よりいできたりければ、—のおはします(=神鏡ノオ祭リシテアル)温明殿もほど近し、如法(にょほふ)夜半の(=マッタク夜ナカノ)事なれば、内侍も女官も参りあはず」〔平家・鏡〕 **——のかみ** 尚侍 Ⓓ《連語》内侍の司の長官。「しゃうし」とも。定員は一名で、平城天皇のころから、更衣に準ずるような傾向があり、位も従五位から従三位に高められ、大臣のむすめが任じられることも多くなった。そのため、本来の任務である天皇への取り次ぎ等は典侍に移ったが、院政時代になると、尚侍に任命される者はほとんどなくなった。 **——のじょう** 掌侍 Ⓓ《連語》内侍の司の三等官。「しゃうじ」とも。または、単に「ないし」とも。大宝令では定員四名だったが、平安時代初期から六名となり、はじめ従七位だったのが従五位となった。 **——のすけ** 典侍 Ⓓ《連語》内侍の司の次官。「てんじ」とも。定員は四名で、雑務のほか、とくに神璽・神剣をあつかう。はじめ従六位であったが、平城天皇のとき従四位となった。後には三位・二位にのぼった者もある。公卿・殿上人などのむすめが任じられた。 **——のつかさ** 内侍の司 Ⓓ《連語》大宝令にいう後宮十二司のひとつ。職員は女性で、天皇と公務員との連絡や宮中の礼式をつかさどった。

ない しょう【内証】 Ⓒ ❶〔仏〕㊟「外用(げゆう)・外相(げさう)」《梵 pratyāmādhigama の意訳》自己の心のうちで、宗教的真理を体得すること。またはそのさとり。「戒行も欠け、—も明らかならざれば、所得の施物、罪業にあらずといふ事なし(=ミナアノ世デノ罪作リダ)」〔太平・巻二四ノ三〕 ❷㋑心の中。考え。意思。「こんひさん(confiçan=告白)の道を定めたまふ(神ノ)御—のありがたきこと」〔どちりな・第一〇〕㋺他人にはわからないように秘密にしておく考えや物事。「花屋角右衛門に(殿様ノメカケニツイテノ)—を(=秘密ヲ守レト)申しわたしぬ」〔西鶴・一代女・巻一ノ三〕㋩うちうちの思わく。ほかには言えない希望。「(女ハアラカジメ)宿屋へ—を吹きこみ(=内意ヲ通ジテオイテ)、(実際ニハ)来ぬ迎ひを来たといはせ」〔浮・禁短気・巻三ノ二〕 ❸私事。「公界(くがい)のさばき(=公務ノ処理)あるいは—のとり扱ひなどは、いかにも似合ふまじい」〔イソポ・第一話〕 ❹人目につかない場所。奥まった所。「表面(おもてむき)は格子作りに、しまうた屋(=フツウノ家)と見せて、—を奥ぶかう」〔西鶴・胸算用・巻三ノ四〕 ❺家の経済状態。勝手もと。家計。「払ひは(一二月ノ)二十日切りに(=ミナ済マセ)、取りかたばかり(=貸シ金ヲトリ立テルダケ)にしておきし手まはし、—のよろしき所見えたり」〔西鶴・永代蔵・巻四ノ五〕 ❻一家の主婦のいるへや。または主婦の尊敬語。「御亭主はまだか。御—は」〔洒・遊子方言・発端〕 ❼家庭の内。「むかしの真野の長者もこの奢(おご)りには何としてかは及ぶまじ(=ドウシテ、カナウモノデナイ)。—は人知らねばとて(=トハイウモノノ)、天のとがめもあるべし」〔西鶴・永代蔵・巻三ノ二〕「これ(=鯛)を町人の分として—料理(=家庭ノ総菜)につかふこと」〔西鶴・永代蔵・巻六ノ二〕 ❽江戸時代の遊郭の主人。またはそのへや。「あれほどうつくしきはまたもなきに、(ソノ女ヲ)天神になしけるは(=太夫カラ格下ゲシタソノワケハ)—に悪きことのありや(=主人ニ対シテソノ女ガ悪イコトデモシタノカ)」〔西鶴・一代女・巻二ノ一〕

ない だいじん【内大臣】 Ⓓ 右大臣の下に位する大臣。左・右大臣ともに出仕しないとき、その職務をおこなう。左・右どちらかの大臣が在勤するときは、無任所相の形となる。もともと大宝令以前からあり、左・右大臣よりも上席だったが、大宝令では置かれなかった。しかし、光仁天皇のとき(七七七)復活され、以後は左・右大臣よりも下位となった。やまとことばで「うちのおほいどの」「うちのおとど」等、漢語で「内府(だいふ・ないふ)」という。

ない ふ【内府】 Ⓓ ↓だいふ。「かの朝臣(=孝道)を弓場殿の方へ召して、坊門の—(=信清)をもて申す所のゆゑ(=孝道ノ言イブンヲ)御尋ねありければ」〔著聞・宿執〕

なう【〈喃〉】(ノウ) Ⓓ《感》❶呼びかけの語。ねえ。もしもし。「—(=モシモシ)、その衣はこなた(=ワタシ)のにてさうらふ」〔謡・羽衣〕 ❷感動の意をあらわす。おお。ああ。「—(=アア)、親類とても親とても尋ねぬこそ理(ことわり)なれ」〔謡・隅田川〕

なう なう【〈喃喃〉】(ノウノウ) Ⓓ《感》❶呼びかけの語。おーいおーい。もしもし。「—(=オーイ)あれなる(=ソコノ)船に便船申さう(=乗セテクレ)」〔謡・碇潜〕《↑男性》「—(=モシモシ)あれなる(=ソコニイラッシャル)御僧」〔謡・東北〕《↑女性》 ❷安心したときの語。やれやれ。「—うれしや」〔狂・末広がり〕

なえ ば・む【萎えばむ】 Ⓔ《自四》やわらかになる。「人々(=女房タチ)の姿も、—・みたる(=ノリケノトレタ状態ガ)

うちまじりなどして」〔源氏・宿木〕《晴れの場合はのりのきいた衣装を着るが、ふだんは、ごわごわしていなくなった着物のほうが、くつろいだ感じで、スマートに見られたらしい。「萎えばみたる」は必ずしも批判的な言いかたではない》

なか【中】Ⓑ ❶多くの物事のうちの一部分。《英語のamongにあたる》「女御・更衣あまたさぶらひたまひける―に(=タクサン帝ニオ仕エナサッテイタ、ソノ一人ニ)」〔源氏・桐壺〕 ❷うち。《英語のinまたはwithinにあたる》「かばかりの―に(=コンナ深イ悲シミノウチニアッテ)何かはと(=ソレガドウイウノダト)、人の心はなほ(=ヤハリ)うたておぼゆれ(=情ケナク思ワレル)」〔徒然・三〇段〕 ❸なかま。《英語のcircleにあたる》「上手の―にまじりて、そしり笑はるるにも恥ぢず、つれなく過ぎたしなむ(=平気デヤリスゴシ、ハゲム)」〔徒然・一五〇段〕 ❹【仲】間がら。関係。《英語のrelationshipまたはfriendshipにあたる》「むつましき(=親密ナ)―にたはぶるるも(=フザケ遊ブ場合デモ)、人をはかり(=ダマシ)あざむきて(=バカニシテ)、おのれが智のまさりたる事を興とす、これまた礼にあらず」〔徒然・一三〇段〕 ❺中の位。中等。《英語のmiddleにあたる》「その(桜ノ)木のもとに(馬カラ)おりゐて、枝を折りてかざしにさして(=頭ニカザリニサシテ)上(かみ)・―・下(しも)みな歌よみけり」〔伊勢・八二段〕 ❻中旬。「如月(きさらぎ)の―の五日(=二月一五日)は、鶴の林にたきぎ尽きにし日なれば(=釈尊ガナクナラレタ日ナノデ)」〔増鏡・序〕 ❼女のきょうだいの中の二番め。《全体で何人いようとも、常に二番めだけを「中」と称した》「この(=雲居雁ノ)御腹には、太郎君・三郎君・四郎君・六郎君・大(おほい)君・―の君・四の君・五の君とおはす」〔源氏・夕霧〕 ❽【仲】江戸の吉原・大阪の新町の遊郭をいう。「それぞれそこへ縞縮(しまちぢみ)に鹿の子の帯、たしかに―の風と見た(=新地ノスタイルニチガイナイ)」〔近松・油地獄・上〕 **―のきみ**中の君 Ⓔ 《連語》第二番めの姫君。↓なか⑦。

なが‐え【轅】Ⓓ 牛車(ぎっしゃ)または輿(こし)の前部についている二本の棒。「―を板敷き(ノエンガワ)にひきかけて(車ヲ)立てたり」〔蜻蛉・上〕「長刀(なぎなた)の柄も輿の―も砕けよと(=ツブレソウナホド)取る(=ニギル)ままに」〔平家・一行阿闍梨〕

〔ながえ〕

なか‐がき【中垣・中墻】Ⓔ 隣家などとの間をへだてるための垣根。「鷹にかはむとて(=エサニヤルタメ)生きたる犬の足を斬りはべりつるを、―の穴より見はべりつる」〔徒然・一二八段〕

なか‐ごろ【中頃・中比】Ⓓ 話主の時点から古代と意識される時代よりもすこし後のむかし。かなり以前。「―小野の小町とて、みめかたち世にすぐれ、情けの道(=風流ノ方面モ)ありがたかりしかば(=メッタニナイホドダッタノデ)、見る人聞く者、肝(きも)魂をいたましめずといふことなし(=ダレモカレモヒキツケラレタ)」〔平家・小宰相身投〕

なが・す【流す】Ⓑ《他四》 ❶㋑液体の移動をおこさせる。「説法いみじくして(=アリガタクテ)、みな人涙を―・しけり」〔徒然・一二五段〕「恥ぢ恐るることあれば、必ず汗を―・すは、心のしわざなり」〔徒然・一二九段〕㋺液体の表面を移動させる。「蛇(くちなは)をば大井川に―・してけり」〔徒然・二〇七段〕 ❷広く世間に伝える。評判を世間に広める。「(六条御息所ハ)心うき名をのみ―・して(=ツライ評判バカリ世ニ広メテ)、あさましき身のありさまを(=ソレデイテ源氏ニハ捨テラレタトイウアキレタ身ノアリサマナノニ)…おきふし(=朝晩)嘆きたまふ」〔源氏・賢木〕 ❸流罪に処する。「(道真公ヲ)大宰の権(ごん)の帥(そち)になしたてまつりて、(公ハ)―・されたまふ」〔大鏡・時平〕 ❹(あずけた物の)所有権を解消させる。「その質は半年前に―・したといふ」〔浄・歌祭文・長町〕 ❺《近世語》(聞いたり知ったりしながら)そのまま放任しておく。「いやもう、さう問はれては(ドウモ答エヨウガナイ)。この藤作も―・さにゃならぬ(=答エナイデオクヨリショウガナイ)」〔浄・布引滝・四〕 ❻《近世語》居続ける。「長く居なさんな。息子株ぢゃあるめえし、―・せばとっても(=長居ヲシツヅケルトイッタッテ)ほどがあらあな」〔三馬・床・初ノ上〕

なが‐そで【長袖】Ⓔ 武家時代に、武事にたずさわらず、長袖の着物を着ていた人。すなわち、公家(くげ)・神官・僧・医者・学者など。文弱者をあざけってよぶのにも用いた。「―(=医者)なれども忠義は忘れぬ大場道益、知行(ちぎやう)にほだされ非義・非道に与(くみ)せむや(=加ワロウカ、加ワルモノカ)」〔浄・先代萩・三〕「―(=絵カキ)なれば流罪に行ひ申したし」〔近松・反魂香・中〕

なか‐ぞら【中空】Ⓓ ㊀❶空のあまり高くない所。「雲となり雨となるてふ―の夢にも見えよ夜ならずとも」〔新勅撰・恋三〕 ❷中間。「(釈迦(しゃか)トイウ)月は入り(弥勒(みろく)トイウ)朝日はまだき(=マダ現レナイ)―の暗きにまどふ人ぞ悲しき」〔新続古今・釈教〕 ㊁《形動ナリ》 ❶(心が)落ち着かない。「昨夜(よべ)は御供にと思ひしを、あさましく(=意外ニモ)上の許させたまはずなりにしかば、―・になむ(=胸中オダヤカデアリマセン)」〔宇津保・国譲下〕 ❷中途はんぱだ。どっちつかずだ。「―・なるわざかな。(帰ロウニモ)家路は見えず、(ソレカトイッテ)霧の(タチコメテイル)籬(まがき)(=オスマイ)は、立ちとまるべうもあらず(=腰ヲスエ

テイラレソウモナク)やらはせたまふ(=オセキ立テニナル)」〔源氏・夕霧〕

ながぢ【長道・長路】(ージ) Ⓔ 長い道のり。長途。「天ざかる(=枕詞)ひなのーゆ(=イナカカラ長ノ道中ズット大和ヲ)恋ひ来れば明石(あかし)の門(と)より(=海峡カラ)大和島見ゆ」〔万葉・巻三〕《上代は「ながち」か》

なかつかさ【中務】Ⓓ ❶[略]中務省。❷中務省の役人。

――きゃう 卿(ーキョウ) Ⓓ 中務省の長官。「なかつかさのかみ」とも。正四位の相当官だが、仁明天皇ごろから親王を任ずることが多くなり、ついには親王のみを任じ、その適格者がないときは欠員とした。親王の中務卿を「中書王(ちゅうしょおう)」という。

――しゃう 省(ーショウ) Ⓓ 詔勅・宣命・位記・叙位・諸国の戸籍・僧尼の名帳などをつかさどる役所。平安時代には、左右大舎人(おおとねり)・図書(ずしょ)・内蔵(くら)・縫殿(ぬいどの)・陰陽(おんよう)・内匠(たくみ)の七寮と中宮職とを含む。長官を卿(きょう)、次官を大輔(たゆう)・少輔(しょう)、三等官を大丞(だいじょう)・少丞(しょうじょう)、四等官を大録(だいさかん)・少録(しょうさかん)といった。そのほか、侍従・内舎人(うどねり)・内記・監物(けんもつ)等の役がある。嵯峨天皇の弘仁元年(八一〇)に蔵人所がおかれてからは、実権がだんだんそちらへ移り、有名無実のような形になっていった。

ながつき【長月】Ⓓ 旧暦九月の別名。[参]むつき。「秋ー甲子朔辛未、天皇崩(かみあがり)したまひぬ」〔紀・懿徳・訓(北野本)〕《「ながつき」は「九月」の訓》「菊の花ーごとに咲きくれば久しき心あきや知るらむ」〔後撰・秋下〕

ながて【長手】Ⓔ 遠く長い道。遠い道のり。「常知らぬ(=平素知ラナイ)道のーをくれくれと(=暗イ気持チデ)いかにか行かむ(=ドノヨウニシテ行コウカ)糧米(かりて)は無しに(=食糧モナクテ)」〔万葉・巻五〕

なかなか【中中】Ⓐ [一]《形動ナリ》❶どっちつかずだ。中途はんぱだ。《「なまじっか…でなければ、かえってよいほどだ」という余情がある》「(シッポリ語リ明カスノニハ)あやにくなる短夜にて(=意地悪イ夏ノ夜デ)、あさましう(=マッタクノトコロ)ー・なり(=会ワナイ方ガマシナホド中途ハンパダ)」〔源氏・若紫〕❷してみてもばからしい。…しても無益だ。「(隆家ノ無神経ブリヲ頼忠ハ)あさましとおぼせど(=不愉快ダトオ思イニナルガ)、ー・なる事なれば(=言ッテミテモムダナノデ)言(こと)多くものたまはせで、ただ『なさけなげなる男にこそありけれ』とばかりぞ申したまひける」〔大鏡・頼忠〕[二]《副》❶なまじいにそうするより。「あな見ぐるし。ー入れで(=ナマジッカコノ中ニ鏡ヲ入レナイデ)持たせたまへれ(=オ持チニナッテイラッシャイ)。いとうたてげにはべる(=コノ箱ハヒドクキタナラシュウゴザイマス)」〔落窪・巻一〕❷かえって。反対に。「(尼ニナッタ女性ガ)をりをりごとに(=ソノタビソノタビニ)え念じえず(=ガマンデキナイデ)、くやしき事多かめるに、仏もー(=カエッテ出家シナイ時ヨリモ)心ぎたなしと見たまひつべし」〔源氏・帚木〕❸《中・近世語》ずいぶん。相当に。よほど。「(命令ヲ)承りて、ー彼がゆかりを尋ねて、母の尼公が家を暁・夕暮れごとにうかがひけり」〔著聞・興言利口〕「(ワタシトアナタガ)ーなじみて後(=カナリニ深イ仲ニナッテカラ)『近づきの呉服屋あるか(=着物ヲ買ッテチョウダイヨ、ネ)』など御たづねありても、絹一疋、紅(もみ)半反、かならず請け合ひはならず(=買ッテアゲルトハ保証シマセン)」〔西鶴・一代女・巻二ノ四〕❹《否定文のなかで》どうにも(…できない)。とても(…ない)。「(捕ラエラレタ景清ニ)番も警固もつけざれど、ー五体はたらかず(=動カセナイ)」〔近松・出世景清・四〕[三]《感》《中世の口語》相手に肯定の意を示す。いかにも。もっとも。そのとおり。「『武悪は何とした』『まんまと討ちましてござる』『や、何、討った』『ー』」〔狂・武悪〕《名詞の用法を立てる説もあるが、その唯一の例「葛城や久米路にわたす岩橋のなかなかにても帰りぬるかな」〔後撰・恋五〕は、「岩橋の」までが序詞であって、形容動詞「なかなか」を呼び出すため同音の「なか」を掛け詞に用いたもの。「なかなかに」という名詞の存在を示す例にはならない。よって省く》

――に Ⓑ《副》❶(なまじっか…でなく)いっそのこと。「ー君に恋ひずは(=ナマジアナタニ恋ナドシナイデ、ムシロ)比良の浦のあまならましを(=漁夫ニナレバヨカッタノニ)玉藻刈りつつ」〔万葉・巻一一〕❷それとは逆に。反対に。「(アナタトワタシガ)言(こと)絶ゆる(=会話デキナイ)うつつや何ぞ(=現実ナンカツマラナイワ)ー夢は通ひ路ありといふものを」〔蜻蛉・上〕

ながびつ【長櫃】Ⓓ 長い、ふたのある長方形の大きな入れ物。二人でかついで持ち運びする。入れるのは、食物から衣類あるいは植木などまで各種であった。「鮒(ふな)よりはじめて、川のも海のも、他物(こともの)ども、ーに(=入レタノヲ)になひつづけて、おこせたり(=贈ッテクレタ)」〔土佐〕「萩(はぎ)・薄(すすき)など植ゑて見るほどに、ー持たる者、鋤(すき)などひきさげて、ただ掘りに掘りて往ぬる」〔枕・九五段〕

なかびと【中人・媒】Ⓔ 間に立ってとりもちする人。なこうど。「古りにし我を(=イイカゲン年ヲトッタボクナノニ)誰ぞこのー立てて御もと(=ソノ女性)の容貌(かたち)消息し(=手紙ヲヨコシ、アルイハ)訪(とぶら)ひに来るや」〔催・朝津〕

なが・む Ⓐ《他下二》[一]【眺む】❶㋑ぼんやり何かを思いながら見やる。「昼はつくづくとー・め暮らして」〔源氏・若紫〕㋺ぼんやり見ている。「あまりにー・めゐて(=手出シヲセズニイテ)、味方の弱りしいだしたらむも(=不利ヲマネクヨウデモ)よしなし(=ツマラナイ)」〔太平・

巻八ノ三〕 ❷遠くをみる。見わたす。「ほととぎす鳴きつる方を—・むればただ有明けの月ぞ残れる」〔千載・夏〕 ㊁【詠む】 ❶《声を長く引くの意から》詩歌をよみあげる。吟じる。「『桜散る木の下風は寒からで』と、末の『で』文字を長々と—・めたるに」〔無名抄・三二〕 ❷《転じて》詩歌を作る。「月やあらぬ、春や昔と—・めしも、いつのころぞや」〔謡・井筒〕

なかむかし【中昔】Ⓓ 過去の時代を三分し、その中間の時期。「—のことにやありけむ、河内の国、交野の辺に備中の守さねたかといふ人ましましける」〔伽・鉢かづき〕

なかやどり【中宿り】Ⓔ 途中で宿泊すること。またはその宿所。「（初瀬モウデノ）帰りの—には（ワレワレガ）かうむつびはべるも（＝コンナニ仲好クシマスノモ）、ただすぎにし（＝ナクナラレタオ方ノ）御けはひ（＝御様子）を尋ねきこえらるるゆゑになむはべるめる」〔源氏・宿木〕

なから【半ら】Ⓓ ㊀❶半分。物のなかば。「（昔ノ連歌ハ）ただ上の句にても下の句にてもいひかけつれば（＝一人ガヨミカケタラ）いま—を付けけるなり（＝モウ一人ガソノ残リ半分ヲ付ケタモノダ）」〔連理秘抄〕「足を砂子に脛（はぎ）の—ばかりふみ入れて」〔宇治・巻三ノ四〕 ❷中心。まんなか。「『道長が家（ノ血縁関係）よりみかど・きさき立ちたまふべきものならばこの矢あたれ』とおほせらるるに、同じものを（＝同ジアタルトイッテモ）—にはあたるものかは（＝コレホドミゴトニ命中スルモノカナア）」〔大鏡・道長〕 ㊁《副》半分まで。大半は。おおかたは。「いろいろの衣（きぬ）どもこぼし出でたる人の、簾をおし入れて、—入りたるやうなるも」〔枕・七六段〕

ながら Ⓐ ㊀《接助》《動詞・動詞型助動詞の連用形および形容詞・形容動詞・形容詞型助動詞の語幹（シク活用は終止形）および体言・体言あつかいの語に付く》❶《順接》《「つつ」に類似》㋑行為・状態が同時に継続している意を表す。…（の）ままで。…なりに。「花いろいろに咲き乱れたるを見やりて、臥（ふ）し—かくぞ言はるる」〔蜻蛉・上〕㋺両様の事がならびおこなわれる意を表す。…しつつ一方では。「天皇、喜び—（娘ヲ）輿に乗せて宮にゐて（＝連レテ）帰りたまひぬ」〔今昔・巻一〇ノ七〕 ❷《逆接》《「ものから」「ものの」と類似》確定条件を示し相いれない事がらが同時に存在している意を表す。…（な）のに。…（の）くせに。…ではあるが。「『かくなむ』と聞こえまほし—（＝申シアゲタク存ジテイマシタガ）、つつましき（＝遠慮サレル）事多くて」〔落窪・巻一〕「我、人を殺すことありき。しかるに、張良、そのことを知り—今に人に語らず」〔今昔・巻一〇ノ三〕 ㊁《副助》《体言・副詞に付く》全部であることを表す。…ともに。…そっくり。…ぐるみ。《この用法は接尾語とする説もあり、また接続助詞に含める説もある》「二人—その月の十六日に亡くなりぬ」〔蜻蛉・下〕「（蛇ガ入ッテイルノデ）壺—遠く捨てむ」〔今昔・巻一九ノ二一〕

なからひ【仲らひ・中らひ】（－イ）Ⓓ 夫婦・血縁・友人などの人間関係。あいだがら。「親に知られて（＝公然ト）うちとけたる—（＝夫婦関係）にもあらねど」〔今昔・巻一九ノ五〕

ながら・ふ【永らふ・存らふ】（－ラ〈ロ〉ウ）Ⓓ《自下二》❶生きていて長い年月を過ごす。生きながらえる。「—・へばまたこのごろやしのばれむ憂しと見し世ぞ今は恋しき」〔新古今・雑下〕 ❷その状態が長い間続く。長続きする。「いと忍びて見そめたりし（＝コッソリ関係ヲ持チ始メタ）人の、さても、見つべかりしけはひ（＝ソノママ世話シテヤッテモヨイ様子）なりしかば、—・ふべきものとしも思ひたまへざりしかど」〔源氏・帚木〕

なが・る【流る】Ⓑ《自下二》❶㋑液体が移動する。「水の—・れたる所にて」〔徒然・一一四段〕㋺液体によって移動させられる。「もみぢ葉の—・れざりせば龍田川水の秋をばたれか知らまし」〔古今・秋下〕《比喩的にも使う。↓》「天の川雲のみをにて早ければ（＝雲ノ水脈デ早イカラ）光とどめず月ぞ—・るる」〔古今・雑上〕 ❷（時間が）経過する。「—・れての（＝後代ニナッテノ）物語ともなりぬべき（＝話ノ種トナルニチガイナイ）事なり」〔更級〕 ❸生きながらえている。「—・れての頼めむなしき（＝将来ノ期待モダメデアル）竹河に世はうきものと思ひ知りにき（＝コノ世ハツライモノトワカッタ）」〔源氏・竹河〕 ❹次第に広まって行く。「目の前なる人のうれへをやめ（＝手近ナ所ノ人ノ心配ヲナクシ）、めぐみをほどこし、道を正しくせば、その化（＝感化ガ）遠く—・れむ」〔徒然・一七一段〕 ❺㋑漂泊する。さすらう。「（筑紫ヘト）—・れゆく我は水屑（みくづ）となりはてぬ君柵（しがらみ）となりてとどめよ」〔大鏡・時平〕㋺流罪になる。「天気（てんけ）の（＝天皇ノオ咎メヲ受ケタ）人々—・るるとののしる」〔蜻蛉・中〕 ❻力がはいらず、しっかりしない。ふらつく。「そちが嘆く体（てい）を見ては、腕が—・れて、なかなか（＝カエッテ）斬られさうにもないよ」〔狂・武悪〕 ❼（あずけた物の）所有権がなくなる。「『徳政（＝債務解消令）の札立ちたる（＝公布サレタ）うへは、この（アズカッタ）刀も—・れたるなり。さらさら（＝ゼッタイ）返すまじき」〔咄・醒睡笑・巻四〕

なかれ【勿れ・莫れ・毋れ】Ⓒ《形ク命令》《「なくあれ」がつまった形》禁止する意に用いる。（…しては）ならない。（…するな。「（タトエ）恥にのぞむといふとも（＝ハズカシメヲ受ケテモ）怒り恨むること—」〔徒然・二一七段〕

ながれ【流れ】Ⓒ ❶液体がある方向に動くこと。「大河の—早く底深かりければ」〔沙石・巻三ノ一〕 ❷（杯の酒の)残り。「―をいただいて颯(たう)へ」〔狂・福祭〕 ❸流派。「(定家ノ子孫ガ)二条・冷泉両派と別れ、為兼一流とて、三の―ありて」〔正徹物語・上〕 ❹血すじ。血脈。「兄弟多くおはせしに、この大臣(=道長)の―ひとつに、摂政・関白はしたまふぞかし」〔神皇正統記・中〕 ❺遊女。あそびめ。「―の身として、男よくて(=ハンサムナノデ)なづむ(=ホレコム)事にはあらず」〔西鶴・一代女・巻一ノ四〕

なかんづく【就中】(-ズク) Ⓔ《副》中でもことに。中でもとりわけ。「―昔の上手たちも、宿老の(=年長ニナッテ)後こそ、劫(こふ)も重なりたまひて(=修行ノ成果モアガッテ)、名誉もあり、名歌もありしか」〔落書露顕〕

なぎなた【長刀・薙刀】Ⓓ ❶長い柄に幅の広い刀のついた武器。近世は多く婦人に用いられた。「腹巻(=ヨロイ)着て、太刀(たち)脇ばさみ、―杖につき、待ちかけたり(=待チウケテイタ)」〔義経・巻三ノ六〕 ❷(はき古した草履(ざうり)が)長刀のような形になること。「やうやう―の草履をぬいで」〔近松・阿波鳴渡・上〕

〔なぎなた❶〕

なく Ⓑ《連語》《否定の助動詞「ず」の古代未然形「な」に接尾語「く」の付いた形》㋑上の用言を体言化する。…ないこと。「足柄の箱根の山に粟まきて実とはなれるを(=ミノッタヨウニ恋ハ成就シタノニ)逢は―もあやし(=イマ会エナイノハ変ダ)」〔万葉・巻一四〕㋺《文末にあって》強調的余情を残す言い切りとなる。…ないこと(だなあ)。「他国(ひとくに)に君をいませて(=アナタヲオ置キシテ)いつまでか吾(あ)が恋ひをらむ時の知ら―(=期限モワカラズニ、マア)」〔万葉・巻一五〕(参)-く。 **―に** Ⓑ《連語》㋑…ないことだのに。…ないのに。「安積(あさか)山影さへ見ゆる山の井の(ヨウニ)浅き心をわが思は―(=浅イ心デアナタヲ思ッテハイナイノニ)」〔万葉・巻一六〕㋺…ないことだから。…でない以上は。「今さらに君はい行かじ(=帰ロウトハナサルマイ)春雨の(アナタヲ帰サナイタメ降ッテイル)心を人の知らざら―(=アナタハゴ存ジナイワケデアリマセンカラ)」〔万葉・巻一〇〕㋩…ないことだなあ。「風吹けば黄葉(もみち)散りつつ(=シキリニ散ッテ)すくなくも(=スコシバカリノ)吾(あが)の松原(ハ)清から―(=美シサデハナイコトダ)」〔万葉・巻一〇〕《「すくなくも」は「清からなくに」を修飾する》

なげ【無げ】Ⓒ《形動ナリ》❶何もないようすだ。何もなさそうだ。「かく口惜しき(=ツマラナイ)際(きは)の者だに、もの思ひ―にて(=別ニ心配モナイヨウスデ)つかうまつるを」〔源氏・澪標〕 ❷うわべだけ。いいかげん。「今は―の情けを(=オザナリノ好意ダッテ)かけたてまつる者は、たれか一人もありし」〔保元・下・八〕

なげか・し【嘆かし・歎かし】Ⓒ《形シク》嘆かれることである。嘆かわしい。つらい。「うたて(=イヤダワ)、をりしも(=チョウドアンナ時ニ)、などて(=何ダッテ)さはありけむと(=アンナ事ニナッタノダロウト)いと―・し(=ツラクテタマラナイ)」〔枕・一八四段〕

なげき【嘆き・歎き】Ⓑ ❶《「長息」の連音変化で》長い息をはくこと。ためいき。「(コノオ宅ハ)わび人の住むべき(=オ住ミニチガイナイ)宿と見るなべに(=見テイルト)―加はる琴の音ぞする」〔古今・雑下〕 ❷㋑悲嘆。「時なりける人の(=羽ブリノヨカッタ人ガ)にはかに時なくなりて(=回リ合ワセガ悪クナッテ)なげくを見て、みづからの(=自分自身ノ)―もなく、よろこびもなきことを思ひてよめる」〔古今・雑下・詞〕㋺迷惑。「人のため(=世人ニトッテ)―とあるべき事をば直させたまひ(=オトリナシニナリ)」〔大鏡・師輔〕 ❸切実な願い。嘆願。「量(かは)っても量られぬ親の―を思ひやれ(=苦シイ願イヲ想像シテミロ)」〔近松・寿門松・中〕

なげ・く【嘆く・歎く】Ⓑ《自四》❶(気がはればれせず)ためいきをつく。「白玉(ノ飾リ)を手にはまかずに箱のみに置けりし人そ玉―・かする」〔万葉・巻七〕「つれもなき人をこふとて山びこのこたへするまで―・きつるかな」〔古今・恋一〕 ❷悲しみにしずむ。もの思いにしずむ。「―・きつつわが世はかくてすぐせとや胸のあくべき(=気ガハレル)時ぞともなく」〔源氏・賢木〕「―・かじとつつみし(=人目ニ見セズニイタ)ころの涙だにうちまかせたる(=ヒトトオリノ)ここちやはせし」〔山家・下〕 ❸㋑ひたすらこい願う。哀願する。「故池殿のあながち(=シイテ)―・きのたまひし間、(頼朝ノ死罪ヲユルシテ)流罪に申しなだめたり(=減刑サレタ)」〔平家・早馬〕㋺(困っている事情を訴えて)配慮をたのむ。(何とかしてほしいと)依頼する。「装束牛車もなかりければ…『かかる事(デ困ッテイル)』と―・きつかはしたれば、牛車・雑色(ざふしき)・装束ども(ヲ)急ぎつかはしたり」〔盛衰・巻一二ノ五〕「草刈るをのこに―・きよれば(=近ヅイテイッショケンメイ頼ムト)」〔芭蕉・奥の細道〕 ❹深く思う。思いこむ。「奉公人は、一向に(=ヒタスラ)主人を大切に―・くまでなり(=思イ詰メサエスレバヨイノダ)」〔常朝・葉隠・聞書一〕

なげし【長押】Ⓓ 寝殿造りで、母屋(もや)と廂(ひさし)などの境として、柱と柱との間の鴨居(かもい)、または敷居にそえ

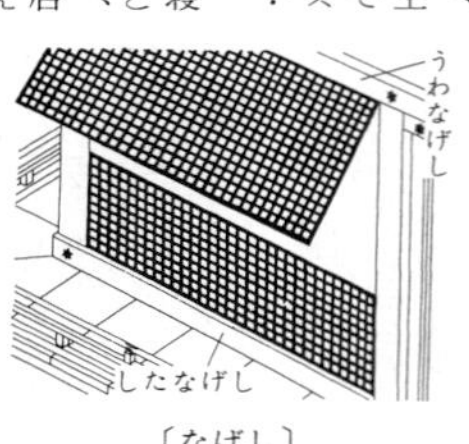

〔なげし〕

て装飾のために横にわたした材。鴨居にそえたのを上(わう)長押、敷居にそえたのは下(した)長押といった。現在では上長押だけをいうが、昔は下長押をいう場合が多かった。「廂の簾(す)高うあげて、―の上に、上達部(かんだちめ)は奥に向きてながながと(ナランデ)ゐたまへり」〔枕・三五段〕

なご・し【和し】Ⓔ〔形ク〕なごやかである。おだやかである。のんびりとしている。「このごろ…暖かにもあらず、寒くもあらぬ風、梅にたぐひて(=梅ノ香ニトモナッテ吹イテ来テ)鶯(うぐひす)をさそふ。にはとりの声など、さまざま―う聞こえたり」〔蜻蛉・下〕

なごり【〈名残〉・余波】Ⓑ❶(「波残り」の意)潮がひいたあと、浜にあちこち残っている海水や海藻。「名児(なご)の海の朝明(あさけ)の―(=夜明ケノ浜ベニ残サレタ藻ナドガ)今日もかも磯の浦廻(うらみ)に乱れてあらむ」〔万葉・巻七〕❷風がはげしく吹いたあと、しばらく静まらない海面。またはその波。「伊勢の海―を高みわぶる(=困ッテイル)漁夫(あま)ももの思ふことはえしもまさらじ」〔元真集〕❸ある事がらが終わったあとまで残っている影響。残りの風情(ふぜい)。残りの趣。「さくら花ちりぬる風の―には水なきそらに波ぞたちける」〔古今・春下〕「さすがに春の―も遠からず、つつじ咲きのこり」〔芭蕉・幻住庵記〕❹㋑別れたあとまで忘れられない思い。「しめやかにもあらで(=ユックリト落チツイテモイラレナイデ宰相ガ)帰りたまひぬる―(=京ヘオ帰リニナッタアト、アレコレト思イガ胸中ニ去来シテ)、いと悲しうながめ暮らしたまふ(=イッソウ悲シミニ沈ンデバカリイラレル)」〔源氏・須磨〕㋺別れに際し、つらさを述べること。「女房の歌は、大方の(=アリフレタ)―にて(=惜別ノ歌デ)、さる事なれども(=当然ノ内容ダケレド)」〔盛衰・巻二三ノ四〕❺それきりで別れること。「童の法師にならむとする―(=オ別レ)とて、おのおのあそぶ事ありけるに」〔徒然・五三段〕❻残余。のこり。「暁がたより、さすがに音なくなりぬるこそ、年の―も心ぼそけれ」〔徒然・一九段〕❼死後にのこされた子孫。「いはけなかりけるほどに、(ワタシヲ)思ふべき人人の、うち捨ててものしたまひにける―(=母ヤオバアサンガ私ヲ残シテオナクナリニナッテ、アトニ残ッタ私ヲ)はぐくむ人あまたあるやうなりしかど」〔源氏・夕顔〕❽最終。おしまい。「(演能ニオケル)急と申すは(連歌ディエバ)揚げ句の義なり。その日の―なれば、限りの(=エピローグニフサワシイ)風なり」〔花鏡〕❾(略)名残の折。連歌・俳諧は四枚あるいは二枚の懐紙の表裏に書くが、その最終の懐紙を「名残の折」という。「(俳諧連歌ノ)一巻、表より―まで一体(=同ジョウナ表現)ならむは、見ぐるしかるべし」〔去来抄・修行〕

なごり な・し【〈名残〉無し】Ⓒ〔形ク〕❶あとかたもない。きれいさっぱりだ。「―・き(=アッサリシタ)御心かな」〔堤・掃墨〕❷残るところがない。完全だ。「つくづくと目をのみさまして、―・く(=スッカリ)うらめしく思ひ臥(ふ)したるほど」〔和泉日記〕❸心がひかれない。未練なしだ。「(ソノ人ハ)若うにほひやかに(=キレイダシ)愛敬づきて(=魅力的デ)常に遊びがたき(=相手)にてはあれど、―・くこそ(=チットモ心ヲヒカレマセン)」〔堤・はなだ〕

なさけ【情け】Ⓑ❶㋑人間らしい感情。とくに情愛、思いやり。「法顕(ほっけん)三蔵の天竺(てんぢく)にわたりて、故郷の扇を見ては悲しび、病に臥(ふ)しては漢の食(じき)を願ひたまひける事を聞きて…弘融僧都『優に(=ヤサシクモ)―ありける三蔵かな』といひたりし」〔徒然・八四段〕㋺慈悲心。恩情。「さすがいやしき畜生ゆゑ、―を仇にて報ぜしと、世に取り沙汰(=ウワサ)をせられては、わが身ばかりの恥ならず」〔風来・根南志具佐・巻五〕❷㋑男女の愛情。「(源氏ハ)中将・中務やうの人々には(=女房タチニハ)、ほどほどにつけつつ(=ソレゾレノ程度ニ応ジ)―を見えたまふに(=愛情ヲ示シナサルモノダカラ)、御いとまなく(=家ノ中ノ事ニイソガシク)て、ほか歩きもしたまはず」〔源氏・澪標〕㋺色ごと。情事。「東育ちのすゐずゐの女は…心に如才もなくて(=実直デ)、―にうとし(=色恋ノ方面ハ不得手ダ)」〔西鶴・一代女・巻一ノ三〕❸㋑風流心。風雅を愛する心。「さても(=ソレニシテモ)ただ今の御わたりこそ(=今ノ場合ノヨウナ心セワシイトキノ御来訪ハ)―もすぐれて深う、あはれもことに思ひ知られて、感涙抑へ難うさうらへ」〔平家・忠度都落〕㋺情趣。ふぜい。おもむき。「ものの―知らぬ山賤(やまがつ)も、花の影にはなほ休らはまほしきにや」〔源氏・夕顔〕

――あ・り 有り Ⓒ〔連語〕❶㋑ほんとうに相手の事を思う。「人の友とある(=友人タル)者は、富めるを尊み、ねむごろなる(=物ナドヲクレテ付キアイノヨイ者)を先とす。必ずしも―・るとすなほなる(=正直ナノ)とをば愛せず(=喜ビハシナイ)」〔方丈〕㋺恩情がある。いつくしむ心がある。「かく―・るわが君と知らで狙(ねら)ひ申せし景清が所存のほどこそくやしけれ(=後悔サレル)」〔近松・出世景清・五〕❷風流心がある。情趣を解する。「―・る友こそ難き(=ナカナカ無イ)世なりけれひとり雨きく秋の夜すがら」〔落書露顕〕

なさけ なさけ・し【情け情けし】Ⓔ〔形シク〕情愛が深いようすだ。「この人の何心なく若やかなるけはひも(源氏ニトッテ)あはれなれば(=カワイイノデ)、さすがに―・しく(将来ヲ)契りおかせたまふ(=オ約束ナサル)」〔源氏・空蝉〕

なさけ な・し【情け無し】Ⓒ〔形ク〕❶同情心がない。情味にかけている。「こと人は(=ホカノ子タチハ)いと―・し」〔伊勢・六三段〕❷ふぜいがない。興趣がない。「すきたまはざらむも(=モシ浮気ヲナサラナイトシタラソレモ)―・くさうざうしかるべしかし(=モノ足リナイダロウネ)」〔源氏・

な

夕顔〕 ❸あさましい。あきれかえるばかりだ。「この(=万事ヲ捨テテ修行ニ没入ショウトイウ)心を得ざらむ(=ワカラナイヨウナ)人は、物狂ひともいへ、うつつなし(=正気デナイ)—・しとも思へ。そしるともくるしまじ(=苦ニシマイ)、ほむとも聞き入れじ」〔徒然・一一二段〕

なじか は【何かは】Ⓓ〘副〙❶なぜに。どういうわけで。「あまりに供米(くまい)の不法にて(=ヒドクテ)ただぬかのみ多くさうらへば、それを干させむとて置きたるものを(=箕(み)ナドヲ)、いかで取り捨てさうらふべき。—さらば(=ソレヲ捨テロトイウノナラ、ドウシテ)不法の供米を下し行はせらるる(=下サッタノデスカ)」〔著聞・興言利口〕 ❷〘反語〙どうして(…だろうか、そうではない)。「捨身の行(=仏道修行)に—御身を惜しませたまふべき(=タメラッテヨイモノデショウカ=イケマセン)」〔平家・大原御幸〕〘①②とも why で英訳できる〙

なし つぼ【梨壺】Ⓓ 内裏の後宮の殿舎の一。中庭に梨が植えてあるので、こうよぶ。正式の名は昭陽舎。桐壺の南、賢所(かしこどころ)の北にある。東宮などの住む所。

-なす Ⓑ〘接尾〙体言に付いて「…のように」「…のような」の意を表す。「さばへ—(=蝿(はへ)ノヨウナ)」「くらげ—(=クラゲミタイニ)」「泣く児—(=ムズカル子ドモノヨウニ)」等。「…真玉—(=宝石ノヨウニタイセツニ)わが思ふ妹も鏡—わが思ふ妹もありといはばこそ(=生キテイレバコソ)国にも家にも行かめ(=帰ロウガ)誰がゆゑか行かむ(=ソウデナクテダレユエニ帰ロウカ)」〔万葉・巻一三〕

な・す【寝す】Ⓓ〘古代語〙㊀〘自四〙「寝(ぬ)」の尊敬語。おやすみになる。「奥山のま木の板戸をとどとして(=ゴトゴト押シテ)わが開かむに(=私ガアケタラ)入り来て—・さね(=共寝ヲナサイヨ)」〔万葉・巻一四〕 ㊁〘他四〙ねむらせる。やすませる。「…眼間(まなかひ)に(子ノ姿ガ)もとな(=ヤタラニ)かかりて(=チラツイテ)安寝(やすい)し—・さぬ(=安眠ヲサセナイコトダ)」〔万葉・巻五〕

な・す【為す】Ⓐ〘他四〙❶(…を)とりおこなう。(…を)する。「水・火・風はつねに害を—・せど、大地にいたりては異なる変を—・さず」〔方丈〕 ❷転用する。(…を)…としてつかう。「高山をへだてに—・して沖つ藻を枕に—・して…」〔万葉・巻一三〕「夜を昼に—・して(=夜昼ノ別ナク)取らしめたまふ(=子安貝ヲオ取ラセニナル)」〔竹取〕 ❸(あるものを)他のものに変える。(…を)…にする。「形こそ(=見タ目ハナルホド)み山がくれの朽ち木なれ(=ノヨウニミットモナイワタシダガ)心は花に(=リッパナ美シサニ)—・さばなりなむ」〔古今・雑上〕 ❹役職につける。任命する。「筑紫のおはしまし所は(=道真公ノ旧跡ハ)安楽寺といひて、おほやけより(=朝廷カラ)別当・所司など—・させたまひて(=役僧ヲ任命ナサッテ)、いとやむごとなし(=タイソウ尊イ寺デス)」〔大鏡・時平〕 ❺完成する。作りあげる。「(コノ松島ハ)大山祇(おほやまづみ)の(=山ヲツカサドル大山祇ノ神ガ)—・せるわざにや」〔芭蕉・奥の細道〕 ❻〘多く「…をなす」の形をとって〙…となるの意。「垣穂(かきほ)—・す(=垣トナッテトリマクソノ)人言聞きて(=人ノウワサヲ聞イテ)わが背子が(=ワタシノ恋人ハ)心たゆたひ逢はぬ(=心ガ動揺シテアッテクレナイ)このころ」〔万葉・巻四〕「いざや見むとて、京中の上下(=貴賤(きせん)ミナガ出カケテ)河原に市を—・す(=六条河原ハ市場ノヨウニナッタ)」〔平治・下・五〕 ❼(皇族のおいでを)いただく。あおぐ。「(後白河上皇ヲ院ノ御所カラ)大内へ御幸—・しまゐらせて(=宮中ニ御幸イタダイテ)一品(いっぽん)の御書所にうちこめたまへる(=オ閉ジコメシタ)」〔平治・上・三〕 ❽〘前に出ている動詞の代用として〙…する。〘英語の代動詞 do すなわち"Do you cook?" "Yes, I do."の後者と同じ用法〙「寺などにては(=寺ナドニ到着シテカラハ)、もし押して(=モシカシテ無理ヤリニ)、人などや(=ダレカガ)—・したてまつる(=道兼公ヲ剃髪(ていはつ)シモウシアゲハシナイカ)とて、一尺ばかりの刀ども、抜きかけてぞ守り申しけるとぞ」〔大鏡・花山院〕 ❾〘補動〙㋑〘上の動詞のあらわす意味が偶然でないことを強調して〙ことさら…する。わざわざ…する。意識して…する。「(アナタノオッシャル人々ニ対シテハモチロンデスガ)さらぬ(=ソウデナイ)法師ばらなどにも、皆(=ダレニ対シテモ)いひ—・すさま(=ワタシガワザト意識シテ言ウ話シ方ハ)ことにはべり(=別デス)」〔源氏・夕顔〕「人の終焉の有様のいみじかりし事など聞くに…あやしく異なる相を語りつけ(=常識バナレノシタ様子ヲツケ加エテ話シ)、いひしことば・ふるまひも(=ナクナッタ人ノ言ッタコトヤ行為モ)おのが好む方にほめ—・すこそ(=自分ガスキナ方向ニモチコンデワザトホメソヤスノハ)」〔徒然・一四三段〕㋺〘上の動詞を修飾する語の意をとくに強め〙ちょうど…のように…する。とくに…のように…する。「よからぬ人は(=無教養ナ人ハ)、誰ともなく(=ドノ人ニ聞イテモラオウトイウノデモナク)、あまたの中にうち出でて、見ることのやうに語り—・せば(=マルデ見タコトノヨウニ話シタテルノデ)皆同じく笑ひののしる(=ダレモカレモ大笑イスル)」〔徒然・五六段〕〘「見ることのやうに」を強める〙

な・す【鳴す】Ⓔ〘他四〙鳴らす。「その沼矛(ぬぼこ)をさし下ろしてかきたまへば(=カキマワサレルト)、塩こをろこをろにかき—・して」〔記・上〕〘原文「鳴」、訓注に「訓ㇾ鳴云ニ那志ニ」〙

なずら・ふ【準ふ・擬ふ】(-ラヘロヽウ) Ⓒ ㊀〘自四〙…に準ずる。…と同じ類である。…に肩を並べる。「験(げん)も(=法力ノ強弱モ)しな(=ソノ験者ノ素姓)による事なれば、いみじきおこなひ人なりとも(=リッパナ修行者デアッテモ)、いかで―・ひ申さむ(=肩ヲナラベ申シアゲラレヨウカ)」〔大鏡・伊尹〕 ㊁《他下二》 ❶《準じさせるの意から》模倣する。まねる。「式部の省(つかさ)のこころみ(=文章生試験)の題を―・へて御題たまふ(=勅題ヲ下サル)」〔源氏・少女〕 ❷同じレベルに並べて見る。「かの(=ナクナッタ大君ノ)御かはりに―・へて(=同ジニ思ッテ)見るべかりけるを(=中君ヲ世話スベキダッタノダガナア)」〔源氏・総角〕

な せ【な兄】Ⓔ (対)「なにも」《古代語》女から男を親しんで呼ぶ語。あんた。「―の子や(=アンタトイウ人ハネエ)等里(とり)の岡道(をかぢ)し中だをれ(=道ガ中途デ低クナッテイルノト同ジデ、気持チガ中ダルミデ)吾(あ)をねし泣くよ(=ワタシハ泣ケテシマイマスヨ)息衝(いく)くまでに(=コンナニタメ息ヲツクホド)」〔万葉・巻一四〕

な…そ Ⓐ《終助》《動詞の連用形(カ変・サ変は未然形)を間にはさむ》「な」と「そ」との間にはさんだ動詞のはたらきを、頼む気持ちで制止する意味をあらわす。どうか…してくれるな。「昔思ふ草のいほりの夜の雨に涙な添へそ山ほととぎす」〔新古今・夏〕(参)そ。《(1)複合動詞(ａｂ)のときは、ふつう「な」が中間にはいって「ａなｂそ」の形となる。「恋しくは見てもしのばむもみぢ葉を吹きな散らしそ山おろしの風」〔古今・秋下〕(2)文節または連文節が間にはいることもある。「人ないたくわびさせたてまつりたまひそ」〔竹取〕(3)古代には「な」だけでこの用法があった。「な思ひ(=心配シナサンナ)と君は言へども逢はむ時いつと知りてかわが恋ひざらむ」〔万葉・巻二〕《この場合には「な」を副詞にあつかう》(4)「…そ」を省略する言いかたもあった。『かく、な(=スルナ)』など言へど、えとどめあへず(=制シキレナイ)」〔源氏・葵〕(5)一一世紀ごろからは「そ」だけでこの用法があった。「かく濫(だみ)りがはしくておはしそ」〔今昔・巻一九ノ三〕《原文「不御シソ」と表記》》

な ぞ【何ぞ】Ⓒ ㊀《副》 ❶原因・理由について「なぜ…なのか」「どうして…か」と問う意をあらわす。「かがり火にあらぬわが身の―もかく涙の川に浮きて燃ゆらむ」〔古今・恋一〕 ❷《反語》どうして(…しようか、しない)。「―さらに秋かと思はむ(=ドウシテ今サラ秋ナノカナアナドト思オウカ)唐錦立田の山の紅葉しるきを(=ソンナコトハ思ワナクテモ、立田山ノモミジハ秋ヲハッキリ物語ッテイルカラ)」〔六帖・巻五〕 ㊁《連語》 ❶「これは何事なのか」と事のありさまを問う意。「こは(=泣クナンテ)―(=ドウシタノ)、あな、若々し」〔源氏・宿木〕 ❷はっきりしない物事について「何か」とたずねる意。「昼つかた、犬のいみじうなく声のすれば、―の(=ドンナ)犬のかく久しうなくにかあらむと聞くに」〔枕・九段〕

なぞら・ふ【準ふ・擬ふ】(ーラ〈ロ〉ウ) Ⓒ《他下二》→なずらふ㊂。「昔と今とを―・ふる(=比較スル)ばかりなり」〔方丈〕《四段の確かな例は未見。従来は「見ぬ人の形見がてらは折らざりき身に―・へる花にしあらねば」〔後撰・春中〕を引くが、天福本・中院本・貞応二年本・堀河本・二荒山本、いずれも「なずらへる」となっている》

なだらか Ⓒ《形動ナリ》 ❶(心が)おだやか。平静。「この方ざまには(=他ノ女ニ帝ガ心移リナサルトイウ事ニツイテハ)―・にもえ作りあへさせたまはざめるなかに(=平気ナフウヲヨソオッテハオイデニナレソウモナイコトダノニ)…御あたり(=近親ヲ)広う顧みたまふ(=オ世話ニナル)御心の深さに、(自分ガサワグト)人の御ため(=妹ニトッテモ)聞きにくく(=外聞ガ悪ク)うたてあれば(=困ッタ事ナノデ)、―・に色にも出でず(=平然ト顔色ニモオ出シニナラズ)すぐさせたまひける」〔大鏡・師輔〕 ❷ほどよい様子だ。無難な様子だ。体裁よい。「人目たつまじく(=人目ニツカナイ程度ニ)―・にもてなしたまふ(=ホドヨクオアツカイナサル)」〔源氏・紅葉賀〕「(独身女性ガ自宅ヲ)ものかしこげに(=気ガキイタフウニ)―・に修理(す)して(=体裁ヨク手入レシテ)、門いたく固め(=厳重ニトザシ)、きはぎはしきは(=目ニツクノハ)、いと(=実ニ)うたてこそおぼゆれ(=イヤナ感ジダ)」〔枕・一七八段〕 ❸事のない状態だ。平穏。「(螢兵部卿ノ)さやうならむ事は(=女性関係ガ多イ点ハ)、にくげなうて見なほいたまはむ人は(=ケムタイ妻ダト思ワレナイヨウニ大目ニ見テオヤリニナル奥サンナラバ)、いとよう(=ジョウズニ)―・にもてけちてむ(=無事ニスマシテシマウダロウ)」〔源氏・胡蝶〕 ❹ごつごつしていない。流麗だ。「右(ノ歌)は―・なれど、恋の心すくなし(=恋トイウ題意ガヨク出テイナイ)」〔元永元年内大臣家歌合・恋五(俊頼判詞)〕

なつか・し【懐かし】Ⓑ《形シク》 ❶親しみがもてる。親しみが感じられる。「世にまれなるもの、唐めきたる(=中国フウノ)名の聞きにくく、花も見なれぬ(草木)など、いと―・しからず」〔徒然・一三九段〕 ❷したわしい。恋しい。心ひかれる。「よろづの鳥獣、小さき虫までも、心をとめて(=注意シテ)有様を見るに、(親ハ)子を思ひ(子ハ)親を―・しくし」〔徒然・一二八段〕「枕冊子にも『来しかた恋しきもの、枯れたる葵(あふひ)』と書けるこそ、いみじう―・しう(=心ヒカレルヨウニ)思ひ寄りたれ(=考エツイタモノダ)」〔徒然・一三八段〕 ❸いつまでもそばから離れたくないような感じだ。「近く召して御覧ずるに、けはひ、すがた、みめ、ありさま、かうばしく(=スバラシク)―・しき事限りなし」〔宇治・巻六ノ九〕

な づき【名簿】Ⓔ《「名付き」の意で》元来は、学習者の名を記録した名札であったが、後に、任官したり、弟子として入門したり、家来として仕えたりするとき、官位・姓名・年月日などを書いて提出する文書のこと。「みゃうぶ」とも。「人のそこら(=タクサン)奉る―を(手モトニ)とどめさせたまひて、衣食(そじき)たまはずとも(=給与ナド下サラナクテモ)、仕うまつりなむ(=奉公スルニチガイアリマセン)」〔宇津保・藤原君〕

なづさ・ふ(ナズサ〈ソ〉ウ) Ⓔ 〘自四〙 ❶(古代語)(水に)ひたる。つかる。「思ふにし余りにしかば(=思イアマッテドウニモショウガナイノデ)にほ鳥の(ヨウニ)―・ひ来しを(=ジャブジャブトヤッテ来タノヲ)人見けむかも(=ダレカ見タダロウネ)」〔万葉・巻一一〕 ❷(中古語)なじむ。親しむ。「幼くものしたまふが(=幼少デイラッシャル夕霧ガ)、かくよはひ過ぎぬる中に(=コンナ老人タチノ間ニ)とまりたまひて(=京ニオ残リニナッテ)、―・ひきこえたまはぬ(=父上トオナジミナサラナイ)日月や、へだたりたまはむ(=長クオツヅキナノダロウカ)」〔源氏・須磨〕

なつ そ【夏麻】 Ⓔ 夏とれる麻。「われに劣る人こそなけれ山里に―引き織りしはふるひ人(=貧弱ナ老人ダッテワタショリマシダロウ)」〔頼政集〕

なづ・む【泥む】(―ズ―) Ⓒ 〘自四〙 ❶一所に停滞して前に進まないでいる。進行が妨げられて難渋する。「わが恋ふる妹(いも)はいますと人の言へば石根さくみて(=石ヲフミワケテ)―・み(=骨ヲ折ッテ)来し吉けくもそなき(=ヨイコトモナイ)…」〔万葉・巻一二〕 ❷なやむ。なやんでしょんぼりする。「(植エタ早苗ニ)水まかせ(=ヲ引カセ)などせさせしかど、色づける葉の―・みて(=弱リキッテ)たてるをみれば」〔蜻蛉・中〕 ❸心をひきつけられてそれに執着する。とらわれる。「師の説なりとて、必ず―・み守るべきにもあらず」〔宣長・玉勝間・巻二ノ四四〕 ❹ひたむきに思いこむ。深く思いこむ。ぞっこんほれる。「それより明け暮れ通ひなれて上手を仕掛け(=ウマクオ世辞ヲイッテ取リ入リ)しに、いつとなく女郎―・みて、わが黒髪も惜しからず切るほどの首尾(=シマツ)になりて」〔西鶴・永代蔵・巻四ノ二〕

な でふ(―ジョウ) Ⓒ 〘「なにといふ」→「なにてふ」→「なんでふ」と変化し、その撥(はつ)音が落ちたもの〙 [一] 〘連体〙 ❶何という。とくにこれという。(とりわけて)どうだという。「―ことなき人の、笑(ゑ)がちにて(=変ニ笑顔ヲシテ)ものいたう言ひたる(ノハ憎ラシイ)」〔枕・二八段〕 ❷〘反語・疑問の意をもって〙どれほどの。「さる事なりかしな(=ソレハ当然ダヨ)。されば、―事かはおはします(=何ノ異状ガオアリダッタロウカ=ナカッタ)。よき事にこそありけれ(=結構ダッタ)」〔大鏡・道長〕 [二] 〘副〙〘反語〙どうして(…か…でない)。「―にか(=ドウシテマア)さばかり(=ソレホドうき(=ツライ)ことを聞きながら、啓しはべらむ(=ソノ歌ヲ中宮様ニ申シアゲマショウカ=申シアゲラレマセン)」〔枕・八七段〕

な でん【南殿】 Ⓓ 〘「なんでん」の上の「ん」が落ちた形〙 →なんでん。「(貞信公ガ)―の御帳(=天皇ノ御座)の後ろのほど(=後ロアタリヲ)通らせたまふに、物のけはひして」〔大鏡・忠平〕

など Ⓑ 〘副〙 ❶〘理由や原因を問うとき〙どうして。なぜ。なんだって。「―、かう音もせぬ(=ソンナニダマッテイルノカ)。ものいへ。さうざうしきに(=サビシイノニ)」〔枕・一〇〇段〕 ❷〘反語〙どうして(…か…でない)。「(雨ノ日ニアガルト敷キ物ガヨゴレルカラトイウ遠慮ニ対シ)―(=ドウシテソレヲ問題ニシマショウカ=イエ、カマイマセン)。洗足料(=足フキ用)にこそはならめ」〔枕・一〇三段〕 [参] などか・などて・などや。

など Ⓑ 〘副助〙〘体言・体言あつかいの語・副詞・他の助詞・引用および思惟の文などに付く〙 ❶ある事物を例示し、他に同類・類似のものがあることをあらわす。「若菜、籠(こ)に入れて、雉子(きじ)―、花に付けたり」〔土佐〕「世離れたる海づら―に、はひ隠れぬかし(=隠退スルモノダネ)」〔源氏・帚木〕 ❷㋑叙述を柔らげるため、何となく添える。「さて、日晴れ―して、県(あがた)ありき(=地方官デアル父)の所にわたりたれば」〔蜻蛉・下〕「ほのかに―見たてまつるにも、容貌(かたち)のまほならずも(=中シブンナシトモイエナイヨウナグアイデ)おはしけるかな」〔源氏・少女〕「京に―迎へたまひてのち」〔源氏・蜻蛉〕㋺引用などが厳密ではない意を添える。…なんか(言って)。「『人ざまもよき人におはす』―言ひたり」〔竹取〕「『日暮れぬ』―そそのかす(=セキタテル)」〔蜻蛉・中〕 **―て** Ⓒ 〘連語〙「など②㋺」の用法を「とて」で受けるはずのところ、「と」を省略した言いかた。「『などか(=何ダッテ)かう久しうはありつる』―、手をとりて」〔蜻蛉・上〕

など か Ⓑ 〘副〙 ❶どうして…か。「―頭ばかりの見えざりけむ」〔徒然・九〇段〕 ❷〘反語〙どうして…か(…でない)。〘この用法のほうがずっと多い。副助詞の「など」と混同しないように注意が必要〙「後に御匣(みくしげ)殿の御事も言はむに、なかなか(=カエッテ)それは―なからむ(=ドウシテ実現シナイコトガアロウカ=実現シヤスイ)」〔大鏡・師尹〕

など て Ⓒ 〘副〙どういうわけで。どうして。「さきざきの行幸を―面目ありと思ひたまへけむ」〔紫日記〕

など や Ⓑ 〘副〙どうして…か。「問はずとて、―(=ナゼタズネテクレナイノカ)と恨むる人もなし」〔徒然・一一二段〕

ななそ ぢ【七十】(―ジ) Ⓓ 〘「ぢ」は接尾語〙→ぢ。「俗人―あまりいつたり、肥後の国葦北の津に泊まれり」〔紀・推古・訓〕〘「ななそぢあまりいつたり」は「七十五人」の訓〙「良き馬―、船一十隻(ふな)」〔紀・欽明・訓〕〘「ななそぢ」

は「七十四」の訓》

ななつ【七つ】Ⓓ ㊅七つ時。近世では、江戸において春分の時で、夕七つが中央標準時の午後四時一六分から六時二八分まで、暁七つが午前三時二三分から五時八分まで(橋本万平氏計算)。㊇とき⊟①。「―さがって(=過ギニ)清水へ参れば、元興寺(=鬼)が出(づ)ると申しまするによって」〔狂・清水〕

なな・り Ⓑ《助動》(「なんなり」の撥(はつ)音を表記しない形)❶〔伝聞〕…だそうだ。…ということだ。「『よに(=ケッシテ)ふとは(=プイトハ)忘れじ』とのたまへば、帯刀(たちはき)『ふとぞ、あぢきなき文字―る(=オモシロクナイコトバダッテ言イマスネ)』と申せば」〔落窪・巻一〕❷〔推定〕…のようだ。…らしい。「御得意―・り(=皆サンノゴヒイキト見エマス)。さらに(=ケッシテ)よも(=マサカ)語らひとらじ(=横取リナンカシマセン)」〔枕・八七段〕《断定の用例は未見》㊇なんなり・なり。

なに【何】Ⓑ ⊟《代》❶わからない事物をさす。「待てといふに(=散ラナイデイロトイウ注文ニ対シテ)散らでしとまるものならば(=モシモ散ラナイデイルナラバ)―を桜に思ひまさまし(=桜以上ニ愛ソウカ)」〔古今・春下〕❷【某】とっさに言えなかったり、わざとぼかしていう事物をさす。「『雪―の山に満てり』と誦(ずん)じたるは、いとをかしきものなり」〔枕・一八一段〕⊜《副》《疑問文のなかに用い》なぜ。どうして。「春霞―かくすらむ(=春霞ハナンデアンナニ桜ヲカクシテイルンダロウ)桜花散る間をだにも見るべきものを(=散ルトコロナリトモセメテ見ヨウト思ッテイルノニ)」〔古今・春下〕⊜《感》相手のいうところに念を押して問いかえすのに用いる。なんだって。「『武悪は何とした』『まんまと(=ウマク)討ちましてござる』『や、―、討った(=トイウノカ)』」〔狂・武悪〕 **―がさて** 何が〈扱〉Ⓔ《連語》何はともあれ。もちろん。「『わごりょは見えぬ国(=人目ニツカナイ他国)へ行(い)てくれずはなるまい』『―、見えぬ国へ行くであらう』」〔狂・武悪〕「―、譲り受ければ(=家業ヲユズリワタサレレバ)わがためにも親同然(=自分ニトッテモ親ト同ジダ)。ついちょっと行て来う」〔近松・重井筒・上〕 **―せむに** Ⓓ《連語》❶何の役に立とうか。何の役にも立たないのに(どうして)。「恋ひ死なむそこも同じぞ(=ソレモ同ジコトダ)―人目人言(ひとごと)(=ゴシップ)こちたみわがせむ(=ツライト私ガ思ッタリショウカ)」〔万葉・巻四〕❷《副詞的に》何のために。なんだって。「(伊周ニ)多くの人の目をつけたてまつりて(=注目モウシアゲテ)、『いかに思(おぼ)すらむ(=ドウオ考エナノカ)』。―参りたまへる』とのみ視(まも)られたまふ」〔大鏡・道隆〕 **―ぞ** Ⓒ《連語》❶何であるのか。何なのか。「『きむぢが(=ナンジノ)姓(しやう)は―』とおほせられしかば、『夏山となむ申す』と申ししを、やがて(名ヲ)繁樹となむつけさせたまへりし」〔大鏡・序〕❷何のわけで。どうして。「―(=何ノセイダロウカ)この夢てふものの有りそめて(=現レルヨウニナッテ)寝(ぬ)るがうちにも身を嘆くらむ」〔続古今・雑下〕❸《反語》どうして…か(…ではない)。「今宵(こよひ)の興宴―あからさまならむ(=イイカゲンナモノダロウカ)」〔続猿蓑・支考・今宵賦〕

なにか【何か】Ⓑ ⊟《副》❶理由・原因などを問いかける。どうして…か。なぜ…なのか。「ほととぎす思はずありき(=思イモカケナカッタ)木のくれのかくなるまでに(=木ノ茂ミガコンナニ深クナルマデ)―来鳴かぬ(=ドウシテ来テ鳴カナイノカ)」〔万葉・巻八〕❷《反語》どうして…か(…でない)。「飛鳥川せきてとどむるものならば(=川ノ瀬ト同様ニワタシノ心モセキトメテトマルモノナラバ)淵瀬になると(=飛鳥川ノ流レハ変ワリヤスクテ深イ淵ガスグ浅イ瀬ニナルト)―いはれむ(=言ワレハシナイダロウ)」〔後撰・恋六〕❸なにやかやと。あれやこれや。「(左近少将ヲムスメノ婿ニスル件ハ)―と(=アレコレト)思しはばかるべき(=周囲ニ気ヲ使ワナクテハナラナイ)事にもはべらず」〔源氏・東屋〕⊜《感》❶相手のいうところを軽く否定し、あしらうのに用いる。なあに。何の(そんなことがあるものか)。「落窪の君の母の死ぬとて、かの子に(不動産権利証ヲ)取らせおきしを、我も忘れてこひ取らざりしほどに(=モラッテオカナカッタウチニ)、かく失せたるぞ。―、それ(=アノ子)が売りたるを買ひて、かくしたるぞ(=アンナ事ヲシタノサ)」〔落窪・巻二〕❷相手の言うところを打ち消し、反対の事をいうのに用いる。どういたしまして。どうしてどうして。「『いみじう(=ヒドク)うけばりたり(=自信タップリダネ)…』とて(中宮様ガ)笑はせたまふも、はづかしながら、『―。(ワタクシハ)この歌(トイウモノハ)よみはべらじとなむ思ひはべるを(=思ッテオリマスノニ)』」〔枕・九九段〕 **―せむ**《反語》どうしようか(なんの役にも立たない)。「春の(人ノ)心のどけしとても―(モシ)絶えて(=スッカリ)桜のなき世なりせば」〔風雅・春下〕 **―は** Ⓒ《連語》❶《疑問》「何が…であるのか」「何を…するのか」「どうして…するのか」等の疑問を表す。「むばたまの(=枕詞)夢に―なぐさまむ(=夢デ何ガナグサムダロウカ)うつつにだにも(=現実ニ会ッテイタッテ)あかぬ心を(=アキタラナイワタシノ心ナノニ)」〔古今・物名〕「かばかりの(悲シミノ)中に―(=何ヲ忌ムコトガアロウカ)と、人の心はなほうたておぼゆれ(=イヤナモノダト思ワレル)」〔徒然・三〇段〕❷㋑《反語》どうして…しようか(…しない)。どうして…だろうか(…ない)。「むぐらはふ下にも年は経ぬる身の(=ムグラノ茂ルイヤシイ家デ年月ヲスゴシテ来タコノ身デ)―玉のうてなをも見む(=ドウシテ宮中ナドノ暮ラシガデキマショウカ)」〔竹取」㋺《反語の形が下に省略されて》「ええ、もちろん」というように相手に賛意を示す。「賀茂へまうづ。『しのびて諸ともに』といふ人あれば、『―』とてまうづ」〔蜻蛉・下〕

なに か【何か】Ⓒ《副助》《体言または体言あつかいの語に付く》例示する意を表す。《現代語の「なんか」の祖形であろう》「顔よりはじめて(=顔ヲハジメトシテ)着たる物、馬―にいたるまで、夢に見しにたがはず」〔宇治・巻六ノ七〕

なに がし【何某・某】Ⓑ㊀人・物・数量などがはっきりしていないとき、またはわざとぼかしていうときに使う。何とかいう人。何とかいうもの。「―の院におはしまし着きて(=御到着ニナッテ)」〔源氏・夕顔〕「―かがしと(=ダレトカカレトカ)いふいみじき源氏の武者たちをこそ、御送りに添へられたりけれ」〔大鏡・花山院〕「これは(=ワタクシハ)入間(いるま)の―(=タレソレ)です」〔狂・入間川〕㊁《代》《第一人称》男性があらたまった気持ちでいう。わたくし。拙者。「すきずきしきことと、―よりはじめて(=小生ヲハジメ皆)うけひきはべらず(=承知シマセン)」〔源氏・帚木〕

なに くれ【何くれ】Ⓓ《代》❶だれやかれや。「中・少将(=柏木ヤ弁ヤ)、―の殿上人やうの(=ソノ他タレソレトイッタ)人は、何にもあらず消えわたれるは(=問題ナク印象ガ消エテシマッタノハ)、さらにたぐひなうおはしますなりけり(=冷泉院ガ無類ニ美シクイラッシャルカラダッタ)」〔源氏・行幸〕❷なにやかにや。あれやこれや。「西に寄りて(=西寄リニ)大宮のおもの(=中宮様ノ御食膳(ぜん)ガスエラレタ)。例の沈(ぢん)の折敷(をしき)―の台なりけむかし(=ソノ他ナニヤカヤノ台デアッタロウ)」〔紫日記〕

なに しに【何しに】Ⓒ《副》❶何の目的で。何用で。「清太が造りし刈り鎌は―研ぎけむ」〔梁塵〕❷どういう理由で。なぜ。「かくて(=コウイウワケデ)おほせられけるものを、―して参らせけむ(=何ダッテコンナ事ヲシテサシアゲタノダロウ)」〔大鏡・道長〕❸《反語》どうして(…か、いや…ない)。「―空しくなるべき(=ドウシテ死ヌコトガアロウカ=死ヌハズガナイ)」〔謡・自然居士〕

なに と【何と】Ⓒ㊀《副》❶なにゆえに。どういうわけで。「―かく(=ナゼコンナニ)おき所なくなげくらむ(=身ノオキ所モナイヨウニ悲嘆スルノダロウ)あり果つまじき露の命を(=ドウセイツマデモ生キナガラエラレナイハズノハカナイ命ナノニ)」〔玉葉・雑五〕❷どんなように。どんなふうに。「(コンドアナタガ東国ヘオイデニナルノハ)世の常(=世間ナミ)に行きては帰る道ならで(ワタシトノ仲ハ)―なりぬる(=ドウナッテシマウ)別れなるらむ」〔新千載・離別〕㊁《感》❶おどろいて問いかえす語。なに。なんだと。「『兄弟の者の細首を、ただひと打ちに打ち落としたると申しさうらふ』『えい、―、―(=ナ、ナンダッテ)。かの者兄弟は余の者五十騎百騎に増さうずるが、ああ斬ったり斬ったり(=ヨクモマア斬ッタナア)』」〔謡・烏帽子折〕❷相談や質問のため問いかける語。どうかね。いかが。「『―、角(つの)が見えたか』『ははあ、みごとな角でござる』」〔狂・蝸牛〕 **―もなや** ぐあいが悪い。どうにもしようがない。「あら―、誰とも名を知らで回向(ゑかう)はいかならむ(=変ジャナイダロウカ)」〔謡・熊坂〕

なに の【何の】Ⓑ㊀《連語》❶《「の」が主格を表すとき》何が。何者が。「あさましく(=意外デ)、―言はせけるにかと(=誰ガソレヲ言イフラシタノカト)おぼえしか」〔枕・八二段〕❷《「の」が連体格を表すとき》何々の。某(という)。「因幡の国に―入道とかやいふ者のむすめ」〔徒然・四〇段〕㊁《連体》どれほどの。どういう。これといった。どういった。「八つ橋は名のみにして、橋のかたもなく、―見どころもなし」〔更級〕㊂《副》《反語》どれだけ(…できよう)。「王土に居らむ虫、皇居を建てられむに、―たたりをかなすべき(=タタリヲスルハズガナイ)」〔徒然・二〇七段〕

なには【難波・浪速】(―ワ)Ⓓ 摂津の国の地名。現在の大阪付近。「むかし、男、津の国にしる所(=領地ガ)ありけるに、兄・弟・友だちひきゐて(=ツレテ)―の方にいきけり」〔伊勢・六六段〕《歌では、よく「何は」の掛け詞に使われる。→》「津の国の―思はず山城のとはに(=掛ケ詞「鳥羽ニ」「永久ニ」)あひ見む事をのみこそ」〔古今・秋下〕

なに ばかり【何ばかり】Ⓓ《副》どれくらい。どのくらい。「御心しづめて(=落チ着ケテ)、―のあやまちにてか、この渚(なぎさ)に命をきはめむ(=コノ海ベデ命ヲ終ワルノデアロウカ)と、強うおぼしなせど」〔源氏・明石〕

なにも【汝妹】Ⓔ 対「なせ」《古代語》男から女を親密な気持ちで呼ぶ語。あんた。《英語の my darling といった感じであろう》「ただ子のひとつけ(=一人ノ子)をもて、わが愛(うる)はしき―のみことに替へつるかな」〔紀・神代上・訓〕(「なにものみこと」は「妹者」の訓)

なね【〈名根〉】Ⓔ《古代語。「な」は万葉時代よりもずっと前の第一人称代名詞。朝鮮語の na(私)と同じ語源かといわれる。それに年長の意をあらわす「え」が付いた「なのえ」がつまったものか》男女を通じて、兄・姉あるいは恋人などを親しんでいう。「麻を引き干(ほ)し妹(いも)―(=ネエチヤン)が作り着せけむ白栲(たへ)の紐もとかず…」〔万葉・巻九〕

なのめ【斜め】Ⓒ《形動ナリ》❶ありふれている。人並みである。平凡だ。「わがためにも、人のもどき(=非難ガ)あるまじく、―にて(=目立タズイテ)こそ、よからめ」〔源氏・浮舟〕❷よいもの、美しいものにくらべて、それほどではないの意。十分ではない。「などか(=ドウシテ)―・なることだに(=

人ニクラベテ難点ニナルヨウナ所デモ)うちまじりたまはざりけむ」〔源氏・若紫〕『―・ならむにてだにあり(=一流ドコロダッテフラフラトナリカネナイノニ)、まして、かうしも(=コンナニ美男子ダトハ)、いかで(=ドウシテ…)』と御心とまりけり」〔源氏・葵〕 ❸いいかげんなあつかいだ。心がこもっていない。「とけ難かりし御気色(けしき)を(=ナカナカモノニナリソウモナカッタノヲ)おもぶけ聞こえたまひて後(=クドキ落トシナサッタ後)、ひきかへし(=逆ニ)、―・ならむは(=ゾンザイナ態度ヲ示スノハ)、いとほしかし(=気ノ毒ダネ)」〔源氏・夕顔〕 ❹まあまあというところだ。それほど悪くはない。「とすればかかり(=アアスルトコウナリトイッタグアイデ)、―・にさてありぬべき人あふさきるさにて(=クイチガッテ)、―・にさてありぬべき人(=マアマア間ニ合ウトイウ女)の少なきを」〔源氏・帚木〕 ❺「なのめならず」に同じ。「主(あるじ)―・に(=ムショウニ)喜びて、またなき者(=コノ男ニ限ル)と思ひける」〔伽・文正草子〕《「傾斜している」の意味があるはずだけれど、用例未見。「こよひのみ春や限りの草枕ゆふべの窓にかげ―・なり」〔夫木・巻六〕を引く辞書もあるが、原典を見ると、どのテクストも「ななめなり」である》 **―ならず** Ⓓ 《連語》たいそう。格別だ。なみなみではない。「君も臣も感嘆―・ず」〔平家・蘇武〕「京中の騒動―・ず」〔平家・競〕「北の方―・ずよろこびて」〔平家・大納言死去〕

なのり【名告り・名宣り・名〈乗〉り】Ⓒ《十自サ変》 ❶㋑名を相手に告げ知らせること。「(夕顔様ハ)などてか(=ドウシテ、御自分ノ名ヲ)深くかくし聞こえたまふ事はべらむ。(シカシ、マダオナジミガ浅カッタノデ)いつのほどにてかは(=ドンナ機会ニ)何ならぬ(=ドウトイウコトモナイ)御―を聞こえたまはむ(=オ知ラセ申サレタデショウカ)」〔源氏・夕顔〕㋺自分の素姓を申し出ること。「もし、さやうなる(=ワタシノ子ダト)―・する人あらば、耳とどめよ(=注意シテオケ)」〔源氏・螢〕㋩おおぜいに向かって、自分の姓名・身分などを紹介すること。「(能デ)長き―は、文句を考へ、しきり(=区分)をして謡ふべし」〔音曲玉淵集・巻五〕 ❷元服してつけた実名。《源九郎義経なら、義経が名のり》「あまりに主(しゅ)が(コノ馬ヲ)惜しみつるが憎きに、やがて(=スグニ)主が―をかなやきにせよ(=持チ主ノ実名ヲ焼キ印デオセ)」〔平家・競〕 ❸㋑品物の呼び名。名称。「籬(まがき)の菊の―さまざま」〔里圃(続猿蓑)〕㋺(行商人の)売り声。「大路ちかき所に、おほどれたる(=ダラシナイ)声して、(上流人ニハ)いかにとか(=何ヲ言ウノカ)聞きもしらぬ―をして(=ワケノワカラナイ売リ声ヲアゲテ行商人ガ)うち群れてゆくなどぞ聞こゆる」〔源氏・東屋〕

なの・る【名告る・名宣る・名〈乗〉る】Ⓒ《自四》 ❶㋑名を相手に告げ知らせる。「春されば野辺にまづ咲く見れどあかぬ花まひなしに(=オ礼モナシニ)ただ(=ヤタラト)―・るべき(=明カシテヨイ)花の名なれや」〔古今・雑体〕㋺自分の素姓を申し出る。「実の親父を知ってゐれど、―・りあったら、まさかの時、苦労をかけねばならぬ」〔伎・三人吉三・六〕㋩おおぜいに向かって、自分の姓名・身分などを紹介する。「『この門を固めたるは、源氏か平家か。かう申すは、安芸守平の清盛、宣旨うけたまはって向かひてさうらふ』と高らかに―・りければ」〔保元・中・一〕 ❷㋑広く知らせる。ふれる。《多く鳥・虫などの鳴く暗喩に使う》「ほととぎす今は五月(さつき)と―・るなり(=鳴クノガ聞コエルケレド)わが忍び音(ね)ぞ時ぞともなき(=キマッタ時期ナンカナイ=常時ダ)」〔風雅・恋一〕㋺(自分のことを)言いふらす。「『我はまめ人(=堅人ダ)』ともてなし(=フルマイ)―・りたまふを(=自分ヲ吹聴ナサルノヲ)ねたがりたまひて(=憎ラシガリナサッテ)」〔源氏・浮舟〕 ❸㋑(自分に)名づける。「鳥帽子(えぼし)を着せ、北条の五郎時宗とぞ―・らせける」〔曾我・巻四ノ五(大山寺本)〕㋺(別名や偽名を)称する。「この大臣(おとど)は一条の摂政と申しき。…いみじき(=オモシロイ)御集(=自撰歌集ヲ)つくりて、豊景(とよかげ)と―・らせたまへり(=ペンネームヲオ付ケニナッタ)」〔大鏡・伊尹〕「八百屋久兵衛が娘お七と―・るお嬢吉三」〔伎・三人吉三・六〕 ❹(行商人が)売り声をあげる。「物売りの尻声たかく(=語尾ノ上ガル調子デ)―・り捨て(=売リ声ヲ言イ放ツ)」〔去来(猿蓑)〕

なは【納】(-ワ) Ⓔ 明確ではないが、相当に大きな容器について、その容積を示す単位。《昔は物を量るのに縄(なわ)を用いたので、容器の大きさも「縄」で表したのだともいわれる》「二の銅(あかがね)の鑊(かなへ)あり。おのおの大きにして数百石―なり(=数百石入レホドデアル)」〔今昔・巻六ノ二〇〕「あさまし(=オヤマア)と見たるほどに、五石―の(=五石入レホドノ大キサノ)釜(かま)を五つ六つかきもてきて(=カツギコンデ)、庭に杭(ひく)どもうちて、すゑわたしたり(=ズラリト並ベタ)」〔宇治・巻一ノ一八〕

なはて【縄手】(-ワ-) Ⓔ ㊀延べられたなわ。「いかりおろす舟の―は細くともいのちの(アル)限り(アナタトノ仲ハ)絶えじとぞ思ふ」〔続後拾遺・恋三〕 ㊁【畷】 ❶(田の間の)あぜ道。「あと(=退路)を切らむと―をつたひ、道を横ぎってうち廻る」〔太平・巻八ノ四〕 ❷《京都で》大和大路の四条から三条まで。水茶屋があったところ。「―の玉水がもとにてしめしあはし申さむ」〔浮・新色五巻書・巻一ノ四〕

なび・く【靡く】Ⓒ ㊀《自四》 ❶㋑風・水などの勢いにおされて横ざまになる。雲・かすみ・煙・草などが横に長くなる。「河の瀬に―・く玉藻の(ヨウニ)水隠(みがく)れて(=モグッテ)人にしられぬ恋もするかな」〔古今・恋二〕㋺(動作として)横に長くなる。「大海(わたつみ)の沖つ玉藻の(ヨウニ)―・

き寝むはや来ませ君待たば苦しも」〔万葉・巻一二〕 ❷相手の思いどおりになる。承知する。「少将はじめは歌をよみ、文をつくし、恋ひかなしみたまへども、—・く気色もなかりしが」〔平家・小督〕 ㊁【他下二】❶たなびかせる。横に長くひかせる。「ぬばたまの(=枕詞)妹(いも)が黒髪今夜(よひ)もかわがなき床に—・けて寝らむ」〔万葉・巻一一〕 ❷自分の意に従わせる。「楠、その勢をあはせて、七百余騎にて和泉・河内の両国を—・け(=ウチ従エ)て、大勢になりければ」〔太平・巻六ノ二〕

なびなびと Ⓔ【副】なだらかに。すんなりと。「初心にては、二字題(=二字ノ漢語ニヨル題)などの—したるにて詠(よ)みつきたるが(=詠ミ始メタノガ)よきなり」〔正徹物語・下〕「文字ぐさりの(=音声ノツナガリグアイガ)すべやかに聞きよくて(=耳ザワリガヨクテ)—あるやうに節(ふし)をば付くるなり」〔花鏡〕

なへ Ⓓ【副】《「にあへ(に合へ)」がつまって「なへ」となったといわれる。後世は「なべ」と濁音》ある一つの事があるのと並んでもう一つの事があるとか、ある事に合わせてその他にもう一つの事がある意。…にならべて。…にあわせて。…と同時に。…といっしょに。「秋風の寒く吹く—(=吹クトトモニ)わが宅(やど)の浅茅がもとに(=ワガ家ノ庭先ノ浅茅ノ根モトデ)こほろぎ鳴くも」〔万葉・巻一〇〕「桜花いま盛りなり難波(なには)の海押し照る宮に(=難波ノ宮デ)きこしめす—(=天皇ガ天下ノ政治ヲナサルソノ時ニ)」〔万葉・巻二〇〕 **——に** Ⓓ【連語】「なへ」に同じ。「ひぐらしの鳴きつる—(=ヒグラシガ鳴イタノトイッショニ)日はくれぬと思ふは(=思ッタガソレハ)山のかげにぞありける(=山カゲナノデアッタ)」〔古今・秋上〕

なべて Ⓒ【副】❶総じて。一般に。《英語のgenerallyに当たる》「この法師のみにあらず、世間の人—(=概シテ)この事あり」〔徒然・一八八段〕 ❷ひととおり。なみなみ。あたりまえ。《英語のordinaryに当たる》「—の手して(=ザラニアルヨウナ筆跡デ)書かせむがわろくはべれば…とどめたてまつりたるなり」〔大鏡・実頼〕 ❸いちめんに。ずっと広く。《英語のall overに当たる》「秋風の吹きと吹きぬる(=吹キマクッタ)武蔵野は—草葉の色かはりけり(=一面ニ秋ノ色ニ変ワッタコトダ)」〔古今・恋五〕 **—なら・ず** Ⓓ【連語】ありふれてはいない。普通ではない。「さまざまの御祈り始まりて、—・ぬ法ども(=フダンハシナイ尊イ修法ナド)行はるれど、さらに(=イッコウ)そのしるしなし(=効験ガナイ)」〔方丈〕

なほ【猶・尚】(ーオ) Ⓑ【副】❶そのまま。もとどおり。《英語のas everに当たる》「池は—昔ながらの鏡にて影見し君がなきぞ悲しき」〔大和・七二段〕 ❷その上にまた。さらに。《英語のfurtherに当たる》「(木ノ上デ居眠リスル法師ヨリモ)我らが生死の到来ただ今にもやあらむ、それを忘れて、物見て日を暮らす、愚かなることは—まさりたるものを」〔徒然・四一段〕 ❸やはり。なんといっても。《英語のyetに当たる》「衰へたる末の代とはいへど、—九重(=皇居)の神さびたるありさまこそ、世づかず(=俗化セズ)めでたきものなれ」〔徒然・二三段〕 ❹《漢文よみくだし調の文章で》まるで。ちょうど。《英語のjustに当たる》「天地(あめつち)いまだ生(な)らざる時に、たとへば—海上(うなのへ)にふる雪の根かかる所なきがごとし」〔紀・神代上・訓〕《「なほ」は「猶」の訓》《①②③に通ずる英語にstillがある》

なほざり【等閑】(ナオー) Ⓒ【形動ナリ】あまり気にとめていない。どうでもよい気持ちだ。「この事、ただ—・に(=イイカゲンニ)言はるるかと思ふほどに、たびたびになりぬ。(ソウスルト)まことに思ひて(=本気デ)のたまふにこそ」〔無名抄・一二〕「初心の人、二つの矢を持つことなかれ。後の矢をたのみて、初めの矢に—の(=真剣デナイ)心あり」〔徒然・九二段〕《「ほどほど」「適度」の意を挙げる説もあるが、その用例を見ると、誤解である。英訳すればindifferent》

なほし【直衣】(ノウー) Ⓒ 公家(くげ)のふだん着。だいたい袍(うは)に似た形。着る時は・烏帽子(冠)と指貫(さしぬき)を用いる。三位以上でとくに認可された者は、直衣で参内することができた。これは、ひとつの名誉とされた。「后(きさい)の宮、右の大臣(おとど)に『忍びて(=目立タナイヨウ)—姿にてものしたまへ(=オイデクダサイ)。聞こゆべき事なむある』と聞こえたまへば」〔宇津保・国譲下〕

〔なほし〕
(かむりなほし)

なほ・し【直し】(ーオー) Ⓓ【形ク】❶まっすぐだ。曲がっていない。「『(女カラノ返事ハ、タトエバ)いと—・き木をなむ押し折りためる(ヨウナモノダ)』と聞こえたまふ」〔枕・三五段〕 ❷平坦(たん)だ。でこぼこしていない。「荒畑(あらばたけ)といふものの、土うるはしうも—・からぬ(=キチントナラシテモナイ所ニ)、桃の木の若だちて、いと、しもとがちに(=若枝ガ多ク)さしいでたる」〔枕・一四四段〕 ❸㋑正直だ。正しい。「かけまくもかしこき豊の宮柱—・き心は(神ガ)空に知るらむ」〔続後拾遺・神祇〕㋺すなおだ。「『(アナタノ)御心の—・きに(=スナオナノデ)あしき神(=悪霊)のよりつくぞ』と申して、出雲の広成におほせて、御薬調ぜさせたいまつる」〔秋成・春雨・血帷子〕

なほ・す【直す】(ーオー) Ⓒ【他四】❶(あやまりを)訂正する。「『百里』(トイウノハ)あやまりはべりけり(=マチガイデシタ)。『数行(すかう)』と—・さるべし」〔徒然・二三八段〕

❷手直しをする。やりかえる。「(水車ガ)大方に(=サッパリ)回(めぐ)らざりければ、とかく━・しけれども(=アレコレ修理シタガ)、つひに回らで」〔徒然・五一段〕 ❸調停する。かばう。とりつくろう。「帝(みかど)よろづの政(まつりごと)をば(オ后ニ)聞こえさせ合はさせたまひけるに(=御相談ナサッタガ)、人のため(=世人ニトッテ)なげきとあるべき(=迷惑ニナルヨウナ)事をば━・させたまひ(=后ハオトリナシニナリ)、喜びとなりぬべき(=歓迎サレルハズノ)事をばそのかし申させたまひ(=オススメ申シ上ゲテ)」〔大鏡・師輔〕 ❹(容姿などを)ととのえる。「かたちは━・すべきところなし(=コノウエ手ヲ加エル所ガナイ)」〔紫日記〕 ❺もとのように(きちんと)する。「(経文ノヒモノ結ビ方ヲ)さやうにしたるをば(=コノゴロノ結ビ方ニシタノヲ)、華厳院の弘舜僧正、解きて━・させけり」〔徒然・二〇八段〕 ❻(当然あるべきところに)置く。「見ぐるしきありさま(ノ貧乏神)を松かざりの中に(=門松ノ中ニ)━・して(=安置シテ)、元旦より七草まで、心にあるほどの(=精イッパイノ)もてなし」〔西鶴・永代蔵・巻四ノ一〕 ❼「切る」「裂く」等を遠回しにいう。「本堂の棟木(むなぎ)になるべき大木、北谷の大杉ならでは無くさうらふほどに、この木を━・さうずるにてさうらふ」〔謡・大木〕

なほ なほ【直直】(ナオナオ) Ⓔ〘形動ナリ〙すなおだ。従順だ。「足柄の箱根の山にはふ葛(くず)の(=地ヲハウ葛ガ引クトヨッテ来ルヨウニ)引かば寄り来ね(=サソッタラワタシノ所ヘ寄ッテ来ナサイ)心━・に(=オトナシク)」〔万葉・巻一四(或本)〕

なほ なほ【猶猶】(ナオナオ) Ⓓ ㊀〘副〙❶それでもやっぱり。まだまだ。「(イクラ話シテミテモ)━同じ事のやうにはべれど」〔大鏡・伊尹〕 ❷ますます。いよいよ。「上手は、ことにわが身(ノ年齢的限界)を知るべければ、━脇の為手(して)をたしなみ(=共演者ヲ育テルコトニ留意シ)…難の見ゆべき(=ボロノ見エルヨウナ)能をばすまじきなり」〔花伝・一〕 ㊁〘感〙さあさあ。「(帝ハ)思ふにこの事ならむとおぼしめして渡らせたまはぬを、たびたび『━(オイデクダサイマセ)』と御消息ありければ」〔大鏡・師輔〕

なほ なほ・し【直直し】(ナオナオー) Ⓓ〘形シク〙平凡だ。(身分などが)たいしたこともない。「ただ人の(=臣下デ)すくよかに(=マジメナ)━・しきをのみ(=アリフレタ者バカリ)今の世の人の(=当世ノ連中ガ)かしこくする(=婿トシテ尊重スルノハ)、品なき(=低級ナ)わざなり」〔源氏・若菜下〕

なほ・る【直る】(ーオー) Ⓒ〘自四〙❶㋑正しく改まる。「(アイツハ)幼子より使うた者なれば、今日は心が━・るか、明日は出勤をもするかと思へども」〔狂・武悪〕 ㋺(気分などの悪かったのが)よくなる。「(キツ過ギタ)御したうづ(=クツ下)をひきぬぎたてまつらせたまへりければこそ、御心地━・らせたまへりけれ」〔大鏡・兼家〕 ㋩もとどおりになる。回復する。正常の状態にもどる。「海の面あしくて、風おそろしく吹きなどするを、少し━・りて出でむ(=出港ショウ)としたまへば」〔大鏡・実頼〕 ❷㋑(もとの座席に)もどる。「手水(てうづ)使ひてその後、(香ヲ)ひとたき裾にとめて(=タキコメテ)━・らるるこそ、身持ち(=フルマイ)はかくありたきものなれ」〔西鶴・一代男・巻七ノ六〕 ㋺(与えられた席に)つく。「やがて座に━・り…観音のみ名を称(とな)へて待ちければ」〔謡・盛久〕 ❸〘斎宮のいみことばで〙死ぬ。「死は━・ると称す」〔倭姫命世記〕〘「許される」の意を認める説もあるが、その用例は、いずれも①㋩の意に解すべきものである〙

なま━【生】 Ⓑ〘接頭〙名詞・動詞・形容詞などに付いて、その不完全であり、十分でない意を表す。「いいかげんな」「なまじっかな」「未熟な」「若い」「すこしばかりの」「何となく」などの意味になる。「とみ(=急ギ)の物縫ふに、━暗うて(=ウス暗イ所デ)針に糸すぐる(ノハイラダタシイモノダ)」〔枕・一六〇段〕「僧都も『…』と━かくす(=コトバヲ濁ス)気色(けしき)なれば、(小宰相ハ)人にも語らず」〔源氏・手習〕「父が━学生(=若イ研究員)に使はれたいまつりて」〔大鏡・序〕「この男、━手書く者にて(=チョットシタ能筆デ)」〔今昔・巻一九ノ九〕「このむすめの(=ムスメデアル)女房に、━良家子の通ひけるありけり(=世ナレナイ良家ノ子デ通ッテ来タ男ガアッタ)」〔宇治・巻一ノ一四〕「待ちゐたるに、二時(ふたとき)ばかりまで出であはねば(=相手ガ出テコナイノデ)、━腹だたしうおぼえて(=何ダカ中ッ腹ニナッテ)、出でなむ(=帰ッチマオウ)と思ひて」〔宇治・巻三ノ五〕

なま・し Ⓑ〘助動〙〘完了の「ぬ」の未然形に仮想の「まし」が付いた複合助動詞。活用→まし〙「まし」で示される仮想がほとんど実現しそうな程度であること、あるいは確実性の強いことを表す。きっと…たろうに。たしかに…だろうに。「龍(たつ)を捕らへたらましかば、また(カナラズ)こともなく(=ワケナク)我は害せられ━・し(=殺サレタロウ)」〔竹取〕「絶えぬと見ましかば(=マルキリ来ナクナッタトイウノナラ)、かりに来るには(=中途ハンパニ来ルノヨリモ)まさり━・し(=ズットマシダロウ)」〔蜻蛉・上〕

なま じひ【生強ひ・慭ひ】(ーイ) Ⓓ〘形動ナリ〙❶(できもしないのに)しいて。無理をして。「我━・に明朝先帝の朝恩を報ぜむと、二度(ふたたび)この土に帰参し(=中国ヘ日本カラ帰国シ)」〔近松・国性爺・五〕 ❷(希望しないのに)不承不承。しぶしぶ。「(友人ノ僧ニ清水参詣ヲサソワレタノデ)心にあらずといへども(=望ムトコロデハナイケレドモ)、僧の心にたがはじ(=気ヲ悪クサセマイ)と思ふゆゑに、━・に参るべきよしをうけて(=承知シテ)、相具して(=

連レダッテ）参りぬ」〔今昔・巻一三ノ四四〕 ❸中途はんぱ。なまじっか。どっちつかず。「—・なる戦して、いふかひなく（=ダラシナク）敵の手にかかり、縲紲(るいせつ)の恥に及ばむ（=捕ラエラレテ恥ヲウケル）こと、後代までのあざけりたるべし」〔太平・巻一一ノ八〕

なまなま【生生】 Ⓔ《形動ナリ》❶不承不承。しぶしぶ。「ややに（=オモムロニ）その琴をとり寄せて、—・にひきおはしましき」〔記・中〕《原文「那麻那摩邇」と表記》 ❷中途はんぱ。「—の（=青クサイ）上達部（=公卿(くぎやう)）よりも、非参議の四位どもの…安らかに身をもてなしふるまひたる（ホウガ）、いとかはらかなりや（=サッパリシテマスナア）」〔源氏・帚木〕

なまほ・し Ⓑ《助動》（完了の「ぬ」の未然形に希望の「まほし」が付いた複合助動詞。活用↓まほし》「まほし」の意味を強調する。きっと…したい。どうしても…たい。「つれづれもまぎるれば、（ゼヒ）参り—・しきに（=参上シタイノダガ）」〔和泉日記〕

なまめか・し【艶めかし】 Ⓒ《形シク》❶わかわかしい感じで美しい。「常に書きかはしたまへば、（紫上ノ筆跡ハ源氏ノ）御手にいとよく似て、いま少し—・しう女しき所書きそへたまへり」〔源氏・賢木〕 ❷上品だ。優雅だ。「—・しきもの、ほそやかにきよげなる君たちの直衣(なほし)姿」〔枕・八九段〕「神楽こそ、—・しくおもしろけれ」〔徒然・一六段〕 ❸色っぽい。あだっぽい。「寄りゐたまへる御けはひに（=物ニモタレテイラッシャル源氏ノ御様子ニツケ）いとど昔思ひいでつつ（=源内侍ハ昔ノコトヲナツカシク思イ出シテ）、ふりがたく（=アイカワラズ）—・しき様にもてなして（=色ッポイ様子ニフルマイ）」〔源氏・朝顔〕

なまめ・く【艶めく】 Ⓒ《自四》《「なま」は「若い」の意。多く「たり」を伴い》❶若々しく美しい様子である。魅力的な様子をしている。《英語のbe charmingに当たる》「その里に、いと—・いたる女はらから（=姉妹ガ）住みけり」〔伊勢・一段〕 ❷《転じて》しゃれている。風流だ。《英語のbe tastefulに当たる》「具覚房とて、—・きたる遁世(とんぜい)の僧を、こじうと（=妻ノ兄弟）なりければ、常に申しむつびけり（=親シクシテイタ）」〔徒然・八七段〕 ❸色っぽい行為をする。《英訳すればbe concerned with a love affair》「その親王(みこ)、女をおぼしめして（=御寵愛ナサッテ）、いとかしこう（=ヒドク）めぐみ使うたまひけるを（=カワイガッテ、オソバニ置イテイラッシャッタノヲ）、人（=アル男ガ）—・きてありけるを（=ソノ女ニ色目ヲ使ッタガ）」〔伊勢・四三段〕

なみ【並み】 Ⓓ ㊀同列のもの。同等のもの。「（夕顔ガ）世にあらましかば（=モシ生キテイタナラ）北の町にものする人（=明石ノ上）の—（=程度）には、などか見ざらまし（=扱ワナイコトガアロウカ）」〔源氏・玉鬘〕「（アノ女性ノ優美サハ）さばかりの—には（=アレクライノ階級デハ）たぐひあらじ」〔浜松・巻二下〕 ㊁《形動ナリ》あたりまえ。世間なみ。「和歌の浦の—・に（=掛ケ詞「波ニ」）思はぬ心より添ふべき玉の光をぞ見る」〔新千載・雑中〕《複合語としては「歯なみ」「家なみ」のごとく「ならんだもの」を意味する用法があるけれども、「なみ」単独での用例は未見》

なみぢ【波路・浪路】（ージ）Ⓓ 船の航行する道。航路。海路。「行く先も見えぬ—に船出して風にまかする身こそ浮きたれ（=タヨリナイコトダ）」〔源氏・玉鬘〕

なみなみ【並並】 Ⓓ ㊀❶同様であること。「何せむと（=ドウシテ）たがひはをらむ（=自分ダケ別ノ態度ヲ取リマショウ）否(いな)も諾(を)も友の—（=ナカマト同様）我も（アナタニ）依りなむ（=従イマショウ）」〔万葉・巻一六〕 ❷普通（の事物）。「（イクラ女好キデモ）かやうの—（=中流階級）までは思ほしかからざりつるを（=相手ニスル気ハナカッタノニ）」〔源氏・夕顔〕 ㊁《形動ナリ》❶同列だ。同等だ。「（公季ハ）若のおはしませば、おのづから（皇子ガタト）御たはぶれなどの程にも、—・に（=対等ニ）ふるまはせたまひしをりは、円融院の帝『（公季ハ私ヲ）同じ程の弟とや思ふにや…』などぞ、うめかせたまひける（=文句ヲオッシャッタ）」〔大鏡・公季〕 ❷普通だ。ひと通りだ。「女も—・ならずかたはらいたしと思ふに」〔源氏・空蟬〕

なむ【〈南無〉】 Ⓒ《感》❶《梵 namas（英訳 adoration by gesture or word）の音訳》「帰命」と意訳した。絶対的な信頼を表明する語。「ひとたび—と言ふ人は花の園にて道成りぬ」〔梁塵〕 ❷懇願を表すことば。「後生だから…てくれ」の気持ちを表す。「—女房（子ドモニ）乳を飲ませに（アノ世カラ）化けてこい」〔柳樽・拾遺三〕

——きみゃう 帰命（ーミョウ）Ⓒ《連語》梵語「南無」とその漢訳「帰命」をかさねた語。「—月天子(ぐわってんし)、本地大勢至（=月天子ノ御本体デアル勢至大菩薩ニ心カラ礼拝シマス）」〔謡・羽衣〕

な・む【並む】 Ⓒ ㊀《自四》一列にならぶ。ひと連なりになる。「秋されば（=ニナルト）霧立ちわたる天の川石—・み置かば（=一列ニナラブヨウニ石ヲ置イタラバ）つぎて見むかも（=ソノ石ヅタイニ絶エズ会イニユケルダロウカ）」〔万葉・巻二〇〕「穂をうち敷きて—・みをるもをかし」〔枕・二二七段〕 ㊁《他下二》隊を組む。一列にならべる。ひと連なりにする。「友—・めて遊ばむものを馬—・めて行かまし里を待ちがてにわがせし春を…」〔万葉・巻六〕

な・む Ⓑ《助動》（完了の「ぬ」の未然形に推量の「む」が付いた複合助動詞。「なん」とも表記。活用↓む》㋑「む」の意味を強調する。きっと…だろう。かならず…できよう。ぜひ…なさい。どうしても…しなくてはならない。たしかに…するつもりだ。ぜひ…てほしい。「(ゼヒ)はや夜も明け—・む(=明ケテホシイ)と思ひつつゐたりけるに」〔伊勢・六段〕「はやく去(い)なむとて、『潮みちぬ、風も吹きぬべし』とさわげば、船に乗り—・む(=乗ッチマオウ)とす」〔土佐〕「さるわざ(=ホカニ男ヲコシラエルトイッタ事)せずは、(ワタシヲ)恨むる事もあり—・む(=キットアッテヨイハズダ)」〔大和・一四九段〕「よし、後にも人(=オ付キノ者)は(マチガイナク)参り—・むかし(=来ルガヨイゾ)」〔源氏・若紫〕㊁「ぬ」の意味に推量・仮想・柔らげ等の用法を添える。「かう夜昼まゐり来ては、(キット)はるかになり—・む(=延バサレル事ニナリソウダ)」〔蜻蛉・下〕「まろ(=ボク)がかく不具(かたは)になり—・む(=仮ニナッタヨウナ)時、いかならむ」〔源氏・末摘花〕「今の人は、さる(風雅ナ)心あり—・むや(=テンデアリソウモナイ)」〔大鏡・時平〕《係助詞の「なむ」や、㋑にあげた「はやく去なむとて」のようにナ変動詞の未然形に「む」の付いたものと混同しないように注意》

なむ Ⓐ 《「なん」とも表記》 ㊀ 〔係助〕《体言・体言あつかいの語(動詞・助動詞の連体形)・形容詞・形容動詞の連用形・副詞および他の助詞に付く》 ❶文中にあって、採りあげた事物・事態を強調する。㋑原則として連体形で結ぶ。「柿本人磨—、歌の聖(ひじり)(=最高ノ地位ヲシメル歌人)なりける」〔古今・序〕㋺下へ続けるため、連体形で結ばないこともある。「年ごろよく儔(くら)べつる(=親シクシテイタ)人々—、別れがたく思ひて、日しきりに(=一日ジュウ)とかくしつつ(=アレコレシナガラ)ののしる(=ワイワイ言ウ)うちに、夜ふけぬ」〔土佐〕 ❷文末にあって、結びを余情に残し、やわらかに強調しながら言い切る。「雪に降りこめられて(動キガトレズ)、いとあはれに恋しき事多く—」〔蜻蛉・上〕《↑下に「はべる」をはぶいた言い方》

なむ ↓ (連体形)

㊁ 〔終助〕《活用語(形容動詞を除く)の未然形に付く》相手に対して願望・要請の意を表す。「今年より春(=咲クコトヲ)知りそむる桜花散るといふことは習はざら—(=習ワナイデオクレ)」〔古今・春上〕《(1)係助詞の「なむ」は中古または中古ふうの散文で、会話または会話性の部分に主として用いられる。(2)「なむ」には、(a)係助詞・(b)終助詞・(c)完了助動詞「ぬ」の未然形＋推量助動詞「む」・(d)ナ変動詞の未然形＋推量助動詞「む」の四種がある。(d)は見誤るおそれが少ない。他は標準的には上表のような型で見分けるが、接続だけでは決められない場合があるから、前後の関係で判断しなくてはならない。とくに一段活用・二段活用の時は注意を要する》

(a)	(b)	(c)
あるなむ	あらなむ	ありなむ
係助詞	終助詞	助動詞

なむ さん【〈南無〉三】 Ⓓ 〔感〕㊥南無三宝③。「〔将棋ヲサシテイテ〕ははあ—、この馬(=桂馬ガ)落ちた(=ヤラレタ)」〔近松・寿門松・中〕 **—ぼう** 宝 Ⓓ 〔感〕〔三宝(仏・法・僧)に深く帰依したてまつるという意から〕 ❶深く感動したとき呼びかける語。ああ(そうだ!)。「おう—、げに太鼓も羯鼓(かっこ)も笛篳篥(ひちりき)、弦管ともに、極楽のお菩薩のあそびと聞くものを」〔謡・東岸居士〕 ❷びっくりしたとき出す語。あら。「どれどれ—、したたかに(=ヒドク)斬られてあるは」〔謡・夜討曾我(間狂言)〕 ❸失敗などに気づいたとき出す語。しまった。「『藤屋伊左衛門』と呼ぶ声す。『—(=イケネエ)』と逃げ出づれば」〔近松・阿波鳴渡・中〕《米語の"Jesus Christ!"にも②③と同様の用法がある》

なむぢ【汝・爾】(—ジ) Ⓑ 〔代〕《「なんぢ」とも》目下の者に用いる第二人称。おまえ。「—が子をはらみて、産をしそこなひたる女死にたり。地獄に落ちて苦を受く

るに(ツケテ)、うれへ申すことのあるによりて(=提訴シタノデ)—をば召したるなり」〔宇治・巻六ノ一〕

なめ・し【無礼し】 Ⓒ 〔形ク〕失礼だ。無礼だ。無作法だ。「ふるまひの—・うおぼゆる(=無作法千万ダト感ジラレル)こと、ものに似ず(=コノ上ナシダ)」〔蜻蛉・中〕「文ことば(=手紙ノ用語ガ)—・き人こそ、いとにくけれ」〔枕・六二段〕

なめ て【並めて】 Ⓒ 〔副〕↓なべて。「吹く風の—梢(こずゑ)にあたるかなかばかり(=コレホドニ)人の惜しむ桜に」〔山家・上〕

な め・り Ⓑ 〔助動〕《「なんめり」の撥(はつ)音を表記しない形》↓なんめり。「(宮様ガ)昨夜(よべ)おはしましける—・りかし(=オイデクダサッタヨウネ)。心もなく(=気ノキカナイコトニ)寝にけるものかな」〔和泉日記〕

な も【〈南無〉】 Ⓒ ↓なむ。「『—』と拝みたてまつれば」〔栄花・鳥舞〕

なやま・し【悩まし】 Ⓒ 〔形シク〕 ❶からだがつかれて大儀だ。気分がすぐれない。「『(ソコナラ)いとよかなり(=ヨサソウダ)。(ワタシハ徹夜ノタメ)—・しきに、牛ながら(車ヲ)引き入れつべからむ所を(見ツケロ)』とのたまふ(=源氏ハオッシャル)」〔源氏・帚木〕 ❷病気でぐあいが悪い。「いとあやしく(=ワケノワカラナイ容態デ)—・しきここちになむある(=加減ガヨクアリマセン)」〔蜻蛉・中〕

なや・む【悩む】 Ⓑ ㊀〔自四〕 ❶㋑苦労する。骨を折る。「まさに今、新羅を伐(う)ちたまはずは、後にまさに悔い有らむ。其の伐たむ状(かたち)は(=攻撃ノヤリカタハ)—・むべからず(=ナンデモナイ)」〔紀・孝徳・訓〕《「なやむ」は「挙力」の訓》㋺(病気で)苦しむ。「日本武尊、ここにおいて始めて—・みますことあり」〔紀・景行・訓(北野本)〕《「なやみますこと」は「痛身」の訓》 ❷当惑

する。こまる。「『いと苦しき(=ツライ)判者(ざ)にも当たりてはべるかな。いとけぶたしや(=ウルサイ事デスナ)』と―・みたまふ(=迷惑ガラレル)」〔源氏・梅枝〕 ❸煩悶する。「思ふらむ(=私ヲ恋シク思ッテイルダロウ)心のほどや(=アナタノ心中ハ)やよ(=ハテ)いかに(=ドンナモノデショウカナ)まだ(ワタシヲ)見ぬ人の聞きか―・まむ(=心ヲナヤマスコトガアリマショウカ)」〔源氏・明石〕 ❹心の中で嘆かわしく思う。頭痛に病む。「(柏木ト関係ガツイタノハ)心にもつかぬ御有様と(=納得ノユカナイナサレヨウダト)年ごろも(アナタヲ)見たてまつり―・みしかど(=苦ニシテイマシタガ)、さるべき(=ソウナルハズノ)御宿世(すくせ)にこそは(=前世ノ縁デショウ)」〔源氏・夕霧〕 ❺とやかく言う。非難する。「かく皇子(みこ)もおはせぬ女御の后(きさき)にゐたまひぬること、安からぬ(=不当ナ)ことに世の人―・み申して、(アダ名ヲ)素腹(すはら)の后とぞつけたてまつりたりける」〔栄花・花山〕 ❻〔補動〕《動詞の連用形に付いて》それが困難であるとの意を表す。「氷とぢ石間(いしま)の水は行き―・み(=流レラレナイノニ対シ)空すむ月の影ぞ流るる」〔源氏・朝顔〕 ㊁《他四》❶苦しませる。「左の人さし指に…とげの立ちけるも心にかかると…身を―・みおはしけるを(=痛ガッテオイデダッタガ)」〔西鶴・五人女・巻四ノ一〕 ❷やっつける。ぎゅうと言わす。「かほどの敵兵は、―・みかねたる某(それがし)(=ワタシ)と見こなし(=見下ゲ)ての加勢だてか」〔浄・三代記・三〕 ❸(ひどく)とりあつかう。「銑銭(づくせん)(=悪質ノ銭)ぢゃな。手荒う―・むな。(乱暴ニアツカウト)つい(=スグ)割れるぞ」〔浄・三代記・五〕

なよび か Ⓔ《形動ナリ》❶もの柔らかだ。かたくなでない。「―に(=一徹デナク)なさけなさけしき心(=思イヤリノアル心ガ)うちまじりたる人こそ(=多少ナリトモアル人ハ)、人のためとざまかうざまにつけても(=イロンナ事ニツケテモ)はぢがましからむ事をば(=他人ニトッテ恥ニナルヨウナ事ヲ)おしはかり思ふところもありけれ(=推察シテミルコトモアルモノダ)」〔源氏・真木柱〕「(大納言ノ君ハ)顔もいとらうらうしく(=愛ラシイ感ジデ)、もてなし(=フルマイ)など、らうたげに―・なり(=上品デヤサシイ)」〔紫日記〕 ❷㋑風流だ。「青鈍(あをにび)の紙の、―・なる墨つきはしも(=墨色ノグアイハ)をかしく見ゆめり」〔源氏・朝顔〕㋺好色めいている。「(ワタシガ大君ヲ好キナノハ)世の常に(=世間ニアリフレタ)―・なる筋にもあらずや(=浮気メイタ恋ジャアリマセンヨ)」〔源氏・総角〕

なよよ か Ⓓ《形動ナリ》(着物などが)やわらかいさま。柔軟だ。「―・なる薄色どもに(=ヤワラカイ練リ絹デ薄紫色ノ単衣(ひとへ)ヲ下ニ)、なでしこの細長かさねて(=ソノ上ニ着テ)、うち乱れたまへる(=ウチトケテイラレル)」〔源氏・宿木〕

なよら か Ⓔ《形動ナリ》「なよよか」に同じ。「八月ばかりに、白き単衣(ひとへ)―・なるに、袴よきほどにて(=カッコウヨクツケテ)」〔枕・一九〇段〕

ならく【〈奈落〉】Ⓓ ❶〔仏〕《梵 naraka (英訳 place of torment)の音訳》地獄。「―に沈み果てて浮かみがたき悪人の、仏果を得むことは(=成仏デキルノハ)この経(=法華経)の力ならずや」〔謡・鵜飼〕 ❷歌舞伎劇場の舞台の床下にある、回り舞台や、せり出しなどの装置を動かすへや。また俳優の通路にも用いられる。

なら・す【慣らす・馴らす】Ⓑ《他四》❶㋑なじませる。親しみをもたせる。「色変へぬ花橘にほととぎす千代を―・せる(=長イ間スッカリナレキッテイル)声聞こゆなり」〔後撰・夏〕㋺(反覆して)一定の状態にする。「和琴(わごん)をひき寄せたまへれば、律(りち)にしらべられて(=調律サレテオリ)、いとよく弾き―・したる(=弾キコンダ結果ノ)人香にしみて(=移リ香ガシミテイテ)、なつかしうおぼゆ」〔源氏・横笛〕 ❷(習慣的になって)平気であつかう。重要だと意識しない。「(自分ガコンナニ出世シテ)もとよりも及びがたかりし百敷(ももしき)(=宮中)を―・す(=ナレナレシク出入リスル)こと、仏の御徳なり」〔宇津保・菊宴〕

ならは・す【習はす】(-ワス) Ⓑ《他四》❶学習させる。「琴なども―・す人あらば、いとよくしつべけれども(=キットジョウズニヒクニチガイナイガ)」〔落窪・巻一〕 ❷習慣にさせる。「いとよう―・されて(=シツケラレテ)、わりなくは(=ムヤミニハ)慕ひまつはさず(=ツキ歩カナイ)」〔源氏・花宴〕 ❸こらしめる。「諸人をさんざんに悪口して、咎(とが)むる者を―・して、恥をすすぎて出でばや」〔義経・巻三ノ四〕

ならひ【慣らひ・習ひ】(-イ) Ⓑ ❶習慣。慣例。常例となっていること。くせ。「(検非違使)庁の下部(しもべ)の―(トシテ)、かやうの事についてこそ(=コノヨウナ罪人護送ノ場合ニハ)、おのづから(=ドウカスルト)依怙(えこ)もさうらへ(=アナタノ態度ヒトツデ手加減モアリマスヨ)」〔平家・文覚被流〕 ❷世の常の事。世間の道理。「定めなき(=アテニナラナイ)世の―」〔謡・隅田川〕 ❸言い伝えられている大事な教え。秘事口伝。「この御社の獅子の立てられやう、さだめて―ある事にはべらむ(=キット大事ナ言イ伝エガアルノデショウ)」〔徒然・二三六段〕

ならび な・し【並び無し】Ⓓ《形ク》くらべる相手がない。無類だ。とびぬけている。「(若イ時カラジョウズノ中ニマジッテ稽古スレバ)天性その骨(こつ)なけれども(=生マレツキノ素質ハナクテモ)…人にゆるされて、―・き名をうる事なり」〔徒然・一五〇段〕

なら・ふ【慣らふ・馴らふ・習ふ】(-ラ〈ロ〉ウ) Ⓑ ㊀《自四》❶それが習慣となる。それになれる。「あながちなる(=ムヤミナ)すき心は(=浮気心ナドハ)さらに―・はぬを(=持ッタコトモナイノニ)、さるべきにや(=コウナッタノハ運命カシラ)」〔源氏・帚木〕「白雲のかかる旅寝も―・はぬに深き山路に日は暮れにけり」〔新古今・羇旅〕 ❷それによくなつく。なれ親しむ。親近する。「使はるる人々も年ごろ(=ズット)―・ひて(=親シク仕エテ)」〔竹取〕 ㊁【習ふ】〘他四〙自分でする。経験する。「かやうに、人に許されぬ(=世間カラトガメラレル)ふるまひをなむ、(ワタシハ)まだ―・はぬ事なる」〔源氏・夕顔〕

な・り

未然	連用	終止	連体	已然	命令
ら	り（に）	り	る	れ	れ

【〈也〉】Ⓐ〘助動〙㊀〔断定〕《体言または活用語の連体形に付く》現代語の「だ」「である」に当たる意味をあらわす。❶事物の説明。「おのが身は、この国の人にもあらず、月の都の人―・り」〔竹取〕《連用形の用例→「に(助動)㊀③」「にて㊁」》 ❷性質・状態などを陳述する。「那智の滝は、熊野にありと聞くがあはれなる―・り」〔枕・六一段〕 ❸《多くは連体形で》場所を示す。…にいる。…にある。「天の原ふりさけ(=仰イデ)見れば春日(かすが)―・る三笠の山に出でし月かも」〔古今・羇旅〕 ❹《江戸時代における漢学者の誤用から》「…という」の意。「《医者ノ話ノ中デ》いはゆる蹴鞠―・るもの、成通卿ほどの高手(=名人)にもならねど、踏みつぶすまでも(=タトコロデ)、大きく(=タイソウ)腹ごなしに良いてな」〔三馬・風呂・前ノ上〕 ㊁《原則的に活用語の終止形に付く》現代語の「そうだ」(伝聞)「ようだ」(推定)に当たる意味をあらわす。

未然	連用	終止	連体	已然	命令
		り	る	れ	

❶〔伝聞〕㋑音や声が聞こえてくることを意識する。「我のみや夜舟は漕ぐと思へれば沖への方に梶(かぢ)の音す―・り」〔万葉・巻一五〕《この類の用法は、単に「…の・音(声)が聞こえる」と訳してよい》㋺…と自分は聞く。…ということだ。…のうわさだ。「汝(な)をと我(あ)を人ぞ離(さ)く―・る(=仲タガイサセテイルトイウ評判ダ)いでわが君人の中言(なかごと)(=中傷ナンカ)聞きこすな(=オ聞キナサルナ)ゆめ(=ケッシテ)」〔万葉・巻四〕「また聞けば、大納言の御むすめの亡くなりたまひぬ―・り(=トイウ話ダ)」〔更級〕㋩直接には経験していないが、人から得た知識では…だ。…だそうだ。「駿河の国にある―・る(=ヨシノ)山なむ、この都も近く、天も近くはべる」〔竹取〕 ❷〔推定〕㋑音・(声)によって判断すれば…のようだ。「藤なみの散らまく(=花ガ散ルノヲ)惜しみほととぎす今城(いまき)の丘を鳴きて越ゆ―・り」〔万葉・巻一〇〕《↑鳴く声によって越えることを推定する》「呼びわづらひて(=呼ビアグンデ)、笛をいとをかしく(=ジョウズニ)吹きすまして、過ぎぬ―・り(=立チ去ッタラシイ)」〔更級〕《↑笛の音が遠ざかることによって立ち去ったことを推定する》㋺人の話から判断すれば…のようだ。「(聞クトコロデハ)皆人は(喪服ヲヌイデ)花の衣になりぬ―・り(=パットシタ着物ニナッタヨウダ)苔の袂よ(=涙ニヌレタワタシノ僧衣ヨ)かわきだにせよ」〔古今・哀傷〕㋩周囲の様子から判断すれば…のようだ。「(男ガ忍ンデ来テ)消息を言はむに(=ハイッテヨウゴザルカト声ヲカケルヨウナ際ニ、女ノホウデ)『よか―・り(=ヨサソウデスワ)』とか、誰か言はむ」〔枕・八段〕《(1)「なり」がラ変型に付く場合は、撥(はつ)音便になることがある。「あんなり」「ざんなり」「よかんなり」など。(2)その撥音を省略することがある。(参)あなり・ざなり・たなり・ななり。(3)伝聞・推定の「なり」がラ変型に付く場合は、中古以後は連体形に付く。したがって、断定の「なり」と形式のうえでは区別できない。しかも、実際には「あんなり」「あなり」等の形で現れることが多い。この場合、断定であるか伝聞・推定であるかは、前後の文脈で判断するほかない。(4)終止形と連体形が同じである四段・ナ変の動詞に付くときも、前後の文脈で用法を判別するほかない。(5)古代においては、伝聞・推定の「なり」はラ変に付くときも終止形に付いた。「葦原の中つ国は、いたく(=ヒドク)さやぎてあり―・り(佐夜芸帝阿理那理=ザワツイテイルヨウダ)」〔記・上〕(6)伝聞・推定の用法は、中世以後衰退し、近世にはほとんど見られない》

なり い・づ【成り出づ・生り出づ】(―ズ) Ⓓ〘自下二〙❶生まれてくる。そのように生まれつく。「何の契り(=前世ノ運命)にて、かう安からぬ思ひ添ひたる(=コンナニ落チツケナイ思イバカリシテイル)身にしも―・でけむ」〔源氏・匂宮〕 ❷成長する。そだつ。「その(=毛虫ガ)さまの―・づる(=成虫ニナルノ)をとりいでて見せたまへり」〔堤・虫めづる〕 ❸㋑(高位に)つく。「これより後、皇后―・でたまふ(=御即位ノ)年」〔紀・允恭・訓〕《「なりいでたまふ」は「登祚」の訓》㋺世間に出てりっぱになる。出世する。偉くなる。「左大将殿の左近の少将とか、かたちはいと清げにおはするに、『ただいま(=スグ)―・でたまひなむ』と人々ほむ」〔落窪・巻一〕

なり かぶら【鳴り鏑】Ⓔ かぶら矢。矢の先端に、多くの穴をあけた丸い頭がつけてあり、射る時音をたてて飛ぶ。「兄宇迦斯(えうかし)―を以ちてその使ひを待ち射返しき。かれ、その―の落ちしところを訶夫羅前(かぶらざき)といふ」〔記・中〕《原文「鳴鏑」と表記。下の「訶夫羅」により「なりかぶら」とよむ》

なり のぼ・る【成り上る】Ⓔ〘自四〙低い身分から上の身分になる。「中将(=夕霧)は、かくただ人にて(=臣下ノ身デ)わづかに―・るめり(=何トカ位モ上ッテイルヨウデアル)」〔源氏・藤裏葉〕

なり は・つ【成り果つ】Ⓓ《自下二》❶まるきり…になってしまう。すっかりそのように変わってしまう。「その後は…ものまめやかなるさまに(=実生活一方ノ考エカタニ)心も―・ててぞ(暮ラシテイタ)」〔更級〕 ❷事が完了する。すっかり終わる。「(悲シミデ)目くれまどひて(=涙デクモッテ見エズ)、あさましう悲しとおぼせば、―・てむさまを見む(=ドウナルニシテモ最後マデヲ見届ケヨウ)とおぼせど」〔源氏・夕顔〕 ❸(将来)行きつく。おちぶれる。「(姫君ノ)いとたづきなげなる(=タヨリナサソウナ)御有様を見たてまつるに、いかに―・てさせたまはむ(=ドウナッテオシマイダロウ)とうしろめたく(=気ニカカリ)悲しくのみ見たてまつる」〔源氏・総角〕

なり はひ【生業・作業】(-ワイ) Ⓓ ❶百姓しごと。農業。「(真間ノ勝四郎ハ)田畑あまた主(ぬし)づきて(=所有シテ)、家豊かに暮らしけるが、人となり(=生マレツキ)物にかかはらぬさがより(=無トンジャクナ性質ノタメ)、―をうたてきものにいとひけるままに(=百姓仕事ヲ苦ニシテキラッタノデ)、はた家貧しくなりにけり」〔秋成・雨月・浅茅〕 ❷生活をささえるしごと。商売。職業。「今年こそ―にも頼むところ少なく、ゐなかのかよひ(=地方マワリ)も思ひかけねば、いと心細けれ」〔源氏・夕顔〕

なり まさ・る【成り増さる】Ⓔ《自四》ますます…になる。いよいよそうなる。「(アナタト)寝ぬる夜の夢をはかなみ(=アマリハカナイノデ)まどろめば(=家ニモドッテハッキリ夢ニ見タイト思ッテ寝ナオスト)いやはかなにも―・るかな(=マスマスハカナクナッテシマウコトダ)」〔古今・恋三〕

な・る【生る】Ⓓ《自四》❶生まれる。「げに人にめでられむと(=ホメラレルタメニ)―・りたまへる(ヨウナ)御有様なれど」〔源氏・紅梅〕 ❷(実が)できる。「柑子(かうじ)の木の枝もたわわに(=シナウホド)―・りたるが」〔徒然・一一段〕

な・る【成る】Ⓐ《自四》❶(事が)成就する。うまくゆく。しあがる。《英語のbe accomplishedまたはsucceedに当たる》「帝(みかど)おりさせたまふ(=退位アソバサレル)と見ゆる天変ありつるが、すでに―・りにけりと見ゆるかな(=モウ実現シタト見エルワイ)」〔大鏡・花山院〕「―・らう―・るまい(=成功カ失敗カ)は存じませねど、まづ参ってみませうまで」〔狂・千鳥〕「人なほ(=客ノ方デハヤハリ)―・らぬ(=恋ガカナワナイノ)に気をなやみて、こがれ死にもありける」〔西鶴・一代女・巻一ノ二〕 ❷㋑別の状態に移る。ちがったふうにかわる。《英語のchange (into)に当たる》「よろづの虫のおそろしげなるを取り集めて、これが―・らむ(=変態スルダロウ)さまを見むとて、さまざまなる籠箱(こばこ)どもに入れさせたまふ」〔堤・虫めづる〕㋺《とくに》悪い状態に移る。おちぶれる。《英訳すればbe ruined》「かやうにさうらふ者は、深草の少将が―・れる果てにてさうらふ」〔謡・土車〕 ❸…の状態に達する。《英語のbecomeまたはgrowに当たる》「蟬の声聞けば悲しな夏衣(ガ秋ノ訪レト共ニ薄クナルヨウニ)薄くや人の―・らむと思へば」〔古今・恋四〕「時の間のけぶりとも―・りなむとぞ、うち見るより思はるる」〔徒然・一〇段〕 ❹㋑できる。かなう。《英語のcan doまたは米語のbe availableに当たる》「―・る事ならば、老いの慰めに(ソノ恋ヲ)かなへて進ぜうと存じまするが、何とござらう」〔狂・枕物狂〕㋺(酒が)飲める。いける。《英訳すればdrink wellまたはbe a good drinker》「婿殿は―・ると見えた。も一つ(=モウイッパイ)進じませい(=オ飲ミナサイ)」〔狂・岡太夫〕 ❺貴人の動作・行為の尊敬語。「寝ぬるを(=寝テシマッテイタガ)、御所に―・りぬる(=オ出マシニナッタ)とてあれば、皆起きて参る」〔中務日記〕 ❻〔補動〕㋑《動詞の連用形に付き》「…するに至る」の意を表す。《英語のcome toに当たる》「中ごろ(=スコシ以前)は、都の住まひもうとうとしく(=ナカナカ中央勤務ガデキズ)、地下(げぢ)にのみ(=昇殿デキナイ身分トシテバカリ)ふるまひ―・って(=行動スルヨウニナッテ)」〔平家・殿上闇討〕「いかにもしてかの島へ渡って、御ゆくへをたづねまゐらせむとこそ思ひ―・ってさうらへ(=トイウ気ニナリマシタ)」〔平家・有王〕㋺《動詞の連用形または動作性の名詞に付き》貴人の動作・行為について尊敬の意をそえる。「明年の秋のころかならず(天皇ハ)崩御―・るべし(=オカクレアソバスダロウ)」〔保元・上・二〕「主上(=天皇ガ)仰せ―・りけるは(=アソバサレルニハ)『…』とて」〔平家・二代后〕

な・る【業る】Ⓔ《自四》生活のためのしごとをする。「防人(さきもり)に立たむ騒きに家の妹(いむ)が―・るべき事を言はず来ぬかも」〔万葉・巻二〇〕

な・る【慣る・馴る】Ⓑ《自下二》❶珍しさがなくなる。珍しさを感じなくなる。「―・るる(=古クナッテ相手ニサレナイ)身を恨むるよりは松島のあまの衣にたちやかへまし(=尼ニデモナリマショウカネ)」〔源氏・夕霧〕「若やかなるはみな、新しきここちして、見たまひ―・れたる人とては、かの山里の古女房なり」〔源氏・宿木〕 ❷親しみ、なつく。「三条の宮は、親と思ひきこゆべきにもあらぬ御若々しさなれど、限りあれば、たやすく―・れきこえさせずかし」〔源氏・総角〕 ❸【褻る】使われてくたびれる。ぴんとしていなくなる。「網代(あじろ)のすこし―・れたるが(=網代車ノアマリパリットシテイナイノデ)下簾などよしばめるに(=趣ガアルノニ)」〔源氏・葵〕「なつかしき(=感ジノヨイ)ほどに―・れたる(=ノリ気ノ落チタ)御衣(おんぞ)どもを、いよいよ(薫香デ)たきしめたまひて」〔源氏・朝顔〕 ❹熟練する。熟知する。「さきざきも―・れにける道のしるべ、をかし(=要領ガヨイナ)

とおぼしつつ、入りたまひぬるをも姫君は知りたまはで」〔源氏・総角〕「かの女御の御方に、左京・馬といふ人(=女房)なむ、いと—・れて(=万事練達デ)まじりたる」〔紫日記〕

なる ほど【成る程】Ⓓ 《副》 ❶できるところまで。なるたけ。「世間とかはり、—悋気(りんき)づよき(=ヤキモチヤキノ)女房ならば、わが嫁に取りたきとの願ひ」〔西鶴・永代蔵・巻五ノ五〕 ❷《自分の意見を強めて》まさに。「『お出でなさるるは、七様(ノトコロ)へござります心得か(=イラッシャルツモリデスカ)』『はて、—(=モチロン) 行く心でござんす』」〔近松・大念仏・中〕 ❸㋑《相手に同意して》いかにも。きっと。「『その出家の役を、見事(=リッパニ)せうか(=ヤル気カ)』『—、いたしませう』」〔近松・大念仏・上〕㋺《相手のことばを肯定して感動詞ふうに》そのとおり。はい。「『まうし、これこれ』『こなた(=ワタシ)の事でござるか』『—、こなた(=アナタ)の事でござる』」〔狂・宗論〕

なれ【汝】Ⓑ 《代》《第二人称》あなた。お前。《古代語。中古以後は歌ぐらいにしか用いない》「朝ゐで(=夜明ケノ井ゼキ)に来鳴く貌鳥(かほどり)—だにも君に恋ふれや時終へず(=イツマデモ)鳴く」〔万葉・巻一〇〕「—こそは岩もるあるじ(=コノ家ヲ守ッテイル主人ダ)見し人の(=カツテオ前ヲ見タ人ノ)ゆくへは知るや宿のまし清水」〔源氏・藤裏葉〕

なゐ【地震】(—イ) Ⓓ 地震(じしん)。《揺れることを「ふる」という》「世の常おどろくほどの—、二三十度ふらぬ日はなし」〔方丈〕

なん【難】Ⓒ ❶欠点。難点。悪い所。「よしすぎて(=気取リスギテ)人目に見ゆばかりなるは(=ソレガ人目ニツクホドノ女ハ)あまりの(=余分ナ)—もいできけり」〔源氏・葵〕 ❷非難。悪口。「歌も連歌も、偏執するには(=アマリニ執着シスギルト)、いはれぬ(=道理ノ通ラナイ)—をも申すなるべし」〔落書露顕〕 ❸災難。わざわい。「辺地にあれば(=地方ニ住ンデイルト)、往反(わうばん)わづらひ多く(=京都へ往復ニイロイロトメンドウデ)、盗賊の—はなはだし」〔方丈〕 ❹困難。難儀。苦労。「曾良は…松島・象潟のながめ共にせむ事をよろこび(=進ンデ同行ショウトシ)、かつは羇旅(きりょ)の—を(=旅ノ苦労ヲ)いたはらむ(=慰メヨウ)と」〔芭蕉・奥の細道〕

な・ん Ⓑ 《助動》→なむ。

なん・ず【難ず】Ⓒ 《他サ変》非難する。悪口をいう。「歌道において定家を—・ぜむ輩(ともがら)は、冥加(みやうが)もあるべからず(=仏様モオ見放シダロウシ)罰をかうぶるべき事なり」〔正徹物語・上〕

なん ぞ【何ぞ】Ⓒ 《副》 ❶何とかして。どうにかして。「—、汝この所に水を出だすべし」〔今昔・巻一二ノ一二〕 ❷《反語》どうして(…だろうか)。「人の性—異ならむ」〔徒然・二一一段〕 ❸《近世語》何かしら。「—一句ありさうなもの(=デキソウナハズ)と存じましたから」〔三馬・風呂・四ノ上〕

なんぢ【汝・爾】(—ジ) Ⓑ 《代》→なむぢ。「—一人はよう奉公したによって」〔狂・麻生〕「—が眉もやや老いたり」〔芭蕉・野ざらし〕

なん でふ【何でふ】(—ジョウ) Ⓒ ❶《連体》なんという。どれほどの。「宗盛卿涙をはらはらと流いて、『—事かさうらふべき(=問題デハアリマセン)』と申されければ」〔平家・厳嶋御幸〕 ❷《副》《反語》どうして(…なのか)。「—名により、文字にはよるべき(=ドウシテ人ノ幸福ガ名ヤ文字ニヨロウカ=ソンナハズハナイ)。幸ひは前世の生まれつきでこそあんなれ」〔平家・祇王〕 ❸《感》何をいうか。何だって。「—。先にうったる(=以前ニ立テタ)宿札、指でもささば、ふみ殺さむ」〔近松・嫗山姥・一〕

なん でん【南殿】Ⓓ ❶《「南面の御殿」の意から》紫宸(ししん)殿のこと。「なでん」とも。「—の桜はさかりになりぬらむ」〔源氏・須磨〕 ❷(幾棟(むね)かあるうち)南の御殿。「この—は、中納言の君(=実忠ガ)賜りたまへる。近隣にて、今だに御仲よくてものしたまへ」〔宇津保・国譲中〕

なん と【南都】Ⓓ ❶《北京(ほくけい)すなわち京都に対し》奈良。「洛陽(らくやう=京都)の寺社残りなく拝みめぐりてさうらふ。またこれより—に参らばやと思ひさうらふ」〔謡・采女〕 ❷《北嶺(ほくれい)すなわち叡山の諸寺に対し》興福寺を中心とする奈良の諸寺。「—・北嶺にもゆゆしき(=リッパナ)学匠(がくしやう=学者)たち、多くおはせられてさうらふなれば」〔歎異抄〕

なん と【何と】Ⓒ ❶《副》 ❶どんなぐあい。いかが。「当年もあひかはらず申し入れうと思ふが、—あらうぞ」〔狂・末広がり〕 ❷《反語》なんだって(…か)。どうして(…か)。「盗んだ銭が—やらりょ(=ヤレルモノカ)」〔近松・油地獄・下〕 ❷《感》《相手に同意を求めて》ねえ。「—(=ドウダ)おのおの(=皆サン)、われらが沙汰する所が違うたか(=マチガッテイルカ)」〔西鶴・胸算用・巻二ノ一〕

なん な・り Ⓑ 《助動》《「なり」の連体形にもうひとつ「なり」が付いた複合助動詞「なるなり」の撥(はつ)音便形。伝聞・推定の場合は終止形に付くとする説もあるが、不確か。活用→なり》 ❶〔伝聞〕(に)あるそうだ。…だそうだ。「筑紫—・るや(=ニアルト聞クアノ)唐(もろこし)のかね、白鑞(はくろ)といふかねもあんなるは(=アルソウダヨ)、ありと聞く」〔梁塵〕 ❷〔推定〕…のようだ。…らしい。「『我をば人はいかがいふ(=ドウ評判シテイルカ)』などと(村上天皇ガ)人に問はせたまひけるに、『寛(ゆる)になむおはしますと世には申す』と(近臣ガ)奏しければ、『さては、ほむる―・り(=好評ラシイナ)。王のきびしうなりなば、世の人、いかがたへむ(=トテモシンボウデキマイ)』とこそ仰せられけれ」〔大鏡・昔物語〕《断定の用例は未見》[参]なんなり・なり。

なんぼう【何ぼう】Ⓓ《副》❶どれほど。どれくらい。「この馬、―の(=ドンナ程度ノ)馬にてさうらふぞ、御覧ぜよ(=目利キシテクダサイ)」〔盛衰・巻三四ノ一〇〕❷《感動の意をこめて》なんとまあ。ほんとうに。「かたじけなくも(女御サマハ)おん姿をいま一度をがまれむ(=見セテヤロウ)とのおんことなり。―かたじけなきおんことぞ」〔謡・恋重荷〕「お主を大事、子が可愛さ、よしない手形―後悔つかまつる」〔近松・歌念仏・下〕

なんめ・り Ⓑ《助動》《断定の「なり」の連体形に推量の「めり」が付いた複合助動詞「なるめり」の撥(つは)音便形。終止形に付いたとする説もあるが、確かでない。活用→めり》…であるようだ。…であるらしい。断定をやわらげて言うときにも用いる。「ここここそよき堂所(=建築用地)―・れ。ここに(寺ヲ)建てさせたまへかし」〔大鏡・藤氏物語〕[参]なめり・めり。

に

に Ⓑ [一]《助動》❶㋑完了の「ぬ」の連用形。「わざと色にいでて―たり」〔蜻蛉・上〕㋺《古代東国方言》完了の「ぬ」の命令形。「この川に朝菜洗ふ児汝(なれ)も我(あれ)もよち(=同ジ年ゴロノ子)をぞ持てるいで児賜(たば)り―(=ゼヒ下サイ)」〔万葉・巻一四〕❷否定の「ず」の古い連用形。「(重態デ)鴨山の岩根し枕(ま)ける(=枕ニ横タワッテイル)我をかも知ら―と(=知ラナイデ)妹(いも)が待ちつつあらむ」〔万葉・巻二〕❸断定の「なり」の連用形。「頼もしき者―(=ダト)思ふ人…出でたちなむとす」〔蜻蛉・上〕[二]《形動》ナリ活用の形容動詞の活用語尾(連用形)。「花は盛り―、月はくまなきをのみ見るものかは」〔徒然・一三七段〕《これらを助詞の「に」と見誤らないよう、注意しなくてはいけない》

に Ⓐ [一]《格助》《体言および体言あつかいの語・副詞に付く》❶(連用格)㋑位置または方向を示す。「和歌の浦―潮みちくれば潟(かた)を無み(=砂地ノ部分ガナクナルノデ)葦辺(あしべ)をさして鶴(たづ)鳴きわたる」〔万葉・巻六〕㋺時点を示す。「十二月(しはす)の二十一日(はつかあまりひとひ)の戌(いぬ)の時―門出す」〔土佐〕㋩《行為・作用の関係する概念をとりあげ》ⓐ対象を示す。…に対して。「人―若菜をたまひける御歌」〔古今・春上・詞〕ⓑ目的を示す。…のため。「人々たえず訪(とぶら)ひ―来」〔土佐〕ⓒ帰着点を示す。「二条院―おはしましぬ」〔源氏・空蝉〕ⓓ転化の結果を示す。「(遺体ガ)灰―なりたまはむを見たてまつりて」〔源氏・桐壺〕ⓔ原因・由来・きっかけ等を示す。…ゆえ。「臨時の調楽―夜ふけて」〔源氏・帚木〕ⓕ手段・方法を示す。…で。「雪の光―いみじく艶なる御姿を見いだして」〔源氏・朝顔〕ⓖ内容を示す。「おのれ(=自分)は俸禄―飽きたりながら…貧しきを救ふわざをもせず」〔秋成・雨月・貧福論〕ⓗ資格・ありかたを示す。「扇を笛―吹きたまへる(=吹ク形ヲナサル)」〔狭衣・巻一〕㋥《行為・作用の実現する場面を設定し》ⓐ状態を示す。「唐(もろこし)も夢―(=夢ノナカデ)見しかば近かりき(ソレニ反シ)思はぬ仲ぞ遥けかりける」〔古今・恋五〕ⓑ場所・部位を示す。「夕されば野べの秋風身―しみて鶉(うづら)鳴くなり深草の里」〔千載・秋上〕ⓒ場合を示す。「(コノ日ハ暦ノ上デ)神仏(ノ祭リヤ供養ヲスルノ)―よし」〔宇治・巻五ノ七〕ⓓ普通なら主語として言いあらわすところ、高貴な人であるため、わざと場面のように言う。「うち(=天皇)―もおぼし嘆きて行幸あり」〔源氏・賢木〕㋭《受身・使役の相手を示す》ⓐ受身。…から。…によって。「人―もてかしづかれて」〔源氏・帚木〕ⓑ使役。「いかで(=何トカシテ)思ふやうなる(=理想的ナ)人―(姫ヲ)盗ませたてまつらむ」〔落窪・巻一〕㋬《基準を示す》ⓐ比較の相手。…より。「深き志はこの海―劣らざるべし」〔土佐〕ⓑ割合。…につき。「(地震ガ)二三日―一度など、おほかた、そのなごり三月ばかりやはべりけむ」〔方丈〕❷(補格)「あり」「はべり」「さうらふ」等に対する補語を示す。「あやしう、人こそものの言ひさがなき(=ウルサイ)もの―あれ」〔源氏・夕霧〕《↑助動詞「なり」の原型となる用法。助動詞「なり」(に＋あり)の連用形に「あり」がもうひとつ加わるとは考えにくいので、この「に」は助詞とする》「童(わらは)―ものしたまへりしを見たてまつりそめし時」〔源氏・朝顔〕❸(連体格)複数の事物を、増し加わる感じで挙げ示す。「月―星(ノ紋)」〔太平・巻一七ノ一〕「ありたき事は、まことしき(=本格的ナ)文の道、作文(さくもん)、和歌、管弦の道、また有職(いうそく)―公事(くじ)の方」〔徒然・一段〕[二]《副助》《同じ動詞の間にはさみ、上の動詞の連用形に付く》その動詞の示す意味を強調する。「夜はただ明け―明く」〔源氏・浮舟〕《格助詞の説もある》[三]《接助》《活用語の連体形に付く》❶前提となっている事態を示す。…と。…ところ(が)。「あやしがりて(竹ノソバニ)寄りて見る―、筒の中光りたり」〔竹取〕《上に仮定の言いかたがあれば「…なら」と訳する。「に」自身が仮定の意をもつのではない。↓》「忌みなど果てなむ―(=終ワッタラ)、御覧ぜさすべし」〔蜻蛉・中〕❷

確定条件を示す。㋑〔逆接〕…のに。「待つ―、見えず」〔蜻蛉・上〕㋺〔順接〕…ので。…から。「手をする―(＝手ヲ合ワセテ拝ムノデ)、ほとほと笑ひぬべし(＝危ウク笑イソウニナル)」〔源氏・紅葉賀〕 ❸添加を示す。…と(そのうえ)。「さらぬだに(＝ソウデナクテサエ)秋の旅寝は悲しき―松に吹くなり鳥籠(とこ)の山風」〔新古今・羇旅〕 [四]『終助』《動詞の未然形に付き》希望・要求を表す。…てほしい。…なさい。「たくひれの(＝枕詞)鷺坂山の白つつじ我ににほは―(＝ワタシノ着物ニシミツイテオクレ)妹に示さむ」〔万葉・巻九〕《古代語で、用例はごく少ない》

にかう【二更】(ニコウ) Ⓓ 一夜を五分した、その第二に当たる時刻。季節・地方(経度・緯度)によってずれがある。[参]かう・とき[一]①。

にがにが・し【苦苦し】Ⓓ『形シク』❶非難したい感じだ。こまったものだ。「よろこび申し(＝オ礼言上ノ式ガ)ありしかども、世の中(ノ形勢ハ)―・しうぞ(＝感心デキナイ状態ニ)見えし」〔平家・鹿谷〕 ❷不愉快きわまる。しゃくだ。「(自分デ馬ヲ引イテユカネバナラヌトハ)さてさて、それは―・しい事でござる。是非に及びませぬ(＝シカタアリマセン)、私が引いて参りませう」〔狂・止動方角〕

にが・む【苦む】Ⓓ [一]『自四』❶渋い顔になる。不きげんな表情になる。「(酒ヲススメルタメ)土器(かはらけ)さしいでたる(＝杯ヲトリダシタノヲ)見るに、いよいよとわびしう、ここちあしうなりて『いかにつかまつらむ(＝コノ上ドウシテイタダケマショウ)』とて、―・みて、とみ(＝スグ)にも取らねば」〔宇津保・楼上上〕 ❷しわがよる。「(イッタ大豆ガ)温かなる時、酢(す)をかけつれば、すむつかりとて、―・みて、よく(ハシデ)はさまるるなり」〔宇治・巻四ノ一七〕 [二]『他下二』ひしぐようにする。しかめる。「王の舞を舞ふなるには、面模(めんうつし)の下にて(＝仮面ノ下デ、声ヲ変エルタメ)鼻を―・むる事にはべるなり」〔盛衰・巻四ノ七〕

に・き【日記】Ⓒ『十自サ変』(「にっき」の促音を省いた形)→にっき。「絵を書き集めたまひつつ、やがて(＝ソノママ)わが御有様、―のやうに書きたまへり」〔源氏・明石〕

に・き Ⓑ『助動』《完了の「ぬ」の連用形に経験回想の「き」が付いた複合助動詞。活用→き》「き」で回想される事実を強調する。たしか…だった。まさしく…た。「船に乗りて、追ひ風吹きて、四百余日になむ、(ヤット)まうで来―・し(＝帰国イタシマシタ)」〔竹取〕「貞観殿の御方は、一昨年、尚侍(ないしのかみ)に(ツイニ)なりたまひ―・き」〔蜻蛉・中〕

にぎはは・し【賑はし】(ニワワシ) Ⓓ『形シク』❶富み栄えている。生活が裕福である。「世にありわぶる女(＝生活シカネテイル女)の、にげなき(＝不ツリアイナ)老法師、あやしの東人なりとも、―・しきにつきて『誘ふ水あらば(＝妻ニショウト言ッテクレル人ガアレバドコヘデモ行コウ)』など言ふを」〔徒然・二四〇段〕 ❷㋑(多数の関係者があって)さかんだ。「男にてさへおはすれば、そのほどの作法(＝出産関係ノ儀式ハ)、―・しく(＝盛大デ)めでたし」〔源氏・葵〕 ㋺(人がらが)陽気だ。明朗だ。「(中宮ハ)いとけだかう―・しき御さま、かぎりなけれど(＝トビキリダガ)」〔寝覚・巻二〕

にぎは・ふ【賑はふ】(ニワ〈オ〉ウ) Ⓓ『自四』❶豊かになる。景気がよい。「あしひきの(＝枕詞)山田の早苗(さなへ)とりどりに民のしわざは―・ひにけり」〔続後拾遺・夏〕 ❷数多くなる。盛んになる。「そのあたりには、小家ども多く出できて、里も―・ひにけり」〔宇治・巻二ノ七〕

にくさげ【憎さげ】Ⓔ『形動ナリ』いかにもにくにくしい。「敦兼はみめの(＝顔ツキガ)よに(＝ヒドク)―・なる人なりけり」〔著聞・好色〕

にく・し【憎し】Ⓑ『形ク』❶《相手に対して抵抗を感じる気持ち》㋑気にくわない。いやだ。「―・きもの、急ぐ事あるをりに来て長言(ながごと)する客(まらうど)」〔枕・二八段〕 ㋺愛情を感じない。「三条院の東宮にて御元服せさせたまふ夜の御添ひ臥(ぶ)しに参らせたまひて(＝御寝所ノ相手ニオアガリニナリ)、三条院も―・からぬ者におぼしめしたりき」〔大鏡・兼家〕 ❷《自分について》こまったものだ。感心できない。「我も(養女ノ玉鬘ニ対シ)おほかたには親めきしかど、―・き心(＝イヤラシイ心＝恋心)の添はぬにしもあらざりしを」〔源氏・若菜下〕 ❸無骨だ。愛嬌(あいきやう)がない。ひどく感じが悪い。「われらをはじめて(＝ワタクシヲハジメトシテ)、みなみな―・い(＝オッカナイ)山伏にてさうらふが」〔謡・安宅〕 ❹《逆説的に》あっぱれだ。たいしたものだ。「身こそ(＝ワタシヲ)いやしと思ふとも(＝イヤシイ爺(じじい)ダト思ッテアナドッテイルノダロウガ)、この所(＝アタリ)にては―・い者(＝シタタカ者)なるぞとよ」〔謡・国栖〕 ❺〔補形〕《動詞の連用形に付き》…することがむずかしい。「いと立ち離れ―・き草のもとなり」〔源氏・桐壺〕

にく・む【憎む】Ⓒ『他四』❶悪感情をもつ。「いと心よからむ(＝至極善良ナ)人は、われを―・むとも(＝他人ガ自分ヲ悪ク思ッテモ)われはなほ(＝自分ハヤハリ)人を思ひうしろむべけれど(＝味方ニナッテヤルノダロウガ)、いとさしもえあらず(＝普通ノ人ハトテモソンナ事ハデキナイ)」〔紫日記〕 ❷非難する。悪口をいう。「敵(かたき)みな帰って後、池よりあがり、濡れたる物どもしぼり着て、泣く泣く京へのぼりたれば、―・まぬ者こそなかりけれ」〔平家・宮御最期〕

にげな・し【似気無し】Ⓓ『形ク』不似合いだ。つり合いがとれない。「(新婦ノ)女君は(新郎ヨリモ)すこし過ぐしたまへる(＝年上デイラッシャル)ほどに、いと若うおはすれば、―・く恥づかしと思(おぼ)いたり」〔源氏・桐壺〕

に・け・む [B]〘助動〙(完了の「ぬ」の連用形に推量の「けむ」が付いた複合助動詞。活用↓けむ) 「に」で示される事態を回想的に推量する。たしかなところ…たろう。…てしまったろう。「え訪(と)はで過ぐしてしを、(ケッキョク)いかになり—・む(=ドウナッタロウカ)」〔蜻蛉・下〕「夢路にまどひてぞ(=夢トモ現実トモワカラズ)思ふに、(コノミジメナワタシヲ)その人や(アノ世カラ)見—・むかし(=キット見タコトダロウヨ)」〔更級〕

に・けら・し [B]〘助動〙(完了の「ぬ」の連用形に複合助動詞「けらし」が加わった形。活用↓らし)「けらし」で示される行為・状態が決定的である意を表す。もうたしか…たらしい。「流れての水に(=愛情ノ通ウハズノ中川ヲ)頼みて来しかども(=アテニシテ移ッテキタガ)わが中川(=ワレワレノ間ガラ)はあせ—・しも(=モウ明ラカニ冷タクナリキッタヨウデスワネ)」〔蜻蛉・下〕㊇けらし。

に・け・り [B]〘助動〙(完了の「ぬ」の連用形に回想の「けり」が付いた複合助動詞。活用↓けり)「けり」の意味を強調する。すっかり…だった。まるきり…だったよしだ。「(女ハ)正月(むつき)の十日ばかりのほどに、ほかに(マルキリ)隠れ—・り(=姿ヲ隠シタトイウ)」〔伊勢・四段〕「(水ニウツル)影を見れば、わがありし(=以前ノ)かたちにもあらず、(スッカリ)あやしき(=ミスボラシイ)やうになり—・り(=ナッテイタ)」〔大和・一五五段〕「ある人、任大臣の節会(せちゑ)に…宣命を取らずして堂上せられ—・り(=紫宸殿ニ上ッテシマワレタヨシダ)」〔徒然・一〇一段〕

にし おもて【西面】[D] ❶西に向いている方。「(富士山ハ)わが生ひいでし(=成長シタ)国にては、—に見えし山なり」〔更級〕 ❷(寝殿造りの正殿で)西に面したへや。「北の廂(ひさし)におはすれば、—に宮はおはします」〔源氏・夕霧〕 ❸後鳥羽上皇のとき新設された役所の武士。院の御所の西に面した所に詰めていて、御所警護を任務とした。「さいめん」とも。「後鳥羽院の御時、水無瀬(みなせ)殿に、夜な夜な山より傘(かさ)ほどの物の光りて御堂へ飛び入ることはべりけり。—・北面の者ども、めんめんにこれを見あらはして高名せむと心にかけて」〔宇治・巻一二ノ二三〕

にし の たい【西の対】[D] 寝殿の西がわにある対の屋。㊇たいのや。「—にわたりたまひて」〔源氏・葵〕

に・た・り [B]〘助動〙(完了の「ぬ」の連用形に完了の「たり」が付いた複合助動詞。活用↓たり)「たり」の意味を強調する。すっかり…ている。まったく…てある。「なんぢ…そこらの(=少ナカラヌ)金(こがね)たまひて、(スッカリ)身をかへたるがごと(=別人ノヨウニ)なり—・り(=ナッテイル)」〔竹取〕「源氏物語、枕冊子などに(マッタク)事ふり—・れど(=言イ古サレテイルガ)、同じ事また今さらに言はじとにもあらず」〔徒然・一九段〕

にっ き【日記】[C]〘+自サ変〙 ❶㋑年月日の順にしたがって記された官庁の記録。外記日記(公務員の実務に関する備忘録)・内記日記(天皇の公式発言の記録)・殿上日記(蔵人が天皇の日常を記録した文書)が作られたけれど、今はみな失われている。㋺年月日の順にしたがって書いた個人の公私にわたる生活記録。官庁勤務の参考として役だてる目的が多かった。藤原道長の御堂関白記とか中御門宗忠の中右記とか藤原定家の明月記とかはそれで、おびただしく現存する。❷ある特定事件または事項に関する記録。メモ。「正躬王真綱等、窮ニ問罪人ニ奏ニ其—ニ」〔続後紀・承和九年〕「—(=報告書)を開いて御覧ずれば、『宇治川の先陣佐々木四郎高綱、二陣梶原源太景季』とこそ書かれたれ」〔平家・河原合戦〕 ❸古い文書。昔からある書き留め。「この知ろしめしげなる(=ゴ存ジラシカッタ)事ども思ふに、古き—などを御覧ずるならむかし」〔大鏡・昔物語〕「この(=名人タチガ神秘的ナ妙技ヲ示シタ)事、いづれの—に見えたりといふ事を知らねども、あまねく申し伝へてはべり」〔著聞・術道〕 ❹時間の流れに添って書かれた個人の実録ふうな作品。内容はかならずしも事実どおりであるとは限らないけれど、スタイルとしては事実を記すような書きぶりをする。そのため、物語との境界がはっきりせず、同じ作品が伊勢物語と在五中将日記、多武峯少将物語と高光日記、篁物語と篁日記、和泉式部物語と和泉式部日記などのように、両様の書名をもつ場合も生じた。「家の古集のやうなるものにはべり。俊蔭の朝臣、もろこしに渡りける日より、父の朝臣の—・せし、ひとつ。詩・和歌しるせし、ひとつ。そのうせはべりける日まで、日づけしなどしおきてはべりけるを、俊蔭帰りまうでける日まで作れることも、その人の—などなむ、その中にはべりし」〔宇津保・蔵開上〕

にっきふ の ふだ【日給の簡】(ーキュウー)[D]〘連語〙↓ひだまひのふだ。

にっ しふ【入集】(ーシュウ)[D]〘+他サ変〙歌集・連歌集・句集などに、歌や句を選んで入れること。「(コノ句ハ)—いかがはべらむ(=ドンナモノデショウカ)」〔去来・旅寝論〕「つひに両句とも請うて—・す」〔去来抄・先師評〕

にっ そう【入宋】[D] 宋朝の中国に渡航すること。「全和尚(をしやう)—せむとせし時」〔正法眼蔵随聞記・第六〕

にっ たう【入唐】(ートウ)[D] ❶唐朝の中国に渡航すること。「高岳親王、出家得度、弘法大師の御弟子になりたまふ。—して、かしこにて遷化(せんげ)したまふ(=オナクナリニナッタ)」〔愚管抄・第二〕 ❷(「唐」を中国の異称に用い)中国に行くこと。「今年の入宋(にっそう)とどまるべし(=ヤメニセヨ)。老病すでにきはまれり、死去、定(ぢやう)なり(=決定的ダ)。今年ばかりとどまって、明年の—、もっとも然

るべし」〔正法眼蔵随聞記・第六〕

にて Ⓐ [一]【格助】（体言および体言あつかいの語に付く）〔連用格〕 ❶行為・現象の存在する場面を示す。㋑（空間的）「（供養ハ）かのありし山寺—ぞする」〔蜻蛉・上〕㋺（時間的）「御歳十八—（＝ノトキ）位につかせたまふ」〔大鏡・冷泉院〕 ❷手段・方法・道具・材料・範囲などを示す。「あなたへ船—みなさし渡る」〔蜻蛉・上〕「剣—人を斬らむとするに似たる事なり」〔徒然・一二五段〕 ❸原因・理由・根拠・動機などを示す。「御もののけ—（＝ノタメ）ときどき悩ませたまふこともありつれど」〔源氏・若菜上〕 ❹事情・状態をあらわす。「これを初め—（＝トシテ）またまたも（手紙ヲ）おこすれど」〔蜻蛉・上〕「御車の後(のち)—まからむ」〔蜻蛉・中〕 [二]【連語】 ❶㋑（断定助動詞「なり」の連用形＋接続助詞「て」）事情・状態を述べ、それを下へ続ける。…で（あって）。「月の都の人—、父母あり」〔竹取〕「兄(このかみ)も法師—あれば」〔蜻蛉・上〕㋺（ナリ型形容動詞の連用形＋接続助詞「て」）状態を述べ、それを下へ続ける。「まして、いとつれづれ—あり」〔蜻蛉・中〕「心づくしなる（＝気ノモメル）事を御心におぼしとどむるなむ、あやにく—、さるまじき（＝感心デキナイ）御ふるまひもうちまじりける」〔源氏・帚木〕㋩（連歌・俳諧で切れ字として用い）終助詞めいた意識で、あまり決定的でなく言い切る。「唐崎の松は花よりおぼろ—」〔芭蕉（曠野）〕（↑『孤松』には「…おぼろかな」となっている）「『—』は『かな』にかよふ。このゆゑ、『かな』どめの発句に（対シテハ）『—』どめの第三を嫌ふ。『かな』といへば、句切れ（ガ）迫なれば（＝キッパリシスギルカラ）、『—』とははべるなり」〔去来抄・先師評〕 ❷（完了助動詞「ぬ」の連用形＋接続助詞「て」）「世のいとはしき事は、すべて露ばかり心もとまらずなり—はべれば」〔紫日記〕

にな・し【二無し】Ⓓ【形ク】それと同じ程度のものはない。肩をならべるものがない。無類だ。「—・く思ふ人をも（＝最愛ノ子ヲモ）人目によりて（＝人目ヲハバカッテ）とどめおきてしかば（＝置イテ来タノデ）…恋しうかなし」〔蜻蛉・中〕

にの【布】Ⓔ（古代東国方言）ぬの。「筑波嶺(つくばね)に雪かも降らる（＝降ッタノカ）いなをかも（＝イヤ、ソウデナイノカナ）かなしき児ろが（＝ソレトモ、アノカワイイ娘ガ）—ほさるかも（＝洗ッタ布ヲホシタノダロウカ）」〔万葉・巻一四〕

には【庭】（—ワ）Ⓓ ❶（事が行われる）場所。「大なる矢にて射れば、その—に（＝ソノ場デ）射ころしつ」〔宇治・巻一二ノ一九〕 ❷（「漁の行われる場所」の意で）広い水面。「—清み（＝海面ガキレイナノデ）沖へ漕ぎ出づる海人(あま)舟のかぢ取るまなき（ヨウニヒマモナク）恋もするかも」〔万葉・巻一一〕 ❸㋑屋敷の内部のあき地。多くは庭園をさす。「荒れたる—の露しげきに」〔徒然・三二段〕㋺建物の内部にある土間。「（家財ハ何モナクテ）片隅に残る煙草盆、（台所ノ）—に茶釜(ちゃがま)もあるやと見ればあやなし（＝見回シテモムダダ）」〔浮・新色五巻書・巻一ノ二〕

にび いろ【鈍色】Ⓔ 薄黒い色。濃いねずみ色とも表現できる。多くは喪服に用いた。「にぶいろ」とも。「雲の薄くわたれるが—なるを」〔源氏・薄雲〕「（喪中ナノデ）薄き—の御衣(ぞ)」〔源氏・藤袴〕

にひ なへ【新嘗】（ニイナエ）Ⓔ 新しくとれた穀物を神にそなえ、そのおさがりを食べる収穫感謝祭。「檜(ひ)の御門(みかど)—屋に生ひ立てる百足(ももだ)る（＝繁ッタ）槻(つき)が枝」〔記・下〕（聖武天皇のころから定期の宮中儀式となった（参にひなめまつり）。それ以前は部落の各戸でも行われたらしい。↓）「（祖神ガ富士ノ神ノ所へ行キ、泊メテホシイト頼ンダトコロ）富士の神答へけらく、『新粟(わせ)の—して家内(やぬち)ものいみせり（＝潔斎シテイマス）。今日の間(ほど)は、ねがはくは許しあへじ（＝スミマセンガオ断ワリシマス）」〔常陸風土記〕（原文「初嘗」と表記）

にひなめ まつり【新嘗祭り】（ニイ—）Ⓔ 宮中の新穀感謝祭。陰暦一一月の中の卯の日に行う。「例年の—は豊年をいのりたまふなり」〔秋成・胆大小心録・一二四〕

にぶ いろ【鈍色】Ⓔ ↓にびいろ。「二位殿、—の二つ衣(ぎぬ)に（＝二ツガサネヲ着テ）練り袴(ばかま)のそば（ヲ）高くはさんで」〔謡・大原御幸〕

にふ だう【入道】（ニュウドウ）Ⓓ [一]【十自サ変】 ❶〔仏〕出家して、仏道修行する・こと（人）。「—・したまひて、この十余年は仏のごとくして行はせたまふ」〔大鏡・道長〕 ❷まわり道。「事果てぬれば梨原へ帰りぬ。ついでにちと—などして、京へ参り着きぬ」〔中務日記〕 [二] 在家のままで髪をおろして、仏につかえる生活をする者。「—相国（＝僧形デ太政大臣ノォ方＝清盛）、一天四海（＝日本全国）を掌(たなごころ)の中ににぎりたまひし間」〔平家・祇王〕

にほ どり【鳰鳥・鸊鳥】（ニオ—）Ⓔ かいつぶり。「池水に玉藻しづむは—（＝ワタシ）の思ひあまれる涙（デカサガ増スカラ）なりけり」〔宇津保・藤原君〕

にほは・す【匂はす】（ニオワ—）Ⓑ【他四】 ❶着色する。色どる。「引馬野(ひくまの)ににほふ（＝美シク色ヅイテイル）榛原(はりはら)入りみだれ（＝ドシドシハイッテ行キ）衣(ころも)—・せ（＝染メナサイ）旅のしるしに（＝記念ノタメニ）」〔万葉・巻一〕 ❷ぼかしてほんのりと色をつける。ぼかして描く。「御絵あそばしたりし、興あり（＝オモシロイ）。さは（＝ソレハ）、走り車の輪（ヲカクノ）には、薄墨に塗らせたまひて、大きさのほど（＝程度ヤ）輻(や)などのしるしには、墨を—・させたまへりし、げに（＝マコトニ）かくこそかくべかりけれ」〔大鏡・伊尹〕 ❸においをさせる。「なに人か(＝ダレガ)来てぬぎかけし藤袴来る秋ごとに野べを—・す(＝掛ケ詞「①」)」〔古今・秋上〕 ❹それとなくいう。間接的に知らせる。ほのめかす。「まほ(＝マトモ)にはあらねど、(心ノ中ヲ)うち—・しおきて、出でたまふ」〔源氏・横笛〕「今なむとだに(＝セメテ今トイウ今出家スルトイウコトダケデモ)—・したまはざりけるつらさ(＝恨メシサ)を、浅からず聞こえたまふ」〔源氏・若菜下〕

にほひ 【匂ひ】(‐オイ) Ⓐ《「印象的な感覚」という基本意味から》 ❶㋑(美しい)色あい。「せめて(＝ヨクヨク)見れば、花びらのはしに、をかしき—こそ(＝趣アル色アイガ)、心もとなうつきためれ(＝アルカナキカノヨウニツイテイルヨウダ)」〔枕・三七段〕㋺色が映えること。「—(＝ヒキタツ色)もなく黒き袍(うへのきぬ)に、蘇芳襲(すはうがさね)の葡萄(えび)染めの袖を」〔源氏・若菜下〕 ❷㋑しだいに薄くぼかしてゆく配色。「世になき色あひ—を染めつけたまへば、ありがたしと思ひきこえたまふ」〔源氏・玉鬘〕㋺(鎧(よろい)のおどし糸を)濃い色から薄い色になってゆくようにすること。「経正、その日は紫地の錦の直垂(ひたたれ)に萌葱(もえぎ)の—の鎧きて」〔平家・経正都落〕 ❸(よい)かおり。「東風(こち)吹かば—おこせよ梅の花あるじなしとて春を忘るな」〔大鏡・時平〕 ❹㋑(美しい)様子。「(ワタシハ)閉(と)ぢこもり巌(いはほ)の中に入りしかど(＝出家シマシタケレド)君が—は(＝アナタノ美シイオモカゲハ)空に見えにき」〔宇津保・吹上下〕「笑ひなど(シテ)そぼるれば(＝フザケテイルノデ)、—多く見えて(＝印象的ナ美シサガ豊カデ)、さるかたに(＝ソウシタ点デ)、いとをかしき人ざまなり」〔源氏・空蟬〕㋺りっぱさ。みごとさ。すばらしさ。「殿もうへ(＝奥方)も(中宮ノ所へ)参りたまひつつ、もてかしづききこえたまふ(＝大事ニオ世話ナサル)—(＝御威勢ハ)、いと心ことなり(＝格別ダ)」〔紫日記〕「和泉式部といふ人…はかないことば(＝チョットシタ文章)の—も見えはべるめり」〔紫日記〕「(父母ガワタシト同居スルノヲ切望シテイルノヲ見ルト)いとあはれに、何の—のあるにかと(＝自分ナドニドンナ御利益ガアルノカト)涙ぐましう聞こゆ」〔更級〕 ❺㋑余韻。余情。「故入道殿の宮の御手(＝筆跡)は、いと気色(けしき)ふかく(＝見タトコロ深ミガアリ)、なまめいたる筋(＝優雅ナ点)はありしかど、弱き所つきて、—ぞ少なかりし」〔源氏・梅枝〕㋺《蕉風俳諧の術語》前句から生まれる余韻・余情を焦点とする付けかた。意味の上での連関にあまり依存しない。貞門(松永貞徳の一派)に好まれた詞付け(縁語を中心とする)や談林(西山宗因の一派)が重んじた心付け(句意の結びつきを中心とする)と対する。「(前句ニ)付くといふ筋(＝スジミチ)は、—・ひびき・おもかげ・うつり・推量など、形なき(＝意味ノ上デハトラエラレナイ契機)より起こるところなり(＝根ザスノダ)」〔土芳・三冊子・赤〕

—やか Ⓓ《形動ナリ》(色彩的に)美しい。(見た目が)ぱっと美しい。「日ごろも、いと—・に見まほしき(＝ステキナ)御さまの、おのづから(＝何カノグアイデ)聞きたまふをりもありければ」〔堤・思はぬ方〕

にほ・ふ 【匂ふ】(‐オウ) Ⓐ ㊀《自四》 ❶㋑あざやかに色づく。「妻ごもる(＝枕詞)矢野の神山露霜(つゆしも)に—・ひそめたり(＝色ヅキハジメテイル)散らまく惜しも(＝コノモミジガ散ルコトハ惜シイナア)」〔万葉・巻一〇〕《語源は「に(丹)ほ(秀)ふ(＝活用語尾)」らしく、そのためか、万葉の用例では多く赤系統の暖色について「にほふ」が使われている》㋺照りかがやく。「朝日かげ—・へる(＝朝日ガサシハジメタ)山に照る月の(＝山ノアタリニ残ッテイル月ノヨウニ)飽(あ)かざる君(＝イクラ見テイテモ見アキルコトノナイアナタ)を山ごしに置きて(心モトナイコトダ)」〔万葉・巻四〕㋩(かがやくように)美しい。美しく映えて見える。「筑紫なる—・ふ(＝世ニモ美シイ)児ゆゑに陸奥(みちのく)のかとり(ニイル)少女(をとめ)の結(ゆ)ひし紐(ひも)とく」〔万葉・巻一四〕「さし出でさせたまへる(中宮様ノ)御手のはつかに見ゆるが、いみじう—・ひたる(＝色ツヤノヨイ)薄紅梅なるは限りなくめでたし」〔枕・一八四段〕 ❷㋑草木などの色によって染まる。「(ソノ女郎花(おみなえし)ヲ)手に取れば(手ダケデナクサラニ)袖さへ(＝ソデマデモガ)—・ふ(＝ソノタメニ染マル)女郎花この白露に散らまく惜しも」〔万葉・巻一〇〕㋺(染め色が)しだいに薄くぼかされてゆく。「表は白くて、裏は下へ(ユクホド)濃く—・ふ」〔雅亮装束抄・三〕 ❸(よい)かおりがする。「主(ぬし)知らぬ香こそ—・へれ秋の野にたがぬぎかけし藤袴(ふぢばかま)ぞも」〔古今・秋上〕 ❹㋑美しく(花が)咲きほこる。「春たてど花も—・はぬ山里はものうかる音(ね)に(＝鳴クノガオックウダトイウフウニ)うぐひすぞなく」〔古今・春上〕㋺はなやかに時勢を得て栄える。「(明石女御ノオバアサンデアル、コノ尼君ハ)もとより(＝モトモト)かく—・ひたまへる御身どもよりも(＝コノヨウニトキメイテイラッシャル方々以上ニ)、いみじかりける契り(＝前世カラノスバラシイ果報ガ)あらはに思ひ知らるる(＝ハッキリソウトワカル)人の御有様なり(＝様子ヲナサッテイルオ人デアル)」〔源氏・若菜下〕 ㊁《他四》 ❶(よい)かおりをさせる。「(梅ノ)花の色は雪にまじりて見えずとも香をだに—・へ(＝セメテカオリダケデモニオワセヨ)人のしるべく」〔古今・冬〕 ❷(においを)かぎわける。「(酒ノカ酢ノカト)徳利—・うて(カラ)酢(す)を買ひにゆく」〔芭蕉(続寒菊)〕 ㊂《他下二》染める。色づける。「住吉(すみのえ)の岸野の榛(はり)に—・ふれど(＝榛ノ木デ染メテミテモ)にほはぬわれや(＝染マラナイワタシダガ)にほひて居らむ(＝アナタノオ仲間ニナリソウネ)」〔万葉・巻一

六〕

にょう くゎん【女官】(ーカン) Ⓓ 宮中の湯殿・台盤所・主殿司(とのもりづかさ)などに仕える下級の女性公務員。

にょう ご【女御】 Ⓓ 天皇の寝所に侍した高位の女官で、四位・五位に相当したが、平安時代には地位が向上し、妃(きさき)の一つとなった。中宮の下、更衣(こうい)の上で、内親王・女王、摂政・関白・大臣などのむすめから出た。

にょう ばう【女房】(ーボウ) Ⓑ ❶宮中や院の御所に仕える女官で、個室を与えられている者。「このごろの(帝ノ)御気色を見たてまつる上人・ーなどは(帝ノ悲嘆ニ同情シテ、弘徽殿ノ女御ノナサリヨウヲ)かたはらいたし(＝見チャイラレナイ)と聞きけり」〔源氏・桐壺〕 ❷上流貴族の家に仕えている女。「〔足利義氏ハ〕『用意しさうらふ』とて、いろいろの染め物三十、(見テイル)前にてーどもに小袖に調ぜさせて、後につかはされけり」〔徒然・二一六段〕 ❸一般に婦人をいう。「聖秀と申せしは、新田義貞の北の台の伯父なりしかば、かのー(＝義貞ノ奥方)義貞の状にわが文を書きそへて」〔太平・巻一〇ノ一二〕「さきの旦那殿がきれいなーをつかふ事がすきぢゃ」〔西鶴・胸算用・巻三ノ三〕 ❹妻。〔初期は妻のことを遠まわしに言う用法であったが、中世以後だんだん直接的な感じになってゆく〕「故関白殿のー、わづらふことありて、(宮中カラ)まかでたまふべきを、(特例トシテ)車(デ退出スルノヲ)許させたまふべきよし」〔寝覚・巻三〕 ❺歌合わせなどで、天皇や上皇を、御名を申しあげるのをはばかって呼んだ。「御製をばーと書き、同じく読む」〔明月記・建仁元年三月十六日〕 **ーいへぬし** 家主(：イエー) Ⓔ 妻女。主婦。一家の女主人。「そうじてのー、身体(しんだい)のしあはせにひかれて、姿は作りものといへり」〔西鶴・織留・巻五ノ一〕 **ーぐるま** 車 Ⓔ 女房の乗る牛車(ぎっしゃ)。「よきー多くて、雑々(ざふざふ)の人なきひまを思ひさだめて、みなさしのけさする」〔源氏・葵〕 **ーことば** 言〈葉〉 Ⓔ 宮中の女官の用いたことば。一般とは物の名などをいうのにちがいが多く、髪を「かもじ」、酒を「くこん」というふうであった。

にょう ゐん【女院】(ーイン) Ⓓ 院号を贈られた后や、女御・内親王など。「さてーの御庵室を叡覧あるに」〔平家・大原御幸〕

にょ らい【如来】 Ⓓ 〔仏〕〖梵tathāgataの意訳〗tathā(如＝ありのまま＝真実の理)＋gata(来＝来ている者)で、この世に来て真理を教える者の意。すなわち仏。「生身(しょうじん)の(＝現存スル)仏のおはしますと思ひて、ただしく生身のーの御前に臨(のぞ)む思ひをなすべし(＝ツモリニナレ)」〔明恵上人遺訓〕

にん【任】 Ⓓ ❶㋑赴(ふ)任。任官。「(ワタシハ)遠国(をんごく)にはまからず(＝遠イ地方ヘハ参ッタコトガアリマセン)。和泉の国にこそ、貫之ぬしが御ーに、下りてはべりしか(＝イッショニ下リマシタ)」〔大鏡・昔物語〕㋺離任。退官。「歌よみたまひし北の方のおはせし(＝夫トシテイラレタ)守(かみ)の御ーにぞ、(イッショニ都ヘ)上りはべりし」〔大鏡・昔物語〕 ❷任期。「(大弐ノ藤原佐理ガ)ー果ててのぼられけるに(＝大宰府カラ上京ナサッタトコロ)」〔大鏡・実頼〕

にん げん【人間】 Ⓓ ❶〔仏〕人類の住む世界。六種の世界の一つ。㊟ろくだう。「天上の(＝天人ガ示ス)五衰(＝五種ノ死相)、ーの一炊(＝ハカナイ短カサ)、ただ夢かとのみぞおぼえたる」〔太平・巻三ノ三〕 ❷世間。「わが(＝自分ノ)する事をーにほめあがむるだに(＝人々ノ間デホメ尊敬スルダケデモ)興あることにてこそあれ(＝ソノ人ニハ愉快ナモノダノニ)、まして、神の御心にさまで(＝ソレホドマデ自分ノ筆跡ヲ)ほしくおぼしめしけむこそ、いかに御心おごりしたまひけむ(＝得意ディラレタロウ)」〔大鏡・実頼〕 ❸人。「さてさてーといふものは、おごりし(＝ゼイタクナ)ものかな」〔風来・根南志具佐・三〕

にん じ【人事】 Ⓔ 俗世間のつきあい。社会的な交渉。「『生活(しゃうくゎつ)・ー・技能・学問等の諸縁(＝イロイロナヒッカカリ)をやめよ(＝捨テヨ)』と摩訶止観(まかしくゎん)にもはべれ(＝書イテゴザイマス)」〔徒然・七五段〕「ー多かるなかに、道をたのしぶより(以上ニ)気味ふかきはなし(＝味ワイノ深イモノハナイ)」〔徒然・一七四段〕

にん じゅ【人数】 Ⓔ ひとかず。たくさんの人々。「やあ、餓鬼(がき)もー(＝オ前ミタイナヤツデモ一人前ノナカマ入リヲシテ)、しほらしい事ほざいたり(＝感心ナ事ヲヌカスワイ)」〔近松・国性爺・二〕

にん ない【人ない】 Ⓓ 人としての様子。「(演能ノ際)軍体(＝武将ノ役)は…足踏みも早足(さそく)を使ふ(＝軽快ナ足サバキヲスル)心根をもちて、さて(他方デハ)ーをばなだらか(＝オダヤカ)にして」〔拾玉得花〕

にんわう ゑ【仁王会】(ーオ〈ノ〉ウエ) Ⓔ おもに奈良・平安時代、国家安泰祈願のため、大極殿・紫宸(しん)殿・清涼殿などで仁王護国般若経(はんにゃきょう)を講じた宮中の行事。定例は陰暦三月・七月の吉日だが、臨時の場合もあった。「〔養和元年〕八月七日、官(＝太政官)の庁にて大ーおこなはる。これは将門追討の例とぞ聞こえし」〔平家・横田河原合戦〕

ぬ

ぬ【寝】 Ⓓ 〔自下二〕眠りにつく。ねる。「今造る(＝新シク

造ッテイル)久邇(くに)の京(みやこ)に秋の夜の長きにひとりぬるが苦しさ」〔万葉・巻八〕

ぬ Ⓐ《助動》《用言および用言型活用の助動詞の連用形に付く》〔完了〕

未然	連用	終止	連体	已然	命令
な	に	ぬ	ぬる	ぬれ	ね

❶行為や作用が存在することを、時に関係なく確認する。現代語では「…た」と言いかえるほかない場合が多いけれど、「たしかに」「きっと」「かならず」「まさしく」等の連用修飾語を補って訳すると、感じがよくあらわれる。「(タシカニ)おはしぬ(=オ出カケニナッタ)と人には見えたまひて(=オ見セカケニナリ)、三日ばかりありて(チャント)漕ぎ帰りたまひぬ」〔竹取〕《↑過去》「今夜(こよひ)なむ、はじめて憂しと(タシカニ)世(=愛情ノ問題)を思ひ知りぬれば」〔源氏・空蟬〕《↑現在》「かの社(=厳島神社)へ御参りあって、御祈請さうらへかし。七日ばかり御参籠さうらはば…入道相国(=清盛)は、ことにものめで(=感激)したまふ人にて、わがあがめたまふ御神に参って祈り申されけるこそうれしけれとて、よきやうなるはからひも有んぬ(=キットアルハズダ)とおぼえさうらふ」〔平家・徳大寺沙汰〕《↑未来》 ❷叙述を強調する。「…てしまう」と訳することが多いけれど、かならずしも動作が終わることを意味するわけではない。「すっかり」「まったく」等の連用修飾語を補って訳すると、よく感じが出る。「中ごろ(=近年)なきさまに(=例ノナイホド)もてなすも(=気ヲツカウノモ)、わびぬればなめりかし(=スッカリ閉口シタカラナンダロウネ)と、かつ(=一方デハ)思へば」〔蜻蛉・下〕「とく帰りたまひね(=チャント帰ッテチョウダイ)。いと、さうざうし(=サビシイ)」〔枕・三四段〕《完了の助動詞とよぶことが一般化しているので、本辞書も便宜的にその名称を用いたが、むしろ確述の助動詞というのが適切であろう》(参)つ・なまし・なまほし・なむ・に・にき・にけむ・にけらし・にけり・にたり・ぬなり・ぬべし・ぬめり・ぬらむ。

ぬえ【鵼・鵺】Ⓔ ❶夜鳴く鳥の一種。実体は不明。「とらつぐみ」だといわれるが、確証はない。「青山に―は鳴きぬさ野つ鳥雉(きぎし)は響(とよ)む庭つ鳥鶏(かけ)は鳴く…」〔記・上〕「かしらは猿、むくろ(=胴体)は狸(たぬき)、尾は蛇(くちなは)、手足は虎の姿なり。鳴く声―にぞ似たりける」〔平家・鵼〕「ある真言書の中に、喚子鳥鳴く時、招魂の法をばおこなふ次第あり。これは―なり」〔徒然・二一〇段〕 ❷「①」に引いた平家物語からの誤り伝えで、そのような怪獣をさす。「これは近衛の院の御宇に、頼政が矢先にかかり命を失ひし―と申しし者の亡心(=幽霊)にてさうらふ」〔謡・鵺〕

ぬえ どり【鵼鳥・鵺鳥】Ⓔ「ぬえ」に同じ。

ぬか【額】Ⓒ ❶ひたい。「肥人(こまひと)の―髪結(ゆ)へる染木綿(しめゆふ)の(ヨウニ)染(し)みにし心われ忘れめや」〔万葉・巻一一〕《原文は「額髪」と表記するが、音数の関係で「ぬかがみ」とよむほかない》 ❷神仏を拝むこと。礼拝。「『滅罪生善、往生極楽』といふ―を、西に向きて、あまたたびつかせたまひけり」〔大鏡・伊尹〕 **―を突・く**《ひたいを地面に当てるという原義から》ていねいにおじぎする。礼拝する。「仏神などの現れたまへるかとて、皆―・きて喜びけり」〔増鏡・草枕〕

ぬか Ⓒ《終助》《動詞の未然形に付く》相手への希望・依頼・勧誘を表す。…でほしい(なあ)。…てくれないか。…しないか。「吾妹子(わぎもこ)は早も来―(=来テホシイナア)と待つらむを(ワタシハ)沖にや住まむ家つかずして(=家ニ近ヨルコトモナク)」〔万葉・巻一五〕《起源的には否定助動詞「ず」の連体形に疑問の助詞「か」が付いたものだったろうが、奈良時代にはすでにその語源は意識されず、ひとつの助詞としてあつかわれたようである》(参)か[三]②㋺・ぬかも。

ぬか づき【酸漿】(―ズキ) Ⓔ ほおずき。「夕顔は…実のありさまこそ、いとくちをしけれ(=クダラナイ)。など(=何ダッテ)さはた(=ソンナフウニマア)生ひいでけむ。―などいふもののやうにだにあれかし」〔枕・六七段〕

ぬか も Ⓒ《複助》《願望の「ぬか」+感動の「も」》相手への希望・依頼・勧誘を表す。…てほしいなあ。…てくれないか。…しないか。「吉野川ゆく瀬の早み(=早イ所ハ)しましくも(=スコシノ間モ)よどむことなく(流レルヨウニワレワレノ仲モ)ありこせ―(=アッテホシイナア)」〔万葉・巻二〕(参)か[三]②㋺・ぬか。

ぬ・く Ⓑ ━【抜く】《他四》 ❶㋑(中にある物を)引き出す。「狐(きつね)三つとびかかりて、くひつきければ、刀を―・きてこれをふせぐ」〔徒然・二一八段〕㋺引っぱって取る。「わけ(=オマエ)のためわが手もすまに(=休メズ)春の野に―・ける茅花(つばな=チガヤ)ぞ(栄養分ガ多イカラ)食(め)して肥えませ」〔万葉・巻八〕㋩(価を)引く。まける。「『ちと値切りませう』『おう。少しなどは―・いてやりませう』」〔狂言記・末広がり〕 ❷㋑(懐中物を)取る。する。「紙入れを―・かれたか。やあ、こりゃ大変だ」〔伎・三人吉三・二〕㋺だます。だしぬく。「太郎冠者は都へ上って―・かれて参ったと見えた」〔狂・末広がり〕 ❸(城を)攻略する。落とす。「五つの城(しき)を攻めて―・きえつ」〔紀・推古・訓(岩崎本)〕《「ぬきえつ」は「抜」の訓》 ❹(他の所へ)持って行く。移動させる。「弟、釜を求め、庭にて湯をわかす。たぎりゐける処へ兄来るに、その釜を―・き、出居(でゐ=表座敷)の火もおかぬ炉にかけぬ」〔咄・醒睡笑・巻一〕《従来この類の用法を「盗む」と解しているが、盗むとは限らない》 ❺〔補動〕《動詞の連用形に付いて》徹底的にする意を添える。「いろんな無理八百いっての、困らせ―・いたわな」

〔三馬・風呂・二ノ下〕 ㊁【貫く】《他四》穴の部分を通らせる。「萩の露玉に—・かむと取れば消(け)ぬよし見む人は枝ながら見よ」〔古今・秋上〕 ㊂【抜く】《自下二》❶㋑(中にはいっている物が)取れる。ぬける。「(カナエニ突ッコンデイタ頭ガ)耳鼻かけうげながら(=モゲテ穴ハアイタガ)—・けにけり」〔徒然・五三段〕㋺(勢いや力などが)充実していなくなる。「人に出会ひては、片時も気の—・けぬやうにあるべき事なり」〔常朝・葉隠・聞書一〕㋩うっかりする。失念する。「求馬ほどの者が—・くるはずにてなし。(コレハ)病苦にて忘却かと思はるるなり」〔常朝・葉隠・聞書一〕❷(人よりも)きわだってすぐれる。「(上流ノ)家の子(=若イ者)のなかには、なほ(才能ガ)人に—・けぬる人の(=他ノ人ヨリスグレタ人デ)何事をも好み、得つる(者モアル)」〔源氏・絵合〕❸㋑(グループから)はずれる。別になる。「いそがしき中を—・けたる涼みかな」〔游刀(続猿蓑)〕㋺(そっと)いなくなる。ぬけ出す。「今日は—・けうか、明日は—・けて参らうかと思うてゐても、その時節もなかった」〔狂・長刀応答〕㋩(うまく)にげる。のがれる。「—・ける手管(てくだ)(=方法)もあるまいがな」〔伎・四谷怪談・二〕

ぬさ【幣】Ⓓ 神に祈るときの捧げ物。布をこまかく切ったのを用いたらしい。それをまき散らすならわしであった。「ありねよし(=枕詞)対馬の渡り海中(わたなか)に—取り向けて(=オ供エシテ、安全ニ旅ヲ終エ)早(はや)帰り来(こ)ね」〔万葉・巻一〕「くる道に、たむけ(=道中安全祈願)する所あり。楫(かぢ)取りして—たいまつらするに、—の東(ひむがし)へ散れば、楫取りの申して奉ることは、『この—の散る方に、み船すみやかに漕(こ)がしめたまへ』と申して奉る」〔土佐〕

ぬさぶくろ【幣袋】Ⓔ《旅行のとき》「ぬさ」を入れる袋。「唐櫃(からびつ)の大きさに満ちたる(=ガ十分ニアルホドノ)—、中に扇百入れてうちおほひたまへり」〔落窪・巻四〕「(女房タチノ衣装ノ)色々こぼれ出でたる(=差シ出テイル)御簾(みす)のつまづま・透き影(=透イテ見エル姿)など(ハ)春の(女神ヘノ)手向けの—にや(=ナノダロウカ)とおぼゆ」〔源氏・若菜上〕

ぬし【主】Ⓑ ㊀《中心的な存在という基本意味から》❶㋑いろいろな行為を支配する意識。主体性。「心に—あらましかば、胸のうちに、そこばくの(=イロンナ)事は入りきたらざらまし」〔徒然・二三五段〕㋺(家の)中心人物。あるじ。「—ある家には、すずろなる(=ムヤミナ)人、心のままに入りくることなし」〔徒然・二三五段〕❷㋑(物・権利の)所有者。「勝地(=ケシキノヨイ所)は、—なければ、心を慰むるにさはりなし(=所有権ノ問題ハオコラナイ)」〔方丈〕「馬はまことによい馬でありけり。されども、あまりに—が惜しみつるが憎きに、やがて(=スグ)—が名のりを鉄焼(かなやき)にせよ(=焼キ印デオセ)」〔平家・競〕㋺作者。「ただ—(ノ歌壇的地位)によりて歌の善悪を分かつ人のみぞさうらふめる」〔毎月抄〕㋩著作権者。「『末の白雲』『月も旅寝の』『浪にあらすな』、かやうの詞は、—あることなれば、詠むべからず」〔詠歌一体〕❸㋑夫。「よそに—ある(女ノ)袖ひくな(=誘惑スルナ)」〔近松・嫗山姥・三〕㋺(使用人の)主人。「—の御使ひに市へまかりしに」〔大鏡・序〕㋩(動物を)飼う人。「飼ひける犬の、暗けれど—を知りて、とびつきたりけるとぞ」〔徒然・八九段〕❹ある場所に古くから住み、主人格である妖精の類。「なにをか包み(=隠シ)申すべき、われ、この川の—龍女なるが、身に思ひあるそのゆゑに、この川の水をもたちまちに、わらはが(=ワタシノ)わざにてとどめしなり」〔謡・河水〕❺本人。当人。「(能ノ)立ち合ひ勝負(=競演)にも、一旦(=一時的ニ)勝つ時は、人も思ひ上げ、—も上手と思ひ染(し)むるなり。これ、かへすがへす—のため仇(あた)なり」〔花伝・二〕❻㋑人に対する尊敬語。おかた。「右大将藤原の兼雅と申す…ありけり。この—、あて宮をいかで(妻ニシタイ)とおぼす」〔宇津保・藤原君〕㋺《名詞の下に「の」を伴い、または接尾語ふうに直接付いて》敬意を表す。…どの。…さん。「仲麻呂の—『…』とて詠めりける歌」〔土佐〕「父—(=オトウサン)の言ひしごと、所々の荘より持てこしも、使ひやりなどして徴(はた)り、持てこし時こそ有りしか」〔宇津保・俊蔭〕「なにがし—(=越後権ノ守経任)のひき止められけるこそ、いと無愛の(=気ノキカナイ)ことなりや」〔大鏡・師尹〕 ㊁《代》《敬意といっても、あまり高いものではなく、ふつう蔵人か国守ぐらいの階級に対して用いられた》❶あまり高くない敬意を表す第二人称。あんた。「みづから(=ワタシ)が小童(こわらは)にてありし時、—は二十五六ばかりの男(をのこ)にてこそはいませしか」〔大鏡・序〕「聖(ひじり)泣く泣く拝みて(猟師ニ対シ)『いかに、—殿は拝みたてまつるや』といひければ」〔宇治・巻八ノ六〕❷軽い敬意をもつ第三人称。あの方。「(自分ノ夫ヲサシテ)—(=コノ人)の新地通ひも最前母様・孫右衛門様おいでなされて、だんだんの御意見」〔近松・天網島・中〕「—(=オイラン)の言ひなんすには『かならず(=ゼッタイ)ちょっとでも—(=アノオ客)を動(ご)かせ申すな』と言ひなんしたから動かせ申すことはなりいせん」〔洒・遊子方言・更の体〕

ぬなと【瓊音】Ⓔ 玉がふれあう音。「御統(みすまる)(=ネックレス)の瓊(たま)の緒をひき解き、—もゆらに(=ジャラジャラ音ヲサセテ)」〔紀・神代上・訓(日本紀私記)〕《「ぬなと」は「瓊響」の訓》

ぬなり Ⓑ《助動》《完了の「ぬ」に伝聞・推定の「なり」が付いた複合助動詞。活用→なり》「ぬ」で示される行為・状態が直接に経験されるものでないことを表す。…てしまうのだそうだ。きっと…だそうだ。「この亡

(な)くなりぬる人の、あらはに(=ハッキリ)見ゆる所なむある。さて、近く寄れば(ソノ幻ハ)消えうせ―・り(=キット消エテナクナルノダソウダ)。遠うては見ゆなり」〔蜻蛉・上〕

ぬの かたぎぬ【布肩衣】Ⓔ 粗末な材料で作った袖(そで)なしの着物。貧しい者が着た。「麻衾(あさぶすま)引き被(かが)ふり(=麻ノ夜具ヲヒッカブリ)―ありのことごと(=アリッタケ)服襲(そき)へども(=カサネ着スルガ)…」〔万葉・巻五〕

ぬの こ【布子】Ⓓ 冬用の着物。あわせや綿入れのこと。「色つくりたる(=オメカシシタ)女、肌には紅鬱金(べにうこん)の絹物、上にかちん染め(=藍(あい)染メ)の―」〔西鶴・一代男・巻三ノ三〕

ぬば たま【射干玉】Ⓔ 「ひおうぎ」という草の実とされるが、この語を単独で用いた例は未見。いつも枕詞として現れる。《単独の例として従来あげられているものは、本文に疑いがある》

ぬ・べ・し Ⓑ《助動》《完了の「ぬ」に推量の「べし」が付いた複合助動詞。活用→べし》「べし」の意味を強調する。きっと…だろう。…にちがいない。かならず…できよう。ぜひ…しなくてはいけない。「御船、海の底に入らずは、(ソノカワリ)雷(かみ)落ちかかり―・し(=落雷スルニキマッテイル)」〔竹取〕「ここには弓場なくて、(キット)あしかり―・し(=ツゴウガ悪カロウ)」〔蜻蛉・中〕「(『糸ニヨル…』トイウ貫之ノ歌ハ)今の世の人の(トウテイ)よみ―・き(=ヨメルヨウナ)ことがらとは見えず」〔徒然・一四段〕

ぬ・め・り Ⓑ《助動》《完了の「ぬ」に推定の「めり」が付いた複合助動詞。活用→めり》「ぬ」の意味を柔らげていう。たしか…のようだ。「睦言(むつごと)もまだ尽きなくに(モウ)明け―・り(=夜ガ明ケタヨウダ)いづらは(=ドウシタノダ)秋の長してふ(=長イトイワレル)夜は」〔古今・雑体〕「明くれば、(マサニ)二月にもなり―・り(=ナッタトイウグアイダ)」〔蜻蛉・下〕

ぬ・ら・む Ⓑ《助動》《完了の「ぬ」に現在推量の「らむ」が付いた複合助動詞。活用→らむ》きっと(いまごろ)…ているだろう。「祓(はら)へのほども(今ハタシカ)過ぎ―・む(=過ギタハズデ)、七夕(たなばた)は明日ばかりと思ふ」〔蜻蛉・上〕「(今ハモウ)暁になりやし―・む(=ナッタロウ)と思ふほどに」〔更級〕

ぬり ごめ【塗り籠め】Ⓓ 厚い土壁で蔵のようにし、ドアで出入りするへや。今の納戸(なんど)のような用途であったが、寝室にも使った。「女―の内に、かぐや姫を抱(だ)かへてをり」〔竹取〕

ぬる・し Ⓒ《形ク》❶なまあたたかい。「正月廿日ばかりになれば、空もをかしきほどに風―・く吹きて」〔源氏・若菜下〕「草隠れ涸(か)れにし水は―・くとも結びし袖は今も乾かず」〔拾遺・恋二〕 ❷情が薄い。冷淡だ。「世のおぼえ(=世間ノ評判)のほどよりは、うちうちの御こころざし―・きやうにはありけれ」〔源氏・若菜上〕 ❸なまぬるい。中途半端である。「歌は公家の御もてあそびになれば、―・きものなりとてきらふ人あり」〔貞徳・戴恩記・下〕「『念仏申し(=阿弥陀仏ノ名号ヲ唱エテ往生ヲ願ウ人々)はいかう(=非常ニ)―・い』といはれた」〔咄・昨日は今日・上〕 ❹愚鈍である。「もちろん―・き人の隠し男はならぬものなり」〔浮・禁短気・巻五ノ一〕

ね

ね【子】Ⓓ ❶十二支の第一。㊀じふにし。「貞観十年戊(つちのえ)―十二月十六日、染殿院にて生まれたまへり」〔大鏡・陽成院〕 ❷方角の名。北。《用例未見。四方の隈をさすときは、丑寅(東北)とか未申(西南)とかいうが、四方をさすときは、ふつう十二支名を用いない》 ❸時刻の名。《定時法で》午後一一時から午前一時まで。九つ。㊀とき(一)①。「初夜(そや)はてて、まかづれば、時は―ばかりなり」〔蜻蛉・下〕

ね【音】 **――を泣・く** →ねなく。「うちはへて(=長イ間ズット)―・きくらす空蟬(うつせみ)の(ヨウニ)むなしき恋も我はするかな」〔後撰・夏〕「かひなき世かなと、心砕けて、つらく悲しければ、人知れず、ねをのみ泣きたまふ」〔源氏・蓬生〕

ね【峰・嶺】Ⓓ (山の)みね。「甲斐が―を―こし山こし吹く風を人にもがもや(=デキタラナア)ことづてやらむ」〔古今・東歌〕

ね Ⓓ《終助》《古代語。動詞・動詞型助動詞の未然形および終助詞の「な…そ」に付く》相手に頼みかける意をあらわす。「この丘に菜摘ます児(=菜ヲツンデイラッシャルオ嬢サン)家聞かなのらさ―(=オッシャイナ)…」〔万葉・巻一〕「大宮の内にも外(と)にもめづらしく降れる大雪な踏みそ―(=踏マナイデクダサイナ)惜し(イカラ)」〔万葉・巻一九〕《完了助動詞「ぬ」の命令形と混同してはならない。完了助動詞のほうは連用形に付くから、それに準じて見分ける。「思ひおきつる(=カネテ考エテイタ)宿世(すくせ)たがはば(=ナリユキドオリ行カナケレバ)、海に入りね(=身ヲ投ゲチマエ)」〔源氏・若紫〕》

ねがはく は【願はくは】(―ワク―) Ⓓ《連語》ねがうことは。㊀―く①㋑。「―心の月(=悟リ)をあらはして(釈尊ノイラレタ)鷲の御山(=鷲峰山)のあとを照らさむ」〔月清集・巻四〕

ね・ぐ【労ぐ】Ⓔ《他四》ほねおりに対し、いたわる。《「ねぎらふ」と同じ語源》「(天皇ハ、防人ヲ)顧みせずて勇みた

る猛(たけ)き軍卒(いくさ)と―・ぎたまひ…」〔万葉・巻二〇〕

ね・ぐ【願ぐ・祈ぐ】Ⓓ《他四》こうであってほしいといのる。「石川やせみの小川に斎串(いぐし)立て―・ぎし逢ふ瀬は神にまかせつ」〔六百番歌合・祈恋〕《「ねがふ」は、この「ねぐ」に継続・反覆の古代助動詞「ふ」が付いてできた語》

ねこ また【猫股】Ⓓ 化け猫。「猫の経あがりて(＝年ヲトッテ)―になりて、人(ヲ)とる(＝オソウ)事はあなる(＝アルヨウダ)」〔徒然・八九段〕「宵に―の姥(ばう)(＝老婆)に化けたる話をせしが」〔西鶴・一代女・巻六ノ三〕

ね ざし【根〈差〉し】Ⓔ ❶根が地中にのびていること。地中に入りこんでいる根。「いづれをも陰とぞたのむ二葉より―かはせる松のすゑずゑ」〔源氏・藤裏葉〕❷家がら。素姓(すじ)。「『(幼イ姫君モ)いまは頼もしき(＝有望ナ)御生ひ先』と祝ひきこえさするを、『(母ガ)浅き―ゆゑや(＝低イ身分ナノガ)いかが』と(ワタシニハ)かたがた(＝何カニツケテ)心つくされはべる」〔源氏・松風〕

ねず なき【鼠鳴き】Ⓔ (ねずみが鳴くように)チュッチュッと音をたてること。「たれでござり申す(＝ゴザイマスカ)、壁ごしのまた―(スルノハ)」〔松の葉・しもさそり〕

ねた げ【妬げ・嫉げ】Ⓓ《形動ナリ》❶ちょっとしゃくにさわる感じだ。こづらにくい。「『かたみに(＝オ互イニ)そむきぬべき(＝離婚スルホウガヨイ)きざみ(＝チャンス)になむある』と―にいふ時に」〔源氏・帚木〕❷にくらしいほどすてきだ。「深う心にくう―なるもてなしにてすぐしはてつつ」〔浜松・巻四下〕

ねた・し【妬し・嫉し】Ⓑ《形ク》❶しゃくだ。腹が立つ。「(粥杖(かゆづえ)デ打タレタ人ガ)―・しと思ひたるも、ことわりなり」〔枕・三段〕❷(いくらか軽い気持ちで)すこし残念だ。チェッだ。「―・う(＝ナンダイ)。心とどめて(＝気ヲツケテ)問ひ聞けかし」〔源氏・帚木〕

ねた・む【妬む・嫉む】Ⓓ《他四》しゃくにさわりくやしがる。「うるはしき姿したる使ひにもさはらじ(＝ジャマサレマイ)と―・みをり(＝憎ラシガッテイル)」〔竹取〕

ね な・く【音泣く・音鳴く】Ⓔ《自四》声をあげて泣く。「ねになく」「ねをなく」とも。「葦べには鶴(たづ)が―・きてみなと風寒く吹くらむ津乎(をつ)の崎はも」〔万葉・巻三〕

ね の ひ【子の日】Ⓓ ❶十二支の「子(ね)」にあたる日。「日をかぞふれば、けふは―なりければ」〔土佐〕❷《十自サ変》《「ねのび」と発音し》正月の子の日に、ピクニックに出て、若菜を摘み、小松を抜いて遊んだこと。それによって不老長寿を得るという俗信があった。「子の日の遊び」とも。「雛(ひな)に―・せさせたまへとて、ゐて(＝連レテ)参りつる」〔宇津保・祭使〕❸「②」に取る小松。「君が植ゑし松ばかりこそ残りけれいづれの春の―なりけむ」〔後拾遺・雑四〕

ねはん【〈涅槃〉】Ⓓ《仏》《巴 nippanaの音訳。梵 nirvānaの音訳とする説は誤り》❶《「(火を)吹き消すこと」の意から》迷いの消えた悟りの境地。「生死(ガ逆説的ニ)すなはち―とはいへども命を惜しむかな」〔一遍上人語録〕❷㋑釈迦(しゃか)の入滅。「―よりこのかたも、あやしくたへなる(＝不思議ナ)事多かり」〔三宝絵・上・序〕㋺人の死。「梨軍支(トイウ名ノ)比丘…今はこれならでは食ふべき物なしとて、砂をかみ水を飲み、すなはち―に入りけるこそあはれなれ」〔太平・巻三五ノ四〕❸(略)涅槃会。釈迦入滅の日(二月一五日)の祭り。「明けの年の―のころまでは(雪ノタメ魚ガ来ズ)、おのづからの精進して」〔西鶴・永代蔵・巻二ノ五〕

ね・ぶ【老成ぶ】Ⓒ《自上二》❶かなりの年輩になる。年とる。ふける。「内侍は―・びたれど(＝ソウトウ婆チャンダケレド)、いたくよしばみなよびたる人の(＝ヒドクシナシナト色ッポイ人デ)、さきざき(＝以前)もかやうにて心動かす(＝妙ナ気ニナル)をりをりありければ」〔源氏・紅葉賀〕「いたう―・びたれど(＝フケテハイルガ)正しく(＝タシカニ)妻の声なるを聞きて」〔秋成・雨月・浅茅〕❷成人する。年ごろになる。おとならしくなる。おとなっぽくなる。「―・びたまふままに、ゆゆしきまで(＝オソロシイホドリッパニ)なりまさりたまふ(源氏ノ)御有様かな」〔源氏・紅葉賀〕「いとほしうして(＝カワイガッテ)使ひたまふに、(コノ少年ハ)―・びまさるままに(＝サラニ大キクナルニツレ)、心ばせ・思ひやり深く」〔十訓・第一ノ四一〕

ねぶ・る【眠る・睡る】Ⓓ《自四》❶ねむる。「夜居(＝宿直)にさぶらひて―・りたる、うちおどろきて(＝目ヲサマシテ)」〔源氏・総角〕❷目をつむる。「子細(＝事情)を仰せらるるに、しばらく―・りて、思惟したる気色(けしき)にて申すやう」〔十訓・第七ノ二一〕

ねむごろ【懇ろ】Ⓒ《形動ナリ》→ねんごろ。

ねもころ【懇ろ】Ⓓ《形動ナリ》「ねんごろ」の古い形。↓ねんごろ㊀。「奥山の岩かげに生(お)ふる菅(すが)の根の(ヨウニ細カク)―われも相思はざれや(＝イッショケンメイオ嬢サンノタメ尽クシマスヨ)」〔万葉・巻四〕

ねや【寝屋・閨】Ⓓ ❶ベッドルーム。「この―には、夫は東枕に臥(ふ)し、われは西枕に臥すなり」〔今昔・巻一〇ノ二一〕❷女性の私室。「翁は(カグヤ姫ノ)―のうち、しつらひなどす(＝アレコレトトノエル)」〔竹取〕

ねやど【寝屋処・閨所】Ⓔ 寝室。寝室の戸口とも。「楚(しもと)取る里長(さとをさ)が声は―まで来立ち呼ばひぬ…」〔万葉・巻五〕

ねり い・づ【練り出づ】(―ズ) Ⓔ《自下二》しずしずとあゆみ出る。「束帯ただしき(＝キチント正装ノ)老者が、もとどり放って(＝冠ナシノ頭デ)―・でたりければ、若き公卿・

ね

殿上人、こらへずして(＝ガマンデキズ)、一同はっと(＝ワット)笑ひあへり」〔平家・公卿揃〕

ねり いろ【練り色】Ⓓ 白くてうすい黄色を帯びた色。薄黄色。「—の綾(＝種々ノ模様ヲ織リ出シタ絹)の袿(うちき)ひとかさね」〔堤・虫めづる〕

ねり ぬき【練り貫き】Ⓔ 生糸を縦糸に、練り糸(灰汁(あく)などで煮て柔らかくした糸)をぬき(横糸)にして織った布。「ねり」とも。「氷のごとくなる—の小袖の、しほしほとある(＝シットリシテイルノ)を掻い取って」〔太平・巻二一ノ七〕

ねん【念】Ⓓ ❶〔仏〕《梵kṣaṇa(音訳「刹那」)の意訳》時間の最も短い単位。「—・—(＝一瞬一瞬ガ)みな無常なり、諸法(＝アラユル存在ハ)ことごとく自性(じしやう)(＝実体性ガ)無し」〔妻鏡〕 ❷〔仏〕《梵smṛtiの意訳》㋑記憶して忘れないこと。いつも頭におくこと。「人の『憎し』と思ふ念心のにはかに起こりたらむを、やがてその—を相続して(＝持チ続ケテ)…つひに仲をたがふを…凡夫とは申すなり」〔仏法夢物語〕㋺《転じて、とくに》妄念(まうねん)。心のはたらきが真理を見失っていること。「—はすなはち出離(＝俗界ヲ離レル事)の障(はさ)りなり。故に『—即生死(＝念ガ生死ノ迷イナノダ)』と釈せり。生死(ノ迷イ)を離るるといふは、—を離るるなり」〔一遍上人語録〕 ❸考え。「死におもむかざる(＝直面シナイ)程は、常住平生の(＝コノ世ハ変ワラズ平常ニ生キテユケルトイウ)—にならひて(＝ナレッコニナッテ)」〔徒然・二四一段〕 ❹注意。熟慮。「『必ず去られて(＝離縁サレテ)もどるな』と、—に—をつがうた(＝ヨクヨク注意シタ)今度の嫁入り」〔近松・宵庚申・中〕 ❺ねがい。念願。「ここにてくどき、ぜひ—を晴らさむ(＝果タソウ)と思ひ、われも墓のそばへ行きければ」〔咄・露がはなし・巻五ノ一〕参いちねん。

ねんごろ【懇ろ】Ⓒ ㊀《形動ナリ》《古くは「ねもころ」》❶㋑熱心。真剣なさま。「出家して後、常に粗食にして、道を修すること—・なり」〔今昔・巻六ノ一五〕「かくのごとく—・に孝養して、おこたらずして、既に三年を経ぬるに」〔今昔・巻九ノ三〕㋺まとも。正直なさま。「世俗の虚言(そらごと)を—・に(＝マトモニ)信じたるもをこがましく(＝バカゲテオリ)」〔徒然・七三段〕 ❷㋑親切。好意をもつこと。「我、寒さの夜、旅に臥(ふ)したり。君、その心を知りて、衾(ふすま)を以って我に覆へり(＝カケテクレタ)。これ—の志なり」〔今昔・巻九ノ一二〕㋺仲のよいさま。(とくに男女間で)愛情をもつこと。「(宮ガ式部トノ交情ヲ)おぼしつつむも(＝オ慎ミニナルノモ実ハ式部ヲ)—・にはおぼされぬなめりかし(＝心カラ愛シテオイデニナラナイノデショウネ)」〔和泉日記〕 ❸入念。丹念。手を抜かないこと。「御文(ふみ)にも、いと—・に書いたまひて」〔源氏・若紫〕「破(わ)り子やうの物、—・にいとなみいでて(＝念入リニ支度シテ)」〔徒然・五四段〕 ㊁《十自サ変》《近世語》情交関係。「おのれ(＝キサマ)は傾城(けいせい)なれば、飽いた時は—切る(＝別レル)」〔近松・職人鑑・三〕「憶(おほ)えがあらう。鼓の師匠源右衛門と—・してござらぬか」〔近松・堀川波鼓・中〕

ねん じゅ【念誦】Ⓔ《十自サ変》↓ねんず。

ねん ず【念誦】Ⓔ《十自サ変》〔仏〕仏のことに精神を集中し、口では仏の名をとなえたり経文をよみあげたりすること。「ねんじゅ」とも。「君は、御—・したまひて、おぼしめぐらすに、いと心あわたたし」〔源氏・明石〕

ねん・ず【念ず】Ⓒ《他サ変》❶心のうちで神仏に祈る。「常に天照大神を—・じ申せといふ人あり」〔更級〕 ❷じっとがまんする。忍耐する。「すべてあらぬ世を—・じすぐしつつ、心をなやませることは三十余年なり」〔方丈〕

の

の Ⓐ ❶ ㊀〔格助〕《体言または体言あつかいの語に付く》〔連体格〕下の体言を修飾させる。意味は現代語に同じ。㋑体言＋の＋体言。ⓐ所有格。「府生(ふしやう)殿—御馬にてさうらふ」〔徒然・一四四段〕ⓑ所属格。「車—(＝ニ付イテイル)五緒(いつを)は、かならず(シモ)人によらず」〔徒然・六四段〕ⓒ同格。「四の君の御腹—(＝デアル)姫君」〔源氏・澪標〕《「風まじへ雨ふる夜—雨まじへ雪ふる夜は術(すべ)もなく寒くしあれば…」〔万葉・巻五〕も、同類の用法。「雨ふる夜」と「雪ふる夜」が同格であることを表す。「で」「であって」と訳するのが普通。「この院のあづかりの子—(＝デアッテ)むつましく使ひたまふ若きをのこ」〔源氏・夕顔〕の「子」と「をのこ」は同じ人をさす》㋺ⓐ形容詞(形容動詞)語幹＋の＋体言。「あな、めでた—人や」〔源氏・早蕨〕「おぼろけ—者にあらずと見えたり」〔源氏・葵〕ⓑ副詞＋の＋体言。「とかく—事なく…過ぐる人あり」〔徒然・一九四段〕㋩準体言＋の＋体言。「君や来む我や行かむ—(＝トイウ)いさよひ(＝タメライ)に槙(まき)の板戸もささず寝にけり」〔古今・恋四〕「つとめて(＝翌早朝)物語して—(＝ソノ)ついでに」〔落窪・巻一〕《傍線部分が体言あつかい》㋥活用語連体形＋の＋体言。中世以後の誤用。《本来の日本語には無かった言いかたであるが、漢文の「赴㆓東武㆒之時」「無㆑窮之道」「不㆑知㆑恥之徒」などいう時の「之」を「の」と訓じたのがもとで、文語に用いられた》「もし、いささかも子たる—道を知らば」〔馬琴・弓張月・一五回〕 ❷〔準体格〕体言＋の。㋑

下に適当な体言を補って考える。「まことに、かばかり―(扇ノ骨)は見えざりつ」〔枕・一〇二段〕㋺ⓐ「の」自身が体言のかわりとなる。「人妻とわが―(=ワタシノ妻)とふたつ思ふにはなれこし袖(=ズット添ッテキタワガ妻)はあはれまされり」〔曾丹集〕「ちと新町辺に見そめた―(=女)がある」〔洒・遊子方言・発端〕ⓑ出身地や身分で人を代表させるとき、その「人」をさす。「なうなう、越後の国―、おりゃるか」〔狂・佐渡狐〕 ❸〔連用格〕㋑〔対象格〕対象となる事物をさし示す。「右大将の君に馬―奉らまほしくおぼさるれば」〔宇津保・初秋〕「朝がれひ(=朝食)―けしきばかり(=ホンノスコシ)触れさせたまひて」〔源氏・桐壺〕㋺下に「ごとく」「やうに」などを補って考える。ⓐ多くは「例」を受ける。「例―(トオリ)腹立ち怨(えん)ずるに」〔源氏・帚木〕ⓑ一般の体言も受ける。「棹(さを)させどそこひも知らぬ海(わたつみ)―(ヨウニ)深き心を君に見るかな」〔土佐〕ⓒ「同じ」「ひとし」「ひとつ」等で受け、現代語の「と」に当たる比況の意を表す。「仲忠―ひとしき貌(かたち)なる人を見るままに、めでたしと見ること限りなし」〔宇津保・吹上上〕「わが御世―同じごとにておはしまいつるを」〔源氏・賢木〕ⓓ活用語の連体形を受け、断定助動詞「ぢゃ」「だ」あるいは終助詞「さ」等に続けて、叙述を強調する。「そりゃ、何ぬかす―ぢゃ」〔伎・韓人漢文・一〕「たいせつな科人(とがにん)の詮議いたす―でござる」〔伎・幼稚子敵討・一〕「ただ遊ばせる女郎衆はない―さ」〔黄・見徳一炊夢・上〕 ❹〔主格〕体言＋の＋〔述語〕。現代語の「が」に当たる。㋑主述関係が他の文節関係に包含される文の中で、部分的な主語を示す。「うぐひす―谷より出づる声なくは春来ることを誰か知らまし」〔古今・春上〕㋺体言的な余情をもつ等、普通の言い切りでない文における主語を示す。「散ると(ダケ)見てあるべきものを梅の花(ヲ折リナドシテ)うたて(=イヤハヤ)にほひ―袖にとまれる」〔古今・春上〕 ❺〔補格〕「ごとし」「やうなり」「まにまに」「むた」「からに」等に対する補語を示す。「おのが思ひは、この雪―ごとくなむ積もれる」〔古今・雑下・詞〕「あはれに昔物語―やうなれば、みな泣きぬ」〔蜻蛉・下〕「波―むた(=トイッショニ)か寄りかく寄る(=アレコレ流レヨル)玉藻なす…」〔万葉・巻二〕 ㊁《副助》〔並列〕《体言または体言あつかいの語に付く。室町時代以後の口語で》同類の事物をならべてあげるとき用いる。現代語の「だの」。「明日は掃除―用意―というて忙しいによって」〔狂・山立婿〕「おみ堂―、お寄り合ひ―、お讃嘆―、お勤め―と、何にも『お』の字を付けては言ふぞや」〔咄・醒睡笑・巻二〕 ㊂《終助》《文末に付く》❶感動を表す。…なあ。「大酒がして(=サカンニ飲ンデ)遊びたい―」〔咄・醒睡笑・巻二〕 ❷感動の意をこめた断定。…だなあ。「まだそれにゐるか。憎いやつ―」〔狂・鐘の音〕「官さん(ナド呼ブ)とは、舐(な)めすぎたやつ―」〔伎・幼稚子敵討・二〕 ❸同意を求めたり、念を押したりする気持ちでいう。…ね。「ここの内の流しは、松葉屋の湯殿といふもんだ―」〔洒・総籬〕「これ太夫、あれも嫌ひでないぞい―」〔浄・浪花鑑・二〕 ❹《問いかけに用い》相手に確かめる気持ちを表す。「ここにはゐぬか―」〔伎・幼稚子敵討・四〕「もし、もし、もはや何時でございませう―」〔黄・金々先生・上〕

のう【能】Ⓑ ❶しごとをする力。実力。「不覚ならむ者(=ウッカリ屋)の咎(とが)を許して、―なき輩(やから)をもあはれみはぐくむべし(=親切ニ目ヲカケテヤラナクテハイケナイ)」〔十訓・第一ノ序〕 ❷技術を要するわざ。芸。「遊ばむとたくむ法師どもありて、―ある(=芸達者ナ)遊び法師ども語らひて」〔徒然・五四段〕「仏事の後、酒などすすむることあらむに、法師のむげに(=マルキリ)―なきは、檀那(だんな)すさまじく思ふべし」〔徒然・一八八段〕 ❸㋑中世にできた日本独自の歌舞劇。オペラとバレーの融合したようなもの。田楽(でんがく)の能・猿楽(さるがく)の能があり、大寺の僧も延年(えんねん)というレクリエーションの際には能を演じた。「おもしろしと見るは、花(=芸ノ魅力)なるべし。これ、和州・江州(ノ猿楽)、または田楽の―にも漏れぬ(=例外ノナイ)所なり」〔花伝・五〕㋺《とくに》猿楽の能。㊀さるがく。「『観世に―をさせて(稲荷明神ニ)見せば(病気ガ)平癒あるべき』と神託(=明神ノオ告ゲ)にて、稲荷(神社)にて猿楽す」〔申楽談儀・二四〕

のうざる【能猿】Ⓔ 芸のできる猿。「あの猿は―かと言うて問うて来い」〔狂・靫猿〕

のおくり【野送り】Ⓔ 死者を墓地へ送ること。野辺の送り。「葬礼には、他人の―百人より、兄弟の男子に先輿・後輿(あとごし)かかれて、あっぱれ死に光り」〔近松・油地獄・下〕

のごふ【拭ふ】(―ウ) Ⓔ《他四》ふきとる。「天孫、辺(はとり)(=外側)の床(かゆ)にしては、その両(ふた)つの足(ノヨゴレ)を―・ふ」〔紀・神代下・訓〕《「のごふ」は「拭」の訓》

のざらし【野晒し】Ⓓ ❶野外で風雨にさらされること。「刑場に―になりし骨どもを拾ひ取りて、かずかず見しに」〔蘭東事始〕 ❷骸骨(がいこつ)。「物置の片すみに紙屑籠(かみくずかご)と相住みして、鼠の足にけがさるれども、地紙をまくられて―となる扇にはまさりなむ」〔也有・鶉衣・奈良団賛〕

のたまふ【宣ふ・曰ふ】(―マ〈モ〉ウ) Ⓐ《自四》《「告(の)りたまふ」の約》「言う」の尊敬語。おっしゃる。「何事をか、―・はむ事を承らざらむ(=オッシャル事ハ何デモイタシマス)」〔竹取〕 **―・はく**(―ワク) Ⓓ《連語》「いはく」の尊敬語。おっしゃることには。

㊇ーく。「大伴御行の大納言は、わが家にありとある人召し集めて―、『…』とのたまふ」〔竹取〕

のち【後】Ⓓ ❶ある時点を過ぎた時。「青柳梅との花を（＝青柳ト梅ノ花トヲ）折りかざし（酒ヲ）飲みての―は散りぬともよし（＝カマワナイ）」〔万葉・巻五〕 ❷死んだあと。死後。「はかなく日ごろ過ぎて、―の業(わざ)などにも、こまかに訪(とぶら)はせたまふ（＝慰問アソバサレル）」〔源氏・桐壺〕「身の―には、金(こがね)をして北斗をささふとも（＝北斗星ニトドクホドノ黄金ガアッタトコロデ）、人のためにぞわづらはるべき（＝キットヤッカイニナルダロウ）」〔徒然・三八段〕 ❸子孫。「この世に仲忠をはなちては（＝以外ニハ）御―なし」〔宇津保・蔵開上〕 **―のよ** 後の世 Ⓓ 〘連語〙 ❶ずっと後の時代。「人の言ひ伝へむ事、―までも、いと軽軽しき名をや、流しはてむ」〔源氏・明石〕 ❷死後の生まれかわり。来世。「この世に、かく、思ひかけぬ事にて、むかはりきぬれば（＝報イガ来テシマッタカラ）、―の罪は、すこし軽(かろ)むらむや」〔源氏・柏木〕「かかる事をしても、この世も―も益あるべきわざならば、いかがはせむ（＝ヤムヲ得ナイガ）」〔徒然・一七五段〕

のどか【長閑】Ⓒ〘形動ナリ〙 ❶（自然現象が）明るくおだやかなさま。「三月三日は、うらうらと―・に照りたる。桃の花のいま咲きはじむる。柳などをかしきこそさらなれ」〔枕・三段〕 ❷（動作が）静かに落ち着いているさま。「同じやうなる馬の親子を定むる（＝判別スル）には、二の馬の中に草を置きて見るべし。進みて起きて食ふをば子と知り、任せて―・に食ふをば親と知るべし」〔今昔・巻五ノ三二〕 ❸（気持ちが）ゆるやかであるさま。「その事となきに人の来たりて、―・にものがたりして帰りぬる、いとよし」〔徒然・一七〇段〕

のどけ・し【長閑けし】Ⓒ〘形ク〙 ❶（月の光や天気ぐあいなどが）おだやかだ。「まぎるる（＝他ニ気ヲトラレル）事なく―・き春の日に」〔源氏・浮舟〕「曇りなく千歳に澄める水の面に宿れる月の影も―・し」〔新古今・賀〕 ❷（態度・ふるまい・精神状態などが）ゆったりとしている。こせこせしない。のんびりしている。「客人(まらうど)の御方、男など、たちまじらねば、―・し」〔蜻蛉・上〕「ただ仮の庵のみ―・くして恐れなし」〔方丈〕

のど・む Ⓓ〘他下二〙 ❶心をおししずめる。気をおちつける。平静にする。「思ひしにたがはぬ（＝予想ドオリダトイウ）ここちするを、今日より四日、かのもの忌みにやあらむと思ふにぞ、すこし―・めたる（＝気ヲ静メルコトガデキタ）」〔蜻蛉・下〕「秀逸（＝名作）と申せばとて、あながち別のことにあらず。心をも細く（＝デリケートニマタ）艶(えん)（＝優美）に―・めて（＝沈潜サセテ）、世のあはれをも深く思ひ入れたる人の、胸より出でたる句なるべし」〔ささめごと・上〕 ❷心を平静にもって事を処す。ゆっくりとする。あわてずひかえめにする。「このおとども、はた、おとなおとなしう―・めたる所（＝思慮深クユッタリトシタ所ガ）さすがになく、（親子トモニ）いとひききりに花やいたまへる（＝ハデ一本ヤリニナサル）」〔源氏・夕霧〕「誰も、―・め難き（＝グズグズハシテイラレナイ）世なれど」〔源氏・柏木〕

のどやか【長閑やか】Ⓒ〘形動ナリ〙 ❶（天気が）うららかなさま。「―・なる日影に、かきねの草もえいづるころより」〔徒然・一九段〕 ❷（動作・ふるまいが）ゆったりしている。「人（＝愛人）の心の、―・なることなくて（＝コラエ性ガナイタメ）、思はずにのみあるなむ（＝意外ナ事バカリオコッテ）、おのづからわがあやまちにもなりぬべき（＝結果トシテ自分ノ過失ニモナルニチガイナイ）」〔源氏・末摘花〕 ❸平静である。おちついている。「人少なに御宿直(とのゐ)所も例よりは―・なるここちするに」〔源氏・帚木〕

のどよ・ふ（―ウ）Ⓔ〘自四〙ほそく弱々しい声を出す。「飯炊(いひかしき)くことも忘れてぬえ鳥の―・ひをるに…」〔万葉・巻五〕

ののし・る【喧る】Ⓐ〘自四〙 ❶㋑わいわいと大声でさわぐ。がやがやいう。「船人（＝同船ノ人タチ）も、みな子たかりて（＝寄リ集マッテ）―・る」〔土佐〕 ㋺さかんに命令を出す。やかましくさしずする。「国の守―・りて、大船のつくべきまうけ（＝準備）したまふ」〔落窪・巻四〕 ❷（善悪どちらにでも）世の評判が高い。みながさかんにうわさする。「かういとよげに言へば『ただ今の世に―・る殿ぞかし（＝現今世間デ評判ノ高イオ屋敷ダナ）』と思ひて、うけひきて（＝承諾シテ）」〔落窪・巻二〕「年ごろ、ここかしこの説経と―・れど、なにかは（＝タイシタコトモアルマイ）とて参らずはべる」〔大鏡・序〕 ❸がみがみ言う。わめきちらす。「（源氏ヘノ悪口ヲ）言ひ続け、―・りたまへば、宮は『…』とのたまふに、いよいよ腹立ちて、まがまがしき（＝イヤミナ）ことなど言ひ散らしたまふ」〔源氏・真木柱〕 ❹動物または車などが大きな声や音をうるさく立てる。「この猫の、北面にのみあらせて、呼ばねば、かしがましく鳴き―・れども」〔更級〕 ❺権勢が盛んである。勢力がある。「そののち、左の大臣の北の方にて（＝トシテ）―・りたまひける（＝羽振リガヨクイラレタ）時、よみておこせたりける」〔大和・一二四段〕 ❻〘いくらか補助動詞ふうに〙他の動詞に付き、その動詞の示す意味が盛大な感じでおこなわれる意をあらわす。「守(かみ)の館(たち)にて饗(あるじ)し―・りて（＝大ゴチソウヲシテ）」〔土佐〕〘この際の「ののしり」は「大ごちそう」の「大」ぐらいにあたる気持ち〙「たちまちに雷鳴り、雨降り、風吹き―・る」〔今昔・巻一一ノ二九〕〘この例は「吹きまくる」の「まくる」ぐらいの意〙㊇の（罵）る。

のば・す【伸ばす・延ばす】Ⓒ〘他四〙 ❶長くする。「野は枯れて—・すものなし鶴の首」〔支考(続猿蓑)〕 ❷逃げさせる。「(子ノ兼綱ハ)父(=頼政)を—・さむと返しあはせ(=ヒッカエシ)返しあはせ、防き戦ふ」〔平家・宮御最期〕 ❸(節約して)残す。「始末(=節約)をしけるに(米ヲ)はや年中に七石五斗—・して、ひそかに売り、あけの年(=翌年)なほまた—・しけるほどに」〔西鶴・永代蔵・巻一ノ三〕

の・ぶ【伸ぶ・延ぶ】Ⓒ ㊀〘自上二〙 ❶延長される。長くなる。「世を捨てたる法師のここちにも、いみじう世の憂へ忘れ、齢(よはひ)—・ぶる(ホドスバラシイ)人の御有様なり」〔源氏・若紫〕 ❷延期される。あとになる。「(明石姫君ノ)御まゐり(=御入内ガ)—・びぬるを、宮にも、心もとながらせたまへば(=ジレッタガッテオイデナノデ)」〔源氏・梅枝〕 ❸【舒ぶ】(心が)のんびりしている。こせつかない。「あはれ(=ヤレヤレ)、大将軍の御心の—・びさせたまひたる(=ノンキデイラッシャル)ほど、くちをしい事さうらはず」〔平家・富士川〕 ❹(安全地域まで)にげる。のがれる。「『行幸は遙かに—・びさせたまひぬらむ。(ソレナノニ)いかにや(=何ダッテ)今まで(グズグズシテオイデナノデスカ)』と声々に申されければ」〔平家・維盛都落〕「退(ひ)く者も—・び得ず(=ノガレキレズ)、返す兵あへて討たれずといふことなし」〔太平・巻三二ノ八〕 ❺発展する。成長する。増加する。「また一人は、親方に渡されし二百貫目、今に—・びず」〔西鶴・織留・巻二ノ三〕 ㊁〘他下二〙 ❶延長する。長くする。「御前にさぶらふ人々も『いま二度(規定ノ度数ヲ)—・べさせたまへ(=延長ナサイマセ)』と申して、—・べさせたまひけるを、(道長ハ)安からずおぼしなりて(=不愉快ニナラレテ)」〔大鏡・道長〕「千秋楽には民を撫(な)で、万歳楽には命を—・ぶ」〔謡・高砂〕 ❷延期する。あとまわしにする。「(源氏ハ)『(皆ガ)ひとたびに(移転スルヨウニ)』と定めたまひしかど、『(イチドニスルノハ)さわがしきやうなり』とて、中宮(ダケ)は、すこし(移転ヲ)—・べさせたまふ」〔源氏・少女〕 ❸【舒ぶ】ゆるめる。のんびりさせる。「この人に(=惟光ガ来テクレタノデ源氏ハ)息を—・べたまひてぞ(=安心ノ息ヲオツキニナッテ)、悲しきことも(ヤット)おぼされける(=オ感ジニナッタ)」〔源氏・夕顔〕「げに古言(ふること)(=古歌)ぞ、人の心を—・ぶる(=ヤワラゲテクレル)たより(=ヨイ手段)なりける」〔源氏・総角〕

のべ ごめ【延べ米】Ⓔ 代金後(あと)払いで買いこんだ米。「広庭(=土間)に—を借りて積みかさね」〔西鶴・椀久一世・下〕〘「のべごめ」は原本の振りがなによる。「のべまい」とよむ説は疑問〙

のぼ・す【上す】Ⓑ ㊀〘他下二〙㊟「くだす」 ❶㋑低い所から高い所へ移動させる。「粗籠(あらこ)(=ザル)に人を—・せて、つりあげさせて」〔竹取〕 ㋺上流へやる。さかのぼらせる。「泉の河に持ち越せる真木の嬬手(つま)をも足らずいかだに造り—・すらむ…」〔万葉・巻一〕 ❷㋑地方から都へ行かせる。「(時房・泰時ノ)二人をかしら(=指揮官)として、雲霞(うんか)のつはもの(=大軍)をたなびかせて、都に—・す」〔増鏡・新島守〕 ㋺(その他、下位と意識される場所から)召し寄せる。呼び寄せる。「(中宮ニ)ものなど啓させむとても…(ワタシガ)下(しも)なるをも(=控エ室ニイルノヲ中宮ノイラレル所マデワザワザ)呼び—・せ(テ取り次ギヲサセ)」〔枕・四九段〕 ㊁〘他四〙 ❶「㊀②㋑」に同じ。「それそれ、そのお布施のこと。それは、はや持たして—・し〘四段〙ました。はや—・せ〘下二〙られたか」〔狂言記・泣尼〕〘ただし、この連用形の例しか見当たらないので、四段活用が存在したかどうかわからない〙 ❷おだてる。いい気にならせる。「むしゃうに(=ムヤミニ)—・され(=持チ上ゲラレ)、前後かまはず、一座(=一同)は柳にやって立ちける(=イウマニナッテ帰ッタ)」〔西鶴・置土産・巻一ノ三〕「あんまり—・しておくれなえ(=オダテテクダサルナヨ)」〔伎・韓人漢文・二〕 ㊂〘自四〙上気する。ぼうっとなる。あがる。「買ひ手(=客)のお身もすたらず(=台ナシニナラズ)、女郎も—・さぬ(=夢中ニナラナイ)やうに、梶(かぢ)を取る(=リードスル)のが引き舟(トイウツキソイ女郎ノ役デス)」〔近松・反魂香・中〕

のぼ・る【上る】Ⓐ〘自四〙㊟「くだる」 ❶㋑低い所から高い所へ移動する。「我をいかにせよとて捨てては(天へ)—・りたまふぞ。具していでおはせね(=連レテイッテクダサイ)」〔竹取〕「人ごとに山へ—・りしは、何事かありけむ」〔徒然・五二段〕 ㋺上流へ行く。「川の水干(ひ)て、なやみわづらふ。船の—・ること、いとかたし」〔土佐〕 ❷(海中あるいは河中から陸上へ)移る。「この風、いましばし、やまざらましかば、潮(ガ陸ニ)—・りて、(家ナド)残る所なからまし」〔源氏・明石〕 ❸㋑地方から都に行く。「音のみに聞きて目に見ぬ布勢の浦を見ずは—・らじ(タトエ)年は経ぬとも」〔万葉・巻一八〕 ㋺(都の市街で)皇居のある方向(具体的には北方)へ行く。「朱雀を—・り、行列の作法まことに貴し」〔今昔・巻一二ノ九〕 ㋩他国からわが国へ来る。「隠元和尚…大唐(=中国)より随分(=マッタク)不自由せずに—・りたまひし(=来朝ナサッタ)」〔浮・艶行脚・巻二ノ四〕 ㋥(身分の高い人に近い所へ)参上する。「『対の君にも語らひ会はせてこそ(=相談シテカラ)』とて、(姫君ノ所へ)—・る」〔寝覚・巻二〕 ㋭(仏の安置されている所へ)ゆく。「『阿弥陀仏ものしたまふ堂に、する事はべるころになむ。初夜(そや)、いまだ勤めはべらず。(ソノ勤行ヲ)すぐして、さぶらはむ』とて、—・りたまひぬ」〔源氏・若紫〕 ❹〘近世語〙㋑かっとなる。逆上する。「―・りつめるその手間で、(為替ノ金ヲ)届ける所へ届けてしまへ。ええ、性根のすわらぬ気ちがひ者」〔近松・冥途飛脚・中〕「おれも今日のもやもやで、きつう気が―・ったやら」〔浄・浪花鑑・四〕㋺(異性に)のぼせる。ほれこむ。「太夫職、名を遠山とよばれしも、人に―・れ(=掛ケ詞「①㋑」)の恋の坂」〔近松・反魂香・上〕「西国の大尽(だいじん=大金持チ)が、この方いやなほど―・りつめ」〔浮・禁短気・巻五ノ一〕《他に沖から陸へ向かうという意を示す説もあるが、その例「沖へより舟人―・る」〔万葉・巻一五〕は地方から上京する意だと思われる。また中古語に④㋑の用法を認める説もあるが、「のぼる」だけでその意になる例がないので、省く》

のみ Ⓐ ㊀〘副助〙《体言・活用語の連体形・副詞および他の助詞などに付く》❶他の事物を排除し、それだけをとくに採りあげて示す。…だけ。「我―ならず、年ごろの所(=以前カラナジミノ女性)にも絶えにたなり(=通ワナクナッタソウダ)」〔蜻蛉・上〕「尼君の御おこなひ(=修行)の具―あり」〔源氏・宿木〕❷その事がしきりと、おこなわれる意を表す。…してばかりだ。「いま(=スグ)来むといひて別れし朝(あした)より思ひ暮らしの音(ね)を―ぞ泣く(=泣イテバカリイル)」〔古今・恋五〕「かく―ぞうちなげく(=シキリニナゲク)」〔落窪・巻一〕「なまねたし(=何ダカシャクダ)など―思ふ(=イツモ思ウ)こと多かり」〔源氏・螢〕❸意味を強調する。すっかり…と。「船を(綱デ)引きつつのぼれども、川の水なければ、ゐざりに―ゐざる(=テンデ進マナイ)」〔土佐〕「浦近くたつ秋霧は藻塩やく煙と―ぞ(=マルデ煙ノヨウニ)見えわたりける」〔後撰・秋中〕「母におくるる(=死別シタ)人は、ほどほどにつけて(=ソレゾレノ身分ナリニ)さ―こそ(=マッタクノトコロ)あはれなれ」〔源氏・少女〕㊁〘終助〙《漢文よみくだし調の文章で、文末に用い》言い切りを強調する。「蜀魄(しょくはく=ホトトギス)の(中国語デ)不如帰と(聞コエルヨウニ)鳴くは、きはめて(=キット)托物の(=他ノ事ニカコツケテ思イヲ告ゲテイル)声ならく―(=声ナンダロウヨ)」〔支考・百鳥譜(風俗文選)〕

の・む【祈む】Ⓓ〘他四〙《古代語》❶頭をさげる。おじぎする。「(皇后ヘノ無礼デ殺サレソウニナッタ男ハ)ひたひを地(つち)についてー・みてまうさく、『臣が罪、万死に当たれり。然れどもその日に当たりては、貴(かしこ)き人にまさむといふことをおもはず』」〔紀・允恭・訓〕《「のみて」は「叩頭」の訓》❷乞(こ)い願う。「まだ死なぬ(ウチ)に、川上梟師(かはかみのたける)―・みてまうさく『しばし待ちたまへ』」〔紀・景行・訓〕《「のみて」は「叩頭」の訓》❸祈る。祈念する。《頭をさげるとか手を合わせるとかの身体的動作によって祈るのが「のむ」で、儀式を伴う場合は、日本書紀の古訓では「をがみす」といっている》「せむすべを知らず、すなはち仰いで天つ神地祇(くにつかみ)に―・みまうす」〔紀・景行・訓〕《「のみまうす」は「祈」の訓》「布施置きて(=オ布施ヲ奮発シテ)われは乞ひ―・む(=祈願イタシマス)あざむかず(=マチガッタ方ヘ連レテ行カズ)ただにゐ行きて(=ヒトスジニ導イテ)天路(あまぢ)知らしめ(=昇天ノ道ヲ教エテヤッテクダサイ)」〔万葉・巻五〕

の もり【野守】Ⓓ 禁猟の野の番人。「春日野(かすがの)の飛ぶ火の―出でて見よいま幾日ありて若菜つみてむ(=キット摘メルダロウカ)」〔古今・春上〕

のり【則・法】Ⓒ ❶㋑方法。「大国主の神…その病を療(をさ)むる―を定む」〔紀・神代上・訓(丹鶴本)〕《「のり」は「方」の訓》㋺きまり。規準。「宮を造る―は、柱は高く太く、板は広く厚くせむ」〔紀・神代下・訓〕《「のり」は「制」の訓》❷法令。法律。「商変(あきかへ)し(=取リ引キノアトデノ変更ヲ)領(し)らす(=許ス)との御―あらばこそわが下衣(=ワタシガ前ニオ贈リシタ下着ヲ)返したばらめ(=オ返シ下サッテモヨイデショウガ)」〔万葉・巻一六〕❸㋑仏の教え。仏道。「薪(たきぎ)こる思ひ(=法華経ニ仕エル願イ)はけふをはじめにて(=最初トシテ)この世に(今後)願ふ―ぞはるけき」〔源氏・御法〕㋺仏教の儀式。法事。「後とふ―の燈火(ともしび)も、道を守り家をたすけむ親子の命も」〔十六夜〕

のり かけ【乗り掛け】Ⓔ 江戸時代、旅客用の馬に、人ひとりと、二〇貫(七五キロ)の荷物をつけて運ぶこと。またはその馬。「長剣を腰にはさみ、―の後ろに槍を持たせ」〔芭蕉・許六離別詞(韻塞)〕

〔のりかけ〕

のり ゆみ【賭弓】Ⓓ ❶(略)賭弓の節(せち)。陰暦正月一八日に天皇が内裏の弓場殿(ゆばどの)において、左右の近衛府・兵衛府の舎人(とねり)に弓を射させて御覧になり、賞品を与える行事。「(アル舎人ガ)よく射る由聞こえ(=評判)ありて、召し出だされて―つかうまつるに」〔宇治・巻一五ノ四〕❷(略)殿上(てんじやう)の賭弓。「三月十日のほどに内裏(うち)の―のことありていみじく(=盛大ニ)営むなり」〔蜻蛉・中〕

の・る【宣る・告る】Ⓒ〘他四〙(相手に向かって)言う。告げる。「かしこみと(=オソレ多イカラト)―・らずありしをみ越路(こしぢ)の峠(たむけ)に立ちて妹(いも)が名―・りつ」〔万葉・巻一五〕

の・る【罵る】 Ⓓ《他四》悪口を言う。憎まれ口をきく。《中古語では「ののしる」が「大声でいう」「さわぐ」の意。現代語の「ののしる」に当たるのが「のる」》「縫ひさす(=縫イカケニスル)と見しを、まだしくは(=マダデキテイナケレバ)、血あゆ(=出ル)ばかりいみじく―・らむとおぼして」〔落窪・巻二〕(参)ののしる。

の　わき【野分き】 Ⓒ《十自サ変》《「野の草を分ける風」の意で》秋のはじめごろ吹く強風。台風。「―たちて(=暴風ガ吹イタノデ)、にはかにはだ寒き夕暮れのほど」〔源氏・桐壺〕「―・せし小野(をの)の草臥(ぶ)し(=草ノ上ノ寝所)荒れはててみ山に深きさ牡鹿の声」〔新古今・秋下〕《桐壺の例は「野分きだちて」とよみ、「野分きだつ」という自動詞に取るのが室町時代中期からふつうおこなわれている説だが、情景から考えると「野分きがたつ」と解するのが適切のようである》

は

は【端】 Ⓓ はし。「山の―にさし出づる月の(ヨウニ)はつはつに妹(いも)をそ見つる恋しきまでに」〔万葉・巻一一〕

は Ⓐ㊀《係助》《文中の体言・体言あつかいの語・活用語・副詞・他の助詞などに付き》その付いた語を文のいちばん中心的な述語に関係づける。文末の活用語は終止形で結ぶ。

は→(終止形)

❶《ある事がらを他と区別し》㋑とくに採りあげて強調的に示す。「(聞イタヨウダガ)確かに―まだ承らず」〔宇津保・国譲上〕「(ホカノ者デナク)宮と―思ひかけず、例(=イツモ)こなたに来なれたる人にやあらむと思ひて」〔源氏・東屋〕㋺対照的に示す。「声―して涙―見えぬほととぎすわが衣手(ころもで)の濡(ひ)づを借らなむ(=分ケテアゲヨウカ)」〔古今・夏〕❷叙述の題目となるものを採りあげて示す。「在原の業平(ノ歌)―、心あまりて詞たらず」〔古今・序〕❸単にその事がらを強調する。「常にをかしき(=気ノキイタ)もてあそび物(=オモチャ)―奉りたまひけり」〔宇津保・蔵開上〕❹《「こそ…はあれ」の形で》「に」「にて」を伴わず直接に上の語を受けて、その叙述を強調する。「男こそなほいと、ありがたく(=無類ニ)あやしき(=フシギナ)ここちしたるもの―あれ」〔枕・二六八段〕❺条件を表す。㋑《確定》「ただ今のごとくにて―、行く末さへ心ぼそきに」〔蜻蛉・下〕㋺《仮定》「(アナタノ)思ふ程(ヲワタシガ)知らで―かひやあらざらむ(=ツマラナイデショウ)かへすがへすも(=念入リニ)数をこそ見め(=アナタノ愛情ノ分量ヲオ示シクダサイ)」〔蜻蛉・上〕❻《形容詞の連用形「く」「しく」および否定助動詞「ず」(連用形)に付き》仮想された条件を表す。Subjunctive Mood に当たる用法。(もし)…(ということになる)と。(事実はそうでないが仮に)…なら。(参)ずは②。「うぐひすの谷より出づる声(ガ実際ハアルノダガ仮ニ)なく―(=ナイトイウコトニナルト)春来ることを誰か知らまし」〔古今・春上〕「いつまでか野べに心のあくがれむ(=執着シテイルノダロウカ)花し(仮ニ)散らず―(=散ラナイモノナラ)千代も(コノ野原デ)経ぬべし」〔古今・春下〕《奈良時代において、係助詞「こそ」に付くとき、濁音「ば」となるのが原則だったらしい。「日の御陰の水許曾婆(こそば)とこしへにあらめ」〔万葉・巻一〕「婆」は濁音に用いる》㊁《終助》《文末の体言または活用語の連体形に付く》感動・強調を表す。「君、今さへこの琵琶をひきたまふは、いとみぐるしからむ―(=感心デキマセンナア)」〔宇津保・楼上上〕「冠者(=坊チャン)は妻(め)まうけ(=求婚)に来にける―。かまへて(=ダマシテ)二夜は寝にける―。三夜といふ夜の夜なかばかりの暁に、袴取りして(=ハカマノ裾(すそ)ヲヒキアゲテ)逃げにける―」〔梁塵〕(参)はも・はや。

ば Ⓐ《接助》《活用語の未然形・已然形に付く》❶〔順接〕㋑《未然形に付き》仮定条件を表す。…なら。…たら。「国王の仰せごとをそむか―(=承知シナイナラ)、はや殺したまひてよかし」〔竹取〕㋺《已然形に付き》確定条件を表す。ⓐ原因・理由を表す。…ので。…から。「人はいさ(=他人ハドウダカ知ラナイガ)我はなき名の(=無実ノウワサノ立ツノガ)惜しければ―(=ツライノデ)昔も今も知らずとを言はむ」〔古今・恋三〕ⓑいつも同様の結果がおこる意を表す。…と(いつも)。「瓜はめ―子ども思ほゆ栗はめ―まして偲(しの)はゆ…」〔万葉・巻五〕「命長けれ―、恥多し」〔徒然・七段〕ⓒ上に述べた事に応じて、たまたまある事がおこった意を表す。…(た)ところが。「夏の夜の臥(ふ)すかとすれ―(=寝ヨウトシテイルト)ほととぎす鳴くひと声に明くるしののめ」〔古今・夏〕「五月(さつき)待つ花橘(はなたちばな)の香を(フト)かげ―(=カイダトコロ)昔の人の袖の香ぞする」〔古今・夏〕《第三句を「香をかぐと」とⓑの用法に訳するのは誤り。花橘のきまった性質を述べていることになり、歌として生きてこない。ある日、ふと発見した驚きの新鮮さが、この歌の焦点である》㋩《已然形に付き》両様の事が同時におこなわれる意を表す。…と(一方では)。「古き都は荒れゆけ―(=荒レテユキ、他方)今の都は繁昌す」〔平家・月見〕❷〔逆接〕㋑《已然形に付き》ⓐ確定条件を表す。…(な)のに。「(子ドモガ)恋しきままに(髭黒大将ハ)道すがら涙おしのごひつつ(別居中ノ妻ノ邸ヘセッカク)まうでたまへれ―(=オ出カケナサッタノニ北ノ方ハ)対面したまふべくもあらず」〔源氏・真木柱〕ⓑ《「ねば」の形で》ある行為・現象が終わる前である意を表す。…(ない)前に。「天の川浅瀬しら(=掛ケ詞「知ラ」「白」)波たどりつつ渡り果てねー(=渡リ終ワラナイウチニ夜ガ)明けぞしにける」〔古今・秋上〕「(一ノ谷ノ坂ヲ)落としも果てねー(=下リキラナイウチカラ)、鬨(とき)をばどっと作る」〔平家・坂落〕㋺【中世語で、未然形に付き】仮定条件を表す。…(た)ところで。「ただ兄弟二人あるものが、兄を討たせて弟が一人残りとどまったらー(=生キ残ッタトコロデ)、いくほどの栄華をか保つべき」〔平家・二度之駈〕

はい【俳】Ⓔ (略)俳諧①。「『五月雨(さみだれ)に鳰(にほ)の浮き巣を見に行かむ』といふ句は、ことばに俳諧(=トシテノ特色ガ)なし。『浮き巣を見に行かむ』といふ(酔狂ナ)ところ、ーなり」〔土芳・三冊子・白〕

はい かい【俳諧・誹諧】Ⓒ ❶こっけい。ふざけていること。「『韻学大成』に『鄭綮(ていけい)詩語多二ー一』(トアル)。俳は戯なり、諧は和なり。唐に、たはむれて作れる詩をーといふ。また滑稽といふ(意味モ)あり」〔土芳・三冊子・白〕❷(略)俳諧体。「連歌師のーと申すは狂句の事にさうらふなり。俳諧体と申すは利口などしたる様の事にさうらふや」〔吾妻問答〕❸㋑(略)俳諧の連歌。「師(=芭蕉)のーは、名はむかしの名にして、昔のーにあらず、まことのーなり」〔土芳・三冊子・白〕㋺【とくに】付け合い。現代国文学者のいう連句。【発句のことを俳諧というとする説は誤り】「発句は門人にも(スグレタ)作者あり。(シカシ)ーは老吟の骨(=ワタシノオ得意ダ)」〔土芳・三冊子・黒〕 **ーうた** 歌 Ⓔ ㋑雅語だけを用い、発想もその時代の正統的なものである歌に対し、日常用語をまじえたり新奇な発想を試みたりした歌。「春霞たなびく野べの若菜にもなりみてしかな(=ナッテミタイナア)人もつむ(=ツネル)やと」〔古今・雑体(誹諧歌)〕【↑「つむ」が日常語】「世のなかの憂きたびごとに身を投げば深き谷こそ浅くなりなめ」〔古今・雑体(誹諧歌)〕【↑発想が不まじめ】㋺【江戸時代】狂歌。「あまり本歌(=マジメナ和歌)で退屈いたす時は、慰みがてらーをいたしますが…『うまじもの(=オイシイ物)安倍(あべ)川餅はあさもよし(=枕詞)黄な粉まぶして昼食ふもよし』」〔三馬・風呂・三ノ下〕 **ーてい** 体 Ⓔ 本格の連歌のなかで、変化をもたせるため、少数だけわざと交える砕けた表現の句。よく俳諧体と俳諧の連歌を混同するが、両者は別もの。「誹諧の体『神垣の赤きは猿の面(おもて)にて 周阿』『狩人の手に持つ弓に漆ぬり 救済』『魚(うろくづ)の躍る所に鷺(さぎ)おりて 梵燈』これらの句なり」〔初心求詠集〕 **ーのれんが** 俳諧の連歌 Ⓔ 【連語】俳言(はいごん)すなわち非歌語(日常用語や漢語)を用い、法式も本格のよりはいくらか寛大な連歌。室町時代、宗祇以前におこり(宗鑑・守武に始まるという説は誤り)、江戸時代にはいって盛行したが、松尾芭蕉の蕉風にいたり、本格の連歌とならぶ芸術性をもつようになった。「連歌のただごと(=雅語デナイモノ)を世にーといふ」〔土芳・三冊子・白〕

はい しょ【配所】Ⓔ 流罪(るざい)でやられた土地。「われら三人は、罪も同じ罪、ーもひとつ所なり。いかなれば赦免の時、二人はめしかへされて、一人ここに残るべき」〔平家・足摺〕

はい ずみ【掃墨】Ⓔ 【「はきずみ」の音便】油煙を取り集めたもの。これににかわを混ぜて墨・眉(まゆ)墨・塗料に、酒に入れて薬用などにした。「ー一斗、合酒二升、膠(にかは)二両」〔和名抄・膠漆具〕【「掃墨」と表記し「和名波伊須美」と注する】

はい ぜん【陪膳】Ⓔ 【十自サ変】天皇のお食事や高貴な武家での儀式用の食事を給仕すること。またはそれを担当する者。「朝餉(あさがれひ)の、気色(けしき)ばかり(=形ダケ)触れさせたまひて、大床子(だいしやうじ)の御膳(おもの)などは、いとはるかに(=トテモ手ガツキソウモナク)おぼしめしたれば、ーにさぶらふかぎりは、心ぐるしき御気色を見たてまつり嘆く」〔源氏・桐壺〕

はい まう【敗亡】(ーモウ) Ⓔ 【十自サ変】うろたえること。まごつくこと。「はあ、ーいたいた。まっぴら御免あれ」〔狂・餅酒〕「『さあさあさ、どうぞ助けて助けて』と(妻ガ)騒げば、夫もー・し、『それなれば、この小春死ぬるぞ』」〔近松・天網島・中〕

はう【袍】(ホウ) Ⓓ ❶衣冠(宮中の略装)・束帯(宮中の正装)用の表着。天子・親王・臣下らによって、色・織り文(もん)に違いがあり、また、文官は縫腋(ほうえき)、武官は闕腋(けってき)の違いがある。ふつう「うへのきぬ」という。「文人、青・白・橡(つるばみ)縫腋ー」〔北山抄・三〕【「はう」とかな書きの例は、中古・中世の文献では未見】❷【転じて】単に表着のこと。「ひゃうと発(はな)つ矢を、一条(ひとすぢ)はーの袖に縫ひ留めさせ」〔馬琴・弓張月・一回〕

ばう【坊】(ボウ) Ⓒ ❶主都の行政区画。一六町(四保)をいう。「奈良の左京、九条二つのーに、一人の貧しき女ありけり」〔今昔・巻一六ノ一〇〕❷皇太子の御所。東宮。春宮。「平城(なら)の帝(みかど)、位におはしましける時、嵯峨の帝は、ーにおはしまして(=皇太子ノ身分デイラレ)」〔大和・一五三段〕「その御弟の二の宮、ーにゐさせたまひぬ」〔落窪・巻三〕❸【房】㋑僧のいる場所。僧のためのへや。「回廊はみな供僧のーにせられたり」〔大鏡・実頼〕㋺僧の居住する建物。寺院。「僧のーに寄りて、物を乞(こ)ひて食(じき)していづるに、大門にして蹴つまづきてうつぶしに倒れぬ」〔今昔・巻一六ノ二八〕㋩僧。「御ーはくちをしき(=ツマラナイ)事したまへるものかな」〔徒然・八七段〕

はう ぐわん【判官】(ホウガン) Ⓓ ❶中央官庁の三等

官をいう。㊟じょう（判官）。❷《とくに》検非違使・兵衛府・衛門府の尉をもいう。❸《検非違使の尉であったことから》源義経のニックネーム。「―はどれだと（平家方ハ船カラ）笏で陸へさし」〔柳樽・三二〕

ばうざ【病者】（ボウ―）Ⓔ 病人。「―のことを思ひたまへあつかひはべるほどに（=世話シテオリマスノデ）」〔源氏・夕顔〕《この箇所は青表紙本に「はうさ」と表記してある。他の箇所で「病者」と表記されたものは、「ばうざ」「びゃうざ」「びゃうじゃ」のいずれによまれたか、明らかでない》

はうじゃう【放生】（ホウジョウ）Ⓔ とらえられている鳥・獣・魚をはなしてやること。「多くの僧・俗の神人をもて、数しらず生類を買ひ放たしめたまふ。…毎年の八月十五日を定めて、（八幡）大菩薩の宝前（=オ前）より宿院にくだらせおはしまして、この数を申しあぐるに、大きに法会を設けて、最勝王経を講ぜしめたまふ。そのゆゑは、かの経に流水長者が―の功徳を、仏説きたまふゆゑなり」〔今昔・巻一二ノ一〇〕 **――ゑ** 会（…エ）Ⓔ 八幡宮で放生をする法会。「男山の―は、恒例厳重の（=キチント決マッタ）神事なればとて、（天皇ノ御病中ニモカカワラズ）かたのごとく行はれけり」〔保元・上・二〕

はうじん【芳心】（ホウ―）Ⓔ《十自サ変》親切な気持ち。好意（を示すこと）。「この間の御―、申すもおろかなり」〔謡・盛久〕「この中将（ガ重盛ニ命ヲ助ケテモラッタノハ、彼ガ）院の御気色よき（=オ気ニ入リノ）人にて、院中の事申し沙汰せられけるが（=切リ回シテイラレタガ）、重盛出仕のたびごとに―・せられける（=好意的ニ待遇ナサッタ）ゆゑなりとなむ」〔平治・中・六（古活字本）〕《平家正節では「はうじん」だが、現行謡曲では「ホウシン」とうたわれており、日葡辞書ではfōxinで、中世にも両様の発音があったと思われる》

ばうず【坊主・房主】（ボウ―）Ⓔ ❶坊（僧舎）のあるじ。住持。「この象を僧房に繋げり。その―、常に法華経を誦したてまつるに」〔今昔・巻四ノ一八〕「供の者一人も具せずして来たりければ、―いかにあはれに思ひけむ」〔平治・下・八〕 ❷《いくらか軽べつの気持ちで》僧。「極楽寺の役僧で、清心といふ―だが」〔伎・十六夜清心・一ノ四〕

はうすん【方寸】（ホウ―）Ⓔ《一寸四方すなわちごく狭い意から》胸のなか。心。「いま象潟に―を責む（=心ヲナヤマス）」〔芭蕉・奥の細道〕「静かなる時は、筆をとりて義素（=王義之ヤ懐素）の―に入る（=精神ヲ追求スル）」〔芭蕉・机銘〕

はうぞく【放俗】（ホウ―）Ⓓ《形動ナリ》無作法だ。無遠慮だ。「人多く見る時なむ、透きたる物着たるは、―に見ゆる」〔源氏・蜻蛉〕《「凡俗」とする説もある。それならば「ぼうぞく」であるはず。中古の資料では清濁が確かでないけれど、「放」であれば、語頭だから「ばう」と濁音にはならない》

はうちゃう【庖丁】（ホウチョウ）Ⓓ《荘子という古代中国の哲学書に見える料理人の名から転じ》❶料理すること。クッキング。「この（造リ物ノ）鯉は、生きたるやうなるものかな。ほとほと（=モウスコシデ）―望まむとぞ思へる（=料理ヲ頼モウト思ウトコロダッタ）」〔宇津保・蔵開上〕 ❷料理用の刀。いまいうホウチョウ。「俎板に青木（=ナマ木）の肴箸・備前―・紙ひとかさね、おっ取り添へ」〔狂・鱸庖丁〕 **――じん** 人 Ⓔ ❶料理をする人。「（材料トシテ）鯉をいだす。その時の―は、四官の大夫忠政なり」〔狂・鱸庖丁〕 ❷職業的な料理人。「―のその子として家をも継がうずるそなたが」〔狂・鱸庖丁〕《狂言では「ほうちょうにん」とは発音していない》

はうぢゃう【方丈】（ホウジョウ）Ⓓ ❶一丈（約三・〇三メートル）四方の広さ。「さて寂光院のかたはらに―なる御庵室を結んで」〔平家・大原入〕「浄名居士（=維摩居士）の―の室の内に三万二千の床をならべ、十方の諸仏を請じたてまつりたまひけむも」〔平家・大原御幸〕《浄名居士の居室が一丈四方だったことから》 ❷寺院の長老・住職の居間。「龍泉寺へまかりけるに、歌よむ人々―に集まりて」〔基佐集・詞〕「これは山科の法眼と申す者の坊なり。さし入りて見れば、―には人一人もなし。庫裡の傍に、法師二人・児三人居たり」〔義経・巻五ノ五〕 ❸寺院の住職。「さりながら―、寺も庵もお銭も米も、多く持ちたれば」〔狂・比丘貞〕

はうび【褒美】（ホウ―）Ⓔ《十自サ変》よさに感ずること。嘆賞。《英語のadmireに当たる》「『妙の一字はさていかに』『それは―のことばにて、妙なる法と説かれたり』」〔謡・鵜飼〕「その日の申楽、殊にはなやかにて、見物の上下、一同（=イッセイ）に―・せしなり」〔花伝・一〕

はうべん【方便】（ホウ―）Ⓔ ❶〔仏〕世間の人たちを正しく導くため仏・菩薩の用いる手段。《原語は梵upāyaで、近づく意だから、oral approachなどいうときのapproachに当たる》「仏の、いと、うるはしき心にて、説きおきたまへる御法も、―といふ事ありて、悟りなき者は、ここかしこ違ふ疑ひを、おきつべくなむ」〔源氏・螢〕 ❷《転じて、単に》便宜的な手段。「この上は―をもって、十疋の布施物をとらうと存ずる」〔狂・布施無経〕

はえ【映え・栄え】Ⓓ ある事物が時・所・まわりの物などに対照し、ひきたって見えること。ぱっとした興趣。「はかなき花、紅葉といふも（=チョットシタ染メ物ニシテモ）、をりふしの色あひ（=季節ニヨル配色ガ）つきなく（=調和セズ）、はかばかしからぬ（=ハッキリシナイノ）は、露の―なく、消えぬる

(＝ヒキ立タナイ)わざなり」〔源氏・帚木〕「御袴着(はかまぎ)のほども、いみじき心を尽くすとも、かかる深山(みやま)隠れにては(＝コンナ郊外ニヒッコンデイタノデハ)、なにの―かあらむ」〔源氏・薄雲〕「夜に入りてものの―なしといふ人、いとくちをし(＝クダラナイ人ダ)」〔徒然・一九一段〕

はえ・す【生えす】Ⓔ《自サ変》はえてくる。「柳こそきれば―・すれ(シカシ)世の人の恋に死なむをいかにせよとぞ」〔万葉・巻一四〕

はえばえ・し【映え映えし・栄え栄えし】Ⓓ《形シク》❶かがやかしい。はなやかだ。「(コレトイッテ)行く末の―・しからぬ(＝ハナヤカナ希望モナイノ)を思(おぼ)したる」〔源氏・竹河〕❷光栄だ。はりあいがある。「(今夜ヲノゾイテハ)またはいつかは(コレホド)―・しきついで(＝チャンス)のあらむ(＝アロウカ)」〔源氏・宿木〕

はかせ【博士】Ⓓ❶昔の官名。大学寮に、明経博士・紀伝博士(後に文章博士)・明法博士・算博士・音博士・書博士、陰陽寮に、陰陽博士・暦博士・天文博士・漏博士、典薬寮には医博士などがあり、学生の教授その他にあたった。「文作らせたまふべき心まうけに(＝用意デ)、―などもさぶらひけり」〔源氏・総角〕❷《転じて》学問、または技能によく通じた人。「侍従こそ、(歌ヲ)とりなほすべかめれ(＝添削デキヨウ)。また、筆のしりとる(＝手ヲ持チ添エテ教エテクレル)―ぞなかるべき(＝先生ガナイラシイ)」〔源氏・末摘花〕❸㊥節(ふし)博士。仏教音楽などで用いる音譜。「催馬楽(さいばら)などにも、七八、目録ばかりにて、多くはなし。―にて見るべし」〔梁塵・口伝集〕❹規範。手本。「風情(＝動作)を―にて(＝ヨリドコロトシテ)音曲をする為手(して)は、初心の所(＝程度)なり」〔花伝・六〕

はかな・し【〈果〉無し・〈果敢〉無し・敢無し・儚し】Ⓐ《形ク》❶しっかりしておらず、あてにならない。「夢よりも―・き世のなかをなげきわびつつ明かし暮らすほどに」〔和泉日記〕「(グッスリ)寝ぬる夜の夢をはかなみ(＝夢ハタヨリナクテ)まどろめば(＝ウトウトスルト)いや(＝モット)はかなにもなりまさるかな」〔古今・恋三〕(↑語幹だけの用例)❷㋑長もちしない。長生きしそうもない。「鳥辺山谷に煙のもえたたば―・く(＝弱々シク)見えしわれ(ノ火葬ノ煙ダ)と知らなむ(＝了解シテクダサイ)」〔拾遺・哀傷〕㋺生きていない。「絶え入りて、冷え痙(すく)みにけり。男―・く見なしつれば(＝絶命シタト思ッタノデ)…法師になりにけり」〔古本説話集・上〕❸しっかりした考えもない。一時の気まぐれである。「新羅(しらぎ)の人々『日本の人は―・し(＝浅ハカナコトダ)。虎にくはれなむ』と、集まりてそしりけり」〔宇治・巻一二ノ一九〕❹これということもない。ちょっとしたことだ。「長谷に詣でて、いと―・き(＝ツマラナイ)家にとまりたりしに、いとくるしくて、ただ寝に寝入りぬ」〔枕・二二八段〕「―・くて(＝コレトイウ事件モナクテ)、年月もかさなりて」〔源氏・若菜下〕

―・くな・る 死ぬ。なくなる。「同じき三月二日の日、遂に―・くならせたまひてさうらひぬ」〔平家・僧都死去〕

はかばか・し【〈果果〉し・捗捗し】Ⓐ《形シク》❶思うように進行する。「堂やうやく造りたてまつるに、材木―・しく出で来ず」〔今昔・巻一二ノ二四〕❷はきはきしている。「まことは、かやうの御歩きには、随身からこそ(＝シダイデ)、―・しき(＝テキパキトウマクユク)こともあるべけれ」〔源氏・末摘花〕❸効果的だ。「物忌みし、くすしく(＝ガンコニ)忌むやつは、(カエッテ)命も短く、―・しき事(＝タイシタ効果モ)なし」〔宇治・巻二ノ六〕❹ちゃんとしている。まともだ。「まだ(手習イ歌ノ)『難波津(なにはづ)』をだに、―・しう(＝満足ニ)続けはべらざめれば、かひなくなむ(＝ドウショウモゴザイマセン)」〔源氏・若紫〕「この魚(＝カツオ)、おのれら(＝ワタシラガ)若かりし世までは、―・しき(＝中流以上ノ)人の前へ出づる事はべらざりき」〔徒然・一一九段〕❺信頼できる。しっかりしている。「貧しきこと限りなし。―・しき檀越(だんをつ)なども持たざりければ」〔今昔・巻一七ノ四四〕「これ(＝コンド)は―・しくも仰せあはせたまふ(＝相談アソバサレル)人もなし」〔平治・上・一二〕❻(「一人前の様子だ」の意をアイロニカルに用い)しゃらくさい。小癪(こしゃく)だ。「あら―・しや盗人よ。目垂り顔なる(＝ヒキョウナ)夜討ちはするとも、我にはかなはじものを(＝ドウセカナワナイノニ)」〔謡・烏帽子折〕

はがひ【羽交ひ】(―イ)Ⓔ(鳥の左右の翼のさきが交差する意から)はね。「葦べゆく鴨の―に霜ふりて寒き夕べは大和(やまと)し思ほゆ」〔万葉・巻一〕「片―を射切って直中(ただなか)をば射ざりける」〔太平・巻一六ノ一二〕

はかまぎ【袴着】Ⓓ(身分ある家の子どもが)はじめて袴をつける儀式。元服が児童期から成人期に入ったしるしであるのに対し、これは乳幼児期から児童期に入ったしるしとなったらしい。男女ともに三ないし七歳ぐらいのあいだに行う。「同じき正月二十日の日、東宮(＝後ノ安徳天皇、コノ時三歳)御―ならびに御まなはじめ(＝ハジメテ魚ヲ食ベル儀式)とて、めでたき事どもありしかど」〔平家・巌嶋御幸〕

はかり【計り】Ⓓ❶【量り】単位を表す。「夏引きの(＝夏ノ間ニツムイダ)白糸七―ありさ衣(ごろも)に織りても着せむ…」〔催・夏引〕《糸をはかる古代の単位が具体的には何であったか不明だが、とにかく、何かの単位で七つ分の意》❷目標。めあて。「かく(ワタシヲ)うらなく(＝隔意ナク)たゆめて(＝油断サセテオイテ)、はひかくれなば(＝フイトイナクナッタラ)、いづこを―とか(コノ女性ヲ)我もたづねむ」〔源氏・夕顔〕❸限り。限度。際限。《この用法が形式化して助詞「ばかり」となる〉「肝・魂を砕けども(＝心ヲヒドク痛メルガ)、聖(ひじり)もいまだ見えず(＝姿ヲ現サズ)、使者をだにも上(のぼ)せねば、思ふ―ぞなかりける(＝心配コノ上ナイ)」〔平家・六代〕「さきほどから声を―に(＝声カギリニ)呼ぶに、(オ前ハ)何をしてゐた」〔狂・武悪〕

ばかり Ⓐ〘副助〙〘体言・活用語の連体形(まれに終止形)・副詞および他の助詞などに付く〙❶他の事物のなかで、だいたいそれだけ採りあげる意を示す。…だけ。「いそのかみ(＝枕詞)古き都のほととぎす(他ノ事物ハ移リ変ワッタケレドオ前ノ)声―こそ昔(ト同ジ)なりけれ」〔古今・夏〕❷だいたいの範囲を示す。㋑程度。「望月(もちづき)の明かさを十合はせたる―にて、ある人の毛の穴さへ見ゆるほどなり」〔竹取〕㋺数量。「供人、二人―添ひて行く」〔蜻蛉・中〕㋩日時。「八月―になりにけり」〔蜻蛉・上〕㊁場所。「山のあなた―に田守(たもり)の物おひたる声…うち呼ばひたり」〔蜻蛉・中〕❸㋑程度がいちじるしい意を表す。…ほどにも。「寝殿の御しつらひ(＝設備ヲ)、いと輝く―したまひて」〔源氏・薄雲〕㋺〘否定文の中で〙程度の極限を表す。…ほどだって。…ぐらい(…ない)。「つゆ―笑ふ気色(けしき)もみせず」〔蜻蛉・中〕「人のなきあと―悲しきはなし」〔徒然・三〇段〕❹その事がしきりとおこなわれる意を表す。「身の宿世―をながむるに(＝嘆イテバカリイルト)…涙はこぼれまさる」〔蜻蛉・中〕

は・く【佩く】Ⓓ ㊀〘他四〙(刀・飾りなどを)腰につける。「太刀―・きて後に立ちて歩みいづるを」〔更級〕㊁〘他下二〙腰につけさせる。「一つ松人にありせば太刀―・けましを衣着せましを…」〔記・中〕

はぐく・む【育む】Ⓒ〘他四〙❶親鳥がひなを羽の下にかかえる。またはそのようにする。「大船に妹(いも)乗るものにあらませば(＝乗ッテヨイノダッタラ)―・み(＝羽デ包ムヨウニシテ)持ちて行かましものを(＝連レテ行クノダガ)」〔万葉・巻一五〕❷(子を)たいせつに育てる。「いはけなき(＝幼イ)人も(将来ハ)いかにと思ひやりつつ、(アノ子ノ母ト)もろともに―・まぬおぼつかなさ(＝気ガカリ)を」〔源氏・桐壺〕「妹娘を貰ひ受け…姉なる娘を―・みたまへと情けある深切に」〔人・娘節用・発端〕❸㋑(おとなを)世話する。めんどうを見る。「(ワタシガ)もし、ながらへば、よろづに(オ前ヲ)―・まむ」〔源氏・夕顔〕㋺(病人の)めんどうを見る。療養させる。「信濃なる那須の御湯をも浴(あ)むさばや人を―・み病やむべく」〔夫木・巻二六〕

はくじゃう【白状】(―ジョウ) Ⓔ ㊀被告の自白した事項を書いた物。供述書。「ありもあらぬ(＝事実無根ノ)事までも、残る所なく―一巻に載せられたり」〔太平・巻二ノ三〕㊁〘+他サ変〙自分の罪または隠し事を告げること。「水問(みづもん)かさなりければ、身も疲れ心も弱くなりけるにや、『勅定(＝天皇ノ御命令)によって、調伏の法行うたりし条、子細なし(＝相違アリマセン)』と―・せられけり」〔太平・巻二ノ三〕

はくたい【百代】Ⓔ ひじょうに長い月日。多くの年代。「ひゃくだい」とも。「光陰は―の過客(＝旅人)浮き世は夢幻といふ」〔西鶴・永代蔵・巻一ノ一〕

はぐろめ【歯黒め】Ⓓ ❶歯を黒く染めること。平安時代の貴族は男女ともにおこなったが、鎌倉時代以降は成年女性(江戸時代は既婚女性)だけの風習となった。「若うきたなげなき女ども…白き笠ども着せて、―黒らかに」〔栄花・御裳着〕❷「①」に用いる液。鉄片を酒に浸して酸化させたもの。「かね(鉄漿)」とも。「『人はすべてつくろふ(＝人為的ナ)ところあるはわろし』とて、眉(まゆ)さらに抜きたまはず、―さらに『うるさし、きたなし』とてつけたまはず」〔堤・虫めづる〕

はくをく【白屋】(―オク) Ⓔ 白いかやで屋根をふいた家。貧しい人の家。「―苔深くして、涙東山一庭の月に落つ(＝東山ノ庭デ月ヲナガメナガラ泣イテイル)」〔平家・女院出家〕

ばこそ Ⓑ〘複助〙〘接続助詞「ば」+係助詞「こそ」〙動詞の未然形に付いて終助詞ふうに文末に用いられ、反語めいた感じで強い否定を表す。(ぜんぜん)…もしない。「深田に馬を駆け落とし、引けどもあがらず打てども行かぬ望月の駒の頭(かしら)も見え―」〔謡・兼平〕

はこやのやま【藐姑射の山】Ⓔ〘もと荘子に「藐姑射之山、有神人居焉」〔逍遙遊〕とあるもので、「藐(はる)かなる姑射の山に神人の居(す)める有り」とよむ。すなわち「姑射の山」が固有名詞で、「藐」は連体修飾語なのを、誤ってひとつの固有名詞に解したのが流布した〙❶中国で仙人(せんにん)が住んでいるという想像の山。「もし―の神人ありて、その(＝富士山ノ)詩をよくせむや(＝ウマクヨメヨウカ)、その画をよくせむや」〔芭蕉・士峰讃〕❷上皇の御所。〘仙人(＝上皇)のお住みになる場所の意で、仙洞(せんとう)ともいう〙「―の峰の松(＝上皇トシテノ御権威)も、やうやう枝をつらねて(＝ダンダン栄エニナリ)」〔増鏡・新島守〕

はさま【狭間・迫間】Ⓓ〘古くは「はさま」、室町時代以後「はざま」〙❶物のすきま。物と物との間。「むかし、男、後涼殿(ト清涼殿ト)の―を渡りければ、あるやむごとなき人の御局(みつぼね)より」〔伊勢・一〇〇段〕❷谷ま。「どの山を、どの―にかかりて行かむとするぞ」〔義経・巻七ノ四〕❸ある事をしている時と他の事をする時との中間。「日夜に法華経を読誦(どくじゅ)し、三時(＝早朝・日中・日暮レ)にその法を修行して、そのいとまの―には天台の止観をぞ学しける」〔今昔・巻一三ノ五〕

はさみ ばこ【挟み箱】Ⓔ 着がえや身の回りの品を入れ、供の者にかつがせる箱で、棒を通して肩にかける。「嫁の手道具、御厨子(みづし)・鏡台・うちみだれ箱・つづら・貝桶・—」〔近松・反魂香・中〕

〔はさみばこ〕

はし【階・梯】Ⓓ ❶庭や土間から家の中へあがる通路。「御前ども(=前駆ノ従者タチ)に水飯(=乾シ飯(いい)ノ湯ヅケヲ)食はすとて、—のもとに馬引きよするに」〔枕・二三七段〕❷はしご。「警固の者ども—をさして(=カケテ)軒の上にのぼりてみれば」〔太平・巻二三ノ一〕

はし【端】Ⓑ ❶㋑物の末端。「(書状ノ)奥より—へ読み、—より奥へ読みけれども」〔平家・足摺〕㋺物のふち。周辺。「御簾(みす)の—、御几帳も青鈍(あをにび)にて」〔源氏・賢木〕❷全体から切り離された部分。断片。「『(法師ハ)人には木の—のやうに思はるるよ』と清少納言が書けるも、げにさることぞかし(=モットモダネ)」〔徒然・一段〕❸(家の内側を奥というのに対して)外側に面している部分。「—の方へゐざり出でたまふ」〔秋成・雨月・吉備津〕❹(多くのうちの)少しの部分。「世の中に多かる古物語の—などをみれば、世に多かるそらごとだにあり」〔蜻蛉・上〕❺㋑あいだ。中間。「木にもあらず草にもあらぬ竹の節(よ)の—に(=ソノ節ト節トノ中間ノヨウナ、ドッチツカズノモノニ)わが身はなりぬべらなり(=ナッテシマイソウダ)」〔古今・雑下〕㋺中途はんぱ(な状態)。「梓弓(=枕詞)末(=将来)は寄り寝む(=夫婦ニナルツモリダガ)現在(まさか)こそ人目を多み汝(な)を—に置けれ(=キッパリシナイ仲デオクノダ)」〔万葉・巻一四〕❻物事の起こるきっかけ。端緒。発端。いとぐち。「世を厭(いと)ふ—と思ひし通ひ路にあやなく(=ドウイウモノダカ)人を恋ひわたるかな」〔千載・恋一〕「甘泉殿の春の夜の夢、心を砕く—となり」〔謡・熊野〕❼(略)端女郎(はしぢょらう)。江戸時代、最下級の遊女。「太夫ばかりが五十人、天職(=天神トヨバレル遊女)が七十余人、囲ひの(=カコイ女郎ダノ)—のと、二百人に余って」〔近松・酒呑童子・三〕

はし【嘴・觜】Ⓓ くちばし。「白き鳥の—と脚と赤き、鴫(しぎ)の大きさなる、水の上にあそびつつ魚をくふ」〔伊勢・九段〕

は・し【愛し】Ⓓ《形シク》(古代語) ❶愛情を感じる。いとしい。なつかしい。「…おぼほしく(=不安ナ気持チデ)待ちか恋ふらむ—・しき妻らは」〔万葉・巻二〇〕❷なつかしさで胸がいっぱいになる。感情が最高潮に達する。「—・しきかも(=愛惜ノ情ニタエナイ)皇子(みこ)の命(みこと)のあり通ひ(=イツモオ出カケニナリ)見(め)しし(=御覧ニナッタ)活道(いくぢ)(=山ノ名)の路は荒れにけり」〔万葉・巻三〕

—きやし Ⓔ《連語》(「はし」の連体形＋間投助詞「や」＋副助詞「し」)いとおしいなあ。なくなった人を思い慕うときや、自分を自分であわれむようなときなどによく使われる。そういった感じをこめて「ああ」と感動詞に訳すると当たる場合が多い。「はしきよし」「はしけやし」とも。「—わが妻の児が夏草の(=枕詞)思ひ萎(しな)えて嘆くらむ…」〔万葉・巻二〕(この「—わが妻の児」は“Oh, my darling”の感じ)

—けやし Ⓔ《連語》(「はし」の古代未然形「はしけ」＋間投助詞「や」＋副助詞「し」)→はしきやし。「—(=ヤリキレナイヨ)ま近き里を(=ナノニ)雲居にや(=ノヨウニ遠ク)恋ひつつをらむ月も経なくに」〔万葉・巻四〕

はし がき【端書き】Ⓔ 手紙などの本文のあとに書き加えること。またはその文章・和歌。「—に『水まさる遠(をち)の里人いかならむ晴れぬながめにかきくらすころ 常よりも、思ひやり聞こゆること、まさりてなむ』と、白き色紙にて(=書イテアル)」〔源氏・浮舟〕

はし ことば【端詞】Ⓔ 詩歌などの前に、その由来などをしるした文。はしがき。ことばがき。「この歌は風雅集に撰みいれたまふ。その—に『…』とことわらせたまへば(=説明シテイラッシャルカラ)」〔秋成・雨月・仏宝僧〕

はした【端】Ⓓ《＋形動ナリ》❶中途。どっちつかず。「人々あかれて(=手分ケシテ)宿もとむる所—・にて(=ソノ場所ガ里ト里ノ中途デ)、『いとあやしげなる(=ミスボラシイ)下衆(げす)の小家なむある』といふ」〔更級〕❷数量がそろっていないこと。またはその端数。「さりとて(=ソレニシテモ)、男だつ者(=下男ラシイ者)も連れざるぞ、いと—・なる(=略式ナ)事(わざ)かなと思ひつつ」〔秋成・雨月・蛇性〕「代金、千四百五十両な。—があってやかましい(=メンドウダ)。五十両は亭主にやる。千五百両これ受け取れ」〔近松・博多小女郎・上〕❸下女よりも下級のやとい女のこと。「—の女まじりに(=下バタラキノ女モマジッテ)絹ばり伸子(しいし)をはづして(=洗イ張リ用ノ支エ竹ヲ絹地カラハズシテイテ)」〔西鶴・一代男・巻一ノ二〕

はしたな・し【端なし】Ⓐ《形ク》❶どっちつかずだ。中途はんぱだ。「(女ノ子ハマダイイガ)なかなか男君たちは…—・うてこそただよはめ(=ドッチツカズデ不安ナ将来デアロウ)」〔源氏・真木柱〕❷ばつが悪い。きまりが悪い。「三四日ばかりありて、みづからいともつれなく(=全ク平気ナ顔デ)見えたり、何か来たるとて見入れねば(=相手ニシナイノデ)いと—・くて帰ることたびたびになりぬ」〔蜻蛉・上〕「—・きもの。異人(ことひと)を呼ぶに『われぞ』とさしいでたる。ものなど取らするをり(=何カヤルヨウナ場合）は、いとど」〔枕・一二七段〕 ❸体裁が悪い。かっこうが悪い。「日もさし出でぬべし。…あまり―・きほどになれば」〔枕・三六段〕 ❹あいそうがない。つれない。「『よしなし事をな言ひそ（＝ツマラン事ヲイウナ）。ただ居たれ（＝ダマッテスワッテイロ）』と―・くいへば」〔今昔・巻一ノ一二〕 ❺無作法だ。みっともない。「鬼神も荒だつまじき御けはひなれば、―・くここに人ともえののしらず」〔源氏・帚木〕 ❻はげしい。なみなみでない。「（ヌルイダロウト）思ひて（オカユヲ）さふさふと参りたるに（＝カキコンダトコロ）―・き際（はき）に（＝ドウニモナラヌホド）あつかりければ」〔大鏡・昔物語〕 ❼不都合である。けしからぬ。「おみつ殿。振り袖の持病のと、いろいろの耳こすり（＝アテコスリ）、―・い（＝ブシツケナ）こと聞いてはゐぬ（＝聞キ捨テナラナイ）ぞや」〔浄・歌祭文・野崎〕

はした な・む【端なむ】Ⓓ《他下二》 ❶きまり悪い思いをさせる。恥をかかせる。「中将をいたく―・めて、わびさせたまふ（＝意気消沈サセラレル）つらさ（＝冷タサ）」〔源氏・常夏〕 ❷たしなめる。ぴしっとやりこめる。「（アノ方ハ私ノコトヲ）殊（こ）のほかに（＝ヒドク）などは―・めたまはざりしを」〔源氏・早蕨〕

はじとみ【半蔀】Ⓓ 上半を蔀（しとみ）として外へあげるようにし、下は格子（こうし）または鰭板（はだいた）などで固定したもの。
―ぐるま 車 Ⓔ「あじろぐるま」の一。半蔀をつけたので、この名が生じた。摂政・関白・大臣・大将が表だった外出に用いる牛車。

〔はじとみ〕

-はしら【柱】Ⓓ《接尾》尊敬の気持ちを含み、神仏・貴人などを数えるのに用いる。「仏の像（みかた）四―を迎へて、塔の内に坐（ま）しまさせ」〔紀・孝徳・訓〕（「はしら」は「軀」の訓）「その所に十（と）―の賢者を請（しゃう）じて」〔今昔・巻五ノ二二〕

はし・る【走る】Ⓑ《自四》 ❶（人が）㋑早く行く。「人みな北をさして―・る」〔徒然・五〇段〕 ㋺【奔る】にげだす。「（主人ノ手紙ヲ破ッタノデ）『それならば何とする』『みども（＝ボク）は―・らうと思ふ』」〔狂・文荷〕 ❷㋑（水が）よどみなく流れる。早く流れる。「さしいでたる石あり。その石の上に―・りかかる水は、小柑子（せうかうじ）・栗の大きさにてこぼれ落つ」〔伊勢・八七段〕 ㋺（液体が）とびちる。ほとばしる。「水の、深くはあらねど、人などのあゆむに―・りあがりたる、いとをかし」〔枕・二二三段〕「杖の目（＝前ニ打タレタ傷アト）に随ひて血―・り肉乱（だだ）れけるを、八十度打ちてけり」〔今昔・巻二九ノ三〕 ❸（固体が）早く動く。「砕けやすきこと、珠（また）を―・らしむる（＝コロガス）に似たり」〔徒然・一七二段〕 ❹《船員のいみことばで》割れる。ひびが入る。「船では『割れた』といふは、いまいましい。頭の皿（＝脳天）が―・った、―・った」〔近松・博多小女郎・上〕
―はしる 走る Ⓔ《副》気が落ちつかず、わくわくと。「（コレマデハ）―（＝胸ワクワクト）わづかに（＝部分的ニ）見つつ、心も得ず（＝筋モワカラズ）心もとなく（＝ジレッタク）思ふ源氏（物語）を、一の巻よりして、人もまじらず、几帳（きちやう）の内にうち臥（ふ）してひき出でつつ見るここち、后の位も何にかはせむ」〔更級〕

はた【幡】Ⓔ ❶【旗・籏】戦争や儀式などのとき、人・集団の標識または装飾として掲げる布。細長いのぼりのような形のものが多い。「土俗（くにひと）、この神の魂を祭るには…鼓・笛・―を用（も）て、歌ひ舞ひて祭る」〔紀・神代上・訓〕（「はた」は「幡旗」の訓）「今井が（＝ノ）―（＝軍旗）を見付けて三百余騎（ノ兵）ぞ馳せ集まる」〔平家・木曾最期〕 ❷《梵 patākā の音訳》仏・菩薩（ぼさつ）の威徳をたたえるために飾る道具。法会や説法のとき寺院の境内や堂内に掲げる。「ばん」とも。「百尺の―二口（こう）、四十尺の―四十九口、絹百疋（ぴき）、香華・燈明等の供具を施したまふ」〔今昔・巻六ノ四二〕

〔はた❷〕

はた【二十】Ⓓ にじゅう。「蒔絵（まきゑ）の御衣櫃（みぞびつ）―に」〔宇津保・内侍督〕

はた【鰭】Ⓔ 魚のひれ。「鰭。音耆（＝発音「キ」）。波太、俗云二比礼一」〔倭名抄・竜魚体〕
―のひろもの―のさもの 鰭の広物鰭の狭物 Ⓔ《連語》ひれの大きい魚とひれの小さい魚。大小の魚。「火照（ほでり）の命（みこと）は、海幸彦として（＝漁師デ）、―を取り」〔記・上〕《原文「鰭広物鰭狭物」と表記》

はた【将】Ⓑ ■《副》 ❶まして。その上に。また。「みな人、涙落としたまふ。帝、―まして、え忍びあへたまはず」〔源氏・桐壺〕 ❷《感動の気持ちで》さてまあ。どうしてまあ。「葎（むぐら）の門に（＝アバラ家ニ）思ひのほかにらうたげならむ人の（＝優美ナ女性ガ）閉ぢられたらむこそ、かぎりなく珍しくはおぼえめ。いかで、―かかりけむと…あやしく心とまるわざなる」〔源氏・帚木〕 ❸やっぱり。…とはいうものの。「（信西ハ）宇治山の坑（あな）にかくれしを、―捜し獲（え）られて（＝見ツカリ捕ラエラレテ）六条河原にかけらる（＝サラシ首ニナッタ）」〔秋成・雨月・白峰〕 ❹もしかすると。あるいは。ひょっとすると。「もし—このたびばかりにやあらむと心みるに(=気ヲツケテ様子ヲ見テイルト)、やうやう(=ダンダン)また日かず過ぎ行く」〔蜻蛉・中〕 ❺《下に否定表現を伴い》おそらく。必ず。きっと。「この浅き道—え知られじ、我のみこそ知りたれ」〔今昔・巻二五ノ九〕 ㊁《接続》また。あるいは。それとも。「もしこれ、貧賤の報いのみづからなやますか、—また妄心(まうしん)の至りて狂せるか」〔方丈〕

はた おり【機織り】Ⓔ ❶機を織ること。またはその人。「声の綾は音ばかりして—(=掛ケ詞「②」)の露の緯(きぬ=横糸)をや星に貸すらむ」〔建礼〕 ❷【促織】きりぎりすの古名。「女房たち遊びける所に、折節(=チョウドソノ時)—鳴きけるを」〔沙石・巻五末ノ二〕

はた かく・る【半隠る】Ⓓ《自下二》部分的に隠れる。「御几帳(きちやう)に—・れておはす」〔源氏・真木柱〕

はた ご【旅籠】Ⓒ ❶旅行用品や食料を入れる籠(こ)。いまならトランク。「—一掛けに、道のほどの物入れて、よき馬におはせたり」〔宇津保・吹上(上)〕 ❷㋑㊥はたごや。「あるいは芝居で日を暮らし、—に命を養ひて」〔近松・卯月紅葉・上〕㋺食事代を含めた宿泊料。含まないのを木賃という。「とまらんせ、とまらんせ。—安うてとめませう。上—、中—、お望み次第、すき次第」〔近松・小室節・中〕「留女『おとまりなさいませ』田舎『—さあ安かあ、とまりますべい』留女『お—は二百づつ』」〔一九・膝栗毛・初〕《ほかに「食物を入れる籠」という意をあげる説もあるが、誤り。その例「—に縄を長く付けて下ろせ」〔今昔・巻二八ノ三八〕は人を乗せてつりあげるためだが、弁当箱に人がはいるわけはない。①に食物も入れたのである》 **—うま** 馬 Ⓔ「はたご①」をのせる馬。「『食物などは持て来たるか。食はせて遣(つか)はせ』といへば、その由を男にいふに、—・皮子馬(かはごうま)など将(も)て来たりぬ」〔今昔・巻一六ノ二八〕

はた すすき【旗薄】Ⓔ 穂が長く出て旗のようになびいているすすき。「—穂に出(づ)る秋の萩の花にほへる(=美シク咲ク)宿を…」〔万葉・巻一七〕

はた ち【二十】Ⓓ《「ち」は接尾語》→ち。「(富士山ハ)比叡の山を—ばかり重ねあげたらむほどして」〔伊勢・九段〕

はたて【果たて】Ⓔ はて。末。「夕暮れは雲の—に(ツケテ)ものぞ思ふ天つ空なる(=天ニイルト同様ナ遠イ感ジノ)人を恋ふとて」〔古今・恋一〕

はた と Ⓓ《副》《「はったと」の促音が無くなった形》→はったと。「かしこに追ひつめ—(=バッサリト)斬り、ここに追ひつめ—斬り、枕をならべて二人斬りたまへば」〔義経・巻二ノ七〕「経を—(=グント)うちあげて(=声高ク)よみたりけり」〔宇治・巻三ノ三〕「大納言入道、—(=グット)つまりて、『これは虚言(そらごと)なれば、言ふにもたらず』と言はれけるを」〔徒然・一三五段〕

はたら・く【働く】Ⓒ《自四》❶動く。行動する。「磯の方より—・き来る者あり」〔盛衰・巻一〇ノ一〇〕 ❷動揺する。「さるにつけても、いよいよ心の—・く事しづめがたけれども」〔著聞・興言利口〕 ❸労働をする。「久七といふ下人(=下男)ありけり。かたのごとく(=イチオウハ)よく—・き、主人の気に入り」〔咄・露がはなし・巻一ノ一二〕 ❹動いて効果をあげる。「(芝居ノ馬ノ)頭(かしら)は—・くなれば(カケダシノ役者ハ)尻の方になり」〔咄・鹿の巻筆・巻三ノ三〕

はた・る【徴る】Ⓔ《他四》強硬に請求する。催促する。「檀越(だんをち)や(=檀家サンヨ)しかもな言ひそ(=ソンナニ言イナサルナ)里長(さとをさ)が課役(えつき=税や労務ヲ)—・らばいましも泣かむ(=アナタダッテ泣クデショウ)」〔万葉・巻一六〕「剣を崩し(=クダキ)針に造りて返すといへども、なほもとの鉤(ち=ツリバリ)を—・る」〔謡・玉井〕

はだれ【斑】Ⓔ ㊀《形動ナリ》まだらである。ところどころある。「はだら」「ほどろ」も同じ意味。「雪は—・に降ったりけり」〔平家・殿下乗合〕 ㊁㊥はだれ雪。まばらに降る雪。春の雪。「わが園の李(すもも)の花か庭に散る—のいまだ残りたるかも(=マダ残ッテイルノダロウカ)」〔万葉・巻一九〕

はぢ かかや・く【恥ぢ赫く】(ハジー) Ⓔ《自四》はずかしがって赤面する。ひどくはずかしがる。「またなく(=トンデモナク)らうがはしき(=乱雑ナ)隣の用意なさを(女ハ)いかなる事(=アレハドンナ筋アイ)とも聞き知りたるさまならねば(=ワカッテイル様子デモナイノデ)なかなか(=ナマジッカ)—・かむよりは、罪許されてぞ見えける(=マシニ見エタコトデアッタ)」〔源氏・夕顔〕

はぢ がま・し【恥ぢがまし】(ハジー) Ⓔ《形シク》外聞がわるい。はずかしい。「あやしきふる人(=昔カタギナ人)にこそあれ。かくものづつみしたる(=遠慮ガチナ)人は、引き入りたるこそ(=出シャバラズ、ヒカエ目ナノガ)よけれ。さすがに—・しや」〔源氏・行幸〕「女はさやう(=オ産)のとき、十に九つは必ず死ぬるなれば、—・しき目を見てむなしうならむ(=死ヌノ)も心憂し」〔平家・小宰相身投〕

はちす【蓮】Ⓔ はす。「池の—を見やるのみぞ、いと涼しきここちする」〔枕・二三五段〕 **—のうへ** 蓮の上(—エ) Ⓔ《連語》極楽の蓮華(れんげ)の上。極楽浄土。「みづからの(=ワタシ自身ガ)—の(=極楽往生スルトイウ)願をばさるものにて(=ソレハソレトシテ)」〔源氏・明石〕

はち ぼく【八木】Ⓔ《「米」という字形を分解すると「八木」になるというしゃれで》米のこと。「自ニ蒲生ニ—二荷送レ之」〔実隆公記・永正八年四月一日〕「国中より他国へ

—を出だすこと、あるべからず」〔どちりな・第一〇〕

はちまん【八幡】Ⓓ ㊀ 応神天皇をおもな祭神とする神社。武士が多く信仰した。「はつまん」「やはた(ヤワタ)」ともいう。「—も御知見あれ(=オ見届ケクダサイ)、ひとりも(盗人タチヲ)助けてやらじものを(=逃ガシハシナイツモリダノニ)」〔謡・烏帽子折〕 ㊁〘副〙❶(肯定文の中で)まったく。ほんとうに。「布引の松、さもありさうに(=実景ソックリニ)よくよく筆を尽くしさうらふ。—気に入り申しさうらふ」〔西鶴・一代男・巻七ノ五〕 ❷(否定文の中で)けっして。ぜったい。「——さうした(色メイタ)事ではさらになし」〔近松・出世景清・二〕

—だいぼさつ 大菩薩 Ⓓ 八幡神の本地が実は菩薩であるという信仰からの呼びかた。「—と現じて、百王守護の神となりたまはむと御託宣ありき。大菩薩の本地、自在王菩薩なり」〔八幡大菩薩御縁起〕

は・つ【泊つ】Ⓔ ㊀〘自下二〙船どまりする。停泊する。「百船の—・つる(=序詞)対島の浅茅山時雨の雨にもみたひにけり(=色ヅイタコトダ)」〔万葉・巻一五〕 ㊁〘他下二〙(船を)とめる。停泊させる。「大伴の御津の(=大阪湾ノ)とまり(=船着キ場)に船—・てて龍田の山をいつか越え行かむ」〔万葉・巻一五〕

は・づ【恥づ・羞づ】(ーズ) Ⓑ〘自上二〙❶面目ながる。「多能は君子の—・づるところなり」〔徒然・一二二段〕 ❷㋑きまり悪がる。「この童、さすがに—・ぢて言はず」〔土佐〕㋺気がねする。「かく人に—・ぢらるる女(トイウモノハ)、いかばかりいみじき(=ドンナニスバラシイ)ものぞ」〔徒然・一〇七段〕 ❸(顔を)合わせないようにする。(姿を)見られないようにする。「(イツマデモ)—・ぢきこえさせてやはあらむずる(=カクレ申シアゲテオラレヨウカ)と、ゐざりいでぬ」〔和泉日記〕 ❹劣る。「(地方ノモノダガ)天王寺の舞楽のみ都に—・ぢず」〔徒然・二二〇段〕

はつか【僅か】Ⓓ〘形動ナリ〙わずか。ほんのすこし。「初雁の(=序詞)—・に声を聞きしより中空にのみ(=フワフワト落チツカズ)ものを思ふかな」〔古今・恋一〕「おのがじし(=メイメイ)、—・なる(=ホンノ短時間ノ)別れ惜しむべかめり」〔源氏・須磨〕「—・に(=チョイト)見入れたれば…女官などの行きちがひたるこそをかしけれ」〔枕・三段〕

はづか・し【恥づかし】(ハズー) Ⓑ〘形シク〙❶(自分が)気恥ずかしい。気おくれする。気がひける。「山階左大臣殿は、あやしの(=イヤシイ)下女の見たてまつるも、いと—・しく、心づかひせらるるとこそ、おほせられけれ」〔徒然・一〇七段〕 ❷(相手の状態が)恥ずべきである。「—・しきもの、色このむ男の心の内。いざとき(=ヌグ目ガサメル)夜居の僧」〔枕・一二四段〕 ❸(こちらが気恥ずかしくなるほどに相手が)すぐれている。りっぱだ。「まこと、この世の中に(=世間デ)—・しきものとおぼえたまへる弁の少将の君(ノコトヲ)世の人は交野の少将と申すめる」〔落窪・巻一〕

はづき【葉月】Ⓓ 旧暦八月の別名。㊇むつき。「秋—甲午朔乙未、天皇、兄猾と弟猾をめさしむ」〔紀・神武・訓〕〘「はづき」は「八月」の訓〙

はったと Ⓓ〘副〙❶打撃による音の形容。ぴしゃりと。ばんと。「(射タ矢ハ)我が君の御着背長(=大ヨロイ)の草摺り(=スソ板)に—射とむ」〔謡・摂待〕 ❷強くにらむさま。ぐっと。ぐいと。「平の正盛、怒れる声にて—にらみ」〔近松・嫗山姥・二〕 ❸確かに。しっかりと。「気を—持たせられい」〔狂・蚊相撲〕 ❹〘下に否定表現を伴い〙けっして。ぜったいに。「御命に代はらむと思ひ切り、参りてさうらふ。—信濃へ帰るまじ」〔伽・唐糸草子〕 ❺(その事を)急に意識した場合の形容。ふいと。ひょいと。〘日葡辞書にはfattato, fatatoの両形をあげ、「突然に」「急に」という意の訳語を示す〙「ながながの在京なれば、—忘れた(=郷里ノコトバヲ忘レテシマッテイタコトニフト気ガツイタ)」〔狂・入間川〕

はっと【法度】Ⓓ ❶決まり。おきて。「仏法修行は、(仏ノオ決メニナッタ)禁戒をかたく守って…慈悲正直にして万民を度す(=スクウ)。この心すなはち諸—に(対シテ)使ふ宝なり」〔正三・万民徳用〕 ❷(当局の制定した)法令。ことに禁令。「いやいや、そのやうな事(=収賄)は御—ぢゃ」〔狂・佐渡狐〕

はつね【初音】Ⓓ ❶(うぐいすやほととぎすなどの)その年はじめて鳴く声。「聞くたびにめづらしければ(=新鮮ナ感動ヲ受ケルノデ)時鳥いつも—の心地こそすれ」〔金葉・夏〕 ❷香の名。黄熟香の異名。「①」に引く歌にちなんで名づけたという。「(香ヲ)いつ焼き捨ての(=タイタアトノ)すがり(=残リ香)までも聞き伝へし—(ノヨウニ老イテモ、昔ノシノバレル美人トハ)これなるべし」〔西鶴・一代女・巻一ノ二〕

はて【果て】Ⓑ ❶(物事の)終わり。結末。「むげに(=ヤタラニ)かく言ひ言ひて、—いかならむ(=ソノ結果ハドウナルダロウ)」〔源氏・竹河〕「—には…よろしき姿したる者、ひたすらに家ごとに乞ひ歩く」〔方丈〕 ❷〘「落ちぶれた」という余情をもち〙人生行路の終着点。末路。「これは出羽の郡司小野の良実が娘、小野の小町がなれる—にてさむらふなり」〔謡・卒都婆小町〕 ❸仏教行事として決められた期間の最終的な部分。「太政大臣の北の方うせたまひて、(一周忌ノ)御—の月になりて」〔大和・九七段〕「二十八日の、彼岸の—にて、よき日なりければ、人しれず心づかひして、いみじく忍びて、ゐてたてまつる」〔源氏・総角〕 ❹ひどく遠い所。「人をはかりごちて(=ダマシ

テ)西の海の―まで(=遠イ九州マデ)取りもてまかりにしかば(=連レ出シテ行ッタノデ)」〔源氏・橋姫〕

はな【花】Ⓑ ❶植物の花。「くたびれて宿かるころや藤の―」〔芭蕉(笈の小文)〕 ❷㋑(和歌で)梅の花。「春立てど―もにほはぬ(=咲カナイ)山里はもの憂かる音(ね)にうぐひすぞ鳴く」〔古今・春上〕(前後の関係で梅とわかる時にだけ用いる)㋺(とくに)桜の花。「年ふれば齢(よはひ)は老いぬしかはあれど―をし見ればもの思ひもなし」〔古今・春上〕㋩(連歌・俳諧で)桜の花のイメージ。そのあつかいに関しては、いろいろな制約がある。「月の句(ヲ)平人(=普通程度ノ作者ガ)つかまつりさうらへば、(同ジ人ガ)―の句(ヲ付ケルコト)は用捨あるべくさうらふか(=遠慮スルノガヨカロウ)。ただし、事によりては、梅などはつかまつるべくさうらふ」〔永文〕 ❸㋑はでな美しさ。華美。「詞は―の中に―を尋ね、玉の中に玉を求むべし」〔連理秘抄〕㋺(多くは詩歌について)表現。表現技巧。「身をはづかし(=掛ケ詞「恥ヅカシ」「羽束師」)の森なれども、ことばの―こそ頼りなれ」〔謡・葦刈〕(「ことばの花」は「表現技巧を加えたことば」の意で、歌のこと) ❹㋑(能楽論で)観客をひきつける芸の魅力。世阿弥により精密な理論体系が与えられている。「五十以来まで―の失せざらむほどの為手(して)には、いかなる若き(演者ノ)―なりとも、勝つことあるまじ」〔花伝・三〕㋺(一般的に)魅力。「新しみは俳諧の―なり。古きは―なくて、木立もの古りたるここちせらる」〔土芳・三冊子・赤〕㋩興味の焦点。「使ひの丁稚(でっち)が色の白いを―(=酒興ノ種)にして…飲むほどに」〔浮・万金丹・巻五ノ四〕 ❺【縹】㋑うすい藍(あい)色。「―もかへり(=退色シ)ぬれなどしたる(単衣ノ上ニ)薄色の宿直物(とのゐもの)を着て」〔枕・二〇〇段〕㋺うすい藍色の顔料。「色は―を塗りたるやうに青白にて」〔宇治・巻一一ノ一〕 ❻祝儀。心づけ。「かねて桟敷(さじき)とらせ、内証(=裏方)より近づきの芸者(=役者)に―をとらせ」〔西鶴・胸算用・巻三ノ一〕 ❼(近世語)宝くじなどで、等外の景品が当たること。残念賞。「(宝クジガ)ほんに(=ドウシテモ)当たる因果なら、―ばかりでおけばいいに、一(=一等賞)まで取るとはあんまりだ」〔黄・金生木・中〕

―のえん 花の宴 Ⓔ【連語】花見の宴会。「三月上の十日ばかり(=上旬)、花盛りなり。嵯峨院、―きこしめさむ(=ナサロウト)つくりしつらはせたまふ(=準備ヲオサセニナル)」〔宇津保・国譲下〕

―のころも 花の衣 Ⓔ【連語】❶美しい着物。はなやかな色あいの着物。「(以前僧ダッタ人モ)墨染め(=僧衣)の色をも変へつ月草の(=枕詞)移れば変はる(=世勢ニツレテ変ワッタ)―に(=還俗シテハナヤカナ衣装ヲ着ルコトダ)」〔増鏡・月草〕 ❷花を着物に見立てた表現。「春風の今朝はやければ(=ハゲシイノデ)鶯(うぐひす)の―も(=イワバウグイスノ着物トモイウベキ梅花モ)ほころびにけり」〔拾遺・物名〕(「花染めの衣」という意を認める説もあるが、その用例は①として解けるので、採らない)

―のもと 花の下 Ⓓ【連語】❶桜の咲く下。「大原野の―に宴をまうけ席をよそほうて、世にたぐひなき遊びをぞしたりける」〔太平・巻三九ノ六〕 ❷(対)「堂上」(中世の連歌で)民間作者。「地下(げぢ)」とも。「徒然にみな堪へかねて、―の連歌師どもを(京都カラ)呼びくだし、一万句の連歌をぞ始めたりける」〔太平・巻七ノ二〕 ❸㋑連歌・俳諧の最高権威者に対し公に与えられる名誉称号。連歌では里村家が世襲したので、実際には形式的権威であった。「連歌の―より露といふ一字を(借金ヲ返サナイ間ハ使ワナイトイウ契約デ)黄金二十枚(=小判換算約一六〇〇両)に(質ニ)置かれける」〔西鶴・織留・巻五ノ四〕㋺最高権威。「(上杉謙信ト織田信長ノ)両大将を弓矢の―(=武将ノチャンピオン)に申す」〔甲陽軍鑑・巻六〕

―を遣(や)・る ❶はでにふるまう。豪勢な事をする。「(ワタシノ若イコロハ)嫁とりぶるまひ(=結婚披露宴)の時も、浅黄に散らし菊の絹の物、繻珍(しゅちん)の帯に紫革足袋(トイッタ古風ナイデタチ)にて―・りしに(=オシャレヲシタノダガ)」〔西鶴・織留・巻一ノ三〕 ❷(男女関係で)たのしい思いをする。恋愛経験をたのしむ。「この身(=ワタシ)も一度は若ざかり(ノ日ニ)自分に花もやって来て、惚(ほ)れた惚れぬの術(すべ)も知り、器量のよいと悪しいとは、老いの目にさへ見ゆるもの」〔浄・八百屋お七・中〕

―を折(を)・る (―オル) はなやかに身を飾る。おめかしをする。「桜を折る」とも。「―・りてさうぞきて(=ハデニ着飾ッテ)いとよしと思へる(=大得意ダヨ)」〔落窪・巻三〕「供奉(ぐぶ)の諸卿、―・って行粧をひきつくろひ(=行列ノ身ジタクヲシ)」〔太平・巻三ノ三〕

はな【鼻】 **―をひる** くしゃみをする。「(中宮カラ、私ヲ好キカトキカレテ)『いかがは(=モチロンデス)』と啓する(=申シアゲル)にあはせて(=ソノトタン)、台盤所に(=女房ノ詰メ所デ)はなをいと高うひたれば」〔枕・一八四段〕(古くは、くしゃみは不吉なものとされ、あとで呪文(じゅもん)を唱えるなどのまじないをしなければいけないとされていた)

はな いろ【花色】Ⓓ ❶花の色あい。「山吹の―衣(=花ノ色アイノ着物ヲキタアナタヲ)見てしより井手の蛙(かはづ)の(ヨウニ)音(ね)をのみぞ泣く」〔著聞・和歌〕 ❷【縹色】うすい藍(あい)色。「紬(つむぎ)を―小紋に染めて着」〔西鶴・永代蔵・巻一ノ五〕

はな うさぎ【花兎】Ⓔ 兎に花をあしらった模様。古い金襴(きんらん)に用いられた。「時代わたりの(=室町時代ニ渡来シタ)柿地の小蔓・浅黄地の―・紺地の雲鳳(うんぽう)、そのほかも模様かはりぬ」〔西鶴・永代蔵・巻三ノ三〕「時代

の金襴、鶴菱(つるびし)たすき、―窠(わく)に霰(あられ)大内桐」〔近松・小室節・上〕

はなが たみ【花筐】Ⓔ 草花などをつみ入れるかご。花かご。「―(ヲ)臂(ひぢ)にかけさせたまふは、女院にてわたらせたまふ」〔謡・大原御幸〕

はなが つみ【花がつみ】Ⓔ 水べにはえる草の一種。何であるかは定説がない。「『安積(あさか)の沼の―といふものあり。それを(軒ニ)葺(ふ)け』と宣はせけるより、菰(こも)と申すものをなむ葺きはべる」〔今鏡・敷島打聞〕《↑当時は、マコモだと考えられていたらしい》「『いづれの草を―とはいふぞ』と人々に尋ねはべれども、さらに知る人なし」〔芭蕉・奥の細道〕

はな すすき【花薄】Ⓔ 穂の出たすすき。「麗景殿(ノ女御)は、―と見えたまふ(=ノヨウニナヨヤカナ)御さまぞかし」〔堤・はなだ〕

はな たちばな【花橘】Ⓔ 花の咲いている橘。「(ホトトギスガ)宿りせし―も枯れなくに(=枯レハシナイノニ)など(=ナゼ)時鳥(ほととぎす)声絶えぬらむ(=来テ鳴カナクナッタノダロウ)」〔古今・夏〕

はなち いで【放ち出で】Ⓔ 寝殿造りの廂(ひさし)の間をしきって設けたへや。多勢の来客などの時は、しきりを取り払って、広間にする。《母屋(もや)の外に建て増したへやとする説もあるが、用例から見て、どうも母屋の内らしい》「寝殿の―の、また一間(ま)なる所の、落窪(おちくぼ)なる所の、二間なるになむ(姫君ヲ)住ませたまひける」〔落窪・巻一〕「東の対のなかの―に、御しつらひ(=調度ノ設備ヲ)殊に(カオリガ知ラレナイヨウニ)深くしなさせたまひて」〔源氏・梅枝〕

はな・つ【放つ】Ⓑ《他四》❶《古代語》とりこわす。とりはらう。破壊する。「毀(トイウ字ハ)これを(国語デハ)―・つといふ」〔紀・神代上・訓注〕《「はなつ」は「波那豆」と表記》❷離す。「(ナクナラレタオ妃)弘徽殿の御文の、日ごろ破(や)り残して(=トッテオキ)、御目もえ―・たず御覧じけるをおぼしいでて」〔大鏡・花山院〕❸解放する。自由にしてやる。「童(わらはべ)に(ナマズヲ)打たせずして(=ブチ殺サセナイデ)、賀茂川に―・ちてよ(=ニガシテヤレ)」〔宇治・巻一三ノ八〕❹(戸・障子などを)開放する。「戸―・ちつる童(わらは)も、そなたに入りてふしぬれば」〔源氏・空蟬〕❺売りわたす。人にゆずりわたす。「主の御つかひに市(いち)へまかりしに…にくげもなき(=カワイラシイ)児(ちご)をいだきたる女の『これ人に―・たむと思ふ』」〔大鏡・序〕❻(声・光・かおりなどを)出す。発する。「仏のかくれたまひにけむ御なごりには、阿難(あなん)が光―・ちけむを、二度出でたまへるかと疑ふさかしき聖(ひじり)(=エライ坊サン)のありけるを」〔源氏・紅梅〕❼(矢を)射る。「いまぞ恨みの矢を―・つ声」〔荷兮(冬の日)〕❽とり除く。除外する。「いまの世となりては、一の人の(=摂政・関白デアッタ)貞信公・小野宮を―・ちたてまつりて(=別ニスルト)、十年と(位ニ)おはすることの、近くははべらねば」〔大鏡・道長〕「おのれ(=オマエ)―・ちては(=以外ニハ)、誰か書かむ(=書クヤツナンカイナイ)」〔宇治・巻三ノ一七〕❾免職する。「北面某(なにがし)は、勅書を持ちながら、下馬しはべりし者なり。『かほどの者、いかでか君につかうまつりさうらふべき』と申されければ、北面を―・たれにけり(=クビニナサッタソウダ)」〔徒然・九四段〕❿㋑(希望しない所へ)やる。(行くはずでない所へ)持ってゆく。「帰朝の時、悪風(=暴風ノタメ)に―・たれて(=漂流サセラレテ)、羅刹(らせつ)国に至りしに」〔盛衰・巻九ノ二〕㋺(刑の一種として)遠隔地へやる。追放する。「この世にわが(タイセツニ)思ひ聞こゆる人などを、さやうに―・ちやりたらむこと」〔源氏・須磨〕「小督(こがう)の殿を捕らへつつ、尼になしてぞ―・ったる」〔平家・小督〕⓫のけものにする。「なほ近くてを(=オソバニイタイモノデスナ)。な―・ちたまひそ」〔源氏・夕霧〕⓬(結びめを)とく。ばらばらにする。「小野宮の南おもてには、(冠ヲツケズ)御もとどり―・ちては(=バラバラ髪デハ)、出でたまふことなかりき」〔大鏡・実頼〕

はな まじろき【鼻まじろき】Ⓓ 鼻をぴくつかせること。内心でおかしく思ったりばかにしたりする時の表情。「時(ノ権勢)に従ふ世の人の、下には―をしつつ追従(ついしよう)し(=オセジヲ言イ)」〔源氏・少女〕

はな やか【花やか】Ⓒ《形動ナリ》❶《視覚的に》ぱっとした感じだ。はでだ。「頭(かしら)つき額(ひたひ)つき、ものあざやかに、まみ(=目モト)・口つき、いと愛敬(あいぎやう)づき(=チャーミングデ)―・なるかたちなり」〔源氏・空蟬〕「お前の前栽の、何となく青みわたれる中に、常夏の―・に咲きいでたるを」〔源氏・紅葉賀〕「有明けの月の、いと―・にさしいでて、水の面(おもて)もさやかに澄みたるを」〔源氏・椎本〕❷《嗅覚的に》いちじるしい。あざやかだ。「名香の、いとかうばしく匂(にほ)ひて、樒(しきみ)の、いと―・に薫れるけはひも」〔源氏・総角〕❸《聴覚的に》耳だつ。耳につく。「鳥も―・なる声にうちしきれば(=サカンニ鳴クノデ)」〔徒然・一〇四段〕❹《全体の感じが》にぎやかだ。陽気だ。「年もかはりぬれば、内裏(うち)わたり、―・に、内宴・踏歌など聞きたまふも、もののみあはれにて」〔源氏・賢木〕❺《社会的に》羽振りがよい。「すぐれて―・なる(天皇ノ)御おぼえこそなかりしかど、むつましうなつかしき方におぼしたりしものを」〔源氏・花散里〕「藤大納言の子の頭の弁といふが、世にあひ―・なる若人にて、思ふ事なきなるべし」〔源氏・賢木〕

はな や・ぐ【花やぐ】Ⓓ《自四》❶はなやかである。陽気ではればれしい。「この大臣(おとど)も、はた(=イッポウ)おとなおとなしう(=分別クサク)のどめたる(=落チ着キハラッタ)

所さすがに(＝ドウモ)なく、いとひききりに(＝タダモウ)―・いたまへる人々にて」〔源氏・夕霧〕 ❷時流に乗り栄える。「(太政大臣ハ一時ハ政界ヲ引退シテイタガ)取り返し(＝モウイチド)―・ぎたまへば(＝権勢ヲフルワレルノデ)」〔源氏・澪標〕

はな・る【離る・放る】Ⓑ《自下二》❶㋑距離が大きい。へだたっている。「(別ムネト)こなた(＝コノ建物)は―・れたり」〔源氏・夕顔〕㋺縁が遠い。関係が薄い。《多く「はなれぬ」の形で用いられる》「(薫ト匂宮トハ)―・れぬ御中なれば」〔源氏・浮舟〕 ❷㋑別れる。「夏か秋か問へど白(＝掛ケ詞「知ラ」)玉岩根より―・れて落つる滝川の水」〔拾遺愚草・上〕㋺(つないだものなどが)いなくなる。自由になる。逃げて行く。「この男の馬、―・れにけり」〔平中・三三段〕㋩(ある場所から)立ちのく。「佐渡の国を―・れ越後の寺泊といふ浦辺に着きぬ」〔西鶴・伝来記・巻五ノ三〕 ❸㋑関係がなくなる。「女を―・れて(＝妻ト離縁シテ)詠(よ)める(歌)」〔六帖・巻四・詞〕㋺(ある状態から)去る。出て行く。「迷ひ来し心の闇(＝煩悩)も晴れぬべし(自分ガコウシテ)憂き世―・るる(＝出家スル)横雲の空」〔続後撰・雑下〕㋩(官職から)退く。退職する。「円融院の御時、大将―・れはべりてのち、久しく参らで」〔拾遺・雑下・詞〕 ❹(戸などが)開放される。あく。「たち帰るべき心ちもせねば、(格子ヲ)とかく探りたまへば、―・るる所もありけり」〔狭衣・巻二〕 ❺〔補動〕《動詞の連用形に付き》それが断然たるものである意をあらわす。きっぱり(…)する。「『この身、あとへは帰らじ…』と申し―・れて(＝言イ切ッテ)、この一言に(相手ハ)取りつく島もなく」〔西鶴・伝来記・巻五ノ三〕

はに【埴・赤土】Ⓓ 赤黄でねばり気のある土。染料や陶器の原料に用いる。「櫛八玉(くしやたま)の神、鵜(う)に化(な)りて、海の底に入り、底の―を咋(く)ひ出でて」〔記・上〕《原文「波邇」と表記》

はにふ【埴生】(―ニュウ) Ⓔ 赤黄色の粘土のある所。「草枕(＝枕詞)旅行く君と知らませば(記念ニ)岸の―に(アナタノ着物ヲ)にほはさましを(＝オ染メシマシタノニ)」〔万葉・巻一〕「旅の空なれぬ―の(上ニ敷イタ)夜の床(とこ)わびしきまでにもる時雨(しぐれ)かな」〔金槐・下〕《前後の歌から推して、野宿の歌と考えられる》 **―のこや** 埴生の小屋 Ⓔ《連語》❶赤土の所に建っている小屋。「彼方(をちかた)の―に小雨ふり床(とこ)さへぬれぬ身に添へ吾妹(わぎも)」〔万葉・巻一一〕《「小屋」は「をや」ともよまれている》 ❷㋑地面にすぐ柱を立てた粗末な家。掘っ立て小屋。「旅の空―のいぶせさ(＝ムサクルシサ)に故郷(ふるさと)いかに恋しかるらむ」〔平家・海道下〕㋺貧宅。「かかる―へのお立ち寄り、かたじけあり(＝カタジケナイドコロデナイ)」〔西鶴・置土産・巻一ノ一〕

は・ぬ【撥ぬ】Ⓓ ㊀《自下二》《「勢いよく上がる」という基本意味から》❶【跳ぬ】とびあがる。「すなはち馬を引きいだされぬ。まことに大きに高くして、あたりを払ひて―・ね回りけり」〔著聞・馬芸〕 ❷《近世語》(相場が)あがる。(受けが)よくなる。「泣き女なれば楠(正成ハ)まだ―・ねる(＝モット大当タリヲ取ルトコロダ)」〔柳樽・九〕 ㊁《他下二》❶ぱっと上げる。「(虎ノ)尾づつ(＝シッポノ根モト)をつかんで―・ね返し打ち伏せ」〔近松・国性爺・二〕 ❷【刎ぬ】(首を)切り落とす。「(天皇ノオ気ニ入リノ大納言ナノニ)やがて(＝スグ)首を―・ねられむ事、いかがさうらふべからむ」〔平家・小教訓〕 ❸(ぴしゃりと)ことわる。はねつける。「三々九度(＝結婚式)の―・ねられるを(＝蹴ラレルトコロヲ)、思ひがけないこの祝言(しうげん)」〔伎・三舛玉垣・一ノ三〕「―・ねられて(オ前ハナルホド)貞女さまだ(トイウコトバ)を汐(しほ＝キッカケ)に立ち」〔柳樽・一三〕 ❹(一部分を)とりのける。抜き取る。「数ならぬ心の種の笹舟に、情けの上荷―・ねられて(＝上積ミノ荷ヲノケラレテ)思ひは沈む」〔近松・薩摩歌・下〕 ❺(単語の語尾を)mまたはnの音にする。「―・ねたる文字(＝語)、入声の文字の書きにくきなどをば、みな捨てて(＝表記シナイデ)書くなり」〔無名抄・五一〕「ひもじさに、『かん』とも『きん』とも―・ねられぬは」〔咄・醒睡笑・巻六〕《「とびあがる」の意を掛け詞にする》

はばか・る【憚る】Ⓒ《自四》❶障害物のため前進することができない。思うままに進めない。「赤駒のい行き―・る(＝行キカネテイル)真葛(まくず)原(デハアルマイシ)何の(＝何ダッテ)つてこと(＝伝言ナドスルノカネ)ただにし良(え)けむ(＝直接ニ言ッタラヨカロウニ)」〔万葉・巻一二〕 ❷ある物がそこにあふれて、他の物がはいることができなくなる。つかえる。「『大空に』『大空に』『―・る(＝イッパイニナル)ほどの餅もがな』『餅もがな』『生けらう一期かぶりくらはむ(＝一生タベテイタイヨ)』」〔狂・餅酒〕 ❸気にして遠慮する。気がねする。「十月を神無月(かみなづき)といひて、神事に―・る(＝神事ヲ避ケル)べきよしは記したる物なし」〔徒然・二〇二段〕

ははき ぎ【帚木】Ⓓ ❶信濃(しなの)の国(長野県)園原にあったという木。遠くから見るとほうきの形に見え、近づくと見えないという。あるかに見えてその実ないことの寓(ぐう)意に多く用いる。「―といふは、信濃の国に園原伏屋といふ所に森あり、その森によそにて見ればははきに似たる木の末のあるを、立ち寄りて(＝近ヅイテ)見ればその木も見えずとなむ申し伝へたる」〔袖中抄・一九〕「よそにては、まさしく見えし―の…蔭に来て見ればなかりけり」〔謡・木賊〕 ❷ほうきぐさの古名。その枝を枯らしてほうきを作るのでこの名がある。「あへてこの—の（花ガ）ほろほろ（＝掛ケ詞「ホロホロアエ（＝料理）」）となりてただ」〔芭蕉（常盤屋句合）〕《(1)謡曲では「ハワキギ」と発音する。(2)母の異名という意を認める説もあるが、その用例はいずれも前後に植物が現れており、縁語または掛け詞の関係で言ったにすぎないと考えられる。「ははきぎ」という語そのものに母の意があるのではない》

はひ-【這ひ】（—イ）Ⓑ《接頭》《動詞「這ふ①㋑」から転じて》移動するという意を添える。両手・両脚を使うとか腹を下にした姿勢とかの意は失われている。「—出づ」「—こもる」「—のぼる」「—乗る」「—まぎる」など。《現代語の「はいる」は、「はひいる」→「はひる」→「はいる」と変化したもの》

はひもとほ・る【這ひもとほる】（ハイ—オル）Ⓔ《自四》はいまわる。「はひたもとほる」とも。[参]もとほる。「…しただみ（＝貝ノ名）の（ヨウニ、ワレワレモ）い—・り（＝ハイズリマワル苦労ヲシテデモ敵ヲ）撃ちてし止まむ（＝カナラズヤッツケヨウ）」〔記・中〕

はひもとほろ・ふ【這ひもとほろふ】（ハイ—オロウ）Ⓔ《自四》はいまわっている。[参]もとほろふ。「…稲がら（＝稲ノ茎）に—・ふところづら（＝ヤマイモノツル）」〔記・中〕

はひわた・る【這ひ渡る】（ハイ—）Ⓓ《他四》❶はい広がる。はってのびる。「下にのみ—・りにし葦(あし)の根のうれしき雨にあらはるるかな」〔後撰・雑三〕❷はって行けるほどだ。車馬を要しないほど近い。「（須磨ト明石ハ）ただ、—・るほどにて、片時の間(ま)といへど」〔源氏・明石〕❸そっと行く。ひそかに行く。「若き者（＝女房）どもの、のぞきなどすべかめるに（＝スルヨウナノデスガ）、この主(しゅう)とおぼしき（女性）も、（コチラノ建物へ）—・る時（ガ）はべるべかめる」〔源氏・夕顔〕

はふ【法】（ホウ）Ⓓ →ほふ。

は・ふ（ハ〈ホ〉ウ）Ⓒ [一]【這ふ】《自四》❶㋑（人が）両手・両脚を使って進退する。またはその姿勢をとる。「二つ三つばかりなる児(ちご)の急ぎて—・ひくる道に、いと小さき塵のありけるを目ざとく見つけて」〔枕・一五一段〕「人の果報は凡夫知らざる事なり。いかにも（＝ドウナリト）おぼさむままに（＝御随意ニ）、—・ふ方に—・ひたまへ（＝行キタイホウヘオイデナサイ）」〔盛衰・巻四六ノ六〕《この例は従来「うろつきあるく」「さすらう」の意とされたが、ほかには用例がなく、這うような見ぐるしいざまで歩きまわるということの箇所だけでの暗喩と認められるので、③として用法を立てるのは見合わせる》㋺（本来四脚またはそれ以上の脚で歩く動物が）進退する。またはその姿勢をとる。「狩り路(ぢ)の小野に獣(しし)こそばい—・ひ拝(をろが)め…」〔万葉・巻三〕❷（地面や物の表面に添って）のびる。《多くは蔓(つる)性の植物についていう》「見し人もなき山里の岩垣に心長くも—・へる葛(くず)かな」〔源氏・総角〕[二]【延ふ】《自四》《「[一]②」から転じて》のびてゆく。のびる。「かけざりし（＝予想シナカッタ）方にぞ—・ひし糸なれば解くと見しまにまた乱れつつ」〔堤・花桜〕[三]【延ふ】《他下二》❶長い状態にする。ひきのばす。「伊勢の海に—・へても余る（ホド長イ）栲縄(たくなは)の（ヨウニ）長き心は我ぞまされる」〔後撰・恋一〕❷延長する。「女心のあどなさは涙片手に畳算…数へて見ればこはいかに、十と言ひつつ四つ—・へて、一つ残れば」〔浄・吉野忠信・三〕❸自分の心を延長して相手に届かせる。「…蓴(ぬなは)繰り（＝序詞）—・へけく知らに（＝オ前ガ姫ニ恋心ヲ通ワセテイタノヲ気ヅカズ）我が心しぞいや愚(をこ)にして（＝気ノキカナイ至リデ）今ぞくやしき（＝スマナカッタネ）」〔記・中〕

はぶ・く【羽振く】Ⓔ《自四》「はふる」に同じ。「いにしへも（天女ガ）契りてけりな（ソノヨウニ）うち—・き飛び立ちぬべし天(あま)の羽衣」〔後撰・雑一〕

はぶらか・す【放らかす・散らかす】Ⓓ《他四》❶（遠くに）さまよわせる。「乳母(めのと)の…心にまかせ（＝カッテニ）率(ゐ)て（＝連レ出シテ）—・しつるなめり（＝行クエ不明ニシタノニチガイナイ）」〔源氏・若紫〕❷【零らかす】おちぶれさせる。零落させる。「京の方も、いとどおぼつかなく（＝気ガカリデ）、かくながら（＝コノママ）身を—・しつるにや（＝没落サセキリニナルノカ）」〔源氏・明石〕

はふり【祝】Ⓔ 神に仕えるのを職とする人。また、神職のなかで、神主や禰宜(ねぎ)の下にあり、祭りに従事した人。「これを草薙(くさなぎ)の剣と号(なづ)く。これは今、尾張の国の吾湯市(あゆち)の村にすなはち熱田の—のつかさどりまつる神、これなり」〔紀・神代上・訓（兼方本）〕《「はふり」は「祝部」の訓》「見るに心の澄む（＝シミジミトナル）ものは社こぼれて（＝破レテ）禰宜もなく—なき」〔梁塵〕

はぶり【葬り】Ⓔ ほうむること。葬式。とむらい。「人魂(ひとだま)のさ青(を)なる（＝鬼火ニナッテ青ク光ッテイル）君がただひとり逢へりし雨夜の—をそ思ふ」〔万葉・巻一六〕

は・ふる【羽振る・翥る】Ⓔ《自四》❶（鳥が）羽ばたきする。羽を動かす。「うち—・り鶏(とり)は鳴くともかくばかり降りしく雪に君いまさめやも（＝オ帰リニナルハズガアロウカ）」〔万葉・巻一九〕《原文「打羽振」と表記》❷羽ばたくような感じの状態をたとえていう。「吾(あ)が面(おも)の忘れむ時(しだ)は国—・り（＝国カラ飛ブヨウニワキアガリ）嶺(ね)に立つ雲を見つつ（ワタシノコトヲ）偲(しの)はせ（＝オ思イ出シニナッテクダサイ）」〔万葉・巻一四〕

はぶ・る Ⓒ [一]【放る・散る】《他四》はなつ。遠くへやる。「大君（デアルワタシ）を島に—・り（＝島流シニスルガ）船(ふな)余り（＝船ガ着岸ノトキ勢イ余ッテ返ルヨウニ）い帰り来むぞ…」〔紀・允恭〕《原文「波夫利」と表記。「夫」は濁音の用字》 ㊁ 【放る・散る】《自下二》 ❶寄るべもなくさまよう。さすらう。「かかる道の空(=途上)にて(ワタシハ)—・れぬべきにやあらむ(=行クエ知ラズニナッテシマウノダロウカ)、さらに(自邸ニ)え行き着くまじき(=帰レソウモナイ)ここちなむする」〔源氏・夕顔〕 ❷【零る】たより所のない身の上となる。おちぶれる。「いかなるあやまちにて、かくまで—・れたまひけむ」〔源氏・夢浮橋〕 ㊂ 【葬る】《他四》《死体を遠い野山へやる意から》ほうむる。「(イザナミノミコトハ)神さりましぬ(=オカクレニナッタ)。故(=ソコデ)紀伊の国の熊野の有馬の村に—・りまつる」〔紀・神代上・訓(兼方本)〕《(1)「はぶりまつる」は「葬」の訓。(2)「火葬する」の意を設ける説もあるが、その用例はいずれも単に「葬る」の意で解ける》《自動詞がとくに清音であることを示す例はないので、他動詞と同じく「はぶる」と認める。しかし、平安時代以後の清濁は明確でない》

はべ・り 【侍り】 Ⓐ《自ラ変》《おもに会話用語》 ❶(敬意を払うべき人の)そばでお仕えする。御用を勤めるために居る。「この太秦殿に—・りける女房の名ども、一人は『ひささち』、一人は『ことつち』、一人は『はふはら』、一人は『おとうし』とつけられけり」〔徒然・一一四段〕 ❷「居り」の謙譲語。「(アナタヲ)嘆かせたてまつらぬほどまで(コノ国ニ)—・るべきを、—・らで過ぎ別れぬること」〔竹取〕 ❸「有り」の丁寧語。聞き手に対し、あらたまった感じでいう。(…が)あります。います。ございます。「(頭ノ中将ハ源氏ニ)『よく、さまざまなる物どもこそ(=イロンナ手紙ガ)—・りけれ』とて、それか、かれかなど問ふ」〔源氏・帚木〕 ❹〔補動〕《"I am happy." "He is running." などの be 動詞に当たる「あり」の丁寧態》…です。…であります。…でございます。「(供ノ者ハ源氏ニ)『中川のわたりなる家なむ、このごろ、水せき入れて、涼しき陰に—・る』と聞こゆ」〔源氏・帚木〕「今日は、いと便なくなむ—・るべき(=ツゴウガ悪ウゴザイマショウ)」〔源氏・若紫〕《対等以下と意識する者に向かって用いるときは、もったいぶった、またはいばった言いかたになる。↓》「(帝ハ竹取ノ翁ニ)『汝が持ちて—・るかぐや姫奉れ…』と仰せらる」〔竹取〕

はべ・り 【侍り】 Ⓐ《助動》〔敬語〕《動詞・助動詞の連用形に付く》 ❶話主の行為・状態を謙譲+丁寧の言いかたにする。「簀の端わたり(ニイルコトヲ)許され—・りなむや」〔蜻蛉・下〕 ❷話主ではない者の行為・状態を述べるのに、丁寧な感じを添える。…ます。「さるべき(=先輩格ノ)女房どもばかり(ソノ女ノ家ニ)とまりて、『(主人ハ)親の家に、この夜さり(=今晩)なむ、渡りぬる』と(ワタシニ)答へ—・り(=答エマス)」〔源氏・帚木〕《②の用法は、一二世紀の末から、だんだん「さうらふ」に交替してゆき、近世以後は「ます」になる》

未然	連用	終止	連体	已然	命令
ら	り	り	る	れ	れ

は・む【食む】 Ⓒ《他四》 ❶食べる。「むささびの小鳥—・みゐる枯れ野かな」〔蕪村(蕪村句集)〕 ❷(俸給を)もらう。「清盛の祿を—・むといへども、旧恩は忘れず」〔浄・布引滝・三〕《(1)このほか「小さき虫ありて、鼻より入りて脳を—・む」〔徒然・一四九段〕「貪欲は必ず身を—・む」〔平家・巻二本ノ六(延慶本)〕によって「痛める」「そこなう」の意を立てる説もあるが、前者は①の意であり、後者は比喩的用法にすぎないので、省く。(2)「夜も明けばきつに—・めなでくたかけのまだきに鳴きてせなをやりつる」〔伊勢・一四段〕によって、「食べさせる」意の下二段他動詞を認める説があるけれど、「きつにはめなで」は「水槽にぶちこまずにおくものか」の意とも解されており、まだ確かな解釈がない。よって、省く》

はも Ⓑ《複助》《終助詞「は」+間投助詞「も」。体言または体言あつかいの語に付く》感動をあらわす。…だなあ。「春日野の雪間を分けて生ひいでくる草の(ヨウニ)はつかに(=ホンノスコシダケ)見えし君—」〔古今・恋一〕 (参)は㊂。

はや Ⓑ《複助》《終助詞「は」+間投助詞「や」。活用語の連体形に付く》終助詞的に感動をあらわす。…よ。…だなあ。「ここに、いとめづらしき人に対面たまはる—(=オ会イシタモノデスナア)」〔宇津保・国譲上〕「誰ならむ、(光源氏サマト同ジ車ニ)乗り並ぶ人。けしうはあらじ—(=ソウトウナ女性ダロウネ)」〔源氏・葵〕「聖を立てじ—(=坊主ブルマイヨ)。袈裟を掛けじ—。珠数を持たじ—。歳の若きをり戯れせむ」〔梁塵〕「『いざ、ゆきて見てこむ』とて、さそひてゆけば、『ゆかじ—(=行キタクナイナア)』と思へども、いかざらむもまた心得られぬ(=グアイノ悪イ)さまなれば、しぶしぶに去ぬ」〔宇治・巻一一ノ八〕 (参)は㊂。

ばや Ⓐ ㊀《終助》《動詞および動詞型助動詞の未然形に付く》 ❶〔願望〕話主の願望を表す。…たいものだなあ。…たいなあ。「かかる所に、思ふやうならむ人(=理想的ナ女性)をすゑて(=オイテ)住ま—」〔源氏・桐壺〕 ❷〔反語〕…だろうか(ない)。「魚はなくとも、家に銭もあらば、買うて飲まむずることなれども、それもあら—」〔中華若木詩抄・中(漁父)〕 ㊁《複助》《接続助詞「ば」+係助詞「や」》 ❶《未然形に付き》仮定条件を表す。…なら(まあ)。「心あてに(=アテズッポウニ)折ら—折らむ(=折ルトスルナラ折ロウカ)初霜のおきまどはせる白菊の花」〔古今・秋下〕 ❷《已然形に付き》確定条件を表す。…だ

から。…なので(まあ)。「草の葉にかかれる露の身なれ―心動くに涙落つらむ」〔大和・一二三段〕

はやう【早う】(‐ヨウ) Ⓑ《副》《「はやく」のウ音便》→はやく。「見いだせば、簀(す)の子にともしたりつる灯(ひ)は、―(=スデニ)消えにけり」〔蜻蛉・下〕「見しこちする木立かなとおぼすは、―(=ソウソウ)この宮なりけり」〔源氏・蓬生〕「近く寄りて見たまへば、―(=ナント)人にはあらで、異形の鬼どものきはめて恐ろしげなる者どもの歩くなりけり」〔今昔・巻六ノ六〕

はやく【早く】 Ⓑ《副》❶㋑むかし。以前。《英語の formerly にあたる》「―親の語らひし(=懇意ダッタ)大徳(=坊サン)の残れるを(案内サセルタメ)呼びとりて、(玉鬘ヲ石清水八幡ニ)まうでさせたてまつる」〔源氏・玉鬘〕㋺以前からずっと。前から。《英語の ever since にあたる》「我、―庾抱を知れりき。この人は庾抱にはあらざるなり」〔今昔・巻九ノ三五〕 ❷すでにもう。とっくに。《英語の already にあたる》「涙のみ(流レテ)せきとめがたき(コトハチョウド)清水(ノヨウナグアイ)にて(アナタト)行き会ふ道は―絶えにき」〔源氏・若菜上〕 ❸本来。もとから。《英語の originally にあたる》「(コンナニ鬼ガ出タト騒グノハ)―跡なき事にはあらざめりとて、人をやりて見するに、おほかた(鬼ト)会へる者なし」〔徒然・五〇段〕 ❹《下に「けり」を伴って》㋑原因・理由あるいは事態の真相が理解できたときの感じを表す。なるほど。「龜、『(アイツハオレヲ)―たばかりつるにありけれ』と思ひて、すべき方(はう)なくて…海に入りにけり」〔今昔・巻五ノ二五〕「その時になむ、比丘(=坊サンハ)心得ける(=理解デキタ)、『―大きなる象はこの象の親なりけり』(ト)」〔今昔・巻五ノ二七〕㋺《感動詞ふうに》何とまあ。いやはや。おやまあ。「にはかに船十余り出で来ぬ。いかなる船といふことを知らざるに、(近ヅイテミルト)―賊船なりけり」〔今昔・巻六ノ六〕《近世の擬古文では「けり」を伴わない例もある。↓》「(清少納言著ノ松島日記ト称スル本ヲ見タガ)―いみじき(=トンデモナイ)偽書にて、むげに(=マルキリ)つたなく見どころなきものなり」〔宣長・玉勝間・巻二ノ三五〕《いずれも英語の indeed にあたるが、とくに㋺は heavens! と英訳できることが多い》

はや・し【早し】 Ⓑ《形ク》❶(動く速度が)大きい。「さす棹(さを)の水の水量(みかさ)の(増加ノタメ)高瀬舟―・くぞ下すさみだれのころ」〔新後撰・夏〕 ❷(時間が)短い。「いさ知らず(=ドウイウワケカ)鳴海(なるみ)の浦に引く潮の(ヨウニ)―・くも(=サッサト)人は(ワタシカラ)遠ざかりにし」〔続古今・恋〕 ❸(ある時期・時間の中で)はじめのほうだ。前だ。「朝戸出での君が脚結(あゆひ)をぬらす露原―・く起き出でつつ我も裳(も)の裾ぬれな」〔夫木・巻一三〕 ❹㋑(風などが)はげしい。強い。「風―・き嵐の山のもみぢ葉も霜には止まるものとこそ聞け」〔実方集〕㋺刺激的だ。「梅花(=香ノ名)は、はなやかに今めかしう(=モダンデ)少し―・き(=キツクニオウ)心しらひ(=クフウ)を添へて」〔源氏・梅枝〕

はゆま【駅・駅馬】 Ⓔ《「はやうま(早馬)」の転》地方の宿駅に用意してあった馬。駅馬(えきば)。伝馬(てんま)。「さぶる子(=女性ノ名)がいつきし殿(=タイセツニシテイル御殿)に鈴かけぬ(=駅鈴ヲツケナイ=私用ノ)―くだれり里もとどろに(=村ガ大サワギニナッタ)」〔万葉・巻一八〕

はら【腹】 **―あ・し** 腹悪し Ⓓ《連語》❶心があらあらしく、おこりっぽい。「―・しくおはする上人なり(=オコリッポイ上人デスカラ)、あしく申して(=ヘタナコトヲイウト)うたれ申さむ。いま(=ソノウチ)起きたまひなむ」〔宇治・巻一五ノ九〕 ❷へんくつである。心がひねくれている。意地が悪い。「―・しき隣同志の蚊やりかな」〔蕪村(遺稿)〕

―を切・る ❶腹をよじらせる。「離れたまひし(=離婚ナサッタ)もとの上(=先妻)は、―・りて笑ひたまふ」〔竹取〕 ❷切腹する。「勘平も腹切って死んだわやい」〔浄・忠臣蔵・七〕

-ばら Ⓑ《接尾》人に関する名詞を複数とする。敬意をもつ場合には用いない。「かく、世にめづらしき御けはひの漏(も)り匂(にほ)ひ来るをば、なま女―(=若イ女ドモ)なども、笑(ゑ)みまけて」〔源氏・末摘花〕「法師―ふりかへり…ものに狂ひて喚(をめ)きけり」〔浄・公平誕生記・四〕

はらから【腹族・同胞】 Ⓓ きょうだい。《brotherとsisterのいずれにも使う》「その里に、いとなまめいたる女(をんな)―住みけり」〔伊勢・一段〕

はらだ・つ【腹立つ】 Ⓔ《自四》❶おこる。「ねたましきこゆれば(=イマイマシガラセ申シアゲルト)、『あな、かしがまし(=ウルサイヨ)』と、はてはては(=最後ニハ)―・ちたまひぬ」〔源氏・総角〕 ❷口げんかをする。「何事ぞや。童(わらは)べと―・ちたまへるか」〔源氏・若紫〕

はらはら Ⓒ《副》❶しきりに落ちるさま。ぽろぽろ。「『これを一つも落とさで追ひおこせよ、わらはべ』とのたまへば、(毛虫ヲ枝ヤ葉カラ)突き落とせば、―と落つ」〔堤・虫めづる〕「競(きほ)ふ涙を―と流いて」〔平家・競〕 ❷強い音が連続するさま。ばたばた。がらがら。「月のあかき夜は、下格子もせで、ながめさせたまひけるに、目にも見えぬもの(=妖精)の―と参りわたしければ(=片端カラシメタノデ)、さぶらふ人々は怖(お)ぢさわげど」〔大鏡・兼家〕「猪(ゐのしし)の出できて、石を―と砕けば、火きらきらといづ」〔宇治・巻九ノ一〕

はら・ふ【払ふ・掃ふ】(‐ラ〈ロ〉ウ) Ⓑ《他四》❶(たたくようにして)㋑落とす。はたく。「駒とめて袖

（ノ雪ヲ）うち—・ふ陰もなし佐野のわたりの雪の夕暮れ」〔新古今・冬〕㋺とりのける。「（ヌレルトイケマセンカラ）露少し—・はせてなむ（ソノアトデ）入らせたまふべき」〔源氏・蓬生〕 ❷（はたいたりはいたりして）きれいにする。「宮の内、—・ひ（＝ソウジシタリ）しつらひ（＝飾リツケシタリシテ）」〔源氏・夕霧〕 ❸（吹いて）動かす。とばす。「すなはち吹き—・ふ気（いき）、神となる。号（みな）を級長戸辺命（しなとべのみこと）と曰（まう）す」〔紀・神代上・訓〕《「はらふ」は「撥」の訓》 ❹㋑《単に》除く。「その穢悪（けがらはしきもの）を濯（すす）ぎ—・はむ（＝ミソギヲシヨウ）とおぼして…橘の小戸（をど）に還り向（いた）りて、—・ひ濯ぎたまふ」〔紀・神代上・訓〕《「はらはむ」は「除」の訓、「はらひ」は「払」の訓》㋺（病を）除く。なおす。「五種の悪病をたちどころに—・ひたまはむずるぞ」〔平家・巻五（長門本）〕 ❺㋑（ぐあいの悪いものを）のける。立ちのかせる。「このえもいはぬ（＝言語道断ノミグルシイ）老い者ども—・はれて（＝追ッパラワレテ）」〔栄花・音楽〕㋺（処置として）追い出す。「捕らへられて獄（ひとや）に禁（いまし）められたるが、大赦に—・はれて（＝出獄サセラレテ）」〔今昔・巻二九ノ一九〕㋩追放する。「所を—・ふべき由、仰せ出だされ…立ちのきける」〔西鶴・伝来記・巻五ノ一〕㋥（害になるものを）除く。討伐する。「まつろはぬ（＝服従シナイ）国を—・へと…」〔万葉・巻二（一本）〕 ❻（自分の所有から）除く。手放す。放出する。「（コノ刀ヲ）売りなりとも—・ひなりとも勝手にして…小遣ひになされ」〔伎・伊賀越・七〕 ❼（代金を）すます。支払う。「銭を—・ひ出て行く」〔一九・膝栗毛・二上〕 ❽（急に）横に動かす。「長刀（なぎなた）柄長くおっ取り延べて…裾を薙（な）ぎ—・へば、躍りあがって足もためず、宙を—・へば、頭（かうべ）を地につけ、千々（ちぢ）に戦ふ」〔謡・橋弁慶〕《「触れる」「離れる」等の自動詞的な意を認める説もあるが、いずれも誤解》

はらへ【祓へ】（—エ）Ⓓ ❶神に祈って、罪やわざわいをなくすこと。水に流してしまうという関係から、川原や海べですることが多かった。「難波に—して、帰りなむとする時に」〔大和・一四八段〕「なやましげにて、やせたまへるを、乳母にも言ひて、『さるべき御祈りなど、せさせたまへ。祭り・—なども、すべきやう』など言ふ」〔源氏・浮舟〕 ❷罪のある者に、そのつぐないをさせること。「（悪事ヲシタ）猿をば四つながら—おほせて（＝罰ヲ課シテ）追ひ放ちけり」〔今昔・巻二六ノ八〕

はら まき【腹巻】Ⓔ 簡略な鎧（よろひ）。袖（そで）がなく、腹に巻きつけ背で合わせるように作ってある。「その夜の装束には、薄青の狩衣の下に、萌黄（もよぎ）匂ひの—を着て、衛府の（装飾兼用ノ）太刀をぞ帯（は）いたりける」〔平家・信連合戦〕

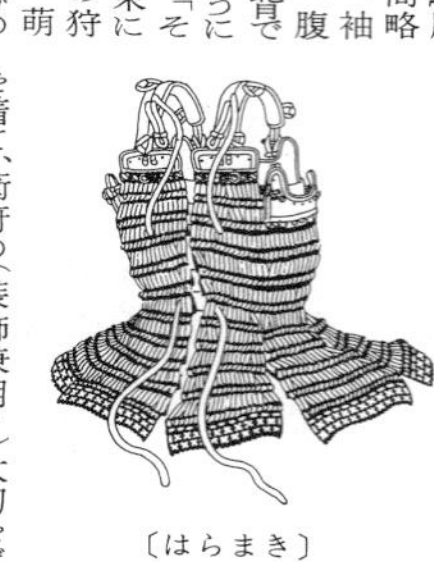

〔はらまき〕

はり はら【榛原】Ⓔ「はり」のはえている原。「古（いにし）へにありけむ人の求めつつ衣に摺（す）りけむ（＝染メタトイウ）真野の—」〔万葉・巻七〕《「はり」は「はんのき」だとする説と萩（はぎ）のことだとする説とあるが、前説が有力》

はり みち【墾道】Ⓔ 切りひらいた道。《「はる」は開墾する意》「行く末心細き—を経て、御登山ありける」〔太平・巻三九ノ一二〕

は・る【張る】Ⓑ ㊀《自四》❶（平面に）いっぱい広がる。「（田ニ）薄氷は—・ったりけり」〔平家・木曾最期〕 ❷《木の芽などが》ふくらんでくる。萌（も）え出る。「山城の久世の鷺（さぎ）坂神代より春は—・りつつ秋は散りけり」〔万葉・巻九〕 ㊁《他四》❶㋑（緊張した状態に）取り付ける。「天（あま）の原ふりさけ見れば（＝遠ク仰ギ見ルト月ハ）白真弓（ニ弦ヲ）—・りて懸けたり（コレナラ）夜道はよけむ（＝行キヤスカロウ）」〔万葉・巻三〕㋺（ひっぱって）広げる。「錦—・る（＝引キメグラシタヨウナ）秋の梢（こずゑ）を見せぬかなへだつる霧の園を作りて」〔夫木・巻一三〕㋩（平らな物を）のりづけする。「明かり障子の破ればかりを…小刀して切り廻しつつ—・られければ」〔徒然・一八四段〕 ❷㋑（わななどを）作り設ける。しかける。「世とともに（＝シジュウ）鳥の網—・る宿なれば身はかから（＝掛ケ詞「懸カラ」「斯カラ」）むと来る人もなし」〔夫木・巻二七〕㋺（設営すべきものを）かまえる。「合戦のありつる、陣の—・りやう…三段なりしが」〔咄・醒睡笑・巻一〕㋩（集会を）設ける。もよおす。「（コノ坊主ハ）いかやうにも（説経ノ）座を—・り、布施（ふせ）を得たき望みある故」〔咄・醒睡笑・巻一〕㋥ⓐ（遊女を店先に）並ばせる。「天神（＝第二級遊女）の前に囲ひ（＝第三級遊女）をおびただしく—・り」〔咄・軽口御前男・巻一ノ三〕ⓑ（遊女が店先に出て客を）引く。（店を）ひろげる。「『吉さんぢゃねえか。寄んねえな』『おう、とんだ（＝バカニ）早く店を—・ったな』」〔洒・卯地臭意〕 ❸㋑（精神を）緊張させる。「両家の争ひ（ノ結末ハ）、ただこの城の勝負にあるべしと、おのおの気を—・り心を専らにして攻め戦ふ」〔太平・巻一七ノ一五〕㋺無理に見せかける。押しとおしてみせる。「世帯の費（つひ）え…足元から暗くなり（＝不足シテ）ともし火の消ゆるまで世（＝世間ニ対スル見エ）を—・るこそうたてけれ」〔浮・禁短気・巻一ノ四〕 ❹㋑（かねや物を）思いきってかける。かけ事をする。「（持チガネ全部取ラレ）このうへは是非なし。これを—・らう」〔咄・

鹿の巻筆・巻五ノ八」㋺(女をものにしようとして)つけまわす。「水茶屋・土弓場なぞ(ニイル女)を—・って楽しみとするなり」〔洒・傾城買四十八手〕 ❺ぶつ。なぐりつける。「わどの(＝アンタ)を鼓判官といふは、よろづの人に打たれたうか—・られたうか(＝ナグラレナサッタノカ)」〔平家・鼓判官〕《「いとさがなげに、にらみて—・りゐたれば」〔源氏・真木柱〕により「見張る」「番をする」の意を認める説もあるが、これは「虚勢を誇示する」の意で、現代語「いばる」の「はる」と解される。すなわち③㋺の用法と認めるべきである》

はるか【遙か】Ⓑ《形動ナリ》❶(時間的・空間的に)あいだが遠くへだたっている状態。「罪深き身(＝ワタシ)のみこそ、また聞こえさせむこと(＝アナタニオ話申シアゲルノ)も—・なるべけれ(＝ズット遠イ将来ノコトデショウ)」〔源氏・須磨〕「沖の干潟(ひがた)—・なれども、磯より潮の満つるがごとし」〔徒然・一五五段〕 ❷精神的にぴったりとこない。気分がのらない。「大臣の、いとけどほく(＝ヨソヨソシク)—・に(＝他人行儀ニ)もてなしたまへるは…もし、かかる事もや(＝コンナ事ニナリハシマイカ)とおぼすなりけり」〔源氏・野分〕 ❸程度がはなはだしい。「仏、涅槃(ねはん)に入りたまひて後、わづかに百年ばかりにこそなりはべりぬらめ。その間、仏法の衰へたること、—・なり(＝タイヘンナモノダ)」〔今昔・巻四ノ七〕 ❹とても及ばない。どうにもしようがない。「世には、かかる(スバラシイ)人もおはしけりと(源氏ノコトヲ明石上ハ)見たてまつりしにつけて、身のほど(＝自分ノ至ラナサガ)知られて、いと—・にぞ思ひきこえける(＝妻ニナルナドハトンデモナイ事デアルト思イ申シアゲルノダッタ)」〔源氏・明石〕

はる・く【晴るく】Ⓔ《他下二》❶晴れさせる。さっぱりさせる。「(清水ニ)手足もひたしたれば、ここち・もの思ひ、—・くるやうにぞおぼゆる」〔蜻蛉・中〕 ❷明白にする。はっきりさせる。「(母ガ)おしこめて(＝ヒトリ合点シテ)のたまふを、(落葉宮ハ)あらがひ(＝言イ争イ)—・けむ(＝身ノ潔白ヲ明ラカニスルヨウナ)言(こと)のはもなくて、ただうち泣きたまへるさま」〔源氏・夕霧〕 ❸掃除する。「ここかしこかき払ひ、岩がくれに積もれる紅葉の朽ち葉すこし—・け、遣り水の水草(みくさ)払はせなどぞしたまふ」〔源氏・総角〕《③の用法はこの一例しかないようである》

はるけ・し【遙けし】Ⓓ《形ク》❶ひどく離れている。「もろこし(＝中国)も夢に見しかば近かりき思はぬ(＝愛情ノナイ)仲ぞ—・かりける」〔古今・恋五〕 ❷時間がかかる。久しい間がある。「人めゆゑ(＝内密ニスルタメ)後にあふ日の—・くは(＝ズットアトニナッタラ)わがつらきにや(＝ワタシガ冷淡ナタメト)思ひなされむ」〔古今・物名〕

はるび【腹帯】Ⓔ《「はらおび」の転》馬の腹にかける帯。「(馬ノ)—を解いてぞ(モウイチド)締めたりける」〔平家・宇治川先陣〕

はれ【晴れ】Ⓓ [一] ❶㋑日光の当たっていること。またはその場所。「世に影をいとふ人あり。—に出でて、影を離れむと走る時には、影を離るることなし」〔今昔・巻一〇ノ一〇〕㋺《十自サ変》(雲・霧・かすみなどが)消えること。「秋霧の—・せぬ峰に立つ鹿は(姿ガ見エナイカラ)声ばかりこそ人に知らるれ」〔今鏡・藤波上〕 ❷㋑(対)「褻(け)」 あらたまった感じの場面。表だった場。形式ばった際。「(ミソギノ儀式ノ座ニ)ゐたまへる(光源氏ノ)御さま、さる—に出でて、言ふよしなく(＝表現デキナイホドスバラシク)見えたまふ」〔源氏・須磨〕「立ちながら(歌ヲ)案じ、臥(ふ)して詠(よ)みなど、身を自在にして(＝カッテナ姿勢デ)詠みつけぬれば、—の時、法式たがひたるやうにおぼえて、すべて詠まれぬ事にてさうらふ」〔毎月抄〕㋺あらたまった席に出る服装(理容を含む)。よそゆきのいでたち。「祭りに行く今日の—(＝オメカシニ)、月代(さかやき)そらせに行ったれば」〔近松・堀川波鼓・下〕 [二]《十形動ヂャ》自分の名誉になること。面目。はれがましいこと。「殿の琵琶は、私の琵琶よりも一段とよい琵琶でござるによって、あれを貸してくだされば、—をいたすことでござる(＝顔ガヨクナリマス)」〔狂・伯養〕「総じて婿入りといふものは、—・なものぢゃほどに、万事に気をつけさしますが詮(せん＝肝要)でおりゃる」〔狂・二人袴(鷺流)〕

はれ Ⓓ《感》❶歌謡のはやしことば。意味はない。「庭に生ふる唐薺(からなづな)はよき菜なり、—、宮人の提(さ)ぐる袋をおのれ懸けたり」〔催・庭生〕 ❷相手にうながすような感じを強調する。ほれ。そら。「やるべき物は、—、やったがようござる」〔狂・布施無経〕

はろ ばろ【遙遙】Ⓓ《形動ナリ》《古代語》はるかなさま。遠いさま。はるばる。《万葉時代の後期から「はろばろ」になっていったらしい》「—・に(＝ズット遠クデ)言(こと)そ聞こゆる島の藪(やぶ)原」〔紀・皇極〕《↑原文「波魯波魯尓」と表記》「鶴(たづ)が音の悲しく鳴けば—・に家を思ひ出…」〔万葉・巻二〇〕《↑原文「波呂婆呂尓」と表記》

はん【判】Ⓒ《十他サ変》❶㋑(裁判の)判決。「国の守(かみ)の—にいはく、『この事、たしかの証拠なければ、—・しがたし』」〔沙石・巻九ノ三〕㋺(歌合わせ等の)批判。「(源)順の朝臣(あそん)のさだめ申せる—、かくなむ(＝以下ノトオリ)」〔規子内親王前栽歌合〕㋩選定。「落噺無事志有意、立川談州楼焉馬—」〔咄・無事志有意・標題〕《↑自他の作を選定・編集した意。同書の後の標題には「撰」とある》 ❷署名がわり、または署名に添える特殊な個人用符号。書き判。花押(かおう)。後世は印章を用いた。「書きたまひて御—・して、宮あこ君に…取らせたまへ

ば(=オアズケニナッタノデ)」〔宇津保・国譲上〕

ばん【盤】 Ⓓ ❶物をのせる脚つきの台。「人の家につきづきしき(=フサワシイ)もの…懸(か)け—・中(グライノ大キサ)の—」〔枕・二三五段〕 ❷木の皿(さら)。「御まかなひ(=食事)の台に据(す)うるを見れば、御—に、白き干し瓜、三寸ばかりに切りて、十ばかり盛りたり」〔宇治・巻七ノ三〕 ❸碁・将棋・双六(すごろく)などをする厚い木の台。「(碁ヲ)打たむとおぼしたれば、—(ヲ)取りにやりて、『われは(ウワ手ダロウ)』と思ひて、(浮舟ニ)先(せん)ぜさせたてまつりたるに(=先手ヲオ持タセ申シタトコロ)」〔源氏・手習〕

はん か【反歌】 Ⓔ 長歌のあとに添えて、大意を要約したり、補足したりする短歌。「かへしうた」とも。「—かへし歌といふ。これ短歌なり」〔八雲御抄・巻一〕

ばん がしら【番頭】 Ⓔ 武家で「…番」とよばれる役の長。鎌倉時代に廂(ひさし)番頭・朝夕雑色番頭、江戸時代に幕府直属の大番頭・書院番頭・小姓番頭・新番頭などがあったが、そのほか各藩にもおかれた。いまなら課長といった感じ。「我はこれより—へ訴へ、御暇(いとま)申し捨て(=願イ出テソノ許可ヲ待タズ)すぐに京都へ馳せのぼり」〔近松・堀川波鼓・中〕

はん ざ【判者】 Ⓓ →はんじゃ。「心ぎたなき(=不公平ナ)—なり」〔源氏・梅枝〕(原文「はむさ」と表記)

ばん しき【盤渉】 Ⓓ 日本式十二律の第一〇。(参)じふにりつ。 **—てう** 調(—チョウ) Ⓓ 盤渉を宮(基音)とする律旋音階。(参)りつりょ。

はん じゃ【判者】 Ⓓ ❶判定をくだす人。「(碁デ石ノ死活ニツキイロイロ意見ヲノベタガ)この上はまた—なければ、法深房の勝ちになりてけり」〔著聞・博奕〕 ❷(歌合わせ・物合わせ等で)優劣を判定する役。審判。「—(デアル)大納言(=源顕房ガ)『…』とさだめられし(=判定ナサッタノ)こそ、心得ざりしか」〔承暦二年内裏歌合・子日〕

ばん じゃう【番匠】(—ジョウ) Ⓔ ❶古代に大和・飛驒(ひだ)などから朝廷へ交替で派遣された木工の系統を受け、木工寮(もくりょう)や大寺に属した建築職人。「遍照寺僧正寛朝といふ人、仁和寺をもしりければ(=管理シテイタノデ)、仁和寺の破れたる所を修理せさすとて、—どもあまた集(つど)ひて造りけり」〔宇治・巻一四ノ二〕「かくて—の棟梁(とうりょう)木工(もく)の頭(かみ)・修理(しゅり)の頭、おのがしなれる(=ソレゾレノ)いでたちにて」〔近松・出世景清・一〕 ❷(単に)建築職人。大工(だいく)。「西の京より—あまた召し寄せて、にはかに湯殿をぞ造られける」〔太平・巻一三ノ三〕「おっつけ御立身なされて、御普請(ふしん)なされう御瑞相(=前兆)に、あそこやここに鍛冶(かぢ)—の音が、くわったりくわったりと聞こえてござる」〔狂・宝の槌〕

ばん ぜい【万歳】 Ⓔ ㊀《一〇〇〇〇年の意から》❶ ㋑(主として天皇について)非常な長寿。(国家について)長久なこと。「天子宝算、千秋—」〔平家・女院死去〕 ㋺(天皇について)寿命の終わりを遠まわしにいう。「—の後(=オカクレアソバシタ後)の御事、よろづ叡慮(=御心)にかかりさうらはむ事をば、ことごとく仰せおかれさうらうて」〔太平・巻二一ノ四〕 ❷(国家的に)めでたいこと。「善き御代なれや—の道に帰りなむ」〔謡・養老〕(参)まんざい①。 ㊁《感》天皇の御寿命長久および国家の永遠なる繁栄を祈ってとなえることば。現代のバンザイよりも意味が狭い。「春日(かすが)山のあらしの音も、今日よりは—を呼ばふかと怪しまれ、北の藤波千代かけて花さく春の陰深し」〔太平・巻二ノ一〕

はん てん【半天】 Ⓓ 中天。なかぞら。「—やさくらにかかる月の暈(かさ)」〔暁台(暁台句集)〕

はん ぱく【半百】 Ⓔ《百の半分で》五〇。「(芭蕉ノコトバニ、自分ハ)年もやや—に過ぎたれば、寝(い)ねては(風雅ノ魂ハ)朝雲暮烟の間をかけり(トアッタ)」〔笈日記〕《上の用例を「半白」としたテクストは誤り》

はん ぴ【半臂】 Ⓓ 束帯の時、袍(うえのきぬ)と下襲(したがさね)の間につけた短い衣。「—はさせる用なき(=コレトイッテ役ニ立タナイ)物なれど、装束の中に飾りとなる物なり」〔無名抄・四一〕

はんべ・り【侍り】 Ⓐ《自ラ変・助動》→はべり。「詩歌管弦の宴に—・りし事も、今は再び見ぬ夜の夢となりぬ」〔太平・巻二一ノ四〕「むつびきこえさせむも、はばかる事多くて過ぐし—・るを」〔源氏・蓬生〕

ばん ぽふ【万法】(—ポウ) Ⓔ →まんぽふ。

ひ

ひ【日】 **—に添(そ)へて**(—ソエ—) 一日一日と。日ましに。日数のたつにつれて。「人の聞き笑はむことを(=失敗ヲアザケルコトヲ)—思ひたまひければ、ただ病み死ぬるよりも、人聞き(=評判ヲ)はづかしくおぼえたまふなりけり」〔竹取〕 **—のおまし** 日の御座し Ⓔ《連語》❶清涼殿の天皇がいつもいられる所。「上の女房は、御帳(みちょう)の西面(おもて)の—に、おしかさねたるやうにて並みゐたる」〔紫日記〕 ❷(皇族のお方の)ふだんいられる所。「参りて見たまへば、—にも御帳の内にも宮(=女一宮)おはしまさず」〔宇津保・蔵開中〕 **—のさうぞく** 日の装束(—ソウ—) Ⓔ《連語》《直衣または衣冠の姿を「宿直(とのゐ)の装束」というのに対し》正式の礼装。男は、束帯。女は、裳・唐衣。「いみじう潔斎して、きよまはりて(=心身ヲ清メ)、

—して、やがて神の御前にて書きたまふ」〔大鏡・実頼〕 **—のはじめ** 日の初め Ⓔ《連語》最初。そもそものおこり。「—より根元与力の者(=中心的ナ協力者)なりければ、ことに強ういましめ(=シバリアゲ)て」〔平家・西光被斬〕 **—のみこ** 日の御子 Ⓔ《連語》太陽神(天照大神)の御子(子孫)。「品陀(ほむた)の—大雀(おほさざき)佩(は)かせる(=身ニオツケノ)大刀…」〔記・中〕(「品陀」は今の大阪府羽曳野(はびきの)市誉田(ほんだ)、「大雀」は仁徳天皇の御本名) **—のよそひ** 日の装ひ(—イ) Ⓔ《連語》→ひのさうぞく。「更衣たちみな—し」〔宇津保・初秋〕

ひあふぎ【檜扇】(—オウギ) Ⓔ ひのきの薄板を白糸でとじて作った扇。㋑男性が宮中で衣冠・直衣(のうし)を着たとき持つ。板は二五枚(三位以上)ないし一二枚(六位以下)。「—は、無文(むもん)、唐絵」〔枕・二八六段〕㋺《鎌倉時代ごろから》女性が唐衣・裳という正装のとき持つ。板は三九枚。上端を色糸六本で綴り、その端を飾りに長く垂らす。金箔(きんぱく)をおいたり、絵をかいたりしてある。「衵扇(あこめあふぎ)」とも。「—に書きてさしいでける。女房六角局『君がいなむ形見にすべき桜さへなごりあらせず風さそふなり』」〔山家・下〕

〔ひあふぎ㋑〕

ひうち【火打ち・燧】Ⓔ《十自サ変》❶火打ち石を火うち金に打ちつけて火をおこすこと。またはその火をおこす道具。「—をもちて火を打ちいだして、向かへ火つけて、まぬかるることを得たり」〔紀・景行・訓〕(「ひうち」は「燧」の訓) ❷紙子などのそでのつけねのわき下の所にぬいつける、火打ち袋にかたどった三角形の布切れ。「木綿のねずみ小紋に—の所、黒じゅすをあてたる、ぶっさき羽織(ばおり)を着たるお侍」〔一九・膝栗毛・四上〕 **—げ** 笥 Ⓔ 火打ち道具を入れる小箱。「蓑(みの)一つを着たる法師の(=僧デ)腰に—などゆひつけたるなむ(=結ビツケテイル僧ガ)隅(すみ)にゐたる」〔大和・一六八段〕 **—ぶくろ** 袋 Ⓔ 火打ち道具の携帯用袋。「火が消えたるとて、やがて—より硫黄(いわう)・つけ竹(=硫黄ヲ先ニヌッタ竹)とりいだし、もとのごとくに火をともし」〔伽・あきみち〕

ひか【非家】Ⓔ 専門家でないこと。しろうと。「よろづの道の人(=ドノ方面デモ専門家トイウノハ)、たとひ不堪(ふかん)(=未熟)なりといへども、堪能(かんのう)の(=熟達シテイル)—の人に並ぶとき、必ずまさることは」〔徒然・一八七段〕

ひが—【僻】Ⓑ《接頭》「まちがった」「正常でない」等の意を添える。「—聞き」「—心」「—ざま」等。

ひがおぼえ【僻覚え】Ⓓ 記憶ちがい。「かの譜に(=ツイテ)申しさうらひし事は、みなもろもろ—にさうらひけり」〔著聞・宿執〕

ひかげ Ⓒ ㊀【日光・日景】❶太陽の光線。日ざし。「のどやかなる—に、垣根の草萌え出づるころより」〔徒然・一九段〕 ❷太陽。「その際十里、—やゝかたぶくころ、潮風まさごを吹き上げ」〔芭蕉・奥の細道〕 ㊁【日陰・日蔭】❶㋑日光の当たらない所。「ながめやる都の方は—にてこの山もとは松の夕風」〔玉葉・雑三〕㋺《比喩的に》表だっていないこと。「当時—の(=世間ノセマイ)身の上で、かすかに(=貧シク)暮らすわび住まひ」〔春水・梅暦・巻五〕 ❷㊥ひかげぐさ。しめっぽい地に自生するシダ類のつる草で、地上を長くはう。頭の飾りやたすきに用いた。「草は…山すげ、—、山藍(ゐ)」〔枕・六六段〕 ❸㊥ひかげのかづら。「—をまろめて、そらいたる(=反(そ)ッタ形ノ)櫛ども、白き物(=オシロイヲ)いみじく(=タクサン)、つまづまを結(ゆ)ひ(=包ミノ端々ヲ結ンデ)添へたり」〔紫日記〕 **—のかづら** 日陰の葛(—カズラ) Ⓔ《連語》新嘗(にいなめ)祭や大嘗会(だいじょうえ)などの儀式で、冠の笄(こうがい)のさきにさげる飾り糸。「ひかげのいと」とも。「ときはなる—今日しこそ(=コノ五節ノ日ニ特ニ)心の色に深くみえけれ」〔後撰・恋三〕

〔ひかげのかづら〕

ひがこと【僻事】Ⓓ ❶(倫理的に)筋の立たないこと。「道理(ことわり)と—を並べむに、いかでか道理につかざるべき(=ドウシテ正当ナ立場ヲ支持シナイデオラレヨウカ)」〔平家・教訓状〕 ❷まちがい。見当ちがい。「夢の中なるここちのみして、さめはてぬほど、いかに—多からむ」〔源氏・明石〕「(下賤ナ男ノ語ルコトハ)しり口(=ツジツマガ)あはず、しどけなく(=シマリガナク)—のみ多かれど」〔宣長・玉勝間・巻六ノ六二〕

ひがしのたい【東の対】Ⓓ →ひんがしのたい。

ひがひが・し【僻僻し】Ⓓ《形シク》❶ひねくれている。「—・しく(=ヒネクレタフウニ)聞こえなす(=告ゲ口スル)人ありとも、ゆめ(=ケッシテワタシニ)心おきたまふな(=隔テル気持チヲイダカナイデクダサイ)」〔源氏・若菜下〕 ❷もののわきまえがない。「この雪いかが見ると、一筆のたまはせぬほどの—・しからむ人の仰せらるること、聞き入るべきかは」〔徒然・三一段〕 ❸へんだ。おかしい。調子が狂っている。「(自分モ隠居シテイルセイデ)耳なども少し—・しくなりたるにやあらむ」〔源氏・若菜下〕

ひか・ふ【控ふ】(－カ〈コ〉ウ) Ⓒ ㊀《自下二》❶待機している。いつでも出られるようにして待つ。「その勢(せい)三千余騎、六波羅をうちいで、賀茂川うち渡り、西の河原に―・へたり」〔平治・中・一〕「お次に―・へし本蔵、走り出て押しとどめ」〔浄・忠臣蔵・三〕❷そばにいる。「(矢ガ)ならびに―・へたる(=スグ隣ニツイテイル)伊藤五が(ヨロイノ)射向け(=左)の袖、裏かきて(=ツキヌケテ)こそいでたりけれ」〔保元・中・一〕❸進むのをやめる。立ちどまる。「二町ばかり(馬ヲ)落といて、壇なる所に―・へたり」〔平家・坂落〕㊁《他下二》❶ひきとめる。「(源氏ガ)立ちたまふを―・へて」〔源氏・紅葉賀〕❷引く。ひっぱる。「仏の御手に懸けられたりける五色の糸を―・へつつ」〔平家・女院御往生〕「少将の袖を―・へ、袂(たもと)にすがって、なごりを惜しみ」〔平家・少将乞請〕❸うちわにする。見あわせる。「もし楽しみにほこりなば、いかがと思ひさうらへば―・へてさうらふ」〔著聞・神祇〕

ひが・む【僻む】Ⓓ ㊀《自四》❶ふつうと違っている。まともでない。まちがっている。「取りはづして(=ツイロガスベッテ)『(アノ子ノコトヲ)落窪』と言ひたらむ、何か―・みたらむ(=ドコガ悪イノダ)」〔落窪・巻四〕❷もうろくしたり、頭の調子がおかしくなったりするのを、それとなくいう。「(オバア様ハ)いとこよなくこそ(=コノ前ヨリモズット)―・みたまひにけれ(=モウロクナサイマシタネ)」〔源氏・手習〕㊁《他下二》ふつうと違うようにさせる。事実と相違させる。ゆがめる。「(ワタシガアノ方ニオタヨリナドスルノヲアナタハ)もし(=コトニヨルト)おぼし―・むる方ある(=感チガイシテオイデカモシレナイ)」〔源氏・朝顔〕

ひが め【僻目】Ⓓ《十自サ変》❶㋑瞳を横に寄せて見ること。流し目。《生理的な斜視の意ではない》「眺…去視也(=遠クヲ見ルコトデアル)、望也、察也。与己目、又比加目」〔新撰字鏡(天治本)〕㋺別の方向を見ること。わき目。「(説経ノ)講師の顔をつと(=ジット)まもらへたるこそ(=見ツメテイテコソ)、その説く事の尊さもおぼゆれ。―・しつれば(=ヨソ見ヲシテイルト)、ふと(=トタンニ)忘るるに」〔枕・三三段〕❷見まちがい。見当ちがい。「あさましければ(=アマリ意外ナノデ)、もし―かと思ひて、ひき起こしたるに、あらはに(=マサシク)それ(=妻)なれば」〔今昔・巻二六ノ二二〕

ひが もの【僻者】Ⓔ ❶かわり者。変人。「世に似ぬ(=世間ナミデナイ)―なる親の聞こえ(=評判)などこそ、くるしけれ(=ツライ)」〔源氏・薄雲〕❷きちがいをそれとなくいう。「母君はあやしき―に年ごろにそへて(=コノ数年来ダンダン)なりまさりたまふ」〔源氏・若菜下〕

ひき－【〈引〉き】Ⓑ【接頭】「積極的に…する」の意を添える。「―動かす」「―起こす」「―驚かす」「―隠す」「―助く」「―絶ゆ」「―隔つ」等。

ひき【蟇】Ⓔ ひきがえる。がま。「まかりいでたるはこの藪の―にてさうらふ」〔一茶・おらが春〕

ひき い・づ【引き出づ】(－ズ) Ⓒ《他下二》❶㋑ひっぱり出す。「車―・づるほどのすこし明かうなりぬるに」〔源氏・東屋〕㋺持ち出す。「女は、まめやかなる(=実用的ナ)物を―・でける」〔落窪・巻三〕❷例に引く。引用する。「人のみかど(=他国ノ朝廷)のためしまで―・でてささめきなげきけり」〔源氏・桐壺〕❸ひき起こす。「あなかしこ(=ヨク注意シテ)、過ち―・づな」〔源氏・竹河〕

ひき い・る【引き入る】Ⓒ ㊀《他下二》❶㋑(馬・牛・車などを)ひっぱって入れる。「粟田山より駒ひく。そのわたりなる人の家に―・れて」〔蜻蛉・中〕㋺奥の方へ入れる。出ているものをひっこめる。「『しばし入りたまへれ』とて、せめて(=ムリニ)―・れたまひて」〔落窪・巻一〕❷(烏帽子などを)深めに・かぶる(かぶらせる)。「乱髪に烏帽子―・れて」〔平家・巻一(長門本)〕❸㋑息絶えさせる。死なせる。「さる弱目に、例の御もののけの(病人ヲ)―・れたてまつるとなむ、見たまへし」〔源氏・夕霧〕㋺《自動詞ふうに》ひきこんでゆく。「(病人ハ)ただ、やうやう(=次第ニ)ものに―・るる(=死ニ近ヅイテユク)やうに見えたまふ」〔源氏・若菜下〕㊁《自四》❶㋑ひきさがる。奥へはいる。「はかなく(=チョット)聞こえなして(=申シアゲテ)、御みづからは―・りたまひにければ」〔源氏・蛍〕㋺ある場所よりも奥に位置する。「すだれに几帳(きちやう)添へて、われ(=自身)はすこし―・りて対面したまへり」〔源氏・宿木〕❷遠慮がちにする。出しゃばらない。控えめにふるまう。「(変ナウワサガアルヨウダケレド)いと有心(うしん)に(=注意シテ)―・りたる(=遠慮サレル)おぼえ(=筋アイモ)、はた(=マタ)なければ、さ言はむも憎かるまじ(=腹ハ立ツマイ)」〔枕・八四段〕「(実父ノイナイ)こなたは、よろづにつけ、ものしめやかに―・りたまへるを」〔源氏・紅梅〕❸息が絶える。死ぬ。「海賊にあひて、あまた所、手おひて(=負傷シテ)、死なむとしける時『…』と、たびたび歌ひて―・りにけり」〔十訓・第一〇ノ五二〕

ひき いれ【引き入れ】Ⓔ ❶成人式の時に、冠り物をかぶらせる役。またはその人。「―には閑院内大臣(=藤原公季)ぞおはしましける(=オイデニナッタ)」〔栄花・初花〕❷手引き。「(中国ハ)恐く李踏天が―にて、韃靼夷(だったんえびす)(=モンゴル族)の奴(やっこ)となり」〔近松・国性爺・二〕「味方顔にして盗人の―をいたす」〔仮名・浮世物語・巻三ノ六〕

ひき かへ・す【引き返す】(－エス) Ⓓ ㊀《他四》❶ひっくりかえす。さかさまにする。「台盤などもかたへ(=半分)は塵ばみて、たたみ(=敷物ハ)所々―・したり」〔源氏・須磨〕 ❷くりかえす。「をかしやかなる事もなき御文を—・し—・し見ゐたまへり」〔源氏・宿木〕 ❸(もとへ)もどす。「上人(しやうにん)…きはまりなき(＝トビキリノ)放言しつと思ひける気色にて、馬(ヲ)—・して逃げられにけり」〔徒然・一〇六段〕 ㊁《自四》(もとへ)もどる。「御馬にのりたまふほど、(宇治へ)—・すやうに(感ジラレ)あさましけれど」〔源氏・浮舟〕

ひききり【引き切り】Ⓔ《形動ナリ》一本気だ。「(雲居雁ハ)いと急にものしたまふ本性(ほんじやう)なり(＝気短ナ生マレツキデイラレル)。(父ノ)大臣(おとど)も、はた(＝マタ)、おとなおとなしうのどめたる所(＝ユッタリシタ点ガ)さすがになく、(父娘トモニ)いと—・に(＝融通ガキカズ)花やいたまへる(＝ワイワイサワギタテナサル)人々にて」〔源氏・夕霧〕

ひきぐ・す【引き具す】Ⓓ《他サ変》いっしょにつれる。「遠き国々より妻子(めこ)を—・しつつも、まうで来なる」〔源氏・葵〕「わが身ひとつならば、安らかならましを(＝気楽ダッタロウニ)、ところせう(＝ゴタゴタ)—・して…わびしうもあるかな(＝ヤリキレナイヨ)」〔更級〕

ひきこ・す【引き越す】Ⓔ《他四》他の者の上を越えさせる。他の者を越えてひきあげる。「(年下ノ子ヲ)兄君たちよりも—・し、いみじうかしづきたまひ」〔源氏・竹河〕

ひきこ・む【引き込む】Ⓓ ㊀《他下二》❶外に出さない。隠しておく。ひきこもらせる。「(セッカクコトヅカッタ贈り物ヲ)ひとり(＝自分ガ独断デ)—・めはべらむも」〔源氏・末摘花〕 ❷《「に…らる」の形で》…に左右される。…だけになる。「なよびかに(＝優雅デ)女し(＝女性的ダ)と見ればあまり情けに—・められ(＝情ニバカリオボレ)、とりなせば(＝調子ニ乗ラセルト)あだめく(＝浮気ッポクナル)」〔源氏・帚木〕 ❸(車などを)引いて入れる。「隣を借りて車—・む」〔凡兆(猿蓑)〕 ❹自分のものとする。取り込む。「え、ここな大騙(たか)り(＝詐欺)めが、おれが弟子の金を—・まれては、まあおれが立たぬ」〔伎・関取二代・二〕 ㊁《自四》隠退する。ひきこもる。「—・まむと存じ…虚病を構へ」〔甲陽軍鑑・巻六〕

ひき・し【低し】Ⓔ《形ク》低い。「この童、鼻もてあげの木をとりて…よきほどに、高からず—・からず(鼻ヲ)もたげて、粥(かゆ)をすすらすれば」〔宇治・巻二ノ七〕

ひきた・つ【引き立つ】Ⓒ ㊀《自下二》浮き足だつ。逃げ腰になる。「馬の足を立てなほし立てなほし(＝敵ノホウヘ何度モ何度モ向ケナオシナガラ)下知しけれども(＝命令シタガ)、大勢の—・てたる事なれば、ひとかへしもかへさず」〔太平・巻六ノ二〕「—・ったる勢(せい)のならひなれば、大将と同心になって、いま一軍(いくさ)せむと思ふ者なかりけるにや」〔太平・巻一四ノ五〕 ㊁《他下二》❶(戸・障子などで)見えないようにする。「中将、をかしきを念じて(＝ガマンシテ)—・てたまへる(＝源氏ガ隔テニナサッタ)屏風(びやうぶ)のもとに寄りて」〔源氏・紅葉賀〕 ❷ひっぱって立たせる。ひきおこす。「雁(かり)の卵(こ)の見ゆるを(＝ソコニアッタ雁ノ卵ヲ)『これ十づつかさぬるわざいかでせむ(＝何トカシテヤッテミタイ)』とて、手まさぐりに(＝手ナグサミニ)生絹(すずし)の糸を長う結びて、一つ結びては、ゆひゆひして(＝ジュズツナギニシテ)—・てたれば(＝ブラ下ゲルト)、いとよう(＝ウマク)かさなりたり」〔蜻蛉・上〕 ❸強引につれていく。かまわずつれていく。「(帥ノ宮ハ式部ヲ)しひて率(ゐ)ておはしまして(＝無理ニツレテイラッシャッテ)、御車ながら(＝御車ニ乗セタママ)人も見ぬ車宿りに—・てて入らせたまひぬれば、(式部ハ)おそろしく思ふ」〔和泉日記〕 ❹特別に地位をあげてやる。きわだつようにする。「越前の守、今年なむかはりけれど(＝任期満了シタバカリダケレド)国の事(＝政務ヲ)いとよくなしたりければ、—・てよくて(＝左大臣ハ重用シテヤルノニ都合ヨクテ)やがて(＝スグニ)播磨(ノ守)になしつ」〔落窪・巻四〕 ❺(馬・車などを)立ちとどまらせる。「八月ばかり太秦(うづまさ)にこもる(＝参籠シタ時ニ)、一条よりまうづる道に、男車二つばかり—・てて、ものへ行くに(＝物見ニ出カケルタメニ)、もろともに来べき人(＝同行スルハズノ人ヲ)待つなるべし、(ソコヲ私ノ車ガ)過ぎ行くに」〔更級〕

ひきでもの【引き出物】Ⓔ 主人側から客または客側の者への贈り物。《古くは馬などを引き出して与えたので、いう。宴会の時とは限らない》「さて呼び入れて…酒すすめて—まゐらせむ(＝サシアゲマショウ)」〔沙石・巻九ノ四〕

ひきと・る【弾き取る】Ⓓ《他四》弾(ひ)いてその技術を身につける。弾きこなす。「あやしう(＝フシギト)昔より箏(さう)(＝十三弦ノ琴)は(カエッテ)女なむ(ウマク)—・るものなり」〔源氏・明石〕

ひきはこ・ふ【引きはこふ】(—ウ) Ⓔ《他下二》着物のすそをまくりあげる。《ヤ行下二段活用とする説もあるが、確かな用例がない》「(着物ヲ)—・へたる(＝タクシアゲテ着タ)男子(をのこ)、また、こはぎにて(＝チョットスネヲ出シ)半靴(はうくわ)(＝ツマ先ノ短イクツ)はきたるなど」〔枕・一四四段〕「四十余ばかりなる女の、壺装束(＝外出用ノ服装)などにはあらで、ただ(フダン着ヲ)—・へたるが」〔枕・一五八段〕

ひきはな・つ Ⓔ《他四》㊀【〈引〉き放つ】《「ひき」は接頭語》離す。「いとたへがたげに思して、御袖も(顔ヨリ)—・ちたまはず」〔源氏・葵〕「(父ト子ヲ)今朝より—・って別の所に据(す)ゑたてまつりければ」〔平家・大臣殿被斬〕 ㊁【引き放つ】(弓を)引いて(矢を)飛ばす。「いかにせむよしきの弓のともすれば—・ちつつあはぬ心を」〔夫木・巻三二〕

ひきは・る【引き張る】Ⓔ《他四》ひっぱる。「おそろしげ

なる者ども走り入り来たりて、我をからめて(＝シバッテ)—・りてゐて(＝ツレテ)行けば」〔今昔・巻一四ノ二九〕

ひき まう・く【引き設く】(ーモウー) Ⓔ〘他下二〙引いて用意する。(弓などを)引きしぼって待ちかまえる。「(先方ハキット)弓を—・けて、(コチラノ)声に(見当ヲ)つけて、内甲をぞねらふらむ」〔保元・中・一〕

ひぎゃう しゃ【飛香舎】(ーギョウー) Ⓓ〘「ひぎゃうさ」とも〙→ふぢつぼ。

ひ きゃく【飛脚】Ⓔ ❶急用を報告するための使いの人夫。「北条より(頼朝ノ所へ)—到来して(＝急報ガモタラサレテ)」〔義経・巻六ノ五〕 ❷手紙・金銭・荷物などを送りとどけるのを業とした者。三度飛脚・金飛脚などがあった。「わいら(＝キサマタチ)は、—か革足袋屋か。何といふ才六だな(＝小僧ダイ)」〔伎・三升玉垣・一ノ三〕

ひ・く【引く】Ⓐ ㊀〘他四〙❶㋑自分のほうへ近寄せるように力を加える。「頸もちぎるばかり—・きたるに、耳鼻欠けうげ(＝穴ガアキ)ながら(カナエカラ頭ガ)抜けにけり」〔徒然・五三段〕㋺(弓を構えて弦を)自分のほうにひっぱる。「朝日に向かって弓—・かむこと、便なかるべし(＝不都合ダロウ)」〔保元・中・二〕 ❷【曳く】ひっぱって運ぶ。「杣人(＝材木ヲ切リ出ス人)は宮木(＝御殿ノ建築用材ヲ)—・くらしあしひきの(＝枕詞)山の山びことよびとよむなり(＝コダマスル)」〔古今・物名〕 ❸㋑ぬき取る。「鷹狩りの道に—・きたる蕪かな」〔蕉笠(曠野)〕㋺取り去る。撤去する。「『橋を—・いたぞ。あやまちすな(＝気ヲツケロ)』ととよみけれども(＝大声ヲアゲタガ)、後陣はこれを聞きつけず」〔平家・橋合戦〕 ❹(のこぎりで)切る。「番匠(＝大工)が椴の小節を—・きかねて」〔孤屋(炭俵)〕 ❺㋑案内する。連れて行く。「官人ありて、孫宝を—・きて冥官(＝アノ世ノ長官)に見しむ(＝会ワセタ)」〔今昔・巻九ノ一四〕㋺(馬の口を)とる。(馬を)連れて行く。「(乗ッタ馬ノ)口を—・きける男、あしく—・きて、聖(＝坊サマ)の馬を堀へ落としてけり」〔徒然・一〇六段〕 ❻さそう。(心を)ひきつける。「若い人(＝宮仕エニ出テイル姉ノ子)に—・かれて(＝誘ワレテ)、をりをりさしいづるにも(＝出仕スルニツケテモ)」〔更級〕「心は縁(＝動機)に—・かれて移るものなれば、しづかならでは、道は行じがたし」〔徒然・五八段〕 ❼㋑ひきずる。「宮の御髪の、土にいと長く—・かれさせたまひていでさせたまへりしは、いとめづらかなりし事かな」〔大鏡・道長〕㋺長くのばして張る。「(布引ノ滝ハ)たがために—・きてさらせる布なれや世をへて見れど取る人もなき」〔古今・雑上〕 ❽㋑くりひろげる。展開する。「(巻キ物ニナッテイル)文—・きはてて(＝ズットヒロゲ終ワッテ)『今は(＝モウコレキリ)』とするとき(＝トイウトキニ)」〔宇治・巻八ノ四〕㋺(広い所を)平らにする。「亀山殿たてられむとて、地を—・かれけるに(＝地ナラシヲナサッタトコロ)、大きなるくちなは数もしらずこり集まりたる塚ありけり」〔徒然・二〇七段〕㋩いちめんに設備する。「堀(ヲ)ほり、逆茂木—・いたれば(＝ズット作リ並ベテアルノデ)」〔平家・大衆揃〕 ❾【弾く】(弦楽器を)奏する。「(ヒトリノ男ガ)爪をおふしたり(＝長クノバシテイル)。琵琶など—・くにこそ」〔徒然・二三二段〕 ❿引用する。例として持ち出す。「史書の文を—・きたりし(コトハ)、さかしくは聞こえしかども、尊者の前にては、さらずとも(＝ヨケイダナ)とおぼえしなり」〔徒然・二三二段〕 ⓫ひいきをする。肩を持つ。「沙汰(＝訴訟)の理非を申しつるは、相模殿を(真ノ意味デ)思ひたてまつるゆゑなり。全く、地下(＝平民)の公文(＝荘園役人)を—・くにあらず」〔太平・巻三五ノ四〕 ⓬(贈り物を)くばる。(物を)与える。「(他国ノ商人ガ)飯を乞ふ。飯なほあれば(＝マダアッタノデ)—・きつ(＝配リ与エタ)」〔今昔・巻四ノ一五〕「天王寺にて一七日施行を—・きさうらふ」〔謡・弱法師〕 ⓭湯あみをする。(ふろに)はいる。「今夜こそ…御台(＝奥様)は御湯—・かせたまひさうらへ」〔太平・巻二一ノ七〕 ㊁〘自四〙❶後ろにさがる。しりぞく。「弓矢取り(＝武士)は、かくるも(＝進ムノモ)—・くも(＝シリゾクノモ)をりにこそよれ(＝ソノ時ノグアイニヨルモノダ)」〔平家・二度之駈〕「—・く波のさそひや返す友千鳥また磯遠く声の聞こゆる」〔玉葉・冬〕 ❷(地位・勤務などから)去る。辞する。「お夜詰め(＝夜間勤務)を—・くまでは(＝サガルマデハ)」〔浄・三代記・二〕 ❸(心が)ある方向に動く。(気が)そちらに走る。「好ける方に(＝スキコノム方面ニ)心—・きて、長き世語りともなる(＝世間ノ話題トモナル)」〔徒然・一七二段〕 ㊂〘自下二〙(古代語)ひかれる。「いとこやの(＝親シイ)妹の命群鳥の(ヨウニ)わがむれ往なば(＝皆ト連レダッテ行ッタナラ)ひけどり(＝ヒカレテ飛ビ立ツ鳥)の(ヨウニ)わが—・け往なば(＝皆ニサソワレテ行ッタナラバ)泣かじとは汝はいふとも…」〔記・上〕

びく【〈比丘〉】Ⓔ〘仏〙㊇「比丘尼」〘巴 bhikkhu の音訳〙出家し、すべての戒(本格的には二五〇戒)を受けた男子。〘初歩の戒だけ受けた者は「しゃみ(沙彌)」〙「海雲—、道を行きたまふに、十余歳ばかりなる童子、道にあひぬ。—童に問ひていふ」〔宇治・巻一四ノ二〕

びく に【〈比丘〉尼】Ⓔ ❶〘仏〙㊇「比丘」〘巴 bhikkhnī の音訳〙出家し、すべての戒(本格的には三四八戒)を受けた女子。〘初歩の戒だけ受けた者は「しゃみに(沙彌尼)」〙「一人の羅漢の(＝悟リヲ開イタ)—有り。名をば微妙といふ」〔今昔・巻二ノ三一〕 ❷江戸時代にいた、出家姿の賤業(せんぎょう)婦。「宝暦年間しきりに栄え、—の全盛いふばかりなし。—屋もりっぱなる家にて、五人十人も抱へおき、店は品川などの売女屋に似て」〔盲文画話〕

ひぐらし【日暮らし】 Ⓔ 朝から夕方まで。一日じゅう。「昼は—、夜は目のさめたるかぎり、燈(ひ)を近くともして、これ(=源氏物語)を見るよりほかの事なければ」〔更級〕

ひこじろ・ふ【引こじろふ】(—ウ) Ⓔ《他四》互いに…しあう。引っぱり合う。引きずる。「かやうなる御心しらひ(=心尽クシ)は常の事にて、目馴れにたれば(=ナレテシマッテイタカラ)、気色ばみ(=改マッテ)返しなど—・ふべきにもあらねば(=互イニヤッタリ取ッタリスベキモノデモナイノダ)」〔源氏・宿木〕「権中納言すみの間の柱もとによりて、兵部のおもと(ノソデヲ)—・ひ(=引コウトスルト、引カレマイトシテ争イ)」〔紫日記〕

ひこぢ【彦ぢ・夫】(—ジ) Ⓔ 夫。《「彦」は男をあらわし、「ぢ」は接尾語》「(オ后ガ)いたく(=ヒドク)うはなりねたみ(=ヤキモチ)したまひき。かれ(=ソレデ)、その—の神わびて(=大弱リデ)」〔記・上〕《原文は「日子遅」と表記》

ひごろ【日頃・日比・日来】 Ⓒ ❶数日。幾日か。「何ばかりの(=コレトイッテ)耳とどむる(=注意スルホドノ)事もなかりつる—なれど」〔紫日記〕「その後、—を経て(=数日アトデ)老母死にぬ」〔今昔・巻二ノ六〕 ❷このごろ。このところ。近ごろ。「—降り積みたる雪に、月のいと明かきに」〔更級〕 ❸ふだん。平生。いつも。「おのれがこのむ方にほめなすこそ(=自分ノ好ミニヒキツケテワザトホメルノハ)、その人の—の本意(=ホメラレタ当人ノフダンカラノ考エ)にもあらずやとおぼゆれ」〔徒然・一四三段〕

ひさう【秘蔵】(—ソウ) Ⓓ《+他サ変》❶大事に隠しておくこと。「この用意(=心得)を忘れざるを(ホントウノ)馬乗りとは申すなり。これ—の事なり(=秘説デアル)」〔徒然・一八六段〕 ❷特別に大事がること。たいせつな品物。「白葦毛(しろあしげ)なる馬の南鐐(なんれう)とつけて、さしも—・せられたりける名馬に、金覆輪の鞍おいてぞ、たうだりける(=下サッタ)」〔平家・競(八坂本)〕「身ども(=ワシ)が—の桶なれども、そち(=オ前)が行くによってこれをやる」〔狂・清水〕《日葡辞書に fisǒ とあり、平曲・狂言いずれも「ヒソオ」と発音》

ひさかた【久方・久堅】 Ⓔ《枕詞「ひさかたの」から転じて》月。「(桂トイウノハ)—のなかにおひたる里なれば光をのみぞたのむべらなる」〔古今・雑下〕「—のなかなる川(=桂川)の鵜飼(かう)ひ舟いかにちぎりて(=ドウイウ因縁デ)闇を待つらむ」〔新古今・夏〕

ひさく【杓】 Ⓔ ひしゃく。「『—の柄は…よからぬ(=下等ナ)物に(=デ作ル)』とぞ、ある人おほせられし」〔徒然・二三二段〕「すずしさを知れと—の雫(しづく)かな」〔兀峯(炭俵)〕

ひさ・く【販く・鬻く】 Ⓔ《他四》売る。あきなう。「棺(ひつぎ)を—・く者、作りてうちおくほどなし(=オイテオク間ガナイ)」〔徒然・一三七段〕《類聚名義抄の「販」の訓「ヒサク」の「ク」に清音符がある。近世以後は「ひさぐ」と濁音になる》

ひさげ【提・提子】 Ⓓ 弦(つる)でさげるようにした水差し。つぎ口があり、鍋(なべ)と急須(きゅうす)の合いの子のような形。多くは酒器として用いた。「大きなるかはらけ具して(=トイッショニ)、かねの—の一斗ばかり入りぬべきに、三つ四つに入れて」〔宇治・巻一ノ一八〕

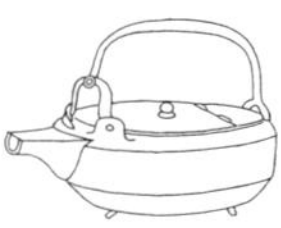

〔ひさげ〕

ひさご【瓢・瓠・匏】 Ⓓ《中世以後「ひさご」》❶「ひょうたん」「ゆうがお」「とうがん」などの総称。「七月の上旬に法華(ほっけ)の聖(ひじり)の田一町が中央に—一本生(お)ひたり」〔今昔・巻一三ノ四〇〕 ❷「①」の実を縦に割ってほしかため、水・酒などをくむ器にしたもの。「大原やせがいの清水—もて鶏(とり)は鳴くとも遊ぶ瀬を汲め…」〔神楽・杓〕 ❸紋所の名。↓巻末「紋章要覧」。

ひたえの— 直柄の瓢 Ⓔ《連語》「ひさご②」で、別に柄をつけず、細長い部分をそのまま柄として用いるもの。「酒壺(さかつぼ)にさしわたしたる(=ズットサシテアル)—の、南風吹けば北になびき、北風吹けば南になびき」〔更級〕

ひさし【廂・庇】 Ⓓ 寝殿造りの建物で、母屋(もや)の外がわを囲むへや。母屋の東にあるのを「東の廂」、西にあるのを「西の廂」のごとくいう。廂の外にさらに張り出した場合は「孫廂」という。廂の外がわに簀(す)の子がある。㊫すのこ・もや。「東面(ひむがしおもて)の朝日の気(け)、いとくるしければ(=暑クテタマラナイノデ)、南の—にいでたるに」〔蜻蛉・下〕

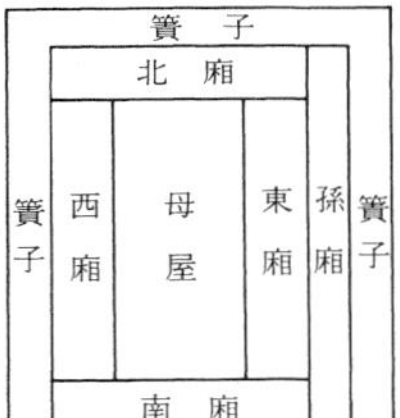

〔ひさし〕

ひさ・し【久し】 Ⓑ《形シク》❶時間的に長く存在する。「人の命—・しかるまじきものなれど」〔源氏・手習〕 ❷長い時間を要する。「とみにて(=急グ時ニ)炒(い)り炭おこすも、いと—・し(=ナカナカスグニユカナイ感ジダ)」〔枕・一六〇段〕 ❸久しぶりである。「なんと、亭主—・しいの」〔近松・曾根崎〕 ❹きまり文句で珍しくない。聞きあきている。「いろいろ御異見ありけれども『―・しいもんぢゃ…』などとて、受けつけたまはず」〔風来・根南志具佐・巻二〕

ひ さんぎ【非参議】Ⓓ ❶二位・三位で、まだ参議にならない者。❷四位で年功により参議となる資格を有しながら参議になっていない人。❸かつて参議の官にあり、現在は退官している人。㊀さんぎ。

ひし と Ⓓ《副》❶ぴったりと。「(実因僧都ガ)男の腰を―はさみたれば(=背負ワレテイル足デソノ男ノ腰ヲピッタリト強クハサミツケタノデ)太刀などをもて腰をはさみ切らむごとく、男たへがたくおぼえければ」〔今昔・巻二三ノ一九〕 ❷がぶりと。「この負はるる男、負ふ男を肩を―食ひたりければ(=クイツイタノデ)」〔今昔・巻二七ノ四四〕 ❸しっかりと。はっきり。「連歌は、なほ上手になりて後も、善悪を―治定(ぢぢやう)する事はかたし(=決定シニクイ)」〔連理秘抄〕 ❹みしみしと。「ぬばたまの夜はすがらに(=一晩ジュウ)この床の―鳴るまで嘆きつるかな」〔万葉・巻一三〕 ❺ばたりと。「上下の通ひ(=交通)も―止まった」〔狂・木六駄〕

ひし ひし Ⓓ《副》❶圧力によって鳴る音にいう。「風の、音荒らかにうち吹くに、はかなきさまなる(=粗末ナ造リノ)蔀(しとみ)などは―(=ミシミシ)と(足音ガ)まぎるる音に…導き入る」〔源氏・総角〕 ❷㋑すきまのないさま。「相撲(すまひ)を取りけり。たがひに―と取り組みて」〔著聞・興言利口〕㋺厳重なさま。「下野守は本陣に帰り、物の具(=ヨロイ)―(=ガッチリ)とかたむ」〔保元・上・一三〕 ❸時間的にすきのないさま。「『とくとくいでたちて(=用意シテ)参らせよ(=娘ヲ東宮ニサシアゲヨ)』とて、―(=ドシドシ)と沙汰ありて」〔愚管抄・第四〕

ひし め・く【犇く】Ⓓ《自四》❶㋑多勢で押しあい、さわぎたてる。「百人ばかり―・き集まりて」〔宇治・巻一ノ三〕㋺《単に》さわぎたてる。「(番人ハ)橋小屋に二人を入れ、編み戸押し立て、『…』と―・きしは、よに頼もしきふるまひなり」〔近松・今川了俊・四〕《この場面では、騒いでいるのは番人ひとり》 ❷きしむ。ぎしぎし音が立つ。「御格子を、碁盤などかき寄せて、ひとり念じて(=骨ヲ折ッテ)あぐる(ノダガ)、いと重し。(ワタシガ持チ上ゲテイルノハ格子ノ)片つ方なれば、―・くに、(中宮様ハ)おどろかせたまひて」〔枕・九一段(能因本)〕《この用法は他に例がない。三巻本は「きしめくに」》

びしゃもん【〈毘沙門〉】Ⓓ《梵 Vaiśravanaの音訳。「多聞」と意訳》㊇毘沙門天王。四天王・十二天の一。北方を守護する神。須彌山(しゆみせん)第四層の北側、天敬城に住み、仏法を守り福徳を与える。日本では七福神の一として親しまれている。「その木の端を…守りにし、(ソレデ)―(ノ像)を作りたてまつりて持ちたる人は、かならず徳つかぬ(=金持チニナラナイ人)はなかりけり」〔宇治・巻八ノ三〕

ひじり【聖】Ⓑ《「日知り」の意から》❶日のような高い徳で天下を治める人。天皇。「橿原(かしはら)の―のみ世ゆ…」〔万葉・巻一〕 ❷㋑超人的に徳が高い人。聖人。「人の才能は、文あきらかにして、―の教へを知れるを第一とす」〔徒然・一二二段〕㋺《濁酒を賢というのに対し》清酒の異名。「酒の名を―と負ほせしいにしへの大き聖の言のよろしさ」〔万葉・巻三〕 ❸ある事になみはずれてすぐれた人。「柿本の人麻呂なむ、歌の―なりける」〔古今・序〕 ❹㋑徳の高い僧。「宝志和尚といふ―あり。いみじく尊くおはしければ」〔宇治・巻九ノ二〕㋺《一般に》僧。出家。「口引きける男、あしく引きて、―の馬を堀へ落としてけり」〔徒然・一〇六段〕㋩念仏宗、とくに時宗に属する下級の僧。「その辺なる道場(=時宗ノ寺)の―『あまりに御痛はしく見えさせたまひさうらふに』とて、内へいざなひ入れたてまつれば」〔太平・巻二〇ノ一一〕 ❺不老不死の人。仙人(せんにん)。「蓬萊国(とこよのくに)に到りて、―を歴(め)りみる」〔紀・雄略・訓〕《「ひじり」は「仙衆」の訓》

―ほふし 法師(ホウー) Ⓔ 諸国をめぐり修行する、寺僧でない法師。修行僧。「墨染めの衣の短きに不動袈裟(けさ)かけて(=輪袈裟ヲカケテ)、木練子(もくれんじ)の念珠(ねんず)の大なる(ヲ)くりさげたる―(ガ家ノ中ニ)入りきて立てり」〔宇治・巻一ノ六〕

ひ すまし【樋洗し】Ⓔ 便器の清掃などをする下級の女性職員。「御雑仕(ざふし=雑役ニ従事スル女性)・御―などいふ者まで、容貌(かたち)よきを択(え)り調へられたる」〔増鏡・おりゐる〕

ひそ・む【顰む】Ⓓ ㊀《自四》(表情が)ゆがむ。泣き顔になる。「『いと悲し』と見たてまつるに、ただ―・みに―・む(=タダモウ泣キ顔ニナル)」〔源氏・東屋〕 ㊁《他四》ゆがめる。「老人どもは…姫君の御心を…もどき(=非難シ)口―・み聞こゆ(=悪口ヲ申シアゲル)」〔源氏・総角〕 ㊂《他下二》しかめる。「(北条高時ノヤリ方ニ)見る人眉を―・め聞く人唇(くちびる)をひるがへす(=悪クイウ)」〔太平・巻一ノ一〕《前の「口ひそむ」とこの「唇をひるがへす」は同じ。悪口をいうとき、口さきをつき出すような形になるから》

ひた-【直】Ⓑ《接頭》《「ひたすら」「ひたと」「ひたふる」「ひたみち」等の「ひた」と同意》「ただもう」「いちずに」「まじりけなしに」等の意を添える。「―おもむき」「―黒」「―鳴き」「―走り」等。

ひた【引板】Ⓔ《「引き板」の転》鳴子(なるこ)。「鹿はただ籬(まがき)のもとにたたずみつつ、(スズメトチガイ)山田の―にも驚かず」〔源氏・夕霧〕

ひたえ の ひさこ【直柄の瓢】Ⓔ〘連語〙→ひさこ。

ひた かぶと【直兜】Ⓔ〘十形動ナリ〙全員がよろいかぶとをつけること。「六波羅の兵(つはもの)ども、—三百余騎」〔平家・殿下乗合〕「上林房、勝行房の同宿ども(=同居人タチ)—・にて三百余人」〔太平・巻九ノ六〕

ひたき や【火焚き屋】Ⓔ 御所などを警護する衛士(えじ)が、夜、かがり火をたいて見張りしている小屋。または、夜、行事があるとき、火をたく小屋。「人あらむとも知らぬ(=人ガイルトモ思ッテイナイ)—より、にはかに出でて」〔枕・一四二段〕

ひた さ を【直さ麻】(—オ) Ⓔ《「ひた」はまじりけのない意、「さ」は接頭語》純粋の麻。「麻衣(あさぎぬ)に青衿(あをくび)つけ—を裳には織り着て…」〔万葉・巻九〕

ひた すら【只管】Ⓓ〘副〙❶すっかり。「会ふまでの形見ばかりと見しほどに—袖の朽ちにけるかな」〔源氏・夕顔〕 ❷ただもう。いちずに。「衆神(もろかんだち)の意(みこころ)のままに、これより—に根の国に帰(まか)りなむ」〔紀・神代上・訓〕《「ひたすらに」は「永」の訓》「遠き家は煙にむせび、近きあたりは—焔を地に吹きつけたり」〔方丈〕

ひた たれ【直垂】Ⓒ ❶夜具に使えるように仕立てた袷(あわせ)、または綿入れの着物。綿入れのは、いまのドテラといった感じで、庶民も中流以上もふだん着または仕事着にした。《平安時代はかけぶとんのかわりに、着物をかけて寝たが、主としてその用途にあてたもの》「人ども畠作る。大臣(おとど)くくり上げて(=袴(はかま)ノスソヲヒキ上ゲテククリ)、榑(くれ)の足駄をはきて、さび杖つきて、布の—着て立ちたまへり」〔宇津保・藤原君〕《↑仕事着の例》「紫の織物の—を(ワタシノ家ニ)置きたりけるを(返シテ)やるとて、頼信に『色にいでて人に語るな紫の根ずりの衣(ころも)きて寝たりきと』」〔和泉集〕《↑寝具用の例》 ❷平安末期からは、外出用にも使えるようデザインが改良された。角襟(かくえり)で、袖は狭く、袖くくりのひもがついている。袴は、上衣と同地同色のくくり袴であったが、後には切り袴となり、さらに長袴となった。鎧(よろい)の下に着るのを鎧直垂という。室町時代からは武家の礼装。いまは相撲(すもう)の行司が着ている。「木曾(=義仲)は、官加階したる者の—にて出仕せむ事、あるべうもなかりけり(=ヨロシクナイゾ)とて、はじめて布衣(ほうい)とり(=狩衣ヲ着テ)」〔平家・猫間〕《↑上級武士のふだん着の例》「練り貫きに鶴縫うたる—に萌黄(もえぎ)の匂ひの鎧着て」〔平家・敦盛最期〕《↑鎧直垂の例》

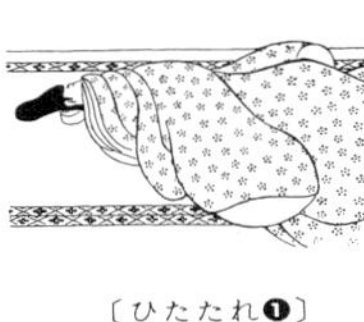

〔ひたたれ❶〕

〔ひたたれ❷〕

ひた つち【直土】Ⓔ 地に接していること。地べた。「曲げ廬(ほい)(=ユガンダ家)の内に—に藁(わら)解き敷きて…」〔万葉・巻五〕

ひた と【直と・専と】Ⓓ〘副〙❶じかに。ぴたりと。「—抱きつきて」〔今昔・巻二七ノ三五〕 ❷ただもう。すっかり。「この(赤人ノ)田子の浦の歌は、(雪ガ)降りながらにしても聞こえず(=意味ガ通ジナイシ)、—降るとしても聞こえず」〔在満・国歌八論〕 ❸しじゅう。いつも。「親の意見もなんその…(遊里ニ)—あゆみをはこびけり(=行キヅメデアッタ)」〔黄・金々先生・上〕 ❹予期しない事態に突然あう感じを表す。ばったりと。「木枯らしや—つまづく戻り馬」〔蕪村(蕪村句集)〕

ひたひ【額】(—イ) Ⓓ ❶顔の眉(まゆ)より上の部分。「—に手を当てて」〔源氏・手習〕 ❷㋑㊣額髪。額にたれ下がった髪。「こぼれかかる—の絶え間絶え間の(=スキカラミエル膚ノ)なまめかしさなどに、とばかり(=シバラク)まぼり入りて(=ジット見ツメテ)」〔浜松・巻四下〕㋺女官が正装の際、前髪につける飾り。「御仮髻(おすゑ)・—・つら櫛・釵子(さいし)・元結(もとゆ)ひ、大宮仕へのはじめの御調度奉りたまふ」〔宇津保・菊宴〕㋩(冠・烏帽子(えぼし)等の)額にあたる部分。「面の—、長き事あるまじき(=非常にヨクナイ)事なり」〔申楽談儀・一〕 ❸物の、つき出た部分。「岸の—のかた土、くわっと(=ドット)崩れて」〔太平・巻三一ノ五〕

ひた ふる【直ふる】Ⓒ ㊀〘副・形動ナリ〙❶すっかり。「今は亡き人と—・に思ひなりなむ」〔源氏・桐壺〕「外見(よそめ)には—狂人と人や見るらむ」〔謡・清経〕 ❷ただもう。いちず。「豊玉姫、別るる時に恨み言(ごと)—・なり(=サンザン恨ミヲ述ベタ)」〔紀・神代下・訓〕《「ひたふるなり」は「既切」の訓》 ㊁ 決死の者。命知らず。「弓箭を帯せらむ兵(つはもの)万人、剣を帯せらむ—万人、百の早船に乗せて出だし立てらるべし」〔今昔・巻五ノ一〕《謡曲では各流とも「ヒタフル」と清音。中古も清音だったらしい》 **—ごころ** 心 Ⓔ いちずにはげしい心。「盗人などいふ—ある(=相手カマワズノ)者」〔源氏・蓬生〕

ひだまひ の ふだ【日給ひの簡】(—イ—) Ⓔ〘連語〙清涼殿の殿上の間の西北側の壁に立て掛けておく長方形の板。殿上人の名が三段に記されている(上段四

殿上日給

〔ひだまひのふだ〕

位・中段五位・下段五位待遇)。各自の名の下に紙をはり、出勤日数をしるす。これによって、毎月の出勤状態を天皇に報告する(「月の奏」という)。「にっきふのふだ」「仙籍」とも。「御前なる—に、尚侍(ないしのかみ)になすよし書かせたまひて」〔宇津保・初秋〕

ひた みち【直路】Ⓓ《形動ナリ》いちずに。ただもう…に。「後ろ安く思ひたまへて(=アトアトノ事モ安心イタシマシテ)、—・なる行ひ(=専心ニ仏道修行ヲスルヨウ)に思ひなりなむこそ、うれしからめ」〔宇津保・俊蔭〕「まだいと行くさき遠げなる御ほどに(=御年齢ナノニ)いかでか(出家ナンカ)—・にしかは(=ソノヨウニ)思し立たむ」〔源氏・手習〕

ひた めん【直面】Ⓔ《能で》面をつけないこと。またはその役。「—(デ演技スルコトハ)、これまた大事なり(=至難ダ)」〔花伝・二〕

ひだり【左】 **—のうまづかさ** 左の馬寮 Ⓓ ↓さまれう。 **—のおとど** 左の大臣 Ⓓ ↓さだいじん。「—の、一の人といひながら、美麗ことのほかにて参れる」〔大鏡・時平〕 **—のおほいまうちぎみ** 左大臣(—オオイモウ—) Ⓓ ↓さだいじん。「河原の—」〔古今・恋四・詞〕

ひぢ【泥】(—ジ) Ⓔ どろ。「葦牙(あしかび)の初めて—の中に生ひたるが如し」〔紀・神代上・訓〕《「ひぢ」は「埿」の訓》「塵—の(ヨウニ)数にもあらぬ我ゆゑに思ひわぶらむ妹(いも)が悲しさ」〔拾遺・恋三〕

ひち りき【篳篥】Ⓓ 竹製の管楽器。表に七つ、裏に二つの穴があり、葦(あし)の茎を弁としたもの。「—はいとかしがましく、秋の虫をいはば、轡虫(くつわむし)などのここちして」〔枕・二一八段〕

〔ひちりき〕

ひつ【櫃】Ⓔ 物をしまうのに使われる大形の箱。形式により「長櫃」「唐(から)櫃」「折り櫃」などの種類がある。「源氏の五十余巻、—に入りながら」〔更級〕

ひ・づ【漬づ】Ⓒ(—ズ) ㊀《自四・上二》ぬれる。水につかる。浸る。「声はして涙は見えぬほととぎすわが衣手(ころもで)の—・づ《四段》を借らなむ」〔古今・夏〕《↑四段は、連体形がこの一例あるだけ。未然形・已然形の確かな用例は未見》「さを鹿の爪だに—・ぢ《上二》ぬ山川の(=序詞)あさましきまでとはぬ君かな」〔拾遺・恋四〕 ㊁《他下二》ぬらす。浸す。「天雲のはるかなりつる桂川そでを—・でても渡りぬるかな」〔土佐〕《「ひづ」か「ひつ」かは明証がない。類聚名義抄(書陵部本)の「漬」の訓や古今集嘉禄本(定家筆)は「ひぢ」とあり、謡曲の「袖—・ぢて掬(むす)ぶやみづから水桶を水底(みなそこ)に沈むれば」〔放生川〕なども「ひづ」である》

ひつぎ の みこ【日嗣ぎの御子】Ⓓ【連語】皇太子。東宮。「厩戸豊聡耳皇子(うまやとのとよとみみのみこ)を立て—となしたまふ」〔紀・推古・訓(岩崎文庫本)〕《「ひつぎのみこ」は「皇太子」の訓》

ひつじ【未】Ⓓ ❶十二支の第八。(参)じふにし。「この帝、天長四年丁(ひのと)—八月に生まれたまひて」〔大鏡・文徳天皇〕 ❷方角の名。南南西。 ❸時刻の名。《定時法で》午後一時から午後三時まで。(参)とき㊂①。「—の終はりばかりに(祓(はら)エガ)果てぬれば、帰る」〔蜻蛉・中〕

—さる 未申・坤 Ⓓ 方角の名。未と申の間、すなわち南西。「—のかた常陸を歴(へ)て甲斐国に至りて」〔紀・景行・訓〕《「ひつじさる」は「西南」の訓》「—の方のくづれたるを見入るればはるば

〔ひつじさる〕

ると(格子ヲ)おろしこめて、人かげも見えず」〔源氏・夕霧〕

ひつ ぢゃう【必定】(—ジョウ) Ⓔ《形動ナリ》決定的。必然。「入道相国(=清盛ガ)朝家(=朝廷)を恨みたてまつるべきこと—と聞こえしかば(=ウワサガ流レタノデ)」〔平家・法印問答〕

ひと【人】Ⓐ ㊀ ❶生物としての人間。「生(しゃう)あるもの、死の近き事を知らざる事、牛、すでにしかなり(=ソウダ)。—また同じ」〔徒然・九三段〕 ❷㋑他人。ほかの人。「四十(よそぢ)にも余りぬる人の…男・女の事、—の上をも言ひたはぶるるこそ、にげなく(=不似合イデ)見ぐるしけれ」〔徒然・一一三段〕㋺ほかのもの。よそのもの。「この寺の地は、—に(=ホカノ所ヨリモ)すぐれてめでたけれど、僧なむ、らうがはしかるべき(=ウルサイダロウ)」〔宇治・巻一三ノ八〕 ❸㋑世間の人たち。世人。「法師ばかりうらやましからぬものはあらじ。『—には木の端のやうに思はるるよ』と、清少納言が書けるも、げに(=ナルホド)さることぞかし(=モットモダネ)」〔徒然・一段〕㋺識者。道理のわかる人。「『かかる天下の乱れ、国土のさわぎ、ただ事ともおぼえず。平家の世の末になりぬる先表(せんぺう)やらむ』とぞ、—申しける」〔平家・鵼〕 ❹《名前がわからないとき、または名を現す必要のないときに用いる》ある人。「『うすものの表紙はとく損ずるがわびしき』と—の言ひしに」〔徒然・八二段〕 ❺少年少女期を過ぎた人。「(一寸法師ハ)年月をふるほどに、はや十二三になるまで育てぬれどもせいも—ならず」〔伽・一寸法師〕「上総(かづさ)の国にかはして(ソコデ)—となされ、十二三に及ばれしを」〔白石・折たく柴の記・上〕《現代語の成人よりも若く、一二、三歳以後をいったようである》 ❻㋑慕う相手。愛人。「思ひつつ寝ればや—の見えつらむ夢と知りせばさめざらましを」〔古今・恋二〕㋺妻。「(通盛ハ教経ノ忠言ヲ)げにも(=ナルホド)

とや思はれけむ、いそぎ物の具して(=武装シテ)—(=奥方)をば帰したまひけり」〔平家・老馬〕 ❼しっかりした人。代表的な人物。「—たる人(=アレコソト認メラレルヨウナ人物)の娘は、かくありたきものなり」〔西鶴・五人女・巻二ノ一〕 ❽身分。人の分際。「(コノ左近少将ハ)—もあてなり(=上流ニ属スル)。これよりまさりて(=コノ人以上ノ身分デ)ことごとしき際の人…尋ねよらじ(=相手ニシテクレマイ)」〔源氏・東屋〕 ❾人がら。性質。「雅房の大納言は、才(ざえ)かしこく、よき—にて、大将にもなさばやとおぼしける」〔徒然・一二八段〕 ❿家来。召使。使用人。「御供に—もさぶらはざりけり。いと不便なる(=グアイノ悪イ)わざかな」〔源氏・夕顔〕 ㊁〘代〙 ❶〘反射指示の用法〙わたし。自分。「あだなり(=浮気ダ)とあだに(=イイカゲンニ)はいかが(=ドウシテ)定むらむ—の心を人②は知るやは」〔拾遺・雑恋〕 ❷あなた。「—は十四、我は十六と申しし(トキ)より(アナタヲ)見始めたてまつりて(=妻ニオ迎エシテ)、たがひに志(=愛情ガ)浅からず」〔盛衰・巻三〇ノ八〕

ひと あきびと【人商人】Ⓔ 人買い。子どもや女性を買いとり、あるいは誘拐して、売りとばす者で、中世には多かったようである。「われは駿河の国、清見が関の者なりしが、—の手にわたり、今この寺にありながら(=身ヲオイテイマスガ)」〔謡・三井寺〕

ひと おき【人置き】Ⓔ 遊女・奉公人などの紹介および身もとひき受けを職業にしている者。「—は心づよく、『親はなけれど子はそだつ。…御亭さま、さらば』とばかりに出てゆく」〔西鶴・胸算用・巻三ノ三〕

ひと がち【人〈勝〉ち】Ⓔ〘形動ナリ〙人が多くいるさま。「つれづれなる昼つかた、御前に—・にもなければ(=ソンナニ人モイナイノデ)」〔狭衣・巻四〕

ひと かへり【一返り】(-エリ) Ⓓ ㊀ いちど。「(ソノ琴ノ音ヲ)いま—承り留めてこそ(=シッカリト聞カセテイタダイタウエデ)」〔浜松・巻三下〕 ㊁〘副〙いちだん。いっそう。「(頼宗ハ頼通ヨリモ)いま—えもいはず(=何トモイエヌホドミゴトニ)舞はせたまへりし」〔大鏡・道長〕

ひと きは【一際】(-ワ) Ⓓ〘副〙❶もうひとつ。より一段。「匂ひも、ものの音(ね)も、ただ夜ぞ—めでたき(=一段トヨイ)」〔徒然・一九一段〕 ❷いちずに。ひたすら。ただそれだけ。「おどろおどろしく(=オオゲサニ)作りたる物は(=彩色ヲホドコシタ絵ハ)、心にまかせて(=画家ノ思ウママニ)—目驚かして(=タダモウ人ノ目ヲ見ハラセルヨウニ画イテアッテ)、実(ぢ)には似ざらめど(=写実的デハナイダロウガ)、さてありぬべし(=ソレハソレデ結構ダロウ)」〔源氏・帚木〕

ひと くさ【人種・人〈草〉】Ⓔ (おおぜいの)人々。〘英語のpeopleに当たる〙「汝(いまし)が国の—、一日に千頭(ちかうべ)くびり殺さむ」〔記・上〕〘⑴原文は「人草」と表記。⑵日本書紀では「民」とあり「ひとくさ」と訓をつける〙

ひと げ【人気】Ⓓ ❶人のいるけはい。「—に(ヨッテ)こそ、さやうの(フクロウナドイウ)ものも、せかれて(=居ニクイコトニナッテ)影隠しけれ」〔源氏・蓬生〕 ❷㋑人間らしい感じ。人なみなようす。「(『草ノ庵』ト呼バレタノニ対シ)あやし(=イヤダワ)。などてか(=ナンダッテ)—なき(=ソンナ人間バナレノシタ)ものはあらむ」〔枕・八二段〕㋺人なみ(であること)。一人前。「身は沈み、位みじかく(=低ク)て—なき」〔源氏・帚木〕

ひと ざま【人状・人様】Ⓓ 見たところの人の様子。見たところの人がら。人の品位。「(斎宮ハ)わりなく(=ムヤミニ)もの恥ぢをしたまふ(=オ恥ズカシガリニナル)奥まりたる(=ヒッコミ思案ノ)—にて」〔源氏・澪標〕

ひと しほ【一入】(-オ) Ⓔ ㊀ 染め物の時、染め汁(しる)に一回ひたすこと。「(アナタ方ノ厚情ハ)—二入(ふたしほ)の紅(くれなゐ)よりもなほ深し」〔太平・巻三六ノ六〕 ㊁〘副〙もういちだん。いっそう。「霞たつ遠山(ニ見エル)松の朝ぼらけ—わかぬ(=区別ガツカナイ)春の色かな」〔壬二集・中〕

ひと すぢ【一筋】(-ジ) Ⓒ ㊀ ❶一本。「本光る竹なむ—ありけり」〔竹取〕 ❷一系統。同じ血統。「ただこの御—の(=師輔ノ家系ダケガ)かく栄えたまふべきとぞ見申す」〔大鏡・師輔〕 ❸一方面。ただ一方。「夢のやうなりし—の思ひは、移らむ方もなく」〔浜松・巻四上〕 ㊁〘形動ナリ〙 ❶いちずだ。ただもう…だ。「『夕顔』は(源氏物語ノナカデモ)—・にあはれにも心苦しき巻にてはべるめり」〔無名草子〕 ❷一面的だ。ただ一方に…だ。「鵜舟(うぶね)さす夜河の手縄(たなは)うちはへて(=ズット)—・ならず(=イロイロノ事ニツケテ)ものぞ悲しき」〔新千載・雑上〕

ひと だまひ【人給ひ】(-イ) Ⓔ ❶目下の者に使わせること(もの)。「いかで—ならむ(=従者用ニナリソウナ)御几帳(きちやう)まゐらむに(=御用立テイタシマスノニ)、いかに里(=自宅)へ取りにつかはするなむ」〔宇津保・初秋〕〘従来この用例を「人に賜る」意に解したが、誤りであろう〙 ❷外出の際、供の人の乗用に主人が使わせる牛車。「よき所(=身分ノ高イ家)の御車、(後ロニハ)—ひきつづきて(=ズラットオ供ノ車ガ続イテ)」〔枕・二三七段〕

ひと つ【一つ】Ⓒ ㊀〘十形動ナリ〙 ❶㋑単数。「身—(=ワタシヒトリ)さぶらふだに、ゆゆしく(=イヤナ)聞きにくき事さぶらふものを」〔宇津保・国譲下〕㋺第一。最初。「友とするに悪き者七つあり。—には高く尊(やむごとな)き人」〔徒然・一一七段〕 ❷同じであること。「野山にも秋の憂へや—・ならし(=同ジラシイ)牡鹿(をしか)妻とひ虫も鳴くなり」〔玉葉・秋上〕 ❸複数の事物が全体的には同じように感じられること。「海(わた)の原潮路(しほぢ)はるかに見わたせば雲と波とは―・なりけり」〈千載・羇旅〉『〔けがらひ忌みたまひしも―・に満ちぬる夜なれば」〈源氏・夕顔〉によって「同時」の意を挙げる説もあるが、この「ひとつに」は「ひとへに」となっているテキストが少なくないので、しばらく採用を見合わせる』 ㊁〈連体〉 ❶単一の。「―松人にありせば(=モシ人ダッタラ)太刀佩(は)けましを(=帯ビサセヨウモノヲ)…」〈記・中〉 ❷同じの。「少将の妻(め)・母、―車にて物見る」〈宇津保・国譲下〉 ❸同じ類の。「〈帝ト太政大臣ハ〉同じ赤色を着たまへば、いよいよ―ものと(=同類ノヨウニ)輝きて見えまがはせたまふ」〈源氏・少女〉 ㊂〈副〉 ❶(否定文の中で)全然。すこしも。「思ひしさまに―たがはずおぼゆれば」〈蜻蛉・中〉 ❷(肯定文の中で)㋑ずいぶん。かなり。「婿どのには―なる(=ソウトウ飲メル)と見えました」〈狂・二人袴〉㋺十分に。「『(酒ガ)ちゃうどござる』『―あるわ(=ナミナミトツイダヨ)』」〈狂・素襖落〉「『(酒ガ)なみなみとある』『―ござる』」〈狂・二人袴〉

―ご 子 Ⓔ ❶ひとり子。「いささか立ちならぶ人なくて(=比ベル者モナイホドタイセツナ)―にいますかりけり(=イラレタ)」〈宇津保・忠こそ〉 ❷一歳の子。「平家の子孫は…―ふたつ子を残さず、腹の内をあけて(=切リ開イテ見ずといふばかりにたづね取って、失ひてき(=殺シテシマッタ)」〈平家・六代被斬〉

ひと とせ【一年】 Ⓒ ❶一年間。「つくづくと―を暮らすほどだにも、こよなう(=コノ上ナク)のどけしや」〈徒然・七段〉 ❷その同じ年の内。「色かはる(=白色ガダンダン紅ヲ帯ビテクル)秋の菊をば―にふたたびにほふ(=咲ク)花とこそ見れ」〈古今・秋下〉 ❸過去の某年。先年。「それ(=斎藤実盛)は、―幼な目(=子ドモノ時)に見しかば、白髪の糟苧(かすを)(=ゴマシオ)に生ひたりしかば、今は殊の外に(=ズイブン)白髪になりぬらむに」〈盛衰・巻三〇ノ二〉〔この場面で話主(木曾義仲)は三〇歳〕

ひとなみ なみ【人並み並み】 Ⓓ〈十形動ナリ〉「人なみ」の強調形。他の人たちと同様であること。「―・に都をいでて、西国へ落ちくだりしかども、故里にとどめおきし幼き者どもの恋しさ、いつ忘るべしともおぼえねば」〈平家・高野巻〉

ひと な・る【人慣る・人馴る】 Ⓔ〈自下二〉 ❶人中の交わりに慣れる。人ずれする。「男の御教へ(=教育)なれば、少し―・れたることや交じらむと思ふこそうしろめたけれ(=気ガカリダ)」〈源氏・花宴〉 ❷(動物が)人に慣れなつく。「(ワタシハ)―・れぬ三津の御牧(=朝廷御用ノ牧場)の駒(=馬)なれや(=ナノダロウカ)立つ名(=広ク知ラレル評判)もさらにあらじとぞ思ふ」〈重之集〉

ひと の【人の】 Ⓓ ㊀〈連体〉〔「ふだん交渉の少ない地域」という基本意味から〕 ❶外国の。海外の。「―(=中国ノ)朝廷(みかど)にも、夢を信じて国を助くるたぐひ、多うはべりける」〈源氏・明石〉「―国(=中国)にありけむ(反魂)香の煙ぞ、いと得まほしく(=手ニ入レタク)おぼさる」〈源氏・総角〉 ❷(中央都市から)遠く隔たった。辺鄙(へんぴ)な。「(興ザメナノハ)―国(=イナカ)よりおこせたる文の(添エタ)物なき」〈枕・二五段〉 ㊁〈連語〉人に関した語であることを軽く接頭語ふうに示す。除いても下の語の意味は変わらない。「―子は祖(おや)の名絶たず大君に奉(まつ)ろふ(=オ仕エスル)ものと…」〈万葉・巻一八〉

ひと はな・る【人離る】 Ⓔ〈自下二〉人里から遠く離れている。近くに人が住んでいない。「あはれに、―・れて、いづこともなくておはする(=ポツントシテイラッシャル)仏かな」〈更級〉

ひと ひ【一日】 Ⓓ 対「ひとよ」 ❶いちにち。「―がうちに二人の子を失ひたまへりし母北の方の御ここち、いかなりけむ」〈大鏡・伊尹〉 ❷ある日。さきごろ。「『―の風はいかに(=センダッテノ台風ハドウデシタ)』とも、例の人は問ひてまし」〈蜻蛉・上〉 ❸終日。朝から晩まで。〔⑴夜間は含まない。⑵強調形は「ひひとひ」〕「―ありて(=昼間ズット在宅シテ)、暮るれば(宮中ニ)参りなどするを、あやしうと思ふに」〈蜻蛉・上〉 ❹(月の)ついたち。「―の日より四日、例の物忌みと聞く」〈蜻蛉・下〉

ひと びと・し【人人し】 Ⓓ〈形シク〉一人前だ。人なみだ。「(親ニ知ラセルノハ)まろ(=ボク)もいま少し―・しくなりて(=マシナ地位ニナッテカラ)」〈落窪・巻二〉

ひと ふし【一節】 Ⓒ ❶特色のある所。目だつ点。「雪に山が浅くなると(イウ趣向デ)詠(よ)みたるが―なり」〈正徹物語・上〉 ❷一事件。「―に(=アノ一件デ)思しうかれにし心(=オダヤカナラズ思ッタ気持チガ)、しづまり難う思さるる」〈源氏・葵〉 ❸一つの事のおり。ある機会。「この―(=コノ際)は、なほ(=ヤハリ)過ぐして(=コノママスマセテ)」〈源氏・総角〉 ❹(楽曲などの)一くぎり。「『竹河の橋』(=催馬楽)うちいでし―に、深き心の底は知りきや」〈源氏・竹河〉

ひとへ【単】(―エ) Ⓓ 略ひとへぎぬ。「―ひとつを着て、すべり出でにけり」〈源氏・空蝉〉

―ぎぬ 衣 Ⓓ 平安時代式の上流むき衣服で、袿(うちき)の下に着る袖(そで)口のひろい、裏のない衣。いまの長じゅばんにあたる。「―はなし、袴(はかま)ひとつ着て、所どころあらはに」〈落窪・巻一〉

ひと ま【人間】 Ⓒ ❶人が見ていないあいだ。人が見ていない時。「―に、みそかに(=コッソリト仏像ノアル室ニ)入りつつ…祈り申す」〈更級〉 ❷(人が何かをする)あいま。(人が来てくれる)とぎれ。「(頼風ノ妻ハ)少し契りのさはりある(=通ッテ来テクレナイ)―をまこと(ノ心変ワリ)と思ひけるか…怨みの思ひ深き、放生川に身を投ぐる」〔謡・女郎花〕《「人間世界」という意を挙げる説もあるが、その用例を見ると、「にんげん」と音読すべきものなので、省く》

ひと め・く【人めく】Ⓓ《自四》❶人間らしい。人間なみだ。「(「夕顔」トイウ)花の名は—・きて、かうあやしき(＝ミスボラシイ)垣根になむ、咲きはべりける」〔源氏・夕顔〕 ❷《ほめる気持ちで》お人がらだ。一人前だ。「(ムスメ明石上ノオチツイタ)心ざまを、『こよなうも(＝エラクマア)—・いたるかな(＝オ上品ナモノダナア)』(ト父源氏ハ思ウ)」〔源氏・明石〕 ❸《「なみなみの」を伴い、あまりほめない気持ちで》ふつうの人のようだ。世間なみだ。「『なみなみの—・き、ここちなのさまや(＝タシナミノナイ有様ダナア)』とものうければ」〔源氏・蜻蛉〕

ひと やう【一様】(イヨウ) Ⓓ《形動ナリ》同じようだ。同じ調子だ。「すくよかに(＝ブッキラボウニ)いひ出でたる言(こと)も、しわざも、女しき所なかめるぞ、—・なめる」〔源氏・螢〕

ひと やり【人遣り】Ⓓ《十形動ナリ》❶人を追いやること。「月光(げっか)はまだ夜深しと(安心シテ)やすらへば(＝寝テイルト)はや—の鶏(とり)は鳴くなり」〔新撰六帖・第五〕 ❷自分の意思ではなく、人にしいられてすること。「いきうしと思ひながらも—の道にはさこそとまらざりけめ」〔新千載・離別〕 **—なら・ず** Ⓓ《連語》人のせいではなく、自分でする。「—・ぬ胸こがるる(＝ミズカラ思イコガレル)夕べもあらむとおぼえはべる」〔源氏・帚木〕

ひ とり【火取り】Ⓔ ❶香炉の一種。外は木、内は金属または陶製で、上に金属製のかごをかぶせ、火を入れ、香をたく。「前なる—を手まさぐりにして」〔堤・このついで〕 ❷火を入れた器を持つ役の侍童(さむらいわらわ)。「(ソノ役ヲ)当てたらむ—(ト)水取り(＝水ヲ入レタ器ヲ持ツ役ノ侍童)ばかり(ヲ宮中ニ)参らせて、我は参らじ」〔讃岐・下〕《この用例により五節(ごせち)の舞姫が参入する時、「①」を持って先に立つ女の童(わらわ)という意を挙げる説もあるが、これは一月二十一日の内裏遷幸の記事であり、五節の条ではない》

〔ひとり❶〕

ひとり ご・つ【独りごつ】Ⓓ《自四》ひとりごとをいう。つぶやく。「『尽きもせぬ(＝限リモナイ)心の闇(＝恋ノ迷イ)にくるるかな(＝ワケガワカラナイ)雲居に人(＝空ノカナタニイルヨウニ遠イアナタ)を見るにつけても』とのみ、—・たれつつ、ものいとあはれなり」〔源氏・紅葉賀〕

ひと わろ・し【人悪し】Ⓓ《形ク》❶みっともない。ぶざまだ。「秘色(＝青磁ノ茶ワン)やうの唐土(もろこし)のものなれど、—・きに(＝古ビテミットモナイウエニ)」〔源氏・末摘花〕 ❷体裁が悪い。きまりが悪い。「またなう—・くくやしう、何に来つらむ(＝何ダッテ来タノダロウ)」〔源氏・葵〕

ひな【鄙】Ⓓ ❶㊉「みやこ」 都から離れた場所。いなか。「天離(あまさか)る(＝枕詞)—の長道ゆ(＝イナカ道ヲハルバル)恋ひ来れば明石の門(と)より大和島見ゆ」〔万葉・巻三〕 ❷《とくに》西国。「槻(つき)が枝は…中つ枝は東(あづま)を覆(お)へり下枝は—を覆へり」〔記・下〕

ひな・ぶ【鄙ぶ】Ⓓ《自上二》いなかふうになる。「さもあるまじき(＝ソンナハズノナイ)老いたる人・男などの、わざとつくろひ—・びたるは、にくし」〔枕・一九五段〕

ひな ぶり【夷曲・鄙〈振〉り】Ⓔ ❶上代、歌曲の一種に与えた名称。どのような曲調かは不明。「この両歌(ふたうた)はいま—と号(なづ)く」〔紀・神代下・訓〕《「ひなぶり」は「夷曲」の訓》 ❷狂歌。「童(わらべ)もこの—を求めて、芻蕘(すうぜう＝キコリ)の者もよみ、雉兎(ちと＝猟師)の者もまねぶ」〔後万載・序〕

ひ にく【皮膜】Ⓔ 皮と肉。「芸といふものは、実(じつ)と虚(そう)との—の間(ノヨウナ微妙キワマル境)にあるものなり」〔以貫・難波土産・発端〕《原文は「膜」に「にく」とふりがながある。「膜」は肉のことではないが、作者の誤用であろう。他に用例を見ない》

ひ にん【非人】Ⓓ ❶㋑〔仏〕人間でなくて人間類似の形をしているもの。鬼など。「—悪しき眼ににらみて、せめて言はく『すみやかに往け』と言ふ」〔霊異記・中・五〕㋺僧。世捨て人。「壬生忠岑は舎人なれども古今の撰者につらなり、山田法師は—にして同集をけがす(＝古今集ノ中ニ歌ガハイッテイル)」〔十訓・第一〇ノ七三〕 ❷食を人に乞(こ)う者。窮民。「松室(まつむろ)の仲算は—の沙門なりしかども、宗論に(＝宗派ノ優劣ヲ決スル公開討論デ)八宗の頂官たり(＝全宗派ノ最高権威トナッタ)」〔ささめごと・下(天理本)〕 ❸㋑低い階層。「罪人橘逸勢、本姓を除き、—の姓を賜ひて、伊豆国に流す」〔続後紀・承和九年七月二十八日〕㋺江戸時代、賤(せん)民として、士・農・工・商の四階級の外におかれた者。「東海寺門前に一夜を明かしけるに、その片陰にこもかぶりて—あまた臥(ふ)しけるが」〔西鶴・永代蔵・巻二ノ三〕《「罪人」という意を挙げる説もあるが、確かな用例は未見》

ひ の え【丙】Ⓓ 十干(じっかん)の第三番目。㊂じっかん。「我は(夫ヲ殺ストイッテ)世の人の嫌ひたまふ—午(うま)なる」〔西鶴・五人女・巻三ノ四〕

ひ の と【丁】Ⓓ 十干(じっかん)の第四番目。㊂じっかん。「—酉(とり)の大火の後」〔白石・折たく柴の記・中〕

びは【琵琶】(-ワ) Ⓓ 撥(ばち)でひく弦楽器。雅楽用のは四弦、平曲用のは五弦。「—なむまことの音をひきしづむる(=ヒキコナス)人、いにしへも難うはべりしを(=メッタニゴザイマセンデシタガ)」〔源氏・明石〕

〔びは〕

ひはだ【檜皮】(-ワ-) Ⓓ ❶檜(ひのき)の外皮。屋根をふく材料として用いられた。「(大風ノタメニ)—葺き板のたぐひ、冬の木の葉の風に乱るるがごとし」〔方丈〕 ❷「①」でふいた屋根。「これなる所を見れば、由ありげなる古宮の軒の—も苔(こけ)むして」〔謡・胡蝶〕 ❸㊣檜皮色。「『かく集まりたる人にものせよ(=アゲナサイ)』とて、いそぎける(=用意シタ御飯)は、いとにはかに(シテ焦ゲテ)—の濃き色にてしたり」〔蜻蛉・下〕 **—いろ** 色 Ⓔ ❶紫の黒みがかった色。「—・桜がさね(ノ着物ヲ)おしなべて(=モレナク)賜ふ」〔宇津保・嵯峨院〕 ❷襲(かさね)の色目。→巻末「襲の色目要覧」。 **—や** 屋 Ⓔ 屋根を「ひはだ①」でふいてある家。「六波羅の北なる—には、もとより両院・東宮おはしませば」〔増鏡・村時雨〕

ひび・く【響く】 Ⓒ 《自四》 ❶(音が)かなりの距離まで聞こえる。「—・き来る松の末(うれ)より吹き落ちて草に(=草ノトコロデ)声やむ山の下風」〔玉葉・雑二〕 ❷(世の中に)知れわたる。「よからぬ(=ロクデモナイ)世のさわぎに、かるがるしき御名(=浮キ名)さへ—・きて」〔源氏・若菜上〕 ❸大さわぎする。わいわいいう。「上達部(かんだちめ)・殿上人、残りなく(オ供ヲシテ)—・きて、(中宮ハ宮中ニ)入らせたまひぬれば」〔栄花・布引〕

ひとひ【日一日】 Ⓓ 《副》㊤「よひとよ」 一日じゅう。終日。「—、夜もすがら、神仏を祈る」〔土佐〕

ひひな【雛】(-イ-) Ⓔ 人形。「(幼イ皇女ノ愛ラシサハ)—とも絵とも見えさせたまふ」〔栄花・御賀〕

ひひら・く Ⓔ 《自四》 ❶(馬が)いななく。(ヒヒンという声から出た語であろう)「嘶…ヒヒラク、イナナク」〔名義抄〕 ❷しゃべりまくる。べらべらしゃべる。「馬の頭(かみ)、物定めの博士(=名議長格)になりて、—・きゐたり」〔源氏・帚木〕 ❸得意そうにふるまう。「供人らも…ますます肘(ひぢ)を高く張りて—・きゐたるも、をかしかるべし」〔馬琴・弓張月・一八回〕(このほか「平たくなる」の用例もある。「木の下に—・きたる石の雪をはらひつつ、為朝に腰かけさし」〔馬琴・弓張月・二六回〕これは馬琴独自の誤用と思われるので、採らない)

ひま Ⓑ ㊀【隙】 ❶物と物との間のあいた所。すきま。「—多かる板屋(=スキマダラケノ板ブキノ家ハ)、月光のこりなく(=イタル所ニ)漏り来て」〔源氏・夕顔〕 ❷物事が絶えている間。中断。「御涙の—なく流れおはします」〔源氏・桐壺〕 ❸準備のできていない・所(こと)。手ぬかり。「いささかの—なく用意したり(=気ヲクバッテイル)と思ふ(人)が、つひに(ボロヲ)見えぬ(=出サナイノ)こそ難けれ」〔枕・七五段〕 ❹善意が通じないこと。不和。「大臣(おとど)の、—ある御仲にて」〔源氏・澪標〕 ❺(ほんのちょっとした)時機。ぐあいのよいきっかけ。「津の国の(=枕詞)こや(=サアイラッシャイ)とも人をいふべきに(=アナタニ言ウハズナノニ)—こそなけれ(=ドウモチャンスガアリマセンノヨ)あしのやへぶき(=イロイロサシサワリガアッテネ)」〔和泉集〕(「空位の官」という意をあげる説もあるが、その用例は⑤として解釈すべきものである。空位の官は、中古語では「闕(けち)」といった) ㊁【暇】 ❶㋑時間。「ちと彩色に直す所があって、—をとった」〔狂・金津地蔵〕㋺あいている時間。時間のゆとり。「お安い御用ではござれども、わたくしは手の—がござりませぬ」〔狂・昆布売(鷺流)〕「今は牛鬼になって、地獄の門番をしてゐらるるゆゑ、—がない」〔一九・膝栗毛・三上〕 ❷㋑しごとをやめること。辞任。「お飯(まんま)たきをいたしてをりました者…お—をもらひ、親もとへ帰りましても、もの堅い親、内へは入れず」〔一九・膝栗毛・発端〕㋺離縁。「女房は捨てられぬと言ひなさったがわたしには千倍(=最上ノオコトバデス)。もう何にも言ひませぬ。わたしには—を下さりませ」〔一九・膝栗毛・発端〕

ひみづ【氷水】(-ズ) Ⓔ 氷を入れて冷やした、または氷をとかした水。「いみじう暑き昼中に、いかなるわざをせむと(=ドウシテ過ゴソウカト思イ)、扇の風もぬるし、—に手をひたし、もてさわぐほどに」〔枕・一九二段〕

ひむかし【東】 Ⓓ (古代語)ひがし。(平安時代より後は「ひむがし」)「一日(ひとひ)には千度参りし—の大き御門(みかど)を入りかてぬかも(=入リカネルコトダ)」〔万葉・巻二〕

ひめ【姫・媛】 Ⓒ ❶女性をきれいな感じでいう語。「かしこき鹿島にます建みかづちの命・香取にますいはひ主の命・枚岡(ひらをか)にます天のこやねの命・—神、四柱のすめがみたちの広前に(=御神前ニ)まをさく(=申シアゲマスコトハ次ノトオリデス)」〔祝詞・春日祭〕(原文「比売神」と表記) ❷高貴な女性をいう語。「上臈(じやうらふ)の姿を見るに、いつぞや清水にて(=清水寺デ)見申せし—にてはなし」〔仮名・恨之介・下〕 ❸女の子。「若(=男ノ子)や—をばはぐくまめ(=育テヨウカ)」〔盛衰・巻一〇ノ一〇〕 ❹㊣姫飯(ひめいひ)。いまの米飯。「堅粥(かたかゆ)」とも。(昔は強飯(こはめし)が常食であった)「『困(こう)じにたり(=クタビレチャッタ)』とて、御—して、まゐる(=オアガリニナル)」〔宇津保・俊蔭〕

ひめや【茹矢】 Ⓔ 他に用例がなく、意味は明らかでない。前後の関係から推測すると、くさびのようなものらしい。「大樹を切り伏せ—をその木に打ち立て、(大国主命ヲダマ

シテ)その中に入らしむる即ち、その—をうち放ちて、拷(う)ち殺しき」〔記・上〕〘原文「茹矢」「氷目矢」と表記〙

ひもと・く【紐解く】[D] [一]〘連語〙❶[イ]下紐を解く。「ま日(け)長く(=長イ間)恋ふる心ゆ(=恋シク思ッテイタノデ)秋風に(ヨッテ)妹が音(=ケハイ)聞こゆ(=ワカル)—・き行かな(=訪レヨウ)」〔万葉・巻一〇〕[ロ]衣服についている紐を解く。「牛車にて北陣(=朔平門)まで入らせたまへば、それよりうちは何ばかりのほどならねど(=何ホドノ距離デモナイノニ)—・きて(=袍(うは)ノエリノ入レ紐ヲハズシテ、クツロイデ)入らせたまふこそ」〔大鏡・兼家〕❷つぼみが開く。花が咲く。「ゆゑある(=趣ノアル)庭の木立の、いたく(=タイソウ)霞みこめたるに(=カスミガ立チコメタ所ニ)、色々(ニ)—・きわたる花の木ども」〔源氏・若菜上〕
[二]【繙く】〘他四〙(書物を)開いて見る。「(経ノ)しなじなに(=品(ほん)ゴトニ)—・く法の教へにて今ぞ盛りの花は開くる」〔玉葉・釈教〕

ひやうぐ【兵具】(ヒョウ—)[E] 武器。兵器。「このほど(=最近)院中の人々の—とのへ、軍兵(ぐんびやう)を召されさうらふをば、何とか聞こしめされさうらふ(=何ノタメダトオ考エナサイマスカ)」〔平家・西光被斬〕

びやうざ【病者】(ビョウ—)[E] →ばうざ。

ひやうぢやう【兵仗】(ヒョウジョウ)[E] ❶兵器。刀や槍(やり)など。「みな弓箭(きゆうせん)・—の道をたへたりといへども(=技術ニスグレテハイルガ)」〔今昔・巻二三ノ一二〕❷[イ]武装して貴人などの護衛にあたった者。随身(ずいじん)。「—を賜って宮中を出入するは、みな格式の礼(=公定ノ作法)を守る」〔平家・殿上闇討〕[ロ]武官であること。「随身のふるまひは、—の家が知る事にてさうらふ」〔徒然・一九六段〕❸(刀剣などによってうける)傷害。被害。「おのれ(=ワタシハ)もし—の難やある(=オソレガアリハシナイカ)」〔徒然・一四六段〕

ひやうぢやう【評定】(ヒョウジョウ)[E]〘+他サ変〙何かを決めるため、集まって相談すること。合議。〘結論が出なくても評定である〙「左近の桜の詠、うけられぬ(=ナットクデキナイ)由、たびたび歌の—の座にても申しき」〔後鳥羽院口伝〕「後日の—たるべし(=アラタメテ合議ショウ)」〔近松・反魂香・中〕 **—しゅう** 衆 [E] 鎌倉・室町の幕府の政所(まんどころ)で、司法・行政の重要な事項をとりあつかった高官。「宗徒(むねと)の一門(=オモダッタ親類)ならびに頭人(とうにん)・—を集めて、『この事如何あるべき』と、おのおの所存(=意見)を問はる」〔太平・巻二ノ五〕 **—しょ** 所 [E] 江戸時代の最高裁判所。幕府では老中および奉行(ぶぎやう)、各藩では家老が重要事件を合議した。「—での詮議(=トリシラベ)は、みな一家中(=同藩ノ者)ばかり」〔伎・幼稚子敵討・序〕

ひやうでう【平調】(ヒョウジョウ)[D] ❶日本式十二律の第三。[参]じふにりつ。❷前項の平調を宮(基音)とする律旋音階。[参]りつりょ。

ひやうと (ヒョウ—)[E]〘副〙(予期していないとき)ひょっこり。ひょいと。ふいと。「ここちもくるしければ(=気分モ悪イノデ)、几帳へだててうちふす所に、ここにある人(=コノ家ニ留守ヲシテイタ侍女ガ)—寄り来て言ふ」〔蜻蛉・中〕〘この語を次項「ひやうど」と同語にあつかう説もあるが、中世の「ひょっと」と同じ意味であり、擬声語の「ひやうど」とは別語と思われる。「ひょっとそこへ参ったれば、三位の入道『さればこそ』と言うて喜ばれた」〔平家・巻二ノ三(天草本)〕〙

ひやうど (ヒョウ—)[D]〘副〙ひゅんと。ひゅうと。矢の飛ぶ時などの音を写した擬声語。「内甲(うちかぶと)を志して(=メガケテ)—射る」〔保元・中・一〕〘平曲では「ど」と濁音。日葡辞書 fiŏdo。江戸中期以後は「ひやうと」と清音によむことが多い〙

ひやうはふ【兵法】(ヒョウホウ)[E] →へいはふ。「習はぬ女の身ながらも、—の打ち太刀し(=剣術ヲ教エ)」〔近松・出世景清・二〕

ひやうぶ【兵部】(ヒョウ—)[D] ❶[略]兵部省。❷兵部省の役人。 **—きやう** 卿 (…キョウ)[D] ❶兵部省の長官。本来は正四位の相当官だったが、親王を任ずるのが例となり(兵部卿の宮)、後には大・中納言や参議の兼官となって、四位の者は任じないことになった。❷香(こう)の名。におい袋に入れて身につける。「身に—、袖にたきかけ(=薫香ヲタキコメ)、いたづらなる(=気ドッタ)余情(=様子)」〔西鶴・一代男・巻一ノ一〕 **—しやう** 省 (…ショウ)[D] 六位以下の武官の採用試験・勤務評定および軍事一般をつかさどる役所。兵馬司・造兵司・鼓吹司・主船司・主鷹司などを管理したが、だんだん廃合され、ついには衛門府から移管された隼人司(はやとづかさ)だけが属した。長官を卿(きやう)、次官を大輔(たゆう)・少輔(しよう)、三等官を大丞(たいじよう)・少丞(しようじよう)、四等官を大録(だいさかん)・少録(しようさかん)といった。

ひやうゑ【兵衛】(ヒョウエ)[D] [略]兵衛府。 **—のかみ** 兵衛の督 [D]〘連語〙左・右兵衛府の長官。定員は左右各一名で、従四位下に相当する。 **—のすけ** 兵衛の佐 [D]〘連語〙左・右兵衛府の次官。定員は左右各一名で、従五位上に相当する。 **—ふ** 府 [D] 内裏の中郭門内の警備を主要任務とする役所。左兵衛府(東方宣陽門がわ担当)と右兵衛府(西方陰明門がわ担当)とがあり、長官は督(かみ)、次官は佐(すけ)、三等官に大尉(たいじよう)・少尉(しようじよう)、四等官に志(さかん)があり、その下に府生(ふしやう)・番長(ばんちやう)・府掌(ふしやう)・吉上(きちじやう)等があった。㊂ゑふ。

ひゃく しゅ【百首】Ⓒ 定数歌(二〇首とか五〇首とかのわくに合わせて歌を作ること)のひとつ。一〇〇首でひとまとまりになるが、春何首・秋何首・恋何首といったふうに、題のわくも決められているのが普通。源重之(一〇〇〇年没)の百首が現今最古だが、史的には堀河百首(一一世紀末成る)がいちばん重要である。「(アナタ様ノ)毎月の御—、よくよく拝見せしめさうらひぬ」〔毎月抄〕 **—うたあはせ** 歌合はせ・歌合(-アワセ) Ⓔ 《連語》作者が各自、与えられた題によって百首の歌をよみ、その百首の歌の一首ずつを左右につがえるというしかたの歌合わせ。「家に(=拙宅デ)—しはべりけるに、祈る恋といへる心を」〔新古今・恋二・詞〕 **—のうた** 百首の歌 Ⓒ 《連語》→ひゃくしゅ。㊂ごじっしゅうた。「—にも、地歌(=目立タナイ歌)を詠みて秀逸をば所々に交(ま)ずべき」〔筑波問答〕

ひゃく だい【百代】Ⓔ →はくたい。

びらう げ【檳榔毛】(-ロウ-) Ⓔ ㊥びらうげのくるま。「—の黄金(こがね)造り六つ、ただの—二十」〔源氏・宿木〕 **—のくるま** 檳榔毛の車 Ⓔ 《連語》「檳榔(びらう)」の葉を細かく裂いて白くさらしたものを編み、それを車体に張った牛車。親王・大臣・公卿・高級女官・高位僧侶などの乗用に使われた。「黄金造りの車

〔びらうげのくるま〕

一、—二」〔宇津保・藤原君〕

ひら・く【開く】Ⓑ ㊀《他四》❶(閉じていたものを)あける。「(天照大神ハ)御手を以ちて細めに磐戸(いはと)を—・きて」〔紀・神代上・訓(私記)〕《「ひらきて」は「開」の訓》 ❷始める。開発する。「飯合川に新田を—・くべきくふう」〔伎・伊賀越・一二〕 ❸(分解して)取り除く。なくす。「不審を—・かむために」〔太平・巻二五ノ四〕 ㊁《自四》❶出発する。《「珠洲(すず)の海に朝びらきして(=朝出航シテ)漕ぎくれば長浜の浦に月照りにけり」〔万葉・巻一七〕等の「朝開き」からこの用法を認める。動詞の単独の用例は未見。中国語の直訳的な用法であろう。現代中国語でも「開船(kāi chuán)」で出帆の意を表す》 ❷㋑後方へ動く。あとへさがる。「(切リコマレタノデ)—・き、兜(かぶと)の鉢を割れよ砕けよと思ふさまに打ちける」〔太平・巻三一ノ三〕 ㋺(場所を)立ち去る。退去する。「ひとまづ都を御—・きあって(=オ落チニナッテ)西国の方へ御下向あり」〔謡・船弁慶〕 ❸㋑ふさがっていない。通じている。「(鎌倉ヘノ道ハ)今はわづかに東山道ばかりこそ—・きたれども」〔太平・巻九ノ四〕 ㋺(事がよいほうに)展開する。「—・く御運が定(ぢやう)ならば(=決マッテイルナラ)討ち死にを思ひとまってたべ」〔浄・三代記・七〕 ㊂《自下二》❶(花が)咲く。「花の梢(こずゑ)、今盛りに—・け散り」〔浜松・巻三上〕 ❷始まる。開始する。「天地—・け—・けしよりこのかた」〔白石・折たく柴の記・中〕《「ひらけひらけし」は「開闢」の著者自筆ふりがな》 ❸㋑(ふさがっていたものが)通じる。「中吉が謀に道—・けて」〔太平・巻九ノ七〕 ㋺(事がよいほうに)展開する。「入道殿下の御栄華も、何により—・けたまふぞ」〔大鏡・一条院〕 ㋩(文化や知識などが)進む。「文華(=文化ガ)早く—・けたりとて、唐土(=中国)をすぐれたりと思ふも、僻事(ひがこと=マチガイ)なり」〔宣長・玉くしげ〕 ❹(気が)のびのびする。せいせいする。「源氏多年の蟄懐(ちつくわい=晴レヤラヌ思イ)一朝に—・くる事を得たり」〔太平・巻一〇ノ一五〕 ❺「退く」意の間接的な言い表し。「敵・味方一万二千余騎、東に—・け西に靡けて」〔太平・巻三〇ノ四〕

ひら に【平に】Ⓓ 《副》❶たいらに。ぺちゃんと。「(台風デ)さながら(=ソノママ)—倒れたる(家)もあり」〔方丈〕 ❷容易に。やすやすと。「直実だにも(コノ宇治川ノ対岸ニ)—渡りつくこと難かるべし」〔盛衰・巻三五ノ一〕 ❸㋑切(せつ)に。熱心に。「新大納言成親の卿も(大将兼任ヲ)—申されけり(=切望ナサッタ)」〔平家・鹿谷〕 ㋺ぜひとも。どうしても。「わ君が(=アナタノ)はからひに(アノ男ノ鎧(よろい)ヲ)—脱がせよ」〔義経・巻五ノ六〕「言ひわけの種になるほどに(掛ケ軸ヲ)—破らしませ」〔狂・附子(鷺流)〕 ㋩まったく。ただもう。「—若衆ぐるひもおもしろいものぢゃ」〔西鶴・一代男・巻五ノ四〕

ひれ【領巾・肩巾】Ⓓ 正装するときに肩にかけた、薄手で細長い装飾用の布。《ずっと古代は男女ともにかけたが、奈良時代ごろから後は女性だけになった。祝詞に出てくる「ひれ」を矛(ほこ)につける小旗のようなものとする説もあるが、誤りで、男が肩にかけたひれと解すべきである》「その尸(かばね)を川中にまき入れき。求むれども得ず。ただ匣(くしげ)と—とを得つ」〔播磨風土記〕「なまめかしきもの…菖蒲(さうぶ)のかづら、赤紐(あかひも)の色にはあらぬを、—・裙帯(くたい)などして」〔枕・八九段〕「今はとて島こぎ離れゆく船に—ふる袖を見るぞかなしき」〔落窪・巻四〕

ひろ【尋】Ⓔ 両手を左右にのばしたとき、その左右の指先間の距離。ふつう六尺(約一・八メートル)ぐらい。「—ばかりの隔ても、対面しつるとや」〔源氏・総角〕《「いろ」という

ことtもあった。「中にひといろ（一尋）の鰐(わに)あり」〔紀・神代下・訓〕》

び ろう【尾籠】Ⓒ《十形動ナリ》《「をこ」のあて字「尾籠」を音読したもの。㊟をこ》❶ばか。ばかげていること。「《雄馬ヲ雌馬ト思ッテイタノニ対シ》―・にこそ。あまりのをこがましさ（＝バカラシサ）に、事するにも（＝トカクイウニモ）及ばずして」〔沙石・巻八ノ四〕❷失礼。無礼。ぶしつけ。「下臈(げらふ)の身として―を振舞ふこと、狼藉(らうぜき)なり」〔伊曾保・中・四〇（古活字本）〕❸きたないこと。「食物が（胃ニ）納まりかねまして、たべると―ながら吐きまする」〔三馬・風呂・前ノ上〕

ひろ・ぐ【広ぐ・拡ぐ】Ⓒ ━《他下二》❶（巻いたりたたんだりしてある物を）のばしひらく。「髪は扇を―・げたるやうにゆらゆらとして」〔源氏・若紫〕「ひとり燈のもとに文（＝書物）を―・げて、見ぬ世（＝遠イ時代）の人を友とするぞこよなう慰むわざなる」〔徒然・一三段〕❷並べて場所をとらせる。「三尺の御厨子(づし)一具(よろひ)に、（雛(ひひな)ノ調度ノ）品々しつらひすゑて（＝飾リ並ベテ）、また（雛ノ）小さき屋ども作り集めて（紫上ニ）たてまつりたまへるを、（紫上ハ）所せきまで（＝場所ガセマイホドニ）遊び―・げたまへり（＝散ラカシテ遊ンデイラッシャッタ）」〔源氏・紅葉賀〕❸広く知られるようにする。「古人(ふるひと)（＝老人）の問はず語り、みな（世間ニハ）例のことなれば、おしなべて（＝一様ニダレカレニ）あはあはしう（＝軽々シク）などは、言ひ―・げずとも（＝言イフラサナクテモ）」〔源氏・椎本〕❹繁栄させる。「そこ（＝アナタ）にこそは門(かど)（＝一門）は―・げたまはめ（＝繁栄サセナサルデショウ）」〔源氏・幻〕 ━《他四》❶→㊀①。「左右の手足をもて竿を―・がせ、土に板をしきて、土八付(はつけ)（＝ハリツケ）といふ物にして、なぶり殺しにぞせられける」〔平治・下・一二（古活字本）〕❷《人の言動をののしっていう》「する」の意。しやがる。「殺された躬(れせが)が敵、覚悟―・げ」〔浄・手習鑑・二〕

ひろ ご・る【広ごる】Ⓓ《自四》❶ひろがる。「柳など…それもまだまゆにこもりたる（＝葉ガ開イテナイノ）はをかし。―・りたるはうたてぞ見ゆる（＝感ジガ悪イ）」〔枕・四段〕❷ひろまる。「おのづから事―・りて（＝自然ウワサガヒロマッテ）」〔源氏・桐壺〕

ひろ・し【広し】Ⓒ《形ク》❶㋑（場所が）大きい。「いと―・き殿のうちに」〔大鏡・伊尹〕㋺（物の面積が）大きい。「赤き色紙の物忌み（ノ札）いと―・き（ヲ、ハカマニ）つけて」〔大鏡・兼家〕❷㋑（範囲が）大きい。あまねくゆきわたる。「御あたり（＝身近ノ者）を―・うかへりみたまふ（＝目ヲカケテオヤリニナル）御心深さに」〔大鏡・師輔〕㋺（同類が）多い。「（一行ノ乗ッタ）車など、かたへ（＝一部）はおくらかし（＝アトカラ来サセタリ）先に立て（＝先発サセタリ）などしたれど、なほ（残リダケデモ）類（＝一族）―・く見ゆ」〔源氏・関屋〕❸ゆとりがある。寛大だ。心が広い。「おきて（＝心ガマエノ）―・き（＝ユッタリシタ）うつはもの（＝人物）には幸ひもそれに従ひ、せばき心ある人は」〔源氏・若菜下〕

ひ ゐ【非違】（ーイ）Ⓓ ㊕検非違使。→けびゐし。

ひ をけ【火桶】（ーオー）Ⓓ 円筒形の木製火ばち。「昼になりて、ぬるくゆるびもていけば（＝気温ガイクラカ上ガッテユクト）、―の火も白き灰がちになりて、わろし（＝ミットモナイ）」〔枕・一段〕

〔ひをけ〕

びん あ・し【便悪し】Ⓔ《形シク》㊇「びんよし」つごうがよくない。ぐあいがわるい。「優なる女の（＝美人デ）、姿・にほひ人よりことなるが、わけ入りて膝にゐかかれば（＝ヨリカカッタノデ）、にほひなど移るばかりなれば、（ココニ座ッテイルノハ）―・しと思ひて、すりのきたるに、（女ハ）なほゐよりて、同じ様なれば（自分ハ）立ちぬ」〔徒然・二三八段〕

ひんがし【東】Ⓓ →ひむかし。 **――の たい** 東の対 Ⓓ 中古貴族の邸(やしき)で、寝殿の東側にあった建物。多く家族などが住む。「―に御宿直(とのゐ)物（＝寝具類ヲ）召しにつかはして、大殿ごもりぬ（＝オヤスミニナッタ）」〔源氏・若紫〕

びん ぎ【便宜】Ⓓ《十自サ変》❶つごうのよいこと。適当なこと。有利なこと。「小松の内府（＝内大臣重盛ガ）賀茂祭り見むとて…物見車立てならべて透き間もなかりけるに、いかなる車か（重盛ノ車ヲ入レルタメ）のけられむずらむ（＝追ッパラワレルダロウ）と、人々目をすましたる（＝注目シテイタ）所に、ある―の所なる車ども引きいでけるを見れば、人も乗らぬ車（＝空車）なり」〔十訓・第一ノ二七〕❷うまいチャンス。よいついで。「その事かの事（＝コレコレノ事ハ）、―に（スルコトヲ）忘るな」〔徒然・一五段〕❸たより。連絡。「（手持チノ金ヲ）時貸しに（＝当座ダケ）貸したるが、三日四日に（ナルノニ）―・せず」〔近松・曾根崎〕

びん づら【角髪・〈鬢頬〉】（ーズラ）Ⓓ ❶「みづら」の転。㊟みづら。「（安徳天皇ハ）山鳩色の御衣に―結はせたまひて」〔平家・先帝身投〕❷髪。「（素盞嗚尊ハ）稲田姫の湯津の爪櫛(つまぐし)とりなして―にさしたまふ」〔謡・大蛇〕

びん な・し【便無し】Ⓓ《形ク》❶つごうが悪い。ぐあいが悪い。時機が悪い。「（葵上ハミゴモッテイテ）御ありき（＝御外出）など―・きころなれば」〔源氏・葵〕❷感心できない。適当でない。「簀(す)の子などは―・うはべりなむ」〔源氏・末摘花〕❸まずしい。不如意だ。「（ゴチソウガイロイロアルノデ）少将の君、―・しとのみ聞きしに（＝貧乏ダ

トイウ話ヲサンザン聞カサレテイタガ)、いと心にくく(＝オクユカシク)おぼす」〔落窪・巻一〕

びんよ・し【便良し】Ⓔ〘形ク〙㊟「びんあし」ぐあいがよい。好つごうだ。「(モシ話シカケルノニ)—・くは、ことばなどかけむものぞ(＝話シカケルガヨイ)。その有様、参りて申せ(＝帰ッテ報告シロ)。興あらむ(＝オモシロカロウ)」〔徒然・二三八段〕

ふ

ふ【府】Ⓓ ❶㋑官庁。役所。「(刀夷ノ来襲ニ対シ、隆家ハ)—の中につかうまつる人(＝文官)をさへおしこりて(＝召集シテ)戦はせたまひければ」〔大鏡・道隆〕㋺「府」のつく役所の略称。「かの面形(おもてがた)(＝仮面)早く—(＝左近衛府)に返さるべし」〔著聞・管絃歌舞〕❷国司の役所が置かれていた所。〘現在は国庁がなくてもいう〙「やうやうに(越前ノ)—へぞ攻め寄せける」〔太平・巻一九ノ三〕「同じ国の—(＝岐阜)に着きて」〔西鶴・伝来記・巻四ノ三〕❸〘近世語〙江戸。〘「出府」「帰府」「在府」などからこの用法が認められる。単独の用例は未見〙「青木先生、長崎より帰—の後」〔蘭東事始〕

ふ Ⓓ〘助動〙〘四段動詞の未然形に付く〙古代語で、反覆・継続の意をあらわす。(ずっと)…ている。…てある。「吉野の国の花散らふ秋津の野べに宮柱太敷きませば(＝御殿ヲオ建テニナルト)…」〔万葉・巻一〕〘中古以後は本来の意味・用法がわからなくなって接尾語化し、単に語調を整えるだけとなった。さらに後には「押さふ」「呼ばふ」「語らふ」「移ろふ」など特定の単語に化石のような形で残り、活用語尾のように意識された。しかし、こまかく見れば、「語らふ」は「語る」よりもいくらか多く継続の感じを含むようである〙

未然	連用	終止	連体	已然	命令
は	ひ	ふ	ふ	へ	へ

ぶ【分・歩】Ⓒ ❶㋑度合い。程度。「(為朝ハ)腕(かひな)の筋をぬかれしかば…弓もまた—を減ぜしが(＝強度ヲ落トシタガ)弓勢(＝貫通力)は衰へず」〔馬琴・弓張月・六七回〕㋺優劣や損得の割合。「小無益(こむやく)しい(＝バカラシイ)、あた—の悪い(＝損デスワ)。こりゃ御無用にあそばせ」〔近松・阿波鳴渡・中〕〘「あた」は嫌悪の情を示す接頭語〙❷㋑ⓐ分割した単位。「二十年ばかり以前は(売リ掛ケノ)半分たしかにすましけるに(＝支払ッタガ)、十年このかたは四—払ひ(＝四分ノ一ヲ支払ウコト)になり」〔西鶴・胸算用・巻三ノ二〕ⓑ〘とくに〙一パーセント。「(利潤ガ)六—にまはれば、大屋敷(ヲ)買うて貸し家賃(ヲ)取るほど、確かなることはなし」〔西鶴・織留・巻二ノ二〕㋺重さおよび貨幣の単位。ⓐ一匁(三・七五グラム)の一〇分の一。〘銀貨に用いた〙「(競売デ)六匁三—五厘づつに落ちける」〔西鶴・胸算用・巻五ノ一〕ⓑ一両の四分の一。〘金貨に用いた〙「二十日あまりに四十両、使ひはたして二—残る」〔近松・冥途飛脚・下〕

ふううん【風雲】Ⓓ ❶(風や雲のように)行きかうもの。「今—に勅(くろ)して(＝チョウド幸便デアルノデ)徴使(＝没収ノ使者)を発遣す」〔万葉・巻一八・題詞〕❷自然。「—の病(＝自然ニアコガレルクセ)を治むる(＝イヤス)こと」〔芭蕉・忘梅序〕❸(風や雲のように)とりとめないさすらいの旅。「たどりなき—に身をせめ」〔芭蕉・幻住庵記〕

ふうが【風雅】Ⓑ〘＋形動ナリ〙❶芸術、とくに文芸。〘述べている事がらにより、詩・歌・連歌・俳諧など言いかえる〙「境に入りはてたる好士の—は(＝最高ノ境地ニ到達シテイル連歌師ノ句ハ)このおもかげのみなるべし(＝ドノ句モミナコノ冷エサビタ趣デアロウ)」〔ささめごと・下(類従本)〕「師の—(＝俳諧)に万代不易(ふえき)あり、一時の変化あり」〔土芳・三冊子・赤〕❷芸術的意匠。表現のくふう。「いにしへの(連歌ノ)発句は、さのみ—をつくし沈思せしとは、さのみ見えず」〔ささめごと・上(類従本)〕〘この「風雅」は尊経閣本では「姿」となっている〙❸芸術的であること。とくに古典的な文芸趣味。「—でもなく(＝高イ古典的趣味カラデモナケレバ)洒落(しゃれ)でもなく(＝トラワレノナイ脱俗精神カラデモナク)、せう事なしの(＝生活ノタメヤムヲエズ)山科に由良助がわび住まひ」〔浄・忠臣蔵・九〕〘⑴詩経の編名である風(地方の詩)・雅(宮廷の詩)・頌(祭儀の詩)の前二者で詩を代表させたのが原義。⑵転じて文芸全体をさすことになったが、いつも芸術的な価値のあるものだけについていわれた。⑶「上品でみやびやか」という意を認める説もあるが、その用例は、明治以前のものでは未見なので、省く〙

ふうぎ【風儀】Ⓓ ❶風俗習慣。ならわし。「亡父(＝観阿弥)は、いかなる田舎山里の片辺(かたほとり)にても、その心をうけて(＝見物人ノ心理ヲノミコミ)、所の—を一大事にかけて(＝ソノ土地ノ風習ヲ尊重シテ)芸をせしなり」〔花伝・五〕❷身ぶり。態度。身のこなし。「室(むろ)は西国第一のみなと(ナノデ)、遊女も昔にまさりて—もさのみ大阪(ノ遊女)にかはらず」〔西鶴・一代男・巻五ノ三〕❸しかた。作法。やりかた。「かのきんきん天狗(てんぐ)ののりうつりけるにや、俳諧の—もはなはだあしくなり」〔黄・高漫斎・上〕

ふうこつ【風骨】Ⓓ ❶〘詩・和歌・連歌などの〙㋑表現様式。「白氏文集の第一・第二の帙(ちつ)(＝グループノ詩)を常に暗誦すべし。(ソウスレバ)和歌の—を振るふ(＝表現ガ高メラレル)」〔九州問答〕㋺(作者の)個性的な特色。

「かなはぬまでも(＝トテモ及バナイニシテモ)、定家の—をうらやみ学ぶべし」〔正徹物語・上〕㋩個性的なくふう。特色のあるゆきかた。「先句は恋にて詰まりたるに(＝身動キガトレヌ感ジナノニ)、旅にとりなす(＝ウマク転ジタ)体(てい)、もっとも—あり」〔撃蒙抄〕 ❷人格的特色。その人らしさ。「『青楼(＝遊郭)にて香をもてあそぶこと、愚盲の至りなり』といふことも、(竹林七賢ノ一人デアル)阮嗣宗が—あれども」〔淇園・独寝・上・七一〕

ふうさう【風騒】(—ソウ) Ⓓ 〘風は詩経の国風、騒は楚辞(そじ)の離騒の意で〙詩文。文芸。「芭蕉の翁…霊泉を共に汲んで、—の匂ひ(＝文芸ノ感興)を葎(むぐら)(＝アバラヤ)の中にとどめむとならし(＝トイウワケラシイ)」〔許六・五老井記(風俗文選)〕

ふうし【風姿】Ⓓ ㋑表現全体としての趣。「詞花・言葉(げんえふ)をもてあそぶ(＝スグレタ歌ヲ作ロウトスル)なれば、一首の—、句々の連続を選まずばあらず(＝吟味シナクテハナラナイ)」〔在満・国歌八論〕㋺言いあらわしによって生ずる趣。〘発想から生まれる趣が風情(ふぜい)〙「(従来ハ)風情と言ひきたるを、—・風情と二つに分けて教へらるる、もっとも諭(さと)し(＝説明シ)やすし」〔去来抄・修行〕

ふうぞく【風俗】Ⓒ ❶しきたり。ならわし。習慣。「世の仁義を本(もと)として(＝世間ノ信用ヲ重ンジテ)神仏を祭るべし。これ、和国の—なり(＝日本国ノナラワシデアル)」〔西鶴・永代蔵・巻一ノ二〕 ❷㋑身なり。服装。「袖覆輪(そでふくりん)といふ事、この人(ガ)はじめて、当世の—(＝現代ノ服装ガ)見よげに(＝スタイル良ク)、始末になりぬ(＝質素ニモナッタ)」〔西鶴・永代蔵・巻二ノ二〕㋺(その人の)ふうさい。「情けあって大気に(＝オットリト)生まれつき、—太夫職にそなはって(＝フサワシク)、衣裳よく着こなし」〔西鶴・一代男・巻六ノ一〕 ❸特色的な表現のされかた。様式。「田舎(ゐなか)の俳諧は—は違ふなり」〔淇園・独寝・上・三六〕 ❹世間の道義。社会倫理。「近世このほど—衰へて、(世人ハ)利欲にさかしけれど」〔鳩巣・駿台雑話・巻三ノ一三〕 ❺(略)風俗の歌。「ふぞく」とも。「—(ヤ)催馬楽(ノ)梅が枝(トイウ曲)…呂律(ろりつ)を調べ(＝音律ヲトトノエ)、本来(もとすゑ)を返して、数返(すへん)歌はせたまひたりしかば」〔太平・巻三九ノ一〇〕 **—のうた** 風俗の歌 Ⓔ 古代からうたわれていた地方民謡で、平安時代以後貴族たちの間で愛唱されるようになったもの。「主基方(すきがた)—、経光の中納言に召されたり(＝オオセツケラレタ)」〔増鏡・三神山〕

ふうてい【風体】Ⓒ ❶㋑見たところ。外見。「—は無人(ぶにん)の暮らしでも、内証の栄耀は千貫目持ちとうわさする」〔近松・博多小女郎・中〕㋺(人の)なりふり。「—の修行(＝タシナミ)は、ふだん鏡を見て直したるがよし」〔常朝・葉隠・聞書一〕 ❷〘歌論・連歌論・能楽論などで〙表現様式。スタイル。「当時(＝イマ)新式上手の—といふは、まづ詞幽玄にして心深く、物浅きやうにする(＝景物ガ多クナイヨウニスル)を詮とすべし」〔連理秘抄〕「このころ(＝七歳当時)の能の稽古、必ず、その者(＝本人ガ)自然とし出だす事に(＝フイト演ジ出スワザニ)得たる—あるべし(＝長所トナル演技ガアルハズダ)」〔花伝・一〕

ふうてう【風調】(—チョウ) Ⓓ 表現のぐあい。スタイル。「いにしへより俳諧の数家、おのおの門戸を分かち(＝流派ヲ立テ)—を異にす」〔蕪村・春泥句集序〕

ふうりう【風流】(—リュウ) Ⓒ 〘＋形動ナリ〙 ❶芸術、とくに文芸。または芸術にたしなみの深いこと。(参)ふうが。「さればこそ—のしれ者(＝腕ニオボエノ俳人)、ここに至りてその実をあらはす(＝正体ヲイカンナク発揮スル)」〔芭蕉・奥の細道〕 ❷(芸術の)伝統。「されば古きを学び、新しきを賞する中にも、またく—を邪(よこしま)にすることなかれ」〔花伝・序〕 ❸㋑あれこれ意匠をこらすこと。「御前に—の島形(しまがた)をすゑられたり(＝キレイニ飾ッタ島台ヲ置カレタ)」〔太平・巻二四ノ四〕㋺人工的に飾り立てたもの。装飾。「賀茂の祭りの使い(＝勅使ヲ)勤めけるに、車の—よく見えければ」〔著聞・和歌〕 ❹はでな服装で歌舞を中心とする見せもの。ショー。「猿楽はこれ遐齢(かれい)延年の方なればとて(＝メデタイ芸能ダカラト)、御堂の庭に桟敷(さじき)をうって舞台をしき、種々の—をつくさむとす」〔太平・巻二三ノ一〕〘③④は「ふりう」とも〙 **—ざ** 者 Ⓔ 「ふうりう③㋑」のじょうずな人。工夫家。「花山院は—にさへおはしましけるこそ」〔大鏡・伊尹〕

ふえき【不易】Ⓓ ❶いつまでも変わらないこと。「松は古今—の名木、春の風静かにして、四つの海に立つ波もなく」〔西鶴・織留・巻三ノ一〕 ❷〘蕉門の俳論で〙時代的変化に影響されない表現。「新古にもわたらず(＝時代ニヨル新旧ガナク)、いま見る所、むかし見しにかはらず、あはれなる(＝感動ノ深イ)歌多し。これまづ—と心得べし」〔土芳・三冊子・赤〕 **—りうかう** 流行(—リュウコウ) Ⓔ 蕉門の芸術理論において中核となる思想。芸術作品には不易(永遠に人を感動させるもの)と流行(その時代における新しみの先端を行くもの)とがある。不易は、流行の作品のなかで永遠性の強いものが残ったにすぎず、両者は別ものでない。そうして、流行に進ませるのは、風雅の誠のはたらきであるという。現代から見ても、また世界的に見てもすばらしい理論である。(参)りうかう①。

ふかく【不覚】Ⓒ 〘＋形動ナリ・自サ変〙 ❶㋑意識がないこと。「いといみじく(＝全然)—・におはします(＝人事不省デイラッシャル)とて、宰相、声も惜しまず泣きまどひ」〔寝覚・巻二〕㋺思わず…すること。無意識的に…すること。「かひなき命ながらへ、再び龍顔にあひたてまつり(=法皇サマノオ目ニカカリ)、—の涙に袖をしほるぞ恥づかしき」〔謡・大原御幸〕 ❷不注意または不可抗力による失敗。エラー。「度々(どど)の合戦に一度も—の名をとらず」〔平治・中・一〕「弓矢とりは年ごろいかなる高名さうらへども、最期の時、—・しつれば(=ヘマヲヤルト)永き疵(きず)にてさうらふなり」〔平家・木曾最期〕 ❸考えがしっかりしていないこと。思慮が浅いこと。「(東宮ガ)よき方ざまに思しなしけむ(=希望的観測ヲナサッタノハ)—の事なりや」〔大鏡・師尹〕 ❹卑怯(ひきょう)であること。臆病(おくびょう)であること。「さすがまた河津殿の子どもぢゃ、寝入りたる所斬っては、—と思うて、ことばをかけて(敵ヲ)起こされた」〔謡・夜討曾我(間狂言)〕 ❺思い切りの悪いこと。「きゃつ(=アイツ)は—の者にてさうらふ。これ程(ノ年=五歳)になりて、父とはすべて(=全然)寝ずして、母とのみ臥せりさうらふ」〔沙石・巻三ノ六〕 **—じん** 人 Ⓔ おくびょう者。ひきょう者。「これ(=維盛卿ノ子息)は、底もなき—にてさうらふぞ。御心やすうおぼしめしさうらへ(=安心シテイラッシャイマセ)」〔平家・六代被斬〕

ふか・し【深し】Ⓑ《形ク》❶表面から底までの距離が大きい。「わが欲(ほ)りし(=見タガッタ)野島は(タシカニ)見せつ(ダガ残念ナガラ)底—・き阿胡根(あごね)の浦の珠そ拾はぬ」〔万葉・巻一〕 ❷行きつくまでの距離が大きい。奥まっている。「—・き山里世ばなれたる海面(うみづら)などに這(は)ひ隠れぬかし(=コッソリ隠レルモノデス)」〔源氏・帚木〕 ❸(霧・雲などが)厚い。「霧—・きあけぼの」〔狭衣・巻三〕 ❹(時が)たっている。(夜・季節などが)おそくなっている。「冬—・き(=冬モ深マッタコロノ)霜枯れの雪の朝」〔狭衣・巻三〕 ❺㋑(色が)濃い。「我、先立たましかば、(妻ハ喪服ヲ)—・く(=濃イ黒色ニ)染めたまはまし」〔源氏・葵〕㋺(香気が)強い。「匂ひばかりは—・うしめ(=タキコメ)たまへり」〔源氏・末摘花〕 ❻並みたいていでない。はなはだしい。「いと罪—・く口惜しかるべきを」〔狭衣・巻四〕 ❼㋑表面的でない。「(ソノ男モ)—・き心(=立チ入ッタ事情)はいかでか知りはべらむ」〔源氏・浮舟〕㋺徹底的だ。よく通じている。「(道綱ハ幼クテコンナ事ハ)まだ—・くもあらぬなれど(=ジュウブンハワカラナイノダガ)」〔蜻蛉・中〕㋩(芸術などで)よさがどこまでも尽きない。「手(=文字)を書きたるにも、—・き事はなくて」〔源氏・帚木〕 ❽㋑(情が)こまやかだ。「—・うしもあらぬ(源氏ノ)御心のほどを(御息所ハ)いみじうおぼし嘆きけり」〔源氏・葵〕㋺(男女の仲が)ある線を越えている。「(芸者ノ)米八(ト)丹次郎が、かくまで—・き仲となり」〔春水・梅暦・後編巻四〕

ふかん【不堪】Ⓓ《+形動ナリ》❶芸などが未熟であること(人)。「よろづの道の人(=ドノ方面ニモセヨ専門家トイウノハ)、たとひ—・なりといへども、堪能の非家(=達者ナシロウト)にならぶ時、必ずまさることは」〔徒然・一八七段〕 ❷しんぼうできないこと。「小野宮右府は、女事において—の人なり。…少年の女を択(えら)びて閑所に招き寄せらる」〔古事談・巻二〕

ふきな・す【吹き鳴す】Ⓔ《他四》吹き鳴らす。「—・せる小角(くだ)(=ツノ笛)の音も敵(あた)見たる虎か吼(ほ)ゆると(=虎ガホエルカト)…」〔万葉・巻二〕

ふきまよ・ふ【吹き迷ふ】(—ウ) Ⓔ《自四》風がきまった方向なしに吹く。「—・ふ深山おろしに夢さめて涙もよほす滝の音かな」〔源氏・若紫〕

ぶぎやう【奉行】(—ギョウ) Ⓓ ❶《+他サ変》命令によって物事をとりおこなうこと。またはその責任者。「大仏殿作りはじめらる。事はじめの—には、蔵人左少弁行隆とぞ聞こえし」〔平家・祇園女御〕「橋供養(=架橋工事ノ完成式典)あり。盛遠…その日の—・しければ」〔盛衰・巻一九ノ一〕 ❷武家時代の職名で、特別部局の長。江戸時代は、寺社奉行・勘定奉行・書物奉行・町奉行、地方に長崎奉行・伏見奉行・山田奉行などがあった。「多年—の数に加はって(=評定衆・引付ケ衆ノ中ニ加エラレテ)末席をけがす家なれば」〔太平・巻九ノ六〕 **—にん** 人 Ⓔ 引付け衆のこと。政所(まんどころ)・問注所の寄人を総称していう。「道誉、則祐以下老武者、頭人・評定衆・—その勢三千余騎…なみゐたり」〔太平・巻三二ノ八〕

ぶきょう【無興】Ⓔ《+自サ変・形動ナリ》❶おもしろくないこと。「龍顔(=天皇ノ御表情ニ)すこし逆鱗(=オ怒リ)の気色ありて、諸臣みな色を変じければ、旨酒(=オイシイ酒ノ)高会(=盛宴)も—・して、その日の御遊はさてやみにけり」〔太平・巻一三ノ一〕「思ひたちたる風流、いかめしくはべれども、ここに至りて—のことなり」〔芭蕉・笈の小文〕 ❷不きげん。「これ(=ミョウガノ料理ヲ出シタコト)も宿坊の御念が入って(=ワザワザ)参ったに、そのまま返(かや)いたらば、御—であらう」〔狂・鈍根草(虎清本)〕

ぶきょく【舞曲】Ⓔ 音楽を伴う舞。「いやこの衣を返しなば、—をなさで、そのままに天にや上がりたまふべき」〔謡・羽衣〕

ふ・く【吹く】Ⓒ ㊀《自四》(風が)動いて通る。「かぜ—・き雨ふるごとに、その利(さち)(=収獲)を失ふ」〔紀・神代下・訓〕〘「かぜふき」は「風」の訓〙 ㊁《他四》❶(風が)通って(物を)動かす。「荻(をぎ)の葉を—・き過ぎて行く風の音に心乱るる秋の夕暮れ」〔山家・上〕 ❷㋑(口をつぼめて)息を吐く。「道々(=途中ズット)うそ(=口笛)を—・かうよ」〔狂・柿山伏〕㋺(管楽器を)吹奏する。「上(=天皇)の御笛—・かせおはしましが」〔建礼〕 ❸(煙・ほのおなどを）急にはげしく出す。「かまどには火気(けは)—・き立てずこしきにはくもの巣かきて(＝カケテ)…」〔万葉・巻五〕 ❹(鉱石から金属を)溶かし造る。「ま金(＝鉄ヲ)—・く吉備の中山(＝備中ノ地名)帯にせる細谷川の音のさやけさ」〔古今・神楽歌〕

ぶく【服】Ⓓ ❶喪服。昔は一定の規準で、一定の期間中、黒・鈍(にび)色などの衣服をつける定めであった。「—などは(フダン着ナクテヨイカラ)、あからさまに(＝チョット)出でて(＝里帰リシタ時ニデモ)着たまへかし」〔宇津保・貴宮〕 ❷〘＋自サ変〙喪にこもること。またはその期間中。「(中宮ガナクナラレタノデ)内(＝天皇)にも東宮にもみな御—あるべければ」〔栄花・月宴〕

ふくし Ⓔ 竹、または木で作った土を掘る道具。後世は「ふぐし」という。「籠(こ)もよみ籠持ち—もよみ—持ちこの丘に菜摘ます児…」〔万葉・巻一〕

ぶく・す【服す】Ⓔ 〘他サ変〙飲食する。「これ心やすき薬なり。—・せばや」〔仮名・浮世物語・巻五ノ七〕〘「罪人を責め落といて服仕まつらばやと存じさうらふ」〔狂・朝日奈(鷺流)〕によって名詞の用法を認める説もあるが、この「仕まつら(ばや)」は「責め落といて服致さう」〔狂・餌差十王〕の「致さ(う)」と同様、「す」の謙譲語にすぎないので、サ変と認めるべきである。日葡辞書にはこの語をあげ、「単独では用いられず、いつも『し』『する』を伴う」という意の説明がある〙

ふくだい【服紨】Ⓓ 不明。僧服の一種か。他に腹帯説、服体説、福帯説などがあるけれど確かでない。「(姉ガ)—といふ物を、なべてにも似ず(＝普通ノト違イ)、太き糸してあつあつと(＝厚手デ)細かに(シカモ)強げ(＝ジョウブソウ)にしたるを持て来たり」〔宇治・巻八ノ三〕〘同じ話が古本説話集に見え、はじめ「たい」、あとの条に「ふくたい」とある。「たい」は「たび」の音便か。「紨…俗云能不、一云太比」〔倭名抄・僧坊具〕〙

ふくだ・む Ⓓ ❶〘自四〙けばだつ。そそける。「陸奥紙(みちのくにがみ)などの—・めるに、古こと(＝古クサイ歌)どもの目なれたる(＝アリフレテイルノ)などは、いとすさましげなるを」〔源氏・蓬生〕「賤(あや)しのやうなる小さき侍(さぶらひ)の男の鬢(びん)—・みたるありて」〔今昔・巻二九ノ三〇〕 ❷〘他下二〙けばだたせる。「御髪なども大殿ごもり(＝オヤスミニナッテ)—・めたれど、いと気近くうつくしげなりと見る」〔宇津保・国譲中〕「ありつる(＝サキホドノ)ふみ(＝手紙)、立て文をも結びたるをも、いときたなげにとりなし(＝アツカイ)—・めて、(封ジ目ノ)上にひきたりつる墨など消えて」〔枕・二五段〕

ふくりふ【腹立】(—リュウ) Ⓔ 〘＋自サ変〙〘男子系の文章で使う和製漢語〙腹を立てること。かんかんになること。「すべて(＝全然)いささかも—・せず」〔沙石・巻八ノ八〕

ふぐるま【文車】Ⓔ 室内で書物をはこぶための車。「焼け残りたる御所のありけるを実検しけるに(＝視察シタトコロ)、御—一両あり」〔保元・下・三〕

ふけう【不孝】(—キョウ) Ⓔ ❶〘＋形動ナリ〙親に対する道を守らないこと。「(ワタシハ)しかあれば(＝コウイウワケダカラ)—の子なり」〔宇津保・俊蔭〕 ❷〘＋自サ変〙㋑(親不孝者として子を)勘当すること。「かくばかり(＝コレグライ)の瓜一菓によりて、子を—・したまふべきにあらず」〔今昔・巻二九ノ一一〕㋺(親が子を)悪く待遇すること。「我まづ汝を以って、上の御用に立ち難き者なりと思ひて、常に—を加へし(＝カワイガラナカッタ)事、大きなる誤りなり」〔太平・巻一〇ノ三〕

ふげん【普賢】Ⓓ 〔仏〕〘梵 Samantabhadra の意訳〙仏教の実践的な面をつかさどり、ことに延命の力をもつ菩薩(ぼさつ)。文殊(もんじゆ)菩薩とともに釈迦(しやか)の脇侍(わきじ)をつとめ、白象に乗って仏の右方に立つ。「仏は…文殊、不動尊、—」〔枕・二一〇段〕

ぶげん【分限】Ⓒ →ぶんげん。「万両—(＝百万長者)でも旅では、金に詰まることもある」〔一九・膝栗毛・八下〕

ふさ【多】Ⓓ ❶〘副〙すっかり。そっくり。「秋の田の穂向き見がてり(＝見ガテラ)わが背子が—手折りける女郎花(をみなへし)かも」〔万葉・巻一七〕 ❷〘形動ナリ〙たくさん。「馬どもなど—・に引き散らかいて騒ぐ」〔蜻蛉・中〕「うなゐ(＝少女)ども、—・なり」〔宇津保・初秋・絵詞〕

ふさう【扶桑】(—ソウ) Ⓔ ❶〘中国の伝説で〙太陽の出る所にあるという木。またはその木のある所。「東は—に至り、西は(日没ノ国デアル)虞淵(ぐえん)に至り、南は(猛暑ノ国デアル)炎光に至り、北は(伝説上ノ大河デアル)弱水に至る」〔祝詞・東文忌寸呪〕 ❷日本の異称。「—第一の大商(おほあきな)ひ。人の心も大腹中(ふくちゆう)にして(＝フトッパラデ)」〔西鶴・永代蔵・巻一ノ三〕

ふさやか【多やか】Ⓓ 〘形動ナリ〙ゆたか。たっぷり。「額のほど—・に(＝フサフサト)そぎかけられたる(＝整髪シテアルノ)も」〔浜松・巻四下〕

ふし【節】Ⓒ ❶長い物の中途で盛りあがった部分。「—を隔てて、よ(＝中間部分)ごとに金(こがね)ある竹」〔竹取〕 ❷(継続しているうち中途におこる)機会。おり。「やうやう(＝ダンダン)思ふ事(＝悲シミガ)薄らぎてありつるを、この—の身のうさ(＝ツラサ)はたいはむかたなく」〔源氏・宿木〕 ❸㋑(事がらのうち)その点。その箇所。「(ホンノチョットシタ手紙ノ中ニモ)あやしう(＝フシギナホド)らうたげに(＝カレンニ)目とまるべき(＝ヒキツケラレルヨウナ)—加へなどして」〔源氏・夕顔〕㋺(これという)難点。言い分。「—(＝掛ケ詞「①」)なくて君が絶えにし(＝縁ヲ切ッテシマッタ)白糸は(＝序詞)よりつきがたき(＝トリツク島モナイ)ものにぞありける」〔後撰・恋二〕 ❹(音楽の)メロディ。「もと唱ひたる—、違(がた)ふをひとすぢに改め習ひしほどに」〔梁塵・口伝集〕

ふしぎ【不思議】Ⓒ〘＋形動ナリ〙 ❶理論的には考えられないこと。「(像ガ)光を放ちて法を説きたまふ事、—・なり」〔今昔・巻六ノ一九〕 ❷㋑常識はずれ。「(清盛入道ハ)世のそしりをもはばからず、人のあざけりをもかへりみず、—の事をのみしたまへり」〔平家・祇王〕㋺条理はずれ。不都合。「入道(=清盛)大いに怒って、『祇王(ガ召シニ応ジナイトハ)—・なり(=ケシカラン)』」〔盛衰・巻一七ノ二〕㋩むちゃ。とんでもないこと。「—の(=ベラボウナ)法師の悪口かなとて、手綱をもって縛りて」〔盛衰・巻一八ノ三〕 ❸不審。疑問。「天台の(教義ニツイテ)—ども御尋ねありけるに」〔盛衰・巻四ノ一〕

ふしやう【不祥】(—ショウ) Ⓓ〘＋形動ナリ〙 ❶不運であること。ふしあわせであること。「兼好が—、公義が高運、栄枯一時に地をかへたり(=一方ハ衰エ、一方ハ栄エテワズカナ間ニ逆ニナッタ)」〔太平・巻二一ノ七〕 ❷とんでもない事。《多くは災難にいう》「極めて—にもあひぬるかなとおそろしくて」〔今昔・巻一九ノ一四〕「(山伏ヲミナ殺ストハ)言語道断。かかる—・なる所へ(運悪クモ)来かかってさうらふものかな」〔謡・安宅〕

ふしよう Ⓓ ㊀【鳧鐘】日本式十二律の第七。㊇じふにりつ。 ㊁【鳧鐘】仏事などで鳴らす小型のかね。鉦鼓(しょうご)。「夕べの鐘の声々に称名の御法、—の響き」〔謡・誓願寺〕

ぶしんぢゅう【不心中】(—ジュウ) Ⓔ〘＋形動ダ〙誠意がないこと。不義理。「その心(=ワタシノ心ヅクシ)を無にして(=無視シテ)七様へ行くとは、さてさて—・な」〔近松・大念仏・中〕「あの—者(=薄情者メ)、なんの(=ナニ)死なう(=死ヌモノカ)」〔近松・天網島・中〕

ふ・す【伏す】Ⓐ ㊀〘自四〙 ❶下のほうを向く。うつむく。「(俊寛ハ)天にあふぎ地に—・して泣き悲しめども、かひぞなき」〔平家・足摺〕 ❷㋑【臥す】横たわる。ねる。「前栽(せざい)の花いろいろに咲き乱れたるを見やりて、—・しながらかくぞ言はるる」〔蜻蛉・上〕㋺(地面などに)たおれる。「とても(=ドウセ)—・したるこの卒都婆(そとば)、我も休む(=腰ヲオロス)は苦しいか(=サシツカエガアルカ)」〔謡・卒都婆小町〕 ❸見つからないような姿勢をとる。ひそむ。「み吉野(えしの)の小牟漏(をむろ)が岳(たけ)に獣(しし)—・すと誰ぞ大前に申す…」〔記・下〕 ㊁〘他下二〙 ❶㋑下へ向ける。うつむける。「蘿(ひかげ)をもてたすきにして、火処(ほところ)焼(ひや)き、うけ—・せ(ソノ上デ足ヲフミ)とどろかし、神(かむ)がかりす」〔紀・神代上・訓〕《「うけふせとどろかし」は「覆槽置」の訓》「わが面(おもて)—・せて(=顔ノ立タナイヨウナ事ヲシテ)『いでや、さありしかど(=アレホドノオヤジダッタガ子ハ)かかるぞかし(=コンナザマダヨ)』と人に言ひのたてせさすな(=カッテナ事ヲ言ワセルナ)」〔大鏡・道隆〕㋺上からかぶせる。「筏(いかだ)の上に土を—・せて、樹(うゑき)生(お)ほし、よもやまの(=タクサンノ)田を作りて、住みつきて」〔大鏡・道隆〕㋩かぶせてとらえる。「伊勢の浜べで、子どもが千鳥を—・する所がござったが」〔狂・千鳥〕 ❷㋑【臥す】横にする。ねかせる。「小君をお前に—・せて、よろづに恨み(=イロイロ文句ヲ言イ)、かつは語らひたまふ(=一方デハオ言イ含メニナル)」〔源氏・空蟬〕㋺(地面などに)たおす。「今日明日のほどに(馬場ノ)埒(らち)(=サク)—・すべき(=カタヅケル)所ほしげになむ」〔蜻蛉・下〕《「柵をたおし、かたづける」意から「決着をつける」意に用いる》㋩(地面などに)押しつける。「大雁(おほがん)どもふためきあへる中に法師まじりて、(雁ヲ)打ち—・せ捻ぢ殺しければ」〔徒然・一六二段〕 ❸見つからないようにする。かくす。「(男ガ通ッテクルノヲ)主(あるじ)聞きつけて、かの道に夜ごとに人を—・せて守らすれば」〔古今・恋三・詞〕

ぶす【附子】Ⓔ「とりかぶと」の根からとる毒薬。「やいやい、これは—といふものぢゃ」〔狂・附子〕

ふす・ぶ【燻ぶ】Ⓓ ㊀〘自下二〙 ❶いぶる。くすぶる。「夏なれば宿に—・ぶる蚊やり火の(ヨウニ)いつまでわが身下もえをせむ(=内心デ思イコガレテイヨウカ)」〔古今・恋一〕「六月のころ、あやしき家に、夕顔の白く見えて、蚊やり火—・ぶるもあはれなり」〔徒然・一九段〕 ❷㋑きげんが悪い。にがりきる。「(約束シタ晩スッポカシテ)後の夜来たるに、(先方ハ)—・べて来ねば」〔仲文集・詞〕㋺(やきもちで)きげん斜めだ。むしゃくしゃする。「(女ガ会ッテクレナイノデ)—・ぶるにやと、をこがましくも(=バカラシクモ)また(縁ヲ切ルノニ)よき節(=チャンス)なりとも思ひたまふるに」〔源氏・帚木〕 ㊁〘他下二〙 ❶いぶらせる。くすべる。「けぶりのいと近く、時々たちくるを、『これや、海士(あま)の塩焼くならむ』とおぼしわたるは、おはします後ろの山に、柴といふもの—・ぶるなりけり」〔源氏・須磨〕 ❷やきもちをやいてせめたてる。「(安子中宮ハ)帝をも常には—・べ申させたまひて」〔大鏡・師輔〕《ほかに「煙にあてる」「火葬する」の意を認める説もあるが、確かな用例は未見なので、省く》

ふすぼ・る【燻ぼる】Ⓓ〘自四〙 ❶㋑煙ですすける。「宿老五十人は、炉壇(ろだん)の(護摩ノ)煙に—・りかへって(=マッ黒ニナッテ)怨敵調伏の法をぞ行はれける」〔太平・巻二〇ノ六〕㋺よごれて黒ずむ。「冬編み笠も—・り、三味線(ノ)壺(=ポジション)もすまたの(=怪シゲナ)弾き語り(デ)、御評判の繁太夫節(ヲ語ル)」〔浄・歌祭文・野崎〕 ❷ほのおは燃えたたずに煙だけ立つ。くすぶる。いぶる。《和文での用例は未見だが、類聚名義抄で「烝」「氳」

の訓に「ふすぼる」とあり、他動詞「ふすぶ」に「柴といふものー・ぶるなりけり」〔源氏・須磨〕のような用法があるので、自動詞もそれに対応する用法があったと思われる》 ❸いやな顔をする。きげんが悪い。「ー・りかへる梶原を」〔浄・那須与一西海硯・一〕《日葡辞書に fusubori, u, otta として、defumar という訳語を示すが、この語には①②の両意ともにある。また「暗く憂鬱(ゆううつ)な顔をする」という意も挙げてある》

ふすま【衾・被】Ⓔ 上にかけるほうの寝具。ふとん・かいまきなど。「寒くしあれば麻ー引きかがふり布肩衣(ぬのかたぎぬ)有りのことごと(=アリッタケ)着そへども…」〔万葉・巻五〕「ーなくて藁(わら)一束(ひとつか)ありけるを、夕べにはこれに臥(ふ)し」〔徒然・一八段〕

ふせ【布施】Ⓔ《十自サ変》〔仏〕金や品物を仏や僧にささげること。またはその金品。僧がその返礼に仏法を説くのも布施である。前者を財施、後者を法施という。「ー置きて(=供エテ)われは乞ひのむ(=オ祈リシマス)あざむかず(=マチガイナク)ただにゐゆきて(=ヒトスジニ導イテ)天路知らしめ(=天ヘノ道ヲ知ラセテクダサイ)」〔万葉・巻五〕

-ふぜい【風情】Ⓓ《接尾》❶…のような。「長持三十枝(だえ)に、葉金(はがね)・染め物・巻き絹ーの物を入れて奉りたまふ」〔平家・三日平氏〕「もしまた、さきの升(ます)ーの物もあるや」〔夢中問答・上〕 ❷《卑しめた気持ちで》…みたいな者。「わたくしーに御無心のござらうとは存じませぬが、似あひました(=身分相応ノ)御用ならば、かしこまったと仰せられい」〔狂・靫猿(鷺流)〕

ふぜい【風情】Ⓒ ❶様子。《ちゃんとした様子にもかかわった様子にもいう》「(縛ラレテイルノデ)立ちゐくるしきそのー、甘輝(将軍ハ)見る目もいたはしく」〔近松・国性爺・三〕 ❷趣向。着想。「当世の上手の…詞をとりて、ーをめぐらすべし(=趣向ハ新シク工夫スルガヨイ)」〔連理秘抄〕 ❸風雅。「ある無依(えむ)の道者の跡をしたひ(=イッサイヲ捨テキッタ仏道修行者ノ行跡ヲ思慕シ)ーの人の実(まこと)をうかがふ(=風雅人ノ真実ノ心ヲ知ロウト努メル)」〔芭蕉・笈の小文〕 ❹動作。所作。「(役者ガ)ことば(=詞章)のままにーをせば、人体(=役ガラ)に似あはぬ所あるべし」〔花伝・六〕

ふせいほ【伏せ庵】(ーイオ) Ⓔ 屋根がたいそう低く、みすぼらしい家。「ーの曲げ庵(=ユガンダ家)の内に直土(ひたつち)に(=直接地面ニ)藁(わら)解き敷きて…」〔万葉・巻五〕

ふせきや【防き矢】Ⓔ 攻め寄せる敵をくいとめるため射る矢。「ー射むとて、五人進み寄ってさんざんに射ければ」〔盛衰・巻三五ノ二〕《「防く」は鎌倉時代まで清音だったらしく、類聚名義抄や平家正節は「く」に清音符をつける。室町時代は濁音になったようで、謡曲は「防ぎ矢」。日葡辞書にも fuxegui とある》

ふせご【伏せ籠】Ⓔ 火桶(ひおけ)などの上にかぶせる籠(かご)のようなもので、金属や竹などをあんで作る。衣をかけてかわかし、または香をたきこめるのに用いる。「宿直(とのゐ)物(=宿直用ノ着物)とおぼしき衣(きぬ)ーにかけて、たき物(=薫香ヲ)しめたる(=シミコマセテイル)匂ひ、なべてならず(=スバラシイ)」〔宇治・巻三ノ一八〕

〔ふせご〕

ふせや【伏せ屋】Ⓔ たけの低い家。《みすぼらしいという意を含む》「卯の花の垣根とのみや(=カキネダケシカナイト)思はまし(=思ッタカモシレナイ)賤(しづ)がーに煙立たずは」〔千載・夏〕

ふぞく【風俗】Ⓔ →ふうぞく④。

ふたあゐ【二藍】(ーイ) Ⓓ ❶紅花(べにばな)と藍とで染めた色。光線の加減によってどことなく赤みのさす優雅な藍色である。「薄(うす)ーなる帯の御衣(おんぞ)にまつはれて引きいでられたる」〔源氏・賢木〕 ❷襲(かさね)の色目。→巻末「襲の色目要覧」。

ふたが・る【塞がる】Ⓓ《自四》❶つまる。「気(け)の上がる病ありて…鼻の中ー・りて息も出で難かりければ」〔徒然・四二段〕 ❷《多く「方」を伴って》天一神または太白神の遊行するため、その方角に向けて外出ができなくなること。「こよひ、方のー・りければ、方違(かたたが)へになむ行く」〔枕・八三段〕 ❸《「胸」などを伴って》気持ちがはれやらない。胸がいっぱいである。「胸つと(=グット)ー・りて」〔源氏・明石〕 ❹《補助動詞ふうに》いちめんに…となる。いっぱい…する。「霧りー・りて道も見えぬ繁木(しげき)の中を分けたまふ」〔源氏・橋姫〕

ふた・ぐ【塞ぐ】Ⓓ《他四・下二》❶㋑(余分な)空間をなくす。(間隙(かんげき)を)とじる。「ひま(=スキマ)ありけるを、誰かは来て見むと、うち解けて(=気ヲ許シテ)穴もー・が《四段》ず」〔源氏・浮舟〕 ㋺通さないようにする。じゃまする。「まうのぼりける道に、(薫ノタメニ)ー・げ《下二》られて、とどこほり(=立チドマッテ)ゐたる」〔源氏・蜻蛉〕 ❷おおう。「袖(そで)を顔にー・ぎ《四段》て」〔狭衣・巻四〕

ふたつぎぬ【二つ衣】Ⓓ 衵(あこめ)や袿(うちき)を二枚かさねて着たもの。同色の場合が多い。「濃き香(=黄バンダ淡紅色)の布狩衣(ぬのかりぎぬ)、とりどころ少し赤みたる薄紫の指貫(さしぬき)、濃き色のー、単衣(ひとへ)着て」〔著聞・蹴鞠〕

ふたま【二間】Ⓔ ❶㋑柱と柱との所定間隔が二つあること。(参)ま⑤。「格子(ヲ)ーばかり上げて」〔蜻蛉・下〕 ㋺柱の間隔二つに仕切ったへや。「几帳(きちやう)をーの簾(す)におし寄せて」〔源氏・椎本〕 ❷清涼殿にあり、祈禱(きとう)僧などが詰めるへや。「(儀式ハ)清涼殿の東面にて…

もののしくめでたき御ありさまなり。中宮・一品(いっぽん)の宮は—にて御覧ず」〔栄花・歌合〕

ふだん【不断】　**—かう** 香〈—コウ〉Ⓔ 昼夜たえまなくたく香。「窓のひまよりのぞけば、机に経多く巻きさしたるなどあり。—の煙満ちたり」〔宇治・巻一三ノ一三〕「甍(いらか)破れては霧不断の香をたき」〔平家・大原御幸〕

—ぎゃう 経〈—ギョウ〉Ⓔ 大般若経・最勝王経・法華経を日夜たえまなくよみ、死者の追善冥福を祈ること。「この御一類の外の殿ばらみな、あるは—、あるは朝夕につとめさせたまふ」〔栄花・疑〕

ふち【扶持】Ⓓ【十他サ変】❶㋑《一般的に》生活上のめんどうを見ること。世話すること。「所(＝コノ土地)に住みながら、御—ある(＝オ世話ニナッテイル)方々に憎まれ申すものならば、ひとへに盲の杖を失ふに似たるべし」〔謡・景清〕「すでに十か年あまり—・し申したる(＝オ養イシタ)左近(さこん)の尉(じょう)が、情けなきものにてさうらふか(＝ドウシテ情ケ知ラズノ者デショウ)」〔謡・鳥追舟〕㋺ささえになること。「外祖父忠仁公、幼主を—・したまへり(＝補佐ナサッタ)」〔平家・額打論〕❷《主従関係において》生活を保証すること。「慈鎮和尚(くわしやう)、一芸あるものをば下僕(しもべ)までも召しおきて、不便(ふびん)にせさせたまひければ(＝目ヲオカケニナッテイタカラ)、この信濃の入道を—・したまひけり」〔徒然・二二六段〕❸給与。《江戸時代にはおもに米。一人扶持が一日に米五合の割り当て》「五人—とりてしだるる柳かな」〔野坡(炭俵)〕

ふぢ【藤】〈—ジ〉Ⓓ ❶㋑マメ科藤属の植物。夏には紫色の花房をつける。「くたびれて宿かるころや—の花」〔芭蕉(猿蓑)〕㋺藤の花。「廊をめぐれる—の、色もこまやかに開けゆきけり」〔源氏・胡蝶〕❷㊙ふぢごろも②。「かけきやは(＝思イモカケナカッタ)河瀬の波もたちかへり(＝賀茂ノ斎院トシテノミソギデナクテ)君がみそぎの—のやつれを(＝喪服ニヤツレテイラレタ、ソレヲ脱グミソギヲナサルトハ)」〔源氏・少女〕

—のおんぞ ❸襲(かさね)の色目。→巻末「襲の色目要覧」。

—のころも 藤の御衣 Ⓓ【連語】「ふぢごろも②」の尊敬語。「—にやつれたまへるにつけても、限りなくきよらに(＝オキレイダガ)心苦しげなり(＝見テイル方デ心苦シイ様子デアル)」〔源氏・賢木〕

—のころも 藤の衣 Ⓓ【連語】→ふぢごろも。「(結婚ノ申シコミニ対シテ喪中ノ身デ)つつみきこえたまひし(＝遠慮サレタ、ソノ)—も、改めたまへらむ」〔源氏・総角〕「(配所ノ崇徳院ヲタズネテ)—の袖(そで)(ハ涙デ)しほれ果ててぞ(＝グッショリヌラシテ)立ちたりける」〔保元・下・八〕

ふぢごろも【藤衣】〈フジ—〉Ⓓ ❶くずの繊維で織ったラフな衣。「須磨の海人(あま)の塩焼き衣(ぎぬ)の—間遠(まどほ)にしあればいまだ着なれず」〔万葉・巻三〕❷喪服。「—はつるる(＝ホツレテクル)糸は侘(わ)び人(＝父ヲナクシテ悲シンデイルワタシ)の涙の玉の緒とぞなりける」〔古今・哀傷〕

ふぢつぼ【藤壺】〈フジ—〉Ⓓ 内裏の後宮の殿舎の一。清涼殿の西北に続き、弘徽(こき)殿の西がわにある。中庭に藤が植えてあるので、こうよぶ。正式の名は飛香舎(ひぎょうしゃ)。后(きさき)や女御(にょうご)が住む所。

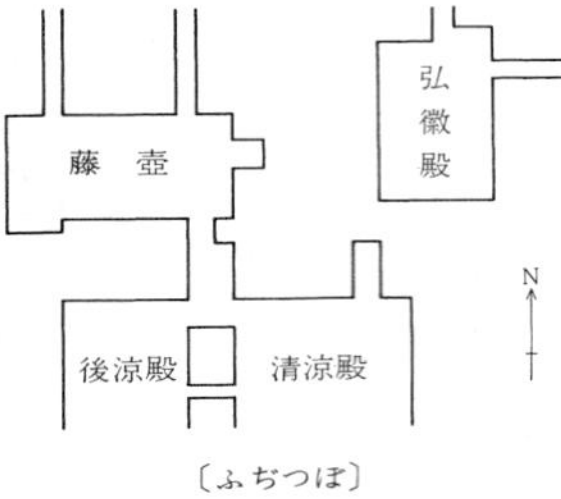

〔ふぢつぼ〕

ふぢなみ【藤波】〈フジ—〉Ⓓ ❶藤の花が風に吹かれて動くのを波にみたてていう語。「色深くにほひしことは—の立ちもかへらで(＝波ガ寄セテハカエルヨウニカエラナイデ)君とまれとか(＝オ泊マリナサイトイウ意味ナンデショウ)」〔後撰・春下〕❷藤の花。「—の咲き行く見れば霍公鳥(ほととぎす)鳴くべき時に近づきにけり」〔万葉・巻一八〕

ふぢゃう【不定】〈—ジョウ〉Ⓓ【十形動ナリ】㊉「いちぢゃう」❶さだめないこと。決まっていないこと。《英語の indefinite にあたる》「いと—・なる世の定めなりや」〔源氏・若菜上〕❷確かでないこと。不確実。《英語の uncertain にあたる》「それも、いかがはべらむ(＝ドウデショウカ)。—・なることどももはべめれば(＝アテニナラナイコトモアリソウデスノデ)」〔蜻蛉・下〕

ふづき【文月】Ⓓ 旧暦七月の別名。㊇むつき。「秋—丙戌朔己酉、群卿(まうちきみたち)に詔(みことのり)し」〔紀・崇神・訓(熱田本)〕《「ふづき」は「七月」の訓》

ふつくに【悉に】Ⓔ【副】すべて。ことごとく。「近侍の諸の女王(ひめおほきみ)と采女等(うねめたち)—知れり」〔紀・舒明・訓(北野本)〕《「ふつくに」は「悉」の訓》

ぶつくゎ【仏果】〈—カ〉Ⓓ〔仏〕自身の修行や他人の供養の結果として仏になること。㊇くゎ。「仏法修行も—にこそ目をかけて(＝目標トシテ)修行すべけれ」〔正徹物語・上〕

ふつつか【〈不束〉】Ⓓ【形動ナリ】❶(姿・声・性格などが)太く、しっかりしているさま。「四の宮…いと大きやかに—・に肥えたまへるが、色白く、ものものしくおはす」〔宇津保・蔵開上〕「たのもしげなく、頸(くび)ほそし(＝生活能力ガ弱イ)とて、—・なる後ろ見設けて」〔源氏・帚木〕❷ぶこつだ。ふぜいがない。情趣にとぼしい。「船路のしわざとて、すこし黒みやつれたる旅姿、いと—・に心づきなし(=感ジガ悪イ)」〔源氏・夕顔〕「形—・なれば二十三より後家となりしに、後夫となるべき人もなく」〔西鶴・永代蔵・巻一ノ三〕 ❸浅はかだ。軽はずみだ。「かしらおろしなど—・に思ひとりたるにはあらで」〔徒然・五段〕 ❹不行き届きだ。「それから宅へ出入りもならず音信不通とされたのは、みんな此方が—ゆゑ」〔春水・梅暦・巻一〕

ふつ ふつ Ⓓ 〘副〙 ❶物を切る音にいう。ぷつぷつ。「この鮑(あはび)を—と(クイ切ッテ)参りつる(=召シアガッタ)が」〔平治・下・七〕 ❷鳥などがはばたく音にいう。ぱたぱた。「—と飛びて帰るを見れば、鴛(をし)の雌(めとり)なりけり」〔沙石・巻七ノ一四〕 ❸ふっつり。きっぱり。「(カルタ遊ビナド)—やめたまへ」〔咄・鹿の巻筆・巻一ノ二〕

ふ でう【不調】(-ジョウ) Ⓓ 〘+形動ナリ〙 ❶きちんとしていないこと。「法杖と申して、坐禅の時、身—・なる(=姿勢ガクズレテイルノ)を、これにて(注意スルタメ)さし突きさうらふなり」〔沙石・巻二ノ一〕 ❷(対外的に)うまくゆかないこと。「それがしと申す者は…世間—・にして(=経済的ニ行キ詰マリ)、わづかの所領、ことごとく沽却(こきやく)つかまつりき(=売リ払イマシタ)」〔沙石・巻九ノ六〕 ❸(性質などが)正常でないこと。欠点があること。「従者の中に一人の男あり。本性—・にして、(イツモ)主の心を破り動かす(=腹ヲ立テサセタ)」〔今昔・巻一七ノ四〕

ふで やう【筆様】(-ヨウ) Ⓔ 筆づかい。書風。「屛風・障子(=フスマ)などの絵も文字も、かたくなる(=ギコチナイ)—して書きたるが、見にくきよりも(=ヨミニクイトイウヨリモ)、宿のあるじの(=ソノ家ノ主人ノ人ガラガ)つたなく(=ツマラナク)おぼゆるなり」〔徒然・八一段〕

ふと-【太】 Ⓓ 〘接頭〙〘名詞・動詞に付き〙「りっぱな」「尊い」意を表す。「—知る」「—高敷く」「—祝詞(のりとごと)」等。

ふ と【〈浮図・浮屠〉】 Ⓓ 〔仏〕 ❶〘梵 buddhaの音訳〙→ほとけ①。「宮中立ニ黄老・—之祠ー」〔後漢書・襄楷伝〕〘中国の仏教典籍に用いられるが、日本ではほとんど用例がない〙 ❷寺や塔をいう。「我が平生の時乗りし馬を売りて、我がために—を造れといひき、しかるに、汝、なんぞ我が乗りし馬を売りてみづから用ゐる。すみやかに我が教への—を造れ」〔今昔・巻九ノ三〇〕 ❸僧侶。「われ僧にあらずといへども、もとどりなき(=髪ヲユッテイナイ)者は—の属にたぐへて(=坊主ナカマニアツカイ)神前に入るを許さず」〔芭蕉・野ざらし〕「もとより—氏(=仏教徒ノヨウナ)翻訳の法はわきまへず」〔蘭東事始〕

ふ と〘副〙 Ⓒ ❶とくに支障もなく。たやすく。「蔵人(ニナルノヲ)思ひしめたる人の、—しも(=スグニモ)えならぬが」〔枕・五段〕「さすがに—(=簡単ニハ)いらへにくく」〔堤・このついで〕 ❷無造作に。ひょいと。さっと。「男君もその気色(けしき)を—(=ナニゲナク)見たまひて」〔落窪・巻一〕「『是非なく(=イヤオウナシニ)かき入るべし(=カツギコメ)』と仰せられければ、—かき入れまゐらせて、家弘は北山へ逃げ入りにけり」〔保元・中・六〕 ❸はからずも。思いがけず。「—人に頼まれまして、一二疋(狐ヲ)釣りましてござるが」〔狂・釣狐〕〘日葡辞書にfuttoとあるので、中古も「ふっと」と発音されたのかもしれない〙

ふ どう【不動】 Ⓓ 〔仏〕〘梵 Acalaの意訳〙五大明王(みようおう)・八大明王の一。あらゆる悪業・煩悩を砕くのが使命である。怒りの表情で、右に降魔(ごうま)の剣、左に捕縛のなわを持ち、背に炎を負う。「我はこれ大聖(だいしやう)—明王の御使ひに、矜羯羅(こんがら)・制吒迦(せいたか)といふ童子なり」〔平家・文覚荒行〕

ふと し・く【太敷く】 Ⓓ 〘他四〙〘「太」は接頭語。「敷く」は領有する意〙 ❶(自分のものとして)りっぱに設営する。「宮柱(=宮殿ノ柱、スナワチ宮殿ヲ)—・き立てて万代に今ぞさかえむ鎌倉のさと」〔金槐・下〕 ❷(わがものとして)りっぱに治める。「瑞穂(みづほ)の国(=日本国)を神ながら(=神ノオ定メニナッタトオリ)—・きまして…」〔万葉・巻二〕

ふ どの【文殿】 Ⓓ ❶書物類をしまっておく所。文庫。「(現在ハ)—にてあるを、こと方にうつして(=他ノ所ニ移シテソノアトニ玉鬘ヲ住マセヨウ)とおぼす」〔源氏・玉鬘〕 ❷〘院政時代〙訴訟などを決断する役所。「院の—、議定(ぎぢやう)所に移され、評定衆(ひやうぢやうしゆ)など、少々かはるもあり(=配置転換スル者モアッタ)」〔増鏡・秋のみ山〕 ❸→けうしょでん。

ふとり【太織】 Ⓔ 太い絹糸で織ったもの。ラフだが、じょうぶである。「着物は—を(染メ直シノキク)花色にして、幾度かせんだく」〔西鶴・二代男・巻五ノ二〕

ふな ぎほ・ふ【船競ふ】(-オウ) Ⓔ 〘自四〙船が我さきにとこぐ。「—・ふ堀江の川の水際(みなきは)に来ゐつつ鳴くは都鳥かも」〔万葉・巻二〇〕

ふな ぎみ【船君】 Ⓔ 船客中の主人格の者。「かく言ひつつ行くに、—なる人、波を見て」〔土佐〕

ふな こ【船子】 Ⓓ 「かぢとり」の下に属し、船を動かす役の者。船員。「かぢとり、—どもにいはく『み船より仰せたぶなり。朝北のいでこぬさきに綱手はや引け』といふ」〔土佐〕

ふな はし【船橋・舟橋】 Ⓔ 舟をならべた上に板を渡した仮橋。「上毛野(かみつけの)佐野の—とりはなし(=分解スルヨウニ放シ)親は(二人ノ仲ヲ)離(さ)くれど吾(わ)は離くるがへ(=遠ザカルモノカ)」〔万葉・巻一四〕「万葉集の歌に『東路(あづまぢ)の佐野の—とりはなし』とよめる歌の心をば知ろしめしさうらはずや」〔謡・船橋〕〘万葉集の原文は「布

奈波之」で清音と推定されるが、現行謡曲では「フナバシ」と発音している】

ふな はて【舟泊て・船泊て】Ⓔ【〘十自サ変〙船がある場所にとまり夜をすごすこと。㊜は(泊)つ。「何処(いづく)にか—・すらむ安礼の崎漕ぎ廻(た)み行きし棚無し小舟」〔万葉・巻一〕

ふな びと【船人】Ⓓ ❶船に乗っている人。「沖辺(おきへ)より—のぼる呼び寄せていざ告げやらむ旅の宿りを」〔万葉・巻一五〕 ❷船員。水夫。「葛飾(かづしか)の真間(まま)の浦廻(うらみ)を漕ぐ船の—騒く波立つらしも」〔万葉・巻一四〕

ふな やかた【船屋形】Ⓔ 船の上に作りつけた屋根つきのへや。「貫之、—の上に出でたまひて、『…』とのたまへば」〔秋成・春雨・海賊〕

ふ ばこ【文箱】Ⓔ【「ふみばこ」の撥(つは)音便「ふんばこ」の「ん」が表記されない形】手紙を入れて送り届けたり、書きものなどをしまっておいたりする箱。「しめやかなるに(=ヒッソリシタ時ニ)御かた(=明石上ハ)、御前にまゐりたまひて、この(明石入道カラノ手紙ガハイッテイル)—聞こえ知らせたまふ」〔源氏・若菜上〕

ふ びん【不便・不〈憫〉】Ⓒ〘十形動ナリ〙❶㋑つごうが悪く困ること。「この大臣のしたまふ事なれば—・なりと見れどいかがすべからむ(=ドウショウモナイ)」〔大鏡・時平〕 ㋺(現代語の)不便。便利でないこと。「女郎、高下あはせて千三百余人、毎日の髪油(ヲ)めいめい買ひにすることも—・なれば」〔西鶴・俗徒然・巻五ノ二〕 ❷あわれなこと。かわいそうなこと。「それを(=貧苦ノタメニ罪ヲ犯シタ者ヲ)罪なはむこと(=罰スルトイウノハ)、—のわざなり」〔徒然・一四二段〕 ❸気をつけてやること。「(天皇ノ危急ニ善処シタ下級役人ヲ)法性寺殿(=関白忠通)もことさら—・に(=特に目ヲカケテ)召し使ひて、御領あまた賜ひなどして」〔盛衰・巻二六ノ一六〕

ふ ふ・む【含む】Ⓔ【古代語】㊀〘自四〙まだひらかないでいる。つぼんでいる。「—・めり(=ツボミヲ持ッテイル)と言ひし梅が枝けさ降りしあわ雪にあひて咲きぬらむかも(=咲イテイルダロウカナ)」〔万葉・巻八〕 ㊁〘他四〙含む。「(未分ノ天地ハ)まろがれたる(=ゴチャゴチャナ)こと鶏の卵(こ)の如く、くもりて(=不透明デ)牙(きざし)を—・めり」〔紀・神代上・訓〕【「ふふめり」は「含」の訓】

ぶ へん【武辺・武扁】Ⓔ ㊀❶武術。武芸。「狐出て人を化かすといふ事(ガアッタノデ)、—自慢の侍、退治せむと」〔咄・無事志有意・野狐〕 ❷武士。「この士…富貴を願ふ心、常の(=フツウノ)—にひとしからず」〔秋成・雨月・貧福論〕 ㊁〘十自サ変〙武道の達人ぶること。「何とやら(=ナントマア)言はれぬ(=ツマラナイ)所に為右衛門が—・して、諸士がもの笑ひになり…言ひわけ立たず」〔西鶴・伝来記・巻五ノ四〕

ふみ【文・書】Ⓑ ❶書籍。文書。「かかることは—にも見えず(=文献ニモ出テイナイ)」〔徒然・五三段〕 ❷文章。作品。「源氏・枕冊子などの—を作りて」〔以貫・難波土産・発端〕 ❸㋑手紙。「見すまじき人に外(かは)へもていく—見せたる」〔枕・九七段〕 ㋺恋文。艶書(えんしょ)。「(巻キ紙ノ)ひっ裂き目に(舌デヌラシタ跡ノ)口紅のついてるのは、いつでも地者(=シロウト女)の—ではねえのさ」〔黄・艶気樺焼・上〕 ❹学問。「—の道は(俊蔭ニクラベ)少したじろぐとも(=劣ルトシテモ)、そのすぢ(=音楽ノ方面ノ人材)は多かり」〔宇津保・俊蔭〕 ❺㊊「歌」 漢詩。「—作り、歌よむ」〔浜松・巻二上〕

ふみ がき【文書き】Ⓔ ❶手紙や文章の書きぶり。書き方。「—にもあれ、歌などのをかしからむは、わが院よりほかに、誰か見知りたまふ人のあらむ」〔紫日記〕 ❷作歌。「これら(=蜻蛉日記ヤ栄花物語ノ類)は狭衣(さごろも)の作り主にまさるべき—のしわざなれど…そら事を作れる物語のやうにはおもしろからざるなり」〔高尚・みつのしるべ〕

ふみ づき【文月】Ⓓ →ふづき。「—や六日も常の夜には似ず」〔芭蕉(真蹟)〕【真蹟に「ふみ月」と表記】

ぶ やう【無恙】(—ヨウ) Ⓔ つつがないこと。無事。「茶店の老婆子(らうばし)儂(われ)を見て慇懃(いんぎん)に(=テイネイニ)—を賀し(=ヨロコビ祝ッテクレ)かつ儂が春衣を美(ほ)む(=正月ノ晴レ着ヲホメテクレタ)」〔蕪村・春風馬堤曲〕【原文は「無恙」と漢字がき。「むやう」とよむこともできる】

ふゆ ごもり【冬籠り】Ⓔ ❶冬の間、草木が花を咲かせなどせず、じっとしていること。「—思ひかけぬを木の間より花と見るまで雪ぞふりける」〔古今・冬〕 ❷冬の間、人があまり外出しないで生活すること。「金屏(きんびやう)の松の古さよ—」〔芭蕉(炭俵)〕

ふ よう【不用】Ⓓ〘十形動ナリ〙❶㋑役に立たないこと。「今日、節忌(せちみ)すれば(=精進中ナノデ)、魚(いを)—」〔土佐〕 ㋺手のつけようがないこと。最悪事態。「(愛人ガ他ノ男ト結婚シタト)聞き果てて、—・に(=絶望的ナ病状ニ)なりにければ…よろづの神仏に祈りて…からうじて生きたれど」〔宇津保・貴宮〕 ❷相手にしないこと。よけい物あつかいにすること。「盗人など…この(貧弱ナ)宮をば—のもの(=問題外)に(シテ)…寄り来ざりければ」〔源氏・蓬生〕 ❸承認できないこと。不可。「(物忌ミ中ダカラ)さらに—・なり(=ゼッタイダメダ)」〔宇治・巻一〇ノ九〕 ❹用心が及ばないこと。不慮。「この道かならず—の事あり。え入れたてまつらじ(=中ニオ入レスルワケニユカナイ)。つつがなう(=ブジニ)送りまゐらせて幸せしたり(=ヨカッタ)」〔芭蕉・奥の細道〕

ぶらく ゐん【豊楽院】(―イン) Ⓓ 大内裏(だいだいり)の西南部にあった区画で、その中心となる建物を豊楽殿とよぶ。大嘗会(だいじようえ)・節会(せちえ)・競べ馬・すもうなどが行われた。

ふり‐【振り】 Ⓓ 〘接頭〙動詞に付いて、意味を強め、また語調を整える。「―あふぐ」「―捨つ」「―離る」等。

ふり【振り】 Ⓒ ❶様子。動作。そぶり。「運の尽きたお人ぢゃ。こなたの―を見つけたやら(=アナタノ様子ヲミツケタセイカ)にはかに在所家並みのかたはしから屋さがし」〔近松・冥途飛脚・下〕「門内へ(馬ヲ)乗り入れし―、いたいけにおとなしし(=カワイイナカニモシッカリシテイル)」〔近松・阿波鳴渡・中〕 ❷姿。なりかたち。「―よき君の(=美人ガ)情けのないは、さえゆく月にかかるむら雲(=ミタイダ)」〔隆達小歌〕「趣向を句の―に振り出す(=表現トシテ具体化スル)といふことあり」〔土芳・三冊子・赤〕 ❸㋑〘奈良・平安前期に〙歌曲の基本メロディ。平安後期にいう「様(やう)」。「この両歌(うた)は、今ひなぶりと号(なづ)く」〔紀・神代下・訓〕〘「ひなぶり」は「夷曲」の訓〙 ㋺〘平安後期に〙歌曲のこまかい節まわし。「その様(やう)(=基本メロディ)を習ひてうたひたれば、―はその―にて(シカシ)似ぬにや」〔梁塵・口伝集〕 ❹〘歌舞伎・舞踊の用語〙役者が囃子(はやし)にあわせてするリズミカルな動作。「所作(しよ)」とも。「両人おもしろき―あって『めでたけれ』と納まる」〔伎・三舛玉垣・一ノ三〕 ❺商品をになって呼び声をあげ売りあるくこと。振り売り。「荻織る笠を市に―する」〔羽笠(冬の日)〕 ❻やりくり。操作。「借銀かさみ、次第に―につまり、さまざま調義するに(=手段ヲメグラシテモ)なりがたく(=ドウニモナラズ)自然とその家をつぶし」〔西鶴・永代蔵・巻六ノ三〕 ❼〘遊里で〙なじみではなく、ぶらりと来ること(客)。「約束なしのうかれ人、友のうかれにうかれ来て、どれでもどれでも―に呼ばれし新造の、髪そこそこにゆひなして」〔松の葉・月見〕 ❽㋑振り袖(そで)。「上着をぬげば右左、―と詰めとの片ちぐに(=チグハグニ片方ハ振リ袖、片方ハ詰メ袖デ)」〔近松・歌念仏・中〕 ㋺(略)振り袖新造。〘まだ振り袖を着ている少女の意から〙かぶろ上がりの見習い女郎。まだ一本立ちにならない若い遊女。「片町の―を内へよび入れ(=嫁ニ迎エ)、師走に広めがあったぞや(=披露ヲシタゾ)」〔近松・阿波鳴渡・中〕 ❾ゆがみ。くるい。「松陰につっくり(=ポツント)立った御影石…ちっくり(=チョット)笠に―がある」〔浄・嫩軍記・三〕

ふりい・づ【振り出づ】(―ズ) Ⓔ ㊀〘自下二〙思い切って出て行く。しいて出て行く。「その日しも、京を―・でて行かむも、いともの狂ほしく、流れての物語(=後ノ話題)ともなりぬべきことなり」〔更級〕 ㊁〘他下二〙❶(声を)はりあげる。「さみだれの今日まで(声ヲ立テルノヲ)忍ぶほととぎすいつか飽くまで声を―・でむ」〔応和二年内裏歌合〕 ❷紅(べに)を溶解させて染める。紅色に染め出す。「鹿の音(ね)はいくらばかりの紅ぞ―・づる(=掛ケ詞「㊀」)からに山の染むらむ(=山ガ色ヅクノデアロウカ)」〔大和・一二七段〕

ふりう【風流】(―リュウ) Ⓒ →ふうりう③④。

ふりさ・く【振り放く】 Ⓓ 〘他下二〙はるかかなたに顔を向ける。遠く目をやる。「青海原―・けみれば春日なる三笠の山に出でし月かも」〔土佐〕「天の原―・け仰ぐ春の日の光あまねく照らす世に…」〔新千載・雑下〕

ふりし・く Ⓓ 〘自四〙 ㊀【降り敷く】降って地面をおおう。降って一面に敷く。「庭、もはらに(=スッカリ)花―・きて、海ともなりなむと見えたり」〔蜻蛉・下〕 ㊁【降り頻く】しきりと降る。「ひさかたの(=枕詞)雨は―・く石竹花(なでしこ)がいや(=イヨイヨ)初花に(=新シク開ク花ノヨウニ)恋しきわが背(=恋人ヨ)」〔万葉・巻二〇〕

ふりた・つ【振り立つ】 Ⓓ 〘他下二〙 ❶いきおいよく立てる。ぱんと立てる。「舟泊(は)てて(=舟ヲトメテ)戕牁(かし)(=舟ニツンデアルクイヲ地面ニ)―・てていほりせむ(=トマロウ)名子江の浜辺(アマリケシキガヨイノデ)過ぎかてぬかも(=スドオリシカネルコトダ)」〔万葉・巻七〕 ❷いきおいよく振る。「おのれが作れる文を声のかぎり立てて誦(ず)する声、高麗(こま)鈴を―・つるに劣らず」〔宇津保・祭使〕 ❸(大声を)出す。(高い声を)立てる。「西のみ山の鶯は限りの声を―・てて…」〔蜻蛉・中〕

ふりは・ふ【〈振〉りはふ】(―ハ〈ホ〉ウ) Ⓓ 〘自下二〙わざわざする。特にその行為をする。「かく―・へたまへるに(=ワザワザオイデニナッタノニ)いかで隠れむ(=ドウシテ引ッコンデイラレマショウ=ゼヒオ会イシマス)」〔宇津保・俊蔭〕

ふりはへ【〈振〉りはへ】(―エ) Ⓓ 〘副〙わざわざ。とくに。「―来たれど、わがむつましき(=自分ノ使イナレタ)従者もなし」〔大和・一四八段〕「遠くおはしましにし後、―てしもえ尋ねきこえたまはず」〔源氏・蓬生〕

ふりわけ【振り分け】 Ⓔ ❶(略)振り分け髪。「十のみこ、四つばかりにて、御髪―にて」〔宇津保・蔵開上〕 ❷二つに分け・ること(たもの)。「此所は江戸へも六十里、京都へも六十里にて―の所なれば、中の町といへる由」〔一九・膝栗毛・三下〕 **――がみ** 髪 Ⓔ 幼児の髪型の一。髪を肩までの長さに切り、左右に分けてたらしたもの。「くらべこし―も肩すぎぬ(夫ト思イ定メタ)君ならずして(=アナタ以外ノ)誰か(=ダレノタメニ)あぐべき(=髪上ゲヲショウカ)」〔伊勢・二三段〕

ふ・る【旧る】 Ⓒ 〘自上二〙 ❶ふるくなる。年代がたつ。「わが里に大雪降れり大原の―・りにし里に降らまくは後」〔万葉・巻二〕「(西ノ京ハ)垣などもみな―・りて、苔生ひてなむ」〔枕・八三段〕 ❷年をとる。時代おくれになる。「―・りにし嫗(おみな)にしてや(=バアチャンノクセニ)かくばかり恋に沈まむ手童(たわらは)のごと(=マルデ少女ミタイニ)」〔万葉・巻二〕 ❸相手にされなくなる。「たのめこしことのは(=今マデ私ニアテニサセテキタアナタノ恋文ヲ)今は(アナタニ)返してむわが身―・るれば(=捨テラレタ以上)おきどころなし(=私ノ所ニオイテモドウショウモナイノデスカラ)」〔古今・恋四〕

ふ・る【震る】Ⓔ《自四》ゆれる。震動する。「雷(みかみ)も鳴り地震(なゐ)も―・る時は」〔大鏡・兼家〕

ふる こと【古言】Ⓓ ❶古い言い伝え。昔話。「かやうなる女・翁などの―するは、いとうるさく」〔大鏡・道長〕 ❷㋑昔の詩歌・文章。「あはれなる―ども、唐(から)のも大和のも…書きまぜたまへり」〔源氏・葵〕㋺昔の書籍。とくに史書。「御覧じ集めける―どもは、いかにぞ」〔増鏡・序〕

ふる さと【古里・旧里・故郷】Ⓑ ❶古くなり荒れ果てたところ。ことに旧都。古跡。「さざ波や大津の宮の荒れしより名のみ残れる志賀の―」〔東関紀行〕 ❷生まれた所。生まれ故郷。「名古屋を出でて―(=芭蕉ノ生地、伊賀上野)に入らむとす」〔芭蕉・笈の小文〕 ❸以前住んでいた所。なじみのある地。「(アノ人ハ)かの―に(=自分ノモトイタ所ニ)知られまほしき人やはべらむ(=自分ノ動静ヲ知ッテホシイ人ガイルノデショウカ)」〔浜松・巻五〕 ❹自宅の謙譲語。「この―の女の前にてだに、つつみはべるものを(=遠慮シテイマスノニ)」〔紫日記〕

ふる ひと【古人】Ⓓ ❶昔の人。「妹(いも)らがり(=枕詞)今木の嶺に茂り立つ嬬(つま)松の木は(宇治ノ宮ニイタ)―見けむ」〔万葉・巻九〕《原文「古人」と表記》 ❷老人。「―の問はず語り(=聞カレモシナイノニオシャベリスルノハ)みな例の事なれば」〔源氏・椎本〕 ❸古くからいる者。古参。「少将のおもとといふは…殿の(=道長家ノ)―なり」〔紫日記〕 ❹以前の知りあい。昔なじみ。「(長イ)年月を(アナタニ会エヨウカト)待つ(=掛ケ詞「松」)に引かれて―(=掛ケ詞「経ル人」)に今日鶯の初音聞かせよ(=新年ノタヨリヲ下サイ)」〔源氏・初音〕 ❺(以前に)死んだ人。故人。「そも(コノ墓ニ葬ッテアル)―は何人にて」〔秋成・雨月・吉備津〕

ふるま・ふ【〈振舞〉ふ】(―マ〈モ〉ウ) Ⓓ ㊀《自四》 ❶おこなう。行動する。「やすらかに身をもてなし―・ひたる」〔源氏・帚木〕 ❷人目に立つ行動をする。「六位なる者の、太刀(たち)はきたる、―・ひいできて(=モッタイブッテ出テキテ)、前のかたにひざまづきて」〔蜻蛉・下〕「今は命生きても何かせむと思ひければ、命も惜しまず―・ひけり(=大アバレシタ)」〔盛衰・巻九ノ一〕「大方、―・ひて(=特別ナ事ヲシテ)興あるよりも、興なくてやすらかなるが、まさりたることなり」〔徒然・二三一段〕 ㊁《他四》もてなす。ごちそうする。「(新参ノ者ニ)水なりとも―・うたならば、取り戻いていなせ(=帰ラセテシマエ)」〔狂・今参〕

ぶん【分】Ⓒ ㊀ ❶自分としての限度。身のほど。「―を知らずして、しひてはげむは(=無理ニ何カショウトスルノハ)おのれが誤りなり」〔徒然・一三一段〕 ❷分け前。割りあて。配分。「『着替への―を舟にあづくる』『封付けし文箱来たる月の暮』」〔臥高・芭蕉〈続猿蓑〉〕「いい加減に磨きな。垢(あか)も身の内だよ。あしたの―も、のけときねえな」〔三馬・風呂・二ノ下〕 ❸ほど。ぐらい。程度。「別にむづかしい事でもおりない。『かさをさすなら春日山…げにもさあり、ようがりもさうよの』といふ―のことでおりゃる」〔狂・末広がり〕 ❹匹敵するもの。相当するもの。「二十余度の合戦に、人の命をたつこと数を知らずといへども、―の敵を討って、非―の者を討たず」〔馬琴・弓張月・二一回〕 ❺様子。状況。「はいさ。ただ今の―ではよく辛抱(しんばう)いたします」〔三馬・風呂・二ノ上〕 ❻ほんとうはそうでないが、そういう扱いにすること。名目上や表向きそうだとすること。「それとて(=食イ逃ゲノ代金トシテハ)乞ひがたく(=請求スルコトガデキズ)、その客(ヲ)死に―(=死亡アツカイ)にして、さらりと帳消し置きて」〔西鶴・胸算用・巻二ノ三〕「もったいなくも家来の子を兄弟―におぼしめされ、源の氏をたまはり」〔浄・盛衰記・二〕 ❼こと。すじあい。「銀子(ぎんす)受けとって、申し―はなけれども」〔西鶴・胸算用・巻二ノ四〕 ❽分家すること。「『台所けふはきれいにはき立てて』『―にならるる嫁の幸せ』」〔野坡・利牛〈炭俵〉〕 ㊁《形動ダ》とくべつ。格別だ。「つねづね稽古あそばすほどあって、また―・なものぢゃわいなう」〔浄・菜種御供・二〕「男の心は(女ト違ッテ)―・なものぢゃ。何かにつけて女子(をなご)ほど思ひ切りのないものはない」〔浄・盛衰記・四〕(この例を「気楽な」の意に解するのは誤り)

ぶん げん【分限】Ⓒ(「ぶげん」とも) ❶程度。段階。「(自分ノ実力ノ)―をはかりて、正しく案じ(ジョウズノ境地ニマデ)のぼりたまふべくさうらふなり」〔吾妻問答〕 ❷(その人の)身分。分際。「当時は(=目下ノ所)さばかり果報めでたき(=全盛ノ)左衛門の尉(=工藤祐経)を(君タチノ)―にて討たむと宣ふこと、かなふべからず」〔曾我・巻四ノ七(大山寺本)〕 ❸㋑財力。経済的なゆとり。「身の―なかりければ、乗り替へ(=予備馬ノ係)・郎等までは思ひもよらず、はかばかしき歩(かち)走り(=徒歩ノ従者)の一人をだにも具せざりけり」〔保元・中・一〕「ここに内裏を造るべきよし沙汰(=意見ガ)ありしかども、―なかりければ造られず」〔平家・太宰府落〕㋺富豪。「銀五百貫目よりして、これを―といへり。千貫目の上を長者とはいふなり」〔西鶴・永代蔵・巻一ノ一〕

ぶん さん【分散】Ⓓ ㊀《十他サ変》分けること。ちりぢりにすること。「使者を四国に―して相触れけるは」〔盛衰・巻三三ノ四〕 ㊂〘＋自サ変〙 ❶分かれること。ちりぢりになること。「今日は早や椀・折敷(をしき)に書きし(モヨウノ)浅黄桜もばらりと―(＝掛ケ詞「②」)になりけるよ」〔西鶴・椀久一世・下〕 ❷破産の一方法。債務者の申し出により、全財産を換価処分し、それを各債権者に分配する。自己破産。(これに対し、債務者が裁判により行う強制破産を「身代限り」という)「寺々の祠堂銀(しだうぎん＝寄進ノ金)を借り集め、(返サズニ)―にてすまし」〔西鶴・永代蔵・巻四ノ四〕

ぶん どり〔分捕り・分取り〕Ⓔ〘＋他サ変〙戦場で敵の(首を取り)武器を奪うこと。「あれに馳(は)せ合ひ、これに馳せ合ひ、切って回るに、面(おもて)を合はする(＝正面カラ立チ向カエル)者ぞなき。―あまたしたりけり」〔平家・木曾最期〕

ふん べつ〔分別〕Ⓓ〘＋他サ変〙 ❶判断。「『今日はどれへぞ珍しい所へ、お供致したいものでござる』『汝、―をしてみよ』」〔狂・萩大名〕 ❷思案。「久七―して『根深(ねぶか)・にんにく喰ひし口中もしれず』と(kissヲ)やめける事のうれし」〔西鶴・五人女・巻四ノ三〕

ふん みゃう〔分明〕(―ミョウ) Ⓔ〘形動ナリ〙はっきりしているさま。あきらか。「日すでに夕陽(せきやう)になりぬれば、(暗クテ)―に見分くる人もなくて」〔太平・巻三三ノ一〕(日葡辞書に fummiŏ とある)

へ

-へ〔辺〕Ⓓ〘接尾〙…あたり。「まくら―にはらばひ、あと―にはらばひて、なきいさちて(＝声ヲアゲテ泣キ)かなしみたまふ」〔紀・神代上・訓〕(⑴「まくらへ」は「頭辺」、「あとへ」は「脚辺」の訓。⑵訓注に「頭辺、此云二摩苦羅陛一、脚辺、此云二阿度陛一」とあるが、「陛」は清音なので、すくなくとも奈良時代は「へ」だったと認められる)

へ〔辺〕Ⓓ ❶ほとり。あたり。へん。はし。「夕されば床(とこ)の―去らぬ黄楊(つげ)枕何しか(＝何ダッテ)汝(な)が主待ちがたき(＝オ前ノ枕ノ主ハ来テクレナイノカ)」〔万葉・巻一一〕 ❷(とくに)海べ。「沖へ行き―に行き今や妹がためわがすなどれる(＝漁ヲシタ)藻臥束鮒(もふしつかふな＝藻ノ中ニスム小サナフナ)」〔万葉・巻四〕

へ〔上〕(エ) Ⓔ 上(うへ)。「春柳(＝枕詞)かづらに折りし梅の花たれか浮かべし杯の―に」〔万葉・巻五〕(⑴原文「佐加豆岐能倍尓」。⑵「波のうへに」(奈美能宇倍尓)〔万葉・巻一五〕などの例もあり、古代語ですべて「へ」だったわけではない)

へ Ⓑ〘格助〙(体言に付く)(連用格) ❶(行動・行為する主体が話主から遠ざかってゆく感じで)目標・方向を示す。「深き山―(＝ニ向カッテ)入りたまひぬ」〔竹取〕(もし「山に」ならば、到着点が山である意をあらわす) ❷(鎌倉時代以後)(行動・行為する主体が話主に近づいてくる感じで)帰着点を示す。「いかに(＝アラ)、夢かや現(うつつ)か。これ―入らせたまへ」〔平家・重衡被斬〕(平安時代後期までは①の用法だけであり、「に」との混用はなかった。鎌倉時代以後も、②の用法だけになったのではない)

へ あが・る〔経上がる〕Ⓔ〘自四〙年月を重ねてしだいに上位に進む。昇進する。「位(ハ)正三位、官(ハ)大納言に―・りつつ、大国あまた賜ひて」〔盛衰・巻六ノ四〕(「猫の―・りて、猫またになりて」〔徒然・八九段〕により「年をとって変化する」の意を設ける説もあるが、この種の用例はこれ一つなので、比喩的な言いかたと解し(「出世して」と訳するところ)、特別な用法とは認めない)

べい〔可い〕Ⓑ〘助動〙(推量の「べし」の終止形・連体形のイ音便)→べし。「いとしづかなる―事の難(かた)か―事をなむ、いかさまにせましと思ひはべり」〔宇津保・楼上(上)〕「まづ、取る―物は取ったがよい」〔狂・折紙婿〕「まあまあ待ってもらう―」〔伎・三舛玉垣・一ノ三〕(現代の関東方言でいう「べえ」の先行形)

へい じ〔瓶子〕Ⓔ ❶徳利(とくり)。「菓子どもととのへて(＝用意シテ)、端者(はしたもの＝召使ノ女)に―いだかせて、女さきに立てて」〔義経・巻二ノ五〕 ❷紋の名称。→巻末「紋章要覧」。

べい じゅう〔陪従〕Ⓔ 賀茂(かも)・春日(かすが)・石清水(いわしみず)神社の祭りのとき、また内侍所(ないしどころ)などの神楽(かぐら)のときに舞人に従って、琴をひき笛をふき、またうたいなどした地下(げじ)の楽人。「―も、石清水・賀茂の臨時の祭りなどに召す人々の、道々のこと(＝ソレゾレノ専門)にすぐれたるかぎりをととのへさせたまへり」〔源氏・若菜下〕

へい はふ〔兵法〕(―ホウ) Ⓔ 武芸。おもに剣術。「ひゃうはふ」とも。「武悪はつねづね―の心がござり(＝剣術ノタシナミガアリマシテ)、それがし(＝ワタシ)は無手なれば(＝心得ガナイノデ)、とかく(＝何トカ)たばかって(＝ダマシテ)討たずはなるまい」〔狂・武悪〕

べう〔廟〕(ビョウ) Ⓔ (先祖や偉人などの)霊をまつる所。「たまや」とも。「この御山(＝高野山)にまゐり、(弘法大師ノ)御―の扉を開いて、(ソノ像ニ)御衣を着せたてまつらむとしけるに」〔平家・高野巻〕

べう〔可う〕(ビョウ) Ⓑ〘助動〙(推量の「べし」の連用形のウ音便)→べし。「車より落ちぬ―まどひたまへば」〔源氏・桐壺〕「いかなる天魔・鬼神(きじん)も、恐れつ―

ぞ見えたる」〔謡・安宅〕〘中古はbeuと発音したのかもしれないが、確かなことは不明。謡曲ではbyōと発音する〙

へうとく【表徳】(ヒョウ―) Ⓔ ペンネーム。号。「『土左衛門とは役者のやうな名だなう』『さうよ。大阪者で、浪花(らうくわ)さんといふ―さ』」〔三馬・風呂・二ノ上〕

べかなり Ⓑ【助動】〘「べかんなり」の撥(はつ)音無表記または脱落の形〙→べかんなり。「(コノ童ヲ)殺させたまふ―・るこそ(=オ殺シニナルツモリトハ、マアマア)」〔和泉日記〕

べかめり Ⓑ【助動】〘「べかんめり」の撥(はつ)音無表記または脱落の形〙→べかんめり。「情け情けしく(=愛情深ゲニ)のたまひ尽くす―・れど」〔源氏・帚木〕

べかんなり Ⓑ【助動】〘推量の「べし」の連体形に「なり」が付いた複合助動詞「べかるなり」の「る」が撥(はつ)音化したもの。活用→なり〙…はずだそうだ。…そうだという。…らしいようだ。…てよいわけなのだ。「なんでふ(=何ダッテ)。この御所ならでは、いづくへか渡らせたまふ―・る(=ドコヘ行カレルハズガアルカ)。僕(しもべ)ども、参って(宮様ヲ)さがしたてまつれ」〔平家・信連〕(参)べかなり・なり。

べかんめり Ⓑ【助動】〘推量の「べし」の連体形に「めり」が付いた複合助動詞「べかるめり」の「る」が撥(はつ)音化したもの。活用→めり〙…はずのようだ。…らしいようだ。…そうなふうだ。「女御・更衣、あるはひたすらに(=スデニ)亡くなりたまひ、あるはかひなくて(=落チブレテ)はかなき世にさすらひたまふもある―・り(=アルミタイダ)」〔源氏・朝顔(津守国冬本)〕(参)べかめり・めり。

べ・し【可し】 Ⓐ【助動】〘活用語の終止形(ラ変・ラ変型は連体形)に付く〙

未然	連用	終止	連体	已然	命令
け	く	し	き	けれ	
から	かり		(かる)		

❶〔推量〕いろいろな事情から判断して、ある事がらを推量する。(きっと)…だろう。…にちがいない。「梅の花折りてかざせる諸人(もろびと)は今日の間は楽しくある―・し(=愉快デアルニチガイナイ)」〔万葉・巻五〕「明日、御車たまふ―・けむ(=ヨコシテクダサルハズダ)」〔宇津保・国譲下〕 ❷〔予想〕ある程度まで必然的のなりゆきを前もって考える。(どうも)…そうだ。…ことになっている。「獣(けだもの)に身を施しつ―・く(=クワレソウニ)おぼえ…いみじき目みたまふ―・からむ(=ヒドイ目ニオ会イニナリソウナ)時、この琴(こと)をばかき鳴らしたまへ」〔宇津保・俊蔭〕「今日はじむ―・き(=始メル予定ノ)祈りども…聞こえ急がせば」〔源氏・桐壺〕 ❸〔可能〕ある事がらの実現する可能性があることを推量する。…できるだろう。…できよう。「まうでく―・くは(=参レマスナラ)、時々まうでこむかし」〔宇津保・国譲中〕「この(皇子ノ)御にほひ(=オ美シサ)には、ならびたまふ―・くもあらざりければ(=対抗ガオデキニナリソウモナカッタノデ)」〔源氏・桐壺〕 ❹㋑〔当然〕理屈からいってそうなる筋あいだろうと推量する。…てよいはずだ。…ことがあたりまえだ。「君の仰せごとを、いかがは(=ドウシテモ)そむく―・き(=ソムイテヨイモノデゴザイマショウ)」〔竹取〕㋺〔適当〕そうであるのが、いちばん合理的だろうと推量する。…のがよい。…に限る。「はじめより、おしなべての(=普通ノ)上宮仕へ(=帝ノオソバデノ勤メヲ)したまふ―・き(=スルノガ相応ナ軽イ)きは(=出身)にはあらざりき」〔源氏・桐壺〕㋩〔勧誘〕ⓐ「するのが当然だ」という気持ちで相手をうながす。…しなくてはいけない。…せよ。「大臣(ニ)参りたまふ―・き(=参内セヨトイウ)召しあれば、(大臣ハ天皇ノ御前ニ)参りたまふ」〔源氏・桐壺〕ⓑ「するのが適当だ」という気持ちで相手をうながす。…がよかろう。…てはどうかね。「飛鳥井(あすかゐ)に宿りはす―・しや、おけ、陰もよし」〔催・飛鳥井〕 ❺〔意思〕そう心をきめた意をあらわす。…う。…よう。…するつもりだ。「(コノ皇子ヲ臣籍ニ降下サセ)源氏になしたてまつる―・く(=ナッテイタダコウト)おぼしおきてたり(=考エヲキメテオイデニナル)」〔源氏・桐壺〕「(ワタシガキット)この御馬で宇治川のまっ先わたしさうらふ―・し(=先陣ヲイタシマス)」〔平家・生唼沙汰〕(参)まじ・べい・べう・べかなり・べかめり・べかんなり・べかんめり・べみ・べらなり。

べち【別】 Ⓔ【＋形動ナリ】「べつ」に同じ。〘入声のtは古くは「ち」で表記されていたが、一二世紀ごろから「つ」で表記されるようになった。しかし、すでに「ち」の表記が固定していた語は、その形も通用した。日葡辞書 bechi, bechina〙「よきやうに申しおきてさうらへば、―の御事はさうらはじ」〔平治・中・四〕

べつげふ【別業】(―ギョウ) Ⓔ〘「業」は「やしき」の意〙別荘。別宅。「別墅(べつしよ)」とも。「禅定殿下(=出家シタ元関白)は、また富家(ふけ)の―へまかり帰るべきよし申させたまひけれども」〔保元・下・六〕

べつして【別して】 Ⓓ【副】特別に。とりわけ。ことに。「これなどは―見事にござる」〔狂・瓜盗人〕「日ごろ―語る(=特ニ懇意ナ)浪人仲間へ『酒ひとつ盛らむ(=イッパイヤリマショウ)』と呼びにつかはし」〔西鶴・諸国咄・巻一ノ三〕

べつしょ【別墅】 Ⓓ 別荘。別宅。「住めるかたは人に譲り、(デシノ)杉風(さんぷう)が―に移るに」〔芭蕉・奥の細道〕

べつたう【別当】(―トウ) Ⓓ ❶政府の特別機関、検非違使(けびいし)庁・蔵人所(くらうどどころ)・院の庁などの長官。別に官をもつ人が兼ねたのでいう。とくに検非違使庁の長官をいうことが多い。❷興福寺・東大寺・仁和(にんな)寺・法隆寺・四天王寺などの最高責任者。❸皇族諸家の職員の首席。❹鎌倉幕府で、政所(まんどころ)・侍所(さむらいどころ)の長官。❺神宮寺の社僧で、検校(けんぎょう=最高位)の次位。「(稲荷社ノ)―は馬や狐(ノ絵馬)で茶をわかし」〔柳樽・初〕❻盲人の位で、検校の次位。❼廐(うまや)の管理責任者。「御廐の―・預りふたり、遊びて、(馬ヲ)ひかせて参る」〔宇津保・初秋〕

へみ【蛇】 Ⓔ へび。「蚫…倍美、一名久知奈波」〔倭名抄・虫名〕

べみ Ⓑ《助動》(推量の「べし」の語幹に接尾語「み」が付いたもの)「べし」の意に「…ゆえに」「…によって」「…なので」等の意が加わる。「秋萩を散りすぎぬ―(=散ッテシマイソウナノデ)手折り持ち見れどもさぶし(=楽シクナイ)君にしあらねば」〔万葉・巻一〇〕「玉くしげ(=枕詞)あけば君が名立ちぬ―(=ゴシップニナルデショウカラ)夜深く(出テ)来しを人見けむかも(=見ツケタカモシレマセンネ)」〔古今・恋三〕(この「み」は形容詞における「山高み」「すべを無み」等と同じ用法)

べらなり Ⓑ《助動》(動詞および動詞型活用の助動詞の終止形(ラ変・ラ変型は連体形)に付く)〔推量〕推定された状態を表す。…のようすだ。…らしい。…するそうだ。「春の着る霞の衣

未然	連用	終止	連体	已然	命令
	(べらに)	り	る	れ	

緯(ぬき)を薄み(=横糸ガモロクテ)山風にこそ乱る―・れ」〔古今・春上〕「(祈禱(きとう)ノ文章ノ中デ)知らぬ茸(たけ)とおぼすべらに(=オ思イニナッタラシク)、ひとりまどひたまふなりけり。廻向大菩提(=結ビノコトバ)」〔今昔・巻二八ノ一九〕(1)「べし」は形容詞型の活用だが、形容詞の語幹が「ら」「に」を伴って副詞化する例があるので(「さかしらに」「わびしらに」等)、それと同様の副詞型「べらに」を生じ、「あり」が加わって形容動詞型になった。(2)本来は九世紀ごろから漢文よみくだし等に用いられる語であったが、古今集時代に歌語として一時的に流行した。その後は、儀式用の文章などにまれに用いられるぐらいで、一二世紀より後には死語となった。

べん【弁・辨】 Ⓓ 太政官(内閣)に直属する官で、各省および諸国の地方行政庁との連絡を担当し、官内の公文書を処理した。いまの内閣官房に類したものと思えばよい。左右大弁・左右中弁・左右少弁各一名で、合計六名から成る。大弁は従四位の相当官で、左大弁は中務・式部・治部・民部の四省を、右大弁は兵部・刑部・大蔵・宮内の四省を担当した。中弁と少弁も職務は大弁と同じだが、中弁は正五位上相当、少弁は正五位下相当で、いずれも文才があり家がらのよい者からえらばれた。中弁の一人は蔵人の頭を兼ね、頭の弁とよばれた。

べんくゎん【弁官】(-カン) Ⓓ ↓べん。「―はまいて(=ナオサラ公務ガイソガシクテ)わたくしの宮仕へ(=自分ノ家デノ奉公ハ)おこたりぬべきままに(=手ガマワリカネマスガ)、さのみやは思し捨てむ(=ソウ私ヲオ見捨テナサイマスマイ)」〔源氏・竹河〕

へんげ【変化】 Ⓓ《+自サ変》❶ある状態から別の状態に移ること。固定的でないこと。「常住ならむことを思ひて、―の理(ことわり)を知らねばなり」〔徒然・七四段〕❷㋑動物などが本来の姿を変えて現れること。またはそのもの。ばけもの。「狐の、―・したるか。憎し。見あらはさむ」〔源氏・手習〕㋺ばける能力。通力。「狐は―あるものなれば、けふの内に行きつきていへ」〔宇治・巻一ノ一八〕❸神仏・天人などが仮に人の姿で現れること。またはそのもの。化身(けしん)。権化(ごんげ)。「仏・菩薩(ぼさつ)の―の身にこそ、ものしたまふめれ」〔源氏・蓬生〕「―の工匠(たくみ)求めたまふ(=神サマミタイナ職人ヲオ捜シニナルノ)が、いとほしさ(=オ気ノ毒サ)にこそ、かくも(申シアゲルノデス)」〔源氏・宿木〕

へんし【片時】 Ⓔ ほんのしばらくの時間。かたとき。「いやいや―も(早ク)国のこと(=鎌倉ノヨウス)をば聞こしめされたきとの御事なれば」〔謡・正尊〕

ほ

ほ【百】(オ) Ⓓ《接尾語ふうに用い》一〇〇。「伊勢の野の栄枝(さかえ=ヨク茂ッタ枝)を五―(い)経る(=五〇〇年モノ間)懸(か)きて…」〔紀・雄略〕

ほ【秀】 Ⓓ ❶《形のうえで》目だつこと(もの)。はっきりと現れているもの。「浪の―(=ナミガシラ)を踏んで、常世(とこよ)の郷(くに)へいでましぬ」〔紀・神武・訓〕(「ほ」は「秀」の訓)❷《質のうえで》すぐれたもの。「百千足(ももちだ)る(=豊富ナ)家庭(やには=人里)も見ゆ国の―(=最高級ノ所)も見ゆ」〔記・中〕(両用法を通じ、topと英訳すると当たる)

―に出・づ(-ズ) はっきりと人目につくようになる。「見わたせば明石の浦にともす燈(ひ)の(ヨウニ)ほにぞ出でぬる(=明ラカニナッテシマッタ)妹(いも)に恋ふらく(=アナタヘノ私ノ恋ハ)」〔万葉・巻三〕(中古以後は、植物が穂を出す意の「穂に出づ」と掛け詞に使う例が多い。↓)「山かげに作る早稲(わせ)田の(稲ハ)水隠れて(見エナイヨウニ)―・でぬ恋に(=公然トデキナイ恋ニ私ハ)身をやつくさむ(=一生ヲ棒ニフルノダロウカ)」〔新勅撰・恋一〕

ほい【布衣】 Ⓓ ❶㋑模様のない布で作られた狩衣(かりぎぬ)で、六位以下が着た。「うつほ柱よりうち、鈴の綱のへんに、―の者のさうらふは何者ぞ」〔平家・殿上闇討〕㋺《単に》

ほ

狩衣のこと。着用は六位以下とは限らない。「兵衛の佐殿(=頼朝)出でられたり。—に立て烏帽子なり」〔平家・征夷将軍院宣〕【この時、頼朝は従五位】❷「①㋑」を着る身分の者。「前駆(せんく)・—・随身(ずいじん)の褐衣(かっこ)常の如くなれば、さしたる見事はなかりけり」〔太平・巻四〇ノ一〕 ❸ふだん着。「(源信内供ノ服装ハ)—のふつつかなる(=ゴツゴツシタノ)を着て、下には紙衣(かみぎぬ)を着たり」〔今昔・巻一四ノ三九〕 ❹【江戸時代】将軍のいる席に出る資格がある武士。旗本。「(宝永八年)六月十一日に—の侍に召し加へらる」〔白石・折たく柴の記・中〕【平曲では「ほうい」と発音された。一般には「ほい」が多かったようである。日葡辞書にfoiとある】

ほい【本意】Ⓑ【十形動ナリ】「ほんい」の**n**音無表記または脱落の形。表記が「ほい」でも、実際には「ほんい」とも発音されたと思われる。↓ほんい。

ほうい【布衣】Ⓓ ↓ほい。

ほうぐ【反古・反故】Ⓔ ❶字などを書いたあと、不用になった紙。「いらぬ—を大事の物のやうな顔つきして、一枚一枚ひきさいて捨つる」〔西鶴・胸算用・巻二ノ四〕 ❷約束などを履行しないこと。「『正直なまうけは三文でも身に付く』と言ひ聞かせたことば—にして」〔近松・博多小女郎・下〕【現在の関西方言でも生きている】「ほうご」「ほぐ」とも。

ほうご【反古・反故】Ⓔ ↓ほうぐ。「—の端に包みたる玉を、ふところより引きいでて」〔宇治・巻一四ノ六〕

ほうこう【奉公】Ⓒ【十自サ変】❶宮中でお仕えすること。「日ごろ(=先日)内裏にて御琴あそばっし(=オヒキナサッタ)時、仲国笛の役に召されさうらひし—をば、いかでか(=ドウシテ)御忘れさうらふべき(=オ忘レノハズガアリマセン)」〔平家・小督〕 ❷主人に仕えること。「何とぞ御師匠様の御世話にて、鼓の一番も打ち習はせ、御ぢきの(=殿様直接ノ)御—に出だしたきとの念願にて」〔近松・堀川波鼓・上〕 ❸㋑忠実に仕えること。精勤。「見えたる事(=ハッキリシタ証拠)もなうて、いかが(=ドウシテ)首をば切るべき。さしも(=アレホドマデ)—の者であるものを」〔平家・壇浦合戦〕㋺【主人でない人に対して】尽くすこと。サービス。「身どもへの(=ボクニ対シテノ)—には、これからすぐ見えぬ国(=目ニツカナイ土地)へいんでくれさしめ(=行ッチマッテクレ)」〔狂・武悪〕

ほうさん【宝算】Ⓔ 天皇の年齢をいう尊敬語。「あやしの賤(これ)の男(を)賤の女(め)にいたるまで、ただこの君(=高倉天皇)千秋万歳(ばんぜい)の—をぞ祈りたてまつる」〔平家・紅葉〕

ぼうし【帽子】Ⓓ ❶布製のかぶりものの総称。「(清少納言ハソノ時)つづり(=ツギハギ布)といふもの—にしてはべりける」〔無名草子〕 ❷㋑舞楽のうち一七曲に用いられるかぶりもの。「放鷹楽(はうようらく)を奏しけり。—に摺り衣をぞ着たりける」〔著聞・管絃歌舞〕㋺【歌舞伎で】女形や若衆方が前髪に当たる部分に着けた紫の布。「野郎帽子」とも。「舞台を叩いて(刀ノ)柄(つか)に手をかくるは、—かけたる立ち役なるべし」〔役者論語・あやめぐさ〕㋩[略]綿帽子。花嫁のかぶりもの。「まぶかに着たる(=カブッタ)—の内…なまめかし」〔浄・忠臣蔵・七〕【烏帽子の略という意をあげる説もあるが、用例未見】

ほうと Ⓔ 【副】❶【物が勢いよく当たる時の音を表す】ぼんと。とんと。「(迎エニ)車をやりて待つに、来る音すれば、さななり(=オイデニナッタヨウダ)と、人々いでて見るに、車舎(やどり)にさらに(=ドシドシ)引き入れて、轅(ながえ)—うちおろす」〔枕・二一五段〕 ❷【中世には口語で「ほうど」となり】どしんと。どかんと。ばんと。「この棒をかう持って、胸板を—突き、(相手ガ)たじたじたじとする所を、おっ取り直いて両臑(もろすね)を打って打って打ちなやいて(=ブチノメシテ)くれうものを」〔狂・千切木〕「肩さきを—切りつけてござれば」〔狂・空腕〕【現在の狂言各流とも「ほうど」】

ほうど Ⓔ 【副】【困りきったときに】まったくのところ。ほとほと。ぐっと。「これに(対シ)福の神(返答ニ)—詰まった(=窮シタ)。さりながら、元手といへば、汝らは金銀米銭のことかと思ふであらうが、いっかうさうではない」〔狂・福の神〕「時行—行きつまり、『あっあ、さうぢゃ。あやまった』」〔近松・嫗山姥・二〕

ほうらい【蓬萊】Ⓓ ❶[略]蓬萊山。中国の伝説で、東方海上にあり神仙が住むという。「—まで(楊貴妃ノ霊ヲ)たづねて(カタミヲ)…見たまひけむ帝(みかど)は」〔源氏・宿木〕 ❷[略]蓬萊飾り。松竹梅・鶴亀(つるかめ)・尉姥(じょううば)などを飾り、さらに白米・しだ・こんぶ・くしがき・いせえびなどを紙にのせ、新年の祝儀に用いた。「(ソノ年ハ伊勢エビガ高カッタガ)春(=新年)の物とて、ぜひ調へて—を飾りける」〔西鶴・永代蔵・巻四ノ五〕

ほか【外】Ⓒ [対]「うち」❶そとに出ていること。またはその部分。「思ひ内(=心中)にあれば、色(=ソブリ)—に現れさむらふぞや」〔謡・松風〕 ❷㋑ある区画のそと。「葦垣の—とは見れど藤の花にほひは我を隔てざりけり」〔金葉・春〕㋺【数量的に】ある限界を越えること。以上。「遠く隔たるほどの追ひ風に、まことに百歩(ひゃくぶ)(=六〇〇尺)の—もかをりぬべきここちしける」〔源氏・匂宮〕 ❸㋑それと異なる・こと(もの・所)。「—にて酒などまゐり(=召シアガリ)酔ひて、夜いたく更けてゆくりもなく(=突然)物したまへり(=オイデニナッタ)」〔大和・一二五段〕「光なき谷には春も遅桜—の散りなむ後や見るべき」〔新葉・夏〕㋺【下に否定を伴って】それ以外。「歌の学問より—のこともなきに」〔大鏡・伊尹〕 ❹外界。世間。「世に従へば心—の塵(ちり)に奪はれて惑ひやすく」〔徒然・七五段〕 ❺《仏教に対し》儒教。㊂うち⑤。「内には五戒を保って慈悲を先とし、—には五常を乱さず」〔平家・教訓状〕

ほ かげ Ⓓ ❶〔火光・火景〕ともしびの光。「夜のほどに散りもこそすれ(=散ルトイケナイカラ)明くるまで—に花を見るよしもがな」〔和泉集〕 ❷〔火影〕ともしびの光で見える姿。ともしびの光に照らされているありさま。「かのをかしかりつる(=美シイ)—(ノ女性)ならば、いかがはせむ(=マアソレデモカマワナイ)」〔源氏・空蟬〕

ほか ざま〔外方〕Ⓓ はずれた方向。ちがった方向。ほかの方。「(一時的ナ)たはぶれにても—の(=他ノ女性ヘノ)心を思ひかくるは」〔源氏・梅枝〕

ほ く〔発句〕Ⓒ →ほっく。「切れ字なくては、—の姿にあらず」〔土芳・三冊子・白〕

ほ ぐ〔反古・反故〕Ⓔ →ほうぐ。「—どもの黴(かび)くさきを袋に縫ひ入れたる、取りいでて奉る」〔源氏・橋姫〕

ほく めん〔北面〕Ⓓ ❶院の御所の北に面した所にあって、御所警護の武士の詰めていた役所。上・下の別があった。白河法皇の時に始まった。「そのうへ為義上—にさうらふべきよし、能登守家長をもっておほせ下さる」〔保元・上・八〕「そのかみ、高松の女院の—に菊合はせといふことはべりし時」〔無名抄・五〕 ❷㊥北面の武士。「①」に詰めている武士。上北面(四位五位)と下北面(六位以下)とがあった。「公卿・殿上人・上下の—にいたるまで官位俸禄みな身に余るばかりなり」〔平家・殿下乗合〕

ほけ きやう〔法華経〕(-キョウ) Ⓓ 〔仏〕大乗経典の一。流布本は鳩摩羅什(Kumarajīva)訳の妙法蓮華経(八巻二八品)。すべての者が区別なく永遠の生命としての仏になれることを説く。天台宗・日蓮(にちれん)宗などのよりどころ。「—八巻(やまき)は一部なり(=全巻ダ)、二十八品(ぼん)いづれをも、須臾(しゆ)の間も(=ホンノ瞬間ダケデモ)聞く人の、仏にならぬはなかりけり」〔梁塵〕

ほけ ほけ・し〔惚け惚けし〕Ⓔ 《形シク》(すっかり)ぼけている。「(東宮ハ)心安かりし(=気楽ダッタ昔ノ)御有様のみ恋しく、—・しきまでおぼえさせたまひけれど(=オ感ジニナッタガ)」〔大鏡・師尹〕

ほこ〔矛・戈・戟・鉾〕Ⓔ ❶槍(やり)に似た、先に両刃の剣のついた武器。剣の部分に柄をさしこむ造りかたになっている。「片手には—を持ち、片手には金剛鈴(こんがうれい)を持って」〔平家・鼓判官〕 ❷弓の弦でない部分。「白木の弓—短かには見えけれども、世の常の弓に立てならべたりければ、いま二尺余り—長にて」〔太平・巻一七ノ一〕 ❸京都八坂神社の祇園会(ぎをんゑ)に出る山車(だし)の一種。車の上に高い矛状の飾りを立てる。「—所々に夕風そよぐ囃子(はやし)かな」〔太祇(句選後編)〕

ほこり か〔誇りか〕Ⓔ 《形動ナリ》 ❶㋑元気がよい。「いと—・なりし(オ妃ノ)御気色も、いとゆかしう(=会イタク)おぼしめす」〔栄花・見果てぬ夢〕㋺快活。「(顕信ハ)人よりことに(=トクニ)—に、ここちよげなる(=愉快ナ)人がらにてぞおはしける」〔大鏡・師輔〕❷得意そう。「よき車に乗りて、面もち・気色(けしき)—に、もの思ひなげなる(=楽天的ナ)さまして」〔源氏・蓬生〕

ほこ・る〔誇る〕Ⓓ 〔自四〕 ❶㋑意気ようようとする。元気づく。「漁(あさ)りする与謝(よさ)の海人(あまびと)—・るらむ(ナゼナラ)浦風ぬるく(=アタタカデ)霞みわたれり」〔恵慶集〕㋺明朗である。「若く—・りたる(=快活ナ)女房の言ひけるやう」〔宇治・巻一四ノ一一〕 ❷得意になる。いばる。「『国の中の仏神は、おのれ(=ワシ)になむ靡きたまへる(=頭ガオアガリニナラン)』など—・り居たり」〔源氏・玉鬘〕

ぼ さつ〔菩薩〕Ⓓ ❶㋑〔仏〕《㊥菩提薩埵(梵 bodhisattva の音訳)「悟りを求める人」の意から》未来において仏になるはずの人格的存在。普通は、観世音菩薩・地蔵菩薩・弥勒(みろく)菩薩など、この世の外に在って、衆生(しゆじやう)を救うことにつとめ、ほとんど仏と同じような徳と超人的能力をもつ者をさすが、宗派によっては、衆生も仏になる可能性をもつ点では観世音菩薩などと同じだという見地から、現世の人たちをも菩薩と認める。「極楽といふなる所には、—なども皆かかる事(=音楽)をして、天人なども舞ひ遊ぶ」〔源氏・手習〕㋺舞楽の曲名。「舞人・楽人(オヨビ)—・鳥(トイウ曲)・蝶(トイウ曲)の童、左右に列せり」〔今昔・巻一二ノ九〕 ❷朝廷から高徳の僧に賜った称号。「行基僧正にも—の号を賜りて」〔浄・和国女眉間尺・六〕 ❸《神は仏が仮の形で日本に現れたものとする立場から》神に対していう称号。「初め大隈の国に八幡大—と現れましまして」〔今昔・巻一二ノ一〇〕 ❹《近世語》米の異名。「—様を…(フロ屋ノ)柘榴(ざくろ)口へまき散らしてお捨てなさる」〔三馬・風呂・四ノ下〕

ほしき まま〔恣・縦・擅〕Ⓔ 《形動ナリ》心のまま。かってきまま。「われらが心に念々(=イロイロノ思イ)の—・に来たり浮かぶも」〔徒然・二三五段〕

ほそ・し〔細し〕Ⓒ 《形ク》 ❶㋑幅や厚みが小さい。太くない。「男の目の—・きは女びたり(=オンナッポイ)」〔枕・二三三段〕㋺せまい。「渡殿(わたどの)(=廊)の障子の—・く開きたる(トコロ)よりやをら(=ソット)見たまへば」〔源氏・蜻蛉〕 ❷(音・光・風などが)かすかだ。強くない。「いと—・き声にて…歌ふもいとあはれに聞こゆ」〔狭衣・巻一〕 ❸少ない。わずかだ。乏しい。「針屋(ノ商売ヲシテ)、—・き事なれども(=ワズカバカリノ収入デハアルガ)、娘を京への縁組みを聞き立て(=探シマワリ)」〔西鶴・永代蔵・巻二ノ二〕 ❹《歌・連歌・俳諧の表現が》デリケートで芯(しん)は強い。[参]ほそみ。「させる(=タイシタ)句にはなけれども、心ありて(=詩心ガアッテ)—・き(前句)には、一座もおもしろく、付けよきなり」〔連理秘抄〕

ほそ どの【細殿】Ⓔ 棟(むね)と棟をつないだり、その回りにめぐらしたりする細長い建物。「(女房タチガ)御方々の(=女御ガタノ御殿ノ)—のうちにこぼれ出でて(=着物ノ端ヲチラチラサセテ)」〔浜松・巻二上〕

ほそ なが【細長】Ⓓ [一]《形動ナリ》❶細くて長いさま。「甲香(かひかう)は、ほら貝のやうなるが、小さくて口のほどの—・にして」〔徒然・三四段〕 [二]❶女性のふだん着。袿(うちき)に似ているが大領(おほくび)がない。小袿の上に着る。「柳の(=柳襲(がさね)デ)、織物の—、(ソノ下ニ)萌葱(もえぎ)にやあらむ、小袿着て」〔源氏・若菜下〕 ❷貴族の男女の子どもの着物。水干(すいかん)に似て、頸上(くびかみ)から飾り紐が下げてある。「犬宮(=女ノ子)、白い羅(うすもの)の—に二藍(ふたあゐ)(=赤ミノアルアイ色)の小袿を着たまひて、丈(=背タケ)は三尺(=約九一センチ)の几帳に足らぬほどなり」〔宇津保・楼上上〕「(夕霧ノムスコノ)横笛の君には、こなた(=紫ノ上)より、織物の—に袴など、ことごとしからぬさまに(=オオゲサデナイ程度ニ)けしきばかり(=ホンノ形バカリ)にて」〔源氏・若菜下〕

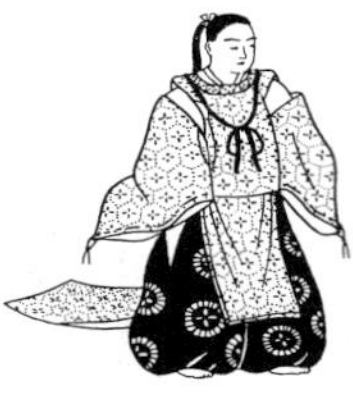

〔ほそなが[二]❷〕

ほそ み【細み】Ⓓ 中世的な表現理念の一。印象が強烈でなく、デリケートでありながら、しかもひとすじに迫ってくる力のとおっていること。室町時代までは「けしき心ほそく」「ことばほそく」など形容詞の形で現れるが、蕉風の俳論にいたり「ほそみ」という名詞の形が用いられ、表現理念として確立した。「—は、たよりなき(=シッカリシテイナイ)句にあらず」〔去来抄・修行〕《「たよりなき句にあらず」とことわったのは、「ほそみ」がよわよわしい情趣と混同されやすい性質だったことの証拠》

ぼだい【〈菩提〉】Ⓓ《梵 bodhi の音訳》❶〔仏〕真理に対する迷いをすっかり離れて得られた知恵。「年ごろこの事(=囲碁ヲウツ事)よりほか他事なし。ただし、黒勝つ時は、わが煩悩勝ちぬとかなしみ、白勝つ時は、—勝ちぬとよろこぶ」〔宇治・巻一二ノ一二〕 ❷《通俗的意味で》死後の幸福。とくに極楽に往生すること。「とく(=早ク)死なせたまひて、—かなへたまへ」〔蜻蛉・中〕 **——こう** 講 Ⓔ 極楽に往生するよう法華経を講ずる法会。「雲林院の—に、大宮をのぼりに参りけるほどに、西院の辺近くなりて、石橋ありける」〔宇治・巻四ノ五〕

ほだし【絆】Ⓒ ❶馬の脚(あし)にからませて歩けないようにする綱。「絆〈音半、保太之〉半也。拘使半行不得自縦也」《絆〈音ハ「ハン」、(訓ハ)ホダシ〉半(ノ意)ナリ。(馬ヲ)拘(と)ラヘテ行クコトヲ半バニシ、自ラノ縦(まま)ナルヲ得ザラシムルナリ》〔倭名抄・鞍馬具〕 ❷束縛するもの。妨げとなるもの。じゃまもの。「山風の花の香かどふ(=サソウ)ふもとには春のかすみぞ—なりける」〔後撰・春中〕 ❸自由意思を束縛するもの。《おもに家族・恋人などをさす》「うしろめたき—(=気ガカリナ係累)だに交じらぬ(=存在シナイ)御身なれば、あながちに(=ムリニ)かけとどめまほしき(=トリトメタイ)御命とも思されぬを」〔源氏・御法〕

ぼ たん【牡丹】Ⓓ ❶ぼたんの木。または花。「六条摂政かくれはべりて(=オナクナリニナッテ)後、植ゑ置きはべりける—の咲きてはべりけるを見て」〔新古今・哀傷・詞〕 ❷襲(かさね)の色目。→巻末「襲の色目要覧」。❸紋の名称。→巻末「紋章要覧」。「くらべ—の風俗(=衣装)は」〔伎・鞘当・一ノ大詰〕《「牡丹」は団十郎家の替紋》 ❹猪(いのしし)の肉の異名。「猪(ノ肉)を—、鹿(ノ肉)を紅葉と異名す」〔守貞・守貞漫稿・食類〕

ほっ く【発句】Ⓒ ❶和歌や漢詩などの初頭句。「ある本の歌、—にいはく『明日香川今もかもとな』」〔万葉・巻三・左注〕 ❷㋑連歌・連句(俳諧連歌)の第一句。「(連歌ハ)—・脇(わき)の句より次第に、するすると(=ナメラカニ)付けよきやうにしなすべし」〔連理秘抄〕 ㋺五七五の型をもつ詩。季語および切れ字を含む。「—は同門のうち予(=芭蕉)に劣らぬ句する人多し。俳諧(=連句)においては老翁(=ワタシ)が骨髄(=得意ダ)」〔許六・宇陀法師〕 ❸古典中国語の文章で、ものごとを言い起こす語。「それ」「ここに」「また」「おもんみるに」「けだし聞く」「時に」など。「—、夫・夫以・夫惟…寧。如レ此類言、皆名二—一」〔作文大体〕

ほっ けう【法橋】(-キョウ) Ⓓ ❶〔仏〕くわしくは「法橋上人(しょうにん)位」という。僧位で、法眼に次ぐ。僧官の律師に相当する。貞観六年(八六四)に、はじめて制定された。❷中世・近世、医師・画家・連歌師などに与えられた称号。「典薬の頭(かみ)吉田の法印・篠村—、御前にかしこまり」〔浄・頼光跡目論・四〕[参]ほふいん①②・ほふげん。

ほど【程】Ⓐ ❶㋑程度。ほどあい。「興なき事をいひてもよく笑ふにぞ、しなの—はかられぬべき(=人ガラノ程度ガワカルハズダ)」〔徒然・五六段〕 ㋺身分。家がら。地位。「それより下つ方は(=ソレ以下ノ家ガラノ者ハ)、—につけつつ時にあひ(=家ノ格ニ応ジテ出世シ)、したり顔なるも(=得意顔デアルノモ)」〔徒然・一段〕 ❷㋑時間。

月日。年月。「へだてなく(=気ガネナク)馴れぬる人も、―へて見るは(=シバラクタッテカラ会ウノハ)恥づかしからぬかは」〔徒然・五六段〕㋺時節。時分。おり。「その(=姉ノ死後アレコレ悲嘆ニクレテイタ)―すぎて、親族なる人のもとより…かばねたづぬる宮といふ物語をおこせたり(=送ッテヨコシタ)」〔更級〕㋩年齢のぐあい。年配。「長くとも(=長生キシテモ)四十(よそぢ)にたらぬ―にて、死なむこそ、めやすかるべけれ。その―すぎぬれば、形を恥づる心もなく」〔徒然・七段〕 ❸㋑長さ。寸法。「経の―をはかりて(経箱ヲ)作らしむ」〔今昔・巻一二ノ二六〕㋺へだたり。そこへ至るまでの距離。「(父ノ任国マデノ)道の―も知りにしかば、はるかに(父ガ)恋しく、心細きこと限りなう(=コノ上ナシダ)」〔更級〕㋩深さ。うち。奥。「(アナタノ)あはれなりつる心の―なむ(=ヤサシカッタ心ノ奥ハ)忘れむ世あるまじき(=ケッシテ忘レラレナイダロウ)」〔更級〕㊁広さ。面積。「その地(=福原)―狭(ばせ)くて、条里を割るに足らず(=東西南北ノ街路ヲ配分スルノニ不十分ダ)」〔方丈〕 ❹あたり。「やうやう(=ダンダン)入り立つ(=入ッテユク)ふもとの―だに空のけしき、はかばかしくも見えず(=ヨクモワカラナイホド暗イ)」〔更級〕 ❺ぐあい。あんばい。様子。「望月(もちづき)のくまなきを千里の外までながめたるよりも…うちしぐれたる叢雲(むらくも)がくれの―、またなくあはれなり」〔徒然・一三七段〕 ❻全部。かぎり。「あくる朝(あした)に使ひをつかはして尋ねしめたまふに、使ひ行きて、光る―の山を(=光ッテイル山ヲシラミツブシニ)たづぬるに」〔今昔・巻一一ノ二九〕《古代は「ほと」と清音。「青波に袖さへ濡れて漕ぐ船の戕牁(かし)(=船ヲツナグクイ)振る(=振リ上ゲ打チ下ロシシテタテイル)―にさ夜更けなむか(=フケテシマウダロウカ)」〔万葉・巻二〇〕原文「保刀」と表記。「刀」は清音専用の字》 ―に Ⓓ〔連語〕《接続助詞ふうに》❶事態の進行・到達を表す。…と。…ところが。「急ぎさうらふ―、これははや五条あたりにてありげにさうらふ」〔謡・夕顔〕 ❷原因・理由を表す。「いまだ住吉・玉津島に参らずさうらふ―、只今思ひ立ち、紀の路の旅にと志しさうらふ」〔謡・蟻通〕

ほど【程】Ⓑ〔副助〕《体言または体言あつかいの語に付く》❶程度を示す。ぐらい。「帯―に川の流る潮干(しほひ)かな」〔沾徳(炭俵)〕 ❷限度を示す。…だけ。「『文(=手紙ヲ)書く―の力さへなき』『うすものに日をいとはるる(=日光ヲサケルタメ薄イ衣ヲ着テイラレル)御かたち』」〔珍碩・曲水(ひさご)〕

ほとぎ【缶・瓺】Ⓓ ❶湯や水を入れる素焼きの土器。口が小さくて胴が大きい。「女房二人…(湯ヲ)汲みわたして、御―十六に余れば、(次ハ湯槽ニ)入る」〔紫日記〕 ❷金属製の物入れ。「銀(しろがね)の―どもに、練りたる絹・綾など入れて」〔宇津保・国譲中〕

ほとけ【仏】Ⓑ《梵 buddhaの音訳「浮屠(ふと)」から生じた和語》❶㋑(仏)あらゆる存在の真相と本質を悟った者。覚者。「(坐禅ハ)―に作仏(さぶつ=成仏)せらるるを作仏と道取(だうしゆ)する(=イウノ)か、(ソレトモ本来―(デアル自分)を作仏するを作仏と道取するか」〔正法眼蔵・坐禅箴〕㋺覚者としての仏を個別的に人格化理想化したもの。固有名詞をもつ。「(釈尊トカ阿弥陀トカ薬師トカ)―はさまざまに在(い)ませども、まことは(真理ソノモノトシテノ)一仏なりとかや」〔梁塵〕㋩釈尊。「―はどこよりか出でたまふ(=出身ナサッタノカ)。中天竺(ちゆうてんぢく=中部インド)よりぞ出でたまふ」〔梁塵〕 ❷仏像。「そこ(=オマエ)は、前の生(=前世)に…仏師にて(=仏像ヲ作ル人デ)―をいと多く作りたてまつりし」〔更級〕 ❸仏につかえること。仏事。「明後日(あさて)―にいとよき日なり。さらば御堂…かき払はせはべらむ(=ソウジヲサセマショウ)」〔栄花・本雫〕 ❹㋑(あの世で)仏になったはずの人。「その君、出家して往生したまひにき。その―の御子なり。岩蔵の文慶僧都は」〔大鏡・時平〕㋺死者。《遺体・遺骨・霊魂、いずれをもいう》「さあさあこの元気で―(=死体)を桶(=棺オケ)へさらけこんで(=ブチコンデ)しまはう」〔一九・膝栗毛・発端〕 ❺㋑(仏のように)たいせつな人。《「あが」「わが」を伴って、親愛の情をもつ第二人称の代名詞ふうに用いる》「わが―の御徳に(=オカゲデ)我らも(都ニ)召されぬべかめり」〔栄花・浦々〕「あが―(=ネエ、君)疎(おろ)かなりと(=愛シテイナンテ)なおぼしそ(=思ッチャイヤダヨ)」〔宇津保・俊蔭〕㋺(仏のような)好人物。「―隠者の白蓮と人にも知られた施し好き」〔伎・十六夜清心・一ノ四〕㋩(仏が極楽にいるような)よい気持ち。「目前の極楽とはここの事、寝た間は―」〔西鶴・織留・巻一ノ二〕 ❻《近世語》瞳孔(どうこう)。ひとみ。「かね見ると、目に―なく(=他ノ物ハ何モ見エズ=心ガソレダケニ向イテ)、手ばしかく(=手早ク)拾ひ集めて」〔浄・千本桜・三〕

ほと・と【殆ど・幾ど】Ⓓ〔副〕→ほとほと。《「ほとほと」→「ほとんど」→「ほとど」と変わったもの》「―(=アブナク墨ハサミノ)つぎめもはなちつべし」〔枕・二三段〕

ほど・な・し【程無し】Ⓒ〔形ク〕❶㋑(時間的に)あいだがない。すこししか時がたたない。「詣でつつ見れば、―・く卒都婆(そとば)も苔むし」〔徒然・三〇段〕㋺年若だ。「―・き御身に、さるおそろしき(オ産トイウ)事をしたまへれば、すこし面瘦(おもや)せ細りて」〔源氏・若菜上〕 ❷㋑(空間的に)せまい。「涙をも―・き袖にせきかねて(=トメカネテイルノデスカラ)いかに(アナタトノ)別れをとどむべき身ぞ」〔源氏・浮舟〕 ❸㋑(物理的に)低い。「漁人(あまびと)

の浦の磯屋の苫(とま)びさし—・き軒は月もさはらず」〔新千載・秋上〕㋺(身分ガ)低い。卑しい。「わが恋は御倉の山に移してむ—・き身には置き所なし」〔六帖・巻二〕

ほと・ぶ【潤ぶ】Ⓔ《自上二》❶水分を含んでふくれる。「みな人、乾飯(かれいひ)の上に涙落として—・びにけり」〔伊勢・九段〕❷湯水などに長くひたる。「湯気(げい)は、富士の煙の上もなき、—・び過ぎたる湯上がりの」〔近松・酒呑童子・四〕

ほと ほと Ⓔ《副》門や戸などをたたいたり、斧(をの)などで木を切るときの音、または訪問したり、木を切るさまなどをあらわす。「竹のあみ戸を—とうちたたくものいで来たり」〔平家・祇王〕

ほと ほと【殆と・幾と】Ⓓ《副》❶もうちょっとのところで。すんでのところで。「—まさに死(うみ)するにいたらむとす」〔紀・允恭・訓(禁中本)〕(「ほとほと」は「殆」の訓)「この鯉は(銀製ナノニマルデ)、生きたるやうなるものかな。—庖丁のぞまむ(=料理ヲ頼モウ)と思へる」〔宇津保・蔵開上〕❷だいたい。大部分は。「わが盛り(=青春ガ)またをちめやも(=再ビモドッテ来ルダロウカ=来ナイ)—に寧楽(なら)の京を見ずかなりなむ(=アノ美シイ奈良ノ都モ、再ビ見ルコトハオソラクデキズジマイダロウ)」〔万葉・巻三〕

ほと ほと・し【殆とし・幾とし】Ⓔ《形シク》❶あやうく…しそうである。「主計(かずへ)の頭が—・しかりけむなどぞ(=アヤウク住吉ノ姫君ヲ盗ムトコロダッタコトナドニツケテ)、かの監(げん)がゆゆしさを(=筑紫ノ大夫監ノ気味悪サヲ)思しなずらへたまふ(=監ヲ主計ノ頭ニヒキ比ベテオ考エニナル)」〔源氏・螢〕❷(病気が)重態だ。命があぶない。「さいつころ(=先般)、—・しき病者(びやうざ)をなむ持てはべりて(=重病人ヲカカエテオリマシテ)、かしこく辛労しはべるなり(=サンザンデシタ)」〔宇津保・国譲下〕

ほと め・く Ⓔ《自四》ごとごと音がする。ごとごと鳴る。「障子などもごほめかしう(=ガタガタシテ)—・くこそしるけれ」〔枕・二八段〕

ほとり【辺】Ⓒ ❶付近。近辺。そのあたり。「ありもつかぬ(=生活ノルートモ確保シテイナイ)都の—に、誰かは物語(ノ本ヲ)もとめ見する人のあらむ」〔更級〕❷近い関係の人。近親の人。「人一人を思ひかしづきたまはむゆゑは、—までもにほふ(=思慮ガ及ブ)ためしこそあれ」〔源氏・真木柱〕❸㋑限界。はて。「(コノ龍宮ハ)彼(=アナタノ本国)よりも広く—なき(=国境モナイホドノ)国にて、命を永くておはしまさむはよくこそはべらめ」〔今昔・巻三ノ一一〕㋺国境近くの地。辺境。「正しきみちを養ひて、この西の—を治(し)らす」〔紀・神武・訓〕《「ほとり」は「偏」の訓》「熊襲(くまそ)また反(そむ)いて、—を侵すことやまず」〔紀・景行・訓(北野本)〕《「ほとり」は「辺境」の訓》

ほとり は【男柱・雄柱】Ⓔ (くしの両端にある)太い歯。「ひそかに湯津(ゆつ)の爪櫛(つまくし)を取り、その—をひき欠きて手火(たび)として見しかば」〔紀・神代上・訓〕《(1)「ほとりは」は「雄柱」の訓。(2)古事記は「男柱」と表記する。従来は「をばしら」とよまれているが、そうよむ証拠はないので、書紀の古訓に従う。「ほとり(端)の歯」の意であろう》

ほどろ【穂荊】Ⓔ (「穂おどろ」の短縮形)穂さきがむやみと伸びた・こと(もの)。「なほざりに(=念入リデナク)焼き捨てし野のさわらびは折る人なくて—となる」〔山家・上〕「東の際にわらびの—を敷きて」〔方丈〕《用例はみなわらびに関したものである》

ほどろ Ⓓ ㊀❶【散ろ】《古代語》拡散すること。ひろがり消えてゆくこと。「(アナタガ)夜の—(=夜ノ明ケギワニ)いでつつ来らく(=帰ッテクルコトガ)たびまねく(=何度ニモ)なればわが胸断ち焼くごとし」〔万葉・巻四〕《暗黒が散り失せることは、夜が明けてゆく意になる》❷【程ろ】《中古語》時分。ころ。「『夜ふけぬ』と消息申せば(=申シ入レルト)…『翁(=ワタシガ)かく夜の—に参りて、ただにやは(=ソノママ帰レルモノカ)』」〔宇津保・蔵開下〕《平安時代には原義がわからなくなったのであろう》㊁【散ろ】《形動ナリ》はらはらと散っている。散らばっている。《「はだら」とも》「夜を寒み朝戸を開きいで見れば庭もはだらにみ雪降りたり〈一に云はく『庭も—・に雪ぞ降りたる』〉」〔万葉・巻一〇〕

ほの か【仄か】Ⓒ《形動ナリ》❶物の音・形などがはっきりしないさま。かすかだ。「(横笛ノ音ガ)近かりつるが、はるかになりて、いと—・に聞こゆるも、いとをかし」〔枕・二一八段〕❷色などが微妙だ。ほんのりとしている。「闇もなほ、螢(ほたる)の多く飛びちがひたる。また、ただひとつふたつなど、—・にうち光りて行くも、をかし」〔枕・一段〕「—・なるを(=薄墨デホンノリ書イテアルノヲ)御覧じつけて、宮はことごとしく誦(ず)んじたまふ」〔源氏・梅枝〕❸ほんのちょっとだ。わずかだ。「御簾(みす)のうちの匂ひ、いともの深き黒方(くろばう)にしみて(=トイウ香ガシミワタリ)、名香の煙も—・なり(=ホソボソ立チノボル)」〔源氏・賢木〕

ほの き・く【仄聞く】Ⓓ《他四》間接的に聞く。ちらりと聞く。「心づきなきもの…使ふ人などの、『我をば(主人ハ)思さず、なにがしこそ(=ダレソレガ)只今の時の人(=オ気ニ入リ)』などいふを—・きたる」〔枕・一二一段〕

ほの ぼの【仄仄】Ⓒ ㊀《副》❶㋑《視覚的に》ほんのりと。うっすらと。《「ほのぼのと」の形でもよく用いられる》「夜の—と明くるに、泣く泣く帰りにけり」〔伊勢・四段〕㋺《一般的に》かすかに。「(藤壺ガ)ほのかにのたまはするも(几帳ノ内カラ)—聞こゆるに、(源氏ハ)御いらへも聞こえやりたまはず泣きたまふ」〔源氏・薄雲〕❷少しばかり。

わずかに。「一笑といふ者は、この道にすける名の—聞こえて、世に知る人もはべりしに」〔芭蕉・奥の細道〕 ㊁ 夜がほのぼのと明けるころ。「未だ—のほどに、主上出でて南面におはします」〔続古事談・巻二〕

ほのめか・す【仄めかす】Ⓓ〘他四〙 ❶ちらりとようすを見せる。それとなく知らせる。かすかに知らせる。「我もさすがに傍(かたはら)いたければ(=キマリガ悪イノデ)、口入れにくくて(=直接ニハ言イニククテ)、新中納言の参りたるに、気色(けしき)(=事情ヲ)—・したまひて」〔寝覚・巻四〕 ❷〘とくに恋愛関係で〙非公式にプロポーズする。「式部卿宮などのいとねんごろに(=娘ヲモラッテクレト)—・したまひけれど」〔源氏・東屋〕

ほのめ・く【仄めく】Ⓓ〘自四〙 ❶〘見える・聞こえる・かおるなどの現象について〙かすかに…する。「心をぞつくしはてつる時鳥—・く(=カスカニ鳴ク)宵の驟雨(むらさめ)の空」〔千載・夏〕 ❷〘来る・言う・習うなどの行為について〙少し…する。ちょっと…する。「阿闍梨もいかがと、大方にまれにおとづれ聞こゆれど、今は何しにかは(=ドウシテ)—・き参らむ(=顔出シヲイタシマショウ)」〔源氏・椎本〕 ❸ほんとうに言いたい事を他の事にかこつけていう。遠まわしにいう。「(姫ヲ折平ニ引キ合ワセヨウト)『さあ、お姫様…さあさあ、お出で』と—・けば」〔浄・布引滝・二〕

ほふ【法】(ホウ) Ⓓ ❶〔仏〕〘梵 dharma の意訳。「それ自身としての性質を保持するもの」という意から〙㋑精神的または物質的な存在をいう。事物。「仏のたまはく、『一切—は、ことごとく定相(=キマッタ形)なし。何ものかこれ父、何ものかこれ子』」〔仏法夢物語〕㋺拠(よ)り所となる一定の筋みち。とくに仏教の道理。「末代の習ひは…名利をかざりて(=名誉ヤ利益ヲ得ル手段トシ)、—の本意を得ず(=何ノタメ仏法ヲ学ブノカトイウ真意ヲ忘レテイル)」〔明恵上人遺訓〕 ❷㋑拠(よ)り所となる慣わし。不文律。「恩を知らず契約を変ずるは、この大明(だいみん)こそ道もなき—もなき、手にたらぬ(=相手ニデキナイ)畜生国」〔近松・国性爺・一〕「御辺(=アナタ)は武士の—を知らざるか」〔浄・高名物語・五〕㋺公約にきめられた規則。「人をくるしめ、—を犯さしめて、それを罪なはむ(=罰スルヨウナ)こと、不便(ふびん)の(=カワイソウナ)わざなり」〔徒然・一四二段〕 ❸㋑悪鬼をはらい、幸福を招くなどのため、密教でおこなう咒術(じゅじゅつ)。「賀茂の上(かみ)の社に、ある聖(ひじり)をこめて…拏吉尼(だきに)の—を百日おこなはせられけるほどに」〔平家・鹿谷〕㋺(妖怪や霊鬼などのおこなう)ふしぎな術。マジック。「(妖怪ハ)炎を吹き、雲にかけり、自由自在の—を見せ、東に飛び西に行き」〔浄・京今宮御本地・四〕

ほふいん【法印】(ホウー) Ⓓ ❶〔仏〕くわしくは「法印大和尚(かしょう)位」という。僧位の最高。僧官の僧正に相当する。貞観六年(八六四)に、はじめて制定された。 ❷中世・近世、医師・画家・連歌師などに与えられた称号。「左は唐絵、右は大和絵。墨絵にしゃれて、色絵にうるはし。—も筆を捨て、予もまた筆をなげうつ」〔芭蕉・田舎句合〕㊂ほふげん・ほっけう。 ❸山伏。「—すこしも臆せず…『やあ、山伏の法を知らぬか。験(しるし)を見せずばおくまじ』」〔近松・油地獄・中〕

ほふげん【法眼】(ホウー) Ⓓ ❶〔仏〕くわしくは「法眼大和尚(かしょう)位」という。僧位で、法印に次ぐ。僧官の僧都に相当する。貞観六年(八六四)に、はじめて制定された。 ❷中世・近世、医師・画家・連歌師などに与えられた称号。「古—(=狩野元信ノ絵)出どころあはれ年の暮れ」〔芭蕉(みつの顔)〕㊂ほふいん①②・ほっけう。

ほふざう【法蔵】(ホウゾウ) Ⓓ ❶〔仏〕仏教の教法。「三世の諸仏の—を五に分かつ」〔沙石・巻二ノ八〕 ❷経を納める蔵。「材木(ヲ)賜りて、破れたる—(ヲ)つくろひはべりぬ(=修繕イタシマシタ)」〔今鏡・昔話〕〘話主は「腹」の隠語として言ったのだが、一回的な座興なので、語としての用法とは認めない〙

ほふし【法師】(ホウー) Ⓓ ❶〔仏〕僧。出家。「これも仁和寺の—」〔徒然・五三段〕 ❷男の子。現代語の「ぼうず」。「—が母ぞ恋しき」〔狂・法師が母〕 **——まさり** Ⓔ〘十自サ変〙出家して男ぶりがあがること。「なかなか—・したる人になむはべりける」〔源氏・若紫〕

ほふしんわう【法親王】(ホウーノウ) Ⓔ 出家してから親王を賜った皇子。

ほふもん【法文】(ホウー) Ⓓ 〔仏〕経およびその権威ある研究書など、仏教関係の典籍またはその本文をいう。「(宮ハ)尊きわざをせさせたまひつつ(=アリガタイ仏法修行ヲナサリナガラ)—をよみ習ひたまへば、(阿闍梨ハ宮ヲ)尊がりきこえて(=尊敬申シアゲテ)常に参る」〔源氏・橋姫〕

ほふ・る【屠る】Ⓓ〘他四〙 ❶(からだを)切りさく。「この神(ノ石像)のあやしき(=アリフレテイナイノ)を見て、常ならぬ珍玉(うづたま)と思ひ、その面色(おもて)(=顔面)を—・りて、その一つの瞳(まなこ)を堀(こ)じ取りぬ」〔播磨風土記〕 ❷きり殺す。皆殺しにする。「紀小弓宿禰(すくね)等、即ち新羅に入りて行く行く傍(かたはら)の郡(こほり)を—・りとる」〔紀・雄略・訓〕〘「ほふりとる」は「屠」の訓〙〘名義抄ではホブルとなっており、ある時代濁音も行われた〙

ほふわう【法皇】(ホウオウ) Ⓓ 上皇が出家されたときの称。

ほむぎ【穂麦】Ⓔ 麦の穂。「藪畔(やぶくろ)や—にとどく藤の花」〔荆口(続虚栗)〕

ほ・る【惚る】Ⓔ〘自下二〙 ❶理性を失い、ぼうっとする。放心する。ぼかんとする。「思ひなげきて、面杖(つらづゑ)をつきて—・れてゐたるを」〔落窪・巻二〕 ❷(特定の異性に)夢中になる。ひどく好きになる。「おらが(=ウチノ)若旦那に—・れるとは…とんだ茶人(=モノズキ)だ」〔黄・艶気樺焼・上〕

ほ・る【欲る】Ⓔ《他四》《古代語》ほしがる。望む。「今日もかも都なりせば(=今日モシ都ニイルノナラ)見まく—・り(=アナタヲ見タクテ)西の御廐(みまや)の外(と)に立てらまし」〔万葉・巻一五〕

ほれ ほれ【惚れ惚れ】Ⓔ《副》ぼんやりと。ぼうっと。「目もまひ(=マワリ)心消え消えとなれば(=気絶シソウナノデ)…倒れ臥(ふ)し—として(夜ヲ)明かさせたまふ」〔伽・能勢猿草子〕《日葡辞書にforeforetoとある》

ほれ ほれ・し【惚れ惚れし】Ⓔ《形シク》ぼんやりしている。「年来(としごろ)さまざまのもの思ひに(頭ガスコシイカレテ)—・しくて」〔源氏・蓬生〕

ほろ ほろ Ⓒ《副》❶薄く軽い小片が散るさまにいう。はらはら。「黄なる葉どもの—とこぼれ落つる」〔枕・一九九段〕 ❷涙がこぼれるのにいう。ぽろぽろ。「また—とうち泣きいでぬ」〔蜻蛉・上〕 ❸山鳥・きじなどが鳴く声にいう。「(キジガ)—と(鳴イテ)飛びてこそいにしか(=飛ンデイッタ)」〔大鏡・兼通〕 ❹物が砕けたり、破れたりするのにいう。ばりばり。がりがり。ぼろぼろ。「(女房タチガ)栗などやうの物にや、—と食ふも」〔源氏・宿木〕 ❺雷の遠くで鳴る音にいう。「鳴る雷(いかづち)の…(遠クデハ)—(近クデハ)とどろとどろ」〔謡・賀茂〕 ❻雨の降る音・足音などにいう。「降りくる雨の足音—と歩み行く(=雨ガハラハラト降ッテ来テ、ソノ雨ノヨウナ足音ヲタテテ歩イテ行ク)」〔謡・大会〕

ぼろ ぼろ【梵論梵論】Ⓔ 普化(ふけ)宗の僧。虚無僧(こむそう)。おけ型の編みがさをかぶり、尺八を吹きながら門づけをして、諸国修行に歩く。「—といふもの、昔はなかりけるにや。近き世に、ぼろんじ・梵字・漢字などいひける者、その初めなりけるとかや」〔徒然・一一五段〕

ほん【品】Ⓓ ❶親王の位階。一品から四品まである。それらの位をもたないことを無品という。「大塔の二—親王は…朝暮ただ武勇の御たしなみのほかは他事なし」〔太平・巻二ノ一〕 ❷臣下の位を唐風に言いあらわす。「(平清盛ハ)海賊の張本(=頭株ヲ)三十余人からめ進ぜられし賞に、四—して四位の兵衛の佐と申しし」〔平家・鹿谷〕 ❸(書物の)章。おもに経についていう。「法華(経)はいづれも尊きに(トリワケ)この—(=方便品)聞くこそあはれなれ」〔梁塵〕

ほん【本】Ⓒ ㊀❶もと。より所。基本。「定家の…教へたまへる体を、二条家は(歌ヲマナブ)—と教へられたるか」〔了俊一子伝〕「人は正直を—とする事、これ神国のならはせなり」〔西鶴・永代蔵・巻四ノ三〕 ❷手本。模範。「古くも(=昔モ)、秀逸(=名歌)どもの中に、さやうのためしはべれども(=ソノヨウナ例ハアリマスガ)、それを—に引くべきにもさうらはず(=手本ニシテハナリマセン)」〔毎月抄〕 ❸㋑原本。より所とした文書。「御返り(=御返歌ガ)あれど、—に『なし』とあり」〔大和・九五段〕㋺幾種か存在する異本のひとつ。テクスト。「書紀の今の—は、文字の誤りもところどころあり」〔宣長・玉勝間・巻一ノ一〇〕 ㊁《十形動ダ》ほんとうであること。真実であること。「立ち役の家老職は—の家老に似せ、大名は大名に似るをもって第一とす」〔以貫・難波土産・発端〕「(勘平ガ自殺シタトハ)それはまあ—かいの」〔浄・忠臣蔵・七〕

ほん い【本意】Ⓑ ❶㋑かねてからの考え。素志。「大事を思ひ立たむ人は、さりがたく心にかからむ事の—をとげずして、さながら(=ソックリ)捨つべきなり」〔徒然・五九段〕㋺《十形動ナリ》かねての望みに合うこと。本望。「一の宮の御もとに、この(琴ノ)手のとまる(=曲ガ残ルノ)こそ—・なる(=願ッタリカナッタリノ)心地すれ」〔宇津保・楼上上〕「この世の世捨て人(デイル生活)が、なんの—(=気ニ入ッタコト)であるものかね」〔人・娘節用・八〕 ❷㋑ほんとうの理由。真意。「今度の都移りの—をいかにといふに、旧都は南都・北嶺ちかくして…みだりがはし」〔平家・都帰〕㋺本来の趣旨。正当な意義。「末代の習ひは、たまたま学ぶ所の法を以っては、名利をかざりて(=イバル種ニシテ)、法の—を得ず(=仏法ノ正シイ筋アイヲツカマナイ)」〔明恵上人遺訓〕 ❸《歌論・連歌論で》対象のいちばんそれらしいありかた。特質。《「春雨」ならば音もなくしとしと降るような趣、また「郭公」ならばなかなか鳴いてくれず待ちわびるような趣が、それぞれの本意である》「連歌に—と申すことさうらふ。たとひ、春も大風吹き大雨降れども、雨も風も、もの静かなるやうにつかまつりさうらふこと、—にてござさうらふ」〔至宝抄〕 ❹基本的な考え。構想(を決める者)。「甲陽軍鑑(トイウ書)を著せし—(=立案者)は、(高坂)弾正にて、(実際ノ)筆取り(=執筆者)は猿楽彦十郎といふ者なり」〔常山・紀談・巻七ノ一〇〕

—あ・り 有り Ⓓ《連語》❶望んでいる。そう願っている。「尚侍(ないしのかみ)—・りて(=希望シテイテ)、今はかの所にはべらむついでに(=アチラニ移ル際ニ)、一の宮の若君の今はおよずけて(=成長シテ)琴(きん)ひかまほしうしたまふ(=ヒキタガッテイラレルノ)に教へさせはべらむとて」〔宇津保・楼上上〕 ❷期待どおりだ。「(父帝ハ)『(コノ皇子ハ)ただ人にて(=臣籍ニアッテ)おほやけ(=天皇)の御後ろ見(=補佐役ニナッテモラオウ)』とおぼしおきてけるなるべし(=考エ定メテイラレタノダロウ)。その—・りて、(コノオ方ハ)いと

やむごとなき覚えにものしたまふ(＝世間カラ格別ノ信望ヲ得テイラレル)」〔寝覚・巻一〕

ほんい な・し【本意無し】Ⓒ〘形ク〙❶思いどおりでない。意に添わない。つまらない。「人の語りいでたる歌物語の歌のわろき(＝マズイノ)こそ―・けれ」〔徒然・五七段〕❷(「ものたりない」という感じで)残念だ。「(宗清ガ下向シタラ与エヨウト)我も我もと引き出物ども用意したりけるに、(宗清ハ)下らざりければ、上下―・き事に思ひてぞありける」〔平家・三日平氏〕

ほん か【本歌】Ⓓ ❶返歌のもとになる歌。贈歌。「―に言へる事の中に、さもありぬべき(＝ナルホド要点ダト思ワレル)所をよく見つめて(＝見抜イテ)返す心ばせのあふ方もなき(＝無類ダ)」〔無名抄・六五〕❷本歌取りのさい、もとになった先行歌。「上古も―を取る事をば大事にける」〔正徹物語・上〕❸(問題点を解明・決定する時の)より所となる歌。「禿(げは)を叱らぬ―の侍るぞかし」〔仮名・浮世物語・巻三ノ一四〕❹(狂歌や俳諧に対して)本格的な歌。和歌。「(私モ)あまり―(バカリ)で退屈いたす時は、慰みがてら(＝気バラシ半分ニ)俳諧歌をいたします」〔三馬・風呂・三ノ下〕

ほん ぐわん【本願】(―ガン)Ⓓ ❶もとからの願い。本来もっていた願い。「従来(むかしより)この穢土(ゑど)を厭離(えんり)する(＝以前カラコノキタナイ現世ヲイトイ離レヨウトシテイル)―をもちて生をその浄刹(じやうさつ)によせむ(＝浄土ニ生マレカワルコトヲ本来ノ願イトシテイル)」〔万葉・巻五・詞〕❷〔仏〕阿弥陀如来の四八願、薬師如来の一二願など、仏・菩薩(ぼさつ)が衆生を救おうと誓って立てた願。「誓願」とも。「弥陀の―には、老少善悪の人をえらばず、ただ信心を要とすと知るべし」〔歎異抄〕❸寺院創建の願主。「(三井寺ノ僧徒デアル)我等の―天武天皇は、いまだ東宮の御時、大友の皇子にはばからせたまひて(＝御遠慮ナサッテ)」〔平家・永僉議〕

ほん じゃう【本性】(―ジョウ)Ⓓ 持って生まれた性質。虚飾を去ったほんとうの性質。「わがぬし(＝アナタ)を酔はしたてまつるも、心ありや(＝魂胆ガアルカラデネ)。酔ひて―あらはしたまへと(イウワケ)ぞや」〔宇津保・俊蔭〕「めでたしと見る人の、心劣りせらるる(＝期待ハズレノ)―見えむこそ、くちをしかるべけれ」〔徒然・一段〕

ほん ぢ【本地】(―ジ)Ⓓ ❶仏・菩薩(ぼさつ)が仮に姿をあらわした垂迹(すいじゃく)に対して、その本来の姿をいう。仏教では仏・菩薩がわが国の神となってあらわれると説くが、神道のある派では神が仏となってあらわれると考えた。「左右(さう)なく(＝ヤタラニ)近づきて、権現の御―汚したまふな」〔義経・巻七ノ七〕「ある時は垂迹の仏となって、番々出世の化儀(けぎ)をととのへ(＝幾度モコノ世ニアラワレテ衆生ヲミチビキ)、ある時は―の神に返って塵々刹土(せつど)の利生をなしたまふ(＝無数ノ国土ノ衆生ヲオ助ケニナル)」〔太平・巻一六ノ一九〕❷㋑本来のありかた。本性。「人はまことあり(＝人ハ誠実デアッテ)―たづねたるこそ(＝物ノ本体ヲ探求シテイルノコソ)心ばへをかしけれ(＝気ダテガオモシロイ)」〔堤・虫めづる〕㋺自覚している状態。本気。本心。「総じて酒の酔ひ(トイウモノハ)―たがはじ」〔狂・法師が母(鷺流)〕 **――すいじゃく** 垂迹 Ⓓ 仏と神とは同一のもので、日本の神は、仏・菩薩が衆生を救うために神の姿をとってあらわれたとする考えかた。「神といひ仏といひ、ただこれ水波のへだてにて(＝水ト波ノヨウナ関係デ)―とあらはれ」〔謡・松尾〕

ほん てう【本朝】(―チョウ)Ⓔ ❶(「日本の朝廷」の意から)日本。「(醍醐天皇ガ外国人ヲ召サレタノハ)賢王の御誤り、―の恥とこそ見えけれ」〔平家・医師問答〕

ぼん でん【梵天】Ⓓ〔仏〕(梵 Brahmā) ❶色界(食欲・性欲のない静かできよらかな世界)の第一天界で、さらに梵衆天・梵輔天・大梵天に分かれる。「もし地(ち)より―に至るまで(ホドノ莫大ナ)宝を積みて仏に奉らむよりは、しかじ、持経者に一の食(じき)を施して身を養はむには」〔三宝絵・下〕❷大梵天の王。帝釈(Indra)と共に護法神として仏教を守る。「(釈尊ガ母ノ)胎(はら)をいでたまはむ時、大いに光明を放たむ。―・帝釈(たいしゃく)および諸天(ノ王タチハ)みな恭敬(くぎやう)せむ」〔今昔・巻一ノ一〕❸修験道で祈禱の時に用いる幣束のこと。「三瀬川、げにげにはしも三本木、ころは卯年とゆふしでの―すごく立てならぶ、小家の燈火消えのこる」〔松の落葉・五〕(中世は多く「ぼんでん」と発音された。日葡辞書にBondenとある) **――こく** 国 Ⓔ ❶大梵天国。「『これはまた千里の車雲に飛ぶ』『―より細引きを引く』」〔西鶴・大矢数・三〕❷(江戸時代初期の人形浄瑠璃で、終わりに「梵天国」という曲の一節を語ったところから)物事の終わり。「たとひこの身は―になるとも(＝金ヲツカイ果タシテシマッテモ)、物日物日は無にせまい(＝紋日ニハ届ケ物ヲシヨウ)」〔松の葉・さわぎ〕

ぼん なう【煩悩】(―ノウ)Ⓓ ❶〔仏〕(梵 kleśaの意訳)悟りに到達することを妨げるいっさいの精神作用。「―すなはち菩提(ぼだい)(＝悟リノ境地)ぞと聞きて(理解ノ浅イ者ハカエッテ)罪をば作れども」〔一遍上人語録〕❷(正しくない)欲望。欲情。「お美しい揚巻といふ楊貴妃(ノヨウナ美人)に迷ふ―の」〔伎・助六由縁江戸桜〕

ぼん ぶ【凡夫】Ⓔ ❶〔仏〕仏教の基本的な道理がわからない人。「我らは薄地(はくぢ)の(＝宗教的素質ノ貧弱ナ)―なり、善根つとむる途知らず」〔梁塵〕❷㋑ただの人。ふつうの人。凡人。「『―のふるまひに離れたらむ事を示した

ほ

まへ』と申されければこの女房(ハ空中ニ)飛びあがりて」〔著聞・釈教〕㋺摂政・関白以外の貴族。「(摂政ニナルコトハ)公季思ひも寄らでその子孫(うまご)…五代まで絶え果てて、ひとへの―と(シテ)ふるまひて(＝行動シテ)」〔愚管抄・第四〕

ほん もん【本文】Ⓔ 典拠となる文句。古い書物などに見えることば。「『天の与ふるを取らざれば却ってそのとがを受く。時到って行はざれば、却ってそのわざはひをうく』といふ―あり」〔平家・福原院宣〕「『大象兎蹊(とけい)にあそばず(＝小道ハ通ラナイ)』といふ―の如し」〔九位〕

ま

まー【〈真〉】Ⓑ〘接頭〙❶「ぴたりと」「それだけ」「ほんとうに」「まともに」「まっすぐ」等の意を強調的に加える。「―輝く」「―くだり」「―つぶさ」「―ひろぐ」等。❷そのものを、ほめる気持ちでいう。訳するときには省いてよい。「―袖」「―玉」「―萩(はぎ)」「―榛(はり)」等。

ま【間】Ⓑ❶㋑(空間的な)あいだ。「(横笛ノ五ノ穴ダケハ)―をくばること等しきゆゑに(＝間隔ヲ同ジニシテアルノデ)、その声、不快なり(＝ヨク協和シナイ)」〔徒然・二一九段〕㋺(時間的な)あいだ。「嘆きつつ一人ぬる夜のあくる―はいかに久しきものとかは知る」〔蜻蛉・上〕❷【際】〘古代語〙(物が存在している)あたり。「島の(アル)―ゆ(＝辺カラ)わぎへ(＝ワガ家)を見れば…」〔万葉・巻六〕「山城の(国ノ)鹿背山の―に宮柱太敷きまつり(＝リッパナ宮殿ヲオ立テシテ)…」〔万葉・巻六〕❸〘中古式の建物で〙柱と柱との間。「御簾どもを、その―にあたりて居たまへる(＝チョウド柱ト柱ノ中間ニスワッテイラレル)人々、寄りつつ巻きあげたまふ」〔紫日記〕❹へや。室。「わが御家の日隠しの(＝階段ヲアガル所ノ)―に、しりうちかけて(＝腰カケテ)」〔大鏡・道隆〕❺〘中古式の建物で〙柱と柱との間がいくつであるかによって、へやの広さをあらわす単位。「一間」なら、一辺に柱二本を含む長さの自乗。「寝殿の放ち出での(＝母屋ノ別室カラ)また一―なる(＝柱ト間ヲモウ一ツ隔テタ)所の、落ち窪(くぼ)なる(＝床ガ一段低イ)所の、二―なる(＝柱三本ヲ含メル広サノ室)になむ、住ませたまひける」〔落窪・巻一〕

ま【今】Ⓔ〘副〙もう。さらに。「夕立に(出アッタガ)傘(かさ)かる家や(＝家マデハ)―一町(モアル)」〔圃水(続猿蓑)〕

まい て Ⓒ〘副〙「まして」のイ音便。「―雁(かり)などの連ねたるが、いと小さく見ゆるは」〔枕・一段〕

まうけ【設け・儲け】(モウー) Ⓒ ❶準備。用意。「力強きかぎり、さる(＝ケンカノ)―して」〔大鏡・道隆〕❷㋑食事のもてなし。「―などしたりけれど、すさましかりければ(＝ヒドイモノダッタノデ)」〔古今・序・古注〕㋺食事。「紙の衾(ふすま)・麻の衣・一鉢の―・あかざのあつもの(＝スープ)、いくばくか人のつひえをなさむ」〔徒然・五八段〕 **―の きみ** 儲けの君 Ⓔ〘連語〙❶皇太子。東宮。「東宮かくておはしませば、いとかしこき末の世の―と、天の下の頼み所に仰ぎ聞こえさするを」〔源氏・若菜上〕❷皇太子の・予定者(候補者)。「元方民部卿の御孫(＝広平親王)の、―にておはするころ」〔大鏡・師輔〕〘広平親王は皇太子になられなかった〙

まう ご【妄語・憍語】(モウー) Ⓔ ❶〔仏〕真実でない事を言うこと。大妄語(よくわかっていない仏法をわかったように言うこと)と小妄語(その他すべての虚偽を言うこと)がある。仏教におけるもっとも重要な戒五種(または一〇種)の一。「若うより十戒のなかに―をばたもちてはべる(＝守ッテイマス)身なればこそ、かく命をばたもたれてさうらへ」〔大鏡・昔物語〕❷とりとめのないことば。「なほ酔へる者の―にひとしく」〔芭蕉・笈の小文〕

まうさ く【申さく】(モウー) Ⓓ〘連語〙〘「まうす」の未然形に「く」が付いた形〙申しあげること(には)。㊂―く。「皇神(すめがみ)の御名を―、御膳(けみ)持たする若食(わかうか)の姫命(めのみこと)と御名は申して」〔祝詞・広瀬大忌祭〕〘原文「白久」と表記〙「(鹿ハ)御輿(みこし)の前にひざまづきて―、『…』と申すに」〔宇治・巻七ノ一〕

まうし【申し】(モウー) Ⓓ ㊀願い出ること。懇願。「若宮別当の―により、囚人(めしうど)七人の免状なり」〔謡・春栄〕㊁〘感〙相手の注意をひくためよびかける語。〘現在の関西方言にも生きている〙「―、頼うだお人(＝ゴ主人サマ)、ござりまするか」〔狂・武悪〕「いや―、こなた(＝アナタ)もよう思うてもみさせられい(＝ゴランナサイ)」〔狂・靫猿〕 **―ごと** 言 Ⓔ (同等以上の相手に対し)言うこと。申し出。「『西国の楫取(かんどり)りを、それがし(＝ワタシ)一人に仰せつけらるるやうに、御取りなしあってくだされいかし』との―にてさうらふ」〔謡・船弁慶(間狂言)〕

まう・す【申す】(モウー) Ⓐ ㊀〘他四〙〘「まをす」のウ音便〙❶「言ふ」の謙譲および荘重の表現となる。㋑〘謙譲〙申しあげる。「身のあるやう(＝身ノ上)を仏に―・すにも、涙にむせぶばかりにて、言ひもやられず」〔蜻蛉・中〕㋺〘荘重〙言ってやる。「(大名ガ遊女屋亭主ニ対シ)先だって―・しつかはした通り、ぜひとも太夫が身受けはそれがしがいたすほどに、さう心得てゐい(＝承知シテイロ)」〔伎・韓人漢文・二〕❷お願いする。乞(こ)う。「御手箱におかせたまへる小刀―・して(＝拝借ヲオ願イシテ)立ちたまひぬ」〔大鏡・道長〕❸「す」の謙譲語。…させていただく。《前後の文意により、具体的な意味を補って訳する》「堀江より水脈(みを)引きしつつ(=水先案内ヲシナガラ)御船さす(=操縦スル)賤(しづ)の男(を)の徒(とも)は川の瀬—・せ(=ヨク注意シテオ乗セシロ)」〔万葉・巻一八〕「そのやうな事を存じたならば、路次(=途中)でお茶なりとも—・さうものを(=サシアゲタノデシタガ)」〔狂・餅酒〕[二]《自四》❶「言ふ」の丁寧表現となる。「これは津の国葦屋の里に(住ンデイル)公光と—・す者にてさうらふが」〔謡・雲林院〕❷〔補動〕《他の動詞の連用形に付き》㋑謙譲表現となる。…申しあげる。「お代はり—・しませう」〔伎・幼稚子敵討・一〕㋺荘重な表現となる。《現代語には、ぴたりとした言いかたがない》「あいや、そのお届けには及び—・さぬ」〔伎・十六夜清心・一ノ三〕

まう・づ【参づ】(モウズ) Ⓐ《自下二》《「まゐりいづ」の変化》❶「行く」「来」の謙譲語。参上する。うかがう。「かの北の方(ノトコロ)に、祐宗—・でて」〔宇津保・忠こそ〕❷【詣づ】(信仰的な目的で)お参りする。「石間(いはま)に—・で、あるいは石山を拝む」〔方丈〕

まうで・く【参出来】(モウ—) Ⓒ《自カ変》❶(上位と意識される場所へ)うかがう。「月の都よりかぐや姫の迎へに—・くなる」〔竹取〕❷《相手を見くだした感じで》やってくる。「隠れにし童(わらは)—・きたなり(=ヤッテ来オッタヨウダ)」〔宇津保・藤原君〕[参]まゐてく・まゐでく。

まう のぼ・る【参上る】(モウ—) Ⓒ《自四》《「まゐのぼる」の変化》❶身分の高い人のおそばに参上する。おうかがいする。「(更衣ガ帝ノ御殿ニ)—・りたまふにもあまりうちしきるをりをり」〔源氏・桐壺〕❷《都は天皇がおられる所なので》上京する。「京に—・らむことを」〔秋成・雨月・浅茅〕

まう りゃう【罔両・魍魎】(モウリョウ) Ⓔ ❶影のまわりにできる、うすい影。《荘子の齊物論編に影と罔両の問答がある》「燈を取っては—に(対シテ)是非(=人生ノ是ト非)をこらす(=深ク考エル)」〔芭蕉・幻住庵記〕❷ばけもの。「『—鬼神は穢(けが)らはしや。出でよ出でよ』と責めたまふぞや」〔謡・鉄輪〕「(隣ノ妻君ガ)ひしひしとつかみつく。そのさま—鬼神もかくやあらむ。いと恐ろしとも恐ろしや」〔伽・福富長者〕

ま えん【魔〈縁〉・魔厭】Ⓔ 仏道修行のさまたげをする悪魔。「われ願はくは即身に(=生キナガラ)大—となって、玉体(=天皇ノ御身体)を悩ましたてまつり、山門(=延暦寺)の仏法を亡ぼさむ」〔太平・巻一五ノ一〕

まが【禍】Ⓔ 悪いこと。わざわい。邪悪。《英語のevilに当たる》「吉備の穴済(あなわたり)の神と難波の柏済(かしはのわたり)の神は、みな害(やぶ)る心あり、毒気(あしき)を以ちて路行人(みちびと)を苦しめ、並びに—の藪(とも)たり」〔紀・景行・訓〕《「まが」は「禍害」の訓》

ま がき【籬】Ⓓ ❶竹・柴(しば)などで間をすかして編んだかき。「ませ」「ませがき」とも。「あらはなる(=中ガ見トオシノ)—の前に立ちやすらふ」〔蜻蛉・下〕❷遊女屋の入り口の土間と上がり口との間にある格子(かうし)戸。「我かの—のもとに店三弦(みせさみせん)の一を打って(=女郎ガ店ニ出ルトキヒク三味線ノ一ノ糸ジャナイガ一端ダケ知ッテ)」〔洒・総籬・叙〕

まが こと Ⓔ [一]【悪事・禍事】[対]「よごと」 よくない事。不吉な事。「(「悪事」ノ訓注ニ)古語に—といふ」〔祝詞・御門祭〕《原文「麻我許登」と表記するので、「まがごと」ではない》[二]【枉言・狂言】まちがった説。でたらめ。「後の人の(玉川ニ)毒ありといふ—より、この(=風雅集ノ)端詞(はしことば)(=コトバガキ)は作りなせし(=仮構シタ)ものかとも思はるるなり」〔秋成・雨月・仏法僧〕《おそらく中世以後「まがごと」と濁音になったと思われる》

まか・す【引す】Ⓔ《他下二》(水を)引く。導き入れる。「神田(みとしろ)を定めてつくる。時に儺河(なかは)の水を—・せて、神田に潤(っ)けむとして、溝を掘り」〔紀・神功・訓〕《「まかせて」は「引」の訓》「亀山殿の御池に、大井川の水を—・せられむとて」〔徒然・五一段〕

まかたち【侍女】Ⓔ《古代語》身分ある人に仕える女。侍女。「ひとりの美人(をとめ)あり。容貌(かほ)世にすぐれたり。—群れ従ふ」〔紀・神代下・訓〕《(1)「まかたち」は「侍者」の訓。(2)男の従者を含むのかもしれないが、遊仙窟の訓でも「侍婢」をマカタチとよみ、男を含むという明証は未見》

まか・づ【退づ・罷づ】(—ズ) Ⓐ《「まかり出づ」の変化》《自下二》❶(上位と意識される場所から)出て行く。退出する。「(皇子ガ)かかるほどに(=母ノ喪中ニ)さぶらひたまふ(=内裏ニイラッシャルノハ)、例なきことなれば、—・でたまひなむとす(=母方ノ里ニオサガリナサロウトスル)」〔源氏・桐壺〕❷《自分のいる所を低めていう気持ちで》こっちにやって来る。「『(皆ガ)こなた(=寝殿)へ—・でむや(=ヤッテコナイカ)』とのたまひて」〔源氏・若菜上〕❸「行く」の謙譲語。まいる。「このごろ、わづらふ事はべるにより(=病気デゴザイマシテ)かく京にも—・でねば(=マイリマセンノデ)、たのもし所に(=ワタシノ所ヲ足場ニシテ)こもりてものしはべるなり(=隠棲(いんせい)イタシテオリマス)」〔源氏・若紫〕《③は中古語として誤用だが、話主が僧侶なので、すこし一般と違った言いかたをしたのかもしれない》

まかなひ【賄ひ】(—イ) Ⓓ ❶食事のしたくや給仕をすること。またはその役の人。「殿の御—(=殿サマノオ給仕ヤ)御髪(みぐし)参り(=理髪ノオ世話)などに、二所ながらさぶらはせたまふほどに」〔栄花・若ばえ〕❷まにあわせ。その場きりの用にたてること。「当座の―に金取り、だましの空誓文」〔近松・氷朔日・上〕《従来の説は、このほかに「準備」の意を設ける。動詞「まかなふ」の用法から推せば、名詞「まかなひ」に「準備」の意があってよいはずだけれど、実際にはその用例未見。よって挙げない。従来「準備」の意の用例として挙げられたものは、すべて①と解すべきもの》

まかな・ふ【賄ふ】（―ナ〈ノ〉ウ）Ⓓ〘他四〙❶処置する。とりあつかう。「天(あめ)の香具(かぐ)山の樺桜(ははか)を取りて占(うら)(な)ひ―・はしめて」〔記・上〕《原文「令占合麻迦那波而」と表記》❷準備する。用意する。「御硯(すずり)など―・ひて(＝オ書キナサイト)責めきこゆれば、しぶしぶに書いたまふ」〔源氏・柏木〕❸食事を供する。「ものきこしめさず(＝食欲ガオアリニナラナイ)と聞きたまひて、とかう(＝アレコレ)手づから―・ひ直しなどしたまへど、(箸(はし)ヲ)ふれたまふべくもあらず」〔源氏・夕霧〕

まが・ふ【紛ふ】（―ガ〈ゴ〉ウ）Ⓑ㊀〘自四〙❶まじりあって、はっきりしなくなる。「散り―・ふ花のよそめは吉野山嵐にさわぐ峰の白雲」〔新古今・春下〕❷見そこなうほど似ている。「叢(くさむら)のほたるは遠くまきの島のかがり火に―・ひ」〔方丈〕❸見まちがう。「唐崎やかすかに見ゆる真砂路に―・ふ色なき一本の松」〔風雅・雑中〕㊁〘他下二〙❶ごたつかせる。はっきりしないようにする。「世に知らぬ(＝マダ経験シタコトノナイ)ここちそすれ有明けの月(＝女)の行くへを空に―・へて(＝ドコニ行ッタカワカラナクシテ)」〔源氏・花宴〕❷混同させる。「空さむみ(＝冷タイタメニ)花に―・へて散る雪に(＝散ッテクル雪ガ落花ト見ソコナウノデ)」〔枕・一〇六段〕❸とりちがえる。「賀茂の岩本(社ト)橋本(社ト)は、業平・実方(ガソレゾレ参詣シタ社)なり。人の常に言ひ―・へはべれば…たづねはべりしに」〔徒然・六七段〕

まがまが・し【禍禍し】Ⓓ〘形シク〙❶不吉だ。縁起でもない。「あさましき御ここち(＝御重態)のさまを心えず(＝不安ニ)見たてまつらせたまへど、―・しきすぢには(＝モシヤ助カラヌノデハナイカトハ)たれもおぼしかけず」〔栄花・見果てぬ夢〕❷いまいましい。にくたらしい。「おのれ(＝キサマ)は―・しかりける心持ちたる者かな。心なしの(＝気ノキカナイ)かたゐ(＝ガラクタ者)とは、おのれがやうなる者をいふぞかし」〔宇治・巻二ノ七〕❸〘近世の誤用で〙もっともらしい。しらじらしい。「助作―・しき顔つきにて、『ああ恐ろしい女め、いつおのれに粒(＝銭)三文も借った覚えはない』」〔近松・大経師・下〕

まかり・い・づ【罷り出づ】（―ズ）Ⓒ〘自下二〙❶〘上位と意識される場所から〙出て行く。退出する。さがる。「(光親卿ハ後鳥羽院カラタマワッタオ食事ヲ)食ひ散らしたるついがさね(＝膳(ぜん)ノ台)を御簾(す)の中へさし入れて―・でにけり」〔徒然・四八段〕❷〘一一世紀ごろからの誤用で〙「行く」の謙譲語。「(アラマキノウチ)いま三巻はけがしさぶらはずして(＝ヨゴサナイヨウニシマシテ)おきてさぶらひつるを、急ぎて―・でてさぶらひつるほどに(＝コチラニ参上イタシマストキニ)下人のさぶらはずして、え持て参りさぶらはざりつるに」〔今昔・巻二八ノ三〇〕

まか・る【退る・罷る】Ⓐ〘自四〙㊉「まゐる」❶〘上位と意識される場所からそうでない所へ行く意で〙㋑退出する。退下する。さがる。「憶良らは今は―・らむ(＝失礼サセテイタダコウ)子泣くらむその彼の母も吾(わ)を待つらむぞ」〔万葉・巻三〕㋺都から地方へ行く。「左門…出雲の国に―・る道に」〔秋成・雨月・菊花〕❷㋑「行く」の謙譲語。「(渡殿ニ行ッテ宿直ノ者ヲ起コシテコイトイウ命令ニ対シ)『(アンナ所ヘ)いかでか(＝ドウシテ)―・らむ(＝マイレマショウ)。暗うて』といへば」〔源氏・夕顔〕㋺〘後世の誤用で〙「来」の謙譲語。「雀部(さきべ)の曾次という人…京より(下総へ)下りけるが…かねてより(勝四郎ハ曾次ト)親しかりけるままに、商人となりて京にまうのぼらむことを頼みしに、雀部いとやすく(＝簡単ニ)うけがひて(＝承知シテ)『いつの(＝コレコレノ)ころは(下総へ)―・るべし(＝マイリマショウ)』と聞こえける」〔秋成・雨月・浅茅〕❸〘「身(み)がまかる」の意で〙死ぬ。死去する。「この時に保食(うけもち)の神、まことにすでに―・れり」〔紀・神代上・訓〕《「まかれり」は「死」の訓》❹〘接頭語ふうに動詞に付き〙㋑謙譲の意味をそえる。「殿に召しはべりしかば、今朝参りて、ただ今なむ―・り帰りはべりつる」〔源氏・浮舟〕㋺荘重さをそえる。「こりゃ、よく聞け。今度…家老中の指し図によって―・りこしたぞ(＝ヤッテ来タノダゾ)」〔一九・膝栗毛・発端〕

まき【〈真〉木】Ⓓ《「ま」は接頭語》檜(ひのき)・杉(すぎ)・松・槇(まき)などの総称。「大君は神にしませば―の立つ荒山なかに海をなす(ヨウナ大キイ池ヲオ造リニナル)かも」〔万葉・巻三〕

まぎ【間木】Ⓓ 上長押(うわなげし)に板を渡してもうけたたな。「(初瀬参詣ノタメ仏前デ)おこなひつる(＝オ勤メヲシテイタノ)も、(殿ガオイデノタメ)にはかに投げ散らし、数珠(ずず)も―にうち上げなど、らうがはしきに(＝ドタバタスルノニツケ)いとぞあやしき」〔蜻蛉・中〕

まきはしら【〈真〉木柱】Ⓔ りっぱな材木で作った柱。「―(ノヨウナ)太き(＝ドッシリシタ)心はありしかど(皇子ガオナクナリニナッテ)このわが心しづめかねつも」〔万葉・巻二〕《枕詞とする説があるけれど、単なる形容の語と解すべきである》

まぎ・る【紛る】Ⓑ〘自下二〙❶他のものにいりまじってわからなくなる。混同する。「―・るべき方

ま

なく(=マサシク)その人の手(=筆跡)なりけりと見たまひつ」〔源氏・若菜下〕「匂ひこそ—・れざりけれ初霜のあしたの原の白菊の花」〔新拾遺・秋下〕 ❷他のことでごたごたする。とりまぎれる。「さて舞も見たけれども、今日は—・るる事出で来たり」〔平家・祇王〕 ❸他のことにとりまぎれて心が・うつる(なぐさむ)。「あるまじきもの思ひは、それに(=コノ子ノ世話ニ)—・れなむかし」〔源氏・若紫〕 ❹隠れる。目だたぬようにする。まぎれて行動する。「(会イタイノダガ)いとかたき事にて、え—・れたまはず」〔源氏・澪標〕 ❺まぎらわしく動きまわる。ちょこまかする。「小姫君のいたう—・れさせたまふを、『あな、あわたたし(=オチツキノナイ)』と制し申させたまふ」〔栄花・初花〕

まぎれ【紛れ】Ⓒ ❶〘多くは「…のまぎれに」の形で〙他のものと見わけにくい・こと(とき)。「上は…夜の—に(=ヤミデダレダカワカラナイノヲサイワイ)渡らせたまひて」〔寝覚・中〕 ❷ごたごた(の時)。もめごと。「(スグヤキモチヲ焼クノハ女御・后ニアリガチナノダガ)さばかりの—もあらじもの(=タブンアルマイ)とてやは(宮仕エヲ)おぼしたちけむ」〔源氏・竹河〕 ❸快適でない気分が他の事に引かれて薄らぐこと。「(コノ老人ニ)昔の物語などせさせて聞きたまふに、少しつれづれの—なり」〔源氏・明石〕 **—どころ** 所 Ⓔ ❶他のものと見わけにくいところ。「(若宮ノ)あさましきまで(=アキレカエルホド光源氏ト)—なき(=ソックリナ)御顔つきを(帝ハ)思しよらぬ(=思イガケナイ)ことにしあれば」〔源氏・紅葉賀〕 ❷隠れるところ。目だたぬようにするところ。「袿(うちき)姿にて立ちたまへる人あり。階(はし=階段)より西の二の間(ま)の東のそばなれば、—もなく(=隠レヨウモナク)あらはに(=ハッキリト)見入れらる(=見ルコトガデキル)」〔源氏・若菜上〕

まきゑ【蒔絵】(-エ) Ⓔ 漆を塗り、かわかないうちに金・銀その他の金属粉や色粉で模様をおき、かわいてからみがいてつやを出す製作方法。「うるはしき家(や)を作りたまひて、漆を塗り、—をして」〔竹取〕

ま・く【覓く・求く】Ⓓ〘他四〙さがし求める。尋ねる。「山に入り獣(しし)を—・く」〔紀・神代下・訓〕〘「まく」は「覓」の訓〙「(酒ノ)小瓶(をがめ)を(客タチノ)中に据ゑて主(あるじ)はもや魚—・きに魚取りに…」〔風俗・玉垂〕

ま・く【蒔く】Ⓓ〘他四〙❶㋑広く投げ散らす。「玉づさの(=枕詞)妹(ノ遺骨)は珠かもあしひきの(=枕詞)清き山べに—・けば散りぬる」〔万葉・巻七〕 ㋺種まきをする。「のどけしや麦—・くころの衣がへ」〔一井(曠野)〕 ❷蒔絵(まきゑ)をほどこす。「沃懸地(いかけぢ=ウルシ塗リニ金泥(でい)ヲ置イタ下地)に—・きたる硯(すずり)のさまもいつくしく(=リッパデ)」〔今昔・巻一九ノ九〕

ま・く【任く】Ⓔ〘他下二・四〙❶(官職に)任ずる。(任命して)遣わす。「服従(まつろ)はぬ国を治め(=治メヨ)と皇子ながら—・け〘下二〙たまへば…」〔万葉・巻二〕「大君の遠の朝廷(みかど)(=都カラ遠イ地方官庁)と—・き〘四段〙たまふ官(つかさ=役目)のまにま(=ママニ)…」〔万葉・巻一八〕 ❷【罷く】(命令して)しりぞける。「皇孫、姉は醜しと謂(おも)ほして、召さずして—・け〘下二〙たまふ」〔紀・神代下・訓〕〘「まけ」は「罷」の訓〙

ま・く【設く】Ⓓ〘他下二〙❶前もって用意する。準備しておく。「天の河相向き立ちてわが恋ひし君(=牽牛星ガ)来ますなり(=オイデニナルヨウダ)紐(ひも)解き—・けな(=用意ショウ)」〔万葉・巻八〕 ❷その時期を待ちうける。「夏—・けて咲きたる唐棣(はねず)久方の(=枕詞)雨うち降らばうつろひなむか」〔万葉・巻八〕〘中古語では「まうく」〙

まく Ⓑ〘連語〙〘推量の「む」の古代未然形「ま」に接尾語「く」の付いた形〙…であろうこと。…ようということ。…ようなこと。[参]—く。「君を思ひわが恋ひ—は(=恋イ慕ウダロウコトハ)あらたまの(=枕詞)立つ月ごとに避(よ)くる日もあらじ(=例外ノ日ナシデショウ)」〔万葉・巻一五〕 **—ほ・し** Ⓑ〘連語〙〘「まく」に形容詞「ほし」の付いた形。間に「の」がはいることもある〙…ことがしたい。…でありたい。「紅に衣染(し)め—・しけども(=染メタイノダガ)着てにほはばか(=美シカッタラ)人の知るべき(=人ガ気ヅクダロウカ)」〔万葉・巻七〕「…独りか寝(ぬ)らむ問はまくのほしきわぎもが家の知らなく(=家ガドコカワカラナイコトダ)」〔万葉・巻九〕

ま くず【〈真〉葛】Ⓔ〘「ま」は接頭語〙くず。山や野に自生するマメ科の草。つるが長く地にはう。「—はふ夏野の(=序詞)繁くかく恋ひばまことわが命常ならめやも(=長モチシソウモナイ)」〔万葉・巻一〇〕

ま ぐはひ【目合ひ】(-ワイ) Ⓓ〘+自サ変〙❶目と目を見合わせて思いを通わせること。ウインクをかわすこと。「須勢理(すせり)姫、出で(大国主命ヲ)見て、—・して、婚(あ)ひたまひて」〔記・上〕〘原文は「為目合而」と表記〙 ❷【婚ひ】結婚。「吾(あれ)汝(いまし)に—・せむと思ふはいかに」〔記・上〕〘原文「目合」と表記。書紀の同条には「吾欲以汝為妻如之何」とある〙

まくら ごと【枕言】Ⓔ 常の話題。「やまと言(こと)の葉(=和歌)をも、もろこしの歌(=漢詩)をも、ただその筋(=更衣ニ先立タレタ件)をぞ—(=イツモノ題材)にせさせたまふ」〔源氏・桐壺〕

まけ【任】Ⓔ 天皇が代理者に国事(政務・軍務どちらでも)をまかせて地方へ行かせること。「大君の—(=御任命)のまにまに出でてこし…」〔万葉・巻一七〕

まけ はしら【〈真〉木柱】Ⓔ〘古代東国方言〙→まきはしら。「(幸福ヲモタラスマジナイニ)—ほめて造れる殿のご

と(=ノヨウニ長ク無事デ)いませ母刀自(とじ)おめがはりせず(=容貌(ようぼう)ガ衰エズニ)」〔万葉・巻二〇〕

まこと【真・実・誠】Ⓐ [一]〘十形動ナリ〙❶実在すること(もの)。現実。事実。《英語のactual, fact にあたる》「(ウワサヲ)聞きたまうて、『—・そらごと(=虚実イズレカ)あらはしきこえむ(=ハッキリ見アラワシ申ソウ)』とおぼしけるほどに」〔栄花・若花〕 ❷真実。真理。《英語の real, truth にあたる》「なほ(=ヤハリ)—のものの上手は(=ホントウニスグレタ技能ノ人ハ)」〔源氏・帚木〕 ❸誠意。真情。《英語の honest, sincerity にあたる》「いつはりと思ふものからいまさらにたが—をか我は頼まむ」〔古今・恋四〕 ❹《歌・連歌・俳諧の批評用語で》[イ]作品の内容となっている作者のいつわらない思想・感情。「僧正遍昭は、歌のさまは得たれども(=表現技巧ハオ手ノモノダガ)—少なし」〔古今・序〕[ロ]対象の正しいありかたに向かって深まる把握の純粋さ。「作者感ずるや句となるところは、すなはち俳諧の—なり」〔土芳・三冊子・白〕 [二]〘副〙まったく。じっさい。「たらちねの(=枕詞)母を別れて—我旅の仮廬にやすく寝むかも」〔万葉・巻二〇〕 [三]〘感〙《忘れていた事やふっと心に浮かんだ事を途中で加える時にさしはさむ語》ああ、そうそう。「(村上帝ニハ上記ノ后妃ガオラレタ)—、元方民部卿のむすめも参りたまへり(=オ妃トシテ宮中ニハイラレタ)」〔栄花・月宴〕「—やさわがしかりしほどのまぎれに、もらしてけり(=言イ忘レタ)」〔源氏・須磨〕

まごびさし【孫廂】Ⓓ [参]ひさし。

まさき【〈正〉木・〈柾〉木・〈真柝〉】Ⓓ 常緑樹の総称らしいが、確かではない。《「天の香(かぐ)山の蘿(ひかげ)をたすきにかけて、天の—を鬘(かづら)として」〔記・上〕が唯一の例。「まさき」は原文「真柝」と表記。従来はツルマサキだとされているが、確証がないばかりでなく、書紀の同条(神代上)では「以天香山之真坂樹為鬘、以蘿為手繦」とある。御巫本の訓には「真坂樹」を「まさき」とよんであり、もし「真坂樹」と「真柝」が同じであれば、「栄(さか)木」すなわち常緑樹の意となる。後世いう「榊(さかき)」とは同じでない》

—のかづら〈正〉木の葛 (—ズラ) Ⓓ〘連語〙蔓(つる)性植物のあるもの。《常緑という説は誤り。あとに引く古今集の歌によれば、あきらかに色がわりするはずだからである。いまのツルマサキ・テイカカズラの類だというのも、確証はない。もともとは、よく「まさき」に巻きついている蔓性植物の意だろうと思われ、特定のある一種をさすのではなかろう。「まさき」とも別もの》「深山(みやま)には霰(あられ)ふるらし外山(とやま)なる—色づきにけり」〔古今・大歌所御歌〕「名を外山といふ。—跡うづめり」〔方丈〕

まさきく【〈真〉幸く】Ⓔ〘副〙《「ま」は接頭語》「さきく」に同じ。「磐代(いはしろ)の浜松が枝をひき結び(前途ノ平安ヲ祈ルノダガ)—あらば(=命ガ無事ダッタラ)またかへり(コノ松ヲ)見む」〔万葉・巻二〕

まさご【〈真〉砂】Ⓓ《「ま」は接頭語》すな。「住吉(すみのえ)の浜の—をふむ鶴(たづ)は(千年モノ)久しき跡をとむるなりけり」〔新古今・賀〕

まさざま【勝様】Ⓔ〘形動ナリ〙❶いっそうすぐれているさま。「(三ノ宮誕生祝イノ)三日・五日・七日の夜などの御作法(ハ兄宮ノトキヨリモ)なかなか(=ムシロ)—・に(=ズットリッパニ)こそ見ゆれ」〔栄花・初花〕 ❷いっそう程度がはなはだしいさま。「明くる年は(世ノ中ガ)立ち直るべきかと思ふほどに……—・に(=ソレ以上ニ)あとかたなし(=サンザンノ態ダ)」〔方丈〕

まさ・し【正し】Ⓓ〘形シク〙❶現実だ。ほんとうだ。「—・しう(=現ニ)在位の時、さやうの(先例ニナイ)事(ヲスルノ)は、後代のそしりなるべし」〔平家・葵前〕「いかなる方便なりとも、—・しき(=現在ノ)主君を打つ杖の天罰に当たらぬことやあるべき」〔謡・安宅〕 ❷たしかだ。「—・しく(鬼ヲ)見たりといふ人もなく、虚言(そらごと)といふ人もなし」〔徒然・五〇段〕

まさな・し【正無し】Ⓒ〘形ク〙❶不つごうだ。よくない。正しくない。「(桐壺ノ更衣ヲネタム人々ガ、更衣ノ通ル)道にあやしきわざをしつつ御送り迎への人の衣(きぬ)の裾たへがたう(=タマラナイヨウニ)—・き事どもあり」〔源氏・桐壺〕 ❷基準をこえている。なみはずれている。「いとかう—・きまで(=源氏ノ絵ガナミハズレテイルホドデ)」〔源氏・絵合〕 ❸みっともない。ひきょうだ。「—・うも敵に後ろを見せさせたまふ者かな」〔平家・敦盛最期〕

まさに【正に】Ⓒ〘副〙❶確かに。全くのところ。「堂を建つべき所に、—生ひけむ世も知らず古き大きなる槻(つき)の木あり」〔今昔・巻一一ノ二二〕 ❷ちょうど(その時)。「相待つことすでに八日(やか)、久しくして—一尋(ひとひろ)の鰐(わに)有りて来たれり」〔紀・神代下・訓〕《「まさに」は「方」の訓》 ❸《下に反語を伴い》どうして。何だって。「わが丈たちならぶまで養ひたてまつりたる我子を、なに人か迎へきこえむ。—許さむや」〔竹取〕「さらぬ顔(=気ノツカナイフリ)にもてなしたれど、—(女三宮ニ)目とどめじや(=目ヲツケナイハズガアロウカ)と、大将は、いとほしくおぼさる」〔源氏・若菜上〕 ❹《「まさに…べし」の形で》当然。《漢文よみくだし系統の文章に見える用法》「—知るべし、もろもろの行(ぎやう)はみな常ならずといふ事を」〔今昔・巻一ノ一〕 ❺【将に】いまこれから。すぐこれから。「伊弉諾尊、また恥ぢたまふ。よりて—出で返りなむとす」〔紀・神代上・訓〕《「まさに」は「将」の訓》

まさやか【〈真〉清か・〈真〉明か】Ⓔ〘形動ナリ〙《古代

語。「ま」は接頭語》はっきり。「色深く背な(=夫)が衣は染めましを(=染メルノダッタノニ)み坂たばらば(=オ通リニナッタラ)—・に見む」〔万葉・巻二〇〕

ま・し Ⓐ《助動》《用言および用言型活用の助動詞の未然形に付く》〔推量〕

未然	連用	終止	連体	已然	命令
せ しか		し	し	しか	

❶現在の状態に反する事実を仮にあるものとし、その仮定のもとに推量する。現代語には、これに当たる助動詞はない。「思ふにし(=モノ思イノタメ)死にするものにあら—・せば(=死ヌモノダトスルナラバ)千度ぞ我は死に返ら—・し(=クリ返シ死ヌダロウニ)」〔万葉・巻四〕《実際は死なずにいる》 ❷仮想的に意思・決意・希望を表す。「(モシ)昼なら—・しかば(=ダッタラ)、のぞきて見たてまつりて—・し(=ノゾキ見イタシタカッタノデスガ)」〔源氏・帚木〕《事実は昼でなかったから、のぞき見できなかった》 ❸㋑仮想の気持ちを含んで、勧誘・うながしの意を表す。《「む」よりもていねいである》「もし(=コトニヨルト袋カラ)漏りや失(う)せむ。(モシオサシツカエナケレバ)別(こと)袋をぞ賜は—・し(=頂戴(ちやうだい)デキマセンデショウカ)」〔蜻蛉・下〕 ㋺適当・当然の意を柔らかに表す。「しやせ—・し(=スルノガヨイカ)、せでやあら—・し(=シナイホウガヨイカ)とおぼゆるほどのことは、おほむね(=ダイタイ)せぬがよきなり」〔一言芳談・上〕 ❹《中世以後に》反実でなく、たんなる仮想を表す。「む」とあまり変わらない。「行き暮れて木(こ)の下陰を宿とせば花や今夜(こよひ)の主(あるじ)なら—・し(=トイウワケダロウ)」〔平家・忠度最期〕《(1)未然形「ませ」は古代に用いられ、中古以後は「ましか」が原則。未然形「ましか」を認めない説もあるが、仮定の「ば」で受ける「ましか」は「ませ」と同じ用法なので、未然形と認める。(2)「む」が will(shall) なら、「まし」は would(should) に当たる。❶ If he wanted to do so, he would find the time. ❷ If I were a member, I would certainly go. ❸㋑ I would prefer fish to chicken. (できますなら、魚のほうを頂戴したいのですが) ㋺ We should obey the laws. ❹ They should be here by Monday. (来るはずだ)など。[参]む》

ま・じ Ⓐ《助動》《活用語の終止形(ラ変・ラ変型は連体形)に付く》「べし」の否定態。「べからず」とほとんど同じ意味になる。

未然	連用	終止	連体	已然	命令
じから	じく じかり	じ	じき じかる	じけれ	

❶〔否定推量〕いろいろな事情から判断して、ある事がらの存在しないことを推量する。…ないにちがいない。「(主人公ノ行動ヲ)あしともよしともあらむを、いなむ—・じき(=キット否定シナイダロウ)人は、このごろ京にものしたまはず(=オイデニナラナイ)」〔蜻蛉・中〕「同じ心ならむ人…ある—・じければ(=アルワケガナイカラ)、つゆたがはざらむ(=スコシモ相手ノ気ニソムクマイ)と向かひゐたらむは、ひとりある(ノト同ジ)ここちやせむ」〔徒然・一二段〕 ❷〔否定予想〕そうならないことを前もって考える。(とても)…そうにない。…まい。「暇(いとま)なるころなれば…参り来て(=ソチラへ出カケテ)見いだしたてむとするを(=出仕ノ世話ヲシテヤリタイガ)、寄せたまふ—・じかなれば(=ワタシヲオ寄セツケニナリソウモナイヨウダカラ)、いかがすべからむ」〔蜻蛉・下〕 ❸〔不能推量〕ある事がらの実現する可能性がないことを推量する。(とうてい)…できないだろう。…できまい。「ありもとぐ—・じう(=長生キデキソウモナイト)思ひにたる世のなかに、心なげなる(=思慮ノナイヨウナ)わざをや(=ドウシテ)しおかむ」〔蜻蛉・中〕「小家などに、このたびは、いと類広ければ(=同伴者ガ多イノデ)、え宿る—・じければ(=トウテイ泊マレナイラシイノデ)」〔更級〕 ❹㋑〔当然否定〕理屈からいってそうならないだろうと推量する。…はずがない。…わけがあるまい。「かりそめの(=一時的ナ)仮屋などいへど、風すく—・じく(=吹キコムハズガナイヨウニ幕ヲ)引きわたしたるに」〔更級〕 ㋺〔不適推量〕適当でないだろうと推量する。…てはよくあるまい。…は考えものだろう。「かく(夢ヲ)しるしおくやう(=理由)は…夢をも仏をも用ゐるべしや(ソレトモ)用ゐる—・じや(=信用シナイホウガヨイカ)と、さだめよ(=判断セヨ)となり」〔蜻蛉・中〕《↑「べし」と「まじ」の対応がよくわかる例》 ㋩〔婉曲禁止〕「いけない」という意を遠まわしに表す。…ては悪かろう。…てはいけまい。「いとうるさくはべれば、『すべて(=マッタク)ここには(=ワタシノ所ヘハ)のたまふ—・じき(=オッシャッテハイケナイ)事なり』とものしはべるを(=申シテオリマスノニ)」〔蜻蛉・下〕 ❺〔否定意思〕話主にその意思・決意がないことを表す。…ないつもりだ。「かかる忘れ形見(ノ歌集)を賜りおきさうらひぬる上は、ゆめゆめ(=ケッシテ)疎略を存ず—・じうさうらふ(=オロソカニイタシマセン)」〔平家・忠度都落〕《(1)「じ」と「まじ」の差は、だいたい「む」と「べし」の差に対応する。

肯定	否定
む	じ
べし	まじ

(2)奈良時代には「ましじ」であったが、平安時代から「まじ」となり、中世以後の口語で「まい」となった》[参]ましじ・べし。

まし・じ Ⓑ《助動》《推量の「まし」に否定推量の「じ」の付いた複合助動詞。活用語の終止形(ラ変・ラ変型は連体形)に付く》〔否定推量〕意味は「まじ」に同じだが、婉曲禁止の用例が多い。…ては悪かろう。…

未然	連用	終止	連体	已然	命令
		じ	じき		

てはいけまい。「磐媛(いはのひめ)が…寄る―・じき(=寄ッテホシクナイ)川のくまぐま(へ)寄ろほひ行くかも(=アチコチト流レ寄ッテ行クコトダ)末桑(うらぐは)の木(ノヨウニ)」〔紀・仁徳〕「堀江こえ遠き里まで(ワタシヲ)送りける君が心は忘らゆ―・じ(=忘レラレマセンデショウ)」〔万葉・巻二〇〕《古代にだけ用いられた。中古以後は「まじ」となる》㊂まじ。

まじは・る【交はる】(-ワル) Ⓓ 《自四》 ❶まざりあう。混在する。「(御堂ニハサマザマナ宝ガ)いろいろ―・り輝けり」〔栄花・音楽〕 ❷わけ入る。入りこむ。かくれる。「春は霞にたちこめられ、秋は霧に―・り」〔平家・勧進帳〕 ❸つきあう。なかまになる。「(自分ノミニクサヲ恥ジテ)さらに人に―・る事なし」〔徒然・一三四段〕 ❹肉体関係をもつ。「人妻に吾(あ)も―・らむ吾が妻に他(ひと)も言問へ(=クドクガヨロシイ)この山を領(うしは)く(=支配シテイル)神の昔よりいさめぬ(=禁止シナイ)わざぞ…」〔万葉・巻九〕

まじ・ふ【交ふ】(-ウ) Ⓓ 《他下二》混合する。「たのもしな光を塵に―・へつつ跡を垂るてふ国つもろ神」〔玉葉・神祇〕《「交差させる」の意を認める説もあるが、用例未見。すくなくとも古代から中世までの例では、交差の意には「かはす」「ちがふ」を用いた》

まし ま・す【在します・坐します】 Ⓑ 《自四》 ❶「在す」に尊敬の意を加えた語。おありになる。いらっしゃる。おいでになる。「今よりは荒ぶる(=荒ッポイ)心―・すな(=オアリニナラナイヨウ願イマス)花の都に社(やしろ)さだめて(=社ガデキタ以上ハ)」〔後拾遺・神祇〕 ❷〔補動〕《"You are kind." "She is comming here." などのbe動詞に当たる「あり」の尊敬語》…でおありだ。…でおいでになる。「その時の御摂禄(せつろく)(=摂政)は松殿(=基房公)にて―・しけるが(=イラッシャッタガ)、中の御門(みかど)東の洞院(とうゐん)の御所より御参内ありけり」〔平家・殿下乗合〕

まし ま・す Ⓑ 《助動》〔敬語〕《動詞・助動詞の連用形に付き》行為の当人を高め、尊敬の言いかたにする。お…になる。「(建礼門院ノ)御念仏の声、やうやう(=ダンダン)弱らせ―・しければ(=オ弱リニナッテユクト)、西に紫雲たなびき、異香(いきやう)室にみち、音楽空に聞こゆ」〔平家・女院死去〕

未然	連用	終止	連体	已然	命令
さ	し	す	す	せ	せ

まじら・ふ【交らふ】(-ラ〈ロ〉ウ) Ⓒ 《自四》 ❶混入する。混合する。「楠(くす)の木は、木立多かる所にもことに―・ひ立てらず」〔枕・四〇段〕 ❷ ㋑なかまになる。つきあう。「(姫君ハ)かうは―・はで、のどかなる住まひにうつろひなむ(=移ッテシマオウ)と思ひたりしものを」〔浜松・巻四上〕 ㋺他人のなかで勤めや社交活動などをする。「(アノ子ハ)学問などよくせさせて、もの思ひ知りなむにこそ、―・はせむと思ひつれ」〔寝覚・巻四〕

まじ・る【交る】 Ⓒ 《自四》 ❶混入する。混合している。「少しかたはなる事―・らず、御かたちありさまの見所多くすぐれたまへる」〔浜松・巻二下〕 ❷(野山などに)わけ入る。入りこむ。かくれる。「をかしげなる侍童(さぶらひわらは)の…花の中に―・りて、朝顔折りて参る」〔源氏・夕顔〕 ❸なかまになる。同類になる。つきあう。人中に出て公的な勤めなどをする。「(帝ニ)夜昼なれつかうまつりけるを、諒闇になりにければ(=帝ガオナクナリニナッタノデ)更に世にも―・らずして、比叡の山にのぼりて頭おろしてけり(=出家シタ)」〔古今・哀傷・詞〕

ま・す【在す・坐す・座す】 Ⓑ 《自四》 ❶「あり」「居り」の尊敬語。行為の当人を高めて待遇する。いらっしゃる。おありになる。いられる。「君―・さで(=アナタガイラッシャラナクナッテ)煙たえにし塩竈(しほがま)のうらさびしくも見えわたるかな」〔古今・哀傷〕 ❷「行く」「来」の尊敬語。いらっしゃる。おいでになる。「葎(むぐら)はふ(=オイシゲル)いやしき宅(やど)も大君の―・さむ(=オイデアソバス)と(モシ)知らば玉敷かましを(=リッパニ飾ルノデシタノニ)」〔万葉・巻一九〕「(狩リニ)君―・せ(=オイデクダサイ)と(イッテ)やりつる使ひ(ハ帰ッテ)来にけらし(ソノワケハ)野べの雉子(きぎす)は(スデニダレカガ先ニ行ッテ)取りやしつらむ」〔後拾遺・春上〕 ❸〔補動〕《動詞の連用形に付き》行為の当人を高めて、その人に対する尊敬の意を表す。お…なさる。…される。「(アナタハ)人の植うる田は植ゑ―・さず(=オ植エナサラズ)今さらに国別れして(=ワタシニ別レ遠イ国ヘオ行キニナリ)吾(あれ)いかにせむ」〔万葉・巻一五〕

ま・す【申す】 Ⓔ 《自・他四》《「まうす」の転》→まうす。「『姓は何とかいふ』と問ひはべりければ、『夏山(デス)』とは―・しける」〔大鏡・序(近衛本)〕

ま・す Ⓑ 《助動》《動詞の連用形に付く》 ㊀〔謙譲〕《「申す」から出たもので、中世以後の口語に用い》行為の当人を低めて、話題の人物または聞き手への敬意を表す。お…申しあげる。「この間ござったお主(しゅう)の所へ行(い)て、呼び―・して来い」〔狂・煎じ物(虎明本)〕《↑話題人物》「浅草のお寺様のござんして(=オイデニナリマシタノデ)、お吸ひ物をすゐまして(=出シマシテカラ)、まづ(ソノ事ヲアナタニ)聞かし―・せに(=オ聞カセイタシマスタメ)参りました」〔西鶴・二代男・巻六ノ四〕《↑聞き手》 ㊁〔丁寧〕《中世口語「まらする」か

未然	連用	終止	連体	已然	命令
せ	せ し	す	する	(不明)	

(㊀)

未然	連用	終止	連体	已然	命令
せ	し	する・す	する・す	すれ・せ	せい・せ

ら出たもので》
㊁ 聞き手に対しあらたまった気持ちを示す。現代語の「ます」と同じ意味。「ありがたうて涙がこぼれ—・する」〔狂・泣尼〕「これはお暇取り—・す」〔西鶴・織留・巻六ノ二〕「いろいろの願を諸神にかけ—・すれども、そのかひなし」〔西鶴・胸算用・巻一ノ四〕

ます かがみ【〈真〉澄鏡・〈十寸〉鏡】Ⓔ ㊊ますみのかがみ。きれいに澄んで物のよくうつる鏡。「—心もうつるものならばさりとも(=心ニ思ッテイルコトガ外ニハアラワレナクテモ)いまはあはれとや見む」〔千載・恋二〕

ま すほ【〈真〉赭】(ーオ) Ⓓ《「まそほ」の転》→まそほ。「—の薄(すすき)と言ふはいかなる薄ぞ」〔無名抄・一六〕

ますら を【〈益荒〉男・丈夫】(ーオ) Ⓓ ㊉「たわやめ・たをやめ」 ❶(精神的・肉体的に)強健な男。男いっぴき。「—と思へる我や水茎の(=枕詞)水城(みづき)の上に(立ッテ)涙拭はむ」〔万葉・巻六〕 ❷《女性に対して》男性。おとこ。「五月(さつき)待つ小田の—暇なみ(=田植エ時ナノデ忙シクテ)せき入るる水に蛙鳴くなり」〔金槐・夏〕

ませ【籬】Ⓓ 「まがき①」に同じ。「ませがき」とも。「南の方には唐撫子(からなでしこ)をさながら(=ビッシリト)植ゑさせたまひて、—結(ゆ)はせたまへり」〔栄花・玉台〕

ま そほ【〈真〉赭】(ーオ) Ⓓ ❶天然産の硫化水銀をふくむ鉱石。辰砂(しんしゃ)。「真金(まかね)ふく(=鉄ヲ精錬スル)丹生(にふ)の—の(ヨウニ)色に出でて(=表立ッテ)言はなくのみそ(=言明シナイダケヨ)吾(あ)が恋ふらくは(=アタシノ恋スル気持チハ)」〔万葉・巻一四〕 ❷朱色の塗料。「仏造る—足らずは水たまる池田の朝臣(あそ)が鼻の上を掘れ」〔万葉・巻一六〕 ❸赤い色。「登蓮法師は—の薄(すすき)の事を尋ねはべらむとて…渡辺に行きしとなり」〔ささめごと・下〕「ますほ」とも。

また Ⓐ ㊀《副》《英語のagainに当たる》❶【復】ふたたび。さらに。「(一時的ニヨソヘ)渡らせたまふとても(=オ移リニナル際モ)、ここ(=自宅)を—見むとすらむや(=モウイチド見ラレヨウカ)とて、泣かせたまふ」〔栄花・後悔〕 ❷【又】そのほかに。《英語のbesidesに当たる》「(アノ娘ハ)我よりほかに—知るべき(=世話ヲシテヤレル)人もなきここちして」〔浜松・巻三下〕 ❸【亦】おなじように。それも。《英語のalsoに当たる》「さてもやは(=ソンナフウデ)ながらへ住むべき(=イツマデモ生活デキルモノカ)。—時のまの(=スグ消エル)煙ともなりなむ」〔徒然・一〇段〕 ㊁【又】《接続》❶そのうえ。それに(プラスして)。それから。《英語のandに当たる》「—、治承四年卯月のころ、中の御門(みかど)京極のほど(=アタリ)より、大きなる旋風(つじかぜ)おこりて」〔方丈〕 ❷《英語のthenに当たる》㋑そこで。「(竜王ハ)この珠を取りたまひつ。—、本の国の王、珠を失ひたる咎(とが)を以ちて、(責任者デアル)我らが首を切られむとす」〔今昔・巻一一ノ一五〕㋺こんどは。「(スコシモ違ワナイ妻ガ二人イルノデ)後に入り来たりつる妻に走りかかりて切らむとすれば、その妻『こはいかに、我をばかくはするぞ』といひて泣けば、—前に入り来たりつる妻を切らむとて走りかかれば」〔今昔・巻二七ノ三九〕 ❸あるいは。そのほかでは。《英語のorに当たる》「都の人の東に行きて身を立て、—、本寺・本山を離れぬる顕密(=顕教ヤ密教)の僧、すべてわが俗(=自分本来ノ生活様式)にあらずして人に交はれる、みぐるし」〔徒然・一六五段〕 ❹ところで。しかし。《英語のbutに当たる》「名を聞くよりやがて(=スグサマ)おもかげは推しはからるるここちするを、見るときは、—、かねて(=前カラ)思ひつるままの顔したる人こそなけれ」〔徒然・七一段〕

まだき【未き】Ⓓ《副》《思ったより早いときに》早くも。もう。こんなに早くから。「冬をあさみ(=マダ冬ニハイッタバカリナノデ)—時雨(しぐれ)と思ひしを(時雨モシキリダシ)絶えざりけりな老いの涙も」〔新古今・冬〕

また・し【全し】Ⓓ《形ク》《「まったし」の促音無表記または脱落した形》→まったし。「女の一人住む所は、いたく(=ヒドク)あばれて(=手入レガ行キ届カズ)、築土(ついひぢ)なども—・からず」〔枕・一七八段〕

まだ・し【未し】Ⓒ《形シク》❶まだ時期が早い。「いきて尋ねよ。母には—・しきに言ふな」〔源氏・夢浮橋〕 ❷まだ整っていない。十分ではない。「供なる男ども…『ここ—・し、ここ—・し』と(車ニ卯ノ花ヲ)さしあへり」〔枕・九九段〕 ❸未熟だ。幼稚だ。「さやうの—・しき事にて(=青クサイ手デ)かけらるる(=ダマセル)ものにあらず」〔淇園・独寝・上・一六〕

また の【又の】Ⓓ《連体》次の。「—朝(=翌朝)」「—世(=次ニ生マレルハズノ世)」「—夜(=翌晩)」等。「その—年、みな人御服(=喪服ヲ)ぬぎて」〔古今・哀傷・詞〕「(供養ノ)はじめの日は先帝の御料(=御タメノモノ)、次の日は母后の御ため、(サラニ)—日は院の御料」〔源氏・賢木〕「この後家(=未亡人)…あとを忘れて(=夫ノ死後ノ世帯管理ヲソッチノケニシ)、—縁にもつきかねざる(=再婚モシカネナイ)風俗なりしに(=キリョウダッタガ)」〔西鶴・永代蔵・巻一ノ五〕

まち【町】Ⓓ ❶㋑区画した土地。「島つ田(=離レ島ニ作ッタ田)を十(と)—つくれる見て帰り来むや(=帰ッテ来ヨウ)」〔催・桜人〕㋺(屋敷のなかの)一区画。「(成範卿ハ)吉野山を恋ひ、—に桜を植ゑならべ、そのうちに屋を建てて住みたまひしかば」〔平家・吾身栄花〕㋩道路で区切られた地区(の単位)。「四—(=四ブロック)の殿(=建物)

を、腹一つ(=同腹ノ子)をば―一つに(マトメテ)住ませたてまつりだまふ」〔宇津保・藤原君〕㊁(区画された)市街。「―の小路なる、そこそこになむ、とまりたまひぬ」〔蜻蛉・上〕 ❷㋑いち。マーケット。「―が立てかし七つ入れこの鉢売らう」〔田植草紙・昼歌四番〕㋺店などの立ちならんでいる地域。繁華街。ダウンタウン。「並み松を見かけて―の暑さかな」〔臥高(炭俵)〕 ❸階級。品等。「上(かみ)の―も(=上流階級デモ)上臈(じやうらふ)とて御口つきどもは、異なること見えざめれども」〔源氏・宿木〕

まち い・づ【待ち出づ】(―ズ) Ⓓ〘他下二〙そうなるのを待っていてそのとおりになる。《訳するときは自動詞的な形に言いかえるとよい》「もし思ふやうならむ(=理想的ナ)世の中を―・でたらば(=期待ドオリ実現シタナラ)」〔源氏・若菜下〕「(栄転ヲ切望シテイルト)秋(ノ定期移動)になりて、―・でたるやうなれど(=待ッテイタトオリ任官ハシタケレド)、思ひしほど(ヨイ任国)にはあらず」〔更級〕

まち か・く【待ち〈掛〉く】Ⓓ〘他下二〙❶待ちかまえる。「『憎いやつかな』とて、棒を取り直し(相手ヲ)―・けたり」〔義経・巻三ノ四〕 ❷期待する。「(維盛ハ)ただ今(=モウスグ)大臣(おとど)の大将(ニナルノヲ)―・けたまへる(=目ノ前ニナサッタ)人とこそ見たてまつりしに」〔平家・維盛熊野参詣〕

まち つ・く【待ち〈付〉く】Ⓓ〘他下二〙待っていた人や時などにめぐり会う。待ちうける。用例↓「つ(付)く⑫㋺」。

まち と・る【待ち取る】Ⓓ〘他四〙❶待っていて取る。待ちかまえてつかまえる。「赤き猪(ゐ)この山にあり。かれ(=ダカラ)われ、ともに追ひおろしなば、汝(なれ)―・れ」〔記・上〕《「まちとれ」の原文は「待取」》 ❷待ち迎える。待ちもうける。「(コノ人ハ)物よく言ひ通れるを(=論旨明晰(めいせき)ナ人ナノヲ)、中将―・りて、この品々を弁(わき)まへ定めあらそふ」〔源氏・帚木〕

まち よばひ【待ち叫ひ】(―イ) Ⓔ〘十自サ変〙(遠くの声に対して)大声で答えること。「(谷ニ落チタ守ノ)よばふ声、ほのかに聞こゆ。『守(かみ)の殿はおはしましけり(=生キテオイデダ)』などいひて、―・するに」〔今昔・巻二八ノ三八〕《原本は「待叫ヒ為ルニ」と表記。「まちよびするに」であるかもしれない。「まちよぶ」「まちよばふ」という動詞の用例は共に未見》

まつ【松】Ⓓ ❶植物のまつ。「大蛇(をろち)…―栢(かや)背(そびら)に生ひ」〔紀・神代上・訓〕《「まつ」は「松」の訓》 ❷[略]たいまつ。松のやにの多い所やその他燃えやすい材料をたばねたもの。道を照らすのに用いた。「―どもともして、夜なか過ぐるまで人の門(かど)たたき、走りありきて」〔徒然・一九段〕 ❸かどまつ。「餅つきて―立つる門に春の至らんといふ事なし」〔西鶴・胸算用・巻三ノ四〕 ❹[略]松の位。「抱への―あり、客も待つ先づ新町の初子(はつね)の日」〔近松・寿門松・上〕「今を春べと盛りなる―・梅(=第二級遊女「天神」ノ異称)の全盛は、新町に色香を表し」〔風来・志道軒伝・巻三〕

―のくらゐ 松の位(―イ) Ⓔ〘連語〙《秦(しん)の始皇帝が松に大夫の位をさずけたという故事から》遊女の最高位(太夫)の異称。「―の太夫職、傾城(けいせい)のことぢゃわい」〔伎・韓人漢文・三〕

まづ【先づ】(―ズ) Ⓒ〘副〙❶㋑まっさきに。他の物事よりも前に。「人に酒すすむるとて、おのれ―たべて(=飲ンデカラ)、人にしひたてまつらむとするは、剣にて人を斬らむとするに似たることなり」〔徒然・一二五段〕㋺とりあえず。とにかく。何はともあれ。「―硯(すずり)乞ひて、かく書きて入れたり」〔蜻蛉・上〕「―参りて見たてまつらむと。…足もそらにて参りたれば、裸なる人ぞふたりゐたる」〔紫日記〕 ❷《否定文の中で》どうも。いっこう。さっぱり。「―心も得ぬ(=ワケノワカラナイ)事なれば『…』と問へば」〔今昔・巻二八ノ七〕

まっ せ【末世】Ⓒ〔仏〕末法時の世。「仏、―の衆生(しゆじやう)の父母(ぶも)の養育の恩を報いざらむことを戒めたまはむがために、父の御棺を荷はむとしたまふ」〔今昔・巻二ノ一〕《釈尊のなくなった後、その教えを理解し実行して仏になる者のいた正法時、仏になる者はいなくなったが仏教の正しい理解と実行は存在した像法時、教えの理解のみ存在して実行のない末法時、仏教が完全に消滅する法滅時と区分する。各期の長さについては諸説があり、一定しないが、平安後期には、正法時一〇〇〇年、像法時一〇〇〇年とし、永承七年(一〇五二)から末世にはいるという説が流布していた》

まった・し【全し】Ⓓ〘形ク〙《「またし」とも》❶完全だ。不足な点がない。「堂舎塔廟(たふべう)一つとして―・からず」〔方丈(学習院大学本)〕 ❷安全だ。だいじょうぶだ。「我がいましめを守らば、九死を出でて―・からむか」〔秋成・雨月・吉備津〕

まつり【祭り】Ⓒ ❶祭礼。「女房ども。今もどった。―の料理出来てあるか」〔浄・浪花鑑・六〕 ❷《とくに》京都の賀茂神社の祭り。[参]かものまつり。「四月、―のころ、いとをかし」〔枕・五段〕

まつり ご・つ【政ごつ】Ⓓ〘他四〙❶政務をとる。政治を行う。「(時平ガ)北野(=菅原道真)と世を―・たせたまふあひだ」〔大鏡・時平〕 ❷管理する。指揮し運営する。「中ごろになりて、いかなる僧にかありけむ、別当(=寺務総長)になりて、この寺を―・つほどに」〔今昔・巻一一ノ二九〕

まつ・る【奉る】Ⓓ〘他四〙❶さしあげる。「ちはやぶる(=枕詞)神の(イラッシャル)御坂に幣(ぬさ)―・りいはふ

(＝無事ヲ祈ル)命は母父(おもちち)がため」〔万葉・巻二〇〕 ❷〔補動〕《動詞連用形に付き》謙譲の意をあらわす。…もうしあげる。「(天皇ハ)すなはち軍を引きて還(かへ)りたまふ。虜(たあ)もまた敢へてせめ―・らず」〔紀・神武・訓〕《「せめまつら」は「逼」の訓》

まつろ・ふ【服ふ・順ふ】(-ウ) Ⓓ ㊀《自四》《古代語。「まつる(奉る)」の未然形に古代助動詞「ふ」が付き、「ら」が「ろ」となった形。(参)ふ。奉る意から》❶つき従う。服従する。奉仕する。「―・はぬ国を治め(＝治メヨ)と皇子(みこ)ながら任(ま)けたまへば(＝任命ナサッタノデ)…」〔万葉・巻二〕 ❷降伏する。「自(みづか)ら―・はば、な殺しそ」〔紀・神功・訓(北野本)〕《「まつろはば」は「服」の訓》 ㊁《他下二》❶従わせる。「神を言(こと)向け(＝コトバノ力デ従ワセ)―・へぬ(＝言ウ事ヲキカナイ)人をも和(はや)し(＝ナツケテ)…」〔万葉・巻二〇〕 ❷ひき連れる。「翁、人々のあわてまどふを―・へて、人里にくだる」〔秋成・雨月・蛇性〕

まで Ⓐ ㊀《格助》《体言・体言あつかいの語に付く》❶行き着く場所を示す。「牛車にて北の陣―入らせたまへば」〔大鏡・兼家〕 ❷終わりとなる時間を示す。「いつ―か野べに心のあくがれむ(＝ヒキツケラレテイルダロウカ)花し散らずは千代も経ぬべし」〔古今・春下〕「二歳より信濃国木曾といふ山里に三十―住みなれたりしかば」〔平家・猫間〕 ❸至り及ぶ限界を示す。「太政大臣―なりたまへり」〔大鏡・藤氏物語〕 ㊁《副助》《体言・活用語の連体形・副詞および他の助詞などに付く》❶㋑程度のいちじるしさを表す。「身にあまる―の(＝ホド深イ)御志のよろづにかたじけなさに」〔源氏・桐壺〕「この世のほかの匂ひにやと(思ワレ)あやしき―(＝フシギナホドスバラシク)かをり満ちけり」〔源氏・橋姫〕㋺程度の下限を示す。…でしかない。「いたづらにむなしく日月を送る―なり(＝送ルニスギナイ)」〔中華若木詩抄・下(鑑湖)〕 ❷限定を表す。…だけ。「天地の間に二人ともあるまいぞ。淵明一人―なり」〔中華若木詩抄・下(淵明采菊)〕 ㊂《終助》《中・近世の口語で、文末に付く》…(だ)わい。…(だ)なあ。…(ない)ぞ。「すれば、そなたは佐渡の国のお百姓ぢゃ―(＝デスナア)」〔狂・佐渡狐〕「『こなたの事はござりませぬ』『さては、それがしの事ではないぢゃ―(＝ナインダナ)』『なかなか(＝ソノトオリ)』」〔狂・富士松(鷺流)〕「『お吸ひ物かへませ(＝オカワリイカガ)』『ここは亭主があひ(＝杯ヲサストコロ)ぢゃ―』」〔浮・御前義経・巻七ノ三〕

までに Ⓑ《複助》《副助詞「まで」＋格助詞「に」》「まで」の意を強調する。「さし出でたまへる御ありさまの、かばかり(＝コンナニ)ゆゆしき―(＝気味ガ悪イホドリッパデ)おはします」〔源氏・柏木〕「(何事モ)隠れなき世なりければ、(事実ヲ)聞きあはせなどして、うとましき―(＝イヤニナルホド)隠しけるなどや思はむ」〔源氏・手習〕

までも Ⓑ《複助》❶《副助詞「まで」＋間投助詞「も」》「まで」の意を強調する。「(夜ノ)明くる―試みむとしつれど」〔蜻蛉・上〕「この御代には、さるべき上達部・諸道の家々・顕密の僧―すぐれたる人多かりき」〔神皇正統記・上〕 ❷㋑《副助詞「まで」＋係助詞「も」》「どうせ…(だ)としても(せめて)」の意を表す。「来ぬ―(＝来テクレナイトハワカッテイルガ)花ゆゑ人の待たれつる春も暮れぬるみ山べの里」〔新古今・春下〕㋺《否定表現で受け》「…(なくて)もよい」の意を表す。「天皇立たせたまひぬ。親王の宣旨―なし。まづ皇太子とし、すなはち受禅あり」〔神皇正統記・下〕

まどころ【政所】 Ⓓ →まんどころ。「例のごと(＝オ盆ノ供エ物ヲ)調じたてて(＝トトノエテ)―の送り文添へてあり」〔蜻蛉・下〕

まど・し【貧し】 Ⓓ《形シク》「まづし」に同じ。貧乏である。「身―・しくして子多くもちたる人」〔太平・巻三八ノ八〕《中世以前の「づ」はduと発音されたので、doと交替する例が多かった》

まどは・す【惑はす】(-ワス) Ⓑ《他四》❶(道を)迷わせる。まごつかせる。「さきのたびの霧に―・されはべりし曙(あけぼの)に、いとめづらしきものの音(ね)ひとこゑうけたまはりし」〔源氏・橋姫〕 ❷(精神的に)ぐらつかせる。混乱させる。困惑させる。「心―・さむと、かまへありきたまふなりけり(＝イロイロ工夫ナサルノダッタ)」〔源氏・蛍〕「さばかりの(危険ナ)事にあひて、肝心(きもこころ)を―・さずして」〔今昔・巻二八ノ三八〕 ❸行くえ不明にする。見失う。「旅の空なる雁(かりがね)も…友―・してばいかにはべらまし」〔源氏・須磨〕 ❹《上または下に他の動詞を伴って》㋑夢中で…する。むりやりに…する。「暑きに―・しいでて(＝無我夢中デ外ニ出テ)」〔枕・三五段〕㋺わからなくなるほど…する。「さと吹く風に、灯籠も吹き―・して(＝ドコニアルノカ見エナクナルヨウ吹キ消シ)、空暗きここちするに」〔源氏・幻〕《「悖マトハス」〔名義抄〕により、古くは「まとはす」「まどはす」の清濁両用と考えられる》

まど・ふ【惑ふ】(-ウ) Ⓑ《自四》❶(道がわからず)迷う。まごつく。「冬ごもり雪に―・ひし(＝冬ノ間ハ雪ノタメ道モワカラナカッタ)をり過ぎて今日ぞ垣根の梅を尋ぬる」〔蜻蛉・下〕 ❷正しい判断ができなくなる。分別を失う。「心の闇(やみ)に(＝子ドモカワイサノタメ)―・ふといひながら」〔寝覚・巻四〕 ❸うろたえる。あわてる。「(足ガ三ツアル釜(かま)ヲ頭ニカブッタトコロ)抜かむとするに、大方抜かれず…いかがはせむと―・ひけり」〔徒然・五三段〕 ❹〔補動〕《動詞の連用形に付き》ひどく…する。「(安産ダッタノデ、邪魔ショウトスル)御ものの怪(け)」

どもの、ねたがり—・ふ(=シキリニ悔シガル)」〔源氏・葵〕〘「失意古々路万都比」〔倭名抄〕〘「都」は清音専用の字〙「惑マドフ」〔名義抄〕等により、古くは「まとふ」「まどふ」の清濁両用と考えられる〙

まとゐ【円居】(—イ) Ⓔ 〘+自サ変〙 ❶円形にすわること。車座。「—・する身に散りかかるもみぢ葉は風のかづくる錦なりけり」〔伊勢集〕 ❷一つの所に顔を合わせること。「とほぢの里(=遠イ場所)に—・してうれへ忘るることなれや…」〔新拾遺・雑下〕

まな【真名】Ⓓ 対「かな」 漢字のこと。「白き扇の墨ぐろに、—の手習ひしたる」〔堤・虫めづる〕〘「あはれなる古言(ふること)ども、唐(から)のも日本(やまと)のも、書きけがしつつ、草(さう)にも—にも、さまざまめづらしきさまに書きまぜたまへり」〔源氏・葵〕によって「楷書」の意を認める説もあるが、他に用例がなく、しかも上の例は「草仮名(さうがな)にも漢字にも」の意と解し得るようなので、疑問としておく。草仮名は、漢字に近い形で、字と字が連続していない仮名〙

まな【〈真〉魚】Ⓔ 〘「ま」は接頭語〙さかな。〘「な」はfishの意。酒を飲む副食の意で「酒魚(さかな)」といったのが、転じてfishの意となった〙「漁父(=漁師)が—をたづさへ来たるを喜び」〔秋成・雨月・夢応〕

まなかひ【目〈交〉ひ・眼間】(—イ) Ⓓ 〘目と目の間の意から〙目の前。まのあたり。「……—にもとな(=ムヤミニ)懸かりて(=チラツイテ)安寝(やす)しなさぬ(=グッスリ眠ラサナイ)」〔万葉・巻五〕

まな・ぶ【学ぶ】Ⓑ ━ 〘他四〙 ❶まねをする。「悪人のまねとて人を殺さば、悪人なり。…(一方)舜(しゅん)(=中国ノ聖天子)を—・ぶは舜の徒(とも)がら(=ナカマ)なり」〔徒然・八五段〕 ❷勉強する。「道を—・ぶとならば『善に誇らず、徒(とも)がらに争ふべからず』といふ事を知るべきゆゑなり」〔徒然・一三〇段〕 ━ 〘他上二〙勉強する。「千たびまで詣(うま)でて祈るしるしあらば—・ぶる道に冥加あらせたまへ」〔万代・釈教〕

まにまに【随に・随意に】Ⓒ 〘副〙事態とか状況に従って。…につれて。〘いくらか固い言いかたで、中古の女流散文ではふつう「ままに」を使う〙「花の香に衣は深くなりにけり(=ニオイガ濃クシミタコトダ)木の下かげの風の—」〔新古今・春下〕

まぬ・る【ま罵る】Ⓔ 〘他四〙〘「ま」は強調の接頭語〙ひどくどなる。どなりつける。「熊来(ニアル)酒屋に—・らる奴(やっこ)わし(=ドナリツケラレテイル下男ヨ)…」〔万葉・巻一六〕

まね・し【多し】Ⓔ 〘形ク〙〘古代語〙度数が多い。たびたびだ。「夢(いめ)のごと思ほゆるかもはしきやし(=愛スベキ)君が使ひの—・く(=シキリニ)通へば」〔万葉・巻四〕〘単に「多い」の意を認める説もあるが、その用例はみな「たびたび」の意で解ける〙

まね・ぶ【学ぶ】Ⓑ 〘他四〙 ❶㋑似せる。まねる。「天(あま)の橋立を—・びて、池の中島をはるかにさし出だして、小松を長く植ゑなどしたりけり」〔十訓・第七ノ三〇〕㋺まねしていう。口まねする。「鳥は…鸚鵡(あうむ)いとあはれなり。人のいふらむことを—・ぶらむよ」〔枕・四一段〕 ❷見たり聞いたりした事を、そのままくりかえして人に伝えたりしるしたりする。「女の—・ぶべき事にしあらねばこの片端だにかたはらいたし」〔源氏・賢木〕 ❸学ぶ。習得する。「はかばかしき(=チャントシタ)事は、片端も—・び知りはべらねば」〔徒然・一三五段〕

まのもなく【眼の面なく】Ⓔ 〘連語〙遠慮もなく。何のとんちゃくもなく。「まさなき(=ミットモナイ)言(こと)も、あやしき(=ゲスッポイ)言も、おとなる(=年カサノ人)は—(=ズケズケ)言ひたるを、若き人は、いみじうかたはらいたき(=キマリノ悪イ)ことに聞き入りたる」〔枕・一九五段〕

まばゆ・し【目映し・眩し】Ⓒ 〘形ク〙 ❶(光が強くて)目がくらむほどだ。まぶしい。「朝涼みのほどに出でたまひにければ、(目的地ニツイタコロハ)あやにくにさし来る日かげ(=太陽ノ光)も—・くて」〔源氏・椎本〕 ❷まぶしいほど美しい。まぶしいほどりっぱだ。「わが方のしつらひ(=設備ヲ)—・くして(=スゴク飾リタテ)、君の出で入りしたまふに」〔源氏・帚木〕 ❸(色彩・性質その他が)ぱっと目につく。はでだ。はれがましい。「(喪ハアケタガ、着物ハ)—・き色にはあらで」〔源氏・紅葉賀〕「(イナカ住マイノアトデ)にはかに—・き(=ハレガマシイ)人中いとはしたなく(=キマリワルク)」〔源氏・松風〕 ❹てれくさくて目が合わせられない。きまりが悪い。はずかしい。「女、身の有様を思ふに(コウシタ恋ハ)いとつきなく(=不似合イデ)—・きここちして」〔源氏・帚木〕〘「いやな感じがする」の意を認め「今めかしくかい弾きたる爪音、かどなきにはあらねど、—・きここちしはべりし」〔源氏・帚木〕を引く説があるけれど、これは❹の用法と解すべきである。ほかに「いやな感じがする」意を明らかに示す用例はない〙

まへ【前】(—エ) Ⓑ ❶〘空間的に〙(基準となるものが向いている)㋑方向。「死は—よりしも来たらず、かねて(=アラカジメ)うしろにせまれり」〔徒然・一五五段〕㋺場所。「綾綺(りょうき)殿の—に梅の木あり」〔古今・秋下・詞〕 ❷基準となるものより、起点に近いこと。てまえ。「伊予国の—なる泊まりにて(=港デ)、日(=天候ガ)いみじう荒れ、海の面(おもて)あしくて(=波ガヒドクテ)」〔大鏡・実頼〕 ❸〘時間的に〙基準となる時よりも過去であること。「初瀬にて、—のたび(=コノ前ノ時)『稲荷(いなり)より賜ふしるしの杉よ』とて投げ出でられしを」〔更級〕 ❹㋑

ま

順序がさきであること。「―の句を商の声(=入声)にて言ひたてば、後の句を角の声(=平声)にて言ひなどする」〔申楽談儀・一六〕㊁《連歌・俳諧で》ある句に先だつ句。前句。「この―いでて、座中(=ソノ席ニイタ人タチガ)みな付けあぐみたり」〔去来抄・先師評〕 ❺㋑神のまえ。「〈神ニ捧ゲル〉斎瓮(いはひべ)(=酒ガメ)を―にすゑ置き…天地の神に乞ひ祈(の)め…」〔万葉・巻三〕㋺《転じて》神が自分の身をさしていう語。「その神の言(の)りたまひしく(=オッシャッタコトニハ)『よく我が―を治めば(=祭ッテクレルナラ)、吾(あれ)よく(アナタト)ともに(国ヲ)相作りなさむ』〔記・上〕《原文「能治我前者」と表記》 ❻㋑高貴な人をうやまっていう語。「御―(=中宮サマ)よりも、また、とりわき(=トクニ)さるべき(=時宜ニフサワシイ)物ども出ださせたまふ」〔大鏡・頼忠〕㋺貴人のまえに出ること。「御―許されたるは、(中宮サマガ)さおぼしめすやうこそあらめ(=ソレダケオ気ニ入ラレタ理由ガアルノデショウ)」〔枕・一八四段〕 ❼婦人の名にそえ、尊敬の気持ちを表す語。「その名をば葵(あふひ)の―といひければ、内々、葵女御などぞささやきける」〔平家・葵前〕 ❽食膳(ぜん)。「宮のうへも(=匂宮ノ奥方モ)誦経したまひ、(法事ノ)七僧の―の事せさせたまひけり(=饗応ノ膳ノコトモナサッタ)」〔源氏・蜻蛉〕 ❾《他の者への》ていさい。「山の神(=女房)の―もあるによって」〔狂・墨塗〕

まへつぎみ【前つ公】(マエ―) Ⓓ (天皇の御前に近くお仕えする)役人。侍臣。「朝霜の(=枕詞)御木(けみ)のさ小橋(をばし)―い渡らすも(=オ渡リニナルヨ)…」〔紀・景行〕《中古には「まうちぎみ」となり、高官(とくに大臣級の)を意味し、多くは「公卿」と当てる》

まへわたり【前渡り】(マエ―) Ⓔ 前を通ってゆくこと。前をすどおりすること。「内(=天皇)の御心の大方の御おきては、あはれに(=情ガ深ク)おはしませど、ことのほかなる御―(=コノ女御ノ前ヲスドオリシテ中宮ノモトニ行カレル)などのあさましく」〔栄花・布引滝〕

まほ【真帆】 Ⓔ 対「かたほ(片帆)」 帆を正面にはっていっぱいに広げ、風をま後ろから全面に受けること。「いそがしや沖のしぐれの―かたほ」〔去来(猿蓑)〕

まほ【真ほ】 Ⓓ 《形動ナリ》対「かたほ」《和歌では「真帆」と掛け詞にして用いることが多い》 ❶(物事が)きちんとととのっているさま。まとも。「草(さう)の手に仮名(かんな)の所所に書きまぜて―のくはしき日記にはあらず」〔源氏・絵合〕 ❷(容姿が)端正なさま。「かたち(=キリョウ)の―ならずもおはしましけるかな」〔源氏・少女〕 ❸へだてないさま。「紀の国のなだかの浦にゆく舟の(真帆ノヨウニ)―・にも人を会ひみてしかな(=会イタイナア)」〔夫木・巻二五〕

まほ・し Ⓑ《助動》《「まくほし」の転。動詞および動詞型活用の助動詞の未然形に付く》《希望》 ❶話主の願いを表す。

未然	連用	終止	連体	已然	命令
しから	しく しかり	し	しき しかる	しけれ	

…たい。…てほしい。「篳篥(ひちりき)は、いとかしがましく(=ヤカマシクテ)…け近く(=ソバデハ)聞か―・しからず」〔枕・二一八段〕「巖(いは)のなかにこそ住ま―・しけれ」〔和泉日記〕 ❷話主でない人物の希望を表す。…たがる。《この用法はまれ》「秋の夕べは、(常ヨリモ)まして(源氏ハ)心のいとまなく(=休マル時モナク)おぼし乱るる人(=藤壺女御)の御あたりに心をかけて、(マダ結婚ニハ)あながちなる(=無理ナ年齢ノ)ゆかり(=親類ノ少女)もたづね―・しき心も、まさりたまふなるべし」〔源氏・若紫〕《「あらまほし」という語がある。これは「理想的だ」という意の形容詞と認めるべきで、「あら・まほし」という連語ではない》

まぼ・る【守る】 Ⓓ 《他四》 ❶見つめる。注目する。「心もそらになりたまひて、なほ―・りたまへば」〔源氏・浮舟〕「見る人、『奇異なり(=ヘンダ)』と思ひてしばらく―・りしほどに失せにき」〔今昔・巻二ノ二三〕 ❷【護る】保護する。「社を作りていはひたまへ(=祭ッテクダサイ)、さらばいかにも―・りたてまつらむ」〔宇治・巻二ノ二二〕

まぼろし【幻】 Ⓓ ❶存在しないのに存在するがごとく見える姿。「寿永・元暦などのころ、世のさわぎ(=動乱)は、夢とも―とも…言ふべき際にもなかりしかば」〔建礼〕 ❷【幻士】幻術を使う人。「大空をかよふ(=飛ンデユク)―(=ドウカ)夢にだに(=夢ニデモ)見えこぬ魂(たま)のゆくへ尋ねよ」〔源氏・幻〕

まほろば【〈真〉秀ろば】 Ⓔ よい所。《「ま」はほめる意味の接頭語、「ほ(秀)」はとくにぬけ出ていることから、すぐれている意、「ろ」「ば」は接尾語》「大和(やまと)は国の―たたなづく(=山ガ重ナリアッテイル)青垣(ノヨウナ山)山ごもれる大和しうるはし」〔記・中〕

まま【乳母】 Ⓓ うば。「御前に参りて(中宮ニ)―の啓すれば(=申シアゲタノデ)、また笑ひさわぐ」〔枕・三一四段〕《乳母(めのと)の通称として使うこともある。→》「御乳母の―など…ゐたれば」〔枕・三一四段〕

まま【間間】 Ⓔ ㊀「間」の複数。あいまあいま。「(横笛ノ)中の孔(あな)盤渉調、中と六のあはひ(=中間)に神仙調あり。かやうに―にみな一律を盗めるに(=一音ヲトバシテイルノニ)、五の孔のみ上のあひだに調子を持たずして(=音ガナク)、しかも間(ま)をくばること(=孔ト孔トノ距離ガ)ひとしきゆゑに、その声不快なり」〔徒然・二一九段〕 ㊁《副》時々。何とかすると。「その体をまなぶ者の―あるも、よく言ふ者は、はなはだ稀(まれ)なり」〔也有・鶉衣・六林文集序〕

ままに【儘に】Ⓐ《連語》❶(心が)自由に。制約されず。「(秋草ガ)心の―(=カッテニ)茂れる秋の野らは、置きあまる(=イチメンノ)露にうづもれて」〔徒然・四四段〕「(アヤシゲナ事デモ、年月ガタチ、人ガ)言ひたき―(=スキナヨウニ)語りなして、筆にも書きとどめぬれば、やがて定まりぬ(=ソレキリ定着シテシマウ)」〔徒然・七三段〕❷…の順に。…にしたがって。「そのつぎつぎ(=アトノ妹ガタモ)、なほ(=ヤハリ)みな、ついでの―こそは(=年齢ノ順ニオ嫁(つと)ギナサルノダロウ)と、世の人も思ひきこえ」〔源氏・匂宮〕❸…につけて。…につれて。「(更衣ノ没後)ほどふる―(=時ガタツニツレテ帝ハ)せむかたなう(=ドウショウモナク)悲しうおぼさるるに…ただ涙にひぢて明かし暮らさせたまへば」〔源氏・桐壺〕❹その状態と同じに。…どおりに。「(上ニ述ベタ事ハ)人の語りし―書きつけはべるなり」〔徒然・一一五段〕❺…であるから。…なので。「(入手デキナイノガ)いみじく心もとなく(=ジレッタク)、ゆかしくおぼゆる―(=早ク読ミタイト思ワレルノデ)『この源氏の物語、一の巻よりして、みな見せたまへ』と心のうちに祈る」〔更級〕❻…するやいなや。…するとすぐに。「旗(ヲ)一流れたまはって、さす―(=ソレヲサスヤイナヤ)、その勢(せい)わづかに十六騎、みな白装束にて馳せむかふ(=カケツケル)」〔平家・志度合戦〕

まみ【目見・眼】Ⓓ ❶目つき。「(ソノ老人ハ)―さかしげにて、きはめて気高し」〔今昔・巻二一ノ二九〕❷目もと。「うち腫れたる(=泣キハラシタ)―も人に見えむが(=会ウノガ)恥づかしきに」〔源氏・少女〕❸目。「(妻ノ顔ハ)いと、いたう黒く垢づきて、―は落ち入りたるやうに」〔秋成・雨月・浅茅〕

まみ・ゆ【見ゆ】Ⓓ《自下二》❶あう。対面する。顔をあわせる。《従来は「お目にかかる」と訳したが、そこまで敬意は強くない。「会ふ」よりもすこしあらたまった感じがあるぐらいだと思われる》「しばしの御いとまを賜りて(オ母様ニ)いま一度―・えおはしませ」〔謡・熊野〕❷結婚する意を遠まわしに表す。「賢臣二君に仕へず、貞女両夫に―・えず」〔保元・下・二〕

まめ【実】Ⓑ《形動ナリ》❶まじめだ。「(近ゴロノ歌ハ)色ごのみの家に、埋もれ木の(ヨウニ)人知れぬこととなりて、―・なる所には花すすき(=枕詞)ほにいだす(=公然ト持チダス)べき事にもあらずなりにたり」〔古今・序〕❷誠実だ。実(じつ)がある。「(源氏ハ葵上ノ死ヲ)あはれに心深う思ひ嘆きて、行ひを―・にしたまひつつ、明かし暮らしたまふ」〔源氏・葵〕❸骨おしみしないで、よくはたらくさま。まじめによくつとめるさま。「つっと―・な者ぢゃとおしゃったによって、大分の鳥目(=銭)の代はりに取った」〔狂・縄綯〕「たまたま心―・なる(=ヤロウトイウ気ニナッタ)時は、谷の清水を汲みて自ら炊(かし)ぐ」〔芭蕉・幻住庵記〕❹【健】すこやかだ。じょうぶだ。たっしゃだ。「『おはつ様は御―か』といへば、親父(おやぢ)よろこびて『ひとりの姪(めひ)なれば、とやかく気づかひせしに、重荷おろした』と機嫌よく」〔西鶴・五人女・巻四ノ三〕

まめごと【実事】Ⓓ (対)「あだごと・たはぶれごと」 本筋の事。実用生活に即した事。《たとえば、経済・法律・医学などが「まめごと」だとすれば、文芸・美術・音楽などが「あだごと」にあたる》「年ごろ―にもあだごとにも(源氏ガ自分ヲ)召しまつはし(=シジュウ側ニ呼ビ寄セタ)」〔源氏・若菜下〕

まめだ・つ【実立つ】Ⓓ《自四》まじめくさる。実直にふるまう。「大殿(おほいどの)の(御一行)はしるければ(=スグソレトワカルノデ、源氏モ)、―・ちて(ソノ前ヲ)渡りたまふ」〔源氏・葵〕

まめびと【実人】Ⓔ (対)「あだびと」 まじめな人。品行方正な人。「かかる筋は(=恋愛方面ノ事ハ)―の乱るる(=フラフラトナル)ををりもあるを、(源氏ハ)いとめやすく(=無難ニ)しづめたまひて(=自重ナサッテ)」〔源氏・夕顔〕

まめまめ・し【実実し】Ⓓ《形シク》❶まじめである。本気である。「かたじけなくとも(=失礼カモシレマセンガ)かかるついでに、―・しう聞こえさすべき(=オ話シタイ)事なむ」〔源氏・若紫〕❷日常むきだ。実用的だ。「何をか奉らむ。―・しきものはまさなかりなむ」〔更級〕

まめやか【実やか】Ⓒ《形動ナリ》❶まじめだ。「世の中の御物語など―・なるをも、また、例の乱りがはしき事(=イツモノクダケタ話)をも聞こえたまひつつ慰め聞こえたまふ」〔源氏・葵〕❷誠実だ。まごころがある。「―・なるかへりごと」〔蜻蛉・上〕❸㋑一時的でないこと。本格的。「雪いたう降りて、―・に積もりにけり」〔源氏・幻〕㋺いいかげんでないこと。本気。むき。「恐ろしき物語どもをして、おどされしかば、―・に(=本気デ)みな汗になりつつ」〔建礼〕❹ほんものだ。「―の(=レッキトシタ)御剣なり。朝家(=皇室)の御守りたるべし」〔盛衰・巻一六ノ七〕

まもら・ふ【守らふ】(―ラ〈ロ〉ウ) Ⓓ《他四・下二》《「まもる」の未然形に助動詞「ふ」が付いた形。中古以後は「まもらふ」で一語と意識された。(参)ふ》「たたなめて(=枕詞)伊那佐の山の木の間もよい行き―・ひ《四段》戦へば…」〔記・中〕「心もとなきもの、人のもとにとみの物(=急ギノ仕立テ物ヲ)縫ひにやりて、今々と(=今カ今カト)…あなたを―・へ《下二》たるここち」〔枕・一六〇段〕

まも・る【守る】Ⓑ《他四》《「目(ま)守(も)る」の意》❶目をはなさず見る。じっと見つめる。「人のかたち(=容貌(ようばう))はをかしうこそあれ(=オモシロイモノダ)。にくげなる調度(=ミットモナイ目鼻ダチ)の中にも、一つよきところ(=ドコカヒトツダケ美シイトコロ)の―・らるるよ」

〔枕・二七一段〕 ❷(様子・なりゆきを)見定める。「淡海(あふみ)の海波かしこみ(=波ガアブナイカラ)と風—・り年はや経なむ(=年ガドシドシタッテシマウノダロウカ)漕ぐとはなしに(=船ヲコギ出シモシナイデ)」〔万葉・巻七〕 ❸警戒する。気をつける。「御鋏(みはさみ)などやうのものは(=髪ヲ自分デオ切リニナラナイヨウ)皆とりかくして、人々の—・りきこえければ」〔源氏・夕霧〕 ❹【護る】他から犯されないように防ぐ。守護する。「財多ければ身を—・るにまどし」〔徒然・三八段〕

まゆみ Ⓓ ㊀【檀】ニシキギ科の落葉低木。山野に自生し、葉は長円形、春、うす緑色の小花を開く。材質は強くて器具用に向く。弓の材料に用いたのでこの名がある。「—のいろいろ、いとをかしうなりゆく(=ミゴトニ紅葉シテユク)」〔宇津保・楼上下〕 ㊁【檀弓・〈真〉弓】檀の木でつくった丸木の弓。「梓(あづさ)弓—槻(つき)弓(ナドサマザマ苦労シテ)年を経てわがせしがごと(=ワタシガイトシク思ッタヨウニ)うるはしみせよ(=新シイ夫ト仲ヨクシナサイ)」〔伊勢・二四段〕《表は蘇芳(すおう)、裏は黄で、秋に用いる襲(かさね)の色目をさす用法もあるという。ただし用例未見》

まよびき【眉引き】Ⓔ《古代語》まゆ墨で描いたまゆ。「思はぬに(=思イガケナイノニ)到らば妹(いも)がうれしみと(=ウレシイカラトイッテ)ゑまむ—思ほゆる(=想像サレル)かも」〔万葉・巻一一〕

まよ・ふ【迷ふ】(-ウ) Ⓒ《自四》❶判断ができない。決めかねる。「法(のり)の道—・はぬ教へ頼まむ」〔謡・輪蔵〕 ❷㋑方向が不定だ。「吹き—・ふ風(=風向キガ変ワッテ吹クタメ)に、(火ガ)とかく(=アチコチ)移りゆくほどに、扇を広げたるがごとく末広になりぬ」〔方丈〕 ㋺(あちこちと)さまよう。うろつく。「(夜ガ)明くれば、また知らぬ道—・ひ行く」〔芭蕉・奥の細道〕 ❸混乱する。入り乱れる。「人起きさわぎ…参りちがふ(=往来スル)気色(けしき)どもしげく(=シキリデ)—・へば(=ゴタツイテイルノデ)」〔源氏・花宴〕 ❹(織物のくたびれて縦糸と横糸が)ゆるんで片よる。「風の音(と)の(=枕詞)遠き我妹(わぎも)が着せし衣(きぬ)袂(たもと)のくだり(=縦糸ガ)—・ひ来にけり」〔万葉・巻一四〕

まらうど【客人・賓】(-ロウ-) Ⓓ《「まれびと」すなわち常にはいない人の意から》客。よそからたずねてくる人。「にくきもの、急ぐ事あるをりに来て、ながごと(=長話)する—」〔枕・二八段〕 **——ざね** 実 Ⓔ 主賓。おもだった客。《「さね」は「主となるもの」の意》「君は今宵の—におはすれば、わらは(=ワタシガ)饗(あるじ)しはべりなむ」〔馬琴・弓張月・一二回〕

まら・する Ⓒ《助動》《動詞の連用形に付く》〔敬語〕

未然	連用	終止	連体	已然	命令
せ	し	する	する	すれ	せよ せい

❶謙譲の意をあらわす。「『それは、さることでござれども(=オッシャルトオリデゴザイマスガ)、人並みに(荷物ヲ)持ち—・せいでは(=オ持チ申シアゲマセンデハ)』と言うたが」〔イソポ・第一話〕 ❷聞き手に対し丁寧の意をあらわす。「風呂には、ただ一人居—・する(=ハイッテイマス)」〔イソポ・第一話〕《「まゐらする」から生まれた中世語で、後の「ます」の原形》

-まり【余り】Ⓓ《接尾》「あまり」に同じ。「ほか七十(ななそ)—の子は、みな国郡(くにぐに)に封(ことよさ)して、おのもおのも(=ソレゾレ)その国にゆかしめき」〔紀・景行・訓〕《「まり」は「余」の訓》

まり【毬・鞠】Ⓓ ❶遊戯に用いるはずみだま。「人々あまたして、—もて遊ばして見たまふ」〔源氏・若菜上〕 ❷まりを蹴(け)る遊び。約七メートル四方のグラウンドで、八人が交替で、地面に落ちないよう連続で蹴あげる。五〇回まではノーカウントで、五一回以上を点とする。一〇五〇回を満点とするが、実際には三〇〇点以下がふつうだったらしい。「鎌倉の中書王(ノ邸)にて御—ありけるに」〔徒然・一七七段〕 ❸紋の名称。↓巻末「紋章要覧」。

ま・る【放る】Ⓓ《他四》排泄(はいせつ)する。「屎(くそ)—・り散らしき」〔記・上〕《原文「屎麻理散」》

まれ Ⓓ《連語》《「もあれ」の約》…でも(よい)。…(に)もせよ。「この陣の吉上(きちじやう)—、滝口—、一人を昭慶門まで送れ(=ツイテ行ケ)」〔大鏡・道長〕

まろ【円・丸】Ⓓ ㊀《十形動ナリ》❶円形、または球形であること。「僧都、ものしたまへり(=オイデニナッテイル)。南面(ノヘヤヲ)はらひ(=カタヅケ)しつらひて(=用意シテアリ)、—・なるかしらつき(ノ僧タチガ)行きちがひさわぎたるも」〔源氏・手習〕 ❷ふっくらしていること。「(中ノ君ハ)—・にうつくしく肥えたまへりし人の、すこし細やぎたるに、色はいよいよ白うなりて」〔源氏・宿木〕 ㊁ 銭の異名。「銭を—ともいふなり」〔塵添壒嚢抄・巻一〇〕

まろ【麻呂・麿】Ⓒ《代》くだけた感じの第一人称。多く平安時代、男女ともに用いたが、あらたまった場面では用いない。「(天皇ノ)御前にては、おのがどち(=メイメイドウシデ)ものを言ふとも、(天皇ガ)聞こしめすには、などてか『—が』などは言はむ」〔枕・二六二段〕

まろね【丸寝】Ⓔ 帯・紐(ひも)も解かず、昼の衣服のまま寝ること。ごろ寝。「まるね」「まろぶし」とも。「(頼義ハドロボウニ気ヅイタトキ)いまだ装束も解かで—にてありければ」〔今昔・巻二五ノ一二〕

まろ・ぶ【転ぶ】Ⓓ《自四》❶ころがる。ころがりまわる。「若君・姫君・女房たちは、御簾の外まで—・び出でて」〔平家・維盛都落〕 ❷たおれる。「頭を中よりうちわりた

りければ、(斬ラレタ男ハ)うつぶしに走り—・びぬ」〔宇治・巻一一ノ八〕

まゐ・づ【参づ】(—イズ) Ⓒ 《自下二》(上位と意識される場所に)うかがう。参上する。用例↓まゐでく。《単独の用例は未見。従来は「よき人のいます国には我も麻胃弖牟」〔仏足石歌〕を引くがこの「弖」は清音で、「まゐる」の古代活用(上一段)の連用形に完了助動詞「つ」の未然形が付いたものとも解され、確かな用例ではない》

まゐて・く【参て来】(マイー) Ⓔ 《自カ変》「やって来る」という意の謙譲語。「大君の命(みこと)にされば(=御命令ナノデ)父母を斎瓮(いはひべ)(=神聖ナカメ)と(イッショニ)置きて—・きにしを」〔万葉・巻二〇〕《原文「麻為弖枳尒之乎」。「まゐ」がウ音便で「まう」になると、その影響により「て」が濁音化し、中古以後は「まゐでく(参出来)」から転じた「まうでく」と区別されなくなった》

まゐで・く【参出来】(マイー) Ⓒ 《自カ変》(上位と意識される場所から)ひきさがる。退出する。《「まかる①㋑」と同じ意味》「常世(とこよ)(=永遠ノ命ガアル国)に渡り八矛(やほこ)持ち—・こし時…」〔万葉・巻一八〕《原文「麻為泥許之登吉」》

まゐら・す【参らす】(マイー) Ⓐ 《他下二》「与ふ」「贈る」の謙譲語。さしあげる。献上もうしあげる。「惟光(ハ源氏ヲ)たづねきこえて(=オタズネ申シアゲテ)、御くだものなど—・す」〔源氏・夕顔〕

まゐら・す【参らす】(マイー) Ⓑ 《助動》《動詞・助動詞の連用形に付く》〔敬語〕その行為が向けられている相手を高め、謙譲の言いかたにする。…しもうしあげる。…してさしあげる。「さて(道兼ハ帝ヲ)土御門(つちみかど)より東ざまにゐていだし—・せたまふに(=オ連レ出シモウシアゲタガ)」〔大鏡・花山院〕

未然	連用	終止	連体	已然	命令
せ	せ	す	する	すれ	せよ

まゐ・る【参る】(—イー) Ⓐ ㊀ 《自四》(対)「まかる」《「下位と意識される場所から上位と意識される場所へ行く」という基本意味から》 ❶(神社・仏閣などに)参詣(けい)する。「その後、大臣(おとど)(=重盛ハ)熊野へ—・り、下向(げかう)して病づき、いくほどもなく、つひにうせたまひける」〔平家・無文〕 ❷㋑(高貴な人の所へ)あがる。参上する。「召しあればその夜ばかりと思ひて(宮ニ)—・りぬ」〔更級〕 ㋺(宮中に)出仕する。参内する。「帝おりさせたまふ(=御退位ナサル)と見ゆる天変ありつるが、すでになりにけり(=実現シタ)と見ゆるかな。(宮中ニ)—・りて奏せむ(=天皇ニ申シアゲヨウ)」〔大鏡・花山院〕 ❸入内(じゅだい)する。(高貴な方の所へ)輿(こし)入れ申しあげる。「先坊(=前皇太子保明親王)に御息所(みやすどころ)—・りたまふこと(=妃ガオイデナサルノハ)、本院の大臣(おとど)(=時平)の御むすめ具して(=ヲ入レテ)三四人なり」〔大鏡・時平〕 ❹「行く」「来」の謙譲語。あがる。参上する。「ここにて対面したてまつらば、道場(=寺)をけがしはべるべし。前の河原へ—・りあはむ」〔徒然・一一五段〕《対等以下と意識する者に向かって用いるときは、もったいぶった、またはいばった言いかたになる。↓》「奥の間で休息せう。家来、—・れ(=来イ)」〔浄・忠臣蔵・四〕 ㊁《他四》❶「与ふ」の謙譲語。さしあげる。「親王(みこ)に、馬の頭(かみ)、大御酒(おほみき)—・る(=オススメ申シアゲル)」〔伊勢・八二段〕 ❷「す」の謙譲語。しもうしあげる。してさしあげる。「(和尚ガ)さるべき物(=護符ノ類ヲ)作りて(源氏ニ)すかせたてまつり(=オ飲マセシ)、加持(かぢ)など—・るほど(=オ勤メモウシアゲルウチニ)、日高くさしあがりぬ」〔源氏・若紫〕《対等以下と意識する者に向かって用いるときは、もったいぶった、またはいばった言いかたになる。↓》「打擲(ちやうちやく)ならば(=オレヲブツトイウナラ)、夜の棒(トイウ手デ)—・らう(=手向カウゾ)」〔狂・棒縛〕 ❸㋑「食ふ」「飲む」の尊敬語。召しあがる。「いかに(=ナンダッテ)かく人もなき所に入りて、(ワタシガ)かくはする(=料理シテイル)物をば—・るぞ(=オタベニナルノデス)」〔宇治・巻三ノ一一〕 ㋺「使ふ」の尊敬語。「(源氏ハ)大殿油(おほとなぶら)みじかく—・りて(=御燈台ヲ低クオトモシナサッテ)御覧ずるに」〔源氏・梅枝〕 ㋩(格子を)「上ぐ」または「下ぐ」の尊敬語。「御格子—・りわたして(=ズットオ上ゲニナッテ)…見たまひけり」〔源氏・野分〕《上げるのか下ろすのかは、前後の場面から判断するほかない》 ❹《①から転じ》主として女性が使う、手紙の脇(わき)づけのことば。「行燈(あんどん)にて上書き見れば、『小春様—・る紙屋内さんより』(トアル)」〔近松・天網島・上〕

まを・す【申す】(—オー) Ⓒ 《自・他四》「まうす」の古形。↓まうす。「万代(よろづよ)にいましたまひて天(あめ)の下—・したまはね(=オ治メクダサイ)朝廷(みかど)去らずて」〔万葉・巻五〕

まん ざい【万歳】 Ⓔ ❶《一〇〇〇〇年の意から転じ》非常に長い時間。「—ましませ巌(いはほ)の上に亀や住むなり」〔謡・神歌〕《「長久なる時間」の意にはマンザイ、国家・天皇について「長久」「長寿」の意に用いるときはバンザイと発音し分けたようである。同じ謡(神歌)の中で、天下泰平・国土安穏の舞については「千秋ばんぜいの喜びの舞なれば、ひと舞ひ舞はう」とうたう》(参)ばんぜい。 ❷《室町時代、法師姿で祝いのことばをのべて歩いた千秋万歳(せんずまんざい)から出たもの》新年に風折り烏帽子(えぼし)をかぶり、大紋の直垂(ひたたれ)を着て、鼓を打ち、めでたい歌をうたい、こっけいな所作をする芸人。「昨日見し—に逢ふや嵯峨の町」〔蕪村(書簡)〕　━━らく　楽　Ⓔ　舞楽の曲名。唐楽。則天武后の作という。もと六人の女舞であったが、四人の男舞にかわった。千秋楽と共にめでたい曲の代表。「千秋楽は民を撫で、━には命を延ぶ」〔謡・高砂〕

〔まんざい❷〕

まんどころ【政所】Ⓓ　❶行政事務をする役所。または役人。「遠江国のある山里に、所の━なる俗ありけり」〔沙石・巻七ノ四〕　❷平安時代、皇族や高級貴族または寺社などで、荘園や家政の管理にあたった事務所。「寝殿の対などのありしも、━も見えず。━の屋にありし板屋も、ゆがむゆがむ残りたる」〔今昔・巻一九ノ五〕「高野の大塔…より━へは、五里、百八十町なり」〔沙石・巻二ノ八〕　❸鎌倉・室町幕府における政務・財務などを担当した役所。「多田の庄を没収(もっしゅ)して、━の料所(=費用ヲマカナウタメノ領地)にぞしたりける」〔太平・巻三九ノ六〕　❹集会して事がらを処理する所。「日本六十余州、総じて神の━(デアル)出雲の国の大社」〔一九・膝栗毛・三上〕「まどころ」とも。

まんな【真名】Ⓓ　《「かんな」の類推で「まな」に「ん」が加わったもの》漢字。「━を走り書きて、さるまじきどちの女文(=ソンナニシナケレバイイ女ドウシノ手紙)に、半ば過ぎて(漢字ヲ)書きすくめたる(=四角四面ナ感ジニ書イテアルノハ)」〔源氏・帚木〕

まんぼふ【万法】(ーボウ)　Ⓔ　〔仏〕あらゆる存在。いっさいの事物。「法」は宇宙の根本原理によって生起し、それ自身の特性をもって存在するもの。《(1)英語のbeingに当たる。(2)マンボウかバンポウかは、なお明らかでない。日葡辞書には banbô に「多くの国」(万邦)・「あらゆる部分」(万方?)manbo に「多くの財宝」(万宝)という訳語を示すが、「万法」に当たる語は発見できない。しかし、仏教語は呉音でよまれることが多いので、いちおうマンボウとしておく。正確な結論は、将来の研究を待たなくてはならない》「ある人『━はみな空(くう)なり』といふ法問を出したりけるを」〔著聞・飲食〕「いづれの道をもてあそび、いかなる法(=教エ)をつとめても(=修行シテモ)、その相(=カタチハ)とまる(=定着スル)べきにあらず。三世(=過去・現在・未来)に主(ぬし)なき━なり」〔ささめごと・上〕

まんまん【漫漫】Ⓔ　《形動タリ》遠く広々としているさま。「━たる海上なれば、いづちを西とは知らねども」〔平家・小宰相身投〕「━たる砂(いさご)の地にぞ著きたまひぬ」〔伽・梵天国〕

み

み━　Ⓑ　《接頭》❶【美・〈三〉】ほめた感じでいう時に添える。「━ぶくし」「━雪」「━吉野」　❷【深・太】深さを示す。「━山(=奥深イ山)」

み━【御】Ⓑ　《接頭》名詞に付き、尊敬の気持ちを表す。「おほん」「おん」よりも軽い。「━祖(おや)」「━格子(かうし)」「━国」「━位」「━随身」「━袖」「━楯(たて)」等。

━み　Ⓑ　《接尾》❶対照的な両動詞の連用形に付き、「…したり…したり」の意を表す。「生駒の山を見れば、曇り━晴れ━、たちゐる雲やまず」〔伊勢・六七段〕　❷形容詞の語幹および形容詞型活用の助動詞の語幹に付き、原因や理由を表す。《上に「を」の伴われることが多い》…が…なので。…が…だから。「夜を寒━(=夜ガ寒イノデ)衣かりがねなくなへに(=雁ガナクノトイッショニ)萩の下葉もうつろひにけり(=色変ワリシタコトダ)」〔古今・秋上〕　❸形容詞の語幹に付き、「思ふ」「す」などに当たる内容を示す修飾語になる。「さ百合(ゆり)花(=序詞)後(ゆり)も逢はむと(=将来モアイタイト)思へこそ(=思ウカラコソ)今のまさかも(=コノタダイマモ)うるはし━すれ(=親密ニツキアウノダ)」〔万葉・巻一八〕　❹形容詞の語幹に付き、その形容詞を体言にする。「高━より(=高イ方カラ)しぐれて里は寝る時分」〔里圃(続猿蓑)〕

み【巳】Ⓓ　❶十二支の第六。(参)じふにし。「三月(やよひ)上(かみ)の━のひ、み苑(その)にいでまして、曲水宴(めぐりのみづのとよのあかり)きこしめす」〔紀・顕宗・訓〕《「みのひ」は「巳」の訓》　❷方角の名。南南東。《単独の用例は未見。いつも辰巳という形であらわれる》　❸時刻の名。《定時法で》午前九時から午前一一時まで。(参)とき〔一〕①。「京に、━の時ばかり行き着きぬ」〔蜻蛉・中〕　**━のこく**　巳の刻・巳の剋　Ⓓ　《連語》❶→み③。「十二月二十七日━のことなるに」〔平治・中・二〕　❷《正午以前という意から》まだ古くなっていないこと。かなり新しいこと。「紺糸の鎧(よろひ)のまだ━なるを着たる武者」〔太平・巻三四ノ五〕《「巳の刻」と表記されていても、実際は「みのとき」とよんだ場合もあったろうと思われる。確実なかながきの用例は未見》　**━のとき**　巳の時　Ⓓ　《連語》❶→み③。　❷㋑物の新しいこと。「鎧は緋縅(ひをどし)に金物を打ち、いまだ━とぞ見えし」〔盛衰・巻一五ノ四〕㋺物事のまっ盛りの時。「飯富兵部が二十七八の時、強き事━なるを以て、北条

み

家をつきくづす」〔甲陽軍鑑・巻一七〕(参)みのこく。

—のひのはらひ 巳の日の祓ひ（—イ）Ⓔ〘連語〙中国から伝わった風習で、三月の上巳（第一の巳の日）に、水べに出てけがれを清めること。陰陽師にその儀式をさせ、人形にけがれを移し、それを川に流した。後には三月三日に定着した。後世の雛祭りの源流と思われる。日本では延暦一一年（七九二）が文献上の初見。「上巳の祓へ」とも。「三月の十余日ばかりに、初の巳の日いで来たれば、大将殿には上巳のはらへしに難波へ、方方（=奥様ガタヤ）男君たちも（オ出カケデ）、残り少なくおはします」〔宇津保・菊宴〕「心狂気に慣れ衣の、—や木綿四手の、神の助けも波の上」〔謡・松風〕

み

み【身】 Ⓑ ㊀ ❶からだ。「—も浮きぬばかりに流れいでたる御涙」〔狭衣・巻二〕 ❷身の上。立場。「おのれ（=ワタクシハ）…心うき契り悲しき—なれば」〔浜松・巻三上〕 ❸自分自身。「これは—のためも人の御ためも、よろこびにははべらずや」〔枕・八三段〕 ❹命。「『—を全うして君に仕ふ』といふ本文（=古典ノ文句）あり」〔平家・殿上闇討〕 ❺刀のさやにおさまる部分。刀身。「（刀ノツバマデハ売ッタガ）—ばかりは肌身もはなさぬ」〔伎・幼稚子敵討・六〕 ❻（着物の）みごろ。「（生キテ）残りても何にかはせむ（涙ニ）朽ちにける袖はみながら捨てやしてまし」〔和泉集〕（「皆がら」に「みごろ」の「み」を掛け詞とし「袖」の縁語に用いた） ㊁〘代〙かなり身分のある人が用いる第一人称。わたし。「—が道具のうちに末広がりがあるか」〔狂・末広がり〕

—ながら Ⓓ〘連語〙われながら。自身でも。「（アナタニ対シ）これより後のとだえ（=放ッテオクナドノ事ガ）あらむこそ—も心づきなかるべけれ（=アイソウガ尽キマショウ）」〔源氏・若菜上〕

—ののち 身の後 Ⓔ〘連語〙死後。「貧女が一衣を僧に供ぜしは（自分ノ）—の世の（タメニ）逆縁（=アラカジメ善事ヲシテオイタノダ）」〔謡・自然居士〕

—を捨・つ ❶からだを投げ出す。「（薬師仏ノ前デ）—・てて（=ヒレ伏シテ）祈り申すほどに」〔更級〕 ❷非常に強く決意する。「今日は御—・てて（=ダンゼン思イ切ッテ）とまりたまひぬ」〔源氏・総角〕 ❸自分を台なしにする。一生をめちゃくちゃにする。「さまざま悲しき事のみ多くはべれば、今はこの渚に身をや捨てはべりなまし（=落チブレテシマイマショウカ）」〔源氏・明石〕 ❹出家・遁世する。「—・てむも惜しかるまじき齢どもになりにたるを」〔源氏・若菜下〕

み・いだ・す【見出だす】 Ⓒ〘他四〙❶外の方を見る。眺めやる。「御几帳引きやりたれば（=ヒッパリノケタノデ）、御ぐしもたげて（=頭ヲアゲテ）—・したまへり」〔源氏・夕顔〕 ❷目をむいて見る。目を大きくあく。「七転八倒目を—・し…狂ひ死に」〔浄・浪花鑑・五〕 ❸発見する。見つける。「奥の方をよくよく見れば、この地蔵、納め置きたてまつりけるを、思ひいだして、—・したりけり」〔宇治・巻五ノ一〕

み・い・づ【見出づ】（—ズ）Ⓒ〘他下二〙❶見つける。さがしだす。「うれしきもの…とみにて（=大急ギデ）求むるものを—・でたる」〔枕・二七六段〕 ❷手に入れる。自分のものとする。（子を産むのを遠まわしにいうにも用いる）「（アナタハ）などか（=ドウシテ）御子をだに持たまへるまじき（=セメテ皇子デモ産ンデクダサラナイノデス）…契り深き人のためには、今—・でたまひてむと思ふも口惜しや」〔源氏・澪標〕

み・いはひ【身祝ひ】（—ワイ）Ⓔ（自身のための）内祝い。「（ヤットノ事デ）年の暮れ（ヲ越セタ）たがひの—なれば」〔西鶴・胸算用・巻二ノ四〕

み・い・る【見入る】 Ⓒ ㊀〘他下二〙❶外から中を見る。のぞきこむ。「えならぬ（=ミゴトナ）羅の帷の隙より—・れたまへるに」〔源氏・螢〕 ❷目をとどめる。注視する。「いささかの事せむに（=ホンノチョットノササゲ物デハ）、神も—・れ数まへたまふ（=相手ニナサル）べきにもあらず」〔源氏・澪標〕 ❸目をかける。世話をやく。「あからさまに来たる（=チョット遊ビニ来タ）子ども・わらはべを—・れらうたがりて」〔枕・二八段〕 ❹見こむ。見こんでとりつく。「荒れたりし所に住みけむ霊の、我に—・れけむよりに（=ツイデニ）」〔源氏・夕顔〕 ❺飲む。または、食べる。「御くだものをだに（オアガリイタダキタイ）」とて参りすゑたり。箱のふたも、なつかしき（=感ジノヨイ）さまにてあれど、—・れたまはず」〔源氏・賢木〕「湯をだに—・れず、日を経て泣き沈みて」〔狭衣・巻二（深川本）〕「この四、五日は湯水をだにはかばかしう御覧じ入れたまはぬ（=召シ上ガラナイ）人の（=ガ）、かやうに仰せらるるは」〔平家・小宰相身投〕 ㊁〘他四〙→㊀①。近世の誤用。「苔むしたる古井のもとに立ちて（家ノ中ヲ）—・るに」〔秋成・雨月・吉備津〕

み・うち【御内】 Ⓓ ㊀ ❶中世の将軍に直属した武士。「著到（=到着者ノ名簿）をつけられけるに、—・外様の勢四千騎と注せり」〔太平・巻三七ノ二〕 ❷家来。使用人。子分。「これは俊成の—にありし者にてさうらふ」〔謡・忠度〕 ❸主人を呼ぶ尊敬語。殿様。御主人。「—ただ今機嫌あしく（=カラダノグアイガ悪ク）さうらふ」〔義経・巻七ノ五〕 ❹御屋敷の内。「耳をそばめ（=ソバダテ）、—の体（=様子）を聞くに」〔仮名・恨之介〕 ㊁〘代〙敬意をもつ第二人称。あなた。「花を散らしつるは—でわたりさうらふか（=アナタデイラッシャルカ）」〔謡・雲林院〕

み・お・く【見置く】 Ⓓ〘他四〙❶観察して知っている。

見て取る。「(故人ハワタシヲ、娘ノ将来ヲ託セル人間ダト)—・きたまひけめ」〔源氏・澪標〕 ❷見とどけておく。処置をつけておく。「(アノ子ハ)末に生まれたまひて、心苦しう(=フビンデ)、おとなしうもえ—・かぬこと(=アノ子ガ一人前ニナルマデ見トドケテヤレナイコトダ)」〔源氏・匂宮〕《この用例を③の意に解する説は誤り》 ❸見ながらそのままにする。放置する。「(源氏ガ)出でたまひぬれば…(女三宮ノ侍女ハ)『かく(女三宮ガ)なやましくせさせたまふを(源氏ハ)—・きたてまつりたまひて…』とつらく思ひ言ふ」〔源氏・若菜下〕

みかく・す【見隠す】 Ⓔ《他四》見ていながら知らないふりをする。「(二人ノ関係ヲ)ほのぼの(=ウスウス)知れる(モノ)もありけれど、何かは『かくこそ』と誰にも聞こえむ。—・しつつあるなるべし」〔源氏・少女〕

みかど【御門】 Ⓑ ❶門の尊敬語。「今日—に入らむ人、かならず召し入れて見たまふべき人なり」〔宇津保・楼上下〕 ❷皇居。「高麗の客(まらうど)を—に饗(あ)へたまふ(=公式ニ御招待ナサッタ)」〔紀・仁徳・訓〕《「みかど」は「朝」の訓》 ❸㋑朝廷。「人の—(=他国ノ朝廷)の例(ためし)までひき出でて、ささめき嘆きけり」〔源氏・桐壺〕㋺政府の出先官庁。行政官庁。「遠の—(=遠イ地方官庁)に汝(いまし)らしかくまかりなば(=赴(ふ)任スルト)平らけく朕(われ)は遊ばむ…」〔万葉・巻六〕 ❹【帝】㋑天皇。「—の御位はいともかしこし」〔徒然・一段〕㋺上皇。「位を去りたまへど、二ところの—、これ(=琴)を聞かせたまひにおはしたり」〔宇津保・楼上下〕 ❺天皇のお治めになる国。「わが—六十余国のうちに」〔伊勢・八一段〕

みかはやうど【御厠人】(ーカワヨウー) Ⓔ《「みかはやびと」の転》宮中で、不浄のところを清掃したりした身分の低い女。「(宮仕エノ女性ガ)をさめ・—の従者(ずさ)…といふまで、いつかはそれを(イヤシイ者ダカラトイッテ)恥ぢかくれたりし」〔枕・二二四段〕

みぎのうまづかさ【右の馬寮】 Ⓓ →うまれう。

みぎのおとど【右大臣】 Ⓓ →うだいじん。

みぎのおほいまうちぎみ【右大臣】(ーオオイモウー) Ⓓ →うだいじん。「近院の—」〔古今・恋四・詞〕

みぎは【汀・渚】(ーワ) Ⓓ 陸地の水に接する所。水ぎわ。(海なら)なぎさ。「池水に—の桜ちりしきて波の花こそさかりなりけれ」〔平家・大原御幸〕

みぎり【砌】 Ⓒ ❶軒下の雨滴などを受けるために、石を敷いた所。「(コノ庵ハ)—に苔むしたり。神さびたる(=古ビノツイテイル)こと限りなし」〔宇治・巻一三ノ一三〕 ❷庭。「されば—をめぐる山川も、これ(=法皇ノ葬送)を悲しみて、雨となり雲となるかと怪しまる」〔太平・巻三九ノ一二〕 ❸場所。「或は海辺水流のかすかなる—に」〔東関紀行〕「垂迹(すいじゃく)和光の—(=仏ガ神ノ形デ人間トオ接シニナル宗教的ナ地域ハ)たちまちに変じて勇士守禦の(=武人ガタテコモル)場となりぬれば」〔太平・巻二ノ八〕 ❹時機。場合。「さて、薬代をやりたいが、この—ぢゃによって、何もないが、何とせうぞ」〔狂・雷〕

みくさ【水草】 Ⓓ 水中にはえる草の総称。みずくさ。「池も—にうづもれたれば、いとけうとげに(=気味ワルク)なりにける所かな」〔源氏・夕顔〕

みくさ【御軍】 Ⓔ《「みいくさ」の約。「み」は接頭語》軍隊・軍卒の尊敬語。用例→「すめらみくさ」。

みぐし Ⓓ ㊀【御髪】髪の尊敬語。「こちたき(=多スギルホドノ)—は、結(ゆ)ひてまさらせたまふ(=結ウトイチダンヨクオナリダ)」〔紫日記〕 ㊁【御頭・御首】人の首または頭の尊敬語。「—もたげて、見出だしたまへり」〔源氏・夕顔〕「剃刀を以って—をすこし切りたりければ、血のさと(=パット)あえさせたまひたる(=オ流レニナッタ)」〔盛衰・巻四〇ノ二〕

みくしげどの【御匣殿】 Ⓓ →ぢゃうぐゎんでん。

みくづ【水屑】(ーズ) Ⓓ 水の中のくず。「宇治川の底の—(ノヨウナツマラナイ境遇)となりながらなほ雲かかる(比叡ノ)山ぞ恋しき」〔金葉・雑上〕

みぐる・し【見苦し】 Ⓒ《形シク》❶見ていて苦しく感じる。ぐあいが悪い。「(女主人ガ食欲ガナイノデ、女房タチハ)いかにならせたまはむ。あな—・しや(=弱ッタワネ)」〔源氏・宿木〕 ❷みっともない。「たどたどしき真名(まな)(=漢字)に書きたらむもいと—・し」〔枕・八二段〕

みけ【御膳・御食・御饌】 Ⓓ お食事。神あるいは天皇の場合に用いる。「皇御孫(すめみま)の朝の—・夕べの—に供(つか)へまつる」〔祝詞・大殿祭〕《原文「御膳」と表記。「於保美気」という表記例(万葉・巻二〇)から推して、こうよむ》

みけし【御衣】 Ⓔ 神や貴人の着物の尊敬語。(参)みぞ。「皇太子…すなはち、—を脱ぎて、飢ゑ人におほひて」〔紀・推古・訓〕《「みけし」は「衣裳」の訓》

みこ【御子】 Ⓑ ❶《血統のうえで》㋑天皇の子。「坊(=東宮)にも、ようせずは(=悪クスルト)この—のゐたまふべきなめりと」〔源氏・桐壺〕㋺天皇の孫。あるいは曾孫(そうそん)をもいう。「孫王の(=天皇ノ孫デアッテ)ひがみたりし—の落とし胤(だね)(=遺児)なり」〔蜻蛉・上〕「一の宮、何事をおぼすらむ。(モシワタシニ)女—おはせましかば、うらやましからまし」〔宇津保・楼上下〕《この仮想の「女みこ」は、帝からいって曾孫にあたる》 ❷《身分のうえで》親王。光源氏のように皇子でも親王にならない場合がある。「(光源氏ガ)—となりたまひなば、世の疑ひおひたまひぬべくものしたまへば(=世間ノ誤解ヲ受ケニナルニチガイナ

イノデ)…源氏(=臣下)になしたてまつるべく、おぼしおきてたり(=決心シテオイデニナル)」〔源氏・桐壺〕

み こと【尊・命】Ⓒ ㊀ ❶神に対していう語。「天皇(すめろき)の神の―の大宮は…」〔万葉・巻一〕 ❷㋑尊敬・親愛する人に対していう語。「ははそ葉の(=枕詞)母の―は御裳の裾つみあげ掻きなでちちの実の(=枕詞)父の―は白鬚(ひげ)の上ゆ涙乗り…」〔万葉・巻二〇〕㋺(ある程度まで敬意をはらう)人。お方。「落ちぶれたる―の子どもの、せむ方(はう)なく不合(ふがふ=貧乏)なるを」〔今昔・巻三一ノ五〕 ㊁《代》敬意をもつ第二人称。あなた。「我と―と争ひ(=腕クラベ)をせむ」〔今昔・巻一六ノ一八〕「そもそも―、なすべき官物(=国ニ納メルベキ税ガ)その数あり(=タクサン残ッテイル)」〔今昔・巻二〇ノ三六〕

み さき【御先・御前】Ⓔ ❶《「さき」の尊敬語》→さき②。「―に競(きほ)はむ(アナタノ笛ノ)声なむよそながらも、いぶかしうはべる(=オ聞キシトウゴザイマス)」〔源氏・横笛〕 ❷(神仏の)御使者。「玉津島(明神)の御座ある(=イラッシャル)とて、幣帛(へいはく)をささげければ、(カラスガ明神ノ)―となりて出現ある」〔中楽談儀・一四〕

み さ・く【見放く】Ⓓ《他下二》《古代語。間を離して見るという意から》遠くの方をながめる。見やる。「…しばしばも―・けむ(=ナガメテヤロウト思ウ)山を心なく(=無情ニモ)雲の隠さふべしや(=タビタビ隠シテヨイモノカ=不都合ダ)」〔万葉・巻一〕

み ざま【見様】Ⓔ 外見。みめかたち。「人の―のよしあし」〔徒然・五六段〕

み さを【操】(―オ) Ⓓ ㊀ ❶いつも変わらないこと。「今日まで尽くした心の―(=ヒトスジナコトハ)、ありがた迷惑とお思ひだらうが」〔春水・梅暦・巻八〕 ❷正しい生きかたを変えないこと。節操。「(兼好ハ)もとより隠者の―ある人にあらず」〔鳩巣・駿台雑話・巻四〕 ❸夫婦または愛人間の倫理。「思ひも寄らぬ(=意外ニモ持チ上ガッタ)夫(まつ)定め(=縁談ニ対シ)、立つる―を破らじ(=愛人ヘノ節操ヲ守リ抜コウ)と、屋敷を抜けて」〔浄・朝顔話・宿屋〕 ㊁《形動ナリ》 ❶いつも変わらないさま。「深き山(ニ入ッテ出家スル)の本意は―・になむはべるべきを」〔源氏・東屋〕 ❷心を正しく守って変えないさま。「心のいと―・に賢かりしかば、身をいたづらになして(=自分ノ身ヲ犠牲ニシテマデモ)言にも出ださずなりにけるにこそ」〔宇津保・蔵開下〕 ❸㋑がまんづよいさま。平然としたさま。「音もせで―・にもゆるほたるこそ鳴く虫よりもあはれなりけれ」〔新撰朗詠〕㋺動揺しないさま。「(タトエ)身貧しけれども、よき(=上流ノ)人は方ことに(=普通ノ人トハ様子ガチガイ)―・に(=オチツイテ)、をかしうぞある(=趣味ガ深イ)」〔落窪・巻四〕 **―(を)作・る** いつもと変わらないふりをする。従来と同じ態度をとる。「さのみやは(=ソウソウ)みさをもつくりあへむ(=体面バカリカマッテモイラレナイ)」〔方丈〕

みじか・し【短し】Ⓓ《形ク》 ❶《空間的に》㋑長さがあまりない。「海松(るみ)のひきほしの―・くちぎりたるを結(ゆ)ひ集めて」〔蜻蛉・上〕㋺低い。「この山の頂を平らげさせたまひて、高き石をば削り、―・き所をば埋めさせ」〔栄花・疑〕 ❷《時間的に》㋑すぐだ。「あやしう―・かりける御契りに引かれて」〔源氏・夕顔〕㋺(愛情などが)長続きしない。「さりともと、―・き心は、え使はぬものを」〔源氏・末摘花〕 ❸㋑(思慮・分別などが)足りない。「われら―・き心のこのもかのもにまどひ、つたなき言の葉は吹く風の空に乱れつつ」〔大井河行幸・序〕㋺短慮だ。せっかちだ。「あ、―・し、忠常」〔近松・百日曾我・一〕 ❹(身分が)低い。「もとの品(=家ガラハ)高く生まれながら、身は沈み、位―・くて、人げなき」〔源氏・帚木〕

み・す【見す】Ⓑ《他下二》 ❶㋑見せる。「(イマノ夢ハ)仏の―・せたまふにこそはあらめ」〔蜻蛉・中〕㋺観察させる。見とどけさせる。「人をやりて(鬼ガイルカドウカヲ)―・するに、おほかた(=テンデ)逢へる者なし」〔徒然・五〇段〕㋩(医師に)診察させる。「御眼のそこなはれ…唐人の(医者デ)眼つくろふ(=治療スルノ)があなる(=イルトイウ)に―・せむ」〔大鏡・道隆〕 ❷(理解させるため)示す。「仏、人の命を不定(ふぢやう)なりと―・せたまふにや」〔大鏡・昔物語〕 ❸結婚させることを遠まわしにいう。「かたちなどは、さてありぬべけれど(=マアマアダロウガ)、いみじき(=ヒドイ)かたは(=欠陥)のあれば、人にも―・せで(=嫁ニハヤラナイデ)」〔源氏・玉鬘〕 ❹経験させる。「からき(=ヒドイ)目を―・するものかな」〔徒然・六九段〕

み すがら【身すがら】Ⓔ ❶㋑からだ一つだけで何も荷物を持たないこと。単身。身一つ。「この大雪に―さへちゃに(=カラ身デモタイヘンナノニ)、十二匹の牛をひとりして追はねばならぬ」〔狂・木六駄〕㋺金銭をまったく持たないこと。無一文。「―の(クセニ)僭上(=オゴリヲ言ウノ)も所(ノグアイ)による」〔浮・新色五巻書・巻二目録〕 ❷自分ひとりだけで他に親類関係をもたないこと。「この―(=何ノ係累モナイオレ)が(小春ヲコノ席ニ)もらうた」〔近松・天網島・上〕

み すまる【御統】Ⓔ 玉を糸で連ねたかざり。ネックレス。《首だけでなく、髪や手にも着けた》「八坂瓊(やさかに)の五百箇(いほつ=タクサンノ玉カラナル)―をもてその髻鬘(みないただき=マゲ)および腕(ただぶさ)に纏(まつ)ひ」〔紀・神代上・訓〕《「みすまる」は「御統」の訓》

み せん【味煎】Ⓔ 「あまずら」のつる・葉の汁(しる)をとり、煮つめてつくる甘味料。いまの砂糖にあたるものとして珍

重された。「この水と見しは―なりけり」〔今昔・巻二六ノ一七〕

み ぞ【御衣】Ⓒ「衣」の尊敬語。「みけし」「おんぞ」とも。《かな作品の用例はみな「御そ」と表記されており、確かに「みぞ」だということを示す例はまだ見つからない。源氏物語で「みぞ」の例として従来あげられたのも「御そ」である。しかし「みぞかけ」「みぞびつ」の例はある》「時に太子、あさの―着たまひて、かぢを取り、ひそかに渡り守にまじりて」〔紀・仁徳・訓(前田本)〕《「あさのみぞ」は「布袍」の訓》

みそか【密か】Ⓒ《形動ナリ》ひそか。こっそり。「いとかしこくたばかりて(=ウマク計画ヲハコビ)、難波(なには)に―・に(=コッソリ)持て出でぬ」〔竹取〕「人のもとに書きかはしたる(=文通シテイタ)ふみ(=手紙)を―・に(=ソット)人取りて見せはべりし」〔紫日記〕

みそぎ【禊ぎ】Ⓓ 身にけがれがあるとき、また神事などの前に水べに出て身をきよめる儀式。「(賀茂祭リノ)―、明日とて斎院に奉りたまふ女房十二人」〔源氏・若菜下〕

みそ ぢ【三十】(―ジ) Ⓓ《「ぢ」は接尾語》→ぢ。「活目入彦五十狭茅(=垂仁)天皇の―あまりななとせに立ちて皇太子となりたまふ」〔紀・景行・訓〕《「みそぢあまりななとせ」は「三十七年」の訓》

み そなは・す【鬫す】(―ワス) Ⓔ《他四》「見る」の尊敬語。ごらんになる。多くは天皇または皇族について用いる。「(天皇ハ)夢の中の教へによりて、庫(くら)をあけて―・し」〔紀・神武・訓(伊勢本)〕《「みそなはし」は「視」の訓》「(天皇ハ)東の方を―・して」〔紀・景行・訓〕《「みそなはし」は「望」の訓》

みそひと もじ【三十一文字】Ⓔ (短歌の定型としての)三一音節。「―のなかに異(こと)文字(=主要題材ニ関連性ノナイ語)はすくなく、そへたる(=タトエテアル)ことの難きなり(=ナカナカコウハ行カナイモノダ)」〔源氏・行幸〕《このほか、歌そのものをさす用法があるはずだけれど、用例未見》

み そ・む【見初む】Ⓓ《他下二》❶はじめて・見る(会う)。「(アナタニ)―・めたてまつりし(トキ)は、いとかうしも(=コンナニマデ)おぼえたまはずと思ひしを(=ナキオ母サマソックリダトモ思イマセンデシタガ)」〔源氏・胡蝶〕❷夫婦関係をもちはじめる。「いとしのびて―・めたりし人の」〔源氏・帚木〕❸(はじめて)好きになる。「こちの艶二郎さまを、植木の陰から―・めました」〔黄・艶気樺焼・上〕

みだ【〈弥陀〉】Ⓓ〔仏〕㊥阿弥陀(あみだ)。「食事をもとどめ(=絶食シ)、ひとへに―の名号をとなへて、臨終正念(しやうねん)をぞ祈られける」〔平家・僧都死去〕

み だい【御台】Ⓓ《「み」は敬意を表す接頭語。その所有者・使用者に対する尊敬表現》❶食物などをのせる台の尊敬語。「―いときよげにて(=キレイナノデ)粥(かゆ)参りたり」〔落窪・巻二〕❷「食事」の尊敬語。「殿のお前のつゆ―もきこしめさず(=召シ上ガラズ)弱らせたまふを」〔栄花・楚王〕❸㊥御台所。「足利殿こそ、―君達までみなひき具しまゐらせて御上洛さうらふなれ」〔太平・巻九ノ一〕　**―どころ**　所 Ⓔ 大臣・大将・将軍など貴人の正妻の尊敬語。「義綱公の―に定まる高尾殿の身請け」〔浄・先代萩・一〕

み たち【御館】Ⓓ ❶国府の庁や領主のやしきの尊敬語。「―に参りて申さむ」〔今昔・巻二五ノ一二〕❷地方官・領主・主人の尊敬語。「中将(=実方)の―の御時(=ガ国司デイラレタトキ)」〔今鏡・敷島打聞〕「―も上様(=奥様)も死出の山と申す道越えさせたまひて」〔義経・巻八ノ六〕

み た・つ【見立つ】Ⓒ《他下二》❶㋑(目を)つける。(注意を)はらう。「さまざまの財物(たからもの)…さらに(=イッコウニ)目―・つる人なし」〔方丈〕㋺よく見て選ぶ。「(源氏ハ)世の常の人(=女性)をば、目とどめ―・てたまはず(=相手ニナサラナイ)」〔源氏・蓬生〕❷診断する。「医師(くすし)も、病人をこまかに―・つる事はなりがたし」〔西鶴・織留・巻四ノ二〕❸後見をする。めんどうを見る。「いたはり―・てむわれわれは(=後見ヲスルハズノ私タチハ)…死を待つまでの命ぞや」〔浄・三代記・三〕❹(二つの事物の間の共通点を)見つける。…と見る。「鼻は人にすぐれて、愛宕(あたご)山の天狗(てんぐ)の媒鳥(をとり)に―・てた」〔西鶴・織留・巻四ノ一〕❺(門出する者を)見送る。「赤駒が門出をしつつ出でかてにせしを(=出テ行ケナイデイルノヲ)―・てし家の児ら(=妻)はも(=ドウシテイルカナア)」〔万葉・巻一四〕❻見くびる。軽く見る。「小坊主が我を―・てて、提げ煙草盆の掃除をあてがふ」〔浮・禁短気・巻六ノ三〕

みたらし がは【御手洗川】(―ワ) Ⓔ 神社のそばを流れていて、参詣人が手や口を清める川。「賀茂の糺(ただす)の宮へ詣でさせたまひ、―の水を御手水(てうづ)にむすばれ(=手デクミアゲ)」〔太平・巻一八ノ七〕

みだり がは・し【濫りがはし】(―ワシ) Ⓓ《形シク》❶無秩序だ。ごたごたしている。「かやうの女言(をんなごと)にて(=女性ノ議論デ)―・しく(=トリトメモナク)争ふに」〔源氏・絵合〕❷ぶしつけだ。たしなみがない。「(手紙ノコトバヅカイナド)―・しきを、心をさめざりけるほど(=トリ乱シテイル際ダカラ)と御覧じ許すべし」〔源氏・桐壺〕❸好色めいている。「世の中の御物語など、まめやかなるもまた例の―・しき事をも聞こえいでつつ」〔源氏・葵〕

みだり ごこち【乱り心〈地〉】Ⓓ ❶理性を失うこと。煩悶(はんもん)。「いかに(ワタシノ舞ヲ)御覧じけむ。世に知らぬ

—ながらこそ(=何トモイエナイホドアナタヘノ思慕ニナヤミナガラ舞ッタノデス)」〔源氏・紅葉賀〕 ❷ひどく気分が悪いこと。病気。「病にいといたうわづらひて…—はまだおこたり果てねど(=ナオリキリマセンガ)」〔大和・一〇一段〕

みだ・る【乱る】Ⓑ ㊀〘自下二〙 ❶順序・秩序がなくなる。雑然となる。「春の着る霞の衣ぬきをうすみ(=横糸ガ弱イノデ)山風にこそ—・るべらなれ(=キチントシテイナクナルヨウダ)」〔古今・春上〕「向かひなる所に(白イ)梅、紅梅など、咲き—・れて」〔更級〕「(空ニマイ上ガッタ)檜皮(ひはだ)・葺(ふ)き板のたぐひ、冬の木の葉の風に—・るるがごとし」〔方丈〕 ❷騒動がおこる。(政情が)落ち着かなくなる。「(コウイウ事ハ)世の—・るる瑞相(ずいさう=前兆)とか聞けるもしるく(=聞イテイルトオリ)、日を経つつ世のなか浮き立ちて、人の心も治まらず」〔方丈〕 ❸(心が)平静さを失う。不安定な状態になる。「人の終焉(しうえん=死ニギワ)のありさまのいみじかりし(=リッパダッタ)事など、人の語るを聞くに、ただ、しづかにして—・れず(=トリミダシタリシナイ)と言はば、心にくかるべきを」〔徒然・一四三段〕 ❹(異性に対し)ふらふらとなる。(愛情問題で)よろめく。「さかしき人も、女のすぢには—・るる例(ためし)あるを」〔源氏・藤裏葉〕 ㊁〘他四〙 ❶ばらばらにする。雑然とさせる。「庭の若草しげりあひ、青柳(あをやぎ)の糸(=垂レタ枝)を—・りつつ(=風ニ乱シナガラ)、池のうきくさ波にただよひ、錦をさらすかとあやまたる」〔平家・大原御幸〕 ❷騒乱をひきおこす。「新大納言成親、この一門(=ワガ平家ゼンタイ)を亡(ほろ)ぼして、天下を—・らむとするくはだてあり」〔平家・少将乞請〕

みだれ がは・し【濫れがはし】(—ワシ) Ⓔ〘形シク〙 ❶㋑ととのっていない。乱雑だ。「お前に—・しき前栽(せんざい)なども植ゑさせたまはず」〔源氏・常夏〕「(蹴鞠(けまり)ハ)—・しきことの(=乱雑ニ飛ビマワル遊ビデ)、さすがに(=ソレデイテ)目さめて(オモシロイ)。かどかどしき(=才覚ノイルモノ)ぞかし」〔源氏・若菜上〕 ㋺むやみだ。とんでもない。「—・しき事の出でまうで来にしかば、物も覚えで(=夢中デ)まづまかり出でて、しつつみたりし物を洗ひしほどに」〔落窪・巻二〕 ❷〘倫理的な非難をこめて〙正常でない。「下のかよひ(=内心デノヒソカナ心ノ通ジ合イ)こそ—・しくもあれ、后女御の前にて、かやうになど仰せらるべくもあらぬを」〔浜松・巻一下〕

みだれ ごと Ⓔ ㊀【乱れ言】いいかげんなことば。冗(じょう)談。「(天皇ハ)え(=ドウシテモ)おぼすさまなる(=考エテオラレタラシイ)—もうち出でさせたまはで(=口ニスルコトガオデキニナラレズ)」〔源氏・真木柱〕 ㊁【乱れ事】入り乱れて騒がしい事。「(蹴鞠(けまり)ハ)をさをさ(=メッタニ)さまよく(=体裁ヨク)静かならぬ(=ジットシテイラレナイ)—なれど、(姿ヨク見エルノハ)所がら人がらなりけり(=ニヨルモノデアッタ)」〔源氏・若菜上〕

みち【道・路】Ⓐ ❶㋑(海上を含め)往来するところ。「近うて遠きもの…鞍馬のつづらをりといふ—」〔枕・一六六段〕「遠くて近きもの…船の—」〔枕・一六七段〕 ㋺途中。「若者は—にて寝たまひにけり」〔源氏・薄雲〕 ㋩出向いていること。「いくとせの程と限り(=期限ノ)ある—(=在留)にもあらず」〔源氏・須磨〕 ❷海岸ぞいの地方。「伊勢に幸(みゆき)して、転(め)りてうへつ—に入ります」〔紀・景行・訓〕〘「うへつみち」は「東海」の訓〙「西の—にいで、国有りやと察(み)しめたまふ。還(かへ)りていはく『国も見えず』と」〔紀・神功・訓〕〘「みち」は「海」の訓〙 ❸実行方法。やりかた。「かやうの御—にて(=コンナヒドイナサリ方デ)朝家の御固め(=朝廷ノ御守護役)となり、君の御守りともならせたまひなむや」〔保元・下・一〕「世を保たむ—も、かくやはべらむ」〔徒然・一七一段〕 ❹㋑すじみち。論理。「—も立たぬ生才学(なまさいがく)に時移りて(=未熟ナ知ッタカブリヲシテイルウチ時間ガタッテ)、数日をいたづらに過ぎにけり」〔太平・巻三〇ノ二〕 ㋺正常なありかた。秩序。「奥山のおどろ(=イバラ)の(茂ル)下を踏みわけて—ある世ぞと人に知らせむ」〔増鏡・おどろ〕 ❺人として行わなくてはならない道理。道徳。「万事を放下して、忠孝の—に入るべし」〔正三・盲安杖・四〕 ❻㋑宗教や哲学の指導原理。教義。「はじめて聖人の—といふものある事をば知り」〔白石・折たく柴の記・上〕 ㋺〘とくに〙仏教の修行。「所願を成じて後、いとまありて—に向かはむとせば、所願、尽くべからず」〔徒然・二四一段〕 ❼㋑専門の学芸・技術。「日本に算おく—、いとしも賢からぬ所なり」〔宇治・巻一四ノ一一〕「武芸の—をうち捨て、文筆をのみたしなんで」〔平家・六代被斬〕 ㋺中世における重要な理念の一。ⓐ専門のわざに徹し、ⓑしかもそれを通じて一般的な真理につらなり、ⓒ幾代にもわたり継承され、ⓓ命にもかえるほどの尊厳さをもつという四種の基本性格から成る。「—を知らざらむ人、かばかり(チョットシタ事ニ)恐れなむや」〔徒然・一八五段〕

——**のき** 道の記 Ⓔ〘連語〙旅行記。紀行。「—も今はそのままに霞(かすみ)こめ(完結サセルニ至ラナイ)」〔素堂(古式之俳諧)〕

みち かひ【道交ひ】(—イ) Ⓔ ❶行き違うこと。すれ違うこと。「(東宮御所近クノ)大路の—もいかがとのみわづらはしく(=ウッカリソノ辺ノ大通リヲ歩イテモ道長ニニラマレソウデ)ふるまひにくきにより」〔大鏡・師尹〕 ❷ちょっと会うだけであること。「たまほこの(=枕詞)—なりし(=ホンノ行キズリニアッタ)君なればあとはかもなくなる(=一人ノ仲ハドウセソレキリ)と知らずや」〔篁物語〕

みち だち【道立ち】Ⓔ〘十自サ変〙旅行に出かけること。

出発。「丙子、将軍等、共に—・す」〔紀・崇神・訓(北野本)〕《(1)「みちだちす」は「発路」の訓。(2)万葉集巻三(四四六〜四五〇)の詞書「大伴卿向京上道之時作歌五首」の「上道」を従来「みちだち」とよんでいたが、五首ともに途中の作で、出発時のではないから、誤りで、用例にならない》

みち の く【陸奥】Ⓓ ❶《道の奥の意》陸前・陸中・陸奥(むつ)三国の総称。現在の奥羽地方の東北部(宮城・岩手・青森の諸県)にあたる。「出羽—両国も、昔は六十六郡が一国にてありけるを、その時(=和銅元年)十二郡を割き分かって、出羽国とは立てられたり」〔平家・阿古屋松〕 ❷現在の福島県あたりまでを含め、漠然と東北地方をさす。「—の安積(あさか)の沼の花かつみ(=序詞)かつみる(=ホンノチョット会ッタダケノ)人に恋ひやわたらむ」〔古今・恋四〕 **——がみ** 紙 Ⓓ 陸奥国から産した紙。檀(まゆみ)の木の皮から作り、良質の紙だが、恋文などの用紙としては、平安貴族にとってごわごわした感じで、スマートではなかったらしい。檀紙(だんし)。「(厭世的ナ気分ノ時デモ)よき筆、白き色紙、—など得つればこよなうなぐさみて」〔枕・二七七段〕

みち の べ【道の辺】Ⓔ 道のかたわら。「—の尾花が(=ススキノ)したの思ひ草(=キセルソウノヨウニ首ヲタレテ)今さらになど(=何ダッテ)ものか思はむ(=モノ思イナンカショウ=シナイ)」〔万葉・巻一〇〕

みち みち・し【道道し】Ⓓ 《形シク》 ❶学問的だ。理屈っぽい。しかつめらしい。「三史(=史記・漢書・後漢書)・五経(=詩・書・易・春秋・礼)の、—・しき方を、あきらかに悟りあかさむこそ(女性トシテ)愛敬なからめ」〔源氏・帚木〕 ❷道理にかなっている。真理を含んでいる。「これら(=作リ物語ノ類)にこそ(カエッテ)—・しく詳しき事はあらめ」〔源氏・蛍〕

みち ゆき【道行き】Ⓓ ❶㋑道を行くこと。「(ナクナッタ子ハ)若ければ—(=ドウ行ッテヨイカヲ)知らじ(ダカラ)幣(まひ=贈リ物)はせむ冥途(しで)の使ひ(アノ子ヲ)おひて通らせ」〔万葉・巻五〕㋺途中。「—に見れどもあかぬもみぢかなうべこそ(=ナルホド)人も家居せりけれ」〔長能集〕 ❷㋑(能・狂言・浄瑠璃などで)登場人物が歩いてゆく情景を描写した詞章。「扇拍子を取りて、『恋は曲者(くせもの)皆人の』と、曾我の—を語りいだす」〔西鶴・五人女・巻二ノ三〕《「曾我」は近松の「世継曾我」》㋺(近世演劇で)相愛の男女が連れだって行く叙情的な場面。またはそのような行為。舞台ではふつう舞踊がかった演出をする。「艶二郎は日ごろの願ひかなひしと、心うれしく(遊女浮名ト)—をしてゆき」〔黄・艶気樺焼・下〕《「雅楽で舞人が登場するまでの間に奏している音楽」という意もあると思われるが、かながきの用例は「みちき」だけしか見ていないので、保留しておく。「舞、常の事にて、別事なし。供御の(=天皇ニオ食事ヲ)参る時は舞はず、みちきとて、舞人はゐる(=着座シテイル)なり」〔残夜抄〕》 **——びと** 人 Ⓔ 通行人。《と(ワガ子ノ)行くへを何とくに》旅人。「—に言(こと)づてて、(ワガ子ノ)行くへを何と尋ねむ」〔謡・隅田川〕 **——ぶり** 〈振〉り・触り Ⓔ ❶道の途中で行き会うこと。道すがら。「桜花ちらばをしけむ(=散レバ惜シイダロウカラ)たまほこの—に折りてかざさむ」〔新勅撰・春下〕 ❷道中記。旅行の道筋にしたがって書いた日記。「時々のあはれにつき、かつ事に臨みて口すさばれし、歌や文や、物語—を、紙のはし、ものの裏などに書いつけられしを」〔秋成・藤簍冊子・付言〕 ❸和服用外套(とう)の一種。防寒とちりよけのため、多く旅行者がきた。被風(ひふ)の形をしている。「坊主髪(かづら)—、木刀を差し俳諧師の拵(こしら)へ」〔伎・十六夜清心・一ノ五〕

みづ がね【水銀】(ミズー) Ⓔ すいぎん。「—で磨(と)ぎかけた最中、鏡は神の御正体」〔浄・布引滝・二〕

みづから

【自ら】(ミズー) Ⓐ ━《代》第一人称。わたし。《古くは男性も用いた。↓》「僧徹、弟子等に告げていはく、『—は既に(=間モナク)死なむとす』と言ひて」〔今昔・巻七ノ二五〕《室町時代ごろからは、もっぱら女性語となった。↓》「—が殿御(とのご=夫)はどれぢゃ」〔狂・吹取〕《江戸時代からは、とくに身分のある女性があらたまった感じの場面で用いた。↓》「—は遙かこの山の麓の者でござんする」〔伎・鳴神〕《↑話主は当麻姫。あとの砕けた場面になると、同じ姫が「わたし」を使う》 ━《副》自身で。自分で。「—下襲(したがさね)の後(しり=スソヲ)はさみて乗りたまひぬ」〔大鏡・伊尹〕

み つ・ぐ【見継ぐ】Ⓓ 《他四》 ❶見守る。見届ける。「(織女ダケデナク下界ノ)人さへや—・がずあらむ(=見マモラズニイラレヨウカ)彦星の妻よぶ舟の近づき行くを」〔万葉・巻一〇〕 ❷加勢する。味方する。「あなかしこ(=ケッシテ)、わきさし(=僧仲間)たちいづかたをも—・ぎたまふな」〔徒然・一一五段〕 ❸世話をする。めんどうをみる。「都(ニ残ル人)のことなどをば、誰(ニ)—・ぎまゐらせよとて、かやうには仰せさぶらふやらむ」〔平家・小宰相身投〕

み づし【御厨子】(ーズー) Ⓓ ❶厨子(ずし)の尊敬語。「—によりて紙一巻(ひとまき)、御すずりのふたに取りおろして奉れば」〔源氏・野分〕 ❷御厨子所の女子職員。「御手水(てうづ)・かゆ、いかでまゐらむ(=何トカシテサシアゲタイ)と思ひて、—にや語らはまし(=相談ショウカ)と思へど」〔落窪・巻一〕 ❸《転じて単に》下ばたらきの女。下女。「あたりをながめて御覧ずるところに、いづくともなく、御(おん)—一人参り」〔伽・唐糸草子〕「—の玉(=名)はそろそろと門口あけて」〔近松・歌念仏・中〕《「御厨子」という語源がわからなくなったので、「おんみづし」などの言いかたが生まれ、のちには「水仕」とあてるようになった〕 **―どころ**所 Ⓓ ❶宮内省の内の膳司(かしわでのつかさ)に属し、宮中日常の食事および節会(せちえ)等の料理を担当する部局。後涼殿の中にあった。四位以上の殿上人がその管理責任者(別当)となった。「―にて御膳を供す」〔雲図抄裏書・弓場始〕 ❷中古、貴族の邸における調理室。台所。「ここは(大臣三春高基ノヤシキノ)―。寝殿の北の方(ニアリ)、頭白き女ひとり水汲む」〔宇津保・藤原君(絵詞)〕

みづ とり【水取り】(ミズ―) Ⓔ 奈良東大寺二月堂の年中行事の一。昔は陰暦二月一日から一四日間行われ、このうち七日と一二日の深夜に堂の下の若狭(わかさ)井から水を汲み取って堂に運ぶ儀式があり、特に重んじられるので、この名がある。「―や氷の僧の沓(くつ)(=木製ノハキ物)の音」〔芭蕉(野ざらし)〕

みづ の え【壬】(ミズ―) Ⓓ 十干(じっかん)の第九番目。㊂じっかん。「―辰(たつ)の年即位、癸巳(みずのとみ)に改元(=年号ガ改メラレタノハ)、例のごとし」〔神皇正統記・下〕

みつ の くらゐ【三位】(―イ) Ⓓ →さんみ。「内裏(うち)より御使ひあり。―贈りたまふ」〔源氏・桐壺〕

みづ の と【癸】(ミズ―) Ⓓ 十干(じっかん)の第一〇番目。㊂じっかん。「―未(ひつじ)の年十二月二十三日の夜に」〔白石・折たく柴の記・上〕

みつ の みち【三つの道】 Ⓔ 〔連語〕 ❶(「三才」の日本よみで)天・地・人。「(マッタク未分化ノ存在カラ)―分かれてよりこのかた、多(おお)に万歳(よろづとせ)を経ぬ」〔紀・允恭・訓〕(「みつのみち」は「三才」の訓) ❷〔仏〕㋑(「三途(さんず)」の日本よみで)地獄・餓鬼・畜生の三世界。「天に生まるる(ハズノ)人の、(何カノグアイデ)あやしき(=ヒドイ)―に帰らむ一時(ひととき)に(自分ノ身ヲ)思ひなずらへて、(アナタト)けふ永く別れたてまつりぬ」〔源氏・松風〕㋺(「三乗」の意訳で)菩薩・縁覚・声聞。人を悟りに至らせる三種の行きかた。「(極楽デハ)流れくる御法(みのり)の水に洗はれて―には(ドレダッテ)悪(あ)しみ(=掛ケ詞「馬酔木(あしび)」)だになし」〔散木・釈教〕 ❸(「三径」の日本よみで)庭につきものである三つの通路。それぞれ門・井戸・便所(昔は独立の小屋)に通じる。「(庭ハ)―さへ分からざる中に、堂閣の戸、右左に頽(ふた)れ」〔秋成・雨月・青頭巾〕

みづは ぐ・む【瑞歯ぐむ・稚歯ぐむ】(ミズ―) Ⓔ 〔自四〕 ❶老い衰える。「むばたまの(=枕詞)わが黒髪は(白クナリ)白川の―む(=掛ケ詞「水ハ汲ム」)までなりにけるかな(=コレホドノ老齢ニナッタコトダ)」〔大和・一二六段〕 ❷老齢のため、姿勢が悪くなる。「老いてかがめる姿をば―むと申す」〔謡・檜垣〕「みづはさす」とも。

みづは さ・す【瑞歯さす・稚歯さす】(ミズ―) Ⓔ 〔自四〕 →みづはぐむ。「(道因ハ)会の時にはことさらに講師の座に分け寄りて、脇許(わきもと)につぶと(=ピッタリ)添ひゐて―・せる姿に耳をかたぶけつつ」〔無名抄・六二〕

みづほ の くに【瑞穂の国】(ミズ―) Ⓔ (「瑞穂」は「みずみずしい稲の穂」の意)日本国の美称。「葦原の―に家無みやまた還りこぬ(=家ガナイカラカ、帰ッテコナイ)…」〔万葉・巻九〕

みづら【角髪・角子】(―ズ―) Ⓓ 男子の髪型の一。髪を頭の中央で左右に分け、耳のあたりに巻きあげたもの。上代では成人男子用、中古では元服前の少年の正装用。巻きあげるから「あげまき」ともいう。「母刀自(おもとじ)(=母上)も玉にもがもや(=玉デアッテホシイナア)いただきて(=頭ニノセテ)―のなかにあへ(=イッショニ)まかまくも(=巻クノニナア)」〔万葉・巻二〇〕「(略装デイラッシャル若君ハ)わざとうるはしき(=キチントシタ正装ノ時ノ)―よりもいとをかしく(=カワイラシク)見えて」〔源氏・紅梅〕

〔みづら〕

み てぐら【幣】 Ⓔ 神に供え奉る物の総称。「いろいろの―ささげさせたまひて」〔源氏・明石〕

み と【水門】 Ⓔ →みなと①。「夜中ばかりに船を出だして、阿波の―を渡る」〔土佐〕

み ども【身〈共〉】 Ⓓ 〔代〕第一人称。対等またはそれ以下の相手に対して使う。江戸時代は武士階級で用いられた。「(大名→太郎冠者)幸ひ―は拍子ずきな(=リズム音楽ガ好キダ)」〔狂・今参〕「(太郎冠者→通行人)不審もっともな。―が(=オ前ヲ)抱(かか)ゆるではない」〔狂・蚊相撲〕「(山賊ドウシデ)『それがしは、もはや死にともなうなった』『―も死にともなうなった』」〔狂・文山立〕「(武士→遊女)おもしろい。これから―が(ソノ遊女ヲ)身受けせうわい」〔伎・幼稚子敵討・三〕

みな【皆】 **―に済(な)・す** あるだけのものをふいにする。全部使ってしまう。「みなにす」とも。「江戸・京・大阪の太夫のこらず請けても(=身ウケシテモ)…(コノ財産ハ)われ一代に―・しがたし」〔西鶴・五人女・巻五ノ五〕

みな がら【皆がら】 Ⓔ 〔副〕すっかり。全部。「武蔵野のゆかりの色(デアル紫)も訪ひわびぬ(=サガシテモワカラナイ)―霞む春の若草」〔拾遺愚草・中〕

みな そこ【水底】 Ⓔ 水の底。「月も宿かる昆陽(こや)の池、―清く澄みなして」〔謡・忠度〕

みな づき【水無月】 Ⓓ 旧暦六月の別名。㊂むつき。「―の乙未朔丁巳、軍(みいくさ)名草の邑(むら)に至る」〔紀・

み

神武・訓)《「みなづき」は「六月」の訓》「いまは涙も―(＝掛ケ詞「皆尽キ」)の木陰にわぶる…」〔蜻蛉・中〕 ―はらへ 祓へ(―エ) Ⓔ 旧暦六月三〇日に、水べの神社でおこなわれた神事。茅(ちがや)草で作った輪を参詣人にくぐらせ、身を清め、川原には五十串(いぐし)を立て、祝詞(のりと)をあげ、形代(かたしろ)の人形に罪を移したうえ川に流すなどの行事があった。「夏越(なごし)のはらへ」とも。「みなづきのはらへする車ども、あつかはしげに(＝セッセト)水にひきわたし」〔今昔・巻一九ノ三三〕

みなと【水門】 Ⓓ ❶海・(河)水の出入り口。「河見ればさやけく清し―なす海も広(ゆたけ)し…」〔万葉・巻一三〕「大きなる河の―を見つけて、その―に(船デ)さし入りにけり」〔今昔・巻三一ノ一二〕 ❷行きつくところ。止まるところ。「こと放(さ)けば(＝同ジ遠ザケルナラ)沖ゆ(＝沖ニイルウチカラ)放けなむ(＝遠ザケテホシイ)―より辺(へ)つかふ(＝岸ニ舟ガツク)時に放くべきものか(＝突ッ放スナンテヒドイシウチダ)」〔万葉・巻七〕

みなみおもて【南面】 Ⓓ ❶南に向いている方。「高御座(たかみくら)の―の柱のもとを、削りてさうらふなり」〔大鏡・道長〕 ❷(寝殿造りの正殿で)南に面したへや。あらたまった客を迎える場所。「(帝カラノ使者ヲ)―におろして、母君も、とみに、えものもたまはず」〔源氏・桐壺〕

みのり【御法】 Ⓓ《尊敬の気持ちで》❶仏法。「釈迦の―は天竺(てんぢく)(＝インド)に(オコナワレテイル)」〔梁塵〕 ❷仏事。法事。「―のいとなみ(＝準備)にて、一日(ついたち)ごろは(死別ノ悲シミモ)まぎらはしげなり(＝何トナクマギレル様子ダ)」〔源氏・幻〕

みはかし【御佩刀】 Ⓔ《「佩(は)く」の未然形に尊敬の助動詞「す」の連用形が付いて、名詞形「はかし」となったものに、接頭語「み」が加わった語》貴人の帯刀。「内裏(うち)より―持て参れり」〔紫日記〕

みはな・つ【見放つ】 Ⓓ《他四》かまいつけない。気にしない。相手にしない。「(妻ガ夫ヲ)あまりむげに(＝徹底的ニ)うちゆるべ(＝自由ニサセ)―・ちたる(＝ホッタラカシテイルノ)も…軽きかたにぞ(＝貫禄ガナイヨウニ)おぼえはべりし」〔源氏・帚木〕

みはや・す【見栄す】 Ⓔ《他四》見て賞賛する。「(ムスメガ古人ノ手蹟ヲ)をさをさ(＝ナカナカ)―・すまじからむには(＝見テホメソウモナイヨウナラ)伝ふまじきを(＝ヤルマイト思ウガ)」〔源氏・梅枝〕

みまく【見まく】 Ⓓ《連語》《「見る」に連語「まく」の付いた形》将来見ること。見ようとすること。《多くは下に「ほし」を伴う》(参)まく。「生きてあらば―も(＝将来会エルダロウコトモ)知らず何しかも(＝何ダッテ)死なむよ(＝死ンデシマウダロウヨ)妹と(言ッテアナタガ)夢に見えつる」〔万葉・巻四〕「見ても(＝会ッテモ)また(アノ人ヲ)またも―のほしければ馴るるを(＝ナジミニナルノヲ)人はいとふべらなり(＝イケナイト言ウノモ無理ハナイ)」〔古今・恋五〕

みまし【汝】 Ⓔ《代》敬意をもつ第二人称。あなた。「―の父とます天皇(すめらみこと)の―に賜ひし天(あめ)の下」〔続日本紀・神亀元年二月〕

みま・ふ【見〈舞〉ふ】(―マ〈モ〉ウ) Ⓓ《他四》❶見まわる。調べに行く。「当年は、とりわき柿が大なりいたいてござるによって、毎日―・ふことでござる」〔狂・柿山伏〕 ❷訪問する。「この間は久しうお―・ひ申しませぬによって、今日は、いづれも(＝皆サン)を伴ひ、お―・ひ申してござる」〔狂・庵の梅〕《日葡辞書にはmimaiに「訪問」という意の訳語が示してある》

みみ【身身】 Ⓓ ❶(親と子の)身二つ。《「身々となる」の形で「子を産む」意となる》「神仏に『たひらかに(＝無事ニ)御―となしたまへ』と申したまへ」〔宇津保・俊蔭〕「波の上の住居なれば、―とならむ時も通盛いかがはせむずると、ただ今あらむずる事の様になげきしぞや」〔盛衰・巻三八ノ四〕 ❷各人の身。その身その身。「おのが―につけたる(＝応ジタ)たより(＝縁故)ども思ひ出でて」〔源氏・蓬生〕

みみかしがま・し【耳囂し】 Ⓓ《形シク》聴覚にひどく感じる。うるさい。やかましい。「おどろおどろしく踏みとどろかすからうす(＝石ウス)の音も、枕上とおぼゆ。あな―・しと、これにぞおぼす」〔源氏・夕顔〕

みみた・つ【耳立つ】 Ⓓ ㊀《自四》注意して聞くようになる。聞いて心に残る。「中納言の典侍(すけ)は、月ごろあやしあやしと目とどまりて―・つ事も多かれど」〔狭衣・巻二〕 ㊁《他下二》注意して聞く。耳をそばだてる。「親などのかなしうする(＝カワイガル)子は、目たて―・てられて、いたはしうこそ(＝ナンダカタイセツニ)おぼゆれ」〔枕・二六七段〕

みみと・し【耳疾し・耳敏し】 Ⓔ《形ク》聴覚が鋭敏だ。「いと細き声にて『…』と言ひたるを、さすがに―・く聞きつけて」〔堤・貝合〕

みみはさみ【耳挟み】 Ⓔ (中古の女性が)額髪を耳の後ろにかきあげておくこと。《忙しい時などにする動作だが、品のない、つや消しのふるまいと見なされていた》「御かたがた、あるは―をしたまひて、昼のやうなる御殿油をおしはりて、端近くゐたまふ」〔宇津保・楼上下〕「明け暮れは―をして、(毛虫ヲ)手のうら(＝テノヒラ)に添へふせて、まぼりたまふ(＝観察ナサル)」〔堤・虫めづる〕

みめ【妃】 Ⓔ「妻(め)」の尊敬語。《とくに》神・天皇・皇族の配偶者。「(山背大兄王ハ)つひに子弟(うから)―もろともに縊(わな)ぎて、ともに死(みう)せぬ」〔紀・皇極・訓〕《「みめ」は「妃妾」の訓》

みめ【見目・眉目・〈美〉目】 Ⓒ ❶見たところ。目に見える様子。「鷺はいと―もみぐるし」〔枕・四一段〕 ❷顔かたち。きりょう。「知らぬ人なれど―のこよなうをかしければ」〔源氏・手習〕 ❸㋑面目。とりえ。「いかに若いとて二人の子の親、結構なばかり(＝好人物ナバカリガ)―ではない」〔近松・天網島・中〕㋺眼目(がんもく)。中心点。「時雨(しぐれ)はこの集(＝猿蓑)の―なるに、この句(＝「いそがしや沖の時雨の真帆片帆」)しそこなひはべる」〔去来抄・先師評〕

みゃう が【冥加】(ミョウー) Ⓒ 《「冥」は暗い意、「加」は加護の意》 ❶目に見えない所から与えられる神仏のお守り。「この道(＝歌道)にて定家をなみせむ(＝非難スルヨウナ)輩(ともがら)は、―もあるべからず、罰を蒙(かう)むるべきことなり」〔正徹物語・上〕 ❷しあわせ。幸運。「私を連れさせらるるは、かやうな時のためでござる。(ワタシニトッテ)―のためでござるほどに、ひらに(＝ゼヒトモ)負ひ越しませう(＝背負ッテ渡リマショウ)」〔狂・どぶかっちり〕

みゃう がう【名号】(ミョウゴウ) Ⓓ 《梵 nāmadheya の意訳。本来「なまえ」の意》 ❶《特殊化して》仏・菩薩(ぼさつ)のなまえ。「波風いよいよ荒れければ、あるいは観音の―をとなへ、あるいは最後の十念におよぶ」〔平家・文覚被流〕 ❷《さらに特殊化して》阿弥陀仏のなまえ。実際にとなえるときは、いつも上に「南無」をつけるので、浄土宗では「南無阿弥陀仏」の六字を名号とよび、浄土真宗ではそのほか「南無不可思議光如来」「帰命尽十方無礙光如来」(いずれも阿弥陀仏の別称)をも名号という。「(阿弥陀仏ノ)誓願を離れたる―もさうらはず、―を離れたる誓願もさうらはずさうらふ」〔末燈鈔〕「誓願の不思議(＝人間ノ理性ヲ超越シタ大慈悲)によりて、(凡人ノ)たもちやすく、となへやすき―を案じいだしたまひて、この名字(みやうじ)をとなへむ者を(極楽ニ)迎へ取らむと御約束あることなれば」〔歎異抄〕

みゃう じん【明神】(ミョウー) Ⓓ ❶【名神】霊験のあることで有名な神。「稲荷(いなり)の杉のあらはに見ゆれば、―御覧ずらむに、いかでか(＝ドウシテ)なめげにて(＝無礼ナ姿デ)は出でむ」〔大鏡・実頼〕 ❷広く神をうやまっていう。「―(トクニ)氏の神(しん)も御知見あれ(＝御承知クダサイ)」〔謡・仲光〕

みや うど【宮人】 Ⓔ 神社に仕えている人。神職。《「みやびと」と同様「宮中に仕える人」の意がありそうだけれど、確かな用例は未見》「(上賀茂神社ノ)―ども多く走り集まって、これ(＝火)をうち消つ」〔平家・鹿谷〕

みゃう ぶ【名簿】(ミョウー) Ⓔ →なづき。「(猟官デ)ものおぼえぬ追従(ついそう)をなし、―うちし(＝サシ出シタリ)などせば」〔栄花・初花〕「(賀茂真淵ガ再ビ松阪ニ立チ寄ッタノデ)いそぎ宿りにまうでて、はじめて見えたてまつりたりき。さて、つひに―を奉りて、教へをうけたまはることにはなりたりきかし」〔宣長・玉勝間・巻二ノ四一〕

みゃう ぶ【命婦】(ミョウー) Ⓓ ❶五位以上の女官。または五位以上の官人の妻。前者を内命婦、後者を外(げ)命婦という。「馬の(＝トイウ呼ビ名ノ)―、『あな、まさなや(＝イケナイワネ)。入りたまへ』と呼ぶに」〔枕・九段〕 ❷稲荷(いなり)の神の使いとされているきつねの異名。「稲荷山の―、比叡(ひえい)山の猿(さる)、社々の使者、ことごとく虚空を西へ飛び去る」〔太平・巻三九ノ九〕

みゃう わう【明王】(ミョウオウ) Ⓓ ❶㋑仏道にはいろうとしない者を力で引きこむ、密教の仏。多くは怒りの相を示すが、孔雀(くじゃく)明王のようにやさしい表情のものもある。不動・降三世(ごうざんぜ)・軍荼利(ぐんだり)・大威徳・金剛・夜叉(やしゃ)の五大明王が代表的。「それ―の誓約(＝目標ガ)まちまちなりといへども、その(＝不動明王ノ)利益(りやく)余尊に越え」〔謡・善界〕㋺《とくに》不動明王。「不動の慈救(じく)の偈(げ)、―の火焔の黒煙を立ててぞ祈りける」〔謡・道成寺〕 ❷(徳の高い)天皇。「衆徒(＝法師タチ)の濫悪(らんあく＝暴行)をいたすは魔縁の所行なり。―の制止を加ふるは善逝(ぜんぜい＝仏)の加護なり(＝オ守リデアル)」〔平家・内裏炎上〕

みや ぎ【宮木】 Ⓔ 皇居などの建築用材。「―ひく(＝切り出ス)杣(そま)山人はあともなし檜原(ひばら)杉原雪深くして」〔新勅撰・冬〕

みやこ【都】 Ⓑ ❶㋑[対]「ひな」皇居のある土地。「野中の大石にのぼりまして、―を憶(しの)ひたまうて歌ひていはく…」〔紀・景行・訓〕《「みやこ」は「京都」の訓》㋺《＋自サ変》首都。(その地に)首都を置くこと。「冬十月磐余(いはれ)に―・したまふ」〔紀・履中・訓〕《「みやこしたまふ」は「都」の訓》 ❷現在の京都市に当たる地。平安京。「―の東南(たつみ)より火出で来て、西北(いぬゐ)に至る」〔方丈〕

みやす どころ【御息所】 Ⓓ →みやすんどころ。「京極の―、亭子の院の御賀(＝還暦ノ祝賀ヲ)つかうまつりたまふ」〔大和・三段〕

みやすん どころ【御息所】 Ⓓ 《「みやすみどころ」の転。「みやすどころ」とも》 ❶《天子の休息所の意から転じて》天皇・上皇の寝所でそば近く仕える女官。皇子のあるお方だけを御息所と称したとの説は、誤りである。「御子生まれたまはぬ―たちも、あまたさぶらひたまふ」〔栄花・月宴〕 ❷皇太子・親王の妃(きさき)。「先坊(＝前皇太子)に―参りたまふこと」〔大鏡・時平〕

みや づかさ【宮司】 Ⓓ ❶中宮職・東宮坊・斎宮・斎院などの職員。「―なども参り集まりて、言(こと)加へ(＝口出シヲシテ)興ず」〔枕・八七段〕 ❷神官。「老いたる―の過ぎしを呼びとどめて尋ねはべりしに」〔徒然・六七段〕

みやづかへ【宮仕へ】(ーエ) Ⓒ《＋自サ変》 ❶㋑《おもに女官として》宮中で勤務すること。「ー・しける女の方に御達(ごたち)なりける(＝女房デアッタ)人をあひ知りたりける」〔伊勢・一九段〕㋺「㋑」の《具体的な》勤務行為。「ーの方にもたちなれ(＝勤務ノ方面ニモ経験ヲ積ミ)」〔更級〕 ❷主従関係をもつこと。仕官。「ー・する人々の出で集まりて、おのが君々(＝各自ノ主君タチ)の御事めできこえ」〔枕・三〇三段〕 ❸(略)宮仕へ人。「都へ御同道なされて、ーになされてくだされうならば、ありがたう存じまする」〔狂・業平餅〕 ❹㋑主人の世話をすること。「この童(わらは)ばかりこそ(＝ワタシダケガ)ときどき参って(奥サマノ)ーつかまつりさうらひしか」〔平家・僧都死去〕「若く末々なる(＝身分ガ低イ者)はーに立ち居(＝立ッタリスワッタリシ)」〔徒然・一三七段〕㋺妻として夫の身のまわりの面倒を見ること。「今より後の齢(よはひ)をもて(＝後半生ヲ)御ー・したてまつらばや(＝妻トシテオ仕エシタイ)」〔秋成・雨月・蛇性〕㋩《一般に》そばにいて雑用をすること。サービス。「誰かある。まかり出でて御僧にー申しさうらへ」〔謡・朝長〕

みやばしら【宮柱】Ⓔ 宮殿の柱。「山城の鹿背(かせ)山の際(ま)にー太敷(ふとし)きまつり(＝オ立テシ)…」〔万葉・巻六〕

みやび【雅び】Ⓓ ❶感覚がこまかく優美なこと。風雅。風流。「いかめしく(＝リッパデ)めづらしきーを尽くしたまふ(＝コノウエナク風流ナコトヲナサル)」〔源氏・若菜上〕 ❷《優雅なという余情をこめて》風采(ふうさい)。おしだし。「きみはーいこよかに(＝リッパデ)まします」〔紀・仁徳・訓〕《「みやび」は「風姿」の訓》《古典主義の基本となる感じかた。先例を守るところに完成された美があるという意識につらなる》

ーか Ⓓ《形動ナリ》デリケートで優美だ。優雅。「わざと(スルノデ)はなくて、言ひ消つ(＝自分ヲタイシタ者デナイヨウニ言ウ)さま、ー・によし」〔源氏・松風〕

みや・ぶ【雅ぶ】Ⓓ《自上二》《「宮」に、「…らしい」の意をあらわす接尾語「ぶ」がついて動詞となったもので、「宮廷ふうのようすだ」「宮廷におけるような動作をする」という原義から》優雅である。あかぬけがしている。エレガントだ。「梅の花夢(いめ)に語らく(＝話スコトニハ)ー・びたる花と我(あれ)思(も)ふ酒に浮かべこそ(＝ワタシヲ酒ニ浮カセテクダサイナ)」〔万葉・巻五〕

みやま【み山】Ⓓ ❶《「み」は接頭語》《単に》山。「さびしさはーの秋の朝ぐもり霧にしほるる槙(まき)の下露」〔新古今・秋下〕 ❷【深山・太山】(対)「外山(とやま)」 奥深い山。「ーには霰(あられ)降るらし(ソノ証拠ニハ)外山なるまさきのかづら色づきにけり」〔古今・神楽歌〕 ❸【御山】《「み」は接頭語》山にある天皇の御墓所。山陵。「ーに参りたまふを、『御言(こと)づてや』と聞こえたまふに、とみにものも聞こえたまはず」〔源氏・須磨〕

みやもり【宮守】Ⓔ《宮の番をする人の意で》神官。「あるはーの翁、里の男(をのこ)ども入り来たりて」〔芭蕉・幻住庵記〕

みやり【見遣り】Ⓓ《＋形動ナリ》目のとどくところ。見わたされること。《距離的に遠くても近くてもよい》「波かげのーにたてる小松原心をよすることぞあるらし」〔蜻蛉・中〕《↑遠い例》「御馬ども近う立てて、ー・なる(＝見エル所ノ)倉か何ぞなる(＝何カシラ)稲ども取りいでて飼ふ」〔源氏・須磨〕《↑近い例》

みや・る【見遣る】Ⓒ《他四》こちらからあちらを見る。《距離的に遠くても近くてもよい》「『…』とて(＝ト言イナガラソコニ座ッテイル)式部がかたをー・れば」〔源氏・帚木〕《↑近い例》「(賀茂ノ川原カラ)鳥辺野の方などー・りたるほどなど」〔源氏・夕顔〕《↑遠い例》

み・ゆ【見ゆ】Ⓐ《自下二》 ❶他に見られる。見知られる。《「見せる」と訳するのがわかりよい》「大臣(おとど)にも変はらぬ姿今一度ー・え、かくと案内申して」〔大鏡・花山院〕 ❷目にとまる。目にうつる。見える。「千葉の葛野を見れば百千足(ももちだ)る(＝数多イ)家庭(やには)もー・ゆ(＝家ノ立チ並ブ所モ見エルシ)国の秀(ほ)もー・ゆ(＝国ノスグレタトコロモ見エル)」〔記・中〕 ❸思われる。判断される。「今少し若やかなる人の、『十四五ばかりにや』とぞー・ゆる」〔堤・このついで〕 ❹来る。現れる。「(アノ人ガ)ー・えば、笑はむ(＝笑イモノニシテヤロウ)」〔枕・八段〕「我らもかやうにー・え来たるを(＝現レタノニ)、いにしへ人とはうつつなや(＝ドウカシテイラッシャルワネ)」〔謡・江口〕 ❺よく見かける。見慣れる。「その山(＝富士ノ山)のさまいと世にー・えぬさまなり」〔更級〕 ❻㋑会う。「宮(＝中宮)にー・えたてまつる(＝オ目ニカカルノ)は、恥づかしうこそあれ(＝キマリガワルイ)」〔源氏・野分〕㋺連れ添う。結婚する。「行く先長くー・えむと思はば(＝モシ末長クワタシト連レソイタイト思ウノナラ)」〔源氏・帚木〕 ❼〔補動〕「あり⑥」の尊敬態。…でいらっしゃる。…でおいでだ。「そこにおはするは、そのをりの女人にやー・えますらむ(＝奥サンデイラッシャイマスカ)」〔大鏡・序〕《東松本「みてますらむ」。「て」は「え」の誤写とする説に従う》

みゆき【御幸・行幸】Ⓓ《＋自サ変》天皇またはそれに準ずるお方が外出なさること。(参)ごかう・ぎゃうがう。「小倉山峰の紅葉し心あらば今いとたびのー待たなむ」〔大和・九段〕

みる【見る】Ⓐ《他上一》 ❶㋑目で事物の存在を感覚する。「春は藤なみをみる」〔方丈〕㋺観察する。「命あるものをみるに、人ばかり久しきはなし」〔徒然・七段〕 ❷理解する。了解する。「（サキホドノ泣キ声ハ）かくなりけり（=コウイウ次第ダッタノダ）とみるに（=了解スルニツケ）、いよいよむくつけし（=気味ガワルイ）」〔紫日記〕 ❸㋑会う。「近江（=掛ケ詞「逢フ身」）てふ方の知るべも得てしかな（=ホシイモノダナア）みるめなき（=会ウチャンスガナイ）こと行きて恨みむ」〔後撰・恋四〕㋺夫婦またはそれに準ずる間がらとなることを遠まわしにいう。「多くは、わが（=夫ノ）心も、みる人から（=妻シダイデ）治まりもすべし」〔源氏・帚木〕 ❹経験する。「からい（=ヒドイ）目をみさぶらひて」〔枕・三一四段〕 ❺㋑処理する。「〘紀伊守ノコトバ〙あさましう前(さき)の守(かみ)のし乱りける（=メチャナ政治ヲシタ）国にまうで（=赴(ふ)任シテ）来て…みたまへわづらひて（=手ノツケヨウガゴザイマセンデ）、いはゆる田舎人（=地方ボケ役人）になむなりにてはべる」〔宇津保・吹上上〕㋺世話する。「あっぱれ剛の者かな。これをこそ一人当千の兵(つはもの)ともいふべけれ。あったら（=惜シイ）者どもを助けてみで（=部下ニデキズ、残念ダ）」〔平家・妹尾最期〕 ❻〔補動〕〘動詞連用形に直接または助詞「て」を介して付き〙「ためしに…する」の意を表す。「試みにおのが心も試みむいざ都へと来て誘ひみよ」〔和泉日記〕「男もすなる日記といふものを、女もしてみむとて、するなり」〔土佐〕〘①②③の用法は、いずれも英語のseeに含まれる〙

みれん［未練］Ⓓ ❶じゅうぶんに練達していないこと。未熟。「いかにも―のほどは、日ごろ詠みなれたる題にて詠むべきにてさうらふ」〔毎月抄〕 ❷〘＋形動ナリ〙思い切りが悪いこと。「お気に入らぬと知りながら、―な私が輪廻(りんね)（=愛着）ゆゑ…これまで（コノ家ニ）ゐたのが、お身（=アナタ）の仇(あだ)」〔浄・艶容・下〕

みろく［〈弥勒〉］Ⓓ〔仏〕〘梵 Maitreya の音訳。慈悲深い人の意〙現在は兜率(とそつ)天で天人のため説法中の菩薩(ぼさつ)だが、釈迦(しゃか)滅後五十六億七千万年にこの世に仏として現れ、釈迦の説法に会えなかったいっさいの人類を救うとされる。当来仏ともいう。「『翼(はね)をかはさむ』（トイウ長恨歌ノ約束）とは引きかへて、―の世（マデモ末ナガクト）かねたまふ（=オ契リニナル）」〔源氏・夕顔〕

みんぶ［民部］Ⓓ ❶[略]民部省。 ❷民部省の役人。

―きゃう 卿（-キョウ）Ⓓ 民部省の長官。正四位の相当官だが、実際には大・中納言の兼任が普通であった。

―しゃう 省（-ショウ）Ⓓ 戸籍・租税・土木・交通・耕作などをつかさどる役所。主計(かずえ)寮・主税(ちから)寮を含む。長官を卿(きょう)、次官を大輔(たゆう)・少輔(しょう)、三等官を大丞(だいじょう)・少丞(しょうじょう)、四等官を大録(だいさかん)・少録(しょうさかん)といった。

む

む Ⓐ〘助動〙〘活用語の未然形に付く。「ん」とも表記〙〔推量〕 ❶未来または直接に感覚できない事がらを予想・推量する。…だろう。…と思う。「明日よりは我は恋ひむな（=恋シク感ジルダロウナ）名欲(なほり)山岩ふみならし君が越え去(い)なば」〔万葉・巻九〕「なぞの（=ドウイッタ）犬の、かく久しう鳴くにかあらむ」〔枕・九段〕 ❷主語となっている者の意思・決意・希望を表す。…う。…よう。…つもりだ。…たい。「今夜(こよひ)は、ここにさぶらはむ（=オラセテイタダキマショウ）」〔伊勢・七八段〕「筑紫の国に湯あみにまからむ（=参リタク存ジマス）」〔竹取〕 ❸㋑相手に対し勧誘・うながしの意を示す。…したらどうか。…なさい。「鳴り高し（=ヤカマシイ）。鳴りやまむ（=静カニナサイ）。はなはだ非常(ひざう)なり（=ケシカラン）。座をひきて（=退席シテ）立ちたうびなむ（=オ行キニナッタラドウデスカ）」〔源氏・少女〕㋺その事がらが適当・当然な意を表す。…がよい。…すべきだ。〘「こそ…め」の形であることが多い〙「さるべき人々、夕づけてこそは（=夕方ニナッテカラ）迎へさせたまはめ（=オ呼ビニナルノガヨイデショウ）」〔源氏・若紫〕「言ひとぢめつる（=イチド言イ切ッタ）事は、さてこそあらめ（=変エナイニ限ル）」〔枕・一〇一段〕 ❹〘連体修飾のとき〙㋑仮想（Subjunctive Mood）を表す。もし…なら（…だろう）。仮に…とするなら（…はずだ）。「（モシ）思はむ子（ガアルトシテソノ子）を（仮ニ）法師になしたらむこそ（=シテイルヨウナ事ガアレバソレコソ）心ぐるしけれ」〔枕・七段〕〘「思ふ子を法師になしたるこそ」との差を理解する必要がある。現代語には、これに当たる言いかたがないので、訳するときには「かわいく思う子を法師にしているのは」というよりほかないが、英訳するときには Subjunctive にしなくてはいけない〙㋺（仮想の気持ちで）間接的な言いかたにする。…ような。「その（=アナタガ）うちとけて（=私的デ）かたはらいたし（=見ラレテハコマル）とおぼされむこそ（=オ感ジニナルヨウナ手紙ガ）ゆかしけれ（=拝見シタイモノデスナ）」〔源氏・帚木〕〘(1)①②③の用法はすべて英語の will（shall）にもある。① It will rain tomorrow. ② I will go to the station. ③㋑ Will you come here again? ㋺ Shall we leave now? ④は will だけでは言い表せず、if を併用する。[参]まし。(2)未然形の「ま」は、奈良時代にすでに単独では使われなくなり、いつも「まく」（「く」は接尾語）の形だけが

未然	連用	終止	連体	已然	命令
（ま）		む	む	め	

現れる。「梅の花(ノ)散ら|まく惜しみわが園の竹の林に鶯鳴くも」〔万葉・巻五〕「海(わた)の原寄せくる波の(ヨウニ)しばしばも見|まくのほしき(=見ルコトガ欲セラレル)玉津島かも」〔古今・雑上〕「まくほし」は助動詞「まほし」の原形。[参]まほし。(3)仮想の用法は連体修飾に限られるが、中世以後の誤用で、言い切りの「む」が仮想を表すことも、まれにはある。「もし(白ウルリトイウ物ガ)あらましかば、この僧の顔に似てむ|」〔徒然・六〇段〕》

むえ【無依】Ⓔ 執着するものがまったくない悟った心境。「何か(=ドウシテ)―の鉄肝(てっかん=堅イ心ガ)鶻鳩(かくきゅう=小バト)のつばさ(ノヨウナタヨリナイワタシナンカ)にたへむ(=負イキレヨウカ)」〔芭蕉・芭蕉を移す詞〕

むかし【昔】 **―のひと** 昔の人 Ⓓ《連語》❶なくなった人。故人。「―ものしたまはましかばと」〔源氏・橋姫〕 ❷以前知っていた人。「五月(さつき)待つ(=五月ヲ待ッテ咲キハジメル)花橘の香をかげば―の袖の香ぞする」〔伊勢・六〇段〕 **―びと** 人 Ⓓ ❶古人。「―は、かくいちはやき(=機敏ナ)みやび(=風流ノヤリトリ)をなむしける」〔伊勢・一段〕 ❷なくなった人。故人。「―の言ひおきはべりしかば(=遺言シテオキマシタノデ)」〔落窪・巻四〕 ❸昔の知人。㋑(一般的な)昔の知人。「―もかたへは(=一部ハ)変はらではべりければ」〔源氏・玉鬘〕㋺以前の妻を遠まわしにいう。「ここ(=コノ方)の御―は…そこにこそも年ごろ(=数年来)ものせらるるなれ」〔宇津保・国譲上〕 ❹昔かたぎの人。古風な人。「連れ合い五左衛門殿はにべもない(=ブッキラボウナ)―」〔近松・天網島・上〕《④の用例を従来は老人の意に解したが、誤り》 **―へびと** 昔へ人(-エ-)Ⓓ「むかしびと」に同じ。「また―(=ナクナッタ子)を思ひいでて」〔土佐〕

むかはぎ【向か脛】Ⓔ むこうずね。「かのかは(=掛ケ詞「鹿ノ皮」「カノ川」)の―(=掛ケ詞「行縢(むかばき)」)すぎて深からば渡らでただに帰るばかりぞ」〔拾遺・物名〕

むかばき【行縢】Ⓔ 腰につけて、両足・袴(はかま)の前面に当てる毛皮製のおおい。馬に乗る時などに用い、また臨時の敷物にもなる。「―を解きて、苔の上に敷き、『こち(=オイデ)』とて、(子ドモヲ)据ゑ、我もゐたまひて、事の由を問ひたまふ」〔宇津保・俊蔭〕「(鷹狩リノ人ガ)まだらなる狩衣を着て、熊の―を着て…鷹を手に据ゑて、高く鳴る鈴を鷹に付けたり」〔今昔・巻一九ノ八〕

むかひばら【当腹】(-イ-)Ⓔ 本妻から生まれること。またはその子。嫡出(子)。「―の三郎君、十ばかりなるに」〔落窪・巻一〕

むかひび【向かひ火】(-イ-)Ⓔ ❶↓むかへび。❷相手が怒ったときに自分も怒り、相手の勢いに対抗すること。「この御気色(けしき)も(=コノ北ノ方ノ御様子モ)、にくげに(=ニクタラシク)ふすべ恨みなどしたまはば(=ヤキモチデモ焼キナサレバ)、なかなか(=カエッテ)ことつけて(=ソレニカコツケテ)我も―つくりてあるべきを(=対抗スレバヨイノダガ)」〔源氏・真木柱〕「木売り娘(=蚊ヤリ火用ノ木ヲ売ル娘)に、ふすべられて(=ヤキモチヲ焼カレテ)、われも、―つくらむも(=自分マデモソレニ対抗シテミルノモ)むつかしければ(=イヤラシイコトダカラ)」〔芭蕉・貝おほひ〕

むか・ふ【向かふ・対ふ】(-カ〈コ〉ウ)Ⓑ [一]《自四》❶㋑面する。「住吉の岸に―・へる淡路島あはれと君を言はぬ日ぞなき」〔拾遺・恋五〕㋺対面する。「あの姿(=平服)に腹巻を着て―・はむこと、おもはゆう恥づかしくや思はれけむ」〔平家・教訓状〕❷出向く。行く。「御書(=オ手紙)を賜って、(小督ノイル所へ)―・ひさうらはむ」〔平家・小督〕❸近づく。「たちまちに三途の暗(=死)に―・はむとす」〔方丈〕❹匹敵する。相当する。「十二騎と申すとも、余(=ホカ)の勢(せい)百騎・二百騎にも―・ふべし」〔謡・吉野静〕❺相手になる。敵対する。「―・ふ敵に走りかかり走りかかり、大肌ぬぎになって戦ひけるが」〔太平・巻三ノ二〕 [二]《他下二》❶面させる。むける。「母屋(もや)の御座に―・へて大臣(おとど)の座あり」〔源氏・若菜上〕❷さし向ける。「入道がもとへ射手などや―・へむずらむ(=討ッ手デモ寄コスツモリダロウカ)」〔平家・烽火沙汰〕❸対抗させる。「北京には(=京都ガワデハ)興福寺に―・へて、延暦寺の額(がく)をうつ」〔平家・額打論〕

むかへび【迎へ火】(-エ-)Ⓔ ❶焼けてくる火に対して、その火勢を弱めるため、逆にこちらからつける火。「燧(ひうち)をもちて火をうちいだして、―つけて、まぬかるることを得たり」〔紀・景行・訓〕《「むかへびつけて」は「向焼」の訓。従来「むかひび」とよまれているが、その根拠は不明》「(武家ノ方カラ)―を作りて(=逆ニアオリ立テ)朝家をおどしまゐらすることもあるべからず」〔愚管抄・付録〕《↑比喩的に用いることもある》❷旧暦七月一三日に、死者の魂を招くため、門口でたく火。季語としては秋。「むかひび」とも。「―やどちへも向かぬ平家蟹(がに)」〔一茶(七番日記)〕《「迎火」と表記。「むかひび」か「むかへび」か不明の例しか見つからない》

むくつけ・し Ⓒ《形ク》❶(恐怖・不快を感じて)おそろしい。気味がわるい。いやだ。「女鬼にやあらむと―・きを」〔源氏・手習〕 ❷(恐怖・不快感を与えるために)おそろしい。たけだけしい。「いかめしきつはもの(=武士)ありけり。―・き心のなかにいささかすきたる心のまじりて」〔源氏・玉鬘〕

むくむく・し Ⓔ《形シク》不気味だ。何となくこわい。「(コチラノ者タチガ)寝たると思ひて(アチラデワレワレノ事

ヲ)いふ(＝話シテイル)。聞くに、いと―・しく(マタ一方デハ)をかし(＝心ヲヒカレル)」〔更級〕

むぐら【葎】 Ⓓ おい茂るつる草の総称。中古的な感覚では、雑草の代表的なもので、貴族の邸宅にはおよそ似つかわしくない草としてあつかわれている。(参)よもぎ。「―はふ下にも年は経ぬる身の(＝ツル草ノ茂ルイヤシイ家ニズット住ンデ来マシタワタシガ)何かは玉のうてなをも見む(＝ドウシテイマサラ御殿ニアガレマショウカ)」〔竹取〕 **―のやど** 葎の宿 Ⓔ〘連語〙むぐらの茂るあばら屋の意で、自分の家を卑下していう時などに用いる。「思ひあらば(＝アナタニ愛情ガオアリナラバ)―(＝拙宅)に寝もしなむひじきもの(＝夜具ノカワリ)には袖をしつつも(＝敷物ニシナガラモ)」〔伊勢・三段〕

むくゎん【無官】(―カン) Ⓔ 何も官がないこと。「彼の親王(＝葛原親王)の御子高見の王、―無位にしてうせたまひぬ(＝オナクナリニナッタ)」〔平家・祇園精舎〕 **―のたいふ** 無官の大夫(…タユウ) Ⓔ〘連語〙定まった官はなくて、五位の殿上人である人。公卿(くぎやう)の子で元服前に五位に叙せられた者を多くはそう呼ぶ。「一年(ひととせ)一の谷にて討たれたまひし―敦盛の忘れ形見(＝遺児)にてわたらせたまひさうらふ(＝デオイデニナリマス)」〔謡・生田敦盛〕

むげ【無下】 Ⓐ〘形動ナリ〙〘それより下はないという意から〙❶㋑(程度が)ひどいさま。まったく(…だ)。「(ダジャレナンカ)―のよしなしごとにはべれど(＝マッタクノオ笑イグサデスガ)」〔大鏡・昔物語〕「法師の―・に(＝テンデ)能なきは、檀那(だんな)(＝スポンサー)すさましく(＝興ザメニ)思ふべし」〔大鏡・昔物語〕㋺(価値に関係なく)文句なし。そのものずばり。「(鏡箱ノ)底に書けるものを見るに、―・に(＝マギレモナク)落窪の君の手(＝筆跡)なれば」〔落窪・巻三〕❷㋑むやみ。やたら。べらぼうだ。「相伝せざる(＝正シイ教エヲ受ケテイナイ)人の、和歌に師匠なしと心得むは、―の(＝トンデモナイ)事なり」〔貞徳・戴恩記・上〕㋺無理。筋が通らない。「無き(＝アリッタケノ)力をおこして(＝フリシボッテ)―・に(＝ムリヤリニ)踏み入る」〔今昔・巻二八ノ四二〕「―・な言ひ分(ぶん)してくだんす」〔近松・淀鯉・上〕❸㋑(関心を示さないので)どうしようもないさま。(その気がなくて)最低の感じだ。「いかに殿ばら(＝ネエ皆サン)、殊勝の(＝ステキナ)事は御覧じとがめずや(＝オ目ニトマリマセンカ)。―・なり(＝ナッチャナイナア)」〔徒然・二三六段〕㋺おかまいないさま。「『―・に越えむ(＝無視シテ行クノ)もさすがに(残念デス)』と語れば、(発句ニ対シ)脇・第三と(句ヲ)続けて、三巻(ノ連句)となしぬ」〔芭蕉・奥の細道〕❹身分が低い。「―の(＝イヤシイ)その道(ニオケル)なべての下臈(げらふ)(＝下ッパ)などにこそ、かやうなる(職人的ナ)事はせさせたまはめ(＝オサセニナルガヨイ)」〔大鏡・実頼〕

むげん【無間】 Ⓔ〘梵 avīci の意訳。音訳は「阿鼻」〙(略)無間地獄。八熱地獄の一。瞬時の絶え間もなく、沸きかえる溶銅で焼かれる地獄。「たちまち―に沈むとも、思ふ夫婦の仲ならば、何か苦しかるべきぞ」〔伽・鉢かづき〕

むご【無期】 Ⓓ〘形動ナリ〙❶期限が決まらない。いつとわからない。「こたみ(＝コンド)の相撲(すまひ)の勝ち負けの定まらむ事、いと―・なり」〔宇津保・初秋〕❷いつまでもその状態である。ずっと…である。「―・に見えざりければ、いかにかうは遅きにかと」〔宇治・巻一一ノ五〕

むさと Ⓔ〘副〙❶無造作に。「家久しい(＝長年奉公シテイタ)ものを、―討って捨てた(＝ムザムザト殺サセタ)ことぢや」〔狂・武悪〕❷不注意に。うっかりと。「御仁体(じんてい)を見つけませせぬ(＝アナタ様ノヨウナオ方ヲイツモオ見カケシマセン)によって、―した(＝ツイ失礼ナ)事をいたいてござる」〔狂・靫猿〕❸無責任に。いいかげんに。見さかいなく。「こなたは―した(＝メチャナ)事を仰せらるる」〔狂・居杭〕

むざね【実】 Ⓔ〘古代語〙本体。正体。「(日本武尊ハ)向かふ所、敵(かたき)なく、攻むる所、必ず勝つ。即ち知りぬ、形は則ち我が子にて、―は則ち神」〔紀・景行・訓〕〘「むざね」は「実」の訓〙

むざん【無慙・無慚】 Ⓒ〘＋形動ナリ〙❶〔仏〕戒律を犯して恥じないこと。「われ―の法師にて、忌む事(＝戒律)の中に破る戒は多からめど(＝少ナクアルマイガ)、女の筋につけて(＝女性関係ダケハ)まだそしりとらず」〔源氏・手習〕❷【無〈惨〉】残酷。いたわしいこと。「当座にありし(＝ソノ席ニイアワセタ)者ども、一人も残らず北国にて皆死にけるこそ―・なれ」〔平家・篠原合戦〕

むしゃどころ【武者所】 Ⓔ 上皇御所を警護する北面の武士の詰め所。「鳥羽の院位の御時、白河院の―の中に、宮道式成・源満・則員、ことに的弓(＝的ヲイル弓術)の上手なり」〔宇治・巻七ノ七〕

むじゃう【無常】(―ジョウ) Ⓒ ❶〔仏〕〘梵 anitya の意訳で〙同じ状態でいないこと。たえず変化すること。「恩愛は会ふといへども離る。世間の―、かならず恐るべし」〔今昔・巻一ノ四〕❷無常はもともと生(発生)・住(形成)・異(変化)・滅(消滅)の四相をたどる意であるが、とくに滅を重視し、生存する者を死に導いてゆく変化をさす用法もおこなわれた。「主(あるじ)と住みかと―を争ふさま(＝ドチラガ早クコノ世ヲ去ルカトイウ状態ハ)、いはば朝顔の露に異ならず」〔方丈〕「静かなる山の奥(ダッテ)、―の敵(かたき)きほひ来たらざらむや(＝押シ寄セテ来ナイハズガアロウカ)」〔徒然・一三七段〕

むしろ【席・筵・蓆】Ⓓ ❶藺(ゐ)・竹・藁(わら)・蒲(がま)などを編んでつくった敷物。「上ー、ただのーの清きに敷きかへさすれば」〔蜻蛉・中〕 ❷敷物の代用となるもの。「ありつる(=カネテ用意シテアッタ)苔のーに並みゐて『…』など言ひしろひて(=シャベリアッテ)」〔徒然・五四段〕 ❸席。座席。場。「一道にたづさはる人、あらぬ道のーに(=専門外ノ芸能ノ席ニ)臨みて『…』と言ひ、心にも思へること、常のことなれど、よにわろくおぼゆるなり」〔徒然・一六七段〕

むしん【無心】Ⓓ [一]《十形動ナリ》[対]「有心」 ❶分別がないこと。「この大納言殿(=公任ハ)、ーの事(=失言ヲ)一度ぞのたまへるや」〔大鏡・頼忠〕 ❷気がきかないこと。「『(ワタシミタイニ)人(=世間)に知られぬ人は、ー・なるこそ(カエッテ)よけれ』とて、ものしげに(=不愉快ソウニ)おもほしたり」〔落窪・巻一〕 ❸風流気がないこと。情趣がわからないこと。「(ワタシハ)人の遊びせむ(=音楽ヲ奏スルヨウナ)所には、(下品ナ)草刈り笛吹くばかりの心ども(=タシナミ)にて、いとー・にてはべり」〔宇津保・国譲上〕 ❹《鎌倉・室町時代の歌・連歌で》まともでない内容・表現であること。ふつうの歌よりも価値が低いとされていた。無心連歌は室町時代におこった俳諧連歌の源流となった。「有心ーとて、うるはしき(=伝統的ナ)連歌と、狂句(=フザケタ句)とをまぜまぜにせられし(=交互ニ付ケラレタ)事も、常にはべり」〔筑波問答〕 ❺〔仏〕迷いの心がないこと。用例→「うしん⑤」。 ❻無遠慮。ずうずうしいこと。「いやがるを引きとどめ、『ー・なれども、頼む』と(言ッテ)、明け方まで肩を打たせければ」〔西鶴・伝来記・巻三ノ二〕 [二]《十他サ変》物品をねだること。遠慮なしに物事をたのむこと。「初めて会うてーを言ふはいかがなれども(=ドウカト思ウガ)、ちと頼みたい事がある」〔狂・靫猿〕 **ーしょちゃく** 所着 Ⓔ 意味不通の歌。たわむれに、わざとそのような歌をよむことがあった。「初心の者、これ(=エライ歌人ノ放レワザ)を見て、心にうらやましく思ひて、詠み似せむとすれば、ーの何ともなき(=処置ナシノ)ほれたる(=ボンヤリシタ)事を詠み出だすなり」〔正徹物語・上〕 **ーてい** 体 Ⓓ 《和歌・連歌で》こっけい・機知を主とした表現のしかた。[参]むしん④。「ーの歌(=狂歌)もおなぐさみにはよろしうござります」〔三馬・風呂・三ノ下〕

む・す【噎す・咽す】Ⓓ《自下二》 ❶《涙・唾(つば)・異物などで》のどがつかえ、咳(せき)が出る。「涙にー・せて、何事もすがすがしう(=スラスラト)も申さで」〔栄花・楚王〕 ❷《悲しみのため》胸がつまるような思いをする。「(少女ニ)言(こと)問はむ(=話シカケヨウニモ)縁(よし)(=キッカケ)のなければ心のみー・せつつあるに…」〔万葉・巻四〕《他動詞とする説もあるが、誤り》

む・ず Ⓑ《助動》《「むとす」の連音変化から生じたもので、活用語の未然形に付く。「んず」とも表記》 ❶〔予想〕将来の事がらや状態を前もって考える意を表す。…ことになるだろう。「この月の十五日に、かの本の国(=カグヤ姫ノ故郷)より迎へに人々まうでこー・ず(=参上スルデショウ)」〔竹取〕 ❷〔意思〕将来の事がらや状態に対する自分の考えを表明する。(その時は)…つもりだ。「御恩をかうぶりて、草の陰(=アノ世)にてもうれしと存じさうらはば、(ワタシハアナタノ)遠き御守りでこそさうらはーー・ずれ(=トナルツモリデス)」〔平家・忠度都落〕《平安時代中期の上流女性には、まだ俗語めいた感じだったらしく、あまり使われていない。「『その事させむとす』『言はむとす』『何とせむとす』といふ『と』文字を失ひて、ただ『言はー・ずる』『里へ出でー・ずる』など言へば、やがて、いとわろし。まいて、文に書いては言ふべきにもあらず」〔枕・一九五段〕。鎌倉時代には多く現れる》

未然	連用	終止	連体	已然	命令
		ず	ずる	ずれ	

むす・ぶ Ⓑ [一]【結ぶ】《他四》 ❶(糸・ひもまたは細長い物を)つなぎあわせる。または固定させる。「紙のいとなつかしう、しみ深うにほへるを、いと細く小さくー・びたるあり」〔源氏・胡蝶〕 ❷(物を結合して)作る。「かの海棠に巣をいとなび、主簿峰に庵をー・べる王翁」〔芭蕉・幻住庵記〕 ❸(ある形をなすように)組みあわせる。「数珠おしすり、印(いん)ことごとしくー・びいでなどして、いらなく(=ギョウサンニ)ふるまひて」〔徒然・五四段〕 ❹形成する。「旅衣うらがなしさに明かしかね草の枕(=旅サキデノ仮寝)は夢もー・ばず」〔源氏・明石〕「ながき恨みをー・ぶ類(たぐひ)多し」〔徒然・一三〇段〕 ❺約束する。「永き世々に絶ゆまじき御契りをば、法華(ほけ)経にー・びたまふ」〔源氏・鈴虫〕 ❻結婚するのを遠まわしにいう。「うら若み(=妙齢デ)寝よげに見ゆる若草(ノヨウナアナタ)を人のー・ばむ(=掛ケ詞①)ことをしぞ思ふ」〔伊勢・四九段〕 [二]【結ぶ】《自四》 ❶まとまった形になる。「よどみに浮かぶ泡(うたかた)はかつ消えかつー・びて」〔方丈〕 ❷くしゃくしゃする。気が晴れない。ふさぐ。「(生マレタノガ)かかる片輪者なれば、いかがすべきと嘆きー・ぶに」〔今昔・巻二ノ三三〕 [三]【掬ぶ】《他四》(水を手で)すくいあげる。「また手にー・びてぞ水も飲みける」〔徒然・一八段〕

むすぼほ・る【結ぼほる】(ーオル) Ⓓ《自下二》 ❶複雑に結ばれる。結び合わさる。「いかなれば氷はとくる春風にー・るらむ青柳(あをやぎ)の糸」〔詞花・春〕 ❷《物理的に》凝固する。「花すすき枯れたる野べにおく霜のー・れつつ冬は来にけり」〔金槐・冬〕 ❸《精神的に》くしゃくしゃする。憂うつだ。「夏ひきの手びきの(=夏ニ自家デ繭カラ造ル)糸の(ヨウニ)年経ても絶えぬ思ひに―・れつつ」(新古今・恋二) ❹㋑関係をもつ。ぐるになる。「(以前ハ)平家に―・れたりし(=結託シテイタ)人々も、今は源氏に追従(ついしょう)して」(盛衰・巻四六ノ七) ㋺密接な対人関係だ。「相国(=清盛)の公達(きんだち)(=オ子様タチ)に二位殿の腹(カラ生マレタオ子様)は、当今(=イマノ天皇)の従父兄弟に―・れたてまつりて、ゆゆしかりける(=スバラシイ)事どもなり」(平家・巻一(長門本))

むそぢ【六十】(-ジ) Ⓓ 〔「ぢ」は接尾語〕→ち。「神垣に花見て暮らす春ならで―の老いの思ひ出ぞなき」(玉葉・雑一)

むた【共・与】Ⓓ 〔古代語。連体格助詞「の」「が」に付き〕…といっしょに。「波の―なびく玉藻の(=ガ片方ヘナビクヨウニ)片思(かたも)ひにわが思(も)ふ人の言(こと)のしげけく(=他ノ人トノウワサガ絶エナイコトダ)」(万葉・巻一一)

むたい Ⓓ ㊀【無体・無〈代〉・無〈台〉】〔+形動ナリ〕❶全体的にくずれること。かたなし。「起請に恐れれば、日ごろの本意(=フダンカラノ願イゴトガ)―・なるべし(=ダイナシダロウ)」(盛衰・巻二六ノ二) ❷理由もないこと。むちゃくちゃなこと。「かかる名人を―・に(=ヤタラニ)射殺さむずる事を惜しみて、制しけるこそやさしけれ」(太平・巻二九ノ二) ❸無理であること。無法。乱暴。「いかにお大名でも、そのやうな―・なことは言はぬものでござる」(狂・靫猿) ㊁【無体】根本を失うこと。本体がとらえられていないこと。「二曲(=歌・舞)三体(=女体・老体・軍体)の道よりは入門せずして(=稽古ヲ始メナイデ)、はしばしの(=末梢的ナ)ものまね(=劇的所作)をのみたしなむ(=練習スル)こと、―枝葉の稽古なるべし」(至花道)

むつ【六つ】Ⓓ (略)六つ時。近世では、江戸において春分の時で、明け六つが午前五時九分から七時二一分まで、暮れ六つが午後六時二九分から八時一五分まで(橋本万平氏計算)。(参)とき㊀①。

むつかし【難し】Ⓑ〔形シク〕❶心がはればれしない。不快だ。「世の中の、腹立たしう、―・しう」(枕・二七七段) ❷うるさい。めんどうだ。「くはしく書くべけれど、―・し」(落窪・巻四)「あら―・しや、問答は無益(むやく)。一人も通すまじい上はさうらふ(=通サナイトイッタラ通サナイゾ)」(謡・安宅) ❸感じがわるい。気持ちがよくない。「(子供ノ小便ニヌレタノヲ)いかに香(か)くさからむ。あな―・しや」(宇津保・蔵開上) ❹〔行き過ぎた感じなのに対し批判的に〕いやだ。好感がもてない。「このごろは(寺ノ名ヲ)深く案じ、才覚をあらはさむとしたるやうに聞こゆる、いと―・し」(徒然・一一六段) ❺気味がわるい。おそろしい。「(右近ハ)ただあな―・しと思ひけるここち皆さめて」(源氏・夕顔)

むつかる【憤る】Ⓓ〔自四〕❶きげんが悪くなる。不平をこぼす。「『あな苦し(=ヤリキレナイネ)。しばし休むべきに(=シバラク休ミタイノニ)』と―・りながら(=ブツブツ文句ヲ言イナガラ)参りたまへり」(源氏・竹河) ❷小言をいう。しかる。「『よし、さは(=ソレジャ)な参りたまひそ』と―・られて」(源氏・帚木) ❸(子どもが)きげんを悪くして泣きさわぐ。「随分お―・らぬやうに、大切にお守りをいたしまするが、わたくしを見つけ(=見ナレ)させられませぬによって、それゆゑお―・るものでござらう」(狂・縄綯)

むつき【睦月】Ⓓ 旧暦一月の別名。「春―壬子朔甲寅、皇子(みこ)神淳名川耳尊を立て皇太子(ひつぎのみこ)となしたまふ」(紀・神武・訓)〔「むつき」は「正月」の訓〕〔「むつき」「きさらぎ」…「しはす」といった呼びかたは、中古にはふつうおこなわれたように考えがちだけれど、実は、かな書きの確かな例が意外に少ない。「正月」「二月」…「十二月」など表記されているのを、後人が推量で「むつき」式によんだのが大部分である〕

むつごと【睦言】Ⓓ ❶(男女の)心からうちとけた語らい。「逢ひにあひて(=夢中ノ気持チデ逢ッテ)まだ―も尽きじ夜(ノウチ)にうたて(=情ケナクモ)あけゆく天の戸ぞうき」(建礼) ❷恋愛の経験談。「かかる(気分ノ)ついで(=際)は、おのおの―も、え忍びとどめずなむありける(=胸ニシマッテオケナイモノダ)」(源氏・帚木)

むつぶ【睦ぶ】Ⓓ〔自上二〕❶㋑したわしく思う。「命婦(みやうぶ)は、継(まま)母のあたりは住みもつかず、姫君のあたり(=ヤシキ)を―・びて、ここには来るなりけり」(源氏・末摘花) ㋺仲よくする。「小舅(こじうと)なりければ(=妻ノ兄弟ナノデ)常に申し―・びけり」(徒然・八七段) ❷(男女が)愛情をかわす。「太子は妃と―・びたまふや」(今昔・巻一ノ三)

むつまし【睦まし】Ⓓ〔形シク〕❶仲がよい。親しい。「この院(=オヤシキ)のあづかり(=管理人)の子(デ源氏ガ)―・しく(=気ヤスク)使ひたまふ若き男」(源氏・夕顔) ❷親しみを感じる。心ひかれる。「(コレガ都ダッタラ)まづ追ひ払ひつべき賤(しづ)の男(を)の(人気少ナイワビズマイデハ)―・しうあはれに(=ナツカシクシミジミト)思さるるも」(源氏・明石)〔中世後期からは「むつまじ」とも〕

むつる【睦る】Ⓔ〔自下二〕❶なれなれしくする。「宮は、いみじううつくしう(=カワイラシク)おとなびたまひて、(母上ニ会ウノヲ)めづらしう嬉しとおぼして(母ニ)―・れきこえたまふ」(源氏・賢木) ❷まつわりつく。「高く生ひたる竹三本、末は一つに―・れて(=カラマリアッテ)日ごろ降りたる雪におされ」(義経・巻五ノ六)

むとく【無得・無徳】Ⓔ〔形動ナリ〕❶〔「よい所がない」の意から〕裕福でない。貧乏。「もとより勢ひなく(=羽振リガ悪ク）わろき（＝家系ノ低イ）人の、—なる（＝ミジメナ）つかさ（＝役）にて年ごろ経ければ」〔宇津保・嵯峨院〕 ❷㋑《みたところ》かっこうがつかない。ぶざまだ。「（末摘花ノヤシキノ）中門などに、（昔ニモ）増して形（かた）も無くなりて、（源氏ガ）入りたまふにつけても、いと—なるを」〔源氏・蓬生〕㋺《状況が》ひどい。さんざんだ。「中宮のいよいよ並びなくのみなりまさりたまふ御けはひにおされて、みな人—にものしたまふめる（＝テンデ頭ガ上ガラナイデイラッシャルヨウダ）」〔源氏・竹河〕

むな ぐるま【空車】Ⓔ ❶車台だけで、上に構造物のない車。荷物を積むのなどに用いる。「『この石、われ取りてむ（＝ワタシガトリノケヨウ）』と言ひければ、（相手ハ）『よき事にはべり』と言ひければ、その辺に知りたる下人を、—を借りにやりて、（ソノ石ヲ）積みていでむとするほどに」〔宇治・巻一二ノ一〕 ❷人の乗っていない車。「いかなる車、のけられむずらむ（＝オッパラワレルダロウ）と、人々目をすましたる（＝注目シテイル）ところに、ある便宜の（＝適当ナ）所なる車どもを引きいでけるをみれば、人も乗らぬ車なり。（コレハ、平重盛ガ）かねて（＝アラカジメ）見所をとりて（＝見物席ヲ占メテ）、人をわづらはさじのために（＝迷惑ヲカケマイトスルタメニ）、—を五両たておかれけるなり」〔十訓・第一ノ二七〕

むな ざんよう【胸算用】Ⓓ 心あて。心づもり。心の中であれこれと見積もること。「今年の大晦日（おほつごもり）は、この銀（かね）の見えぬゆゑ（＝見ツカラナイタメ）、—ちがひて、心がかりの正月をいたせば、よろづの事おもしろからず」〔西鶴・胸算用・巻一ノ四〕《⑴本書のうち、この所だけ「むなざんよう」と振りがながある。⑵江戸時代には「むねざんよう」も一般的に用いられており、西鶴はほとんどすべて「むねざんよう」を用いた。後世ほど「むなざんよう」の例が多くなる》

むな・し【空し・虚し】Ⓑ《形シク》❶何も存在しない。からっぽだ。「少しのたくはへも—しく（＝ゼロニナリ）」〔秋成・雨月・浅茅〕 ❷事実とはちがう。「木の葉をも宿に古さぬ（＝庭ノモミジヲホドナク散ラス）秋風の—しき名（＝事実無根ノウワサ）をも空に立つかな（＝ムヤミトタテルコトダ）」〔宇津保・初秋〕 ❸むだである。かいがない。「—しく春かへし（＝田ヲスキカエシ）夏植うるいとなみ（＝仕事ダケ）ありて（秋ノトリイレハ皆無ダッタ）」〔方丈〕 ❹はかない。あてにならない。「世の中は—しきものとあらむとぞ（＝ハカナイモノダトイウコトヲ示ソウトシテ）この照る月は満ちかけしける」〔万葉・巻三〕 ❺死んでいる。生命を失っている。「—しう見なして（＝大君ガ死ヌノヲ見届ケタラ）いかなるここちせむ（＝ドンナニカ悲シイダロウ）」〔源氏・総角〕 **—しくな・る** 死ぬ。なくなる。「—りなむ後（＝死後）の思ひ出でにも」〔源氏・総角〕「恥ぢがましき目を見て（＝ハズカシイ思イヲシテ）、むなしうならむも心憂し（＝ナサケナクツライコトデス）」〔平家・小宰相身投〕

むね【胸】Ⓓ ❶胸部。「—なむ痛き。しばしおさへて（オクレ）」〔源氏・宿木〕 ❷思い。きもち。心。「いと—きたなかりける（＝腹ガ黒イノネ）」〔落窪・巻二〕「頭の少将、肝（きも）砕け—迷（まど）ひて（＝ヒドク心痛シテ）嘆き悲しむといへども」〔今昔・巻一九ノ一〕 ❸胸部に関する病気。「病は—、もののけ、あしのけ」〔枕・一八八段〕「にはかに—を病みて、亡（う）せにき」〔源氏・橋姫〕《いまの何病に当たるかは不明。肺結核・気管支カタル・肋膜炎などから、胃病のため胸ぐるしくなるのまで含めたらしく思われる》 **—あ・く** 開 Ⓔ《連語》きもちがすっとする。「（先方ハ）わが思ふには（＝ワタシノクサクサシタノヨリモ）今少しうちまさりて（＝モウスコシヒドク）嘆くらむと思ふに、今ぞ胸はあきたる」〔蜻蛉・上〕「まづ—くばかり（＝思ウ存分ニ）かしづきたてて（＝リッパニ世話ヲシテ）」〔更級〕 **—つぶ・る** 潰る Ⓓ《連語》不安・心痛・恐怖などで、気持ちが混乱する。ひやひやする。「（天皇ニオ頼ミシテクダサル女院ガ）いと久しくいでさせたまはねば、（道長ハ）御—れさせたまひけるほどに」〔大鏡・道長〕 **—はし・る** 走る Ⓔ《連語》胸がわくわくする。どきどきする。「むくいせむ（＝シカエシヲシテヤロウ）と思ふにも、—る」〔落窪・巻一〕

むね ざんよう【胸算用】Ⓓ →むなざんよう。「浮き世の帳面（＝コノ世ニオケル行為ノ決算ヲ）さらりと消して、閻魔（えんま）の筆に付けかゆる（＝アノ世ヘ移籍スルコト）に—をきはめければ、何をか思ひ残す事なし」〔西鶴・永代蔵・巻三ノ二〕《原文「むねさんよう」と振りがな》

むね と【宗と】Ⓓ《副》❶中心者として。リーダー格で。「なごりを惜しみたてまつり、—の（＝オモダッタ）若き内侍（ないし）十余人…送りたてまつる」〔平家・徳大寺之沙汰〕 ❷主要な事として。第一に。「人の才能は…手（＝字ヲ）書く事、—（＝本職ニ）することはなくとも、これを習ふべし」〔徒然・一二二段〕

むね むね・し【宗宗し】Ⓔ《形シク》❶中心的だ。「（死霊ガ）弱目（＝弱点）に（ツケコンデ）出で来たるなど、—しからずぞ（＝付随的ニ）乱れ（＝雑然ト）現るる」〔源氏・葵〕 ❷たよりになる。たしかである。「この国に、那波の又太郎長年といひて…類ひろく（＝一族ガ多ク）、心もさかさかしく（＝賢ク）—しき（＝シッカリシタ）者あり」〔増鏡・月草〕

むべ【宜】Ⓓ《形動ナリ》もっともだ。《「うべ」とも表記》「この殿は—も富みけり…」〔催・此殿〕「あやしの事や。（オヤジノ変ナ行動ヲスルノモ）—なりけり」〔源氏・行幸〕

むま の はなむけ【餞】Ⓓ →うまのはなむけ。

むまや【廐・駅】Ⓓ →うまや。

むめ【梅】Ⓓ ❶㋑うめの木。「末(うら)若み(=枝先ガ若イノデ)花咲きがたき―を植ゑて人の言(こと)繁み(=人々ガアレコレ言ッテ)思ひそわがする(=思イワズラウコトダ)」〔万葉・巻四〕㋺うめの花。「―が香を袖にうつしてとどめてば(=トドメタラ)春は過ぐともかたみならまし(=春ノカタミデアロウノニ)」〔古今・春上〕㋩うめの実。「にげなきもの…歯もなき女の―食ひて酸(す)がりたる」〔枕・四五段〕❷襲(かさね)の色目。→巻末「襲の色目要覧」。「白き織物の単(ひとへ)、蘇枋(すはう)なるは―なめり。雪の降りしきたるにかづきて参るもをかしう(=美シク)見ゆ」〔枕・八七段〕❸紋の名称。→巻末「紋章要覧」。❹㊕梅の位。遊女の位で、太夫(松)の次の位の異称。天神。天職。「春立てば、松(=太夫)若緑―時節、やり(=ヤリ手)が前垂れ茜(あかね)さす天も酔うたり人も酔ふ」〔近松・寿門松・上〕【中国音meiの前に発音しやすいようにもう一つmの加わったもの。「烏」「宇」とかで表記されたが、現在も謡曲で「ンメ」と発音するように、「うめ」ではなかった。江戸時代以降「うめ」という発音もなされた】

むもん【無文】Ⓓ【+形動ナリ】対「うもん(有文)」❶模様がないこと。無地。「御直衣(なほし)も、色は世の常なれど(=フツウノガ)、ことさらにやつして(=ワザワザ目ダタナイヨウニナサッテ)、―をたてまつれり(=オ召シニナッテイラレル)」〔源氏・幻〕❷【歌・連歌・能などで】㋑かざりのない平淡な表現。「常に人の秀逸の体と心得てはべるは、―なる歌のさはさは(=スラスラ)とよみて、心おくれ(=浅薄デ)たけあるのみ(=姿ダケガシャントシテイルノヲ秀逸ト)申しならひてはべる。それは不覚の事にてさうらふ(=誤解デス)」〔毎月抄〕㋺無文と有文を超越し、もうひとつ高い次元にある無文。ちょっと見ると単純な平淡さのようでいて、その奥底に有文の精髄がひそめられている表現。「二曲(=歌・舞)も、ものまね(=劇的所作)も、義理(=筋立テノオモシロサ)も、さしてなき能の、さびさびとしたる(=シットリシタ)うちに、何とやらむ感心のある(=人ノ心ヲ打ツ)所あり。これを…無心の能とも、または―の能とも申すなり」〔花鏡〕

むやう【無恙】Ⓔ →ぶやう。

むやく・し【無益し】Ⓔ【形シク】❶しないでもよい。つまらない。「(夫ノ死後)よろづ、手代にまかすれば、いつとなく我(が)になって(=ワガママニナッテ)様(さま)といふ尻声もなく(=敬称モ付ケナクナリ、主人ガワデ手代ノ)大かたな機嫌とりて、―・しき事もほどすぎて(=シナクテモヨイ事ナンカシテイルウチニ)」〔西鶴・一代男・巻二ノ二〕❷口惜しい。残念だ。「これ(=コンナ事ヲ言ワレルノハ)女郎の威のなきゆゑに、よろづかくこそかはれ。―・しき事(=聞イテイテ口惜シイ事ヲ)このほか聞き寝入りにするを」〔西鶴・一代女・巻二ノ一〕

むらぎ・ゆ【斑消ゆ】Ⓔ【自下二】まだらに消える。消えた所と消えない所とがある。「(春ニナリ)―・えて雪もほかには見えなくに(=イツカ他ノ所ニハ雪モナクナッタノニ)しるべの岡はなほぞつれなき(=マダ冬ノママデアル)」〔夫木・巻二〕

むらご【斑濃・〈村〉濃】Ⓔ あちらこちらを濃くまた薄く染めてあること。「とくゆかしきもの(=ハヤク結果ヲ知リタイモノハ)、巻き染め・―・くくり物など染めたる」〔枕・一五九段〕

むらさき【紫】Ⓓ ❶【紫草】ムラサキ科の多年生草本。高さ五〇センチぐらい。葉は細長く互生し、夏、白色の花をつける。根は薬用・染料とされた。古来、武蔵野の名草として知られる。「―のひともとゆゑに武蔵野の草はみながらあはれ(=全部スバラシイ)とぞ見る」〔古今・雑上〕❷「①」の根で染めた色。中古の用例では現代いう紫よりも赤みが濃かったようである。「―の帯の結びも解きも見ずもとなや(=ムショウニ)妹に恋ひ渡りなむ」〔万葉・巻一二〕❸【中世・近世、中流以上の女性が用いた隠語】いわし(魚の名)。「いわしをば、上臈(じやうらふ)方のことばに―ともてはやさる(=シキリニイワレル)」〔咄・醒睡笑・巻一〕

むらさめ【〈叢〉雨・〈村〉雨】Ⓔ にわかに降って間もなくやむ雨。驟雨(しゆう)。「月をなほ待つらむものか―の晴れ行く雲の末の里人」〔新古今・秋上〕

むらじ【連】Ⓓ 姓(かばね)すなわち上古の大氏族制の部族長の称号の一。㋑臣(おみ)とともに臣下の最高位で、中央政府に参与した。「中臣(なかとみ)の―の遠祖(とほつおや)十千根(とちね)、大伴の―の遠祖武日(たけひ)」〔紀・垂仁・訓〕㋺天武天皇の八色(やくさ)の姓(かばね)の制定によって、その第七位になった。「更に諸氏(うぢうぢ)の族姓(かばね)を改めて、八色の姓を作り、以ちて天の下のよろづの姓をあはせむ。一つを真人(まひと)といひ、二つを朝臣(あそみ)といひ、三つを宿禰(すくね)といひ、四つを忌寸(いみき)といひ、五つを道師(みちのし)といひ、六つを臣(おみ)といひ、七つを―といひ、八つを稲置(いなき)といへ」〔紀・天武・訓〕【ともに「むらじ」は「連」の訓】

むらしぐれ【〈叢〉時雨・〈村〉時雨】Ⓔ 降りかたの急速かつ不定な時雨。「―音を残して過ぎぬなり木の葉吹きまく峰のあらしに」〔新拾遺・冬〕

むらやま【群山】Ⓔ たくさん寄り合っている山々。「大和(やまと)には―あれどとりよろふ(=都近クニアル)天の香具山…」〔万葉・巻一〕

むろ【室】Ⓒ ❶【土を掘って人の住むようにした所という原義から転じて】家。「むろや」とも。「新―(=新築シタ家)の壁草(=カベシロニスル草ヲ)刈りにいましたまはね(=刈リニオイデナサイマセ)草のごとよりあふ少女は君がまにまに」〔万葉・巻一一〕《原始時代のムロには、山や丘の側面を掘る横穴式と、地面を掘り下げて柱を立て屋根をかぶせる竪(たて)穴式とがあったけれど、文献の用例としては出てこない》 ❷古代、家の奥の方にあって、土壁でかこんだへや。中古の「ぬりごめ」に当たる。「むろや」とも。「川上の梟師(たける)が宴(うたげ)の—に入り、女人(をむなども)の中にまじはります」〔紀・景行・訓(北野本)〕《「むろ」は「室」の訓》 ❸僧の私室。僧房。「天皇、旻(みん)法師の—にみゆきして、その疾(やまひ)を問ひたまふ」〔紀・孝徳・訓〕《「むろ」は「房」の訓》「阿闍梨(あざり)の—より、炭などやうの物、たてまつるとて」〔源氏・椎本〕 ❹㊗室津。いまの兵庫県揖保郡御津町室津。「都を立って播磨(はりま)の—にぞ着きにける」〔平家・藤戸〕

む ろ【無漏】Ⓔ ㊀「有漏」《「漏」は真理に対する迷い》人間的な迷いを完全に無くした状態。「有漏のこの身を捨てうてて、—の身にこそならむずれ(=ナリタイナア)」〔梁塵〕

むろ や【室屋】Ⓔ「むろ①②」に同じ。「忍坂(おさか)の大—に、人さはに(=タクサン)来入りをり」〔紀・神武〕《この例の場合は、前文に「—を忍坂に掘りて」とあるので、竪穴(たてあな)式のムロだったと思われる》

め

め【女】Ⓒ ㊀「を」 ❶女性。「ぬえ草の(=枕詞)—にしあれば…」〔記・上〕 ❷【妻】つま。「—の嫗(おうな)に(=妻君デアル婆サンニ)あづけて養はす」〔竹取〕「さりがたき—・夫(をとこ)持ちたる者は、その思ひまさりて深き者、必ず先だちて死ぬ」〔方丈〕 ❸【牝・雌】(動物の)めす。用例↓「を③」。

め Ⓑ ㊀【目・眼】 ❶㋑視覚器官。「左のみ—を洗ひたまひて、よりて生める神を号(な)づけて天照大神とまうす」〔紀・神代上・訓〕《「みめ」は「眼」の訓》㋺顔を目で代表させた言いかた。「君が—の恋(こほ)しきからに(=アナタノオ顔ガ見タイノデ)泊(は)ててゐて(=ココニイナガラ)かくや恋ひむも(=ドウシテコンナニ慕ウノカ)君が—を欲(ほ)り(=アナタニオ会イシタクテ)」〔紀・斉明〕 ❷㋑物を見ること。「前栽(せんざい)の草木まで、心のままならず(=人工的ニ作りなせるは(=形ヲツケルノハ)、見る—も苦しくいとわびし」〔徒然・一〇段〕㋺(注意して)見ること。注目。「女は髪のめでたからむこそ、人の—たつべかめれ」〔徒然・九段〕㋩視線。「—をくはせたまへば(=目クバセナサルト)、御面(おもて)いと赤くなりて」〔大鏡・師尹〕㊁観察力。「幼き—に(シテハ)、いかでかく見つらむ」〔大鏡・道長〕 ❸物事や時期にぶつかること。状況。「人をしてかかる—を見する事、慈悲もなく、礼儀にもそむけり」〔徒然・一七五段〕 ❹目を連想させる点・穴など。「(カブラ矢ハ)生朴(なまほほ)ひら木なんどをもって、—の上八寸八角におし削り、—九さしたる(=ツケタノ)に」〔保元・上・一二〕 ㊁【目】 ❶たて・よこに交わる線によってかこまれている部分。「籠(かご)の—や潮(うしほ)こぼるる初鰹(がつを)」〔葉拾(続猿蓑)〕 ❷物と物が重なった部分。「物の色・縫ひ—より始めて、きよらなる(=美シイ)こと限りなし」〔源氏・御法〕 ㊂【目・匁】「もんめ①」に同じ。「二十余年に臍(へそ)くり金十二貫五百—になしぬ」〔西鶴・永代蔵・巻一ノ三〕

—あ・ふ 合ふ(—アヘオ〉ウ) Ⓔ 《連語》目がとじる。ねむる。「冬の夜の恋しきことにめもあはで(=「妻ニモ会ワズ」ノ意ヲ掛ケル)衣かたしき(=ヒトリ寝デ)明けぞしにける」〔和泉日記〕

—か・る 離る Ⓓ 《連語》目が離れる。見ないでいる。「(日ガ)暮ると(イッテハ見、夜ガ)明くと(イッテハ見テ)—・れぬものを(=ナガメドオシナノニ)梅の花いつの人まに(=人ガ見テイナイ間ニ)うつろひぬらむ(=散ッタノデアロウ)」〔古今・春上〕

—く・る 昏る・眩る Ⓓ 《連語》 ❶目がくらむ。「(船ノ)端にて立てる者こそ、—・るるここちすれ」〔枕・三〇六段〕 ❷(涙で)ぼうっとして見えなくなる。「これは中将殿の(形見ノ)黒髪かや。見れば目もくれ心消え、なほも思ひのまさるぞや」〔謡・清経〕㊇くる(昏る)。

—もあや Ⓓ 《連語》 ❶《よい意味で》まともに見られないほどだ。「—なりし御様かたちに、見たまひ忍ばれずやありけむ」〔源氏・紅葉賀〕 ❷《わるい意味で》見ちゃいられない。「(海女ノ労働ブリハ)見る人だにしほたるるに(=涙ガ出ルノニ)、落とし入れて(海上ヲ)ただよひありく男は、—に(=正視デキナイホド)あさましかし」〔枕・三〇六段〕

—もおよば・ず 目も及ばず Ⓔ 《連語》目もくらむほどりっぱだ。非常にすばらしい。「この御屏風の墨つきの輝くさまは、—・ず」〔源氏・若菜上〕「(ケマリナドニハ)伝へ(=奥義ハ)あるまじけれど、ものの筋はことなりけり(=血筋ハ争エナイモノダ)。いと—・ずかし」〔源氏・若菜上〕

め【海藻・海布】Ⓓ 食用になる海草。「あらめ」「わかめ」などの「め」と同じ。歌ではよく「目」の掛け詞に使う。「見だに合はせば、笑ひぬべかりしに、わびて(=コマッテ)、台盤の上に—のありしを取りて、ただ食ひに食ひまぎらはししかば」〔枕・八四段〕「憂き—(=掛ケ詞「目」)のみ生(お)ひてながる(=掛ケ詞「流」「泣カ」)るる浦なればかり(=掛ケ詞「刈リ」「仮」)にのみこそ海人(あま)は寄るらめ」〔古今・恋五〕

めい ぼく【面目】Ⓒ 《「めんぼく」の「ん」を表記する方法

が確立していなかったので、代わりに「い」で書き表したものらしい。あるいは、実際に「めいぼく」またはその近似音でいわれたのかもしれない。[参]ていけ》→めんぼく。「この国のための(=日本ニトッテ)かぎりなき―をひろめむ(=コノ上ナシノ名誉ヲ海外デ得サセヨウ)」〔宇津保・楼上上〕

めい・よ【名誉】 Ⓓ [一]〖十自サ変〗有名(になること)。評判(されること)。「鷲栖(わしのす)の玄光と申すは、大炊(おほひ)が弟なり。かくれなき強盗、―の大剛の者にてさうらふ」〔平治・中・九(古活字本)〕「大名は、われと(=自分デ)手をおろさねども、家人(けにん)の高名をもって―・す(=名高クナル)」〔平家・二度之駈〕「それより『後の千金(ハ役ニ立タナイ)』といふこと、―・せり(=世ニ広マッタ)」〔宇治・巻一五ノ一一〕 [二] じょうず。すぐれていること。「堂上(=上流貴族)にも少々(連歌ノ)―の人はべれども、いかにも(=ドウ見テモ)当時(=現代)は地下(=民間)のなかに達者はあるなり」〔連理秘抄〕「『この(香ノ)木は、何と御聞きさうらふ(=ドウ鑑定ナサルカ)』と申す。『まさしく諸髪(もろかづら)』といふ。『さても―の(=スバラシイ)香聞きかな』」〔西鶴・一代男・巻五ノ三〕 [三]〖副・形動ヂャ〗奇怪。ふしぎと。妙に。奇妙だ。《「めいよう」とも発音され、さらになまって「めんよう」となり、「面妖」と当てられた》「(猫)一匹(ニツイテ)三文づつに(料金ヲ)きはめ、(ノミヲ)―・に取りける」〔西鶴・織留・巻三ノ四〕「(島原ノ太夫ハ客ニ)―思ひを残させ、別るるよりはやかさねて会ふまでの日を、いづれの敵(=相手客)にも待ちかねさせ」〔西鶴・一代男・巻六ノ一〕「駕籠(ごか)かきが―・な(=ヘンナ)事を言ひました」〔近松・大経師・下〕

めい・わく【迷惑】 Ⓓ〖十自サ変・形動ナリ〗 ❶ ㋑どうしてよいか、わからないこと。迷うこと。「(京都ノ中デ戦闘ガ始マッタノデ)都人はみな―・し(=途方ニクレ)…おのおの東西に馳走す」〔東鑑・承久三年六月十五日〕 ㋺困りはてること。困惑。「(タイセツナ人ニナクナラレ)御―は道理至極にさうらへども、何事もみな過去の債(おひめ)(=業因)にてさうらふ」〔正三・反故集・下〕 ❷苦しむこと。「にはかに煩熱して(=高熱ガ出テ)―なさる」〔咄・昨日は今日・下〕 ❸ありがたくないこと。してほしくないこと。「(意外ナ結果ニナッテ)さぞ花若殿はご―におぼしめさうずる」〔謡・丹後物狂(間狂言)〕

-めか・し Ⓒ〖接尾・形シク型〗《名詞・形容詞・形容動詞の語幹に付き》「…らしい」「…の状態だ」の意を添える。「今―・しく(=現代フウデ)きららかならねど(=ケバケバシクハナイガ)」〔徒然・一〇段〕「昨日の(歌)は、いと古―・しきここちすれば、聞こえず(=ワカリニクイ)」〔蜻蛉・下〕

-めか・す Ⓒ〖接尾・四型〗《名詞・形容詞・形容動詞の語幹に付き》「…らしくする」「…の状態にする」の意を添える。「帝いとかしこく(=タイソウ)時―・せたまひて(=御寵愛(ちょう)ニナラレテ)」〔大鏡・師尹〕「(家ニ)かきこもる(=ヒッコンデバカリイル)闇(=暗イ心)もよそになりぬべき(=ドコカヘ行ッテシマウダロウ)豊(とよ)の明かりにほの―・されて(=ホノカニ照ラサレテ)」〔建礼〕

-め・く Ⓑ〖接尾・四型〗《名詞および形容詞・形容動詞の語幹に付き》「…らしくなる」「…らしく見える」「…の状態になる」の意を添える。「ただ、ひたぶるに(=スッカリ)子―・きたらむ人を、とかく(=何トカ)ひきつくろひて(=指導シテ)などかは見ざらむ」〔源氏・帚木〕「艶(やつ)なう古―・きたる直衣(なほし)」〔源氏・末摘花〕

めぐ・る【廻る・巡る】 Ⓒ〖自四〗 ❶円形に動く。まわる。「七度(ツバメガ)―・らむをり、引き上げて、そのをり子安貝は取らせたまへ」〔竹取〕 ❷周囲に沿って行く。「名月や池を―・りて夜もすがら」〔芭蕉(孤松)〕 ❸周囲を囲む。とり囲む。「庭の松―・れる竹を垣ほ(=カキネ)にて風のみ絶えぬ山かげの庵」〔新続古今・雑中〕 ❹行って、また、もとへもどる。帰る。再びやって来る。「ありし世(=得意ダッタ時代)に―・る身としも思はねば月は昔のここちこそすれ」〔風雅・雑中〕 ❺方々を歩きまわる。「むつかしき方々―・りたまふ御供にありきて」〔源氏・野分〕 ❻世の中に立ちまじる。生きてゆく。「われかくて憂き世の中に―・るとも誰かは知らむ月の都に」〔源氏・手習〕

め・こ【妻子】 Ⓓ ❶妻と子。「父母をみればたふとし―みればめぐしうつくし(=胸ガイタムホドカワイイ)…」〔万葉・巻五〕「帰るうれしき故郷(ふるさと)に、急いで―に会はうよ」〔狂・鈍太郎〕 ❷妻。「天女くだりたまふらむ世にや、わが―の出で来む(=妻ガデキヨウ)。天(あめ)の下には、わが―にすべき人なし」〔宇津保・嵯峨院〕《なお、第二に「女の子」という意味をあげ、用例に「さべき人の―みな宮仕へに出ではてぬ」〔栄花・蒼花〕を引く辞書が多いけれど、これは「妻や娘」と解すべきで、第二の用法は認められない》

め・ざし【目刺し】 Ⓔ ❶子供の額髪(ひたひがみ)を、目に届くほどの長さにそろえること。「―なる御髪を、せちに(=イッショケンメイニ)かきやりつつ」〔狭衣・巻三〕 ❷七、八歳の子供の称。「こよろき(=神奈川県大磯アタリ)の磯たちならし(=走リマワリ)磯菜(=海岸ニハエテイル草)つむ―ぬらすな沖にをれ波」〔古今・東歌〕

め・ざま・し【目覚まし】 Ⓒ〖形シク〗《「目がさめるほどだ」「はっとするほどだ」という基本的意味から》 ❶(目がさめるほど)すばらしい。「うちとけたらぬ姿・もてなし・髪のさがりば―・しくもと見たまふ」〔源氏・夕顔〕 ❷(かっと)しゃくにさわる。心外だ。「少しも(=チョットデモ)おろかなるをば(=粗末ニ扱ウト)―・しと思ひきこえたまへるを」〔源氏・紅葉賀〕

めしぐ・す〔召し具す〕Ⓒ《他サ変》お連れになる。「など(=何ダッテ)六代殿をば—・せられさうらはぬぞ。心強くも留めたまふものかな」〔平家・一門都落〕

めしこ・む〔召し籠む〕Ⓔ《他下二》❶お呼びになってそのまま外へ出さない。「まさこ(=コドモノ名)の、かくのみ(天皇ノモトニ)—・められたるを」〔寝覚・巻四〕 ❷御命令で罰としておしこめる。「『(アイツノヤリ方ハ)奇怪なり。たしかに(=厳重ニ)—・めよ』とおほせ下されて」〔宇治・巻一一ノ五〕

めしと・る〔召し取る〕Ⓓ《他四》❶(目下の者を)よびつける。「すぐれたる上手どもを—・りて…またなき(=トビキリノ)さまなる絵どもを、二なき(=最上ノ)紙どもにかき集めさせたまふ」〔源氏・絵合〕 ❷よび迎えて、そばにおく。「后(きさき)の宮うせさせおはしまして(=オナクナリニナッテ)後に、(ソノ妹ヲ天皇ハ)—・りて、いみじう時めかさせたまひて(=寵愛アソバサレテ)、貞観殿の尚侍(ないしのかみ)とぞ申ししかし」〔大鏡・師輔〕 ❸逮捕する。「俊基朝臣は、先年土岐十郎頼貞が討たれし後、—・られて、鎌倉まで下りたまひしかども」〔太平・巻二ノ四〕

め・す〔召す〕Ⓐ ⊟《他四》❶〔見す・看す〕「見る」の尊敬語。御覧になる。「大君のつぎて(=今モナオ)—・すらし(=御覧ニナルラシイ)高円(たかまと)の野辺見るごとに(ワタシハ)ねのみし泣かゆ(=泣ケテシカタガナイ)」〔万葉・巻二〇〕 ❷〔治す〕お治めあそばす。政務をおとりになる。「やすみしし(=枕詞)わご大君の—・したまふ(=ゴ統治ニナル)吉野の宮は山高み雲そ棚引く…」〔万葉・巻六〕 ❸㋑「呼ぶ」「まねく」の尊敬語。「(アナタガ)中将(ヲ)—・しつればなむ(中将デアルワタシガ参リマシタ)」〔源氏・帚木〕㋺(よび出して)役職に任命なさる。「(賀茂ノ)臨時の祭り(ガ)明後日(あさて)とて、助(すけ)、にはかに舞ひ人に—・されたり(=任ゼラレタ)」〔蜻蛉・下〕㋩(そばにおき)目をかけ、おかわいがりになる。「(崇神)天皇(八皇子ヲ)愛(めぐ)みて、もとこに(=ソバニ)—・しおきたまふ」〔紀・垂仁・訓〕《「めしおきたまふ」は「引置」の訓》 ❹㋑お取りよせになる。「(源氏ハ)脂燭(しそく)—・して、ありつる(=サッキノ)扇を御覧ずれば」〔源氏・夕顔〕㋺(持って来させ)お買いになる。「大原木(おはらぎ=大原産ノタキギ)—・されよ。大原木—・されさうらへ」〔狂・若菜〕 ❺「食ふ」「飲む」「着る」「(身に)つける」「(腹を)切る」「(風を)引く」など、身体に関する動作の尊敬語。「石麿(いはまろ)にわれもの申す夏やせによしといふものそ鰻(むなぎ)取り—・せ(=オアガリナサイ)」〔万葉・巻一六〕「赤色の御唐衣、みな桜を織りたる(=織リ模様ニシタノヲ)—・したりし」〔建礼・詞〕「かなはぬ所にて御腹—・されむ(=腹ヲオ切リニナル)こと、何の義か候ふべき」〔平治・中・三(古活字本)〕「お風でも—・しては(=引カレテハ)お悪うございますから、すぐにお着物を—・させ(=オ着セ)申しませうね」〔三馬・風呂・二ノ下〕 ❻「す」の尊敬語。なさる。「『寂しき秋を夫妻(めをと)居りけり』『うらなひを上手に—・さるうらやまし』」〔落梧・野水(ひさご)〕 ❼(…という名で)お呼びになる。「近江守仲兼、そのころは、いまだ鶴蔵人(つるくらんど)と—・されけるを(=トオ呼ビニナッテイタガ)」〔平家・鼬之沙汰〕 ⊟《自四》「乗る」の尊敬語。「『顔のをかしき生まれつきなり』『馬に—・す神主殿をうらやみて』」〔泥土・乙州(ひさご)〕

め・す〔召す〕Ⓑ《助動》(敬語)《動詞の連用形に付く》その動詞の示す行為を尊敬態にする。…なさる。「子安貝とらむとおぼし—・さば(=オ思イナサルノデシタラ)、たばかり申さむ(=クフウイタシテミマショウ)」〔竹取〕(「他の額を掛けめさるるは無法なるまひ」〔伎・暫〕の類をもこの用法と認める説があるけれど、これは下二段活用の別語)

未然	連用	終止	連体	已然	命令
さ	し	す	す	せ	せ

めだう〔馬道〕(—ドウ) Ⓔ ❶殿舎の内の、へやが両側にある廊下。「長馬道」とも。「えさらぬ(=ドウシテモ通ラナケレバナラナイ)—の戸をさしこめ…わづらはせたまふことも多かり」〔源氏・桐壺〕 ❷ふたつの建物の間にかけわたした、とりはずしのできる厚い板の通路。「切り馬道」とも。「御湯殿に—より下りて来る殿上人」〔枕・二四八段〕

めつ〔滅〕Ⓔ〔仏〕(「生」「住」「異」とともに「四相」の一)存在しなくなること。「釈迦如来、生者必滅のことわり(=生命アルモノハ必ズ死滅スルトイウ道理)を示さむと、沙羅双樹の下にしてかりに—を唱へたまひしかば(=肉体的ナ死滅ヲオ示シニナッタカラ)」〔保元・上・三〕(「さとり」という解釈は誤り)

め・づ〔愛づ〕(—ズ) Ⓑ ⊟《他下二》❶愛情をもつ。かわいがる。「花ぐはし(=枕詞)桜の(=マルデ桜ノヨウニ)—・でこと—・では(=コンナニカワイガルノナラ)早くは—・でず(=モット早クカワイガレバヨカッタノニ)わが—・づる子ら」〔紀・允恭〕 ❷ほめる。「(道隆ガ)書きたまへりけるをなむ(帝ハ)いみじう—・でさせたまひける」〔枕・二三段〕 ⊟《自下二》❶(愛情に)感ずる。ひきつけられる。「若き時は…色にふけり、情けに—・で」〔徒然・一七二段〕 ❷よいと感ずる。おもしろがる。「種々(くさぐさ)の管弦をおこして(=演奏サセテ)聞かしむといへども、(后ハ)これを聞きても—・でず」〔今昔・巻二ノ一六〕

めっきゃく〔滅却〕Ⓔ ⊟《十自サ変》❶消え滅びること。つぶれること。破滅。「この粟田口を一人、御馬の先へ召し連れらるれば、漫々たる(=多勢ノ)敵も…片端からめっきめっきと—いたす」〔狂・粟田口〕「上杉家—の瑞相（=前兆）か」〔甲陽軍鑑・巻五〕「我が身上（しんしやう）の―（=破産スルヤツ）あり」〔近松・油地獄・下〕 ❷死ぬこと。「すは（=ソラ）、―・することかと思うて、驚いたよ」〔狂・附子〕 ㊁《十他サ変》消し去ること。消し滅ぼすこと。「五天竺（てんぢく）の堂塔を一日に―・し、八万四千の僧尼を殺せし」〔近松・女護嶋・一〕

めづらか【珍らか】（メズ―） Ⓑ《形動ナリ》《「ふつう」とはちがっている」「びっくりする有様だ」という共通意味。後に引く狭衣物語の例のように「あさまし」より程度が甚だしい》 ❶《ほめる場合》言いようもなくすばらしい。最高にすばらしい。「（新皇子=後ノ光源氏ヲ）御覧ずるに、―・なる児（ちご）の御かたちなり（=ゴ器量デアル）」〔源氏・桐壺〕 ❷《単にひどく驚く場合》たいへんなものだ。「あさましなども世の常の事をこそいへ（=「アキレル」ナドイウノハ、世間普通ノ珍事ノ場合デ、コレハ）―・なりと、見る際の人、夢のここちして」〔狭衣・巻一〕 ❸《わるい場合》とんでもない。「この（源氏ノ君ノ）御座（まし）所のいと―・なるも（=アマリトイエバアマリナホドオ粗末ナノモ）いとかたじけなくて（=モッタイナクテ）、寝殿にかへし移したてまつらむとするに」〔源氏・明石〕

めづら・し【珍し】（メズ―） Ⓐ《形シク》 ❶同類がすくない。めったにない。「希見、此云梅豆邏志（めづらし）」〔紀・神功・訓注〕「―・しう見知らぬ人の御有様なりやと、爪弾（つまはじ）きせられ、うとましうなりて」〔源氏・真木柱〕 ❷目新しい。新鮮な感じだ。「望月のいや―・しみおもほえし…」〔万葉・巻二〕「八月十五夜、くまなき月かげ…洩（も）り来て、見ならひたまはぬ住まひのさまも―・しきに」〔源氏・夕顔〕 ❸愛着を感じる。かわいい。愛すべきさまである。「ことに好ましく―・しきさまにはあらねど」〔源氏・若菜下〕「下もゆる雪間の草の―・しくわが思（も）ふ人にあひみてしかな」〔和泉集〕

めて【馬手・右手】 Ⓔ ㊍「ゆんで」 ❶《馬上で手綱を取る方の手の意で》右の手。《この意味はあったはずだが、用例未見。「―の手をさしあげて」〔保元・中・二〕などの例によれば、右の手という用法はあまり行われなかったらしい》 ❷右の方。「―の沖を見わたせば、平家の軍将…兵船を漕ぎ並べてこれを見る」〔盛衰・巻四二ノ四〕

めでた・し Ⓐ《形ク》《愛（め）で甚（たい）しの意》 ❶たいへん美しい。「あかず美しげに、―・う清らに見ゆる御顔のあたらしさ」〔源氏・御法〕 ❷すばらしい。りっぱである。みごとである。結構である。「九重の神さびたる（=宮中ノコウゴウシイ）有様こそ世づかず―・きものなれ」〔徒然・二三段〕 ❸祝う値うちがある。慶賀すべきである。喜ばしい。「（一寸法師一家ノ繁栄ハ）世の―・きためし、これに過ぎたることはよもあらじ」〔伽・一寸法師〕

めな・る【目馴る】 Ⓓ《自下二》見なれる。見なれて平凡に感じる。「近きほどに交らひては、なかなかいと―・れて、人あなづられなる（=軽視サレル）こともぞあらまし」〔源氏・薄雲〕「皆、―・れてさうらふに、新しく作りて参らせさせたまへかし」〔古本説話集・上〕

めのと Ⓒ ㊀【乳母・乳人】（やとわれて）母親の代わりに子供に乳を飲ませ世話をする女。うば。「ちおや」「ちのひと」とも。「―の名、母などうち言ひいでたるも（=フト呼ンダノニモ）」〔枕・一二〇段〕 ㊁【傅】一人前でない主人筋の人を公私ともに指導する人。おもり役。後見。「（北ノ方ハ父母ノ死後）―の十郎権の頭より外に頼む方ましまさず」〔義経・巻七ノ一〕 **―ご** Ⓓ ㊀乳母子「めのと㊀」の子。乳兄弟（ちきょうだい）。「内（=崇徳天皇）の御―の播磨守（はりまのかみ）・隠岐守（おきのかみ）などいふ人ども」〔今鏡・腹々御子〕 ㊁傅子 おもり役の子。名目上の養父として後見役をする者の子も含まれる。血縁ではないが、兄弟のようなしたしい間がらである事が多い。「安芸守（あきのかみ）清盛はもとより多勢のものなり。…父刑部卿忠盛、新院の一の宮重仁親王を養君にしたてまつりたれば、かの―たるにより」〔保元・上・一〇〕

めぶ【馬部】 Ⓓ 左馬寮（さまりょう）・右馬寮（うまりょう）の属官。定員、左右各六名。「供に召し具したる―、吉上（きちじやう）などとどめおき、その屋を守護せさせ」〔平家・小督〕

めやす・し【目安し】 Ⓒ《形ク》 ❶見苦しくない。感じがよい。「髪ゆるらかにいと長く、―・き人（=ナカナカノ美人）なめり」〔源氏・若紫〕「長くとも（=長生キシテモセイゼイ）四十（よそぢ）にたらぬほどにて死なむこそ―・かるべけれ」〔徒然・七段〕 ❷容易だ。近づきやすい。「そのことば、和字を先として、かならずしも筆のつひえを鑑（かが）みず。見る者の―・からむことを思ふゆゑなり」〔十訓・総序〕

め・り Ⓐ《助動》《動詞および動詞型活用の助動詞の終止形（ラ変・ラ変型および形容動詞は連体形）に付く》〔推定〕

未然	連用	終止	連体	已然	命令
	り	り	る	れ	

❶話主が、「見あり」という気持ちで、明らかな事実に対し、断定を避けて言う。これに当たる現代語はない。しいて訳すれば「…といったふうだ」「…ようなあいだ」等。「六月さかりになりにたり。木陰いとあはれなり。山陰の暗がりたる所を見れば、螢（ほたる）はおどろくまで照らす―・り」〔蜻蛉・中〕「けさ見れば海人（あま）の小舟も通ふ―・り潮満つ海は凍らざるらし」〔重之集〕《いずれも、見ている事実について「めり」を用いるのだから、伝聞・推定の「なり」とは違う》 ❷「（自分には）…と思われる」という気持ちで、根拠の確かでない推量をする。「不定（ふぢやう）なる事どもはべ―・れば（=イツ何事ガ起コルカワカラナイヨウデ

スカラ)、屈(ん)じはて(=ウンザリシテシマイ)」(蜻蛉・下)《不定なる事の起こる原因は不明。きわめて主観的な推定である点が「らし」と違う》 ❸ある事実の原因・理由を主観的に推定する。(どうも)…らしい。(自分には)…のように受け取れる。「あの人(=源資通)も、さや(=ソンナフウニ)思ひけむ、しめやかなる夕暮れを(会ウノニヨイ時機ダロウト)推しはかりて(宮家ニ)参りたるに、(予想ニ反シ)騒がしければ、まかづ一り」(更級)《資通が退出したのは、日記の話主にとって明らかな事実である。その理由を、ごたごたしていて会いにくかったからだろうと推定する》[参]めりき・めりつ。

めり・き Ⓑ《助動》《推定の「めり」に経験回想の「き」が付いた複合助動詞。活用↓き》「き」で示される回想を推量的に柔らげて言う。…たようなぐあいだ。「そのほどまで長らへたまはなむと、のたまふ一き(=オッシャッテイラレタヨウナグアイダ)」(源氏・若菜上)《「きめり」という言いかたは現われない》

めり・つ Ⓑ《助動》《推定の「めり」に完了の「つ」が付いた複合助動詞。活用↓つ》「つ」で示される事態を推量的に柔らげて言う。…たようなぐあいだ。(たしか)…といったふうだ。「人げなき恥を隠しつつ、(後宮デノ)まじらひたまふ一つるを(=交際ヲナサルヨウナフウダッタガ)」(源氏・桐壺)

めれう【馬寮】(ーリョウ) Ⓓ ↓うまのつかさ。

めんぼく【面目】 Ⓒ 人に合わせる顔。体面。[参]めいぼく。「一もなき(=申シワケナイ)御使ひに参りてさうらふ」(謡・禅師曾我)

めんもく【面目】 Ⓒ ↓めんぼく。「思はざる一をほどこし(=名誉ヲ得テ)、父子うち連れて退き出でぬ」(馬琴・弓張月・一回)

も

も【裳】 Ⓒ ❶古代、女性が腰から下に着た衣。スカート。「君がため山田の沢にゑぐ摘むと雪消(ゆきげ)の水に一の裾(すそ)ぬれぬ」(万葉・巻一〇) ❷成人女性が正装のとき、いちばん上の着物の上から、下半身の後方にだけつけた短いはかま。「一ばかりをひきかけたまふぞ、いとあはれなりける」(源氏・蜻蛉)

も Ⓐ ㊀《係助》《体言・体言あつかいの語・副詞・他の助詞などに付く》意味は現代語とあまり変わらない。その文を言い切る活用語は終止形で結ぶ。❶同類の事がらを併列する。「もろともに見て、あはれがり一笑ひ一す」(蜻蛉・上)「まことの人(=真ノ偉人)は、智一なく、徳一なく、功一なく、名一なし」(徒然・三八段) ❷ある事物が他と同様の条件・状態であることを示す。「世のなかはかくこそありけれ吹く風の(ヨウニ)目に見ぬ人一(目ニ見ル人ノ場合ト同様ニ)恋しかりけり」(古今・恋一) ❸極端な場合を例にあげ、他はまして同様である意を示す。…さえ。…だって。「(他ノ所ハモチロン)わが御家へ一寄りたまはずして、おはしましたり」(竹取) ❹《不定称の代名詞に付き》その全部をひっくるめる意を示す。「さびしさに宿を立ち出でてながむればいづく一同じ秋の夕ぐれ」(後拾遺・秋上) ❺《ごくわずかである意の語に付き、下に否定表現を伴って》「まったく」の意を表す。「西光もとよりすぐれたる大剛の者なりければ、ちっと一色も変ぜず」(平家・西光被斬) ❻《同じ動詞の間にはさみ》程度のはなはだしさを表す。「我はものもおぼえねば(=万事夢中デ)知り一知らず一(=何ガ何ダカワカラナイ)」(蜻蛉・上) ❼代表的な事物を仮に示す。…でも。「(茶ノ)手前のしほらしさ(=ミゴトサハ)、千の利休一この人に生まれかはられしかと疑はれはべる」(西鶴・一代男・巻七ノ一) ㊁《接助》《動詞・動詞型活用助動詞の連体形に付く》❶確定の逆接条件を表す。…けれども。「(気ニクワナイノデ)返りごともすまじと思ふ一(=返事ナンカヤルマイト思ウノダケレド)、これかれ(=周囲ノ者タチガ)『いと情けなし。あまりなり』などものすれば(返歌ヲヤッタ)」(蜻蛉・上) ❷仮定の逆接条件を表す。…ても。…としても。「たとひ、ここ(=真ノ悟リ)に至らざる一、仏世の規則(=仏ガコノ世ニイラレタ時ノ正シイアリ方)を知るべし」(慈雲・骨相大意法語)《接続助詞の用法は、中世以後に多いが、中古も無くはない》[参]ても。㊂《終助》《文末に付く》感動の意を表し、その文を言い切る。…なあ。「露霜の寒きゆふべの秋風にもみちにけり一妻梨の木は」(万葉・巻一〇)「ささがにの(=枕詞)いづこともなく吹く風はかくてあまたになりぞすらし一」(蜻蛉・下) ㊃《間助》❶感動を表す。「いと(=マッタク)一(=マア)ゆゆしや」(源氏・松風)「ひとつの櫃(ひつ)は、御経を半ば過ぎ取りいだして、蓋(ふた)を一せざりけり」(太平・巻五ノ六) ❷意味を強める。「え一食ひやらぬを見るたびにぞ、涙はこぼるる」(蜻蛉・中)「この川の流れを、ひとたび一渡る者は、悪業煩悩、無始の(=無限ノ過去カラノ)罪障消ゆなるものを」(平家・熊野参詣)「餅を焼き、食はうとする所へ、思ひ一寄らぬ者来たりけり」(咄・醒睡笑・巻七)

[も ↓(終止形)]

もえぎ【萌葱】 Ⓓ ❶青と黄との中間色。「(六条院ノ)ゆゑある(=趣深イ)庭の…花の木ども、わづかなる一のかげに」(源氏・若菜上) ❷襲(かさね)の色目。↓巻末「襲の色目要覧」。 **―にほひ** 匂ひ（-オイ） Ⓔ「もえぎ①」の色がだんだんうすくなるように鎧（よろい）を綴（と）じあげること。上を濃く下をうすくする場合と、下を濃く上をうすくする場合とがあり、多くは後者。「鶴縫うたる直垂（ひたたれ）に—の鎧着て」〔平家・敦盛最期（高良本）〕

も が Ⓑ《複助》《係助詞「も」＋願望の終助詞「が」》話主の願望を表す。…たいなあ。「あしひきの（＝枕詞）山はなく—（＝ナクテホシイ、ナゼナラ）月見れば同じき里を（＝同ジ所ニイルノニ）心へだてつ（＝二人ノ心ヲ別レ別レニシチマウ）」〔万葉・巻一八〕

も かう【帽額】（-コウ） Ⓔ《字音マウカクの音韻変化》❶簾（す）の上部にずっと張りわたす布。「—の簾は、まして、こはじ（＝軸ノ薄板）のうち置かるる音、いとしるし」〔枕・二八段〕 ❷紋の名称。→巻末「紋章要覧」。

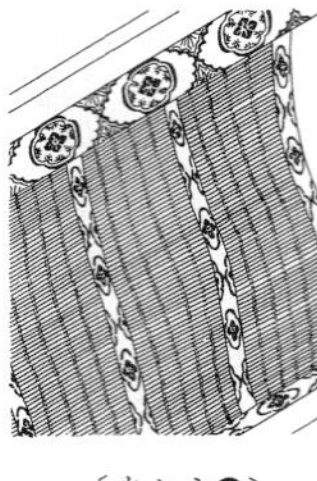

〔もかう❶〕

も がさ【疱瘡】 Ⓔ 天然痘（てんねんとう）。ほうそう。「この世の中は（＝世間デハ）—おこりて、ののしる（＝大騒ギダ）」〔蜻蛉・下〕

もがな Ⓑ《複助》《願望の「もが」＋強意・詠嘆の終助詞「な」》→もが。「いまひとたび見たてまつるものに—（＝オ会イシタイモノダナア）」〔源氏・宿木〕《平安時代以後に現れる》

もがも Ⓒ《複助》《願望の「もが」＋強意・詠嘆の終助詞「も」》→もが。「わが背子が見らむ佐保路の青柳を手折りてだにも（＝セメテ折リ取ッテナリトモ）見るよし—（＝見タイモノダナア）」〔万葉・巻八〕《古代語にだけ用いられる。中古以後は「もがな」となる》

もがもな Ⓒ《複助》《願望の「もがも」＋強意・詠嘆の終助詞「な」》→もが・もがも。「河のへのゆつ岩むら（＝霊力ヲモツ岩群）に草むさず（＝雑草ノハエナイヨウニ）常に—（＝イツモアリタイモノデスワヨ）とこをとめにて（＝永久ニ少女デ）」〔万葉・巻一〕《古代語にしか現れない》

もがり【〈雲雁〉・虎落】 Ⓔ ❶㋑竹を結び合わせて作った垣。「『御望みにて御座さうらはば、あの向かひなる高—の家こそ、烏帽子の上手にてさうらへ』牛若斜めにおぼしめし（＝上キゲンデ）、—の内へ尋ね入って『案内申さう（＝ゴメン下サイ）』」〔幸若・烏帽子折〕《日葡辞書にmogari, mogariuo yŭとして「竹を一本ずつ、しっかり目を細かく組み合わせた垣」という意味の説明がある》㋺枝つきの竹を立てならべ、染め物屋などで物干しに使ったもの。「（紺屋ノ）門の戸あくれば、徳兵衛—の陰に隠れしを、それとも知らで帰りしは」〔近松・重井筒・上〕 ❷無理な言いがかりをつけ、ゆすること。「そなたの—今時は古し、当流が（＝現代デハ）合点参らぬ（＝通用シナイ）さうな」〔西鶴・胸算用・巻二ノ四〕

もくだい【目代】 Ⓓ ❶国守の事務代行官。《国守によって任命され、朝廷は関与しない》「長門の国は新中納言知盛卿の国なりけり。—は紀伊の刑部（ぎょうぶ）大夫道資といふ者なり」〔平家・太宰府落〕 ❷《室町時代より後》地方のある区域を管理する事務官。「これは、この所の—でござる」〔狂・鍋八撥〕

も こそ Ⓑ《複助》《同類をあらわす「も」＋強調の「こそ」。中古語および中世の文語に用いられた》 ❶あやぶむ気持ちをあらわす。（「…たら困る」という余情で）…しないかしら。《英語の I'm afraid に当たる言いかた》「かうしつつ（＝コンナ状態デ）死に—すれ（＝死ニヤシナイカシラ）」〔蜻蛉・中〕「人—聞け（＝ダレカ聞キツケハシナイカシラ）」と思ふ思ふ行けば、いたう夜ふけにければ知る人もなし」〔和泉日記〕 ❷単に「も」を強調する。「千年（ちとせ）ふる松—あれ（＝松ダッテアリマスヨ）ほどもなく（＝スグ）こそえては返るほどや遠かる（＝タイシタ時間デモナイデショウ）」〔蜻蛉・下〕 参もぞ。

もし【若し】 Ⓒ《副》《軽い疑問をもった推量の意》ひょっとして。かりに。万が一。「この（干シ魚ノ口ヲ）すふ人々（＝接吻スル人々）の口を、おし鮎（＝アユノ塩ヅケガ）—思ふやうあらむや（＝万一考エタラ何ト思ウダロウカ）」〔土佐〕「—王子御誕生ありて（＝ヒョットスルト皇子ガオ生マレアソバシテ）、君も国母といはれ、愚老も外祖（ぐわいそ）とあふがるべき瑞相（ずいさう）にてもやさうらふらむ」〔平家・二代后〕

もじ【文字】 Ⓒ ❶字。「屏風・障子などの絵も—もかたくなる（＝ギコチナイ）筆やうして（＝カキブリデ）書きたるが」〔徒然・八一段〕 ❷㋑用語。「ねたきもの…書きて、やりつる後、—一つ二つ思ひ直したる（＝訂正ヲ思イツイタノ）」〔枕・九四段〕㋺（ことばの）用法。「ことばの—いやしうつかひたるこそ、よろづの事よりもまさりてわろけれ」〔枕・一九五段〕 ❸㋑書いてあること。文章。「その心（＝内容）を知るを学問といふ。然るに、—ばかりを知るは、一芸（＝ソレダケノ技術）なる故に、—芸者といふ」〔梅岩・都鄙問答・巻四ノ二〕㋺文献による学問。「（心トハ何ゾヤトイウ問題ニツイテ）二十年来の疑ひを解く。これ—のするところにあらず、修行のするところなり」〔梅岩・都鄙問答・巻一ノ二〕 ❹㋑発音。「想夫恋（さうふれん）…（正シクハ）相府蓮（デ）、—のかよへるなり」〔徒然・二一四段〕㋺音数。「神代には歌の—も定まらず（＝不整形式デアッタ）」〔古

も

今・序〕

もし・は【若しは】Ⓓ《接続》または。《英語のorに当たる》「(手紙ヲ他人ノトコロヘヤッタノニ)『おはしまさざりけり』―『御物忌みとて取り入れず』といひて、もて帰りたる」〔枕・二五段〕

もしほ（―オ）Ⓓ ❶【藻塩】海草に潮水を注ぎかけ、塩分を多く含ませ、それを焼いて水にとかし、その上澄みを煮つめて採った塩。「夕あらしうち分け衣吹き払へ―(ヲ作ルタメ)の煙袖にたなびく」〔壬二集・下〕 ❷【藻潮】藻塩の原料とする海水。「―汲む袖の浦風寒ければほさでも海士(あま)や衣うつらむ」〔新千載・秋下〕 **―ぐさ** 草 Ⓔ 製塩材料に用いる海草。搔(か)き寄せて採集するところから、しばしば「書く」の縁語や掛け詞に用い、また書いた物(とくに手紙)の意を暗示することが多い。「いづくとも知らぬ逢ふ瀬の―かき(=掛ケ詞「搔キ」「書キ」)おく跡を形見とも見よ」〔平家・首渡〕 **―た・る** 垂る Ⓓ《連語》藻塩をしたたらせる。多くは涙を流すことの暗喩(あんゆ)に用いられる。「わくらば(=マレ)に(デモ私ノ事ヲ)問ふ人あらば須磨の浦に―・れつつわぶ(=ツラガッテイル)と答へよ」〔古今・雑下〕 **―び** 火 Ⓔ 藻塩を造るためたく火。「―の煙の末をたよりにてしばし立ち寄る和歌の浦波」〔玉葉・雑五〕 **―や・く** 焼く Ⓔ《連語》(製塩のプロセスとして)藻を焼く。「―・く浦のあたりは立ちのかで煙あらそふ春霞かな」〔山家・上〕

も　ぞ　Ⓑ《複助》《同類をあらわす「も」＋強調の「ぞ」。中古語および中世の文語に用いられた》❶(「…したら困る」という余情で)あやぶむ気持ちをあらわす。…しないかしら。「夜など、あなたに在らむをりは、用意したまへ(=気ヲツケナサイ)。けしからぬ者などは、のぞき―する(=ノゾイタリスルカモシレナイカラ)」〔和泉日記〕「もし、うかがひ―する(=様子ヲ見ニ来ルトマズイナ)」〔今昔・巻二八ノ四四〕 ❷単に「も」を強調する。「返りごとあり。『喜びて』などありて、いと心よう許したり(=快諾シテクレタ)。かの語らひける筋―(=古イ関係ノイキサツモ)この文(ふみ)にある」〔蜻蛉・下〕[参]もこそ。

もた・ぐ【擡ぐ】Ⓓ《他下二》❶㋑(手で)持ち上げる。「ものは言はで、御簾(みす)を―・げてそよろ(=ソロリ)とさし入るる、(ソレヲ見ルト)呉竹(くれたけ)なりけり」〔枕・一三七段〕㋺押しあげる。「のみも、いとにくし。衣(きぬ)の下にをどりありきて、―・ぐるやうにする」〔枕・二八段〕 ❷《単に》あげる。「顔も―・げたまはねば」〔源氏・蛍〕

もだ・す【黙す】Ⓔ《自サ変》❶口をとじてだまる。ものを言わない。「世の人あひあふ時、しばしも―・することなし」〔徒然・一六四段〕「柱にもたれ長嘘(ためいき)をつぎて、―・しゐたりける」〔秋成・雨月・青頭巾〕 ❷そのままにしておく。だまって見過ごす。「仕儀によっては(=ナリユキシダイデハ)、―・しがたい(=ホウッテオケナイ)事もござらうほどに、とかく(=何トカ)わらは(=ワタシ)が思案をいたし、よいやうに申しなさう(=言イワケショウ)と思ひまする」〔狂・塗師(鷺流)〕「その恩のほど―・しがたし」〔西鶴・一代男・巻七ノ六〕

もち【望】Ⓓ 陰暦で、月齢一五の日をいう。「秋の月―は一夜のへだてにてかつがつ(=サシアタリ)光(かげ)ぞ残るくまなき」〔新勅撰・釈教〕《従来「望月」の略という意をあげるが、用例未見》

もち　づき【望月】Ⓓ 陰暦で、一五夜の月。満月。「―の明かさ十あはせたるばかりにて」〔竹取〕

もち　て【以ちて】Ⓐ《連語》↓もて[三]①②。「今の世にはこれ(=詩歌・音楽ノ道)を―世を治むる事、やうやく(=次第ニ)疎(おろ)かなる(=重視サレナイ)に似たり」〔徒然・一二二段〕

もち・ふ【用ふ】(―ウ) Ⓑ《他上二》《中世以後に生じた活用》↓もちゐる。「鶏の卵を整へ(=料理シ)肴(さかな)に―・ひて酒を飲む」〔咄・醒睡笑・巻三〕《類聚名義抄の「以」字に「モチウ」という訓がある。ワ行上二段活用も存在したのかもしれない》

もぢ・る【捩る】(―ジ―) Ⓓ [一]《他四》❶ねじる。ひねる。「(身体ヲ)すぢり(=クネラセ)―・り、えい声を出だして(=掛ケ声ヲシテ)、一庭(=庭ジュウ)を走りまはり舞ふ」〔宇治・巻一ノ三〕 ❷飲食する意の隠語。「茶椀で清左(=酒ノ隠語)を―・りちらし」〔風来・根南志具佐・巻二〕「おんぞう(=ウナギノ隠語)でも―・らうかい」〔浄・矢口渡・四〕 [二]《自下二》ねじれる。「(鵜ヲ使ウ縄(なわ)ガカラマッタノハ)まづ―・れぬよりさばきて、なまもぢれなるものを、またさばく。(ソウスルト)難かしく―・れたるもの、ひとり(=自然ニ)さばくる」〔土芳・三冊子・黒〕

もち・ゐる【用ゐる】(―イル) Ⓑ《他上一》❶つかう。とりあげる。「天地の間に君として万(よろ)づの民を宰(を)さむることは、独り制(を)さむべからず、要(かなら)ず臣の翼(たすけ)を―・ゐる」〔紀・孝徳・訓〕《「もちゐる」は「須」の訓》 ❷とりたてる。任用する。「日本の堅めと(=柱石トシテ)―・ゐむに、(コノォ方ナラ)あまらせたまへり(=合格点以上デイラッシャル)」〔大鏡・昔物語〕 ❸聞き入れる。承認する。「院宣(ヲ)下されけれども、平家―・ゐたてまつらず」〔平家・山門御幸〕 ❹信じる。「その事となきは(=ソレホドデモナイ事ハ)、証のなければ、―・ゐる人も候はじ」〔大鏡・昔物語〕

もっ　て【以って】Ⓐ《連語》↓もて[三]①②。「当腹(むかひばら)(=本妻ノ子デアルタメ)の寵愛を―、はるかの末弟(デアル)近衛院に位を奪はれたりしかば」〔保

元・上・四〕「上人、道心堅固にして難行苦行したまふ事は、世―知れり、人―許せり(＝認メテイル)」〔著聞・釈教〕

もって の ほか【以っての外】Ⓓ《連語》❶予想がはずれること。案外。「―いぶせげにて(＝気ノ重イ様子デ)進みもやらず」〔保元・中・一〕 ❷予想以上に程度がひどいこと。「慣らはぬ旅の疲れにや、―に違例し(＝意外ニ甚ダシク健康ヲソコナイ)、いまは一足もひかれず」〔謡・隅田川〕 ❸するなど、考えることもできないこと。とんでもないこと。「わが弟子、人の弟子といふ争論のさうらふらむこと、もてのほかの子細なり」〔歎異抄〕

もっとも Ⓒ ㊀《副》❶【最も】㋑(肯定文の中で)ひどく。たいそう。「無益(むやく)の事をなし…一生を送る、―愚かなり」〔徒然・一〇八段〕㋺(否定文の中で)全然。ちっとも。「をかしき事にもあるかな。(ソレナノニ)―え知らざりつる」〔竹取〕 ❷【最も】㋑いちばん。最高に。「世に四恩といふ事あり。…その中に―重きは朝恩(＝天皇カラノ恩)なり」〔盛衰・巻六ノ六〕㋺特に。とりわけ。「五六十年前までの士は…身もとをたしなみ(＝身ジマイニ注意シ)、―武具一通り(＝ヒトソロイ)は…磨きたて召しおきさうらふ」〔常朝・葉隠・聞書一〕 ❸【尤も】㋑(なるほど)ほんとに。いかにも。「―かうこそあらまほしけれ」〔平家・殿上闇討〕㋺まさに。当然。「もしそれ証拠あらば、―正文を賜ふべきなり」〔盛衰・巻五ノ五〕 ㊁【尤も】《形動ナリ》道理だ。そのとおり。「(殿様ノ)お腹立ちは御―・なれども」〔狂・武悪〕 ㊂【尤も】《接続》ただし。だけど。「―、男に生まれてけなげな(＝威勢ガヨイノ)はよいが、もし人と喧嘩などいたさうかと思うて、案じる」〔狂・杭か人か〕

もて-【以て・〈持〉て】Ⓑ《接頭》行為・動作を表す動詞に付いて、その意味を強調する。「―隠す」「―かしづく」「―興ず」「―騒ぐ」「―鎮(しづ)む」「―悩む」「―慣らす」「―離る」「―わづらふ」等。「御心おきて(＝考エカタ)に―たがふことなく、いとめやすく(＝グアイヨク)ぞありける」〔源氏・薄雲〕

もて Ⓐ《連語》㊀【持て】「持って」の促音を省略した形。「古今(＝古今集)を―わたらせたまひて」〔枕・二三段〕「絵師よくかきなして―参りけるに」〔俊頼髄脳〕 ㊁【以て】❶(格助詞ふうに、名詞に直接または「を」を介して付き)㋑「…によって」「…で」の意を表す。《英語のbyまたはwithに当たる》「吾妹子(わぎもこ)が形見の衣なかりせば何物―か(ワタシノ)命継がまし」〔万葉・巻一五〕《万葉時代にはまだ新しい言いかたであったといわれる》「御参内あって、孔雀経の法を―御加持あり」〔平家・赦文〕㋺「…を使って」の意を表す。《英訳するときはletを用いる》「権右少弁惟方を―、故院の御遺誡を申しいださる」〔保元・上・一一(古活字本)〕 ❷(副助詞ふうに)上の語をおもおもしい感じにする。「南都の大衆同心して、あまっさへ御迎へに参る条、これ―朝敵なり」〔平家・奈良炎上〕「唐の物…ところせく(＝ウルサイホド)渡し―来る」〔徒然・一二〇段〕 ❸(間投助詞ふうに「動詞＋もて＋ゆく(おはす)」の形で)経過または進行の感じを表す。《訳するときは、副詞にかえて「だんだん」「しだいに」など言うがよい》「(雪ノ山ハ消エズニ)少したけ(＝高サ)ぞ(シダイニ)劣り―ゆく(＝低クナッテユク)」〔枕・八七段〕「(北山ニ)入り―おはするままに(＝ダンダンハイッテオイデニナルニツレ)、霞のたたずまひ(＝様子)もをかしう(＝趣深ク)見ゆれば…めづらしうおぼされけり」〔源氏・若紫〕

―ゆ・く 以て行く Ⓒ《連語》→もて㊁③。

もて あそ・ぶ【玩ぶ・弄ぶ】Ⓓ《他四》❶(手足で)操作する。「人々あまたして、鞠(まり)―・ばして見たまふ」〔源氏・若菜上〕 ❷㋑(子どもを)かわいがる。「臥(ふ)し起きは(＝アケクレ)ただ幼き人を―・びて」〔蜻蛉・上〕㋺たいせつに待遇する。心をこめてあつかう。「名をば楊貴妃といふ。然れば、他の事なく夜昼―・びたまひける(＝寵愛ナサッタ)ほどに」〔今昔・巻一〇ノ七〕 ❸㋑(具体的な事物を)愛し味わう。賞翫(しょうがん)する。「八月十五日…月を―・ぶに良夜とす」〔徒然・二三九段〕㋺(精神的な事がらを)愛好する。「法相(宗トイウ)大乗(仏教)の学者として、その宗の法文を学び―・びし間に」〔今昔・巻一三ノ二〕

もて あつか・ふ【〈持〉て扱ふ】(―カ〈コ〉ウ) Ⓓ《他四》(「もて」は接頭語) ❶操作する。とりあつかう。「笙(さう)の笛は、月の明かきに、車などにて(吹クノヲ)聞き得たる、いとをかし。ところせく(＝カサバッテ)―・ひにくくぞ見ゆる」〔枕・二一八段〕 ❷相手とする。対象とする。「案性すみわたれる(＝集中シタ精神ガスッカリ純粋ニナッタ)うちより、今とかく―・ふ風情(ふぜい)にてはなくて(＝目下イロイロ把握ニツトメテイル対象ノホカニ)、にはかに、傍よりやすやすとして詠(よ)みいだしたるうちに、いかにも(＝キット)秀逸(＝傑作)ははべるべし」〔毎月抄〕 ❸世話する。めんどうを見る。「この尼君ひとり(ガ娘ヲ)―・ひはべりしほどに」〔源氏・若紫〕 ❹あつかいにこまる。もてあます。「(為朝ハ流サレタ伊豆デ)人を人ともせず、思ふさまにふるまひければ、預り伊豆国大介(デアル)狩野(かの)の工藤茂光、―・ひて、いかがせむとぞ思ひける」〔保元・下・七〕

もて い・づ【〈持〉て出づ】(―ズ) Ⓓ《他下二》(「もて」は接頭語) ❶出す。押し出す。「(女房タチガ)袖口など…ことさらめき(＝ワザトラシク)―・でたるを(＝御簾ノスソカラ出シテイルノヲ)、ふさはしからずと、まづ藤壺わたり(ノ自然ナノヲ)おぼしいでらる」〔源氏・花宴〕 ❷表だてる。表面的にする。「(藤壺女御ハ)―・でて(＝表ダッテ)らうらうしき(＝才気ノアル)事も見えたまはざりしかど、いふかひあり(＝相談ノシガイガアル)」〔源氏・朝顔〕 ❸(あまりにも)外面化する。「若き時の(ワタシノ)心にだに、なほ、さやうに―・でたる(＝出スギタ)事は、いとあやしく(＝ミグルシク)たのもしげなくおぼえはべりき」〔源氏・帚木〕

もて つ・く【持て付く】Ⓓ〖他下二〗❶ずっと持っている。具有する。「いやしき言(こと)もわろき言も、さ(＝ソウ)と知りながらことさらにいひたるは、あしうもあらず。(シカシ)我が―・けたる(＝地金ナノ)をつつみなくいひたるは、あさましきわざなり」〔枕・一九五段〕 ❷ずっと持っているようなぐあいにする。やりくりする。つじつまを合わせる。「(女ハ)後ろやすく(＝信頼デキ)のどけき(＝寛大ナ)所だに強くは(＝確カナラ)、うはべの情けは、おのづから―・けつべきわざをや(＝何トカデキルハズノコトデスヨネ)」〔源氏・帚木〕

もて な・す【持て〈成〉す】Ⓑ〖他四〗❶する。とりおこなう。「何事の儀式をも―・したまひけれど(＝チャントオハカライニナッタガ)」〔源氏・桐壺〕 ❷(人、または自分自身を)あしらう。待遇する。「たづきなしと思ひたるを、―・し助けつつさぶらはす」〔源氏・夕顔〕 ❸ふりをする。そのように見せかける。「心に知れらむことをも知らず顔に―・し」〔源氏・帚木〕 ❹もてはやす。珍重する。「(近ゴロノ珍シイ流行語ヲ)言ひひろめ―・すこそ、またうけられね(＝感心デキナイ)」〔徒然・七八段〕 ❺とりもつ。ふるまう。ごちそうする。「めやすく(＝丁重ニ)―・してあるに、良藤、この女に心移り果てて(＝スッカリ好キニナッテ)」〔今昔・巻一六ノ一七〕「日ごろとどめて長途のいたはり、さまざまに―・しはべる」〔芭蕉・奥の細道〕

もて はや・す【〈持〉て囃す】Ⓒ ㊀〖他四〗(「もて」は接頭語) ❶ほめあげる。感嘆する。「若宮の御声、うつくしく(＝カワイラシク)聞こえたまふ。右の大臣(おとど)『万歳楽(ノ曲ガ)御声に合ひてなむ聞こゆる』と―・しきこえたまふ(＝オホメソヤシ申シアゲラレル)」〔紫日記〕 ❷歓待する。歓迎する。「饗応し、―・しきこえさせたまへる興もさめて、事にがうなりぬ(＝座ガ白ケタ)」〔大鏡・道長〕 ❸目だつようにする。ひき立たせる。「(皮衣ハ)ゆゑづきたる(＝趣ノアル)御装束なれど、なほ、若やかなる女の御よそひには、似げなう(＝フサワシクナク)、おどろおどろしきこと(＝モノモノシイ点ガ)いと―・されたり(＝ヒドク目ダッテイル)」〔源氏・末摘花〕 ㊁〖自四〗目だつ。ひきたつ。「(女ノ童タチガ月夜ニ雪ヲコロガシテ遊ブノハ)帯しどけなき宿直(とのゐ)姿、なまめいたるに、こよなう(＝ズット)余れる髪の末、白き庭には、まして(＝イッソウ)―・したる(＝ヒキ立ッテ見エル趣ハ)、けざやかなり(＝印象的ダ)」〔源氏・朝顔〕

もと【元・本】Ⓐ ㊀ ❶事物のおこり。本源。「想夫恋といふ楽は、女、男をこふるゆゑの名にはあらず。―は相府蓮、文字のかよへるなり」〔徒然・二一四段〕 ❷以前からあるもの。「ゆく川の流れは絶えずして、しかも、―の水にあらず」〔方丈〕 ❸原因。「おろかにして(＝鈍イガ)つつしめるは(＝注意深イノハ)得の―なり(＝成功ノ原因ダ)。巧みにして(＝器用デ)ほしきままなる(＝カッテナノ)は、失の―なり」〔徒然・一八七段〕 ❹基本。よりどころ。根拠。「(歌ニオケル)―の姿と申すは、(サキニ)かんがへ申しさうらひし(＝説明イタシマシタ)十体の中の幽玄様・事可然様・麗様・有心体、これら四にてさうらふべし」〔毎月抄〕 ❺㋑植物の根に近い部分。「三本の竹を切り、―には雪をかけ、末をば(川ノ)水にかけて(＝向ケテ)ぞ出だしたりける」〔義経・巻五ノ六〕㋺(木や草の)幹。「大和(やまと)の室生(むろふ)の毛桃―しげく(＝幹ガスキマナク立ッテイルヨウニスキマナク)言ひてしものを(コノ恋ガ)成らずはやまじ(＝ウマク行カナケレバ承知デキナイ)」〔万葉・巻一一〕 ❻【下】(下方の)すぐそば。「燈火(ともしび)の―に書(ふみ)をひろげて、見ぬ世の人を友とするぞ、こよなうなぐさむわざなる」〔徒然・一三段〕 ❼(短歌の)上の句。「歌のありさま、総じて五句あり、上の三句をば―といひ、下の二句をば末といふ」〔新撰髄脳〕 ❽もとで。資本金。「正直を―として、わづかの世わたりなりしに(＝小規模ナ商売デアッタノヲ)はんじゃうになりける」〔西鶴・織留・巻二ノ五〕 ❾元金。「―一貫目の銀を一分の利にして、三十年そのままに貸し置きけるに、元利あはせて二十九貫九百五十九匁八分四厘一毛になりぬ」〔西鶴・織留・巻二ノ一〕 ❿もともとの経歴。「―出雲の国松江の里に人となりて(＝育ッタ)赤穴宗右衛門といふ者なるが」〔秋成・雨月・菊花〕 ⓫前世。「このもろもろの人は、―の業(ごふ)に従ひて、地獄におもむきて、その罪を受くるなり」〔今昔・巻七ノ三〇〕 ⓬以前。「―のあとへぞ帰りける(＝モトモトイタ所ヘ引キカエシタ)」〔義経・巻五ノ六〕 ⓭【〈許〉】あたり。その所。「入道、鶴岡の社参のついでに、足利左馬入道の―へ、まづ使ひを遣はして」〔徒然・二一六段〕 ㊁〖副〗以前から。以前にも。「―も心深からぬ(＝アサハカナ)人にて、ならはぬ(＝経験シタコトノナイ)つれづれの(＝孤独ナ退屈サガ)わりなくおぼゆるに(＝タマラナク思ワレルノデ)はかなき(＝ツマラナイ)事も目とどまりて」〔和泉日記〕

もと あら【本疎】Ⓔ 灌木(かんぼく)の下方が密生していないこと。「故里の―の小萩咲きしより夜な夜な庭の月ぞ(花ニ)映れる」〔新古今・秋上〕

もどか・し Ⓓ〖形シク〗❶(「もどきたい状態だ」の意で)非難すべきさまである。「親の、もの(＝オ寺ナド)へゐて(＝連レテ)参りなどせでやみにしも、―・しく思ひいでらる」〔更級〕 ❷思いどおりにならない。じれったい。「『おれも長老さまはこほし』といふ。何ともこの恋はじめ―・し」〔西鶴・五人女・巻四ノ二〕

もど・く【抵く・牾く】Ⓓ《他四》批判する。非難する。「(姫君ノ御心ヲ)—・き口ひそみ聞こゆ(=口ヲユガメテ非難申シアゲル)」〔源氏・総角〕

もと すゑ【本末】(-エ) Ⓓ《根もとに近い部分と末端部分という原義から》❶(弓の)下端と上端。「大弐殿、弓矢の—(=ドチラガ本デドチラガ末カ)も知りたまはねば」〔大鏡・道隆〕 ❷(短歌の)上句と下句。「歌は、秀句を思ひ得たれど、—言ひかなふる(=調和シタ言イカタニスル)ことのかたきなり」〔無名抄・四三〕 ❸(神楽で)本方(左方)と末方(右方)。またはそれぞれの受け持つ歌曲。「和琴のしらべ、—の(=本方ト末方トデソレゾレ打ツ)拍子に合はせてかきならす」〔中務日記〕《↑拍子そのものに本と末があるのではない。神楽の拍子に本末があるという説は誤り》 ❹基本的なものと派生的なもの。「藤氏と申せば、ただ藤原をばさ言ふなりとぞ、人はおぼさるらむ。さはあれど、—(=本家筋ト末流ヲ)知ることは、いとありがたき(=ムズカシイ)ことなり」〔大鏡・道長〕

もと つ くに【本つ国】Ⓓ ❶本国。祖国。「伴跛の国、臣が国(=百済)の己汶の地を奪みぬ。伏して請ふ、天恩ありて判りて—に還したまへ」〔紀・継体・訓(釈日本紀)〕《「もとつくに」は「本属」の訓》 ❷自分の生まれた土地。故郷。「火火出見尊を大鰐に乗せまつりて、以ちて—に送りまつる」〔紀・神代下・訓〕《「もとつくに」は「本郷」の訓》

もと な Ⓓ《副》《「本」「無」が結合した語で、不安定な気分を表すのに用い》わけもなく。よしなく。よりどころなく。やたらに(…してどうにもならない)。「春されば(=春ニナッタノデ)妻を求むと鶯の木末をつたひ(=枝先ヲ飛ビマワリ)鳴きつつ—(=ムヤミト鳴ク)」〔万葉・巻一〇〕「ぬばたまの(=枕詞)夢には—相見れど(=ヤタラニ妻ヲ見ルケレド)ただに(=直接ニ)逢はねば恋ひやまずけり(=恋シサハ止マナイコトダ)」〔万葉・巻一七〕

もとほ・す(-オス) Ⓔ《他四》《自動詞「もとほる」に対する他動詞形》❶(周囲を)めぐらす。(ぐるりと)取り巻く。「大君の御子の柴垣八節結り結り(=幾重ニモムスビ)結しまり(家ノマワリニ)—・し…」〔記・下〕 ❷《補助動詞ふうに》動詞の連用形に付いて、それが並みたいていでない意を表す。(…)まわる。「この御酒は…少名御神の神寿き(=オソレオオクモ祝福ナサリ)寿き狂ほし(=メチャクチャニ祝福シ)豊寿き寿き—・し(=サカンニ祝福シ)献りこし(=サシアゲテキタ)御酒ぞ…」〔記・中〕

もとほ・る(-オル) Ⓔ《自四》❶(ぐるぐる)まわる。徘徊する。「鶉こそい這ひ—・れ(=ハイマワルガ)猪鹿じもの(=シシノヨウニ)い這ひ拝み…」〔万葉・巻三〕 ❷うまく動く。「口も—・らぬ(=ヨクキケナイ)田舎者、(歌ノ形ダケナントカ)詠みかなへた所が(=ツジツマノ合ウヨウニ詠ンダッテ)、なに雨(ナンカ)降るものか」〔伎・三升玉垣・一ノ五〕

もとほろ・ふ(-オロウ) Ⓔ《自四》《「もとほる」の未然形に古代助動詞「ふ」が付き、「ら」が「ろ」となった形。㊂ふ》めぐっている。まわっている。用例↓「はひもとほろふ」。

も なか【最中】Ⓔ ❶中央。中心部。「虹ありて、天の—に当たり、もちて日に向かふ」〔紀・天武・訓〕《「もなか」は「中央」の訓》「(天王寺六時堂ノ前ノ鐘ハ)その声、黄鐘調の—なり(=ピタリトAノ音ダ)」〔徒然・二二〇段〕 ❷まっさかり。頂点。「水の面に照る月なみを数ふれば今宵ぞ秋の—なりける」〔拾遺・秋〕《「殿は源氏の—におはします」〔盛衰・巻三四ノ一〕により「ものごとの中心」という意を挙げる説もあるが、これは「さいちゅう」とよむべきものなので、省く》

もの-【〈物〉】Ⓑ《接頭》特定の理由・原因が意識されない感じを表す。「なんとなしに…」「なんだか…」。感情を表す形容詞に付くことが多く、その他、心理的な意味あいの動詞にも付く。「荒れたる家の、木立いと—ふりて、木暗う見えたるあり」〔源氏・若紫〕「—うらめし」「—おそろし」「—きたなし」「—きよし」「—ぐらし」「—心細し」「—つつまし」「—はかなし」「—はづかし」「—むつかし」「—寂ぶ」等。

もの【物】Ⓐ ━ ❶㋑《広く》有形の存在物。《英語のthingに当たる》「—の名(=名称)など、心得たるどち(=ドウシガ)片端いひかはし」〔徒然・七八段〕㋺食品・衣料・調度・財物など。「大湊に泊まれり。講師、—・酒おこせたり」〔土佐〕「その徳(=利益ガ)おのづからありて、やうやくその—(=財物)の数多くして、すでに千万ばかりに成りぬ」〔今昔・巻九ノ三七〕 ❷㋑《広く》現象的な事がら。《英語のmatterに当たる》「若き時は血気内に余り、心—に動きて、情欲多し」〔徒然・一七二段〕㋺音楽・芸能・技術など。「なつかしく—のととのほる(=音楽ガ調和スル)ことは春の夕暮れこそ殊にはべりけれ」〔源氏・若菜下〕 ❸㋑【者】人。「去る—は日々にうとし」〔徒然・三〇段〕㋺動物。「狐・ふくろふやうの—も、人げにせかれねば(=妨ゲラレナイカラ)、所得顔に入り住み」〔徒然・二三五段〕㋩【魅】精霊。妖怪。「『—におそはるるか』とせめて見あげたまへれば(=ガマンシテ見上ゲナサルト)、あらぬ(=別ノ)人なりけり」〔源氏・若菜下〕 ❹精神的な内容。「老い人の若き人にまじはりて興あらむと—言ひゐたる」〔徒然・一一三段〕 ❺㋑事物をはっきり言い表せないとき、代用的にいう。こういったふう。「『おう(キツネハ)—と鳴くは』『何と鳴く』『—と』」〔狂・佐渡狐〕㋺《とくに)行く先をぼかしていう。ある所。『—へまかりけるに、人の家にをみなへしうゑたりけるをみてよめる』〔古今・秋上・詞〕㋩程度・分量などをすぐに言えないときに用いる。「『(召使ヲ)いかほど置かせらるる』『—ほど置かう』『なにほど』『—ほど』」〔狂・今参〕《英訳すれば㋑㋺㋩とも so and so》 ❻対象をはっきりとは示さず、ぼんやりさせるのに使う。「我かしこげに—ひきしたため(=整理シ)ちりぢりに行きあかれぬ」〔徒然・三〇段〕 ❼㋑普通の事物。「日数の早く過ぐるほどぞ、—にも似ぬ」〔徒然・三〇段〕㋺普通の程度・分量。「右の大臣の御勢ひは、—にもあらず(=問題ナク)おされたまへり(=圧倒サレナサッタ)」〔源氏・桐壺〕 ㊁〔副〕だいたい。およそ。「日が暮れると、皆目(かい)見えなんだが、ゆふべから—三間から向かふが見えぬが、そこら近所の事はよう見える」〔伎・幼稚子敵討・四〕 **——おぼ・ゆ**〈物〉覚ゆ Ⓔ〔連語〕 ❶物事の分別がつく。「『大殿を始めたてまつりて皆人参りたまふなり』とて、急ぎまかりし(=立チ去ッタ)などぞ、—・えたることにて(=モノ心ノツイタコロ)見たまへし」〔大鏡・昔物語〕「ものしおぼえねば(=ドウシテヨイカワカラナイノデ)、ながめのみぞせらるる(=ボンヤリシテバカリイル)」〔蜻蛉・中〕 ❷意識がはっきりする。「—・えにたれば(=モウ気分モ普通ダカラ)、あらはになどもあるべうもあらぬを(=表ダッテオ呼ビハデキソウモナイガ)、夜のまに渡れ(=オイデ)」〔蜻蛉・上〕 **——に似に・ず** くらべようがない。尋常一様でない。「いと心ぼそく悲しきこと—・ず」〔蜻蛉・上〕 **——のあはれ**〈物〉のあはれ(-アワ-) Ⓒ〔連語〕《何かの対象や機縁に応じておこる感動という基本意味から》 ❶㋑人情。人の真情。「『(ワタシヲ)おぼし離れば…心憂くなむおぼゆべき(=恨メシク存ジマショウ)。なほ(ワタシヲ)あはれとおぼせ』と聞こえたまへば、『かかるさまの人(=尼)は、—も知らぬ(=人間的感情ニウトイ)ものと聞きしを、(ワタシハ)まして(=フツウノ尼以上ニ)もとより(人情モ)知らぬことにて、いかがは聞こゆべからむ(=ドウ御返事シタラヨイデショウ)』とのたまへば」〔源氏・柏木〕「『御子はおはすや』と問ひしに、『ひとりも持ちはべらず』と答へしかば、『さては—は知りたまはじ』」〔徒然・一四二段〕 ㋺事がらのおもしろみ・すばらしさへの感動。「琴(きん)はお前(=源氏)にゆづりきこえさせたまふ。(名手タチガ技ヲ尽クスソノ場ノ)—に(=興趣ニヒカレ)、え過ぐしたまはで(=ヒカズニオレナクナラレテ)、めづらしきもの、ひとつばかり弾(ひ)きたまふ」〔源氏・若菜上〕㋩情緒的な教養。「—知りすぐし(=情趣的ナ方面ニ通ジスギテ)、はかなきついでの(=チョットシタ際ニ歌ナドヨムヨウナ)情けあり(=センスガアリ)、をかしきに進める方(=風流ニ没頭スルヨウナ点ハ、主婦トシテ)なくてもよかるべし」〔源氏・帚木〕 ㊂情趣。しみじみとしたおもむき。「竹の葉に風吹き弱る夕暮れの—は秋としもなし(=秋ダケトハ限ラナイ)」〔新古今・雑下〕 ㋭以上のいくつかの複合した用法。「秋のころほひ(=時節)なれば、—(=シミジミトシタ季趣ト故郷ヲ去ル哀愁トガ)とりかさねたる(=複合シテイル)ここちして」〔源氏・松風〕 ❷〔本居宣長の批評用語〕古典的な教養の深さに裏づけられた心情。「すべて人、雅(みや)びの趣を知らではあるべからず。これを知らざるは、—を知らず、心なき人なり。かくて、その雅の趣を知ることは、歌をよみ、物語書などをよく見るにあり」〔宣長・初山踏〕《(1)宣長の用法は源氏物語に現れる用法とかならずしも一致しない。(2)明治以後には、とくにロマンティックな感じで受け取られる傾向が多いけれど江戸時代以前はそうでない》 **——のこころ**〈物〉の心 Ⓓ〔連語〕物事のちゃんとした筋あい。「もの見知るまじき(=理解デキソウモナイ)下人などの木のもと岩がくれ、山の木の葉に埋もれたるさへ、すこし—知るは(光源氏ノ舞ノスバラシサニ)涙落としけり」〔源氏・紅葉賀〕「—知りげもなきあやしの(=イヤシイ)わらはべまで…驚きあさみたること限りなし(=アキレサワイディルコトッタラナイ)」〔更級〕 **——のさとし**〈物〉の諭し Ⓔ〔連語〕→さとし。「世の中さわがしくて(=流行病ガシキリデ)、おほやけざま(=朝廷ノ方面)に—しげく(=シキリニアリ)のどかならで」〔源氏・薄雲〕 **——まう・す** 申す(-モウ-) Ⓒ〔連語〕(相手に)言ひかける。(とくに)質問する。「うちわたす遠方人(をちかたびと)(=ズットムコウニイラレル方)に—・す(=オタズネシマス)我そのそこに白く咲けるは何の(=何トイウ)花ぞも」〔古今・雑体〕

もの あはせ[物合はせ](-ワセ) Ⓓ 草の根や花など、いろいろの品物を双方から出し、優劣を競争するあそび。《歌を伴うことが多い。しかし、勝負は品物の優劣で決まるのであり、歌の巧拙には関係しない。物語合わせは含まれない》「折節(=季節季節)の—(や)いどみごと(=勝負事)のやうにてをかしき世の有様なりけり」〔栄花・本雫〕

もの あはれ[〈物〉あはれ](-ワレ) Ⓒ〔形動ナリ〕なんとなく「あはれ」なさま。(参)あはれ。「(歌ハ)やさしく—・によむべきこととぞ(古書ニ)見えはべめる」〔毎月抄〕

もの いひ[物言ひ](-イイ) Ⓓ ❶言いかた。表現のしかた。「かの—あしかりし大納言は、この院の別当ぞかし」〔狭衣・巻四〕 ❷㋑非難して言うこと。言いがかり。「(ワタシガ他ノ女性ニ心ヲ移シタナンテ)げに(=マッタク)あが君や(=アナタ、ネエ)、幼なの御—や(=子供ッポイ難癖デスヨネ)」〔源氏・宿木〕 ㋺《非難の意を含む》評判。ゴシップ。《中古文ではこの用法が大部分》「世の人の—ぞ、いとあぢきなくけしからずはべるや」〔源氏・浮舟〕 ❸㋑よく議論をする人。論客。「隈なき(=博学ナ)—も定めかねて、いたくうちなげく」〔源氏・帚木〕「かの—(=口ヤカマシ屋サン)の内侍はえ聞かざるべし」〔紫日記〕㋺口出し。発言。「その座に━堪忍せぬ男(＝一言居士)のありけるが」〔西鶴・織留・巻三ノ四〕

もの　い・ふ【物言ふ】(━ウ) Ⓒ 〔自四〕 ❶言語行動をする。話す。「桃李━・はねば、誰と共にか昔を語らむ」〔徒然・二五段〕 ❷男女が愛情関係をもつことの遠まわしな表現。(参)ものがたり①㋺。「(光季ハ)かの(以前ニ)見し童(わらは)(＝召使ノ少女)に━・ふなりけり(＝言イカワシテイルノダッタ)」〔堤・花桜〕 ❸詩歌のような言い方をする。『黒鳥のもとに白き浪を寄す』とぞ言ふ。このことば、何とにはなけれども、━・ふやうにぞ聞こえたる」〔土佐〕 ❹批判する。文句をつける。「いみじき非道の事も、山階寺にかかりぬれば、又ともかくも人━・はず」〔大鏡・道長〕

もの　いみ【物忌み】 Ⓒ ㊀〔十自サ変〕 ❶宗教的な意味で一定期間、言語・行為・飲食を制限し、からだを清めて不浄をさけること。「天皇、すなはち沐浴(ゆかはあ)み、━・して、殿(みあらか)の内をきよめて」〔紀・崇神・訓〕〔「ものいみして」は「斎戒」の訓〕 ❷ある種の物事を、不吉だとしてさけること。「(帝ノ御心クバリヲ)かたじけなく(道長ハ)思されて、━もえせさせたまはずなりにけり(＝メデタイ日ニ泣クノハ不吉ダガ、感涙ヲオサエキレナカッタ)」〔栄花・御裳着〕 ❸中古以後、陰陽(おんよう)道で、天一神(なかがみ)・太白神(ひとよめぐり)などのいる方向と一致しないよう、外出をさけたり、また「方違(かたたが)へ」をしたりすること。「なが雨晴れ間なきころ、内裏(うち)の御━さし続きて」〔源氏・帚木〕 ㊁ ❶「㊀③」のとき、柳の枝や忍草や色紙などに「物忌」の二字を書いて身につけたもの。「(和泉式部ガ)くれなゐのはかまに赤き色紙の━いとひろきつけて」〔大鏡・兼家〕 ❷明治以前、伊勢神宮をはじめ諸大社で、神事に当たった少年少女。神職の子女で未婚のものをつかう。「神主部・━ども、もろもろ聞こしめせと」〔祝詞・六月月次〕

もの　う・し【〈物〉憂し・懶し】Ⓑ〔形ク〕 ❶心がはればれしない。憂うつだ。「大方の世間も(＝社会一般モ)━・きやうにまかりなりさうらひき(＝アジキナイフウニナリマシタ)」〔平家・維盛出家〕 ❷気が乗らない。おっくうだ。「いたはりかしづきたまふ住みか(＝タイセツニ世話ナサル妻君ノトコロ)は、この君(＝頭ノ中将)もいと━・くして(＝行クノヲメンドウガリ)」〔源氏・帚木〕「━・ければしばしやすらひ(＝休息シテ)、有様にしたがひて(＝ソノ時ノ様子ニヨッテ)参らむと思ひて」〔紫日記〕 ❸つらい。いやだ。「数ならぬ身のみ━・く思ほえて待たるるまでもなりにけるかな」〔後撰・雑四〕

もの　かず【物数】Ⓒ ❶物の数量。「内裸でも外錦、男飾りの小袖まで、さらへて━十五種(くさ)」〔近松・天網島・中〕 ❷数量の合計。「━三百八十三のもろもろの鍵を源五兵衛に渡されける」〔西鶴・五人女・巻五ノ五〕 ❸(世阿弥の能楽論で)いろいろな曲。各種の曲目。「能も心づく(＝理解スル)ころなれば、次第次第に━も教ふべし」〔花伝・一〕

もの　がたり【物語】Ⓑ ❶㋑はなし。談話。「高橋(長綱)、うち解けて━しけり」〔平家・篠原合戦〕「この(「響キ」ニ関スル)━は、先師(＝芭蕉ガナサッタノ)か、其角か、忘れたり」〔去来抄・修行〕㋺男女が愛情関係をもつことの遠まわしな表現。(参)ものいふ②。「などか御さまの例ならずおはします(＝妊娠シテイラッシャルノデハアリマセンカ)。もし(＝コトニヨルト)人も(＝男ノカタデモ)近く御━やしたまひし」〔宇津保・俊蔭〕 ❷㋑以前にあった事件を人に語るという形式で述べた散文作品。口頭で伝えるのも、書物の形にしたのも、両方を含む。「『…』とぞ、世継の翁の━(＝大鏡)には言へる」〔徒然・六段〕㋺〔とくに〕作り物語。フィクション。「世の中に━といふもののあんなるを、いかで(＝何トカシテ)見ばやと思ひつつ」〔更級〕

もの　かは Ⓓ ㊀〔連語〕大したことはない。何でもない。問題じゃない。「━と君がいひけむ鳥の音(ね)の今朝しもなどか(＝ドウシテコンナニ)悲しかるらむ」〔新拾遺・離別〕 ㊁〔終助〕❶〔反語〕…ものだろうか(…でない)。「命は人を待つ━(＝待ツモノダロウカ、待タナイ)」〔徒然・五九段〕 ❷〔感動〕驚嘆の気持ちをあらわす。…ものだなあ。「同じものの(＝同ジ命中トイッテモ)なからには(＝的ノ中心ニヨクマア)当たる━(＝当タリモ当タッタコトヨ)」〔大鏡・道長〕

もの　から Ⓑ〔接助〕〔活用語の連体形に付く〕❶〔逆接〕確定条件を表す。…ものだのに。…なのに。…けれども。「見わたせば近き━(＝スグソコナノニ)石(いそ)隠り(＝石ニカクレテ)かがよふ(＝チラチラ光ル)珠を取らずはやまじ(＝取ラズニハオキマセン)」〔万葉・巻六〕「待つ人にあらぬ━(＝デハナイケレド)初雁(かり)のけさ鳴く声のめづらしきかな」〔古今・秋上〕 ❷〔順接〕〔近世の誤用で〕理由を表す。…ので。「信(まこと)ある御方にこそと思ふ━(＝思イマスノデ)、今より後の齢(よはひ)をもて、御宮仕へしたてまつらばやと願ふ」〔秋成・雨月・蛇性〕

もの　がら【物〈柄〉】Ⓔ 物品のよさ。物の品質・体裁。「(家具類ハ)つひえもなくて(＝安アガリデ)━のよきが、よきなり」〔徒然・八一段〕

もの　ぐるは・し【〈物〉狂はし】(━ワシ) Ⓓ〔形シク〕→ものぐるほし。「━・しきまで(泣キ悲シム)けはひも聞こえぬべければ、(遠慮シテソノ場ヲ)のきぬ」〔源氏・手習〕

もの　ぐるひ【〈物〉狂ひ】(━イ) Ⓓ ❶精神異常者。〔何かの霊がのり移ったための一時的な発作をも含む〕

「この―、走りまはって(タクサン投ゲラレタ数珠ヲ)拾ひ集め、すこしもたがへず、いちいちにもとの主にぞ配りける」〔平家・一行阿闍梨〕 ❷何かのショックで、とり乱し、当然守るはずのたしなみが守れなくなった者。たとえば、中流以上の女性が、男性に対しぽんぽんやりこめたりする場合をいう。なかには、精神異常でなく、ことさらノーマルな状態をふみはずし、エクサイトした様子をするのを、ひとつの見せ物にすることもあった。その類の物狂いに対しては、狂ってみせろと注文する場合がある。「『なに―とや。―も思ふ心のあればこそ問へ』…『いかにもおもしろう狂うて舞ひ遊びさうらへ。叡覧あるべきとの御事にてあるぞ。急いで狂ひさうらへ』『うれしやさては、及びなき(=フツウデハオ目ニカカレナイ)御影を拝みや申すべき。いざや狂はむ』」〔謡・花筐〕

もの ぐるほ・し【〈物〉狂ほし】(―オシ) Ⓓ〘形シク〙どうかしている。変だ。「『ただ御供に参りて、近からむ所にゐて、御社へは参らじ』など言へば、『―・しや(=ドウカシテルワネ)』など言ふ」〔堤・花桜〕「心にうつりゆくよしなしごと(=心ノ中ニ次カラ次ヘト浮カンデハ消エテユクタワイモナイ事)を、そこはかとなく(=トリトメナク)書きつくれば、あやしうこそ―・しけれ」〔徒然・序段〕

もの げ な・し【物げ無し】Ⓔ〘形ク〙たいしたこともない。問題じゃない。「いと―・き足もと(=ミスボラシイ徒歩姿)を見つけられてはべらむ時、からくもあるべきかな(=ツライデショウナ)」〔源氏・夕顔〕「(為朝ハ)ことばを放ち(=大言壮語シ)、ものげもなく(=テンデ問題ニナラナイヨウニ)申しければ」〔保元・上・一一〕

もの・し【〈物〉し】Ⓓ〘形シク〙ものものしくていやな感じだ。目ざわりだ。不快である。いやらしい。「(弘徽殿ハ源氏ニ対シ)もとよりのにくさもたちいで、『―・し』とおぼしたり」〔源氏・桐壺〕

もの・す【物す】Ⓐ❶〘自サ変〙〘動詞・(補助動詞)のかわりに用いられ、その意味するはずの動作・状態などをあらわす〙…である。…でいる。…する。…となる。「今の男(=新シイ夫)の―・す(=来テイル)とて、一日二日おこせざりけり(=手紙ヲヨコサナカッタ)」〔伊勢・九四段〕「誰が御族(ぞう)にか(=ドナタノ御一族デ)―・したまふ(=イラッシャイマスカ)」〔宇津保・俊蔭〕「横川に―・することありて(=行ク用事ガアッテ)登りぬる人」〔蜻蛉・上〕「日ごろ(=平素)ここに―・したまふとも見ぬ(=オイデダトモ見受ケナイ)人々の、かく戦ひしたまふはいかなる人ぞ」〔徒然・六八段〕 ❷〘他サ変〙(いろいろの動詞のかわりに用いられ、その動詞が意味する動作をあらわす)…をする。…をなす。「只今は(=現在ハ)よにもおぼしかけたまはじ(=結婚ノコトナド決シテ考エテイラッシャラナイデショウ)。いまかくなむ(=デモソノウチアナタガコウオ思イデアルト)―・しはべらむ(=先方ニ申シ伝エマショウ)」〔落窪・巻一〕「『いと情けなし、あまりなり』など―・すれば(=返事ヲイッテヤルト)」〔蜻蛉・上〕(英語のdoと似ているけれど、doがいちど前に言われた事がらを受けて使われるのに対し、「ものす」は、はじめから何かの意味をあらわす)

もの づつみ【物慎み】Ⓔ 遠慮がちなこと。出しゃばらないこと。「人にいどむ(=負ケマイトスル)心(=気性)にはあらで、ただこちたき(=ヒドイ)御―(=ヒッコミ思案ノゴ性質)なれば」〔源氏・蓬生〕

もの ども【者〈供〉・者〈共〉】Ⓒ❶人の複数。人たち。「男盛りの―さへ了簡して(=承知シテ)帰るに」〔西鶴・胸算用・巻二ノ四〕 ❷〘代〙自分より身分の低い者をさす第二人称。きみたち。おまえら。「いかに(=オイ)―、(何ダッテ)戦をば緩(ゆる)につかまつるぞ(=ノンビリヤルノダ)」〔平家・水島合戦〕「悪七兵衛討たすな、―」〔平家・弓流し〕

もの の Ⓑ〘接助〙〘活用語の連体形に付く〙〘逆接〙確定条件を表す。…ものでありながら。…ものだのに。…とはいえ。「あはれとおぼしぬべき(=心ヲヒカレテシマイソウナ)人のけはひ(=様子)なれば、つれなく(=ソッケナクテ)ねたき―(=シャクデハアルケレド)忘れがたき(モノ)におぼす」〔源氏・夕顔〕

もの の ぐ【物の具】Ⓓ❶道具。家具。「いはんや家の財―知ることなくして(=念頭ニオカズ)」〔今昔・巻一〇ノ三六〕 ❷武器。とくに、鎧(よろい)。「―脱ぎ捨て、矢目(=矢傷)を数へたりければ」〔平家・橋合戦〕

もの の け【〈物〉の気・〈物〉の〈怪〉】Ⓒ❶目に見えないで人をなやますスピリット。悪霊(あくりょう)。「験者(げんざ)の―調ず(=祈リ伏セル)とて、いみじうしたり顔に」〔枕・二五段〕 ❷「①」が人にのり移ること。「桓算供奉の御―に現れて申しけるは」〔大鏡・三条院〕

もの の ふ【武士】Ⓓ さむらい。「―の矢並みつくろふ(=トトノエル)籠手の上にあられたばしる那須の篠原」〔金槐・冬〕

もの ふか・し【〈物〉深し】Ⓓ〘形ク〙❶(奥が)深い。「(京ノヤシキハ)ひろびろと―・きみ山のやうにはありながら」〔更級〕 ❷㋑考えが行き届いている。浅薄でない。「(夕顔ノ性格ハ)―・く重き方はおくれて(=劣ッテ)、ひたぶるに(=タダモウ)若びたるものから(=ウブダケレド)、世(=愛情関係ノ事)をまだ知らぬにもあらず」〔源氏・夕顔〕㋺(感受性が)こまかく強い。情が深い。「(ナクナラレタ院ノ事ヲ)言ひ続け泣くほど、―・からぬ人も涙とどめがたし」〔栄花・初花〕 ❸(含蓄が)深い。深遠だ。「(琴ハ)まだ聞こしめしどころある―・き手には及ばぬを」〔源氏・若菜下〕

も

もの　まう【物申】(ーモウ) Ⓓ《感》《連語「物申す」から転じて》他人の家を訪問して取りつぎをこうときのことば。ごめんください。「まづ案内を乞(こ)はう。ー、案内まう(＝オ願イシマス)」〔狂・居杭〕「ーの声のする時」〔西鶴・永代蔵・巻二ノ一〕《狂言では多く「ものも」と発音される》

もの　まう・す【物申す】(ーモウー) Ⓒ《連語》→もの。

もの　まなび【物学び】 Ⓔ 学問。「世にーのすぢ(＝分科ハ)、しなじな(＝イロイロ)ありて、ひとやうならず」〔宣長・初山踏〕「本居(宣長ノ)信仰にて(＝崇拝者デ)、いにしへぶりのーすると見えて、もの静かに人がらよき婦人」〔三馬・風呂・三ノ下〕

もの　まね【物〈真似〉】 Ⓓ ❶能における劇的所作。写実的に似せる芸(マイム)とは違う。「さのみの(＝アマリ細カニ表現スル)ーは、たとひすべくとも(＝デキタトシテモ)、教ふまじきなり」〔花伝・一〕 ❷役者の動作・せりふやそのほかいろいろな点をまねする見せ物。声帯模写など。「ー聞きにそれそこへ」〔近松・曾根崎〕

もの　み【物見】 Ⓒ ㊀❶㋑見物(けんぶつ)。「我もーのいそぎ(＝準備)などしつるほどに」〔蜻蛉・上〕 ㋺《十形動ナリ》見物するに価する・もの(こと)。「これほどのーを、一期(いちご)に一度の大事ぞ(＝一生ニ一度ノスバラシイ事ダ)。(タトエ)傷はつくとも(＝ケガグライシテモ、舞ヲ見ニ)入らむず」〔義経・巻六ノ七〕「京の町にて、枝垂れ柳のー・なる(＝ミゴトナノ)を持ちありく」〔咄・醒睡笑・巻八〕 ❷㋑牛車の左右にある窓。「御車のーをあけられたりけるに」〔太平・巻三七ノ七〕 ㋺家の内から外をそっと見るため作られた小窓。「表のーに女中の声々」〔近松・阿波鳴渡・中〕 ❸《十自サ変》戦闘の前に敵のようすをさぐること。偵察(ていさつ)。斥候(せっこう)。「もしーを出して見つくるほどならば、南の山に登り、横あひに突きかかられよ」〔常山・紀談・巻三ノ五〕 ㊁《形動ナリ》みごとだ。りっぱだ。「松茸のー・なるを、一折、人のもとより送りたるが」〔咄・醒睡笑・巻七〕

ーぐるま 車 Ⓔ「ものみ①㋑」に出かける車。「ーども二条大宮(ノ通リ)の辻(つじ)にたちかたまりて(＝密集シテ)」〔大鏡・昔物語〕

ものみ　だけ・し【物見猛し】 Ⓔ《形ク》何でも見物したがる。「あのあたりはー・い所ぢゃほどに…壁も垣も目ばかりぢゃあらう」〔狂・庖丁婿(虎明本)〕「このあたりの裏貸家に住める女のー・くて」〔西鶴・一代女・巻六ノ一〕

もの　めか・し【物めかし】 Ⓔ《形シク》ひとかどのものだ。ものものしい。「あはれにぞー・しくは聞こえける(実ハタイシタ音デモナイノニ)枯れたる楢(なら)の柴(しば)の落ち葉は」〔山家・中〕「小船を浮かべ…名残を惜しみなどするこそ、ゆゑある(＝身分ノアル)人の門出するにも似たりと、いとー・しくおぼえられけれ」〔芭蕉・笈の小文〕

もの　めか・す【物めかす】 Ⓔ《他四》ひとかどのものとしてあつかう。ものものしく待遇する。「はかなく(＝ホンノチョットノ)見たまひけむ(＝関係ナサッタヨウナ)人をー・したまひて」〔源氏・紅葉賀〕

もの　ゆゑ(ーエ) Ⓑ《接助》《活用語の連体形に付く》❶〔逆接〕確定条件を表す。…ではあるけれど。…なのに。「待つ人も来ぬーに(＝来テクレモシナイノニ)うぐひすの鳴きつる枝を(ソノ人ニ見セヨウトシテ)折りてけるかな」〔古今・春下〕「恋すればわが身は影となりにけりさりとて(＝ソウカトイッテ)人に添はぬー(＝寄リ添イモシナイノニ)」〔古今・恋一〕 ❷〔順接〕確定条件を表す。…だから。…なので。「参らざらむーに(＝参上シナイツモリデスカラ)、何と御返事を申すべしともおぼえず」〔平家・祇王〕

もの　ゑんじ【物怨じ】(ーエンー) Ⓓ 恨むこと。とくにやきもち。「はかなき(＝チョットシタ)心のすさび(＝ウワ気)は絶えざりしかど、かうきびしきーは、(北ノ方カラ)ことになかりしものを」〔源氏・若菜下〕

・もの　を Ⓑ ㊀《接助》《活用語の連体形に付く》〔逆接〕確定条件を表す。…ではあるけれど。…なのに。「もろ声に(＝声ヲ合ワセテ)鳴くべきーうぐひすは正月(むつき)ともまだ知らずやあるらむ」〔蜻蛉・下〕 ㊁《終助》(逆接的な余情で)詠嘆を表す。…のになあ。…だなあ。「今さらに何をか思はむうちなびき(ワタシノ)心は君によりにしー(＝ヒキツケラレテシマッタンダネエ)」〔万葉・巻四〕「これにまさりたる雨風にも、いにしへ(＝以前)は、人のさはりたまはざめりしー(＝問題ニナサラナカッタンデスガネエ)」〔蜻蛉・中〕

もはら【専ら】 Ⓒ ㊀《副》❶もっぱら。まったく。「庭ーに花ふりしきて」〔蜻蛉・下〕 ❷《下に否定を伴って》すこしも(…しない)。「ーさやうの宮仕へつかうまつらじ」〔竹取〕「ー顔かたちのすぐれたらむ女の(＝ヲ妻ニショウトイウ)願ひもなし」〔源氏・東屋〕《中古のかな文では②の用法が大部分》 ㊁《形動ナリ》❶純粋だ。「親にしたがふ性(ひととなり)ー・にして深し。(ソコデ父帝ノ崩御ヲ)悲慕(しのぶ)ることやむことなし」〔紀・綏靖・訓〕《「もはらに」は「純」の訓》 ❷その事だけだ。「医を迎へて薬の事ー・なり(＝カカリキリダ)」〔秋成・雨月・浅茅〕

も・ふ【思ふ】(ーウ) Ⓔ《他四》「おもふ」の古代語。「年月はあらたあらたにあひみれど我(あ)がー・ふ君はあきだらぬかも(＝見アキルコトガナイナア)」〔万葉・巻二〇〕「祈りくる(オカゲデ)風間(＝風ガ吹キヤンダ)とー・ふをあやなくも(何ダッテ)かもめさへだに(＝マデガマア)波と見ゆらむ」〔土佐〕

もみぢ【黄葉・紅葉】(ージ) Ⓓ《古代は「もみち」》❶

㋑《十自サ変》草木の葉が秋に黄や赤に変わること。「霧立ちて鴈(かり)が鳴くなる片岡の朝(あした)の原は―・しぬらむ」〔古今・秋下〕㋺黄葉・(紅葉)した葉。「春日野に時雨降る見ゆ明日よりは―かざさむ高円の山」〔万葉・巻八〕 ❷襲(かさね)の色目。↓巻末「襲の色目要覧」。「九月ばかりのことなれば、薄色(=薄紫色)の衣(きぬ)一重ねに―の袴を着て」〔宇治・巻一三ノ六〕 ❸紋の名称。↓巻末「紋章要覧」。「高雄といふ女郎は、衣裳に―の錦をまとひ」〔浮・禁短気・巻四ノ二〕《「紅葉」は遊女高雄の定紋》 ❹鹿の肉の異名。「秋はてばやがて―の吸物となるともしかと知らで鳴くらむ」〔蜀山百首・秋〕「猪(ノ肉)を牡丹(ぼたん)、鹿(ノ肉)を―と異名す」〔守貞・守貞漫稿・食類〕 ❺《「紅葉(こうよう)」に同音の「濃う能う」をかけて》抹茶(まっちゃ)の立てかげんにいう。「まづまづ御茶進上申せ。―に立てて参らせよ」〔咄・昨日は今日・上〕

もも-【百】 [D]《接頭》多数の意を表す。数多く。数多くの。「―船の泊(は)つるとまりと八島国―船人の定めてし敏馬(みぬめ)の浦は…」〔万葉・巻六〕

もも【百】 [D] ❶一〇〇。「齢は―歳(とせ)の半ばに近づきて」〔東関紀行〕 ❷多数のこと。「(楊)貴妃が姿を皆人は『―の媚(びこ)をなす(=アリトアラユル魅力ヲ示ス)』といへり」〔平治・下・九〕

もも【桃】 [D] ❶ももの木。またはその果実。「大きなる―の木あり。…その実を採りて雷に擲(な)げしかば、雷ども皆退きぬ。これ―をもて鬼をふせく縁(ことのもと)なり」〔紀・神代上・訓〕《「もも」は「桃」の訓》「春の苑(その)紅にほふ―の花下照る道に出で立つ少女」〔万葉・巻一九〕 ❷襲(かさね)の色目。↓巻末「襲の色目要覧」。 ❸紋の名称。↓「巻末紋章要覧」。

ももしき【百〈敷〉・百石城】 [D]《枕詞「ももしきの」から転じ》内裏(だいり)。皇居。禁中。「豊国の法師を引きて―にまゐる」〔紀・用明・訓〕《「ももしき」は「内裏」の訓》「―に行きかふ人の聞くばかりやは」〔源氏・末摘花〕

ももじり【桃尻】 [E]《十形動ナリ》馬の乗りかたが不安定なこと。「三界流浪の(生活ハ乗馬ディエバ)―(ノヨウナモノデ)、落ちてあやまちすることなかれ(=ケガヲスルナ)」〔芭蕉・水の友・詞〕

ももち【百ち】 [D]《「ち」は接尾語》数の多いこと。[参]-ち。「―のつかさ(=役人タチハ)その樹を踏んでかよふ」〔紀・景行・訓〕《「ももちのつかさ」は「百寮」の訓》「―にこの奴を切り刻みたりとも」〔今昔・巻二五ノ一一〕 **―どり** 鳥 [E] ❶多くの鳥。さまざまの鳥。「―さへづる春はものごとに(=何モカモ)あらたまれども(=新シクナッテ行クガ)われぞ古りゆく(=老イテ行ク)」〔古今・春上〕 ❷うぐいすのこと。「―けさこそ来鳴け笹竹の(=枕詞)大宮人に初音待たれて」〔続古今・春上〕

ももちだ・る【百ち足る】 [E]《自四》たっぷりだ。たくさん満ち満ちている。「千葉の(=枕詞)葛野(かづの)を見れば―・る家庭(やには=人家)も見ゆ…」〔記・中〕

もや【母屋】 [D]寝殿造りの建物で、いちばん内がわのへや。その外がわが廂(ひさし)。[参]すのこ・ひさし(廂)。「―の内には、女どもを番におきて守らす」〔竹取〕「―のきはに立てたる屏風のかみ」〔源氏・夕顔〕

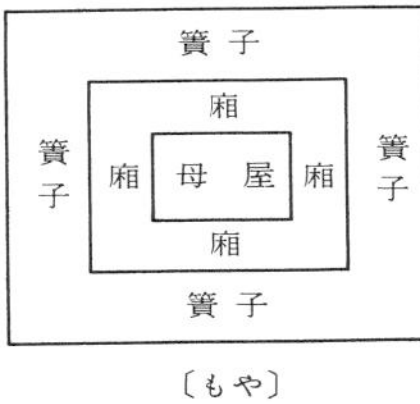

〔もや〕

もや [B]《複助》《同類を表す「も」十疑問の「や」。中古語および中世の文語に用いられた》 ❶(「…たらこまる」という余情で)あやぶむ気持ちを表す。…ないかしら。「道にて雨―降らむ、雷(みかみ)―鳴りまさらむ」〔蜻蛉・中〕「狼藉(らうぜき)―ある(=乱暴スルトイケナイカラ)とて、申(さる)の刻に、宇治橋守護のために、周防判官季実をさしつかはさる」〔保元・下・一(古活字本)〕「天下の権柄(けんぺい)を捨てたまへる(=政権カラ遠ザカッテイラレル)こと年久しければ、おぼしめし立つこと―さうらふらむ(=何カ企テガオアリカモシレマセン)」〔太平・巻九ノ一〕 ❷疑問的な強調を表す。「理(ことわり)に―思ひけむ(=道理至極ト思ッタノダロウカ)、すこし心をとめたるやうにて、月ごろになりゆく」〔蜻蛉・上〕

もゆらに【玲瓏に】 [D]《副》《「も」は接頭語》玉などがふれあうさま。《響く音とゆれる様子とのどちらをさすか、明らかでない》「御頸珠(みくびたま)の玉の緒―取りゆらかして、天照大御神に賜ひて」〔記・上〕《原文は「母由良邇」と表記》

もよぎ【萌葱】 [D]↓もえぎ。「君が春(ノ太平ニ決マッテイルノハ)蚊帳(かや)は―にきはまりぬ(=決マッテイルノト同様ダ)」〔越人(去来抄)〕

もよひ【催ひ】(―イ) [E]《十自サ変》 ❶準備。用意。「宇治橋に押し寄せ軍(いくさ)の―・せられけり」〔承久記〕 ❷ためらうこと。躊躇(ちゅうちょ)。「とかくの―なく足を踏みとどむまじきなり」〔徒然・一五五段〕

もよほし【催し】(―オシ) [D] ❶うながすこと。催促。「これは、いかでぞ(=ドウシテナノデスカ)。殿の御心と(=御自分デ)思(おぼ)し立ちたるか、(ソレトモアナタノ)御―か」〔宇津保・蔵開下〕 ❷㋑ある現象が起こること。生起。「などの(=ドウイウ)御心の―にかおはしますらむ(=気ニナラレタノカ)」〔栄花・木綿四手〕㋺(ある現象を起こさせる)きっかけ。機縁。「聖(ひじり)だちたる(=仏道ニ関心ノ深イコノ宮ノ)御ためには、かかる(=コンナ簡素ナスマイ)しもこそ、(コノ世ニ)心とまらぬ—(=心残リガナクナルモト)ならめ」〔源氏・橋姫〕 ❸呼び集めること。召集。「今日すでにその日なり。(ソレナノニ)いまだ(会議ノ)—なんどもなし」〔愚管抄・第四〕 ❹とり行うこと。はからい。「ひとへに弥陀(みだ)の御—にあづかりて、念仏申しさうらふ人をわが弟子と申すこと、きはめたる荒涼の(=トンデモナイ)ことなり」〔歎異抄〕

もよほ・す〔催す〕(ーオス) Ⓓ《他四》 ❶㋑催促する。うながす。せきたてる。「『さらば、このをりの後ろ見なかめるを、(オ前ノムスメヲ)添ひ臥(ぶ)しにも(シナイカネ)』と—・させたまひければ」〔源氏・桐壺〕㋺(命じて)ととのえさせる。割りあてる。「破り子三十荷なむ要(い)るべきを、人々に言ひて—・せ」〔今昔・巻二八ノ九〕 ❷ある現象を起こす。呼び起こす。「奥山の夕ぐれ方のさびしきにいとど—・す(=サビシイ思イヲサソウ)鐘の音かな」〔浜松・巻三上〕 ❸(ある目的のため多くの人を)よび集める。「若きは軍民(いくさびと)に—・され」〔秋成・雨月・浅茅〕 ❹とり行う。挙行する。「公事(くじ)ども繁く、春の急ぎに取り重ねて—・し行はるるさまぞ」〔徒然・一九段〕 ❺㋑準備する。用意する。「『あっ(=ハイ)』と答へて宰領(さいりやう)ども(=運送係タチハ)、『さあ御立ち』と(出発ノタメ)—・す所に」〔近松・小室節・上〕㋺(用意して)待つ。「絹あまた買ひ積みて、都に行く日を—・しける」〔秋成・雨月・浅茅〕

も・る〔守る〕 Ⓓ《他四》 ❶警戒する。番をする。「三諸(みもろ)は人の—・る山本辺(もとへ)はあしび花さき…」〔万葉・巻一三〕「穂にも出でぬ山田を—・ると藤衣(=粗末ナ着物ガ)稲葉の露にぬれぬ日ぞなき」〔古今・秋下〕 ❷(人から見られるのを)避ける。「人目—・るわれかは(=ワタシダロウカ、イヤトンデモナイ)あやな(=我ナガラヘンダナ)花すすき(ノヨウニ)などか(=ドウシテ)表(ほ)に出でて恋ひずしもあらむ」〔古今・恋一〕《歌語だったらしく、中古の散文にはほとんど現れない。散文では「まもる」が用いられた》

もろ- Ⓓ《接頭》 ❶〔両〕両方の。二つの。「—臑(すね)を打って打って打ちなやいて(=ブチノメシテ)くれうものを」〔狂・千切木〕 ❷〔諸〕多数の。いろいろの。「梅の花折りかざしつつ—人の遊ぶを見れば都しぞ思(も)ふ」〔万葉・巻五〕 ❸〔諸〕いっしょの。「式部丞(ガ)講師して(=ヨミアゲ役デ)詠みあぐ。(アトニツイテ一同ガ)—誦(ず)す」〔宇津保・祭使〕

もろこし〔唐土〕 Ⓒ 中国。《こちらからも行き、先方からも来る意の「諸越し」から出た語といわれる》「—も夢に見しかば近かりき(逆ニ)思はぬ仲ぞ遙けかりける」〔古今・恋五〕 **——ぶね** 船 Ⓔ 中国がよいの商船。「—のともづなは、四月(うづき)五月(さつき)に解くなれば(=船出スルコトデアルカラ)」〔平家・有王〕

もろごゑ〔諸声〕(ーエ) Ⓓ ㋑多くの人たちが同時に発する声。「—に貴き声をもって念仏を唱ふれば」〔今昔・巻一九ノ四〕㋺いっしょに鳴く声。「雨晴れて露吹きはらふ梢より風に乱るる蟬の—」〔風雅・夏〕

もろや〔諸矢〕 Ⓔ ㊋「片矢(かたや)」 二本一組みの矢。甲矢(はや)と乙矢(おとや)。「—をたばさみて的に向かふ」〔徒然・九二段〕

もろをりど〔諸折り戸〕(ーオリー) Ⓔ ㊋「かたをりど」 ちょうつがいで二つ折りになるよう作った両開きのドア。「—に土門(つちもん)(=左右ヲ築地ニシタ門)、薄檜皮(うすひはだ)の御所の前に」〔盛衰・巻四七ノ一〕

もん〔文〕 Ⓒ ㊀ ❶文章。文句。《典籍とか経文とかのあらたまった文章をいうことが多い》「史書の—を引きたりし(=引用シタ)」〔徒然・二三二段〕 ❷学問。とくに、文字などを主として学ぶ初歩的な学問。「幼稚の時—を学ぶ」〔今昔・巻九ノ三五〕 ❸呪文(じゆもん)。となえごと。「活(くわつくわつ)の(=人ヲ生キカエラセル)—を唱へ」〔狂・磁石〕 ㊁ ㋑銭を勘定する単位。貫の一〇〇〇分の一。「百—受け取り、(翌年元利合計シテ)二百—にて相済ましぬ(=決済シタ)」〔西鶴・永代蔵・巻一ノ二〕㋺足または足袋(たび)の長さをはかる単位。寛永通宝をならべてはかる。「(美人ノ資格ノ一ツトシテ)足は八—三分に定め」〔西鶴・一代女・巻一ノ三〕

もんこ〔門戸〕 Ⓓ ❶門の戸。「渡(わたる)が家へ行きたれば、—を閉ぢて音もせず」〔盛衰・巻一九ノ一〕 ❷家。一家。一族。「今より重き戮(りく)(=刑罰)を受けて—を滅してむとす」〔今昔・巻九ノ三七〕 ❸芸術の流儀を伝える家。「いにしへより俳諧の数家、各—を分かち、風調を異にす」〔蕪村・春泥句集序〕

もんじゅ〔文殊〕 Ⓓ〔仏〕《梵 Mañjuśri の音訳「文殊師利」を略したもの》仏教の哲理的方面をつかさどる菩薩(ぼさつ)。普賢菩薩とともに釈迦(しやか)の脇侍(わきじ)をつとめ、獅子(しし)に乗って、仏の左方に立つ。「—はそもそも何人ぞ、三世の仏の(哲理上ノ)母といます(=デイラッシャル)」〔梁塵〕

もんめ〔匁〕 Ⓒ ❶重量の単位。一匁は三・七五グラム。一〇〇〇匁を「一貫」、匁の一〇分の一を「分(ふん)」、一〇〇分の一を「厘(りん)」という。「これを見れば、金目(=材料トシタ金ノ重サガ)三—あまりの目貫(めぬき)なり」〔西鶴・織留・巻二ノ一〕 ❷江戸時代、銀貨を計算する場合の基本単位。「小春が命は新銀七百五十—、呑まさねば(=出サナケレバ)この世に止むることならず」〔近松・天網島・中〕

や

や【屋・家】 Ⓒ ❶㋑家屋。「母刀自(とじ)にもよき―造って取らせ」〔平家・祇王〕㋺住む場所。いる所。「やがて(=スグ)静の―へ立ち越えうずるにてさうらふ(=出向キマショウ)」〔謡・船弁慶〕 ❷屋根。「あるいは―の棟(むね)に叫びて」〔秋成・雨月・吉備津〕

や Ⓒ〘感〙 ❶びっくりした時、急に気がついた場合などに発する声。あれ。あっ。ああ。「(源氏ガ紫上ノ寝所ニ)入りたまへば、『―』ともえ聞こえず(=人々ハ『アラ』トモ申シアゲラレナイデイル)」〔源氏・若紫〕「―、花の香のきこえさうらふ」〔謡・弱法師〕 ❷かけごえ。「この柄を、かうおっ取り直いて、『―』『―』『―』『―』とこの柄で戯(ざ)れて」〔狂・末広がり〕 ❸呼びかけに対してすぐに答える語。はい。「『やい、太郎冠者』『―』」〔狂・狐塚〕 ❹歌謡のはやしことば。意味はない。「梅が枝に来ゐるうぐひす、―、春かけて、はれ、春かけて、鳴けどもいまだ、―、雪はふりつつ」〔催・梅枝〕

や Ⓐ ㊀〘係助〙〘体言・活用語・副詞および他の助詞に付く〙 ❶文中にあって(連体形で結び)㋑疑問を表す。「春霞たつを見すてて行く雁(かり)は花なき里に住み―ならへる」〔古今・春上〕㋺反語を表す。「植ゑし時花待ち遠にありし菊移ろふ(=色ガワリスル)秋にあはむと―見し(=見タロウカ、見ハシナイ)」〔古今・秋下〕 ❷文末にあって(結びを余情に残し)疑問を表す。「ぼろぼろ(=虚無僧)といふもの、昔はなかりけるに―(=ナカッタノダロウカ)」〔徒然・一一五段〕〘下に「あらむ」を省略〙 ㊁〘終助〙〘文末に付く〙 ❶感動を表す。「あな、きよらの(=美シイ)人―(=ダネエ)」〔宇津保・楼上下〕「幼なの御ものいひ―(=デスナア)」〔源氏・宿木〕 ❷疑問を表す。「よき女子は親の面(おもて)をもおこす(=名誉トモナル)ものにはあらず―」〔宇津保・国譲中〕 ❸反語を表す。「妹(いも)が袖別れて久になりぬれど一日(ひとひ)も妹を忘れて思へ―(=忘レヨウカ、忘レハシナイ)」〔万葉・巻一五〕 ㊂〘間助〙〘いろいろな語・文節に付く〙 ❶感動を表す。「ほととぎす鳴く―五月(さつき)のあやめ草あやめも知らぬ(=ミサカイノナイ)恋もするかな」〔古今・恋一〕 ❷語調を整える。「近江の―鏡の山を立てたればかねてぞ(=今カラモウ)見ゆる君が千歳(ちとせ)は」〔古今・神遊〕 ❸連歌・俳諧で切れ字に用い、表現を切断しながら余情を下へ続ける。「菊の香―奈良には古き仏たち」〔芭蕉(杉風宛書簡)〕〘句末に用いることは例外的にしかない。↓〙「夏の月御油よりいでて赤坂―」〔芭蕉(向之岡)〕 ㊃〘格助〙〘体言に付く〙〔連体格〕複数の事物を累加の感じでならべ挙げる。「陣に左大臣殿の御車―御前(=前駆ノ侍)どものあるを」〔大鏡・師尹〕「薄いぴらぴらした物―玉をつらぬいた物―笠がある」〔狂・悪太郎〕 ㊄〘接助〙〘動詞・動詞型助動詞の連用形に付く〙〔順接〕関係のある事がらを挙げる。…たり(あるいは)。「御遊びせさせたまひ―(=ナサッタリ、アルイハ)もてなしかしづき申す人などもなく」〔大鏡・師尹〕「院の殿上人も参り―(=参上シタリ、マタ)御使ひもしげく参りかよひなどするに」〔大鏡・師尹〕「検非違使(ガ上皇ノ監視ニ)付き―(=付イタリシテ)いといみじうかららう(=ヒドク)せめられたまひて」〔大鏡・伊尹〕

〔や→(連体形)〕

やい Ⓓ〘感〙目下の者に呼びかけるのに用いる。おい。「―太郎冠者、あるかやい」〔狂・末広がり〕

やい Ⓑ〘終助〙〘文末に付く〙相手に対し強調の意を表す。「藤六・下六、あるか―」〔狂・麻生〕「それがし(=オレ)は浅鍋(なべ)売りぢゃい―」〔狂・鍋八撥〕「お座敷に塵があるほどに、掃き集めて火にくべい―」〔狂・伊呂波〕

-やう【様】(ヨウ) Ⓑ〘接尾〙 ❶〘名詞に付いて〙㋑「…のような」「…のように見える」の意をあらわす。「風流の(=シャレタ)破(わ)り子―のもの(=重箱ミタイナモノヲ)ねんごろに(=念入リニ)いとなみいでて(=コシラエテ)」〔徒然・五四段〕㋺…ふう。…様式。「何事も、ふるき世のみぞしたはしき。今―(=現代フウノモノ)は、むげにいやしくなりゆくめる」〔徒然・二二段〕 ❷〘活用語の連用形に付いて〙「…するしかた」「…するぐあい」「…しよう」の意をあらわす。「この社の獅子(しし)の立てられ―、さだめて(=キット)習ひ(=昔カラノ秘事)あることにはべらむ」〔徒然・二三六段〕

やう【益】(ヨウ) Ⓓ〘「益(やく)」のウ音便〙↓やく。「―なき(=クダラナイ)もの買ひたまふとは思ひけれど」〔大和・一四八段〕〘いつも「なし」を伴って用いられる〙

やう

やう【様】(ヨウ) Ⓐ ㊀ ❶〘「外から見たところ」の意から〙姿。形。様子。体裁。身なり。〘英語のlookに当たる〙「『これがやうに(=コノ下図ノヨウニ)つかうまつるべし(=作リナサイ)』と(信経ガ)書きたる真名(まんな)の―(=漢字ノ書体ブリ)、文字の世に知らず(=ホカニ例ノナイヨウナ)あやしきを(人々ガ)見つけて」〔枕・一〇三段〕「馬添ひ童のほど(=馬ニ付キソウ童タチモ)、みな作りあはせて(=衣装ヲ全部同ジニ作ッテ)、―かへて(=他ノ者ノ衣装トチガエテ)さうぞき分けたり(=区別スルヨウニ装束サセタ)」〔源氏・澪標〕「内裏は山の中なれば…なかなか(=京都ノ御所トチガイ、カエッテ)―かはりて優なる方もはべりき」〔方丈〕 ❷《「従来からのありかた」という意から》㋑方式。きまり。型。《英語のwayに当たる》「能登守教経『船いくさは—あるものぞ』とて、鎧(よろ)直垂(ひたたれ)は着たまはず」〔平家・嗣信最期〕「『(牛車ニ乗ルトキ手形ニツカマルトイウノハ)あっぱれ、支度(したく)や(=ウマイ工夫ダ)。牛健児(うしこでい)がはからひか、殿(=宗盛ドノ)の—か(=乗り方カ)』とぞ問うたりける」〔平家・猫間〕㋺しかた。方法。「わが腹のうちなる蛇(くちなは)ありきて肝を食む。これを治せむ—は面(おもて)に水なむいる(=ブッカケル)べきと見る」〔蜻蛉・中〕 ❸《平安後期に》歌曲の基本メロディ。「その—を習ひてうたひたれば、振りはその振りにて(シカシ)似ぬにや」〔梁塵・口伝集〕 ❹《「特別のありかた」の意から》わけ。子細。理由。事情。由緒(ゆいしょ)。《英語のcircumstanceに近い》「さればこそ初めより、—ある(=何カ特別ナワケノアル)人と見えつるが、さては昨日の船人は、船人にもあらず、漁夫にもあらぬ、武士(もののふ)の」〔謡・兼平〕「能も、住する所なき(=トラワレナイノ)を、まづ花と知るべし。住せずして、余の風体に移れば、めづらしきなり。ただし、—あり(=注意スベキ子細ガアル)。めづらしきといへばとて、世になき風体をしいだすにてはあるべからず」〔花伝・七〕 ㊁《「ある」「言う」「思う」等の意の連体修飾語を受けて》「…こと」という意にする。「いみじう心うしと思へども、いはむ—も知らで」〔蜻蛉・上〕「人にくかりし心に(=人ヲ憎イト思ッタ自分ノ心デ)思ひし—は、命はあらせて(=生キテオラセテ)わが思ふやうに(=自分ガ悩ンデイルトオリニ)おしかへし、ものを思はせばやと思ひしを」〔蜻蛉・上〕

やう す【様子】(ヨウ—) Ⓓ ❶㋑あり方。あるべき姿。「(法華経ニ見エルゴトク)一顆(いっくわ=一個)明珠…衣の裏にかかるを—とせり」〔正法眼蔵・一顆明珠〕㋺ありさま。状態。もよう。「脈の—はまだ…息が絶えたとも思はれぬ」〔伎・お染の七役・中〕㋩(人の)姿。なりふり。「—を見るに公家(げく)のおとし子かと思はれて」〔西鶴・一代男・巻三ノ一〕 ❷㋑旨。おもむき。「このお文の—では」〔伎・お染の七役・序〕㋺事情。わけ。「なにか(=ドウイウコトカ)—は存じませぬが」〔伎・お染の七役・中〕 ❸《将来の事をぼかしていう》ぐあい。模様。「ゆくゆくは御奉公の望みもかなふべき—により、折々御当地へまかりくだり」〔近松・堀川波鼓・上〕

やう だい【様体・様態】(ヨウ—) Ⓒ ㊀❶見た目。すがたつき。「よきほどなる(=少女トシテイチバン魅力ノアル年ゴロノ)童(わらは)の、—をかしげなる(=容姿モ美シイ少女ガ)、いたうなえすぎて宿直(とのゐ)姿なる(=ヒドクヤワラカニナッタ寝間着姿デイルノハ)…なまめかし」〔堤・花桜〕 ❷㋑事情。状況。様子。「(笑ワレタノデ)仏師は腹だちて、『ものの—も知らせたまはざりけり(=何ノ事情モオ知ラセクダサラナカッタ)』とて(ソノ座ヲ)たちぬ」〔宇治・巻九ノ五〕㋺《とくに》病状。「大事の娘が病気、鈍な(=間ノ抜ケタ)評定(=相談ナンカ)する隙(ひま)がない。や、法印様。お待ち遠。おかちが—御覧なされくだされ」〔近松・油地獄・中〕《原文は「容態」と当てる。「容」は「よう」であるが、近世にはよく「やう」と混同された》 ㊁《十形動ナリ》いかにもそれらしい様子をすること。もったいぶること。「我が家の裏なる草花見るさへ、かく—なり(=コンナモッタイブリヨウダ)」〔西鶴・五人女・巻二ノ三〕

やう でう【横笛】(ヨウジョウ) Ⓔ《「わうてき」が王敵と同じ発音なのをきらい、わざとなまったもの》よこぶえ。「月の夜、心を澄まし、船の屋形に立ち出でて、—音(ね)取り(=横笛デ音階ヲ試ミ)朗詠して遊ばれけるが」〔平家・太宰府落〕

やう めい【揚名】(ヨウ—) Ⓔ 平安時代以後、名まえだけで実際には職務も俸給(ほうきゅう)もない官職。諸国の介(すけ)以下に多かった。「諸国—掾(じょう)目(さくわん)等」〔政事要略・巻六七〕 **—のすけ** 揚名の介 Ⓔ《連語》名目だけの国司の次官。後には誤って、山城・上野(こうずけ)・常陸(ひたち)・近江の国の介を特に呼んだ。「—にかぎらず、揚名の目(さくわん)といふものもあり」〔徒然・一九八段〕

やう やう【様様】(ヨウヨウ) Ⓓ《形動ナリ》いろいろ。さまざま。あれこれ。「机をたてて…菓子(=クダモノヤ)—の魚・鳥等を据ゑたり(=ノセテアル)」〔著聞・和歌〕「内の大臣(おとど)、—・に申されければ(=オトリナシニナッタノデ)」〔平家・少将乞請〕

やう やう【漸う】(ヨウヨウ) Ⓑ《副》❶しだいに。「しばしは、夢かとのみたどられしを(=思イ迷ッタガ)、—(=ダンダン)思ひしづまるにしも(=落チツクニツケテモマア)」〔源氏・桐壺〕「—(=道筋ヲオッテ)急ぎさうらふほどに、これははや上京(かみぎやう)とかや申しさうらふ」〔謡・定家〕 ❷そろそろと。しずしずと。「普賢菩薩(ふげんぼさつ)、象にのりて、—おはして、坊のまへに立ちたまへり」〔宇治・巻八ノ六〕 ❸かろうじて。ようやく。やっと。どうにか。「—二人手をとりあひ、門口までそっと出で」〔近松・曾根崎〕 **—として** Ⓔ《連語》やっとの思いで。どうにかこうにか。「初めは安く通りつる穴、身の太くなりて、せばくおぼえて、—穴の口までは出でたれども」〔宇治・巻一三ノ一一〕「関守にあやしめられて、—関を越す」〔芭蕉・奥の細道〕

やう やく【漸く】(ヨウ—) Ⓑ《副》→やうやう。「(嘲笑サレタノデ)二の臣—に(=スコシズツ)怨恨をなす」〔紀・敏達・訓〕《「やうやく」は「微」の訓》「『—(=ダンダン)晴れて富士見ゆる寺』『寂として椿の花の落つる音』」〔荷兮・杜国(冬の日)〕「汝は—(=ヤット)左兵衛の佐(すけ)にて、昇殿もかなはず」〔浄・矢口渡・一〕

やうれ Ⓔ〘感〙呼びかけの語。おいおい。やいやい。「従者(ずさ)をよびて、『―、御前の辺にて見てこ(=見テコイ)』と、見て参らせたり。…『―』とよべば、この『見てこ』とてやりつる男、笑(ゑ)みいで来て」〔宇治・巻一一ノ五〕

やかた【屋形・館】Ⓒ ❶仮に作った小屋。臨時に設けられた宿所。「康国が手より火を出だし(=康国ノ陣カラ出火シテ)平家の―仮屋をみな焼きはらふ」〔平家・坂落〕 ❷有力者の邸宅。またはそこにすむ有力者。「ほどなく栄華栄耀(ええう)の身となり、方八町に―を建て」〔狂・三人長者〕 ❸牛車で、屋根のついている部分。「垣(かき)にあるものの枝などの(=何カ木ノ枝ナドガ)車の―などにさし入るを、いそぎてとらへ折らむとするほどに」〔枕・二二三段〕 ❹㋑船で屋根のあるへや。「―といふものの方にて(櫓ヲ)おす。されど、奥なるはたのもし(=奥ノ方ニイルノハ安心ダ)」〔枕・三〇六段〕㋺㋱屋形船。「―(=乗ッテイル客)から人と思はぬ橋の上(ノ通行人)」〔柳樽・二〕

―ぶね 船 Ⓔ 船の上に屋根をもうけた大形の船。遊覧に用いた。「左京の大夫の―をはじめとして、士卒の小船にいたるまで、傾城(けいせい)を十人二十人乗せぬ船はなかりけり」〔太平・巻三八ノ三〕

やがて【即て・頓て・軈て】Ⓐ〘副〙❶㋑すぐ。さっそく。「夜ふけぬとにやありけむ、―いにけり」〔土佐〕㋺時をおかず。連続して。(ほとんど)同時に。「東宮に立たせたまひて、―同日に位につかせたまふ」〔大鏡・宇多天皇〕 ❷㋑そのまま。そっくり。「筆にも書きとどめぬれば、―また定まりぬ」〔徒然・七三段〕㋺いうまでもなく。とりもなおさず。「『言はむずる』『里へ出でむずる』など(砕ケテ)いへば、―いとわろし」〔枕・一九五段〕「この尼前(あまぜ)と申すは、―(=ホカデモナク)法皇の御乳(ち)の人、紀伊の二位のことなり」〔平家・法皇被流〕㋩(そのまま)ずっと。「ここ(=清涼殿)には(前夜カラ)―中宮おはしまして」〔寝覚・巻三〕 ❸《近世語》まもなく。そのうち。「お前は―坊さまにならしゃんすとの取り沙汰が気がかりでならぬゆゑ」〔浄・八百屋お七・上〕《中世以前の用例は immediately の意で解すること。現代語のような soon の意は江戸時代からである》

やから【族】Ⓒ ❶一族の者。「両家の親族(うから)―、鶴の千とせ、龜の万代をうたひ(結婚ヲ)ことぶきけり(=祝ッタ)」〔秋成・雨月・吉備津〕 ❷なかま。同志。連中。「いはんや、賢才にあらずして人なみなみに世にたちまじらはむ―(=社会生活ヲシテユク者タチハ)、かたく(=厳重ニ)恐れつつしむべきものをや」〔十訓・第二ノ三〕

やく【役】Ⓒ ❶公用のために民間人を使役すること。「清水へ四鞍(=四回)いって帰ると、―があって、府中までとっぱらかした(=走ラセタ)」〔一九・膝栗毛・二下〕 ❷㋑役目。職務。「『心のそこに恋ぞありける』『御簾の香に(心ヲウバワレテ)吹きそこなひし笛の―』」〔里東・探志(ひさご)〕㋺(芝居の)役割。「わが―の多少には構はず、狂言(=劇)の筋をよく聞かれたり」〔役者論語・耳塵集・上〕 ❸専一にするしごと。主とする任務。「殿上人どもの好ましきなどは(=風流ズキナ者ナドハ)、朝夕の露分け(野宮アタリニ)ありくを(=通ウノヲ)そのころの―(=日課)になむする」〔源氏・葵〕

やく【益】Ⓓ 効果。ききめ。役にたつこと。「(秘密ヲ告ゲズニワタシガ)命終はりはべりなば、(心ヅカイモ)何の―かははべらむ(=ムダデス)」〔源氏・薄雲〕《中古文ではこの一例のほか未見。他はすべて「やくなし」の形をとる》

やくし【薬師】Ⓓ 瑠璃(るり)光(梵 Bhaisajyaguru)如来のこと。東方浄瑠璃国の主で、一二の誓願を立て、すべての苦悩(とくに病苦)をのぞく仏として信仰された。「(自分ノ貧シイノヲ)思ひわびて(=ツラク思ッテ)―の霊験の寺にまうでて…仏の御前に合掌(がっしゃう)してあるに」〔今昔・巻四ノ三八〕「―の十二の大願は、衆病悉除ぞ頼もしき」〔梁塵〕

やくしゅ【薬種】Ⓔ 薬の材料。きぐすり。「それがしの膏薬(かうやく)には、日本六十余州の―をとり調へて入るる中に、一種二種たしない(=不足ナ)物があって、迷惑いたすよ(=困ッテイマスヨ)」〔狂・膏薬練〕

やくと【役と】Ⓔ〘副〙もっぱら。それだけを。「水銀(みづがね)あきなひする者ありけり。年ごろ―あきなひければ(=数年来水銀ダケヲ商売ニシタノデ)」〔今昔・巻二九ノ三六〕「家に酒を造りおきて、ほかの事にも使はずして―蜂に飲ませてなむ、これを祭りける」〔今昔・巻二九ノ三六〕「あづま人の狩りといふ事をのみ―して…心にまかせて殺しとり食ふことを―する者の、いみじう身の力つよく、心たけくむくつけき(=恐ロシイ)荒武者の」〔宇治・巻一〇ノ六〕

やくなし【益無し】Ⓓ〘形ク〙❶無益だ。くだらない。「(アノ女ヘノ)あはれ絶えざりしも(=愛情ガ続イテイタノモ)、―・き片思ひなりけり(=ムダナ片思イデシタ)」〔源氏・帚木〕 ❷感心できない。困りものだ。「《公任ノ失言ニ対シ》よその人々も『―・くものたまふかな(=困ッタ事ヲオッシャルナア)』と聞きたまふ」〔大鏡・頼忠〕

やくにん【役人】Ⓓ ❶㋑役目を持っている人。その役の人。「―早く管絃を奏せよ(=奏楽ヲセヨ)」〔伎・三舛玉垣・一ノ三〕㋺《歌舞伎で》出演者。「あひ勤めまする―、岩井半四郎、市川団十郎」〔伎・お染の七役・大切〕 ❷公務員。「―の子は(親ガ不正ナ金ヲニギルノヲ見テイルノデ)にぎにぎをよく覚え」〔柳樽・初〕 ❸天然痘の病人。「―になると(公務員ノヨウニ)小児もむづかしい(=ウルサクテ世話ガヤケル)」〔柳樽・八〕

やく はらひ【厄払ひ・厄祓ひ】(ーイ) Ⓓ ❶災難よけのまじないをすること。厄落とし。「ーの(＝トキ使ウ)包み銭、夢違ひ(＝悪夢ヨケ)の御札を買ふなど、宝船にも車にも積み余るほどの物いり」〔西鶴・胸算用・巻一ノ一〕 ❷大晦日または節分の夜、厄難よけの祝言をとなえ門づけをして、金銭をもらいうけた物ごい。「市原といふ野を行けば、ーの声、夢違ひの獏(ばく)の札、宝船うりなど」〔西鶴・一代男・巻三ノ四〕

や ぐら【矢倉・櫓】Ⓒ ❶有力武士の館(やかた)や城の高所に設けられた建物。物見とか指揮のために用いられ、武器倉としても使用された。「家の外に城(き)柵(かき)を作り、門の傍(ほとり)にーを作る」〔紀・皇極・訓〕《「やぐら」は「兵庫」の訓》「喜三太ーにあがりて、大音をあげて申しけるは」〔義経・巻四ノ四〕 ❷歌舞伎劇場や相撲(すもう)小屋の高所に設けられた台。その上で客寄せの太鼓を打った。公認の興行場であることの標識でもあった。「朝霧でーの見えぬ時分(カラ芝居見物ニ)行き」〔柳樽・一八〕 ❸馬の鞍の一種。こたつやぐらを逆さにしたような形で、中央および左右のはり出しに人が乗れるようになっていた。「番頭は(ハジメテイナカカラ勤メニ来タ時)ーへ乗って来た男」〔柳樽・七〕 ❹江戸深川にあった私娼のいる場所。「きき酒のきげん(＝酒ノ試飲デツイ浮カレ)ーへ外(そ)れるなり(＝脱線スル)」〔柳樽・一三〕

やく れい【薬礼】Ⓔ 薬を与えたことに対する謝礼。薬代。「『ーをくだされい』『ーとは』『されば、そのことでござる。人間の病を療治いたせば、分限(＝身分)に応じて、それぞれに礼をいたします』」〔狂・雷〕

やごと な・し【止事無し】Ⓑ《形ク》→やむごとなし。「(ワガ妻トナルベキ女性ガ)あれ(＝アソコ)にー・いお姿で立たせられた」〔狂・因幡堂〕

やさか の まがたま【八尺の曲玉】Ⓔ《連語》❶多くの曲玉を貫いて輪にしたもの。「左右の御手にもおのおのーの五百(いほ)つ(＝数多ク)のみすまるの(＝ツラネタ)珠を纏(ま)き持ちて(＝オマキニナッテ)」〔記・上〕 ❷三種の神器の一。「(天孫降臨ニアタリ)ー・鏡、また草薙ぎの剣…副(そ)へ賜ひて」〔記・上〕《(1)両例とも原文「八尺勾璁」と表記。(2)書紀では「八坂瓊曲玉(やさかにのまがたま)」という語になっている。(3)「やさか」の語義は確かでない。「八尺」とすれば長大の意、「弥栄」とすればりっぱな意であろう》

やさ・し【優し】Ⓑ《形シク》❶身も細る思いがする。たえがたい。「世の中を憂しとー・しと思へども飛びたちかねつ鳥にしあらねば」〔万葉・巻五〕 ❷きまり悪い。気はずかしい。「(浮舟ノ過失ハ本人ガ好キデシタワケデハナシ)親にて後に聞きたまへりとも(＝死後ニ親ノ耳ニハイッタトコロデ)ー・しきほどならねど」〔源氏・蜻蛉〕 ❸趣がある。優雅だ。「上﨟(＝身分高イ人)はなほも(＝ヤハリ)ー・しかりけり(＝風流ナモノダ)」〔平家・敦盛最期〕「さてさて田舎(ゐなか)人には似合はぬ。ー・しや」〔狂・茫々頭〕 ❹しおらしい。感心だ。「(景季ハ)宇治川の恥をすすがむためー・しくも先駆けせしかな」〔浄・盛衰記・五〕

やさ ば・む【優ばむ】Ⓔ《自四》優雅な様子をよそおう。「『御たづねの白物は何にか侍る』とたづねらる。霜・雪・霰(あられ)とー・むともまことしく(＝ホントウダト)思ふべきならねば、ありのままに」〔とはずがたり・巻一〕「心もなき句を、言葉ばかりにてー・むと…心得たる人、初心の中に常に侍り」〔連理秘抄〕

やしなひ ぎみ【養ひ君】(ーナイー) Ⓔ 自分が後見人となって養育している貴人の子。「なかにも四の宮は…能円法師のーにてぞましましける」〔平家・山門御幸〕

やしほ をり【八入折り】(ーシオオリ) Ⓓ《「しほ」は度数の意で》何度もくりかえすこと。手数をかけること。念入り。「即ちーの(＝ヨクキタエタ)紐小刀(ひもかたな)を作りて、その妹に授けて」〔記・中〕《原文は「八塩折」と表記》「ーの(＝特製ノ)酒を醸(か)ましめて…(大蛇ヲ)待ちたまふ」〔紀・神代上・訓〕《「やしほをり」は「八醞」の訓》

やす い【安寝】Ⓓ《＋自サ変》ぐっすり寝ること。安眠。「…まなかひに(＝眼前ニ)もとなかかりて(＝シキリトチラツイテ)ーしなさぬ」〔万葉・巻五〕

やすげ な・し【安げ無し】Ⓔ《形ク》安心していられない。気がもめる。「人に争ふ思ひの絶えぬもー・きを」〔源氏・若菜下〕

やす・し Ⓑ《形ク》㊀【易し】❶むずかしくない。なんでもない。楽だ。「あやまちはー・き所になりて必ずつかまつることにさうらふ」〔徒然・一〇九段〕 ❷㋑手軽だ。簡単だ。世話がない。「(新シイ薄ベリヲ見ルト生キガイヲ感ジルトハ)いみじうー・き息災(そくさい)の祈りなり」〔枕・二七七段〕 ㋺責任がない。気楽だ。「『行く末も、はかばかしき(＝ロクナ)事あらじ』と、京中の上下ー・き口にはささやきけり」〔盛衰・巻二三ノ八〕 ❸《補形》《動詞の連用形に付き》…することがむずかしくない。…しがちだ。「世のなかの人の心は花染めの(ヨウニ)移ろひー・き色にぞありける」〔古今・恋五〕 ㊁【安し】❶安全だ。安泰だ。「いたづらにー・き我が身ぞはづかしき苦しむ民の心思へば」〔玉葉・雑五〕 ❷おだやかだ。平静だ。「(財産ガ豊カダト)心とこしなへに(＝イツモ)ー・くたのし」〔徒然・二一七段〕 ❸(品質・量などからおして)安価である。(値段が)低い。「これはー・い物でござります。捨て売りにしても…四五百がもの(＝四〇〇ナイシ五〇〇文ノネウチ)はござります」〔一九・膝栗毛・二上〕

やす・む【休む】Ⓒ ㊀《自四》❶休息する。いこう。「源侍従を、院より召したれば、『あな苦し。しばし━・むべきに』と、むつかりながら参りたまへり」〔源氏・竹河〕 ❷㋑平安になる。やすまる。「(山ニ引ッ越セバ、ワタシガ)まかりありく事も━・まむ(=楽ニナルデショウ)」〔宇津保・俊蔭〕《↑従来この用例を他動詞とするが、誤り》「湯に入らば旅路の疲れも━・まむ」〔浮・御前義経・巻三ノ三〕㋺(病気が)回復する。なおる。「病━・みて、起(た)ち居り」〔霊異記・下・三六〕《訓注に「夜須美天」》 ❸寝る。「遅くも渡りたまへば、皆うち解けて(=気ヲ許シテ)━・みたまふぞかし」〔源氏・東屋〕 ㊁《他下二》 ❶休息させる。「我らが疲れし所にて(先達ガワタシタチヲ)━・むる心(=配慮)しなかりせば宝の所に近くとも(イヤニナッテ)途中(みちなか)にてぞ返らまし」〔梁塵〕 ❷平静にさせる。安らかにする。「…しばし心を━・むべき」〔増鏡・おどろ〕

やすらか【安らか】Ⓒ《形動ナリ》 ❶おだやかで無事なさま。心配がないさま。気楽なさま。「心にまかせて(=何デモシタイホウダイデ)━・なる御すまひ」〔源氏・浮舟〕 ❷簡単なさま。容易なさま。「法師は(経ヲウマクヨムノハ)ことわり(=アタリマエダガ)、男も女も(=俗人ノ男女ガ)くるくると(経ヲ)━・に読みたるこそ」〔枕・一五八段〕 ❸へんにこりすぎず、難がないさま。「うちある(=ソノ辺ニオイテアル)調度も昔おぼえて(=古風ナ趣ガアッテ)━・なるこそ、心にくし(=ステキダナア)と見ゆれ」〔徒然・一〇段〕

やすらけ・し【安らけし】Ⓔ《形ク》やすらかだ。のどかだ。「咎(とが)過(あやま)ちあらむをば、見直し聞き直しまして(=何トカ取リナシテクダサッテ)、平らけく━・く(朝廷ノ諸官ヲ)仕へまつらしめます」〔祝詞・御門祭〕

やすら・ふ【休らふ】(-ラ〈ロ〉ウ) Ⓑ ㊀《自四》 ❶㋑休む。ひと息入れる。「宮は(山歩キニツカレテ)ここに━・はむの御心も深ければ」〔源氏・椎本〕㋺立ちどまる。「まづこの所に━・うて、似合はしい者も(=適当ナ道ヅレデモ)通らば、同道いたさうと存ずる」〔狂・佐渡狐〕 ❷ちゅうちょする。ためらう。ぐずぐずする。「ひたすらに待つともいはば━・はで(=サッサト)行くべきものを妹(いも)が家路に」〔和泉日記〕「なごりおほくて、釣り殿のかたに━・ひて(=グズツイテイテ)」〔弁日記〕 ❸滞在する。「そのころ宋(そう)朝よりすぐれたる名医わたって、本朝(=日本)に━・ふことあり」〔平家・医師問答〕 ❹寝る。「床(とこ)のふちを枕となし、そら寝入り始めける。監物(けんもつ)太郎、立ちいで『これ(=アナタ)はいづれより御いでぞ。あるじは今━・ひまかりあり(=寝テオリマス)』」〔浄・京今宮御本地・五〕 ㊁《他下二》休息させる。「(義家ガ前句ヲヨミカケタノデ)貞任、くつばみを━・へ、しころを振りむけて、『…』と付けたりけり」〔著聞・武勇〕

やぜん【夜前】Ⓓ 昨夜。昨晩。ゆうべ。「ことさら━のまはりやう(=昨晩ノ女カラノモテカタハ)、このほど(=コノ間カラ)つかへたる(=コッテイタ)肩までひねらせた(=モマセタ)」〔西鶴・一代女・巻一ノ四〕

やそ【八十】Ⓓ ❶はちじゅう。「そ」は十。「百年(ももとせ)に━年(とせ)そへて祈りける玉の験(しるし)(=サシアゲタ数珠ノ効果)を君見ざらめや」〔後撰・賀〕 ❷たくさんなこと。「天の河河門(かはと)━あり(=渡リ瀬ガタクサンアルノデ)いづくにか君がみ舟をわが待ちをらむ」〔万葉・巻一〇〕「道のくま━くま(=多クノ曲ガリカド)ごとに嘆きつつわが過ぎゆけば…」〔万葉・巻一三〕

やそしま【八十島】Ⓔ ❶たくさんの島々。「ももくまの(=多クノ曲ガリクネッタ)道は来にしをまたさらに━過ぎて別れかゆかむ」〔万葉・巻二〇〕 ❷(略)やそしま祭り。昔、天皇即位の翌年、勅使を難波(なにわ)につかわし、住吉(すみよし)の神・海(わた)の神などを祭り、国生みを感謝し、皇室と国家の繁栄を祈った神事。「━くだりに(=八十島祭リノ勅使トシテ行ク際)三位して(=三位ニナリ)、やがて(=スグ)従二位し、紀の二位とぞ申しける」〔平治・上・七〕

やそぢ【八十】(-ジ) Ⓓ《「ぢ」は接尾語》→ぢ。「御をばの━の賀に銀(しろがね)を杖に作れりけるを見て」〔古今・賀・詞〕

やたて【矢立て】Ⓓ ❶矢を入れる道具。「━の平(ひら)なるに(次ノ歌ヲ)結びつけてつかはしける、まろならぬ(=円形デナイ)━の竹も節ごとにくせぐせしくて(=曲ガッテ)よをば過ぎけり」〔散木・恋上〕 ❷(略)矢立ての硯(すずり)。墨つぼに筆を入れる筒をつけた携帯用の文房具。「みども(=オレ)は、何ぞ取ったならば、書きとめておいて、あとで配分をせうと思うて、━を用意いたいた」〔狂・文山立〕

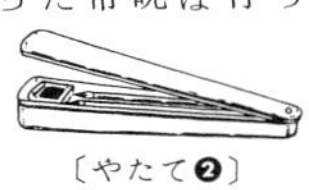

〔やたて❷〕

やつ【八つ】Ⓓ (略)八つ時。近世では、江戸において春分の時で、昼八つが中央標準時の午後一時三二分から四時一五分まで、暁八つが午前一時三六分から三時二二分まで(橋本万平氏計算)。(参)とき㊀①。

やつかり【僕】Ⓓ「やつかれ」に同じ。《用例は古訓点に見られる》「奴…ヤツカリ」〔名義抄〕

やつかれ【僕】Ⓓ《代》《「やつこあれ」の約。鎌倉時代以後は「やつがれ」》へりくだった気持ちをあらわす第一人称。《古代は男女共用。↓》「素戔嗚尊…対(こた)へていはく、『請ふ、━、姉(なね)のみこと(=オネエサマ)と共に誓約(うけひ)を立てむ』」〔紀・神代上・訓〕《「やつかれ」は「吾」の訓》「弟姫対へていはく…『━、身亡(し)ぬとも(天皇ノモトヘハ)まうでじ』」〔紀・允恭・訓〕《「やつかれ」は「妾」の訓》《江戸時代の口語では、気取った感じ。↓》「━が及ばずながらおしこみ申しあげませう」〔黄・高漫斎・上〕

やっこ【奴】Ⓒ《「やつこ」から転訛した近世語》㊀ ❶

武家に仕える下男。主人の行列などには槍・はさみ箱などを持ち、供先をつとめる。威勢のよいのが誇りだった。その風俗は、奴だこに残っている。「私はお前がたのためには家来、随戸平(ずんどへい)と申す―でござりまする」〔伎・幼稚子敵討・五〕 ❷はでな姿で盛り場などを横行し、暴力行為を得意とした者。男だて。直参武士の(水野十郎左衛門など)を旗本奴、町人なかまの(幡随院長兵衛など)を町奴といった。「次第に悪党なかまへ誘引せられ、さまざまもがり分別(=ユスリノヤリカタ)を習ひ得て、町所を騒がし…―かたぎ(=奴ノ気質)となって」〔浮・子息気質・巻一ノ二〕 ❸町奴ふうに張りの強い遊女や芸者。「かかる(=意地ヲ立テトオス)心底、またあるまじ。(ソノタメ)大阪屋の―三笠と名を残しぬ」〔西鶴・一代男・巻六ノ二〕 ❹検挙された私娼で、吉原に強制収容された者。「岡場所(=非公認ノ遊里)の売女ども―となりて(吉原ニ)来たりなば」〔風来・里のをだ巻評〕 ㊁〘形動ダ〙(「やっこ」のように)威勢がよい。勇みはだ。「今までの―な気前が出なくなって、ただ心細くばかりなるよ」〔春水・梅暦・巻一ノ一〕 **―あたま** 頭 Ⓔ 「やっこ①」の髪の結いかた。さかやきを極端に広くそり、後頭部でまげを小さく結んだ。町家の少年にもこのスタイルが多かった。「盆に買うたる踊りのかづら、―を振りながら『母(かか)様、怖い』と泣きゐたり」〔近松・重井筒・上〕

〔やっこ❶〕

やっこ 〔臣・奴〕 Ⓑ ㊀ (「家つ子」が単語となったもの) ❶仕える者。臣下。家来。「忠臣とは二君につかへず。なんぞ項羽が―とならむや」〔保元・上・九〕「管仲(トイウ大臣ハ)九たび諸侯(=地方独立政権ノ君主)をあはせて(=政治連合ニ加盟サセ)、身は(齊トイウ国ノ)―ながら、富貴は列国の君にまされり」〔秋成・雨月・貧福論〕 ❷身分のいやしい召使。しもべ。「住吉の小田を刈らす子(=刈ッテオイデノ方ヨ)―かもなき(=アナタハ下男ガナイノデスカ)―あれど(=イヤ、下男ハイルンデスガ)妹(いも)が御ためと(=恋人ノタメ)私田(=私有田ヲ)刈る(ノデス)」〔万葉・巻七〕「いま一身を分かちて、二の用をなす。手の―、足の乗り物、よくわが心にかなへり」〔方丈〕 ❸とらわれて自由をうばわれた者。「今より後、朝儀(=朝廷ノ諸事ハ)久しく塗炭に落ち(=長イ間スッカリスタレ)、公卿・大臣(ハ)蛮夷(=逆賊)の―となり、国主は遙かに帝都を去って」〔太平・巻一七ノ二〕 ❹相手をののしっていう語。やつ。野郎。「(今マデノ有様ヲ話シタトコロ)『ものに狂ふ―かな』と言ひてなむ、二人ながら堂の内に入りにける」〔今昔・巻二七ノ四四〕(原文は「奴」と表記。「やつこ」とよむべきであろう) ㊁〘代〙(古代語)自分をつよく卑下した第一人称。わたしめ。「(新羅王子ノ曾孫デアル清彦ガ天皇ニ対シ)昨夕(よべ)刀子(=紛失シタ小刀ガ)おのづからに―が家に至り、けさ失せぬ」〔紀・垂仁・訓〕(「やっこ」は「臣」の訓)「(皇族ノ女性ガ天皇ニ対シ)―性(ひととなり)とつぎ(=結婚)の道をおもはず」〔紀・景行・訓〕(「やっこ」は「妾」の訓)(「てんぐと、われらがとがの―なり」〔どちりな・第二〕の「やっこ」はローマ字本でyatçucoと表記してある。室町時代までは「やっこ」と促音にいわなかったと思われる) 参やっこ。

やつ・す 〔俏す・窶す〕 Ⓒ ㊀〘他四〙 ❶㋑(姿・形を)みすぼらしくする。人目につかないなりをする。「(源氏ハ)狩りの御衣(おんぞ)など旅の御よそひ、いたく―したまひて」〔源氏・須磨〕 ㋺出家することを婉曲にいう。「ここに(=コチラデ)かく、世を捨てたるに(=出家シタ上ニ)、三の宮のおなじごと(=同様ニ)身を―・したまへる(=出家姿ニナラレタノヲ)末なきやうに人の思ひ言ふも」〔源氏・夕霧〕 ❷(形や行儀を)略式にする。くずす。「(茶ノ湯ノ)事すぎてあとは―・して乱れ酒、いつにかはりてのなぐさみ(=フダントカワッタ趣向)」〔西鶴・一代男・巻七ノ一〕(この用例を自動詞に解する説もあるが、西鶴の「やつす」はみな他動詞とすべきである) ❸(程度を本ものより下げて)まねる。なぞる。「夏の夕涼み、(唐ノ)玄宗の花軍(いくさ)を―・し(=当テコンデ)、扇軍とて、数多(あまた)の美女を左右に分けて」〔西鶴・永代蔵・巻三ノ二〕 ❹化粧し、めかす。「(実生活デ)―・さずに(=扮装ナシニ)ぬれ事(=イロゴト)をする(ノガ役者ノ)新五郎」〔柳樽・二二〕 ㊁〘自四〙(物事にうちこんで)やせほそる。「ほとほととたたいた水鶏(くひな)にさへも(アノ人ガ来タノカト)身は―・す(=細ル思イガスル)」〔狂・花子〕

やっとな Ⓓ 〘感〙力を入れて急に動作する時のかけ声。「(川ヲ)渡りまするぞ。―、―」〔狂・どぶかっちり〕

やつ・る 〔俏る・窶る〕 Ⓒ 〘自下二〙 ❶見すぼらしくなる。容色が衰える。(従来は「やせ衰える」と解したが、やせる・ふとるとは関係なく、見た目が悪くなるのをいう)「いと若かりしほどを見しに、(今ハ)ふとり黒み―・れたれば、多くの年経たる目には、ふとしも(=スグニハ)え見分かぬなりけり」〔源氏・玉鬘〕「鏡曇りては我が身こそ―・れける」〔梁塵〕 ❷質素な服装になる。「たれとも知らせたまはず、いと、いたう―・れたまへれど、しるき(=貴人ダトスグワカル)御さまなれば」〔源氏・若紫〕「濃き墨染めに―・れはて、かの後世菩提(ごせぼだい)をとぶらはれける」〔平家・内裏女房〕

やど 〔宅・宿〕 Ⓐ ❶(「家戸」の意で) ㋑家の戸口。「君待つとわが恋ひをればわが―のすだれ動かし秋の風吹く」〔万葉・巻四〕《原文「屋戸」と表記》㋺家。すみか。「ひさかたの(=枕詞)雨は降りしく思ふ子の―に今夜(こよひ)は明かして行かむ」〔万葉・巻六〕㋩自宅。「それほど(歌ノ下句ガ)聞きたくは、―からなりと、言うておこさう(=伝言ショウ)」〔狂・萩大名〕 ❷《「家外」の意で》戸外。庭さき。「わが―の花橘(はなたちばな)は散り過ぎて珠(たま)に貫(ぬ)くべく実(み)はなりにけり」〔万葉・巻八〕《原文「屋前」と表記》 ❸《①②とは別語の「やどる(屋取る)」から「やどり」という名詞形を生じ、それが「やど」となって》㋑旅さきで夜を明かす場所。「行き暮れて木の下陰を―とせば花や今夜の主(あるじ)ならまし」〔平家・忠度最期〕㋺旅館。「くたびれて―かるころや藤の花」〔芭蕉(笈の小文)〕《③は、一二世紀の末ごろまで「やどり」というのが原則で、「やど」と言った例は少ない》 ❹㋑主人。とくに女性が自分の夫をさしていうのに多く用いる。「わたしの―が五十の賀」〔三馬・風呂・二ノ下〕㋺本妻。「わらはは(=ワタシ)は下京の鈍太郎殿の―でござりまする」〔狂・鈍太郎〕 ❺《遊里の》㋑遊女を呼んであそぶ家。揚げ屋。「世之介はその年より―も定めず(=キマッタ揚ゲ屋ニ行クデモナク)、権左衛門方にて三笠に会ひそめ」〔西鶴・一代男・巻六ノ一〕㋺揚げ屋の主人。「忠兵衛様は(身請ケノ申シ入レガ)後手といひ(=オクレタシ)、―の精力一つにて(=親方ノ尽力ダケデ)、手付け(ノ金)もわたし、約束の日ぎり切れるもいひのばし、今日まではつながりしが」〔近松・冥途飛脚・中〕 ❻江戸時代、奉公人の身元をひきうける保証人。「自身には(=自分デハ)言ひにくかろと下女が―」〔柳樽・一八〕

やど・す【宿す】Ⓒ《他四》❶宿泊させる。「(コノ人ヲ、自分ノヘヤカラ)遠くも―・さず(=スグソバニトメテヤッタ)」〔伊勢・六九段〕 ❷㋑とどめる。とどまらせる。「さらぬだに(=ソウデナクテサエ)光涼しき夏の夜の月(影)を清水に―・しつるかな」〔千載・夏〕㋺あずける。「内(=宮中)に(=ヘヤ)につさぶらひける時にあひ知りける女蔵人の曹司(=ヘヤ)にぼやなぐひおひかけを―・しおきてはべりけるを」〔後撰・雑四・詞〕 ❸(子どもを胎内に)もつ。はらむ。「お連れ合ひ(=御主人)甚内様のお情け(=愛ノ結晶)を身に―・し(=ミゴモリ)」〔伎・姉妹達大礎・五〕

やど もり【宿守】Ⓔ るす番をする・こと(者)。「心すごう荒(あら)ましげなる水の音のみ―にて(=宇治川ノ水音ダケガ山荘ノルス番デ)、人影も見えず」〔源氏・宿木〕

やどり【宿り】Ⓑ ❶泊まる所。宿所。一時的な居所。「惟喬(これたか)の親王(みこ)の狩りしける供にまかりて、―にかへりて、夜一夜、酒を飲み、物語をしけるに」〔古今・雑上・詞〕「家居のつきづきしくあらまほしきこそ仮の―とは思へど、興あるものなれ」〔徒然・一〇段〕 ❷《+自サ変》泊まること。宿泊。「―・して春の山辺に寝たる夜は夢のうちにも花ぞ散りける」〔古今・春下〕 ❸《「星の」を伴い》あり場所。定位置。「天の原ふりさけ見ればたなばたの星の―(=星座)に霧たちわたる」〔夫木・巻一〇〕《中古語の「やど」は現代語の「家」にあたり、現代語の「やど」にあたるのが「やどり」である》

やど・る【宿る】Ⓑ《自四》❶㋑(一時的に)居住する。「鳥といへども鷲(わし)・山鳥ならぬは住まぬ所に、(イッタイ)何の御心にて(=ドウイウオツモリデ)いときなきほどには(=マダ幼イ年ゴロデ)―・りたまふぞ」〔宇津保・俊蔭〕㋺宿泊する。「蔀(しとみ)さしあげたる所に(=上へアゲテアル家ニ)―・りて」〔蜻蛉・上〕㋩寄生する。「いと気色ある(=フゼイアル)深山木に―・りたる(=ハイマツワッテイル)つたの色ぞ残りたる」〔源氏・宿木〕 ❷とどまる。「月だに―・る(=タチ去ラズニイル)宿」〔源氏・帚木〕 ❸胎児となる。「(私ハ)かう思(おぼ)しなげくめる人の(=アナタガマダ嘆イテイラッシャル方ノ)御腹になむ―・りぬるなり」〔浜松・巻五〕

や な …(だ)なあ。Ⓑ《終助》《文末に付き》感動・詠嘆をあらわす。「不思議―。この島は女人禁制とこそ承りてさうらふに、あれなる女人は何とて参られてさうらふぞ」〔謡・竹生島〕「あら、みやびなる人々―」〔狂・庵の梅〕

やな ぐひ【胡簶・胡録】(―イ) Ⓓ 矢を入れて背負う道具。その形により「壺やなぐひ」「ひらやなぐひ」また、使用目的によって「狩りやなぐひ」などがある。「右大将…も、今日のよそひ(=装束ハ)いとなまめきて(=優美デ)、―など負ひて、つかうまつりたまへる(=オ供シテイラッシャル)」〔源氏・行幸〕

〔やなぐひ〕(ひらやなぐひ)

や なみ【矢並み】Ⓔ 箙(えびら)に差した矢のそろいぐあい。「―かいつくろひて(=キチントナオシテ)、勢を待ちそろへ」〔平家・巻一三(長門本)〕

やは・す【和す】(―ワ―) Ⓓ《他四》やわらげる。平穏にして仕えさせる。帰順させる。「ちはやぶる神を言向(ことむ)け(=コトバノ力デ従ワセ)まつろへぬ(=服従シナイ)人をも―・し(=手ナズケ)掃き清め仕へまつりて…」〔万葉・巻二〇〕

やはら (―ワ―) Ⓓ《副》そろそろ。そっと。「妻戸(=ドア)を―かい放つ(=アケル)音すなり」〔堤・花桜〕「燈(ひ)のほのぐらき方に向かって、―この刀を抜き出だし」〔平家・殿上闇討〕

やはら か【柔らか・和らか】(ヤワ―) Ⓓ《形動ナリ》❶㋑(態度が)おだやかだ。「馬をひかへて(=トメテ)―・に物語などして」〔今昔・巻二五ノ一〇〕㋺（性質が）おっとりしている。「（天皇ハ）人となり（＝性格ガ）—・に、儒(はかせ)を好みたまふ」〔紀・孝徳・訓〕【「やはらかに」は「柔仁」の訓】❷安心している。うちとけている。「（恋人ドウシガ）—・に寝る夜はなくて親（ガ仲ヲ）さくる（＝コワソウトスル）」〔催馬楽・貫河〕 ❸【軟らか】（物理的に）かたくない。しなやかだ。「花びら—・にして風なけれども動く」〔栄花・音楽〕

やはら・ぐ【柔らぐ・和らぐ】（ヤワ—）Ⓓ [一]《自四》❶（光・色彩・心情などが）おだやかになる。「（無風流ナ）足軽の心—・ぐ（コッケイナ）前句付け（ノタノシミ）」〔咄・鹿の子餅・比丘尼〕 ❷親しくなる。「その後、両門（＝両門跡ハ）あひ—・ぎ、一山無事なるべき所をもて」〔白石・折たく柴の記・中〕 [二]《他下二》 ❶㋑おだやかにする。「人の荒き心を—・げて」〔沙石・巻一ノ一〕㋺わかりやすくする。「（仏ノコトバヲ）わが国のことばに—・げておほせられましかば」〔沙石・巻三ノ一〕 ❷親しませる。「（詩ヲ）日本で歌といふげながら（＝イウモノダソウダガ）、男女（ノ仲）を—・ぐとや」〔近松・国性爺・一〕

やはら・ぶ【柔らぶ・和らぶ】（ヤワ—）Ⓓ《自四》（受ける感じが）ごつごつしない。しっとりしている。穏和だ。「世の常の山のたたずまひ（＝アリフレタ山ノ様子）、水の流れ、目に近き人の家居ありさま（＝ミナレテイル住マイノ様子ナド）、げに（＝ナルホド）と見え、なつかしく—・びたる（＝オチツイタ）形(かたち)などを静かに（＝オダヤカニ）画きまぜて」〔源氏・帚木〕

やぶ いり【藪入り】Ⓔ ❶旧暦一月と七月の一六日前後、奉公人に与えられた短い休暇。「盆・正月の—のほかに、一夜がけ（＝一晩ダケ）のお暇をもらうて」〔浮・禁短気・巻三ノ一〕 ❷特に、一月一六日前後の休暇。【七月のは「後の藪入り」という】「—や浪花(なには)を出でて長柄(ながら)川」〔蕪村（春風馬堤曲）〕 ❸「①」または「②」をもらった奉公人。「—を（娘ハ）やっとつねったぐらゐなり」〔柳樽・九〕

やぶ はら【藪原】Ⓔ ❶やぶになっている原。一面のやぶ地。【「藪」は古くは灌木(かんぼく)や草の生い茂った土地をいう】「はろはろに（＝ズット遠クデ）言そ聞こゆる島の—」〔紀・皇極〕 ❷荒廃した所。「さる（＝コンナ）—（ノヤシキ）に年経たまふ人（＝女性）を、大将殿もやむごとなくしも（＝タイセツニハ）思ひ聞こえたまはじ」〔源氏・蓬生〕

やぶ・る【破る】Ⓑ [一]《他四》 ❶㋑こわす。破壊する。「木啄(きつつき)も庵は—・らず夏木立」〔芭蕉（奥の細道）〕㋺（きめられたことを）まもらない。「（酒ニ酔ウト）よろづの戒を—・りて、地獄に落つべし」〔徒然・一七五段〕 ❷傷つける。いためる。「人つく牛をば角を切り、人くふ馬をば耳を切りてその印とす。印をつけずして、人を—・らせぬるは、ぬしのとがなり」〔徒然・一八三段〕 ❸（戦って相手を）負かす。「頼光(らいくわう)・保昌(ほうしやう)の（＝タチガ）魔軍を—・りしも…武威のほまれを残せり」〔保元・上・一〕 [二]《自下二》 ❶㋑こわれる。「『月は遅かれ牡丹盗人』『縄編みのかがりは—・れ壁落ちて』」〔杜国・重五（冬の日）〕㋺荒廃する。「国—・れて山河あり、城春にして草青みたり」〔芭蕉・奥の細道〕 ❷㋑身に傷をうける。傷つく。「心を用ゐる事少しきにして（＝狭量デ）きびしき（＝容赦シナイ）時は、物にさかひ（＝物事ニ逆ライ）争ひ—・る」〔徒然・二一一段〕㋺（物事が）成功しない。うまく行かない。「（後生ノタメノタイセツナ）一事を必ずなさむと思はば、他の事の—・るるをも痛む（＝気ニスル）べからず」〔徒然・一八八段〕 ❸（戦に）負ける。「いくさ—・れにければ」〔平家・敦盛最期〕

やへ がき【八重垣】（—エ—）Ⓓ いくえにも重ねて作った垣根。「八雲立つ（＝枕詞）出雲(いづも)—妻ごめし（＝八重垣ヲツクッテ内ニ妻ヲ住マワセタ）宮路に運ぶあゆみかな（＝ソノ出雲ノ大社ヘ参詣スルノダヨ）」〔謡・大社〕

やへ ぐも【八重雲】（—エ—）Ⓓ 幾層にもたち重なっている雲。「忘れずよ—がくれ入る月の（ヨウニ）へだてし仲に残る（アナタノ）面かげ」〔続千載・恋四〕

やま【山】Ⓑ ❶山岳。「—は、をぐら山、かせ山、みかさ山」〔枕・一三段〕 ❷[対]「寺（園城寺）」比叡山（延暦寺）。「—の座主(ざす)ただいま請(さう)じに（＝祈禱ニ来テモラウヨウ）つかはさむ（＝使イヲヤロウ）」〔源氏・浮舟〕 ❸築山。「—のたたずまひ、おもしろき所なるを」〔源氏・桐壺〕 ❹みささぎ。陵墓。「御—にまゐりはべるを」〔源氏・須磨〕 ❺山のように不動なるもの。「上花(くわ)にのぼりても（＝上三花ノ芸ヲ演ジテモ）—をくづし（＝至難ナ芸ヲタヤスク演ジ）、中上（＝中級上位ノ芸）にのぼりても—をくづし」〔申楽談儀・序（へ）〕 ❻山鉾(やまぼこ)。台の上に山の形を作り、その上に、鉾やなぎなたを立てたもので、祭礼の時などにひきまわす。「祭礼も近々でござるによって、今日はいづれも（＝皆サン）おいで下され、—の御相談をなされてくだされい」〔狂・鬮罪人〕 ❼相模の国の大山。「去年おらが—へいった時、泊まったうちだ」〔一九・膝栗毛・初編〕 ❽江戸深川の富岡八幡宮。「久しうお出あひもいたさぬ。—で飲んだままかな」〔洒・辰巳之園〕 ❾山師。「うぬらが心にひきあてて—などとの取り沙汰」〔風来・天狗髑髏鑑定縁起〕

—のは 山の端 Ⓒ《連語》山の稜線部。山のきわ。[参]やまぎは①。「余算（＝残リノ年数ハ）—に近し（＝日ガ西山ノ山ギワニ近イヨウニ死期ガ近イ）」〔方丈〕【歌では、東の山の端は月の出る所、西の山の端は日の入る所としてあつかわれることが多い】

やま がつ【山賤】Ⓓ ❶山に住む身分の低い人。山里びと。木こり・炭焼きなど。「いつかまた春の都の花を見む時うしなへる(＝オチブレタ)―にして」(源氏・須磨) ❷人をあざけっていう語。「和御房(＝アナタ)は、むげによそ目も知らぬ(ボンヤリノ)―かな」(十訓・第七ノ二四) ❸「①」の住む家。「―の垣ほにはへる青つづら(＝序詞)人はくれどもことづてもなし」(古今・恋四)

やま かづら【山縵・山蔓】(―ズラ) Ⓔ ❶山中に自生するつる性植物。「ひかげのかづら」「まさきのかづら」等の総称。「色変へぬ黒髪山の―かくてや久に仕へまつらむ」(新千載・慶賀) ❷〘十自サ変〙頭部を「①」で飾ること。「―とは、神楽するに、まさきのかづらにて頭を結(ゆ)ふを―といふ」(袖中抄・九) ❸〘十自サ変〙頭部に「②」を掛けたような形に見えること。またはそのもの。山の頂上に朝雲の掛かったのをいうことが多い。「―とは古歌枕に言ふ、『あけぼのに立つ雲を言ふ』。また言ふ、『神祭らむとて椎柴折りに行く人の木綿(ゆふ)かけたるを言ふ』」(綺語抄・中)「まきもくのあなしの檜原(ひばら)春来れば霞を(コズエニ)かけて―・せり」(夫木・巻二)「巻向(まきむく)の穴師(あなし)の山の―暁かけて霞む空かな」(続後拾遺・春上)

やま がは【山川】(―ワ) Ⓓ 山の中の川。〘清音の「やまかは」は山と川の意〙「―のみわた(＝水流ノマガリメ)によどむうたかたの泡(あわ)に(＝泡ノヨウニハカナク)結べる(＝凍ッタ)薄氷かな」(玉葉・冬)

やま ぎは【山際】(―ワ) Ⓓ ❶山の稜線にそった部分の空。またはその稜線の部分(スカイライン)。「やうやうしろくなりゆく―、すこしあかりて、紫だちたる雲の細くたなびきたる」(枕・一段) ❷山のほとり。「『花のあとつつじのかたがおもしろい』『寺のひけたる―の春』」(里圃・馬莧(続猿蓑))

やま くさ【山草】 Ⓓ ウラジロ(羊歯(だし)の一種)の別名。「神の松、―、昔より毎年飾りつけたる蓬萊(ほうらい)(ノ飾りモノ)に、伊勢海老なくては」(西鶴・胸算用・巻一ノ三)

やま ぐち【山口】 Ⓒ ❶山の入り口。「『吾(あ)が敷き坐ます(＝領有スル)―の処なり』と詔(の)りたまひて、故(かれ)(＝ソコデ)山口と負ほせ(＝名ヅケ)たまひき」(出雲風土記) ❷〘鷹(たか)狩りで〙狩り場の入り口。「さて―入らせたまひしほどに、しらせう(＝鷹ノ名)と言ひし御鷹の」(大鏡・道長) ❸㋑〘猟師が山へはいる時、入り口で獲物の有無を直感するということから〙ものごとの初め。「諸道に―しるく(＝ハジメカラキワダッテイテ)行く末かしこかるべき(＝スバラシクナリソウナ人)が世を早くする(＝早死ニスルコトガ多し」(ささめごと・末) ㋺きざし。前兆。「成典律師(ハ)僧都になりて、この御祈り(＝祈トウ)の折ふしも、喜びつかうまつりたること『―しるし(＝サイ先ヨク、祈トウノシルシモ著シイダロウ)』など、喜び申したまふ」(栄花・若水) ❹〘一般的に〙入り口にある神。「まづ下(しも)の御社に、『(霊験ガ)いちじるき―ならばここながら神(＝掛ケ詞「上」)のけしきを見せよとぞ思ふ』」(蜻蛉・上)

やま ざと【山里】 Ⓒ ❶山中の村落。「ある―に尋ね入ることはべりしに」(徒然・一一段) ❷「①」にある家。「浮舟の女君のやうに―に隠しすゑられて」(更級)

やま ずみ【山住み】 Ⓔ ❶山里に暮らすこと。「今はじめて思ひ入りたらむ(＝思イ立ッテソノ生活ニハイッタヨウナ―のここちしたまふ」(源氏・椎本) ❷山寺にはいって暮らすこと。「尼になり、この世の外の―など思ひ立つもありけり」(源氏・御法)

やま だち【山立ち】 Ⓓ 山賊。「―の様(やう)(＝フリ)にて…(夫ヲ)討たすべき支度をぞしける」(沙石・巻九ノ六)

やまと【大和・倭】 Ⓓ ❶昔の畿内(きない)の国の一。だいたい奈良県にあたる。「敷島の(＝枕詞)―の国の石(いそ)の上布留(ふる)の里に…」(万葉・巻九) ❷日本国の別名。「任那(みま)の執事(つかさ)と―府の執事とを召す」(紀・欽明・訓)〔「やまと」は「日本」の訓〕 **―うた** 歌 Ⓓ 和歌。〘漢詩(からうた)に対して日本固有の歌という意識で用いる〙「狩りはねむごろにもせで(＝熱心ニモシナイデ)、酒をのみ(＝酒バカリ)飲みつつ、―にかかれりけり(＝熱中シテイタ)」(伊勢・八二段) **―ごころ** 心 Ⓓ ❶〘学識に対し〙実社会に処してゆく心のはたらき。世才。「(乳母ヲ志願シタ女ノ乳ガ少ナイノデ)大江匡衡朝臣『はかなくも(＝イイカゲンニ)思ひけるかな乳(ち)(＝掛ケ詞「智」)もなくて博士の家の乳母せむとは』。返し、赤染衛門『さもあらばあれ(＝カマイマセンワ)―し賢くは(＝家事サエウマクキリマワシテクレルナラ)細乳(ほそぢ)につけて(＝乳モ学問モ不足ダッテ)在らすばかりぞ(＝家ニオイテヤリマショウ)』」(後拾遺・雑五) **―ことば** 言〈葉〉・詞 Ⓔ ❶日本語。「これなる者をよくよく見れば、姿は唐人(たうじん)なるが、声は(＝話シテイルノハ)―なり」(謡・岩船) ❷上品なことば。「御奉公におあがりあすばすと、それこそもう―で、お人がらにおなりあすばすだ」(三馬・風呂・三ノ下) ❸和歌。「敷島の(＝枕詞)―の花なくは老いの心を何にそめまし(＝シタシマセラレヨウカ)」(新葉・雑中) **―だましひ** 魂 (―イ) Ⓓ ❶〘古く、漢学が本格の学問だった時代、その方面の知識を「漢才」「才」といったのに対し〙知恵。頭の回転。「善澄、才(＝漢学ノ知識)はいみじかりしかど(＝大シタモノダッタガ)、つゆ(＝テンデ)―なかりける者にて」(今昔・巻二九ノ二〇) ❷日本民族の固有精神。「(危急ノ)事にせまりて(＝際シテ)死を軽んずるは、―なれど」(馬琴・弓張月・二五回) **―なでしこ** 撫子 Ⓓ 川原なでしこ。「我のみやあはれ(＝カワイイ花ダナ)と思はむきりぎりす鳴く夕かげの―」(古今・秋上)〘「かわいい」という感じを伴って、子どもの暗喩に用いる事が多い。「(アナ

や

タノ)袖(ガ)ぬるる露のゆかり(=涙ノ種)と思ふにも(ワタシハ)なほ(=ヤハリ)うとまれぬ(=ナジメマセンノデスヨ)—(=アノカワイイ坊チャンニネ)」〔源氏・紅葉賀〕》

やまひ【病】(-イ) Ⓓ ❶㋑(肉体的に)健康がそこなわれること。「身の—重きにより、おほやけにも仕うまつらず」〔源氏・須磨〕㋺(精神的な)苦痛。心配。「ええあきれ果てた。親御たちの—になるが(=頭痛ノ種ニナルノガ)いとしぼい(=気ノ毒ダ)」〔近松・油地獄・上〕 ❷弱点。欠点。短所。悪いくせ。「ことわざに『貧の病(=苦労)』(トイウノガ)あり、『(金ヲ)持ったが—(=コマッタ事ノモト)』(トイウノモ)あり」〔黄・金生木・序〕 ❸(詩や歌を作る上の)修辞・用語などについての禁制事項。「和歌の髄脳(=作法書ガ)いと所せう(=イッパイ有リ)、—去るべき所多かりしかば」〔源氏・玉鬘〕「寛平の御時、孫姫(ひこひめ)・喜撰(きせん)かさねて式(=ルール)を作り、歌の—を定め、同じ事ふたたびはよむまじき事になり」〔為兼抄〕《中国六朝の齊・梁から唐代にかけて、詩の禁制がいろいろ説かれた。日本でもそれをまねて、歌病の論がおこなわれた》

やまびと【山人】 Ⓓ ❶山に住む者。きこり・炭焼きの類。「さかしき(=ケワシイ)岨(そは)づたひを、道しるべする(=道案内スル)—の笠は重し」〔謡・葛城〕 ❷仙人(せんにん)。「仙人に酒をすすむれば…夕べの月の杯を受くるその身も—の折る袖匂ふ菊の露」〔謡・一角仙人〕

やまぶし【山伏し・山臥し】 Ⓒ ❶㋑山中で生活すること。「—(=掛ケ詞②㋑)も野伏し(=掛ケ詞「法事ノ野伏僧」)もかくて試みつ(=経験シマシタ)いまは舎人(とねり)の寝屋(ねや)ぞゆかしき(=家来ガタノヘヤデマトモニ寝タイモノデス)」〔拾遺・雑下〕㋺山住みの人。山里に住む者。「—(=イナカ者ノワタシ)の僻(ひが)耳に(=聞キソコナイデ)、松風を(ムスメノ琴ダト)聞きわたしはべる(=コレマデ聞イテイマシタ)にやあらむ」〔源氏・明石〕 ❷㋑山にこもって修行する僧。「山にこもりたる(僧)などをも、弟の君だちをつかはして召すに、けにくく(=見タ目ガ悪ク)心づきなき(=感ジノヨクナイ)—どもなども、いと多く参る」〔源氏・柏木〕㋺【山伏】役(えん)の行者の伝統を受けた修験者。後に仏教に属し、真言宗のを当山派(醍醐三宝院の管理)、天台宗のを本山派(聖護院の管理)という。「法螺(ほら)貝腰につけ、錫杖(しやくぢやう)つきなどしたる—のことごとしげなる、入りきて」〔宇治・巻一ノ五〕

やまもり【山守】 Ⓓ 山林を監視すること。またはその人。「木こり(ガ)—によき(=斧(をの))を取られて、わびし(=ヨワッタ)心うし(=コマッタ)と思ひて、(ボンヤリ)つらづゑ(=ホオヅエヲ)うちつきてをり」〔古本説話集・上〕

やみのうつつ【闇の現】 Ⓔ〔連語〕くらやみの中での現実。「梅の花夜は夢にも見てしかな(=見タイモノダ)—の(=目ガサメテイテモヤミノ中デハニオイシカ感ジラレナイガ、ソノ)匂ひ(ノアザヤカサニ比ベラレル)ばかりに」〔忠度集〕

や・む【止む・已む】 Ⓐ ㊀《自四》❶《ずっと継続していたものが、そこで終わりになる意で》㋑とまる。「風・波—・まねば、なほ同じ所にあり」〔土佐〕「かくおびたたしくふること(=コンナニヒドク地震ガユルコト)は、しばしにて—・みにしかども」〔方丈〕㋺それぎりになる。「かたはらに舌根をやとひて(=無理ニ口ヲ動カシテ)不請の阿弥陀仏(=心カラ求メルデモナイ念仏ヲ)、両三遍申して—・みぬ」〔方丈〕 ❷《そのことが未発のままでおしまいになる意で》…ずじまいになる。「もとより望むことなくして—・まむは(=ハジメカラ希望シナイデスメバ)、第一なり(=ソレガ最上ダ)」〔徒然・一五一段〕 ❸(病気などの望ましくない状態が)よくなる。回復する。「御目そこなはれたまひにしこそ、いといとあたらしかりしか(=残念ダッタ)。よろづにつくろはせたまひしかど(=アレコレト治療ナサッタガ)、え—・ませたまはで」〔大鏡・道隆〕 ❹死ぬ。「日ごろ(=数日来)あさましく(=病気ガヒドク)、かくとだに聞こえで(=コンナ様子ダトダケデモオ知ラセ申シアゲナイデ)—・みぬべき(=死ンデシマウニチガイナイヨウナ)ここちしはべる」〔宇津保・嵯峨院〕 ㊁《他下二》❶なくさせる。改めさせる。「おどして、この方(=ヤキモチ)も、少しよろしくもなり(=少シハ普通ニナルヨウニシ)、さがなさ(=口ヤカマシイ点ニツイテモ)—・めむ」〔源氏・帚木〕 ❷(病気などを)なおす。よくする。「今は(モウ御祈禱(きとう)ハ)かばかりにて(=コレグライニシテオイテ)いたはり(=病気ヲ)—・めたてまつりたまへ(=オナオシ申シアゲテクダサイ)」〔源氏・手習〕

や・む【病む】 Ⓓ《他四》❶病気にかかる。病気をする。「世の人みな—・み死にければ」〔方丈〕 ❷心配する。気をつかう。「子に世話—・むは親の役、苦労とも存ぜねども」〔近松・油地獄・下〕

やむごとなし【止む事無し】 Ⓑ《形ク》❶しないわけにゆかない。よんどころない。「『それはしも—・き事(=ホウッテオケナイタイセツナ用ダ)』とて(夫ガ)出でむとするに」〔蜻蛉・上〕 ❷ひととおりではない。格別だ。「かやうに師弟の契りをば申したりしかど、詠み口に至りては…俊頼いと—・き人なり」〔無名抄・三〇〕 ❸高貴である。おそれ多い。「この山にこもりゐて後、—・き人のかくれたまへるもあまた聞こゆ」〔方丈〕

やめ【矢目】 Ⓔ 矢のあたったところ。矢傷。「山田が八郎殿に射られたりける—はいづくぞ」〔保元・中・一〕

やや【稍・漸】 Ⓑ《副》❶次第に。だんだんに。すこしずつ。《英訳すればlittle by little》「よひは遊びをりて(=音楽ナドシテイテ)夜ふけて、—涼しき風吹きけり」

〔伊勢・四五段〕「四十(よそぢ)あまりの春秋を送れる間に、世の不思議を見ること―たびたびになりぬ(=ダンダンニタビ重ナッテキタ)」〔方丈〕 ❷すこしの間。しばらく。《英訳すればafter (for) a little while》「さめざめと泣いて、しばしは御返事にも及ばず、―あって(=シバラクシテ)涙をおさへて申しけるは」〔平家・大原御幸〕「鎧の袖を顔に当て、―さめざめと泣きたまふ」〔盛衰・巻三一ノ六〕 ❸《程度について》いくらか。かなり。だいぶん。《英訳すればa little》「夜中も過ぎにけむかし、風の―あらあらしう吹きたるは」〔源氏・夕顔〕「春も―気色(けしき)ととのふ(=春ラシイ様子ニナッテ来タ)月と梅」〔芭蕉(続猿蓑)〕

や　や Ⓓ《感》 ❶人に呼びかける時の語。おいおい。もしもし。「『―』とおどろかしたまへど(=呼ビ起コソウトナサルガ)、ただ冷えに冷え入りて(=ドンドン冷タクナッテシマッテ)、息はとく(=モウ)たえはてにけり」〔源氏・夕顔〕 ❷おどろきや、ふと気づいた時の語。やあ。まあ。「答(らい)へもせで、しひて狭(せ)ばがり出づれば(=身ヲスボメテ出ルト)、権中納言『―、まかりぬるもよし(=退出スルノモ結構)』とうちゑみたまへるぞめでたき」〔枕・一三二段〕

や　よ Ⓓ《感》 ❶呼びかけのことば。やあ。おい。「―時雨(しぐれ)もの思ふ(ワタシノ)袖の(モシ)なかりせば木の葉の(散ッタ)後に何を染めまし」〔新古今・冬〕 ❷《歌謡の》はやしことば。「(娘ガ)目に入りたらば薬師(如来)の前で目医師(めくすし)せう目医師せう―」〔狂・目医師(鷺流)〕

やよひ【彌生】(―イ) Ⓓ 旧暦三月の別名。㊂むつき。「―の丁卯朔丙子…白肩の津に至ります」〔紀・神武・訓〕《「やよひ」は「三月」の訓》「―も半ば過ぎぬれど、霞にくもる有明けの月はなほおぼろなり」〔平家・厳島御幸〕

やら・ふ【遣らふ】(―ラ〈ロ〉ウ) Ⓔ《他四》追い立てる。おっぱらう。「かうわりなう(=ムヤミニ)―・はせたまふ(アナタノ)御心づからこそは」〔源氏・夕霧〕

やり　ど【遣り戸】 Ⓓ ㊆「妻戸」 現代の日本式家屋の、雨戸や障子と同じ形式の戸。引き戸。「家はあれども(=家ハ残ッテハイルガ)羅文(らもん)破れて、蔀(しとみ)、―もたえて(=スッカリ)なし」〔平家・少将都帰〕

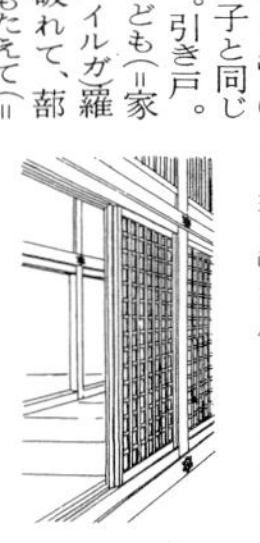
〔やりど〕

やり　みづ【遣り水】(―ズ) Ⓒ 中古様式の邸宅で、庭に水をひき入れるようにした流れ。「月もなきころなれば―にかがり火ともし、灯籠(とうろ)などもまゐりたり(=点火ナサッタ)」〔源氏・若紫〕

〔やりみづ〕

や・る【破る】 Ⓒ ㊀《他四》やぶる。ひきさく。「(後マデ)残しおかじと思ふ反古(ほうご)など―・り捨つる」〔徒然・二九段〕 ㊁《自下二》やぶれる。さける。「…衣(きぬ)こそば(=着物ハ)それ―・れぬれば(=ソレガ破レタナラバ)継ぎつつもまたも合ふと言へ(=合ワサルトイウガ)玉こそば緒のたえぬればくくりつつまたも合ふと言へまたも逢はぬものは(ナクナッタ)妻にしありけり」〔万葉・巻一三〕

や・る【遣る】 Ⓐ《他四》 ❶動いて移らせる。行かせる。「車を―・れ(トイウ命令ダ)と心得て、五六町こそ(牛車ヲ)あがかせたれ(=走ラセタ)」〔平家・猫間〕 ❷(文などを)送る。(物などを)贈る。与える。「(源氏ハ)日高う御殿ごもり起きて、(紫上ニ)文―・りたまふに(=手紙ヲ送リナサルノニ)、書くべきことばも例ならねば(=フツウノキヌギヌノ文トモチガウノデ)、筆うち置きつつ…をかしき絵などを―・りたまふ」〔源氏・若紫〕 ❸(気を)さっぱりとさせる。すきなようにする。「わが心得たる事ばかりを、おのがじし(=メイメイ)心を―・りて(=得意ニナッテ)、人をばおとしめなど、かたはらいたきこと多かり」〔源氏・帚木〕 ❹(流れなどを)みちびき入れる。「いはほを立て(=大石ヲスエ)水を―・り(=遣リ水ヲヒキ入レタ模様ノヲ)えもいはず調ぜさせたまへる裳・唐衣をまづ奉らせたまひて」〔大鏡・昔物語〕 ❺にがす。見のがす。「《強盗ノコトバ》どれへやら(目当テノヤツヲ)―・った(=ニガシタ)。わごりょ(=君)は(アイツヲ)どれへ―・ったぞ」〔狂・文山立〕 ❻㋑(事を)する。「いいえ、今日はよしにしよう、あした早く―・ってくんねえ」〔伎・お染の七役・序〕㋺へまをする。「お気遣ひなされますな。そこは奴長兵衛が子分の清助、出し物と来ちゃあ―・るものぢゃあござりませぬ」〔伎・吾嬬鑑・二ノ序〕 ❼《補動》《他の動詞の連用形に付き、その動作が》㋑遠くまで及ぶことをあらわす。「長き夜をひとりあかし、遠き雲居(ニイルヨウナ愛人)を思ひ―・り、浅茅が宿に昔を偲ぶこそ」〔徒然・一三七段〕㋺決定をあらわす。「えも出で―・らず(=出ルトイウ気ニナレナイ)」〔源氏・柏木〕「とみに(=スグ)も(門ヲ)えあけ―・らず(=アケキレナイ)」〔源氏・朝顔〕㋩《「て」を伴い》他のために…してやる。「霜やけの手を吹いて―・る雪まろげ」〔羽紅(猿蓑)〕 **――かたな・し** 方無し Ⓓ《連語》 ❶気を晴らす方法もない。気がなぐさまない。「なほ、悲しさの―・く、ただ今の屍(から)を見では(=現在ノ死体ヲ見ナイデハ)またいつの世にか、ありしかたちをも見む(=生前ノ姿ヲ見ルコトガアロウカ)とおぼし念じて…いでたまふ」〔源氏・夕顔〕 ❷どうにもしようがない。手がつけられない。「殊に時めく葵上の御車とて、人をはらひ(=追イノケ)立ちさわぎたるその中に、『身は小車のやるかたもなし(=自分ノ車ハドコヘモ行キヨウガナイ)』と答へて立ちおきたる(=駐車シテオイタ)車の前後に(葵上ノ従者ガ)ばっとよりて」〔謡・野宮〕

—まいぞ 《「やる⑤」の用法から出たもので》狂言の常用語。おい、待て。こら、にげるな。「あの、横着者、どれへ行く。捕らへてくれい。—、—、—、—」〔狂・入間川〕《この曲だけに限らず、多くの曲に共通する追いこみの決まり文句》

—・らむかたな・し 遣らむ方無し Ⓓ 《連語》→やるかたなし①。「『などて(=ナンダッテ)かくはかなき(=ツマラナイ)宿りはとりつるぞ』と、くやしさも—・し」〔源氏・夕顔〕

やれ Ⓓ 《感》 ❶呼びかけの語。やい。これ。おい。「木曾(義仲ハ)牛飼ひとはえ言はで『—子牛健児(こでい)、—子牛健児』と言ひければ」〔平家・猫間〕「—勘十郎。源十郎はこの九左衛門が両の眼の代はりをする」〔近松・歌念仏・中〕 ❷思いがけない事のあった時、ふと気づいた時などの語。まあ。おや。あれ。「—なつかしや平右衛門」〔浄・忠臣二度目清書〕 ❸はやしことば。歌謡で、句と句の間に入れ、特定の意味はない。「わが恋はもぢ(=目ノ荒イ麻布)の袋に、色小袖(=色染メノ小袖ノヨウナモノデ)なにとつつめど(=ドンナニ隠シテモ)色にいでさうらふ、—、いでさうらふ(=アレマアソブリニ出テシマイマシタ)」〔松の葉・忍組〕

やをら (-オ-) Ⓒ 《副》 ❶静かに。ゆっくり。そろりと。「—(病床カラ)すべり出でて、この侍従と語らひたまふ」〔源氏・柏木〕「御前の御となぶら(=灯火)を—かい消たせたまふ」〔大鏡・基経〕 ❷目立たないように。そっと。「『今夜(こよひ)は内(=宮中)に侍ふべき事あれば』と(イウロ実デ)、—すべりとまりたまひぬ(=居続ケラレタ)」〔寝覚・巻三〕

やんごとな・し 【止ん事無し】 Ⓑ 《形ク》→やむごとなし。

ゆ

ゆ【柚】 Ⓔ (植物の)ゆず。「あしげなる(=マズソウナ)—や梨やなどを、なつかしげに持たりて(=持ッテイテ)食ひなどするも、あはれに見ゆ」〔蜻蛉・上〕

ゆ Ⓒ 《助動》《古代語》接続・用法ともに「る」と対応。→る。

未然	連用	終止	連体	已然	命令
え	え	ゆ	ゆる	ゆれ	

❶《受身》「わが宅(やど)に生(お)ふるつちばり(=草ノ名)心ゆも(=心ノ底カラオ前ヲ)思はぬ人の衣(きぬ)にすらゆな(=染メルタメスリツケラレルナ)」〔万葉・巻七〕 ❷《自発》「あまさかる鄙(ひな)(=イナカ)に五年(いつとせ)住まひつつ都の手ぶり(=風習ガ)忘らえにけり」〔万葉・巻五〕 ❸《可能》「漁(さあ)りする海人(あま)の子どもと人(=アナタ)はいへど見るに(=オ見受ケスルト)知らえぬ(=知ルコトガデキタ)貴人(うまひと)の子と」〔万葉・巻五〕[参]らゆ。

ゆ Ⓒ 《格助》《古代語》接続・用法ともに「より㊀」に同じ。→より。《用例が多くないので、「より」の全用法があったかどうか、明らかでない》「行き帰り常にわが見し香椎潟(かしひがた)明日—後には見むよしもなし」〔万葉・巻六〕「年月もいまだ経なくに飛鳥川瀬々—渡しし石(いは)橋もなし」〔万葉・巻七〕「小筑波(をつくは)のしげき木の間よ(=間カラ)立つ鳥の(ヨウニ)目—(=目ダケデ)か汝(な)を見む(=見テイナケレバナラナイノカ)さ寝ざらなくに(=共寝シナカッタワケデモナイ仲ナノニ)」〔万葉・巻一四〕

ゆう【用】 Ⓔ [対]「体(たい)」 ㋑《仏》はたらき。作用。用例→「たい②㋑」。㋺《能で》応用的な表現。派生的なその場だけの演じかた。用例→「たい②㋺」。㋩《連歌で》あるカテゴリーのうち、付随的な事物。たとえば「山類」では桟(かけはし)・滝・杣(まそ)木・炭竈(すみがま)など。用例→「たい②㋩」。

ゆか【床・牀】 Ⓔ ❶㋑御帳台のなかのいちだん高くなった所。ベッドなどに使う。「(花散里ハ)—をば(源氏ニ)ゆづりきこえたまひて、(源氏トノ間ニ)御几帳へだてて、大殿ごもる(=オヤスミニナル)」〔源氏・蛍〕㋺《一般に》寝る場所。「東の際にわらびのほどろを敷きて、夜の—とす」〔方丈〕 ❷仏に祈るときの台座。「仏のみぞ、花の飾り衰へず、(姫君タチガ)行ひたまひけり(=オ祈リヲナサッタ)と見ゆる。(父宮ノ)御—など、とりやりて(=カタヅケテ)かき払ひたり(=スッカリ掃除シテアル)」〔源氏・椎本〕

ゆか・し 【〈床〉し】 Ⓐ 《形シク》《「行かし」(行ってみたい)の意から、対象との間にへだたりがあって、そのためにその対象にひきつけられる気持ちをいう》 ❶直接に・見たい(聞きたい・知りたい)状態だ。「(ワタシガ)—・しき(=手ニシタイ)物を見せたまへらむ(オ方)に、御志まさりたりとて、仕うまつらむ(=結婚イタシマショウ)」〔竹取〕「(入手デキナイノガ)いみじく心もとなく(=ジレッタク)—・しくおぼゆるままに(=早ク読ミタイト思ワレルノデ)『この源氏の物語、一の巻よりしてみな見せたまへ』と心のうちに祈る」〔更級〕 ❷なんとはなしに心がひかれる。なんとなくなつかしい。「青くさき匂(にほ)ひも—・しけしの花」〔嵐蘭(猿蓑)〕

ゆかり【縁】 Ⓓ えん(があること)。よるべ。関係者。つながり。「一つ后腹なればにやなどおぼす—いとむつましきに」〔源

氏・若紫〕

ゆき【行き】Ⓔ 行くこと。外出。旅行。「君が―日(け)長くなりぬ山たづね迎へか行かむ待ちにか待たむ(=待チコガレテイマショウカ)」〔万葉・巻二〕

ゆき か・ふ【行き交ふ】(―カ〈コ〉ウ)Ⓒ《自四》❶双方から逆の方向に行く。行きちがう。「夏と秋と―・ふ空の通ひ路はかたへ涼しき風や吹くらむ」〔古今・夏〕❷同じ・人(事物)がある地点に行き、またもどる。往来する。「白たへの波路を遠く―・ひてわれに似べきは誰ならなくに」〔土佐〕❸出入りする。「百敷に―・ふ人の聞くばかりやは」〔源氏・末摘花〕❹ある・人(事物)が去った地点に別の者が来る。かわるがわる現れる。「たとひ時移り事去り、楽しび悲しび―・ふとも」〔古今・序〕

ゆき かよ・ふ【行き通ふ】(―ウ)Ⓓ《自四》❶往来する。「あり所は聞けど、人の―・ふべき所にもあらざりければ」〔伊勢・四段〕❷(結婚のひとつのプロセスとして)男が女の家へ泊まりにゆく。《「かよふ」にくらべて「わざわざ」という余情がある》「河内の国、高安の郡に、―・ふ所いできにけり」〔伊勢・二三段〕

ゆき げた【行き桁】Ⓓ (橋の)渡されているのと同じ方向にかけてあるけた。「はだしになり、橋の―をさらさらさらと走り渡る」〔平家・橋合戦〕

ゆき ま【雪間】Ⓓ ❶《空間的に》雪の積もっていない部分。「かた岡の―にねざす(=モエ出タ)若草の(ヨウニ)ほのかに見てし人ぞ恋しき」〔新古今・恋一〕❷《時間的に》雪の降っていないあいだ。雪の晴れ間。「―なき吉野の山をたづねても(ワタシノ)心のかよふ跡(=通ッテユク足アトハ)たえめやは」〔源氏・薄雲〕

ゆき むか・ふ【行き向かふ】(―カ〈コ〉ウ)Ⓔ《自四》❶経過してはやってくる。「―・ふ(=送リ迎エル)年の緒(=年月)長く仕へ来し君の御門(みかど)を天(あめ)のごと仰ぎて見つつ…」〔万葉・巻一三〕❷㋑出向く。出かける。「有王、鳥羽まで―・うて見けれども、わが主は見えたまはず」〔平家・有王〕㋺(戦う目的で)行き会う。ぶつかる。「その儀ならば、―・って(流罪ノ座主ヲ)奪ひとどめたてまつれ」〔平家・一行阿闍梨〕

ゆき もよ【雪もよ】Ⓔ《連語》雪の降る状態を強調的にいう。《終助詞「も」に感動の間投助詞「よ」の付いたもので、感動を表す。「雪催ひ」と解する説もある》「かきつめて(=アレコレト取リ集メテ)昔恋しき―にあはれを添ふる鴛鴦(をし)の浮き寝(=掛ケ詞「憂キ音」)か」〔源氏・朝顔〕「草も木も降りまがへたる(=降ル雪トマジリ合ッテハッキリシナイ)―に春待つ梅の花の香ぞする」〔新古今・冬〕

ゆき や・る【行き遣る】Ⓓ《他四》(行こうという意思をもって)行く。あえて行く。《英訳すればdare go》「勢多の橋こぼれて(=コワレテ)え―・らず(=行コウトシテモ行ケナイ)」〔更級〕

ゆ・く【行く・往く】Ⓐ《自四》❶㋑(自分が)前方へ移動する。「浅小竹(あさじの)原(=マバラニ笹(ささ)ナドノハエテイル原ハ)腰なづむ(=痛クテ)空は―・かず足よ(=足デ)―・くな(=歩イテ進ムコトダナア)」〔記・中〕㋺ある所へ向かう。「すでに行き着きたりとも、西山に―・きてその益まさるべき事を思ひ得たらば、門より返りて西山へ―・くべきなり」〔徒然・一八八段〕㋩(他のものが)とおる。通行する。「(地震ノタメ)道―・く馬は、足の立ちどをまどはせり(=チャント立ッテオレナイ)」〔方丈〕❷㋑そこからいなくなる。立ち去る。「見も果てで―・くと思へば散る花につけて心の空になるかな(=オチツイテオレナイヨ)」〔拾遺・春〕㋺【逝く】去ってかえらない。「―・く川の流れは絶えずして、しかももとの水にあらず」〔方丈〕「さもこそは(=マッタクノトコロ)春は桜の色ならめ移りやすくも―・く月日かな」〔新勅撰・春下〕❸(物事が)進行する。「(通リガ)あまりにぎやかで、これでは道のはかが―・かぬほどに、つゑの先を取ってくれさしめ(=持ッテクダサイ)」〔狂・猿座頭〕❹(心が)満ち足りる。快適な状態になる。「過ぎにし(=ナクナッタ)今日はた(=マタ)まづも―・く心かな(=満ルコトニナッタオ方)が恋しきことも忘れねど(京へ帰足ナ気持チデスワ)」〔源氏・早蕨〕❺(補動)《動詞の連用形に付き》その動詞の示す意味が継続的に進行する意を表す。ずっと…する。「(人ノ身ハ)走りて坂をくだる輪のごとくに衰へ―・く」〔徒然・一八八段〕《「死ぬ」という意をあげる説もあるが、古文ではまだ用例を見つけていない。「つひに―・く道とはかねて聞きしかど」〔伊勢・一二五段〕は、①㋺の用法と考えられる》

ゆく さ【行くさ】Ⓔ ゆきがけ。ゆきしな。「海(わたつみ)のいづれの神を祈らばか(=オ祈リシタラ)―も来さも船は早けむ(=早ク行ケルダロウカ)」〔万葉・巻九〕

ゆく すゑ【行く末】(―エ)Ⓒ ㊉「来し方」❶《空間的に》前途。ゆくさき。「―は空もひとつの武蔵野に草の原よりいづる月かげ」〔新古今・秋上〕❷《時間的に》将来。これから。「いと―心ぼそく後ろめたき(=不安ナ)ありさまにはべるに」〔源氏・手習〕

ゆく へ【行方】(―エ)Ⓒ ❶すすんで行く方向。「来し方も―も知らぬ沖に出でてあはれいづくに君を恋ふらむ」〔源氏・玉鬘〕❷行ったさき。「―も知らず(=ドコニ落チ着クノカモ不明デ)ちりぢり別れたまふ」〔蜻蛉・中〕❸将来。前途。「秋風にあへず散りぬるもみぢばの(ヨウニ)―さだめぬ(=ドウナルカ当テモナイ)われぞかなしき」〔古今・秋下〕

―な・し 無し Ⓓ《連語》❶方向がわからない。どちらとも知れない。「―・き旅の空にもおくれぬは(=ツイテクルノハ)都にて見し有明けの月」〔更級〕 ❷はっきりしない。当てもない。「いみじうやむごとなく(＝高貴ナ身分ニ)わが身もなりなむなど、ただ―・き(＝トリトメモナイ)事をうち思ひ過ぐすに」〔更級〕 ❸心ぼそい。たよりない。「ただ、―・き空の月日の光ばかりを故郷の友とながめはべりつるに」〔源氏・明石〕「風なほ吹きて、舟いださず。ゆくへもなき岡の上に、五六日と過ごす」〔更級〕《あまりに広すぎて、何だか心ぼそくなる感じであろう》

ゆくり か Ⓔ《形動ナリ》「ゆくりなし」に同じ。「―・に(＝不意ニ)寄り来たるけはひにおびえて」〔源氏・玉鬘〕「かかる御しのび事(＝ナイショノ情事)により山里の歩きも―・に(＝軽ハズミニ)思(おぼ)し立つなり」〔源氏・総角〕

ゆくり な・し Ⓒ《形ク》《「気がつかない」という基本意味から》 ❶《話し手にとって》思いがけない。突然だ。「隠れゐたりける所に、―・く(＝ダシヌケニ)入り来にけり」〔遍昭集・詞〕 ❷《第三者から見て》軽率だ。不注意だ。「思ひやり深うものしたまふ人の(＝思慮深クオイデニナル方ダガ)、御―・く(＝軽ハズミニモ)かやうなること(＝恋文ヲヤルコト)をりをりせさせたまふ」〔源氏・賢木〕「湯ぶねへおどり入りて、のけざまに(＝上向キニ)ゆくりもなく(＝何気ナク)臥(ふ)したるに」〔宇治・巻三ノ五〕

ゆげひ【靫負】(―イ) Ⓓ《古くは「ゆけひ」》 ❶《靫(ゆき)を背負って宮中を守る者の意から》衛府の武官の総称。❷[略]靫負の尉(じょう)。 **―のじょう** 靫負の尉 Ⓓ《連語》衛門(えもん)府の三等官。 **―のすけ** 靫負の佐 Ⓓ《連語》衛門府の次官。 **―のつかさ** 靫負の司 Ⓓ《連語》左右衛門府の別名。衛門府の官人が検非違使(けびいし)と兼任なので、検非違使庁をさすこともある。 **―のみゃうぶ** 靫負の命婦(…ミョウ―) Ⓓ《連語》父兄・夫に靫負の役人をもつ女官の呼び名。

ゆすり み・つ【揺すり満つ】 Ⓓ《自四》全体が騒ぐ。ごったがえすさわぎになる。「御とぶらひ(＝オ見舞イ)の使ひなど立ちこみたれど(＝ツメカケタケレド)、え聞こえつがず(＝取リ次ギドコロデナク)―・ちて(＝皆ガワアワア泣キ騒イデ)」〔源氏・葵〕

ゆする【泔】 Ⓓ ❶シャンプー用兼ヘアトニックがわりの湯。中古は強飯(こわめし)をむしたあとの湯を用いたが、中世以後は「びなんかずら」を漬(つ)けておいた水も使った。「文字に書きて、あるやうあらめど(＝理由ハアルノダロウガ)心得ぬもの…扆子(けいし)・―・桶舟(をけふね)」〔枕・付載四段〕 ❷洗髪。「御―まゐり(＝洗髪ナサッタリ)御衣(ぞみ)着かへなどしたまひて」〔源氏・葵〕「よき男の日暮れて―し、女も夜ふくるほどにすべりつつ(＝退出シテ)鏡とりて顔などつくろひ」〔徒然・一九一段〕 **―つき** 坏 Ⓔ ゆするの水を入れるための器。古くは土器、後には銀器や漆器を用いた。「いでし日、つかひし―の水はさながら(＝ソックリ)ありけり。(ソノ器ノ)上に塵(ちり)ゐてあり(＝積モッテイル)」〔蜻蛉・上〕

〔ゆするつき〕

ゆす・る【揺する】 Ⓓ [一]《自四》 ❶ゆれ動く。「山崩れ地さけて、七山一つに―・りあふ」〔宇津保・俊蔭〕 ❷大さわぎする。「天の下(＝世間ジュウ)―・りて、西の宮へ人走りまどふ」〔蜻蛉・中〕 [二]《他四》ゆり動かす。「さらぬだに(＝ソウデナクテサエ)波もて―・る網代木に流しかけたる宇治の柴船」〔夫木・巻一六〕

ゆ つ【五百つ】 Ⓔ《連体》《古代語。「つ」は「の」の意の格助詞》多くの。⑴「ゆ」は「いほ」の転訛。⑵「ゆ」を「い(斎)」の意とする説もあるが、「五百箇」と表記した例があるので、多数の意と解する》[参]いほつ。「御刀のさきにつける血、―石群(いはむら)に走りつきて」〔記・上〕《原文は「湯津」と表記。日本書紀では「五百箇磐石」〔神代上〕と表記し「イヲツイハムラ」と訓がある》

ゆつ かつら【五百つ桂】 Ⓔ 枝の多い桂。「井のほとりに一つの―の樹あり」〔紀・神代下・訓〕《「ゆつかつら」は「湯津杜」と表記。同条の一書には「百枝杜」とある》

ゆつ つまぐし【五百つ爪櫛】 Ⓔ 歯のたくさんあるくし。「左の角髪(みづら)にさせる―の男柱(＝太イ歯)一箇(ひとつ)取り闕(か)きて、一つ火ともして入り見たまひし時」〔記・上〕《原文は「湯津津間櫛」と表記》

ゆづら・ふ【譲らふ】(―ズラ〈ロ〉ウ) Ⓔ《他四》互いにゆずる。「(トクニ傑出シタ役人モイナイケレド)上(かみ)は下(しも)に助けられ、下は上になびきて(＝指揮命令ヲ受ケ)、事(＝政務ハ)広きに―・ふらむ(＝広ク持チツ持タレツデ行ケルワケダロウ)」〔源氏・帚木〕《上の一例しか見当たらないので、確かではないが、「ゆづりあふ」の短縮形らしい。継続・反覆の古代助詞「ふ」が「ゆづる」に付いたのならばこのころの例として「ゆづろふ」となりそうなものである》

ゆ はず【弓筈・弓弭】 Ⓔ 弓の両端の弦をかける部分。「ゆみはず」とも。「これを男の―の調(みつき)(＝弓矢デ得タミツギ物)、女の手末(たなすゑ)の(＝手先デ作ッタ)調といふ」〔紀・崇神・訓〕《「ゆはず」は「弭」の訓》「取り持てる―の騒き(＝弓弦ノ音ハ)…」〔万葉・巻二〕

-ゆひ【結ひ】(―イ) Ⓓ《接尾》くくった物を数える語。「宮司(みやづかさ)召して、絹二―(＝巻キ絹ヲ二本)取らせて、縁に投げ出したるを」〔枕・八七段〕

ゆ ふ【木綿】(―ウ) Ⓔ 楮(こうぞ)の皮をはいで、その繊維を蒸して水につけ、こまかくさいて、緒にしたもの。祭りや祈願などのとき、ぬさとして榊(さかき)にかけて神前にささげる。いま

のもめんではない。「『かけまくもかしこき(=申スモオソレ多イ斎宮ノ)お前に』とて、―につけて」〔源氏・賢木〕

ゆ・ふ【結ふ】(-ウ) Ⓒ《他四》❶むすぶ。しばる。「かの(=ナキ愛妻ノ)御手なるは(=オ書キニナッタ手紙ハ)ことに(=別ニ)―・ひ合はせてぞありける」〔源氏・幻〕❷(髪を)むすぶ。「みづら(ノ髪形ニ)―・ひ」〔狭衣・巻二〕❸結合して作る。組み立てる。「御堂の御前の真中(もなか)に舞台―・はせて」〔栄花・音楽〕

ゆふ か・く【夕掛く】(ユウ-) Ⓔ《自下二》夕方にかかる。夕方にかけて…する。「神垣にかかるとならば(=ハイカカル以上ハ)朝顔の―・くる(=掛ケ詞「木綿掛クル」)まで匂はざらめや(=咲キニオワナイ法ガアロウカ)」〔今鏡・藤波〕

ゆふ かげ (ユウ-) Ⓓ 対「朝かげ」❶【夕光・夕景】夕暮れのうすぐらい光線。「―になりぬれば、『急ぐことあれば…』と言へば」〔蜻蛉・中〕「日やうやう―になるほどに」〔宇津保・国譲中〕❷㋑【夕影】夕方の光のなかに見られる姿。逆光線のシルエットにいうことが多い。「そばめ(=ソバカラ見タトコロガ)いひしらず(=何トモイエズ)あてに(=上品ニ)らうたげなり(=優美ダ)。―なれば、さやかならず(=ハッキリシナイ)」〔源氏・若菜上〕㋺【夕陰・夕蔭】まだ暮れきらない時にできる陰。夕日の光があたらない所。「我のみやあはれと思はむきりぎりす鳴く―の大和なでしこ」〔古今・秋上〕

―ぐさ 夕陰草 Ⓔ 夕方、物かげに咲く草。「水無瀬山―の下露や秋なく鹿のなみだなるらむ」〔続千載・秋上〕《「松」あるいは「むくげ・あさがお」の異名ともいうが、用例未見》

ゆふ さり【夕去り・夕来り】(ユウ-) Ⓓ《動詞「ゆふさる」の連用形から》夕方ちかく。参よさり。「今日はよく休ませたまひて、―御湯など浴(あ)むせさせたまひて」〔今昔・巻一九ノ四〕《「晡…申(さる)時、由不佐利」〔新撰字鏡〕とあるので、春分・秋分ごろの午後四時前後を考えれば、だいたいの明るさがわかる》参とき㊀①。

ゆふ さ・る【夕去る・夕来る】(ユウ-) Ⓓ《自四》夕方がくる。日暮れになる。「―・らば君に逢はむと思へこそ(=思ウカラコソ)日の暮るらく(=暮レテユクコト)もうれしかりけれ」〔万葉・巻一二〕「―・れば衣手さむし(=ソデ口カラ冷エテクル)み吉野の吉野の山にみ雪ふるらし」〔古今・冬〕

ゆふ しで【木綿〈四手〉】(ユウ-) Ⓔ「ゆふ」製の垂れ物。神聖を表示する。「榊(さかき)葉に―かけてたが世にか神のみ前にいはひそめけむ」〔拾遺・神楽歌〕

ゆふ つ かた【夕つ方】(ユウ-) Ⓔ 夕がた。「またの日(=翌日)、―、いつしかと(=早クモ)霞みたる空を」〔紫日記〕

ゆふ づ・く【夕づく】(ユウ-) Ⓓ《自下二》夕がたになる。暮れようとする。「―・けゆく風いと涼しくて、帰り憂く若き人々は思ひたり」〔源氏・常夏〕

ゆふ づくよ【夕月夜】(ユウ-) Ⓓ ❶夕方に出ている月。「―のをかしきほどに(=夕方、月ノ出テイル、ソノ趣深イコロニ)いだしたてさせたまひて(=帝ハ命婦ヲ使イニオ行カセニナリ)、やがてながめおはします(=ソノママモノ思イニ沈ンデイラッシャル)」〔源氏・桐壺〕❷夕方。「―おぼつかなきを(=今ハモウ日暮レデハッキリシナイカラ)たまくしげ(=枕詞)ふたみ(=掛ケ詞「二見」「蓋ト身」)の浦はあけてこそ見め(=夜ガ明ケテカラ見ヨウ)」〔古今・羇旅〕「―のおぼつかなきほどに(=ホノ暗イ時分ニ)、忍びてたづねおはしたるに」〔徒然・一〇四段〕

ゆふつけ どり【木綿付け鳥】(ユウ-) Ⓔ《世の中に騒乱があったとき、鶏に木綿(ゆふ)をつけて、都の四方の関で祭らせたということから》鶏の異名。「うきはわが老いのねざめと思へども(=年ヲトッテカラ夜寝ザメガチナノハツライノニ)―もあかつきぞなく」〔玉葉・雑二〕

ゆふ つづ【長庚・夕星】(ユウ-) Ⓔ よいの明星(みょうじょう)。「星は、すばる、ひこぼし、―。よばひ星、すこしをかし」〔枕・二五四段〕《日葡辞書に yūtcuzzu とある。古代・中古はどう発音したか明らかでない》

ゆふ なみ【夕波】(ユウ-) Ⓓ 夕方たつ波。「湊(みなと)こす―涼し伊勢の海の小野の古江の秋の初風」〔続古今・秋上〕

ゆふは ふ・る【夕羽振る】(ユウ-) Ⓔ《自四》夕方に鳥がはばたく。「荒磯(ありそ)の上にか青なる(=深緑色ノ)玉藻沖つ藻(ヲ)朝羽振る(=朝ハバタク鳥ノヨウニ吹ク)風こそ寄せめ(=ウチ寄セルダロウ)―・る波こそ(藻ヲ)来寄せ…」〔万葉・巻二〕

ゆふ まぐれ【夕間暮れ】(ユウ-) Ⓓ ㊀ 夕方の暗さ。または日暮れ時。《用例としては、どちらであるか、判別のつかないことが多い》「―ほのかに(=チラリト)花の色(=オ嬢サンノ姿)を見てけさは霞の(ヨウニ)立ちぞわづらふ(=ココヲ出カケカネテイマス)」〔源氏・若紫〕「おもしろや慣れても須磨の―、海人(あま)の呼び声かすかにて」〔謡・松風〕㊁《十自サ変》夕方の暗さにまぎれること。夕暮れのやみに消えること。「『わがあと弔(と)ひてたびたまへ』と(言ッテ)―・して失(う)せにけり」〔謡・檜垣〕

ゆほび か (ユオ-) Ⓓ《形動ナリ》ゆったりとのどかなさま。「明石の浦こそ…あやしく他所(ことどころ)に似ず―・なる所にはべる」〔源氏・若紫〕「品川の駅わたりは、海の面―・なり」〔真淵・岡部日記〕

ゆみ とり【弓取り】Ⓔ ❶弓を手に取ること(役・人)。「この―の(=弓ヲ持ッテ番ヲシテイル)法師が(頭ノ)いただき(=テッペン)に(熟柿ガ)落ちて」〔著聞・偸盗〕❷

弓を引くことを表芸とする者。武士。「昔も今もこれほどの（リッパナ）―あらじ」〔義経・巻六ノ三〕 ❸一国を領有する武士。「（武田）信玄も…輝虎（＝上杉謙信）に劣らぬ―と、（徳川）家康をほめたまふ」〔甲陽軍鑑・巻五〕

ゆみ　はり【弓張り】Ⓓ ❶半円形。「しきしまや（＝大和ノ国ノ）高円山の雲間より光さしそふ―の月」〔新古今・秋上〕「―の角（つの）さしいだす月の雲」〔去来抄・先師評〕《従来は「弓張り月」の略という意をあげ「照る月を―としもいふことは山べをさしていればなりけり」〔大和・一三二段〕を引くが、これは「よく『弓張りの月』『弓張り月』というが、その『弓張り』という形容の筋あいは…」の意で、月そのものを「弓張り」といったのではない》 ❷㊥弓張り提灯。弓型に曲げた竹を持つ所にし、その上下に提灯の胴をはめたもの。「向かふより来る小提灯、これも昔は―（＝掛ケ詞「③」）の、ともし火消さじぬらさじと」〔浄・忠臣蔵・五〕 ❸《弓を張る者の意で》武士を遠まわしにいう。用例→「②」。

〔ゆみはり❷〕

ゆみ　や【弓矢】　**――とり**　取り Ⓓ 武士。「―の死すべき所にて死せざれば、恥を見る」〔太平・巻九ノ八〕　**――はちまん**　八幡 Ⓓ ㊀軍神である八幡。「それがしわざとばっと風聞仕りさうらふ。―・箱根の権現も照覧あれ、それがしは存ぜずさうらふ」〔謡・調伏曾我〕 ㊁《副》 ❶誓って。ぜったい。「―（武悪ヲ）成敗いたしてござる」〔狂・武悪〕「お身様は武士を嘲弄するか（＝バカニスルカ）。―堪忍ならぬぞ」〔伎・幼稚子敵討・三〕 ❷たいそう。最高に。「―おもしろい」〔狂・今参〕 ㊂《感》しまった。「《寝言ノナカデ》『―、大事は今、七左様のがさじ』と、左の肩さきに噛みつき、歯ぎしりして、こぼす涙雨のごとし」〔西鶴・一代男・巻六ノ四〕

ゆめ Ⓒ ㊀【夢】 ❶眠っている間の幻覚。「御―にも…と見たまふ」〔源氏・明石〕 ❷㊊「うつつ」 現実とは思われないような事がら。「春の夜の―（＝ミタイナ事件ガ）ひとかたに思ひわたさるるほど」〔浜松・巻一下〕 ㊁【努】《副》《下に否定表現を伴い》けっして。ぜったい。「―宮仕への ほどに人ときしろひ（＝アラソイ）そねむ心つかひたまふな」〔源氏・若菜下〕　**――のうきはし**　夢の浮き橋 Ⓔ 《連語》《源氏物語の巻名として紫式部の考え出したことばから転じ》夢の中の通い路、また単に、夢のことをいう。「春の夜の―とだえして（＝目ガサメルト）峰にわかるる横雲の空」〔新古今・春上〕《大和国（＝奈良県）吉野川の名所、夢の淵（わだ）にかけ渡した浮き橋をいうとする説は疑問。それは「世の中は夢の渡りの浮き橋からうち渡しつつものをこそ思へ」〔河海抄〕のように言われ、「夢の浮き橋」と称した例はない》　**――のかよひぢ**　夢の通ひ路（―イジ） Ⓔ 《連語》夢の中で行き来するみち。または夢に見ること。「寝ざめまでなほぞ苦しき行きかへり足もやすめぬ―」〔続古今・恋三〕　**――のまどひ**　夢の迷ひ（―イ） Ⓔ 《連語》真実の理がわからないこと。煩悩。「人ごとに変はるは―にてさむれば（＝悟リヲ開ケバ）同じ心なりけり」〔千載・釈教〕

ゆめ　がたり【夢語り】Ⓓ ❶夢を人に語ること。またはその物語。夢物語。「（ソノ話ガ）あやしく（＝フシギデ）、―（アルイハ）巫女（こみ）やうの者の（＝巫女ナドトイッタモノガ）、問はず語りすらむやうに珍らかに（＝世ニモメズラシク）思さるれど」〔源氏・橋姫〕 ❷夢のような（とりとめのない）話。「こはいかなる（＝イッタイドウイウ）―ぞと、心もさわげど（＝胸ガドキドキスルガ）」〔狭衣・巻三〕

ゆめ　ぢ【夢路】（―ジ） Ⓔ ❶夢の中で行き来する道。「行きやらぬ―にまどふ袂（たもと）には天（あま）つ空なる露ぞ置きける」〔後撰・恋一〕 ❷夢。「思ひつついかに寝し夜を限りにて（＝最後トシテ）またもむすばぬ―なるらむ」〔新拾遺・恋四〕

ゆめ　とき【夢解き】Ⓔ 夢の吉凶を判断する・こと（人）。「―も（ワタシノ夢ヲ）合はせしかど（＝判断シタガ）、その事は（＝二ツ占ッタウチ）一つかなはでやみぬ（＝実現セズジマイダッタ）」〔更級〕

ゆめ　に【努に】Ⓔ 《副》→ゆめ㊁。「人にもの言ふらむ心ばへ（＝心得）なども―知りたまはざりければ」〔源氏・末摘花〕

ゆめ　びと【夢人】Ⓔ 夢の中だけで会う人。《多くは能で幽霊が現世人に会うとき使う》「今は（アノ世へ）帰らむ、あだ波の夜こそ契れ（＝夜ダケ会エル）―のあけてくやしき」〔謡・海人〕

ゆめ　ゆめ【努努】Ⓒ 《副》 ❶《下に否定表現を伴い》けっしてけっして。「いみじう隠させたまひし事なり。―まろが聞こえたると、な口にも（＝口先ニモ出サナイデクダサイ）」〔枕・二七七段〕「―人に語るべからず」〔宇治・巻七ノ二〕 ❷《肯定文の中で》きっと。たしかに。「汝、なほ―仏を念じたてまつり、法華経を受持（じゅぢ）・読誦（どくじゅ）したてまつるべし」〔今昔・巻一二ノ二八〕「謀叛（むほん）の事、―虚事なり（＝ゼッタイウソダ）」〔盛衰・巻二六ノ二〕

ゆ　や【湯屋】Ⓔ ❶浴室。「ひと日ごろ（＝先日）―の坊の焼けて、かの坊主焼け死になんどせしを」〔沙石・巻四ノ七〕 ❷ふろや。銭湯。「今度の乱は、しかしながら（＝スッカリ）畠山入道の所行なりと、落書（らくしょ）にもし、歌にもよみ、―風呂の女童（わらんべ）までもてあつかひければ（＝話題ニシタノデ）」〔太平・巻三五ノ三〕

ゆゆ・し【忌忌し・〈由由〉し】Ⓐ《形シク》❶おそれ多い。「青柳の枝きりおろし斎種(ゆだね)(=清浄ナ種ヲ)まき—・しき君(=近寄リ触レテハナラナイアナタ)に恋ひわたるかも」〔万葉・巻一五〕❷不吉だ。えんぎでもない。「ひとり寝て絶えにし紐(ひも)を—・しみと(=モウ愛人ガ来テクレナイ不吉ナ知ラセノヨウニ感ジラレテ)せむすべ知らず(=ドウシテヨイカワカラズ)音(ね)のみしそ泣く(=タダ泣ケルバカリダ)」〔万葉・巻四〕「—・しくめざましく覚ゆれば、誰も誰もきき入れず」〔源氏・玉鬘〕❸なみたいていでない。はなはだしい。「清盛は『この重盛は—・しく大様の(=タイソウノンビリシタ)者かな』とぞ言はれける」〔盛衰・巻二ノ七〕❹みごとだ。りっぱだ。すばらしい。《本来は「あまりすばらしくて、神様か何かにあの世へ連れて行かれはしないかと不吉な感じがするほどだ」の意だったろうが、後には単にすばらしいの意に用いられた》「鹿(しし)の谷といふ所は、後ろは三井寺に続いて—・しき城郭(=絶好ノ戦闘拠点)にてぞありける」〔平家・鹿谷〕❺《語源を「勇勇し」と勘ちがいして》勇ましい。勇敢だ。「為朝すでに参りてさうらふ。まことにまことに—・しくさうらふ。一騎当千とは、これをこそ申すらめ」〔保元・上・一一〕「さしも—・しき御大将、恩愛離別の目に満つる涙の伏せ勢を、防ぐ知謀はなかりけり」〔浄・矢口渡・一〕

ゆり Ⓒ《格助》《古代語》接続・用法ともに「より㊀」に同じ。→より。《用例がごく少ないので、「より」の全用法があったかどうか、明らかでない》「かしこきや(天皇ノ)命(みこと)かがふり(=受ケテ)明日—や草(かえ)がむた(=草ト共ニ)寝む妹(いむ)なしにして」〔万葉・巻二〇〕

ゆ・る【許る】Ⓓ《自上二》❶許可される。認可される。「地下(げぢ)にのみして、殿上を—・りざりければ」〔盛衰・巻一六ノ五〕❷(罪・罰が)許される。免除される。「ほどなく大赦(たいしゃ)のありければ、法師も—・りにけり」〔宇治・巻一二ノ二一〕❸(世間から)認められる。公認される。「こたみ(=コンドノ歌合ワセノ参加者)は、みな世に—・りたる古き道の者(=老練ナ専門家)どもなり」〔増鏡・おどろ〕❹(心の)へだてがなくなる。うちとける。「その後はとがむることなし。今は心も—・りて」〔西鶴・男色大鑑・巻五ノ一〕

ゆるが・す【揺るがす】Ⓓ《他四》ゆり動かす。「わびしげにヤシゲナ牛ヲ)かけて、—・し行く者」〔枕・一二二段〕

ゆるぎ　あり・く【揺るぎ歩く】Ⓔ《自四》のっしのっしと歩く。「(アノ翁丸トイウ犬ハ)あはれ、いみじう—・きつるものを」〔枕・九段〕「(古参ノ者タチハ主人ガ任官スル可能性ノアル)来年の国々、手(=指)を折りてうち数へなどして、(虚勢ヲ張ッタ感ジデ)—・きたるも、いとほしう(=気ノ毒デ)すさましげなり(=興ザメダ)」〔枕・二五段〕

ゆる・ぐ【揺るぐ】Ⓓ《自四》❶《物理的に》ゆれうごく。ぐらつく。「(車ノ震動ノタメ)頭(かしら)ひとところに—・ぎあひて(=ミンナノ頭ガユレテブツカリアッテ)」〔枕・三段〕❷《精神的に》気が移る。心が変わる。「(源氏ハ)人の御気色の(=先方ノオ気持チガ)うちも—・がむほどをこそ待ちわたりたまへ」〔源氏・少女〕❸ゆとりがある。くつろいだところがある。「(兄君ハアマリキマジメデ)—・ぎたる所のおはしまさざりしなり」〔大鏡・昔物語〕

ゆる・す Ⓑ ㊀【緩す】《他四》❶ゆるめる。「(的ガ動クノデ)弓を引きては—・し、引きては—・しけれども、矢の当て所(=照準ノツケヨウ)なかりけり」〔盛衰・巻三七ノ二〕❷離す。「脇差(わきざし)を肌身を—・さずさし持って、頼朝の睡眠の度ごとにねらひける」〔伽・唐糸草子〕㊁【許す】《他四》❶束縛から解放する。自由にしてやる。「二人ながら(=ワタシト宰相ノ君ト二人トモ)、捕らへすゑさせたまへり(=ツカマエテ座ラセナサッタ)。『和歌一つづつ仕うまつれ、さらば—・さむ』とのたまはす」〔紫日記〕❷㋑責任または義務を追及しない。「(奇行ガ多ク)世の常ならぬさまなれども、人にいとはれず、よろづ—・されけり」〔徒然・六〇段〕㋺罪をとがめないことにする。「若やかなる人こそ(マアマア)ものの程知らぬやうにあさへたるも(=適度トイウコトヲ知ラナイヨウニ浅薄ナ行動ヲシテモ)、罪—・さるれ(=見ノガセル)」〔紫日記〕❸同意してうけ入れる。賛成する。希望どおりにかなえてやる。許可する。「かかる異様(ことやう)の者、人に見ゆべきにあらず(=結婚シテハイケナイ)とて、親、—・さざりけり」〔徒然・四〇段〕❹天皇・皇族専用で臣下には禁じられた色(赤・青・深紫・深緋(ひ)・深蘇芳(すおう)・黄丹(きあか)・梔子(くちなし))の袍(うは)をとくに許可する。「色—・されたる(女房)は、織物の唐衣・同じ袿(うちき)どもなれば(特色ガナクテ)、なかなか、うるはしくて(=キチントシスギテ)、心々も見えず(=個人ノ趣味ガワカラナイ)。—・されぬ人も、すこしおとなびたるは(=年輩デ分別ノアル女房ハ)かたはらいたかるべき事はせで」〔紫日記〕❺才能・技量を認める。感服する。「躬恒が和歌の道に(オイテ)—・されたるとこそ(=上手ト認メラレテイタカラダト)思ひたまへしか(=存ジマシタ)」〔大鏡・昔物語〕㊂【許す】《他下二》近世の誤用。四段活用の場合と意味は同じと思われる。狂言でも、江戸期の作為的テクストである狂言記にだけ見える活用なので、実際におこなわれた形であるかどうかは疑わしい。「打つ太刀も弱る。もはや—・するぞ」〔狂言記・二千石〕

ゆるら　か【緩らか】Ⓓ《形動ナリ》❶(速度・緊張度などが)ゆっくり。ゆったり。「『…』といふことを、いと—・にうち出だしたまへる」〔枕・二三段〕 ❷（髪などが長く伸びて）たっぷりしたさま。「髪―・にいと長く、めやすき人なめり」〔源氏・若紫〕 ❸余裕がじゅうぶんなさま。「（早ク祖母ニモ）別れたてまつりたまひにしかば（＝セッカク教エテクレタ筝モ）―・に（＝オチツイテ）も弾きとりたまはで」〔源氏・若菜下〕 ❹経済的に安定したさま。「なほそのなごり（＝亡夫ノ遺産）―・にてある人なれば」〔浜松・巻二上〕

ゆるるか【緩るか】Ⓓ《形動ナリ》→ゆるらか。「帯―・にて（＝ユルクシメテ）歩みいづるに」〔蜻蛉・下〕「髪―・に、いと長く」〔源氏・若紫〕「かしこには―・に（＝ノンビリト）日高う大殿ごもり（＝朝寝ヲシテ）」〔寝覚・巻五〕「―・にて（＝裕福ニ）過ぐすべきさまに（＝暮ラセルヨウニ）おきてたまうて（＝取リハカラッテオオキニナッテ）」〔浜松・巻三上〕

ゆゑ

【故】（ーエ）Ⓐ ❶理由。原因。わけ。「こよなき御朝寝(あさい)かな（＝ズイブンユックリオヤスミデスネ）。―あらむかし（＝ナニカワケガアルノデショウ）」〔源氏・末摘花〕 ❷筋あい。縁故。「さるべき―ありとも、法師は人にうとくてありなむ」〔徒然・七六段〕 ❸別状。さわり。「今九つになるまで事―なくてはべるは」〔発心・巻六ノ六〕 ❹たしなみ。「心ばせ（＝心クバリ）、まことに―ありと見えぬべく（＝トイウ印象ヲ受ケルホドデ）」〔源氏・帚木〕 ❺由緒(ゆいしょ)。「―ある人のしのびて（寺ニ）参るよと見えて、侍などあまた具してかちより（＝徒歩デ）参る女房の」〔宇治・巻七ノ五〕 ❻おもむき。情趣。「木立おもしろく、前栽(せんざい)もをかしく、―を尽くしたり（＝アリッタケノ趣ヲ見セテアル）」〔源氏・手習〕「をかしき夕月夜、―ある有明け、花のたより」〔紫日記〕 ❼《形式名詞化して》㋐原因・理由を順接的に示す。…のため。…ため。「未練なわたしが輪廻(りんね)―」〔浄・艶容・下〕㋺原因あるいは理由を逆接的に示す。…なのに。…のに。「海原の道に乗りて（＝海ノ上ヲ揺ラレテユクヨウニ不安ナ思イデ）やわが恋ひをらむ大船のゆたにあるらむ（＝ユッタリトオチツイタ気持チデイルラシイ）人の子―に」〔万葉・巻一二〕

ゆゑづ・く【故付く】（ユエー）Ⓓ ㊀《自四》❶いわれありげである。子細ありげである。「都のつと（＝ミヤゲ）にしつべき御贈り物ども、―・きて、思ひ寄らぬくまなし」〔源氏・明石〕 ❷趣ある感じである。たしなみありげである。「少し―・きてきこゆるわたりは（＝イクラカデモ情趣ヲ解シソウナ評判ノアル女ノトコロハ）」〔源氏・末摘花〕 ❸（表現の上で）関係がある。「これ（＝前ニ示シタ例句）は、そのもの（＝題材）に―・きたる（＝連想関係ノアル事物）を、見なし聞きなし譬(たと)へたる興の句なるべし」〔ささめごと・上〕 ㊁《他下二》ひとふしありそうにする。趣を添える。「手を（＝筆跡ニ）今少し―・けたらばと（＝風情(ふぜい)ガアッタラト）」〔源氏・螢〕

ゆゑな・し【故無し】（ユエー）Ⓒ《形ク》❶理由がない。「冷泉院の后は―・くて、あながちに（＝ムヤミニ）かく（中宮ニ）しおきたまへる御心をおぼすに」〔源氏・若菜下〕 ❷縁故がない。「なすこともなき身の、何を頼みとて遠き国にとどまり、―・き（＝親類デモナイ）人の恵みを受けていつまで生くべき命なるぞ」〔秋成・雨月・浅茅〕 ❸たしなみがない。「（源氏ハ）浅からず（＝ネンゴロニ）とぶらひたまへり。少納言―・からず（＝心得ノアル）御返り（＝返事）など聞こえたり」〔源氏・若紫〕「（明石入道ハ）うちわななきたれど（＝カラダヲフルワシテイルガ、大臣家ノ出身ナノデ）さすがに―・からず（＝上品ダ）」〔源氏・明石〕 ❹おもむきがない。ふぜいがない。「（歌ハ）あくまで古めきたれど（＝古クサイヨミ方ダガ）、―・くはあらぬをぞ（＝オモムキガナクハナイノヲ）いささかの慰めにはおぼされける」〔源氏・宿木〕

ゆゑゆゑ・し【故故し】（ユエユエー）Ⓓ《形シク》趣がある。たしなみが深い。「御手（＝筆跡）もこまかにをかしげならねど、書きざま―・しく見ゆ」〔源氏・浮舟〕《「威厳がある」「由緒ありげだ」等の意をあげる説もあるが、用例を見ると、いずれも誤解と思われる》

ゆゑよし【故由】（ユエー）Ⓓ ❶理由。わけ。「男塚（ヲ少女ノ塚ノ）こなたかなたに作りおける―聞きて…哭(ね)泣きつるかも」〔万葉・巻九〕《原文は「故縁」と表記。どうよむかは確定的でないが、①の用例としてはこのほか未見》 ❷情趣を解する心。たしなみある心。「なほ―すぎて人目に見ゆばかりなるは（＝アマリ風流ガ人目ニチラツクタイプノ女性ハ）」〔源氏・葵〕

ゆんづゑ【弓杖】（ーエ）Ⓓ《「ゆみつゑ」の音便》❶弓を杖につくこと。またはその弓。「馬に息つがせて（＝一息イレサセテ）―にすがりて（＝ヨリカカッテ）控へたり」〔義経・巻四ノ四〕 ❷弓の長さ。《ふつう二・二七メートル》「わが住む所、―二長(ふたたけ)（＝二本分ノ長サ）ばかりにして」〔芭蕉・嵯峨〕

ゆんで【弓手・左手】Ⓔ ㊊「めて」 ❶《馬上で弓を持つ方の手の意で》左の手。「判官かなはじとや思はれけむ、長刀をば、―にかいはさみ」〔平家・能登殿最期〕 ❷左の方。「その中に女鹿あり。（射手ハ）―に合はせて（＝鹿(かし)ガ左方ニ来ルヨウ馬ヲ向ケテ）弓引きて…矢を放つ」〔今昔・巻一九ノ七〕

よ

よ【世】Ⓐ ❶㋐〔仏〕時間のすがた。過去・現在・未来。総称して「三世」という。「折りつれば（ワタシノ）たぶさ

(＝手)にけがる(ダカラ)立てながら(＝野原ニアルママデ)三—(よみ)の仏に花奉る」〔後撰・春下〕㋺現在時における生存。「秋はひぐらしの声耳に満てり。うつせみの(＝ハカナイ)—を悲しむかと聞こゆ」〔方丈〕 ❷㋑【代】時代。「(大将保忠ノ逸話ハ)その—にも耳とどまりて(＝印象深ク)人の思ひければこそ、かく(現在マデモ)言ひ伝へためれ」〔大鏡・時平〕㋺時分。「(富士山ハ)雪の消ゆる—もなく積もりたれば、色こき衣(きぬ)に白きあこめ着たらむやうに見えて」〔更級〕 ❸㋑年数。「—を数へはべれば、そのみかど(＝文徳天皇ガ)位につかせたまふ嘉祥三年庚午の年より今年までは、一百七十六年ばかりにやなりぬらむ」〔大鏡・序〕㋺年齢。「ふけにけるわが—のほどの悲しきは鐘の声さへうち忘れつつ」〔新勅撰・雑二〕 ❹㋑世間。世のなか。「(恋ノタメ)露霜にしほたれて(＝ヌレテ)所定めずまどひありき、親のいさめ、—のそしりをつつむに(＝気ガネスルタメ)心のいとまなく(＝心ノ安マル時ガナク)」〔徒然・三段〕㋺世間の風潮。時勢の流れ。「—に従へば、心、外の塵(＝迷イ)にうばはれて(＝ヒキツケラレテ)まどひやすく」〔徒然・七五段〕㋩《出家に対し》俗世。一般人の社会。「—をそむく所とか聞く奥山はもの思ひにぞ入るべかりける」〔新古今・雑中〕 ❺㋑【代】天皇としての在位(期間)。「(醍醐天皇ハ)—をたもたせたまふこと三十三年」〔大鏡・醍醐天皇〕㋺責任の地位(にいる期間)。当主。「(将軍頼家ハ)幼き子の一万といふにぞ—をば譲りければ、うけひく(＝納得スル)者なし」〔増鏡・新島守〕 ❻㋑世間への体面。ていさい。「世帯の費(つひ)え…次第に足もとから暗くなり(＝家計ガ悪化シ)、灯火の消ゆるまで—(＝ミエ)を張るこそうたてけれ」〔浮・禁短気・巻一ノ四〕㋺世間欲。社会的な欲望。「ひたすら—をむさぼる心のみふかく、もののあはれも知らずなりゆくなむ、あさましき」〔徒然・七段〕 ❼㋑生活。暮らし。「もと貧しくして、きはめて賤(いや)し。しかれば、—を苦しむこと限りなし」〔今昔・巻九ノ三七〕㋺商売。職業。「さる貧者、—のかせぎは外になして(＝オ留守ニシテ)、一足とびに分限(＝富豪)になる事を思ひ」〔西鶴・胸算用・巻三ノ三〕 ❽人生。生涯(しょうがい)。「かかる所に—を尽くしたまひけむ(上皇ノ)御心のうち、いかばかりなりけむ」〔増鏡・久米〕 ❾夫婦の間がら。愛情関係。「ひたぶるに若びたるものから、—をまだ知らぬにもあらず」〔源氏・夕顔〕 ❿土地。(地理的な意味で)国。世界。「ただ今も鳥になりて、かの—(＝中国)に飛びゆきて、高陽県に参らまほしきこと限りなし」〔浜松・巻二下〕

—に逢(あ)・ふ (—ア〈オ〉ウ) 社会的な活動場面が得られる。得意な時期にめぐりあわせる。「むかしの人も、—・へるあり、時をうしなへる(＝不遇ナ人モ)あり」〔秋成・藤簍冊子・五〕

—に知ら・ず ちょっと見られない。まれだ。「(子ノ重病ヲ)—・ぬ(＝コノ上ナク)憂きことに思ひ言ひけるに、その子つひに失せにければ」〔今昔・巻二九ノ二七〕「—・ぬ(＝メッタニナイホドサエタ)夜半(よは)の空かな秋ごとにさゆるは月の習ひなれども」〔長秋詠藻・中〕

—にな・し 世に無し Ⓒ《連語》❶この世に存在しない。「—・くなりなむ程をも知りたまはじ」〔浜松・巻一上〕 ❷この上ない。非常に…だ。「—・くきよらなる(＝美シイ)玉の(ヨウナ)男皇子(をのこみこ)さへ生まれたまひぬ」〔源氏・桐壺〕 ❸世間で栄えていない。「ああ降ったる雪かな(＝ワァ、大変ナ雪ダ)。—・き人はさぞ寒からむ」〔黄・金々先生・下〕

—に似(に)・ず ふつうとはまるで違う。《ほめるばあいにも、そうでない時にも使う》「わが心も—・ずあやしう(＝フシギニ)思(おぼ)し知られて」〔浜松・巻二上〕

—のおもし 世の重し Ⓔ《連語》社会的に重要な人物。天下の大黒柱。「(後堀河院ハ)—にておはしますべき事の、かくあへなき(＝早世ナサッタ)御有様」〔増鏡・藤衣〕

—のすゑ 世の末 (—エ) Ⓓ《連語》❶晩年。老後。「(自分ハ)—に(＝年ヲトッテ)さだすぎ(＝盛リヲスギ)、つきなきほどにて(＝色恋ニハ似ツカワシクナイ年デ)、一声も(＝ヒトコトダッテ答エルノハ)いとまばゆからむと(＝キマリ悪カロウトオ思イニナッテ)」〔源氏・朝顔〕 ❷勢力の衰えた境遇。衰運。不遇な境涯(きょうがい)。「かかる事(＝源氏ガ須磨ニ下ラナケレバナラナイヨウナ事)を見たまふるにつけても、命長きは、心うく思ひたまへらる(＝ツラク存ジマス)。—にもはべるかな(＝運モ末デスヨ)」〔源氏・須磨〕 ❸(文化的または道徳的に)衰えた世。末法の世。末世。「かやうの物も(＝下賤ナ魚デモ)—になれば、上ざま(＝上流社会)までも入りたつわざにこそはべれ(＝入リコム次第デス)」〔徒然・一一九段〕

—も無・し …した時もわからない。その時がいつかはっきりしない。「池はらふ—・ければ(＝イツ池ノ水ヲカエタカワカラナイホドナノデ)、萍(うきくさ)・菖蒲(しやうぶ)生ひしげりて、いとむつかしげにて(＝感ジガ悪ク)、おそろしげなり」〔今昔・巻二七ノ五〕

—を捨(す)・つ 社会人としての生活を捨てる。《隠遁(いんとん)または出家をいう》「(源氏ノ君ハ私ノヨウナ)—・てたる法師のここちにもいみじう世の憂へ(＝サマザマナ心配事)忘れ、齢(よはひ)延ぶる(＝命ガ延ビルヨウナ気ガスル)人の御有様なり(＝ステキナ御様子ノ方デス)」〔源氏・若紫〕

—を渡・す ❶(仏法の力で)この世のすべてのものを浄土へ行かせる。世の人々を救う。(参)わたす②㋺。「—・す聖(ひじり)(＝徳ノ高イ僧)をさへや悩まさむ深き願ひのならずなりなば(＝実現シナイヨウナコトニナルナラバ)」〔元輔集〕 ❷世帯を譲る。「(銀三匁ノ初穂デ)この家三十年仕来たったに、そちに—・してから、(オ伊勢様ガ)銀壱枚(＝四三匁)づつ上げらるる(＝オ取リニナル)こと、いかに神の信心なればとていはれざる(＝理由ノナ

イ)ことなり」〔西鶴・胸算用・巻一ノ三〕

よ[夜]　**―を籠(こ)・む**　夜にかけて何かをする。夜なかを含めて行動する。「今日―・め津の国尼ヶ崎、大物(だいもつ)の浦へと急ぎさうらふ」〔謡・船弁慶〕「都一見のそのために、昨夜―・め立ちいづるところに」〔浄・酒呑童子・四〕

よ[節]　Ⓓ　❶(竹などの)節(ふし)と節との間。「この子を見つけて後に、竹を取るに、節(ふし)をへだてて―ごとに金(こがね)ある竹を見つくることかさなりぬ」〔竹取〕　❷節(ふし)。「大なる竹の―を通して(＝節ヲヌイテ)、入道の口に当て(＝息ノデキルヨウ口ニアテガイ)、もとどり具して(＝自分タチノ髪ノモトドリト共ニ)掘り埋む」〔平治・上・五〕

よ

Ⓐ ㊀《終助》《文末の体言および活用語の連体形に付く》　❶感動・詠嘆を表す。「(イズレソノウチニ)絶えはつるものとは見つつ蜘蛛(ささがに)の糸(ノヨウニタヨリナイアナタノ心)を頼める心ぼそさ―」〔後撰・恋一〕「この君の、かくそぞろなる(＝理由モナイ)精進(さうじ)をしておはする―」〔蜻蛉・中〕　❷強調的に断定を表す。「(アノオ方ハ)東宮の御伯母―(＝オバ様ダヨ)」〔狭衣・巻一〕「三度の飯のほかに食ふものは…手前(てめへ)づくり(＝自家製の甘酒―」〔三馬・風呂・前ノ上〕　㊁《間助》《各種の語および文節末・文末に付く》　❶㋑願望・勧誘・命令・禁止などを強調する。「あけて見む―」〔源氏・浮舟〕「大納言に申せ―」〔源氏・紅梅〕「なあなづられそ―」〔大鏡・藤氏物語〕　㋺念を押す気持ちを表す。「河原の院こそ塩竈(しほがま)の浦ざうらふ―」〔謡・融〕　❷呼びかけを表す。「少納言―、直衣(なほし)着たりつらむ(オ方)は、いづら」〔源氏・若紫〕　❸軽い感動の気持ちを表す。「夏草の茂みにおふるまろ小菅(＝序詞)まろが(＝ワタシノ)まろ寝―(＝ヒトリ寝ハイッタイ)幾夜へぬらむ」〔拾遺・恋三〕「されば―(＝ソウサネ)、あらはなりつらむ」〔源氏・野分〕　㊂《格助》《古代語》接続・用法ともに「より㊀」に同じ。→より。《用例が多くないので、「より」の全用法があったかどうか、明らかでない》「愛(は)しけやし(＝ナツカシイ)吾家(わぎへ)のかた―(＝方カラ)雲居立ち来も」〔記・中〕「浜つ千鳥浜―は(＝浜ヅタイニハ)行かず(ナゼ)磯づたふ」〔記・中〕

よう[用]　Ⓔ　→ゆう。

よう　い[用意]　Ⓒ　《＋自サ変》　❶注意。「さし櫛も落ち、―・せねば(＝気ヲツケテイナカッタノデ)、折れなどして笑ふも」〔枕・三段〕　❷気を使うこと。配慮。「国の司(＝国守)など、―ことにして(＝特別ニ神経ヲ使ッテ)さる心ばへ(＝求婚ノ意思ヲ)見すなれど(＝示スヨシダガ、親ノ入道ハ)さらに受けひかず(＝承知シナイ)」〔源氏・若紫〕　❸準備。したく。「さる―(＝手配ヲ)したりければ、鵜(う)飼ひ数をつくして(＝総動員デ)、ひと川(＝川ジュウイッパイ)浮きてさわぐ」〔蜻蛉・中〕

よう　じん[用心]　Ⓔ　《＋自サ変》心づかい。くふう。「徳をつかむ(＝金持チニナロウ)と思はば…かりにも無常を観ずることなかれ。これ第一の―なり」〔徒然・二一七段〕

よう　せずは　Ⓓ　《連語》《「よくせずは」の音便》うまくしないと。わるくすると。何かの加減では。「すさましきもの…おとなる子どももあまた、―(＝ドウカスルト)、孫(むまご)などもはひありきぬべき(＝ハイマワリカネナイ)人の親どち(ガ)昼寝したる」〔枕・二五段〕《元来は、悪い事がおきるのを心配するような時使うが、上の例のように、比較的軽い気持ちでも使う》

よう　だい[容体・容態]　Ⓓ　→やうだい㊀①②㋑。「(明石ノ上ノ)―、かしらつき(＝髪ノグアイ)、うしろで(＝ウシロスガタ)など、限りなき人(＝最高ノ貴婦人)ときこゆとも(＝デイラッシャッテモ)かうこそはおはすらめ」〔源氏・薄雲〕

よう　べ[昨夜]　Ⓓ　きのうの晩。ゆうべ。「…しばしは立てたれ(＝立タセテオケ)閨(やね)の外(と)に懲らしめよ宵のほど(ナゼナラ)昨夜(よべ)も―も夜離(よが)れしき(＝通ッテ来ナカッタ)」〔梁塵〕

よ　がたり[世語り]　Ⓔ　世間でのうわさ。世間での語りぐさ。「さらずとも(＝ソウデナクテモ)かくめづらかなる事は、―にこそはなりはべりぬべかめれ」〔源氏・螢〕「まのあたりなるさへ偽り多き―なるを」〔秋成・雨月・浅茅〕

よ　げ[善げ]　Ⓔ　《形動ナリ》よい様子だ。(いかにも)よさそうだ。「(仲人ガ)いと(コトバガ)多く―・に言ひ続くるに」〔源氏・東屋〕

よこ　ぐも[横雲]　Ⓓ　横に細長い雲。《歌で、明け方に東の空にたなびくのを意味するのが普通。散文にはほとんど見られない》「時鳥(ほととぎす)―かすむ山の端の有明けの月になほぞ語らふ(＝話シカケルカノゴトク鳴イテイル)」〔風雅・夏〕

よこ　ざ[横座]　Ⓒ　《敷物が横に敷いてあるところから》貴人や主人のすわる正面の座。正座。上座。「長(たけ)七八尺ばかりなる猿、―に有り」〔今昔・巻二六ノ七〕

よこ　さま[横様]　Ⓓ　《＋形動ナリ》　❶㊇「たたさま・たてさま」横。横向き。「雨の脚(あし)―・にさわがしう吹きたるに」〔枕・一九八段〕「的の形に彩られたりし車の―のふちを弓の形にしたて」〔大鏡・道兼〕「柳箱(やないばこ)に据(す)ゆる(＝置ク)物は、たてさま―、物によるべきにや」〔徒然・二三七段〕　❷あたりまえでないこと。非道。「今何の報いにか、ここら―・なる波風にはおぼほれたまはむ」〔源氏・明石〕

よこ　たは・る[横たはる]〈―ワル〉　Ⓓ　㊀《自四》　❶横になる。横に長くなる。「山の神、化して小蛇になりて、御道に―・れり」〔神皇正統記・上〕 ❷立ちふさがる。「数万の軍勢、道に―・って」〔太平・巻三一ノ四〕 ❸(音などが)通ってゆく。「東嶺に響く鐘の声、明けゆく雲に―・る(＝響キワタル)」〔太平・巻三〇ノ八〕 ㊁〘自下二〙横になる。横に広がる。「気色ばみ(＝趣深ク)―・れたる松の、木高き程にはあらぬ(木)にかかれる花のさま」〔源氏・藤裏葉〕〘↑この例は、テクストによっては「よこたはれる」となっているので、確実に下二段活用があったかどうかは決めがたい〙

よこ た・ふ【横たふ】(―タ〈ト〉ウ) Ⓓ ㊀〘他下二〙 ❶横にする。「囲ひ…二重三重に組み上げ、物もおびただしく―・へたり」〔太平・巻二七ノ二〕 ❷横にしてつける。横に帯びる。「(近ゴロノ僧ハ)あるいは 妻子を帯し(＝持チ)あるいは兵杖(ひやう/ぢやう＝武器)を―・へ」〔沙石・巻六ノ九〕 ㊁〘自下二〙横になる。よこたわる。「一声の江に―・ふやほととぎす」〔芭蕉(笈日記)〕〘この活用を誤りとする説もあるが、江戸前期に出版された漢籍の訓点に多く見え、当時ふつうに行われたものと思われる〙

よこ で【横手】 Ⓔ 感にたえない時、または急に気がついた時などに、思わず手をうつこと。「(思イガケナクモ巨額ノ返済金ヲ)東海道を通し馬につけ送りて、御寺に積みかさねければ、僧中(＝寺ノ者ハミナ)―打ちて」〔西鶴・永代蔵・巻一ノ一〕

よ ごと【善事・吉事・慶事】 Ⓔ 対「まがこと」 けっこうな事。めでたい事。「新しき年のはじめの初春の今日降る雪の(降リ積ムヨウニ)いやしけ―」(＝メデタイ事ヨ、積ミカサナレ)」〔万葉・巻二〇〕

よこ ぶえ【横笛】 Ⓔ 中国式の笛。横に構えて吹く。吹き口のほかに穴が七つあり、長さは三四センチメートル弱。唐楽用だが、催馬楽(さいばら)や朗詠の伴奏にも用いられた。多く横笛をさす。「笛」とあるときは、「やうでう」とも。「笛は、―いみじうをかし。遠うより聞こゆるが、やうやう近うなりゆくもをかし」〔枕・二一八段〕

〔よこぶえ〕

よこ ほ・る【横ほる】(―オル) Ⓔ 〘自四〙よこたわる。よこになる。「旅人の―・り伏せる山こえて月にも幾夜別れしつらむ」〔新拾遺・羇旅〕

よ ざま【善様】 Ⓔ 〘形動ナリ〙 対「あしざま」 よいぐあい(だ)。わるくない様子。「人の御ためには、―の事をしも(＝好ツゴウナ事ヲ)言ひ出でぬ世なれば」〔源氏・葵〕「人の御名(＝アナタノ御評判)を―・に言ひなほす(＝弁護スル)人は、難きものなり(＝メッタニイマセン)。そこに(＝アナタノ方デ)心清うおぼすとも(＝潔白ダトオ思イナサッテモ)、しか用ゐる(＝ソウ信ズル)人は、少なくこそあらめ」〔源氏・夕霧〕

よ さり【夜さり】 Ⓓ ❶夜。晩。「その―まかでにしかば(＝里ニサガッテシマイマシタノデ)…後にぞ聞く」〔更級〕 ❷今晩。今夜。〘平安時代は「ようさり」とも〙「さらに(＝モウイチド)―この寮(つかさ)にまうで来(こ)(＝大炊寮ニヤッテ来イ)」〔竹取〕〘(1)「さり」は移動・進行の意をあらわす古代動詞「さる」の連用形が体言化したもので、夜がやって来ている状態を示す。(2)この語は関西方言で現代も用いられる〙

よし【由】 Ⓐ ㊀〘「よしあり」「よしなし」の形で使われることが多い〙 ❶理由。事情。わけ。「志太の浦を朝漕ぐ船は―なしに漕ぐらめかもよ(＝漕イデイルノダロウカ、ソウデハアルマイ)―こさるらめ(＝理由ガアルノダロウ)」〔万葉・巻一四〕 ❷(何か事をするための)言いわけ。口実。手段。手がかり。「吾妹子(わぎもこ)に衣(ころも)春日の宜寸川(よしきがは)(＝序詞)―もあらぬか(＝何カヨイ方法ガナイモノカ)妹が目を見む(＝アナタニ会イタイモノダ)」〔万葉・巻一二〕 ❸深くつつまれているいわれ。人の心を引くような由緒。〘用例→「よしあり②」〙 ❹心ひかれる情趣。奥ゆかしい趣。風情(ふぜい)。雅致。〘用例→「よしあり③」〙 ㊁〘上に連体修飾語を伴い〙 ❶そぶり。ふるまい。「当座(＝ソノ場)の恥辱をのがれむがため、刀を帯する―あらはすといへども」〔平家・殿上闇討〕「片ゐなかよりさし出でたる人こそ、よろづの道に心得たる―のさしいらへはすれ(＝知ッタカブリノ応答ヲスルモノダ)」〔徒然・七九段〕 ❷〘上に述べてきた文や文節の意を受けて〙…の趣旨。…という事。「この歌も…よろしき―沙汰ありて(＝悪クナイトイウ趣旨ノ批評ガ与エラレテ)、後にもことさらに(後鳥羽院ガ)感じおほせ下されける―(＝感服ナサッタトイウコトヲ)、家長が日記には書けり」〔徒然・一四段〕

―あ・り 有り Ⓒ 〘連語〙 ❶理由がある。事情がある。「―・りげなることばの種(＝何カワケノアリソウナ歌ヲ)とりあげて見れば『いかにせむ都の春も惜しけれど慣れしあづまの花や散るらむ』(トアル)」〔謡・熊野〕 ❷由緒(ゆいしよ)がある。いわれがある。「母北の方なむ、いにしへの人の(＝古風ナ人デ)―・るにて(＝リッパナ由緒アル家ノ出デ)」〔源氏・桐壺〕 ❸趣が深い。風雅だ。「若かりし時は叡山にて、―・る方(＝風流ニ関スル方面)には、詩歌管弦の方にも許され(＝世間カラ認メラレ)、武勇の道には悪僧の(＝豪傑坊主ダトイウ)名を取りき」〔義経・巻八ノ五〕

よ・し【良し・好し・善し・佳し】 Ⓐ 〘形ク〙 対「あし」 ❶事物が他よりもまさっている。すぐれている。「(源方弘ノ家ハ)ものいと―・く(＝リッパニ)するあたりにて、下襲(したがさね)・表(うへ)の袍(きぬ)なども、人より(＝他ノ人ヨリモ)―・くて着たるを」〔枕・一〇八段〕 ❷きれいだ。

「人の顔に、とりわきて—・しと見ゆる所は、たびごとに見れども、あなをかし、めづらしとこそおぼゆれ」〔枕・二七一段〕 ❸(味が)上等だ。うまい。「わづらふ事あるに(=病気ノトキハ)七日、二七日(ふたなぬか)など療治とてこもりゐて、思ふやうに—・きいもがしらを選びて、ことに多く食ひてよろづの病をいやしけり」〔徒然・六〇段〕 ❹たくみだ。上手だ。「その時(=チャンス)を知るを—・き博打(ばくち)とはいふなり」と、ある者申しき」〔徒然・一二六段〕 ❺手落ちがない。完全だ。「一生のうち、むねとあらまほしからむ(=主トシテコウアリタイト思ウ)事のうちに、いづれかまさると—・く思ひくらべて、第一の事を案じ定めて、その外は思ひ捨てて一事をはげむべし」〔徒然・一八八段〕 ❻㋑(身分が)高い。高貴だ。「—・い大将軍討ったりと思ひけれども、名をば誰とも知らざりけるに」〔平家・忠度最期〕㋺上品だ。優雅だ。「浄土寺の前(さき)の関白殿は、幼くて安喜門院のよく教へまゐらせさせたまひけるゆゑに、御ことばなどの—・きぞ」〔徒然・一〇七段〕 ❼(タイミングが)適当だ。(時機が)ちょうどぴったりだ。「—・きほどにて(=適当ニソコデ時間ヲスゴシテ)出でたまひぬれど、なほ事ざまの優におぼえて、物のかくれよりしばし見ゐたるに」〔徒然・三二段〕 ❽有利だ。好つごうだ。「右大臣の御ため—・からぬ事いで来て」〔大鏡・時平〕 ❾有効だ。好結果が得られる。「(コノ病気ニハ)水など沃(い)させたまひてや—・からむ(=冷水療法ガキキメガアリマショウ)」〔栄花・根合〕「小鷹(こたか)に—・き(=小鷹狩リニ向イタ)犬、大鷹に使ひぬれば、(コンド)小鷹に(使ウノニ)わろくなるといふ」〔徒然・一七四段〕 ❿㋑(倫理的に)正しい。(人の行為として)まともだ。「—・き方をばこれをすすめ、悪しき筋をばこれをいましめ、いまだこの道を学び知らざらむ少年のたぐひをして、心つくるたよりとなさむ」〔十訓・序〕㋺(道理に)かなっている。もっともだ。「心なし(=情味ナドナイ)と見ゆる者も、—・き一言はいふものなり」〔徒然・一四二段〕 ⓫めでたい。祝うべきだ。結構だ。「夢解きに問はせければ『いみじう—・き夢なり。世の中の(メグリ合ワセガ)この殿に移りて、あの殿の人のさながら(=ソックリ)参るべきが(御夢ニ)見えたるなり』と申しけるが」〔大鏡・兼家〕 ⓬親交がある。むつまじい。「右の大臣(おとど)の御仲はいと—・からねど」〔源氏・桐壺〕 ⓭のぞましい。理想的だ。「橘(たちばな)、桂(かつら)、いづれも木はもの古りて大きなる(ノガ)—・し」〔徒然・一三九段〕 ⓮(用意が)すっかりできている。十分だ。「竹斎も—・かりけり(=心構エガデキテオリ)」、『心得たり(=ヨシキタ)』と言ふままに」〔仮名・竹斎・下〕

よし【縦し】Ⓓ ㊀《副》仮にゆるす気持ちをあらわす。たとえ。仮に。「(セメテ)今夜(こよひ)訪(と)へや(アナタガ約束シタ)後の幾夜は幾たびも—偽りにならばなるとも」〔玉葉・恋二〕 ㊁《感》自分の思いどおりでないが「ままよ、どうでもよい」と投げ出す気持ちをあらわす。「人々に見えてまつらむことも(=オ目ニカカルノモ)ねたくなむ(=イマイマシイ)。—(=マア、イイヤ)。かくをこがましき(=バカラシイ)身の上、また、せめて人にだにもらしたまふな(=ホカノ人ニダケデモオモラシナサイマスナ)」〔源氏・総角〕

よし・づ・く【由付く】Ⓓ《自四》たしなみが深い。教養がある。「(御息所ハ)—・きたまへること(ガ)ふりがたくて(=イツニナッテモ変ワラズ)」〔源氏・澪標〕

よし・な・し【由無し】Ⓒ《形ク》❶㋑理由がない。根拠がない。「公冶長(こうやちやう)(=孔子ノ門人)が鳥語に通じたりといふ説は—・きことなり」〔正明・年々随筆〕㋺筋合いがない。「(恋人ガ来タカト胸ヲトキメカセテイルト)あらぬ、—・き(=関係ノナイ)ものの、名乗りして来たる」〔枕・二五段〕 ❷しかたがない。どうしようもない。「心もしやすからずは象馬七珍も—・く」〔方丈〕 ❸つまらない。くだらない。「—・いものを食らうて、主に骨を折らせた」〔狂・文蔵〕「—・いものにだまされた」〔狂・米市〕 ❹たしなみ・教養がない。「—・からぬ(=ワリニチャントシタ)親」〔源氏・蛍〕

よし・ば・む【由ばむ】Ⓓ《自四》❶教養のありそうな様子をしている。「—・みたる(=様子ノヨイ)下仕へを出だして」〔源氏・若紫〕 ❷きどっている。もったいぶる。「(ソノ場ソノ場デトルベキ処置ヲ)思ひわかぬばかりの心にては、—・み情けだたざらむなむ、目やすかるべき(=感ジガヨイデショウ)」〔源氏・帚木〕 ❸思わせぶりな様子をする。「(シバラク来テクレナカッタ左大臣ガ訪レタノデ、北ノ方ハ)喜びながら出で会ひて、物まゐり(=食事ヲススメ)などしたまひて、月ごろのつらさを恨みなどしたまひて、—・みたまへれど」〔宇津保・忠こそ〕

よし・め・く【由めく】Ⓔ《自四》上品ぶる。気どる。「宮の内侍ぞ…艶がり(=風流ナ様子ヲ見セ)—・く方(=気ドリヤノ点)はなし」〔紫日記〕

よし・や【縦しや】Ⓓ《「や」は間投助詞》㊀《副》たとえ、まあ。「—君昔の玉の床とても(=宮中ノオスマイデアッテモ)かからむ後は(=オナクナリノ後デハ)何にかはせむ」〔山家・下〕 ㊁《感》えい、ままよ。どうでもなれ。「—、恋ひ死なむ。(モシアナタニ)報はば(=ムクイガアルナラ)それぞ人心(=ソレハワガ一念ノセイダ)」〔謡・恋重荷〕(参)よし。

よし・よし【縦し縦し】Ⓓ《感》まあまあ、それでよい。まあ、どうでもよい。(参)よし。「(アナタガソンナ気ナラ)—(=イイヨ)、さらに(=二度ト)見えたてまつらじ(=オ目ニカカリマスマイ)」〔源氏・葵〕

よし ゑやし【縦しゑやし】(-エ-) Ⓓ《感》《古代語。間投助詞「ゑ」「や」+副助詞「し」》中古・中世語の「よしや」に当たる。「—(=タトエマア)直(ただ)ならずとも(=直接デナクテモ)ぬえ鳥の(=枕詞)うら嘆(な)けをりと(=心ノナカデ嘆イテイルト)告げむ子もがも」〔万葉・巻一〇〕

よ・す【寄す】Ⓑ ㊀《他四》《古代語》近くに来るようにする。やって来させる。「庭にたつ(=枕詞)麻布(あさ)小衾(こぶすま)こよひだに(=セメテ今晩ダケデモ)夫(つま)—・し来せね(=来サセルヨウニシテオクレ)麻布小衾」〔万葉・巻一四〕 ㊁《自四》《古代語》近くに来る。やって来る。「夕占(ゆふけ)にも今夜(こよひ)とのらろ(=今夜ハ来ルトオツゲガアッタ)わが夫(せな)はあぜそも(=ドウシテ)今夜—・しろ来まさぬ(=オイデニナラナイノカシラ)」〔万葉・巻一四〕《「ろ」は強意の間投助詞》 ㊂《他下二》❶接近させる。近づける。「(船頭ハ)袖をかいまくり(=マクリアゲ)顔にあてて、棹(さを)におしかかりて、とみに舟も(岸ニ)—・せず」〔更級〕 ❷くっつける。「召し取って、拷器(がうき)(=拷問ノ道具)に—・せて(=シバリツケテ)謀叛(むほん)の意趣を責め問ひけり」〔盛衰・巻一六ノ二〕 ❸まかせる。ゆだねる。「天地の神(ガ)事(ヲ季節ニ)—・せて春花の盛り(ガアルヨウニ自分ニモ栄エル時)もあらむと…」〔万葉・巻一八〕 ❹㋑関係づける。かこつける。あやからせる。「この沙彌(=小僧ハ)、月の(地蔵菩薩ノ縁日デアル)二十四日に生まれたるゆゑに、父母(ぶも)ありて地蔵菩薩に—・せて蔵念とはいふなり」〔今昔・巻一七ノ八〕㋺比較して考える。よそえる。「もし(行ク船ノ)あとの白波にこの身を—・する朝(あした)には(=思イクラベテミル時ニハ)」〔方丈〕 ❺(心を)向ける。支持する。「『(春ト秋ノ)いづれにか御心とどまる』と問ふに、秋の夜に心を—・せて答へたまふを…『人はみな春に心を—・せつめりわれのみや見む秋の夜の月』」〔更級〕 ❻寄進する。贈与する。「(法成寺ヲ)御堂殿の(=道長公ガ)作りみがかせたまひて(=ミゴトニオ作リナサッテ)荘園多く—・せられ(=寄進サレ)」〔徒然・二五段〕 ㊃《自下二》❶やって来る。近づいて来る。「(マダ夜ガ)明けはなれぬほど、忍びて(=ソット)—・する(=近ヅク)車どもの(主ガ)ゆかしき(=気ニナルノ)を」〔徒然・一三七段〕 ❷攻めて・来る(行く)。「今度三井寺へ—・せたらむには(=攻メコンダトキニハ)、いかにもして、まづ競(きほふ)めを生けどりにせよ」〔平家・競〕

よすが【縁・因・便】Ⓒ ❶方法。手段。「山林に入りても、飢ゑをたすけ(=腹ガヘラナイヨウニシ)嵐(あらし)を防ぐ—なくては、あられぬわざなれば(=過ゴセナイワケダカラ)」〔徒然・五八段〕 ❷《たよりとするものごとの意で》㋑落ち着き所。たよりさき。「(タチバナハ)ほととぎすの—(=イツモ来ル場所)とさへ思へばにや、なほさらに言ふべうもあらず(=何トモイエナイ趣ダ)」〔枕・三七段〕㋺家族・身より・後見人など。「忘れぬ—(=一生ノタヨリ所=正妻)と思うたまへむには、たのもしげなく」〔源氏・帚木〕「もとより妻子なければ、(マタ)捨てがたき—(=係累)もなし」〔方丈〕

よすがら【夜すがら】Ⓓ《副》夜どおし。終夜。「よもすがら」とも。「あはれ(=情趣ヲ)知る友こそ(得ルコトノ)かたき世なりけれひとり雨きく秋の—(=秋ノ長夜ヲヒトリボッチデ雨ヲジット聞キ明カスコトダ)」〔正徹物語・上〕

よせ【寄せ】Ⓓ ❶厚意をよせる人。力となる人。後見。「(コノ姫君ハ)おほかたの—おぼえよりはじめ(=後見ノ点気受ケヲハジメトシ)、なべてならぬ御有様かたち(=スバラシイ美人)なるを」〔源氏・藤裏葉〕 ❷人が関心をよせること。人望。信望。「位高く、時世の—いまひと際まさる人には靡(なび)き従ひて」〔源氏・明石〕 ❸ちなみ。ゆかり。いわれ。わけ。「御在位の間、風教(=政治ブリハ)多くは延喜の聖代を追はれしかば(=模範トサレタノデ)、もっともその—ありとて後醍醐天皇と諡(おくりな)したてまつる」〔太平・巻二一ノ六〕《「ちなみ」「ゆかり」の意と「いわれ」「わけ」の意を別にする説もあるが、実際の用例では、ほとんど区別がつかないので、一括する》 ❹《歌論・連歌論で》縁語。連想関係のある語。「歌は—あるがよきこと。『衣』には『たつ』『きる』『うら』(ナドガソレダ)」〔詠歌一体〕

よせい【余情】Ⓓ ㊀❶言外にあらわれる情趣。風韻。《和歌・連歌などでは、余情のあることがすぐれた作品の条件としてとくに尊ばれた》「秀逸の体と申しはべるべき姿は…十体の中のいづれ(=ドノ一体)とも見えずして、しかもその姿(=十体ソレゾレノ表現様式)をみなさしはさめる(=保有スル)やうにおぼえて、—うかびて、心なほく(=筋ガトオッテイテ)、衣冠ただしき人を見るここちするにて(=気持チノスル歌デ)はべるべし」〔毎月抄〕 ❷様子。おもむき。「身に兵部卿(トイウ名ノ香ノ袋ヲツケ)袖にたきかけ(=袖ニハ香ヲタキ)、いたづらなる(=気ドッタ)—、おとなも恥づかしく(思ウホドデ)」〔西鶴・一代男・巻一ノ一〕 ❸《近世語》同情。「わづかな弟子衆の—や、わが身(=オ前)の働きで、この養生がなるものか」〔浄・河原達引・堀川〕 ㊁《形動ナリ》景気のよい様子。《「僭上(せんじやう)」を「せじやう」と表記し、それを「世情」と誤解し、さらにそれを「よせい」とよみ誤って生じた語らしい》「『今日、出雲・加賀の(蔵米ノ)入札に行きて、それからこれへ参った』と—・なる商ひばなし」〔西鶴・二代男・巻三ノ三〕

よそ【余所】Ⓑ《+形動ナリ》❶ほかの所。「貝をおほふ人の(=貝オオイノ遊ビヲスル人ガ)、わが前なるをばおきて(=サシオイテ)—を見わたして、人の袖のかげ、膝の下まで目をくばるまに、前なるをば人におほはれぬ」〔徒然・一七一段〕 ❷他人。「人に交はれば、ことば—の聞きに従ひて(=自分ノ言イマワシモ他人ニドウ聞カレルカヲ顧慮スルコトニナリ)、さながら心にあらず(=マルキリ自分ノ心トハチガッテシマウ)」〔徒然・七五段〕 ❸無関係。「光なき谷には春も―・なれば(＝花ノ春モ縁ガナイノデ)咲きてとく散るもの思ひ(＝ナゲキ)もなし」〔古今・雑下〕「一道にたづさはる人、あらぬ道のむしろ(＝専門外ノ事ノ席)にのぞみて、『あはれ、わが道ならましかば、かく―・に見はべらじものを(＝傍観ハシテイマセンノニ)』といひ」〔徒然・一六七段〕 ❹遠く離れた状態。「(ワタシハ)ひさかたの(＝枕詞)天つ空にも住まなくに人は(＝愛人ハワタシノコトヲ)―・にぞ思ふべらなる(＝思ッテイルヨウダ)」〔古今・恋五〕 ❺おろそか。「こなた(＝アナタ)ゆゑに大事の家業も―・になり、うちは野となれ山となれ、夜を日についでの里(＝遊郭)通ひ」〔近松・寿門松・中〕

よそぢ【四十】(ージ) Ⓓ《「ぢ」は接尾語》→ち。「筑紫の国の馬―を賜ふ」〔紀・継体・訓〕《「よそぢ」は「四十匹」の訓》「―あまりやとせにして(＝ノ時ニ)神日本磐余彦(＝神武)天皇かむさりぬ」〔紀・綏靖・訓〕《「よそぢあまりやとせ」は「四十八歳」の訓》

-よそひ【装ひ】(ーイ) Ⓓ《接尾》 ❶装束・調度品を数える語。「うせにし(＝死ンダ)むすめ、青き衣を着て、白きさいでして(＝布切レデ)頭をつつみて、髪に玉のかんざし一―をさして来たり」〔宇治・巻一三ノ七〕 ❷器に盛った飲食物を数える語。「めっきりと薬もまはり(＝ヨクキキ)今朝もかゆを中蓋(ちゅうがさ)に三―(＝中クライノ大キサノ木ザラニ三杯)、病はうけとって(＝責任ヲ持ッテ)なほすとの御医者様のうけあひは、本復も同じ事」〔近松・宵庚申・中〕

よそひ【装ひ】(ーイ) Ⓓ ❶準備。したく。「いかめしき(＝盛大ナ)御―を待ちうけたまはむこと」〔源氏・若菜下〕 ❷いでたち。服装。身の飾り。「(花山院ガ)わたりおはします日の(＝臨幸ナサル当日ノ)御―は、さらなり(＝モチロン)、おろかなるべきにもあらねど(＝イイカゲンナハズハナイガ)」〔大鏡・伊尹〕 ❸装飾。飾りつけ。「かの山里の御住みかの具は、えさらず(＝必需品トシテ)とりつかひたまふべき物ども、ことさら―もなく(＝別ニ体裁ヲ飾リモセズ)ことそぎて(＝簡略ニシテ)」〔源氏・須磨〕

よそ・ふ【装ふ】(ーウ) Ⓓ《他四》 ❶使えるような状態にする。準備する。「年に―・ふ(＝一年待ッテ出発ノ用意ヲトトノエル)わが舟こがむ天の川風は吹くとも波立つなゆめ」〔万葉・巻一〇〕 ❷身じたくをする。(身を)飾る。「夢に見て衣(ころも)を取り着―・ふ間(ま)に妹(いも)が使ひぞ先に来にける」〔万葉・巻一二〕 ❸飲食物を器に盛る。食事の用意をする。「この羊を調じはべりて(＝料理シマシテ)―・はむとするに」〔宇治・巻一三ノ七〕

よそ・ふ【寄そふ】(ーウ) Ⓒ《他下二》 ❶関連させる。託する。「思ふどち(＝愛人ドウシノ)ひとりひとりが(＝ドチラカ一方ガ)恋ひ死なばたれに―・へて(＝ダレノタメトイウ名目デ)藤衣(＝喪服ヲ)着む」〔古今・恋三〕「(昔ノ人ヲ)かをる香に―・ふる(＝橘ノ香ニコトヨセテシノブ)よりはほととぎす(アナタノ声ヲ)聞かばや同じ声やしたると(＝弟ダカラ同ジ声ヲシテイルカト思ッテ)」〔和泉日記〕 ❷比較する。ひきくらべる。類比する。「なつかしうらうたげなりし(更衣ノ様)をおぼし出づるに、花鳥の色にも音にも―・ふべき方ぞなき」〔源氏・桐壺〕「『ここはいづことかいふ』と問へば『子偲(しの)びの森となむ申す』と答へたりしが、身に―・へられて(＝我ガ身ニヒキクラベラレテ)いみじく悲しかりしかば」〔更級〕

よそほ・し【装ほし】(ーオシ) Ⓓ《形シク》ととのって美しい。ととのってりっぱだ。「(源氏ノ君ノ外出ハ)行幸(みゆき)におとらず―・しく」〔源氏・行幸〕

よそほひ【装ひ】(ーオイ) Ⓓ ❶準備。したく。「事さわがしき受禅の儀(＝即位ノ儀式)、還幸の―に日暮れぬ」〔太平・巻一七ノ八〕 ❷いでたち。服装。身の飾り。「初冠(うひかうぶり)の御―も(＝ハジメテ冠ヲオ着ケナサッタ御イデタチヲモ)いかばかりらうたく(＝カワイラシク)おぼしめされけむ」〔平家・鹿谷〕 ❸㋑姿。ようす。「(能デ)いかれる―(＝タケダケシイ姿)鬼人(きにん)などになりて」〔花鏡〕㋺ありさま。模様。「(琴ト琵琶ガ置イテアルノハ)管絃歌舞の菩薩(ぼさつ)の来迎の―をおぼしめしなぞらふ(＝象徴ナサッタツモリ)かとおぼえたり」〔盛衰・巻四八ノ三〕

よそほ・ふ【装ふ】(ーオウ) Ⓓ《他四》→よそふ。「その(＝松島ノ)気色(けしき)窅然(えうぜん)として(＝奥深イ美シサデ)美人の顔(かんばせ)を―・ふ(＝オ化粧シタヨウデアル)」〔芭蕉・奥の細道〕

よ つ【四つ】 Ⓓ ❶㊥四つ時。近世では、江戸において春分の時で、朝四つが中央標準時の午前九時三六分から一一時四八分まで、夜四つが午後一〇時三三分から一一時四八分まで(橋本万平氏計算)。㊟とき㊀①。「このとき、はるかに(浅草ノ)観世音の―の鐘」〔春水・梅暦・巻一〕《原文「巳」に「よつ」とふりがな》 ❷㊥四つ宝。→よつほう。「今の治兵衛が―三貫目の才覚(＝クメン)、打ちみしゃいでも(＝身ヲ粉ニ砕イテモ)どこから出る」〔近松・天網島・中〕

よ づ・く【世付く】 Ⓓ《自四》 ❶世なれる。「例のありさま(＝フダン)よりは、けはひうちそよめき―・いたり」〔源氏・末摘花〕 ❷㋑世間なみである。世間なみになる。「(道兼ガ父ノ喪中ニ陽気ナ暮ラシヲシテイタノハ)―・かぬ(＝非常識ナ)御事なりや」〔大鏡・道兼〕㋺(仏教的なのに対し)世俗なみに見える。一般社会ふうである。「(石山寺ノ)南おもて(＝南ガワ)の―・きたる方(＝寺クサクナイ座敷)に入れたてまつりて」〔寝覚・巻二〕 ❸男女の情を解する。「(アチラデハ)この君(＝一〇歳ノ紫上)や―・

いたるほどに(＝結婚適齢期デ)おはするとぞおぼすらむ(＝誤解シテイラッシャルヨウダ)」〔源氏・若紫〕

よっ ぴ・く【能っ引く】Ⓓ《他四》《「よくひく」の促音便》(弓を)いっぱいに引きしぼる。「追っかかって—・いてひやうど(＝ビュント)射る」〔平家・木曾最期〕

よつ ほう【四つ宝】Ⓔ 正徳元年(一七一一)に発行された銀貨。「宝」の字が四つ刻まれているので、こうよぶ。銀二銅八の悪貨だったから、その後に発行された享保銀に対し、四分の一の価値でしか通用しなかった。「よつ」とも。「主人のかね—三貫目あまり引きおひ(＝使イコミ)」〔近松・油地獄・中〕

よ どの【夜殿】Ⓓ ❶夜寝るための建物。「主は来ねども—には、床(とこ)の間ぞなき若ければ」〔梁塵〕 ❷寝室。「—に寝てはべりける童(わらはべ)も、ほとほと(＝アブナク)焼けぬべくてなむ(＝焼ケ死ヌトコロデシテ)」〔枕・三一四段〕

よ な・る【世慣る・世馴る】Ⓔ《自下二》 ❶世間になれる。世事に通ずる。「心(＝意味)知らぬ人に心得ず(＝ワケガワカラナク)思はすること、—・れず、よからぬ(＝教養ノナイ)人の必ずあることなり」〔徒然・七八段〕 ❷男女の愛情関係や夫婦の間がらになれる。「かくまだ—・れぬ程のわづらはしさこそ心苦しくはありけれ」〔源氏・常夏〕

よ に【世に】Ⓒ《副》 ❶実に。たいそう。「梨(なし)の花、—すさましき(＝興ザメナ)ものにして、近うもてなさず」〔枕・三七段〕「されば、—はづかしきかたもあれど」〔徒然・七九段〕 ❷《下に否定の語を伴って》けっして。ぜったい。「すきがましきさま(＝好色メイタフウ)には、—見えたてまつらじ」〔源氏・帚木〕「—うしろめたき(＝変ナ)心はあらじ」〔源氏・総角〕《形容詞・形容動詞を修飾する「よに①」は副詞、動詞のときは「世」(名詞)＋「に」(助詞)と考えるのがよい。ほとんど例外はない》

よね【米】Ⓓ こめ。「楫(かぢ)取りのきのふ釣りたりし鯛(たひ)、銭なければ、—をとりかけて、落ちられぬ(＝精進オチヲナサッタ)」〔土佐〕

よ ねぶつ【夜念仏】Ⓔ 夜、念仏を唱えること。またはその念仏。「よねんぶつ」とも。「常のともし火(＝常夜不断ノ燈明ノ)影たのむ(＝火影ヲタヨリニシテ)、—いざや申さむ」〔謡・柏崎〕

よ の なか

よ の なか【世の中】Ⓐ ❶世間。社会。「妻子(めこ)みればめぐしうつくし—はかくぞこ とわり…」〔万葉・巻五〕 ❷《神仙世界や仏の浄土に対し》人の住む世間。この世。「—はいかになりゆくものとてか心のどかにおとづれもせぬ」〔和泉集〕 ❸その当時の世。「—にかたち清げに、心賢き人の一にたてられたまふ(＝第一人者トシテ尊敬サレテイラッシャル)」〔宇津保・忠こそ〕 ❹国家。国政。「つひに—をしりたまふべき(＝ヤガテハ国家ノ政治ヲオトリニナルハズノ)右のおとど」〔源氏・桐壺〕 ❺世間普通のこと。世の常。「—の女にしあらばわが渡るあなせの河を渡りかねめや」〔万葉・巻四〕 ❻世態・人情。世情。「—も知らぬ若きここちにも、(思イガケナイ没落ガ)いとあはれに悲しく」〔宇津保・俊蔭〕 ❼㋑対人関係。つきあい。「—の腹立たしう、むつかしう(＝ワズラワシク)、片時あるべき(＝スコシノ間モコウシテイラレソウナ)ここちもせで、ただ、いづちもいづちも(＝ドコヘデモヨイカラ)行きもしなばや(＝行ッテシマイタイ)と思ふに」〔枕・二七七段〕㋺男女・夫婦のなか。「(奥方ハ)かかる人(＝コンナ子ガ)出でくる所(＝デキルヨウナ愛人)も(夫ニ)ありけるを、(ワタシハ)知らざりけるよと、いとなべて(＝スッカリ)—うらめしく」〔寝覚・巻二〕 ❽世間的な名声・権勢。「父殿うせたまひにしかば、—衰へなどして」〔大鏡・兼通〕 ❾㋑運命。一生。「—は今はかうと見えてさうらふ」〔平家・先帝身投〕㋺(世間的に活動する)年輩。「御年三十五、—御盛りにて(＝活躍ザカリノゴ年齢デ)」〔盛衰・巻一二ノ一〕 ❿世間の景気。「我らごときの者(＝医者)は、—さへようござれば(患者ノ払イモヨクテ)、渡世がいたしようござる」〔狂・雷〕 ⓫自然界。とくに気象的な環境。「秋待ちつけて、—少し涼しくなりては」〔源氏・御法〕「今年は—がようて、田が殊の外よう出来ました」〔狂・水論婿〕

よ は【夜半】(ーワ) Ⓓ よなか。「常に心をすまし、ゆふべの雲・—の燈に向かひ」〔ささめごと・上(天理本)〕「『ひとり雨きく秋の—かな』ともあらば、はつべきが(＝言イ切リニナルハズダガ)、『秋の夜すがら』と言ひ捨てて、はてざる所が肝要なり」〔正徹物語・上〕 **—のけぶり** 夜半の煙Ⓔ《連語》夜なかに死者を火葬にする煙。「恋ひ死ぬる—の雲とならば(＝ワタシガアナタヲ恋シテソノタメニ死ニ、火葬ノ煙トナッタ、ソノ煙ガ天ニノボッテ雲トナッタラ)君が宿にやわきて(＝トクニ)しぐれむ」〔新勅撰・恋五〕

よ はう【四方】(ーホウ) Ⓔ 四角。方形。「えもいはず(＝何トモイエナイホド)大きなる石の—なる中に、穴のあきたる中より出づる水の」〔更級〕《「方」の歴史的かなづかいは、理論的には「はう」だが、中古・中世は「ほう」だったらしい。更級日記も「よほう」とある》

よ ばな・る【世離る】Ⓓ《自下二》人里から遠く離れて住む。俗世間から離れている。「(宇治ノ)—・れたる御すまひの後は(＝人里ハナレタ生活ニハイラレテカラハ)、いつとなく、ものをのみおぼすめりしか」〔源氏・蜻蛉〕

よばは・る【呼ばはる】(ーワル) Ⓔ《自四》大声で言う。さけぶ。「『あれはいかに。…ただ今海へ入らせたまひぬるぞや』と—・りければ」〔平家・小宰相身投〕

よば・ふ【呼ばふ・喚ばふ】(ーバ〈ボ〉ウ) Ⓓ《他四》《「よぶ」

の未然形に古代助動詞「ふ」が付いた形。[参]ふ》 ❶呼ぶ。呼び続ける。「吹く風は枝もならさで(=ナラサナイデ)万代と―・ふ声のみ音たかの山」〔風雅・賀〕 ❷言い寄る。求婚する。「右大将は、常陸守のむすめをなむ―・ふなるなども、とりなしてむや」〔源氏・東屋〕「いまだ嫁(とつ)がざるほどに、その辺(ほとり)のしかるべき者ども、これ(=ムスメ)を―・ふ」〔今昔・巻二〇ノ三七〕

よひ【夜・宵】(―イ) Ⓒ ❶晩。《日没から夜半前後まで》「波の上に浮き寝せし―(=船中ニ宿ッタ夜ハ)あど思へか(=何ト思ッタノカ)心かなしく夢(いめ)に見えつる」〔万葉・巻一五〕 ❷日没からあまり遠くないころ。「二月(きさらぎ)上(かみ)(=上旬)の六日の事なれば、月は―よりはや入りぬ」〔盛衰・巻三六ノ一二〕

よ ひと【世人】 Ⓔ 世間の人。世の中の人。「かきくらす心の闇にまどひにき(=何モカモワカラナクナッテシマウ煩悩ノタメニ分別ガツカナクナッテシマッタ)夢うつつとは(=自分ノ行動ガ夢ダカ現実ダカハ)―定めよ(=判定シテクレ)」〔古今・恋三〕

よ ひとよ【夜一夜】 Ⓓ 《副》[対]「ひひとひ」 夜どおし。終夜。一晩じゅう。「惟喬(これたか)の親王(みこ)の狩りしける供にまかりて、宿りに帰りて、―酒を飲み、物語をしけるに」〔古今・雑上・詞〕「松里のわたりの津に泊まりて、―舟にてかつがつ(=ボソボソ)物など渡す」〔更級〕

よび と・る【呼び取る】 Ⓓ 《他四》呼び寄せる。近くへ呼ぶ。「范増(トイウ軍師ハ)…項荘といふ者をひそかに―・りて」〔今昔・巻一〇ノ二〕

よひ ゐ【宵居】(ヨイイ) Ⓓ 夜分に起きていること。「(末摘花ガ)うちとけたる―のほど、(源氏ハ寝殿ニ)やをら(=ソッと)入りたまひて、格子のはさまより見たまひけり」〔源氏・末摘花〕「つれづれなる昼間、―などに、姉、まま母などやうの人々の…ところどころ語るを聞くに」〔更級〕

よ べ【昨夜】 Ⓓ きのうの晩。ゆうべ。「―いと女親(めおや)だちて(=母親ミタイナグアイニ)、つくろひたまひし(=オ世話ナサッタ)御けはひを」〔源氏・螢〕「主上(=天皇)はいまだ―の御座にぞましましける」〔平家・小督〕

よぼろ【丁】 Ⓓ ❶《古代語》㋑二一歳から六〇歳までの男子で公用のための労働に使われる者。公用の人夫。「ここに信濃の国の直(つかへ)の―と武蔵の国の直の―と侍宿(とのゐ)せり」〔紀・雄略・訓〕《「よぼろ」は「丁」の訓》㋺国の造(みやつこ)のような豪族たちも、公用に準じて使用した人夫。「右の一首は、国の造の―長下郡の物部秋持のなり」〔万葉・巻二〇・左注〕《原文は「丁」と表記》 ❷白丁・仕丁などのような下級公務員。「三種(さく)の笛・鼓の音、おもしろしと、心なき―さへ耳傾けたりけり」〔秋成・春雨・血帷子〕《(1)本来は膝(ひざ)の後ろのくぼんだ所の意で、人夫は脚力を重視した関係から、人夫をさすことになった。(2)「膕与保路…与保呂」〔倭名抄〕《「保」は清音専用の字》名義抄でもヨホロと清音になっている。後世はヨボロ》

よみ【黄泉】 Ⓓ 死者の行くことになっている国。あの世。「いやしきわがゆゑ(=ワタシガ原因デ)大夫(ますらを)の争ふ見れば生けりとも逢ふべくあれや(=結婚スルワケニモイキマセン)ししくしろ(=枕詞)―に待たむと…」〔万葉・巻九〕

よみ ぢ【黄泉・黄泉路】(―ジ) Ⓓ ❶「よみ」への道。冥途。「今ぞ心やすく(=安心シテ)―もまかるべき(=出カケラレマス)」〔大鏡・序〕 ❷「よみ」に同じ。「たった二百匁(ノカネ)で与兵衛が命をついで下さるる御恩徳、―の底まで忘れうか」〔近松・油地獄・下〕

よ も【四方】 Ⓒ ❶四つの方角。東西南北。「すめろきのしきます(=オ治メニナル)国の天の下―の道には…」〔万葉・巻一八〕 ❷諸方。あちらこちら。いたるところ。「物いはぬ―のけだものすらだにも(=デサエモ)あはれなるかな親の子を思ふ」〔金槐・雑〕

よも Ⓒ 《副》《否定文の中で》いくらなんでも。まさか。「うしろめたき(=タメニナラナイヨウナ)事は、―聞こえじ(=申シ上ゲマイ)」〔浜松・巻四上〕

よもぎ【蓬】 Ⓓ ❶草の名。春の若芽を草もちなどにする。中古的な感覚では、雑草の代表的なもので、貴族の邸宅にはおよそ似つかわしくない草としてあつかわれている。[参]むぐら。「『花の雨あらそふ(=腕クラベヲスル)うちに降り出して』『男まじりに―そろゆる』」〔桃隣・岱水(炭俵)〕 ❷襲(かさね)の色目。→巻末「襲の色目要覧」。 **――がそま** 蓬が杣 Ⓔ 《連語》《誇張的に》よもぎが自然林のように茂ったところ。「―・浅茅(あさぢ)が原、鳥のふしどと荒れはてて」〔平家・月見〕 **――ふ** 生 (―ウ) Ⓒ よもぎなどのおい茂って、荒れはてたところ。雑草のおい茂ったところ。「いかでかは(=ドウシテ)たづね来つらむ―の人もかよはぬわが宿の道」〔拾遺・雑賀〕

よも つ ひらさか【黄泉つ平坂】 Ⓓ よみ(黄泉)の国と現世との境界にあるとされた坂。「伊弉諾尊(いざなきのみこと)すでに―に至りまします。故(かれ)、すなはち千引(ちびき)の磐石(いは)を以ちてその坂路をふさいで」〔紀・神代上・訓〕《「よもつひらさか」は「泉津平坂」の訓》

よよ と Ⓓ 《副》 ❶ひどく泣くさまにいう。おいおいと。「『何せむにかは(=何ノタメニ)世にもまじらはむ』とて、いみじく―泣けば」〔蜻蛉・中〕「宮は―泣かれたまふ」〔源氏・浮舟〕 ❷ひどく流れ落ちるさまにいう。だらだらと。「(幼児デアル薫ハ)たかうな(=タケノコ)を、つと(=ギュット)にぎり持ちて、(ヨダレノ)しづくも―食ひぬらしたまへば」〔源氏・横笛〕 ❸さかんに飲食するさまにいう。ぐいぐいと。「入道の―参りぬ納豆(なっと)汁」〔蕪村(蕪村句集)〕《①

を「よよ」という感動詞にする説もあるが、いつも「よよと」の形であらわれ、単独の「よよ」は用例がないこと、また「さくりも―泣きたまふ」〔源氏・総角〕という言いかたが「しづくも―」〔前出〕と同じ形式であることから、①は②③と同じく動作のはげしさをあらわす副詞と見るべきである》

より Ⓐ ㊀《格助》《体言および体言あつかいの語に付く》〔連用格〕 ❶《時間について》㋑起点を示す。「それ―後ぞ、すこしばしば見えたる」〔蜻蛉・中〕 ㋺同時を表す。「この娘、参りつく―母の膝を枕にして、起きも上がらず寝たりければ」〔著聞・和歌〕 ㋩経過を示す。「雪、夜―いと高う降りて、お前の池・遣(ゃ)り水・植木どもいとおもしろし」〔宇津保・楼上下〕 ❷《場所について》㋑起点を示す。「もとの国―迎へに人々まうで来むず(＝ヤッテ来マショウ)」〔竹取〕「和泉の灘といふ所―いでて漕ぎゆく」〔土佐〕 ㋺経由を示す。…を。…を通って。「前―行く水をば初瀬川といふなりけり」〔源氏・玉鬘〕 ㋩場面を示す。…で。「いはけなくより(＝幼イ時カラ)宮の中―(＝宮中デ)おひいで(＝成長シ)、身をも心にまかせず(＝自由ニ行動デキズ)」〔源氏・梅枝〕 ❸順序の起点を示す。「琴の音に峰の松風かよふらしいづれの緒―しらべそめけむ」〔拾遺・雑上〕 ❹方法・手段を示す。「ただ一人、かち―(＝徒歩デ)まうでけり」〔徒然・五二段〕 ❺㋑比較の基準を示す。「これ―まさりて人笑はれなる目をや見む」〔源氏・明石〕 ㋺《否定文・疑問文の中で》限定・限界を示す。「枕―また(＝マクラ以外ニ)知る人もなき恋を涙せきあへずもらしつるかな」〔古今・恋三〕《⑤の用法は「から」にない》 ㊁《接助》《活用語の連体形に付く》 ❶原因・理由・根拠・動機などを示す。…ので。…ため。…から。「君に似る草と見し―わが標(し)めし(＝標識ヲ示シテオイタ)野山の浅茅(あさぢ)人な刈りそね(＝他ノ人ハ刈ッテハイケマセンヨ)」〔万葉・巻七〕 ❷即時を表す。…とすぐ。…するやいなや。「名を聞く―やがて(＝聞クト同時ニ)おもかげはおしはからるる(＝顔ツキハ推測デキルヨウナ)ここちするを」〔徒然・七一段〕

よりき【与力】 Ⓓ ㊀《＋自サ変》 ❶協力。荷担。「山門の大衆、源氏に―・して」〔盛衰・巻二八ノ三〕 ❷㋑つき従うこと。「同心」とも。「根来の衆(＝僧徒)は、かやうに味方の落ち行くをも知らず、―同心の兵集めて三百余人、紀伊の国、春日山の城にたてこもり」〔太平・巻三五ノ三〕 ㋺専属の従者。「一千石(ごく)与へ、士十五人(ヲ)―に付けられけり」〔常山・紀談・巻七ノ一〕「『山崎が―鷲津九蔵』と名のり」〔常山・紀談・巻七ノ二〕 ㊁《江戸時代》幕府の職。諸奉行・所司代・大番頭(おおばんがしら)・書院番頭などの下、同心の上にあって事務を処理した。「時の代官向かふに座をしめたまへば、―はお目通りを離れず(＝代官ノ前ニガンバッテオリ)同心は公事人(くじにん)の前後をかこみ」〔浮・御前義経・巻六ノ四〕

よりふ・す【寄り臥す・倚り臥す】 Ⓓ《自四》もたれて横になる。「『あな(＝ウーン)、いと験なしや(＝キキメガナイナア)』とうち言ひて、額よりかみざまにさくりあげ、―・しぬる」〔枕・二五段〕

よる【夜】 **―のおとど** 夜の御殿 Ⓓ《連語》清涼殿にある天皇の御寝室。「―の(燈火)をば『かいともし、とうよ(＝早クツケロ)』などいふ、またもめでたし」〔徒然・二三段〕《「る」を撥音化して「よんの」とよむこともあったようだが、まだ確かな用例に接していない》 **―のもの** 夜の物 Ⓔ《連語》夜具。寝具。「―まで用意せられねば、遠路の陣はつとめがたし」〔貞徳・戴恩記・下〕

よ・る【寄る】 Ⓐ《自四》 ❶㋑接近する。近づく。「御車のもとに―・りて、おろしたてまつりたまふに」〔浜松・巻四下〕 ㋺(神や霊などが)取りつく。のり移る。「弁…病付きて…失せにけり。その女、―・りたる(＝取リ殺シタ)にやとぞ」〔今昔・巻三一ノ七〕 ❷【倚る】㋑もたれる。寄りかかる。「東面の中柱に―・り居させたまへる御有様」〔狭衣・巻一〕 ㋺たよる。力にする。「頼りなきが(＝心細イ立場ノ者ガ)―・る方なからむこそ、いとほしかるべけれ」〔寝覚・巻二〕 ❸㋑(わざわざ)そこへ行く。「かしこに―・りて、うちたたかせたまへば」〔浜松・巻三上〕 ㋺行き着く。到達する。「大幣(おほぬさ)(＝ウワ気ダ)と名にこそ立てれ流れてもつひに―・る瀬は有りと言ふものを」〔伊勢・三九段〕 ❹(比較して)関係が深い。より近い。「御髪(みぐし)、色なる(＝赤ミノアル)方に―・りて(＝傾向デ)」〔寝覚・巻二〕 ❺(心が)向く。ひかれてゆく。「み吉野のたのむ(＝掛ケ詞「田ノ面」「頼ム」)の雁もひたぶるに君が方にぞ―・る(＝ナビク)と鳴くなる(＝鳴イテイルヨウデス)」〔伊勢・一〇段〕 ❻㋑(近くに)集まる。集合する。「雑色ども―・りて車に手を掛くれば」〔落窪・巻二〕 ㋺(寄付などが)集まってくる。贈与される。「荘(＝荘園)などあまた―・りぬれば、別当(＝管理人)なにくれなど(＝何ヤカヤノ付帯的ナ事ナンカ)出できて、なかなか(＝カエッテ)むつかしく(＝ウルサイシ)」〔古本説話集・下〕 ㋩重なる。多くなる。「(マユガ白クテ尊ゲニ見エル僧モ、要スルニ)年の―・りたるにさうらふ」〔徒然・一五二段〕

よるべ【寄る辺】 Ⓓ ❶寄ってゆくところ。頼みとするところ。「射水川流る水泡(みなわ)の―なみ…」〔万葉・巻一八〕 ❷頼みとする人。「(アノ男ハ、ワレワレガ)わが身の―と頼まむにいと頼もしき人なり」〔源氏・玉鬘〕 ❸夫、または妻を遠まわしにいう。「―(＝コレコソ自分ノ生涯ヲ共ニスベキ相手ダ)とは思ひながら、さうざうしくて(＝何ダカモノタリナクテ)、とかくまぎれありき(＝浮気ヲシテ)はべりしを」

よ

〔源氏・帚木〕

よろこび【喜び・悦び】Ⓒ ❶うれしく思うこと。「かくありがたき人に(＝コンナ世ニマレナ人ニ)対面したる—(ノ気持チヲ)…おもしろく(詩ニ)作りたるに」〔源氏・桐壺〕 ❷【慶び】祝い。慶事。「世のおぼえはなやかなるあたりに(＝世間カラモテハヤサレ勢力ノアル家ナドニ)、なげきも(＝不幸ヤ)—もありて、人多く行きとぶらふ中に」〔徒然・七六段〕 ❸㋑お礼をいうこと。「中納言の御—に(＝中納言ニ昇進シタオ礼ヲイウタメニ)さきの尚侍(かん)の君に参りたまふ」〔源氏・竹河〕㋺謝礼。「教へたまへ。(ソウスレバ)—はなほも申さむ(＝モットオ礼ヲ差シ上ゲヨウ)」〔盛衰・巻四一ノ七〕 ❹官位が昇進すること。栄転。「(セメテ)頼む人(＝夫)だに、人のやうなる(＝人ナミノ)—してば(＝昇進ヲシテクレタラヨイガ)とのみ思ひわたる」〔更級〕

よろ・し【宜し】Ⓐ《形シク》(対)「わろし」 ❶よい。けっこうである。好ましい。「こもりくのはつせの山はいでたちの—・しき山(＝カタチノヨイ山)…」〔紀・雄略〕 ❷悪くない。まあ結構だ。「あはれのことや、—・しく聞こえし人ぞかし(＝カナリ美人ダトイウ評判ノ女ダッタノダヨ)」〔源氏・帚木〕 ❸ふさわしい。「同じくは(＝同ジ事ナラ)—・しきほど(＝オ似合イノ年ゴロ)におはしまさましかば(ヨカッタロウニ)」〔源氏・若紫〕 ❹たいしたことはない。普通である。「—・しき深さなどにてだに(＝タイシタコトモナイ深サノ場合デサエ)さるはかなき(＝タヨリナイ)ものに乗りて漕ぎ出づべきにもあらぬや(＝コギ出スノハ考エモノダロウ)」〔枕・三〇六段〕《中古語の「よろし」は水準すれすれの意。したがって、それより下の立場からは②となり、上の立場からは④となる。話主の立場の相違から結果的に解釈が同じでないだけで、語そのものに反対の意味があるのではない》

よろづ【万】(—ズ) Ⓑ ㊀ ❶一〇〇〇〇。「葦原の瑞穂(みづほ)の国に手向けすと(＝供エ物ヲスルタメ)天降(あも)りましけむ(＝天カラ降下ナサッタトイウ)五百(いほ)—・千(ち)—神の神代よりいひつぎ来たる…」〔万葉・巻一三〕 ❷いろいろの事。「人は—をさしおきて、ひたぶるに(＝ガムシャラニ)徳をつくべきなり(＝金モウケヲシナクテハイケナイ)」〔徒然・二一七段〕 ㊁《副》すべてにつけて。いろいろな場合に。「(中ノ君ノオ世話ヲ)—にうちあづけたまへれば」〔寝覚・巻一〕「(盛親僧都ハ)世を軽く思ひたる(＝問題ニシナイ)曲者(くせもの)にて(＝変ワリ者デ)、—自由にして(＝万事ニツケカッテ気ママデ)、大方、人に従ふといふ事なし」〔徒然・六〇段〕

よろひ ひたたれ【鎧直垂】(—イ—) Ⓔ 鎧の下に着るひたたれ。上質の絹地で作り、上衣の袖口と下袴(したばかま)のすそをひもでくくる。「熊谷は、褐(かちん)(＝濃イアイ色)の—に」〔盛衰・巻三六ノ一三〕

よろぼ・ふ(—ウ) Ⓓ《自四》 ❶よろめく。ふらつきながらあるく。「聖人あり。やせ疲れて…影のごとくして、つゑにかかりて(＝スガッテ)水瓶(すいびやう)を持ちて、ゑみまけて(＝笑イヲ顔イッパイニタタエテ)—・ひ出でたり」〔今昔・巻五ノ四〕 ❷よろけ傾く。「いと小家がちに(＝小サイ家ガ多ク)むつかしげなるわたりの(＝ムサクルシイ辺デ)、このもかのも(＝アッチコッチガ)あやしく(＝ミグルシク)うち—・ひて(＝ユガンデイテ)、むねむねしからぬ(＝リッパトハイエナイ)軒のつまごとに(夕顔ガ)はひまつはれたるを…入りて折る」〔源氏・夕顔〕

よわ げ【弱げ】Ⓒ《＋形動ナリ》 ❶弱そうな状態。「(現在味方ニツイテイルノハ)みな(モトモトハ)平家にあひ従ひたる人々なれば、頼朝が(＝ワタシノ)—をまぼりたまふらむ(＝弱ミヲ注目シテイラレルダロウ)と思へば…おぼつかなし(＝心配ダ)」〔義経・巻四ノ二〕 ❷(病気で)衰弱しているさま。「わづらひはべる人(＝病中ノ母ガ)なほ—・にはべれば、とかく(＝アレコレト)見たまへあつかひてなむ(＝看病シテオリマシテ)」〔源氏・夕顔〕

よわ・し【弱し】Ⓒ《形ク》 ❶力にとぼしい。「乗るべき馬をば、まづよく見て、強き所、—・き所を知るべし」〔徒然・一八六段〕 ❷(病気で)衰弱している。「中納言は…それを病にて(＝ソレガ病気ノモトニナッテ)、いと—・くなりたまひにけり(＝衰弱ナサッタ)」〔竹取〕 ❸確かでない。しっかりしていない。「あまねき風体を心にかけむとて(＝広ク各種ノ能ヲモノニショウトシテ)わが形木(かたぎ)に入らざらむ為手(して)は(＝独自ナ型ヲモッテイナイ演者ハ)…能—・くて、久しく花(＝芸ノ魅力)はあるべからず」〔花伝・五〕

よんの おとど【夜の御殿】Ⓓ《連語》→よるのおとど。

よんべ【昨夜】Ⓓ →よべ。「—のうなゐ(＝子ドモ)もがな。ぜに乞はむ」〔土佐〕

ら

-ら【等】Ⓑ《接尾》 ❶《名詞・代名詞に付き》㋑複数を示し、したしみの感じを表す。「風のむた(＝トイッショニ)寄せ来る波に(＝波ノタメニ)いざりする海人(あま)をとめ—が裳の裾ぬれぬ」〔万葉・巻一五〕㋺単複には関係なく、語調をととのえる。自分のことをいうときは謙譲の気持ちを表す場合もある。「憶良—は今はまからむ子泣くらむその彼の母も吾を待つらむぞ」〔万葉・巻三〕 ❷《形容詞の語幹または終止形に付き》そういう状態であることを意味する名詞にする。「大君のつかはさなくに(=派遣ナサッタノデハナイノニ)さかしーに(=自分ノ判断デ)行きし荒雄(あらを)ら沖に袖振る」〔万葉・巻一六〕

-らう【郎】(ロウ) Ⓓ《接尾》男の出生順を示す。中・近世は固有名詞に使うことが多い。「南院の七ー君といふ人ありけり」〔大和・一四六段〕

らう【労】(ロウ) Ⓔ ❶骨折り。「神さびにける年月の(=ズイブン古クカラノ)ー数へられはべるに(=心ヅクシハ相当デスカラ)、今は内外(ないげ)許させたまひてむ(=御簾ノ内ニ自由ニ出入リサセテクダサッテヨイデショウ)」〔源氏・朝顔〕 ❷功労。「若くして蔵人に任じて、式部(=在任中)のーによりて、筑前の守になりたるなり」〔今昔・巻一五ノ三五〕 **——あ・り** 有り Ⓔ《連語》経験が豊かだ。物事によく通じている。「女も(人生ヤ芸術ニ)いとー・る(=ヨク通ジタ)人なりけり」〔大和・五七段〕「(源氏ハ)いかめしく(=盛大ダッタト)聞きし(女二宮ノ)御賀のことを、女二宮の御方ざまには言ひなさぬも(=ワザトイワナイノモ)ー・りとおぼす(=ヨク心得タ態度ダトオ考エニナル)」〔源氏・若菜下〕

らう【廊】(ロウ) Ⓒ 寝殿造りなどの建築で、別棟(むね)の建物をつなぐ屋根つきの板敷き通路。わたどの。「(西面ト)御念誦堂のあはひにーをつづけて造らせたまふ」〔源氏・宿木〕

らう【粮】(ロウ) Ⓔ 食糧。「かて」とも。「千里に旅立ちて路ーを包まず」〔芭蕉・野ざらし〕《原文は「粮」と漢字がき。「かて」とよむこともできる》

らうえい【朗詠】(ロウー) Ⓓ 漢詩・漢文の一節を吟じたもの。簡単なメロディがあるだけで、リズム(拍子)はない。後には和歌をも同様にうたった。公の儀式や遊宴の時などにうたわれた。平安時代中期に盛行し、鎌倉時代以後は衰退した。公任の「倭漢朗詠集」、基俊の「新撰朗詠集」などは、朗詠用の文句を集めたものである。「酌をさしおいて、『羅綺(らき)の重衣(ちょうい)たる(=アヤ織リノ薄ギヌデモ重イ衣ナノデ)情けない事を綺(き)婦(=ハタ織リノ女)にねたむ(=ウラム)』といふーを一両反したりければ(=一、二回クリカエシタノデ)」〔平家・千手前〕

らうがは・し【乱がはし】(ロウガワー) Ⓓ《形シク》❶乱雑だ。混雑している。ごたついている。「ー・しき大路に立ちおはしまして」〔源氏・夕顔〕 ❷やかましい。うるさい。「皆同じく笑ひののしる、いとー・し」〔徒然・五六段〕

らうじゅう【郎従】(ロウー) Ⓓ →らうどう。「相伝のーと号して、布衣(ほうい)の兵(つはもの)を殿上の小庭に召しおき」〔平家・殿上闇討〕

らう・ず【領ず】(ロウー) Ⓓ《他サ変》→りゃうず。「一条の太政大臣の家をば女院ー・ぜさせたまひて」〔栄花・見果てぬ夢〕

らうぜき【狼藉】(ロウー) Ⓓ《＋形動ナリ》❶たいへん乱れていること。雑然としていること。「空に知られて(=ホントウノ雪デアルカラ空ニハソレトワカッテイテ)木の下に吹きたてて降る雪はーか落花か(=花ガチリヂリニミダレテ雑然トシテイルノニデモタトエルノカ)」〔謡・竹雪〕「小塩山の(桜ノ)名木も落花ー(=花ハチリヂリニナッテ)、今ひとしほと惜しまるる」〔西鶴・一代男・巻二ノ三〕 ❷(行為が)乱暴なこと。「かたじけなくも一天の君、関東へ臨幸なるところに、何者なれば、かやうのーをばつかまつるぞ」〔太平・巻九ノ七〕「やあやあ、そなたはー・な事をめさるる」〔狂・禰宜山伏(虎明本)〕

らうた・し【労甚し】(ロウー) Ⓑ《形ク》❶《精神的に》㋑かわいいと感じる。「(天皇ノ)初冠(うひかうぶり)の(=元服シタバカリノ)御粧ひ、いかばかり(御両親ハ)ー・くおぼしめされけむ」〔平家・鹿谷〕㋺(男女の愛情関係において)いとしく感じる。「男、女の美麗なるを見て、さりがたくー・くおぼえて」〔今昔・巻一六ノ二二〕「夫も女の志のあはれなるに合はせて、我もー・くおぼえければ」〔今昔・巻二六ノ八〕 ❷(姿などが)かわいらしい。愛らしい。「これがー・く舞ひつること、語りになむものしつる(=話シニ来マシタノサ)」〔蜻蛉・中〕「(コノ娘ハ)心ばへ(=気ダテガ)いつくしくして(=キレイデ)、けはひ(=キリョウガ)ー・し」〔今昔・巻一九ノ五〕《①②のどちらともつかない用例がある。「をかしげなる児(ちご)の、あからさまに(=ホンノシバラク)抱きて遊ばしうつくしむ(=アヤス)ほどに、かいつきて(=スガリツイテ)寝たる、いとー・し」〔枕・一五一段〕》

らうどう【郎等】(ロウー) Ⓓ ❶従者。中古の用例では、だいたい国司の従者のようである。「ーにまで物かづけたり(=引出物ヲ与エタ)」〔土佐〕 ❷《中古末期から中世では「家の子」と区別し》主人と血縁関係がなく、また自分の領地をもたない家来。《「家の子」は血縁関係のある家来。「郎等」と同意とする説は誤り》「院宣の御使ひ(デアル左京史生中原)泰定は、家の子二人、ー十人具したり」〔平家・征夷将軍院宣〕《中世以後は「郎党(らうだう)」とも》

らうらう・し【労労し】(ロウロウー) Ⓓ《形シク》❶事なれている。機転がきく。「(一二歳の少年ダガ)書(ふみ)を読みたまふにも、さとく(=ノミコミガ早ク)、ー・しく、心がら(=性質)もいと賢ければ」〔落窪・巻四〕 ❷(容姿・声などが)かわいらしく美しい。あざやかな感じで美しい。「(朧月夜ノ君ハ)なほ(=イマデモ)ー・しく、若うなつかしくて」〔源氏・若菜上〕《語源は「﨟々し」「良々し」などともいわれるが、まだ定説はない。「らうらうじ」と濁音によむ説もあるが、

確証はない》

ら がい【羅蓋】 Ⓔ うす絹を張った大型の日がさ。「立てる人どもは、装束のきよらなる（＝キレイナ）こと、物にも似ず。飛ぶ車ひとつ具したり。―さしたり」〔竹取〕

-らく Ⓑ《接尾》《上一段動詞の未然形、二段・カ変・サ変・ナ変動詞（近世以後は誤用で四段動詞も）および助動詞「つ」「ぬ」「しむ」等の終止形に付く》 ❶上の活用語を体言化する。「潮満てば入りぬる磯の草（＝ノヨウナ身）なれや見―（＝見ルコトガ）すくなく恋ふ―の（＝恋イ慕ウコトガ）多き」〔万葉・巻七〕「わが背子にわが恋ふ―は（＝恋心ハ）奥山の馬酔木(あしび)の花の（＝ヨウニ）今さかりなり」〔万葉・巻一〇〕 ❷《文末にあって》強調的余情を残す言い切りとなる。…こと(だなあ)。「春霞たなびく田居（＝田）に廬(いほ)つきて（＝仮小屋ヲ作ッテ）秋田かるまで（＝長イ間）思はしむ―（＝恋シイ思イヲサセルコトヨ）」〔万葉・巻一〇〕「草枕（＝枕詞）旅に久しくあらめや（＝長クハナイハズダ）と妹(いも)に言ひしを年の経ぬ―（＝何年カタッテシマッタコトダナア）」〔万葉・巻一五〕(参)-く。

らく【洛】 Ⓓ《古代中国でしばしば首都となった洛陽の意から転じ》都。とくに京都。「―の貞室、若輩の（＝未熟ダッタ）むかし、ここに来たりしころ、風雅に（＝俳諧ノコトデ）はづかしめられて、―に帰りて、貞徳の門人となって、世に知らる」〔芭蕉・奥の細道〕

ら く Ⓑ《連語》《完了の「り」の未然形「ら」に接尾語「く」の付いた形》…てしまったこと。（たしかに）…たこと。(参)-く。「さ男鹿(をしか)の小野の草伏し（＝野原デ草ニ寝タ跡ガハッキリワカルヨウニ）いちしろく（＝ハッキリト）わが問はなくに（＝ワタシハ求婚シタノデナイノニ）人の知れ―（＝知ッテシマッタコトダ）」〔万葉・巻一〇〕《接尾語の「らく」とは、付く動詞の活用が違う》

らく きょ【落居】 Ⓔ《＋自サ変》 ❶㋑（ものごとの）決着がつくこと。落着すること。「流人(るにん)と上使との喧嘩(けんくわ)、―の首尾を（＝決着ガツクマデノ一部始終ヲ）見とどけて」〔近松・女護嶋・二〕㋺（裁判の）判決がつくこと。「いまだ―・せぬ咎人(とがにん)（＝罪人）」〔浄・浪花鑑・二〕 ❷おちつくこと。静かになること。「かくてこそ（＝天皇ガ摂関ヲ信頼ナサッテハジメテ日本ハ）ひしとは（＝ピッタリト）―・せむずる事にてはべれ」〔愚管抄・第七〕

ら・し Ⓐ《助動》《活用語の終止形（ラ変・ラ変型は連体形）に付く。上一段活用には古くは連用形（語幹ともいう）に付いた》〔推量〕

未然	連用	終止	連体	已然	命令
		し	しき し	し	

❶直接に見ていない事実に対し「当然そうであるはずだ」という気持ちで推量する。推量の根拠を示すことが多い。「めり」がごく主観的であるのに対し、客観的に自信をもった推量。たしか…らしい。…にちがいない。「…古(いに)へもしかにあれこそ（＝ソウダッタカラ同様ニ）うつせみも妻を争ふ―・しき」〔万葉・巻一〕「み吉野の山に白雪つもる―・し故里（＝奈良ノ旧都ハ）寒くなりまさるなり」〔古今・冬〕《直接に白雪のつもる所を見てはいないが、いまいる奈良が寒くなってきたという事実を根拠にして、たしかにつもっているはずだと推量する》 ❷直接に見ている事実に対し、その原因・理由・当事者・時・所・方法・程度などを、確信的に推量する。たしか…なのだろう。…なのにちがいない。「わが背子(せこ)が插頭(かざし)の萩におく露をさやかに（＝ハッキリ）見よと月は照る―・し」〔万葉・巻一〇〕《月が照るのは眼前の事実だが、その理由を「露をはっきり見させるためにちがいない」と推量する》(参)けらし。

らち【埒】 Ⓓ ❶㋑馬場にめぐらした低いかこい。「―のきは（＝ソバ）に寄りたれど、ことに人多くたちこみて（＝大混雑デ）、分け入りぬべきやう（＝割リコメソウナ様子）もなし」〔徒然・四一段〕㋺《一般に》柵(さく)。「あきはてし（＝秋ノ末マデ待タサレ飽キ飽キシタ）―（＝染メ物屋ノ干シ場ノ柵）の日陰のもみぢ葉をいつ染むるぞと問へば（＝紺屋ノアサッテトイワレルトオリ返事ハ）あさって」〔後万載・秋〕 ❷結着。結論。「たとひいかなる凶事なりとも、はやはや―を承らむ」〔浄・綱公時最期・二〕 **―が無・い** きまりがつかない。「詮議(せんぎ)ばかりで（＝ゴタゴタ言ウダケデ）…いよいよ―・い、夜があけた」〔松の葉・月見〕 **―も無・い** 筋道が立たない。めちゃくちゃだ。「はて、―・いこと。一度切ったる景清がよみがへるべきやうもなし」〔近松・出世景清・五〕 **―を明(あ)・く** しまつをつける。ケリをつける。「何の詫びごともせずに、さらりと―・けける」〔西鶴・胸算用・巻二ノ四〕

ら・む Ⓐ《助動》《「らん」とも表記》《活用語の終止形（ラ変型には連体形）に付く》〔推量〕

未然	連用	終止	連体	已然	命令
		む	む	め	

㊀ (対)「けむ」 ❶直接に見ていない事実に対し、現在の状況を推量する。（いまごろは）…ているだろう。「（伊勢ノ）あみの浦に（＝イマゴロ）船乗りす―・む（＝船ニ乗ッテイルダロウ）少女(をとめ)らが玉裳(たまも)の裾に（＝イマゴロハ）潮みつ―・むか（＝満チテイヨウカ）」〔万葉・巻一〕《話主人麻呂は都にいる》 ❷直接に見ている事実に対し、その原因・理由・当事者・時・所・方法・程度などを推量する。…ているのだろう。…ているというわけなのだろう。㋑疑問語をともなう場合。「みどり児のためこそ乳母(おも)は求むといへ乳(ち)飲めや（＝飲ムカラカ）君が乳母求む―・む」〔万葉・巻一二〕《乳母を求める理由を「乳を飲むからか」と推量する》

ら

㊁疑問語をともなわない場合。「春の色の至り(アルイハ)至らぬ里はあらじ(ソレナノニナゼ)咲ける咲かざる花の見ゆ―・む」〔古今・春下〕《「なぜ」「どうして」「何だって」等の語を補ってみると、よくわかる》❸常例・習性を推量する。(いつも)…だろう。(常に)…ようだ。「久しうはべらぬわざ(デスガ)、今夜(こよひ)いかで(=ゼヒヒイテクダサイナ)。御前には(琴ヲ)常にあそばす―・むものを」〔宇津保・国譲下〕「鸚鵡(あうむ)いとあはれなり。人の(イツモ)言ふ―・むことを(習性トシテ)まねぶ―・むよ」〔枕・四一段〕「この焼き米は(フダン)露といふ―・む(=オ呼ビノ)人(=侍女)に、ものしたまへ(=上ゲテクダサイ)」〔落窪・巻一〕《話や書物で知った事の推量という説もある》❹《連体修飾のとき》遠まわしに柔らげていう。現代語にはこれに当たる言いかたがないから、訳出しなくてもよい。「まだ言ふ―・むやう(=返事ノショウ)も知らず」〔落窪・巻一〕「来つ―・む方も見えぬに(=ドッチカラ来タノカワカラナイノニ)、猫のいと和(な)ごう鳴いたるを、おどろきて見れば」〔更級〕❺《中世以後の用法》単なる推量を表す。…だろう。「かの蜜柑(みかん)の木に、五六尺もある―・むと思ふ蛇来たりて木をまとひけり」〔咄・善悪報話・巻三ノ七〕㊁《完了の「り」の未然形に推量の「む」が付いた複合助動詞。四段・サ変動詞および四段・サ変型活用の助動詞の命令形に付く》❶過去に始まった行為・状態が現在なお継続中であろうことを推量する。「あたら夜の月と花とを同じくは(風雅ノ)心知れ―・む(=理解シテイルダロウ)人(=アナタ)に見せばや」〔後撰・春下〕《過去に知ったのが現在まで続いているだろうと推量する》❷過去におこった行為の結果・影響だけが現在話点まで存続しているだろうことを推量する。「かうてあり(=コンナフウニワレワレガ来テイル)と聞きたまへ―・むを(=オ聞キニナッテイラレヨウガ)、まうでこそすべかりけれ(=アイサツニ参上シナクテハイケナカッタ)」〔蜻蛉・上〕《聞くという行為が過去にあり、その結果として現在は知っていられる状態だろうと推量する》❸《連体修飾のとき》ある程度まで継続的な行為・状態が・生じる(存在する)かもしれないと仮想する。「五人の(求婚者ノ)中に、ゆかしき(=ホシイト思ウ)物見せたまへ―・む(オ方)に、御心ざしまさりたりとて仕うまつらむ(=結婚イタシマショウ)」〔竹取〕㊇り・む・たらむ。

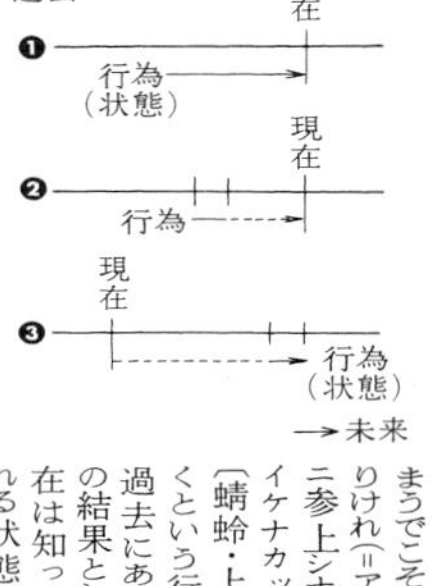

らもん【羅文】Ⓓ 戸・立て蔀(じとみ)、または板垣(いたがき)の上につける飾り。その多くは、細い木を数本菱(ひし)形に交差して打ちつけてある。「らんもん」とも。「法皇は中門の―より(義経タチヲ)叡覧(えいらん)あって(=御覧ニナッテ)」〔盛衰・巻三五ノ四〕

〔らもん〕

ら・ゆ Ⓒ《助動》《古代語。中古以後の「らる」と対応》↓らる。〔可能〕「妹(いも)を思ひ寝(い)の寝(ね)―・えぬに秋の野にさ牡鹿鳴きつ(ワタシト同様ニ)妻思ひかねて(=妻ヲ思ウ情ニタエカネテ)」〔万葉・巻一五〕《「らゆ」の用例はこれだけしかない。受身や自発の用法、あるいは他の活用形もあったのだろうが、文献には出ていない》㊇ゆ。

未然	連用	終止	連体	已然	命令
え					

ら・る Ⓐ《助動》《一・二段・カ変・サ変の未然形に付く》❶〔受身〕自分がしようと思わないのに、他から何かされるという意を表す。「問ひつめ―・れて、え答へずなりはべりつ」〔徒然・二四三段〕《古文では、無生物が受身の主語になることは少ないけれど、無いわけではない。↓》「この歌に限りてかく言ひ立て―・れたるも(=批判サレタガソノ理由ハ)知りがたし」〔徒然・一四段〕❷〔自発〕《命令形を欠く》しぜんそうなるという意を表す。「女は、その後、ものもおぼえで、嘆きのみせ―・る」〔和泉日記〕❸〔可能〕《命令形を欠く》できるという意を表す。「うちとけたる寝(い)もね―・れず」〔蜻蛉・上〕《可能の用法は、平安時代はふつう否定形で現れた。したがって「物見―・れば、その車に乗らむ」〔蜻蛉・上〕は、可能(見ることができるなら)でなく、尊敬(御覧になるなら)と解すべきである》❹〔敬語〕尊敬を表す。「殿にかうなむ(=コレコレト)仰せ―・れし」〔蜻蛉・下〕「験あらむ僧だち、祈り試み―・れよ」〔徒然・五四段〕《(1)尊敬の用法は、平安時代以後であり、奈良時代にはない。(2)「たまふ」よりもいくらか敬意は軽い。(3)平安時代では、尊敬助動詞「たまふ」とかさねて用いられた例は、ほとんどない》㊇る。

未然	連用	終止	連体	已然	命令
れ	れ	る	るる	るれ	(れよ)

ら・ん Ⓐ《助動》↓らむ。

らんげい【鸞鏡】Ⓓ 日本式十二律の第九。㊇じふにりつ。

らん じゃ【蘭麝】Ⓔ 蘭の花と麝香(じゃこう)とを合わせた香料。「この人の御姿を見れば…―のにほひ(ガタダヨイ)、容顔美麗にして」〔伽・小敦盛〕

らん びゃうし【乱拍子】(―ビョウ―) Ⓔ ❶㊁「白拍子」平安時代の末ごろから中世にかけておこなわれた今様歌謡の一種。拍子の打ち方に特色があったらしいけれど、詳細は不明。「―といふ今様を、才の男(デアル)あこ丸(ガ)うたひにき」〔梁塵・口伝集〕「十郎殿は―の上手と聞けども、いまだ見ず。一番舞ひたまへ」〔曾我・巻八ノ八(大山寺本)〕 ❷能における特殊な拍子。小鼓と呼吸を合わせてシテが足を踏む。至難な技術とされる。「道成寺」のがもっとも有名。「道成寺…前(=前シテ)の―の時は、烏帽子(えぼし)を着るなり」〔花伝髄脳記〕

らん もん【羅文】Ⓓ →らもん。「家はあれども、―破れて、蔀・遣り戸もたえてなし(=全然ナイ)」〔平家・少将都帰〕《延慶本は「羅門」と表記》

り

り【里】Ⓒ ❶大宝令で定められた地域区分の単位。郡の下位区分で、戸数五〇の土地。霊亀元年(七一五)、「郷」に改称された。「特に賀茂・久仁の二―に、戸ごとに稲三十束を給ふ」〔続日本紀・和銅元年九月〕 ❷土地の面積の単位の一。三六町歩(約三五ヘクタール)。「里…三十六町為レ―」〔伊呂波字類抄・巻三〕 ❸距離の単位の一。時代により差があるが、中古までは六町(約七〇〇メートル)を一里とした。「深江の駅家(うまや)を去ること二十―ばかりにして」〔万葉・巻五・詞〕

り Ⓐ《助動》《四段・サ変動詞および四段・サ変型活用の助動詞の命令形に付く》〔完了〕

未然	連用	終止	連体	已然	命令
ら	り	り	る	れ	れ

❶過去に始まった行為・状態が現在なお継続中であることを表す。…ている。「手ごとに物ども染めたり(=染メテイル)。槽(ふね)どもに女(め)の子どもおり立ちて、染め草洗へり(=洗ッテイル)」〔宇津保・吹上上・絵詞〕「楠(くす)の木は、木立多かる所にも、ことに(=別ニ他ノ木ト)まじらひ立てらず(=イッショニ立ッテイナイ)」〔枕・四〇段〕 ❷過去におこった行為の結果または影響だけが現在話点まで存続していることを表す。…てある。…た。「女手に(=仮名デ)書きたまへり(=オ書キニナッテアル)」〔蜻蛉・上〕「かしこには、今日しも宮わたりたまへり(=オコシニナッタ)」〔源氏・若紫〕《「書く」「わたる」は過去における行為だが、そのあと「筆跡として存在する」「宮がそこに身をおく」という状態が結果として現在話点まで続いている》

過去→
現在
❶ 行為(状態)→
現在
❷ 行為―‐‐→
❸ 行為→

❸ある行為が現在話点の直前におこったことを表す。…た。「ただいまな む帰りたまへる(=チョウドオ帰リニナッタトコロデス)」〔蜻蛉・中〕《⑴従来は四段の已然形とサ変の未然形に付くとされたが、古代特殊かなづかいの研究により、ともに命令形に付くことが明らかとなった。⑵中世以後、誤用で四段・サ変以外の動詞に付くこともあった。「一楼の明月に雨はじめて晴れり」〔謡・羽衣〕⑶従来は完了の助動詞とよばれ、英文法でもPerfect Tenseとよばれるので、本辞書も便宜的にその名称を用いたが、むしろ存続の助動詞というのが適切であろう。Perfectを「完了」と訳し、その「完了」という字面にひかれて、従来は「り」「たり」に動作の終わる意を認めたが、そのような用例はないと思われる。英米の文法書でも、最近Perfect Tenseに「終わる」という意味を認めていない。⑷「り」と存続の「たり」は、共に動詞「あり」に関係して生まれたので、成立の過程に差はあるが、結局は同じ意味に用いられた》㊀たり㊀。

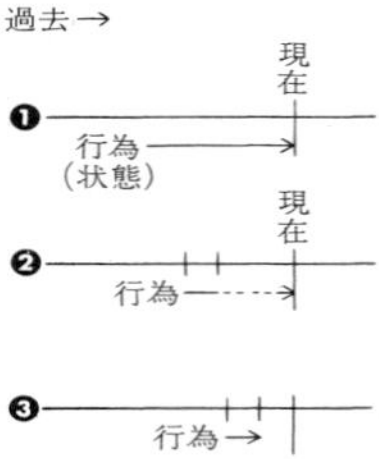

りう かう【流行】(リュウコウ) Ⓓ《十自サ変》 ❶《「現象する」という意の宋代易学の術語から転じ蕉門俳諧で》新しい境へと絶えず進むこと。またはその結果として生まれる新しいスタイル。㊀ふえき。「不易(ふえき)といふは、新古によらず、変化―にもかかはらず、誠によく立ちたる(=確立シタ)すがたなり」〔土芳・三冊子・赤〕「せめて(=努力シテ)―・せざれば(=句風ヲ進展サセナケレバ)新しみなし」〔土芳・三冊子・赤〕 ❷㋑ひろく行われること。「有用の金銀をもて無用の物に費やしぬる故に、金銀、日に虚耗(きょかう=欠乏)して、あまねく民間に―・せず(=流通シナイ)」〔鳩巣・駿台雑話・巻二ノ一五〕㋺はやること。「(髪ノ)うしろざしが、すこし―に遅れたれど」〔三馬・床・初ノ中〕

りう ん【理運】Ⓔ 道理にかなっていること。すじが立っていること。「家嫡(けちやく=アトトリ)といひ位階といひ(=位ガ上ダトイウ点カライッテモ)、―左右に及ばぬ(=トヤカクイウマデモナイ)ことを引き違へさせたまふは」〔平家・法印問答〕

り・き Ⓑ《助動》《完了の「り」に経験回想の「き」が付いた複合助動詞。活用→き》ある行為・現象またはその結果が自分の経験した過去の時点において存続していた意を表す。…ていた。「膝に臥(ふ)したまへ―・し人を、

いかでか(＝何トカシテ)安らかにと思ひつつ」〔蜻蛉・上〕

りぎん【利銀】Ⓔ《江戸時代、関西で》利息。利子。「一年この銀を遊ばして置きたる―を、きっと(＝ゼヒトモ)母屋から済ましたまへ(＝返済シナサイ)」〔西鶴・胸算用・巻一ノ四〕《「利益のかね」という意を設ける説もあるが、確かな用例は未見》

りくぎ【六義】Ⓓ ❶六種の表現形態。《それぞれの意味については諸説があり、決定的な解釈はない》㋑《中国の詩で》風・賦(ふ)・比・興・雅・頌(しょう)。「それ和歌は…かの漢家の詩章の―有るに同じ」〔和歌体十種〕㋺《和歌で》そえ歌・かぞえ歌・なずらえ歌・たとえ歌・ただごと歌・いわい歌。「歌の品(＝カテゴリー)は多けれども、古今序には―を立て」〔貞徳・戴恩記・下〕❷《転じて》和歌。「志学の歳(＝一五歳)の初めより―の道に長じさせたまへり」〔太平・巻一ノ四〕❸各種の技術。「芸の―が義理に詰まりて(＝劇的状況ニ適合シテ)あはれなれば、節も文句もきっとしたる(＝バリットシタノ)ほど、いよいよあはれなるものなり」〔以貫・難波土産・発端〕《和泉流の狂言で、セリフと演出の記された台本を六義という。「演技の本」の意であろう。これによって上のごとく解される》❹(きまった)やり方。規格。「若い時は男を磨き、ものの筋道―を立て(＝ケジメヲツケ)、無理を言ふ人でもなく」〔近松・生玉心中・上〕

りくげい【六芸】Ⓔ 中国で、士(し)以上の階級の者が必修とされた技芸の科目。礼・楽・射・御(馬のあつかい)・書・数をいう。「(以上ノ)次に弓射(ゆみ)、馬に乗る事、―にいだせり。必ずこれを(＝射ヤ御ニツイテハ)うかがふべし」〔徒然・一二二段〕

り・け・り Ⓑ【助動】《完了の「り」に伝承回想の「けり」が付いた複合助動詞。活用↓けり》❶ある行為・現象またはその結果が過去の時点において存続していたことを、間接に知った意を表す。…ていた(そうだ)。…た(という)。「昔、男、色好みと知る知る(＝知リナガラ)女をあひいへ―り(＝愛情関係ヲモッテイタトイウ)」〔伊勢・四二段〕❷ある事実のこれまで存続していたことにはじめて気がついた意を表す。…たのだった。「驚きて、目をとどめて見れば…人おしこりて(＝密集シテ)数も知らぬほどに立て―り」〔蜻蛉・下〕

りこん【利根】Ⓔ《＋形動ナリ》かしこいこと。明敏。利発。「当代は人間が―になり、八宗九宗に宗体を分け、極楽へばかり、ぞろりぞろりとぞろめくによって」〔狂・八尾〕

りし【律師】Ⓓ《「りっし」の促音不表記》↓りっし。

りしやう【利生】(―ショウ)Ⓔ〔仏〕世の人たちを仏がよいようにはからってくださること。またはそのおかげ。「仰ぎ願はくは、十二所権現(＝熊野三所権現・五所王子・四所明神)、―のつばさを並べて、はるかに苦海の空にかけり(＝ワタシノ苦シンデイル所マデ空ヲ飛ンデ来テ)、左遷の愁へをやすめて(＝流罪ノ苦難ヲスクッテ)帰洛の本懐をとげしめたまへ」〔平家・康頼祝言〕 **――はうべん【―方便】**(…ホウ―)Ⓔ〔仏〕仏が世の人たちをすくうため、いろいろの方法を尽くすこと。またはその方法。「吉野山に廟(べう)を建て、―をほどこしたまひし天神の社壇これなり」〔太平・巻二六ノ四〕

りち【律】Ⓓ ↓りつ。

りつ【律】Ⓓ ❶古代日本における刑法。❷〔仏〕《梵 vinaya すなわち「とり除くこと」の意から》悪を除くため与える拠(よ)り所。そのなかで、とくに禁止・処罰の事項を示したのが「戒(かい)」である。❸㋑中国式十二律のうち、黄鐘・太簇・姑洗・蕤賓・夷則・無射をいう。㋺日本式の音階で、律旋をいう。㊇りつりょ。

りっし【律師】Ⓓ〔仏〕❶朝廷から任命される僧の管理職。僧都(そうず)の次位。僧の戒律を取り締まる役で、はじめ大・中・少の三階級だったが、後にこれを廃し、律師と権(ごん)律師とになった。律師は従五位の殿上人に準ぜられた。弘安八年(一二八五)に律師以前は、特別の決まりはなかったらしい。さらに後には、諸宗において僧階を表す称号となった。㊇そうじゃう・そうづ。❷徳が高く、戒律をきびしく守る僧の尊敬語。「(鬼ガ盗ンダ仏舎利ヲ)韋駄天(ゐだてん)追ひつめ奪ひ取り、これを得て、その後、漢土(＝中国)の道宣―に与へらる」〔太平・巻八ノ八〕

りつりょ【律呂】Ⓓ ❶中国式の十二律のうち、黄鐘・太簇・姑洗・蕤賓・夷則・無射を律(六律)、林鐘・南呂・応鐘・大呂・夾鐘・仲呂を呂(六呂)とよぶ。㊇じふにりつ。❷日本式の音階で、律旋と呂旋との総称。律旋は洋楽の短音階に似た感じ、呂旋は長音階めく。

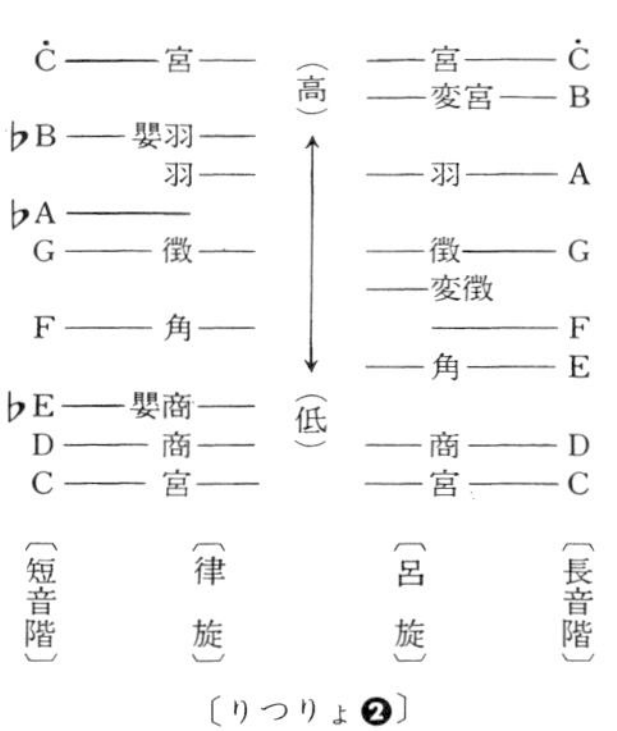

〔長音階〕	〔呂旋〕	(高)↕(低)	〔律旋〕	〔短音階〕
Ċ	宮		宮	Ċ
B	変宮			
			嬰羽	♭B
A	羽		羽	
				♭A
G	徴		徴	G
	変徴			
F			角	F
E	角			
			嬰商	♭E
D	商		商	D
C	宮		宮	C

〔りつりょ❷〕

りほう　わう【吏部王】(ーオウ) Ⓓ →しきぶきゃう。

-りやう【領】(リョウ) Ⓓ 《接尾》→-くだり。「汝と我とが中の麻の衣、一ー年ごろあり」〔今昔・巻一ノ三二〕「着背長(きせなが)の一ー残りたりけるに引きまとひたてまつり」〔平家・小宰相身投〕

りやう【両】(リョウ) Ⓒ ❶重量の単位。㋑《一般に》一〇グラムあまり。二四銖(しゅ)を一両とし、一六両が一斤(きん)となる。「けうらなる(=キレイナ)緋(あけ)の糸五ーばかりづつ、をみなへしにつけたまへり」〔落窪・巻三〕「黄金五十ー、毛揃へたる馬七疋、粗(あら)こも百枚、これしきて積みてまゐらせば」〔義経・巻七ノ七〕㋺《薬剤をはかるとき》四匁(一五グラム)を一両とする。「胡椒(こしょう)を買ひにくる人あり。座中へことわりを申して、一ーかけて(=一両分ヲハカッテ)三文受けとり」〔西鶴・永代蔵・巻四ノ五〕❷金貨(大判・小判)の単位。四分で一両である。「始末(=倹約)第一の人なれど、一ー二歩の鯛をととのへて、えびす(=エビス講)の祝儀を渡しける(=オコナッタ)」〔西鶴・永代蔵・巻六ノ二〕❸反物二反を一両という。「厚綿のきぬ二ー、小袖十重ね、長持に入れてまうけたり(=用意シテアル)」〔平家・征夷将軍院宣〕❹【輛】車をかぞえる単位。「大王、もろもろの大臣と吉日をえらび定めて、車万ーをつかはして迎へたまひて、すでに宮に入りければ」〔今昔・巻一ノ三〕

りやう　かへ【両替】(リョウカエ) Ⓔ 手数料をとってある種の貨幣を他の貨幣にとりかえること。またはそれを業とする者。「一日(=終日)筆をにぎり、ーの手代通れば、銭・小判の相場を(タズネテハ帳面ニ)つけおき」〔西鶴・永代蔵・巻二ノ一〕

りやう　け【領家】(リョウー) Ⓔ 荘園の実質的所有者が、都の権力者に土地を名目のうえで寄贈し、自分はその管理者という名義で実質的には依然としてそこを支配することが多かった。その際、名目的な所有者である都の権力者(貴族)を領家という。鎌倉幕府が地頭をおいたので、領家の権威は無視されがちであった。「地頭あへてーをあなどらず、守護かつて検断(=刑事裁判)のほかにいろはず(=手ヲ出サナイ)」〔太平・巻三五ノ四〕

りやう・ず【領ず】(リョウー) Ⓓ 《他サ変》❶自分のものとする。占領する。「おほやけの近きまもり(=近衛大将)を、わたくしの(=自分用ノ)随身にー・ぜむと(若宮タチガ)争ひたまふよ」〔源氏・横笛〕❷支配する。領地とする。「(中ノ君ハ)もとよりも(土地ヲ)いとしたたかに(=ドッサリ)ー・じたまふ」〔大鏡・師尹〕❸とりつく。乗りうつる。「附子(ぶす)にー・ぜられたやら(=トリツカレタノカ)、しきりに食ひたうなった」〔狂・附子〕

りょう　ら【綾羅】Ⓔ 綾(あや)と羅(うすもの)。美しくて高価な衣料。「諸(もろもろ)の婦ども、衣裳の袖、口を調へて、ーの錦(にしき)、身をまとふ(=身ニツケテイル)」〔今昔・巻三ノ一五〕

りやく【利益】Ⓓ ❶仏が恵みを与えて衆生をすくうこと。またはその恵み。「東大寺と申すは、星霜久しくなりて(=建立以来ズイブン古イ寺デ)、ーさうらふ所なり」〔義経・巻六ノ五〕❷ためになること。もうけ。「君が経を誦する功徳、ただみづから(=自分)のーのみにあらず」〔今昔・巻七ノ三〇〕❸好意。はからい。「をりふし(=チョウド)渡りに船もなし。出家の事にてさうらへば、別の御ーに(=特別ノオハカライデ)船を渡してたびたまへ」〔謡・兼平〕

りよ【呂】Ⓓ ❶中国式十二律のうち、林鍾・南呂・応鍾・大呂・夾鍾・仲呂をいう。❷日本式の音階で、呂旋をいう。(参)りつりょ。❸低い音(声)。謡曲でいえば、下音(げおん)よりも低い音。

りょうとう　げきす【龍頭鷁首】Ⓔ 平安時代、宴会の時など池に浮かべ貴人や楽人が乗って音楽を奏した船。二隻で一対とし、それぞれ屋形があり、へさきには龍の頭を彫ったのと、想像上の水鳥である鷁(げき)の首を彫ったのとある。龍は水をよく泳ぎ鷁は風のようにかけるのを象徴して、水難を防ぐところに基づくという。「りょうとうげきしゅ」「りゅうとうげきしゅ」とも。「ーうかべる池のみぎはの紅葉などたとへむかたなし」〔弁日記〕

〔りょうとうげきす〕

りょ　ぐわい【慮外】(ーガイ) Ⓔ 《十形動ナリ・自サ変》❶思いがけないこと。恐縮。「『みども(=ワタシ)が酌をしてとらせう』『これはー・にござる』」〔狂・餅酒〕❷ぶしつけ。失礼。「いかなる痴(し)れ者ぞ(=ナントイウバカ者ダ)。仏法興隆のところ(=奈良)に、たびたびー・して罪作るこそ心得ね」〔義経・巻六ノ四〕

りょ　りつ【呂律】Ⓓ →りつりょ。

りん　じ【臨時】 **ーきゃく** 客 Ⓔ 正月二日に、摂関家で、大臣以下をまねいた宴会。「堀川の院に住ませたまひしころ、ーの日、寝殿のすみの紅梅」〔大鏡・兼通〕 **ーのせんげ** 臨時の宣下 Ⓔ 《連語》臨時の除目による任命。「その夜やがてーあって、河野の九郎をば対馬の守になされて」〔太平・巻八ノ三〕 **ーのぢもく** 臨時の除目(ージー) Ⓔ 《連語》春秋二回の定例除目以外に行うもの。「夜に入りて、頭の中将公親におほせて、ー行はる」〔保元・上・六〕 **ーのまつり** 臨時の祭り

Ⓔ《連語》例祭以外に行う祭礼。賀茂神社のが有名である。[参]かものりんじのまつり。「兵衛の尉はなれて(=退官シテ)のち、―の舞人(=奉納ノ舞楽ノ舞人)にさされて(=指名サレテ)いきけり」〔大和・一一三段〕

りん と【厘と】Ⓔ《副》(厘までこまかくはかる意から)(こまかく)正確に。きっちりと。「八匁五分、―取りて」〔西鶴・胸算用・巻三ノ三〕

る

る Ⓐ《助動》《四段・ナ変・ラ変の未然形に付く》❶〔受身〕自分がしようと思わないのに、他から何かされるという意をあらわす。「ありがたき(=メッタニナイ)もの…姑(しうとめ)に思はるる(=カワイガラレル)嫁の君」〔枕・七五段〕《古文では、無生物が受身の主語になることは少ないけれど、無いわけではない。↓》「俊蔭が(乗ッテイタ)船は、波斯国に放たれぬ」〔宇津保・俊蔭〕「にくきもの…硯(すずり)に髪の入りて磨られたる」〔枕・二八段〕 ❷〔自発〕《命令形を欠く》しぜんそうなるという意をあらわす。「(年来礼拝シテキタ仏像ヲ)見捨てたてまつる(ノガ)悲しくて、人知れずうち泣かれぬ」〔更級〕 ❸〔可能〕《命令形を欠く》できるという意をあらわす。「つゆまどろまれず、(夜ヲ)明かしかねさせたまふ」〔源氏・桐壺〕《可能の用法は、平安時代はふつう否定形で現れた。したがって「おもしろき夕暮れに、海見やらるる廊にいでたまひて」〔源氏・須磨〕は、可能でなく、自発に解すべきである。鎌倉時代より後は、肯定形でも用いられる。↓》「家の作りやうは、夏をむねとすべし(=主トスルガヨイ)。冬は、いかなる所にも住まる」〔徒然・五五段〕 ❹〔敬語〕尊敬をあらわす。「昔の事、とりかへし(=今サラノヨウニ)悲しくおぼさる」〔源氏・桐壺〕《(1)尊敬の用法は平安時代以後であり、奈良時代にはない。(2)「たまふ」よりもいくらか敬意は軽い。(3)平安時代では、尊敬助動詞「たまふ」とかさねて用いられた例は、ほとんどない。したがって「をりをりの事思ひいでたまふに、よよと泣かれたまふ」〔源氏・須磨〕の「れ」は自発と解すべきである》[参]らる。

未然	連用	終止	連体	已然	命令
れ	れ	る	るる	るれ	(れよ)

る い【類】Ⓓ ❶なかま。同類。「(ダイタイ人間トイウモノハ)―をもって集まり(=同類ガ自然ト寄リ集マリ)」〔西鶴・織留・巻四ノ一〕 ❷親類。「女は…乳母(めのと)の―なりける僧のありけるを尋ねて」〔今昔・巻一六ノ二二〕

るしゃな ぶつ【〈盧遮那〉仏】Ⓓ〔仏〕《梵 vairocana の音訳》[略]毘(び)盧遮那仏。原語は太陽の意で、無限の広がりを象徴する。宇宙の根本的な存在を人格化した仏で、華厳宗・真言宗の本尊。真言宗では「大日(だいにち)如来」ともいう。「―の御首(みくし)に、義朝のどくろを並べ、中央に掛けければ」〔近松・女護嶋・一〕

る にん【流人】Ⓔ 島流しにされた者。「鬼界が島の―どもも(ヲ都ニ)召しかへさるべき事さだめられて、入道相国ゆるしぶみ(=赦免状ヲ)下されけり」〔平家・赦文〕

るり【瑠璃】Ⓓ ❶〔仏〕《梵 vaidūrya の音訳「吠瑠璃耶」の略》猫眼石の類といわれる。多くは青色。「(天女ノ子ガ住ム)山の地は―なり」〔宇津保・俊蔭〕 ❷ガラスの古名。「(袋入リノ笛ヲ)―の細き箱に入れたる、透きて見えたり」〔宇津保・楼上下〕 ❸[略]瑠璃色。青色。「娘…朝顔の花を眺めてゐる…庭に下り―に咲いた一輪をちぎり」〔咄・鹿の子餅・蕣〕 ❹「瑠璃鳥」「瑠璃光浄土」等、瑠璃のつく語の略。「―のみ国(=瑠璃光浄土)の仏」〔今鏡・村上源氏〕

る るい【累類】Ⓔ 親類。一族。「この間、狐を釣るほどに、釣るほどに、某(それがし)の―をことごとく釣り絶やいてござるによって」〔狂・釣狐〕

れ

れい【例】Ⓑ ❶(社会的に公認された)ためし。しきたり。「まことに後代の―ともなりぬべく見たまへりし」〔源氏・花宴〕 ❷(説明しなくてもわかるような)いつものやりかた。お定まり。「―の事どもみなしをへて」〔土佐〕 ❸あたりまえ。普通。「宰相の中将『…』と宣ふ声さへ―の人に異なり」〔源氏・花宴〕 ❹いつものこと。ふだん。「かぐや姫―も月をあはれがりたまひけれども」〔竹取〕

―ならず Ⓒ《連語》❶いつもとは違う。「―・ずおりたち(=平素トチガイ自分カラ)ありきたまふは、おろかにはおぼさぬなるべし」〔源氏・夕顔〕 ❷病気である。「などか―・ずと(=ドウシテ病気ダト)おほせらるる事はべらざらむ(=オッシャッテクダサラナイトイウ事ガアリマショウカ)」〔浜松・巻四上〕

―の Ⓑ《連語》❶《連体的に》さきに述べた。既述の。「―君(きん)だちは、乳母(めのと)を語らひて…暮るるを待ちたまふ」〔宇律保・国譲下〕 ❷《連用的に》いつものように。「あさましう(=アキレルホド)心つよき(=強情ナ)人にもあるかな。―我こそは負けぬべかめれ」〔宇津保・国譲下〕

れいけい でん【麗景殿】Ⓓ 内裏の後宮の殿舎の一。梨壺の西がわ、宣耀殿の南がわにある。女御(にょうご)などの住む所。

れいざま【例様】Ⓓ〘＋形動ナリ〙❶いつものようす。ふだんどおり。「この人を―に思ひ慰めさせて(＝明ルイ気持チニシテヤッテ)」〔浜松・巻四上〕❷〘出家に対して〙一般社会人として生活すること。「(尼姫君ガ)―の(＝出家シナイ)世の常(＝フツウノ女性ノ姿)にてあらましものを(＝イテクレレバヨカッタノニ)と、口惜しう悲しけれど」〔浜松・巻二下〕❸〘病人に対して〙健康な状態。「院、いともの狂ほしき御心にも―におはします時は」〔栄花・花山〕

れう【料】(リョウ)Ⓒ❶使用する物。用品。「御―とて(＝源氏ノ御召シ物ニト)人の奉りたる御衣一具」〔源氏・末摘花〕❷必要な事物・材料。「めやすき(＝結構ナ)物どもなどせさせたまひて、御小袿(こうちき)織らせ、綾の―賜はせなどしたまひける」〔源氏・宿木〕❸入費。費用。「昔は、殿ばら宮ばらの馬飼ひ牛飼ひ、何の(＝ドコソコノ)御霊会・祭りの―とて、銭・紙・米など乞ひののしりて(＝良民カラ大ッピラニ要求シテ)、野山の草木をだにやは刈(か)らせし(＝草木ダッテオチオチ刈ラセナカッタモノデス)」〔大鏡・藤氏物語〕❹ため。「夏の―の表(うへ)の袴(はかま)着たり」〔宇津保・楼上上〕「かの殿には故院の御―の御八講、世の中ゆすりて(＝盛大ニ)したまふ」〔源氏・蓬生〕

れう【寮】(リョウ)Ⓓ❶令制の省に付属した役所。図書・内蔵(くら)・縫殿・陰陽(おんよう)・内匠(たくみ)・大学・雅楽・諸陵・主計(かずえ)・主税(ちから)・主馬(しゅめ)などの寮があった。「大内(＝皇居)にも―の(＝主馬寮デ管理シテイル)御馬に幣(てい)付けて、数十匹ひったてたり」〔平家・御産〕「さらでだに(＝ソレデナクテモ)諸―・司(つかさ)欠けたりし里内裏(＝仮ノ皇居)」〔太平・巻二七ノ四〕❷寺に付属する僧尼の宿舎。「残りの尼衆は喜びて…わが―にぞ帰りける」〔狂・若市〕❸㋑別邸。別荘。「しゃれた茶座敷に、なにがし隠居何の―と、槙(まき)木の垣根建仁寺(垣)」〔春水・梅暦・巻八〕㋺遊女屋の別宅。遊女の保養や病気療養などに使われた。「なぜこんなに皆さんが―(＝根岸ノ丁字屋別宅)へ来てゐなさんすのだえ」〔伎・三人吉三・五〕

れうきでん【綾綺殿】(リョウー)Ⓓ内裏の殿舎の一。紫宸殿の東がわにあり、天皇がふだんお使いになる品物が納めてある。御遊のときは舞い姫の控え室にも使った。

れうけん【料簡・〈了見〉・〈了〉簡】(リョウー)Ⓓ〘＋他サ変〙❶よく思慮をめぐらすこと。「―の至り、まことに興あり」〔徒然・二一九段〕「(発句ノスタイルハ)さまざま奥にしるしはべり。―したまふべし」〔筑波問答〕❷了承すること。納得。「男ざかりの者どもさへ―して帰るに、おのれ一人あとに残り、ものを子細らしく(＝ワケアリソウニ)人のする事を狂言とは(何事カ)」〔西鶴・胸算用・巻二ノ四〕「御―ついでに…御世話頼みたてまつる」〔近松・反魂香・上〕

れうじ【聊爾】(リョウー)Ⓓ〘＋形動ナリ〙❶不注意。そこつ。「亭主(＝会ノ主催者)も、さる人にて(＝チャントシタ人デ)…事にふれつつ(＝何カニツケテ)―ならず(＝手ヌカリナク)」〔無名抄・五四〕❷失礼なこと。「近ごろ(＝タイヘン)―を申してさうらふ。急いで御通りさうらへ」〔謡・安宅〕

れきれき【歴歴】Ⓓ㊀〘＋形動ナリ〙❶㋑何代も続く高い家がら・であること(に生まれた人)。「婿は舅(しうと)の家に行き、お座敷まで(通ッテヨイ資格ガアルノ)は―なりとて、かかりのきは(＝蹴鞠(けまり)ノ庭ノハシ)にぞ立ったりける」〔狂・鶏婿〕㋺〘近世語〙成り上がりでない大富豪。「(単ニ)金持ちといふは、近代のしあはせ(＝最近ノボロモウケデ)、米の(相場ノ)上がりを受け、(アルイハ)よろづの買ひ置き(＝買イ占メ)、または(高利ノ)金貸し(ナドヲヤリ)、自身に帳面も検(あら)むるなるべし。十千貫目(ノ財産ガ)あればとて、これら(ノ連中)を―の中に入れて交はることなし」〔西鶴・二代男・巻六ノ四〕❷一流。「―の医師(くすし)あつまりて、配剤する」〔仮名・竹斎・下〕㊁〘＋形動タリ〙ありありとしていること。「なほ白日に物を見るに、―分明、すでに疑ふ所もなく、また迷ふ所もなきがごとし」〔仁斎・童子問・中〕「相伴(しゃうばん)(＝同席ノ客)など―たる座敷なかばに」〔咄・醒睡笑・巻八〕

れんが【連歌】Ⓒ五七五の句と七七の句を、意味的にいちおう切れながらどこか続くように作ること。短連歌と長連歌がある。短連歌は平安時代に行われ、二句きりのもの。長連歌は百韻・五十韻・歌仙(三六句)などの定型があり、鎌倉時代初期から興隆した。原則的には多数で作るが、ひとりで行うのを独吟、ふたりのを両吟、三人のを三吟という。最初の作りかたはごく自由であったが、鎌倉時代に入っていろいろの法式が生まれ、応安五年(一三七二)に二条良基が後円融院の勅許を得て制定した連歌新式にいたり、標準法式が確立した。その後、心敬・宗祇などの名人が出て、室町時代には和歌の地位をうばうほどの流行ぶりであった。そのなかで、俳諧というスタイルの連歌が、宗祇のころから独立して行われるようになり、芭蕉などの俳諧になってゆく。「―は歌の雑体(＝付属的ナ形態)なり。むかしは百韻・五十韻などとてつらぬる事はなくて、ただ上の句にても下の句にても、言ひかけつれば、いま半(なか)らを(＝モウ一ツノ半分ヲ)付けけるなり」〔連理秘抄〕

れんじ【櫺子】Ⓔ窓や欄間(らんま)などに、一定の間隔でとりつけた格子。「―(ヲ)すべき(＝トリツケルハズノ)所に

は…沈(トイウ香木)をもちて(=ツカッテ)いろいろに造らせたまふ」〔宇津保・楼上上〕

れん だい【蓮台】Ⓓ ❶仏や浄土へ迎えられる者がすわる大きな蓮(はす)の花。「(阿弥陀仏ノ)来迎にあづかりて—に乗る時こそ、妄念(=マチガッタ心)をひるがへして悟りの心とはなれ」〔横川法語〕 ❷蓮の花形に造った仏の台座。「石の—・獅子の座などは、よもぎ・むぐらの上にうづ高く、(釈迦ノナクナッタ時枯レテ白クナッタトイウ)双林(=娑羅双樹ノ林)の枯れたる跡も、まのあたりにこそおぼえられけれ」〔芭蕉・笈の小文〕

ろ

ろ【呂】Ⓓ →りょ。

ろ Ⓒ《間助》《体言・活用語・他の助詞などに伴われ》語調を整えたり、意味を強めたりする。《記紀時代に多く、万葉集では衰え、中古以後は消滅》「春べさく藤の末(うら)葉の(ヨウニ)うら安に(=心ヤスラカニ)さ寝(ぬ)る夜ぞなき子—をし思(も)へば」〔万葉・巻一四〕「松が浦に(波ガ)騒(さわ)ゑ群(むら)だち(=サワギ立ツヨウニウルサイ)ま人言(ひとごと)(=他人ノウワサヲ)思ほすなも—(=気ニナサッテイルデショウ)わが思(も)ほのすも(=ワタシガ気ニスルノト同様ニ)」〔万葉・巻一四〕《接尾語とする説もあるが、「ろかも」という形の言いかたがある点から、助詞と認める》

ろう きょ【籠居】Ⓔ【＋自サ変】世間との交際をさけてひきこもること。「しばらく世のならむやう(=情勢)をも見むとて、大納言を辞し申して、—とぞ聞こえし」〔平家・鹿谷〕

ろう ろう【朧朧】Ⓔ《形動タリ》おぼろにかすんでいるさま。ぼんやり薄あかるいさま。「彌生(やよひ)も末の七日、曙(あけぼの)の空—・として」〔芭蕉・奥の細道〕

ろ かも Ⓒ《複助》《古代語。語調を整える「ろ」＋感動の「か」「も」。体言・形容詞の連体形に付き》感動を表す。「…其(し)が花の(ゴトク)照りいまし(=顔色ガ明ルク)其が葉の(ゴトク)広りいますは(=ユッタリトシテイラッシャルノハ)大君—」〔記・下〕「藤原の大宮仕へ(=宮ニ奉仕スルタメ)生(あ)れつぐや(=ツギツギ生マレル)少女(をとめ)がともはともしき—(=少女タチハウラヤマシイナア)」〔万葉・巻一〕(参)ろ。

ろく【禄】Ⓒ ❶㋑報酬。謝礼。「力を尽くしたること少なからず。しかるに—いまだ給らず」〔竹取〕「仏を思ひの如く美麗に造りて、ゐて(=持参シテ)奉れば、郡司、限りなく喜びて、この仏師にいかなる—を与へむと思ふ」〔今昔・巻一六ノ五〕㋺給与。サラリー。「清盛の—を食(は)むといへども(=俸給ヲモラッテイルガ)、旧恩は忘れず」〔浄・布引滝・三〕 ❷㋑目下の者に与える儀礼的プレゼント。祝儀。引き出物。「大御酒給ひ—給はむとて」〔伊勢・八三段〕「御—の物、うへの命婦とりて給ふ」〔源氏・桐壺〕《平安時代は多く衣類で、もらう方は肩にかけたところから「かづけ物」ともいった》㋺結婚の約束のとき、男の方からしるしに贈る物。結納。「何を—に迎へまゐらせむ(=オ嫁ニ来テモラウ)便もなければ、身の徳なきを(=貧乏ナノヲ)悔ゆるばかりなり」〔秋成・雨月・蛇性〕

ろく【陸】Ⓓ《形動ナリ》❶《原意義》水平。「《酒樽(さかだる)ヲ持ッタ婿ガ渡シ船ニ乗ルノニ対シ》『ぐれつく(=グラグラスル)船ぢゃ。構へて(=注意シテ)静かにお乗りゃれ』『これ(=酒樽)はこぼれ物ぢゃ。—・な所に置いてくだされ』」〔狂・船渡婿〕 ❷(物体の位置または形状が)まっすぐだ。きちんとしている。「この(床ノ間ノ)掛け物も—・に掛けてもらひたい」〔狂・千切木(虎明本)〕「築山を直しましょ。人いらずに(=人手ヲカケズ)家のゆがみを—・にしましょ(=チャント直シマショウ)」〔西鶴・二代男・巻七ノ二〕「わたくしどもも、—・ではございませんが、鳶(とんび)の羽をひろげたやうに鬢(びん)を出して、あの、顔へ(オシロイヲ)べたべたとなすりますから」〔三馬・風呂・三ノ上〕《原文は「直」に「ろく」とふりがな》 ❸(行為・心がけ・人がらなどが)まともだ。満足だ。じゅうぶんだ。「三五郎。(子ドモノ)守(も)りするなら、—・にしや(=チャントナサイ)」〔近松・天網島・中〕「人にお隠しなさるるは、どうで(=ドウセ)—・な事ではあるまい」〔浄・先代萩・三〕《現代語の「ろくでもない」「ろくでなし」等のもとになっている》

—・に寝る《水平に寝るという意から》らくに寝る。くつろいで寝る。「おでん(=娘ノ名)をろくに寝させて、母(かか)様もちとお休み」〔近松・油地獄・下〕

—・に居(ゐ)る(—イル)《平らにすわるという意から》あぐらをかく。「『許させられい(=ゴメンナサイ)、ろくにゐませう(=ヒザヲクズシタイノデスガ)』『まことに最前から気がつかなんだ。ゆるりとゐて飲め』」〔狂・素襖落〕

ろく じ【六時】Ⓓ 一昼夜を六分した時刻。晨朝(じんちょう)(=早朝)・日中・日没・初夜・中夜・後夜(ごや)。「五台山には文殊(もんじゅ)こそ—に(=終日終夜)花をば散ずなれ」〔梁塵〕

ろく だう【六道】(—ドウ)Ⓓ〔仏〕すべての存在の場所を一〇種に分け、悟りの世界を四種(仏・菩薩・縁覚・声聞)、迷いの世界を六種(地獄・餓鬼・畜生・修羅・人間・天上)とする。後者が六道または六趣といわれる。いずれも、存在の根本真理を知らないため、その迷いの支配力(業)のため、ぐるぐる回りをするだけで、抜け出せないのだといわれる。「(勝如上人ハ)別に草の庵をつくりて、その中に籠りゐて、十余年の間—の衆生のために無言(=口ヲキカナイ修行ヲ)してねむごろに行ひけり」〔今昔・巻一五ノ二六〕　**—のちまた**　六道の巷・六道の衢　Ⓔ〘連語〙死者が次の世界に生まれかわる際、悟りの世界へ行く者のほかは、すべて六道のどれかへ行くが、それぞれへの道が分岐している所。「(ワタシハ)—の末に待つぞ君おくれ先だつならひありとも」〔幸若・高館〕　**—のつじ**　六道の辻　Ⓔ〘連語〙「ろくだうのちまた」に同じ。「今日は閻魔王自身—に出で、よからう罪人も通らば、地獄へ責め落とさばやと存じさうらふ」〔狂・八尾〕

ろくゐ【六位】(—イ)　Ⓓ　❶宮中の位階の第六番め。またはその人。平安中期以後、七位以下は実際には与えられなかったらしいから、官人として事実上の最下位という形だった。(参)—ゐ。「業遠のぬしの、まだ—にて、はじめて参れるよ」〔大鏡・兼通〕　❷(略)六位の蔵人。「『—やさうらふ、—やさうらふ』と召されければ、伊豆守、そのころはいまだ衛府の蔵人でおはしけるが、『仲綱』と名のって参られたりける」〔平家・競〕　**—のくらうど**　六位の蔵人(…—クロウ—)　Ⓓ　蔵人は本来五位だが、六位の者でとくに蔵人に任命された者。定員四名。そのうち最古参の一人は、天皇だけ召される青色(山鳩(やまばと)色)の袍(うは)を賜って着用した。(参)くらうど。「—の青色(ノ袍)など着て…袖うち合はせて立ちたるこそ、をかしけれ」〔枕・七六段〕

ろし【路次】　Ⓓ　❶途中。みちなか。「—にて勢(=兵士ガ)うち加はり、三千余騎にて」〔義経・巻四ノ一〕「風呂へ行く—で、宿老(=町内ノ世話役ガ)『われ(=オマエ)はどこへ行くぞ』と問ふに」〔イソポ・第一話〕　❷㋑道(そのもの)。道路。路上。「(犬ヲ)輿(こし)に乗せて—を過ぐる日は、道を急ぐ行人も馬より下りてこれに膝まづき」〔太平・巻五ノ四〕「その幼き者をばそのまま—に捨てて、商人(あきびと)は奥(=東北地方)へくだりさうらふ」〔謡・隅田川〕「この所を—とも存ぜず、一方の肩をはづいて(=片方ノ背負イ帯カラ腕ヲ抜イテ)ふせって(=寝テ)ゐましたれば」〔狂・茶壺〕㋺〘「露路」との混同で〙通路。「さて、裏の小座敷へ—よりお入りなされませい」〔狂・鹿ぞ啼く〕　❸道を歩くこと。道中。「うち捨てがたくて、—の煩ひ(=道中スルノニヤッカイ物)となれるこそわりなけれ(=ドウショウモナイ)」〔芭蕉・奥の細道〕「—の労(らう)ひ(=ワザワザ来テモラッタコト)をかたじけなうすれば(=感謝スルト)、助(すけ)もよみがへりの賀(=再生ノ祝イ)を述ぶ」〔秋成・雨月・夢応〕〘日葡辞書に roxi とあり、謡曲・狂言でも清音の「ろし」。中世までは清音だったと思われる〙

ろんなし【論無し】　Ⓓ〘連語〙いうまでもない。むろんだ。「—・く(=当然)もとの国にこそ行くらめ」〔更級〕

わ

わ【和・倭】　Ⓔ　もと、中国人が日本をさしていった語。後には日本人自身も用いるようになった。「その後、漢土より字書を伝へける時、—と書きてこの国の名に用ゐたるを、すなはち領納して(=ソノママ受ケ入レテ)、またこの字を耶麻土と訓じ」〔神皇正統記・上〕

わ【吾・我】　Ⓑ〘代〙第一人称。〘平安時代以後多く用いられ、古代の「あ」と交替の形となった〙わたし。「今は—がかくてあれば、いとよくもてなしてむ」〔狭衣・巻三〕〘「わが」という形で連体修飾語に用いられる例が最も多く、「わ君」「わ主」「わ僧」などの形で第二人称に転ずる例も平安後期から現れる。中世以降「和」の字をあてて用いることが多い。「—君(=アナタ)ぞ詠(なが)め声はよき」〔狭衣・巻一〕「この立てる杉の木は、—尊(みこと)の目には見ゆや」〔今昔・巻二七ノ三七〕「—僧の頭や腕(かひな)に取りつきたる児(ちご)どもは、たそ(=ダレデスカ)」〔宇治・巻一〇ノ一〇〕「姫のかはりに—主の首を連れて帰る」〔近松・職人鑑・四〕〙(参)あ。

わ　Ⓑ〘終助〙〘文末に付く〙　❶〘古代語〙感動の意を表す。…や。…よ。「…にほどりの近江(あふみ)の湖(うみ)に潜(かづ)きせな—(=モグリタイナア)」〔記・中〕　❷〘助詞「は」の転〙感動・おどろきの意を表す。「なう、杉菜もせくらべしてゐる—」〔狂・酢薑〕

わい　Ⓑ〘終助〙〘中世以後の口語で、文末に付く〙感動の意を表す。…よ。…なあ。「おのれが心の剣で、母が寿命を削る—」〔近松・油地獄・中〕「ずいぶん相応に客もあるさうな—」〔伎・十六夜清心・一ノ三〕

わいの　Ⓑ〘複助〙〘終助詞「わい」「の」をかさねたもの〙相手に同感を求めたり、自分が相手に同感した気持ちで強調する。「この大雪に、使ひにおりゃる—(=オ出カケダヨネ)」〔狂・木六駄(鷺流)〕「夫婦の義理を忠義に代へて、あかぬ離別をした—」〔近松・小室節・上〕「ほんに(アナタノ親ダケアッテ)目もとが似た—」〔近松・冥途飛脚・下〕

わいやい　Ⓑ〘複助〙〘終助詞「わい」「やい」をかさねたもの〙念を押す気持ちで強調する。「おのれが(=キサマノ帰リノ)遅さに、それがし一人後に残った—」〔狂・止動方角(鷺流)〕「馬鹿を尽くした(=バカゲタ限リノ)この刀、捨て所がない—」〔近松・天網島・上〕

わうしき【黄鐘】(オウ—)　Ⓓ　日本式十二律の第八。(参)じふにりつ。

わうじゃう【往生】(オウジョウ)　Ⓒ〘＋自サ変〙　❶極楽浄土に生まれかわること。「他力を頼みたてまつる

(＝弥陀ノ本願ニスガル)悪人、もとも(＝最モ)―の正因なり(＝可能性ガ高イ)。よて(＝ソレデ)『善人だにこそ―・すれ、まして悪人は(当然ダ)』とおほせさうらひき」〔歎異抄〕 ❷《浄土へ行くのはかならず死後であるところから》死ぬこと。「―の枕をあげ(＝臨終ノ枕カラ顔ヲアゲ)、『婿なり、甥(をひ)なり、治兵衛がこと頼む』との一言は忘れねど」〔近松・天網島・中〕

わう ぢ【王地】(オウジ) Ⓔ 王者の治めている土地。帝王の領地。「いづくか―ならぬ(＝ドコダッテ天皇ノ御領地ダ)。身をかくすべき宿もなし」〔平家・小督〕「普天(ふてん)の下率土(そっと)の内(＝ドンナ場所ダロウト)、いづく―にあらざるや」〔謡・田村〕

わか・し【若し】 Ⓒ《形ク》❶《生理的に》年少だ。《現代語の「わかい」よりもずっと範囲が広く、幼年期まで含む》「天皇―・くいましし時、夢みたまはく」〔紀・欽明・訓〕《「わかくいましし」は「幼」の訓》「―・き男、けしうはあらぬ(＝悪クハナイ)女を思ひけり」〔伊勢・四〇段〕 ❷《精神的に》子どもっぽい。ものなれていない。「さこそ強がりたまへど、―・き御心にて、(女ガ)いふかひなく(＝手当テノシヨウモナイ状態ニ)なりぬるを見たまふに、やるかた(＝ドウシヨウモ)なくて」〔源氏・夕顔〕 ❸(練習が)あまりよくできていない。未熟だ。達者でない。「いと―・けれど、おひさき見えて(＝将来有望ト思エルヨウニ)ふくよかに書いたまへり」〔源氏・若紫〕「おもしろう吹きすましたまへるに、(箏ヲ)かきあはせ(＝合奏シ)、まだ―・けれど(＝タドタドシイガ)、拍子(はうし)たがはず、上手めきたり」〔源氏・紅葉賀〕

わか たう【若党】(―トウ) Ⓔ ❶《若い連中の意》家来のうちの若手。「ただ今名のるは大将軍ぞ。あますな者ども、もらすな―、うてや」〔平家・木曾最期〕 ❷若い武士。「九郎につきたる―、一人として愚かなる者なけれ」〔義経・巻六ノ三〕 ❸《江戸時代》武家に仕えた身分の軽い家来で、中間(ちゅうげん)よりは上であった。「国左衛門が―、三十二文おごりて一時の夢を見る」〔黄・見徳一炊夢・上〕

わか・つ【分かつ】 Ⓒ《他四》❶切りはなして、別々にする。「一身を―・ちて、ふたつ(＝心ト肉体ト)の用をなす」〔方丈〕 ❷区分して、けじめをつける。「大井川に逍遙(＝船遊ビ)せさせたまひしに、作文の(＝漢詩文ヲ作ル)船・管絃の船・和歌の船と―・たせたまひて(＝区別ナサッテ)、その道にたへたる人々を乗せさせたまひしに」〔大鏡・頼忠〕 ❸判別する。「初心を忘れずは、後心は正しかるべし。後心正しくは、上るところのわざ(＝シダイニ上達シテ来タ芸)は下ることあるべからず。これすなはち、是非を―・つ道理なり」〔花鏡〕「いづれか是(ぜ)いづれか非(ひ)ならむとはべりしに、この間(＝ドチラガヨイカ)―・つべからず」〔続猿蓑〕 ❹わけくばる。配分する。わけ与える。「あま(＝漁師)の小舟こぎつれて(帰ッテ来テ)、魚―・つ声々に(＝収穫ノ魚ヲ配分シテイル声ヲ聞クニツケ)『綱手かなしも』とよみけむ(古人ノ)心もしられて、いとどあはれなり(＝イッソウ心ヲウタレルノダッタ)」〔芭蕉・奥の細道〕《自動詞(四段)の用法をあげる説もあるが、唯一の用例「入り口より南北にわかって」〔浮・御前義経・巻七ノ二〕の誤解と認められるので、採らない》

わか どころ【和歌所】 Ⓓ 公式な和歌集の編集、その他和歌に関することを取り扱った役所。宮中または上皇御所におかれた。村上天皇の天暦五年(九五一)創設。「―にて『関路の鶯』といふ事を(題ニシテ詠ジタ)」〔新古今・春上・詞〕

わか な【若菜】 Ⓓ ❶春のはじめの食料になる野草。「君がため春の野に出でて―摘むわが衣手(ころもで＝ソデ)に雪は降りつつ」〔古今・春上〕 ❷正月の最初の子(ね)の日に、宮中で内膳司(ないぜんし)から天皇に奉る野草スープ。草は七種(時には一二種)用いた。私的にもおこなわれた。「(妻ノ母太后ハ)来年(六〇歳ニ)足りたまふ年なるを(＝チョウドオナリダカラ)、―など調じて(＝コシラエテ)御子の日に参らせむ(＝サシ上ゲヨウ)」〔宇津保・菊宴〕

わか・ぶ【若ぶ】 Ⓔ《自上二》若々しくふるまう。若々しい様子でいる。「(紫上ハ)御年よりも―・びてならひたまへば(＝年齢ヨリモズット子ドモッポクスルクセガオツキダカラ)、いとかたはらいたくはべり(＝ドウモ閉口デス)」〔源氏・若紫〕

わかれ ぢ【別れ路】(―ジ) Ⓓ ❶別れてからゆく道。「―は渡せる橋もなきものをいかでか(＝何ダッテ)常に恋ひわたるべき」〔拾遺・別〕 ❷㋑人との別れ。別離。「(愛人トノ)―に(セキ立テルヨウニ鳴イテ)憂かりし(＝ウラメシク思ッタ)鶏(とり)の同じ音を(アレカラ後)幾夜寝覚めの床に(悲シク)聞くらむ」〔新葉・恋四〕㋺この世との別れ。永別。死別。「むまたまの(＝枕詞)髪をたむけて―(＝若君トノ死別)に遅れじとこそ(出家ヲ)思ひ立ちぬれ(＝決心ヲシタノダ)」〔今昔・巻一九ノ九〕

わき【分き】 Ⓔ 分別。思慮。判断。「われは(家庭ヲ持チ)子うむ―も知らざりしに(＝トイウ点ニ考エオヨバナカッタガ)」〔大鏡・序〕

わき【脇・腋】 Ⓒ ❶㋑胴体の側面で腕の下になる部分。「安芸の太郎を左手(ゆんで)の―に取ってはさみ、弟の次郎をば右手(めて)の―にかいばさみ…海へつと(＝サット)ぞ入りたまふ」〔平家・能登殿最期〕㋺《とくに》脇の下。「僧都、綱にとりつき、腰になり(＝腰マデ水ニツカリ)、―になり(＝脇ノ下マデ水ニツカリ)、たけの立つ(トコロ)まで(船ニ)引かれいで」〔平家・足摺〕 ❷着物のそでと身ごろがつく部分。「このたび―までつめ(＝人妻用ノ着物モ仕立テ)、今日明日となって…この嫁入りがのばされよか」〔近松・歌念仏・中〕 ❸そば。かたわら。「かねて通ひし―の門を忍び寄る時に」〔浄・綱公時最期・五〕 ❹㋑〔連歌・俳諧で〕第二句のこと。発句に付ける句。「渡辺(八)蓬莱(ほうらい)に付いて(＝ヲ題ニシテ)発句に『橘(たちばな)は蓬(よもぎ)が島の匂ひかな』、公時―に『初音も高き山ほととぎす』」〔浄・綱公時最期・一〕㋺〔能で〕主役(シテ)に対して、その主要な相手役。一曲のうち一人に限られる。「能は橋弁慶、シテは一文字屋のみさを、―は京屋の大江が勤むるはずなりしが」〔浮・御前義経・巻二ノ一〕(これは作者の誤り。橋弁慶にはワキは出ない)「―の僧引っ込みぎはのてれたもの(＝ポツントハイルノデテレクサイモノダ)」〔柳樽・四〕㋩〔すもうで〕最高位の最手(ほて)につぐ地位。江戸時代に関脇とよばれた。「伴の勢田世といふ相撲(すまひ)…最手に立ちて久しくなりにけるを、この宗平が―にてありけるに合はせられたりければ(＝取リ組マセラレタトコロ)」〔今昔・巻二三ノ二三〕 ❺ほかのところ。よそ。「これよりして後、―に(＝ワタシ以外ニ)若衆のちなみ(＝関係)は思ひもよらず」〔西鶴・五人女・巻五ノ四〕 **―のして** 脇の為手 Ⓓ 〖連語〗〔室町時代〕能の助演者。江戸時代以後にワキと称したもの(「わき❹㋺」)よりも範囲が広く、ワキのほか、ワキツレ、シテ方のツレなどをも含む。「(老境ニ近ヅイタラ)たとひ天下に(名人トシテ)ゆるされ(＝認メラレ)、能に得法したりとも(＝奥義ヲキワメテモ)、それにつきても、よき―を持つべし」〔花伝・一〕

わき ざし【脇〈差〉し】Ⓒ ❶〔もらった時脇にさす物の意〕祝儀にいただく絹の巻いた物。「仲媒(ちゅうばい＝ナコウド)に、―ら(ヲ)うちして(＝与エテ)請はしめむ(＝求婚サセヨウ)」〔宇津保・藤原君〕 ❷㋑武士が太刀のほかに添えてさした予備の刀をいう。「刀のきっさき一寸あまり折れてうせにけり。渕辺その刀を投げ捨て、―の刀を抜いて」〔太平・巻一三ノ五〕㋺江戸時代に、一尺以上二尺(三〇センチ～六〇センチ)までの刀をいった。武士以外でも、旅行中などは持つことが許された。「―に替へてほしがる旅刀」〔芭蕉(続猿蓑)〕 ❸そばについている者。「あなかしこ(＝ケッシテ)―たち、いづかたをも(＝ドチラニモ)みつきたまふな(＝加勢シテクダサルナ)。あまたのわづらひにならば(＝多勢ノ迷惑ニナルト)仏事のさまたげにはべるべし」〔徒然・一一五段〕

わぎへ【吾家・我家】(-エ) Ⓔ 〔「わがいへ」の連音変化〕自分の家。わがや。「うち霧(き)らし(＝イチメンニ曇ラセテ)雪は降りつつしかすがに(＝デモ一方デハ)―の園にうぐひす鳴くも」〔万葉・巻八〕

わきま・ふ【弁ふ】(-マ〈モ〉ウ) Ⓒ 〖他下二〗 ❶区別をよく理解する。「この島へながされて後は、暦もなければ、月日のかはり行くをも知らず、ただ自ら花の散り、葉の落つるをみて春秋を―・へ、蝉の声、麦秋を送れば、夏と思ひ、雪のつもるを冬と知る」〔平家・僧都死去〕 ❷つぐないをする。「盗みし物だに―・へなば(＝弁償スレバ)助けてとらせ(＝ヤリナサイ)。立ちまひあしくて(＝相手ニナリヨウガマズクテ)盗人にきずつけられたるは、おのおの不幸のことなり(＝アンタガタノ不運ダ)」〔秋成・春雨・樊噲下〕 ❸〔税を〕おさめる。「何にても仰せに従ひて、数のままに―・へ申してむ(＝規定額ノトオリ納入イタシマショウ)」〔今昔・巻二八ノ三一〕「鮑(あはび)を取りて(ソレヲ税トシテ)国の司には―・へける」〔今昔・巻三一ノ二一〕

わきまへ【弁へ】(-エ) Ⓓ ❶考えわける力。分別。思慮。「弁宗といふ僧住みけり。天性―ありて…衆望を得たりけり」〔今昔・巻一六ノ二七〕 ❷処置。解決。「さても(＝ソレニシテモ)何事にて(＝何ダッテ)千両の金(かね)負ひたる(＝ワタシガ借用シテイルトカ)、その―せよ(＝清算ヲシロ)とは言ふぞ」〔宇治・巻一ノ八〕

わぎも【吾妹・我妹】Ⓒ 〔「わがいも」の連音変化〕妻および愛人をさすことば。「…独りか寝(ぬ)らむ問はまくのほしき(＝質問シタイ)―が家の知らなく(＝家ガドコカワカラナイコトダ)」〔万葉・巻九〕 **―こ** 子 Ⓒ 「わぎも」に同じ。〔「こ」は親密な気持ちを表す〕「―にわが恋ひ行けばともしくも(＝ウラヤマシクモ)並びゐるかも妹と背の山」〔万葉・巻七〕

わ・く【分く・別く】Ⓐ ㊀〖他四〗 ❶㋑区別する。差別をつける。「その(＝以上ニ述ベタ人物ノ)きは(＝身分)より下(ノ者ニ対シテ)は、心ざしのおもむき(＝グアイ)に従ひて、あはれ(＝愛情)をも―・きたまへ(＝加減ナサイ)」〔源氏・胡蝶〕「この二人の僧都、共にやむごとなき人にて、天皇、(ドチラヲ上ト)―・きおぼしめすことなかりけり」〔今昔・巻一四ノ四〇〕「起き臥(ふ)し―・かで(＝イツトイウ区別ナシニ)枕より後(あと)より恋の責め来れば」〔謡・松風〕㋺〔それだけを〕とくに…する。ことさら…する。とりたてる。「いかなれば(＝何ダッテ)花に木伝(こづた)ふ鶯(うぐひす)の桜を―・きてねぐらとはせぬ」〔源氏・若菜上〕 ❷㋑(差を)知る。識別する。判別する。「いささかの咎(とが)(＝欠点)を―・きたまひて、あながちに(＝シイテ)劣りまさりのけぢめをおきたまふ(＝差ヲオツケニナル)」〔源氏・梅枝〕「(咲クコトノ)遅く疾(と)き花の心(＝性質)をよく―・きて、いろいろを尽くして(＝種類ノアリッタケ)植ゑおきたまひしかば」〔源氏・幻〕㋺理解する。「いさや(＝サアネ)、それも、人の―・き聞こえがたき事なり」〔源氏・椎本〕 ㊁〖他下二〗 ❶㋑区別する。差別をつける。「さまざまに―・くる形もまことにはひとつ仏の悟りなりける」〔続後撰・釈教〕

㊁(それだけを)とくに…する。ことさら…する。とりたてる。「昔より散らさぬ(=他ヘハヤラナイ)宅(や)の梅の花(ダガ)―・くる(=トクニ進呈スル)心は(コノ梅花ノ)色に見ゆらむ」〔千載・春上〕 ❷筋のとおるようにする。事情をあきらかにする。「『聞きわけてくれ、死んでくれ、妹』と、事を―・けたる(=理由ヲ明ラカニシタ)兄のことば」〔浄・忠臣蔵・七〕 ❸分割する。分配する。「(町ノ)東面(おも)は、(一部ヲ)―・けて(=サイテ)、馬場の殿(おとど)造り、埒(らち=サク)ゆひて」〔源氏・少女〕「(儀式ノ用意デ)御かたがたも、さるべき(=自分ニ応ジタ)事ども―・けつつ(=分担デ)望みつかうまつりたまふ(=オ手ツダイヲ希望シテナサル)」〔源氏・若菜上〕「昔の人(=ナクナラレタ姉君ガ)ものしたまはましかば(=モシ御在世ナラ)、いかにもいかにも(=ドンナ事ガアッテモ)ほかざまに(=他ノ女性ニ)心―・けましや」〔源氏・蜻蛉〕 ❹(通りにくい場所を)行く。「入りもてゆくままに、霧(き)りふたがりて、道も見えぬ茂木の中を―・けたまふに」〔源氏・橋姫〕

わくご【若子】Ⓔ ❶幼い子。「みどり子の―が身には…」〔万葉・巻一六〕 ❷年若い男をほめた感じでいうことば。若さま。「稲つけばかかる(=ヒビガキレル)吾(あ)が手を今夜(こよひ)もか殿(=オ屋敷)の―が取りてなげかむ」〔万葉・巻一四〕

わくらば【病葉・老葉】Ⓔ 夏、虫害または病害のため変色した葉。「夏山の木の葉を虫蝕(は)みて黄ばみ色づきたるを―といふ。『病葉』と書き、(季語トシテハ)夏なり」〔産衣〕

わくらば【邂逅】Ⓔ 《形動ナリ》時たま。ごくまれ。「―・に(=得ガタイ機会ノオカゲデ)人とはあるを(=人ト生マレテキタノニ)人なみに我も作るを(=耕作シテイルノニ)…」〔万葉・巻五〕「―の風のつてにも知らせばや思ひを須磨の暁の夢」〔月清集・巻四〕「『―・に問ふ人あらば須磨の浦に藻潮(もしほ)たれつつわぶと答へよ』と行平も詠じたまひしとなり」〔謡・松風〕(謡曲では「ワクラワ」と発音されている。平安時代も清音だったかもしれない)

わけ Ⓒ ━【分け】 ❶区別。ちがい。けじめ。「それがし(=オレ)が内に在らうずる奴めが、文蔵(トイウ人名ト)うんざう(トイウ粥(かゆ))の―差別も知らいで」〔狂言記・文蔵〕 ❷(供え物の)おさがり。(食物の)おあまり。「今日はまたはきだめ山に蒲鉾(かまぼこ)の―を捨てたる祇園会のあと」〔後万載・巻一五〕 ❸決算。結末。「そしたら、(家ニ)いんで(=行ッテ)―つけるか」〔一九・膝栗毛・五下〕 ❹半分わけにすること。折半。《遊女と抱え主との間に使う例が多い》「(女郎ノ中ニハ)親方(=カカエ主)と―に勤めをするもあり」〔浮・万金丹・巻一ノ二〕 ━【訳】 ❶㋑意味。意味する内容。「―は知らねど(=ワカラナイガ)、聞きませう」〔狂言記・茶盞拝〕㋺事情。原因・理由。「その―は、身(=ワタシ)が言ひ聞かさう」〔伎・三舛玉垣・一ノ五〕 ❷(男女間の)情事。いろごと。「―売る里(=遊里)」〔松の葉・玉くしげ〕 ❸㋑すじみち。次第。「(説教ヲ引キ受ケタケレド)談義・説法の―を知らぬほどに、この二三日、いろいろに思案つかまつり…親孝行の次第を一つ二つ申さうと存ずる」〔狂・泣尼(虎清本)〕㋺方法。手段。「明け暮れただ女の思ひつく(=ノボセルヨウナ)―をのみ好かれけるに」〔咄・鹿の巻筆・第五ノ二〕

わご【吾ご・我ご】Ⓔ 《連体》《古代語》「わが」の転。「大君」に付くときだけ用いられる。「やすみしし(=枕詞)―大君の常宮(とこみや)と仕へまつれる(=永遠ノ宮殿トシテワレワレガオ仕エ申シアゲテイル)…」〔万葉・巻六〕

わごぜ【我御前・〈和〉御前】Ⓔ 《代》女性に対し親しんで呼ぶ第二人称。あなた。「さて―は今様は上手にてありけるや」〔平家・祇王〕

わごりょ【我御寮・〈和〉御料】Ⓔ 《代》親しい気持ちで呼ぶ第二人称。あんた。「―の気色(けしき)は何とおりゃるぞ(=ドンナ調子デスカネ)」〔狂・武悪〕

わごん【和琴】Ⓓ 昔からわが国にあって行われた琴。あずまごと。やまとごと。中国伝来の琴(きん)に対していう。弦は不定であったが、六弦におちつき、胴は約一九〇センチぐらいで、琴爪(つめ)でかきならして演奏した。「ものの音には、笛・篳篥(ひちりき)。常に聞きたきは、琵琶・―」〔徒然・一六段〕

〔わごん〕

わざ【業】Ⓑ ❶㋑おこない。すること。「あやしう夜深き御ありきを、人々『みぐるしき―かな。このごろ、例よりも…』(ト批判スル)」〔源氏・夕顔〕「人間のいとなみあへる―を見るに、春の日に雪仏を作りて、そのために金銀珠玉のかざりをいとなみ、堂を建てむとするに似たり」〔徒然・一六六段〕㋺《とくに》好きな行為。すさび。「釣りするをもちて―となす。或(ある)にいはく、鳥遊びするを―となす」〔紀・神代下・訓〕(「わざ」は「楽」の訓) ❷こと。ことがら。「ただ(=平常)にはおはしつるよりも若やかに、さる―(=出産)をしつるともおぼされず、くるしき事もなくて、起き居たまへり」〔宇津保・蔵開上〕「おぼしき事言はぬは腹ふくるる―なれば」〔徒然・一九段〕 ❸技術。技芸。「このごろ(=一二、三歳)の稽古、易き(=当人ノコナシヤスイ)所を花に当てて(=見セ場ニシテ)、―をば、大事にすべし」〔花伝・一〕 ❹職業。勤め。しごと。「その子、親の―をつぎて三哲といふ」〔一茶・おらが春〕 ❺仏事。法事。「高子と申す女御(にょうご)かくれさせたまひて後、安祥寺にて御―せさせたまへるに」〔平家・巻一(長門本)〕 ❻

害。しかえし。「いやいや、あのやうな者を荒だつれば、かへって―をなすものぢゃ」〔狂・察化〕

わさ だ【早田】Ⓔ 早稲(わせ)を作る田。「時鳥(ほととぎす)声(=初声)待つ頃(=旧暦四月ゴロ)や山賤(やまがつ=百姓)の―の早苗(さなへ)植ゑ始むらむ」〔新千載・夏〕

わざ と【態と】Ⓒ〘副〙❶ことさらに。特に心がけて。意図的に。「うとき人(=親シクモナイ相手)に―うちまねばむやは(=ダレガワザワザ話シテヤルモノデスカ)」〔源氏・帚木〕 ❷とりわけ。「御手(=筆跡)などの―かしこうこそものしたまひけれ(=特別オミゴトデイラッシャル)」〔源氏・賢木〕 ❸《多く「わざっと」の形で》すこしばかり。心ばかり。「これは赤の飯(まんま)でございますが、わざっとお祝ひ申します(=祝イノシルシニサシ上ゲマス)」〔三馬・風呂・二ノ上〕

わざはひ【災・禍】(―ワイ) Ⓓ ❶㋑不運なできごと。災難。「火の―にあへども、すこしもそこなふ(=ケガヲスル)ところなし」〔紀・神代下・訓〕《「わざはひ」は「難」の訓》㋺よくないできごと。「辺(ほとり)の国(=地方ハ)いまだしづまらず、余(のこ)りの―(=未解決ノ不祥事件ハ)なほこはし(=手ガツケラレナイ)」〔紀・神武・訓〕《「わざはひ」は「妖」の訓》 ❷人をののしったり不快な気持ちをあらわす時のことば。「(殿様ハコンナ調子ダカラ)不運におはするぞかし。―や(=アアイヤダ)―や」〔大鏡・道長〕

わし Ⓓ〘代〙親しい間でつかう第一人称。わたし。《江戸時代の語感では、あまり卑俗ではなかったらしく、中流社会で男女ともに用いた》「《大阪町家ノ主婦ガ夫ニ対シ》―が一生(ノ間)言ふまいと思へども、隠し包んで、むざむざ(小春ヲ)殺すその罪おそろしく、大事のことをうちあける」〔近松・天網島・中〕「《江戸町家ノ一六歳ノ娘ガ下女ニ対シ》人が見つけて(ソノタメアノォ方ハ)往(い)なしたか、ただし―を待ちかねて、帰りたまふか気づかひな(=心配ヨ)」〔浄・八百屋お七・中〕

わし Ⓔ〘感〙はやしことばで、意味はない。歌詞の途中にはさんで用いる。「梯(はし)立ての熊来(くまき)酒屋にまぬらる(=ノノシラレル)奴(やっこ)、―、誘(さす)ひ立て(=サソッテ)ゐて来なましを(=連レテ来レバヨカッタノニ)まぬらる奴、―」〔万葉・巻一六〕

わし・る【走る・奔る】Ⓔ〘自四〙走る。かけまわる。「身(=自分ノ限界)を知り、世(ノ無常)を知れれば、願はず(=欲ヲ持タズ)―・らず(=アクセク奔走シナイ)」〔方丈〕

わ・す Ⓔ〘自四・下二〙《「おはす」の転》❶「ゐる」「来」の尊敬語。「庭の花を見たいとあって―・せ《下二》た衆(=来ラレタ方々)があるとも」〔狂・花折新発意〕 ❷〘補動〙「あり⑥」の尊敬態。「ああ、猫殿は、天性(=生マレツキ)小食にて―・し《四段》けるや(=オイデナンデスナ)」〔平家・猫間〕《「あり⑥」に当たる用法全部があるかどうか不明》

わすれ【忘れ】 **―がたみ** 形見 Ⓔ《「忘れ難(がた)」と「形見」の合成語で》❶いなくなって後の記念。その人がいなくなってからの思い出になるもの。「祇王すでに、今はかう(=モウコレキリ)とて(清盛ノ邸ヲ)いでけるが、なからむあとの―にもとや思ひけむ、障子(=フスマ)に泣く泣く一首の歌をぞ書きつけける」〔平家・祇王〕 ❷父親の死後にのこされた子。遺児。「ひととせ一の谷にて討たれたまひし、無官の大夫敦盛の―にてわたらせたまひさうらふ(=デイラッシャイマス)」〔謡・生田敦盛〕 **―がひ** 貝(―ガイ) Ⓔ 二枚貝の一種。これを拾うと憂いを忘れるとされていた。「若の浦に袖さへ濡れて―拾へど妹(=恋シイアノ女性)は忘らえなくに(=トテモ忘レルコトハデキナイコトダ)」〔万葉・巻一二〕 **―ぐさ** 草 Ⓔ ❶萱草(かんぞう)の和名。憂いを忘れさせる力があるとされていた。「―の末葉に結ぶ(=ヤドル)露の(ヨウニ)かごと(=ハカナイタヨリ)によせては」〔太平・巻一五ノ九〕 ❷心配事を忘れるための材料。「(母モ)あまたの子ども(ノ)扱ひ(=世話)におのづから―摘みてむ(=ワタシノコトハ忘レテユクダロウ)」〔源氏・浮舟〕 **―みづ** 水(―ズ) Ⓔ 人に所在を知られない小さい流れ。「岩間(いはま)をくぐる―たえだえ伝ひて流れ行く」〔伽・梵天国〕

わた【海】Ⓔ うみ。「ありねよし(=枕詞)対馬(つしま)のわたり―中に幣(ぬさ)とり向けて(=奉ッテ)はや帰りこね(=帰ッテイラッシャイネ)」〔万葉・巻一〕「淡路の野島の海人(あま)の―の底奥(おき)つ海石(いくり)に鰒珠(あはびたま=真珠)さはに潜(かづ)き出(=タクサン採集シ)…」〔万葉・巻六〕

わた ぎぬ【綿衣】Ⓔ 綿入れの着物。防寒用にする。「守(かみ)これ(=コノ歌)を聞きて、いみじくほめ感じて、わが着たりける―をぬぎて、とらせてけり(=与エタ)」〔今昔・巻一九ノ一三〕

わた こ【綿子】Ⓔ 真綿製で、背に着る防寒用の衣類。「紙衣(かみこ)、―などいふもの…心々(=メイメイ)に送りつどひて」〔芭蕉・笈の小文〕

わた・す【渡す】Ⓐ〘他四〙❶㋑一方から他方へ移す。「(紫上ヲ)宮に―・したてまつらむとはべるを(=兵部卿宮邸ニオ移シ申シ上ゲヨウトイウコトデスガ)」〔源氏・若紫〕㋺(罪人などを見せしめのため大路を)通らせる。「大臣・公卿、大路を―・して、その首を獄門にかけらる」〔平家・大地震〕㋩(海外から)持ってくる。輸入する。「南京(なんきん)より―・せし菓子」〔西鶴・永代蔵・巻五ノ一〕 ❷㋑(橋・川・海などを)越えさせる。「いまは川を―・すべきでさうらふが、をりふし、さみだれのころで、水まさってさうらふ」〔平家・橋合戦〕㋺(仏法の力で)人を浄土へ行かせる。【浄土を対岸、煩悩(ぼんのう)世界を川にたとえていう】「人—・すことも(=衆生ヲ救ウ目的モ)はべらぬに(=ゴザイマセンノニ)。聞きにくき事もこそ(=イヤナウワサモ)いでまうでくれ(=生マレヤシナイカシラ)」〔源氏・東屋〕㋩対岸にかける。「かささぎの(天ノ川ニ)—・せる橋に置く霜の白きを見れば夜ぞふけにける」〔新古今・冬〕❸(甲から乙へ)与える。譲る。「御国ゆづりの節会おこなはれて(=御譲位ノ宴ノ儀式ガ挙行サレテ)剣・璽(じ)・内侍所—・したてまつらるるほどこそ(=新シイ天皇ニ授与申シアゲナサッテイル時分ハ)かぎりなう心ぼそけれ」〔徒然・二七段〕❹〔補動〕【動詞の連用形に付き】その動作・行為が一方から他方へずっと及ぶ意を表す。「黒木の鳥居どもはさすがにかうがうしく見え—・されて(=ズット見エテ)わづらはしきけしきなるに」〔源氏・賢木〕「鼻を、忍びやかに(=コッソリト)かみ—・す(=ズラリトイル人タチガ皆カム)」〔源氏・須磨〕「四町余をつっと射—・して(=射テユキ)、大船の舳(へ)に立ったる仁井の紀四郎親清がまったただなかを、ひゃうふっと射て」〔平家・遠矢〕「饗膳(きゃうぜん)などにつくときも、皆人の前(=膳ヲ)すゑ—・す(=端カラ端マデ並ベルノ)を待たず、わが前にすゑぬれば、やがて(=スグ)ひとりうち食ひて」〔徒然・六〇段〕

わたつうみ【わたつ海・〈綿津〉海】Ⓓ 海。「—は海人(あま)の船こそありと聞けのりたがへても漕ぎ出けるかな」〔道綱母集〕

わたつみ【海神・〈綿津見〉】Ⓓ【なまって「わだつみ」とも】❶海の神。「かづきする(=海ニモグル)漁夫(あま)はのるとも(=呪文(じゅもん)ヲトナエテモ)—の心し得ずは(=気ニ入ラナクテハ真珠ガ)見ゆといはなくに(=人々ハイワナイコトダ)」〔万葉・巻七〕❷海。「玉藻かる漁夫(あま)にはあらねど—の底ひも知らず入る(=恋ノナカニ沈ンデユク)心かな」〔後撰・恋四〕

わたどの【渡殿】Ⓓ 別棟の建物をつなぐ屋根つきの廊下。「廊」「細殿」とも。「—なる(=ニイル)宿直人(とのゐびと)起こして、脂燭さして参れといへ」〔源氏・夕顔〕

わたのはら【海の原】Ⓔ ひろびろした海。大海。「—寄せくる波のしばしばも見まくのほしき(=ナガメタイ)玉津島かも」〔古今・雑上〕

わたゆみ【綿弓】Ⓔ 繰り綿を打ってまじり物を取り去り柔らかくする道具。弓形で、弦をはじいて綿を打つ。「—や琵琶に慰む(=琵琶ノ音トシテ聞イテ心ヲ慰メル)竹の奥」〔芭蕉(真蹟)〕

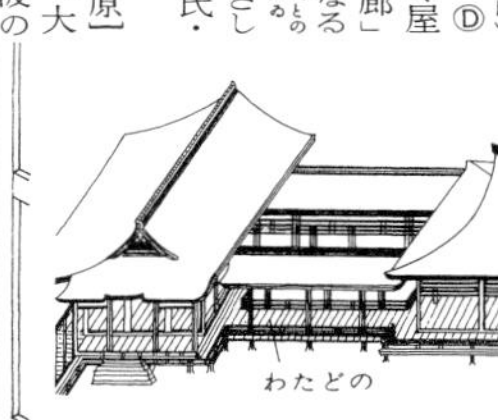

〔わたどの〕

〔わたゆみ〕

わたらひ【渡らひ】(—イ) Ⓓ 生計のためのしごと。世わたり。「むかし、田舎—しける(=イナカ回リノ生活ヲシテイタ)人の子ども、井のもとに出でて遊びける」〔伊勢・二三段〕

わたり【辺り】Ⓑ ❶(場所について)近くの所。近辺。「その—近きなにがしの院におはしましつきて」〔源氏・夕顔〕❷(精神的な意味で)ところ。もと。「丹波の守の北の方(=奥サン)をば、宮・殿の—には、匡衡衛門(まさひらゑもん)とぞいひはべる」〔紫日記〕❸人・家などを間接的にさす。方(かた)。「すこしさだすぎたまひにたる(=オフケニナッタ)—にて、櫛のそりざま(=カーブ)なむ、なほなほしき(=平凡ダ)」〔紫日記〕

わたり【渡り】Ⓒ ❶㋑移転。「御—の事をいそぎたまふ」〔源氏・澪標〕㋺輸入品。舶来(はくらい)。「(貝合ワセノ貝ヲ入レル)貝桶に—の緞子(どんす)覆ひ(ナドイウゼイタクハ)無用にさうらふ」〔西鶴・文反古・巻二ノ一〕❷㋑川を渡ること。「(酔ッテイルノデ)川の—あやふげなれど」〔源氏・松風〕㋺渡し場。【中世以後は「わたし」の形になってゆく】「大船に乗りてわづかに通ふことを得べし。もし—ありといへども、何を以ちてか達(よ)ふことを得むや」〔紀・神功・訓〕【「わたり」は「路津」の訓】「武蔵と相模との中に居てあすだ川といふ(コノ川ハ)、在五中将の『いざこと問はむ』とよみける—なり」〔更級〕❸【「御」を伴い】来ることの尊敬語。「『この客人は誰にてわたらせたまひさうらふぞ』と人に尋ねければ、『春日大明神の御—なり』と答へてけり」〔著聞・神祇〕❹両部分の間の長さ。「薙刀(なぎなた)—一寸、手(=分岐部分)六寸、—六寸の大雁股(かりまた)ねぢすゑたり」〔保元・上・一二〕【「刃渡り二尺三寸の刀」などいうのと同じ用法】❺交渉。かけあい。「大江山の親分(=酒呑童子)が鉄棒(かなぼう)ひいて—に来ようが…びっくともせぬ奴(やっこ)さまだあ」〔一九・膝栗毛・三上〕

わた・る【渡る】Ⓐ【自四】❶一方から他方へ移動する。【英語の pass to に当たるが、訳語としてはたいてい「行く」「来る」「帰る」などを使う】【現代語でも「渡りをつける」という】「言ひあはすべき(=相談シナクテハナラナイ)事もあれば、ただ今

—・る(=スグ行ク)」〔蜻蛉・中〕 ❷(橋・川・海などを)通りすぎる。越えて通る。《英語のgo overに当たる》「夜なかばかりに船をいだして、阿波(あは)の水門(みと)を—・る」〔土佐〕 ❸(甲から乙へ)与えられる。譲られる。「内侍所・神璽(しんじ)・宝剣は、譲位の時、必ず(次ノ天皇ニ)—・る事なれど」〔増鏡・おどろ〕 ❹あまねく行きわたる。広い範囲に及ぶ。《英語のrangeに当たる》「さてこそ(=スベテノ風体ヲ習得シテコソ)—・りたる為手(して)(=役者)にてはあるべけれ」〔花鏡〕 ❺(時が)たつ。経過する。《英語のpass byに当たる》「向かひゐて一日もおちず(=欠カサズ)見しかどもあかざる妹を(=アキルコトノナイワガ妻ヲ)月—・るまで(=幾月モタツマデ見ナイコトダ)」〔万葉・巻一五〕 ❻(世間に)存在してゆく。《英語のget alongに当たる》「学問して因果のことわりをも知り、説経などして世—・る(=生活スル)たつきともせよ」〔徒然・一八八段〕 ❼「あり」「をり」の尊敬語。おいでになる。いらっしゃる。「いかに(=モシモシ)、この家の内に静の—・りさうらふか(=静御前ハオイデデショウカ)」〔謡・船弁慶〕 ❽〔補動〕㋑《動詞の連用形に付き》ⓐ《空間的なひろがりをあらわし》あたり一面に…となる。一面に…する。「草はところどころ青み—・りにけり」〔蜻蛉・下〕 ⓑ《時間的な継続をあらわし》ずっと…する。「あけたてば(=夜ガ明ケルト)蟬(せみ)の(ヨウニ)をりはへ(=イツマデモ)なきくらし夜は螢(ほたる)の(ヨウニ)もえこそ—・れ(=ズット恋心ヲモエタタセテイル)」〔古今・恋一〕 ㋺《形容詞・形容動詞および助動詞「なり」「だ」の連用形に付く場合と助詞「に」「て」を介する場合とがある》…ていらっしゃる。…でおいでになる。「花を散らしつるは御内(=アナタ)で—・りさうらふか(=イラッシャルカ)」〔謡・雲林院〕「ひととせ一の谷にて討たれたまひし、無官の大夫敦盛の忘れ形見にて—・らせたまひさうらふ」〔謡・生田敦盛〕

わっち Ⓔ《代》《近世語》上品でない第一人称。男女ともに用いた。自分を卑下した感じでいう。「《遊女屋ノヤリ手婆ガ客ニ対シ》—どもも、いただきたうはござりやすが(=ゴザイマスガ)、こんなにおもらひ申しやしても、内所でやかましうございやす(=主人ノホウデウルソウゴザイマス)」〔黄・金生木・上〕

わづらは・し【煩はし】(ワズラワ—) Ⓒ《形シク》❶《感じのうえで》うるさい。めんどうだ。「—・し(=メンドウクサイ)。例のやうにて(=イツモノ流儀デ)ふと(=ヒトイキニ)渡りなむ」〔蜻蛉・中〕 ❷複雑だ。簡単でない。「かく—・しき身にてはべれば(=コウイウ複雑ナ事情ノアル身デスノデ)心得ずおぼしめされつらめども(=不審ニオ感ジナサイマシタデショウガ)、心強く(天皇ノオコトバヲ)承らずなりぬること」〔竹取〕 ❸気がおかれる。けむたい。「黒木の鳥居どもはさすがにかうがうしく見えわたされて—・しきけしきなるに」〔源氏・賢木〕 ❹(音響の感じをともない)やかましい。「(村ノ役人タチガ)火祭りやなにやと—・しく(=ヤイヤイ)責めしこと、今は聞こえず」〔大鏡・道長〕 ❺(病気が)重い。重症だ。「(行雅ハソノ後)なほ—・しくなりて(=イッソウ病勢ガツノッテ)死ににけり」〔徒然・四二段〕

わづら・ふ【煩ふ】(ワズラ〈ロ〉ウ) Ⓑ《自四》❶(そのために)くるしみ、こまる。なやむ。「財(たから)多ければ…人のためにぞ(=ソレニ関係スル人ノタメニハ)—・はるべき(=ナヤミノ種ニナルダロウ)」〔徒然・三八段〕 ❷【患ふ】病気にかかる。病気でなやむ。「わらはやみに—・ひたまひて」〔源氏・若紫〕 ❸〔補動〕《動詞の連用形に付き》その動作・行為を「…しかねる」「…がむずかしくてこまる」の意を表す。「いかにして(=ドノヨウニシテ)過ぎにしかたを過ぐしけむ(=過去ノ月日ヲ送ッタノダロウ)暮らし—・ふ昨日今日かな(=昨日今日ハ暮ラシカネテイルヨ)」〔枕・三〇一段〕

わどの【我殿・〈和〉殿】Ⓓ《代》対等の気持ちですこし敬意をこめて使う第二人称。「《弁慶カラ船頭ニ対シ》—かやうに我らに当たらば(=ヒドイ待遇ヲスルナラ)…只今当たり返さむずるものを(=スグシカエシヲスルンダガ)」〔義経・巻七ノ六〕

わなな・く【戦慄く】Ⓒ《自四》❶ぶるぶる動く。ふるえる。㋑《一般的に》(物が)震動する。「(時平ハアマリオカシクテ)文も取らず手—・きて」〔大鏡・時平〕 ㋺(恐怖・緊張などのため)身ぶるいする。「粟田殿は、露台の外(と)まで(コワクテ)—・く—・く(=ガタガタフルエナガラ)おはしたるに」〔大鏡・道長〕 ㋩(音や声が)こまかく揺れる。「ただ泣きに泣きて、御声の—・くもをこがましけれど」〔源氏・行幸〕「(寒イ冬ノ夜ニ)篳篥(ひちりき)の—・き出でたるは(=tremoloデ流レテクルノハ)」〔更級〕 ㋥(筆跡が)不規則に乱れ動く。「あやしう—・きたる手(=書キブリ)にて書きたり」〔蜻蛉・下〕 ❷ざわざわする。落ちつかない。「下臈の…—・きさわぎ、笑ふこと限りなし」〔落窪・巻二〕 ❸(髪などが)ぼさぼさになる。けばだつ。「ふるぶるしき人(=バアチャン)の髪なども、わが(=自分ノ)にはあらねばや、ところどころ—・きちりぼひて(=バラバラニナッテ)」〔枕・八三段〕《「縮れる」と解する説もあるが、例文の場合はカツラなので、わざわざ縮れ毛を使うのはおかしい。自然の毛でないため、うるおいが少なく、ぼさぼさになった状態なのであろう》

わぬし【吾主】Ⓓ《代》第二人称。対等またはやや目下の相手に、親しみをこめて使う。あんた。「(君ノ妹ハ)—にや似たる」〔寝覚・巻一〕

わび【侘び】Ⓓ ❶思い悩むこと。「今は吾(わ)は—そしにける(＝絶望ダワ)気(い)の緒に(＝命ノ綱ト)思ひし君を緩(ゆる)さく(＝放シテシマウコトヲ)思へば」〔万葉・巻四〕 ❷簡素さの中に見出される美。《「さび」と似た点もあるが、同じではない。「さび」が静かさを中心とするのに対し、「わび」は粗末さを生かした美である》「『花をのみ待つらむ人に山里の雪間の草の春を見せばや』利休は—の本意(＝極致ヲ示スモノ)として、この歌を常に吟じ」〔咄・醒睡笑・巻八〕

わび・し【侘し】Ⓐ《形シク》❶くるしい。つらい。「言はまほしきこともえ言はず、せまほしきこともえせずなどあるが、—・しうもあるかな」〔更級〕 ❷さびしく心細い。「今よりは植ゑてだに見じ花薄(はなすすき)穂にいづる秋は—・しかりけり」〔古今・秋上〕 ❸閉口だ。ありがたくない。いやだ。「童(わらは)の名は例のやうなる(＝アリフレタノ)は—・しとて」〔堤・虫めづる〕 ❹まずしい。みすぼらしい。「いと—・しかりけるままに、思ひわづらひて」〔大和・一四八段〕

わびずまひ【侘び住まひ】(—イ) Ⓔ ひっそりとしたすまい。《住む本人としては、その簡素さに満足しているという感じの用法が多い。「わびしき住まひ」ならば、単にさびしいあばらやの生活を意味する》「埴生(はにふ)の宿(＝粗末ナ家)に連れ来れば、『これはしゃれた—』」〔浮・禁短気・巻四ノ四〕

わびびと【侘び人】Ⓓ ❶悲観的に暮らしている人。失意の人。「おぼつかな(＝ヨクワカラナイナア)いつかはるべき—の思ふ心はさみだれの空(ノヨウニ晴レル時モナイ)」〔散木・夏〕 ❷(何かの事情で)困っている人。「(雨ニ降ラレテ)—(＝弱ッテイル人)の(ココナラダイジョウブト)わきて立ちよるこのもとは頼むかげなくもみぢ散りけり」〔古今・秋下〕 ❸困窮している人。貧乏人。「おのれ(＝ワタシ)は—にさうらふ」〔今昔・巻二三ノ二〇〕

わ・ぶ【侘ぶ】Ⓐ《自上二》❶難儀する。迷惑する。こまる。「円融院の御時に『冊子(さうし)に歌ひとつ書け』と殿上人におほせられければ、いみじう書きにくう…みな書きける中に」〔枕・二三段〕 ❷思いなやむ。悲観する。意気消沈する。「さ夜なかに友よぶ千鳥もの思ふと—・びゐる時に鳴きつつもとな(＝ショウガナイネ)」〔万葉・巻四〕 ❸(こまりきって)頼む。嘆願する。「『さりながら、ただ許したまはらむ』と—・びければ」〔宇治・巻一一ノ三〕「『その御薬、まづ一度の芸ひとつ勤むるほど賜りてよ…』と、しきりに—・ぶる」〔伽・福富長者〕《この用法から現代語の「わびる」(あやまる)が派生する》 ❹おちぶれる。貧乏する。「いにしへはおごれりしかど—・びぬれば舎人(とねり)が衣も今は着つべし」〔拾遺・物名〕 ❺とぼしさ・貧しさのなかに真の自由な趣を感じ取り、それにしたしむ。「草の扉(とぼそ)にひとり—・びて、秋風さびしきをりをり…竹をたわめて、みづから笠作りの翁と名いふ」〔芭蕉・笠の記(真蹟)〕 ❻〔補動〕《動詞の連用形に付き》その動作・行為を「しかねる」「しきれない」「なかなかできない」の意を表す。「(水鳥モ)わがごとぞ水の浮き寝にあかしつつ上毛の霜をはらひ—・ぶなる」〔更級〕

わらうづ【藁沓】(ワロウズ) Ⓓ《「わらぐつ」の音便》わら製の履(は)き物。わらじ。「物詣で(ヲスル時)のやうに、—をはき、笠を着て(＝カブッテ)」〔古本説話集・上〕

わらは(—ワ) Ⓐ ㊀【童】❶㋑子ども《単数》。「—どもの言はく、『わが野の中に客人(ひと)ます』」〔紀・欽明・訓〕《「わらはども」は「小児等」の訓》 ㋺《特に》元服前の子ども。「式部卿の宮の—におはしまししをり(＝マダ子ドモデイラシタコロ)」〔栄花・月宴〕 ❷元服前の姿。童姿。「殿の君(きん)だちのまだ男にならせたまはぬ、—にてみなつかうまつらせたまへりき」〔大鏡・昔物語〕 ❸元服していない男の召使。「侍五騎—一人、わが身ともに七騎とって返し」〔平家・忠度都落〕 ❹未成年者の姿で寺に勤める召使。寺童。「—四人・法師四人・童子(＝コドモ)六人、これもみな良う装束整へたり」〔宇津保・国譲下〕「これも仁和寺の法師、—の法師にならむとする名残とて」〔徒然・五三段〕 ❺㊙女(め)の童。少女の姿で仕える侍女。「(同ジ人ガ)大人になり—になり(＝女房ノ役ヲシタリ女ノ童ノ役ヲシタリ)、一人いそぎくらしつ」〔落窪・巻一〕 ❻《とくに》五節(ごせち)の舞姫につきそう女の童。「宮の五節出ださせたまふに—はまいて今少しなまめきたり(＝イチダント優美ニ見エル)」〔枕・九〇段〕 ㊁【妾】《代》《「子ども」の意でへりくだる気持ちで一二世紀ごろから使いはじめた》女性の第一人称。わたくし。あたくし。「もとより—は推参の(＝勝手ニオシカケタ)者にて、出だされまゐらせさぶらひし」〔平家・祇王〕

—べ 童〈部〉Ⓒ《「べ」は「しもべ(僕)」の「べ」と同じく複数を表す接尾語》❶子ども。《child の意。son や daughter の意ではない》㋑《複数》「姪(めひ)ども…去年(こぞ)より子どもひき連れて住みはべり。その子どもの—四人、いときたなげにはべらぬ」〔宇津保・楼上下〕 ㋺《単数》「(ソノイタズラハ)さがなき(＝手ニオエナイ)—どものつかまつりける」〔徒然・二三六段〕《「子ども」という語も本来は複数の意であったが、後には単数に用いられた。「わらはべ」も同様》 ❷「わらは㊀③」に同じ。「蘇我臣入鹿が—、白雀を獲たり」〔紀・皇極・訓〕《「わらはべ」は「豎者」の訓》 ❸「わらは㊀④」に同じ。「国分寺の—のあきたる(＝欠員ガ生ジタ)事のさうらふ」〔宇津保・楼上下〕 ❹(見くだした感じで》若いやつ。㋑《とくに》不良じみた青少年。「―博打(ちばく)、集まりをりて、もの食ふ」〔宇津保・藤原君・絵詞〕㋺自分の妻の謙譲語。「かの大将の九にあたるむすめ(＝第九女)は、頼明(＝ワタシ)が―にてなむはべる」〔宇津保・嵯峨院〕 **―め** 童女 Ⓔ 女の子。「大彦命あやしびて―に問ひ」〔紀・崇神・訓〕《「わらはめ」は「童女」の訓》 **―やみ** 瘧 Ⓓ 《子どもが多くかかる病の意から転じ》熱病の総称。はしか・草ぶるい・マラリアなど。「そのころ、督(かん)の君(＝尚侍サマハ)、まかでたまへり(＝里ニオ下ガリニナッタ)。―に久しうなやみたまひて、まじなひなどをも、心やすくせむ(＝気楽ニショウ)とてなりけり」〔源氏・賢木〕「むかし、閑院大臣殿、三位中将におはしける時、―をおもくわづらひたまひけるが」〔宇治・巻一二ノ五〕

わらは・ぐ【童ぐ】(‐ワグ) Ⓔ 〔自下二〕子どもじみる。子どもっぽい状態になる。「中納言は、―・げたるわざして(ソノ結果)病むことを、人に聞かせじとしたまひけれど」〔竹取〕

わら　ふだ【藁蓋・円座】(‐ロウ‐) Ⓔ →ゑんざ。「―ばかりさしいでたれど、片つかたの足は下(しも)ながらあるに(＝地面ニオロシタママナノニ)」〔枕・一八一段〕

わら　ふで【藁筆】 Ⓔ わらしべを柔らげて作った筆。画家などが用いた。「―・泥(でい)引き筆(＝金銀泥ヲヒク筆)、その筆先に金銀もわきて…末世の宝となりにけり」〔近松・反魂香・中〕

わらべ【童】 Ⓒ 《「わらはべ」の短縮形》→わらはべ。「これはその後あひそひてはべる―(＝ヤツ＝妻)なり」〔大鏡・序(東松本)〕「俳諧は三尺の―にさせよ。初心の句こそたのもしけれ」〔土芳・三冊子・赤〕

わり　ご【破り子・割り籠】 Ⓓ ❶内部にしきりをつけた携帯用の木箱。「―・小竹筒(ささえ)(＝飲料水用ノ竹ノ筒)などこまやかにしたためさせ(＝コマゴマト用意サセ)」〔芭蕉・奥の細道〕 ❷弁当。「風流の(＝気ノキイタ)―やうのもの(＝弁当ノ類ヲ)ねんごろに(＝念入リニ)いとなみいでて(＝コシラエテ)、箱ふぜいの(＝ノヨウナ)物にしたため入れて(＝詰メテ)」〔徒然・五四段〕

〔わりご❶〕

わり　な・し【理無し】 Ⓐ 〔形ク〕 ❶筋がとおらない。めちゃくちゃだ。わけがわからない。「人の上いふを(＝ウワサヲスルノヲ)腹立つ人こそ、いと―・けれ」〔枕・二七〇段〕「―・く(＝ムヤミニ)まつはさせたまふ(＝身近クオヒキツケニナル)あまりに」〔源氏・桐壺〕 ❷しかたがない。どうにもならない。「一昨日(をととひ)より腹を病みて、いと―・ければ(＝ドウショウモナイホドダカラ)」〔源氏・空蟬〕「やせながら―・き(＝時節トナレバヤムニヤマレズフクランダ)菊のつぼみかな」〔芭蕉(続虚栗)〕 ❸とびきりだ。無類だ。「寒きこと、いと―・く(＝イヤモウヒドイモノデ)、おとがひ(＝アゴ)なども落ちぬべきを」〔枕・二九八段〕 ❹格別にすぐれている。「三位の中将(＝平重衡)…優に―・き人にておはしけり」〔平家・千手前〕 ❺親密だ。わけへだてがない。「常に人に―・き情をこめたき(＝情ノコマヤカナ交際ヲシタイ)事にて」〔伽・和泉式部〕「子とも婿ともかしづきたまふ(＝タイセツニナサル)、志こそ―・けれ(＝ネンゴロダ)」〔近松・出世景清・一〕「誠を立つる(＝誠意ヲハッキリ示シタ)男泣き、やさしくもまた―・けれ(＝情ガ深イコトダ)」〔浄・二腹帯・三〕

わる　さ【悪さ】 Ⓔ 《「わるし」の語幹に接尾語の「さ」が付いた形》 ❶悪事。いたずら。「―する子どもを叱(しか)るに」〔西鶴・永代蔵・巻四ノ一〕 ❷いたずらっ子。わんぱく者。「―よ、わが内(＝家)を忘れたか、なぜ入らぬ」〔浄・盛衰記・三〕

われ【我・吾】 Ⓑ 〔代〕 ❶いくらか文語めいた第一人称。「春の日の光にあたる(＝東宮ノオ恵ミヲ受ケテイル)―なれど頭(かしら)の雪となるぞわびしき(＝白髪ノ老人ニナルノガツライ)」〔古今・春上〕 ❷自身。《英語の one, oneselfに当たる》「―も(＝自分デモ)まことしからずは思ひながら、人の言ひしままに(＝他人ガ言ッタトオリニ)鼻のほどおごめきて(＝得意満面デ)言ふは、その人のそらごと(＝ウソ)にあらず」〔徒然・七三段〕 ❸㋑自分よりもいくらか下の相手に対する感じの第二人称。おまえ。あんた。「《神ガ人ニ対シ》よろづの社に額(がく)のかかりたるに、おのれがもとにしもなきが(＝自分ノ所ニハ額ノナイノガ)あしければ(＝不ツゴウダカラ)、かけむと思ふに、なべての手して(＝アリフレタ字デ)書かせむがわろくはべれば、―に書かせたてまつらむと思ふにより(＝アンタニオ書キイタダコウト思ウタメニ)…とどめたてまつりたるなり(＝オ引キトメシタノジャ)」〔大鏡・実頼〕「《獅子(しし)ガキツネニ向カイ》『今日より―をわが妻と定めう』と言うたれば」〔イソポ・第二八話〕㋺《近世語》相手をいやしめた感じの第二人称。現代語の「きさま」。「《ケンカノ相手ニ対シ馬子ガ》こりゃ、やい。―が乾糠(ひぬか)の八蔵なれば、おれは丹波の与作ぢゃ」〔近松・小室節・中〕 **―か** Ⓓ 《連語》㊥われか人か。「まみ(＝目ツキ)なども(重態ノタメ)いとたゆげにて(＝ダルソウデ)、いとど、なよなよと―の気色(けしき)にて臥(ふ)したれば」〔源氏・桐壺〕 **―かひとか** 我か人か Ⓔ 《連語》《形容動詞ふうに》自分で自分のような気がしないさま。ぼんやりしているさま。茫然(ぼうぜん)。「あやしく―にもあらぬにて(＝何ガ何ダカワカラズ)、向かひゐたれば、ここちもそらなり(＝心モウツロダ)」〔蜻蛉・下〕 **―から** Ⓔ

〔連語〕自分のせい。「海人(あま)のかる藻にすむ虫の(名ト同ジク)―(=自分ノセイダカラシカタガナイ)と(思ッテ)音(ね)をこそ(=声ヲアゲテ)泣かめ(=泣キハスルケレド)世をば恨みじ」〔古今・恋五〕〔動物の「われから」と掛け詞。㊟われから〕 **―と** Ⓓ〔連語〕〔「進んで」という余情をもち〕自分から。自分自身で。みずから。「この理(ことわり)を―工夫して(=自分デヨク考エテ)、その主になり入るを(=スッカリ身ニツケルノヲ)幽玄のさかひに入る者とは申すなり」〔花鏡〕 **―にもあら・ず** Ⓓ〔連語〕❶自分の意思に反する。不承不承だ。しぶしぶだ。「(イッタン手ワタシタ玉ヲ)『たべ(=返シテクダサイ)』、まづ(=トニカク)』と乞(こ)ひけるを、(相手ハ)惜しみけれども、いたく乞ひければ、我にもあらでとらせたりければ」〔宇治・巻一四ノ六〕❷「われかひとか」に同じ。「(予想モシナイ難題ヲ吹ッカケラレタノデ)郡の司(つかさ)―・ず(=茫然自失ノ態デ)これを得て(=モラッテ)、家にかへりて、もの嘆きたる気色なれば」〔今昔・巻一六ノ一八〕

われ から〔割れ殻〕Ⓔ 甲殻類の小虫。海藻に付着して住む。連語の「我から」と掛け詞あるいは縁語に用いられることが多い。㊟われから(連語)。「虫は…きりぎりす、はたおり、―」〔枕・四三段〕「『海人(あま)の子なれば(=ツマラナイ生マレデシテ)』とて、さすがに(夕顔ノ)うちとけぬさま、いと、あいだれたり(=甘エタ感ジガアル)。(源氏ハ)『よし、これも(=名ノッテモラエナイノモ)―なり(=ワタシガ隠シテイタセイダ)』と(夕顔ヲ)うらみ、かつは語らひ暮らしたまふ」〔源氏・夕顔〕(「われから」は「海人」と縁語)

われ ら〔我等・吾等〕Ⓑ〔代〕現代語の「ぼく」程度の感じの第一人称。「このごろ、わづかに(=ヤット)―も諸大夫ばかりになりいでて(=出世シテ)」〔大鏡・師輔〕「―が買ひがかり(=掛ケ買イノ代金ヲ)さらりとすまして(=払ッテ)くれるならば、氏神稲荷(いなり)大明神も照覧あれ、いつはりなしに腹かき切って身がはりに立つ」〔西鶴・胸算用・巻二ノ四〕

わ ろ〔我ろ・吾ろ〕Ⓔ〔代〕〔古代東国方言〕われ。「―旅は(=オラノ旅ノホウハ)旅と思(おめ)ほど(=旅チュウノハコンナモンジャト思ッテオクダガ)家にして子持(め)ち(=ガキドモ相手ニ)痩(や)すらむわが妻(み)かなしも(=オラガ女房ガイトシイワイ)」〔万葉・巻二〇〕

わろ・し〔悪し〕Ⓐ〔形ク〕㊟「よろし」❶㋑よくはない。普通以下だ。劣っている。「若き人は、すこしの事もよく見え、(アルイハ)―・く見ゆるなり」〔徒然・二三二段〕㋺よくない状態だ。使いものにならない。「瓜(うり)を取り出でたりけるが、―・くなりて(=イタンデ)水ぐみたりければ(=ジクジクシテイタノデ)」〔著聞・飲食〕❷㋑感心できない。感じがよいとはいえない。「ことばの文字いやしうつかひたるこそ、よろづのことよりまさりて―・けれ」〔枕・一九五段〕㋺(性質が)よくない。悪質だ。「―・き病つきて、物狂はしくして」〔沙石・巻一ノ一〇〕❸適当でない。「『護摩たく』といふも―・し。『修する』『護摩する』などいふなり」〔徒然・一六〇段〕❹(できが)よくない。(成績が)劣等だ。まずい。「手(=字ヲ書クコト)の―・き人の、はばからず文かきちらすはよし」〔徒然・三五段〕❺㋑下賤だ。中流以下だ。〔用例は未見だが、「わろ人」という語があり、類聚名義抄に「凡客ワロモノ」とあるので、この用法が存在したと推定される〕㋺貧弱だ。みすぼらしい。「暑きころ、―・き住まひは、たへがたきことなり」〔徒然・五五段〕

わろ ひと〔悪人〕Ⓔ 高貴ではない人。中流以下の人。「やむごとなき(人タチノ)車どもたちこみぬれば、―の車…近くはえ寄り参らず」〔栄花・音楽〕

わろ・ぶ〔悪ぶ〕Ⓔ〔自上二〕わるい様子に見える。見た目がわるい。「さぶらふ限りの女房(=オ仕エシテイル女房スベテ)のかたち・心ざま、いづれとなく(=ダレモカレモ)―・びたるなく(=ヒドイノハナク)、目やすく(=キレイデ)、とりどりにをかしきなかに」〔源氏・総角〕

わろ もの〔悪者〕Ⓔ へたな者。劣っている者。「上手は(山ノケシキナドヲ描クニモ)いといきほひことに(=全ク筆勢ガチガッテ)―は及ばぬ所多かめる(=トテモ及ブコトノデキナイ点ガ多イヨウデアル)」〔源氏・帚木〕(「悪い人」の意で「わろもの」となった例は未見。「わるもの」ならある)

わわ・く Ⓔ〔自下二〕ほつれる。ちぎれちぎれになる。「上の衣(きぬ)の―・けたるに」〔宇津保・祭使〕

わわ・し Ⓔ〔形シク〕やかましい。そうぞうしい。口うるさい。「行幸の当日、左大将内経(ト)花山院の右大将家定(トガ)行列(ノ順)を争ひて、随身も―・しくののしれば(=ヤカマシクサワギ立テタノデ)、御輿(こし)をおさへて(=天皇ノ御輿ヲトドメ)職事(しき)奏しくだしなどすめり(=蔵人ガソレヲ奏上シテ天皇ノ仰セ言ヲ下シタヨウデアル)」〔増鏡・秋のみ山〕「さてさて、わごりょ(=オ前サン)は―・しい者ぢゃ。男は辞儀に余れ(=遠慮シスギルグライナノガヨイ)といふ。まづ静かにさしめ(=ナサイ)」〔狂・千切木〕

ゐ

-ゐ〔位〕(イ) Ⓓ〔接尾〕宮中の位階をあらわす。八位に分かれ、それぞれの位は正と従に分かれ、四位以下は正・従がそれぞれ上と下に分かれた。その下に初位(そ)があり、大と少に分かれた。合計三〇となる。一位はたいてい死後の贈位に用いられ、七位以下は平安中期以後、実際には与えられなかったようである。

ゐ【井】(イ) Ⓔ ❶わき水や流水をせき止め、たたえて汲むようにした所。「この里の比治山の頂に—あり。…この—に天つ女八人降り来て水浴(みかはあ)みき」〔丹後風土記〕「汲みそめてくやしと聞きし山の—の浅きながらや影を見すべき」〔源氏・若紫〕 ❷地面を深く掘り地下水を・汲み取る(吸い上げる)ようにしたもの。井戸。「田舎わたらひ(=イナカ暮ラシ)しける人の子ども、—のもとに出でて遊びけるを」〔伊勢・二三段〕

ゐ【亥】(イ) Ⓓ ❶十二支の第一二。㊂じふにし。「貞観九年丁(ひのと)—五月五日、生まれさせたまふ」〔大鏡・宇多天皇〕 ❷方角の名。北北西。《単独の用例未見。いつも戌亥の形で現れる》 ❸時刻の名。《定時法で》午後九時から午後一一時まで。㊂とき㊀①。「申(さる)の時ばかりにものせしを、燈(ひ)ともすほどになりにけり。…はるばると到るほどに、—の時になりにたり」〔蜻蛉・中〕

ゐ あか・す【居明かす】(イ—) Ⓔ 《他四》すわったまま夜を明かす。寝ずに夜を明かす。「(中へ入レテクレナイノデ)高欄(かうらん)に(ヨリカカッテ)—・しつつ(ソノアゲク)帰りたまふ」〔宇津保・楼上下〕

ゐ かは・る【居替はる】(イカワル) Ⓔ 《自四》交替してすわる。かわって位置する。「不断経の暁がたの、—・りたる(=アラタニ交替シタ僧ノ)声のいと尊きに」〔源氏・総角〕《「交替で起きている」の意を設ける説もあるが、その例を見ると、「場所をかわりあう」の意に解するべきなので、認めない》

ゐ こぼ・る【居溢る】(イ—) Ⓔ 《自下二》その場所からはみでるほどおおぜいいる。「女房たちあまた—・れて」〔俊頼髄脳〕

ゐ こん【遺恨】(イ—) Ⓔ 《十形動ナリ》《「うらみが残る」という基本意味で》 ❶忘れられない恨み。根強い恨み。「徳大寺殿は一(=首席)の大納言にて…家嫡(=本家ノアト取リ)にてましましけるが、(宗盛フゼイニ官位ヲ)こえられたまひけるこそ—・なれ」〔平家・鹿谷〕 ❷遺憾。「(名歌人紀貫之ノ娘ト知ラズ心ナイ事ヲシタトワカリ、帝ハ)『—のわざ(=申シワケナイ事)をもしたりけるかな』とて、あまえおはしましける(=恥ズカシガッテイラレタ)」〔大鏡・昔物語〕

ゐ ざ・る【居ざる】(イ—) Ⓓ 《自四》《「居」「行(き)る」の合成語》 ❶すわった姿勢で、ひざで進退する。「つつましけれど、—・り寄りていらへしたまふ」〔源氏・手習〕 ❷ゆっくりと行動する。「大将『めのと(ガ犬宮ヲ)抱きて(車カラ)おりたまへ』とのたまふに、『いな(=イエ)、宮(=母上)の御やうに(自分デ)下りむ』とのたまひて、小さき御扇さしかくしたまひて、静かに—・りおはする(=ソロソロト車カラオ下リナサル)さま、いとうつくしく(=カワイラシク)ゆゆしく(=格別ニ)おぼえたまふ」〔宇津保・楼上上〕

ゐ づつ【井筒】(イ—) Ⓔ ❶井戸の囲い。木や石でつくられる。「岩代の玉松がねの石—むすべるかげをまたむすぶかな」〔夫木・巻二六〕「宿を並べて(=隣ドウシノ家ノ)門(かど)の前、—に寄りてうなゐ子の(=少年少女ガ)、友だち語らひて(=仲ヨク語リ合ッテ)」〔謡・井筒〕 ❷紋の名称。↓巻末「紋章要覧」。

ゐ なほ・る【居直る】(イナオル) Ⓔ 《自四》 ❶すわり直す。いずまいを正す。「うち嘆きて(=タメイキヲツイテ、人ガ来ルカト)—・りたまふほども」〔源氏・宿木〕「今日はたまたま戻りまするど、まだ—・りもせぬうちに、はや山へ行て木を樵(こ)って参れと(主人ハ)申しまする」〔狂・鎌腹〕 ❷態度・様子が急に変わる。「旦那様とお家様の口舌(くぜつ)(=ロゲンカ)は久しいものぢゃ。…枕の煤(すす)掃きをしまうたら夫婦喧嘩(めをとげんか)に—・った」〔伎・忍術池・切〕

ゐ な・む【居並む】(イ—) Ⓓ 《自四》ずらっと並んですわる。「(人々ガ)藤壺の塀のもとより登華殿の前まで—・みたるに」〔枕・一二九段〕

ゐや な・し【礼無し】(イ—) Ⓔ 《形ク》失礼だ。ぶしつけだ。「父子の—・き状(さま)を覚りたまひて、面(おも)に赫(て)りて(=マッカナ顔デ)大いに怒りたまふ」〔紀・武烈・訓〕《「ゐやなき」は「無敬」の訓》

ゐ よ・る【居寄る】(イ—) Ⓓ 《自四》すわったままで近づく。(そちらへ)いざってゆく。「(右馬ノ頭ガ)近く—・れば、君も目覚ましたまふ」〔源氏・帚木〕

ゐる【居る】(イ—) Ⓐ ━《自上一》 ❶㋑すわっている。《基本意味》「いやしげなるもの、ゐたるあたりに調度の多き」〔徒然・七二段〕㋺(動物が)静止の姿勢をとる。「鳶(とび)のゐたらむは(=トマッティルノハ)何かはくるしかるべき(=サシツカエナカロウ)」〔徒然・一〇段〕 ❷㋑とどまっている。「用ありて行きたりとも、その事はてなば、とく帰るべし。久しくゐたる、いとむつかし(=感ジガ悪イ)」〔徒然・一七〇段〕㋺(塵(ちり)などが)つもる。「君が代は千代にひとたびゐる塵の白雲かかる山となるまで」〔梁塵〕㋩(雲などが)かかっている。「滝の上(へ)の三船の山にゐる雲の(ヨウニ)常にあらむ(=イツマデモナガラエルダロウ)とわが思はなくに(=思ワナイコトダ)」〔万葉・巻三〕㊁(氷などが)できる。氷結する。「つららゐし細谷川のとけゆくは水上よりや春は立つらむ」〔金葉・春〕㋭(水草が)はえる。「里人のくむだに今はなかるべし岩井の清水水草(みくさ)ゐにけり」〔後拾遺・雑四〕 ❸住まいする。住む。「人の身に、やむことを得ずしていとなむ所、第一に食ひ物、第二に着る物、第三にゐる所なり」〔徒然・一二三段〕 ❹㋑そこにある。そういう状態である。「かやうの物、さながら(＝ソックリ)、その姿にて(オ湯殿ノ)御棚にゐてさうらひし事(＝ノセテアッタノハ)見ならはず(＝見ナレズ)さまあしき(＝体裁ノ悪イ)事なり」〔徒然・一一八段〕㋺存在する。「武蔵と相模との中にゐてあすだ川といふ(コノ川ハ)、在五中将の『いざこと問はむ』とよみけるわたりなり」〔更級〕 ❺(位に)つく。即位する。「式部卿の宮、帝にゐさせたまひなば(＝皇位ニオツキナサッタナラバ)、西宮殿の御族(ぞう)に世の中うつりて」〔大鏡・師輔〕 ❻〘常に「腹」と共に用い〙おちつく。安定する。「重方、家に返り来て、をこつりければ(＝ウマク言イワケシタノデ)、妻(め)、腹ゐにければ(＝腹ノ虫ガオサマッタノデ)」〔今昔・巻二八ノ一〕「お腹(なか)のゐるほど踏ませませ」〔近松・淀鯉・上〕 ❼〔補動〕〘動詞の連用形に直接または助詞「て」を介して付き〙行為・状態の存続していることをあらわす。「朝倉山の上に鬼ありて、大笠をきゐて、喪(もみ)の儀(よそほひ)をみる」〔紀・斉明・訓〕〘「きゐて」は「著」の訓〙「きうう酔うてゐるぞ」〔伎・幼稚子敵討・二〕 [二]〘他上一〙〘終止形・連体形の例しか見ていないが、上一段であろうと推定される〙「[一]⑥」の他動詞形。おちつける。安定させる。「足を黒犬にくはれたる(＝カマレタ)無念の腹をゐむとて(黒犬ヲ)蹴た」〔咄・醒睡笑・巻一〕

ゐる【率る】(イー) Ⓑ〘他上一〙 ❶連れて行く。同行させる。「為兼大納言入道召しとられて、武士どもうちかこみて、六波羅へゐて行きければ」〔徒然・一五三段〕 ❷持参する。「内侍所・神璽(しんし)・宝剣は、譲位の時、必ず(次ノ天皇ニ)わたる事なれど、先帝筑紫にゐておはしにければ、こたみは(＝コンドハ)はじめて三の神器なくて(即位サレタガ)、めづらしき例(ためし)になりぬべし」〔増鏡・おどろ〕

ゐれい【違例】(イー) Ⓔ〘+自サ変〙(健康状態が)平常とは違うこと。病気(になること)。「にはかに—作りいださせたまひて(＝作リ病ニオナリニナッテ)、五日十日はさらに物をも参らずして(＝食事モナサラズ)」〔伽・あきみち〕「この道にいでて(＝峰入リ修行ニ出テ)かやうに—・する者をば、谷行(たにかう)とて、たちまち命を失ふ事(＝スグニ殺スノガ)、これ(山伏ノ)昔よりの大法(＝厳重ナオキテ)なり」〔謡・谷行〕

ゐん【院】(イン) Ⓑ ❶高貴な人の邸宅。「その辺(わた)り近きなにがしの—におはしましつきて」〔源氏・夕顔〕 ❷㋑上皇・法皇の御所。「—(＝桐壺院ノ御所)などに参りて、いとう(＝サッソクニ)まかでなむ」〔源氏・葵〕㋺女院(にょういん)・斎院のおすまい。「かの—(＝斎院ノ御所)にまじらひはべらば(＝オ仕エシマスナラ)…おのづからなまめきならひはべりなむ(＝ツヤッポイフルマイモ身ニツクニチガイアリマセン)」〔紫日記〕 ❸㋑上皇・法皇の尊敬語。「『さらば今日吉日なり』とて、—になしたてまつらせたまひて(＝東宮ヲ太上天皇ニオ立テ申シアゲテ)、やがて事どもはじめさせたまひて、よろづの事定め行はせたまふ」〔大鏡・師尹〕㋺女院・斎院の尊敬語。「心ばせめでたくおはする(＝情緒ノ豊カデイラレル)—なりや(＝斎院デイラッシャルネ)」〔大鏡・師輔〕 **—のごしょ** 院の御所 Ⓔ〘連語〙上皇・法皇の御所。仙洞(せんとう)御所。「はこや(藐姑射)の山」とも。「西光法師、この事聞いて、わが身の上とや思ひけむ、むちをあげ(＝馬ヲ急ガセ)、—法住寺殿へはせ参る」〔平家・西光被斬〕

ゐんぜん【院宣】(インー) Ⓔ 上皇・法皇の御命令。院司が文書で伝達した。「成親の卿の軍兵召されさうらふも、—とてこそ(＝トイウ名目デ)召されさうらへ」〔平家・西光被斬〕

ゑ

ゑ【飢】(エ) Ⓔ〘自下二連用〙「飢(う)う」の連用形「うゑ」の短縮形。「しなてる(＝枕詞)片岡山に飯(いひ)に—て臥(こ)やせるその旅人(たひと)あはれ」〔紀・推古〕

ゑ (エ) Ⓓ〘間助〙〘古代語。いろいろな語または文節に付く〙感動を表す。…よ。「山の端(は)にあぢ(＝アジ鴨(かも))群(むら)さわき行くなれど我はさぶし—(＝サビシイワヨ)君にしあらねば」〔万葉・巻四〕

ゑさし【餌〈差〉し・餌刺し】(エー) Ⓔ 鷹(たか)の餌にする小鳥を、モチを塗った竿でとらえること。またはそれを職業とする者。「—に出づるここちして、極楽にいざや参らむ」〔狂・餌差十王(鷺流)〕「もとよりも雀はささ(＝掛ケ詞「笹」「酒」)が好きなれば—の竿にさいつさされつ」〔後万載・巻一〇〕

ゑじ【衛士】(エー) Ⓓ 諸国の軍団から毎年交替で上京し、衛門府(弘仁二年以前は衛士府)に属し、宮中を守った兵士。左右各六〇〇名。武装し、夜はかがり火をたいて諸門の警護にあたる。[参]ゑふ。

ゑ・ず【怨ず】(エー) Ⓓ〘他サ変〙〘「ゑんず」のn音無表記または脱落した形〙→ゑんず。「歌ぬし(＝ソノ歌ノ作者ハ)いと気色(けしき)あしくて—・ず」〔土佐〕

ゑど (エー) Ⓔ [一]【穢土】〔仏〕[対]「浄土」〘汚れた国土の意で〙この世。迷いに支配される世界。「人間の八苦を見て—をいとふときは、煩悩即菩提(トイウ悟リノ境地)となり」〔伽・秋夜長〕 [二] 糞(くそ)。「四条の北なる小路に—をまる。…きたながりて、その小路を『くその小路』

とつけたりける」〔宇治・巻二ノ一〕

ゑどころ【絵所】(エ―) Ⓓ ❶平安時代、絵のことを管理した宮中の役所。建春門内の東わきにあった。「内には、―、作物所(つくもどころ＝宮中ノ道具ナドヲ調達スル役所)にて、女房の裳、唐衣に絵かき」〔栄花・殿上花見〕 ❷春日・住吉・本願寺などの社寺で、絵画に関することを引き受けた所。 ❸江戸幕府で、絵画をとりあつかった役所。

ゑふ【衛府】(エ―) Ⓓ ❶内裏の警備と行幸の供奉をおもな任務とする役所。大宝令では衛門・左衛士・右衛士・左兵衛・右兵衛の五衛府だったが、その後いろいろ改革され、嵯峨天皇の弘仁二年(八八一)に左右の近衛府・兵衛府・衛門府の六衛府が確定した。近衛は内郭、兵衛は中郭、衛門は外郭の諸門内部を警衛し、また京都市内の夜警をも分担した。 ❷六衛府に属する役人。「―などの(袍ヲ)着たるは、まいて、いみじうをかしかりしものを」〔枕・二九二段〕〘平安時代の後期には「エウ」と発音されたかもしれない。中世以後はよみくせで「ヨウ」といった〙 **―のかみ** 衛府の督 Ⓓ 〘連語〙衛府の長官。近衛ならば大将、兵衛・衛門ならば督(かみ)。督は定員が左右各一名で、従四位下または従五位上に相当する。 **―のくらうど** 衛府の蔵人 (…ロウ―) Ⓓ 〘連語〙衛府の佐(すけ)で五位の蔵人を兼任する者。そのうえ弁官と検非違使(けびいし)の佐を兼任すれば、三事兼帯と称し、名誉とされた。 **―のすけ** 衛府の佐 Ⓓ 〘連語〙衛府の次官。近衛ならば中将・少将、兵衛・衛門ならば佐。佐は定員が左右各一名で、従五位に相当する。

ゑぶっし【絵仏師】(エ―) Ⓔ 仏画を描いたり仏像や仏寺の壁の彩色にたずさわる職人。「―良秀といふ僧ありけり」〔十訓・第六ノ三五〕

ゑ・む【笑む】(エ―) Ⓓ 〘自四〙 ❶笑顔になる。にこにこする。ほほえむ。「延喜のみかど(＝醍醐天皇ハ)、常に―・みてぞおはしましける」〔大鏡・昔物語〕 ❷㋑(花が)咲く。「花の―・めるを見れば、たれもをかし(＝趣ガアル)と見るらめど」〔曾丹集・序〕㋺(栗の外皮などが)実が入ってはじける。「世の中(＝夫婦ノ間)はあき(＝掛ケ詞「秋」「飽き」)になりゆく(シカシソレデモ)若栗の(ヨウニ)しぶるしぶるや―・み(＝掛ケ詞「①」)て過ぎなむ」〔夫木・巻二九〕〘「ゑむ」は英語のsmileに、「わらふ」はlaughに当たる〙

ゑもん【衛門】(エ―) Ⓓ ❶(略)衛門府。 ❷(略)右衛門。 **―のかみ** 衛門の督 Ⓓ 〘連語〙左・右衛門府の長官。定員は左右各一名で、従四位下または従五位上に相当する。 **―のすけ** 衛門の佐 Ⓓ 〘連語〙衛門府の次官。定員は左右各一名で、従五位に相当する。 **―ふ** 府 Ⓓ 内裏の外郭門内の警備を主要任務とする役所。左衛門府(東方建春門がわ担当)と右衛門府(西方宜秋門がわ担当)とがあり、長官は督(かみ)、次官は佐(すけ)、三等官に大尉(たいじょう)・少尉(しょうじょう)、四等官に志(さかん)があり、その下に府生(ふしょう)・番長(ばんちょう)・府掌(ふしょう)・衛士(じぇ)等があった。(参)ゑふ。

ゑやし (エ―) Ⓓ 〘複助〙〘古代語。間投助詞「ゑ」「や」＋副助詞「し」〙→ゑ・よしゑやし。〘いつも「よし」に伴われた形で現れる〙

ゑわら・ふ【笑笑ふ】(エワラ〈ロ〉ウ) Ⓔ 〘自四〙〘「ゑみわらふ」から「ゑんわらふ」→「ゑわらふ」と変化〙ほおえみ、声に出してもわらう。「さすがにしのびて(＝コッソリ)もの言ひ、―・ひなどするけはひ、ことさらびたり(＝ワザトラシイ)」〔源氏・帚木(伝為秀筆本)〕〘接頭語「うち」の介在する例もある。→〙「ここちなどわづらひて(＝病気ヲシテ)臥(ふ)したるに、ゑうちわらひ、ものなど言ひ、思ふ事なげにて歩みありく人見るこそ、いみじう羨しけれ」〔枕・一五八段〕

ゑんざ【円座】(エン―) Ⓔ わら・すげなどで、うず巻き状に編んだ敷物。「わらふだ」とも。「―借りて、遠目を使ひ(＝遠クカラナガメ)、もしも我を知る人も(アリハシナイカ)と心もとなく見しに」〔西鶴・五人女・巻三ノ五〕

〔ゑんざ〕

ゑん・ず【怨ず】(エン―) Ⓓ 〘他サ変〙うらむ。うらみごとをいう。「ゑず」とも。「にくきもの…つゆちりの事(＝ホンノチョットシタコト)もゆかしがり聞かまほしうして、言ひ知らせぬをば―・じそしり」〔枕・二八段〕

ゑんりょ【遠慮】(エン―) Ⓔ ❶事態を慎重に考えること。「御辺(＝アナタ)も、よくよく―をめぐらして」〔太平・巻一〇ノ一三〕 ❷人に気がねすること。気がねしてひかえめにふるまうこと。「なに(カマワナイ)、―なしに行かっしゃりませ」〔伎・十六夜清心・一ノ三〕 ❸〘江戸時代〙武士・僧に対する処分の一。表門を閉じて、夜間だけ通用門から出入を許した。「遊所の女に魂を奪はれた源五兵衛、お国への聞こえ、しばらく御―仰せつけられずはなりますまい」〔伎・五大力・二〕

を

を― (オ) Ⓑ 〘接頭〙 ❶【小】㋑〘体言に付き〙「小さい」という意を添える。「―え(江)」「―たち(太刀)」「―や(家)」等。㋺〘用言に付き〙「すこし」の意を添える。「―ぐら(暗)し」「―だゆ(弛)む」「―や(止)む」等。 ❷【〈小〉】単に語調をととのえる。「―かぢ(楫)」「―ぐし(櫛)」「―しね(稲)」「―す(簾)」「―すず(鈴)」「―どこ

(床)」「—の(野)」等。

を【丘・〈尾〉】(オ) Ⓓ 高くなっている所。《従来は、峰に対し、山の低くなった所、あるいは山の裾(すそ)の延びた所という説がおこなわれているけれど、それでは通じない用例が多い。「岡(かを)」は「をの処」の意であろう。「か」は「在(あ)り処(か)」の「か」である。そうすれば、「を」は「高くなっている」の意でなくてはならない。山でいえば、いくつかの「を」があるうち、いちばん高いのが「みね」だと思われる》「風の吹くに当たりて、高山の—の上に伏せれ(=寝コロンデイロ)」〔記・上〕《原文は「高山尾上」と表記》「その八十(やそ)神を追ひ避(さ)くる(=オッパラウ)時に、坂の御—ごとに追ひ伏せ」〔記・上〕《原文は「坂御尾」と表記》「味耜高彦根(あぢすきたかひこねの)神、光儀(よそひ)うるはしくして、二つの—二つの谷の間に映(てりかかや)く」〔紀・神代下・訓〕《「を」は「丘」の訓》

—のへ〈尾〉の上(…エ) Ⓓ【連語】「を」の上。「(ワタクシハ)かくしつつ(=コンナクダラナイ事バカリシテ)世をや尽くさむ(=生涯ヲ終ワルノダロウカ)高砂の—に立てる松ならなくに(=老イ松トハチガウハズナノニ)」〔古今・雑上〕

を【男】(オ) Ⓒ ㊟「め」 ❶男性。「汝(な)こそは—にいませば…若草の妻もたせらめ(=オ持チニナッテイラッシャルデショウ)」〔記・上〕 ❷【夫】おっと。「汝(な)を置(き)て(=アナタ以外ニ)—はなし汝を置て夫(つま)はなし」〔記・上〕 ❸【牡・雄】(動物の)おす。「山鳥の山(=ニイル時)は尾(=丘)を隔てて臥(ふ)す。めは—のねぐらを恋ひ、—はめのねぐらを恋ふ」〔西鶴・難波の皃・巻三〕

を

Ⓐ ㊀《格助》《体言および体言あつかいの語に付く》〔連用格〕 ❶㋑他動詞または他動的な活用語の意味する動作・作用が向けられる対象を示す。「生きとし生けるもの、いづれか歌—よまざりける」〔古今・序〕㋺《移動・経過する意味をもつ動詞に対し》ⓐ起点を示す。「さしてゆく笠置(かさぎ)の山—いでしより天(あめ)が下には隠れ家もなし」〔太平・巻三ノ三〕ⓑ経路を示す。「沼島(ぬしま)といふ所—過ぎて、たな川といふ所—渡る」〔土佐〕「上人、道—過ぎたまひけるに」〔徒然・一四四段〕ⓒ期間を示す。「ただの(=普通ノ天分シカナイ)人は、一生—(師匠ニ)添ひて(琴ヲ)習ふとも、さらに、えかくは(=コンナニウマクハ)はべらじ」〔宇津保・楼上下〕「数百年—へたり」〔徒然・九九段〕ⓓ終点を示す。「今日—限りに都をいでて、波路はるかにおもむかれけむ心のうち」〔平家・大納言流罪〕 ❷対人関係を表す意味の動詞に対し、相手を示す。…に(対して)。「大阪に遇ふや少女(をとめ)—道問へば直(ただ)には告(の)らず(=近道ヲ教エナイデ遠回リノ)当麻路(たぎまち)を告る」〔記・下〕「音羽山のほとりにて人—別るとて」〔古今・離別・詞〕 ❸〔対象格〕心情を表す意味の動詞に対し、その対象を示す。現代語の「が」と同じ意。「むらさきの(=ヨウニ)にほへる(=美シイ)妹(いも)—憎くあらば(=ステニアナタハ)人妻ゆゑに(=ナノニ)わが恋ひめやも」〔万葉・巻一〕 ❹同じ(または共通点のある)意味の名詞と動詞とをつらね、慣用的な言いかた(イディオム)にする。「日ひと日(=終日)寝(い)—のみ寝(ね)暮らし」〔源氏・明石〕「忘らるる時しなければ葦鶴(あしたづ)の(=枕詞)思ひ乱れて音(ね)—のみぞ泣く」〔古今・恋一〕 ㊁《接助》《原則として用言および助動詞(「らし」以外)の連体形に付く》 ❶確定条件を示し、下の叙述に関係づける。㋑〔順接〕…ので。…から。「明日は物忌みなる—、門つよく(=シッカリ)させよ(=シメナサイ)」〔蜻蛉・中〕㋺〔逆接〕…のに。…けれど。「心細くおぼえはべる—、今なむ慰みはべりぬる(=落チ着キマシタヨ)」〔源氏・野分〕《まれには形容動詞の語幹に付くことがある。↓》「白露の色はひとつ—(=同ジナノニ)いかにして秋の木の葉をちぢに(=サマザマノ色ニ)染むらむ」〔古今・秋下〕 ❷〔前提〕単に下へ続ける。「わたしは小西ですが、先生はご在宅ですか」の「が」に当たる用法。「思ひ草といひて、薄(すすき)の中に生ふる小さき草なむある—、高さ三、四寸、あるは五、六寸ばかりにて、秋の末に花さく—、その色、紫の黒みたるにて、うち見たるは菫(すみれ)の花に似て、菫のごと色の艶(にほひ)はなし」〔宣長・玉勝間・巻一三ノ序〕 ㊂《間助》《いろいろな語あるいは文節に付く》 ❶強調。「人はいさ(=他人ハドウカ知ラナイガ)我は無き名の惜しければ(=無実ノウワサヲ立テラレルノガ残念ナノデ)昔も今も知らずと—言はむ」〔古今・恋三〕「なほ、うしろやすく—おもほしたれ(=安心シテイラッシャイナ)」〔源氏・宿木〕 ❷感動。「つひに行く道とはかねて聞きしかど昨日今日とは思はざりし—(=思イモシナカッタナア)」〔古今・哀傷〕「思ひつつ寝ればや人の見えつらむ夢と知りせばさめざらまし—(=目ヲサマスノジャナカッタノニネエ)」〔古今・恋二〕《終助詞を立てる説もあるが、用法としては間投助詞と変わらないので、後者に含める》

—…み《「を」と「み」の間に形容詞の語幹をはさみ》「が…て」「が…で」「が…ので」の意を表す。「草枕(=枕詞)旅行く君をうつくしみ(=アナタガイトシイノデ)たぐひてそ(=連レダッテ)来し志可の浜辺を」〔万葉・巻四〕「春の着る霞のころも緯(ぬき)を薄み(=横糸ガ弱クテ)山風にこそ乱るべらなれ(=ホコロビルヨウダ)」〔古今・春上〕《この「を」は、間投助詞説と格助詞説とがあり、どちらとも決定しにくい》

をう ご【擁護】(オウ—) Ⓔ《十他サ変》〔仏〕仏または仏の化現である神が、人を守護すること。「この城を攻め落とさむこと有り難し(=ムズカシイノハ)、などやらむと思ひつるが(=ドウシタワケカト思ッテイタガ)、はたして神明(=神

サマ)の―ありけり」〔太平・巻二一九ノ五〕

をうな【女】(オ―) Ⓐ《「をみな」のウ音便》→をんな。「その国にかほよき―あり」〔紀・景行・訓〕《「かほよきをうな」は「佳人」の訓》「わが身は―なりとも、敵(かたき)の手にはかかるまじ」〔平家・先帝身投〕㊂おうな。

をか・し(オ―) Ⓐ《形シク》❶おもしろい。興味がもたれる。「心々に争ふ口つきども(=女房タチノ口ノキキ方)を―・しと聞こしめして」〔源氏・絵合〕❷趣ふかい。風情(ふぜい)がある。「月の夜は閨(ねや)の内ながらも思へるこそ、いと頼もしう―・しけれ」〔徒然・一三七段〕❸㋑すばらしい。すぐれている。「琴に作りてさまざまなる音の出でくるなどは、―・しなど世の常にいふべくやはある(=ステキダナドトイウ月並ミナ言イ方デハ追ッツカナイ)」〔枕・三七段〕㋺うまいぐあいだ。ちょうどよい。「足音すれば、『さにぞあなる(=アノ人ミタイダワ)。あはれ(=マア)、―・しく来たるは(=ヨク来タコト)』と…うち言へば」〔蜻蛉・中〕❹きれいだ。美しい。「姫宮は…あてやかに―・しくおはするに(=上品デオキレイデイラッシャルウエニ)」〔栄花・月宴〕❺《中世以後》こっけいだ。ばかげている。「(遊女タチガ祇王ニアヤカロウト)祇一・祇二・祇三・祇福・祇徳など名をつけけるこそ―・しけれ」〔盛衰・巻一七ノ二〕❻《近世語》へんだ。正常でない。「すべて、古風家(=古イスタイルノ歌ヲヨム人ガ)、後世風をばいみじく(=ヒドク)嫌ひながら、みづから後世風の混雑することをえ知らざるは、―・しきことなり」〔宣長・初山踏〕

をか・す【犯す】(オ―) Ⓓ《他四》❶㋑してはならない事をする。「束草(つかくさ)を負(お)ひて他人(ひと)の家の内に入ることを諱(い)む(=禁ジテイル)。これを―・すこと有る者をば、必ず解除(はらへ)(=キヨメノ責任)をおほす」〔紀・神代上・訓〕《「をかすこと」は「犯」の訓》㋺(道徳・法律・規則を)破る。「八百万(やほよろづ)神もあはれと(=私ヲフビント)思ふらむ(私ハ)―・せる罪のそれとなければ(=コレトイッテナイノダカラ)」〔源氏・須磨〕❷㋑暴行する。危害を加える。「獅子王、羊を―・さず」〔伊曾保・中・三一(古活字本)〕㋺(女性に対し)不当な肉体関係をもつ。「大切の娘を―・されて腹の立つが道理ぢゃ」〔浄・八百屋お七・上〕❸【冒す・凌す】㋑ものともしない。むりに…する。強行する。「直(ただ)(=スグ)に風波を―・して(=シノイデ)海辺(うみべた)にいたる」〔紀・神代下・訓〕《「をかして」は「冒」の訓》㋺(意に)さからう。反対する。反抗する。「朕(=天皇ノ一人称)が不徳、何事なれば…逆臣のために―・さるらむ」〔太平・巻一八ノ一〕❹【侵す・冒す】㋑むりにわがものとする。侵略する。「畿内多く敵のために―・し奪はる」〔太平・巻二六ノ一〕㋺(病気・ねむけ・妄(もう)想などが人を)とらえる。《「とりつく」と自動詞に訳すると通じやすい》「(死ンダ子ガウワゴトヲ言ッタノヲ、病気ニ)―・されての事にと思ひしに」〔西鶴・五人女・巻五ノ二〕㋩(他の姓を)自分のにする。なのる。「あるいは真人(まひと)の朝臣(あそん)を取る…これ姓を―・すに近し」〔続日本紀・神護景雲二年五月〕

をこ【痴・烏滸・〈尾籠〉】(オ―) Ⓒ《+形動ナリ》おろかなこと。ばかなこと。《「烏滸」は元来、中国南方の未開国の名。そこの人のおこないは珍妙なことが多かった。「尾籠」はあて字だが、それを音読して「びろう」という語も生まれた》「うけひかざらむ者ゆゑ(=承知シナイ者ノタメ)行きかかりて(=出カケテユキ)、むなしう帰らむ後ろ手も(=ムダニ帰ッテクルトスレバソノ後ロ姿モ)―・なるべし(=間ガ抜ケテイヨウ)」〔源氏・須磨〕

をこがま・し【痴がまし・烏滸がまし・〈尾籠〉がまし】(オ―) Ⓒ《形シク》❶ばかみたいだ。「その後いかが(=ドンナニナッタカ)。―・しうこそ(=バカゲタ始末ダッタロウ)」〔堤・花桜〕「(酒ヲムヤミニ飲マセルト)うるはしき(=チャントシタ)人も、たちまちに狂人となりて―・しく」〔徒然・一七五段〕❷《出すぎたという感じで》みっともない。おかしい。「衰へて世に出でまじらひしは(=社会的ニ活動シタノハ)―・しく見えしかば」〔更級〕「ほほゑみたる口つき、いと―・し」〔大鏡・昔物語〕

をこつ・る【誘る】(オ―) Ⓓ《他四》❶あざむく。だます。「忍熊王を―・りていはく『…』」〔紀・神功・訓〕《「をこつりて」は「誘」の訓。下文に「忍熊王、知レ被レ欺…」とある》❷(だまして)うまく…する。(なだめ)すかす。「(舞ウノヲ)すまひたまへど(=イヤガリナサッタガ)よろづに―・り(=何ヤカヤトウマクキゲンヲトリ)」〔大鏡・道兼〕《(1)仮名づかいは「を」か「お」か確かでない。しかし、同じ意味の語に「わかつる」がある。「わかつりて朝廷に事(つか)へ、偽りて任那(みまな)に和(やは)す(=友好的ナ態度ヲトル)」〔紀・欽明・訓〕《「わかつりて」は「誘」の訓》。したがって、「を」が正しいらしい。(2)類聚名義抄には「つ」を清音にした例と濁音にした例がある。平安末期には「をこづる」とも発音されたらしい》

をごめ・く(オ―) Ⓓ《自四》ぴくつく。「人の言ひしままに(受ケ売リシテ)、鼻のほど(=アタリガ)―・きて言ふは、その人の虚言(そらごと)にはあらず」〔徒然・七三段(常縁本)〕《「を」か「お」かは確かでないが、常縁本・正徹本・屋代本など、わりあい信用できるテクストが「を」なので、それに従っておく。「鼻のわたりおこつきて(=得意満面ニ)語りなす(=シャベル)」〔源氏・帚木〕の「おこつき」が河内本や別本系統では「をこめき」となっている。兼好はこの系統の源氏物語によって書いたのであろう。他に用例が無いので、語源も明らかでない》

をさ【長】(オー) Ⓔ 何人かで仕事をする所の代表者あるいは責任者。「明石の駅といふ所に御やどりせしめたまひて、駅のーのいみじく思へる気色を御覧じて作らしめたまふ詩、いとかなし」〔大鏡・時平〕

をさな・し【幼し】(オー) Ⓒ〔形ク〕 ❶(生理的に)年少だ。「ー・き者などもありしに」〔源氏・帚木〕 ❷(精神的に)子どもっぽい。未熟だ。「社稷宗廟は重き事なり。我わかうしてー・し。何ぞあへて(統治ノ任ニ)当たらむ」〔紀・舒明・訓〕(「をさなし」は「不賢」の訓)

をさま・る (オー) Ⓑ〔自四〕 ㊀〔収まる・納まる〕 ❶㋑中に入れられる。しまい込まれる。「『末久しくこれを見る人のためにもなりぬべし』と永代蔵にー・る時津御国静かなり」〔西鶴・永代蔵・巻六ノ五〕㋺(農作物が)とり込まれる。収穫される。「春は花咲き、秋は実り、冬はー・り」〔梅岩・都鄙問答・巻一ノ一〕 ❷㋑事が終わる。かたづく。「(金葉集ハ)三度(天皇ニ)奏して(=奏上シテ)後こそ(ヨウヤク撰集ノ作業ガ)ー・りにけれ」〔増鏡・おどろ〕㋺(歌舞伎で)鳴り物や音楽いっぱいに一連の動作が終わる。または廻り道具が所定の位置におちつく。「時の(=時刻ヲ告ゲル)鐘にて(舞台ノ)道具ー・る」〔伎・十六夜清心・一ノ五〕 ❸消える。なくなる。「夜の雲ー・り尽きぬれば(=スッカリナクナッテシマッタノデ)月も(隠レルタメノ)行き方なきにや空澄みのぼりて」〔とはずがたり・巻四〕 ㊁〔修まる・治まる〕 ❶㋑(物事が)整った状態になる。「宮の御前のかたをしり目に(=横目デ)見れば、例の(トオリ)ことにー・らぬ(=落チ着キノナイ)けはひどもして、(女房ノ衣ノスソガ)色々こぼれ出でたる御簾のつまづま・透き影(=透イテ見エル姿)など」〔源氏・若菜上〕㋺(社会が)整った状態になる。「百姓礼あるときは、国家自づからにー・る」〔紀・推古・訓〕(「をさまる」は「治」の訓) ❷(精神が)安定した状態になる。おちつく。「ある限り(ノ女房ハ)心もー・らず物おぼえぬ(=ドウシテヨイカワカラナイ)ほどなり」〔源氏・夕霧〕 ❸(風・嵐が)やむ。「吹く風もー・りにける(ソノヨウニ平和ニ治マッテイル)君が代の千年の数は今日ぞかぞふる」〔玉葉・賀〕 ❹(病気が)なおる。「いみじく痛きほどは、起きておさへたるなむ、少しー・る心地する」〔落窪・巻二(秋成本)〕 ❺(道徳・知識・技能が)正しく身につく。「大方は心ばへもー・り、才幹もありてよき人と言ひ初められぬれば」〔十訓・第一ノ九〕

をさ・む (オー) Ⓑ〔他下二〕 ㊀〔収む・納む〕 ❶㋑中に入れる。しまう。「世の人、慎んで己が爪をー・むるは、これ(ガ)その縁(=起源)なり」〔紀・神代上・訓〕(「をさむる」は「収」の訓)㋺(農作物を)とりこむ。収穫する。「(不作デ)秋刈り冬ー・むるぞめき(=サワギ)はなし」〔方丈〕 ❷㋑(公的機関に対し)さし出す。「朝聘(=外交関係ヲ)既に闕きて、貢職ー・むることなし」〔紀・雄略・訓〕(「をさむること」は「脩」の訓)㋺(公的機関が)とり上げる。没収する。「妻子をー・めて奴となす」〔紀・神功・訓〕(「をさめて」は「没」の訓)「財宝をば、その人死ぬれば、みな公ー・め取らる」〔今昔・巻二ノ三三〕 ❸(死者を)ほうむる。「屍は、けうとき(=気持チノヨクナイ)山の中にー・めて、さるべき日(=忌日)ばかり詣でつつ見れば」〔徒然・三〇段〕 ❹(舞踊で、出した手を)ひく。「さす(=前へ出ス)腕には悪魔を払ひ、ー・むる手には寿福を抱き」〔謡・高砂〕 ㊁〔修む・治む〕 ❶㋑(物事を)整った状態にする。「家の内をおこなひ(=処理シ)ー・めたる(=キマリヲツケテイル)女(ハ趣味的ナ観点カラハ)いとくちをし(=ツマラナイ)」〔徒然・一九〇段〕㋺(社会を)整った状態にする。統治する。「世をー・むる道、倹約を本とす」〔徒然・一八四段〕 ❷(精神を)安定した状態にする。おちつかせる。「いよいよ、わらはべの(母ヲ)恋ひて泣くやうに、心ー・めむかた(=気持チノオチツケヨウガ)なく、おぼほれゐたり(=ボンヤリシテイラレル)」〔源氏・早蕨〕「『や、助右どの。夜中にけはしい(=ケタタマシイ)。何の用でござる』と言へば、『何の用とはー・めすぎた(=ノンビリシスギテイル)』」〔近松・大経師・中〕 ❸㋑(病気を)なおす。「人民および畜のために、すなはちその病をー・むる方を定む」〔紀・神代上・訓〕(「をさむる」は「療」の訓)㋺(病人の)世話をする。看護する。「天皇、皇祖母のみことの病したまひしより、発喪にいたるまで、床の側を避りたまはず、ー・めたまふこと倦ることなし」〔紀・皇極・訓〕(「をさめたまふ」は「視養」の訓) ❹㋑作り整える。「吾ここに拠りて、六つの城をー・めつくらむと欲す」〔紀・欽明・訓〕(「をさめつくらむ」は「修繕」の訓)㋺(不備な箇所を)なおす。修理する。「壁の土くづれ落ちしあまた所あれば、くづれし土(ヲ)水にひたして、その破れをー・め塗らしむ」〔白石・折たく柴の記・上〕 ❺(道徳・知識・技能を)正しく身につける。「『いやしき(人タチノ中ニ)も身をー・むるはありつべし』『(世間ノ)人に(マデ)おしなべ(=一般ニ)道ぞ正しき』」〔宗祇・宗長(水無瀬三吟)〕

をさ め【長女】(オー) Ⓓ 局の雑用などをする女性の用務員で、年長の者。「うしろめたければ(=心配ナノデ)、おほやけ人(=女官)・すまし(=掃除婦)・ーなどして、たえずいましめ(=見マワリ)にやる」〔枕・八七段〕

をさめつくる つかさ【修理職】(オー) Ⓓ →しゅりしき。

をさめ どの【納め殿】(オー) Ⓓ ❶(宮中で)宜陽殿にあり、公的な貴重品をしまっておく所。「帝…蔵人所(ヤ)ーの唐物(=船来品)ども多く奉らせたまへり」〔源

を

氏・若菜上〕 ❷（個人的な）衣類や貴重品などをしまっておく所。「（中宮ハ）―にある御衣（おんぞ）取り出でさせて、この人々に給ふ」〔紫日記〕

をさ をさ（オサオサ）Ⓒ《副》❶《下に否定表現を伴い》どうして、どうして。なかなか。「夜昼、学問をも遊びをも、もろともにして、―たちおくれず」〔源氏・帚木〕 ❷《まれに肯定の形で》さかんに。しきりに。せっせと。「この侍従も、あやしき（=スミニオケナイ）戯（たは）れ人（=浮気者）にて、よろづの人の『婿になりたまへ』と、―聞こえたまへども、さももののしたまはず（=結婚ドコロデハイラッシャラナイ）」〔宇津保・藤原君〕

をさ をさ・し〔長長し〕（オサオサー）Ⓓ《形シク》❶（おとなしく）整っている。おとなびている。「若ければ、文（=手紙）も―・しからず、ことばも言ひ知らず（=ロノキキ方モ知ラナイシ）、いはんや（=マシテ）歌は詠まざりければ」〔伊勢・一〇七段〕 ❷㋑ちゃんとしている。申し分ない。「宮仕へも―・しくだになしたまへらば（=キチントシテイラッシャリサエスレバ）、などかはあしからむ」〔源氏・葵〕㋺ふさわしい。「御垣守（=衛門府ノ職ハ）―・しくも思ほえず（=自分ニトッテ最適ダトハ思ワレナイ）…」〔古今・雑体〕

を・し（オー）Ⓒ《形シク》《「現状が変わってほしくない」という意識で》㊀〔愛し〕❶かわいくて、しかたがない。「香具山は畝火を―・しと耳梨と相争ひき…」〔万葉・巻一〕「（娘ハ）容体小さながら、おとなにて、いみじううつくしう、なかなかあかずおぼえたまふ。『―・し（=カワイイネ）』とて、抱きて立ちたまへば」〔宇津保・楼上下〕 ❷何ともいえずすばらしい。「かくばかり―・しと思ふ夜をいたづらに寝で明かすらむ人さへぞ憂き」〔古今・秋上〕 ㊁〔惜し〕《失われてゆくのが》残念だ。もったいない。「百鳥（ももとり）の声なつかしく在りが欲し住みよき里の荒るらく―・しも」〔万葉・巻六〕

を しき〔折敷〕（オー）Ⓓ へぎ製の盆。食器をのせ、または神事に使う。角盆、または隅（すみ）切り盆で、足をとりつけたものを足打ち折敷という。「宮内の君に―して（=ニノセテ）物まゐれり（=サシアゲタ）」〔宇津保・藤原君〕

〔をしき〕

をし・む（オー）Ⓒ《他四》㊀〔愛しむ〕❶いつくしむ。めでる。「桜の花―・む所」〔兼盛集・詞〕 ❷重んじる。たいせつにする。「（アナタカラノオトズレガ）絶えしころ絶えね（=消エテシマエ）と思ひし（ワタシノ）玉の緒の（=命ガ）君（ノヤサシサ）によりまた（=モウ一度）―・まるるかな」〔和泉日記〕 ㊁〔惜しむ〕❶心残りに思う。「（アナタトノ別レガ）―・まるる涙に（アナタノ）影（=オモカゲ）はとまらなむ（=トドマッテホシイ）心もしらず秋はゆくとも」〔和泉日記〕 ❷物惜しみをする。手放そうとしない。「（内大臣ハコノ絵ヲ）いといたく秘めて（=シマイコンデ）…惜しみ領じたまへば（=独占シテイラレルノデ）」〔源氏・絵合〕

をし もの〔食し物〕（オー）Ⓓ たべ物の尊敬語。㊂をす①。「（天皇ガ）官（つかさ）の人らに―を賜ふ」〔紀・持統・訓〕《「をしもの」は「食」の訓》

を・す〔食す〕（オー）Ⓓ《他四》❶「食う」「飲む」「着る」の尊敬語。おあがりになる。お飲みなさる。お召しになる。「…（少名御神ガ）神寿（かむほ）き寿（ほ）き狂（くる）ほし（=ソバデ踊リマワッテ）まつり来し御酒（みき）ぞ残（あ）さず―・せ（=残サズオ飲ミナサイマセ）」〔紀・神功〕「うつせみの命を惜しみ波にぬれ伊良虞（いらご）の島に玉藻刈り―・す（=タベテイル）」〔万葉・巻一〕《王なので自敬表現を使う》❷「治む」の尊敬語。すべ治められる。お治めになる。「やすみしし（=枕詞）わご（=我ガ）大君の―・す国は（都ノアル）大和（やまと）もここも（=コノ九州地方モ）同じとぞ思ふ」〔万葉・巻六〕

を だ〔〈小〉田〕（オー）Ⓔ《「を」は接頭語》田の雅語。「桜散る山下（ヲ流レル）水をせき分けて花に（オオワレテ）流るる―の苗代（なはしろ）」〔風雅・春下〕 **―のますらを**〈小〉田の丈夫（…オ）Ⓔ《連語》農夫の歌語。「五月（さつき）待つ―いとまなみ（=セワシクテ）せき入るる水に蛙（かはづ）鳴くなり」〔金槐・上〕

をち（オー）Ⓓ ❶〔遠〕《空間的に》㋑さらに向こう。もうひとつさき。「川より―に、いと広く、おもしろくてある（別荘）に、御設け（=歓待ノシタクヲ）せさせたまへり」〔源氏・椎本〕㋺遠く離れた所。「浦より―のはるばるとかすみわたれるに」〔増鏡・新島守〕 ❷〔彼方〕《時間的に》㋑それより前。「昨日より―をばしらず百年の春の始めは今日にぞありける」〔拾遺・雑賀〕㋺それより後。「このごろは恋ひつつもあらむたまくしげ（=枕詞）明けて―よりすべなかるべし（=ドウシヨウモアルマイ）」〔万葉・巻一五〕

をち〔復ち〕（オー）Ⓔ《十形動ナリ》❶原状に復すること。「手放れ（=スタート）も―（=回収）もかやすき（=自由自在ナ鷹ハ）これをおきて（=以外ニハ）またはありがたし…」〔万葉・巻一七〕 ❷若くなること。若がえり。「わが宅（やど）に咲けるなでしこ幣（まひ）はせむ（=プレゼントヲアゲルカラ）ゆめ花散るないや（=マスマス）―に（=フレッシュニ）咲け」〔万葉・巻二〇〕

をち かた〔遠方〕（オー）Ⓓ 遠いところ。ずっと向こうの方。「―や岸の柳にゐる鷺（さぎ）の蓑毛（みのげ）なみ寄る川風ぞ吹く」〔月清集・巻二〕 **―びと**人 Ⓓ 向こうにいる人。遠くかなたにいる人。「織女（たなばた）の天の門（と）わたる今宵（こよひ）さへ―の（ドウシテ）つれなかるらむ」〔後撰・秋

上〕

をち こち(オー) Ⓓ ❶【遠近】遠くや近く。あちこち。「宇治川は淀(モ)瀬(モ)無からし(＝ナイニチガイナイ)網代人(あじろひと)舟呼ばふ声―聞こゆ」〔万葉・巻七〕 ❷【彼方此方】未来と現在。「真玉つく(＝枕詞)―かねて(＝今モ将来モ共ニ変ワラナイコトヲ誓ッテ)結びつるわが下紐の解くる日あらめや」〔万葉・巻一二〕

を・つ【復つ】(オー) Ⓔ 〘自上二〙若がえる。〘「をとめ(少女)」の「をと」も同じ語源〙「わが盛りまた―・ちめやも(＝壮年ニハモドレマイ)ほとほとに(＝マズタイテイハ)奈良の都を見ずかなりなむ(＝見ズジマイニナッチマウノダロウ)」〔万葉・巻三〕

をとこ【男】(オー) Ⓐ ❶〘単に〙男性。「女手(＝平ガナ)に書きたまへり。―の手にてこそ(＝草書フウノカナダッタラ)くるしけれ(＝返事ニコマルトコロダ)」〔蜻蛉・上〕 ❷㋑青年。「壮夫を訓(よ)みて―といふ」〔記・上・訓注〕〘「袁等古」と表記〙㋺[対]「わらは」 成年式のすんだ男。〘年齢的には青年でも、成年式をあげない者は、やはり童(わらわ)とよばれ、その服装をしていた〙「―にもあらず童(わらは)にもあらず、頭を白き衣(きぬ)をもて結(ゆ)ひたり」〔今昔・巻三一ノ一六〕 ❸出家していない男性。俗人。「法師をば―になし、―をば法師になしなどして」〔盛衰・巻一八ノ六〕 ❹召使の男。下男。「賽(さい)王丸は、太秦(うづまさ)殿の―(デ)、料の(＝専属ノ)御牛飼ひぞかし」〔徒然・一一四段〕 ❺〘近世語〙㋑男性としてりっぱな資格のある者。「おれも―だ。さっぱりと(オ前ノ)望みどほり暇をやらう」〔伎・十六夜清心・一ノ五(返し)〕㋺男性としての面目。「おれはもちろん、九郎兵衛までが―がすたる」〔浄・浪花鑑・六〕 ❻【夫】㋑ⓐおっと。「我は、さは(＝ソレデハ)―まうけてけり(＝夫ヲ持ッタノダワ)。この人(＝女房タチ)の―とてあるは、みにくくこそあれ」〔源氏・紅葉賀〕ⓑ〘十自サ変〙(女性側からいっての)結婚。縁づくこと。「人々(ガコノ娘ニ)懸想(けさう)しけれど、(娘ハ)思ひあがりて、―などもせでなむありける」〔大和・一〇三段〕「娘―・して夫(をとこ)の家に住む…娘の夫(をとこ)陸奥(むつ)の権の掾(じょう)になりて」〔三宝絵・中〕㋺特別の愛情関係にある男性。愛人である男性。「(アナタ方二人ノ)かかりける事ども(＝恋愛関係)を夢の中にもわが知らで、心をやりて(＝ワタシノ一存デ)故大臣に(ムスメヲ)許し放ちしほど(＝縁ヅカセタトキ)、―(デアルアナタ)も女(デアルムスメ)も、いかばかり(悲シク)おぼされけむ」〔寝覚・巻五〕

―に為(な)・す 元服させる。「十九にて―・して、鎌田三郎正近とぞ申しける」〔義経・巻一ノ四〕

をどし【縅・威】(オー) Ⓔ 鉄または革の小板、すなわち札(さね)を糸や革ひもでつづりあわせ、鎧(よろい)を形造ること。つづり方によって荒目・毛引き・敷き目・素懸(すが)け等、材料によって糸おどし・革おどし等、色あいによって緋(ひ)おどし・萌黄(もえぎ)におい・紫裾濃(すそご)・卯(う)の花おどし等の種類がある。

をのこ【男の子・男】(オー) Ⓐ ❶男性。男子。「―やもむなしかるべき万代に語りつぐべき名はたてずして」〔万葉・巻六〕 ❷㋑男の子。「すべて―をば女に笑はれぬやうに育(おほ)したつべしとぞ」〔徒然・一〇七段〕㋺元服のすんだ男性。成年男子。「高季が子のいまだ童(わらは)(＝少年ノ姿デ)、年十四なるを召して、蔵人所にて、にはかに―になして(舞人ノ中ニ)加へられけり」〔十訓・第一〇ノ五八〕 ❸殿上(てんじょう)に出仕している男子。「殿上(うへ)のさぶらひにて―どもに大御酒(おほみき)たまひて」〔古今・雑上・詞〕 ❹出家でない男性。俗人。「たとひ法師になりたりとも、をりふしにつけて敵(かたき)を討たばやと思はば、なかなか(＝カエッテ)罪深かるべし。一向に(＝ヒトスジニ)思ひ切りて―になり、本意をとげばや(＝念願ヲ果タシタイ)」〔曾我・巻四ノ四(大山寺本)〕 ❺召使の男。郎等。「この宿守なる―を呼びて問ひ聞く」〔源氏・夕顔〕 ❻〘接尾語ふうに〙目下の男性の名の下に付ける。「(ワレワレヲ苦シメタ)兼光―(＝兼光トイウヤツ)を生けおかせたまはば、(ワレワレ女房ハ)尼にならむ、御所を出でむ」〔盛衰・巻三五ノ九〕

―ご 男子 Ⓓ 男の子。「むすめ―産(うまはり)せりと聞きて、婿の家を往きて賀(よろこ)びて」〔紀・雄略・訓〕〘「をのこご」は「児」の訓〙「みこ腹に―一人もたり」〔宇津保・俊蔭〕〘「―にはうちとくまじきものなり」〔源氏・少女〕によって男性という意を立てる説もあるが、これはすぐ前に「十に余りたまひて後は」とあるのを受けた文で、やはり「男の子」の意である〙

をば Ⓑ〘格助〙〘格助詞「を」に係助詞「は」が付いて連音変化したもの。本来は複合助詞だが、用法としては「他はともかく…だけ」「とくに…」という余情をもつ格助詞にあつかってよい〙→を㊀。「さりとて(＝ダトイッテ)、我―(＝他ノ者ハトモカク自分ニ対シテハ)いかがせむ(＝何ガデキルモノカ)」〔枕・九五段〕「ともかうも(＝ドンナ事ダロウト)入道殿の仰せ―(＝デアル以上ハソレニ)そむくまじ」〔平家・祇王〕

を はしら【男柱・雄柱】(オー) Ⓔ →ほとりは。

をは・る【終はる】(オワー) Ⓔ 〘自四〙 ❶これまで存続していた事態がなくなる。「あるべき事ども―・りて帰る」〔蜻蛉・上〕 ❷死ぬ。「ひとへに弥陀の名号をとなへて、臨終正念をぞ祈られける。有王わたって二十三日といふに、その庵(いほり)のうちにてつひに―・りたまひぬ」〔平家・僧都死去〕

を ひと【夫】(オー) Ⓔ 「おっと」の原形。「―婦(め)の道

(=男ト女ガ結婚スルコト)は、古今の達(かよ)へる則(のり)なり(=永遠ノキマリデス)」〔紀・景行・訓〕《「をひとめ」は「夫婦」の訓》

をみな【女】(オー) Ⓐ《「をんな」の古代語》→をんな。「弾(ひ)く琴に舞する―常世(とこよ)にもがも(=永久ニ変ワラナイデホシイナア)」〔記・下〕 **―ご** 子Ⓓ 女性。女子。「―の才(ざえ=オ得意)は、霜月・師走のかいこぼち(=ソノ辺ヲコワシマワルコトダ)」〔神楽・早歌〕

をむな【女】(オー) Ⓐ →をんな。

をめ・く【喚く】(オー) Ⓓ《自四》大声を出す。わめく。「木の本(もと)を引きゆるがすに(=ユサブルト)、(上ニノボッテイル男ハ)あやふがりて、猿のやうにかいつきて(=カジリツイテ)―・くもをかし」〔枕・一四四段〕「人の聞くをもはばからず、声をはかりにぞ―・きさけびたまひける」〔平家・維盛都落〕

を や 問を表す。「いかに。幣帛(みてぐら)―奉らまし(=サシアゲテハドウカシラ)」〔蜻蛉・下〕 Ⓑ《複助》❶《格助詞「を」＋係助詞「や」》疑 ❷《間投助詞「を」＋係助詞「や」》㋑強調・感動を表す。「かれ(=コチラカラ進呈シタ衣モ)はた(=ヤハリ)紅(くれなゐ)のおもおもしかりし―(=リュウトシタ品ダッタワヨ)。さりとも(=先方カラノ贈り物ガリッパダトハイエ)、消えじ(=見劣リハスマイ)」〔源氏・末摘花〕㋺《多くは「おいて」に付き》「…はもちろんだ」の意を表す。「近境(きんけい)の源氏(ダッテ)なほ参候せず、いはんや(=マシテ)遠境においてー」〔平家・木曾山門牒状〕

を やみ【小止み】(オー) Ⓓ すこしの間とだえること。「―なかりし(雷雨ノ)空の気色(けしき)、なごりなく澄みわたりて」〔源氏・明石〕「つくづくと思へば悲し数ならぬ身を知る雨よ―だにせよ」〔風雅・雑下〕

をり【際・〈折〉】(オー) Ⓐ ❶ある事がらのおこっている時。場合。場面。《英語の occasion に当たる》「さらにただ、手(=筆跡)のあしさ(=マズサ)よさ、歌の―にあはざらむ(=ピタリトシナイヨウナノ)も知らじ(=問題ニシナイツモリダ)」〔枕・二三段〕「すさましきもの…よろしうよみたると思ふ歌を人のもとにやりたるに、返しせぬ。懸想(けさう)人は(人目モアルカラ)いかがせむ(=ヤムヲエナイガ)、それだに―をかしうなどある(歌ニ対シ)返り事せぬは、心おとりす」〔枕・二五段〕 ❷《単に》時。《英語のtimeに当たる》「年月にそへて(=ガタツホド)、御息所(みやすどころ)の御事おぼし忘るる―なし」〔源氏・桐壺〕 ❸時候。季節。《英語のseasonに当たる》「紫苑(しをん)色の、―にあひたる薄物の裳、あざやかにひき結ひたる腰つき、たをやかに、なまめきたり」〔源氏・夕顔〕「(天皇ガ)おぼつかながらせたまへるも(=気ニカケテオイデクダサルノモ)、かしこければなむ(=恐レ多イカラ、イッタン帰リマス)。今(=近イウチニ)この花の―過ぐさず、参り来む」〔源氏・若紫〕

を・り【居り】(オー) Ⓐ《自ラ変》❶《人・動物が空間をしめて》存在する。「富める家の隣に―・る者は、朝夕すぼき(=ミスボラシイ)姿を恥ぢて」〔方丈〕 ❷(そのままの状態で)いる。(ずっとその調子で)いる。「いざかくて―・り明かしてむ(=夜ッピテ起キテイヨウ)冬の月(ノスバラシサハ)春の花にも劣らざりけり」〔拾遺・雑秋〕 ❸《補動》㋑《動詞の連用形に直接または助詞「て」を介して付き》行為・状態の存続を表す。…ている。「翁、これを聞きて、頼もしがり―・り」〔竹取〕「お太刀から渡し馬まで借って―・りました」〔狂・止動方角〕㋺他人の行為・状態に、いやしめた気持ちを添える。…やがる。「出てうせう。ていと(=サッサト)出てうせ―・るまいか(=消エチマワナイカ)」〔狂・抜殻(鶯流)〕「あの、やくたいなし(=ロクデナシメ)、しさりー・れ(=アッチヘ行ケ)」〔狂・竹生島詣〕

をり えぼし【折り烏帽子】(オー) Ⓔ ㊉「立て烏帽子」 立て烏帽子の上部を平たく折り畳んだもの。略装のとき用いる。「少将宗長、木蘭地の直垂(ひたたれ)に―で供奉(ぐぶ=オ供)せられたりけるが」〔平家・鼓判官〕《法皇が危急をのがれる御幸なので、略装でお供した》

〔をりえぼし〕

をり びつ【折り櫃】(オー) Ⓔ 檜(ひのき)の薄板を折り曲げて作った箱。食料などを入れる。現代でも「おりづめ」という、その「おり」だが、ずっと上等。「暗きに起きて、―など具せさせて(=持タセテ)」〔枕・八七段〕

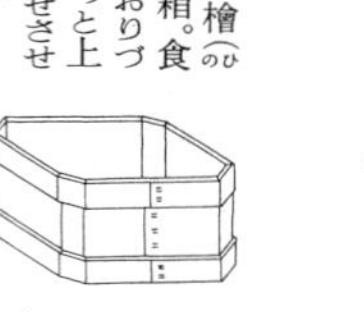
〔をりびつ〕

をり ふし【〈折〉節】(オー) Ⓑ ━ ❶《適当に対応するという余情を伴い》その場合。その場面。「手(=字ヲ)走り書き、―の答(いら)へ心得て(=ヨクノミコンデ)うちしなどばかりは、随分に(=ソレ相応ニ)よろしきも多かり」〔源氏・帚木〕「順(ついで)あしき事は、人の耳にも逆(さか)ひ、心にも違(たが)ひて、その事成らず。さやうの―を心得べきなり」〔徒然・一五五段〕 ❷時。「心とどめて(=注意シテ)見る人は、時をも分かぬ(=イツデモ目ヲツケテイル)ものなれば、ことに、うちとけぬべき―ぞ、けはれなく(=フダンデモアラタマッタ際デモ)、ひきつくろはまほしき」〔徒然・一九一段〕 ❸季節。「―の移りかはるこそ、ものごとにあはれなれ」〔徒然・一九段〕 ㊂《副》 ❶㋑(ちょうど)その時。「正月二十日あまりの事なれば…谷々の氷うちとけて、水は―まさりたり」〔平家・宇治川先陣〕㋺(ちょうど)今。「―お歌の御会に(＝年貢ヲ)持って上(のぼ)りあはせたによって…歌を一首づつ詠めとのお事ぢゃ」〔狂・餅酒〕 ❷時たま。「もだしがたくて(＝黙殺シキレズ)、―はこれを勤め、ある時はあれへ忍び」〔西鶴・椀久二世・下〕 ❸(そのうち)ある時。「とやあらむかくやあらむと日を送りけり。―瀬介すこし法をそむきける事ありしを、傍(きわ)より訴へけり」〔咄・善悪報話・巻四ノ八〕

をろが・む【拝む】(オー) Ⓓ《自四》おがむ。「猟路(かりぢ)の小野(＝ワガ皇子ガ狩リニ行カレル途中ノ野原)に猪鹿(しし)こそはい匍(は)ひ―・め(＝ハイツクバッテオガム)…」〔万葉・巻三〕《「い匍ひ」の「い」は接頭語》

をろち【蛇】(オー) Ⓓ へび。《大蛇の意とするのは誤り。大小には関係しない》「その八岐(やまた)の―、まことに言ひしがごと来つ」〔記・上〕《原文「遠呂智」と表記》「今日夢見らく、すこしきなるにしき―、朕(わ)が頸にまつはる(＝巻キツク)」〔紀・垂仁・訓〕《「すこしきなるにしきをろち」は「錦色小蛇」の訓》

をんな【女】(オー) Ⓐ ❶㋑《単に》女性。「―の性は、みな僻(がひ)めり」〔徒然・一〇七段〕㋺若い女性。「久米の仙人の、物洗ふ―の脛(はぎ)の白きを見て通を失ひけむは」〔徒然・八段〕《「を」は元来「小」「若」の意をもつ接頭語なので、語源的には㋺がもとの意味。「大」「老」の意は「お」で示した》 ❷特別な愛情関係にある女性。愛人である女性。「添ひ臥(ふ)したまへる御火影(＝灯火デ見ルオ姿ハ)いとめでたく、―にて(＝自分ガ光源氏ノ愛人トシテ)見たてまつらまほし」〔源氏・帚木〕《⑴英語のgirlにも②と同じ用法がある。⑵源氏物語では、身分のある女性は「…の御方」「宮」「北の方」などよび、原則として「女」とはいわない。しかし、それらの女性が愛情問題に深くかかわっている場面を描写するときに限り「女」といっている》 **―でら** 寺 Ⓔ 女の子の行く寺(寺子屋)。師匠が女性の場合、女の子だけ教えた。㊫てら④。「―へもやらずして筆の道を教へ、ゐひもせず京のかしこ娘となりて」〔西鶴・永代蔵・巻二ノ一〕《このほか「尼寺」という意を挙げる説が多いけれど、用例が見つからないので、省く》

をんな・し【女し】(オー) Ⓔ《形シク》女性らしい。「なよびかに(＝モノヤサシク)―・しと見れば、(ソノヨウナ女ハ)あまり情けにひきこめられ(＝愛情ニヒキズラレ)て、とりなせば(＝調子ヨクアツカッテヤルト)あだめく(＝愛情過多ニナル)」〔源氏・帚木〕「真女子(まなご)がことわり(＝説明)のあきらかなるに(＝ハッキリシテイルウエ)、この―・しきふるまひを見て、ゆめ疑ふ心もなく」〔秋成・雨月・蛇性〕

をん る【遠流】(オンー) Ⓔ 京からひどく離れた土地へやる流罪。「三人の僧たち、―の在所(＝場所)定まって」〔太平・巻二ノ三〕

ん

ん Ⓐ《助動》→む。

ん・ず Ⓑ《助動》→むず。

ん

付録目次

古典かなづかい要覧

一、この表は、この辞書を検索するときの便宜のため、古典かなづかいによる表記のうち迷いやすいものをあげた。(現代かなづかいと同じものは除いた。)
二、配列は、発音(五十音順)に従った。
三、表の第一段は発音、第二段は現代かなづかい、第三段は古典かなづかい、第四段はそれに対応する用例(漢字だけのものは音読み、その他は訓読み)を示した。

イ	い	ひ	飯(いひ)・貝(かひ)・小(ちひ)さし
		ゐ	位・囲・委・威・為・韋・偉・違・慰・遺・惟・井(ゐ)・藍(あゐ)・居(ゐ)る・閾(しきゐ)
イン	いん	ゐん	院・員・韻
ウ	う	ふ	歌ふ・競(きそ)ふ・培(つちか)ふ
エ	え	へ	家(いへ)・妙(たへ)・苗(なへ)
		ゑ	回・会・恵・絵(ゑ)・声(こゑ)・酔(ゑ)ひ・笑(ゑ)む
エイ	えい	ゑい	衛
エツ	えつ	ゑつ	越・曰・粤
エン	えん	ゑん	円・園・淵・怨・袁・遠・猿・垣・宛・鴛
オ	お	を	汚・悪・緒(を)・桶(をけ)・終(を)ふ
		ふ	葵(あふひ)・仰(あふ)ぐ・倒(たふ)る
		ほ	顔(かほ)・潮(しほ)・遠(とほ)し
オー	おう	あう	桜・央・奥・鶯
		あふ	押・凹・扇(あふぎ)・近江(あふみ)
		はう	会はう・言はう・買はう
		わう	王・枉・皇・往・黄・横
オク	おく	をく	屋
オン	おん	をん	怨・遠・穏・温
カ	か	くわ	火・花・果・和・科・貨・過・課
ガ	が	ぐわ	瓦・画・臥
カイ	かい	くわい	回・会・怪・灰・怪・絵・懐・壊・廻・傀・槐
ガイ	がい	ぐわい	外
カク	かく	くわく	画・拡・郭・穫
カツ	かつ	くわつ	活・括・滑
ガツ	がつ	ぐわつ	月
カン	かん	くわん	冠・巻・観・歓・官・菅・完・患・貫・寛・関・還
ガン	がん	ぐわん	元・丸・願
キュー	きゅう	きう	久・九・丘・休・旧・朽・求・救・究・鳩・裘・商人(あきうど)
		きふ	及・吸・汲・級・急・泣・給
ギュー	ぎゅう	ぎう	牛
キョー	きょう	きやう	京・向・兄・強・卿・狂・経・竟・鏡・驚・饗
		けう	叫・教・橋
		けふ	狭・峡・協・今日(けふ)
ギョー	ぎょう	ぎやう	仰・行・形・刑
		げう	堯・暁
		げふ	業
コー	こう	かう	交・亢・幸・高・巧・行・孝・考・更・香・庚・抗・耕・校・港・格子(かうし)
		かふ	甲・閤
		くわう	光・広・荒・皇・黄・鉱・曠
		こふ	劫・恋(こ)ふ・請(こ)ふ
ゴー	ごう	がう	号・剛・郷・強・豪・濠・拷
		がふ	合
		ぐわう	轟
		ごふ	業
ジ	じ	ぢ	地・持・治・路(ぢ)・氏(うぢ)・楫(かぢ)
ジク	じく	ぢく	軸・竺
ジツ	じつ	ぢつ	昵
シュー	しゅう	しう	舟・秋・囚・収・州・秀・就・修・

			祝・週・愁・
			舅(しうと)
		しふ	拾・習・集・襲
ジュー	じゅう	じう	柔・揉・獣
		じふ	十・汁・渋・什
		ぢゅう	重・住・中
ジョ	じょ	ぢょ	女・除
ショー	しょう	しゃう	生・床・庄・正・
			省・匠・声・尚・
			相・将・祥・商・
			聖・昌・笙・装・
			掌・傷・障・賞
		せう	少・抄・召・招・
			笑・消・詔・照・
			焦・蕉・嘯・蕭
			兄人(せうと)
		せふ	妾・渉・捷
ジョー	じょう	じゃう	上・情・状・城・
			盛・浄・常・静・
			壌・譲
		ぜう	擾・繞・饒
		ぢやう	定・場・丈・杖・
			掟・娘・諚・嬢
		でう	条・嫋
		でふ	帖・畳
ジョク	じょく	ぢょく	濁
ジン	じん	ぢん	沈・陣・塵
ズ	ず	づ	図・頭・豆・途
			渦(うづ)・築
			(きづ)く
ソー	そう	さう	早・双・爪・騒・
			壮・荘・争・箏・
			相・草・倉・桑・
			想・操・藻・霜
		さふ	挿
ゾー	ぞう	ざう	象・造・蔵
		ざふ	雑
チュー	ちゅう	ちう	宙・昼・抽・鋳
			落人(おちうど)
チョー	ちょう	ちゃう	長・庁・町・張・
			帳・脹・頂・提
			腸・聴
		てう	鳥・朝・眺・跳・
			超・調・嘲
			手水(てうづ)
		てふ	帖・牒・蝶
トー	とう	たう	刀・当・唐・到・
			逃・桃・討・党・
			島・盗・湯・稲
			峠(たうげ)・
			畳紙(たたうがみ)
		たふ	納・答・踏・塔
			尊(たふと)し
ドー	どう	だう	堂・道・導
ニュー	にゅう	にう	柔
		にふ	入
			埴生(はにふ)
ニョー	にょう	(にょう)	女(院)
			女(官)
		ねう	尿・遶・鐃
ノー	のう	なう	悩・脳・嚢
		なふ	納・衲
		なほ	直衣(なほし)
		のふ	昨日(きのふ)
ヒュー	ひゅう	ひう	日向(ひうが)
ビュー	びゅう	びう	謬
ヒョー	ひょう	ひやう	平・兵・評・拍
		へう	表・票・漂・俵・
			豹・標・瓢
ビョー	びょう	びやう	屏・病・瓶・鋲
		べう	苗・秒・猫・廟
ホー	ほう	はう	包・邦・方・訪・
			芳・抱・放・泡・
			袍・報
			葬(はうむ)る
		はふ	法(漢音)
		ほふ	法(呉音)
ボー	ぼう	ばう	亡・忙・望・忘・
			房・冒・傍・貌・
			坊
		ばふ	乏
ミョー	みょう	みやう	名・命・明・冥
		めう	妙・苗
モー	もう	まう	盲・毛・網・妄・
			孟・罔・望・耄・
			猛
			申(まう)す
ユー	ゆう	いう	又・友・右・有・
			由・幽・猶・遊・
			誘・憂・悠・優
		いふ	邑
	いう		言(い)ふ
	ゆう	ゆふ	夕(ゆふ)
ヨー	よう	えう	幼・要・夭・妖・
			謡・揺・遙・曜・
		えふ	葉
		やう	羊・洋・陽・揚・
			楊・様・養・瘍・
			瓔
			八日(やうか)
			漸(やうや)く
		よふ	酔(よ)ふ
リュー	りゅう	りう	柳・流・留
			寄人(よりうど)
		りふ	立・粒
リョー	りょう	りやう	令・梁・涼・良・
			両・量・領・糧・
			諒・霊・輛
		れう	了・料・寮・聊・
			寥・療
		れふ	猟
ロー	ろう	らう	老・郎・浪・牢・
			労・朗・廊・粮
		らふ	蠟・臘・臈
ワ	わ	は	庭(には)・表
			(あらは)す・
			禍(わざはひ)

動詞活用表

※「語幹」の項で傍線を付してあるのは、語幹・語尾の区別のない語である。

種類	例語	語幹	未然形	連用形	終止形	連体形	已然形	命令形
四段活用			〈a〉	〈i〉	〈u〉	〈u〉	〈e〉	〈e〉
	書く	か	か	き	く	く	け	け
	泳ぐ	およ	が	ぎ	ぐ	ぐ	げ	げ
	示す	しめ	さ	し	す	す	せ	せ
	立つ	た	た	ち	つ	つ	て	て
	買ふ	か	は	ひ	ふ	ふ	へ	へ
	飛ぶ	と	ば	び	ぶ	ぶ	べ	べ
	飲む	の	ま	み	む	む	め	め
	乗る	の	ら	り	る	る	れ	れ
ラ変	あり	あ	ら	り	り	る	れ	れ
ナ変	死ぬ	し	な	に	ぬ	ぬる	ぬれ	ね
カ変	来	く	こ	き	く	くる	くれ	こ(よ)
サ変	す	す	せ	し	す	する	すれ	せ(よ)
	具す	ぐ	せ	し	す	する	すれ	せよ
	御覧ず	ごらん	ぜ	じ	ず	ずる	ずれ	ぜよ

種類	例語	語幹	未然形	連用形	終止形	連体形	已然形	命令形
上二段活用			〈i〉	〈i〉	〈u〉	〈uru〉	〈ure〉	〈iyo〉
	生く	い	き	き	く	くる	くれ	きよ
	過ぐ	す	ぎ	ぎ	ぐ	ぐる	ぐれ	ぎよ
	落つ	お	ち	ち	つ	つる	つれ	ちよ
	閉づ	と	ぢ	ぢ	づ	づる	づれ	ぢよ
	用ふ	もち	ひ	ひ	ふ	ふる	ふれ	ひよ
	伸ぶ	の	び	び	ぶ	ぶる	ぶれ	びよ
	試む	こころ	み	み	む	むる	むれ	みよ
	悔ゆ	く	い	い	ゆ	ゆる	ゆれ	いよ
	降る	お	り	り	る	るる	るれ	りよ
下二段活用			〈e〉	〈e〉	〈u〉	〈uru〉	〈ure〉	〈eyo〉
	得	う	え	え	う	うる	うれ	えよ
	助く	たす	け	け	く	くる	くれ	けよ
	告ぐ	つ	げ	げ	ぐ	ぐる	ぐれ	げよ
	寄す	よ	せ	せ	す	する	すれ	せよ

形容詞活用表

種類	ク活用	シク活用
例語	早し	優し
語幹	はや	やさ
未然形	から	しから
連用形	く・かり	しく・しかり
終止形	し	し
連体形	き・かる	しき・しかる
已然形	けれ	しけれ
命令形	かれ	しかれ

形容動詞活用表

種類	ナリ活用	タリ活用
例語	清らなり	堂々たり
語幹	きよら	だうだう
未然形	なら	たら
連用形	なり・に	たり・と
終止形	なり	たり
連体形	なる	たる
已然形	なれ	たれ
命令形	なれ	たれ

下二段活用

例語	混ず	捨つ	出づ	寝	重ぬ	経	答ふ	述ぶ	改む	覚ゆ	流る	植う
語幹	ま	す	い	（ぬ）	かさ	（ふ）	こた	の	あらた	おぼ	なが	う
未然形	ぜ	て	で	ね	ね	へ	へ	べ	め	え	れ	ゑ
連用形	ぜ	て	で	ね	ね	へ	へ	べ	め	え	れ	ゑ
終止形	ず	つ	づ	ぬ	ぬ	ふ	ふ	ぶ	む	ゆ	る	う
連体形	ずる	つる	づる	ぬる	ぬる	ふる	ふる	ぶる	むる	ゆる	るる	うる
已然形	ずれ	つれ	づれ	ぬれ	ぬれ	ふれ	ふれ	ぶれ	むれ	ゆれ	るれ	うれ
命令形	ぜよ	てよ	でよ	ねよ	ねよ	へよ	へよ	べよ	めよ	えよ	れよ	ゑよ

上一段活用・下一段活用

例語	着る	煮る	干る	見る	射る	居る	（上一段）	蹴る	（下一段）	ふつう付く接続助詞
語幹	（き）	（に）	（ひ）	（み）	（い）	（ゐ）		（け）		
未然形	き	に	ひ	み	い	ゐ	〈i〉	け	〈e〉	ば・で
連用形	き	に	ひ	み	い	ゐ	〈i〉	け	〈e〉	て・つつ・ながら
終止形	きる	にる	ひる	みる	いる	ゐる	〈iru〉	ける	〈eru〉	とも
連体形	きる	にる	ひる	みる	いる	ゐる	〈iru〉	ける	〈eru〉	に・を・ものの・ものから
已然形	きれ	にれ	ひれ	みれ	いれ	ゐれ	〈ire〉	けれ	〈ere〉	ば・ど・ども
命令形	きよ	によ	ひよ	みよ	いよ	ゐよ	〈iyo〉	けよ	〈eyo〉	

助動詞活用表

1. 「基形」の項で傍線を付してあるのは、全体が活用形となる語である。
2. （ ）を付した活用形は、中古語に基づく古典語法として用いられないものである。
3. 《 》を付した活用形は、それだけが基形と区別できない活用のものである。

種類	語	基形	未然形	連用形	終止形	連体形	已然形	命令形	本文ページ
受身・自発・可能	ゆ	ゆ｜	え	え	ゆ	ゆる	ゆれ		五四〇
	らゆ	ら	-え						五五九
	る	る｜	れ	れ	る	るる	るれ	（れよ）	五六三
	らる	ら	-れ	-れ	-る	-るる	-るれ	（-れよ）	五五九
使役	す	す｜	せ	せ	す する	する	すれ	せよ せい	二八二
	さす	さ	-せ	-せ	-す -する	-する	-すれ	-せよ -せい	二三三
	しむ	し	-め	-め	-む -むる	-むる	-むれ	-め -めよ -めい	二六六
否定	ず	ず｜ ぬ｜	ざら （ず） （な）	ざり ず （に）	ず ぬ	ざる ぬ	ざれ ね	（ざれ）	二八三
回想	き	き｜	（せ）		き	し	しか		一四七
	かり	か	-ら		-り	-る	-れ		一四三
	けり	け	（-ら）		-り	-る	-れ		一九〇
完了 確述	ぬ	ぬ｜	な	に	ぬ	ぬる	ぬれ	ね	四一六
	つ	つ｜	て	て	つ	つる	つれ	て てよ	三四九

種類	語	基形	未然形	連用形	終止形	連体形	已然形	命令形	本文ページ
完了 存続	たり	た	-ら	-り	-り	-る	-れ	-れ	三三九
	り	り｜	ら	り	り	る	れ	れ	五六〇
推量・意思	む	む｜	（ま）		む	む	め		五〇六
	むず	む			-ず	-ずる	-ずれ		五〇九
	らむ	ら			-む	-む	-め		五五八
	けむ	け	（-ま）		-む	-む	-め		一八九
	まし	ま	-せ -しか		-し	-し	-しか		四八五
	べし	べ	-け -から	-く -かり	-し	-き （-かる）	-けれ		四七〇
	らし	ら			-し	-しき -し	-し		五五八
	べらなり	べらな		《べらに》	-り	-る	-れ		四七一
	めり	め		-り	-り	-る	-れ		五一六
否定＋推量・意思	ましじ	まし			-じ	-じき			四八五
	まじ	ま	-じから	-じく -じかり	-じ	-じき -じかる	-じけれ		四八五
	じ	じ｜			じ	じ	じ		二四九

種類	語								
希望	まほし	まほ	しから	しく／しかり	し	しき／しかる	しけれ		四九一
希望	たし	た	から	く／かり	し	き／かる	けれ		三三三
断定	なり	な	ら	り／(に)	り	る	れ	れ	四〇七
断定	ぢゃ	ぢゃ	ぢゃら	で／ぢゃっ	ぢゃ	な／ぢゃ			三四五
断定	たり	た	ら	り／(と)	り	る	れ	れ	三三九
伝聞・推定	なり	な			り	る	れ		四〇七
伝聞・推定	さうな	さう		に	な	な	なら		三三五
伝聞・推定	げな	げ		に	な	な			一八八
比況	ごとし	ごと		く	し	き			二二二
反覆継続	ふ	ふ	は	ひ	ふ	ふ	へ	へ	四五八
尊敬	ます	ま	さ	し	す	す	せ	せ	四六六
尊敬	まします	ましま	さ	し	す	す	せ	せ	四六六
尊敬	す	す	さ	し	す	す	せ	せ	二八二
尊敬	る	る	れ	れ	る	るる	るれ	(れよ)	五六三
尊敬	らる	ら	れ	れ	る	るる	るれ	(れよ)	五五九
尊敬	す	す	せ	せ	す／する	する	すれ	せよ／せい	二八二

種類	語								
尊敬	さす	さ	せ	せ	す／する	する	すれ	せよ／せい	三三三
尊敬	しむ	し	め	め	む／むる	むる	むれ	め／めよ／めい	二六六
尊敬	しゃる	しゃ	れ／ら	れ／り	るる／る	るる／る	れ	れ／い	二七二
尊敬	たまはる	たまは	ら	り	る	る	れ	れ	三三五
尊敬	たまふ	たま	は	ひ	ふ	ふ	へ	へ	三三五
尊敬	たうぶ	たう	ば	び	ぶ	ぶ	べ	べ	三一九
尊敬	たぶ	た	ば	び	ぶ	ぶ	べ	べ	三三三
尊敬	めす	め	さ	し	す	す	せ	せ	五一五
謙譲	たてまつる	たてまつ	ら	り	る	る	れ	れ	三三〇
謙譲	まゐらす	まゐら	せ	せ	す	する	すれ	せよ	四九四
謙譲	たまふ	たま	へ	へ		ふる	ふれ		三三五
謙譲	ます	ま	せ	し／せ	す	する	(不明)	(不明)	四八六
丁寧	さぶらふ	さぶら	は	ひ	ふ	ふ	へ	へ	三二七
丁寧	さうらふ	さうら	は	ひ	ふ	ふ	へ	へ	三二六
丁寧	さう	さう	さう	さう	さう	さう		そえ／そい	三二四

語	未然	連用	終止	連体	已然	命令	本文ページ
尊敬＋丁寧							
しゃんす（しゃん）	せ	し	す	す	すれ	せ	二七三
さしゃんす（さしゃん）	せ	し	す	す	すれ	せ	二三三
さんす（さん）	せ	し	す	す	すれ	せ	二四八
さします（さしま）	さ	し	す	す	せ	せ	二三二
します（しま）	さ	し	す	す	せ	せ	二六五
謙譲・丁寧							
はべり（はべ）	ら	り	り	る	れ	れ	四三八
謙譲＋丁寧							
まらする（まら）	せ	し	する	する	すれ	せい せよ	四九三
ます（ま）	せ	し	す する	す する	せ すれ	せ せい	四八六

助詞一覧表

種類	語	接続	本文ページ
格助詞	い	体言および体言あつかいの語	一二〇
	が	体言および体言あつかいの語	一〇九
	から	体言および体言あつかいの語	一四一
	して	体言	二五九
	つ	体言	二五〇
	で	体言	二六四
	と	体言および体言あつかいの語・副詞・引用および思惟の文	二七三
	に	体言および体言あつかいの語・副詞	四一〇
	にて	体言および体言あつかいの語	四一三
	の	体言および体言あつかいの語	四二〇
	へ	体言および体言あつかいの語	四六九
	まで	体言および体言あつかいの語	四六九
	や	体言および体言あつかいの語	五三九
	ゆ	「よ」「より」と同じらしい。	五四〇

種類	語	接続	本文ページ
	ゆり	体言および体言あつかいの語	五四五
	よ	体言および体言あつかいの語	五四八
	より	体言および体言あつかいの語	五五五
	を	体言および体言あつかいの語	五七九
	をば	体言および体言あつかいの語	五六三
接続助詞	いで	活用語の未然形	四四
	が	活用語の連体形	一〇九
	がに	①自動詞・助動詞の終止形 ②動詞の連体形	一二三
	がね	動詞の連体形	一二三
	から	活用語の連体形（直接または助詞を介し）	一四一
	からに	活用語の連体形（直接または助詞を介し）	一四九
	し	①活用語の終止形 ②否定の推量を表わす語	二四九
	して	①「に」 ②連用修飾語 ③同格・	二五九

種類	語	接続	本文ページ
接続助詞		原因・理由などを表す語および文節	
	つ	動詞の連用形	三二〇
	つつ	動詞の連用形	三五六
	て	活用語の連用形	三六四
	で	活用語の未然形（形容詞は「から」「しから」）	三六四
	と	動詞・形容動詞およびこれと同型の助動詞は終止形（一二世紀ごろからは連体形にも）・形容詞・形容詞型助動詞および助動詞「ず」は連用形	三七三
	とも	動詞・形容動詞およびこれと同型の助動詞は終止形（一二世紀ごろからは連体形にも）・形容詞・形容詞型助動詞および助動詞「ず」は連用形	三六四
	ど	活用語の已然形	三七三
	ども	活用語の已然形	三六五
		動詞・動詞型助動詞の連用形および形容詞・形容動詞・形	

接続助詞		
ながら	容詞型助動詞の語幹（シク活用は終止形）および体言・体言あつかいの語	三九三
に	活用語の連体形	四一〇
ば	活用語の未然形・已然形	四三五
も	動詞・動詞型助動詞の連体形	五一七
ものから ものの ものゆゑ ものを	活用語の連体形	五二四 五二五 五二六 五二六
や	動詞・動詞型助動詞の連用形	五二九
より	活用語の連体形	五五五
を	原則として、用言および助動詞（「らし」以外）の連体形	五七九

係助詞		
か かは	体言・活用語・副詞・他の助詞	一〇九 一二四
こそ	体言・体言あつかいの語・副詞および他の助詞	二〇七
そ ぞ	体言・体言あつかいの語・活用語・副詞および他の助詞	三〇三 三〇四
た	「は」に同じ。	三一三
なむ	体言・体言あつかいの語・活用語の連用形・副詞および他の助詞	四〇五
は	文中の体言・体言あつかいの語・活用語・副詞および他の助詞	四二五
も	体言・体言あつかいの語・副詞および他の助詞	五一七
や	体言・活用語・副詞および他の	五二九

副助詞		
	助詞	
か	①連用的文節 ②疑問語	一〇九
がな	①文中の種々の語 ②疑問語	一三一
さへ	体言・体言あつかいの語・副詞および他の助詞	二四〇
し	文中の種々の語	二四九
して	強調を必要とする語や文節	二五九
すら そら だに	体言・体言あつかいの語・副詞および他の助詞	二九三 三一二 三一三
づつ	体言および体言あつかいの語	三六六
と	同じ動詞の間にはさみ、上の動詞の連用形	三七三
ながら	体言・副詞	三九三
など	体言・体言あつかいの語・副詞および他の助詞	三九八
なにか	体言および体言あつかいの語	四〇〇
に	同じ動詞の間にはさみ、上の動詞の連用形	四一〇
の	体言および体言あつかいの語	四二〇
のみ	体言・活用語の連体形・副詞および他の助詞	四二四
ばかり	体言・活用語の連体形（まれに終止形）・副詞および他の助詞	四二九
ほど	体言および体言あつかいの語	四七五
まで	体言・活用語の連体形・副詞および他の助詞	四八九
い	文末	三〇

終助詞		
か	文末	一〇九
が	係助詞「も」	一〇九
かし かな	文末	一二一 一三一
がな	①係助詞「も」 ②文末	一三一
がね	動詞の連体形	一三三
かは	文末	一三四
かも	体言および活用語の連体形（原則的）	一四〇
がも	係助詞「も」	一四〇
こそ	動詞の連用形	二〇七
しか	助動詞「つ」の連用形「て」（まれに動詞の連用形）	二五〇
（そ）	↓「な……そ」	三九七
そ ぞ	体言・体言あつかいの語・活用語・副詞および他の助詞	三〇三 三〇四
とも	文末	三八四
な	①活用語の終止形 ②動詞・動詞型助動詞の未然形 ③文末	三八九
な…そ	動詞の連用形（カ変・サ変は未然形）を間にはさむ。	三九七
なむ	活用語（形容動詞を除く）の未然形	四〇五
に ぬか	動詞の未然形	四一〇 四一六
ね	動詞・動詞型助動詞の未然形および終助詞「な……そ」	四一八
の のみ は	文末	四二〇 四二四 四二五
ばや	動詞・動詞型助動詞の未然形	四二八

終助詞		
まで	文末	四九九
も		五一七
ものを		五二六
や		五二九
やい		五二九
やな		五三五
よ		五四八
わ		五六六
わい		五六六

間投助詞		
い	①動詞・助動詞の連体形 ②㋑格助詞「と」および語尾が「と」の副詞 ㋺呼びかけの語	三〇
え	種々の語および文節	八〇
こそ	体言	二七
さて	種々の語および文節	三五

間投助詞		
て	動詞・助動詞の終止形	三六四
も	種々の語および文節	五一七
や		五二九
よ		五四八
ゑ		五七七
を		五七九
ろ	明確でない。	五六五

古典詩歌の修辞

枕詞

ほとんどすべてが歌に用いられる特殊な修飾詞だが、まれには歌めかした表現をまじえた美文にもあらわれる。原則として五音節である。古代においては、地名関係の枕詞に四音節のものがある。大別して、

(1) 修飾する語の性質に近いことを述べ、次にどんな語があらわれるかを暗示するもの。

天(あま)照るや↓日。

玉藻刈る↓海・沖(おき)・そのほか海に関係のある事物。

(2) 後世に原義がわからなくなり、習慣的に単なる装飾として用いられるもの。

あしひきの↓山・丘(を)。

たまほこの↓道・里。

(3) 同音の繰りかえしで、音調的に次の語を呼び出すもの。

樛(がつ)の木の↓継ぎ継ぎ。

深海松(ふかみる)の↓深む。

の三種となる。なお、(1)の変型として、掛け詞により修飾の成り立つ場合も少なくない。

栲綱(たくづの)の↓新羅(しらき)の国。(ふつう「白」に掛かるが、同音の「しら」に用いた)

真玉(まだま)つく↓遠近(をちこち)。(玉をつけるのは緒なので、同音の「を」に用いた)

序詞

序詞は、本質的に枕詞と別ものではない。しかし、六音節以上で、音数不定なこと、および臨時に創作され、特定の語に対して慣用されないことが、枕詞と違っている。枕詞に対応させて類別すれば、

(1) 修飾する語に関連した事実を述べ、歌ぜんたいの意味に参与

するもの。

例「み熊野の浦の浜木綿(はまゆふ)百重(ももへ)なす(↑序詞)心は思(も)へど直(ただ)に会はぬかも」〔万葉・巻四〕〔「浜木綿の葉が重なりあっているように」という意がいろいろな思いの起こる状態のたとえとなる〕

(2) 同音を利用してある語を呼び出すだけで、歌ぜんたいの意味には参与しないもの。

例「犬上(いぬかみ)の鳥籠(とこ)の山にあるいさや川いさとを聞こせ(=知ラナイトオッシャイ)わが名告(の)らすな(=オッシャイマスナ)」〔万葉・巻一一〕〔「近江の国の犬上郡の鳥籠山の辺にあるいさや川」は、歌ぜんたいの文脈からはずれ、単に同音の「いさ」(=サアネ)を呼び出すだけの装飾となっている〕

ということになる。(1)を「有心(うしん)の序」ともよぶ。

掛け詞

同音異義を利用して、ひとつの語(あるいは語の部分)を両様にはたらかせる、すなわち一語二役の技巧である。いろいろな種類があるけれど、形式のうえからは、

(1) 語ぜんたいが参加するもの――例「春雨(はるさめ)の降りしく(=シキリニ降ル)ころか青柳(あをやぎ)のいと(「糸」「いと(副詞)」)乱れつつ人ぞ恋しき」〔新古今・恋四〕

(2) 部分的に参加するもの――例「をぐら山ふもとの野べの花薄(はなすすき)ほのかに(「穂」「ほのかに(形容動詞)」) 見ゆる秋の夕暮れ」〔新古今・秋上〕

の両者があり、品詞のうえからは、

(イ) 同種の品詞相互――例「春霞たなびく野べの若菜にもなりみてしかな人もつむ(「摘む」「抓む」)やと」〔古今・誹諧〕

(ロ) 別種の品詞にわたる――例「世のなかをいとふ山べの草木とやあなう(「憂」「卯」)の花の色に出でにけむ」〔古今・雑下〕

の両者があり、文脈のうえからは、

(a) 両様の意味が共に後の文節まで生きる――例「飛鳥(あすか)川淵にもあらぬわが宅(やど)もせ(「狭」「瀬」)にかはりゆくものにぞありける」〔古今・雑下〕

(b) 一方の意味は掛け詞の部分以後に及ばない――例「梓(あづさ)弓押してはる(「張る」「春」)雨けふ降りぬ明日さへ降らば若菜つみてむ」〔古今・春上〕

の両者がある。これらは、重複して用いられることも少なくない。たとえば、(1)(2)(a)(b)の例は同時に(ロ)を兼ね、(ロ)(a)の例はまた(2)の例でもある。

縁語

詩文のなかで慣習的に用いられる連想関係のゆたかな語(複数)を、縁語になっているという。この連想は、一般の人、すくなくとも詩文に教養をもつ人たちの間で無理なく受けとられるような普遍性を必要とする。自分ひとりで「おれは連想関係を認める」といくらがんばっても、縁語になるわけではない。また、文脈のうえで必然的なつながりのある場合は、縁語だといわない。たとえば、

君ならで誰にか見せむ梅の花色をも香(か)をも知る人ぞ知る〔古今・春上〕

において、「梅の花」からはたれしも「色」と「香」を連想するだ

ろう。しかし、この場合は「梅の花（の）色をも香をも」という文脈のつながりがあるので、縁語だとはいわない。これに対して、

青柳(あをやぎ)の糸よりかくる春しもぞ(=春ニマア)乱れて花のほころびにける〔古今・春上〕

において、「よりかく」「乱る」「ほころぶ」はいずれも「糸」の縁語である。この「糸」がもし単純に thread の意であれば、縁語にはならないのだが、青柳の「糸」は枝のことで、枝と「よりかく」「乱る」「ほころぶ」は連想関係がない。ところが、掛け詞で、枝の意の「糸」に thread の意を持たせると、後者が媒介となって連想関係が成り立ち、縁語となる。詳しくいえば、twig の意の「いと」が、thread の意の「いと」の媒介により、「よりかく」「乱る」「ほころぶ」と縁語なのである。そういったわけで、縁語はたいてい掛け詞と伴って現れる。

季語

連歌および俳諧において用いられる語で、四季の別を示す。発句(ほっく)は、かならず季語を含まなくてはならない。発句以外の句にも季語を含むものがある。季語は、慣習的な約束によって定められる。たとえば、「花」は春に属する。四季それぞれに花は咲くけれど、単に「花」といえば、春である。年中どの季節でも月は出るけれど、季語としての「月」は秋である。

手毬(てまり)・独楽(こま)・柳・白魚・雉子(きじ)・蛤(はまぐり)・草餅——春
滝・祭り・蟹(かに)・めだか・青鷺・蛇・紙魚(しみ)・船虫——夏
稲妻・墓参り・灯籠・砧(きぬた)・踊り・相撲(すもう)・小鳥・鹿——秋
網代(あじろ)・干し菜・狩り・障子・蒲団(ふとん)・鷲・千鳥——冬

など、ちょっと見当がつきにくいだろうけれど、それぞれ慣習的に定まっており、勝手にかえることはできない。なお、古典にあらわれる季語は、すべて太陰暦によっているので、現代の季節感とはズレがある。

切れ字

連歌および俳諧で発句に用いる。発句には切れ字が無くてはいけないし、発句以外の句には切れ字があってはいけない。切れ字とは、そこで表現がいちおう終止した感じを与える語である。

古池や蛙とびこむ水の音
梅が香(か)にのっと日の出る山路かな
道のべの木槿(むくげ)は馬に喰はれけり

などに見る「や」「かな」「けり」は、その代表的なものである。しかし、それだけに限るわけでなく、十八切れ字などいう説も連歌師や俳人の間にひろく流布していた。芭蕉は、もっと徹底した考えをもっており、特定の語でなくても、終止の感じさえ与えるなら、どんな語でも切れ字になりうると主張した。活用語の終止形はふつう切れ字に使えるし、体言も切れ字としてしばしば用いられた。芭蕉は、ふつう切れ字として認められない「にて」さえ用い、

辛崎(からさき)の松は花よりおぼろにて

という発句を作っている。だから、切れ字は、単語として決まるのでなく、文脈のなかで決められるのだということになる。切れ字による終止は、そのあとの言われていない所に豊かな余情のひろがりを感じさせる作用がある。短い詩型を逆に利用して、長い叙述よりも深遠なものを表現するのは、切れ字の生きた使いかたである。

枕詞要覧

◇本要覧は、主要な枕詞と、その修飾する語を示したものである。
◇見出しは、旧仮名づかいで五十音順に配列した。【 】内に見出し漢字を示し、あて字には〈 〉を付した。
◇一部の語句に入れかえがあるとき、置きかえられる部分を・で区切り、置きかわる部分を( )内に示した。

あかねさす【茜さす】　日・昼・照る・紫
あからひく【朱引】　朝・色妙(いろたへ)・日
あきかぜの【秋風の】　千江の浦(回(み))・山吹
あきづしま【秋津・島(洲)】　やまと
あさがすみ【朝霞】　たつ(立つ・辰等)・春日の暮・ほのかに・八重
あさぎりの【朝霧の】　おほ(に)・思ひ惑ふ・かよふ・消やすし・ほの・ほのか・まとふ・みだる・八重山・よこはた
あさぢはら【浅茅原】　小野・つばらつばら(に)
あさつゆの【朝露の】　命・おく(置く・起く等)
あさもよし【麻裳よし】　紀(国名)
あしたづの【葦鶴の】　たづたづし・尋ぬ・音(ね)泣く
あしひきの【足引の】　山・峰(を)
あぢさはふ　目・夜昼
あぢむらの【あぢ群の】　騒く・とをよる・さ渡る
あづさゆみ【梓弓】　いる(射る・入る等)・はる(張る・春等)・本・末
あまくもの【天雲の】　たゆたふ・はるか・ゆく・よそ・わかる【その他・天象関係の語】
あまざかる【天離る】　日・鄙・向かふ
あまてるや【天照るや】　日
あまとぶや【天飛ぶや】　雁・軽
あらかねの【粗金の】　土
あらたへの【荒・栲(〈妙〉)の】　衣・藤・麻布
あらたまの【新玉(璞)の】　来経(きふ)・月・年・春・日
あられふり【霰降り】　鹿島・杵島(きしま)・遠つ・橿日
あをによし【青丹よし】　国内(くぬち)・奈良
あをやぎの【青柳の】　いと(糸・副詞いと・いとど等)・葛(かづら)・細き・はら路川
いさなとり【鯨(勇魚)取り】　海・灘(なだ)・浜
いそのかみ【石の上】　ふる(古・降る・地名布留等)
いはばしる【石走る】　近江(あふみ)・滝・垂水(たるみ)
うたかたの　憂し・消ゆ
うちなびく【〈打〉ち靡く】　草・黒髪・春
うちひさす　都・宮
うちよする【〈打ち〉寄する】　駿河(するが)
うつせみの【空(虚)蝉の】　命・仮(か)・人・世
うのはなの【卯の花の】　憂し・五月(さつき)
うばたまの【射干玉の】　→ぬばたまの
うまさけ【味酒】　三輪(みわ)
うみをなす【績み苧なす】　長(長柄(ながら)・長門(ながと)等)
おきつとり【沖つ鳥】　あぢ(味・安治等)・鴨・胸見る・むき見る
おきつなみ【沖つ波】　頻(し)く・競(きほ)ふ・撓(とを)む・高し
おきつもの【沖つ藻の】　隠(なば)りの・靡く
おしてる(や)【押し照る(や)】　難波(なには)・与謝(よさ)の海・みつ(見つ・御津等)
おほぶねの【大船の】　香取・たのむ・たゆたふ・津・ゆくらゆくら・ゆた渡り
かきかぞふ【かき数ふ】　数字を含む語(二上山・五の種・三世・八釣の宮・四つの時等)
かきつはた【燕子花】　咲く・丹(に)つらふ・匂ふ
かぎろひの【陽炎の】　春・燃ゆ
かみがきの【神垣の】　神社所在地名(御室(みむろ)等)
かむかぜ(の・や)【神風(の・や)】　伊勢・山田・朝日の宮・内外の宮・二つの宮・御裳裾(みもすそ)川・五十鈴(いすず)・玉串・豊みてぐら
からころも【唐衣】　反(か)へす・すそ・そで・たつ(裁つ・立つ等)・ひも(日も・紐等)
からにしき【唐錦】　たつ(裁つ・立つ等)
かりこもの【刈り菰の】　乱る
かりごろも【狩衣】　かく・きる・裾・たつ(裁つ・立つ等)・ひも(日も・紐等)
くさまくら【草枕】　仮寝・田子(たご)・旅・結ぶ・ゆふ
くずのはの【葛の葉の】　裏・恨み
くれたけの【呉竹の】　懸け樋(ひ)・節・よ
くれなゐの【紅の】　あく(灰汁・飽く等)・浅・色・うつ(現(し)・移(す))・末摘花・ふる(振る・経る・古等)
ことさへく【言さへく】　唐(から)・百済(くだら)
こまつるぎ【高麗剣】　わ
こまにしき【高麗錦】　紐
こもりくの【隠り口の】　長谷(はつせ)(地名)
こもりぬの【隠り沼の】　下(した)

こゆるぎの【小余綾の】　いそ(磯・急ぐ等)
こらがてを【児らが手を】　まく(巻(向(まきむく))山)・枕く・巻く等)
さきくさの【三枝の】　なか・みつ
ささがにの【細蟹の】　い・いと(糸・副詞いと等)・くも(蜘蛛・曇る等)
ささなみの【細・(小)波の】　滋賀県大津付近の地名
ささなみや【細・(小)波や】　→ささなみの
さすだけの【刺す竹の】　大宮・君・宮人
さにつらふ【さ丹つらふ】　妹(いも)・色・君・紐・黄葉(もみち)・我が大君
さねかづら【さね葛】　遠長く・繰る・さ寝・後も逢はむ
さねさし　相模(さがむ)
さばへなす【さ蠅なす】　騒ぐ・生(わ)く
しきたへの【敷き・栲(〈妙〉)の】　衣・袖・袂(たもと)・床・枕(まくら)・夜の衣
しなてる(や)【級照る(や)】　片(かた)
しらぬひ【〈白縫〉ひ】　筑紫(つくし)
しらまゆみ【白・檀(〈真〉弓)】　い(磯の「い」等)・ひ(斐(太)(ひだ)等)
しろたへの【白・栲(〈妙〉)の】　衣・袖・袂・雲・波・雪
そら(に)みつ【空(に)満つ】　大和(やまと)
そらかぞふ【空数ふ】　大(おほ)(津)
たきぎこる【薪樵る】　鎌倉・ほとほとし
たくづのの【栲綱の】　しら(白・新(羅)等)・白し
たくなはの【栲縄の】　長し・千尋(ちひろ)
たたみこも【畳薦】　重ぬ・へ(平(群(へぐり)))・戸(田(へだ))等)・隔つ
たびころも【旅衣】　たつ(裁つ・立つ等)・ひも(紐・日も等)

たまかぎる【玉暉る】　はろか・日・ほのか・夕さり・垣
たまかづら【玉葛】　伊吹山・懸く・影・さきく・絶えず・たのめ来る日・遠長く・花のみさく・はふ・実(み)ならず
たまきはる【魂(霊・魄)極る】　命・うち(内・宇智等)・うつ(現(うつつ))の「うつ」等)
たまくしげ【玉・櫛笥(匣)】　あく・奥・覆(おほ)ふ・輝く・箱・ひらく・ふた・身
たまくしろ【玉釧】　手に取り持つ・纏(ま)く
たまだすき【玉襷】　うね(畝(傍(うねび))の山)等)・かく・雲
たまだれの【玉垂れの】　を(小・緒等)
たまづさの【玉・梓(章)の】　使ひ
たまのをの【玉の緒の】　命・うつ・絶ゆ・長し・乱る・短し
たまほこの【玉桙の】　里・道
たまもかる【玉藻刈る】　海・沖・川・井・水辺の地名(敏馬(みぬめ)等)
たまもなす【玉藻なす】　浮かぶ・なびく・寄る
たまもよし【玉藻よし】　讃岐(さぬき)
たらちねの【垂乳根の】　万葉時代は「母」・後世は「親」まれに「神」
ちちのみの【乳の実の】　父《対ははそばの》
ちはやぶる【〈千早振〉る】　宇治・神・賀茂(かも)
つがのきの【栂・(樛)の木の】　つぎつぎ
つぎねふ(や)　と(戸・鋭・磨(ぐ)等)・山城
つのさはふ　石(いは)
つゆしもの【露霜の】　おく・消(け)
つるぎたち【剣太刀】　石床別(いはとこわけ)(神社名)・平(神社名)・磨(と)ぐ・太子(ひつぎのみこ)・身に添ふ
夜尓(をやに)(神社名)
とぶとりの【飛ぶ鳥の】　明日香(あすか)(地名)・早し

ともしびの【灯し火の】　あか(明・明(石(あかし))・赤等)
とりがなく【鶏が鳴く】　あづま(東)
なつくさの【夏草の】　かり(仮(そめに)等)・繁し・萎(しな)ゆ・ね((相)寝(の浜)等)・野・深し
なつごろも【夏衣】　薄し・うたた寝・香取(かとり)・たつ(立つ・裁つ等)・ひとへ・ひも(紐・日も)・すそ((御裳)濯(みもすそ))等)・をり(をり(はへ)等)
なつそびく【夏・苧(麻)引く】　う(う(なかみ潟)等)・命
なよたけの【弱竹の】　起き伏し・とを寄る・よ(節・世・夜)
にはたづみ【庭潦】　うたかた・川・澄まぬ・流る・行方しらぬ・俄
にほどりの【鳰鳥の】　潜(かづ)く・息長(おきなが)・なづさふ・ならぶ
ぬえとりの【鵼(鵺)鳥の】　うら泣く・片恋ひ・なげく・のどよふ
ぬばたまの【射干玉の】　黒・闇・夕・月・夢
はしたての【梯立ての】　くま・くら・嶮(さが)し
ははそばの【柞葉の】　母《対ちちのみの》
はふくずの【延ふ葛の】　遠長く・下よし・絶えず・たづぬ・後に(も)会ふ・引かば寄る・行方なし・行方をなみ
はるがすみ【春霞】　鬱(おぼ)・春日(かすが)・たつ(立つ・竜等)・よそ・ゐ(井・居(る)等)
はるびの【春日の】　春日(かすが)
ひさかたの【久方の】　天(あま)・あめ(天(あめ)・雨等)・雲・月・星・光・都
ふかみるの【深海松の】　深む・見る
ふすまぢを【衾道を】　引き手
ふゆごもり【冬籠り】　はる(春・張る等)

ほしづきよ【星月夜】　くら(暗・倉等)・鎌倉
まがねふく【鉄吹く】　吉備(きび)・丹生(にふ)
まきさく【真木割く】　ひ(日・檜等)・見(み)
まそかがみ【真・澄(〈十〉)鏡】　面影・懸く・清し・さらず・照る・床(とこ)の辺・磨ぐ・ふた(蓋・二(上(ふたかみ)山)等)
またまつく【真玉つく】　たま(たま(のむらひめのみこと)等)・を(遠(をち)・越智(をち)・小幡(をばた)の神等の「を」)
みすずかる【水篶刈る】　信濃(しなの)
みづくきの【水茎の】　水城(みづき)・岡(をか)
みつみつし　久米(くめ)
むらきもの【群肝の】　心
もちづきの【望月の】　たたはし・たる・めづらし
もののふの【武士の】　い(五十・石(いは)の「い」等)・うぢ(氏・宇治等)・八十(やそ)うぢ
ももしきの【百・石城(〈敷〉)の】　大宮
ももたらず【百足らず】　い(五十)・八十(やそ)
ももづたふ【百伝ふ】　い(五十・石(いは)の「い」等)・つ(津・敦賀(つるが)の「つ」等)・鐸(ぬて)・八十(やそ)・わたる
やくもたつ【八雲立つ】　出雲(いづも)
やすみしし【安見知し】　大君
やまたづの【山たづの】　むかふ
ゆふしでの【木綿四手の】　神
ゆふづくよ【夕月夜】　おぼつかなし・を暗し
ゆふつづの【夕庚の】　か行きかく行き・ゆふべ
わかくさの【若草の】　妹(いも)・つま(夫・妻)・新(にひ)・若し
わぎもこに【吾(我)妹子に】　あふ(棟(あふち)の「あふ」・逢(あふ)(坂山)・淡路(あはぢ)の「あは」等)
わぎもこを【吾(我)妹子を】　いざみ・はやみ

季語要覧

◇本要覧は、主要な季語について、そのあらわす季節と用例を示したものである。
◇見出しは、旧仮名づかいによって、五十音順に配列した。また、漢字見出しをその下に付し、別に読み方のある場合は（ ）内にそれを記した。
◇用例は、原則として最も古いものを採録し、作者名を〔 〕内に、出典名を（ ）内に記した。ただし、明治以後の作家については、姓号を記した。

あきちかし【秋近し】
秋近き心の寄るや四畳半 〔芭蕉（鳥の道）〕 夏
あけのつき【明の月】
猪の寝に行くかたや明の月 〔去来（去来抄）〕 秋
あさがほ【朝顔】
朝顔や宗祇を起こす思ひもの 〔重頼（誹枕）〕 秋
あさざむ【朝寒】
朝ざむや虫歯に片手十寸鏡（ますかがみ） 〔言水（把菅）〕 秋
あじろ【網代】
鳥叫（な）いて水音暮るる網代かな 〔蕪村（落日庵句集）〕 冬
あせ【汗】
汗水は暑さよりわく湯玉かな 〔季吟（山の井）〕 夏
あぢさゐ【紫陽花】
紫陽花や帷子（かたびら）時の薄浅黄 〔芭蕉（陸奥鵆）〕 夏
あつさ【暑さ】
船横に砂原あつし藪はづれ 〔信徳（誹林良材）〕 夏
あは【粟】
よき家や雀よろこぶ背戸の粟 〔芭蕉（真蹟懐紙）〕 秋
あはせ【袷】
袷出せ花さへ芥子の一重なる 〔来山（千鳥掛）〕 夏
あぶ【虻】
草枕虻を押さへて寝覚めけり 〔路通（勧進牒）〕 春
あふぎ【扇】
絵合はせは十二の骨の扇かな 〔守武（守武千句）〕 夏
あふひまつり【葵祭】
呉竹のよにあふひの祭かな 〔樗良（我庵集）〕 夏
あまがへる【雨蛙】
村雨に出づるや須磨のあま蛙 〔信徳（鸚鵡集）〕 夏
あまごひ【雨乞ひ】
雨乞ひの雨気こはがる借り着かな 〔丈草（炭俵）〕 夏
あまのがは【天の川】
目をはこぶ人も空なり天の川 〔来山（浪花置火燵）〕 秋
あやめ【菖蒲・白菖】（しゃうぶ）
あやめ草足に結ばん草鞋（わらぢ）の緒 〔芭蕉（奥の細道）〕 夏
あゆ【鮎】
いざのぼれ嵯峨の鮎食ひに都鳥 〔貞室（一本草）〕 夏
あり【蟻】
株木瓜（ぼけ）や蟻の巣作る五月山 〔暁台（暁台句集）〕 夏
あをあらし【青嵐】
長雨の空吹き出だせ青嵐 〔素堂（知足斎々日記）〕 夏
あをさぎ【青鷺・蒼鷺】
夕風や水青鷺の脛をうつ 〔蕪村（幣袋）〕 夏
あをざし【青挿】
あをざしや草餅の穂に出でつらん 〔芭蕉（虚栗）〕 夏
あをすだれ【青簾】
青簾髪にさはりてつよからず 〔才麿（六歌仙）〕 夏
あをた【青田】
谷風や青田をまはる庵の客 〔丈草（浮世の北）〕 夏
あをば【青葉】
麨（むぎこがし）の上にのせたる青葉かな 〔一茶（九番日記）〕 夏
あをむぎ【青麦】
青麦や雲雀があがるありゃさがる 〔鬼貫（金毘羅会）〕 春
あをやぎ【青柳】
青柳の眉かく岸のひたひかな 〔守武（飛梅千句）〕 春
あんず【杏・杏子】
医者どのと酒屋の間の杏かな 〔召波（春泥句集）〕 夏
あんずのはな【杏の花】
しほるるは何かあんずの花の色 〔貞徳（犬子集）〕 春
いざよひ【十六夜】
十六夜もまだ更科の郡（こほり）かな 〔芭蕉（更科紀行）〕 秋
いせまゐり【伊勢参】
春めくや人さまざまの伊勢まゐり 〔荷兮（春の日）〕 春
いちご【苺】
花と実の二期あるも名はいちごかな 〔重頼（犬子集）〕 夏
いづみ【泉】
汲まぬ手にまづ酢のたまる泉かな 〔立圃（空礫）〕 夏
いとど【竈馬】
夜寒にはいとどしくしくなくねかな 〔季吟（山の井）〕 秋
いなご【蝗・螽・稲子】
人浅し水に妻負ふいなごかな 〔言水（京日記）〕 秋
いなづま【稲妻】
いなづまやかよふあしたのはらみ稲 〔言水（続大和順礼集）〕 秋
いねかり【稲刈】
世の中は稲刈る頃か草の庵 〔芭蕉（続深川）〕 秋

いばらのはな【茨の花】

荊(けい)の花裾(もすそ)きらしや旅衣 〔嵐雪(其袋)〕 夏

いひだこ【飯蛸】

飯蛸のいひかひやこれ栄螺(さざえ)がら 〔重頼(名取川)〕 春

いも【芋】

にて候高野山より出たる芋 〔宗因(誹諧当世男)〕 秋

いわし【鰯・弱魚】

海中や鰯貰ひに犬も来る 〔一茶(文政八年句帖)〕 秋

うかひ【鵜飼】

いさり火や鵜飼がのちの地獄の火 〔貞徳(山の井)〕 夏

うきぐさ【萍・浮草】

うきぐさや蝶の力の押さへても 〔千代女(千代尼句集)〕 夏

うぐひす【鶯・黄鳥・黄鸝】

鶯のほころばす音や歌ぶくろ 〔貞徳(犬子集)〕 春

うさぎ【兎】

穂すゝきのなみ飛越ゆる兎かな 〔大原其戎(誹諧明倫雑誌)〕 冬

うすもの【薄物・羅】

羅のさめて紫陽花(あぢさゐ)のはなだ色 〔河東碧梧桐(碧梧桐句集)〕 夏

うすもみぢ【薄紅葉】

錦手や伊万里の山の薄紅葉 〔宗因(誹枕)〕 秋

うすらひ【薄氷】

うすらひやわづかに咲ける芹の花 〔其角(猿蓑)〕 春

うちは【団扇】

月に柄をさしたらばよき団扇かな 〔宗鑑(誹諧初学抄)〕 夏

うつせみ【空蟬】

うつせみや何を活甲斐に我はただ 〔暁台(暮雨巷句集)〕 夏

うづみび【埋火】

埋火はつながぬ猫の引緒かな 〔重頼(毛吹草)〕 冬

うづら【鶉】

夢に聞くはうつら鶉のねみみかな 〔季吟(山の井)〕 秋

うど【独活・土当帰】

恵ミ雨深し独活の大木一夜松 〔松意(軒端の独活)〕 春

うぶね【鵜船・鵜舟】

おもしろうてやがて悲しき鵜舟かな 〔芭蕉(曠野)〕 夏

うめ【梅】

梅のみか客の来ませる十炷香 〔重頼(佐夜中山集)〕 春

うらがれ【末枯】

うらがれや馬も餅くふ宇津の山 〔其角(句兄弟)〕 秋

うらぼん【盂蘭盆】

うら盆やいもが門火の夕あらし 〔秋国(三日月集)〕 秋

うららか【麗か】

うらゝかや女つれだつ嵯峨御堂 〔正岡子規(子規句集)〕 春

うり【瓜】

山の井に瓜商人の小笹かな 〔信徳(孤松)〕 夏

えだまめ【枝豆】

枝豆や莢(さや)嚙んで豆ほのかなる 〔松根東洋城(渋柿)〕 秋

えびすこう【恵比須講・恵美須講・夷講】

例の鯛も事あたらしや恵比須講 〔重頼(桜川)〕 冬

えもんだけ【衣紋竹】

抜衣紋して衣かゝる衣紋竹 〔高浜虚子(虚子全集)〕 夏

おいうぐひす【老鶯】

老鶯の谷を隔てて幽かかな 〔五百木瓢亭(瓢亭句日記)〕 夏

おきごたつ【置炬燵】

行く客の跡をうづむや置炬燵 〔宗因(宗因発句集)〕 冬

おそきひ【遅き日】

日ざしさへまはるが遅し瀬田の橋 〔宗因(千宜理記追加)〕 春

おちあゆ【落ち鮎】

落鮎や一夜高瀬の波の音 〔北枝(千網集)〕 秋

おちば【落ち葉】

うぢ山や落ち葉衣をきせ法師 〔季吟(山の井)〕 冬

おちぼ【落ち穂】

庭鳥の卵(かひ)うみすてし落穂かな 〔其角(雑談集)〕 秋

おとしみづ【落し水】

雨乞ひの小町が果やおとし水 〔蕪村(其雪影)〕 秋

おぼろ【朧】

月と日の朧や雄呂の二鏡 〔調和(把菅)〕 春

おぼろづき【朧月】

色つやも花やうばひて朧月 〔立圃(糸瓜草)〕 春

おぼろよ【朧夜】

朧夜や寄り来る波に松の声 〔支考(続猿蓑)〕 春

おみづとり【お水取】

水取りや氷の僧の沓の音 〔芭蕉(野ざらし紀行)〕 春

おもだか【沢瀉】

破れ壺におもだか細く咲きにけり 〔鬼貫(犬丸)〕 夏

およぎ【泳ぎ】

とも綱に蜑(あま)の子ならぶ泳ぎかな 〔正岡子規(子規句集)〕 夏

かうほね【河骨】

河骨や終にひらかぬ花盛 〔素堂(いつを昔)〕 夏

かうもり【蝙蝠】

蝙蝠に手元もくらし油売り 〔北枝(北枝発句集)〕 夏

かがし【案山子】

物の音ひとりたふるる案山子かな 〔凡兆(猿蓑)〕 秋

かき【柿】

蔕おちの柿のおときく深山かな 〔素堂(素堂家集)〕 秋

かき【牡蠣・石花】 冬

かきのから藻にすむ虫のやどりかな〔惟中（俳諧三部抄）〕
かきつばた【燕子花・杜若】 夏
見る人や何の用事もかきつばた〔重頼（犬子集）〕
かきのはな【柿の花】 夏
柿の花きのふ散りしは黄ばみ見ゆ〔蕪村（新花摘）〕
かざり【飾】 冬
つんとしてかざりもせぬやでかい家
〔一茶（文政八年句帖）〕
かじか【河鹿】 夏
よき河鹿痩せていよいよ高音かな〔原石鼎（花影）〕
かすじる【粕汁】 冬
粕汁の一椀蓬壺うかびけり〔水原秋桜子（蓬壺）〕
かすみ【霞】 春
釈迦霞みけりや生駒は雨ぐもり〔言水（初心もと柏）〕
かぜかをる【風薫る】 夏
風薫る羽織は襟もつくろはず〔芭蕉（泊船集）〕
かたつむり【蝸牛】 夏
かたつぶり角ふりわけよ須磨明石〔芭蕉（猿蓑）〕
かたびら【帷子】 夏
ほととぎすぬれて帷子ひとつなり〔来山（太胡盧可佐）〕
かつを【鰹・堅魚・松魚】 夏
鰹の時宿は雨夜の豆腐かな〔素堂（武蔵曲）〕
かどび【門火】 秋
走り出て幼なもかがむ門火かな〔森川暁水（徽）〕
かに【蟹】 夏
蟹を見て気の付く岨の清水かな〔桃隣（陸奥衛）〕
かねたたき【鉦叩】 秋
月の虫鉦を叩いて穴に居り〔渡辺水巴（水巴句集）〕
かのこ【鹿の子】 夏
春日野や若紫のそうがのこ〔季吟（玉海集）〕

かはがり【川狩】 夏
川狩りや夜目にもそれと長刀(ながかたな)〔太祇（太祇句選）〕
かばしら【蚊柱】 夏
蚊柱は大鋸(こ)屑さそふ夕べかな〔宗因（新続独吟集）〕
かはせみ【翡翠・川蟬】 夏
翡翠のまぎれて住むか杜若(かきつばた)〔桃隣（別座鋪）〕
かはづ【蛙】 春
手をついて歌申しあぐる蛙かな〔宗鑑（曠野）〕
かひこ【蚕】 春
神棚の灯は怠らじ蚕時〔蕪村（都枝折）〕
かへるかり【帰る雁】 春
一春はもぢりばになれ帰る雁〔重頼（旅衣）〕
かぼちゃ【南瓜】 秋
ずっしりと南瓜(たうなす)落ちて暮淋し〔素堂（番橙集）〕
かみこ【紙子・紙衣】 冬
牢人や紙子むかしは十文字〔西鶴（自画賛）〕
かみのるす【神の留守】 冬
神の留主(する)るすとおもへば神の留主〔鬼貫（大居士）〕
かも【鴨】 冬
箸と足と黒鴨の子やすみだ川〔重頼（誹枕）〕
かや【蚊帳・蚊幮・蚊幬】 夏
郭公待たで待ちけり破れ蚊帳〔貞室（玉海集）〕
かやりび【蚊遣火】 夏
蚊遣火や麦粉にむせる咳の音〔許六（有磯海）〕
からざけ【乾鮭】 冬
から鮭や梢に残る浪の蝦夷(ゑぞ)〔才麿（東日記）〕
かり【狩り】 冬
雪ふる夜狩の火見ゆる山手かな
〔麦蘿（新類題発句集）〕
かり【雁】 秋

雁は葦の穂綿をまくら衾(ふすま)かな〔重頼（桜川）〕
かりた【刈田】 秋
去るほどにうちひらきたる刈田かな〔鬼貫（大悟物狂）〕
かれき【枯木】 冬
其のかたち見ばや枯木の杖の長(たけ)〔芭蕉（小文庫）〕
かれの【枯野】 冬
枯野なつばなの時の女櫛(くし)〔西鶴（渡し船）〕
かれをばな【枯尾花】 冬
ともかくもならでや雪の枯尾花〔芭蕉（北の山）〕
かんぎく【寒菊】 冬
寒菊は奢(ごお)らで冬し花盛〔重頼（藤枝集）〕
かんこどり【閑古鳥】 夏
炉地下駄の音や梢の閑古鳥〔言水（江戸蛇之鮓）〕
きく【菊】 秋
酒異見けさ菊にあり童子教〔言水（東日記）〕
きくねわけ【菊根分】 春
降る雨に濡れ／＼菊の根分かな〔二松（松のそなた）〕
きじ【雉・雉子】 春
子を思ふ雉子は涙のほろろかな〔貞徳（犬子集）〕
きつつき【啄木鳥・木突】 秋
きつつきの入りまはりけりやぶの松〔丈草（有磯海）〕
きつね【狐】 冬
雪の中珠や埋め去る狐かな〔久米三汀（牧唄）〕
きつねび【狐火】 冬
狐火や髑髏(どくろ)に雨のたまる夜に〔蕪村（蕪村句集）〕
きぬた【砧】 秋
むらうちに居ねぶりを知る砧かな〔貞室（玉海集）〕
きのこ【茸・菌】 秋
君見よや拾遺の茸の露五本〔蕪村（蕪村文集）〕
ぎゃうずい【行水】 夏

行水も日まぜになりぬ虫の声　〔来山(古選)〕
きり【霧】　秋
御座舟や霧間もれたる須磨明石　〔重頼(藤枝集)〕
きりぎりす【蟋蟀・蛬・蛼】　秋
蛼や相如が絃のきるる時　〔蕪村(夜半叟句集)〕
きりのはな【桐の花】　夏
桐の花一しなありし木立かな　〔才麿(根合)〕
きりひとは【桐一葉】　秋
あざ天下しるや一葉の桐の箱　〔言水(六百番発句合)〕
きんぎょ【金魚】　夏
生涯の今の心や金魚見る　〔高浜虚子(虚子全集)〕
くさかり【草刈】　夏
草刈や日出でぬ間を刈り急ぐ　〔石島雉子郎(明治新題句集)〕
くさのはな【草の花】　秋
銭持ちて唐がらし買ふ草の花　〔才麿(墨吉物語)〕
くさのみ【草の実】　秋
草の実の袖にとりつく別れかな　〔涼菟(射水川)〕
くさもち【草餅】　春
両の手に桃と桜や草の餅　〔芭蕉(桃の実)〕
くず【葛】　秋
水の上に突き出し松も葛まみれ　〔田村木国(山行)〕
くすだま【薬玉】　夏
薬玉やとても渡世を糸仕事　〔重頼(名取川)〕
くづれやな【崩れ簗】　秋
帰り来る魚のすみかや崩れ簗　〔丈草(韻塞)〕
くは【桑】　春
千曲川心あてなる桑のみち　〔鈴木花蓑(鈴木花蓑句集)〕
くばりもち【配り餅】　冬
我が門へ来さうにしたり配り餅　〔一茶(おらが春)〕
くひな【水鶏・秧鶏】　夏
夜の雨にまた叩(たた)かるる水鶏かな　〔貞室(玉海集)〕
くものみね【雲の峰】　夏
須彌山のそのかたはしか雲の峰　〔立圃(空礫)〕
くり【栗】　秋
栗の目や椎ももみぢものりこえつ　〔来山(今宮草)〕
くりのはな【栗の花】　夏
世の人の見付けぬ花や栗の花　〔芭蕉(奥の細道)〕
くゎんぶつ【灌仏】　春
灌仏の日に生れあふ鹿の子かな　〔芭蕉(笈の小文)〕
けいとう【鶏頭】　秋
鶏頭や雁の来る時尚あかし　〔芭蕉(初蟬)〕
けしのはな【芥子の花・罌粟の花】　夏
色はべに露はかのこか芥子の花　〔立圃(空礫)〕
けむし【毛虫】　夏
毛虫落ちてままごと破る木陰かな　〔言水(稲莚)〕
こがひ【蚕飼】　春
蚕(かひこ)飼ふ女や古き身だしなみ　〔太祇(新五子稿)〕
こがらし【木枯・凩】　冬
凩の果はありけり海の音　〔言水(新撰都曲)〕
こしたやみ【木下闇】　夏
須磨寺や吹かぬ笛聞く木下闇　〔芭蕉(笈の小文)〕
こたつ【炬燵】　冬
火燵(こたつ)出て古郷こひし星月夜　〔言水(丹後鰤)〕
こち【東風】　春
こちかぜに散るは西行桜かな　〔重頼(発句集)〕
こてふ【胡蝶】　春
起きよ〳〵わが友にせん寝る胡蝶　〔芭蕉(己が光)〕
ことり【小鳥】　秋
笹山の一夜あれしか小鳥飛ぶ　〔宇橋(発句題叢)〕
こねこ【子猫】　春
拾ひたるよりの仔猫の物語　〔高浜虚子(虚子全集)〕
このは【木の葉】　冬
人待つや木葉かた寄る風の道　〔素堂(翁艸)〕
このめ【木の芽】　春
骨柴の刈られながらも木の芽かな　〔凡兆(猿蓑)〕
こはる【小春】　冬
核綿に款冬(やまぶき)にほふ小春かな　〔信徳(二番船)〕
こほる【凍る・氷る】　冬
こほらねど水ひきとづる懐紙かな　〔守武(守武千句)〕
こほろぎ【蟋蟀・蛬・蛼】　秋
県井(あがたゐ)やこほろぎこぞる風だまり　〔白雄(白雄句集)〕
こま【独楽】　新
松かさや廻さばこまに廻るべく　〔其角(五元集拾遺)〕
ごま【胡麻】　秋
人遠く胡麻にかけたる野良着かな　〔飯田蛇笏(山廬集)〕
ころもがへ【更衣】　夏
ぬきて着よわたくしならぬ衣がへ　〔貞徳(犬子集)〕
さえかへる【冴返る】　春
柊(ひひらぎ)にさえかへりたる月夜かな　〔丈草(続有磯海)〕
さくら【桜】　春
星の林明日見るまでの桜かな　〔西鶴(蓮の実)〕
ざくろのはな【石榴の花】　夏
石竹と同じ根ざしや花石榴(はなざくろ)　〔貞室(玉海集)〕
ささげ【豇豆】　夏
ささげ採る籬のそなたや生駒山　〔几董(晋明集二稿)〕
さしき【挿木】　春
石角に蠟燭(らふそく)立ててさし木かな　〔一茶(七番日記)〕

さとかぐら【里神楽】
誰と誰が縁組すんでさと神楽　〔其角（炭俵）〕冬

さなへ【早苗】
湖や鳥のくはへて行く早苗　〔信徳（眉山）〕夏

さへづり【囀】
さへづりに鳥は出はてて残る雪　〔北枝（しるしの竿）〕春

さみだれ【五月雨・皐月雨・梅霖】
帝釈やいくさみだれの雲の旗　〔貞徳（山の井）〕夏

さむし【寒し】
袖ぬるる海士(あま)の子さむし涎懸(よだれかけ)　〔言水（江戸蛇之鮓）〕冬

さゆる【冴ゆる】
物音やさゆる柏の掌(たなごころ)　〔才麿（佐郎山）〕冬

さるすべり【百日紅】
袖に置くや百日紅(ひやくじつこう)の花の露　〔貞室（玉海集）〕夏

さをとめ【早少女・早乙女】
早乙女の声や八乙女七面　〔宗因（玉手箱）〕夏

ざんぎく【残菊】
谷ふかく残菊匂ふ在所かな　〔幽軒（新類題発句集）〕冬

ざんげつ【残月】
残月や馬上で越ゆる薩陲山　〔伊藤松宇（松宇家集）〕秋

ざんせつ【残雪】
残雪やごう〳〵と吹く松の風　〔村上鬼城（定本鬼城句集）〕春

しか【鹿】
女夫鹿や毛に毛が揃うて毛むつかし　〔芭蕉（貝おほひ）〕秋

しぎ【鴫・鷸】
刈り跡や早稲かたかたの鴫の声　〔芭蕉（笈日記）〕秋

しぐれ【時雨】
宿れとは御身いかなるひと時雨　〔宗因（蛙井集）〕冬

しげり【茂り】
雲を根に富士は杉形(なり)の茂りかな　〔芭蕉（続連珠）〕夏

しだ【歯朶】
蓬萊や霞うながすしだの葉も　〔重頼（誹枕）〕新

したもえ【下萌】
下萌えもいまだ那須野の寒さかな　〔惟然（裸麦）〕春

じねんじょ【自然薯】（やまのいも）
この橋を自然薯掘りも酒買ひも　〔高野素十（野花集）〕秋

しひのみ【椎の実】
丸盆の椎にむかしの音聞かむ　〔蕪村（蕪村句集）〕秋

じふや【十夜】
織りさした布ぬすまれて十夜かな　〔来山（多美農草）〕冬

しほひ【汐干・潮干】
汐干つづけ今日品川をこゆる人　〔素堂（勧進牒）〕春

しみ【紙魚・衣魚・蠹魚】
逃るなり紙魚の中にも親よ子よ　〔一茶（七番日記）〕夏

しみづ【清水】
手拭の雫もあかぬ清水かな　〔宗因（境海草）〕夏

しめかざり【注連飾】
古夜着も今朝畳なすしめ飾　〔曾良（柞原）〕新

しも【霜】
馬子やとき飛脚やおそき橋の霜　〔常矩（俳諧雑巾）〕冬

しもよ【霜夜】
鬼神をもかんぜしめんは霜夜かな　〔貞徳（山の井）〕冬

しゃうじ【障子】
障子外船行くけはひ浜座敷　〔高浜虚子（虚子全集）〕冬

しゃうじあらふ【障子洗ふ】
障子洗ひ山々のやつれ見えにけり　〔室生犀星（遠野集）〕秋

しゃうぶゆ【菖蒲湯】
しゃうぶ湯や八棟(やつむね)深き草枕　〔麦水（葛箒）〕夏

しゃくやく【芍薬】
花折ればしんしゃくやくのあるじかな　〔重頼（犬子集）〕夏

しゅんすい【春水】
春水や四条五条の橋の下　〔蕪村（蕪村句集）〕春

しらうを【白魚・銀魚・王余魚・膾残魚】
白魚やさながら動く水の色　〔来山（きさらぎ）〕春

しらぎく【白菊】
白菊よ〳〵恥長髪よ〳〵　〔芭蕉（真蹟短冊）〕秋

しらつゆ【白露】
白露や無分別なる置き処　〔宗因（俳諧古選）〕秋

しをん【紫苑・紫菀】
夕空や紫苑にかゝる山の影　〔閑斎（物見塚記）〕秋

しんしゅ【新酒】
新酒の舟をしぞ思ふ明石米　〔宗因（誹枕）〕秋

しんまい【新米】
淋しきに飯を焚かうよ新米を　〔太祇（句稿）〕秋

しんりゃう【新涼】
新涼の月こそかかれ槇柱(まきばしら)　〔高浜虚子（虚子全集）〕秋

すいくゎ【西瓜】
西瓜独り野分をしらぬ朝かな　〔素堂（勧進牒）〕秋

すいせん【水仙】
水仙に色ありしかもきほひ有り　〔来山（津の玉柏）〕冬

すいばん【水盤】
静けさは水盤の水や海満干(みちひ)　〔松根東洋城（渋柿）〕夏

すぎな【杉菜】
今まではしらで杉菜の喰ひ覚え　〔惟然（鳥の道）〕春

すぎのはな【杉の花】
第一天子第一照る日杉の花　〔淡々（鬚麓夜話）〕春

すずかぜ【涼風】
涼風を出だすや月の弓ぢから　〔貞室（玉海集）〕夏

すすき【薄・芒】　秋
武蔵野や薄見に行く蓑借らん　〔信徳（陸奥衛）〕
すすきちる【薄散る】　秋
薄ちりて水かろがろと流れけり　〔暁台（暮雨巷雨集）〕
すずしさ【涼しさ】　夏
颯々(さふさふ)の涼しさやこの松の声　〔立圃（犬子集）〕
すすはき【煤掃き】　冬
煤はきの日は牛はなつ野づらかな　〔言水（前後園）〕
すすはらひ【煤払ひ】　冬
ささ竹をふる宮人や煤払　〔宗因（歌仙そろへ）〕
すずめのこ【雀の子】　春
人に迯(に)げ人になるるや雀の子　〔鬼貫（大悟物狂）〕
すまふ【相撲・角觝・角力】　秋
寄相撲げに淀鳥羽もみえたりやあ〔宗因（俳諧三部抄）〕
すみ【炭】　冬
たそがれに吹きおろす炭の明りかな　〔太祇（太祇句選後篇）〕
すみれ【菫・紫花地丁】　春
近けれど菫摘む野やとまりがけ　〔守武（懐子）〕

せ

せがき【施餓鬼】　秋
唐音(とういん)の施餓鬼身にしむ夕かな　〔百里（其袋）〕
せきれい【鶺鴒】　秋
世の中は鶺鴒の尾のひまもなし　〔凡兆（猿蓑）〕
せみ【蟬】　夏
夏の部の外やえよまぬ蟬のうた　〔立圃（犬子集）〕
せり【芹】　春
浮草にあらず芹ひく力かな　〔言水（渡し船）〕

そ

そうまとう【走馬灯】　夏
老人の日課の如く走馬灯　〔高浜虚子（六百五十句）〕
そば【蕎麦】　秋
堂頭の新そばに出る麓かな　〔丈草（笈日記）〕

だ

だいこんひき【大根引】　冬
鞍壺(くらつぼ)に小坊主乗るや大根引　〔芭蕉（炭俵）〕
だいもんじ【大文字】　秋
山の端に残る暑さや大文字　〔宋屋（瓢簞集）〕
たうち【田打】　春
しとやかなこと習はうか田打鶴　〔惟然（千鳥掛）〕
たうらう【蟷螂】　秋
蟷螂が片手かけたりつり鐘に　〔一茶（七番日記）〕
たうゑ【田植】　夏
柴付けし馬の戻りや田植樽　〔芭蕉（蕉翁句集）〕
たか【鷹】　冬
雁とはなせばなるや鷹の鳥　〔貞徳（山の井）〕
たがやす【耕す】　春
耕すやむかし右京の土の艶　〔太祇（名所小鏡）〕
たき【滝・瀑】　夏
奥や滝雲に涼しき谷の声　〔其角（新山家）〕
たきび【焚き火】　冬
焚火かなし消えんとすれば育てられ　〔高浜虚子（虚子全集）〕
たくさとり【田草取】　夏
葉ざくらの下陰たどる田草取り　〔蕪村（新花摘）〕
たけがり【茸狩】　秋
たけがりや見付けぬ先のおもしろさ　〔素堂（素堂家集）〕
たけのこ【筍・笋・竹の子】　夏
竹の子に夏痩さすな藪くすし　〔立圃（犬子集）〕
たこ【凧】　春
山路来て向ふ城下や凧の数　〔太祇（太祇句選後篇）〕
たちうを【太刀魚】　秋
たち魚の影やひらりと磯の波　〔無諍（新類題発句集）〕
たでのはな【蓼の花】　秋
醬油くむ小屋の境や蓼の花　〔其角（末若葉）〕
たなばた【七夕・棚機】　秋
七夕の夢うきはし烏鵲(うじやく)かな　〔宗鑑（源氏鬢鏡）〕
たねまき【種蒔き】　春
種蒔きもよしや十日の雨ののち　〔蕪村（自画賛）〕
たび【足袋】　冬
女足袋紫野行くゆかりなり　〔才麿（坂東太郎）〕
たまござけ【玉子酒・卵酒】　冬
親も子も酔へば寝る気よ卵酒　〔太祇（太祇句選後篇）〕
たまだな【霊棚・魂棚】　秋
霊棚に朝顔たれて露を見て　〔来山（津の玉柏）〕
たままつり【魂祭・霊祭・玉祭】　秋
まざ〱といますがごとしたままつり　〔季吟（師走の月夜）〕
たんじつ【短日】（みじかび）　冬
短日や雌を死なせし紅雀　〔野村喜舟（渋柿）〕

ち

ちどり【千鳥・衛・鵆】　冬
せはしくもなくや心をいらちどり　〔梅盛（玉海集）〕
ちのわ【茅の輪】　夏
白雲や茅の輪くぐりし人の上　〔乙二（乙二発句集）〕
ちまき【粽・茅巻】　夏
顔書かむ粽のかしらほのぼのと　〔言水（蓬壺集）〕
ちゃつみ【茶摘】　春
摘みけんや茶を凩の秋とも知らで　〔芭蕉（東日記）〕
ちゃのはな【茶の花】　冬
宇治橋の神や茶の花さくや姫　〔宗因（宗因発句集）〕
ちりまつば【散松葉】　夏
清滝や波に散り込む青松葉　〔芭蕉（泊船集）〕

つ

ついな【追儺】　冬

むつまじや追儺の宵の人の声　〔才麿（根合）〕
つき【月】　秋
霧の海の底なる月はくらげかな　〔立圃（俳諧発句集）〕
つぎき【接木】　春
小刀のそれから見えぬ接木かな　〔支考（東華集）〕
つきみ【月見】　秋
萱が軒月見の供御や隠岐鮑（あはび）　〔重頼（誹枕）〕
つきみさう【月見草】　夏
乳色の空気の中の月見草　〔高浜虚子（句日記）〕
づきん【頭巾】　冬
音羽山おとがひ頭巾で雪見かな　〔重頼（桜川）〕
つた【蔦】　秋
飛石に一葉一葉よ秋の蔦　〔言水（浦島集）〕
つつじ【躑躅】　春
花をしぞ思ふほの〴〵赤つつじ　〔守武（懐子）〕
つばき【椿・山茶】　春
暁の雨を日に吐く椿かな　〔来山（津の玉柏）〕
つばめ【燕・玄鳥】　春
山のべや風より下を行く燕　〔来山（生駒堂）〕
つみくさ【摘草】　春
摘草やよそにも見ゆる母娘　〔太祇（太祇句選）〕
つゆ【露】　秋
玉ふちや明くる箱崎の松の露　〔重頼（誹枕）〕
つゆ【梅雨・黴雨】　夏
北海の梅雨の港にかゝり船　〔高浜虚子（六百五十句）〕
つゆくさ【露草】　秋
露草に染めて通らん古油単　〔才麿（椎の葉）〕
つゆすずし【露涼し】　夏
露涼し痾（あ）を養うて朝歩行　〔伊藤松宇（松宇家集）〕
つりしのぶ【釣忍・吊忍】　夏
釣忍軒に寄り添ふ女かな　〔闌更（半化坊発句集）〕
でがはり【出替・出代り】　春
出替りや幼心にものあはれ　〔嵐雪（猿蓑）〕
てふ【蝶】　春
かかる世は蝶かしましき羽音かな　〔信徳（雀の森）〕
てまり【手毬・手鞠】　新
汁鍋に手毬はね込む笑ひかな　〔成美（発句題叢）〕
でみづ【出水】　夏
木曾川の出水告げざる小作かな　〔松本たかし（鷹）〕
てんぐさとり【天草取】　夏
天草撰（と）る坐り仕事や小屋の前　〔松本たかし（火明）〕
とうぐゎん【冬瓜】　秋
冬瓜やたがひに変る顔の形　〔芭蕉（西華集）〕
とうろう【灯籠】　秋
灯籠やうき世は仮のそくゐ文字　〔松意（江戸蛇之鮓）〕
とかげ【蜥蜴】　夏
三角の蜥蜴の顔の少し延ぶかも　〔高浜虚子（虚子全集）〕
ところてん【心天・心太】　夏
さらに白し雪恥づかしきところてん　〔惟中（俳諧三部抄）〕
としのいち【年の市】　冬
年の市線香買ひに出でばやな　〔芭蕉（続虚栗）〕
としのくれ【年の暮】　冬
光陰はやさきよりげにとしのくれ　〔季吟（山の井）〕
どようし【土用丑】　夏
炮烙灸（はうらくきゆう）雨にさみしき土用丑　〔大谷句仏（我は我）〕
とりかへる【鳥帰る】　春
鳥帰る土塁の巨き椋（むく）の上　〔大野林火（浜）〕
とりのす【鳥の巣】　春
あなかまと鳥の巣見せぬ庵主かな　〔太祇（太祇句選）〕
とろろじる【薯蕷汁】　秋
老斑（らうはん）とは死の斑とろとろとろろ汁　〔加藤かけい（天狼）〕
どんぐり【団栗】　秋
どん栗や山の錦のお座よごし　〔言水（坂東太郎）〕
とんぼ【蜻蜓・蜻蛉】　秋
蜻蛉（とんばう）やとりつきかねし草の上　〔芭蕉（笈日記）〕
なし【梨子・梨】　秋
物干にのびたつ梨の片枝かな　〔惟然（藤の実）〕
なすび【茄子】（なす）　夏
これやこの江戸紫の若なすび　〔宗因（玉手箱）〕
なつちかし【夏近し】　春
夏近しその口たばへ花の風　〔芭蕉（続山井）〕
なづな【薺】　春
よく見れば薺花咲く垣根かな　〔芭蕉（続猿蓑）〕
なつめのはな【棗の花】　夏
幽（かす）けきは棗の花の月夜かな　〔光岡朶青子（玉葛）〕
なでしこ【撫子】　秋
撫子や夏野の原の落し種　〔守武（俳諧初学抄）〕
なのはな【菜の花】　春
菜のはなや一本さきし松のもと　〔宗因（丸一年）〕
なはしろ【苗代】　春
苗代や四方にをさまる水のえだ　〔才麿（難波曲）〕
なるこ【鳴子】　秋
世は寝ねてわれ聞く夜の鳴子かな　〔信徳（青葉山）〕
にごりざけ【濁り酒】　秋
山里や杉の葉釣りてにごり酒　〔一茶（九番日記）〕
にじ【虹】　夏
虹たるるもとや樗（あふち）の木の間より

〔召波（春泥句集）〕

にばんぐさ【二番草】　夏
二番草過ぎて善光寺参りかな　〔一茶（九番日記）〕
にひゃくとをか【二百十日】　秋
日照年二百十日の風を待つ　〔素堂（翁艸）〕
にら【韮】　春
韮生えて枯木がもとの古畑　〔村上鬼城（定本鬼城句集）〕

ぬかご【零余子】　秋
笹竹の窓にはひこむぬかごかな　〔才麿（晩山集）〕

ねぎ【葱】　冬
島原や根深（ねぎ）の香もあり夜の雨　〔言水（続都曲）〕
ねこのこひ【猫の恋】　春
またうどな犬踏みつけて猫の恋　〔芭蕉（茶の草子）〕
ねはん【涅槃】　春
ねはんには仏弟子やみな泣き不動　〔季吟（一本草）〕
ねぶか【根深】　冬
霜先は鴨なつかしき根深かな　〔重頼（桜川）〕
ねむのはな【合歓の花】　夏
先づ風の名をはらはばや合歓の花　〔惟然（続有磯海）〕

のぎく【野菊】　秋
名もしらぬ小草花咲く野菊かな　〔素堂（曠野）〕
のこるゆき【残る雪】　春
お静かにござれ夕陽いまだのこんの雪　〔宗因（それ〳〵草）〕
のちのつき【後の月】　秋
末綿もふくや白きを後の月　〔来山（津の玉柏）〕
のどか【長閑】　春
長閑さや小的に友をよぶ姿　〔信徳（五の戯言）〕
のぼり【幟】　夏
ものめかし幟の音に沖も鳴る　〔来山（津の玉柏）〕
のみ【蚤】　夏
世のさまや身に身をかくす猫の蚤　〔来山（続今宮草）〕
のやく【野焼く】　春
野は焼きて雲に雪もつ月夜かな　〔青蘿（青蘿発句集）〕
のり【海苔・浜菜】　春
海苔汁の手ぎは見せけり浅黄椀　〔芭蕉（茶の草子）〕
のわき【野分】　秋
被衣（かつき）拾ふ嵯峨に暴風（のわき）のゆふべかな　〔言水（京日記）〕

はかまゐり【墓参り】　秋
家はみな杖に白髪の墓参り　〔芭蕉（続猿蓑）〕
はぎ【萩】　秋
萩が枝やあぶなき月の住所　〔来山（続今宮集）〕
はくばい【白梅】（しらうめ）　春
灰捨てて白梅うるむ垣根かな　〔凡兆（猿蓑）〕
はこには【箱庭】　夏
箱庭の人に古りゆく月日かな　〔高浜虚子（虚子全集）〕
はしゐ【端居】　夏
後に飽く蚊にもなぐさむ端居かな　〔鬼貫（鬼貫句選）〕
はす【蓮】　夏
蓮世界翠（みどり）の不二の沈むらく　〔素堂（虚栗）〕
ばせう【芭蕉】　秋
神楽歌（かぐらうた）書かむ芭蕉の広葉かな　〔言水（八重桜集）〕
はぜつり【鯊釣】　秋
はぜつるや水村山郭酒旗の風　〔嵐雪（虚栗）〕
はたうち【畑打】　春
畑打つ音や嵐の桜麻　〔芭蕉（花摘）〕
はだざむ【肌寒】　秋
湯の名残今宵は肌の寒からむ　〔芭蕉（柞原）〕
はち【蜂】　春
腹立てて水呑む蜂や手水鉢　〔太祇（太祇句選）〕
はちたたき【鉢叩き】　冬
かろびたる名をながせる鉢たたき　〔惟中（俳諧三部抄）〕
はつあらし【初嵐】　秋
初あらしいやおどろくは与謝（よさ）の景　〔重頼（桜川）〕
はつうま【初午】　春
威（い）をますや初午維（つな）ぐ二柱　〔松意（功用群鑑）〕
はつがつを【初鰹・初松魚】　夏
よしや罪作る指躬（さしみ）は初鰹　〔重頼（名取川）〕
はつかり【初雁】　秋
初雁や中にまさしう鳴かぬなり　〔千代女（真蹟）〕
はっさく【八朔】　秋
八朔や旭のいろをたたへ潮　〔白雄（白雄句集）〕
はつしぐれ【初時雨】　冬
一順の四句めぶりなり初時雨　〔宗因（ゆめみ草）〕
はつしほ【初潮・初汐】　秋
初潮や鳴門の浪の飛脚舟　〔凡兆（猿蓑）〕
はつしも【初霜】　冬
初霜や菊冷え初（そ）むる腰の綿　〔芭蕉（荒小田）〕
はな【花】　春
花よりも鼻にありけるにほひかな　〔守武（飛梅千句）〕
はないばら【花茨】　夏
花いばら古郷の路に似たるかな　〔蕪村（五車反古）〕
はなざかり【花盛】　春
花盛り山は日ごろの朝ぼらけ　〔芭蕉（小文庫）〕
はなの【花野】　秋
里人は突臼（つきうす）かやす花野かな　〔西鶴（蓮の実）〕
はなのあめ【花の雨】　春

花の雨あらそふ内に降り出して　〔桃隣（炭俵）〕
はなのくも【花の雲】　春
観音の甍見やりつ花の雲　〔芭蕉（末若葉）〕
はなび【花火・煙火】　秋
夢幻さてはう筒の花火かな　〔惟中（俳諧三部抄）〕
はなみ【花見】　春
みよし野は右往左往の花見かな　〔貞室（大和順礼）〕
はぬけどり【羽抜鳥】　夏
ゆふぐれもしらぬではなし羽ぬけ鳥　〔蕪村（蕪村書簡）〕
はへ【蝿】　夏
青首の蝿の浮巣や鞦(ちも)ながし　〔才麿（東日記）〕
はまぐり【蛤】　春
蛤や塩干に見えぬ沖の石　〔西鶴（真蹟短冊）〕
はまゆみ【破魔弓・浜弓】　冬
はま弓の其のあらそひや君子国　〔季吟（桜川）〕
はやなぎ【葉柳】　夏
葉柳の寺町過ぐる雨夜かな　〔白雄（白雄句集）〕
はりくやう【針供養】　春
亡き母の尺(ものさし)古し針供養　〔松根東洋城（渋柿）〕
はるをしむ【春惜しむ】　春
春惜しむ人や榎にかくれけり　〔蕪村（落日庵句集）〕
ひがさ【日傘】　夏
山うどの山出て市は日傘かな　〔一茶（寛政紀行）〕
ひがん【彼岸】　春
何迷ふ彼岸の入り日人だかり　〔鬼貫（童子教）〕
ひきがへる【蟇・蟾蜍】　夏
今穴を出た貌(かほ)もせず引きがへる　〔一茶（九番日記）〕
ひぐらし【蜩・日暮・茅蜩】　秋
蜩のおどろき啼(な)くや朝ぼらけ　〔蕪村（夜半叟句集）〕
ひざかり【日盛】　夏
日盛りや半ば曲りて種胡瓜　〔闌更（半化坊発句集）〕
ひでり【旱】　夏
芋蔓(いもづる)を蟻のなめ居る旱かな　〔菅原師竹（続春夏秋冬）〕
ひとりむし【火取虫・灯取虫】　夏
稲妻の誘ひ出してや火取虫　〔丈草（俳諧曾我）〕
ひな【雛】　春
草の戸も住み替はる代ぞ雛の家　〔芭蕉（奥の細道）〕
ひなが【日永】　春
がつくりと暇になる日の永さかな　〔嵐雪（刷毛序集）〕
ひなたぼこり【日向ぼこり】　冬
拓木(たくぼく)の干る間の日向ぼこりかな　〔田中蛇湖（含輝）〕
びは【枇杷】　夏
枇杷黄なり空はあやめの花曇り　〔素堂（知足斎々日記）〕
ひばち【火鉢】　冬
客去って撫る火鉢やひとり言　〔嘯山（葎亭句集）〕
びはのはな【枇杷の花】　冬
且つ匂ふ庭や一すね枇杷の花　〔言水（海音集）〕
ひばり【雲雀・天鷚・天雀】　春
雲雀聞き〱牛に眠れる男かな　〔言水（京日記）〕
ひひらぎのはな【柊の花】　冬
柊の花や板戸のすゝけだつ　〔老鴉（発句題叢）〕
ひまはり【向日葵】　夏
向日葵や炎暑死おもふいさぎよし　〔飯田蛇笏（雲母）〕
びやうぶ【屏風】　冬
古屏風の剝落とどむべくもなし　〔松本たかし（鷹）〕
ひやひやと　秋
ひやひやと壁をふまへて昼寝かな　〔芭蕉（笈日記）〕
ひややか【冷やか】　秋
雨冷やかに羽織を夜の蓑ならん　〔其角（吐綬鶏）〕
ひよどり【鵯・白頭鳥】　秋
鵯や霜の梢(こずゑ)に鳴き渡り　〔惟然（藤の実）〕
ひる【蛭】　夏
山深し若葉の空に蛭の降る　〔几董（晋明集五稿）〕
ひるがほ【昼顔】　夏
松樹あるに夕かげ待たる昼顔や　〔調和（題林一句）〕
ひをけ【火桶】　冬
細工絵を親に見せたる火桶かな　〔来山（太胡盧可佐）〕
ふうりん【風鈴】　夏
ふかぬ日の風鈴は峰のやどりかな　〔言水（京日記）〕
ふき【蕗】　夏
思ひ出し思ひ出し蕗のにがみかな　〔路通（木枯）〕
ふきのたう【蕗の薹】　春
にがにがしいつまであらし蕗のたう　〔宗鑑（真蹟短冊）〕
ふきのめ【蕗の芽】　春
蕗の芽や梅を尋ぬる一つづき　〔浪化（白扇集）〕
ふぐ【河豚・鰒】　冬
鰒喰うて其の後雪の降りにけり　〔鬼貫（大悟物狂）〕
ふくべ【瓢】　秋
蟷螂(たうらう)のすべりていかるふくべかな　〔言水（北之筥）〕
ふすま【衾】　冬
着てたてば夜の衾もなかりけり　〔丈草（幻の庵）〕
ぶだう【葡萄】　秋
雫(しづく)かと鳥もあやぶむ葡萄かな　〔千代女（千代尼句集）〕
ふぢのはな【藤の花】　春
くたびれて宿借るころや藤の花　〔芭蕉（笈の小文）〕
ふとん【蒲団・布団】　冬

被(かづ)き伏す蒲団や寒き夜やすごき〔芭蕉(鹿島紀行)〕

ふなあそび【船遊び】 夏
三日月のそばへゆくなり船遊び〔椎江(ひなた路)〕

ふなむし【船虫・舟虫】 夏
舟虫や岸濁らせて走る波〔三宅孤軒(孤軒句集)〕

ふよう【芙蓉】 秋
枝ぶりの日ごとにかはる芙蓉かな〔芭蕉(後れ馳)〕

ぶり【鰤】 冬
ひまの駒鞭うつ鰤の行衛かな〔言水(仮題露沾集)〕

ふるごよみ【古暦】 冬
古暦ほしき人には参らせん〔嵐雪(其袋)〕

へちま【糸瓜・蠻瓜・布瓜・絲瓜】 秋
堂守の植ゑわすれたる糸瓜かな〔蕪村(夜半叟句集)〕

べにのはな【紅の花】 夏
摘む女わが世をいのれ紅の花〔言水(柏崎八景)〕

へび【蛇】 夏
蛇擲(う)てば板に当りて長さかな〔高浜虚子(虚子全集)〕

へんろ【遍路】 春
道のべに阿波の遍路の墓あはれ〔高浜虚子(虚子全集)〕

ほうせんくわ【鳳仙花】 秋
枝折戸(しをりど)に簫(せう)の音あり鳳仙花〔琴明(類題発句集)〕

ほうらい【蓬萊】 新
蓬萊の山城密柑(みかん)や小柑子〔重頼(誹枕)〕

ぼけのはな【木瓜の花】 春
項羽が騅佐々木が生喰(いけづき)の木瓜の花〔素堂(鵲尾冠)〕

ほこ【鉾】 夏
鉾にのる人のきほひも都かな〔其角(華摘)〕

ほしづきよ【星月夜】 秋
星月夜さびしきものに風の音〔楓橋(野梅)〕

ほしな【干菜】 冬
河内女や干菜に暗き窓の機(はた)〔大魯(蘆陰句選)〕

ほしまつり【星祭】 秋
ともし火を壁にかけてや星まつり〔才麿(多美農草)〕

ほた【榾】 冬
はづかしや榾にふすぼる煙草頬(づら)〔鬼貫(鬼貫句選)〕

ほたる【蛍】 夏
高野山谷の蛍もひじりかな〔貞徳(犬子集)〕

ぼたん【牡丹】 夏
牡丹花にねぶる胡蝶も夢庵かな〔季吟(山の井)〕

ほととぎす【時鳥・子規・杜鵑・不如帰・郭公】 夏
名のらぬは執ねき霊かほととぎす〔貞室(正章千句)〕

ほほじろ【頬白】 春
頬白や下枝下枝の芽ぐむ間を〔中村汀女(花影)〕

ほほづき【酸漿・鬼灯】 秋
秋惜しむ鬼灯草や女子の島〔言水(江戸弁慶)〕

まつおちば【松落葉】 夏
夜しばし雨そふ松の落葉かな〔素堂(よさむ)〕

まつたけ【松茸】 秋
松茸に相生の名あり嵯峨よし野〔宗因(誹枕)〕

まつよひ【待宵】 秋
待つ宵はまだいそがしき月見かな〔支考(笈日記)〕

まつり【祭】 夏
番付を売るも祭のきほひかな〔其角(雑談集)〕

まびきな【間引菜】 秋
間引菜やそそぎ上げたる鴨の水〔嘯山(律亭句集)〕

まゆ【繭】 夏
浅ましや繭烹(に)る銭(ぜに)はつづれ着て〔才麿(よるひる)〕

まんざい【万歳】 新
万歳の夜歩行(よあるき)ごろやもらひ溜〔来山(多美農草)〕

みうめ【実梅】 夏
歯に当てていよいよ青き実梅かな〔野村喜舟(小石川)〕

みかづき【三日月】 秋
三日月や朝皃(あさがほ)の夕べつぼるらん〔芭蕉(虚栗)〕

みかん【蜜柑】 冬
下積の蜜柑ちひさし年の暮〔浪花(浮世の北)〕

みじかよ【短夜】 夏
短夜や隣へはこぶ蟹の足〔其角(華橋)〕

みそぎ【御祓】 夏
御手洗(みたらし)や団子にぬるもみそぎかな〔重頼(犬子集)〕

みづかる【水涸る】 冬
水涸れを大家族主義亡びゆく〔岡本圭岳(火星)〕

みづげんか【水喧嘩】 夏
水喧嘩恋のもつれも加はりて〔相島虚吼(虚吼句集)〕

みづすまし【水馬】 夏
静まれば流るる脚やみづすまし〔太祇(新選)〕

みづどり【水鳥】 冬
水鳥のおもたく見えて浮きにけり〔鬼貫(鬼貫句選)〕

みづぬるむ【水温む】 春
ながれ合ふてひとつぬるみや淵も瀬も〔千代女(千代尼句集)〕

みづばん【水番】 夏
銀河天に高張立てし水の番〔泉鏡花(鏡花全集)〕

みぶねんぶつ【壬生念仏】 春
長き日を云はで暮れ行く壬生念仏〔蕪村(落日庵句集)〕

みやこどり【都鳥】 冬

濁江の足洗ひけり都鳥〔西鶴（団袋）〕

む

むかへび【迎へ火】 秋
迎火や風に折戸のひとり明く〔蓼太（蓼太句集二編）〕

むぎあき【麦秋】（ばくしゅう） 夏
麦秋や大きな家の二階住み〔浪化（芋がしら）〕

むぎうち【麦打】 夏
麦打や夕日を招く竿の影〔蝶夢（類題発句集）〕

むぎのほ【麦の穂】 夏
麦の穂を便りにつかむ別れかな〔芭蕉（有磯海）〕

むぎぶえ【麦笛】 夏
麦笛や一つ年上女の子〔高浜虚子（句日記）〕

むぎまき【麦蒔き】 冬
麦まきや妹が湯を待つ頬かぶり〔鬼貫（何の姿）〕

むくげ【木槿】 秋
むくげ植ゑてゆふ柴垣の都かな〔西鶴（河内国名所鑑）〕

むし【虫】 秋
野に嬉し虫待つ宵の小行灯〔重頼（藤枝集）〕

むしぼし【虫干】 夏
虫干の中に児ねる枕蚊屋〔浪化（甲戌集）〕

め

めいげつ【名月・明月】 秋
遠島も名月の夜や鼻のさき〔重頼（桜川）〕

めざし【目刺】 春
失せてゆく目刺のにがみ酒ふくむ〔高浜虚子（虚子全集）〕

めじろ【目白・眼白】 秋
南天の実をこぼしたる目白かな〔正岡子規（春夏秋冬）〕

めだか【目高】 夏
城破れて目高の浮ぶ濠(ほり)ありけり〔松根東洋城（渋柿）〕

も

もかり【藻刈】 夏
水の日に浮きてゆられぬ藻掻竿〔飯田蛇笏（山廬集）〕

もくせい【木犀】 秋
木犀の昼は醒めたる香炉かな〔嵐雪（安達太郎根）〕

もず【鵙・百舌鳥・伯労鳥】 秋
鵙の来て一荒れ見ゆる野山かな〔蓼太（蓼太句集）〕

もちつき【餅搗き】 冬
かき杵(きね)に血を見る餅のつよさかな〔鬼貫（七車）〕

ものはな【藻の花】 夏
藻の花やこれも金銀瑠璃の水〔重頼（佐夜中山）〕

もみ【籾】 秋
籾かゆし大和をとめは帯を解く〔阿波野青畝（国原）〕

もみぢ【紅葉・黄葉】 秋
なぐれなん紅葉としらば黒木売〔西鶴（渡し船）〕

もみぢちる【紅葉散る】 冬
たふとかる涙や染めて散る紅葉〔芭蕉（笈日記）〕

もも【桃】 秋
病間や桃食ひながら李画く〔正岡子規（子規句集）〕

ももちどり【百千鳥】 春
河上は柳かうめか百千鳥〔其角（五元集）〕

や

やぐるま【矢車】 夏
矢車の軋るあいろも分かぬ空〔篠原温亭（温亭句集）〕

やけの【焼け野】 春
しののめに小雨降り出す焼野かな〔蕪村（蕪村句集）〕

やなぎ【柳】 春
したがへば嵐も弱る柳かな〔守武（都の花めぐり）〕

やなぎちる【柳散る】 秋
柳ぜばし桐の広葉も今朝の風〔信徳（五の戯言）〕

やねがへ【屋根替】 春
屋根替のひとり淋しや頬かむり〔高浜虚子（虚子全集）〕

やぶいり【藪入り・養父入り】 新
やぶいりや五条あたりの扇折〔才麿（金毘羅会）〕

やまぶき【山吹】 春
かいま見る山吹ねたむ菜種かな〔来山（今宮草）〕

やまやく【山焼く】 春
山やくや眉にはらはら夜の雨〔一茶（文化句帖）〕

ゆ

ゆかた【浴衣】 夏
鬼灯の種にきはづく浴衣かな〔許六（正風彦根躰）〕

ゆき【雪】 冬
声なくば鷺こそ雪の一つくね〔宗鑑（俳諧初学抄）〕

ゆきげ【雪解・雪消】 春
白雲や雪解の沢へうつる空〔太祇（太祇句選）〕

ゆづりは【楪・譲り葉】 新
楪の世阿弥まつりや青かづら〔嵐雪（続猿蓑）〕

ゆふがすみ【夕霞】 春
橋桁(はしげた)や日はさしながら夕霞〔北枝（卯辰集）〕

ゆふがほ【夕顔】 夏
夕顔やひらけばひらく半じとみ〔重頼（毛吹草）〕

ゆふだち【夕立】 夏
夕立はかき消すやうに雨声かな〔貞徳（山の井）〕

ゆふづき【夕月】 秋
夕月や杖に水なふる角田川〔越人（曠野）〕

ゆふつばめ【夕燕】 春
夕燕我には翌(あす)のあてはなき〔一茶（文化句帖）〕

ゆみそ【柚味噌】 秋
青き葉をりんと残して柚味噌かな〔涼菟（韻塞）〕

ゆりのはな【百合の花】 夏
見事やと誰も五体をゆりの花〔貞徳（犬子集）〕

よ

よかん【余寒】 春
情なう蛤乾く余寒かな〔太祇（新五子稿）〕

よさむ【夜寒】 秋

身の衾(ふすま)海のおもての夜寒かな　〔才麿(椎の葉)〕

よしきり【葭切】　夏
よし切りや汐さす川の水遅し　〔几董(晋明集二稿)〕

よしど【葭戸】　夏
押売にひたと葭戸をさし合はす　〔岡本圭岳(火星)〕

よなべ【夜なべ】　秋
眠りこけつつ尚止めぬ夜なべかな　〔高浜虚子(虚子全集)〕

よめな【嫁菜】　春
紫を俤にして嫁菜かな　〔松根東洋城(渋柿)〕

よもぎ【蓬】　春
裏門の寺に逢着す蓬かな　〔蕪村(蕪村句集)〕

よるのあき【夜の秋】　夏
涼しさの肌に手を置き夜の秋　〔高浜虚子(六百五十句)〕

ら

らっか【落花】　春
日晴れては落花に雪の大井川　〔支考(笈日記)〕

らん【蘭】　秋
秀でたる詞の花はこれや蘭　〔宗因(懐子)〕

り

りうとう【流灯】　秋
流灯の唯白きこそあはれなれ　〔高浜虚子(虚子全集)〕

りやうや【良夜】　秋
お茶の木は一つの花の良夜かな　〔渡辺水巴(水巴句集)〕

りよくいん【緑蔭】　夏
緑蔭を出れば明るし芥子(けし)は実に　〔高浜虚子(虚子全集)〕

りんだう【竜胆】　秋
竜胆の花かたぶきて殊勝さよ　〔路通(きさらぎ)〕

れ

れんげう【連翹】　春
連翹の北の黄波やきさら波　〔淡々(淡々句集)〕

れんこんほる【蓮根掘る】　冬
泥水の流れ込みつゝ蓮根掘る〔高浜虚子(虚子全集)〕

ろ

ろびらき【炉開き】　冬
炉開きの里初富士おもふ朝かな　〔才麿(空林風葉)〕

ろふさぎ【炉塞ぎ】　春
炉塞ぎの日や来合はせる畳さし　〔也有(蟻づか)〕

わ

わかあゆ【若鮎】　春
若あゆは鵜の一觜(ひとはし)にたらぬなり　〔才麿(其袋)〕

わかくさ【若草・嫩草】　春
若草やまだ迯水(にげみづ)のあからさま　〔調和(水ひらめ)〕

わかたけ【若竹】　夏
垣根破るその若竹を垣根かな　〔素堂(いつを昔)〕

わかば【若葉】　夏
非常にも毛深き枇杷の若葉かな　〔鬼貫(大悟物狂)〕

わかめ【若布・和布】　春
汁の子もうみ出でてよきわかめかな　〔貞徳(犬子集)〕

わくらば【病葉・嬾葉】　夏
わくら葉の落つる間宿る太山(みやま)かな　〔青蘿(青蘿発句集)〕

わさび【山葵】　春
おもしろうわさびに咽ぶ泪かな　〔召波(春泥句集)〕

わし【鷲】　冬
大鷲の嘴にありたるぬけ毛かな〔高浜虚子(虚子全集)〕

わせ【早稲】　秋
よき里や門口までも早稲日和(わせびより)〔虎杖(はたけせり)〕

わたりどり【渡り鳥】　秋
日にかかる雲やしばしの渡鳥　〔芭蕉(渡鳥集)〕

わらび【蕨】　春
狗背(ぜんまい)の塵にゑらるるわらびかな　〔嵐雪(猿蓑)〕

ゐ【猪】　秋
山畑の芋ほるあとに伏す猪(ゐ)かな　〔其角(句兄弟)〕

ゐ【藺】　夏
ここちよや御座も早藺(ゐさ)の旅の宿　〔路通(茶の草子)〕

ゐもり【井守・蠑螈】　夏
河骨(かうほね)に遠くゐもりの浮み出し　〔高浜虚子(虚子全集)〕

ゐろり【囲炉裏】　冬
五つ六つ茶の子に並ぶ囲炉裏かな　〔芭蕉(茶の草子)〕

を

をしどり【鴛鴦】　冬
船ばたや共にものいはぬをしの鳥　〔惟中(俳諧三部抄)〕

をどり【踊】　秋
えびす歌なるべし田舎をどり声　〔宗因(桜川)〕

をみなへし【女郎花】　秋
つらづゑで見る助老花(をみなへし)や庭の面　〔貞室(玉海集)〕

襲の色目要覧

名称	配色 表	配色 裏	季(月)	備考
あかいろ(赤色)	赤(蘇芳)	二藍(縹)	雑	少年用
あさがほ(槿)	縹	縹	秋	
あふち(楝)	薄紫	青	夏	春は藤、秋は萩、冬は移菊という
あふひ(葵)	薄青	薄紫	四	
あやめ(菖蒲)	青(白)	紅梅(紅梅)	五	
あをくちば(青朽葉)	青黄	青	夏	
あをにび(青鈍)	紺	紺	雑	老人用
あをもみぢ(青紅葉)	青(萌黄)(萌黄)	朽葉(黄)(朽葉)	秋	
あをやぎ(青柳)	青	薄青	春	夏は若菖蒲という
あをやまぶき(青山吹)	青	黄	春	
いはつつじ(岩躑躅)	紅	紫	三	
うすあを(薄青)	黄青	青	雑	
うすいろ(薄色)	帯赤色(帯赤色)	薄紫(白)	雑	
うすこうばい(薄紅梅)	薄紅	紫	春	
うすはなざくら(薄花桜)	白	紅	二、三	正月は一重梅、夏は根菖蒲という
うつろひぎく(移菊)	薄紫	青	冬	
うのはな(卯花)	白(白)	青(萌黄)	夏	春は柳、秋は菊、冬は篠青という
うめ(梅)	白	蘇芳	十一～二	
うらやまぶき(裏山吹)	黄(黄)	紅(萌黄)	冬春	
えび(葡萄)	蘇芳(紫)	縹(赤)	雑	
かうじ(柑子)	朽葉	朽葉	雑	
かきつばた(杜若)	二藍(萌黄)	萌黄(紅梅)	四、五	
かぢ(梶)	萌黄	萌黄	秋	夏は若苗という
かばざくら(樺桜)	(薄紫)(紫)(蘇芳)(蘇芳)	(二藍)(青)(蘇芳)(赤花)	二、三	少年用
かへでもみぢ(楓紅葉)	薄青(薄青)(萌黄)	黄(薄青)(黄)	秋	
からなでしこ(韓撫子)	紫	紅	夏	花撫子ともいう
かれいろ(枯色)	薄香(黄)(白)	青(青)(薄紫)	冬春	枯野ともいう
ききゃう(桔梗)	二藍(縹)	青(縹)	秋	
きく(菊)	白(白)(白)	青(蘇芳)(紫)	秋冬	白菊ともいう
きくぢん(麹塵)	黄(青黄)	青(黄)	雑	
きもみぢ(黄紅葉)	黄(黄)(萌黄)	黄(蘇芳)(蘇芳)	秋冬	
きやなぎ(黄柳)	薄黄(薄黄)	濃黄(薄青)	春	花葉色ともいう
くちば(朽葉)	山吹	黄	秋	
くるみ(胡桃)	香	白	雑	
くれなゐぎく(紅菊)	紅	青	秋	女性用
くれなゐざくら(紅桜)	紅	紫	春	
くれなゐつつじ(紅躑躅)	蘇芳	紅	春	
くれなゐにほひ(紅匂)	薄紅	紅	雑	女性用
こうばい(紅梅)	紅梅	蘇芳	春	
こうばいにほひ(紅梅匂)	薄紅白(紅白)	紅白(蘇芳)	春	女性・少年用
こほり(氷)	白瑩	白無文	秋冬	
さうび(薔薇)	紅	薄紫	四	
さうぶ(菖蒲) →あやめ				
さくら(桜)	白(白)(白)(白)(白)	赤(蘇芳)(藍)(紫)(二藍)	春	青壮年用、または高官用
さくらもえぎ(桜萌黄)	萌黄(萌黄)	赤花(二藍)	春	青壮年用
ささあを(篠青)	白	青	冬	卯花参照
さわらび(早蕨)	紫	青	春	女性用
しそく(脂燭)	紅	濃紅	雑	
しのぶ(葱)	薄萌黄	青	八	
しらうめ(白梅)	白	薄紅	春	
しらがさね(白重)	白瑩	白瑩	更衣	暑季も
しらぎく(白菊) →菊				
しらつつじ(白躑躅)	白	紫	三	
しらふぢ(白藤)	薄紫	濃紫	三	

名称	表	裏	季節	備考
しをん(紫苑)	蘇芳(紫)	緑(蘇芳)	秋	着用季節は異説多し
すはう(蘇芳)	薄茶(白瑩)	濃赤(濃紫)	冬	
たちばな(橘)　卯花ノ別名				
たまむし(玉虫)	青	紫	雑	
つきくさ(鴨頭草)	縹	薄縹	九	
つつじ(躑躅)	蘇芳(蘇芳)(蘇芳)(白)(紅梅)	青打(紅打)(萌黄)(蘇芳)(青)	春	冬にも着るとする説あり
つばき(椿)	蘇芳	赤	十二	
つぼすみれ(壺菫)	紫	薄青	二	
つぼみぎく(莟菊)	紅	黄	九	
つぼみこうばい(莟紅梅)	紅梅	蘇芳	春	
とくさ(木賊)	萌黄(黒青)	白(白)	雑	少年・老人用
とりのこ(鳥子)	白瑩	蘇芳	雑	
なつむし(夏虫)	檜皮	青	夏	
なでしこ(撫子)	紅梅(濃蘇芳)	青(青)	夏	
なへいろ(苗色)	薄萌黄	薄萌黄	夏	
ねあやめ(根菖蒲)	白	紅	夏	春は薄花桜という
のこりのきく(残菊)	黄	薄青	冬	
はぎ(萩)	薄紫	青	秋	樗参照
はじ(櫨)	赤	黄	秋	少青年用
はじもみぢ(櫨紅葉)	蘇芳	黄	秋	檀ともいう
はなあやめ(花菖蒲)	白	萌黄	五	

名称	表	裏	季節	備考
はなすすき(花薄)	白	薄縹	秋	尾花ともいう
はなたちばな(花橘)	朽葉(赤朽葉)	青(青)	四、五	
はななでしこ(花撫子)	→韓撫子			
はなばいろ(花葉色)	黄	青打	三	
はなやまぶき(花山吹)	薄朽葉	黄	冬春	
ひいろ(火色)	赤打	赤打	雑	貴人用
ひごんあを(比金青)	黒黄(青黄)	二藍(二藍)	雑	狩衣用
ひとへうめ(一重梅)	白	紅	正月	薄花桜参照
ひはだ(檜皮)	蘇芳(蘇芳)	二藍(縹)	雑	老人用
ふたあゐ(二藍)	濃縹	縹	夏	青年用
ふぢ(藤)	薄紫(紫)	青(薄紫)	三	樗参照
ふぢばかま(藤袴)	紫	紫	八	少青年・女性用
ぼうたん(牡丹)	白(薄蘇芳)(薄蘇芳)	紅梅(白)(濃蘇芳)	四	
まつ(松)	青(青)(萌黄)	蘇芳(赤)(紫)	雑	少年用
まゆみ(檀)　→櫨紅葉				
みる(海松)	萌黄(黒)(青黒)	青(黒青)(白)	雑	老人用
むしあを(虫青)	青(青黒)	二藍(二藍)	秋冬	虫襖とも書く
もえぎ(萌黄)	萌黄	萌黄	冬春	少青年用
もみぢ(紅葉)	赤	濃赤	秋	
もも(桃)	唐紅(白)(薄紅)	紅梅(紅)(萌黄)	三	

名称	表	裏	季節	備考
やなぎ(柳)	白	青	春	卯花参照
やぶれあやめ(破菖蒲)	萌黄	紅梅	夏	
やまぶき(山吹)	赤朽葉	黄	春	
やまぶきにほひ(山吹匂)	山吹	黄	春	女性用
ゆきのした(雪の下)　一重梅ノ別名				
ゆり(百合)	赤	朽葉	五、六	
よもぎ(蓬)	薄萌黄	濃萌黄	五	
りんだう(竜胆)	薄蘇芳(濃紫)	青(紫)	秋冬	
わかあやめ(若菖蒲)	青	薄青	夏	青柳参照
わかかへで(若楓)	薄青(薄青)(薄萌黄)	紅(薄紅)(薄紅梅)	夏	
わかくさ(若草)	薄青	濃青	一、二	
わかなへ(若苗)	萌黄	萌黄	夏	秋は梶という
をぎ(荻)	蘇芳	青	秋	
をみなへし(女郎花)	青黄	青	秋	少青年用

〔注〕

(一)色名に(　)を付けたものは異説。

(二)季の欄に「雑」とあるのは、四季に通じて用いる意。

(三)季の欄に「冬春」とあるのは、冬から翌年の春にかけて用いる意。

(四)同じ配色を別の名で呼ぶことがある。季節に応じて、ふさわしい名称を与えるのである。

(五)色名のうち、わかりにくいもの。

赤—ネズミ色がかったred。
赤打—赤の衣を砧で打ったもの。
赤朽葉—赤みの強い黄色。
赤花—紫を帯びたうすいscarlet。
青—blueがかったgreen。
青打—青の衣を砧で打ったもの。
青黄—縦糸を青、横糸を黄で織ったもの。本書で使う略名。
青黒—縦糸青、横糸黒。略名。
香(かう)—黄を帯びたうすいscarlet。
唐紅(からくれなゐ)—あざやかなscarlet。
朽葉(くちば)—赤を帯びた黄色。
紅(くれなゐ)—scarlet。
紅打—紅の衣を砧で打ったもの。
紅白—縦糸紅、横糸白。略名。
黒青—縦糸黒、横糸青。略名。
紅梅(こうばい)—濃いpink。
白瑩(しろみがき)—ハクヨウともいう。白地を貝で磨り、つやを出したもの。
白無文(しろむもん)—織り方に模様のない白地をいう。
蘇芳(すはう)—黒みを帯びたred。
縹(はなだ)—うすいindigo。
檜皮(ひはだ)—濃い黒みを帯びたred。
二藍(ふたあゐ)—赤みを帯びたindigo。
紫—赤と青の中間色だが、いまいう紫よりも赤みが強い。
山吹—濃い黄色。

(六)襲の色目は、二色以上の配合についてもあるが、確実な典拠を得がたいので、省略した。

紋章要覧

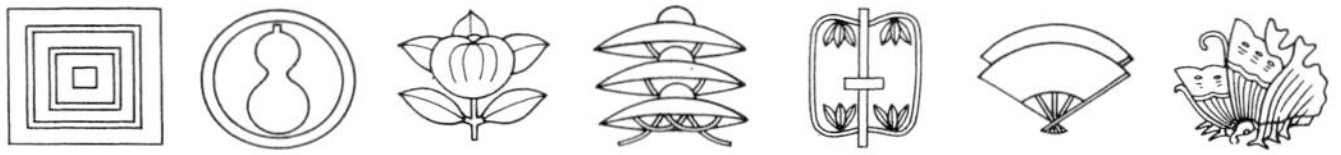

みます	ひさこ	たちばな	さんがいがさ	ぐんばいうちは	かさねあふぎ	あげはのてふ
もかう	ふたつどもゑ	たま	さんがいまつ	げんじぐるま	かたばみ	あふぎぐるま
やぐるま	ふんどう	ちりかえで	じふもんじ	けんはなびし	からはな	あふひどもゑ
ゆきもちざさ	へいじ（ひとつへいじ）	つた	じゃのめ	ごしちのきり	かりがね（ふたつとほかり）	いほりにもくかう
よつめゆひ	まつばびし	つるのまる	すはま	こてふ	ぎやうえふぼたん	うめばち
わちがひ	まり（ろくだんまりばさみ）	なでしこ	すみれ	こま	くえう	うらぎく

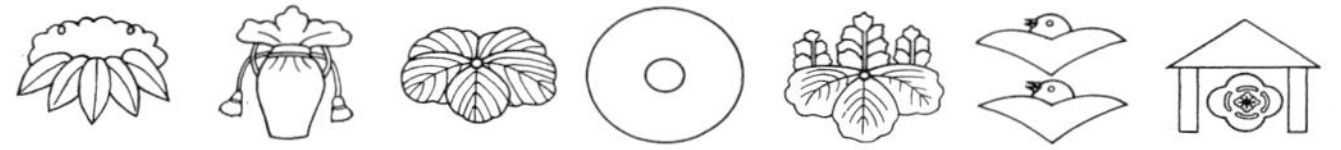

わりびし	まるにひとつもも	にほひうめ	だきめうが	さがりふじ	くぎぬき	えぼし

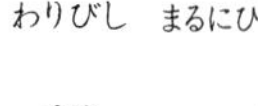
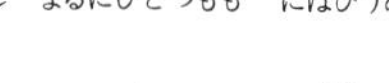

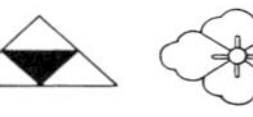

ゐげた	みつうろこ	はなびし	たけにすずめ	さくら	くずのはな	おほなかぐろ

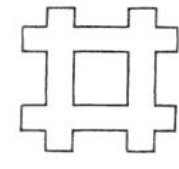

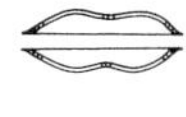

ゐづつ	みつがしは	はりゆみ	たちおもだか	ささりんだう	くまいざさ	おほわりぼたん

公家官職表

区分		官司	長官（かみ）	次官（すけ）	判官（じょう）	主典（さかん）
		神祇官	伯 従四下	大副 従五下　少副 正六上	大佑 従六上　少佑 従六下	大史 正八下　少史 従八上
		太政官	太政大臣 正従一　左大臣 右大臣 内大臣 正従二	大納言 正従三　中納言 従三　参議 正四下	少納言 従五下　左右大弁 従四上　左右中弁 正五上　左右少弁 正五下	大外記 左右大史 正六上　少外記 左右少史 正七上
中央官庁	一般	中務省	卿 正四上	大輔 正五上　少輔 従五上	大丞 正六上　少丞 従六上	大録 正七上　少録 正八上
		式部・治部　民部・兵部　刑部・大蔵　宮内、各省	卿 正四下	大輔 正五下　少輔 従五下	大丞 正六下　少丞 従六上	大録 正七上　少録 正八上
	特別	職	大夫 従四下 マタハ 正五上	亮 従五下	大進 少進 従六上 カラ 正七上	大属 正八上 マタハ 正八下　少属 従八上
		寮	頭 従五上 マタハ 従五下	助 正六下 マタハ 従六上	大允 正七下　少允 従七上	大属 従八上 マタハ 従八下　少属 従八下 マタハ 大初位上
		司	正 正六上 カラ 従六上		佑 従七下 カラ 正八下	大令使 令使 少令使 大初位上 カラ 少初位下
		蔵人所	頭 従四	五位蔵人	六位蔵人	
	軍事警察	弾正台	尹 従三	大弼 従四下　少弼 正五下	大忠 正六上　少忠 正六下	大疏 正七上　少疏 正八上
		左・右近衛府	大将 従三	中将 従四下　少将 正五下	将監 正六上	将曹 正七下
		左・右衛門府　兵衛府	督 従四下	佐 従五上	大尉 従六上　少尉 正七上	大志 正八下　少志 従八上
		左右馬寮　兵庫寮	頭 従五上	助 正六下	大允 正七下　少允 従七上	大属 従八上　少属 従八下
		検非違使方	別当 従四下	佐 従五上	大尉 従六上　少尉 正七上	大志 正八下　少志 従八上
地方官庁		京職　市司	中央官庁の職・司に同じ			
		大宰府	帥 従三	大弐 従四下　少弐 正五上	大監 正六下　少監 従六上	大典 正七上　少典 正八上
		国司	守 従五上 カラ 従六下	介 正六下 マタハ 従六上	掾 正七下 カラ 従八下	目 従八上 カラ 少初位上
		郡司	大領 従八上	少領 従八下	主政	主帳

＊スペースの都合上，官職名を二つまたは三つ一行に入れた所があるが，本来横に並ぶべきものである。

武家官職表 I
（鎌倉時代）

武家官職表 II
（室町時代）

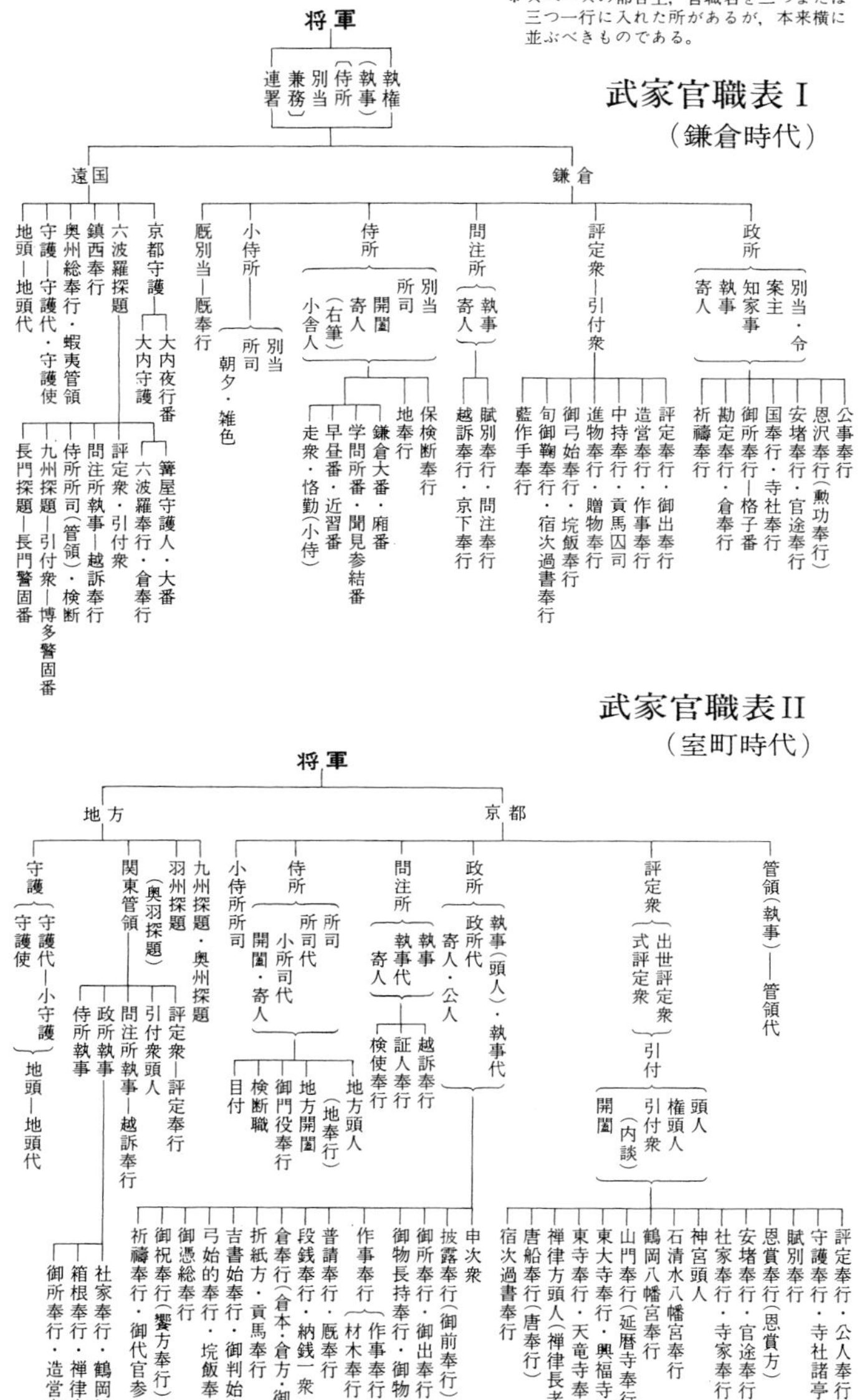

武家官職表 III（江戸時代）

スペースの都合上、官職名を二つまたは三つ一行に入れた所があるが、本来横に並ぶべきものである。

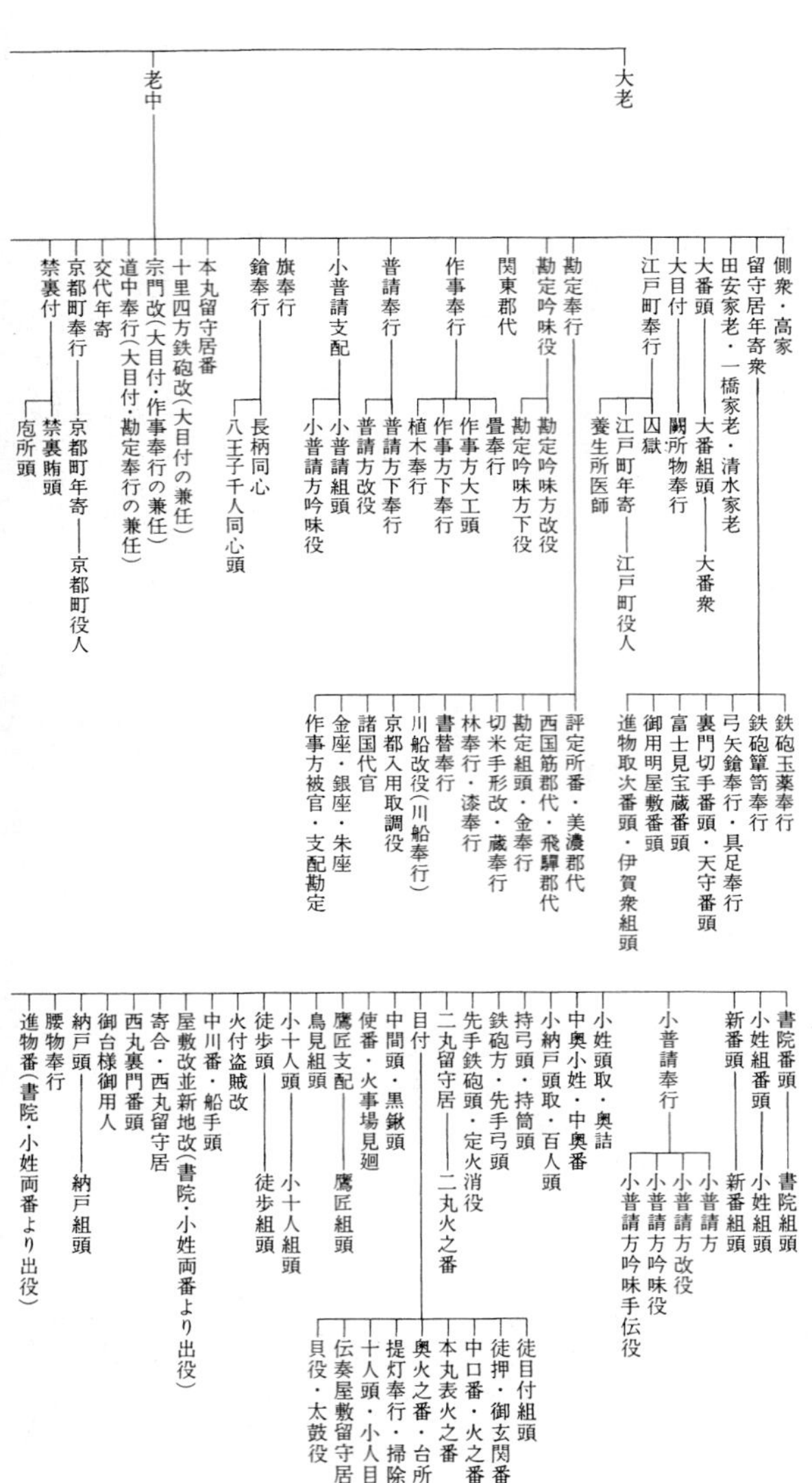

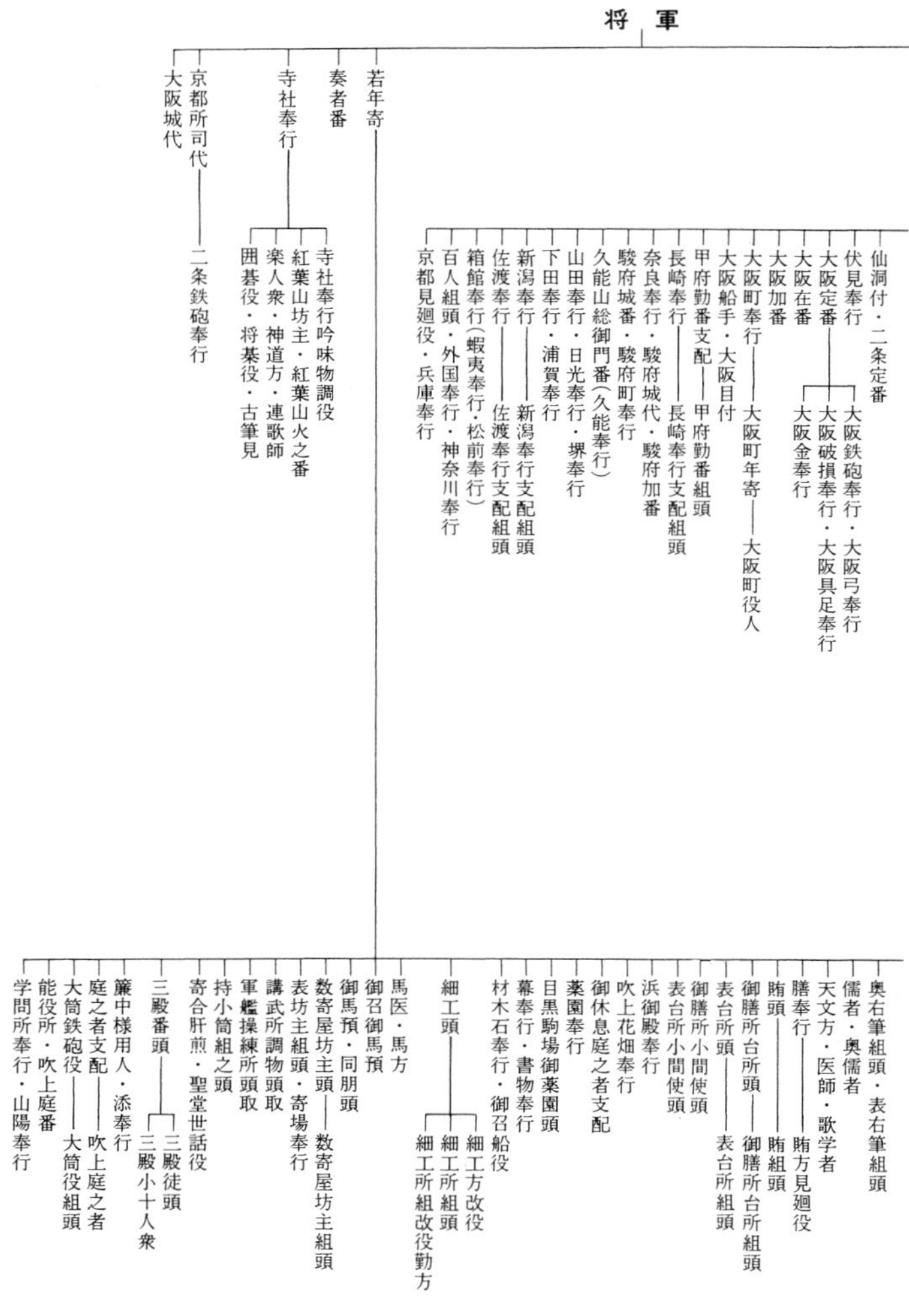
将軍
若年寄
奏者番
寺社奉行
京都所司代
大阪城代
仙洞付・二条定番
伏見奉行
大阪定番
大阪鉄砲奉行・大阪弓奉行
大阪破損奉行・大阪具足奉行
大阪金奉行
大阪在番
大阪加番
大阪町奉行
大阪町年寄
大阪町役人
大阪船手・大阪目付
甲府勤番支配
甲府勤番組頭
長崎奉行
長崎奉行支配組頭
奈良奉行・駿府城代・駿府加番
駿府城番・駿府町奉行
久能山総御門番(久能奉行)
山田奉行・日光奉行・堺奉行
下田奉行・浦賀奉行
新潟奉行
新潟奉行支配組頭
佐渡奉行
佐渡奉行支配組頭
箱館奉行(蝦夷奉行・松前奉行)
百人組頭・外国奉行・神奈川奉行
京都見廻役・兵庫奉行
寺社奉行吟味物調役
紅葉山坊主・紅葉山火之番
楽人衆・神道方・連歌師
囲碁役・将棊役・古筆見
二条鉄砲奉行
奥右筆組頭・表右筆組頭
儒者・奥儒者
天文方・医師・歌学者
膳奉行
賄方見廻役
賄頭
賄組頭
御膳所台所頭
御膳所台所組頭
表台所頭
表台所組頭
御膳所小間使頭
表台所小間使頭
浜御殿奉行
吹上花畑奉行
御休息庭之者支配
薬園奉行
目黒駒場御薬園頭
幕奉行・書物奉行
材木石奉行・御召船役
細工頭
細工方改役
細工所組頭
細工所組改役勤方
馬医・馬方
御召御馬預
御馬預・同朋頭
数寄屋坊主頭
数寄屋坊主組頭
表坊主組頭・寄場奉行
講武所調物頭取
軍艦操練所頭取
持小筒組之頭
寄合肝煎・聖堂世話役
三殿番頭
三殿徒頭
三殿小十人衆
簾中様用人・添奉行
庭之者支配
吹上庭之者
大筒鉄砲役
大筒役組頭
能役所・吹上庭番
学問所奉行・山陽奉行

旧 国 名 地 図

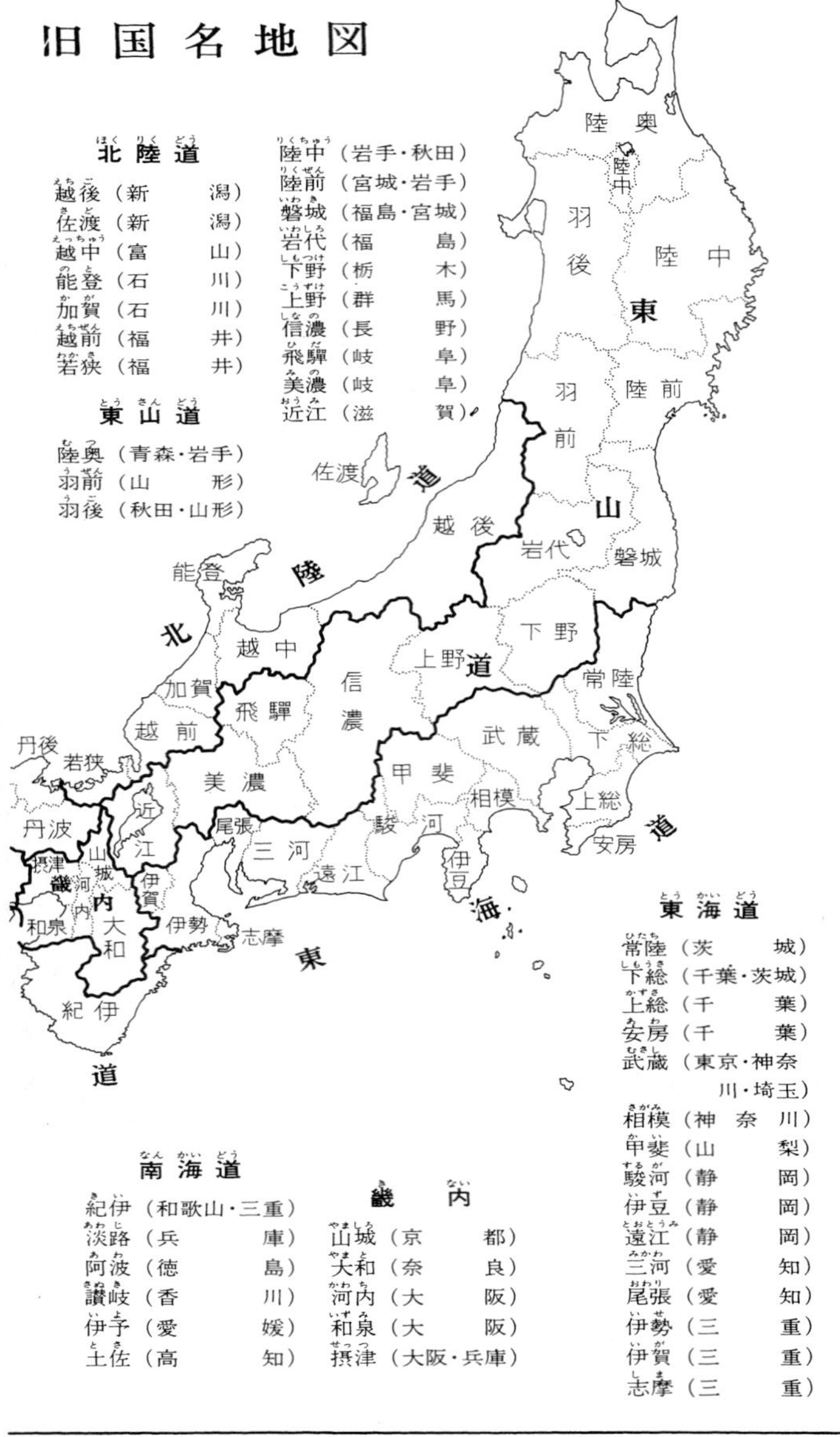

北陸道

越後（新潟）
佐渡（新潟）
越中（富山）
能登（石川）
加賀（石川）
越前（福井）
若狭（福井）

東山道

陸奥（青森・岩手）
羽前（山形）
羽後（秋田・山形）
陸中（岩手・秋田）
陸前（宮城・岩手）
磐城（福島・宮城）
岩代（福島）
下野（栃木）
上野（群馬）
信濃（長野）
飛驒（岐阜）
美濃（岐阜）
近江（滋賀）

東海道

常陸（茨城）
下総（千葉・茨城）
上総（千葉）
安房（千葉）
武蔵（東京・神奈川・埼玉）
相模（神奈川）
甲斐（山梨）
駿河（静岡）
伊豆（静岡）
遠江（静岡）
三河（愛知）
尾張（愛知）
伊勢（三重）
伊賀（三重）
志摩（三重）

南海道

紀伊（和歌山・三重）
淡路（兵庫）
阿波（徳島）
讃岐（香川）
伊予（愛媛）
土佐（高知）

畿内

山城（京都）
大和（奈良）
河内（大阪）
和泉（大阪）
摂津（大阪・兵庫）

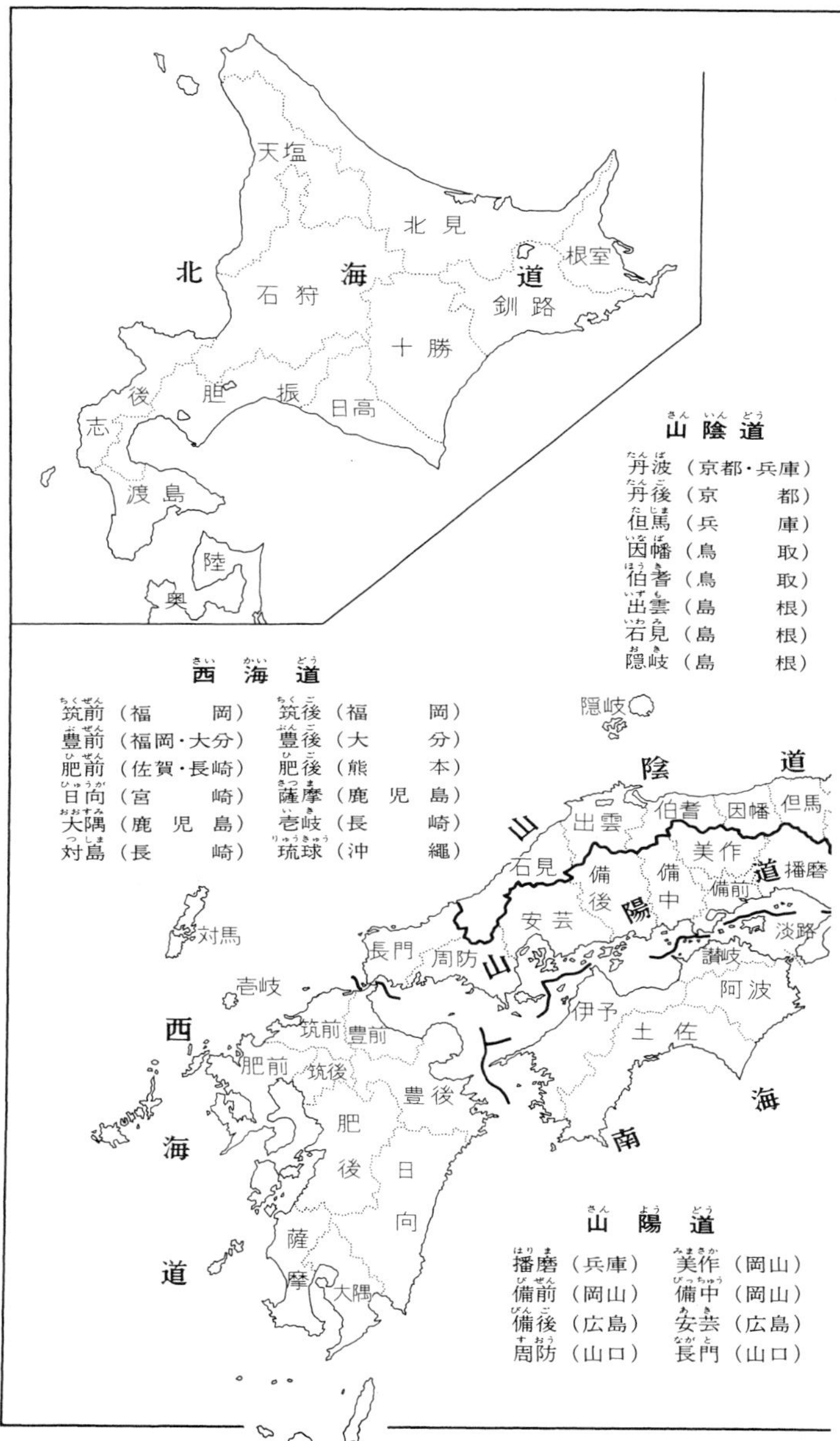
北海道
天塩
北見
根室
石狩
釧路
十勝
後志
胆振
日高
渡島
陸奥
山陰道
丹波（京都・兵庫）
丹後（京　都）
但馬（兵　庫）
因幡（鳥　取）
伯耆（鳥　取）
出雲（島　根）
石見（島　根）
隠岐（島　根）
西海道
筑前（福　岡）
筑後（福　岡）
豊前（福岡・大分）
豊後（大　分）
肥前（佐賀・長崎）
肥後（熊　本）
日向（宮　崎）
薩摩（鹿児島）
大隅（鹿児島）
壱岐（長　崎）
対馬（長　崎）
琉球（沖　縄）
隠岐
山陰道
出雲
伯耆
因幡
但馬
美作
石見
備後
備中
備前
播磨
山陽道
安芸
淡路
長門
周防
讃岐
対馬
壱岐
阿波
伊予
土佐
西海道
筑前
豊前
肥前
筑後
豊後
肥後
日向
薩摩
大隅
南海道
山陽道
播磨（兵庫）
美作（岡山）
備前（岡山）
備中（岡山）
備後（広島）
安芸（広島）
周防（山口）
長門（山口）

京都付近図

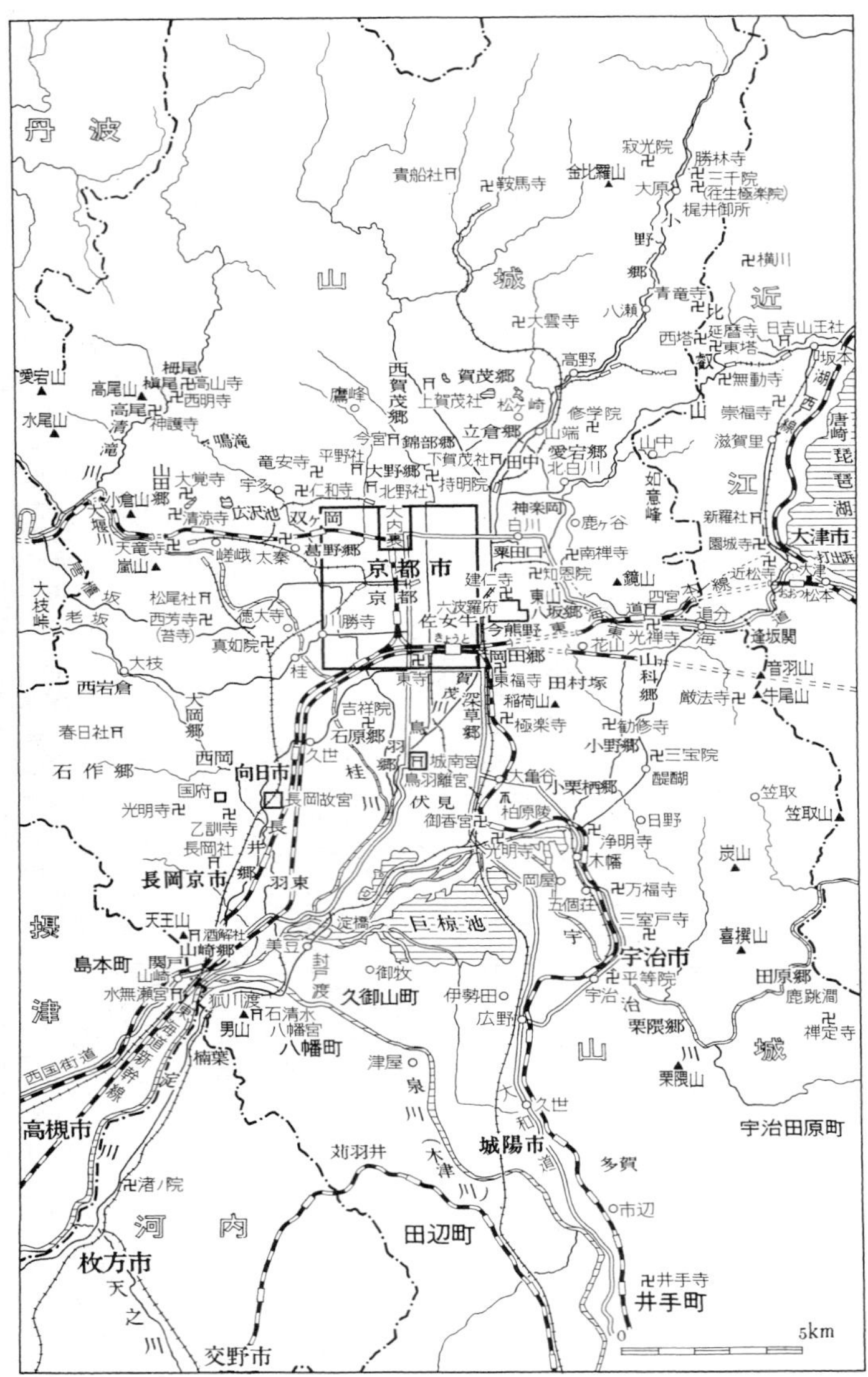
丹波
山城
近江
摂津
河内
京都市
大津市
向日市
長岡京市
宇治市
城陽市
高槻市
枚方市
交野市
島本町
久御山町
八幡町
田辺町
井手町
宇治田原町
寂光院
勝林寺
三千院
(往生極楽院)
梶井御所
大原
貴船社
鞍馬寺
金比羅山
横川
青竜寺
八瀬
大雲寺
延暦寺
日吉山王社
西塔
東塔
坂本
高野
無動寺
崇福寺
滋賀里
唐崎
琵琶湖
愛宕山
高尾山
槇尾
高山寺
西明寺
高尾
神護寺
水尾山
鳴滝
鷹峰
賀茂郷
上賀茂社
松ヶ崎
修学院
山端
愛宕郷
北白川
今宮
錦部郷
立倉郷
平野社
竜安寺
大野郷
下賀茂社
田中
山中
如意峰
大覚寺
宇多
仁和寺
北野社
持明院
小倉山
山田郷
清涼寺
広沢池
双ヶ岡
神楽岡
白川
鹿ヶ谷
新羅社
天竜寺
嵐山
嵯峨
太秦
葛野郷
粟田口
南禅寺
園城寺
近松寺
鏡山
知恩院
建仁寺
六波羅府
東山
八坂郷
四宮
打出浜
大津
松本
松尾社
西芳寺
(苔寺)
徳大寺
真如院
川勝寺
佐女牛
今熊野
光禅寺
追分
逢坂関
花山
音羽山
大枝
西岩倉
大岡郷
東寺
東福寺
田村塚
牛尾山
山科郷
厳法寺
稲荷山
吉祥院
石原郷
極楽寺
勧修寺
深草郷
春日社
西岡
石作郷
久世
城南宮
鳥羽離宮
小野郷
三宝院
醍醐
大亀谷
小栗栖郷
笠取
笠取山
国府
長岡故宮
光明寺
乙訓寺
長岡社
伏見
御香宮
柏原陵
日野
浄明寺
木幡
光明寺
炭山
岡屋
万福寺
五個荘
三室戸寺
巨椋池
天王山
酒解社
山崎郷
淀橋
美豆
喜撰山
関戸
山崎
水無瀬宮
狐川渡
御牧
平等院
田原郷
鹿跳淵
伊勢田
広野
石清水八幡宮
男山
禅定寺
栗隈郷
西国街道
楠葉
津屋
栗隈山
久世
多賀
市辺
渚ノ院
井手寺
5km

奈良付近図

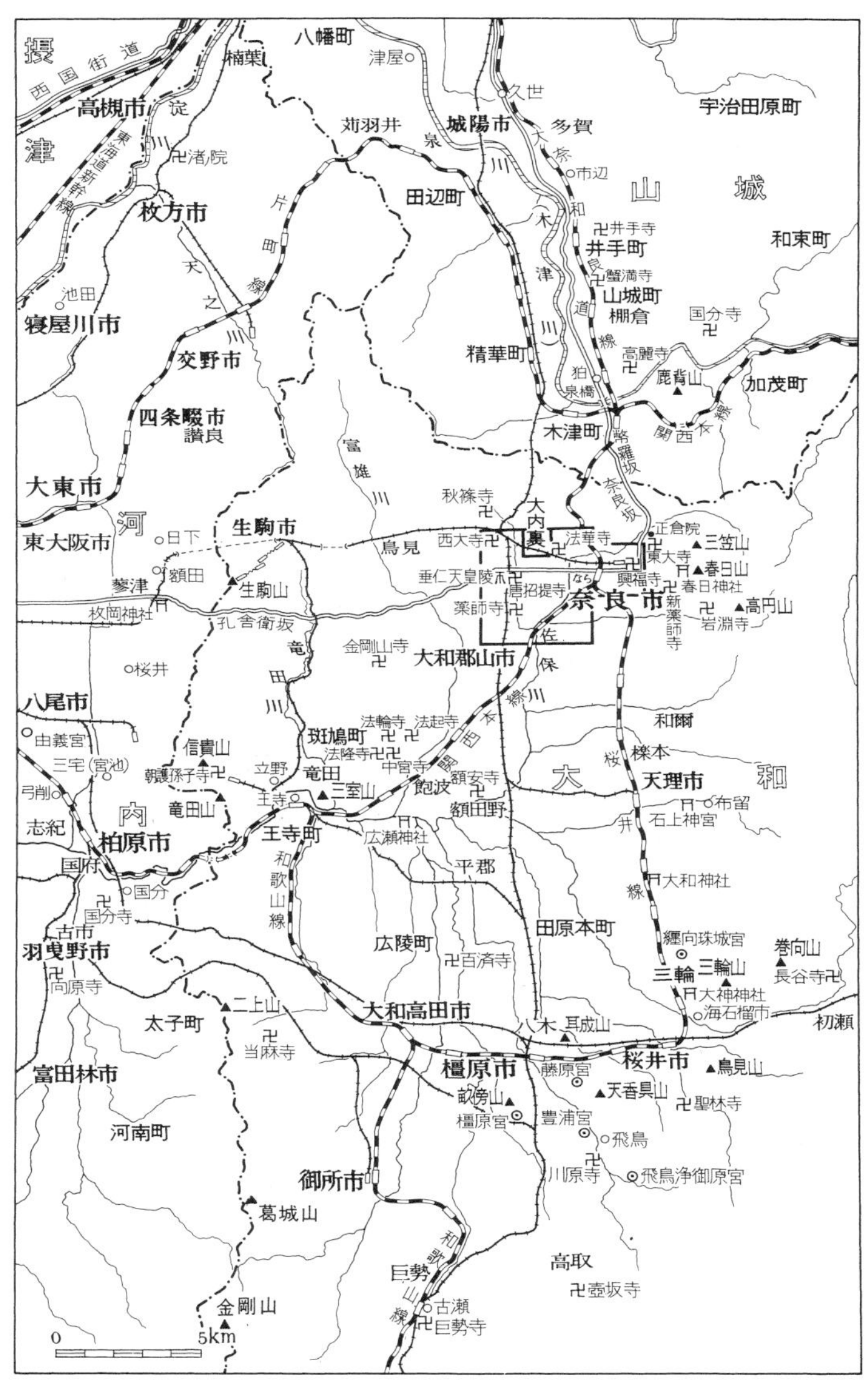
八幡町
津屋
楠葉
西国街道
高槻市
淀
東海道新幹線
渚院
枚方市
天之川
片町線
交野市
池田
寝屋川市
四条畷市
讃良
大東市
河
東大阪市
日下
額田
蓼津
枚岡神社
生駒市
生駒山
孔舎衛坂
竜田川
富雄川
鳥見
城陽市
久世
多賀
泉川
田辺町
木津川
精華町
奈良線
井手寺
井手町
蟹満寺
山城町
棚倉
市辺
宇治田原町
山城
和束町
国分寺
高麗寺
鹿背山
加茂町
関西本線
狛
泉橋
木津町
奈良坂
歌姫
秋篠寺
大内裏
西大寺
法華寺
正倉院
東大寺
三笠山
春日山
垂仁天皇陵
興福寺
春日神社
唐招提寺
奈良市
新薬師寺
高円山
岩淵寺
薬師寺
佐保川
金剛山寺
大和郡山市
八尾市
由義宮
三宅(宮池)
信貴山
朝護孫子寺
竜田山
法輪寺
法起寺
斑鳩町
法隆寺
中宮寺
立野
竜田
三室山
王寺
飽波
額安寺
額田野
西本線
和爾
櫟本
桜井線
天理市
大和
布留
石上神宮
弓削
志紀
内
柏原市
王寺町
広瀬神社
平群
国府
国分
国分寺
和歌山線
大和神社
古市
羽曳野市
向原寺
広陵町
百済寺
田原本町
纒向珠城宮
巻向山
三輪
三輪山
長谷寺
大神神社
海石榴市
初瀬
二上山
太子町
大和高田市
当麻寺
八木
耳成山
富田林市
橿原市
桜井市
藤原宮
鳥見山
畝傍山
天香具山
聖林寺
橿原宮
豊浦宮
飛鳥
河南町
川原寺
飛鳥浄御原宮
御所市
葛城山
高取
巨勢
壺坂寺
古瀬
金剛山
巨勢寺
0
5km

内　裏　図

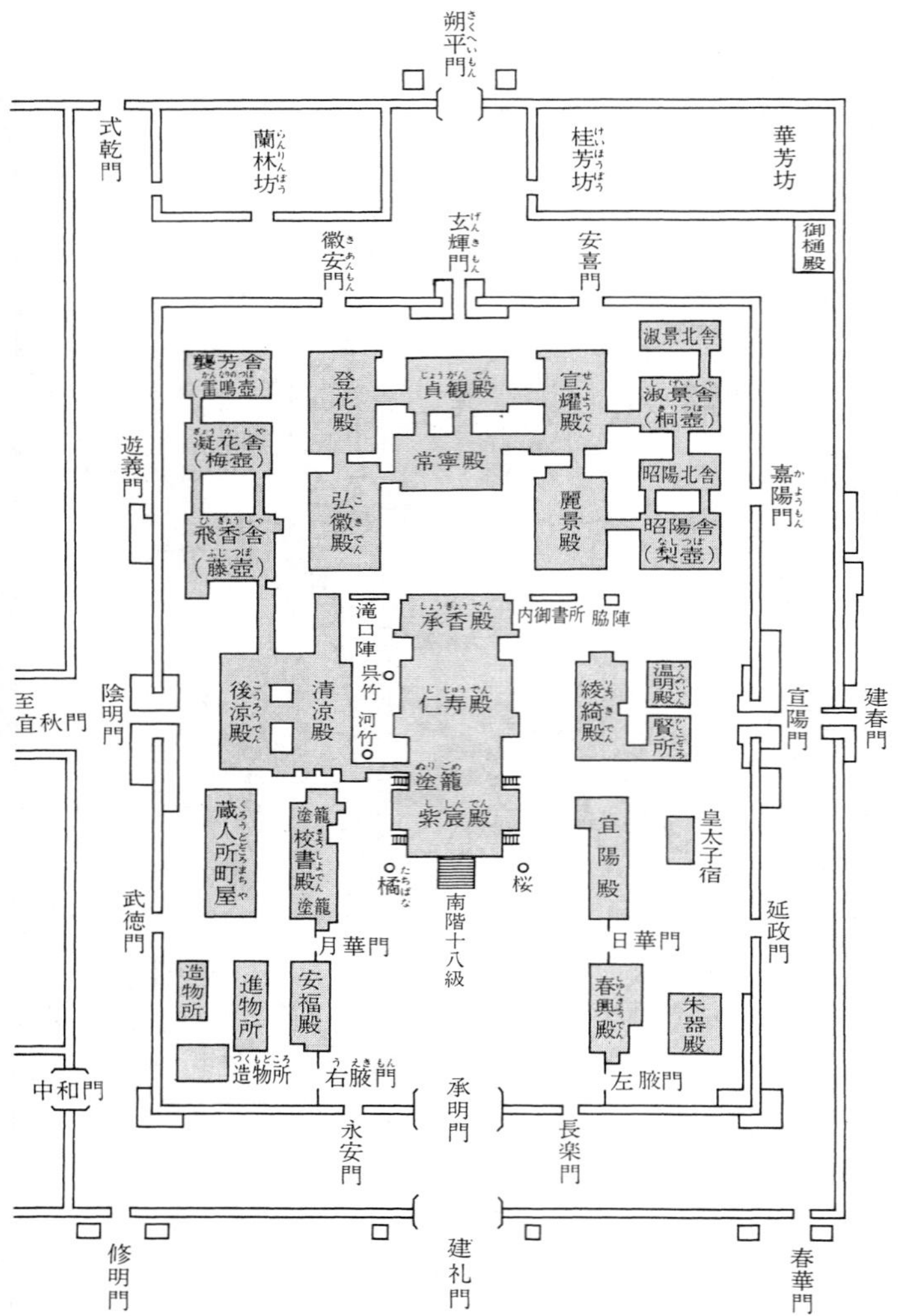
朔平門
式乾門
蘭林坊
桂芳坊
華芳坊
御樋殿
徽安門
玄輝門
安喜門
淑景北舎
襲芳舎（雷鳴壺）
登花殿
貞観殿
宣耀殿
淑景舎（桐壺）
凝花舎（梅壺）
常寧殿
遊義門
昭陽北舎
嘉陽門
弘徽殿
麗景殿
昭陽舎（梨壺）
飛香舎（藤壺）
滝口陣
承香殿
内御書所
脇陣
呉竹
河竹
後涼殿
清涼殿
仁寿殿
綾綺殿
温明殿
賢所
至宜秋門
陰明門
宣陽門
建春門
塗籠
紫宸殿
蔵人所町屋
塗籠
校書殿
塗籠
宜陽殿
皇太子宿
橘
桜
南階十八級
武徳門
延政門
月華門
日華門
造物所
進物所
安福殿
春興殿
朱器殿
造物所
右腋門
左腋門
中和門
承明門
永安門
長楽門
修明門
建礼門
春華門

出典略語一覧

◇本文中に引用した出典を、五十音順に配列した。難訓と思われるものは、音でも引けるようにした。（その場合は＊印を付して区別した。）
◇本文中で略記したものについては、正式の名称を掲げた。
◇最後にその作品の解説のある「古典作品年表」のページと段を示した。

幼稚子敵討　六五六上
お染の七役↓お染久松色読販　六二〇下
韓人漢文=韓人漢文手管始　六五九上
毛抜　六五五下
河内山↓天衣紛上野初花　六二三上
五大力=五大力恋緘　六五九下
五人男=白浪五人男↓青砥稿花紅彩画　六二一下
鞘当　六二一上
猿曳門出諷　六二〇上
三十石=三十石艠始　六五六中
三人吉三=三人吉三廓初買　六二一上
実録先代萩↓早苗鳥伊達聞書　六二三上
忍術池=けいせい忍術池　六五八下
暫　六五〇中
島鵆　六二三上
助六由縁江戸桜　六五六中
関取二代=関取二代勝負附　六五六下
鳴神　六五〇中
三舛玉垣=名歌徳三舛玉垣　六二〇上
倭荘子=傾城倭荘子　六二〇下
四谷怪談=東海道四谷怪談　六二一上
黄=黄表紙

艶気樺焼=江戸生艶気樺焼　六五八中
金生木=莫切自根金生木　六五八下
雁取帳=吃多雁取帳　六五八中
金々先生=金々先生栄花夢　六五七中
孔子縞=孔子縞于時藍染　六五九上
高漫斎=高漫斎行脚日記　六五七下
御存商売物　六五八中
心学早染草　六五九上
造化夢=金々先生造化夢　六五九中
大悲千禄本　六五八中
文武二道=文武二道万石通　六五九上
見徳一炊夢　六五八上
淇園=柳沢淇園
雲萍雑志　六二一下
独寝　六五五上
義経=義経記　六四四上
綺語抄　六三九中
*規子内親王前栽歌合　六三六上
箕山=畠山箕山
色道大鏡　六四九下
鳩翁=柴田鳩翁
道話=鳩翁道話　六二一下
九州問答　六四三下
鳩巣=室鳩巣
駿台雑話　六五五中
*篗日記　六五三中
*虚栗　六五〇上

狂=狂言　六四五上
狂言記　六四九上
暁台句集　六二〇下
玉葉=玉葉和歌集　六四三中
去来=向井去来
旅寝論　六五三下
不玉宛書簡　六五三中
去来抄　六五三中
許六=森川許六
宇陀法師　六五三上
金鷲=梅亭金鷲
七偏人　六二一下
金槐=金槐和歌集　六四〇中
琴歌譜　六三四中
近代秀歌　六四〇上
公任集　六三七上
金葉=金葉和歌集　六三八上

【く・け】

九位=九位次第　六四五下
愚管抄　六四〇中
句選後編=太祇句選後編　六五七下
軍談
漢楚=通俗漢楚軍談　六五三中
撃蒙抄　六四三中
月清集=秋篠月清集　六四〇中
元永元年内大臣家歌合　六三八上
元永二年内大臣家歌合↓元永元年内大臣家歌合　六三八上
建久六年民部卿家歌合　六三九下
源氏=源氏物語　六三六中
健寿=健寿御前日記　六三八下
建礼=建礼門院右京大夫集　六四〇下

【こ】

高慶=富田高慶
報徳記　六二一下
江家次第　六三七下
皇太神宮年中行事　六四六上
*曠野　六五一中
高陽院七首歌合　六三七下
甲陽軍鑑　六四八上
幸若=幸若舞　六四六下
古今=古今和歌集　六三五上
古語拾遺　六三四中
*吾妻問答　六四六中
古事談　六四〇上
後拾遺=後拾遺和歌集　六三七中
後撰=後撰和歌集　六三五中
滑稽発句類題集　六二一上
後鳥羽院口伝　六四〇下
古本説話集　六三八中
小馬命婦集　六三六中
後万載=徳和歌後万載集　六五八下
今昔=今昔物語集　六三七下
こんてむつすむんぢ　六四八中

【さ】

催=催馬楽　六三三下
西鶴=井原西鶴
一代男=好色一代男　六五〇上
一代女=好色一代女　六五〇中
永代蔵=日本永代蔵　六五一上
大矢数=西鶴大矢数　六五〇上
置土産=西鶴置土産　六五三上
織留=西鶴織留　六五三上
五人女=好色五人女　六五〇下
諸国咄=西鶴諸国咄　六五〇中
盛衰記=好色盛衰記　六五一上
俗徒然=西鶴俗徒然　六五三中
伝来記=武道伝来記　六五一上
難波の皃=難波の皃は伊勢の白粉　六五〇上
男色大鑑　六五一上
二十不孝=本朝二十不孝　六五〇下
二代男=好色二代男↓諸艶大鑑　六五〇中
武家義理=武家義理物語　六五一上
懐硯　六五一上
文反古=万の文反古　六五三中
胸算用=世間胸算用　六五二下
椀久二世=椀久二世の物語↓椀久一世の物語　六五〇中
斎宮内親王貝合=斎宮良子内親王貝合　六三七上
再昌草　六四六下
嵯峨物語　六四六中
嵯峨野物語　六四四上
作文大体　六三七下
左経記　六三七上

狭衣＝狭衣物語　六三七中
ささめごと　六四六上
定信＝松平定信
　花月草紙　六六〇中
雑筆往来　六四三上
讃岐＝讃岐典侍日記　六三七下
実隆公記　六四六下
更級＝更級日記　六三七中
申楽談儀＝世子六十以後申
　楽談儀　六四五下
猿蓑　六五二下
山家＝山家集　六三九中
三代実録　六三四下
三馬＝式亭三馬
　床＝浮世床　六六〇下
　風呂＝浮世風呂　六六〇下
三宝絵　六三六上
散木＝散木奇歌集　六三八中
残夜抄　六四〇下

【し】

慈雲　六五六中
　骨相大意
　世間相常住法語
詞花＝詞花和歌集　六三八中
至花道　六四五下
重之集　六三六上
師説自見集　六四四上
慈鎮和尚自歌合　六三九下
十訓＝十訓抄　六四一上
しのぶぐさ　六六一下
至宝抄　六四七下
下総守順馬毛名歌合　六三五中
洒＝洒落本
　卯地臭意　六五八中
　傾城買四十八手　六五九上
　古契三娼　六五八下
　総籬＝通言総籬　六五八下
　辰巳之園　六五七上
　辰巳婦言　六六〇上
　道中粋語録　六五七下
　錦之裏　六五九中
　聖遊廓　六五六中
　遊子方言　六五七上
沙石＝沙石集　六四二上
拾遺＝拾遺和歌集　六三六上
拾遺愚草　六四〇中
拾玉＝拾玉集　六四〇中
拾玉得花　六四五下
袖中抄　六四八下
十問最秘抄　六四三下
*十六夜＝十六夜日記　六四二上
春水＝為永春水
　梅暦＝春色梅暦　六六一中
　辰巳園＝春色辰巳園　六六一中
春台＝太宰春台
　独語＝春台独語　六五五下
浄＝浄瑠璃
　青柳硯＝小野道風青柳硯　六五六中
　朝顔話＝生写朝顔話　六六一下
　妹背山＝妹背山婦庭訓　六五七上
　歌祭文＝新版歌祭文　六五八上
　近江源氏＝近江源氏先陣
　　館　六五七上
　太田合戦＝四天王太田合
　　戦　六四九中
　合邦＝摂州合邦辻　六五七中
　苅萱桑門＝苅萱桑門筑紫
　　轢　六五五中
　河原達引＝近頃河原達引　六五八中
　京今宮御本地　六四九中
　公平誕生記　六四九上
　源氏十二段　六六〇中
　高名物語＝四天王高名物
　　語　六四九中
　腰越状＝義経腰越状　六五六上
　三代記＝鎌倉三代記　六五八上
　釈迦八相記　酒呑童子　六四九中
　盛衰記＝ひらかな盛衰記　六五五中
　先代萩＝伽羅先代萩　六五八中
　善導記　六四九中
　千本桜＝義経千本桜　六五五下
　太功記＝絵本太功記　六六〇上
　太平記忠臣講釈　六五六下
　忠臣蔵＝仮名手本忠臣蔵　六五六上
　忠臣二度目清書　六五九中
　綱公時最期　六四九中
　手習鑑＝菅原伝授手習鑑　六五五下
　那須与一西海硯　六五五中
　菜種御供＝天満宮菜種御
　　供　六五七下
　浪花鑑＝夏祭浪花鑑　六五五下
　廿四孝＝本朝廿四孝　六五六下
　布引滝＝源平布引滝　六五六上
　艶容＝艶容女舞衣　六五七上
　彦山権現＝彦山権現誓助
　　剣　六五八下
　二腹帯＝心中二腹帯　六五五上
　嫩軍記＝一谷嫩軍記　六五六上
　名歌島台＝蝶花形名歌島
　　台　六五九中
　八百屋お七　六五四中
　矢口渡＝神霊矢口渡　六五七上
　頼光跡目論　六四九中
　和国女眉間尺　六五四上
承応神事能評判　六四九上
承久記　六四〇下
正三＝鈴木正三
　万民徳用　六四九中
　反故集　六四九下
　盲安杖　六四八中
常山＝湯浅常山
　紀談＝常山紀談　六五五中
盛衰＝源平盛衰記　六四一上
常朝＝山本常朝
　葉隠　六五四中
正徹物語　六四六上
正法眼蔵　六四一中
正法眼蔵随聞記　六四一中
小右記　六三七上
承暦二年内裏歌合　六三七中
続後紀＝続日本後紀　六三四下
続古今＝続古今和歌集　六四二下
続後拾遺＝続後拾遺和歌集　六四二下
続後撰＝続後撰和歌集　六四一中
蜀山百首＝蜀山人自筆百首
　狂歌　六六一上
続詞花＝続詞花和歌集　六三八下
続拾遺＝続拾遺和歌集　六四三上
続千載＝続千載和歌集　六四三中
続日本紀　六三四中
初心求詠集　六四六上
印の竿　六五三中
*申楽談儀＝世子六十以後申
　楽談儀　六四五下
新古今＝新古今和歌集　六四〇上
新五子稿　六五九中
新後拾遺＝新後拾遺和歌集　六四三下
新後撰＝新後撰和歌集　六四二中
真言内証義　六四三上
仁斎＝伊藤仁斎
　童子問　六五二上
新拾遺＝新拾遺和歌集　六四三中
新続古今＝新続古今和歌集　六四六上
新千載＝新千載和歌集　六四三中
新撰字鏡　六三四下
新撰髄脳　六三七上
新撰朗詠＝新撰朗詠集　六三八上
新撰六帖＝新撰六帖題和歌　六四一中
新勅撰＝新勅撰和歌集　六四〇下

新筑波＝新撰筑波集　六四六中
塵添壒嚢抄　六四六中
神道集　六四六上
新内＝新内節　六五七中
*壬二集　六四一上
神皇正統記　六四三下
新葉＝新葉和歌集　六四三下
親鸞血脈文集　六四二下

【す・せ・そ】

炭俵　六五三上
住吉社歌合　六三九上
井蛙抄　六四三中
政事要略　六三六下
*盛衰＝源平盛衰記　六四一上
*蜻蛉＝蜻蛉日記　六三五下
千五百番歌合　六三九下
千載＝千載和歌集　六三九中
宣命　六三四上
草径集　六六三上
曾我＝曾我物語　六四四上
續寒菊　六五八上
續古事談　六四〇中
續猿蓑　六五三下
續虚栗　六五二下
曾丹集　六三五下

【た】

太神宮参詣記　六四三上
太平＝太平記　六四四上
田植草紙　六四八上
高尚＝藤井高尚
　みつのしるべ　六六一中
篁物語　六三七中
竹取＝竹取物語　六三五中
忠度集　六三九中
種彦＝柳亭種彦
　田舎源氏＝偐紫田舎源氏　六六一上
為兼抄＝為兼卿和歌抄　六四二中
為忠集＝藤原為忠朝臣集　六三八中
丹後風土記＝丹後国風土記　六三三下
僊叟＝清田僊叟
　孔雀楼＝孔雀楼筆記　六五六下
歎異抄　六四二上

【ち】

近松＝近松門左衛門
　油地獄＝女殺油地獄　六五五上
　阿波鳴渡＝夕霧阿波鳴渡　六五四上
　生玉心中　六五四中
　井筒業平＝井筒業平河内
　　通　六五五上
　今川了俊　六五三上
　今宮心中　六五四上
　歌軍法＝持統天皇歌軍法　六五四中
　歌念仏＝五十年忌歌念仏　六五三下
　卯月紅葉＝ひぢりめん卯
　　月紅葉　六五三中
　浦島＝浦島年代記　六五三下
　大磯虎＝大磯虎稚物語　六五三上
　女腹切＝長町女腹切　六五四上
　会稽山＝曾我会稽山　六五四下
　重井筒＝心中重井筒　六五三下
　加増曾我　六五三中
　唐船噺＝唐船噺今国性爺　六五五上
　氷朔日＝心中刃は氷の朔
　　日　六五三下
　国性爺＝国性爺合戦　六五四中
　五人兄弟＝曾我五人兄弟　六五三上
　小室節＝丹波与作待夜の
　　小室節　六五三下
　嫗山姥　六五四上
　薩摩歌　六五三中
　出世景清　六五〇下
　酒呑童子＝傾城酒呑童子　六五四下
　職人鑑＝用明天皇職人鑑　六五三中
　曾根崎＝曾根崎心中　六五三上
　大経師＝大経師昔暦　六五四中
　大念仏＝傾城壬生大念仏　六五三上
　天網島＝心中天網島　六五五上
　女護嶋＝平家女護嶋　六五四下
　寿門松＝山崎与次兵衛寿
　　門松　六五四下
　博多小女郎＝博多小女郎
　　浪枕　六五四下
　孕常盤　六五三下
　反魂香＝傾城反魂香　六五三下
　百日曾我　六五二下
　振袖始＝日本振袖始　六五四下
　堀川波鼓　六五三下
　名所盃＝鎌田兵衛名所盃　六五二中
　冥途飛脚　六五四上
　鑓権三＝鑓権三重帷子　六五四下
　宵庚申＝心中宵庚申　六五五上
　淀鯉＝淀鯉出世滝徳　六五三下
千鳥掛　六五四上
中華若木詩抄　六四六下
長秋詠藻　六三九上
千代尼句集　六五六中
著聞＝古今著聞集　六四一下
知連抄　六四三下

【つ・て】

筑波＝筑波集　六四三中
筑波問答　六四三中
堤＝堤中納言物語　六三八下
経信卿母集　六三七下
妻鏡　六四八下
貫之集　六三五上
徒然＝徒然草　六四二下
定家仮名遣　六四三中
庭訓往来　六四三上
亭子院歌合　六三五上
貞徳＝松永貞徳
　戴恩記　六四九上
天徳四年内裏歌合　六三五下

【と】

東関紀行　六四一上
道範消息　六四一中
当風連歌秘事　六四六下
東北院職人歌合　六四〇上
東遊雑記　六五八下
伽＝お伽草子
　秋夜長＝秋夜長物語　六四六下
　あきみち　六四六下
　和泉式部　六四七上
　一寸法師　御曹子島渡　六四七上
　唐糸草子　小敦盛　六四七上
　木幡狐　さざれ石　六四七上
　猿源氏＝猿源氏草子　六四七上
　三人法師　酒呑童子　六四七中
　鶴の草紙　猫の草子　六四七中
　能勢猿草子　鉢かづき　六四七中
　福富長者＝福富長者物語　六四七中
　文正草子　六四七中
　梵天国　物臭太郎　六四七下
常盤屋句合　六五〇上
土佐＝土佐日記　六三五上
俊頼髄脳　六三八上
どちりな＝どちりなきりし
　たん　六四八上
とはずがたり　六四二中
土芳＝服部土芳
　三冊子　六五五中
とりかへばや＝とりかへば
　や物語　六三八下

【な・に】

中務日記＝中務内侍日記　六四二上
中臣寿詞　六三四上

永文　六四六下
仲文集　六三五下
長能集　六三六中
南海＝祇園南海
　詩学逢原　六五六中
日葡辞書　六四八中
人＝人情本
　三人娘＝毬唄三人娘　六三二上
　娘節用＝仮名文章娘節用　六六一中

【ね・の】

寝覚＝夜半の寝覚　六三七中
能作書　六四五下
信長公記　六四七下
野守鏡　六四二中
規子内親王前栽歌合　六三六上
祝詞　六三四上
宣長＝本居宣長
　初山踏　鈴屋集　六五九下
　玉勝間　六六〇中
　玉くしげ　六五九中
　玉の小櫛＝源氏物語玉の小櫛　六六〇上

【は】

俳諧問答　六五二下
梅岩＝石田梅岩
　都鄙問答　六五五中
馬琴＝滝沢馬琴
　八犬伝＝南総里見八犬伝　六六〇下、
弓張月＝椿説弓張月　六六〇中
白石＝新井白石
　折たく柴の記　六五四中
芭蕉＝松尾芭蕉
　伊賀新大仏之記　六五一上
　江戸両吟集　六四九下
　笈の小文　六五一上
　奥の細道　六五一中
　貝おほひ　六四九下
　笠の記　六五〇下
　堅田十六夜之弁　六五二下
　烏之賦　六五二下
　許六離別詞→柴門の辞　六五三上
　幻住庵記　六五二下
　柴門の辞　六五三上
　嵯峨＝嵯峨日記　六五六上
　更級＝更級紀行　六五一中
　四山瓢　六五〇下
　士峰讃　竹の奥　六五〇上
　机銘　天宥法印追悼　六五一中
　東順伝　六五三上
　野ざらし＝野ざらし紀行　六五〇中
　芭蕉を移す詞　六五二下
　閉関之説　忘梅序　六五二下
　山中三吟評語　六五一中
八帖花伝書　六四七下
八幡大菩薩御縁起　六四四上
咄＝咄本
　鹿の子餅　六五七中
　軽口御前男　六五三中
　聞上手　六五七中
昨日は今日＝昨日は今日の物語　六四八下
鹿の巻筆　六五〇下
醒睡笑　六四八中
善悪報話　六五三中
露がはなし＝軽口露がはなし　六五一下
無事志有意　六五九上
花摘　六五一中
浜松＝浜松中納言物語　六三七中
播磨風土記＝播磨国風土記　六三三上
春の日　六五〇下
春海＝村田春海
　琴後集　六六〇下

【ひ】

ひさご　六五一中
常陸風土記＝常陸国風土記　六三三中
孤松　六五一上
百座法談＝百座法談聞書抄　六三七下
百錬抄　六四一中
広田社歌合　六三九上

【ふ】

風雅＝風雅和歌集　六四三上
風俗＝風俗歌　六三四上
風俗文選　六五三上
風来＝風来山人
　里のをだ巻評　六五七中
　志道軒伝＝風流志道軒伝　六五六中
　天狗髑髏鑑定縁起　六五七下
根南志具佐　六五六中
六部集　六五八上
舞正語磨　六四九上
蕪村＝谷口(与謝)蕪村
　春泥句集序　六五七下
　春風馬堤曲　六五七下
　新花摘　六五九下
　蕪村遺稿　六六〇上
　蕪村句集　六五八中
　洛東芭蕉庵再興記　六五七中
仏足石歌　六三三下
仏法夢物語　六四二上
物類称呼　六五七中
夫木＝夫木和歌抄　六四二中
冬の日　六五〇中
豊後風土記＝豊後国風土記　六三三下

【へ・ほ】

平家＝平家物語　六四一上
平治＝平治物語　六四一上
平中＝平中物語　六三五下
僻連秘抄　六四三上
遍昭集　六三四下
弁日記＝弁内侍日記　六四一中
法住
　秘密安心又略　六五九下
方丈＝方丈記　六四〇上
北山抄　六三六下
牧之＝鈴木牧之
　北越雪譜　六六二中
保元＝保元物語　六四一上
細川家書札抄　六四六上
発心＝発心集　六四〇上
堀河院次郎百首　六三八上
堀河百首＝堀河院御時百首和歌　六三七下

【ま】

毎月抄　六四〇中
枕＝枕草子　六三六中
正明＝石原正明
　年々随筆　六六〇中
雅亮装束抄　六三九上
雅望＝石川雅望
　都の手ぶり　六六〇下
増鏡　末灯鈔　六四二下
松の落葉　六五三中
松の葉　六五三上
真淵＝賀茂真淵
　岡部日記　六五五下
　歌意考　六六〇上
真弓＝内山真弓
　歌学提要　六六一下
万代＝万代和歌集　六四一中
万葉＝万葉集　六三三下

【み】

道綱母集　六三五下
水鏡　六三九下
水の友　六五五上
みつの顔　六五五中

御堂関白記 六三七上
虚栗 六五〇上
水無瀬三吟 六四六中
源順集 六三五中
壬二集 六四一上
御裳濯河歌合 六三九中
明恵上人遺訓＝栂尾明恵上人遺訓 六四一上
名義抄＝類聚名義抄 六三七下
民部卿行平朝臣歌合 六三四下

【む・め・も】

向之岡 六四九下
夢中問答 六四三上
無名抄 六四〇上
無名草子 六三九下
紫日記＝紫式部日記 六三六下
明月記 六四〇下
蒙求抄 六四八下
以貫＝穂積以貫 難波土産 六五五中
元真集＝藤原元真集 六三五中
基佐集 六四六上
元輔集 六三六上
元親記 六四八下
守貞＝喜田川守貞 漫稿＝守貞漫稿 六六一中
守武千句 六四七下

【や・ゆ・よ】

家持集 六三七上
役者論語 六五七下
八雲御抄 六四〇中
柳樽＝誹風柳樽 六五六下
大和＝大和物語 六三五中
倭姫命世記 六四一中
也有＝横井也有 鶉衣 六五八中
唯心房集 六三九中
遊楽習道風見 六四五下
謡＝謡曲 六四四中
雍州府志 六五〇下
横川法語 六三六中
四座役者目録 六四九上
吉野拾遺 六四三下
頼政集＝従三位頼政卿集 六三九上

【ら・り・る】

落書露顕 六四四上
蘭東事始 六六〇下
鯉丈＝滝亭鯉丈 八笑人＝花暦八笑人 六六一中
隆達小歌 六四八上
了意＝浅井了意 東海道名所記 六四九上
了俊一子伝 六四四上
梁塵＝梁塵秘抄 六三九上
令義解 六三四下
類聚三代格 六三五上

【れ・ろ】

霊異記＝日本霊異記 六三四中
麗景殿女御歌合 六三五下
連歌教訓 六四七中
連歌十様 六四三下
連歌初心抄 六四六中
連歌新式 六四三下
連歌比況集 六四七下
蓮如＝蓮如兼寿 御俗姓＝御俗姓御文 六四六中
連理秘抄 六四三上
朗詠九十首抄 六三八下
六帖＝古今和歌六帖 六三六上
六百番歌合 六三九下
論語抄 六四六下

【わ】

和歌色葉＝和歌色葉集 六三九下
和歌九品 六三六下
和歌体十種 六三五下
倭漢朗詠集 六三六下
萱草 六四六中
倭名抄＝倭名類聚抄 六三五中
わらんべ草 六四八下

古典作品年表

◇文学史上重要な作品・事象と、本書で採用した用例の出典とを年代順に配列した。
◇本文では作品名を略記してあるが、ここでは正式の名称を見出し語として掲げた。
◇出典名の略称から正式の名称を知るには、「出典略語一覧」を利用されたい。
◇ジャンル名は、書名等からすぐわかる場合は、省略した。
ジャンル名の略称は次のとおりである。
伎＝歌舞伎(かぶき)　浄＝浄瑠璃(じょうるり)　伽＝お伽草子(おとぎぞうし)
仮名＝仮名草子(かなぞうし)　咄＝咄本(はなしぼん)　浮＝浮世草子(うきよぞうし)
滑＝滑稽本(こっけいぼん)　読＝読本(よみほん)　洒＝洒落本(しゃれぼん)
黄＝黄表紙(きびょうし)　人＝人情本(にんじょうぼん)　合＝合巻(ごうかん)
◇西暦年数のうち細い字は推定または不確実の場合を示す。

奈良時代(古代)

七一二　古事記(こじき)　史書。太安万侶(おおのやすまろ)編。古代からの神話・伝説・歌謡・史実などを、史書の形にまとめたもの。稗田阿礼(ひえだのあれ)の誦習したものが、主要材料となった。大和朝廷側からの政治的潤色が濃いけれど、古代の姿はかなり保存されている。三巻。

七一三～一五　播磨国風土記(はりまのくにのふどき)　地誌。編者未詳。古風土記の一つ。現存風土記の中でも、特に民間の伝承を多く伝え、かつ和文脈の文章を存して価値が大きい。

七二〇　日本書紀(にっぽんしょき)　史書。舎人(とねり)親王編。本格的な歴史として中国に示しうるようなものを意図して作られた。文章は「古事記」よりも正格な漢文で、政治的潤色もさらに強い。三〇巻。六国史の第一。「訓」として示したのは、平安時代初期のよみかたと考えられる訓点によるよみくだしである。とくに何本とことわったのは、そのテクストにしかない訓。

常陸国風土記(ひたちのくにのふどき)　地誌。石川朝臣難波麿、藤原宇合(うまかい)ら編か。巻首に国名の由来をしるし、次に各郡の郡名の由来・伝説等をしるしてある。

出雲国風土記(いずものくにのふどき)　地誌。神宅臣全太理・出雲臣広島編。現存古風土記中で巻首の総記・各郡記・巻末記の三部を備えた唯一の完本である。

肥前国風土記(ひぜんのくにのふどき)　地誌。藤原宇合ら編か。巻首と各郡首とはそろっているが、各郡の記事は不完備なものを伝えるのみである。

丹後国風土記(たんごのくにのふどき)　地誌。編者未詳。現存するのは、「古事記裏書」「釈日本紀」などに引用されている、奈具社・天椅立・浦嶼子の三伝説のみであって、その全体は不明である。

豊後国風土記(ぶんごのくにのふどき)　地誌。編者未詳。巻首に国名の由来をしるし、次に郡名の由来及び、各地の伝説などを記す。上代の説話文学として価値がある。

七五一　懐風藻(かいふうそう)　詩集。奈良時代詩人の作品を集めたもの。詩風は中国六朝時代のものを模倣している。作者には、万葉歌人と共通する者がある。

仏足石歌(ぶっそくせきか)　歌謡。作者未詳。仏足跡の讃嘆や仏教の教えを歌った奈良薬師寺の仏足石碑に刻まれた歌謡で、五・七・五・七・七・七の形式をもつ。

万葉集(まんようしゅう)　歌集。編者としては、大伴家持が最終段階のまとめに参加しているらしい。奈良時代およびそれ以前の歌謡・和歌を集めたもの。約四五〇〇首。第一期の額田王(ぬかたのおおきみ)、第二期の柿本人麿、第三期の山部赤人・山上憶良・大伴旅人、第四期の大伴家持などが代表的作家である。歌風は時期によってちがうけれど、だいたい素朴で力づよく、直線的である。平安時代から江戸時代までは、特殊な歌人に影響しただけで、あまり尊重されなかったが、明治以後その真価が認められ、現代歌壇の源流となっている。二〇巻。

〔催馬楽(さいばら)〕　歌謡。もと地方の古い民謡であったものが、雅楽風に編曲されて、貴族の遊宴歌謡になった。編曲は平安時代だが、歌詞は奈良時代あるいはそれ以前のもので、素朴な野趣がある。

朝津(あさむづ)　飛鳥井(あすかい)　東屋(あずまや)

石川(いしかわ)　大芹(おおぜり)　此殿(このとのは)
桜人(さくらびと)　竹河(たけかわ)　無力蝦(ちからなきかえる)
夏引(なつひき)　庭生(にわにおうる)　貫河(ぬきがわ)
梅枝(うめがえ)　我家(わいえ)　我門(わがかど)
我駒(わがこま)

〔神楽歌〕(かぐらうた)　歌謡。宮中で歌われる神事歌謡。その儀式の成立は平安初期であろうが、歌詞は多く奈良時代のものと思われる。

蟋蟀(きりぎりす)　薦枕(こもまくら)　篠波(ささなみ)
早歌(そうか)　採物(とりもの)　杓(ひさご)
弓(ゆみ)

〔風俗歌〕(ふうぞくうた)　歌謡。平安時代およびそれ以前の著名な地方民謡で、貴族社会の遊宴歌謡として歌詞・曲調を制定したもの。

甲斐(かい)　玉垂(たまだれ)　我門(わがかど)

〔祝詞〕(のりと)　公文。神に対する公的祈願の文。荘重で美しいリズムをもつ。

出雲国造神賀詞(いづものくにのみやつこのかむよごと)
大殿祭(おおとのほかい)　大嘗祭(おおにえのまつり)
春日祭(かすがのまつり)　竜田風神祭(たつたのかぜのかみのまつり)
祈年祭(としごいのまつり)　広瀬大忌祭(ひろせのおおいみのまつり)
御門祭(みかどほかい)　六月月次(みなづきのつきなみ)
六月晦大祓(みなづきのつごもりのおおはらい)
東文忌寸呪＝
　東文忌寸部献横刀時呪(やまとのふみのいみきべのたちをたてまつるときのす)

中臣寿詞(なかとみのよごと)　祝詞。作者未詳。大嘗会(だいじょうえ)に中臣氏が奏上する御代ことほぎの詞で、天孫降臨の神話から現在までの天皇の御膳の由来を述べ、御代の長久をことほいでいる。

〔宣命〕(せんみょう)　公文。天皇の命を正式に告示する文章。荘重厳粛な美しさをもつ。

柿本集(かきのもとしゅう)　家集。柿本人麿の名を冠すが、全首が人麿の作とは思えない。万葉集にひかれている歌も収める。二巻。

平安時代(中古)

七九七　続日本紀(しょくにほんぎ)　史書。菅野真道ほか編。文武天皇の即位から、桓武天皇の延暦一〇年に至るまでの歴史を編年体でしるしたもの。六国史の第二。

古語拾遺(こごしゅうい)　史書。斎部広成著。平安初期、同じ朝廷の神事を掌どる家の中臣氏に圧倒されて、没落衰微した斎部氏の窮状を朝廷に訴えるために書き記したもの。記紀に漏れた上古の遺聞を伝えるものとしても価値がある。

八二〇　日本霊異記(にほんれいいき)　説話集。景戒編。仏教に関する民間説話を集めたもの。ほんとうの書名は「大日本国現報善悪霊異記」。中国の仏教説話集に影響されて編したと思われる。後の説話集に多くの題材を提供している。三巻。

琴歌譜(きんかふ)　譜本。和琴の伴奏で歌った古歌謡の譜本で、歌詞と譜をあわせしるし、そのあとに縁起をのせる。

凌雲新集(りょううんしんしゅう)　勅撰の詩集。漢詩文全盛の平安初期文壇を反映する。中国六朝時代後期の詩風をまねている。

文華秀麗集(ぶんかしゅうれいしゅう)　勅撰の詩集。「凌雲新集」と同様の性質。

文鏡秘府論(ぶんきょうひふろん)　芸術論。空海著。中国の音韻論および表現論を切り継ぎして、文人の参考書としたもの。中国では早くから無くなった文献を多く引用しているので、貴重な研究資料である。六巻。

経国集(けいこくしゅう)　勅撰の詩集。「凌雲新集」や「文華秀麗集」と同様の性質。この後、勅撰詩集はない。

八三三　令義解(りょうのぎげ)　法令解釈書。清原夏野ほか編。養老令が簡略なため、行政上疑義を生ずることが多かったので、その基準を定めた。

八六九　続日本後紀(しょくにほんこうき)　史書。藤原良房ほか編。仁明天皇の即位より崩御に至る一八年間の国史。六国史の第四。

八八四～八八七　民部卿行平朝臣歌合(みんぶのきょうゆきひらあそんうたあわせ)(在民部卿家歌合(ざいみんぶきょうけうたあわせ)とも)　著者未詳。現在最古の歌合で、元慶八年(八八四)から仁和三年(八八七)までの間に、在原行平の家で催されたもの。

遍昭集(へんじょうしゅう)　歌集。六歌仙の一人、遍昭著。勅撰集入集の歌を中心として後人が編集したもので、平安中期以後の成立とみられる。

八九三～　寛平御時后宮歌合(かんぴょうのおんときのきさいのみやのうたあわせ)　班子内親王主催。春・夏・秋・冬・恋各二〇番、計一〇〇番をつがえたもの。「古今集」撰集の気運を促進し、その資料を提供したもの。

八九八～九〇一　新撰字鏡(しんせんじきょう)　辞書。昌住著。漢字を偏・旁によって分類し、一六〇の部首のもとに収めて、その発音・意味・和訓を注したもの。およそ二一三〇〇字を収める。

九〇一　三代実録(さんだいじつろく)　史書。藤原時平・菅原道真ほか編。天安二年(八五八)より仁和三年(八八七)に至る、三代三〇年間の歴史をしるしたもの。六国史の最後のもの。

伊勢集(いせしゅう)　歌集。編者未詳。「古今集」の女流歌人伊勢著。宮仕えと恋物語とを中心とする歌物語的部分や、屛風歌の一群を中心として、約五〇〇首を収めている。

類聚三代格(るいじゅさんだいきゃく) 法令集。編者未詳。平安時代初期に編まれたもので、弘仁・貞観・延喜三代の格を、内容的に分類して編集している。

九〇五〜一三 **古今和歌集**(こきん—) 紀貫之ら編。第一勅撰和歌集。万葉風の歌も含むが、大部分はいわゆる古今風の歌で、理知的・技巧的・曲線的な表現。江戸時代までずっと和歌表現の基調となっている。業平(なりひら)・小町・貫之・躬恒(みつね)・忠岑(ただみね)らが代表的作家。歌数約一一〇〇首。二〇巻。

九〇七 **大井河行幸和歌序**(おおいがわぎょうこうわかじょ) 雑筆。紀貫之作。延喜七年(九〇七)宇多法皇が京都郊外の大井川辺で歌宴を催された。当日の歌集に添えられた序文。

九一三 **亭子院歌合**(ていじいんの—) 宇多法皇主催。初春・季春・初夏・恋の四題、三〇番六〇首よりなる。判者に宇多法皇、作者には躬恒・貫之ら当代の歌人をすぐっての歌合で、画期的な規模と内容とを備えたものであった。

九二七 **延喜式**(えんぎしき) 法令集。藤原忠平ら編。平安初期に行われた制度の細則をしるし、種々の儀式作法・規定禁令等を網羅したもの。

貫之集(つらゆきしゅう) 歌集。紀貫之著。三十六人集の一つ。古筆切れとして残っている自撰本と、他撰本「貫之集」がある。後者は、多数の屛風歌を中心にして、以下、恋・賀・別・哀傷・雑の部立てを持つ。

九三五 **土佐日記**(とさ—) 紀行。紀貫之著。作者が土佐守の任を終えて帰京するまでの旅日記。女が書いた形にして、かな文を用いた。人生や芸術に対する作者晩年の深い思想が軽妙な文章で書かれている。

伊勢物語(いせ—) 歌物語。業平(なりひら)の歌とそれに関する歌説話を集めたもの。清純な情熱のこもった文章である。私どもがいま見る業平の伝記風な「伊勢物語」は、平安後期になってから順序を置きかえたものであろう。

竹取物語(たけとり—) 作り物語。かぐや姫を中心とする求婚と、月世界対人間界のロマンティックな交渉を描く。文章は素朴簡潔だが、構成はわりあい緊密で、初期の作り物語として傑作である。

後撰和歌集(ごせん—) 源順(みなもとのしたごう)ら編。第二勅撰和歌集。「古今集」にもれた歌およびその後の作品を収める。表現は古今集風。二〇巻。

下総守順馬毛名歌合(しもうさのかみしたごううまのけのな—) 源順の家で行われた歌合。各歌に馬の毛をよみ入れる。

大和物語(やまと—) 歌物語。歌説話の集だが、「伊勢物語」のような情熱にとぼしい。後半は普通の説話集に近い。

兼輔集(かねすけしゅう) 歌集。藤原兼輔著。三十六人集の一つ。兼輔の歌と、その親しい人との贈答歌とを収めた雑纂形態のもの。

九三四 **倭名類聚抄**(わみょうるいじゅしょう) 漢和辞書。源順(みなもとのしたごう)著。一種の百科事典。部類別に漢語を標出して出典をしるし、類音や反切で音注し、漢文で説明を施し、和名を万葉がなで注記したもの。

源順集(みなもとのしたごうしゅう) 歌集。編者未詳。三十六人集の一つ。一〇世紀中期の代表的歌人・学者であった源順の歌集。約二〇〇首の歌を、雑然とした形で収めている。

藤原元真集(ふじわらのもとざねしゅう) 歌集。三十六歌仙の一人、藤原元真著。屛風歌や恋歌を多く集めている。

清慎公集(せいしんこうしゅう) 歌集。藤原実頼著。和歌一六五首、連歌一首、断片四首を収めるが、このうち、初めの一〇七首が「実頼集」で、残りの六三首は他集の混入とみられる。

和歌体十種(わかていじっしゅ) 歌論書。壬生忠岑著。和歌の体を十種あげ、各体に例歌をひいて、その後に簡単な説明を漢文で記す。

九五六 **麗景殿女御歌合**(れいけいでんのにょうごの—) 麗景殿女御の邸で催された歌合。一二の歌題による、一二番二四首の歌を、平兼盛・壬生忠見・中務らがよんだ。

九六〇 **天徳四年内裏歌合**(てんとくよねんだいり—) 村上天皇の主催された歌合。「後撰集」時代の代表的歌人を集め、盛大な儀式のもとに行われた。

九六二 **応和二年内裏歌合**(おうわにねんだいりの—) 村上天皇の主催された歌合。何の準備もせず当座即興的に行われた文芸本位のもの。

曾丹集(そたんしゅう) 歌集。曾禰好忠著。歌日記の形をとる「毎月集」「好忠百首」「答歌百首」の三部から成り、自己意識のにじみ出た詠嘆的傾向の歌が多い。

蜻蛉日記(かげろう—) 藤原兼家の妻(道綱の母)が、二〇年にわたる悲しい結婚生活の記録を自叙伝風に書いたもの。心理描写の精細さは、この時代としておどろくべきである。

道綱母集(みちつなのははのしゅう) 歌集。「蜻蛉(かげろう)日記」の作者の歌集で、同書巻末に付されたもの。

仲文集(なかふみしゅう) 歌集。編者未詳。三十六歌仙の一人、藤原仲文の家集。

平中物語(へいちゅう—) 歌物語。著者未詳。平貞文を主人公とする歌物語で、三八の和歌説話から成りたっているが、各段ともに、「伊勢物語」よりも説話的に成長し洗練されている。

九七三 **規子内親王前栽歌合**（のりこないしんのうせんざい―）　村上天皇の第四皇女規子内親王が私的に催された歌合。

九七六〜八三 **古今和歌六帖**（こきんわかろくじょう）　歌集。編者未詳。「万葉集」「古今集」「後撰集」を中心とする約四四〇〇首の和歌を、五一六題の下に例歌として配したもの。

九八四 **三宝絵**（さんぼうえ）（三宝絵詞とも）　仏教説話集。源為憲著。三巻よりなり、それぞれ本生説話、本朝の高僧伝、僧の尊ぶべき修法に関する説話をおさめている。

重之集（しげゆきしゅう）　歌集。源重之著。旅の歌人として、全国各地方での詠歌を多く含み、題詠と異なる自然さ、人生への哀感がこもっている。

落窪物語（おちくぼ―）　作り物語。このころに多かった継子（ままこ）いじめ物語の一つ。話の筋におもしろさを求めるようになったので、「竹取物語」よりも長く、中編物語といってよい分量である。

宇津保物語（うつほ―）　作り物語。藤原仲忠という琴の名手を主人公とし、いろいろな事件を雑然とよせ集めている。全体としての統一はないけれど、分量としては、「源氏物語」に次ぐ大作。元来は絵入り本だったらしく、所どころに絵の説明と認められる文章が介在する。これを「絵詞」とよぶ。

元輔集（もとすけしゅう）　歌集。清原元輔著。後撰集時代の代表歌人、清原元輔の家集。賀の歌や題詠が多く、知的な洗練された作品集。

兼盛集（かねもりしゅう）　歌集。編者未詳。三十六歌仙の一人、平兼盛の歌集。

拾遺和歌集（しゅうい―）　花山院編か。第三勅撰和歌集。「古今」「後撰」にもれた歌およびその後の作品を収める。表現はだいたい古今集風。二〇巻。

長能集（ながよししゅう）　歌集。拾遺集時代の歌人、藤原長能の家集。

小馬命婦集（こまのみょうぶしゅう）　歌集。平安中期の女流歌人小馬命婦著。歌数六三首を収めている。

横川法語（よかわほうご）　法語。源信（恵信僧都）著。著者の主著「往生要集」の精髄を純邦文によって述作した短篇。「往生要集」成立（九八五）後、入滅までの三〇年間に書かれたものと推定。

恵慶法師集（えぎょうほうしじゅう）　歌集。恵慶著。部立てはなく、歌数は一三六首。恵慶は平安中期の人で、広い交友関係のあったことが、詞書からわかる。

枕草子（まくらのそうし）　随筆。清少納言著。身辺観察・随想・回顧などを、断片的に書きつづったもの。鋭く新鮮な感覚と自由な知性のひらめきは、他に類を見ない。段数表示は日本古典文学大系本所収の三巻本による。このほか、能因本・前田家本・堺本があり、それぞれ段数・順序・本文に差がある。

源氏物語（げんじ―）　作り物語。紫式部著。光源氏という理想的貴公子およびその子薫を主人公に、人生の如何ともできぬ運命と、永遠の世界をあこがれ求める群像とを描く。心理描写と自然観照の融けあった表現、美しい余韻のこもった文章など、平安時代文芸の最高峰というだけでなく、世界的な名作である。後の文芸にも、たいへん影響している。五四帖。〔「雲隠」は帖名だけで、本文がない。〕

桐壺（きりつぼ）　帚木（ははきぎ）　空蟬（うつせみ）
夕顔（ゆうがお）　若紫（わかむらさき）　末摘花（すえつむはな）
紅葉賀（もみじのが）　花宴（はなのえん）　葵（あおい）
賢木（さかき）　花散里（はなちるさと）　須磨（すま）
明石（あかし）　澪標（みおつくし）　蓬生（よもぎう）
関屋（せきや）　絵合（えあわせ）　松風（まつかぜ）
薄雲（うすぐも）　朝顔（あさがお）　少女（おとめ）
玉鬘（たまかずら）　初音（はつね）　胡蝶（こちょう）
蛍（ほたる）　常夏（とこなつ）　篝火（かがりび）
野分（のわき）　行幸（みゆき）　藤袴（ふじばかま）
真木柱（まきばしら）　梅枝（うめがえ）　藤裏葉（ふじのうらば）
若菜（わかな）上・下　柏木（かしわぎ）　横笛（よこぶえ）
鈴虫（すずむし）　夕霧（ゆうぎり）　御法（みのり）
幻（まぼろし）　〔雲隠（くもがくれ）〕　匂宮（におうみや）
紅梅（こうばい）　竹河（たけかわ）　橋姫（はしひめ）
椎本（しいがもと）　総角（あげまき）　早蕨（さわらび）
宿木（やどりぎ）　東屋（あずまや）　浮舟（うきふね）
蜻蛉（かげろう）　手習（てならい）　夢浮橋（ゆめのうきはし）

紫式部日記（むらさきしきぶ―）　紫式部著。紫式部が宮廷生活をしていたうちのある時期、見聞や感想を書きつけたもの。

一〇〇八 **政事要略**（せいじようりゃく）　史書。惟宗允亮編。平安時代の法制関係書。事項別に関係法令・判決・問答の類を列挙して私案を加えたもの。

一〇一三〜二〇 **北山抄**（ほくざんしょう）　史書。藤原公任（きんとう）著。恒例・臨時にわたる朝儀・太政官・近衛大将・国司等の吏務など朝儀・典例を多くの典籍によってまとめたもの。

〔**朗詠**〕→本文五五七ページ。

〜 **倭漢朗詠集**（わかんろうえいしゅう）　詩歌集。藤原公任編。朗吟するのによい日本・中国の詩句および和歌を集めたもの。当時の文化人にとって便利な名文句ハンドブックであり、習字の手本でもあった。

一〇四一 **和歌九品**（わかくほん）　歌論書。藤原公任著。和歌の品等を九段階に分けて、短歌二首ずつを配して説明したもの。

新撰髄脳（しんせんずいのう）歌論書。藤原公任著。すぐれた和歌とはどんな歌かという、和歌の理想と、歌の病とについて、例歌を示しながら簡潔に述べたもの。

公任集（きんとうしゅう）歌集。藤原公任著。他撰か。四季・雑・釈教に分類する前半と、部類を欠く後半をあわせて約五六〇首を収める。連歌・旋頭歌のほか、贈答歌の多いのが特色。

家持集（やかもちしゅう）歌集。編者未詳。三十六人家集の一つ。天永三年（一一一二）以前に成ったと考えられる。内容はきわめて不確かである。

九九八〜一〇二一 **御堂関白記**（みどうかんぱくき）日記。藤原道長著。長徳四年（九九八）から寛仁五年（一〇二一）にいたる儀式・典礼を中心とする日記。

九七八〜一〇三二 **小右記**（おうき・しょうゆうき）日記。後小野宮右大臣（藤原）実資著。天元元年（九七八）より長元五年（一〇三二）に至る五五年間の日記。道長の言動に対する批判的な記事が多い。

一〇三二 **左経記**（さけいき）日記。源経頼著。一一世紀の宮廷事情を調べるのに重要な史料。現存一五冊。

斎宮良子内親王貝合（さいぐうりょうしないしんのうかいあわせ）後朱雀天皇の第一皇女良子内親王が、斎宮時代に催された歌合。物合としての貝合を主とし歌は従になっている。現存する貝合資料の唯一のもの。

和泉式部集（いずみしきぶしゅう）歌集。編者未詳。和泉式部著。冷泉院皇子為尊親王・敦道親王との恋愛の贈答歌、死別の悲嘆をよんだもの、愛児、小式部の死を哀悼してよんだものなどが、正・続二集に収められている。

和泉式部日記（いずみしきぶ—）和泉式部と帥宮（そちのみや）との恋愛生活を、物語ふうに書いた日記。「和泉式部物語」ともよばれる。自作説と他作説とがあって、学界でも決定されていない。

更級日記（さらしな—）孝標（たかすえ）の女（むすめ）著。夢多い少女時代から人妻となり、約四〇年をすごして来た思い出を回想した日記風の作品。文章は平明である。

篁物語（たかむら—）作り物語。作者未詳。小野篁と異腹の妹との恋物語。

一〇六六 **雲州消息**（うんしゅうしょうそく）（**雲州往来・明衡**（めいこう）**往来とも**）類書。藤原明衡著。一月から一二月までの進状・返状の形で、男性手紙文例二〇二通を集めたもの。往来物の最初のもの。

一〇七八 **承暦二年内裏歌合**（じょうりゃくにねんだいりうたあわせ）白河天皇によって清涼殿で催された歌合で、顕季・師賢・公実・通俊・為家らの歌人が参加している。

一〇八〇 **狭衣物語**（さごろも—）作り物語。宣旨著か。狭衣大将を主人公とし、宮廷貴族の恋愛生活を書いたもの。「源氏物語」の影響が強いけれど、文章はとうてい及ばない。「源氏物語」のような集編物語でなく、筋の展開を重視した長編物語である。

夜半の寝覚（よわのねざめ）（**夜の寝覚・寝覚とも**）作り物語。「源氏」模倣の作品であるが、心理描写の細かさに特色がある。現在は少し欠けた本しか伝わらない。

浜松中納言物語（はままつちゅうなごん—）作り物語。「源氏」模倣の作品であるが、場面を中国にまでひろげ、人生の問題よりも筋のおもしろさが主となっている。欠けた本しか伝わらない。

一〇八六 **後拾遺和歌集**（ごしゅうい—）藤原通俊編。第四勅撰和歌集。すこし新風の歌が進出してきた。女流歌人の作が多い。

経信卿母集（つねのぶきょうのははのしゅう）歌集。源経信（一〇九七没）の母の家集。一四首しかない。

江家次第（ごうけしだい）有職書。大江匡房（まさふさ）著。平安時代末期の朝廷の恒例・臨時の儀式・礼法を詳細にしるしたもの。

一〇九四 **高陽院七首歌合**（こうよういんしちしゅ—）（**高陽院殿七番和歌合とも**）藤原師実の邸で催された男女歌合。判者、源経信の歌論がうかがえる判詞を付してある。

堀河院御時百首和歌（ほりかわいんのおんときひゃくしゅわか）歌集。康和四・五年（一一〇二〜〇三）ころ俊頼らが中心となってよんだものを、長治元年（一一〇四）ころ堀河院に献上したものと推定。立春以下の一〇〇題に、一首ずつ計一〇〇首の歌を当代の代表歌人がよんだもの。

類聚名義抄（るいじゅみょうぎしょう）辞書。著者未詳。漢字を字形で分類し、字形・音注・訓釈を注記したもの。国語アクセントの資料としても重要。

今昔物語集（こんじゃく—しゅう）説話集。インド・中国・日本にわたり、いろいろな説話を集めたもの。未定稿本のまま伝わったものだが、本朝の部には庶民の生活を示す貴重な材料が多い。文章は、女流の作品とは語法および風格を異にする。三一巻。

一一〇八 **作文大体**（さくもんだいたい）漢詩作法書。藤原宗忠著。道長の玄孫で、「中右記」の著者である筆者が、漢詩文の作り方を子供に教えるために編んだもの。

一一一〇 **百座法談聞書抄**（ひゃくざほうだんききがきしょう）（**法華百座聞書抄とも**）天仁三年（一一一〇）二月二八日から三〇〇日間、某内親王の発願によって行われた法会のときの説経の聞書を収めたもの。現存するのは二〇日分のみ。

讃岐典侍日記（さぬきのすけの—）讃岐典侍藤原長子著。嘉承二年(一一〇七)六月、堀河院の発病から、崩御にいたる間のことを細述した部分と、鳥羽天皇の即位から大嘗会までのことをしるした部分とからなっている。

一一一五 **俊頼髄脳**(としよりずいのう)(俊秘抄とも) 歌学書。源俊頼著。「金葉集」の撰者で、当代随一の歌人であった著者が、忠実の女(高陽院)のために書いたもの。平安末期から続出した歌学書の先駆をなすもの。

一一一六 **堀河院次郎百首**(ほりかわいんじろうひゃくしゅ) 歌集。鳥羽天皇が永久四年(一一一六)源顕仲、藤原仲実、源俊頼等七人の歌人から百首の和歌を召された。それを集めたもの。堀河天皇が康和年中に召された百首歌を「太郎百首」と呼ぶのに対してこの百首歌を「次郎百首」という。

一一一八 **元永元年内大臣家歌合**(げんえいがんねんないだいじんけ—) 藤原忠通家で催された歌合で、現伝するものとして元永元年(一一一八)に四回、その他永久三年~大治元年(一一一五~一一二六)一一二年間に都合一二回の歌合がある。

新撰朗詠集(しんせんろうえいしゅう) 詩歌集。藤原基俊撰。「倭漢朗詠集」の形式にならい、詩五四〇余、和歌二〇三首を上下二巻に収めている。「倭漢朗詠集」の補遺的なもの。

大鏡(おおかがみ) 歴史物語。文徳~後一条の歴史を、二老人の昔話を書きとめたという形式で、個人別の伝記体にまとめた。批判精神がゆたかで、文章も力づよい。

奥儀抄(おうぎしょう) 歌論書。藤原清輔著。三巻。巻頭に序があり、上巻には式、中巻及び下巻の上中は釈、下は問答の部にわかれている。

一一二七 **金葉和歌集**(きんよう—) 源俊頼編。第五勅撰和歌集。新風が著しく進出している。しかし、巻数は半減して一〇巻。

散木奇歌集(さんぼくき—) 源俊頼編。俊頼自身の歌集。新風歌人の面目を示す歌が多いが、難解だという非難もあった。

栄花物語(えいが—) 歴史物語。宇多~堀河の歴史を年代順に書いたもの。文章は、女流日記などを材料とした関係もあって、大鏡よりもやわらかである。批判精神にはとぼしい。

浦々=浦々の別
花山=花山尋ぬる中納言　後悔=後悔の大将
様々=様々の悦　楚王=楚王の夢

雲図抄(うんずしょう) 史書。藤原重隆著。鳥羽天皇ごろに成った有職書。二巻。

一一三〇 **古本説話集**(こほんせつわしゅう) 説話集。編者未詳。昭和一八年に世に出た天下の孤本で、七〇の説話を収めている。上巻は芸術譚と和歌説話で下巻は本朝説話を中心にした仏法説話である。

藤原為忠朝臣集(ふじわらのためただあそんしゅう) 歌集。藤原為忠編か。「金葉集」以下の勅撰集に九首入集した作者の私家集。二六八首を収める。

伊呂波字類抄(いろはじるいしょう) 辞書。橘忠兼著。詞から、これにあてはまる漢字を求める辞書。単語の最初の字によって「いろは」四七部にわけ、更にそれを天象、地儀、植物、動物等二一部にわけて説明する。二巻本、三巻本、十巻本の三種があるが普通は十巻本をさす。天養から治承までの三十余年間に成立。

一一五一 **詞花和歌集**(しか—) 藤原顕輔編。第六勅撰和歌集。新風を重んじたことは「金葉集」と同じだが、「金葉集」よりも穏健である。一〇巻。

一一五七 **健寿御前日記**(けんじゅごぜん—) 健寿御前著。藤原俊成の娘で、定家の姉である著者が、一二歳で建春門院(高倉天皇母)に宮仕えして見聞したことがらを、六三歳のときにしるしたもの。

朗詠九十首抄(ろうえいきゅうじっしゅしょう) 譜本。藤原忠実編。平安時代初期から貴族間に漢詩文の一節を吟誦することが盛んとなり、中期以降固定して一定の曲節を伴う声楽となった。その譜本。

堤中納言物語(つつみちゅうなごん—) 作り物語。小式部ら著。作者および成立年代の異なる一〇種の短編物語を集めたもの。中で「逢坂越えぬ権中納言」だけは、作者がわかっており(小式部)、一〇五五年の成立。あとは不明だが、早い時期に成立した編は「源氏物語」に近いころのものもあるらしい。編者は不明。どうして「堤中納言物語」というのかも不明。

逢坂=逢坂越えぬ権中納言
思はぬ方=思はぬ方にとまりする少将
花桜=花桜をる少将
はなだ=はなだの女御
ほどほど=ほどほどの懸想
虫めづる=虫めづる姫君
よしなし=よしなしごと

とりかへばや物語 作り物語。作り物語としては末期的な作品。デカダンスのにおいが濃い。いま残っているのは、これを一二〇〇年ごろ改作したもの。

一一六五~ **続詞花和歌集**(しょくしか—) 藤原清輔編。清輔が若年のころから集めていた和歌およそ一〇〇〇首を四季・賀、以下に部立てして編集したもの。

清輔朝臣集(きよすけあそんしゅう) 歌集。藤原清輔著。平安末期、六条家の代表的歌学者であった清輔の家集。

雅亮装束抄(まさすけそうぞくしょう)　装束書。源雅亮著。装束の道の権威であった著者が仮名文で初心の者にもわかるように丁寧に書き記したもの。装束の抄物では最も古いものの一つ。嘉応元年(一一六九)以降の成立と推定。

一一七〇　**今鏡**(いまかがみ)　歴史物語。著者未詳。「大鏡」の話し手、大宅世継の孫娘が長谷詣での人々と対談する趣向を持った紀伝体の歴史物語。時代も「大鏡」をうけついで、万寿二年(一〇二五)から嘉応二年(一一七〇)までの一四六年間をとりあげている。

花散る＝花散る庭の面

一一七〇　**住吉社歌合**(すみよしのやしろの——)　藤原実定・藤原実房・藤原俊成・源頼政以下当代の名家五〇人による歌合。俊成の判詞が加えられている。

一一七二　**広田社歌合**(ひろたのやしろの——)　広田社頭で催された歌合。二九名が、社頭雪・海上眺望・述懐の三題で八七番をつがえたもの。格調の高い秀歌が多く、俊成の判詞は資料として重要。

一一七八　**長秋詠藻**(ちょうしゅうえいそう)　歌集。藤原俊成著。新旧両派の長所をとりいれ、幽玄な歌風を大成している。

一一七九　**梁塵秘抄**(りょうじんひしょう)　歌謡集。後白河院編。仏教歌謡・神事歌謡・民俗歌謡にわたり、その歌詞とうたい方を集成したもの。庶民の生活を反映したものが多い。二〇巻。そのうち一〇巻は口伝集で、今様歌謡に関する各種のノート。全体として約一〇分の一ぐらいしか現存しない。

従三位頼政卿集(じゅさんみよりまさきょうしゅう)　歌集。源頼政著。約七〇〇首の和歌をおさめたもの。「金葉集」「詞花集」をぬけ出て、優艶・幽玄な、新古今時代の先駆的歌風を備えている。

綺語抄(きごしょう)　歌学書。藤原仲実著。万葉集、古今集以下諸歌集から例歌をひいて、歌詞を注釈したもの。歌詞の辞書としては最も古いものとされる。三巻。

忠度集(ただのりしゅう)　歌集。平忠度著。歌は平易な表現の中に幽寂な抒情味をただよわせたものが多いが、なかには武人らしい格調をもつものもある。

一一八七　**御裳濯河歌合**(みもすそがわ——)　西行著。西行が、生涯の作品から七二首を選び、三六番の歌合形式にまとめて、俊成の判詞をうけたもの。現伝する自歌合としては最古のもの。

一一八八　**千載和歌集**(せんざい——)　藤原俊成編。第七勅撰和歌集。用語では「古今集」時代の温雅な趣を、把握では「後拾遺集」以後の景情融合をめざしている。二〇巻。

山家集(さんかしゅう)　歌集。西行著。清澄な心境でしみじみと自然を観照し、人生の真実を深くよみきった傑作が多い。

唯心房集(ゆいしんぼうしゅう)　歌集・今様集。寂然(藤原頼業)著。三〇首の釈教歌と、五〇首の今様とを収めたもの。「梁塵秘抄」以外の多数の今様の集成として貴重。

殷富門院大輔集(いんぷもんいんのたいふしゅう)　歌集。平安末期の女流歌人、殷富門院大輔著。「続群書類従本」では一一一首、「禁裏本」では三〇〇首を収め、特に恋部に、頼政・師光・隆信・西行・寂蓮らとの贈答歌が多い。

打聞集(うちぎきしゅう)　説話集。著者未詳。宣命書きで二十七条からなる仏教説話集。今昔物語と内容がよく似ている。平安後期の作か。

鎌倉時代(中世A)

一一九三　**六百番歌合**(ろっぴゃくばん——)　左大将後京極良経の邸で催された歌合。良経・定家・家隆・慈円・寂蓮ら一二人の歌人がよんだ、一〇〇題一〇〇首を六〇〇番につがえたもので、「千五百番歌合」に次ぐ大規模な催し。俊成の判詞は歌論史上重要。

水鏡(みずかがみ)　歴史物語。中山忠親著か。神武天皇から仁明天皇までの歴史を年代順に書いたもの。「扶桑略記」によるところが多く、仏教的色彩が濃い。

一一九五　**建久六年民部卿家歌合**(けんきゅうろくねんみんぶのきょうけ——)　民部卿藤原経房邸で催された歌合。判者は藤原俊成。山花、初郭公など五つの歌題について二三番ずつ、計一一五番を四六人の作者でよんだ。

一一九七　**古来風体抄**(こらいふうていしょう)　歌論書。藤原俊成著。和歌の歴史的展開のなかに、理想とする秀歌の基準を示そうとしたもの。

一一九八　**和歌色葉集**(わかいろはしゅう)　歌論書。上覚著。大鏡様式の序を付した、全三巻からなる歌論書で、当時の歌学を集成したもの。

一一九八　**慈鎮和尚自歌合**(じちんかしょうじかあわせ)　慈円(慈鎮)編。慈円の作一九五首とほか一五首、合計二一〇首の歌を一五番ずつ、七つの歌合にして俊成の判詞をつけて日吉七社に奉納した法楽歌合。建久元年(一一九〇)ごろ成る。

一一九八　**無名草子**(むみょうぞうし)　評論。平安時代の作り物語を批判したもの。いま伝わっていない作品を研究するのに、たいへん貴重な資料。

一二〇一〜〇三　**千五百番歌合**(せんごひゃくばん——)　後鳥羽院主催の史上最大の

規模の歌合。三〇人の作者による一五〇〇番に判詞を付したもの。作者・判者ともに最高の権威をそろえ、「新古今集」撰集の準備をも意図したもの。

一二〇五 **新古今和歌集**（しんこきんー） 後鳥羽院編。第八勅撰和歌集。歌壇の最盛期にあたり、さまざまな歌風が百花みだれ咲くような盛観だが、中でも、定家を中心とする妖艶な歌風は、特に新古今的である。技巧のデリケートな複雑さ、余情の深いゆらめき、感覚的な色彩美、幽玄な象徴などは、「万葉集」「古今集」に対立する大きい特色である。形式的には、三句切れ・体言止めが著しい。二〇巻。

近代秀歌（きんだいしゅうか） 歌論書。藤原定家著。書簡形式の和文で書かれた作歌の指導書。作歌の基本、秀歌の生まれる秘密を創作心理の面から体験的に説き、最後に秀歌例をあげている。

一二一二 **方丈記**（ほうじょうき） 随筆。鴨長明著。平安末期の動乱を経験し、草庵生活に世をのがれた作者の身辺雑記。慶滋保胤（よししげやすたね）の「池亭記」を模倣したものだが厭世観の濃厚さを特色とする。

無名抄（むみょうしょう） 歌論書。鴨長明著。歌に関する研究的・趣味的両面にわたる、およそ八〇項からなる雑録。当時の歌壇の情況や長明の歌論を知るうえで貴重。

一二一四 **東北院職人歌合**（とうほくいんしょくにんー） 東北院の御所で医師・刀匠・商人などが集まって、月・恋の題に各人の職業をよみこんだ歌合。建保二年（一二一四）。一巻。

古事談（こじだん） 説話集。源顕兼編と推定される。六巻。建暦二年（一二一二）から建保三年（一二一五）の間に成立した。

一二一六〜 **発心集**（ほっしんしゅう） 説話集。鴨長明原著か。発心談・遁世生活談・往生談などを中心とする仏教的教訓を含む。

秋篠月清集（あきしのげっせいしゅう） 歌集。藤原良経著。百首歌、五十首歌をあつめて一〇〇〇首、四季以下の部立てによって六一五首を自撰したもの。

拾玉集（しゅうぎょくしゅう） 尊円法親王撰。新古今時代の代表的歌人慈円の家集。比叡山に登った二一歳のころから晩年に至るまでの約七〇年間の詠歌約四〇〇〇首と、散文を収めている。

一二一四 **金槐和歌集**（きんかいー） 源実朝著。歌壇の流行風とまったく趣を異にする万葉調の作品を含み、壮大な調べの高さがある。

一二一六 **拾遺愚草**（しゅういぐそう） 歌集。藤原定家著。定家の妖艶風を代表する自撰歌集。

毎月抄（まいげっしょう） 歌論書。藤原定家著。定家が晩年に理想とした有心体を説いたもの。中世歌論の源流をなしている。

詠歌大概（えいがたいがい） 歌論書。藤原定家著。和歌に対する概括的な見解を漢文でしるしたもの。定家歌論の要約として古来、非常に重要視されてきた。

一二一七 **続古事談**（ぞくこじだん） 説話集。著者未詳。「古事談」に模して作ったもので、「古事談」によったものも少なくないが、「袋草子」「台記」「今鏡」や「論語」「史記」などによるものも収めている。

一二二〇 **愚管抄**（ぐかんしょう） 史書。慈円著。神武天皇より承久年間（一二一九〜二二）に至る日本歴史の大要を説いたもの。仏法の衰微した末世を慨嘆し、歴史の底を流れて歴史を展開させる力として「道理」の存在を主張している。

一二二一 **八雲御抄**（やくもみしょう） 歌学書。順徳天皇著。古代歌学の一大集成として、また、従来の歌論を集成統一して組織的に説いたものとして、中世初期の最も重要なもの。

承久記（じょうきゅうき） 軍記物語。著者未詳。承久の乱について、原因・経緯・処罰にわたって追叙し、評論を加えたもの。史料的価値が高い。二巻。

一二二三 **海道記**（かいどうき） 紀行。著者未詳。京から東海道を経て鎌倉に往復した紀行。漢文の文脈をまじえ、懐古の情を述べている。

宇治拾遺物語（うじしゅういー） 説話集。編者未詳。「今昔物語集」の中で興味ぶかい説話に、編者の見聞した話を加えたもの。いくらか小説的に書いている。一五巻。

覚海法橋法語（かくかいほっきょうほうご） 覚海著。独白形式の問答体で真言密教の教理を簡潔に説いたもの。

建礼門院右京大夫集（けんれいもんいんうきょうだいぶしゅう） 歌集。建礼門院右京大夫著。高倉天皇の中宮徳子の下での宮仕え当時の追憶、平資盛との恋愛、資盛戦死後の心境などを中心とする、長文の詞書をもつ歌集。

後鳥羽院口伝（ごとばいんくでん） 歌論書。後鳥羽天皇著。初学者の作歌の心得と、俊成・西行・定家ら当代の代表的歌人に対する批評とからなる。

一二三二 **新勅撰和歌集**（しんちょくせんー） 藤原定家編。第九勅撰和歌集。「新古今集」の華麗さに比して、平淡・平明な歌風をもつ点で注目される。二〇巻。

一一八〇〜一二三五 **明月記**（めいげつき） 日記。藤原定家著。歌人で有名な著者の、一九歳から七四歳までの五六年間の日記。平家の没落、承久の変などの動乱の時代の公武関係、貴族社会の有様を詳細にしるしている。

残夜抄（ざんやしょう） 音楽論。著者未詳。藤原孝道（一一六六—一二三七)著ともいうが、確かでない。鎌倉時代の楽律書。

一二三八
壬二集(みにしゅう)　歌集。藤原家隆著。九条基家編。六〇〇〇首に上ると伝えられる詠歌の約二〇分の一、二七七八首を収めたもの。

栂尾明恵上人遺訓(とがのおみょうえしょうにんいくん)　法語。高信(喜海)編。華厳宗の高僧、明恵上人の言行を高弟の喜海が、師の没後数年のうちに書きとめたもの。

保元物語(ほげん—)　戦記物語。保元の乱を素材とする。文章は簡潔素朴。源為朝の英雄的行動が中心となっている。引用は上・中・下のほか、巻内における章順を示す。原本には章順を示す数字はない。本文は古本系統による。他に一七世紀の古活字本があり、分量・表現ともに古本系統とはかなり違う。

平治物語(へいじ—)　戦記物語。平治の乱を素材とする。「保元物語」同様、琵琶の伴奏で盲法師が語ったものである。引用は「保元物語」と同じ形式。「古活字本」についても同じ。

平家物語(へいけ—)　戦記物語。平家興隆から没落までを、無常の理にひきずられてゆく悲歌として、琵琶法師が語ったもの。もとは三巻ぐらいだったらしいが、だんだん増補されて、一二巻となった。引用は日本古典文学大系本による。さらに増補されたものとして長門本がある。

源平盛衰記(げんぺいじょうすいき)　戦記物語。平家物語の異本にもとづいて書かれたもので、語り本ではないらしい。記事は詳しいけれど、文章としてはすこし劣る。四八巻。引用は巻数のほか、巻内における章順をも示す。原本には章順を示す数字はない。

一二四二
東関紀行(とうかんきこう)　紀行。「海道記」と同様、鎌倉への旅行記。やはり漢文調をとりいれているが、「海道記」よりも和文脈が強い。

一二四四
新撰六帖題和歌(しんせんろくじょうだいわか)　歌集。「古今六帖」の題によって、鎌倉時代中期の五歌人(家良・為家・知家・信実・光俊)が詠じ、かつたがいに批評を加えたもの。

一二四八
万代和歌集(まんだい—)　衣笠家良編か。万葉時代から当代までの歌で勅撰集にもれた作三八二六首を、二〇巻としたもの。新古今時代以降の作者が比較的多い。

正法眼蔵(しょうぼうげんぞう)　法語。道元。曹洞宗の始祖、永平寺の開山者道元禅師(一二〇〇～一二五三)の全著述をまとめていう。一般には九五巻の著述を含める。

正法眼蔵随聞記(しょうぼうげんぞうずいもんき)　法語。孤雲懐奘(えじょう)著。道元禅師の法語を筆録したもの。平易な和文体でしるされていて、道元禅師の宗風を知る最良の書である。

一二四六～五一
弁内侍日記(べんのないしの—)　後深草院弁内侍著。寛元四年(一二四六)から建長三年(一二五一)までの間の、宮中の行事を中心にした日記で、和歌を多く交えているが、引き締まった鮮明な記述を特色としている。

道範消息(どうはんしょうそく)　法語。道範著。道範が四国讃岐に流されていたとき、高野山御室に阿字観について思うことを書き送ったもの。仁治四年(一二四三)から宝治三年(一二四九)の間に書かれたものと推定。

倭姫命世紀(やまとひめのみことせいき)　神道書。度会行忠の撰か。伊勢神宮の度会神道の経典「神道五部書」の一つ。天地開闢から雄略天皇の頃までのことを述べる。鎌倉中期の作。

一二五一
続後撰和歌集(しょくごせん—)　藤原為家撰。第一〇勅撰和歌集。あらゆる点で「新勅撰集」を範としている。二条家では、「千載集」「新勅撰集」とともに尊重された。

一二五三
十訓抄(じっきんしょう)　説話集。作者の見聞した話を十か条の教訓的綱目のもとに分類したもの。引用は編数のほか、各編内における章順をも示す。原本には章順を示す数字はない。

一二五四
古今著聞集(ここんちょもんじゅう)　説話集。橘成季著。古今の説話を集成分類し、教訓的な短文をそえる。この時代としては最大の説話集で(二〇巻)、文章は平明。

百錬抄(ひゃくれんしょう)　史書。著者未詳。冷泉天皇の初め(九六八)から、後深草天皇の譲位(一二五九)にいたるおよそ二九〇年間の編年体の歴史書。

一二五六
親鸞血脈文集(しんらんけつみゃくぶんしゅう)　法語。親鸞著。親鸞が、弟子の性信房に書き送った書簡二通とその返書を収める。建長八年(一二五六)頃のものと推定。

一二六三
詠歌一体(えいがいったい)　歌論書。藤原為家著。歌の本質として、定家の妖艶美に対して、平淡美を主張したところに特色がある。後の二条家の歌論はこの立場を踏襲した。

一二六五
続古今和歌集(しょくこきん—)　藤原為家・基家・家良・行家・光俊編。第一一勅撰和歌集。あらゆる点で「新古今集」を範としている。

東鑑(あずまかがみ)　史書。著者未詳。鎌倉幕府の書記の手になるものかと思われる。頼朝の挙兵から惟康親王が将軍に立つまで、八七年間の鎌倉幕府の日記体の記録。

恵信尼消息(えしんにしょうそく)　恵信尼著。親鸞の夫人恵信尼が、七五から八七才までの間に末娘の覚信尼にあてた自筆書簡一〇通。親鸞伝の基礎資料として、また国語資料としても貴重。

一二七二 **開目抄**(かいもくしょう) 法語。日蓮著。法華経寿量品の仏を崇める法華経の教義を気魄に満ちた文で一気に書きあげたもの。文永九年(一二七二)佐渡の配所先から弟子・檀那中へかたみのつもりで書き送ったもの。日蓮全遺文中第一の書ともいわれる。

一二七九 **続拾遺和歌集**(しょくしゅういー) 藤原為氏撰。第一二勅撰和歌集。およそ一四六〇首を「拾遺集」の部立てのもとに編んだもの。

一二八〇 **十六夜日記**(いざよい) 紀行。阿仏尼著。作者がその子為相(ためすけ)の領地を確保しようと、鎌倉へ訴訟のためくだったときの紀行。かざりけのない文章の中に、子を思う真情があふれている。

一二七九～八三 **沙石集**(しゃせきしゅう) 説話集。無住著。創作的な立場から、世上身辺の事件を題材として、仏法に帰依させるための話を説いたもの。一三四編の説話を収めている。一〇巻。

仏法夢物語(ぶっぽうゆめー) 法語。知道著。仏教の中心思想につき、主客の問答体で書いた啓蒙書。弘安(一二七八～八七)ごろの成立らしい。

一二八八～ **歎異抄**(たんにしょう) 法語。唯円著。著者が晩年の親鸞上人の身近に随従して、親しくその宗教的境地の深さと教義とに打たれた体験を、老年になってからしるしたもの。

一遍上人語録(いっぺんしょうにんごろく) 法語。編者未詳。時宗開祖たる一遍の諸法語・讃偈・和歌・消息などを上・下二巻に集録したもの。

一二八〇～九二 **中務内侍日記**(なかつかさのないしのー) 伏見院中務内侍著。弘安三年(一二八〇)から、正応五年(一二九二)に病重くして里に下るまでの、宮中の行事を中心にして、自らの宗教的な苦悩の告白などをしるした日記。

一二九五 **野守鏡**(のもりのかがみ) 歌論書。著者未詳。為兼の新風を六か条にわたって非難し、歌論を仏教思想と結びつけて、禅宗と浄土教とを批判して為兼を攻撃したもの。

一三〇三 **新後撰和歌集**(しんごせんー) 二条為世撰。第一三勅撰和歌集。二〇巻。歌数は一六一二首。収められた歌は迫力と新鮮さに欠けた二条家的特色を強く持っている。

一二七一～一三〇六 **とはずがたり** 日記。久我雅忠女(二条)著。五巻から成り、巻一・二・三は幼時からあがった宮廷生活を赤裸々に描き、巻四・五は御所退出後東国へ旅した紀行文である。作者四十九才の時、過去を思いだして書き記したもの。文永八年(一二七一)から嘉元四年(一三〇六)までのことを記す。

一三〇九～一〇 **夫木和歌抄**(ふぼく) 歌集。藤原長清編。春・夏・秋・冬・雑の部立てのもとに、さらに各歌題に従って、短歌・長歌・今様・催馬楽など総歌数一七三五二首を類集したもの。

一三一二 **玉葉和歌集**(ぎょくようー) 京極為兼編。第一四勅撰和歌集。この時代の平凡な歌風に対し、清新な観照による景情融合の秀歌が多い。

管見記(かんけんき) 日記。西園寺公衡著。漢文で書かれている。

為兼卿和歌抄(ためかねきょうー) 歌論書。京極為兼著。定家晩年の思想、すなわち有心体の論を正しくうけついだもので、中国詩論もよく消化している。

一三二〇 **続千載和歌集**(しょくせんざいー) 二条為世撰。第一五勅撰和歌集。後宇多院の命による。二一〇〇余首を収める。

一三二五～二六 **続後拾遺和歌集**(しょくごしゅういー) 藤原為藤・藤原為定撰。第一六勅撰和歌集。約一三五〇首を収めている。二条家中心の撰集で、歌風は平板にすぎる。

一言芳談(いちごんほうだん) 法語。著者未詳。浄土諸流の高僧の簡潔な法語一六〇余条を集めて、修道者の反省材料としたもの。

(宴曲)(えんきょく) 歌謡。鎌倉～室町時代に歌われた流行歌謡。早歌(そうが)ともいう。歌詞は長編のものが多い。その歌詞集が一七種ほど現存する。大部分が明空の編で、一三一九年ごろまでに編された。

室町時代（中世B）

一三三〇 **徒然草**(つれづれぐさ) 随筆。吉田兼好著。歌人であり深い思想をもつ文化人である作者が、さまざまな事がらにふれての随想を書きとめたもの。老荘・仏教の融合した人生観のなかに、健康な「おとな」の常識が織りまぜられている。文章は簡潔なうちに深みがある。

一三三一 **末灯鈔**(まっとうしょう) 法語。従覚慈俊編。親鸞の「有念無念事」「自然法爾事」などの法語、性信・乗信・その他の門弟に与えた消息およそ二二通を集録したもの。

一三三三 **増鏡**(ますかがみ) 歴史物語。二条良基著か。後鳥羽～後醍醐の歴史を年代順に書いたもの。文章は美しいけれど弱い。「大鏡」「今鏡」「水鏡」とあわせて四鏡という。老人の談話の筆記という共通形式をもつ。

おどろ＝おどろのした　おりゐる＝おりゐる雲
北野＝北野の雪　久米＝久米のさら山
月草＝月草の花

一三三九 **神皇正統記**(じんのうしょうとうき) 史書。北畠親房(ちかふさ)著。日本の政治史を度会(わたらい)神道すなわち伊勢外宮系統の世界観から説いたもの。

一三四二 **太神宮参詣記**(だいじんぐうさんけいき) 雑筆。坂十仏著。康永元年(一三四二)に参宮したときに神官村松宗行から聞いた伊勢神道理論のノート。

一三一九〜五一 **夢中問答**(むちゅうもんどう) 法語。夢窓疎石著。参禅の要諦および修道の用心を、和語問答体に箇条書きにしたもの。

一三四五 **真言内証義**(しんごんないしょうぎ) 法語。北畠親房著。真言密教の教えや、その功徳をのべたもの。親房の著作中では特異なジャンルに属する。興国六年(一三四五)成立。

僻連秘抄(へきれんひしょう) 連歌論書。二条良基著。「僻連抄」とともに「連理秘抄」成立の草案となったもの。式目に制定までの苦心の跡がみられる。文詞等に省略が多い。

一三四九 **風雅和歌集**(ふうが―) 光厳院撰。第一七勅撰和歌集。京極派歌人をすべて結集した勅撰集であり、歌風は、自然を描写的に表現した閑寂の調子をもち、二条家的な歴代勅撰集の中にあって、異彩を放っている。

庭訓往来(ていきんおうらい) 類書。玄恵著か。進状と返状とを、各月に配し、閏(うる)八月の進状を加えて二五通を収めた手紙文例集。上流武家の生活上の要件を各月ごとにまとめて、統一的な文体を示したもの。

〔**連歌**〕(れんが)→本文五五四ページ。

雑筆往来(ざっぴつおうらい) 類書。編者未詳。中世の模範書簡文集。室町初期の成立らしい。

一三四九 **連理秘抄**(れんりひしょう) 連歌論書。二条良基著。本書の草案本「僻連抄」に多くの補訂を加えて成った最初の連歌論書。新興文芸としての連歌の地位を理論的に裏付けたもの。

一三五六 **筑波集**(つくばしゅう) 連歌集。二条良基編。連歌の付合(つけあい)および発句を集めたもの。勅撰に準ぜられた。和歌における「古今集」のような地位を占める。

一三五九 **新千載和歌集**(しんせんざい―) 藤原為定撰。第一八勅撰和歌集。およそ二三六〇首を「千載集」「続千載集」の部立てにならって編んだもの。二条家の歌を多く収め、集としては平凡である。

一三六三〜 **定家仮名遣**(ていかかなづかい) 語学書。標題は「仮名文字遣」。源知行(ともゆき)の編した中世かなづかいの軌範書。定家の校閲を得て成立したもの。貞治二年(一三六三)以後成る。

河海抄(かかいしょう) 注釈書。四辻善成著。「源氏物語」を研究したこれまでの業績を集大成したもので語句解釈の面に新しい方法をうちだしている。将軍足利義詮の命によって書かれたが、度々改稿している。全二〇巻。

一三六四 **新拾遺和歌集**(しんしゅうい―) 藤原為明撰。第一九勅撰和歌集。およそ一九〇〇首を、「新古今集」とほとんど同じ部立てのもとに収めている。

一三六〇〜六四 **井蛙抄**(せいあしょう) 歌学書。頓阿著。頓阿が二条為世の説を聞き書きしたもので、新しい見解はみられず、二条派歌学を集成したものといえる。

一三六六 **撃蒙抄**(げきもうしょう) 連歌学書。二条良基著。付合の説明を中心にして連歌の作法を説いたもの。貞治五年(一三六六)後光厳院に奉った。

一三五七〜七三 **筑波問答**(つくばもんどう) 連歌学書。二条良基著。連歌の歴史・本質・稽古などについて、問答体でしるしたもの。「大鏡」や「無名草子」の形式をまねている。

一三七二 **連歌新式**(れんがしんしき) 連歌学書。二条良基制定。連歌道確立のために連歌式目を整理統合したもの。二条良基が制定し、文亀元年(一五〇一)には肖柏が増補改修した。

一三七四 **知連抄**(ちれんしょう) 連歌学書。二条良基著。諸本に異同が多いが、連歌の修辞と風体を説いた部分と、作者の批評、実作に即した規則の解説の部分から成っている。

一三七六 **九州問答**(きゅうしゅうもんどう) 連歌論書。二条良基著。九州探題、今川了俊の質問に対する、一九項目からなる返答書。具体的に、自作・他作を多数引用して、理想的な連歌の風体を詳しく論じたもの。

一三七九 **連歌十様**(れんがじゅうよう) 連歌論書。二条良基著。将軍足利義満に呈したもの。連歌実作上の要点を示したもので、なかに、救済・周阿の比較論をみることができるなど、注目すべき書。

一三八一 **新葉和歌集**(しんよう―) 宗良親王撰。後醍醐・後村上・長慶の三代の作、一四二〇首を収める。北朝による勅撰集の編集に対抗して、南朝側の作者の歌を集めたもの。

一三八三 **十問最秘抄**(じゅうもんさいひしょう) 連歌論書。二条良基著。大内義弘に贈ったもの。良基最後のもの。一〇条にわたって連歌の風体を論じた。

一三八三 **新後拾遺和歌集**(しんごしゅうい―) 二条為遠・為重撰。第二〇勅撰和歌集。歌数は一五五四首。歌風は平明で新鮮味が少ない。

吉野拾遺(よしのしゅうい) 説話集。伝藤原吉房著。延元元年(一三三六)後醍醐天皇の吉野遷幸から、後村上天皇の正平一三年(一三五八)までの二三年間の南朝を中心とする事件・説話・逸事を集録したもの。

義経記（ぎけい）　戦記物語。源義経の少年時代および不遇な後年をえがく。戦記物語というよりも、英雄流離談というのにふさわしい。引用は巻数のほか、巻内における章順をも示す。原本には章順を示す数字はない。

曾我物語（そが）　戦記物語。曾我兄弟の敵討ちを素材とする。これも語りものを書きとめたものらしい。「義経記」と共に、後代文芸に多大の影響をあたえた。

太平記（たいへいき）　戦記物語。いわゆる南北朝の内乱を素材とする。「平家物語」に比して詩情にとぼしい。引用は巻数のほか、巻内における章順をも示す。原本には章順を示す数字はない。

八幡大菩薩御縁起（はちまんだいぼさつごえんぎ）　宗教書。宇佐八幡宮の由来を述べた絵巻物。享祿四年（一五三一）の写本がある。

一三八六　**嵯峨野物語**（さがの）　鷹書。二条良基著。鷹に関する故事をならべたもの。白河天皇が嵯峨野で催した鷹狩に因んで名付けた。至徳三年（一三八六）成立。

一四〇八　**師説自見集**（しせつじけんしゅう）　歌学書。今川了俊著。了俊が歌の師冷泉為秀の説に自らの見解を交えてしるしたもので、歌語の注釈が大部分をしめている。

艸余集（かんよしゅう）　詩文集。禅僧愚仲周及（一四〇九没）著。三巻。

一四〇九　**了俊一子伝**（りょうしゅんいっしでん）（弁要抄とも）　歌論書。今川了俊著。冷泉系歌学にもとづく作歌の指導書。応永一六年（一四〇九）成る。

一四一七　**落書露顕**（らくしょろけん）　歌論連歌論書。今川了俊著。当時、隆盛をきわめた二条派に対して、冷泉派の立場を明らかにし、かつ当時の連歌を批判して、良基の教えを宣揚したもの。

今川大双紙（いまがわおおぞうし）　故実書。今川了俊著。弓・鷹・太刀・躾・陣具・衣類・馬・輿・酒・鞠・食物・歌道などの武家式法についての故実を記した書。

〔謡曲〕（ようきょく）　楽劇。能の台本である。神舞もの（高砂（たかさご）等）・武人もの（田村等）・女性もの（松風等）・現在もの（隅田川（すみだがわ）・鉢木等）・鬼もの（鞍馬天狗等）など、いろいろあるが、文章は美しく、流動的である。作者としては、観阿弥（かんあみ）・世阿弥（ぜあみ）・禅竹・信光などがすぐれている。ある流儀独特のテクストは、その流儀をも示した。「間狂言」と注したのは、複式能の中入りの間に狂言が語ることば。普通の謡本には省かれている。

葵上（あおいのうえ）　阿古屋松（あこやのまつ）　安宅（あたか）
安達原（あだちがはら）　海人（あま）　嵐山（あらしやま）
蟻通（ありどおし）　碇潜（いかりかづき）　生田敦盛（いくたあつもり）
一角仙人（いっかくせんにん）　井筒（いづつ）　岩船（いわふね）
鵜飼（うかい）　浮舟（うきふね）　雨月（うげつ）
右近（うこん）　歌占（うたうら）　内外詣（うちともうで）
善知鳥（うとう）　采女（うねめ）　雲林院（うんりんいん）
江口（えぐち）　箙（えびら）　烏帽子折（えぼしおり）
大江山（おおえやま）　大社（おおやしろ）　大原御幸（おはらごこう）
女郎花（おみなめし）　大蛇（おろち）　杜若（かきつばた）
景清（かげきよ）　花月（かげつ）　柏崎（かしわざき）
河水（かすい）　葛城（かずらき）　鉄輪（かなわ）
兼平（かねひら）　神歌（かみうた）　賀茂（かも）
通小町（かよいこまち）　邯鄲（かんたん）　祇王（ぎおう）
砧（きぬた）　清経（きよつね）　金札（きんさつ）
国栖（くず）　熊坂（くまさか）　鞍馬天狗（くらまてんぐ）
車僧（くるまぞう）　玄象（げんじょう）　元服曾我（げんぷくそが）

恋重荷（こいのおもに）　項羽（こうう）　小鍛冶（こかじ）
小督（こごう）　小袖曾我（こそでそが）　胡蝶（こちょう）
西行桜（さいぎょうざくら）　実盛（さねもり）　七騎落（しちきおち）
自然居士（じねんこじ）　石橋（しゃっきょう）　舎利（しゃり）
春栄（しゅんえい）　鍾馗（しょうき）　昭君（しょうくん）
猩猩（しょうじょう）　正尊（しょうぞん）　墨染桜（すみぞめざくら）
隅田川（すみだがわ）　西王母（せいおうぼ）　誓願寺（せいがんじ）
善界（ぜがい）　関寺小町（せきでらこまち）　摂待（せったい）
禅師曾我（ぜんじそが）　草紙洗小町（そうしあらいこまち）
卒都婆小町（そとばこまち）　大会（だいえ）　当麻（たいま）
高砂（たかさご）　竹雪（たけのゆき）　忠度（ただのり）
谷行（たにこう）　玉鬘（たまかずら）　玉井（たまのい）
田村（たむら）　丹後物狂（たんごものぐるい）　竹生島（ちくぶしま）
調伏曾我（ちょうぶくそが）　張良（ちょうりょう）　土蜘蛛（つちぐも）
土車（つちぐるま）　経正（つねまさ）　鶴亀（つるかめ）
定家（ていか）　天鼓（てんこ）　藤栄（とうえい）
東岸居士（とうがんこじ）　道成寺（どうじょうじ）　東方朔（とうぼうさく）
東北（とうぼく）　融（とおる）　知章（ともあきら）
朝長（ともなが）　鳥追舟（とりおいぶね）　仲光（なかみつ）
錦戸（にしきど）　鵺（ぬえ）　野宮（ののみや）
羽衣（はごろも）　半蔀（はじとみ）　橋弁慶（はしべんけい）
鉢木（はちのき）　花筐（はながたみ）　班女（はんじょ）
檜垣（ひがき）　船橋（ふなばし）　船弁慶（ふなべんけい）
放下僧（ほうかぞう）　放生川（ほうじょうがわ）　仏原（ほとけのはら）
枕慈童（まくらじどう）　松風（まつかぜ）　松尾（まつのお）
松山鏡（まつやまかがみ）　松楪（まつゆずりは）　三井寺（みいでら）
通盛（みちもり）　三輪（みわ）　望月（もちづき）
紅葉狩（もみじがり）　盛久（もりひさ）　屋島（やしま）
山姥（やまうば）　夕顔（ゆうがお）　弓八幡（ゆみやはた）
熊野（ゆや）　楊貴妃（ようきひ）　夜討曾我（ようちそが）

養老(ようろう)　吉野静(よしのしずか)　頼政(よりまさ)
弱法師(よろぼうし)　輪蔵(りんぞう)

〔狂言〕(きょうげん)　笑劇。一四世紀初めごろから発達した滑稽劇の台本。当時の話しことばを用い、人間性の急所をついた高いユーモアを含む。作者はまったく不明。ある流儀独特のテクストは、その流儀をも示した。また、あるテクスト独自の詞章は「天正本」「虎清本」のごとく注した。

相合烏帽子(あいあいえぼし)　悪太郎(あくたろう)
朝比奈(あさいな)　麻生(あそう)　粟田口(あわたぐち)
庵の梅(いおりのうめ)　居杭(いぐい)　石神(いしがみ)
因幡堂(いなばどう)　今参(いままいり)　伊文字(いもじ)
入間川(いるまがわ)　伊呂波(いろは)　内沙汰(うちざた)
靫猿(うつぼざる)　瓜盗人(うりぬすびと)
餌差十王(えざしじゅうおう)　夷毘沙門(えびすびしゃもん)
岡太夫(おかだゆう)　右近左近(おこさこ)　鬼瓦(おにがわら)
伯母が酒(おばがさけ)　折紙婿(おりがみむこ)　音曲婿(おんぎょくむこ)
柿山伏(かきやまぶし)　蝸牛(かぎゅう)　蚊相撲(かずもう)
金岡(かなおか)　金津地蔵(かなづじぞう)
蟹化物(かにばけもの)(天正本)＝蟹山伏(かにやまぶし)
鐘の音(かねのおと)　鎌腹(かまばら)　雷(かみなり)
雁盗人(がんぬすびと)　狐塚(きつねづか)　牛馬(ぎゅうば)
木六駄(きろくだ)　禁野(きんや)　杭か人か(くいかひとか)
くさびら　鬮罪人(くじざいにん)　首引(くびひき)
鞍馬婿(くらまむこ)　栗焼(くりやき)　柑子(こうじ)
膏薬練(こうやくねり)　子盗人(こぬすびと)　昆布売(こぶうり)
左近三郎(さこのさむろう)　察化(さっか)　薩摩守(さつまのかみ)
佐渡狐(さどぎつね)　猿座頭(さるざとう)　三人片輪(さんにんかたわ)
三人長者(さんにんちょうじゃ)　鹿ぞ啼く(しかぞなく)
磁石(じしゃく)　二千石(じせんせき)　地蔵舞(じぞうまい)

止動方角(しどうほうがく)　しびり　清水(しみず)
秀句傘(しゅうくがらかさ)　宗論(しゅうろん)　真奪(しんばい)
水論婿(すいろんむこ)　末広がり(すえひろがり)　素襖落(すおうおとし)
鱸庖丁(すずきぼうちょう)　酢薑(すはじかみ)　墨塗(すみぬり)
政頼(せいらい)　節分(せつぶん)　煎じ物(せんじもの)
船頭婿(せんどうむこ)　空腕(そらうで)
太子の手鉾(たいしのておの)　宝の槌(たからのつち)
千切木(ちぎりき)　竹生島詣(ちくぶしまもうで)　千鳥(ちどり)
茶壺(ちゃつぼ)　月見座頭(つきみざとう)　筑紫奥(つくしのおく)
釣狐(つりぎつね)　唐人子宝(とうじんこだから)　鈍根草(どごんそう)
どぶかっちり　吃り(どもり)　鈍太郎(どんだろう)
長光(ながみつ)　泣尼(なきあま)　名取川(なとりがわ)
鍋八撥(なべやつばち)　成上り(なりあがり)　業平餅(なりひらもち)
縄綯(なわない)　若市(にやくいち)　鶏婿(にわとりむこ)
抜殻(ぬけがら)　塗師平六(ぬしへいろく)　寝音曲(ねおんぎょく)
禰宜山伏(ねぎやまぶし)　萩大名(はぎだいみょう)　伯養(はくよう)
博労(ばくろう)　八句連歌(はちくれんが)
花折新発意(はなおりしんぼち)　花子(はなご)　腹不立(はらたてず)
半銭(はんせん)　比丘貞(びくさだ)　毘沙門(びしゃもん)
引敷婿(ひっしきむこ)　武悪(ぶあく)　吹取(ふきとり)
福の神(ふくのかみ)　福祭(ふくまつり)　梟(ふくろ)
富士松(ふじまつ)　附子(ぶす)　文相撲(ふずもう)
布施無経(ふせないきょう)　二人大名(ふたりだいみょう)　二人袴(ふたりばかま)
船渡婿(ふなわたしむこ)　舟船(ふねふな)　文荷(ふみにない)
文山立(ふみやまだち)　文蔵(ぶんぞう)　庖丁婿(ほうちょうむこ)
茫茫頭(ぼうぼうがしら)　枕物狂(まくらものぐるい)　箕被(みかずき)
水汲新発意(みずくみしんぼち)　土産の鏡(みやげのかがみ)
胸突(むねつき)　目近(めちか)　目医師(めくすし)
餅酒(もちさけ)　八尾(やお)　薬水(やくすい)
山立婿(やまだちむこ)　八幡の前(やわたのまえ)　祐善(ゆうぜん)

米市(よねいち)　呂蓮(ろれん)　若菜(わかな)

一四一九　**花伝書**(かでんしょ)　能楽論。世阿弥元清著。正しくは「風姿花伝」という。能の表現理論を「花」として体系的に述べたもの。その芸術思想としての高さは、近代人をもふかく感動させる。その他に「花鏡」「至花道」「能作書」「九位」など約二〇部の芸術論があり、まとめて「世阿弥十六部集」とよばれる。

一四二〇　**至花道**(しかどう)　能楽論。世阿弥元清著。中期のもので、能芸の基本的要素を始めとする体系にそって、稽古の方法を整然と展開した。

一四二三　**能作書**(のうさくしょ)　能楽論。世阿弥元清著。世阿弥が次男元能に伝えた謡曲(能の台本)の作り方をしるしたもの。自らの豊富な能作の体験に立って、種・作・書の三点から創作方法について説いている。

一四二四　**花鏡**(かきょう)　能楽論。世阿弥元清著。世阿弥が父観阿弥に別れてからの四〇余年間に体得し開拓した芸境を基礎にして創造した芸術論で、「風姿花伝」の発展であり、世阿弥芸術論の大成ともいうべき書。

一四二〇～二九　**遊楽習道風見**(ゆうがくしゅどうふうけん)　能楽論。世阿弥元清著。能芸における習道の段階論と、表現意図と表現との相互関係の解明とからなるもの。

～一四二七　**九位次第**(くいしだい)　能楽論。世阿弥元清著。芸位を幽玄美の多少によって九段階に位置づけて説き、それにあわせて、修行の順序をさし示したもの。

一四二八　**拾玉得花**(しゅうぎょくとくか)　能楽論。世阿弥元清著。弟子の金春大夫(禅竹)に相伝したもの。世阿弥後期の著であり、それまでの彼の説を深め、発展させている。一問一答式に展開する。

一四三〇　**世子六十以後申楽談儀**(ぜしろくじゅういごさるがくだんぎ)　能楽論。観世元能著。世阿弥晩年の芸談を筆録したもの。能芸の歴史、演技者の芸風・逸話・能作・音曲・演出についての注意など多彩な内容を含んでいる。引用の章順は日本古典文学大系本による。

一四三〇 **正徹物語**（しょうてつ—）歌論書。正徹著。当時の平凡な歌風に反対し、定家に帰れと主張したもの。妖艶美を再認識させた。

一四三九～四〇 **初心求詠集**（しょしんきゅうえいしゅう）連歌学書。高山宗砌著。連歌の一般常識を解説したもの。永享（一四三九～四〇）ごろ成る。

一四三八 **新続古今和歌集**（しんしょくこきん—）飛鳥井（あすかい）雅世編。勅撰和歌集の最後をなすもの。体裁の整備、歌の生気あることで、十三代集中、出色の集である。

一四四四 **下学集**（かがくしゅう）国語辞書。編者未詳。文安元年（一四四四）成る。

皇太神宮年中行事（こうたいじんぐうねんじゅうぎょうじ）宗教書。荒木田忠仲撰・藤波氏経増訂。当時における皇太神宮の一年間の神事を詳細にしるしたもの。

細川家書札抄（ほそかわけしょさつしょう）類書。編者未詳。細川家から諸方へ出す文書の心得をしるしたもの。室町中期の成立らしい。

基佐集（もとすけしゅう）歌集。桜井基佐著。四季・恋・雑・哀傷・餞別の部立てのもとに、三〇〇首弱の歌を収めている。

神道集（しんとうしゅう）説話集。安居院流の説教師の作か。古伝承、先行文献、民間伝承にもとづいた唱導的性格を持つ。近世初期の作品に深い影響を与える。

一四七二 **ささめごと** 連歌論書。心敬著。連歌の表現論としてすぐれているだけでなく、中世芸術論のひとつのピークである。妖艶のもうひとつ深まった「冷え」の美を説く。

吾妻問答（あずまもんどう）連歌論書。宗祇著。著者が、関東滞在中に、長尾孫四郎に与え、問答形式で連歌全般について論じた書。二六条にわたって、実作の立場から具体的に論じたもの。

嵯峨物語（さが—）物語。作者未詳。公卿中将康則（松寿君）と文化人一条郎の、嵯峨を舞台にした交流をえがく。室町中期成立か。

一四七四 **萱草**（わすれぐさ）連歌集。宗祇作。作者自撰連歌集の最初のもの。四季・恋・雑の六巻から成る。文明六年（一四七四）成立。

一四七七 **御俗姓御文**（ごぞくしょうおふみ）法語。蓮如兼寿述。蓮如上人が報恩講の御文と同様の意図で作ったもので「夫祖師（親鸞）聖人の俗姓をいへば」云々と書き出されていることから、この名がある。

一四八八 **水無瀬三吟**（みなせさんぎん）連歌集。宗祇ら作。連歌興隆の祖である後鳥羽院にささげるため、連歌史上の最高位に在る宗祇が、肖柏（しょうはく）・宗長と共に詠じたもの。連歌の模範作品といわれる。

一四九五 **新撰筑波集**（しんせんつくばしゅう）連歌集。宗祇編。「筑波集」以後の作品を収める。連歌最盛期のものだけに、質的には「筑波集」よりもすぐれている。やはり勅撰集に準ぜられた。

連歌初心抄（れんがしょしんしょう）連歌学書。飯尾宗祇著。連歌の初歩的常識を解説したもの。

一五一八 **閑吟集**（かんぎんしゅう）歌謡集。この時代に流行した小歌の歌詞集。小歌とは、短い歌謡の総称らしく、種類はさまざまである。

一五三二 **塵添壒嚢抄**（じんてんあいのうしょう）辞書。著者未詳。和漢の故事、国字・漢字の義、言語の起源など、種々の事をとりまぜて解説した、一種の百科事典で、七三七項、二〇巻から成る。

永文（ながふみ）連歌学書。柴屋軒宗長著。連歌実作の心得を抄記したもの。

実隆公記（さねたかこうき）日記。三条西実隆著。室町時代の公卿である著者の、二〇歳から八二歳までの、足かけ六三年にわたる日記。室町時代後期の最も貴重な史料。

再昌草（さいしょうそう）詩歌集。三条西実隆著。四七歳から八二歳まで三六年間にわたる。

一五四二 **当風連歌秘事**（とうふうれんがひじ）連歌論書。宗牧著。息子宗養に、百韻の展開、句作練習の心得、会席のしきたりなどを、五四条の問答体にまとめて、与えたもの。

〔幸若舞〕（こうわかまい）室町時代末期に流行した一種の舞曲。桃井幸若丸によって始められたと称される。「平家物語」「義経記」「曾我物語」などの人物・事件を素材とする。

烏帽子折（えぼしおり）　高館（たかだち）　富樫（とがし）

中華若木詩抄（ちゅうかじゃくぼくししょう）注釈。東山如月著。唐宋と日本中世の詩を解説したもの。室町時代の口語資料としても重要。三巻。

論語抄（ろんごしょう）注釈。「論語」の室町期口語による解説。

〔お伽草子〕（おとぎぞうし）小説。上流階級の子女のため作られた平易な小説。絵入本であることが多い。「文正草子」「一寸法師」「鉢かづき」などが有名。

秋夜長物語（あきのよなが—）伽。著者未詳。瞻西上人が、石山観音の変化である稚児を愛することで成道したという物語。

あきみち 伽。作者未詳。豊かな商人の息子、あきみちが、父の敵を討つために、美しい妻を遊女といつわって近づかせるという、異色の敵討ち物。

和泉式部(いずみしきぶ) 伽。作者未詳。和泉式部という遊女の捨てた子供が成人して有名な僧になり、美しい女性をみそめて、一夜の契りを結ぶが、実はその女性こそ自分の母であった、というもの。

一寸法師(いっすんぼうし) 伽。作者未詳。住吉明神の申し子、一寸法師が、京に上って、宰相の姫を得、鬼が島の鬼から奪った打ち出の小づちで背を伸ばし、出世する物語。

御曹子島渡(おんぞうししまわたり) 伽。作者未詳。義経が、蝦夷の大王の秘蔵する兵法書を手に入れるため、数々の島をめぐったすえ、笛の奇特と大王の娘の助けによってそれをはたすという物語。

唐糸草子(からいとそうし) 伽。作者未詳。頼朝を刺そうとして捕らわれた唐糸の前を、その娘万寿が救おうとする物語。

小敦盛(こあつもり) 伽。作者未詳。捨てられて法然上人の許で養育された平敦盛の子が、その親思いの念に打たれた母と再会し、また父の霊にも対面するという物語。

木幡狐(こわたぎつね) 伽。作者未詳。狐が貴族の若君と結婚するけれど、破局に終わる物語。

さざれ石(いし) 伽。作者未詳。成務天皇の末宮さざれ石の宮が、薬師の使者から、不老不死の薬の壺をもらい、八百余歳の長寿を保ったという物語。

猿源氏草子(さるげんじぞうし) 伽。作者未詳。いわし売りの猿源氏が、高名の遊女、蛍火(けいか)を見初め、歌の徳によってその恋を成功させて富み栄えるという物語。

三人法師(さんにんほうし) 伽。作者未詳。高野で三人の半出家が懺悔(さんげ)話をするが、お互いにその奇縁におどろき世を約するという物語。

酒呑童子(しゅてんどうじ) 伽。作者未詳。頼光以下の武士が、八幡・住吉・熊野の三神の力によって、大江山の鬼神を酒宴に乗じて退治する物語。

鶴の草紙(つるのそうし) 伽。作者未詳。慈悲心ゆえに貧しくなった宰相の君が雛鶴を救ったところ、美しい妻を得、富み栄えたという物語。

猫の草子(ねこのそうし) 伽。作者未詳。慶長七年(一六〇二)、洛中の猫を放し飼いにせよという命令が出て、鼠(ねずみ)は大恐慌を来たしたが、遂に同族で評定の結果近江に立ちのくことになったという物語。

能勢猿草子(のせざるそうし) 伽。作者未詳。丹波国のせ山の老猿、ましお権守の一子苔丸が、都で兎の壱岐守の愛娘、玉よの姫を見染め、めでたく結ばれるという物語。

鉢かづき(はち) 伽。作者未詳。母の臨終に鉢を頭にのせられた少女が、継母のためにさまざまな苦労をした後、宰相の君の妻となり、幸を得るという物語。

蛤の草紙(はまぐりのそうし) 伽。作者未詳。しじらという貧しい男が、蛤の中から現れた美女を妻にしたところ、おかげで富貴・長寿となったという物語。

福富長者物語(ふくとみちょうじゃ―) 伽。作者未詳。藤太という貧乏人が、隣家のおならの曲芸の名人織部のもとに教わりにゆくが、下剤をもらって、大失敗をやるという物語。

文正草子(ぶんしょうぞうし) 伽。作者未詳。卑しい身分の文太という男が塩を焼いて売るうち大長者となり、二人の娘も出世するという物語。

梵天国(ぼんてんこく) 伽。作者未詳。孝養に感じた梵天王に美しい妻を授けられた玉若が、帝のさまざまの難題を、笛の力と妻の助けによってきりぬける物語。

物臭太郎(ものぐさたろう) 伽。作者未詳。物臭太郎という無精者が、都に出て、歌才によって、妻を得、出世して国に帰るという物語。

守武千句(もりたけせんく) 俳諧集。荒木田守武作。まだ俳諧が独立した文芸と認められていなかった時代に、一人で千句ひとまとまりの作品を出した意義は大きい。「飛梅(とびうめ)千句」ともよばれる。

新撰犬筑波集(しんせんいぬつくばしゅう) 俳諧集。宗鑑編。四季・恋・雑の付け句及び発句の部から成る。一本によれば付け句三三四・発句四七計三八一句であるが、諸本、異同が多い。宗祇・宗長・兼載・宗碩・守武らの句も含むが、大部分は作者未詳。

連歌比況集(れんがひきょうしゅう) 連歌論書。宗長著、兼載校閲。連歌の実作に関する故実を、問答形式で比喩的に解説する。

一五六二　**連歌教訓**(れんがきょうくん) 連歌学書。里村紹巴(じょうは)著。連歌の作法を説いた実際的な指導書。

信長公記(のぶながこうき) 史書。太田和泉守資房著。織田信長の一生を織田家祐筆の著者が詳細に書き記したもの。全一五巻。

一五八四～　**花伝髄脳記**(かでんずいのうき) 能楽論。編者未詳。室町後期の能に関する伝書の集成。天正一二年(一五八四)以前に成る。

一五八五　**至宝抄**(しほうしょう) 連歌学書。里村紹巴編著。連歌実作上の注意・語彙などを収めている。

一五七三～九二　**八帖花伝書**(はちじょうかでんしょ) 能楽論。著者未詳。世阿弥の

「風姿花伝」その他、能に関する理論および実技指導の伝書を混成したもの。天正(一五七三〜九二)ごろの成立と推定される。八巻。

一五九三 **イソポのハブラス** キリシタン物。イソップ寓話集を文禄二年(一五九三)天草で宣教師が翻訳、出版したもの。ローマ字で書かれており、中世語資料として貴重。他に日本字本が九種ほど刊行された。本辞書の引用はローマ字本による。

どちりなきりしたん キリシタン物。来日宣教師の布教に用いられたカトリック教義の解説書。一六世紀末にローマ字本二種と日本字本二種が刊行された。中世語資料として貴重。本辞書に引いたのは日本字本。

伊曾保物語(いそほ―) キリシタン物。イソップ寓話集の内容を文語の俗文体で書きあらわしたもの。天草版「イソポのハブラス」に対して国字本と称される。両者には直接の関係はみられないが、共通祖本として文語訳の広本があったと推定される。九種類の古活字版がある。

江戸時代(近世)

隆達小歌(りゅうたつこうた) 歌謡集。堺の人、高三(たかさぶ)隆達が創始し、文禄・慶長年間に盛行した、隆達節と呼ばれる小歌の歌詞、およそ五〇〇余章を集めたもの。

田植草紙(たうえぞうし) 歌謡集。編者未詳。歌謡の一源流と考えられる農耕神事歌謡の系統に立つ、田植歌のなかで、広島県山辺郡新庄辺の囃田の歌詞を江戸時代にはいって書きとめたもの。

甲陽軍鑑(こうようぐんかん) 軍書。著者未詳。兵法家が、武田氏の事跡を借りて軍学を説いたもので、江戸時代初期の軍学者小幡景憲の手で集大成されたと推定される。

一六〇三 **日葡辞書**(にっぽじしょ)(Vocabulario da Lingoa de Iapam) イエズス会宣教師共編。当時の口頭語を中心に、約三二八〇〇語を収めたもの。豊富な用例によって用法をも教え、発音・文法までも説明している。室町時代語の重要資料。

(仮名草子)(かなぞうし) 小説。庶民教化の目的で作られた実用的よみもの。文芸性は高くないが、ひろく行われた。

犬枕(いぬまくら) 仮名。秦宗巴著。枕草子の「物は尽し」を模して、七三項目の短文と一九首の狂歌を収め、この種のものの先駆的存在。

一六〇九〜 **恨之介**(うらみのすけ) 仮名。恨之介という男と、近衛家の養女雪の前との悲恋の物語。

一六一〇 **こんてむつすむんぢ** キリシタン物。原書は一四世紀ごろから西欧に流布したキリスト教の信心書De Imitatione Cristi et Contemptu で、それを一六世紀に来日した宣教師が日本語訳したもの。慶長元年(一五九六)天草版のローマ字本と慶長一五年(一六一〇)京都版の日本字本とがある。中世語資料として貴重。本辞書に引いたのは日本字本。

一六一九 **盲安杖**(もうあんじょう) 法語。鈴木正三著。禅の立場から、人間として守るべき一〇種の徳目を具体的に説いたもの。

一六二三 **醒睡笑**(せいすいしょう) 咄。安楽庵策伝著。作者が幼年時代から耳にした笑話を書きしるしたもの。あらゆる種類の滑稽を網羅しており、後世、落語の素材として利用されているものも多い。

竹斎(ちくさい) 仮名。磯田道治作。山城国の藪医者竹斎が下僕のにらみの介をつれて諸国行脚の旅をする物語。元和七年から九年の間に書かれ、寛永三年から一二年の間に増補刊行されたと推定される。二冊。

一六二四 **昨日は今日の物語** 咄。作者未詳。仮名草子初期の笑話集。民間に伝わった笑話や逸話が主である。寺院に関する話が多い。後世の落語に大きな影響を及ぼした。二巻。元和年間から寛永初年頃刊行。

一六三一 **元親記**(もとちかき) 戦記。長曾我部元親の三三回忌を記念して、元親生前の戦歴を年を追って描いたもの。上・中・下三巻にわかれる。寛永八年(一六三一)成立。

蒙求抄(もうぎゅうしょう) 注釈。清原某著。中国古代の児童教科書「蒙求」の室町期口語による解説。寛永一五年(一六三八)刊。

一六四一 **妻鏡**(つまかがみ) 法語。無住著。特に女性の読者を予想して書いた数少ない法語の一つ。例話の中に、説話的傾向を多くみせるのが特色である。寛永一八年(一六四一)刊。

仁勢物語(にせ―) 仮名。作者未詳。題名は「擬(にせ)」の意で、その名のとおり「伊勢物語」を、もじったパロディである。寛永一六・七年頃の作と思われる。

わらんべ草 狂言論。大蔵弥右衛門虎明著。正しくは「昔語抄」というが、童子も読める仮名書きであるということから卑下して「童子草」とも名付けた。著者が幼時から見聞した狂言に関するあらゆる論を詳細に書きつらねている。狂言における「花伝書」ともいうべきもの。

袖中抄(しゅうちゅうしょう) 歌論書。顕昭著。万葉集をはじめ、平安時代の歌集その他の歌に見出される詞約三〇

○を選び、証歌をあげて意味を研究した語釈書。学術的な著述としては当時の歌論書の中でも最も代表的なものである。

一六五三　**承応神事能評判**(しょうおうしんじのうひょうばん)　評論。秋扇翁(本名未詳)著。承応二年(一六五三)九月に上演された喜多十太夫の神事能に対する批評。一七世紀における能の演技を推定する資料として貴重。

〔古浄瑠璃〕(こじょうるり)　浄。あやつり人形の芝居に必要な、三味線伴奏の語りものを浄瑠璃とよぶ。近松門左衛門の「出世景清」以前は、構成も文章も曲節も素朴だったので、特に古浄瑠璃とよぶ。

戴恩記(たいおんき)　雑筆。松永貞徳著。幼年時代から師事した先達についての回顧録。江戸初期文壇史の資料として貴重。二巻。

一六五三　**四座役者目録**(よざやくしゃもくろく)　伝記。観世元信著。観世・金春・宝生・金剛の四座を中心とする能役者の伝記逸話集。承応二年(一六五三)ごろ成る。二巻。

公平誕生記(きんぴらたんじょうき)　浄。江戸において明暦(一六五五〜五七)ごろに語られた公平浄瑠璃のうち初期に属するもので、四天王説話の書き替えにすぎない。

一六五八　**東海道名所記**(とうかいどうめいしょき)　仮名。浅井了意著。楽阿弥という道心者が、青年を伴い、東海道を諧謔に興じながら上京する紀行に趣向を借りた名所記。

一六五八　**舞正語磨**(ぶしょうごま)　評論。貴嶋照三著。万治元年(一六五八)九月、喜多当能の催した勧進能に対する批判。最古の能評書。三巻。

一六六〇〜　**狂言記**(きょうげんき)　能狂言の台本集。万治三年(一六六〇)以後、江戸時代末期まで数度にわたって刊行された。何流の台本ともいえない、読み物的意識の加わったものである。

一六六一　**万民徳用**(ばんみんとくよう)　法語。鈴木正三著。武士・農民・職人・商人すなわち万民の日常生活をもとに、世法即仏法を根本理念とした職業倫理をうたっている。正三没後六年目の寛文元年(一六六一)刊。

一六六一　**頼光跡目論**(らいこうあとめろん)　浄。作者未詳。渡辺綱・坂田金時らの四天王は、源頼光の跡目に弟頼信をつけようとする。そこで、頼光の子頼親は叛旗を翻すが、四天王らに討たれるというもの。

四天王高名物語(してんのうこうみょうものがたり)　公平(きんぴら)浄瑠璃の一つ。諸国の反逆を坂田公平たちの武勇で平定する話。

酒呑童子(しゅてんどうじ)　浄。渡辺綱が鬼の腕を切った話と、頼光らが大江山の鬼を退治した話とを劇化。

一六六一〜七三　**京今宮御本地**(きょういまみやごほんじ)　公平(きんぴら)浄瑠璃の一つ。道風の反逆事件における頼光四天王の活躍を題材とする。寛文(一六六一〜七三)ごろ成る。

一六六一〜七三　**四天王太田合戦**(してんのうおおたかっせん)　公平(きんぴら)浄瑠璃の一つ。直純の反逆事件における卜部季武ら頼光四天王の活躍を題材とする。寛文(一六六一〜七三)ごろ成る。

一六六一〜七三　**綱公時最期**(つなきんときさいご)　公平(きんぴら)浄瑠璃の一つ。頼光四天王の、晩年の忠節を題材とする。寛文(一六六一〜七三)ごろ成る。

浮世物語(うきよものがたり)　仮名。浅井了意作。主人公瓢太郎浮世坊が様々な浮世を体験する話。寛文五・六年(一六六五・六六)頃刊。

一六六九　**釈迦八相記**(しゃかはっそうき)　浄。作者未詳。仮名草子「釈迦八相物語」の釈尊誕生までを五段物の浄瑠璃に改作したもの。

一六七〇　**善導記**(ぜんどうき)　浄。唐の善導大師の伝記を劇化したもの。寛文一〇年(一六七〇)刊。

大友興廃記(おおともこうはいき)　合戦談。著者未詳。人の伝説をもとにして大友氏の興廃をしるしたもの。二二巻。

おあん物語　合戦談。おあん著。慶長五年(一六〇〇)の関が原の戦で、美濃大垣城に籠城していて実見した体験を後になって物語ったもの。当時の口語資料としても貴重である。

〔貞門俳諧〕(ていもんはいかい)　俳諧。松永貞徳を指導者とする古風な俳諧。俳諧は連歌を学ぶための土台だと考え、表現手法は連歌を標準とする。

〔談林俳諧〕(だんりんはいかい)　俳諧。貞門の固苦しさを打ち破り、自由な表現を主張した。西山宗因を頭領とし、井原西鶴が事実上の代表者であった。

一六七一　**反故集**(ほごしゅう)　法語。鈴木正三著。正三没後門弟の恵中が師の原稿をまとめたもの。二巻にわかれ、上巻には法語、下巻には書簡と言行録が収められている。寛文一一年(一六七一)刊。

一六七二　**貝おほひ**(かいおおい)　俳諧集。松尾宗房(芭蕉)著。郷里、伊賀上野の俳士の発句に自句も交えて、三〇番の句合わせとし、判詞をしるして出版したもの。

色道大鏡(しきどうおおかがみ)　畠山箕山著。京都を中心として花街の方式・習慣をしるしたもの。遊女・花街研究書中きわめて重要なもの。

一六七六　**江戸両吟集**(えどりょうぎんしゅう)　俳諧選集。延宝四年(一六七六)作の芭蕉・素堂の両吟を収める。

一六七八　**江戸通町**(えどとおりちょう)　俳諧集。二葉子編。江戸俳人の発句(上)・付け句(下)の集。下巻追加の四吟歌仙は、芭蕉の談林時代の代表的作品。

一六八〇　**向之岡**(むかいのおか)　俳諧集。一柳軒不卜編。当代江戸俳人の発句を類題別に収める。編者一門の人物が多いが、桃青・宗因・言水・信章・嵐雪らの句もみえる。

一六八〇 **田舎句合**(いなかのくあわせ) 俳諧集。榎本其角(えのもときかく)編。杉山杉風編「常盤屋句合」と共に一部をなしている。其角が、自らの句五〇句を左右二五番に合わせたもので、句、判詞ともに談林の低俗をはなれようとしている。

一六八〇 **常盤屋句合**(ときわやのくあわせ) 俳諧集。杉山杉風編。青物を題材にした二五番の句合わせで、蕉風初期の作風を示す。

一六八一 **西鶴大矢数**(さいかくおおやかず) 俳諧集。延宝八年五月七日、大阪生玉社別当南坊で興行された西鶴の「大矢数四千句」に全国各地から募った句を追加したもの。

一六八一 **難波の㒵は伊勢の白粉**(なにわのかおはいせのおしろい) 評判記。井原西鶴著。歌舞伎の役者評判記。延宝九年(一六八一)ごろ刊。現存三巻。

一六八二 **好色一代男**(こうしょくいちだいおとこ) 浮。井原西鶴作。浮世草子の始まり。世之介という主人公の好色生活を素材としながら、人間性をするどく描いている。引用は巻数のほか、巻内における章順をも示す。原本には章順を示す数字はない。

一六八三 **虚栗**(みなしぐり) 俳諧集。榎本其角編。芭蕉とその門人たちの俳諧が、談林風をぬけて蕉風に向かおうとする過渡期の集。かたい漢語調。

一六八三 **士峰讃**(しほうのさん) 俳文。松尾芭蕉作。目前の富士の美観をほめたたえたもの。

一六八三 **竹の奥**(たけのおく) 俳文。松尾芭蕉作。「野ざらし紀行」の旅の途次、油屋喜右衛門の風雅を愛する態度をほめて書き与えた文。

一六八三 **世継曾我**(よつぎそが) 浄。近松門左衛門作か。「曾我物語」を背景に、その後日談として十郎・五郎の郎党、鬼王・団三郎が、主人の仇を討ち、十郎の遺児が曾我の家を再興するというもの。

一六八四 **冬の日**(ふゆのひ) 俳諧集。山本荷兮(かけい)編。芭蕉七部集の第一。尾張地方の俳人たちと作った俳諧を集めたもの。蕉風がこの集からひらけてきた。

一六八四 **諸艶大鑑**(しょえんおおかがみ) 別題「好色二代男」。浮。井原西鶴作。「好色一代男」の世之介の遺児が、やり手婆に過去の経験・見聞を語らせるという形で遊里生活を描いたもの。四〇編から成る。

一六八四 **野ざらし紀行**(のざらしきこう) 松尾芭蕉著。貞享元年(一六八四)八月から九か月間にわたる、伊勢・伊賀・大和・奈良・京都・尾張地方の紀行文。発句を主体として、散文は前書的なものに終わっている。

暫(しばらく) 歌舞伎十八番の一つ。一一月の顔見世興行に行われるもので、筋は一定だが役名はかわる。江戸根元歌舞伎の荒事の代表作で、その精髄というべきもの。

一六八四 **鳴神**(なるかみ) 歌舞伎十八番の一つ。初演は天和四年(一六八四)の「門松四天皇」で以後改作された。鳴神上人が絶間姫のために迷わされるという話。

一六八五 **西鶴諸国咄**(さいかくしょこくばなし) 浮。井原西鶴作。諸国の珍談・奇談を集めた七章三五話より成る。作者が諸国巡行中に得た伝説をもととしたものであるが、中には中国の伝説の影響も見える。

一六八五 **椀久一世の物語**(わんきゅういっせのものがたり) 浮。井原西鶴作。蕩児、椀屋久兵衛のことを小説化したもの。その続編として西鶴作かといわれる「椀久二世の物語」がある。

一六八六 **蛙合**(かわずあわせ) 俳諧集。仙化編。蛙を主材とする句合わせの集。貞享三年(一六八六)刊。

一六八六 **好色一代女**(こうしょくいちだいおんな) 浮。井原西鶴作。美貌の女性が年と共に落ちぶれてゆく運命を冷厳に描き切った傑作。引用は「一代男」と同じ形式。

一六八六 **好色五人女**(こうしょくごにんおんな) 浮。井原西鶴作。当時、実際に起こった五つの恋愛事件を素材として、厳しい道徳的束縛を脱して、恋に生きようとして、身をほろぼした男女の物語としたもの。

一六八六 **出世景清**(しゅっせかげきよ) 浄。近松門左衛門作。頼朝をうかがう景清は、小野姫のとらわれたのを知り姫を救い縛につく。景清の獄門首が清水観音の首に変わるという不思議によって、頼朝は仏力を畏れ、景清を許す、という話。

一六八六 **本朝二十不孝**(ほんちょうにじゅうふこう) 浮。井原西鶴作。先行の孝行説話の裏をとって、広く不徳な行為を題材にした不孝説話一九編を集め、孝行説話一編とあわせて二〇編としたもの。

一六八六 **春の日**(はるのひ) 俳諧集。山本荷兮編。尾張地方の蕉門俳人の作品を集めた撰集で、「冬の日」に次ぐもの。「冬の日」のような気魄は陰をひそめて、穏健な風調を示している。芭蕉七部集の第二。

一六八六 **雍州府志**(ようしゅうふし) 地誌。黒川道祐著。山城国の地誌。とくに、土産の部で当時の京都および周辺の特産物を紹介していて興味あるもの。

一六八六 **四山瓢**(しざんのひさご) 俳文。芭蕉が庵の瓢の命名を山口素堂に依頼し、四山という名を得たときの文。

一六八六 **鹿の巻筆**(しかのまきふで) 咄。鹿野武左衛門作。三九編の笑話をのせる。実在の人物、町名を多く用いて実話のおかしみをねらっている。五冊。貞享三年(一六八六)刊。

一六八六〜八七 **笠の記**(かさのき) 俳文。芭蕉庵で、自ら笠を作った次第を述べ、西行・蘇東坡の風雅の旅に思いをはせ、自らの旅心のうごく心境を述べたもの。

一六八七 **孤松**(ひとつまつ) 俳諧集。尚白編。近江の尚白が、芭蕉・其角・如泉・言水ら、当時の俳人三〇七人の発句約二五〇〇を四季類題別に四巻に編んだもの。

一六八七 **男色大鑑**(なんしょくおおかがみ) 浮。井原西鶴作。武士と歌舞伎俳優の同性愛を、義理や意気地とともに描く。

一六八七 **武道伝来記**(ぶどうでんらいき) 浮。井原西鶴作。九州から東北まで諸国に起こった様々な敵討に関する話を描いている。貞享四年(一六八七)刊。

一六八七 **続虚栗**(ぞくみなしぐり) 俳諧集。宝井其角編。其角を中心とした江戸俳諧作者の句を集めて「虚栗」とほぼ同じ体裁のもとに、四季類題の発句並びに連句を収めたもの。

一六八七 **笈の小文**(おいのこぶみ) 紀行。松尾芭蕉作。貞享四年(一六八七)一〇月から、尾張・伊賀・伊勢・大和・奈良をめぐり、須磨・明石に遊んだ紀行文。芭蕉の風雅観・紀行観など、芭蕉芸術を知る上で重要な作品。

一六八七 **懐硯**(ふところすずり) 浮。井原西鶴作。西鶴が、諸国巡遊の間に得た伝説・珍談・奇談などをもとにして編んだ、いわゆる諸国咄(はなし)の一つ。

一六八八 **日本永代蔵**(にほんえいたいぐら) 浮。井原西鶴作。町人物といわれる種類のもの。財産を築く秘訣に関してするどい観察を述べながら、人情の機微をついている。

一六八八 **好色盛衰記**(こうしょくせいすいき) 浮。井原西鶴作。各巻五章、すべて二五章の読み切りの物語で、さまざまな大尽の遊女買いのさまを描いたもの。

一六八八 **武家義理物語**(ぶけぎり—) 浮。井原西鶴作。武士精神のあらわれを広く古今東西に求めて、二七話を集めて一部としたもの。

一六八八 **伊賀新大仏之記**(いがしんだいぶつのき) 俳文。松尾芭蕉作。貞享五年(一六八八)郷里に越年した芭蕉が、旧友とともに伊賀国阿波庄の新大仏寺の廃跡を訪れた感慨を述べた文。

一六八八 **更級紀行**(さらしなきこう) 紀行。松尾芭蕉著。貞享五年(一六八八)木曾路におもむき、姨捨(おばすて)山の月を見ようと、おもむいた時の小紀行。

一六八九 **机銘**(つくえのめい) 俳文。松尾芭蕉作。弟子、松倉嵐蘭の求めに応じて書いた机の銘文。

一六八九 **天宥法印追悼**(てんゆうほういんついとう) 俳文。松尾芭蕉作。羽黒山第五〇代別当であった天宥法印の追悼のために、芭蕉が羽黒滞在中に草したもの。

一六八九 **山中三吟評語**(やまなかさんぎんひょうご) 俳論書。松尾芭蕉著。「奥の細道」の旅の途中、山中温泉で北枝・曾良の両人と詠作した「山中三吟」に、芭蕉が添削批評したところを北枝が筆録しておいたもの。

一六八九 **奥の細道**(おくのほそみち) 紀行。松尾芭蕉作。奥州・北陸にかけての紀行。旅によって人生の真実な在りかたをつきつめてゆき、そこに文芸のまことを発見しようとする芭蕉の道が、紀行の形で表現されたもの。中に含まれる発句は、質・量ともにすぐれている。

一六八九 **曠野**(あらの) 俳諧集。山本荷兮編。芭蕉七部集の第三。この集に至って、蕉風の風調がととのったこと、すでに晩年の風調「かるみ」を胚胎(はいたい)していることで、蕉風展開上、重要な撰集。

一六九〇 **ひさご** 俳諧集。浜田珍碩撰か。芭蕉七部集の第四。「猿蓑」で完成する蕉風俳諧の過渡期の作品集。主に近江の俳人たちが中心となっている。元禄三年(一六九〇)刊。

一六九〇 **花摘**(はなつみ) 俳諧句文集。其角著。其角が亡母妙務尼の四回忌に、追福の一夏一〇〇句を思いたってよんだ句日記。

一六九〇 **幻住庵記**(げんじゅうあんのき) 俳文。松尾芭蕉作。芭蕉が石山寺の奥の幻住庵にこもっていたときの随想。文章は、たいへんこったものである。

一六九〇 **鳥之賦**(からすのふ) 俳文。松尾芭蕉作。加生(凡兆)が草した「鳥を憎む」の文に芭蕉が加筆添削して自作としたもの。

一六九一 **猿蓑**(さるみの) 俳諧集。向井去来・野沢凡兆編。芭蕉七部集の第五。「さび」を中心とする蕉風が完成期に達したときの作品集。近江俳人に支持されて成立した。

一六九一 **堅田十六夜之弁**(かただいざよいのべん) 俳文。松尾芭蕉作。元禄四年仲秋、芭蕉が月をめで、湖上に舟を浮かべて遊んだときに作ったもの。史邦編「芭蕉庵小文庫」、歌雄等編「堅田集」等に収められている。

一六九一 **軽口露がはなし**(かるくちつゆがはなし) 咄。露の五郎兵衛作。京都を背景とした話が多く、当時の世相流行に鋭い感覚を働かせている。元禄四年(一六九一)刊。

一六九二 **世間胸算用**(せけんむねさんよう) 浮。井原西鶴作。大晦日(おおみそか)に繰り広げられる金銭をめぐっての悲喜劇を二〇編集めたもの。町人生活の実態を鋭く、的確に表現している。

一六九二 **忘梅序**(わすれうめじょ) 雑筆。松尾芭蕉作。芭蕉およびその門人の発句集「忘梅」に付された千那の序文で、芭蕉が代作したもの。

一六九二 **芭蕉を移す詞**(ばしょうをうつすことば) 俳文。松尾芭蕉作。「奥の細道」以下の長い旅から江戸に帰った芭蕉が、元禄五年(一六九二)、新庵に入るに際して、旧庵の芭蕉を移し植えた由来を述べたもの。

閉関之説(へいかんのせつ) 俳文。松尾芭蕉作。芭蕉庵晩年の生活において一時面会謝絶を行う旨を表明した文。その背後には、寿貞尼にまつわる芭蕉の人間的苦悩や、江戸の旧門人と同調できぬ孤独感があると思われる。芭蕉晩年の心境の一端がうかがえる。成立年は元禄五年説、元禄六年説があり、後者が有力。

一六九三 **東順伝**(とうじゅんのでん) 俳文。松尾芭蕉作。榎本其角の父、東順(赤子)の伝。

一六九三 **西鶴置土産**(さいかくおきみやげ) 浮。井原西鶴作。遊蕩生活の末落ちぶれた、町人たちの生活を描いた一五話からなる。

一六九三 **柴門の辞**(さいもんのじ) 俳文。松尾芭蕉作。森川許六が故郷に帰るのを惜しんで送った文。芭蕉の芸術に対する根本的な態度が語られているので重要。

一六九三 **今川了俊**(いまがわりょうしゅん) 浄。近松門左衛門が、宇治加賀掾(かがのじょう)のために作ったもの。風流武将今川了俊の没後におけるお家騒動を題材とする。元禄六年(一六九三)刊。

一六九三 **童子問**(どうじもん) 儒書。伊藤仁斎著。儒教の一派、古義学派(堀川学派)を成した著者の現実・存在肯定から発した思想をまとめあげたもの。元禄六年(一六九三)から宝永二年(一七〇五)の死亡時まで手を入れて修正・改訂していた。

一六九四 **炭俵**(すみだわら) 俳諧集。志太野坡(しだやば)編。芭蕉七部集の第六。芭蕉の晩年に成熟してきた「かるみ」の作風を代表する。

一六九四 **西鶴織留**(さいかくおりどめ) 浮。井原西鶴作。遺稿として残された「本朝町人鑑(かがみ)」と「世の人心」とを弟子の北条団水が編集したもの。

一六九四 **好色万金丹**(こうしょくまんきんたん) 浮。夜食時分作。大阪新町の廓を舞台として、全編に粋の穿ちを貫ぬいた短篇好色笑話集である。作者は匿名の俳諧師と推定される。元禄七年(一六九四)刊。

一六九五 **不玉宛書簡**(ふぎょくあてしょかん) 俳論。去来著。去来から不玉にあてた論書で、その見解は「かるみ」に関する芭蕉の遺教を伝えるものとして重要。

一六九五 **通俗漢楚軍談**(つうぞくかんそぐんだん) 夢梅軒章峯・称好軒徽庵共著。秦末から漢朝の成立にいたる軍記。元禄八年(一六九五)成る。一五巻。

一六九五 **去来抄**(きょらいしょう) 俳論書。向井去来著。芭蕉および門人たちの語ったことばを書きとめたもの。蕉風の俳諧精神を研究するための根本資料。

一六九五 **笈日記**(おいにっき) 俳諧集。各務(かがみ)支考編。芭蕉が足跡を印した奥羽・北陸以外の地方の遺吟・遺文を集め、諸家の芭蕉追悼の発句・連句を合わせ、地方別に分類して一集としたもの。

一六九五 **西鶴俗徒然**(さいかくぞくつれづれ) 浮。井原西鶴作。西鶴の遺稿をとり集めたもので、随筆風の短編一八話から成る。

一六九五 **鎌田兵衛名所盃**(かまたのひょうえめいしょさかずき) 浄。近松門左衛門作。「保元物語」をもとに、平清盛、源義朝の葛藤、その後日談をえがきだしたもの。上・下二巻の短編。

一六九六 **万の文反古**(よろずのふみほうぐ) 浮。井原西鶴作。二〇章よりなる書簡体の作品で、大部分は町人物に近い内容のもので占められている。

一六八八〜一七〇四 **善悪報話**(ぜんあくむくいばなし) 咄。著者未詳。仏教思想による因果応報談集。元禄(一六八八〜一七〇四)ごろ刊行。五巻。

一六九七 **末若葉**(うらわかば) 俳諧集。宝井其角編。上巻に門人彫棠以下の若葉題の独吟一〇歌仙、下巻に芭蕉・西鶴・素堂らと、編者を中心とする俳人の作品を収め、芭蕉の「悼嵐蘭詞」等の俳文を加えている。

一六九七 **百日曾我**(ひゃくにちそが) 浄。近松門左衛門作。曾我十郎・五郎が敵祐経を討つ経緯に、海野小太郎行氏と新田四郎忠常との功名争いをからませたもの。

一六九八 **続猿蓑**(ぞくさるみの) 俳諧集。服部沾圃(はっとりせんぽ)ら編。芭蕉七部集の第七。芭蕉没後の刊行であるが、晩年の風調「かるみ」の特質を最もよく表している撰集。

一六九八 **産衣**(うぶぎぬ) 連歌学書。混空編。連歌用語を解説したもの。江戸期における連歌作法書の代表。元禄一一年(一六九八)刊。

一六九八 **新色五巻書**(しんしきごかんしょ)(好色五巻書とも) 浮。西沢一風著。好色ゆえに身をもちくずした男女の当時の五大事件を仕立てたもの。元禄一一年(一六九八)刊。

俳諧問答(はいかいもんどう) 俳論書。森川許六・向井去来著。岡本芳麿編。去来・許六の間にとりかわされた蕉風俳諧の重要問題に関する質疑応答の書状を集めたもの。今日残っているのはそのうちの一部である。元禄一一年(一六九八)成立。天明五年(一七八五)刊。

旅寝論(たびねろん) 俳論書。向井去来著。去来が、元禄一二年(一六九九)、長崎に帰省中に執筆したもので、森川許六の著「篇突」の批判に対して答えたもの。

一六九九 **西鶴名残の友**(さいかくなごりのとも) 浮。井原西鶴作か。西鶴没後、弟子団水によって刊行された。西鶴生前の俳友(貞徳・徳元・貞室・立圃・団水など)に関する逸話集。

一七〇〇 **浦島年代記**(うらしまねんだいき) 浄。近松門左衛門作。浦島伝説を素材としたものの一つで、古浄瑠璃「浦島太郎七世縁」を改作したもの。

一七〇〇 **御前義経記**(ごぜんぎけいき) 浮。西沢一風作。「平家物語」「義経記」などから、義経伝説を引き、これを近世町人の世界に翻案したもの。

一七〇一 **曾我五人兄弟**(そがごにんきょうだい) 浄。近松門左衛門作。十郎・五郎・姉・禅師坊・小二郎ら五人兄弟らのことを仇討ちまでの経緯にからませたもの。

一七〇二 **大磯虎稚物語**(おおいそとらおさな―) 浄。近松門左衛門作。義経の愛人静を守って落命した小柴の郡司の子勝重の仇討ちに、「曾我物語」をからませたもの。

一七〇二 **元禄太平記**(げんろくたいへいき) 浮。都錦著。好色本的なもの、浮世草子作者や学者や役者の評判記のごときものなどを雑然として収めたもの。

一七〇二 **女大名丹前能**(おんなだいみょうたんぜんのう) 浮。西沢一風作。「御前義経記」の後編。殿を慰めるために次郎冠者が丹前能を仕組むという話。各章の目録はすべて能の名題に関連づけている。八巻。元禄一五年(一七〇二)刊。

一七〇二 **傾城壬生大念仏**(けいせいみぶだいねんぶつ) 伎。近松門左衛門作。傾城道芝との放蕩の末家を出た高遠家の世継民弥の生活と、忠臣たちの苦心を描いたもの。初期歌舞伎の傑作として知られる。

一七〇二 **宇陀法師**(うだほうし) 俳論書。森川許六著。元禄一五年(一七〇二)刊。

一七〇三 **四山集**(しざんしゅう) 俳諧集。菰洲・盾山共編。姫路地方における惟然系の集で、口語調が強い。

一七〇三 **松の葉**(まつのは) 歌謡集。秀松軒著。近世初頭以降元禄期に至る流行歌謡の集成。

一七〇三 **曾根崎心中**(そねざきしんじゅう) 浄。近松門左衛門作。手代徳兵衛と遊女お初との心中を扱う。世話物としての第一作。

一七〇三 **入日記**(いり―) 紀行。雲鈴著。北国紀行である上巻と、佐渡から京にはいるまでの紀行と諸家の作品を収めた下巻とから成る。許六の跋を付す。

一七〇三 **軽口御前男**(かるくちごぜんおとこ) 咄。米沢彦八作。軽口咄、落し咄の名人として全国的に名の知れた作者の創作笑話を集めた短篇集。他の作者のように類似話を用いないところに特色がある。五巻九〇話。元禄一六年(一七〇三)刊。

一七〇三 **立身大福帳**(りっしんだいふくちょう) 浮。唯楽軒作。貧困から身を起こし巨富を築いた商人の物語とあわせて、倹約の重要さと家庭経済の心得を説くもの。西鶴の町人物の系統にたつが、道徳的色彩が濃い。

一七〇四 **松の落葉**(まつのおちば) 歌謡集。大木扇徳編。「松の葉」にもれた歌を収めたもの。

一七〇四 **薩摩歌**(さつまうた) 浄。近松門左衛門作。菱川源五兵衛とおまんとの恋愛事件を扱う。西鶴「五人女」も同じ事件を扱う。

一七〇五 **印の竿**(しるしのさお) 俳諧集。湫喧編。加越地方の蕉門俳人の句集で、奥の細道途次、小松における芭蕉一座の一一吟連句一巻を収めている。

一七〇五 **用明天皇職人鑑**(ようめいてんのうしょくにんかがみ) 浄。近松門左衛門作。敏達(びだつ)天皇時代の政争を扱う時代物。

一七〇五 **棠大門屋敷**(からなしだいもんやしき) 浮。錦文流著。富豪淀屋辰五郎の闕所追放に取材した長編小説。寛永二年(一七〇五)刊。五冊。

一七〇六 **風俗文選**(ふうぞくもんぜん) 俳文集。森川許六編。蕉門十哲を始めとする二九名の俳文一一四編を収めたもの。

一七〇六 **ひぢりめん卯月紅葉**(―うづきのもみじ) 浄。近松門左衛門作。笠屋の娘お亀と養子婿与兵衛の夫婦心中を素材とした世話物。

一七〇六 **加増曾我**(かぞうそが) 浄。近松門左衛門作。曾我兄弟の幼年時代を主とする「本領曾我」を受け、敵討ちおよびその後の落着を題材とする時代物。

一七〇七 **心中重井筒**(しんじゅうかさねいづつ) 浄。近松門左衛門作。紺屋の婿徳兵衛と、井筒屋の抱え遊女お房との情死を素材とする世話物。

一七〇七 **堀川波鼓**(ほりかわなみのつづみ) 浄。近松門左衛門作。鳥取藩士の妻の不義事件を素材とする世話物。

一七〇七 **色道懺悔男**(しきどうざんげおとこ) 浮。善教寺猿算作。眼病平癒を願った主人公青木千助が、大阪の商人あけぼの七郎兵衛を先達として大峰山に参詣する途中それまでの色道を懺悔するという話。寛永四年(一七〇七)刊。

一七〇八 **淀鯉出世滝徳**(よどごいしゅっせのたきのぼり) 浄。近松門左衛門作。富豪江戸屋勝二郎が茨木屋の吾妻を身請けしようとしておこる事件をあつかったもの。

一七〇八 **傾城反魂香**(けいせいはんごんこう) 浄。近松門左衛門作。将軍家に納める名松の絵を描くため、土佐光信の娘で傾城となった遠山から秘伝を受けた狩野元信の話。

一七〇八 **丹波与作待夜の小室節**(たんばよさくまつよのこむろぶし) 浄。近松門左衛門作。放蕩のため主家を追われた与作は、馬士となっているが、金に窮して三吉に姫の御用金を盗ませる。しかし滋野井の尽力で帰参がかない、三吉も許されるというもの。

一七〇八 **美景蒔絵松**(びけいまきえのまつ) 浮。作者不明。五巻。宝永五年(一七〇八)版。伊勢古市の色茶屋を題材にした好色物。

一七〇九 **五十年忌歌念仏**(ごじゅうねんきうたねぶつ) 浄。近松門左衛門作。お夏・清十郎の事件に脚色を施したもの。

一七〇九 **心中刃は氷の朔日**(しんじゅうやいばはこおりのついたち) 浄。近松門左衛門作。鍛冶屋の弟子平兵衛と馴染みの遊女小かんとが心中した事件を素材としたもの。

一七一〇 **孕常盤**(はらみときわ) 浄。近松門左衛門作。「源平盛衰記」

「義経記」「十二段草子」等によって、牛若丸・常盤御前・弁慶・清盛らの活躍をつづる。

一七一〇 **今宮心中**(いまみやのしんじゅう) 浄。近松門左衛門作。菱屋の手代二郎兵衛と年上の下女おきさとが今宮の森で心中した事件を扱ったもの。

一七一一 **冥途飛脚**(めいどのひきゃく) 浄。近松門左衛門作。飛脚屋亀屋の養子忠兵衛は、為替金の封を切って遊女梅川を身請けし、生国大和にのがれるが捕らえられるというもの。

一七一一 **傾城禁短気**(けいせいきんだんき) 浮。江島其磧(きせき)作。遊郭哲学を宗論ふうに脚色したもの。六巻。宝永八年(一七一一)刊。

一七一二 **夕霧阿波鳴渡**(ゆうぎりあわのなると) 浄。近松門左衛門作。扇屋の太夫夕霧と久しい馴染み客藤屋伊左衛門との恋愛を脚色したもの。

一七一二 **嫗山姥**(こもちやまんば) 浄。近松門左衛門作。謡曲「山姥」を中心に、これに頼光四天王の世界を配して構成した作品。

一七一二 **長町女腹切**(ながまちおんなのはらきり) 浄。近松門左衛門作。刀屋に働く半七が遊女お花を救うため脇差しの中身をすりかえ、叔母がその罪を一身に引き受けて自害するという物語。

和国女眉間尺(わこくおんなみけんじゃく) 浄。土佐節の一つ。魔取王子の反逆を平らげ、聖武天皇が大仏を建立されるという筋。

一七一二 **千鳥掛**(ちどりがけ) 俳諧集。知足著。貞享期の蕉風を受けている。正徳二年(一七一二)成る。

一七一二 **日本新永代蔵**(にほんしんえいたいぐら) 浮。北条団水作。西鶴の「日本永代蔵」と同じく、町人の経済的成功に関する話を集めた、いわゆる町人物に属する作品。

一七一五 **国性爺合戦**(こくせんやがっせん) 浄。近松門左衛門作。時代物浄瑠璃の代表作。日本人と中国人の混血児和藤内が明王朝再興のため奮闘する筋。構成の雄大さで、たいへんな興行的成功をおさめた。

一七一五 **大経師昔暦**(だいきょうじむかしごよみ) 浄。近松門左衛門作。大経師以春の妻おさんと手代茂兵衛とが、偶然の錯誤から不義の関係に陥ったことを扱ったもの。

一七一五 **生玉心中**(いくだましんじゅう) 浄。近松門左衛門作。茶わん商のせがれ嘉平次と、遊女おさかとの心中を扱ったもの。「曾根崎心中」と類似の場面が多い。

一七一五 **持統天皇歌軍法**(じとうてんのううたぐんぽう) 浄。近松門左衛門作。正徳五年(一七一五)大阪竹本座初演。持統天皇の御製「春すぎて夏きたるらし白妙の衣ほしたり天の香具山」を脚色の一部に用いて、皇位争いを描いたもの。

一七一五 **世間子息気質**(せけんむすこかたぎ) 浮。江島其磧(きせき)作。町人家庭に育った子息の性格を類型的に描き出したもの。

一七一六 **折たく柴の記**(おりたくしばのき) 伝記。新井白石著。すぐれた政治家であった白石の半生自叙伝。簡潔平明な文章に真情がこもっている。

一七一六 **八百屋お七**(やおやおしち) 浄。紀海音作。西鶴の「五人女」の中にも収められて有名な、八百屋お七・寺小姓吉三郎の恋愛事件を素材としたもの。

一七一六 **分里艶行脚**(わけざとやさあんぎゃ) 浮。八文字自笑作。諸国各地の色里を背景に描いた好色短篇集。諸社諸神に関係づけた目録を全章にもちい、すべてめでたし〱で終わる。五巻。正徳六年(一七一六)刊。

一七一六 **葉隠**(はがくれ) 別名「鍋島論語」「肥前論語」。佐賀藩士山本常朝の武士道に関する談話を同藩士田代又左衛門が筆記したもの。武士道の経典として尊重され、藩士間に葉隠士風といわれるものを形成した。享保元年(一七一六)成立。

一七一七 **鑓権三重帷子**(やりのごんざかさねかたびら) 浄。近松門左衛門作。松江藩の笹野権三は、不義呼ばわりされて出奔するが茶の湯の師匠市之進らによって討たれるというもの。

一七一八 **曾我会稽山**(そがかいけいざん) 浄。近松門左衛門作。曾我兄弟の仇討ちを一日間の出来事として構成する。

一七一八 **日本振袖始**(にっぽんふりそではじめ) 浄。近松門左衛門作。素盞嗚尊(すさのおのみこと)の神話伝説を主筋とする時代物の作品。

一七一八 **ひとり言**(ごと) 俳論書。上島鬼貫(かみじまおにつら)著。俳諧についての随想集。「まことのほかに俳諧なし」という俳諧観が述べられている。

一七一八 **博多小女郎浪枕**(はかたこじょろうなみまくら) 浄。近松門左衛門作。小町屋惣七は遊女小女郎の身請け金に窮して密貿易の一味に投ずるが、最後は自害して果てるという物語。

一七一八 **山崎与次兵衛寿門松**(やまざきよじべえねびきのかどまつ) 浄。近松門左衛門作。難波屋与平が、山崎与次兵衛と傾城吾妻との真情に感じ、江戸で金もうけをして恩返しをするというもの。

一七一八 **傾城酒呑童子**(けいせいしゅてんどうじ) 浄。近松門左衛門作。享保三年(一七一八)、茨木屋幸斎の遊女虐待事件をもとに、茨木屋の名称から酒呑童子を付会したもの。

一七一九 **平家女護嶋**(へいけにょごのしま) 浄。近松門左衛門作。「平家物語」中の諸説話をもとに、吉田御殿の巷説、謡曲「俊寛」を取り入れたもの。

一七二〇 **浮世親仁形気**(うきよおやじかたぎ) 浮。江島其磧・八文字屋自笑作。町人の親父の類型的気質を、そのこり固まっている道楽の種類によって書きわけたもの。

一七二〇 **井筒業平河内通**(いづつなりひらかわちがよい) 浄。近松門左衛門作。享保五年(一七二〇)初演。惟喬親王のクーデターと業平の情事をからみあわせたもの。

一七二〇 **役者色仕組**(やくしゃいろしくみ) 浮。江島其磧・八文字屋自笑作。旅役者だった金持の若旦那が、家の者を使って上演した芝居の筋書を集めたという趣向の好色本。五巻。享保五年(一七二〇)刊。

一七二〇 **心中天網島**(しんじゅうてんのあみじま) 浄。近松門左衛門作。世話物浄瑠璃の代表作。家庭悲劇が心中にまで落ちこんでゆく型の作品を近松はいくつか書いたが、この曲は特に名作である。

一七二一 **女殺油地獄**(おんなごろしあぶらのじごく) 浄。近松門左衛門作。油屋河内屋の二男与兵衛という放蕩無頼の若者を主人公とした近松としては型破りの作品。

一七二二 **心中宵庚申**(しんじゅうよいごうしん) 浄。近松門左衛門作。八百屋伊右衛門の養子半兵衛が、養母と妻千世との不和に悩み、心中するという物語。

一七二二 **唐船噺今国性爺**(からぶねばなしいまこくせんや) 浄。近松門左衛門作。「国性爺合戦」が非常な好評を博したので、その後日編として書いたもの。

一七二二 **心中二腹帯**(しんじゅうふたつはらおび) 浄。紀海音作。八百屋仁右衛門の養子半兵衛と、妻お千代との心中を扱ったもの。「心中宵庚申」と共通するところが多い。

一七二四 **独寝**(ひとりね) 随筆。柳沢淇園著。柳沢家移封のため、大和郡山で独身生活を送った享保九年(一七二四)から一・二年の間の、つれづれに書きまとめたもの。内容は諸学諸芸多方面にわたっている。

一七二四 **水の友**(みずのとも) 俳諧集。松琵編。俳人水田正秀の一周忌追善の供養のために、蕉門・同門の人々の追悼句・歌仙などを集めて編んだもの。享保九年(一七二四)刊。

一七二六 **みつの顔** 俳諧集。越人編。越人一派による歌仙三巻と発句、また芭蕉・杜国・野水・素堂・荷兮・其角・嵐雪などの句を収める。

三冊子(さんぞうし) 俳論書。服部土芳著。赤・白・黒の三部から成る。芭蕉の真意を正確に伝えた点で、貴重な資料。

一七三二 **駿台雑話**(すんだいざつわ) 随筆。室鳩巣(むろきゅうそう)著。儒者としての立場から書かれた随想録。文章はひきしまっている。

一七三四 **那須与一西海硯**(なすのよいちさいかいすずり) 浄。並木宗輔・同丈輔作。那須与一・弥平兵衛宗清らを中心とする。享保一九年(一七三四)初演。

一七三四 **近江輿地志略**(おうみよちしりゃく) 近江国の地誌。寒川辰清著。享保一九年(一七三四)成る。一〇〇巻。

一七三五 **苅萱桑門筑紫轢**(かるかやどうしんつくしのいえづと) 浄。並木宗輔・同丈輔作。享保二〇年(一七三五)初演。

一七三八 **難波土産**(なにわみやげ) 演劇書。三木平右衛門著。浄瑠璃の注釈、批評書。穂積以貫の書いた発端に引かれた近松門左衛門との問答は、近松の芸術観を知るための貴重な資料。

一七三九 **常山紀談**(じょうざんきだん) 合戦談。湯浅常山著。一六世紀末から一七世紀初めにかけての名将・勇士に関する雑談集。二五巻。元文四年(一七三九)成る。

一七三九 **都鄙問答**(とひもんどう) 石田梅岩著。心学の始祖である著者による、実践倫理を平易に説いた、心学の根本的経典。元文四年(一七三九)刊。四巻。

一七四〇 **ひらかな盛衰記**(—せいすいき) 浄。文耕堂・三好松洛・竹田小出雲・千前軒ら作。源平の合戦中、樋口兼光の忠死と、梶原景季と千鳥との恋愛を中心として構成したもの。この時代の浄瑠璃は、幾人かの合作が常であった。

一七四〇 **岡部日記**(おかべ—) 賀茂真淵著。郷里の岡部に帰った時の日記。元文五年(一七四〇)成る。

一七四二 **国歌八論**(こっかはちろん) 歌論書。荷田在満(かだのありまろ)著。堂上和歌を非難し、「万葉集」を高く評価する独自の見解を述べて、当時の歌壇に論争をまき起こした。

一七四二 **毛抜**(けぬき) 歌舞伎十八番の一つ。時代物。寛保二年(一七四二)大阪佐渡島長五郎座初演。原名題は「雷神不動北山桜(なるかみふどうきたやまざくら)」といい、同じ十八番物の「不動」「鳴神」とともにその一種目である。粂寺弾正が小野春道家乗取りをたくらむ八剣玄蕃の巧妙な陰謀をあばく話。

一七四三 **音曲玉淵集**(おんぎょくぎょくえんしゅう) 能楽書。時中庚安(つぐやす)著、今村義福編。謡曲のうたいかたについての口伝を集録したもの。一般的な音声史の資料にも有用。

一七四五 **夏祭浪花鑑**(なつまつりなにわかがみ) 浄。並木千柳・三好松洛・竹田小出雲作。男女の侠客気質を描いたことと吉田文三郎の演出とによって非常な当り作であった。

一七四六 **菅原伝授手習鑑**(すがわらでんじゅてならいかがみ) 浄。竹田出雲・並木千柳・三好松洛・竹田小出雲作。菅原道真の左遷を背景に、梅王・松王・桜丸の三兄弟その他一門の苦衷を描いたもので、人形浄瑠璃の最盛期の名作。

春台独語(しゅんだいどくご) 随筆。太宰春台著。漢詩・茶道・俳諧・三味線・浄瑠璃・猿楽・幸若舞・俳優などの批評、新旧風俗の変遷を、徂来(そらい)門の漢学者の見地からその柔弱を慷慨(こうがい)する気持ちでしるした晩年の随筆。

一七四七 **義経千本桜**(よしつねせんぼんざくら) 浄。竹田出雲・三好松洛・並木千柳(宗輔)作。延享四年(一七四七)大阪竹本座初演。

数ある判官物の浄瑠璃中、最も名高い作品で、義経伝説を題材としてはいるが、むしろ内容は壇の浦で没落した平家一門の後日談といった方があたっている。

一七四八　**仮名手本忠臣蔵**(かなでほんちゅうしんぐら)　浄。竹田出雲・三好松洛・並木千柳作。赤穂浪士の敵討ちを脚色したもの。時代と世話を巧みに構成した名作。

一七四九　**源平布引滝**(げんぺいぬのびきのたき)　浄。並木千柳・三好松洛作。「平家物語」「源平盛衰記」等によって清盛の暴逆、義仲の生い立ち等を中心に、治承・寿永年間の史実を扱ったもの。

一七五一　**一谷嫩軍記**(いちのたにふたばぐんき)　浄。並木宗輔・浅田一鳥・並木正三・豊竹甚六等作。宝暦元年(一七五一)大阪豊竹座初演。並木宗輔が三段目まで作って、死去したのでその後を浅田一鳥等が筆を加えて、五段物にまとめあげた。熊谷次郎直実と平敦盛、岡部六弥太と平忠度に関する二つの物語を題材として描いたもの。

一七五三　**幼稚子敵討**(おさなごのかたきうち)　伎。並木正三作。丸亀の藩士民谷源八の子坊太郎が、父の敵同藩森口源太左衛門を討つ物語。

一七五三　**嵯峨日記**(さがにっき)　俳文。松尾芭蕉著。「奥の細道」の旅を終え、元禄四年四月一八日から、五月四日まで洛西嵯峨の去来の別荘落柿舎に滞在した間の生活、感想を記したもの。芭蕉の俳文としては簡素な方であるが、寂寥を楽しむ気味をあらわした所に特色がある。宝暦三年(一七五三)刊。

一七五四　**義経腰越状**(よしつねこしごえじょう)　浄。千鏴荘主人(一説に並木永輔)作。大阪落城を題材とし、時代を鎌倉時代にとって、「義経記」の世界として脚色したもの。

一七五四　**小野道風青柳硯**(おののとうふうあおやぎすずり)　浄。竹田出雲ら合作。宝暦四年(一七五四)初演。

一七五七　**聖遊廓**(ひじりのゆうかく)　洒。作者未詳。孔子・釈迦・老子の三聖人が遊郭に遊ぶという奇抜な着想。初期洒落本の代表的作品。

慈雲法語(じうんほうご)　法語。慈雲著。慈雲の法語は、釈尊在世をうたい、宗派的偏見を否定し、自由な立場から人間としての真実の生き方を説く。その代表的なものとして「生死海法語」「世間相常住法語」「骨相大意」「正見」などがあげられる。

一七五八　**三十石艠始**(さんじっこくよふねのはじまり)　伎。並木正三作。時代物。宝暦八年(一七五八)大阪角の芝居中山文七座初演。治水工事で有名な河村瑞軒(賢)を張本人に仕立て、源八渡(わたし)・平太堤の由来を配した反逆物の一つ。

一七六一　**助六由縁江戸桜**(すけろくゆかりのえどざくら)　歌舞伎十八番の一つ。江戸歌舞伎の代表的な古典劇。花川戸助六という侠客(実は曽我五郎)を主人公とする。各種の浄瑠璃で演じられ、名題もいろいろだが、この名題によるものは河東節で、宝暦一一年(一七六一)初演。

一七六三　**風流志道軒伝**(ふうりゅうしどうけんでん)　滑。風来山人(平賀源内)作。有名な実在の辻講釈師深井志道軒の名をかりて、主人公の遊里めぐり、大人国・小人国等の異境めぐりを虚構したもの。

一七六三　**詩学逢原**(しがくほうげん)　漢詩論集。祇園南海著。近世初期の文人であり、第一の詩人であった著者の「雅」をねらいとする漢詩論集。二巻一冊。宝暦一三年(一七六三)刊。

一七六三　**千代尼句集**(ちよにくしゅう)　俳句集。無外庵既白編。千代尼六一才の時に、俳友既白がその句を集めて四季類題別としたもの。巻頭に千代宛蓮二書簡、宇中の伝千代女書、麦林書簡などをあげて千代尼の花やかな存在をしめす。宝暦一三年(一七六三)刊。

一七六五　**誹風柳樽**(はいふうやなぎだる)　雑俳集。呉陵軒可有(ごりょうけんかゆう)編。柄井川柳(からいせんりゅう)(初編)の選した前句付けから、付け句だけ集めたもの。いわゆる川柳の集である。その続編は一六七編まで刊行された。

一七六六　**雨月物語**(うげつものがたり)　読。上田秋成作。九編の怪談を集めたもの。中国および日本の先行文献を巧みに翻案し、妖気と詩情のあふれる名文である。

浅茅＝浅茅が宿　菊花＝菊花の約
吉備津＝吉備津の釜　蛇性＝蛇性の婬
夢応＝夢応の鯉魚

一七六六　**本朝廿四孝**(ほんちょうにじゅうしこう)　浄。近松半二・三好松洛・竹田因幡・竹田小出雲・竹田平七・竹本三郎兵衛合作。武田・上杉両家の争いと、上杉家の息女八重垣姫と武田家の一子勝頼との情事などを描いたもの。

一七六六　**太平記忠臣講釈**(たいへいきちゅうしんこうしゃく)　浄。近松半二ら合作。赤穂義士の件を太平記の世界で書く。明和三年(一七六六)初演。

一七六三　六九　**根南志具佐**(ねなしぐさ)　滑。風来山人作。歌舞伎俳優の溺死事件を始めとする社会的事件を種にした、空想的な作品。後編は明和六年(一七六九)刊。

一七六八　**孔雀楼筆記**(くじゃくろうひっき)　随筆。清田儋叟(本名絢)著。豊かな知識と鋭い感受性のもとに、あらゆる事がらを客観的に述べている。五巻。明和五年(一七六八)刊。

一七六八　**関取二代勝負附**(せきとりにだいのしょうぶづけ)　伎。並木正三ほか作。力士秋津島は、六角家の相続人を決める相撲の勝負で引き分け、のち切腹したが、その子国松が父の遺志をついで鬼ヶ岳を破り要之介を相続させるもの。

一七六四〜七一　**馬提灯**（うまぢょうちん）　画讃。蕪村作。俳諧随想をしるした短文。明和（一七六四〜七一）年中に成る。

一七六九　**近江源氏先陣館**（おうみげんじせんじんやかた）　浄。近松半二・八民平七・竹本三郎兵衛ほか作。大阪陣を劇化したもの。時代を鎌倉時代にとり、佐々木盛綱と高綱の葛藤を中心とする。

一七六九　**伊勢音頭恋寝刃**（いせおんどこいのねたば）　伎。近松徳三作。世話物。寛政八年（一七九六）大阪角の芝居初演。伊勢でおきた殺傷事件をもとにわずか三日で書き上げたという急作で、いわゆる一夜漬狂言として名高い。

一七七〇　**辰巳之園**（たつみのその）　洒。夢中散人寝言先生作。通人、半可通・田舎侍の三人の深川での遊興を通じて、その情調を描いた洒落本初期の典型的作品。

一七七〇　**遊子方言**（ゆうしほうげん）　洒。田舎老人多田爺（ただのおやじ）作。通人ぶった三十男が、二十ばかりの息子風の男をむりやり吉原に連れてゆくが、次弟に通人のばけの皮がはがれ、息子の方ばかりがもてるという構想の中に、遊里の様子を写したもの。

一七七〇　**神霊矢口渡**（しんれいやぐちのわたし）　浄。福内鬼外（平賀源内）作。新田義興（にったよしおき）が武蔵矢口渡で謀殺された後日物語として、弟義岑（よしみね）や遺臣たちの活躍を描いたもの。

一七七一　**妹背山婦女庭訓**（いもせやまおんなていきん）　浄。近松半二・松田ばく・栄善平・近松東南作。入鹿（いるか）の討伐を骨子に、采女（うねめ）の絹掛柳伝説、苧環（おだまき）の伝説等を取り合わせた時代物の代表作。

一七七二　**艶容女舞衣**（はですがたおんなまいぎぬ）　浄。竹本三郎兵衛・豊竹応律・八民平七作。元禄八年（一六九五）の、大阪美濃屋平左衛門の養女おさん事、三勝と、大和五条赤根屋半七との情死事件を素材にしたもの。

一七七二　**鹿の子餅**（かのこもち）　咄。木室卯雲（きむろぼううん）作。洒落本、黄表紙本の影響をうけてはいるが、内容の滑稽味が新しく、江戸小咄の祖といわれる。六十四の笑話を集めたもの。明和九年（一七七二）刊。

一七七三　**〔新内〕**（しんない）　豊後節系統の浄瑠璃。鶴賀新内がはじめた。安永（一七七二〜八〇）ごろ、もっとも盛んであった。

一七七三　**摂州合邦辻**（せっしゅうがっぽうがつじ）　浄。菅専助・若竹笛躬作。能「弱法師」の素材となった語り物を劇化した。安永二年（一七七三）初演。

一七七三　**聞上手**（ききじょうず）　咄。小松百亀作。独創的な話が多く、軽妙洒脱な語り口と江戸風の親しみやすいユーモアを持っている。初篇が安永二年（一七七三）に刊行され、続いて好評に応えて二篇・三篇とだされた。

一七七四　**里のをだ巻評**（さとのおだまきひょう）　洒。風来山人作。麻生先生、友人の古遊散人、門人花景の三人が、吉原と深川との優劣を論じたもの。

一七七五　**金々先生栄花夢**（きんきんせんせいえいがのゆめ）　黄。恋川春町作。田舎出の金村屋金兵衛が、金持ちの養子となり、遊蕩生活を送る夢を見、人間の栄華が粟餅（あわもち）一炊の夢に過ぎぬことを悟って郷里に帰るというもの。

一七七五　**物類称呼**（ぶつるいしょうこ）　語学書。越谷吾山編。諸国方言を、天地・人倫・草木・気形・器用・衣食・言語の七つにわけて蒐集し、考証を加えている。集録範囲の広いことや、その辞書形態などとともに、江戸時代唯一の方言集として価値がある。五巻。安永四年（一七七五）刊。

一七七六　**洛東芭蕉庵再興記**（らくとうばしょうあんさいこうき）　俳文。谷口（与謝）蕪村作。芭蕉庵を再興した記念集「写経社集」の巻頭に、その由来をしるした文章。

一七七六　**伊賀越乗掛合羽**（いがごえのりかけがっぱ）　伎。奈河亀助作。時代物。安永五年（一七七六）大阪中の芝居嵐七三郎座初演。名刀正宗にからんだ実録伊賀上野の仇討をもとに、時代を足利時代にとって脚色したもの。「仮名手本忠臣蔵」にヒントをえているところが多い。

一七七六　**天狗髑髏鑑定縁起**（てんぐしゃれこうべめききえんぎ）　滑。風来山人作。天狗の骨と称する物に託し、やぶ医者の横行を憤ってつづる。

一七七六　**高漫斎行脚日記**（こうまんさいあんぎゃにっき）　黄。恋川春町作。当時の浮薄な遊芸の流行、宗匠の腐敗、武士・町人の頽廃ぶりなどを戯画化し、諷刺したもの。

一七七六　**役者論語**（やくしゃばなし）　演劇書。二世八文字屋自笑編。芳沢あやめ・坂田藤十郎・佐渡嶋長五郎そのほかの名優による芸談の書きとめを集成したもの。

一七七七　**春風馬堤曲**（しゅんぷうばていきょく）　詩。谷口蕪村作。帰郷のやぶ入り娘に仮託して、自らの郷愁を歌った抒情詩。発句・漢詩・漢文直訳体の三種の詩形を混成した。

一七七七　**夜半叟句集**（やはんそうくしゅう）　俳諧集。谷口蕪村著。安永五年（一七七六）以降の句を中心にして、七〇〇余首を四季混雑したままでまとめた句集。

一七七七　**春泥句集序**（しゅんでいくしゅうじょ）　雑筆。谷口蕪村作。蕪村の愛弟子、春泥舎召波の句集に付された序文。蕪村の俳諧の方法論としての離俗論を述べたもの。

一七七七　**太祇句選後編**（たいぎくせんこうへん）　俳諧集。五雲編。太祇句選に漏れた四〇六句を収める。安永六年（一七七七）刊。

一七七七　**天満宮菜種御供**（てんまんぐうなたねのごくう）　浄。並木五瓶作。菅原道真の没落を素材とする。安永六年（一七七七）初演。

一七七九　**道中粋語録**（どうちゅうすごろく）　洒。山手馬鹿人（ばかひと）作。場所を軽井沢にとり、宿場女郎に上方の商人、江戸者と土地客とを配し、ひなびた風俗や方言のおかしさをとらえたもの。

一七八〇 続寒菊 俳諧集。杏廬編。師野坡の足跡を慕い所々から古今の吟章を求めて、一集編んだもの。上巻に野坡・芭蕉の両吟歌仙等、下巻に秋冬の発句、風律の「祭聖霊文」、芭蕉・岱水の両吟等を収める。芭蕉門人の他蕪村、也有の句等も見える。安永九年(一七八〇)成立。

一七八〇 新版歌祭文 浄。近松半二作。有名なお染・久松の心中事件を素材にして、重宝をめぐる悪人の奸計、久松の許嫁おみつとの婚礼などを配して趣向としたもの。

六部集 滑。風来山人著。著者没後、安永九年(一七八〇)に門人の森島甫斎により編まれたもの。「痿陰隠逸伝」「放屁論」等、小説というより狂文談義ともいうべき短篇である。世に容れられずその不平を戯作にもらした独自な思想がうかがえる。二冊。

〔天明中興俳壇〕 俳諧。芭蕉の没後しばらく堕落期が続いたのを、「芭蕉に帰れ」という精神のもとに正しい俳諧が復興した時期。蕪村をはじめとし、暁台・樗良・白雄・几董・麦水・太祇などが、それぞれ清新な作品を出した。

一七八一 見徳一炊夢 黄。明誠堂喜三二作。主人公清太郎が一炊の夢の中で、夢商いの夢を買って見るというもの。遊興や諸芸の習得のなかに、理想的通人を描いたもの。

一七八一 鎌倉三代記 浄。近松半二・八民平七・松田才二・三好松洛ら作か。「近江源氏先陣館」の後編とみるべき作で、恋ゆえに敵方義村のもとに走った時姫の恋と孝との苦悶と悲劇的結末を描いた。

一七八二 御存商売物 黄。山東京伝作。作者の夢の中で、八文字屋本・下り絵本・赤本・黒本・青本その他の仲間争いを述べる。草双紙の歴史的展開を述べたものともいえる。

近頃河原達引 浄。為川宗輔等作。天明二年初演。お俊と伝兵衛の心中に兄与次郎の真情をからませる。

一七八三 卯地臭意 洒。撞木庵主人作。両国橋辺に出没する夜鷹と、ひやかしの男たちや、足軽・中間等を描いたもの。

一七八三 啌多雁取帳 黄。奈蒔野馬乎人作。主家を追われた質屋の番頭金十が桶屋となって、空中旅行など珍しい経験をするが、最後には主家へ帰り馴染みの遊女と夫婦になる話。天明三年(一七八三)刊。

一七八四 蕪村句集 俳諧集。高井几董編。蕪村の一周忌に、その秀句八六八句を四季別に分類したもの。上下二巻。

一七八五 鶉衣 俳文集。横井也有著。日常的な素材を古典めかした表現のもとにおもしろく戯画化した俳文の集。

一七八五 伽羅先代萩 浄。近松貫四(玉泉堂)ら作。伊達騒動を素材とし、歌舞伎の「伽羅先代萩」「伊達競阿国戯場」を参考として作られたもの。

一七八五 大悲千禄本 黄。芝全交作。世の不景気にあてこんで、千手観音が御手を損料貸しにしようとし、茨木や忠度・田村麿が借りにくるという趣向。

一七八五 江戸生艶気樺焼 黄。山東京伝作。醜男のくせにうぬぼれの強い仇気屋艶次郎が、浮名の立つことを熱望してさまざまな愚行を行うというもの。

一七八五 徳和歌後万載集 狂歌集。四方赤良編。異常な好評を博した「万載狂歌集」の続編として出版されたもので、二六〇余名の大部分が当代狂歌作者で占められ、天明狂歌の全貌をうかがわせるものがある。

一七八五 莫切自根金生木 黄。唐来三和作。金がありすぎて苦労する万々先生という人物が、あらゆる手段を尽くして散財をはかるが、すべて反対の結果となるという物語。

一七八五 けいせい忍術池 伎。並木五瓶作。主人を討たれて宝物を奪われた罪を被った花園家家老万野兵庫が、若殿万寿丸と力をあわせて忍者稲田東蔵・道哲らと戦うもの。

一七八六 彦山権現誓助剣 浄。梅野下風・近松保蔵作。光秀残党の謀叛事件に敵討ちを配したもので、宮本武蔵の物語からも作意をえている。

一七八七 通言総籬 洒。山東京伝作。黄表紙「江戸生艶気樺焼」の続編とみるべきもので、主人公艶次郎ほか喜之介・志庵の登場人物も同様である。

一七八七 古契三娼 洒。山東京伝作。三人の遊女あがりが集まって、それぞれのいた吉原・品川・深川の風俗について語りあう。天明七年(一七八七)刊。

一七八八 傾城吾嬬鑑 伎。桜田治助作。権八・小紫の情話に幡随院長兵衛をからませたもの。

一七八八 東遊雑記 紀行文。古川古松軒著。著者が幕府巡見使に随行して天明八年(一七八八)の五月から十月まで東北・北海道地方を旅行したときの見聞談。各地の人情風俗を詳細に観察し、特に蝦夷地についての記述が多い。全一二巻。

一七八八　**文武二道万石通**(ぶんぶにどうまんごくどおし)　黄。明誠堂喜三二作。頼朝の史実を借りて、当時行われた松平定信の文武奨励政策を諷刺したもの。寛政の改革をうがった多くの黄表紙中最初にできたもので、前代未聞の売れ行きをしめした。天明八年(一七八八)刊。

一七八九　**孔子縞于時藍染**(こうしじまときにあいぞめ)　黄。山東京伝作。寛政改革に取材して、儒教的教化による物欲の抑制、金銭の蔑視などを描いた諷刺的な作品。

一七八九　**たはれぐさ**(たはれ)　随筆。雨森芳洲著。詩歌文雅の談話の中に、和漢古今の事実を引用して、世人を教え戒めることを意図したもの。

一七八九　**韓人漢文手管始**(かんじんかんもんてくだのはじまり)　伎。初世並木五瓶作。宝暦一四年(一七六四)、対馬藩の通辞が朝鮮使節の一人を殺害した事件を素材としたもの。

一七八九　**無事志有意**(ぶじしゆうい)　咄。烏亭焉馬(うていえんば)作。江戸落語中興の祖といわれる作者が、当時大流行した咄の会で披露された落語の中から秀作を選んで編んだもの。題名は「宇治拾遺」をもじっている。寛政一〇年(一七九八)刊。

一七九〇　**心学早染草**(しんがくはやぞめぐさ)　黄。山東京伝作。目前屋理兵衛の一子理太郎の中にはいった、善悪二つの魂を擬人化して、その争いをもって主人公の行為を説明したもの。

一七九〇　**傾城買四十八手**(けいせいかいしじゅうはって)　洒。山東京伝作。場面を遊廓の座敷・閨房に限り、そこで示される様々なタイプの客と遊女の交渉を鋭く観察して描いている。寛政二年(一七九〇)刊。

一七九〇　**玉くしげ**　国学書。本居宣長。記紀の古伝説にもとづく宣長の古道説のあらましをのべたもの。藩主紀伊侯が治道・経世上の意見を要請したとき「秘本玉匣」にそえて天明七年(一七八七)に奉った。寛政二年(一七九〇)刊。

一七九一　**寛政三年帰郷日記**(かんせいさんねんききょうにっき)　小林一茶著。寛政三年(一七九一)、江戸をたち、信濃柏原に帰郷するまでの日記。初期の伝記資料として、また作品研究上きわめて貴重。

一七九一　**忠臣二度目清書**(ちゅうしんにどめのきよがき)　浄。焉馬作。赤穂義士討ち入り後のいきさつを題材とする。寛政三年(一七九一)初演。

一七九一　**錦之裏**(にしきのうら)　洒。山東京伝作。後一条天皇の時代、神崎の廓における夕霧と伊左衛門の恋物語という設定で、これまで取りあげられなかった廓の昼間の情景を描いた作品。

一七九三　**新五子稿**(しんごしこう)　俳諧集。嘉会室亭(かかいしつとおる)編。天明中興期の蘭更・太祇・蕪村・青蘿・暁台の句を四季類題別にあげたもの。

一七九三　**蝶花形名歌島台**(ちょうはながためいかのしまだい)　浄。若竹笛躬・中村魚眼作。真柴久吉と大内義広を戦わせて、天下を奪おうとする大友三郎を、小長部和三郎と、その娘むこで真柴家・大内家の臣、加藤正清と出海宗貞の三人が討つというもの。

一七九四　**西遊日記**(さいゆうにっき)　司馬江漢著。蘭学者・洋画家として有名な著者の、天明八年(一七八八)から翌年にかけての江戸・長崎往還の旅日記。

一七九四　**金々先生造花夢**(きんきんせんせいえいがのゆめ)　黄。山東京伝作。恋川春町の「金々先生栄花夢」と同じ形態をとるが、内容は新しい。金々先生が著花のできる間に夢を見て悟りを得る話。

一七九四　**五大力恋緘**(ごだいりきこいのふうじめ)　伎。並木五瓶作。世話物。寛政六年(一七九四)京都西の芝居で初演。「島廻戯聞書(しまめぐりうそのききがき)」の三つ目以下を独立させてこの名題をつけた。九州千島家の臣勝間源五兵衛と北の新地の芸子桜屋の菊野の悲恋物語に、紛失したお家の宝刀探しをからませたもの。

一七九五　**姉妹達大礎**(あねいもうとだてのおおきど)　伎。辰岡万作・近松徳叟作。時代物。寛政七年(一七九五)大阪角の芝居中村金蔵座初演。仙台で実際にあった姉妹の仇討話を脚色して上演したもの。江戸では「碁太平記白石噺(ごたいへいきしらいしばなし)」の名題のもとに上演された。

一七九五〜九七　**東遊記**(とうゆうき)　紀行・随筆。橘南谿(たちばななんけい)著。京都の医者である著者が、関東および東山・北陸両道を旅行したときの見聞や、地理・歴史・風俗等をしるしたもの。

秘密安心又略(ひみつあんじんゆうりゃく)　法語。法住著。新義真言宗の教義、すなわち無相の中に安住する安心決定(秘密安心)を説いている。前著「秘密安心略章」の縮小改作。

一七九七　**新花摘**(しんはなつみ)　俳諧句文集。谷口蕪村著。安永六年(一七七七)、一夏中の発句をしるそうとして病のため中絶したものに、後、随筆を加えてまとめたもの。

一七九八　**初山踏**(ういやまぶみ)　国学書。本居宣長著。初学者のために書き与えた国学序論。「古事記伝」完成の体験をふまえて、国学の概念・対象・方法に関する概要を述べたもの。

一七九八　**鈴屋集**(すずのやしゅう)　歌文集。本居宣長著。春庭・大平編。宣長の詠歌の大部分と、文詞・消息文等を収めている。

一七九八 **猿曳門出諷**(さるまわしかどでのひとふし) 伎。近松徳叟作。世話物。寛政一〇年(一七九八)大阪角の芝居初演。浄瑠璃「近頃河原達引(ちかごろかわらのたてひき)」を歌舞伎化したもので、鷹の軸をめぐる複雑な葛藤をえがく。通称「猿回し」「お俊伝兵衛」。

一七九八 **辰巳婦言**(たつみふげん) 洒。式亭三馬作。遊女おとまと、客の藤兵衛・喜之助・情人長五郎四者の、遊廓を舞台にした手練手管を描く。寛政一〇年(一七九八)刊。

一七九九 **絵本太功記**(えほんたいこうき) 浄。近松柳・近松湖水軒・近松千葉軒作。「真書太閤記」「絵本太閤記」などによって通俗化された秀吉一代記に取材したもので、歌舞伎にもはいり、光秀物の代表作。

一七九九 **源氏物語玉の小櫛**(――たまのおぐし) 注釈書。本居宣長。宣長の源氏物語研究の、総結論というべきもの。九巻から成り、巻一・二は所謂「物のあはれ論」で、源氏物語の本質論、総論を述べ、巻三は年立を、巻四は「湖月抄」を底本として異本と比較検討し、巻五以下は語句の注釈である。寛政五年(一七九三)頃から起稿し、寛政一一年(一七九九)刊行。

一八〇〇 **歌意考**(かいこう) 歌論書。賀茂真淵著。ますらをぶり、たをやめぶりを範とする真淵歌論の結論を格調高い擬古文でかきまとめたもの。寛政一二年(一八〇〇)刊。

一八〇一 **みとり日記**(父の終焉(しゅうえん)日記とも) 小林一茶作。父の発病より死去までの約一か月間の看護中の日記。

一八〇一 **名歌徳三舛玉垣**(めいかのとくみますのたまがき) 伎。桜田治助作。惟喬親王と惟仁親王の皇位争いを題材とする。享和元年(一八〇一)初演。

一八〇一 **蕪村遺稿**(ぶそんいこう) 俳諧集。献可堂編。「蕪村句集」に漏れた約五〇〇句を収める。享和元年(一八〇一)成る。

一八〇一〜〇五 **年々随筆**(ねんねんずいひつ) 石原正明著。国学者である著者の、国史・国語や有職故実に関する断片的考説を集めたもの。

藤簍冊子(つづらぶみ) 歌文集。上田秋成著。短歌・長歌の歌作と、紀行等の文に、妻の遺作を付したもの。個性味に富んだ歌が多い。

一七九五〜一八一二 **玉勝間**(たまかつま) 随筆。本居宣長著。古典研究に伴ってうかんだ感想や考証を書きつけたもの。宣長のすぐれた学識を反映している。

一八〇三 **花月草紙**(かげつそうし) 随筆。松平定信(まつだいらさだのぶ)著。すぐれた政治家である定信が、人生・社会・自然・趣味などについて流麗な文章でしるしている。

一八〇六 **椿説弓張月**(ちんせつゆみはりづき) 読。滝沢馬琴作。源為朝がふしぎな運命のもとに琉球平定のため活躍する筋の通俗小説。

東海道中膝栗毛(とうかいどうちゅうひざくりげ) 滑。十返舎一九(じっぺんしゃいっく)著。弥次郎兵衛・喜多八の道中記という形でばかばかしい失敗談をたくさん集めたもの。

一八〇七 **源氏十二段**(げんじじゅうにだん) 浄。本名題「源氏十二段・浄瑠璃供養」。文化四年(一八〇七)発表。「十二段草子」の忍の段で牛若丸と浄瑠璃姫とが会うくだりを叙したもの。大曲なのであまり演奏されない。

一八〇八 **春雨物語**(はるさめ――) 読。上田秋成作。史上の人物・事件に作者の歴史観を託したり、文芸・詩歌論を展開したりしたもの一〇編を収めている。

死首=死首のゑがほ　宮木=宮木が塚

一八〇八 **胆大小心録**(たんだいしょうしんろく) 随筆。上田秋成著。最晩年、寄寓生活の中で、交渉のあった人々の批評、学問上の考証、史談、政論などをまとめたもの。数字は日本古典文学大系本における章順。

一八〇九 **暁台句集**(ぎょうたいくしゅう) 俳諧集。加藤(久村)暁台作。師暁台の完全な句集のないのを嘆いて、門人臥央が新しく一一四七句を集めて、四季類題別に編集したもの。俳文三、俳諧詩一を付す。

一八〇九 **都の手ぶり**(みやこのてぶり) 随筆。石川雅望著。擬古文で書かれた紀行文風の随筆。江戸の風俗を紹介したもの。

琴後集(ことじりしゅう) 歌文集。村田春海(はるみ)著。中古文をまねた文体で、風流なことがらを書きつづった文集。

一八一〇 **傾城倭荘子**(けいせいやまとそうじ) 伎。明和年間に京都郊外にあった怪異を劇化した脚本。文化七年(一八一〇)刊。

一八一三 **お染久松色読販**(おそめひさまつうきなのよみうり) 伎。四世鶴屋南北作。通称「お染の七役」とよばれるように、お染久松物の中でも、早替わり専門の狂言として作られたもので、傑作として名高い。

一八一三 **浮世風呂**(うきよぶろ) 滑。式亭三馬作。江戸時代における庶民のクラブであった銭湯を舞台にし、彼らの日常生活をユーモラスに描いたもの。会話のいきいきとした写実ぶりは、他に類がない。

一八一三〜二三 **浮世床**(うきよどこ) 滑。式亭三馬(初編・二編)・滝亭鯉丈(三編)作。「浮世風呂」の類作で、舞台を髪結い床にとる。

一八一四〜四一 **南総里見八犬伝**(なんそうさとみはっけんでん) 読。滝沢馬琴作。中国の近世俗語小説(特に「水滸(すいこ)伝」)を模倣し、犬に縁のある八人の勇士を主人公として里見家の興亡を描いている。分量はたいへんなものだが、後になるほどゆるんでくるのは欠点。

蘭東事始(らんとうことはじめ)(**蘭学事始**とも) 科学書。杉田玄白著。オランダ語の文献による科学研究を始めたころの回顧録。二巻。

一八一五～四二　**修紫田舎源氏**(にせむらさきいなかげんじ)　合。柳亭種彦(りゅうていたねひこ)作。「源氏物語」を室町時代のことに翻案した絵入り通俗小説。実際には徳川将軍家の大奥がモデルになっていたと認められ、そのため発禁処分となり、未完のままとなった。

一八一七　**滑稽発句類題集**(こっけいほっくるいだいしゅう)　川柳集。金太楼編。「柳樽」から佳句をぬき出し、四季・恋・人物・生類・天地・遊芸・雑に分類して、随所に滑稽なさし絵を加えたもの。

一八一〇～一八　**七番日記**(しちばんにっき)　小林一茶著。文化七年(一八一〇)正月から同一五年一二月に至る。

一八一八　**蜀山人自筆百首狂歌**(しょくさんじんじひつひゃくしゅきょうか)　狂歌集。蜀山人著。晩年の作品を中心に、春二〇首、夏一五首、秋二〇首、冬一五首、恋一〇首、雑二〇首の狂歌を集め、一〇〇〇部の限定版として刊行したもの。

一八一九　**おらが春**　俳諧句文集。小林一茶著。身辺随想を俳句まじりに書いたもの。一茶の「ひねくれた純情」がよく出ている。刊行は嘉永五年(一八五二)

一八二三　**鞘当**(さやあて)　歌舞伎十八番の一つ。吉原仲の町で、名古屋山三と不破伴左衛門とが、刀の鞘の触れあいから喧嘩となり、幡随院長兵衛の女房お近が留めに入るというもの。文政六年(一八二三)上演の四世鶴屋南北作「浮世柄比翼稲妻」を原型とする。

一八二五　**我春集**(がしゅんしゅう)　俳諧句文集。小林一茶著。文政八年(一八二五)の手記。

一八二五　**浅黄空**(あさぎぞら)　俳諧句文集。一茶晩年の遺稿および発句の小集。

一八二五　**東海道四谷怪談**(とうかいどうよつやかいだん)　伎。四世鶴屋南北の作。頽廃期の世相を題材にした怪談劇の代表作。末梢(まっしょう)的な刺激と早替わりなどの目さきの技巧に興味を求めており、芸術的価値は低い。

一八二八　**桂園一枝**(けいえんいっし)　歌集。香川景樹(かがわかげき)著。「古今集」の深い研究から、平明な桂園派の作風をうちたてた景樹の集。

一八二九　**みつのしるべ**　随筆。藤井高尚著。神道の教えをもって身を修めるべきことを説いた「道のしるべ」、作歌・作文の用意・方法を述べた「歌のしるべ」、「文のしるべ」の三部から成る。

一八二九　**日本外史**(にほんがいし)　史書。頼山陽著。平安末期から江戸時代にいたる政治史を漢文で述べたもの。史実よりも史観を主にしたもので、幕末から明治の人士に多大の精神的影響を与えた。

一八二〇～二四　**花暦八笑人**(はなごよみはっしょうじん)　滑。滝亭鯉丈(第四編まで)ほか作。江戸末期の町人の趣味生活・遊戯生活を書いたもの。

一八三二～三三　**春色梅暦**(しゅんしょくうめごよみ)　人。為永春水作。美男子、唐琴屋丹次郎をめぐる米八・仇吉・お長らの恋争いに、悪支配人鬼兵衛の店乗取りをからませたもの。

一八三三～三五　**春色辰巳園**(しゅんしょくたつみのその)　人。為永春水作。「春色梅暦」の続編として書かれたもの。唐琴屋丹次郎に対する米八・仇吉の深川芸者の恋争いを内容とする。

守貞漫稿(もりさだまんこう)　随筆。喜田川守貞著。江戸時代の風俗・行事などを考証した事典的随筆。三一巻。

仮名文章娘節用(かなまじりむすめせつよう)　人。曲山人作。小三・金五郎の情事を題材とする。三編九冊。

一八三六　**北越雪譜**(ほくえつせっぷ)　随筆。鈴木牧之著。著者は越後塩沢の人。七巻より成り、前三巻は雪に関した話、後四巻には奇談珍話の類を多く集めている。天保七年(一八三六)刊。

一八三九　**橿園集**(かしぞのしゅう)　歌文集。中島広足(ひろたり)著。江戸時代学者がよく作った歌文集の一つで、特にすぐれた点もないけれど品格のある歌がわりあい多い。

鳩翁道話(きゅうおうどうわ)　心学書。柴田鳩翁著。著者の心学道話を子武修が筆記したもので、文学味豊かな例話によって好評であった。

一八四三　**雲萍雑志**(うんぴょうざっし)　随筆。柳沢淇園(きえん)著。郡山(こおりやま)藩の重臣で、一代の奇行家であった著者の見聞を書きとめたもの。

一八五〇　**生写朝顔話**(しょううつしあさがおばなし)　浄。山田案山子作・翠松園主人補。嘉永三年(一八五〇)初演。

歌学提要(かがくていよう)　歌論書。内山真弓編。師香川景樹の説を内山真弓が筆記編纂したもの。古今集を理想とした桂園派の歌論がみられる。嘉永三年(一八五〇)刊。

しのぶぐさ　歌集。八田知紀著。歌は桂園派に属し、古今風である。四編。

一八五六　**報徳記**(ほうとくき)　二宮尊徳の伝記。富田高慶著。安政三年(一八五六)成る。八巻。

一八五九　**小袖曾我薊色縫**(こそでそがあざみのいろぬい)　伎。河竹黙阿弥作。清心という僧が堕落して盗人となり、最後は自殺する筋の世話物。

一八六〇　**三人吉三廓初買**(さんにんきちさくるわのはつかい)　伎。二代河竹新七(黙阿弥)作。和尚吉三・お嬢吉三・お坊吉三の三人の活躍を本筋とする白浪物の代表作。

一八六〇～六三　**七偏人**(しちへんじん)　滑。梅亭金鵞(ばいていきんが)作。「八笑人」「和合人」等の影響のもとに、周囲の友人との交渉を写したもので、滑稽本の最後をなす。

一八六二　**青砥稿花紅彩画**(あおとぞうしはなのにしきえ)　伎。河竹黙阿弥作。日本駄右衛門・弁天小僧・南郷力丸・忠信利平・赤星重三の五人を主要人物とする白浪物の代表作。

草径集(そうけいしゅう) 歌集。大隈言道著。先に世に出した「戊午集」「今橋集」の中から厳選した歌を集めたもの。その歌には印象鮮明、生気溌剌たるものがあり近世歌人中特異な存在である。

毬唄三人娘(てまりうたさんにんむすめ) 人。松亭金水作。山々亭有人補綴。駒掛の絹屋彦兵衛の三人娘の人生模様を、「おらが姉様三人ござる、ひとり姉様鼓が上手、ひとり姉様たいこが上手、ひとり姉様下谷にござる、下谷一番伊達者でござる」の手毬歌にひきかけてまとめたもの。

一八七六 **早苗鳥伊達聞書**(ほととぎすだてのききがき) 伎。河竹黙阿弥作。実録本や講釈によって、伊達騒動を新しく脚色したもの。

一八八一 **天衣紛上野初花**(くもにまごううえののはつはな) 伎。河竹黙阿弥作。河内山宗俊と片岡直次郎を主役とする世話物。明治一四年(一八八一)初演。

一八八一 **島鵆**(しまちどり) 伎。河竹黙阿弥作。正式名題「島鵆月白浪(しまちどりつきのしらなみ)」。主要な登場人物がすべて盗賊であり、彼等が最後には悔悟するという勧善懲悪を主題にした話。明治十四年(一八八一)初演。

干支表

十干は癸まで来たら甲へもどり、十二支は亥まで来たら子へもどる。十と十二の最小公倍数六十で干支の組み合わせはもとへもどる。

(十干)→	甲(きのえ)	乙(きのと)	丙(ひのえ)	丁(ひのと)	戊(つちのえ)	己(つちのと)	庚(かのえ)	辛(かのと)	壬(みずのえ)	癸(みずのと)	
(十二支)→	子(ね)	丑(うし)	寅(とら)	卯(う)	辰(たつ)	巳(み)	午(うま)	未(ひつじ)	申(さる)	酉(とり)	戌(いぬ)	亥(い)

甲子	乙丑	丙寅	丁卯	戊辰	己巳	庚午	辛未	壬申	癸酉	甲戌	乙亥
丙子	丁丑	戊寅	己卯	庚辰	辛巳	壬午	癸未	甲申	乙酉	丙戌	丁亥
戊子	己丑	庚寅	辛卯	壬辰	癸巳	甲午	乙未	丙申	丁酉	戊戌	己亥
庚子	辛丑	壬寅	癸卯	甲辰	乙巳	丙午	丁未	戊申	己酉	庚戌	辛亥
壬子	癸丑	甲寅	乙卯	丙辰	丁巳	戊午	己未	庚申	辛酉	壬戌	癸亥

月の異名一覧

月	通称	別称	季名	中国名
一月	睦月(むつき)	初月(はつづき)・年初月(としはづき)・早緑月(さみどりづき)・子日月(ねのびづき)・祝月(いわいづき)・太郎月(たろうづき)・初空月(はつぞらづき)・霞初月(かすみそめづき)	孟春(もうしゅん)・上春	元月(げんげつ)・陬月(すうげつ)・月正(げっしょう)・青陽(せいよう)・太簇(たいそう)
二月	衣更着(きさらぎ)(如月)	梅見月(うめみづき)・雪消月(ゆきげづき)・木芽月(このめづき)・小草生月(こくさおいづき)	仲春	令月(れいげつ)・如月(じょげつ)・仲陽(ちゅうよう)・夾鍾(きょうしょう)
三月	弥生(やよい)	花見月(はなみづき)・桜月(さくらづき)・春惜しみ月(はるおしみづき)	季春・晩春	寎月(へいげつ)・嘉月(かげつ)・禊月(けいげつ)・姑洗(こせん)
四月	卯月(うづき)	夏初月(なつはづき)・花残月(はなのこしづき)・鳥待月(とりまちづき)・得鳥羽月(えとりはづき)	孟夏・初夏	余月(よげつ)・麦秋(ばくしゅう)・正陽(せいよう)・仲呂(ちゅうりょ)
五月	皐月(さつき)	さくも月・田草月(たぐさづき)・橘月(たちばなづき)・早苗月(さなえづき)	仲夏	皐月(こうげつ)・暑月(しょげつ)・大火(たいか)・蕤賓(すいひん)
六月	水無月(みなづき)	風待月(かぜまちづき)・常夏月(とこなつづき)・蟬羽月(せみのはづき)・鳴雷月(なるかみづき)	季夏・晩夏	旦月(たんげつ)・季月(きげつ)・鶉火(かくか)・林鍾(りんしょう)
七月	文月(ふづき)	秋初月(あきはづき)・七夕月(たなばたづき)・文披月(ふみひろげづき)	孟秋・新秋	相月(そうげつ)・涼月(りょうげつ)・夷則(いそく)
八月	葉月(はづき)	桂月(かつらづき)・木染月(こそめづき)・紅染月(べにぞめづき)・秋風月(あきかぜづき)・月見月(つきみづき)・雁来月(かりくづき)・燕去月(つばめさりづき)・竹の春(たけのはる)	仲秋・正秋	壮月(そうげつ)・荻月(てきげつ)・南呂(なんりょ)
九月	長月(ながつき)	寝覚月(ねざめづき)・紅葉月(もみじづき)・菊月(きくづき)・小田刈月(おだかりづき)	季秋・晩秋	玄月(げんげつ)・粛霜(しゅくそう)・無射(ぶえき)
十月	神無月(かんなづき)	時雨月(しぐれづき)・小春(こはる)・神去月(かみさりづき)・初霜月(はつしもづき)	孟冬・初冬	陽月(ようげつ)・良月(りょうげつ)・始氷(しひょう)・応鍾(おうしょう)
十一月	霜月(しもつき)	雪見月(ゆきみづき)・子月(ねづき)・神帰月(かみかえりづき)・雪待月(ゆきまちづき)	仲冬	辜月(こげつ)・朔月(さくげつ)・陽祭(ようさい)・黄鍾(こうしょう)
十二月	師走(しわす)	梅初月(うめはつづき)・春待月(はるまちづき)・果月(はてづき)・年積月(としつみづき)	季冬・晩冬・残冬	臘月(ろうげつ)・除月(じょげつ)・極月(ごくげつ)・終月(しゅうげつ)・大呂(たいりょ)

平仮名書体表

◇紀貫之と藤原行成の筆跡と伝えられる平仮名を集めて、五十音順に並べた。（＊印が行成筆のものである）
◇各仮名の右上に、そのもとになった漢字を示した。
◇紀貫之筆のものは「寸松庵色紙帖」から藤原行成筆のものは「有栖川王府本元暦万葉集」からとったものである。

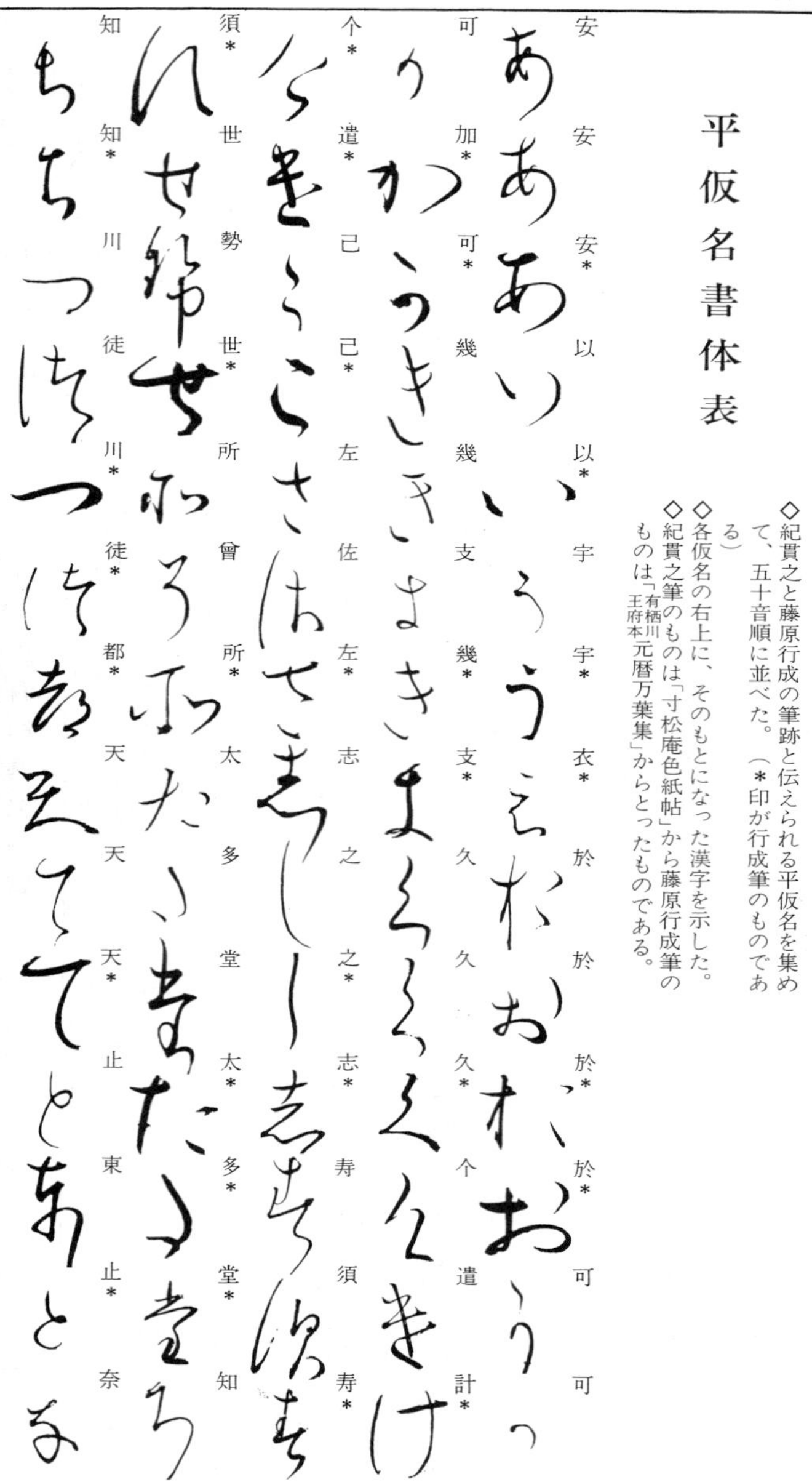

那　奈*　那*　仁　尔　仁*　尔*　奴　奴　奴*　子　禰　禰*　乃

乃　能　乃*　能*　波　者　盤　波*　者*　比　悲　比*　不　不

布　婦　不*　阝(部)　阝*　本　保*　本*　万　万　末　万*　末*　三

美　美　見　美*　美*　无　无　武*　女　免　女*　毛　毛　毛

毛*　毛*　毛*　也　也*　由　由　由*　与　夜　与*　良　羅　良*

利　利*　利*　留　類　留*　留*　累*　礼　礼　礼*　礼*　呂　呂

呂*　和　和　和*　王*　為*　恵　恵*　遠　遠　遠*　越

[著者略歴]

小西甚一（こにし・じんいち）

1915年三重県生まれ。東京文理大学国文科卒。文学博士。筑波大学名誉教授。専門は比較文学および日本中世文学。2007年没。

著書に『梁塵秘抄考』『文鏡秘府論考』『日本文藝史』『能楽論研究』『俳句の世界』『古文研究法』『国文法ちかみち』『古文の読解』等がある。

基本古語辞典（きほんこごじてん）〔新装版（しんそうばん）〕

NDC813／xxiv, 665p／19cm

初版第1刷――――2011年4月1日

著者――――――小西甚一（こにしじんいち）

発行者――――――鈴木一行

発行所――――――株式会社大修館書店

〒113-8541 東京都文京区湯島2-1-1

電話 03-3868-2651（販売部） 03-3868-2291（編集部）

振替 00190-7-40504

[出版情報] http://www.taishukan.co.jp

装丁者――――――山崎　登

印刷所――――――藤原印刷

製本所――――――難波製本

ISBN978-4-469-02119-6　Printed in Japan

事絵図

7月　相撲の節

「宇津保物語」文化2年版本

8月　中秋観月

源氏物語絵巻

9月　重陽，菊の着せ綿

豊明絵草子